◇ 湖南省应用特色学科(中国语言文学)建设项目资助 ◇

潇湘学术研究

——《湖南科技学院学报》地方文化特色栏目选编

第一卷

主编　吕艳妮

上海三联书店

图书在版编目(CIP)数据

潇湘学术研究:《湖南科技学院学报》地方文化特色栏目选编/吕艳妮主编.–上海:上海三联书店,2020.8

ISBN 978-7-5426-6876-9

Ⅰ.①潇… Ⅱ.①吕… Ⅲ.①地方文化–湖南–文集 Ⅳ.①G127.64-53

中国版本图书馆CIP数据核字(2020)第130885号

潇湘学术研究

——《湖南科技学院学报》地方文化特色栏目选编

主　　编:吕艳妮
责任编辑:吴　慧
装帧设计:崔　明
监　　制:姚　军
责任校对:张大伟
出版发行:上海三联书店
　　　　　(200030)上海市漕溪北路331号A座6楼
印　　刷:上海世纪嘉晋数字信息技术有限公司
开　　本:700×1000毫米　16开
印　　张:182.75
字　　数:3000千字
版　　次:2020年1月第1版
印　　次:2020年1月第1次印刷
书　　号:ISBN 978-7-5426-6876-9/G·1548
定　　价:3600元(精装全六册)

目 录

舜文化研究

九疑琴派研究

汇涓成流　聚流成派

——《湖南科技学院学报》对地域文化的开掘

　　白云苍狗,日月如梭。一晃眼的功夫,我离开学报已是 15 载光阴。在过去的 15 年里,尽管很少有时间去编辑部闲聊,但是,每期新刊出来,张京华主编总是派人送我几本,这让我非常感动。因为这不仅让我在第一时间读到《湖南科技学院学报》新刊,也让我的几位好友如期分享到这一文化盛餐的快慰。

　　《湖南科技学院学报》最早创办于 1980 年,其名曰《零陵师专学报》。当时唐朝阔先生任主编,杜方智、黄裕民、周正仁等为副主编,筚路蓝缕,餐风宿露,在他们的精心呵护与栽培下,《零陵师专学报》由一粒不起眼的种子,发芽成长,渐渐成为一棵苗壮的幼苗,而后又经胡宗健、张作飞、高城英、王田葵、陈松柏等人的加盟,《零陵师专学报》逐渐形成自己的办刊特色,遂于 1998 年秋正式公开出版。后来,又因学校升本、校名变化,学报也随之由《零陵师专学报》更名为《零陵学院学报》。至 2004 年春夏之交,学校再度更名,学报又由《零陵学院学报》易名为《湖南科技学院学报》。

　　纵观学报近 40 年的发展历程,其发展速度最快,其影响最大的则莫过于张京华教授接任学报主编的这 15 年时间。这 15 年张京华教授紧紧依托地域文化资源,大力创办地方特色栏目,并且利用学报月刊出版周期快、每期容量大的特点,在国内期刊界率先刊发有研究深度的巨制长篇和专题系列,这种大胆尝试,体现了办刊者的国际视野与学术担当。因此,自 2005 年以来,在《湖南科技学院学报》上不时读到几万字一篇的深度宏文,真是令学术界耳目一新。

　　尤其是紧紧围绕湖南科技学院十一五、十二五、十三五发展规划,依托优势地域文化资源打造品牌文科的构想,《湖南科技学院学报》在办好原有的"柳宗元研究"与"舜文化研究"两个专栏的基础上,进一步开掘了"濂溪理学研究""摩崖石刻研究""潇湘八景研究""潇湘古镇研究""九疑琴派研究""女书研究""阳明山文化研究""零陵文史研究"等八个新专栏。在过去的 15 年间,共推出数百篇论文,洋洋数百万字,不仅为永州历史文化名城的成功申建,为阳明山对台交流基地的报批,为柳子街、老埠头历史文化名街的规划保护,为濂溪理学研究的开展,为舜文化、柳文化的持续开掘,为永州地域文化的深度梳理,为学校优势文科品牌的煅造,可谓是功莫大焉,贡献巨大。

从小处上说,学报专栏的开设,弘扬了传统文化,提振了民族精神,擦亮了永州地域的文化品牌。在 20 年前,凡提起永州,在人们的脑海里所呈现的大多是柳宗元笔下的《江雪》与《捕蛇者说》的场景,认为这是一个地域偏远、文化颓废、环境险恶、经济落后的蛮荒之地,是流寓文人和失意士子的贬谪之所,是毫无生气的穷乡僻壤。但是,经过改革开放以来近 40 年的持续探究与发掘,尤其是近 15 年来《湖南科技学院学报》地域文化研究专栏的强力推进,以及永州地域文化研究者的辛勤耕耘与艰苦跋涉,相继在舜文化、柳宗元文化、濂溪理学文化、女书文化、永州石刻文化等领域取得了众多可圈可点的业绩,引起了政府决策层的高度关注,继而举办了一系列有影响的国际国内学术会议,使人们对永州的认知在不知不觉中发生了颠覆性的转变:这里不仅有绝美旖旎的自然风光,更是有其璀璨无比的人文遗存与历史文化。

譬如:在道江盆地的福岩洞里出土了 47 枚距今 8 万 – 15 万年的古人类智人牙齿化石,在玉蟾岩里发现了距今 2 万年左右的陶器碎片和 11 粒人工栽培稻谷,在零陵黄田铺发现了一处距今 2 万年左右的原始人类构建起来的石棚遗址。坐果山遗址与望子岗遗址的发现,也在永州地域内构筑了一条非常完整的远古人类繁衍生息的脉络图。

刘禹锡在《送周鲁儒序》中也说:"潇湘间无土山,无浊水,民秉是气,往往清慧而文。"其实,潇湘间的清慧之气,并不仅仅源于其自然山水,更源于虞舜而来的文化滋养。

虞舜南巡所带来的除了对南岭区域苗瑶民族的安抚,对大同理念的普及与推广,更是南北文化史上的一次交汇融通。舜帝最后因疲劳过甚而累死在苍梧之野,葬之于江南九疑。但是,虞舜所开创的仁慈宽厚、勤政爱民的"五常之教",则在潇湘流域这片土地上传播流布开来,成为永州地域最为独特的一段文化基因,深深地根植于永州百姓的思维体系与行为规范之中。

也是因为舜葬九疑,自禹而后,历朝历代祭祀虞舜者不乏其人,从而,中原文化源源不断地随着祭祀队伍的南下而集结九疑,因此,潇湘流域因南北文化的不断聚集而枝繁叶茂,遂成五岭区域的一大文化重镇。屈原、司马迁、蔡邕、谢朓、李白、杜甫、元结、柳宗元、韩愈、黄庭坚、杨万里、范成大、陆游、解缙、王夫之等，或寄居于斯，或游历于此，慷慨吟哦，写下了不少流芳千古的绝妙佳作。尤其是柳宗元于永贞革新失败，被贬永州，在其人生仕途最为困苦的十年时间里，因永州山水与人文的滋养，于困厄中坚守，于寂寞中前行，于孤独中奋进，在孤独幽愤中创作出了他人生旅途上凤凰涅槃、浴火重生的辉煌——从仕途上的江湖之远的囚徒进而成就为文学庙堂上的一位高山仰止式的盟主，成为与韩愈齐名的唐宋八大家之一，在日本还被列为影响世界文化进程的 100 位思想家之一。

因外来文化的熏陶，从永州本土走出的忠臣良将与文化大擘亦不乏其人，如黄盖、蒋琬、刘敏、周不疑、怀素、李郃、史青、周敦颐、陶岳、路振、周尧卿、陶弼、乐雷发、何绍基、席宝田、王德榜、唐生智、李达、陶铸、江华等，无一不在历史上曾有过其浓墨重彩的一笔。尤其是元公周子，以其独到的学术探究，上承孔孟，下启程朱，开宋明理学之先河，成湖湘学派之师祖。更有意思的是湖湘学派的几位开山大儒都与永州有着或多或少的内在联系。如胡安国于绍兴初年以"徽猷阁待制知永州"，以文学饰吏治；张栻因其父张浚两次贬谪永州，而在永州寓居十年，并与本土理学名士张纡、严昌裔等交游甚深。据《零陵县志》《永州府志》均有"胡宏墓葬永州"之说，且其后人皆入籍永州。也许正因如此，方有岳麓书院里的那副楹联："吾道南来，源是濂溪一脉；大江东去，无非湘水余波。"

但从大处上看，学报花费如此大的精力去开辟地域文化专栏，发掘地域历史，并不是炫耀其过往的人文故事，而是重在理清文化脉络，寻找文化自信，培养文化新人。据统计，在其 10 个专栏所刊发的 327 篇文章中，涉及国内外的作者近 200 人。而在这近 200 名的作者队伍中，有学界大老：如史学泰斗李学勤，舜学专家孟祥才，柳学鸿儒卞孝萱、孙昌武、王国安，湘学名流梁绍辉、王兴国、朱汉民等；有域外学者：如日本的户崎哲彦、小池一郎、堀川贵司、小峰和明，韩国的赵殷尚、孙兴彻，以及中国台湾地区的王基伦等。他们的研究或穷究事理，或探索源流，或证据古今，或洞析玄奥，无论是微观上的文本辨认，还是宏观上的学术争鸣，其别开生面的学术思想，读来无不让人眼睛一亮，茅塞顿开，大有醍醐灌顶、豁然开朗之感。

诚然，学报开辟专栏，并不仅仅是为刊发几位名家大腕的稿件，更重要的是对青年学人的栽培和关注。人常说：青年强，则国强；青年弱，则国强。对于一个地方的文化开掘，若没有大量青年才俊的加盟，没有新鲜血液的不断流入，其再好的文化也必将断灭毁弃。张京华教授身居主编之职，深知培养青年学人的重要，因此，在地域文化专栏里，大量刊发青年学子与本土学人的稿件，以激发其从事本土文化学术研究的热情和动力。从而，便有了如李花蕾、彭敏、汤军、侯永慧、陈微、敖炼、邓盼、冉毅、欧阳平彪等一大批孜孜不倦而潜心于地方文化开掘的青年学人，他们从《湖南科技学院学报》的地方文化专栏起步，然后描准一个方向，深深地扎根于某一专题研究之中，进而成为独当一面的学者。看着这批青年才俊的成长，也让我更真切地感知到学报不仅仅是一个学术交流与成果展示的窗口，更是一个培养学术新人的摇篮，启迪学术思维，凝聚学人共识的平台。

也正是因为对大量校内外青年才俊的培养，以及地域文化方面所作出的积极贡献，《湖南科技学院学报》的"舜文化研究"与"柳宗元研究"两个专栏被评定为湖南省优秀理论专栏而获省委宣传部的表彰，《湖南科技学院学报》也因此而被评定为全国高校学报人文社科类核心期刊。这些佳绩的取得，也足见其办刊理念思路的正确与独到。

时至 2019 年春，在全国学术期刊普遍追求品位与品质的大趋势下，学校毅然决定学报由目前的月刊退回到 15 年前的双月刊时代，并压缩版面，全面实行匿名审稿制度，一切以稿件质量为准绳，以学术价值为至上追求，这无疑对学报向更高层次更高品位的进发而奠定基石。但是，随着刊期与版面的缩减，首当其冲地将是地域文化的专栏的取消，再然后是青年学人培养功能的消减，势必进入"鱼与熊掌不可兼得"的二律背反的逻辑怪圈，于此，我真不知道是舍鱼而求熊掌？还是舍熊掌而求其鱼？高明之举是否会有一个理想的结果，我心里没有底数。

在这"今是而昨非"的论争中，学报编辑部的邝艳妮老师，劳神费力，耗时数月，将近 15 年来《湖南科技学院学报》上地域文化专栏里的所有文章进行列目汇总，然后一一订正，细加挑选，重新整理，遂有读者诸君案头的这部六卷本的《潇湘学术研究》，其良苦用心，皇天可鉴。

古人云：不积跬步，无以至千里；不积小流，无以成江海。只有今天的聚源成流，才能明天的汇流成派。这些地域文化的篇什，虽非篇篇孟津之珠，但其绚丽文思与其独到见解，皆于文字之中，读者诸君在开卷翻阅时自会体悟其中的妙道，无须本人在此多言。而我于此，唯愿潇湘文化之花灿然开放，研究之风如旧吹拂！

杨金砖

2019 年 6 月 8 日深夜于西山寒舍

序

我的同事吕艳妮老师一直是文科编辑室的主任,由她主编的《湖南科技学院学报》地方文化特色栏目选编,定名为《潇湘学术研究》,即将由上海三联书店出版。

这本地方文化特色栏目选编,共计260万字符,按照出版篇幅计算将近300万字,排版清样2900余页,拟分为6册。内容包括十个部分:

一、舜文化研究

二、九疑琴派研究

三、柳宗元研究

四、濂溪理学研究

五、摩崖石刻研究

六、潇湘八景研究

七、潇湘古镇研究

八、女书研究

九、阳明山文化研究

十、零陵文史研究

就我了解,从2004年以来,《湖南科技学院学报》开办的特色栏目总数在20个以上,罗列出来,大概有:

柳宗元研究

虞舜文化与四代文明研究

濂溪学·理学·儒学研究

女书研究

瑶文化研究

元结与摩崖石刻研究

湖湘稽古

潇湘八景研究

本土·女性研究

儿童文学研究

经学·国学研究

九疑琴派研究

民国国学论著提要

晚清民国中国文学史研究

印度文化研究

学术传承

楚辞研究

民国学术文献存真

湖南民性·旧文新刊

湖湘学派·旧文新刊

这些特色专栏都是常设的,每期推出两三个至七八个不等。类型大约分为两类:本土历史文化研究和学术前沿研究。此外还有一些临时组稿的一次性的专栏,譬如近期推出的"孙德谦先生诞辰150周年纪念""韦政通先生学术思想研究""唐之享先生《岁月诗痕》书评""《乡愁的滋味》评论专栏""周敦颐与湖南笔谈""信息化时代阅读方式笔谈""大学本科国学教育笔谈"等,数量也不少。15年来,这些特色栏目发表的文章总数超过1000篇,现在由昌艳妮老师主编的地方文化特色栏目选编,是其中的本土历史文化研究的部分,选录的文章约有330篇,篇数大约占上述特色栏目文章的三分之一。

本书是《湖南科技学院学报》的一个专辑。此前,学报已经正式或非正式、出版或资助的专辑有:

《柳宗元研究(1980—2005)》,王淯海主编,南海出版社2006年出版

《柳宗元研究(2006—2014)》,王晚霞主编,湖南人民出版社2014年出版

《柳宗元研究大系·晋湘篇》,吴同和、马重阳主编,现代教育出版社2015年出版

《柳宗元研究(1912 - 1949)》,彭二珂编著,中国社会科学出版社2018年出版

《阳明山文化研究》,刘立夫、周欣执行主编,中国社会科学出版社2014年出版

《湘妃诗选》,欧阳衡明、刘瑞选注,永州奔腾彩印公司2008年印刷

《九嶷诗选》,符思毅选注,永州奔腾彩印公司2008年印刷

本书是学报出版的第八本专辑,也是收录篇幅最大的一本专辑,在永州本土历史文化研究方面,度越以往,可谓集其大成,分量与价值不言而喻。

一般而言,人文学科的研究最关键的是积累。个人的项目申报需要看前期成果,学校的学科发展更需要看持续积累。学报特色栏目这1000篇文章,也许一些作者的研究已经结束,但是其成果与贡献已经历史性地、永久地留存在学报这个平台上了。就此而言,学报特色栏目作为一个独立的数据库乃是为学校未来的学术发展预留了一个十分可观的储备。说得功利一点,学报特色栏目中间可以申报国家社会科学基金重大招标项目的选题不少于五个。

特色栏目的创办与永州本土历史文化资源相关。"永州是一本书",永州历史文化底蕴深厚。就个人所见,永州本土文化有三大主题,按发生的时间为序是:舜帝南巡葬于九嶷,为中国上古史上的一个特大事件;柳宗元《永州八记》,为唐宋第一流散文作品;周敦颐理学思想,开创了中古时期儒学复兴的新形态。三大主题恰好对应了现代学术体系的文史哲三个学科。这是永州的读书人的福气,也是永州的学者、文化人的责任,当然也是永州地方社会经济发展的最大资源。

特色栏目的创办与前辈们的成就相关。《湖南科技学院学报》早在1980年创刊号上,便刊出诸老先生研究柳宗元的论文,自兹以来39年从未间断,遂成为学报最基本的特色栏目,同时也是全省高校学报中持续时间最长的特色栏目。当然永州又不只有柳宗元,可以参评的特色栏目也不只有"柳宗元研究"一个,这一点我们的学报与其他同类高校的学报完全不同。

特色栏目的创办也与同学们的努力相关。在没有硕士学位授权点、没有稿酬可付的情况下,是历届的本科生承担了学报编辑部建议的带有宏观规划性质的研究选题,因而也成为了学报专栏的约稿作者。十余年来,本科生的论文写作也已成为学校教育的一个优势。

今年,学校召开学报编委会会议,决定学报改版,经费增加,版面缩减,特色栏目的设置可能将有较大的改变。我因此而生发思绪,略述感言,临时起意,充作特色栏目选编之序。

张京华
2019 年端阳于湖南科技学院集贤楼

中国早期文明史上的虞舜

✳ 李学勤 ◆

对于虞舜和舜文化的研究,我们应当以 4000 多年前的虞舜时期作为切入点,从中国早期文明的长度、广度、高度三个方面进行探索和研究,把古史传说、经史典籍与考古发掘的地下文物进行鉴析与印证,从中华民族的历史源头、思想源头、道德源头审视虞舜及舜文化的价值,为新时期史学研究与道德建设的学术殿堂提供精良土坯和基石,为我国文化大发展大繁荣作出新贡献,为实现中华民族伟大复兴提供有益的历史借鉴。

一 关于虞舜在早起文明史时空坐标中的位置

什么叫作文化? 什么叫作文明? 我认为,人类只要他能够有所作为,能够使用工具,有一些人造东西的时候,这就是一种文化。文明是人类发展史上的特殊阶段,是人类脱离动物界后进一步脱离了原始野蛮状态的阶段。

在古代,人类历史上曾先后出现了多个灿烂的文明发祥地。如古中国、古两河流域、古埃及、古印度等四大文明古国,是当时最先进、最早的"文明摇篮"。在这些古文明中,只有中国具有独立起源、持续发展两大特色,从来没有中断而一脉相承,而其他古文明却中断或衰落了。虞舜在五帝之中居末,在尧舜禹之中居中,在中国早期文明史上起到了承前启后的作用。

二 关于虞舜在五帝中的地位

中国文明的起源到底在什么时代? 古代人类的文明,在不同的地方有各自独立的起源和进程,可是它们的发展还是有某种共同性。中国是世界上唯一一个远古文明能够绵延不绝传下来的国家,《史记》第一篇是《五帝本纪》,即五帝时期,黄帝就是五帝时期的开始。只要对比一下"夏商周断代工程"年表和古埃及年表,你就会有一个惊人发现,就是我国的几个大朝代跟古埃及几个时期的划分差不多。埃及前王国与古王国时期是公元前 3150 年到公元前 2040 年,我国五帝时期大约是公元前 3000 年到公元前 2070 年。夏代与中王国时期、商代与新王国时期的盛期也大体相当。

中国的古史传说,距今八千至四千年前,中华大地出现了伏羲、女娲、炎帝、黄帝、蚩尤、颛顼、帝喾、唐尧、虞舜、大禹等,传统上称之"三皇五帝"。比较通行的五帝之说是指黄帝、颛顼、帝喾、唐尧、虞舜这五位,五帝之一的虞舜是被大多数人认同的。九嶷山舜帝陵庙考古发掘表明,虞舜是五帝中有秦汉以前陵庙和地下文物相印证的。

三　关于虞舜在中国早期文明史上的时空位置

尧舜禹活动的地区陆续进入了铜石并用时期,母系氏族制正转变为父系氏族家长制。夏朝起始年为公元前 2070 年,虞舜是夏朝以前的古帝王,距今已有 4100 多年。中国现今的疆域是五千年来以华夏族为主体的政权与周边各族的部落、部族在长期融合过程中逐渐形成的。中国上古行政区划,文献传说中九州系大禹治水后划分的。《尚书·舜典》载:"舜肇十有二州。"虞舜活动的疆域,在禹贡所列冀、兖、青、徐、扬、荆、豫、梁、雍等九州,再加并、幽、营三州。舜崩后的葬地在荆州辖内的"江南九疑",虞舜活动的空间处于中国早期文明的源头地带。

2004 年 8 月 13 日湖南省文物局、永州市人民政府在长沙联合举行"九嶷山古舜帝陵庙遗址考古新发现发布会",我在新闻发布会上回答记者提问时说过:"根据历史的传说,这一段历史的解释是清楚的。帝舜即帝位后,四方巡狩,南巡到了南方,死在路上,崩于苍梧之野,苍梧是个很大的地方,但葬于'江南九疑',九嶷山只有这个地方,这是没有争论的。"

中国古代历史上的传说,它涉及的地理范围相当广泛。"舜耕历山,渔雷泽,陶河滨,作什器于寿丘,就时于负夏。"根据传说,虞舜是东夷之人,这些传说跟后来的传统地名是有关系的。山东也有舜耕历山、舜井和娥皇、女英的传说等。在神话与传说里面常常包含了历史的真实,或者说透过传说我们常常可以看到历史的真实。传说到底反映了多少历史事实,这需要我们做工作。但我要强调一点,不要把古人的能力估计得太低了。

四 关于历史文献和考古发掘对舜葬九嶷的佐证

太史公司马迁经过大量史籍考证和"南游江、淮，上会稽，探禹穴，窥九疑，浮于沅、湘"实地考察后，在《史记·五帝本纪》中歌颂舜的德化与治功时说"天下明德皆自虞帝始"，并认定舜"南巡狩，崩于苍梧之野。葬于江南九疑，是为零陵"。零陵即今湖南永州市，汉时为零陵郡，舜陵就在该市宁远县九嶷山。舜葬九疑的记载，先于司马迁的有《礼记·檀弓》"舜葬九疑苍梧之野"和《山海经》"苍梧山，帝舜葬于阳，丹朱葬于阴"的记载。

王国维先生曾说"中国书本上之学问，有赖于地底之发现"，从而提出了取地下实物与纸上之遗文互相释证的"二重证据法"。

长沙马王堆三号汉墓出土的帛书《地形图》，按现代科学方法测定，对舜帝陵位置、方向的标志与秦汉舜庙遗址一致。马王堆墓主侯利苍死于公元前186年，早于司马迁出生年约40年。2002年湖南省考古研究所发掘表明，在玉岩前有面积达3.2万平方米先秦至宋元时期的古舜帝陵庙遗址。古舜帝陵庙遗址的发现是具有全国意义的重要考古成果，它是我国目前发现的始建年代最早的五帝陵庙，也是我国唯一有文献可考的舜帝庙。

五 关于虞舜在道德文明的建树

根据古代文献，虞舜是中华传统道德的始祖，是中华民族历来向往的道德典范和大公至德的圣德之君，在中国文明史上留下了深深的印记。他先人后己，孝悌忠信，勤政爱民，以和为贵，受到人民的普遍爱戴。虞舜倡导的为人、持家、做官、治国均以道德为本，开创了中华道德文明的先河，因而被后世尊为"百孝之先""道德之祖"。在先秦诸子中，儒家特别推崇尧舜，孔子"祖述尧舜，宪章文武"；"孟子道性善，言必称尧舜"。人们曾赞颂"帝有虞氏之德之盛，如天地之大，日月之明"。今天，我们强调以德治国，深入发掘和弘扬舜文化，有着重要的现实意义。

六　关于虞舜对中国礼乐、礼制文化的贡献

中国是礼乐之国、礼仪之邦,从中国文明开始萌芽形成开始,就带有这种以礼乐制度作为它特色的现象。中国礼乐制度的基本精神是讲和,以和为贵,和而不同。孔子说过:"上好礼,则民易使也。"司马迁说:"乐者,所以移风易俗也。"因此,中国讲礼乐之教,用礼乐作为教育的一个重要内容。古书记载,中国古代的礼仪起源于虞舜时代,《礼记》《淮南子》中多次提到"有虞氏之礼""有虞氏之路""有虞氏之旗""有虞氏之库"等有关文明礼制的描述。虞舜以乐教天下,"箫韶九成,凤凰来仪","百兽率舞"。《史记·乐书》载:"乐者,天地之和也;礼者,天地之序也;和,故百物皆化;序,故群物皆别";"昔者舜作五弦之琴,以歌《南风》";"歌《南风》之诗而天下治"。据传《南风》歌词是:"南风之薰兮,可以解吾民之愠兮;南风之时兮,可以阜吾民之财兮。"后来孔子闻《韶乐》于齐,"三月不知肉味"。

七　关于"清华简"对虞舜中道、中和思想观念提供的佐证

清华大学在 2008 年 7 月经校友捐赠,收藏了一批极为珍贵的战国竹简。根据"清华简"的记载,周文王遗言中有关于舜的内容,文王想用这些史事给太子灌输一个思想观念——"中",即不偏不倚,不左不右,也就是后来说的中道。在《保训》篇中文王说:"昔舜旧作小人,亲耕于历丘,恐求中,自稽厥志,不违于庶万姓之多欲。厥有施于上下远迩,迺易位迩稽,测阴阳之物,咸顺不扰。舜既得中,言不易实变名,身滋备惟允,翼翼不懈,用作三降之德。帝尧嘉之,用受厥绪。"这段话讲的是舜怎样求取中道。由于舜出身民间,能够自我省察,不与百姓的愿求违背,他在朝廷内外施政,总是设身处地,从正反两面考虑,将事情做好。

中道、中和思想有什么历史渊源和现实意义呢? 这使我们想起古代先贤的几段论述:子思所作《中庸》所载孔子的话:"舜其大知也与! 舜好问而好察迩言,隐恶而扬善,执其两端,用其中于民,其斯以为舜乎!"《论语·尧曰》载尧命舜:"咨! 尔舜! 天之历数在尔躬,允执其中,四海困穷,天禄永终。"并云:"舜亦以命禹。"虞舜处事公平,中道而治天下。他提倡并践行中庸之术,"极高明而道

中庸"。这对于我们构建公正公平的和谐社会,也具有现实意义。

八 湘鲁合作开启了舜文化研究优势互补的可行之路

由湖南省舜文化研究会、山东省大舜文化研究会、湖南省舜文化研究基地合作编纂,并由岳麓书社精编出版的《虞舜大典》(近现代文献卷)共八大本,凝聚了湘鲁两省学者的心血。加上已出版发行的《虞舜大典》(古文献卷),共有 800 多万字,这十大本《虞舜大典》,具有很高的学术价值与收藏价值。希望湖南山东两省专家学者继续携手合作,发挥各自优势,在继承前人成果的基础上不断取得新的成绩。

九 关于正确对待舜文化研究不同意见的问题

中国早期文明是多线性、多样性发展起来的,具有多元起源、多区域不平衡发展的特点。对舜帝活动范围以及卒地、葬地也有不同的说法,在学术研究与祭祀活动中也常常听到一些古今不同的声音。争鸣和论辩是学术发展的基础。问题总是在争议中平衡,方法总会在争议中优化。历史是前进的,事物是不断发展的,虞舜文化研究也是如此。因此,我们应当正确对待研究中的不同意见。舜帝的传说究竟哪些是历史的真实?我们的考古发现和研究正在逐步接近。我们所要做的工作就是通过科学的方法尽可能地揭开历史的真实。

(原载 2012 年第 11 期,作者单位:清华大学)

虞夏商周研究的十个课题

✳ 李学勤 ◆

夏、商、周（包括西周、东周）通称"三代"，这在漫长的中国历史朝代兴替中，看起来只是排在前面的三个，可是这三个朝代加在一起，时间却有一千八九百年。古书还有在夏代以前再算上唐尧、虞舜，合名为虞，而以虞、夏、商、周称作"四代"的，这样一共就有两千年左右，在中国五千年文明史里占了很大的一部分。

学术界对这两千年的历史都很重视，因为中国的文明是在当时形成发展，以至于繁荣光大的，研究传统历史文化，必须追溯到这个时期。由于这个时期遗留下来的文献较少，越往前记载便越模糊，并且混杂有神话的成分，大家只能更多地依靠考古学的成果，所以王国维先生倡导的以传世文献与地下材料互相印证的"二重证据法"，在这个时期历史的研究中有广阔的用武之地。上一世纪学者的丰富成绩，已经充分证明了这一点。

当前在虞、夏、商、周"四代"历史的研究中，哪些方面是迫切需要着手解决的前沿性问题，有关学者见仁见智，会有各种看法，至少不是我在这里能够全面论述的，只能选择几点，仅供参考。

首先想谈的，是关于唐、虞的探索。在"文革"以前，杨向奎先生就曾撰文，力主"给有虞氏一个历史地位"。《尚书·尧典》等文献中的唐、虞，不完全是托古或者神话，作为其背景的史实正逐渐被揭示出来。

近些年在山西襄汾陶寺发掘的古城遗址。不管是从年代上，还是地区上，都使人们联想到尧、舜的史事。这座城址规模宏大，有宫室基址，也有大型墓葬，出土有陶、石质的礼乐器，精美的玉器，一些铜器，甚至还有文字出现。最近揭露的一处特殊建筑基址尤其令人惊异，根据天文学史专家的意见，非常可能同天象观测有关，这便和《尧典》的观象授时联系起来了。因此，在怎样看待历代艳称的唐、虞之世的问题上，似乎有重新思考的必要。

其次，是关于夏朝。和唐、虞一样，夏朝在历史上是否真实存在，也有不少学者怀疑,尤以外国学者为多。他们认为夏仅仅是一种神话,有的还提出《史记·夏本纪》世系是商王世系的分化。不过在考古学的二里头文化的研究发展以后,国内这种看法已很罕见,"商周考古"也大多是延成"夏商周考古"了。

这里同样是观点的问题。以前我便说过,要求夏得到和商一样的证明,恐怕实际是不可能的。商王世系的证明,是通过甲骨文的发现和释读。商朝后期的王室和贵族,有用甲骨占卜并在甲骨上契刻卜辞的习俗,是十分特异的事例,而蕴含大量史料的卜辞文字就得以凭借坚固耐久的甲骨质地保存下来。当时本来大量存在的竹木简册则完全消失了。不能希望夏代也有类似的文字记录传留至今,实际商代前期也是一样。二里头文化既然在年代范围和地理位置上都与夏相当,应该认为夏的存在业已得到适当程度的证明。

对于夏代历史文化的探讨应予扩大。文献中与夏代史事相关的地区,如山东,需要进一步考察。夏与东南的关系也值得研究。按照古本《竹书纪年》,夏朝同九夷的关系非常密切,而二里头文化包含一些可能与东南地区相关的因素,是学者已经指出过的。

第三,关于商代,甲骨文仍然是取之不竭的史料来源。我觉得,甲骨文的系统整理研究现在正处于新的关键阶段。整理甲骨文,必须以分期工作为其基础,而殷墟甲骨的分期,这些年才基本弄清了眉目。现在我们认识了甲骨文王卜辞和非王卜辞的区分及其间的关系,也了解到王卜辞两个系统并存的演变,已经有可能更有条理、有步骤地把当时历史复原起来,从多角度、多层面加以观察。

一项很需要展开的工作,是详细研究甲骨文反映的历史地理。卜辞所见地名近千,不会像过去设想的限制在中原一块地带之内,必须逐次考订,才能使有关史事的空间背景得以清楚。像目前这样,连一些主要方国的位置都难确定,是很难讲商代历史的。不过地理的考证很不容易,古代地名重复、类似的太多,切忌牵强比附,即使有一串地名似若相关,也不一定就能确当。只有把史实情事与地名考订结合在一起,才能避免臆测。

第四,西周王畿内外诸侯的形势,值得深入研究。周朝建立之后的分封,《左传》等书有比较详细的记述。昭穆以下,由于可供分封的土地已少,新封诸侯不多,但直到宣王中兴,仍有封郑、封杨的事迹。同时,在周朝治下还有若干古国及蛮夷戎狄之属。

西周列国的构成,很大程度上可自春秋列国上推。根据西周金文研究,灭亡于西周时期,到春秋已然不见的诸侯国,为数颇为有限,比较重要的列国大都延续到春秋时期。有关这方面的材料和讨论，概见于陈槃先生在台湾出版的《春秋大事表列国爵姓及存灭表谱异》和《不见于春秋大事表之春秋方国稿》两书。这两部书很有价值，惟其论述每每平列众说，少有裁断，不过多采用地名迁徙的观点。今天最好在陈书基础上，吸收新的考古发现和研究所得，重新辨析推定。

第五，西周的年代学。这方面近些年有不少论著，如刘启益先生、张闻玉先生等都有专书。作为"九五"国家重点科技攻关计划项目的"夏商周断代工程"，其课题之一是西周金文历谱的编排，其阶段性成果已于2000年在"工程"报告简本中发表。在这以后，又有几件历日四要素（年、月、月相、日）俱全可供推算的金文发现，如親簋、士山盘、师酉鼎、伯吕父盨、四十二年及四十三年佐（或释逨）鼎，除一件外，均能与历谱相合。由此可见，这一历谱固然有不如人意之处，但作为进一步研究的基础还是可以的。

历谱的用途不仅在年代学方面，还可由之将西周大量的金文珍贵材料更好地联系起来。从郭沫若先生《两周金文辞大系》开始，有不少位学者致力于此，然而对多数金文的王世有许多争议，而且分歧很大，以至妨碍了金文作为史料的应用。我们不妨暂以现有历谱为核心，尽可能联系有关青铜器和金文，能设定王世的排出王世，不能确定的也推知范围，这样会有益于西周历史的研究，对历谱是否合理也将是重要的检验。

第六，西周经济制度的研究。在"文革"以前，历史学界热衷于社会经济性质的讨论，同时因为社会分期问题成为各家论争的焦点，不少学者力主西周封建论，从而许多论作都集中于西周的经济制度方面。近些年时过境迁，这方面的争议已经淡出，很少受人注意了，然而过去提出过的好多问题并未解决，其重要性也没有消失，仍然是我们应当而且必须加以探讨的。

尽管大家对西周社会经济的兴趣减少了，可是对有关这方面的史料，包括文献和出土金文的理解却加深了许多。比如大家不知引用过多少次的"普天之下，莫非王土，率土之滨，莫非王臣"，被认为是土地及奴隶国有的明证的，逐渐弄清楚这讲的乃是国家的主权，而不是什么所有权。若干新金文的出现，如裘卫的一组青铜器，使大家看到当时土地转让、交换的事实，由之类推，又找出不少类似的事例。金文内一些关键字词，以前不识或者误识的，现在得到释读，如作勘量土地解的"履"字，与商业贸易相关的"市"字、"贾"字等等，在较大程度上转变了我们对西周经济的认识。最近还有足以把臣仆和庶人明显区分开来的材料。诸如此类，促使我们重新去思考西周社会经济的问题。

第七，是楚国历史和文化。大家知道，在古代各种区域历史文化的研究中，楚国的研究虽然不是开始最早，却是致力的学者最多，成果也最丰盛的。即以湘鄂豫皖楚文化研究会为例，其年会已开过九届，论文集有厚厚的六册，可概其他。

对楚国的研究有两个优越条件。一个是有关的文献比较多，涵盖了由历史到文学很多方面。另一个是地下保存的环境好，大量在其他地区无法存留的文物得以重现于世。很多人惊异于楚国文物的丰富多彩，其实同时期的其他列国器物也各有特色，只是不能很好保存，不为我们所见罢了。这里面最关重要的是竹简、帛书、帛画，现已发现的全部属楚（或楚文化范围内的小国），是别的地区难于相比的。因此，深人研究楚国的历史文化今天正是时机。

具有本身明显特点的战国楚文字的考释，当前在整个古文字学里处于居先的位置，这是由于楚文字材料特别丰富，而且有不少可与传世文献对照的，易于做出准确的解读。同时，通过楚文字保留的商、西周文字因素，又可以由之上溯前代的文字，所以这方面工作的效益还不限于楚国历史文化。

第八，春秋战国学术思想史的重新考量。从1973年湖南长沙马王堆三号汉墓的帛书、竹木简开始，这30来年已经出土了大量富于学术史意义的简帛书籍。对这些简帛佚籍的研讨，又带来了重新审查种种传世文献的潮流。观点的转变，导致许许多多新的研究成果。不少过去学者们公认为伪的古书，现已证明为真，或者部分为真。当然，也有一些伪书，进一步证实定谳。重写学术史的呼声，已经非常强烈了。

受影响最大的，恐怕是关于早期儒家和道家的认识。湖北荆门郭店一号楚墓竹简和上海博物馆入藏的楚简，主要内容是儒、道著作，这使人们得以了解所谓孔孟之间和老庄之间的思想链环。传世文献中的有关部分，由是也得到确认。由此造成的影响，无疑是相当巨大的。

钱穆先生早年的名著《先秦诸子系年》，学术界已经用了好几十年。这部书以战国史事的考辨为背景，将诸子百家融括其中，规模之宏大，成就之明显，世所公认。不过在今天看来，作为其基础的一系列古书材料，真伪估价已有改变，有关工作有必要重新考虑。希望有学者担当其事，编著一部新的战国时期的学术编年，一定会得到广泛的欢迎认可。

以上谈的，大都是具体的研究课题，其实虞、夏、商、周两千多年的历史，关系中国文明的早期发展，而中国文明又是整个人类文明的一个重要的组成部分，这就必然联系到有理论意义的各种问题，在此不能详说，只提一下这样两点。

第九,中原地区与边远地区的历史作用问题。这个问题,在历史学和考古学的研究里,都已经凸显出来。长时期的传统观点,是所谓中原中心论,近二三十年,这种观点逐渐被否定,中原以外的地区,例如长江流域,以及离中原更远的所谓边远地区,都进入了考察的视野。大家逐步形成一个共识,就是中国在"三代"或"四代"时,已经是多民族、多地区的国家。

现在要问的是,中国为什么在那样早的时候就形成了范围相当广阔的王朝?有的外国学者不理解这一点,总以为"三代"王朝不是那样存在,甚至说到秦才真正有了统一的国家。这么说,"三代"便没有统一的局面了。"三代"王朝的统一,当然不是像秦汉中央集权那样,但王朝与地方的联系,还是存在而且相对巩固的。当时国家的构成和机制,很多地方需要论证研究。

我们既要进一步阐述过去遭到忽视的中原以外地区的作用,也不可反过来抹杀中原地区的特殊地位。毕竟虞、夏、商、周的中心是在中原。中原和边远地区互相影响,其间也有主次大小之别。对于这类问题,应采取实事求是的态度。

第十,中国与其他古代文明的比较研究。这几年,中国文明起源和早期发展的探索,已经排上日程。关于文明起源,也就是从野蛮原始过渡到文明的研究,从来是同理论的认识相关联的,在国内外都有许多讨论。按照马克思主义理论,如恩格斯《家庭、私有制与国家的起源》所说,文明形成的标志是国家的出现。不同的说法很多,比如有学者讲到从食物采集到食物生产是进入文明的标志,这就比国家的出现要古远得多了。

由于历史条件的限制,过去国际上关于文明起源发展的研究,每每没有援引到中国,或者只有很少有关中国的材料。中国历史学、考古学已经得到较大发展,其成果应该对人类文明历史的理论研究有所贡献。不少学者,例如张光直先生,已经提出了这一点。

组织不同学科的专家协作,进行虞、夏、商、周与古埃及、两河流域等古代文明的比较研究,是可行的。这方面的工作,将会开拓大家的眼界,取得有益的效果。

(原载 2006 年第 4 期,作者单位:清华大学)

李学勤先生《虞夏商周研究的十个课题》跋

✳ 宫长为

记得几年前,王树民先生尝写有一篇短文,题目叫作《夏、商、周之前还有个虞朝》,发表于《河北学刊》2002 年第 1 期上。

在这篇短文当中,王树民先生从《韩非子·显学》篇入手,按照"虞夏二千余岁"的说法,具体地考察了有虞氏的世系,列出了幕、穷蝉、敬康、句芒、蟜牛、瞽瞍、舜、商均、虞思、箕伯、直柄、虞遂、伯戏、虞阏父、胡公满等十五个名号,从而论定有虞氏为一个朝代,并且,同样地强调指出,应当给有虞氏一个历史地位。

大家都知道,晚近一二十年以来,伴随着我国改革开放事业,地下田野考古学取得了突飞猛进的发展,同时,中国古代文明研究也日趋深入,特别是国家夏商周断代工程的成功实施,在廓清夏商周三代历史的基础上,由此追溯中华文明起源,进一步探讨五帝时代的历史,不仅成为必要,而且更加可能。虞舜或者说虞朝正好处在这样的一个历史转折时期,上承五帝时代,下传夏商周三代,所以,由五帝时代向夏商周三代过渡,我们追溯中华文明起源,自当从虞舜或者说虞朝开始。

也正因如此,李学勤先生作《虞夏商周研究的十个课题》一文,在夏商周三代之前冠以虞,与夏商周三代并列,其用意是十分深远的。

我们初读李学勤先生《虞夏商周研究的十个课题》一文,所列举的十个带有前沿性课题,诚如李学勤先生所指出的那样,其中前八个方面,大都是具体的研究课题,由于虞夏商周两千多年的历史,关系中国文明的早期发展,而中国文明又是整个人类文明的一个重要的组成部分,这就必然联系到有理论意义的各种问题,殿后的第九、十个方面,正是从这一意义出发,提出了关乎中国古代文明研究全局的大问题,耐人寻思深考。

其实,无论是前几个比较具体性的问题,还是后两个贯穿全局性的大问题(其实每一个课题本身,还可以分为若干子课题),它们的侧重点主要还是中国的原史时代,都介于史前时期与历史时期之间,由于文献记载的不足,需要大量的考古工作加以补充印证,这恰恰普遍地反映了世界诸古代早期文明研究的基本特点。

长期以来,李学勤先生一直致力于中国古代文明研究,并且,有感于世界上其他古代文明的研究,都有着专门的学科名称,比如研究古代埃及的学科是埃及学,研究古代两河流域的是亚述学,研究古代希腊、罗马的是古典研究等,研究中国古代文明,没有一个单独的学科名称,从而提出要建立"中国古代文明研究"这样一个专门学科,而虞夏商周研究的十个课题,换句话说,也集中地反映了中国古代文明研究这一学科的前沿性问题。

我们认为,中国古代文明研究应当以中国古代文明形成和发展作为主要的研究对象,从时间上来讲,由夏商周三代上推到五帝时代,下沿秦汉王朝;从地域上来说,以黄河中下游为中心,向外扩展到不同的区域范围。这一阶段的历史,实际上恰好与我们常说的中国早期国家阶段相当。

可以预见,随着中国古代文明研究的日趋深入,复原中华远古文明的历史大有希望。

2006 年 4 月 10 日

(原载 2006 年第 4 期,作者单位:中国社会科学院历史研究所)

研究舜德矛盾的深层结构是道德传统向现代转化的关键

✳ 王田葵

研究舜德矛盾的深层结构体现了非常精锐的"问题意识"。此乃中国道德传统向现代转化的关键处,也是道德建设的理论课题。周甲辰君从教之余,勤于读书,乐于思想,有志于中国道德传统深层矛盾现象的探讨,且时有创获。现将其近几年的研究成果结集付梓,甚可贺也。

中国帝舜开创的道德文化资源经过数千年的累积,十分博富。中国因此似乎成了最讲道德的国家。然而,事实恰恰相反,中国在世界上也是道德建设最为任重道远的国家之一。何也? 中国的这种道德矛盾现象是由舜文化的根本属性所决定的。中国的道德是一种政治伦理道德,它有两个突出特点:一是在"道"与"德"分离的前提下,无限扩大道德概念的内涵,尤其突破了道德之所以成其为道德的必要条件,即突破了道德的"可普遍性原则"。二是道德是为人的等级划分服务的。前者强调循"道"而有所"得",在"道"的无限神圣的规范下,巧设出超越道德"可普遍性原则"的各种"德目",旨在造就君权的神圣性和臣民的奴才性;后者则旨在取消人的基本权利,也就取消了社会的公平公正。如此,道德成了保护专制独裁政治权力的意识形态说词和侵犯人的基本权利的枷锁。

以舜帝明德为内涵的文化叫舜文化,其本质属性为道德。这是对的。但这里讲的道德是广义的道德,其真正含义是政治伦理。既然如此,它必然存在伦理的制度化和制度的伦理化两个内在互动过程。所谓伦理的制度化,是指舜帝德治获得官方尊崇的地位后,逐渐形成典籍的经典化、舜帝圣人化、忠孝的制度化等一系列制度化的过程;而作为制度的伦理化,一方面指德政、王道政治追求都转化成伦理意识形态;另一方面,政治权力操纵舜德经典的解释,并将此解释作为政治合法性的理论根据。经历了这种长期的互动过程之后,舜文化遂形成了家庭伦理与国家伦理、政道与治道、价值法则与事实法则、应然与实然融合一体的政治伦理属性。

这一属性深刻地渗透到中国政治法律体系中,同时也积淀为一种民族的文化——心理结构,并凝结在人们的思维方式和生活方式之中。由此可见,舜文化是中华文化的源头。

认清舜文化的本质属性,我们既要看到中国的政治伦理是一种有别于西方的争取社会和谐和人的自由的理想探索;又要看到,它在被阐释的过程中掺入了封建社会的诸多思想杂质、谬见,加上其本身未能划清伦理学与政治学的界限,淡忘舜帝"人心惟危"的训导,政治制度性设计和建设被空洞的道德话语所取代,以"圣王合一"掩盖"君权神圣",其结果造成了兴替周期率不断。明于此,我们在对其进行创造的转化时,才不致陷于迷误或作无谓的空谈。

舜文化的本质属性是从它的根部产生出来的,这"根"就是元道。舜文化的核心价值是中和之道。"天人合一""中庸之道"是其完整表述。从"神人以和"到"天人合一",从"人心惟危,道心惟微,惟精惟一,允执厥中",到中庸之道,中和之道几乎成了政治伦理的灵魂。儒家言天、人、合三分法,它成了中国人的思维结构。"中"的含义之精微也彰显了中国人的体悟、隐喻思维方式,而有别于西方的实证、逻辑思维方式。儒家用三分法来表述性命天道、人伦物理及至修齐治平的各种道理。道家主张"天地与我并生,而万物与我为一"(庄子《齐物论》)。可见,元道囊括了中国哲学的思维结构和方式。不仅如此,它统领了舜文化的三个维度:人与自然、人与人、人的身心。例如,用中道达成天人和谐,中国人认为人与天的关系是一种内在关系,人与万物是一气贯成的。人不仅能超出一己之私,而且能超出人类之限,浑然与天地同体;用中道于民于国,便有"以他平他""和而不同""审时度势"等一整套治国安邦的大智慧;用中道于人性涵养,便强调人的"自觉",孔子的"修己以安百姓",讲人只有践覆"仁"才能合天道,孟子讲"内圣外王",宋明理学发挥舜帝上述十六字心传,也强调心性、命运由天而成,或者说,天就在人的心中,人就在天的体中。于是,我们看到了道德产生的根源在于人的身心的统一。"道"就是规律、事理,是人的生存的最高理想。"天人合一"的实现是建立在一个根本的依据上,这个依据就是"道"。"道"是永恒不变的,成为支配中国传统的"预设"。儒家认为,人是按中道的要求完满地实现身心的合一(内圣),实现格、致、诚、正的修身路径,使其内在精神像舜帝的仁爱精神一样。再通过齐、治、平的实践路径,达到"天人合一"的境界。孔子说的"吾道一以贯之",正是这个意思。"德"则是人的身心、外内二者形成、转换、合一的结果,二者结合起来,就是循道而有所得,称之为道德。

天人合一、中庸之道,虽然悬置了主观与客观、理性与知性的界限,但它蕴含了对人的终极关怀和形上沉思,包含了治家治国的对治之策,富有深广的阐释空间,它是人类一种高超的诗性智慧,一种更深广意义的科学。对之作深入的研究,创造的转化,必定能为构建社会主义和谐社会,为人类的进步和发展提供宝贵的文化资源和精神财富。

由于人分等级与"人是目的"的大真理相抵触,加之上述之"经"被独裁者及其歪嘴和尚(犬儒)念歪了,遂形成了本文开头所说的两大特点,使这种宝贵的文化资源和精神财富未能实现真正的创造转化。因此,中国传统道德向现代转化,亦即在传统基础上推进现代社会道德建设,都得从政治制度上入手。这是因为,民主制度不立则人权不彰,人权不彰则道德之根本无存,结果,公共话语规范宏大,社会道德则日渐虚无。这是被各国历史,包括强制或非强制乌托邦实验史所证明了的铁的规律。

我们生活的时代是一个愤激而战栗的时代,世事捷变,欲望巨涨。对于那些民主制度仅仅是一种理想而非现实的国家而言,对于既无宗教信仰,又无"赞叹与敬畏"充溢的心灵,亦即无价值关怀的大量芸芸众生而言,物质财富快速增长而精神却无处安顿,训诰规定愈是多于牛毛而道德则愈是缺失。面对这个时代,一个快要走完人生旅途的老人,最想说的话,恐怕就是康德说过的这句话了。他曾说:"有两样东西,我们越是持久而深沉地思考着,就越有新奇和强烈的赞叹与敬畏充溢我们的心灵:这就是我们头顶的星空和我们内心的道德律。"人有此心,则精神有安顿处;人有此理,则道德有了根基。

(原载 2011 年第 7 期,作者单位:湖南科技学院)

舜文化核心价值观及其现实意义

✳ 陈仲庚

一 文化"固本"与舜文化之历史价值

弘扬传统文化，是我们当前所面临的重要任务。但"弘扬"绝不是单纯的文化挖掘和文化继承，而是固本与开新的辩证统一："固本"是从文化传统的精华出发，"开新"是从现实需要出发，二者的结合，也就是文化建设的目的所在。

要"固本"就得找到"本"之所在。中国文化源远流长，博大精深，要追索其渊源，探究其精髓，无疑要到被称为"中华人文先祖"的舜帝那里去寻找答案，或者说，舜文化就是中国文化的"本"之所在。《史记》称："天下明德皆自虞帝始。"因为中国传统文化主要是一种伦理政治文化，所以这一句话其实包含了两层含义：一是反映了上古农耕文明由萨满（巫）政治向德治政治的转型；二是说明了由舜帝所奠定的文化传统——中华道德文化的主流特征。

道德当然不是由舜帝所首创，它是人类文明发展到一定阶段的产物，舜帝的贡献在于，他极大地丰富了道德的内涵，将其发展成道德与政治二位一体、个人奋斗与国家治理二位一体的治国模式，也许这一模式是由春秋战国之际的文人们总结出来的，但舜帝作为一个终身践履者和推行者，其首创之功是不能被抹杀的。舜帝是通过自己的亲身实践树立榜样，以使德性、德行、德治被众人明了，或通过潜移默化影响众人，或通过教化让众人接受，最终促使大家身体力行，实现天下为公的世界大同。这是舜文化之历史价值所在。

二 舜文化核心价值观的理论范畴与实践路径

舜文化核心价值观主要有"诚""孝""中""仁""和"等范畴，将这些理论范畴与政治实践结合起来，体现在个人奋斗与国家治理的共同目标中，就是儒家所总结的"修身、齐家、治国、平天下"的实践路径。

（一）"诚"以修身

在舜文化核心价值观中，"诚"是最基本的一个范畴，既是政治实践的起始点，也是其理论体系的建构基础。

《尚书》记载，舜帝不仅把帝位让给了大禹，还把治理国家的"十六字心传"授予他："人心惟危，道心惟微，惟精惟一，允执厥中。"这一段话的关键是"允执厥中"，《说文》云："允，信也"，"信，诚也"，也就是说，在国家治理中必须诚实、诚信地坚持"中道"，才能保证"人心"平和，社会平稳。《尚书·舜典》云："命汝作纳言，夙夜出纳朕命，惟允。"这里的"惟允"，既是舜帝强调自己的"政令"要讲诚实、诚信，也要求别人在"出纳"（传达）时也必须讲诚实、诚信。可见，在舜文化中，"诚"是特别重要的一个范畴。

什么是"诚"？儒家有过不同层次的解释。首先，作为道德内涵的"诚"，主要是指诚实守信，这也就是孔子所要求的"言必信，行必果"（《论语·子路》），"听其言而观其行"（《公冶长》）。其次，作为哲学内涵的"诚"，主要是指天道与人道的自然真实性。《中庸》说："唯天下至诚，为能尽其性。能尽其性，则能尽人之性；能尽人之性，则能尽物之性；能尽物之性，则可以赞天地之化育；可以赞天地之化育，则可以与天地参矣。"所谓"尽其性"，就是充分地显现自然本性，人与物都有这种自然本性，而且是相通的，因而人只要能"尽其性"，就可以与"天地参"，就可以做到"天人合一"。人如何才能做到"尽其性"？其前提是树立"素位而行"的生活态度："君子素其位而行，不愿乎其外。素富贵，行乎富贵；素贫贱，行乎贫贱；素夷狄，行乎夷狄；素患难，行乎患难。……上不怨天，下不尤人。"（《中庸》）"素"是指平易、平常，"素位而行"也就是用平易、平常之心来对待自己所处的地位，从实际出发，做自己本来该做的事情。富贵者应该以富济贫，贫贱者应该安贫乐道……在上位的人不能欺凌于下，在下位的人也不必攀援于上，各人都要严正地要求自己而不必求于他人，做到不怨天不尤人，这就是真实自然的人生。

（二）"孝"以齐家

舜帝在年轻时以"孝"著称于世，他在"父顽、母嚚、弟傲"乃至"皆欲杀舜"的险恶环境中，仍能做到"顺适不失子道""欲杀，不可得；即求，尝在侧"（《史记·五帝本纪》），这确实体现了他以"孝"齐家、以"孝"兴家的韧性与智慧。舜帝之

"孝",与后世所说的"父要子亡子不得不亡"的愚孝是有天壤之别的,因为他的目的是以孝去感化父母兄弟,他的宽容和忍让是为了求得家庭的和睦,而不是以"死"去博得孝名。所以,舜帝行孝是求"实",而不是求"名"。同时,我们从舜帝之孝中还可以悟出一个道理:清官难断家务事,家庭矛盾是很难用理性的分析去判别是非曲直的,家庭成员之间的宽容、忍让与谅解,乃是化解家庭矛盾的最好办法。舜帝对此深有体会也深谙此道,所以他在践帝位之后极力推行"以孝治天下",孝道行则家和,家和则社会和、国家和、天下和。应该说,人类社会只要有家庭这个社会细胞的存在,舜帝的孝道就有它的永恒价值,因为以孝求"和""家和万事兴"应该是人们协调家庭关系的一个永恒主题。

(三)"中"以治国

舜帝特别强调国家的治理要"允执厥中"。"中"的涵义是什么?《说文》云:"中者,别于外之辞也,别于偏之辞也,亦合宜之辞也。""别于外"是指"中间、中心","别于偏"是指"中正、中和",其运用效果则是"适宜、恰当"。《论语·尧曰》:"尔舜,天之历数在尔躬,允执其中,四海困穷,天禄永终。"《中庸》亦云:"舜好问而好察迩言,隐恶而扬善,执其两端,用其中于民。"清华简《保训》篇记载周文王的遗言云:"昔舜旧作小人,亲耕于历丘,恐求中,自稽厥志,不违于庶万姓之多欲。……测阴阳之物,咸顺不扰。"综合这些文献的记载,可以归纳为三层意思:其一,治国的要领是诚实、诚信地坚持"中道";其二,用"中"的方法是先把握"过"与"不及"的两极,然后选择最为中正、适宜的原则去做;其三,用"中"的目的是以民众的需要为准的,既要解除"四海困穷"的物质困境,也不能违背庶民百姓的愿望,以消除"人心惟危"的精神危机,还要顺从于客观事物的阴阳变化。其效果就是要让民众生活富裕、心境平和、物产丰富。

从根本上说,"允执厥中"所追求的不偏不倚、无过无不及,其实就是为了保证一种适度的平衡。这种平衡体现在多个方面:就个人而言,既指性格的平衡(如"直而温,宽而栗"),也指心态的平衡(如"乐而不淫,哀而不伤");就社会而言,既包括物质需求的平衡,也包括精神需求的平衡;就人与自然的关系而言,既体现在尊重客观事物阴阳变化的规律上,也体现在对规律的掌握和适度利用上。总而言之,坚持"中道"的目的就是要让个人的心境平衡、社会的需求平衡、自然的生态平衡。实现了这三大平衡,也就实现了天下大治、国泰民安。因此,"中道"既是一种方法论,也是一种目的论,它贯穿于修、齐、治、平的全过程,是核心中的核心。

(四)"仁"以平天下

天下大治是治国的基本目标,其最高目标则是实现天下为公的太平盛世,这就需要治国之君能够诚实地树立"仁"的理念并能诚信地践行之。

《礼记·礼运》篇曾盛赞尧舜时代是"天下为公"的"大同"世界,但篇中只是列举了"公天下"与"家天下"的不同现象,并没有分析其中的思想缘由。《郭店楚墓竹简》中有一篇《唐虞之道》,对此作了说明:"唐虞之道,禅而不传。尧舜之王,利天下而弗利也。禅而不传,圣之盛也。利天下而弗利也,仁之至也。"在这里,"禅"与"传"是对立的,尧舜是"禅而不传",其基础则是"利天下而弗利(家)",这显然是"天下为公"的表现。与"禅"对立的"传"虽弃而不论,但意思很明白,"禅"是让他人,"传"则是传给自家人,是"天下为家"的表现。其次,在道德范畴上,篇中标举了"圣、仁"二德,"圣"是"禅而不传",是外在的行为表现;"仁"是"利天下而弗利(家)",是内在的思想修养。因此,"圣"也可以说是"仁"的表现形式,二者的结合,才构成一个完整的道德范畴,这也正是舜文化德性、德行、德治理念的体现。

舜帝利天下而不利一人的胸怀,表现出天下为公的崇高思想境界。舜帝的一生,不仅建立了以仁、孝、诚为内核的公众伦理,而且自己率先垂范,以身作则。他的"禅让",正是"权为国之公器"仁爱思想的最好体现,也是"权为民所用,情为民所系,利为民所谋"的最佳范例。

(五)"和"以育万物

舜帝开创了"乐教"传统,所谓"乐教",其作用不仅能使年轻人(胄子)形成好的秉性和人格,还能实现"神"与"人"的和谐相处。舜帝为什么这么看重乐教呢?这与有虞氏的世职恐怕是有关系的。《国语·郑语》载:"虞幕能听协风,以成乐物生者也。"这里的虞幕即是舜帝的祖先,这句话的意思按照韦昭的注释是:"协,和风也,言能听知和风,因时顺气,以成育万物,使之乐生。"可见,作为乐官的虞幕,其职守不仅仅是精通音乐,还要能听出和风的到来,以助生万物,这就与当时的农业生产联系了起来。而协风的到来,正是一年春耕生产的开始,也是一年收成的希望所在,可见乐官职守的重要性了。

虞幕听协风,与"礼仪之邦"有何联系呢?《国语·周语上》称:"先时五日,瞽告有协风至,王即斋宫,百官御事,各即其斋三日……""瞽"为乐官的职衔名,也就是说,在瞽告知协风到来之前五日,王与百官就要进行斋戒并举行隆重的礼仪;这种礼仪,要按照等级秩序从王到百官再到庶民有条不紊地进行,在仪式的进行当中,还会伴有相应的音乐,庄严肃穆的仪式相伴优美动听的音乐,有利于驱除心头的杂念,形成统一的思想感情,进而形成和谐有序的局面。因此,如果说舜帝的祖先从虞幕到瞽瞍所重视的是音乐与"协风"亦即与农业生产的关系,到了舜帝这里所重视的则是"乐教"与人格培养、与和谐的政治局面的关系。《吕氏春秋·察传》称:"夔于是正六律,和五声,以通八风,而天下大服。"这里的"八风"显然已不是指自然之中的协风,而是指四面八方的民风民情;夔通过音乐教化——自然还要配合相应的礼仪仪式,宣扬舜帝的德性、德行和德治理念,于是使"天下大服",实现了和谐如一的天下大同。后来的儒家将这一传统发扬光大,奠定了中国作为礼仪之邦的地位。

以乐教的形式来培养人格,并进而开创和谐的政治局面,这正是今天的审美教育所应该继承的传统。马克思曾指出:"人的类特性恰恰就是自由的自觉的活动",而这种"自由自觉"的体现是"人也按照美的规律来建造",这也就是人与动物的根本区别。从根本上讲,人的生存也就是一种审美生存,"人的自由全面发展"也就是在审美状态下全面发展。因此,现代意义上的审美教育,就是充分运用审美的巨大感染力来陶冶人的心灵,启迪人的智慧,愉悦人的身心,塑造完美的人格,从而促进人的全面发展,并进而促成和谐社会建设的成功。

三 巴黎"警语"与舜文化之现实意义

1988 年,世界诺贝尔奖获得者在《巴黎宣言》中发出"警语":"人类要在 21世纪生存下去,必须回到 2500 年前,去孔子那里寻找智慧。"此话的最后一句应改为:"去舜帝那里寻找智慧。"改动后的表述才更为准确、妥当。因为孔子是"述而不作",不过是"祖述尧舜",主要是复述舜帝的智慧。只有舜文化才是中华民族道德文化的真正源头,几千年世代相传、根深叶茂地屹立于中华大地。中华民族本是由众多民族组成的,由于舜帝推行的道德教化,形成了空前的民族团结,这就是舜文化所形成的民族凝聚力。

巴黎"警语"也在提醒我们:中国的救国图强,经过了百余年向西方学习的政治实践以后,现在需要进行回顾总结,需要更多地从中国原有的文化遗产中寻找思想资源;而舜文化作为从无阶级社会向阶级社会过渡时期的产物,与中国当代社会具有更多的相似性,因而更具有借鉴意义。从文化建设的角度讲,归根结底是要改造人的世界观,而世界观改造的核心又是价值观的更新;舜文化核心价值观,恰好可以从理论和实践两方面给我们提供有效的借鉴,尤其是对我们正在建设的中国特色社会主义核心价值观,更有直接的借鉴意义。这既是固本,也是开新,是舜文化之现实意义所在。

(原载 2013 年第 2 期,作者单位:湖南科技学院)

追寻湖南精神:舜文化及其当代价值

✳ 曾长秋

最近,湖南省上上下下在讨论和提炼湖南精神,无疑是湖南人文化自觉的体现。此时出来提炼湖南精神,无疑有其现实意义。湖南的文化资源非常丰富,创造了世人称道的湖湘文化。对于湖湘文化的源头,有人认为起源于船山之学,也有人认为起源于周敦颐的理学,还有人认为起源于岳麓书院的创设。我认为追寻湖湘文化的源头,还得从湖南上古时代的舜文化说起。舜文化的当代价值,就是孕育了湖南精神的内涵。

一

在历史上,湖南本来是偏居一隅的,被古代中原人视为蛮荒之地。《左传》中描述楚人祖先"筚路蓝缕,以启山林"。"筚路蓝缕""倔强霸蛮""坚韧不拔""奋发图强"等,都可以认为是对湖南人特征、气质或精神的某种表述。同时,湖南人也被北方同胞称为"南蛮",指的就是这个地区落后,人们有一种倔犟的精神。其实,"霸蛮""骡子""辣子"只是湖南人性格的描述,而且它也有固执蛮干、不讲道理的一面,我认为并不适合做湖南精神。

真正的湖南精神是什么?是敢为天下先的精神,是以天下为己任的精神,是在全国第一个站出来承担民族责任的精神。杨度写道:"我本湖南人,唱作湖南歌。湖南少年好身手,时危却奈湖南何?……中国如今是希腊,湖南当作斯巴达。中国将为德意志,湖南当作普鲁士。诸君诸君慎如此,莫言事急空流涕。若道中华国果亡,除非湖南人尽死……"这才是湖南精神的真正精髓,这才是近代以来湖南英雄辈出的原因。

湖南人的"天下意识"由来已久了,根据常德城头山古城、道县玉蟾岩古稻种、怀化洪江的高庙等考古发现,湖南也是中华文明的发源地之一。鼎的发现最早在城头山,才有"问鼎中原"一说,南蛮祖先蚩尤与黄帝争夺天下,楚国与秦国逐鹿中原,都是惊天动地之举。湖南人在某些历史时期也相当保守,一旦睁眼看世界,认准了某种真理,往往能开风气之先。蔡元培在《论湖南的人才》一文中写道:"湖南人性质沉毅,守旧固然守得很凶,趋新也趋得很急。湖南人敢负责任。"从魏源睁眼看世界,到曾国藩、左宗棠开启洋务运动,到谭嗣同舍身变法,到黄兴、宋教仁、蔡锷为民主共和流血,再到毛泽东、刘少奇、任弼时领导共产党创立新中国,塑造了湖南人虽身处一隅却在思想和行为上走在世界前面的果敢形象,也赋予了湖南人经世致用的色彩。

我认为,湖南精神可以用"心忧天下,敢为人先,经世致用,自强不息"16字来表述。这16个字的内涵,在湖南上古时期形成的舜文化那里就可以找到源头。舜文化即舜帝身体力行所创造的道德文化,反映了我国上古舜帝时期人们社会生活中精神行为的规范,它是一种原生性的道德本体文化。舜以"德"著称,他所处的时代是人类社会从蛮荒走向文明的过渡时期。中国古代思想家都给舜极高的评价,《尚书》说"德自舜明",《史记》说"天下明德皆自虞舜始"。我们今天所说的以舜为代表的道德文化,与以农耕文化为内涵的炎帝文化、以政体文化为内涵的黄帝文化,共同构成了中华源远流长文化史上的三座里程碑。

任何文化的产生都离不开当时的历史环境和社会发展状况,在舜文化出现之前,黄土高原的华夏集团与东海之滨的东夷集团已经融合。也就是说,作为中华民族主体的炎、黄民族的融合已经完成。部落联盟的体制在沿袭了数千年之后,国家初步形成。作为个体的人,开始走出以氏族公社为单位的小社会,进入了由部落联盟——诸侯国组合起来的"古国"大社会。因此,需要有一种人们能接受和遵守的准则,才能维护诸侯国之间和人与人之间的关系。作为诸侯国联盟首领的舜,身体力行地创造、想方设法地推行使整个社会都遵守的道德规范,成为人进入文明发展阶段的重要标志。

二

对舜文化内涵的认识,人们局限于"舜孝感动天"的故事,而对其他事迹知之较少。其实,舜文化包含了中华传统道德的各个方面。主要可以概括如下:

家庭道德。相传,舜的生母早逝,其父瞽叟娶后母生了弟弟象,父亲及后母和弟弟三番五次的虐待和陷害,并想杀害舜。舜却始终以人子之礼孝事父母,友爱弟弟,其孝行感动了苍天,最终感化了父母,舜也因此被列为中国古代的"二十四孝"之首。除个人讲究孝行之外,舜履帝位以后,命"敬敷五教",即推行父义、母慈、兄友、弟恭、子教的五常教育,不但在当时创造了百姓家庭的和睦生活,而且这一家庭伦理道德标准至今仍被人们推崇。

职业道德。舜还是一介平民时,一直身体力行去创造和推行良好的社会公德。这也是他赢得尊敬,名声远播,终被举荐于尧作为帝位继承人的重要原因。他在历山(今济南千佛山)耕种时,把肥沃的土地让给他人;他在雷泽打渔时,把丰产的渔场让给他人。他除从事农耕、渔猎以外,还从事过手工业生产,也经过商。无论"陶于河滨""作什器于寿丘",还是经商于负夏,都能够做到以诚待人、童叟无欺,绝不唯利是图。他的行动也影响了周围的群众,大家都愿与他为邻,同村而居,所到之处"一年成聚,二年成邑,三年成都"。

政治道德。舜继位执政以后,推行清廉施政:在用人上,"举八恺、用八元","流逐四凶";在决策上,"辟四门,明通四方耳目""命十二牧论帝德,行厚德,远妄人";在民族问题上,"舞干戚于三苗",即以音乐舞蹈艺术去感化、教化三苗民族;在接班人的人选上,以"利天下,而不利一人"观念,慎重选定被自己诛杀的鲧的儿子禹为接班人。舜为推行礼仪之教,设规立矩,宾四门,设五教,立五礼,五玉、三帛、二生一死贽,甚至服饰亦因人而异定制。这样做,在当时起到了告别荒蛮,提倡文明的作用,使人们行之有规、礼之有度。

以上介绍的仅仅是舜文化的伦理道德方面,如果挖掘舜文化的精神内涵,就可以发现更深层次的品格。什么是舜文化的精神内涵?我认为,舜帝精神是自强创新的进取精神和天下为公的忧患意识的融合。其中,自强创新的进取精神就是湖南人的"经世致用""自强不息"品格;天下为公的忧患意识就是湖南人的"心忧天下""敢为人先"品格。

我们从舜帝神话故事看,舜帝一生都在不断地追求创造。舜所到之处总是教人凿井,让人可离水而居,避免水患。时至今日,人们还习惯地把龙山文化时代的陶器称为"舜陶",就足以表明他为改进制陶工艺所作的贡献。经世致用、自强不息是湖南人的突出品格,例如:谭嗣同的诗作"万物昭苏天地曙,要凭南岳一声雷",号召湖南人挺立救国的前列。他放言无忌"冲决网罗",大声疾呼变法图强以救亡,在近现代思想史上产生了深远影响。"敢上九天揽月,敢下五洋捉鳖""为有牺牲多壮志,敢教日月换新天",毛泽东的这些诗句,永远激励人们敢于除旧创新。湖湘文化原有"经世致用"的传统,注重读书治学与治理国家、解决国计民生问题相联系。经世致用是湖南人一贯的行事作风,湖湘学派的创始人胡宏提出"学,行之上也,言之次也,教人又其次也";岳麓书院山长张栻强调"学贵力行""贵实用而耻空言";王船山、曾国藩在治学上调和汉学和宋学,对西学有较多了解的郭嵩焘、曾纪泽皆称西方科学为"实事求是之学";毛泽东不但对实事求是作了辩证唯物主义的解释,而且将之提升到党的思想路线的高度。《易经》有言:"天行健,君子以自强不息。"自强不息是湖南人高昂的奋斗精神和牺牲精神,最早提出"湖南人的精神"一语的当为陈独秀,他于1920年撰写了《欢迎湖南人底精神》,盛赞王船山"是何等艰苦奋斗的学者",曾国藩、罗泽南等"是何等的扎硬、打死战",黄兴、蔡锷"是何等坚忍不拔的军人"。这里的"坚忍不拔"、不怕牺牲就是自强不息精神的写照。

天下为公是舜帝之魂,它作为中国传统道德的核心,集中体现了我国历史上的道德文化中崇尚群体的优良传统。《礼记》中的礼运大同篇写道:"大道之行也,天下为公",把尧舜的时代概括为大道推行的时代。后魏温子昇在《舜庙碑》中记载:舜帝时代是"大道御世,天下为公"的时代。"天下为公"中的忧患意识即"心忧天下",包含了忧国忧民的涵义。心忧天下是湖南人强烈的爱国情结,从屈原、贾谊的忧国伤时,到范仲淹写《岳阳楼记》的"先天下之忧而忧,后天下之乐而乐";从左宗棠的"身无半亩,心忧天下",到毛泽东的"身无半文,心忧天下",都一脉相承。辛亥革命前后短短15年间,湖南曾先后有陈天华、姚宏业、杨毓麟、彭超、易白沙等5位烈士为救国而蹈海投江! 这在全国其他省区是罕见的。湖南人"敢为人先"在中国近现代是出了名的,不愧为"惟楚有材,于斯为盛"的评价。从众多的湖南籍伟人、名人身上我们感受到一个共同点,就是敢于担当、敢为天下先。敢于担当、敢为人先既体现了"厚德载物、奋发图强"的民族精神,又体现了"改革创新、开放共赢"的时代精神。

挖掘湖南精神的内涵,可以从舜文化那里找到源头。那么,舜文化的当代价值是什么? 我国正处在继续深化改革开放的历史阶段,发展社会主义市场经济为我们继承和弘扬传统的道德文化提供了现实契机。可是,在推行改革开放、建设社会主义市场经济的过程中,也不可避免地遇到了一些新问题,如出现了拜金主义、极端个人主义、道德沦丧等不良现象,引起社会的普遍关注。要解决这些问题,关键在于加强思想道德建设,弘扬优良的传统文化,重建伦理道德标准。舜文化所包含的道德文化,与这一道德建设要求相适应,对净化和提升人们的道德水平,提升社会道德规范无疑是非常重要的。

毛泽东说过:"人总是要有点精神的。"人没有精神就缺乏动力,就会丧失斗志,有了精神就意味着成功的开始。在华夏五千年的文明进程中,三湘儿女承前启后、开拓进取,创造了辉煌灿烂的湖湘文化。今天的湖南,一方面要继承湖湘文化的经典内涵,一方面要铸造具有现代意识的"湖南精神"。湖南精神是湖南人创造的优秀湖湘文化的传承发展,是社会主义核心价值体系在湖南的具体体现,是湖南人共有的气质和追求。湖南精神是强省之魂,将给人以信心和力量,湖南精神将融化于发展与民生中,转化为动力和实力,谱写出华彩流溢的新篇章,我们必须打造好湖南精神。

(原载 2012 年第 5 期,作者单位:中南大学)

舜帝天下为公论

✳ 周甲辰

一

历史上的圣人大都被描述成"公心"的典范。如神农"养民以公",尧"公正无私",大禹为治洪水"三过家门而不入","文王之兼爱天下之博大也,譬之日月兼照天下之无有私也"等。舜则是其中最有影响力的一位。孔子说:"巍巍乎,舜禹之有天下也,而不与焉。"(《论语·泰伯》)由此可见孔子对舜帝公心的肯定与赞美。《礼记》的《礼运·大同》篇记载说:"大道之行也,天下为公。选贤与能,讲信修睦。故人不独亲其亲,不独子其子。使老有所终,壮有所用,幼有所长,矜寡孤独废疾者,皆有所养。男有分,女有归。货,恶其弃于地也,不必藏于己;力,恶其不出于身也,不必为己。是故谋闭而不兴,盗窃乱贼而不作。故外户而不闭,是谓大同。"这段话中提出了一个非常重要的范畴:天下为公。所谓"天下为公",最简明的解释就是"天下成为公共的"[1]。它代表着儒家最高的政治理想,而尧舜禹则是实现了这一最高理想的代表人物。后魏温子昇进而明确指出,舜帝时代是"大道御世,天下为公"(《舜庙碑》)的时代。

综观有关史料,我们认为,舜帝的天下之公主要表现在以下几个方面:

一是将天子之位视为天下人之公器。所谓"天下为公",首先是指天子之位非一家一姓之似私有财产,而应该为天下人所公有。汉代郑玄解释说:"公,犹共也。禅位授圣,不家之。睦,亲也。"(《礼记注》)唐孔颖达也说:"天下为公,谓天子位也。为公,谓揖让而授圣德,不私传子孙,即废朱、均而用舜、禹也。"(《礼记正义》)从这一意义上说,尧舜确实是"天下为公"的最大代表。司马迁记载说:"尧知子丹朱之不肖,不足授天下,于是乃权授舜。授舜则天下得其利而丹朱病;授丹朱则天下病而丹朱得其利。尧曰'终不以天下之病而利一人',而卒授舜以天下。"(《史记·五帝本纪》)舜不授位于己之子商均而授位于禹,也是基

27

于与尧一样的考虑。所以,郭店楚简说:"唐虞之道,禅而不传。尧舜之王,利天下而不利也。禅而不传,圣之盛也。利天下而不利也,仁之至也。"(《唐虞之道》)《吕氏春秋》提出:"尧有子十人,不与其子而授舜;舜有子九人,不与其子而授禹,至公也。"(《吕氏春秋·去私》)关于尧舜禅让的真实性早在先秦就已引发激烈的讨论,直至今日学界仍没有得出一致的结论。但是,不管这一传说是否符合史实,它的内在实质究竟是什么,它所产生的深远影响都是不争的事实。

二是将天子之权视为天下人之公权。"天下为公",同时也意味着"天下,非一人之天下也,天下人之天下也"(《吕氏春秋·贵公》)。帝王作为最高统治者,所掌握的是公共权力,"得其道则民辅,失其道则民去之"(王禹偁《小畜外集》卷十一),因而他不能随心所欲,而必须"以公灭私",以公心待天下之人。舜帝的伟大就在于他能正确对待和使用手中的权力。其成功之处主要有三点:一是能广开言路,择善而从。舜任命龙担任纳言一职,"听下言纳於上,受上言宣於下";舜制定了五年一巡狩的制度,定时实地考察民情民意;舜"辟四门,明通四方耳目","命十二牧论帝德,行厚德,远佞人",同时还设立了诽谤之木,广泛征集批判性的意见,以观得失。可见,舜帝的统治是非常民主和开明的,普通百姓民主管理和民主参与的权力得到了充分尊重。二是奖善罚恶,无偏无党。舜"不赏私劳,不罚私怨"(《左传·昭公五年》),他处罚四凶,举用"八凯""八元",都是严格按法律和制度办事,从而维护了社会的公平与正义,营造了良好的社会风气。三是选贤任能,实现了"诸侯、公卿、大夫之位,灼然与天下共之"(孔颖达《礼记正义》)。他提拔禹、契、皋陶、垂、益、伯夷、夔、龙等有才能、有德行的人,并按照每个人的专长安排职位,使得"男有分,女有归"。对此,商鞅曾说:"故尧舜之位天下也,非私天下之利也;为天下而位天下也,论贤举能而传焉。"(《商君书·修权》)在舜的统领下,每个官员都能尽心尽力为百姓办事,从而提高了统治水平,维护了政权稳定。

三是将天子之勤视为天下人之共需。"天下为公"所蕴含的另一层意义则是"惟以一人治天下,岂为天下奉一人"。《尚书·泰誓》提出:"天佑下民,作之君,作之师。惟其克相上帝,宠绥四方。"这就告诉我们,上天使一个人登上帝位,不是为了让他尽赏天下的财富,而是为了更好地治理天下,造福民众。因此,身居帝位的人不能只贪图一己之享受,而必须尽职尽责,辛勤工作,努力去实现全社会"老有所终,壮有所用,幼有所长,矜寡孤独废疾者,皆有所养"的理想目标。《淮南子》在历数神农、尧、舜、禹、汤的政绩之后说:"此五圣者,天下之盛主,劳形尽虑,为民兴利除害而不懈。……且夫圣人者,不耻身之贱而愧道之不行,不忧命之短而忧百姓之穷。"由于忧劳百姓,所以,"神农憔悴,尧瘦臞,舜霉黑,禹胼胝"(《淮南子·修务训》)。事实上,在尧舜时期,担任帝王确实是一件非常劳累辛苦,而且很不自由的工作。唐人李鼎祚《周易集解》曾经指出:"尧舜一日万机。"《国语·鲁语上》更是记载说:"舜勤民事而野死。"

以上三点构成了舜帝天下为公的基本内涵,其高尚的政治品格激励了无数仁人志士,他们提出了许多胸怀天下、造福黎民的名言,成为中国文化史上最亮丽的一道风景线。比如,"夙夜在公";"公家之利,知无不为";"临患不忘国";"国而忘家,公而忘私";"圣人不利己,忧济在元元";"先天下之忧而忧,后天下之乐而乐";"天下兴亡,匹夫有责"等。"天下为公"也是孙中山先生的主要政治观念之一,他终其一生不忘躬行,从而使这一观念在近代以来得以进一步发扬光大,深入人心。

二

舜曾认为,"不得乎亲,不可以为人。不顺乎亲,不可以为子"(《孟子·离娄上》),他对父母兄弟存有超乎寻常的爱,而且这种爱经受了一次又一次考验。作为统治者,舜曾大力倡导"五教",即"父子有亲,君臣有义,夫妇有别,长幼有序,朋友有信"。在"五教"中家庭道德占据了三项,构成了舜帝道德体系的核心内容。更为重要的是,在舜那里,孝悌远远高于其他道德价值,当孝悌与其他道德价值发生冲突时,舜就会毫不犹豫地维护孝悌。舜在治理天下时,重用"八恺""八元",处罚"四凶",赏罚严明,但在面对自己父亲和弟弟的时候,却要徇情枉法。孟子说:"尧舜之仁,不遍爱人,急亲贤也。"桃应问孟子,如果瞽瞍杀人,舜应该如何处置呢?孟子认为,舜应该先依法把瞽瞍关起来,然后"窃负而逃,遵海滨而处,终身䜣然,乐而忘天下。"(《孟子·尽心上》)由此可见,以孝悌为核心的家庭道德在舜的道德体系中也占据着极其重要的位置。正因为如此,孟子说:"尧舜之道,孝悌而已矣。"(《孟子·告子下》)

孝悌属于家庭伦理范畴,以血缘关系为基础,具有私人性和闭合性。天下为公属于政治伦理范畴,以公共利益为基础,具有公共性和开放性。前者所影响的是单个的家庭,但却为全体社会成员所共同遵循;后者影响到整个社会,但却只应为少数社会成员所遵循。可见,个人的家庭美德与统治者的政治品格并不是一回事,二者存在着诸多差别。但是,在有关舜帝的史料与传说里,个人的家庭美德与统治者的政治品格却存在着必然联系,其内在精神是相通的。个人加强道德修养的起点与基础是家庭道德,其旨归却在参与政治,具有高尚的政治品格,而且通过一个人的家庭道德完全可以推导出他的政治品格。四岳举荐虞舜的理由是:"瞽子,父顽,母嚚,象傲,克谐。以孝烝烝,乂不格奸。"(《尚书·尧典》)这就说明,在四岳看来,一个人只要具有了高尚的家庭品德,也就具有了治理天下的基本素质。郭店楚简记载说:"尧之举舜也,闻舜孝,知其能养天下之老也;闻舜弟,知其能嗣天下之长也。"(《唐虞之道》)这里不仅指出了尧选拔舜的直接原因是舜具有孝悌的品德,而且还更进一步阐明了以孝悌为标准来选拔人才的理由,因为将孝悌的品质推移到政治生活中,就能善待和尊重普天下的百姓。基于此,儒家思想一直将孝悌品德与治国、平天下的政治行为联系在一起。《周易》指出:"家人,女正位乎内,男正位乎外,男女正,天地之大义也;家人,有严君焉,父母之谓也;父父、子子、兄兄、弟弟、夫夫、妇妇,而家道正,正家而天下定矣。"(《易·家人卦》)孔子曾说:"《书》云:'孝乎惟孝,友于兄弟,施于有政。'是亦为政,奚其为为政?"(《论语·为政》)《礼记·表记》也十分清楚地论述了孝悌之道和治理天下的关系:"《诗》云:'凯弟君子,民之父母。'凯以强教之,弟以说安之。乐而毋荒,有礼而亲,威严而安,孝慈而敬。使民有父之尊,有母之亲,如此而后可以为民父母矣。"由此出发,儒家的思想文化明显呈现出两大倾向:

一是道德问题政治化趋向。在儒家那里,道德问题与政治问题是很难分开的。儒家提出了内圣外王的人格理想和圣人为王的政治理想,在儒家看来,个人加强道德修养,目的就是为了当官,当更大的官,以推行仁政,造福于民。所谓"修己以敬""修己以安人""修己以安百姓"等,其意义也就在于此。从这层意义上说,儒家的道德文化实质上是一种政治伦理,是面向少数人,为培养政治精英服务的。所以,有学者指出:"儒家伦理有十分确定的适用性,它的主体定位是一种精英定位。"[2]由此出发,儒家文化习惯于将自己所崇拜的政治人物神圣化,习惯于通过道德表现来选拔人才,习惯于由帝王或官僚来进行道德说教,习惯于对帝王及各级官僚进行道德评价等。同时,他们毫不留情地将无法进入统治集团的底层百姓和妇女排除到了道德教化之外。所谓"唯女子与小人,为难养也";"民可使由之,不可使知之";"刑部上大夫,礼不下庶民"等,所表明的也正是这一点。

二是政治统治家庭化趋向。在儒家文化那里,家与国始终是联系在一起的,家是最小的国,国是最大的家,"家国"与"国家"往往都是作为一个词在使用。人们习惯于用理家的思维来思考和评价国家的治理问题。帝王作为中国这个最大家庭的家长,是君父;所有百姓都是这个大家庭的成员,是子民。推而广之,全国每一个地方、每一个部门都可以看成是一个国,也可以看成是一个家,都有其父母官与子民,也都要实行家长制管理。家长制管理的基本特征是专制统治和公私不分,也正是中国古代政治的基本特征。由此也就引发了中国古代政治思想的一些重大矛盾,比如天下为公的政治理想与家天下管理思维的矛盾,一心为公的高尚官德与公私不分、公权私用的矛盾等。深入分析这些矛盾,有助于我们更好地了解和把握古代政治的特色与本质。

三

从舜帝传说出发,儒家所建构的道德体系,一端是家庭道德,一端是政治品格,二者是无可争议的重点。他们在从家庭道德跨向政治品格时,越过了一片十分辽阔的中间地带,这就是社会公德。当然,儒家并没有完全忽视这片开阔地的存在,但在他们看来,只要抓住了两端的重点并从两端出发,就应该能解决公共道德的建构问题。不过,事实证明他们的努力并不是成功的。

一是从孝悌美德出发建构社会公德。自有人类文明以来,社会生活中的每一个人都出自某个特定的家庭,都要处理与父母兄弟的关系,因而孝悌品德具有广泛的制约和影响力。但是,无论什么人又都得走出家庭,不同程度地融入到广阔的社会生活中去。因而,孝悌又不足以规范和制约人们全部的思想与行为。孔孟等儒家诸子当然明白这些道理。为了建构适用范围更广,能规范所有社会成员的公共行为与人际交往,他们便提出了推恩的思想,要求将处理家庭关系的道德准则移植到社会生活领域,用处理家庭关系的办法与思路来处理社会交往中的人际关系。孔子说:"教以孝,所以敬天下之为人父者也。教以悌,所以敬天下之为人兄者也。"(《孝经·广至德章》)孟子提出"老吾老以及人之老,幼吾幼以及人之幼",并说"故推恩足以保四海,不推恩无以保妻子"。(《孟子·梁惠王上》)朱熹提出:"长长当如何?'年长以倍,则父事之;十年以长,则兄事之;五年以长,则肩随之',这便是长长之道。"(《朱子语类》卷一一九)对此,有学者总结说:"公德者私德之推也,知私德而不知公德,所缺者只在一推。"[3]

通过推恩来建构社会公德,看似简单可行,其实却存在着严重的问题:它间接强化了家庭对于社会的优先地位,确立了家庭道德优先的原则。基于此,一个人首先应该尊重孝悌的准则,维护家庭利益,然后才能考虑维护公共利益,遵从社会公德。所以,儒家要肯定舜对弟弟象的分封,并认为舜为了袒护杀了人的父亲,应该"窃负而逃,遵海滨而处"。由此出发,管仲因有老母在堂,三战三走,他人不以为怯;在分财利的时候,管仲总要想办法使自己多得一点,他人也不以为贪。也正因为如此,在中国社会,为了家庭利益损害公共利益的现象屡见不鲜,家庭利益成了众多官僚贪渎腐败的主要动力。熊十力先生曾经指出:"家庭是万恶之源,衰微之本……无国家观念,无民族观念,无公共观念,皆由此……有私而无公,见近而不知远,一切恶德说不尽。"[4]刘清平先生认为,儒家思想由于"特别强调家庭私德对于社会公德不仅具有本根性,而且具有至上性,结果就使它所提倡的社会公德(仁)受到了家庭私德(孝)的严重压抑,而在二者出现冲突的情况下甚至还会被后者所否定"[5]。程立涛、苏建勇两位先生更是明确提出,私德外推即为公德的观点,忽视了公德生成的长期性、复杂性和规律性,是对私德与公德关系的一种简单化、表面化的理解。[6]

二是从"天下为公"的政治理想出发建构社会公德。由于景仰大舜高尚的品德,儒家试图将"天下为公"的精神移植到普通人的社会生活中,解决社会公德缺失的问题。儒家的核心范畴是仁,仁的基本精神就是公而无私、爱人和利他。孔子曾说:"心中物恺,兼爱无私,此仁义之情也。"(《庄子·天道》)孔子还说:"克己复礼为仁。"(《论语·颜渊》)可见,在孔子那里,仁与克制个人欲望、淡泊一己私利是密不可分的。发展到后来,便形成了"大公无私""公而忘私""毫不利己,专门利人"等思想。正因为如此,朱熹说:"公在前,恕在后,中间是仁。公了方能仁,私便不能仁。"(《朱子语类》卷六)冯友兰也指出:"仁义的本质是利他。"[7]

对此,我们认为,"天下为公"虽然是属于社会公德的范畴,但是,它完全不同于一般的社会公德,很难推之于全社会,因为古往今来,有志于治国平天下并得到了相应机会的人永远是有限的,以其作为全社会的道德规范不仅违背了"可普遍性原则",而且也存在用圣人的标准来要求和衡量普通人的嫌疑。同时它还与家庭至上、个人中心的价值观相矛盾。但是,儒家诸子却忽视了这一切。进一步看,"无私"作为一种价值观虽然是崇高而神圣的,是个人修养的理想境界,但我们只能憧憬、向往和追求这一境界,而不宜将其作为基本的道德规范来要求人,否则就会带来多方面的负面影响。首先,它可能导致人性异化。使得一些人为了达到至高境界而失去正常的人性与人情。其次,它可能导致人性伪善。一些人本来没有达到这一境界,但为了获取某种利益不得不伪装自己。再次,它可能会导致社会不公。舆论在倡导和鼓励一部分人无偿奉献的同时,也为另一部分人提供了白占便宜的机会。一心奉献的人合理权益遭受侵犯,占便宜的人理直气壮、道德沦丧,这反而污染了社会风气。孙隆基先生曾经指出:"往往越是提倡高入云端的'毫不利己,专门利人',就越不能消除随地吐痰、擤鼻涕、泼污水、丢垃圾、插队、随意碰撞人等缺乏公德的事,自然更无法防止'拉关系'、'走后门'等破坏国家体制的行为。"[8]正因为如此,学界在讨论儒家的公私观时一直存在截然不同的意见,有的认为儒家的基本倾向是以公灭私,大公无私;有的认为儒家讲究"亲亲互隐",有私无公。事实上,如前所述,儒家关于私德与公德问题的思考存在着诸多矛盾,需要我们深入分析和辩证地思考。

四

如前所述,在儒家的道德体系中,家庭以及以孝悌为核心的家庭道德占有极端重要的地位,因而,儒家所理解的社会关系,是以个人核心,从家庭出发,一步一步扩展开来的人际关系,在这种关系中远近亲疏的区别显得非常明显。费孝通先生在《乡土中国》一书中曾经提出"差序格局"理论。在他看来,我国的人际关系就像把一块石头丢在水面上所产生的一圈圈推出去的波纹。每个人都居于一个圈子的中心,他所建立的社会关系,就像水的波纹一般,一圈圈推出去,愈推愈远,愈推愈薄。儒家所理解的社会公德也是依据"老吾老以及人之老,幼吾幼以及人之幼"的原理,由家庭道德推恩而来的。在由家庭一步一步往外推时,同样也存在远近亲疏的问题,愈推愈远,愈推愈薄。因此,儒家所建构的社会公德与西方文化中的社会公德存在着很大的不同,在中国,"道德人情化""认人不认理""熟人好办事""规则随人变,亲疏不同理"等是非常普遍的现象。从本质上看,中国传统的社会公德完全是一种熟人伦理。一个人讲不讲道德,应遵从何种行为规范都要视环境与对象而定,在一个陌生的环境里,或者面对陌生对象的时候,中国人是很难接受道德约束的。《水浒传》中的李逵有好几回挥舞着两把板斧,从人丛中一路砍将过去,弄得血流成河。他所砍的因为全都是陌生人,所以他始终没有从道德的角度考虑行为的正当性,也很少受到他人的道德谴责。直到今天,中国仍有不少人"一方面是对陌生人———一般的他者——的坑骗、假冒、行贿、收买等等,另一方面则是对有'私人关系'者的特许、'睁一眼闭一眼'、偏护甚至合谋侵害他人等等。"[9]林语堂先生曾经指出:在中国社会,"一个家族,加以朋友,构成铜墙铁壁的堡垒。在其内部为最高的结合体,且彼此互助,对于外界则采取冷待的消极抵抗的态度"[10]。由此看来,儒家建立社会公德的努力应该是失败的。对此,中外学者多有评述。梁启超先生指出:"吾中国道德之发达,不可谓不早,虽然,偏于私德,而公德殆阙如。试观《论语》《孟子》诸书,吾国民之木铎,而道德所从出者也。其中所教,私德居十之九,而公德不及其一焉。"[11]叶文宪先生也说:"中国人并不是没有道德,我们有良好的私德,只是缺少一点社会公德而已。"[12]美国传教士明恩溥也曾将缺乏公共精神,"所有的人都认为,只要自己的个人财产不受损失,就不必去关心或者没有责任去关心公共财产"[13]视为中国人的基本素质之一。日本学者渡边秀方说:"当然中国人未必个个都是利己心很强烈的,不过一般看来,利己主义者是很多的,为公众为国家而献身的是寥寥无几。离了自利心、利己主义等观念,简直无法认识他们。他们充满着这么多的利己的材料,这是我们深以为憾的。"[14]

随着我国改革开放的不断深入和世界经济文化全球化时代的到来,中华民族的社会公德建设显得倍加重要与紧迫。结合前面的分析,我们认为,要想搞好社会公德建设,进一步提高全民族的道德水平,增强民族的凝聚力和竞争力,就必须突出抓好两项工作:一是确定社会公德的独立地位。伍雄武先生曾经指出:"当代一些人忽视家庭关系,把家庭关系看成是表面的、无关紧要的关系,是不对的。但是,中国古代把家庭关系视为社会最根本的关系,其他关系都是家庭关系的延伸和扩大,也是不对的,进而再把各种道德关系都归结为家庭伦理关系,特别是把政治关系归结为家庭关系,把政治规范归结为家庭道德规范,更是错误。"[15]事实证明,家庭生活与家族团体只能孕育出私德,要想培育社会公德,就得发展公共生活空间,重视公共意识和公共精神的培养。自古希腊开始,西方社会的社会公德一直是一个相对独立的体系,经过近代以来资产阶级革命的改革与完善,公民的权利义务非常明确,形成了成熟的契约伦理和公共精神,其经验完全可资我们参考与借鉴。二要弘扬平等自由的理性精神。关于怎样处理人际关系,孔子有两句名言,一是"己所不欲,勿施于人"(《论语·颜渊》);二是"己欲立而立人,己欲达而达人"(《论语·雍也》)。前者蕴含着对他人的理解与尊重,后者的出发点虽然很好,但是却有将自己的追求与爱好强加于人的嫌疑。《庄子·应帝王》中有一则关于混沌的寓言,内容是混沌生无七窍,倏与忽谋报混沌之德,日凿一窍,七日而混沌死。这一故事留给我们的启示应该是非常深刻的。更为重要的是,几千年来,中国人待人总要区别高低贵贱、远近亲疏,在公共生活与公共权力方面,不能对所有人一视同仁,这一观念若不加以改变,我们民族社会公德的健全与完善也就几无可能。

参考文献:

[1]王力.古代汉语:上册第一分册[M].北京:中华书局,1962:193.

[2]吾淳.儒家伦理的精英定位[J].上海师范大学学报(哲学社会科学版),2004,(3).

[3]沈善洪,王凤贤.中国伦理学说史:下册[M].杭州:浙江人民出版社,1984:795 – 796.

[4]郭齐勇.现代新儒学的根基——熊十力新儒学论著辑要[M].北京:中国广播电视出版社,1996:336 – 337.

[5]刘清平.儒家伦理与社会公德——论儒家伦理的深度悖论[J].哲学研究:2004,(1).

[6]程立涛,苏建勇."私德外推即为公德"吗? ——兼论梁启超的公德私德观[J].河北师范大学学报(哲学社会科学版),2007,(2).

[7]冯友兰.中国哲学简史[M].北京:北京大学出版社,1985:86.

[8]孙隆基.中国文化的深层结构[M].桂林:广西师范大学出版社,2004:192 – 193.

[9]廖申白,孙春晨.伦理新视点——转型时期的社会伦理与道德[M].北京:中国社会科学出版社,1997:35.

[10]林语堂(黄嘉德译).中国人[M].北京:群言出版社,2009:153.

[11]梁启超.梁启超全集[C].北京:北京出版社,1999:660 – 661.

[12]叶文宪.儒家伦理道德体系的缺失与社会公德的重建[J].苏州科技学院学报,2004,(2).

[13]明恩溥(秦悦译).中国人的素质[M].上海:学林出版社,2001:93.

[14]内山完造,渡边秀方,原惣兵卫.中国人的劣根与优根——日本学者眼中的近代中国[M].南昌:江西人民出版社,2009:152.

[15]伍雄武.家——中华传统道德之根[J].伦理学研究,2006,(3).

(原载2012年第5期,作者单位:湖南科技学院)

论舜帝廉洁的时代意义

✳ 潘雁飞

一　舜帝的廉洁是其廉政的基石,他启发我们
廉洁从政要具备高度的自我约束意识和自我约束能力

廉洁最早出现在战国时期伟大的诗人的屈原《楚辞·招魂》:"朕幼清以廉洁兮,身服义而未沫。"东汉著名学者王逸在《楚辞章句》中注释说:"不受曰廉,不污曰洁。"也就是说不接受他人的馈赠的钱财礼物,不让自己清白的人品受到沾污,就是廉洁。

如果说廉政是对外,是施于民,廉洁则是对内,是自身的纯洁。是保证廉政的人格基础,品德基石。舜帝的廉洁品格对今天的干部仍然具有榜样的力量。

舜帝的廉洁首先表现在其具有高度的自我约束意识,能够自律,自重,有自我约束的能力。舜帝出生的家庭环境不好,父亲、母亲、兄弟对他都不公正,甚至还多次加害于他。然而舜帝始终能对父母秉持孝心,对兄弟存留友爱之情。即便后来贵为天子,对父母还能够:"往朝父瞽叟,夔夔唯谨,如子道"。这正是隐忍与宽容的表现,是一种自重和自律。

今天的干部多是顺风顺水提拔上来的,多半不会有舜这样艰难家庭环境的考验了。然而现实的优越环境,权力的诱惑、金钱的诱惑、美色的诱惑却无时无地不在考验着我们的领导干部。领导干部能否自律自重,抗拒诱惑,就需要有非常人的自我约束意识和自我约束能力。

这种自律自重应与自我教育、自我修养结合起来。自律自重是靠人自身的自我修养完成的。刘少奇同志在《论共产党员的修养》一书中,借用了古人"修身养性"作为共产党人自我改造的形式,以"慎独""自省"等作为基本概念和范畴,把"党性"与"修养"相结合,达到了传统美德与共产党人高尚道德的和谐统一,形成了具有中国民族特色的党性修养理论。值得我们每一个共产党员、领导

干部认真学习领会。

谈到古人的"慎独",我们以为最有利于解决好个别领导干部表里不一问题。儒家"慎独"有两个方面的含义,一个是讲君子在个人独处的时候,小心谨慎地遵循道德的自觉。这种自觉,不因无人看见、听到而有丝毫的松懈,相反,倒因其无人所见、所闻而倍加慎戒;二是一个人在其意念发动之初,即便未见之行动,也要通过内心省察,看其是否合道中节。

孟子讲:"非仁无为也,非礼无为也。"曾子说:"吾日三省吾身。"《大学》两次讲到"君子必慎其独"。《中庸》开首一章就说:"是故君子戒慎乎其所不睹,恐惧乎其所不闻。莫见乎隐,莫显乎微,是故君子慎其独也。"曾子曰:"十目所视,十手所指,其严乎!"如何才能做到"慎独",儒家认为:一要摒除一切外物,而专事于内在心情的把握;二要"反求诸己",从个人的修身做起。如果这两方面做好了,那么慎独的功夫也就到了。

二 舜帝的廉洁是其廉政的基石,他启发我们廉洁从政要纯洁自我,从点滴抓起、从小事做起

舜帝是正心、修身、齐家、治国、平天下的典范。其治国平天下,便是从正心、修身、齐家这些自我心、自身行、家庭事等点滴琐事开始的。舜生活在"父顽、母嚚、象傲"的家庭环境里,父亲心术不正,继母两面三刀,弟弟桀骜不驯,几个人串通一气,必欲置舜于死地而后快;然而舜对父母不失子道,十分孝顺,与弟弟十分友善,多年如一日,没有丝毫懈怠。环境如此恶劣,舜却能表现出非凡的品德,处理好家庭关系。舜家境清贫,故从事各种体力劳动,经历坎坷。他在历山耕耘种植,在雷泽打鱼,在黄河之滨制作陶器,在寿丘制作家用器物,还到负夏做过小本生意,总之生计艰难,颠沛流离,为养家糊口而到处奔波。舜与两个妻子相敬如宾,夫妻琴瑟和谐。家庭不和睦,可以凭自己的人格使之和睦,人与人关系不和睦,可以凭自己的人格魅力使之和睦。这正是因为舜时时处处注意诚意修身,保持了自己人格的纯洁高尚,所以执政才会生廉,立威。

这正如孟子引《诗》所说的"刑于寡妻,至于兄弟,以御于家邦","言举斯心加诸彼而已"。可见舜帝有一个多么纯洁的人格,而且善于从身边事、家庭事做起,进而"推恩"至五湖四海。"

我们知道,事物发展变化是由量变到质变的渐进过程。堤溃蚁孔、气泄针

芒、绳锯木断、水滴石穿——这些话表明了一个道理,即事物的发展都有一个由小到大、由量变到质变的过程。领导干部增强廉洁自律意识,必须从点滴抓起,按照共产党员先进性标准严格要求,提高自我约束、自我管理、自我监督、自我完善的能力。因此,坚持廉洁自律、廉洁从政,要从小事做起。事实上,在每件小事上严格把好廉洁自律关,做到清正廉洁,就能拒腐防变,活得高尚和坦然,就能赢得人们的信赖和尊敬。

胡锦涛同志在中国共产党第十七届中央纪律检查委员会上的讲话反复强调了要保持党的纯洁性。他指出:"在新的形势下保持党的纯洁性,要坚持党要管党、从严治党。""要大力保持党员、干部思想纯洁""要大力保持党员、干部队伍纯洁","要大力保持党员、干部作风纯洁","要大力保持党员、干部清正廉洁"。[1]党员干部队伍的思想纯洁、作风纯洁,才能保证队伍纯洁,才能保证执政时候清正廉洁。

习近平同志在2012年春季中央党校开学典礼中再一次强调了党的纯洁性问题,他说"保持党的纯洁性,关键在党的各级领导干部。领导干部要时时、处处用党的纯洁性要求对照自己、检点自己、修正自己、提高自己,要求别人做的自己带头做到,要求别人不做的自己带头不做,以率先垂范的实际行动充分体现党的纯洁性。要自觉加强党性修养和党性锻炼,秉公用权、廉洁从政,坚决抵制拜金主义、享乐主义、极端个人主义,做到为官一任既要发展一方、又要始终保持清正廉洁。要增强主动接受监督的意识和依法依规保护监督的意识,自觉把自己置于党和人民事业所要求的各种监督之下。"[2]习近平同志在这里特别强调了党的纯洁关键在党员和党员领导干部自身的纯洁,特别是党员领导干部要"以率先垂范的实际行动充分体现党的纯洁性"。他要求党员干部处处用党的纯洁性要求对照自己、检点自己、修正自己、提高自己,就是要自律自重和自我反省,加强自我教育,以纯洁自己。

三　舜帝的廉洁是其廉政基石,他启发我们廉洁从政要注重对党员领导干部的教育和制度约束

史载舜帝任命夔为乐官,并负责教育弟子。他提出育人的目标:"直而温,宽而栗,刚而无虐,简而无傲。"(见《尚书·舜典》),这里除了人格、人性教育外,紧接其后《尚书·舜典》还记载有直指人的情感,陶冶人的性情的艺术教育:"诗

言志,歌永言,声依永,律和声。八音克谐,无相夺伦,神人以和。")就是说,做人要正直而温良,宽弘而坚毅,刚强而不暴虐,简易而不傲慢。换言之,就是人品要高尚正直,不奸不诈,做正人君子;要善良宽容,慈爱众生;要艰苦朴素、低调做人,不事张扬,不求名利,做一个纯洁的人。舜帝教育的方式和教育内容均是着眼于人性和人的全面发展,舜帝的目的就是为国家培养一大批正直纯洁的"后备领导干部"。

今天对全体党员,特别是党员领导干部加强党的纯洁性教育也就更加迫切。教育,是通过外在施教来影响人的认识、情感、行为以及施政的水平和公正性、合理性、科学性。

中国方正出版社出版的《领导干部廉洁从政教育读本》就是这种教育的一本很好的教材。这部读本的特点就在于抓住了人性二字来进行党性教育、纯洁性教育,其中专设"保持廉洁心理"一章,分别从培养廉洁心态、消除失衡心理、塑造健全人格来教育党员干部,可谓切中肯綮,入情入理。[3]因为领导干部的腐败,实质上是人性的扭曲。廉政教育,就是实施正确的人性教育,帮助干部树立正确的人生观、价值观,保持健康的人性、廉洁的心理,解决好"做什么人、怎样做人"的问题。[4]舜帝命令夔为乐官,所提出的育人目标不正是"做什么人,怎么做人的问题吗?"

当然,除了这重要的人性教育人格教育外,作为一个以"立党为公,执政为民"为出发点的执政党,也还要同时"加强理想信念教育、党性党风党纪教育和从政道德教育","大力加强政治品质和道德品行教育,促使党员、干部模范践行社会公德、职业道德、个人品德、家庭美德。深入开展示范教育、警示教育和岗位廉政教育,把培育廉洁价值理念贯穿于党员、干部培养、选拔、管理和使用的全过程"。[5]

另外,保持党员领导干部的廉洁性,制度约束也是不可或缺的一环。舜帝时代就建立起了较为系统的约束与警戒惩罚制度:"象以典刑,流宥五刑,鞭作官刑,扑作教刑,金作赎刑。眚灾肆赦,怙终贼刑。"孔颖达疏曰:"详其罪罚,依法用其常刑,使罪各当,刑不越法。用流放之法宽宥五刑。五刑虽有犯者,或以恩减降,不使身服其罪,所以流放宥之。五刑之外,更有鞭作治官事之刑;有扑作师儒教训之刑;其有意善功恶,则令出金赎罪之刑;若过误为害,原情非故者,则缓纵而赦放之;若怙恃奸诈,终行不改者,则贼杀而刑罪之。舜慎刑如此,又设言以诫百官曰:敬之哉! 敬之哉! 推此刑罚之事最须忧念之哉!"令勤念刑罚,不使枉滥也。"可见时的处罚习惯,将贪赃(墨)行为与劫掠(昏)杀人行为并列,一并处罚,体现了当时的社会已经注重对行政人员的整治和管理,严厉制裁渎职、贪污行为。同时又有论功升迁贬降的考核制度:"三载考绩,三考,黜陟幽明,庶绩咸熙。"意思是说官员任命三年后考核其功绩,经过三次考核历时九年。"黜陟幽明",业绩突出便升迁,业绩差者则清退。正因为这样,群官惧黜思升,各敬其事,所以官员们都努力敬业,勤政廉洁,均建有功业。

中共中央 2005 年 1 月印发的《建立健全教育、制度、监督并重的惩治和预防腐败体系实施纲要》中明确指出:建立健全惩治和预防腐败体系是党中央在新形势下对反腐倡廉工作做出的重大战略决策,也是一项建立健全惩治和预防腐败体系是一项紧迫而长期的任务。要"坚持教育、制度、监督并重。教育是基础,制度是保证,监督是关键。三者统一于惩治和预防腐败体系之中,相互促进,共同发挥作用。既要从严治标,更要着力治本,惩防并举,注重预防。"要"建立起思想道德教育的长效机制、反腐倡廉的制度体系、权力运行的监控机制,建成完善的惩治和预防腐败体系。"

王岐山同志在中国共产党第十八届中央纪律检查委员会第五次全体会议上的工作报告,题目便是《依法治国依规治党,坚定不移推进党风廉政建设和反腐败斗争》,报告从从严治党、依规治党,加强党的纪律建设;深化纪律检查体制改革,推动组织和制度创新等方面要求深入落实主体责任,强化责任追究,坚决遏制腐败蔓延势头。习近平同志在这次会上也指出:"在坚持中见常态,向制度建设要长效,强化执纪监督。"[6]

我们以为,只有这样将自律、自我教育与外在教育相结合,与他律及其制度约束相结合才能保证广大党员特别是党员干部的纯洁性才能廉洁从政。

四　舜帝的廉洁与廉政启发我们,要像舜帝一样身体力行,勤政不辍,体察民生疾苦便可以长久护持一颗廉洁之心

正如前所述,廉政的出发点是为百姓,是执政为民,作为执政者就应该克己无私,以身作则。舜帝的意义就在于他始终克制自己的功利欲望,尽力先满足他人的需求,自己始终过着朴素、节俭的生活,保持着人格的纯洁,保持清廉的正气和做人的本色。可以说做到了拒腐蚀永不沾。他的廉政正是秉持的是一颗廉洁之心、纯洁之心。而这颗心又是通过勤政不辍,善于体察民生疾苦来护持的。

舜执政以后,传说有一系列的重大政治行动,一派励精图治的气象。他重新修订历法,又举行祭祀上帝、祭祀天地四时,祭祀山川群神的大典;还把诸侯的信圭收集起来,再择定吉日,召见各地诸侯君长,举行隆重的典礼,重新颁发信圭。他即位的当年,就到各地巡守,祭祀名山,召见诸侯,考察民情;还规定以后五年巡守一次。还规定三年考察一次政绩,由考察三次的结果决定提升或罢免。通过这样的整顿,"庶绩咸熙",各项工作都出现了新面貌。即至晚年他还"南巡狩",以至于"崩于苍梧之野。葬于江南九疑,是为零陵。"他的一生可以说是勤政不辍,百废俱兴,体察民生疾苦的一生。

作为执政者勤勉为政是对其最基本的要求,舜帝给我们昭示的意义在于不仅派出官员布五教于四方,而且亲自四方巡守,勤勉不辍。同时也不断反躬自省,以完善自己,护持自己高尚的人格,纯洁的本心。正因此他的去世才会使得"百姓如丧考妣……三载,四海遏密八音"。获得了人民的深深爱戴,成为数千年来太平盛世明君的代表,而尧舜时代也成为了河清海晏、太平盛世的象征符号。

所以作为新时期党的领导干部更要将勤政为民、执政为民作为自己的追求,应从办公室中走出来,到群众中去,到实践中去,想人民之所想,急人民之所急要有群众利益无小事的担当和见识,同时要自觉接受监督使我们的党员领导干部始终能保持自己一颗纯洁之心,廉洁之心,使我们的领导干部在文明、健康、有序的社会环境中不敢腐败、不能腐败。

在新时期党的领导干部中,原湖南省委副书记郑培民更是这样一个始终护持纯洁之心,始终勤政为民,廉洁从政的典型。在从湘潭市委书记调往湘西自治州任市委书记上任的第一天他就问"哪个村子最穷啊?"随后,就去了叭仁村。"叭仁"是苗语,意思为山顶上。要到达这个三面悬崖一面山的村寨,首先要从湘西的首府坐车到乡里,然后,喘着粗气,手脚并用,徒步走上4个小时的12公里陡峭山路。苗族群众之所以十几年后还记得郑培民,是因为他是住过这里的最大的领导。在他之前,只有乡干部爬上过这个走起来累死人也吓死人的山头。两年多时间,郑培民跑遍了全州218个乡镇,住过30多个乡镇。这只是一个粗略到乡镇、尚不包括村寨的统计。除去在省里州里开会、办公需要的时间,在"开门见山"的湘西,这是一个没有喘息之机的数字。1998年特大洪灾郑培民在大堤上,整整呆了60多天,400公里的长堤在他脚下踏过不止一遍。回到家里,掉了10多公斤肉的郑培民对妻子说了实话:"这次抗洪,是对我生命极限的挑战!"郑培民善于反省自我,他有记日记的习惯,他的日记正是他纯洁之心最真实的流露,郑培民在湘西州工作时的一段日记:"这次回湘潭度春节,我谢绝了办公室派车送我的盛情,同时谢绝了办公室要为我报销路费的好意。坚持自费返家,往返火车票近80元,自己掏腰包。有人讲我太板,我想,宁肯自己吃亏,对自己严格要求,是一个共产党员,特别是领导干部应当自觉做到的。"他又说:"对待身外之物,要铁石心肠。"[7]勤政为民、体察民生疾苦、护持纯洁之心在郑培民身上表现得最为突出,最为淋漓尽致。

参考文献:

[1]张荣臣.《领导干部廉洁从政教育读本》:一部夯实廉洁从政防线的好教材[N].中国纪检监察报,2012－06－12.

[2]徐京跃等.胡锦涛在十七届中央纪委七次全会上发表重要讲话[EB/OL].http://cpc.people.com.cn.

[3]李章军.习近平在中央党校春季学期开学典礼上强调:认真落实胡锦涛同志重要讲话精神扎实做好保持党的纯洁性各项工作[N].人民日报,2012－03－02.

[4]中央纪委宣传教育室,中央组织部干部教育局,中央宣传部宣传教育局.领导干部廉洁从政教育读本[M]北京:中国方正出版社,2012.

[5]邵景均.让廉政教育贴近人性贴近实际[N].人民日报,2012－07－09.

[6]贺国强.统一思想认识,加人工作力度,坚定不移将党风廉政建设和反腐败斗争引向深入[N].人民日报,2012－02－20.

[7]习近平在十八届中央纪委五次全会上发表重要讲话[EB/OL].http://cpc.people.com.cn.

[8]朱玉,董宏君.勤政为民,公仆本色——追记郑培民同志[N].人民日报,2002－10－14.

(原载2015年第4期,作者单位:湖南科技学院)

论舜帝法治意识与廉洁人格
对廉政文化建设的现实意义

✿ 潘雁飞

一 舜帝的法治意识对官员的基本要求侧重于廉政

舜帝时代虽然没有法治一说,然而其施政行为、措施,无不体现了当时执政者的朴素的法治意识。概而要之有以下几个方面:

一是以"心安""道彰"为执政的出发点。舜帝执政强调"人心惟危,道心惟微",孔安国传曰"危则难安,微则难明"(《尚书正义》)。可见执政首要前提是要摆正位置,要让"人心安定",要让"道心"彰明。道心与人心成为了执政的出发点。而"人心安","道心彰"的终极指向则是实现百姓的身心和谐、家庭和谐,进而使社会和谐、天下和谐、宇宙万物和谐。而和谐的前提就是公正,平等,这也是各种机制与运行制度的前提。

二是以公正廉明为执政的方式。有了上述出发点,在具体执政时,必须尽心尽力营造"惟精惟一,允执厥中"的中道,不偏不倚,公正廉明。孔颖达疏曰:"汝当精心,惟当一意,信执其中正之道,乃得人安而道明耳。"又说:"不当妄受用人语。无可考验之言,勿听受之。不是询众之谋,勿信用之。"(《尚书正义》)这些无疑是后世执政理念——公开、公正、公信的萌芽。

三是以规范与制度作为执政的准绳。"慎徽五典,五典克从"是《尚书》记载舜帝对社会人与人之间关系的一种约束,这是从伦理与制度角度进行社会规范;意思是说,舜帝慎重地赞美五种常教(父义、母慈、兄友、弟恭、子孝)的做法,人们都能顺从。

《尚书》里又记载"象以典刑,流宥五刑,鞭作官刑,扑作教刑,金作赎刑"。则从制度层面对社会进行约束。孔颖达正义曰:"史言舜既摄位,出行巡守,复分置州域,重慎刑罚。……又留意于民,详其罪罚,依法用其常刑,使罪各当,刑不越法。"当时的处罚习惯,是将贪赃(墨)行为与劫掠(昏)杀人行为并列,一并处罚,体现了当时的社会已经注重对行政人员的整治和管理,严厉制裁渎职、贪污行为。五典侧重教育,五刑侧重惩治和制度建设,是法治意识的具体实践。

四是以对官员的考核作为执政的监督。舜帝时代,舜曾告诫他的臣子要清明正直,并每三年对公职人员进行一次考核,清正廉明的就升迁,否则就降级。(《尚书·舜典》:"三载考绩,三考,黜陟幽明,庶绩咸熙。"《史记·五帝本纪》:"三岁一考功,三考绌陟,远近众功咸兴。")正因为此,舜所任命的官员都能廉政执政、依法执政,勤政为民,均有事功。《史记·五帝本纪》记载:"此二十二人咸成厥功:皋陶为大理,平,民各伏得其实;伯夷主礼,上下咸让;垂主工师,百工致功;益主虞,山泽辟;弃主稷,百谷时茂;契主司徒,百姓亲和;龙主宾客,远人至;十二牧行而九州莫敢辟违;唯禹之功为大,披九山,通九泽,决九河,定九州,各以其职来贡,不失厥宜。"

如上所述,舜帝法治意识侧重于执政时对官员的基本要求是廉政。对整个中国历史长河的廉政文化有着重要的影响,实际上是源与流的关系。"廉政"一词分开来讲,既包含"廉",又加上了"政"。"廉"从其语源来讲本意为堂屋的侧边。(《仪礼·乡饮酒礼》:"设席于堂廉东上。"郑玄注:"侧边为廉。"《汉书·贾谊传》:"故陛九级上,廉远地,则堂高;陛亡级,廉近地,则堂卑。"颜师古注:"廉,侧隅也。"又《论语·阳货》:"古之矜也廉,今之矜也忿戾。"朱熹集注:"廉,谓棱角峭厉。")

关于"政",孔子在《论语·颜渊》中作了很好的说明:"季康子问政于孔子。孔子对曰:'政者,正也。子帅以正,孰敢不正?'"季康子问政于孔子,孔子用词源学的本意来解读政事,认为"政"就是"正"。并以"子帅以正,孰敢不正"作为补充说明。季康子是鲁国的正卿,孔子以"政"字的本意来回答季康子的提问,并告诫他为政时自己首先要"正",为政者起到表率作用,谁敢不正?

可见,舜帝的朴素法治意识体现了依法治国与以德治国相结合,法治治外,德治治内的特点。对于执政者而言,运用法治与德治执政为民,既要用德、廉意识从内在约束自己,更要用法、制度规范从外在约束自我,进而达到廉政,最终有效施政、执政。所以个人以为,舜帝的法治意识对于我们今天进行依法治国基础上的廉政文化建设具有现实的指导意义。

二 法治意识基础上的廉政建设是历史的继承与创新

今天,为了加强廉政建设,教育领导干部,我们正大力提倡依法治国基础上的廉政文化建设。虽然社会主义廉政文化无论在时代还是内容上都与舜帝时代有了很大的不同,但任何文化都是有源有根的。对于那些合理的方面,没有过时的方面,我们必须批判地继承。而舜帝法治意识基础上的廉政,充分体现在其基本要求、执政目的、执政的手段等几方面。这些,无疑仍然是我们要继承的主要方面。

在这种法治意识基础上,尧舜是首开廉政源头之"引导者",自舜而后,历代都有继承和发展。纵观我国历史,对舜帝法治意识基础上的廉政理念的继承和发展主要包含了为政以德,为官清廉,中正和谐,公正执法、重民厚生,勤政俭朴,选贤任能等方面,其中为官清廉、中正和谐法治德治融合无间、公正执法则是偏重于法治的要素,为政以德、重民厚生,勤政俭朴,选贤任能是偏重于德治的要素,它们组成共生为法治与德治的有机结合。这里重点谈谈为官清廉、中正和谐、公正执法等与法治较密切的几个方面。

"为官清廉"是几千年来统治者对官员的最基本要求。既为官,就必须作到清正廉洁。西汉时董仲舒有"至廉而威"的名言(《春秋繁露·五行相生》),意思是最廉正的官员才能有权威。清人在《清碑·官箴》(佚名)更是系统化为:"吏不畏吾严而畏吾廉,民不服吾能而服吾公,公则民不敢慢,廉则吏不能欺,公生明,廉生威。"宋朝杨时说:"治天下国家,必本诸身。其身不正,而能治天下国家者,无之。"[4]就是说治理国家的人,一定要把端正自身作为根本。如果自身不端正,而要想把国家治理好,这样的事是不会有的。明朝的钱琦曾说:"仕者为己,天下无善政。"(《钱公良测语》)告诫人们,如果当官的一心谋私,那天下就不会有善政。清时王夫之说:"清也,慎也,勤也。而清其本也。"(《读通鉴论》)《三国志》裴松之注记载魏大将李通之孙李秉所说的一段话堪称为政箴言:"秉尝答司马文王问,因以为家诫曰:昔侍坐于先帝,时有三长吏俱见。临辞出,上曰:'为官长当清,当慎,当勤,修此三者,何患不治乎?'并受诏。既出,上顾谓吾等曰:'相诫敕正当尔不?'侍坐众贤,莫不赞善。上又问曰:'必不得已,于斯三者何先?'或对曰:'清固为本。'"意思说,作为官吏,要做到清正、谨慎、勤奋,而清正最为重要,是根本。柳宗元把民和官比作主仆关系,在《送薛存义序》中提出"吏为民役,非以役民"认为官吏应当是老百姓的差役,为百姓公正办事,而不能是役使老百姓的老爷,叫老百姓为自己服务。这与我们今天说"人民的公仆"极其类似。

"中正和谐"是为官者的一种目的追求。前文论述舜帝"允执厥中","人心安""道心彰"便是这样一种追求。后世廉政思想于此亦有更为纵深的发展。这便是儒家的"中庸观"。儒家的"中庸"观。"中庸"的"中"是恪守中正之道、不偏不倚、无过无不及之意。"庸"是常的意思,因而"中庸"的本意即永恒恪守中道,认为能恪守中正之道,那么天地万物就能各得其位,就能万物化育。周敦颐说:"中也者,和也,中节也,天下之达道也,圣人之事也。"(《太极图说》)程颐说:"若至中和,则是达天理。"(《河南程氏粹言》)司马光说:"苟不能以中和养其志,气能浩然乎!"(《温国文正司马公文集》)朱熹说:"但能致中和于一身,则天下虽乱,而吾身之天地万物不害为安泰。而不能者,天下虽治,而吾身之天地万物不害为乖错。其间一家一国,莫不然。"(《四书或问》)王阳明说:"天理亦有个中和处。"(《传习录》)戴震说:"中和,道义由之出。"(《孟子字义疏证》)

"公正执法"是依法治国与以德治国相结合的基本手段。舜帝时代已有了五刑,虽然算不上严格意义上的法律,但毕竟开始了这方面的制度建设。后世春秋时期的管仲、子产,战国初期的李悝、商鞅,还有战国晚期的韩非等,都是法家学派的代表人物。法家主张"法治",其学说的基本特点是"不别亲疏,不殊贵贱,一断于法"(《史记·太史公自序》)。法家主张,官吏不论以任何方式获得经济利益或好处,都应禁止;只要官吏有贪污受贿的行为就构成犯罪,而不论数额的多少和枉法与否。秦律《法律答问》"通一钱者,黥为城旦",即行贿受贿达到一个铜钱,就要受到脸上刺字并服苦役的刑罚。在惩治贪赃方面,重要的不是行贿数量的多少,而是性质是否为行贿、受贿。只可惜儒家在这方面没有得到充分的发展,只是一味地强调了"包公情节"而已。法治方向是我们在今天提倡廉政方面需要大力发展完善的。

可见舜帝法治意识基础上的廉政理念作为中国古代政治文化遗产的一个组成部分,我们今天仍然可以从中吸取和借鉴有益的成分。从廉政制度层面来看,舜帝时代多层次监察官员廉政的考核意识就值得重视。舜帝以后廉政的历史发展也说明,任何事物都是在继承中发展,在发展中创新的。舜帝的廉政及其历史的发展充分说明,一切优秀的文化包括廉政文化,都具有现实指导意义。那么今天我们该如何创新继承发展呢?

2005 年 1 月中共中央印发的《建立健全教育、制度、监督并重的惩治和预防腐败体系实施纲要》就特别强调：建立健全惩治和预防腐败体系，要"坚持立党为公、执政为民，坚持科学执政、民主执政、依法执政，坚持为民、务实、清廉，坚持党要管党、从严治党，坚持标本兼治、综合治理、惩防并举、注重预防，建立健全教育、制度、监督并重的惩治和预防腐败体系，不断提高党的领导水平和拒腐防变能力"。"坚持教育、制度、监督并重。教育是基础，制度是保证，监督是关键。三者统一于惩治和预防腐败体系之中，相互促进，共同发挥作用。既要从严治标，更要着力治本，惩防并举，注重预防。"又说："坚持科学性、系统性、可行性相统一。理论与实际相结合，立足全党，着眼全局，总体规划，分阶段实施；注重科学合理、系统配套和可操作性，充分发挥惩治和预防腐败体系的整体效能。"可以看出，中央在建设惩治和预防腐败体系，倡导廉政之风的时候是充分考虑到了廉政文化传统的继承性和新时代的特点的。它将上述执政的出发点、执政的方式、公平执政的保障等几个方面都有机地融合进去了。

认真学习领会这一精神。我们认为下面几个方面可以说是继承，也是创新：一是保持政令畅通，强调监督检查，二是坚持以人为本，执政为民，加强作风建设；三是监督选人用人，匡正用人风气；四是建立健全惩治和预防腐败体系，建立健全惩治和预防腐败长效机制；五是抓廉洁自律，推进基层党风廉政建设，六是要研究反腐倡廉特点、规律，以改革精神、创新思路搞好廉政建设。

三 舜帝的廉政理念启发我们，廉政的前提来源于自身廉洁的法治人格

廉洁最早出现在战国时期伟大的诗人的屈原《楚辞·招魂》："朕幼清以廉洁兮，身服义而未沫。"东汉著名学者王逸在《楚辞章句》中注释说："不受曰廉，不污曰洁。"也就是说不接受他人的馈赠的钱财礼物，不让自己清白的人品受到沾污，就是廉洁。如果说廉政是对外，是施于民，廉洁则是对内，是保持自身的纯洁。

从治国来讲，舜帝是德配三皇的古之圣君，《尚书》《史记》都记载了他的巨大政绩，生前，"四海之内咸戴帝舜之功"，出现了"九族亲睦""合和万帮"的太平盛世。死后，"百姓如丧考妣，三载，四海遏密八音"。这种荣耀应归功于其廉政。而其廉政的前提则来源于其廉洁的法治人格。这种理想的廉洁人格又源自其善于修身齐家。

从修身的角度看,舜帝就是躬行修身的典范。孟子道性善,言必称尧舜,孟子说:"大舜有大焉,善与人同,舍己从人,乐取于人以为善。自耕稼、陶、渔以至为帝,无非取于人者。取诸人以为善,是与人为善者也。故君子莫大乎与人为善。"(《孟子·公孙丑上》)又说:"舜之居深山之中,与木石居,与鹿豕游。其所以异于深山之野人者几希。及其闻一善言,见一善行,若决江河,沛然莫之能御也。"(《孟子·尽心上》)正因此,他的行为也感化了许多人,以至于"鸡鸣而起,孳孳为善者,舜之徒也;鸡鸣而起,孳孳为利者,跖之徒也。欲知舜与跖之分,无他,利与善之间也。"(《孟子·尽心上》)

从齐家的角度看,舜帝更是躬行孝道的楷模。众所周知如《史记》所记:"舜父瞽叟顽,母嚣,弟象傲,皆欲杀舜。舜顺适不失子道,兄弟孝慈。"孟子为此评论说:"舜尽事亲之道而瞽瞍厎豫,瞽瞍厎豫而天下化,瞽瞍厎豫而天下之为父子者定,此之谓大孝。"(《孟子·离娄上》)另外,舜与尧的两个女儿结婚以后能行夫君之道,夫妻相敬如宾。正因为这样,舜才能化解复杂的家庭矛盾,成为齐家之典范。这无疑对其治国平天下打下了良好的基础,在治国中他才善于行仁政:选贤任能,教化百姓,惩恶扬善。所以孟子讲:"尧舜之道,孝弟而已矣。"(《孟子·告子下》)也正是经过这样的历练,舜才具有了超乎常人的隐忍与宽容、仁爱与智慧,才有这样廉洁的人格,才能将这廉洁人格推己及人,在外向施政中转变为公正廉明的法治人格。

由此我们想到今天领导干部队伍的建设,就是要重视廉洁基础上的法治人格建设。当今的腐败无非是贪念淫欲追名逐利在作怪。只有戒除贪念,管住自己,关注家庭,管住身边的人,正人先正己,才能保持自己廉洁的人格,才能廉政行使公权力。才能在事前能否遵循规范,确保自身行为界定在道德、权力、纪律、法律允许的范围之内?事中,能否自我监督、自我控制,抗拒诱惑,确保自身行为不发生偏差、过失、乃至违纪、犯罪?事后,能否自觉地对自己行为的后果和影响进行评价,或者对稍有闪失的情况能做出纠偏、校正?自我约束力将起着重要的作用。

孟子讲:"非仁无为也,非礼无为也。"(《孟子·离娄下》)曾子说:"吾日三省吾身。"(《论语·学而》)《大学》两次讲到"君子必慎其独"。《中庸》开首一章就说:"是故君子戒慎乎其所不睹,恐惧乎其所不闻。莫见乎隐,莫显乎微,是故君子慎其独也。"曾子曰:"十目所视,十手所指,其严乎!"(《礼记·大学》)净空法师《地藏经讲义》所谓"举头三尺有神明"。讲的意识都很相近。如何才能做到"慎独",儒家认为:一要摒除一切外物,而专事于内在心情的把握;二要"反求诸己",从个人的修身做起。如果这两方面做好了,那么慎独的功夫也就到了。

现在出现了许多领导干部、高官的犯罪案例,让大众警觉起来,原来他们不是人民的公仆,而是具有"双重人格"的人。他们白天进行的是冠冕堂皇的讲话,黑夜里干着见不得人的勾当。他们利用自己的组织身份,在合法外衣的包裹和伪装下,遮盖、掩饰、保护腐败心理和腐败行为。因此我们要积极借鉴从舜帝法治人格到后世儒家"慎独"的思想,教育领导干部重操守、守纪律,无论人前人后,都能够做到表里如一,心口如一,都能自重自律。

（原载 2018 年第 1 期,作者单位:湖南科技学院）

历史与现实的对接：
"中"以治国与依"法"治国的内在联系

✱ 陈仲庚

在舜文化传统中，关于怎样治国的理念曾设计为一个系统工程并有着递进的逻辑关系，即修身、齐家、治国、平天下；而在这一进程中或曰逻辑节点上，又对应着一个特定的概念："诚"以修身、"孝"以齐家、"中"以治国、"仁"平天下。这四个特定概念的内涵，主要是属于道德范畴，因而中国传统的治国理念主要是强调以德治国。但四个概念当中的"中"，则又不仅仅是一个道德概念，而是有着更为丰富的内涵，特别是与依法治国之"法"，在其原始的本义上，有着内在的一致性。

一 "法者"，天下万事之"准则"

"全面推进依法治国"，这是"十八大"以来的新提法。这种新提法，与此前提倡的"以德治国"相比较，显然有着更强的现实针对性。《中共中央关于全面推进依法治国若干重大问题的决定》指出："依法治国，是坚持和发展中国特色社会主义的本质要求和重要保障，是实现国家治理体系和治理能力现代化的必然要求，事关我们党执政兴国，事关人民幸福安康，事关党和国家长治久安。"显而易见，"依法治国"不仅是现在的"必然要求"，还事关将来的"长治久安"。从近几年所发现和查办的贪腐案件来看，更多、更重要的是目无法纪的问题，其次才是道德问题，因而有必要特别强调"依法治国"的重要性；同时，还必须强调"全面推进"的重要性，即"任何组织和个人都必须尊重宪法法律权威，都必须在宪法法律范围内活动，都必须依照宪法法律行使权力或权利、履行职责或义务，都不得有超越宪法法律的特权。必须维护国家法制统一、尊严、权威，切实保证宪法法律有效实施，绝不允许任何人以任何借口任何形式以言代法、以权压法、徇私枉法"。从中国的文化传统来看,几千年的专制体制所造成的"官本位"和特权思想,导致"刑不上大夫"在司法执法领域几乎成为普遍现象,给依法治国的推行造成了严重的障碍。因此,无论是从历史还是从现实来看,在中国要想真正实现依法治国,"全面推进"——"任何组织和个人"在法律面前一律平等,这才是最为关键的。

中国古代主要是强调以德治国,但并不废弃"法治"。舜帝治国,素以"睿哲文明,温恭允塞""慎徽五典,五典克从"的德治为先,同时也有"象以典刑,流宥五刑,鞭作官刑,扑作教刑,金作赎刑"的法治举措,还不乏"流共工于幽州,放欢兜于崇山,窜三苗于三危,殛鲧于羽山"(《尚书·舜典》)等严厉法治判案。孟子云:"徒法不足以自行,徒善不足以为政"(《孟子·离娄上》)。司马迁说:"德防未然之前,法施已然之后"(《史记·太史公自序》)。汉武帝"罢黜百家,独尊儒术"之后,更有"德主刑辅""阳儒阴法"的说法。从总体上看,这些说法都是指以德为主、以法为辅。当然,"阳儒阴法"则还暗含了统治者在国家治理上的另外一种策略:口头提倡的是儒家的仁政,实际所做的则不乏法家的手段。自"罢黜百家"之后,儒家在中国思想界确实取得了一家独尊的地位,但在治国理念和手段上,法家的思想则一直是相伴始终的。

儒家的地位超过法家,可以说是后来居上。在先秦思想史上,法家的出现早于儒家,其地位也超过儒家。最早明确提出依法治国并身体力行的应该是齐国的管仲,他早于孔子近两百年,作为齐国的国相,其地位显然也高于孔子;特别是秦国运用法家的理念和手段统一了六国,与儒家四处游说、四处碰壁相比,其地位更是天壤之别。《管子·明法解》云:"法者,天下之程式也,万事之仪表也。"这里的"程式""仪表"都是准则、规范的意思,意指"法"是衡量天下万事是非曲直的客观准则,是天下人都必须遵守的行为规范。这里其实已经暗含有法律面前人人平等的意思,后来的韩非子则说得更明白:"法不阿贵","刑过不避大臣,赏善不遗匹夫"(《韩非子·有度》)。当然,这是有所保留的"法律面前人人平等",因为韩非子只说到"大臣",没有提"君上"。

作为天下万事的准则和规范,为什么要用"法"来表述?这是与"法"的原始本义相关的。"法"字古体写作"灋",《说文解字》云:"灋,刑也,平之如水,从水;廌,所以触不直者,去之,从去,会意"。之所以偏旁为"水",是因为法律如水那样公平;而之所以有"廌",因为"廌"是古代传说中的一种独角兽,生性正直,古代用它进行"神明裁判",见到不公平的人,会用角去顶,于是就有了"去"。因此，从"法"的原始本义来看，至少包含有三重意思：一是惩恶，这就是"刑"，是"廌，所以触不直者，去之"，"法"直接训为"刑"，是因为中国古代的法律基本上就是刑法，"惩恶"是其主导倾向和主要作用；二是公平，"平之若水，从水"，才有了"法"字，虽然经过了几千年的演变，但"平之若水"的偏旁至今仍是不可或缺的重要组成部分，它要求"法"必须是公平的；三是正直，"廌"用独角"触不直者"并要"去之"，要保护下来的就是"直者"。《说文解字》云："直，正视也。""直"字古训有正、中等意思，这就使"法"与"中"有了内在的联系。尤为重要的是，"依法治国"强调公平公正，"中以治国"同样强调公平公正，从治国理念来说，这才是本质上的内在联系。

二　"允执厥中"之治国"心传"

"中"作为一种治国理念或治国方略由来已久，从现有的文献资料看，似乎是从尧帝时代就确定下来了。尧禅位给舜时，传授了"四字方略"："尔舜，天之历数在尔躬，允执其中，四海困穷，天禄永终。"（《论语·尧曰》）尧帝所强调的治国方略是"允执其中"，重点要解决的问题是"四海穷困"的物质需求。当舜禅位给禹时，则扩大为"十六字心传"："人心惟危，道心惟微，惟精惟一，允执厥中。"（《尚书·大禹谟》）这里所传授的"允执厥中"方略，与尧帝完全一致；但舜帝所关注的重点却有了转移：从解决"四海穷困"的物质问题转向了"人心惟危"的精神问题。这一转移，可以说是国家治理理论的一大提升，因为不仅是"四海困穷"的物质问题值得重视，"人心惟危"的精神问题更值得重视，更需要花大力气解决，特别是在当时生产力低下的情况下，控制人的欲望恐怕比增加物质财富来得更容易、更有效。舜帝在位时极力推行"道德教化"，就是希望从官员到百姓，都应该"以德节欲"，以实现物质与精神的平衡。这与我们今天所强调的物质文明与精神文明两手都要抓、两手都要硬有着内在的一致性。由此而论，舜帝所总结的"十六字心传"，是人类社会的共同经验、共有财富，是人类高度智慧的结晶，是古今中外可以通用的。

舜帝所总结和确立的大政方略，在秦汉以前就得到了普遍的认同。《中庸》云："舜好问而好察迩言，隐恶而扬善，执其两端，用其中于民。"近年发现的清华简《保训》篇记载周文王给周武王的遗言云："昔舜旧作小人，亲耕于历丘，恐求中，自稽厥志，不违于庶万姓之多欲。厥有施于上下远迩，迺易位迩稽，测阴阳之物,咸顺不扰。"通过对这两段话的分析可以看出,舜帝"用其中于民"主要是做到了"两顺":一是理顺了民众之"多欲"的关系;二是顺应了"阴阳之物"的生长规律。其成效也就是舜帝在《南风歌》中所唱的:"解吾民之愠","阜吾民之财"。

国家管理者需要"用其中于民",对民众来说则应该"设中于心"。《尚书·盘庚》载:"汝分猷念以相从,各设中于乃心!乃有不吉不迪,颠越不恭,暂遇奸宄,我乃劓殄灭之,无遗育,无俾易种于兹新邑!"这是盘庚决定迁都时的一段训词,他要求民众"各设中于乃心",也就是从内心真心诚意地坚守中道。这说明,舜帝所探求、运用的"允执厥中",到了殷商时代,不仅已经成为一种很流行、很普及的处事原则或道德原则,同时也是国家治理的基本法则。正是从上到下一致奉行的"中"道,成为了国家治理由"乱世"到"治世"的基本保障。

三 "中者",国家治理之"正道"

在中国传统文化中,"中"或"中道"的理念几乎涵盖一切事物。将"中"提升到哲理化高度,并使之成为运用于一切事物的理论,孔子的首创之功不可忽视。《论语》对"中"的最好阐发,就是将它与"庸"结合了起来。关于"中"与"庸"的关系,朱熹《中庸章句》云:"中者,无过无不及之名;庸,平常也。……程子曰:'不偏之谓中,不易之为庸。中者,天下之正道,庸者,天下之定理。'"李树青进一步发挥说:"'庸'字从庚从用,'庚'并通'更'、'径',有经历久远与经久耐用的意义,故训功训常";"中是不偏不倚、无过无不及,庸是经久可用的道理,正如农业里面,各种农事均有适当的节气,不能早也不宜迟;而每年中的二十四节令,又是依次循环,永恒不变。"[1]46从字义上看,"庸"有"用""常""久"三层含义;而这三层含义,又恰好形成了中庸之道理论上的三大特点。

1. "用"与中道的实践性。《说文》:"庸,用也。从庚,庚,更事也。"《尚书·大禹谟》:"无稽之言勿听,弗询之谋弗庸。""用"是"庸"之基本义,中庸就是"用中",既包括个人在处理人际关系时的"用中",也包括统治者在处理国家政务时的"用中",还包括人类在处理与自然的关系时的"用中"。总之,"中道"渗透在万事万物的方方面面,"用中"可贯通于人类的一切实践活动。从这一意义说,"中道"类似于马克思所说的客观规律,"用中"则类似于对客观规律的把握和运用。

2. "常"与中道的普及性。《论语》:"中庸之为德也……"何晏注:"庸,常也。中和可常行之德也。""可常行",也就有通常流行的意思。《中庸》反复强调中庸之德、中和之美在于日常运用,在于自身的自觉,在于内在的超越,"君子之道,造端于夫妇;及其至也,察乎天地"。中道既来源于"夫妇"等日常生活之中,也来源于"天地"等自然现象之中,就其理论来源说,已经具有普遍性。根据理论来源于实践并反作用于实践的定律,当中道运用于实践指导时,自然就具有了普及性。所以《中庸》又说:"君子之道费而隐。夫妇之愚,可以与知焉,及其至也,虽圣人有所不知焉;夫妇不肖,可以能行焉,及其至也,虽圣人亦有所不能焉。"中道对普通人的作用已不待言,即便是对愚笨或不肖之人也可以有"启智"或"指导"的作用,而且可以使他们在某些方面甚或超过圣人,这也就是经由"中庸"的途径抵达"高明"境界的效果。

3."久"与中道的恒常性。中道是常道,是经久不变之道。朱骏声《说文通训定声》云:"庸,从庚;庚,犹续也。事可施行,谓之用;行而有继,谓之庸。""庸"固然是"用",然而是用其所当用,不是乱用。也就是说,中道不是主观设定的,而是本之于"常","常"是"恒常",是不变、恒定;中道是确定不变的"天下正道",必须把它当作普遍存在的定律来遵循和运用,决不允许进行随意的更改和变异。因此,奉行"中道"是绝对的,不是可有可无的,这是"中者,天下之正道"的第一层要求。第二层的要求是奉行"中道"的持续性、恒久性,它不是一时通行的权宜之计,而是"天不变,道亦不变"的永恒真理,所以需要一代代人"行而有继"地永久坚持。

上下四方曰宇,往古来今曰宙。"中者,天下之正道",它作用于上下四方,应用于往古来今,是国家治理的"正道""常道"和"长久"之道。

四 "庸者",治国实践之"定理"

"中"与"庸"的结合,实际上就是理论之本与实践之用的结合,并在此基础上形成了统领万物的方法论。"中庸"从实践方法论上进行总结就是"用中",它可归纳为三大定理。

1.执两用中。孔子总结的"凡事叩其两端而用其中"的方法论,后来被简化为"执两用中"一词。《论语·子罕》:"子曰:吾有知乎哉? 无知也。有鄙夫问于我,空空如也。我叩其两端而竭焉。"清刘宝楠《论语正义》对此进行解释云:"此'两端',即《中庸》舜'执其两端,用其中于民'之'两端'也。鄙夫来问,必有所疑,唯有两端,斯有疑也。故先叩发其两端,谓先还问其所疑,而后即其所疑之两端而穷尽其意,使知所向焉。"按照孔子自己的说法,他其实也没有什么先见之明,即使是山野村夫来求他解答疑问,也不可能有现成的答案,唯一能做的就是先叩问疑问的两端,再从"中"找到一个适宜的答案。因此,"中"就是"宜","宜"也是"中"。而要找到"中"之所"宜"之处,关键的做法是"叩其两端","叩"也是"权",即权衡利弊。其实质就是将矛盾对立的调和原则与行为原则结合起来,然后运用于各种事物的处理。如《尚书·吕刑》谈执法:"惟良折狱,罔非在中";谈判案:"民之乱(治)也,罔不中听狱之两辞,无或私家于狱之两辞"。执法在"中",判案也在"中",都是要求公平公正、不徇私情;后者还要求能够调和两家对立的申诉,公正地判案。因此,"执两用中"是在总结长期的社会实践和政治实践的基础上所提炼出来的方法论,它具有普遍的应用价值

2. 比中而行。"执两用中"是叩问同一事物的两端,权衡利弊之后选其适宜者而行之;"比中而行"则是在众多事物中进行比较,选其最适宜者而行之。《荀子·儒效》云:"先王之道,仁之隆也,比中而行之。曷谓中? 曰:礼义是也……凡事行,有益于理者,立之;无益于理者,废之,夫是之谓中事。凡知说,有益于理者,为之;无益于理者,舍之,夫是之谓中说。事行失中谓之奸事,知说失中谓之奸道。""先王之道,仁之隆也",这是荀子经过众多的比较之后得出的结论,由此推广开来,"凡事""凡知说"都应该经过比较之后再做出选择或得出结论。

需要特别指出的是:无论是"执两用中"或"比中而行",都不是"二者必居其一"或"多者必选其一",更不是"折中调和",它是经过权衡优劣利弊之后所做出的选择,既可以多元选一,也可以多元并存,一切以"适宜"为原则,决不能"举一而废百"。因此,这种多元并举、多向选择的思维模式,与二元对立、二元取一的思维模式是截然不同的。

3. 中和以成。"执两用中"或"比中而行"主要是具体的实践方法,"中和以成"则是更高层次的方法论。《广韵》:"庸,和也。"《周礼·春官·大司乐》:"以乐德教国子:中,和,祗,庸,孝,友。"中、庸、和三者的涵义均是相通的。从哲学的意义说,三者的偏重在于:"中"是本体论,"庸"是方法论,"和"是目的论。不偏不倚、无过无不及的中道,通过执两用中、比中而行的方法和途径,运用于一切事务的管理或操作过程,最终达到心和、政和、天人之和的目的,这就是"中和以成"的最终效果。关于"中和以成"的问题,刘师培曾有过精辟的分析:"问曰:致中和,天地位,万物育,何也? 曰:天地之道,一阴一阳而已。春为阳中,万物以

生;秋为阴中,万物以成。位者,阴阳之中;育者,生成之谓。故以阴阳生成万物,明春秋化育之功,亦以见仲尼上律天时,与天同极也。"[2]"春生秋成",这是自然的"中和"之功,"上律天时,与天同极",则是人力的"中和"之功。因此,"中道"作为创生万物的本体,也是"天道"与"人道"之"中和"的结果。"真可谓:中和之用大矣哉!"[3]7"中者天下之大本,和者天下之达道",此之谓也。

总结"中庸"的治国实践目标,主要是解决三个问题:其一是解决"人心惟危"的问题,其关键点就是做到利益适度平衡,化解人们心头的不平之气,求得个人心境的平衡;其二是解决"四海困穷"的问题,其关键点是在促成"物阜民丰"的基础上去满足民众的需求,化解供需矛盾,求得社会需求的平衡;其三是遵循自然规律的问题,其关键点是顺从客观事物阴阳变化的规律,适度地选取人类的所需而不是无限制地索取,化解人与自然对立的矛盾,求得自然生态的平衡。解决三大问题,实现三大平衡,这就是"庸者,天下之定理"的精髓所在。

实现三大平衡,不仅是古代国家治理所想要达到的愿望,更是今天现代国家所共同追求的价值目标,同样是"全面推进依法治国"所要实现的价值指向。《中共中央关于全面推进依法治国若干重大问题的决定》指出:"面对新形势新任务,我们党要更好统筹国内国际两个大局,更好维护和运用我国发展的重要战略机遇期,更好统筹社会力量、平衡社会利益、调节社会关系、规范社会行为,使我国社会在深刻变革中既生机勃勃又井然有序,实现经济发展、政治清明、文化昌盛、社会公正、生态良好,实现我国和平发展的战略目标,必须更好发挥法治的引领和规范作用。"在这里,核心中的核心是"平衡社会利益",不仅包括国内各方的"社会利益",也包括国际各方的"社会利益";而在这一"平衡"的过程中,借助于"中庸"的理念和方法,应该是"古为今用,推陈出新"的最好借鉴。从这一意义说,中以治国与依法治国不仅在理念上有着内在的一致性,在其目的性上更有着内在的一致性,而在方法手段上更是可以直接通用的。因此,"庸者,天下之定理",亦即"中庸"之实践定理,不仅具有历史意义,也具有现代意义,还具有世界意义,而且是永久之意义。当然,这种意义,是通过历史与现实的对接来实现的。

参考文献:

[1]李树青.儒家思想的社会背景[A].中国文化的危机与展望——当代研究与趋向[C].台北:联经出版公司,1884.

［2］刘师培.中庸问答［A］.刘申叔遗书［C］.南京：江苏古籍出版社,1997.

［3］庞朴.中庸平议［A］.庞朴学术文化随笔［C］.北京：中国青年出版社,1996.

（原载 2016 年第 8 期,作者单位：湖南科技学院）

大舜推行"五典"及
对今天依法治国的启示

✳ 曾长秋 ●

一　大舜推行"五典"的背景

任何文化的产生,都与当时的环境和社会状况相关。在舜文化出现之前,在中华大地上,已融合了黄土高原的华夏集团与东海之滨的东夷集团。沿袭了数千年的氏族部落体制,开始走出以氏族公社为单位的小社会,逐步被正在形成的"国家"所取代,进入了由部落联盟——诸侯国组成的"古国"大社会。在此背景下,需要一种人们都能接受和遵守的准则,以维系诸侯国之间和人与人之间的关系。道德准则先于法规制度出现,先出现的道德准则也就起了治国施政的法规制度的作用。北宋初年宰相赵普的"半部论语治天下",说的就是这个道理。以德代法的始作俑者是部落联盟——诸侯国联盟首领的大舜,他创设和推行了人们需要遵守的道德规范,成为中华民族进入文明社会的又一个标志。

大舜亦称虞舜或帝舜,据说是今山东省诸城市人。他处在我国的上古时期,与他承前启后的是帝尧和大禹。在我国古代进入国家雏形期的尧、舜、禹时代,城、邑、村的组织网络已经形成,有"一年所居成聚,二年成邑,三年成都"的说法。"国家"的初步形成,从舜、禹组织治水的规模可以得到印证。如果没有中央统治集团强有力的决策,没有代表这种决策的有权威的号令,没有全国城、邑、村三级行政网络的全力支持,要达到黄河上下游统筹规划、左右岸综合治理是不可能的。在大舜时代,石刻、陶刻、骨刻文字得到应用,有些连字成句了。文字是人类约定创造的视觉形式,也是文明出现和发展的重要体现。此外,宗教文化开始兴旺,大舜本身就是宗教文化的执行者和推动者。他一登位便四处巡狩,祭拜天地,而且规定了复杂的宗教礼仪。在当时生产力低下、人们求生愿望强烈、医疗技术达不到人们求生需要的条件下,宗教文化便起到了组织民众、团结民众、教育民众的作用。正如恩格斯在《家庭、私有制和国家的起源》中所写:"它们的城楼已经耸入文明时代了。"[1]160

东方人类从母系社会向父系社会过渡,经历了很长的过程,直至大舜时代才基本完成。中华民族在大舜时代进入了比较成熟的农耕文明时代,大舜即为中国历史进入文明时代的成功执政者。在他三十而立摄政之后,完成了长江以北各部落联盟——诸侯国的统一。为了实现了唐尧建立"公天下"的愿望,舜文化以"天下为公"作为道德之魂,"以德治国"集中体现了中华历史上施政理念优良传统。血缘关系是当时维系社会关系或人际关系的基础和纽带,大舜年轻时即以孝著称于世,辅佐唐尧时又"移孝作忠",以忠孝原则治国。他亲手制定的"五典",便以"父义、母慈、兄友、弟恭、子孝"五条道德准则作为治国依据。"五典"的推出,是由于国家初步形成,需要一种共同的规则去约束人们、维系社会、管理国家。如果做到了"父义、母慈、兄友、弟恭、子孝",就奠定天下大治的基础。《礼运·大同篇》把尧舜作为推行"大道之行也,天下为公"的时代,后魏的温子异在《舜庙碑》中也说:"五典"推行,万民遵从,大舜时代是"大道御世,天下为公"的时代。

大舜摄政以后,在宫门外立"诽谤木",只要有人站在下面便有官员接待。所有受冤屈、欲举报、提建议的人,哪怕是持不同政见者,对他们意见和诉求,都由官员分类整理上报,而大舜有报必看。大舜实行民主政治,从谏如流,治理国家50余年没有出现社会震荡。之所以社会稳定,与他以"五典"作为治国理念、推行道德教化的做法分不开。他在用人时,"举八恺、用八元","流逐四凶";在决策上,"辟四门,明通四方耳目""行厚德,远妄人";在施政过程中,"德为先,仁为怀,重教化,苦忧人,只为苍生不为身",被司马迁在《史记》中赞为:"天下明德,皆自虞帝始"。尤其对继任人选,他以"利天下,而不利一人"的大气量,选拔被自己诛杀的鲧的儿子禹为接班人。他刷新政治,重划九州,制定五服,定邦安国;他重视文化和教育,以音乐舞蹈艺术去感化、教化百姓;他推行民主制度,重谏纳言,自己则终生勤政廉政;他还大力推进农业、畜牧业和手工业的发展,成为繁荣经济、保障民生的光辉典范。他的最大功绩:力主对三苗实行义征而不用武力,统一了长江、黄河两大流域,把中华民族的版图延伸到两湖、两广一带,为后来大禹建立夏王朝奠定了万世不朽之功。他自始至终地继承了唐尧那套五年一巡狩的调查走访制度,一直坚持到晚年,于南巡途中"崩于苍梧之野,葬于江南九疑"（今湖南省永州市宁远县）。

二 大舜推行"五典"的内容

在大舜为帝的统治时期，不但基本形成了从中央到地方的行政管理体制，而且有了全国统一的军队和法律。就国家治理来说，因为私有制在急剧地发展，不可避免地要产生大量的奴隶，与贵族的阶级对抗已经比较明显。大舜在摄政之前，就反复考虑从哪个方面入手治理天下。他领悟出一个道理：治国的根本在于治民，治民就必须推行教化，必须采取一套正确的规范。据典籍所载，大舜主张"直而温，宽而栗，刚而无虐，简而无傲"，并率先垂范了这些主张，对后世儒家形成"修身、齐家、治国、平天下"的观念有深刻影响。他的终生理念，是要建立天下书同文、车同轨、人同伦、族同宗、乐同律、时同历、宾同礼的大一统社会。在登封泰山时，便开始了统一律历、度量衡的工作。这些做法，为炎黄子孙成为具有永久向心力的民族奠定了基础，促成了中华民族大一统凝聚力的形成。

大舜在推行法治的过程中，亲自制定《五教》和同时推行《五刑》，体现了他的"德法兼治"理念。《五教》即五常之教，以"五典"中的"父义、母慈、兄友、弟恭、子孝"建立起新型的人伦关系。结合"五典"的推行，他确立"五刑"法度，依法治理国家，使当时整个社会处于相对安定的状态。可见，大舜不仅是中华民族提倡伦理道德的鼻祖，而且是古代中国创设法规制度的始祖。"五典"以孝道为核心构筑价值体系，把以家庭为单位的伦理与整个社会的宗教、礼制、文化、教育融于一体，影响和推动着"家国同构"。"五典"以"德法兼治"的施政理念，缓和了社会矛盾。在华夏和东夷统一之初，大舜认为要巩固联盟和维护社会的安定团结，不能采用武力去镇压那些反抗者，相反要对人民宽厚、仁爱。即使出现不同的政见，也要包容、仁慈，以德感人。所以，大舜一登上摄政舞台，就推行"象以典刑，流宥五刑，鞭作官刑，扑作教刑，金作赎刑，眚灾肆赦，怙终贼刑"（见《尚书·舜典》）。就是说，本应受墨刑的犯人，只要头蒙一黑巾就算受刑了；本应割鼻的犯人，只在头上扎一根草绳就代替了；本当受膝刑的犯人，只要把一只脚涂黑就可以了；本当受宫刑的犯人，只要两只脚穿上不同的鞋子就罢了；要杀头的犯人，只穿一件没有领子的上衣就算受刑了。大舜首推象形，因为这种象征性的刑罚是针对社会上多数人的。象形是一种宽松的刑罚，用羞辱知耻就可以达到改造人的目的。"流宥五刑"，就是用流放的方式取代原来规定的五种刑罚，这样让犯法的人易于接受。官员犯法也尽可能不用酷刑,而用鞭打,这样做对官员是一种寄予悔改希望的宽容。有钱人可以用金子赎罪,金子归国库,可以免刑。对那些犯了大错的人,要从严教育,让其知错悔改;而对那些不认错悔改、不杀不足以平民愤的,则坚决杀掉,绝不能让其危害社会。

大舜"德法兼治"的措施,深得民众拥护,也使民众深受教育。他们深深懂得,法宽不是无法,法治以教育人为目的,不是为惩罚而惩罚;刑法也不是那种苦民、害民,导致家破人亡,人人自危的法律,而是一种自我警示、自我反省、自我约束的规范。实行法治的最后目的,就是团结天下民众,达到天下大治的目的。例如,大舜推行"德法兼治",有一个叫皋陶的大臣功不可没。从他和大舜的对话中我们可知,皋陶倡立的九德不仅在当时,而且至今仍有着深远意义。据《尚书·舜典》记载:"皋陶曰:宽而栗(宽厚而肃穆),柔而立(和谐而坚韧),愿而恭(服从而肃敬),乱而敬(遇乱而不失礼),扰而毅(逢难而坚强),直而温(正直而温和),简而廉(节俭而廉洁),刚而塞(刚强而律己),强而义(强大而义气),彰厥有常,吉哉!(这九德能长久坚持,那就好啦!)"当然,大舜坚持德治为主,而皋陶坚持法治为主,他们之间虽然常有争论,但治国理政的大方向却是一致的,能够做到君臣之间的相辅相成。

另一个例子,是大舜和大禹一次关于治国理政的对话。大禹的父亲治水失败,被大舜杀了。后来大舜发现了大禹的才干,举外不避仇,不但委以治水的重任,而且"禅让"为接班人。又据《尚书·舜典》记载,大禹说:"当君主的能明白当君主的难处,当大臣的能明白当大臣的难处,国家大事就能处理好,百姓们自然会以德践行了。"大舜听了回答:"对啊!当君主的决定大事时要充分听取民众的建议,丢掉自己不正确的想法,吸收采纳民众的正确意见,起用人才要不要计较地位卑贱。"大禹又说:"积德行善的人就能得福,反其道而行之的人就必有祸,这真是报应啊!"大舜又回答:"是啊!我们要十分警惕这种报应啊!只有从严要求自己,才能免于报应。法规不能破坏,也不要放纵;君臣不要过度贪玩,用贤才时不能有二心,根除邪恶不能优柔寡断,不成熟的决策不要盲目推行。只有如此,百事才能通达。对百姓给予的无用的荣誉不接受,也不要违背民众的意见去推行自己的主观意志;要勤政不怠慢,办事有成效。只要这样,四海之内都会归顺。"大禹接着说:"对好人,要劝他们继续为好,奖励他们。对坏人,要用刑罚去严惩他们。奖罚分明,天下万民就会感到欢欣鼓舞。"大舜接着回答:"我居帝位已三十三年了,如今到了耄耋之年,我感到十分劳累。你是一个勤勤恳恳干事的人,来接替我管理天下吧。"大禹当时虽然推辞不就,但这番话可以看作他们对治国理政的经验之谈。大舜对经验的传授,对后来即位的大禹深有启迪。

从以上"五典"的实施内容和《尚书·舜典》记载的两个例子,我们可以看出:大舜对待百姓们是多么的宽厚,他与群臣之间的关系是多么融洽!他们对话的核心就是讲怎样治国理政,用什么人来治国理政。可见,大舜执政的成功"秘诀":靠自己的勤奋来施政,靠大臣们的直言来问政,靠广开言路、了解民情来决策,靠"德法兼治"、奖惩分明来治国。评价大舜的一生,史书没有留下他有过失的记载,相反都对他进行了一致赞扬,可谓千古明君。

三　大舜推行"五典"的启示

"五典"对中国传统文化影响至深,西汉以降的儒家将"五典"改造为"五伦"(君臣、父子、夫妻、兄弟、朋友)的道德原则,使之成为君臣百姓在日常生活中一致坚守的准则。之所以老幼皆知,流传千年,是因为大舜推行"五典",不仅为家庭和谐奠定了思想基础,更为形成"家天下"宗法制国家提供了道德和法律根据,故在中国奴隶社会和封建社会都被捧为圭臬。在大舜去世之后,历史又走过了4000多年。作为大舜身体力行推行的"五典",对现代中国社会有何可资借鉴的价值?又为我们今天推行依法治国提供了哪些启示呢?

首先,"依法治国"必须以人为本、"德法兼治"。中国传统法律文化的特点:一是礼法结合,伦理为本。礼是法的根据,法的总纲;法是礼的体现,礼的确认;礼与法的结合,相互渗透,构成了中华法系立法的本质特征。二是德主刑辅,教化为先。孔子认为,要求人人不犯罪难以做到,而使人们有荣辱之心则是治国之本;因此儒家强调教化在治国方面的作用,法律反映忠孝内容,司法体现礼教实践。三是以和为贵,宽忍折中。儒家追求的不是明辨是非,而是化解当事人之间的矛盾和纠纷;与伦理道德相比,法律处于次要地位,应以礼让作为解决纠纷的主要手段。以上治国理念,其源头就是大舜的法治思想。大舜力倡:励精图治、身体力行;廉洁奉公、忧国忧民。"以德治国"的出发点和落脚点,还体现在大舜的民本思想上:对家庭"敬敷五教";对国民"象以典刑";对三苗实行义征而不用武力。尤其是大舜提倡的"德"与"孝",为我们今天进行家庭美德、职业道德、社会美德建设,直至"以德治国"提供了精神源泉。中共十八届四中全会通过的《中共中央关于全面推进依法治国若干重大问题的决定》,其"总目标是建设中国特色社会主义法治体系,建设社会主义法治国家"[2]。实现"国家治理体系和治理能力现代化"的目标,升华了历代依法治国的理念。

其次,"依法治国"必须发扬民主,依法行政。法国启蒙思想家孟德斯鸠将古代东方社会的国家统治方式,无论土耳其、日本还是中华帝国,一概归结为"专制政体"。他认为,这些国家都没有基本的法律,其政体运行原则即是"集权"和"恐怖"。他还特别提到,尤其是"中国的专制主义……用自己的锁链武装了自己,而变得更为凶暴"[3]129。在当今文化多元的背景下,现代法治作为法的价值理念及相关制度的依法运行,是建立适合于现代经济、政治、文化发展的法律秩序的前提。在依法治国方面,我们虽然需要借鉴西方文化中的法治理念,却更要吸收中华法系的精华。例如,大舜对"五典"的推行,以及确立"五刑"法度,依法治理国家,使当时整个社会处于相对安定的状态中。当前,我们按照《中共中央关于全面推进依法治国若干重大问题的决定》精神,贯彻依法治国一定要发扬民主、依法行政,因为依法治国是智慧的凝聚和民主的彰显,充分体现了党和人民共同意志;贯彻依法治国一定要从严治吏、取信于民,只有从党风政风入手,对党员领导干部严格要求和管理,才能使法律高于政府,人人在法律面前平等;贯彻依法治国一定要有法必依、执法必严,以此增强对依法治国的政治自信,并坚持不懈地抓下去,持续不断地将法治推向深化,促进社会的公平和正义。

再次,"依法治国"必须促进社会和谐与人的素质提高。民主、法治、市场都是率先在西方社会发展起来的,对中国来说都是"舶来品"。所以,有些学者认为市场化、法治化即现代化,也就是西方化。其实不然,中国建立自己的法律体系必须注重本土资源,尊重中国法律文化的传统和实际。中国自古就形成了独特的国家政治体制和法制模式,从舜文化到儒家学说,文明千古传承,其中的法治资源值得我们珍视和发掘。如果一味地追求全球规则的普适性及对中国法律的引导作用,必然盲目移植或全盘西化,会带来灾难性的后果。随着我国建立社会主义市场经济和经济全球化的来临,人与人之间的社会关系发生了巨大变化,人与自然生态的关系也并非和谐相处。大舜"五典"所蕴含的道德原则,能够使人们正确地处理人与人之间、人与社会之间、人与自然之间的关系。如果离开了正确的道德和法律导向,便会堕入人欲横流的深渊。因为,市场经济要求以人为本,遵守商业道德,以诚实守信、以义取利为经营宗旨。又如,构建和谐社会的标准是:"民主法制、公平正义、诚信友爱、充满活力、安定有序、人与自然和谐相处。"[4]这些正是大舜创建的道德文化——舜文化所涵盖的内容,其中的"以人为本""以和为贵""诚信至上""天人合一"以及《五典》中的五常之教和五刑之代,都是今天我们实行依法治国、加强公民道德建设的宝贵源泉。

参考文献:

[1]马克思恩格斯选集(第4卷)[C].北京:人民出版社,1972.

[2]中共中央关于全面推进依法治国若干重大问题的决定[N].人民日报,2014-10-29.

[3][法]孟德斯鸠.论法的精神(上)[M].张雁深,译.北京:商务印书馆,1961.

[4]中共中央关于构建社会主义和谐社会若干重大问题的决定[N].人民日报,2006-10-11.

(原载 2015 年第 12 期,作者单位:中南大学)

从舜帝传说论古今德治法治之异同

✳ 沈德康

孔子去古未远,犹言夏、殷之礼因文献不足而不可征。于今稽考舜帝事迹,去古远甚,尤觉渺昧,兼之世传文献所记之时甚晚,其中恐有造作,真伪着实难辨。今奉题作文,题旨虽宏,文献实缺。后生学识浅陋,姑缀此文,望方家赐教!

一 古之舜与儒之舜

稽考典籍,舜乃孝子、圣王,其德垂范千古,其政绥抚四海:

师锡帝曰:"有鳏在下,曰虞舜。"帝曰:"俞,予闻。如何?"岳曰:"瞽子。父顽,母嚚,象傲,克谐以孝烝烝,乂不格奸。"(《尚书》)

舜举八恺,使主后土,以揆百事,莫不时序。举八元,使布五教于四方,父义,母慈,兄友,弟恭,子孝,内平外成。(《史记》)

尧老,使舜摄行天子政,巡狩。舜得举用事二十年,而尧使摄政。摄政八年而尧崩。三年丧毕,让丹朱,天下归舜。(《史记》)

以上所言,古今不疑,皆谓舜乃至德至圣之人。然信仰、理智殊异,抛却专制社会因政治教化所需而造设之累累说教,不得不正视如下异说:

尧之末年,德衰,为舜所囚。舜囚尧,复偃塞丹朱,使不与父相见。(《古本竹书纪年》)

舜篡尧位,立丹朱城,俄又夺之。(《古本竹书纪年》)

舜逼尧,禹逼舜,汤放桀,武王伐纣,此四王者,人臣弑其君者也,而天下誉之。(《韩非子》)

瞽瞍为舜父而舜放之,象为舜弟而杀之。放父杀弟,不可谓仁;妻帝二女而取天下,不可谓义。仁义无有,不可谓明。(《韩非子》)

尧禅天下,虞舜受之,作为食器,斩山木而财之,削锯修其迹,流漆墨其上,输

之于宫,以为食器,诸侯以为益侈,国之不服者十三。(《韩非子》)

以上所引,言舜篡位逆上、放父杀弟、奢侈无度,皆言其"无德"。

或言舜之"无德"乃人之杜撰。试问杜撰之根由何在? 若人以篡据就论、削足适履对之。试问今世所见之"至德至圣之舜"是否亦为杜撰而成? 孔子、《竹书纪年》、韩非子皆言舜,然其所言之舜迥异,何也?

西人克罗齐(Benedetto Croce)有"一切历史皆当代史"①之谓,言历史书写必由书写者所处社会、时代情境所影响。伽达默尔(Hans-Georg Gadamer)之"效果历史"(Effective history)亦言历史书写乃"视域融合"之产物,历史乃历史对它的理解的统一体②。

由此可知,昔日之历史实情实难主导历史之书写,历史之书写常为书写时之现实所左右。至此可明:"上古之舜"实难详考,然"今之所见之至德至圣之舜"则恐为孔子、子长及诸儒所杜撰。故古今之信徒尊舜实乃尊儒。

《史记·孔子世家》云:

孔子之时,周室微而礼乐废,《诗》《书》缺。追迹三代之礼,序《书传》,上纪唐虞之际,下至秦穆,编次其事……故《书传》《礼记》自孔氏。

孔子删《诗》序《书》,绝非其所谓之"述而不作"。删则有取舍,序则生主次、附情意。况其《春秋》有"一字寓褒贬"之谓,何来一成不变之"述而不作"? 孔子修礼乐、救危亡,"祖述尧舜,宪章文武",实乃托古言志,旨在借古圣之权威而使人重其所言。所谓"述而不作,信而好古",旨在隐己所作而使人信。后人以为孔子本圣,无需托古,然其在世之时,实非如后人之以为圣。

古人崇古之性无以复加,非托古不能行其言。孔氏之微言大义,晚清康南海早已明言。其言虽为氓众所嗤,然其中真知昭然。③ 康南海难以一己之"明理"摒扫数千年崇古尊圣之"盲信",非理之不足,实为盲信者众。"微言大义"者,此乃政教之微妙所在:上可为而不可明言其所以为。孔子所谓"民可使由之,不可使知之"即类其言。

---

① [意]贝奈戴托·克罗齐:《历史学的理论和实际》,北京:商务印书馆,2010 年,第 2 页。

② [德]H. G. 伽达默尔:《真理与方法》(上册),上海:上海译文出版社,2004 年,第 388 - 397 页。

③ 康有为:《孔子改制考》,北京:中华书局,1958 年,第 267 - 283 页。

二　古之德与今之德

言"至德至圣之舜"出于孔氏及其门人之手,除上文所述,由舜德诸端之备之至亦略可见其杜撰(建构)之痕。舜德之备之至,举世无二,大类神话、史诗之箭垛式人物。舜之德既为孔儒所撰,实乃儒之德。儒家以修齐治平为明德之至,而舜之所作所为无不与之相合:

舜耕历山,历山之人皆让畔;渔雷泽,雷泽上人皆让居;陶河滨,河滨器皆不苦窳。一年而所居成聚,二年成邑,三年成都。(《史记》)

此言舜以礼让、至诚之德化民之性,人皆则而附之。舜"修身"至此,以不言之教化民成俗,可谓身教之至。儒家素重此道,孔氏有云:"其身正,不令而行"。上承"修身",舜"齐家"之德亦非同寻常:

舜尽事亲之道而瞽瞍厎豫。(《孟子》)

舜之事父也,索而使之,未尝不在侧;求而杀之,未尝可得。小棰则待,大棰则走,以逃暴怒也。(《说苑》)

父母使舜完廪,捐阶,瞽瞍焚廪。使浚井,出,从而揜之。象曰:"谟盖都君咸我绩。牛羊,父母;仓廪,父母。干戈,朕;琴,朕;弤,朕;二嫂使治朕栖。"象往入舜宫,舜在床琴。象曰:"郁陶思君尔!"忸怩。(《孟子》)

在此,连同前文所引,皆言舜孝悌、隐忍而能"齐家"。"齐家"之外,舜亦长于"治国"。舜举八恺、八元,布五教,以致"内平外成","尧乃知舜之足授天下"。尧崩,舜让贤于尧子丹朱,然天下诸侯皆朝舜:

天下诸侯朝觐者,不之尧之子而之舜;讼狱者,不之尧之子而之舜;讴歌者,不讴歌尧之子而讴歌舜。(《孟子》)

诸侯皆朝,此国家大治之象。然"治国"之外,舜亦能怀远柔迩以"平天下":

四海之内,咸戴帝舜之功。于是禹乃兴《九招》之乐,致异物,凤皇来翔。天下明德皆自虞帝始。(《史记》)

(舜)能理三苗,朝羽民,徒裸国,纳肃慎,未发号施令而移风易俗。(《淮南子》)

舜时西王母献白环及佩。(《世本》)

舜时瑞事尤多,羽民等献黄布火浣之类。(《山海经》)

综上所述,舜之"至圣至德"皆由上述之"化民成俗""隐忍致孝""诸侯齐朝""远夷归服"诸事所成,此与儒家修齐治平之说如出一辙。墨、法二家之舜,与此有别,恐皆各取所需而致于此。故"至圣至德之舜",恐为儒者兼取传世残简及民间口碑,托古圣以言己说。舜德之备之至,旨在令人信之奉之。信而奉之,则不假思索,以致舜之事迹虽荒诞离奇,有悖常识,然亦少有人究诘其理。

舜克己致孝,其父顽,其母嚚,其弟傲,亲人屡屡夺其命,舜则"克谐以孝烝烝,乂不格奸"。如此至孝,世间难觅,儒生敷衍至此,虽失真,然必有其因。

父母屡夺子命,而子唯逃而避之,此乃腐儒之言,只为"愚孝"张本。人之所贵者,命也。人之有命乃得以尽孝。"愚孝"之下,人命不保,如此之孝可谓真孝?若称此"愚孝"为德,则为"古人之无德之德",实非同于"今人之德"。无德之德,何以能称为德?究其实质,乃专制国家政治教化所需。

儒教以修齐治平为进德之阶,由小及大,以上统下,忠孝互为表里,实乃先以"孝"类"忠",再以"忠"挟"孝",夺"孝"之天性,泯灭人性,伤天害理,为专制所用。人之孝敬父母,父母之爱子女,人性所之,自然而然;父母非杀子不可,世间罕有。亲子相戕,实多为皇族所为。何以为之?欲专有天下而独擅权柄。由此可见,专制之下,权令智昏,除却亲子相戕,君要臣死臣亦不得不死。故而,专制国家之政治教化必以"忠"挟"孝":君杀臣理所当然,父杀子亦理所应当。此乃"缺德之德"(愚孝)仍称为"德"(孝)之根由。

古之专制社会,国之权柄执于一人或极少数人之手,以"君主意志"凌驾于"国民意志"之上,与今之"民主""法治"相悖,"专制""人治"而已。而专制国家之"法"多为慑民之法,以刑法为重,以威慑国民维护其专制;其刑法尤为突出,五花八门、残酷之至,极尽渲染之能事,旨在慑民而已。专制国家之"德"则多愚民之德,假托圣言,以教愚民,以德入法,所谓"饿死事小,失节事大",实以戕害人命维持其对国民之思想控制。

鲁迅斥《二十四孝图》之"郭巨埋儿""老莱娱亲"为虚伪①,然"劝死保节"之类草菅人命之"愚德"更为可畏。宋、明以来,礼教森然,《方志》间多烈女、贞妇,人见之则对之肃然起敬,然其多为"愚德"之祭品。凶器能杀人,人皆知而避之,避刀斧,避凶人;愚德能杀人,人却信而趋之,人被杀而不知何以被杀。再者,执凶杀人者,遁之唯恐不及;愚德杀人,则每每公之于众、刊之于典,巧言惑众,以劝天下信徒为之死。孔子尝谓苛政猛于虎,然"愚德"杀人于无形,其恶远甚于虎

---

① 鲁迅:《鲁迅散文诗歌全集》,北京:燕山出版社,2011年,第21-27页。

狼！今之世，弃"人治"（专制）而务"法治"（民主）。法之要者，以保障人权为上。① 人权之要者，以生命权为上。愚孝、愚忠夺人之命，实乃缺德。故此，今所谓有大德之人，必为保障国民之人权、民生者。

三 古之法与今之法

古今道德有小异，由上文可见一斑。然古今之法律亦有差异。故欲借古之道德为今所用，不得不分而辨之，弃其糟粕，取其精华，尤不可任信古崇古之情行反"法治"之事。

今之"法治"，乃现代社会之极则，国家治理之旨归，万民信仰之至道。"法律"二字，犹言社会正义、天地良心。人不可仅视之为"手段"，而应视"法治"为社会恒久不懈追求之理想②，即视"法治"自身为"目的"。简言之，追求"法治"即追求社会之公平正义。

再者，不可误将"以法治国"（rule by law）视为"依法治国"（rule of law）。"以法治国"乃人以法律为"用"，视法律为"手段"，故其"目的"完全可能在法律之外，甚而在社会正义之外。"依法治国"则颇为不同，其视法律为最高原则；法律至高无上，国民无论贵贱，皆在法律之下，所谓"法律面前人人平等"即言其义。故"法治"之为"依法治国"而不仅为"以法治国"。③

由此可见，古今法律地位悬殊：古之专制国家必行人治，人治之下，君尊法卑，法律、国民皆将沦为专制君王手中玩物，故专制君主之重法（刑）则旨在以法为"用"④，以维护君权，故古之"以法治国"实乃"为君治国"⑤。现代国家则尚"民主"、倡"法治"，国以法律为尊，故今世之法为平权、保民之法，"依法治国"之"依"意谓法律至高无上，仅需"依法"而无需"依人"。

---

① 与之相异，专制国家之法素以刑法为重，其实质乃以重刑威慑人民，侵犯人权，以维护其统治。

② 张中秋《法治及其与德治关系论》："法治应是社会控制的一种模式，是指人们通过或主要通过法律对国家的治理而求理想社会的实现。法治既是一种治国方式和社会控制模式，又是一套价值系统，目标是建立理想的社会生活方式。"《南京大学学报（哲学人文科学社会科学版）》2002 年第 3 期。

③ 李德顺《法治文化论纲》："'法治'意味着唯有法才享有最高的政治权力和权威，任何个人和团体都不得超越其上；特别是执政者、治理者的管理行为，必须处处以法律为根据，才能够合法而有效。简言之，法是'依'法治国的'根据'，而非'以'法治国的'工具'。"《中国政法大学学报》2007 年第 1 期。

④ 夏恿《法治是什么？》："严格说来，古代中国并无法治，法家所谓法治，充其量只是在肯定人治或专制的前提下重视法律的作用而已。"《中国社会科学》1999 年第 4 期。

⑤ 《韩非子》："人主自用其刑德，则群臣畏其威而归其利矣。"

综上所述,古今法律之异实因古今政体、治式之异。追古思今,其异既明,故"依法治国"于今尤为迫切。

道德与法律之关系,所论者甚夥,然就道德之本性而言,其与法律共享"公平正义"之基础。换言之,法若为良法,必内蕴德性①。故法律与道德,非泾渭分明、互不相干。如此而言,法律、道德则质同而形异。

如前文所言,无论古今中外,行世法律并非俱为"良法"。法之良乃人心所向,无需赘言,然"恶法"之能行世,此则非常人所能明察,即便明察之亦无奈其何。与之同理,行世之道德亦非俱为"良德",其中必有"恶德""愚德"。人之弃恶,性也;然恶德、恶法犹存于世,故必有人掩其恶而存之行之。

愚德、恶法,多为专制所设,唯以统治国民、巩固君权为务。为致愚德、恶法之效,专制者必以教愚民,甚者则焚书废教,以暴慑民。故此,专制国家之教化必诉诸情感,以培养国民对愚德、恶法、独夫之信仰(盲信)。

而今民主之世,以法为尊,教育理应诉诸理性、常识,以培养国民健全理智、健康人格为上。若任崇古信古之情绪泛滥,不辨德之贤、愚,不分法之善、恶,忘乎所以,恣意妄为,以愚德、恶法为治,此之于"法治",有损无益。

德愚则非德,法恶则非法。就德、法之善者而言,其本质同一,相辅可矣,然须明如下之所辨:

其一,"法治"之世,须明法律乃积极之法而非消极之法。今人受古法之浸淫,常以刑法为法律之全部,以残斫人体之刑法为大法。② 法之大者,实乃以保障人权、民生为本。③ 人权、民生寓人之自由、尊严、理想,人之行善及行善之基皆由此奠定④,故法律之于法治社会,乃最根本最重大之道德。故修下民之道德,必先绝上官之不法!上官犹不法,下民岂会守法?下民法犹不守,何谈修德?

---

① 郁建兴《法治与德治衡论》:"法律一旦失去其固有的道德性,就根本不能称之为法律。"《哲学研究》2001 年第 4 期。

② 单玉华《法制与德治辨析》:"在中国的古代,法的调整手段主要限于刑罚。按照中国传统的法的观念,法即是刑,刑即是法。中国的第一部字书《说文解字》对法的解释就是制裁之意。中国最早的法律都称之为'刑',如夏朝的法律古文献称之为'禹刑',周朝的法律有'刑书'、'吕刑'之称;战国时期改刑为法,其内容依然是刑罚;商鞅在秦国'改法为律'、'律'的特色仍为刑罚措施;中国封建社会最典型的法律《唐律》,几乎条条涉及刑罚。"《法学家》1998 年第 6 期。

③ John N. Figgis:"法律从本质上讲不只是命令,它暗含着正义和权利"。John N. Figgis, *Studies of Political Thought:From Gerson to Grotius*(Bristol:Thommes Press,1998),PP. 153.

④ 马克思:"法律不是压制自由的措施,正如重力定律不是阻止运动的措施一样。法典就是人民自由的圣经。"

所谓上行下效、风吹草偃、身正则不令而行,言之凿凿,岂为空言？由此可明:民主社会,守法即最大之道德。①

其二,以德辅法,不可走"以德入法"之旧路。古之专制社会,常以"德主刑辅"标榜,以此美独夫之暴。专制之"德"与今世之德有异,其德由专制者分等,有贵族道德与奴隶道德。君子、小人,非仅为官、民之谓,亦有道德、知识、操行之别。不仅道德分等,法律亦因人而异,《礼记·曲礼》所谓"礼不下庶人,刑不上大夫"即道出其等级性。故今人不可盲信古人之道德、法律,需披沙沥金,择善而从。

其三,古之专制社会之"德"有诳民之"愚德"。"愚德"之下乃有愚民,愚民以独夫为仁主,独夫之暴亦必被视为仁。故"以德入法",乃专制君主绳民之术,非绳民之身体,绳民之思想。有鉴于此,世人需摒弃"明君"之冀②,以法为尊,依法而行③。人之为人,因其有自我意志,能循理顺性以求善。若弃己之理智、天性而盲信他人,祸患必至。一人盲信,为人所欺,致一家之祸;万民盲信,为君所欺,祸国殃民。④ 理智、常识乃人之可凭籍者;往圣可信,但不可盲信;今人可信,犹不可盲信。人死而有时,其言善恶自明,人信则信,言不逼人信;活人有欲,况王者有大欲,王者遂其大欲则必劳民扰民,劳扰之至则民丧其性,沦为独夫遂欲之器,马克思所谓"异化"即言此理。

其四,德、法本质虽同,然形式差别甚大,不可使道德法律化。今之法律具有建构性、明确性、一元性、可诉性与外在强制性,以重后果、重程序为特征。而道德与之相比,具有非建构性、模糊性、多元性、不可诉性与内在约束性诸特征,道

---

① 孙莉《德治及其传统之于中国法治进境》:"一个公正的社会体制比一火车皮的宣传教化更易于催发人们对善的信念和良知,一个合理的权力结构比道德一统、思想钳制更可能引领人们向善的追求和感悟,一个缜密而正当的程序机制比全面推行的道德强制更能够造就普遍良善的道德生活。"《中国法学》2009 年第 1 期。

② 倪寿鹏《从德治到法治:中国廉政建设的必由之路》:"法治是一种依法治国(rule of law)的政治理论,即主张人民彻底打破清官(和明主)之梦,自己当家作主,尊重多数,保护少数,按照民主程序来立法、司法和执法,实现普遍的契约之治,构建真正的自由人联合体。"《学术探索》2012 年第 12 期。

③ 法治的核心是以"无人格统治"代替传统社会的"人格统治"。

④ 倪寿鹏《从德治到法治》:"只要社会上还存在像齐宣王这样高居法律之上的统治者,无论儒家的仁政礼教还是法家的严刑峻法,都只能沦为其奴役民众的统治工具。当谁有道德、谁没有道德的话语权全由执政者说了算时,一切廉政建设都只能围绕其意志和利益来进行,绝无可能建设成功真正代表民心民意的廉洁政治。"《新农村商报》2012 年 9 月 12 日第 C01 版。

德重动机,亦不讲究程序化。故此,今之"法治"不可使道德法律化或法律道德化。①

(原载 2015 年第 11 期,作者单位:湖南科技学院)

---

① 埃德加·博登海默(Edgar Bodenheimer):"如果法律规则与道德要求之间的界限是不明确的或极为模糊不清的,那么法律的确定性和可预见性就必定受到侵损。"埃德加·博登海默《法理学:法哲学及其方法》,北京:华夏出版社,1987 年,第 366 页。

论虞舜之德与古代社会秩序的建构

❋ 王瑞华

伦理是人类道德规范的价值要求,而政治则体现公共权力秩序的有序性,伦理道德与社会政治制度有密切的联系,作为一种政治伦理的基本维度,道德是社会政治伦理的重要资源。"德的起源与政治有着不解之源,最初的德与构建秩序的能力有关。"[1]虞舜建构的伦理政治秩序的一个显著特征就是伦理道德与社会治理相结合,自律和他律相统一,这也成为历代统治者权力运行的基本模式。

一 以德配位:虞舜以德获得治理天下的权力

虞舜之仁德使之具有天子之位,虞舜获得到治理国家的权力取决于自身的道德行为。德的起源与中国早期部落首领的人格感召力有关,政治秩序的建构取决于统治者的人格凝聚能力,人类氏族部落首领具有杰出的能力和高尚的道德,这体现在其权力运用的过程中的道德修养、人格品质和思想境界。

德位并重,德和位是伦理政治秩序建构的条件,有德才有位,德是实现天下秩序建构的主体性因素,而位是治理天下的外在因素,所以先秦儒家主张君主应有圣人之德才能实现天下有道。《孟子》把虞舜的主要德性看成是仁与智:"人之所以异于禽于兽者几希,庶民去之,君子存之。舜明于庶物,察于人伦,由仁义行,非行仁义也。"(《孟子·离娄下》)虞舜内在的价值观念是仁德。《中庸》强调虞舜之德的主要方面在于其孝,"舜其大孝也与"(《中庸》),孔子把孝悌与仁联系起来,"孝悌也者,其为仁之本与"(《论语·学而》)。孟子把虞舜获得治理天下的权力是看成是"天与之",而天又是通过民心来体现的。李泽厚指出:"德似乎首先是一套行为但不是一般的行为,主要是以氏族、部落首领为表率的祭祀、出征等重大政治行为。"[2]虞舜主祭而侍奉百神和主事而服务百姓都是与社会秩序的和谐有关,"使之主祭而百神享之,是天受之;使之主事而事治,百姓安之,是民受之也。天与之,人与之,故曰,天子不能以天下与人。舜相尧二十有八载,非人之所能为也,天也。尧崩,三年之丧毕,舜避尧之子于南河之南。天下诸侯朝觐者,不之尧之子而之舜;讼狱者,不之尧之子而之舜;讴歌者,不讴歌尧之子而讴歌舜,故曰,天也"(《孟子》)。尧舜以仁德事君治民带来和谐的社会秩序。道德高尚的人可实现天下有道的秩序,虞舜帝以孝悌闻名,经过四岳的推举和考察,受禅继帝位。《蔡仲之命》说"皇天无亲,惟德是辅",就是只有道德高尚的人才能担起统治天下的重任,注重统治者的道德行为。先秦儒家主张君主应有圣人之德才能实现天下有道。"大德必得其位"(《中庸》)的政治形态反映了原始氏族部落的政治秩序。"尧舜时代的政治是孔、孟、荀所向往的理想政治形态。在那时,德性最高的人必为天子,那是德性政治,有德就有位,无德必无位,政治与德性(善)是合一的。"[3]

伦理道德与政治制度有必然联系。英国学者尼尔·麦考密克对伦理道德与政治制度的天然联系作了解读,认为"制度道德既要尽可能适应所设想文明社会的实际法律制度和政治制度,尽可能紧密接近政治道德理想",也要包含"使现有政治制度具有最大限度道德意义的原则"[4]。黑格尔在《法哲学原理》中描述道德教育净化理论的真谛,在于从思想上形成一种自我约束的道德规范的和主观意志的法。恩格斯也指出,道德是具有特殊规定的内心的法。一切人伦事物都浸润道德价值,这种无形的规范强有力地把人的行为拉入符合道德规范的轨道。马克思指出,道德的基础是人类精神的自律,道德作为内在人格的价值资源而存在。可见,理想的政治伦理模式的构建可以使执政者成为一个充满道德感的人,道德行为主体依靠内心对道德原则和规范的认同,自觉地遵从社会道德规范和要求,注重仁德是儒家伦理思想和伦理社会人文精神的重要体现。统治者把伦理与政治融为一体,放大伦理的政治功能,使政治在伦理原则的调节下有序进行,从伦理的角度阐释封建政治制度的合理性。

二 以德治国:虞舜以德规范社会秩序

虞舜时期的国家权力中枢系统及其运作体现了民本精神和原始民主思想,也体现了虞舜卓越的政治智慧和管理水平。孟子说,"尧舜之道,不以仁,不能平治天下"(《孟子·离娄上》),舜从规范人伦道德入手整顿社会秩序。《尚书》文本中蕴涵了丰富的德政思想。在中华治政元典中,《尚书》无疑是我国历史上流传久远的古代政事文本总汇,其德政精神"对我国几千年来超稳定的政治结构的形成与发展产生了重要影响,对当代的和谐社会建设仍有重要的借鉴价值"[5]。其中的治政思想中蕴蓄的道德核心话语,主要体现在对统治阶级个人品德的要求。

倡导九德。《尚书·皋陶谟》中记载皋陶为帝舜谋划,提出了"允迪厥德,谟明弼谐",就是要人君践行古人之德。提出九德之修:"亦行有九德,亦言其人有德,乃言曰:载采采……宽而栗,柔而立,愿而恭,乱而敬,扰而毅,直而温,简而廉,刚而塞,彊而义。"在用九德来检验人的道德品质同时,提出了修德的具体做法:"慎厥身,修思永……在知人,在安民。"就是要慎修其身,知人善任,安定百姓的长久治国之道。"'九德'涵盖了此后先秦儒家倡导的人类一切美德,'九德'政治下的天下,才是儒家梦寐以求的理想社会。"[6]敬德修身,身居天子之尊的君王如果沉迷于享乐和腐化,就会德政不行。周公告诫君王不能贪图逸乐享受,而是要随时敬德修身和规约自身行为。先秦诸子对君王的品德提出了标准,孔子提出君王应该有仁德,孟子提出仁政的实行在国君,荀子提出以礼治国,君王要隆礼厚德才能实现礼治。规范五典。五典就是父义、母慈、兄友、弟恭、子孝五种伦常规范。《尧典》云:"慎徽五典,五典克从,纳于百揆,百揆时叙。宾于四门,四门穆穆。"理顺了家庭关系,社会和国家也就和谐兴旺了。制定五刑。舜命皋陶作士,定五刑:"皋陶,蛮夷猾夏,寇贼奸宄。汝作士,五刑有服,五服三就。五流有宅,五宅三居。惟明克允!"(《尚书》)皋陶制定一系列规则来约束部落首领和人们的行为,确定罪名包括昏、墨、贼等,成为中国最早的刑事立法活动。虞舜律令严明,有法可依。"流共工于幽州,放欢兜于崇山,窜三苗于三危,殛鲧于羽山,四罪而天下咸服。"同时舜又贯穿德主刑辅思想,将严酷的刑罚与德治结合起来,在德教的同时,运用刑罚威慑罪人,"惟刑之恤哉,"(《尚书》)对刑罚慎之又慎,凡是对社会危害不大的犯罪行为,都宽大处理。注重协和。《素履子·履孝》记载:"昔舜禹有至德至孝,存身立德,而成皆以孝行,舜让而尊。故云先王有至德要道,以顺天下,民用和睦,上下无怨。"虞舜规范人们的言行,宣讲为人处世的道德原则,强化各部落之间的凝聚力,从而达到"无相夺伦,神人以和"(《尚书·尧典》)的理想境界。

历代统治者和思想家从中获取构建政治秩序的有效思想资源,把道德作为治国根本。他们将社会伦理和道德理想贯彻在治国实践中,使社会基本伦理规范外化为普遍原则,使政治权力的运用具有政治合法性和道德正当性。商代商汤从"有夏昏德,民坠涂炭"(《尚书》)得到教训,重视官员的道德修养,做到"不迩声色,不殖货利","克宽克仁,彰信兆民"(《尚书》)。周公重视官吏道德,提出"以德配天",认为有德才能得到天的保佑,提倡"以德行事"。儒家就强调德权威在构建秩序中的重要作用,主张以各种伦理作为治国安邦的手段。如,孔子"祖述尧舜,宪章文武"(《中庸》),他最为推崇尧舜等人的政治伦理秩序,秩序有社会秩序到心灵秩序等层次,这如台湾著名学者韦政通所指出的那样:"孔子也同样向往一个和谐的社会,但他希望能经由伦理和礼乐教化的方式去达成。"[7]在德、礼、政、刑四种方法中,德被置于首要位置。道德作为深入到人们灵魂深处的软约束,引导君臣自觉追求高尚的道德情操。在孔子看来,"道之以政,齐之以刑;道之以德,齐之以礼,有耻且格"(《论语·为政》)。政和刑是由制度等外在来约束,而德和礼是内心的自我约束,孔子更看重德和礼来维系的秩序,这是如何实现社会仁德价值的问题。[8]

三 以德服人:虞舜以德感化天下民众

虞舜处于身教重于言教的氏族社会,对部落和臣民进行道德教化。"包括君主在内的各级统治者,用自己的美德来治理属下,实惠于民。"[9]要依靠道德凝聚力形成秩序,使臣民尊崇和奉行道德,靠道德感对民众所拥有的影响力来协调部落成员的关系。"孟子道性善,言必称尧舜"(《孟子》),孟子以尧舜性善典范来以规劝君主实施仁政,人们渴望出现圣人:"民望之,若大旱之望云霓也。"(《孟子·梁惠王下》)主张用尧舜的人格力量激活人性中的善,建立伦理政治秩序。孔子认为建构社会秩序要有个体的仁德。"其为人也孝弟,而好犯上者,鲜矣;不好犯上,而好作乱者,未之有也。君子务本,本立而道生。孝弟也者,其为仁之本与!"(《论语·学而》)个体有完善的仁德才不犯上作乱。这种非制度性的影响力是通过个人情感而作用于人的内心,解决人的深层问题的。"舜之居深山之中,与木石居,与鹿豕游,其所以异于深山之野人者几希。及其闻一善言,见一善行,若决江河,沛然莫之能御也。"(《孟子·尽心上》)在孟子看来,人的善性的形成是受外在的善言和善行影响的,就连舜也不例外。虞舜善于与民众情感交流,"大舜有大焉,善与人同"(《孟子·公孙丑上》)。"象喜亦喜,象忧亦忧"(《孟子·万章上》),虞舜甚至连象这样顽固之人也能感化。

中国文化中人们崇拜的先王,最突出的特点是具有超群的品德,他们用其德性和智慧去塑造社会,能够协和万邦主要依靠以德服人。"在国家机器不太发达的古代,一个氏族是否能在部落联盟中起主导作用,除了它在技术生产领域处于领先水平外(从黄帝到大禹都有大量技术发明),这个氏族及其领导人的品德也是重要的原因。中国文化中没有西方神话中好勇重力的英雄,人们共同崇拜的先王(神农、黄帝、帝喾,尧、舜、禹等等)身上,最突出的特点并非体力强大,而是具有超群的品德,圣人之所以能够协和万邦主要依靠以德服人。"[10]孔子所说的"无为而治者,其舜也与? 夫何为哉? 恭己正南面而已矣"(《论语·卫灵公》)。这就是德化天下、无为而治的政治效果。以德服人是运用道德的手段,强调人与人之间的非强制性的关系,君王靠道德的力量感化人,民众对君王心悦诚服,而不是用严刑酷法来压制民众。荀子说:"以德兼人者王,以力兼人者弱,以富兼人者贫,古今一也。"(《荀子·议兵》)荀子认为,在三种构建秩序的途径中,通过道德价值构建的秩序是最好的。虞舜对三苗民族部落的教化体现了他的仁德思想。《韩非子》载:"当舜之时,有苗不服,禹将伐之,舜曰:'不可。上德不厚而行武,非道也'。乃修教三年,执干戚舞,有苗乃服。"这就认为修德能形成政治生活中的人格崇拜,用自身的道德威望就能得天下。

统治者要注重修德,作出表率,用忠孝等伦理道德感化百姓。"上之所为,民之所归"(《左传》),统治者的行为正派,国家才能治理好,"国家之败,由官邪也,"(《左传》)官吏的邪恶会导致国家的灭亡。这就要君王随时敬德修身和规约自身行为,这样才能成为民众的典范。董仲舒重视官员的道德,以及对百姓的德化教育,提出"古者修教训之官,务以德善化民"(《对策》)。王充提出"治国之道,所养有二:一曰养德,二曰养力"(《非韩》)。此后,一直在延续君王的圣德的观点,认为君主应有君德,如,唐太宗的《帝范》阐述帝王应有的道德品质,唐玄宗的《开元训诫》,明宣宗的《帝训》,清康熙的《君道》等等。

四 以德生廉:虞舜以德生成廉政行为

虞舜修身齐家的完善人格和不断升华的道德伦理,辐射到政治活动中就必然要严格自律、勤政爱民,天下为公。虞舜严格自律,具有高度的自我约束能力,他在恶劣的家庭环境里,后母及弟弟多次加害于他,而他始终能孝敬父母,体现出超人的自律性,这种自律在虞舜执政后表现出的就是廉洁,廉洁就是不贪,《楚辞·招魂》中的"朕清以廉洁兮",就是"不受曰廉,不污曰洁"。舜传位给禹,告诉他"人心惟危,道心惟微,惟精惟一,允执厥中"(《尚书·大禹谟》)。人心的自然本性就是争名夺利,人心的道被欲望掩盖着,人们要在宁静中深刻反省才能领悟到它,只有一心一意守望道,谨小慎微,把个人的欲望降到最低点,它才会使你精神升华,人格完善。尧死后,虞舜主动退让,把王位让给尧的儿子,因民意和天意才不得已就位,这就具有道德的合法性。儒家把政治与人伦相联系,把政治归结为伦理问题,强调道德对政治的意义。先秦诸子用廉来表示高尚的道德和政治行为,孔子注重德性培养,提高自身修养而达到仁者境界,在孔子看来,仁是美好的道德品质,把内在的仁放在第一位。孟子的"其身正而天下归之"(《孟子·离娄上》),强调君主权力合法性的道德基础,认为只要道德达到极至,就可以变成"人伦之至"的圣人。

虞舜心怀天下,勤政爱民。虞舜在未当政之前就有亲民善举,虞舜耕于历山,渔于雷泽,陶于河滨,都能以身作则,大家都能和睦相处,已具有广泛的影响力。虞舜上任后,勤于政事,考察民情,巡行四方。虞舜巡行到达泰山,选择良辰吉日去拜见东方君长,共商治国大计,统一度量衡,修订官俸爵位。虞舜制定每五年巡视一次的制度,了解民情,考绩与赏赐。他任人惟贤,量才定职,亲自考察和任命了二十二位贤人任职,虞舜还启用禹治水,被后世传为美谈。他制定了一套任官制度,考核一次政绩。畅通四方言路,设立"诽谤之木",接受民众监督,推行民主行政。等等。虞舜"勤众事而野死,"(《礼记·祭法》)在南巡途中以身殉职。中国传统政治认为,廉政关系到国家兴衰与政权的生死存亡,"国有四维(礼义廉耻)""四维张则君令行""四维不张,国乃灭亡"(《管子·牧民》)。以政治为主导的道德规范表现为国之忠,家之孝,公之廉,私之耻,忠、孝、仁、爱、礼、义、廉、耻互相渗透,以礼、义、廉、耻维系国家生存发展的根本道德,成为历代儒家的重要政治伦理思想。虞舜勤政爱民,鞠躬尽瘁,被称赞为"以君子之大德,为帝王之称首"(《礼记·祭法》),他倡导的是一种以国家和人民利益为重的群体意识,体现出天下为公的道德价值原点,从而唤起个人对集体的道德责任感,这也是儒家在政治上追求天下为公的最高理想。

虞舜在义和利上,也是主张利天下而不利一人的伦理政治道德,对私利的制约成为维护公共领域秩序的道德与规则。随着阶级与国家的出现和社会分工的发展,一部分人分离出来管理公共事务逐渐变成国家官吏,而绝大多数人丧失了对公共事务直接参与管理的权力。一些官吏把公职活动作为自己的谋生手段,在行使公共权力时利用职务之便攫取公共财富,出现"货力为己""以功为己"

"谋用是作"(《礼记·礼运》)的现象。虞舜以为天下的胸怀寻找为民众谋利益的贤能之人,使公共权力不被私有化。帝位的禅让表现出虞舜的廉政伦理道德。虞舜不把帝位传给自己的儿子商均,而是禅让给禹,《史记·五帝本纪》载"舜乃豫荐禹于天。"把帝位让给功勋卓著的大禹表明了虞舜不是为个人利益,而是为天下人之利。禅让制成为日后中国政治文化中的思想武库,历代贤君和思想家无不从中获取思想灵感与改革动力。个人利与道德规则的之间存在着巨大的冲突,利益与职责之间、私人生活禀性与公共角色之间存在着紧张关系,而且,对于体现道德问题的义利之争从未停止过,但最终儒家派的重义轻利思想占据了主导地位,他们把伦理道德的约束看成是控制追逐个人利益的手段。如"君子喻于义、小人喻于利"(《论语·里仁》),"君子谋道不谋食……忧道不忧贫"(《论语·卫灵公》)等表明了重义轻利的价值观。"义以为质"(《论语·子张》)、"义以为上"(《论语·阳货》),这表明人们追求物质利益是以社会道德作为行为判断标准的,把道德置于社会关系中的指导地位。[11]以后历代都没有突破"重义轻利""贵义贱利"的模式。选择义而淡化对物欲的追求取得道德上的满足感,这些思想都强调"义"在廉政伦理道德中的重要作用,这一传统价值观,直接规定了道德评价和理想人格的塑造。

参考文献:

[1][美]本杰明·史华兹(程刚译,刘东校).古代中国的思想世界[M].南京:江苏人民出版社,2004:76.

[2]李泽厚.中国古代思想史论[M].合肥:安徽文艺出版社,1994:90.

[3]赵明.先秦儒家政治哲学引论[M].北京:北京大学出版社,2004:55.

[4][英]麦考密克,[奥地利]魏因贝格尔(周叶谦译).制度法论[M].北京:中国政法大学出版社,1994:210.

[5]马士远.《尚书》中的"德"及其"德治"命题摭谈[J].道德与文明,2008,(5).

[6]梁凤荣.《尚书》中所称道的理想君王形象[J].河南社会科学,2006,(4).

[7]韦政通.中国思想史[M].上海:上海书店出版社,2003:110.

[8]雷成云.先秦儒家圣人与社会秩序建构[D].华东师范大学,2006.

[9]姜建设.政事纲纪——尚书与中国文化[M].郑州:河南大学出版社,2001:95.

[10]姜广辉.中国经学思想史[M].北京:中国社会科学出版社,2003:73.

[11]付志宇.孔子与老子义利观比较[J].贵州师范大学学报,2007,(4).

(原载 2016 年第 6 期,作者单位:湖南科技学院)

从"明德慎罚"到"隆礼重法"

——中华优秀传统文化内在历程

❋ 宫长为

很高兴再次来到宁远,参加"舜帝与依法治国"学术研讨会。刚刚开幕式上大家谈到,十八大以来以习近平总书记为首的党中央,审时度势,制定四个全面发展战略,其中有一条就是"全面依法治国"。特别是去年召开党的十八届四中全会,中央专门为此做了决定,决定特别强调坚持"依法治国"与"以德治国"相结合,坚持一手抓法治,一手抓德治,大力弘扬社会主义核心价值观,大力弘扬中华优秀传统美德。所以,我们今天在这里举行"舜帝与依法治国"大会,追朔中华远古文明,探索依法治国历史经验,可以说具有重要的学术价值和积极的现实意义。在这里,我主要想谈四点想法。

一 充分认识虞舜时代

这是我们探讨问题的前提条件。我们今天探讨"依法治国"与虞舜文化,首先应该对虞舜这个时代有些认识。虞舜是处在中华民族历史上一个什么时代?是处在什么样的历程上? 这是我们今天谈"舜帝与依法治国"应该考虑的前提。

过去李学勤老师强调"重新估价中国古代文明",提出建立一个"中国古代文明研究"的独立学科,实际上是对三皇五帝以来的历史给予重新认识。我一直有这么一个想法,去年开会时我也提过,那就是按照恩格斯的两种生产理论,我们对人类文明起源、人类文明的发生和发展历史,应该作一个重新的归纳评判。

我们过去讲人类起源、文明产生,都是讲"国家"。但是,我们实际上看来,人类文明不能从国家开始。一般地来说,我们按照恩格斯两种生产理论,人类分为自身生产和社会生产两部分,人类的社会生产就是人们的生产实践,人类的自身生产就是种的繁衍。按照这样的基本理论,我们有必要重新界定人类社会发生发展的历史。大约距今一万年前后,伴随着农业革命发生,这是人类社会生产的一个大变化;另一方面,由族内婚向族外婚过渡,这是人类自身生产的一个大变化,从而形成人类文明的一个标志。这个文明的标志,是以农业革命为基础的。再往下发展,之后就是工业革命,现在可以说是后工业时代,或者说后工业革命。在农业革命之前,也就是一万年以前,可以叫前农业革命。这样人类文明几百万年的历史,大致可以分为四个阶段:前农业革命、农业革命、工业革命和后工业革命。

从这个观点出发,我们对中华文明这一万年历史,也可以划分为这么四个阶段。简单点说,这一万年的前五千年,也就是距今 80 世纪到 30 世纪,基本是属于中华文明的奠基阶段,相当于传说中的三皇时期。后五千年,我们说其中的前三千年,也就是从黄帝以降到尧、舜,然后夏、商、周、春秋、战国的这一段历史,大概就相当于中华文明的开创阶段。再往下,也就是从秦始皇统一中国的公元前 221 年,到辛亥革命的 1911 年,这一段将近两千年的历史,可以说是中华文明发展阶段。最后,是从 1911 年的辛亥革命以后,到现在的一百多年,这是中华文明的转折阶段。

大体上中华文明可以划分为这么四个阶段,在这四个阶段当中,我们可以看到些什么问题呢?我们所谈的"中国古代文明研究",它正好处在什么阶段呢?它是从以黄帝为代表的五帝时代开始,到夏、商、周包括春秋和战国,这么一个历史阶段,我们一般把它称之为中华文明的开创阶段。在这个阶段当中,我们还可以把它再细划分,相当于我们讨论的"中国早期国家"。"中国早期国家",实际上也就是我们通常讨论的文明起源问题。现在看来,这个早期国家阶段,基本上就是以黄帝为代表的五帝时代开始,经过夏、商、周三代社会,乃至春秋和战国。这样一个历史时期,可以作为中国的早期国家阶段。

在这个早期国家阶段中,我们又可以划分为这样五个时期:就是从黄帝、颛顼到帝喾,这是中国古代早期国家的发轫期;尧和舜,是中国古代早期国家的发展时期;夏、商、周三代社会,是中国古代早期国家的鼎盛时期;春秋时期,是中国古代早期国家的衰落时期;战国时期,是中国古代早期国家的转变时期。

从这个划分可以看出什么问题呢?我们先看虞舜阶段处在什么阶段。虞舜阶段是处在中国早期国家的发展时期,是从发轫到发展,处于黄帝、颛顼、帝喾之后,紧接着夏、商、周三代社会。虞舜时期是它既处在中国古代社会的发展时期,又处在由发展时期向鼎盛时期过渡阶段。尧舜建立的唐虞王朝,正是处在这个节骨点上,所以在中国历史上有着特别重要的地位。

所以,我们今天谈"依法治国"与舜文化的关系,首先应当明确虞舜时代它处在什么位置上。当然,我们现在的学术讨论,一般是讲"三代"社会,但也有讲虞、夏、商、周"四代"的。2006 年李学勤老师刊登过一篇文章在我们《湖南科技学院学报》上,叫《虞夏商周研究的十个问题》,其中就提到中国古代的"四代",也就是说,以虞舜这一代为起点。当然,我们还可以对它进行具体分析。特别是"夏商周断代工程"以后,"中华文明探源工程"启动,我们初步认为,就是尧都平阳,现在已成为信史。实际上,根据日前的考古和历史研究,我们还可以把时间推进一步,推进到黄帝时期。那么,就有了中华民族五千年文明史。这个文明史,也就是中国古代文明发生和发展的历史,也就是由考古学的理论与实践的总结。我们谈文明问题,应当以人类的社会生产和人类自身生产即恩格斯讲的两种生产理论为标准,以农业革命作标准,以工业革命做标准。虞舜是正处在这中间的一个阶段,从黄帝到夏、商、周三代社会,到春秋、战国,是中国早期国家的一个阶段。在这个阶段当中,黄帝时期基本是发轫期,舜是发展期,它处在这么一个重要的节点上,所以,我们研究这一段历史具有特殊意义。

二 从《尚书·虞书·舜典》看虞舜"依法治国"

这是我们讨论问题的核心内容。大家知道,我们说孔子删《诗》《书》,定《礼》《乐》,修《春秋》,作《易传》,大体上我们是说孔子作《六经》。孔子删《诗》《书》之《书》,过去是说《书》有百篇,分为《虞书》《夏书》《商书》《周书》四部分。我们今天谈的虞舜"依法治国",主要是根据《尚书》中《虞夏书》的《舜典》篇中的材料。当然,《虞书》里面还包括其它一些材料,我们都可以作为研究的基本材料。所以,我们今天讨论的问题,我们认为,应把《舜典》作为最主要的依据,包括《尚书》中其它方面内容,也还有很大空间需要探讨,以及成书年代在内,也还有很多问题需要讨论。但是,我们基本上还是以《舜典》作为依据来讨论。在《舜典》里面,记录着舜的名字、品德、选拔考验的经过,以及他的建功立业、巡行、制定历法、任命百官等等。我们常说的虞舜"依法治国",主要是依据《尧典》《舜典》来展开的。

我们试读《尚书》的《舜典》篇,看看舜是如何依法治国的。实际上来看,舜主要讲的是德治,也讲法、讲刑。其实,古代社会正是将两者并行,相辅相成,是缺一不可的。但是,我们说从舜开始有"明德",在《尚书》《舜典》篇当中,开头之所以要提拔舜,是因为他"玄德升闻",就是他可以把自己的德行广泛延伸,深得尧德之道。所以,大家都认为应当选拔他,而《舜典》这段话最后一句,却是"舜让于德",说明舜的德行非常好。德孝是中华文化的核心。他觉得自己的德才不够,我们可以发现这里面有很重要的一点,那就是特别强调这个"德"。

紧接着是讲舜提拔以后,"觐四岳群牧,班瑞于群后",实际上他是通过任命百官,并通过巡行十二州,完善规范体制。舜帝即位以后,首先是把中央、地方的行政制度规范化。要"依法治国",首先就得制定一些简单的典章制度,没有典章是无法运行的。所以,我们看《舜典》篇里面就做了介绍,"班瑞于群后",就是把各个等级制度制定好,然后通过学习规范礼制,这就为"依法治国"奠定了基础。从这里也可以看出,"依法治国"首先就得有法,没有法就不能治国。之后《尚书》里面的内容是"象以典刑,流宥五刑,鞭作官刑,扑作教刑,金作赎刑,眚灾肆赦,怙终贼刑",总共六条:即典刑、五刑、官刑、教刑、赎刑、贼刑。从这里面我们可以看出什么呢?我们不做细致考察,很多东西我们没有深入研究,就从我们对中国古代法学的理解和认识,从大体情况看,它基本上构成了中国早期国家最初的一个刑法体系。这一点几乎是可以肯定的,也就是说,舜通过《舜典》篇表现出来的司法体系,或者刑法体系。我们在黄帝时期,颛顼、帝喾、唐尧时期,恐怕找不到更加准确的司法体系或刑法体系,只有从舜开始,我们才能准确判断,有了一个司法体系或刑法体系,这就值得注意。

我们看到,他们强调"钦哉,钦哉,惟刑之恤哉",强调的是慎刑,而且下边提到流放共工、欢兜、窜三苗之类,这中间有些是象征性的服刑,在执行中不要进行某些处罚,就是"慎"的发挥。首先强调德报,其次才是慎刑,从而达到"四罪而天下咸服"的目的,也就是说,慎刑的目的在于德报,把"德"放在主要位置上。所以,我们给它归纳为两点:德化为先,慎法为后。

我们看舜帝和皋陶那些司法官员,特别是对待蛮夷、三苗,强调要"惇德允元""惟明克允"。实际上,首先还是强调德化教育,然后才是慎刑。所以,我们看司马迁《史记·五帝本纪》,最后在舜帝评语中有"天下明德皆自虞帝始"一句,司马迁这句话应该说是对虞舜或者说是对舜的"依法治国"做了一个最确定的肯定。舜是"天下明德",他是"明德"制法,首先强调的是"明德",所以,我们说"天下明德皆自虞帝始"这句话非常重要。

我们现在说的"以德治国",最根本的是从舜帝开始的! 所以,我们追根溯源,中国早期国家的发展,中国早期国家刑法体系的建立,应该是从舜开始的。这是我需要强调的一点。因为从历史地位和历史发展的脉络来看,它正好是中国早期国家从发轫期到发展期,从发展期又到鼎盛期,而舜刚好在发展期这个节点上,所以,我们说非常重要。

三 周公"明德慎罚"进一步发展了虞舜的"依法治国"的理念

我们为什么讲周公? 其实从虞、夏到商、到西周,在这一段历史历程当中,清华简《保训》里边讲得很清楚,全部讲的是"中"。这个"中"是从虞舜说起,到商代先祖上甲微,再到文王、武王,乃至周公传承,贯穿着"求中""得中""假中"和"归中",讲了这样的传承故事。为什么我们讲到西周就要讲周公呢? 因为三代社会是中国古代早期国家的鼎盛时期,西周是代表,西周时期的代表是周公制礼作乐,周公制礼作乐的思想是对夏、商社会损益的结果,包括对舜帝"依法治国"理念的继承,最终提出"保民""敬德","明德慎罚",其间正是把虞舜思想作了进一步的发展。所以,我们说在这个阶段上,周公制礼作乐,就把这个体系基本完善了,就是说中国古代到了鼎盛时期,就"明德慎罚",应该说"依法治国"或者"以德治国"的理念,有了很好的展示。"明德慎罚"应该说是包括了"德"与"法"两方面,所以,从中国早期国家发轫期、发展期到西周的鼎盛时期,经过周公的制礼作乐,然后就把舜的"明德"思想进行了继承,把舜的"德化为先,慎法为后"的思想理念进行了发展。

四 荀子"隆礼重法",最终完善了舜的"依法治国"理念

中国古代国家发展历程从发轫期到发展期,再到鼎盛期,中间春秋是开始衰弱,到战国完全礼乐崩坏。孔子强调"仁",提出修身齐家治国平天下,孟子特别是荀子觉得仅仅修身不够,还要注重"礼"。荀子把中国由"仁"到"礼"的思想大力向前推进了,所以,我们可以说荀子是中国古代儒家的集大成者。

荀子处于战国末期。荀子的两个学生李斯、韩非,继承了老子的思想,又发展到法家,站了历史的另一个阶段上。所以,后人说中国两千年来实际上都是受了荀子的影响。荀子"隆礼重法"的思想一直继承下来,评价很高。我这次出

来开会,首先是到邯郸开了赵文化暨荀子思想研讨会,着重讨论荀子"隆礼重法"问题;然后到延安延川县开了伏羲文化学术研讨会,讨论《易》道问题;然后再到我们这里,讨论舜文化。这些活动串联起来,因为它们之间有着必要的联系。

从舜开始讲"明德",然后到周公讲"明德慎罚",又到荀子讲"隆礼重法",是这样一个历程。一般来看,我们中国古代思想有着一个完整体系,怎样认识这个体系?就是我们今天讲的"隆礼重法","明德慎罚"。这些思想有着共同的理念在里面,就是《易》道的思想。我们经常说的一句话是"一阴一阳之谓道",实际上,"礼"也好,"法"也好,它都是一阴一阳。

现在我们强调国学,国学的主流是儒学,儒学的核心是经学,经学的冠冕是《周易》,《周易》的精髓是《易》道。《易》道通哲学,《周易》讲太极、八卦,太极有四个含义:第一个含义阴阳独立,不偏不倚;第二个含义阴中有阳,阳中有阴,负阴抱阳;第三个含义阴阳转换,阴阳互补;第四个含义阴阳无二,阴阳合一。我们从《易》道理念看"依法治国",或者我们今天强调坚持德治与法治相结合,边抓法治,边抓德治,德法互补,实际上与阴阳之道是相呼相应,又可以互补,还可以动态转化。

我们今天强调"依法治国""以德治国",实际上,某个时期可能更加强调的是以德治国,某个时期需要更加强调以法治国。按照《周易》的思想,"依法治国"与"以德治国"是并行不悖的,是相互平等的,是相互转换的。既有平等的一面,也有互补的一面;有兼顾的一面,还有相互转换的一面。所以,我们应当强调地指出,在《周易》思想的基础下,才能对中国传统思想整体有所认识。

我们讲舜文化,"明德"到"明德慎法",再到荀子"隆礼重法",整个思想发展下来,背后的支撑是《周易》思想,而《周易》思想的源泉可能就是伏羲文化。我们看《周易大传》,伏羲"作八卦"。这个演变历程是中国传统文化的主干部分、核心部分。所以,我们想通过舜文化与"依法治国"的探讨,探讨舜帝、周公,探讨荀子,根本上就是要追溯到中国文化的根源,通过"一阴一阳之谓道",把握中国文化的传统。

（原载 2015 年第 12 期,作者单位:中国社会科学院历史研究所）

论虞舜"惟刑之恤"的道德情怀

❋ 杨增和

中国古代政治生活以道德为重心,用符合道德的方式治理国家,伦理最大程度地突显政治的作用。虞舜在治理国家时,就是把道德情怀渗透到国家治理体系中的,《尚书·舜典》中记载,虞舜曾发出"钦哉钦哉,惟刑之恤哉"的感叹,对于国家治理,虞舜倡导恤刑,用刑慎重不滥用,这说明在虞舜时中国古代的慎刑思想已萌芽,其精神实质就是将教化、国法和人情联系起来,重视人的生命价值、重视血缘亲情,体现出人文精神和道德情怀,这也影响了后来的慎罚思想。

一 立五刑:德法并举,明德慎罚

虞舜的惟刑之恤思想体现在立五刑,明德慎罚上。虞舜执政,"摄行天子之政",设立十二州,在全国颁布法规、统一律刑、律令严明。《尚书·尧典》记载:舜"纳于百揆,百揆时叙"是最早记载用制度治理社会的,中国古代形成的一整套完备的制度和惩治机制,成为治国的重要手段,保证了政治秩序的运行。虞舜律令严明,有法可依。命皋陶制定一系列法律制度来约束部落首领和人们的行为,确定包括昏、墨、贼等罪名,这是中国最早的刑事立法活动。传说皋陶造律时,就是用刑罚惩治约束人们的行为的。《左传》记载:"昏墨贼杀,皋陶之刑也",就是要重刑惩处罪犯。皋陶对违法人员严惩不贷,"庶顽谗说,若不在时,侯以明之,挞以记之,书用识哉,欲并生哉!工以纳言,时而飏之,格则承之庸之,否则威之。"(《皋陶谟》)舜帝为章显法纪,律令严明,处决"四凶族":"流共工于幽陵,以变北狄;放欢兜于崇山,以变南蛮;迁三苗于三危,以变西戎;殛鲧于羽山,以变东夷。"(《史记·五帝本纪》)

舜执法惟明克允、公平公正。选用有德贤人皋陶执法,刑罚面前人人平等。舜帝选皋陶为法官,要求他执法公正,"帝曰:'皋陶,蛮夷猾夏,寇贼奸宄。汝作士,五刑有服,五服三就。五流有宅,五宅三居。惟明克允!"(《尧典》)舜命令皋陶行使刑罚,打击外来部落的侵扰,惩处抢夺财产的人。皋陶根据犯罪的轻重,用不同的刑罚来处罚。虞舜时代有刑罚,是有法可依的,"惟明克允",就是只有明察案情,才能公正地处理案件,令人信服,才会赢得民众的信赖与拥护。

虞舜宽大慎刑。慎刑是明德的具体体现,就是要谨慎地执行刑罚,不只是为了惩罚,能宽恕的就宽恕。在虞舜时中国古代的慎刑思想已萌芽,当有刑罚时,虞舜就发出:"钦哉钦哉,惟刑之恤哉"的感慨。舜帝制定律法的原则,就是要对那些对社会危害不大的犯罪行为,都宽大处理和区别对待,"眚灾过,赦";而造成极为恶劣的社会影响的罪犯,则严惩不贷,"怙终贼,刑"。"象以典刑,流有五刑,鞭作官刑,扑作教刑,金作赎刑。"他把刑罚用图案刻于器物上,向民众宣传,应受五刑的罪犯用流放来宽大,用鞭打作为官刑,用板打作为教学用刑,还可以用金赎罪。《尚书·大禹谟》也说:"罪疑惟轻,功疑为重",这就既提倡谨慎用刑,又不拘泥于律令条文,重视生命,具有鲜明的人文精神。

虞舜的惟刑之恤的思想体现了明德慎罚、德主刑辅这种一以贯之的治国模式。"慎罚"的思想,主张用温和的方式、宽松的政策治理天下。西周周公第一个提出"明德慎罚"思想,他郑重告诫康叔"惟乃丕显考文王,克明德慎罚"。《周易》曰:"明罚敕法",对触犯王法者处以"屦校灭趾""屦校灭耳"等轻重不同的刑罚。董仲舒以阴阳五行的理论来解释道德与刑罚的关系,提出了"德主刑辅"的理论:"天道之大者在阴阳。阳为德,阴为刑。刑主杀而德主生"。西汉之后,历代王朝都基本承袭了西周、西汉的慎刑思想。儒家德主刑辅又是在西周以德配天、敬天保民和明德慎罚基础上发展起来的。汉武帝将儒家理念引进法家的范畴,使中国古代的法制走向儒法结合的局面。"然而,从政治哲学和法哲学上观察,儒家思想的不足是没有发展出具体而有效的权制。"[1]中国儒家思想家的道德理念节制为政之人的行为,子产提出宽猛兼施的主张。这实现了个人道德伦理与政治系统的整合,这就是强调德教为主法治为辅,形成社会政治与道德文化内在的价值资源的相互配置和互补关系,政治与道德都成为社会的基本价值元素,共同构成社会生存的基础和政治和谐。"道德与法律同时都是人类社会组成其国家形式,尤其是民族国家形式不可缺少的价值维度和政治文化资源。"[2]这充分体现的国家政治治理中的政治合法性与道德正当性。德主刑辅,成为对法律之于德教功能缺失的必要补偿,只有明德慎罚才能国家治而四海平,这就为后世的礼、乐、刑、政的治国"四术"奠定了基础,这始终影响着中国封建时代的伦理政治。

二 五教:引礼入法,以德化民

虞舜的惟刑之恤的思想体现在推五教,重教化,慎用刑上。就是要"德施乎四海",目的是教育民众,以德教化民众,劝民为善,而不是单纯为了惩罚,慎刑的着眼点是教化。刑罚之教。据韩星先生考证:"刑始于兵……起源于远古的氏族战争。"刑就具有惩罚、威吓之意。《史记·太史公自序》云:"夫礼禁未然之前,法施已然之后。"刑罚作为一种教化手段,用礼乐之教来维护社会秩序。

虞舜推行五教。舜帝即位,就任命八元宣扬五教"举八元,使布五教于四方,父义、母慈、兄友、弟恭、子孝。"(《史记·五帝本纪》)而且,舜帝以身作则,实践"五教",孟子说"尧舜之道,孝弟而已矣",舜对家人能以德报怨,"舜顺适不失子道,兄弟孝慈。欲杀,不可得;既求,常在侧"。还有,舜帝任命契为司徒,在全国推行"五教",告诫契要以宽厚的态度教化人们,不能采取强制手段。舜曰:"契,百姓不亲,五品不驯,汝为司徒,而敬敷五教,在宽。"(《史记·五帝本纪》)

虞舜注重乐教。礼在虞舜时已萌芽,有"先王制五礼"之记载,《尚书·舜典》载,舜"修五礼"。逐步具有礼之具体外在形态。《尧典》中关于乐的论述是中国最早的乐教理论,舜帝任命夔施行礼乐教化。帝曰:"夔!命汝典乐,教胄子,直而温,宽而栗,刚而无虐,简而无傲。诗言志,歌永言,声依永,律和声。八音克谐,无相夺伦,神人以和。"(《史记·五帝本纪》)用"诗""歌""声""律"来规范人们的言行,达到"无相夺伦,神人以和"的理想境界。虞舜以德化民,重教化,谨用刑的目的不是防民、治民、役民,而是以德教来教育民众实现有德性的理想生活,使刑政措而不用,统治者把权力置于"德"的要求之下,得以无为而治。孔子说:"无为而治者,其舜也与? 夫何为哉? 恭己正南面而已矣。"

引礼入法,礼是氏族社会敬神祈福的仪式,后来成为一种社会整合手段。礼就是要确认尊卑贵贱等级,具有修身齐家治国的特殊作用。"法制再健全,也无法从根本上解决问题。""道之以德,齐之以礼"的方法所能收的效果永远都会比"道之以政,齐之以刑"好。[3]礼成为国家立法必须遵循的原则,将儒家礼的精神注入法律。如,汉初萧何作《九章律》,汉高祖刘邦命人制定有关朝仪的专律《傍章律》十八篇等。

中国传统文化的主流是对道德与政治合一的阐释与推行,表现在政治伦理方面,就是以先秦儒家为代表的思想家,企图以道德教化来推行其政治理想。德教和刑罚并举成为中国传统德治思想的两个重要元素,它与"孝友之心、敬信之行、中和之态等内在修养互相配合,最终完成德治思想的修己、安人"[4]。恩格斯在《家庭、私有制和国家的起源》中曾经指出,氏族社会在大多数情况下,历来的习俗就把一切调整好了,这里的习俗指的就是即非法律的伦理道德规范。

主张道德教化与刑罚相结合,为中国古代礼法结合的法制奠定了基础,成为两千年来中国古代维护社会秩序最具影响力的政治观念。先秦儒家强调"礼治",继承"明德慎罚"思想,强调"德治"。孔子继承和发展西周礼制,提出"仁、礼"思想,他说:"能以礼让为国乎?何有?"(《论语·里仁》)即用礼仪教化治理百姓,这样就没有什么困难了,何必要用严刑厉法威胁、迫害百姓呢?孔子继承明德慎罚的观念,还提出了"道之以政,齐之以刑,民免而无耻;道之以德,齐之以礼,有耻且格"(《论语·为政》)的国家治理观念,"宽则济猛,猛以济宽,政是以和"(《左传·昭公二十年》)的政治和谐思想。主张以仁释礼,将仁入德,主张"先德后刑"。贾谊认为以礼仪教化治天下,可以"累子孙数十世,"仅以法会刑罚,就"子孙诛绝",强调应采取礼仪教化的方法。突出了德的政治意义,极力提倡统治者"为政以德",实行"德治"。宋代朱熹主张"为政以德",君主应修德,以身率人,以仁德感化人民。清朝康熙认为治国应"尚德缓刑"等。

三 重五伦:人法结合,以人为本

虞舜的惟刑之恤的思想还体现在重五伦,讲人情上。五伦指的是父义、母慈、兄友、弟恭、子孝五种伦常规范,虞舜在处理五伦与法的关系时,更多的是以家族为本位,注重人伦关系而淡化法规的约束。在虞舜处理父亲的犯罪问题上,《孟子·尽心》谈及舜父杀人,虞舜该如何的问题,孟子的回答是舜当"窃负而逃"。他认为"孝"是至高的道义,为使父亲免受刑辟之苦,舜宁愿抛弃天下,背着父亲远走高飞,逍遥法外。"舜窃父而逃"表达了儒家对道德与法律的价值观。孟子认为,即使放纵了罪犯,践踏了法律的尊严,舜的父亲犯了杀人罪,舜帝把父亲营救出来,尽到一个做儿子的义务,而舜对法律"视弃天下犹弃敝屣也",对舜而言血缘伦理道德比法律更重要,这就反映出在中国传统政治文化的语境中,德治被视为优先于法治的治理社会。

虞舜在父亲、继母和弟象曾多次设陷阱谋害自己的事情上,以德报怨。《史记·五帝本纪》载:"舜父瞽叟盲,而舜母死,瞽叟更娶妻而生象,象傲。瞽叟爱后妻子,常欲杀舜,舜避逃;及有小过,则受罪。顺事父及后母与弟,日以笃谨,匪有懈。"舜的父亲、继母和弟象曾多次设陷阱谋害舜,在这种恶劣的家庭环境中,舜"能和以孝,烝烝治,不至奸"。"舜顺適不失子道,兄弟孝慈";"(舜)顺事父及后母与弟,日以笃谨。"(《史记·五帝本纪》)尽管如此,舜仍然宽容大度,以德报怨,孝敬父母、爱护弟象。父母去世,又以厚葬,封弟象于有鼻。虞舜对弟象以德报怨,舜分封弟象的故事广为流传,象每天都想杀掉舜帝,而舜继承王位后,没有惩罚象,而是把他封为有鼻。《孟子·万章上》说,学生万章问孟子:"象日以杀舜为事,立为天子则放之,何也?"万章向孟子提出了几个关于舜帝封象于有庳问题,其中有一段孟子的话:"仁人之于弟也,不藏怒焉,不宿怨焉,亲爱之而已矣。亲之,欲其贵也;爱之,欲其富也。封之有庳,富贵之也"。仁德之人对自己弟弟,不应有愤怒和怨恨,而是要友爱他,让他尊贵和富有,封象于有庳,就是让象富贵。舜没有反目成仇,而仍然孝顺父母友爱兄弟。我国与自然经济相联系的家族为本位思想笼罩整个社会,虞舜以孝悌五伦的原则化解家庭复杂矛盾,而没有诉诸法律,使家庭和睦,注重的是家族本位。

中国古代政治是在氏族血缘基础上发展而来的,国家治理是在某种特殊的社会历史文化语境中展开的,人治与法治的互补成为中华民族国家治理的基本特质,影响政治运行机制,中国数千年来制度对于社会进程的重要性这一认识始终未能占主导地位。"中国古代社会政治史实质上是一部宗族政治史。"[5]正如梁启超所说,凡国家皆起源于氏族,此在各国皆然。当然,在中传统文化语境中,家国同构会导致国与家不分、公与私不分,德高于法的主张与中国宗法制的社会现实密不可分,形成中国古代社会伦理政治传统。

儒家将天人合一与仁政、德政联系起来。用天道秩序来劝谕帝王行德政。孔子认为处理好家庭伦理就能治理国家,就能消除犯罪现象。"其为人也孝弟,而好犯上者,鲜矣;不好犯上,而好作乱者,未之有也。"(《论语》)追求天人合一,主张"礼之用,和为贵,"(《论语》)和睦无争即为理想的社会秩序。有学者认为,天人合一是中国传统法律的价值观念与精神境界的最高体现,或者说是各种法律制度的终极依据。尧舜成功地将天道应用于人道中,"隐恶而扬善,执其两端,用其中于民,"(《礼记·中庸》)而至天人合一。孟子从人性善出发,提出了"仁政"的主张,将其具体化为"亲亲而仁民,仁民而爱物。"(《孟子》)的主张,提出"民为贵,社稷次之,君为轻"(《孟子》)的观点。

以人为本就是珍视人的生命,尊重人的人格独立,强调人自身价值。法治是人类关注自身的价值和命运而衍生的一种制度,是要以人为其精神底蕴的。以人为本是由人类创造的价值和理想,它指向对人的生命的终极关怀,"民之所欲,天必从之。"(《左传》)中国古代人文精神从西周开始重视人事和道德,不断肯定人的作用与价值,儒家将人视作有道德和有思想的具有独立人格和尊严的人,就政治与人性而言,法律礼仪等源于满足人性的需要,发乎于人性之中,顺应人性的,而是外在于人改造人性的。统治者从以人为本的观点出发,表现出了重惜民命的特点。如,汉文帝废除肉刑,北魏孝文帝废除"门房之诛"等,都是强调"民命为尤"的。

参考文献:

[1]周天玮.法治理想国——苏格拉底与孟子的虚拟对话[M].北京:商务印书馆,1999:10-11.

[2]万俊人."德治"的政治伦理视角[J].学术研究,2001,(4).

[3]杨娟珍.孝文化与廉政文化的辩证分[EB/OL].http://www.sxcixiao.com,2014-05-20.

[4]王淑文.《尚书》的德治思想[D].辽宁师范大学,2010.

[5]白钢.中国政治制度通史[M].北京:人民出版社,1996:89.

(原载 2016 年第 6 期,作者单位:湖南科技学院)

"双边"的仁学内涵
——"唐虞之道"与"孔孟之道"

✳ 陈仲庚

一 仁学之源:"大同"与"小康"的社会需求

据说,在上个世纪"1000 年全世界最有名的十句名言"的评选中,美国黑人领袖马丁·路德·金的名言"我有一个梦"排名第一。[1]这么简单的一句话,受到全世界人们的如此重视,除了它原有的追求平等的政治理想日益广泛地深入人心之外,更为重要的恐怕是它表述了我们人类所共有的一种精神追求:人人都有一个梦——人类不能没有梦!也正因为有了这种梦,人才与动物有了本质的区别。因此,这虽是简单的一句话,却点破了人的本质,这才是它被如此推重的根本原因。

中国人对平等观念并不怎么看重,所以马丁·路德·金的名言在中国的影响并不大,但这并不意味着中国人没有梦,对中国人来说,做的不是人人平等而是天下平均的"大同梦",这种梦由来已久,延续了几千年仍不绝如缕,这就是《礼记·礼运篇》所描述的:

> 大道之行也,天下为公,选贤与能,讲信修睦,故人不独亲其亲,不独子其子,使老有所终,壮有所用,幼有所长,矜寡孤独废疾者皆有所养。男有分,女有归。货恶其弃于地也,不必藏于己;力恶其不出于身也,不必为己,是故谋闭而不兴,盗窃乱贼而不作,故外户不闭,是谓大同。

这是一种美好的社会理想,一个无比善良的愿望,她吸引了无数的英雄豪杰一代一代地为之奋斗。然而,社会的发展却与人们的善良愿望背道而驰,来到人类面前的却是与大同社会相对立的小康社会:

今大道既隐,天下为家,各亲其亲,各子其子,货、力为己。大人世及以为礼,城郭沟池以为固,礼义以为纪,以正君臣,以笃父子,以睦兄弟,以和夫妇,以设制度,以立田里,以贤勇智,以功为己。故谋用是作,而兵由此起;禹、汤、文、武、成王、周公由此其选也。此六君子者,未有不谨于礼者也。以著其义,以考其信,著有过,刑仁讲让,示民有常。如有不由此者,在执者去,众以为殃,是谓小康。

很显然,这是一种既存的社会现实,就社会性质社会关系而言,它与大同世界存在着根本性的对立,这种对立就表现在一是"天下为公",一是"天下为家";"天下为公"是一个充满温馨自由的社会,由于财产公有,人人劳动,人人平等,政治民主,团结友爱,使得人人心境平和,精神愉快,身体健康,这是一个没有矛盾、没有盗贼、没有战争的太平盛世;相反,"天下为家"则是一个处处受限制的社会,由于财产私有,人人为己,就不免勾心斗角尔虞我诈,为了减少人与人之间的无序争斗、过度倾轧,于是就有了礼义制度、等级观念,人类失去了温馨和自由,理想的家园不复存在。因此,现实的"小康"是远不如"大同"的一个非理想的社会。

从文化传播的总体上说,《礼运篇》应该是先秦诸子社会思想的汇合和总结,是古代社会思想的集大成,从中不难看到各家各派的社会主张。但因为该篇收入儒家的经典《礼记》之中,上述两段话又托言孔子所说,因而一般都将它看成是儒家的思想,如刘明华先生说:"孔子一生,奔走四方,为的是恢复礼制,重建逝去的理想社会。他主张'泛爱众','博施于民而能济众',歌颂尧能效法天的普施无私,歌颂舜'有天下而不与焉',这些都反映了孔子'公天下'的思想。……孔子的仁学,支配了中国文化数千年,这已是众说周知的。而孔子的仁学思想中,还有着丰富的大同思想。"[2]刘明华的看法,有其独到之处,他看到了仁学思想与大同思想的关系,但认为孔子要重建的是"大同"的理想社会则是很不准确的,孔子"为的是恢复礼制",这显然是与"小康"社会相对应的,孔子的仁学思想也是为适应"天下为家"的社会现实而产生的,"公天下"的思想虽然有,但不是主流。在中国思想史上,适合"公天下"大同社会的仁学思想的确有,但不是"孔孟之道"的仁学,而是"唐虞之道"的仁学。

需要说明的是,孔孟言必称尧舜,他们也自认为是尧舜之道的传承人和代言人,因而后世往往将孔孟之道等同尧舜之道,本文避免使用"尧舜之道"这一常见的提法,为的是将"唐虞之道"与"孔孟之道"区别开来。这种区别,主要就体现在仁学本真含义上的不同：一是适应"公天下"的需要，一是适应"家天下"的需要。

二　唐虞之道的仁学内涵

"唐虞之道"一词不是笔者所创，而是出自郭店楚墓竹简的一篇专论。郭店楚墓竹简于 1993 年 10 月出土于湖北省荆门市郭店 1 号楚墓，据荆门市博物馆在《文物》1997 年第 7 期上提供的正式发掘报告，从墓葬形制和器物特征判断，该墓具有战国中期偏晚的特点，李学勤、裘锡圭等学者都认为其下葬的年代大约是在公元前 310 年—前 300 年间，那是孟子、庄子、屈原仍然活着的年代；至于墓中竹简典籍的书写时间还当更早一些。该墓所出的竹简典籍，主要是儒家和道家的著作，根据整理者的编联划分，共计 16 种，其中道家两种，儒家 14 篇，《唐虞之道》即是其中的一篇。

郭店 1 号楚墓出土的竹简，由荆门市博物馆编辑成《郭店楚墓竹简》一书，文物出版社 1998 年出版。关于《唐虞之道》一文，编者在文前的［说明］是这样解说的："本文赞扬尧舜的禅让，着重叙述舜知命修身及具有仁、义、孝、弟的品德。简文有关舜的史实亦见于《史记·五帝本纪》等书，但简文全篇未见传本。原无篇题，今据简文拟加。"[3] 这里有一个重要的信息值得注意，尧舜禅让的历史传说以前散见于诸多典籍，但关于此事的专论却不见，即使是本篇专论也未见流传，这其中的原因可能有多种，但最根本的原因恐怕是"家天下"统治的压制，禅让的美事不仅不会再有，甚至也不允许再说，于是这篇专论便不再有人提起，久而久之便失传了。这也足可证明，不仅禅让的史实是"公天下"的产物，禅让的思想也只能切合"公天下"的需要。

通观《唐虞之道》一文的内容，以赞颂尧舜的禅让开头，以论定禅让的社会效果结尾，但通篇所论述的理义性内容则主要是仁学的内涵，一篇千余字的短论，直接论"仁"的就有十余处，"仁"不仅是该文中出现频率最高的，其论述思路也是围绕着"仁"展开的。文章的开头即说：

> 唐虞之道，禅而不传。尧舜之王，利天下而弗利也。禅而不传，圣之盛也。利天下而弗利也，仁之至也。故昔贤仁圣者如此。身穷不均，没而弗利，躬仁矣。必正其身，然后正世，圣道备矣。故唐虞之［道禅］也。

这里,作者首先将"禅"与"传"对举,尧舜是"禅而不传",其基础则是"利天下而弗利也",这显然是"天下为公"的表现。与"禅"对立的"传",作者弃而不论,但意思很明白,"禅"是让他人,"传"则是传给自家人,是"天下为家"的表现。其次,在道德规范的问题上,作者标举了"圣、仁"二德,"圣"是"禅而不传",是外在的行为表现;"仁"是"利天下而弗利也",是内在的思想修养。因此,"圣"也可以说是"仁"的表现形式,二者的结合,才构成一个完整的道德规范,而"仁"是其基础的、核心的内涵。其三,"仁"在"正世"方面的表现是"禅而不传",在"正身"方面的表现则是"身穷不均,没而弗利","均",有学者认为应读为"恕",《说文》云:"恕,忧也。"[4]不因"穷"而忧,不以"利"为念,这就是"躬仁"亦即是对"仁"的体验与实践。这是文章的开头,可以说是一个总论,接下来作者展开了具体的讨论:

> 夫圣人上事天,教民有尊也;下事地,教民有亲也;时事山川,教民有敬也;亲事祖庙,教民孝也;大教之中,天子亲齿,教民弟也。先圣与后圣,考后而逮先,教民大顺之道也。

这里所讲的,是禅让传统得以推行的社会基础,圣人的"正身"是前提和出发点,"正世"才是目的和归宿;圣人的根本任务,也就是在诸事之中教民有德,使天下实现"大顺",使大家都能"躬仁",才能真正推行禅让。否则,一件美事也有可能被某些阴谋家所利用而走向反面。

用"教"来创造"大顺"的社会条件,以为"禅让"的推行作准备。但是,具体该用什么内容来"教"呢?尧舜的行为就是最好的典范:

> 尧舜之行,爱亲尊贤。爱亲故孝,尊贤故禅。孝之盃(方),爱天下之民。禅之流,世无隐德。孝,仁之冕也。禅,义之至也。六帝兴于古,咸由此也。爱亲忘贤,仁而未义也。尊贤遗亲,义而未仁也。古者虞舜笃事瞽叟,乃弋其孝;忠事帝尧,乃弋其臣。爱亲尊贤,虞舜其人也。

这里以虞舜的为人作论据,重点论述了"爱亲"与"尊贤"的关系,要求做到将二者统一起来,并引进了"孝"与"义"的概念。"孝"是"仁之冕",即是说"孝"是"仁"的最突出最重要的表现形式;"禅"是"义之至","禅"也是"圣"德的表现,"圣"又是"仁"的表现形式,故"义"也是"仁"的表现形式。而"孝之方"又是"爱天下之民",已经超出了"爱亲"的范畴,所以"孝"也可以转化为"义"。因此,只要有了"利天下而弗利"的"仁"做基础,圣、孝、忠、义等道德原则皆可以相通。

值得特别注意的是,作者虽然将"爱亲"与"尊贤"对举,并强调二者的统一,但更重要的却是强调"尊贤",因为有了"尊贤"才有"禅让",而禅让也正是"爱天下之民"的表现。也正是因为"爱亲尊贤"而更偏重"尊贤"的观念,使得唐虞之道与下文分析的孔孟之道有了本质的区别,因为孔孟之道强调的是"亲亲尊尊",而不是"尊贤"。

唐虞之道的"尊贤"当然不是一句空话,而是要落到实处,这个实处就是"禅让"或曰"授贤";这个"授"当然也不能乱授,被授者必须是一个真正的贤哲,必须具备充分的必要条件,这个条件就是知命修德:

> 夫古者舜居草茅之中而不忧,升为天子而不骄。居草茅之中而不忧,知命也。升为天子而不骄,不流也。求乎大人之兴,美也。今之弋于德者,未年不弋,君民而不骄,卒王天下而不疑。方在下位,不以匹夫为轻,及其有天下也,不以天下为重。有天下弗能益,亡天下弗能损。极仁之至,利天下而弗利也。禅也者,上德授贤之谓也。上德则天下有君而世明,授贤则民兴教而化乎道。不禅而能化民者,自生民未之有也。

这一段话,仍然是以虞舜为典范,提出了授贤的标准并肯定了授贤的社会效果。就授贤的标准而言,主要是体现在两个方面:一是"知命",二是"弋于德"。所谓知命,也就是"不忧""不骄","无轻""无重",也就是"求乎大人之兴","大人之美"。何谓"大人"?《易传·文言》云:"夫大人者,与天地合其德,与日月合其明,与四时合其序,与鬼神合其凶吉。先天而天弗违,后天而奉天时。天且弗违,而况人乎?况于鬼神乎?"《易传》的这一段话与《唐虞之道》前文所讲的"圣人上事天……,下事地……,时事山川……"等语在理义上是相通的,正因为有了《唐虞之道》中所讲的"事",才有了《易传》中所讲的"合",它们所要说明的就是人的生命的价值和意义是寄寓在天地自然和社会生活之中的,而不在个人的名利得失之中,有天下与无天下均不能证明生命的价值所在,所以有它也无益,无它也无损。明白了这一点,也就算"知命"了,也就可以成为"大人"或"圣人"了。所谓"弋于德",即是"一于德","弋"通"忒"通"一","一"者,坚持不变、坚定不移之谓也。大人或圣人在名利上无所求,但在道德修养上却是坚定不移孜孜以求的,不仅要"一于德",而且要"未年不弋"即"无年不一",通过常年累月的德性修养和道德实践,最终就可以"极仁之至",真正做到"利天下而弗利也"。因此,"一于德"的起点是"一于仁"即"爱亲";其中间环节是"知命",即养性命之正,也就是将自己生命与天地自然社会生活"合其德";其终点是"极仁之至"即"上德授贤","禅而不传"。其效果则是求得"化乎道""化乎民"的清明盛世,也就是"大道之行也,天下为公"的大同世界。

三 孔孟之道的仁学内涵

孔子是儒家学说的创始人,《唐虞之道》一般都认为是儒家的著作,但与《唐虞之道》最为强调的"上德授贤","禅而不传"不同,孔子最为关心的是家族成员的伦理关系,这首先就是所谓的"亲亲":"仁者人也,亲亲为大。"(《礼记·中庸》)也就是说,人在群居的社会生活中,虽然有各种各样的人际关系,但最为重要的关系是"亲亲"。"亲亲"原则当然也不是孔子所首创,它是西周以来宗法关系的核心,这一关系维系了西周数百年的稳定,但到了孔子时代,诸侯们只顾扩张自己的势力,根本不把"至上亲"——周王室放在眼里,而诸侯宗室的内部,犯上作乱的事也屡见不鲜。因此,在孔子看来,"亲亲"不行的主要原因在于敢犯上的人太多,于是,孔子在"亲亲"原则中便特别强调"孝弟":"孝弟也者,其为仁之本与!"(《论语·学而》)将"孝弟"提升到"为仁之本"的高度,足见孔子对它们的重视。那么,孝是什么呢?《说文》云:"孝,善事父母者。从老省,从子。子承老也。"段玉裁引《礼记·祭统》曰:"孝者,蓄也。"段注:"顺于道,不逆于伦,是谓之蓄。"张舜臣《说文解字约注》引桂馥曰:"《释名》:'孝,好也',爱好父母如所说好也。"张按:"孝、好二字双声,故《释名》即以好训孝。今俗说子女之有孝行者,恒谓其'对父母很好',即善事父母之意。"从字形和汉代人的解释中可以看出,"孝"的原意本是子女服侍父母,父母对其行为作出"好"的评价。这本来是人之常情,也是人类社会延续的必要环节,只要人类社会存在一天,子女对父母的尊敬与关怀就应该作为正面的道德标准加以提倡,所以,不仅是中国提倡"孝",世界上其他民族同样也提倡"孝",如《圣经》的"十诫"中就有"要孝敬父母"的律条。不同的只是,孔门儒家是将"孝"建基于父辈对子辈终身享有的绝对权力之上,它意味着父辈的绝对独裁和子辈的绝对屈从,并将这种屈从说成是人生天地间的绝对义务。如孔子说:"父在,观其志;父没,观其行;三年无改于父之道,可谓孝矣。"(《学而》)父死之后也不能轻易更改"父之道",那么父生之时除了屈从就更没有别的选择。其后,孟子则对此作了进一步的强调,《孟子·离娄上》以舜事瞽瞍的典型事例来强化尽孝义务的绝对性:即使瞽瞍三番五次地要害死舜,舜仍然想方设法地让瞽瞍高兴,这才是所谓的"大孝"。因此,在父子关系上,父亲不管怎样做都是对的,这正如朱熹的《集注》所说:"尽事亲之道,其为子职,不见父母之非而已。"如果不孝呢,那罪名可就大了,《孝经·五刑章》说:"五刑之属三千,而罪莫大于不孝。"

从以上的分析中可以看出,"亲亲"之"孝"的关系,完全锁定在父子这一对关系之内,而且决不仅仅是爱父母,更重要的是要绝对地顺从乃至屈从于父辈。除"孝"之外,"亲亲"的关系还有"弟","弟"即"悌",指弟弟敬爱兄长,《礼记·礼运》篇所说的"兄良弟悌",便是"弟"的最好注解。孔子说:"弟子入则孝,出则弟。"(《学而》)据《礼记·内则》篇所说的"由命士以上,父子皆异宫"可知,孔子此言的意思是说属于"由命士以上"之列的弟子,在父亲膝前尽孝,在兄长面前则必须遵循"悌"的规范。因此,"孝"运用于亲族中对长辈的纵的关系,"弟"则运用于亲族中同辈份的横的关系;对于同辈中的"弟"的规范虽不像"孝"那样严厉,但在"兄良弟悌"的对比中也可以明显地看出弟弟的屈从地位。

值得特别注意的是,孔子为了给协调人际关系的伦理道德作出一个明确的不可移易的具体规范,他将人的社会关系大大地简化了。按照马克思的说法,人在本质上是一切社会关系的总和,那么,每个人的身上都集中着多种多样的社会关系。孔子则首先排除了人的社会关系的复杂性,而将人的关系圈定在家庭亲族关系之内,而在家庭亲族关系中又进一步简化到"二人"的关系上:父与子、兄与弟。这确实也是孔子的高明之处,因为这两对关系可以构成一个稳定的三角形,只要将这两对关系处理好了,三角形的三边就会稳定,家庭关系也会随之稳定。

同《唐虞之道》的"爱亲"一样,孔子的"亲亲"原则也只是出发点,其目的则是为了要"定尊卑""别长幼",以建立"父子有亲,夫妇有别,长幼有序"的伦理秩序。在这一井然有序的伦理秩序中,规范好尊卑关系是特别重要的。孔子面对当时"君不君,臣不臣,父不父,子不子"的混乱局面,他开出的救治良方,首先就是从规范家庭的尊卑关系入手,他清楚地看到了:"其为人也孝弟,而好犯上者,鲜矣;不好犯上,而好作乱者,未之有也。"(《学而》)有了"孝弟"也就有了"尊尊"之心;能够"尊尊",当然就不会"犯上",更不会"作乱"。那么,"君君、臣臣、父父、子子"的伦理秩序,也就建立起来了。所以,《礼记·丧服四制》说:"贵贵、尊尊,义之大者也。"

孔孟的仁学内容当然不仅仅是"亲亲","仁者爱人""泛爱众"也是仁学题中的应有之义。"爱人"和"泛爱众"当然不是"博爱"一切人,而是将家庭内部的伦理关系推广到了全社会。当然,孔子的"泛"也确实是扩大了"人"的范围,即他将"亲亲"的原则由西周的仅限于贵族(所谓的"礼不下庶人")扩大到了庶民百姓。这也可以说是孔子为求得社会稳定而采取的一项改革措施,因为春秋时代随着人身依附关系的减弱,庶人作为一种相对独立的阶层,其政治力量越来越强,将他们圈定在家族伦理的尊卑关系之内,让他们也能够接受伦理规范的约束,这对社会的稳定无疑会起到极为重要的作用。因此,孔子的"泛爱众",其实也就是"爱"处于家族伦理尊卑关系中的一切人;游离于这种关系之外的人也就得不到这种"爱",譬如形单只影身处绝境的乞丐,就得不到同情和安慰,这正如张爱玲所说的:"乞丐不是人,因为在孔教里,人性的范围很有限。人的资格最重要的一个条件是人与人的关系,就连这些关系也被限定在五伦之内。太穷的人无法奉行孔教,因为它首先假定了一个人总得有点钱或田地,可以养家活口,适应社会的要求。乞丐不能有家庭或任何人与人的关系,除掉乞怜于人的这一种,而这又是有损于人的道德的,于是乞丐被逐出宗教的保护之外。"[5]张爱玲的所论,确实切中了孔门儒家理论的实质,儒家所"爱"的人,就是"五伦"关系中的人,在传统中国,一切"人"都脱不了这"五伦"关系,脱离了"五伦"关系也就不是人,也就不在"爱"之列。而这五伦关系的形成,便正是孔子"泛爱众"的结果。因为在君臣、父子、夫妇、兄弟、朋友这五伦关系中,有三伦是家庭关系,而君臣拟父子,朋友拟兄弟,所以在儒家的理论看来,这五伦关系都是家庭亲族关系,对君臣和朋友关系的处理也完全可以遵照处理父子和兄弟关系的模式进行,所以"孝"的规范推广到君臣关系就成了"忠","弟"的规范推广到朋友的关系就成了"义";名称虽不同,但内涵的实质如一,特别是尊卑关系不仅丝毫未变,反而强调得更为严厉更为系统。

儒家经典作家首先在家族里面建构起一个父子、兄弟的三角稳定关系,通过"尊尊"即强调父辈的绝对权力来彻底驯化人的叛逆野性;然后通过"泛爱众"的途径将这种关系推广到社会生活的各个领域(如君臣、师生等上下关系均拟父子,同事、朋友等同辈关系均拟兄弟),使得人们不管走到哪里都能够明确自己是尊或卑的地位,都有明确的"主""从"规范所依循。这样,一张简单而又严密的伦理网就建立起来了。在这张网上,不管人们处于何种位置,不管人际交往是如何地复杂,他所面对的其实也就是简单的"二人"之间的关系,他要重点处理的也就是"二人"之间的尊卑关系;只要每个人都能安分守己地依循这种尊卑关系,那么整个社会也就稳定了。儒家的这张尊卑关系之网是如此地粗重而又严密,以致于任何人想要挣脱它都极不容易。中国历史上虽有过多次改朝换代,有过不同姓氏的主宰沉浮,但这也仅是争夺尊卑之位的问题,尊卑关系则始终未能打破(所谓"平等、博爱"的意识根本就没有出现过),尊卑关系之网则更是不能挣脱。这或许也就是中国历史和文化延续几千年而不断绝的根本缘由,也是孔孟仁学根本作用之所在。

四 仁学之用:理想与现实的双向合力

从历史的演进或者从社会形态的更替来说,以"爱亲尊贤"为特征的唐虞之道肯定早于以"亲亲尊尊"为特征的孔孟之道。前者是原始社会公天下的产物,"有氏族统治体制的历史背景的根源","是氏族统治体制的原始的民主性和人民性的体现"[6]。后者则明显是私有制家天下的产物,"尊贤"与"尊尊"虽一字之差,但所体现的社会背景却有本质的区别,因为"尊尊"不重"贤"而只重"长";而"长"又是与家族血缘关系的"嫡""庶"相联系的。因此,"尊尊"从维护家长的绝对权威出发,最终是为了维护天子(亦即国家的最高家长)的绝对权威。以孔孟为代表的儒家,虽然很向往尧舜时代的禅让制,但他们也清楚地看到了公天下的不可再来,因而尽量想为家天下制定出一套礼仪制度,以保证社会秩序的稳定,维护小康社会的安宁。这也是以孔孟为代表的儒家从现实需要出发所作的最好努力了。

研究郭店楚简的学者一般都认为,楚简中所表现出来的儒家思想是处于孔子与孟子的过度之间,这似乎也可以说,适应公天下需要的唐虞之道与适应家天下需要的孔孟之道几乎是同时产生、同时并存的。在同一个学派之中,为什么会同时产生两种不同的仁学理念? 这恐怕是因为理想与现实两种不同的力量所拉动的结果。在天下分崩离析、诸侯争霸不断的春秋战国之际,也正是新旧社会形态的转型时期,在这将死将生的时代,也正是让人见仁见智想入非非的时代,这一时代所出现的百家争鸣,其实也就是各家从自己理解的角度给当时社会提供的治世方案或理想蓝图,而唐虞之道与孔孟之道的不同,也正是现实的治世方案与理想的救世蓝图的区别。有人说儒家学派一分为八,但并未见到八派的面貌,在这里我们则可以看到两派的明显区别:一从现实出发,提倡"亲亲尊尊";一从理想出发,提倡"爱亲尊贤"。事实上,这种现实与理想同时并存的状况,不仅春秋战国之际有,在后来的两千多年历史中,也一直绵延不绝。从现实方面说,儒家学说自汉代董仲舒"罢黜百家,独尊儒术"之后,一直就是中国人用以修、齐、治、平的良方,这正是孔孟之道的"亲亲尊尊"所发挥的作用;从理想方面说,尧舜的禅让与尧舜时代的太平盛世,也一直是中国文人不满现实、批判现实的有力武器,从屈原的所求索的尧舜时代的"美人""美政",到杜甫的"致君尧舜上,再使风俗淳",再到康有为的"大同书"、孙中山的"天下为公",这都是唐虞之道的"爱亲尊贤"所产生的影响。因此,唐虞之道的仁学观念与孔孟之道的仁学观念,与其说是儒家学说的两派,不如说是人类社会的理想与现实的两面,它们共同构成了人类社会的整体,任何一方都是不可缺失的,诚如是,它们才会同时产生同时并存。

马克思曾经说过,人类社会的进步,是一个平行四边形的合力拉动的结果。这个平行四边形的上边是理想,下边是现实,正是理想与现实的交互作用,才是人类社会进步的动力。唐虞之道与孔孟之道对中国历史所起的作用,也正是这种平行四边形的合力,它们的交互作用,拉动着中国历史的车轮。

参考文献:

[1]世界华人的梦和中国高等教育的发展[J].资料卡片杂志,2005(2):61.

[2]刘明华.大同梦[M].上海:上海文艺出版社,1999.

[3]荆门市博物馆.郭店楚墓竹简[M].北京:文物出版社,1998:157.

[4]陈伟.郭店楚简别释[J].江汉考古,1998(4):69.

[5]张爱玲文集:第四卷[M].合肥:安徽文艺出版社,1992:126.

(原载 2005 年第 10 期,作者单位:湖南科技学院)

"尧舜之道"与"唐虞之道"

✳ 彭　敏

一　关于尧舜的古今称谓及指向

关于尧舜，古代资料中有许多记载。《尚书》开篇就是《尧典》和《舜典》。《史记》首篇《五帝本纪》中则是专述其事。"尧"和"舜"是人名，尧、舜都是五帝之一，他们处在相同时代，舜即帝位前曾为尧臣。"唐"和"虞"分别是尧、舜时朝代名，故尧又称为唐尧，舜又称为虞舜。尧舜常被后人合称，有时亦合称为唐虞，唐虞即指尧舜。

提到尧舜，今人多用"尧文化""舜文化"（偶尔也用"尧舜文化"）来概括尧舜的思想内涵。因为"文化"二字的意义更普遍、更通俗，所以用"文化"来概括尧舜的思想内涵，在当代很容易被人们所接受和认同，也使得尧舜能更好的被大众了解、认知。但是"尧文化"和"舜文化"具有很强的地方性，往往被作为尧、舜故乡或居留地的文化品牌来宣传，它们大多以有关尧舜的民俗传说为核心内容，并以此来促进经济发展，市政建设，提高城市形象等。其实对于尧舜的思想内涵，古人也有固定词组来概括，即"尧舜之道"和"唐虞之道"。"尧舜之道"与"唐虞之道"在古代文献中并不少见，古人多用"尧舜之道"，有时作"唐虞之道"，根据"唐虞"和"尧舜"的关系可知，"唐虞之道"即"尧舜之道"。

1993 年出土的郭店楚墓竹简中，便有一篇专名《唐虞之道》，其中有载："湯（唐）吴（虞）之道，𢓊而不㳂（傳）。堯舜之王，利天下而弗利也。𢓊而不㳂（傳），聖之盛也。利天下而弗利也，㤅（仁）之至也。古（故）昔臥（賢）㤅（仁）聖者女（如）此。身窮不鈞（均），𣪠而弗利，竆（躬）㤅（仁）歆（嘻）㢉。正其身，肰（然）后（後）正世，聖（聖）道備歆（嘻）。故湯（唐）吴（虞）之□□也。"[1]157由此看来，这篇出土的《唐虞之道》对应了古代文献资料中关于"尧舜之道"和"唐虞之道"的记载，从实物一方面证明了"尧舜之道"和"唐虞之道"的提法自古有之。

从古代文献资料来看,古人提"尧舜之道"和"唐虞之道"并不似今人如此强调经济,他们更注重从政治和道德的高度来阐发"尧舜之道"和"唐虞之道"语词内涵。

二 文献检索

检索的文献按内容可分为六类,分别是:经、记传、史、先秦诸子、两汉及魏晋六朝诸子、集。检索的范围是先秦、两汉及部分魏晋六朝的重要文献资料。

(一)经

经类检索范围为《尚书》《诗经》《周易》《周礼》《春秋》《逸周书》《仪礼》。以上七经,《尚书》《诗经》《周易》《周礼》《春秋》是传统五经。《仪礼》本在五经之列,后因汉发现《周礼》而被其取代,所以《仪礼》应在经书之列;而西晋发现的《逸周书》性质与《尚书》同,亦属上古官书,因而也归于经书之列。

此七种经书并无"尧舜之道"与"唐虞之道"或类似的记载。经书均载于三代或三代之前,其产生时代与尧舜所处时代相同或相近。而唐虞时人并不自称"道","尧舜之道"和"唐虞之道"的提法是后人归纳总结而得,因而经书中没有"尧舜之道"和"唐虞之道"的记载并不奇怪。

(二)记传

记传类范围为《春秋左传》《春秋公羊传》《春秋穀梁传》《小戴礼记》《国语》《大戴礼记》。记传均为辅经、解经而作,因此专列一类。《国语》作者即《左传》作者左丘明,并有《春秋外传》之别称;《大戴礼记》与《小戴礼记》均为礼经记传,与《小戴礼记》性质无异。因而此处将《国语》和《大戴礼记》归于记传类。

1.公羊高《春秋公羊传·哀公十四年》

君子曷为为《春秋》?拨乱世,反诸正,莫近诸《春秋》。则未知其为是与?其诸君子乐道尧舜之道与?末不亦乐乎尧舜之知君子也?制《春秋》之义以俟后圣,以君子之为,亦有乐乎此也。

(三)史

史类检索范围为《史记》《越绝书》《吴越春秋》《汉书》《前汉纪》《后汉书》。

2.司马迁《史记·太史公自序》

墨者亦尚尧舜道,言其德行曰:"堂高三尺,土阶三等,茅茨不翦,采椽不刮。

食土篹,啜土刑,粝粱之食,藜霍之羹。夏日葛衣,冬日鹿裘。"其送死,桐棺三寸,举音不尽其哀。

3. 司马迁《史记·鲁仲连邹阳列传》

今夫天下布衣穷居之士,身在贫贱,虽蒙尧舜之术,挟伊、管之辩,怀龙逄、比干之意,欲尽忠当世之君,而素无根柢之容,虽竭精思,欲开忠信,辅人主之治,则人主必有按剑相眄之迹,是使布衣不得为枯木朽株之资也。

4. 班固《汉书·地理志》

孔子闵王道将废,乃修六经,以述唐虞三代之道,弟子受业而通者七十有七人。

5. 班固《汉书·贾邹枚路传》

今陛下念思祖考,术追厥功,图所以昭光洪业休德,使天下举贤良方正之士,天下皆欣欣焉,曰将兴尧舜之道,三王之功矣。

6. 班固《汉书·张汤传》

右将军光禄勋安世辅政宿卫,肃敬不怠,十有三年,咸以康宁。夫亲亲任贤,唐虞之道也,其封安世为富平侯。

7. 班固《汉书·王莽传》

莽曰:"古者,设庐井八家,一夫一妇田百亩,什一而税,则国给民富而颂声作。此唐虞之道,三代所遵行也。"

8. 荀悦《前汉纪·孝文皇帝纪上》

今陛下将兴尧舜之道。犹自勉以厚天下。损食膳。不听乐。减外徭。止岁贡。省厩马以赋郡传。去诸苑以赋农夫。出帛十万匹以赈贫乏。礼高年。平刑狱。天下悦喜。

9. 范晔《后汉书·郎顗襄楷列传下》

诚欲陛下修乾坤之德,开日月之明,披图籍,案经典,览帝王之务,识先后之政。如有阙遗,退而自改。本文武之业,拟尧舜之道,攘灾延庆,号令天下。

10. 范晔《后汉书·朱冯虞郑周列传》

惜乎弃休令之嘉名,造枭鸱之逆谋,捐传世之庆祚,招破败之重灾,高论尧舜之道,不忍桀纣之性,生为世笑,死为愚鬼,不亦哀乎!

11. 范晔《后汉书·郑范陈贾张列传》

传曰:"闻疑传疑,闻信传信,而尧舜之道存。"愿陛下疑先帝之所疑,信先帝之所信,以示反本,明不专己。(唐李贤注:《穀梁传》曰:"信以传信,疑以传疑。"

《公羊传》曰："君子曷为春秋？乐尧舜之道也。"）

12.范晔《后汉书·杜乐刘李刘谢列传》

惟陛下设置七臣,以广谏道,及开东序金縢史官之书,从尧舜禹汤文武致兴之道,远佞邪之人,放郑卫之声,则政致和平,德感祥风矣。

(四)先秦诸子

先秦诸子历来被认作一个独立部分,故单列于此。

13.《孟子·公孙丑下》

齐人无以仁义与王言者,岂以仁义为不美也？其心曰"是何足与言仁义也"云尔,则不敬莫大乎是。我非尧舜之道,不敢以陈于王前,故齐人莫如我敬王也。

14.《孟子·离娄上》

孟子曰："离娄之明,公输子之巧,不以规矩,不能成方员；师旷之聪,不以六律,不能正五音；尧舜之道,不以仁政,不能平治天下。今有仁心仁闻而民不被其泽,不可法于后世者,不行先王之道也。"

15.《孟子·万章上》

万章问曰："人有言'伊尹以割烹要汤'有诸?"孟子曰："否,不然。伊尹耕于有莘之野,而乐尧舜之道焉。非其义也,非其道也,禄之以天下,弗顾也；系马千驷,弗视也。非其义也,非其道也,一介不以与人,一介不以取诸人。汤使人以币聘之,嚣嚣然曰：'我何以汤之聘币为哉？我岂若处畎亩之中,由是以乐尧舜之道哉?'汤三使往聘之,既而幡然改曰：'与我处畎亩之中,由是以乐尧舜之道,吾岂若使是君为尧舜之君哉？吾岂若使是民为尧舜之民哉？吾岂若于吾身亲见之哉？天之生此民也,使先知觉后知,使先觉觉后觉也。予,天民之先觉者也；予将以斯道觉斯民也。非予觉之,而谁也?'思天下之民匹夫匹妇有不被尧舜之泽者,若己推而内之沟中。其自任以天下之重如此,故就汤而说之以伐夏救民。吾未闻枉己而正人者也,况辱己以正天下者乎？圣人之行不同也,或远或近,或去或不去,归洁其身而已矣。吾闻其以尧舜之道要汤,末闻以割烹也。

16.《孟子·告子下》

尧舜之道,孝弟而已矣。子服尧之服,诵尧之言,行尧之行,是尧而已矣。

17.《孟子·告子下》

夫貉,五谷不生,惟黍生之。无城郭、宫室、宗庙、祭祀之礼,无诸侯币帛饔飧,无百官有司,故二十取一而足也。今居中国,去人伦,无君子,如之何其可也？陶以寡,且不可以为国,况无君子乎？欲轻之于尧舜之道者,大貉小貉也；欲重之于尧舜之道者,大桀小桀也。

18.《孟子·尽心下》

非之无举也,刺之无刺也;同乎流俗,合乎污世;居之似忠信,行之似廉洁;众皆悦之,自以为是,而不可与入尧舜之道,故曰德之贼也。

19.《墨子·尚贤上》

是故子墨子言曰:"得意贤士不可不举,不得意贤士不可不举,尚欲祖述尧舜禹汤之道,将不可以不尚贤。夫尚贤者,政之本也。"

20.《墨子·尚贤中》

然昔吾所以贵尧舜禹汤文武之道者,何故以哉? 以其唯毋临众发政而治民,使天下之为善者可而劝也,为暴者可而沮也。然则此尚贤者也,与尧舜禹汤文武之道同矣。

21.《墨子·尚贤下》

能择人而敬为刑,尧舜禹汤文武之道可及也。

22.《墨子·节葬下》

曰二子者,言则相非,行即相反,皆曰:"吾上祖述尧舜禹汤文武之道者也。"而言即相非,行即相反,于此乎后世之君子,皆疑惑乎二子者言也。

23.《墨子·节葬下》

上稽之尧舜禹汤文武之道而政逆之,下稽之桀纣幽厉之事,犹合节也。若以此观,则厚葬久丧其非圣王之道也。

24.《庄子·至乐》

孔子曰:"吾恐回与齐侯言尧舜黄帝之道,而重以燧人神农之言。"

25.《荀子·性恶》

夫人虽有性质美而心辩知,必将求贤师而事之,择良友而友之。得贤师而事之,则所闻者尧舜禹汤之道也;得良友而友之,则所见者忠信敬让之行也。

26.《韩非子·显学》

孔子、墨子俱道尧、舜,而取舍不同,皆自谓真尧、舜,尧、舜不复生,将谁使定儒、墨之诚乎? 殷、周七百余岁,虞、夏二千余岁,而不能定儒、墨之真,今乃欲审尧舜之道于三千岁之前,意者其不可必乎!

27.《韩非子·忠孝》

天下皆以孝悌忠顺之道为是也,而莫知察孝悌忠顺之道而审行之,是以天下乱。皆以尧舜之道为是而法之,是以有弑君,有曲于父。尧、舜、汤、武,或反君臣之义,乱后世之教者也。

(五)两汉及魏晋六朝诸子

汉晋以下诸子与先秦诸子并不一样,因而此处为区分先秦诸子而另列一类。

28. 韩婴《韩诗外传》卷二

子夏读诗已毕。夫子问曰:"尔亦何大于诗矣?"子夏对曰:"诗之于事也,昭昭乎若日月之光明,燎燎乎如星辰之错行,上有尧舜之道,下有三王之义,弟子不敢忘,虽居蓬户之中,弹琴以咏先王之风,有人亦乐之,无人亦乐之,亦可发愤忘食矣。

29. 孔鲋《孔丛子·记问》

夫子闲居,喟然而叹。子思再拜,请曰:"意子孙不修将忝祖乎? 羡尧舜之道恨不及乎?"

30. 刘向《新序·杂事三》

今使天下布衣穷居之士,身在贫贱,虽蒙尧舜之术,挟伊管之辩,素无根柢之容,而欲竭精神,开忠信,辅人主之治,则人主必袭按剑相眄之迹矣,是使布衣不得当枯木朽株之资也。

31. 桓宽《盐铁论·非鞅》

文学曰:"善凿者建周而不拔,善基者致高而不蹶。伊尹以尧舜之道为殷国基,子孙绍位,百代不绝。商鞅以重刑峭法为秦国基,故二世而夺。"

32. 桓宽《盐铁论·执务》

贤良曰:"孟子曰:'尧舜之道,非远人也,而人不思之耳。'"

33. 桓宽《盐铁论·执务》

夫思贤慕能,从善不休,则成康之俗可致,而唐虞之道可及。公卿未思也,先王之道,何远之有?

34. 桓宽《盐铁论·大论》

文学曰:"孔子生于乱世,思尧舜之道,东西南北,灼头濡足,庶几世主之悟。"

35. 杨雄《杨子法言·至孝》

尧舜之道皇兮,夏、殷、周之道将兮,而以延其光兮。或曰:"何谓也?"曰:"尧、舜以其让,夏以其功,殷、周以其伐。"

36. 颜之推《颜氏家训·序致篇》

夫同言而信,信其所亲;同命而行,行其所服。禁童子之暴谑,则师友之诚,不如傅婢之指挥;止凡人之斗阋,则尧舜之道,不如寡妻之诲谕。吾望此书为汝曹之所信,犹贤于傅婢寡妻耳。

(六)集

检索范围为:合集《楚辞》《昭明文选》,诗文论集《文心雕龙》《诗品》,诗合集《玉台新咏》。

37.《昭明文选·朱浮〈为幽州牧与彭宠书〉》

伯通与吏民语,何以为颜?行步拜起,何以为容?坐卧念之,何以为心?引镜窥景,何以施眉目?举厝建功,何以为人?惜乎!弃休令之嘉名,造枭鸱之逆谋,捐传叶之庆祚,招破败之重灾,高论尧舜之道,不忍桀纣之性,生为世笑,死为愚鬼,不亦哀乎!

38.《昭明文选·邹阳〈上书吴王〉》

今天下布衣穷居之士,身在贫贱,虽蒙尧舜之术,挟伊管之辩,怀龙逢比干之意,欲尽忠当世之君,而素无根柢之容,虽竭精神,欲开忠信,辅人主之治,则人主必袭按剑相眄之迹矣。是使布衣之士,不得为枯木朽株之资也。

先秦两汉及部分魏晋六朝文献对"尧舜之道""唐虞之道"或相似词语引用次数统计表

文献类别	尧舜之道	唐虞之道 唐虞三代之道	尧舜汤禹之道 尧舜汤禹文武之道	尧舜黄帝之道	尧舜道	尧舜之术
经	0	0	0	0	0	0
记传	1	0	0	0	0	0
史	5	3	1	0	1	1
先秦诸子	8	0	6	1	0	0
汉晋诸子	7	1	0	0	0	1
集	1	0	0	0	0	1
次数合计	22	4	7	1	1	3

三 "尧舜之道"与"唐虞之道"的语词内涵

简单分析上面列出的文献资料可得出初步结论:尧舜之道与唐虞之道语词涵义非常丰富。主要有政治内涵和道德内涵两大方面,包括治世之道、仁政、尚贤、仁义、忠信孝悌、节俭六种涵义。

第一种内涵是政治内涵,可以分为以下三类。

(一)治世之道。尧舜的治世之道历来被称道,特别是儒家,往往将其尊为君王治世的极致。《汉书·地理志》载道:"孔子闵王道将废,乃修六经,以述唐虞三代之道,弟子受业而通者七十有七人。"此处的"唐虞三代之道"当然也就是"唐虞之道"或"尧舜之道",孔子因"闵王道将废"而"述唐虞三代之道",很明显"唐虞三代之道"指的就是"王道"。而何为"王道"?"王道"通常被解释为君主以仁义治天下,以德政安抚臣民的统治方法。所以此"唐虞三代之道"主要是指尧舜的治世之道。尧舜之道和唐虞之道被理解为治世之道的现象在古代并不鲜见,并且常常被贤臣当作劝谏君主的典范出现。《后汉书》中《郎顗襄楷列传》和《郑范陈贾张列传》对"尧舜之道"的引用便是此例。

(二)仁政。仁政是王道的基础,也就是尧舜治世之道的核心内容。说到尧舜之道和唐虞之道的政治内涵则不得不提仁政。《孟子·离娄上》有言:"尧舜之道,不以仁政,不能平治天下。"直接道出了仁政和尧舜之道的关系。依据古人记载,仁政的具体内容常常被阐发为亲亲爱民、薄赋税、减外徭等,与桀纣之行、重刑峭法相对。《后汉书·朱冯虞郑周列传》,《孟子·告子下》及《盐铁论·非鞅》等都有相关记载。

(三)尚贤。尧舜之时,禅让制高度发达,尧让位于舜、舜让位于禹的事迹也成为千古美谈。因故尚贤被作为尧舜之道的重要内涵之一而受到古人的高度重视。《杨子法言·至孝》说到:"尧舜之道皇兮,夏、殷、周之道将兮,而以延其光兮。或曰:'何谓也?'曰:'尧、舜以其让,夏以其功,殷、周以其伐。'"说的便是尧舜尚贤禅让的事迹。班固《汉书·张汤传》载"夫亲亲任贤,唐虞之道也。"直接将"任贤"归于"唐虞之道"。而《墨子·尚贤》则全篇以"尧舜之道"和"唐虞之道"作为典范来阐述"尚贤"的方方面面。

第二种内涵是道德内涵,也可以分为三类:

(一)仁义。古人的记载中,尧舜之道和唐虞之道被阐发为仁义之道的现象很常见。儒家经典《孟子》对"尧舜之道"这一内涵的引用是比较多的,尤其是在《万章上》篇中,孟子几乎是在专门讨论尧舜之道作为仁义之道如何被贤人效仿。"伊尹耕于有莘之野,而乐尧舜之道焉。"句,赵歧注曰:"伊尹初隐之时,耕于有莘之国,乐仁义之道。""我何以汤之聘币为哉?我岂若处畎亩之中,由是以乐尧舜之道哉?"句,赵歧注曰:"岂若居畎亩之中而无忧哉,乐我尧舜仁义之道。"此处尧舜之道专指仁义之道。古人将尧舜作为仁义至士的模范并不鲜见，《孟子·公孙丑下》《孟子·尽心下》《盐铁论·大论》等对尧舜之道的引述取用的都是"仁义"这一涵义。

（二）忠信孝悌。忠孝两全历来是尧舜之道和唐虞之道的重要内涵。司马迁在《史记·鲁仲连邹阳列传》中记："今夫天下布衣穷居之士，身在贫贱，虽蒙尧舜之术，（唐司马贞索隐："言虽蒙被尧舜之道。"）挟伊、管之辩，怀龙逢、比干之意，欲尽忠当世之君，而素无根柢之容，虽竭精思，欲开忠信，辅人主之治……"伊尹、管仲、怀龙、比干皆蒙被尧舜之道之忠信贤臣，而此四人对尧舜之道的继承也主要体现在忠信之上。"舜以孝行天下"而闻名，被世人称为"百孝之首"。《尚书·尧典》对舜便有"瞽子，父顽，母嚚，象傲；克谐以孝，烝烝乂，不格奸"的记载。《孟子·告子下》则记有"尧舜之道，孝弟而已矣"之言，孝悌亦为尧舜之道和唐虞之道语词内涵中不可缺少的一部分。

（三）节俭。墨家素以节俭知名，并将其尚俭之源追溯到了尧舜之道和唐虞之道。《史记·太史公自序》中便有载曰："墨者亦尚尧舜道，言其德行曰：'堂高三尺，土阶三等，茅茨不翦，采椽不刮。食土簋，啜土刑，粝粱之食，藜霍之羹。夏日葛衣，冬日鹿裘。'其送死，桐棺三寸，举音不尽其哀。"《三辩》又云："昔者尧舜有茅茨者，且以为礼，且以为乐。"足可见尧舜节俭之甚。而墨家人自己也常常将尧舜当作节俭的楷模，《墨子·节葬》篇中则将尧舜之道尊为节俭极致。

先秦两汉及部分魏晋六朝文献对"尧舜之道""唐虞之道"或相似词语意义取向统计表

文化内涵	政治内涵			道德内涵		
	治世之道	仁政	尚贤	仁义	忠信孝悌	节俭
引例序号	4 8 9 11 24 28	1 7 10 14 17 31	5 6 12 19 20 21 25 33 35	13 15 32 34 37	3 16 18 27 29 30 36 38	2 22 23 26
合计	6	6	9	5	8	4

四 结 语

对于尧舜之道与唐虞之道,各家进行了相当多的铺陈衍说,使得其涵义不断丰富、完善。时至今日,尧舜之道与唐虞之道已被人们进行了各式各样阐发,"尧舜之道"和"唐虞之道"这两个固定的词组也已分解演化为"尧文化""舜文化"(偶称"尧舜文化")。尧舜之道和唐虞之道被应用到各种领域,尤其是在涉及到经济发展、市政建设时,人们往往将其作为历史的、文化的大背景来进行宣传。大众文化高度繁荣的今天,尧舜之道与唐虞之道已被大众接受、熟知,它们不再只在严肃的场合才能被提及,人人皆可道尧舜,人人皆可取尧舜为己用,这大概算是对尧舜之道与唐虞之道的"发扬光大"或"物尽其用"。然而,因着当今文化"泛滥"的趋势,人皆取尧舜其一而用之,尧舜之道与唐虞之道语词内涵的实质在人们的意识里日渐模糊、淡化,甚至丢失。

事实上,尽管尧舜之道与唐虞之道语词内涵的实质被消解、淡忘,但是它们与中国传统文化的形成有着深刻而紧密的联系这一点却是毋庸质疑的。关于尧舜问题,学者有许多不同看法。梁绍辉先生在即将出版的《虞舜大典总序》中有相当精辟的阐述,认为:"中华民族的历史是通过丰富多彩的古文献和年代久远的古器物来展现的,而它的基础就是植根于原始共产主义氏族社会、发展于长期封建社会的舜文化。"[2]王田葵先生则在近年出版的《舜文化传统与现代精神》一书中也提出:"舜文化是以舜帝'明德'为内涵的文化……舜文化的存在意义主要在于向人们提供中华文明原创性文化形态和文化精神。"[3]1-2梁、王两位先生分别从历史和哲学(道德)的高度评定尧舜对中华民族发展的影响,强调其根本性和原创性,代表了学术界关于尧舜问题最为前沿和最为隆重的观点。值得注意的是,梁先生和王先生并不提"尧舜之道"和"唐虞之道"这两个古有的固定词组,他们都用的是"舜文化"这一很大众化的新词语。

中华民族是一个存有大量古典文献资料的历史悠久的民族,后人可以从中找到许多古人对于"尧舜之道""唐虞之道"语词内涵理解应用的痕迹和依据。通过对一些文献资料的简单分析,可以得知古人眼中的"尧舜之道"与"唐虞之道"的语词内涵是非常丰富而且相当明确的:主要涉及到政治和道德两大方面和治世之道、仁政、尚贤、仁义、忠信孝悌、节俭六类。而且很多时候古人是将尧舜之道和唐虞之道当作了政治与道德的理想之道。尧舜之道和唐虞之道是历代政治家孜孜不倦追求的理想之道,也是数千年来贤臣隐士们极力推崇并效仿的高尚道德的极致,它对中华民族传统政治、道德观的形成起着根本性的奠基作用。

参考文献:

[1]荆门市博物馆.郭店楚墓竹简[M].北京:文物出版社,1998.

[2]梁绍辉.虞舜大典总序[Z].讨论稿,2008.

[3]王田葵,何红斌.舜文化传统与现代精神[M].上海:上海三联书店,2005.

(原载 2009 年第 2 期,作者单位:湖南科技学院)

舜帝执法为民思想的时代启示

✳ 陆源辉

"天下明德皆自虞帝始",舜是中华传统道德的始祖,是德孝文化的起源,伦理道德是舜文化的基石,对于周朝的"修德配命"、孔子的"为政以德,乃至当今的以德治国,"具有重大而深远的影响。舜实行德治,以德治国,这是舜的突出政绩,是家喻户晓的事。那么,舜是否也实行法治、依法治国呢?回答是肯定的,他除了抓道德教化一手之外,还抓刑的一手,搞法治化,实行依法治国,而且他立法、执法的出发点和归宿点,都是为了广大百姓,是坚持以民为本的。舜帝这种执法为民的思想,与我们今天依法治国坚持人民主体地位,有着深刻的历史渊源。

舜是以民为本的,他的亲民之德为万民所称颂,为民执政,为民执法,为民兴利,为民除害,服务人民的思想和行为是载入史册的。重民本,与他讲仁爱密不可分,他对父母敬孝,爱父母,而且做到了"不独亲其亲",推广到爱广大百姓,讲仁爱。《舜典》中说,舜命令主持政事的各方首长,要对四方百姓提高政务的透明度,要让百姓们明察四方政务措施得当与否,详细倾听四方百姓意见。舜经常提醒他的大臣们要执法为民,否则,朝廷会被臣民抛弃。他曾对禹说:"无稽之言勿听,弗询之谋勿庸。"意思是,治理天下,要谨慎心细,没有经过验证的话不要轻信,没有经过多数人商讨的谋略不能轻易采用。办事施政,处处要想到百姓。老百姓所爱戴的,是贤明的君主,如果君主违背百姓的意愿行事,就会失去百姓,弄得老百姓穷困不堪,君王的宝座就坐不成了。他以民为本,服务人民,是出自内心的,不是作秀,实际上是悟出了老百姓是历史主人的地位,可以说是一种朴素的唯物史观,对他自觉自愿地做到以民为本起了支撑作用。

舜是坚持立法为民的。拿制定全国统一的历法来说,当时处于农业社会,耕作的季节性、时令性是很强的,历法的用处大得很。他不仅想到朝廷附近的百姓可以靠颁布农村的时令指导农业生产,还考虑到全国那么多百姓,特别是偏远地区的百姓不能受益,因此制定天下统一的历法,让广大老百姓遵从历法行事,指导农业生产,安定天下之民,能以全国统一历法,统一四时,为当时天下进入大规模的农业社会从事有序的耕作产生了重大作用。

拿"象以典刑"来说,为了让广大老百姓知法、懂法,掌握法律武器,他采取措施向百姓作了普法宣传,即把犯罪、刑罚的情状用绘图的形式,悬示公之于众,图文并茂,通结易懂,引起老百姓的重视,调动了他们执法、守法的积极性。

拿舜废除了上古时期的触审制度来说,上古时期,审判属于神明审判,靠一种独角兽去判明嫌犯是否有罪。《说文》:"廌,兽也,似牛,一角,古者决讼,令触不直者。"这种触审制度,根本没有事实依据,独角兽的角对准谁,谁就是罪犯,太不科学了,太可怕了,都怕被冤枉,搞得人人自危,个个战战兢兢。舜为了避免冤假错案,废除了这种触审制度,刑事审判由神断变为人断了,凭事实重证据了。这是保护群众利益、很得人心的,广大老百姓拍手叫好的。

拿为民除害的"罚四罪,流四凶"来说,舜根据群众举报,把老百姓深恶痛绝的浑沌、穷奇、梼杌、饕餮这些穷凶极恶之徒发配至离开王城四千里的边远地区,所谓"流共工于幽州,放欢兜于崇山,窜三苗于三危,殛鲧于羽山。"经过打击治理,杨善去恶,社会上"无凶人",无邪恶之徒侵扰,人民守伦常,知礼仪,过上了安定和谐的日子。

舜主持制定了刑法,"象以典刑,流宥五刑,鞭作官刑,扑作教刑,金作赎刑,眚灾肆赦,怙终贼刑"(《虞书·舜典》)。颁布这些刑法,对犯罪人来说是一种震慑,对广大老百姓来说则是一种保护,"明刑弼教,民协于中",用刑法晓喻人民,使人们都知法、畏法而守法,引导人们趋于五教,安分守纪,自我克制,通过教化民众来实现一个没有犯罪行为的和谐社会。

舜帝执法为民,重民、爱民、惠民、安民的民本思想,与我们今天践行的"人民是依法治国的主体和力量源泉"的理念不谋而合,给我们以无尽的启迪和深刻的昭示。

党的十八届四中全会《决定》指出,全面推进依法治国,总目标是建设中国特色社会主义法治体系,建设社会主义法治国家。要实现这个总目标,其中就必须坚持人民主体地位的原则。《决定》指出:"坚持人民主体地位。人民是依法治国的主体和力量源泉,人民代表大会制度是保证人民当家作主的根本政治制度。必须坚持法制建设为了人民、依靠人民、造福人民、保护人民,以保障人民根本权益为出发点和落脚点,保证人民依法享有广泛的权利和自由、承担应尽的义务,维护社会公平正义,促进共同富裕。必须保证人民在党的领导下,依照法律规定,通过各种途径和形式管理国家事务,管理经济文化事业,管理社会事务。必须使人民认识到法律既是保护自身权利的有力武器,也是必须遵守的行为规范,增强全社会学法尊法守法用法意识,使法律为人民所掌握、所遵守、所运用。"这是实现全面推进依法治国总目标必须坚持的一条重要原则。

舜帝为民执法的思想是值得继承和弘扬的。法治建设是为了人民,保证人民依法享有的根本权益。坚持司法为民是十分重要的。如果人民群众通过司法程序不能保证自己的合法权利,那司法就没有公信力,人民群众也不会相信司法。习近平总书记强调,要"努力让人民群众在每一个司法案件中都能感受到公平正义,决不能让不公正的审判伤害人民群众感情、损害人民群众权益"。要紧紧围绕这个目标来改进工作,重点解决影响司法公正和制约司法能力的深层次问题。深层次,深在深刻认识到"司法为民"的内涵,如果不从思想上解决"为民"的问题,就不会对人民热情服务,不会切实解决为老百姓打官司难的问题,就不会回应人民群众对司法公正公开的关注和期待,就不会加大对困难群众维护合法权益的法律援助。舜帝出自内心地以民为本,执法为民,我们说他是从实践中体悟到了老百姓是历史主人的地位,有一种朴素的唯物史观支撑着他的行动。我们继承和弘扬他执法为民的思想,就要站在马克思主义唯物史观的高度,来领悟为民执法的内涵。以民为本,为民服务,为民执法,这是由唯物主义的群众史观所决定的。唯物史观认为,人民群众是社会实践的主体,是历史的主人,人类社会的历史是从事物质生产和精神生产的人民群众的历史,人民群众是历史的创造者,是推动历史前进的决定力量。因此,把为民服务、为民执法作为人生的目的,作为工作的本分,就是对人民群众伟大历史作用的充分肯定,符合历史发展的客观规律。解决了"为民司法"这个思想上的深层次问题,真正认识到了人民是依法治国的主体和力量源泉,我们就会在行动上真正坚持法治建设为了人民、依靠人民、造福人民、保护人民了。

舜帝在治国理政、管理国家社会事务方面,也注意发挥人民群众的作用。他首推考黜制度:"三载考绩,三考,黜陟幽明,庶绩咸熙。"即每隔三年考察一次政绩,考察三次后,罢免昏庸的官员,提拔贤明的官员。他还创制巡视制度,规定每五年对全国东南西北进行一次巡视。考察和巡视,都到处征求下属官员和百姓的意见。他推崇设立谏官,广泛征求全国各地群众和官员向帝王提出批评意见和建议。他设立诽谤柱,让群众把意见或建议装入布袋挂在诽谤柱上,以利谏官收集传至帝王手中。他设立旌谏之鼓,悬挂旌旗,作为进言的标志物,进言之前,击鼓以警众,引起群众注意。在治国理政依靠人民、发挥人民群众的作用方面,舜帝的作法也是可供借鉴的。我们必须保证人民在党的领导下,依照法律规定,通过各种途径和形式管理国家事务,管理经济文化事业,管理社会事务。这里的关键是,坚持党的领导、人民当家作主、依法治国的有机统一。党、民、法三者统一了,治国理政各项管理工作就有更好的把握了。

人民是法治的主体,制定法律,惩罚侵犯人民权益的违法行为,是为了保护人民的权益,同时人民自己也应自觉地遵守和运用法律,这方面舜帝是把握得比较好的。他"象以典刑",用图文并茂的形式向老百姓做普法宣传,让人民知法、畏法而守法。他"明于五刑,以弼五教",把刑与教紧密结合,出教则入于刑,出刑则入于教,使民趋于五教,"民协于中",让老百姓循理率教,遵守法制。在治国理政让人民知法守法方面,舜帝的做法也是可供借鉴的。我们立法为民,司法为民,同时也要让人民认识到,法律既是保护自身权利的有力武器,也是必须遵守的行为规范,要增强全社会学法、尊法、守法、用法意识,使法律为人民所掌握、所遵守、所运用。要坚持全民守法。全民守法,就是任何组织或任何个人都必须在宪法和法律范围内活动,任何公民、社会组织和国家机关都要以宪法和法律为行为准则,依照宪法和法律行使权利或权力、履行义务或职责。要引导全体人民遵守法律,有问题依靠法律来解决,决不能让那种大闹大解决、小闹小解决、不闹不解决现象蔓延开来。要坚决改变"违法成本低、守法成本高"的现象,谁违法就要付出比守法更大的代价,逐步在广大干部群众中树立法律的权威,使大家都相信,只要是合理合法的诉求,通过法律程序就能得到合理合法的结果。

(原载 2016 年第 6 期,作者单位:湖南省社会科学院经济研究所)

舜文化对后世婚姻家庭关系的影响

❋龚保华　翟满桂

中华文明的发展延绵五千多年,至今仍在发扬光大,这在世界文明史上是非常独特的现象,特别是舜文化发轫之后,舜文化的精华就延绵下来,舜文化中的婚姻家庭伦理,更是成为中华民族的优秀传统,经过 5 千年的血雨腥风,朝代更替,迄今仍然显示出强大的生命力。究其原因,正是舜文化及其婚姻家庭伦理切合了人类自身繁衍和发展的基本规律,揭示了人类社会的发展趋势。在我国加强社会主义文明建设,构建和谐社会的伟大事业过程中,研究舜文化,特别是厘清其中关于婚姻家庭伦理对后世的影响,将有助于继承优秀传统,提升民族素质,推进人的身心素质发展和全面解放。

一　舜文化中有着丰富的婚姻家庭伦理的内容

舜,名重华,生活在距今5000 年前的龙山文化时代,是我国氏族社会后期部落联盟的一位领袖。所谓舜文化,就是我国始祖"五帝"之一舜帝所创造的文化,舜文化中的婚姻家庭伦理,就是指舜所创造的关于当时家庭关系的准则规范,其核心价值主要体现在道德文化上。舜帝一直被后人尊为中华文化的道德始祖,司马迁在《五帝本纪》中评价舜帝:"天下明德皆自虞帝始",舜道德文化又具体分为人伦道德、社会道德和宇宙道德等三个方面[1]。其中,人伦道德是处理人与人的关系的价值取向。婚姻家庭伦理则是维系人际关系河社会关系的基本准则,成为后世约定俗成的道德习惯。

(一)文化内涵突出家族血缘和伦理

重家族、重血缘、重伦理是舜文化的核心内容和固有特性。史载舜:"瞽子,父顽、母嚚、象傲;克谐,以孝烝烝,乂不格奸。"(《尚书》)舜仁爱敬孝,推行"父义、母慈、兄友、弟恭、子孝"的五常教育,使古代人伦道德基于婚姻家庭伦理而

117

逐渐推及为人、持家、做官、治国、法政,使得舜文化中的婚姻家庭伦理成为渊源流长的华夏文明极为重要的组成部分,舜也因此被后人尊称为"道德始祖""百孝之首""文明之元",不独对我国文明产生巨大的推动作用,深受海内外华夏子孙的尊崇和敬仰,也在世界文明史上产生巨大的影响。

舜文化强调人与人的关系有各种意义上的关系,有亲子、夫妻、朋友、师生、治者与被治者(古代叫君民)、上下级(古代叫君臣)、同事以及士农工商等关系,这些关系虽然各自不同,有不同的相处之道,如父子有亲,君臣有义,夫妇有别,朋友有信等,但贯穿其中的都是伦常关系,而伦常关系最大的特点则是人的道德情感的深厚联系,通过这种深厚的人类道德情感来稳固地长久地维系社会。这种伦理特性,反映在中国古代法律中就是"礼法结合""依伦理而轻重其刑"。在各朝法律特别是儒家化以后的法律中,有关处理亲属、家族成员间杀伤、侵犯、奸盗、婚姻、田宅及子孙不孝、违反教令等伦理性条款占有相当大的比重。道德规范在社会生活适用中,始终强调伦理关系,要求父慈、子孝、兄友、弟恭、君义、臣忠。这种文化传统是中华民族几千年社会实践的经验总结,表明了占社会主导地位的社会成员对道德的观念、价值、其他调整方式的关系的看法和态度。

家庭伦常早就成为中国传统伦理道德的基础。

(二)处理家庭问题重视"德主刑辅""礼法结合"

婚姻家庭是人类生存和延续的方式。家庭成为人类生育和成长的重要场所。婚姻家庭与人的出生、成长及民族的延续息息相关,人们的行为自然地被社会规范尤其是伦理规范所约束,因为"道德是社会对个人行为的制裁力,使他们合于规定下行事,用以维持该社会的生存和延续"[2]。舜文化滥觞之际,就特别重视基于道德伦常的婚姻家庭关系的妥善处理。婚姻家庭关系所具有的伦理性决定了调整婚姻家庭关系的规范具有伦理性特点,表现为这一领域在现代社会仍需要社会道德规范调整,同时调整这一领域的法律规范也具有伦理性。社会道德与法律在婚姻家庭领域的关系较为密切,两者有着根本一致的地方:在调整目的方面,两者都维护和完善婚姻家庭关系;在调整的内容方面,如婚姻家庭关系的成立、存续和终止,以及主体的权利义务等方面,都是共同的。

(三)婚姻家庭伦理中强调以人文本

人本主义是中国传统文化的精华。人本主义体现在家庭关系领域,就是主张都以民为本。西周时期,周公提出"明德慎罚",在对待民众的态度上,他主张

"民之所欲,天必从之。"(《左传》襄公三十年引《泰誓》)"人无于水监,当于民监。"(《尚书·酒诰》)"欲至于万年,惟王子子孙孙永保民"(《尚书·梓材》)。春秋时期,管仲明确提出:"下令如流水之原源,令顺民心","俗之所欲,因而予之,俗之所否,因而去之","政之所兴,在顺民心;政之所废,在逆民心。"(《管子·牧民》)孔子吸收并发扬了这种进步思想。荀子认为"君者,舟也;庶人者,水也。水则载舟,水则覆舟。"(《荀子·哀公》)唐太宗李世民说:"君依于国,国依于民。"(《资治通鉴》第 129 卷)"为君之道,必须先存百姓,若损百姓以奉其身,犹割股以啖腹,腹饱而身毙,君富而国亡。"(《贞观政要·君道》)这些观点,都承袭了舜文化中强调的人本理念。

二 舜文化中婚姻家庭伦理具有现代价值

舜文化的人伦道德特别是婚姻家庭伦理迄今仍然有着巨大的现实意义。

(一)家庭伦常是维系家庭和谐、幸福的主要精神支柱

就某种意义上说,家庭是社会的一个缩影。因为各种社会机构都要与家庭或家庭成员打交道。家庭既有着经济基础的内涵,又有着上层建筑方面的内涵。不仅个人的幸福,而且社会生活领域的进步与矛盾,都会以种种方式在家庭中表现出来。家庭一向对人类十分重要,它提供人们的经济活动,遮风避雨,赡养老小的基础。即使在现代化实现之后,这些功能仍将继续存在,并随着物质的进步更趋丰富。

家庭的幸福与否,固然与家庭的物质生活水平相关,但更重要的还在于用什么样的价值观念来指导和调整家庭主活中的各种关系。人类生活的实践证明,由于家庭成员在年龄、辈份、性格、文化、理想、志趣等方面总是参差不齐的,因而家庭中的利益矛盾、兴趣冲突是不可避免的,所以有必要用家庭伦理道德来规范、调节、约束家庭成员的行为。否则,家庭就会从矛盾冲突走向彻底破裂。可见家庭伦常的坚持是现代家庭健康向上、和谐融洽的标志。俗话说"家和万事兴",这里所谓的"家和",就是指良好的家庭伦理道德环境和氛围。家庭的职能是多方面的。诸如,人口再生产职能、消费职能、一定范围及数量的生产职能、教育职能、养老扶幼职能、愉快生活职能等等。从家庭的发展趋势来看,愉快生活最终将成为家庭的主要职能。而家庭真正要生活得愉快,就离不开良好的伦理道德。舜文化概括了家庭伦理的精华,当然就成了我国古代以来代代承传的优秀传统。

（二）家庭是社会的细胞和人类生活的基础组织形式

源自虞舜时代的传统的家庭组合，已经演变成为社会的细胞，是人类社会生活的基础组织形式。家庭为人们的生存提供了最基本的环境，并为人的社会化创造最基本的条件。我们每一个人都出生在一定的家庭，并在家庭中成长。家庭是引导个人走向社会的桥梁，是个人与社会的中介。

（三）家庭伦常成为维系社会关系重要组成部分

家庭伦理道德是人类思想道德的基础部分，它与社会公德、职业道德一脉相承。家庭是以人们的婚姻关系为基础，以血缘关系为纽带的社会生活的基本组织。为了维护家庭各种利益关系，不仅要靠硬性的法的力量，还要借助软性的道德力量。家庭伦理道德正是从婚姻家庭这个特定领域来调整人与人之间的各种利益关系的道德力量。因此家庭伦理道德是人类思想道德不可分割的重要组成部分。

（四）家庭伦理是社会安定团结、稳定发展的保障

舜文化熏陶下的我国历代统治阶级及其思想象都极为重视家庭伦理道德的作用，强调"修身""齐家"与"治国""平天下"的关系，所谓"正家而天下定矣""家和万事兴""妻贤夫祸少"等等格言说的就是这个道理。相反，如果家庭关系处理不好，夫妻反目，婆媳相嫌，姑嫂斗嘴，必将损害整个社会的安定局面，影响经济发展。家庭作为最基本的社会生活单位，其根本属性是社会性。家庭成员之间的关系，实际上也是一社会关系。它既包含物质的、经济的关系，也包含思想的，即政治的、法律的、道德的关系。或者说，作为社会关系特定形式的家庭关系，既包含着社会存在的因素（家庭的经济生活），也包含着社会意识的因素（家庭的精神生活以及家庭成员相应的心理、伦理方面的关系）其中，家庭伦理关系表现在家庭生活的各个方面，并体现出浓厚的人情味。

从根本上说，作为中华文化的精华，舜文化中家庭伦理传统，适应了社会主义现代化事业的发展和广大社会成员日益增长的关于家庭生活领域的各种需要，同时，当代中国发展的实际也需要不断发展和完善的家庭伦理道德为之服务。

三　舜文化中婚姻家庭伦理对后世有着深刻的影响

（一）历代社会主体思潮和行为方式都重视家庭伦理

五帝时代以来的中国古代社会，舜文化的德治思想一直经久不衰，后来承传

舜文化的儒家思想一直占据着统治地位。自汉武帝独尊儒术以来,儒家思想强调在"德主刑辅","明刑弼教"和"出礼入刑"等原则下实行儒法合流。这种法律思想强调道德教化作用为主,法律强制为辅,主张"礼治""德治"。在强调礼的功能前提下,承袭舜文化的儒家的政治学说以性善论为基础,对人性充满了乐观,孔子曾说过:"其为人也孝悌,而好犯上者,鲜矣;不好犯上而好作乱者,未之有也。"(《论语·学而》)所以只要通过适当的礼义教化,则"人皆可为尧舜""天下为公"的理想社会就不难实现。汉儒董仲舒重视舜家庭伦理和儒教的传统,开始强调德在治国方略中的主导地位,他以天人感应说为哲学基础,以阴阳五行相辅相成之理,提出了"阳德阴刑"的理论。东汉时,刘向提出"且教化,所恃以为治也,刑法所以助治也"的主张。到了唐代,唐太宗则明确地提出了"为国之道,必须抚之以仁义,示之以威信"的治国方略。于是,"德礼为政教之本,刑罚为政教之用",治理国家应该是"德主刑辅"(《唐律疏议·序》)。这些,都是由舜文化家庭伦理推而广之的结果。

(二)当代家庭关系承袭了舜文化的传统

在当代,随着家庭日趋小型化和核心化,家庭成员个人享有更多的独立,彼此更为平等,家庭关系的主轴已从纵向的强调亲子、血缘关系转向横向的夫妻和姻缘关系,传统的父系父权制在中国已失去存在的基础[3]。这实际上是摒弃了妻子低人一等的陋习,同时又进一步拓宽了舜文化中婚姻家庭伦理,强调了家庭人伦中的人本理念。显然,源于舜文化家庭伦理的当代家庭关系,迄今无法脱离舜文化中家庭伦理的苑囿。我们依据舜文化的家庭伦理及其现代社会的发展,可以概其家庭关系。具体如图1所示。

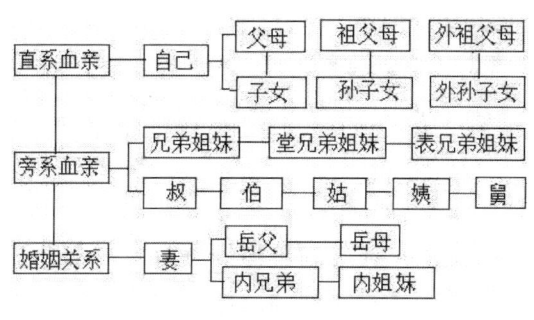

图1 家庭关系示意图

可以说,夫妻是一种没有血缘、只有姻缘的家庭关系。夫妻关系虽然不如血缘关系(指父母子女)稳定,但却是家庭人际关系的主体和核心,是血亲和姻亲的基础。

(三)舜家庭伦理中,家庭养老方式仍保持生命力

"孝"的观念被高度内化并通过家长的榜样作用被世代传递是家庭共同体得以维系的重要原因[4]。舜文化中的赡老文化对现代中国家庭形成模式的特殊影响,陈皆明认为,将赡养老人的传统道德通过社会化过程变成子女明确的"群体义务",这是投资和赡养发生因果联系的中介,也使中国和西方养老制度形成重要区别[5]。老龄化社会的到来,更使舜文化之家庭伦理获得了新的重视。多年来,在代际互动方面,同住和赡养一直是研究者关注的两个题目,实际上这两者是相互联系的一个问题的两个侧面。赡养涉及的是在代际关系的实质和内容,同住探讨的则是代际互动的方式及其变化。现代化理论认为,随着工业化现代化的进程,家庭关系逐渐趋于核心化、非亲属化,职业流动将拉大亲属间在地理与社会上的差距,社会福利和保障系统的发展将降低人们对亲属关系网的依赖程度。应该说,许多关于家庭关系的实证研究都在试图同上述理论对话。但我们认为,顺文化中的家庭伦理,依然是指导现代家庭组合的关键因素。在我国普遍存在的和老人同住并赡养,就是舜文化中关于家庭伦理中的实质内容。

如何保持和维系婚姻家庭,正是舜文化家庭伦理在发挥着作用。但是在父母权威由于子女的经济独立和孝道意识弱化而被大大减弱的情况下,在父母与子女由于年龄的生物学差别而无法采用即时性互惠原则时,什么样的社会机制使得老年父母与他们的子女——无论是住在一起或是分开居住——仍旧保持着密切的联系和互助关系?人们认为,家庭是自愿性的社会群体。家庭通过建立"群体义务"的观念和对子女的投资,维系着家庭的繁衍。同时,连续性的社会关系对资源交换的制约和影响,也对家庭维系发挥着作用。代际交换,Sahlins称之为"一般性互惠"(Generalized reciprocity),强调了这种互惠原则不在于即时报偿,而是为了帮助受惠者的物品交换。由于资源流动与社会关系的相互作用,亲密的社会关系更有可能由一般互惠性原则所指导。所以,代际间的相互帮助代表了一种代际间相互履行责任、资源流动由"一般性互惠"原则所指导的这样一个社会过程。这种经济利益和情感因素的一致性,是舜文化家庭伦理长久以来保持惊人的社会凝聚力的原因。

(四)舜文化强调通过家庭伦理来规范家庭关系,迄今仍影响着现实

婚姻家庭既是人类重要的生存场所,又是社会的组成细胞,婚姻家庭关系包含了多方面的利益,即存在着个人利益、他人利益和社会利益。婚姻家庭关系的主体——人在其生活过程中,其行为会产生自身利益与他人利益和社会利益相冲突的价值选择问题,由此而需要价值判断即道德评价,因为,道德是调整人与人之间关系的规范和规则,"道德关系到某些规范性模式的价值侧重概念,因为这些模式的目的就在于个人生活和社会生活中扬善趋恶。……道德的目的,从社会意义上来看,就是要通过减少过分自私的影响范围、减少对他人的有害行为、消除两败俱伤的争斗以及社会生活中的其他潜在的分裂力量而加强社会和谐。"[6]舜文化强调通过婚姻家庭伦理来规范家庭关系,是符合人类社会的生存规律的。作为主体的人来说,人的存在就是其实际生活过程,而道德价值就渗透在人的实际生活过程之中,并决定着人们生活过程的基本取向。从婚姻家庭内部关系分析,婚姻家庭是由一个个的个体组成的,作为主体的单个的人,其生存具有自己的利益需要,如需要满足人的物质利益和精神利益,满足人的性欲和生育后代的要求等,即主体面临着个人利益的需要,产生主体自身的个人价值。但是,单个的人无法生存,更不能满足其个人利益需要,在其生活过程中必然与他人发生关系,会涉及他人利益,产生涉及主体之间的关系的他人价值。婚姻家庭领域中正是个人与他人组成了小团体,如夫妻组成了婚姻;父母子女组成了家庭。其中既存在着个人利益,又存在他人利益,相应地既有个人价值,又有他人价值。从婚姻家庭外部分析,家庭构成了社会的基本单位,婚姻家庭不能脱离社会大环境而孤立地存在,社会对婚姻家庭的作用很大,这由婚姻家庭关系具有的社会属性决定的。社会的经济条件决定了与之相适应的婚姻家庭模式,从而决定了与之相适应的婚姻家庭制度,社会利益必然体现在婚姻家庭中。由此,婚姻家庭关系中存在着社会利益,相应地存在着社会价值。而且人是在社会中生活的,个人的意识活动,不能脱离社会实践活动。"社会价值将婚姻家庭主体同时也是社会主体的人与客体即社会联接起来,使主体的个人价值在社会实践中得到实现。"[7]

四 现实家庭存在的问题需要通过舜文化的张扬以矫正

在现实生活中,我国婚姻家庭关系存在着许多问题。比较明显的是离婚率

持续上升。社会主义婚姻关系的本质决定了社会主义的离婚自由。有些人也就是在离婚相对便利的条件下,做出了种种有悖于传统伦理道德的尝试,导致了家庭婚姻关系的裂变,并诱发诸多社会不安定因素。诚然,造成离婚的原因是多方面的。但最重要的根源还是家庭伦理道德方面。诸如,一方无视婚姻家庭义务、喜新厌旧、苛求、虐待、腐化堕落等等。一位哲人曾经说过:爱情,是婚姻的基础;婚姻,是爱情的载体。婚姻以爱情为基础,虽然写进了《婚姻法》,但在实际生活中,在更多的时间里,爱情在婚姻中的位置经常被传统、权力、职业、政治、金钱取而代之。其实,婚姻并不是爱情的保险箱。如果因为进入了婚姻的堡垒后,放松了对爱情的继续培养,海誓山盟的婚姻也会产生裂痕。要使爱情之花常开不衰。

其次是家长对待未成年子女存在着误差。近些年来,由于物质生活的极大改善,由于独生子女政策的落实,婚姻家庭中,父母对子女更多的是溺爱、娇生惯养,为"亲情"所左右,"钱来抻手""饭来张口"的现象日趋膨胀。我们教育体制的某些环节上,也似乎有意或无意地起到了推波助澜的作用。例如,所谓"贵族学校""全封闭学校"的崛起,客观上又为造就"中国小皇帝"创造了一块天地。这些事实,说明教育方式存在着偏离伦常的现象非常明显。另一个极端,是对孩子的人格不够尊重,对待孩子缺乏平等的、民主的、人道的态度。

这些问题,产生的原因多种多样,但归结起来,多是因为家庭关系中,文明规范的缺失,道德伦常的失范,需要通过舜文化优秀传统的承传,给以人性回归和人本理念的提升,从根本上改善婚姻家庭关系。

(一)婚姻家庭关系规范,道德和法律不可或缺

"道德是基础,法律是保证,"如果把本属于道德调整的范围纳入法律规范,就会 降低道德的权威性,法律执行起来也失去了基础;得不到法律支持的道德,其影响力也将大打折扣。二者关系相互依存又相互转化,只有将这两者有机地结合起来,才能更好地发挥其积极作用。调整婚姻关系,除了法律手段,还有行政、道德的手段,仅靠婚姻法不可能解决千万个家庭的所有问题。全国人大财经委委员王利明认为,婚姻法在性质上属于民事法律范畴。家庭关系涉及亲情、夫妻感情等问题,这些感情问题属于心理范畴,具有琢磨不定、难以把握的特点,也难以识别判断。调整婚姻家庭关系不应是法律约束得越多越好,介入得越深越好。

家庭是伦理的实体,调整婚姻家庭关系的法律,是带有鲜明伦理色彩的重要法律,它所规定的义务,也是道德的要求。感情是缔结和维系婚姻的道德基础,

如果感情已经消失,那么结束这种死亡婚姻将是明智的选择,强制维系无感情婚姻是不符和道德原则的。但感情破裂是一方的过失引起的,要视情节承担相应的责任,其中包括道德的责任和法律的责任。我国法律强调,感情破裂是准予离婚的法定条件,对于配偶一方有过错的,有的要承担行政、民事责任,有的触犯刑律,还要被追究刑事责任。这种有层次的处理体现了法律和道德的不同作用。"包二奶"问题、家庭暴力问题,不仅是法律问题,还是道德问题,在受到法律的约束和制裁的同时还要受到道德的谴责。而提倡婚姻家庭关系的道德规范,发挥道德在婚姻家庭中的影响,就可以弥补法律的不足和缺陷,对一些问题起到积极预防、事半功倍的作用。

(二)借助道德舆论整合婚姻家庭关系

人们在日常婚姻家庭生活中的大量问题,如夫妻之间如何培养调适感情和两性生活、如何教育子女、如何赡养和关心老人、如何处理家庭中的人际关系等等,并不是立法的对象,法律在这些领域是不起作用的。即使是法律有明确规定的问题,如家庭暴力等等也还要受到行为发展程度的限制。许多行为由于违法的程度较轻,通常也不会受到法律的处罚。因此,在婚姻家庭领域,道德的适用范围要比法律宽泛得多。许多不违反法律或无法律可适用的不良行为,只能用道德加以调节。道德对人们行为影响的深刻性基于它自觉性的特点。一个人的行为违反了公认的道德准则,对他人造成了伤害,通常都会受到自己良心的谴责,感受到痛苦和耻辱。而且在许多时候,人们可以在自己内在信念的支配下,调整自己的行为,使之符合道德要求。这种不是建立在强制基础上的道德调整,对每个人的婚姻家庭关系,作用更为深刻和持久。

社会舆论的监督对于人们形成良好的道德观念以及遵守道德规范也有很重要的作用。在社会生活中,涉及评价人们行为的社会舆论都有明显的善恶、荣辱等道德内容。对大多数社会成员来说,外在的引导和监督与内在的信念相结合,就使遵守道德伦常成为必然的选择。因此,造成强大的社会舆论,是充分发挥道德在婚姻家庭领域作用的不可缺少的条件。应该说明,社会生活的复杂性决定了社会舆论的多样性。在我们强调要充分发挥舜文化伦理对婚姻家庭关系调整作用的时候,也要防止等级观念等旧的观念陋习对婚姻家庭的影响。

(三)厉行宣传教育,发扬舜文化婚姻家庭伦理传统

当代婚姻家庭关系,仍然维系着舜文化家庭伦理,所以,在社会主义市场经

济条件下、家庭伦理道德建设要坚持以为人民服务为核心和以集体主义为原则，坚持爱国主义、国际主义、集体主义、社会主义教育的主旋律，用社会主义核心价值体系，引领和矫正家庭关系。要开展理想教育、正确的义利观教育，普及法律知识，倡导尊老爱幼、民主平等、夫妻和睦、勤俭持家、邻里团结以及诚信谦恭、遵纪守法、积极进取、科学致富、健康向上的家庭文明风尚。制定规范，法律制约，强化制约机制，加强对不道德行为的制裁，包括法律的、行政的和道德法庭的制裁。抓好舆论，营造气氛。社会舆论作为一种道德评价的方式，其威力在于它能通过众人的评判，潜移默化地对家庭施加一定的作用，从而影响家庭成员的道德认识水平，规范家庭成员的道德行为。以电视、电影、广播、报纸、图书、杂志为主体的大众传播媒介，具有权威性强、履盖面广、传播迅速、生动形象且直观性强等特点，易被家庭成员作为道德标准而接受。所以必须加强对大众传播媒介的管理，形成正确的舆论导向，创造一个全社会重视家庭伦理道德的大环境。

参考文献：

[1]王田葵,何红彬.舜文化传统与现代精神[M].上海:上海三联书店//华东师范大学出版社,2005.

[2]费孝通.乡土中国生育制度[M].北京:北京大学出版社,1998.

[3]杨善华,沈崇麟.城乡家庭——市场经济与非农化背景下的变迁[M].杭州:浙江人民出版社,2000.//徐安琪.家庭结构与代际关系研究[J].江苏社会科学,2001,(2).//张文宏,阮丹青,潘允康.天津农村居民的社会网[J].社会学研究,1999,(1).

[4]熊跃根.成年子女对照顾老人的看法[J].社会学研究,1998,(2).

[5]陈皆明.投资与赡养——关于城市居民代际交换的因果分析[J].中国社会科学,1998,(6).

[6]博登默.法理学:法理哲学与法理方法[M].北京:中国政法大学出版社,1999.

[7]竹立家.道德价值沦[M].北京:中国人民大学出版社,1998.

（原载 2008 年第 11 期,作者单位:华中科技大学/湖南科技学院）

武艺关乎家国梦

——试论舜帝的尚武精神

❋ 张映华

　　与其他地方不同,湖南九嶷山舜帝陵里供奉的舜帝铜像是右手持剑、豪气干云的尚武者形象。有些专家学者质疑中央美术学院的雕塑家吉信、吴慧忠创制的这尊佩剑舜帝像,觉得这尊威武型的帝舜有虞氏"颠覆"了人们头脑中根深蒂固的尚德仁君的"忍者"形象,属于雕塑家的想当然。殊不知虞舜跟轩辕黄帝一样,是既崇德又尚武的文武双全的中华民族的伟大先祖,被描述在史册典籍中的他有过许许多多仗剑而行、威风八面、打黑除恶的英雄壮举。帝舜有虞氏禅位大禹后,以百岁高龄南巡九嶷山,为镇妖除魔救民于水火而在南国英勇献身,这更是浩气震山岳。笔者认为,武艺关乎家国梦,中央美院的雕塑家从舜帝身上发掘和放大中华民族初祖的尚武精神,把他定格成一位尚武的古代帝王未尝不可,这有助于民族魂的模铸和中国梦的定型,有助于为中华民族走向伟大复兴而强劲造势。

　　当然,为了让"持剑舜帝"深深扎根在人们的心里,让原本尚武的虞舜英灵归附佩剑塑像的"形体",还得尊重和还原历史的真实。本文就虞舜尚武这个问题展开探究,希望能抛砖引玉,引起大方之家重新指认和定位虞舜形象的兴趣,促进学术界和民间深入了解虞舜在武艺上曾经做过的家国梦,更广泛更深入地认识历史上本质上的那一个虞舜,大力继承和弘扬仁君身上体现出来的刚强正直、英勇豪迈的尚武精神。

一　尚武精神在虞舜身上的突出表现

　　(一)虞舜善用"游击战术""空中飞人""遁地大法"与"杀舜"一方周旋,做到了进退自如,化险为夷

　　武艺往往是人的应激反应,少年虞舜最初的武艺是被生存危机逼出来的。

"瞽叟爱后妻子,常欲杀舜,舜避逃;及有小过,则受罪……""欲杀,不可得;即求,尝在侧。"以上是《史记·五帝本纪》里的记载。

"舜小杖则受,大杖则走。"此句出于《孔子家语》。

"其母早死……舜能和谐,大杖则避,小杖则受。"此句见于晋代皇甫谧的《帝王世纪》。

通过典籍里的记载我们可以看出,处在"父顽母嚚弟傲"的家庭恐怖中,小虞舜危机四伏,险象环生,性命堪忧。就在这样的艰难困苦中,他也能挺得住,玩得转,把家庭暴力变成了"躲猫猫"之类的游戏。在父母兄弟存心伤害的时候,古怪精灵般的小虞舜早有察觉,逃之夭夭,所以总是找不到他。而父母兄弟想要他帮忙做事的时候,他却总是立即出现在他们的身边。

特殊环境练就人的特殊本领,小虞舜在家庭中能灵活机智地与"杀舜"一方周旋,说明他能眼观六路,耳听八方,对"游击战术"无师自通,有习武的慧根。

《史记·五帝本纪》又载:"瞽叟尚复欲杀之,使舜上涂廪,瞽叟从下纵火焚廪。舜乃以两笠自扞而下,去,得不死。后瞽叟又使舜穿井,舜穿井为匿空傍出。舜既入深,瞽叟与象共下土实井,舜从匿空出,去。"

"焚廪""实井"之难起自家人的嫉妒和怨恨。虞舜"二十岁以孝闻",后来做了帝尧的女婿,真可谓是否极泰来。舜的弟弟象想夺取哥哥的一切归自己所有,他对两个嫂子更是垂涎万分,于是他与父母设下圈套,欲谋害哥哥,霸占他的财产和妻子,真可谓处心积虑,无所不用其极。

在"焚廪""实井"之难中,虞舜均能化险为夷,说明自强不息的他已经练就了高强的武艺,能做到处变不惊,应对有方,体现了手脚的灵活性、身体的柔韧性和习武者"办法总比困难多"的"神性"。修补粮仓见浓烟滚滚、火光熊熊时,虞舜"乃以两笠自扞而下",他玩的是"空中飞人";疏浚水井见土石从空中落下,虞舜"从匿空出",他用的是"遁地大法"。

虽然象和父母对虞舜屡下毒手,但虞舜逃脱后还是得饶人处且饶人,并不是以眼还眼以牙还牙,这充分体现了武者极其隐忍和宽容的武德。

(二)虞舜善于用"形意拳""五禽戏"玩转劳动技艺,借力打力的手段相当高明

《淮南子·本经训》上记载,帝尧之时,"十日并出,焦禾稼,杀草木,而民无所食。猰貐、凿齿、九婴、大风、封豨、修蛇皆为民害"。自然灾害时时威胁着人类的生存安全,对人类的心智和体力提出了严峻的挑战。

虞舜能在劳动中"野蛮其体魄",他受飞禽走兽的启发,善于向自然界的"大师"们学习,发明了最初的"形意拳",玩起了最初的"五禽戏":"舜之居深山之中,与木石居,与鹿豕游……"(《孟子·公孙丑上》)

武艺提高了生存本领,也提高了劳动技能。据史料载,虞舜像机器人一样不知疲倦,像孙悟空一样分身有术,能将劳作与武艺有机结合,显得"特别能战斗"。他是凿井、制犁等方面的能手和陶器烧制的改进者,在为家庭创造物质财富的同时能授人以技,改善民生。《竹书纪年》记载:"舜作室,筑墙,茨屋,辟地,树谷,使民皆知去岩穴,各有家室。"

《山海经》里说:"舜耕历山,象为之耕,鸟为之耘。""象为之耕,鸟为之耘"除了说明虞舜能"孝感动天",还能说明虞舜善于将自然力转化成劳动力,有驾驭禽兽为我所用的特殊本领。这种特殊本领可以从晋代皇甫谧《帝王世纪》的描述里得到补证:"《箫韶》九成,凤凰来仪,击石拊石,百兽率舞。"

(三)虞舜善用"变身术""迷彩术",本领超群,气场浩大,摆得平世上的纷纷扰扰

舜文化强调刚健自强的人生态度,重以舍利取义的态度解决现实生活中遇到的问题。舜文化的创造者虞舜心灵手巧,样样精通,是个随意变形的"多面手"。《史记·五帝本纪》这样记载:"舜,冀州之人也。舜耕历山,渔雷泽,陶河滨,作什器于寿丘,就时于负夏。"

《管子》曰:"舜耕历山,陶河滨,渔雷泽,不取其利以教百姓。"《管子》这话见证了虞舜服务社会、舍己为人的仁者兼侠者的崇高风范。刘勰的《文心雕龙·祝盟》云:"舜之《祠田》云:'荷此长耜,耕彼南亩,四海俱有。'利民之志,颇形于言矣!"

《尸子》赞扬过虞舜急人所难、兴人所利的行为:"舜兼爱百姓,务利天下,其田历山也,荷彼耒耜,耕彼南亩,与四海俱有其力。其渔雷泽也,旱则为耕者凿渎,俭则为猎者表虎。"虞舜是"原始迷彩服"的发明者,他可以用虎皮缝制衣服武装猎者,说明他本人有着丰富的打猎经验,还可能是个"人假虎威"的打虎英雄,手头积累了不少的虎皮。

乱世当中的民间英雄容易成为"人气王",处理民间矛盾纠纷会手到病除,改进不良民风会顺风顺水。《韩非子》和《史记》里描述了民间英雄虞舜在民间拥有的强大气场:"历山之农者侵畔,舜往耕焉,期年则圳亩正。河滨之渔者争坻,舜往渔焉,期年而让长。东夷之陶者器苦窳,舜往陶焉,期年而器牢……一年所居成聚,二年成邑,三年成都"。

(四)虞舜有"火眼金睛"、懂"山林穿越",意志和能力超强,能高分通过尧帝的考察

艺高人胆大,胆大立奇功。《尚书·尧典》记载:舜"纳于大麓,烈风雷雨弗迷"。《史记·五帝本纪》说:"尧使舜入山林川泽,暴风雷雨,舜行不迷。"两本典籍记载的都是虞舜心揣王命、搏击烈风雷雨而不辱使命的重要事件,"弗迷""不迷"等措辞流露出原作者对虞舜的钦佩之情。

帝尧派虞舜做守护山林的官员,显然是对未来接班人的意志力和能力的大考验。那时候人类眼中的大自然是神秘莫测的,神秘莫测会让人产生恐惧心理,如果谁能在遍布"民害"的大自然面前表现得英勇无畏,来往自如,那么他就是智者,勇者,强者,王者,人们就会信服他的神力,甚至相信他能代表上天的意志,把他当成是神明来崇拜。考察中,虞舜一行风餐露宿,历经了种种艰辛。《论衡·乱龙篇》云:"舜以圣德入大麓之野,虎狼不犯,虫蛇不害。"虎豹狼虫震慑于虞舜的英武之气,不犯不害,乖乖让路。大麓昏天黑地,雷电交加,狂风怒吼,怪声四作,大雨倾盆,大有山崩地裂之势,大司农与虞舜的其他随行人吓得瑟瑟发抖。在这种昏天黑地的极端气象条件下,走在前面的虞舜却浑身是胆,镇定自若,似乎有一双"火眼金睛"。他叫众人相牵而行,互相帮助,终于走出了险境。有武功垫底,虞舜最后高分通过帝尧对政治接班人的考核,考核结论是"尧乃知舜之足授天下"(《史记·五帝本纪》)。

"纳于大麓",尚武者虞舜穿越有术,能够"烈风雨而弗迷",这说明虞舜具有超人的探险除险能力,堪称上古中国最伟大的探险家。

(五)虞舜握石椎、领英豪,是威风凛凛的武将打扮,有呼风唤雨的武坛盟主的面相气度

关于虞舜的面相,《史记正义》里有对他的貌奇而又魁梧的描述:"瞽叟姓妫,妻曰握登,见大虹意感而生舜于姚墟,故姓姚。目重瞳子,故曰重华。字都君。龙颜,大口,黑色,身长六尺一寸。"

《孝经·援神契》的记录更加神异:"舜龙颜重瞳,大口,手握褒。重瞳,像电多精光也;大口,像斗星口也;握褒,手中有褒字,喻从劳苦起,受褒饰,致大位也。"虞舜"龙颜重瞳",眼睛精光四射,浑身上下体现着尚武者的精神和"致大位"者的气度。

《搜神记》也说他得过天意神授:"虞舜耕于历山,得'玉扄'于河际之岩,舜知天命在己,体道不倦。舜,龙颜,大口,手握褒。"

关于虞舜的日常打扮,《洛书·灵准听》作了如此描述:"有人方面,日衡重华,握石椎,怀神珠。日衡,衡有骨表如日者也。握石推,怀神珠……握石锤,谓知璇玑玉衡之道也。怀神珠,喻有圣智也。"

《尚书》说过:"虞舜圣,在侧陋,光耀显都,握石椎,怀神珠。"并且还进一步描绘了他出行时的神光异彩:"舜至于下稷,荣光休至,黄龙负卷,舒图出水,坛畔赤文绿错。"

另外,《尸子》还特别提到了他能集合天下的英雄豪杰,具有当时"武林界"的领军人物的魅力和本事:"舜事亲养兄为天下法,其游也得六人,曰洛陶、方回、续牙、伯阳、东不识、秦不空,皆一国之贤者也。"

至于史料所载的虞舜"握石椎"的形象变成了九嶷山舜帝陵里的"持剑"的舜帝塑像,雕塑家作这样的"偷梁换柱"的艺术处理,应该是符合"艺术的真实"的,因为人们早在黄帝时代就已经发明了剑,"剑"这种兵器比逐渐淡出人们视野的"石椎"更加"大众化",更能显示尚武者虞舜的英武之气。

(六)虞舜善用"擒贼擒王"之术,坚决打击"尧天舜日"的主要威胁者,强力巩固了江山社稷

治国者责任重大,必须在做好政治首脑的同时,也要赢得军事首领的威望,这才能使"天下咸服"把天下治理好。作为军事首领的虞舜是个"强硬派",他善于洞察天下形势,善于"擒贼擒王",给已经露面的黑恶势力以沉重的打击。孟子的语录中有这方面的记载:"舜流共工于幽州,放欢兜于崇山,杀三苗于三危,殛鲧于羽山。四罪而天下咸服。"(《孟子·万章上》)

司马迁在《史记·五帝本纪》也有关于虞舜"动武"的记述:"三苗在江淮、荆州数为乱。于是舜归而言于帝,请流共工于幽陵,以变北狄;放欢兜于崇山,以变南蛮;迁三苗于三危,以变西戎;殛鲧于羽山,以变东夷:四罪而天下咸服。"

二 虞舜尚武精神形成的诸多因素

(一)虞舜的体格和意志传续了黄帝的优秀基因

根据《史记》所载信息往上推,我们不难发现虞舜实际上是黄帝的后裔。《帝王世纪》《世本》等古籍告诉我们,虞舜本系颛顼之后,而颛顼是黄帝之孙。据专家考证,虞舜的生母握登就是《诗经·秦风·终南》"颜如渥丹,其君也哉"

句所提到的"渥丹"。"渥丹"就是太阳,意即舜母是一名以太阳为图腾的部落的女子,也就是羲和、黄帝的后裔。如此说来,不论是看父系还是查母系,虞舜都有英勇善战的黄帝的血统。

黄帝好"内行刀锯,外用甲兵"(《商君书·画策》),是个武功盖世的君王。《史记·五帝本纪》记载,黄帝曾经"与炎帝战与阪泉之野,三战,然后得其志"。黄帝代替神农氏一统天下之后,"天下有不顺者,黄帝从而征之,平者去之,劈山通道,未尝宁居"。蚩尤作乱时,黄帝"乃征师诸侯,与蚩尤战于涿鹿之野,遂擒杀蚩尤"。由于有乃祖轩辕黄帝做标杆,虞舜也大步跟上,变得"特别能战斗"。

(二)虞舜的尚武精神来自部族的影响

部族的习俗影响每个成员外在的行为和内在的价值取向。

《孟子·离娄下》记载,舜乃"东夷之人也"。关于"东夷",许慎《说文解字》解释说:"夷,东方之人也。从大从弓。"段玉裁注:"东夷从大,大,人也。夷俗仁,仁者寿,有君子不死之国。"前人的解说告诉我们,"夷"字由"大"和"弓"组成,"大"字即是人的正面形象,人负弓,表明了东夷族人最初以射猎为生,具有尚武的传统。所以《说文通训定声》说:"夷,东方之人也。东方夷人好战,好猎,故字从大持弓会意。大,人也。"物以类聚,人以群分,作为"东夷之人",虞舜肯定会受到部族集体行为的良好影响。

(三)虞舜在历史风气与交流探讨中得到了锤炼

梁启超说:"中国民族之武,其最初之天性也!"

远古频繁的自然灾害、动荡的日常生活和激烈的部族战争造就了中华民族强悍好勇的民族性格。尚武的风气和习武的生活内容使得当时的人们形成了一些独特的风俗习惯。那时,懦夫最被人们所鄙视,怯阵战败而死的人死后都难以得到人们的宽恕。相反,勇武者就特别受人敬重,壮士在沙场英勇捐躯,其遗孤和双亲都要享受特殊的礼遇,每逢春秋两季都会收到特殊的慰问品。平时,败军之将和战斗中的胆小鬼会被充分地"边缘化",连参加演武的资格都没有,这真是男子汉的奇耻大辱。部族的尚武之风影响了当时人们的价值取向,人们必须做到在野就要轻生死,重大义,知廉耻;在朝则应胸怀天下,安民强兵,锐意进取。在这样的历史背景下,虞舜明白,如果想不被淘汰出局,就必须强身崇武,甚至将劳动当成演武,亦劳亦武,合二为一,促使自己在武艺上日有长进,超出平凡之辈。

孔子有言:"仁者必有勇。"平民虞舜处处体现出仁者之勇,他交游的洛陶、方回、续牙、伯阳、东不识、秦不空等人"皆一国之贤者",都怀有奇招异术。"贤者"加"勇者"之间的交流切磋可以产生"共生共荣"的"森林效应",可以互相激发引爆身心所潜藏的最大正能量,形成一个仁而有勇、大仁而神勇的群体。执政期间,虞舜提拔使用的是"八恺""八元"等各路英雄豪杰,群英荟萃于虞舜的朝廷,他们之间传的当然是英雄本领,建的当然是英雄伟业。

三 虞舜尚武精神起到的历史作用

武艺关乎家国梦。虞舜本是"以德报怨"的仁者,他的尚武精神和不凡武功起到了重大的历史作用,已经和还将给人们以良好的示范和深刻的启示。

(一)武功帮虞舜"把根留住",成为健康长寿的"纳米人"

俗话说:"历尽艰难好做人。"要想"历尽艰难",对抗命运的无情击打,"留得青山在",必须有一个强健的体魄。虞舜的先天条件本来不错,加上心胸宽广,敢于担当,勇于实践,于是顺利闯过了"尽孝关""睦邻关""执政关",实现了"朝为田舍郎,暮登天子堂"的华丽转身。

"体道不倦"的虞舜除了体"文道",当然也要体"武道"。他先有国后有家,胸怀天下,躬身劳作,锻炼出了强健的体魄,所以风寒病魔难以入体。武者强,仁者寿。虞舜文武兼修,文为体,武为用,所以得福报,所以能打寿命的"持久仗",为发展社会做出了巨大贡献。《史记》里的虞舜简直成了一块抗衰老的"纳米材料",他20岁以孝闻名,30岁被尧选拔重用,50岁辅佐尧治理天下,61岁登上天子之位,在位39年。"帝践位三十九年,南巡狩,崩于江南之野,葬于江南九嶷。"有人推算他享年100岁,也有人推算他在位48年(从"50岁辅佐尧治理天下"算起),实际享年110岁。

(二)武功帮虞舜将内孝外贤的事业发扬光大,赢得了一世美名

大概是童年的"游戏"培养和锻炼了他的心智,幼年虞舜有武术的"童子功"。他自创的"小杖则受,大杖则走"的"躲猫猫"套路已经能够帮助他在"杀舜与反杀舜"的斗争中以一敌三,最后使"父顽母嚚弟傲"的"联合阵线"土崩瓦解,家庭趋于和睦。虞舜"欲杀,不可得;即求,尝在侧"的"游击战术"博得了父亲教子有方的名声,避免了恶父母杀子惨剧的发生。所以他既奉行了人伦孝道,又赢得了人格尊严;所以他能"顺适不失子道","年二十始以孝闻",最后得到了命运

之神的垂青,成为选贤任能的尧帝眼中最优秀的"千里马"。虞舜这样孝敬而又聪明,曾被孔子当作榜样来教育曾子等学生。孔子借题发挥,要求弟子们向虞舜学习,既要孝敬父母,又要懂得保护与发展自己。

有满身武功垫底,虞舜犹如一台不知疲倦"永动机",既成了孝的榜样,又成了贤的典范。

《韩非子》载:"历山之农者侵畔,舜往耕焉,期年则圳亩正。河滨之渔者争坻,舜往渔焉,期年而让长。东夷之陶者器苦窳,舜往陶焉,期年而器牢。"

《管子·版法解》载:"舜耕历山,陶河滨,渔雷泽,不取其利以教百姓。"

《新序·杂事一》载:"昔者舜自耕稼陶渔而躬孝友……故耕于历山,历山之耕者让畔,陶于河滨,河滨之陶者器不苦窳,渔于雷泽,雷泽之渔者分均。"

虞舜这种待人以诚、扶危济困、视吃亏为享福的美德就是"把方便让给别人,把困难留给自己"的"毫不利己,专门利人"的精神。他乐于念难经,善于办难事,只要有利于他人,能造福社会的事,虞舜无不躬亲而为之,处苦而行之,所以取得了民间纠纷首席调解人的资格,以自己的努力维护了地方的安宁,赢得了社会的尊敬。因此《尚书大传》曰:"舜不登而高,不行而远。"他居住的地方,一年就成了聚落,两年就成了城邑,三年就成为人口众多的都市。

(三)武功让虞舜具有金刚不坏之身,故特别能知俭守朴,以身示范

壁立千仞无欲则刚,知俭守朴乃武者风范。由于虞舜身强体壮,所以在地位变化中能守住赤子之心而不骄不奢:"舜居于草茅之中而不忧,身为天子而不骄。"(郭店楚简《唐虞之道》)他在诱惑面前锻打金刚不坏之身,简直到了百毒不侵的地步:"舜藏黄金于崭岩之山,捐珠玉于五湖之渊,以塞淫邪之欲。"(陆贾《新语》)司马迁在《史记·太史公自序》里描述了尧舜"苦行僧"一般的"帝王待遇":"堂高三尺,土阶三等,茅茨不剪,采椽不刮。食土簋,啜土刑,粝粱之食,藜霍之羹。夏日葛衣,冬日鹿裘。"《韩诗外传》评价说:"昔者舜甑盆无膻,而下不以余获罪;饭乎土簋,啜乎土型,而农不以力获罪……故大道多容,大德多下,圣人寡为,故用物常壮也。"虞舜执政为民,以身示范,"只为苍生不为身",真正做到了"天下为公"。因为能"天下为公",所以他才"与天地合其德,与日月合其明"(《易经》)。

(四)武功帮虞舜心雄万夫,"内圣外王",铸就"尧天舜日"的辉煌

正能量与邪恶势力之间的较量是你死我活的斗争,它们"不是东风压倒西风,就是西风压倒东风"。舜帝在斗争中充分认识到,假如没有巩固的国防和强大的军队,没有执法的严格,外部的和平和内部的安定就难以维持,"尧天舜日"就是镜中花水中月。由于尧帝时政治宽容,以"四凶"为代表的黑恶势力有了生存的空间。为了安定社会,刚正勇武的帝舜有虞氏嫉恶如仇,心雄万夫,对"四凶"等社会黑恶势力保持了高压打击态势,"流""放""杀""殛"等手段的运用体现了一个仁爱的执政者刚强威猛的另一面。

《道德经》上说:"兵者不祥之器,非君子之器,不得已而用之,恬淡为上。"内圣外王的舜帝当然知道"止""戈"为"武",懂得用兵用刑只是护国治国的辅助手段,平时还是应该修厚德以服远人。舜帝大修厚德,创造过化干戈为玉帛的佳话:"有苗氏负固不服,禹请征之。舜曰:'我德不厚,行武非道也。吾其敷吾未也。'乃修教三年,执干戚而舞之,有苗请服。"(皇甫谧《帝王世纪》)

虞舜富有雄才大略,勤民事,重调研,夙兴夜寐,不辞劳苦。他重用了为民造福的"八元""八恺",推进了执政决策的民主化、法制化。他经常巡视四方,了解下情,把天南海北变成了"解吾民之愠,阜吾民之财"的办公场所。就这样,人们期盼的景星耀天、甘露下降、夜雨昼晴、稻生双穗的年成到来了,内平外成、家庭和睦、社会详和的"尧天舜日"的景象出现了。

结　语

综上所述,九嶷山舜帝陵所立的尚武的舜帝形象来自历史的真实,符合生活的原型。

武艺关乎人的身家性命,也关乎家国民族的前途命运。尚武者虞舜的一生是奋发进取的一生,是为民立极、为天下开太平的一生。虞舜以自己的行动告诉我们,尚武精神就是挑战命运的锐气,就是匡扶正义的侠气,就是力担重任的豪气;就是对自信、自强、自主的深深渴望,就是对平等、自由、光荣的苦苦追求。一个人如果有了尚武精神,就会变"文明其精神,野蛮其体魄"的口号为终身实践,就会超越梦想,力铸辉煌;一个民族如果弘扬尚武精神,就会永葆蓬勃的朝气和旺盛的斗志,就会"乱云飞渡仍从容",就会"踏平坎坷成大道",自立于世界优秀民族之林。

尚武精神是一种优秀的民族精神,需要我们大力提倡和发扬光大。回顾历史,我们发现,战争岁月,尚武精神是中国民众勇猛精进、御侮抗敌、大智大勇、众志成城的人格基石;和平时期,尚武精神以尚礼、尚仁、尚德的道德追求凝聚着华夏民族的情感,增进了炎黄子孙的亲情。过去,黑头发黄皮肤的中华民族秉持尚武精神,自强不息,从而创造了灿烂的中华文明。在万众一心圆"中国梦"的今天,我们将我们的始祖、初祖身上的尚武精神发掘出来,对他们光彩夺目的高大形象加以崇拜,这是增进自身修养的必要,也是担当时代使命的必然。

(原载 2014 年第 7 期,作者单位:宁远县第二中学)

舜文化与中国文学传统的形成

✳ 陈仲庚

　　舜文化对中国文学的影响源远流长,涉及方方面面,而要找到其最早的源头,需要确定一个点,这个点从不同的角度去看可以有多个,如被称为中国文艺理论开山之作的"诗言志",在《尚书》中托言帝舜,因而可视为舜文化对中国文学产生影响的最早源头。中国文学在几千年的发展演变过程中,以言志抒情为主要特征的诗歌一直占据着正统地位,不能不说与"诗言志"的理论有着深刻的联系。但"诗言志"毕竟只是一种理论性表述,缺乏创作的典范性意义,而要找到创作与理论相结合的点,《南风》之诗和舜歌《南风》之事是一个很好的范例。结合《南风》之诗和舜歌《南风》之事进行分析,我们不难看出它对中国文学传统的形成所产生的深刻影响。

一　开创了中国文学的"观风"传统

　　舜歌《南风》之事,在中国先秦时代有着广泛的影响,先秦两汉的诸多典籍均对此事有着大同小异的记载,如《史记·乐书》云:

　　　　故舜弹五弦之琴,歌《南风》之诗而天下治;纣为朝歌北鄙之音,身死国亡。舜之道何弘也?纣之道何隘也?夫《南风》之诗者生长之音也,舜乐好之,乐与天地同意,得万国之欢心,故天下治也。

另外,在《礼记·乐记》《韩非子·外储说左上》《尸子·绰子》《韩诗外传》卷四、《淮南子》之《诠言训》和《泰族训》《新语·无为》《说苑·建本》《越绝书》卷十三等文献中均有记载,其影响可见一斑。那么,《南风》之诗究竟是一首怎样的诗呢?《孔子家语·辩乐解》云:

　　　　昔者舜弹五弦之琴,造《南风》之诗,其诗曰:"南风之熏兮,可以解吾民之愠兮;南风之时兮,可以阜吾民之财兮。

《南风》之诗是否真为舜帝所"造",这是一个颇有争议的问题。这里不想纠缠其诗的真伪,更不想纠缠其作者的真伪,需要强调的只是:舜文化作为一个文化代码,它在中国历史和文化史上是一个真实的存在,并曾经起过核心价值的作用。因此,舜歌《南风》不管其事其诗的真实程度如何,但它在中国文学史上所产生的作用则是真实的,我们完全可以将它作为舜文化的内涵进行解读。

分析《南风》之诗和舜歌《南风》之事,有两个问题必须首先理清楚:其一,《南风》之诗为什么是"生长之音";其二,"乐"为什么能"与天地同意"。要回答这两个问题,必须先追索一下"以音律省土风"的古老传统,而这一传统又与有虞氏的世职有着密切的关系。

所谓"以音律省土风",乃是华夏先民长期运用的一种测量风气、物候的独特方法,与当时的天文、历法、农业生产及生活有着密切的关系,这在早期的典籍中不乏记载。如《左传·昭公二十年》曰:"声亦如味,一气、二体、三类、四物、五声、六律、七音、八风、九歌,以相成也。"《吕氏春秋·察传》亦云:"夔于是正六律,和五声,以通八风,而天下大服。"从这种记载中不难看出,古人认为音律、乐声与"风"及国家的治理有着密切的关系。而以音律来辨别四方或八方之风,在当时是被广泛尊信的一种专门技术,这门技术被后人称作候气法。冯时总结说:"候气法是一种以律吕测气定候的方法,它的起源相当古老,惜其术绝来既久。"[1]在《后汉书·律历志》中还有关于候气法具体操作的记载,但它是否与上古的法则一致,研究者一直表示怀疑。

候气法的具体操作方法怎样我们已经无法考证了,但"以音律省土风"的技术和传统确实存在过,这是毋庸置疑的。需要指出的是,这种技术和传统最早是由有虞氏家族掌握和继承的。《国语·郑语》云:

> 夫成天地之大功者,其子孙未尝不章,虞夏商周是也。虞幕能听协风,以成乐物生者也;夏禹能单平水土,以品处庶类者也;商契能和合五教,以保于百姓者也;周弃能播殖百谷蔬,以衣食民人者也。其后皆为王公侯伯。

虞幕为有虞氏初祖,执掌乐官。《左传》昭公八年言:"自幕至于瞽瞍无违命。"有虞氏家族执掌乐官之职从初祖虞幕一直到虞舜之父瞽瞍,世代均能忠于职守,未有过失。那么,虞幕"听协风"与"成乐生物"又有什么关联呢?我们可以看看韦昭的注解:"协,和也,言能听知和风,因时顺气,以成育万物,使之乐生。"也就是说,当时的所谓乐官,其职守不仅仅是精通音乐,还要能从音律中听出和风的到来,预测季节的变化,以使天下民人不误农时,助生万物,达到"解吾民之愠""阜吾民之财"的目的。诚如是,虞幕的"听协风",才能与夏禹的"单平水土"、商契的"和合五教"、周弃的"播殖百谷蔬"相提并论,成为"天地之大功"。

最早的"听协风"主要是指自然之风,但因自然之风与"成育万物"相联系,与"物阜民丰"相统一;而"物阜民丰"与否又与国家的治乱相联系,治与乱的征兆需要从"民风"中观察。因此,从国家治理的角度来说,"协风"与"民风"必须同时关注,这恐怕也是《诗经》称各国的民歌为"风"的缘由。

舜歌《南风》本来是将"听协风"与"观民风"结合在一起的,但到后来,"听风"的技术失传,只有"观风"的传统延续下来了。

学者们一般都认为"观风"的传统源于孔子,其《论语·阳货》云:

> 《诗》可以兴,可以观,可以群,可以怨。迩之事父,远之事君;多识于鸟兽草木之名。

这里所说的"观",一般都解释为"观风俗之盛衰"(何晏《论语集解》引郑玄注),如赵孟頫《薛昂夫诗集叙》称:"可以观民风,可以观世道,可以知人。"当然,"观民风"还不是真正的目的,真正的目的是要考见政治上的得失及其原因,所以班固《汉书·艺文志》说:"王者所以观风俗,知得失,自考正也。"这一观点后人多有赞同。如刘知几《史通·载文》云:

> 观乎《国风》以察兴亡,是知文之为用远矣,大矣。

白居易《采诗以补察时政》云:

> 故国风之盛衰,由斯而见也;王政之得失,由斯而闻也。

由诗观风,进而"察兴亡",闻"王政之得失",才是"观"的真正目的。治理国家的人通过诗来"观民风""世道",掌握国情民俗和政治上的兴废得失及其原因,从而调整政策,缓和社会矛盾,引导社会顺利发展,这就是通过"观风"而经国治世的一般原理。而"观风"之所以能够"察兴亡""知得失",是因为"风"中真实寄寓或记录了"兴亡""得失"的实情,如果缺失这种"实情"的寄寓或记录,"王者"既无由"察"更无由"知",由诗"观风"便也无从谈起。因此,就"观风"的传统而言,孔子的提倡与其说是"源",不如说是"流",因为孔子至多是一种发现或认识,他看到了诗中确实有"风俗民情"可"观",所以才加以提倡的;而且,这一传统在孔子之前就已经流传了多少年,他只是"述而不作",从理论上加以总结而已。

因此，舜歌《南风》，不仅在诗中真实记录了风俗民情，也寄寓了自己从"风"中所体察到的风俗民情。作为一个"圣者"和"王者"，他的实践就是一个最高、最好的典范，后人在理论和实践上仿效的同时，也就形成了传之久远的"观风"传统。

二　开创了中国文学的"教化"传统

与"观风"相联系的是中国文学的"教化"传统，因为"察风俗之邪正"绝不只是消极被动的"察"，还包括积极主动的"教"；而且，"风"的本义上也包含有"教"的意思。《毛诗序》云：

> 《关雎》，后妃之德也，风之始也，所以风天下而正夫妇也。故用之乡人焉，用之邦国焉。风，风也，教也；风以动之，教以化之。……故正得失，动天地，感鬼神，莫近于诗。先王以是经夫妇，成孝敬，厚人伦，美教化，移风俗。

按照《毛诗序》作者的解释，"风"包含有"教"的意思，但与"教"又是有所区别的，"风"是"讽喻"，也就是用形象化的手段来打动人，达到寓教于乐的目的。这一传统舜帝曾有过更为明确的提倡，《尚书·尧典》载：

> 帝曰：夔，命汝典乐，教胄子。直而温，宽而栗，刚而无虐，简而无傲。诗言志，歌永言，声依永，律和声，八音克谐，无相夺伦，神人以和。

在这里，舜帝命乐官夔典乐，明确提出要用诗乐来教育贵胄子弟，将他们培养成具有"直而温，宽而栗，刚而无虐，简而无傲"等品格的人，这无疑是适应当时社会需要的高素质人才。舜帝的这一段话，前半部分是直接对乐官夔说的，夔的职责就是"教胄子"，所以只提出了对贵胄子弟的人格要求；后半部分则是针对整个天下说的，要做到"八音克谐，无相夺伦"，以达到"神人以和"的目的。从"八音克谐，无相夺伦"的要求中不难看出，这不仅仅是指诗歌音乐的和谐，而是要以和谐的诗歌音乐来感化人教育人，使全社会的人都能够和谐相处、"无相夺伦"，这不仅能够做到人类自身的和谐，还能做到人与自然的和谐——"神人以和"意即"天人和谐"，"神"可以代表天地自然。正因为诗歌音乐的教育感化作用有如此之大，所以《毛诗序》的作者才说"先王以是经夫妇，成孝敬，厚人伦，美教化，移风俗"，这其实是对舜帝以降历代先王以诗教化亦即文学教化传统的一个总结。

"教化"是从文学的社会作用而言的,而事实上,文学的社会作用有积极的也有消极的,而要让文学真正起到积极的"教化"作用,就必须从内容上提出要求,这就是所谓的"文以明道"或"文以载道"。这个"道",就是儒家提倡的"尧舜之道"或"孔孟之道"。

从文学史来看,最早提出"明道"观的是刘勰,他在《文心雕龙》的开篇就说:

> 道沿圣以垂文,圣因文而明道,旁通而无滞,日用而不匮。《易》曰:"鼓天下之动者存乎辞。"辞之所以能鼓天下者,乃道之文也。

由道而圣,由圣而文,文是道之文,圣以文明道。刘勰的这一观点,清人纪昀曾作了这样的评点:"文以载道,明其当然;文源于道,明其本然。"从文学的社会职能说,理所当然应该"载道";从文学的起源来说,"文"本来就是从"道"中流出的。因此,在刘勰看来,无"道"不成"文","道"因文而"明","文"因道而"用"。"道"与"文"的关系,相当于当代的文学理论所说的内容与形式的关系:内容决定形式,形式反作用于内容。用今天的眼光来看,刘勰的"明道"说虽然不无偏颇,但它确实为后世的"文以载道"而实现教化的理论奠定了基础。

刘勰之后,在诗文领域提倡"文以明道"的代不乏人,譬如,唐代韩愈、柳宗元所倡导的古文运动;宋代柳开、欧阳修等人所倡导的诗文革新运动。到了明清之际,则又有李贽、汤显祖、李渔等人强调戏曲的教化功用;有意味的是,小说、戏曲虽不为当时的正统文学观念所认可,但它们却同样重视正统文学观念所一直提倡的教化功能。这说明,文学的教化功能不仅仅是封建统治者或正统文学所需要的,所教化的对象也不仅仅是"胄子",而是它本身确实有着重要的理论价值,并已成为古代文人的自觉意识和全社会各个阶层的一种"教育"需要。因此,凡是对于社会历史进步和文化教育需要有一定责任感的作家、理论家,总是自觉地提倡文学的教化功能。李贽、汤显祖等人大力提倡小说、戏曲的教化功用,王夫之、顾炎武、黄宗羲等人重视诗文的教化功用,尽管他们的思想态度、政治观点与正统社会格格不入,但在文学的教化观上却与正统社会表现出惊人的一致性,这只能说明,文学教化观本身就包含了一定的历史进步意义。这种进步意义是它得以贯穿中国古代文论史和文学史始终、并进而成为中国古代文论和古代文学优良传统的真正原因所在。这一优良传统使源远流长的古代文学在漫长的封建社会中发挥了巨大的进步作用。

那么,文学教化观的历史进步意义体现哪里? 主要就体现在它的"以人为本"或"以民为本"的思想中,而这一传统的形成无疑是与舜文化相关的。舜帝所要求的"直而温,宽而栗,刚而无虐,简而无傲",这是要培养人的良好品性和健康人格;虞舜所关心的"解吾民之愠"和"阜吾民之财",这是要解决民众的生活需要。前者主要是解决人的精神需求,后者主要是解决人的物质需求。这二者的结合,才使得中国文学在物质生活方面有"风"可"观",在精神生活方面所"教"能"化"。正因为舜文化给中国文学提供了这样的"影响因子",所以后来的历朝历代才能够"以是经夫妇,成孝敬,厚人伦,美教化,移风俗",从而形成源远流长的文学"教化"传统。

三 开创了中国文学的"美刺"传统

"观风"和"教化"的传统主要是从文学的内容而言,而为了让"风"表现得更真实,为了让"教化"收到更好的功效,必须借助一个有效的表现手段,这个表现手段就是所谓的"美刺"。《史记·乐书》说:"舜弹五弦之琴,歌《南风》之诗而天下治。"因此,"弹琴""歌诗"只是手段,目的是为了"天下治";同样,"观风"和"教化"也是手段,目的也是为了"天下治"。"观风"和"教化"为"天下治"服务,"美刺"则为"观风"和"教化"服务。"美刺"作为文学表现手段,主要就是歌颂与批判,也就是通过歌颂美好事物和揭露批判丑恶事物而使"观风"和"教化"达到更好的效果,最终达到"天下治"的目的。

"观风"是为了了解天下的治与乱,"美刺"则是将天下治与乱的现状及其态度寄寓在"风"中,这一传统从虞舜开始,到《诗经》已初步形成。《魏风·葛屦》云:"维是褊心,是以为刺。"《大雅·节南山》云:"家父作诵,以究王讻。"此为刺。《大雅·崧高》云:"吉甫作诵,穆如清风。"此为颂,即美。孔子在总结《诗经》的社会功用时,提出了"兴、观、群、怨"说,其中的"怨",就是怨刺。《荀子·赋》中也有"天下不治,请陈诡诗"之说。这说明在先秦时代美刺传统就已基本形成。

美刺传统真正从理论上进行总结的是汉代。《毛诗序》云:

> 上以风化下,下以风刺上,主文而谲谏,言之者无罪,闻之者足以戒,故曰风。至于王道衰,礼义废,国异政,家殊俗,而变风变雅作矣。国史明乎得失之迹,伤人伦之废,哀刑政之苛,吟咏情性,以讽其上,达于事变,而怀其旧俗者也。故变风发乎情,止乎礼义。发乎情,民之性也。止乎礼义,先王之

泽也。是以一国之事,系一人之本,谓之风。言天下之事,形四方之风,谓之雅。雅者,政也,言王政所由废兴也。政有大小,故有大雅焉,有小雅焉。颂者,美盛德之形容,以其成功告于神明者也。

按照《毛诗序》的说法,"风"包含两种意义:一是帝王的风化影响到下层百姓;一是下层百姓用诗歌来讽刺政治的得失,表达他们的思想感情。变风变雅之作,起于"王道衰,礼义废,国异政,家殊俗",在政治纷乱社会动荡时期,诗歌尤其富有深刻的讽刺意义。所以"风"的意义,应该以讽刺为主,但它是一种委婉的讽谏,以使统治者能够了解世道民情和王政得失。因此,这里所谓的"风"同"讽",也就是"刺"。至于"颂",或用来颂扬当代帝王的功绩,或赞美帝王祖宗的功德,并以此昭告神明。因此,"颂"是歌颂,也就是"美"。《毛诗序》作为儒家诗论的经典文献,以美刺论诗,揭示了诗歌的基本社会功能,从而产生了深远的影响,使这种美刺的表现手法,一直贯穿二千多年的传统社会。

《毛诗序》之后,郑玄进一步发展了"美刺"说,其《诗谱序》云:

> 论功颂德,所以顺其美;刺过讥失,所以匡救其恶。

需要特别指出的是,"美刺"说中的"美",只是《毛诗序》作者对《诗经》中《颂》诗的评论,这一类诗歌以歌颂周王朝统治者的"盛德"为主。但在后来的实际创作中,以歌颂帝王之德为主要内容的作品很少,除了为统治者"润色鸿业"的汉代大赋是有较高价值的美颂文学之外,像一些宫廷御用文人为帝王歌功颂德的奉召应制之作,是没有多少价值的。在社会上发挥实际功用的文学,是以"刺",即揭露批判性的文学为主。在中国古代的文论中也特别重视"刺",重视怨刺讽谏,伤时济世。这恐怕与我国流行的艺术发生论也有关系。《礼记·乐记》云:"凡音之起,由人心生也。人心之动,物使之然也";"乐者,音之所由生也,其本在人心感于物也"。"感于哀乐,缘事而发"一直是中国古代文学创作的主要精神。似乎悲天悯人、伤时忧世的忧患意识是中华民族的天性,我国古代文学在关注现实、指涉人生时几乎都带有浓郁的忧患色彩,文学常常自觉地担负起讥刺时政、感慨世道的"济时"使命,以至于南宋刘克庄在《跋章仲山诗》中得出"诗非达官显人所能为"的结论。诗歌乃至整个文学就是穷而在下的文人言说政治现实、时事人生的窗口。

《诗经》的讽谏精神,再加上汉乐府直面现实的文学传统,在经过《毛诗序》作者等汉代文论家大力倡导之后,在后来的文学创作和文学理论中均得到了发扬。反映在文学理论上,要求文学讥讽时世、补阙时政、关注民生,成为一种理论的自觉。如唐代诗人陈子昂批评齐梁间的诗"彩丽竞繁而兴寄都绝"(《陈伯玉文集》卷一《与东方左史虬修竹篇序》),要求文学有"兴寄",寄寓深沉的人生感慨。李白在《古风·第一》中批评建安以后徒尚文采的创作倾向:"自从建安来,绮丽不足珍",慨叹"大雅久不作,吾衰竟谁陈",并立志要继承《诗经》和楚骚直面现实、关注社会的文学精神。陈子昂、李白革除南朝以来浮靡轻艳的文风和局促于个人狭小天地的创作风气,溯风雅讽谏精神,为文学创作指明了通向现实人生和广阔社会的正确途径。杜甫的诗歌创作和白居易等人的新乐府运动践履了这条通途。杜甫以如椽巨笔"辨人事""明是非""存褒贬",描写广阔的时代风云,反映深重的社会人生苦难,后人将他的诗歌概括为"诗史"精神。晚唐孟棨《本事诗》云:"杜逢禄山之难,流离陇蜀,毕陈于诗,推见至隐,殆无遗事,故当时号为'诗史'。"斯言一出,便得到后人的普遍认可。此后,"诗史"成为诗歌理论的一个标范,不仅用来称道杜诗,而且像陆游、文天祥、谢皋以至近代金和、郑珍等人记一代之实的诗均被誉为"诗史"。"诗史"说非常切实地揭明了文学贴近现实、关注时代政事、反映社会人生的特点。

需要说明的是,《南风》之诗和舜歌《南风》之事虽然并没有直接开创出"美刺"传统,但它却为后世的文人和文学树立了一个标尺,后世文人无论是从事文学创作、文学批评或是文学理论研究,似乎都忘不了一个共同的宗旨,那就是杜甫所说的"致君尧舜上,再使风俗淳"——"路不拾遗,夜不闭户"的尧舜时代,既是中国文人梦寐以求的社会理想,也是用来衡量社会现实的标尺,合则"美"不合则"刺"。因此,舜文化对中国文学美刺传统的形成和流传,与其说是影响作用不如说是决定作用,因为就像今天的文学批评必须确定一定的标准一样,没有一定的标准文学批评便无从谈起;同样,没有舜文化这一杆标尺,"美"与"刺"便失去了依据标准。

参考文献:

[1]冯时.殷卜辞四方风研究[J].考古学报,1994,(2).

（原载 2014 年第 7 期,作者单位:湖南科技学院）

从东西方古代文明比较研究看虞舜在世界文明史的作用与影响

✻ 郭辉东　吕芳文 ▪

一　虞舜在中国和世界文明史时空坐标中的位置

（一）虞舜活动的年代距今已有4100多年

距今八千年至一万多年前，长江、黄河流域已经种植稻谷、粟黍和饲养家畜，使人类最终与动物界分离，逐步开始了文明历史的演进过程。距今八千至四千年前，中华大地出现了伏羲、女娲、炎帝、黄帝、蚩尤、颛顼、帝喾、唐尧、虞舜、大禹等创世英雄和历史伟人或圣德之君，人们称之为人文初祖或三皇五帝。有关三皇五帝的几个组合，去掉重复的，一共有13位古帝。比较通行的五帝之说是指黄帝、颛顼、帝喾、唐尧、虞舜这五位上古帝王。五帝之一的虞舜是被大多数人认同的，湖南永州九嶷山考古发掘表明虞舜是五帝中唯一有秦汉以前陵庙和地下文物相印证的。

三皇五帝传说的分歧，原因是中国文明具有多元起源、多区域不平衡发展。早在进入文明时代之初，中华大地就形成了华夏族，还有被华夏族称为蛮、夷、戎、狄等许多兄弟民族，20世纪初"中华民族"之名逐渐演变成中国诸多民族的总称。

从伏羲到尧舜禹，起止年代为公元前5341—前2146年。夏朝起始年为公元前2070年，虞舜是夏朝以前的古帝王，距今已有4100多年。《通鉴外纪》所载《春秋命历序》表明，虞朝起讫年代为公元前2146—前2173年。[1]21-59

（二）虞舜活动的空间处于中国上古文明源头地带

中国是一个具有悠久历史和灿烂文化的文明古国，古以黄河、华山为南北之界，中国位于东南。《正义》载："河，黄河；山，华山；从华山及黄河以南为中国也。"《尔雅》载："九夷、八狄、七戎、六蛮谓之四海之内。"《唐律名例疏议释义》

载:"中华者,中国也。亲被王教,自属中国。衣冠威仪,习俗孝悌,居身礼义,故谓之中华。"

中国现今的疆域是五千年来以华夏族为主体的政权与周边各族的部落、部族在长期融合过程中逐渐形成的。五千年至四千年前,黄河、长江中下游等地形成了六大主要文化区。虞舜活动的空间处于中国上古文明的源头地带。中国上古行政区划,西汉以前认为九州系大禹治水后划分的,《书·禹贡》作冀、兖、青、徐、扬、荆、豫、梁、雍等九州。《尚书·舜典》载:"舜肇十有二州"。虞舜活动的疆域,似疑在禹贡所列九州再加并、幽、营三州。舜崩后的归葬地在荆州辖内的"江南九疑"。

(三)虞舜及夏王朝在中国文明史上的地位

伏羲时代起始于公元前5341年,尧舜禹处于距今八千年至四千多年的承前启后时期,他们活动的地区陆续进入了铜石并用时期,母系氏族制正转变为父系氏族家长制。尧舜禹是夏朝以前的古帝王,从《尚书》《竹书纪年》《史记》等记载可以看出,他们是有文献流传,有年岁、有事迹的古代君王。

虞舜者,有虞氏,名曰重华,称舜帝,又作帝舜,简称舜。《史记·本纪第一·五帝》载:"舜年二十以孝闻,年三十尧举之,年五十摄行天子事,年五十八尧崩,年六十一代尧践帝位。践帝位三十九年,南巡狩,崩于苍梧之野,葬于江南九疑,是为零陵……然后禹践天子位"。

公元前21世纪,在今河南西部、山西南部建立了中国历史上有阶段和国家组织的第一个王朝——夏。夏朝起讫年为公元前2146—前1675年。禹死传子而不传贤,其子启继承了王位,传统的氏族成员推举禅让制被王位世袭制所代替,天下为公转变为天下为家。夏及其以后的商、周三代是中国的青铜时代。三代的疆域中心在中原地区,但周围的附庸国很多,尤其是西周王朝分封到各地的诸侯,控制着华北平原直至长江中下游的广大地区,这就为中国能够形成绵延数千年文化传统准备了重要的地域聚合条件。

二 虞舜在中国和世界文明史的作用与影响

(一)五帝之一的虞舜在中国上古文明史上起到了承前启后的作用

尧舜禹是上古部落联盟的首领,古史相传为圣德之君。虞舜在五帝之中居末,在尧舜禹之中居中,他是中华传统道德的始祖,也是中华民族历来向往的道德典范,在中国上古史起到了承前启后的作用。在先秦诸子中,儒家特别推崇尧舜,孔子"祖述尧舜,宪章文武";"孟子道性善,言必称尧舜。"人们曾赞颂"帝有虞氏之德之盛,如天地之大,日月之明",以"尧天舜日""德自舜明""天下明德皆自虞帝始""人皆可以为尧舜""六亿神州尽舜尧"来赞美他,称道他是"死而不朽"的圣人。主要有两方面的依据。

一是在尧舜禹三朝中起到了承前启后的作用。尽管舜践帝位只有三十九年,但在此前"年三十尧举之,年五十摄行天子事至年五十八尧崩",加上"帝舜荐禹于天","舜在帝位治天下五十载升于至道"。中国古代的礼仪起源于虞舜时代,《礼记》《淮南子·齐俗训》中多次提到"有虞氏之礼""有虞氏之路""有虞氏之旗""有虞氏之库"等有关文明礼制的描述。他以乐教天下,"箫《韶》九成,凤凰来仪","百兽率舞"。《史记·乐书》载:"昔者舜作五弦之琴,以歌南风";"舜歌《南风》而天下治"。歌词是:"南风之薰兮,可以解吾民之愠兮;南风之时兮,可以阜吾民之财兮"。相传毛泽东故乡韶山因舜驻足演奏韶乐而得名。后来孔子闻韶乐于齐,"三月不知肉味"。舜举用22人治理国家,分掌教育、农事、工程、司法、典礼、天文等,也就是说黄帝草创的国家,到舜时已趋完备。虞舜在摄帝位、践帝位和举荐大禹的过程中,确实起到了承前启后的重要作用。他的功绩及其思想的光辉,过去似乎低估了。

二是厉行新政,功勋卓著。虞舜在政治上雷厉风行,敢作敢为,所做的一些大事为日后"垂衣裳而天下治"打下了坚实基础。(1)举用八恺、八元,惩罚四凶、四罪;(2)弘扬九德,宣扬五典,制定五礼,施行五刑;(3)分天下为十二州,划定封界;(4)把五年一巡狩定为制度,督促诸侯恪尽职守;(5)改革刑制,宽恕为先;(6)立政修教,教人以伦;(7)庶政惟和,万邦咸宁;(8)举荐大禹,治理水害。

(二)虞舜是中华民族历来向往的道德典范和大公至德的圣德之君

对于虞舜的品德和德政,《尚书》《史记》等经史作过高度评价。《史记》载:"舜耕历山,历山之人皆让畔;渔雷泽,雷泽上人皆让居;陶河滨,河滨器皆不苦窳。一年而所居成聚,二年成邑,三年成都。"无论虞舜到哪里,都可以化解原有的矛盾,吸引众多的人和谐相处。"舜入于麓,烈风雷雨不迷,尧乃知舜之足授天下";"尧老,使舜摄行天子政,巡狩。舜得举用事二十年,而尧使摄政。摄政八年而尧崩"。

舜为人子、为人夫、为臣、为君,都是中国传统文化所倡导的道德典范。《尧典》《舜典》《大禹漠》中涉及对舜的评价有：孝感天地，舍己从人；大公至德，允执厥中；德为善政，政在善民；临下以简，御众以宽；刚而无虐，简而无傲；任贤勿二，野无遗贤；柔远能迩，蛮夷率服；天成地平，垂拱而治。比如："流共工于幽州，放驩兜于崇山，窜三苗于三危，殛鲧于羽山，四罪而天下咸服"；"舜却苗民，更易其俗"；"当舜之时，有苗不服。禹请伐之，而舜不许。曰：'吾谕教犹未竟也'。久谕教而有苗请服。天下闻之，皆薄禹之义而美舜之德。"[2]192-402 虞舜处事公平，中道而治天下。他提倡并践行"允执厥中""允执其中""执其两端"的中庸之术，意即人们处世行事千万不要走向两个极端。"极高明而道中庸"，"舜执其两端而用其中于民"，被历代儒者和统治者视为纵横天下、无往不胜的旷世胜经，对当今领导者执中行权与构建公正公平的和谐社会，也具有现实意义。明代薛瑄撰的《济南府重修舜庙碑》曾赞曰："有大圣人之道，而功被于天下万世者，固宜为天下万世之所崇奉"；"夫舜之所以为大圣人者，以其为人伦之至，而精一执中乃万世道统之源"。

（三）弘扬舜帝道德文化，对实现中华民族伟大复兴具有重要的现实意义。

舜帝的德政是屹立在中国人民心中的一座不朽丰碑，舜帝的品德和功德，对中华民族的影响极为深远。舜帝是中华民族的人文始祖之一，其后裔有 40 多个姓氏，直系后裔有陈、王、胡、孙、姚、虞、田、袁、车、陆 10 姓，后裔人数达 2.6 亿之众，遍布世界各地，尤其在港、澳、台和美国、东南亚各国为多，舜裔对当地经济社会发展起着十分重要的作用。根据陈立夫先生倡议，1982 年在台湾发起成立"世界至孝笃亲总会"，1985 年更名为"世界舜裔宗亲联谊会"，至今已召开 20 届国际大会。中华民族自古就有饮水思源、慎终追远、落叶归根的文化传统，进一步弘扬舜帝道德文化，有利于加强海内外舜帝后裔的联系，增强民族凝聚力，促进祖国和平统一，实现中华民族伟大复兴。

三 亚欧大陆是世界古代文明舞台的中心，世界文明中心有由东向西再绕向东的发展趋势

（一）数千年来亚欧大陆是世界文明舞台的中心，但以地中海为界分为东方与西方

摩尔根、恩格斯的社会发展学说，曾将人类社会划分为蒙昧、野蛮和文明三

个时代。文明是一定社会、民族在一定时空范围内形成具有共同特征的物质文明与精神文明的总和。唐人孔颖达疏解《尚书·舜典》"睿哲文明"时说:"经天纬地曰文,照临四方曰明。"

金属器、文字、城市、阶级和国家的出现等,是文明的重要外在标志。人类学者认为其包括:城市中心,由制度确立的国家政治权力,纳贡或税收,文字,社会分为阶级或等级,巨大的建筑物,各种专门的艺术和科学等等。目前学术界比较推崇荷兰学者鲁克荷恩的判断方法,其标准是在三个基本条件中只要具备其中两个,可称之为"文明"。这三个条件是:(1)在一定区域的聚落中已经有好几个互相联系的,人口至少在 5000 以上的城镇、集镇或城市;(2)已有独立创造的文字体系或借用部分外族文字而形成自己的文字;(3)已有纪念性的建筑遗迹和进行仪典活动的中心场所。[3]33

数千年来亚欧大陆是世界古代文明舞台的中心,亚欧大陆的古代文明是当时最先进,在数千年中对人类发展贡献最大的文明。古代腓尼基人以地中海为界分为东方与西方,地中海以东的陆地称为"ASU",意即"东方日出处",后来转化为英语"Asia"。中国、印度、埃及、古巴比伦等四大文明古国属于东方,希腊、罗马属于西方。[4]

西方第一个哲学家泰勒曾说过:"万物源于水。"人类最初的主要文明,都诞生于大河流域、海滨及其与山地交汇的边缘。幼发拉底河、底格里斯河流域的苏美尔和巴比伦,尼罗河流域的埃及,印度河、恒河流域的印度,黄河、长江流域的中国,19 世纪以来一直被世界史学界公认为历史最为悠久的文明古国,誉之为"文明的摇篮"。世界三大宗教——佛教、基督教、伊斯兰教,以及道教、印度教、犹太教等地区性宗教发源地和最先传播地也都在亚欧大陆。20 世纪以来考古发现表明,"文明的摇篮"还有爱琴文明和印第安文明。

(二)大漠草原金戈铁马游牧文明与农耕文明的碰撞和融汇

在地球最辽阔的大陆——亚欧大陆的心腹地带,纵横着一条总面积达一千多万平方公里的草原——沙漠地带,东起大兴安岭西侧,西抵黑海北岸伏尔加河——顿河草原,其东、南、西三方临近东亚、南亚、西南亚、中西欧农耕区。这一条一望无边的低洼地带,是东西方两大不同文明体系以及农耕文明与游牧文明的接触地和碰撞点,历来是金戈铁马的游牧民族冲击农耕民族的出发地,亚欧大陆的历史基本上是在农耕文明与游牧文明相互影响的过程中形成和演进的。

亚欧大陆的这一心腹地带,地处亚、欧、非三洲交通要道上,《地缘政治论》

的作者英国地理学家哈尔福德·麦金德称之为"心脏地区",自古以来就有世界文明的"十字路口"之称,联接中国和西亚到欧洲的丝绸之路就是从这里经过的,是东西方交通和经济文化技术交流的必经之路。

中国的丝绸、瓷器和指南针、造纸术、火药、活字印刷四大发明,以及数十项实用技术,都是经过丝绸之路传入西方的。美国学者德克·卜德在《中国物品西传考》中说:"从公元前200年到公元后1800年这两千年间,中国给予西方的东西超过了她从西方所得到的东西。"马克思更精辟地论述道:"火药、罗盘、印刷术——这是预兆资产阶段社会到来的三项伟大发明。火药把骑士阶层炸得粉碎,罗盘打开了世界市场并建立了殖民地,而印刷术却变成新教的工具,并且一般地说变成科学复兴的手段,变成创造精神发展的必要前提的最强大的推动力。"

中华大地以每年400毫米降水线为界,东南是受太平洋及印度洋季风影响的湿润地区,西北是少受甚至不受东南季风影响的干旱地区。这条降水线,也是东亚大陆农耕区与游牧区的大体边界。农耕区的生产生活方式是"日出而作,日入而息,凿井而饮,耕田而食",固定难移。游牧区的生产生活方式是"今日行而明日留,随畜逐水草往来",来去无定。为了阻止游牧民族的骑兵驰突,中原农耕民族被迫不惜人力物力修筑万里长城,这一人工屏障成了世界文明史上的一大奇迹。

所谓金戈铁马,指的是金属武器和高大强壮的战马。马的驯养和炼铁技术的发明是两个十分重要的因素。中东是世界上最早驯养动物的地方,也是最早乘骑动物的地方。冶铁技术是公元前二千纪中叶在小亚细亚率先发展起来的。

公元前二千纪末,整个亚欧大陆处于一片骚动之中,两河流域、埃及、印度、中国等文明中心,都遭到了拥有战马和战车部落的蹂躏。游牧部落用骑兵取代了战车,马和青铜或铁制武器的结合,促使游牧部落发起了两次席卷诸多文明中心的大规模入侵浪潮。第一次约在公元前1700—前1500年之间,入侵者通常是手执青铜武器,驾着马拉的战车侵入文明中心;第二次约在公元前1200—前1100年之间,入侵者通常是骑在马上,用铁制武器作战。[5]10-11

早在公元前三千纪和二千纪,来自两河流域西北部操闪米特语的诸游牧部落相继入侵美索不达米亚;公元前1729年巴比伦王国被半农半牧的亚述人所灭;公元前1720—前1570年埃及被来自西亚的游牧部落希克索斯人征服;几乎相同时间印度河流域的哈拉巴文明被北方的游牧部落雅利安人摧毁。[6]154

公元 4 世纪初起,被称为"五胡"的五个游牧部落,即匈奴、鲜卑、羯、氐、羌,陆续在中国建立了史称"十六国"的政权。1226 年蒙古人的一代天骄成吉思汗和他的子孙们从辽阔的东北亚草原出发,蒙古铁骑几乎征服了大半个亚欧大陆,在被征服的地区建立了四个大汗国和中国历史上版图最大的元朝。

(三)世界文明中心有由东方发端,不断向西方移动再绕向东方的移动趋势

历史是有规律地向前发展的,历史的偶然性反映了历史的必然性。世界文明史不是直线发展的,而是呈螺旋形式的周而复始的循环演进过程。既没有一成不变的单行线,也没有必然要经过的点。人类文明发展的不平衡,决定了文明中心的位移是一种历史的必然。16 世纪法国人文主义学者波丹第一次比较明确地提到了世界文明史各阶段都有一个中心。18 世纪法国启蒙学者伏尔泰所定的文明史则是从中国讲起。黑格尔在波丹和伏尔泰的基础上,把世界文明划分为四个时期,第一个时期是东方世界,认为中国是世界历史和文明的发端,再经过印度、波斯到埃及。

湖南师范大学刘景华著的《人类六千年》认为:"古典文明时代是从东方开始的,包括了近东的两河流域、埃及、波斯、小亚、南亚的印度、远东的中国。公元前 5 世纪时,古典文明的中心西移到了欧洲东南部的希腊。公元前 2 世纪至公元 5 世纪,更西边的罗马成了文明的中心";"16、17 世纪是大西洋沿岸的西班牙、葡萄牙、荷兰、法国;18 世纪是大西洋西岸争霸的英法两国;19 世纪至 20 世纪上半叶,有世界工场及日不落帝国之称的英国可以算世界的中心;到了 20 世纪下半叶,往西越过大西洋,西半球的美国毫无疑问占据了世界中心的位置";"不少人预言,21 世纪的世界将以亚太为中心,恰好这也是从美国向西移动,人类文明 6000 年历程,世界文明中心则绕地球转了一圈"[7]114。

(四)世界文明史上值得令人深思和探讨的奇特现象

从公元前 3500 年至公元前 500 年之间,人类历史上先后出现了多个灿烂的文明发祥地。古中国、古巴比伦、古埃及、古印度等四大文明古国,是当时最先进的、最早的"文明摇篮",还有爱琴文明和印第安文明。在这些古文明中,只有中国具有独立起源、持续发展两大特色。而其他古文明却中断或衰落了。印度古文明到公元前 1800 年出现衰落之象,两河流域古巴比伦文明公元前 1000 年左右便中断了,埃及古文明公元前 500 年便衰亡了,爱琴文明持续时间仅 2000 年左右,玛雅文明持续时间仅 1000 年。[8]11

公元前 8 世纪至公元前 4 世纪的希腊文化堪与中国春秋至秦汉时代和印度列国至孔雀帝国时代的文化相媲美,在某些领域甚至达到了古代世界的最高峰。中国春秋战国时代,涌现了老子、孔子、墨子、孟子、荀子、孙子、管子、韩非子、鬼谷子等诸子百家的代表人物,他们的深远影响至今仍存。古希腊涌现过大批举世闻名的哲学家和百科全书式学者,其中影响最大的有苏格拉底、柏拉图、亚里士多德,他们的思想蕴含了后来各种哲学思想的基本观点,被誉为西方文明源头。希腊文明后来被罗马所继承和发扬,从欧洲文艺复兴至今对世界文明的发展产生了深远影响。

在世界文明史上,游牧民族对农耕民族的入侵,曾使许多古老文明中断或毁灭,但在中华大地上任何外来势力只能侵占它的土地,却无法征服它的文化和人心,外来势力最终只能被中华文化所同化。

世界文明史中有七大奇特现象,值得令人深思和探讨。

奇特现象之一:地球以"坐地日行八万里"的速度绕地轴旋转一圈是一天,为什么世界文明中心移动一圈却要花五六千年?

奇特现象之二:火药与罗盘是中国传入西方的,西方人却用罗盘和火药装备的坚船利炮,打开了中国闭关锁国的大门。

奇特现象之三:在中华大地上任何外来势力只能侵占它的土地,为什么外来势力最终只能被中华文化所同化?未来的中国能不能走出兴勃亡忽的周期律和治乱兴衰的历史怪圈?

奇特现象之四:中国"百家争鸣、百花齐放"的春秋战国时代与古希腊、古罗马为什么都能人才辈出?巨人们的影响为什么至今仍存?

奇特现象之五:斯塔夫里阿诺斯在《全球通史——1500 年以后的世界》一书中认为:与世隔绝的美洲大陆远远落后于亚洲和欧洲,到公元 1500 年,美洲大陆才达到了西欧在公元前 1500 年、中东在公元前 3500 年便已达到的文明阶段。"为什么 1774 年独立的美国在 200 多年之内能够成为世界上一超独霸的唯一超级大国?会不会遭遇或者说能不能走出霸极而衰的轮回?

奇特现象之六:人类的祖先是谁?人类从何而来?向何而去?人之何以为人?人类怎样才能避免自我毁灭的危险?人类文明能不能企盼外星文明获得生机?地球会不会面临灭顶之灾?要不要打造承载人类文明的末日方舟?

奇特现象之七:东西方哲人对人类终极命运的思考、探索、追寻和向往能不能殊途同归?为了使人类走向最美好、最理想的时代,从古至今引起了多少东西方哲人的上下求索,"大同世界""理想国""乌托邦""最后的喜剧",闪烁着人类理性和良知的辉煌光芒。

四 异彩纷呈的世界古文明发源地

(一)唯一没有中断过的中国古文明

世界上公认的独立起源的四大文明古国是中国、印度、埃及和古巴比伦,只有中国文明没有中断而一脉相承。世界上也没有那一个国家像中国这样长期保持大致相同的国土疆域,5400多公里的黄河与6300多公里的长江及其流域是中华大地的腹心,母亲博大胸怀中泉涌出来的乳汁,哺育中华儿女世世代代生生不息,960多万平方公里的国土面积为中华文明的演进提供了丰富物质资源和广阔活动场所。从尧舜禹开始,中国历经若干个改朝换代和更迭兴衰,叫做:唐尧虞舜夏商周,春秋战国乱悠悠。秦汉三国晋统一,南朝北朝是对头。隋唐五代又十国,宋元明清帝王休。20世纪最伟大的历史学家汤因比对人类出现的26个文明(后来又把文明数量扩大到37个)进行考察后得出结论,只有5个文明还在生存中,其中远东文明是古典中国文明的第二代。[9]

"自从盘古开天地,三皇五帝到如今。"盘古开天地是蒙昧和野蛮时代的事,三皇五帝从伏羲算起,中国文明已有近8000年。中国自古就有修史的传统,自有文字产生以来留下了浩如烟海的文献古籍。近百年来考古发掘的地下文物,遍及全国各地的史前遗址有7000多处,地下文物给古史传说提供了最有说服力的证明,不断把中国文明史向前延伸,远古文明历史比文献古籍记载的时间要长得多。

现代考古学的新成就,好比一部又一部"无字地书",也是没有经过人为篡改的真实可靠的史书。只要采用国学大师王国维倡导的"取地下之实物与地上之遗文互相释证"的二重证据法,进行实事求是地鉴析和印证,就能作出令人信服的结论。考古发掘一次次证明:构成中国文明诸要素发生和创始的时间,比古籍史典所记载的要早得多;中国文明是多元一体的,黄河、长江流域等不同的文明发源地有六、七个之多;中国文明史不只五千年,远古初始文明的起始时间至今已有八千或一万年以上;中国农业发源最早,陶器制造时代最早,文字发明最早,乐器发明最早,玉器为世界独一无二,冶铜与西亚基本同步;中国在四大文明古国中的排序,不应排在古巴比伦、古埃及、古印度之后。

对于文明起源的界定,只要把古史传说、经史典籍与地下文物进行鉴别分析和比较研究,就能复活源远流长的中国上古文明。《尚书》记载的是尧舜禹时期的史实,《竹书纪年》基本准确记载了从尧到周幽王历代帝王世系、在位年数,还补充了《尚书·尧典》和《史记》所缺少的内容。再把《周易》《山海经》和诸子百家记载的历史碎片加以连接,中国古文明的真实面目就越来越清晰。

《易传》载:"古者伏羲氏之王天下也,仰则观象于天,俯则观法于地,观鸟兽之文与地之宜,近取诸身,远取诸物,于是始作八卦以通神明之德,以类万物之情。作结绳而为网罟,以佃以渔,盖取诸《离》。"

《帝王世纪》载:"伏羲氏作瑟,三十六弦,长八尺一寸。"

《世本》载:"女娲作《笙簧》。"

《易·系辞》载:"上古结绳而治,后世圣人易之以书契。刳木为舟,剡木为楫,舟楫之利,以济不通,致远以利天下,盖取诸涣。"涣就是木浮水上,象征着筏和船。

《淮南子·修务训》载:"古者民茹草饮水,采树木之实,食蠃蚌之肉,时多疾病毒伤之害。于是神农乃始教民播种五谷,相土地[之]宜,燥湿肥硗高下,尝百草之滋味。水泉之甘苦,令民知所避就。当此之时,一日而遇七十毒。"

《商君书·画策》载:"神农之世,男耕而食,妇织而衣,刑政不用而治,甲兵不起而王。神农既没,以强胜弱,以众暴寡,故黄帝……内行刀锯,外用甲兵。"

《拾遗记》卷一载:"黄帝采首阳之金,铸为鸣鸿刀。"

《史记·封禅书》载:"黄帝采首山铜,铸鼎于荆山下,鼎既成,有龙垂胡髯下迎黄帝。黄帝上骑,群臣后宫上者七十余人。"

《通历》载:"帝喾造埙。"

《竹书纪年》载:"帝舜二十五年肃慎氏向舜贡献过弓矢。"

《墨子·非儒》载:"古者羿作弓,伃作甲,奚仲作车,巧垂作舟。"

《世本·作篇》载:"舜作陶","鲧作城郭"。

《初学记》卷二四引《吴越春秋》逸文说:"鲧作城以卫君,造郭以守民,此城郭之始也。"

《淮南子·本经训》载:"舜乃使禹疏三江五湖,辟伊阙,导廛涧,平通沟陆,流注东海。洪水漏,九州干,万民皆宁其性。是以称尧、舜以为圣。"

《越绝书》载:大禹时,"以凿伊阙,通龙门,决江导河,东注入海"。

《史记·河渠书》载:大禹治水时"陆行载车,水行载舟"。李斯《仓颉篇》载:

"仓颉作书,以教后诣。"

《淮南子·本经训》载:"昔者苍颉作书,而天雨粟,夜鬼哭。"

《淮南子·泰族训》载:"苍颉之始作书,以辨百官,领理万物。"

距今4600年至5000年之间,黄帝与炎帝部落的阪泉之战和黄帝与蚩尤部落的涿鹿之战,战争规模之大之惨烈,世所仅见。在以石为兵、以木为兵的时代,以蚩尤为首领的南方九黎族部落就使用了铜兵器,以铜为兵,铜头铁额。黄帝部落还发明了指南车以明四方。

中国100年来的一系列考古重大发现都为上述史籍记载提供了强有力的佐证。比如:世界上最古老的文字,唯独汉字青春永在;舞阳贾湖七孔骨笛已显现八千年前中国音乐文明的曙光;湖南澧县古城墙的发掘证明我国远在距今6000年多前已有城墙和城市的出现;位于距九嶷山舜帝陵不远的玉蟾岩遗址三次考古发掘表明人工栽培稻距今已有12500多年,是人类从事农业生产所得的最早收获;原始陶片已有1.8—2.1万年的历史,是迄今发现的人类最早的陶器制品。

(二)古代文明最早发祥地两河流域

两河流域是指幼发拉底河与底格里斯河,古希腊人称其为"美索不达米亚",意思是两河之间的地方,地理范围大体相当于今天的伊拉克。古代两河流域,北部称亚述,南部由巴比伦城得名称巴比伦尼亚。巴比伦尼亚又分为南北两部,南部称苏美尔,北部称阿卡德。考古资料证明,约公元前7000年两河流域北部山地边缘就出现了原始农业和畜牧业。公元前5000年后期苏美尔进入铜铁并用时代,产生了最早的苏美尔文明,两河流域成为古代文明最早的发祥地之一。公元前三千纪初叶,来自小亚细亚或叙利亚的外来移民带着新技术到达位于地中海东部中间的克里特岛,创造了古代世界最优美、最有特色的文明。地中海周围的海面风平浪静,气候条件较宜于用浆或帆推动小船航行,水手从克里特岛可乘风扬帆北达希腊大陆和黑海,东到地中海东部诸国和岛屿,南抵埃及,西至地中海中部和沿海地区,地中海成了地中海区域的贸易中心。古代文明的数千年中,中东是创始力的中心,农业、冶金术、文字、宗教和城市生活等重大发明,都是从这一中心传播到各地。不幸的是在几千年中,两河流域总是战争频繁,没有像古埃及、印度和中国那样,有一个较为长久统一的王朝。

公元前1894—前1595年,处于两河流域中部和东西方商道交叉点上,出现了一个称雄一时的古巴比伦王国。公元前1792—前1750年在位的第六代国王汉谟拉比,把全部两河流域统一起来,形成了西亚第一个奴隶制大帝国。汉谟拉比为了加强中央集权,制定了一部全国统一的法典,后人称之为《汉谟拉比法典》,这是人类历史上第一部较为完备的成文法典。汉谟拉比在序言中宣称巴比伦应担负起"让正义之光照耀整个大地,消灭一切罪人和恶人,使强者不能压迫弱者"的使命。

汉谟拉比死后,统一的两河流域又重新出现各邦互相争夺的局面,而四周的游牧民部族又纷纷侵入两河流域。公元前 558—前 530 年庞大的波斯帝国崛起,在人类历史的发展中起到了巨大作用,波斯帝国疆域包括埃及、印度西北部、伊朗、小亚细亚、叙利亚、巴勒斯坦、中亚和欧洲的部分地区。显赫一时的波斯国王大流士(约公元前 558—前 486 年)所作的承前启后的改革,奠定了波斯帝国主要政治制度和经济制度的基础。公元前 500—前 449 年,大流士一世及其后继者发动希波战争,被英勇捍卫自己独立的希腊城邦所击败。公元前 334 年,马其顿王亚历山大率军侵入波斯,给外强中干的波斯帝国最后一击,波斯王宫被付之一炬。公元前 330 年,波斯帝国最后一个国王——大流士三世败亡,波斯帝国也就崩溃了。

(三)尼罗河谷埃及古国

古埃及地理范围与今天的埃及大致相当。尼罗河全长 6600 多公里,流经埃及境内长约 1200 多公里。埃及是沙漠中的一片绿洲,被称为"尼罗河的赠礼",从南到北贯穿其间的尼罗河,是滋生埃及文明的生命之流。大约在公元前 4000 年左右,埃及就从石器时代进入铜器时代,公元前 3500 年发明了象形文字。古埃及是世界最古老的文明之一,建筑、雕刻、绘画、文学、科学等方面,无不渗透着写真传神的特点。

大约公元前 4000—3500 年,尼罗河流域便孕育了世界历史上第一个奴隶制国家。古埃及由法老进行统治,法老自称为"太阳神之子"。第一王朝至公元前 525 年被波斯帝国征服为止,分为 26 个王朝,加上波斯统治时期的 5 个王朝,共有 31 个王朝。中王国时期开始,埃及兴建了许多大型水利灌溉工程,政府组织挖掘了一个人工湖——莫伊利斯湖,并开凿了一条运河将它与尼罗河沟通起来,使 8000 多公顷的沼泽地变成良田,还挖掘了一条运河将红海与尼罗河连接起来,形成了以尼罗河为主干交通线的航运网。金字塔是古埃及最高统治者的陵墓,散落在尼罗河畔的 80 多座金字塔成为世界奇观,第四王朝法老胡夫的金字塔高达 146.59 米,塔基每边长 233 米,整个金字塔用 230 万块大石块建成,每块石头重约 2.5 吨。胡夫继承人哈夫拉的金字塔高达 143.5 米,其附近有一座高 20 米、长 57 米的天然巨石雕成的狮身人面像,据说是根据哈夫拉的面形雕塑的。

(四)印度河流域印度古国

印度之名源于印度河,梵文意为海洋、江河。古代印度包括现在的印度、巴基斯坦、孟加拉、尼泊尔、锡金、不丹在内的南亚次大陆。在地理上大体形成一个单独的区域。距今5000年前的印度已有了铜器,农业开始较快发展起来。公元前3000年印度河流域的人民已经使用文字,公元前2300年印度河流域就出现了城市国家,以一个或几个城市为中心联合周围村社而形成,产生了灿烂的哈拉巴文明。公元前二千纪中叶,雅利安人大规模进入南亚次大陆,从此开始了印度史上的吠陀时代,致使印度文明曾一度中断。公元前6世纪印度文明再度兴起,次大陆北部有16个大国,印度进入列国时代,又被称为"早期佛教时代"。公元前4世纪后半叶,位于恒河下游的摩揭陀王国征服北部印度许多国家,形成一个地域性霸国。随后,孔雀帝国兴起,统一了除半岛南端之外的次大陆,建立起强大的中央集权帝国,公元前187年孔雀王朝最后一位君主被杀之后,印度出现了王朝迭兴和小国林立的局面。

公元前11世纪初期,印度出现了梵文字母文字,迄今所知道的符号约有500个。印度现今可释读最早的文字资料是公元前3世纪的阿育铭文。古代印度最著名的文学作品是《摩诃婆罗多》和《罗摩衍那》两部史诗,分别形成于公元前5世纪和公元前4世纪,《西游记》中的孙悟空,就是以《罗摩衍那》中的神猴哈奴曼为原型创作的。古代印度人在数字上也为人类文明作出了宝贵贡献,他们发明10个数字符号,大约在公元9世纪由阿拉伯人将这套数字符号借鉴过去,后来被称之为阿拉伯数字而逐渐在全世界通用。

(五)西方文明的源头希腊

古希腊的范围大致包括希腊半岛、爱琴海岛屿、克里特岛以及小亚细亚的西部沿海。古希腊的文明史是从爱琴文明开始的,爱琴文明又称为克里特·迈锡尼文明,是古希腊乃至西方文明的开端。爱琴海中有480多个大小不等的岛屿,克里特是第一大岛,扼欧、亚、非三大洲的海上交通要冲,北达希腊大陆,南通埃及,东至小亚细亚,南抵意大利西西里岛,得天独厚的地理条件,使克里特岛荟萃了各地的文化成就成为希腊最早进入文明时代的地区和世界五大文明发祥地之一。

距今五六千年前,爱琴海区域就有了一簇以克里特岛为中心的灿烂古文明。从公元前2000年克里特岛出现最早的奴隶占有制国家起,到公元前12世纪迈锡尼灭亡止,爱琴海地区的上古国家存在约800年。公元前2000年克里特开始使用青铜器,出现宫殿建筑和象形文字。公元前11世纪到公元前9世纪的希腊,史称荷马时代,希腊民族的象征荷马史诗相传由盲人诗人荷马写成,包括了迈锡尼文明以来多个世纪的口头传说。公元前1000多年,希腊人就向海外移民,逐渐在东西方各地建立许多殖民地城邦。公元前900年左右,根据传入的腓尼基字母创造了24个希腊字母,逐渐完善了拼音文字。公元前8至6世纪,希腊半岛出现了200多个奴隶制国家,这些国家以一个城市为中心,包括周围若干村镇组成城邦,意即城市国家。古希腊人是最热衷体育运动的民族,公元前776年奥林匹克运动会成为全希腊性的运动会。公元前4世纪马其顿一跃成为希腊北部的重要国家,公元前337年春腓力二世在科林斯城召开全希腊会议,成立了希腊联盟。希腊——马其顿联军统帅腓力二世遇刺身亡后,其子20岁的亚历山大继位。亚历山大是古代世界征服者中举世无双的出色统帅,公元前334年他率军东侵灭掉了波斯帝国,辉煌壮丽的波斯王宫被付之一炬。公元前326年又率军自阿富汗高原南下,占领了印度河流域。他建立了一个庞大的亚历山大帝国,包括了原来的希腊、西亚、埃及、南亚次大陆西北部等地。他的部队回归会师巴比伦城,拟即以巴比伦城为首都来统治他那庞大帝国,却突患恶性疟疾死了,死时才33岁。亚历山大远征使希腊文明与埃及、巴比伦和印度文明得以交流和融汇,将西方的希腊文明与东方文明结合在一起,从而丰富了东西方两种文明。加快了人类历史由分散走向整体的进程。

(六)古罗马文明发源地意大利

意大利是伸入地中海的一个靴形半岛,古罗马文明的发源地是意大利。公元前5000年左右,利古里亚人从非洲经过今天的西班牙和法国迁移到意大利,主要靠捕鱼和打猎为生,后来也学会了饲养家畜。公元前2000年起,一些属于印欧语系部落从东北方的多瑙河流域分批进入意大利,这些人统称为意大利人,他们学会了使用青铜工具,公元前1000年这些部落进入铁器时代。意大利人中有一支叫拉丁人,公元前510年统一意大利,公元前575年用石头砌成人口达120万的古代世界最大的罗马城。公元前2世纪建立了庞大的罗马帝国,公元前58—前51年著名的军事统帅凯撒(公元前100—前44年)率军进攻并征服高卢,当时的高卢包括法国、比利时及瑞士、德国、荷兰的一部分,之后两次派兵攻打并征服了不列颠。

当希腊文明的发展进入高潮时,在希腊西边的意大利半岛兴起了罗马文明。

当希腊文明走向衰落时,罗马文明又进入了发展的高潮阶段,并且逐渐向四周征服扩张,最后成为一个囊括整个地中海世界的大帝国。古代罗马创造了灿烂辉煌的文化,古罗马文化吸收了许多民族的优秀成果,在文学、哲学、史学、法学、自然科学、建筑与艺术等方面都取得了突出成就,特别是在文艺复兴后对世界文明产生了深远影响。公元前900年左右,希腊人根据传入的腓尼基字母创造了24个希腊字母,逐渐完善了拼音文字。到罗马时代,罗马人在希腊字母的基础上创造了拉丁文,拉丁文渐渐成为西欧、北欧各国文字。公元前449年《十二铜表法》颁布,使量刑定罪有了文字依据,罗马法的基本准则是"真正的法律应该对一切人有效,应该永远有效,应该是与天性相一致的正常理智"。早在6000多年前,古埃及人就把一年定为365天,现在世界通用的公历在古罗马时期正式产生,凯撒的历法纠正了埃及太阳历中每年将近四分之一天的误差。

(七)美洲印第安古文明

15世纪末"地理大发现"以前美洲的居民统称为印第安人。1492年哥伦布初航抵达美洲时,误以为到达了他梦想的、亚洲印度,故称当地居民为印第安人,意即印度人。所谓地理大发现,实际是西欧人寻找通往东方航路的偶然结果。

在15世纪以前的三四个世纪里,欧洲与近东、印度、中国有着相当多的经济贸易联系,联系的纽带是陆上丝绸之路和海上丝绸之路。从欧洲去东方的主要道路有一条陆路和两条海路。陆路是从小亚细亚沿黑海、里海和中亚,一直到中国,类似当今的亚欧大陆桥通道;海路之一从地中海边的叙利亚,经两河流域到波斯湾,横渡印度洋到印度;海路之二从埃及的亚历山大里亚穿过西奈半岛到红海,再穿过印度洋到印度和中国。

《马可波罗游记》描写的东方是"香料盈野,黄金遍地"。游记发表后引发了欧洲冒险家到中国和印度去的黄金梦。但是,奥斯曼土耳其帝国在地中海东部兴起后,几条商路被控制或阻闭了,故而必须开辟新道路。按照地圆说绘制的世界地图,激发了哥伦布从西边去探航东方的愿望,并得到了西班牙女王的资助。1492年8月3日起航,1493年3月15日哥伦布带着黄金回到了巴罗斯港。哥伦布发现的地方其实不是印度,而是一块新大陆,1507年被称作"阿美利加洲"。大航海的最后一幕,是英国人库克对新西兰和澳大利亚的探测,澳大利亚的原意是"南方大陆"。

地理大发现和新航路开辟,为欧洲人进行世界范围内的殖民扩张、殖民贸易、殖民掠夺创造了条件,也是人类开始全球化步伐的标志。面对茫茫大海和陌生世界,探险家是需要非凡勇气和敢于冒险进取精神的,向外传播基督教福音的基督教徒,一手持《圣经》,一手仗宝剑,对开拓冒险有着异常的偏爱,这就是欧洲人之所以能够发现新大陆的文化和心理原因。

按照人类学家和考古学家的假说,距今三四万年前至一万八千年来自亚洲的蒙古利亚人种,沿着太平洋西北海岸通过当时还有冰封的陆桥由白令海峡进入美洲,散居各地形成了许多部族与部落。印第安人在封闭的环境创造了独特而灿烂的自成一体的古文明。现代人类享用的玉米、可可、西红柿、南瓜、马铃薯、甘薯、木薯、菠萝、辣椒、花生和烟草,最先都是美洲印第安人种植的,16 世纪以后陆续传播到欧洲、亚洲和非洲。[4]

美洲印第安文明有三个文明中心,即位于今天墨西哥中部的阿兹特克文明,位于中美洲的玛雅文明,位于南美安第斯山区今秘鲁一带的印加文明。由于美洲文明同外界没有联系,三大文明中心之间也很少交往,致使这些文明大大落后于亚欧大陆。印第安文明在天文、历法、医学、建筑等方面有着杰出成就。玛雅人创造的太阳历,一年分 365 天,精确度达到误差不超过一分钟。托尔托克人建造的太阳金字塔,底部边长达 220—230 米。玛雅人的象形文字有 800 多个符号,至今未能有人解读。

从西方探险家的帆船到达美洲新大陆、非洲南端之角和澳洲南方大陆那时起,人类历史就翻开了走向全球一体化的新篇章。哥伦布发现新大陆后,欧洲人即开始在美洲拓展殖民地。近现代美洲文明是欧洲文明的延伸。特别是 1774 年独立后的美国,按照自己的国情,创造了一种开拓进取、面向未来的新型文明。美国文化和制度的渊源可以追溯到古希腊、古罗马甚至古代巴勒斯坦。美国现在的国家制度、教会、家庭基本结构、个人基本价值观念,都来自上述古文明的悠久传统。例如美国人津津乐道的自由、平等观念以及三权分立的民主政治结构,在古希腊、古罗马都可以找到根源。在亚里士多德的思想中,有自由、民主的概念,古罗马的军事民主制,也有分权的组织形式。

五 东西方文明比较研究启示录

(一)功被于天下万世者,必为天下万世所崇奉

虞舜在五帝之中居末,在尧舜禹之中居中,他是中华传统道德的始祖,是中华民族历来向往的道德典范和大公至德的圣德之君,在中国和世界文明史上留

下了深深的印记。虞舜的品德和德政是屹立在中国人民心中的一座不朽丰碑，对于他的作用和影响，过去似乎低估了。他的功德被于天下万世，因此必为天下万世所崇奉。弘扬舜帝道德文化，对实现中华民族伟大复兴具有重要的现实意义。

（二）历史的发展是有规律的，世界文明是一个不断走向进步的过程

世界文明史不是直线发展的，而是呈螺旋形式的周而复始的循环演进过程。盛极而衰，否极泰来。既没有一成不变的单行线，也没有必然要经过的点。人类世界不是由神创造的，而是由人类自己创造的。人类文明发展的不平衡，决定了文明中心的位移是一种历史的必然。不同的历史时期有不同的文明中心。但是，过分强调西欧中心论、欧美中心论或亚太中心论，都有失偏颇。史学研究者和大智大德者，应当两脚踏东西文明，一心作宇宙文章，关注整个人类世界，既要跳出东方，也是跳出西方。

一些西方学者曾经预言：在全球形式的未来世界中，文明将从西方转向东方。著名的英国史学家汤因比曾经断言：中国文化将是 21 世纪人类走向全球一体化、文化多元化的凝聚器和融合器。这是时代的呼唤，也是人类的希望。历史学家希望中国在人类进入大同之域时，应当有所作为，有所贡献。他们的理论依据是中国文化的"天人合一""以和为贵""和而不同"以及大一统的传统，能够发挥融合器的作用。

（三）世界是丰富多彩的，文明的多样性是人类之福

世界是丰富多彩的，既是多元的，也是和谐的。宇宙间一切事物都是在对立统一中发展变化的。世界文化的统一性和民族文化的多样性，是人类文化未来发展的基本色彩。文明的多样性是人类之福，在文化发展、民族关系、宗教关系和生物多样性上也是如此。中国是一个多民族、多宗教、多元文化的国家，只能在共生共荣共和共赢的道路上取长补短，不断发展。

（四）人类必须学会在多样化的国内外环境中生存和发展

从宇宙飞船上观看我们人类居住的蔚蓝色星球，地球小得只像一个村庄。当今的世界已进入全球一体化时代，21 世纪既是充满希望和发展机遇的时代，又是一个困难重重、竞争激烈且危机四伏的岁月。人类必须学会在多样化的国内外环境中生存，以平等的身份、宽容的态度去理解其他民族的信仰和文化，善于在宗教信仰和思想文化上与各类学说、主义、理念进行对话与交流，进而达到

各美其美、美人之美、美美与共、天下大同的境界。

(五)长江后浪推前浪,世上后人胜前人

在科学高度发达的今天,人类不仅可以登月球、访火星、下深海,而且可以分裂原子、改变物种,甚至克隆人类本身。宇宙充满着谜团,世界充满着希望。人是万物之灵,人类进步是永远无止境的。人类社会的发展和世界文明的演进,不管还会经历多少艰难曲折,人类社会终将走向更高级的文明和更全面的进步。

(六)坚持科学发展,中国的未来和对世界的贡献都将不可限量

"有比较才能有鉴别"。以史为鉴,可知兴替。在世界古代文明史上,中国一直走在世界历史发展的前列,没有那一个国家的文明比中国更发达、更先进,中国是世界四大文明古国唯一完整地延续下来的国家。自强不息,厚德载物,国虽旧邦,其命维新,这是中国文明和中华民族精神的生命所在。毛泽东曾经说过:"我们中华民族有同自己的敌人血战到底的气概,有在自力更生的基础上光复旧物的决心,有自立于世界民族之林的能力"。在全球化的新时代,当今的中国,唯有坚持改革开放,坚持社会创新,坚持科学发展,以更加宽阔的胸襟走向世界,中国的未来和对世界的贡献都将不可限量。

参考文献:

[1]郭辉东.三皇五帝不可否定,舜葬九嶷不可置疑——三皇五帝之说及舜葬九嶷考辨[A].舜文化论文集:第一辑[C].长沙:湖南人民出版社,2008.

[2]万里,刘范第.虞舜大典:古文献卷[Z].长沙:岳麓书社,2009.

[3]齐涛.世界通史教程:古代卷[M].济南:山东大学出版社,2001.

[4]李世安.世界文明史[M].北京:中国发展出版社,2000.

[5]刘景华.人类六千年[M].广州:花城出版社,2000.

[6][美]斯塔夫里阿诺斯.全球通史——1500年以前的世界[M].上海:上海社会科学出版社,1992.

[7]冯天瑜等.中华文化史[M].上海:上海人民出版社,1999.

[8]江林昌.夏商周文明新探[M].杭州:浙江人民出版社,2001.

[9][英]阿诺德·汤因比.历史研究[M].上海:上海人民出版社,2000.

(原载2012年第9期,作者单位:湖南省人民政府)

舜帝葬所新考辨
——兼谈钱穆先生《苍梧九疑零陵地望考》

✳ 何红斌　王田葵 ●

大师难免失误

　　笔者最近读钱穆先生《苍梧九疑零陵地望考》[1]一文,觉得有必要对舜帝葬所四个地名作进一步考辨。钱穆先生虽然旁征博引,考辨甚详,然而,由于未实地考察,其引论却多乖谬不实之语。他的结论是:"秦始皇至云梦而望祀虞舜于九疑山,亦以云梦与九疑零陵,同在今湖北西北部汉水流域也。"此结论几乎用不着考辨即不攻自破。然而,钱穆先生被公认为现代大师级学者,何以会出如此常识性错误呢? 笔者认为,原因有二:一是他对中国文明起源多元化格局因缺乏考古材料而认识不足。钱先生此文发表于1941年1月的《齐鲁学报》第一号上。那时,仅有北京猿人、殷墟甲骨文和河南仰韶文化的发现,这些发现大多集中在中原地区。然而,二十世纪下半叶我国考古的每一项重大发现都给人以强烈的心灵震撼。山东大汶口文化(1959)和龙山文化(1989—1990),浙江余姚河姆渡遗址和良渚文化(1983—1986),辽宁红山文化(1979—1982)等的发现,尤其是牵涉到尧舜时代的几项重大发现,山西襄汾陶寺遗址(1978—1992),长沙马王堆汉墓(发现标有舜帝陵的帛书地图)(1972),九疑山秦汉舜庙遗址(2004)以及道县玉蟾岩12000年人工栽培水稻、制陶遗址(1993—1995)的发现,都是二十世纪四十年代后完成的。这些发现都让我们确切地触摸到一个历史的真实:中国古代文明发祥地决不仅仅是中原一花独放,而是多元并进。正因为有这种多元生长点的考古发现,才将中国文明史提前到距今12000年以前。并证明尧舜古国时代不仅政治辖区大大超出了中原一带(南方已到两广),而且国家形态已发展到相当高的水平。钱先生的眼光受到考古发现的限制,所以十分牵强地将零陵九疑地望搬到了湖北河南一带。

二是在考察中国古代地望时，尤其是对同名地望的考评时，缺乏小心谨慎的态度。中国地理名称常有一名多地现象，考辨者往往各取所需。笔者认为只有将古代文献与实地名物相印证，才不至造成混乱。例如，钱先生开篇引"司马相如：'独不闻天子之上林乎，左苍梧，右西极。'"由此得出"苍梧在汉上林东，并不指湖南零陵为苍梧也。"司马相如说的苍梧是江苏境内的苍梧。钱先生接着说：《山海经》谓舜与丹朱葬相近，则苍梧当近丹水。这又将丹水（又名丹渊，发源陕西商县，东入河南境内，尧让天下于虞，使子丹朱于丹渊为诸候）与丹朱葬所混在一起了（下文将作详述）。钱先生所引证的文献，往往与其得出的结论相矛盾，造成汗漫荒唐耳。例如，他引述"《楚辞》：'济沅湘以南征兮，就重华而陈辞'"，以此证明"正证苍梧之与其流放地为近也。"但其结论却自相矛盾。他说"疑苍梧之野亦可称苍野，相其地望，当在陕西商县东南，菀和山西境。"屈原流放地在湘江边，其"南征"当指九疑，此正说明九疑山不在中原，而钱先生硬是把南征之地拉到陕西去了。限于篇幅，如此名不符实之论不再一一赘述。

关于舜帝葬所问题，主要有葬鸣条说、葬九疑说和葬南已说三种。

鸣条即荆楚

舜葬鸣条来源于《孟子·离娄下》："舜生于诸冯，迁于负夏，卒于鸣条，东夷之人也。"诸冯，山东荷泽县。刘藻《曹州府志》卷四《舆地志》载："姚墟在濮州东南九十里。《授神契》曰：'舜生姚墟。'应邵曰：'姚墟与雷泽相近，后世称为姚城'。"又载："雷泽城，在（濮）州东面六十里，本汉成阳故城，古之郕伯国也。"即姚墟与诸冯为一地二名。负夏在河南濮阳东南。而鸣条不知在何处。传说它是成汤败夏桀之地，具体在何处，众说纷纭，难下定论。也有人说负夏在山西。如果鸣条在山西，又与《尚书·尧典》"陟方乃死"相矛盾。

笔者认为，"鸣条"是一个大的区域性地名，有《竹书纪年》为证。《山海经》无"鸣条"地名，按郭璞之说，《山海经》产生于唐虞时代。《吴越春秋·越王无余列传》："禹巡行四岳，与益夔共谋，行到名山大泽，召其神而问之山川脉理，金玉所有，鸟兽昆虫之类及八方之民俗，殊同异域土地里数，使益疏而记之，故名之曰《山海经》。"这是《山海经》传为大禹时作的证据。可见"鸣条"不如"苍梧"地名古老。《礼记·檀弓》："舜葬苍梧之野，盖二妃未之从也。"《竹书纪年》载："九年,西王母来朝。西王母之来朝,献白环,玉馆。"太史公根据大量文献和实地考证,在《史记》中明确记载了舜帝葬所,这在五帝葬所记载中是唯一一次确记。今本《竹书纪年》云:"四十九年,帝居于鸣条。五十年,帝陟。义均封于商,是谓商均。后育,娥皇也。鸣条有苍梧之山,帝崩,遂葬焉,今海州。"

王国维在《今本竹书纪年疏证》中指出:"'今海州'系作伪者所本,疏证曰:'案《隋书·地理志》:东海郡,梁置南、北二青州,东魏改为海州。'此附注如出沈约,不当有'今海州'语。考《困学纪闻》五云:'苍梧山在海州界。'此作伪者所本。"此外,就践帝位时间(五十年)亦不可靠,但这里提出了鸣条与苍梧山的关系,却是一条不可忽视的信息。若参考《山海经》等文献综合分析,自然可以得出正确的结论。这说明鸣条是个区域性地名,苍梧山在鸣条境内。此外,全国还有若干小地名也叫"鸣条"的,这不足怪,"鸣条"的本义是因风作响的树枝。把"鸣条"当作大的区域性地理名称,则只有荆楚之地与鸣条最为契合,且符合地名构成之规律。如此,则孟子云,舜卒于"鸣条"是对的,就如九疑在湖南,言舜葬湖南亦合情理。笔者虽然不同意随便相信今本《竹书》,但对刘俊南先生的下列分析表示理解。他说:"诚然,有些地方有小地名叫鸣条,这是可能的,但舜葬之处则在苍梧明矣。按今本《竹书》,鸣条有苍梧山,则苍梧与鸣条是从属关系。"北方几个鸣条是一个个小地名,但与苍梧无从属关系。刘先生认为"条"即古攸、修字,"攸、修、条皆有'长条'之义,如攸长、修长,亦荆楚之义,因为荆楚皆指长条形灌木"。[2] 此论早在皇甫谧《帝王世纪》中有所表述:"舜年八十一即真,八十三而荐禹,九十五而使禹摄政,摄五年有苗氏叛,南征,崩于鸣条,年百岁"。"殡以瓦棺,葬苍梧九疑山之阳。是为零陵,谓之纪市。在今营道县,下有群象为之耕。"由此可见,刘先生"鸣条"即"荆楚"的结论可以成立。

舜陵、九疑、零陵三位一体

舜葬永州市宁远县九疑山确凿无疑。

舜帝陵又名永陵,北魏温子升《舜庙碑》有舜帝"疑山永逝"句。这也许与零陵改永州有关。整个九疑山区域为舜陵。

《国语·鲁语·展禽论祀爰居》载:"舜勤民事而野死。"展禽是春秋时的鲁国大夫。《左传·僖公二十六年》有"公使展喜犒师,使受命于展禽"语,鲁僖公二十六年为公元前六三四年。展禽比孟子早三百余年。展禽之见与《史记》

一致。

《山海经·海内南经》云："苍梧之山，帝舜葬于阳，帝丹朱葬于阴。"其一，苍梧山即九疑山，三峰石为舜峰，在九疑山之阳。郭璞云：苍梧山"即九疑山也。《礼记·檀弓上》亦云：'舜葬苍梧之野'。"另《山海经·海内经》云："南方苍梧之丘，苍梧之渊，其中有九疑山，舜之所葬，在长沙零陵界中。"其二，丹朱与叔均之葬于九疑之阴。先讲"帝丹朱葬于阴"。丹朱为尧之长子。《世本》（张澍稡集补注本）云："尧取散宜氏之子，谓之女皇。女皇生丹朱。"丹朱不肖，《太平御览卷六二》引《尚书·逸篇》云："尧子不肖，舜居丹渊为诸候，故号丹朱。"《吕氏春秋·召类篇》"尧战于丹水之浦以服南蛮。"袁珂注云："苗、蛮一声之转，服南蛮即战有苗也。而丹水之浦，又丹朱放逐之地，尧与党丹朱之有苗战于丹水，则丹朱与有苗之关系可想而见也。"既然丹朱如此不肖，何以有"帝丹朱"之称呢？郭璞云："今丹阳（县）复有丹朱冢也。《竹书》亦云：'后稷放帝朱于丹水。'与此义符。丹朱称帝者，犹汉山阳公死加献帝之谥也。"袁珂也作了这样的解释："丹朱而称帝，且与舜同葬苍梧，盖亦野老负暄之言，于失败之丹朱犹有同情之意也。"我们认为，丹朱葬所为"朱明峰"，据《九疑山志》载，朱明峰"又名无尖峰，曾名丹朱峰，位于下灌村南二公里处由村。"旧志载有朱陵峰，即丹朱葬所也，朱明峰在九疑（舜峰）西北，印证了苍梧山之阴。

再讲商均葬于苍梧之野。郭璞注："叔均商均也，舜巡狩，死于苍梧而葬之，商均因留，死亦葬焉，墓在今九疑之中。"袁珂云："或为尧子丹朱，或为舜子商均，要皆传闻不同而异其辞耳。"可见，对远古之传说和历史上有争议的文献，使用时要加倍小心，进行全面的、实事求是的比较分析。

《山海经·大荒南经》载："南海之中有汜天之山，赤水穷焉。赤水之东有苍梧之野，舜与叔均之所葬也。"郭璞注："叔均，商均也。舜巡狩死于苍梧而葬之，商均因留，死亦葬焉。今在九疑之中。"

《史记·五帝本纪》云："舜年二十以孝闻，年三十尧举之，年五十摄行天子事，年五十八尧崩，年六十一代尧践帝位。践帝位三十九年，南巡狩，崩于苍梧之野，葬于江南九疑，是为零陵。"司马迁此论一定是比较各家之言得出的结论，其权威性勿庸置疑。

此外，《湖南通志》《永州府志》《宁远县志》《九疑山志》等都有关于舜帝陵的祭礼资料。例如，唐代著名文学家元结在他任道州刺史时曾向朝廷奏报说："谨按地图，舜陵在九疑之中，舜庙在大阳之溪。舜陵古老已失，大阳溪今不知

何处。秦汉以来,置庙山中,年代浸远,祠宇不存。"(《宁远县志·元结舜庙状》)
对此,周九疑先生在《舜葬九疑释疑》一文中作了深入研究,他认为,更重要的
是,上述文献得到了田野发掘的佐证。一是1972年,震惊世界的长沙马王堆汉
墓的发掘。在三号汉墓中出土了三幅帛书地图,被分别命名为《长沙国南部地
形图》《长沙国南部城邑图》和《长沙国南部驻军图》。地图所绘的区域,正是九
疑山腹地。该墓葬于公元前168年,其帛书地图,为我国最古老的地图。古代绘
地图,以南方放在上面。此幅地图南上北下,左东右西。《山海经》以《南山经》
置于第一;画八卦,则以离卦放上方,因为离卦代表南方;都城皇宫总是坐北朝
南,因为南方为明方,天子所在,古代皇帝"向明而治"。《说卦传》:"离也者,明
也,万物皆相见,南方之卦,圣人南面而听天下,向明而治,盖取诸此也。"后世因
都城往往在北方,忘记了古时南上北下的观念,转而以北方为上,南方为下,改变
了古时之上下观念。图中不仅标有九疑山周围的郡县名称,而且绘有九根柱子、
五进房子。九柱既象征九疑山峰,又表示九五之尊,即帝王之尊。在九柱旁有篆
书"帝舜"二字。著名历史地理学家谭其骧先生考证道:"这座建筑物就是舜
庙";"将著名建筑物夸大的绘记在地图上,这是古今地图惯用的手法,不足为
怪"。[3]77二是2004年在九疑山玉琯岩发掘了秦代前后舜帝陵庙遗址,其历代遗
层之富,文物之丰,陵寝建筑面积之广(超过现在建造的舜帝陵庙面积好几倍),
引起了学术界的高度重视。

　　著者从永州的地名入手,证明九疑、零陵、舜陵三位一体。秦代、九疑山有泠
水,地域命名为泠道,泠者零也。泠道,也就是零道。王莽改称泠陵县,后舂、泠
两县并为营道。营道,即研究道艺,这又与舜帝明德有关。

　　先谈"陵"。"陵"的出现起于我国战国中期。顾炎武在《日知录》卷十五
"陵"条指出,春秋以降,王者之葬,称墓而已。接着写道:"《史记·赵世家》肃侯
十五年起寿陵,《秦本纪》惠文王葬公陵,悼武王葬永陵,孝文王葬寿陵,始有称
陵者。至汉则无帝不称陵矣。"杨宽教授认为:"现在咸阳以北的秦惠文王墓和
秦武王墓都高三丈以上,这在当时坟墓中已算最高大的了。当时的人已把高大
坟墓比作山陵,因而很方便地把国王的高大坟墓称为"陵"。[4]13最早的零陵县名
出现在秦始皇统一中国(前211)实行郡县制之时,始置零陵县,归长沙郡管辖。
北京大学《中国古代史教学参考地图集》称:"零陵是我国夏以前已出现的三十
四处重要古地名之一。"[5]8最早记载舜葬所的是《山海经》"苍梧之山,帝舜葬于
阳,帝丹朱葬于阴。"(《山海经·海内南经》)"南方苍梧之丘,苍梧之渊,其中有

九疑山，舜之所葬。在长沙零陵界中。"（《山海经·海内经》）北京大学的"地图集"的零陵地名可能来自《山海经》。综上所述，陵墓起源于春秋战国时期，而远古时代的人死后葬在山上，不封不树，类似今天少数民族的"天葬"。有封有树之陵，就是春秋战国之后喻为陵（山）的高大陵墓，"陵"字不含山陵的意思了。

司马迁也把舜陵称为零陵。他在《史记·五帝本纪》中写道："舜南巡狩，崩于苍梧之野，葬于江南九疑，是为零陵。"同时，其他大量史籍也证明零陵与九疑的关系。作为县名的零陵，最初出自秦统一中国之后。秦朝在长沙郡西南边境（今广西全州县咸水乡）置零陵县。到了东汉，县址移入泉陵（今永州市），隋改泉陵县为零陵县。从此，零陵遂成为县名沿用到二十世纪九十年代。

其次谈"零"。零陵的"零"非数学上的"0"。数学中的"0"的发现最早见于《周易》。按司马迁的说法，《周易》大若形成于殷代末期（公元前十一世纪）。比"陵墓"出现的时间（公元前325年战国中期秦惠文王安葬）早七百余年。墨学家杨向奎先生曾对此作过研究，他说："本来在《易经》上的二进位制中已有'0'，即'坤☷'之中空，有了'0'则数学上的许多问题，得以说明，因为'0'与'一'间尚有许多无理数，而莱伯尼兹以为'0'生'一'，'0'不是'Nothing'，而'一'是'miverse'，相当于道家之'道生一'，这是哲学史上的一大问题。而《易经》中的'0'与'一'的提出，也为当代计算机的二进位制建立了基础。墨子《经上》'库易也'。《经说上》'库，区穴若斯貌常'。'库'与'区穴'，从训诂学上说即'0'，零的发现我们说过是数学史上的大事，在函数中建立直角坐标，坐标原点永远不变。故云：'若斯貌常'亦即恒量，十七世纪笛卡儿的发现在《墨经》中早已见到了。"[6]排除了"零陵"中的"零"非数学中的"0"，则有助于从"零"的本义上去理解这一地域名称。

最后谈三个词的语义关系。零陵、九疑、舜陵三位一体的另一佐证是语义（所指）的相通融性。作为舜帝神话符号的零陵，它们都具有东方乌托邦思想的象征意蕴。先看"零"字。古代零字为𩅿，从"田"从"∧"，表示冰块或雨滴徐徐散落田野。《说文》云："零，馀雨也，从雨，令声。"段玉裁改馀为徐，并注："徐，各本作馀，今从《玉篇》《广韵》及《太平御览》所引《篹要》订。"徐雨，徐徐而下之雨。《中华大字典》解释为碎，零散也。由此可见，零，零散之雨。零陵，散而无定之陵也。散而无定，与九疑山"望而疑之"意思相同。"九疑山，方二千余里，四州各近一隅，世称九峰相似，望而疑之，谓之九疑。"（《路史·发挥五·辨帝舜冢》）《述异记》卷下也说："衡阳九疑山存舜庙，郡守至官，常致敬修祀，则空中如有弦歌之声。一说九疑山隔湘江，跨苍梧野，连营道县，九山相似，行者望而有疑，因名曰九疑。"[7]195唐代道州刺史元结在《九疑山图志》中写道："世称九峰相似，望而疑之，谓之九疑。""九"，多也。无论是蔡邕的《九疑山铭》的"遂葬九疑，解体而升"也罢，亦或是《史记》的"葬于江南九疑"也罢，都说明"九疑"即舜陵。只不过这是一座望而疑之，散而无定的帝陵。

历代朝廷对舜庙遗址的选定是有变化的，夏、商、周三代时的"舜庙在大阳溪"（大阳洞江村至岭脚村之间的九疑河北岸与望岗之间的白鹤观），秦汉及明代前曾设在玉琯岩，明洪武四年迁往舜源峰下，一直沿袭至今。无论选在何处，都是后人为祭祀需要而设的。因此，从安葬舜帝之陵这一"所指"来看，我们说零陵，也就是说九疑，我们说九疑，也就是说舜陵、零陵、舜陵、九疑"三位一体"。笔者这一结论已被《九疑山志》所采纳。

到了二十世纪，九疑山舜陵也成了毛泽东的一段情结。毛泽东秋收起义时曾想上九疑山。他向老朋友乐天宇询问九疑山的情况，在一封电报中指示："火速武装农民待命。"后来不知何故改上了井岗山。三十多年后的1961年某一天，周世钊、李达、乐天宇三位湖南老乡在一起闲谈，乐天宇从家乡宁远带来了斑竹。他们商定送一根斑竹给毛泽东。后乐天宇送了一幅条幅，上半截是蔡邕的《九疑山铭》，下半截是自己写的七古《九疑行》。毛泽东接到赠品后，写下了《七律·答友人》。乐天宇是毛在杨昌济家结识的老友。[8]

"南己"即"南纪"

舜葬己市说法不一。

早于孟子百多年的墨子（前478—前392?）说过："舜西教于七戎，道死，葬南己之市，衣衾三领，谷木之棺，葛以缄之，已葬而市人乘之。"（《墨子·节葬下》）《吕氏春秋·安死》云："舜葬于纪市，不变其肆。"此说把"南巡"说成了"西教"。若"南己"即"南纪"，按《诗经·小雅》云："滔滔江汉，南国之纪。""南纪"泛称南方。可见，"南己"无处可考。如前所引，皇甫谧载，舜南征，崩于鸣条，"殡以瓦棺，葬苍梧九疑山之阳。是为零陵，谓之纪市。在今营道县，下有群象为之耕"。他认为"零陵"即"纪市"。

舜陵一座,舜庙很多

综上所述,从舜帝葬所地望和舜帝神话历史关涉之地名可以发现中华道德文明的一个重要特征。舜帝是中华道德文明的开创者,孔子是道德文明的集大成者和传承者。从周公到孔子,正是我国的"轴心时代"(德国哲学家雅斯贝尔语),这个时代是宗教哲学产生的时代。周代以后,大一统的政治模式得以形成,君权至高无上。在此政治模式中,如何维护君权至上和如何限制君权对民众利益的过分侵害,成了政治家们和士阶层的思想重点,生命个体的意义世界和权利追求未能引起人们的关注。正因为如此,舜帝、周公、孔子被中国政治家和士阶层尊奉为圣人。祭祀圣人则成为中华政治伦理的重要内容和特征。

舜帝葬所各有说词,还因将其葬所和祭祀之庙相混。如钱穆先生引《清一统志》均州(襄阳)太和山麓姚子铺有舜帝庙,便认为舜葬湖北汉水流域。又,始建于唐开元廿六年(738),几经毁坏修复的山西省运城市占地廿余公顷的"舜帝陵庙",山西运城人认为舜葬运城;江苏连云港也有舜帝陵庙,江苏人认为舜葬江苏……,陈泳超先生在其《尧舜传说研究》一书中,对全国舜帝传说地望进行了实地考察和比较研究,发现全国有百余个地名,其雅名胜迹分布在二十多个省市。[9]尽管如此,舜帝葬所在九疑山,已被考古、风物、文献所印证。事实证明,舜帝陵只有一座(在九疑),而舜庙很多,这正如孔庙只有一座(在曲阜),而文庙很多一样。

参考文献:

[1]钱穆.苍梧九疑零陵地望考[A].古史地理论丛[M].台北:东大图书公司,1982.

[2]刘俊男.华夏上古史研究[M].延边大学出版社,2000.

[3]周九疑.舜葬九疑释疑[J].河南:寻根,2000,(5).

[4]杨宽.中国古代陵寝制度史研究[M].上海:上海古籍出版社,1985.

[5]零陵县志[M].北京:中国社会出版社,1992.

[6]杨向奎.墨学与新文化建设[M].北京:中国书店,1997.

[7]袁珂,周明.中国神话资料萃编[M].四川:四川省社会科学院出版社,1985.

[8]周呈芳.毛泽东秋收起义时想上九疑山[J].内蒙古大学学报,1998(2).

[9]陈泳超.尧舜传说研究[M].南京师范大学出版社,2000.

(原载2005年第1期,作者单位:广州中医药大学/湖南科技学院)

马王堆地图中的舜帝陵庙

✳ 尤　慎 ●

2004 年,湖南宁远九疑山玉琯岩发掘出舜帝陵庙遗址,规模宏大,有 3 万多平方米,据专家学者考察论证,时代可以追溯到东汉以前,可以与马王堆出土的地图相互印证。

所谓可以与马王堆出土的地图相互印证的观点,如果指两者都有力地证实了传世典籍关于舜帝陵庙在九疑山,而且最为古老的说法,那自然是正确的。

但是,有些人兴奋之余,说话就比较轻率随便,竟然认为玉琯岩遗址"其位置、方向与长沙马王堆三号汉墓出土的地图的标志完全一致"[1]那就很成问题了。只要略为细心考核一下马王堆地图[2]和今天的地图[3],就很容易看出这种"完全一致"的说法至少有三个问题:其一,马王堆地形图上的帝舜陵庙在九疑山核心区的南部,而玉琯岩舜帝陵庙遗址却在其北部;其二,马王堆地形图上的帝舜陵庙应在今蓝山灵江的源头处,可玉琯岩遗址却在今宁远舜帝陵庙以南 2 公里处的九疑洞村,即处于九疑河源头之一的牛头江下段;其三,马王堆地图上的帝舜陵庙是坐北朝南,而玉琯岩舜帝陵庙遗址的方向在不同时代不一样,在唐宋时期是坐东朝西,晋代至三国时期是坐南朝北。[4]因此,玉琯岩舜帝陵庙遗址很难说与马王堆地图完全吻合,两者之间的差异还比较大,两者之间的关系尚需进一步研究。

下面,我们参照今天的地图,就马王堆地图中的帝舜陵庙(见附图)问题谈一谈自己的看法。

在谈马王堆地图中的帝舜陵庙之前,有必要先说明一下九疑山的地理情况。

九疑山,属于南岭山脉萌渚岭的北支,处于湖南宁远县南部、蓝山县西南部、江华县北部、道县东南部的交界处,纵横百余里。大致说,在宁远泠水以南,江华潇水以北,蓝山舜水以西,道县蛇坝水以东,包括以下乡镇:

东南部,蓝山祠堂圩乡、蓝屏乡、总市、犁头乡、汇源乡、龙溪乡、所城以西、紫良乡、大麻乡、大桥乡、荆竹乡、荆竹林场、荆竹采育场。

南部,江华界牌乡、竹园寨乡、务江乡、湘江乡、凌江乡、中河乡、竹市乡。

西部,道县杨家乡、四马桥乡、洪塘营乡、横岭乡、县湘源锡矿区。

北部,宁远湾井区、水市区,包括冷水、官桥、大阳洞、梅岗一线之南,有冷水乡、东城乡、下灌乡、官桥乡、大界乡、苗圃乡、大阳洞乡、梅岗乡、水市镇、香花铺乡、湾井镇、麦地乡、九疑山林场、鲁观乡、九疑山乡。

马王堆地形图上,九疑山用独特的方法来表示,除了用正射投影的较粗的山形线表示山体的范围外,又用鱼鳞状图形表示其峰峦起伏的特征。它的范围比我们在上面所说的要小,大致上相当于今天一般人所说的九疑山核心区。这个核心区的范围较难界定,根据马王堆地形图来分析,其中心是黄龙山(1824 米)、畚箕窝(1959 米)、香炉石(又名三分石、三峰石,1781 米)、宁远县铅锌矿主峰(1835 米)等一系列高山,也就是江华麻江的源头,蓝山深水的源头、灵江源头、凌江源头、舜水在所城的坪源支流的源头和在大麻乡的联村支流的源头、宁远九疑河在鲁观乡以上的两条支流的源头、泠水源头以南,道县蛞坝水源头以东等山地。

明白了九疑山的地理简况之后,我们可以开始谈马王堆地图中的帝舜陵庙了。

首先,我们谈九疑山核心区的南面。

在马王堆地形图上,从九疑山核心区向南流向今江华码市镇去的河流有两条,都是今潇水的源头。九柱状帝舜陵庙就画在其中一条河流的源头处。

我们且说东边的那第一条河流。这条河,在马王堆地形图上是从九疑山核心区的东南角流出,没有标出河名,也没有标出河源之山名。它流经"蛇君里"处有一弯孤转折,再流经"龙里"处又有一大的孤形转折,然后向西南今江华码市镇方向流去。这条河今天叫"后河",又叫"沱水""深水"。据其河道弧形弯线分析,那"蛇君里"应是今蓝山大桥乡堡城村一带,而"龙里"应是今江华码市镇竹市村对岸某处。我们再参看马王堆驻军图,这条河所在位置在军事上较为重要,驻扎有司马得将军的两个营地,画得就较为细致复杂一些。这条河的上源在今蓝山大桥乡小目口村处分为两条支流,一条较粗短的支流来自北面的"居向封"附近,旁注水名尚存一"深"字,可知这条河流驻军图中称为"深水",这与今天的名称相合。另一条较细而长的支流,驻军图称为"孖水",它自西向东流经"郜里""孖里"后,汇入到较粗的"深水"。它们汇合后,多次曲曲折折地向西南流,经过"上蛇里""故官""蛇下里""龙里",最后流到"痊里",即今江华码市镇。

对照马王堆地形图和驻军图,这条河流的名称、支流、水道曲折线、流经的乡里等细节上都有差别,但其位置和主要流向以及与另一河流的交汇处,大致上还是相合的,也比较正确。那个相同的"龙里"可作为重要的参照点。我们认为,驻军图上的"子水",应是来自蓝山友爱工区,流经友爱村的那一条山溪。而较粗的"深水"则是来自今蓝山紫良工区,经过竹林村的那一条山溪,是现代地理上所说的潇水正源,发源于蓝山紫良区野狗岭。只不过,这条山溪画得太短。原因之一是,马王堆地图对河流上源总是作简单化处理,这是一个通例。那么"居向封"应是所谓野狗岭一带高山,位置处在今九疑山主峰之一的香炉石的东南面。

下面我们说那第二条河。在马王堆地形图上,这条河从九疑山核心区的南部流出,源头处画有九根柱状物,旁注"帝舜"二字。河流标明有"深水原(源)"三字,那么这条河在地形图上称之为"深水"。看来地形图是以舜陵所出之水为深水的正源,这与驻军图不同,也与今天的看法不同。它从帝舜陵庙前向南流去,河道中部有一弧形转弯,然后向南流到今江华码市镇北面的后河桥村处,与前面所说的第一条河流(即驻军图中的深水)汇合,再一起流到今江华码市镇去。这条河今天叫"中河",又叫"灵江"。我们再看驻军图,这条河在军事上不大重要,没有驻军营地,画得就较为简略一点。这条河流的源头处注明"资水"二字,其下游有一"资里"村。这个名称与地形图和今天地图都不合。其源头处没有画出帝舜陵庙标志,大概也是军事上没有必要的缘故。我们认为,按今天的地图来对照,这条河的源头应在今蓝山三分石工区。这个源头处,其北不远是九疑山的最高峰畚箕窝,其东北不远处是九疑山的主峰之一香炉石,正是九疑山的核心最深处。根据马王堆地形图所示,帝舜陵庙应在今灵江源头,即今蓝山三分石工区高峰的南坡某处。由于这个九柱状帝舜陵庙采用侧投影方法来画,就画在九疑山核心区的外面了,但其基部横线显然在核心区之内,其位置要看其基部横线。从帝舜陵庙标志的基部横线在北而顶部月牙形符号在基线之南的画法看,这座帝舜陵庙的方向肯定是坐北朝南。《山海经·海内南经》曰:"苍梧之山,帝舜葬于阳,帝丹朱葬于阴。"这说明帝舜陵墓在九疑山的某个山峰的南坡。明万历《九疑山志》曰:"三峰并峙如玉笋,如珊瑚。其上有仙桃石、步履石、马蹄石。尤以香炉石最精美,有足有耳,形质天然。峰上有冢,以铜为碑,字迹泯灭不可认,疑为舜冢。"《永州府志》亦记舜陵在三分石。王万澍《衡湘稽古》曰:"三峰石深处有冢,有铜碑额,字不可识,传为舜冢。"马王堆地形图将帝舜陵庙标在今蓝山三分石灵江源头处,正与以上说法相合,它们可以相互印证。

其次，我们来谈九疑山核心区的北面和东面。

在马王堆地形图上，九疑山核心区内的东北部也画有一个七柱状物，但没有标明是否帝舜陵庙。由于七根柱状符号采用侧投影方法而画在九疑山核心区内，这七柱的直线框与九疑山峰的鱼鳞纹重叠在一起。它的基部横线在西而顶部月牙形符号在基线之东，那么它的方向应是坐西朝东。七柱符号的西面，即九疑山核心区的正北面，是一条缺口状狭长的山谷盆地，应是较低矮的丘陵冈地或平野。"鐎水"就是从这个山谷深处发源的，从这个七柱陵庙的西边流过。在七柱陵庙的东面，是"春水源"，而"春水源"再远一点的东边是"舂道城"。七柱陵庙的正北面也是一个较宽阔的山谷盆地，其中标有一个村落叫"雷君里"，这村落的更北面是一个"U"字形的山丘地带，"泠水源"就在这"U"字形的山谷深处流出来。

下面，我们先说"鐎水"。很明确，它就是今天的九疑河。按今天的地图，它的源头在今鲁观乡上洞村处分为两条支流，较大的一支是来自宁远九疑山香炉石下的牛头江，江中有"望夫石"，是传说二妃寻夫涉水处。另一支流则来自畚箕窝主峰的南面不远处，与蓝山灵江的发源处隔山相对。这两条支流汇合后，总体上是向西北方向流，穿过非九疑山核心区的两条山带之间的山口后，在"渐里"处有一大的转弯，到"鐎部"又有一大的弧弯，到"造里"处又有一弧弯，然后与泠水汇合。我们认为，马王堆地形图的"鐎水"源头标在九疑山核心区的北面山谷盆地深处，这个山谷的出口应在今鲁观乡上洞村一带，而山谷的深底应沿别江口村到大地坪村一带。"鐎水"出谷口后，从九疑山核心区之外的两条山带之间的狭窄山口穿过去，这个山口应是在鲁观乡以北原九疑山林场场部处。过了这山口，下面的山丘已较平缓，地势也较为开阔了。其"渐里"转弯处，应是水市镇一带。其"鐎部"转弯处，应是今水市镇大阳洞村以北的岭脚村。其"造里"转弯处，应是道县柑子园村一带。（这条"鐎水"，主体已在马王堆驻军图范围之外，无法与之对比。）那么这个七柱陵庙具体地点应在哪里呢？由于这个夸张的七柱陵庙的基部横线较长而且与"鐎水"平行，要确定一个点不太容易。从这七柱中较高三柱的中点看，已到了比山谷深处更靠近九疑山中心的地方，那么应在大地坪村的上游，我们估计就在牛头江村一带，大致在牛头江村东面对岸某处，这已到了香炉石的北坡。不过，由于马王堆地图对河流在深山的源头总是作简单化的处理，"鐎水"的源头也可以认为在其重要分支处，即今鲁观乡上洞村一带，那么这个七柱陵庙就在上洞村对岸的东面，即九疑洞村一带，恰好玉琯岩舜帝陵庙遗址就在这里。再向西北2公里,就是舜源峰和今天的舜帝陵。

我们再说"泠水"。马王堆地形图上,"泠水源"三字标在九疑山核心区之北的"U"字形山带的深处。它向北流,经过"蓼里""蛇里""不于君里",至"归里"有一大转折,改为向西流,中途会合"罗水"后继续向西流,在"□官"处与㶽水会合,一齐向潇水流去。按今地图,泠水源头在今湾井镇田心村处分为两支,一支来自麦地村的山溪,溪源在今舜源峰以北不远处。另一支则是来自半山水库南面的茶罗村的山溪。湾井镇以北山峰都不高,确实已到九疑山核心区之外。我们认为,既然马王堆地形图将泠水源定在九疑山核心区之外,处在一个"U"字形山群的中间,那么应是指今湾井镇稍南的和城村一带,泠水靠近西边的山峦带向北流,其"蓼里"可能是今湾井镇田心村一带,"蛇里"可能是今下灌村隔水对岸的蓝屏村(属蓝山县)一带,而"归里"可能指今泠水乡匡家村一带,与"罗水"交汇处可能是今麦地江村处,与"㶽水"汇合处,应是今道县站洞村处,而"□官"则应在今道县油湘乡。这条泠水,也超出了马王堆驻军图的范围,无法作比照。

下面,我们再谈九疑山核心区东北面的那第三条河流"舂水"。马王堆地形图上,它发源于九疑山核心区的东北角,正在七柱状陵庙的东面。这个源头位置的东面就是"龁道城","舂水"就从"龁道城"的东北方向斜着流出。我们再看马王堆驻军图,这条河流的源头有两支,西北一支较粗而长,叫做"如水",其源头正在驻军图上的"资水"(即今蓝山灵江)的源头北面,两江源头中间为一道山脉隔开。东南的一条支流较短而细,没有名称,发源于"龁障"正东的某个山峰,流经"龁里"转一大弯,再流过"合里"和"龁障"时,又转一大弯,然后和"如水"在"龁障"西面会合,该会合处正对着南面的"居向山"。对照今天的地图,我们认为,这条"舂水"就是今天蓝山的舜水。其"如水"是来自蓝山紫良工区联村的那条山溪。其东南的那条支流,则是来自蓝山边界处人形岭(1199米),流经大麻乡峡源村、上洞村、夏洞村的那一条山溪,驻军图所画水道大致不错,特征是,只有这一条支流才向南流又绕了一个大弯向北流。那么"龁障"应是今大麻乡上洞村隔水对岸某处的驻军关卡,而"龁里"应是村落,在大麻乡隔水对岸处,也就是马王堆地形图上的"龁道城"。

综上所述,马王堆地图所绘山水情况精确度较高,与今地图大致可以对应。虽然九疑山核心区的河流源头画得比较简单,长度往往不合理,但据以推断帝舜陵庙大致位置并不难。马王堆地形图上用九柱符号标志的帝舜陵庙,其大致位置在蓝山灵江的源头处,即蓝山三分石的南坡,陵庙的方向是坐北朝南。而马王堆地形图用七柱符号标示的陵庙,其大致位置在宁远九疑河的两支源头的交汇处以东,即宁远鲁观乡上洞村对岸以东的九疑洞村一带,或者说,七柱形符号的位置有可能就在今玉琯岩舜帝遗址,其陵庙方向是坐西朝东。

现在的问题是,这种九柱状符号和七柱状符号究竟表示什么物象呢?这七柱状符号究竟是不是也表示帝舜陵庙呢?

九柱状符号旁边,标有"帝舜"二字,它标志帝舜陵庙应无可疑,对此大家的看法没有异议。至于那柱状符号所表示的物象,却是看法分歧,至今仍没有令人信服的说法。第一种看法,认为是描绘从侧面所能望见的主要山峰,表示各山峰的排列和高矮。理由是柱状符号的顶部涂有山形墨体,而地形图上,山形线上加绘了月牙形符号墨体,可能是表示山体外侧的突出地形如山头、山嘴等。而且与九疑山因为"九峰相似","行者疑惑"而得名相合。[5]但是,这个九柱符号描绘的显然是某种人工建造物,而非自然形状的山峰。首先,九柱紧密地并排着,间距和粗细基本一样,而且中部三柱稍高,而两旁各三柱而稍低,整齐而又主次分明。其次,每根柱状物都用横线分隔为长度大致相等的三段,上段顶部有月牙形墨体,柱身上绘三道直波纹,中段绘三道直线纹,下段则填实为墨色,显然是人工修饰图纹。第三,有几根柱子之间有"∧"形符号和尖顶墨块相连,高度一律与柱身下段墨色处一样。第四,九柱基部平齐,还加画一道横线,显然是一个完整的整体。这些都说明它是一个人工设计的、形制规整的、完整的人工建造物。

第二种看法,认为是舜庙前的九块石碑,柱后画的建筑物是舜庙。[6]但没有具体解释符号的特征,只是举《水经·湘水注》为旁证:九疑山"大舜窆其阳,商均葬其阴,山南有舜庙,前有石碑,文字缺落,不可复识。"此说比较通行,但石碑一般不会是细长细长的柱子形状,仍然有其不妥。

第三种看法则认为画的是九根柱子,五进房子,表示帝王陵庙的九五之尊。柱子间的"∧"符号就是屋脊。[7]据报道,玉琯岩舜帝陵庙遗址,正殿和两边厢房为九开间、五进式,符合古代帝陵的"九五至尊"的建筑规制。[8]这种说法似乎得到了有力的旁证。不过,九根柱子是作什么用途的柱子?是构建房架的柱子还是户外的柱子?屋脊为什么只有柱子的三分之一高?如果五个"∧"符号表示五进房子的屋脊侧面形,陵庙的方向就只能是东西向,柱子就不在陵庙的正前方,都竖立在房屋的旁侧,似乎无此规制。再说,九根柱子构建的房子,也做不成九开间,加上两边的砖墙,又成了十开间了。从马王堆地形图原图拼接情况看,右边三根柱子处破损严重,柱子之间有没有"∧"形符号不得而知,未必一定是五进房子。

总之,这九柱状符号至今不易破译。我们认为,这些看法或许可以综合起来,具体说,这九根柱状物,是陵庙正面前的较高的九根立柱,分为三段,雕绘有图纹或文字。柱子之间的"∧"符号为亭盖,其下尖顶墨块是石碑。这是一座具有象征意义的亭台型舜帝陵庙,真正的舜帝冢墓应在中间三柱之后的某处石穴中,不可见。立柱之所以是九根,且形制相同,是取"九峰相似,行者疑焉"之说,所以九柱又象征九峰,故顶部标有山形线上那种月牙形的墨体符号。

我们再看那七根柱状符号。按其中间三根较高,一边三根较矮的画法来推断,另一边也应有三根较矮的柱子,一共应是九根。为什么只画七柱呢?我们认为是倒了两根不见了,只剩下七根。如果原来只有七根,应该中间三根较高,左右各两根而较矮,才成个规制。因此,它原本也是九根柱子。《山海经·海内南经》:"苍梧之山,帝舜葬于阳,帝丹朱葬于阴。"又《大荒南经》:"赤水之东有苍梧之野,舜与叔均之所葬也。"又《水经·湘水注》:九疑山"大舜窆其阳,商均葬其阴。"似乎这个七柱陵庙有可能是丹朱或商均的陵庙。马王堆地形图上,九柱陵庙旁注"帝舜"二字,这里却不注明,按其位置在山北,又倒废了两根柱子的情况看,确实令人这么推断。我们在前面说过,这七柱符号有可能在九疑山核心区的深处,即香炉石的北坡,牛头江村的东面,那儿应是丹朱或商均的陵庙,由于不受人重视,已经开始倒废了,以至于丹朱或商均的具体葬所,后来几乎无人知道。但是,这七柱符号也可能在九疑山核心区山谷口的边缘,即鲁观乡上洞村的东面,就是今玉琯岩的位置,那么仍然是帝舜的陵庙,这是众多典籍载明了的。

总之,马王堆地形图可能是画了两座帝舜陵庙,一虚一实,一详一略,显然作者断定在"深水原(源)"的九柱陵庙是真正的帝舜葬所,而七柱陵庙只是一座残破的祀庙。陵墓在九疑山最高处,寓帝舜英灵升天之意,这是古代许多部族的传统习俗,祀庙建在九疑山脚,这是便于帝王官吏和民众祭奉。

那么,马王堆地图上的九柱状帝舜陵庙来源还有没有更早的记载呢?我们认为,《国语·吴语三》所载就是一个确证。原文是:"吴王夫差既许越成,乃大戒师徒,将以伐齐。申胥进谏曰:'……昔楚灵王不君,其臣箴谏以不入。乃筑台于章华之上,阙为石郭,陂汉,以象帝舜。……'"韦昭注:阙,穿也。陂,壅也。舜葬九疑,其山体水旋其丘,故壅汉水使旋石郭,以象之也。今按,阙为石郭,指挖掘石室以为墓穴。陂汉,指筑堤坝于汉水以成湖池。陂,又可作波,即人工湖渠或水库。韦昭的说法应来自《山海经》。

《海内经》：南方苍梧之丘，苍梧之渊，其中有九疑山，舜之所葬，在长沙零陵界中。郭注：山在今零陵营道县南，其山九溪相似，故云九疑，古者总名其为苍梧也。

《海内南经》：苍梧之山，帝舜葬于阳，帝丹朱葬于阴。郭注：即九疑山也。《礼记》亦曰，舜葬苍梧之野。

《海内东经》：湘水出舜葬东南陬，西环之，入洞庭下，一曰东南西泽。郭注：环，绕也。今湘水出零陵营道县阳湖（朔）山，入江。洞庭，地穴也，在长沙巴陵。

马王堆地图上的舜陵，正画在九疑山的南面，旁注深水源。深水即今潇水，唐以前多称潇湘或湘水。深水从舜陵源流出，向南，再向西、西北、北流，正是西环舜陵，故韦昭曰："舜葬九疑，其山体水旋其丘。"那么马王堆地图和《山海经》及《国语·吴语三》韦昭注三者可以吻合。

据《史记·楚世家》，楚灵王七年（前534），就章华台，下命内亡人实之。《楚语五》载：灵王为章华之台，与伍举升焉，曰：台美夫！伍子胥之祖父伍举曾极力进谏。可见伍子胥所言不虚："昔楚灵王不君，其臣箴谏以不入，乃筑台于章华之上，阙为石郭，陂汉，以象帝舜。"其臣箴谏者指其祖父伍举，以象帝舜的规制当为其所亲见亲闻，决不会是伍子胥为了劝谏吴王夫差修筑姑苏台而编造出来的。可以推定，楚灵王筑章华台时，一定是模仿苍梧之渊或深水西环舜陵的情况，就在汉水边筑堤坝而引出一渠水或一带湖水，使之环绕章华台，以达到营造舜陵景象的效果。也有人认为，所谓"象帝舜"是模拟九疑山（在今湖南宁远县南）舜陵之势。此山特点是"罗岩九峰，各导一溪，岫壑负岨，异岭同势"。如此，离湖畔可能亦有象征性的"九溪九峰"，而石郭墓室当在一座山峰峦上，就象舜陵在舜源峰上一样。[9]此说也有可取，但以舜陵在舜源峰则可商。可见，楚人对舜陵早就十分关注而且十分熟悉，马王堆地形图有可能出自楚人之手。

章华台为春秋时"天下第一台"，施工长达七年，台高十丈，基广十五丈（《水经注·沔水注》）。楚灵王筑此章华台，可能用以游乐、藏宝，也可作军事、观象之用，但为什么要象帝舜陵呢？我们认为，当时楚国已将九疑山视为仙乡神山，楚灵王除了想炫耀自己圣德威名如帝舜之外，大概还想登章华台以享受神灵之乐。屈原诗中多次描写了九疑山的神灵世界：

《离骚》：济沅湘以南征兮，就重华而陈辞。又，百神翳其备降兮，九疑缤其并迎。

《九章·涉江》：驾青虬兮骖白螭，吾与重华游兮瑶之圃。

《九歌·湘夫人》:九疑缤兮并迎,灵之来兮如云。

可见,舜的英灵在楚国心目中占有崇高的地位,已成为居于九疑山的大神。[10]按理,楚人应有对舜陵的望祀或实地祭祀。顺便说一下,九疑山古称零陵,又作灵陵,正是由此而得名。灵陵,可能是楚人的称呼,如同巫山的得名相似。零,或作雾,而灵本作靈,从巫雷声。帝舜陵墓在九疑山核心区最高峰,寓帝舜英灵升天之意,这是古代许多部族的传统的习俗。王充《论衡·偶会》:"象耕灵陵。"深水源至今仍称灵江,湘水源有灵渠,都可作旁证。

《辞源》曰:"章华台,春秋楚灵王造,在今湖北监利县西北。左昭七:楚子成章华之台,愿与诸侯落之。即此。参见宋沈括梦溪笔谈辨证二,清俞正燮癸巳类稿二章华台考。"而1984年发掘的湖北潜江龙湾遗址,东西长2000米,南北宽约1000米,在遗址东南部已发现台基十余个,在其中之一的放鹰台基上发现宫殿基础一座。这是目前已发掘的规模最大、保存最好的东周台遗址。有的学者认为此即楚国著名的章华台。[11]按,今监利县在长江边,《吴语三》明明说"陂汉",则《辞源》所据乃旧说,非是。

总之,在楚灵王筑章华台之前,舜陵已在深水西环之九疑山中,与马王堆地图和《山海经》的记载相吻合,所以章华台才可能仿照其形制来施工。同时,也可证《山海经》成文应在此时之前。可见,马王堆地形图上的帝舜陵庙确实是有十分古老久远的来源,时代至迟在春秋晚期以前。

参考文献:

[1]梁绍辉.论舜帝文化[A].周永亮,蔡建军.舜帝故乡——永州[M].珠海:珠海出版社,2003:14.

[2]马王堆汉墓帛书整理小组.古地图:马王堆三号汉墓出土地形图复原图,马王堆三号汉墓出土驻军图复原图[Z].北京:文物出版社,1973.

[3]湖南省测绘局.湖南省地图册[Z].长沙:湖南地图出版社,1995:98-105.//永州市人民政府.永州市地图[Z].湖南地图出版印刷厂印刷(内部出版).

[4]贺银河等.找到真实的舜帝[N].潇湘晨报,2002-05-23.

[5]马王堆汉墓帛书整理小组.古地图:古地图论文集[Z].北京:文物出版社,1973:7.

[6]马王堆汉墓帛书整理小组.古地图:古地图论文集[Z].北京:文物出版社,1973:16.//谭其骧,葛剑雄.求索时空:二千一百多年前的一幅地图[M].天津:百花文艺出版社,2000:188.

[7]周九疑.舜葬九疑释疑[J].寻根,2000(5).

[8]明星,于磊焰.最古老的舜帝陵庙遗址被发现[N].北京:人民日报(海外版),2002 - 05 - 22.

[9]高介华,刘玉堂.楚国的城市与建筑[M].武汉:湖北教育出版社,1995:253 - 259.

[10]陈泳超.尧舜传说研究.南京:南京师范大学出版社,2000:321 - 329.

[11]顾德融,朱顺龙.春秋史[M].上海:上海人民出版社,2004:515.

(原载 2005 年第 10 期,作者单位:湖南科技学院)

《尚书·尧典》"陟方乃死"解

✳ 刘起釪 ●

《尧典》最末一句说舜"陟方乃死"。《史记·五帝本纪》叙此句作"南巡狩，崩于苍梧之野，葬于江南九疑"。是据另一史料中的神话传说，故与《尧典》异。但实际讲的是《尧典》"陟方乃死"这一句的史事。

"陟方乃死"，亦一争议纷纭的问题，至少有下列七种不同的解说：

（一）巡狩说。已见上引《史记》所载，亦见《礼记·檀弓》云："舜葬于苍梧之野，盖三妃未之从也。"此说是从较早的神话中来的。《山海经·海内经》云："南方苍梧之丘，苍梧之渊，其中有九嶷山（各种典籍皆作九疑，惟此处及《说文》与《文选·琴赋》注作九嶷），舜之所葬，在长沙零陵界中。"又《海内南经》云："苍梧之山，帝舜葬其阳。"又《大荒南经》云："赤水之东，有苍梧之野，舜与叔均之所葬也。"郭璞注："叔均，商均也（相传为舜之子，一名义均，封于商）。舜巡狩，死于苍梧而葬之。商均因留，死亦葬焉，基（墓）在今九疑之中。"《山海经》只保留了舜葬苍梧的资料，然远葬南方边荒之地，古者以为帝王只有巡狩才远出，则神话传说中自可能谓帝舜巡狩而死其处，故郭璞径注"舜巡狩死于苍梧。"

故事流传至汉代，故《史记》《檀弓》皆载之，《说文·山部》亦云："九嶷山，舜所葬，在零陵营道，从山，疑声。"《淮南子》亦载舜死苍梧，但不说是巡狩（见下第（四）说）。《论衡》则言儒书载舜巡狩葬于苍梧，而他另有解说（见下第（三）说）。可知此传说至汉犹流行，且相传下来，南齐姚氏伪孔传承之云："方，道也。舜即位五十年，升道南方巡守，死于苍梧之野而葬焉。"对此问题之解说，"方"字之释义应其关键。伪传释为"道"，《孔疏》补充之云："《论语》云：'可谓仁之方也已。'（按见《雍也篇》孔注亦以'方'为'道'，常训也。……'升道'，谓乘道而行也。天子之行，必是巡其所守之国，故通以巡守为名，未必以仲夏之月巡守而岳也（按，此句意义参看"岁二月东巡守"一节注①"岁二月"之校释自明，因《尧典》载巡狩皆在每季的仲月，且春夏秋冬分别巡东南西北四岳。）《檀弓》云'舜葬苍梧之野'，是舜死苍梧之野，因而葬焉。"按，"方"之训"道"，典籍中尚多见之，如《易·系辞》"方以类聚"虞注："方，道也。"又《系辞下》"而揆其方"。《乐记》"是先王立乐之方也"、《国语·周语》"百不易方"、《晋语》"利方以求成人"、《郑语》"具万方"、《吴语》"王其无方"及《楚辞》《淮南》等书中一些方字之注皆云："方，道也。"知伪传之释有据。然于此终觉牵强。

宋以来逐渐有人另寻解释。朱熹云："方，犹'云徂乎方'之方"（按，此据扬子《法言·寡见篇》："云徂乎方，雨流乎渊"。注云："徂，往也。方，四方。"朱此语见《书纂言》等书引，为《蔡传》承用）。陈栎《纂疏》释"方"为"天一方"。陈经《详解》则云："方，退。"此三家释字不同而另成解说（见下第（六）说）。其为巡狩说另寻方字解释者，则有元王充耘《书管见》释"方"为"方国"。其言云："'陟方乃死'为巡守而死之说为是。以后面周公教成王'以诘戎兵、陟禹迹'推之可见。盖欲成王整点六师，巡守方国，则以陟方为巡守何疑。"明朱升《尚书旁注》释"方"为"方岳"。在其书之经文旁简注云："巡守而升方岳。"清戴震《义考》承朱升说，以为"于义为近"。而牟庭《同文尚书》则释"陟"为"勅"，释"方"为"四方"、为"方国"。其言云："陟当读为勅"，《皋陶谟》'勅天之命'，《夏本纪》作'陟天之命'。《封禅书》'伊陟'，《集解》徐广曰：'古作伊勅'。此古书陟、勅通用之证也。勅与勅亦同也。《表记·注》曰：'方，四方也。'《易·既济》干宝注曰：'方，国也。'庭按：勅方，谓整勅方国，即巡守也。伪孔传云：'方，道也，升道南方巡守'，非也。"这些儒生努力寻求释义，企图把"陟方"之为巡狩解通。其实《左传·庄二十一年》杜注云："天子省方谓之巡守。"早把这一意义说明白了。省视方岳、方国即为巡狩。不过是省方而非陟方。

此巡狩说有二问题。其一问题是《尚书大传》说帝王巡狩只至四岳；《封禅书》增为五岳。那么舜南巡当祇至南岳而止，怎么到了苍梧呢？儒生们有两种弥缝之说，一种如孙星衍、皮锡瑞以为"巡狩至五岳而止"，因而对'陟方'提出另一解说（见下第（五）说）。又一种如皮锡瑞《考证》引"近人"之说（此近人当为清末人，待查）。其文云："近人又以虞时南岳为九疑，故舜南巡及之。而据今文家说，虞时南岳是霍山，并非衡山。若九疑为南岳，其说尤不见他书，皆臆说不足据也。"（参看"岁二月东巡守"一节注③"岱宗"）。其二问题是《白虎通·巡狩篇》所云："王者巡狩崩于道，归葬何？夫太子当为丧主，天下皆来奔丧。京师，四方之中也。即如是，舜葬苍梧，禹葬会稽何？于时尚質，故死则止葬，不重烦扰也。"《论衡·书虚篇》亦云："儒书言舜葬于苍梧，禹葬于会稽者，巡狩年老，道死边土，圣人以天下为家，不别远近，不殊内外，故遂止葬。"这都是儒生弥缝的话。

不知本来是出于神话传说的故事,是用不着去弥缝其间矛盾的。

舜道葬苍梧的神话故事中,还有一重要内容,即二妃相从于后的问题。《檀弓》说舜葬苍梧,"三妃未之从"。林之奇《全解》引作"二妃未之从"。其他典籍亦多作二妃(参看"咨四岳朕在位七十载"一节注21"观厥刑于二女"校释)。这二妃故事见于《山海经》神话中。《中山经》"洞庭之山"云:"帝之二女居之,是常游于江渊,澧沅之风,交潇湘之渊。"袁珂注云:"郭璞云:'天帝之二女而处江为神也。'汪绂云:'帝之二女,谓尧之二女以妻舜者娥皇、女英也。相传谓舜南巡狩,崩于苍梧,二妃奔赴哭之,陨于湘江,遂为湘水之神,屈原《九歌》所称湘君、湘夫人是也。'珂案,尧之二女即天帝之二女也。盖古神话中尧亦天帝也。"又《海内北经》"舜妻登比氏"下袁注云:"珂案:《尸子》(孙星衍辑本)卷下云:'(尧)妻之以媓,媵之以娥。'此二妃皆尧女,所谓娥皇、女英(见《列女传·有虞二妃》)者是也。《礼记·檀弓上》云:'舜葬苍梧,盖三妃未之从也。'郑玄注:'舜有三妃。'则除上所说二妃而外,另一盖即此登比氏也。罗泌《路史·后记十一》亦以三妃为娥育(娥皇)、女莹(女英)、癸比(登比),是也。"故事继续流传,《传物志》云:"尧之二女,舜之二妃,曰湘夫人。舜崩,二妃啼,以涕挥竹,竹尽斑。"《群芳谱》云:"斑竹即吴地称湘妃竹者,其斑如泪痕。世传二妃将沉湘水,望苍梧而泣,洒泪成斑。"神话故事越传越哀婉绚丽。《尧典》作者将神话人物净化作历史叙述,把所有这些舜葬苍梧、二妃啼竹等神话故事都刊落了。

(二)巡行说。这是对巡狩说的修正。因巡狩有严格的年月规定(见《礼记外传》:"夏殷五载一巡狩,周制十二年一巡狩,皆以仲月"),又有严格的地点规定(《尧典》本文载春夏秋冬分别巡狩东南西北四岳,《大传》加以规范化)。事实上一些帝王出巡,无一按这些规定办,他们只是巡行,不是巡狩。前面"岁二月东巡狩"一节注18"五载一巡狩"已叙明这种巡行而非巡狩的情况。而巡狩的"省方"之"方",指方岳、方国。即四方之岳,与属于某方之岳的方国。但文献中往往有不是通名而是专名之方。如《诗·出车》"往城于方",又《六月》"侵镐及方",皆确切地名。《路史·国名纪》:"方,方叔采。"亦是。今于甲骨文中,获知殷代之方国甚多,常称多方。大都是殷族以外不同种姓之族的称呼,主要者有土方、邛方、鬼方、亘方、羌方、龙方、尸方、黎方、人方、盂方……等,陈梦家《卜辞综述》第八章"方国地理"有考述。岛邦男《卜辞综类》458页汇录殷代各种方国达四十二之多。其载王□方之辞达十六片。屈万里《尚书集释》云:"陟,登也。义见《诗·皇矣》郑笺。方,即多方之方,国也。此义甲骨文中习见。陟方,意谓巡行各国。巡行而曰陟者,犹后人出行曰登程之比。"此但说巡行,不说巡狩,已将其前此出版之《尚书今注今释》所释"陟方,彼各国巡守也"予以改正。虽然屈氏经过考虑才作这样的改订,当由于他感到这些活动不符合巡狩的规定,只能称为巡行。赤塚忠《书经》自称参照屈氏之说以作考论,其文首亦引伪传、蔡传之释,接着引甲骨文《殷虚书契续编》五卷一四叶之"贞,今春王□方,帝授我佑。"又同书三卷一〇叶之"今春王□土方,受大佑。"以为□方是□某方。□,示往来之行动关系,有直视之意。意味着前赴直视,示王在作督察。又引《龟甲兽骨文字》一卷二七叶之"王　　□伐土方。"则□方与征伐相关连。并谓依屈氏说,则□方意思近陟方。这是屈氏、赤塚氏据殷代资料,以为陟方只是巡行、巡视,修正了巡狩说。

（三）治水说。这是王充完全否定苍梧巡狩说而提出的解说。其《论衡·书虚篇》在引录了儒书言"舜葬于苍梧,禹葬于会稽……故遂止葬"一段后说:"夫言舜、禹,实也;言其巡狩,虚也。舜之与禹,俱帝者也。共五千里之境,同四海之内;二帝之道,相因不殊。〈尧典〉之篇,舜巡狩东至岱宗,南至霍山,西至太华,北至恒山。以为四岳者,四方之中,诸侯之来,并会岳下,幽深远近,无不见者。圣人举事,求其宜适也。禹王如舜,事无所改,巡狩所于,以复如舜。舜至苍梧,禹到会稽,非其实也。实禹舜之时,洪水未治,尧传于舜,舜受为帝,与禹分部,行治洪水。尧崩之后,舜老亦以传于禹,舜南治水,死于苍梧;禹东治水,死于会稽。贤圣家天下,故因葬焉。"皮氏《考证》不同意此说,以为:"仲任（王充字）自为说以为治水,然舜、禹崩时,已无水患。舜、禹分部治水,其事绝不见他书。"

（四）征苗说。此亦为巡狩不当至苍梧而提出。《淮南子·修务训》:"舜……南征三苗,道死苍梧。"高诱注:"三苗之国,在彭蠡。舜时不服,故往征之。《书》曰'舜陟方乃死',时舜死苍梧,葬于九疑之山,在苍梧冯乘县东北,零陵之南,千里也。"《檀弓》"舜葬于苍梧之野"郑玄注:"舜征有苗而死,因葬焉。《书》说舜曰'陟方乃死'。苍梧于周南越之地,今（汉）为郡。"《国语·鲁语》:"舜勤民事而野死。"韦昭注:"野死,谓征有苗死于苍梧之野。"《北堂书抄》九十二及《太平御览》卷八十一引皇甫谧《帝王世纪》云:"舜……九十五而使禹摄政,摄五年有苗氏叛,南征,崩于鸣條。"这些都是不言巡狩但言征苗。但亦有调和二者为说者,如朱骏声《便读》云:"陟方,巡守也。盖分北之后,三苗有在南越之地者,舜南巡时征之,道死苍梧,因葬于九疑山,在今（清）湖南永州府宁远县南也。"皮氏《考证》亦云:"《国语》云'勤民事而野死',今文说以为巡狩征苗是也。"

（五）考绩分北三苗说。亦由巡狩不至五岳而至苍梧特意提出。孙星衍《注疏》云："陟方者，史公说为巡守。案巡狩至五岳而止，此至苍梧者，盖此行分北三苗且行九岁之大考也。"皮氏《考证》亦云："以经考之，'三考黜陟''分北三苗'之后，即继以'陟方乃死'之文，则舜之陟方，必为考绩并分北三苗而往。"据《尚书大传》云："古者巡守，……见诸侯问百年，命太师陈诗以观民俗，命市纳贾以观民好恶。……（诸侯）不敬者削以地，……不孝者黜以爵，……不从者君流，……畔（叛）者君讨，有功者赏之。"又云："《书》曰：'三载考绩，三考黜陟幽明。'其训曰：'三岁而小考者，正职而行事也。九岁而大考者，黜无职而赏功也。（下文接叙赏有功而黜无职的具体规定）。"《白虎通·巡狩篇》亦有关于巡狩历行黜赏的规定。则知这些对诸侯的黜赏大事，要由天子巡狩时亲自处理，事关重大，所以舜才跑到苍梧去处理这些考绩大事的，加上"分北三苗"的大事，所以舜才巡狩苍梧了。这只是儒生巧为寻觅的解释。出于神话的巡狩的传说，任由儒生去添枝添叶。

（六）升遐说。这是反对巡狩苍梧有力的一说。最早提出此说者为韩愈《黄陵庙碑》，陆续为宋代治《尚书》者所引用。苏轼《书传》云："说者以为舜巡守南方，死于苍梧之野，韩愈以为非，其说曰：'地倾东南，巡非陟也。陟方者，犹曰升遐尔。《书》曰惟新陟王（按见《康王之诰》）是也。传《书》者乃以死为陟方之训，盖其章句。而后之学者误以为经文'。此说为得之。"林之奇《全解》云："汉儒遂有舜葬苍梧之说，至今苍梧之地有舜庙、冢存焉。……揆之以理，有所甚不可者。夫尧老而舜摄，则不复以庶政自关，而舜实行巡狩之事。舜既耄期□于勤，而使禹摄矣，则巡狩之事禹实行之。苍梧在舜之时其地在要荒之外，舜已禅位使禹摄矣，岂复巡狩于要荒之外而死，死而葬于苍梧之野，以是禹率天下诸侯以会舜之葬于要荒无人之境，此理之必不然者。司马温公诗曰：'虞舜在□勤，荐禹为天子，岂有复南巡，迢迢渡湘水。'此说为得之。'陟方'者，犹云升遐也。'乃死'谓升遐而死，犹云'帝乃徂落'也。韩退之谓'乃死'者以释'陟方'为言耳。……扬子曰：'黄帝尧舜徂落而死'（按，见《法言·君子篇》），与'陟方乃死'文势正同。"薛季宣《书古文训》亦引云："韩氏以为舜老而禹摄矣，尚何南方之守？且南方地下，不可谓之陟方。"《书纂言》较详地引韩子曰："陟方乃死，传谓舜升道南方以死。《竹书纪年》帝王之没皆曰'陟'。陟，升也，谓升天也。《书》曰'殷礼陟配天'。（按，见《君奭》篇）言以道隆，其德协乎天也。舜之殁云

'陟'者,与《竹书》同文。'文乃死'者,所以释'陟'为死也。地之势东南下,如言舜为南巡而死,宜言'下方',不得言'陟方'也。"《纂言》又引朱子曰:"案此(指韩愈说)得之。但不当以'陟'字为句绝尔。'方',犹'云徂乎方'之方。"《蔡传》全承用此二段以为注,惟于其末增用《法言》句云:"陟方乃死,犹言'殂落而死'也。"此后宋元迄明儒生之作,大都承用此说。如陈经《详解》迳释"陟方"为"升遐",陈栎《书传纂疏》则云:"陟方,犹言升天一方。"等等,不一而足,成为反对汉儒巡狩苍梧之宋学要说。上面(二)至(五)说虽皆反对巡狩说,但仍相信南至苍梧,不过另寻解说。此说则根本否定"陟方"为舜至南方的任何活动,迳释为舜死。至清人著作又大都从汉人说,无论古文派今文派皆方的任何活动,迳释为舜死。至清人著作又大都从汉人说,无论古文派今文派皆然。(按,"升遐",帝王死之称。《三国志·蜀先主传》"奄忽升遐"。《通鉴·梁武帝纪》"先帝升遐"。胡注"升遐即登遐",故《梁书·元帝纪》作"先帝登遐"。《列子·周穆王》"世以为登假焉。"张湛注"假学当作遐"。《礼·曲礼》"告丧,曰天子登假。"郑注:"登,上也。假,已也。上已者,若仙去云耳。"《释文》:"假,音遐。"可知由登假而登遐而升遐,皆言帝王之死。)

(七)卒于鸣条说。是这七个不同解说中最早的一说。出于战国时期,孟子所首倡。由于前面文说皆直接释"陟方",故汇列如上。《孟子》之文非释陟方而同样谈舜之死,《蔡传》且以之与巡狩苍梧之说作为此问题唯一并立的二说,其言云:"《史记》言舜巡狩崩于苍梧之野,《孟子》言舜卒于鸣条,未知孰是。"则此说于此问题之重要可知。《孟子·离娄下》云:"孟子曰:'舜生于诸冯(今诸城),迁于负夏(今濮阳、滋阳间),卒于鸣条(今开封境),东夷之人也'。这是对于丝毫没有神话性的作为历史人物的舜一生行谊的概括叙述,在历史文献中是有权威性的。符合于前面"咨四岳朕在位七十载"一节注⑩"虞舜"样释文中所叙:舜最初为东方鸟夷族中殷商族的最早的宗祖神,后其族有杰出首领袭用舜名,成为东方鸟夷部落中一位有名的军事首长。史载"舜居虞地,以虞为氏"(《孔疏》引)。虞在今豫东虞城一带。虞舜的活动地区遂主要在今山东省西部及虞的根据地豫省东部。鸣条正在豫省东部,因而是比较可信的。而战国时提出舜葬地的不同地名尚有多家,经过学者考证即是这一带。《墨子·节葬篇》:"舜西教乎七戎,道死,葬南己之市。"《吕氏春秋·安死篇》:"舜葬于纪市,不变其肆。"其后引用者,多以墨之"已"即吕之"纪"。据毕沅、王念孙、王引之父子先后按《墨子》所引者,《北堂书钞》《初学记·礼部》引《墨子》仍作"南己"。《后汉书·稍咨传》"墨子勉以古道"注则引作"舜葬纪市"，全同吕氏。《御览》五五五则引作"南纪"，惟又引《尸子》则同于《墨子》作"南己"。又有一引《墨子》而字讹者，为《后汉书·王符传》"桐木为棺"注："墨子曰：舜西教于七戎，道死，葬南巴之中。"其为"南己之市"的识字是显然的。

于是持不同解说者，各将此诸地作符合于本说的解释。如主张巡狩苍梧说者即多曲为之释。高诱主《吕氏》"舜葬于纪市"云："传曰'舜葬苍梧九疑之山'，此云'于纪市'，九疑山下亦有纪邑。"《北堂书钞》九十二、《太平御览》八十一引《帝王世纪》云："舜南征崩于鸣条，年百岁，殡以瓦棺，葬于苍梧九疑山之阳，是为零陵，谓之纪市。在今道县。"《史记·集解》引《皇览》曰："舜冢在零陵营浦县。"则鸣条、纪市都到了苍梧。王念孙父子校云："《墨子》称舜所葬地，本不与诸书同，不必牵合舜葬九疑之地。"毕沅校《吕氏》与校《墨子》两异其说。其《吕氏春秋新校注》云："案《路史·注》云：'纪即冀。故纪后为冀后。今（宋）河东皮氏东北有翼子国也。鸣条在安邑西北，其地相近。'《记》谓舜葬苍梧，《皇览》谓在零陵营浦县，尤失之。"孙诒让《墨子间诂》指出《路史·注》之说"欲传合诸说说为一，实不可通"。又毕氏对《墨子》"葬南己之市"校文云："《后汉书·注》又一引作'葬南巴之中'。……按'南己'实当作'南巴'。形相近，字之讹也。高诱以为纪邑，非九疑古巴地。《史记正义》引《周地志》云：'南渡老子水，登巴领山南回记大江。此南是古巴国，因以名山。'是已。"王念孙校云："巴即已之误。"并引诸书或作"南纪"或作"纪市"，因而云："则已非误字也。若是巴字，则不得与纪通矣。……至谓九疑为古巴地，以牵合南巴，则显与上文'西教乎七戎不合，此无庸辩也。"孙氏《间诂》云："案王说是也。"孙氏又引另二说云："近何秋涛又谓《周书·王会篇》'正西枳已'即此南已，云'纪市'与'枳已'声近，盖即一地。尤□说不足据。刘赓《稽瑞》引《墨子》曰：'舜葬于苍梧之野，象为之耕。'与此不同。疑误以他书之文改此书。"按袁珂《山海经校注》461页引《稽瑞》此文，以为是《墨子》失文，并以为是舜服野象的神话传说中的重要内容，足为舜服野象传说的一个证据。则此又牵涉到神话资料，自与历史典籍中之说不易相协。而由上引这些纷纭之说，知《墨》《孟》《吕》等书所提供舜死葬之地资料，被各方率意牵合比附者正多。

究而言之，终当以归之鸣条之说较近是。上文已指明，《孟子》之说较符合于作为历史人物的舜之史足迹。《国语·鲁语》"舜勤民事而野死"董增龄疏："《孟子》言'舜座葬于鸣条'。《吸郡古文》……沈约注：'鸣条有苍梧之山，帝崩,逐葬焉'(王国维《纪年疏证》引此,句末多"在海州"三字)。王应麟曰:'今苍梧山在海州,近莒之纪。'则《史记》《吕氏春秋》皆与《孟子》合。"是将苍梧移到鸣条了。此亦孙氏《间诂》批评"欲传合诸说为一,实不可通"之一例。即使鸣条果有小地名苍梧山,然传说中舜巡狩之苍梧实在南方之梧山。王应麟《困学纪闻》之说,实引自薛季宣。薛氏《书古文训》云:《书》《传》多称舜南巡守而崩于苍梧,葬九疑。惟《孟子》以为舜迁负夏、卒于鸣条;《吕氏春秋》舜葬于纪。韩氏(愈)以为'舜老而禹摄矣。苍梧山在海州界,近莒之纪城。舜后虞国在应天(宋以宋州为应天府)虞城,鸣条亭在陈留之平丘,负夏今(宋)衮州之瑕丘(在今滋阳西),则苍梧不在南也。"薛氏附会苍梧为苍梧山,然其用意在阐明非南巡苍梧,当如韩愈所言陟方为舜死,而活动地区皆在豫东鲁西,以证死于鸣条。其下文并论说二妃非湘君湘夫人,以证舜未当南巡。其言云:"《记》曰:'舜葬苍梧之野,二妃未之从也。'今二妃墓在蒲坂,自秦博士对始皇帝,已谓:'君山,二妃所葬。'后世亦以《九歌》湘君、湘夫人附会《山海经》'帝之二女居之'之说。郭璞注《山海经》,二女之神游九江潇湘,已知二妃为妄。按《九歌》有云中君,而云中夫人、湘夫人为之配,皆水神耳,非二妃。"这样,否定了二妃曾南从湘中,则舜自然也就未曾南巡湘以南了。

大抵要正确理解此"陟方"问题,不能将神话故事和历史传说相混淆,必须将二者分开。舜南巡苍梧,死葬九疑,二妃从于后,泪滴成斑竹,死为湘水神的神话故事,不应否认它,古代民间自有此故事存在。但作为历史人物的舜,一生活动地区全在黄河下游,未曾远离过此区域。何况历史上直到春秋之世,楚国大抵活动在长江以北,春秋后期至战国以后才逐渐向长江以南扩展。则自春秋以前华夏族之政治势力根本不可能越长江以南,被盛推为"三代圣王"的帝舜不可能到长江以南,更不要说被称为一百多岁的舜还能几千里南巡或南征了。秦汉以后,除鲁西豫东外,尚有河北涿鹿、陕西安康、浙江上虞、馀姚等地,都和湖南一样有舜的传说遗迹,那是出于舜的故事深入人竞相攀附的结果(参据徐旭生《中国古史的传说时代》88 页。徐说是舜这样的圣王"神气"造成的)。近年考古发现,江以南各地文化遗存与中原文化遗存有相通之处,那是先民在物质生活方面承受中原影响的文化现象,并不是中原政权就领有南方之地,可以去巡狩、去考绩他们。《尧典》作者搜集各种资料,在历史资料如竹书记载中看到帝王之死称"陟",自然就采用了(当时的魏襄王承用了竹书资料并命自己的史官继续撰写)。而遇到神话资料要把它历史化,一些神话色彩强的就不采用(例如苍梧在当时地理知识之外,地理名著《禹贡》最南空洞地说到衡阳,根本不知有苍梧,则在《尧典》作者看来和《山海经》许多神山一样是虚无缥缈的地方,所以不采用)。而网罗天下放失旧闻的司马迁,则把神话故事净化成历史故事,除二妃故事太神化不采用外,而苍梧到汉代已是确知的地方,就把巡狩苍梧的故事作为史实写入《史记》中,因而与《尧典》所载相歧异,耗尽后世经生们的脑汁企图去圆拢它。不知神话自神话,历史自历史,不应当混淆。要知道"巡狩苍梧"是神话,应把它搁置一边;"陟方"是说帝王之死,这是历史资料,应当认可它、相信它。

一九九六年八月初稿

（原载 2005 年第 1 期,作者单位:中国社会科学院历史研究所）

简论舜之南巡与归葬

✽ 孟祥才

一

尧、舜、禹的时代,是中国历史由原始社会向奴隶社会的过渡时期,自然也是各种制度逐步建立的时期。据《尚书·舜典》记载,其时已经建立了对四方的巡守制度,舜就不止一次地巡守过东西南北,到过岱宗和西岳、南岳、北岳。不少文献认定,舜崩逝于最后一次对三苗的南巡中。

不过,对于舜的归宿,文献有不同的记载:

《尚书·舜典》:"舜生三十征庸,三十在位,五十载,陟方乃死。"

《竹书纪年》:"陟于鸣条。"

《墨子·节葬下》:"舜西教乎七戎,道死,葬南己之市。"

《孟子·离娄下》:"舜生于诸冯,迁于负夏,卒于鸣条,东夷之人也。"

《吕氏春秋·安死》:"舜葬于纪市,不变其肆。"

《礼记·檀弓》:"舜葬苍梧之野。"

《大戴礼记·五帝德》:"宰我曰:'请问帝舜。'孔子曰:'……天平地成,巡守四海,五载一始。三十在位,嗣帝五十载,陟方岳,死于苍梧之野而葬焉。'"

《史记·五帝本纪》:"三苗数为乱。于是舜归而言帝,请流共工于幽陵,以变北狄;放欢兜于崇山,以变南蛮;迁三苗于三危,以变西戎;殛鲧于羽山,以变东夷:四罪而天下咸服。""舜……践帝位三十九年,南巡守,崩于苍梧之野,葬于江南九疑,是为零陵。"

《淮南子·修务训》:"尧……西教沃民,东至黑齿,北抚幽都,南道交趾。放欢兜于崇山,窜三苗于三危,流共工于幽州,殛鲧于羽山。舜……南征三苗,道死苍梧。"

以上记载表明,舜的归葬地至少有五种不同的说法:鸣条、南已之市、纪市、苍梧之野、九嶷。究竟何种说法符合历史事实,古代学者已经感到棘手。明朝学者都穆的《听雨纪谈·舜冢》写道:

> 《书·舜典》言,岁五月,南巡守,至于南岳。史言舜南巡守,崩于苍梧之野。今舜冢乃在零陵之九疑山。按九疑去南岳,千有余里。苍梧在广西域内,去九疑又数百里。孟子言舜卒于鸣条,鸣条在东方夷服。今亦不闻其有舜冢。孟子去古未远,而传闻犹未免若此,况后代乎意者?舜南巡至于南岳,其或又幸九疑,遂崩而葬其地欤?

都穆这篇小文始终展露怀疑的调子,因为他实在没有办法确定舜的真实葬地。另一明朝学者朱国祯在《涌幢小品·古陵庙》中,列举了黄帝、少昊、颛顼、帝喾、帝尧等人陵庙的不同记载后,借郭景纯的注解释说:"圣人久于其位,仁化广及,殂亡之后,四海若丧考妣,各自起土为冢,祭祀哭泣,是以所在有墓。"说到舜的葬地,则只承认孟子的鸣条说:

> 帝舜之葬,《孟子》云:"舜生于诸冯,迁于负夏,卒于鸣条。"《竹书》云:"陟于鸣条。"《尚书》书"陟方乃死"。《墨子》云:"舜西教乎七戎,道死,葬南已之市,衣衾三领,木之棺,葛以缄之。已葬,而市人乘之。"《吕览》云:"舜葬于纪市,不变其肆。"《路史》云:"诸冯,即《春秋》之诸浮,冀州地也。"鸣条在河中府安邑,有舜墓,有纪市,鸣条陌去纪市才两舍。苍梧之葬,汉儒所讹传,非其实也。《礼·檀弓》曰:"舜葬苍梧之野。"《史记》云:"舜践帝位,三十九年,南巡守,崩于苍梧之野,葬于江南九疑,是为零陵。"《皇览》云:"舜冢在零陵营浦县,其山九,皆相似。"王孙《谋玮》曰:"象封有鼻,实在苍梧、九疑之间,亦尝僭称虞帝,故始兴有鼻天子墓。"后世讹为虞舜所葬,故有苍梧之说。《孟子》"鸣条"一言,足为破的。

看来,在古代学者那里,舜的葬地也是没有定论的。不仅舜,就是五帝中的其他人,还有不少年代久远的名人,其里籍和归葬地也存在很多争议。之所以出现这种情况,原因是多方面的,其中最重要的是"名人效应"作怪。至于五帝陵庙出现在很多地方,除了上面所引郭景纯的解释外,更重要的可能是,由于五帝都是传说中的中华民族的人文始祖,又都是大圣之人,中国各民族悠久的祖宗认同意识促成他们将五帝的出生地和归葬地拉到自己的身边,于是就出现了众多的五帝陵庙。

二

然而,如果五帝是真实存在的历史人物,那么,他们的出生地和归葬地就只能有一个是真的,这就是史实的唯一性。今天我们应该判定的是,在文献记载的舜的五个归葬地中,那一个是真的? 或者说,那一个最接近历史真实?

梳理有关舜的文献,结合相应的考古资料,应该说,舜死于南巡苍梧、归葬九嶷之说可能最接近历史事实。

问题是,舜为什么在自己已经高龄的晚年,还不惜冒着生命危险远涉数千里到瘴疠之地的苗人聚居区巡狩? 死后为什么归葬九嶷山? 在盛行二次葬的年代,他的遗骸为什么没有回归故里诸冯? 答案只能从当时的中原部落奴隶制王国(或说部落联盟)与三苗的关系中去寻找。不少学者认为中国文明的起源是"满天星斗式",即分布于各地的众多氏族部落差不多同时或先后迈进文明的门槛,并在不断斗争和融合中形成较大的部落奴隶制王国。徐旭生认为当时形成了华夏、东夷和苗蛮三大集团,田昌五认为形成了古夷人(太昊、少昊、伯益、皋陶、颛顼、帝喾)、古羌人(炎帝、共工、四岳、烈山氏)、古戎狄部(黄帝、夏后氏)、古蛮人部(三苗、南郡蛮)四大集团。另外还有其他不同分类模式。但不管何种分类,三苗都是其中重要的一个集团。当中原地区的部落奴隶制王国的势力向周边地区拓展的时候,必然遇到周边氏族部落的反抗。因此,如何处理与周边氏族部落的关系就成为中原王国稳定和发展的重要问题。在尧、舜、禹的时代,与三苗的关系是最难处理的棘手问题。文献对此有突出记载。

《尚书·舜典》:"流共工于幽州,放欢兜于崇山,窜三苗于三危,殛鲧于羽山:四罪而天下咸服。""分北三苗。"

《尚书·大禹谟》:"帝曰:'咨禹! 惟时有苗弗率,汝徂征。'禹乃会群后,誓于师曰:'济济有众,咸听朕命。蠢兹有苗,昏迷不恭,侮慢自贤,反道败德。君子在野,小人在位,民弃不保,天降之咎。肆予以尔众士,奉辞伐罪,尔尚一乃心力,其克有勋。'……三旬,苗民逆命。……帝乃诞敷文德,舞干羽于两阶。七月,有苗格。"

《荀子·议兵》:"是以尧伐欢兜,舜伐有苗,禹伐共工,汤伐有夏,文王伐崇,武王伐纣,此四帝两王,皆以仁义之兵行于天下也。"

《吕氏春秋·上德》:"三苗不服,禹请攻之,舜曰:'以德可也。'行德三年,而三苗服。"

《新书·匈奴》:"舜舞干羽而三苗服。"

《淮南子·齐俗训》:"当舜之时,有苗不服,于是舜修政偃兵,执干戚而舞之。"

《淮南子·修务训》:"尧……窜三苗于三危。"

《银雀山汉墓竹简·孙膑兵法·见威王》:"舜击讙收(兜),方(放)之宗(崇);击归(鲧),方(放)之羽;击三苗,方(放)之危;亡有户(扈)是(氏)中国。有苗民存,蜀(独)为弘。舜身衰而治屈,胥天下而传之禹。禹凿孟门而通大夏,斩八林而焚九口,西面而并三苗……战胜而强立,故天下服矣。"

《史记·五帝本纪》:"三苗数为乱。于是舜归而言帝……迁三苗于三危,以变西戎。"

以上这些记载虽然互有歧义,但有一点似乎可以肯定,即三苗是当时活跃于长江流域的一个相当强大的部落集团,它的势力数度北上,长期与雄踞中原地区相继传承的尧、舜、禹奴隶制王国逐鹿争雄,因而发生多次战争。至禹之时,三苗被赶到长江以南的荒蛮之地。他们就是后来分布于今之两湖、贵州、广西等省区的以苗族为代表的众多少数民族。尧、舜、禹时代中原王国与三苗的联系,也得到考古发掘的证实。据王树明在《文献记载与考古发现的帝舜》(载《诸城大舜研究——2009中国(诸城)大舜文化学术讨论会论文集》,人民出版社2010年版)一文中对考古资料的梳理,证明舜所在的东夷人太昊氏一族,的确有一条自诸城至长江流域的迁徙路线。诸城前寨、莒县陵阳河和大朱村发掘的新石器时代的遗址,发现了作为祭具的陶尊上的20多个刻文如"煜""炅""南""凡(风)""富""斤""戊"等,因为"凡(风)"是太昊氏族的族姓徽文,而"凡(风)"又与"冯"近音,这应该是"舜生于诸冯"的确证。安徽蒙城的尉迟寺遗址,同样发现"煜""炅""南""斤""戊"等字。虽然没有发现"凡(风)"字,但发现了祭日出的"旦"字,而其他器物基本相同或相近。这个遗址的年代略晚于诸城前寨、莒县陵阳河和大朱村等遗址,说明尉迟寺遗址是太昊氏一族南迁中停留的地方。湖北天门邓家湾、肖家屋脊遗址,发现了与诸城前寨、莒县陵阳河和大朱村以及尉迟寺遗址基本相同或相近的器物,也发现了"戊"和"凡(风)"字的刻文,年代略晚于尉迟寺遗址,说明这里也是太昊氏一族南迁中停留的地方。这些考古发掘的资料给我们提供了想象的空间:舜的南巡很可能是从今之山东出发向西南方向进发,经今之安徽蒙城一带,再向西南行进,进入今之湖南天门一带。而后南渡汉水、长江,再沿湘江南下,就到了今湖南与广西交界的苍梧。在对三苗进行了一番安抚之后,客死在这个地方。以上这些互相关联的遗址,至少说明舜所在的少昊集团的一支曾经辗转向南方迁移。他们迁移的轨迹,是否隐隐透出了舜南巡的路线?

尽管在长达百年的尧、舜、禹时代都有对三苗的征战,但在处理中原王国与三苗的关系上,舜与尧和禹似乎有着明显的不同,尧和禹更多地使用战争手段,而舜则更多地坚持和平的怀柔的策略,这就是"舜舞干羽而三苗服"。三苗的最后降服,很可能是舜的怀柔政策促成的。舜在将君位禅让给禹之后,大概认为对中原王国威胁最大的还是三苗。由于他的怀柔政策在三苗产生了良好影响,因而成为三苗最信任的中原帝王。舜于是利用这一有利条件,决定在有生之年深入三苗腹地进行最后一次巡守,以巩固和加强中原王国与三苗的联系。不料此次巡守使舜走上了不归路。一方面因为他的年事已高,经不起长途跋涉的鞍马劳顿;一方面因为南方气候炎热潮湿,习惯于北方气候的舜难以适应,所以在抵达苍梧后一病不起,溘然而逝。

可以想象,舜的病逝肯定成为当时震动朝野的大事,臣民百姓"如丧考妣"。他的葬地选择必有一番认真的谋划。显然,当时的交通条件,不可能将他的遗体运回中原安葬,大概禹和他周围的臣子又不太愿意将其就地安葬,而对舜有着深厚感情的三苗可能也不愿意他们心目中的这位仁人之君远离他们而去,于是折衷的结果就是选定九嶷山为葬地,这可能就是零陵有幸成为舜陵的原因。不管出于什么原因,舜葬九嶷山都是当时参与者的最明智的选择。第一,舜安葬九嶷山,表明那时中原王国的势力范围已经到达珠江流域,昭示中原王国在广袤的黄河、长江和珠江流域的地区建立起有效的统治。第二,舜的葬地,位于以三苗为代表的南方氏族部落的中心,作为三苗等南方人民心目中的仁人之君,他的墓地就成为各族人民团结一体的象征。这样一来,舜葬九嶷,既满足了三苗等南方人民的愿望,也昭示了南北各族人民的割不断的骨肉亲情。这也可以解释为什么中原王国的当权派后来没有对舜进行移骨出生地的二次葬。再后,禹的命运似乎与舜惊人的一致:作为夏王朝的创立者,他也死于巡守越国的途中,也是葬在了死亡之地的会稽山,而矗立四千年之久的大禹陵也成为中华各族人民血肉联系的永恒象征。

"九嶷山上白云飞,帝子乘风下翠微。斑竹一支千滴泪,红霞万朵百重衣。"显然,毛泽东对舜有幸葬在他的故乡湖南也深有感慨,因而触发出豪荡浪漫的诗情。舜葬九嶷,应该成为中国各族人民亲密联系的佳话,是中华民族作为一个团结统一整体的永恒象征。九嶷穆穆,湘水悠悠,中华一统,永世铭记虞舜之功!

(原载 2013 年第 1 期,作者单位:山东大学)

辨虞舜"南巡"与"江南九疑"之"疑"字解

✳ 曹定云

一 舜"南巡"与"葬于江南九疑"的文献记载

虞舜是我国古史传说中的重要人物,是"五帝"中最后一位"帝王",为华夏民族的形成和发展作出过重要贡献,在中华儿女的心中,享有崇高的威望。

虞舜一生有着不平凡的经历。《史记·五帝本纪》载:"舜年二十以孝闻,年三十尧举之,年五十摄行天子事,年五十八尧崩,年六十一代尧践帝位。"《孟子》曰:"舜生于诸冯,迁于负夏,卒于鸣条,东夷之人也。"《尚书·尧典》云:"舜生三十征庸,三十在位,五十载陟方乃死。"

虞舜一生推行"德"政,主张以"德"治天下。帝尧在位时,南方的"三苗"不服,常与中原的炎黄部落发生冲突,故尧派兵征讨,但没有解决问题。舜即位后,开始也曾派兵征伐,成效甚微;后推行"德"政,从改变"三苗"的民风民俗入手,使"三苗"心悦诚服。舜在"三苗"部落中,享有崇高的威望。舜生长在"音乐"世家,其继父"瞽叟"就精通音律。舜即位后,咏《南风》之歌,制"九韶"之乐,以变民风,成为推行"德"政的重要补充。

对于"舜之死",文献记载有不同的说法。《竹书纪年》云:"四十九年居鸣条,五十年陟。""陟"就是"升天"(仙逝)的意思。《尚书·尧典》亦云"舜生三十征庸,三十在位,五十载陟方乃死"。可《史记·五帝本纪》却云:"(舜)年六十一代尧践帝位,践帝位三十九年,南巡狩,崩于苍梧之野,葬于江南九疑,是为零陵。"《史记》的记载同《孟子》《竹书纪年》《尚书·尧典》等记载有很大的出入,从而导至了几千年来学者对这一问题的争论。

"舜葬九疑"说见诸文献。《山海经·海内经》云:"南方苍梧之丘,苍梧之渊,其中有九疑山,舜之所葬,在长沙零陵界中。"西汉孔安国注《尚书·尧典》"五十载陟方"时云:"方,道也。舜在位五十载升道南方巡狩,崩于苍梧之野焉。"由于舜死于南巡路上,葬于九疑,又衍生出舜的妻子和女儿长途跋涉,跳洞庭而死的动人传说。这也有两个不同的版本。一说是舜之二妃娥皇、女英来到洞庭。《列女传》云:"舜陟方,死于苍梧,二妃死于湘江之间,俗谓之湘君。"并广为流传着"斑竹泪"的故事。唐代文人韩愈《黄陵庙记》云:"湘旁有庙曰黄陵,自前古应以祠尧之二女,舜之二妃者。庭前古碑断裂分散在地,其文剥缺。"伟人毛泽东著名诗句:"九嶷山上白云飞,帝子乘风下翠薇;斑竹一枝千滴泪,红霞万朵百重衣。"描述的是"湘君"的传说。另一说则认为,不是二妃(娥皇、女英)死于洞庭,而是舜的第三妃北登氏。据说,北登氏是舜的第三位妻子,是舜七十岁左右时所娶。北登氏生有两个女儿(宵明、烛光),被舜视为掌上明珠。《帝王世纪》载:"舜有三妃,元妃娥皇无子,次妃女英生商均,次妃北登氏生霄明、烛光。"舜死于苍梧的恶耗传来后,北登氏和两个女儿悲痛万分,立即南下,行至洞庭(今湖南岳阳)时,北登氏悲痛而死,两个女儿遥望父亲哭祭,跳湖而亡。《路史·发挥》云:"其之巴陵(今岳阳)者,北登氏,盖从之,故其墓在于巴陵。"关于这一传说,杨东晨先生有详细记述,可以参阅[1]。传说帝舜当年南巡,到了今湖南湘潭韶山地方,奏了首曲子叫"虞韶",此山因此得名,这就是湘潭"韶山冲"的来由。

二 舜"南巡"与"崩于苍梧之野"辨

关于虞舜"南巡"与"崩于苍梧之野",历史上一直存在争议。明代李卓吾《洞庭湘妃辨》:"鸣条有苍梧山,舜死遂葬焉。"明司马銮复李卓吾书云:"读《洞庭湘妃辨》援引博而弹驳精,大快人意!今鸣条岗即在安邑,舜陵亦在安邑,以《孟子》一言断之,确乎无疑。再考《竹书纪年》舜三十二年命夏后总师陟方岳;三十三年夏后受命于神宗;三十五年夏后征有苗;四十九年帝居鸣条;五十年陟。"《孟子》和《竹书纪年》均早于《史记》,内中并无"南巡"的记载。故清人张京俊说:"舜无南巡之事,洞庭又何以有二妃哉?"[2]28

《说苑·修文》云:"天子曰巡狩,诸侯曰述职。巡狩者,巡其所守也。"这说明"巡狩"是"天子"之事。《孔丛子·巡狩》:"古者天子将巡狩,必先告于祖祢,命史告群庙及社稷,圻内名山大川,告者七日而遍。"又云:"所过之诸侯各待于境……有功德者,则发爵赐服,以顺阳义。无功者则削黜贬退,以顺阴义。"这进一步说明:天子(部落联盟首领)在"巡狩"过程中,要考查各地诸侯的政绩,给予奖惩。这就是说,只有"天子"(部落联盟首领)才能"巡狩",诸侯和大臣都不能"巡狩"。

《史记·五帝本纪》载:"尧老,使舜摄行天下事,巡狩。"此记载表明,尧让位给舜以后,不再管事,而是让舜去"巡狩"。尧、舜、禹三代是"禅让"制,九十六岁的舜让位给禹以后,亦应当不再管政事,而是安度晚年,"巡狩"之事,应当由禹去做。所以,以尧比舜,舜不会再有"南巡"之事。再者,"舜践位三十九年,南巡狩",此时,舜已是100岁的老人,行动十分困难,到湖广千里迢迢,山高水长,那时的交通又极为困难:是否有车,目前没有证据;船(独木舟)可能会有,但从山西到湖广,陆路多,水路少,靠的是步行,一个百岁老人如何承受得了?故以情理度之,舜要"南巡"基本上是不大可能的。

关于"苍梧之野",《山海经》云:"中条、桐梧,古通名,山产梧桐苍玉。"此意味着鸣条有"苍梧"。《孟子·离娄下》:"(舜)卒于鸣条",今本《竹书纪年》则云:"鸣条有苍梧之山,帝崩,遂葬焉"。以此推之,舜"卒于鸣条"即是"死于苍梧之野"。此"苍梧之野"是鸣条的"苍梧之野",而非湖广的"苍梧之野"。鸣条岗,在中条山之北,柏王山之南,东起夏县,西延临猗的一脊黄土岗丘。《汉征土卫公讳皓之墓碑》称鸣条岗"北稷山,带涑水,面中条,如列屏障。中开广原,为虞夏帝都所在"。因此,舜卒于鸣条,应不存疑义。

三　洞庭"湘妃"辨

在舜南巡的传说中,莫过于"洞庭湘妃"之动人故事了。前文已经指出,此传说有两个不同的版本:一是指舜妃娥皇、女英;另一个是指舜三妃北登氏和她的两个女儿宵明、烛光。其实,这两种传说都是不可靠的。

第一种关于娥皇、女英之说,基本上不能成立。娥皇、女英是尧之女,据说,舜在三十一岁时娶娥皇、女英,她们的年龄起码应当在二十岁前后,与舜之年龄相差充其量也就十来岁。在所谓"舜南巡"(100岁)时,娥皇、女英早已仙逝。据说,娥皇随儿子去了陈仓(今宝鸡),后来病逝就葬在陈仓。《路史发挥》载:"育既葬于陈仓,则其先去矣。"罗萍注"育即娥皇。《汉志》:陈仓有黄帝孙舜妻育冢。"关于女英,其子叫"商均",《史记·五帝本纪》云:"舜子商均亦不肖",《正义》引谯周云:"以虞封舜子,今宋州虞成县。"《括地志》:"虞国,舜后所封邑也,或云封舜子均于商,故号商均也"。其母女英随商均生活,舜"南巡"时,早已亡故,其墓应在"商",根本不可能在江南洞庭。

第二种说法,是舜三妃北登氏和她的两个女儿宵明、烛光。此说同样经不起"推敲":舜在七十岁左右时,娶北登氏为妃,而且生了两个女儿。男性在七十岁左右"结婚",古今有之。但"结婚"后要生两个儿女就很"罕见"了。从人的生理角度分析,女到五十,男到七十就基本停止了"生育活动",这是一般的常识。舜在七十岁"结婚"以后,居然生下两个女儿,"挑战"人之生理极限,这在一般人的认识上是很难通过的。况且,前面已经指出,舜根本就无"南巡"之事,故"北登氏悲逝和二女跳湖而亡"之说,也就很难成立了。

四 关于九疑山舜陵的思考

以往关于舜之葬地的争论中,"鸣条说"学者坚持的一个主要观点,就是司马迁在《史记》中的误记。所指误记的一段文字即为:"(舜)年六十一代尧践帝位,践帝位三十九年,南巡狩,崩于苍梧之野,葬于江南九疑,是为零陵。"清代学者张京俊在《鸣条舜陵考略》中云:"有虞帝舜之有天下,泽披万世,其始封之邑,倦勤之都,升遐之宫,园陵之葬,皆在安邑。自《史记》一误,后世悠谬之谈,因之罔惑千古。"[2]25司马迁是一位严肃的学者,他看过不少文献,也亲自跑过不少地方,一般情况下是不会误记的。他在《史记》中关于"舜葬九嶷"这段文字是否是"误记"? 确实值得认真思考。

"舜葬江南九嶷说"在司马迁之前就已经存在。《山海经·海内经》:"南方苍梧之丘,苍梧之渊,其中有九嶷山,舜之所葬,在长沙零陵界中。"屈原《九歌》:"帝子降兮北渚,目渺渺兮愁予……九疑缤兮并迎,灵之来兮如云。"辞中的"帝子",即是指舜妃娥皇、女英。屈原乃战国时人(约公元前340—278年),早于司马迁约200余年。这足以说明:至少在战国时代,舜崩于苍梧之野,葬于江南九嶷,就已经在楚地广为流传。

1973年12月,在长沙马王堆三号墓出土的帛书中,有一幅《长沙国南部地形图》。此图中最引人注目的地方,是在该图东部偏南之处,绘有"九嶷山";在"九嶷山"的南面绘有一排九个圆形柱状物,柱旁注有"帝舜"二字;九柱间的空隙处露出五幢高低不一的人字形建筑物。学者推断:这是一幅清晰的舜帝陵庙图。[3]27马王堆3号汉墓中,出有一木牍记"十二年十二月乙巳朔戊辰"字样。这标明该墓下葬时间是汉文帝十二年(公元前168年),比司马迁诞生之年(前145

年)早23年。这说明:在司马迁诞生之前,湖南零陵九嶷山舜陵就已经存在。因此,司马迁在《史记》中没有误记。

马王堆3号墓帛书《地形图》的发现,为考古工作者寻找舜庙提供了依据。从2002—2005年,湖南省文物考古工作者,在九嶷山瑶族乡九疑洞村玉琯岩附近进行发掘,发现了唐代和汉代的建筑基址,并在汉代建筑基址上,发现了一批排列整齐,间距一致的椭圆形柱坑及汉代建筑原始地面。[4]这应该就是"舜庙"遗址,同《地形图》的记载完全吻合。

九嶷山汉代舜庙遗址的发现,是否意味着《史记》所记"舜葬江南九嶷"就成为"定论"呢?我认为不见得,事情并非如此简单。世间上许多事情,并非都是"非此即彼"。司马迁距帝舜时代约2200余年,他对帝舜时代的记述比我们今天对汉代的记述基本差不多(他的时间略长一点)。那个年代文字记载贫乏,许多事情多是口耳相传。在一代代的口耳相传中,有些事情难免发生变异;而且,历史也会发生一些变化,且又无文字记录下来。不然的话,为什么那些传说中的领袖人物,例如炎帝、黄帝、尧、舜等等,其出生地和葬地都会有好多处呢?此中的原因是什么?确实值得我们认真思考。

五 虞舜族群的后裔南迁

传说中的"舜南巡""舜葬江南九嶷"等,都不可能是舜发生的历史事实。但从历史的长河中考查,这些"传说"的产生有它的"历史原因",有它存在的"根据"。这个"原因"和"根据"就是虞舜族群的后裔南迁。

人们把舜称作"虞舜",是把他当作"有虞氏"的首领。其实,《孟子》说得很清楚:"舜生于诸冯,迁于负夏,卒于鸣条,东夷之人也。"这说明,舜本"东夷"之人(姚姓),后因母改嫁,随母到了"有虞氏"(妫姓)。因其品行出众,能力超群,逐渐成为有虞氏的首领,并被帝尧看中,最后成为华夏部落联盟首领。舜在原东夷族、有虞氏和后来的商族中,都享有崇高的威望。

古代居民经常处于迁徙之中,这有自然条件的原因,也有深层次的社会变革原因。而古代居民的迁徙,一般多是集体行动,很少有单个独自迁徙的。舜所在的氏族,其后裔中有不少向南迁徙,今分述如下:

有虞氏中的"象"(舜弟),其封地本在山西太谷,而他的后裔则迁到了湖南道县。何光岳先生曾考证,"象有鼻是在湖南道县的有鼻亭,那是象的后裔迁到那里"[5]。"象"这一支迁徙的时间,大约是在商末周初。杨东晨先生考证:"周武王灭纣前,先攻灭象国,部分象人退居祖先故地鲁(今山东),部分南逃。今河南淅川县南的象山、桐柏县的象河、象河关、湖北荆门市北的象河、湖南岳阳有象骨山、象湖、临湘县西北的象骨山、宁乡县的沩山、沩水、道县有象亭,均与象国余民迁经或有人留居有关。"[5]我们根据这些地名,可以勾画出"象"后裔南迁的足迹。

舜之直接后裔亦有南迁湖南者。元代罗泌《历山辨》中云:"《郡国志》言:'邑西今有地名舜田,然进潭之益阳,岳之沅江,故梁之重华县,有舜帝城,记亦谓是所都。'而《述异记》:'去湘水岸三十里,有相思宫,望帝台志,为二妃之迹。冷道、临武、桂阳、蓝山等处,悉有帝舜之祠。蓝山更有舜水、舜乡。县西十五里,与永明西十五里,皆有娥皇、女英之庙。江华太平乡有舜女寺,即按黎城东南十里之庙。'三晏氏《三齐记》:'在县东南,后人息舜而置庙也。'《湘中记》云:'地有舜之遗风,人民纯朴,故志犹弹五弦之琴,为渔父辞,莫不以为虞帝之居。'"[6]116元人罗泌这段文字,是对舜后裔迁入湖南的最好描述:他们不但人来了,而且把地名(舜帝城、舜乡、舜水),祖宗庙宇(帝舜祠、娥皇庙、女英庙)统统搬来了。这是舜的后裔进入湖南的最佳证据。

商族出自"玄鸟","玄鸟"是"东夷"的重要一支;而"虞舜"本东夷之人。商族与有虞氏关系密切,故商族尊舜。在商代后期,尤其是在商代灭亡之后,商族大量南迁,湖南至广西北部一带,发现不少商人青铜器;广西桂林有"虞山",应是舜之后裔迁居到此的结果。

六 解九疑山"疑"字义

在南迁的尊舜后裔族群中,最重要的是商族。而商族中有一支很大的氏族,即"亚燕"。"燕"字,过去一般都释为"疑";后来,我释为"燕","亚燕"即殷代"燕国"。[7]今天看来,这个字仍可细分:带"卜"字者(卜人燕的徽号)可以释为"疑";不带"卜"字者仍释为"燕"。"疑""燕"二字实际同源。"疑"是专指"卜人燕"这一支的氏族徽号;而"燕"则泛指"燕国"氏族族徽(见下表)。

殷代燕国族徽表

类别	带"卜"字族徽			不带"卜"字族徽		
	4、缀殷文存 上、五	2、《文参》 1957.11、P66 3、小校6.83 7、缀殷文存 上.四三	8、缀殷文存 上.四二	13、三代16.46 16、三代14.51	9、三代2.15 5、奇觚6.4 10、缀殷文存 下.43	1、小校 4.11 6、三代7.9.4
	释"疑"			释"燕"		

　　"卜人燕"这一支是殷代望族,在武丁后期,就享有很高的权力和地位。至殷代末年,可能发展到相当庞大。周武王伐纣,殷王朝灭亡,殷代"燕国"也随之"鸟兽散",在这块土地上,建立起新的诸侯国——西周匽国。殷代"燕国"的臣民,除少数仍留故土外,大部分可能逃离,其中不少迁往南方,相当一部分,到了今天的湖广。因他们是"卜人燕"的后裔,其族徽是"疑",都是"疑"族的分支。由于来的分支很多,故称"九疑",他们所居附近之山也就叫"九疑山"。这可能是"九疑山"名号的来由。由于他们来的人很多,过去又是望族,有一定的经济势力,又都崇拜"舜",自然想到要在这里建一座"舜庙"(陵),成为众族人祭祖之所。这可能就是"九疑山舜庙"(陵)的来由。

结　语

　　湖广地区关于虞舜的传说很多,而且都是由"舜南巡"所衍生。就历史的真实性而言,年满100岁的舜是不可能"南巡"的,虞舜的势力在那个年代也不可能到达南方。但湖广地区为什么会有那么多的虞舜传说,这个问题的根源是虞舜族群的后裔南迁。本文用了"族群"二字,表明它不是一支,而是有很多支。他们迁徙的时间和所走的路线并不完全相同,到达湖广的时间也不会完全一样。在这些先后南迁的族群中,有"象"的后裔,有"舜"之直接后裔,有原东夷族中"舜"之亲族,有殷代"燕国"中的后裔。他们都崇拜舜,都视舜为他们的始祖。帝舜族群的后裔南迁,不但人来了,而且风俗习惯、风土人情、人名、地名、祖宗庙宇统统都"搬来"了。当然,这是一个漫长的历史过程,是历史的长期积淀。九疑山"舜庙"(陵)的出现不是偶然的,它是多支最重要的尊舜的后裔聚居于此的结果。这个时间有可能在西周初年,它距司马迁至少有一千余年。所以,司马迁在写《史记》时,九疑山早就有"舜庙"(陵)。司马迁没有"误记",后来的人们也就把"九嶷山舜陵"当成"真实的历史"了。

九疑山虞舜帝庙无论是何种原因建造的,也无论是何时所建,它都是舜文化的重要组成部分,也是中华民族历史的重要组成部分。九疑山舜帝庙的存在,是中华民族历史发展过程中的产物,有其发生的原因,有它存在的根据。它是华夏民族大迁徙、大融合的产物。我们今天弘扬虞舜文化,就是要继续保护好舜庙遗址,将其作为联系中华儿女的纽带,研究舜文化的基地,使虞舜文化更加发扬光大。

参考文献:

[1]杨东晨.帝舜家族史迹考辨[J].零陵师专学报,2002,(1):21.

[2]张京俊.鸣条舜碑考略[A].鸣条舜陵古碑录[C].太原:山西古籍出版社,2003.

[3]高至喜.马王堆汉墓出土的《地形图》与舜葬九嶷的对应及其他[A].2007年湖南永州舜文化学术讨论论文集[C].又见:曹定云.论《史记》"舜葬江南九嶷"及其相关问题[A].舜文化论文集:第一辑[C].长沙:湖南人民出版社,2008.

[4]何强.印证"舜葬九嶷"的考古发掘[J].舜风,2005.原载:人民日报(海外版),2005 - 08 - 20,(8).

[5]何光岳.东夷源流史[M].南昌:江西教育出版社,1990.

[6]罗泌.历山辨[A].鸣条舜陵古碑录[C].太原:山西古籍出版社,2003.

[7]曹定云.殷代燕国考——兼释甲骨、金文中"燕"字[J].人文与社会,2003,(2).

(原载2012年第11期,作者单位:中国社会科学院考古研究所)

舜帝南巡不容置疑

✽ 郑国茂

舜帝崩葬之地究竟在哪里？从古至今盖历数千年众口一词:舜帝崩于苍梧之野,葬于江南九嶷。但是近年来,伴随着经济与文化一体化的进程,发展旅游经济成为各地经济建设的亮点,作为有"德圣""孝祖"之称的舜帝,骤然之间人皆垂青。于是舜帝葬在北方某地之说死灰复燃,其论据就是舜帝老来没有到过衡山、九嶷山。遥想当年,梁玉绳、罗沁也曾对舜的葬地和南巡问题有过标新立异之言,但都不攻自破,现今旧话重提,虽了无新意,怕也有必要端正视听。

对舜帝是否崩葬九嶷山质疑,势必以质疑舜帝是否南巡到过苍梧九嶷山为前奏。因为,无论是持舜帝出生地在山西运城还是河南濮阳还是湖南永州观点者,所言帝都蒲坂都在衡山、九嶷山之北。因此,只要认同舜葬九嶷说,也就一定认同舜帝南巡;反之,否定舜葬九嶷,也就会否定舜帝南巡。

笔者认为,舜帝老来南巡到过九嶷山不容置疑。这可以从三个方面加以考证。

一 传说故事生动而具体,史籍记载系统而详尽

传说故事生动而具体,史籍记载系统而详尽,考古发现又与传说和史籍十分吻合。传说故事、史籍记载、考古发现三位一体,我们有什么理由对舜帝南巡质疑?

关于舜帝南巡与崩葬九嶷山的传说,在九嶷山流传了数千年,家喻户晓,老幼皆知。《舜帝降九龙》《访何封侯》《教民制茶》《导洪治水》《腰斩孽龙》《悲风鸣条》《二妃寻夫》《斑竹泣血》《玉带围陵》《荆竹扫墓》等等,这些故事生动而具体,系统而全方位的揭示了晚年的舜帝在九嶷山的生活轨迹。以"二妃哭竹"为例,说舜帝为了一种信念沿黄河,进长江,入洞庭,溯潇湘,到了山高水远的南方九嶷山。二妃不能没有舜帝,久不得舜帝音信,他们不远万里,循着舜帝的足迹,

也到了苍梧之野的九嶷山。在九嶷山，二妃听说了舜帝勤民而死后，二人哭成一团，眼泪湿了裙裾，湿了大地。后来，从眼眶里流出的泪水，成了一滴一滴的血。一把一把血泪挥洒在路边竹丛间，于是，九嶷山里就有了极具个性和活力的斑竹。

我国现代著名古史专家、考古学家徐旭生说："世界上任何一个民族最初的历史，总是用'口耳相传'的方法流传下来。古代传说是'口耳相传'的史料，这些史料大多有其历史的核心，也都有其历史渊源。它是未经加工过的零散资料，应比经过加工的系统化的'正经'或'正史'更为质朴。我们应当把掺杂神化的传说与纯粹神化区别开来"。

九嶷山里关于舜帝的传说故事虽然掺杂了些许神化，但决不是空穴来风，它就是有其历史核心和历史渊源的史料。倘使舜帝没有来过九嶷山，为什么这些传说故事唯有九嶷山独有呢？

史籍对于舜帝崩葬九嶷山的记载以《山海经》最早。《三海经》总共十八篇，其中就有三篇定论舜葬苍梧九嶷山。其卷十海内南经载："苍梧之山，帝舜葬于阳，帝丹朱葬于阴"。其卷十五大荒南经载："赤水之东，有苍梧之野，舜与叔均之所葬也。"其卷十八海内经载："南方苍梧之丘，苍梧之渊，其中有九嶷山，舜之所葬，在长沙零陵界中。"

《山海经》成书于上古时期，是我国记载上古历史的唯一著作，被视为古人生活日用百科全书，书中记述各地山川、地理、部族、物产、祭祀、医巫、原始风俗，它保存远古的神话传说和史地文献最多。

《山海经》既揭示了苍梧山与九嶷山的关系，也肯定了舜葬在九嶷山的事实。

《尚书》载："舜三十征庸，三十在位，五十载，陟方乃死。"

《竹书纪年·帝舜有虞氏》载："三十二年，帝命夏后总师，遂陟方岳。"

到了汉代，司马迁在阅读了大量史书后，"探禹穴，窥九嶷，浮于沅、湘"（《史记·太史公自序》），在亲临九嶷山之后才郑重结论：舜"南巡守，崩于苍梧之野，葬于江南九嶷"（《史记·五帝本纪》）。很显然，司马迁下此结论，既肯定了舜帝南巡，也肯定了舜帝葬在九嶷山。

晋代的皇甫谧在《帝王世纪》中说：舜"南征崩于鸣条，殡以瓦棺，葬于苍梧九嶷山之阳，是为零陵，谓之纪市"。皇甫谧亦肯定了舜帝南巡和舜葬于九嶷山，与此同时，明确了'鸣条'既不是运城的鸣条岗，也不是安邑的鸣条陌，而是九嶷山里的鸣条峰——传说中的舜帝升天的地方三分石,这与《尚书·舜典》中所说"陟方乃死"和《竹书纪年·帝舜有虞氏》中"遂陟方岳"都相吻合。

《山海经》成书年代是所有记载舜帝的史书中离舜帝生活年代最近的。《史记》是中国第一部通史,早在汉代的刘向、扬雄和班彪、班固父子以及后来的许多史学家都称它为"实录"。试问当今学者,还有谁能够找到比《山海经》更早的史籍依据证明舜帝葬在别的什么地方呢? 从古至今,就连别史、杂史、野史、稗史都跟正史《史记》异史同词说舜老来南巡,崩葬于九嶷山。我们还有什么理由能够推翻司马迁的考证呢?

近年来的文物考古成果,对舜葬九嶷山更是佐证到了无可挑剔的地步。

1972 年,长沙马王堆汉墓考古发掘出土的帛书地图《长沙国南部地形图》所描绘的正是当今永州市的南六县。这幅随葬于公元前 168 年的、至今世界上发现的最早的地图,地图上九嶷山中心绘有九根柱状物,柱状物有五个"∧"型屋脊,旁注"帝舜"二字。经著名历史地理学家、上海复旦大学教授谭其骧先生考证,它所表征的就是"九五至尊"舜帝之陵庙[3]。2002 年,湖南省考古工作者在九嶷山玉琯岩发现了汉代建筑遗址。经过 280 多天的勘探试掘,发现遗址占地 3.2 万平方米,呈南北向、东西向叠压,长宽愈 100 米。出土的遗址表明,古舜帝陵庙由南往北依次为正殿和寝殿,其中正殿占地面积 800 平方米,寝殿占地面积 400 平方米,两殿的两侧还有不少厢房。经国家文物局批准,2004 年 8 月,全国考古学和历史学界有关专家学者赴九嶷山进行了实地考察和论证,对这项考古成果作出了权威性认定:考古工作者在九嶷山玉琯岩南面已经发掘出了宋代舜帝陵庙遗址,这是目前经考古发掘证实的时代最早的舜帝陵庙。在宋代舜帝陵庙的建筑基址下面,还发现了唐代舜帝陵庙的建筑遗址。在唐代的舜陵庙基址之下,还进一步发现了汉代建筑基址,出土了大量唐代和汉代文物,印证了史籍中关于玉琯岩前有舜帝陵庙的记载。据此,对于史载:"禹南巡至衡山,筑紫金台望九嶷山而祭舜";秦始皇三十七年(前210)始皇出游,"十一月,行至云梦,望祭虞帝于九嶷山";以及汉武帝巡守至盛唐,望祭九嶷山舜帝陵的真实性就无可怀疑了。

九嶷山里流传的《腰斩孽龙》《悲风鸣条》《二妃寻夫》《玉带围陵》《荆竹扫墓》等等传说故事与《山海经》《尚书》《竹书》《史记》《帝王世纪》等等史书互相印证,与考古发现互相印证。传说故事、史籍记载、考古发现三位一体,我们还有什么理由对舜帝南巡质疑?

二 "舜帝南巡"之说并不是始于司马迁

早于《史记》数百年的《尚书》跨越一千六百年时空,记录了从尧舜至秦的连续历史。《山海经》《竹书纪年·帝舜》对《尚书》中"陟方乃死"作了诠释。关于上古史的记载,三部距尧舜时代最近、最具权威性的史籍,都肯定了舜帝老来南巡的史实,我们还有什么理由对舜帝南巡质疑?

说中国的历史如何悠久,说中国古代文明如何灿烂,说来说去,准确与否还得根据文字记载。书的出现以文字的相对成熟为前提。大约在距今五千年左右的黄帝时代,中国人就已经开始创造和应用自己的文字了。尧舜时代开始,出于治国安民的需要,统治者就将他们的谈话和政令刻写在竹、木片上,用于宣传和保存。《尚书》就是这样一些官方文件的汇编。《论衡·正说篇》云:"《尚书》者,以为上古帝王之书,或以为上所为,下所书。"《春秋说题辞》云:"尚者,上也。上世帝王之遗书也。"流传下来的《尚书》是根据唐尧、虞舜、以及夏、商、周王室和各诸侯国的文献档卷整编出来的。全书以《尧典》开篇,以《秦誓》压尾,上起尧、舜,下至春秋前期,中间是夏、商、周三代,跨越一千六百年时空,全是经营天下的鸿篇巨制。

中国历史上的三皇燧人氏、伏羲、神农,留给后世的都是神化了的传说故事。纵使是黄帝,鉴于文字尚未成熟和推广,留给后世的大多也是传说故事。而舜帝除了大量口耳相传的传说故事之外,还有大量文字史籍可考。唐代思想家韩愈在梳理儒家道统的传授关系时说:"斯所谓道也,非向所谓老与佛之道也。尧以是传之舜,舜以是传之禹,禹以是传之汤,汤以是传之文武周公,文武周公以是传之孔子,孔子传之孟轲。"由《尚书》和韩愈之言可知,从尧至舜至禹至汤至周是一个不可割裂的连续历史。当今断代史已经断言夏起于公元前2070年,那么,尧、舜时期距今就大约四千二百年。这段有籍可考的历史不容置疑。

《尚书》《山海经》《竹书》记录了从尧、舜开始的近二千年的连续历史,司马迁的《史记》既承袭了历史,又亲历其境地进行了必要的考察,无论从哪个角度说都比距离尧舜时代4200年的现代人标新立异的杜撰可信。

有人撰文断言"舜帝晚年没有巡狩之举",并推理说:一、巡狩既为天子政事,舜让禹摄天子政后,不可能将禅让给禹的帝权要回来去巡狩;二、南岳是指安徽霍山,衡山改称南岳是汉代的事,即使舜帝有南巡,也只能到达霍山,不能到达湖南衡山、九嶷山；三、舜既卒于广西苍梧，就不可能葬在离苍梧五百里的九嶷山；四、"陟方"并非巡狩，《尚书·舜典》"五十载陟方乃死"应标点为："五十载陟，方乃死。"撰文人大言不惭地指责司马迁："虽为名人，却以地理著作《山海经》中舜葬九嶷作为史实根据乃至酿成千古之误。"

历史是一个连续过程。对于真正系统研究过舜帝的人来说，上述否定舜帝老来南巡的理由实在是不值一驳。

其一，舜帝八十三岁荐禹于天，在舜帝八十三岁至九十三岁时，禹仅仅是"摄政"。舜六十一岁即帝位，依《竹书》载："三十二年，帝命夏后总师，遂陟方岳"可知，舜帝九十三岁时是要夏禹作摄政帝。所谓摄政帝就是：舜帝是掌握最后权力的皇帝，国家的所有政令都以舜帝的名义发布，而禹负责执行。舜帝是名义上的至高无上的君王，摄政帝禹只负责日常事务。舜帝让禹作摄政帝后，自己南巡，到九嶷山后，再没北归，直至一百岁崩（《竹书》说舜112岁崩）。禹是在舜死后三年即帝位的，根本不存在舜在权力禅让给禹以后再从禹手里将权力要回来的问题。

其二，舜帝南巡，曾经到过霍山，这是事实。舜初巡之时，由于南方三苗作乱，而当时衡山正是动乱中心，因此只能到达霍山。史载："当舜之时，有苗不服，于是舜修政偃兵，执干戚而舞之。"舜定五年巡狩之制，抚三苗时就到过洞庭湖，有志于巡狩的舜帝岂可能每次均到霍山而不到衡山？说舜时往南疆域只限霍山，也未免太低估"舜日尧天"了。

其三，《山海经》云："南方苍梧之丘，苍梧之渊，其中有九嶷山，舜之所葬，在长沙零陵界中。"《书》注释云：九嶷一名苍梧。惟文颖云："九嶷半在苍梧半在零陵。"《纲鉴》注云："苍梧山亦名九嶷。"明确了苍梧与九嶷的关系，就不会出现九嶷山离苍梧五百里的笑话了。

其四，《尚书·舜典》云："五十载陟方，乃死。"《竹书纪年·帝舜》云："三十二年，帝命夏后总师，遂陟方岳。""四十九年，帝居于鸣条"，"五十年，帝陟"。单独一个"陟"字，语义有二：（1）登。《书·舜典》："三载，汝陟帝位。"（2）帝王之死。《竹书纪年·帝舜》："五十年，帝陟。"但是，陟与方结合为"陟方"，其意即谓帝王巡狩。《尚书·舜典》："五十载陟方，乃死。"《传》：解释说："方，道也。舜即位五十年，升道南方巡狩，死于苍梧之野而葬焉。"这与《竹书·帝舜》："三十二年，帝命夏后总师，遂陟方岳"意思相同，均指舜南巡事，虽然时间概念不一，但南巡是肯定了的。再结合流传的舜与九嶷山的故事可知，舜帝到九嶷山以后就再没回过北方,因此,《竹书》所说"四十九年,帝居于鸣条"之"鸣条",是指九嶷山的三分石。由汉董仲舒《雨苞对》:"太平之世,则风不鸣条"可知,鸣条原义指风吹树枝发声,后引作地名。据清人雷学淇考证,全国叫"鸣条"地名的岗、陌、亭、峰、山、至少有九处。故尔,《竹书》"五十年,帝陟"是指传说中的舜帝在九嶷山三分石升天。

《尚书》跨越一千六百年时空,记录了从尧舜到秦的连续历史。《山海经》《竹书纪年》对《尚书》中关于舜帝"陟方乃死"作了诠释。关于上古史的记载,三部距尧舜时代最近、最具权威性的史籍都肯定了舜帝老来南巡的史籍,因此,其它任何或以野史为据或断章取义质疑舜帝南巡之言论均会不攻自破。至于今本《竹书纪年》中"鸣条有苍梧之山,帝崩,遂葬焉,今海州",其中的"今海州"系作伪者所加,这在史学界众所皆知。《隋书·地理志》载:"东海郡,梁置南北二青州,东魏改为海州。"把隶属东海郡的海州说成属于河东郡的解州,得出"鸣条岗属解州,山西中条山即是苍梧山"的荒谬结论,以否定舜帝南巡,这种牵强附会实在令人笑掉大牙。

三 舜帝老来南巡事出有因

舜帝毕生的修为和操守决定了他不会因为路远江隔的所谓交通问题而放弃南巡。湖南境内留下的大量与舜帝南巡有关的地名和故事,九嶷山里大量与舜帝老年生活有关的传说故事,充分说明舜帝最后一次南巡到苍梧九嶷山以后,再没北返,直至崩于苍梧之野,葬于九嶷山。

前文说过,鉴于文字的发明和推广的原因,关于"三皇"与黄帝,都是后人根据传说故事整理的。而尧禅位于舜,舜禅位于禹等有关舜帝的事迹是有史籍可考的。春秋时代的孔子最佩服最赞赏的是五帝中"以德感人""以仁化人"的舜帝,因而,经孔子之手整理后传之于世的《尚书》,留下了大量关于舜帝的记载,孔孟"言必称尧舜"说明了这一事实。孔子授业解惑弟子三千,其学问的精华"仁"和"德"正是源于舜帝身体力行所创建的道德文化。孔子的成功在于集天下之大成,而舜修身、齐家、治天下之大成,正是"大成"的精华。

分析舜帝当年决意南巡的原因有四:

其一,舜帝初巡本该抵达衡山,但是,当时遥远的衡山恰恰是所有不训服部落的心脏地带,结果只到长江以北的霍山。后来"三苗不服,禹请攻之。舜曰:

'以德可也'。行德三年,而三苗服。"因此,舜以后的南巡自然就到衡山再不是霍山。巡视南岳衡山之时,舜帝就听说过衡山南行约三百里的五岭苍梧地带地广田沃,气候宜人,但却多水患,多灾荒瘟疫。灾害不除,南方的黎民百姓难以安居乐业。因此,南巡直达南疆苍梧九嶷山了解民情,解愠阜财,这是舜帝早有的心愿。舜帝所作之《南风歌》亦是舜帝南巡情结的抒发。

其二,史载:黄帝家族战胜了炎帝家族,变成了民族正统,而散落在南方广大地区的炎帝后裔,则沦落成了不服北方"王化"的蛮夷。其中就有少数三苗中的顽固份子,他们对当朝仍然怀有强烈的敌对心理,不时滋扰社会。舜帝有生之年不真正做到"普天之下,莫非王土;率土之滨,莫非王臣"于心不安。一向厌弃舍仁德而任诛杀的舜帝拟进一步感化南蛮。

其三,《史记·五帝本纪》载:"封弟象为诸侯。"孟子言"封之有庳",也即湖南道县北。舜册封象的原因孟子说得明白:"仁人之于弟也,不藏怒焉,不宿怒焉,亲爱之而已矣。亲之,欲其贵也;爱之,欲其富也。封之有庳,富贵之也。身为天子,弟为匹夫,可谓亲爱之乎?"经舜教化后的象忠于职守,在有庳作了不少善事,死后当地人立有象祠。因有庳遥远,舜从未去过,象死后,舜心感不安,朝思暮想去有庳凭吊亡灵。

其四,鲧治水不力,酿成大患。舜殛鲧于羽山,就与大禹结下了杀父之仇。大禹治水成功,功高震主,禹的言辞之中不时流露出自傲和不恭。圣明贤达的舜帝九十三岁的时候,让摄政帝禹代为管理国事,自己南巡,远避南疆,免得矛盾激化后难以收拾。

由以上分析可知,毕生"勤民事""苦忧人""只为苍生不为身"的舜帝,毕生推行"父义、母慈、兄友、弟恭、子孝"五常教化的舜帝,是绝对不可能长呆帝都蒲坂或者死守"离宫"安享清福的。舜帝的德行和修为,决定了他不会因为"路远江隔"的所谓交通问题而放弃南下苍梧九嶷,这正有如当年的红军不会因万水千山堵隔而放弃二万五千里长征一样。

事实上,通过大禹十三年不懈的努力,治水已经获得成功。由于禹"导九川,陂九泽,通九道,度九山,定九州",交通问题已不是南巡的障碍。舜帝完全可以顺黄河,漂长江,入洞庭,溯湘江、潇水,抵达苍梧九嶷山。如果帝都象持舜是湖南永州人观点者所说在湖南北部,那么,舜帝老来南巡自然就更便捷了;退一步论,纵使舜帝是落叶归根而死,把其说成南巡驾崩也不为过。

据考证,与舜帝南巡有关的地名在湖南境内有上百处。比如君山、德山、韶山、崀山、舜皇山、虞山、九嶷山。舜帝在洞庭湖中小山舟教制茶,小山舟就叫了君山;舜帝在常德一山丘讲修身齐家,小山丘就叫了德山;舜帝在湘江边一个山冲演奏韶乐,山冲就叫了韶山冲;舜帝夸苍梧山里新宁县一山"山之良也",这山就叫了崀山;舜帝路经苍梧山境内的东安县和桂林的山,东安就有了舜皇山,桂林有了虞山;舜帝崩葬于苍梧之野,二妃寻夫,山峰林立,难辨帝冢在何处。由于"九峰相似,望而疑之",苍梧山又叫了九疑(嶷)山。把君山、德山、韶山、崀山、舜皇山、虞山、九嶷山联成线,恰恰地在舜帝南巡路径上,这绝对不是一般意义上的巧合。

九嶷山源远流长的地名许由村、何侯石室、马蹄坳、玉琯岩、凤凰岩、半边山、象山、鸣条峰、萧韶峰、舜源峰、娥皇峰、女英峰等等,以及前文提到的系列传说故事,无一不有舜帝活动的身影和轨迹。这些地名和故事,唯九嶷山独有,而山西运城、河南濮阳、山东菏泽流传的,都是舜帝初出茅庐时的故事,这难道也仅仅是一般意义上的巧合吗? 不! 这恰恰说明舜帝最后一次南巡到苍梧九嶷山以后,就再没北返,直至最终崩于苍梧之野,葬于九嶷山。

《史记》是我国第一部纪传体通史,他的作者司马迁出身于史官世家,其父司马谈任汉时太史令。司马谈学识渊博,上知天文,下知地理,谙悉历史,对于春秋战国以来诸子百家各个流派及其学说和主张十分清楚,曾论阴阳、儒、墨、名、法、道德"六家之要旨"。他早就打算修一部史书,收集了大量资料,但未能如愿,临死,把宏愿留给了司马迁。司马迁子承父业,熟读经史,尊重历史,治学严谨,前后三次漫游,实地考察,所著之《史记》是一部最具权威的历史著作。清代赵翼在其《廿二史扎记》中说:"司马迁参酌古今,发凡起例,创为全史:本纪以序帝王,世家以记侯国,十表以系时事,八书以详制度,列传以志人物。自此例一定,历代作史者遂不能出其范围。"史记是传播最广的史学名著。司马迁定论的舜"南巡狩,崩于苍梧之野,葬于江南九嶷",已经历经了二千余年的考验,必将永远地熠熠生辉.

参考文献:

[1]山海经[M].

[2]史记[M].

[3]梁玉绳.史记志疑[M].

[4]罗沁.路史·辨舜帝冢[M].

[5]徐旭生.中国古史的传说时代(增订本)[M].北京:文物出版社,1985.

[6]谭其骧.二千一百多年前的一幅地图[J].文物,1975,(8)

（原载 2005 年第 3 期,作者单位:湖南科技学院舜文化研究所）

舜帝避居舜皇山论

✳ 周甲辰

一

人类早期社会巫风盛行,曾流行"杀王"仪式,部落的国王或祭司年老德衰,被迫交权时,其场景是残酷血腥的。对此,费雷泽的《金枝》曾有过系统的研究。尧舜时期仍处于巫术与宗教杂糅交叉阶段,处置退位的帝王或盟主仍会受到"杀王"仪式的某些影响。尧特意选拔以孝闻天下的舜作为接班人,并将两个女儿嫁给舜,还让九个儿子跟着舜办事,但尧之末年,德衰,依然为舜所囚。古本《竹书纪年》记载说:"舜囚尧于平阳,取之帝位,今见有囚尧城。"《竹书纪年》又说:"舜囚尧,复偃塞丹朱,使不与父相见也。"基于此,笔者认为,舜退位之时可能连自身的自由与安全都得不到保障,因而他不可能还享受很大的权力,可以四处巡狩。因为巡狩乃联盟首领的职责,在巡狩中要考查各地政绩并给予奖惩。《尚书·舜典》叙述舜的结局时没有提到"巡狩",只说"陟方乃死",应该是有道理的。

韩非子曾用"舜逼尧,禹逼舜"来形容尧舜禹之间的政权更迭(《韩非子·说疑》)。这就告诉我们。被儒家一再美化的所谓禅让,其背后其实是充满权力斗争的。尧传位于舜时就曾遭到一些实权人物的反对,为顺利即位,舜曾动用武力"流四凶族混沌、穷奇、梼杌、饕餮,投诸四裔,以御魑魅"(《左传·文公十八年》)。禹在辅佐舜的过程中,通过治水树立了威望,又在征讨三苗等战争中把握了兵权,替代舜执掌最高权力乃大势所趋。张松辉、谢志平等研究者认为,通过舜与禹及皋陶、契、伯益等拥戴禹的大臣们之间的零星对话,可以看出两个权力集团之间业已存在裂隙与矛盾。古代典籍在讨论禅让的细节时,所涉及的几乎全是尧如何禅让于舜,关于舜如何禅让于禹则往往语焉不详,似乎在暗示舜与禹的权力交接绝不像儒家所称颂的那样轻松和谐。而舜曾以治水不力的罪名杀掉禹的生父鲧,这就使得舜与禹权力冲突走向,特别是舜交权之后的处境变得极为微妙,难以预测。

忍让与退避一直是舜最为突出的性格特征之一。在家庭生活中,瞽叟与象采用焚廪、实井、逼酒等方法多次谋杀舜,舜复事瞽叟爱弟弥谨。在社会生活中,"舜耕历山,历山之人皆让畔;渔雷泽,雷泽之人皆让居;陶河滨,河滨之人皆不苦窳"(《史记·五帝本纪》)。在政治生活中,"尧崩,三年之丧毕,舜让避丹朱于南河之南"(《孟子·万章章句上》)。舜与禹的矛盾,从发展来看,舜失败是难以避免的。因而当矛盾发展到一定阶段,舜以一贯的性格,自然会退出争斗的漩涡。在身体条件还允许的情况下,他远走避让,应该是最明智的选择。舜的避走既可消解与禹的矛盾,解除对禹的现实威胁,同时也可为他自己寻找一个安身立命,开创事业的新天地。总起来看,帝舜晚年避走,虽为情势所逼,但也体现了一定的主动性。

二

舜"流四凶族",虽然顺利实现了权力交接,维持了中原政权权威,但是,当他被迫从中原政权避走时,可供选择的落脚点却也因此少了许多,因为他不可能远赴昔时政敌的势力范围。同时,帝舜以其圣明,在主动避走时,又不可能沦落到盲无目的地流窜,情势似乎也远没有到那一步。所以,舜皇山作为远行的目的地应该是帝舜特意挑选的。帝舜之所以选中舜皇山,笔者猜测大致是基于以下几方面因素:

第一,舜皇山地处南岭山脉越城岭中段,远离当时政治、经济、文化中心,从蒲坂、平阳等地来此,路途遥远,舜避居这里可以远离禹政权的威胁。同时,舜皇山水路交通较为方便,帝舜远道而来,通过湘江及其支流紫水可以直达山脚,旅途的劳顿勉强可以承受。

第二,舜皇山所在的南岭地区文明开发早,生产力与社会发展水平较高,对舜帝有较大的吸引力。道县福岩洞曾出土 8 – 12 万年前现代人的牙齿,零陵黄田铺的石棚大约建造在 2 万年前,道县玉蟾岩出土的古栽培稻和陶器距今约有14000—21000 年。"跟帝舜南巡的时代相符"的坐果山遗址群就坐落在舜皇山脚下,总面积超过 2 万平方米,表明古人在这里聚居规模较大。遗址中清理出了大量石器、陶器、玉器和青铜器,还清理出了制作石器的完整生产线,显示出较高的制作水平。

第三，舜登临帝位之后，曾将自己的弟弟象封在潇水上游的有鼻，即今双牌江村一带。传说尧的后裔也有一支生活在那里，现有古村名曰访尧村。舜皇山在湘江上游，与江村相聚不远，水路、陆路均可往来。舜居舜皇山，既不是直接投奔象，可免受寄人篱下之辱，同时兄弟间又可以时常往来，彼此照应。象虽然品性不好，但终究是舜的弟弟，与舜"血缘"关系最近，得到舜的恩惠也最多，因而，舜选择靠近象的封地避居是不难理解的。

第四，舜皇山所在南岭地区当年生活着三苗、越等多个氏族。舜在执政期间实行怀柔政策，致力于协调民族关系，推德怀远，巡狩四方，深受周边地区各个氏族的信任与爱戴。帝舜晚年远来舜皇山，既容易被接纳、保护，又可进一步推动推动民族关系发展，促进民族文化的交流、融合。

舜皇山区群山起伏，峡谷纵横，地形复杂，沿山之东麓往南可到两广地区，往北可达新宁和武冈，山中气候温和，资源丰富，实为临时藏身乃至永久避居的绝好去处。在舜皇山当地的传说中，舜在那里一住就是三年。"三年"这个数字可信度应该是比较高的，因为帝舜特意挑选舜皇山作为避居地，他以衰朽之躯跋涉数千公里好不容易到了那里，应该不会轻易再离开。因为居留时间长，舜在那里度过了多个生日，而且建立了不朽功业，福泽众生，所以当地百姓在每年农历 8月 13 日帝舜生日时要举办盛大纪念活动。活动时间曾长达 20 天，周边的村庄按每村一天轮流承办。直到今天，8 月 13 日舜帝生日仍是当地最盛大的节日之一，会吸引数万人参加。

三

关于帝舜晚年远赴南方的原因，古今不少学者进行过探讨，所提供答案归纳起来主要有三种：一是征伐与教化南逃的三苗；二是为禹所逼；三是体察民情，安抚南方百姓。如上文所述，笔者认为，帝舜南下既不是巡狩，也不是逃亡，而是避居，其直接原因应该是情势所逼，这里所说的情势既离不开禹而又不限于禹。至于教化三苗，体察民情等，应该都不是帝舜避走的原因，而是其在避居过程中所从事的一些工作。即便是过着避居的生活，帝舜依然要尽全力为天下百姓工作，鞠躬尽瘁，死而后已，这就是舜的伟大之处。在历史上，舜一直以勤政而闻名。李鼎祚《周易集解》中有"尧舜一日万机"之说，唐代诗人张谓在《九疑作》一诗中也说:"尝闻虞舜苦忧人,只为苍生不为身。"在避居舜皇山的三年时间里,勤勉的舜不顾年老体衰做了大量工作,且至少有四个方面工作卓有成效,影响深远:一是宣行教化,传播诗乐,使民众和美向善;二是传授技艺,改良工具,促进生产力发展。三是治理水患,驱除猛兽,改善人居环境;四是抚慰、教化三苗等少数民族,示之以德,促使其移风易俗。这些工作不仅在史料中有零星的文字记载,而且在当地民间传说中广有反映。至今,舜皇山和九嶷山一带仍流传着帝舜斗恶龙、战猛兽的故事,舜皇山一带的百姓相信舜曾布施十件宝物给当地百姓,一是白滩河兵书宝剑,二是绿埠头水底莲花,三是水口庙量天国母尺,四是红云山神仙木,五是铁古岭神仙螺,六是荷池雌雄双锣,七是紫溪稻子蟾,八是白树脚喜鹊含梅,九是大庙口百宝洞,十是县城金鸡白鸭。这些传说看似非常神奇,实则与帝舜所做各项工作有关:斗恶龙源于帝舜对洪水的治理,兵书宝剑源于帝舜所教造的工具,金鸡白鸭源于帝舜驯养的家畜,雌雄双锣源于帝舜演示、传授的韶乐等诗乐,等等。

避居期间,舜曾多次外出巡游。现零陵、双牌、宁远、蓝山、江永、新宁、衡阳、桂林、韶关等地都留有帝舜的遗迹,上述地区以舜皇山为核心形成了一个有名的帝舜传说圈。帝舜最后一次巡游是去往九嶷山地区,传说是去为百姓除蛇妖,止洪水。最后,帝舜就亡故在九嶷山区。帝舜亡故后,他的随从与当地百姓按照当时习俗将帝舜的遗体就地掩埋,墓穴没有起封堆,墓旁边也没有种树。所谓帝舜"道死苍梧""勤于民事而野死","征伐三苗而死"等,均从不同侧面反映了这一历史事实。基于此,李白曾在《远别离》一诗中写道:"尧舜当之亦禅禹。/君失臣兮龙为鱼,权归臣兮鼠变虎。/或云:尧幽囚,舜野死。/九疑联绵皆相似,重瞳孤坟竟何是。"虽然人们一直无法在九嶷山中找到帝舜长眠的具体位置,但是,九嶷山还是作为舜陵所在地被司马迁等人写入了历史,数千年来被无数后人所崇敬和朝拜。

四

帝舜避走时没有带娥皇、女英二妃随行,其原因可能有二:一是前程未卜,携带女眷出走会增加累赘与风险;二是将二妃留在家中,在某种意义上等同人质,更容易取得禹的信任,方便顺利成行。二妃既然是帝舜特意将留在家中的,无论出于什么原因,她们在短时间内都不会贸然南下,夫妻分别的时间应该是比较漫长的。帝舜独居舜皇山，年老体衰，整天劳心费力，没有合适的人照料，二妃在家中感到压抑、憋屈，而又孤独、无奈，夫妻盼望相聚的心情是可想而知的。在舜皇山传说中，二妃之所以南下，是因为帝舜思念不已，特意修书召唤她们前来相聚。笔者认为，这一传说可信度是比较高的。但是，舜召唤二妃应该有两个前提，一是舜本人在舜皇山地区已经站稳脚跟，生活稳定，百姓拥戴；二是禹的政权业已稳固，舜觉得禹放二妃出走不会有大的顾虑。由于这两个前提的达成都需要时日，因而，帝舜修书理应是其在舜皇山避居较长一段时间之后。

二妃与帝舜分别多年以后，得到帝舜召唤，满怀希望拖着衰朽之躯南下，但行至洞庭湖一带，距离目的地尚有数百公里，却意外得知帝舜已不在人世。这时，她们若继续前进，目的地对于她们来说是一个完全陌生的所在，且已无依靠；若改道有虞投奔象，象的品行她们又无法信任；若折回北方，生活可能比过去更加不堪。她们年纪老迈，身心俱疲，进退维谷，加之因帝舜遽然去世带来的心理落差与巨大伤悲，投身茫茫江水确实是最好也是唯一的选择。千百年来，舜与二妃的故事一直散发出浓郁的悲剧气息，其深层原因或许就在于此。

由于舜皇山地区远离中原，帝舜避居期间的事迹流传范围有限，古代典籍中难以找到直接而明确的载，但是，帝舜在舜皇山及周边地区留下的影响却极其深远，有很多"活的传统"值得引起我们高度关注。其一，帝舜一直活在舜皇山山水之间。舜皇山原名红云山，更名舜皇山就是为纪念帝舜曾避居于此。山中九龟朝舜、舜皇岩、舜石桥、娥皇溪、女英溪、等众多景点传说都与帝舜有关。舜皇山周边地区也散布着大量与帝舜有关的山水景观，像天子山、九龙岩、紫云等。其二，帝舜一直活在舜皇山百姓生活中。当地流传着数量众多的舜的传说，百姓大都是聆听帝舜的传说长大的，他们都信仰舜帝，称之为"舜皇 papa"，将其视为天地间最重要、最亲近的神，在祈福避灾时会不断念"舜皇 papa"，就像信佛的人，念阿弥陀佛一样。当地是人也一直没有忘却舜的两个妃子，生下女儿大多以"英""娥"为名。其三，帝舜活在舜皇山的庙、会之中。舜皇山地区最早的舜庙距今至少有 1600 年。舜峰西南曾建有天宁寺，寺中供奉舜皇菩萨，古时香火甚旺。山麓杨江源口舜庙规模曾十分宏大，当地因而得名大庙口，而所谓"大庙"，显然离不开舜帝。鼎盛时期，山中舜庙数量众多，庙中修行的人数一度超过当地百姓。每年 8 月初，大庙口镇纪念帝舜生日的庙会常会吸引远近数万群众参加，场面热闹而隆重。

综上所述，笔者认为，舜皇山是帝舜晚年常居之处，是其退位之后继续治国理政活动的重要且是唯一的舞台。舜皇山时期是帝舜思想最成熟,经验最丰富的时期,是其只争朝夕,努力建功立业的时期,也是其留下历史谜团最多且常被遮蔽与忽视的时期。因而这一时期对于帝舜来说显得特别重要。我们要深入研究帝舜其人,把握他生活的时代,理清舜文化脉络,就应该重视并研究这一时期,重视并研究舜皇山。

(原载 2018 年第 4 期,作者单位:湖南科技学院)

虞舜行迹地望辨析

✳ 魏嵩山

舜是我国原始社会继黄帝、颛顼、喾、尧之后部落联盟首领,被后世尊为五帝之一。由于距今时代久远,当时未有文字,舜在出任部落联盟首领以前和以后的活动全靠传说载入史籍,对其行迹地望诸家注释不一,众说纷纭。辩明舜的行迹地望,有助于恢复当时历史的本来面目。

一

舜的族属为有虞氏,其始祖为虞幕,其父名瞽叟,妫姓。古人以所居地为姓,虞即虞山,妫即妫汭水。《尚书·尧典》载舜经四岳推荐被尧试用,"釐降二女于妫汭,嫔于虞",当是因有虞氏部族族发源于此,为舜的原籍所在。《水经·河水注》载妫汭水源出蒲坂县南历山,南为妫水,北为汭水,二水"异源同归,浑流西注,入于河",即"釐降二女于妫汭也";又载沙涧水出大阳县北虞山,山上"有虞城,尧妻舜以嫔于虞者也"。蒲坂县始置于秦,治所即今山西西永济县西南蒲州镇,隋废;大阳县始置于西汉,治所即今山西平陆县西南平陆城,北周废。历山与虞山分踞今中条山脉的西段和东段。其地古属冀州区域,故《史记·五帝本纪》谓"舜,冀州之人也",《帝王世纪》亦谓舜"家本冀州"。由于有虞氏部族起源于今晋南中条山区,待舜继尧出任部落联盟首领以后,遂自平阳迁都蒲坂。故宋《永初山川记》载:"蒲坂城中有舜庙,城外有舜宅及二妃坛。"

然《括地志》云:"妫州有妫水源出城中,耆旧传云即舜釐降二女于妫汭之所,外城中有舜井,城北有历山,山上有舜庙。"据此,或以为有虞氏部落起源于此,并为舜都所在。其实这是误解。唐妫州治怀戎县,其城在今河北涿鹿县西南,本西汉所置潘县治,城内妫水本名潘泉,为㶟阳关水支流,下注㶟水(《水经·㶟水注》),即今桑乾河,北齐于此置为北燕州,改潘县为怀戎县,唐贞观时改北燕州为妫州,始有妫水之名。舜父瞽叟以妫水为姓和舜与二女居妫汭不可能是指此水,舜继尧出任部落联盟酋长也不可能以其城为都。其外城有舜井、城北历山上有舜庙,不过是出于后人对舜的怀念所作的附会,并非舜的遗迹;当地并没有虞山、虞城,可见有虞氏部族非起源于此。

与今涿鹿县相近另有一妫水本名清夷水(《水经·漯水注》),源出今北京市延庆县东北,西南流经县城南,至河北怀来县(沙城镇)东南旧怀来入永定河。因唐长安二年移妫州及怀戎县于今怀来县(沙城镇)东南旧怀来,此后始称妫水。辽改妫州为可汗州,改怀戎县为怀来县,金废可汗州,单称怀来县,1951年移县治于今址沙城镇,而妫水之名依旧。其水下游现已建成官厅水库。舜父瞽叟以妫水为姓和舜与二妃所居妫汭更不可能是指此水,有虞氏部族亦不可能起源于此。

二

舜生于何地各书记载不一:《帝王世纪》谓舜父瞽叟,"妻曰握登,见大虹意感而生舜于姚墟,故姓姚"。据《括地志》云:"姚墟在濮州雷泽县东十三里。《孝经援神契》云舜生于姚墟。"但《孟子·离娄》则谓"舜生于诸冯……东夷之人也"。据《清统志》山东曹州府载:"诸冯在菏泽县南五十里,相传即舜生处"。雷泽县始置于隋,治所在今山东菏泽市东北,金废;菏泽县始置于清,治所即今山东菏泽市。可见姚墟正与诸冯比近,俱在今菏泽市境。既然舜为姚姓,当以舜生于姚墟为正,《孟子》谓舜生于诸冯只是所取地名有别而已。

《后汉书·郡国志》汉中郡成固县下另载"妫墟在西北"。刘昭注引《帝王世纪》作"姚墟在西北,有舜祠"。成固县亦置于西汉,治所在今陕西成固县东。据此或以为舜生于此,其实不然。今成固县虽有妫墟(姚墟),但该书并不言为舜所生,先秦古籍亦不载舜曾至此,此妫墟(姚墟)只能是舜的后裔妫姓或姚姓迁居于此,故而得名,并非舜的生地;其地有舜祠,乃是表示对舜的怀念,亦非舜的遗迹。

《括地志》又云:"越州州余姚县,顾野王云舜后支庶所封之地。舜姓姚,故云余姚。县西七十里有汉上虞县,《会稽旧记》云舜上虞人,去虞三十里有姚丘,即舜所生也。周处《风土记》云舜东夷之人,生姚丘。"余姚县始置于西汉,治所即今浙江余姚市;上虞县亦置于西汉,治所即今浙江上虞县(百官镇),唐移治今县东南丰惠镇,1955年还治今址百官镇。舜父瞽叟时,有虞氏部族曾自其发源地晋南中条山区迁居豫鲁平原,"始迁于负夏(今河南濮阳市东南),贩于顿丘(今河南浚县北)"(《帝王世纪》),从未到今浙江境内。余姚、上虞为古越语地名,《越绝书·越绝外传·记地传》:"越人谓盐曰余"。"余""虞"音同,余姚与舜姚姓显然是二码事,上虞县姚丘不可能为舜之生地;如果姚丘得名于姚姓所居,只能是舜的后裔。

三

《史记·五帝本纪》载在尧以二女妻舜以前,"舜耕历山,渔雷泽,陶河滨,作什器于寿丘";待尧以二女妻舜,"舜居妫汭……耕历山,历山之人皆让畔;渔雷泽,雷泽上人皆让居;陶河滨,河滨器皆不苦窳。一年而所居成聚,二年成邑,三年成都"。

寿丘在今山东曲阜县城东北,相传为黄帝生处。至于历山、雷泽和河滨作陶之所则非限一处。其所以如此,应与当时黄河发生洪水和有虞氏部族的迁徙有关。前已述及,有虞氏部族曾自其发源地今晋南中条山区迁居豫鲁平原。在洪水发生以前,舜所耕历山当指今山东菏泽市北历山和济南市南历山(又名千佛山、舜耕山),所渔雷泽当即今菏泽市东北古雷夏泽(简称雷泽),河滨作陶之所当在今山东定陶县西南古陶丘亭。由于发生洪水,豫鲁平原尽被淹没,有虞氏部族被迫迁回晋南中条山区,此时舜所耕历山当指今山西永济县南历山(一名雷首山)与今翼城县东南历山,所渔雷泽当指今晋南涑水,一名雷水[①],河滨作陶之所当在今永济县北古陶城。

往昔史家由于不顾当时的历史背景,对舜所耕历山和滨河作陶之所说法不一,未免顾此失彼,于史失实。有的主舜所耕历山即今山东菏泽市北历山(郑玄、应劭与皇甫谧),有的主即今山西永济县南历山(一名雷首山),而对今济南市南历山亦为舜耕仅作为一说而谓之"未详"(郦道元);舜滨河作陶之所有的主

---

① 郦道元《水经注》列涑水为二:一出闻喜县东山黍葭谷,西南流经左邑、安邑、猗氏、解县入张阳池之晋兴泽与张泽,所指即今五姓湖以上涑水;一出于河北县雷首山、西南流注于河,即《穆天子传》所载"雷水"。《清统志》亦分列涑水为二,其出雷首山涑水又称雷水、雷泽,为舜所渔处。按《左传》成公十三年载晋侯使吕相绝秦,谓秦"入我河曲,伐我涑川,俘我王官"。杜预注:"涑水出河东闻喜县,西南至蒲坂县入河"。杜预所言正与今晋南涑水流经形势相符。则涑水实为一水,亦即雷水、雷泽。疑《水经注》《清统志》之文有误,或涑水古今有变迁,待考。

在今山东定陶县西南古陶丘亭(皇甫谧),有的主除指今定陶县西南古陶丘外,又指今山西永济县北古陶城(郦道元、李泰与李吉甫)。只有对舜所渔雷泽各家说法一致,皆主即今菏泽市东北古雷夏泽(简称雷泽),而不及今晋南涑水(一名雷水)。但既然今豫东鲁西地区曾为有虞氏部族迁居,今济南市南历山很有可能为舜所耕,所以其山有舜井、舜祠,又称舜耕山。另据《清统志》载,今山西翼城县东南历山,"相传舜耕于此,上有舜王坪";今晋南涑水永济县附近河段又称雷水,"一名雷泽,相传即舜所渔处"。此又恰与有虞氏部族为避洪水自豫鲁平原迁回晋南和"舜居妫汭"相联系,说明当地这一传说并非于史无据。

但这不是说所有传说舜耕渔和制陶之所皆可信为史实。今浙江境有历山二:一在余姚县西北,上有舜井,周处《风土记》及《会稽旧记》以为即"舜所耕处";一在永康县南,又名覆釜山,《清统志》载"其颠有田、有井、有潭,皆以舜名"。今安徽境亦有历山,在东至县东,与舜山相近,《太平寰宇记》卷105池州东流县下谓其山"西枕历池,上有尧、舜二庙"。凡此与上述今河北涿鹿县西南汉潘县外城有舜井、历山有舜庙一样,皆是出于后人对舜的怀念所作的附会,并非舜之遗迹,因为舜从未到过其地。全国历山同名者甚多,据不完全统计不下十余处。舜耕历山与渔雷泽、陶河滨同是其出任部落联盟酋长以前青壮年时期从事的生产活动,三者密切相关,既然雷泽与黄河皆在中原地区,历山不能例外,只能在当地,不可能远在江南或其他地区。对周处《风土记》等书所载浙江历山舜事,前人早已发现不实,北魏郦道元在其《水经·河水注》中曾经指出:"周处《风土记》曰,旧说舜葬上虞,又《记》云耕于历山,而始宁、剡二县界上,舜所耕田于山下多柞树。吴越之间名柞为栃,故曰历山。余按周处此志为不近人情,传疑则可,实证非矣。安可假木异名,附山殊称,强引大舜,即比宁埌? 更为失志记之本体,差实录之常经矣。"因此不能凭信。

四

《史记·五帝本纪》谓舜"南巡狩,崩于苍梧之野,葬于江南九疑,是为零陵";《帝王世纪》则作"有苗氏叛,南征,崩于鸣条","殡以瓦棺,葬苍梧九疑山之阳,是为零陵"。九疑山,又名苍梧山,在今湖南宁远县南,其山舜源峰有舜陵;鸣条,由上引二书之文彼此对照当在九疑山中而确址未详。据此,则今湖南永州宁远南九疑山当为舜所终处。

　　往昔有学者因今山西运城市东北有鸣条陌,永济县东南有苍陵谷,遂以苍梧山即苍陵谷(钱穆《古史地理论丛》),认为舜分别死、葬其地。此纯属杜造,于史无据,不足凭信。今运城市、永济县虽分别有鸣条陌和苍陵谷,但志书不言舜死葬此,当地亦无此种传说。舜"卒于鸣条"最早出于《孟子·离娄》,但与《孟子》同时成书于战国的《山海经》,其《海内经》明确记载"南方有苍梧之丘,苍梧之渊,其中有九疑山,舜之所葬,在长沙、零陵界中";《海内南经》又谓"苍梧之山,帝舜葬于阳,帝丹朱葬于阴"。《礼记·檀弓》亦谓"舜葬于苍梧之野,盖二妃未之从也。"则苍梧是山名而非苍陵谷。我们不能因为肯定《孟子》而否定《山海经》与《礼记》诸书记载,随意篡改史籍。合理的解释只能是鸣条当是苍梧九疑山中地名。

　　舜死以后,由于大禹治水成功,洪水退却,有虞氏部族复自其发源地晋南中条山区迁至豫东平原。《左传》哀公元年载伍员语,谓少康"逃奔有虞",杜预注:"虞,舜后诸侯也,梁国有虞县。"虞县,始置于秦,治所在今河南虞城县东北利民镇南,北魏时废。则虞县以虞舜之后封地得名。待周武王灭商,复封舜后妫满于陈,即河南淮阳市;另封其本族虞仲于今山西平陆县北有虞氏始祖虞幕旧居虞城为虞国,至公元前 655 年(鲁僖公五年)为晋所灭。

　　　　　　　　　　(原载 2006 年第 4 期,作者单位:复旦大学)

舜葬九嶷与湖南远古文化研究

✳ 刘彬徽

　　舜帝南巡道死苍梧、葬于江南九嶷距今已四千多年,这是否历史的真实? 自古至今,赞成者与反对者各有所论。反对者中最可注意的是有学者认为远古湖南为无文化可言的不毛之地,认为苍梧和湘、沅等水系原在长江以北,后因中原文化扩散才转移到湖南。[1]107-143,191-204,279-284 由于近几十年来的考古新发现,已没有人相信这种言论了。但对于四千多年前的舜帝是否南巡? 至今还是有人持怀疑态度,提出可能是帝舜后裔在商代南迁湖南时带过来的说法(此文提出了两种可能性,此是第二种)。[2] 这就值得再讨论了。

　　说四千多年前舜帝南巡、道死苍梧、葬于九嶷,应有两个前提条件:第一是当时湖南(包括苍梧九嶷)远古经济文化发展水平已达到相当的高度;第二是当时的中原和南方湖南存在着文化交流,南来北往的人员流通已很方便。

　　先谈第一点,舜帝时期相当于考古学文化的新石器时代晚期或曰铜石并用时代后期,约当公元前 4200 年前后,在长江中游的考古学文化为石家河文化。长江中游早在六千多年前就有澧县城头山古城,乃我国已知年代最早的古城。屈家岭文化、石家河文化时期的湖北石家河古城是其时中国最大的古城。在湖北、湖南两省已发现的这类古城多达十几座。

　　"这些古城正是早期国家文明最重要的标志。'城市革命'率先发达于江汉洞庭地区,在'古城、古国时代',由处于领先地位之一,发展到了'最早的文明社会'或'文明社会初级阶段'。由此可证,这一地区在我国文明起源中的重要的历史地位和作用。"[3]60,61("文明社会初级阶段"这一提法是我提出来的。)越来越多的考古新发现证明了这种论断,表明其时这一地区应与中原地区处于大体一致的发展水平(有的方面还要超过)。近年学者皆有所论,例如:"湖南这片热土天然环境优越,很适合先民的生息长养,其进入文明阶段就不一定落后于中原。这一点,我们应该重新来认识……文献记载黄帝,颛顼直至尧舜践履南方,与之文化交流,便不是不可能的事了。"[4]

第二点,早在距今七八千年前,中原与湖南的文化交流就已广泛存在了。以物质文化为例,湖南7800年前高庙遗址发现的白陶已向北传至黄河流域,屈家岭文化、石家河文化的斜腹杯等器物向北传至关中和河南东部、安徽北部。中原南来的鬶已在湘中腹地湘乡岱子坪遗址中出土。这些物证呈现出的不仅是文化交流,更证明存在着人员的南来北往。这种来往在文献上也有记载,早在炎、黄二帝和蚩尤大战中,战败的蚩尤一部分人就南迁到长江流域南达湖南境内,湖南就存在不少蚩尤的传说,2007年笔者应邀去新化考察梅山文化,就亲眼见到"蚩尤屋场"铭文的石碑。近已有学者认为《楚辞·九歌》中的"河伯"就是南迁而来的中原蚩尤族后裔怀念黄河之神。因为楚人为南方民族,不祀黄河之神,只有用北来移民之说方能解释得通。[5]

根据以上两点所谈,舜帝南巡就不仅可能而且是必然的。这种必然性还可再作申论。这就牵涉到湖南、湖北境内的古代部族的族属问题。

关于这一地区的古代部族,现今不少学者一再论证说长江中游土著为"三苗"族。在笔者的专著和2003年的一篇论文中已予否定,并提出"炎帝祝融"族新说[3]61-70,[6],但近至2009年仍有文论述"三苗土著"说[7]。这就有必要再加以讨论了。

提出所谓"土著三苗"说者的唯一论据无非是援引战国时期吴起、韩非子的话及此后古籍类似的记载。其实只要问一句:吴起、韩非子的话有何依据?至今未见有人来探讨这一问题。事实是,三苗并非长江中游(湖北、湖南为主)地区的土著,而是北方黄河中下游的居民。国学大师顾颉刚的得力弟子、学者刘起釪就说:"九黎三苗的问题,由《尚书·吕刑》看出,显然蚩尤是他们部落联盟的杰出首领,因而被奉为神的。其族在涿鹿被黄帝打败后,才逐步向南方迁移。"[8]61-62我早就指出,之所以把三苗原居地定在南方,这"是在春秋战国间兴起的以中原为华夏中心,四方为蛮、夷、戎、狄的说法出现以后,便把苗蛮之说分配到了南方,填补了由于祝融北移而产生的空白"[3]69。指出其说是受中原正统论影响的产物。

至于将炎帝、祝融部族定为南方土著,我已多次予以论证。(最早论炎帝文化为南方文化见刘彬徽《炎黄文化的考古学思考》[9],此后又写过多篇文章,论祝融南方说[6]。)在此不复述。但可补充的是,据《史记·楚世家》,祝融和帝喾是同时代的人且是舜帝火正之官。(《史记·楚世家》:"重黎为帝喾高辛居火正,甚有功、能光融天下,帝喾命曰祝融",帝喾即舜,这已是学者们的共识[8]127-129[4]。)这表明作为长江中游祝融部落之首领已加入了虞舜为统领的华夏大部落联盟,舜帝南巡就是他在自己这一大部落联盟内的领地巡视,何可怪哉!

参考文献:

[1]钱穆.古史地理论丛[M].北京:三联书店,2004.

[2]曹定云.论《史记》"舜葬江南九疑"及相关问题[A].吕芳文等:舜文化论文集(第一辑)[C].长沙:湖南人民出版社,2008.

[3]刘彬徽.江汉文化与荆楚文明[M].南京:江苏教育出版社,2008.

[4]王贵民.帝舜历史文化之探寻二三事[A].吕芳文等:舜文化论文集(第一辑)[C].长沙:湖南人民出版社,2008.

[5]牛贵琥.《楚辞·九歌》中为何有黄河之神"河伯"?[J].文史知识,2012,(1).

[6]刘彬徽.关于三苗与三苗文化的讨论[J].江汉考古,2003,(4).

[7]苗利娟,陈钦龙.三苗来源考[J].江汉考古,2009,(4).

[8]刘起釪.古史续辨[M].北京:中国社会科学出版社,1991.

[9]刘彬徽.炎黄文化的考古学思考[A].炎帝与中华文化[C].北京:人民出版社,1994.

(原载2013年第1期,作者单位:湖南省博物馆)

湖广地区虞舜传说与虞舜族群后裔南迁

❋ 曹定云

一 湖广地区虞舜传说

虞舜是我国古史传说中的重要人物,是"五帝"中最后一位"帝王",为华夏民族的形成和发展作出过重要贡献,在中华儿女的心中,享有崇高的威望。

虞舜一生有着不平凡的经历。《史记·五帝本纪》载:"舜年二十以孝闻,年三十尧举之,年五十摄行天子事,年五十八尧崩,年六十一代尧践帝位。"《孟子》曰:"舜生于诸冯,迁于负夏,卒于鸣条,东夷之人也。"《尚书·尧典》云:"舜生三十征庸,三十在位,五十载陟方乃死。"

虞舜一生推行"德"政,主张以"德"治天下。帝尧在位时,南方的"三苗"不服,常与中原的炎黄部落发生冲突,故尧派兵征讨,但没有解决问题。舜即位后,开始也曾派兵征伐,成效甚微;后推行"德"政,从改变"三苗"的民风民俗入手,使"三苗"心悦诚服。舜在"三苗"部落中,享有崇高的威望。舜生长在"音乐"世家,其继父"瞽叟"就精通音律。舜即位后,咏《南风》之歌,制"九韶"之乐,以变民风,成为推行"德"政的重要补充。

对于"舜之死",文献记载有不同的说法。《竹书纪年》云:"四十九年居鸣条,五十年陟。""陟"就是"升天"(仙逝)的意思。《尚书·尧典》亦云"舜生三十征庸,三十在位,五十载陟方乃死"。可《史记·五帝本纪》却云:"(舜)年六十一代尧践帝位,践帝位三十九年,南巡狩,崩于苍梧之野,葬于江南九疑,是为零陵。"《史记》的记载同《孟子》《竹书纪年》《尚书·尧典》等记载有很大的区别,从而导致了几千年来学者对这一问题的争论。

按照《孟子》和《竹书纪年》的记载,舜是在即位第五十年时去世的,享年111岁(舜年61践帝位)。而据《史记》记载,舜在"即位第三十九年"(享年100岁)时"南巡狩",最后"死于苍梧之野,葬于江南九疑。"这一传说,在湖南和两广地

区又有不同,现分述如下:

在湖南主要是"舜葬九疑"说,这除了《史记》外,还见于其它文献。《山海经·海内经》云:"南方苍梧之丘,苍梧之渊,其中有九疑山,舜之所葬,在长沙、零陵界中。"西汉孔安国注《尚书·尧典》"五十载陟方"时云:"方,道也。舜在位五十载升道南方巡狩,崩于苍梧之野焉。"由于舜死于南巡路上,葬于九疑,又衍生出舜的妻子和女儿长途跋涉,跳洞庭而死的动人传说。这也有两个不同的版本。一说是舜之二妃娥皇、女英来到洞庭。《列女传》云:"舜陟方,死于苍梧,二妃死于湘江之间,俗谓之湘君。"并广为流传着"斑竹泪"的故事。唐代文人韩愈《黄陵庙记》云:"湘旁有庙曰黄陵,自前古应以祠尧之二女,舜之二妃者。庭前古碑断裂分散在地,其文剥缺。"伟人毛泽东著名诗句:"九嶷山上白云飞,帝子乘风下翠薇;斑竹一枝千滴泪,红霞万朵百重衣。"描述的是"湘君"的传说。另一说则认为,不是二妃(娥皇、女英)死于洞庭,而是舜的第三妃北登氏。据说,北登氏是舜的第三位妻子,是舜七十岁左右时所娶。北登氏生有两个女儿(宵明、烛光),被舜视为掌上明珠。《帝王世纪》载:"舜有三妃,元妃娥皇无子,次妃女英生商均,次妃北登氏生霄明、烛光。"舜死于苍梧的恶耗传来后,北登氏和两个女儿悲痛万分,立即南下,行至洞庭(今湖南岳阳)时,北登氏悲痛而死,两个女儿遥望父亲哭祭,跳湖而亡。《路史发挥》云:"其之巴陵(今岳阳)者,北登氏,盖从之,故其墓在于巴陵。"关于这一传说,杨东晨先生有详细记述,可以参阅[1]。传说帝舜当年南巡,到了今湖南湘潭韶山地方,奏了首曲子叫"虞韶",此山因此得名,这就是湘潭"韶山冲"的来由。

传说帝舜南巡又进入两广,即南岭南麓,并曾到过广西桂林虞山,游览过山北麓的黄潭,后死于苍梧之野。后人为了纪念帝舜,在山的南麓建立了舜庙,并把"黄潭"改为"皇潭",又叫"皇泽湾",而这座山也就叫"虞山"[2]367。传说帝舜当年南巡又曾进入广东韶关地域,曾巡奏"韶乐"于城北30公里处的石峰群中,故此地古称"韶州",后改称"韶关"。由此可见,虞舜南巡之事在湖广一带流传甚广。

二　舜"南巡"与"崩于苍梧之野"辨

关于帝舜"南巡"与"崩于苍梧之野",历史上一直存在争议。明代李卓吾《洞庭湘妃辨》:"鸣条有苍梧山,舜死遂葬焉。"明司马銮复李卓吾书云:"读《洞庭湘妃辨》援引博而弹驳精,大快人意! 今鸣条岗即在安邑,舜陵亦在安邑,以《孟子》一言断之,确乎无疑。再考《竹书纪年》舜三十二年命夏后总师陟方岳;三十三年夏后受命于神宗;三十五年夏后征有苗;四十九年帝居鸣条;五十年陟。"《孟子》和《竹书纪年》均早于《史记》,内中并无"南巡"的记载。故清人张京俊说:"舜无南巡之事,洞庭又何以有二妃哉?"[3]28

《说苑·修文》云:"天子曰巡狩,诸侯曰述职。巡狩者,巡其所守也。"这说明"巡狩"是"天子"之事。《孔丛子·巡狩》:"古者天子将巡狩,必先告于祖祢,命史告群庙及社稷,圻内名山大川,告者七日而遍。"又云:"所过之诸侯各待于境……有功德者,则发爵赐服,以顺阳义。无功者则削黜贬退,以顺阴义。"这进一步说明:天子(部落联盟首领)在"巡狩"过程中,要考查各地诸侯的政绩,给予奖惩。这就是说,只有"天子"(部落联盟首领)才能"巡狩",诸侯和大臣都不能"巡狩"。

《史记·五帝本纪》载:"尧老,使舜摄行天下事,巡狩。"此记载表明,尧让位给舜以后,不再管事,而是让舜去"巡狩"。尧、舜、禹三代是"禅让"制,九十六岁的舜让位给禹以后,亦应当不再管政事,而是安度晚年,"巡狩"之事,应当由禹去做。所以,以尧比舜,舜不会再有"南巡"之事。再者,"舜践位三十九年,南巡狩",此时,舜已是100岁的老人,行动十分困难,到湖广千里迢迢,山高水长,那时的交通又极为困难:是否有车,目前没有证据;船(独木舟)可能会有,但从山西到湖广,陆路多,水路少,靠的是步行,一个百岁老人如何承受得了? 故以情理度之,舜要"南巡"基本上是不大可能的。

关于"苍梧之野",《山海经》云:"中条、桐梧,古通名,山产梧桐苍玉。"此意味着鸣条有"苍梧"。《孟子·离娄下》:"(舜)卒于鸣条",《今本竹书纪年》则云:"鸣条有苍梧之山,帝崩,遂葬焉"。以此推之,舜"卒于鸣条"即是"死于苍梧之野"。此"苍梧之野"是鸣条的"苍梧之野",而非湖广的"苍梧之野"。鸣条岗,在中条山之北,柏王山之南,东起夏县,西延临猗的一脊黄土岗丘。《汉征士卫公讳皓之墓碑》称鸣条岗"北稷山,带涑水,面中条,如列屏障。中开广原,为虞夏帝都所在"。因此,舜卒于鸣条,应不存疑义。

三　洞庭"湘妃"辨

在舜南巡的传说中,莫过于"洞庭湘妃"之动人故事了。前文已经指出,此有两个不同的版本：一是指舜妃娥皇、女英；另一个是指舜三妃北登氏和她的两个女儿宵明、烛光。其实，这两种传说都是不可靠的。

第一种关于娥皇、女英之说，基本上不能成立。娥皇、女英是尧之女，据说，舜在三十一岁时娶娥皇、女英，她们的年龄起码应当在二十岁前后，与舜之年龄相差充其量也就十来岁。在所谓"舜南巡"（100岁）时，娥皇、女英早已仙逝。据说，娥皇随儿子去了陈仓（今宝鸡），后来病逝就葬在陈仓。《路史发挥》载："育既葬于陈仓，则其先去矣。"罗萍注："育即娥皇。《汉志》：陈仓有黄帝孙舜妻育冢。"关于女英，其子叫"商均"，《史记·五帝本纪》云："舜子商均亦不肖"，《正义》引谯周云："以虞封舜子，今宋州虞成县。"《括地志》："虞国，舜后所封邑也，或云封舜子均于商，故号商均也。"其母女英随商均生活，舜"南巡"时，早已亡故，其墓应在"商"，根本不可能在江南洞庭。

第二种说法，是舜三妃北登氏和她的两个女儿宵明、烛光。此说同样经不起"推敲"：舜在七十岁左右时，娶北登氏为妃，而且生了两个女儿。男性在七十岁左右"结婚"，古今有之。但"结婚"后要生两个儿女就很"罕见"了。从人的生理角度分析，女到五十，男到七十就基本停止了"生育活动"，这是一般的常识。舜在七十岁"结婚"以后，居然生下两个女儿，"挑战"人之生理极限，这在一般人的认识上是很难通过的。况且，前面已经指出，舜根本就无"南巡"之事，故"北登氏悲逝和二女跳湖而亡"之说，也就很难成立了。

四　关于九嶷山舜陵的思考

以往关于舜之葬地的争论中，"鸣条说"学者坚持的一个主要观点，就是司马迁在《史记》中的误记。所指误记的一段文字即为："（舜）年六十一代尧践帝位，践帝位三十九年，南巡狩，崩于苍梧之野，葬于江南九疑，是为零陵。"清代学者张京俊在《鸣条舜陵考略》中云："有虞帝舜之有天下，泽披万世，其始封之邑，倦勤之都，升遐之宫，园陵之葬，皆在安邑。自《史记》一误，后世悠谬之谈，因之罔惑千古。"[3]司马迁是一位严肃的学者，他看过不少文献，也亲自跑过不少地方，一般情况下是不会误记的。他在《史记》中关于"舜葬九嶷"这段文字是否是"误记"？确实值得认真思考。

"舜葬江南九嶷说"在司马迁之前就已经存在。《山海经·海内经》："南方苍梧之丘，苍梧之渊，其中有九嶷山，舜之所葬，在长沙零陵界中。"屈原《九歌》：

"帝子降兮北渚,目渺渺兮愁予。……九疑缤兮并迎,灵之来兮如云。"辞中的"帝子",即是指舜妃娥皇、女英。屈原乃战国时人(约公元前 340 - 278 年),早于司马迁约 200 余年。这足以说明:至少在战国时代,舜崩于苍梧之野,葬于江南九嶷,就已经在楚地广为流传。

1973 年 12 月,在长沙马王堆三号墓出土的帛书中,有一幅《长沙国南部地形图》。此图中最引人注目的地方,是在该图东部偏南之处,绘有"九嶷山";在"九嶷山"的南面绘有一排九个圆形柱状物,柱旁注有"帝舜"二字;九柱间的空隙处露出五幢高低不一的人字形建筑物。学者推断:这是一幅清晰的舜帝陵庙图[4]。马王堆 3 号汉墓中,出有一木牍记"十二年十二月乙巳朔戊辰"字样。这标明该墓下葬时间是汉文帝十二年(公元前 168 年),比司马迁诞生之年(前 145 年)早 23 年。这说明:在司马迁诞生之前,湖南零陵九嶷山舜陵就已经存在。因此,司马迁在《史记》中没有误记。

马王堆 3 号墓帛书《地形图》的发现,为考古工作者寻找舜庙提供了依据。从 2002 - 2005 年,湖南省文物考古者,在九嶷山瑶族乡九疑洞村玉琯岩附近进行发掘,发现了唐代和汉代的建筑基址,并在汉代建筑基址上,发现了一批排列整齐,间距一致的椭圆形柱坑及汉代建筑原始地面[5]。这应该就是"舜庙"遗址,同《地形图》的记载完全吻合。

九嶷山汉代舜庙遗址的发现,是否意味着《史记》所记"舜葬江南九嶷"就成为"定论"呢?我认为不见得,事情并非如此简单。世间上许多事情,并非都是"非此即彼"。司马迁距帝舜时代约 2200 余年,他对帝舜时代的记述比我们对汉代的记述基本差不多(按:他的时间略长一点)。那个年代文字记载贫乏,许多事情多是口耳相传。在一代代的口耳相传中,有些事情难免发生变异;而且,历史也会发生一些变化,且又无文字记录下来。不然的话,为什么那些传说中的领袖人物,例如炎帝、黄帝、尧、舜等等,其出生地和葬地都会有好多处呢?此中的原因是什么?确实值得我们认真思考。

五 虞舜族群的后裔南迁

传说中的"舜南巡""舜葬江南九嶷""舜到广西桂林虞山""舜到广东韶关巡奏'韶乐'"等等,都不可能是舜发生的历史事实。但从历史的长河中考查,这些"传说"的产生有它的"历史原因",有它存在的"根据"。这个"原因"和"根据"就是虞舜族群的后裔南迁。

人们把舜称作"虞舜",是把他作为"有虞氏"的首领。其实,《孟子》说得很清楚:"舜生于诸冯,迁于负夏,卒于鸣条,东夷之人也。"这说明,舜本"东夷"之人(姚姓),后因母改嫁,随母到了"有虞氏"(妫姓)。因其品行出众,能力超群,逐渐成为有虞氏的首领,并被帝尧看中,最后成为华夏部落联盟首领。舜在原东夷族、有虞氏和后来的商族中,都享有崇高的威望。

古代居民经常处于迁徙之中,这有自然条件的原因,也有深层次的社会变革原因。而古代居民的迁徙,一般多是集体行动,很少有单个独自迁徙的。舜所在的氏族,其后裔中有不少向南迁徙,今分述如下:

有虞氏中的"象"(舜弟),其封地本在山西太谷,而他的后裔则迁到了湖南道县。何光岳先生曾考证,"象有鼻是在湖南道县的有鼻亭,那是象的后裔迁到那里"[6]。"象"这一支迁徙的时间,大约是在商末周初。杨东晨先生考证:"周武王灭纣前,先攻灭象国,部分象人退居祖先故地鲁(今山东),部分南逃。今河南淅川县南的象山、桐柏县的象河、象河关、湖北荆门市北的象河、湖南岳阳有象骨山、象湖、临湘县西北的象骨山、宁乡县的沩山、沩水、道县有象亭,均与象国余民迁经或有人留居有关。"[6]我们根据这些地名,可以勾画出"象"后裔南迁的足迹。

舜之直接后裔亦有南迁湖南者。元代罗泌《历山辨》中云:"《郡国志》言:'邑西今有地名舜田,然进潭之益阳,岳之沅江,故梁之重华县,有舜帝城,记亦谓是所都。'而《述异记》:'去湘水岸三十里,有相思宫,望帝台志,为二妃之迹。冷道、临武、桂阳、兰山等处,悉有帝舜之祠。兰山更有舜水、舜乡。县西十五里,与永明西十五里,皆有娥皇、女英之庙。江华太平乡有舜女寺,即按黎城东南十里之庙。'三晏氏《三齐记》:'在县东南,后人息舜而置庙也。'《湘中记》云:'地有舜之遗风,人民纯朴,故志犹弹五弦之琴,为渔父辞,莫不以为虞帝之居。'"[7]116元人罗泌这段文字,是对舜后裔迁入湖南的最好描述:他们不但人来了,而且把地名(舜帝城、舜乡、舜水)、祖宗庙宇(帝舜祠、娥皇庙、女英庙)统统搬来了。这是舜的后裔进入湖南的最佳证据。

商族与有虞氏有渊源关系,故商族尊舜。商族中有一支很大的氏族,即"亚燕"。"燕"字,过去一般都释为"疑";后来,我释为"燕","亚燕"即殷代"燕国"[8]。如今看来,这个字仍可细分:带"卜"字者(卜人燕的徽号)可以释为"疑",不带"卜"字者仍释为"燕"。"疑""燕"二字实际同源。"疑"是专指"卜人燕"这一支的氏族徽号;而"燕"则泛指"燕"氏族。"卜人燕"这一支是殷代望族,在武丁后期,就享有很高的权力和地位。至殷代末年,可能发展到相当庞大。周武王伐纣,殷王朝灭亡,殷代"燕国"也随之"鸟兽散",在这块土地上,建里起新的诸侯国——西周匽国。殷代"燕国"的臣民,除少数仍留故土外,大部分可能逃离,其中不少迁往南方,到了今天的湖广。因他们是"卜人燕"的后裔,其族徽是"疑",都是"疑"族的分支。由于来的分支很多,故称"九疑",他们所居附近之山也就叫"九嶷山"。这可能是"九嶷山"名号的来由。由于他们来的人很多,过去又是望族,有一定的经济势力,又都崇拜"舜",自然想到要在这里建一座"舜庙",成为众人祭祖之所。这可能就是"九嶷山舜庙"的来由。

六　虞舜与瑶族

在湖广地区关于虞舜的传说中,有一种非常奇特的现象:虞舜传说集中的地方,常常是瑶族同胞聚居之地。这一现象同样值得我们认真思考。

"瑶族"是中华56个少数民族之一,主要聚居在南岭一带,分布于湖南南部、广东、广西北部。"瑶族"的远祖是谁? 起源在哪里? 学术界有不同的看法。截至目前,有所谓尤人说,长沙蛮、武陵蛮、五溪蛮,山越说、多源说、古摇民说、零陵蛮说,等等。在上述不同的说法中,蔡自新先生的"古摇民"说有其独到之处,今概述如下:

第一、他根据了先秦文献《山海经》。《山海经·大荒东经》载:"有因民国,勾姓,黍食。有人曰王亥两手操鸟,方食其头。王亥托于有易,河北仆牛,有易杀王亥,取仆牛。河伯念有易,有易潜出,为国于兽,方食之,民曰摇民。帝舜生戏,戏生摇民。"吴其昌说:"因民""摇民""嬴民",一声之转也。蔡先生根据这段记载,认为"摇民"即"瑶民",是帝舜的后裔。他说:"瑶族最早是上古时代东方夷人虞舜部族的一部分,大致生活在渤海湾附近;在华夏同化的过程中,由东向南迁徙,经历了海上漂泊的过程,于公元5世纪前定居在南岭山地。所以,今天的瑶人同样属于舜帝的后裔。"[9]101蔡自新先生的推断是有道理的。

第二,他根据了瑶族先民的创世纪英雄史诗——《漂洋过海的故事》。该故事说:"古时阴阳反乱,天下大旱,颗粒无收,瑶族被迫逃荒,途中十二姓瑶人分乘十二支木排渡海,遭狂风恶浪袭击,危急之中,向盘王祈求保佑,祁毕风平浪静,脱险到达彼岸。盘王于是自然成为瑶人的英雄偶像。从此,瑶族到达南方生息繁衍,形成了'南岭无山不有瑶'的格局。"[9]99这段传说,反映出瑶族祖先的艰难迁徙史。他们曾"漂洋过海",最后得到了"盘王的帮助",才落着到今日之南岭。可见,瑶族祖先,曾生活于渤海湾的北部,这才会有"漂洋过海"的想法和打算。其他的地方,是很难产生"漂洋过海"想法的。而渤海湾北部,古时是东夷之地,与"有虞氏"相距很近。他们崇拜虞舜,也就是情理之中的事情了。

作为民族称呼的"瑶"字,蔡先生指出:"'瑶'字的写法经历了从摇到徭,大约在唐末以后变为瑶,后来在元代开始出现猺,将偏旁改为犬的写法。有人认为,'猺'的写法是民族歧视的表现。但这是否还有另外一种含义,由于狗是瑶人的图腾,偏旁用犬的写法,会不会是创字者通过把图腾物与民族的名称紧紧相连,而表达出更加厚重的敬意呢?"[9]101这一想法不无道理。瑶族是十分敬重狗的,将狗作为"崇拜物",进行祭祀,祈求保佑。这是因为,瑶族祖先在艰难的南迁过程中,曾得到过盘王的帮助,而盘王是崇拜狗的。有这样一层历史的原因,将"瑶"写作"猺",也就可以理解了。

结　语

湖广地区关于虞舜的传说很多,而且都是由"舜南巡"所衍生。就历史的真实性而论,年满100岁的舜是不可能"南巡"的,虞舜的势力在那个年代也不可能到达南方。但湖广地区为什么会有那么多的虞舜传说,这个问题的根源是虞舜族群的后裔南迁。本文用了"族群"二字,表明它不是一支,而是有很多支。他们迁徙的时间和所走的路线并不完全相同,到达湖广的时间也不会完全一样。在这些先后南迁的族群中,有"象"的后裔,有"舜"之直接后裔,有原东夷族中"舜"之亲族,有殷代"燕国"中的后裔。他们都崇拜舜,都视舜为他们的始祖。这些舜的后裔后来都融入到"汉"民族中,是汉民族中的重要组成部分。值得注意的是,舜后裔中的一支——摇民,从渤海湾渡海南下,千难万险到达南岭山区,长时期与外界隔离,最后成为少数民族——瑶族。但共同的"舜"崇拜,又将他们紧紧地联系在一起。这是中华民族特有的一种现象,也是中华民族特有的一种文化:汉民族与其他少数民族,你中有我,我中有你。整个中华民族在很早的时候,就已经凝聚成一个整体。

帝舜族群的后裔南迁,不但人来了,而且风俗习惯、风土人情、人名、地名、祖宗庙宇统统都"搬来"了。当然,这是一个漫长的历史过程,是历史的长期积淀。

九嶷山"舜庙"(陵)的出现不是偶然的,它是多支最重要的舜的后裔聚居于此的结果。这个时间有可能在西周初年,它距司马迁至少有一千余年。所以,司马迁在写《史记》时,九嶷山早就有"舜庙"(陵)了。至于其他的"韶山冲""韶州"(后改韶关)、桂林"虞山"等等,都是舜之后裔迁居到此的结果。它是中华民族融合过程中的产物,也是中华民族融合的历史见证。

2011 年 10 月 7 日于华威里寓所

2015 年 7 月 19 日修订

参考文献:

[1]杨东晨.帝舜家族史迹考辨[J].零陵师专学报,2002,(1):21.

[2]黄家城.观石读史[M].桂林:漓江出版社,1988.

[3]张京俊.鸣条舜碑考略[A].鸣条舜陵古碑录[C].太原:山西古籍出版社,2003.

[4]高至喜.马王堆汉墓出土的《地形图》与舜葬九嶷的对应及其他[A].舜文化学术讨会论文集[C].湖南永州,2007./曹定云.论《史记》"舜葬江南九嶷"及其相关问题[A].舜文化论文集:第一辑[C].长沙:湖南人民出版社,2008.

[5]何强.印证"舜葬九嶷"的考古发掘[J].舜风,2005:9./人民日报:海外版[N].2005 - 08 - 20,(8).

[6]何光岳.东夷源流史[M].南昌:江西教育出版社,1990.

[7]罗泌.历山辨[A].鸣条舜陵古碑录[C].太原:山西古籍出版社,2003.

[8]曹定云.殷代燕国考——兼释甲骨、金文中"燕"字[J].义守大学人文与社会学报,2003,(2).

[9]蔡自新.瑶族的起源应为帝舜后裔[A].舜文化论文集:第一辑[C].长沙:湖南人民出版社,2008.

(原载 2015 年第 11 期,作者单位:中国社会科学院考古研究所)

瑶族的起源应为舜帝后裔

✳ 蔡自新

  瑶族同胞主要居住在祖国南岭山地湘粤桂交界处,以及江西、云南、贵州等省,还有一部分旅居越南、泰国、老挝、缅甸、美国、加拿大、法国等地。从其分布地来讲,瑶族可以称之为世界性的民族。中国瑶族有260多万人,按人口数量排列,在我国56个民族中居第十三位。那么,以盘王为祖先的整个瑶族族源是怎样的情况呢?

  根据王明生、王维力《瑶族历史览要》书中的整理,认为研究瑶族的起源有尤人说,"长沙蛮、武陵蛮""五溪蛮"说,山越说,多源说,古摇民说,零陵蛮说等六种观点。这些都有各自的一定道理,但比较下来还是有矛盾的。我认为,在这六种观点当中,古摇民说、山越说、多源说中有其合理部分,结合有关典籍史料,进一步提出瑶族的起源非南蛮而东夷,并且还是舜帝的后裔,其理由主要有:

  第一,瑶族非土著之人,而是一个迁徙性民族。在瑶族先民的创世纪英雄史诗中,普遍流传着《飘洋过海的故事》和《千家峒的传说》。《飘洋过海的故事》,传说古时阴阳反乱,天下大旱,颗粒无收,瑶族被迫逃荒,途中十二姓瑶人分乘十二支木排渡海,遭狂风恶浪袭击,危急之中,向盘王祈求保佑,祈毕风平浪静,脱险到达彼岸。盘王于是自然成为瑶人的英雄偶像。从此,瑶族到达南方生息繁衍,形成了"形成南岭无山不有瑶"的格局。《千家峒的传说》,讲的则是瑶族人住千家峒,过着丰美富足的世外桃源生活,却因官府的迫害而被迫逃离。十二姓瑶人将一支牛角锯为十二节,每姓瑶人各保存一节作将来相认的信物,约定牛角凑齐之日,就是瑶人重返千家峒之时。从瑶族的主要传说故事看,如果瑶族源自土著的南方蛮族,显然与其英雄史诗的传说不符。日本著名人类学家竹村卓二教授在分析中国少数民族时也说:"除了处于类似条件下的苗族外,其他民族都集中地桎梏于各个被限定的居住地带。与此相反,瑶族依靠大规模的分散移动,某种程度上避免了此种境况。……瑶族无论在哪一个地带都不是土著居民","瑶族是这样一个富有移动性的民族,但不是流离山野的难民群"[1]。时至今日,不同的瑶族同胞群落中仍保留过山瑶、平地瑶等的区别,实质上折射着瑶族迁徙性民族特征的遗存。

第二,先秦文献中记载摇民为舜的后代。《山海经·大荒东经》载称:东方"有因民国,勾姓,黍食。有人曰王亥,两手操鸟,方食其头。王亥托于有易、河伯仆牛,有易杀王亥,取仆牛。河伯念有易,有易潜出,为国于兽,方食之,民曰摇民。帝舜生戏,戏生摇民。"袁珂先生案[2]:吴其昌《卜辞所见殷先公先王三续考》(《燕京学报》第十四期)说,"因民""摇民""嬴民",一声之转也。因、嬴、摇一声之转,其说是也。关于王亥被杀故事,《楚辞·天问》叙其事较详;《易·大壮》六五爻辞云:"丧羊于易,无悔。"《旅》上九爻辞云:"鸟焚其巢,旅人先笑后号咷。丧牛于易,凶。"说者亦以为是王亥故事云。关于摇民,袁珂先生案:此言摇民除有易所化之一系而外,复有一系是由帝舜之裔戏所生。此乃摇民传说之异闻,故附记于此。其实有易即戏也,易、戏声近,易化摇民即戏生摇民也。根据袁珂先生的解读,我们以为,这里的"摇民"应与现代瑶人联系起来,就是瑶族的先祖。"帝舜生戏,戏生摇民。"这样,瑶人也属于舜的后裔。

第三,舜是夷人。专治中国上古史的前辈学者徐旭生先生说,我国古代的部族分野,大致可分为华夏、东夷、苗蛮三集团。西北方的华夏集团分为黄帝、炎帝两大支;近东方的东夷集团自成单位的高阳氏(帝颛顼)、有虞氏(帝舜)、商人;近南方的苗蛮集团。这三大集团之间又有混合与交融,最后同化为华夏民族。[3]杨向奎先生研究中华民族的起源则认为,中国的历史从炎帝、黄帝开始,在几千年的历史发展中,黄帝一系变为大宗,夏、周王朝都属于黄帝系统,而齐、许、申、吕及楚属于炎帝系统,虞、殷属于东夷,三个系统融合为华夏民族。[4]这些上古史专家在解说中华民族的起源时,都认为虞舜属于东方夷人。古时的中国,大体上为古华夏部族所在的今陕西、山西及河南的结合部一带,此外的其它地方并非本义上的中国,如高阳氏、有虞氏、商人所在的河南与山东、河北的环渤海地区,即为东方夷人;大别山以南则为南方苗蛮之人。《禹贡》有所谓"甸、侯、绥、要、荒"。[5]每五百里为一个等级,甸、侯、绥实质上是华夏部族的紧密圈,要、荒则属于外部族的地方,在东方的环渤海地区,即东方夷人部族集团;在南方为南方苗蛮部族集团。东方夷人部族的迁徙后来也有所记载。《隋书·地理志下》云:"长沙郡又有夷蜒,名曰莫徭。自云先祖有功,常免徭役,故以为名。"唐朝李吉甫所著《元和郡县图》称:"潭州,……南以五岭为界,北以洞庭为界。汉晋以来,亦为重镇。今按其俗,杂有夷人,名瑶。自言先祖有功,免徭役也。"《梁书·张缅传》附传卷34,记载了梁大同九年(543),张缅之子张瓒任湘州刺史后,"至州,停遣十郡慰劳,解放老疾吏役,及关市戍逻先所防人,一皆省并。州界零陵、衡阳等郡,有莫徭蛮者,依山险为居,历政不宾服,因此向北。"王明生解释,"莫徭"实际上就是现在的勉语中的"我们的瑶人"。我们认为,隋唐史志中所说的"夷蜒""莫徭""杂有夷人,名瑶",都认定"莫徭""瑶"为夷人,表明了夷人中的摇民在迁徙中的名称演变,至于莫徭后面附着的蛮字,是把迁徙民族与当地土著混同的误断。

这里还有一个值得斟酌问题,就是瑶字在写法上的变迁。我们知道,共同语言、共同地域、共同经济生活以及表现于共同文化上的共同心理素质,是民族的基本特质。所以,瑶族尽管有一些特殊的表记符号,没有独立创造系统的民族文字,但并不妨碍她成为一个独立的民族。作为民族的名称,"瑶"字的写法经历了从摇到徭,大约在唐末以后变为瑶,后来在元代开始出现猺,将偏旁改为犬的写法。有人认为,"猺"的写法是民族歧视政策的表现。但这是否还有另外一种含义,由于狗是瑶人的图腾,偏旁用犬的写法,会不会是创字者通过把图腾物与民族的名称紧紧相连,而表达出更加厚重的敬意呢?当然,这要尊重这个民族本身的意愿,是另外的一个话题。

综上所述,我们不赞同瑶族源于西北尤人之说,以及南方苗蛮之说,甚至南方苗蛮与北方尤人都有可能的多源说,而山越说其实只是瑶族迁徙过程中的一个阶段。这样,我们对瑶族起源所诠释的实际情况是:瑶族最早是上古时代东方夷人虞舜部族的一部分,大致生活在渤海湾附近;在华夏族同化的统一过程中,由东向南迁徙,经历了海上漂泊的过程,于公元五世纪前定居在南岭山地。所以,今天的瑶人同样属于舜帝的后裔。

参考文献:

[1][日]竹村卓二.瑶族的历史和文化[M].朱桂昌,金少萍译.南宁:广西民族学院民族研究所,1986.

[2]袁珂.山海经校注[Z].上海:上海古籍出版社,1980.

[3]徐旭生.中国古史的传说时代[M].北京:文物出版社,1980.

[4]杨向奎.自然哲学与道德哲学[M].济南:济南出版社,1995.

[5][清]胡渭.禹贡锥指[M].上海:上海古籍出版社,2006.

(原载2007年第11期,作者单位:武汉大学)

孔子与舜帝

✴ 郑国茂 ◆

生于约 2700 年前的春秋时期的孔子,是中国历史上声名显赫的思想家,教育家,儒家文化的的开山鼻祖。他删修《春秋》,整理《诗经》和《尚书》等。自汉以后,他的学说发展成儒学,被尊为圣人。当下,孔子学院在全世界如雨后春笋般确立。国人在陶醉于中华传统文化对世界文化的影响力日益强大的同时,研究孔子思想和文化得以产生的根基与渊源,弄清楚孔子、孔子学说乃至儒文化与人文始祖舜帝、舜文化的内在联系,目的在于深入了解中华优秀传统文化的本源,增加历史认同感,增强传播和弘扬中华优秀传统文化的底气。

一 舜文化的精髓

(一)舜帝其人

舜帝是三皇五帝之一。根据近年断代史研究成果,夏王朝始建于公元前 2070 年。史载,舜死后禹为舜守灵三年才即帝位,可以推知,舜死于公元前 2073 年,诞生于公元前 2173 年,距今 4187 年。

舜帝一生的建树,可以用八个字概括:孝祖、德圣、民师、帝范。

(二)什么是舜文化

简言之,所谓舜文化,就是我国上古舜帝时期所产生的人们社会生活中精神行为的规范。

舜文化是舜帝身体力行所创造的道德本体文化。

根据《尚书》与《史记》所载知道,舜帝是"德"的化身,是中国道德文化的鼻祖。

任何文化的产生都离不开当时的历史环境和社会发展状况。舜所处的时代,是中国社会发展的转折时期。在这个时期,代表中华民族的炎、黄民族的融合已经完成,部落联盟的体制在沿袭了数千年后,古国已经初步形成;生产关系和生产力都有了一定的变化和发展。受农耕之益,人们的物质生活逐渐丰富了。作为个体的人,也已经走出了以氏族公社为单位的小社会,进入了由部落联盟——诸侯国组合起来的"古国"大社会。因此,在社会生活之中,个人与家庭成员之间,个人与社会成员之间,个人与所从事的职业之间,诸侯国与诸侯国之间,都需要有一种不同于以往的关系,都需要有一种双方都能接受和遵守的准则,才能使社会稳定,才能维护"诸侯国"之间的团结。作为"诸侯国"联盟——虞舜古国首领的舜,正是适应了这一社会发展的需要,在自己的一生中,身体力行地创造、想方设法地推行了这些准则,并使整个社会都遵守这个"道德"规范。它是人类由文明产生过程进入文明发展阶段的重要标志。

舜帝一生的社会行为,就是对舜文化的实践和创造过程。舜文化是舜帝毕生身体力行创造的道德本体文化。舜文化的突出特征是它的原创性和正统性。

(三)舜文化的核心内涵

舜文化的核心内涵可以用"孝""德""和"三个字概括。

先说"孝"字。

舜出生于平民,却能被尧举用而成为"帝",凭的究竟是什么?

《尚书·尧典》记载说,帝尧举政七十年的时候,要四岳为他推荐继承人。四岳即向帝尧推荐了舜。然而,舜当时只是个在历山开荒耕作的平头百姓。四岳推荐舜的理由是:"瞽子,父顽,母嚚,象傲,克谐以孝,烝烝乂,不格奸。"尧便将两个女儿嫁给舜以作进一步考察。

《史记·五帝本纪》则更详细记载了舜的父母和弟弟设计谋害舜而舜不计前嫌,孝悌如初的情景。

《孟子·万章上》说:"大孝终身慕父母。五十而慕者,予于大舜见之矣。"

羊羔跪乳,乌鸦反哺,家犬有义,雁飞有序。对内能孝顺父母者,对外则能淳化风俗。

舜"二十而以孝闻",之所以能由一个普通山野村夫成为"帝",其根本原因在于他的"孝感天地"。元代郭居正列举了中国历史上众口皆碑的二十四个孝子,将虞舜都列于二十四孝之首,故而我们将其称之为"孝祖"。

次说"德"字。

道德是用以调节人与人的关系的一种行为准则。《尸子·仁意》载:尧问于舜曰:"何事?"舜曰:"事天。"问:"何任?"曰:"任地。"问:"何务?"曰:"务人。"

舜在回答尧的测试的时候毫不含糊的说了自己事天、任地、务人的主张。舜以天、地、人为根本为出发点，营构起天道、地道、人道的道德规范，从而确定了包括伦理道德、职业道德、政治道德、宇宙道德为内涵的道德理念。

虞舜在极为恶劣的家庭环境之中，十分完美地表现了孝顺父母友爱兄弟的美德，以致于尽管父之顽、母之嚚、弟之傲，但是由于舜"孝"的感化，终不得作奸犯科；舜的一生做过农，制过陶，捕过鱼，经过商。他勤劳发奋，诚实守信，乐于助人，从不欺行霸市；舜在政治道德方面坚持选贤用能，广开言路。从严治吏、纳言从谏、拓疆分区、厚德载物、宽以待民，求得"九族亲睦"，"合和万邦"，最后从"利天下，而不利一人"的大义出发，将治水功不可没的禹"荐之于天"，作为帝位继承人；舜在宇宙道德方面，既顺应自然而又不屈服于自然，一方面他祭祀天地神祇，祭祀日月星辰，名山大川，一方面统一历法，统一度量衡。追求"神人以和""天人合一"的理想境界。

舜以"孝"为基，致力于创造和睦的家庭，毕生致力于推崇以"父义、母慈、兄友、弟恭、子孝"为内容的五典之教；在职业生涯中，以极为高尚的职业道德感化，因而"一年所居成聚，二年成邑，三年成都"；在政治生涯中，舜使政治清明，社会安定，民族团结，国家统一；其宇宙道德的境界则达到了人与自然和谐相处，诚如湖北荆门郭店出土的竹简所说：舜帝是天地道德和宇宙道德的典范。

为此，我们完全有理由将舜帝称之为"德圣"。

再说"和"字。

"和"是舜帝毕生所追求的崇高目标。舜帝之"和"的思想，主要体现在四个方面。

1. 在家庭生活中"和"为本，争取了家庭和睦。舜的父亲、后母、同父异母的弟弟采用焚廪、实井、劝酒的手段多次欲置他于死地，舜却不记前隙，一如继往地对父母尽孝，对弟弟友善，与他们和谐相处，并以孝行和美德感化他们，从而争取了家庭的和睦。

2. 在社会行为中"和"当先，促进了社会和谐。九族之内讲亲，九族之外则讲和。在社会活动的人际交往中，虞舜"和"字当先，"和"以处众，得到了人们的普遍信赖，人人择舜而居，促进了社会的和谐安定。

3. 在民族关系中，以"和"为贵，赢得了国家和平。《吕氏春秋·尚德》所载："三苗不服，禹请攻之。舜曰：'以德可也。'行德三年，而三苗服。"舜帝以"和"为贵，使百姓免遭战争之苦，实现了北方华夏集团东夷集团与南方苗蛮集团的大融合,为古国大一统做出了卓越贡献。

4.在宇宙道德中以"和"为规尺,实现人与自然的和谐。《尚书·尧典》开宗明义:"克明俊德,以亲九族。九族既睦,平章百姓。百姓昭明,协和万邦,黎民于变时雍。"古人认为天、地、人相互融通就是最大的"和"。舜帝以自身的音乐特质创《韶》乐,歌《南风》,以诱导人与人之间的和谐;舜帝崇拜瑞鸟凤凰而以凤凰为图腾,以启示人们重视人与自然的和谐。舜的道德达到了"神人以合"境界,亦即人的灵与肉与自然宇宙大融合。

"孝""德""和"三个字,构成了舜文化的核心内涵,其中"孝"是舜得以立身的前提,"德"是舜得以服众的根本,"和"则最终成为了他最突出的思想精神特质。儒家把舜当成天地道德和宇宙道德的典范,

二　儒文化与舜文化的比较

(一)孔子对舜帝的评价

儒文化的开山鼻祖是孔子。孔子名丘,字仲尼,鲁国陬邑人(今山东曲阜),是春秋时期的思想家,教育家,儒家学派的创始人。曾删修过《春秋》,整理过《诗经》《尚书》等。

孔子"言必称尧舜",在四书中,孔子赞赏舜帝的地方比比皆是。

孔子夸舜帝大知大觉,大聪大慧。"子曰:舜其大知也与! 舜好问而好察迩言,隐恶而扬善,执其两端,用其中于民,其斯以为舜乎!"的记载。

孔子对舜帝大德大孝极尽褒扬:"子曰:'舜其大孝也与! 德为圣人,尊为天子,富有四海之内,宗庙飨之,子孙保之。故大德必得其位,必得其禄,必得其名,必得其寿。'""子曰:'舜其至孝矣,五十而慕。'孔子赞赏舜帝的德行说:"子曰:巍巍乎,舜、禹之有天下者也,而不与焉!""'咨,尔舜! 天之历数在尔躬。允执其中。四海困穷,天禄永终。'舜亦以命禹。"

孔子对舜帝重视人才的评价曰:"舜有臣五人而天下治。""才难,不其然乎? 唐、虞之际,于斯为盛。""子曰:无为而治者,其舜也与! 夫何为哉? 恭己正南面而已矣。"

孔子对舜帝的大德大孝、大聪大慧、与人为善、忠君敬主、行仁取义、从善如流、无为而治等人伦道德、社会道德、政治道德,都作了充分的肯定,推崇至极,因而就有"子在齐闻《韶》,三月不知肉味"的评介,才有听了歌颂舜帝的《韶》乐后

'不图为乐之至于斯也'"的发至肺腑的感叹,也就有了"唐虞之际,于斯为盛"的定评。

(二)儒家文化考略

1.儒文化的基本内涵与儒学的核心内容。儒家文化以儒家思想为指导的文化流派,倡导孝悌忠信、礼义廉耻、血亲人伦、仁者爱人、与人为善、现世事功、修身存养、天人合一、道法自然、自强不息等。儒学十三经是儒家文化的基本著作,是儒学的经典,也是国学的核心内容。

儒学的核心内容是"仁"和"礼"。所谓仁,就是爱人,就是以"爱"为出发,对人们推行仁政,使社会各阶层的人都享有生存和幸福的权利。所谓礼,就是社会的道德秩序,就是用道德教化的方法,使社会各阶层的人们对自身有稳定的道德认可和道德定位。儒学的真谛是"仁""礼"一体。古今中外,国家达到长治久安,都没有违背儒学的"仁"和"礼"两大原则。

2.孔文化与儒文化的关联。从整个思想体系来看,儒家的"仁义礼智信"学说与舜帝毕生执行与推崇的"五典之教",儒家的"仁爱""仁政"理论与舜帝的"为政以德""无为而治",孔孟的反对苛政和任意刑杀与舜帝的"象以典刑",儒家的中庸之道的核心思维方法与舜帝的"天人合一""和合"思想,无一不是同出一辙,只是同一个内容的两种表达而已。

由前文可知,儒文化的特质主要有四个方面的表现:其一,儒文化是以孔子为先师和精神领袖的。孔子是儒学的开山鼻祖,儒文化乃至国学的发展进程中,始终把孔子奉为先师和精神领袖。其二,儒文化闪耀着舜帝的思想和行为的光辉。孔子在删改、编注《尚书》的过程中,吸取了书中的思想和文化精华,并以其为基石,在舜帝的思想和行为光环下,提出了"仁"和"礼"的主张。孔文化中的"仁"和"礼",具有古典人道主义的性质。其三,孟子在对孔文化全面继承和发展中,确立了"亚圣"地位。

战国时期的邹人(今山东邹县)孟子,继承和发挥了孔子的思想,把孔子的"仁"的观念发展为"仁政"。孟子对儒文化地位的确立起了关键的作用。其四,儒文化后来在发展过程中万变不离其宗——以孔子为先师,为思想和精神领袖。

纵观西汉董仲舒的新儒学,唐朝韩愈建构起的中国古代"正统文化",宋代周敦颐、二程以及朱熹建构的程朱理学,明中叶的王阳明所创立的心学,我们不难发现,在不同时代,儒学虽然经历过为我所用的丰富和发展,但是万变不离其宗——以孔子为先师,为思想和精神领袖的宗旨没有变。尽管儒家在先秦曾遭墨、法、道等派的激烈批判,在秦代和汉初曾遭统治者排斥,在六朝曾先后受玄学、佛学的挑战,在"五四"反孔非儒高潮下经历空前之厄,但是,几千年来,《四书》《五经》的传统思想、节制思想、忠孝思想,都从来没有停止过传播,还是绵延至今。

儒文化作为中华民族宝贵的文化遗产,作为国学的核心与精髓,之所以成为国学亦即传统文化的代名词,其根本原因就是:以孔子作为先师和精神领袖的原则从来没有改变过,孔孟思想始终是儒文化的源头与灵魂,是儒文化的核心与主体。

3. 儒文化的源头是舜文化。孔孟思想始终是儒文化的源头与灵魂,是儒文化的核心与主体。那么,儒文化的源头和灵魂又是什么呢? 逐一将舜文化与儒文化比较我们可以发现:舜帝身体力行所创造的道德文化,涵盖了儒学中孝、悌、忠、信、礼、义、廉、耻的全部内容。

第一,儒文化与舜文化本源相同。儒学的核心一是"仁",一是"礼"。许慎《说文》说:"仁,亲也。从二人。"意思是人与人的关系要友善亲爱,互相帮扶。孔子主张"道之以德",儒家以"修身、齐家、治国、平天下"为己任。帝尧不把"帝位"传给丹朱和共工,而禅位给舜帝,就是因为舜帝注重道德修养,以仁孝为本,足见"孔曰成仁,孟曰取义",恰恰发轫于舜文化。孔子重礼,提出"齐之以礼",孟子发展成孔孟之道,衍生出了"废黜百家,独尊儒术"的董仲舒、"天人合一"思想的周敦颐、二程以及朱熹等。舜帝修正吉、凶、宾、军、嘉五礼,坚守三年守孝之礼,设定巡狩之礼,创造了"父义、母慈、兄友、弟恭、子孝"的五伦,践帝位专设了祭祀礼仪的职官。诚如《尚书》所说:舜"慎徽五典,五典克从"。可知,孔子"礼"的内容,无一不是舜文化的滥觞。

第二,儒文化与舜文化同源探因。孔子在批注《尚书》中,认知认同了舜帝和舜文化。孔子本着"可以为世法者"的原则整理《尚书》,进行筛选,最后留下的文件中,保留下《尧典》与《舜典》,其反应出的文化信息是孔子对尧、舜德行的肯定和认可,正因为认同舜帝道德文化,才有了孔子在后来讲学中"言必称尧舜"的表现,才创造出了以舜文化中"孝""德""和"为根基、以"仁""礼"为形式儒文化。

孟子对孔子思想的继承发展,是建立在对舜文化认同与尊崇基础之上的。孟子曰:"尧以不得舜为己忧,舜以不得禹、皋陶为己忧。"孟子曰:"大舜有大焉,善于人同,舍己从人,乐取于人以为善。自耕稼、陶、渔以至为帝,无非取于人者。

取诸人以为善,是与人为善者也。故君子莫大于与人为善。"又曰:"规矩,方圆之至也;圣人,人伦之至也。欲为君尽君道;欲为臣尽臣道。二者皆法尧舜而已矣。不以舜之所以事尧事君,不敬其君也;不以尧之所以治民治民,贼其民也。"孟子曰:"舜人也,我亦人也,舜为法于天下,可传于后世,我由未免为乡人也,是则可忧,忧之如何,如舜而已。"孟子期待"人皆可以为尧舜"。孔子文化的古典人道主义与舜帝的道德文化的原创性是互通的。作为被人称之为"亚圣"的孟子,把孔子的"仁"的观念发展为"仁政"学说。孟子发展与完善儒家文化的思想基础,表面看起来是以孔子思想为依据,实则舜帝和舜文化才是真正的原始根基。

地望渊源是儒文化与舜文化同源的外因之一。舜,上古时期山东诸冯人;孔子,春秋时山东曲阜人;孟子,战国时期山东邹城人。山东上古时候隶属东夷,地望渊源也给文化的了解、关注和沿袭提供了方便。

将儒文化与舜文化的核心内容两相比较可知,儒文化是中华民族人文始祖舜帝身体力行所创造的舜文化孕育繁衍出来的,。换句话说舜文化是儒文化的母体和源头。

三 舜帝在国学中应有的地位

(一)孔子与舜帝在优秀传统文化中地位差异的原因

孔子、孟子创建的儒文化,其源头是舜帝身体力行所创建起来的原生态道德文化。换言之,孔孟思想和文化是舜帝文化的延续和发展。孔、孟治学严谨,信而好古,对舜帝的说法和看法具有至高无限的权威性,其对于舜帝的敬仰和推崇,是孔、孟确立自身的思想家、教育家以及儒家学说开山鼻祖地位的思想基础、理论泉源和充要前提。

那么,为什么后来孔子成为了人们心中的文化圣人,而舜帝和舜文化的光辉却被掩盖了呢?主要有四个原因。一是对舜帝人格的致力推崇,铸造了孔子自身崇高的思想灵魂和行为准则。二是对舜文化的不懈传承和发展,确立了孔子的文化地位和社会地位。三是文字的成熟应用,使孔文化的传播如虎添翼。从而得以有《论语》传世,有《孟子》出现,也就有了"半部《论语》治天下"的美谈,从而逐渐地完善了儒文化的内涵,也就奠定了孔子在儒学中不可替代的地位。四是孔子办学授业解惑,培养了三千弟子七十二贤人,就有了一支在深度和广度上传播孔子思想和文化的生力军。也就奠定了孔子在中华民族中的历史地位。五是中国史学界对古史研究的保守和滞后,模糊了舜帝的具象和文化地位,人为的文化断层,阻滞了对舜帝道德文化的研究,严重影响了舜文化研究的进程。

(二)还舜帝在中国优秀传统文化中应有的地位

舜帝身体力行所创建的家庭伦理道德,涵盖了儒文化中的"孝"与"悌"思想,涵盖了儒文化中的"忠"与"信"思想和"民贵君轻""政在得民"理念,涵盖了儒文化中的"礼"与"义"思想和"天人感应","君权神授"的新儒学观点。完全可以说,舜帝身体力行所创建起的道德文化,既涵盖了儒文化中孝、悌、忠、信、礼、义、廉、耻和"守身,修身,友悌,行仁"的全部,也涵盖了国学中儒、释、道乃至诸子百家所有的积极思想和内涵。

台湾学者傅佩荣先生说:"国学是中国人民安身立命之基。"时下,处于转型期的中国,面对变迁与改革,人们普遍充满迷惘、惆怅、惶惑、浮躁与挣扎。精神层面的危机,促使人们到中国传统文化中寻找解答、慰藉和支持。中国相当多具有真才实学的学者,呼吁着中国优秀传统文化的回归,呼唤着道德的回归。中国是一个有着悠久"文统"和"道统"的国度,在这种氛围下,对"文统"与"道统"的正本清源,更有利于弘扬和发展在中国国度流经四千多年乃至影响到了全世界的中国优秀传统文化。

我们倡导古今贯通,国学为体,中西合璧的原则,肯定了儒学是国学的核心与主体。但我们需要指出的是:舜帝才是中华民族道德文化的创始人,是中华民族的人文始祖。舜文化是儒文化之根之源,是国学之根之源。

清华大学历史系教授、"夏商周断代工程"专家组组长和首席科学家李学勤先生在给笔者《舜帝之谜》一书所作的序中指出:"尧舜以上的古史,源自远古先民,世代绵远流传的种种传说,不仅记述了人们记忆中的事迹功业,也寄寓着民族的理想和精神。我们纪念、崇敬虞舜,正是要从文献记述的舜的生平业绩,探索体会中国文明的优秀传统,增进民族的自尊自信。"

我们弄清楚了处于春秋时代的孔子与处于远古尧舜古国时代的虞舜思想文化的渊源关系,确立舜帝在中华民族优秀传统文化中的地位,在研究、弘扬、发展国学的进程中,才不至于数典忘祖,才有往深处和远处探寻研究中华文化的动力和勇气。

(原载 2015 年第 1 期,作者单位:九嶷山舜文化研究会)

纠结在敬仰与疑古之间

——元结道州论"舜"文探究

✳ 周玉华 ●

　　元结(719－772)，字次山，是盛唐到中唐之间重要的文学家与政治家。由于亲历大唐从繁盛逐渐走向衰败，见证了安史之乱给整个社会造成的凄凉动乱惨状；认为这一切衰世末俗的恶劣风气和政治的丑恶现象都是由于奸权当政、社会思想混杂造成的。因此他极力倡导儒家王道思想，大力进行政治革新，主张当政者应优恤民生疾苦、减轻百姓赋税、为官清廉，这也是元结官德思想的主要内容。他在杂论中，多次阐述了儒家王道理论，也多次对古代儒家思想中的理想君王表达了崇敬之情。如其《二风诗论》(天宝六载,747)中曰："吾欲极帝王理乱之道,系古人规讽之流。……故颂帝舜为慈帝,成之以劳俭。"[1]11 在《舜祠表》曰："孔氏作虞书,明大舜德及生人之至。则大舜于生人,宜以类乎天地。"[1]128 在《元谟》中赞道："上古之君,用真而耻圣,故大道清粹,兹于至德。至德蕴沦,而人自纯。"[1]48 由此可见,元结对舜帝"劳俭"的"昌人之道"极为推崇,对后世敬仰、拜祭舜帝的行为也是持赞许态度的。

　　然而他在道州、容州为官六载,却对祭奠虞舜、舜所葬之地——九嶷山,甚至对历史上舜的行为也产生了诸多怀疑。个中缘由颇为值得探究。

　　道州为官是元结儒家官德思想最为重要阶段,也是其官德思想从理论到实践,然后再升华的重要时期。初到道州,眼前的惨状令元结极为哀怜,他在《奏免科率状》中描述其情形曰："臣自到州,见庸租等诸文牒,令徵前件钱物送纳。臣当州被西原贼屠陷,贼停留一月余,日焚烧粮储屋宅,俘掠百姓男女,驱杀牛马老少,一州几近。贼散后,百姓归复,十不存一,资产皆无,人心嗷嗷,未有安者。"[1]125 其《奏免科率等状》亦有如此表述,其文曰："臣当州前年陷贼一百余日。百姓被焚烧杀掠几尽,去年又贼逼州界,防捍一百余日。贼攻永州,陷邵州,臣州独全者,为百姓捍贼。今年贼过桂州,又团练六七十日,丁壮在军中,老弱馁粮饷。三年以来,人实疲苦。"[1]134 其《谢上表》更是其初到道州,目睹所辖地区凄惨景象,他更是痛惜不已。文曰:"官吏见臣,以无菜色。城池井邑,但生荒草。登高极望,不见人烟。岭南数州,与臣接近,余寇蚁聚,尚未归降。"[1]124 因此,身为道州父母官的"刺史",他不仅要求自己"能保黎庶,能攘患难",更要优恤民生疾苦,减轻百姓赋税,"恤养贫若,专守法令",做到"清廉肃下,明惠公直"。

他先后多次上表、状,请求朝廷和上级考虑遭受灾祸地区的实情,减轻百姓赋税和劳役。其《奏免科率状》曰:"伏望天恩,自州未破以前,百姓久负租税,及租庸等使所有徵率和市杂物,一切放免。自州破已后,除正租正庸,及准格式合进奉徵纳者,请据见在户徵送,其余科率,并请放免。容其见在百姓业稍成,逃亡归复,似可存活,即请依常例处分。"[1]125 他在《奏免科率等状》中曰:"在于徵赋,稍合优矜,今使配率钱物,多于去年一倍以上,州县徵纳送者,多于去年二分已下。申请矜减,使司配未许。伏望陛下以臣所奏,今有司类会诸经贼陷州,据合差科户,臣当州每年除正租正庸外,更合配率几钱,庶免使司随时加减。庶免百姓每岁不安,其今年轻货及年支米等。"[1]134

如此诚挚恳切为民陈述请命,自然也得到了朝廷允诺,减轻或赦免了百姓的赋税。元结在广德二年与永泰元年两次上表贺赦中就述说了这一情况。《广德二年贺赦表》曰:"伏奉某月日赦,宣示百姓讫。伏惟陛下以慈惠驭兆庶,以谦让化天下,凡所赦宥,皆允人望,凡所敦劝,皆合大经。生识之类,不胜大幸。"[1]126 《永泰元年贺赦表》亦曰:"某月日恩赦到州,宣示百姓讫。百姓贫弱者多,劳苦日久,忽蒙惠泽,更相喜贺,欢呼忭跃,不自禁止。"[1]127 从描述百姓"欢呼忭跃,不自禁止"的情形,我们不难想见当时元结为民请命,百姓是何等感激。

元结认为作为刺史,不仅需要安抚百姓、体恤民生疾苦,"招辑流亡,率劝贫弱,保守城邑,畲种山林,冀望秋后,少可全活"。更是对自己以及所有作地方官吏的人,提出了实质性的要求。他在《谢上表》中就阐释了地方官吏廉政的具体要求,文曰:"臣愚以为今日刺史,若无武略以制暴乱,若无文才以救疲弊,若不清廉以身率下,若不变通以救时须,一州之人不叛则乱将作矣!岂止一州者乎?臣料今日州县堪征税者无几,已破败者实多。百姓恋坟墓者盖少,思流亡者乃众。则刺史宜精选谨择以委任之,固不可拘限官次,得之货赂,出之权门者也。凡授刺史,特望陛下一年问其流亡归复几何,田畴垦辟几何?二年问畜养比初年几倍,可税比初年几倍?三年计其功过,必行赏罚,则人皆不敢冀望侥幸。"

为了明确地方官吏的职责和行为，他还先后作《刺史厅记》和《县令箴》。对"有土之官"的"动静"作了全面分析，文曰："古今所贵，有土之官，当其选授，何尝不难？为其动静，是人祸福；为其嘘噏，作人寒燠。烦则人怨，猛则人惧；勿以赏罚，因其喜怒。太宽则慢，岂能行令；太简则疏，难与为政。既明且断，直焉无情。清而且惠，果然必行。或曰：关由上官，事不自我，辞让而去，有何不可？谁欲字人，赠君此箴，岂独书绅，可以铭心。"[1]12这样多角度地考虑"有土之官"的"动静""嘘噏""赏罚""行令"的尺度准则，很是周全，也令为官者为之"铭心"。

《刺史厅记》更是针对性地评述道州前辈刺史的作为，"前辈刺史或有贪猥惛弱，不分是非，但以衣服饮食为事。数年之间，苍生蒙以私欲侵夺，兼之公家驱迫，非奸恶强富，殆无存者。"[1]147对如此胡作非为，他极为愤怒和鄙视；而对"恤养贫弱，专守法令"的徐李二公则是大为赞赏，因此他作此记，即是自戒，也是他戒。唐吕温对元结作《刺史厅记》甚为敬佩，他在《道州刺史厅壁后记》高度称赞曰："有贤二千石河南元结，字次山，自作道州厅事记。彰善而不党，指恶而不诬，直举胸臆，用为鉴戒，长在屋壁。后之贪虐放肆，以生人为戏者，独不愧于心乎。予自幼时读循吏传，慕其为人，以为士大夫立名于代，无以高此。前年冬，由尚书刑部郎中出为此州，虽苦剧自课，而未能逮其意也。往刺史有许子良者，辄移元次山记于北牖下，而以其文代之。后亦有时号君子之清者莅此，熟视焉而莫之改。"[2]6339

元结安抚百姓、体恤民生疾苦，"清廉以身率下"，在他几年爱民惜物的政治举措下，饱受战乱创伤的道州人民逐渐恢复起来，一万多转徙流亡的百姓不仅回到了故乡，而且他们都安居乐业了，元结也获得了道州人民的衷心拥护。这些政绩的取得都是靠元结个人的廉政以及优恤百姓，如果从大体局面来看，百姓的租税还是很重的，生活还是较为贫困。元结的《请诸官状》《奏免科率状》《谢上表》《再谢上表》等文中，清楚地表达了对自己的不满。

如《再谢上表》针对"有司"不作为或者乱作为，大胆直抒己见，曰："今四方兵革未宁，赋敛未息，百姓流亡转甚，官吏侵剋日多，实不合使凶庸贪猥之徒，凡弱下愚之类，以货赂权势而为州县长官，伏望陛下特加察问，举其功过，必行赏罚，以安苍生。"因此宋洪迈评曰："今次山集中载其谢上表两通，其一云：'今日刺史若无武略，出之权门者也。'其二云：'今四方兵革未宁，以货赂权势而为州县长官。'观次山表语，但因谢上而能极论民穷吏恶，劝天子以精择长吏，有谢表以来未之有也。世人以杜老褒激之故，或称诵其诗，以中兴颂故诵其文，不闻有称其表者。予是以备录之,以风后之君子。"[3]

因此,本着减轻百姓赋税、清廉率下的廉政思想,元结对朝廷增加百姓负担的做法亦是心存不满的。九嶷山当时是祭祀、朝拜舜帝的重要场所。因九嶷山在道州辖区,作为道州刺史,他在祭奠舜帝时,不仅怀着崇敬之情,也夹杂着现实的疑虑与忧思,表现为对舜、祭舜处于敬仰与疑古的纠结之中。元结希望朝廷不是从形式上重视舜,这样的祭祀仪式只能增加百姓的负担,而是希望在政治行为上真正践行舜的思想——仁政爱民,清廉忧民。于是,其思想与行动就处于纠结状态,表现在文字中就颇多隐微讥讽之意,甚至对有关舜的行为也产生了疑古情结。

其《论舜庙状》正是这种纠结情结的写照,其文曰:

> 右谨按地图,舜陵在九疑之山,舜庙在太阳之溪。舜陵古老以失,太阳溪今不知处。秦汉已来,置庙山下,年代浸远,祠宇不存。每有诏书令州县致祭,奠典荒野,恭命而已。岂有盛德大业,百王师表。殁于荒裔,陵庙皆无。臣谨遵旧制,于州西山上,已立庙讫,特乞天恩许捉鹡近朝一两家,令岁时拂洒,岂独表圣人至德及于万代,实欲彰陛下玄泽及于无穷,谨录奏闻。[1]133

文中首先对舜帝陵庙不存现状表示了不满,曰"岂有盛德大业,百王师表。殁于荒裔,陵庙皆无"之事?然而诏书依旧令"州县致祭,奠典荒野",这样的祭奠又有何意义呢?对这种形式提出自己的质疑之后,元结用实际行动来回应,"于州西山上,已立庙讫,特乞天恩许捉鹡近朝一两家,令岁时拂洒,示为恒式"。并且还陈述了如此行为的缘由,一则"表圣人至德于万代",二则"彰显陛下玄泽及于无穷"。可谓"微言大义",字里行间隐微讥讽之情。

其《舜祠表》亦颇多疑古思想,文云:

> 有唐乙巳岁,使持节道州诸军事守道州刺史元结。以虞舜葬于苍梧之九疑之山。在我封内,是故申明前诏。立祠于州西之山南,已而刻石为表。於戏!孔氏作虞书,明大舜德及生人之至。则大舜于生人,宜以类乎天地,生人奉大舜,宜万世而不厌。考大舜南巡之年,时已一百一十二岁矣。自中国至苍梧,亦几有万里。苍梧山谷,深险可惧,帝竟入而不回。至今山下之人,不知帝居之宫,帝葬之陵。呜呼!在有虞氏之世,人民可夺其君耶?人民于大舜,能忘而不思耶?何为来而不归,何故死于空山?吾实惑而作表,

来者游于此邦,登乎九疑,谁能不惑也欤?[1]128

表文先申明自己赞成立舜祠,对"舜"满怀崇敬之情,"大舜德及生人之至。则大舜于生人,宜以类乎天地,生人奉大舜,宜万世而不厌"。之后则对"舜"南巡之事提出了自己的疑惑,舜帝南巡时已一百一十二岁,以如此高龄,要行走"几有万里",且"苍梧山谷,深险可惧",因此元结对此颇有疑惑;另外,百姓对舜之恩泽满怀感激,怎能让"帝竟入而不回",正乃"人民于大舜,能忘而不思耶?何为来而不归,何故死于空山?"因此,元结在表文结尾时,提出"吾实惑而作表,"此惑亦是针对来游者之惑也。

心存疑古,因此元结对与"舜"相关的九嶷山也极有兴趣。他在《九疑图记》中解释了九疑的来历。"九疑山方二千余里,四州各近一隅,世称九峰相似,望而疑之,谓之九疑。亦云,舜登九峰,疑禹而悲,从臣有作九疑之歌,因谓之九疑。"

然后描绘了九嶷山的自然风光,曰:"九峰殊极高大,远望皆可见嵩华之峻崎。衡岱之方广,在九峰之下,磊磊然如布棋石者,可以百数,中峰之下,水无鱼鳖,林无鸟兽。时闻声如蝉蝇之类,听之亦无,往往见大谷长用,平田深涧,杉松百围,榕栝并之。青莎白沙,洞穴丹崖,寒泉飞流,异竹杂华。回映之处,似藏人家。实有九水,出于中田。五水北注,合为洞庭。若度其高卑,比洞庭南海之岸,直上可二三百里"。如此奇特之境,的确峻秀。然为何未能列为五岳之一呢?这不禁又让人生疑?于是元结采用问答的形式释疑,曰:"五帝之前,封疆尚隘,衡山作岳,已出荒服。"如若不然,则"今九疑之南,万里臣妾,国门东望,不见涯际,西行几万里。未尽边陲,当合以九疑为南岳,以昆仑为西岳,衡华之辈,听逸者占为山居,封君表作园囿耳。但苦当世议者拘限常情,牵引古制。不能有所改变也。如何?"[1]141

正如其好友颜真卿所言:"其心古,其行古,其言古,躬是三者而见重于今。……率性方直,秉心真纯,见危不挠,临难遗身,允矣全德。"[4]元结为人率性方直,秉心真纯,他才会对"舜"纠结在敬仰与疑古之间。

参考文献:

[1][唐]元结著,孙望校.元次山集[M].北京:中华书局,1960.

[2][唐]吕温.道州刺史厅后记[A].[清]董诰.全唐文:卷六二八[Z].北京:中华书局,1983.

[3][宋]洪迈.容斋随笔:卷十四[M].北京:中华书局,2005.

[4][唐]颜真卿.唐故容州都督兼御史中丞本管经略使元君表墓碑铭并序[A].[清]董诰.全唐文:卷六二八[Z].北京:中华书局,1983.

（原载 2013 年第 11 期,作者单位:湖南科技学院）

象山之"象"与"舜德之至"

✳ 李　然

一　道在象中

光绪《临桂县志》："桂林山水甲天下,发明而称道之,则唐宋诸人之力也。美不自美,因人而彰。"

象山之"象","因人而彰"的最新版本是两项新纪录的发布。

2015 年 9 月 27 日,中秋节晚上,上海大世界吉尼斯总部负责人来到象山景区,将两块大世界吉尼斯纪录牌匾授予景区。

这两项纪录分别是:"含唐、宋石刻文字最多的溶洞"和"最大的超媒体山水实景投影——象山传奇"。其中象山水月洞高 9.89 米,长 12.5 米,有唐、宋石刻 22 幅,文字 3066 个,是世界上水洞面积小,且容纳了唐、宋历史文化石刻文字最多的水洞。而"象山传奇"山体投影演义则是以象鼻山天然的山体做幕布,正面长 150 米,宽 65 米,是世界上最大的,山体实景投影。"中国最美赏月地"又增添了新的内涵。

英国学者伊懋可撰写的一部中国环境史《大象的退却》是西方学者对象山之"象"的另一种"因人而彰"的阐释,值得关注。作者在《人类与大象:三千年搏斗》一章中,从大象、森林、战争和水利四个方面勾勒出中国四千年人类与大自然关系变化的基本历程,通过"人进象退"这一过程,为中国环境故事的时空发展提供了一条基本线索。作者提醒我们,人类与野生动物在地里空间和种群数量上的历史进退与消长,既是人与自然关系史的重要组成部分,也是自然环境整体变化的直接反映。三千年来的"人象之战",大象成了人类的"手下败将",虽然与地球气候变冷有关,但野象的退却与中国经济、社会和文化从北向南的节节推进几乎同步,正如作者在《序言》中所指出的:"大象从东北撤到西南的这条长长的退却之路,在空间和时间上与前现代中国经济发展和环境变迁的情形相反相成。""这表明中国的农夫和大象无法共处。"[1]

桂林摩崖石刻是铭刻于山水间的历史记忆,"它不仅告诉后人桂林历史发展和山水开发营建的过程,而且告诉后人历代建设者所经历的'心路'历程"[2]。令人遗憾的是,在64块象山石刻中,无一件提到象山,更未对象山之"象"进行哲学的谛视与感悟。人们所能看到几件碑刻,一是张孝祥《朝阳亭记》,记水月洞更名朝阳洞的缘由,竟然是对同游者的谀辞"惟仲钦之学业是以凤鸣于天朝"。二是宋张釜等五人《水月洞题名》,除了五公籍贯姓名外,便只有"公余登览,心开目明""桂林山水,名胜冠绝"之感叹。三是宋曾宏正《水调歌头·水月洞》:"不假鬼谋神运,自是地藏天作,圆魂镇相望。""坐我水晶宫阙,呼彼神仙伴侣,大勺挹琼浆。"对水、月、岩神韵颇多感悟。四是最值得重视的是范成大《复水月洞铭并序》。此件先申述"近岁或以一时燕私",便将水月洞更名为朝阳洞欠妥,主张恢复"水月洞"的旧名。接着,铭词曰:"有嵌孱颜,中潨涨湍。水清石寒,圆魄在上。终古弗爽,如月斯望。離山之英,漓江之灵,嫭其佳名。"范成大的注视仍然是士官兼诗人的注视。他从此山猝然发现了山之英,漓之灵,也就发现了水与月的色泽和生命。然而,范成大仍停留在精神寄托上,未能从艺术横渡到哲学去。这或与他未能发现山之象形有关。虽然如此,范成大仍不负"帅桂林,题刻最多"之美名。

象山之"美不自美,因人而彰",如何"彰"?自宋明以来,形成了唯心与唯物的两种"彰"法。陆象山(九渊)提出"宇宙便是吾心,吾心即是宇宙"。意在强调宇宙之理即吾心之理,"万事万物之理莫不备于吾心,吾心之中即含有一切之理;此理为古今一切人之心之所同具,而非即一人之心。"象山的本根论,其实可谓是一种极端的唯理论,言理而不言气,认为宇宙唯一理,而此理即具于吾心之中。所以象山说:"塞宇宙一理耳,上古圣人先觉此理。"(《与吴斗南书》)"塞天地一理耳。此理之大,岂有限量?"(《与赵咏道书》)他认为宇宙根本之理,虽在人心,而人不必知之;而此理不因人知或不知而有不同。

主观唯心论到王阳明(守仁)可谓达到了成熟。他说:"道即是天。若识得时,何莫而非道?人但各以其一隅之见,认定以为道止如此,所以不同。若鲜向里寻求,见得自己心体,即无时无处不是此道,亘古亘今,无终无始,更有甚同异?心即道,道即心,知心则知道、知天。"(《传习录》)进而推论出天地万物,其存在都依靠良知。良知是一切之所从出,人心是宇宙万物的根本。陆王唯心论,其实是不可象者或可象者,即在心中。形而上之理,全由人心良知之所从出。

王船山是唯物论宇宙观的代表。他说："不可象者，即在象中。"（《正蒙注》卷一）形而上之理与形而下之"物象"密不可分。张岱年先生解释说："不可象之理与可象之气，乃统一而不离的。……船山不止讲唯气，更进而言'唯器'，认为形而下之'器'才是根本的，形而上之'道'并非根本。"[3]82因此，王船山说："形而上者，非无形之谓，既有形矣，有形而后有形而上。无形之上，亘古今，通万变，穷天穷地，穷人穷物，皆所未有者也。……器而后有形，形而后有上。无形无下，人所言也；无形无上，显而易见之理。……君子之道，尽夫器而已矣。"（《周易外传》卷五）显然，这里的"象"已超越了动物之象，它是动物象这一基本词汇核心根词的引申义，可以理解为"形象"。对此，张岱年先生解释说："不可象之理与可象之气，乃统一而不离的。"又说："有形而后有所谓形而上，如无形则无所谓形而上。形而上乃是以形为基础的。""宇宙只是阴阳一气之流行，其隐而不显者谓之道，其著而具体者谓之器，道与器实非相互判离之二物。""船山天下惟器的见鲜，实乃是最明显的唯物论。"[3]83

笔者访问过几位业内人士得知，象鼻山之名是否产生在宋代已无法考证。但肯定的是，民间称其为象山已流传很久，此名未被士官接受也是不争的事实。直到明代万历年间苏濬撰《广西通志》才有文献记载："漓山在城外东西隅，漓水经其下，阳江自西来注其中。一名沉水山，以山在水中故名。郡人又谓之象鼻山，以其突起水滨形似象云。"[4]76我这里需要强调的是，受时代、人生阅历等因素的影响，一般山水观赏者的眼光和品评的深度并不能如实接近自然和客观，更谈不上对之进行人的生存意义的哲学探求了。

清人说得好，"美不自美，因人而彰"。给物体赋以形式，就是给物体以精神性，这就是创造。在艺术家与哲人的眼里，象山就是一尊大自然的雕塑。他们能准确发现自然赋予的形式，发现它在中国人的生活里，和中国人共同经历过创造与思索的日子，在宁静里踏出生命的希望来。在当下全国人们为国家和民族的复兴而奋进的时代，我们等待更多的智者能从历千百祀未被感悟、谛视的象鼻山上发现"象"的境界，从更高的哲学层面观赏此座灵山的文化渊源和自然特征。

由不仁之象转化为道德之象并被舜帝封于有鼻，并衍化为象耕神话故事在民间流传；或由诸侯之象衍化为鼻亭神，民间立象祠而世世代代祭祀。对于这一系列人神交互变迁的人文现象，自古以来见解并不一致。如唐代士子主张将相传千岁的象祠拆毁"以顺于道"。柳宗元作《道州毁鼻亭神记》。他的同乡河东薛公由刑部郎中改任道州刺史之职时，便毁掉了鼻亭神之象祠。"吾之斥是祠也,以明教也。""盖将教孝弟,去奇邪,俾斯人敦忠睦友,祗肃信让,以顺于道。"

柳子赞赏薛公之见是片面的。他只见象之初,不见化于舜之象,更看不到民间祭祀鼻亭神,实则纪念舜德之昭。

宋代朱熹和王阳明显然高于柳氏之见。在为桂林虞山写的《有宋静江府新作虞帝庙碑》中,朱熹这样赞扬帝舜:"惟帝躬圣,诚明自然,慈孝于家,仁敬于邦,友弟荆妻,取人与善。"朱熹和二程将圣贤一脉相传的"十六字心转"当作道统正脉反复阐释。朱子说:"盖自上古圣神,继天立极,而道统之传有自来矣。其见于经,则'允执厥中'者,尧之所以授舜也;'人心惟危,道心惟微,惟精惟一,允执厥中'者,舜之所以授禹也。尧之一言,至矣尽矣。"(《中庸章句序》)

王阳明作《象祠记》,文中记其在贵州为官时,苗夷之官民告诉他,唐之人毁掉了象祠,请求重修。他写道:"而象之祠独延于世,吾于是盖有以见舜德之至,入人之深,而流泽之远且久也。""吾于是盖有以信人性之善,天下无不可化之人也。然则唐人之毁之也,据象之始也;今之诸夷之奉之也,承象之终也。"关于舜传圣贤一脉,王阳明认为"十六字心传"为"心学之源",当然是圣舜继天立极之"家当"。

有趣的是,王阳明之后的王船山主张"不可象者,即在象中",王阳明《象祠记》所表达的正符合这一观念,而与他自己的"知心则知道、知天"的观念相左。王阳明通过舜帝德化其弟象这一事实(实象)表明"舜德之至",彰显"心学之源"的中道,反倒说明"有形而后有所谓形而上"的观点。这一观点是他之后的王船山反复阐述的。足见唯心与唯物在判别事物真理时实难分伯仲。

二 舜化之"象"

何谓"舜德之至"呢?宋明理学讨论得最多的"十六字心转"就是"舜德之至",是舜帝修身、齐家、平天下的法宝。也是德治的核心价值观。王阳明之论是高明之论。他从舜化象的个案中判断出"舜德之至"。舜化弟象在先,延及治国则"能任贤使能","泽加于民";延及治道,他说:"天地万物与人心原是一体,其发窍之最精处是人心一点灵明。"他讲的恰恰是中国哲学的核心:"心与道合"或"天人合一"。"道"者,中道也。他认为,只有执两用中才能实现德治的理想境界。美国当代哲学家贝尔发现,"唯有人创造了二元:精神与物质、自然与历史、神圣与世俗"。人类最精锐的思想或宗教都曾借助物体的神圣符号来表达,

"社会生活在所以方面只有靠象征符号体系才得以可能,所以,意识便牢牢固着在一些被认为是神圣的物体上"[5]165。象山之"象"是中国人在诗和想象中将自己和自然联系起来一个思想符号,一个道德思想之"象"的抽象性符号。

据语言文字学专家考证,"象"与"为"在词源上存在关联性。曹先擢《汉字形义分析字典》:"为,会意字,甲全文'为'字像人手牵象,表示役象以助劳,基本意义是作、做。"[6]在道德领域,"为"同样具有哲学与政治的衔接意义。今古文《尚书·益稷》记载了舜帝德治较为详实的材料。舜帝对禹提出了"翼、为、明、听、弼"五种价值。虞帝曰:"臣作朕股肱耳目,予欲左右有民,汝翼;予欲宣力四方,汝为;予欲观古人之象,日、月、星辰、山、龙、华虫,作会(绘);宗彝、藻、火、粉米、黼、黻、絺绣,以五采彰施于五色,作服,汝明;予闻六律五声八音,在治忽,以出纳五言,汝听;予违,汝弼。"大意是,他提醒禹:"我希望人民跟随左右,你就像是我身边的翅膀;我想向四方展示权力的力量,你就是最有作为者;我想观古人之象,你就能更聪明;我想闻六律五声,你就能听明白和谐之音;我希望不违背治道,你会因此而成为我的良辅。"

道家在解释有为与无为的意义时,同样关注哲学与政治的衔接。张京华在《庄子注解》中对《天道第十三》作了这样的分析,庄子明确表示:"帝王之德,以天地为宗,以道德为主,以无为为常。"又说:"明白于天地之德者,此之谓大本大宗。"在此基础上,庄子谈上下,谈本末。他说上无为,下有为,君无为,臣有为,"此不易之道也"。上下君臣的区分,也就是道与器的区分。他说三军五兵、赏罚五刑、礼法度数形名、钟鼓羽旄、衰绖之服,五者都是末,意谓五者在形式上都还有一个无形的"道"。道是本,兵刑礼乐是末。庄子此篇特别重要的就是无为与无不为衔接,道德与仁义衔接。从现代学科划分而言,也可以说是哲学与政治衔接。在老子与孔子的对答等处,有学者批评庄子批评仁义,但庄子并不否定仁义,他只是将仁义排列在了道德之下。所以,没有"无为",也就不会有真正的"有为";没有"有为","无为"也并不能够独自存在。[7]246

马尔库塞也将抽象性赋予真正思想的品质,他说:"哲学上与一切真正的思想共同具有这样的抽象性,因为如果不能从既定事实中进行抽象,如果不能把事实通造成这些事实的因素联在一起,并在大脑中分解这些事实,就不能真正进行思维。抽象性是思想的生命和其可靠性的标志。"[8]107

"道"在舜文化里的具体体现在十六字箴言:"人心惟危,道心惟微,惟精惟一,允执厥中。"(《尚书·大禹谟》)意思是,人的欲望和贪心是危险的,道的内涵是很精微的,由于道德内涵精微、专一,必须诚实地执行中道。尧帝禅让给舜,提出四字方略"允执其中"。尧曰:"尔舜,天之历数在尔躬,允执其中,四海困穷,天禄永终。"(《论语·尧曰》)尧说,舜啊! 根据上天兆示的次序,帝位已经落到了你的身上,你要诚实地执行中道。如果天下的人陷入了贫困,上天赐给你的帝位就永远终止了。尧帝注重百姓物质问题,说执行中道,"四海困穷"的问题方可以解决。到了舜帝禅位禹时,已开始关注人的心性问题了。"人心惟危",是人类执行中道的根据和出发点。这是人类智慧觉醒的里程碑。"人心惟危"言人的心性(欲望性情)是很危险的。一个"危"字关涉了人性欲望之善恶两面。欲望是人的自然状态的发展动力,原欲消除是危险的;但不加节制地满足欲望也是十分危险的。这是"人心惟危"的完整理解。诚实执行中道,首先得解决关乎人的身心的欲望,欲望有善与恶两极,两极有中曰参,此两极在参和过程中,才能在人与我,人与自然,人的身心的关系中诚实保持中道。

三　执中必和

"十六字心传"被儒家高度重视,反复阐释。"《中庸》是一部阐释中道的代表作。朱熹《中庸章句》云:'中者,无过无不及之名,庸,平常也。……程子(颐)曰:不偏谓之中,不易之为庸,中者,天下之正道,庸者,天下之定理。'"简而言之,中庸的意思是,一是执两用中,二是用中为常道(即对变而言的不变的定理),三是中和可常行(存在于百姓平常日用之中)。

朱熹的注是有根据的。《中庸》开篇:"喜怒哀乐之未发,谓之中;发而皆中节,谓之和。中也者,天下之大本也;和也者,天下之达道也。致中和,天地位焉,万物育焉。""事物对立两端,原来都是后于中而出现,并非先于中而存在。因先有某种心性被认为中,才有所谓恶欲,善欲。恶欲应当抵制,善欲则应当发扬。所谓'存天理,灭人欲',灭的是恶欲;所谓'无欲则刚'的'欲'也指恶欲。由此可见,中和就是执行中道能实现'和'的理想状态。"[9]

中和之道是中国辩证法的核心。矛盾对立统一或称执两用中,中和即圆融。庞朴先生说:"圆融被推为儒道各自学术的最后一言和人格的最高境界,于是两家虽仍存有偏忧偏乐的差异乃至对立,恰正好成了检验他们的学说能否贯彻到底和考验他们的人格能否臻于至上的试金石。所以,他们走'仇必和而解'的光明大道,互相圆融起来建成中国文化的独特传统,而将偏至旁行者及其彼此的坚决斗争到底,视为末流了。"[10]95

对此,英国学者伊懋可也有感受,他从王羲之的《兰亭诗六首》中,感悟了风景诗对"中和圆融"观念的体悟。他说,在王羲之笔下,"自然不是一种短暂的存在,而是一种永恒的、可理解的启示。一双慧眼能从某处风景中看到'道'的自我表现,看到推动世间万物变化的互补力量的往复循环"[1]133。他引王羲之一首兰亭诗:"悠悠大象运,轮转无停际。陶化非吾匠,去来非吾制。宗统竟安在,即理顺自泰。有心未能悟,适足缠利害。未若任所遇,逍遥良辰会。"接着说:"'大象'是《易经》中的卦象,也即物象,观其不同排列,可卜知世事之未来。……因此,人们通过俯仰山水,可以认识到天地的持久永恒、自我轮转、无始无终且变化无常,并达到心与物游、淡泊、不执着、无挂碍、一尘不染的境界。"[1]334

《易传·系辞上》云:"通乎昼夜之道而知。"将矛盾的反复两一最典型之例为昼夜。"通乎昼夜之道而知",即通乎矛盾反复两一之理而知。此语可看作《易传》辩证法之总公式。若以辩证法看,中和思想不仅是儒家的核心思想,也是道家的核心思想。"道家的'道',可以说是'中道'。'道生一,一生二,二生三,三生万物。万物负阴抱阳,盅气以为和。'(《老子·四十》)老子认为,道生万物有次序。'一'是道家哲学重要概念,浑然未分的统一体,'道'是最根本者,'一'为次根本者;二即天地,三即阴阳和盅气,由阴、阳、盅气三者激荡、协调、渗透、转化而终至圆融中和状态。"[9]张载认为,"知虚空即气,则有无隐显……通一无二。"(《正蒙·太和》)他的解释接近老子之"盅气"观,盅者,激荡也,斗争也,对立也,气即一物两体总和未分之"一",名为太虚。盅气正是庞朴先生之阴阳两极之上的第三极(两极中间实在)。阴阳两极只要执行中道就能实现对立统一的"和"的状态。另一则是说,"多言数穷,不如守中"。老子以虚静为"中"。意思是一个政治家政令多,措施多,结果反而招致失败,还不如老老实实保持虚静之中道,无为不言来得好。

历史是人控制自然和自我力量不断提高的过程。对一个前进的民族来说,"没有记忆,就没有成熟"[5]172。当文化与自然、宗教融合在一起之后,"文化以过去为基础来判定现在,也就通过传统提供了过去和现在的连续性"[5]168。中和或中庸是处理矛盾对立统一关系的大智慧,"放之四海而皆准,万事以俟圣人而不惑"的大智慧。《中庸》云:"故君子尊德性而道问学,致广大而尽精微,极高明而道中庸,温故而知新,敦厚以崇礼。"这段话可谓中庸之纲,指出了实现高明的路径(问学明诚)和方法(不忘传统)。"德性"按朱熹的解释指道德理性得之于天而具于心者。"问学"是两个并列的动词。在问中学,有问题意识地学。"尊德性""道问学"两个方面都达到了极理想的境界,才称为高明。而且"《中庸》强调,只有具备至高诚明德性的君子才能实行中道。反之亦然,能诚实执行中道者,定能成为高明者"[9]。萧兵也说,中庸"在一定的历史时期里,不但是这个实体或存在的必然派生物,而且是他们的一件助推力和凝聚力。权而节的'中',代表着一种向心的冲动,一种积极的均衡,一种理想的反馈,一种和谐的节律。在空间上凝结为中土,在时间上集聚为中和"[11]751。

笔者将此稿请王田葵教授审阅时,先生坦诚指出:"你触及到了一个拨叶见根的论题,值得研究。读了你的大作,使我想起两段箴言,一是横渠先生那段名言:'为天地立心,为生民立命,为往圣继绝学,为万世开太平。'另一段是联合国教科文组织总部大楼前的石碑上,用多种语言镂刻的那句箴言:'战争起源于人之思想,故务需于人之思想中筑起保卫和平之屏障。'我国四千年前的舜帝十六字心传,不正是'为万世开太平',能筑起保卫和平之屏障的思想吗?舜帝十六字心传和老子'执大象,天下往。往而不害,安平太。'以及此二箴言,当之无愧可镂刻在象山碑刻上。为此,我写了《望象山月》二首:烟波月照掩琼枝,有鼻绿岩饮清漓。月映万川总原一,寂然勿道理堪知。何时有象化岩中,秋月桂香素相逢。山象有灵山不度,月如无色月因空。"

象山是天赐桂林的自然奇景。如实揭示象山之"象"的思想文化内涵,必将进一步提升桂林作为国际旅游胜地在世界旅游名胜中的地位。

参考文献:

[1][英]伊懋可,梅雪芹,等译.大象的退却———一部中国环境史[M].南京:江苏人民出版社,2014.

[2]林京海.铭刻于山水间的历史记忆[A].韦卫能.桂林石刻撷珍[C].桂林:漓江出版社,2013.

[3]张岱年.中国哲学大纲[M].南京:江苏教育出版社,2006.

[4]戴耀修,苏濬.广西通志[M].南宁:广西人民出版社,2013.

[5][美]丹尼尔·贝尔(严蓓雯译).资本主义文化矛盾[M].南京:江苏人民出版社,2012.

[6]曹先擢.汉字形义分析字典[Z].北京:北京大学出版社,1999.

[7]张京华.庄子注解[M].长沙:岳麓书社,2008.

[8][美]赫伯特·马尔库塞(刘继译).单向度的人[M].上海:上海世纪出版集团,2014.

[9]王田葵.走向高明之境[J].湖南科技学院学报,2015,(1).

[10]庞朴.忧乐圆融——中国的人文精神[J].二十一世纪(香港),1991,(6).

[11]萧兵.中庸的文化省察———一个字的思想史[M].武汉:湖北人民出版社,1983.

(原载 2016 年第 3 期,作者单位:桂林电子科技大学)

《全唐诗》中的九嶷意象

✻ 王湘华

借景抒情,依物言志,是中国古典诗歌中最惯用写法。自《诗经》、屈子诗以来,景与情谐、比兴寄托等手法,使得诗作婉致深沉,情韵悠长,充满艺术的遐思与醇酒的甘香。同时,也影响着中国文学发展的审美趋向。

中华文明始祖之一舜帝与其妃的旷古恋情,深深牵动着文学的神经末梢,在诗歌艺术长河里更成了一道抹不去的风景与亮色。湖南永州九嶷山,往往是文人墨客笔下托言情思的对象,将凄美故事与舜的芳德千古彰扬。

《全唐诗》[1](本文所引唐诗,皆出于是书)伏埋着以九嶷山为中心的意象群,象与意适,意同象合,呈现出一篇篇精致凄美的旷世佳作,也使得九嶷山这座平凡而神秘的山岭,罩上了朦胧的面纱。

一

山以人名,人以山显。九嶷山数峰相连,竞秀争高。在《全唐诗》里,众多诗人用不同意象来演绎舜帝、二妃故事,寄寓哀怨情致,颂赞舜之德政嘉声。依诗作内容与表达方式差异,可以将九嶷山意象略为梳理勾勒,管窥其丰沛内涵与艺术创见。

全唐诗中的九嶷意象内蕴丰富,旨意或晦或显,情调凄美。或依托本事,哀惋凄怨;或比而拟之,另有所托;或借助意象,营构新境。

(一)描画本事,惋怛凄怨

自屈原在作品里将舜、妃故事诗化表达,哀婉伤感几成后世诗作基调,诗人用诗作一再言说本事,彰显韵致多样的情感。

舜有二妃,即娥皇、女英。帝舜巡视南方,死于苍梧。二妃哭追至洞庭,投湘水而死,啼泪洒竹,遂成斑竹。《鹧鸪词》:"湘江烟水深,沙岸隔枫林。何处鹧鸪飞,日斜斑竹阴。二女空垂泪,三闾枉自沈。"唐诗人李涉在此作中将二妃悲情与屈原诗情凝为一体,增添诗作悲怨气氛。"筼竹千年老不死,长伴秦娥盖湘水。蛮娘吟弄满寒空,九山静绿泪花红。离鸾别凤烟梧中,巫云蜀雨遥相通。幽愁秋气上青枫,凉夜波间吟古龙。"李贺《湘妃》诗更借九嶷风物,发抒思古幽情,诗境苍凉幽愁。

帝、妃亘古情事,引起无数诗人悲吟。唐无名氏《永州舜庙诗》:"游湘有余怨,岂是圣人心。行路猿啼古,祠宫梦草深。素风传旧俗,异迹闭荒林。巡狩去不返,烟云愁至今。

九嶷天一半,山尽海沉沉。"书本事,寄寓哀愁。诗作平实,意深情浓。帝、妃事迹,于九嶷意象中尽显无遗。

在传统文化视野中,二妃一直是颂赞的对象。"有虞夫人哭虞后,淑女何事又伤离。竹上泪迹生不尽,寄哀云和五十丝。云和经奏钧天曲,乍听宝琴遥嗣续。三湘测测流急绿,秋夜露寒蜀帝飞。枫林月斜楚臣宿,更疑川宫日黄昏。闇携女手殷勤言,环佩玲珑有无间。终疑既远双悄悄,苍梧旧云岂难召。老猿心寒不可啸,目眄眄兮意蹉跎。魂腾腾兮惊秋波,曲一尽兮忆再奏,众弦不声且如何。"唐诗人鲍溶《湘妃列女操》,铺叙渲染,事繁情凝。

(二)拟而比之,别寓所托

《诗经》最重要的表达方式为赋、比、兴,其中"比"之手法,于后世影响深远,贯穿诗歌创作发展史。"比者,以彼物比此物也",朱子对包括"比"在内的释说,精准无隙,已成定论。《全唐诗》里不少九嶷意象,以二妃故实,别寄托词,言在此而意显于彼。

《全唐诗》九嶷山意象群举隅

意　象	诗　句
九嶷　九嶷山 九山　嶷山 苍梧	九嶷日已暮,三湘云复愁。睆蔼罗袂色,潺湲江水流。(李颀《湘夫人》) 汀露凝红裹莲湿,苍梧云迭九嶷深。(齐己《湘妃庙》) 旋登三径路,似陟九嶷山。(徐氏《丈人观谒先帝御容》) 蛮娘吟弄满寒空,九山静绿泪花红。(李贺《湘妃》) 枫叶下秋渚,二妃愁渡湘。嶷山空杳蔼,何处望君王。(邹绍先《湘夫人》) 苍梧野外不归云,寥寥象设魂应在。(张濯《题舜庙》)

斑竹　啼竹 湘妃竹　筋竹	苍梧秋色不堪论，千载依依帝子魂。君看峰上斑斑竹，尽是湘妃泣泪痕。（李嘉祐《江上曲》） 何处鹧鸪飞，日斜斑竹阴。（李涉《鹧鸪词》） 筋竹千年老不死，长伴秦娥盖湘水。蛮娘吟弄满寒空，九山静绿泪花红。（李贺《湘妃》）
舜　娥皇 女英　湘妃 二妃　帝子 婵娟　蛾眉　江娥	舜欲省蛮陬，南巡非逸游。九江沉白日，二女泣沧洲。（王贞白《湘妃怨》） 花莫笑女英，新喜得娥皇。（卢仝《小妇吟》） 帝子不可见，秋风来暮思。婵娟湘江月，千载空蛾眉。（刘长卿《湘妃》） 二妃怨处云沉沉，二妃哭处湘水深。商人酒滴庙前草，萧飒风生斑竹林。（陈羽《湘妃怨》） 蛾眉对湘水，遥哭苍梧间。万乘既已殁，孤舟谁忍还。（郎士元《湘夫人》） 吴丝蜀桐张高秋，空山凝云颓不流。江娥啼竹素女愁，李凭中国弹箜篌。（李贺《李凭箜篌引》）
潇湘	南巡竟不返，帝子怨逾积。万里丧蛾眉，潇湘水空碧。（孟郊《湘妃怨》） 虞舜南捐万乘君，灵妃挥涕竹成纹。不知精魄游何处，落日潇湘空白云。（胡曾《湘川》） 潇湘连汨罗，复对九嶷河。（清江《湘川怀古》）

　　九嶷物华，因舜、妃恋情，变得多情有致，据传九嶷斑竹长有合欢双叶，更是意寓深长，成了美好爱情的象征。韦庄《合欢莲花》："虞舜南巡去不归，帝子相誓死江湄。空留万古香魂在，结作双葩合一枝。"以合欢双叶寄寓对旷世情爱的礼赞。

　　在《全唐诗》里，诗人借二妃事挽赞于人，如吴兢《永泰公主挽歌二首》（其一）："秾华从妇道，釐降适诸侯。河汉天孙合，潇湘帝子游。关雎方作训，鸣凤自相求。可叹凌波迹，东川遂不流。"

　　成都徐耕育有二女，貌美能诗，蜀王建纳为妃，姊为贤妃，娣为淑妃。王衍即位后，册封贤妃为顺圣太后，淑妃为翊圣太妃。蜀太后徐氏《丈人观谒先帝御容》诗曰："圣帝归梧野，躬来谒圣颜。旋登三径路，似陟九嶷山。日照堆岚迥，云横积翠间。期修封禅礼，方俟再跻攀。"将青城风物与九嶷意象类比，别有寓意，托他事而言己情，将舜、妃情事推衍。

　　唐代诗人卢仝更借二妃之事，泛而比其时家庭婚姻关系，如《小妇吟》："花莫笑女英，新喜得娥皇。"将小妇与大妇的关系，比作舜之二妃，虽有欠妥处，然道出二妃为古代女性的范典。

　　诗人倚舜帝事，发思古之幽情。譬如清江《湘川怀古》："潇湘连汨罗，复对九嶷河。浪势屈原塚,竹声渔父歌。地荒征骑少,天暖浴禽多。脉脉东流水,古今同奈何。"将潇湘伤感风物有机嵌入诗中,妙合无垠。

借事言诗,拓宽评论视野。"愁如湘灵哭湘浦,咽咽哀音隔云雾。九嶷深翠转巍峨,仙骨寒消不知处。"唐人李縠作品内涵丰富,多哀怨之作,唐僧诗人鸾在《赠李縠秀才》里,藉湘妃故实,形象概纳李诗特点,含蓄深婉,富有艺术感染力。

(三)象意融合,营构新境

诗之妙处,能言象外之言,达不尽之意,委婉深密,藉意象构筑意境,或凄迷哀怨,或深情凝重,将舜、妃故事艺术开掘,丰富诗歌宝库,形成多样的意境氛围。

意境乃诗人的主观情思同客观景物所达到浑然一体的艺术境界。诗歌离不了意象,然在某种程度上,意象选择是诗的基础,由意象而构建出"意与境谐"的艺术境界才是诗之重要目的。明人朱承爵在《存馀堂诗话》论说诗境妙处,"作诗之妙,全在意境融彻,出音声之外,乃得真味"。[2]792

《全唐诗》借九嶷意象群,构筑异样诗境,有的迷离幽远,有的忧郁哀怨,有的仙域飘渺,表达了丰厚多样的诗情、诗趣。

迷离、幽远之境。"南巡竟不返,二妃怨逾积。万里丧蛾眉,潇湘水空碧。冥冥荒山下,古庙收贞魄。乔木深青春,清光满瑶席。搴芳徒有荐,灵意殊脉脉。玉佩不可亲,裹回烟波夕。"孟郊《湘妃怨》以舜、妃悲情结局为依托,营造出渺远迷离境界。"潇""湘"本是二江之称谓,与舜、妃凄迷哀怨故实兼合,构成一种独特的情味,蕴含着清幽的愁绪、揪心的思念以及美妙的意绪。

同样,清江《湘川怀古》在阔大时空场景中,营构了一种迷茫、幽远境界。

忧郁、哀怨之境。唐诗借九嶷意象,表达哀怨、忧郁等情绪。譬如王贞白《湘妃怨》:"舜欲省蛮陬,南巡非逸游。九江沉白日,二女泣沧洲。目极楚云断,恨深湘水流。至今闻鼓瑟,咽绝不胜愁。"将怨境、怨情显现。孟郊《闲怨》:"妾恨比斑竹,下盘烦冤根。有笋未出土,中已含泪痕。"以九嶷意象代表之一——斑竹比喻,将怨情托出。

神仙飘渺之境。《全唐诗》里,一些诗人笔下的九嶷山是笼盖着浓郁仙气的神仙之境。"神仙多苦貌,双耳下垂肩。嵩岳逢汉武,疑是九嶷仙。"李白《嵩山采菖蒲者》借九嶷仙事,咏仙人王兴。

二

盖自始皇以降,历代统治者与当政者,频频祭拜九嶷神山,扬舜之德政令名。秦始皇派人前往泰山祭祀,使者无忘在岳阳洞庭水波之上,往舜之最后归宿——九嶷山方向深情遥祭,当开祭祀舜之先声。后世诗作广泛征引舜、妃故实,影响之大日渐深广,受众面不断拓宽。这么一个既质实又浪漫的古老神奇故事,何以会如此扣动世人尤其是唐诗人多情敏感的心弦?其答案应是显而易见的。

(一)生死恋情,空谷绝音

纵观全唐诗作,渲染二妃与舜帝生死之恋、旷古之情,当是诗作的重心,凄怨伤感情调笼罩诗中,莫不令读者动容。"问人间、情是何物,直教生死相许",让人心灵震颤的恋情宣言,情动世人,实则帝妃故事本身及《全唐诗》已奠之基础与情调,诗人无数次在作品里表现。

"湘烟蒙蒙湘水急,汀露凝红裛莲湿。苍梧云迭九嶷深,二女魂飞江上立。相携泣凤盖龙舆,追不及庙荒松朽。啼飞猩笋鞭迸出,阶基倾黄昏一岸。"唐释齐己《湘妃庙》将舜、妃恋情描写得凄美惨烈。

李嘉祐《江上曲》:"苍梧秋色不堪论,千载依依帝子魂。君看峰上斑斑竹,尽是湘妃泣泪痕。"从九嶷典型意象,生发出哀怨之曲。

楚人视二妃为湘水之神,立庙祀拜,唐代文人依诗咏赞,如高骈《湘妃庙》:"帝舜南巡去不还,二妃幽怨水云间。当时珠泪垂多少,直到如今竹尚斑。"朱庆馀《题娥皇庙》:"娥皇挥涕处,东望九疑天。"崔涂《过二妃庙》:"残阳楚水畔,独吊舜时人。不及庙前草,至今江上春。"于今读之,仍为这段旷古恋情掬动情之泪。

(二)勤劬禅让,舜德播芳

美德与恋情结合,才是舜、妃爱情的最佳注脚,也是历代传诵的根本原因。诗人以其动情之笔,写画出一幅幅生动的图卷,将为政以勤、为政以民以及选贤任能、天下为公的舜帝风范做了形象生动、淋漓尽致的文艺表达。

据文献记载,舜帝姓姚,名重华,号有虞氏,冀州人。成人后,眉长与发等。年二十以孝闻,尧以娥皇、女英妻之。年五十,摄行天子事。年五十八,尧崩。年六十一,代尧践帝位,定都咸阳,践位三十九年。舜重视农业,筑室作墙,改良居住环境。兴作音乐,执政期间,"兴九韶之乐""凤凰来翔",四境祥瑞。虽有九子,然皆不肖,以禅让式将位传于德才兼备的禹。有苗氏乱,人请以武力征服,舜以德化人,曰:"我德不厚,行武非道也",遂用修德之法。舜年高德劭,事必亲力亲为。八十三岁推荐大禹为继位者,九十五岁让禹摄政。后有苗氏叛,一百岁披挂南征,死于鸣条,时人以瓦棺将其殡葬于零陵九嶷山之南。[3]376-379诗赞舜帝,不绝如缕。"高高历山,有黍有粟。皇皇大舜,合尧玄德。五典克从,四门伊穆。大道将行,天下为公。临下有赫,选贤用能。吾皇则之,无斁无逸。绥厥品汇,光光得一。千辐临顶,十在随跸。大哉大同,为光为龙。吾皇则之,圣谋隆隆。纳隍孜孜,考考切切。六宗是禋,五瑞斯列。排麟环凤,披香立雪。四裔纳赆,九围有截。昔救世师,降生竺乾。寿春亦然,万年万年。"贯休《舜颂》以洋洋洒洒笔墨,对舜德舜能做了艺术讴赞,语言雅重,史事凝炼。

舜帝美德,成节日佳话,为别友勉劝的最好寄托。"五月巴陵值积阴,送君千里客于郴。北风吹雨黄梅落,西日过湖青草深。竞渡岸傍人挂锦,采芳城上女遗簪。九嶷云阔苍梧暗,与说重华旧德音。"徐夤《岳州端午日送人游郴连》,写景抒情,既有风俗写真,又撼发对舜德的誉赞。

<h2 style="text-align:center">三</h2>

舜、妃故实是文艺表述的基础,九嶷意象是诗人宣泄情绪的载体,物事兼容,景情巧合,会景生心,体物得神,共成化工之妙。《全唐诗》中丰富的九嶷意象群,既承载着厚重的传统美德与亘古未变的真情,内蕴丰赡,主旨鲜明,也让世人能耳濡目染,春风化雨,至于润物无声之境。同时,意象运用之妙,拓宽意境类型,臻于艺术佳境。

唐以后诗歌以舜与妃典实的吟咏之作,佳作甚多。宋苏轼《沧洲亭怀古》:"湘水悠悠天际来,夹江古木抱山回。城中人物若可数,日晏市散多苍苔。九嶷巉天古云埋,遥想帝子龙车回。心衰目极何可望,九歌寂寂令人哀。"感怀舜帝之事,凝重哀伤。宋黄庭坚:"九嶷山中萼绿华,黄云承袂到羊家。"据王韶之《神境记》载,九嶷半山,路皆青松翠竹,夹路有青涧,涧中长有黄色莲花,夏秋时香气盈鼻。[3]4420明胡奎《湘妃》:"竹上斑斑泪,重华去不还。鸣条何处是,肠断九嶷山。"明何景明《得五清先生消息尚客澧州怅然有怀作诗六首》(其三):"洞庭西去路,消息几回闻。地僻难逢雁,天长祇见云。白蘋悲楚客,斑竹怨湘君。宋玉哀师意,空传九辩文。"以舜、妃故事为主题的画作与题画诗甚多,譬如朱熹《题尤溪宗室所藏二妃图》、元陈基《题白描湘灵鼓瑟图》、元陶宗仪《题张渥湘妃鼓瑟图》、明高启《题湘君洛神二图》。以九嶷山为中心的意象群,已渗透至包括诗歌在内的各种艺术体裁,并将会继续影响着。

参考文献:

[1][清]彭定求等.全唐诗[M].北京:中华书局,1960.

[2][清]何文焕.历代诗话[M].北京:中华书局,1981.

[3][宋]李昉等.太平御览[M].北京:中华书局,1960.

（原载 2016 年第 11 期,作者单位:吉首大学）

民国国歌《卿云歌》的传播

✽ 赵　彤 •

一　《卿云歌》的传播过程

晚清时期的国乐与国歌始于光绪年间。光绪十六年,薛福成《出使英法义比四国日记》记载:"又查旧卷,英外部于丁亥年咨送兵部尚书节略,询取中国国乐乐谱,以备兵丁谱奏之用。前任刘大臣照复云:'查中国乐章,译为欧洲宫商,可合泰西乐器之用者仅有一葵,名曰《普天乐》,相应将乐谱一册,备文照送查收。'按《普天乐》者,曾侯所作也"。《走向世界丛书》的主编钟叔河在书中旁注:"曾侯所制中国国歌。"由此可见《普天乐》就是中国最早的国歌。

中国正式由政府公开宣布的国歌是《巩金瓯》,主要负责编制的人是近代思想家严复,由他作词,禁卫军军官、爱新觉罗皇室成员傅侗编曲。其歌词为:"巩金瓯,承天帱,民物欣凫藻喜同袍,清时幸遭。真熙皞,帝国苍穹保,天高高,海滔滔。"《巩金瓯》是清代传统音乐,康熙、乾隆登基时曾用此乐。

中华民国临时政府建立不久,临时政府的公报上刊登了由沈恩孚作词、沈彭年作曲的国歌草稿,以征集意见。其歌词为:"亚东开化中华早,揖美追欧,旧邦新造。飘扬五色旗,民国荣光,锦绣山河普照。我同胞,鼓舞文明,世界和平永保。"此首歌曾被收录在1908年出版的《乐理概论》,作者为沈彭年。临时政府解散,国歌的制定被搁浅。

民国二年,北京政府向学界征集歌词,特邀章太炎撰写,其歌词为:"高高上苍,华越挺中央。下水千里,南流下汉阳。四千年文物,化被蛮荒,荡除帝制从民望。兵不血刃,楼船不震,青烟不扬,以复我土与皈章。休矣五族,毋有世界尔疆。万寿千岁,与天地久长"。章太炎并且说明了创作国歌的要点:"先述华夏名义,次及古今文化,然后标举改革,乃及五国共和。"萧友梅为此歌谱曲,后命名为《华夏歌》。

袁世凯阴谋称帝,《华夏歌》被搁浅。其后袁世凯炮制了新歌词:"中国雄力宇宙间,廓八埏华胄来从昆仑巅,江河浩荡山连绵。共和五族开尧天,亿万年。"这首歌公开不久,袁世凯称帝而死,歌曲被废。

徐世昌任总统时期,教育部成立了国歌研究会,沉寂了四年的国歌又被提上了日程。国歌研究会接受章太炎的提议,采用舜帝《卿云歌》为歌词,共有四句:"卿云烂兮,糺缦缦兮。日月光华,旦复旦兮"。并向作曲家征集曲谱,最后采用了萧友梅的曲谱。

国民党政府在南京定都后,也曾征集国歌事宜,但是投稿者寥寥无几,所以只能用国民党的党歌作为国歌,歌词是孙中山在黄埔军校开学典礼的训词:"三民主义,吾党所宗,以建民国,以进大同。咨尔多士,为民前锋。夙夜匪懈,主义是从。矢勤矢勇,必信必忠。一心一德,贯彻始终"。应国民党宣传部的邀约,赵元任、黄自为这首词谱写了钢琴曲,抗战时期国民党正式将这首党歌定为国歌。

对于作为国歌的舜帝《卿云歌》,目前国内的研究有:《中国近代国歌的演变》一文,按先后顺序将近代国歌的演变进行了梳理,其中简要提及确立《卿云歌》为国歌的过程。《中国宪法史上的国歌》一文,从宪法的角度对国歌进行梳理,其中提及当时对《卿云歌》立为国歌的争议和最终成为合法民国国歌的过程。孙桂清《卿云歌——中华民国的第一首国歌》围绕关键人物汪荣宝展开,探讨了《卿云歌》成为国歌的因由。王永平《"卿云歌"和"三民主义歌"》展示了一枚国歌研究会的徽章,上面刻有《卿云歌》的歌词。李静《民国国歌卿云歌的诞生与争论》从《卿云歌》的争论出发,考察了晚晴到民国初期中国从传统社会到现代国家转变过程中的政治、文化形态与社会心理。

《卿云歌》是上古时代的诗歌,载于《尚书大传》,体裁为四言诗。相传舜帝将禅位传给大禹时,与文武百官同唱《卿云歌》:"卿云烂兮,糺缦缦兮。日月光华,旦复旦兮。明明天上,烂然星陈。日月光华,弘于一人。日月有常,星辰有行。四时从经,万姓允诚。于予论乐,配天之灵。迁于圣贤,莫不咸听。鼟乎鼓之,轩乎舞之。菁华已竭,褰裳去之。"作为民国国歌,《卿云歌》只取了前四句十六个字。民国十年,北京政府决定采用萧友梅新谱《卿云歌》。

民国时,《卿云歌》的歌词有文言文与白话文之争。梁启超认为国歌应该是作为教育国民灵魂的手段和工具,所以国歌的歌词应该被所有人所理解,因此不能过于生涩。"这种国歌若要使普及,则中国国民教育的程度,至少非办到四万万人皆变成博学鸿儒的章太炎不可！"

而《卿云歌》谱曲则存在中西之争。早在 1903 年，匪石就在《中国音乐改良说》一文中提出了向西洋音乐学习的主张："故吾对于音乐改良问题，而不得不出一改弦更张之辞，则曰：西乐哉！西乐哉！"1913 年 4 月 8 日，中华民国第一届国会在北平开幕，按照各国惯例，开幕典礼应奏国歌，大典即将来临时，内务部因为情况紧急，请教育部将《卿云歌》交给侨居法国的比利时作曲家约翰哈士东（Jean·Hautstont）作曲。约翰哈士东为《卿云歌》作了五线谱和三线谱两种曲谱，均为四四拍，每拍为 12 小节，前两句重复三遍，后面句重复两遍。这首歌是在国际上首次正式表演，但是并没有流传开来。音乐界称此歌为第一次《卿云歌》。

之后国歌研究会分别邀请了当时中西乐界的领军人物王露、吴梅、陈仲子和萧友梅。前两人是国乐名家，后两人则在西方专门学习音乐。最终，国歌研究会选择了萧友梅的西乐乐谱。教育部对《卿云歌》歌词以及萧友梅所制曲谱作了如下解释："卿云见昭明美大之容，复旦同日进无疆之旨，言由古圣，理符今时。乐谱……用 E 调长旋法，当中国姑洗宫调，鸣盛大于先，申咏叹于后，依义成谱，克协前词。"批评者认为，短短十二个字的歌曲就使用了八次半音，风格过于西化，无法被中国人接受。

二 《卿云歌》的传播方式

（一）新闻报纸的传播方式

民国时期是新闻业发展最旺盛的时期，报纸在全国多面开花，不论是中国还是租界地区，办报人在此时都抱有极大的热情，自然在国歌的选择上人们都不惜自己的言论。国歌确定为《卿云歌》之后，人们对其争议并不比确定之前的到，尤其是文人墨客们将报纸作为传播自己思想的重要媒介。从征集国歌开始时，报纸就成了国歌传播的主要方式，并且结合广告的方式。1912 年 2 月 5 日，教育部在《临时政府公报》上发表了一遍广告来征集国歌，写道："国歌所以代表国家之性质，发扬人民之精神，其关系至大。今者民国成立，尚未有美善之国歌以供国民讽咏，良用恧焉。本部现拟征集歌谱……"

当年 9 月，教育部再次对外公开征集国歌。考虑到文学大师和音乐家往往不能兼得，于是决定分开征集，于是"选择既定，乃求声谱"。短短数月，教育部就收到了三百多篇投稿。

《卿云歌》公布前后,人们的发表在报刊上的文章,不但代表作者本人的政治态度,更代表报纸的政治倾向。这些有关国歌的评论和态度,不仅仅是针对国歌本身,更是一派人的通过对国歌的态度表达自己的政治态度,各方对国歌仁者见仁,智者见智。有的十分隐晦,有的十分露骨。汪荣宝、吴敬恒等对国歌都称赞有加,朱希祖却在《学艺》淡淡的点出《卿云歌》不宜作为国歌的一些理由。

(二)听觉的传播方式

一首歌曲传播的开始都是从"听"开始的,并不是从"看"开始传播的,虽然在音乐文化的发展中人类建立乐谱的体系越来越完善,这样便为歌曲提供了一个无声的保存方式,也使得五线谱成为了一种国际语言,促进了中国音乐向国际发展。虽然我们从小学开始就接受音乐教育,不识谱的人仍然绝大多数。所以口口相传也成了音乐传承的一种方法,尤其对于普通学校低年级的学生来说,这种传播方法自然是立竿见影的。有很多歌曲我们并没有学过,但是却可以唱,这就是"听"的效果,一些还没有发表的歌曲通过影视、广播、演出的形式最终成为家喻户晓脍炙人口的音乐。

《卿云歌》的颁布令中写道:"决策采用本会会员萧友梅所制新谱,定于民国十年七月一日通行,在数月以来遵循新谱发各个军乐队,各个校学生依声练习,于本年三月六日协同演示亦甚合拍。"从国歌颁布令中可以清晰地发现,民国时期国歌的传播和一般的音乐传播方式有异曲同工之处,但是也有差异。首先,《卿云歌》被要求在军乐团和学校中学习,因为这两个组织在国家位置特殊,军乐队是军队的一部分,便于命令和管理,如果军乐队熟练演奏和演唱《卿云歌》,那么这个军队练习这首歌就有了参照,军队的士兵们即使不识谱也会通过,口口相传以及倾听的方式来学习国歌。颁布令中的另一个团体就是学生,学生作为一个国家现今思想和爱国主义的主要支持者,国家责令学生学习演唱国歌,就是学生也是一个接受能力快便于管理并且乐于学习国歌的团体,所以国歌在军队和学生团体中示范演唱学习便成为了政府主要的确定传播对象。

(三)演唱的传播方式

检验一首歌曲是否成功,就要看演唱者的广度,就像一个标志一样,在特定的时间和地点,人们是否唱的是同一首歌。民国政府在重大事件上演奏和演唱《卿云歌》就是其传播的成果,在重大场合、重大事件演奏《卿云歌》,人们自然而然就会赋予极大的意义,就像看到国旗一样,肃然起敬。在校园里升国旗,奏国歌是每周必要的事件,这样的传统是西方就传到东方的,那时正是西学东渐时期,自然也是民国的学生们必不可少的环节。就算《卿云歌》的歌词晦涩难懂,也会在反复演唱中深入人心。这就有了陈毅在法国高唱《卿云歌》的经典实例。

三 《卿云歌》的传播效果

传播所达到的效果是一个积累、深化、扩大的过程。国歌是留在人印象最深刻的歌曲,人们总会唱歌起就会唱国歌。政府通过大众媒体传播国歌,在大小事件中播放国歌。国歌的传播不管是有意还是无意都会有意无意的在潜意识产生影响。所以传播效果就是在广泛传播中,人们在行为、思想、态度方面发生的变化,从而实现执政者的意图。国歌的传播效果分为三个层面,国歌可以作为外部信息不断刺激人们的记忆系统,使人们产生认知层面上的效果,就在脑中的信息会产生特定的观念和价值体系从而引起了态度和情绪上的变化,说明人们已经过渡到了思想的改变,最后这种思想会转化成人们的实际行动。

(一)《卿云歌》的政治效果

《卿云歌》既是古老的传说,又是新时代的潮流。选择《卿云歌》作为国歌多少表达了民国当局和人民的政治理念。

汪荣宝作为议员提出用古老诗歌《卿云歌》为国歌有多方面的原因和考虑,诗中的卿云和日月光华都隐喻了国旗的特点:民国国旗又称"青天白日满地红",左上方为一个太阳。以此向国民宣扬国旗上三色分别象征博爱、自由、平等的精神,希望以此引发人们的爱国之心。《卿云歌》中出身王族的舜把王位传给出身平民的禹,暗含了国号:中华民国。舜唱完《卿云歌》后发出了感叹,"时哉夫,天下非一人之天下",汪荣宝建议把"天下,非一人之天下"作为国歌的最后一句,成为整首歌的主题,借此向民众宣扬民主的政治理念。远在德国的音乐家王光祈发表评论:"《卿云歌》符合我共和国家'天下为公,选贤与能'之旨,唱词'日月光华,旦复旦兮'也对中国未来寄予无穷希望。可惜词意古奥,平民难以领会,因此只能称'天下歌',还不能称作名副其实的国歌。"

萧友梅在被邀请谱曲时对《卿云歌》本身就持有保留的态度,谱完曲都权当参考,还公开支持章太炎的作品。萧友梅一直持谦虚的态度对待自己的作品,这也说明了国歌流传的普遍特点和规律。客观地说,萧友梅版的《卿云歌》还是被大多数人所认可的,而且也产生了一系列的政治效果。1921 年,中国的在法留学生因反对中法政府相互勾结、卖国,被法国军警逮捕,作为但是中国学生代表的陈毅在狱中高唱《卿云歌》,"旦复旦兮"表示黑暗终将过去,光明即将来临。说明作为民国国歌的《卿云歌》还是影响了一代留学生,增强了人们的爱国情怀。

(二)《卿云歌》的社会效果

任何国家所使用的国歌都是带有浓厚的社会和政治色彩,例如美国国歌《星条旗永不落》作者看到英军炮轰美国后,透过硝烟作者看到星条旗依然屹立在废墟中,有感而作。一首具有强烈的时代背景的法国国歌《马赛曲》,人民为了自由,高唱着《马赛曲》打开了法国大革命的序幕。早在几千年的中国,人们就知道把诗放入另一个载体变成诗歌,更容易被人们所记忆,流传的也会更广泛,从而实现传播者希望达到的效果。虽然古代中国还没有国歌的概念,但是在当时以歌曲来传播思想的理念确实超前的。

民国时期选择《卿云歌》作为国歌,也是崇尚舜帝的治国之道,虽然《卿云歌》的乐谱已经消失,人们重新谱曲,政府首先责令学生练习合拍,到最后普及到大众。"日月光华,旦复旦兮"是希望日月普照中华大地,国家一天比一天富强,并且与国号(中华民国)和政体(民主)相契合。《卿云歌》从古至今所达到的社会效果是相当显著的,人们从记载歌颂《卿云歌》到理解它其中的内涵,形成了一套完善的价值体系,被世世代代人们所认可和维护。

(三)《卿云歌》的文化效果

一个国家的文化可以同时影响这个国家的政治宗教和人们的信仰,而文化不是仅仅通过短时间的学习而受到影响的,而是世世代代人们思想的传播,同时人们把思想注入到行动中。这就是为什么我们可以很容易从文学作品、艺术作品、影视作品中辨识中西方文化的差异。这种差异并不是人们可以创造的,是人们受到历史文明的影响,代代相传的。

《卿云歌》不仅仅是中国千万篇诗歌中的一种,它更可以作为一种文化、一种思想永远刻在人们的心中。《卿云歌》可以包含了尧舜时期的文化思想和治国之道,随之影响了后世儒家思想、孔孟之道,"仁""义""礼""智"与尧舜文化相辅相成。直至清朝末年,人们的思想依旧跟随着这几个关键词,民国时期虽然受到了西方文化冲击,中国人民的生活都渐渐向西方学习,但是当局者还是选择

《卿云歌》作为国歌,说明中国的文化思想是根深蒂固的,不论外部环境带来多少冲击,本质的东西是不会随着时间而腐朽的。这就是舜文化给后世带来的效果。

余 论

湖南永州是"虞帝过化之乡"。永州文化是湖湘文化的起源,湖湘文化是宋代理学为开端,历史跨度仅九百年,湘楚文化可以追溯到上古时期,延续了几千余年,而潇湘文化其源头则为四千多年前的舜文化,与中华民族五千年的文明相吻合,内容博大精深。舜帝所作的《卿云歌》和他的任何事迹都在提倡传播道德文化,也是潇湘文化的源头。舜帝禅让的美德,"天下为公"的理想,在湘南传播成了一种文化,进一步印证了"只为苍生不为身"的博大胸怀。人们说"天下万山朝九疑",九疑山是天下第一舜帝陵,舜帝是永州最早和最显著的"标识"。道德教化被湖南人乃至全中国人视为宝贵的传统,这一文脉在潇湘大地代代相承。

(原载 2016 年第 4 期,作者单位:湖南科技学院)

小楷《九疑山赋》是柳公权真迹

✳ 孙吉升

1997 年春,河南新乡著名书法家马庆才先生偶然得到一拓本:柳公权小楷《九疑山赋》,他经过两年多的考证后,在《书法导报》上披露了这一消息,立即引起了强烈反响。16 年来,书法、文物、文学等界专家学者,艰辛探析,各抒己见,求真精神令人敬佩。论点很多,但归纳就是两点:真品、赝品。说真者以书否文,说赝者以文否书。我在从事《湖南古县·宁远卷》编纂工作时,有幸涉及了这一课题,凭天时地利,考论点、查家谱、搜资料、请教专家。经过探析,认为赝品论据——都能否定,真品论据个个令人信服,似能拂去拓本尘埃、显现原貌。

一 名家观点商榷

马庆才先生说,《九疑山赋》是柳宗元作文。

柳宗元是散文大家,也是"辞赋丽手",他的赋,没有寄情山水的,或直抒胸臆、借古自伤,或寓言寄讽、幽思苦语。柳宗元的代表作多在永州创作,但在永州涉及九疑山的诗文只有《与崔策登西山望九疑》一首,柳宗元的作品都由好友刘禹锡保存,并编成《柳河东集》,不可能漏掉《九疑山赋》这篇诗赋。柳宗元到过九疑山,但难以对九疑山研究得那么透彻。文章提及的十八个地名表明,不是九疑山人是不可能完全知晓的。柳宗元与柳公权不是好友。《九疑山赋》是 844 年书写的,在柳宗元死后的 21 年后,柳公权如果还为他书写,也只是写墓志铭或行事。

周九疑先生说:三十六七十二洞天福地,是宋人在《云笈七签》中才出现。

唐朝司马祯(646－735)人著《上清天宫地府图经》,列出了三十六七十二洞天福地的详细情况,三十六洞天中"第二十三,九疑山洞周回三千里,名曰朝真太虚天,在道州延唐县,仙人严真青治之"。这说明是宋人转载了唐人文章,不是宋人书中才出现。

周九疑先生说:"云阁兮白云齐"(拓本为飞,府志为齐。)是永福寺齐云阁建筑。永福寺是宋代僧人善义修建。已经死去的柳公权,不可能写"齐云阁"。

《古今图书集成·山川典·九疑山部》载:永福寺居舜祠之右,旧名无为寺,又名报恩寺。相传南齐(479－502)敕建。以卫舜祠,有断碑可识。981年易今名。《玉琯岩无为洞图》标有:玉琯岩、无为寺、看云阁。这个"看云阁"在南齐时就有了,文章写的也可是唐朝的"看云阁",不一定是宋代的"齐云阁"。文章表明,飞是写云的动态,齐是写云的静态。这二字是写云不是写阁。拓本中"云阁兮白云飞"比志中"云阁兮白云齐"的确要好,汉武帝刘彻《秋风赋》开头就唱"秋风起兮白云飞",毛泽东《答友人》开篇就吟"九疑山上白云飞"。圣人们都用"白云飞","白云飞"比"白云齐"要好。

周九疑先生说:文先国提出的府志"有舜江则可浣可漱"不如拓本"有舜江则可枕可漱"之味无穷,却不敢苟同,因为江水可浣可漱是合其水性的,可枕可漱就难以言通了。

周九疑先生是从水性而言,离开了文章的本意,文章写的尽是九疑山道家仙人仙事,应从道家仙人典故来理解。宋道州司法参军郑舜卿在《永福禅寺记》中说:"衡山多古佛刹,华山、武夷、九疑是神仙窟"。《世说新语·排调》说:"孙子荆年少时欲隐;语王武子"当枕石漱流",误曰"漱石枕流"。王曰:"流可枕,石可漱乎?"孙曰:"所以枕流欲洗其耳;所以漱石欲砺其齿"。后以漱石枕流或枕流漱石指士大夫的隐居生活。府志"有舜江则可浣可漱"是写水性,拓本"有舜江则可枕可漱"是写仙事。

赵卫平先生说:"天下一景,湖南九疑"。仅此两句,便可断定此文作者年代……湖南一词,是宋代行政地名。如果唐人所写,"湖南九疑"当写"江南九疑"。

《湖南省志·地理志》载:764年置湖南观察使,湖南之名自此始。《旧唐书》韦贯之传,任过湖南观察使。"湖南九疑"比"道州九疑"名气要大,比"江南九疑"表述要准。

赵卫平先生说:宁远的"九疑水始称潇水,潇江,也是宋代才见于记载。

《辞海》上说,"潇水:源出九疑山,北流零陵入湘江。古以此水与其上游之沱水并称营水。唐人始称潇水。柳宗元《愚溪诗序》、吕温《道州秋夜南楼即事》皆称潇水。"

赵卫平先生说:元结作《九疑山图记》诸文,未见"碧虚岩",只有宋代蒋之奇作《碧虚岩铭》才出现。又说舍人李峤(名挺祖)受郡守之命,以郡守李袭之名义书写玉琯岩碑铭题记。

《古今图书集成·山川典·九疑山部》说,元次山将"碧虚洞"改为"无为洞",舍人李峤在篆刻"无为洞"时又篆刻了"碧虚池",舍人李峤是唐代李峤,不是宋代李挺祖。日本户崎哲彦先生考证后说,李挺祖不是李峤不容置疑。

赵卫平先生说:九峰齐高,三峰压众。九疑山有十二峰之说,唐代文献无记载。

《古今图书集成·山川典·九疑山部》载,"舜峰即三峰石,在舜祠西十里,三峰鼎立,其下众山环合……舜峰不列九峰之内,乃为九峰朝宗,特列入首。"三峰指的是三峰石,不是三个峰。

户崎哲彦先生虽是日本教授,但对拓本印鉴、避讳、黄表卿年代考等都依据依典,这种认真态度令人敬佩。但户崎哲彦先生是日本人,尽管认真,也会受到国界和文化的限制,难免有错。如将拓本与府志对比时,閤、阁;领、岭;箭,箫是通假字,而说是拓本之错。他不知道从意境、典故考证,因而认为黄表卿是南宋人而认定拓本是赝品。这是可以理解的。

二 是唐文,不是宋文

文章是唐朝湖广第一状元李郃撰写,不是南宋黄表卿撰写。

文章艺术水平黄表卿难以达到。黄表卿(1178－1245)是宁远县禾亭高寨村人。家谱说是1191年进士(有误,只13岁),授天河县令,字号黄天河。因病归家,因山瑶侵扰从由村迁居春陵。《九疑山赋》气势磅礴,词句优美,没有出众的文学修养是写不出的。据乐雷发《送黄天河》诗,黄表卿中举即在1228－1236年,此时黄表卿应是50－58岁。这就说明他的才华不会出众。他因病归乡,因瑶侵迁移,家境、身体都让他难以饱读诗书。他家谱的艺文杂志上,没有他的一诗一文,这也说明他的诗赋水平非常一般。如果他能写出《九疑山赋》这样的流芳之作,而为何不见其它一诗一文呢?文先国先生说,他是否见文未见拓本,改动几字署上自己的名字,就此误传了。这让我想到,黄表卿先住由村,由村是沐塘村的佃户,离沐塘村近,有机会见到《九疑山赋》,又是黄姓,应深受黄庭坚"点铁成金"观点的影响,取古人之陈言入于翰墨。

文章意境不是南宋国情。《九疑山赋》是一篇写景、述史、用典、言情于一体的优美散文。先述舜事、道家仙人仙事、九疑美景。再写九峰、二妃洒下西江之水之泪,染成千百亩泪竹的爱情故事,最后肯定九疑山是舜帝藏精之所、道家修炼仙境。从而达到歌颂国泰民安盛世和赞美九疑神奇的目的。靖康时,徽宗、钦宗被掳,国破家亡,民不聊生。仁人志士,崇尚的是救国救民,书写的是驾长车、踏破贺兰山缺。岳飞在《满江红》中高歌:"壮士饥餐胡虏肉,笑谈渴饮匈奴血。"辛弃疾在《鹧鸪天》中恸哭:"壮岁旌旗拥万夫,锦襜突骑渡江初。"文天祥在《过零丁洋》中怒吼:"人生自古谁无死,留取丹心照汗青"。所有南宋文人,都在抒发爱国之志,卫国之情。黄表卿的同乡好友乐雷发在《乌乌歌》中呐喊:"莫读书! 莫读书! 惠施五车今何如?""好杀贼奴取金印,何用区区章句为"。全国上下都在忧国忧民,黄表卿敢写修道成仙吗? 敢于藐视权臣的乐雷发不谴责吗? 自古文章无不打上时代的烙印。抗战时期,毛泽东写的是《论持久战》;蒋介石喊的是"地不分南北,人不分老幼,都有抗战守土之责";文人骚客写的、亿万人民唱的是《义勇军进行曲》《我们在太行山上》。就在今天,党中央提出要实现中华民族伟大复兴之梦,全国上下,电视讲梦、文章写梦、人们追梦。

文章典故是唐代外丹人事。文章的十个典故,都是初唐前后道家仙人仙事。重道轻佛是唐太宗钦定的。唐统治者自诩老子后裔。太宗言:"今李家治国,李老在前。"道徒修炼分为外丹和内丹。唐道徒用矿石药物炼成丸药,服者丧身者众。唐末宋初,道徒从长期的外丹修炼中醒悟过来,认识到服丹成仙之路走不通,但又没有放弃成仙追求。于是回到了"元气生万物"这一基本教义上来。唐末宋初内丹兴起。北宋道士、内丹代表人物张伯瑞著《悟真篇》,阐述了内丹修炼理论和功法。以内丹为成仙唯一途径,并云"为仙须是为天仙,唯有金丹最为端"。自宋始,道徒采用的是"炼精化气、炼气化神、炼神化虚"内丹修炼法。文章写外丹仙人仙事,说明这是唐文不是宋文。

文章意境符合唐朝盛世。文章表达的不是南宋衰微国情,而是唐朝太平盛世,也是李郃遵圣意、敬先祖的体现。

太宗自诩李耳后裔,尊重"李老",尊重道教,遂成国意。

李郃家住沐塘村,距舜祠十里,生在家乡,长在家乡,对舜事、祖宗渊源十分清楚。《灌溪李氏族谱》载:"李氏十七世祖,耳公名聃,号伯阳,又名李老子、李老君、太上老君"……著《道德经》上下篇五千言,成为道教之宗",沐塘始祖道辨公是李耳三十七代孙,李郃是李耳的五十三代孙。李郃撰写《九疑山赋》是述舜事、尊皇意、敬祖宗,一举三得。

文章艺术水平符合李郃生世。《九疑山赋》与名家诗赋比虽有差距,但不失为一篇流芳千古的优美诗篇。没有良好教育,没有饱读诗书,没有鹤立群首的天赋,是写不出的。李郃三代书香世家。他曾祖飞龙衡州教授,祖父周廷劄授本路教授,父太渊本州教授,三代都是儒学世家,这为李郃营造了良好的教育学习环境,得以 20 岁在无数优秀人才中脱颖而出,以一诗一赋中状元,展示了他非凡的文学艺术素养。

文章地名符合。文章涉及的 18 个地名中有 16 个可以在图志中查到,只要阅读九疑山图志的便可知晓。而万岁山、西江这两个地名,只有沐塘村人才叫才会写,别村人不会叫不会写。

文章词、典符合。李郃文章保存的很少,只有九篇,就连状元及第的《观民风赋》也已失传。在这九篇文章中就有多处同词语、同典故。如《咏石床石鉴》中的"篦床高接天"和《九疑山赋》中的"三篦床上丹炼九转"的"篦床";《游九疑黄庭观》中的"神府枕疑川"和《九疑山赋》中"有舜江则可枕可漱"的"枕",用的是同一典故——"枕流漱石";《游九疑黄庭观》中的"别有月帔上"与《九疑山赋》中"月帔兮明月上"的"月帔"。文章若不是出自同一人,不可能有这么巧合。

文章格式也能佐证。李郃是以《观民风赋》和《早莺求友诗》中状元的。李郃用诗赋赞美家乡,符合情理。

三　是真品,不是赝品

文章是唐朝李郃写的,不是南宋黄表卿写的。

同朝为官,关系很好。柳公权、李郃二人在 837 年至 860 年,都在朝廷为官达 23 年之久,关系很好。李郃 837 年任吏部侍郎,属宰相李德裕下属;柳公权 838 年任工部侍郎,《旧唐书》说:"李德裕素待公权厚。"说明李郃、柳公权都属李德裕部下或同党,关系自然好。当时,上至天子、下到官僚,都想多得和得到柳公权墨宝,李郃请柳公权写一幅赞美家乡的字很合情理。

符合避讳。《九疑山赋》帖拓本有"世""民"各一处,均缺一笔,为唐太宗李世民避讳;有"境"三处、"贞"一处、"玄"一处,皆宋朝国讳,"境"为祖赵敬避讳,"贞"为仁宗赵祯避讳,"玄"为圣祖赵云朗避讳,拓本未避。

没有如此水平的书匠。自唐以后,楷书趋向败落,没有能与柳公权相比者。按黄表卿生活区域看,当时的湖南九疑、广西天河没有如此水平的书匠,若有这种水平,还不自成一代大师吗?

马庆才先生收藏的拓本、上野精一先生拓本、尚古山房本一模一样。文先国先生从文物的角度进行了比较，马庆才先生的拓本比上野精一先生的清晰外，其它一模一样。我们用电脑将二人拓本扩成相同尺寸，二者竟能重合。我想至于清晰原因是因为马庆才先生拓本早于上野精一拓本，这也符合逻辑。马庆才先生的拓本是朝廷的，上野精一先生的是民间的，朝廷早于民间的符合情理。

镌刻者符合。《九疑山赋》为邵建和镌刻，邵建和是唐代碑刻名手。唐代很多书法都是邵建和所刻，且都和柳公权有关系。如：《苻璘碑》李宗闵撰文，柳公权书并篆额，邵建和镌字；《吏部尚书冯宿碑》王起撰文，柳公权书并篆额；《玄秘塔碑》柳公权书，邵建和并其弟邵建初刻。1986年，在西安城墙东南角，出土的"大唐回元观钟楼铭并序"碑，令狐楚撰文，柳公权书，邵建和刊刻。邵建和为当时碑刻名家，与柳公权关系极为亲密，具有高超镌刻技艺的邵建和也能证明《九疑山赋》拓本为柳公权所书。

书法家一致看好。《九疑山赋》拓本重新面世后，引起了书法界的高度关注。对其艺术水平一致看好，说赝者都认为是难得的佳品、难得的范本。众多书法家认为："《九疑山赋》通篇六百零一字，字字用笔一丝不苟，肥瘦得体，血肉俱美，可以说是无笔不妙。"书法家赵思敬先生说："柳氏诸书，应为极品，古今小字，当推第一。"《书法报》总编张鹏涛先生来宁远讲座，如数家珍地讲述了柳公权《九疑山赋》拓本的来龙去脉。但也有书法家认为是赝品的，山东烟台潘英琪先生读到《中国文物报》马庆才先生《再谈柳公权小楷〈九疑山赋〉》，对报刊展示的"昌""皇""莫""左""其""日""月""然""知""会"十个字从笔势、书写规律进行了鉴定，认为拓本是赝品。潘先生是中国书法协会鉴定评估委员会委员，海内外顶礼膜拜的大书法家，潘先生的鉴定是权威性的。但我在数次拜读了潘先生送给我的《潘英琪书画艺术》一书后，对潘先生的认定有不同看法。其一，潘先生没有见到全拓本，难免以点概全；其二，潘先生没有分析文章意境、景点、典故，没有考证文章作者与柳公权的关系，忽略了《九疑山赋》拓本创作的天然条件；其三，潘先生在《书·言志达情》一文中说："一个人在不同的时间、不同的地点、依不同的心态，书写不同的内容，即使用同一种书体完成，也会产生很大的变化。"郑道昭书写《论经书诗》时是分三次书丹上石，形成了前、中、后三部分书写的差异较大，造成了一些书界朋友论其为三人书丹。"柳公权书写《九疑山赋》与其它碑帖相比，心态不同，内容不同，时间也不同，有些差异纯属正常。

流传范围符合。拓本在河南发现，符合情理。因李郃在河南任过参军。清代以来,国内国外,相传为宝。拓本首页"笪重光秘籍之印"、笪重光(1623 – 1692)明末清初书画家,尾页"刘墉""石庵之印",石庵、刘墉(1719 – 1804)乾隆、嘉庆宰相书法家,说明得到了刘墉宰相的认可。同时说明了只有真品才能流入朝廷,赝品是无法流入朝廷的。日本朝日新闻社长上野精一先生几次捐赠给东京国立博物馆的文物中,其中一次捐赠的文物艺术品 130 件藏品的 117 号藏品,则是《九疑山赋》拓本。这 130 件文物艺术品,均被列入东京国立博物馆藏品目录的重要文化财产。日本东京国立博物馆,与英国伦敦大英博物馆、法国巴黎卢浮宫等世界超级博物馆齐名,收藏文化艺术品不仅数量非常巨大,而且非常严谨讲究质量。上野精一先生,是现代日本收藏史上的一位传奇人物,也被日本近代文物艺术收藏界认定为一位极高品位的收藏家。民国时期上海尚古山房有过《九疑山赋》拓本面市,总发行上海新马路尚古山房,分发行所奉天、南京、汉口尚古山房,印刷所上海尚古书局,博古书屋藏本,定价实洋两角。从流传的广度、高度,可以看出,清末民初该拓本就已获得很高层次的名家认可,已被视为真品,视为瑰宝。

结　论

《九疑山赋》拓本,是唐文宗太和二年(828 年)湖广第一位状元道州延唐县沐塘村人李郃撰文,唐宪宗元和三年(808)状元、唐著名书法家柳公权书写,唐镌刻大师邵建和镌刻,是歌颂灵山仙境九疑山舜帝陵的"三绝",不愧为千古绝唱,天下瑰宝。世上独一无二的书法艺术,应为其戴上闪光的桂冠,列入国宝。

(原载 2014 年第 7 期,作者单位:宁远县民政局)

柳公权小楷《九疑山赋》续考

✳ 孙吉升 ◆

南怀瑾先生说:"我们研究古文典籍,不必从别处引经据典,大做文章,只要以原书章节内容互相对照诠释,便可寻出原本含意。"近两年来,我按照这一途径,对《九疑山赋》文本章节、词句反复对照诠释,千方百计求师解惑,获得了更清晰、更深刻的理解,寻出了文本的基本含意,找出了许多新的、有力的论据,让人信服柳公权小楷《九疑山赋》是真品无疑。

一 文本是本地人撰写

探析《九疑山赋》文本撰写人的籍贯,是探析《九疑山赋》拓本真赝的重要基础。对此,并不难究,只要略略诠释文本中的景名、绘景、表现手法便可知晓。

文本叙述了马蹄、九峰、玉琯、西江等 27 个景名。这些景名个个实在,都在九疑山之内,有的名气大,凡游过九疑山的人就会知道,有的名气小,不生活在九疑山的人难以知道。如"西江"这个景名,只有沐塘村(唐朝下灌村名)的人才知道才会如此称呼;文本描绘九峰,高低准确,左右相符,东西井然,如数家珍,外地文人骚客安能如此清楚。

"零陵舂陵,分于秦之后,汉之前",这是作者叙述舂陵立侯国的时间。舂陵侯国是公元前 124 年汉武帝从零陵郡划分设立的,隋朝又被并入营道县。舂陵侯国地名使用时间短,它虽是"光武发祥之地",但地处偏远,史书又被漏记,不是本地人,难以如此晓然明白。

"十洲三岛""六月无夏"二句,是作者对紫霞洞中石灰质溶液凝结而成的"梯田""岛屿"和洞中夏天清爽宜人气温的真实写照。没有进入洞中亲眼看到,亲身感受到的人是写不出来的。20 世纪 80 年代以前,进入紫霞洞是很困难的。若要进洞,必须充分准备,找好向导,备足火把,趴着进风洞,牵手过阴河,来回一天走不到底、出不来,进洞观光考察,还有熄火迷失方向、瘴气中毒之危险。不是徐霞客那样舍生取义的地理学家,一个外地文人骚客,千难万险来到九疑,是不会去冒这个险的。

文本中"客难之曰"的客,指的是对舜"南巡狩,崩于苍梧之野,葬于江南九嶷……"持不同观点的外地人的尊称,而相对于作者则是主人、本地人;文本中"以代门下抠衣而藉手"这句省掉了"我"这个第一人称,用现在的话说则是:"我借门下省之手写作此赋。"这二句都准确表明了作者是主人、本地人,是九疑山人。

二 文本是唐朝人撰写

前文已从国情、意境、道徒修炼方法进行了探析,本文再从避讳、政权机构、石刻三个方面进行诠释。

避讳,这是中国两千年的政治"隐语"。它起于周、成于秦,盛于唐、严于宋,清朝完密,民国废除。拓本避了唐讳,没避宋讳,无可争议。

避讳,是官吏、文人骚客,黎民百姓都逃不开的概念。而最重要的是君主名字—御讳,说要改字,写要缺笔。唐太宗名世民,唐朝民部则被改为户部;宋英宗御讳"曙"字,于是官名部署和都部署就被改称总管和都总管;宋朝宋仁宗名赵祯,蒸包子的蒸改为炊;宋钦宗名赵桓,宋朝就把春秋战国五霸之一的齐桓公改为齐威公。

避讳,宋朝最严。宋朝御讳涉汲颇广,法律上有详细规定,人名、地名、官名因犯御讳必改。宋朝视传说中的人皇赵玄朗为祖宗,就把当时名将杨延朗改为杨延昭;理学家周敦颐原名周惇实,因与宋英宗旧名(原名赵宗实)相同,犯了御讳,就被改为周惇颐;死后一百多年,又犯南宋光宗赵惇御讳,再被改成周敦颐。

避讳,另一个特点,是只注重本朝,不管前朝。清朝雍正皇帝名胤禛,就把宋朝开国皇帝赵匡胤改为赵匡允。

避讳,不仅仅是官吏、文人骚客、莘莘学子、黎明百姓的前途问题、幸福问题,同时也是自己和家人的生命安全问题。不说御讳,就连家讳也利害无比。唐朝诗人李贺,因其父亲名叫晋肃,"进"与"晋"音同而犯家讳,就不能参加进士考试,纵然才华横溢,终无用武之地,二十七岁就郁郁寡欢而死,韩愈因此愤作《讳辩》质问;宋宁宗庆元时,士人在科举考试的各种文字中,若稍有不慎,触犯御讳,就有各落孙山之苦。北宗律文规定:"诸府号、官称有犯祖、父名而冒荣居之者,徒一年。"宋代杨万里任监司,出巡某州歌妓为他唱"贺新郎"词,词中有"万里云帆何日到",杨万里马上插话"万里昨日到",当地太守感到狼狈,就下令将这名歌妓送进监狱。如果文本是南宋黄表卿这个县令撰写,难道不知不遵避讳之险,岂有不避宋朝御讳之胆,文人骚客胆敢传阅,州县之志岂敢刊载。

文本中"以代门下抠衣而藉手"的门下指的是"门下省"。"门下省"和"中书省""尚书省"是王朝中央行政总汇。它们的职权是中书省取旨,门下省封驳,尚书省举而行之。它起于魏晋,止于宋朝,元代,门下省、尚书省皆废。在唐朝,"门下省"具有读署奏抄、驳正违失的职权,到了宋代,"门下省"形式上还存在,但职权已移至其它机构,长官成为寄禄虚衔,有名无实。南宋高宗建炎三年(1129)实行三省合一。因"门下省"在唐朝的地位和作用,"以代门下抠衣而藉手"一句,放在唐赋结尾,则具有深化、升华之旨,卒章显志的作用;而"门下省"在宋朝有名无实,虚衔无权,"以代门下抠衣而籍手"一句,放在宋朝诗赋中,则是画蛇添足,一句废话。《九疑山赋》虽不是辞赋名篇,但仍不失为一篇优美辞赋,能写就如此辞赋水平的人能写废话吗?

玉琯岩石刻"九疑山"三个大字,是宋朝嘉定六年(1212),从韶州调往道州知州方信孺书写请人镌刻的,是九疑山标志性石刻。来九疑山必看,写九疑山必写。唐朝没有这一石刻,唐朝人作赋当然没写。方信孺书写镌刻"九疑山"三个大字时,黄表卿三十四岁,已经成年成熟。如果文本出自黄表卿之手,文本在描绘玉琯岩景名时,既写了"刺史元公之笔"、又写了"舍人李峤之题",岂能漏掉"知州方信孺之书"这一最彰显最具标志性石刻?

三 文本是李邰撰写

写"舜坛"没写"舜庙"符合李邰生活年代实情。在古代,坛和庙都是用于祭祀,但却区别很大。坛,是用土石堆成的、临时性祭祀用的;庙,是供奉祖先、神佛、名人的房屋或王宫,是长久性的富丽堂皇的祭祀用的建筑物。庙与坛有质的区别,庙比坛档次高。为什么作者写坛不写庙、舍本求末呢?我们看看舜庙的变迁就可知道。"唐永泰元年(765),道州刺史元结,因舜庙荒废祭祀不便,请旨立于州治之西(搬到道州去了);唐僖宗乾符年间(874 – 879),延唐(宁远县唐代县名)县令胡曾请旨将舜庙立于玉琯岩前。宋乾德六年(968),宋太祖敕置九疑山舜庙,道州刺史王继勋奉诏重修,知制诰张澹奉旨撰碑记。舜庙的变迁告诉我们:李郃(808－873)生活年代宁远没有舜庙,祭舜只有用舜坛,书写只有写舜坛;乾德六年(968)以后,舜庙修建完好,黄表卿(1178－1245)生活的年代,舜庙重修又已立于玉琯岩前,并有重修碑记。祭舜应用舜庙,写文章应写舜庙。祭祀不用,文本不写,事理不符。文本写舜坛不写舜庙符合唐朝李郃生活年代事理,文本写舜坛不写舜庙,不符合南宋黄表卿生活年代事理。

文本结尾"以代门下抠衣而藉手"之句之意是,我代替门下省、借门下省之手,驳正"舜卒鸣條"违失之说。谁能代替门下省呢？下级官吏不能代,平民百姓没有资格代,只有同等职位的吏部侍郎李郃才有资格代。

四　拓本是柳公权书丹

从年代上讲:文本是唐朝太和二年(828)状元李郃撰写,李郃与唐朝元和三年(808)状元柳公权同朝侍郎二十三载,且都为李德裕部下又是同党,拓本出自柳公权之手则是天然合一。从书法上看:《九疑山赋》是柳公权在其作品最鼎盛时期所书,其代表作《大达法师玄秘塔碑》书于会昌元年(841),《神策军碑》书于会昌三年(843),而《九疑山赋》书于会昌四年。现在书界大都认为《神策军碑》为柳氏最高水平之作,但从《九疑山赋》的作品来看,它虽然只比《神策军碑》晚了一年,但无论从结构上还是点画上,都显得更加严谨3001＋精到。众多书法家从《玄秘塔碑》《神策军碑》和《九疑山赋》中找出一些相同的字进行对比,相同之字毫不逊色《玄秘塔碑》,柳公权以后,无人能把柳体写到如此之精到。从镌刻上品:刀法自然,非常精微。刻玉册官邵建和其弟邵建初是唐代碑刻名手,柳公权书写的很多碑,都是邵建和镌刻的。如《金刚经》《吏部尚书冯宿碑》《越州都督刑部尚书符磷碑》《大唐回元观钟楼铭》等,《九嶷山赋》拓工十分精到,墨色醇穆,浑然一体。综上所述,小楷《九疑山赋》是柳公权书丹无疑。

(原载 2017 年第 4 期,作者单位:宁远县民政局)

柳公权书《九疑山赋》拓本辨伪

✽ ［日］户崎哲彦

前　言

据我所知,十余年前,牍眠堂马庆才先生发表《发现柳公权小楷〈九疑山赋〉拓本》(载《书法导报》1999 年 6 月 23 日)(未见)。据悉①,拓本装为法帖,全本 12 页,正文 53 行,每行 11 字,碑名 4 字在首行,每片 19.5×9.2 厘米,字径见方约 1.2 厘米,落款署"会昌四年七月河东柳公权书,邵建和镌字"。拓本首页有"笪重光秘籍之印",尾页有"涵翠轩主""传家清玩""山阴沈氏""刘墉""石庵之印"。

其中,笪重光(1623－1692),明末清初书画家,与姜宸英、汪士鋐、何焯称四大家。石庵,刘墉(1719－1804)之号,乾隆、嘉庆时期大官,亦书画家,曾任《四库全书》馆副总裁。"山阴沈氏"者,绍兴收藏世家,清代晚期及民国期间有鸣野山房沈复粲(1779－1850)、沈知方(1883－1949)等。可知清初以来相传为宝。

问世后五年似无任何反应,马氏继而发表《小楷〈九疑山赋〉拓本求证》(载《中国文物报》2004 年 12 月 22 日),云:"我在 1997 年春,偶然得到一拓本,为柳公权书《九疑山赋》小楷拓本。"不知原刻在何地,亦未详来源。马氏求证后,乃始争论,诸如周九疑《〈九疑山赋〉拓本非柳公权所书》(《中国文物报》2005 年 1 月 12 日、《柳宗元研究》第 7 期 2006 年),马庆才《柳公权小楷《九疑山赋》拓本考辨》(《美术报》2005 年 1 月 22 日),文先国《为〈九疑山赋〉拓本叫好》(《美术报》2005 年 2 月 19 日),文先国《〈九疑山赋〉拓本是柳公权所书》(《中国文物报》2005 年 9 月 21 日、《柳宗元研究》第 7 期 2006 年),周九疑《再论〈九疑山赋〉拓本非柳公权所书——兼答文先国先生》(《中国文物报》2005 年 11 月 30 日)。

---

① 文先国《〈九疑山赋〉拓本是柳公权所书》等。

又马氏进而论及撰文人，发表《再谈柳公权小楷〈九疑山赋〉》（《中国文物报》2006 年 1 月 13 日），继而另文专论《〈九疑山赋〉的文作者应是柳宗元》（《柳宗元研究》2006 年第 7 期），反驳有赵卫平《〈九疑山赋〉不是柳宗元所作》（《柳宗元研究》2006 年第 8 期），周九疑《柳宗元为何无缘九疑山》（《柳宗元研究》2009 年第 12 期）。《九疑山赋》真赝，争论至今不休，未得学界公认。

一　是否为唐人书刻

《九疑山赋》拓本中有"世""民"字各一处，均缺末一笔，为唐太宗李世民避讳，似唐人书刻。又有"境"三处、"贞"一处、"玄"一处，皆宋朝国讳，拓本未避。"境"为祖赵敬避讳，"贞"为仁宗赵祯避讳，"玄"为圣祖赵玄朗避讳。前辈旧说未提宋讳，可以补充。以此考之，《九疑山赋》拓本乃唐时书刻，非宋人所作。

又，南宋《舆地纪胜》卷 58《道州·碑记》，即《舆地碑记目》卷 2《道州》云：

元次山永泰二年题名：在宁远紫虚洞。柳子厚记，后人集徐浩书再刻。

亦至今未见提及。紫虚洞，原名紫霞洞，又称紫霞岩，如《［万历］九疑山志》卷 2《岩》云："紫霞岩：一名斜岩。在九疑山舜祠东南一里。石磴层悬，古木修森，紫霞丹雾，蓊郁时合，而空洞轩豁，如磬斯俯，故旧名紫霞洞。"南宋宁远人状元乐雷发（1208？－1283？）有《游紫霞岩赋》。《九疑山赋》，一说柳子厚所撰，中有"紫霞洞"之词，"柳子厚《记》"是否指此作。《赋》全文，后举详考。

《九疑山赋》咏颂"天下一景"灵山舜帝陵，柳宗元撰，柳公权书，则可谓三绝，又此拓本似孤本，不愧为天下瑰宝。然而细观拓本，多有可疑：

1. "惜原碑已无法查考"[①]，无论碑刻或摩崖，此《赋》应刻或立在九疑山，而除"在宁远紫虚洞，柳子厚记"一文外，《舆地纪胜》《方舆胜览》以及明清方志皆无有记载。

2. 此拓本不合唐碑体例。唐碑署撰人、书人多在碑首标题下，而此碑刻俱在篇末。

3. 唐碑署撰人、书人，或仅署撰人，不署书人，而此碑既无撰人名，止有书人（即柳公权）与刻字人（即邵建和），又在篇末。

4. 此碑刻篇末有"会昌四年七月"一文在书人署名之前，如此体例亦较少

---

① 马庆才《再谈柳公权小楷〈九疑山赋〉》。

见。若纪年以志,则应作如"会昌四年七月建"或"会昌四年七月撰"等。

5.据悉,石刻字径见方约1.2厘米,嫌太小,何况柳公权大书法家。

当然皆有例外,而就此一刻而言,例外颇多,尤其稀罕。

6.赵卫平先生考及文章风格,谓:"《九疑山赋》的骈骊铺张,又接近司马相如的'竟言争夸'风格,而与柳文不同。"此说极是。辞赋固以骈俪对仗居多,柳文用字又"奥僻难晓"①,佶屈聱牙,况且辞赋,尤甚。而此《赋》用辞平俗,屡用同字,词汇短少,不类柳文风范,亦不如乐雷发《游紫霞岩赋》。

7.若为柳宗元所撰、柳公权所书,又拓本至今尚存,则宋明清方志等何以无有记载。此碑不见历代金石家著录,实则此文多见收载。

周九疑先生指出《九疑山赋》见于《[嘉庆]九疑山志》,题下注"宋·进士、天河令黄表卿",云:

> 黄表卿其人亦见于宋宝祐五年(1257年)出版的《雪矶丛稿》一书。《雪矶丛稿》系宋宝祐元年(1253年)特科状元乐雷发(号雪矶)所作(乐雪矶系宁远人)。《雪矶丛稿》诗文,曾经列入引发南宋"江湖诗案"的《江湖小集》中,这部由南宋人陈起主编的《江湖小集》后被收入《四库全书》中,《雪矶丛稿》中有五言诗"送黄天河"一首。可知天河令黄表卿是与乐雷发同时代之人,而且是同乡。

若此文为南宋人黄表卿作撰,则绝非柳公权所书。而有反驳云:"是不是黄表卿年代有误或黄表卿见到此赋,因自己是九疑山人,便随手抄录,又未注明出处,也因此文传颂较少,就被后人误为其文而收入县志。被张冠李戴而已。"②此说难以成立,而周氏之说亦有可补之处。南宋乐雷发诗有《送黄天河》,《[嘉庆]九疑山志》以黄表卿为天河县令,《[万历]九疑山志》未收录,《[嘉庆]九疑山志》据何收录,黄表卿与黄天河同一人之说是否可信。因有此疑,故有"张冠李戴"之驳。

---

① 张敦颐《韩柳音释序》:"惟柳文简古不易校,其用字奥僻或难晓。"陆之渊《柳文音义序》:"古文奇字、比韩文不啻倍蓰。"潘纬《柳文音义序》:"其为文高古,用字聱牙,读者病之,而柳文尤甚。"
② 马庆才《〈九疑山赋〉的文作者应是柳宗元》。

二 历代方志等所收载及其来源

收载《九疑山赋》者不少,诸如:

1.《[弘治]永州府志》卷9《宁远纪述题咏》,题下作"春陵黄表卿"。宁远县治北有春陵山,故称春陵人。以《九疑山赋》编入《宁远题咏》之首,黄表卿何时人未详,而《九疑山赋》下有"《游九疑赋》营道何弃农夫""《九疑百咏》营道县丞三山黄甲",皆南宋人。《[嘉庆]九疑山志》卷4《艺文·诗类》收《白孩儿莲》,下云:"宋·邑令黄甲。"《[道光]府志》卷11下《职官表·宁远县·宁宗·知县》见"黄甲"①。

2.《[隆庆]永州府志》卷7《提封·山·宁远》"九疑山"条,题作"黄表卿《赋》"。前有"宋令·孟程《九疑说》",后有"晋·庾阐《诗》"。《[隆庆]府志》无《纪述题咏》卷,虽有卷12《艺文》而仅录书籍,不载作品,盖据旧志即《[弘治]府志》改编而入《提封》卷"九疑山"条。

3.《[康熙]永州府志》卷1《艺文·赋》,题下作"宋·黄表卿"。既以为宋人,又卷10《选举上·举人年表·宋·宁远》见"黄表卿:仕为天河县令"一条。黄表卿《九疑山赋》前有蒋防所作,即唐人,后有周敦颐、杨万里、乐雷发等作,皆宋人。年表、编次相应。《[乾隆]湖南通志》卷83《选举·举人·宋》"以上宁远人"中又见"黄表卿:知县"。《[道光]永州府志》卷9下《艺文·集·赋》未收载而卷12上《选举表·举人年表·宋·宁远》亦云:"黄表卿:仕为天河县令。"盖沿袭旧志。

4.《[御定]历代赋汇》卷19《地理》,题下作"黄表卿"。

5.《古今图书集成·方舆汇编山川典》卷170《九疑山部》第196册,题下作"明·黄表卿"。

6.《[嘉庆]九疑山志》卷3《艺文上·文类》,题下作"宋·进士、天河令黄表卿"。旧志以为"举人",非"进士",此与"天河令"有关,后文详考。

7.《[嘉庆]宁远县志》(嘉庆十六年)卷9《艺文下·赋》,题下作"天河令·黄表卿,邑人,进士"。卷5《选举》"宋·进士年甲失考"条云:"黄天河:名表卿,

---

① "邑令""知县"谓宁远县令,与"营道县丞"不同。"营道",唐宋县名,即道州治所在地。明朝改为永州府,下置道州。疑有相混。

官天河令,有《九疑山赋》。"

8.《[光绪]湖南通志》卷19《地理·山川》编入"九疑山"条,题下作"宋·黄表卿"。卷137《选举·举人·宋》"时次失考"条载"黄表卿:以上宁远人"。

明清方志皆以《九疑山赋》为黄表卿所作,《[康熙]永州府志》(康熙九年1670 序)以后皆以黄表卿为宋人,而惟《古今图书集成》(康熙四十五年1706 完成初稿,雍正六年1728 刊)以为明人。不知所据。今按:《集成》用方志,以明末清初所编居多,而清初《[康熙]府志》已以为宋人。《集成》"明"人之说,应有所据,疑即《历代赋汇》(康熙四十五年1706 成书)①。《赋汇》《集成》均为敕纂,亦均在康熙后期,《赋汇》仅作"黄表卿",未冠"明"字,而编入"《玄狱太和山赋》明·王世贞"之后、"《荆门赋》明·刘彦昺"之前,似视为明人。然而黄表卿之作收于《[弘治]府志》(弘治七年1494 序),则当在王世贞(1526 – 1590)以前。《赋汇》编次不可依据。明清方志等所录《九疑山赋》文字互有出入,而《赋汇》《集成》两本较近,如下校对。

周氏据《[嘉庆]九疑山志》以黄表卿为南宋人黄天河。《[隆庆]永州府志》卷5《人物表中·历代进士·道州》"咸淳"(1265 – 1274)间见"黄天河",而卷7《提封》以为"黄表卿"所作,则似为二人。《[嘉庆]九疑山志》之前,明代有《[万历]九疑山志》,未收此作,而更早有《[弘治]永州府志》《[隆庆]永州府志》皆收载。至于清代,《府志》系统相袭而收。《通志》系统如《[嘉靖]湖广图经志书》《[万历]湖广总志》《[康熙]湖广通志》《[雍正]湖广通志》等均无收载,至于《[乾隆]湖南通志》卷81《选举·进士·宋》"以上宁远人"中见"黄天河",此"天河"亦似名。而《[乾隆]湖南通志》卷83《选举·举人·宋》"以上宁远人"中又见"黄表卿:知县"。虽俱宋人而黄天河为进士,黄表卿为举人,亦似为二人。至于《[嘉庆]九疑山志》,云:"宋·进士、天河令黄表卿。"以"天河"为县名,"黄天河"视为"黄表卿",故以"举人"为"进士"。同一人之说盖据乐雷发《送黄天河》诗,云:

> 天河那可到,山顶翠参差。村屋煎黄蜡,官炉焙荔枝。
> 地蛮游宦少,县小迓宾迟。鼻祖曾吟处,荒苔想满碑。

据此可知,"黄天河"出任小县令,在南方边缘。宋有县名"天河",属广西宜州。

---

① 孙海洋《明代辞赋述略》(中华书局2007 年,3 页)亦以黄表卿为明人,不知所据。

又"鼻祖"黄庭坚,北宋江西诗派大诗人,亦书法家,曾被贬到宜州,故后两句咏如此云。则"黄天河"谓宜州天河县令黄某①,未详其名。"黄天河"南宋人无疑,是否名"表卿"。若视为同一人,须证黄表卿为宋人。

《[康熙]府志》属一人说,《[乾隆]通志》属二人说,史载不同,实则《[乾隆]通志》分别采录二说即旧志两条而已。《[乾隆]通志》之后,方志皆采《[康熙]府志》之说。明末清初,现存方志等史料较全。《[康熙]府志》之说,或有所据,惜至今方志已不全,不足以征引根据,而可以推考。

《府志》系统最早有《[洪武]永州府志》,卷十一《宋朝贡举题名·道州》仅存残叶②,无从查考,而《[弘治]府志》多因袭前志《[洪武]府志》,卷4有《科甲》,因"世远漫,不可考",仅录明朝(洪武初以至弘治间)③,载进士、举人、岁贡极详,其中不见黄表卿。由此可推知,《[弘治]府志》所载《九疑山赋》作者"黄表卿"非明人,疑即宋人。

又《[洪武]府志》卷12《杂咏诗文》亦仅存残叶,是否收载《九疑山赋》,无从查考,而《[弘治]府志》专用《方舆胜览》《湖藩总志》二书增补④。《湖藩总志》谓《[成化]湖广通志》,早佚不传。今传《[嘉靖]湖广图经志书》,续修《[成化]通志》者⑤。《[万历]湖广总志》《[雍正]湖广通志》,应袭旧《通志》系统,均无载《九疑山赋》,则疑原载于《[洪武]永州府志》卷12《杂咏诗文》,继而《[弘治]永州府志》卷9《宁远纪述题咏》袭之。

又就《选举》卷而言,明清方志当有遗漏,而至于记载明人却齐全,其中《[光绪]通志》尤详,如《宋·进士》《宋·举人》有"阙年""时次失考"条,而《明·进士》《明·举人》有考翔实,上千人中仅有"科分失考一人"(卷135末),极为可靠。今查明清《选举》,明人之中不见"黄表卿",《[康熙]府志》以后方志多载于宋举人之中。

又按《[弘治]府志》中《宁远题咏》之编次,黄表卿在黄甲等南宋人之前。编次应有所据。

① 《[道光]天河县志》卷上《秩官·宋》仅载"主簿:徐弥高,淳熙年"一人。

② 虞自铭修,胡琏纂,洪武十六年(1383)序。据日本国会图书馆摄制北平图书馆善本书胶片。

③ 《[万历]湖广总志》卷38《选举·举人》云:"按弘治以前乡贡散轶,额数名次漫无证据,姑依各郡旧志存之。"

④ 卷首《永州府志凡例》:"《永州旧志》历年既久,……事类错杂,传写讹舛。今按《方舆胜览》并《湖藩总志》一帙,参互考订,录其已备而增其未备,正其讹舛而删其繁文,款目亦增其三五也。"

⑤ 见卷首吴延举《续修湖广通志序》(嘉靖元年1522)。

由此考知,黄表卿非明人,乃宋人。据《[康熙]府志》,黄表卿为南宋举人,宁远人,仕为天河县令,此说殆可置信。据《[隆庆]府志》,黄天河为咸淳间(1265-1274)人。乐雷发同乡挚友有黄天河,天河非其名,谓天河县令。乐雷发,宝祐元年(1253 年)特科状元,时代相近。

三 《九疑山赋》石本与方志录文

石本柳公权书《九疑山赋》与方志所录黄表卿所作(八种)两者是否相同,互有如何关系。先作校对:

行	柳公权书《九疑山赋》拓本	
01	天下一景湖南九疑按諸古	以為據考其圖而可知龍駕
03	不還萬世衣冠之在馬蹄所	至十分山水之奇戴堯天而
05	身属堯民履舜土而心知舜	事數千年百千載之遐蹤遺
07	跡七十二三十六之福地洞	天此則居其一也何為渺茫
09	彼乃疑其九焉見諸圖志父	老常言迄今以傳巫中黔中
11	属乎楚之邦吳之境零陵春	陵分於秦之後漢之前仙蹤
13	顯天皇之始載郡名標貞觀	之初年地方千里而物外勝
15	地天南一角而壺中有天攀	斷龍髥黃鶴莫留於仙馭空
17	遺鬲鼎白鴉猶養於玄田八	井俱涸而一井湧泉九峯齊
19	高而三峯壓眾桂林杞林左	右森列石樓石城東西護送
21	有朱明有華盖而簇成蕚綠	一華曰娥皇曰女英而對笑
23	桃華一洞下臨玉琯依希玉	琯之吹鸞上有簫韶髣髴簫
25	韶之來鳳古者得道帝之有	虞浮湘江而泝瀟浦登疑嶺
27	而望蒼梧灑西江之淚兮斑	斑之文竹千晦奏南風之琴
29	兮夏夏之古松數株三巋床	中丹鍊九轉萬歲山上聲齊
31	一嘩所以尚書已有陟方之	語至於史記廣為考古之嵓
33	乾坤大而聖境亦寬日月長	而仙家不老碧虛巉前千怊
35	萬狀紫霞洞中十洲三島六	月無夏惟木惟石四時有春
37	非華非草茲境為勝異時可	考經藏石室隱然六甲之護
39	持亭立仙梯宛若五丁之開	道客難之曰舜居蒲阪本属

41	乎冀之北舜卒鳴條不在乎	夷之西殊不知無牵不立非
43	文孰稽有舜江則可枕可漱	有舜壇則可攀可躋月岥兮
45	明月上雲閣兮白雲飛九溪	源下之流派萬丈天邊之石
47	梯鳥篆穿碑刺史元公之筆	電文悵石舍人李嶠之題余
49	應之日百豈無於一二十未	喪其八九紫霞高臥前後十
51	四輦白日飛昇小大三百口	不然之賦也何為而作焉以
53	代門下摳衣而藉手	會昌四年七月
55	河東柳公權書	邵建和鑴字

03："之在",《集成》(古今图书集成)、《康熙》《嘉庆》(《九疑山志》《宁远县志》)作"安在"。前云"龙驾不还",按文意,"安在"为近。

04:《隆庆》脱"戴尧天而身属尧民……父老常言,迄今以传"一段。

06・07:"踪遗迹七十二三十六",《康熙》《嘉庆》作"迹遗踪三十六七十二",颠倒前后。

07・08:"福地洞天"四字,《康熙》《嘉庆》颠倒作"洞天福地"。

09:"志父"二字,《弘治》作"志人"。断句当如"见诸图志,父老常言","人"字不通。"父"字形近"人"而误。《集成》"志"作"志",《康熙》"常"作"尝"。

17:"虎"字,"虎"异体字,《弘治》等皆作"虎"。"玄田",《弘治》《隆庆》《集成》《嘉庆》《光绪》等作"元田"。宋人为圣祖赵玄朗避讳"玄"字代用"元"。《弘治》所据可溯于宋本。"玄"字,清朝亦国讳(康熙帝),《康熙》《赋汇》(《历代赋汇》)作"玄",缺笔,《嘉庆》《光绪》作"元"。

21:"盖"字,异体字,《弘治》《隆庆》同,余本皆作"蓋"。

22:"哭"字,惟石本从"口""笑",异体字。《玉篇・口部》:"哭:俗笑字。"通"咲"。《弘治》等皆作"笑"。

23:"桃华",《弘治》等皆作"花"。此谓桃花洞,见方志《岩洞》,皆作"花"。"依希",亦通,《弘治》等皆作"依稀"。

24:"髣髴",《弘治》等皆作"彷佛"。"箾韶",《弘治》等皆作"箫韶"。"箾"字古同"箫",如《左传・襄公二十九年》"见舞《韶箾》者",孔颖达疏云:"'箾'即'箫'也。《尚书》曰:'《箫韶》九成,凤凰来仪。'"此处前作"上有箫韶",又有"下临玉管,依稀玉管之吹鸾"之句,不避重复。"箫"字近是。

26:"登疑领",不通,《弘治》等皆作"登疑岭","岭"字为是。

27：“灑”字，惟《弘治》《隆庆》作“洒”，异体字。

28：“文”字，亦通，《集成》《赋汇》同，余《弘治》等皆作“纹”，近是。“畮”字，同“亩”，异体字，《康熙》《集成》作“畞”，余《弘治》等皆作“亩”。子厚《招海贾文》(卷18)有“视天若畞”之句，《柳集》百家注本孙注曰：“《说文》：六尺为步，步百为畮，莫候切，与畮、亩同。”音辩本作“畞”，注云：“即畝字。”诂训本作“畞”，注云：“《说文》与畮同。”《柳集》中不见“畮”字。

29：“床”字，异体字，《赋汇》《集成》《康熙》《嘉庆》《光绪》作“牀”。

30：“錬”字，亦通，《赋汇》《光绪》同，余《弘治》等皆作“炼”。

31：“嘑”字，同“呼”，异体字，《说文》：“嘑：唬也。”《周礼·春官·鸡人》“夜嘑”，陆德明《释文》：“嘑，本又作呼。”《弘治》等皆作“呼”。《柳集》中不见“嘑”字。

32：“啚”字，同“圖”，异体字，《弘治》等皆作“圖”。既见于02、09，均作“圖”。

33：《隆庆》脱“乾坤大而圣境亦宽……兹境为胜，异时可考”一段。

34：“仙”字，惟《弘治》作“僊”，异体字。又见于39，诸本皆作“仙”。“巘”，同“岩”，异体字，惟《康熙》作“岩”，余《弘治》等皆作“巘”。

37：“华”字，《弘治》等皆作“花”。既见于23。

40：“蒲阪”，《隆庆》《集成》《赋汇》同，谓舜帝所都，史书多作“蒲阪”。《弘治》作“蒲陂”，《康熙》《嘉庆》《光绪》作“蒲坂”。“阪”通“坂”。“陂”字与“阪”形近而误。

43：“可枕”，《康熙》《嘉庆》《光绪》作“可浣”，形近而误。

44：“攀”字，《康熙》《嘉庆》作“扳”，音近而误。

45：“云合兮白云飞”，《弘治》等皆作“云阁兮白云齐”。九疑山永福寺曾有齐云阁，见《[万历]九疑山志》等。“齐”字为是。“溪”，惟《康熙》作“谿”，异体字。

48：“电文”，惟《集成》作“奇文”。后有“恠石”而误。“恠”，“怪”异体字。“恠石”二字，《康熙》《嘉庆》(《宁远县志》)、《光绪》作“怪字”，惟《嘉庆》(《九疑山志》)作“遒字”。此处以“鸟篆穿碑，刺史元公之笔”为对偶，“电文怪石，舍人李峤之题”为近。以“鸟篆”对“电文”甚佳。“怪字”词义不妥，“遒字”与“电文”词义有所重复，又俱与“穿碑”不为对。此文谓怪石上刻有篆字题名，笔迹如电闪。永州“石”“字”二字音是否相近未详。“舍人李峤”，详下考证。“余”，

《隆庆》《康熙》《嘉庆》《光绪》作"予",亦同。

52："而"字，《康熙》《嘉庆》《光绪》脱此字。

53："藉"字，《弘治》《隆庆》《康熙》误作"籍"。

54－56：《弘治》等方志皆无此三行。

原文应作如下：

> 天下一景，湖南九疑。按诸古以为据，考其图而可知。龙驾不还，万世衣冠安在；马蹄所至，十分山水之奇。戴尧天而身属尧民；履舜土而心知舜事。数千年、百千载之遐踪遗迹；七十二、三十六之福地洞天。此则居其一也。何为渺茫，彼乃疑其九焉，见诸图志，父老常言，迄今以传。巫中、黔中，属乎楚之邦、吴之境；零陵、春陵，分于秦之后、汉之前。仙踪显天皇之始载；郡名标贞观之初年。地方千里而物外胜地；天南一角而壶中有天。攀断龙髯，黄鹤莫留于仙驭；空遗虎鼎，白鸦犹养于玄田。八井俱涸，而一井涌泉；九峯齐高，而三峯压众。桂林、杞林，左右森列；石楼、石城，东西护送。有朱明、有华盖，而簇成萼绿一华（谓绿华岩）；曰娥皇、曰女英，而对笑桃花一洞（谓桃花洞）。下临玉管（岩名），依稀玉管之吹鸾；上有箫韶（峰名），髣髴箫韶之来凤。古者得道，帝之有虞。浮湘江而泝潇浦；登疑岭而望苍梧。洒西江之泪兮，斑斑之纹竹千亩；奏《南风》之琴兮，戛戛之古松数株。三麓床中，丹炼九转；万岁山上，声齐一嘑。所以《尚书》，已有陟方之语；至于《史记》，广为考古之图。乾坤大而圣境亦宽；日月长而仙家不老。碧虚岩前，千怪万状；紫霞洞中，十洲三岛。六月无夏，惟木惟石；四时有春，非花非草。兹境为胜，异时可考。经藏石室，隐然六甲之护持；亭立仙梯，宛若五丁之开道。客难之曰："舜居蒲阪，本属乎冀之北；舜卒鸣条，不在乎夷之西。"殊不知无本不立，非文孰稽。有舜江，则可枕可漱；有舜坛，则可攀可跻。月帔兮明月上（谓月帔岩）；云合兮白云齐（谓齐云阁）。九溪源下之流派；万丈天边之石梯。鸟篆穹碑，刺史元公之笔；电文怪石，舍人李峤之题。余应之曰：百岂无于一二，十未丧其八九。紫霞高卧，前后十四辈；白日飞升，小大三百口。不然，是赋也何为而作焉。以代门下，抠衣而藉手。
>
> 会昌四年七月，河东柳公权书；邵建和镌字。

经校对得知：

1. 石本与方志等录文互有出入，而大致相同，应原出一本无疑。

2.方志递传抄录,讹字颇多,大多属马焉鲁鱼或异体之类,其中《康熙》《嘉庆》(两本)最相近,均清代《府志》;《弘治》《隆庆》较近,均明代《府志》;《赋汇》《集成》两本亦相近;均康熙间敕纂。

3.石本偏用古字,如"呼"作"嘑","花"作"华","亩"作"畮"。尤其"花"字尽作"华",唐宋时二字已分,至于"桃华""非华非草"等,作"花"字为近。方志等皆分而用之。

4.石本偶有通俗字,如"虎"作"厊","笑"作"⺉"(咲),"图"作"啚","牀"作"床"等,皆见《干禄字典》,乃唐代以来俗字、通字。方志等皆不用。

5.石本显有舛误,如24"箾"当作"箫",26"领"当作"岭",45"飞"当作"齐",皆以方志等为正。一般而言,方志据石本或集本采录而后相沿,故往往有脱字讹字,而以此三例而言,方志为正,可知方志不据此石本采录,亦非以意改字。此石本可疑,非原刻,或原无石刻。先有此文,后有此石本也。

6.石本作"玄田",《赋汇》"玄"字缺末一笔,《弘治》等作"元田"。按字义,"玄"字为是。《全唐诗》卷860收韩湘《言志》诗有"宝鼎存金虎,元田养白鸦"之句,见《诗人玉屑》(淳祐四年1244序)卷20《韩湘》,又南宋张埴《和汉东先生韵》有"笼来黄鹤问故里,养得白鸦在玄田"之句。此《赋》"空遗虎鼎,白鸦犹养于玄田"一文,盖出于韩湘诗句。宋、清两朝避"玄"字,缺笔或用"元"字。《弘治》在明朝而仍以"元"代"玄",可知据宋人所作。

由此综考:石本有讹误字,可知绝非原作。石本既用古字,而偶有俗字,可窥见伴作古人书法之痕迹。避"世""民"缺笔,似唐书,而不避"玄""境""贞"等宋朝避讳字。如上所考,此文为南宋人黄表卿所作无疑,可见石本故意改字,盖装作唐人所书也。总之,《九疑山赋》绝非柳公权所书。

四 "李峤"是否为李挺祖

《九疑山赋》石本、方志等均有"鸟篆穿碑,刺史元公之笔;电文怪石,舍人李峤之题"之文,赵卫平先生谓:

> 由于"何侯石室"的隶书"玉管岩"也是李挺祖手迹,并且玉管岩的《九疑山碑》的属名,还有"李袭之题"字样,所以,可以推定舍人李峤,也就是郡守李袭[之]的下属,郡人李挺祖。

凡名、字相关，赵氏以为"挺"字义近"峤"，名峤，字挺祖。又此"舍人作为郡守的下属"，非朝士中书舍人，故后人误解。

"碧管岩"隶书题刻尚存①，首有"淳祐丙午"（六年1246）四字楷书，尾有"李挺祖书"四字楷书。此外，蔡邕撰《九疑山碑》隶书亦尚存碧管岩②，尾有李袭之跋文（隶书）云："属郡人李挺祖书于玉管岩，以补千载之阙云。淳祐六年秋八月，郡守潼川李袭之题。"《［万历］九疑山志》卷3《人物》云："李袭之：潼川人，淳祐四年知道州。谒舜祠，有碑记，刻蔡中郎《九疑山铭》［于玉管岩③］。"可知李袭之命属下李挺祖书刻，盖善隶书也。早在清代已有此疑。江昱《潇湘听雨录》（乾隆二十八年1763）卷7云：

> 九疑有碧虚洞。《永州府志》④称：元次山名以"无为"，有次山题名，其"无为洞"三字，为李峤篆书。蔗畦（江昱弟）游时，水深不能摹搨。余谓《志》称次山始名之，则书者不当为李峤矣。意宋时郡人李挺祖屡为昔贤补书篆隶，峤书或亦挺祖所为邪，惜未亲至摩挲其下。

据《［嘉庆］宁远县志》卷2《山川志·岩》"石楼岩"条，永福寺西北一里有石楼岩，亦有"淳祐丙午，郡守李袭之、江华李挺祖题名"。李挺祖，道州江华县人。若"李峤"为李挺祖，则《九疑山赋》当作于南宋淳祐间之后，仅以此一事可证《九疑山赋》非唐人所书刻。

然而，此说难以成立。李挺祖书刻于淳祐六年（1246）前后无疑，而《方舆胜览》"碧虚洞"条云：

> 洞在永福寺东十步，上有贞元间李峤篆刻。

《舆地纪胜·碑记》亦云：

> 正［贞］元间李峤篆：在宁远之永福寺东。

宋朝为仁宗（赵祯）避"贞"作"正"或缺笔。惟有清抄本（孔氏岳雪楼）《方舆胜览》卷24"碧虚洞"条作"上有正光间李峤篆刻"，《［乾隆］湖南通志》卷9《山川

---

① 见《永州石刻拾萃》（永州市文化局、永州市文物管理处编，湖南人民出版社2006年，25页）。
② 见《永州石刻拾萃》（页41）。
③ 《［嘉庆］九疑山志》卷2《寓贤》"李袭之"条。
④ 《［康熙］永州府志》卷8《山川·宁远》"碧虚洞"条不见"李峤篆书"等事，见于《［弘治］永州府志》卷2、《［隆庆］永州府志》卷7"碧虚洞"条。

·宁远县》"玉管岩"条载《旧志》(文同《方舆胜览》"碧虚洞"条)作"上有至元间李峤篆刻"。"至元"乃元朝年号,尤误。"正"字形近"至"而误。"正光"乃北魏年号(520年),"元"字形近"光"而误。今传宋本《方舆胜览》数种[1],皆作"贞元间李峤"。又南宋末《宝刻类编》卷7《名臣·唐不著年月》有"李峤"条云:

　　题名:九疑山无为洞。道(道州)。

《宝刻类编》疑据《舆地纪胜》或《方舆胜览》,而《舆地纪胜》(嘉定十四年1221)、《方舆胜览》(嘉熙三年1239)均成书于淳祐年以前,所据史料更早,盖出于南宋初期或北宋旧志。如《舆地纪胜》"搜括天下地理之书及诸郡图经,参订会粹"[2]而编成,卷58《道州》多用《太平寰宇记》《九域志》《舆地广记》《元和郡县志》等北宋及唐代历史地理书,又用"图经"者。"图经"早佚[3],无从查考,而淳祐间李挺祖书刻之前已有"李峤篆刻",则李挺祖非李峤不容置疑。

　　"电文怪石,舍人李峤之题"者,即"贞元间李峤篆刻"是也,据《舆地纪胜》《方舆胜览》等,刻在碧虚洞,不在碧管岩[4]。南宋时尚存已审,至明代亦多有著录,诸如周弘祖(1529－1595)《古今书刻》下卷《永州府》:

　　碧虚洞篆:李峤书,在宁远县南。

王应遴(1545－1620)《墨华通考》卷6《永州府》:

　　李峤碧虚洞刻:篆书。

于奕正《天下金石志》(崇祯五年1632自序)卷9《永州府》:

　　唐李峤碧虚洞篆刻……以上宁远县。

---

　　① 上海古籍出版社1991年影印《宋本方舆胜览》。施和金点校《方舆胜览》(中华书局2003年)以咸淳三年(1267)刻本为底本。

　　② 王象之《自序》(嘉定十四年1221)。

　　③ 李埴《舆地纪胜序》(宝庆三年1227):"本朝真宗时,翰林学士李宗谔等承诏诸道图经凡一千五百六十六卷,今其书存者止十之三四。……今仪父(王象之之字)所书……比李氏图经则加详。"

　　④ 赵氏云:"刚好今年夏天,笔者再次到九疑山,在'玉管岩'看到唐刺史元结所书'无为洞'之'鸟篆穹碑',以及李挺祖所书'无为洞'的隶书'光遒字'。"笔者于1992年来游九疑山,玉管岩在碧虚洞西南约一里,中有峒(平地),亦不连通,"无为洞"刻在碧虚洞。

清时已不存①,明末似尚存,而记载与《纪胜》《胜览》及方志相符,疑据此而录②。

李峤,唐代著名诗人,武后朝拜凤阁舍人,故《[万历]九疑山志》卷3《人物》云:"李峤:唐·舍人。游九疑,有正元篆刻于石。"《[嘉庆]九疑山志》卷2《寓贤》袭而补云:"李峤:唐时官舍人。游九疑,至碧虚洞,有正元篆刻于石。"而李峤(644–713)在元结(719–772)之前,不合"贞元"(785–805)。王煦《[嘉庆]湖南通志》③怀疑云:

> 案:李峤,新旧《唐书》俱有传,其官凤阁舍人,乃在高宗朝,卒于元[玄]宗嗣位之后,安得后于德宗贞元间而游九疑。"贞元"或是"开元"之讹。

李峤卒于开元初,屡被贬谪,如润州司马、通州刺史、怀州刺史、滁州别驾,卒官于庐州别驾,未尝官宁远或道州。而李峤为监察御史时,曾往岭南。据史载④,邕、严二州首领反叛,高宗令李峤监军事,亲人獠洞。当时南入严州(今广西来宾市),先溯湘江,过岭,下漓江。湘江流经道州西,宁远县在其东,较远,不知李峤等凯旋时是否途经九疑山。现存诗文无有涉及,而散佚固多,不足以证实,即使如此,事在高宗朝,远离"贞元",又高宗时未拜凤阁舍人。然则是否后人取李峤篆书而刻。李峤唐代大手笔,而不以书法昭著,何况"电文"篆书。又累迁平章事等高官,后人不宜称"舍人"。可知"开元"讹字之说亦不妥。

《九疑山赋》"电文怪石,舍人李峤之题"一文谓碧虚洞"贞元间李峤篆刻",而疑有舛讹,今止知既非南宋李挺祖,又非武后朝李峤。略陈鄙见,以俟通人深究。

---

① 《[道光]永州府志》卷18上《金石略》"唐李峤九疑山无为洞题名"条云:"未见。"据《中国文物地图集·湖南分册》(国家文物局主编,湖南地图出版社1997年)《宁远县》"碧虚洞摩崖石刻"条(页338),今存两刻:篆书"无为洞天"传为唐元结书丹,隶书"碧虚洞"为清代所刻。

② 《[道光]府志》卷18上"唐李峤九疑山无为洞题名"条下引顾璘《游衡岳前纪》、孙克弘《碑目》作"永福寺东十余步有贞元间李峤篆刻"。顾璘(1476–1545)曾任湖广巡抚,撰《游衡岳前纪·后记》(嘉靖十六年1537),载《顾华玉集》卷5,与九疑山无涉。孙克弘《古今石刻碑帖目》(万历二十九年1601自序)卷下《永州府》:"碧虚洞:一名鱼洞,元结改称无为洞,篆刻在焉。在道州永福寺东十余步。"

③ 翁元圻修,王煦、黄本骥纂《湖南通志》(嘉庆二五年1820刻),笔者未见。引于《[道光]永州府志》卷18上《金石略》"唐李峤九疑山无为洞题名"条。

④ 《旧唐书》卷94本传:"时岭南邕、严二州首领反叛,发兵讨击,高宗令峤往监军事。峤乃宣朝旨,特赦其罪,亲人獠洞以招谕之,叛者尽降,因罢兵而还。高宗甚嘉之,累迁给事中。"《新唐书》卷123本传节录。《旧唐书·高宗纪》无载。

五 是否有"柳子厚记"

《舆地纪胜》"元次山永泰二年题名"条下有"在宁远紫虚洞。柳子厚记,后人集徐浩书再刻"一文,亦极为难解。紫虚洞原名紫霞洞,《九疑山赋》中有"紫霞洞"之词,而既非唐人所作,绝非"柳子厚《记》"。今按《方舆胜览》,《舆地纪胜》,此文盖采自旧志"碧虚洞"条。《方舆胜览》云:

> 碧虚洞:水流通碧[虚]桥,南注舜溪,亦名嘉鱼洞,其实碧虚池也。元次山名曰无为洞,篆刻在焉。洞在永福寺东十步,上有贞元间李峤篆刻。行五里间,有南北二径:一径适舜峯,一径通紫虚洞。行二十里,有石穴,上通于天,有元次山永泰年题名。自天圣中寺僧云亮于洞前百步筑堤为塘,潴水溉田,洞遂为池。

《舆地纪胜·碑记》云:

> 无为洞篆刻:洞在宁远之舜溪、碧虚洞,元次山名。正元间李峤篆:在宁远之永福寺东。元次山永泰二年题名:在宁远紫虚洞。柳子厚记:后人集徐浩书再刻。

《方舆胜览》"碧虚洞"条与《舆地纪胜·碑目》相符,如《碑目》"无为洞篆刻""正元间李峤篆""元次山永泰二年题名"三种碑刻及其所在地皆见载,无疑两书俱出于旧志"碧虚洞"条,盖《舆地纪胜》据此抽出碑刻部分,分为三条编入《碑记》而已。

而《舆地纪胜》"元次山永泰二年题名:在宁远紫虚洞。柳子厚记:后人集徐浩书再刻"一条疑有错简或脱字。据此,"柳子厚记"应称《紫虚洞记》之类,至今不传,又一佚文。实则"紫虚洞"与"柳子厚"之间别有关系,如《舆地纪胜》卷58《景物下》云:

> 紫虚洞:在宁远。……唐薛伯高名曰纠[斜]岩。……碧虚洞:在宁远。元次山名曰无为洞,上有正元间李峤篆刻。

"纠"乃"斜"讹字。《胜览》卷24《道州·山川》云:"斜岩:在县南二百余步。……唐薛伯高命名。至道初,太守张公观名曰紫虚洞。"明清方志亦皆作"斜岩"。"纠"与"斜"字形极近而误。薛伯高改紫霞洞为"斜岩"。《胜览》卷24

《道州·名宦》有"薛伯高"条,有"柳宗元为记"之语,云:"唐元和七年由刑部郎为州刺史,迁州学于城西,柳宗元为记。"谓子厚曾为薛伯高撰《道州文宣王庙碑》(卷5)、《道州斥鼻亭神记》(卷28)。则"柳子厚记"一句应解为"薛伯高见柳子厚《记》"或"柳子厚为薛伯高作《记》"。《纪胜》采自旧志"紫虚洞"条,编入《碑记》时,补"柳子厚记"一句,而脱"薛伯高改名斜岩"一事,故文意不通。此条应作"在宁远紫虚洞,薛伯高改名斜岩,薛伯高见柳子厚《记》"或"在宁远紫虚洞,薛伯高改名斜岩,柳子厚为薛伯高作《斥鼻亭神记》"。

总之,《舆地纪胜》"在宁远紫虚洞,柳子厚记"既不指《九疑山赋》,又子厚未曾作《紫虚洞记》或《斜岩记》。

结　语

综述上考:今传世《九疑山赋》石本一文,尾署"柳公权书",以避名讳等而考,非宋人所作,似唐时书刻,又一说为柳宗元所作。实则为南宋黄表卿所作。

黄表卿,状元乐雷发(1210－1271)同乡挚友,宁远县人,曾任宜州天河县令。在世于宝祐、咸淳间(1253－1274),即南宋末期,故《舆地纪胜》等未及,至于明初方志乃采录其作。《[弘治]永州府志》所载可信,盖沿袭《[洪武]永州府志》。后人窃用黄表卿所作仿柳公权书而刻,故仅署书刻人,无署撰人。石本《九疑山赋》亦伪刻之一,殆无疑也。

(原载 2010 年第 9 期,作者单位:岛根大学)

内练"内功",外塑"形象"

——打造九嶷山舜文化旅游精品的构想

✳ 彭顺生 ●

九嶷山座落在湖南省永州市宁远县境内,自古以来就是一座名山。千百年来,它不仅以优美的自然风光、独特奇异的溶岩景观著称于世,而且由于中华民族的始祖之一——舜帝南巡驾崩于此而葬于此,一代又一代的舜陵公祭与名人朝拜使得其文化底蕴异常深厚。但遗憾的是,由于种种原因,迄今为止,这块旅游的风水宝地还未得到很好的开发,这不仅影响了宁远乃至整个永州旅游业的整体质量与水平,而且极大地制约了该地区旅游业朝着可持续方向发展,因此,借湖南省政府决定于2005年9举行首届全省公祭舜帝大典这一东风,花大力气开发九嶷山舜陵景区,并使之成为旅游精品,既显得非常必要,也具有重要的经济意义。

一 必要性与可能性

九嶷山舜陵风景区为湖南十大风景名胜区之一。在地方政府及相关部门的重视下,九嶷山舜陵风景区的开发虽然取得了一定的进展,但仍存在着诸多问题,其中最为突出的是缺少大型旅游精品,主要表现在如下几个方面:一是旅游产品单一,且未形成规模效应。要表现在目前推出的旅游产品只有专项旅游产品,如"九嶷山舜文化旅游节",这与目前旅游业朝着多样化旅游产品发展之潮流存在着一定的差距;二是现有观光旅游产品内涵不足。目前,景区内可供游客观赏的旅游景观主要有两大类:一为人文景观,如舜帝庙、文庙等;二为自然景观,如玉琯岩、紫霞岩等。这些旅游景点规模小,除紫霞岩外,舜帝庙、玉琯岩皆为袖珍景点;景点内部设施太过简单,不够齐全;此外,古舜帝陵遗址还有待开发;三是舜文化内涵还未能充分挖掘出来。如反映舜帝所处原始部落联盟时代的禅让制民主政治文化、部落联盟首领巡游文化、狩猎文化、游婚姻制度文化以及相关的儒家文化、状元文化、民俗风情、神话传说等等,都未能得到很好的挖掘和充分展示;四是缺乏高科技含量。在现有九嶷山舜陵景区可供游客观赏的旅游景点中,尚无一处景点渗透着高科技含量,这与旅游景区景点向高科技方向发展的趋势极不相称;四是供游客娱乐的场所和观赏的节目还相当欠缺。目前,在九嶷山舜陵景区,可供游客娱乐的场所和观赏的节目还相当欠缺,只有紫霞岩的瑶族竹杆舞可供游客娱乐;五是供游客休闲度假的场所欠缺。只有为数不多的宾馆供游客下榻,还缺乏供游客休闲度假的场所;六是与舜文化旅游相关旅游商品欠缺。目前,在九嶷山舜陵景区,可供游客购买的旅游商品,尤其是与舜帝相关旅游商品相当欠缺,需要花大力气开发。七是在外界知名度不高,影响不大。所有这些都表明:要想提升九嶷山舜陵风景区的整体质量与水平,必须走打造九嶷山舜文化旅游精品之路。

打造九嶷山舜文化旅游精品既有必要,也有可能。这种可能性主要表现在如下几个方面:

(一)独特的自然风光,品位较高的自然旅游资源,为打造九嶷山舜文化旅游精品提供了可能。

九嶷山自古以来就是一座名山,被人们誉为山中之王。4000多年前,因中华民族始祖舜帝葬于此,又被华夏儿女视为心目中的圣山。"九嶷山上白云飞,帝子乘风下翠微"[①],一代伟人毛泽东对九嶷山的礼赞,更使九嶷山名扬天下。

九嶷山作为千古名山、圣山,自然风光独特,如诗如画。概括起来主要有四大特色:山奇——九嶷山群峰拔地而起,层峦叠翠,万千峰峦,竟然无一不朝向舜源峰,所以自古就有"万里江山朝九嶷"之说;洞异——九嶷山属喀斯特地貌,奇岩怪洞甚多,主要有紫霞岩、玉琯岩、凤凰岩等,其中紫霞岩被徐霞客列为''楚南十二名洞''之首;水秀——九嶷山是湘江发源地之一,水流清澈,瀑布众多,山光水色,交相辉映,美妙绝伦,"灌溪仙境","潇水涵青""高峡平湖"皆为其中的著名景点;林幽——九嶷山景区内的国家森林公园,占地3000多公顷,有大面积的原始次生林,古木参天,属国家和省级重点保护的珍稀植物有87种,人称"天然植物园"。特别是石枞(五针松)、香杉(九嶷杉)、斑竹(泪竹)被誉为"九嶷三宝"。而血痕泪竹则他无独有,堪称中国一绝。此外,九嶷山还有华南虎、九嶷猕猴、娃娃鱼、猴面鹰、鹰嘴龟等2000种珍禽异兽,又有"天然动物园"之称。

九嶷山不仅自然风光独特,而且自然旅游资源的品位较高。据调查统计:在九嶷山舜陵景区,达到国家五级资源的有2处,国家四级资源的有10处,国家三级资源的有10处,此外,还有不少属于国家二级、一级资源(见表1)。

表1:九嶷山舜陵景区各级自然旅游资源

单体名录、数量统计

等级	单体名录	数量统计
五级	紫霞岩,玉琯岩	2
四级	灌溪仙境,舜源峰,畚箕窝,三分石,舜寝九嶷,万山朝九嶷,泪竹园,原始次生林,石枞,香杉	10
三级	娥皇峰,女英峰,箫韶峰,凤凰岩,桃花岩,读书岩、森林乐园,珍稀竹类繁育场,竹海,青山尾峡谷	10

(二)独特的名人效应,尤其是文化内涵丰厚、品位较高的人文景观,奠定了打造九嶷山舜文化旅游精品的基石。

九嶷山人文景观独步海内外。在我国,"炎帝"的归属在全国有争议,多处地方竞相论证开发。而舜帝葬九嶷在全国至今为止没有争议。因而,舜文化在全世界具有垄断优势。舜帝是中华民族道德文化的创始人。史载:"德自舜明"[②]、"天下明德皆自虞舜始"[③]。舜葬九嶷,从而使九嶷成为中华民族道德文化的源头。这是九嶷山旅游最具异质性的人文资源。舜帝庙、宁远文庙、春陵侯国遗址、九嶷山摩崖石刻等无一不是对舜文化的演绎。大禹南巡至衡山,筑紫金台望九嶷而祀舜,自此,九嶷山舜帝陵不仅成为我国历朝历代祭祖朝圣之所,而且名声远扬。一朝又一朝的九嶷山舜陵公祭,一代又一代的名人朝拜,使九嶷山积淀了丰富的文化内涵,舜文化、儒家文化、佛教文化、碑刻文化、状元文化、民俗风情文化在此荟萃,使这座千古名山处处散发着醉人的文化芳香;屈原、司马迁、蔡邕、李白、元结、李商隐、周敦颐、何绍基等历代名人骚客登临九嶷,为讴歌九嶷写下的大量诗文,更是对舜文化极大的丰富;而现代伟人毛泽东描写九嶷风光的诗词、尤其是九嶷山古舜帝陵遗址的发现,又使这座名山平添了几分历史的厚重与神秘。考古学家已经证实:它是置陵最早、规模最大、历史遗存时间最长的中华民族始祖陵庙。

九嶷山舜陵景区人文景观品位较高。据调查统计:该景区达到国家五级人文资源的有 3 处,国家四级人文资源的有 3 处,国家三级人文资源的有 8 处,此外,还有不少属于国家二级、一级的人文资源(见表 2)。其中舜帝陵庙,始建于夏朝,是我国最早的三皇五帝陵庙,为湖南省重点文物保护单位;宁远文庙为我国现存的始建年代最早的两处文庙之一,自古就有"北有曲阜孔庙,南有宁远文庙"之称,为国家级重点文物保护单位。

表 2:九嶷山舜陵景区各级人文旅游资源单体名录、数量统计

等级	单体名录	数量统计
五级	舜帝陵庙,宁远文庙、古舜帝陵庙遗址	3
四级	永福寺,玉琯岩石刻	2
三级	紫霞岩题刻,瑶寨吊脚楼、舂陵侯城、黄家大屋、状元楼、泠道故城、云龙牌坊,骆家戏台	8

当今世界旅游发展趋势告诉我们:文化将成为 21 世纪旅游业的灵魂。旅游实践也充分表明:文化是旅游景观吸引力的源泉。九嶷山丰厚的文化内涵,为打造九嶷山舜文化旅游精品奠定了坚固的基石。

(三)优越的地理位置,明显的区位优势,便捷的交通,为打造九嶷山舜文化旅游精品提供了可能。

打造旅游精品离不开优越的地理位置和便捷的交通,因为缺了这两样东西,无论构想多么好的旅游新产品,也不可能成为精品。九嶷山舜陵景区所在地——宁远,位于湘桂粤交界之地,处于泛珠江三角洲旅游圈内,南连富裕发达的广州(距广州 380 多公里),北接湘南重镇衡阳,东达郴州,西至游人如织的桂林(距国际旅游名城桂林仅 180 公里),真可谓一足踏三省。省道 1806、1830 线及永连高等级公路呈"一横二纵"贯穿县境。距洛湛铁路、贵福铁路、衡昆高速公路和永州机场的路程均在 2 小时之内。如此优越的地理位置,明显的区位优势,便捷的交通,为打造九嶷山舜文化旅游精品提供了可能。

(四)各级地方政府重视九嶷山舜陵景区的开发,为打造九嶷山舜文化旅游精品提供了保障和可能性。

近几年来,上至湖南省、永州市政府,下到宁远县政府,都比较重视九嶷山舜陵景区的开发,以公祭舜帝陵为例,1990 年湖南省政协及省政府参事室祭舜 1 次。2000 年清明节由宁远县人民政府组织各界公祭舜帝陵活动,随后,几乎每年都有祭舜活动开展。2000年9月9日永州市人民政府组织公祭舜帝陵活动，参加者达6万余人。2001年10月24日，永州市与宁远县人民政府邀请海内外3千炎黄子孙聚集于九嶷山下，共庆首届中国九嶷山舜文化旅游节开幕。2003年11月5日，永州市与宁远县人民政府组织公祭舜帝陵大典，中国各地研究舜文化的专家学者、海内外游客以及当地群众近万人共同表达了对舜帝这位中华民族道德始祖的敬仰和追思之情。2004年9月25日，湖南省舜帝陵基金会与世界舜裔宗亲联谊会共同举办了祭舜大典。尤其值得一提的是，湖南省政府决定于2005年9月举行首届全省公祭舜帝大典。这一系列祭舜活动，不仅极大地弘扬了舜帝道德文化，凝聚了民族情感，促进了对外经济文化交流与合作，而且由于在祭舜活动前后，对舜帝陵进行了必要的抢修，为推出九嶷山舜文化旅游产品作了不少开发与宣传工作，所有这些都为打造九嶷山舜文化旅游精品提供了保障和可能性。

（五）良好的外部环境与机遇，也有助于打造打造九嶷山舜文化旅游精品。

2000年以来，伴随着中国国民经济稳步增长与人民生活水平的不断提高，旅游业作为新的增长点，发展速度惊人，这就为包括宁远在内的各地旅游业发展提供了契机；从目前国内旅游市场的总体格局看，大众化市场居主体，但从发展趋势来看，个性化市场具有更大的发展空间。九嶷山舜陵景区自然资源和人文资俱佳，有条件发展各种专项旅游；珠江三角洲是中国的三大旅游客源地，2003年发起的泛珠江三角洲经济圈，将有助于九省二区的旅游业发展，地处湘桂粤交界之地的九嶷山舜陵景区，地缘位置优越，能够很好地接受泛珠江三角洲的辐射，桂林、广州、长沙、南岳、郴州的游客也容易中转分流到宁远九嶷山旅游。良好的外部环境与机遇，也有助于打造九嶷山舜文化旅游精品

二 内练"内功"——打造九嶷山舜文化旅游精品的关键

针对九嶷山舜陵景区的实际情况及其特点，打造九嶷山舜文化旅游精品的总体构想可概括为八个字，即内练"内功"，外塑"形象"。

所谓内练"内功"，即指在完善现有旅游景点设施的基础上，充分挖掘舜文化内涵，适当添加旅游景点、娱乐项目和休闲度假场所，从而彻底改变旅游产品单一的现状，打造出"内功"十足的九嶷山舜文化旅游精品。

内练"内功"具体构想如下：

1. 完善现有旅游景点。目前,舜帝庙景点内部设施太过简单,不够齐全,可考虑:(1)舜帝庙内可建"二妃"塑像,以增加舜帝庙的神秘性;(2)在舜帝庙前广场两边添加"三皇五帝"塑像。(3)在舜帝庙前广场设立祭坛,以增加景观的可游性。

2. 适当添加人文旅游景点。目前,宁远可供游客观赏的旅游人文景观只有舜帝庙和文庙,而这两处景点均缺乏高科技含量,基于此,可因地制宜,考虑添加下列人文景点:(1)增加高科技含量人文景点。可考虑在"古舜帝陵遗址"上修建高科技含量较高的"遗址博物馆",通过现代多媒体技术充分展示古舜帝陵遗址的结构、建造过程、再现古代祭舜情形,展现中国古老的建筑文化风貌和风土人情;还可考虑在舜帝庙与紫霞岩之间,建立一条由高科技手段控制的模拟原始小道,道旁每隔一段距离有彷制原始人和小朋友喜欢的仿制动物出现,以增加游玩的刺激性和情趣性。(2)为改变县城人文景观单一的现状,使九嶷山舜文化旅游风景区在空间上获得实质性扩展,可考虑在县城修建大型舜帝文化广场和小型香妃广场,使之成为与文庙交相辉映的人文景点,从而使游人一来到宁远立即能感到舜帝文化的气息,激起他们迫切想进一步了解舜文化的欲望。(3)宁远县历史悠久,人才辈出。在封建科举制的唐宋时期,湖广十状元宁远独占其二,(唐代湖广第一状元李郃和宋代特科状元乐雷发),进士达 84 名。建国以来,宁远出现过院士、世界冠军及其他杰出人士。因此,可考虑将现有状元楼纳入九嶷山舜文化旅游景点体系之中,并考虑在文庙附近修建一座"现代状元楼",以凸现宁远人才辈出和重视人才的传统美德。

3. 充分挖掘与展示舜文化内涵,适当添加旅游娱乐项目。要想打造九嶷山舜文化旅游精品,必须对舜文化内涵进行充分挖掘与展示,可采取如下两种形式进行,一是通过添加旅游娱乐活动项目,挖掘与展示舜文化内涵:(1)在舜帝庙前添加集观赏性与参与性于一体的文化节目,即将反映舜帝所处原始部落联盟时代的禅让制民主政治文化、部落联盟首领巡游文化、婚姻制度文化,以文娱节目的形式展现出来,如尧帝禅让、舜帝选妃节目,可吸引游客参加,这样既可活跃气氛,又可增加共娱性,而舜帝巡游、部落战争则可作为观赏性节目推出。(2)在县城,可考虑定期举行大型舜帝巡游及狂欢节活动,以吸引海内外游客参加。二是通过编辑和整理古代以来有关舜帝显灵、赐福于民等传说,深挖舜文化内涵。

4. 增加休闲度假的场所。为弥补九嶷山舜陵景区休闲度假场所之不足,可考虑:(1)修建一所集娱乐、休闲、体验原始风情于一体的"九嶷山原始部落度假村",以适应现代人求奇、求新、求异的需要。(2)在"九嶷山原始部落度假村"旁,建"原始狩猎场",供"度假村"游客狩猎之用,以增加刺激性。

5.绕舜帝文化开发旅游商品。针对目前在九嶷山舜陵景区可供游客购买的旅游商品相当欠缺这一实际情况,可考虑开发"舜帝牌"或与舜帝相关的"湘妃牌"系列旅游商品(含工艺纪念品、风味小吃、土特产),如把当地风味佳肴冠名为"舜帝"糍粑、"舜帝"酿豆腐、"舜帝"血浆鸭,"舜帝"米烧酒;"湘妃"茶叶、"湘妃"菇、"湘妃"竹笋等等。

6.以九嶷山舜文化旅游产品为龙头,整合开发其它旅游资源,提高自身的知名度

针对九嶷山舜陵景区游游产品单一的特点,可考虑从如下五个方面对现有旅游资源进行整合开发:

一是通过整合人文旅游资源,构建集娱乐观光、休闲度假、专项旅游于一体的立体旅游体系,提高旅游产品档次与规模。

二是通过与自然旅游资源整合,构建集生态旅游、娱乐观光、休闲度假于一体的综合旅游产品。生态旅游可以现有九嶷山国家森林公园为依托,在此基础上开辟出两个专项旅游新产品,即九嶷瑶族风情农家游或当一天九嶷瑶族人和九嶷水库钓鱼游或九嶷原始次森林漫游。

三是通过重新命名旅游景点对现有旅游资源进行整合开发,如可将紫霞岩重命名为舜帝洞,将景色秀丽的"三分石"命名为"帝妃峰",并赋予新的神话传说内涵,通过重新命名,把这两处著名景点自然而然地整合到九嶷山舜文化旅游产品之中,从而使九嶷山舜文化旅游产品内涵更加丰富和充实,形成规模效应。

四是在现有专项旅游产品——"九嶷山舜文化旅游节"之外,考虑新开发下列专项文化旅游产品:(1)在"祭舜大典"的基础上,由湖南省舜帝陵基金会与世界舜裔宗亲联谊会联手,共同举办一年一度的"舜帝后裔寻根祭祖文化旅游节",以吸引海内外舜帝后裔来九嶷山旅游;(2)以状元文化为依托,结合中国父母望子成龙、望女成凤的心理,利用寒暑假举办"九州状元,相聚九嶷"活动,届时可邀请当年各省状元及状元父母、国内知名家庭教育专家来宁,通过参观状元楼、"学习经验与方法交流""家庭教育学术讲座"等多种形式,使各位新科状元、教育专家与九嶷旅游的游客及公众进行零距离接触与对话,从而提高九嶷景区的知名度,促进宁远旅游与教育事业的发展。(3)以虞舜道德文化为依托,结合

我国正在倡导的"以德治国"、以"诚信做人"的社会现实,面向全国大中学生,开展主题为"探寻道德文化源头,做一个诚实的人"或"人皆可以为尧舜"夏令营活动,以弘扬舜道德文化精神,促进社会主义思想道德建设。通过新的专项文化旅游产品的开发,既可克服专项旅游产品单一的不足,又可克服"九嶷山舜文化旅游节"把"面向全社会的旅游节"与"舜帝后裔祭祖"掰拌在一起从而主题不鲜明的缺陷。

五是通过与其它地区同一类型景观进行整合,提高自身的知名度。如可与黄帝陵、炎帝陵组合,以"华夏始祖陵墓文化遗址"的名义申报世界文化遗产,无论成败与否,都将大大提高九嶷山舜帝陵的知名度。

三 外塑"形象"——提高广大游客对九嶷山舜陵景区的形象感知

"外塑形象",即指在加大宣传力度的基础上,提高广大游客对九嶷山舜文化旅游产品的形象感知

众所周知,由于旅游景点景区的不可移动性,旅游景区形象是吸引游客的关键因素,形象的推动效应对旅游的发展起着至关重要的作用。九嶷山虽然自古以来就是一座名山,九嶷山舜陵景区虽然不乏文化内涵丰富的旅游景点,如舜陵、古舜帝陵庙遗址等,但它们在外地游客心目中的总体知名度却不高。造成这一现象出现的原因虽然是多方面的,既有历史的原因,如前者舜陵很长一段时间未能得到真正有效地开发,舜帝陵庙遗址刚被发现正待开发。也有现实的原因,如我国改革开放后才开始发展旅游业,相当长时间内旅游者旅游消费以山水观光旅游为主,直到近几年以文化为主要内容的生态旅游、历史古迹游等旅游类型才得以迅速发展起来,但对九嶷山舜陵景区宣传的力度不够,乃是导致九嶷山舜陵景区总体知名度不高的根本原因。的确,长期以来,在旅游产品对外宣传中,人们对九嶷山舜陵景区的景点倾向于小打小闹,如或发布一个新闻会或在电视台作一专题报道,始终未能对其进行整体宣传包装,从而使得九嶷山舜陵景区总体知名度不高。

基于此,加大对九嶷山舜陵景区景点的宣传力度,对其进行整体宣传包装显得格外重要。具体说来,在对外宣传促销中,要将九嶷山舜陵景区的景点以一个整体的形式向外界推出,从整体上提高其竞争力和知名度,逐步达到占有湖南乃至粤港澳客源市场的目的。

加大宣传力度的具体措施如下:(1)编印九嶷山舜陵旅游景观手册,充分展示九嶷山舜陵景区多姿多彩的自然与人文景观,加强游客对景点的形象感知。(2)组织专家教授,撰写系列宣传九嶷山舜文化旅游景观的文章,并在粤港澳报刊杂志上发表,以扩大影响。(3)深化专项旅游文化节,并举办其它旅游节,如在开展"九嶷山舜文化旅游节"期间,举行大型舜帝巡游及狂欢节活动,以提高知名度。(4)构建立体宣传体系,在发布新闻会、打广告的基础上,充分利用高科技手段传递信息,建立相关网站,发手机短信等。(5)充分利用在外工作的宁远籍或永州籍老乡,尤其是同乡会,宣传九嶷山舜文化旅游产品。

在加大对九嶷山舜陵景区景点宣传力度的同时,还必须以形象带动战略,有意识地提高广大游客对九嶷山舜陵景区的形象感知。

旅游景区形象是旅游者对旅游景区的了解和体验所产生的印象的总和。旅游心理学告诉我们:游客对旅游目的地及其景点、景区的选择,与其在游客心目中是否占据某个"形象阶梯"有着相当密切的关系④,然而,多年来,九嶷山舜陵景区一直以"舜陵"形象展示在广大游客面前,游客对宁远旅游的认识也主要停留在舜陵这一层面上,因此,大多数游客觉得祭祭舜帝,再游游玉琯岩、紫霞岩也就差不多了。

据调查、访问统计分析,游客对九嶷山舜陵景区的主观感知印象,65.6%的人认为空气质量好,28.4%的人认为空气质量较好,两项合计占94%,只有6%的游客认为空气质量一般;83%的人认为景观质量好和较好(见表3)。

表3 游客对九嶷山舜陵景区评价调查统计

评价内容	空气质量	质量景观	公共设施	交通便利	门票收费	纪念品构买
好	65.6%	45.5%	20%	24.3%	12%	5%
较好%	28.4%	37.5%	21.6%	35.7%	14%	10%
一般%	6%	15%	47.4%	36%	44%	25%
较差%	%	2%	18%	4%	18%	45%
很差%	%	%	3%	%	12%	15%

注:游客构成中,永州市62.3%,湖南省其它地区18,广东地区14.5,省外5.2%。

资料来源:调查访问(时间:2004年7−9月;地点:九嶷山舜陵景区)。

　　然而,另据调查、访问显示,来宁远旅游的游客只有 19.3% 为观赏九嶷山风光而来,7.5% 为祭拜舜陵,大多数游客来宁远是为了公务或商务、探亲访友和休闲度假,其中前者为 22.6%,中者 26.9,后者为 16.3%(见图1)。可见,游客来宁远旅游的目的是以探亲访友、公务或商务、休闲度假为主,游览观光、祭拜为辅。

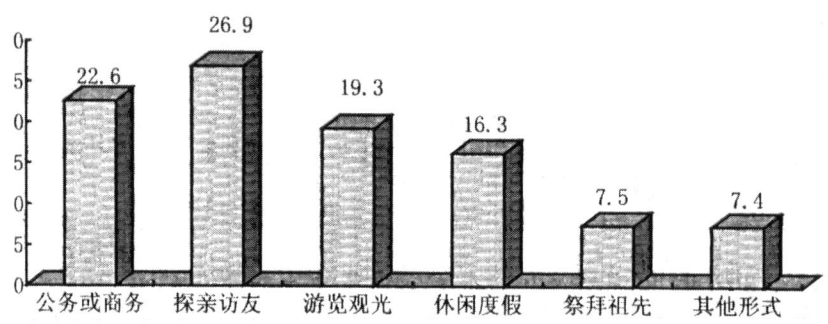

图1:调查对象的旅游目的

　　进一步调查、访问还显示:游客对九嶷山舜陵景区的旅游形象模糊,明显缺乏旅游的主题,游客来九嶷山舜陵景区旅游的目的构成复杂,主体不明显,来祭拜的和游紫霞岩的较多,各占38%和34%,观赏风景、参观古舜陵遗址及从事其它旅游活动的较少(见表4)。

表4　游客来九嶷山舜陵景区旅游目的调查统计

结构	参观紫霞岩	祭拜舜陵	观赏风景	参观古舜陵遗址	休闲	登山	其它
%	38%	34%	9%	8%	5%	3%	3%

　　资料来源:调查访问(时间:2004 年 7 - 9 月;地点:九嶷山舜陵景区)

　　九嶷山舜陵景区在湖南省内外缺乏吸引力,在湖南省较为有名的旅游景区吸引力调查中,九嶷山舜陵景区排名不仅靠后,而且就连开发较晚的株洲炎帝陵旅游景区也后来居上,吸引力也大大超过了九嶷山舜陵景区(见表5)。

表5　你觉得湖南省哪一个旅游景区最有吸引力?

景区	得票数	%	排名
武陵源旅游景区	471		1
南岳旅游景区	354		2
凤凰旅游景区	336		3
桃花园旅游景区	243		4
洞庭湖岳阳楼旅游景区	231		5
郴州苏仙岭旅游景区	226		6
韶山滴水洞旅游景区	212		7
永顺猛洞河旅游景区	123		8
株洲炎帝陵旅游景区	112		9
永州九嶷山舜陵旅游景区	21		10

注:被调查游客共482人。

资料来源:调查访问(时间:2004年7-9月;地点:广州、深圳、东莞、珠海)

此外,从旅游客源市场调查中,我们也不难得出如下结论:九嶷山舜陵景区在本地区知名度较高,91%的本地游客知道九嶷山舜陵旅游景区,但在本地区之外知名度不高,只有5%的外地游客知道九嶷山舜陵旅游景区。

可见,九嶷山舜陵景区旅游形象模糊,在游客心目中缺乏吸引力,在外地知名度不高,已经成了制约九嶷山舜陵景区可持续发展的瓶颈。因为按约翰.斯沃布鲁克的观点,九嶷山舜陵景区只能是一个供当地人当日来回的浏览景区,而不是一个旅游景区。

要想彻底改变九嶷山舜陵景区形象的"灰度区"特征,就必须重新确定旅游形象定位。目前,宁远的对外宣传口号是"九嶷山舜陵文化之旅",这个口号虽然反映了九嶷山作为舜帝埋葬之所的文化特征,但忽视了九嶷山作为千古名山以及舜帝作为华夏始祖更为深层的文化脉络,没有体现包括有关舜帝所处时代的文化特征以及与舜帝相关的神话传说、伟人诗词在内的文化内涵。据此,笔者提出"九嶷圣山华夏始祖舜帝文化之旅"的旅游形象定位。

这一综合性旅游形象定位,揭示了九嶷山自古以来就是一座名山、圣山、山中之王的自然特质,恢复了舜帝作为华夏始祖之一的应有地位,更突破了多年来宁远旅游活动主题仅限于祭祭陵墓、游游岩洞的传统旅游活动模式。同时,也与史实相符合。九嶷山又名苍梧山,史载:"南方苍梧之丘,苍梧之渊,有九嶷山。"⑤这表明九嶷山是一座中国千古名山。朱子云:"九嶷舜所葬","盖历三千年无一异辞者"。九嶷山为舜葬之所,这是《山海经》《国语》《淮南子》《尚书》《帝王世纪》《吕氏春秋》等50多部权威史书,都肯定舜葬九嶷山这一历史陈述。而长沙马王堆三号墓出土的帛书古地图更是力证这一点。这张地图随棺葬于公元前168年的西汉时期,明确标示出九嶷山为舜葬之地。天下没有第二个舜帝陵,这是九嶷山舜陵在我国几大古陵中最为突出的一个特点。因此,九嶷山是炎黄子孙的圣地。舜葬九嶷,使九嶷山成为中华民族文化的源头。由此可见,九嶷山舜文化的内涵之深厚是中国其他地方无法与之相比的。舜文化是九嶷山最有特色的旅游资源,是九嶷山旅游形象树立之根基。

从这一综合性旅游形象出发,可将九嶷山舜陵景区主题旅游形象确定为:

九嶷千古名山,风光这边独好;华夏始祖舜陵,祭祖祈福圣地;

主体宣传口号可设定为:

九嶷山:绿色生态之旅,让你尽情享受"回归自然"之乐趣;舜帝陵:道德文化之源⑥,让你真实感受虞舜文化之精髓。

同时,为确保形象的有效传递,更好地配合市场营销,还应在与整体形象相统一的基础上,根据九嶷山旅游产品特色和旅游功能分区设计相应的宣传口号:

北部县城区:观中国南方最大文庙,尝宁远地方"血鸭"⑦,眼福口福饱个够。

中部舜陵区:探寻舜帝秘冢,感受紫霞(指紫霞岩)灵气,古陵奇洞任你游。

南部原始次森林三分石区:九嶷山上白云飞,帝子乘风下翠微⑧;游次森林登三分石,无限风光在险峰。

东部潇水涵青区:陶醉瑶寨山歌,神游森林氧吧,潇水漂流乐悠悠。

西部灌溪仙境、青山尾峡谷区:远眺万山朝拜⑨,近览"二妃"传情⑩,灌溪仙境美如画。

综上所述,打造九嶷舜文化旅游精品既有必要,也有可能。只要我们不失时机地抓住中国文化旅游方兴未艾这一难得的历史机遇,以2005年9月湖南省即将举行首届全省公祭舜帝大典为契机,遵循科学的开发原则,内练"内功",外塑形象,全面整合九嶷山自然与文化旅游资源,就一定能打造出一条特色鲜明、文化底蕴深厚、可游性强的旅游精品,从而确保宁远乃至整个永州旅游业的健康、持续发展。

注释:

①毛泽东.七律·答友人[A].毛泽东诗词选[C].北京:人民文学出版社,1998.

②尚书·舜典[M].

③司马迁.史记[M].

④李蕾蕾.旅游地形象策划:原理方法与实践[M].广州:广东旅游出版社,1999.

⑤山海经·海内经[M].

⑥舜帝乃中国上古五帝之一,为人孝慈,德化众生,是公认的中国道德文化创使人;舜文化的精髓是道德文化,主要包括家庭伦理道德、社会道德、职业道德和政治道德,属原生性道德文化。

⑦"血鸭",又称"血浆鸭",为宁远著名风味食品之一。

⑧"帝子",指舜帝的两个妃子:娥皇和女英。

⑨"二妃",指娥皇峰和女英峰。

⑩九嶷山势奇特,所有山峰无一不朝向九嶷主峰舜源峰,故自古以来就有"万山朝九嶷"之说。

参考文献:

[1]尚书·舜典[M].

[2]司马迁.史记[M].

[3]山海经·海内经[M].

[4]宁远县九嶷山志编纂委员会.九嶷山志[Z].未正式出版,2004.8.

[5]张泽槐.古今永州[M].长沙:湖南人民出版社,2003.

[6]李蕾蕾.旅游地形象策划:原理方法与实践[M].广州:广东旅游出版社,1999.

[7]湖南师范大学旅游研究所等.宁远县旅游业发展总体规划[Z].未正式出版,2004.

(原载 2005 年第 10 期,作者单位:广州大学)

《虞舜大典》:中国文化根脉的"营养钵"

❋骆正军

陈仲庚先生在他的《舜文化:作为中国文化根脉的地位》一文中指出:"如果说炎黄文化是中国人的'血缘'之根,它侧重的是中国人的生物性来源,舜文化则是中国人的'文化'之根,它关涉的是人之所以为人的根本和中国人之所以为中国人的根本。"[1]359按照百度百科的解释,中国文化,即中华文化,亦叫华夏文化、华夏文明,即汉族文化,汉文化。且流传年代久远,地域甚广,以文化圈概念亦被称为"汉文化圈"。中国文化不但对韩国、日本,对东南亚、南亚一些国家如菲律宾、新加坡、越南等国家和地区都产生了深远的影响,郑和七下西洋更是加深了这种影响。由此形成了世所公认的以中国文化为核心的东亚文化圈。随着中国国力的强盛,随着中国国际地位的提高,世界各国包括亚洲、欧洲在内的一些国家都对中国文化给予了高度的认同和重视。笔者认为:中国文化这棵苍天大树,上下五千年,之所以枝繁而叶茂,主要是由于其根脉的深入和扎实,更由于有着无比丰厚的文化营养的滋润。而2011年12月由岳麓书社出版的《虞舜大典:近现代文献卷》,就是孕育、滋养中国文化根脉的"营养钵"。

一 营养成分的丰富性

厚重的《虞舜大典:近现代文献卷》,收录了从1911到2010年舜文化研究的相关资料,共有八大本,600余万字。其装帧的高雅,印制的精美,令人爱不释手。篇目丰富而多彩,既有学术研究专著、专论,如:陈望衡的《华夏美学的滥觞——大舜传说的美学意义》,顾颉刚的《秦汉统一和战国人对于世界的想象(节选)》等等;也酌收了一些民间故事、诗歌、散文等非学术性的著作,如冯安泽的《泪染湘竹》《有苗迎舜》,张介立收录整理的《祭舜文五篇(民国时期)》《祭舜文十篇(1949-2005)》,李长廷的《九嶷山之夜》和唐曾孝的《玉琯岩神话》等等。

正如该书序言中所指出的:"学术无禁区,争鸣和论辩是学术发展的前提。"

该书摈弃了一切的畛域之念和门户之见,对各种学说、观点和流派,不作学术上的评论,只是将它们原汁原味地呈现于读者面前,由读者自行参考、借鉴、引用与评判。真可谓兼收并蓄,应有尽有,琳琅满目,集百年之大成,不愧为中国文化根脉的"营养钵"。从营养成分的丰富性这一个层面上来说,《虞舜大典》完全可以称之为"虞舜大菜",堪比中国菜肴中著名的"满汉全席"。

二 营养成分的多元性与互补性

(一)不同年代研究者的承传

该书既有年代久远的大师级论文、论著,如:梁启超的《中华民族之由来(节选)》,章太炎的《尚书故言》,王国维的《古史新证第一二章》,胡适的《古史讨论的读后感》,蔡元培的《唐虞三代伦理思想之萌芽》,郭沫若的《唐虞时代是原始共产社会的反映》,翦伯赞的《"尧舜禹的禅让"与"二头军长制"》,范文澜的《原始公社制度》,周谷城的《由种族斗争到阶级对立》等等;亦有当代舜文化研究后起之秀作者的文章,如:翟满桂和蔡自新的《舜父瞽叟非盲者议》,杨金砖的《虞舜对潇湘文化的黼蒙》,雷运福的《舜文化富含科学管理思想》,潘雁飞的《舜与礼乐教化与先进文化建设》,周甲辰的《舜封象弟论(节选)》等等。这些不同年代研究者的心得,集结在一起,既绚丽多姿,各焕异彩,又可从中发现其源流、脉络,并能互补互勘,相互映衬,互为观照。

(二)不同地域研究者的聚合

该书既有山东作者雄阔、骠悍的高论,如:谢玉堂先生的《论大舜(节选)》《尧舜禹时代陶文的发现与研究》,其视野非常广博,既引证了国内许多古书、名家考据来阐述自己的观点,而且还将埃及古王国及两河流域的早期苏美尔文明、巴比伦文明和印度哈拉巴文明,与尧舜禹时代进行比照,使得其立论更加精准,掷地而有声。

该书亦有湖南作者细腻深邃的探究,如王田葵、何红斌两位先生的专著、专论《舜文化的阐释与演进(节选)》,《舜文化概念及其学术个性》,《舜帝中和传统的三个向度——兼论通往和谐的进路》,《论舜文化特征与舜帝精神》,《舜文化学科理论形态的三个维度》等等,几乎篇篇都是精品杰作,其开掘之深,剖析之透,雕镂之细,确有非常独到之处。

不同地域的研究者聚合在一起,既显示出团队的雄姿,整合的能量,又披露出各自擅长的领域,各填空挡,各添辉煌。

(三)不同观点、流派的交锋

围绕舜的出生之地,历来争论不休,该书选录了各派学者的研究心得,如:郝仰宁的《舜帝故里考》,认为"舜帝故里确在山西省永济市";张学海的《从考古发现谈鲁西南地区古史传说的几个问题》,认为"舜的故里在山东定陶一带";陈昌远的《姚舜故里探寻》,认为"舜的故里应在河南濮阳";徐映基、曲辰的《虞舜的出生地》,认为是"河北省涿鹿县的保岱乡";张放鸣的《虞舜故里考》,认为是"浙江省的余姚县";蔡建军的《舜帝生葬湖南永州考辨》,则认为"舜帝出生地在零陵(永州)一带";谢玉堂先生的《论大舜(节选)》,却认为"大舜是山东诸城人"。

七八种观点荟萃在大典之中,的的确确是"公说公有理,婆说婆有理",仁者见仁,智者见智,相持不下。虽然至今未能形成最终的定论,但真正呈现出"百花齐放、百家争鸣"的浓烈气氛,令人为之欣喜和陶醉。

三 营养成分的规范性与发散性

该书严格编排,容易查找。如《论说编》,按照大家熟悉的人文学科类别而设立,分为"历史、哲学、文艺、政法、经济"五类。《考据编》,分成了"方舆地望考、相关人物考、典籍文献考、帝舜身世考、典章制度考、舜裔姓氏考"等六类。收录其他文献资料的《记述编》,则分成了"民间故事、陵庙祭颂、采风报道"这样三类。

书中所收录的资料都是已经公开发表的,按发表年代的先后进行了编排。为读者提供了不同的研究方向、研究维度、研究视野、研究范畴。如对经济感兴趣的学者,可以从舜文化与古代、现代、当代的经济发展方面的关系入手,研究其影响之大小、变化之规律,如何加以参照和借鉴,促进当今文化旅游等等;而山东方面关于《大舜文化与大汶口、龙山文化》《大舜文化与夏商周文化》《大舜文化与齐鲁文化》等三大研究课题的提出,仿佛就像某次战役中的三大主攻方向所吹响的集结号,格外令人兴奋和期待。

四　营养成分的再生性

该书所提供的,并非僵固不化的营养,而是一种可分蘖的母本。不仅生生不息,催生新的理论;而且循环反复,派生新的研究领域;更可贵的是,有助于从理论层面走向实践层面,从大雅之堂走向通俗,走向民间,走向普及。笔者的一篇文章《柳宗元——舜文化的传人》也有幸入选了大典(第四册 203 页),该文发表于《湖南社会科学》2005 年第 6 期。此后近 8 年的时间,本人专注于柳文化方面的研究,对舜文化的涉猎有所减少。除 2011 年出版的《千古之谜》中,选用过自己撰写的《舜帝陵究竟在哪里》《舜帝为什么南巡》两篇小文之外,这些年对舜文化理论上的研究甚少,但在舜文化实践层面的宣扬与普及方面,进行了较有成效的尝试。

笔者曾在任职永州职院人文教育学院院长兼书记期间,以舜文化和柳文化为依托,在高职专业的语文课程中,对学生积极开展人文素质方面的教育,进行了一系列有益的探索,也取得了一定的实效。让舜风柳韵进校园、进课堂、进教材,使得风韵育人结出了累累的硕果。[2]

本院 2004 级初等教育专业的毕业生申文,笔名林萧,在校期间喜欢舞文弄墨,经常写一些短小的诗歌、散文,他担任了学院文学社的社长,和继任社长苏首飞同学一道,先后荣获第四届、第五届"雨花杯"全国十佳文学少年称号(该奖项每四年评选一次)。毕业后,他先是在市里的一家报社应聘上班;后来到深圳谋求发展,经过短短数年的历练与打拼,现已在全国多家报刊发表作品 100 余万字,著有长篇小说《苦夏》、诗集《朋友别哭》《红尘之外》、散文集《感觉阳光》、评论集《指点江山》等多部。2010 年 06 月入围中国网络形象代言人候选人。"2008 年中国 80 后文学排行榜"中,林萧居韩寒、张悦然之后,名列作家榜第三名。"2009 年中国十大新锐诗人榜"中,林萧名列诗人榜榜首,并入选 2009 年中国十大年度诗人。

学院依托舜文化、传承舜文化、弘扬舜文化,持之以恒地开展"爱心"接力棒活动,不断增强"爱心"接力棒的育人功效,不断扩大"爱心"接力棒的影响面。[3]对于极个别特困学生,学院实行了"爱心"接力棒活动的重点帮扶工程。2006 级教育系应用英语大专班学生汤玉凤同学,其父患了精神疾病,母亲在她刚生下来几个月,就离家出走;她在奶奶的抚养下长大,后来奶奶也去世了,小小年纪的汤玉凤同学,从十岁开始就撑起了那个家,既要赚钱养家糊口,还要筹钱给父亲治病,并且靠打工挣钱上学。她的情形被学院领导知道后,特地到家中看望,带头捐款、捐物,并减免了她之后几年的全部学费。2007 年,汤玉凤同学被共青团中央、全国学联评为"2007 年度中国大学生自强之星"提名奖,并荣获"中国大学生新东方自强奖学金"2000 元;与此同时,汤玉凤同学还荣获永州市委宣传部、市委组织部、共青团永州市委、市人事局、市财政局、市劳动和社会保障局、市广播电视局、永州日报社、市青年联合会举办的"第三届永州十大杰出青年"评选活动的"提名奖"。

近年来,学院在发挥地方文化有益元素(特别是舜文化)对学生心理健康的导向、激励、陶冶、调纠、扶助、提升、示范与辐射、引导等积极作用方面,进行了非常有益的探索,并取得了一定的成功经验,对高职学生身心的健康发展,实现个性心理品质与人文精神提升的最优化,起到了良好的促进作用。如 2007 年 5 月旅游管理 9 班毕业的刘雯同学,1988 年 1 月 27 日出生在湖南永州。毕业之后,曾经在北京模特界"独漂"过两年,含辛茹苦,经过 6 年左右的打拼,目前已经成为著名封面模特,2011 年权威榜单世界 50 强模特排名第六位,位居中国和亚洲的模特首位。著名男性网站 ASKMEN 评选出了 2011 年度全球最美的 99 人,中国超模刘雯则是这份榜单中唯一的亚洲面孔。2011 年权威网站 MDC 排名第 6位,居中国模特首位,也是新世纪以来排名最高的亚洲模特。

结　语

正如习近平在 2010 年海外华裔及港澳台青少年"中国寻根之旅"夏令营开营式上的讲话中所指出的那样:"博大精深的中华文化是海内外中华儿女共同的'魂'。中华文明是世界古代文明中唯一始终没有中断、连续 5000 多年发展至今的文明,中华民族在漫长历史发展中形成的独具特色的文化传统,是海内外中华儿女共同的宝贵财富。特别是中华民族在漫长的历史进程中锻造的伟大民族精神,是海内外中华儿女世世代代自强不息、团结奋斗的强大精神支撑。认清了这一点,就能牢牢把握中华民族得以薪火相传、绵延不绝的民族之魂。"[4] 本书的正式出版和发行,既出成果,又出人才;不仅是 21 世纪以来中国文化史上的一件喜事,而且是湖南和山东两省专家学者团队通力合作的结晶,也是两省专家学者在"眼光、气魄、才智和学术水平"[5]359 方面的最佳体现。总而言之,《虞舜大典:近现代文献卷》的出版,必将从理论与实践的层面上,为永州,湖南、山东、全国,亚洲,乃至于全世界,研究、传播、弘扬中国文化,提供更加丰厚、取之不尽、用之不竭的营养源。

参考文献:

[1]陈仲庚.舜文化:作为中国文化根脉的地位[A].陈仲庚,王田葵等.虞舜大典:近现代文献卷:第三册[C].长沙:岳麓书社,2011.

[2]骆正军.舜风柳韵育新人[J].中国校外教育(理论版),2007,(7).

[3]骆正军.以舜文化为依托镕铸"爱心"接力棒[J].湖南科技学院学报,2008,(3).

[4]习近平."中国寻根之旅"夏令营开营式讲话[EB/OL].中央政府门户网站,2010 - 07 - 25.

[5]唐之享.忠诚合作,深入开展,把舜文化研究推向一个历史的新阶段[A].陈仲庚,王田葵等.虞舜大典:近现代文献卷:第三册[C].长沙:岳麓书社,2011.

(原载 2012 年第 9 期,作者单位:永州职业技术学院)

文化寻根与舜文化研究
——评《舜文化传统与现代精神》

✻ 陈仲庚 ●

一　文化之根的寻觅

　　关于文化寻根的问题,是一个已经兴盛了近半个世纪的世界性潮流,其现象纷繁复杂,寻根的目的也各不相同。在国外,主要表现有三:①在西方发达国家,主要是为了给现代人找到一个精神家园,以救治工业化社会给人们所带来的"拔根"状态;②在拉美国家,主要是对自己本民族文化的发掘,以创作能与欧美文学相媲美的民族文学;③在阿拉伯世界,则主要是复归原教旨主义,试图以古老的宗教文化对抗以美国为代表的西方现代文化的挤压。这三种表现虽然差异巨大,但有一点是基本相同的,那就是为现代人寻找一个精神家园,以对抗现代社会的物欲横流和人性异化。在国内,文化寻根的兴起主要源于三种诱导:①因拉美文学的成功诱发了"寻根文学",作家们试图通过对中国古老悠远的文学传统的发掘,使中国的当代文学能够像拉美文学一样走向世界;②因亚洲四小龙经济的腾飞引发了新儒学思潮的兴起,即认为亚洲四小龙再加上日本在内都是属于儒学文化圈,中国的落后是因为儒学的断绝,中国要想再度复兴,必须恢复儒学的传统或找到儒学传统的现代转换;③因近年来"德治"理念的提出引发了对中国传统道德的追寻,试图通过一些传统德目的现代转化来遏制腐败和假冒伪劣之风,修正和改善因经济和科学技术的发展所带来的偏差。上述"寻根"有一个共同的优点,那就是立足现代,为现代社会、现代人服务;但也有一个最大的缺陷,那就是未能找到最基本、最根本的东西,这正如王富仁先生所批评的:"中国知识分子的寻根,总好寻出一个道德信条来。道德信条是人提出来的,并且是在社会发展到一定阶段由特定的知识分子提出来的,它是叶,而不会是根。一个民族的根是一个民族赖以生存和发展的最最基本的东西。一个民族的根是什么？
是人。有人才有这个民族,才有这个民族的文化;没有人,也就没有这个民族,没
有这个民族的文化。那么,人的根是什么呢? 人的根就是人的生命。有生命的,
才是人;没有生命的,就不是人。生命是一个民族最最根本的东西。""生命不是
为文化而存在的,文化却应当是为生命而存在的;生命不是为道德而存在的,而
道德却应当是为生命而存在的。要说中国文化传统的现代转换,这就是中国文
化传统现代转换的基本内容。"[1]25 - 26 文化既然是为生命而存在的,那么它就应
该关注人的生存,而且这种生存应该是整体性的,既包括个体性生存,也包括社
会性生存,还包括精神性生存;同时,更要能够适应社会发展的需要,通过传统文
化的现代转换,为现代人的生命存在提供合理的支撑。文化寻根寻到这一层面
的决不多见,今有王田葵、何红斌所著的《舜文化传统与现代精神》一书,正是从
这一层面来研究舜文化的。

就舜文化对人的生命存在所给予的整体性关注而言,王、何在该书中给我们
提供了这样的信息:"舜文化的突出特征是它的原生性、正统性和伦理性。中华
民族很早就形成了以'孝'为核心的事亲之道,以'仁'为核心的事国之道,以
'气'为核心的'天人合一'、'神人以和'的自然之道。后来通过神话传说的演
绎,并由儒道各家的阐释传承而融入到了中华民族的主流文化之中。自舜以降,
虽然历朝历代封建统治阶级从维护自身利益出发,对舜帝道德文化不断进行阐
述扭曲,但舜的一些重要精神仍然在历史长河中发扬光大。它哺育了一代代华
夏儿女,积淀为一种民族心理,构成了生生不息、薪火相传的中华民族最基本的
文化精神。""可以断言,舜文化与以儒家文化为核心的中华民族文化不仅仅是
影响关系,而是发生学关系。"[1]83 "孝"所关注的主要是人的个体性生存,"仁"
所关注的则主要是人的社会性生存,"气"所关注的是人与自然的和谐关系,但
这种关系主要的不是一种物质关系,而是一种精神关系或曰审美境界,因而就其
主导倾向而言是一种精神性存在。因此,王、何二人的寻根可以说寻出了"最最
根本的东西"。

二 文化根脉的梳理

寻找文化之根,这并非该书的终极目的,该书所关注的主要是舜文化作为中
华民族传统文化中"最最根本的东西",是怎样发挥着它的实际作用的。因此,

该书以"舜文化研究的基本理论和方法论问题"为起点,从"舜帝与中华文明的起源""舜文化的传承""舜文化传承和发展路径",到"舜文化学科理论形态的三个维度""'天下为公'的道德透视",再到"舜文化与现代理性主义的重构""舜文化与现代市场经济",最后以一篇"附录"——"舜文化产业开发的对策"作结,构建了该书的一个宏大结构。这里,既有研究方法的探寻,也有思想史的梳理,还有学科理论的建构,更有现代转换的阐发。如此体大思精的学术专著,在舜文化研究中可以说独树一帜,即使是放在当今的整个学术领域中也不多见。

从对文化根脉的梳理上说,最值得注意的是"舜文化学科理论形态的三个维度"一章。这一章先是从学科上对舜文化理论形态的三个维度进行了梳理,点明了"舜文化是多元和合的文化""舜文化是儒家根脉文化""舜文化是道德本体文化"。这三个维度的划分,为舜文化搭起了一个明晰而又科学的理论构架,作者明确指出:"舜文化内涵的三个维度:即多元和合、儒家根脉、道德本体这三个维度,可以清楚地看出它的特点和内涵。"[1]123-124有了"特点和内涵"的架构,舜文化理论体系的建立也就有了基础。

接着,作者便进行了条分缕析的体系梳理。"多元和合"主要是从先秦"祖述尧舜"这一持久而又普遍的文化现象出发,理清了"祖述尧舜"的目的和方法,并指出:"'祖述尧舜'的事实说明,舜文化的第一个特点是原生性。正是存活在人们的口头流传中的舜文化,为战国时期百家争鸣提供了宝贵的文化资源;同时,百家争鸣又使舜文化变得更加伦理化和理论化。换言之,诸子百家正是通过'祖述尧舜',实现了对舜文化的认同和整合。这就是舜文化之所以成为'多元和合'文化的内在动因。"[1]96-97这种梳理,除了对史料的清理以正本清源的作用外,更有着廓清理论迷雾的意义,因为历代儒家"祖述尧舜"太多,使人误以为舜文化就是儒家文化,"尧舜之道"等同于"孔孟之道"。有了这种梳理,人们可以看清舜文化的真正内涵和特点。

虽说舜文化不能等同于儒家文化,但儒家毕竟是舜文化的主要传承者,忽略了儒家文化的传承作用,也就忽略了舜文化在中国历史上的主要作用。因此,对舜文化与儒家文化的关系,作者给予了高度的重视,从"中国学脉之源""人性论根脉""价值论根脉""本体论根脉"等四个方面进行了全面的学理性梳理,这种梳理纵横交错、史论结合,在理清儒家文化理论来源的同时,也廓清了舜文化的理论体系,具有史、论的双重创见。这里聊举一例,可以证明这种双重的创见性,如:"大舜的关于中和思想有以下几点:一是(神)天命和人事(人)对立统一;二是一与多的对立统一;三是变与不变,动与静的对立统一;最后达到妙夺天工,天人以和,神人以和的境界。这既是一种审美境界,也是一种思想境界,它为后来儒家《易传》宇宙生成观的人道思想提供了形而上依据。"[1]111 先是舜文化中和思想的梳理归纳,三个"对立统一"是其理论构架,两个"境界"是其整体效应,中国的理论缺少条分缕析的细节分析,重视的是综合平衡的整体效应,中和思想正是其突出的表现,作者的梳理归纳正是切中肯綮的;后面所指出的儒家宇宙生成观的思想渊源,就很有史论的价值,将《易传》的观点与舜文化相联系,对这种源流的清理,在中国的文化思想史上亦不多见,这同样可见出作者的创见性。

在道德本体的问题上,作者将其归纳为人伦道德、社会道德和宇宙道德三个层次,这三个层次相应地处理人与家庭成员、人与社会和人与自然的三种关系。将复杂的道德问题归纳得这样简单明了而又具有可操作性,确实也是很有见地的。

尤为重要的是,作者发现了舜文化能够流行数千年的原由:"舜文化本身具有活性因素","舜文化与中国传统文化是一种发生学关系。舜帝业绩因儒学的长期承传而愈显,舜帝明德因儒、道、墨、佛诸学的创造而更彰。"[1]125 既然舜文化的"活性因素"可以使它在数千年中发挥作用,当然也就可以进行现代转换:"舜文化将通过新儒学、道学、佛学、墨学等等的再生而拥有美好的、富有生命活力的未来。"[1]125 基于这样的自信,作者便大胆地提出了"舜文化与现代理性主义的重构"和"舜文化与市场经济"的问题。

三 文化传统的转换

首先,从"舜文化与现代理性主义的重构"方面看,作者首先看到的是:"全球化的文化交流和文化整合对于中国舜文化的现代化进程既是一种挑战,也是一种发展机遇。我们只有利用这一机遇,主动地、及时地投入到全球化的文化语境和文化整合中,才有可能一方面吸取世界先进文明成果,另一方面保持我们文化的独特性和影响力,形成一种新的现代理性主义精神。但是,文化转型使舜文化无论在理论层面上还是在实践层面上都面临着某种冲突和和分裂,成为我们应对全球化课题的阻抗因素。"[1]207 面对机遇和挑战,舜文化中原有的"活性因素"该如何发挥作用,舜文化该如何"形成一种新的现代理性主义精神",以实现现代转换? 这的确是一个亟待解决而又尚未解决的重大课题。对这一问题,很多学者都开出了自己的救世良方,作者自然也开出了自己的良方,他们在分析了儒学现代化转换问题上的经验主义和现代主义的偏颇之后,认为"能给中国新文化精神定位的是现代理性主义文化模式",应该"以现代理性主义模式取代经验主义和现代主义文化模式"[1]212。那么,什么是现代理性主义文化模式呢?作者作了这样的界定:"以'返本开新'为原则,以继承儒家道德、弘扬儒家伦理、建构现代理性主义为宗旨,力图重建新的儒家伦理价值体系,以回应经验主义和现代主义对儒学的扭曲和扬弃,力图将儒学传统与自由主义理念有机结合,注重新儒学体系建构。"[1]211很显然,这里的界定不是作者的创造,他们只是在归纳现代新儒家的观点,如果仅仅停留于此,这一章也就没有存在的必要。但这一章的价值决不可轻视,它的创造性体现在极为关键的两点:一是"返"到了真正的"本",二是"开"出了真正的"新"。

就"返本"而言,现代新儒家也只是回到了儒学创始人孔、孟那里,这其实还不是真正的"本"。因为只有舜文化才是儒学之本,只有到舜文化之中去寻找"活性因素",才能更好地开出现代社会所需要的"新"。就"开新"而言,作者找出了舜文化中最具"活性因素"也是"最最根本的东西":"天下为公"。"'天下为公'思想千百年来深深植根于中华民族的沃土之中,经过历史积淀而成为中华民族感同身受,最富有凝聚力的人文精神。中华人文精神一方面涵盖了泛爱人类与万物、协和万邦、世界大同的博大精神,又涵盖了爱民亲民,民族统一,保家卫国,自强不息的爱民主义和爱国主义精神。"[1]238但是,"天下为公"决不是人民公社式的"一大二公",它应该"既是利他也是利己的"[1]265,应该在重视"私权"的前提下提倡"公而忘私"[1]280。因此,作者并非笼而统之提倡天下为公,并非要将人们引向历史的故地或乌托邦的幻境,而是要从现实出发,"把'天下为公'看作为一种公平、公正、自由、民主的政治体制",使它"在老百姓心目中不再是水中月、镜中花"[1]238;而要做到这一点,"民主与法制,再加上合理的道德建设,认为是最接近于解决这个问题的答案"[1]283。这也就是作者从"天下为公"出发所开出的"新",也是舜文化实现现代转换的一条有效途径。

其次,从"舜文化与市场经济"方面看,作者首先看到的是:"90年代我国经济学界弥漫着'科学主义'思潮,一些中青年经济学家认为经济学完全摆脱了价值判断的陷阱,已经成为像数学、物理学那样的纯科学。"[1]303与这种"纯科学"的经济学理论相伴而来的,是狭隘的发展观,"所谓狭隘的发展观,是把发展定位于纯经济目标,包括国民生产总值的增长、社会产品的丰富、个人收入的提高、科学技术的进步,以及管理的现代化等等。"[1]313这种狭隘的发展观只见"物"不见"人",错把手段当目的。文化本是为人的生命存在的,经济更是直接为人的生存服务的,但狭隘的发展观却在引导着人们日夜为完成某项经济指标而奔忙;更为严重的是,狭隘发展观裹挟着市场经济大潮,冲击得中国人迷失了生活的航向,很多人片面地运用市场经济原理驾驭人生之舟,使个人的内在生活与外在生活失去应有的协调,重物质轻精神,追求感性刺激,忽视理性修养,从而导致灵与的分裂,精神与物质的对抗,理性与感性的相悖,最终沦为金钱的奴隶,"活着就是为了赚钱,除了快快发财,他们不知道还有别的幸福,除了金钱的损失,也不知道还有别的痛苦"[2]564。马克思在百多年前所抨击的西方社会的现状,几乎又在中国社会重演,这无论是从传统的理论或从现代的观点来看,都是不应该的。

　　针对上述偏颇,作者认为:"凡有人群,即有道德,任何经济学都与道德相关联。"[1]303于是他们仍然遵循"返本开新"的原则,到舜文化中去寻找救治良方:"舜文化德治理念包含了经济行为及其道德的创建。舜帝的'明德'始于他河滨制陶、雷泽渔业、历山农耕、赋税经商这些经济活动中所树立的经济道德榜样,他的道德操守赢得了众人和尧帝的信任。舜帝践履的经济伦理思想是儒家思想的组成部分。……笔者择其与东西方现代经济思想联系紧密且有开发价值又是目前我国经济生活不可回避的三大问题作出诠释,那就是'民本'的经济生产道德、'诚信'的经济交往道德和'公正'的经济分配道德。"[1]316这三大道德原则可说是高屋建瓴,既可运用在市场经济的各个领域,也可运用在市场经济的全过程,只要这些原则得以落实,市场经济的偏颇便不难纠正,和谐社会的建设也可望实现。这是舜文化实现现代转换的又一条有效途径。

　　总之,《舜文化传统与现代精神》确实是一部既有极高学术价值,也有很高应用价值的专著。该书的主要作者王田葵教授从80年代开始就关注舜文化,他将自己近20年的学术积累和思考凝聚于书中,再运用优美的文笔写出,使得该书既具学术性、思想性,又有可读性。可以毫不夸张地说,不管今后舜文化研究达到何种程度,该书都将是一部里程碑式的经典之作。

参考文献:

[1] 王田葵,何红斌. 舜文化传统与现代精神[M]. 上海:上海三联书店,2005.
[2] 马克思恩格斯全集:第二卷[M].

(原载2006年第1期,作者单位:湖南科技学院)

文化在传承中光大
——读《舜文化传统与现代精神》

✽ 杨金砖

王田葵先生是我最为尊敬的师长之一。他不仅学识渊博,思维敏锐,见地独到,而且为人为文性情平和散淡,通透着一种淳朴率真之性。因此,在他的身上凸现着学者的执著与文人的闲适,在他的文章里蕴含着浓烈的文化意味与道义责任。例如,最近他与何红斌先生合力推出的《舜文化传统与现代精神》(上海三联书店,2005 年 6 月出版)一书,就充分地彰显出他的这种为文的责任与道义。其实,他原本从事的是外国文学与比较文学的教学与研究,在外国文学领域不仅著作甚丰,而且影响也非常之大,他本可以在外国文学这一行当里轻车熟路、游刃有余地走下去。然而,率性的他,在"知天命"的年龄忽然转行搞起了国学研究,这是大家所未想到的。

从事国学研究,不仅需要良好的古文功底,更需要超人的毅力,因为这是一条寂寞之路,它的确如一块食之无肉、弃之可惜的"鸡肋"。但是,就在这块鸡肋上,王田葵先生历经十年的艰辛,不但把它啃出了味来,而且还洋洋洒洒地写就了几十万言的《舜文化传统与现代精神》一书,实让人敬佩。

我们捧读《舜文化传统与现代精神》,宛若透过作者那汪洋恣肆、纵横捭阖、挥撒自如的阐释与解读,让我们拨开历史的雾障,洞察到了中国文化根脉的绚烂色彩,领略到了传统文化的卓约丰姿。

一

何谓舜文化? 王田葵先生在书的《导论》中明确回答了这一问题:"舜文化是以舜帝明德为内涵的文化。"尧舜处在一个自然灾害频繁发生,物质财富极度匮乏,百姓生活无以为继的动荡年代,正如《尚书·尧典》所载:"汤汤洪水方割,荡荡怀山襄陵,浩浩滔天"。也许正是迫于这种自然环境的恶劣与部落繁殖延续的需要,各氏族部落间进行了广泛地结盟与合作,从而也就形成了原始之初的国家的雏形。然而,在社会形态尚未固定,社会治安动荡不安的时代,皇权天授的理念还没有建立起来,社会看重的往往是掌酌者个人的能力与品性,而不是其家族血统的纯正与否。正是在这样择优而仕的大环境下,以"孝悌、仁义、兼爱"著称的虞舜,才从一个受尽家庭冷落压抑之苦的凡夫俗子,从一个勤奋劳作、关爱他人的普通工匠,脱颖而出成为统领万族的英明的国君。其传奇般的经历与那辉煌的业绩,经历代学人与士子的演绎,不但成了儒家士子的偶像,而且其"孝悌、仁义、兼爱"的品德被内化为儒家文化的精髓与社会行为的典范。

关于舜帝的孝悌与仁义,散见于先秦到秦汉的各类文献之中,除《尚书·尧典》外,《韩非子·外储说右上》《吕氏春秋·尚德》《孟子·尽心章句上》《孟子·离娄章句下》《史记》等文献上都有记述。尤其是《史记·五帝本纪》里的描述甚为精到。"舜父瞽叟盲,而舜母死,瞽叟更娶妻而生象。象傲。瞽叟爱后妻子,常欲杀舜。舜避逃,及有小过,则受罪。顺事父及后母与弟,日以笃谨,匪有懈。"舜帝的童年与少年生活是厄运多于幸福,斥责多于关爱。后母为了使弟弟象能生活得更好一些,几次设下陷阱,一心想要除掉舜,可是舜凭借自己的智慧与毅力,一次次才得以化险为夷,并且对父母依然孝敬如初,对小弟象依然关爱有加,其孝悌之心的笃厚,实是皇天可鉴。

成年后的舜帝,劳作起来不仅足智多谋、工艺超人,而且常常乐于助人,因此,天下的黎民百姓都愿意与舜交友。正如文献所言:"舜兼爱百姓,务利天下,其田历山也,荷彼耒耜,耕彼南亩,与四海俱有其利。其渔雷泽也,旱则为耕者凿渎,险则为猎者表虎。故有光若日月,天下归于若父母。"(《尸子辑本》卷上)"舜耕于历山,陶于河滨,钓于雷泽,天下说之,秀士从之。"(《吕氏春秋·慎人》)"舜耕于历山,人皆让畔。渔于雷泽,人皆让居……陶于河滨,河滨器皆不苦窳。"(《史记·五帝本纪》)从这些记述里足以看出舜帝待人的宽容与真诚。

后来,他得到四岳的推举与尧帝的重用,最后,尧将皇权禅让给了大舜,于是,舜成了万民之君。但是,舜接管政权之后,仍然不忘教化之道,命契作司徒,"敬敷五教",推行父义、母慈、兄友、弟恭、子孝的五常教育,以教化万民,化解家庭矛盾,求得社会稳定。任伯益为礼官,以善待四夷之民。从而很快形成了"百姓亲和,上下咸让"的良好社会风尚。

更值得可敬的是,舜到晚年,依据尧的禅让规则,将君权移交给了治水功臣大禹,而不是自己的子女。并且为了大禹行令的方便,自愿巡狩江南而远远地离开京城。最后,"崩于苍梧之野,葬于江南九疑,是为零陵"。从此,九疑因舜而名,这里不仅酝酿了娥皇、女英千里寻夫而泪染斑竹的动人传说,更是因为中国道德文化的滥觞而成为历代王朝祭拜舜德的神坛。于是,舜文化就这样在道统文化的强力作用下,薪火传承,延绵不绝。

王田葵先生的《舜文化传统与现代精神》的研究,主要是基于社会变革时期的当下,传统文化被革新话语解构得支离破碎,西方文化的引入又遭致官方与学人的潜意识的抵击与排斥,致使国人文化之根迷失,灵魂无所置放,伦理道德滑落,社会秩序错杂混乱。这种现象不仅引起了国外新儒学大师们的关注,同时,在国内也掀起了一股寻根问祖的国学浪潮。王田葵先生对舜文化的探源、开掘与整合,正是这股浪潮中所扬起的一束浪花。

<h1 style="text-align:center">二</h1>

舜文化之所以能在茫茫历史长河中层层垒积而成为中华民族的道德资源和思想资源,王田葵先生在其《舜文化的传承》一章中作了精辟的论述。他认为主要归结于两个方面,即内在动因和传承方式。

在传承的内在动因上,由于舜文化是儒家的根脉文化。孔子终生所坚守的"中庸之道"与"礼乐教化",其内核与精髓就是由舜文化演绎而来。孔子对虞舜可谓是推崇备至,认为"舜其大知也与!舜好问而好察迩言,隐恶而扬善,执其两端,用其中于民,其斯以为舜乎"(《礼记·中庸》)。于是,孔子在《中庸》的开篇又明确指出:"天命之谓性,率性之谓道,修道之谓教。道也者,不可须臾离也;可离,非道也。……中也者,天下之大本也;和也者,天下之达道也。致中和,天地位焉,万物育焉。"可见,孔子秉承的是虞舜的仁义之火,弘扬的也是舜帝的"孝悌、仁义、兼爱"之道。舜帝主张"仁义"与"宽容",而孔子倡导"中和"。王田葵先生认为,正是儒家文化中的这种"中和"思想,才确保了舜文化在传承过程中不至于大起大落,很好的规避了不思进取的因袭守旧和革故鼎新的全盘抛弃这样两种极端行为。因此,"中和"之道,使舜文化始终保持一种与时俱进的态势。其实,任何文化的传承,都存在一个重新整合与扬弃的过程,这里包括主体对自身文化内涵的阐释、学习与教化,对异质文化的批判、吸收和融合两个方面。王田葵先生从"为学""中和""忠恕"三个方面对舜文化传承的内在动因进行了客观而公允的论述。

人之所以为人，之所以不与动物为类，其关键在于人能致智格物，能穷究天人之理，有人伦之道，有为学之心。所以在儒家学说中，对"为学""修道"甚为关注。正如孔子所言："德之不修，学之不讲，闻义不能徙，不善不能改，是吾忧也。"（《论语·述而》）"自天子以至于庶人，壹是皆以修身为本。"（《大学》）在儒家文化的生态圈中，从孔子的"为学""修道"之论，到司马迁的"穷天人之际，通古今之变，成一家之言"的倡议；从董仲舒"天人相与之际"的学问，再到宋朝儒士的"学不际天人，不足以谓之学"的追寻，可以说无不以"为学"为主轴，以明道为宗旨。王田葵先生对这些问题的条分缕析，甚入情理。这里也看出了王田葵教授的功力与学识。

关于舜文化的传承方式，王田葵先生从教育、礼制、解释、社团四个层面一一细述。其实这四个方面是重叠交错，相互作用，互为促进的。如教育的目的就是要维护和建立一种礼制，而教育的方式就在于对传统文化的诠释与解读，而社团不过教育的另一种组织方式而已。不过，分而论之，更便于作者的行文与读者的阅读。

三

在《舜文化传统与现代精神》一书中以较长的篇幅对舜文化的发展路径问题进行了阐释。王田葵先生将舜文化的发展历程分为三期，即道德理论化时期（先秦时期），道德理学化时期（宋明时期），道德理性化时期（20世纪以后）。这样的划分显然是吸收和借鉴了当代新儒学的观点和成果，是经得起推敲的。

因为在春秋战国以前，道德是一种统一的国家伦理。那时，国家意识只能以帝王自身的率先垂范的方式向外推行开来。在这样的环境中，要"明明德"于天下，必须先自己诚意、正心、修身，然后才能齐家、治国、平天下。所以那时的圣人与国君，在百姓看来大多是"靠得住"的。但是，随着生产力水平的提高，物质财富的大量剩余，人的欲壑的不断扩大，人性善的一面渐渐地被恶的一面所掩盖，于是，人们发现时下的圣人、君子与凡夫俗子无异，同样是"目好色，耳好声，口好味，心好利，骨体肤理好愉佚"，这时，人们眼里的圣人不再是想象中的圣人，君子也不再理想中的君子，正如韩愈在《原道》中所说："博爱之谓仁，行而宜之之谓义，由是而之焉之谓道，足乎己，无待于外之谓德。……尧以是传之舜，舜以是传之禹,禹以是传之汤,汤以是传之文武周公,文武周公之传之孔子,孔子传之孟轲,轲之死,不得其传焉。"至春秋后期,已是礼崩乐坏、道德迷失、国家颓废、思想混乱的动荡局面。为了重振纲纪,恢复宁静,一批智者从民间崛起,诸子百家,应时而生,从而开启了舜文化的理论时期的先河。

而宋明时期,之所以被划归为道德的理学化时期。一是在宋明时期涌现了如周敦颐、程颢、程颐、张载、朱熹、王守仁、胡五峰、刘宗周等一批阵容强大的儒学大师;二是宋明儒学构建了以"理"为哲学范畴的道德本体论,使儒学发展到了最成熟、最完善的形态。

至 20 世纪之后,由于西方文化的渗入与融合,以及新儒学的盛行于世,对传统道德文化,尤其是宋明理学进行了深度反思,发现人性都是有弱点的,在没有法律约束的情况下,道德的坚守往往是靠不住的,于是,出现了对舜帝道德文化经世致用的理性化的探索,这个过程也许将是一个漫长的过程,不过,随着新儒学队伍的壮大,新理论的建立,黎明的曙光已初露端倪。从舜帝的"神人以和",到孔孟的"内圣外王"之道,到陆王的心性论,再到现代的熊十力与牟宗三的现代心学,勾画出了中国道德形上学的发展轨迹,也同样给我们描述了舜文化在新的社会形态下的发展方向。

文化的传承之路是曲折复杂的。正如王富仁先生在书的序言中所说的:"文化的传承从来不是直线的,而是通过文化的转换才得以实现的。直接继承是一种退化之路,消亡之路,只有通过文化的转换,传统文化才会获得新生,在转换中得到真正的继承。"于此,我想舜文化也正是在这样的转换过程中才获得了现代意义上的人文价值。

舜文化的传承和发展如似一条没有尽头的长河,之所以能由上古的涓涓细流而汇聚成今天这般滚滚波涛,是因为这里凝聚着千百年来前仆后继的儒学大师们的才智,凝聚着如王田葵先生这样执迷于国学研究的当代学者的心血,没有他们的努力,也许就如百家中的杨朱学说一般,早已湮没在历史的长河之中,于此,我们今天仍能沐浴着舜文化的阳光雨露,欣慰地看到"苟日新,日日新,又日新"的传统文化的壮观景象,真是要感谢这无以数计的儒学大师与国学研究者的辛勤开掘。

"学如登山,文如秋水。"这是王田葵先生第一次打开出版社寄来的《舜文化传统与现代精神》的样书时所忽然想起的一句话,其实,这也是我们阅读该书时所获得的一种至美的境界。

(原载 2006 年第 1 期,作者单位:湖南科技学院)

永州市舜文化研究大事记

✳ 雷运福

一 组织开展省市舜文化研究会、省舜帝陵基金会、舜文化研究基地的筹备组建工作及其系列活动

2000 年,零陵师范高等专科学校(后更名湖南科技学院)成立"中国(永州)舜文化研究中心",中心主任为王田葵教授。

2001 年 9 月,宁远县成立九嶷山舜文化研究会。

2003 年,湖南科技学院在舜文化研究中心的基础上,成立舜文化研究所,研究所所长为陈仲庚教授。

2003 年 5 月 16 日,蔡建军、王田葵、陈仲庚发起筹备成立"永州市舜帝文化研究会"。

2003 年 5 月 23 日,向市委、市政府呈文《关于成立"永州市舜帝文化研究会"的报告》,市委书记曾庆炎、市长刘爱才、市委分管副书记和市委常委宣传部长李良铁分别批示,同意成立"永州市舜帝文化研究会"。

2003 年 6 月 20 日,永州市民政局批复,同意成立"永州市舜帝文化研究会",并办理有关社团登记手续。

2003 年 7 月 20 日,永州市舜帝文化研究会第一次会议在芝山区金叶大酒店举行,宣布永州市舜帝文化研究会正式成立。出席会议成员:蔡建军、王田葵、杜方智、陈仲庚、尤慎、赵荣学、雷运福、潘雁飞、周九宜、唐曾孝、易先根、翟满桂、李鼎荣、张介立、欧利生、杨能山、曾金秋、谢双民、吕国康、易小兵等。陈水恩同志(时任市委宣传部宣传科长)代表市社科联出席会议。会员杨金砖、魏志耕、骆正军、李光衡等请假未出席会议。会议决定:聘请王田葵先生为名誉会长,选举陈仲庚为第一会长,蔡建军为会长、法人代表,尤慎、潘雁飞、赵荣学、雷运福、欧利生、李光衡为副会长,曾金秋为秘书长,聘任易小兵为副秘书长。

2003 年 7 月 21 日,市委分管副书记、市委常委宣传部长李良铁、管天球、蔡

建军、王田葵、陈仲庚等发起筹备成立"湖南省舜文化研究会"。

2003年7月22日,湖南省社会科学界联合会文件"湖南省社科联[2003]17号"同意筹备成立"湖南省舜文化研究会",市委分管副书记为筹备组组长。

2003年10月15日,湖南省民政厅"湘民民函[2005]17号",同意筹备成立"湖南省舜文化研究会"。

2003年12月14日,经市委常委会议研究,中共永州市委组织部"永组干函[2003]167号"同意蔡建军同志兼任永州市舜帝文化研究会会长。

2004年1月10日,蔡建军、朱汉明赴长沙组织召开"湖南省舜文化研究会"筹备会议。

2004年2月28日,永州市舜帝文化研究会在湖南科技学院召开第二次全体会员大会,研究财务管理、学术活动、商标注册等有关事项,并增补朱汉明为秘书长。

2004年3月6日,永州市舜帝文化研究会在零陵师范召开第三次会员大会,增选骆正军为副会长。王田葵、陈仲庚、翟满桂、吕国康等会员接受中央电视台、湖南省卫视、山东卫视关于永州舜文化的采访报道。

2004年3月21日,湖南省舜文化研究会第一次会员代表大会在长沙举行。会议聘请唐之享同志为名誉会长,梁绍辉、田伏隆、曹监湘、朱有志、李建新、陆魁宏为顾问,选举周永亮为会长,郭辉东、吕芳文、袁家荣、李良锹、赵清茂、管天球、蔡建军、陈仲庚、朱汉民、李育民、周玉芳、李光富、熊治祁等为副会长,蔡建军兼任秘书长。同时,聘任王田葵、高至喜、蒋善生等为名誉副会长。共62名会员代表出席了会议,省社科联、省民政厅等主管部门领导亲临会议指导。

2004年6月1－7日,梁绍辉、吕芳文、郭辉东、蔡建军、李鼎荣、欧利生等会员积极参与筹备成立"湖南省九嶷山舜帝陵基金会"。

2004年9月17日,"湖南省九嶷山舜帝陵基金会"在长沙成立,蔡建军、李鼎荣、欧利生等会员积极参与成立大会的有关工作,湖南省政协原主席王克英先生当选理事长,省政协副主席王汀明先生等当选副理事长,永州市委巡视员谭政同志任秘书长,蔡建军等兼任基金会副秘书长。

2004年9月21日,湖南省社科联下发"[2004]29号"文件,同意成立湖南省舜文化研究会。

2004年9月25日,世界舜裔宗亲联谊会、湖南省九嶷山舜帝陵基金会在九嶷山舜帝陵隆重举行"甲申年公祭舜帝有虞氏大典",陈守仁、王克英恭读祭文并立祭碑。湖南省舜文化研究会、永州市舜帝文化研究会参加主祭并敬献花篮。蔡建军、欧利生、周九宜、李光衡等负责祭舜活动有关方面的工作。

2004年10月7日,梁绍辉、吕芳文等前来永州考察舜文化。

2005年1月10日,永州市舜帝文化研究会在湖南科技学院举行工作会议,总结2004年工作,讨论2005年任务,并确定了每个会员的课题研究方向。

2005年3月10日,湖南省舜文化研究会名誉会长、省人大常委会副主任唐之享同志召集在长沙的有关会员,研商2005年舜文化研究和省政府公祭舜帝陵的有关事项。

2005年9月15日,湖南省人民政府在九嶷山舜帝陵隆重举行"湖南省公祭舜帝大典",省长周伯华恭读祭文。湖南省舜文化研究会、永州市舜帝文化研究会参加主祭并敬献花篮。蔡建军、欧利生、李光衡、周九宜等负责祭舜活动有关方面的工作。梁绍辉、王田葵作为湖南卫视特邀嘉宾为现场直播作现场解说。

2007年5月24-25日,湖南省舜文化研究会改选成立、湖南省舜文化研究基地挂牌暨2007年舜文化学术研讨会在湖南科技学院隆重举行。唐之享当选为湖南省舜文化研究会会长。大会邀请了中国社会科学院的王贵民、曹定云,陕西省博物馆的杨东晨,台湾师大的资深教授陈大络,菲律宾首冕集团董事长姚嘉熙等海内外相关的知名专家学者和世界舜裔宗亲代表参加。成立大会后,在湖南科技学院图书馆前举行了隆重的"湖南省舜文化研究基地"揭牌仪式和"湖南省社会科学院舜文化研究分院"授牌仪式。揭牌仪式后举行了舜文化学术研讨会,代表们提交了30多篇论文,经筛选后结集为《舜文化论文集》第一辑,交由湖南人民出版社出版。

2011年,永州市舜帝文化研究会被市社科联评为优秀学会,被中国城市社科联合会评为全国先进学会。

2012年9月26日,由湖南省舜文化研究会、山东省大舜文化研究会联合主办,宁远县委、县政府承办的"第四届中国(宁远)大舜文化研讨会"在宁远县城举行,参加会议的有来自湖南、山东、北京、上海、河南、陕西、广西、台湾等省市的专家学者共70余人。舜文化研究基地、研究会陈仲庚、王田葵、翟满桂、张京华、杨金砖、潘雁飞、杨增和、蔡建军、蔡自新、吕国康、雷运福等参加会议并提交论文,陈仲庚、张京华作主题发言。

2012年9月28日,由省政府主办,永州市政府、宁远县政府承办的壬辰年公祭舜帝大典,在九疑山舜帝陵隆重举行,来自省内外的各界嘉宾汇聚九嶷山下,共祭中华始祖舜帝有虞氏,省长徐守盛主祭。大舜文化研讨会成员陪祭。

二 开展舜文化的推介、抢救与保护工作

2003 年 9 月 10 – 13 日,北京市社科院高起祥、钱光培先生来永州考察舜文化,王田葵、蔡建军全程陪同。

2003 年 12 月 12 日上午,湖南省人大常委会副主任唐之享同志在长沙召集省政协文史委主任田伏隆、省社科联原副主席陆魁宏、省社科院研究员梁绍辉、吕芳文听取蔡建军关于《抢救和保护"舜文化"刻不容缓——赴泰国参加世界舜裔宗亲联谊会第 17 届国际大会情况汇报》,并研商请省政府公祭舜帝陵、请江泽民和胡锦涛同志为"舜帝陵"题词、筹备成立湖南省舜帝陵基金会、湖南省舜文化研究会等有关事项。

2003 年 12 月 26 日,市长刘爱才和市委分管副书记等领导就舜文化研究会《抢救和保护"舜文化"刻不容缓——赴泰国参加世界舜裔宗亲联谊会第 17 届国际大会情况汇报》作出重要批示。

2003 年 11 月 13 – 18 日,蔡建军、王田葵、陈仲庚、邓尧忠、欧利生以舜文化研究会名义赴泰国参加"世界舜裔宗亲联谊会"第 17 届国际大会。世界舜裔宗亲联谊会主席陈守仁先生为湖南省舜文化研究会题写"尧舜之光"。永州市舜帝文化研究会编辑的《舜帝故乡——永州》一书,在泰国第 17 届国际舜裔大会上产生强烈反响。

2004 年 1 月 1 日,市长刘爱才、市委分管副书记、市委常委宣传部长李良铁、市人大常委会副主任钱荣棠、市政府副市长赵清茂召集市、县有关部门负责人专门听取泰国第 17 届国际舜裔大会情况汇报并研商请求省政府公祭舜帝陵有关事项。蔡建军、李鼎荣、欧利生等参加了会议。

2004 年 2 月 24 日,省人大常委会副主席唐之享同志委派田伏隆、陆魁宏、梁绍辉、吕芳文先生前来永州商谈请求省政府公祭舜帝有关事项。市委分管副书记、市委常委宣传部长李良铁召集有关部门负责人认真听取了田伏隆、梁绍辉等省里专家的意见。王田葵、尤慎、杨金砖、蔡建军、李鼎荣、欧利生等参加了会议。

2004 年 3 月 1 日,永州市舜帝文化研究会采取向会员借款方式筹资 17000 元(此款后来于 9 月份全部还清给了会员),委托长沙弘铭商标事务所申请注册有关舜文化商标。

2004 年 5 月 13 日,国家工商行政管理总局商标局向永州市舜帝文化研究会下达商标注册申请受理《通知书》,受理"虞舜"(41 类、35 类)、"舜裔宗亲"(35 类、41 类)、"舜帝"(35 类)、"舜帝陵"(37 类)、"华夏舜帝"(41 类)7 项商标注册申请。

2004 年 6 月 20－26 日,蔡建军、欧利生、李光衡等赴北京邀请李学勤、黄景略、张忠培等知名考古专家前来永州考察,对玉琯岩古舜帝陵遗址的发掘认定起到了重要作用。

2004 年 6 月中旬,省社科联分管学会工作的副主席刘宏同志前来永州考察舜文化。2005 年 7 月中旬,省民政厅社团管理局局长李佩玮同志前来永州考察舜文化。

2004 年 7 月 1－4 日,蔡建军、邓尧忠、朱汉明等赴香港邀请世界舜裔宗亲联谊会主席陈守仁先生、副主任陈捷中先生率团前来永州九嶷山举行公祭舜帝陵大典。

2004 年 8 月 8－13 日,蔡建军、欧利生、赵荣学、李光衡、周九宜等会员积极参与组织"玉琯岩遗址考古发掘专家论证会"和"九嶷山古舜帝陵庙遗址考古新发现新闻发布会"。

2004 年 9 月 9 日,江泽民同志题写"九嶷山舜帝陵"。

2006 年 9 月 18－19 日,应蓝山县委副书记、永州市舜帝文化研究会会长蔡建军先生之邀,梁绍辉(湖南省社会科学院资深研究员,岳麓书社创始人,知名湖湘文化、舜文化、理学文化、稻作文化研究专家)、高至喜(湖南省博物馆原馆长,资深研究员,长沙马王堆西汉古墓发掘首席科学家,知名考古学家)、吕芳文(湖南省社会科学院原历史所所长,资深研究员,知名湖湘文化、舜文化、女书文化、中共党史研究专家)三位知名专家到蓝山县进行了为期两天的考察。先后实地察看了塔下寺、塔峰镇古城村、五里坪汉代古墓群、舜水河、南风坳、紫良瑶族乡舜文化遗迹等景观,同县人大常委会副主任陈泽卿、副县长黄柳姮等县领导及县委办、县委宣传部、县政协文史委、文化局、文联、广电局、史志办、塔峰镇、紫良瑶族乡等有关单位负责人进行了座谈讨论,对以舜文化为主体的蓝山古文化的发掘、保护和利用提出了很好的意见。

2006 年－2008 年,先后邀请省市舜文化研究会会员和国家、省、市级舜文化和历史文化文物专家学者到蓝山县考察调研,发掘蓝山县舜文化资源。2008 年 11 月,蔡建军主编《神美蓝山》一书在中国文史出版社出版,收集舜文化研究论文 20 多篇。发掘了舜葬三分石之南、西汉虞帝园、古舜帝庙、皇英故祠、夔龙古庙、湘水源头等一系列独特的舜文化资源。提出和论证了湘江源头在蓝山,并于2013 年得到了国家水利部的认定。

2009 年 9 月 5 - 8 日,研究尧舜传说的权威专家、北京大学中文系教授陈泳超博士来永州市考察舜文化遗迹,陈仲庚、张京华、杨增和等教授陪同他考察了零陵、祁阳、蓝山、宁远等县区的舜文化遗迹,还陪同他参加了 9 月 8 日由湖南省省长周强主祭的"2009 年湖南省公祭舜帝大典"。陈博士认为永州的舜文化遗迹丰富,今后将长期与舜文化研究基地合作,对舜文化遗迹进行详细的普查。

三 创办《舜风》杂志、组织撰写研究论文、出版研究专著、开展《虞舜大典·近现代文献卷》编纂工作

2004 年 9 月 3 日,会刊《舜风》杂志(舜葬九疑研究专辑)印刷出版。蔡建军任主编,陈仲庚任副主编,秦新风、朱汉明、赵荣学、雷运福、唐曾孝、易先根、赵卫平等参与编辑、校对等工作。

2004 年 11 月 l8 - 25 日,湖南省舜文化研究会会长率陈仲庚、欧利生等赴菲律宾出席世界舜裔宗亲联谊会第 18 届国际大会。会议宣传品《舜风》杂志,在菲律宾第 18 届国际舜裔大会上产生强烈反响。

2005 年 11 月 20 日,湖南省舜文化研究会、永州市舜帝文化研究会会刊《舜风》杂志"2005 年会刊"印刷出版。蔡建军、陈仲庚任主编,雷运福、易小兵等参与了编辑、校对工作。

2003 年 8 月底,永州市舜帝文化研究会编辑的《舜帝故乡——永州》一书,由珠海出版社出版,周永亮、蔡建军主编。

2005 年 5 月下旬,王田葵、何红斌专著《舜文化传统与现代精神》由上海三联书社出版发行,这是全国第一部舜文化研究专著。

2005 年 8 月,蔡建军专著《永州古文化保护与旅游经济发展》、李生顺专著《虞舜大帝》分别由湖南人民出版社出版发行。

2005 年 10 月 29 日,永州市舜帝文化研究会在湖南科技学院举行"《舜文化传统与现代精神》研讨会",共收论文 12 篇,与会人员对王田葵先生的治学精神与学术成果给予了高度评价。

2006 年初,组织会员开展了"零陵论"专题研究,2007 年雷运福、刘翼平主编《零陵论》一书由中国和平出版社出版。

2008年12月,张介立著《历代祭舜》、欧利生编著《九疑山舜帝陵》、张泽槐选注《舜帝陵诗文选》、郑国茂著《千古舜帝》出版。

2009年9月3-4日,管天球、王田葵、陈仲庚、翟满桂、张京华、蒋华等一行6人,赴长沙参加由湖南省社会科学院、湖南省舜文化研究会、湖南省舜帝陵基金会、湖南省舜文化研究基地、岳麓书社等单位联合主办的"《虞舜大典·古文献卷》首发式暨舜文化研究座谈会"。北京、山东、河南、浙江、湖南等五省市70余名专家学者齐集一堂,充分肯定了《大典》的出版意义,认为是我国学术史上一件开风气的大事,是文献学上一项与时俱进的创新工程,是舜文化研究的一项重要基础建设,是千秋大业。会上,舜文化研究基地负责人管天球书记作了《千秋功业的回顾与展望》的主题发言,引起了广泛的反响,王田葵、陈仲庚的发言也得到了同行的认同。

2010年4月20-25日,湖南省舜文化研究基地、湖南省舜文化研究会的专家学者赴山东济南,与山东省大舜文化研究会的同仁共同协商合作研究舜文化,共享资源,做大做强舜文化,弘扬民族文化精华。会上决定,三家联合出版《虞舜大典·现代文献卷》。舜文化研究基地成员陈仲庚、王田葵、张京华参加会议。

2010年7月12-18日,湖南省舜文化研究基地、湖南省舜文化研究会的专家学者赴山东烟台,与山东省大舜文化研究会的同仁举行《虞舜大典·现代文献卷》第一次联合审稿会,陈仲庚、王田葵、尤慎三人携书稿参加会议。会议对书稿所做的基础性工作给予了充分肯定,对此项工作的价值和意义给予了高度评价,在体例编排和资料补充等方面也提出了相应的修改意见。

2011年3月,由湖南省舜文化研究基地和永州市舜文化研究会资助、陈仲庚和蔡建军主编的10册计220万字的《舜文化研究文丛》由湖南人民出版社出版。其中:王田葵著《中国伦理的贞下起元——哲学语境中的舜文化》《中国伦理的轴心突破——历史语境中的舜文化》,陈仲庚著《寻根文学与舜文化根源性地位》《舜文化传统与和谐境界》,张京华著《湘妃考》,周甲辰著《舜帝传说与传统道德的深层构建》,雷运福、蔡建军著《舜帝与九疑山》,蒋华著《十三经中舜文化内涵研究》《神话传说中舜文化探赜》,唐曾孝著《舜文化与九疑山民间传说》。这10部著作从各自不同的角度对舜文化展开了全面、广泛而深入的研究。丛书的出版在社会上产生了广泛的影响。

2011年4月20-25日,湖南省舜文化研究基地、湖南省舜文化研究会的专家学者赴山东济南,与山东省大舜文化研究会的同仁共同协商合作研究舜文化,共享资源,做大做强舜文化研究,弘扬民族文化精华。会上,湘鲁两省的专家对《虞舜大典·近现代文献卷》进行了终审定稿,决定将书稿交付岳麓书社,争取年内出书。舜文化研究基地成员陈仲庚、王田葵、张京华、尤慎参加会议。

2011年5月14日,由湖南科技学院、永州市社科联和永州市文联主办,湖南省舜文化研究基地、永州市舜帝文化研究会和永州市文艺评论家协会承办,"舜文化研究与《舜文化研究文丛》学术研讨会"在湖南科技学院召开,湖南科技学院校长邓楠、原永州市市委副书记曾昭薰、永州市市委副秘书长张泽槐、永州市政府副秘书长蔡自新、永州市委宣传部副部长周明礼、永州市社科联主席蒋三立、永州市文联主席吕骁勇、永州市作协主席刘翼平、《永州日报》副总编蒋剑翔、省市舜文化研究专家学者等40余人参加了会议。会议对舜文化和《舜文化研究文丛》展开了多角度的热烈讨论,与会代表形成了一个共识:《舜文化研究文丛》的出版标志着我乃至我省的舜文化研究提升了一个新的台阶,从过去的分散研究形成了团队的力量,实现了整体水平的提高。

2011年11月12-14日,湖南省舜文化研究基地、湖南省舜文化研究会的专家学者陈仲庚、王田葵、张京华、尤慎、蒋华赴湖南长沙,与岳麓书社的专家、编辑一起举行《虞舜大典·近现代文献卷》的联合校稿会。会议对书稿给予了充分肯定,对此项工作的价值和意义给予了高度评价。

2012年6月20日,由湖南省社会科学院、湖南科技学院、湖南省舜文化研究会、山东省大舜文化研究会、湖南省舜文化研究基地联合举办的"《虞舜大典·近现代文献卷》大型文献首发式暨舜文化学术研讨会"在长沙省社科院举行。该图书八册六百多万字,上承《虞舜大典——古文献卷》,按论说、考据、纪述三编十四目,辑录整理了从1912-2011年一百年间有关舜文化的研究成果,凡与舜文化有直接关系的资料均在辑录之列,我市二十多名舜文化研究会会员一百多篇(部)舜文化研究类文章、专著的部分内容摘录其中。出席会议的有来自湖南、山东、浙江等省的50余名专家学者。舜文化研究基地的成员陈仲庚、张京华、周甲辰、李治章、杨金砖、潘雁飞、杨增和等11人参加会议并提交论文,陈仲庚、张京华作了主题发言。

四 组织开展舜文化及周边文化的考察交流与调研

2005年5月1-6日,永州市舜帝文化研究会组织会员蔡建军、陈仲庚、吕国康、雷运福、唐曾孝、杨金砖、易先根、易小兵、朱汉明、尤慎等赴贺州、梧州、肇庆考察"三州古文化通道"和道县鬼崽井遗址。

2004 年 4 月 1 - 7 日,周永亮、蔡建军、欧利生等赴陕西黄陵县参加清明公祭黄帝陵典礼,并顺道考察山西运城市盐湖区舜帝陵公园建设情况。

2005 年 9 月 3 - 5 日,王田葵、吕国康、尤慎赴山西运城参加全国虞舜文化学术研讨会。

2005 年 9 月 7 日,蔡建军赴江苏考察连云港舜帝陵公园建设情况。

2005 年 9 月 16 日,郭辉东、吕芳文等在永州考察。

2005 年 9 月 23 日,蔡建军、赵荣学、尤慎等会同有关女书研究专家对东安芦洪市发现的女书石刻进行考察鉴定。

2005 年 10 月 22 - 25 日,梁绍辉、吕芳文率省社科院专家组来永州考察。

2007 年 7 月 14 - 17 日,陈仲庚、王田葵、翟满桂、张京华一行四人到陕西宝鸡市参加了由中国先秦学会、宝鸡文理学院主办,周秦伦理文化与现代道德研究中心承办的"周秦伦理文化与现代道德价值国际学术研讨会,四人均提交了自己的论文并在讨论中发言,在与会代表中产生了较好的影响。四篇文章均收入《周秦伦理文化与现代道德价值国际学术研讨会论文集》一书。

2009 年 6 月 19 - 21 日,王田葵、陈仲庚与舜文化研究基地的成员张泽槐、郑国茂一行四人,赴山东诸城参加由山东省大舜文化研究会、潍坊市人民政府主办,诸城市人民政府承办的"2009 中国(诸城)大舜文化学术研讨会,与山东及全国的舜文化研究专家进行了很好的交流。

2011 年 8 月 23 - 26 日,基地成员陈仲庚、蒋华、张京华等赴山东诸城参加"2011 诸城大舜文化学术研讨会"。陈仲庚提交了论文《舜教"五典"与"宗法制"国家体制的形成》,蒋华提交论文《舜"国"论》,张京华提交论文《文明的起源——宋代学者的历史哲学》,大会发言受到与会同仁的高度评价。

2014 年,组织对零陵历史文化的发掘调研。如何仙姑文化的考察与调研、周家大院文化的考察与调研、澹岩文化的考察与调研、王德榜墓的考察与调研等。

五 舜文化研究基地和研究会成员开展了多角度的舜文化专题研究

一是开展了舜文化是国学文化源头及其传播发展的专题研究。出版了多部专著。

二是开展了西汉马王堆地形图的专题研究。张京华、蔡建军、雷运福的研究成果各具特色。

三是开展了舜葬九嶷与舜帝陵的专题研究。收集论文 20 多篇,在《舜风》杂志、其它刊物和文集中刊发,对否定舜葬九嶷之说给予有力的回击。

四是开展了舜文化与民间传说及远古神话的专题研究。从新的角度解读远古神话与民间传说。

五是开展了舜帝为什么南巡九嶷的研究。雷运福先生关于舜帝南巡是一次科学考察活动,舜帝南巡找到了九疑三分石这一"天地之中"设立观象台,舜崩葬九疑三分石之南的香炉石等学术观点,在学界引起了强烈的反响。

六是开展了九嶷九峰的专题研究。使大家走出误导的九嶷九峰回归原始的九嶷九峰,即原始的九嶷九峰在三分石一带。

七是对《尚书·尧典舜典》部分内容的新角度诠释进行了专题研究。

八是对舜妃娥皇、女英,随臣夔、龙等进行了专题研究,张京华出版了专著《湘妃考》。

（原载 2014 年第 11 期,作者单位:永州市舜文化研究会）

2014"舜文化与中国梦"研讨会侧记

✱ 张京华

　　我是读书界的一个晚辈。我们舜文化研讨会历届都有一个很大的特点,就是前辈泰斗的老学者特别多,带着我们这些中年的、年轻的人往前走。会议安排我点评,我是晚辈,就诚惶诚恐了,我就把它理解成是对我的一个提携,但是水平肯定是不够的,有问题请大家多批评。

　　这次研讨会开得很精湛,提交论文共计54篇,论文资料有440页,大约30－40万字。参会学者有从北京来的,有从山东、山西、陕西来的,有从江浙、广西来的。本省长沙的学者提供了很多优质的文章。本地永州市舜文化研究会的学者、宁远九嶷山舜文化研究会的学者参与的人数很多,对研讨会的反应非常积极热情。总之研讨会获得了大量学术成果,不可能一下子消化,只好挂一漏万,谈四个方面。

一　关于本次研讨会的主题

　　本次研讨会的主题是"舜文化与中国梦"。这个主题非常新颖、非常有价值。首先,唐之享省长(原湖南省政府副省长)的主题讲话《寻根问祖与民族复兴之梦》给这次研讨会奠定了一个基调,指出"舜帝推行的道德教化,是我们寻求民族认同的根基","'尧天舜日'描绘的理想社会蓝图,是照耀国人前进的灯塔",这个基调是非常好的。因为大家都知道习近平总书记现在提倡一个概念"中国梦"。这个"中国梦",总书记有自己的一个解释,就是对应着中华民族的复兴、民族文化的复兴。总书记的解释我们都有领会,当然在学习之余,也允许各自有各自的体会吧。我体会这个"梦"字,它是比较朦胧、比较柔性的,可以有很多的弹性和空间。"梦"本身是不是可以解释为一种"理想",而理想是将来的事情,但是对理想的描述则是一个理性的事情、一个现实的事情。对理想的理性的描述一定是要有所依托的,这个依托可能最主要就是按照中国传统,在历史里面寻找依托。

中国传统里面历史的因素特别重,这不是因为中国人泥古不化,只喜欢古代的东西,只生活在过去里面,而是需要在历史里面寄托对将来的依托,它不会寄托在空言里面,会寄托在历史里面。所以中国将来的理想、这个"中国梦"一定也要有个历史的依托,这个历史的依托,我理解,唐省长给我们指出来的,就是在舜文化上面。帝舜那个历史阶段,给我们奠定了一种核心因素,这可能是一个在我们寻找"中国梦"的历史依托的时候最重要、最先需要考虑的一个文化资源。所以我们这次研讨会的主题,如果可以这样定位的话,我就觉得非常有意思。以前湖南学者李泽厚提出儒家的文化是"实践理性","中国梦"应该也是具有一种历史依托的、具有理性的一种理想。那么我们这次研讨会在这个方面就有一个很好的定位,也一定会有一个很好的现实价值。所以我认为这次研讨会的主题非常好,唐省长的主题讲话非常好。

湖南省社会科学院陆魁宏院长的论文《舜文化与中国梦》,陕西省委党史研究室刘杰诚研究员的论文《中华民族的伟大创造——尧舜时代的形成、特点和意义》、湖南师范大学谭献民教授的论文《虞舜道德理想——中国梦的思想之源、力量之源》、湖南省社会科学院周亚平研究员的论文《虞舜文化:实现中国梦的道德支撑》、湖南科技学院翟满桂教授的论文《舜帝伦理道德的形成与中国梦》、湖南科技学院杨金砖编审的论文《中国梦的构筑离不开虞舜文化的道德内核》等等,立论都与唐之享省长的见解相呼应。

二 关于学术研究的基本起点

本次研讨会上,学者们提出了一个关于舜文化学术研究的基本起点,就是我们作为读书人,写文章、出版著作、召开研讨会,这些学术研究要有一个基本的路线、基本的方法,要有一个基本的起点。在这方面,孟祥才前辈的论文《虞舜"五教"及其在中国传统道德建设中的作用》、唐凯麟前辈的论文《孝:中国人最初的哲学思考和文明构建》,都提到了一些基本的问题。孟先生说到,我们现在的研究实际上已经打通了传统和现代的界限;传统和现代应该是没有界限的,但它有了界限,我们把它打通了,那么传统和现代就连接起来了。唐凯麟前辈说到,我们现在是返回民族传统。这样一种打通传统和现代的界限,让它没有隔膜,让它返回到民族历史传统里面,这样一种认识,我觉得可以视为我们学术研究的前提和我们研究的起点。

我自己以前关注得比较多的是疑古派。以前在舜文化研讨会上，有时候还会讨论一下疑古派。上一届，2012 年宁远"虞舜与九嶷"大舜文化研讨会上，就有学者讨论疑古派。疑古派就是说，你要讨论古史，那你要拿证据来。拿什么证据呢？你拿一个间接的证据还不行，还要拿直接的证据。直接证据拿来以后，一个孤证还不行，还要有旁证。一位古人在历史上存在不存在，他自己不能说话，要证人来证明他，可谁又可以证明证人呢？最后它就极端的地提出来要全部证实古史，那这几乎是不可能的。所以疑古派这个"拿证据来"看起来很客观，其实很不合理。但是这个问题就摆在我们面前了，给我们每个人都设置了一个障碍，我们就不能不面对。现在看起来，我们大家在上古虞舜问题的讨论上，可以说已经达成共识，已经超越了疑古派的这个疑难，已经跨过了它，可以往下讨论很多很多的问题了。当然，不是所有的证据都拿出来了，但是即使这样，我们也不一定就有理由对古人、对我们的先人加以怀疑，怀疑本身也是没有理由的。那么我们就可以一边做客观的研究，包括考古的研究，一边往下深入开展其他方面的专题研究。我们可以跨过疑古派了，我觉得这是我们在研究方法上、在学术研究的基本起点上，达到一个新的境界。

三　关于若干核心问题的专题研究

本次研讨会涉及到唐虞古史、古文献或舜文化研究的很多基本内容、核心内容，也可以说很多的研究专题。

如"五教"问题。孟祥才先生专门谈了"五教"。"五教"这个概念出现在《书经·舜典》里面，商契布五教，谈得很清晰。"五教"这个概念后来我们谈得稍微少一点，但是"五伦"我们就都很清楚。中国人讲伦理道德离不开五伦，这是最核心的五条大纲，"五伦"就是"五教"。那么，在虞舜的时候，五伦就已经奠定了、很成熟了。舜帝命官，命二十二官，其中之一就是商契做司徒，敬敷五教，那么这个问题就跟虞舜关系密切了。

又如"孝"的问题。唐凯麟前辈谈到，"孝"的问题很重要。唐先生是把"孝"定义为中国人最初的哲学思考、中国人最初的文明建构。这个我孤陋寡闻，觉得是非常吸引我，是第一次听到。这个提法非常好，因为"孝"这个问题在中国是非常普遍的，甚至于也不能说"孝"是从虞舜开始的，但是虞舜的时候是达到了一个顶点。特别是在《孟子》里面有记载虞舜是至孝、大孝，在通俗的作品里面我们也都知道有《二十四孝》，虞舜的孝居于二十四孝之首。长为秘书长（中国先秦史学会副会长兼秘书长宫长为）刚从孝感过来，孝感那个地方的得名是因为董永，但"孝感动天"的词语还是由虞舜之孝感动天地而来，象为之耕，鸟为之耘，所以是感动天地。吕国康先生的论文《虞舜孝道的传承、嬗变与现代转化》，杨增和教授的论文《以孝治国：孝的政治伦理诉求》，也专门讨论虞舜之孝。潘雁飞教授的论文是专门谈论《孟子》的，《孟子》书里记载的虞舜的孝，是提高到一个很高的地位、开创了一个新境界的，其中相关的文字，可能出自《书经》的佚篇。所以"孝"的问题与虞舜应该说是有特殊关系，不是泛泛而谈的，这是可以肯定的。

又如"中道"问题。本次研讨会很多学者都谈到了"中道""中和""王道"。郭辉东、吕方文两位老先生的论文《王道是中华民族伟大复兴的必胜之道》就专门讨论"王道"，认为"王道"是中华名族伟大复兴的必胜之道。我们永州的湖南科技学院王田葵老先生的论文《兵书收工日，共和到来时——乾坤大略是中和》也谈到了"中和之道"。湘潭大学吉成名教授的论文《论先秦时期的尚中思想》专门谈了"执中""中庸"的问题。很多学者都提到了新近出土的"清华简"，"清华简"《保训》里边谈到了"中"，"求中于河""归中于河"，这个问题的背景也是在帝舜时期。还有学者研究了尧舜之道、唐虞之道。山东大学刘保贞的论文《〈唐虞之道〉与中国人的理想国》，湘潭大学李斯的论文《虞舜之道与中华文化核心价值观的内在联系及其现代启示》，都专门讨论了这个问题。《唐虞之道》也在竹简里面，是郭店楚简里的一篇出土文献。在中国古代传世的文献里面，关于尧舜之道、唐虞之道，历代学者谈得已经非常充分。"尧舜之道"就是"唐虞之道"，一个意思两个说法，这两个说法历代都谈得非常地多。关于尧舜之道或者唐虞之道，我特别要提一点自己的感受，就是这两个所谓"之道"，其实是中国政治理想中的最高典范，它是一个政治学的概念，或者说主要是政治学的概念。中国政治的境界以尧舜之道、唐虞之道为最高，它是古代最理想的政治境界，是一个核心概念，所以称为黄金时代。这里面还有一个核心，就是古人所说的"十六字心传"。《书经·大禹谟》中说："人心惟危，道心惟微，惟精惟一，允执厥中。"这四句话十六个字，是尧之所以授舜，舜之所以授禹。朱汉民院长（湖南大学岳麓书院院长）的论文《舜文化与湖湘道统》，专门谈了"十六字心传"。当然我们大家现在都是在呼应总书记的"中国梦"，而"十六字心传"就我所知在过去是人臣不能讲的,在清朝的皇帝里边我们看到,乾隆帝、咸丰帝,这些满人皇帝,他会把"十六字心传"抄下来,写在屏风上。天子他抄这十六个字,大臣是不敢抄的。也就是说,这十六个字不是做大臣的人,所谓"助人君,明教化"的人来谈的,而是天子要谈的。这是习大大专门要谈的,而不是学者能谈的。换句话说,这十六个字不是对学者的要求,而是对总书记的要求,甚至可以说是对总书记的最高的政治要求。而这个政治要求只有尧和舜和禹他们可以心传,和学者无关。这一点,在中国的古典里面,就是在《书经》的《虞夏书》里面表现得最为突出,《虞夏书》是和政治最高层的资源相匹配的,这一点特质,在其他文献里面,包括孔孟的著作、程朱的著作里面,都很难找得到。

又如《韶乐》问题。本次研讨会很多学者谈到了《韶乐》。刘彬徽老先生的论文《舜帝与韶乐》,山西运城乔兆坤先生的论文《虞舜〈南风歌〉对民族梦的开启》,都专门讨论《韶乐》。《韶乐》出自《书经》,《益稷》里面说到"箫韶九成",而《舜典》里面记载了"诗言志,歌咏言"。中国是一个诗的国度,中国的文人士大夫里面,没有人不在骨头里渗透着文艺精神的,而这种文艺精神在文学史上追溯,就溯源到《诗经》《楚辞》,其实最早的源头还是《舜典》说说的"诗言志,歌咏言",《诗经》的精神其实还是在这里,还是在虞舜身上。

又如历史阶段划分问题。本次研讨会有学者讲到了历史的分期,讲到了"三代""四代"。人们常说的是"三代",但是也有"四代"之说。比如《礼记·学记》就说过"三王四代唯其师","三代""四代"两个时间概念并提。三代就是夏、商、周,四代就是虞、夏、商、周。以前我们《湖南科技学院学报》创办一个栏目,是和长为秘书长所在的中国先秦史学会合办的,我们先是叫"三代文明研究",后来觉得不对,文明不光是三代,而且在永州也不能光谈三代,一定要把唐虞加上,我们就改成"四代文明研究"了。"四代"的概念比"三代"更加准确,从朝代延续上看,夏商周三代更长久一些,而从文明肇始上看,有虞这一朝起了关键的核心作用。长为秘书长的发言《尧舜时代的再认识》专门谈到《尚书》的起点是从《尧典》《舜典》开始的,与《史记》从《五帝本纪》开始不同,那么从《尚书》这一系来说,中华文明的历史就是从虞夏商周开始的,这就是"四代"。所以"三代""四代"的概念还是要谈,中国古人一说到自己的理想就是"三代""四代",这已不只是历史分期的问题,同时也是社会性质的问题。

此外研讨会上还论及其他一些专题,如大同小康的问题,这虽然是出自《礼记·礼运》,但其实讨论的还是三代之精英,还是尧舜。又如立法的问题,雷运福、蔡建军撰写了论文《虞舜狩九疑,观象校历法》;舜帝年寿的问题,张介立撰写了论文《舜帝长寿探因》,肖献军撰写了论文《上古帝王年寿及在位时间考》;虞舜之孝的问题,吕国康撰写了论文《虞舜孝道的传承、嬗变与现代转化》,杨增和撰写了论文《以孝治国:孝的政治伦理诉求》;禅让问题,王永年撰写了论文《对尧舜禅让的一点浅见》;舜帝史事问题,尹华君撰写了论文《舜弟象形象进化考》;虞舜对后世的影响问题,潘雁飞撰写了论文《论〈孟子〉尧舜之道的时代性》,蒋波撰写了论文《〈吕氏春秋〉的舜德文化传承》,周玉华撰写了论文《论元结崇舜意识与官德思想在道州的践行》,朱雪芳撰写了论文《论胡寅的尧舜之道》;信仰和崇拜问题,吴同和撰写了论文《图腾衍化与虞舜崇拜》,陈战峰撰写了论文《炎黄信仰与儒家尧舜禹汤文武道统》;九嶷山人文地理问题,吉成名等撰写了论文《万山朝九疑》,欧利生撰写了论文《浅谈舜文化在九疑山旅游文化中的核心作用》;等等很多具体问题,学者都涉及到了。

上述这些具体问题,其实都是中国学术史里最重要的核心问题,而这些核心问题都与尧舜有关,都与《尚书·帝典》有关。

1949年德国存在主义哲学家雅斯贝斯出版《历史的起源与目标》,1950年出版《哲学概论》,提出公元前800年到公元前200年间,以世界几大文明为代表,人类的精神历程中有一个"轴心时代"。2006年,英国女学者凯伦·阿姆斯特朗研究世界宗教史,沿用雅斯贝斯的概念,出版《轴心时代:人类伟大宗教传统的开端》。笔者曾撰写指出二者的纰缪。但是也可以说,有关尧舜的史实和思想,关系着中国文明的很多关键问题,真正是中国学术和民族文化的核心。我自己在本次研讨会上的参会论文,题为《舜帝与中国学术的起源》,认为中国学术起源于虞舜、起源于《尚书》的《尧典》《舜典》。过去胡适先生有一篇文章题为《诸子不出于王官论》,这篇文章应该说是很有问题的。胡适反对章太炎、章学诚提出来的"诸子出于王官"之说。实际上不仅诸子出于王官,经史之学全都出于王官。章学诚说的出于王官主要是指《周礼》的六官、三百六十个官,但是柳诒徵先生说过,王官不仅在西周,远在唐虞时期已经存在了。虞舜时期命官二十二人,就都是王官。所以经史、诸子之学出自王官,王官最早的文献记载就是《尧典》《舜典》,所以我们也可以说《尧典》《舜典》这两篇,既是中国政治的最早文献,同时也是中国学术的最早文献。其中所记载的问题如"治历明时""五教""诗言志"等等,都是几千年中国历史上的核心问题。但我这篇拙文的论证还不够详细,还需要推敲,请大家指正。

四 我个人参加研讨会的体会

最近十年学界一直有一个说法,就是"舜帝是中华文明道德之源"。这个说法是贡献很大的,十几年以来,很多学者都有这个主张,包括我们永州的学者,对舜文化研究甚至整个上古史研究起了很好的推动作用。这个说法主要依据的是《史记》,太史公说"天下明德皆自虞帝始"。这句话我认为不能片面地、形式化地加以理解。我的看法是,长为秘书长刚刚说了:中国的文明起码有一万年的历史。还暂且不说从伏羲时候开始,起码是从五帝时候开始,从《史记·五帝本纪》开始。五帝里面尧、舜是最后两帝,而要说到尧、舜,尧是把天下传给了舜的,那么舜就不能把尧迈过去,不能说舜有文明,尧没有文明。五帝前面还有炎、黄,五帝里面还有颛顼、帝喾,不能说他们都没有文明,司马迁明白说帝喾"其德嶷嶷",怎么是没有德呢? 我们不能像祭祀典礼上面学生的表演一样,男学生表演还穿虎皮样式的裙子,女学生穿树叶样式的裙子,黄帝时代就都已经"造衣裳"了啊!"神农尝百草,黄帝造衣裳","黄帝、尧、舜垂衣裳而天下治",到了虞舜的时代,文明已经很成熟了,号称"三代隆盛",那个时候的中国人早就有文明了,文明绝对不能说是从虞舜时候才开始的。司马迁的话是不是可以这样理解:在虞舜那个时代,他把文明提高到了一个新的程度。而不是整个中华民族直到虞舜时候才有文明,就连尧的时候都还没有,炎帝、黄帝时候也都没有。所以这个说法在感觉上就是不太对的。学者们是不是能够重新推敲一下,提出一个新的类似"学术轴心"的概念,将舜文化研究和"中国梦"吻合起来,让虞舜这一代的学术和文明与我们的"中国梦"和我们民族的文化复兴紧紧地吻合在一起,让我们将来的学术研究成为一种重要的推动力,而不必争论谁是第一、谁是始、谁是源。"第一""源头""之始"这种说法我觉得有待于推敲。这次宁远的学者提出舜帝的梦是"中国第一梦"("人类文明史上的第一个'中国梦'"),这可能也有点问题,不能说在这之前中国人就不能做梦。这是我的一己私言,说得不对,占用大家时间,很抱歉,谢谢!

(原载 2015 年第 1 期,作者单位:湖南科技学院)

2015"依法治国与舜文化"研讨会侧记

✱ 张京华

2015"依法治国与舜文化"研讨会于 9 月 24 日在湖南省永州市宁远县召开。

2012"虞舜与九嶷"大舜文化研讨会在宁远召开,参会论文是 54 篇;2014"舜文化与中国梦"研讨会在宁远召开,参会论文 54 篇,2015"舜帝与依法治国"研讨会参会论文,依照会前汇编的文件夹,刚好也是 54 篇。这一巧合说明,在舜文化研讨会如此绵密的情况下,学者们仍能稳定地保持相当数量的研究成果。当然,这与数年来研讨会的组织者的辛勤努力、多方联络有关。

具体而言,研讨会的 50 余篇论文可以分为 7 组。

一 研讨会的标志和方向

唐之享先生的主题讲话《舜文化传统与依法治国的文化借鉴》,集中讨论"建中""用中""中行""中正""中道","执两用中"观念,这是舜文化传统中一个极为重要的内涵。讲话第一讨论"执两用中"与执法的公正性,第二讨论"惟明克允"与执法的公信度,第三讨论"无或私家"与法律面前人人平等,充分肯定了舜文化传统对《中共中央关于全面推进依法治国若干重大问题的决定》的借鉴作用。讲话引用了清华简《保训》、甲骨文专家刘兴隆的解释,以及九嶷山民间传说《舜帝审案》故事,以高端的思想视角和多元的研究方法占据着学术前沿。

孟祥才先生的主题发言《虞舜——中国"法制"和"德治"优势互补治理体系的开山之祖》,指出德主刑辅、德刑并用的施政传统,以舜帝为开始。虞舜惩罚"四凶",皋陶担任大法官,是"优势互补治理体系"重要的开山之祖。发言详解《尚书·皋陶模》虞舜和皋陶关于"九德""五礼"和"五刑"的对话,并且沿历史轨迹纵深议论,认为这一思想由舜帝到西周的周公又有超越式的发展,到孔子又继承周公的"敬德保民"思想,"为政以德""仁者爱人",此后到荀子、韩非,以及董仲舒、汉武帝,都有影响。

古称"礼禁未然之前,法施已然之后","礼乐刑政,四达而不悖,则王道备矣"。唐之享先生的讲话,由中间带两头;孟祥才先生的发言,由两头带中间。二人的见解颠扑不破,给整个研讨会起了中央定位的作用。

朱汉民先生的论文《舜文化与湖湘文统》,讨论舜文化与地域问题。近年来,湖南大学文学院倡议评选《湖南九章》,2012年7月于红网公布。湖南大学岳麓书院主持评选"湖湘文化十杰",2015年6月于凤凰网公布。今年5月,朱汉民先生主编的《湖湘文化通史》5卷本,由岳麓书社出版首发。其中都有突出的地域元素。

朱先生此文征引钱基博《近百年湖南学风》之说,指出湖湘地区有"文统"与"学统"的存在,楚之屈原为文学之鼻祖,宋之周敦颐为理学之开山。认为屈原将舜文化建构成人性化的艺术世界,奠定湖湘文学的一大传统即贬谪文学的传统,贯穿着具有稳定性地域特征的"文气"。屈原凭借《湘君》《湘夫人》而表达自己的忠诚、怨怼、忧伤的情绪,士大夫在遭受贬谪、流离的命运时表达自己的理想追求、命运感叹、人生惆怅为基调的贬谪文学传统。标志湖湘文统的诗文集,最重要的是湖湘诗歌总集《沅湘耆旧集》与散文总集《湖南文征》。

清末叶德辉《叶吏部答友人书》说:"湘学肇于鬻熊,成于三闾。宋则濂溪为道学之宗,明则船山抱高蹈之节。"民国间黄光焘《湖南学派论略》说:"楚骚起辞赋之宗风,濂学导性理之先路。"吴博夫《湖南民性》也说:"湖南文化,周之末,即有灵均出于其间,《离骚》诸篇,上追《诗雅》。及宋之世,又有茂叔,作《太极图说》《通书》,为赵宋理学开山之祖。两氏所作,炳炳烨烨,襃然为后世所宗。"凡此均以屈原、周敦颐二人并称,朱先生的观点可谓持正而有据。

江林昌先生的论文《论虞代文明——再论五帝时代中华文明的重心不全在中原》,刚好也是兼涉到地域,只不是在湖南,而是山东。论文指出,上博简《容成氏》中有关"有虞迵"的考释,为我们提供了一个虞代新世系。相关竹简的编联证明,"有虞迵"一世出现在唐尧一世之前,原来是先由东夷部落集团的"有虞迵"禅让给华夏部族集团的唐尧,然后才由唐尧传给虞舜,因此,所谓"唐虞"实际应是"虞唐"。虞迵、唐尧、虞舜、夏禹、皋陶、伯益之间的民主禅让,构成了整个虞代文明。虞代包括唐尧夏禹中原各族世系,而东夷各族世系是其主体。有虞族史诗、颂诗《韶(韺)》乐的形成、流传及其在虞代文明中所发挥的宗教政治作用,正可充分证明这一点。新出土古文献再次证明,先秦两汉文献所载五帝时代实行的禅让制有其一定的历史依据。尧舜禹时期"禅让制"的真实可靠性在考古学、民族学资料的参证下,已越来越得到学界的认同。而近十余年来相继公布的郭店楚简和上博馆藏楚简,又为尧舜禹禅让制传说提供了新证据。论文征引郭店简《唐虞之道》、上博简《子羔》、上博简《容成氏》,并回顾了传世文献的相关记载,认为"有虞迵"为首次出现,不见于以往任何文献,意义重大。论文结语指出:"在考古大发现、史料更丰富、史学理论具有世界尺度的今天,重新复原虞代文明,并给予其应有的历史地位,是我们所有史学工作者不可推卸的责任。"

江林昌先生师从姜亮夫、崔富章先生,获文献学硕士、博士学位,又师从李学勤先生,从事历史学博士后研究。有《楚辞与上古历史文化研究》(博士论文)、《诗经与夏商周历史文化研究》(博士后论文)及《夏商周文明新探》(2001)、《中国上古文明考论》(2005)、《考古发现与文史新探》(2011)、《诗骚丛稿》等。此次参会是江先生第一次来到宁远,而他的相关研究也代表了研讨会的最新前沿。

二 大力呼应"依法治国"的会议主题

陆魁宏先生的论文《论舜帝刑德观的当代价值》。第一论舜帝"明刑弼教"的刑德观,第二论舜帝对刑德关系的根本认识是中华法律文化之精华,第三论弘扬德法结合的治国理念。认为舜帝"依法治国"是同"以德化民"连在一起的。"明于五刑,以弼五教",既讲刑治,又讲德治,二者不可偏废。这就是舜帝对刑德关系的根本认识,是中华传统法律文化之精华,是我们建设法治中国的文化根据和精神基础。提出:舜帝是"明德"之始,也是"明法"之始。

郭辉东先生的论文《东西方治国理政思路历程探析——兼论中国特色依法治国路径选择》,认为中国历史悠久、地域辽阔、人口众多,要实现法治现代化,只能走依法治国和以德治国相结合的中国特色法治道路。论文视野宏阔,第一论中国古代礼仪源于尧舜禹时代,舜文化是中国德治文化之源;第二论中国古代和人类治国理政与法治文明成果,对当今中国依法治国能够起到借鉴作用;第三论东西方法治思想的探索走过了不同发展道路,不同思辨影响着不同的路径选择;第四论辩证认识德治、礼治、人治与法治的关系和作用,才能有利于构建和谐有序的美好社会;第五论古为今用,洋为中用,中国应当成为世界上最先进最文明的法治国家。由尧舜禹时代、轴心时代、文艺复兴与启蒙运动时代、全球化时代,到正在进入的太空时代,从纵横两个方向对东西方法治思想文化传统进行比较研究。

曾长秋先生的论文《大舜推行"五典"及对当今依法治国的启示》,有许多精细的论证,认为舜帝制定"五典",首创"父义、母慈、兄友、弟恭、子孝"五条道德准则,"德法兼治"不仅为家庭和谐奠定了思想基础,更为形成"家天下"宗法制国家提供了道德和法律根据。

陈仲庚先生的论文《历史与现实的对接:"中"以治国与依"法"治国的内在联系》,一论"法"者天下万事之"准则",二论"允执厥中"之治国"心传",三论"中"者国家治理之"正道",四论"庸"者治国实践之"定理",见解可谓深思熟虑。指出"法"与"中"在字义的原始本义上本就有着内在的一致性;作为一种治国理念,中以治国与依法治国都特别强调公平公正,也有着内在的一致性;在目的性上,"中"以治国追求"三大平衡",依法治国也要"平衡社会利益",更是有着内在的一致性。

周亚平研究院的论文《尧舜禹时期皋陶的法治思想》有许多扎实而有条理的论证,进而指出:皋陶辅佐尧、舜、禹三代君主,他制定刑法、首创牢狱、改革刑审制度、确立罪罚原则,并且重视教化。"明刑弼教"以化万民的法治思想,为四千多年来我国各个时期制定、完善、充实各项法律制度,奠定了坚实的基础,给我们今天全面推进依法治国提供了很有价值的借鉴和启示,即:强调法律的权威性与公正性,重视治国的根基在于以民为本,注重法治与德治相结合。

以上参会论文既是对本次研讨会主题的呼应,也是对唐之享先生、孟祥才先生主题发言的呼应。

三　拓展舜文化的研究范围

另外若干参会论文,讨论内容在会议主题之外,因而拓展了舜文化研究的范围。

湖南省舜文化研究会秘书长吕芳文先生的论文《传统文化与依法治疆》,认为中华民族文明史,起始于尧舜,特别是舜。中国对南海诸岛的最早发现和命名,始于东汉时期,中国先民就发现了南海诸岛。中国对南海诸岛的开发和经营,始于晋代,张勃撰写了《吴录》。中国对南海诸岛主权的行使和维护:最迟于唐代开始。而虞舜时期经华夏东夷联盟,融和三苗。此后历经夏商周三代、先秦、汉唐以降,历朝历代所形成东方的中华文明,亦包括中国历朝历代对南海海疆及其诸岛实行有效的主权管辖。

山东师大王克奇教授、大舜文化研究会李鲁烟秘书长的论文《东夷文化与中国法律制度的起源》，指出东夷文化所具有的某些特质，是触动中国原始法律制度发生的文化媒介。譬如东夷特有的"兵"文化，是中国原始法律制度产生的文化渊源。"夷牟作矢"，弓箭是夷人的发明。蚩尤时期，东夷的武力征服盛极一时。而"夷俗仁"，"仁德"是东夷人的原始道德，东夷特有的"仁"文化，对原始法律制度核心价值的形成产生了重要影响。

陕西历史博物馆杨东晨先生的论文《蔡邕与其〈题九疑山铭〉述论》，认为蔡邕避祸江南十多年，游历九嶷山时写下了著名的《题九疑山铭》。《后汉书》本传："乃亡命江海，远迹吴会。往来依太山羊氏，积十二年在吴。"当他有一天游历到九嶷山舜帝陵时，感触颇多，遂写下诗一首，名曰《九疑山铭》。原有《蔡中郎集》已佚，后人有辑本。他的《题九疑山铭》由宋代人李挺祖书写、刻于九嶷山玉琯岩，保留至今，实为一大幸事。

湖南省九嶷山舜帝陵基金会张泽槐先生的论文《谈谈舜帝祭祀类型》，认为舜帝祭祀共有五个不同层面：按舜帝享祀身份，可分为祖先祭祀、天帝祭祀、帝王祭祀、圣师祭祀四种类型；按主祭者身份，可分为帝王祭舜、地方官员祭舜、名人祭舜、民间社团祭舜四种类型；按祭舜地点，可分为宗庙祭祀、郊祀、望祀、历代帝王庙祭祀、陵寝祭祀五种类型；按祭祀内容，可分为例祭、告祭、公祭三种类型；按献祭方式，则有燎祭、文祭、歌舞祭等形式。

湖南科技学院青年教师周欣、陈安民的论文《慎终追远：舜帝祭祀礼仪略论》，也探讨舜帝祭祀问题，认为舜帝祭祀的形式，分官方祭祀和民间祭祀两种。祭舜作为慎终追远、寻根祭祖的文化形式和载体，不仅是中华民族生生不息的文化精髓，也是海内外华夏子孙的精神寄托和情感纽带。祭舜体现了国家"正统"的意义，构成了文化权威体系的主要内容，对中国文明史的发展产生了深远影响。

蔡自新、翟满桂先生的论文《舜文化与早期国家的治理》认为，东方人类从母系社会过渡的这种人类自身生产的进化，经历了一个漫长的过程，直至舜才得以完善。舜以崇尚孝悌而闻名于时，以推行"父义、母慈、兄友、弟恭、子孝"的家庭理念而恭行于世。以虞舜时代为标志的舜文化，围绕家庭血缘关系的纽带，崇尚孝悌，构筑起上古时代中华道德文明的基石，以全新的道德文化为基础，奠定了东方人类早期国家社会的文明纪元。古代国家机器的打造，早在舜帝时代就已基本完成,从而形成了在精神和物质上都领先于世界的中华文明。

湘潭大学蒋波副教授的论文《略论秦汉时期舜崩葬地的定型及相关问题》认为,先秦典籍关于舜帝崩葬地的记载,意见不一,但春秋战国之际楚人的说法更为丰富,并且有了相关纪念性建筑(建章华台,以象帝舜)。秦汉涉及到舜帝崩葬地的文献,无不认为舜崩葬于九嶷,具有惊人的一致。舜道死南方、崩葬苍梧九嶷至此已是共识。"零陵"一名与舜帝有关,也与岭南联系在一起。舜帝、零陵、岭南,三个表面上看似毫无关联的称谓,实则在战国秦汉之际有着较为密切的关系。三者之间的关系反映出统一王朝对南方的经营意识。

山东大学刘保贞副教授的论文《虞舜的立法原则与〈周易〉的法制思想》,探讨了虞舜的立法原则"象以典刑",即在器物上刻画出五种刑罚的形状,以形象的方式让人民望而知惧。侧重探讨了《易经》中的法制概念,认为《易经》中有很多卦爻辞是对具体刑罚和刑具的记述,《易经》中有专门的一卦《讼》卦是专门记述诉讼的。

桂林电子科技大学李然讲师的论文《象山之"象"与"舜德之至"》,由动物之象,论及自然的象山之"象",再论及雕塑家、书画家创作的"大象"之"象",最后归结于中国人在诗和想象中创造的道德文化内涵。舜帝是德行、道德教化和德治的典范,是"执大象"的典范。"十六字心传"才是象山之"象"的本质,王阳明称为"舜德之至"。

湖南科技学院李花蕾副研究馆员的论文《凤凰来仪与民族和谐》认为,《尚书》所载"凤凰来仪",作为《韶乐》表演的一种结果,其深刻含义是中原与周边各民族的和平,亦即排除战争、刑罚等等人身利益冲突的政治行为。"凤凰来仪"是三代之治、唐虞之道的重要标志,也是历代中国人关于人身安全、人际关系、民族关系乃至人类与大自然关系的理想与梦想。

四　呼应会议主题,主张德法并重

另外若干参会论文,从德法并重的角度,呼应了"依法治国"的会议主题。

湖南省社科院张世珊、张斌研究员的论文《舜道德文化在社会主义法治建设中的价值》,重申舜文化是中华民族传统道德文化之源,舜文化的"仁爱""仁政""尚贤""谦让"等精神,构成了有中国特色的传统道德文化。同时认为,舜文化的道德精神是构建法治中国的源流,舜开创的道德文化是法治建设的基础和有力支撑,要领悟舜文化在法治建设中的软实力功能,"礼法并重""德主刑辅",德与法是紧密相连、互相渗透、互相转化的关系。

宁远县委副书记、县长桂砺锋的论文《探求舜帝德孝文化在社会主义核心价值体系中的当代意义》认为:"道"为本原,"德"为品行;善道曰德,德以载道。提出舜帝德孝文化是中华优秀传统文化的重要组织部分,舜帝德孝文化奠定了社会主义核心价值体系的基石,要以传承舜帝德孝文化推动社会主义核心价值体系建设。论文的三个结论是:"舜帝是道德文化的创始人,舜帝开创了文明时代,舜文化是中华优秀传统文化的源头。"

湖南省委党史研究室夏远生研究员的论文《"六亿神州尽舜尧"——舜文化治理思想的传承与弘扬》指出:从德治到法治,是社会治理思想的必由之路;由乱到治的辩证法,贯通中华民族五千年的文明史始终。

湖南省社会科学院张江洪副研究员的论文《舜帝的施政举措对当今法制建设的启示》认为:舜帝对官员队伍进行制度化管理:人才选拔制度、帝王巡视制度、制定刑法惩治贪腐制度、官吏考核制度。舜帝天下为公、执政为民:维护民权、奖善罚恶、选贤任能、不徇私情禅位于禹。舜帝是中华民族道德文化的始祖,也是第一个通过制度建设,完善国家管理的探路人。提出要弘扬舜帝执政理念,全面推进依法治国。

湘潭大学谭献民、向绪怀教授的论文《依法治国是对虞舜道德理想第二次历史传承与超越》认为:虞舜德治天下的道德理想,是中华民族道德文化的源头活水。全心全意为人民服务,是对虞舜思想的批判继承。马克思主义基本原理与中国革命具体实际相结合,是对虞舜道德理想的第一次历史传承和超越。把依法治国作为实现中华民族伟大复兴的战略措施,是中国共产党人对虞舜道德理想的第二次历史传承和超越。

湖南省社科院陆源辉副研究员的论文《法治国必须坚持人民主体地位——舜帝执法为民思想的时代启示》,重申舜是中华传统道德的始祖,是德孝文化的起源,伦理道德是舜文化的基石。同时指出,虞舜除了有抓道德教化的一手之外,还有抓刑的一手,搞法治化,实行依法治国。

湖南人文科技学院罗海云、肖铁肩的论文《论舜文化对依法治国的道德促进》,认为舜文化是中华传统文化的源头,是德治文明与法治文明的结合体。在全面依法治国局面的形成过程中,理应起到促进作用。

湖南省社科院副研究员李斌博士的论文《舜文化中的依法治国因素》指出,

舜文化表现为以民为本、任人唯贤、勤政务实、以德治国、依法治国等为政之道。其法治精神和法治实践主要体现在:创新法治,合理用人;依法治政,加强社会管理;公正执法、严格执法;德治与法治相结合。认为学习和吸收舜文化中的法治实践和丰富的治国理政经验,将有助于我们全面推进依法治国,建设中国特色社会主义法治体系,建设社会主义法治国家。

湘潭大学讲师李斯博士的论文《从〈尚书·舜典〉看虞舜文化蕴含的法治理念》,认为虞舜提倡"明德"与"中道",重德治、行教化,坚持以德化民、依法施政。虞舜选贤任能、巡狩四方、整顿礼制、减轻刑罚,终于达到天下大治,《尚书·舜典》是其集中体现。虞舜文化蕴含的法治理念,对于当今切实有效地推进依法治国具有参考借鉴意义。

湘潭大学副研究员张伶俐与吉成名教授的论文《虞舜——依法治国的圣君》,认为虞舜建立和完善了各种规章制度,坚持依法治国,坚持德主刑辅,在治理国家方面取得了重要成就,对中国历史产生了深远的影响。虞舜是一位依法治国的圣君。

此外,永州学者的一批参会论文,也丰富了会议主题。永州学者以湖南省舜文化研究基地为核心,始终是积极参与舜文化研究的生力军。

杨金砖编审的论文《论虞舜治政理念中的德法相济对现代社会的借鉴价值》,认为虞舜文化以道德伦理为核心。虞舜的"仁政"主要表现在三个方面:对他人的尊重;遵照自然规律,发展农业生产,丰富百姓生活;注重制度建设,以宗礼为基础,以乐教为核心,推出新的社会规范。指出虞舜的道德教化并不排斥法的惩治,建立法纪,惩治凶恶,树社会正气,这是一切社会的愿景与皈依。扬善与惩恶相济,严法与尚德相协,教化与惩罚并用,法理与情理相融,是我们要继承的舜文化的精髓与瑰宝。

雷运福、蔡建军先生的论文《虞舜婚时期婚姻家庭及社会经济形态与治国理家惠民法规的启动实施》认为,虞舜身世与有虞氏宗族祭祀,折射尧舜禹时期是父系氏族社会与母系氏族社会势力并存时期;舜历经的"涂廪""浚井""速饮酒"事件,折射虞舜时期生产生活新技术的产生与推广应用;舜30岁征用前已成为有虞氏族团首领,而不是地位低微的普通平民;舜父、后母、弟象屡次害舜的目的,是为了让象取代虞舜的有虞氏族团首领职位;虞舜时期治国理家惠民法规的启动,开始用规范性的政策法规管理家庭、管理邦国族团、管理联邦集团全社会,是尧舜禹联邦集团社会已走上高度文明的标志。

周甲辰教授的论文《舜帝刑罚论》认为,舜帝在建立健全刑罚制度方面做了大量工作,确立了刑罚的功能地位,确立了专职的刑狱之官,确了定刑罚的基本方式,还确定了刑罚实施的主要原则,从而极大地促进了法制建设的进程,并对我国古代法制史产生了深远的影响。

潘雁飞教授的论文《论舜帝法治意识对廉政文化建设的现实意义》认为,舜帝治国已有了朴素的法治意识:执政的出发点(道彰)、执政的方式(公正)、执政的准绳(制度)、执政的监督(考核)。历代廉政文化建设正是对此的继承创新,它对于今天的廉政文化建设中仍有现实的借鉴意义:(1)舜帝的法治意识侧重于对官员的基本要求是廉政;(2)法治意识基础上的廉政建设是历史的继承与创新;(3)舜帝的廉政理念启发我们,廉政的前提来源于自身的廉洁的法治人格。

杨增和教授的论文《论虞舜"惟刑之恤"的道德情怀》认为,虞舜"惟刑之恤"是中国古代慎刑思想的萌芽,体现出具有人文精神的道德情怀。具体体现为:立五刑:德法并举,明德慎罚;推五教:引礼入法,以德化民;重五伦,人法结合,以人为本。

吴同和先生的论文《宽猛相济,恩威并施——古代德治法治撷拾》,从古代儒家与法家比较的角度指出,法治与德治如鸟之双翼,相辅相成,天然地具有互补性。德治的基本功能在于劝善,法治的基本功能用以惩恶,二者各有优长,也各有缺憾。其有机结合,相得益彰,规范着人们行为,共同贡献于人类文明。儒家、法家,各执一偏。正确的治国安邦之道,应该崇德重法,法举德张,宽猛相济,恩威并施。舜帝尚德而外,亦重法治,首开"德治与法治结合"之先河。

郑国茂先生的论文《虞舜古国的法制理念与现代法制思想》,也从儒法比较角度立论,认为:虞舜的法制理念建立在"刑德相养"基础上。法家的"法治"本质上是人治与专制,是法与势的合一,重刑轻罪,维护权力,反对德治,与现代法治的理念很多方面都相悖。舜帝为政以德,德法并重,以民为本,执法有度,把国家治理得家康国宁,国泰民安。现代社会主义法制中德法并举、依法治国、执法为民、公平正义、服务大局的思想,与古国时代的法治理念十分相近。

骆正军教授的论文《试谈虞舜的"仁孝"与法制、和谐社会建设》指出,舜是"仁孝"的典范,体现在:一是不失子道、不失兄道,以"孝"齐家,家和万事兴;二是不贪财、不争利,以"礼"服众,化民成风;三是不奢靡、不懈怠,以"仁"治国,庶绩咸熙;四是不谋私、不恋栈,以"义"禅让天下,鞠躬尽瘁,死而后已。

王瑞华老师的论文《论虞舜之德与古代社会秩序的建构》，认为虞舜建构的是伦理政治秩序，其中重要特征是伦理道德与社会治理相结合。虞舜之德对古代伦理政治具有重要作用：以德获得治理天下的权力，"德主刑辅"规范社会秩序，以德感化天下民众，以德生成廉政行为。

周玉华博士的论文《论舜德对依法治国的保障作用》认为，舜帝被称为中华民族的道德始祖，其核心内涵是"至孝、贤德"，为当今重建道德伦理秩序、提高社会文明程度主要理论来源。舜德对依法治国的保障作用，第一，舜德保障法治理念植入民心；第二，舜德保障法治程序顺利推行；第三，舜德保障法治规范不断完善。

尹华君老师的论文《德法相依：舜帝对子产的法治思想的影响略议》认为，"天下明德皆自虞舜始"，后人多知舜帝治世以德，而容易忽略舜帝还有治世以法的一面，其德法兼用之术对后来执政者多有影响。

五 哲学史思想史的专题探讨

本次参会论文中，有四篇从哲学史、思想史专题角度进行了探讨。

湘潭大学吉成名教授的论文《从"中"到"理"——儒家最高哲学范畴的演变》指出，"中"是先秦儒家哲学的最高范畴，宋代以后，"理""心"相继成为儒家哲学的最高范畴。先秦儒家经典对宋元明清时期儒家哲学范畴的产生影响极大，早在4000多年前的五帝时期就已经形成了"执中"思想，尧舜禹时期"允执其中"一词的含义与喾帝时期"执中"一词的含义一脉相承，唐尧和虞舜不仅完全继承了喾帝时期的"执中"思想，而且添加了"允""其"二字。由"执中"到"允执其中"，尚中思想得到了进一步强化。

朱雪芳副教授和刘辉的论文《杨时论德治与法治的关系》指出，杨时秉承儒家的民本思想，主张德治与法治相结合。杨时为官，大胆揭露权贵暴政虐民的罪行，主张爱民的为政之德，所到之处积极采取利民、肃法的举措，秉公执法，刚正不阿。杨时祖述尧舜之道，上书钦宗皇肃军政，谨斥嬛，明法令。

吕国康先生的论文《柳宗元对舜帝德治、法治思想的继承与发展》认为，柳宗元继承了舜帝"以德治国"的"德治"思想的基本精神，并发扬光大。同时，他又扬弃了孔孟儒学"以德配天"的"天人合一"的"德治"思想理论形式，把"德治"思想建立在"天人相分"的理论基点之上，强调"德治"思想不是"圣人之意"

的体现,而是客观历史之"势"的产物,把"德治"思想提高到一个新的理论层面。柳宗元的"德治"思想,包括对尧舜"德治"的首肯。《贞符》开头花不少笔墨叙述说了原始社会抢夺、争斗和动乱的状况,赞扬了黄帝、尧舜对国家的治理,建立起大公之道。在"以法治国"方面,柳宗元与舜帝的法治思想一脉相承,也有不少创见。

潘剑锋教授和李佩桦老师的论文《论舜孝道思想对老年人权益保护法的影响》指出,舜帝孝道思想里有着十分丰富的养老思想,是中国传统孝道家庭养老思想之源,是中国传统孝道社会养老思想之源。舜孝道思想对后世的孝道文化及引孝入律的养老立法影响深远,它是老年人权益保护的基础。

六　提出"道德文明之源,法治文明之源"之说

本次研讨会中一个突出观点,是若干学者在以往舜为"道德文明之源"的定位之上,再次提出舜为"法治文明之源"的定位。这一提法以湖南学者为主,尤以宁远学者居多。

九嶷山舜文化研究会欧利生会长的论文《天下"明法"皆自虞帝始》认为,德与法是一对孪生兄弟,有"明德"即有"明法"。因而提出:天下"明法"皆自虞帝始。这一观点与陆魁宏先生的见解较为接近。

宁远县委调研员邓尧忠先生的论文《秉承舜帝法治理念,建设平安和谐社会》认为,舜帝开启了法治文明的肇端,舜帝的法治理念对法治建设具有现实意义,同时指出:舜帝不仅开启了德治的先河,也开启了法治文明的肇端。

宁远县文物局周九宜先生的论文《从舜文化看我国法治之源》认为,舜在敬敷"五教"的同时,也制定了"五刑",成为我国最早的刑律,因此,舜文化不仅是我国德治之源,亦是中华法治之源。论文并且强调,虞舜是把德治教化作为立法目的,制五刑、种九德而强调德治。舜文化的"德法并施"治理方式,至今仍是我们"依法治国"与"以德治国"建设和谐社会的有益借鉴。

宁远县文物局李治军先生的论文《舜帝也是法治始祖》认为,舜帝坚持"依法治国";舜帝首创了中国官吏的考核制度,最早使用"刑法"治国。舜帝从法治中析分出了德治,道德其实是以谴责为惩治手段的法律。论文提出:舜文化既是道德文化,也是法治文化;舜帝是道德文化的鼻祖,也是法治文化的始祖。

宁远县第二中学张映华老师的论文《让柔性仁德溶入刚性律法——论虞舜

法治的偏柔道取向》,从法治理念、法治手段、法治效力等方面打量和解读虞舜时代兼柔带刚的法治,认为虞舜在执法过程中具有带有鲜明倾向性的、偏柔道的方法技巧。

不佞对于"舜文化是中华民族道德文化之源"之说这种提法和做法表示怀疑,曾有专文,暂不具论了。

七 有关虞舜史实的考辨

本次研讨会有两篇有关虞舜史实的考辨文章。

肖献军博士的论文《关于舜帝法治的几点考辨》共三点:(1)关于"流"与"五刑"的问题;(2)"流""放""窜""殛"辨;(3)对象"封之有庳"的探讨。指出《尚书》所载虞舜五刑与隋唐以后的五刑不同,流刑并不在五刑之中,它是对五刑残酷性的修正,是法治人性化的体现。认为"流共工于幽州,放欢兜于崇山"算不上严厉的惩罚。"封"在上古时与"流""放"并无实质区别,象"封之有庳"虽体现了帝舜德治的一面,但同时也体现了法治的公平性。

不佞的论文《舜帝"诛四凶"说考论》与肖献军博士的部分论述接近,提出:"诛四凶"本是流放,流放乃是边远地区的分封。四裔实即四夷,上古向边疆推行教化的人,既包括有道德的圣贤,也包括"四凶""四罪"这样的罪人。迁地域而不迁职事,否定人物而不否定文化,这应当是上古时期流放行为的更加深远的目的所在。舜帝"诛四凶",既是一次政治、法律行为,也是一次民族融合和教化推广行为,其文化意义可能比法律意义更加长远。

(原载 2016 年第 2 期,作者单位:湖南科技学院)

"虞舜与九嶷"大舜文化研讨会综述

✳ 张京华

一

"虞舜与九嶷"大舜文化研讨会于 2012 年 9 月 26 – 27 日在湖南永州宁远召开,参会学者 70 人,参会论文 54 篇。

清华大学教授、海内著名专家李学勤先生的文章《虞舜在中国早期文明史上的地位与贡献》,以提纲挈领的风格,讨论了 9 个方面的问题。(1)关于虞舜在中国和世界文明史时空坐标中的位置;(2)关于虞舜在三皇五帝中的地位;(3)关于虞舜在中国早期文明史上的时空位置;(4)关于历史文献和考古发掘对舜葬九嶷的佐证;(5)关于虞舜在道德文明的建树;(6)关于虞舜对中国礼乐、礼制文化的贡献;(7)关于"清华简"对虞舜中道、中和思想观念提供的佐证;(8)湘鲁合作开启了舜文化研究优势互补的可行之路;(9)关于正确对待舜文化研究不同意见的问题。

李学勤先生多次来湖南,参与舜帝研讨和纪念活动,给予极大的支持。此文从世界文明空间、世界文明与中国文明起源时间的宏观背景上看待虞舜历史,注意到早期文明的长度、广度、高度,民族文化的历史源头、思想源头、道德源头,研究宗旨提倡对当代现实的积极作用,研究态度提倡证真,不主张对古人过于苛刻,研究方法重申王国维的"二重证据法"。重点讨论了玉琯岩古舜帝陵庙遗址发掘和清华简《保训》篇中关于舜和"求中""得中"的记载。文章同时对湘鲁跨省合作研究给予厚望。

湖南省舜文化研究会唐之享会长的文章《促进民族融合的伟大历程——试论舜帝南巡的历史意义与精神遗产》,从历史意义与精神遗产等多方面,探讨舜帝南巡在民族融合中的伟大贡献。唐会长的新著《虞舜与九疑》更是分十二章,广泛探讨了舜德与圣贤崇拜、舜帝南巡的南方文明背景、舜帝南巡与湘楚文化渊源流变、舜文化与永州精神、舜葬九疑与潇湘文学母题、历代祭舜与地方传说及地名遗迹等诸多问题。

文章与李学勤先生的看法有若干巧合,可谓英雄所见略同。以往有关虞舜问题的研究,过于集中在史学方面,史学之中又过于集中的考证方面,而考证又过于偏向于疑古薄古。实际上,实事求是的古文家精神,与经世致用的今文家精神,同样是我国学术思想史的优秀传统,不宜偏废。但从有清以来,学者过信考据,延至民国,仍以乾嘉考据为楷模,其弊则失于饾饤琐碎,不明大义,忽略了人类主体精神世界,实际上清朝的明亡,以及民国的短命,也与考据思潮的流弊有一定关系。

唐会长此文提出既要研究舜文化的历史意义,又要研究舜文化的精神意义,如他的德治理念、民本思想、"勤民野死"的担当精神、"尽善尽美"的人生境界。特别是要注意舜帝在整个民族血脉多元融合的线索,指出"舜帝南巡实现了华夏、东夷、南蛮三大部族大融合,奠定了中华民族的大一统,这一千秋伟业是尧帝所不可比拟的",揭示出了舜文化研究的大义所在。

山东省大舜文化研究会谢玉堂会长的长文《舜葬九疑的新思考》,提出两个新问题:(1)舜在百岁高龄的晚年为什么还要去江南巡狩? (2)舜为什么身葬九疑? 谢会长此前在 2010 年出版《论大舜》,2011 年出版《甲骨文的由来与发展》,提出"走进释古时代"或"走进新的释古时代",对虞舜问题早已作出全面系统研究。而且唐会长的切入点也与李学勤先生提出的"走出疑古时代"有若干学理上的关联。

文章充分依据历代史籍的记载,提出很多精彩的事理推断,也寄托了自己的诸多感情,即如名儒王守仁所说,"天下之人同此心",清儒章学诚所说"人同此心,心同此理"。文章一方面肯定舜帝南巡和舜葬九疑的史实,详究历史真相,指出舜帝南巡,以和平解决的方式,融合三苗,解决南北争端,使广大民众避免遭受战争之苦,顺应了三苗民众对和平的渴望,促进了江南地区的发展,从而为夏王朝的诞生奠定了良好基础。另一方面,也对舜帝南巡给予很高的精神礼赞。指出"有一个重要的历史使命让舜深感政治责任重大",同时南巡也使舜承担了极大的艰辛,作出了极大的牺牲。如说:"舜把江南当成了自己的第二故乡",又如说:"由禹所率领的奔丧队伍中肯定有娥皇、女英二位夫人。二位夫人追忆起和舜同甘共苦、恩恩爱爱、和睦相处的八十个春秋,不禁感慨万千、悲痛欲绝,伤心的眼泪滴到竹子上,于是就有了后世所传颂的'斑竹',也即'湘妃竹'。"经过作者的诠释,使人不觉对湘妃斑竹这一凄美传说,宁愿自觉接受,不忍轻率辨疑。

二

本次研讨会的主题为"虞舜与九嶷",会议收到"舜葬九嶷"主题论文14篇,"舜帝南巡"主题论文4篇,合计论文18篇,是近年来关于虞舜与九疑山关系问题的最为集中的探讨,论文从数量到质量,都有较大突破,包括不同意见之间,也都观点摆开,意见明朗,为今后的递进研究,搭建了一个新的平台。

张弘、安作璋的文章《虞舜南巡与归葬九疑问题初探》,首先分析有关虞舜南巡的四种观点:(1)安度晚年说:虞舜晚年要背井离乡,去酷热难耐的南方巡狩,有悖常情,难以成立。(2)南征三苗说:虞舜南巡时,对三苗的战事已经结束,故不可取。(3)受禹排挤被迫流亡说:有相关文献记载对应,可证具有的合理性与真实性。(4)建观象台科学考察说:古人有以南方为"天地之中"、以南为尊的观念。虞舜崩葬的今湖南永州的九疑山,地处虞舜都城的同一经度,即位于虞舜都城的正南方。"陟方而死"的"方"即指南方,或曰"南正"。因此,虞舜南巡是远古时期的一次科学考察活动。同时,天象考察也符合大禹集团的政治利益,并且具有安抚三苗、施行德政的积极作用。

文章接着分析了舜葬九疑的两种观点:(1)南己之市说:认为"南纪"泛指南方重要之地,九疑山即在其内。(2)鸣条说:"鸣条"本义指因风作响的树枝,"荆""楚"皆指长条形灌木,因此鸣条与荆楚之地可能有密切关系。认为目前在没有发掘出更有说服力的新证据之前,虞舜葬地为九疑山是可以认同的。

孟祥才的文章《简论舜之南巡与归葬》指出舜的归葬地至少有鸣条、南已之市、纪市、苍梧之野、九嶷五种不同说法。自古以来,已有争论。结合文献与考古资料,认为舜死于南巡苍梧、归葬于九嶷之说,可能最接近历史事实。考古资料证实,舜所在的东夷人太昊氏一族,的确有一条自诸城至长江流域的迁徙路线。而舜施行和平的怀柔策略,既死之后,选择就地安葬,符合三苗等南方人民的愿望。

曹定云的文章《关于舜"南巡"与"葬于江南九疑"的思考》主要探讨三个问题:(1)舜"南巡"与"葬于江南九疑"的文献记载,《尚书》《孟子》《史记》《竹书纪年》《列女传》《山海经》《帝王世纪》、韩愈《黄陵庙记》《路史发挥》。虽然文献记载有不同的说法,而虞舜是我国古史传说中的重要人物,是"五帝"中最后一位"帝王",为华夏民族的形成和发展作出过重要贡献,在中华儿女的心中,享有崇高的威望。(2)舜"南巡"与"崩于苍梧之野"辨。引用明代李贽鸣条有苍梧山、舜陵亦在安邑之说,印证以今本《竹书纪年》则云:"鸣条有苍梧之山,帝崩,遂葬焉",认为舜陵在山西。湖广千里迢迢,交通极为困难,一个百岁老人,以情理度之,舜要"南巡"基本上是不大可能的。(3)洞庭"湘妃"辨。舜妃娥皇、女英传说是不可靠的。娥皇葬于陈仓,"舜南巡"时已先去世,商均封于商,其墓不可能在江南洞庭。在司马迁《史记》之前,湖南零陵九嶷山舜陵已经见于记载,古史何以如此,值得认真思考。提出虞舜族群的后裔南迁问题。今湖南境内有鼻亭、象亭、象骨山、象湖,有沩山、沩水,有舜田、重华县、舜帝城、舜祠、舜水、舜乡,有娥皇女英庙、相思宫、望帝台、舜女寺,这些遗迹是舜的后裔进入湖南的最佳证据。

文章进而推论,"九疑"之名来自"卜人燕"的后裔,其族徽是"疑",常见于甲骨文、金文中,为殷代望族,与殷代"燕国"的古史相关,有十几种徽号。殷商与虞舜均为古东夷族,"九疑"可能代表着九支或多支"卜人燕"的后裔。瑶族的祖先原居住地在河北北部,与有虞氏为邻,有尊舜的传统。据瑶族传说,他们的先祖漂洋过海,来到南方。迁徙中,得到了盘古的帮助。其时间当在西周初年。

郭永秉的文章《鸣条、历山和苍梧之野》主要根据战国楚简,讨论了郭店简《穷达以时》有"舜耕于鬲山,陶拍于河浦"的记载,而上博简《容成氏》既有"舜耕于畴丘,陶于河滨,渔于雷泽",又有"桀乃逃之鬲山氏",商汤"降自鸣条之遂,以伐高神之门",而夏桀"遂逃去,之苍梧之野"的记载。文章旁引杨宽在《古史辨》第七册中"传说分化"的观点和近年陈泳超关于"尧舜传说"的研究,认为这是古史传说中相当常见的现象,可见舜的传说中与其他传说有关涉的内容非常多,不可作为历史记载看待。

刘彬徽的文章《舜葬九嶷与湖南远古文化研究》针对钱穆40年代《苍梧九疑零陵地望考》认为远古湖南为无文化可言的不毛之地,苍梧和湘、沅等水系原在长江以北,以及近年曹定云提出的帝舜后裔在商代南迁、带来舜南巡葬九疑传说的观点,认为当时湖南远古经济文化发展水平已达到相当的高度,当时中原和南方湖南存在着文化交流,南来北往的人员流通已很方便。列举澧县城头山古城、湖北石家河古城等考古遗存,认为是早期国家文明最重要的标志。列举湘乡岱子坪遗址等,及蚩尤传说等,认为中原与湖南的文化交流在七八千年以前就已广泛存在。文章进而重申,湖南、湖北境内的古代部族的族属,是炎帝、祝融部族。

　　杨东晨的文章《九嶷山与舜文化考》使用文化学方法,以九疑山传说佐证帝舜确实葬于九疑山。引用文献包括较早的《水经注》《元和郡县志》,以及晚近的清王万澍《衡湘稽古》、当代学者何光岳《东夷源流史》。作者为陕西人,却对湖南地名作了很细微的论证。

　　张新斌的文章《九疑山综论》综述江苏、江西、广西、湖南四省"九嶷山"地名记载与历史沿革,进而论述"九嶷山"的文化内涵为舜文化(包括陵庙文化、二妃文化、祭祀文化)、道文化(包括名人与道、高士与道、奇物与道)。其分疏清晰、客观、可取。

　　朱亚非的文章《论明清帝王祭祀九疑山舜陵》指出明代 12 帝祭祀 15 次,清代 11 帝 45 次祭祀舜帝陵,以此表示继承皇位的正当性和正统性,同时表示对天下和谐社会的期盼,和宣传德治、仁义、孝道,在当时具有重要意义。

　　尹华君的文章《明清时期永州境内舜庙略考——以永州方志为中心》探讨了零陵舜庙、宁远舜庙、道州舜庙、东安舜庙、祁阳舜庙(虞帝庙、潇湘庙),统计永州 7 县共计 26 处记载,并简要论述了其祭祀活动。

　　郭辉东、吕芳文的文章《九嶷山舜帝陵的"正穴"究竟在哪里?》介绍了作者于 1999 年在九疑山舜帝陵正殿右侧发现"正穴"石刻的经过,认为此地左青龙、右白虎、前朱雀、后玄武,确实是一块少见的风水宝地,而二字为何人何时所刻尚待进一步探究。

　　周九宜的文章《从出土文物看帝舜、苍梧、九疑》认为长沙马王堆汉墓帛书地图证实舜葬九疑并建有陵庙,上博楚简《容成氏》《子羔》证实了《尚书》等历史文献早在战国时期就有传本,郭店楚简《唐虞之道》证实楚地在战国时已形成对虞舜品德的崇敬,里耶秦简证实关于古苍梧地域的记载在湘南,九疑山古舜庙遗址考古发掘印证了历史文献的记载。

　　张泽槐的文章《舜帝南巡考辩——兼与索宝祥商榷》认为:索宝祥《舜迹三考》提出《史记》所载舜帝南巡为司马迁"杜撰""演绎",文章从舜帝能否南巡、舜帝是否南巡、舜为何南巡、舜帝南巡遗事四方面,作了比较详密的考辩,加以反驳。

　　蒋波的文章《舜帝南巡与文化融合》认为舜帝德化三苗,对中国南北文化的融合产生了积极影响。

　　张江洪的文章《试论舜帝治理南方的策略》认为舜帝治理南方的策略有:(1)征伐与仁德并施;(2)巡守;(3)施仁政,行礼乐。

欧利生的文章《试论九疑山舜帝陵在历史文化认同中的积极作用》重点论证九疑山舜帝陵在历史文化中的认同,对其积极作用并未展开说明。

三

会议收到"舜文化"文化史和"舜文化"精神史研究主题的论文共计10篇。

朱汉民的文章《舜文化与湖湘文化建构》指出:舜文化在湖湘地区具有多元性的文化意义。舜作为天子,舜文化具有代表"政统"的政治文化意义;舜作为先圣,舜文化具有代表儒家"道统"的文化意义;舜作为一位艺术化、人性化的人,舜文化获得了"文统"的意义;舜文化同时也是一种具有深厚社会基础的民间文化,与民间宗教融为一体,具有"神统"的文化意义。文章就此四个方面作了比较详细的分期、勾画和推断。

王钧林的文章《齐鲁文化与中华民族核心价值观》探讨齐鲁文化与中华民族核心价值观的关联。认为:黄河下游的海岱地区首先有东夷人的活动,尔后成长出齐鲁文化,齐鲁文化又发展成为中华民族核心价值观的最重要的思想资源。虞舜是生于诸冯(今山东诸城市)的东夷之人,构建中国核心价值观的第一人。文章着重探讨了"夷俗仁"、《舜典》"五教"、思孟学派、墨家学派、管子学派、三纲五常、"礼、义、廉、耻"诸问题。

周亚平、刘新荣的文章《虞舜文化:东方文化资本摇篮》从当代经济社会的角度,评价和审视东西方文化。认为:在经济全球化时代,舜文化已经被东方文明国家的经济唤醒,标上各种文化资本的烙印,走向资本的舞台,为文化产业提供着新的发展机遇。认为:当文化成为经济的文化时,文化就被赋予了创造价值的使命。当经济是文化的经济时,经济就承接了厚积文化资本的社会责任。认为:东方文明根于炎黄、始于虞舜。"文化资本"理念应当成为开启虞舜文化研究的新钥匙。提出:将虞舜文化资源纳入湖南公共文化服务体系;将虞舜文化资本纳入湖湘文化产业发展的重要内容;将虞舜文化精神作为湖湘文学艺术创作动力之源;将虞舜文学艺术精品制作成古典文明为现代服务的精神大片;将虞舜文学艺术精品制作成陶冶心灵的动画片;将舜帝再现舞台,创作一台九嶷山实景文艺节目;行动起来,将舜文化产业做强、做大。

以上3篇论文都极为分量。周亚平、刘新荣先生的文章体现的对于虞舜文化的现时代的宏观展望,与朱汉民先生《舜文化与湖湘文化建构》虞舜文化在传统时代的宏观勾画,恰成一种古今对应、前后衔接。王钧林先生的文章中体现的主线条的宏观勾画,与朱汉民《舜文化与湖湘文化建构》具有相似的思路,只是一论湖湘,一论齐鲁,可谓蝉联骈接,双峰并秀。

"舜文化"精神史研究是一个持续的重点。

王田葵的文章《舜葬九疑与〈韶乐〉精神》认为:舜有《大韶》,《韶乐》是九疑山的天籁之音,体现了舜德的最高精神境界。《韶乐》的最高境界是"神人以和",将德性之美、音乐之美、诗歌之美三者融合为一。从舜帝追求的"神人以和"到儒家的"天人合一"一元化思维模式,是中国思维方式和结构的集中体现。清华简《保训》所载舜求取"中道",即历代圣贤所追求的治国安邦平天下的"道统"。"元道"是中国人的深层深度智慧,"元道"具备"以他平他""和而不同""审时度势"三个向度,对于 21 世纪的人类具有普适价值。文章透过对《韶乐》的讨论,重点对"道统""中道""元道"展开探讨。

陆魁宏、邓尧忠的文章《论舜德文化的当代思想价值》认为,在中华传统文化中,舜德文化蕴含极为丰富。指出舜有大孝之德、有亲民之德,舜为民兴利、为民除害、为人民办实事、关心百姓的精神生活、关注民意,有勤政之德、有"禅而不传"之德、有助人为乐团结群众之德。

陈仲庚的文章《"允执厥中"的理论内涵与实践价值》指出:"允执厥中"作为治国理念,就是要诚实守信地坚持天下之正道;作为治国方略,就是要以诚信的态度,广开言路、广纳贤才,实现政治清明,提高公信度;作为哲学理念,就是要"中和"天地自然的客观规律,寻找不偏不倚、无过无不及亦即适宜、适度的平衡点,以实现个人心境、社会需求、自然生态的三大平衡。指出:"允执厥中"既是一种方法论,也是一种目的论,是"舜文化核心范畴"中的核心。

周甲辰的文章《舜葬九嶷与永州人的朴诚品性》指出:永州人率真深情,不随流俗;耿直方正,棱角分明;为人重德,以诚为本等品性均源自于舜。舜的朴诚品性在历代永州人身上得到了很好的继承与发展,换言之,永州地区在舜文化产生与传承中所处有重要位置。

吉成名的文章《论中国传统忠孝观》认为传统之孝在虞舜时期已开始形成,尧非常看重舜的孝行,经过考察以后,传与帝位。文章对传统之忠的起源,以及忠孝官在明清与民国间的变革,均有推论。

吕步震的文章《帝舜德孝,泽润华夏》将舜帝的为人、处世、理政、治天下的德孝之举,剖析为 18 个环节,分别加以评述。即:(1)舜王降世;(2)赐名重华;

（3）投师务成；（4）以孝治家；（5）捕鱼雷泽；（6）寿丘制陶；（7）躬耕历山；（8）负夏都君；（9）五常之教；（10）尧王访贤；（11）重华娶妃；（12）佐尧辅政；（13）虞舜登基；（14）迁都蒲坂；（15）以德治国；（16）巡视天下；（17）禅让大禹；（18）德光普照。论述颇为直观、整齐。

雷建飞的文章《论舜帝崇拜与传统文化建构》认为：舜帝倡导的为人、持家、做官、治国均以道德为本，开创了中华道德文化之先河，被后人尊称为"道德始祖""百孝之首""文明之元"；以道德为核心的舜文化坚持"德为先，重教化"，这一理念渗透到中国传统文化的各个方面。

四

会议收到"古史研究"主题论文5篇。

林小安的文章《中国古史的传说时代刍议》承接徐旭生《中国古史的传说时代》一书的观点而加以继续讨论，将尧舜禹称为"中国古史的传说时代"，同时也承接了史学界以顾颉刚为首的"古史辨"派的观点，认为所谓"三皇五帝"的历史多是后人附会敷衍的。认为各种"五帝"之说，是在战国时期"五行"说盛行以后，所有的事类都按"五"来归纳所致。炎帝、黄帝成为中华全民族共同人文始祖，也是为了时代所需，纯粹是人为编造的。认为"古史辨"学派随近代科学的传入中国而产生，破除了对封建时代所谓"正统"史学的迷信。

文章还着重讨论了古代不同族姓之间世通婚媾的现象，认为帝尧把女儿娥皇、女英嫁给舜的传说是二者为姻族的反映。

文章提出舜从今济南历山一代长途巡视到今永州九嶷山，可以和太伯仲雍从陕西周原长途迁徙到今苏州地区的荆蛮之地联系对比，说明远古长途迁徙时有发生，不足为奇。

这些见解超出今人的知识、常识来考察上古，值得特别关注。实际上，上古民族的长途迁徙，还可举出姜姓由黄河上游迁徙到黄河下游、召公奭由关中迁徙至北方封燕等例证作为比较，而天子巡守的条件应当比民族迁徙更好。

张京华的文章《五帝名号表》认为疑古派对于尧舜禹史实的怀疑，往往出于对于古代文献的误读，和对古代文明制度的不解。文章试图从上古制度内部求证上古文明的真相。

蔡建军的文章《汉长沙国地图与九嶷湘江源舜文化遗产》认为：马王堆汉墓

出土的两幅地图,标注"帝舜"字样,是迄今考古发掘的最早的舜帝陵庙方位标识。对照现代地图,马王堆地形图之"帝舜""九香""七柱"标识与现代蓝山县香炉石附近的等高线形状极为相近。这是一个奇迹。

荆庚红的文章《从舜帝庙遗址看宋代及宋代以前祭祀舜帝的规制》指出,九嶷山玉琯岩舜帝庙遗址,年代上限到西汉,下限不晚于南宋,可证舜帝庙及祭祀舜帝的活动在玉琯岩延续了1600余年。文章重点对舜帝庙的祭祀规制作了论述。

雷运福的文章《浅谈尧舜禹禅让的本质和禅让的条件》认为尧舜禅让的条件就是:在没有建立联邦集团军队的前提下,宗主国的实力特别是其军队实力已不是最强大、不足以确保维护万国利益时,联邦帝位就实行非血亲对象授让,禅职的授让对象必须是经济实力军事实力最强大的酋邦国首领,使其成为酋邦集团帝位的继承人。

五

会议收到"家庭伦理、勤政廉政、和谐社会"主题论文9篇,均具有一定意义。特别是家庭伦理以及由齐家而治国的典范,就已有记载的史籍而言,几乎只在虞舜身上体现最为鲜明,所以尤其值得加以关注。

翟满桂、蔡自新的文章《舜文化是推动家庭延续、社会持续发展的磨合剂》认为:"舜文化"归结为一个"孝"字。"孝"奠定了子女与父母家庭关系的基本准则。"五典""五品""五教""五常"的核心都为"孝",由"孝"的家庭伦理关系规范扩展而来。

杨金砖的文章《道心惟微:虞舜在齐家治国中的廉政之道》认为:"人心惟危,道心惟微,惟精惟一,允执其中",是虞舜的治国方略,更是虞舜终其一生所坚守的道德准则。虞舜藉此而开创了中华道德文明的先河,同时也奠定了中华廉政文明的基础。文章从以民为本、关心百姓,重德尚能、公平公正,克勤克俭、赏罚分明,贤人为政、克己修身等四方面,对虞舜廉政思想的主要表现作了详细探讨。

潘雁飞的文章《论舜帝廉洁思想的现实意义》指出:舜帝个人的廉洁是其廉政的基石。其现实意义在于能启发我们:(1)廉洁从政要具备高度的自我约束意识和自我约束能力;(2)廉洁从政要纯洁自我,从点滴抓起、勿以恶小而为之;

(3)廉洁从政要注重对党员领导干部的教育和制度约束;(4)廉洁从政要像舜帝一样身体力行,勤政不辍,体察民生疾苦便可以长久护持一颗廉洁之心。

王瑞华、杨增和的文章《论舜帝廉政思想的历史地位》指出:舜帝政治权力运行中的伦理价值,体现为德治与法治两种治理手段并用的动态平衡。这种伦理与政治合一模式,成为今后中国伦理政治的基础。舜帝寻找为民众谋利益的贤能之人,建立官员选拔的民主机制,使政治转移中公共权力不被滥用和私有化,也产生了民主政治的基因。

王克群、史书铄的文章《弘扬大舜勤政廉政美德》认同舜文化是中华民族道德文化的源头、对华夏文明的形成与发展产生了极大影响的观点,认为勤政廉政、重谏纳言、选贤任能的大舜精神,对于当代社会的勤政廉政建设具有积极作用。

钱宗范、王银波的文章《舜帝南巡推行和谐文化的历史意义》指出:大舜南巡及其在南方宣传的文化,其实质是和谐文化。大舜是我国历史上创导和谐文化、推动社会和平稳定造福民生的始祖。

吕国康的文章《禹舜和谐关系的文化启示》认为楚简《容成氏》《唐虞之道》与《史记》印证,可证"禅让制"为可信的史实。禅让制的推行,稳定的公天下政治大局的出现,带来了尧舜禹之间的和谐关系,是大禹治水等诸多成功的重要原因。

欧阳维西的文章《弘扬舜帝精神,构建和谐社会——从舜帝精神到和谐社会的思辨》提出"舜帝精神"的内容应当包括:修身以诚为要,实现个人和善;齐家以孝为先,实现家庭和美;治国以德为本,实现社会和谐;平天下以仁为贵,实现国家和睦;视万物以和为规,实现神人和融,共五个方面。

张映华的文章《从君臣组合看鲧禹治水成败的必然性

——兼论舜帝在大禹治水中的"总教头"作用》认为大禹法追舜帝,受到过虞舜的影响。

六

会议收到"舜文化"与旅游经济主题论文 5 篇、"文学、诗学、美术"主题论文 3 篇。

唐金培的文章《虞舜文化传承与九嶷山旅游产业发展的融合互动》认为九嶷山旅游产业可以作为宁远乃至永州第三产业的龙头产业。

严兴德的文章《九嶷山的思考》提出九疑山的战略定位应当是:九嶷山是世界的九疑山,九疑山是中华民族的人文圣地,九疑山是全球华人的精神家园。

刘卫华的文章《舜葬九疑的人文资源及其开发利用》认为对于舜葬九疑人文资源的理解主要应当包括三个方面:(1)舜帝的"德圣"和"孝祖"地位,使九疑山成为中华民族优秀传统文化的源头;(2)对舜帝的崇敬和对舜文化的弘扬,是历代伟人和诗人、方家的共同选择;(3)舜德精神感召日月,可以极大地丰富和提升宁远旅游文化价值。

杨海芳的文章《文旅融合视野下舜文化在宁远的大发展大繁荣》提出宁远文化旅游资源应当以舜文化为主线,大发展,大繁荣,让舜文化成为宁远旅游发展的灵魂和旗帜。

郑国茂的文章《九嶷山舜文化资源与教育朝圣的思考》认为舜帝身体力行创建的道德文化是永恒不变的教育主题,提出挖掘九嶷山独有的舜文化资源对于当代教育的独特作用。提出将九疑山旅游定位为"教育朝圣目的地""道德探源之旅""孝悌寻根之旅",实际上是将"朝圣"主题与大中小学生的课外旅游捆绑为一,其教育意义与经济意义有待商榷。

刘戈、刘双全的文章《舜帝形象考析》认为,现代所见舜帝画像或雕塑造型,有的塑造成神祖,有的雕刻成帝王,有的描绘成布衣之人。或威严高傲,或勇猛刚烈,或平和谦让,或温文尔雅,造型各异,不免缺乏个性,丑陋平庸。文章从舜帝品德、体貌、服饰作了系统考辨。

吴同和的文章《"解愠阜财"与"内圣外王"——〈南风歌〉隐含密码浅探》认为:《南风歌》艺术再现了先民对温情南风的礼赞,折射了舜帝德孝仁义之操守的光芒,也表达了舜帝的美好心愿。

谢义瑛的文章《古诗证舜葬九疑》以诗证史,试图从古诗典故中,找到舜葬九疑的佐证。文章对屈原、蔡邕、温子升及唐宋以下诗略加考辨。

此外,何海龙的文章《舜文化研究——新时期文化统战的范例》认为:近年来湖南省舜文化研究会、湖南省九嶷山舜帝基金会通过舜文化研讨,吸引大批学者,各抒己见,百家争鸣,同时加强与各省的交流合作;又将祭祀舜帝发展成为全球华人省亲祭祖活动,使其成为全球华人寻根祭祖的载体和凝聚海内外华人的强大动力。认为这是湖南省在新时期的一种成功的统战范例。

何文是本次研讨会较为独特的一篇文章,是学者"自身工作的反观",实际上也可视为是对大家自身舜文化研究和研究活动的组织工作的评价。

七

参会论文大致可以分类为 8 个子题,即:"舜葬九嶷"研究、"舜帝南巡"研究、"舜文化"文化史研究、"舜文化"精神史研究、"古史研究""家庭伦理、勤政廉政、和谐社会"研究、"舜文化"与旅游经济研究、"文学、诗学、美术"研究。

"舜文化"是一个交叉领域,不在学科体制之内,研究不易。本次研讨会成果众多,主题集中,讨论深入,具有阶段性、标志性的意义。个人认为,研讨会的成功,与诸多前辈学者、海内名家的撰文参与有关,前辈学者是舜文化研究中最可宝贵的力量。研讨会的成功也与北京、上海、山东、山西、河南、广西、湖南、台湾等多地学者的共同参与有关,与唐之享会长、谢玉堂会长,湘鲁两省首长的大力支持和亲自参与有关。此外,宁远县委书记严兴德、宁远县人民政府县长刘卫华、宁远县政协主席欧阳维西等一把手领导,都亲自撰文参会,也应特别载入史册。

研讨会出现了若干商榷、争鸣,这是学术繁荣的象征。曹定云先生的观点,一直是对舜"南巡"与"葬于江南九疑"表示质疑,郭永秉先生的观点也有质疑的含义,而刘彬徽先生的文章则是专门与曹定云先生进行商榷的。张泽槐先生的文章,也与索宝祥的观点进行商榷。林小安先生相信虞舜南巡,与曹先生的观点编有不同。林先生是史学前辈,与张京华的着眼点不约而同均侧面涉及到"古史辨派",不啻也有就正、商榷的意味。

(原载 2013 年第 2 期,作者单位:湖南科技学院)

九疑芳华
——三代古琴传人的文化贡献

✳ 李素瑾 ◆

唐之前，以地域命名的琴派有秦、楚、蜀等。也有以名师命名的琴派，如沈家声、祝家声、董家本（董庭兰）等。各种琴派都强调师承。

宋有的琴谱，有官家阁谱，民间则有江西谱等。南宋时，琴家张岩、郭楚望，有名曲《潇湘水云》《渔歌》《庄周梦蝶》，声望极高，影响很大。

宋代浙派有《紫霞洞谱》，元代又有《霞外谱琴》，为浙派的代表琴谱。

明代，源自浙派陈星源的严澂创立琴川社，开创琴川派，又称虞山派，也称熟派，传有《松弦馆琴谱》。同传于陈星源的徐青山，有《大还阁琴谱》传世。

明代史料价值最高的是朱权《神奇秘谱》，源于宋浙派的《紫霞洞谱》。

同时，由蜀声而来的川派（蜀派），有名曲《流水》《乌夜啼》，声望很高。

吴、楚之声都具有地域性的特点。有评论称，"中州刚劲、高古、端严、苍老"。又称"蜀声燥急，若激浪奔雷，亦一时之俊快"，是因其名曲《流水》的七十二滚拂，描述以长江之水过三峡之险的轰鸣。又称"吴声清婉，若长江广流，绵延徐逝，有国士之风"。查阜西先生弹奏的《潇湘水云》，已不仅是水云之声，还有郭楚望的"纵指发奇哀，潇湘云水怒"。至今各传派名称尚存，有泛川派（虞山派）、广陵派、诸城派、川派等。但从北京古琴研究会起，大家更注重的是各派独具风格的名曲、谱子的传承。

清初，扬州徐常遇吸收各家之长，融会贯通。其三子徐祎为其集《澄鉴堂琴谱》。吴灯学琴于徐常遇的孙子徐锦堂，正处于广陵派盛期，传承、发展、加工传统琴曲，很有成就，集《自远堂琴谱》，为广陵派的代表作。广陵派晚期有秦维翰的《蕉庵琴谱》。

民国初年，杨时百（杨宗稷）先生的琴学，传承自楚地。他又向誉满京城的广陵派金陵琴社的黄勉之先生学琴，学得琴曲二十余首。杨时百先生是清末贡生,他以深厚的文学功底,钻研二十余种琴谱,未学之曲皆能识之。最终集得《琴学丛书》四十三卷,七十万字,收曲三十二首。杨时百先生的琴学涉面很广,《琴学丛书》有广陵派《自远堂琴谱》的《水仙操》《渔歌》《潇湘水云》等九首,有《蕉庵琴谱》的《广陵散》,《藏春坞琴谱》的《萧韶九成》,《神奇秘谱》的蔡邕《长清》《短清》,《诚一堂琴谱》和《大还阁琴谱》的《离骚》,《五知斋琴谱》的《秋鸿》《胡笳》等,都加以融会贯通,重新点拍,附工尺谱,便于习奏。这在当时已很进步,脱离了历来谱中无节奏点拍的时代。杨时百先生又自制琴瑟合奏谱《诗经》三十三首和孔庙释奠乐章,再现了孔子时代的"琴瑟友之",以示对孔子的最高敬意。

杨时百先生在《琴话》《琴粹》中有许多独到的论述。他认为琴曲对事物和人物性格的反映有如镜子,"以琴传声,如镜临物",是反映客观现实的。他说:"琴之为道,可以语大,可以语小。语大则能通天地,合人神,非圣贤所不能尽。嵇康《琴赋》所谓'能尽雅琴,惟圣人兮'是也。语小则应弦赴节,刻羽引商,与胡琴、琵琶同为怡情悦耳之具而已。"可见他更看重琴之道,而不只是悦人耳目。他认为琴是至人修身养性之大功,充分肯定了琴的社会功能。

杨时百先生在演奏方面,指出:"盖琴有腔调,有节拍,有气候。两三者之间以腔调为主,必先行腔,然后知按节,至于调气,而能事毕矣。如杂乱无章,不能行腔,虽弹数十百曲,无当也。"所以他把《琴学丛书》所出版的琴曲,全标了工尺,点了板,结束了过去琴谱无点拍的状况,利于琴人看谱学曲。这种费力之举,在当时是很大进步。

杨时百先生认为,要继承传统,也要吸收民间音乐的营养,譬如指出《水仙操》数处与湘粤间极俗之胡琴曲《采茶调》相仿,北方则琴曲《四大景》与民间熟悉的小曲《十朵小花》相仿,充分肯定了民间音乐在琴曲之中的作用。杨时百先生的这种思想在当时也是超前的,不同于以往琴人的孤芳自赏。

杨时百先生从黄勉之那里习来非常重视指法的传统。他钻研古谱、古指法二十多年,指出蔡邕、嵇康《琴赋》中就有许多"抑扬""抑按"指法的描写。在他的《指法解》中,特别指出"往来吟""游吟"为《潇湘水云》所专用。

杨时百先生的另一大贡献,是《琴学丛书》。《琴学丛书》收录了现存最早的古琴文字谱,即唐人手抄《幽兰》。《幽兰》打谱的关键,在于对古指法的诠释与认定。杨时百先生当时没有见到作为《幽兰》姐妹篇的《琴用指法》以及故宫后得的《乌丝兰琴谱》《琴书大全》《唐宋各家指法》,但他竟能以对谱参详,取法名,用清初指法旧解，及平常经史之文，作为旁证，求得结论。"尤可怪者，其结论竟能掌握《幽兰》指法，几过半矣！"并且翻译成了减字谱，刻成了工尺、板、弦、等行谱，并对其指法作了细致的探究。在谱式转换、谱字解读、古指法处理、定弦、音律等方面，对后人从事《幽兰》之打谱，均有十分重要的启示意义。

杨百时先生具有坚实丰富的指法积累，熟练的技巧，和对琴曲文学上的深入探讨，气息上更合理的腔调。他在九疑琴社的常教曲目《雁落平沙》《梅花三弄》《渔樵问答》《潇湘水云》《水仙操》《渔歌》等，享誉京城。

杨百时先生有教无类，随他习琴的，上有张之洞、傅侗等皇亲权贵，下有普通百姓，其中出色者不少。他的儿子杨葆元先生能琴，助他核定出版《琴学丛书》。弟子关仲航先生著《怎样弹奏古琴》，简单明了实用。关门弟子李浴星先生是京城十大书法家之一，将所学之曲目用书法集册，与杨时百先生亦师亦友，在经济上助先生刻集《琴学丛书》，常有书信来往。管平湖先生从杨时百先生习琴两年，有录音出版，打出的《幽兰》《广陵散》《欸乃》很有成就。管平湖先生的传人郑珉中先生善鉴琴，学生王迪先生几十年钻研琴歌，著有《琴歌雅韵》，学生许建先生几十年全面系统钻研梳理古琴艺术，他的《琴史初编》被收入"中华经典资源库"。

杨时百先生的传人对有些传统曲子有更深的理解，融进更贴合的新意，创造新的指法处理与结合，散发出了新的光彩。如溥雪斋先生以画家的角度，更强调《梅花三弄》环境的四步变化，来衬托梅花的凌寒高洁，层层深入。用指法组合展示梅花与飞雪共舞和落雪，使人耳目一新，画面感更强。杨葆元先生认为描写王昭君的《秋塞吟》处理不太适合有水声，描写成移情海上的《水仙操》不适合从头至尾用商音的悲哀情绪，因而选择了三种传本中的《屈子天问》，特别在第七段撮下加了顿的处理，更突显了《天问》的气势，在传统的表现基础上有了更贴切的创新。

杨时百先生传承有序，有大著作，有精湛论点，有名曲传世，有创作，有高徒，堪称是清末民初古琴艺术发展成果的集中表现的一派。因其出生于湖南永州宁远的九疑山下，故用"九疑"命名琴社，所以后人称其为九疑派，享誉京都。

九疑琴派至今传承有序。关仲航先生有弟子韩庭瑶，李浴星先生有儿子李天桓。韩庭瑶先生有古琴光盘出版，李天先生有《九疑琴学入门》出版。杨时百先生之子杨葆元先生从小在父亲严教下，也学得一手好琴，可称得继承了父亲琴技之精粹。杨葆元先生1953年在中央音乐学院器乐系任教四年多，是民族音乐研究所成员。他将《琴学丛书》木刻版交给民族音乐研究所,民族音乐研究所又交给中国书店,中国书店至今仍将此书印刷出版出售,为古琴事业贡献力量。

　　九疑琴派必将发扬光大。

九巖正脉

（原载 2018 年第 7 期,作者单位:湖南科技学院）

杨宗稷诗词中的琴人琴事

✳ 欧阳平彪 •

　　历代有很多文人士大夫和琴人,写有大量的诗词作品,记录着琴人们的交往、雅集,同时也记录了琴人们的琴学生涯。如李白《听蜀僧浚弹琴》:"蜀僧抱绿绮,西下峨眉峰。为我一挥手,如听万壑松。客心洗流水,余响入霜钟。不觉碧山暮,秋云暗几重。"韦庄《听赵秀才弹琴》:"巫山夜雨弦中起,湘水清波指下生。"宋白《听琴》:"正养浩然气,忽听琴韵幽。纯和思太古,淡静称高秋。泪竹舜妃恨,沉湘楚客愁。寥寥千载意,明月下西楼。"

一　杨宗稷湖南诗词中的琴人琴事

　　杨宗稷(1864 – 1931),字时百,又作诗百,号九疑山人,原姓欧阳,1864 年 4 月 13 日出生于湖南宁远县清水桥平田村。清末贡生,曾担任礼制馆编纂、山西省署参议、湖南南华澧安厘金局长、永州东安县知事、南县知事、前交通部佥事科长、前清邮传部主事、学部主事、京师大学堂襄办等职。曾任北京大学古琴教师。为清末民初古琴大师,被称为"民国古琴第一人"。创办九疑琴社,为"九疑派古琴"的开山鼻祖。前后用了 20 余年编撰完成《琴学丛书》,共 43 卷,两函十四册,70 多万字。著名弟子有管平湖、关仲航、彭祉卿、李裕星、虞和钦、溥侗、李济等,其子杨葆元也是著名琴家。

　　当时众多琴家、社会名流都与杨宗稷老先生有交往。《湖南百年老照片》收录了摄于清末时期的湖湘名流雅集照片,有众多名人雅士,如"刘孝曾、江翰、王闿运、王树枏、胡玉缙、常怡、曹经沅、曾广钧、陈兆奎、杨宗稷、刘异、郑沅等"[1]140。杨宗稷老先生与王闿运先生一直都有交往,《湘绮楼诗文集》云:"偶思曾侯,夜饭时检旧诗看之,至今六十年,如眼前也。张味鲈频以诗来,未暇答也。杨宗稷送《琴谱》,亦自可观。看明七子诗,殊不成语,大似驴鸣犬吠,胆大如此,比清人尤可笑也。"[2]314吕铁钢、黄春和《法源寺》云:"1914 年春,湘绮老人王闿运来京,约请在京名流百余人,多为先朝耆旧,聚集法源寺,为赏丁香,开留春宴,人各赋诗……参加这次留春宴写诗的有赵惟熙、宋伯鲁、周嵩尧、杨宗稷、姚华、陈衍、余葆桢、高步瀛、光云锦、刘瑞潞、刘瑞沖、袁嘉穀、侯毅、陈师曾等。"[3]164－166

杨宗稷老先生在湖南境内的生活事迹,一是杨宗稷老先生在湖南求学时,结交了很多志同道合的朋友,如张百熙,刘异等;二是在清末张百熙管理大学堂事务时,1901年聘任杨宗稷老先生到京师大学堂襄办,其后在1916－1917年调任湖南南华澧安厘金局长、永州东安县知事、南县知事等任职,离开北平回到湖南。杨宗稷《登天心阁》云:"卅年不到天心阁,今日归来丁令威。城郭万家愁满眼,貔貅百战喜扬眉。云迷灵麓波光暗,日冷荒陴草色凄。誓墓何时遂初服,松楸南望岂胜悲。"[4]622应是离开北平到湖南任职时,在长沙天心阁所作。胡迎建《民国旧体诗史稿》对《登天心阁》注解云:"杨宗稷,清末交通部金事,后来他反对袁世凯独裁,欢迎讨袁护法军,有诗句云:'云迷灵麓波光暗,日冷荒陴草色凄。誓墓何时遂初服,松楸南望岂胜悲。'愁因袁氏称帝的阴影所致,因愁而见山河黯然失色。"[5]463

杨宗稷老先生创作了很多诗词,如《题画二首》:"青山红树自成村,修竹千竿昼闭门。一卷黄庭一尊酒,少风波处是桃源。""三年三度见沧桑,野老相逢话夕阳。指点西南天一角,无边烟雨暗潇湘。"《睡起》:"午倦抛书引睡魔,尚无尘梦到娑婆。庭槐亦有南柯好,此际何人富贵多。"杨宗稷老先生是比较雅的,爱好琴棋书画,读书也很刻苦,中午看书,午睡起还作诗一首。

杨宗稷老先生在家乡读过私塾,学过古琴,他是清末贡生,祖上都有功名,耕读传家,到长沙求学时,都有同乡同村的人在长沙读书。杨宗稷老先生1901年才离开湖南,当时已37岁左右,深受儒家文化和湖湘文化的熏陶。杨宗稷老先生自号九疑山人,致力于传承琴学、瑟学文化艺术思想。他经世致用,用实际行动弘扬琴学,琴道思想。这在他的著作《琴学丛书》中都有体现。特别是他独创"琴镜表式谱""琴学问答""琴瑟合谱"等,重视弦歌、琴歌及琴瑟,付出了艰辛的努力。《琴学丛书·琴余漫录》卷二云:"予自乙卯八月从友人处借得庆氏之瑟,即仿制一张,复由杭州定制五色缠弦,依白石道人调弦法安之。"[6]185大概18岁左右,杨宗稷在老家学习了古琴。由杨宗稷《午日过北京大学弹琴感事十四首》第一首诗及自注可知,杨宗稷老先生受张百熙之聘,于1901年到京师大学堂任襄办,在北京新建了琴室。"二十二年如一梦,铜驼应笑抱琴来",由此可以推断,杨宗稷至少在 18 岁左右学习了古琴。

杨宗稷老先生在 20 岁时已经对古琴比较痴迷了,每遇操缦之士必询学谱之法。《琴学丛书·琴粹自序》云:"予弱冠嗜琴,传习数曲,追寻旧谱,迄不成声,于是每遇操缦之士必询学谱之法。"[6]10村中很多先辈们藏书、著书,杨宗稷叔祖杨季鸾不仅是个著名诗人,也是个琴家。杨季鸾《回家二首》云:"一室呼僮净扫除,闲将旧业理琴书。依然古调弹流水,无奈陈编饱蠹鱼。"本村很多琴家跟他学习了古琴。《琴学丛书》中也提到了叔祖杨季鸾。又《琴学丛书·琴余漫录》卷一云:"自远堂《秋声赋》一曲,予不弹已三十余年,近日重理一过,乃知古人制曲之精。"[6]178

琴师黄勉之曾对弟子杨宗稷曰:"向意君前身必大琴学家,发宏誓愿来昌明琴学者。"并称杨宗稷为丘公后身。[7]19杨宗稷是第一个打谱《碣石调·幽兰》的琴家,会稽人丘明是善奏楚调的琴人,梁末隐居九疑山。又贾逸君《民国名人传·杨宗稷》云:"当琴师黄勉之在日,尝谓杨为丘公后身,故杨自撰一联,比于渊明,自祭以致慨。联云:'著琴书四十万言,愿满仍归极乐土;去丘公千五百岁,来时犹认九疑山。'"[8]451

杨宗稷家乡宁远九疑山是舜帝陵所在地,《史记·乐书》云:"者舜作五弦之琴,以歌《南风》。"又《孔子家语·辩乐解》云:"昔者舜弹五弦之琴,造《南风》之诗。其诗曰:'南风之熏兮,可以解吾民之愠兮;南风之时兮,可以阜吾民之财兮。'"理学开山鼻祖周敦颐是永州道县人。钱基博《近百年湖南学风》云:"楚之屈原与宋之周敦颐,一为文学之鼻祖,一为理学之开山。"家乡的湖湘文化对杨宗稷的琴学生涯及琴学观都产生了积极影响,启发他以琴道思想严格要求自己。琴,道也,非艺也。不外象形、谐声、会意三端。以琴传声,如镜临物然。杨宗稷《琴学丛书·琴粹》再序云:"琴之为道,可以语大,可以语小。语大则通天地、和神人,非圣贤有所不能尽。嵇中散《琴赋》所谓'能尽雅琴,惟至人分',是也。语小则应弦赴节,刻羽引商,与胡琴、琵琶同为怡情悦耳之具而已。"[6]11 1923 年刊刻的《琴学丛书·琴学问答》云:"问:古乐器亦多矣,何以独称琴为载道之器,为有益身心性命之学?答:琴音远而声长,无柱隔阂,与弹者呼吸息息相关,是为有益性命。又弹时杂念一动,则指下必乱,非正襟危坐,心平气和不能终曲。然非所论与初学耳。"[6]375

杨宗稷老先生在湖南时曾到汨罗屈子祠,写下《汨罗吊屈原大夫》,诗云:"澧沅兰芷自芬芳,万古骚情楚泽伤。欲识灵均忠爱意,湘流鱼腹问苍茫。"杨宗稷对屈原《离骚》《楚辞》的感情是比较深的,《琴学丛书》两次刊刻了《离骚》,第一次1918年刊刻了《离骚》琴曲,第二次1922年刊刻了词与曲相结合的《离骚》曲。《琴学丛书·琴话》云:"明以后至今三百年,名公巨卿以琴名者无一人焉,抱残守缺,仅二三下位布衣之士,何由提倡风雅乎?光宣之际,朝廷大祀典礼,太常乐部设而不作,用小麻绳为琴瑟弦以饰耳目。礼坏乐崩,于斯为极。"[6]69杨宗稷老先生对恢复弦歌、琴曲古韵的决心与执着可想而知。为了按谱寻声,琴通古今,他努力不懈,为后辈琴学者做出了榜样。

在三皇五帝时已经出现了弦歌这种艺术形式。舜弹五弦之琴,以歌南风。《尚书·舜典》曰:"夔,命汝典乐,教胄子……诗言志,歌永言,声依永,律和声。"又《史记·孔子世家》云:"三百五篇,孔子皆弦歌之,以求合《韶》《武》《雅》《颂》之音。"《墨子·公孟》亦云:"不丧之间,诵诗三百,弦诗三百,歌诗三百,舞诗三百。"许健老师在《相和歌与琴曲》中谈到《碣石调·幽兰》时云:"复活一千五百年前的琴歌,一定会有更大的史料价值。"[9]杨宗稷老先生是第一位把《离骚》《胡笳十八拍》打谱,并以词、琴、曲相结合,使千年的琴歌古韵得以传承,而被广大琴家所认可的人。朱长文《琴史》云:"古之弦歌,有鼓弦以合歌者,有作歌以配弦者,其归一揆也。盖古人歌则必弦之,弦则必歌之,情发于中,声发于指,表里均也。《周礼》太师教六诗,以六德为之本,以六律为之音。夫以六诗协六律,此鼓弦以合歌也。古之所传'十操''九引'之类,皆出于感愤之志。形之于言,言之不足,故永歌之,永歌之不足,于是援琴而鼓,此作歌以配弦也。"[10]146,147

杨宗稷《琴学丛书·琴镜》卷九《离骚》后记云:"《离骚》用无射调,紧二五弦各一徽。当以二弦为宫,不紧七弦。当避七弦散音,用七弦为宫实音。然曲中自一段至十五段,皆以无射调弹。紧五弦一徽徵调,以七弦散音为角,而避二弦散音,既紧之而又避之,甚无谓也。按其徽分,似亦知所用为徵调,而不敢证实其为徵调。于是取徵调应用之徽分而进退之,以别于徵调,如二弦用八徽半、七弦六分,三弦用六徽八分、八徽、九徽半。四弦用十一徽,五弦用六徽、八徽半。六七弦用八徽。按之皆宫不宫、角不角。十六段至二十段,已用无射调,避七弦散音,为此曲之本调。而又不能用无射调之徽分,如七弦用七徽、九徽。四弦、一六弦用十一徽、六弦用七徽三分。是则不惟不知徵调,且并不知无射调,甚可怪也。习琴者,当知琴弦为律准之理。盖每弦三准,每准有律吕十二位,每十二位只能用七位。大琴如是,小琴亦如是,一弦如是,各弦皆如是。如五徽至六徽间,只有五三、五六、五九之三位;七徽至八徽间,只有七三、七六、七九之三位,此出于天定者也。每弦每位,皆可为宫、商、角、徵、羽、变宫、变徵七音。如五六为宫,则五九为变宫,五三不能用。五六为商,则五三、五九皆不能用。七三为变徵,则七九为角,七六不能用。七六为徵,则七九为变徵,七三不能用。此由于人为者也,明乎此理,则旧谱徽分得失,判若黑白。如三、六、八、十一等徽,实音无位,不能用而用之。又如八徽至九徽间,只有八半之一位,而用八四、八三,以及用五四、五半、七半、七八之类,不能悉数,皆大误也。至于转弦换调,亦有一定之理。七弦中,一六、二七弦同音,则七弦实止五弦。五弦散音,只用宫、商、角、徵、羽五音,旋转为五调。如三弦为宫,则四、五、六、七为商、角、徵、羽。四弦为宫,则五、六、七、三为商、角、徵、羽。三弦属何音,则名为何调,此正调也。旧说琴中不用变宫、变徵,似指散音而言,因用之则全弦徽位皆变也。亦有用之者,则借宫调弹商调之二七弦为变宫,五弦为变徵。借宫调弹徵调之五弦为变宫,无射调之七弦为变宫,然皆避散音不用也。至于借宫调弹羽调之一三六弦,借宫调弹角调之三弦,借无射调弹徵调之二弦,各弦散音,更不能用。因七徽皆不当位,散音与七徽同,是宜谓之变调。其余黄钟调紧五慢一各一徽,五弦为宫,一弦亦为宫;慢商调慢二三弦各一徽,三弦为角,二弦与一弦同音,皆为宫,所转之弦,皆非变音,似不得谓之变调。然习惯如此,未易挽回。明乎此理,则无论所转何调,但按其七徽而知其为正音、为变音,断不能出乎一弦三十六位之外,而别有所谓音也。如有之则必并十三徽去之而后可也。自远堂《五声二变清浊音图》,以五声分数琴弦巨细定徽分之位,所得之位,与琴弦律准徽位略同,特不如曹氏《琴学》、孙氏《琴问》之说,言简而赅,是以使人如堕九里雾中,目迷五色。又谓古人清浊音合用,如《风雷引》用清角,《樵歌》用清角、清羽之类,不以为不转弦换调,而以为用清音,不知古人果何如也。凡此琐琐,知之者不待告。告非其人,虽言而不著。世有知者,或不河汉斯言。"[6]310-312 从后记看,杨宗稷老先生对《离骚》调、旋宫转调、徽分等也讲的比较详细,三弦属何音,则名为何调。《离骚》定的是无射调。

又《琴学丛书·琴镜补》卷二《离骚》后记云:"大还阁《离骚》跋云:'《离骚》之操,有合于经文者,惟浙中徐南山、李通侯弹之。然以文谐声,终属支离沮滞,无怪前贤之不录也。'合经文之谱,今恐失传,诚为可惜。蓼怀堂《离骚》段数与大还阁同,而声字更少。每段首题四字,第一段曰'灵均叙初',其次'指天为证'、'成言后悔'、'长叹掩涕'、'灵倚浩荡'、'郢路徘徊'、'女嬃詈予'、'幽情隐恼'、'就舜陈词'、'埃尘上征'、'宓妃结言'、'犹豫狐疑'、'灵均就占'、'巫咸决疑'、'琼佩众蒦'、'兰芷不芳'、'远游自疏'、'南国冒归'、'临睨故乡'、

'从居彭咸',文多于声,相去悬绝。惟大还阁第七段游吟甚多,证以蓼怀堂,此段首题'女婆詈予',恰似申申情景。因从大还阁第七段入手,声与文字居然吻合。第八段'就舜陈词'应以所陈之词为段,而声较文约少四分之三,乃以自远堂六七两段与大还阁节奏同,而指法弦位不同者补之。其余各段,均仿此法。再不足,则取给于蓼怀堂,间有差一二字者,则参以私意注明。今增用自远堂、蓼怀堂者,均注明来历。全曲告成,弦而歌之,宛然放逐孤臣,顜頯行吟,忧伤悲愤情景,绝无《胡笳》缠绵哀怨呢呢之音。不知大还阁何以谓为'支离沮滞'?惟《离骚》继三百篇,而作为词赋之祖,非叶古韵声不能谐。今摘要注出,以便初学。曲中连用两调声字不同,予前刻《琴镜・离骚》谱,后论旋宫转调及徽分定位甚详,可以参观,不复赘录。"[6]330-331

　　杨宗稷老先生打谱《离骚》琴歌谱时,依诚一堂刻本,参照蓼怀堂、自远堂本增补,凡二十段。章华英《古琴》云:"琴曲《离骚》是晚唐琴人陈康士根据屈原著名诗篇《离骚》而创作的。据《崇文总目》所载,陈康士'依《离骚》以次声'。该曲最初可能是依诗吟唱,以后逐渐发展为器乐化的独立琴曲。"[11]40饶宗颐先生云:"《离骚》这曲,我曾下了半载的工夫,弹过数十遍,对它颇有体会。大抵古人制曲有三种:一是以声写情,二是按律谐声,三是依文叶声。《离骚》是属于第一种的。"[12]杨宗稷老先生的打谱原则,是保持古谱原样,不妄更一字。《琴学丛书・琴镜》卷首例言云:"谱中各曲,录刻本者,照原本不妄更一字。抄本则小注、闲字多所删汰,籍省繁文。"杨宗稷老先生打谱《离骚》琴歌,以合经文之谱,今恐失传,诚为可惜。

　　杨宗稷老先生在处理《离骚》填词的方法时,在《琴学丛书・琴镜》补自序云:"壬戌冬月,余客太原,居虞君和钦园中,适虞君门人叶瘦鸿邃于昆曲,善度箫,余与和钦及瘦鸿琴箫和歌,逐字审定。于是全曲悉臻美善,是亟宜补《琴镜》所未备者也……《离骚》词多而声少,吟猱转动,皆填以词……《离骚》第十二段,自二徽一气衔接,直至徽外,以会意写夕穷石、朝沇盘、观于四极、周流乎天情景。第四段中间,用拔剌伏。第十三段中间,用掐撮三声,则因文气至此结束。与曲谱分段不同,以及丰隆乘云句,用双撮谐声写雷鸣,皆可证原谱填词必如此。"[6]314杨宗稷老先生诸书的目的,就是要传承琴学,而且要学琴的人看谱就能学会,毫不保留。《琴学丛书・琴镜》卷首云:"特以好古者,多求师不易,创为此谱。庶几按谱寻声,能自得师,不烦指授。"[6]200又《琴学丛书・琴学问答》云:"当知授琴者虽善用板,亦不愿以板授人……此予所以有《琴镜》之作,不惜倾赀付刊,公诸天下后世也。予学琴十二年,实只传《梅花》一曲,《秋鸿》前七段之板,其余《琴镜》各曲之板皆从自悟得来。"[6]377

作为一个琴人,杨宗稷在他所处的年代,结合当时所面临的问题,用实际行动诠释了中国传统文化的琴道思想。特别是"琴镜表式谱"的发明,对琴学传承起了很大的推动作用。众多琴人纷纷购书习琴,按谱寻声。

二 杨宗稷《午日过北京大学弹琴感事十四首》中的琴人琴事

杨宗稷老先生与北京大学结缘,一是受张百熙之聘,于1901年到京师大学堂任襄办,二是山东琴家王露在北京大学授琴,于1921年逝世,1922年春蔡元培等人特邀请"民国古琴第一人"杨宗稷到北京大学授课古琴。杨宗稷老先生在北大时写了《午日过北京大学弹琴感事十四首》,这十四首诗收录刊刻在《琴学丛书·琴学问答》中。[6]380-381记录了杨宗稷老先生琴学的另外一面。十四首诗均有自注,诗句及自注如下:

> 杜陵广厦万间开,谁识当时辟草莱。二十二年如一梦,铜驼应笑抱琴来。自注:辛丑冬月,长沙张文达公以工部尚书奉命,兼管理大学堂事务。大臣公派予为支应襄办,移居大学堂。迨甲辰春,乃迁铁匠胡同学务处,今琴室即予当时所监修者。
>
> 学子莘莘释奠时,尚书朝服拜丹墀。艰难欲下铜仙泪,大厦全凭一木支。自注:旧大学堂为庚子乱民所毁。联军入京后,洋总教习某草草修葺上课。张文达公奉命接办,艰辛备至。开学日,公服貂朝衣,率学生百余人谒圣,情形惨淡,令人欲泪。
>
> 花下清谈茗饮开,张于曾李一时才。遗书何止刊公例,潜史楼前雁影斋。自注:壬寅春夏间午后,张筱圃、于晦若、曾重伯、李亦元四人张案露坐海棠绿阴下茗谈。予适至,约同坐,四人析疑辩难,援古证今,始终无一俚语俗字,听之如观古小说,傍晚乃散。张筱圃《变法公例论》、李亦元《雁影斋诗》均刊行,于晦若《潜史楼著述》不知刊否。
>
> 不辨旁行斜上文,枉夸旧学厌新闻。如何坐拥皋比客,竟有滕宫业屡人。自注:张文达公接办时,有前洋文教习为彼国鞋工,照合同辞退者,应给与三年薪水及川资。凡洋教习六人费至十万金,然后皆辞退。
>
> 侍从词臣重讲官,怀铅北面向人难。焚膏忍苦分清俸,留作群英弁冕

看。自注：时学生中有官翰林院侍讲者，为同衙门所指摘，尝求去，张文达公解私囊，月赠五十金令毕业。公薨后，侍讲举以告人，感公义也。

粉署登庸破格难，竟教刘晏起清寒。自惭九举明经客，槐棘鹓班一例看。自注：张文达公欲派予为大学堂支应副提调，予以无官辞，公改为襄办，与总办于京卿式枚诸人同时奏派，到堂之日，声明平等观。知己之感，没齿不能忘也。

不堪蜚语满长安，市虎惊人索解难。五色目迷朱碧幻，小臣竟作大臣看。张文达公奏派沈舍人兆祉为随同管学大臣考查学务事宜，盖随员也。他人以"随同管学"四字绝句，呼为"副大臣"。予亟告公，公立撤沈差，愤郁累日，然已负谤三年矣。

风气争夸海外珍，等闲冠履一时新。何人符命如椽笔，竟册曹公九锡文。自注：庚子联军入京后，都门服用竞尚洋式，大学堂学生中有好之者，或乃举其顶至踵凡九物，名曰"加九锡"以讥之。

孔桑心计费钻研，尚有群飞语刺天。一纸书穷三字狱，不教涓滴到贪泉。自注：予与支应提调绍员外英办理大学堂报销，涓滴归公。或谓银行往来尚有小五成回扣，文达公亟函令予与绍员外彻底根究，即由管学大臣函询，银行复称并无是例，其事乃寝。

司农仰屋苦忧煎，借箸挥毫夜不眠。五百万金归挹注，直从沧海润桑田。自注：前大学堂岁费由华俄银行五百万股金内提息金廿万充之，接办时已支罄。予与沈舍人尽一夕之力，代文达公拟奏，请将历年余利廿余万金，并以后每年五百万之息金，尽归大学堂。奉旨"依议"，迄于辛亥，学部赖之。

英髦负笈涉重瀛，南浦波深送别情。门外天涯成永诀，哀声万里动春明。自注：大学堂派学生二十余人赴日本留学，文达公送至火车，忍泪为别，盖预知不能见其归也。公薨后，学生在日本开会追悼，并摄影志哀。

维新黉序壮规模，九拜蒲轮起宿儒。三顾千秋佳话在，古今君相德同符。自注：大学堂开办时，拟奏派桐城吴质甫先生为总教习，坚不肯起。文达公三次往谒，九拜之，乃感公意应聘，一时传为佳话。

景山高矗禁城隈，绝顶登临亦快哉。万户千门来眼底，极天云树净尘埃。自注：壬寅重九，予与邹沅帆同居大学堂，为登高会，就近登景山绝顶，下视内廷，如列舆图，望九城数十万户，但见烟树苍茫，不复知有紫陌红尘、车水马龙之盛。

> 绝调孤弦不自禁，牙琴千古少知音。成连何处钟期死，流水高山识此心。自注：自文达薨后，予以郎官浮沈邮部，三年无寸进，因托于琴以自遣，至今未尝辍业。且以琴为业，竟以琴名，未始非公赐也，亦所以报公也。

《弹琴感事十四首诗》识语又云：“壬戌正月，予应北京大学聘，教授古琴。是卷中，《琴学问答》《读熊与可瑟谱书后》《琴师黄勉之傅》，皆为校中作。适阎百川督军聘予赴太原，未及刊行《弹琴感事诗》，因午日过大学，见石狻猊向人欲语，忽得一诗如宿构，怅触往事，刹那间连得数诗，课余赓续成之，附刊于此。癸亥腊日，九疑山人杨宗稷识于宣南舞胎仙馆。”识语中记述了《弹琴感事十四首诗》创作的过程。

由此可知，杨宗稷老先生因张百熙的邀请，离开湖南到北京任职。1901 年冬任京师大学堂支应襄办，晋升大学堂支应副提调。1904 年春，选为学部理事，迁居铁匠胡同学务处。1906 年调任邮电部侍郎。《弹琴感事诗》记录了杨宗稷在京师大学堂工作中相关的人和事物，同时也特别记录了与张百熙的真诚友谊。

王晓天、王国宇主编《湖南古今人物辞典》云：“张百熙：字冶秋，长沙人。清同治十三年（1874）进士，选庶吉士，授编修，督山东学政。命值南书房，再迁侍读学士。中日甲午战争时，屡陈国事，劾李鸿章阳作备战，阴实主和。光绪二十三年（1897）督广东学政，迁内阁学士。次年，奏荐康有为应经济特科，又奏保使才。戊戌政变后被革职留任。二十六年（1900）任礼部侍郎，升左都御史。《辛丑和约》后，疏请改官制、理财政、变科举、办学堂、设报馆。迁工部、礼部、吏部尚书，派充管学大臣，主持京师大学堂。创医学堂及译学堂、实业馆，选派留学生出国深造，各省派官费生自此始。毕生对清末教育事业，多所建树。后历任户部、邮传部尚书等职。卒后赠太子少保，谥文达。”[13]463 喻长霖《京师大学沿革略》云：“戊戌（1898）元月诏开京师大学堂，夏五月命孙家鼐管理大学堂事务。……辛丑（1901）冬，皇上返跸，迫于时变，维新之论复起。寻罢科举试，考录海外留学。十二月朔诏张文达百熙为管学大臣，翌日以同文馆归并大学堂……其经费：除华俄银行五百万仍拨应用外，各省每年大省二万、中省一万、小省五千，拨解常款。”[14]110－112

杨宗稷在工作上尽职尽责，没有丝毫怠慢，认认真真并开创新的完成工作。在京师大学堂经费紧张的情况下，与沈兆祉通晓达旦，替张百熙草拟奏折。据《北京大学史料》光绪三十年二月初二日学务大臣知照华俄道胜银行改写存款名目云:"总理学务大臣孙,为札饬事。案照京师大学堂奉旨派总监督管理,管学大臣改为学务大臣,总理全国学务。所有从前大学堂与华俄道胜银行来往款项,无论长存浮存各项票折,此后均须一律改写总理学务处名目,以清界限。为此札饬。札到,该银行即与学务处支应提调绍英、襄办杨宗稷,将款项名目改写清楚,是为至要。切切。此札。右札华俄道胜银行,准此。"[15]521特别是有人讲与银行交往,有小五成回扣。张百熙听到,马上叫杨宗稷及绍英彻底根究。一经查明,并无此事。可知杨宗稷廉洁、公正无私。

张百熙的爱士之风、清风亮节,为世人所称赞。大学堂开办时,拟奏派吴质甫为总教习,坚不肯起,张百熙三次往谒,九拜之,乃感公意应聘,一时传为佳话。民国天台野叟《大清见闻录·张文达之爱士》云:"京师本有大学堂,庚子之乱,生徒星散,由是长沙张百熙被命管学。公夙负学界重望,苦心孤诣,锐意兴学,礼聘桐城吴挚甫先生为教长,阳湖张鹤龄副之,纲罗一时名流殆尽,开师范、仕学、译学、医学四馆,继又开进士馆、豫备科。自是五方秀士鳞集黉塾,文学彬彬振朝野矣。"又《大清见闻录·张文达清风亮节》云:"管学部时,尝有广厦万间之志,嗣因绌于经费,又为忌者所阻,遂中止。殁后,门弟子筹金七千两,欲为公范铜像,因其家饘粥不继,此款权储京号义善源生息,以资存活。义善源倒闭,此款亦被吞没。文达清风亮节,自堪千古。"[16]682王式通在1914年八月为《琴学丛书·琴话》作的序,也提到了杨宗稷老先生与张百熙的关系。张百熙1907年逝世,孙宝煊《忘山庐日记》云:"六日,晡时百、诒仲、瑶琴、一山、誉虎诸人,晚归。七日,晴。晨,趋署。是日,长沙张文达灵牟而南行,丧仪甚盛,宾友步送……"又云:"诣湖南馆,长沙张文达公是日周年,其乡人为设位公祭。"[17]994,1121

杨宗稷始终不忘张百熙的提携之力,每岁逢张百熙生没日,设公祭于岳云别业,十余年如一日。《琴学丛书·藏琴录》云:"辛亥(1911)春夏间犹无成,遂议先购城南罅地一区,略筑园亭,名曰'岳云别业'。每岁逢文达生没日,设公祭于中,凡与文达有旧者皆得往祭,十余年如一日。将军于文达有文字知遇之感,亦与祭焉……庚申(1920)二月十七日,公祭张文达公于岳云别业,入门有弹琴者,杨君宗稷也,鼓《平沙落雁》数段……庚申以后,岳云别业常开琴会,多至七八十人后斋上,公相与提倡之力也。"[6]389—390

杨宗稷1922年春到北京大学授课古琴。早先,1916年,周文燮、唐鸿志、廖书仓等北大学子发起成立"北京大学音乐团",不久更名为"北京大学音乐会",下设国乐部和西乐部。1918年蔡元培校长、章太炎等人邀请王露到北大教授古琴,然后又更名为"北京大学乐理研究会",1919 年再度更名为"北京大学音乐研究会",蔡元培校长亲自撰写章程。在蔡元培校长的关心支持下,为研究会解决了一系列困难,并形成了良好的研究、学习环境。1920 年 3 月《音乐杂志》创刊,1920 年王露先生病重,便请假回乡,由学生张友鹤代授古琴。1921 年 11 月,王露病逝。张友鹤经常参加杨宗稷的琴学雅集活动,在"岳云别业"琴会上,与杨乾斋合奏《平沙落雁》等琴曲。1922 年春,蔡元培校长等人特邀请"民国古琴第一人"杨宗稷到北京大学授课古琴。同年冬,受督军阎锡山的邀请,到山西授古琴,传承雅乐。杨宗稷老先生弟子虞和钦作的《琴镜补》序云:"余与杨子交最旧,且尝从学为操者。值余督学三晋,阎督军百川,雅好古乐,闻杨子名,礼聘焉,杨子乃惠然来。晋之人及门委赞者踵相接,杨子因各就其所愿者而授焉。"[6]313在山西跟杨宗稷老先生学习古琴的人很多,赵炳麟《茆棚访杨时百不遇》云:"约我弹琴鬐岭巅,如何先我冒风还。我来君去如劳燕,为访茆棚一怅然。"[18]304

三　杨宗稷京沪诗词中的琴人琴事

众多文人、琴人为了弘扬琴学,恢复雅乐,积极创办琴社,如长沙"愔愔琴社"、山东"德音琴社"、山西育才馆琴社、山西"元音琴社"、北京"金陵琴社"、北京"岳云别业"、北京"九疑琴社"、苏州"怡园琴会"、北京大学音乐研究会、上海"晨风庐琴会"及苏州"今虞琴社"等,召开琴学雅集,著书及收集整理琴谱,在当时社会环境下,为古琴的传承注入了新鲜活力。

杨宗稷刊印《琴学丛书》,得到很多朋友及弟子们的支持和帮助。考古学家李济曾出资帮助刊印《琴学丛书》。李济跟杨宗稷学过古琴,《琴学丛书·幽兰和声》卷一收录了李济写的《幽兰》琴文。周庆云也出资帮助刊印《琴学丛书》,收录在周庆云《晨风庐唱和诗存》中的诗句见证了两个人的友谊。杨宗稷《湘龄先生馈〈琴学丛书〉刊资百金,谨以此琴奉酬,感赋志谢》一首云:"四载麟鸿契已深,神交千里感苔芩。封侯未识荆州面,知我先分鲍叔金。盐荚书成经世志,雅琴史续百年心。枯桐有媿琼琚报,漫比中郎囊下音。"周庆云也赠诗给杨宗稷,《时百至契,以广陵徐二勋常遇响山堂旧琴自宣南寄赠,并题诗其上,因次韵答之,复作《琴契图》,以见我两人忻合无间云尔》云:"惠我琼瑶感愧深,孤桐秀出峰阳岑。弦调清越鸣寒玉,书辑丛残检碎金。好向牛鬐寻断发,却凭凤嗉寄遐心。二勋逝矣风流歇,寥落人间几赏音。"

周庆云是近代著名盐商、大收藏家,爱好词学、书画、古琴,收藏琴书、古琴甚多。夏敬观《吴兴周梦坡墓表》云:"君姓周氏,讳庆云,字湘龄,一字梦坡,浙江吴兴县人。幼聪敏劬笃,沉潜文典。年十七,为诸生,有名,选授永康县学教谕,不赴,纳粟为直隶州知州,加三品衔,赏戴花翎……君虽日与商贾狎处,顾勤著述,工诗文词,能书画,善雅琴,精鉴别,考订金石文字。晚岁尝命啸俦侣结吟社……《灵峰志》《莫干山志》《西溪秋雪庵志》《南浔志》《浔溪诗征》《文征》《词征》《浔雅》《历代两浙词人小传》《琴史补》《琴史续》《琴书乐书存目》《获古丛编》《历代金石诗录》《续古志石华》《金玉印痕》《梦坡文存》《诗存》《词存》《玉溪碎锦集》,共若干卷。其集资为文澜阁补钞《四库全书》阙佚四千四百九十七卷,校勘精审,厥功尤大,著有记录。"[19]240–241周庆云一生著述众多,于1914年编撰《琴史补》二卷、《琴史续》八卷,杨宗稷老先生为之作序。特别是1920年,周庆云召集全国琴人到上海晨风庐召开琴会,杨宗稷全力支持这次琴学雅集活动。周庆云《征集琴会启》云:"元音不作,雅乐将沦,深识之士以为音律之盛衰,系乎人心之邪正。近年以来,海内名流研精琴理,是以吴中则有恰园之集,宣南则有岳云别业之集。窃不自揆,拟步后尘,以声气之应求,为乐律之讨论。伏望同志诸君子,及方外闺媛,偕琴戾止,各奏尔能,古调重弹,赏音勿阒。庶几引商刻羽,共扶大雅之轮;海水天风,待访仙人之棹。谨拟数约,伫盼教言。"[20]

1920年召开晨风庐琴会,从10月12日到10月14日结束,共百多人参加了琴会。杨时百携爱子杨乾斋、女儿杨宝书参加了晨风庐琴会,弟子彭祉卿、沈伯重等也参加了。杨宗稷在琴会上演奏《渔歌》、杨乾斋演奏《潇湘水云》,彭祉卿演奏《忆故人》。周庆云演奏了《沧海龙吟》。

杨宗稷老先生为自己的藏琴题诗也很多,特别是为唐琴"彩凤鸣岐"题了长诗。《琴学丛书·藏琴录》云:"唐琴第一推雷公,蜀中九雷独称雄。戊日设弦已施漆,信有鬼斧兼神工。选材酾饮冒风雪,峨嵋松迈峄阳桐。吴越百衲云和样,春雷犹见宣和宫。灵开村中八日合,杂花亭畔余仙踪。秋堂芝味成雅器,雾中山远闻霜镛。徽弦一泛山水深,率更妙墨留池中。伏羲样剪孙枝秀,徐浩题字石经同。嗟予嗜琴已成癖,京华十稔搜罗穷。良材入手惊奇绝,物萃所好神亦通。开元二年题名在,千二百载刹那空。落霞仿古神女制,如敲清磬撞洪钟。成连子期不可作,曲终目送冥冥鸿。会当嵌金字刘累,常恐风雨随飞龙。开元后廿甲寅,荷花生日,九疑山人杨宗稷自题。"[6]388杨宗稷老先生非常喜欢这张"彩凤鸣岐",其后再次题诗:"禅寮花落画愔愔,猿啸龙吟万籁沈。定府旧藏真第一,曲终人远晚烟青。"[6]389并把题诗刻在琴的背面。杨宗稷老先生逝世后,古琴"彩凤鸣岐"为徐桴收藏,1953 年徐桴后人通过镇海文管会将琴捐赠给浙江省博物馆,现为镇馆之宝。2008 年,浙江省博物馆给所藏的两张唐琴"彩凤鸣岐"与"来凰"录音,特邀请古琴家成公亮、丁承运、姚公白三位弹奏。"彩凤鸣岐"琴弦用了黄树志先生制作的丝弦——太古琴弦。2009 年 9 月,由浙江文艺音像出版社出版两张 CD,分别是《彩凤鸣岐》和《来凰》。古琴家用"彩凤鸣岐"演奏十首琴曲收录在《彩凤鸣岐》CD 中,曲目及演奏者分别为:《慨古吟》《流觞》《平沙落雁》《白雪》(丁承运),《阳关三叠》《沉思的旋律》《洞庭秋思》(成公亮),《古风操》《颐真》《乌夜啼》(姚公白)。2010 年 11 月,在浙江省音乐厅举行了以"凤凰和鸣"为主题的古琴演奏会,再次邀请古琴名家用千年唐琴"彩凤鸣岐"和"来凰"演奏。

杨宗稷为弟子李琬玉《题琬玉女士遗墨》云:"昙花一现示前因,慧业三生澄此声。才福难兼名益著,烟霞点染技通神。胡笳绝调怜家学,潇水湘云更几人。欲碎瑶琴报钟子,知音巾帼谢风尘。"李琬玉是好友李静的长女,曾跟杨宗稷老先生学琴,1928 年 8 月病逝。

杨宗稷老先生为一代琴学宗师,从诗词的另一面了解他的琴学人生,可知他为传承琴学文化付出了很大的心血。章士钊云:"杨君时百,今之师旷也。"[21]500虞铭新《琴镜释疑序》云:"琴之杨,诗之杜也。"

参考文献:

[1]章锐夫.湖南百年老照片[M].北京:中国文史出版社,2007.

[2][清]王闿运.湘绮楼诗文集:五[M].长沙:岳麓书社,2008.

[3]吕铁钢,黄春和.法源寺[M].北京:华文出版社,2006.

[4]张翰仪.湘雅摭残:二[M].长沙:岳麓书社,2010.

[5]胡迎建.民国旧体诗史稿[M].南昌:江西人民出版社,2005.

[6]杨宗稷.杨氏琴学丛书[M].长沙:湖南教育出版社,2007.

[7]吴叶.杨宗稷及其《琴学丛书》研究[M].北京:人民音乐出版社,2015.

[8]贾逸君.民国名人传[M].长沙:岳麓书社,1993.

[9]许健.相和歌与琴曲[J].音乐研究,1985,(3):35-42.

[10][宋]朱长文.琴史[M].北京:中华书局,2010.

[11]章华英.古琴[M].杭州:浙江人民出版社,2005.

[12]饶宗颐.饶宗颐二十世纪学术文集:第 16 册 11 卷:文学[M].台北:新文丰出版公司,

2003.

[13]王晓天,王国宇,毛健.湖南古今人物辞典[Z].长沙:湖南人民出版社,2013.

[14]李友芝,李春年,柳传欣,葛嘉训.中国近现代师范教育史资料[Z].北京:北京师范学院内部印行,1983.

[15]北京大学校史研究室.北京大学史料:第一卷1898－1911[M].北京:北京大学出版社,1993.

[16][民国]天台野叟.大清见闻录:中卷:名人逸事[M].郑州:中州古籍出版社,第682页

[17][清]孙宝瑄.忘山庐日记:下[M].上海:上海人民出版社,2015.

[18][清]赵炳麟.赵柏岩集:下[M].南宁:广西人民出版社,2001.

[19]卞孝萱,唐文权.民国人物碑传集[M].南京:凤凰出版社,2011.

[20]周庆云.晨风庐琴会记录[M].民国十一年刻本.

[21]章士钊.章士钊全集:第五卷[M].上海:文汇出版社,2000.

（原载 2017 年第 5 期,作者单位:湖南科技学院）

琴家杨宗稷及其门人在湖南的古琴活动

✳ 欧阳平彪

一 杨宗稷、黄勉之、宾楷南等琴家在湖南的学校传授古琴

杨宗稷(1864-1931),字时百,又作诗百,号九疑山人,原姓欧阳,1864年4月13日出生于湖南宁远县清水桥平田村。清末贡生,曾担任礼制馆编纂、湖南南华澧安厘金局长、永州东安县知事、南县知事等。为清末民初古琴大师,被称为"民国古琴第一人"。创办九疑琴社,为"九疑派古琴"的开山鼻祖。下面主要谈谈杨宗稷老先生(1916-1917)及其门人在湖南的琴学活动。

1916年8月,杨宗稷从北平一路南下。这次返乡,杨宗稷随身携带了《琴学随笔》手稿和一张名为"玉壶"的古琴。为了弘扬古琴文化,传承礼乐,让更多人学习古琴,杨宗稷这一次回到自己家乡湖南任职,时刻不忘传承中国文化。先到湖南长沙,与好友范秉均、宾楷南在省公署见面,共同商议恢复礼乐教育,振兴琴学。范秉均、宾楷南等都知道好朋友杨宗稷是个著名琴家,古琴鼓的很好。杨宗稷老先生建议在学校开设古琴选修课,进行古琴教学。大家都支持,赞同了在学校的古琴教学。宾楷南也曾任湖南第一公立法政专门学校(前身为湖南法政学堂)校长,学校原来在长沙城南,后来搬迁到岳麓书院内,也就是湖南大学的前生,一时间学古琴的人数达到一百多人。杨宗稷老先生和宾楷南的琴学活动也为彭祉卿等人1917年在湖南长沙创办"愔愔琴社"奠定了基础,这使湖南古琴文化的发展传承得以继续,并不断壮大。杨宗稷的《琴余漫录》也记载了此事,云:"丙辰八月,予旋湘垣,长沙范君秉均、湘潭宾君楷南皆在省公署,相与重理徽弦,因议提倡琴学于学校中,添'随意科',一时和者甚众,约得百人。"[1]172

古琴的教学在不断的推进中,学琴的人也越来越多。杨宗稷老先生的古琴名声很大,跟他学古琴的人也越来越多。杨宗稷因在政府工作公务在身,一时也忙不过来,具体有多少琴人跟杨宗稷老先生学过琴,文献记载也少。如清江蒋子

坚在长沙,见杨宗稷先生执弟子礼。杨宗稷《藏琴录·百年》云:"初见予,即偕祖卿执弟子礼。予不敢当,亦不敢辞,至今惶悚。"同时也可见杨宗稷的琴学在当时湖南的影响力很大。

杨宗稷因要赶往湖南南华澧安任职,安排好湖南长沙古琴教学事务以后,1916年10月3日离开湖南长沙。赴任时杨宗稷走的是水路,可能是风大等原因,船在洞庭湖翻了。杨宗稷险些溺水身亡,然而所带琴学书籍、文具等都落水了,没有保住,只剩下"玉壶"琴。《琴学随笔·自序》:"丙辰八月,解京职旋湘,携置行筐,十月赴南华澧安。榷次覆舟洞庭,灭顶不死,书籍文具荡然。"[1]137

杨宗稷在湖南任职期间,先后担任三个职务:湖南南华澧安厘金局长、永州东安县知事、南县知事。1916年10月任湖南南华澧安厘金局长一职,到1917年2月离任;1917年2月到永州东安县任县长,1917年3月23日离任;1917年4月任湖南南县任县长,1917年8月离任回北平。

1917年《政府公报》档案记录:"试署东安县知事杨宗稷,二月十六日委任。"又1917年《政府公报》档案记录:"代理南县知事杨宗稷,三月二十三日委任。"1916年10月26日,政府下文免去杨宗稷交通佥事一职。1917年,杨宗稷到永州东安任职前,在长沙与"湘社"成员在白居易生日这一天进行了琴学雅集,雅集后离开长沙,到东安县任职。白居易生日是农历正月二十日,即阳历1917年2月11日,与到东安县任职时间(2月16日)相吻合。杨宗稷离开永州东安县去南县(1917年4月)任职前,曾回到长沙与朋友宾楷南等人见面。这与杨宗稷的《琴学丛书》文献记载完全一致,所以杨老先生在湖南的主要古琴活动还是比较清楚的、可考的。

杨宗稷老先生在永州东安县期间,除了工作外,每日鼓琴、看书。杨宗稷老先生在永州东安任职时,宾楷南书信杨宗稷商议斫琴事宜,杨宗稷老先生决定从北平调来弟子秦华负责斫琴。杨宗稷离开永州东安县去南县任职前,曾回到长沙,再次与宾楷南商议斫琴事宜。杨宗稷老先生虽然在永州东安县任职时间不到两个月,但是杨宗稷老先生把古琴文化带到了永州。《东安县志》历届县长一栏,也记录了杨宗稷在永州东安县任县长一职。笔者询问平田村一位80多岁的白仁老先生,得知杨宗稷的弟弟杨宗彩的夫人及他女儿宝卿从福建回到过平田,杨宗彩的夫人回到平田后就没有离开过平田,一直到解放后去世。杨葆元的堂妹杨宝卿,在北平时跟伯父杨宗稷学习过古琴,不久和母亲回到平田村,每日鼓琴、读书。杨宝卿毕业于北平女子师范学院,杨宝卿的丈夫,是宁远谢家村人氏,离平田村不远。白仁老先生也回忆起杨宗稷曾经回到过平田,老先生讲在福建当过县长的,平田村只有杨宗彩一个,所以记得有这回事。白仁老先生讲的和杨宗彩儿子杨宝禄写的《古琴家杨时百伯父生活札记》回忆录也是一致,故而白仁老先生讲的话也是可信的。但是杨宝禄的回忆录并没有提起杨宗彩的夫人去世时间及杨宗稷回到平田这两件事。按照常理,笔者推测,杨宗稷到湖南任职,特别是到永州东安县任职时回到过平田可能性比较大。

1917 年 8 月,杨宗稷离开湖南南县,1917 年 12 月 24 日从湖南回到北平,回部供职。《琴学丛书·藏琴录》:"丙辰八月,予解京秩旋湘,丁巳腊月回部供职。俸入更薄,才足糊口。"在丁巳祀灶日便得"秋鸿"古琴一张。《琴余漫录》卷一:"丁巳祀灶日得小琴,池上大篆'秋鸿'。"

为了解决古琴教师短缺的问题,杨宗稷推荐了自己的老师黄勉之先生,黄勉之先生也接受了宾楷南的礼聘,答应到湖南长沙来传授古琴。王树楠撰文《琴师黄勉之墓碑》云:"丁巳湘人宾楷南玉瓒聘往长沙,集校中聪颖弟子数十人,专授琴法,年余而归,己未正月二十八日,以疾没于宣南之寓庐,享年六十有六。"[2]313

黄勉之先生,1917 年开始在湖南教授古琴,很多学者没有注意到这个琴学事迹,杨宗稷先生和黄勉之先生为湖南的古琴文化的发展做了很大的贡献。据中国艺术研究院音乐研究所图书馆所藏的王树楠撰《琴师黄勉之墓碑》记载可知,黄勉之先生晚年,主要的古琴教学活动在湖南,且古琴教学的时间比较长。宾玉瓒先生在众多古琴学员中,选了鼓琴鼓的比较好的学员,请黄勉之先生亲自传授琴学。可知杨宗稷、宾玉瓒、黄勉之等琴人,为了振兴湖南琴学,做出了很大的努力。然而,文献条目记录黄勉之先生在湖南的琴学活动比较少,不得不说这对湖南琴史来说是个遗憾,还望各位琴学知音者,今后发现资料在补充说明。笔者推测,黄勉之先生可能因身体的原因,不得不离开湖南,回到北平修养,到北平后,不久因病于 1919 年在宣南之寓庐去世。

杨宗稷《琴粹·自序》:"垂廿余岁,戊申仲春,浮沉郎署,索居寡欢,重理丝桐,以消永日。嗣闻金陵黄君勉之不改旧谱,能弹大曲,从习《羽化》一操,乃得所谓吟猱指法,于今三年矣。"[1]10

黄勉之(1853 – 1919)清末民初著名古琴家,幼年启蒙受业于萧山陶梦兰,在北京成立"金陵琴社",广收弟子。戊申年(1908),杨宗稷拜黄勉之为师。弟子有:李济、桂百铸、贾阔峰、溥侗、叶诗梦等。众多弟子中,杨宗稷最为出类拔萃,鼓琴鼓的最好。王树楠撰写《琴师黄勉之墓碑》云:"勉之以其琴学教授弟子,惟宁远杨时百得其传,知之最深。"[2]313 王式通为杨宗稷《琴话》作序云:"琴师江宁黄勉之谓:'授琴数十年,弟子数百辈。孟晋无出君右者。'"[1]53《琴学问答·琴师黄勉之传》载:

> 尤精于琴,专重指法吟猱,有一定转数,不能以意为摇动。书谱左右手指法百余种,皆能析及毫芒。以其法施于古谱,进退上下若合符节,自成节奏。最重板眼。吟猱种类,以板别之;全曲节奏疏密,又以吟猱进退之板别之;板之缓急,以呼吸之长短别之。
>
> 初入弄,尽一呼吸之力为一板,以次渐急,曲将终复慢,大曲则三慢而后终,千篇一律,确不可易;而节奏则清奇浓淡、情景各异,无一曲同者。更重姿势,身离案尺许,臀著几不过一寸,与未坐等,作骑射状,左右手如张弓,两足成丁字形,以一足拍板。调弦动指,即贯以全神,有极隽峭清越数十声。非极得意时不弄,自谓仙灵经过,亦必停骖。
>
> 入调后,精气内含,形同槁木,收视返听,摄息凝神,寄呼吸于指下,可以代喉舌,唇微动念念若有词。右手如善书者纯用笔尖往复屈伸,银钩铁画。左手入木三分,自谓按音能透过琴底,而望之不甚用力。但闻金石之声,丝毫不妄动,虽新弦进退无杂音。[1]379

从杨宗稷写的《琴师黄勉之传》可知,黄勉之先生注重指法吟猱、节奏、姿势,人的呼吸与指法,鼓琴的关系很重要,以琴传道,以琴养情等的琴学观点,以及黄勉之先生教学古琴的要求和特色等。杨宗稷在《琴镜》卷首《例言》:"学谱之法,宜拣一曲中腔调最为合意而板眼分明者一二句,先将工尺或弦数指法字念熟,其次将板眼拍准,然后学弹;又先将徽分指法记清,总以腔调为主,腔调纯熟,再求板眼,最后研究指法,必须丝毫不错,快弹、慢弹皆不参差,则学全曲不难矣。"[1]200

宾玉瓒(1871-1940),名楷南,湘潭县锦石乡太阳村堆紫山人,精于琴棋书画。父燮生,清文林郎。清光绪二十六年(1900)宾玉瓒参加乡试,中解元。几年后,宾楷南赴日本法政大学法政速成科学习。宾楷南曾任湖南省法政专门学校校长、广西法政大学校长等。宣统元年,广西司法官考试中,拣选知县彭兆璜、宾玉瓒为襄校考试官。

杨宗稷老先生在湖南和北平,经常与宾楷南讨论琴学、瑟学等。《琴学丛书·琴余漫录》卷二:"今宾君楷南,拟定调弦法,可知非律吕不能尽旋宫之变,而七音不能越律吕之范围,古今中外现无二致,盖天地自然之妙用,非人力所能强为异同。白石与熊氏之说皆成画饼,而湖南邱氏所谓律不用吕,用吕不用律,更无论矣。因请宾君笔之于书,以公同好。"[1]185

杨宗稷对瑟学、琴瑟传承非常重视。《琴学丛书》中多有记述,亲自制作瑟。虞铭新《琴镜补序》:"诸生有愿兼学瑟者,杨子复授以《鹿鸣》《伐檀》《七月》三诗。《鹿鸣》《伐檀》旧谱有琴而无瑟,《七月》反之。因各谱其缺成三卷,名琴瑟合谱附焉。"[1]313

宾楷南在北京广济寺进入佛门,并筹办弘慈佛学院,自任讲师。1928年,宾楷南在北平法源寺创办了中华佛学院,并任中华佛学院副院长。黄夏年《谛闻法师的教育人才观》引《谛闻尘影集·中华佛学院开学感言》:"中华佛学院之所由亟亟于成立也。空也法师及宾楷南居士,有鉴于此,以为佛教之衰微,由于僧伽之腐败,僧伽之腐败,由于教育之不振,特创设中华佛学院……当开学之日……首由院长空也法师报告创办本院之宗旨,及将来之目的。次由院护宾楷南居士,演说现在佛化衰微,僧伽腐败之情形,及谋所以救治之法。"[3]134

杨宗稷在《藏琴录》云:"余闻佛法亦十年,辛酉冬夏受优婆塞菩萨戒,然每日焚香拜佛、念佛功课,仍不如弹琴、著书方多,思及'蹉跎'二字,不禁惶悚。"杨老很早就闻佛、拜佛,书写佛经等,如癸丑(1913)夏秋间,予写《楞严经》,杨宗稷斫琴弟子秦华也耳濡目染,学抄经书,诵《华严经》。1921年成为在家居士,深自忏悔,撰联云:"何以慰心眼,一声阿弥陀。日暮而途远,吾生已蹉跎。"

又据杨宝禄《古琴家杨时百伯父生活札记》回忆记录:杨宗稷去世后,出殡以64杠灵棚将灵柩暂厝法源寺,在法源寺停灵一年后,移灵安葬于八大处。法源寺与杨宗稷的宅子相聚不到600米。

1931年冬杨宗稷去世后,宾楷南也于1932年返回家乡,在湘潭梧桐街创办湘潭佛教居士林亲任林长,又在长沙沙河街创办省会佛教居士林,并在长沙创办《湖南居士》专刊。1940年夏,病殁湘潭寓所,坐化于湘潭海会庵,骨灰供奉于湘潭居士林,葬衡山。[4]307

二　杨宗稷、宾玉瓒与程颂万等"湘社"成员的琴学雅集

在湖南期间,以及到北平期间,宾玉瓒都跟黄勉之和杨宗稷学过古琴,并且经常在一起讨论琴学和瑟学等。如在湖南举行诗词、琴学雅集等活动。杨宗稷

和宾玉瓒亦师亦友,关系密切。特别是在湖南与"湘社"成员的诗词、琴学雅集,成为文人士大夫的佳话。

程颂万《鹿川诗集》卷七"丁巳"《白香山生日饮集,杨时伯、宾楷南弹琴,次香山〈喜入新年〉韵》:"旧约波臣与酒臣,今年春到未弥旬。追寻洛社图中客,同是怀沙劫后身。杨柳樱桃三月雨,琵琶瘠篥五朝人。尊前试听渔樵答,徽外寒多觉敛春。"[5]91丁巳即1917年,农历正月二十日,是白居易生日。以前文人士大夫有很多雅集活动,如苏东坡生日、花朝、中秋节等,在这次雅集中,杨宗稷用"玉壶"琴,鼓了九疑派的著名琴曲《渔歌》、宾楷南鼓了九疑派琴曲《渔樵问答》等。

杨宗稷云:"丁巳三月,宰南县,适随身携晋琴名'玉壶'。""玉壶"古琴,今现藏浙江省博物馆,1914年3月8日,杨宗稷生日这天,于都门够得此琴。"玉壶"琴:伏羲式,朱漆,小流水断。全长119cm,两肩之间最厚处为5.7cm,有效弦长(岳山左侧至龙龈右侧)108.5cm,额宽18.1cm,肩宽19.4cm,尾宽13.8cm。其中,内、外侧雁足和七个琴轸缺失。略有低头,岳山较高,龙池圆,凤沼呈长方形。轸池下篆书"玉壶"琴名,圆形龙池,长方形凤沼,池上有杨时百题款,池下有"吾家永远之宝"泥金六字方印,池内刻"咸和元年春三月制"。[6]122

杨宗稷先生《藏琴录》对玉壶的评价:"音透润,得未曾有;弦高欲,绝尚不觉其紧。"又曰:"咸和元年春三月制,其声音、尺度、木质、漆色与热河故行宫所藏王徽之之琴绝相类是。"[1]388

程颂万、易顺豫、易顺鼎、王景峨等湖社社员,成为后"湖社"的重要组织力量。程颂万、何维棣等社员都与王闿运有交往,程颂万作《鹧鸪天·题张雨珊年丈湘弦离恨谱集句》,易顺豫作《瑞鹤仙·题梦湘琴忆图》。何维棣作《题张雨珊丈湘雨楼图》云:"半生豪气青山履,一代清名白雪楼。莫更湘弦吟暮雨,披图翻揽子荆愁。"杨宗稷与王闿运也有交往。杨宗稷嗜文学,工书法,杨宗稷《藏琴录》记录了他的部分藏琴,上面的铭文、诗词、书法等都是杨宗稷先生亲自书写的。如杨宗稷《题画二首》诗词,云:"青山红树自成村,修竹千竿昼闭门。一卷黄庭一尊酒,少风波处是桃源。""三年三度见沧桑,野老相逢话夕阳。指点西南天一角,无边烟雨暗潇湘。"以隶书题刻所藏《春雷秋籁》云:"寂静深宫二百年,朱弦锦禪欲成烟。得堪更谪人间世,输与《幽兰》绝调传。"庐陵彭祖卿、清江蒋子坚于长沙得古琴良材,制为三琴,各得其一,也请杨宗稷先生题写铭文。

程颂万(1865－1932),字子大,号鹿川,晚号十发居士,湖南宁乡人。父程霖寿,监生,官湖北高等工业学堂监督,候补道等。著《美人长寿庵集》《定巢词集》《鹿川词》等。兄颂芬,光绪八年(1882)举人,英年早逝,有《牧庄遗稿》存世。程颂万也是会鼓古琴的,杨宗稷在湖南其间,程颂万在杨宗稷门下学习古琴。程颂万《集梁璧垣别墅和湘绮翁韵二首》:"槽床渗滴琴新拭,醉弄春风何处边。"[5]93刘善泽著《天隐庐诗集·伊浦精舍同宾楷南解元夜坐》:"野服影邀公若共,枯琴情赖子春移。"[7]425

三 杨宗稷和弟子秦华、宾楷南在湖南斫琴琴学活动

在湖南琴学传承学习中,学员人数众多,学员学的琴不够用,杨宗稷和宾楷南商议,自己斫琴。杨宗稷从北平调来秦华负责斫琴,1917 年 4 月 15 日—8 月 15 日,四个月的时间共斫琴 140 张琴。杨宗稷《琴余漫录》云:"苦无多琴,公署故多桐。数十年来,雷震风挠为柴薪者,所不及者堆积一室,中皆良才也。适予携仆人秦华,经予数年指授最善制琴,宾君请于谭省长,得慨然允许。就署东偏,集赀鸠工数十人,命秦华董其事,自丁巳四月十五日迄八月十五日,凡四阅月,制成一百四十琴,其音皆兼有苍松、清脆之妙,远出明琴上,其最佳者,与上选唐宋琴相伯仲. 见者无不叹为得未曾有。"[1]172

在湖南斫的这 140 张古琴,大部分琴的音色都很好,苍松、清脆,有些琴超过明琴。最好的琴,与唐宋琴相伯仲,大家无不赞叹,可想杨宗稷、秦华的斫琴艺术之高。因时间紧,有些琴材没有干枯、干透,就出现了折腰等毛病,如"震余"碎为十七片,杨宗稷修成后,与百衲琴一样。

1912 年,杨宗稷雇佣秦华来家,随后跟随杨宗稷老先生学斫琴。《琴余漫录》云:"秦华,山西潞安人,向业铜匠,壬子腊月,佣工来予家,粗能识字。癸丑夏秋间,予写《楞严经》,华亦学写,不及半部,竟能解悟。写成而文理渐通,好读唐人说荟古小说之类,偶做纪事,文颇古雅。时予延琴工来家修琴,华以为未尽善,问能修否? 自谓能修,乃以沙音琴(即古称 ? 僝音也)试之,竟修平,无少疵病,又令破修古琴数十张,一经重斫,较未破时无不相去霄壤。凡予所欲修改,他木漆工不能解者,华皆能得其奥窍,其所新制琴,不知比于唐雷威、雷霄如何?"[1]172–173

在湖南斫的这一批古琴中,杨宗稷的《藏琴录》《琴余漫录》等都记载了湘中制琴事,及琴的款式、琴铭等。《琴余漫录》云:"宾君致书云:'前日坐寐,梦伏羲

飘然而来,授以制琴妙诀,其势以方为宜,故宾君作方式琴二十余张,以第一号宣和式者,名'梦羲',音亦为诸琴之冠,一百四十号者,名曰'湘桐',以九十四号名曰'震余'者赠予。余各为之名,不能悉数。'"杨宗稷《藏琴录》《琴余漫录》记录湖南斫琴事迹如下:

《藏琴录·寿岂》云:"正合式。宾君楷南得良材所制百卌琴之一。长方池,上刻径寸大草'寿岂'二字。池中右刻'民国六年八月',左刻'宾玉瓒监制弟百二'。琴成时有妙音,惜转瞬折腰,不能下指,非碎为百钠未易修治也。"[1]393

《藏琴录·玉壶亭》云:"孔子式。良材新制。池中刻'九疑山人杨宗稷再生藏。丁巳重九合于南县公署',沼中刻'潞安秦华斫'。"[1]393

《琴余漫录》云:"丁巳在南县署中得宾君楷南制琴所余桐枝,斫成一琴……名之曰'玉壶亭'。"[1]173

《藏琴录·百年》云:"宣和式,长方池,上刻集《汉相乙瑛碑》'百年'二字,池中刻'九疑山人杨时百监制,丁巳年嘉平月望日合'。沼内刻'潞安秦华斫'。"[1]393

《藏琴录·震余》云:"宣和式,良材新制。池上刻'震余'二字大草书。池内右刻'民国六年七月',左刻'宾玉瓒监制第九四'。"[1]393

由杨宗稷的《藏琴录》《琴余漫录》等文献条目,可知杨宗稷、秦华等人在湖南所斫琴的资料。并且每一张琴都按数字编了号:由第一号至第一百四十号,共一百四十张古琴。每张都有琴铭:如第一号,宣和式,名曰:"梦羲";第九四号,宣和式,名曰:"震余";第一百二号,正合式,名曰:"寿岂";第一百四十号,宣和式,名曰:"湘桐"等;"宣和式"在以前的文献资料没有记载,是杨宗稷自己命名的古琴款式,云:"乙卯四月,予得宣和御制乾隆内府所藏'松石间意'琴拓本一幅,首尾两边别为两幅。"并且,杨宗稷在厂肆看到"松石间意"古琴,四字为隶书,其琴形状项与腰皆作凹入两半月形,相交处复作凸出月形。通体极长大,池沼皆长方形。杨宗稷得海州云台山古材六片,仿"松石间意"四张,宾玉瓒和秦华在湖南共斫"宣和式"琴二十张。

1917年,弟子彭祉卿,蒋子坚在长沙得古琴良材,此古良材已有百年,并请秦华斫制,杨宗稷监制,共得宣和式"百年"古琴三张,各得其一。杨宗稷也仿永州超道人斫三张"霹雳"琴,书篆、隶、行楷各一体,杨宗稷所藏刻行楷,并于1917年农历12月15日合琴,并书琴铭,文曰:"琴莫良于桐,尤贵得良工。合而为美,声中黄钟。自今百为始,以至千万,传之无穷。"

又据《藏琴录·百年》可知,弟子蒋子坚书信给老师杨宗稷,云:"所藏'百年'琴徽外有奁音,想来京学习琴曲《渔歌》《秋鸿》等。"并修理一下琴奁音。因多方原因,琴托他人辗转半年才到北京。1920 年,弟子彭祉卿因事入京,方知蒋子坚已于 1919 年 7 月去世。杨宗稷想起子坚戊午(1918)春来信,得知子坚收藏到《松弦馆琴谱》,计划影刊琴谱。想到子坚才年方三十,及对古琴的痴迷,悲痛万分!马上让秦华修治"百年"奁音,并刻铭词,挽诗四章,书屏幅托祉卿付其遗孤,诗云:"两年别绪已干端,下榻相期墨未干。一自秋风惊噩耗,几回忍泪取书看。""琴为征铭远寄予,洪乔一误半年余。题成待向孤儿说,珍重衰翁和泪书。""影刊旧谱爱《松弦》,海上移情去不还。我亦残丛新付墨,更谁订误及生前。""浊世浮生露电如,人天携手在须臾。海山兜率非归处,同向莲台净土居。"

"玉壶亭"古琴是杨宗稷在湖南南县时,得到好朋友宾楷南斫琴所剩余桐良材,自己在南县斫成的半成品。据《琴余漫录》记录可知,1918 年春,开始为琴上漆。"玉壶亭"名字由来有三,一是:因在南县所居西室,并有门联云:政辅琴堂丽玉壶;二是:随身携带的"玉壶"古琴,三是:所居曰:"玉壶亭"。并书"玉壶亭"琴铭,曰:"亭以琴名,石上三生。琴以亭名,一片冰清。是因是果,非亭非琴。厥音金石,即琴即心。"款署:"戊午人日时已归京,至是始漆成。予自丙辰十月初三日,覆舟洞庭,灭顶不死,又号'再生'也。"

四　杨宗稷门人李伯仁在湖南的古琴活动

李静(1886－1949),字伯仁,别号玄楼主人,又号香雪康客,湖南省郴州市桂阳县城郊牛巷口村人,为九疑派第二代琴家,善弹《平沙落雁》《渔樵问答》《秋鸿》《渔歌》《胡笳十八拍》等琴曲。

《今虞琴刊·琴人问讯录》记载了其"始学于黄勉之先生,继学于杨时百先生"。与当时名人、文人雅士都有交往,如爱新觉罗—溥侗、史荫美、金致琪、查阜西、彭祉卿、梅兰芳、叶希明等。

黄鹤《湘籍琴家李伯仁研究》对李伯仁进行了比较全面的研究,大家可参考。下面主要对九疑派琴人李伯仁在湖南的琴学活动进行归纳整理:

李伯仁 1886 年 4 月 10 日出生于书香门第之家,李伯仁爷爷李陶堡曾官任正五品同知,广西补知县。父亲李铸澜于清光绪辛卯年(1891)考取附学生员,1896 年考取补廪生员,1897 年考取拔贡,并授知县。[8]

李伯仁1903年毕业于桂阳龙潭书院(今桂阳县一中),接受传统的文化教育,爱好书画、古琴、京剧、昆曲等。《玄楼日记》光绪三十年(1904)七月七日记载:白天他点完《春秋左传·成公》《史记·张仪传》后,晚上便"赴颜宅听萧刘昆曲"。1905年春,赴考衡州南路师范学堂(今衡阳师范学院)。1905年夏,入围"征南路二十五州县各一人赴日本留学"名单,六月赴日本。回国后,李静曾担任民国海军海事部编译处主任一职。[8]

1924年夏,顾梅羹、彭祉卿、杨友三、沈伯重返湘,开始筹备琴学活动。1925年秋,李伯仁自京返回湖南,10月23日(重阳节前三日)参加同门师弟彭祉卿等琴人在长沙岳麓山组织的"麓山琴会",南熏琴社社员和愔愔琴社社员等琴友都参加了此琴会。

据沈伯重《愔愔杂忆》可知,与会者有彭祉卿、彭国瑞、顾劲秋、顾哲卿、顾梅羹、顾镜如、查阜西、余雪操、查意摩、周吉苏、何镜涵、陈晴嵒、沈伯重十四位琴人。此次琴会雅集,共十项活动:一是畅叙幽情,二是独弹古调,三是同声相应,四是相和丝竹,五是弦歌畅志,六是乐府传声,七是鸿雪留痕,八是入座飞觞,九是乘兴登临,十是留题纪胜。由李伯仁奏第一曲《秋鸿》,[9]19李伯仁在留题纪胜环节,题绝句二首,其一为《爱晚亭琴集赠南熏愔愔诸友》:"廿年不对峡枫青,烟锁二南爱晚亭。放鹤风流谁解得,梅花弹罢忆西泠。麓山秋爽净无尘,幽籁鸣弦雅趣真。不信胡笳因李耳。满湘一曲有传人。"[9]309

1938年12月,李伯仁向国防部提交辞呈,携带家眷从苏州返回湖南桂阳。1938年至1945年期间,都生活在郴州桂阳。在湖南期间,任湖南省政府顾问、省参议员等职。1945年,李伯仁离开桂阳,返回苏州。

李伯仁在家乡桂阳每天读书、抚琴,写字,看似惬意,其实心系国家。1945年,作《桂阳炸后避居岩门口奉赠》诗云:"板荡中原尽甲兵,胡星远堕桂阳城。边头上将今何在,世外余民未免惊。我悔曾为湖海客,君宁便了稻田生。残年看射南山虎,天问更谁继屈平。"[10]

李伯仁丰富的藏琴大部分都遗失了,今藏于湖南省博物馆的古琴只有"独幽""万壑松风""鹤鸣秋月""祝公望""凤凰""海月清晖""养中和性""寒泉漱石"等。

据黄鹤《湘籍琴家李伯仁研究》一文,1929年,1月31日,李伯仁曾经回到湖南长沙,多次拜访师弟彭祉卿。2月13日,彭祉卿鼓《普安咒》,李伯仁鼓《平沙落雁》琴曲。

"万壑松风"琴,1954 年后,由湖南省博物馆收藏。1935 年杨乾斋到南京拜访李伯仁时,对"万壑松风"琴进行过修理。琴背面有琴名"万壑松风",并且有及杨宗稷、李伯仁、雷渝三人的题款。琴为仲尼式,琴面桐木,琴底梓木。龙池,凤沼都是长方形,漆为枣红色兼黑色漆,有牛毛断纹等。琴通长 116 厘米,隐间 107.4 厘米,肩宽 18.4 厘米,尾宽 14 厘米,厚 4.5 厘米。杨宗稷先生的题款刻在龙池两侧,题款铭文:"己巳八月廿七夜半,梦李君伯仁自沈阳过我。次日奉函,送赵子昂家藏'万壑松风',来属审定。佘即以梦告,并谓琴佳。嗣得书云,见怀之情,极于梦寐,神交千里,无阻关山。琴既佳,请留破岑寂,然畴昔之夜,实君神来,非我神往。少陵梦太白诗魂来枫林,青魂返关塞黑是也。因纪大略,刻于琴阴,仍寄李君。著其爱友爱琴,情笃如此。梦后九日,识于宣南舞胎仙馆,同社弟杨宗稷。"[11]174

雷渝题款铭文:"吾友伯仁琴学名海内,竭精力藏琴尤富,谓此题名下留隶痕已非始名,池内刻'赵子昂家藏'五字,必宋以前物无疑。戊辰除夕得之长沙,传出自安化陶氏。池东原刻'道光丁亥'四字,西刻'栗里丹冶陶镨珍玩'八字,共见重于世。可知每携皆随,北游花江,南至香海。及丁丑去金陵,琴书彝器,丧失过半,惟兹'孤桐'得相偕,归隐于蓉峰下。始亦士伸所知,女容所悦耳。渝与晨夕过,从风月啸咏证以断纹音韵洵可环宝,而历劫未毁,得非庆幸,爰为记之,以示不忘。庚辰六月伏暑,雷渝谨镕识。"[11]174

1929 年 2 月 9 日(戊辰除夕),李伯仁在长沙购得"万壑松风"琴。1937 年,李伯仁去南京,所藏琴丧失过半,李伯仁将"万壑松风"随身带到了湖南桂阳。1940 年 6 月,李伯仁好朋友雷渝在湖南桂阳芙蓉峯下听李伯仁鼓琴,并题刻铭文一首。

"独幽"古琴,为衡阳王船山先生所珍藏。"独幽"琴为灵机式,唐琴,龙池,凤沼都是圆形,琴通长 120.5 厘米,隐间 111.7 厘米,肩宽 20 厘米,尾宽 14 厘米,厚 4.4 厘米。李伯仁在《玄楼弦外录·独幽》云:"'独幽'为王船山先生藏琴,池内刻'太和丁未'四字,乃唐文宗时物,沼上刻方二寸印篆'玉振'二字,与武英殿长安元年琴印同。"[9]322

1928 年,杨宗稷为"独幽"琴题诗一首,云:"一声长啸四山清,独坐幽篁万籁沉。法物船山留手泽,况兼玉振太和琴。"

《湖湘文库》影印了李伯仁所藏《琴学丛书》本子,书中有李先生的印章及眉书等,其中有一印章为"双玉振琴斋印"字样,其中的"双"和"玉振",分别李伯仁收藏的两张古琴之名称。"飞泉"和"独幽"两张琴都刻有"玉振"印章两字,故李先先取了这个斋号,可见李先生对两张鸿宝的喜爱。

很多学者对"独幽"琴都有论述,郑眠中《唐琴辨—再论唐琴的特点及真伪问题》:"'独幽'琴,当九、十徽之间有一内收小圆弧的腰,尾宽14厘米。通身原糅栗壳色漆,以朱漆修补多处,因长期使用,琴而漆已大片被磨去,露出黑色鹿角灰胎,仍极坚固光润,不碍使用。琴面发蛇腹间牛毛断纹,底为细蛇腹间冰纹断。徽类玉质,色微碧,斜视见层纹如水晶状。琴面上两侧边楞錾然,由项至尾完全一致,而底部项腰两处皆作圆楞,琴首下面由轸池向外作斜坡状。圆形池沼,池径8厘米,沼径5厘米,口沿均镶桐木条,接口于下方。琴背肩上正中刻二寸许狂草'独幽'二字,池下刻篆书'玉振'方印,字二寸许,二字均系旧刻。圆池内左右上下四角处刻有寸许隶书腹款'太和丁未'四字。紫檀岳尾,尾托上满刻小字题识。"[12]

五　杨宗稷门人彭祉卿在湖南的古琴活动

彭祉卿(1891－1944)名庆寿,字祉卿,号桐心阁主,江西庐陵(今吉水)人。现代九疑派著名琴家。父彭筱香,旁通音律,著《理琴轩旧谱》。彭祉卿幼承家学,又师从琴家杨宗稷先生,精通琴道。彭祉卿擅鼓《渔歌》,故有"彭渔歌"之雅誉。

1914年,彭祉卿考入湖南达材法政学校,在校刻苦学习,博览群书,并以全校第一的成绩毕业。可见彭祉卿文化功底深,同时也为研习丝桐,音律之学,打下了坚实的文化基础。

彭祉卿为了传承琴学,把彭氏家传琴曲《理琴轩旧谱》中的《忆故人》刊影在《今虞琴刊》上,广传于琴界,并作了题解,云:"《忆故人》亦名《山中思故人》,或云《空山忆故人》,传为蔡中郎作。赵耶利《琴规》言:'蔡氏五弄寄清调中,弹侧声,故皆以清杀。此操借正调以弹慢三弦之调,当属黄钟宫。然曲中低声祗用及一弦,徽外虚散音而不用(推出不在其例),实为太蔟商,盖寄商于宫者也。商调宜以商音起毕,今兹乃用徵音,而于末段收音转入正调。使徵变为商以从本调,与侧声清杀之法正合,则信乎幽居秋思之流亚也。原本仅注徵音,不载均调,今为考定如此。杜工部句云:'老去渐于诗律细',余于琴也亦然。"

"本操用律取音谨严有法,韵收徵音,辅之以商,即于其位用吟,而取猱于羽角,宫声暗藏句中,不露起结,泛音首尾相应,前后跌宕,两用蟹行,照顾有情。入调后,节奏停匀,层次不紊。三段再罨节短音长,四段自七徽引上四徽,又自四徽贯下九徽,一气流转,指无滞机,九徽带音缓上,振尾朝宗,尤为著力。五段,前四句再叠缠绵,往复不尽,依依当求弦外之音,方得曲中之趣。他本于其后妄增一段,按之腔韵,格不相入,显为赘疣,芟去可也。"[9]199-201

彭祉卿的父亲筱香公(清太守),最精此操。晚年,彭筱香其他琴曲都不弹,而独鼓《忆故人》琴曲不去手,人比之为"范履霜"。彭祉卿髫龄趋庭亲受指法,童而习之,三十年未敢或忘。

杨宗稷《琴瑟合奏谱·七月》琴曲后记云:"癸亥(1923)四月祉卿自太原频以书来怂恿,乃重理旧稿,竭力月余,形诸梦寐,始克蒇事,逾日复按一过。纰缪百出,仍欲焚稿以息其劳。五月祉卿寄所刊近著《琴学概要》。"彭祉卿先生勤于著书,经常与老师杨宗稷书信交流琴学。1934 年撰《桐心阁指法析微》,也刊于1937 年《今虞琴刊》。

彭祉卿随父到衡阳,因甚爱长沙湘江的风景,于 1911 年,在长沙里仁巷 6号,买地建房,构筑琴室,1920 年,黄澜父《彭七祉卿筑楼三楹理琴书索题有赠》,记录了彭祉卿琴室的格局,生活状况,以及读各种中西书籍、下棋、焚香、鼓琴。云:"牙签插满架,书史时锄耕,迄乎文字异形,言语异声。斯鸠鲁索,龙树马鸣,迁延八九载。兴来达五更,苟非了无痕。……有时焚香坐小阁,……夜凉风定鼍动息,新月末出瑶琴横。"[9]311黄花瘦《题彭七琴楼》:"明月清风,不用一钱买。高山流水,能得几回开。"[9]311

1917 年 11 月,彭祉卿和顾氏等琴人在湖南长沙成立"愔愔琴社",成员有顾敏卿、彭祉卿、蒋子坚、顾哲卿、沈伯重、顾国屏、顾镜如、顾梅羹、周吉荪、饶省三、李亚庵、招鉴芬等。社成之日,同人雅集,并合影留念。通过琴社雅集把琴人组织起来,琴友之间广泛交流琴学,这为广大琴人提供了一个琴学学习的平台,并提高了湖南琴人琴学和琴艺。1923 年查阜西也回到长沙第一师范学校任教,经常与琴友顾梅羹、彭祉卿等琴人来往。1936 年,彭祉卿与查阜西、张子谦等人在苏州创建了"今虞琴社"。同时,彭祉卿、查阜西编辑《今虞琴刊》。

1925 年 10 月 23 日(重阳节前三日),彭祉卿等琴人在长沙岳麓山组织"麓山琴会",南熏琴社社员和愔愔琴社员都参加了此次琴会。彭祉卿同门师兄李伯仁也自京返回湘专程来参加雅集。前文已介绍过了,此次琴会雅集,共十项活动。彭祉卿每个环节,都有他的表演节目,彭祉卿独奏《渔歌》;彭祉卿、顾梅羹、沈伯重、顾镜如四人合奏《普庵咒》;顾梅羹、沈伯重合奏《梅花》、彭祉卿吹箫和之;彭祉卿、顾梅羹合唱《渔樵问答》琴歌;彭祉卿唱昆曲《山门》、查阜西唱昆曲《三醉》;然后在爱晚亭合影,麓山寺聚餐吃素食,并游览了云麓宫、岣嵝碑、蟒蛇洞、白鹤泉等风景。彭祉卿弟子沈伯重写下《会琴麓山有感》诗词,云:"萧萧爱晚亭,有客抱琴至。浩然命其俦,古调相与试。"招学庵撰文写下了《愔愔琴社雅集图记》,并记录下了每个人在爱晚亭合影的名字。顾梅羹《乙丑重九前三日与琴社同人会琴麓山》,琴人撰写的"麓山琴会"文章和照片都收录在了《今虞琴刊》中。

1917年秋彭祉卿正式为沈伯重授业,据沈伯重《愔愔杂忆》云:"第予回忆廿年以前,初从彭子祉卿学琴,得入愔愔琴社。"沈伯重跟彭祉卿结缘是从偶然拜坊好友饶省三开始的,在好友那儿得见彭祉卿赠琴坛女友名梅的一首词《梅魂·如此江山》,内容如下:"十分春信枝头早,依稀冷香凝处雪炼难销。风惊不定,化作迷濛轻雾。亭亭倩女,伴冷月黄昏,暗含酸楚。修到今生,也愁漂泊似飞絮。楼头谁弄玉笛?听声声断续,如唤归去。庾岭云深,江南路远,应怯关山难度。魂兮且住。道纸帐铜瓶,有人招汝。好梦方酣,莫教鸣翠羽。"[11]16再加之沈伯重幼时闻人言琴,辄悠然神往,听闻彭祉卿琴学尤得家传心法,更是不甚欢喜,于是请饶省三引见。数日后,得以与彭祉卿见面、学琴。

王啸苏,长沙人,是清华大学国学研究院梁启超、王国维弟子,1928年回乡任湖南大学教授。王啸苏经常与彭祉卿在一起,吟诗、作画、鼓琴,游岳麓山。王啸苏《岳麓书院》云:"宏观兰苹启朱刘,文治应推赵宋优。坛席名山称四大,弦歌精舍续千秋。"王啸苏的儿子王学膺也是师从彭祉卿学琴。

《今虞琴刊》记录王啸苏与彭祉卿鼓琴雅集活动有关的诗词两首。《听琴诗有赠》,《腊八日挈儿子学膺再听彭祉翁弹琴》,与吕芳文先生收藏的王啸苏稿本《偶存》版本所记略有些差异。两首诗题目不同,"钦"作"卿",诗"仿"作"恍"。王啸苏稿本《偶存》版本诗词"我生不谐丝竹音,时从山水舒清吟。"诗的题目为《闻彭祉钦弹琴》,《而今虞琴刊》版本中诗的题目为《听琴诗有赠》,有后跋,详细地记录了王啸苏与彭祉卿的琴事活动。

在壬申(1932)春日(2月5日)即立春,彭祉卿与湖南的琴人、文人等举行了古琴雅集。吕芳文、周亚平(整理)王啸苏稿本《偶存·五》编者按语:"稿中有小标题《辛未诗录》,大约作于民国二十年(1931)前后。"[13]词创作时间正好与《今虞琴刊》记录时间相吻合。

1933 年，长沙宅子、琴室被火烧了，琴书尽散。彭祉卿心情不好，所以有出远门的打算。王啸苏听说他要出远门，有金陵之行，于是用书法书写了这首《听琴诗有赠》，并赠于彭祉卿。《听琴诗有赠》："我生不谐丝竹音，时从山水舒清吟。静观倘得环中趣，吐纳万类皆石金。西江傲吏隐湘水，城东楼宇何愔愔。撑肠千卷神所牖，凝精乃在焦尾琴。为弹中郎忆故人，魂兮恍佛来枫林。千里万里不可缩，振弦激越开烦襟。续弹沙门普安咒，鼓钟喧耳声钦钦。斯时我似曹子建，鱼山闻梵众籁沈。两曲罢弹抚琴语，来薰焦桐称奇琛。良臣遗挂先人泽，摩娑轸柱感莫禁。闻君学琴有师法，广陵嗣乡能追寻。知音流水渺然逝，九疑南望深复深。"

《今虞琴刊》版本中《腊八日挈儿子学膺再听彭祉翁弹琴》，与王啸苏稿本《偶存》版本中《腊八日挈儿子听祉翁弹琴》内容一致，只是诗的题目不同。1932 年农历 12 月 8 日，王啸苏与王学膺再次听彭祉卿弹琴，作诗一首《腊八日挈儿子学膺再听彭祉翁弹琴》："幽趣孤怀世岂知，挈儿风雪访琴师。七弦挥后神俱远，未觉阳关是别离。"[9]312

1931 年，彭祉卿夫人沈子贞（芷佩）病殁，悲伤之情，无所寄，作《自祭文》：

辛未之年，己亥之月，其朔己巳，其日丙辰，待亡人懊侬谨以只鸡斗酒、莱羹麦饭，不腆之物，致祭于故处士彭君祉卿之灵前而哭之曰：

呜呼！哀哉！四十年前，辛卯孟冬，日在己酉，日在己酉，惟君以降。暑往寒来，迭运不穷。何图今日，送君长终。繄君之生，其来有自，章贡精英，衡湘秀丽。诗礼家风，簪缨门第，宜作完人，庶几无愧。胡君一生，涂倒万状。哀哀父母，不得其养，糟糠之妻，中道而丧。终窭且贫，夫复何望。

君曰：诚然，不幸如斯。岂余自尊，天实为之。寓形宇内，能复几时？生既无补，死亦奚辞。呜呼，处士盍言尔志。愿在髫龄，彩衣嬉戏。十岁读书，多才与艺。二十交游，武陵豪气。三十服官，幼学壮行。四十著书，留身后名。五十归隐，入山必深。六十日寿，可以返真。即君所言，观君始末。天之所厚，不劳而获。天之所吝，予而复夺。祸兮福兮，令人滋惑。昔生三年，免公母怀。锦衣玉食，竹马青梅。慈亲煦育，绕膝律徊。十年儿戏，回首堪哀。出就外傅，良师既得。经史百家，咿唔呫哔。诗古文辞，成供涉猎。十年读书，行有余力。南走赣越，北走燕京。西至太原，东至海滨。论文讲学，必友其人。交游十稔，载慰生平。手定爱书，身现宰官。五日京兆，即便挂冠。末世功名，进退两难。十年名宦，如梦槐安。倦游归来，衡门之下。遹负追呼,死亡枕藉。怀铅握椠,及此何暇。著作十年,天不以假。介推之隐,必与母偕。与妻偕者,则有老莱。无母与妻,隐胡为哉。十年归隐,期以泉台。天禄允终,奚待六十。彭殇难期,生死匪一。后之视今,犹今视昔。大哉死乎,君子曰息。或疑君死,鸿毛太轻。匹夫之谅,妇人之仁。事功未立,没世不称。溘然长逝,双目难瞑。我将为君,别进一解。死重泰山,其道安在。求而得之,留以身待。求之不得,早死无悔。死而有知,其乐何如。黄泉相见,母子如初。生前夫妇,重咏《关雎》。松楸乔木,永奠厥居。死而无知,不改其乐。归之太空,付诸漠漠。天地蘧庐,人生泡沫。寂灭虚空,是谓大觉。我之与君,神形相依。我若无君,走肉行尸。君今去我,皇皇何之。愿从君死,携手同归。古人有行,必有酒食。必有赠言,或歌或泣。泪尽词穷,肆筵设席。一杯相属,来歆来格。[14]

爱妻走后,彭祉卿先生情绪极低落。六个月后,彭祉卿收藏到古琴一张,琴的音韵极佳,只是有点破损,便重修此琴。饰七宝为徽,雕岳山成楼阁,以轸柱作栏楯,结七色丝绸流苏于珍下,并刻篆书"共命"两字为琴名,下刻双头鸟象形圆印。池上列行树七,沼侧绘青黄赤白四荷花。1932 年秋,彭祉卿作《共命琴为先嫔沈子贞作诗》一首:"求凤且莫歌,别鹤亦勿弹。西方有异鸟,七重行树间。双头共一身,比翼何翩翩。"[9]对爱妻的眷恋,一片痴情及心中的苦痛谁人能解。

杨宗稷先生等九疑派琴家为了传承中国琴学文化不懈地努力着,黄勉之先生评价:"宗稷为丘公后身,前身必大琴学家,发宏誓愿来,昌明琴学者。"杨老当时不谓然,今觉其言颇验。陶渊明自撰《自祭文》,太史公自叙生平,杨老先生也自撰联云:"著琴书四十万言,愿满仍归极乐土。去丘公千五百岁,来时犹认九疑山。"

参考文献:

[1]杨宗稷.琴学丛书[M].长沙:湖南教育出版社,2007.

[2]吴叶.杨宗稷及其《琴学丛书》研究[M].北京:人民音乐出版社,2015.

[3]昆明佛学研究会.佛教与云南文化论集[C].昆明:云南民族出版社,2006.

[4]政协湘潭县委员会文史资料研究委员会.湘潭县文史资料(第5辑)[C].1990.

[5]程颂万,徐哲分.程颂万诗词集[M].长沙:湖南人民出版社,2009.

[6]王静.非凡的心声——世界非物质文化遗产中的中国古琴[M].北京:中国摄影出版社,2011.

[7]刘善泽.天隐庐诗集[M].长沙:湖南大学出版社,1989.

[8]黄鹤.湘籍琴家李伯仁研究[M].长沙:湖南师范大学,2012.

[9]今虞琴社.今虞琴刊[J].上海:上海社会科学院出版社,2009.

[10]李伯仁.玄楼弦外录[M].长沙:湖南省图书馆藏稿本.

[11]吴钊.中国古琴珍萃[M].北京:紫禁城出版社,2015.

[12]郑珉中.唐琴辨——再论唐琴的特点及真伪问题[J].文物,1993,(1):72-86.

[13]王啸苏原著,吕芳文,周亚平整理.偶存(五)[J].湖南科技学院学报,2017,(1):1-2.

[14]查阜西.彭祉卿先生事略手稿[M].张桐霞.七弦琴音乐艺术:第八册,第十册[Z].中国古琴艺术联谊中心,内部学术研究资料,2002.

（原载 2018 年第 2 期,作者单位:湖南科技学院）

杨宗稷先生琴室斋号考

✳ 欧阳平彪

 室名斋号是文人士大夫们在自己的住所,特取雅致的名称,它包括室、斋、堂、草堂、山馆、山房、书屋、书舍、楼、阁、轩、庐、草庐、精舍等。历代文人都有著名的室名斋号,如西汉琴家杨雄书斋"玄斋",欧阳修书斋"六一堂",杨万里的"诚斋",黄庭坚的"清深轩""任运堂""怡思堂",清番禺潘定桂的"三十六村草堂",清贵池刘世珩的"十五幢亭",明秀水蒋之翘的"三径草堂"。历代都有人编撰室名别号有关的书籍,如宋人徐先溥《自号录》,清人葛万里《别号录》,陈德芸《古今人物别名索引》,陈乃乾《室名别号索引》,池秀云《历代名人室名别号辞典》。

 九疑派古琴家李浴星的琴书斋号为"魁儒轩""伴梅阁""梅花书屋""昆山玉韵琴斋""修斋"。从杨宗稷先生室名斋号,即可反映出他的古琴爱好、志趣以及独有的古琴文化情怀。由于杨宗稷先生的琴室斋号多次易名,不能尽善,近现代著录书籍都没有收全杨宗稷先生的琴室斋号,故笔者尝试对杨宗稷先生的琴室斋号进行梳理考证。

一 琴室斋号"霜鸿琴斋""凤鹤琴斋"及其由来

 杨宗稷先生《琴余漫录》云:"十年来,予以嗜琴故,所居屡易其名,曰'霜鸿',曰'凤鹤',曰'两雷',曰'三雷',举其名也。曰'后二十四',曰'三十六',曰'半百',纪其数也。曰'为琴来',自伤也。皆未尽善,是以屡易而不能定也。今有取于《黄庭内景经》'琴心三叠舞胎仙'一言,颜所居曰'舞胎仙馆',更因太白诗'琴心三叠道初成'句,庶几因琴见道,藉免于玩物丧志之讥。戊午花朝自提其后如此。"

 《琴余漫录》这条文献记载可知,杨宗稷先生最初以古琴的琴名和藏琴数来命名琴室,最早的琴室斋号是"霜鸿琴斋",最后以修道命名,确定的琴室斋号是"舞胎仙馆"。

"霜鸿琴斋",据《琴余漫录·自叙》云:"戊申春,重理徽弦,非以为名也。予初颜所居曰"霜鸿",篯罗瘿公题云:'时百嗜琴,尝托丝桐以代歌哭。'瘿公知我,故能写是言。"

"霜鸿琴斋"的题匾为罗瘿公所书,罗瘿公是杨宗稷先生的好朋友,曾同在邮传部共事。罗瘿公,名敦曧,字掞东,号瘿庵,晚号瘿公,祖籍广东顺德,其父罗家劭为清末翰林院编修,曾就读于广雅学院,师从康有为,与梁启超、陈千秋等同为康门弟子。梁启超《中国近三百年学术史》对杨宗稷《琴学丛书》评价云:"若琴学有相当价值,时百之书,亦当不朽矣。"1911 年 6 月,罗瘿公为杨宗稷的《琴粹》著题词云:"据梧惠子从吾好,乞食渊明足自娱。送日宁如操缦乐,今年真笑立锥无。山河成坏从公等,门巷荒寒称老夫。强聒俗人缘底事,手僵不惜万豪枯。"

杨宗稷先生的好朋友琴家夏莲居先生便藏有"霜鸿"古琴,琴黑漆,背面龙池上方刻篆书"霜鸿",下有"定府行有恒堂珍赏"印。道光年间曾由定亲王载铨家珍藏。夏莲居先生在《题元王安道小青柯坪砚并序》中云:"俾知海外渠园顽然犹昔,吾意风鹤霜鸿声中,或更有太息东望、羡此万里孤羁者乎!"

罗瘿公在题书写"霜鸿琴斋"时云:"时百嗜琴,尝托丝桐以代歌哭。"当时杨宗稷先生来到北平不久,身在异乡,思恋自己的家乡,加上当时的社会环境,国家衰败,杨宗稷忧国忧民,感慨万千。《琴学丛书》中收录了北宋琴僧居月《僧居月谱录》,此谱共收琴曲名 221 首,其中便有《霜鸿引》。又据崔应阶《研露楼琴谱》中记录:《塞上鸿》即《霜鸿引》,明妃作,徵音,十六段,琴曲题解云:"按斯曲盖伤戍边而作也。彼黄云秋塞,千里萧条,极目烟尘,西风砭骨,景物凄凉于斯极矣。顾瞻鸿雁翱翔于青霄之上,嘹唳于紫塞之乡,声呖呖而语哀哀,王事靡盐,不遑归处,感怀者倍为肠断,闻之者涕泪交顾。是曲也,声律惨悽,音韵悲伤,写出一段征人怀乡忧国之意,真虞弦中之白眉者哉!"

《霜鸿引》琴曲题解与杨宗稷先生当时的心情是一致的,怀乡忧国之情。"万里萧条,极目烟尘,""声律惨悽,音韵悲伤",托丝桐以代歌哭,就像陈叔宝《夜亭度雁赋》词中所云:"暂逍遥于夕径,听霜鸿之度声。度声已凄切,犹含关塞鸣。"

"霜鸿琴斋"室名何时建立?

1901 年,杨宗稷先生来到北平,当时已三十七岁。杨宗稷《午日过北京大学弹琴感事十四首·第一首》云:"杜陵广厦万间开,谁识当时辟草莱。二十二年如一梦,铜驼应笑抱琴来。辛丑冬月,长沙张文达公以工部尚书奉命,兼管理大学堂事务。大臣公派予为支应襄办,移居大学堂。迄甲辰春,乃迁铁匠胡同学务处,今琴室即予当时所监修者。"从这首诗及自注可知,杨宗稷先生受好友张之洞之聘,1901 年到京师大学堂任襄办等职。1904 年,杨宗稷先生琴室"即予当时所监修",可能琴室一修好,便以"霜鸿琴斋"名之。

笔者发现前文《琴余漫录·自叙》云:"戊申春,重理徽弦,非以为名也,予初颜所居,曰'霜鸿'。"如"初"字跟这句话一起连读解读,"初颜所居"不能解读为 1904 年,杨宗稷先生修好琴室,便以"霜鸿琴斋"名之。而以戊申春(1908)杨宗稷先生重新理丝弦,琴室便取"霜鸿琴斋",如此解读。1908 年,杨宗稷先生也拜师于黄勉之先生学琴。又据《琴余漫录》云:"十年来,予以嗜琴故所居屡易其名,曰'霜鸿',戊午花朝自提其后如此。"戊午花朝即 1918 年 2 月 2 日,杨宗稷先生《琴余漫录》的自叙落款时间为 1919 年 6 月,十年之前刚好是 1908 年,此年琴室名曰"霜鸿琴斋"。

所以杨宗稷先生"霜鸿琴斋"室名时间大概有 1904 年至 1911 年 12 月,或者是 1908 年至 1911 年 12 月。

"凤鹤琴斋"室名何时建立?

《藏琴录·凤鹤》云:"时辛亥日长至,不及一月,桑海尘扬,余更以'凤鹤'名所居。"辛亥即 1911 年,长至即冬至。杨宗稷先生得到"凤鹤"琴时,刚好武昌起义爆发。《藏琴录·凤鹤》又云:"方君回京,而予携眷避居津门,旋以残破不能下指,复携入京修理。盖往返于风声鹤唳中者两月余,始臻完善。"这样时间就到了 12 月左右了。所以琴室名改"凤鹤琴斋"的时间为 1911 年 12 月,也是"凤鹤琴斋"室名确立的时间。杨宗稷先生在《琴粹自叙》落款中云:"辛亥冬月廿四日,九疑山人杨宗稷时百甫自叙于宣南之凤鹤琴斋。"《琴粹四卷》即署名为"凤鹤琴斋藏本"。

"霜鸿琴斋"室名改"凤鹤琴斋"室名时间下限为 1911 年 12 月。

二 琴室斋号"后二十四琴斋""两雷琴斋"、 "三雷琴斋""为琴来室"及其由来

"凤鹤琴斋"室名什么时候改为"后二十四琴斋""两雷琴斋""三雷琴斋"?

"鸣凤"琴,杨宗稷先生 1910 年春购得,为"二十四琴斋"物。之后陆续购得

二十多张琴,1912 年 12 月,购得唐雷霄所制"来凰"琴,款署:"壬子腊日九疑山人杨宗稷时百甫自题于宣南'后二十四琴斋'。"壬子腊日即 1912 年 12 月 8 日,这时候已有"后二十四琴斋"室名。

"二十四琴斋"为清"怡亲王府"藏古琴的斋名,1722 年清世宗雍正帝即位时,封爱新觉罗·胤祥为怡亲王。"怡亲王府"共有三座,一是位于王府井帅府园的"怡亲王府",爱新觉罗·胤祥在该处府居住。雍正八年胤祥死后,雍正帝命将此府改成贤良寺;二是位于朝阳门内大街路北的"怡亲王府",胤祥第七子弘晓在该处府居住;三是位于东单北极阁三条的"怡亲王府",此处原为宁良郡王府。同治三年(1864)恢复被革之怡亲王世爵,由宁良郡王爱新觉罗·弘晈四世孙镇国公载敦继袭怡亲王爵,仍居于宁郡王府。因此宁郡王府成为了第三座怡亲王府。怡府不仅藏琴,藏书也丰富,建有乐善堂、明善堂、安乐堂等,专门藏珍贵图书。

"鸣凤"琴不仅为"二十四琴斋"物,"来凰"琴也是"二十四琴斋"物。杨宗稷先生甚是喜欢,《琴话》卷四云:"怡府故以'二十四琴斋'名斋,宜多精品。"

"凤鹤琴斋"室名改"后二十四琴斋"室名时间下限应该是 1912 年 12 月 8 日。

"两雷""三雷"指唐代四川雷氏家族斫的琴,据《琴学丛书》记录,杨宗稷先生前后收藏到了四张雷氏家族的琴,分别是:

"彩凤鸣岐"琴,落霞式,琴池内刻"大唐开元二年雷威制"。杨宗稷先生款署时间为 1914 年 6 月 24 日。

"来凰"琴,仲尼式,琴龙池内右刻"雷霄制"楷书三字,左刻"赤城朱致远重修"楷书七字。

"谷应"琴,杨宗稷先生定为雷威万壑松式,现代专家定为伶官式,晚唐。陈庆佑小隶书题刻铭文:"李唐物,雷霄制。一千年,今何世。琴有知,应流涕。时百藏,庆佑识。"

"遏云"琴,孔子式,杨宗稷先生题池上杨宗稷先生云:"癸丑冬月,得古琴,琴池中阳面右刻'大唐雷焕斫'五字。"款署:"时甲寅仲夏月,距重修后三百有四年。再修自题。"癸丑冬月即 1913 年 11 月。

"谷应"琴购得时间应该是 1913 年春夏间。从购得古琴时间款署来看,"两雷"古琴指"来凰"琴(1912 年 12 月 8 日)、"谷应"琴(1913 年春夏)。"三雷"古琴指"来凰"琴、"谷应"琴、"遏云"琴(1913 年 11 月)。

《琴话四卷》癸丑(1913)腊月开雕,杨宗稷《自叙》署款云:"癸丑小除夕,九疑山人杨宗稷时百甫自叙于宣南'三雷琴斋'。"癸丑小除夕即1913年12月28日。"彩凤鸣岐"古琴款署:"开元后二十甲寅荷花生日,九疑山人杨宗稷自题。"甲寅荷花生日即1914年6月24日。1914年2月15日室名已经是"为琴来室",所以"三雷"不包括"彩凤鸣岐"古琴。

故杨宗稷先生"两雷琴斋"室名斋号时间应该是1913年春夏至1913年11月。"两雷琴斋"室名斋号改为"三雷琴斋"室名的时间下限应该是1913年春夏。

"太古遗音"琴,宣和式,杨宗稷先生款署:"甲寅花朝,题于宣南为琴来室。"甲寅花朝即1914年2月15日。又据《藏琴录·太古遗音》云:"旧业已随流水去,此生端为雅琴来。因以'为琴来'三字颜其室也。""为琴来室"室名1914年2月15日名之。从诗句看,杨宗稷先生对古琴的痴迷喜爱已经超越了自己的生命。

杨宗稷先生著作版本都标有"为琴来室藏本"。《琴谱自序》落款云:"甲寅中秋后十日,九疑山人杨宗稷时百甫自叙于宣南为琴来室。"甲寅中秋后十日即1914年8月25日。

所以"三雷琴斋"室名变更为"为琴来室"室名的时间下限为1914年2月15日。

三　室名斋号"三十六琴斋""半百琴斋"及其由来

杨宗稷先生后来的室名曰"三十六琴斋"、曰"半百琴斋",都是随着杨宗稷先生藏琴的数量越来越多,纪其数名之意。

"三十六琴斋"的时间,从浙江博物馆藏杨宗稷先生的"疏影"琴的琴刻铭文落款"乙卯八月,杨宗稷自题"看,乙卯即1915年。杨宗稷先生有"三十六琴斋"印章,刻在"疏影"琴的铭文落款后面。说明1915年"三十六琴斋"已经存在了。到癸亥立秋(1923年8月8日),杨宗稷先生再次题铭"疏影"琴,在琴铭后刻"半百琴斋"印章。杨宗稷先生于1914年购得"疏影"琴,内外无一字,到1915年才题名为"疏影"。1918年2月2日杨宗稷先生在《琴余漫录》中已经说到"半百琴斋",可知"半百琴斋"在1918年2月以前已经有了。而1923年8月8日"疏影"琴刻"半百琴斋"印章,笔者认为杨宗稷先生已经在"疏影"琴刻了"三十六琴斋"的印章，这次再次题铭、题刻，可能是更好相配，作为纪念。1911 年以前，杨宗稷先生早藏有古琴百张了，《藏琴录》序云："辛亥（1911）前已得百琴，然旋得旋失。悬之壁间者，卒未能与宋宣和之百琴堂、瞿霆发之百琴轩媲美。"

又《藏琴录》云："丙辰八月，予解京秩旋湘。丁巳腊月，回部供职，俸入更薄，才足糊口。遂绝意进取，颜所居曰'半百琴斋'。"丁巳腊月即 1917 年 12 月，琴室名曰"半百琴斋"，时间很明确。

"为琴来室"室名变更"三十六琴斋"室名的时间下限为 1915 年 8 月。"三十六琴斋"室名的时间段大概在 1915 年 8 月至 1917 年 12 月。"半百琴斋"室名的时间段为 1917 年 12 月至 1918 年 2 月 2 日。

四　室名斋号"舞胎仙馆"及其由来

《琴余漫录》云："今有取于《黄庭内景经》'琴心三叠舞胎仙'一言，颜所居曰'舞胎仙馆'，更因太白诗'琴心三叠道初成'句，庶几因琴见道，藉免于玩物丧志之讥。戊午花朝自提其后如此。"戊午花朝即 1918 年 2 月 2 日，说明此时已有"舞胎仙馆"室名。

"舞胎仙馆"语出《黄庭内景经·上清章》："琴心三迭舞胎仙，九气映明出霄间。""琴心三叠道初成"出自李白《庐山谣寄卢侍御虚舟》诗："闲窥石镜清我心，谢公行处苍苔没。早服还丹无世情，琴心三叠道初成。"又黄庭坚有《豫章黄先生文集第十三·张益老十二琴铭·舞胎仙》："琴心三叠舞胎仙，肉飞不到梦所传。白鹤归来见曾玄，垄头松风入朱弦。"

"舞胎仙馆"是集苏东坡的字，杨宗稷先生用的信笺上都有"舞胎仙馆"字样。苏轼书法与黄庭坚、米芾、蔡襄并称为"宋四家"，擅长写行书、楷书等。苏轼也是个古琴家，藏有雷琴，所著《琴书杂事》记录了苏轼的琴事活动及自己的琴学观。苏轼其他的诗词都有提到"舞胎仙"，如《黄庭经赞》："太上虚皇出灵篇，黄庭真人舞胎仙"，《题李伯时画赵景仁琴鹤图二首》："清献先生无一钱，故应琴鹤是家传。谁知默鼓无弦曲，时向珠宫舞幻仙"。

杨宗稷此后屡有"舞胎仙馆"的记录。如《藏琴录·春雷秋籁》云："戊午五月得琴，岳山内际向处倒题'春雷秋籁'四篆书。池左倒刻'大唐兴元元年宗室玄卿造'楷字一行。"杨宗稷署款："九疑山人杨宗稷自题于宣南舞胎仙馆。"戊午五月即 1918 年 5 月。《琴学随笔自序》署款云："己未六月九疑山人杨宗稷自序于宣南'舞胎仙馆'。"己未六月即 1919 年 6 月。

"半百琴斋"室名变更"舞胎仙馆"室名的时间下限为 1918 年 2 月 2 日。

对于杨宗稷先生室名斋号时间、由来的分析,笔者仅是大概推断。如杨宗稷先生号"九疑山人",什么时候有此号? 目前文献记载最早是《琴粹自叙》的落款:"辛亥冬月廿四日,九疑山人杨宗稷时百甫自叙于宣南之凤鹤琴斋。"辛亥冬月廿四日,即 1911 年 12 月 24 日。而从浙江博物馆藏杨宗稷先生的"大成"琴的琴刻铭文落款"宣统庚戌莫春得于都门,永州后学杨宗稷敬题并镌"看,宣统庚戌莫春即 1910 年 5 月,款属并没有落款"九疑山人",但也不能说 1910 年 5 月至 1911 年 12 月 24 日某段时间之内杨宗稷先生就号"九疑山人"了,也许在 1910 年以前就已经有这"九疑山人"之号,只是这次没有书写。如"疏影"琴的琴刻铭文落款"乙卯八月,杨宗稷自题",乙卯八月即 1915 年 8 月,便没有书写"九疑山人"。杨宗稷先生室名斋号有具体时间的,有"凤鹤琴斋""为琴来室""半百琴斋",但并没有结束、更名的具体时间。所以其他室名斋号的时间段仅是推断一个大概,待有新的文献资料出现佐证再悉心更正。

综上所述,杨宗稷先生室名斋号使用的时间段大概是:

室名斋号	使用时间段
霜鸿琴斋	1904 年至 1911 年 12 月,或 1908 年至 1911 年 12 月
凤鹤琴斋	1911 年 12 月至 1912 年 12 月 8 日
后二十四琴斋	1912 年 12 月 8 日至 1913 年春夏
两雷琴斋	1913 年春夏至 1913 年 11 月
三雷琴斋	1913 年 11 月至 1914 年 2 月 15 日
为琴来室	1914 年 2 月 15 日至 1915 年 8 月
三十六琴斋	1915 年 8 月至 1917 年 12 月
半百琴斋	1917 年 12 月至 1918 年 2 月 2 日
舞胎仙馆	1918 年 2 月 2 日,其后一直没有更改

杨宗稷先生主张"因琴见道","琴者,道也"。文以载道,琴以载道,弹琴可以修身养性,可知琴的妙处和琴趣。

从杨宗稷先生室名斋号的命名由来及多次易名、藏琴数量等来分析,可见杨宗稷先生一生中对古琴痴迷。古琴早已是他生命中一部分,就如同生活中从未离开过他自己一样。

参考文献：

[1]杨宗稷.琴学丛书[M].长沙:湖南教育出版社,2007.

[2]梁启超.中国近三百年学术史[M].合肥:安徽师范大学出版社,2016:440.

[3]王静.非凡的心声—世界非物质文化遗产中的中国古琴[M].北京:中国摄影出版社,2011.

（原载 2018 年第 3 期,作者单位:湖南科技学院）

杨宗稷先生《藏琴录》述考

✳ 欧阳平彪

　　杨宗稷先生是著名的斫琴家、藏琴家、鉴琴家、书法家等，所撰《藏琴录》一卷，于1925年(乙丑)四月开始刻板。《藏琴录》记录了杨宗稷先生部分藏琴，共记五十三张古琴。杨宗稷先生藏琴到痴迷的地步，云："月俸所余，悉以置琴，典衣添债，习为常事。"又云："辛亥(1911)前已得百琴，然旋得旋失。悬之壁间者，卒未能与宋宣和之'百琴堂'。"1912年，罗惇曧《琴粹题词》云："时百嗜琴，入其室，榻以外皆琴也。"1917年冬，杨宗稷先生从湖南回到北平旧部供职，经济生活困难，藏琴还是有增而无减。《藏琴录》引《大还阁琴谱》陆符序云："青山以名家子破产征琴。"与杨宗稷先生如出一辙。

　　杨宗稷先生认为古琴的音色最为重要，为追求古琴心中完美的音色，"无不设法修理，务尽其材之量，必得美音而后已"。甚至破腹三四次修理，也在所不惜。因破腹修理古琴数十张、新斫古琴多张，看到很多名琴、名家斫琴的材料，都是用杉木。杉木琴的音色比一些古代用桐木琴的音色都好，古杉胜于新桐百倍，并沼池间表以桐，杨宗稷先生发出感叹："真是非材之罪，而在于制造不精。"在山西时，见到好朋友虞铭新、孙静尘等人以水煮七昼夜古琴桐材料，去尽黑汁，复置烈日中经年，木轻如叶，然后斫琴数百床。赵希鹄《洞天清录集·古琴辨》也记录了一种蒸曝法修理古琴的方法，"用大甑蒸之以去其湿气，一蒸未透，再多蒸之，于风日中处挂晾经月，声复矣"。

　　现今浙江省博物馆收藏了杨宗稷先生的十四张古琴，还有其他私人也收藏了杨宗稷先生的古琴。《藏琴录》也是略纪于部分藏琴的题名、琴式、铭文等。《藏琴录》基本上以杨宗稷先生藏琴时间的先后，依次著录。1946年，徐桴编撰《镇海塔峙圃藏琴录》，也详细著录了杨宗稷先生的藏琴。杨宗稷先生集各种名家碑拓、名帖，亲自篆刻，并题各种藏琴名，亲自题诗，书写等，可见杨宗稷先生对古琴、藏琴的痴情。杨宗稷先生的琴学思想，斫琴经验，都是自己的亲身实践所得。

《藏琴录》古琴列表：

序号	琴名	琴式	琴名书体	古琴断纹	藏琴时间	备注
1	鸣凤	孔子式	酷似虞世南、褚遂良书法	通体作极小蛇腹断	1910 年	
2	鹤罴	孔子式		小蛇腹断纹	1910 年	
3	天风海涛	孔子式	集东坡书字以名之	通体极细碎，冰裂断纹	1910 年	
4	大成	孔子式	隶书，酷似伊墨卿笔法	通体碎冰裂纹	1910 年	
5	仙籁	孔子式				
6	松风	孔子式	集东坡书字名之	面极细牛毛、冰裂纹，底小蛇腹断		
7	凤鹤	伏羲式		极宽长断纹蛇腹兼流水	1911 年 10 月	
8	来凰	孔子式	集东坡书字名之	面底极细牛毛碎冰裂纹	1912 年 12 月	
9	谷应	雷威万壑松式（伶官式）	草书	面底皆小蛇腹兼流水断纹	1913 年	
10	遏云	孔子式	钩刻临摹原池旁"遏云"两字以名	通体流水蛇腹断	1913 年冬	
11	蝉翼	孔子式		流水断纹		
12	太古遗音	宣和式	八分书	大蛇腹断	1914 年 2 月	
13	玉壶	伏羲式	篆书	小流水断纹	1914 年 3 月	
14	彩凤鸣岐	落霞式	原刻行书	朱漆，极细碎冰裂纹	1914 年 6 月	
15	苍海龙	龙形	集《玄秘塔》"苍海龙"三字名之		1915 年 4 月斫琴	古材新斫
16	鹤鸣秋	月形	集东坡书"鹤鸣秋"三字名之		1915 年 4 月斫琴	古材新斫
17	松石意	伏羲式	摹刻乾隆内府藏"松石间意"三字名之		1915 年 4 月斫琴	古材新斫

18	随珠		集《九成宫》字名之		1915 年 4 月斫琴	古材新斫
19	幽篁	竹节式	行草,集褚遂良《雁塔圣教序》字名之		1915 年 4 月斫琴	古材新斫
20	梦秋	蕉叶式	集东坡书名之		1915 年 4 月斫琴	古材新斫
21	祥鸾	孔子式	篆书			
22	舜玉	孔子式	楷书,钩刻临摹原池旁"舜玉"两字以名		1915 年 8 月	
23	疏影	孔子式	篆书		1914 年 6 月	1915 年 8 月定名"疏影"
24	韵磬第二	月形	篆书,摹刻李阳冰字题"韵磬"字名之		1916 年	得旧拓本,仿古新制
25	韵磬第三	月形	篆书,摹刻李阳冰字题"韵磬"字名之		1916 年	得旧拓本,仿古新制
26	松石间意第二	宣合式	摹刻乾隆内府藏"松石间意"字名之		1916 年	得旧拓本,仿古新制
27	松石间意第三	宣合式	摹刻乾隆内府藏"松石间意"字名之		1916 年	得旧拓本,仿古新制
28	震余	宣和式	大草书		1917 年 7 月	良材新制,宾玉瓒在湖南监制
29	寿岂	正合式	大草书		1917 年 8 月	良材新制,宾玉瓒在湖南监制,
30	玉壶亭	孔子式	楷书		1917 年 9 月 9 日	良材新制,宾玉瓒在湖南监制,秦华斫
31	百年	宣和式	集《汉相乙瑛碑》		1917 年 12 月	良材新制,宾玉瓒在湖南监制,秦华斫
32	秋鸿	孔子式	篆书	面流水小蛇腹断,底碎冰裂纹	1917 年 12 月 24 日	

33	汉槐	孔子式	隶书,集琴原刻"汉代古槐"字名之		1918年4月	
34	滟滪仙舟	孔子式	隶书,集琴原刻		1918年4月	
35	巴峡虹桥	孔子式	隶书,集"滟滪仙舟"琴原刻		1918年4月	
36	春雷秋籁	孔子式	篆书	遍体小蛇腹断	1918年5月	
37	清籁	孔子式	篆书		1914年夏	1918年5月重
38	松篁嘎玉	伏羲式			1919年4月	额仿孔子式秦华斫
39	雪夜钟	孔子式	行楷,题名似米芾书,	满面方四五分或二三分龟纹断,底二三分蛇腹断	1908年3月	杨葆元剖修
40	霜钟	孔子式	篆书	大宝题名	1909年春夏	
41	苍龙吟	孔子式	篆书	通体碎冰裂牛毛断纹	1925年4月	
42	秋声	孔子式	集《郑文公下碑》"秋声"二字题名之			
43	东山	孔子式	行草,集原琴池款"东山"二字名之	无断纹		
44	霹雳	孔子式	隶书	通体二三分蛇腹断	1910年9月	1925年望"霹雳"琴,忆宝卿
45	飞龙	伏羲式	集《爨龙颜碑》"飞龙"二字名之	通体兼有碎冰裂小蛇腹流水断纹,也有梅花断数圈	1915年春	滕琴
46	春秋	正合式			1922年7月	杨宗稷新斫
47	无上(第一)	伏羲式	小隶		1920年	古材新制,秦华斫
48	无上(第二)	伏羲式	大隶		1920年	古材新制,秦华斫
49	韵雪	孔子式	篆书			
50	天贶	孔子式	篆书	漆灰不甚坚,断纹颇多,略如流水	1922年3月	1922年8月,在太原,朋友书名,题款。

51	万壑雷	孔子式	集《樊府君碑》"万壑雷"三字名之	面底碎冰裂纹	1924 年 3 月	
52	幽泉	雷音式				古材新制,秦华斫
53	龙门寒玉	孔子式	集《比干碑》"龙门寒玉"四字名之		1922 年冬	杨宗稷在太原斫

杨宗稷先生藏琴一是大部分购于北京琉璃厂等地方,如 1910 年杨宗稷先生在北京琉璃厂同日购得三张古琴,分别是:"鸣凤""鹤罴""天风海涛",其中"鸣凤"为二十四琴斋旧物。1912 年 12 月 4 日杨宗稷先生得李勉"韵磬"拓本晋斋孙宝跋,乃知"天风海涛"琴为明潞王琴之祖,胜是喜悦,更之曰"潞祖"。二是听到全国各地有名琴,托人购买,如"风鹤"古琴,就是黄勉之先生告知上海有宝琴出售,杨宗稷先生便托好友方灌青购得。琴经过两个月的修理,琴室便以"风鹤琴斋"名之。三是杨宗稷先生自己古材新制,和弟子秦华在北平斫的古琴。四是杨宗稷先生在湖南任职期间,好朋友宾玉瓒监制,秦华在湖南斫的琴,以及杨宗稷先生在山西教琴时,好朋友虞铭新和孙静尘等琴人斫的琴。如在山西斫"龙门寒玉"两琴,"叠韵""鸣泉"等古琴。

从上表可知杨宗稷先生有 9 张琴,仿名琴所斫:"苍海龙"仿雷威鹤鸣秋月式,"鹤鸣秋"仿旧本师旷式,"随珠"仿李凝连珠式,"韵磬第二""韵磬第三"仿李勉《韵磬》拓本,"松石间意第二""松石间意第三",仿宣和内府御藏"松石间意"之拓本,"松筜嘎玉"仿李勉百衲。

在古材新斫,仿"松石间意"古琴时,为得到理想中琴的音色,又云:"仿古四琴之声,各自为类,足征声音与形式相关,材次之,工又次之。"此句说明,杨宗稷先生在斫琴的过程中发现古琴的形式、款式等对古琴的音色也有很大影响。琴的形式、款式等琴体都有大小之分,在斫"无上"琴时,云:"自此两琴成,乃知'九霄环佩'能使他琴退避三舍,由于尺度长大不同。十年前不知制琴法,谬以中小琴与大琴较优劣,宜乎小巫见大巫也。今'无上'仿其尺度,即得其声音,且有过之无不及者,始恍然。十年大愿,其愚不可及也。""无上"琴,今无存,但是杨宗稷先生在斫琴过程中,仿唐琴的技法、工艺记录了。郑珉中在研究唐琴时,也认为"唐圆宋扁"的古琴特点,唐琴面板孤度有两种基本圆法,云:"盛唐、中唐是一种,晚唐又是一种。前者琴面是'漫圆而肥',即弦下的孤度较小,弦外部分则较大,近似椭圆形的一半,盛唐较中唐尤为浑厚;晚唐琴面则是弦下较厚而弦外较平,斜坡出去。"在浙江省博物馆藏的"百年"琴杨宗稷先生就是仿唐琴斫制的,琴体浑厚、大,面板弧度大等特点。唐琴的纳音也是有讲究的,一般在隆起的部位上挖一条约1厘米深、2厘米宽的圆沟。

1915年4月杨宗稷先生得到海州云台山古槱板,此良材色微绿,质极细、极重,坚而实松,以刨刮之,则光滑如碧玉,香似伽楠。叩之铮铮有声。杨宗稷先生得到古良材,长短大小共有五十三张板子,并在同年先斫了六张不同款式的琴,并分别集各种书体,题名之。分别是:"苍海龙"仿雷威鹤鸣秋月斫,其形如龙、"鹤鸣秋"仿旧本师旷式,其形如月、"松石意"伏羲式,"随珠"连珠式,仿李凝连珠式斫,"幽篁"竹节式,"梦秋"蕉叶式。1916年,再次用海州云台山古材,斫古琴"韵磬"第二,这次是从朋友借得李勉"韵磬"旧拓本一幅,用影宋法勾出,并仿古新制。琴制成,音韵绝佳,恐乱真,因以第二名之,可见杨宗稷先生为人忠厚老实,以诚相待。人品、琴德一流。仿斫"松石间意"古琴时,也怕乱真,也以"第几"名之。

1919年4月杨宗稷先生再次用此古良材仿制"松篁戛玉",这次是秦华斫,杨宗稷先生监制,额仿孔子式,两旁作斜三角,中作半圆形。

1916年杨宗稷先生又得到旧材一段,《琴学随笔》云:"予又物色旧材一段,较海州云台山古材,但非绿色,无香气,击断略有筋膜,其余质理无不同。"此古良材,仿古新斫琴最得意古琴是"韵磬"第三、"松石间意"第二和"松石间意"第三。此三张琴,音色绝佳,超过唐宋名琴,

杨宗稷先生在湖南任职期间,好朋友宾玉瓒监制,秦华在湖南斫的琴如下:

《藏琴录·寿岂》云:"正合式。宾君楷南得良材所制百册琴之一。长方池,上刻径寸大草'寿岂'二字。池中右刻'民国六年八月',左刻'宾玉瓒监制弟百二'。琴成时有妙音,惜转瞬折腰,不能下指,非碎为百钠未易修治也。"

《藏琴录·玉壶亭》云:"孔子式。良材新制。池中刻'九疑山人杨宗稷再生藏。丁巳重九合于南县公署',沼中刻'潞安秦华斫'。"

《琴余漫录》云:"丁巳在南县署中得宾君楷南制琴所余桐枝,斫成一琴……名之曰'玉壶亭'。"

《藏琴录·百年》云:"宣和式,长方池,上刻集《汉相乙瑛碑》'百年'二字,池中刻'九疑山人杨时百监制,丁巳年嘉平月望日合'。沼内刻'潞安秦华斫'。"

《藏琴录·震余》云:"宣和式,良材新制。池上刻'震余'二字大草书。池内

右刻'民国六年七月'，左刻'宾玉瓒监制第九四'。"

由杨宗稷的《藏琴录》《琴余漫录》等文献条目，可知杨宗稷、秦华等人在湖南所斫琴的资料，并且每一张琴都按数字编了号：由第一号至第一百四十号，共一百四十张古琴。每张都有琴铭：如第一号，宣和式，名曰："梦羲"；第九四号，宣和式，名曰："震余"；第一百二号，正合式，名曰："寿岂"；第一百四十号，宣合式，名曰："湘桐"等；"宣合式"在以前的文献资料没有记载，是杨宗稷自己命名的古琴款式，云："乙卯四月，予得宣和御制乾隆内府所藏'松石间意'琴拓本一幅，首尾两边别为两幅。"并且，杨宗稷在厂肆看到"松石间意"古琴，四字为隶书，其琴形状项与腰皆作凹入两半月形，相交处复作凸出月形。通体极长大，池沼皆长方形。杨宗稷得海州云台山古材六片，仿"松石间意"四张，宾玉瓒和秦华在湖南共斫"宣和式"琴二十张。

古琴爱好者、藏琴之人，能够得到唐琴，是琴学生涯中最开心的事。《琴话》云："唐雷琴不易得，唐雷威琴尤不易得。"《琴粹·琐言》："读欧阳公《三琴记》，唐琴在北宋时已不多得，况更历千年乎，宜今日唐宋琴，如凤毛麟角也。"最让杨宗稷先生难忘的是在1914年3月8日，自己五十一岁生日这一天，购得明琴"玉壶"琴，琴伏羲式，长119厘米，有效弦长108.5厘米，额宽18.1厘米，肩宽19.4厘米，尾宽13.8厘米，厚5.7厘米。朱漆，无断纹。轸池下篆书"玉壶"琴名，圆形龙池，长方形凤沼。此琴音韵、清灵、圆润，而且在所藏二十余琴之上。最重要的是不久杨宗稷先生购得唐琴"彩凤鸣岐"，并题长诗以记之，真是"嗟予嗜琴已成癖，京华十稔搜罗穷。良材入手惊奇绝，物萃所好神亦通"。1920年2月开"岳云别业"公祭长沙张文达公时，杨宗稷先生携唐琴"彩凤鸣岐"雅集，镇国将军朗贝勒见到定府"彩凤鸣岐"自家旧物，云："我持此琴三叹息。"此琴现藏于浙江省博物馆，"彩凤鸣岐"琴，落霞式，琴长124.8厘米，有效弦长116.3厘米，额宽16.3厘米，肩宽18.8厘米，尾宽12.5厘米，厚5.4厘米。杨宗稷先生评价"声音绝佳""可谓凤毛麟角矣"。

浙江省博物馆现今还藏有杨宗稷先生十四张古琴，唐琴6张，宋琴1张，明琴5张，清琴2张。部分馆藏琴分别如下：

"来凰"琴，仲尼式，唐代。琴长120.4厘米，有效弦长110.7厘米，额宽15.8厘米，肩宽20.7厘米，尾宽13.5厘米，厚5.6厘米。紫粟壳色，琴面和琴背密布冰裂断和牛毛断。

"春雷秋籁"琴，仲尼式，唐代。琴长117.1厘米，有效弦长107.3厘米，额宽

16.8 厘米,肩宽 17.4 厘米,尾宽 12 厘米,厚 5.2 厘米。黑漆,"春雷秋籁"四篆书。

"疏影"琴,仲尼式,唐代,琴长 124.7 厘米,有效弦长 115.1 厘米,额宽 17.8 厘米,肩宽 18.9 厘米,尾宽 13.3 厘米,厚 5.2 厘米。黑漆,蛇腹断间流水断。声音松透均匀。得佳琴则铭而识之。甲寅五六月间得琴,内外无一字,梅花断纹甚多,音极佳。逾年,始定名疏影。

"谷应"琴,杨宗稷先生《藏琴录》中定为雷威万壑松式,现代专家定为伶官式,晚唐。琴长 124.5 厘米,有效弦长 114.2 厘米,额宽 19.3 厘米,肩宽 19.4 厘米,尾宽 13.7 厘米,厚 5.6 厘米。黑漆,鹿角灰胎,通体小流水断夹牛毛断。轸池下草书"谷应"二字。

"秋鸿"琴,仲尼式,唐。琴长 109.3 厘米,有效弦长 100.5 厘米,额宽 15.1 厘米,肩宽 17 厘米,尾宽 11.8 厘米,厚 5.3 厘米。黑色间褐色。形体扁平、偏小,有效弦长比一般的琴短 11 – 12 厘米,应该是膝琴。长方形龙池凤沼,池上大篆"秋鸿"二字。琴面遍布流水小蛇腹断,底碎冰裂断纹,

"韵雪"琴,仲尼式,宋代。琴长 123.8 厘米,有效弦长 113.3 厘米,额宽 17.5 厘米,肩宽 19.8 厘米,尾宽 13.3 厘米,厚 5.7 厘米。琴面深褐色透红色,琴背深褐色。琴面、侧墙无断纹,琴背流水断,还有分布不匀的鱼鳞纹断。轸池下篆书琴名"韵雪",款署径分半行楷云:"辛酉日长至得于都门,时百杨宗稷题并识。"印方五分细朱文"九疑山人"四字。

"风鹤"琴,伏羲式,明,琴长 124 厘米,有效弦长 113.3 厘米,额宽 19.4 厘米,肩宽 21.5 厘米,尾宽 14.5 厘米,厚 5.3 厘米。黑漆,琴面局部露出朱色漆。大流水断,琴体扁而宽,木质老旧。圆形龙池,椭圆形凤沼,均有竹簧镶边。轸池下有杨时百题篆书琴名"风鹤"。

"大成"琴,仲尼式,明,琴长 121.5 厘米,有效弦长 110.6 厘米,额宽 16.2 厘米,肩宽 18.5 厘米,尾宽 11.5 厘米,厚 5.5 厘米。黑漆,略带褐色。因曾被重修,无断纹。面板杉木,木质疏松,颜色深褐色。声音清雅圆润。长方形龙池凤沼。池上题"大成"二隶书,酷似伊墨卿笔法。腹腔内有"晦翁朱熹斫""汀州后学伊秉绶重修"刻款。

"飞龙"琴,伏羲式,明。琴长 111.7 厘米,有效弦长 101.8 厘米,额宽 17.3 厘米,肩宽 17.5 厘米,尾宽 12 厘米,厚 5.2 厘米。琴面黑漆洒银,琴背黑漆,略有断纹。杨氏评价:"戊申以来予所见闻之琴以千计,而崇祯御制五百床劫灰余

烬,乃仅存此硕果,可谓凤毛麟角矣。"琴用四川夔州棺材峡的古悬棺木材制造。

"潋滟仙舟",仲尼式,清代,琴长123.2厘米,有效弦长112.7厘米,额宽16.6厘米,肩宽18.5厘米,尾宽12厘米,厚4.9厘米。

除了浙江省博物馆藏的杨宗稷先生的古琴,还有私人藏的杨宗稷先生的"天贶"琴,天贶琴,仲尼式,形制规整,杉木制,通体鹿角灰胎,琴面断纹颇多,呈大小流水兼牛毛断。龙池凤沼长方形。琴通长118厘米,隐间110厘米,肩宽19厘米,尾宽13厘米,厚5厘米。琴背刻有常赞春篆书琴名:天贶。杨宗稷先生题款铭文:"溯自戊申,琴为余累。枯桐半百,终鲜称意。今歌得宝,实神所秘。人力罔求,天麻载至。锡厥嘉名,答彼苍赐。"此琴杨宗稷先生及后人从未易手,"声音之妙,得未曾有"。最后此琴从杨宗稷先生孙女杨燕淑先生处被人收购。

湖南省博物馆藏有"万壑松风"琴,此琴杨宗稷先生的弟子李伯仁藏。1935年杨乾斋到南京拜访李伯仁时,对"万壑松风"琴进行过修理。琴背面有琴名"万壑松风"、有杨宗稷、李伯仁、雷渝三人的题款。琴为仲尼式,琴面桐木,琴底梓木。龙池,凤沼都是长方形,漆为枣红色兼黑色漆,有牛毛断纹等。琴通长116厘米,隐间107.4厘米,肩宽18.4厘米,尾宽14厘米,厚4.5厘米。杨宗稷先生的题款刻在龙池两侧,题款铭文:"己巳八月廿七夜半,梦李君伯仁自沈阳过我。次日奉函,送赵子昂家藏'万壑松风',来属审定。余即以梦告,并谓琴佳。嗣得书云,见怀之情,极于梦寐,神交千里,无阻关山。琴既佳,请留破岑寂,然畴昔之夜,实君神来,非我神往。少陵梦太白诗魂来枫林青,魂返关塞黑是也。因纪大略刻于琴阴,仍寄李君。著其爱友爱琴,情笃如此。梦后九日,识于宣南舞胎仙馆。同社弟杨宗稷。"

参考文献:

[1]杨宗稷.琴学丛书[M].长沙:湖南教育出版社,2007.

[2]王静.非凡的心声——世界非物质文化遗产中的中国古琴[M].北京:中国摄影出版社,2011.

[3]吴钊.中国古琴珍萃[M].北京:紫禁城出版社,2015.

(原载2018年第7期,作者单位:湖南科技学院)

九疑派古琴家杨葆元先生

※ 欧阳平彪

杨葆元(1899－1961)，原姓欧阳，字乾斋，是近现代著名的古琴教育家，演奏家。杨葆元的父亲杨宗稷创办"九疑琴社"，著《琴学丛书》，世称"九疑派古琴"，杨葆元先生为九疑派古琴第二代传承人，九疑琴社第二任社长，并且留下了珍贵的九疑派古琴音响资料及琴谱等。

耕读传家，随父入京

1899年，杨葆元出生于湖南宁远平田，原姓欧阳，平田村全部姓欧阳，聚族而居。

据欧阳振遂《平田村志》："元末，种族压迫更烈，南人苦不堪言，怨声载道。族中有忠义者，奋勇投徐寿辉部，于至正十一年八月，在湖北蕲水起义。翌年，徐寿辉称帝，为北越王，封其为右仆射理平章事。即人称欧阳平章者也。元亡明立，洪武即扫荡群雄。北越军久与明抗旅，终不敌。平章潜回舂陵，侍机再起，不幸事泄，被明军追杀于红坝，葬于荒塘。洪武十四年，天下既定，视平章为叛民，别我族于黄册中。我五世祖中立公，遂领其孙恺述等举家远徙桂阳之大冲，易姓杨，以杨氏立户报册。建文元年，明惠帝接位，大赦天下，我七世祖恺述方携弟恺善、恺贤，返归舂陵，弃早禾田旧地而居平田，是为平田杨家也。""自明至清嘉庆年间，则俨为宁邑之望族也。然四百余年，无敢议复姓者。嘉庆二十一年，上授公以优贡成均，又四年，与从弟上容始以复姓请于礼部。翌年，上容举顺天府进士，上授亦循例为兵部侍郎，询复姓事，选司以岁远而无可考信议驳。迨上授孙宗佶公为户部员外郎时，再请复姓，始得恩准。"

庆崇公为平田龙溪派始祖。平田辈份排行：庆伯龙起中，文恺仕思志，普万永明光，奇逢登上世，宗纪振维昌。杨宗稷老先生为"宗"字辈，杨葆元先生为"纪"字辈。村中现人口7千人左右，历史文化底蕴深厚，人才辈出，耕读传家，为湘南望族。

杨葆元先生为杨宗稷的长子,祖上事迹,宁远县志均有记载。民国《宁远县志》第十卷记载:

"杨世任:字子重,平田人。祖登霖,恩贡生。父上珍,增贡生。世任亦增贡生,弃举业,走粤西,入蒋益澧军中,战于平原,复平乐城,旋克贵县。巡抚刘长佑檄署贵县,未上官,降寇王某,以其兄伏法在叛,益澧急檄世任,相机理之,因单骑入贼营,喻利害,皆俯首听命。到官,流离载道,急发仓储振之。调知永福县,积牍盈数尺,并悉心推鞠成信谳。知新宁州,用法绝胥役娄索,民以大欢。未久,流贼攻城,世任团兵数百人与搏战,贼众瓦解。时乡村犹苦盗警,世任一以威信镇抚之,皆慑伏得无事。以克复永淳山泽股匪,功晋同知,赏戴蓝翎。署义宁县,摘奸发伏,如在永福时。任满将去,义宁民乞留一载。去之日,民持酒食,饯送塞途。"[1]

"杨世倬:世任弟也,同治中,亦宦广西,署河池州。州多剧盗,始至,以计禽其渠,遂无敢为剽掠者。兼理南丹州事……受代过庆杨,时黔苗叛,逼郡城,知府知世倬能,固留办贼……虽瓶无储粟不恤。"[1]

杨宗稷(1864—1931),原姓欧阳,字时百,1864 年 4 月 13 日出生于湖南宁远平田村,清末贡生,曾担任礼制馆编纂、山西省署参议、湖南南华厘金局长、南县县知事、前交通部检事科长、前清邮传部主事、学部主事、京师大学堂襄办等。创办"九疑琴社",著《琴学丛书》,世称"九疑派古琴",为中国琴坛一代琴学宗师。[2]"非独于律吕洞达精微,兼造作之蕴。得坏琴,督家僮治之,音响迥异,国中语琴学者翕然推宗稷,无异词。于北平举九疑琴社。"[1]

"杨宗彩:字松年,宗稷弟也。游学日本,卒业法政大学,归知福建闽清县事,平恕清严,民交口称颂。连任至九年,入为司法部佥事署司长,复出之寿宁将乐县事,在官兴学校,理教化,盗贼肃清。"[1]

从杨葆元的祖辈列传看,都是书香门第,文臣武将,勤政爱民,百姓爱戴。

杨宗稷于 1882 年在家乡结婚,不久便去长沙求学,在长沙结识了一些志同道合的朋友,如长沙张文达、衡阳刘异等。1901 年,张文达特聘请杨宗稷去京任职共事。[3]53

1901 年,不满三岁的杨葆元随父母亲来到了北平。1901 - 1904 年,杨宗稷担任过学部主事、京师大学堂襄办等。1904 年,杨宗稷在宣武门外丞相胡同 43 号大院购买房子,据杨葆元的堂弟杨宝禄回忆录《古琴家杨时百伯父生活札记》

描述:"四十三号院不是四合院,是东西长形,也分外中内三院。外院有房五间半,临街房中有一棵巨大老槐从屋顶而出而占半间房。走进四扇门隔断为中院也是主院,北房三间进深两间故为六间,房高大中屋开门,右偏房为时百居住。三间中隔板为木制。桐油漆其上全是琴钩。如挂四十张琴均有余。他著书教琴均在中屋。中屋后部隔开为佛堂及书库。存书及其琴书木版均存其中。堂屋正中是一张双人琴桌,他经常坐右位弹琴。左侧为客位友人或学琴者弹琴。中间可放两本琴谱。堂屋内另有一张双人桌,可四人同时弹奏。主桌后为一条案,上摆有瓷花瓶,墙中央挂山水中堂一幅。另配对联一双。条案两侧后方还有书阁可放些常用书籍。"[4]50

其后九疑琴社的社牌即挂在这里,九疑琴派的琴学活动多在这里开展,杨葆元也在这里幼承家学。

杨葆元六岁左右,母亲因病逝世。而杨葆元从小聪明懂事,父亲疼爱有加,从小便跟随父亲学琴,刻苦用功,为琴学之门打下了坚实的基础。

杨葆元儿时,一起跟随父亲学琴的有堂妹杨宝卿等。杨宝卿学琴半年,便学得四首琴曲,不久随母亲回到平田。

家传琴学,校字琴书

杨宗稷老先生与众多好友及琴学弟子创办"九疑琴社",挂牌授琴。杨宗稷琴艺已誉满京都,一时来学琴的人很多。"时百一周教琴五个上午,下午午睡休息,晚间接待来客,葆元只作为其助手接待客人。"[4]50

1917 年,杨葆元与一户大家闺秀结婚,并于 1922 年生一子,名燕曾。

由于杨葆元学琴刻苦用功,父亲严格关教,深得九疑琴学的精髓,常参加其父杨宗稷举行的岳云别业雅集活动。

从 1920 年到 1925 年间,前后共办了六次岳云别业雅集。《北京琴会岳云别业第四集纪事》记载:"庚申之春,余会至岳云别业听琴。莅会者五六十人……即岳云别业第一集也……今夏四月二十六日,杨君时百,虞君和钦,周君季英,常君毅箴,明净和尚逸梅,李君伯仁,杨君乾斋,张君友鹤,张君荫农,廖君允端,金君致淇,葛君竹书,刘君松生等。复有琴会第四集之举……至则男女宾主已集六七十人,且有至自津门者。案上横琴三十余床,皆唐宋元明时佳品……调弦起挥,时百、允端、季英、逸梅、毅箴、乾斋六人合奏《渔樵问答》,曲度既均,节奏同检,合琴而臻此境,至为难能可贵……次伯仁、乾斋合奏《秋鸿》,淋漓悲壮,一气呵成。盖《秋鸿》为五大曲之一,合弹殊不易易也……次时百弹《渔歌》,会精聚神,天衣无缝。五知斋所谓声声抑扬,飘飘欲仙,直欲驾黄勉之而上之。某君谓听琴七省,未尝聆此妙音,非虚语也……次时百、伯仁、季英、逸梅、乾斋、致淇六人合奏《平沙》,最后乾斋弹《潇湘水云》。"[5]13－14

雅集盛况空前,汇聚了不少名人名流。从六人合奏《渔樵问答》开始,中间两人弹《秋鸿》大曲,最后杨葆元独奏大曲《潇湘水云》。从杨葆元演奏的曲目看,已全面传承其父的琴学,可谓九疑琴派有传人也。

杨宗稷老先生的琴道、教学成果及九疑琴派独有的五行琴谱等,都是独特的。几人合弹大曲,节奏、指法、吟猱等都能合上,可见九疑琴派的琴学琴风已独具一格,形成了九疑琴派独有的琴学特色。

杨宗稷老先生自己在学琴时,已是琴学名家,而且已经在打谱《碣石调幽兰》文字谱,还坚持学习,这一点也可从杨宗稷跟随黄勉之学《渔歌》中考见:"《渔歌》一曲,余自癸丑九月迄丙辰八月,与琴师月课十八次,合弹两遍,风雨寒暑不辍,连闰计一千三百遍。求学之难,可胜慨叹。"[3]238

杨宗稷对弟子严格教学,为后辈琴人学习树立了典范。不然几人合弹大曲,怎么传妙音。笔者在跟随恩师李天桓先生学琴时,恩师就讲过:"两个弹琴人从不认识,每人看着《琴学丛书》上的谱子练习,过一段时间,两人弹琴能合上。"笔者在学古琴曲时,恩师教唱弦,两人对弹教学,再合奏,合不上,再练,直到一样。九疑派古琴艺术一直这样传承下来,琴风依旧没变。琴谱就像镜子一样,弹奏的实际效果跟照镜子一样。

到1928年,随着杨老先生刻书打谱,在加上超负荷的教学工作等,从杨老先生在德国医院病床写的《题琬玉女士遗墨》落款"病叟杨宗稷题于旧都德国医院"来看,身体已不向从前。[6]

这时期杨葆元已在九疑琴社教琴,据门人吴冠周的《琴话》记录:"余负笈北平,入陆军大学……得悉湖南杨时百先生为当代琴家,其品性高介,不交凡俗……伸向学之意,其时杨公养疴津门,得函奖借备至,乃命其嗣君乾斋接待。每日课余,必偕同学黎君伯豪、温君岂凡、余君述虞、李君廷铨,忍饥至宣外丞相胡同龙疑琴社,就学于乾斋世兄。"[5]319

杨葆元琴艺,琴学已能独挡一面,不管是独奏,还是古琴教学,都能胜任。为拓宽爱子的琴学思维,开阔眼界等,1920年9月,杨宗稷携杨葆元、杨宝书去上海参加周庆云组织的晨风庐琴会,杨葆元演奏了《潇湘水云》。[7]

杨宗稷所著《琴学丛书》,从 1911 年 8 月至 1931 年 3 月,前后经历 21 年,共两函四十三卷十四册。刻印以后,很受大家喜欢。据周季英《琴学家九疑山人小传》记录:"书出,海内外争购之,钟祥李子受之时留美,以数部往,彼都人士欢为得。"[8]

杨葆元是《琴学丛书》的校字者之一。校字的目录卷数如下:校字《琴学丛书·总编目》、1919 年 7 月校字《琴学随笔》卷一、1919 年 7 月校字《琴学随笔》卷二、1919 年 6 月校字《琴余漫录》卷一、1918 年校字《琴镜卷首·例言》、1918 年校字《琴镜卷首·指法说明》、1922 年校字《琴镜补目录》、1922 年冬校字《琴镜补》卷一、1923 年 6 月校字《琴瑟合谱·目录》、1923 年 6 月校字《琴瑟合谱》卷一、1923 年腊月校字《琴学问答》卷一、1923 年 6 月校字《藏琴录》卷一、1931 年《琴镜续卷四·短清》李静校字杨葆元定板。[3]

1931 年,杨葆元的夫人因病去世,稍晚,一代琴学大师杨宗稷因病去世。同一年失去两位亲人,葆元的心情无比的悲伤。杨宗稷逝世后,杨葆元即为九疑琴社第二任社长,全面负责九疑琴学工作。杨葆元先生 1932 年续配,与胡云秋结婚,1935 年 2 月,生一女,名燕淑。[4]

由于时局的变化,杨葆元于 1935 年 2 月离开北京。先去南京,与李伯仁,夏一峰、徐元白等参加青溪琴社雅集,并拜访同门师兄李伯仁。李伯仁在《万壑松风跋》中叙述:"戊辰除夕,舍得之长沙……于己巳镌吾师九疑先生题识时磨去。其明年,遇先生津门,谓余曰:'赵氏琴但岳山低耳,若增一分,当发奇响。'又明年而先生没。后四年,其哲嗣乾斋兄渡江南来。始为如法重修,形彩映发,音弥清越。风气遂髣髴鸣凤矣。爰志因缘,并以自庆。乙丑佛生日桂阳李静伯仁跋于石城宁卢。"[5]322

从同门李伯仁的记叙,事件、时间很清晰。杨老先生逝世后四年,1935 年,杨葆元来相聚,并修琴,经过他的手修理,琴的音色得到更好发挥。一张名琴,让杨葆元来修,可知杨葆元也精于修琴、斫琴。落款处"乙丑"(1925 年)可能刊印错误,应为"乙亥"(1935 年)。

不多久,杨葆元便辗转到重庆,在重庆广播电台工作。由于杨葆元先生以前在广播电台工作过,据《今虞琴刊》所载《琴人题名录》住址及通讯处一栏杨葆元填写的是:"南京中央党部广播电台";《琴谱介绍·琴学丛书》购书联系地址写的是:"首都中央党部广播电台杨乾斋君。"[5]301 广播电台时常播放杨葆元弹的古琴琴曲。

1942年,古琴家刘含章在贵阳组织"贵州琴社",成员有著名琴家桂百铸(诗成)、杨葆元、于世明。[9]348

大约1942年前后,胡云秋将丞相胡同老宅卖给了胡同口绸布店老板,并在东城甘雨胡同三十三号买下十间半独院房一所。抗战胜利后,杨葆元与国民党要员来北平接管北平广播电台,并担任传音科长,与妻儿一起住到麻花胡同电台宿舍,生活过得平谈而有趣。[4]54琴学活动也开始展开。1947年,在王世襄家里芳嘉园举行古琴雅集活动,参加人员有溥雪斋、汪孟舒、张伯驹、杨葆元、沈幼、关仲航、王迪、郑珉中、白祥华等二十余人。[10]

1951年,杨葆元之子燕曾染上肺结核,不幸因病去世,年仅29岁。想起儿子燕曾与父亲快乐的时光,不禁黯然泪下。

大学授琴 共创琴会

新中国成立后,百废待兴,琴学家们也看到了新希望,积极投入到古琴艺术的研究中来。1952年,中央音乐学院筹建民族音乐研究所(中国艺术研究院音乐研究所的前身),为老一辈琴家和青年古琴爱好者搭建了一个琴学研究、学习平台。1953年,杨葆元被聘到中央音乐学院器乐系教授古琴,达4年之久。又被中央音乐学院民族音乐研究所聘为特约演奏员。他也是区政协委员。[4]54

1954年后,杨葆元将《琴学丛书》木版赠给民族音乐研究所,最后民族音乐研究所把木版转给中国书店。

1954年10月,北京古琴研究会成立,会长为溥雪斋,管平湖、王迪、杨葆元、许健等为核心成员。其前身为北平琴学社,1947年由溥雪斋、张伯驹、管平湖、杨葆元、汪孟舒等琴家发起成立,定期举行雅集,地点就在张伯驹家里。[10]

大家积极投入到琴会的活动中来。1957年7月,张子谦、吴景略来民族音乐研究所访问,北京古琴研究会特组织古琴雅集活动,参加人员有溥雪斋、查阜西、杨葆元、管平湖、顾梅羹、王迪、许健、郑珉中、谢孝萍、陈长林等五十多人,大师云集,其乐融融。[10]

北京古琴研究会不仅进行琴学学术研究,还培养年青古琴人才,向社会发布招生古琴信息。学生经过考试,选录等,由琴会中老琴家培养。分配到杨葆元先生门下学琴的学生有李素瑾、王行虎等;[11]16分配到同门师弟管平湖先生门下的有陈熙程等。

琴学争鸣　琴音长存

由于音乐研究所及北京古琴研究会的成立,为老一辈琴家及古琴爱者提供了强有力的支持和帮助,一系列琴学研讨及演出活动等有条不紊地进行着。音乐研究所特别组织琴家打谱,《幽兰》《广陵散》《胡笳十八拍》等古琴曲的学术研究,各路琴家纷纷投稿,积极参与,可谓古琴界又一盛况。全国琴人学术论文被收录油印成册,如中央音乐学院民族音乐研究所编了《幽兰研究实录》,中央音乐学院中国音乐研究所编了《琴论缀新》等。《幽兰》《广陵散》这两曲最早由杨葆元的父亲杨宗稷打谱出来,刊刻在《琴学丛书》中。在这次古琴曲研究中,杨葆元先生也撰写了《幽兰》古琴曲的论文。在《胡笳十八拍》琴曲研究中,因为以前没发现这个曲子的曲与词的谱子,这一次发现了,杨葆元并发表了对这一次发现《胡笳十八拍》的琴学观点,说道:"近日古琴研究会得明万历辛亥《燕闲四适》内之《琴适》,载有音谱《胡笳》,为所有琴谱中仅见之孤本,极为可贵。惟有词之谱,音节疏淡呆滞,如从前文庙祀孔乐章,一字一声,纵使善歌者循意行腔,善弹者以轻重急徐应托之,恐亦不如无词原谱配以原词,抑扬抗坠、绕梁遏云之能入人情感深处耳。"[12]25

琴歌有"声多字少""一字一音"之说,词与曲要想相得易彰,再加上不同时期、不同人的艺术审美观念不一样,谈何容易?杨宗稷以一人之力创作古琴曲《胡笳十八拍》与原词相和第一谱本,并刊于《琴学丛书》中。琴家也是认可杨老先生创作的谱本的。

北京古琴研究会和民族音乐研究所不仅开展了琴学研讨、演出活动,还积极采访、调查全国琴人的情况,并于1956年由文化部、中国音乐家协会和中央音乐学院民族音乐研究所共同牵头组织,派出民族音乐研究所专业古琴许健、王迪等同志负责"万里寻琴采访"工作。[13]101 录音琴家的古琴曲为采访内容之一。到1956年11月,录音琴曲统计来看:共采录21个地方81人285曲。[13]109

九疑派琴家也录了音,如杨葆元、关仲航、管平湖等。杨葆元录音琴曲如下:《胡笳十八拍》《水仙操》《梅花三弄》《渔樵问答》《秋鸿》《桃源春晓》《鹿鸣》《平沙落雁》《伐檀》《归去来辞》等,现由中国艺术研究院音乐研究所收藏。由中国唱片上海公司出版发行的《中国音乐大全·古琴卷》共八张唱片,古琴界称之为"老八张",卷六中收录了杨葆元先生的四首琴曲:《鹿鸣》《伐檀》《归去来辞》

《平沙落雁》。

杨葆元演奏的古琴曲《渔樵问答》，由许健记谱，收录在《古琴曲集》中。[14]98 杨葆元弹唱的《归去来辞》，由王迪记谱，收录在王迪整理的《弦歌雅韵》中。[15]202 杨葆元演奏的《平沙落雁》等琴曲，则由笔者的恩师李天桓先生记谱整理。

同门师弟关仲航演奏的《渔樵问答》录音，收录在《中国音乐大全·古琴卷》卷八中；师弟管平湖演奏录音，收录在《中国音乐大全·古琴卷》卷一、卷四，共6首。卷一收录琴曲《碣石调幽兰》《离骚》《广陵散》，卷四收录琴曲《流水》《欸乃》《胡笳十八拍》。近期出版了《管平湖古琴曲集》（增订版），共收录琴曲38首。

1958年12月18日，杨葆元与王迪、乐瑛、关仲航、顾梅羹等参加了电视广播节目，合奏了《四大景》。[10]

杨葆元先生晚年患有哮喘病，经常坐着睡。笔者拜访杨宝禄先生时，也说过此事。他的回忆录也记录了如下内容："他有哮喘病，经常坐着睡，只因居住条件不如意，在皮库胡同甲一号，他一人住一间小屋中，屋里冬天再生个火炉，大棉门帘一挂，空气确实不流通，年纪最大的他在这种环境中，于1961年冬的一天早晨，当家中其他人均已起床后，葆元也想起床，刚一坐起来，叫觉得精神恍惚，突然倒在床下，全院所有邻居都来救护，叫邮电医院大夫出诊，就这样未再起来，经急救无效去世，大夫来了只开个死亡通知书走了，年仅62岁。"[4]54-55

由北京古琴研究会代启的《讣闻》中写道："杨葆元先生（乾斋）于一九六二年一月廿一日晨七时在北京本寓病逝。兹订於元月廿五日（星期四）上午九时，在北京市嘉兴寺殡仪馆举行公祭，同时十时，移榇至八大处祖茔安葬。"北京古琴研究会管平湖、溥雪斋、查阜西、李元庆、秦鹏、杨大钧、吉联抗、郭乃安等出席葬礼。

杨葆元先生为古琴艺术贡献了自己一生，他的生活中从未离开过古琴。他幼承家学，全面继承了九疑派古琴的演奏风格和技艺，并保存了九疑派古琴音响资料和琴谱，也完善了九疑派琴学艺术。其影响和地位，堪称近现代最著名的古琴大师。

杨葆元先生年谱表

1899年：出生于湖南，祖籍湖南宁远平田。字乾斋，为杨宗稷长子。

1901 年:父亲杨宗稷应好友张文达邀请,携妻、子来北平。

1904 年:住在宣武门外丞相胡同四十三号,从小在父亲严教下学习古琴,继承了父亲琴艺,成为九疑派古琴重要琴学大师。

1912 年:父亲杨宗稷创办九疑琴社,诸多社会名流学琴。儿时,父亲教琴,作为助手接待客人。

1915 年:叔叔杨宗彩之女杨宝卿去福建闽清县看望其亲,不幸去世,年方二十岁。

1917 年:杨葆元与一家大家闺秀结婚。

1917 年 – 1932 年:校订父亲编著的《琴学丛书》。

1922 年:生一子,名燕曾。

1931 年:杨葆元的夫人因病去世。

1931 年:一代琴学大师杨宗稷因病去世。

1932 年:杨葆元为九疑琴社第二任社长。

1932 年:杨葆元与胡云秋结婚。

1934 年:胡云秋生一女,名燕淑。

1935 年:杨葆元离京南下,先去南京,再入川,最后在重庆广播电台工作。

1937 年:抗战爆发,南京政府迁都重庆,在中央广播电台工作,并播放他演奏的古琴曲,经常与重庆琴人交流,雅集,并加入国民党。

1932 年:4 月 26 日,参加父亲杨宗稷主持的北京北海公园岳云别业第四次雅集,成员有张友鹤、金致淇、周季英、明净和尚等 70 人。

1935 年:与李伯仁、夏一峰、徐元白、王一韩、刘仲瓒等琴人参加青溪琴社雅集。

1947 年:与管平湖、郑珉中、张伯驹、溥雪斋、汪孟舒等琴家创办北平琴学社,地点在张伯驹家。九嶷琴人雅集,人员有杨葆元、郑珉中、张伯驹、溥雪斋、汪孟舒、沈幼、关仲航、王迪、白祥华等二十余人,地点在王世襄家芳嘉园。

1949 年:因工作原因,住在女儿杨燕淑单位北京铁路局。

1951 年:杨葆元儿子杨燕曾去世,年仅 29 岁。

1951 年:4 月,天津中央音乐学院杨荫浏、曹安和来京,用钢丝录音记载杨葆元、管平湖、汪孟舒等琴家琴曲。受聘于中央音乐学院器乐系教授古琴,长达 4 年,又受聘为中央音乐学院民族音乐研究所特约演员。

1954 年:将《琴学丛书》木板赠给民族音乐研究所,后赠给中国书店。提交、发表《幽兰》琴曲论文。

1954 年：10 月 10 日，参加北京古琴研究会成立大会。

1955 年：第一届全国音乐周开幕，与管平湖等人合奏演奏了古琴《普安咒》。

1956 年：此年前后，杨葆元弹唱琴歌《渔樵问答》，王迪进行了记谱整理。

1956 年：全国琴人调查小组录杨葆元四首琴曲，收录在《中国音乐大全·古琴卷》卷六，琴曲分别是《归去来辞》《平沙落雁》《伐檀》《鹿鸣》。

1957 年：3 月，祝贺管平湖 60 寿辰。

1957 年：秋，张子谦、吴景略来民族音乐研究所访问。北京古琴研究会特组织雅集，人员有管平湖、查阜西、溥雪斋、顾梅羹、王迪、许健、杨乾斋、郑珉中、谢孝萍、陈长林等五十多人。

1958 年：在北京古琴研究会教授古琴，学生有王行虎、李素瑾等人。

1958 年：12 月 18 日，参加了电视广播节目，与王迪、乐瑛、关仲航、顾梅羹等合奏了《四大景》。

1961 年：冬，在北京逝世，在嘉兴寺殡仪馆公祭，葬于西山八达处自家墓地，享年 62 岁。

参考文献：

［1］［民国］宁远县志［M］.民国三十一年刊本.

［2］杨宗稷先生讣闻［Z］.李天桓先生收藏并提供.

［3］杨宗稷.琴学丛书四十三卷［M］.长沙：湖南教育出版社，2007.

［4］杨宝禄.古琴家杨时百伯父生活札记［A］.风雨人生——杨宝禄自述集［C］.北京：北京福利印刷厂，2007.

［5］今虞琴社.今虞琴刊［Z］.上海：上海社会科学院出版社，2009.

［6］李伯仁.玄楼弦外录［Z］.湖南省图书馆藏稿本.

［7］周庆云.晨风庐琴会记录二卷［M］.1922 年刻本.

［8］周季英.琴学家九疑山人小传［J］.音乐杂志，1920，（1）.

［9］易存国.中国古琴艺术［M］.北京：人民音乐出版社，2009.

［10］张婷.管平湖年谱［J］.中国音乐学，2009，（4）.

［11］陈熙程.忆古琴家管平湖吴景略先生［A］.2006 年北京国际古琴音乐文化周暨纪念古琴大师吴景略诞辰一百周年学术研讨会论文集［C］.北京：中央音乐学院，2006.

［12］杨葆元.谈《胡笳十八拍》中的词与谱［A］.琴论缀新：第 1 集［C］.北京：中央音乐学院中国音乐研究所，1962.

[13]林晨.从1956年古琴采访谈起[A].2006年北京国际古琴音乐文化周暨纪念古琴大师吴景略诞辰一百周年学术研讨会论文集[C].北京:中央音乐学院,2006.

[14]许健,王迪.古琴曲集:第二集[M].北京:人民音乐出版社,2009.

[15]王迪.弦歌雅韵[M].北京:中华书局,2007.

（原载 2017 年第 1 期,作者单位:湖南科技学院）

唐琴"彩凤鸣岐"题诗探析

✹ 欧阳平彪

唐琴"彩凤鸣岐",落霞式,琴长124.8厘米,有效弦长116.3厘米,额宽16.3厘米,肩宽18.8厘米,尾宽12.5厘米,厚5.4厘米。龙池腹腔内有正楷"大唐开元二年雷威制"题刻。龙池两侧有杨宗稷先生行书题写的长诗,龙池下方有杨宗稷再题与朗贝勒的琴事活动记载及杨懿年赠题的诗词,下钤白文篆书"时百所藏"长方印章一枚。此琴现藏于浙江省博物馆。唐琴"彩凤鸣岐"题诗又见《琴学丛书·藏琴录》。三首题诗都没有题目。

一 杨宗稷先生题诗

杨宗稷先生题唐琴"彩凤鸣岐"诗,题于1914年,并篆刻在"彩凤鸣岐"琴的背面。杨宗稷逝世后,"彩凤鸣岐"琴为徐桴收藏,1953年徐桴后人通过镇海文管会将琴捐赠给浙江省博物馆,现为浙江省博物馆镇馆之宝。杨宗稷题诗如下:

> 唐琴第一推雷公,蜀中九雷独称雄。戊日设弦已施漆,信有鬼斧兼神工。选材酣饮冒风雪,峨嵋松迈峄阳桐。吴越百衲云和样,春雷犹见宣和宫。灵开村中八日合,杂花亭畔余仙踪。秋堂忘味成雅器,雾中山远闻霜镛。徽弦一泛山水深,率更妙墨留池中。伏羲样剪孙枝秀,徐浩题字石经同。嗟予嗜琴已成癖,京华十稔搜罗穷。良材入手惊奇绝,物萃所好神亦通。开元二年题名在,千二百载刹那空。落霞仿古神女制,如敲清磬撞洪钟。成连子期不可作,曲终目送冥冥鸿。会当嵌金字刘累,常恐风雨随飞龙。

"雷公"指雷威,据《辍耕录》记载,雷威应被视为四川雷氏家族斫琴艺术最高之人,故被称为"雷君"或"雷公"。杨宗稷《琴粹四卷》引《贾氏说林》:"雷威斫琴无为山中,以指候之,五音未得。正踟蹰间,忽一老人在傍指示曰:'上短一分,头丰腰杀,已日施漆,戊日设弦,则应庶可鼓矣。'忽不见。自后如法斫之,无不佳绝,世称'雷公琴'。"

唐朝斫琴名手还有沈镣、张铖等人,皆为江南人氏。他们斫的古琴音色各有特点,《琴苑要录·碧落子》引《断琴记》说:"唐贤所重,惟张雷之琴。雷琴重实,声温劲而雄,张琴坚清,声激越而润。"苏东坡《杂书琴事》中记录雷氏家族斫琴艺术特点说:"琴声出于两池间,其背微隆若薤叶然,声欲出而隘,徘徊不去,乃有余韵,此最不传之妙。"《陈氏乐书》说:"然斫制之妙,蜀称雷霄、郭谅,吴称沈镣、张越。霄、谅清雄泥细,镣、越虚鸣而响亮……凡琴高响者则必虚干,无温粹之韵,雷氏之琴其音宽大复兼清润。"

"蜀中九雷"指雷绍、雷霄、雷俨、雷威、雷珏、雷文、雷震、雷会、雷迅。雷氏家族出除了上述九雷外,还有雷息、雷生、雷迟、雷繠德、雷宗来等人,也是斫琴高手。

"戊日设弦",戊日是按六十甲子的排列顺序,从老黄历上推,每六十天为一轮。其中凡是逢戊子、戊寅、戊辰、戊午、戊申、戊戌这六天就叫戊日,也称"六戊"。《贾氏说林》:"上短一分,头丰腰杀,已日施漆,戊日设弦,则应庶可鼓矣。"什么时候施漆、上弦,都有先后顺序。上弦试音,好了,再上灰,施漆等斫琴程序,可想这也是斫琴的技巧之一,现在的斫琴师仍是这样斫琴的。

"鬼斧兼神工"出自《庄子·达生》"梓庆削木为镶,镶成,见者惊犹鬼神",形容手工艺术技巧高超,不是人能达到的工艺水平和技术。屈大均《端州访研歌和诸公》:"年来岩底采无余,鬼斧神工多得髓。"

"选材酣饮冒风雪",指雷氏斫琴故事。杨宗稷《琴粹四卷》引《嫏嬛记》:"雷成作琴,不必皆桐。遇大风雪中,独住峨嵋酣饮,着蓑笠入深松中,听其声连延悠扬者伐之,斫以为琴,妙过于桐。有最爱重者,以'松雪'名之。"清汪灏《御定佩文斋广群芳谱》也有记载。

"峨嵋松",仍指雷氏故事。以地方命名的松木很多种类,也都有各自的品种,如黄山松、庐山松、峨嵋松、华山松、泰山松、长白松等。"峨嵋松"经四川雷氏家族选取斫琴琴材,峨嵋松便成为斫琴良材。雷威选取峨嵋松琴材,也有他的必要性,雷威及雷氏家族主要活动在四川周围。《峨嵋县志》记载峨嵋山的松木资源丰富,用松木制作乐器历代都有,所以雷威作琴,不必皆桐。

"峄阳桐"指峄阳孤桐。峄阳为地名,即峄山,今山东邹城。《尚书·禹贡》"厥贡惟土五色,羽畎夏翟,峄阳孤桐,泗滨浮磬,淮夷蠙珠暨鱼",孔安国注曰

"峄山之阳特生桐,中琴瑟也",《史记·夏本纪》也有记录。《抱朴子》:"峄阳孤桐,不能无弦而激哀响。"李商隐诗云:"含霜太山竹,拂雾峄阳桐。"杨宗稷《琴粹四卷》引李白《琴赞》:"峄阳孤桐,石耸天骨。根老水泉,叶枯霜月。斲为绿绮,徽音粲发。秋风入松,万古清绝。"又引谢惠连《琴赞》:"峄阳孤桐,裁为名琴。"

"百衲"指百衲琴,百衲琴的特点就是斲古琴的材料是用若干小块木材拼合而成的。百衲琴谁创造的?专家有两种观点:一是李勉创造,二是雷威创造。

李勉有关百衲琴文献,《琴史》载:"勉有所自制,天下以为宝,乐家传响泉、韵磬皆勉所爱者。或云:'其造琴,新旧桐材扣之合律者,裁而胶缀之,号'百衲琴'。"明杨表正《重修真傅琴谱·百衲琴论》记载李勉的百衲琴云:"好雅琴,取桐之精者杂缀为之,谓曰'百衲',百衲者,上下百片也。"《国史补》《旧唐书》《新唐书》等都有李勉与百衲琴的记载,"善鼓琴,好古尚奇,又有巧思,能自制琴"等等。

雷威有斲制百衲琴的记载,《云烟过眼录》说:"李公路所藏雷威百衲琴,云和样,内外皆细纹,腹内容三指,内题云:'大宋兴国七年,岁次壬午,六月望日,殿前承旨监越州窑务赵仁济再补修。'"又云:"吴越王宫百衲,雷威琴,极薄而轻,异物也。"《琴书大全》也引了这段话,1937年出版的《今虞琴刊》刊有张援《百衲琴考》,根据《百衲琴考》记录雷威为"唐大历中人",李勉应早于雷威。

"云和样",根据上文《云烟过眼录》记录,应是古琴的一种琴款式。周密《志雅堂杂钞》云:"李公略所藏雷威百衲琴,云和样瑟,瑟徽制作甚精,内外皆细断纹。"这段记载比《云烟过眼录》多了"云和样瑟,瑟徽制作甚精"几句,可知琴、瑟都有"云和样"款式之称。《周礼·春官宗》:"云和之琴瑟,云门之舞……冬日至于地上圜丘奏之","云和、云门,皆取其为天之施也"。

"春雷"指雷威作的"春雷"琴,曾经是北宋宣和殿"万琴堂"中的第一品。赵佶在宫中宣和内府设置画院、书院、琴院和棋院,里面藏有很多的金石、书画、奇珍异宝等。《云烟过眼录》云:"赵德润藏,琴则'春雷'为第一,向为宣和殿万琴堂称最,既归大金,遂为章宗御府第一琴。章宗挟之以殉葬,凡十八年复出人间,略无毫发动。"明张应文《清秘藏》也有记载。

"杂花亭"具体在今天那个地方,也无法确定。雷威曾在峨嵋山、无为山、雾中山等地区活动过,雷威在这三山之中斲过琴。加上有文献记载及琴题铭等,历代专家都把"杂花亭"作为雷威斲琴的地方。宋姚宽《西溪丛语》卷上:"尝见一琴,中题云:'唐大历三年,仲夏十二日,西蜀雷威于杂花亭合。"民国张汝漪撰

《景县志》载田雯《雷琴歌为张晴峯作》："我闻雷威雅好古,杂花亭舍无人窥。断琴成纹蛇蚹走,雾中翠嶂连峨嵋,呜呼此琴有鬼守。"

"秋堂忘味成雅器","忘味"指雷威"忘味"琴。宋姚宽《西溪丛语》卷上云:"李巽伯云:先公得雷威琴,钱氏物也。中题云:'峄阳孙枝,匠成雅器。一听秋堂,三月防味。'故号'忘味'。云:为当代第一。"

"雾中山",宋姚宽《西溪丛语》卷上云:"伊南田户店,箕笃谷隐士赵彦安获一琴,断文奇古真蚹蚹也,声韵雄远,中题云:'雾中山'三字,人莫晓也。后得蜀郡《草堂闲话》中载云:雷氏断琴,多在峨眉无为雾中山,方知为雷琴矣。"

"霜镛",宋张邦基《墨庄漫录》卷四:"钱塘僧净晖子照旷……宣和间,久居中都。出入贵人之门,尝得一旧琴。修治之,磨去旧漆三数重,隐隐若有字痕。重加磨砻,得古篆'霜镛'二字,黄金填之,字画劲妙有法。中官陈彦和以七百千得之,别以马价珠为徽,白玉为轸,修成。弹之清越,声压数琴。非雷氏未易臻此也。"查阜西先生藏有"霜镛"琴。

"徽弦一泛山水深",宋姚宽《西溪丛语》卷上云:"长兄伯声云:'昔至沔邑,获一古琴,中题云:'合雅大乐,成文正音。徽弦一泛,山水俱深。'雷威斫,欧阳询书,陕郊处士魏野家藏,后归沔人温氏。"

"妙墨",这里指欧阳询书法佳作。常形容书画作品绝佳、佳妙等。唐张九龄《题画山水障》:"良工适我愿,妙墨挥岩泉。"宋陆游《秋阴》:"妙墨双勾帖,奇声百衲琴。"宋度正《谒茶使》:"剑南剑北尽仪型,妙墨题名入画屏。"

"孙枝"指从树干上长出的新枝,这里指乐器古琴等。《太平御览》卷九五六引汉应劭《风俗通》:"梧桐生于峄山阳岩石之上,采东南孙枝为琴,声甚清雅。"《古文苑□沈约〈篪〉诗》:"江南箫产地,妙响发孙枝",章樵注:"诗言江南之地,产竹多良,可为乐器,孙枝又其特异者也"。唐赵抟《琴歌》:"绿琴制自桐孙枝,十年窗下无人知。"宋苏轼《次韵和王巩》:"知音必无人,坏壁挂桐孙。"宋陆游《杂题》诗之二:"山家贫甚亦支撑,时抚桐孙一再行。"

"徐浩题字石经同",徐浩,浙江绍兴人,《新唐书·徐浩传》云:"尝书四十二幅屏,八体皆备,草隶尤工,世状其法曰:'怒猊抉石,渴骥奔泉。'"今存作品有隶书《嵩阳观圣德感应颂》《大证禅师碑》《不空和尚碑》等。又宋姚宽《西溪丛语》卷上云:"滕达道蓄雷威琴,中题云:'石山孙枝,样剪伏羲。将扶大隐,永契神机。'徐浩书字,类石经,今归居氏矣。"

"成癖",对某种事物的特别爱好、偏爱成为习惯。宋梅尧臣《襄城对雪》诗之一：“晓幔忏以卷，虚堂睡成癖。”白居易《山中独吟》：“人皆有一癖，我癖在章句。”这里指杨宗稷先生对古琴癖好已成为生活习惯。罗惇曧《琴粹题词》云："时百嗜琴，入其室，榻以外皆琴也。”

“十稔”指十年，古代谷一熟为年。《左传·襄二十七年》“不及五稔”，注："稔，年也，熟也”。宋赵蕃《俞孝杨殖斋》：“一年农作计，十稔囷收功。”也寓意熟悉、习知、相知，时间之久。孙因《越问·篇引》：“余自句章徙姚兮，倏绵历乎十稔。”宋楼钥《送王林叔推官分韵得锦字》：“与君幸瓜葛，心交今十稔。”宋苏轼《监试呈诸试官》：“既得旋废忘，懒惰今十稔。”

“奇绝”，神奇绝妙，奇妙到极点。唐白居易《缭绫》：“中有文章又奇绝，地铺白烟花簇雪。”清厉鹗《东城杂记·锺馗图》：“不惟诗画奇绝，而郑君之友道，有足取焉。”清平步青《霞外攈屑·谢迭山行实之误》：“枋得平生无书不读，为文章高迈奇绝，汪洋演迤，自成一家。”

“开元二年”，即公元714年，开元是唐玄宗李隆基的年号。

“落霞”，汉郭宪《洞冥记》卷三云："握凤管之箫，抚落霞之琴。”“落霞”也是一种琴的款式，琴谱都有记录。唐陆龟蒙《夜会问答十首》诗云："落霞琴，日休问润卿，寥寥山水扬清音。”又《潺湲洞》云："似吹双羽管，如奏落霞琴。”

“磬”，古代的一种打击乐器，为“八音”中的“石”音。明归有光撰《震川先生集》引《吕氏春秋》曰："尧命夔击石，以象上帝，玉磬之音，以舞百兽。击石拊石，夔之所能也。”《尚书·禹贡》云："泗滨浮磬。”可知“磬”由玉、石两种材质制成。“磬”的音色清脆明亮，故有“清磬”之声。唐岑参《冬夜宿仙游寺南凉堂，呈谦道人》：“夜来闻清磬，月出苍山空。”唐贾岛《送慈恩寺霄韵法师谒太原李司空》：“清磬先寒角，禅灯彻晓烽。”宋梅尧臣《潘歙州话庐山》：“夜昏投僧居，孤灯望溪曲。忽闻清磬音，渐近幽林屋。”

“钟”古代用金属制成乐器。如把铜制的钟挂在木架上，用木槌击奏，所以是撞洪钟。杨树达曰："钟者，可捶之物。”《国语·周语》：“细钧有乐，钟兑音也。”

“如敲清磬撞洪钟”，杨宗稷先生评价“彩凤鸣岐”古琴的音色特点，云："一二弦如洪钟，六七弦如金磬，四弦五徽以上如羯鼓。”唐常建《题破山寺后禅院》：“万籁此俱寂，惟余钟磬音。”

“成连”，楚国人，春秋时期著名琴师。《荀子·劝学》：“伯牙鼓琴而六马仰秣。”元耶律楚材《鼓琴》诗："清兴腾八表，成连何必寻。”东汉蔡邕《水仙操》云：

"《水仙操》者,伯牙之所作也。伯牙学琴于成连先生。"列子曰:"伯牙学琴于成连。"《琴苑要录》也记录了《水仙操》,伯牙所作也。

"子期",《吕氏春秋·本味》:"伯牙鼓琴,钟子期听之。方鼓琴而志在泰山,钟子期曰:'善哉乎鼓琴,巍巍乎若泰山。'少选之间,而志在流水,钟子期又曰:'善哉乎鼓琴,汤汤乎若流水。'"高山流水遇知音故事,出自于此处。相传子期死后,伯牙绝弦破琴,不在鼓琴。琴曲《伯牙掉子期》,清张梁《弹琴》诗:"钟期既已亡,成连谁能寻?"

"目送",送别之意,依依不舍之感,充满惜别之苦。前蜀韦谷编《才调集·茅山道中》:"门前便是仙山路,目送归鸿不得游。"嵇康《送秀才入军诗》"手挥五弦,目送归鸿。"《文选·赠秀才入军五首》"目送归鸿,手挥五弦",李善注引《汉书》曰:"周亚夫趋出,上以目送之。"《归田赋》"弹五弦于妙指",李周翰注曰:"五弦琴也。"唐钱起《钱考功集卷八·仲春宴王补阙城东山池》:"醉来倚玉无余事,目送归鸿笑复歌。"杨宗稷先生《琴学问答》云:"其传者皆后人伪作,至于学成精熟,手挥目送,此时无论所弹何曲,必然心在飞鸿。"

"冥冥鸿","冥冥"就是高远、深远。扬雄《法言·问明》:"鸿飞冥冥,弋者何篡焉?"陆游《屏迹》:"击楫誓江神,永托冥冥鸿。"宋王禹偁《四皓庙二首》:"一出定万乘,去若冥冥鸿。寂寂千古下,孰继采芝翁。"

"嵌金字","嵌金"原意是在器物上镶嵌金镂,以为装饰。这里表达杨宗稷先生在琴上题刻琴铭,恐怕失去。明郭勋辑《雍熙乐府·一枝花》:"莺眠柳嵌金,蝶宿梨藏玉。"

"刘累",相传为夏代之臣,曾跟豢龙氏学过养龙术。宋虞汝明《古琴疏》云:"荀季和有琴曰'龙唇',一日大风雨失去。三年后复大风雨,有黑龙飞入李膺堂中。膺谛视,识之,曰:'此荀季和旧物也。'登即送还。季和恐复飞去,嵌金于背,曰'刘累',以压之,改名曰'飞龙'。"

这首诗主要写了四川雷氏家族的斫琴历史,斫琴流程,雷琴的特点,以其重实、声极清实、清越,清雄沉细,如击金石,温劲而雄,声韵雄远的音质为士大夫所喜爱。宋黄休复《茅亭客话》云:"雷琴所以为异者,岳虽高而弦低,虽低而不拍面,按之若指下无弦,吟振之,则有余韵,皆足以广异闻。"

雷琴的斫制方法独特,斫琴琴材不必皆桐,松木、杉木、梧桐等琴材皆可斫琴。雷威是家族中斫琴艺术最高之人,经常在峨嵋、无为、雾中三山等活动。四川的自然环境,对这里的琴材生长提供了独有气候条件,树木生长慢,材质细、密等特点,更有利于斫出好雷琴。

杨宗稷先生嗜琴成癖,"京华十稔搜罗穷"。"悉以置琴,典衣添债,习为常事。物萃所好,辛亥前已得百琴。"杨宗稷先生对雷氏斫琴之秘法研究之深,琴学文献了解之广。杨宗稷先生题的唐琴"彩凤鸣岐"几句诗中,引用众多文献、书目、典故,将雷氏家族历代的古琴文化,交待的非常清晰。由此可见,杨宗稷先生文学功底之深,同时也说明杨宗稷先生对"彩凤鸣岐"琴的珍爱。通过自己的亲身实践,破修、斫琴数十张,杨宗稷先生知著名大家所制之琴皆用杉,沼池间表以桐,千年、百年古杉胜于新桐百倍。真是"良材入手惊奇绝,物萃所好神亦通"。

二 朗贝勒题诗赠杨宗稷先生

1920 年 2 月,杨宗稷先生公祭长沙张文达公时,携唐琴"彩凤鸣岐"参加"岳云别业"雅集。镇国将军朗贝勒见到自家定府旧藏"彩凤鸣岐"古琴,持此琴三叹息。杨宗稷先生得知为定慎郡王府旧藏,并嘱镇国将军书其事,事后朗贝勒并赠诗七古一章以纪实记之。全诗如下:

> 年年清明风似虎,通衢僻巷皆尘土。今年有雨洒京尘,且喜新晴日卓午。呼僮整驾出南郭,文达园林寻凤约。下车一拜旧知音,甘载交情浑如昨。相公门下多正人,不以存亡失其真。闻道年年逢此日,只鸡斗酒来重陈。座中忽有弹琴客,四海知名杨时百。援琴三鼓有余哀,别有伤心托弦索。先生弹罢询邦族,故园劫后余松竹。当年有琴名雷威,庚子兵荒失不复。先生大笑出一囊,朱漆赫然四尺长。背记雷威唐时制,鸣岐彩凤声悠扬。我持此琴三叹息,人失依旧为人得。曾存定府先人言,始信成亏两无感。临分珍重不忍遽,敢以一言相委付。天下纷纷多伟人,莫教大力负之去。

"通衢"指四通八达、宽敞平坦的道路。汉班昭《东征赋》:"遵通衢之大道兮,求捷径欲从谁。"晋陶潜《始作镇军参军经曲阿作》:"时来苟冥会,宛辔憩通衢。"

"僻巷",偏僻小巷。唐张祜《题程氏书斋》:"僻巷难通马,深园不藉篱。"唐齐己《酬元员外见寄》:"僻巷谁相访,风篱翠蔓牵。"唐张籍《张萧远雪夜同宿》:"数卷新游蜀地诗,长安僻巷得相随。草堂雪夜携琴宿,说似青城馆里时。"宋曾巩《送周屯田序》:"约居而独游,散弃乎山墟林莽、僻巷穷间之间。"

"皆尘土"指尘世、尘事都化为尘土,功名自古皆尘土。唐沈亚之《送文颖上人游天台》诗:"莫说人间事,崎岖尘土中。"南宋辛弃疾《摸鱼儿·更能消几番风雨》:"君莫舞,君不见、玉环飞燕皆尘土。"

"卓午"指正午。唐李白《戏赠杜甫》诗:"饭颗山头逢杜甫,头戴笠子日卓午。"清龚自珍《伪鼎行》:"卓午不受日,当夜不受月与星。"

"整驾",备好车马,准备出发。汉张衡《思玄赋》:"将答赋而不暇兮,爰整驾而亟行。"逸《诗》有《骊驹篇》,辞曰:"骊驹在门,仆夫具存。蜥驹作路,仆夫整驾。"

"南郭"南面的外城。《左传·襄公十八年》:"己亥,焚雍门及西郭、南郭。"清宋琬《张幼量话金陵赋赠》之二:"名园南郭外,公子命扁舟。"

"浑如"是指完全像、很像以前的样子,依然如旧。宋魏了翁《贺新郎》:"省户高门十年梦,瞥忽浑如昨夕。南宋陆游《晚春感事》:"风光流转浑如昨,志气低摧只自伤。日永东斋淡无事,闭门扫地独焚香。

"相公",这里指张百熙,字冶秋,又作冶秋,号潜斋,行三,长沙人。室名退思室、退思轩,谥文达。曾任礼部侍郎、左都御史、工部尚书、礼部尚书、吏部尚书、户部尚书、邮传部大臣等职,著有《退思轩诗集》。在任京师大学堂管学大臣期间,礼聘好友杨宗稷到京师大学堂任职。

"闻道",领会、听说某种道理。道即真理,即人最高的智慧。《论语·里仁》:"朝闻道,夕死可矣。"老子《道德经》:"上士闻道,勤而行之;中士闻道,若存若亡;下士闻道,大笑之。不笑不足以为道。"唐杜甫《秋兴》诗之四:"闻道长安似弈棋,百年世事不胜悲。"

"只鸡斗酒",亦作"斗酒只鸡"。斗为酒器。《后汉书·桥玄传》载建安七年曹操东征,派使臣祭奠桥玄,曹操亲撰《祀故太尉桥玄文》:"又承从容约誓之言:'殂逝之后,路有经由,不以斗酒只鸡过相沃酹,车过三步,腹痛勿怪。'虽临时戏笑之言,非至亲之笃好,胡肯为此辞乎?"苏东坡《纵笔三首》之三诗云:"明日东家知祭灶,只鸡斗酒定膰吾。"

"重陈",再陈说,重复叙述。晋刘琨《扶风歌》:"弃置勿重陈,重陈令心伤。"五代和凝《菩萨蛮》词:"离恨又迎春,相思难重陈。"杜甫《敬寄族弟唐十八使君》:"归朝跼病肺,叙旧思重陈。"

"余哀",不尽的悲哀,也有失意的痛苦。《古诗十九首·西北有高楼》:"一弹再三叹,慷慨有余哀。"唐杜甫《冬到金华山观,因得故拾遗陈公学堂遗迹》诗:"雪岭日色死,霜鸿有余哀。"

"弦索"指弦乐器,弹奏弦乐器。唐元稹《连昌宫词》:"夜半月高弦索鸣,贺老琵琶定场屋。"宋刘克庄《灯夕》:"千炬金栀映玉蕖,台城作梦又年余。断无弦索鸣华屋,惟见炊烟起草庐。"元王恽《御史秩满日效乐天诗体书怀》:"三尺素琴中本静,又施弦索向谁弹。"

"邦族"有两层意思:一是指邦国宗族,《诗经·小雅·黄鸟》:"言旋言归,复我邦族。"二是籍贯姓氏,有血缘关系的世系,同宗同祖的宗族。《晋书·温峤传》:"峤性聪敏,有识量,博学能属文,少以孝悌称于邦族。"清和邦额《夜谭随录·谭九》:"谭曰:'听姥言似非京师人,娘子则又旗粧,敢问邦族?'媪曰:'诚如郎说,身本凤阳侯氏。'"

"庚子",此处为公元1900年,这一年英、美、法、俄、德、日、意、奥八国联军侵略中国。

"赫然",形容令人惊讶或引人注目的事物突然出现,"彩凤鸣岐"古琴通体红色,光彩鲜明,惊艳四方。《后汉书·光武帝纪下》:"远望舍南,火光赫然属天,有顷不见。"唐韩愈《与祠部陆员外书》:"其后一二年,所与及第者,皆赫然有声。"明方孝孺《赠河南王金事序》:"于是履道之名,赫然闻于朝廷而播于四方。"

"鸣岐彩凤",岐指岐山,在今陕西省岐山县北,彩凤在岐山鸣叫,寓意吉祥之兆,相传周古公亶父迁此而兴。《国语·周语上》:"周之兴也,鸑鷟鸣于岐山",韦昭注:"三君云:鸑鷟,凤之别名也。《诗》云:'凤皇鸣矣,于彼高冈。'其在岐山之脊乎?"

"无感",即"无憾"。《逸周书·大戒》:"使众之道,抚之以惠,内姓无感,外姓无谪",孔晁注:"感,古'憾'字"。

"临分",指面临着离别、分别之意。李白《送别》:"惜别倾壶醑,临分赠马鞭。"苏轼《送欧阳推官》:"临分出苦语,愿子书之笏。"周邦彦《玉楼春》:"临分何以祝深情,只有别离三万斛。"

"委付",指交付,托付。《后汉书·桓帝纪》:"元服已加,将即委付。"

镇国将军朗贝勒与杨宗稷先生早就有交往,杨宗稷先生在京师大学堂任职支应襄办时,便与将军有往来之雅。张文达公死后,各学堂办事员、教习、学生及张文达故旧、亲戚、僚友等为张文达铸铜像。杨宗稷先生不忘张文达公的提携之恩,购城南地,筑园亭,名曰"岳云别业"。凡逢文达生殁日,皆公祭,十余年如一日。再加上将军与文达有文字知遇之感,也祭焉。杨宗稷先生对朋友张文达的深情,镇国将军朗贝勒也是倍加感动。

将军在"岳云别业"琴会上,见到自家旧藏琴器,感慨万千,云"我持此琴三叹息"。杨宗稷先生从将军得知,庚子之乱,还有一本钞本琴谱《邻鹤斋琴谱》也为人掠去。杨宗稷先生听到这古琴奇遇,并告知,琴从一小女子手购得此琴,并嘱将军书其事,以告来者。不多日,将军书七言长诗以赠之,又函云:

自清明"岳云别业"一听颖师琴,忽忽四月矣。胸次芜杂,迄未为雷威一证所由来,有负尊嘱。昨偶成七古一章,适后斋上公云日与先生挥麈清谈,已烦其转呈有道矣。日内后斋代呈时,望指其疵累而教之也。

三　杨懿年题诗赠杨宗稷先生

1921 年的上巳节,杨宗稷先生举行了古琴雅集,好朋友杨懿年参加,并见到了唐琴"彩凤鸣岐"。杨宗稷先生在北京法源寺,述说了与镇国将军朗贝勒的相遇,以及与定府旧藏"彩凤鸣岐"藏琴奇遇经历。杨懿年得知后,也题诗相赠。全诗如下:

禅寮花落昼愔愔,猿啸龙吟万籁沉。定府旧藏真第一,曲终人远晚烟青。

款署:"辛酉上巳,杨懿年时同居法源寺。"杨懿年,字意箴,贵州人,民国诗人,天津城南诗社社员。

"禅寮"指寺观里的房子。宋陆游《夜赋》:"小斋寂寂似禅寮,卧数更筹觉夜遥。"清厉鹗撰《早春游湖上圣因寺四首》:"禅寮一半琐窗开,上尽回廊更上台。想得天工营构巧,湖光高下逐人来。"

"愔愔",和悦、安和等。《左传·昭公十二年》:"祈招之愔愔,式招德音",杜预注:"愔愔,安和貌"。郭子仪《享太庙乐章·保大舞》:"愔愔云韶,德音不忘。"康有为《诗集·自序》:"玉磬铿铿,和管鏘鏘,铁笛裂裂,琴丝愔愔,皆自然而不可以已者哉。""愔愔"还有寂静、幽深的意思。汉蔡琰《胡笳十八拍》:"雁飞高兮邈难寻,空肠断兮思愔愔。"张祜《箫》:"清籁远愔愔,秦楼夜思深。"

"猿啸"指猿猴啼叫的声音,十分悲哀。唐杜甫《登高》:"风急天高猿啸哀,渚清沙白鸟飞回。"夏莲居《题猿啸青萝琴》:"绕指天风摇佩琼,寒涛万古漱沧溟。移情未觉成连远,寥落何人隔海听。"

"龙吟"指龙发出声音,形容声音深沉或细碎,也形容箫笛类管乐器声音响亮。唐李白《宫中行乐词》之三:"笛奏龙吟水,箫鸣凤下空。"

"万籁"指自然界万物发出的响声。南宋白玉蟾《夏夜宿水馆》:"松脂明灭已更寒,蛙市无声万籁沉。"夏莲居题《名琴授受图九首》:"一拂虚堂万籁沉,闻韶忘味古犹今。曲终鼓掌齐声赞,绝艺人操旷代琴。"

"定府",杨宗稷《藏琴录·彩凤鸣岐》引朗贝勒之语云:"后得朗贝勒证为定府第一琴……贝勒见此,云定慎郡王旧藏百余琴,庚子散失,此为第一。"定府,指定慎郡王府,主人是爱新觉罗·溥煦,是载铭第五子,奉诏过继给载铨为嗣子,成丰四年封辅国将军,寻袭定郡王,同治五年充前引大臣。光绪三十三年,溥煦病死,谥曰慎。朗贝勒就是爱新觉罗·毓朗,他的父亲即是爱新觉罗·溥煦,溥煦共三子,分别是毓长、毓朗、毓盈。毓朗是军机大臣,也是"两王三贝勒"之一。

"曲终",曲终人散,有惆怅之感。唐钱起《省试湘灵鼓瑟》:"曲终人不见,江上数峰青。"朱敦儒《减字木兰花·刘郎已老》:"曲终人醉,多似浔阳江上泪。"宋苏轼《江城子·湖上与张先同赋》:"欲待曲终寻问取,人不见,数峰青。"宋晏幾道《花木兰》:"曲终人意似流波,休问心期何处定。"

"晚烟青"指黄昏、傍晚下的漫漫青烟。寓意一个前朝年老遗民的凋零及凄侧迟暮之感。蒋捷《少年游》:"枫林红透晚烟青,客思满鸥汀。"清释宗渭《横塘夜泊》:"野梅含水白,渔火逗烟青。"

"辛酉",此处为公元1921年。

"上巳",每年农历三月三日定为上巳节,又称元巳、上除、袚禊、修禊、禊祭,是我国汉族古老的传统节日。旧俗以此日在水边洗濯污垢,祭祀祖先。魏晋后,文人把他演变成在水边饮宴、郊外游春等的文化交流节日。《韩诗章句》云:"郑国之俗,三月上巳,之溱洧两水,执兰招魂续魄,袚除不祥。"杜甫《丽人行》诗:"三月三日天气新,长安水边多丽人。"

"法源寺",座落在北京城南横街,贞观十九年(645)唐太宗李世民所建,至通天元年(696)建成,原名"悯忠寺"。该寺后经多次重修、扩建、更名。清世宗雍正十一年再次重修,并赐名法源寺,即"法海真源"之意。杨懿年在法源寺的"丁香大会"上,留下吟咏丁香的诗句:"红蕊珠攒晓露团,朱霞白雪簇雕鞍。"杨宗稷、程颂万也曾留下诗句,程颂万云:"葱茏浅色天,空外已无禅;立尽香多处,深知寺有年。"

此诗前两句着重写景,后两句则侧重写人、事。通过寺观里的禅房,寂静、幽深,这种佛禅之思,再加上远处的猿猴啼叫声音,显的十分悲哀,这诸多的意象表现出作者的哀古叹今、感慨万千的情感。在当时的社会环境下,定府已经物是人非,曲终人散,寓意一个前朝遗民的凋零及凄侧迟暮之感。

这首诗通篇都没有提到过一个"悲"字,含蓄蕴藉,独具风格,在寺观的沉静之中,作者的真挚情感表现得淋漓尽致,让读者回味无穷。

参考文献:

[1]杨宗稷.琴学丛书[M].长沙:湖南教育出版社,2007.

[2]王静.非凡的心声——世界非物质文化遗产中的中国古琴[M].北京:中国摄影出版社,2011.

[3]中国艺术研究院音乐研究所《音乐学丛刊》编辑部.音乐学丛刊:第4辑[C].北京:文化艺术出版社,1986.

[4][清]彭定求,等.全唐诗[M].郑州:中州古籍出版社,1996.

[5]杨宗稷原著,石玉笺注.藏琴录笺注[M].北京:中国书店,2017.

(原载2018年第6期,作者单位:湖南科技学院)

国学院专聘古琴教师欧阳平彪采访记

✳ 李　燕

古琴是汉民族最早的弹弦乐器,已有三千年的历史,在中华传统乐器中最具有代表性。《诗经》就有提到"窈窕淑女,琴瑟友之""我有嘉宾,鼓瑟鼓琴""椅桐梓漆,爰伐琴瑟""琴瑟在御,莫不静好"。湖南永州有着悠久的文明及文化遗存,琴学活动也历史久远,九疑山为舜葬所在地,舜作五弦之琴,以歌南风。南宋琴家郭沔到永州远望九疑山,创作著名琴曲《潇湘水云》。清末民国间,永州宁远人杨宗稷先生创立九疑琴社,立一家宗风,形成九疑派古琴,亦称九疑琴派。杨宗稷(1864-1931),字时百,又作诗百,号九嶷山人,为清末民初古琴大师。琴风苍劲坚实,清丽脱俗,讲究吟猱节奏。著成《琴学丛书》四十三卷,有"民国古琴第一人"之称。出于对古琴的兴趣,同时也是对欧阳老师学习古琴经历的兴趣,笔者对老师进行了采访。

一　出生于杨宗稷先生故居

欧阳平彪(1983-　　),字正修,号九疑琴庐,又号舂陵琴虫。出生于湖南宁远县清水桥镇平田村,毕业于湖南科技学院音乐系,中国琴会会员。师承李天桓先生、李素瑾先生、乔珊先生等九疑琴家,为其入室弟子。现为湖南科技学院国学院专聘古琴教师。精通乐律,擅长古琴、洞箫、埙等乐器演奏,在琴歌、琴曲打谱、琴学研究方面均有突出成果。2011年在宁远创办九疑龙溪琴社,2013年被宁远县政府公布确定为九疑派古琴第四代传承人,并创办九疑派古琴传承基地。2013年12月参加《西麓堂琴统》全国古琴打谱会。荣获湖南省第四届"洞庭杯"民族器乐大赛青年组古琴铜奖,怀化学院第十届"金秋艺术节"表演古琴获十佳乐手称号,永州市第二届"永华中学杯"民族器乐大赛获古琴组金奖,2012年湖南省农村初中音乐骨干教师专场晚会古琴表演获一等奖。

在八九十年代,杨宗稷老先生的故居里面,住着五六户人家。有趣的是,欧阳平彪老师就出生在杨宗稷先生故居里,并在老宅里度过了美好的童年时光。后来,欧阳平彪老师和编撰平田文化书籍的工作人员,一起拜访过平田村一位八十多岁的白仁老先生,证实老宅里有人是在福建当过知县的,在那个时期,平田村只有杨宗稷的弟弟杨宗彩在福建闽清县当知县,且他弟弟的夫人及她女儿杨宝卿回到了平田村定居。老先生所讲的线索和杨宗彩的儿子杨宝禄所写的回忆录是一致的,因此可以确定,杨宗稷先生以前确实是在那座老宅里生活的。

杨老先生故居坐落于平田村四知堂胡同内的绍光堂。四知堂胡同离十甲厅不到一百米距离,从东侧门进入右拐穿过一扇杉木外大门,进门后左拐直走三十步左右至正大门,正大门朝前是个庭院,庭院宽敞明亮,再往前是个花园;进入正大门后有个四方形大天井,天井铺满条石,天井两侧有门进入东西厢房,厢房后又有偏房;天井北面为正堂屋,正堂后有偏房,偏房两侧有小房子。

早在 2011 年,欧阳平彪老师就呼吁宁远县有关文化主管部门,对故居进行保护,并多次陪同有关领导进入故居考察。2015 年通过古村之友自愿者平台,邀请全国十多位著名的建筑规划方面的专家学者,对杨老故居进行规划、设计、勘测等一系列保护工作。同时一直对九疑派古琴非物质文化遗产申报工作作出努力,在政府及文化相关部门的关心支持下,成功申报为永州市非物质文化遗产。

二 师承李天桓先生

欧阳平彪老师从小受到叔叔的影响,非常喜欢音乐,且家族大部分人均从事音乐行业,在平田的祁剧团担任乐手。

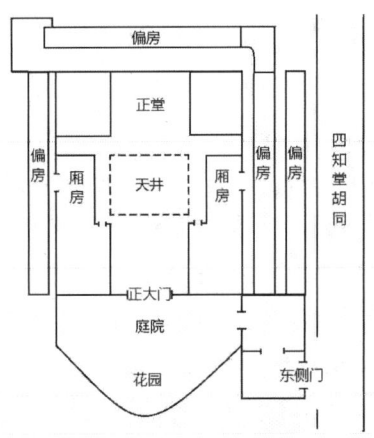

杨宗稷先生故居平面图

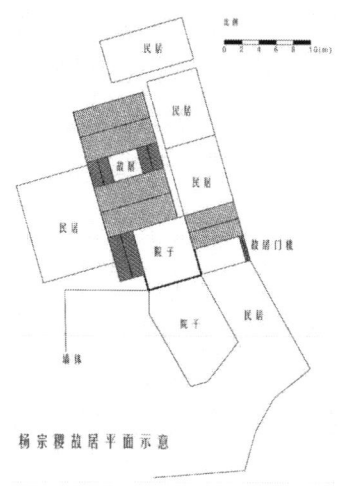

杨宗稷故居平面示意

在这种浓厚的音乐氛围下,他在孩童时期就开始学习竹笛,初中、高中时经常代表学校进行音乐表演、比赛活动并取得成绩。在校期间他也学习了二胡、竹笛、小号及声乐,并考入湖南科技学院音乐系。

欧阳平彪老师与杨宗稷先生同为宁远平田村人,同宗同族,同为十甲人。平田村辈分为"庆伯龙起中,文恺仕思志,普万永明光,奇逢登上世,宗纪振维昌,"杨宗稷先生为第二十一代"宗"字辈,杨宗稷先生的长子杨葆元先生为"纪"字辈,欧阳平彪老师为第二十五代"昌"字辈。欧阳平彪在拜访杨宗稷先生的孙女杨燕淑奶奶时,得知杨燕淑奶奶从小便跟随她的父亲杨葆元先生学琴。欧阳平彪老师还说,在他读初中时,便从村家谱的记载中了解到,杨宗稷先生创办九疑派古琴,著《琴学丛书》。在那时就有了对古琴的兴趣。随着年龄的增长,古琴兴趣越发浓郁。进入大学后,有意识地在学校图书馆翻阅有关古琴的资料,但是馆藏资料有限,特别是当时有关九疑派古琴书籍的记载很少,再加上当时永州并没有古琴老师,所以无缘接触古琴。但是这并没有阻挡欧阳平彪老师对古琴的执着追求。

大学毕业后一年,欧阳老师回到宁远参加工作,一直没有放弃对古琴的钻研与学习。在2007年,他买了人生中的第一把古琴,开始自学。十年以后,他曾与这把古琴的斫琴师交流,得知那时扬州斫古琴的作坊不超过二十家。

其后,欧阳平彪老师到湖南大学古琴社参加古琴雅集,受到叶汉生先生的指导。他又多次在全国寻找九疑派古琴的传人,得知河北唐山有位九疑派古琴名家李天桓先生,便于 2009 年开始与李天桓先生取得联系,不久后便跟随李天桓先生学习九疑派古琴,在学琴期间,李天桓老师对弟子欧阳平彪关爱有加,教琴免学费,吃住都在老师家。2013 年正式行拜师礼,成为李天桓先生门下入室弟子。附李天桓老师的回师贴:

> 琴者,道也,非以炫花巧之技,求艳丽之声者也。

> 九嶷宗师时百夫子,精研琴道,传送著述,开九嶷琴学之宗,琴界咸称九嶷派。先严浴星先生,得时百夫子之传。余少时,先严授以琴,诫之曰:"无敢忘,当传诸后人。"余谨诺。

> 学生欧阳平彪好琴,学于余,余嘉其勤勉,且有吾兄松延先生之引保,收平彪于门下。入吾门者,当恪守门规,谨记:琴者,禁也,禁邪归正。抑乎淫荡之声,去乎奢侈之态,以抱吾道。平彪切记。

> 癸巳立秋后三日
> 九嶷琴人李天桓

李天桓先生为弟子欧阳平彪题写了"九疑一脉"墨迹,并赠予其父李浴星先生的琴学著作《翛斋琴谱》,亲笔题字"继承九疑琴学",叮嘱弟子传承、弘扬好九疑琴学。

李天桓先生(1942 -   )为九疑琴派李浴星之子。李浴星先生(1909 - 1976),原名李连魁,字浴星。为杨宗稷先生亲传弟子。李浴星先生精于古琴、书法、绘画、篆刻、诗词,在五六十年代曾致力发掘古琴曲《胡笳十八拍》及《广陵散》,存世著作有《魁儒轩琴谱杂抄》一册、《翛斋琴谱》五册。李天桓先生的古琴技法完全继承了九疑琴派的特色,自 2000 年以来,在上海、苏州、青岛、石家庄、天津、北京等地演出、讲学,弘扬古琴文化,所著有《九疑琴学入门》。

三 杨宗稷先生与宁远平田村

杨宗稷先生是湖南宁运县平田村人,平田村在宁远县北,紧邻春陵故城,南有名岭九疑山。平田村自古人杰地灵,人才辈出,始祖庆崇公避战乱初居此地,至明清,已经显现出昌盛之势,在清末至民国,平田已经号称湘南的名村望族,文献记载有进士一人、举人七人,贡生几百人。平田村历来文人辈出,其中就有大批抚琴之人,如清末著名诗人、永州濂溪书院山长、主讲杨季鸾先生,宁远崇正书院山长杨象绳先生,以及杨秀先生、欧阳泽闾先生等。

杨宗稷先生原姓欧阳,其祖父名欧阳上珍,父名欧阳子重,号世任,母为李氏。杨宗稷的曾祖父欧阳登霖为恩贡生,祖父上珍为增贡生,父亲世任亦为增贡。生在诗书传家的环境下,他自幼聪颖好学,十四岁前往宁远崇正书院学习,尤爱唱歌,通韵律,爱器乐。平时亦爱活动,交友甚多,常外出旅游,尤爱游览九疑山。据欧阳平彪老师考证,其实杨老先生在十四岁到十八岁之间已接触到了古琴。

1917年,杨宗稷老先生到永州东安县任职,职事之余,每日鼓琴看书。虽然在永州任职时间不到两个月,但是杨宗稷先生把古琴文化带到了永州。在此期间,他也曾回到过平田村。杨葆元的堂妹杨宝卿,堂兄弟宾渠、石渠,在北平时跟伯父杨宗稷学习过古琴。不久宝卿和母亲回到平田村,每日鼓琴读书。杨宝卿毕业于北平女子师范学院,杨宝卿的丈夫 是宁远谢家村人氏,且离平田村不远。杨宗稷先生始于平田村学琴,其后人又将九疑古琴带回平田。

杨宗稷先生十九岁时,经衡阳去省会长沙读书学琴,结交了很多志同道合的朋友,其中便有王闿运、刘异、罗翽,刘异与罗翽后来为《琴学丛书》作过序。在此期间,杨老先生深受湖湘文化的影响,所以说他不单单是一位琴家,称他为文化人更为精确。《湖湘文库》中收录了他的《琴学丛书》,梁启超曾评价这套书说"若琴学有相当价值,时百之书,亦当不朽矣"。《琴学丛书》中的琴谱为杨老先生亲自点拍,亲身实践打谱,并形成了自己的琴学思想,不是抄引前人作品。特别是杨宗稷先生在《琴学丛书》中指出古琴:"非以悦他人之耳",又云:"道也,非艺也"。

杨宗稷先生三十八岁时,受张文达的邀请去了北平。在这个文化之都,杨宗稷认识了清末著名古琴大师黄勉之先生,断断续续学习了很多年,共习得二十首琴曲。杨宗稷先生《琴学丛书·琴粹自序》:"垂廿余,岁戊申仲春,浮沉郎署,索居寡欢,重理丝桐,以消永日。嗣闻金陵黄君勉之不改旧谱,能弹大曲,从习《羽化》一操,乃得所谓吟猱指法,于今三岁矣。"在黄门众多弟子中,杨宗稷先生最为出类拔萃,鼓琴鼓得最好。王树楠所撰《琴师黄勉之墓碑》云:"勉之以其琴学教授弟子,惟宁远杨时百得其传,知之最深。"杨宗稷先生刻苦钻研琴技,艺业大进,达到了心弦合一的境界。

杨宗稷先生对中国近现代琴乐打谱与琴乐演奏方面做出很大贡献,首次提出了"打谱"的概念,对《幽蘭》《广陵散》等古琴大曲进行了重要的发掘整理。他独创了《琴镜》表式谱,也称四行谱或五行谱,在减字谱的右边依次加唱弦、板眼、工尺、歌词。

四　九疑琴派与九嶷山

在有着悠久琴学传统的九嶷山下，杨宗稷先生在家乡接触并学习琴乐。在晚年病重时，仍然整理有关舜帝方面的琴谱，特别是韶乐《箫韶九成》，共三十二段，进行打谱，可见杨宗稷先生对九嶷山的情怀。

黄勉之先生很相信轮回一说，他曾说过杨宗稷先生是丘公转世，是来发扬古琴学的。唐写本《碣石调·幽兰·序》载："丘公，字明，会稽人也，梁末隐于九疑山，妙绝楚调，于《幽兰》一曲尤特精绝。以其声微而志远，而不堪授人，以陈祯明三年授宜都王叔明。"

前辈琴师黄勉之曾对杨宗稷先生说："向意君前身必大琴学家，发宏誓愿来昌明琴学者。然历劫太久，是以虽有夙慧，若隐若现。今乃知为丘公后身，丘公隐于九疑山，君夙号'九疑山人'。不然，千五六百年流入海外，宋以来中国未见之琴谱，谁复知之而又传之者？"

1915 年，杨宗稷刊出《琴谱》三卷，刘异作《序》说道："先生故里，虞帝高陵，南风流韵，斯谱之作岂偶然哉？"

杨宗稷先生前后用了 20 余年时间，编撰完成了《琴学丛书》，共 43 卷，两函 14 册，总计 70 多万字。书成，杨宗稷先生自撰挽联说："著琴书四十万言，愿满仍归极乐土；去丘公千五百岁，来时犹认九疑山。"

刘异在《琴学丛书》的《总序》中称赞道："先生薰风澡性，舜陵毓祥；兰气郁神，丘公再世。"

九疑琴派是一个不断发扬光大琴派，代不乏人。查阜西先生称，杨氏"弟子满天下"。杨宗稷先生为九疑派古琴的开山鼻祖，第二代、第三代著名琴家有李浴星、李静、杨葆元、杨宝卿、管平湖、关仲航、王迪、许健、郑珉中、李素瑾、邓红、乔珊、李天桓等，迄今已有第四代、第五代传人。

欧阳平彪老师说："不管是古琴选择了我，还是我选择了古琴，我余生的工作生活都将会围绕着古琴，努力学习琴学，为传承九疑派古琴而活。"2016 年，欧阳平彪老师与湖南科技学院张京华教授等国学院师生共同创办了九疑古琴社和斫琴坊，传承、研究九疑琴学，有志于继承、传播和推广九疑琴学，开展了一系列古琴雅集活动。

（原载 2018 年第 4 期，作者单位：湖南科技学院）

◇ 湖南省应用特色学科(中国语言文学)建设项目资助 ◇

潇湘学术研究

——《湖南科技学院学报》地方文化特色栏目选编

第二卷

主编　呙艳妮

上海三联书店

目　录

柳宗元研究

柳宗元研究的意义与方向

✳ 孙昌武 •

  本书是一批热心柳宗元研究的学者们连续二十五年努力所积累的业绩。《湖南科技学院学报》及其前身《零陵师范专科学校学报》《零陵学院学报》自改革开放初的 1980 年直到今年二十五年间,连续开辟《柳宗元研究》专栏,发表论文百余篇。这些论文的作者几乎涵盖国内研究柳宗元的著名学者,还有几位外国和台湾的柳宗元研究专家。这样,呈现给读者的这本文集,就大体体现了我国目前柳宗元研究水平,也反映了二十五年间有关研究领域进展的轨迹。文集中更辑录了该学院和永州市本地开展柳宗元研究的论作,展示了地方上开展历史文化名人和乡邦文献研究的实绩。因此这部文集无论是作为总结性的学术成果,还是作为文献资料,都具有相当高的价值。

  柳宗元作为古代卓越的文学家、思想家、政治家的成就与贡献众所周知,本书辑录的文章即有对这些的详细阐发,毋庸赘述。这里仅就《学报》支持与推动柳宗元研究的意义和研究方法提出一些看法,仅供参考。

  首先,一所高等学校的《学报》坚持多年开辟《柳宗元研究》这样的学术研究专栏(该《学报》还开辟另外一些专题学术专栏,是其一大特色),是很有见识、很有意义的。

  学术研究对于提高学校教学和科研质量起着关键性的作用。提高科研水平更关系到高等学校办学的生命。如《柳宗元研究》这种学术专栏,一方面可以鼓励、推动校内学术研究,另一方面可以吸收外部研究成果,对于提高本校教学、科研质量必定起到积极的推动作用。二十五年办好一个专门性的研究栏目,坚持不易,我们局外人除了表示赞赏,更对于历年担任编者的各位,对于支持学报工作的担负学校领导责任的各位表示赞佩。

  扩展一步说,高等学校注重本地先贤与乡邦文献研究,是理应担负起来的职责。但是做好这方面工作,限于主、客观条件,难度很大。据个人了解,永州的柳宗元研究当初也是起步维艰,只有当年零陵师专领导与教员中的几位热心人操持。他们克服许多困难,召开学会,编印资料,一步步做去,渐呈规模。到如今作为地方高校的湖南科技学院,已经成为国内柳宗元研究的重镇之一,这就不仅对于办学,更对于地方文化建设做出了贡献。这也是值得称道的。

而从更开阔的角度看,开展柳宗元研究,乃是继承历史遗产、发扬古代优秀文化传统、进而推进社会文明建设、提高全民素质的重要工作。在当前社会转型期的激烈震荡中,人们中间相当普遍地存在理想的缺失、信念的动摇、价值观的混乱等等精神世界的弊端,已经成为干扰社会进步的严重障碍。造成这种局面的原因很多,其中重要缘由之一就是多年来对待民族传统和历史遗产的偏颇:过多粗暴的否定、简单化的批判、形而上学的漠视,等等,使得祖国优秀历史传统中形成的价值观、伦理观动摇和破坏了。本来历史上先人们创造了大量文化宝藏,积累了丰富精神财富,理应作为今人的借鉴和楷模。对这些采取否定、漠视态度,人们在精神上也就失去了一种重要的依托和标准。永州这份《学报》二十五间所坚持的柳宗元研究,从更开阔的角度看,正是在作弥补缺失、纠正偏颇的工作。

《学报》二十五年来不计功利、持之以恒地坚持支持、做好这一工作,体现的精神更是难能可贵的。

继承和普及历史遗产,进行科学研究是不能急功近利的。近些年许多地方普遍开始注重宣扬本地文化名人了。有一种相当普遍的说法,叫做"文化搭台,经济唱戏"。利用文化遗产来促进经济建设,也算是符合社会进步的"策略"。但是如果做这方面的工作单纯着眼于经济效益,例如为了招商、旅游等等,则是一种短见和偏颇了。文化工作理应具有更为广远、也更为重大的意义和价值。这在下面还将说到。还有一种做法是片面地追求"现实意义","古为今用",利用古人、古事比附现实,解决现实问题。以古喻今,借古讽今,仅仅是后人利用历史遗产的一种方式,但不应是普遍的、根本的方式。比如就柳宗元研究来说,柳宗元反对分裂割据,人们借用来讲国家统一安定;他反对天命鬼神,人们用来宣扬反迷信;他主张"官为民役",人们用来讲"以民为本",这些在一定意义上都有合理的一面,也确实突显了积极的现实价值。但古人所处历史环境不同,思想体系不同,这样的比附只在一定意义上是合理的,而且应当加以具体分析。更不是所有的优秀历史人物、历史文献都是可用来做现实比附的。如果片面追求所谓"现实意义",把这种做法当作的唯一方法,则难免牵强曲解,削足适履,以至歪曲古人,最终是把历史遗产贬低以至庸俗化了。

　　历史名人,扩展开来讲,历史遗产,具有自身不可替代的价值与意义。实际上这种历史价值与意义本身就体现了他们的时代精神和现实意义。柳宗元为什么值得珍视? 最主要的不在它今天可以帮助招商引资,或者用来隐喻现实,而在他和他的作品自身的宝贵内涵。柳宗元本是唐代一位出身统治阶层的官僚文人,生活、活动在专制政体之下。当时唐王朝社会正在急剧走下坡路,国是日非,矛盾丛生。他怀抱着高远的政治理想,不顾身命,不惧艰危,力图改变危局,结果受到腐朽、保守势力的严酷打击,被流放到当时还十分荒僻的永州。而给他定罪的正是他怀抱耿耿忠心的朝廷。在永州漫长的十年,他身为流囚,居无定所,百病缠身,却以极其坚定的意志,潜心于国家政治、社会历史、自然哲学等多个领域的研究,取得了丰硕的理论成果;他又发挥杰出文才,进行文学创作,写出流传千古的优美诗文,同样获得卓越成就。在极其艰难困顿的条件下,他凭借自己坚韧的毅力和不懈的努力,实现了人格的一大转变,由一个政治斗争中怨抑退屈的牺牲者、失败者拼搏而成为思想战线、文学领域的创造者、胜利者,从一个供奉朝廷的年轻官吏,成长为代表一代思想学术和文学创作成就的文化伟人。

　　在永州成长起来这样一代伟人,是永州的幸运,是中国的幸运。他是历史留给今人的瑰宝。他留下的遗产可概括为两大部分。一部分是他的作品,包括学术和文学创作两个领域的成果:柳宗元的学术理论作品涵盖极其广阔,内容极其丰富,包括哲学、史学、政治学、经济学、伦理学、美学等诸多领域,柳宗元在这诸多领域都创造出具有巨大价值的成果,成为他留给后人的珍贵的思想遗产。其中有些部分可以"古为今用",直接拿来作今人的借鉴;又有更多的内容则作为历史上的文化积累,为后人提供了宝贵的思想、理论资源。至于他的那些美奂美仑的文学作品给人以教益,提供人美感,则是不言而喻的。

　　他留给今天遗产的另一个重要部分是他的人格。柳宗元是与常人一样的血肉之躯,他行、住、坐、卧,经受常人一样的欢乐、痛苦。我们读他的作品,会感受到他受到迫害、压抑之下的痛苦、悲哀、牢骚、失望、走投无路而痛不欲生,等等。但他没有退缩、没有颓唐,而是不懈地追求,顽强地拼搏,把艰难困顿的生活变成波澜壮阔的奋斗过程,在寂寞荒凉的南国,在贫病枯寂的处境之中,创作出震烁古今的辉煌业绩。他在走向颓败、堕落的社会环境下,代表了一代知识精英的独立的、批判的思想意识,他的身上体现了自古以来中华文明所积累的价值与良知。他的品德、意志、人格,他的才华、感情、能力,成为不朽的榜样,具有极大的魅力,给人以鼓舞,激发人警醒。多少志士仁人引他为同道,又有多少人面对他这样人的历史存在而感到愧悔。这种伟大的人格,对于今人更是难以估价的精神遗产。

我们常说,中国历史源远流长,这不应是一句简单的口头禅。源远流长的历史给今天的中国人留下来的精神财富,使世界上其它民族鲜有其比的。柳宗元是无数伟人中的一位。这无数伟大人物伴随着中国历史前进,也伴随着今天的我们。我们理应对他们表示谦恭的景仰和衷心的赞叹,研习他们的著作,学习他们的人格。面对着这些伟大的先人们,我们时时感受到沉重的责任和巨大的压力:这一代人要奋发努力,不负一代代先人的拼搏、奋斗,努力创造出更辉煌的业绩。

正是在这样的意义上,永州《湖南科技学院学报》坚持二十五年开展关于地方先贤和乡邦文献的研究,是值得称道的。仅以浅陋弁言,聊表敬贺之意,并祝愿《湖南科技学院学报》再接再厉,取得更丰硕的成果!

(原载 2005 年第 3 期,作者单位:南开大学)

瞧着皇上的脸色：柳宗元的精神症候

✽ 何红斌　王田葵

柳宗元在《愚溪诗序》里说自己贬谪永州是"以愚触罪"，所以把冉溪改为愚溪。岂只于此，他的全部著作不都是"愚人"讲的真实故事吗？人们从这部故事集中可以读出许多历史和人生的感悟来。本来，历史就是愚人表演的舞台，精彩也罢，平庸也罢，拙劣也罢，每个人登场片刻，便都在无声无息中悄然退下。莎士比亚说很好，人生是一个愚人所讲的故事，充满着喧哗和骚动。柳宗元用他的诗文，真实地记述了一个在专制王权下"欲采萍花不自由"的蓄臣故事。柳宗元的全部价值正在于将这种"蓄臣"故事赋予了审美的特征，使他成为皇权时代知识分子一种完整的生命形态，一种典型的精神症候。

一

要了解一个作家的精神症候，得将他放在社会发展史和精神发展史的角度作出评价。

大凡言柳子者，必言屈原。柳宗元何以钟情屈原呢？在阐述这个问题之前，先让笔者谈谈作为知识分子的柳宗元。

何谓知识分子？这一概念也像"文化"一样众说纷纭，莫衷一是。通行的说法是把知识分子分成三种类型：一、幕僚知识分子，葛兰西称为"统治集团的管家"；二、技术知识分子，也称"技术专家"；三、人文知识分子。在中国皇权制时代，具有启蒙性、批判性、颠覆性三大特点的人文知识分子是在十九世纪下半叶之后才出现的，而大部分时期却只存在"管家"、执技者和隐士。不存在人文知识分子。由此看来，柳宗元只能属于"统治集团的管家"。按他自己的称呼就是皇帝的"蓄臣"。他在《封建论》中写道："秦之所以革之者，其为制，公之大者也，其情，私也，私其一己之威也，私其尽臣蓄于我也。然而，公天下之端自秦始。"柳宗元看到了从秦始皇开始,作为"统治集团的管家",事实上成了皇上的"蓄臣"。柳的意思是,这从皇帝角度看是出于私情,但从巩固皇权制来看却是"公"天下之举。

柳子的忧患意识说到底是"蓄臣"意识。何谓"蓄臣"? 说白了,就是主子蓄养、使唤的名为臣,实为"奴"的"家奴"。皇权时代,皇帝是一国之家长。天下之民,都是皇上的子民,从体制上构成家国一体;从道德上讲则是"忠孝一体"。皇上为什么宣扬"尽孝"? 目的是为了天下臣民向皇上"尽忠"。

"臣"如何能"蓄"? 取消"臣"的任何生命、道德意义上的"自由",臣就成了蓄臣。往根里说,无"自由"思想之臣,才是最适合蓄养之"臣"。然而,作为士者之臣,要停止思想几乎不可能。皇上给蓄臣留下的思想空间是十分有限的。柳宗元写道:"破额山前碧玉流,骚人遥驻木兰舟。春风无限潇湘意,欲采萍花不自由。"(《酬曹侍御过象县见寄》)

中国两千多年的知识分子思想言论自由的空间最亮丽的只有极短暂、极狭窄之处——春秋时期齐国稷下学宫。此学宫由齐威王创立,历经齐宣王,齐襄王三朝。学宫设大夫之称的官衔,招田骈、接予、慎到等七十六贤人而"尊宠"之,孟轲也游说于此,真可谓盛况空前。学官的知识分子几乎没有家内奴隶的踪影。一个尊贵的国王礼贤下士,既封官又花钱请来高卓之士会聚一堂,专门批评国王,并为国王出谋划策。这要多大的胸襟。孟子在齐威王、宣王两朝中,就曾到学宫同齐王辩论,传授"王道"治国之术。例如,孟子同宣王谈话 13 次,其中第六次最富平等对话氛围。当孟子引《诗经·周颂》说明服从敬畏天命而恐惧的人,可以安定和保护他的国家。宣王听后面有惭色。孟子不解,请宣王实话实说。宣王说:"你的话真伟大呀,不过……我有两个毛病:一好财货;二好女色。"孟子回答说,国王爱财货爱女人有何不好? 宣王喜欢财货,和老百姓一道去好财货;宣王喜欢女人,和老百姓一道去好女色。如能这样,对于实行仁政,统一天下有什么困难呢? 孟子的调侃是否公允暂且不论。不过这种平等自由的讨论方式却值得肯定。在这种经松自由的讨论环境中,双方还有什么不可以谈的话题呢? 瞒和骗也罢,权威斯文也罢,在这里已无藏身之所。

当人们争先赞扬柳宗元的民本思想时,笔者却以为柳子的民本思想远没有达到孟子的水平。孟子为何敢说"民为贵,社稷次之,君为轻"? 为何敢说皇帝若违背民意,民就可以诛杀暴君呢? 因为他受过稷下学宫自由思想的董陶,而柳子没有此种历史机缘。

齐国的灭亡当然还有更为复杂的原因，绝不因有一个稷下学宫。"稷下精神"却因为后来的皇上都不喜欢而始终未进入中国主流话语，这不能不说是中国文化精神的悲哀。

关于古代中国，德国社会学家韦伯认为，中国皇权之傲慢专断的政教合一的性质，对于士人的地位具有决定性的影响。他以孟子和老子曾经为吏作例子，指出："此种与国家——官职的关系，对于士人阶层的精神本质来说是十分重要的。随着中国奉禄制度的发展，士人原有的那种自由的精神活动，也就停止了。"当体制内的个体为自由而反抗时，将很快为大量的卫道细胞所吞噬，因为唯其如此，才能确保整个有机体的健全。[1] 为此，陈寅恪这样解读柳宗元的"欲采萍花不自由"。他一反其意，改作"不采萍花即自由"，呈现的是另一种人生选择。然而，即便自愿"不采萍花"，自由亦难实现。这是几千年无数士人经历过的事实。遗憾的是，向往自由的柳宗元未能关注稷下学宫并从中找到自己的精神家园。这说明，他同中国绝大多数士人一样，缺少独立意识。知识分子是否脱奴，关键在于人格是否有"独立意识"。因为只有人格独立，才会有其他的意识产生。柳宗元非但无独立人格可言，而且将自我人格封闭起来，仅从屈原身上找到自我人格的镜像。

二

让蓄臣永远想象着有萍花可采，最佳的办法是科举制。唐太宗在观看参加科举考试的士子们蝇蝇然聚集进科考场中的一幕时，油然而叹道："天下英雄皆入吾彀中矣！"主子让奴才永远想望着功名，而功名又与"奉禄"联系在一起，这是中国皇权制对付知识分子最有效的方法。自幼熟读"四书五经"的柳宗元，他的确采到了"萍花"。年十七求进士，年二十一"得进士第"，年"二十四，求博学宏词科，二年乃得士"[2]，年三十三"自御史里行得礼部员外郎"[3]。他虽然没能成为像屈原年少即"为怀王左徒"那样权倾一时的近臣，却也算少年得志，"超取显美"了。毕竟，柳宗元是中国文人，一个皇权时代的文人，功名是他全部人生价值的鹄的，也是他人生悲剧的总根源。元和九年（814），当柳宗元仍然在永州过着苍凉岁月时，一纸诏书命他返回长安。他欣喜万状，又过汨罗江，屈原的形象立即与他交融在一起："南来不作楚臣悲，重入修门自有期。为报春风汨罗道,莫将波浪枉明时。"(《汨罗遇风》)同样"不做楚臣"之悲,但他有了"春风"之喜报,有了重入修门之期,这种酸溜溜的奴才心态在这里已不需任何掩饰了。柳宗元错了,他不可能明白,"自由"不可能属于"蓄臣"。"个人是没有意义的,只有王朝宠之贬之的臣吏,只有父亲的儿子或儿子的父亲,只有朋友间亲疏网络中的一点,只有战栗在众口交铄下的疲软肉体,只有上下左右排行第几的坐标,只有社会洪波中的一星波光,只有种种伦理观念的组合会聚。不应有生命实体,不应有个体灵魂。"[4]

而然,柳宗元总是将不应有的幻想当作事实来追求。十年前,柳宗元谪邵州途中又再逐永州。柳宗元在永州最爱吟诵的诗是《离骚》《九歌》等屈原的作品,还创作了楚辞体的骚赋,林纾(1852—1928)曾指出:"子厚初志,托二王以进,意亦欲尽忠款于王室耳。二王既败,悔愤交迫,往往取古人之怀忠贬死者,用以自方,因之多骚怨文字。"(《韩柳文研究法》,台北,广文书局,1980,P100)继贾谊和扬雄之后,柳宗元写《吊屈原文》。开头写道:"后先生盖千祀兮,余再逐而浮湘。求先锋之汨罗兮,揽蘅若以荐芳。荒忽之顾怀兮,冀陈词而有光。"柳宗元从屈原这面镜子中看到自我心灵中的高洁之处,即屈原"美政"与自己的"美志"的深层联系。"先生之不从世兮,惟道是就","穷与达顾不渝兮,夫唯服道以守义"。他佩服屈原无论处境好坏,都不改变自己的志向,他肯定屈原的精神支柱是"唯道是就"。既然眼前的恶劣风气,已无法改变,做梦归乡的柳子又怎么忘记对先生的怀念?

柳宗元其实并没有深入了解屈原,他把屈原当作理想化的儒家,与他自己的政治理想相关联起来,这就是柳宗元对屈原的主观误读。为了区分文学家的屈原与柳子心目中的屈原之间的差别,还得让我们回顾百年来对屈原的解读。二十世纪四十年代,我国发生了两场屈原及其《离骚》的论战:第一次是由廖季平先生引起的。在此之前,胡适发表过《读楚辞》的文章,对屈原的存在问题提出过质疑,廖季平发表过《楚辞新解》,正式提出没有屈原此人。闻一多先生不同意廖季平的观点,但他对《楚辞》讲的是天上的事,本是天学这一点表示同意[5]。郭沫若发表《屈原研究》,他认为"屈原思想明显地带有儒家的风貌"。并认为儒家思想体现着奴隶制向封建制转变时期的先进思想。他从内容和形式上说明屈原诗歌的特色,说"他在思想上尽管是北方式的一位现实主义儒者,而在艺术上却是一位南方式的浪漫主义的诗人"[6]。

第二场论战是孙次舟先生引起的。他的主要观点是,屈原是个"文学弄臣",是个"富有娘儿们气息的文人"。他说屈原在《离骚》中每以美人自拟,以芳草相比,又好矜夸服饰,代表着当时一种世俗倾向,当时崇尚男性姿容,男性在姿态和服饰上以模拟女性为美。他认为《离骚》只是"充满了富有脂粉气息的美男子的失恋泪痕"。孙次舟先生的文章由朱自清先生剪存并寄予闻一多先生。闻一多与上述观点不同。他写了《屈原问题》,没有完全否认孙次舟先生的观点,而是从奴隶解放的历史来阐述屈原现象的。他认为,先有弄臣屈原,然后才有文学家屈原。他说屈原时代的奴隶有三种:农业奴隶、工商奴隶和家内奴隶。就社会地位而言,农业奴隶最低;就解放的时间而言,农业奴隶最早,而家内奴隶最晚。就出身而言,家内奴隶本是贵族。若就男性来讲,他们往往眉清目秀,举止娴雅,知识水准也相当高。他们"身份虽低,本质却不坏,职事虽为公卿大夫们所不齿,才智却不必在他们之下"。闻一多先生最后得出结论:"他们不幸和主人太贴近了,主人的恩泽淹灭了他们的记忆,他们失去了自由太久了,便也失去了对自由的欲望,他们是被时代牺牲了。然而也被时代玉成了。玲珑细致的职业加以悠闲的岁月,深厚的传统给他们的天才以最理想的发育机会,于是奴隶制度的粪土便培养出文学艺术的花朵来了。没有弄臣的屈原,那有文学家的屈原,历史原是在这样的迂回过程中发展着,文化也是在这样的迂回中长成的。"[7]250他还认为,关于人的意识也就在作为奴隶的文人的意识中产生出来,我们在屈原身上可以看到"奴隶的软弱",也能看到"'人'的尊严"[7]251。闻一多从社会发展史和精神发展史的角度对屈原做出了最公正的评价。但他从道家和神仙家的传统中挖掘屈原的特点,却没有把屈原诗歌与道家和神仙家的诗学传统区别开来。王富仁先生在回顾了两场论战后认为。历史学的方法有它的优点,但也有它的缺点,历史学的发展观带有一次性的单纯性,很难说明文学鉴赏的历史性和多次性重复的特点。他说,事实是,历史并没有因奴隶的解放而使屈原变成完全难以接受的人物。我们在他身上看到的"奴隶的软弱"并不比我们的更多,在他身上看到的"'人'的尊严"也不比我们的更少,他的人性的软弱和坚强在当时和现在甚至在未来都能够在不同的思想框架中以大致相仿佛的形式出现在人类的感受中。[8]5

　　王富仁先生不是用历史学的方法,而是用原始思维的方法来解读屈原及其《离骚》的,这种方法叫"互渗律"。它是由列维·布留尔在《原始思维》一书中提出来的。布留尔认为:"原始人的意识已经预先充满了大量的集体表象,靠了这种集体表象,一切客体、存在物或者人制造的物品总是被想象成拥有大量神秘属性的。因而,对现象的客观联系往往根本不加考虑的原始意识,却对现象之间的这些或虚或实的神秘联系表现出特别的注意。原始人的表象之间的预先形成的关联不是从经验中得来的,而且经验也无力反对这些关联。"[9] 基于这种理论,王富仁先生提出,屈原的作品在评论家的概念世界中常常会出现诸于儒家与道家、政治家与文学家、男性化与女性化、自尊与自卑、现实主义与浪漫主义等等矛盾。但这不是屈原作品自身的矛盾,而是我们的概念领域中的矛盾。关键要从作品本身内在联系中把握它,而不是随意找个标准衡量它。郭沫若把屈原的思想归结为儒家的思想,尽管他所举的例证都是正确的,但屈原的作品说明他恰恰不是一个儒家诗人。屈原诗歌中的神话世界是一个活生生的,有血有肉的真实世界。"他是一个真正活在神秘互渗建立起来的神话世界中的诗人,但也是一个真正有个性意识的自我意识的觉醒的人。惟其他在精神上与周围的世界在互渗中融成了一体,他才真诚地感到了自我失落的巨大痛苦,开始无法接受这个矛盾重重的世界;惟其他开始感到了自我的孤独,他周围的整个神秘世界才活跃起来,在他的面前重新攒集,聚拢和组合。"[8]11 屈原思考的中心是人与人之间的爱与理解的问题,而不是具体的政治见解问题。《离骚》反映着从原始神话向个人创作过渡期的文学作品的特征。他的作品保留着许多原始神话的思维特征和艺术特征。它没有绝对的真实与虚构的区别,就其心理历程而言,它写的一切都是真实的;就其描写而言,它写的一切又都不是眼前的事实,历史和现实在其中也都没有明确的界限。[8]53 王富仁先生的剖析是深刻而符合实际的。

柳宗元是以现实的,世俗的思维特征和艺术特征来观察屈原的。在柳宗元的眼里,屈原的一切想象和描写的中心是儒家道德,都与其具体的政治见解相关联。在儒家伦理道德上,柳宗元作了如下误读。

其一,他心目中的儒家道德伦理是从社会治理的角度提出来的,用以调整皇权制下人与人关系的方法和措施;而屈原的道德意识不是从处理人与人关系出发的,而是从个体人的生命体验出发的,它要求的是社会对个体的内在生命体验的理解和同情。

其二,他心目中的儒家道德从一开始就是从理智地组织这个世界,按政治的需要指出各种论理道德规范。从根本上无视个人利益,扼杀个性;而屈原的道德观的显著特点是以自我与周围世界,与自己的文化环境建立神秘互渗为基础,感受人的美,人的善和人的真的。

其三,他的悲哀是怀才不遇的悲哀,他以为屈原的悲哀是与他相似的。而屈原把自己的祖先、自己的姓名、自己对香草美人的感受当作自我的本质,当作真善美的统一体。

人格洁癖者是自恃德才高卓者。柳之崇屈,反映的正是这种人格洁癖的精神症候。柳宗元还提到过春秋战国的三个人,苌弘、乐毅和晏婴,他写过《吊苌弘文》《吊乐毅文》。这些文章都是借古人故事,发君子"死忠""怀才不遇"之感慨。因此,能够在政治伦理人格中与他才高德厚之"洁"相通、相类的就只有屈原。能与他的"发纤秾于简古,寄至味于淡泊"的诗学追求相通的也只有屈原。《吊屈原文》《梦归赋》为典型的熟读屈原作品的楚辞体仿作,其自伤与怀归的意象构成了崇屈的基调。

柳宗元的人格洁癖反映了他与屈原道德观的差距。中国几千年的悲哀在于,"当人们脱离开自我的亲自体验而理智地对待社会和要求别人时,每个人都感到儒家伦理道德是不可或缺的,他永远站在儒家伦理道德的立场上面压抑违背了这种道德信条的个人,而只有当他自己被处于儒家伦理道德的严密监视下的时候,他才能够感到它对自我自由的粗暴干涉,而这种干涉是自我的整个生命都万难接受的,但恰恰在这个最不愿接受的地方,你却没有任何说得出口的理由为自己辩护,因为任何别人都无法充分估计它在你整个生命中的重量"[8]39。屈原的《离骚》所表现的便是中国人几千年来最难表现的知识分子的内心悲哀。之后的儒家知识分子不再能表现这种悲哀。柳宗元自然不能理解屈原的悲哀,而用他的《天对》以及传、说、吊、序等政论来解释屈原的悲哀。这有如成年人用普遍可以接受的固定的礼俗和善恶标准来劝说、解释儿童自我内在式心灵感受。这种解释当然是一厢情愿的。柳宗元同大多数文人一样,都把屈原的痛苦看成怀才不遇和忠而被谤的痛苦。可见,柳子的道德观是在皇权政治需要中产生的,而屈原的道德观是从自我内在的心灵体验中产生的;柳宗元的道德观是要求个体服从外部的理想政治的需要的,屈原的道德观是立足于自我的本体反抗流俗的,他恰恰在世人粗暴干涉自我的自由选择权利的行为中(包括选择着花饰草的奇装)感受到人类恶的存在。一俟明白了这一点,他才感到自我生命的存在意义已经丧失殆尽了。

三

从具体现象入手作具体分析,是研究任何领域的问题的基本方法。暂时将概念悬搁起来,直面现象,加以"还原"(见胡塞尔的现象学),也许是鉴别真伪和善恶的法宝。通过"还原",我们不难发现在过去的那些特殊岁月里,出自政治领袖人物口中的"旗号""口号""运动"等等概念范畴的东西,实则是为他们自身服务的借口,与具体历史现象风马牛不相及。也许是柳子精神症候中存在适应唐王朝"三教调合"意识形态的绝佳因素,亦或他拥有善于"搜择融液,与道大适"的本领,一千多年之后,他才被毛泽东选中为"搜择大适"的典型。"文化大革命"时期 1973 年掀起的"批林批孔"运动,柳宗元被毛泽东借用来当作他的政治斗争的一面旗帜和"大意志"的象征。短短几个月柳宗元被捧成亘古第一的法家思想家。在地下沉睡了一千多年的柳宗元,一时成了全国学习、宣传、谈论的文化名人,原因何在呢? 实在说,一切解读都是解读者自我心灵的观照。柳宗元还是那个柳宗元,他并不是法家,也不是单纯的儒家。柳宗元精神世界有他自身的矛盾,我们只能从他的文学中去把握这种矛盾现象。而一旦进行历史的、政治的解读,解读者概念领域中的矛盾就取代了柳子的文本中实际存在的矛盾。这时就出现了误读,当然柳宗元是大法家这种误读不是一般性的学术界的误读,而是一场有组织有目的政治运动。要了解运动对柳宗元的"包装"、打造,还得将毛泽东历年对柳宗元的评价作必要的梳理。

1942 年 5 月 30 日,毛泽东到鲁迅艺术学院作报告时,讲了《黔之驴》的故事,他把黔之驴比喻成"洋包子"知识分子,小老虎比作"土包子"知识分子。他教育从鲁艺出去的干部,不要摆知识分子的架子,以为自己是"洋包子"干部就瞧不起"土包子"干部。

同年 9 月,毛泽东在《一个极其重要的政策》一文中,引用了《黔之驴》这则寓言故事,他写道:"柳宗元曾描写的'黔驴之技'也是一个很好的教训。一个庞然大物的驴子跑到贵州去了,贵州的老虎见了很有些害怕。但是到后来,大驴子还是被小老虎吃掉了。我们八路军和新四军是孙行者和小老虎,是很有办法对付这个日本妖精或者日本驴子的。"

1963 年,毛泽东在杭州的一次会议讲话中说道:我国历史上的哲学家如柳宗元,他是文学家、也是唯物论者。他的哲学观点是在现实生活中同不同观点进行辩论和斗争中形成的。他在任永州司马的十年间,接触贫苦人民并为他们办了许多好事,正是在此期间,他写了山水游记等许多文学作品,同时,又写了《天说》《天对》等哲学著作,这是针对韩愈的唯心观点而写的(陶鲁笳《毛主席教我们当省委书记》)。

1964 年 8 月,在北戴河同哲学工作者的谈话中说:"柳子厚出入佛老,唯物主义。他的《天对》,从屈原的《天问》以来,几千年只有这个人做了这么一篇。"(张贻玖《毛泽东批注历史人物》)

1965 年 6 月,毛泽东在同古典文史专家刘大杰的谈话中说:"屈原写过《天问》,过了一千年才有柳宗元写《天对》,胆子很大。"(《毛泽东在上海》)

从 1965 年 7 月 18 日——1971 年 9 月,围绕章士钊先生的《柳文指要》一书的审阅出版,毛泽东与康生的书信、谈话。

1965 年 6 月,章士钊先后把 100 万字的初稿递给毛泽东。毛收到后,派人给章送桃杏各五斤,并附一信云"大作收到,义正词严,敬服之至"云云。7 月 18 日,毛读了书稿大部分后给章写了一封信,信上说:"各信及《指要》下部,都已收到,已经读过一遍,还想再读一遍。上部也还想再读一遍,另有友人(康生)也想读。大学问是唯物史观问题,即主要是阶级斗争问题。但此事不能求之于世界观已经固定之老先生们,故不必改动。嗣后历史学者可能批评你这一点,请你要有精神准备,不怕人家批评。……"[10]602

毛泽东一丝不苟地审阅书稿,一个"大意志"也在酝酿之中,这个"大意志"要变成运动,首先得借用康生。他要康生一同看《柳文指要》,并写信与康生交流心得。"颇有新义……大抵扬柳抑韩,翻二王、八司马之冤案,这是不错的。又辟桐城而颂阳湖,讥帖括而尊古义,亦有可取之处。惟作者不懂唯物史观,于文史哲诸方面仍止于以作者观点解柳(此书可谓解柳全书),他日可能引起历史学家用唯物史观对此书作批判。"[10]603

12 月,康生读完书稿后,给毛泽东写信说:"八十五岁的老先生有精力作此百万巨著,实非易事,我读完之后,觉得主席 8 月 5 日信中对此书的评价是十分中肯完全正确的。……此书也有缺点,如著者不能用辩证唯物主义的观点去解释柳文,对柳宗元这个历史人物缺乏阶级分析,对社会进化,以为'承新仍返诸旧','新旧如环,因成进化必然之理'等等。"信中还说:"对于一个没有研究马列主义的人,这是可以理解的。"毛接康生的信之后,于 1966 年 1 月 12 日给章士钊回信,一方面将康生给毛的信转给章,另一方面把书稿退还。信中说:"大著《柳文指要》,康生同志已读完交来,兹送上。有若干字句方面的意见,是否妥当,请酌定。"

事至此,《柳文指要》问世只是时间问题了。不料,1966 年,文化大革命开始。章士钊十分不安。5 月 10 日给毛写信,做了检讨。此时,毛对党外人士还比较冷静,他在章的检讨文字旁批道:"此话说得过份","要痛加批判的是那些挂共产主义羊头,卖反共狗肉的坏人,而不是并不反共的作者。批判可能是有的,但料想不是重点,不是'痛加'"。

1970年文革转入斗、批、改的时候,章又提出《柳文指要》出版问题。这时康生已窃取"中央文革"领导大权,便武断地要章士钊改变观点,将全书按马列主义,毛泽东思想重新修改后方可出版。章士钊得知康生的意见后,非常愤怒。写了一封长信给毛泽东和康生,断然拒绝康的意见。信中说:"根据康生的意见,看来原作不加改动断不可,即为社会必须扫除的秽浊物,哪里还谈得上出版"。又嘲讽地说:"夫唯物主义无它,只不过求则得之不求则不得之高贵读物。"毛接到这封措辞激烈的信后,又转给康生,康生心领神会只得同意出版。1971年9月,《柳文指要》终于得以在中华书局出版。一本普通的学术著作,一旦卷入了权力中心,尤其是卷入了一场充满血腥味的政治斗争,它的命运只能如此。

1973年3月——1974年1月18日,柳宗元被毛泽东选定为中国第一法家思想家。这一年,毛发动了"批林批孔"运动。从四九年以来,毛泽东对儒法等中国传统思想文化都有批判继承。建国后,毛出于政治需要,转向尊法反儒。从1953年批新儒家梁漱溟,到五十年代末六十年代初褒扬秦始皇贬低孔夫子,再到对郭沫若《十批判书》的批判。1968年10月,中共八届十二中全会闭幕式上,毛泽东说:"我这个人有点偏向,不那么喜欢孔夫子。赞成说他代表奴隶主、旧贵族的观点,不赞成说他代表新兴地主阶级。因此,郭老的《十批判书》崇儒反法,我也不那么赞成。"

1973年3月,中共中央工作会议上,毛泽东谈到批判林彪的时候要与批判孔子相结合。5月,毛泽东将郭老《十批判书》3号大字本送给江青,并指示:"我的目的是为了批判用的。"随即念了一首顺口溜:"郭老从柳退,不及柳宗元。名曰共产党,崇拜孔二先。"8月,毛写了《七律·读〈封建论〉,呈郭老》:"劝君少骂秦始皇,焚坑事业要商量。祖龙魂死业犹在,孔学名高实秕糠。百代多行秦政治,《十批》不是好文章。熟谈唐人《封建论》,莫从子厚返文王。"8月5日,毛召见江青,令她抄录这首诗,并向她讲了一些中国儒法斗争的情况。还说,郭老对待秦始皇、对待孔子那种态度和林彪一样。中央文革领导小组向毛汇报,说林彪也有孔孟之道的言论。毛听了说,噢,凡是反动阶级,主张历史倒退的,都是尊孔反法的,都是反秦始皇的。并要求将林彪的孔孟言论整理出来。

1974年1月18日,毛泽东批发了中央中央1974年1号文件,将江青主持编写的《林彪与孔孟之道》印发全党。随即,一个"批林批孔"颂柳崇柳的运动在全国展开,柳宗元一时成了我国春秋战国以来"最大的法家思想家",其《封建论》《非国语》以及柳宗元著作的选集、注释、解释本几乎满天飞。

笔者其所以将毛泽东评价柳宗元的史实不厌其烦罗地列出来,意在说明,尊法崇柳是由权力"运动"出来的,它是中国几千年来将一位文化名人作为政治斗争的"枪炮"的唯一一宗个案。

四

毛泽东推崇柳宗元,有三条原因:

其一,困喜欢秦始皇而爱柳。从毛泽东发动"批林批孔"的意图可以看出尊崇秦始皇其实际意义是尊崇个人权威。而柳宗元的《封建论》的立论就是从歌颂秦始皇,将秦始皇奉为"公天下"的皇帝的角度,来总结秦始皇的历史功绩和失败原因,确立他的政治观点的。不可否认,《封建论》的确是柳宗元最杰出的政论之一。苏轼评论说:"宗元之论出,而诸子之论废矣。"

争论了几千年的封建与郡县孰优孰劣的问题,其实质是一个如何强化中央集权的问题。文革中来自高层的压倒一切的观点是,孔夫子代表了开历史倒车的奴隶主阶段,法家代表了新兴地主阶段。《封建论》是一篇以柳宗元为代表的主张郡县制的法家,批判主张分封制的儒家的"战斗论文"。《封建论》根本没有涉及两种社会制度的问题。可见这是一个虚假的历史命题。"封建",即"封侯建土"的政治体制。它不是指社会形态的封建制。柳宗元的《封建论》论证了"封建"与"郡县"形成在于"势",郡县制有利于强化中央集权的统治。但他没有也不可能从社会形态演变的角度来分析历史现象。中国历史以秦代为转捩点。按张光直先生的划分,先秦史可分为四阶段,第四阶段是龙山文化到夏商周三代。它以"城市革命"、金属时代、古国扩展和大规模国家形成为标志,却不能称之为奴隶社会。中国没有奴隶社会形态这是二十世纪考古发现最伟大的成果之一。从国家形态而言,商、周都可以称作"专制务农领土王国"(顾准)。所谓社会进化五阶段说亦或奴隶社会到封建社会说都是二十世纪以斯大林为代表的革命领袖编造出来的神话,而不是中国历史的"事实"。大量文献和田野材料证明连续性式细亚社会才是东方普遍性的国家社会形态。张光直先生提出:"在像中国这样把祖先或神的智慧的赋予与统治的权力之间划等号的文明之中,对萨满服务的独占与美术宝藏——亦即萨满法器——的占有便是社会上层人士的必要条件。在这个意义上,那个亚美基层的联系性的宇宙观本身便成为使统治者能够操纵劳动力并能够把人类和他的自然资源之间的关系能加以重新安排的意识形态体系。"[11]对共产国际颇有研究的顾准在晚年,向世人严肃提出,被斯大林一棍子打成"伪科学",而严禁使用的"亚细亚生产方式"与"亚细亚社会",都是马克思多次使用的概念(此前,亚当·斯密、约翰·斯图亚特·穆勒与理查德·琼斯等等学者,已使用这一理论),专门说明在地沿历史影响下,不少"东方"国家的社会形态与文化特征,与西方社会科学的经典概念相去甚远。[12]属于"亚细亚"社会的中国,与"半亚细亚"社会的俄国,由于文明进程,生产方式与社会转型方式"特殊",政治权威与国家机器自古具有超常的统治力,经济、文化均受制于政治。私有财产始终处于软弱地位,虽然也存在土地私人占有,"国家却是真正的地主"(马克思语)。"虽然形成分散的小农经济,政府却是最大的公共工程部门。以集权君主为代表的政治权威,享有极大的自觉性自由,对臣民的财产乃至人身权利,具有'最高'支配权"。[13]顾准指出,中国从大陆式部族公社,发展成东方型"专制务农领土王国",没有西方奴隶社会中的自由民(西方许多文化理念由此产生)。而且"中国从来没有产生商业本位的政治实体"。西方意义的国家学说,也很难实用"中国历史和现状"……顾准大声呼吁,务必以持恒之心克服中国特有之弊,并正视中国既成局限,[14]限于篇幅,对此本文不可能详细论述。就此可以断言,郡县制与封建制不是社会制度(形态)之争、而是政治之争,政策之争。所谓"历代多行秦政治"也罢,孔子"代表奴隶主"也罢,都是产生于上世纪政治领袖们概念领域中的东西,与中国社会形态和文化特征以及《封建论》的实际毫不相干。其实,从殷商以降,中国从未中断"爵土以赏功臣"或血亲封地,这一制度延续了四千余年。区别仅在于是否与郡县制相结合以及结合之程度,是否世袭及其程度的问题。中国的王权或皇权不是"最高"支配权太少的历史,而是权力无限膨胀的历史。中国集权君主为代表的政治权威,总是享有极大的自觉性自由。唯独没有臣民的财产乃至人身权利的自由。柳宗元文章要强化的是前者,而绝不是后者。他言"生人之意"不是为了"生民",而是为了皇上,为了皇上享有更大的政治权威。

当然,柳宗元不可能看清虚假命题这一点,在他眼里,无论是"制"也罢,"政"也罢,"情"也罢全是皇上的统驭术。柳宗元抓住这个历史命题作大文章,仍然离不开服从皇权,为皇上献策之鹄的。自唐王朝建立初到柳宗元时期,就是否实行或淡化性实行分封制一直存在争论。从有利于皇权统治着眼,自然存在两难选择。要维护权贵特权,分封(部分分封)是历史选择;要强化皇权中央集权制,分封会造成地方官僚世袭,必然破坏中央集权。实际情况是,部分分封在唐代几乎没有中断。唐太宗在作为政治遗嘱留下的《帝范》里,仍然坚持实行分封的必要性。(《旧唐书》卷六五,《唐会要》卷四六、四七等)在"安史之乱"中,唐玄宗曾试图利用分封诸王的办法挽救危局。结果险些造成唐王朝内部的分裂。唐肃宗李亨同意谋臣李泌"疏爵土以赏功臣"的建议。"安史之乱"以后,形成了藩镇割据的局面,分封制自然成了藩帅们的主张。到了"建中之乱"先有四镇称王,继有朱泚、李希烈称帝。可见,分封制的主张对于王朝长治久安的设想是何等迂腐,割据事实也证明在现实政治生活中分封制的巨大危害,柳宗元的《封建论》正是从维护李唐王朝的中央集权统治这一根本目的而写的,表现出强烈的服务于王室的"蓄臣"意识。

"还原"使我们看到了油漆下的原木。毛泽东为什么把柳宗元的一篇文章同政治斗争挂上钩,推测其终极原因,即所谓"原动机",就在秦始皇。这其实与他发动的"三反五反"、反"胡风集团"、反右、文革的终极原因是一致的。他只不过是借《封建论》说事而已。1970年,毛泽东对美国朋友斯诺说:"有必要搞点个人崇拜。"同时补充说,赫鲁晓夫的倒台,就是因为完全没有个人崇拜。在众多皇帝中,他尤其推崇秦始皇。他曾在不同场所说"我就是秦始皇"。他说:"马克思要与秦始皇结合起来"[15]这个说法正好拿来作"马克思主义与中国革命实践相结合"的注脚。

其二,因喜欢"唯物主义"而爱柳。同封建制与郡县制一样,儒家与法家之争其实质不是要不要取消皇权(王权)之争,而是如何维护这种政治权威的不同政治策略之争。讲柳宗元是法家或法家是唯物主义,儒家是唯心主义同样是一个虚假的命题。实在说,柳宗元是法家,更是儒家,既是唯物主义,又是唯心主义,他评屈原说:"先生之不从世兮,惟道是就"。柳宗文不正是"惟皇道是就"终其一生的吗?严格说,他类似于实用主义,总是瞧着皇上的脸色找理论,惴摸着皇上喜欢什么就论证什么。"惟道是就"也是唯神是就。他心目中的"神"与其追求之道,是一个硬币的两面,名异而实同。

一个老是瞧着皇上脸色的蓄臣,不可能有原创性的思想成果。德宗时,由于"德宗晚好鬼神事"(《新唐书·李泌传》),迷信天命,神权思想在国家政治活动中占重要地位,终贞元之世,诸如祷神求雨,宣示和表贺祥瑞之事时有发生,为适应这种有神论政治的需要,柳宗元写了《终南山祠堂碑》《太白山祠堂碑》《贺西内嘉莲表》等诗文,宣传天人感应,祥瑞天命,为德宗皇帝歌功颂德。如在《御史台贺嘉谷表》中说:"伏惟嘉谷顺成,灵贶昭格,天人合应,遐迩同风。伏惟皇帝陛下睿谋广远,神化旁行,植物知仁,祥瑞应圣。"(《柳宗元集》961 页)顺宗朝,王叔文更加重视、依赖神权。柳宗元被越级提拔为礼部员外郎,表贺草奏,写了大量宣扬天命神权的贺表。贞元元年三月,久晴无雨,朝廷命京兆尹王权祈雨,柳写了贺雨表。"伏以圣心积念,天意遄回,移造化之玄功,革阴阳之常数。睿谟潜运,甘雨遂周。布濩垂阴,随圣泽而俱远,滂沱积润,与思波而共深。"(《柳宗元集》971 页)在另一篇贺表中写道:"二气交泰,万国同和,动植思协于殊祥,遐迩毕呈其嘉应,披图按牒,圣理彰明。"(《柳宗元集》966 页)不仅于此,甚至将一些祥瑞说成是病入膏肓的顺宗健康长寿的象征。例如他写道,嘉禾芝草的出现,表明"丰年斯著,圣寿用彰"(《柳宗元集》966 页);延和殿前丁香树甘露的出现,更有"树有丁香之珍,殿即延和之号,所以著芳风之远播,期圣寿于无疆"(《柳宗元集》964 页)。虽然,柳宗元写的大量宣传有神论、天人感应的文章,如《终南山祠堂碑》《御史台贺嘉禾表》之类的颂谀之文是应酬文字和大量为朝廷写的功令性文字,但就其反映的思想倾向来看,与他后来批判的董仲舒、司马相如、班彪、班固等人宣扬的天人感应、祥瑞天命论相比,真不敢相信会出自柳宗元之手。

宪宗是中唐一位有作为的皇帝。他一上台即正本清源,提倡无神论。宪宗即位第五天,荆南进献两只毛龟,说是祥瑞之物,宪宗下诏禁止:"自今以后,所有祥瑞,但令准式申报有司,不得上闻;其奇禽异兽,亦宜停进。"(《全唐文》卷 59《禁奏祥瑞及进奇禽异兽诏》)宪宗这道诏令,向全国臣民宣布,柳宗元其时在永州,自然已闻到了政治气味的变化,便写了一系列批判有神论的文章。在《贞符》序言中,他认为唐朝的政权是受命于人民,并且长期以来积累了深厚的功德,能够享年无限。"唐家正德受命于生人之意,累积厚久,宜享年无极之义。"(《柳宗元集》30 页)他在《非国语·神降于莘》中说:"力足者取乎人,力不足者取乎神。所谓足,足乎道之谓也,尧、舜是也。"(《柳宗元集》272 页)在天人关系上,他认为世界统一于元气。在《天对》中说:本始之茫,诞者传焉。鸿灵幽纷,曷可言焉!眣黑晰眇,往来屯屯,庞昧革化,惟元气存,而何为焉?""合焉者三,一以统同;吁炎吹泠,交错而功。"(《柳宗元集》365 页)强调白天和黑夜,往来不停,宇宙在蒙昧时代的发展变化,都是元气运动的表现,哪里是谁创造的呢? 阴气和阳气参合,统一于元气,二者交错运动,形成了万物的发展变化。在此基础上,柳宗元提出天人其事各行不相预的"天人相分"观点。在《非国语》中,他指出:"山川者,特天地之物也。阴与阳者,气而游乎其间者也。自动自休,自峙自流,是恶乎与我谋?自斗自竭,自崩自缺,是恶乎为我设?彼固有所逼引,而认之者,不塞则惑。"(《柳宗元集》1269 页)即山川只是天地间的自然物,阴阳也不过是元气矛盾运动的表现形式。他们没有意识,哪能是替人设计的呢?针对《左传·襄公二十六年》中"赏以春夏,刑以秋冬"的论调,柳指出:"夫雷霆、雪霜者,特一气耳,非有心于物者,圣人有心于物者也。春夏之有雷霆也,或发而震,破巨石,裂大木,木石岂有非常之罪也哉?秋冬之有霜雪也,举草木而残之,草木岂有非常之罪也哉?彼岂有惩于物也哉?彼无所惩,则效之者惑也。"(《柳宗元集》91 页)柳宗元指出,各种自然现象,都是无意识的物质运动;而诸种社会现象,则是人有意识的行为。天人"其事各行不相预"(《柳宗元集》817 页)。

柳宗元的元气论是被 20 世纪政治家们炒作得最多,评价最高的一个观点,也是柳宗元为唯物主义"伟大思想家、法家"的重要依据。事实是,柳宗元元气说是典型的"接着讲"。他仅仅重复了前人的元气论,根本未能从"气"在中国文化传统的变化,地位来解释"气"。首先,"气"在中国文化史上,是一个标志性的概念。中国文明起原是一种"连续性"文明,而这种连续性的标志之一就是这个"气"的连续性。中国古人具有对"在存在的所有形式之中'气'的连续存在"[16]的信仰。其次,气既是物质的,又是精神的。没有这种认识,不可能对气作出完整的解释。对此,杜维明先生指出:"80 年代我写过一篇文章,是关于 BODY(体),在那里面我提出现代哲学的发展就是要超越笛卡儿的理性主义,这是无可争议的,笛卡儿已经不是韦伯所认为的现代社会的大动力,而是人类面对的大困境。身心为什么要这样分?人和自然为什么要这样分?主与客为什么要这样分?身就是一堆材料,没有它的智慧和精神?心就没有物质性?现在在哈佛有个'气'的研究计划,气,又是精神又是物质,这是中国的综合的观念,把人当作整合性的,这种理念,已经越来越强了,甚至有人说不是'我思故我在',而是'我感故我在',人是有感性的。"[17]其三,"气"是中国伦理学的一个概念。它进入儒学之后与仁学融合在一起。程明道讲"仁者与天地万物为一体"。关于这一点,明末的大儒刘宗周有创造性阐释。宗周正是从"体"(气)视域建立他的慎独、诚意之学。"宗周在这里可以说是表现了一种创造性的诠释,他通过对文本的再创造和再诠释发展出一套自己的解释模式,而这套解释模式事实上直从他的'大身子'观念中脱出来。由人与天地万物为一体,说他的意体,独体,其大无外,其小无内,极高明而道中庸。这一思路正可以与孟子'浩然之气',大体和小体的脉络完全相配合,所以,宗周这一套论述其实包含着一种涵盖性极大的人文精神。"[18]我国对"气"的关注有很深厚的文化学资源。我们当然不能要求柳宗元的思想达到宋明思想家的高度。但言"气"而不言传统道德之"气",能说柳宗元的元气说达到了唐代哲学思想理论的高度吗?

"还原"让我们看到了精神现象的全貌。"还原"也是对付瞒和骗的一大法宝。不仅有神与无神这种矛盾的世界观在柳宗元意识中并存,而且儒、道、佛诸教,柳宗元的认识上也是矛盾互渗的。受唐朝统治者提出"三教调和"的影响,他提出"悉取向之所以异者,通而同之,搜择融液,与道大适,咸伸其所长,而黜其奇邪,要之与孔子同道,皆有以会其趣。"(《柳宗元集》209 页)而"唯道是就"的核心还是看皇上的需要或自我心灵的安慰的需要。

例如,柳宗元肯定道家"无为"思想而批判道教长生久寿观念。前者为皇上崇拜老庄作说词,后者为皇上的健康进蓄臣之责。柳宗元对《老子》这样评价:"太史公尝言,'世之学孔氏者,则黜老子;学老子者,则黜孔氏,道不同不相为谋。'余观老子,亦孔子之异流也,不得以相抗。又况杨、墨、申、商、刑名纵横之说,其迭相訾毁,抵捂而不合者,可胜言焉? 然皆有以佐世。"(《柳宗元集》662 页)柳宗元在学术思想上主张统合各家,包括融合儒道的倾向。柳宗元这种认识,与唐朝最高统治者以尧舜周孔之道立国,同时奉行道家思想,将李聃尊奉为自己的本系祖先,将《老子》与儒家五经一样作为科举考试的内容等意识形态主张是一致的。老庄思想也就成为柳宗元思想研究的范畴。

又例如,佛教自东汉永平十年(67)传入中国,经过三国、两晋日渐发展。到了唐代,佛教与儒学相融合已成趋势。柳宗元提出"统合儒释"的主张,一方面适应了唐皇室信奉佛教的需要。佛界高僧华严宗的创始人法藏,曾受到武则天的信赖,多次向武讲《新华严经》,多次称武则天做女皇符合佛经旨意,武氏给予三品官头衔。武氏死后,法藏又做了中宗,睿宗受菩萨戒的明师。这种"政治和尚"受到皇室重视的情况,到唐宪宗时期仍然如此。宪宗晚年,"迎佛骨入大内",韩愈力谏,几获死罪。另一方面,柳宗元自幼好佛,被贬永州后,心情忧郁,身居寺庙,希望寻求精神解脱,对佛教更是心领神会。当然,他虽然"好佛",但始终坚持儒家济世的思想准则,他的逃避只是逃避苦闷,而并非逃避现实斗争。他在一首诗中写道:"涉有本非取,照空不待析。万籁俱缘生,窅然喧中寂。心境本同如,鸟飞无遗迹。"(《柳宗元集》1235 页)这是说,诸法无我,涉及万物,皆非实有,本无执取;照见诸法性空,不待分析。世界万法,都是因缘所生,缘灭则诸法灭,至于万种声响,也同样是众缘所生,缘灭则复归空寂。心境同样起于一瞬之间,才生即灭,如空中飞鸟,不留遗迹。他汲取并解悟天台宗湛然及其弟子重巽"应知万法是真如,由不变故;真如是万法,由随缘故"的佛学观,特别推崇赞赏天台宗三观(空观、假观、中道观)中空有统一的中道观,而对空观和假观持否定态度。他称赞无姓和尚说"佛道逾远,异端竞起,唯天台大师为得其说。和尚绍承本统,以顺中道,凡受教者不失其宗。生物流动,趋向混乱,惟极乐正路为得其归。"(《柳宗元集》156 页)柳宗元主张"万籁俱缘生","法为因缘立"。"缘"就是条件、而一个最根本的条件就是真如佛性,它存在于一切事物之中。他将元气论运用于佛学之中。在元气论中,元气是世界之本原,到元气止;而在佛学中,元气之上有识,识之上有真如,真如才是世界的本体,是佛性之所在。在佛学界元气是较低层次,只属于色法。

"人的全部尊严在于思想。"(帕斯卡尔)没有尊严的蓄臣能产生积极的思想吗?如果把上文所述的天人关系上的元气论说成是唯物主义的世界观的话,在佛学中的元气论则毫无疑问属于主观唯心主义的范畴。柳宗元的思想基质里就是这样充满了矛盾和混乱。从理论上看,柳宗元佛学元气论比天人关系中的元气论更加丰富、深刻和精致。如何解释柳宗元世界观中的矛盾现象呢?答案只有一个,柳宗元发现一个历史秘密,只有服从皇权才能确保功名。皇权是他心中的"神",他是"神"的精神奴隶,他的任务是对这个"神"从理论上赋予"崇高"的解释。他是唯物主义也是唯心主义,是法家也是儒家,是道家也是杨、墨、申、商,刑名纵横之说的杂家。但在这个"家",那个"家"的游移之时,最根本的是儒家。至于柳宗元坚持儒家济世的思想准则,他对国计民生执著追求的坚忍精神,那更是明于观火的了。柳宗元所做的,也是几千年中国知识分子所做的实践家和传道者的营生。这就是柳宗元的精神症候。柳的这种精神症候反映的就是一种实用主义者的政治心态。他是从皇上的需要,为强化王权的需要而对上述各家学术进行解释的。用他自己的话来说,就是按上述两个需要,而"通而同之,搜择融液,与道大适",创造现实政治中的神性。不可否认,他在"通而同之"的过程中,往往有许多高卓的见解。尽管这些珍珠般的思想坚果令人回味,但它缺少新的思想体系的创造。柳宗元是专制皇权筵席上高级的理论"调酒

师"，只要皇上需要，什么五颜六色的理论"物液"都可以调配成精致可口的
"融液"来。可见，说柳宗元是法家，唯物主义者等等，全是二十世纪政治权
谋家们泡制出来的，政治家的解释一旦进入实践，后果令人不寒而栗。它是
可以拿来制人于死地的理论大棒。它与柳宗元实际的世界观风马牛不
相及。

值得一提的是，柳宗元的"天人相分"不是西方哲学的主客相分，没有科学实证
的参与，何以有唯物主义之论呢？在我国大量研究柳宗元的专著论文中，几乎是
众口一词地说柳宗元的"天人相分"观如何达到了唯物主义的高度。他是我国
最伟大的思想家。当然，历史已经证明，凡对权威的附和、解释，从来不需要事实
的支撑。中国人对天的理解总是与人自身的理解联系在一起。人有自然性与社
会性两方面，儒家对人的自然性是存而不论。荀子柳子对人与天的分离并不就
是唯物主义，反之，不能将天人合一论看成是唯心主义的。按孔孟的说法，人之
所以异于禽兽，是因为人有天赋予的心性。有了这种自觉，就意识到自己的心
性、命运由天而成，或者说，天就在人的心中。"而人能够意识，又说明人本是天
的心，或者说，人就在天的体中。儒家倡天人合一的根据在此。"[19]85

柳宗元的观点其实与荀子的观点是一致的。荀子《天论》说："大天而思之，
孰与物蓄而制之；从天而颂之，孰与制天命而用之……"。"'大天而思，从天而
颂'，可以理解成为了认识自然而认识自然。这种纯认知的冷漠态度，同中国文
化主流是格格不入的。苏格拉底相信：'知识就是道德'；中国的《夏书》却说：
'正德，利用，厚生'，把道德与开发自然，改善民生连在一起。中国历史上的科
学理论不如科学技术兴旺，同这种知识论上的功利主义或知行合一不无关系，而
这一特点，正表现了中国文化的人文精神。"[19]135

可见，儒家的天，与人并无霄壤之隔，它本来是全体的人，与每个我也无内外
之别，它就是大我，即"大人"。大人就是达到天人合一境界的人。孔孟尊社会
力的天，似乎具有宗教色彩。但儒家不是宗教，因为它没有灵魂永存之观念，孔
孟讲的社会力，其实是人的合力，因此，把天人合一看成中国文化的人文精神更
加符合实际。近来，不少哲人更认为天人合一是中国人最高的哲学智慧。笔者
曾论证这种博大精深的诗性哲学也许是人类进入高水平文明时代不可或缺的精
神食粮。[20]有些学者认为天人合一是世界哲学的鹄的。天人合一曾被有些学者
认同为中国哲学的特征。但古今中外又有哪一家的哲学不是以指间天人合一为
自己的归宿的呢？甚至于不妨说，凡是不归本于天人合一的，就不是哲学。所以

天人合一并不属于某个民族或某个哲学家的特征。它是一切哲学家的本质和鹄的。问题只在于各有其不同的思想方式和论证。[21]这样看来,与其说天人合一是唯心主义,不如说它是"人文主义",与其说"天人相分"是唯物主义,不如说它是实用主义。用"唯心唯物"来看天人关系,其实是在指驴为马,只不过,指驴者另有用意而已。说白了,说柳宗元属于唯物主义哲学家,其实也是一种应声虫式的学术炒作(陈寅恪语),并没有多少学术上的理据。

其三,因喜欢"蓄臣"而爱柳。在中国两千年专制皇权制时代,中国知识分子(士)中,一般说来存在三种类型:一是得到皇帝的赏识而心甘情愿做奴才者;二是欲得权贵赏识而不得,反转来批判权贵者;三是欲得权贵赏识而不得,独善其身的隐士。柳宗元是一种例外,他不同于上述一、二类,又与一、二类有相同之点。他是先得皇上重用,后被贬谪,欲新得到复用而不得,始终保持着服从皇权的"蓄臣"心态的一个典型。按一般知识分子的进路计算,柳宗元可以说空前成功。然而,短暂而烦嚣的"永贞革新"失败了,几乎是一刹那间,他被抛弃到远离政治涡卷的夷獠之乡。对"蓄臣"意识最大的考验加在他身上。功名毁弃,名声毁弃,家庭毁弃,几乎使他精神崩溃,新旧《唐书》本传中,对柳宗元的批评十分严厉。《旧唐书》传记说他"蹈道不谨,昵比小人,自致流离,遂隳素业";《新唐书》传记则称王叔文是企图窃取权力的"沾沾小人",柳依附这样的小人,是"侥幸一时,贪帝病昏,抑太子之明,规权遂私"。就是说,在当时的舆论界,知识界,柳宗元几乎成了以权谋私的小人,败坏纲纪的奸臣。这是何等低劣的历史评判。新旧《唐书》写作于离柳去世一百多年,论评仍如此严苛,柳之在时,他的政治声誉也就可想而知了。今天,人们从柳子、刘禹锡的诗文中仍可看出这种严酷的处境。柳宗元在《寄许京兆孟容书》中说:"群言沸腾,鬼神交怒","以此大罪之外,诋诃万端,旁午构扇,尽为敌仇,协心同攻"。同时被贬的刘禹锡在《上淮南李相公启》中也说"骇机一发,浮谤如川"。整个朝野,落井下石者有之,"射利求进"变花样咒骂者有之,柳宗元遭到了无情的羞辱和打击,就连偏向柳刘的韩愈,也认为柳"持身不洁",言外之意,颇有咎由自取的批评。加之,被贬永之后,亲朋欲避之惟恐不及,地方官员视他如囚徒时时监视,已使他倍加孤独,永州司马员外置同正员之职,是一种闲职,使他更加失落;他蜗居的龙兴寺,四年之内四次火灾,又使他惊魂不定;王叔文赐死,"八司马"之一的凌准病死连州,其余同道音书稀绝,母亲,女儿相继去世,疾病灾难几乎使他丧魂失魄……正是这种超常的压力,柳宗元始终保持一个"蓄臣"的平和心态,不激不厉,始终瞧着皇上的脸色,窥探新皇心中喜欢什么不喜欢什么,谨小慎微,一心等待复用,纵使内心牢骚话也是发得有水准,有分寸。这真是一个铁了心的"蓄臣",毛泽东看中的就是这一点。在他的心里,知识分子弄不好是他权力的最大威胁。关于反右斗争,李维汉回忆说:毛泽东在1957年5月14日左右听到汇报,知道罗隆基在座谈会上说现如今是马列主义的小知识分子,领导小资产阶级的大知识分子,外行领导内行之后才下决心开展反右斗争的。这话虽然言重了,即使罗不讲这句话,反右斗争必然进行。事实证明,无论是胡风还是罗隆基的以及数以百万计的知识分子,不管是忤逆了最高权威,还是忤逆了各级小权威,他们肯定在劫难逃的了。毛泽东其所以喜欢柳宗元,不独是柳的文章合他的标准,更深层的原因是他对知识分子的要求。在中国,知识公子表面看很风光,"学而忧则仕",另一方面是被权贵者贱视,故而又有所谓"俳优以蓄之"的说法。也就是说,被蓄养被利用是传统知识分子的必然命运。文革前后毛泽东常借古讽今,以贬底读书人。1963年关于文艺工作的两个批示,号召"打破知识分子独霸的一统天下"。他说明朝搞得好是因为明太祖、成祖两个皇帝识字不多,是比较好的皇帝。他得出结论:"书读多了就做不好皇帝。"[22]774林彪事件后,毛泽东在谈到秦始皇焚书坑儒时说,秦始皇焚了多少书,坑了多少儒? 我们"超过秦始皇是一百倍"。[22]789他在谈到柳宗元时指出"焚坑事业要商量"。言外之意,秦始皇焚了那么一些书,坑了那么多的儒算什么? 这不是历史之"过",而是历史之"功"。早在延安时期毛泽东告诉从鲁艺出去的干部,不要摆知识分子的架子,以为自己是"洋包子"干部,就瞧不起"土包子"干部。其实毛泽东是借柳宗元的文章做知识分子的文章,是要提醒所有的知识分子,要向柳宗元学习,学习他像屈原那样,对皇上忠心耿耿,"虽九死其犹未悔",学习他身受贬谪,仍保持士大夫一个共同的思想定势,就是以为祸端全在于"浮云蔽日",因此总是设法接近"明主",以进"净谏",以表心迹。一句话,柳宗元一生说的"蓄臣"的语言,保持"蓄臣"的心态。在专制政体之下,人类个体能进行自由选择吗? 他能同周围的"场"保持距离吗? 柳宗元自己的言行作了否定的回答。文化大革命前夕,毛泽东接见阿尔及利亚代表团时,对中国的成功经验作了这样的总结:"工人、农民的军队打败了知识分子的军队。"知识分子的失败是以独立人格,自由思想丧失为标志的。历史文化名人柳宗元正是这种角色丧失,保留蓄臣的标志性人物。

综上所述,毛泽东选择柳宗元,是因为柳宗元高度评价了秦始皇,是因为柳宗元宣扬了唯物主义和法家观点,是因为柳宗元是一位典型的"蓄臣"。柳宗元崇屈是一种人格洁癖，毛泽东崇秦是一种政治"洁癖"，柳宗元宣扬"唯道是就"是讨好皇上，毛泽东借柳子元气唯物论是为了意识形态专政；柳宗元的蓄臣表现是为了"复用"，毛泽东喜欢柳宗元这个蓄臣，是为了战胜"洋包子"，"大知识分子"……从上述毛泽东喜欢柳宗元的三重原因反观柳宗元"服从"的精神症候还用得着费辞吗？

五

柳宗元的蓄臣心态和皇权意识以及在理论上的"唯道是就"，在现代人眼里，不会引起同情和尊敬，他反而不如韩愈为宏扬儒家表现出英雄主义气慨。当时的最高统治者并不以儒学为尊，皇帝尊道重佛，以儒自许并非讨好皇帝的手段。不论人们怎么评价韩愈，但他的思想始终是一种思想，是他用心灵，生命执着坚持的思想原则，又不乏思想上的创见，表现着一定程度的主体性。而在文学上，情况就不同了。柳宗元算得上唐代伟大的文学家，如果说杜甫的几乎每一个个人的生活体验都与国计民生紧密相连，韩愈有时在他的诗歌领域的个人生活体验表现为纯个人的，而柳宗元的个人生活体验则兼而有之，这使他的文学作品既表现出对社会，对民生的人道关怀，又表现出强烈的自我意识和自由生命意志。

柳宗元的文学创作总没有离开现实生活和对生命价值的关注，尤其关注痛苦的人生体验和社会生活的体验。柳宗元文学的价值远远高出他的思想的价值，是由于它"重视的是情、理结合，以理节情的平衡，是社会性、伦理性的心理感受和满足，而不是禁欲性的官能压抑，也不是理知性的认识愉快，更不是神秘性的情感迷狂或心灵净化"（李泽厚：《美的历程》）。就是说，柳宗元的文学表现的是他的人文精神，他失去自由的痛苦的忧患意识和生命体验。

在家奴屈原（闻一多）与蓄臣柳宗元身上有着共同的东西。他们都得到"主人"的恩泽，又都失去了这种恩泽；他们都有深厚的教养并拥有天才的素质。闻一多在评屈原时说："奴隶制度的粪土便培育出文学艺术的花朵来了。"事实是，没有蓄臣的柳宗元，哪有文学家的柳宗元。蓄臣失去自由，但仍保留最可贵的作为知识分子的本质特征——话语权。中国传统文化中，知识分子就是要著书立说的，不著书立说，知识分子也就不再叫知识分子了。柳宗元有了话语权，蓄臣就有了自由的空间，在理与情的平衡中拥有了实现生命价值的机会。

在文学领域,柳宗元表现出与蓄臣相反的秉赋。对社会的担当精神和对人的智慧尊严和勇气的关注。他与韩愈一道从理论到实践完成的"古文运动",就是明证。理论上,韩柳提出"文以明道"的基本主张,与唐代儒学"复古"运动相配合。柳明确指出"吾之所云者,其道自尧、舜、禹、汤、高宗、文王、武王、周公、孔子皆由之"(《答韦中立论师道书》)。他又说自己的理想就是"直趣尧舜之道、孔子之志,明而出之"(《与杨京兆凭书》)。提倡"圣人之道"目的是对现世的关注。他明确提出为文"以辅时及物为道"。"辅时"而有益于时代,"及物"即惠及"生人"(国计民生)。他说:"故在长安时,不以是取名誉,意欲施之事实,以辅时及物为道。自为罪人,舍恐惧则闲无事,故聊复为之。"(《答吴武陵〈非国语〉书》)可见,"道"不是空洞的理念,而是能指导解决现实社会问题的对策。

为此,韩柳否定"骈体文",摈除浮靡华艳之文风,高度评价西汉的文章,在《西汉文类序》中,认为"文之近古而尤壮丽,莫若汉之西京"。柳宗元虽然曾多次强调"取道之原","先读《六经》"(《报袁君陈秀才避师名书》),但实际上他"纵横百家",十分重视诸子文章。此外,他所讲的"古文","主要是六朝以来兴起的新型的散文文体,而不是先秦、盛汉时期尚未与经史分离的古代的著述文体"。[23]296柳宗元正是处在中国古代文学由骈变散的抠纽时代,不仅在文论上提出"文以载道","文以神志为主"论,而且在文学创作上,题材多样,形式自由,艺术精湛。他的著名的寓言和山水记就是典型的例子,他的杂感,时评式的议论文是"有以佐世"的杂文;他的辞赋"深得骚学"(宋严羽《沧浪诗话》),其数量之多,品味之高无与伦比;他的诗歌"发纤秾于简古,寄至味于淡泊"。(苏轼)……柳宗元超越了恐怖,在孤独中创造了兼具哲理与诗意的意象群,表现出对历史宿命的抵抗,这是柳宗元悲剧的崇高美。因此,柳宗元在文学创作上表现出的精神症候是一种审美的生命形态。

六

柳宗元的生命形态是从三个方面显露出来的。

(一)在故事中获得了理情平衡

柳宗元是寓言家。他从《列子》《庄子》等先秦政治哲理寓言中吸取养料,创造了社会讽刺寓言,使寓言不再是文中论理阐述的方式和内容,而成为一种单独的文体。柳宗元的寓言有人的故事和物的故事两类,两类寓言都关涉着作家强烈的理情平衡。就人的故事而言,《鞭贾》中的富家子弟,实际上是影射以貌取人,用人不当而招致社会灾害的朝廷;《谪龙说》以龙的被谪,"非其类而狎其谪",隐寓身遭贬谪,受人侵辱者,揭露世态之炎凉……就物的故事而言,《黔之驴》以黔之驴寓外强中干,蠢笨以极者,鞭打朝廷中不可一世,腐败无能的官员;《蝜蝂传》中的屎壳郎,则是影射官场中那些追逐权位、利欲薰心的大大小小的贪官污吏;《罴说》的寓意则直接点明:"今夫不善内而恃外者,未有不为罴食之也。"

柳宗元作为"遍悟文体"的作家,他写了大量书、赞、志、传、说等各类论说文。内容牵涉到哲学、政治、文论、道德诸范畴,例如,《贞符》论证皇帝"受命不于天,于其人"的观点;《封建论》论证"封建非圣人意也,势也"的观点;《与杨京兆凭书》以书信的形式论"荐举之道",直面政治腐败,埋殁人才的恶政,同时发出如此政局"岂有补于万民之劳苦哉"的呐喊;《乞巧文》则是批评骈体文的杰作,提出这种"骈四俪六"的文章不仅仅是文章写法上的问题,乃是巧诈钻营的手段,人格堕落的表现。从而论证保持拙朴文风乃是正人君子之操守。

当然,直面世态人心需要勇气。以修史为例。韩愈晋升为比部郎中,史馆修撰,写有《答刘秀才论史书》,大意是说不能以史为褒贬,否则"不有人祸,则有天刑"。柳写了《与韩愈论史官书》,尖锐批评说:"史以名为褒贬,犹且恐惧不敢为。设使退之为御史中丞大夫,其褒贬成败人愈益显,其宜恐惧犹大也;则又扬扬入台府,美食安坐,行呼唱于朝廷而已耶?"柳宗元正是从尧、舜、孔子之道的大道理来尖锐批评"恐惧不足为"的畏惧、不负责任的态度,对追求利禄,尸位素餐的庸腐官僚极力加以讥嘲。他要求修史时坚持"直笔"以行"褒贬"。柳宗元蓄臣心态在这里几近式微,而卓然挺立着无所畏惧,不知颠扑的自尊人格,可惜它存在的时间太短,空间太小。

(二)在山水中获得忧乐圆融

柳宗元在永州的文学创作中,一面承袭屈原的楚辞传统,借历史故事,哀感自身,获得理与性的平衡;另一面则因游历山水而体悟中国传统人文精神——忧乐圆融的精神。韩愈说柳宗元在永州"益自刻苦,务记览,为词章,泛滥停蓄,为深博,无涯矣,而自律于山林之间。"(《柳子厚墓志铭》)元和五年(810 年),柳宗元为他的《八愚诗》写的《愚溪诗序》,可以看出他对山水游记的总态度。这篇篇名用"序"实际也是游愚溪后写的游记。文章写道:"溪虽莫利于世,而善鉴万类,清莹秀澈,锵鸣金石,能使愚者喜笑眷慕乐而不能去也。余虽不合于俗,亦颇以文墨自慰,漱涤万物,牢笼百态,而无所避之。以愚辞歌愚溪,则茫然而不达,昏然而同归,超鸿蒙,混希夷,寂寥而莫我知也。"这段话具显出两条重要信息:一是以"愚"反讽自我"其于世无用"。在《愚溪对》中,自认"今予甚清与美,为子所喜,而又功可以及圃畦,力可以载方舟,朝夕者济焉"。对于自己胸怀理想却不知政坛险恶的愚钝作了更明了的说明;二是个体的失意、忧患在山水之乐中得到了抚慰。这种抚慰是从山水诗文的审美形式中获得的。换言之,只真有山水诗文可以提升美感观照,可以获得忧乐圆融的精神境界。这时的永州山水,才真正滋生出"我"的精神症候。因此,从这个意义上说,《愚溪诗序》是柳宗元诗文的总序。按徐复观先生的阐述,忧患意识是某种欲以己力突破困难而尚未实现时的心理状态,或者说是一种坚强的意志和奋发的精神,是人对自己行为的谨慎与努力,因而,它是一种道德意识。(《中国人性论史》)"乐感文化"则是人们对人生和世界持肯定的执着态度,为生命和生活积极活动,并在这种活动中保持人际和谐、人与自然的和谐。这种极端重视感性心理和自然生命的人生观和生活信仰,是知和行统一,体与用不二、灵与肉融合的审美境界,表现出中国文化是一种不同于西方文化的乐感文化。(李泽厚《中国的智慧》《华夏美学》)。

柳宗元山水诗文中,承接的是西汉以来忧乐圆融的精神成果。庞朴先生指出:"西汉以来,儒道两家思想轮番地、混合地、谐和地在中国文化中起着主导作用,后来更融化了外来的佛学于一炉,成就了中国的新的统一体;而其精神,或即以忧乐的二字给以概括。"[24]

被评论家誉为"古代记山水手"的柳宗元,创作了脍炙人口的《永州八记》,堪称山水文学的代表之作。《始得西山宴游记》这个"始"字,代表了柳子精神症候的转折,也呈现了柳子对永州的认同。从"客有故园思,潇湘生夜愁"(《酬娄秀才病中见寄》)到"筑室茨草,为圃乎湘之西,穿池可以渔,种黍可以酒,甘终为永州民"(《宋从弟谋归江陵序》)。柳宗元在永州山水中真正找到了自己的精神归宿。这种归宿是以流寓的"潇湘客"向"永州民"的转变为标志的。

《始得西山宴游记》写道:"自余为僇人,居是州,恒惴慄,其隙也,则施施而行,漫漫而游,日与其徒上高山,入深林,穷迥溪,幽泉怪石,无远不到。""恒惴慄"是他的忧患意识。但他一登上西山,周边的一切刹那间有了动感,有了生命,使"自我"获得了"畅神"的感觉。目前的景物让他快慰地把握现在,乐观地眺望未来。这时,他真正获得了"万物皆备于我"的快乐,也就是体会到自己已经与道合一,与天地同体了。西山之特立消解了忧患,这便是柳宗元的极乐世界:"悠悠乎与颢气俱,而莫得其涯;洋洋乎与造物者游,而不知其所穷……心凝形释,与万化冥合。"《钴鉧潭西小丘记》,写小丘之胜,"今弃是州者"之遭是柳子怀才不遇之忧。"其嵚然相累而下者,若牛马之饮于溪;其冲然角列而上,若熊罴之登于山。"在这样的大自然中枕席而卧,"则清冷之状与目谋,瀯瀯之声与耳谋,悠然而虚者与神谋,渊然而静者与心谋"。柳宗元正是在永州山水的感性生活中积淀着理性精神,于人生快乐中获得神志的超越。这时,柳宗元在自我主体中肯定了自己。

同样,《钴鉧潭记》"乐居夷而忘故土"从反面溢出柳子之忧。而"流沫成轮,""有树环焉","尤与中秋观月为宜,于以见天之高,气之迥"。一汪清澈之潭水,使柳子"乐居"永州而忘了思乡之痛;在《小石潭记》中,"寂寥无人,其境过清"透露了柳子孤独之忧。作者这样描写小鱼游弋潭里日光鱼影的变化:"潭中鱼可百许头,皆若空游无所依。日光下澈,影布石上,怡然不动;俶尔远逝,往来翕忽,似与游者相乐"。柳子获得了鱼我合一之乐。林纾尤其看中的是这篇《小石潭记》,他说"文字不过百余字,其是一幅赵千里得意之青绿山水也。"这清水中的鱼之乐,正是柳子之乐。这时的柳子的快乐,是以心身与自然合一为依归的最大快乐的人生极致。人鱼一体,它观照了作者心理,显示的是他身上巨大深厚无可抵挡,无所顾忌的乐观力量。

(三)在诗境中获得精神超越

柳宗元的诗歌前人多有至评本文仅就两首诗谈谈柳子精神的超越。

《江雪》和《渔翁》是柳宗元诗歌中最深刻表现忧乐圆融精神症候的杰作。《江雪》诗云:"千山鸟飞绝,万径人踪灭。孤舟蓑笠翁,独钓寒江雪。"对这首诗的评析可谓汗牛充栋。我想说的是,这"蓑笠翁"即渔翁,东方的西绪福斯。孤独者是悲剧者,人生最大的悲剧是他所从事的一切是荒谬的,没有高低,没有成败,没有忧乐……。

"上帝到哪里去了?"他对人们大喊,"我要告诉你们,我们把他杀死了,你们和我! 我们都是谋杀他们的凶手! ……我们的地球正在飘向何方? 我们正在向何方坠落? 难道要远离一切太阳,永远坠落下去吗? ……难道我们不是在无穷无尽的虚无中摸索? 笼罩着我们的通道不是永恒的空虚?"[25]尼采在《快乐的科学》中这一声声失落也是失乐的呼喊,不啻是人类失望的惊呼。在古希腊神话中,西绪福斯不断推石上山,山顶——山麓——山顶,石头推上滚下,石头滚动着,到底是人在推石,还是石在推人? 人与石之间,存在着有目的的热望与无意义的冷漠,于是,一种人类原始烦恼的荒谬感产生了,人不得不向世界大声发问,这是"为什么"?"荒谬就产生于这种人的呼唤与世界不合理的沉默之间的对抗。"[26]加缪昭示了一条定义:对抗产生荒谬。呼唤的人与沉默的世界在对抗中产生了荒谬。加谬认为:人在,世界在,荒谬也就存在。

在"千山岛飞绝,万径人踪灭"的寒江中,荒谬同时存在于追求的人(簑笠翁)与拒绝给予的世界(江雪)双方的对抗中,西绪福斯把石头两端重复的空间转动成无限的时间:人早已出发,永远没有归宿,人总是在途中。被道路遗忘在路上的人们,被"时间背负着"的无梦的浮生。[27]

渔翁即儒、道中的隐者。独钓者、雪、鱼错踪幻化。这隐者从事的是无欲望之追求,无结果之等待,若存若亡,若为若不为。柳宗元把人与雪(鱼)之间重复的空间,凝固成无限的时间:人在欲望世界中早已出发,永远没有归宿,永远没有尽头,没有结果。柳宗元一俟觉察到自身处在这种无望的希望中的荒谬世界,他的孤独感是不言而喻的。独钓者与《渔翁》中的渔翁原于庄子和屈原的《渔父》。"父",又作"甫",也作"翁",为老年男子之称。"渔翁"意象既符合道家"万物之所由""得之者生""顺之则成"的虚静无为之义;又符合儒家隐逸之道,即"独善其身""杀身成仁"之道。正是这种"渔父"意象透显出中国士人的文化精神:"他们畏世远遁,洁身自保,或躬耕田野,或僻居山林,原不必仅限于以渔为业。不过,垂钓必临水畔,不仅景色优美,情调亦复闲淡,确乎倍加令人神往。"[28]

有所求而回看天际的"渔翁",竞相追逐的"岩"与"云"形成了无言的对抗,这种对抗中的荒谬再凝固成无限的时间,岩石的冷漠与"云"的热望正象征着被时间背负着的无梦的浮生。

柳宗元在这两首诗中展现的不是加缪式的绝望,而是儒道混合形的忧乐观,一种于荒谬世界仍处之寄世容身式的忧乐观。儒家与道家的忧乐是共存共荣的。

无论是"簑笠翁"还是"渔翁",他们身上一方面富有"穷则独善其身,达则兼善天下",所谓"帝乡明日到,犹自梦渔樵"式的儒家忧乐观。一方面他们是"说尽愁滋味"的高人,他们所做的是无为之为,他们拥有的是还自然以自然,听其自然;齐万物,一死生,泯是非,等美恶,寄世以容身,乘物而游心式的道家忧乐观。简言之,他们既是如临如履,奋发图强,取义成人等等之类的忧国忧民积极用世者;另一方面,他们是虚与委蛇,遂性率真,逍遥自保的"乐天"真人。由此可见,柳宗元通过这两首诗,成功地塑造了两个艺术形象,并以他们观照自身政治失意,投身山林之后的精神超越。

柳宗元文学成就的现代社会生态价值有二:一是他用自己审美的生命形态观照了历时性一个共通的人性弱点。人类在权与利的多头毒蛇缠绕下,再高尚的道德再崇高的概念以及再诚实的公民都会变成欺骗、残忍或软弱。从这个意义上看,我们这些现代人在精神世界中的奴性并不比柳宗元少,作为人的尊严我们也并不比他多;二是柳宗元的文学展示了丰富多彩的人文精神,而这些精神是现代人不可或缺的。柳宗元作为一个官场的失败者却在文坛成了胜利者。蓄臣痛苦心灵的质地转换成文学的质感——字里行间传达出世事的荒谬,人情的险恶,政治的腐败,道统的虚妄。历史文献掌故富予了人文生态意象,古朴的永州山水透显着人的生命神质。这就是柳宗元文学受到现代人喜爱的真正原因,是柳宗元的文学成就迥异于他的思想成果之所在,也是柳宗元忧乐圆融精神的时代穿透力之所在。

参考文献:

[1]马克斯·韦伯.儒教与道教[M].洪天富译,江苏人民出版社,1993.

[2]柳宗元.与杨梅之第二书(33 卷)[A].柳宗元集[C].中华书局,1979.

[3]柳宗元.与萧翰林书(30 卷)[A].柳宗元集[C].中华书局,1979.

[4]余秋雨.柳侯祠[A].文化苦旅[C].东方出版中心,2001:29.

[5]闻一多.廖季平论《离骚》[A].闻一多全集:第 1 卷[C].三联书店,1981:338.

[6]郭沫若.屈原研究[A].郭沫若全集:第 4 卷[C].人民出版社,1982:90.

[7]闻一多.屈原问题[A].闻一多全集:第 1 卷[C].三联书店,1981.

[8]王富仁.屈原:客体与主体的神秘互渗,自我意识的痛苦挣扎[A].古老的回声[C].四川人民出版社,2003.

[9]列维·布留尔.原始思维[M].商务印书馆,1985:69.

[10]毛泽东书信选集[M.人民出版社,1983.

[11]张光直.美术、神话与祭祀[M].辽宁教育出版社,2002:115.

[12]马克思.政治经济学批判序言[A].马恩选集:第二卷[C].人民出版社,1972:83.

[13]马克思.资本论:第三卷[M].人民出版社,1957:370.

[14]顾准文集[M].商务印书馆,1979:318.

[15]薄一波.若干重大决策与事件的回顾[M].人民出版社,1978.

[16]W. M. TU,The Continuity ot Being: Chinese Versions ot Natrure ,载氏著 Confucian Thought, A1bany: State University of Newy York Press,1985:38.

[17]儒家与自由主义[M].三联书店,2001:24.

［18］杜维明学术专题访谈录［M］．复旦大学出版社,2001:203．

［19］庞朴学术文化随笔［M］．中国青年出版社,1996．

［20］王田葵,何红斌．舜文化传统与现代精神［M］．上海三联书店,2005:120．

［21］何兆武．关于康德的第四批判［J］．读书,2005(3):147．

［22］李锐文集［M］．海南出版社,1999．

［23］孙昌武．柳宗元评传［M］．南京大学出版社,1998．

［24］庞朴．忧乐圆融［A］．庞朴学术文化随笔［C］．中国青年出版社,1996:77．

［25］尼采．快乐的科学［M］．中国和平出版社,1986:139．

［26］加缪．西诸福斯的神话［M］．三联书店,1987:34．

［27］任洪渊．汉语改写的西方诸神:水仙花何时开放［J］．新国学研究,2005(1):324．

［28］郭杰．中国诗歌中渔父意象的发轫之作——读楚辞《渔父》［J］．文史知识,1994(12)．

（原载 2005 年第 9 期,作者单位:广州中医药大学／湖南科技学院）

柳宗元的京城符号

✽ ［台湾］王基伦

一　前言

如果把人类文化定义为符号表意及释义活动之集合,那么文学作为一种特殊的审美信息传播系统,就是以语言为材料,进行文学空间艺术、时间艺术、空间——时间艺术的编码过程。人们生活在一个"物理空间","指的是有形肉身所占据的空间",但是人们同时有一个"心灵空间","是心理状态或心灵居留的空间"①。因此,考察古人的生活空间环境,从他的语言中所指出来的实际存在的事物——亦即探讨他在一个物质性空间中如何再现意识的过程,有助于我们循此了解属于他自己的真正的心灵国度。

对于主要生活时间在中唐安史之乱以后的柳宗元(773－819)来说,"京城"长安曾经是柳宗元居住过的地方,这里原本是他的物理空间,也是他与其他性质空间的交会,以建立起他的社会关系。等到他流放到永州和柳州之后,对于生命中停留过的这一座城市,应当会有些追念与怀想。而初步看来,他并没有太多出自以城市历史为观照对象的怀古之思,也没有生活过其间的快乐、曾经在此地考取功名的成功者应有的得意高歌,只有少量观察感受到城市经济的繁华富足的相关论述。究竟他在贬谪之前的少年生活中,对京城保留了什么印象? 这与他往后书写的诗文题材内容有何关联? 这是本文所欲探讨的问题之一。其次,在贬谪生活中,他如何凝视京城长安? 这个京城符号表现在哪里? 在他的诗文中是否具有某些层次的特殊意义? 这是本文所欲探讨的问题之二。再其次,他在贬谪永州后,无日不想回到长安;最后出任柳州刺史,在此地郁郁以终。对他来

---

① ［美］玛格丽特·魏特罕(Margaret Wertheim)著,薛绚译:《空间地图》,台北:台湾商务印书馆,1999年8月初版,13页。

说,这是他更绝望于返回长安的晚年。此时柳宗元诗文中的京城符号内涵是什么? 对比于前次的永州贬谪,有何特殊性? 于是我们能否从时岁月不居的时间流转,看出作者的心灵意识? 这是本文所欲探讨的问题之三。空间离不开时间,时间也依附空间而存在,因此结合空间——时间艺术的编码过程,应当可以让我们更能了解柳宗元在时空转换当下的心情变化。

二 物理空间之一:京城印象

柳宗元的祖籍是河东解县(今山西省解县)。然而,唐朝安、史之乱发生于玄宗天宝十四年(755),此时,其父柳镇(739 – 793)先避居河东的王屋山;战争绵延扩大以后,举家逃往南方,远到长江中下游的吴地。直到"安禄山叛乱结束之后,柳镇回到北方做官,迅速把他的家庭重新定居在长安"[1]。关中地区是安史之乱用兵之地,经济遭受很大的破坏。首先是粮价大涨:"贞观时,斗米三钱。……代宗永泰元年(765),京师米斗一千四百……较贞观、开元时,几至数十百倍。"[2]不过,柳镇因为身带官职之故,尚可养活一大家子。

柳宗元生于代宗大历八年(773),可能是生于长安,但是确切地点不详。[3]他的《先太夫人河东县太君归祔志》说:"某始四岁,居京城西田庐中,先君在吴,家无书,太夫人教古赋十四首,皆讽传之。"[4]四岁这年是代宗大历十二年(777),学者指出,"柳宗元一直没有回过故乡",[5]亦即河东解县。柳宗元于德宗贞元五年(789)举进士;九年,登第;十二年,与杨凭(约 788 前后在世)之女完婚;十四年,中博学鸿词科,为集贤殿正字。十七年,调蓝田尉;十九年,拜监察御史。二十一年(805),顺宗立,迁为礼部员外郎,成为"永贞革新"集团的核心人物,这年三十三岁。他在诗文中多次提及长安住所在京城西郊(详下),故知在 20 岁中

① 陈弱水著,郭英剑、徐承向译:《柳宗元与唐代思想变迁》,南京:江苏教育出版社,2010 出版,37页。

② [清]赵翼(1727 – 1814):《廿二史札记》,台北:华世出版社,1977 出版,441 页。

③ 陈弱水著,郭英剑、徐承向译:《柳宗元与唐代思想变迁》指出:在倪豪士等《柳宗元》、孙昌武《柳宗元传论》、吴文治《柳宗元评传》三书,已经主张柳宗元生于长安,但确切位置不详。章士钊《柳文指要》、施子愉《柳宗元年谱》也可以参考。详见该书第 2 章《柳宗元与长安的氛围》,28 页。

④ 柳宗元著:《柳宗元集》,北京:中华书局,2006 出版,卷 13,326 页。以下引用《柳宗元集》原文时,皆简称《柳集》,不另列注。

⑤ 孙昌武著:《柳宗元传论》,北京:人民文学出版社,1982 年出版,1 页。

进士之前,主要生活地点是长安。"他可能只有一次比较长的时间离开过这个城市。780年代中期,在他刚十几岁的时候,柳宗元和他的家人一起在长江中游地区生活了五年,当时他父亲在那里一位叫李兼的军事长官手下工作。李兼是柳宗元未来的妻子杨氏的外祖父……。柳家似乎因此摆脱了在长安因朱泚叛乱(从783年10月到784年6月)而起的战争动荡和危险。"他后来说道:"吾长京师三十三年"(《柳集》卷25《送贾山人南游序》,664页)、"然仆当时年三十三"(《柳集》卷30《与萧翰林俛书》,797页),可见长安才是柳宗元自幼成长茁壮的地方,在此地,有着鲜明的故乡印记。

柳宗元幼承庭训,重视世家大族门风的观念,这是他少年京城长安的生活记忆。柳宗元对他的家族的历史地位十分清楚,在《故银青光禄大夫右散骑常侍轻车都尉宜城县开国伯柳公行状》说:"柳氏自黄帝、后稷降于周、鲁,以字命族,因地受氏,载在《左氏内、外传》及《太史公书》。自卓至公十有一代,为士林盛族,着于南朝历代史及柳氏家牒。"(《柳集》卷8,180-181页)《故叔父殿中侍御史府君墓版文》也说:"柳氏之先,自黄帝历周、鲁,其著者无骇,以字为展氏,禽以食采为柳姓。厥后昌大,世家河东。"(《柳集》卷12,316页)在《先太夫人河东县太君归祔志》也记载母族为"大家",柳母卢氏"七岁通《毛诗》及刘氏《列女传》,斟酌而行,不坠其旨。……所读旧史及诸子书,夫人闻而尽知之无遗者"(《柳集》卷13,326页)。他在《与杨京兆凭书》也说:"柳氏号为大族"(《柳集》卷30,790页),在《送从弟谋归江陵序》(《柳集》卷24,632-634页)、写给宗族的《送灋序》(《柳集》卷24,635-636页)、《祭从兄文》(《柳集》卷41,1098-1099页)等,也一再歌颂家世显赫、宗族人才辈出,可见即使家族日趋没落,柳宗元仍然缅怀昔日的光荣。

柳镇自江南北返后,即定居长安。柳家的家业、财产,以及亲族朋友大多生活在长安。基本上这个家族生活宽裕,而且全面学习儒家经典,强调道德律令,严格遵守礼法。死后与妻子合葬在"京兆万年栖凤原"(《柳集》卷13《先太夫人河东县太君归祔志》,325页)。柳宗元病逝于柳州后一年,也归葬于此地。韩愈(768-824)《柳子厚墓志铭》说:"子厚以元和十四年十一月八日卒,年四十七。以十五年七月十日,归葬万年先人墓侧。……葬子厚于万年之墓者,舅弟卢遵。"(《柳集》附录,1436页)

柳宗元受教育的过程,首先是来自家学,前引《先太夫人河东县太君归祔志》已说明来自母亲的教诲尤多。后来,他"游乡党,入太学"(《柳集》卷25《送贾山人南游序》,664页),然而他在太学(唐代官方正式名称为"国子监")的时间可能很短,因为德宗贞元十五年(799)他在集贤殿正字任内写下《与太学诸生喜诣阙留阳城司业书》①说:

> 於戏! 始仆少时,尝有意游太学,受师说,以植志持身焉。当时说者咸曰:"太学生聚为朋曹,侮老慢贤,有堕窳败业而利口食者,有崇饰恶言而肆斗讼者,有凌傲长上而诟骂有司者,其退然自克,特殊于众人者无几耳。"仆闻之,恫骇恒悸,良痛其游圣人之门,而众为是口沓口沓也。遂退托乡闾家塾,考厉志业,过太学之门而不敢局顾,尚何能仰视其学徒者哉! (《柳集》卷34,868－869页)

这篇文章,赞扬当时"幸生明圣不讳之代",②天子容许太学生们激浊扬清,发动慰留阳城(736－805)的行为。然而,慰留阳公只是偶发的事件,文中对于"太学"这个群体长久以来的积习,过去那些趋炎附势之徒、竞逐利禄之心,有许多负面的指摘。这些陪衬的语言,看出中唐以来文风的腐坏,也可能是柳宗元少年时期对于京师首府"太学"的深刻印象。

唐代的京城长安,规模宏大,格局严整如棋盘,为一座繁华的都城。据清代赵翼《廿二史札记》所述:"唐人诗所咏长安都会之繁盛、宫阙之壮丽,以及韦曲莺花、曲江亭馆、广运潭之奇珤异锦、华清宫之香车宝马,至天宝而极矣! 安禄山兵陷长安,宫殿未损,收京时战于香积寺,贼将张通儒守长安,闻败即遁,未暇焚剽,(惟太庙久为贼所焚,故肃宗入京,作九庙神主,告享于长乐殿)都会之雄丽如故也。代宗时,吐蕃所燔,惟衢衕庐舍,而宫殿仍旧。朱泚之乱,李晟收京时,诸将请先拔外城,然后北清宫阙,晟曰:'若收坊市,地隘人嚣,非计也。贼兵皆在苑中,自苑击之,贼走不暇,则宫阙保安。'乃自光泰门入,泚果遁去。远方居

---

① 以下引用《柳宗元集》原文时,尽量注明写作年代,主要依据为南宋·文安礼(绍兴年间1131－1162前后)《柳先生年谱》、清·陈景云(1670－1747)《柳文年谱后序》,收入柳宗元著:《柳宗元集》,北京:中华书局,2006年出版,附录,1415－1429页;以及罗联添(1927－)编著《柳宗元事迹系年暨资料类编》,台北:国立编译馆中华丛书编审委员会,1981年出版,1－528页、傅璇琮(1933－)主编《唐五代文学编年史》,沈阳:辽海出版社,1998年出版。

② "幸生明圣不讳之代"这句话同样出自柳宗元《与太学诸生喜诣阙留阳城司业书》,当年在位的德宗是否如此贤明,并不确知。不过,柳宗元《终南山祠堂碑并序》写道:"贞元十二年,夏泊秋不雨。稽人焦劳,嘉谷用虞。皇帝使中谒者,祷于终南山,申命京兆尹韩府君,祗饰祀事,考视祠制。""皇帝垂德,制定统极,神道泰宁。祀典修饰,禳祈禜雩,皆有准程。"(《柳宗元集》卷5,127页)这些话让我们理解到,德宗是位关心民生疾苦,重视礼法,依循旧制治国的皇帝。

人,至有越宿始知者,则并坊市亦无恙矣。故晟《表》有云:'钟簴不惊,庙貌如故。'"①由此可知,柳宗元生活的时代,京城与旧时无多大变化。柳宗元《闻黄鹂》诗:"目极千里无山河,麦芒际天摇青波。王畿优本少赋役,务闲酒熟饶经过。此时晴烟最深处,舍南舍北遥相语。"(《柳集》卷43,1249页)这首诗提及"麦芒"之类的北方农作物生长茂盛,写的是柳宗元于长安时期的生活,诗中描述长安城富庶繁华,人民安居乐业,而且在街头巷尾间充满着浓厚的人情味。

自初、盛唐以来,已有许多诗文歌颂京城景象,前人之述完备,柳宗元对此几无丝毫笔墨;再加上柳宗元初试啼声,登第以后,意气昂扬,在《视民诗》中,赞美辅佐唐太宗的二位贤臣房玄龄、杜如晦:"既柔一德,四夷是则。四夷是则,永怀不忒。"(《柳集》卷1,39-40页)已有向慕前贤施政于全天下的心愿。《省试观庆云图诗》:"恒将配尧德,垂庆代《河图》。"(《柳集》卷43,1263页)即使观赏一幅图画,也有"致君尧舜上,再使风俗淳"②的想法。其后柳宗元受到朝廷重用,有心施展抱负,故而他在永州时期写下他当年的心情是:"少时陈力希公侯,许国不复为身谋。"(《柳集》卷43《冉溪》,1221页)尽心尽力为国事而努力,没有半点犹豫和退让!

柳宗元另有《龟背戏》一诗:"长安新技出宫掖,喧喧初徧王侯宅。"以下叙述此游戏的喧闹过程,结语为:"岂如瑞质耀奇文,愿持千岁寿吾君。庙堂巾笥非余慕,钱刀儿女徒纷纷。"旧注韩醇(仲韶,?-?)曰:"其制不可详,观诗意,乃亦博棋之类尔。"(《柳集》卷43,1248页)当时长安富丽繁华可见一斑。而柳宗元此时愉悦赏玩之余,仍然以国事为先,一心报效国君,不计个人私利;故可以推想此诗为柳宗元在京城任官时所作。

三 物理空间之二:故园印象

由于"永贞革新"的失败,他在永贞元年(805)宪宗即位后,被贬到永州,长达十年之久,在"夷獠之乡"过着"系囚"般的生活。《闵生赋》说:"余囚楚、越之交极兮,邈离绝乎中原。"(《柳集》卷2,59页)《冉溪》诗:"风波一跌逝万里,壮心瓦解空缧囚。"(《柳集》卷43,1221页)《早梅》诗:"欲为万里赠,杳杳山水

---

① 清·赵翼:《廿二史札记》,443页。
② 此处借用[唐]杜甫(712-770)的诗句,参见清·仇兆鳌(1638-1717)辑注:《杜诗详注》,台北:正大印书馆,1974出版,209页。

隔。"(《柳集》卷43,1233页)空间上与京城的绝离感受,贬谪如此深远,是柳宗元难以接受的事实。

贬谪后心情上的恐惧不安,也经常表露无遗,如元和四年(809)作《始得西山宴游记》说:"自余为僇人,居是州,恒惴栗。"(《柳集》卷29,762页)元和九年《种白蘘荷》诗也说:"窜伏常战栗,怀故逾悲辛。"(《柳集》卷43,1228页)然而更无奈的是,随着岁月的流逝,回乡的希望日趋渺茫。同年作《囚山赋》,感叹群山有如陷窄,难以挣脱,结尾云:"积十年莫吾省者兮,增蔽吾以蓬蒿。圣日以理兮,贤日以进,谁使吾山之囚吾兮滔滔?"(《柳集》卷2,64页)圣君、贤臣在位,却无人垂视关怀柳宗元的生活情形,被弃绝的孤臣在外,心中的悲苦可想而知。

回忆是人类独特而重要的精神现象,而柳宗元对"故园"的思念,却在此时此地产生了一些变化。他的《零陵早春》诗说:"凭寄还乡梦,殷勤入故园。"(《柳集》卷43,1237页)《春怀故园》也说:"九厄鸣已晚,楚乡农事春。悠悠故池水,空待灌园人。"(《柳集》卷43,1264页)这首诗应该是贬至永州的翌年(806)春天,见到农夫下田的农忙情形,忽然想起故园乏人照顾的感怀之作。元和四年(809)作《梦归赋》一文也先说出梦中对故乡的思念:"罹摈斥以窘束兮,余惟梦之为归。精气注以凝沍兮,循旧乡而顾怀。夕余寐于荒陬兮,心慊慊而莫违。"长安是他魂牵梦萦的故乡,下文写道:"指故都以委坠兮,瞰乡闾之修直。原田芜秽兮,峥嵘榛棘。乔木摧解兮,垣庐不饰。"(《柳集》卷2,60-61页)这段话有可能是实写景致,因为他已经离开故里,田园荒芜、屋宇不修,都属实情。不久之后,柳宗元就担心起田园荒芜的景象来了。这一年的七月或稍后,他在《寄许京兆孟容书》一文明白指出:

> 先墓所在城南,无异子弟为主,独托村邻。自谴逐来,消息存亡不一至乡间,主守者固以益怠。昼夜哀愤,惧便毁伤松柏,刍牧不禁,以成大庆。近世礼重拜扫,今已阙者四年矣。每遇寒食,则北向长号,以首顿地。想田野道路,士女遍满,皂隶佣丐,皆得上父母丘墓,马医夏畦之鬼,无不受子孙追养者。然此已息望,又何以云哉!城西有数顷田,树果数百株,多先人手自封植,今已荒秽,恐便斩伐,无复爱惜。家有赐书三千卷,尚在善和里旧宅,宅今已三易主,书存亡不可知。皆付受所重,常系心腑,然无可为者。立身一败,万事瓦裂,身残家破,为世大僇。复何敢更望大君子抚慰收恤,尚置人数中耶!……诚忧恐悲伤,无所告愬,以至此也。(《柳集》卷30,781页)

这封信写于贬谪永州的第五年，吐露不少心声。一般说来，"在时间和情感的过滤后，留存下来的信息往往是大脑中最鲜明、最深刻的部分。根据对众多思乡之作的分析，我们发现作家提取的信息主要集中在乡人和乡土两方面的描写。"①柳宗元对家园的印象十分深刻，但是柳母等至亲随他南迁之后，家园已托付村邻看管，推测起来，近亲已很少人住在那儿，故柳宗元对"乡人"的描写甚少。他更担心的是家园的毁坏，祖先坟茔无人祭拜，乃至于先人亲手种植的果树、家藏的古书，都未能受到妥善的照顾——关于"乡土"的描述较多；然而，随着时光的流逝，返乡之日遥遥无期，身为人子者，生活日趋绝望，为此痛彻心扉。

柳宗元入永州多年之后，并未融入永州的生活，这点与德宗贞元十九年（803）十二月韩愈贬至阳山（今广东省阳山县）的情形相似。生活空间的改变同时也意味着旧有的生活模式被打散，生活秩序需要重新排列与组合，并且会形成新的生命情调。然而，柳宗元显然没有在永州建置家园的打算，亦即他无意置身于新的空间。元和四年（809）柳宗元作《与萧翰林俛书》说："居蛮夷中久，惯习炎毒，昏眊重腿，意以为常。忽遇北风晨起，薄寒中体，则肌革瘆懔，毛发萧条，瞿然注视，怵惕以为异候，意绪殆非中国人。楚、越间声音特异，鴃舌啅噪，今听之怡然不怪，已与为类矣。家生小童，皆自然晓晓，昼夜满耳，闻北人言，则啼呼走匿，虽病夫亦怛然骇之。"（《柳集》卷30,798页）表面上看来，这只是叙述在永州生活的情形，然而柳宗元之所以有这般思考，不正是因为时空环境的不同，造成心理上的不能适应，内心有强烈的抗拒心理，不愿被蛮夷之邦的语言、生活意绪所同化？在唐朝，中原文明水平高过四夷的情况下，柳宗元的心理状态是可以理解的。

柳宗元在永州苦于脚疾，不得已服用当地药饵，病况稍有改善。他在《与李翰林建书》说："用南人槟榔余甘，破决壅隔大过。阴邪虽败，已伤正气。行则膝颤，坐则髀痹。"（《柳集》卷30,801页）可见即使南方的医疗方式对他有帮助，他仍然心存鄙夷。他将病愈后仍然有些行动不便的现象，归咎于失了正气，这不就认定了南方的医药是邪门偏方吗？柳宗元在《答周君巢饵药久寿书》中更明白地表示："宗元以罪大摈废，居小州，与囚徒为朋，行则若带缧索，处则若关桎梏，……其形固若是，则其中者可得矣，然犹未尝肯道鬼神等事。"（《柳集》卷32,840

---

① 周晓琳、刘玉萍著：《空间与审美——文化地理视域中的中国古代文学》，北京：人民出版社，2009年出版，68页。

页)因此他的丈人周君,好意为他寻得饵药偏方,却被柳宗元断然拒绝,发出以下一段议论:

> 宗元始者讲道不笃,以蒙世显利,动获大僇,用是奔窜禁锢,为世之所诟病。凡所设施,皆以为戾,从而吠者成群。己不能明,而况人乎?然苟守先圣之道,由大中以出,虽万受摈弃,不更乎其内。大都类往时京城西与丈人言者,愚不能改。亦欲丈人固往时所执,推而大之,不为方士所惑。仕虽未达,无忘生人之患,则圣人之道幸甚,其必有陈矣。(《柳集》卷 32,840 页)

这里明显看出柳宗元信从儒家思想观念,即使贬谪至偏远不毛之地,仍然没有忘记当初在京城西居住时,所说过的一些能代表他的心志的话,那就是矢志不渝,永远坚守着儒家的大中之道。他向往中原文明,摒弃怪力乱神,此一信念,昭昭然可知。① 他对中原的向往,对永州的排斥,实是一体两面,也由此反衬出他对故园深的思念,不曾忘怀。

有待补充说明的是,柳宗元晚年到了柳州以后,开始试图融入当地生活,如他在《柳州峒氓》所述:"郡城南下接通津,异服殊音不可亲。青箬裹盐归峒客,绿荷包饭趁虚人。鹅毛御腊缝山罽,鸡骨占年拜水神。愁向公庭问重译,欲投章甫作文身。"(《柳集》卷 42,1169 – 1170 页)显现他的心态有所调整,故长庆三年(823)韩愈作《柳州罗池庙碑》时,盛赞柳宗元在当地推广教化,"柳民尽皆悦喜",甚至于死后愿成为当地的守护神。(《柳集》附录,1437 – 1438 页)然而,诚如张蜀蕙所说:"韩愈自称'常惧染蛮夷',这是南贬文人共有的内心恐惧,沦为异文化之人是他们共同的担忧,因此他们以施展文化本位的优越感,意图驯服南方。"② 因此:

> 柳宗元诗作却又充满家国之思,诗作中所描述的皆为以长安为中心,相距遥远的空间距离,所表现归返无期、无由之情感巨大落差,如《别舍弟宗一》云:"一身去国六千里,万死投荒十二年。"(《柳集》卷 42,1173 页)《柳州寄京中亲故》:"林邑山联瘴海秋,牂牁水向郡前流。劳君远问龙城地,正

---

① 张蜀蕙曾经撰文讨论唐宋文人叙述的南方,透过大量疾病的隐喻,夹杂对南方恶地的投射与想象,害怕被夷化的危机与焦虑感,一直是文人南来所要面对的根本问题。参见张蜀蕙著:《驯化与观看——唐宋文人南方经验中的疾病经验与国族论述》,《东华人文学报》第 7 期,2005 年 7 月,41 – 84 页。

② 张蜀蕙:《现实经验与文本经验的南方——柳宗元贬谪作品中的疆界空间》,《唐代文学研究》第 11 辑,2006 年 5 月,609 页。

北三千到锦州。"(《柳集》卷42,1184－1185页)《与浩初上人同看山寄京华亲故》中:"海畔尖山似剑铓,秋来处处割愁肠。若为化得身千亿,散上峰头望故乡。"(《柳集》卷42,1146页)所显现的家国之思、浓密的思乡之情。①

这里一语道破了柳宗元内心的矛盾,而思乡心情的两面作战

——固守疆界与转换疆界的矛盾,事实上伴随着他的一生。

四 心灵空间之一:贬谪后对皇帝的怀想

柳宗元曾经受到德宗皇帝的重用,史书对这位皇帝的评价不一,②而柳宗元似乎对他多所肯定。前引柳宗元《与太学诸生喜诣阙留阳城司业书》《终南山祠堂碑并序》已透露此讯息。柳宗元《故银青光禄大夫右散骑常侍轻车都尉宜城县开国伯柳公行状》说:"贞元初,上以甸服长人,天下理本,于是亲择郎吏,分宰于京师外部。未几而人谣大和,击壤之颂归于帝力。上召丞相告之,左仆射平章事张延赏抃蹈称庆。公俯伏不贺,且曰:‘甸服之政,固宜慎重,然则此屑屑者,特京兆尹之职耳。陛下当择臣辈以辅圣德,臣当选京兆以承大化,京兆当求令长以亲细事,夫然后宜。舍此而致理,可谓爱人矣,然非王政之大伦也。不知所贺。’上深然之。"(《柳集》卷8,185页)此处先说明德宗任人得当,再描述柳公是位明理之人,德宗对他分层负责的治事态度,深表同意,间接描绘出德宗是位能察纳雅言的君主。

柳宗元在宪宗即位之初,立即遭受贬谪。他多次表明之所以受到贬谪,并非犯下重大过失,而是不够机敏,不知官场险恶所造成。元和四年(809)夏、秋之际,他的《寄许京兆孟容书》说:"年少气锐,不识几微,不知当否,但欲一心直遂,

---

① 张蜀蕙:《现实经验与文本经验的南方——柳宗元贬谪作品中的疆界空间》,《唐代文学研究》第11辑,2006年5月,620页。

② 贾虎臣归纳史书对他的评价是:"聪明文思,动遵礼法,愤积世之弊,悯王室之卑。初总万机,励精治道,思政若渴,视民如伤。纳忠言,求直谏,罢贡献,却祥瑞,罢黎园,解鹰犬,出宫女,罢榷酷,定两税法,罢转运、租庸、青苗、盐铁诸使,命天下钱穀,均归左藏。然气度暗浅,猜忌刻薄,强明自认,不信宰相,专任宦官,人间细务,多自临决。耻见曲于正论,妄受欺于奸谀,保奸伤善,听断不全。而娄杞、赵赞,相继欺谀,至于败乱,而终不悔。及奉天之难(朱泚称帝),深自惩艾,遂行姑息之政。由是朝廷益弱,藩镇愈强。晚年尤好利,喜聚敛之臣,用奉迎之佞。天谴于上而不悟,人怨于下而不知,唐政益大坏矣。"这段话乃归纳《旧唐书·德宗本纪》《新唐书·德宗本纪》而来,大意是德宗前期励精图治,后期则荒诞败乱。参见氏著:《中国历代帝王谱系汇编》,台北:正中书局,1978年第5版,201页。

果陷刑法,皆自所求取得之。"(《柳集》卷30,780页)同年冬天,在《与裴埙书》更进一步指陈众人嚣嚣之言,造成对他不利的形势:"仆之罪,在年少好事,进而不能止。俦辈恨怒,以先得官。又不幸早尝与游者居权衡之地,十荐贤幸乃一售,不得者诬张排根,仆可出而辩之哉!性又倨野,不能摧折,以故名益恶,势益险,有喙有耳者,相邮传作丑语耳,不知其卒云何。中心之愸尤,若此而已。既受禁锢,而不能即死者,以为久当自明。今亦久矣,而嗔骂者尚不肯已,坚然相白者无数人。"(《柳集》卷30,794–795页)也是写在这一年的《与萧翰林俛书》进一步伸说道:

> 仆不幸,向者进当臲卼阢不安之势,平居闭门,口舌无数,况又有久与游者,乃岌岌而造其门哉!其求进而退者,皆聚为仇怨,造作粉饰,蔓延益肆。非的然昭晰,自断于内,则孰能了仆于冥冥之间哉?然仆当时年三十三,甚少,自御史里行得礼部员外郎,超取显美,欲免世之求进者怪怒媢嫉,其可得乎?凡人皆欲自达,仆先得显处,才不能踰同列,声不能压当世,世之怒仆宜也。与罪人交十年,官又以是进,辱在附会。圣朝弘大,贬黜甚薄,不能塞众人之怒,谤语转侈,嚣嚣嗷嗷,渐成怪民。饰智求仕者,更詈仆以悦雠人之心,日为新奇,务相喜可,自以速援引之路。而仆辈坐益困辱,万罪横生,不知其端。伏自思念,过大恩甚,乃以致此。人生少得六七十者,今已三十七矣。……云云不已,祇益为罪。兄知之,勿为他人言也。(《柳集》卷30,797–798页)

这里一则说自己不会照顾人,二则说恩宠太速而遭嫉,三则说被人附会与王叔文同党,四则说朝廷不得不处以重罪,而世间落井下石之人亦复不少;凡此皆属莫须有之罪名,故即使"万罪横生",仍"不知其端"。这些深刻而周延的反省,也出现在元和六年(811)柳宗元所作《与杨诲之第二书》,有异曲同工之妙。他说:

> 吾年十七,求进士,四年乃得举。二十四求博学宏词科,二年乃得仕。其间与常人为群辈数十百人。当时志气类足下,时遭讪骂诟辱,不为之面,则为之背。积八九年,日思摧其形,锄其气,虽甚自折挫,然已得号为狂疏人矣。及为蓝田尉,留府庭,旦暮走谒于大官堂下,与卒伍无别。居曹则俗吏满前,更说买卖,商算赢缩。又二年为此,度不能去,益学《老子》,"和其光,同其尘",虽自以为得,然已得号为轻薄人矣。及为御史郎官,自以登朝廷,利害益大,愈恐惧,思欲不失色于人。虽戒励加切,然卒不免为连累废逐。

犹以前时遭狂疎轻薄之号既闻于人,为恭让未洽,故罪至而无所明之。至永州七年矣,早夜惶惶,追思咎过,往来甚熟,讲尧、舜、孔子之道亦熟,益知出于世者之难自任也。(《柳集》卷33,856页)

以上这一段话,也说明了自己当初尽心谋国,不太注意人际关系,一旦罹罪在身,亲朋莫救,反而落井下石者有之。这等经历,自汉代司马迁以来,历代耿耿孤忠之士常见。[①] 柳宗元自称"得号为狂疎人矣""得号为轻薄人矣",现身说法,希望杨诲之不要重蹈覆辙,真是用心良苦了。末尾说:"至永州七年矣,蚤夜惶惶,追思咎过,往来甚熟,讲尧、舜、孔子之道亦熟",可知永州时期的柳宗元对于贬谪的前因后果,不断思索,思前想后之余,反复读圣贤书,并从事文学创作,[②]有意从中寻求安身立命的解决之道。

值得注意的是,他并未怪罪皇帝,前引《囚山赋》有"圣日以理兮,贤日以进"语,《与萧翰林俛书》又有所谓"圣朝弘大,贬黜甚薄,不能塞众人之怒"这几句话,似乎均有意为朝廷开脱。这可能有两方面的原因:一是在专制政体之下,皇帝是不能得罪的人,否则只有更悲惨的下场;二是当年的宪宗皇帝,政绩良好,一般的评价甚高,号称"中兴",柳宗元不便对他提出质疑。柳宗元贬官永州时期的《送从弟谋归江陵序》也说:"吾不智,触罪摈越、楚间六年。"(《柳集》卷24,634页)直到元和十年(815)再次被贬而前往柳州时还是这么说道:"直以慵疎招物议,休将文字占时名。"(《柳集》卷42,《衡阳与梦得分路赠别》,1159页)由此可知,一夕之间失去尽忠谋国的机会,只能怪罪投弄口舌是非之人。柳宗元《入黄溪闻猿》诗说:"孤臣泪已尽,虚作断肠声。"(《柳集》卷43,1215页)心里再怎么难受,依旧保持孤忠耿耿之心,十足令人同情。

尚有须补充说明者。柳宗元《与杨诲之书》说:"今日有北人来,示将籍田勑。是举数十年之坠典,必有大恩泽。丈人之冤闻于朝,今是举也,必复大任,丑

---

① 譬如[汉]司马迁《报任少卿书》说:"仆以为戴盆何以望天,故绝宾客之知,亡室家之业,日夜思竭其不肖之才力,务一心营职,以求亲媚于主上,而事乃有大谬不然者。"收入[南朝梁]萧统(501-531)编:《文选》,台北:艺文印书馆,1976年第8版,卷41,588页。

② [唐]柳宗元《与李翰林建书》说:"仆近求得经史诸子数百卷,常候战悸稍定,时即伏读,颇见圣人用心、贤士君子立志之分。著书亦数十篇,心病,言少次第,不足远寄,但用自释。"(《柳集》卷30,802页)写于元和四年(809)的《与杨京兆凭书》说:"宗元自小学为文章,中间幸联得甲乙科第,至尚书郎,专百官章奏,然未能究知为文之道。自贬官来无事,读百家书,上下驰骋,乃少得知文章利病。"(《柳集》卷30,789页)[唐]韩愈写于元和十五年(820)的《柳子厚墓志铭》也说到柳宗元的贬谪生活:"居闲,益自刻苦,务记览,为词章,泛滥停蓄,为深博无涯涘,而自肆于山水间。"参见《柳集》附录,1434页。

正者莫敢肆其吻矣。甚贺甚贺! 仆罪大,不得与于恩泽,然其喜不减之足下者,何也? 喜圣朝举数十年坠典,太平之路果辟,则吾之昧昧之罪,亦将有时而明也。方筑愚溪东南为室,耕野田,圃堂下,以咏至理,吾有足乐也。"(《柳集》卷33,848页)这篇文章描述:宪宗元和五年(810)十月下诏于来年正月十六日在长安东郊籍田,这是天子重视农事的表征,已经是朝廷多年不曾举行的活动。柳宗元由此肯定宪宗是位英明有为的好皇帝,他日必能平反过去的冤情,因而乐观地提出了愿景。虽然我们都知道,后来柳宗元的希望落空了。

宪宗虽然在元和十年(815)召返柳宗元、刘禹锡(梦得,772 – 842)回到长安,这代表有新的任命,着实让柳宗元高兴了一阵子。然而,柳宗元《朗州窦常员外寄刘二十八诗见促行骑走笔酬赠》诗:"投荒垂一纪,新诏下荆扉。"(《柳集》卷42,1150 页)《诏追赴都二月至灞亭上》诗:"十一年前南渡客,四千里外北归人。诏书许逐阳和至,驿路开花处处新。"(《柳集》卷42,1154 页)他没有料到返回长安后所接到的新官职,是远迁到更西陲的柳州。官职是升迁了,柳州刺史比永州司马职位更高,权力更大,更能施展抱负。不过,对于始终希望能北返家园的北方人柳宗元来说,考虑到自己的年华老去,身体状况大不如前;再加上唐人官地点离京城的远近,本来就是是否受到朝廷重用的一项指标,那么柳宗元此次再被移放到更远的边陲,其实就预示了将老死他乡,再也不得返回长安的事实。故而柳宗元在南下就职的途中,与刘禹锡并辔数月之后,于即将分手的时刻,写下了《衡阳与梦得分路赠别》《重别梦得》《三赠刘员外》《再上湘江》(《柳集》卷42,1163 页)这几首诗,其中《重别梦得》一诗说:

> 二十年来万事同,今朝歧路忽西东。皇恩若许归田去,晚岁当为邻舍翁。(《柳集》卷42,1160 – 1161 页)

从贞元九年(793)起,柳宗元与刘禹锡同举进士,二人同时受重用,也同时被贬至南蛮,遭遇了相似的命运,至此已有二十多年。柳宗元此时已无心出任官职,只求"皇恩浩荡",能允许他告老还乡,其心中之悲苦可知。之后他在柳州仅呆了四年,郁郁寡欢以终。

五 心灵空间之二:贬谪后对朝臣的期盼

柳宗元在永州期间还写了一些文章送给京城的亲朋好友,大多是求救信函,祈求帮助他脱离永州的桎梏。这些篇章尤其集中在《柳集》卷 30 的这几篇:《寄许京兆孟容书》《与杨京兆凭书》《与裴埙书》《与萧翰林俛书》《与李翰林建书》《与顾十郎书》,部分内容已于前节叙述。

唐朝有"量移"的制度,柳宗元受到严厉的贬谪,是不得在量移之列。不过,他并未死心,仍然企求一线生机,在《寄许京兆孟容书》说:"……虽不敢望归扫茔域,退托先人之庐,以尽余齿,姑遂少北,益轻瘴疠,就婚娶,求胤嗣,有可付托,即冥然长辞,如得甘寝,无复恨矣!"(《柳集》卷 30,784 页)又有《与杨京兆凭书》,提出"不孝有三,无后为大"的恐惧感,文意与此书大同小异。(《柳集》卷 30,786 – 791 页)而在《与裴埙书》说:"圣上日兴太平之理,不贡不王者悉以诛讨,制度大立,长使仆辈为匪人耶? ……且天下熙熙,而独呻吟者四五人……使天下之人,不谓仆为明时异物,死不恨矣。"(《柳集》卷 30,795 页)在《与萧翰林俛书》说:"今天子兴教化,定邪正,海内皆欣欣怡愉,而仆与四五子者独沦陷如此,岂非命欤? ……然居理平之世,终身为顽人之类,犹有少耻,未能尽忘。傥因贼平庆赏之际,得以见白,使受天泽余润……此在望外,然终欲为兄一言焉。"(《柳集》卷 30,798 – 799 页)由上可知,柳宗元怀抱返乡的希望,其理由建构在传宗接代的温情主义,以及圣君贤臣在位的理性要求。而这些文章内容,都有赖朝廷忠良之臣代为求情,转达给国君,才有翻身的可能。

另外他在元和九年(814)写下《段太尉逸事状》,是因为他"备得太尉遗事,覆校无疑。或恐尚逸坠,未集太史氏,敢以状私于执事。谨状"(《柳集》卷 8,179 页)。这篇文章的写作用意,也出现在《与史官韩愈致段太尉逸事书》(《柳集》卷 31,811 – 812 页)仅此一端可以想见,柳宗元认定朝臣有更大的权力,可以服务更多的国事。他对朝臣之所以如此期盼,也是他有心谋国而不得,转而央求他人代为实现己志而已。

六　结论

本文所探讨的空间,乃是由物理空间中的景物——"京城"与"故园",观察柳宗元在贬谪前后对此素材的处理,会发觉柳宗元的诗文中几乎没有对"京城"符码的相关描述。柳宗元真实生活的故乡在"京城",不在河东解县,也不在长江中下游。不过,他对京城仅止于富庶繁华、人民安居乐业的描述,具有温暖明亮、广袤深厚的特质,显然,"京城"这个空间,被柳宗元建构为有如意识形态的政治或经济条件的显现,贬谪期间对于"京城"的想望,足以说明他的文学地图空间。这般特质与他后来的"故园"符码相联结,在贬谪后的追忆中,却始终带有挥之不去的悲苦之情。"故园"作为一种物理空间,柳宗元并未忘记其中的景物,然而贬谪之后想再回到故园已不可得,悲怆之情遂满溢于诗文中。

也因此,贬谪之后在永州或柳州的生活中,"京城"与"故园"再也不是物理空间中的景物,而是心灵空间的感知。对唐代许多文人来说,"长安情结"是他们的家国想象,因此与忠君情结在一定程度上具有同一性。柳宗元自认是位无罪的受贬者,他虽然忠君,却又被后任国君贬斥,是否继续保有一贯忠君的情愫呢? 我们发觉在他的作品中,看不到对于另一种形式的加害者宪宗皇帝的怨怼,仍然奠基在现实经验的实体空间环境,想象皇帝的仁心宅厚,终有一天能释回长安。宪宗元和十年(815)他奉诏返回京城时,在路途中、抵达后、离去时,三个不同时间下,对"京城"这个符码由期待,到期待落空,到与挚友刘禹锡垂泪江边而分手,只有短短的几个月光景,推想起来,心境的转折波动应该很大。

北返中原的愿望始终在心灵间起伏波动,因此柳宗元在永州时期并未融入当地文化,对他来说,永州只是一个居住空间,将来会移动的空间,或者说是短暂的停泊空间、人生中的虚空间而已。到了永州后期、柳州时期,他才开始尝试融入当地的文化,此时虽与永州时期仍然有着同样企求北返中原的愿望,甚至于"狐死必首丘"的意念更为增强;然而从他的诗文可以看出,他有些时候已认知柳州已经不是短暂的停泊空间、人生中的虚空间而已了。

柳宗元处于逆境时,身心处于巨大地矛盾挣扎之中。他的诗文作品,从未再现或改造永州、柳州这个原本属于物理的空间,其背后隐藏的社会文化意义,正是因为他视此二地方为停泊空间而已。苏珊·弗瑞蒙(Susan Stanford Friedman)强调身分认同与文化位置之说,她所提倡的"空间阅读法"(spatial reading)指出:"空间是文化位置的隐喻,身分认同和知识都是位置性产品,正如它是历史性产品一样。事实上,文本即是一种象征性空间,标帜出人物或作者在社会中特定的文化位置。"①由此说来,柳宗元一生的"故园"只有一处——长安,当他离开长安之后,"家"的概念随之产生;昔日的家园与文化滋润的场所,一个包含时空经验的意象,即是他永远的家园。至于贬谪后的处所,只是痛苦地流离身世的隐

---

① Susan Stanford Friedman, "Telling Contacts," in Mappings: Feminism and the Cultural Geographies of Encounter (Princeton: Princeton University Press, 1998):137 – 138. 参见范铭如:《台湾新故乡——五○年代女性小说》,收入梅家玲(1959 –)编:《性别论述与台湾小说》,台北:麦田出版社,2000 年出版,44 页。

喻,带给他故园幻灭的凄楚。这种身世与身分的辨明认定,以及文化位置的浮现,恰可用以阐明"空间阅读"的重要精神。

(原载 2014 年第 7 期,作者单位:国立台湾师范大学)

柳宗元凸现的民族精神初探

✳ 马晓斌

中唐时期杰出的政治家、文学家柳宗元,是一位有着人格魅力和改革意识的历史名人,因此,既为世人熟知,也被学者研究。我注意到,在他有深远影响的理论建树和文学业绩的背后,是伴随他坎坷一生的民族精神。这种精神,不仅在当时,支持着柳宗元的痛苦心灵,使他战胜种种困难,顽强地生存与奉献;即使在建设社会主义物质文明、精神文明和政治文明的今天,依然可以给我们以启发和教益。所以,详细地了解并认真地探讨柳宗元凸现的民族精神,毫无疑问,是非常必要的。

一

在《柳河东集》中,有一个非常重要的概念,那就是"圣人之道"[1]。所谓"圣人",在柳宗元那里,包括他所景仰的尧、舜、禹、汤、高宗、文王、武王、周公、孔子等一系列先圣[2],因此,也被他称作"尧舜孔子之道"[3]。毫无疑问,这个"尧舜孔子之道",就是儒学之道。作为一名世家子弟,柳宗元在青年时代,就与吕温[4]等苦学儒家经典:"君昔与余,讲道讨儒。时中之奥,希圣为徒。志存致君,笑咏唐虞(尧舜)。揭兹日月,以耀群愚"[5]。在这里,"志存致君"四字,将他们志存高远、崇拜尧舜、希冀为天子报国家的政治理想,真实地反映了出来。我们知道,《礼记·大学》曾有具体的儒家实践学说:"古之欲明明德于天下者,先治其国;欲治其国者,先齐其家;欲齐其家者,先修其身。"我想,柳宗元为了实现自己的理想与抱负,是愿意从修身、齐家开始,然后一步一步地走向治国平天下的最终目标的。

柳宗元的个人品质,历来为人称道[6]。他不仅文"洁"[7],而且,身也"洁",是一名非常重视道德修养的人。四岁时(776年),家住长安西郊乡下,母亲卢氏聪明贤淑,亲自教他读书识字,一年下来,能背诵古辞赋达14篇;后来,柳宗元被贬湖南永州(805 年),卢氏以垂暮之年、羸弱之躯,相随到了水土不服的南荒,直到病故。柳宗元以谪官之身,愧对母亲,在《先太夫人河东县太君归祔志》中,尽情抒发了悲痛的心情,说:"卒以无孝道不能有报焉"。柳宗元受父亲柳镇的影响,主要在性格方面。柳镇"不能媚权贵""号为刚直",加之,"所与游皆当世名人"[8],给少年柳宗元留下深刻印象,以后,他赞美父亲"伏以先君禀孝德,秉直道,高于天下"[9]。柳宗元十一岁(783 年)时,因父亲调任鄂、岳、沔都团练使判官,就随之辗转,直至贞元四年(788 年)调回。贞元九年(793 年),柳镇卒于长安。父母的言传身教,毫无疑问,对柳宗元的人格塑造,起到了重要作用,使他能够在有限的生命历程中,始终刚正不阿、百折不挠、勇于探求、善于思索,成为一代宗师。

贞元元年(785 年),柳宗元十三岁,与杨凭之女订婚。杨凭,官至京兆尹,《唐语林·卷二》说:"杨京兆兄弟(杨凭、杨凝、杨凌)皆能文,为学甚苦",可谓一时名人。贞元十二年(796 年),与杨氏完婚。婚后,尽管妻子"素被足疾,不能良行,未三岁,孕而不育,厥疾增甚",但丝毫没有影响婆婆卢氏"爱之如已子";丈夫怜其"柔顺淑茂""端明惠和""生知孝爱之本"[10]。只可惜,贞元十五年(799 年),杨氏23 岁卒。就是这段刻骨铭心、夫妻恩爱的婚姻,竟使柳宗元"寡居十余年",在元和五年(810 年)冬,还"至今无以托嗣续"[11]。作为兄长,柳宗元也以身作则,爱护弟妹,不但堂弟柳宗直,跟随他十年;连舅弟卢遵,都"自子厚之斥,遵从而家焉,逮其死不去。既往葬子厚,又将经纪其家,庶几有始终者"[12]。这种情谊,让人潸然泪下。

家庭,给了柳宗元极大的安慰,使他可以更多地结交朋友、讨论学术、参与国家大事。唐朝中叶,政治腐败,"藩镇、州、县多违法聚敛"[13],人民的负担日趋严重。柳宗元从11 岁(783 年)起,随父于南方求学,饱尝动荡流离之苦。直至16 岁(788 年),才回长安家中。21 岁(793 年),登进士第,同榜有刘禹锡[14]等人。而认识韩愈[15],则在19 岁(791 年)时。在长安,他与朋友兴致勃勃地去听名家讲学;还拜著名经学家陆质[16]为师,听《春秋》讲解,以后,他概括陆师的中心思想是"以生人为主,以尧、舜为的"[17]。贞元十四年(798 年),柳宗元26 岁,任集贤殿书院正字。这时,他的名声已非同凡响,前往他家中的朋友,有时一天达数十人。他"俊杰廉悍,议论证据今古,出入经史百子,踔厉风发,率常屈其座人,名声大振,一时皆慕与之交"[18]。其中,尤与出身微贱但有志改革的王叔文[19]"亲善,始奇其能,谓可以共立仁义、裨教化""唯以中正信义为志,以兴尧舜、孔

子之道,利安元元为务"[20]。永贞元年(805 年),唐德宗李适去世。太子李诵
(唐顺宗)即位,重用太子侍读王叔文、王伾等,柳宗元被"荐誉"[21],提升为礼部
员外郎,共同改革朝政。他们"以生人(人民)为主"、以"利安元元(百姓)"为宗
旨,打击强藩、压制宦官、减免赋税、解除民苦,"百姓相聚 欢呼大喜"[22]。但终
因顺宗有病(中风),被迫"内禅",新政五个月(146 天)便夭折。由宦官、藩镇、
贵族拥戴出来的李纯(唐宪宗),在永贞元年(805 年)八月,贬王叔文、柳宗元
等,史称"二王八司马"事件。

二

　　中华民族,有一种精神,应该特别提倡,那就是热爱祖国、热爱家乡。贬永州
司马后,柳宗元"居闲,益自刻苦,务记览,为词章,泛滥停蓄,为深博无涯涘。而
自肆于山水间"[23]。除了脍炙人口的"永州八记",写山水卓绝者,还有元和三
年(808 年)的《晋问》。作为山西人[24],柳宗元把晋之山、河、兵器、马、木材、鱼、
盐、文公之霸、尧之遗风分层列段,进行细腻描述与深刻思考。让人读后,不仅感
叹《晋问》透露出的磅礴大气,而且,也会激动,因柳宗元洋溢于其中的、强烈的
对祖国、对家乡的热爱。

　　第一节,写山、平原与河(黄河)。山,从"高壮"处说,是"腾突撑拒,聱砑郁
怒",极为巍峨与险峻。在平原("衍")中,我们可以见到"洄水之容与","以稼
则硕,以植则茂,以牧则蕃,以畜则庶,而人用是富,而邦以之阜"——一片兴旺
景象。更精彩的,是写河,它分三个层次:黄河水,有八个侧面,写出特征:河水荡
激猛烈,"连山参差""广野坏裂""崩石之所转跃""大木之所擢拔";飞舟"瞬目
而下"、船夫"榛榛沄沄,百舍一赴",何其矫健! 第二层次,他从产地、工艺、产
品、工匠、形状、银光、威猛、材料、天下无敌、震慑作用等方面写,夸张地表现了晋
兵器之优良。第三节,写晋地的马。柳宗元用富有感情的笔触,谱写一曲马的颂
歌。它们生长在极其恶劣的环境;它们动作是那么地优美;它们或群居,或分散;
它们跑得广,也跑得快;它们的外貌,使人看出力量;它们的温存状,也会感染我
们。紧接着,柳宗元写晋地的木材。他先从产地谈起("晋之北方有异材,梓匠
工师之为宫室求大木者,天下皆归焉"),又写产季、材质、生在险峰、石间长成以
及木材的粗大与颜色;最精彩的,当属"砍伐",其中,可见刀斧光、可听砍伐声、
有砍下的木片、还有回声的响应,此外,树倒状、树倒声、树倒惊鸟兽的描写,均给

人以视听冲击与震撼。"水运材",亦吸引注意。晋地之鱼,既大,且多,又快。"捕鱼"一层,网大、船多、人也多、声大、动作是"扼""拔""戮""逐""叱"、水边搜罗、收网状态、跳鱼难逃、鱼终被捕,九个侧面,非常精彩。第六层次,柳宗元写晋盐。他从产地("猗氏之盐,晋宝之大也")谈起,着力写"制盐"。柳宗元以他敏锐的观察、丰富的想象、充沛的情感、细致的描写,把盐这一平凡之物写得如梦如幻。

写完晋地丰富的物产,柳宗元将笔触转到曾经辉煌过的"文公之霸"。第七层次,写晋文公重耳[25],有九个方面,那就是囊括诸侯、辅佐天子、盟主称霸、上下影响、正义之师、法制之国、文治焕然、武功赫然、民之义力。比如"文治",柳宗元这样说:"春秋之事,公侯大夫策文马,驰轩车,出入环连,贯于国都,则有五筵之堂,九几之室,大小定位,左右有秩,禽牢饩馈,交错文质,饗有嘉乐,宴有庭实,登降好赋,犠象毕出,犒劳赠贿",极力渲染繁荣兴旺景象;再看"武功",则是"率礼无失,六卿理兵,大戎小戎,钟鼓丁宁,以讨不恭,车埒万乘,卒半天下,鼓之则震,旆之则畏,其号令之动,若水之源,若轮之旋,莫不如志,当此之时,咸能欢娱以奉其上",把威武之师的雄纠气昂也悉数写出。

但"文公之霸"还不尽善尽美,柳宗元进而推出"尧之遗风"。它包括晋人(包括柳宗元自己)至今传承的俭、让、谋、和、戒、恬以愉等六个方面。它们有机结合、形成系统,与前述"安其常而得所欲,服其教而便于己。百货通行而不知所自来。老幼亲戚相保而无德之者。不苦兵刑,不疾赋力,所谓民利、民自利者是也"遥相呼应,让我们知道,柳宗元心目中尽善尽美的理想政治与远景社会,是要让晋地、乃至全国的人民,以较高的精神境界与道德规范,去面对物质、并享用物质。所以说,《晋问》,既是恢宏的文学创作,同时,也是柳宗元热爱祖国、热爱家乡这种伟大的民族精神的集中体现。

三

基于"利安元元为务"的主张,柳宗元总是站在人民群众一边,彰善瘅恶,即,爱人民之所爱、恨人民之所恨。13岁(785年)那年,他就代一位姓崔的中丞写过措词练达、颇有气势的《为崔中丞贺平李怀光表》。李怀光,唐德宗建中二年(781年)时,为朔方节度使,后发动叛乱,烧杀抢掠,终为部将所杀。柳宗元写道,李怀光是"猾夏之盗","备闻凶险之行,颇有残暴之名",他的死,"岂伊人谋,盖是天意"。表达出对藩镇[26]祸国殃民的强烈的憎恶倾向。以后,还有写于永州的《憎王孙文》并《序》。"恶者王孙",猴类,柳宗元隐喻打击王叔文集团的朝中官僚,它们与"善者猨(猿)""德异性,不能相容"。在柳宗元笔下,王孙们"躁以嚣,勃诤号呶,喈喈彊彊,虽群,不相善也。食相嘬啮,行无列,饮无序,乖离而不思。有难,推其柔弱者以免。好践稼,所过狼藉披攘。木实未熟,辄龁龅投注。窃取人食,皆实其嗛。山之小草木,必凌挫折挽,使之瘁然后已",可谓无恶不作。它们浮躁、嚣张、尖刻、孤陋、反咬、混乱、懒惰、推诿、糟蹋、摧残,劣迹斑斑,是人民恨透了的。但就是这样的坏东西,猨竟"抗"不过它们。"山之灵兮,胡独不闻?"柳宗元以强烈的愤激,谴责虐民害物的小人,呼唤社会正义。

贞元九年(793年),柳宗元21岁,父亲柳镇去世。他利用守丧、三年不能应科试的时间,到邠州(今陕西彬县)看望叔父。邠州距长安仅三百里,是唐朝边防要冲。柳宗元从"故老卒吏"处了解到,大历年间(766年——779年)任泾州(与邠州相邻)刺史的段秀实有许多具体、生动的故事,于是,就以优美的文笔,写下《段太尉逸事状》,栩栩如生地再现了这位不畏权、不贪钱、只爱民的历史人物。"爱民"一段,先写为垂死农夫"大泣",再以洗血、撕衣、敷药、喂饭、卖马、暗帮交租("即自取水洗去血,裂裳衣疮,手注善药,旦夕自哺农者,然后食。取骑马卖。市谷代偿,使勿知")等细节,丰满了段秀实仁慈、善良的形象,使这位忠贞之士的事迹得以世代流传[27]。永贞元年(805年)到元和十年(815年),柳宗元贬官永州。但他并未因此而消沉,甚至可以说,这十年,是他的世界观、人生观发生根本转变的时期。[28]其间,柳宗元写下了著名的《捕蛇者说》[29]。在文中,他恨差役逼租的凶神恶煞:"叫嚣乎东西,隳突乎南北";更为蒋氏痛哭流涕而同情,真可谓"论戚则声与泣偕"[30];最后,悲叹赋敛毒于蛇,并寄希望于统治者了解百姓、改革现实。"一片悯时深思、忧民至意,拂拂从纸上浮出"。[31]

四

纵观柳宗元曲折的一生,我发现,始终有自强不息、百折不挠的民族精神相伴随。这种精神,使他在顺境中,能够刻苦钻研、勤奋写作;在逆境中,不但以非凡的勇气活了下去,而且战胜种种困难,使自己有所作为。4岁(776年)时,柳宗元开始接受母亲的启蒙;11岁(783年)起,随父于南方求学。父亲学识渊博、结交名流,"得《诗》之群,《书》之政,《易》之直、方、大,《春秋》之惩劝,以植于内而文于外,垂声当时"[32];母亲深明大义、忍饿让食[33]。这一切,都使柳宗元从小养成善于思索、关注民生的优秀品格。16 岁(788 年)时,柳宗元回到长安,除了博览家中所藏、皇帝所赐的三千卷书籍外[34],还"究穷"[35]经史子集,对儒、墨、道、法诸家学说,均有涉猎[36]。时人评为"少精敏,无不通达"[37]。以后,在任集贤殿正字、蓝田尉、监察御史里行、礼部员外郎[38]之余,陆续写下学术文《桐叶封弟辩》,论说文《辨侵伐论》《六逆论》《祀朝日说》《礻昔 说》以及《种树郭橐驼传》《梓人传》等。在这些著名篇章里,柳宗元提出了许多至今仍有现实意义的精湛见解,比如,《桐叶封弟辩》,通过周成王以桐叶封幼弟叔虞的故事,认为,贤臣的作用,在于使君王行为得当,因此,必须从容不迫地遵循"大中之道"[39],也就是说,一方面,不能无是非标准地迎合君王,另一方面,当然也不应束缚他、鞭策他。《六逆论》谈任人唯贤。在文章中,柳宗元批评左丘明有"罪",即,《左传》所谓"六逆之说"[40],至少有贱妨贵、远间亲,新间旧这三"逆"值得一驳,柳宗元说,只要"贱""远""新"者是"圣且贤"的,"妨(阻碍)贵""间(违犯)亲""间旧",又有何不可? 矛头直指世袭制[41]。《种树郭橐驼传》,从种树"顺木之天以致其性",谈到政令不可烦琐;还有《梓人传》,则通过能工巧匠杨潜的"善运众工"联系到"相道",这个"相",应该"不炫能、不矜名、不亲小劳、不侵众官,日与天下之英才讨论其大经"。

永贞元年(805 年)以后,柳宗元到永州。逆境使他有机会反省自己,他说,自己在长安,曾被人议论为"狂疏人"与"轻薄人"[42]。现在,"自为罪人,舍恐惧则闲无事","意欲施之事实,以辅时及物为道"[43],即,写作要有利于人民。于是,他"求得经史诸子数百卷,……即伏读,……著书亦数十篇"[44],写下学术专著《非〈国语〉》67 篇;刘禹锡远在朗州(今湖南常德)任司马,柳宗元和他讨论学术、书信不断,内容涉及天人关系、政理、《易》、文学等[45];韩愈在长安任史官修撰,他认为,"记录者(不)有(天)刑(则有人)祸",因而,不敢作褒贬,柳宗元批评"退之(韩愈)之恐,唯在不直、不得中道,刑祸非所恐也"[46];在吴武陵[47]催促下,巨篇《贞符》完稿;挚友吕温也被贬为道州(今湖南道县)刺史,柳宗元和他谈学问、论社会:"尝读《国语》,病其文胜而言庞,好诡以反伦,其道舛逆。而学者以其文也,咸嗜悦焉,伏膺呻吟者,至比六经。……余黜其不臧,救世之谬"[48];柳宗元还携亲友游西山、钻鉧潭、西小丘、小石潭等,作文记之[49];另有《封建论》《捕蛇者说》《三戒》《乞巧文》《骂尸虫文》等不朽名篇问世。而所有这一切,均是柳宗元的身心受到重创后完成的。事实上,到永州的第二年(806 年),柳宗元就得了痞病("百病所集,痞结伏积"[50]);数年后,竟至走则膝颤、坐则麻痹的程度("行则膝颤,坐则髀痹"[51])。但他没有颓丧,反而百折不挠、愈挫愈奋,顽强自励、希冀有为。

忍辱负重十年,柳宗元一直在等待赦免的一天。元和十年(815年)正月,终于奉诏回京。但世事难料,三月,再次被贬为柳州刺史。"是岂不足为政邪?"[52]作为州军政长官,柳宗元以此自勉、并立即付诸行动。当时柳州奴俗风很盛。穷人向富人借债,要将子女作抵押,到时,如无法还清本利,就会沦为奴婢。这样下来,许多贫苦家庭失散,社会生产遭到破坏。柳宗元革除这一恶俗,规定奴婢可以用工钱赎身。这一办法,后得推广,仅一年时间,就有上千人获自由[53];柳宗元到任不久,即修复毁坏的文宣王庙,他从教育入手,使人民"去其陋,而本于儒"[54];柳宗元还针对当地百姓不求医却求巫的习俗,推广医药[55];为解决饮水难问题,柳宗元主持打井[56];柳宗元还亲自植柑、种柳、修建园林景观东亭[57]。"于是民业有经,公无负租,流逋四归,乐生兴事,宅有新屋,步有新船,池园洁修,猪牛鸭鸡,肥大蕃息。子严父诏,妇顺夫指,嫁娶葬送,各有条法,出相弟长,入相慈孝"[58]。俨然一方乐土。只可惜天不假年,元和十四年(819年),一代宗师柳宗元逝世于柳州,终年47岁。

五

柳宗元不平凡的一生,是传承、体验、发扬、实践民族精神的一生。在他的身上,我们看到了今天依然有价值、有意义的东西,把它们发掘出来,对于物质与精神文明的建设、对于和谐社会的构建,非常重要、也有必要。笔者认为,就其意义而言,至少可以概括以下几点:

(一)关爱的内容。柳宗元在许多地方,都表达了明显的"民本"思想。在《贞符》中,他说"生人之意";在《晋问》中,他谈"民利、民自利";在《吏商》中,他"急民";在《寄许京兆孟容书》中,他要"利安元元为务";在《答吴武陵论〈非国语〉书》中,两次提"辅时及物之道";在《全义县复北门记》中,希望"贤者之作,思利乎人";……。他对人民充满爱心,始终把人民作为第一性来考虑,因此,他的著作,具有崇高的人文关怀的思想境界。这与那些麻木不仁的括囊守禄之辈,有天壤之别[59]。

(二)注重言行一致。"文以行为本,在先诚其中",柳宗元认为,作家不但要写文章,而且,必须有诚信的行为与之相呼应。到永州后,他说:"作文,与在京城时颇异。"[60] "异"在何处?我认为,异就异在柳宗元再也不满足于"务采色、夸声音"[61]的文章,而要将自己"利安元元"的理想,落实到对社会情况的本质反映中去。比如,对赋税问题,他不仅用《田家三首》诗、《捕蛇者说》文等,来描述农民"蚕丝尽输税,机杼空倚壁"的困苦现象;还深入社会底层,进行调查,努力把握赋税本质。他发现,在"贿赂行而征赋乱"的"弊政"之下,会出现结论错误,即,贫者"不贫"、富者"不富"的状况,这就自然引出了由于"不均"纳税而使"贫者愈困饿死亡"的社会问题,对此,要想真正解决,柳宗元建议,只有靠"一社一村之制"来"均赋"[62],才能"有补于万民之劳苦"[63]。

(三)学习传统文化。在《柳河东集》中,我们可见柳宗元多次谈及自己是如何学习传统文化的。他说:"本之《书》以求其质,本之《诗》以求其恒,本之《礼》以求其宜,本之《春秋》以求其断,本之《易》以求其动,此吾所以取道之原也;参之《谷梁氏》以厉其气,参之《孟》《荀》以畅其支,参之《庄》《老》以肆其端,参之《国语》以博其趣,参之《离骚》以致其幽,参之太史公以著其洁,此吾所以旁推交通而以为之文也。"[64]他还说:"先读《六经》,次《论语》、孟轲书,……《左氏》《国语》、庄周、屈原之辞,稍采取之;谷梁子、太史公,甚峻洁,可以出入。"[65]他又说:"博如庄周、哀如屈原、奥如孟轲、壮如李斯、峻如马迁、富如相如、明如贾谊、专如杨雄。"[66]柳宗元就是这样博览群书、浸淫典籍、深深根植于中华民族几千年的传统文化的。他从中汲取了养份、吸收了精华,从而,使自己的做人有品德、有操守,作文有底蕴、有原创。他是真正传承并弘扬民族精神的人。

注释:

[1]参见《复吴子松说》《时令论》《六逆论》《与杨诲之疏解车义第二书》《答周君巢饵药久寿书》《与吕道州温论〈非国语〉书》《答吴武陵论〈非国语〉书》《报崔黯秀才论为文书》等。

[2] [42]《与杨诲之疏解车义第二书》。

[3]参见《寄许京兆孟容书》《与杨京兆凭书》《与裴埙书》《答元饶州论〈春秋〉书》《答周君巢饵药久寿书》《与杨诲之疏解车义第二书》等。

[4]吕温(772—811),字化光、和叔。山西河中人。元和三年,自刑部郎中贬均州刺史,再贬道州刺史;元和五年,转衡州刺史,次年逝世。

[5]《唐故衡州刺史东平吕君诔》。

[6]唐·韩愈《赠别元十八协律六首》(其三):"吾友柳子厚,其人艺且贤",宋·田锡《题罗池庙碑阴文》:"为仁者……修德者";元·戴表元《佩韦辨》:"吾故重惜子厚贤而有识";明

·方孝孺《白鹿子文集序》:"古之君子以美其德行为先务,而不务美其文词。……故文有以人而传者,以其德之可尊故也。苟不务此而惟其末,虽……精奇雄健如柳子厚,亦艺而已矣";清·钱谦益《阳明近溪语要序》:"柳子厚……持身之严,任道之笃,……殆亦儒门之律师也"。转引自吴文治《柳宗元资料汇编》1、21、193、214、296 页,中华书局 1964 年版。

[7]章士钊语。《柳文指要》1383 页,文汇出版社 2000 年版。

[8]韩愈《柳子厚墓志铭》。据柳宗元《先君石表阴先友记》,柳镇之友,有 67 人。

[9][63][66]与《杨京兆凭书》。

[10]《亡妻弘农杨氏志》。

[11]见《与杨京兆凭书》。柳杨氏去世后,柳宗元没有明媒正娶,但有同居女子。一说,有三人;一说,只一人,即和娘之母。

[12][18][21][23][37][52][53]韩愈《柳子厚墓志铭》。

[13]清·王夫之《读通鉴论·唐德宗》。

[14]刘禹锡(772—842),唐文学家、哲学家。

[15]韩愈(768—824),唐邓州南阳人。字退之。学通六经百家,反对六朝以来的文风,提倡散体,文笔雄健,气势磅薄,为后世古文家所宗,称韩文。世称韩昌黎。

[16]陆质,唐吴人。初名淳,字伯冲,明《春秋》,谥文通先生。

[17]《唐故给事中皇太子侍读陆文通先生墓表》。

[19]王叔文(753—806),唐越州山阴(今浙江绍兴人)。德宗时,侍读东宫,常与太子(李诵)议论时政。贞元二十一年(805 年),唐德宗李适去世。太子(顺宗)即位,任为翰林学士,又兼充度支、盐铁副使,掌握财权。联合王伾、柳宗元、刘禹锡等人,进行政治改革,史称"永贞革新"。执事一百四十六天。后被贬为渝州司户,次年被杀。

[20][34][50]《寄许京兆孟容书》。

[22]韩愈《顺宗实录》卷二。

[24]柳宗元一生未回过山西老家。大历八年(773 年),他生于长安(陕西)西郊;长大后,去过夏口(湖北)、江西、蓝田(陕西)、邠州(陕西)等地。

[25]重耳,春秋晋文公名。

[26]藩镇,唐代中期在边境和重要地区设置节度使,掌管当地的军政,后权力扩大,兼管民政、财政,形成军人割据,历史上叫做藩镇。

[27]20 年后,即元和九年(814 年),柳宗元在永州向时任朝廷史官的韩愈提供了根据当年记录而完成的《段太尉逸事状》。后来宋祁修《新唐书》时,其中的《段秀实传》几乎全文采用了柳宗元提供的材料。

[28]柳宗元多处谈及他的思想变化。参见《答吴武陵论〈非国语〉书》《贺进士王参元失火书》《寄许京兆孟容书》《答周君巢饵药久寿书》等。

[29]写于元和九年(814 年)。

[30]《文心雕龙·夸饰》。

[31]清·孙琮语。见山晓阁评点《柳柳州全集·卷四》。

[32]《先侍御史府君神道表》。

[33]《先太夫人河东县太君归祔志》记卢氏"岁恶少食,不自足而饱孤幼"。

[35]《与刘禹锡论〈周易〉九六书》。

[36]《答韦中立论师道书》:"本之《书》以求其质,本之《诗》以求其恒,本之《礼》以求其宜,本之《春秋》以求其断,本之《易》以求其动,此吾所以取道之原也;参之《谷梁氏》以厉其气,参之《孟》《荀》以畅其支,参之《庄》《老》以肆其端,参之《国语》以博其趣,参之《离骚》以致其幽,参之太史公以著其洁,此吾所以旁推交通而以为之文也"。

[38]柳宗元26岁(798年)授集贤殿正字;29岁(801年)授蓝田尉;31岁(803年)授监察御史里行;33岁(805年)授礼部员外郎。

[39]大中之道,即中庸之道,儒家最高的道德标准。指不偏不倚、无过无不及、恰如其分、合宜、合适等。章士钊先生对此有深入研究,列"大中""中""中道""中庸""中正""时中"诸条,见《柳文指要》,文汇出版社2000年版,1011—1018页。孙昌武先生也认为,"大中之道"里就概括有许多适应现实斗争需要,代表时代思想潮流的内容。见《柳宗元传论》,116页,人民文学出版社1982年版。

[40]《左传·隐公三年》:"且夫贱妨贵、少陵长、远间亲、新间旧、小加大、淫破义,所谓六逆也"。

[41]章士钊先生说:"二王之厕身于东宫也,伾以棋进,而叔文以书进,朝议咸以艺贱能鄙为言,叔文羞之。……亦可见唐人门阀相阋,锢习难解。子厚恨之,因假借《左氏》……,痛论一番。"《柳文指要》,文汇出版社2000年版,113页。

[43]《答吴武陵论〈非国语〉书》。

[44][51]《与李翰林建书》。

[45]参见刘禹锡《答柳子厚》《天论》(上、中、下);柳宗元《天说》《答刘禹锡〈天论〉书》《答元饶州论政理书》《与刘禹锡论〈周易〉九六书》。

[46]《与韩愈论史官书》。

[47]吴武陵,唐信州(今江西上饶)人。元和二年进士。做官不到一年,也因得罪权贵而被贬永州。当时,还是一个青年,常跟柳宗元一起研究学问。

[48]《与吕道州温论〈非国语〉书》。

[49]山水游记名篇《永州八记》,包括《始得西山宴游记》《钴鉧潭记》《钴鉧潭西小丘记》《至小丘西小石潭记》《袁家渴记》《石渠记》《石涧记》《小石城山记》。

[54]《柳州文宣王新修庙碑》。

[55]参见《柳州复大云寺记》。

[56]参见《井铭并序》。

[57] 参见《柳州城西北隅种甘树》《种柳戏题》《柳州东亭记》。

[58] 韩愈《柳州罗池庙碑》。

[59][65]《报袁君陈秀才避师名书》。

[60]《贺进士王参元失火书》。

[61][64]《答韦中立论师道书》。

[62]《答元饶州论政理书》。

（原载 2005 年第 10 期，作者单位：华中科技大学）

柳子人生的爱与忧

——兼论柳宗元的民族精神

✳ 夏卫平

众所共知,柳子是一代宗师,杰出的政治变革家、思想家和文学家。诸多说法,足以证明柳子的成就是多方面的和巨大的。除此之外,他也是一个道德的典范、一种精神的化身。因此,我们从精神层面上去认识柳宗元,挖掘其价值,更富有现实意义。纵观柳宗元的人生道路,开始得非常顺畅。二十一岁中进士,接着又跨越博学宏词科的门槛,并且引起了皇上的注意,这就意味着等待他的是前途无限,鲜花遍地。然而,结果大出意料。在往后的人生道路中却变得那样曲折艰难,结局又是那样的悲惨凄凉。其原因何在? 仁爱和忧患改变了他的人生轨迹。如果对社会少一份爱心,少一点忧患,结局也许完全是另一个样子。不仅柳子是这样,历史上所有的仁人志士都是这样,从孔子到屈原,从贾宜到杜甫,都是一样的以悲剧人生为自己画上句号。柳宗元的以顺畅开始以悲剧结局的人生道路,折射出我们民族的最宝贵的精神,也留给许多思考和启迪。

宽厚的仁爱

柳宗元出身于豪门望族,世代仕宦的政治背静和信奉儒学的文化背静,对于柳宗元的成长、立志和仁爱思想的形成影响深远。在柳宗元的思想中,仁爱表现得特别突出。从小接受的是儒家的仁爱思想教育,信奉的是仁爱哲学。仁爱是儒学的核心,也是柳宗元的精神支柱。柳宗元是师承陆质的《春秋学》的,而陆质学说的思想核心就是"其道以生人为主。以尧、舜为的"(《唐故给事中皇太子侍读陆文通先生墓表》)。所以,他从小就立志要"以利安元元为务""辅时及物""立仁义",用爱心书写自己的人生。仁爱思想成了他的一生为人处事的根本准则。

柳子的爱是宽厚的。柳子的一生,正值世事多艰。他面对的是政局混乱,国事多艰,国势衰微。他把人生价值、理想追求和爱国紧紧地联系在一起。长安时期的他,表现为积极进取、奋发有为,凡是对国家、社会进步有利之事,就奋不顾身,表现出极强的社会责任感。永贞革新是一次震惊全国的进步运动,其政治目的是反对藩镇割据,主张统一,维护中央集团的统一;其措施招贤才、夺兵权、减冗员、贬贪官、革弊政、出宫人,件件大快人心,顺应了历史潮流,推动了社会进步,连他的政敌也不得不佩服永贞革新的历史功绩。虽然,这次变革很快失败了,但产生的意义和对后世的影响是深远的。他也知道这样的选择,要遭遇重重阻力,甚至要付出沉重的代价,他却义无返顾地投身变革,表现出"许国不复为身谋"的气概。被贬后,这种爱变成了对国家命运的关切。他贬到柳州时,朝廷平定淮西和河北的军事行动正在进行,一贯反对藩镇割据的柳宗元,一直关注着平叛形势的发展。当力主平叛的宰相武元衡被藩镇派人刺杀身亡的消息传来,他大为震惊,立即写了一首乐府长诗《古东门行》,态度鲜明地对武元衡的遇害表示沉痛的哀悼,热情地颂扬征讨淮西战争的正义性,揭露了反叛势力用心的阴险和手段的毒辣,批评了朝廷在讨藩平叛问题上的妥协纵容倾向。元和十二年(817)十月,裴度率师出征,活捉元凶吴元寂,获得了平叛的重大胜利。当平息淮西之乱的消息传来,远在南方的柳宗元激动不已,郑重其事地写了《平淮夷雅》两首长诗以示祝贺,表达了欢欣喜悦之情。就在柳宗元逝世的这一年,柳宗元的身体状况非常恶劣,当他得知藩镇割据的局面基本结束的喜讯后,接连给朝廷上了多份表状,庆贺统一大业的巩固。他深深地爱着祖国,这种爱从未有丝毫的动摇和减弱,一直生命的尽头。他从不在乎别人对他怎么看,这是出自一种天性。

爱民是柳宗元的仁爱思想的具体表现,他力主"利安元元",中兴大唐王朝,为百姓谋利。他认为为政之要"在于利民",强调一切施政措施应从百姓的利益出发。更为可贵的是,除自己爱民外,他还希望所有的政府官员以民为本,爱民如子。提出"吏为民役"见解,直至今天仍然具有进步意义。他创作的传记文,一次次地把社会的目光引向小人物,关注着小人物的悲惨命运,赞美了他们的聪明才智和正直品德。对于求学的莘莘学子,不吝赐教关爱有加。虽力避师之名,却大有师之实。对于求学者,有求必应有问必答。"衡、湘以南问进士者,皆以自厚为师,其经承口讲指画为文词者,夕有法度可观"(韩愈《柳子厚墓志铭》)。为永州人才的培养和湖湘文化的形成功不可没。历史总在反复的证明这样的一个事实：爱民的人，永远为民所爱。从柳宗元刚离开永州始，永州人就开始为之筹建祠庙，直到今天，祭柳的香火从未断过。这是对柳子"爱"的肯定和回报。在柳州短短的四年里，利用自己为一方之长的权力，为地方百姓做了不少的好事。修城池、搞绿化、开水井、锄奴俗、兴文教，这些彪炳青史的政绩，那一件不是饱含着柳宗元的爱心。

对朋友捧出的是一片爱心。朋友的不幸令他时刻牵挂，最使人感动的是与刘禹锡调换贬地一事，真是危难中见真情。韩愈给予了高度地评价："呜呼！士穷乃见节义。今夫平居里巷相慕悦，酒食游戏相徵逐，诩诩强笑语以相取下，握手出肺肝相示，指天日涕泣，誓生死不相背负，真若可信，一旦临小利害，仅如毛发比，反眼若不相识，落陷穽不一引手救，反挤之，又下石焉者，皆是也。此宜禽兽夷狄所不忍为，而其人自视以为得计。闻子厚之风，亦可以少愧矣。"（韩愈《柳子厚墓志铭》）这种"老吾老以及人之老"的仁爱，正是我们民族自古以来最崇尚的美德。

柳宗元还把爱心延伸到自然界和一切有生命的事物上。他爱自然、爱山水、爱一草一木、一花一鸟。一座小石城山，引发那么多的动情的感慨；一块小丘，给予了那么多的深切同情；一条清澈蜿蜒的小溪，令他割舍不下移家于此。凡有生命的事物，都给与关爱。在他创作寓言诗和种植诗中，使我们感受到柳子的爱无处不在。一只受伤小鸟，令他牵挂不已；一棵火伤的桂树，使其心痛不堪。从这些细小的行为中，可以看到他的仁爱的扩张和延伸。

儒学的仁爱，在柳宗元身上得到了充分地继承、扩张和升华。爱的主题体现在柳子的全部生命里，也贯穿在所有作品之中。永州、柳州两地千百年祭祀不绝的香火就是最好的明证。

沉重的忧患

仁爱和忧患往往是联系在一起的。爱得越深，忧得越切，古往今来多少仁人志士证明了这一点，柳宗元也在证明着这一点。正因为柳宗元有宽厚爱，所以才有沉重的忧患。

在柳宗元的一生中，其忧患意识最突出的表现是参与永贞革新的决定。他与一批志同道合的知识分子精英，勇敢地向黑暗和腐朽宣战。柳宗元所处的时代是唐代也是整个封建社会由盛而衰时期,安史之乱带来的社会动荡,使盛唐气象荡然无存,这引起了有识之士的关注,他们在寻找着社会的病因和治病的良方,探索着中唐复兴的道路。作为立志远大、富有革新精神的柳宗元,作为注重经世致用、勇于批判的陆质新学的信奉者,柳宗元比别人能更清楚地看清了唐帝国的隐患:宦官专权、藩镇跋扈、朋党相轧的混乱政局和下层遭受种种苦难,会迅速地导致唐帝国的衰落和覆灭。因而产生了强烈的忧患意识和兴亡之感。永贞变革虽然这是一场力量悬殊毫无胜算的较量,但强烈的忧患感使他别无选择地对腐朽势力发起了攻击。这是一场变革虽然只有几十天的轰轰烈烈就立即归于寂静,但悲壮的失败给沉闷的中唐历史留下了最精彩的一笔。

变革失败后,柳宗元的忧患意识表现为一种理性思考。远离了政治舞台的柳宗元,被贬到偏远荒蛮的永州任司马,政治上已无所作为。命运的逆转,地位的改变,柳宗元强烈的忧患意识依然如故,而且成为了一种更深层次的忧患。空闲下来的柳宗元有了足够的思考时间,他开始了从哲学的高度和历史的深度,思考着"人祸"带得社会的不幸和灾难的问题。他在永州与刘禹锡那场哲学论辩,以大量的事实和雄辩的逻辑力量,否定了历来统治者深信不疑的"天人合一""君权神授"的观念,让人们意识到"人祸"带给社会的危害。洋洋洒洒的《非国语》,是一部充满怀疑和批判精神的著作。所涉及的内容虽然广泛,主要的还是从历史角度,对天命论和君权神授的错误观点进行批判和清算。有关理性思考的文章,他还写了《贞符》《天说》《天对》《时令论》《天爵论》等等,而贯穿其中正是他的那种挥之不去忧患意识。柳宗元的忧患也表现在具体的事情上,如从《忧箴》和《戒惧箴》两篇文章里,我们仿佛看到远在南方边陲的柳宗元,时刻关注着平叛大业的的进展,无论是胜利还是不顺,都牵动着他那忧虑的心,在写给宰相裴度的信中,忍不住地表示愿意"振发枯槁",为国家效力,与君分忧。随着平藩的战事连连报捷,朝廷先后取得了平夏州、夺剑南、取江东、定河北、讨淮蔡等一系列的胜利。后来,又有了长期对抗朝廷的承德镇王承宗的归顺和盘踞在淄青十二州的李师道的覆灭,朝廷的藩镇之患得以缓解,出现了表面上的中兴景象。此时的唐宪宗以为大敌已除,可高枕无忧了,整天肆意淫乐,热衷欢宴,大兴土木,崇尚奢侈,贬贤任佞,紊乱朝政。这一切令柳宗元深感忧虑。为了提醒朝廷的注意,他借用历史典故写了《敌戒并序》,文中精辟透彻地阐述了"敌存灭祸,敌去召过"的辩证关系,批评了"敌存而惧,敌去而舞"的错误做法,告戒人们应当居安思危,切不可"废备自盈"。柳宗元的担忧很快被现实所证明。就在文章写成的第二年,陶醉在胜利喜悦中的唐宪宗,被陈弘志为首的一批宦官杀死在宫中,唐王朝从此更加一蹶不振、日益衰落。由此可见,忧患并不等同杞人忧天。

柳宗元的忧患意识也地体现在对百姓的关切上。"无忘生人之患"既是柳宗元的人生格言,也是他的行为指南。在永州的柳宗元,因为是闲官,他有了走访农家,更近距离接触百姓的机会。他的忧患更多的表现为对百姓的同情和关切。从他谪永时期的创作中可以明显地看到这颗忧民之心。为了提醒"观人风者"的注意,他写了《捕蛇者说》,文中所记的捕蛇一事是完全符合历史真实的事实。柳宗元通过对蒋氏遭遇和悲惨命运的描写,真切地反映了沉重的苛捐杂赋带给老百姓的灾难。特别是蒋氏拒绝以危险的捕蛇抵赋替换交赋的那种特殊心理,更充分揭露了税赋沉重、剥削残酷的黑暗现实。文末借孔子"苛政猛于虎也"一句引发的议论,表现了对百姓命运的关切和忧虑。《种树郭橐驼传》一文借郭橐驼种树的道理,规劝当时官吏,不要一味的骚扰百姓,使百姓无法安居乐业。在《田家三首》中,更让我们感受到诗人那双充满忧虑的眼睛,流露出对百姓的同情。《掩役夫张进骸》表现了对普通劳动者的深切同情。还有对迷信愚昧的批判的《永州龙兴寺息壤记》,对陋习的嘲讽的《哀溺文并序》等等,其中透出的都是忧患之意。正因为有如此强烈的忧患意识,至柳州后,当他成为了拥有一定实权的地方长官时,就可以把忧民情怀化为了具体的行动。在柳州为官四年,为那里的百姓办了大量的好事实事。

柳子的一生,是忧患的一生,进亦忧、退亦忧。忧国、忧民不仅构成为了他人生的主要内容,也熔铸成了我们民族精神。

深刻的启迪

柳宗元匆匆地走了,走得那样的坦然、那样无愧。他什么也没有带走,甚至连装殓的棺材都是朋友送的。但他留下的却太多,为我们留下了宝贵的精神财富,留下了永恒的怀念。他用自己的一生在为我们这个民族注释了什么叫"仁爱",示范了如何去爱国、爱民、爱友、爱自然界的一切生命;为我们解读了什么叫"忧患",演绎了忧国、忧君、忧民的丰富而深刻的忧患内涵;也告诉了我们什么叫人生价值,怎样去追求和实现这种价值。柳宗元的所作所为不再是个人的行为,实际上已经上升为一种精神,一种民族认可的、推崇的精神。这里尚且不去界定内涵宽泛的民族精神,但柳子的精神肯定是我们民族精神的集中体现。

因此,柳宗元也为后人留下许多思考和启迪。

一个国家是需要民族精神的。江泽民同志在党的十六大报告中指出:"必须把弘扬和培育民族精神作为文化建设极为重要的任务,纳入国民教育全过程,纳入精神文明建设全过程。使全体人民始终保持昂扬向上的状态。"这里充分肯定了民族精神重要意义。因为,民族精神是一个民族在艰难环境中生存、发展和强盛的精神支柱,是维系、协调和凝聚自己成员的纽带,是激励和鼓舞本民族为美好的目标积极奋进的动力。民族精神的重要内核就是仁爱和忧患。一个民族如果没有这种爱和忧的强烈意识,不可能自立于世界民族之林。在五千年的历史长河中,中华民族之所以历尽磨难而不衰,备尝艰辛而兴旺,究其原因,就是因为是一个有仁爱、知忧患的民族,是一个有伟大的民族精神支撑的民族。

一个国家立足于世界,需要民族精神;一个人要立足社会,何尝不是如此。一个不具有民族精神的人,不可能为自己的民族、国家和人民作出多大的贡献。古往今来,凡成大事者都是爱国、爱民和具有强烈忧患意识的人,这是一个不争的事实。柳宗元的一生在告诉后人,无论身在官位,还是身处江湖,不可无仁爱之心,不可无忧患意识。柳宗元为官之道的准则就是时刻不忘爱与忧,他的为人之道也是处处懂得爱与忧。仁爱之心使他有了"利安元元"的理想,有了对社会和民生强烈的责任感和使命感。即使身处逆境,同样"无忘生人之患"。忧患意识使他有了"许国不复为身谋"的决心,积极进取的精神、摧毁黑暗腐朽的力量和明知不可为而为之的勇气。爱与忧虽然促成了他的人生悲剧,爱与忧也使他获得了人生的永恒。

在经济快速发展、世界竞争日益激烈的今天,时代要求我们,不但要经济领先、科技领先,还需要精神领先。在享受物质文明的同时,更要居安思危。任何一个民族,想要始终走在历史的前列,就必须保持其民族精神的先进性,并不断充满活力。我们研究柳宗元的现实意义是什么呢?除开发旅游、带动经济之外,更应该重视学习柳宗元身上体现出来的民族精神。现在,柳宗元已广为永州民众所熟知,柳子庙已升格为国家级的文物保护单位,我们更应该以此作为培育民族精神,弘扬民族精神的契机,推进永州的精神文明和物质文明建设。

柳宗元属于过去,也属于现在,同样也属于未来。正因为有了柳宗元这样的民族精英,我们五千年的优秀灿烂文明才会薪火相传、连绵不绝,我们祖国的山更翠、水更绿、天更蓝、明天会更好。

参考文献:

[1]翟满桂. 一代宗师柳宗元[M]. 长沙:岳麓书社,2002.

[2]胡可先. 中唐政治与文学[M]. 合肥:安徽大学出版社,2000.

[3]柳宗元. 柳宗元集[M]. 北京:中华书局,2000.

[4]袁行霈. 中国文学史[M]. 北京:高等教育出版,1999.

[5]吴文治. 柳宗元资料汇编[M]. 北京:中华书局,1964.

[6]杜方智. 柳宗元在永州[M]. 郑州:中州古籍出版社,1994.

（原载 2005 年第 1 期,作者单位:湖南科技学院）

论柳宗元的"德治"与"民本"思想及其渊源

✳ 吕国康

作为一代思想学术大家的柳宗元,无论是在朝庭"超取显美",还是身处逆境,谪居永州,他都"忧国忧民,心怀天下"。"以兴尧舜孔子之道,利安元元为务。"在继承舜"德治教化"与"以民为本"思想的基础上,他顺应社会发展的形势,敏锐地关注现实的矛盾与问题,在理论上大胆创新,在学术上有所建树,以推动历史的前进。

蔡靖泉研究员认为虞舜是"圣王典范",其人格品德、行事作为主要体现在"孝顺友悌""仁义谦和""勤于民事""明哲贤能""推德怀远""安邦定国"六个方面。[1]王田葵教授对舜帝道德文化的内涵归纳为四个方面:(一)爱亲、重教、宽容仁慈的人伦道德(人与家庭成员的关系);(二)勤劳守信、乐于助人的职业道德(人与职业的关系);(三)勤政爱民、选贤任能的社会道德(人与社会的关系);(四)自强不息、不断追求的宇宙道德(人与自然的关系)。[2]他们不约而同的提到了"德治"与"民本"思想。我们认为,"德治"与"民本"思想是舜文化的基础,是中华道德文化的出发点和归宿点,在中国政治文化史上占有重要地位。"尧天舜日""天下为公"是理想社会的象征;"舜勤民事而野死",是贤哲心中的楷模。可以说,柳宗元一生追求"圣人立极之本,显大德,扬大功"(《贞符》)[3]。

一

我们要研究柳宗元的"德治"与"民本"思想,首先要弄清他的思想体系。

柳宗元在文章、书信中一再强调"圣人之道","其道自尧、舜、禹、汤、高宗、文王、武王、周公、孔子皆由之"(《与杨诲之第二书》)[4]。并表明自己的志向:"幸而好求尧、舜、孔子之志,惟恐不得;幸而遇行尧、舜、孔子之道,惟恐不慊。"[5]这说明他的思想乃是以儒家为正宗的。但他提倡的尧舜之道,以辅时及物、利安元元为准则,名义上以儒家为旗帜,实质上兼采老、庄、杨、墨、申、韩诸家学说,甚至汲取佛学的某些内容,一切以合乎形势要求,以有利于"佐世"为依归,而不固执于儒学。柳在《寄许京兆孟容书》中直抒胸臆:"唯以中正信义为志,以兴尧舜孔子之道、利安元元为务。"[6]韩愈在《原道》中指出:"斯道也,何道也?曰:斯吾所,谓道也,非向所谓老与佛道也。尧以是传之舜,舜以是传之禹,禹以是传之汤,汤以是传之文武周公,文武周公传之孔子,孔子传之孟轲,轲之死,不得其传焉。"表面上看,两人都推尊儒道,实际上存在明显的差别。韩愈以儒家正统的继承者自任,其所谓圣道,则重在伦理纲常,且宣扬"天命论""圣人说"。而柳宗元与时俱进,在言道的同时,又提出了"大中"这一概念,有时称之为大中之道,有时曰中,有时称为中道、中庸、时中、中正、直道、当等。柳宗元所说的大中之道与韩强调的圣人之道,两者的关系如何呢?

请看柳宗元自己的解释:

> 圣人之道,不穷异以为神,不引天以为高,利于人,备于事,如斯而已矣。(《时令论上》)[7]

> 立大中,去大惑,舍是而曰圣人之道,吾未信也。(《时令论下》)[8]

> 当也者,大中之道也。(《断刑论下》)[9]

他认为,所谓圣人之道,其主要内容就是"不穷异以为神,不引天以为高",要"利于人,备于事",要"立大中",要探求"当"。"当"即中正不偏,符合大中之道。由此可见,他提倡的大中之道,并不是传统意义上的圣人之道、尧舜孔子之道,而是对儒道的改造和创新,也可以说是新儒学的发端。

陆质是"异儒"啖助、赵匡的高第,唐代著名的《春秋》学者。他首开了后世舍传议经的风气,具有不迷信传统的批判精神。柳深受陆质的影响,曾拜陆质为师,刻苦钻研陆质著作,陆质是他精神上的导师。他称赞陆质说:"其道,以生人为主,以尧舜为的,苞罗旁魄,胶轕上下,而不出于正。"[10]这里的"以生人为主",就是柳宗元所讲的"生人之意""利于人,备于事""急生人";而"以尧舜为的",也正是他说的"邀尧舜与之为师","跨腾商周、尧舜是师","以兴尧舜孔子之道、利安元元为务"。柳所讲的"生人""元元",自然包括农民、市民在内,是内涵比较广泛的概念,相当于如今的"人民""民众"。

不可否定,柳的一生受到儒家的传统教育,"儒家的仁政理想成为他的政治思想的核心"。以孔子、孟子为代表的传统儒学,其源头在尧舜之道。而尧舜正是中国古代"德治"与"民本"思想的创造者与实践者。《尚书》是孔子整理的,是中国第一本历史书。虽然学术界对《尚书》某些篇章的真伪问题存在争议,但"尧典""舜典"记载尧舜禅位,"公天下"的事情,与《史记》相类似。孔孟是儒学集大成者,他们对舜的主要德行进行了归纳、推介,将其思想纳入儒学的道统。孔子的《论语》有"雍也""述而""泰伯""颜渊""宪问""卫灵公""尧曰"等七章谈及舜。孔子极力称颂舜的大孝大德:"子曰:舜其大孝也欤!德为圣人,尊为天子,富有四海之内,宗庙飨之,子孙保之!"(《中庸》第十七章)孟子更是"言必称尧舜",引述舜的史迹更多。孟子曰:"人之所异于禽兽者几希,庶民去之,君子存之。舜明于庶物,察于人伦,由仁义行,非行仁义也。"(《孟子·离娄章句下》)对舜的"仁义"给予充分肯定。值得一提的是,1993年我国湖北荆门郭店村出土了公元前310年至前300年间制作的800多枚竹简(13000多字),其中有《唐虞之道》:"爱亲忘贤,仁而未义也;尊贤遗亲,义而未仁也……爱亲尊贤,虞舜其人也。"这不仅揭示了舜道德文化的内涵,还涉及与儒学的关系,并为《尚书·尧典》提供了新的佐证。

还需指出的是,舜文化诞生于原始社会末期,其思想体系属于原始共产主义范畴。而儒学形成于封建社会,受阶级社会的影响,在天人关系中存在"神人合一"的神秘主义内容,相信所谓天命。如孔子说:"君子有三畏:畏天命,畏大人,畏圣人之言。小人不知天命而不畏也,狎大人,侮圣人之言。"(《论语·季氏》)孟子也认为:"然则舜有天下也,孰与之?"曰:"天与之。"(《孟子·万章章句上》)柳宗元扬弃了儒学中一些不合时宜的内容,继承了荀子"天人相分"的理论,把儒学的"德治""民本思想"提高到一个新的理论层面。

二

谭双泉、曾静先生指出:"中国传统文化中的一个突出特点就是道德、政治、法律三位一体,从而构成了中国封建社会独特的道德政治模式。"[11]

柳宗元的"德治"思想,其内涵包括德治教化和实行仁德、仁爱等,体现在多方面。一是对尧舜"德治"的首肯。《贞符》开头花不少笔墨叙述说了原始社会抢夺、争斗和动乱的状况,赞扬了黄帝、尧舜对国家的治理,建立起大公之道。文章提出:"于是有圣人焉曰尧,置州牧四岳,持而纲之,立有德有功有能者,参而维之,运臂率指,屈伸把握,莫不统率。尧年老,举圣人而禅焉,大公乃克建。由是观之,厥初罔匪极乱,而后稍可为也。非德不树,故仲尼叙《书》,于尧曰'克明俊德';于舜曰'濬哲文明'……。"[12]对尧舜管理国家、启用能人、禅让,建立大公之道的德行十分崇敬。柳宗元还写有专门谈舜禹禅让的《舜禹之事》,代永州刺史冯叙作的歌颂舜德的《舜庙祈晴文》。在后文中,赞扬"帝入大麓,雷雨不迷。帝在璿玑,七政以齐。九泽既陂,锡禹玄圭,至德神化,后谁与稽?勤事南巡,祀曲以跻,此焉告终,宜福遗黎。庙貌如在,精诚不睽。"他的《论语辨二篇》,上篇对《论语》的编者提出质疑,经过分析,认为这部书不是孔子弟子记录整理的,而是曾参的弟子最后编成的,下篇对《论语》开头引用尧、舜的话进行分析,认为《论语》这部书的重要,再没有比这段话更重的了。"尧曰:'咨,尔舜!天之历数在尔躬,四海困穷,天禄永终。'舜亦以命禹,曰:'余小子履,敢用玄牡,敢昭告于皇天后土,有罪不敢赦。万方有罪,罪在朕躬。朕躬有罪,无以尔万方。'"[13]这是孔子常常诵读圣人之道的话啊。在《天对》这一哲学著作中,他根据《尚书》《史记》记载的史料,淋漓尽致地歌颂了舜的仁爱、圣德。"尧舜之君""尧舜之氓"是他向往的美好社会。

二是主张以儒家的"仁义"思想作为治理国家的根本原则。孟子曰:"人之所以异于禽兽者几希,庶民去之,君子存之。舜明于庶物,察于人伦,由仁义行,非行仁义也。"(《孟子·离娄章句下》)对舜以仁义之道而行给予肯定。在《四维论》一文中,柳宗元批评《管子》一书,把礼、义、廉、耻相提并论作为四维,而不分主次,是错误的。他认为,仁义是国家的纲维,此外不能有别的东西可称得上纲维。这说明柳主张以儒家的"仁义"思想作为治理国家的根本原则。在该文中,他还做了具体阐述:"圣人之所以立天下,曰仁义。仁主恩,义主断;恩者,亲之;义者,宜之;而理道毕矣。蹈之斯为道,得之斯为德,履之斯为礼,诚之斯为信。皆由其所之而异名"[14]。可见,主导恩德、主导断事的仁义是最根本的,其它道理莫不包含在仁义之中;只要做到了仁义,其它各项要求就容易做到了。在《时令论》(下)一文中,柳说:圣人作教化的根本点,是树立中道来做后人的典范,让后人来效法实行。这个中道的内容就是仁、义、礼、智、信,叫做五常,意思是说,这是应该经常坚持实行的准则。并且把这些道理作为防止昏庸乱道的方法,勤勤恳恳地记载在典籍文献中,让人们用来挽救国家的危亡,消除社会的动乱,使国家兴旺和安定,教人们永远信守,不要废弃。[15]

三是阐述以"仁德""仁爱"为主的道德观。"德自舜明","德为先,重教化"可称之为舜文化的灵魂。柳宗元以为:"道德之于人,犹阴阳之于天也。仁义忠信犹春秋冬夏也。举明离之用,运恒久之道,所以成四时而行阴阳也。宣无隐之明,著不息之志,所以备四美而富道德也。"[16]意思是:道德对于人来说,就好比阴阳在天一样;仁、义、忠、信,就好比春、秋、冬、夏一样。天发挥光明照耀的功用,运用永恒持久的道理,这就成为四季变化和阴阳运行。人发扬鉴照无遗的聪明,具有永不消失的意志,这就具备仁、义、忠、信这四种美德而使道德完善起来。柳宗元弘扬"尧舜、孔子之道",设计、构建的"大同世界"的社会生活,具有以下特征:

(一)俭朴——"人用足而不谋",即百姓的给用就富足,而且不会骄逸;

(二)谦让——"遵分而进善,其道不斗",即百姓就安守本份,而且乐于做善事,这样就不会发生争斗;

(三)谋虑——"通于远而周于事",即就会事事想得长远而且周到;

(四)和睦——"仁之质",即是仁的根本;

(五)儆戒——"义之实",即义的内容;

(六)淡泊自娱——"安而久于其道",即社会就会保持安定,而且能使王道长久。

这就涉及了社会道德及社会风气等问题,章士钊先生对此进行了概括:"《晋问》之卒章,歌颂唐尧之遗风,谓致太平必以尧为准,夫准者何也? 简而举之,一尚俭,一克让,循循缩缩,两言而已"。[17]"尚俭""克让"可以说是中华民族的传统美德。

四是提倡"德治"与"法治"相结合。在《贞符》一文中,柳宗元一针见血批驳了董仲舒等人"推古瑞物以配受命"的说法,用"受命不于天,于其人;休符不于祥,于其仁"的朴素唯物主义观点代替唯心主义的"天人感应"论。同时,他还根据历史事实,说明未有丧仁而久、恃祥而寿的道理,要求帝王思德求仁,争取人心,指出这才是长治久安之道。他在结尾借皇帝之口强调:"谌哉!"于是废除了那些讲美好祥瑞符命的奏书,研究真正符命的深奥含义,考虑恩德还有哪些不够深厚,探求仁义还有哪些不够完备,用仁德作为治理国家的最高准则,按照仁德精神恭敬地专心治理人间事情。他以"仁德""仁爱"为主线,宣扬忠孝、信义,提倡谦让、和睦,对官吏提出勤政、廉洁的官德要求。他歌颂尧舜"举贤""禅让"的美德,要求帝王征询臣民的意见;主张任人唯贤,反对任人唯亲,主张严刑峻法,赏罚分明。

三

我国古代的民本主义思想,是以儒家为主体把仁义道德规范运用于政治领域而形成的学说。孔子在论政时,反复强调了"礼"和"仁",他说:"人而不仁,如礼何? 人而不仁,如乐何?"(《伦语·八佾》)并进一步阐释"节用而爱人,使民以时"(《学而》),"使民如承大祭""百姓足,君孰与不足? 百姓不足,君孰与足?"(《颜渊》)"因民之所利而利之"(《尧曰》)。孟子提出的"仁政"学说,其基本内容就是"民贵君轻"(《孟子·尽心下》);"省刑罚,薄税敛"(《梁惠王上》),"制民之产,必使仰足以事父母,俯足以畜妻子,乐岁终身饱,凶年免于死亡"(同上)等。管子更是认识到"政之所行,在顺民心;政之所废,在逆民心。"(《管子·牧民》)柳宗元的民本思想,对儒学既有继承,又有发展,概括起来就是"以生人为主""利安元元为务"。正如孙昌武教授所言:"柳宗元对民众和解决民生问题的关心贯彻了他的终生,成为他人生的指针,也是他奋斗不息的动力。他不论处在什么条件下,总是一再地讲:'贤者之作,思利乎人。''仕虽未达,无忘生人之患。'他自身更是为'光功济物','交利于人'而不懈地努力。"[18]

柳宗元的民本思想主要体现在三个方面:一是国家的变迁兴衰,决定于"生人之意"。他在《贞符》中,主要阐述帝王受命于"生人之意"的观点,认为帝王真正的受命之符是仁德,是生人之意,而不是天命。他批驳了董仲舒等人"推古瑞物以配受命"的说法,用"受命不于天,于其人;休符不于祥,于其仁"的朴素唯物主义观点代替了唯心主义的"天人感应"论。他从人类社会的萌芽、发展、治理,到尧舜大公之道的建立,肯定了历史上有"非德不树"的传统,肯定了孔子在《尚书》中称赞尧"能明大德";舜"极其圣哲而智慧";禹"文命恭敬地继承了先帝的德业";商汤王"能宽容仁德,取信于广大人民";周武王"能行正道的太王的曾孙"。他还根据历史事实,从正反两个方面进行论证,说明未有丧仁而久,恃祥而寿的道理,要求帝王思德求仁,争取人心,指出这才是长治久安之道。他还在《梓人传》中提出"彼为天下者本于人"的观点,表现出他对人的作用的重视。这充分表明,柳宗元已看到了人民群众的力量在社会历史演变中的作用。二是为政之要"在于利民"。柳宗元主张为政者要以"生人为主",要"心乎生人","思乎生人",考虑"生人之患",也就是"在于利民"。他曾反复表明自己的理想:"以兴尧舜孔子之道,利安元元为务。"还在《上大理崔大卿应制举不敏启》中说过,他不为举科第、登朝庭,也不是慕权贵、为将相,而是乐行其政,理天下。他说:"仕虽未达,无忘生人之患,则圣人之道幸甚,其必有陈矣。"[19]贬谪永州十年,他关心民间疾苦,在《捕蛇者说》《田家三首》等作品中大胆揭露苛政猛于虎、重赋胜毒蛇的苦难现实,敢为人民鼓与呼! 在柳州任刺史四年,他勤政爱民,除弊兴利,受到百姓爱戴。韩愈在《柳州罗池庙碑》中大加赞赏:"于是民业有经,公无负租,流逋四归,乐生兴事;宅有新屋,步有新船,池园洁修,猪牛鸭鸡,肥大蕃息;子严父诏,妇顺夫指,嫁聚葬送,各有条法,出相弟长,入相慈孝。先时民贫,以男女相质,久不得赎,尽没为隶;我候之至,按国之故,以佣除本,悉夺归之。大修孔子庙,城郭道巷,皆治使端正,树以名木。民既皆悦喜。"在《晋问》中,他用浓墨重彩描绘了晋地山川壮丽、物产丰富的美景,给人以强烈的震撼力! 文中追溯了晋地历史上两个辉煌的时代:春秋的晋文公时代和上古的尧舜时代。柳认为,晋文公的霸业虽然其功可嘉,但远不及尧帝的王者气象。尧的时代是理想社会的楷模。他通过对尧舜的赞颂,抒发了自己的政治理想,在文中,他通过拟设的吴子之口说:"安其常而得所欲,服其教而便于已,百货通行而不知所自来,老幼亲戚相保而无往之者,不苦兵刑,不疾赋力。所谓民利,民自利是也。"[20]描写了理想社会的生动图景。柳深刻认识到"利民"和"民利"的不同,提出为政者要关心"生人",不仅要制订惠民的"利民"政策,更重的是引导老百姓走上"民利"。他还在《答元饶州论政理书》中,讨论为政之要,认为当官"不仅在于完成国赋税,供给官吏薪俸,满足了自己需要就算了","还要使人民生活富裕,人丁兴旺,并大兴教化等等,作为自己的重大职责",[21]并提出减轻农民负担,理进行赋税改革的希望。

三是宣扬"官为民役""民可黜罚"的民主思想。早在长安时,柳宗元就在《送宁国范明府诗序》中提出:"夫为吏者,人役也。役于人而食其力,可无报耶?"[22]柳宗元在贬永期间,结认了零陵县代理县令薛存义,对他任职仅两年,"蚤作而夜思,勤力而劳心,讼者平,赋者均,老弱无怀作暴憎,其为不虚取直也的矣,其知恐而畏也审矣"的政绩评价颇高,为他送行时,写下《送薛存义之任序》,文章说:"凡吏于土者,若知其职乎? 盖民之役,非以役民而已也。凡民之食于土者,出其十一佣乎吏,使司平于我也。今我受其直,怠其事者,天下皆然。岂惟怠之,从而又盗之。向使佣一夫于家,受苦直,怠其事,又盗若货器,则必甚怒而黜罚之矣。以今天下多类此,而民莫敢肆其怒与黜罚者何哉? 势不同也。势不同而理同,如吾民何? 有达于理者,得不恐而畏乎?"[21]在这里,柳宗元提出

"官为民役""民可黜罚"的思想,把民本思想提到一个崭新的高度。民本思想的实质,是君主专制下的重民思想,通过重视民生问题来巩固专制制度的统治基础。不管重视程度如何,一般没有改变"君为民之本,民为君之臣"的关系。柳宗元却把官与民的统治与被统治关系颠倒为"役"与"主"的关系,破天荒地指出民是"出其十一佣乎吏,使司平于我"的雇主,官则是民的受雇者。雇主可以雇用佣者,也可以罢免、处罚佣者。对官民关系的深刻阐述,具有石破天惊之力!这实质上已从"为民作主"上升到"人民作主"的理论范畴,闪灼民主思想的光芒! 章士钊先生在《柳子厚生于今日将如何》中指出:"子厚之优异者,在主张民为至上,凡事之病于民,或与民无涉者,皆当毁弃。"这是非常中肯的。柳批判了"治国在天"的唯心主义天命观,宣扬"治国在贤"的进步主张,他认为一个人的成就是"功在社稷,德在生人"。他一生以屈原为楷模,忧国忧民,上下求索。他认为兴废革新的是贤者,因循守旧的是愚人。在《全义县复北门记》中,他对卢遵为恢复交通,方便百姓而修复被堵塞一百多年的全义县城北门这件事大加赞赏,并批判了吝啬保守,愚昧迷信的思想,旗帜鲜明地提出了"贤莫大于成功,愚莫大于吝且诬"的观点,并"推是类以从于政",提出"用道废邪,用贤弃愚"的政治主张,体现了他改革弊政,"宜民之苏"的进步思想。柳除了在政治上反对宦官擅权、封建割据之外,还主张刷新吏治。在《愈膏盲疾赋》中指出:"丧亡之国,在贤哲之所扶匡。"他对中唐以后吏治腐败的现象进行了揭露和抨击,对"无之而工言者""无之而不言者"两类官进行愤慨指斥。他在《与杨京兆凭书》是指出:"无之而工言者,贼也。""无之而不言者,土木类也"。对那些腹内空空,而却巧于言词,满口高腔大调,颇能迷惑人的人,特别是那些既无口才又无内才,俨然忠厚长者得以混迹官场的人,进行了深刻的揭露与辛辣的讽刺。对为政,柳提倡"蚤作而夜思,勤力而劳心"的作风,主张考核官吏政绩的优劣而决定提升或降职,着眼于是否有补于万民之劳苦,对为政清廉、政绩显著的极力称赞。在《唐故衡州刺史东平吕君诔》《零陵三亭记》中,对吕温、薛存义的政绩给予了充分肯定。在《段太尉逸事状》中歌颂了段秀实关心人民、不畏强暴、廉洁正直的高尚品质。他对贪官污吏的抨击突出表现在他的一系列讽刺小品中,如《蝜蝂传》《憎王孙文》《吏商》《鞭贾》《哀溺文》等,形象生动,爱憎分明。

综上所述,柳宗元的"德治""民本"思想,其源头在尧舜、孔孟之道,既有继承、扬弃,又有创造、发展。他以思想家的敏锐洞察力、哲人的睿智丰富了中华民族的思想宝库,其精神遗产至今闪射民主、进步的火花。在实施"以德治国"方略与贯彻"三个代表"重要思想的实践中,我们完全可以从中吸取一些有益的东西,以推进全面建设小康社会的步伐!"代表中国最广大人民的根本利益""立党为公、执政为民""权为民所用、情为民所系、利为民所谋"等重要思想和执政理念可以看成中国古代民本思想在当代最完美的体现,与柳宗元的民本思想存在某种源流关系是不言而喻的,也从一个侧面说明了中唐思想家、政治家柳宗元的伟大。

参考文献:

[1]蔡靖泉.舜歌《南风》与舜化南国[J].零陵师范高等专科学校学报,2001,(1):9—10.

[2]王田葵.论舜文化特征与舜帝精神[J].零陵师范高等专科学校学报,2001,(4):17.

[3]柳宗元.贞符[J].柳宗元集卷一.北京中华书局出版,1979.10:10.

[4]柳宗元.与杨海之第二书[J].柳宗元集卷三十三.北京中华书局出版,1979.10:852.

[5]柳宗元.送娄图南秀才游淮南将入道序[J].柳宗元集卷二十五.北京中华书局出版,1979.10:656.

[6]柳宗元.寄许京兆孟容书[J].柳宗元集卷三十.北京中华书局出版,1979.10:780.

[7]柳宗元.时令论上[J].柳宗元集卷一.北京中华书局出版,1979.10:85.

[8]柳宗元.时令论上[J].柳宗元集卷一.北京中华书局出版,1979.10:89.

[9]柳宗元.断刑论下[J].柳宗元集卷一.北京中华书局出版,1979.10:91.

[10]柳宗元.文通先生陆给事墓表[J].柳宗元集卷九.北方中华书局出版,1979.10:209

[11]谭双泉,曾静.略论李大钊对传统道德观的批判与改造[J].湖南社会科学,1995,(1):72.

[12]柳宗元.贞符[J].柳宗元集卷一.北京中华书局出版,1979.10:31.

[13]柳宗元.论语辩二篇[J].柳宗元集卷四.北京中华书局出版,1979.10:111.

[14]柳宗元.四维论[J].柳宗元集卷一.北京中华书局出版,1979.10:78.

[15]柳宗元.时令论下[J].柳宗元集卷一.北京中华书局出版,1979.10:88.

[16]柳宗元.天爵论[J].柳宗元集卷一.北京中华书局出版,1979.10:80.

[17]章士钊.柳文指要[M].上海:文汇出版社,2000.4:384.

[18]孙昌武.柳宗元评传[M].南京:南京大学出版社,1998.12:237—238.

[19]柳宗元.答周君巢饵药久寿书[J].柳宗元集卷三十二.北京中华书局出版,.1979.10:841.

[20]柳宗元.晋问[J].柳宗元集卷十五.北京中华书局出版,1979.10:425.

[21]柳宗元.答元饶州论政理书[J].柳宗元集卷三十二.北京中华书局出版,1979.10:831.

[22]柳宗元.送宁国范明府诗序[J].柳宗元集卷三十二.北京中华书局出版,1979.10:595.

[23]柳宗元.送薛存义之任序[J].柳宗元集卷二十三.北京中华书局出版,1979.10:616.

（原载 2005 年第 9 期,作者单位:永州职业技术学院）

试论柳宗元的政治痛苦及其慰解方式

✳ 唐小华　李淑华

　　翻检柳宗元的诗文集,其痛苦内容比比皆是,仅从题目中一望而知者,就不下数十篇之多,如《惩咎赋》《亡妻弘农杨氏志》《祭外甥崔骈文》《哭连州凌员外司马》诗。在中华书局出版的《柳宗元集》中,文集部分41卷,其中墓志(包括碣、诔、神道表等文体)和祭文就占了七卷,如果在加上具有祭文性质的碑文,共有九卷之多,几近文卷的四分之一。这些文章,除去那些代拟和恭维之作,所述人、事与柳宗元切身相关并带给柳宗元痛苦刺激的不下半数,从中可以看出柳宗元痛苦之深、之切。从这些留给后世的文学遗产中,我们可以看到,柳宗元既有政治失意之愤懑,又有丧亲失友之哀伤;既有门庭衰落、子嗣乏人之悲凉,也有神衰体弱、瘿疾抱恙之苦痛。但在柳宗元的各种痛苦中,对柳宗元影响最大的莫过于他的政治痛苦。

　　柳宗元品格高尚,才华突出,富于理想,锐意革新,在王叔文领导的革新集团曾经身兼重任,成为中唐改革派的核心人物之一。也因为柳宗元政治热情饱满、活跃,而被人讥为"不自贵重顾藉"(韩愈《柳子厚墓志铭》)[1]1435,"踏道不谨,昵比小人"(《旧唐书》)[1]1414,"傲幸""规权"(《新唐书》)[1]1414,因而,在改革失败之后,受到的政治打击和迫害也最为深重,造成了"材不为世用,道不行于时"(韩愈《柳子厚墓志铭》)[1]1435的悲剧结局。由于贬谪时间过长,政治压力过大,又身处蛮荒,水土不服,诸种因素给柳宗元带来了莫大的身心痛苦,直接影响了柳宗元的身体健康,促成了柳宗元的早衰和英年夭逝。造成如此结局,最关键的就是柳宗元政治生涯的跌落及其所带来的挫败感——政治失意之痛苦。

　　有痛苦,就一定会产生求得解脱的希冀。为此,柳宗元曾做过不间断的努力,如寄情山水、崇信佛教、读书作文,等等。所有这些努力,并不能完全摆脱柳宗元的痛苦心境,但是却或多或少地起到了缓和、转移精神痛苦的慰解作用。探讨柳宗元的政治痛苦及其慰解方式之间的联系,直接关系到柳宗元的文学创作和文学成就,对于深化柳宗元研究有着重要意义。

一　柳宗元政治失意之痛苦

柳宗元的政治生涯,以"八司马事件"为标志,可分为被贬前与被贬后两大阶段。永贞革新的失败,成为柳宗元一生命运的分水岭。被贬前,柳宗元在政治生活中可谓春风得意,仕途顺遂,三十三岁就进入政治权力核心;被贬后则长期谪居边远恶州,北归无望,政治失意之痛苦日益加剧,终至盛年夭死,实为中唐政坛与文坛的一大损失。

柳宗元早期仕途顺遂。永贞元年九月,韦执谊等八人被贬,史称"八司马事件"。在这次贬谪中,柳宗元初贬为邵州刺史,途中再贬为永州司马。对于自己的遭贬,柳宗元乍遇之下,内心极为愤懑。在作于元和元年左右的《跂乌词》《笼鹰词》等作品里,作者用近日之跂乌、脱毛之猎鹰以自况,词旨悲愤郁激,艺术化地肯定了自己正确的政治取向,充分表达了对反动腐朽势力的厌憎。元和元年五月,因柳宗元是独子,母卢氏随来贬所,因水土不服,膳药不具而病逝。这对柳宗元激愤的心情来说,无疑雪上加霜。元和元年冬,八司马之一、柳宗元的挚友凌准因病逝世。对此柳宗元内心激愤达到了顶点:"废逐人所弃,遂为鬼神欺。"[2]42

柳宗元来到永州之后,初寄居于龙兴寺,始参悟佛理;更兼游玩永州山水,激愤心情渐渐平复。按照唐朝惯例,凡流贬三至五年,或遇国家庆典施行大赦,罪人或处罚减等,甚或解除禁制,允许回乡。但在元和元年改元大赦之际,特意发出"八司马""纵逢恩赦,不在量移之限"的旨意。柳宗元并未认清唐宪宗等人的面目,还以为唐宪宗的钧旨只不过是气头上的话,时过境迁,流人纵不能官复原职,至于减轻处罚,甚至攘除罪籍,还是有可能的。尤其在八司马之一的郴州司马程异于元和四年擢升为扬子留后后,柳宗元连续向翰林学士萧俛、李建、京兆尹许孟容去信陈情,请求"除罪移官"[3]98。此后,又多次投文献启于赵宗儒、严绶、李夷简、武元衡、郑絪等人,希望"弃瑕录用"[3]127,但均未果。柳宗元又把除罪的希望寄托在大赦上。元和四年十月,立太子,颁赦令,故连州司马凌准灵柩得以归葬杭州,柳宗元为之作墓后志;是年冬,吐突承璀讨河北王承宗,柳宗元有《与裴埙书》,希望平定之后,朝廷行大赦,自己得以迁擢;元和五年十一月,柳宗元得知宪宗诏来年正月行籍田礼,以为必行大赦,因作书与杨凭,请以移官为念;元和九年,唐宪宗欲讨淮西藩镇吴元济,召乌重胤为汝州刺史、河阳节度使,以压淮蔡,柳宗元即上书乌氏,欲著文记其事功,垂之不朽。然而,均一一化为泡影。十年谪居永州,柳宗元倍尝囚居之苦,将政治失意的激愤心情,逐渐转变为一种更为深沉的痛苦。

元和九年十二月,有诏追王叔文党赴都。柳宗元大喜过望,以为这次征召,不仅可以攘除罪籍,甚至可能得到重用,至少北归有望。自元和十年正月启程,二月即至长安,柳宗元一路赋诗明志,表达了自己这种重见天日的愉快心情:"不羡衡阳雁,春来前后飞。"[2]237 "我今始北旋,新诏释缧囚"[2]277 "晴天归路好相逐,正是峰前回雁时"[2]238 "十一年前南渡客,四千里外北归人。诏书许逐阳和至,驿路开花处处新。"[2]287 三月,柳宗元旋领柳州刺史,出都赴任。这次升迁,实际上是变相地流放到更远的地方。

尽管意识到自己所处的政治环境依然极为恶劣,但由于身体、子嗣等种种原因,柳宗元希望北迁的愿望更加强烈。柳宗元一方面努力建功立业,在柳州做出了突出政绩,另一方面仍然找寻各种机会,希望获得朝廷的原宥。元和十三年(818 年),朝廷取得了平灭淮西藩镇吴元济的重大胜利,正月,大赦天下。柳宗元立即作《平淮夷雅》二篇,献给宪宗皇帝、宰相裴度和平淮功臣、襄阳节度使李愬。同年,听说李夷简入相,特上陈情书,希望拔擢,甚至说出了"生之("之":《唐文粹》作"死",是。)通塞,决在此举"[1]892 这样极端之辞,但李夷简也终未能施予援手。第二年,柳宗元即病死于柳州。

二 慰解方式

如上所述,柳宗元政治痛苦是如此深切,为了慰解这颗苦痛的心灵,柳宗元采取了种种手段,希望解除或疏缓这种痛苦。归纳起来,大致有三方面:

(一)寄情山水

寄情山水,是历代士大夫在遇到政治挫折时最为常用的自我慰藉方式。清丽的山水,远离了尘世的喧嚣,自然是疗养精神痛苦的良方。柳宗元也不例外。在贬永、柳期间,为抒解胸中郁闷,柳宗元经常"自肆于山水间"[1]1434。刚到永州时,柳宗元因罪人身份,官居"永州司马员外置同正员",依唐律,例不得参与政事,所谓"俟罪非真吏"[2]187,因而有大量的时间去寻幽探胜,赏玩山水。另外,永州山水清幽秀美,也深深吸引了柳宗元的目光。于是,柳宗元"闷即出游"[1]801追随者日以游赏山水为乐事:"自余为僇人,居是州,恒惴栗。其隟也,则施施而行,漫漫而游,日与其徒上高山,入深林,穷回溪,幽泉怪石,无处不到。到则披草而坐,倾壶而醉;醉则更相枕以卧,卧而梦,意有所极,梦亦同趣。"[1]762柳宗元几乎遍游了永州山水,写下了《游黄溪记》《始得西山宴游记》《钴鉧潭记》《钴鉧潭西小丘记》《至小丘西小石潭记》等一系列优秀的山水游记名篇。为了平抑心灵的痛苦,柳宗元甚至把自己所居、所游,一律名之于"愚"。及贬柳州,虽然官居刺史,身份与以往有所不同,事务也远比在永州多得多,但柳宗元仍然没有放弃游赏山水的爱好,又写下了《登柳州峨山》诗、《柳州东亭记》及《柳州山水近治可游者记》等名篇。尤其是后者,从记录的详细程度看,柳州附近多数山水名胜,柳宗元都是去游玩过的。柳宗元就是在寄情于山水之中,找到了一个极好的慰解心灵痛苦的宣泄口。

(二)崇信佛教

柳宗元一生好佛,但真正对佛教有所体悟是在柳宗元遭贬之后。崇信佛教,是柳宗元寻求解脱痛苦和心灵慰藉的一种重要方式。

其《送巽上人赴中丞叔父召序》云:"吾自幼好佛,求其道积三十年。"[1]671任蓝田尉时,曾作过《南岳弥陀和尚碑》。但是,佛教对柳宗元早期的影响并不显著,因为他此时在政治生涯中正在走上坡路。儒家"辅时及物"的思想在柳宗元的思想中占据了主流的位置。"永贞革新"的失败,彻底断送了他的政治前途。命运的打击使他精神上需要一个逃遁之所。贬谪永州后,柳宗元在与佛教徒的来往中逐渐体会到佛教的空无思想。初到永州时,柳宗元与其母寄住在潇水东岸的龙兴寺,受到当地僧人重巽多方关心与照顾。这对一个待罪之人来说,正好与长安政治圈中那些趋炎附势、落井下石之徒,形成了多么鲜明的对比。此外,重巽诗文皆通,与柳宗元正好可以诗文唱和,谈禅论道,这无疑对柳宗元是个慰藉。柳宗元在永州期间,写了很多有关重巽和尚的诗文,如《巽公院五咏》《送巽上人赴中丞叔父召序》等,是两人友谊的明证。除了和重巽交往外,柳宗元还广泛与其他僧人来往,并为僧人撰写碑文,如《龙安海禅师碑》《岳州圣安寺无姓和尚碑》《衡山中院大律师塔铭》等。柳宗元还热心佛事,居永期间,曾经修缮过他寄居的龙兴寺、法华寺。刚至柳州,又修复了年久失修的大云寺。

柳宗元对于佛教并不是盲目信仰的。有学者指出,柳宗元接受佛教有多方面的原因:"具体地说,既有学术上的社会根源和思想基础,又有自己政治上受挫之后,精神受到打击,在佛教中寻求慰藉和解脱,从而皈依佛教的虔诚信仰;还有对佛教基本理论,尤其是天台宗中道观的思想认同;更重要的是对佛教辅佐教化、阴翊王度、俾民逍遥等社会作用的赞赏。"[4]199-201柳宗元早年就认为佛说往往与《易》《论语》相合,人们可以"统合儒释"(《送文畅上人登五台遂游河朔序》)。他修复大云寺的目的主要就是认为佛教可以辅佐教化,可以改变柳州当地杀生祭巫的陋俗。他与韩愈反复辩驳浮屠之说的是非,主要也是出于维护佛教徒及佛教学说的正当地位。也有学者指出柳宗元主要是受了南宗禅中的洪州禅的影响:"它要求人们放弃所执着的一切,以一种忽视物我区别的平常心态,委运乘化,坦然面对人生遭遇的一切,以最终实现对自我的超越。这与柳宗元调适贬谪心态的情感诉求十分吻合。"[5]14-19可见,佛教对于柳宗元的痛苦起到了一定的缓解作用。

(三)读书作文

柳宗元贬谪期间,除游览山水、皈心佛教外,读书作文亦是其排遣苦闷的主要手段。

柳宗元谪永十年间,广泛钻研古往今来的哲学、政治、历史、文学,对这些领域中的许多问题都形成了自己独特的见解。他的哲学观、历史观基本上成熟于此时,一系列反映他朴素唯物论和历史观的著名论文,如《天说》《天对》《答刘禹锡天论书》《封建论》《与韩愈论史官书》等,都写作于此时。在《与杨京兆凭书》中,柳宗元谈到了此一时期自己读书作文的收获和变化:"宗元自小学为文章,中间幸联得甲乙科第,至尚书郎,专百官章奏,然未能究知为文之道;自贬官来无事,读百家书,上下驰骋,乃少得知文章利病。"[1]789在《读书》诗里,也描写自己被贬后读书作文的甘苦:"上下观古今,起伏千万途。遇欣或自笑,感戚亦以吁。……倦极更倒卧,熟寐乃一苏。欠伸展肢体,吟咏心自愉。……书史足自悦,安用勤与劬?贵尔六尺躯,勿为名所驱!"[2]118-119柳宗元的很多诗歌文章,直接取材于史料,都是他读书所得。如诗歌《咏史》《咏三良》《咏荆轲》;文章《桐叶封弟辩》《非〈国语〉》等等,与《诗经》《春秋》《左传》《史记》《国语》等有关记载密切相关。可见读书作文对于柳宗元被贬后的精神生活,是多么的重要。

柳宗元在被贬后不仅勤于读书,同时也勤于作文写诗。柳宗元现存的诗文作品有散文五百多篇,诗歌一百六十四首,这当然不是柳宗元短促的一生中写作诗文的总数。上文已经指出,柳宗元不仅读书勤苦,而且心有所得,必诉诸笔端。另外,柳宗元一生爱好山水,凡所游览,也必形诸吟咏。《新唐书·柳宗元传》载:"既窜逐,地又荒疠,因自放山泽间,其堙厄感郁,一寓诸文。"[1]410他创作了大量精美的游记诗文,其中绝大多数都是遭贬后所作。同时,柳宗元一如既往地关注民生疾苦,深入底层人民生活,描写底层人们生活形象。刚到永州,即写下了《捕蛇者说》这样震撼人心的记叙文;居柳州期间,又撰写了许多出色的人物传记,如《宋清传》《种树郭橐驼传》《童区寄传》《梓人传》等,歌颂劳动人民的高贵品质,同情他们的不幸遭遇。

在作者如林的唐代,柳宗元的诗文不仅数量多,而且质量极高,叙事、咏史、寓言、山水和酬赠抒情之作各具特色。如著名的"永州八记",把自己的不幸遭遇和痛苦感情融入到优美的山水描写当中,隽永、精致、优美,而又深蕴凄婉哀伤。又如《江雪》诗,南宋刘辰翁评云:"得天趣,独由落句五字道尽矣。"明人顾璘《评点唐诗正音》云:"绝唱。雪景如在目前。"[2]268 都给予了极高的评价。在唐人不很重视的寓言小品文方面,柳宗元嘻笑怒骂,以游戏之笔,寓严肃之意,极力鞭挞社会丑陋现象,嘲弄统治者的外强中干和庸陋之人的愚昧狂妄,如《三戒》《罴说》《蝜蝂传》等,达到了极高的艺术水平。

柳宗元诗文的质高文美,与柳宗元受到贬谪的不幸遭遇是分不开的,同时也是柳宗元善于向古人学习的结果。柳宗元作文,不仅注重真情实感,有感而发,而且特别讲求艺术表现技巧。在《答韦中立论师道书》里,柳宗元详细地说明了应如何学习古人,锻炼艺术技巧,提高写作水平:"吾每为文章,……本之《书》以求其质,本之《诗》以求其恒,本之《礼》以求其宜,本之《春秋》以求其断,本之《易》以求其动,此吾所以取道之原也。参之谷梁氏以厉其气,参之《孟》《荀》以畅其支,参之《庄》《老》以肆其端,参之《国语》以博其趣,参之《离骚》以致其幽,参之太史公以著其洁,此吾所以旁推交通而以为之文也。"[1]268 柳宗元就是在这样的刻苦钻研和读书作文中,尽力纾解自己的痛苦。

综上言之,柳宗元一生最大痛苦,显然来自于政治生涯的失败和敌手的迫害,而他所能做的,只是抒解心中的忧愤。

柳宗元的政治痛苦,在寄情山水当中得到了深化,在浸心佛理当中得到了隐化,在读书作文当中得到了转化。三者都没有、也不可能使柳宗元的内心痛苦得到真正的解脱。不过,尽管这些方式不可能让柳宗元得到彻底解脱,但对于缓和他的心灵痛苦,多少也取得了一定的慰解作用。更为重要的是,柳宗元的政治痛苦,和他为解除痛苦作出的这些努力,成就了一位杰出的思想家、文学家。韩愈在当时就极为敏锐地看到了这一点:"然子厚斥不久,穷不极,虽有出于人,其文学辞章,必不能自力以致必传于后如今无疑也。虽使子厚得所愿,为将相于一时,以彼易此,孰得孰失,必有能辨之者。"[1]1435-1436 这也就是本文努力辨析柳宗元政治痛苦及其慰解方式之关系的意义所在。

参考文献:

[1]柳宗元.柳宗元集[C].北京:中华书局,1979.

[2]王国安.柳宗元诗笺释[M].上海:上海古籍出版社,1993.

[3]罗联添.柳宗元事迹系年暨资料汇编[C].台北:国立编译馆,1981.

[4]张铁夫.柳宗元与佛教[J].求索,2005,(11).

[5]刘铁峰.论柳宗元与禅宗[J],曲靖师范学院学报,2007,(4).

（原载 2007 年第 6 期,作者单位:深圳大学）

走向山水田园的必然性

——试论柳宗元永州时期的心态与自我心理治疗

✱ 颜　婧

　　柳宗元最引人注目的作品是他永州时期山水田园题材的诗歌和散文,是他创作的高峰。柳宗元被贬永州前的作品并不太多,诗作仅有三篇(《杨白花》作于何年有争议),与山水田园无关,文章则为以官员身份创作的状、表、论、记和应酬交往的序文、碑文、墓志。永州之后,作品逐渐转向山水田园,隐逸色彩浓厚,奠定了他文学史上的突出成就。

　　以往研究讨论这一转向,多平面静态地组合柳宗元生平经历和作品,解读表层含义,立论简单,认为他是以自然景物转移注意力,化解痛苦,未能深入挖掘柳宗元激烈而动荡的思想世界。写景状物与政治毫不相关。而古文运动具有强烈的政治性。作为古文运动领袖之一的他,到底经过了怎样曲折的心路历程走到了对立的轨迹之上? 这是否也昭视了某种更深层次的历史必然性?

一　不得不被选择的隐逸的文化传统

　　柳宗元之前,山水田园传统就已经被建立。他对这一传统的接受是双向的,一方面,脱离不了中唐历史节点的特殊性,和他独特的身份和思想;另一方面,传统的惯性力量也在制约着接受过程。

　　在传统社会的空间结构上,山水田园与庙堂相对立,是隐逸的场所。这意味着,在身份上,不是官,便是民,不是民,就是官。在心灵上,山水田园之心与庙堂之心各自有着丰富的内涵。山水田园之心可能意味着对个体自由自适的追求,也可能意味着以自然为媒介,澄怀观道,追求哲思玄理;庙堂之心可以指对天下大道的追求,对生民的关怀,也可以容纳个人的成就欲与求利心。身份与心灵的关系可以相统一,也可以相悖离。心灵和身份的不统一往往会带来错位的矛盾与痛苦。在文学上均有表现。在柳宗元被贬之前,山水、田园作为一组实在的社会空间,以隐逸的行为为表现方式,容纳下了权力、自由、释、道等多重因素,形成了弹性的文化土壤。

本应为官的柳宗元,在被贬之后被推入了半官半民的境地,以半民的身份陷入了半隐逸的状态。永州司马为员外官员,不得干政,没有官舍,不能补职,不能参与宴会,擅离州县。他仍然享有俸禄。他有能力买地,雇得起仆役,负担得了大型的土木工程。说他是官,他看到了大量的生民的疾苦,却无法施之于政,也没有官员的正常人身自由;说他是民,他又有职位和俸禄,顶着官员的头衔,既不能离开这里,也不能辞官回乡。

元和五年前,他更接近于边缘化的官员,他一直和他的上司,当地的永州刺史交往比较频繁,如替韦姓永州刺史作《代韦中丞作元和大赦表》,和刺史冯叙共游华严岩,作《永州龙兴寺修净土院记》,纪念刺史冯叙的功绩;吴武陵、李幼清来到永州后,又常常和他们交游唱和。元和五年后,他的生活状态又相当于富足的普通百姓。他住在农家旁边,"闲依农圃邻"(《溪居》),在自己的院子里种花种草,亲自躬耕,"农事诚素务""眷然抚耒耜"(《首春逢耕者》),"晓耕翻露草"(《溪居》)。他还和自己的农人邻居经常交流,按照他们的建议种竹子(《茆簷下始栽竹》),治脚肿(《种仙灵毗》)。

显然,柳宗元在这两个群体之间摇摆着,他没有选择庙堂的权力,却有选择山林的权力,而他最后选择的是民这一面。他对自己的认同最初无疑是士大夫,当他在游移过程中无法在官场内获得个体在群体和社会中所需要的认同感时,他就不得不重新体验孤独、找寻自我,在价值观的更迭中化解危机。山林中存在着大量的空间,当他与山林隐遁的前贤发生共鸣,将自己纳入这一文化传统时,孤独感便会逐渐消解。这已经在暗示着,柳宗元将不得不进入山水田园的领域,与和他处境相似的前人遥相呼应,以创作的方式找到倾泄的出口。

但这一文化传统是多元而复杂的,可以追求权力、自由、长生,也可以追求超脱,怎样和这一传统共鸣,这完全是视柳宗元个人而定。在这过程中,他不断地以不同的形式,和隐逸的多重而异质的文学、思想传统相呼应,在观景中展开内心论战,伴随着内心的混沌逐渐被剖析清楚,价值观和人生观的危机也慢慢被化解。这意味着,只有恰到好处的两两相遇,才能创造出真正的得之于心,应之于笔的佳作,这才是茅坤所谓的"非子厚之困且久,不能以搜岩穴之奇;非岩穴之怪且幽,亦无以发子厚之文"(茅坤《唐宋八大家文钞》卷二三)这句话的深层意义。

二 柳宗元的焦虑

心理学认为,人是受动机驱使的。当动机无法达成,倘若个体无法对这件事达成一个自己能接受的评价,就会心理失衡,产生情绪。美国行为认知主义心理学家阿尔伯特·艾利斯(Albert Ellis)用 ABC 理论概括这一过程,A 指 Activating Event,即诱发性事物。B 指 Beliefs,指个体的认知信念。C 为 Consequences,是二者的结合下的人的情绪及行为反应。动机与信念的强烈程度决定了事后情绪的强烈程度。如果强行压抑情绪表达,就有可能陷入心理障碍之中。

那么,柳宗元参加永贞革新,有什么样的动机,什么样的认知信念,又有什么样的情绪和行为反应呢? 他是否也陷入了心理障碍之中呢?

柳宗元出生世家。柳家家族庞大,声名显赫。柳宗元所在这一支世代高官。最显赫时,"并居尚书省二十二人"(《送娴序》)。经过武则天朝的打压,家族已经衰败。到中唐柳宗元,在政治上,他的出身仕进和庶族士人没什么区别。在经济上,他家也只有一个长安附近的一般的庄园,并不算很大。事实上,这只过了短短的一百多年。出身于这样的家族的他,家族门第观念很强。他以自己的家族为傲,屡屡在文章里回忆并书写家族昔日的荣光,口吻如此的自豪而又苦涩。他一直以来都有很强的家族责任感和家族理想——作为独子的他,必须传承这一脉,重振家族的辉煌与荣光。这多次表现在永州期间的诗文中。元和四年向许孟容求助,他上手就提自己不能完成家族使命,无法祭祀;在《送从弟谋归江陵序》中他屡发感慨,"吾宗不振久矣","振吾宗者,其惟望乎尔";在《送娴序》里开篇即言"人咸言吾宗宜硕大,有积德焉",希望本族再度复兴,"意者其复兴乎?"。

同时,家族风气给了柳宗元儒家道德熏陶。他直系血亲家族成员写碑志祭文,总是为他们的品行节操自豪。他没有着意写彼此感情如何深厚,有怎样的生活细节难以忘怀,而是集中笔墨写他们的言行如何与儒家价值观相符,不看重个人得失,为他人、家族、国家着想。幼年时,他与他家颠沛流离,亲眼看到过生灵涂炭的惨剧。因而,他有很强烈的道义情怀,先家国、后个人。他回忆起自己参加永贞革新的心态,说他"意欲施之事实,以辅时及物为道"(《答吴武陵论〈非国语〉书》),想要"勤勤勉励,唯以中正信义为志,以兴尧舜孔子之道,利安元元为务"(《寄许京兆孟容书》),也就是要将经典中的价值观,更是他的家庭言传身教的道付诸实践。

看得出来，年轻的柳宗元内心纯然一片儒家天地，既要承祀家业，光宗耀祖，更要辅时济物，兼济天下，这是他心理世界的两根基础的支柱。

柳宗元在仕途上一帆风顺。21岁进士及第。26岁博学宏词科中第，任集贤殿书院正字。29岁调蓝田尉。31岁入为监察御史。他仕进的履历每一步都堪称教科书般典范。而进士及第的那一年，他的父亲就去世了，他成为了这个小家庭的当家人，这将激发起他强烈的期望值。外人评议道，"众谓柳氏有子矣"（韩愈《柳子厚墓志铭》），为他的家族称幸。可以想象到，这个年轻人内心多么想重振门楣。

那么，柳宗元以什么样的心态参与永贞革新呢？永贞革新的举措均有补于国计民生，宪宗朝在事实上继承了很多内容。对柳宗元而言，这既意味着他将有机会实现家族和国家两大维度的自我心理价值，同时，在以官位为评价人物高下的古代社会的主流价值观里，他也能获得更高的成就感和自我效能感。三重动力之下，动机相当之强。

贞元二十一年（805）八月，永贞革新失败，主要人员均受到了严厉的惩罚。九月，柳宗元被贬邵州刺史。十一月，尚未至治所，再贬为永州司马。第二年，宪宗多次大赦天下，八月，下诏八司马永不在量移之限。之所以会这样，是因为王叔文集团企图改换太子。只要宪宗不死，他们就是宪宗不可饶恕的仇人。

先前的动机、信念越强，之后的情绪挫败感也越强。柳宗元的挫败感不止因为未能达成目的，更源于剥夺先前所有所得的全局性倒退，是人生理想和未来前景的瞬间幻灭。在主流的价值判断标准里，现世的意义与价值已经消失了。他无法为天下生民谋得福利，他内心世界家国天下的支柱已经丧失了意义。

而且，他无法振兴家族，甚至无法延续家族。更有甚者，元和元年（806）五月，刚到永州半年，跟随他一起南下的母亲就去世了。心理学很看重归因，归因是指个体如何归纳某一事件发生的原因。一件事情往往由多个因素造成。他母亲会死，是因为年龄大了，年老体衰，也因为长途奔波，旅途劳累；还因为南国水土，身体不服。内部身体衰弱是根本因素，其他因素促成了它的发展。这些其他因素的出现，是因为他母亲要跟随他一同前来。这是他母亲的个人选择。当时她已67岁，她明知有这样的风险，仍然要与儿子一同度过最后的时光，这是母亲的爱。但也可以归因为她跟随前来是被情势所迫，是柳宗元的失败使母亲不得不随自己南下受苦。

在传统儒家价值体系里,遇到不好的事情归诸于己是基本的思考的出发点。柳宗元也是这样归因的,他认为自己"为祸为逆""顽很而不得死",使得母亲不得不跟着自己"窜穷徼",来到"人多疾痒""非所以养"的贬谪之所,导致"诊视无所问,药石无所求,祷祠无所实"。母亲去世,针对的并不是他母亲,针对的是他,是对他的"天罚"(《先太夫人归祔志》)。支撑他价值观的家族这一维度最终轰然崩塌。

元和四年(809),柳宗元写了一批书信,他无法排解情绪,出现了生理反应。他"痞结伏积,不食自饱"(《寄许京兆孟容书》)。同时"行则膝颤,坐则髀痹"(《与李翰林建书》),会有"或时寒热,水火互至"的感觉(《寄许京兆孟容书》);神志上会"欣跃恍惚""悸不自定","常积忧恐,神志少矣"(《与杨京兆凭书》);会"每闻人大言,则蹶气震怖,抚心按胆,不能自止",很容易"瞿然注视怵惕"(《与萧翰林俛书》);"舍忧慄,则怠而睡耳"(《与裴埙书》);读书会"神志荒耗,前后遗忘"(《寄许京兆孟容书》),会"昧昧然人事百不记一"(《与裴埙书》)。

也就是说,在病理症状上,他很容易严重肚胀。在中医看来,这属于积症,由情志不畅日积月累而成。剩下几条可归并为有时会感觉到或冷或热,肌肉酸痛无力;长期伴有不明原因的不必要的忧虑,忧虑和嗜睡交替出现;记忆力与注意力涣散,无法长时间集中精神做某一事情。同时,正常情景下,受到轻微的正常的刺激,很容易感觉到受惊和害怕,会发抖,心跳加速,意识恍惚,腹部也会有不适感。

诊断心理障碍最权威的标准是美国精神病学会制定发布的《精神疾病诊断与统计手册》(*Diagnostic and Statistical Manual of Mental Disorder*),简称DSM。依这一标准来看,柳宗元很可能患有广泛性焦虑症,伴随有惊恐障碍。DSM强调对客观症状的描述,精细地刻画了不同心理障碍的具体表现。真正的科学诊断需要临床医师细致问诊,结合临床经验给出结论。面对柳宗元的记述,我们也可以给出初步意见。参见 American Psychiatric Association:Diagnostic and Statistical Manual of Mental Disorder, Fifth Edition. Arlington, VA, American Psychiatric Association, 2013. 目前尚无译本。病症描述部分略有删节和调整。

广泛性焦虑症的症状判定依据为主要判定依据为:一是因一系列事件而感到过分的焦虑,持续时间达六个月以上。二是个体无法有效控制此种焦虑。三是表现出了以下六项症状中的三项或三项以上:心神不定、坐立不安;很容易感觉到疲劳;很难集中注意力,或者内心一片空白;易怒;肌肉紧张,可具体表现为肌肉颤抖、酸痛或麻木等;睡眠障碍,具体表现为难以入睡或过分嗜睡。四是这种持久性的焦虑显著影响到了正常的工作、学习和生活。五是并非由药物等物质引起。六是没有适用的解释力更强的心理障碍。很显然,柳宗元的焦虑很可能持续了四年,满足第一条,在第三条上表现出了至少四条症状,易疲劳、难以集中注意力、肌肉紧张、睡眠障碍,满足全部六条诊断条件。

惊恐障碍需同时满足以下四个条件:一是近期感受过在此情景下不应出现的突然的恐惧感,即几分钟之内突然涌来的高强度的恐惧或不适,并很快达到情感强度的顶峰状态。同时需伴随以下四个或四个以上的症状:心悸或心跳加速;出汗;浑身颤抖;呼吸急促或气闷;有窒息感;胸部疼痛或有不适感;反胃或有腹部不适感;头晕或有晕眩感;有冷或热的感觉;麻木或刺痛感;不现实感或与躯体分离感;对失去控制的恐惧感;对死亡的恐惧感。二是需伴随以下一点或两点,并持续一个月以上:长期担心这一恐惧感和相应后果的出现;针对恐惧感,明显出现了相关行为的不正常变化。三是并非由药物等物质所引起。四是没有适用的解释力更强的心理障碍。但若伴随广泛性焦虑症一同出现,宜诊断为广泛性焦虑症。柳宗元在收到别人的信、听到别人稍大声地讲话,就会出现上述第一条的五项症状,心跳加速、浑身颤抖、腹部不适、有冷或热的感觉、有不现实的恍惚感,符合惊恐障碍的诊断标准。因此,他患有广泛性焦虑症,并伴随有惊恐障碍的症状。

这个时期的柳宗元价值观建立于儒家之上,他的两大支柱一一被摧毁,心理压力明显过大,而且他有意压抑正常的情绪表达,保持理性的态度,从心理影响到生理,充满了扭曲、压迫和痛苦。他的精神风貌可以透过作品表现出来。他多次发出疾痛惨怛的痛哭,"苍天苍天,有如是耶? 有如是耶? 而犹言犹食者,何如人耶?"(《先太夫人归祔志》),认为自己"罪恶益大,世无所容,尚顾嗣续,不敢即死",只能"号叫万里,以毕其辞"(《先府君神道表》)。但事实上,柳宗元之后写作的山水田园作品被苏轼誉为"外枯而中膏,似淡而实美""温丽靖深"(《评韩柳诗》),"发纤浓于古简,寄至味于淡泊"(《书黄子思诗集后》)。也就是说,他在自我治疗之后,基本成功地摆脱了痛苦,挖掘出了平淡生活中耐人咀嚼的深厚的美感。他是怎么做到的呢?

三　柳宗元的认知调整与自我治疗

柳宗元的作品系年仍然存在问题,尤其是山水田园题材缺少确凿的人、事、物背景的作品。无论是施子愉的《柳宗元年谱》，还是之后单为永州作品系年的翟满桂的《柳宗元永州事迹与诗文考论》，在山水田园作品上都有根据莫须有的联系断定作品的时间的嫌疑。比如《首春逢耕者》，翟满桂将首春解释为第一个春天，系于元和元年，而《初学记》引梁元帝《纂要》称正月孟春也可称为首春。

元和五年(810)之前，柳宗元寄居于龙兴寺，喜爱寻幽探奇、游览山水，生活状态类似谢灵运。之后，他才在愚溪旁定居，有了田园生活的条件，并在生活的方方面面与陶渊明呼应，创作了和陶渊明同题的作品。一部分可以认定具体时间的作品也呈现出了这个分布态势。因此，文章认同这个基本的时间划分。

认知主义是心理疾病诊疗流派中非常重要的一派。他们认为，疾病来源于不合理的极端化偏执理念，病人自己往往认识不到，需要治疗者的挖掘和启发。只要理念发生改变，对这件事情的评价也跟着改变，症状也就自然而然消失了。柳宗元元和前五年的作品明显体现了这个过程。

一开始，柳宗元对永贞革新的评价被两个对立相异的声音撕扯和摆布着。这两个声音都极为强烈，在柳宗元的灵魂深处轰鸣着、争吵着。它们的评价标准截然相反，越强烈就越意味着不可承受和化解的痛苦。

第一个来源于他信奉的尧舜孔子之道和利安元元的政治理想。以此为标准，他坚定执着地认为自己是对的，永贞革新是对的。贞元二十一年八月宪宗就已继位，永贞革新已告失败。当月，柳宗元作《王君先太夫人河间刘氏志文》，文中称王叔文"以道合于储后"，认为革新的领导者王叔文是按道来处事。他所做的事情是"扶翼经纬""弥纶通变""经邦阜才"。王叔文母亲的去世加速了革新的失败，会让"知道之士，为苍生惜焉"。处处以道评价。在前往永州的路上，途经汨罗江，他创作了《吊屈原文》。他铺叙了屈原时代如何黑白颠倒，衬托出屈原"先生之不从世兮，唯道是就"的从"道"精神，并直接将屈原与孔子、柳氏的先祖柳下惠相比，隐含着将自己与这些求道之士相比的意味。在与屈原热切交流的口吻中，将自我与屈原合二为一，落脚于哀今、哀己，伤"吾言之不行"，也即吾"道"之不行。初至永州，他还写了《陆文通先生墓表》，认为永贞革新的精神导师陆质上续孔子、周公，他的学说可以使人"入圣人之道，专圣人之教"，永贞革新是为了将道"施于政"，为了让人们能够在现实生活中"睹其理"。宪宗越惩罚，他越反扑，所有的这些，潜藏的下一步的推论就是，我们按照圣人之道来行事的，圣人之道是对的，是人间至道，所以，我们是对的，错的是皇帝，是这个环境，是这个善恶不分的世道。

另一个声音完全不同,核心内容是我错了。他在很多作品里喊着、嚷着、嘀咕着、重复着,认为自己是"傻人",自己被"拘囚",因为我是错的,我罪大恶极,所以我才在这里受惩罚,囚禁在这里赎罪。皇帝这样做已经对我够好了,罚的并不重,本来会罚得更重的,我感谢他。我罪太大了,天都看不过去了,所以再降下来天罚来罚我。他母亲去世之后,他认为自己"名在刑书""罪恶益大,世无所容"(《先府君神道表》)。元和四年他寄给许孟容的信里,他认为自己被杀掉千万次都不足以抵消掉自己的责任,现在"幸获宽贷,各得善地,无分毫事,坐食俸禄,明德至渥也",自己是罪有应得,"果陷刑法,皆自所求取得之",怪不得谁,"又何怪也"。甚至认为,这么大的罪,自己应该去死,还活着简直是毫不知耻,是忍辱偷生。为了巩固这一认识,他费尽心力挖掘自己所谓"过错"的实质性的内容,在元和元年的《对贺者》里,他为自己找到的罪名是在尚书谋事,却未尽责工作,结为朋党,显然不在点上。

这两个声音都反反复复地出现,偏执地从最核心的义理层面讨论他的对与错,谁也说服不了谁,谁也不可能说服谁。有时一篇文章里都会针锋相对地对抗,元和三年的《惩咎赋》就是这样。这番对抗正是他内心痛苦的来源。一方面,他坚定执着地认定自己是对的,道是对的,这是无法动摇的事实,但另一方面,他生活在一个既定的社会运行规范之下,他按照这一规范心甘情愿地认定自己是错的,错到犯罪的地步。这种"罪"的自我认知不是违心地做做表面文章,在公开的话语场合里向皇帝示弱,而是在内心深处的认同。他的理性建筑于儒家正统观念之上,更有甚者,在这场斗争中,理性不由分说地要求自己尊君,强迫自己接受我是错的的理念,否认自己是对的真实感受,以外力强压贬谪后产生的正常的委曲、不平、愤慨的感情。即使他在表面上完成了这个任务,在《对贺者》里谈到自己"貌浩浩也,能是达矣",在篇尾也不得不承认"长歌之哀,过乎恸哭"。这种达全然不同于之后的达,是明明不服,却强迫自己心服口服的达,而这样的达必然会失败。在心理动力学上,这样的压抑就是他广泛性焦虑症和惊恐障碍的深层次来源。

这两个声音都来源于儒家,实质是儒家思想内部无法调和的自我矛盾在柳宗元身上的集中体现。儒家思想要求士人先天下万民,后个人私利。但儒生是一群缺少实际行动力的书生,只能选择依赖于权力的掌握者,即封建王朝的君主,并以古代的圣人为榜样,塑造一个理想化的君主,依靠这样的君主实现尧舜之道。于是在儒家思想和现实情势的双重作用下,士人一方面信奉道,另一方面,也尊奉着尊君的思想,从而形成了双重的价值评判标准。道与君主若相契合,固然两相合宜。可是,君主是一个将天下都极端私有化的真实的人,他无法摒除个人私欲与杂念。一旦君主因个人私情背离了道,道要求士人否认或制止君主不符合道的行为,而在权力的强制作用下,他们已形成了尊从君主的思想习惯。对一个普通个体而言,矛盾发生后,只在儒家内部,便可能产生柳宗元这样的心理危机。

这个时候的柳宗元是迷茫的,他不知道什么才是真正的对,什么才是真正有价值的。迷茫已经在意识层面被他感知到了。所以他才会发出感慨,"孰能为余凿大昏之墉,开灵照之户,广应物之轩,吾将与为徒"(《永州龙兴寺西轩记》)。这个时期他明显表现出了更多的对佛、道思想的吸纳。

道家思想含混复杂,也包括了入世为人、避祸求全的方法。到元和四年、五年,我们能明显看到道家思想在他身上留下的影子。在为人处事上,他在儒家求道的基础上纳入了求全、求退、求曲的成分。元和四年,他给妻子的弟弟杨海之写信,创作了《说车赠杨海之》,他希望年轻人像车一样外圆内方。再如,在《设渔者对智伯》里他借渔父批评智伯不知物极必反,近于《老子》的思想。他对《易》的强调也耐人寻味。《易》同为儒道二家经典,但更接近于道家,尤其考虑物极必反、刚柔相济。他在《送僧浩初序》里将《易》和《论语》并提,而不是《论语》《春秋》并提,这对一个新《春秋》学后学而言意味深长。他为易师杨君写的序也有类似的思想。

在此过程中,他成功地完成了第一次认知转化,跳开了那两个声音的矛盾。那两个声音互相对抗,必须一对一错,这意味着归因的单一化,意味着他只关注到了诸多影响因素中最核心的理论道义层面的因素。但事实上,永贞革新失败的原因是多方面的,一旦他在归因上认为,是具体人事操作因素上的错,是自己为人处事的问题,永贞革新的失败就不再是不可接受、无法理解的了。所以,在这种价值观的影响下,元和四年他再在信里回顾永贞革新的失败,就掺杂进了自己过于刚强、急于求进、不知韬光自保的影子,认为自己这样做惹怒了大环境,认为自己"很忤贵近,狂疏缪戾","素卑贱,暴起领事,人所不信"(《寄许京兆孟书》),认为当时的自己已经处在物极必反的边缘了,"官已过矣,宠已厚矣"(《与杨京兆凭书》)。

同时,佛、道均将意义和价值建立在现世之外,在儒家思想体系之外,重建了一套评判对错的标准。佛教认为现世是空的,是虚幻的,佛法能将人从空幻的现世痛苦中拯救出来,人应该在现世苦修,这样就可以在死后获得超脱。道家,尤其是庄子,主张天地万物均在一个说不清的道的制约下运行着,人应该追求自然、保留天真,而不是在人世间去真求伪。

他幼年就接触过佛教。长安时期他给浩初上人写序。写作对象是僧人,他着眼的是期待上人能统合儒释,明显站在儒家视角上。显然,佛教的思想并没有在这个以道为己任的士大夫的思想世界里留下真正的世界观层面的浸染。永州其间,不得不寻找心理资源的他在龙兴寺寄居长达四年多,跟随重巽上人一同学习,"于零陵吾独有得焉",这才更深入地吸纳了佛教的因素(《送巽上人赴中丞叔父召序》)。他留下了一系列和佛门有关系的作品。在《东海若》中,他明显表达了虔心向佛、以求拯救的思想。

同时,他也在吸收着《庄子》的思想。我们似乎无法直接看到他如何学习庄子。但他的诗文会有意地使用庄子的典故和思想。元和四年《与李翰林建书》,他直接引用《庄子》:"庄周言:'逃蓬藋者,闻人足音,则跫然喜'"。他对原文做了简略概括,随手引用,可见熟稔。他的《游石角过小岭至长乌村》在闲适中回顾往日紧张的心理,有句"慵疎寡将迎",用词和思想内涵均脱胎于《庄子·知北游》的"无有所将,无有所迎",讲求的是"处物而不伤物""外化而内不化",和宋人的"不以物喜,不以己悲"有相近之处,即在内心中不对外物的来来往往或迎或送,使内心摇摆不定。在《游南亭夜还叙志七十韵》中,他多次上溯庄周。"外曲徇尘辙"一句中的"外曲"源于《庄子·人间世》,指的是"与人为徒"(《庄子·人间世》),将人的自然的天性囚禁于身为人臣的礼节之中,暗指他来永州之前的生活状态;他在这首诗中描写了自然界多种生物未被矫厉的天性,所谓"鱼乐知观濠",语出《庄子·秋水》篇;他还提到"长沙哀糺缠,汉阴嗤桔槔。苟伸击壤情,机事息秋毫","汉阴"句和"机事"句指的是《庄子·天地》篇中的典故,讲的是一位老人宁愿自己劳力打水,也不愿使用机械,认为使用非自然的机械会污染他的天然本真的状态,形成"机心","苟伸击壤情"的"击壤"一词并非出自庄周,也有相同的内涵。他创作的陶风诗歌中多有此类化用,并内化为写景状物的独特视角,与陶渊明遥相呼应,比如《旦携谢山人至愚池》中的"机心付当路,聊适羲皇情"。《庄子》本来就与佛教有相通之处。他还将二者视为相同的思想资源加以吸收,上承魏晋玄学。《巽公院五咏》咏的是重巽上人的佛院,本为谈佛论法之诗。但他却以《庄子》的语言组织诗句。《禅堂》有一句"团团抱虚白",指的是菁茆草成团团地覆盖着禅堂的屋顶,包裹着寂灭的佛禅的空间。"虚白"一词源于《庄子·人间世》，形容的是内心宁静空寂而生白的心灵状态。

贬谪对他而言似乎变成了一件好事。借助于佛教、道家思想，尤其是庄子的思想，他完成了认知的第二次转化。佛教思想让他有能力超然于现世的经历，《庄子》的思想让他能发掘本真的自我，找到远离官场的意义。柳宗元开始架空和隔离儒家的二重声音，让它们的现世意义在更大、更广阔的空间下消解掉价值，在认知的更深层次上解决自己内心的争端。这一过程绝不像表面看上去的那样轻而易举，这是一个渐进式的过程，儒家的两个声音和佛、道的力量彼此之间缓慢地此消彼长，有时候一篇作品里会出现多重声音的斗争。囚禁与自由，这样一对截然矛盾的反义词在他的笔下完成了转化，也意味着，他以心灵的超脱超越了肉体凡胎的囚禁。他对贬谪的评价也发生了很大的转化，彻底跳脱出了一开始事实意义上的不甘、不服和表面意义上的感激与服罪之间的矛盾，他在反归自然的认知评价中欣然自适。心理危机也就悄无影踪了。最终，他得以在元和五年缓和了自己的痛苦，进入了一个长期的平静期，并在被召还京和再贬柳州的过程中，都未再表现出初贬永州时无法克制的毁灭性的感情波动与心理障碍。

四 走向山水田园的必然性与士大夫的本色

柳宗元是在永州才成为山水田园作家的。他为什么要走向山水田园？他对山水田园的态度是否伴随着价值观的变动而变化呢？

当他深陷于儒家的两个声音的对抗时，他前往山水的动机完全出于一般的出游解闷，是为了在短时间内转移注意力。当时的他无事可做，读书耗神，好友在元和三年（808）才量移到永州。外出游玩成了无可选择的选择。到元和四年他仍然是这样的心态。他在《与李翰林建书》中说："仆闷即出游，游复多恐。""时到幽树好石，暂得一笑，已复不乐。""譬如囚拘圜土，一遇和景出，负墙搔摩，伸展支体，当此之时，亦以为适，然顾地窥天，不过寻丈，终不得出，岂复能久为舒畅哉"。再如《法华寺石门精室三十韵》，他说"拘情病幽郁，旷志寄高爽"；《游朝阳岩遂登西亭二十韵》，他也说"谪弃殊隐沦，登陟非远郊。所怀缓伊郁，讵欲肩夷巢"。也就是说，这个时期柳宗元出游的目的非常单纯，只为了散心，并不是想要模仿伯夷、巢父这样的隐士。他对隐逸的文化传统是拒斥的。这个时期所写的山水诗也以相当纠结的结构组织成篇，心情烦闷，看到景色，稍有畅达之意，再次回顾到他贬谪的现实，再次看到景色，变得畅达，又意识到自己的处境，进而更加忧伤,来来回回,往复多次。他笔下的自然景观外在于他的心灵,近于客观对象,也就是谢灵运式的模山范水,他真正的内心心境并未因山水景致而发生任何根本性的改变。

但当他开始在佛、道思想的帮助下,改变认知,扩展心理空间时,他开始对隐逸的内容产生共鸣,并诉诸于作品之中。一方面,他借助自然景致发掘了自己天性中不喜拘束、崇尚自然的一部分,所谓"夙抱丘壑尚,率性恣游遨。中为吏役牵,十祀空悁劳"(《游南亭夜还叙志七十韵》)。另一方面,自然景物逐渐变成了他观道的对象,开始呈现出别样的色彩。这尤其集中地表现在元和四年创作的永州八记前四记中。《始得西山宴游记》中他这样说:"然后知是山之特立,不与培塿为类。悠悠乎与颢气俱,而莫得其涯;洋洋乎与造物者游,而不知其所穷。引觞满酌,颓然就醉,不知日之入。苍然暮色,自远而至,至无所见,而犹不欲归。心凝形释,与万化冥合。然后知吾向之未始游,游于是乎始。"在《钴鉧潭记》中他说:"尤与中秋观月为宜,于以见天之高,气之迥",而到了《钴鉧潭西小丘记》,他更是这样描绘:"由其中以望,则山之高,云之浮,溪之流,鸟兽之遨游,举熙熙然回巧献技,以效兹丘之下。枕席而卧,则清泠之状与目谋,潀潀之声与耳谋,悠然而虚者与神谋,渊然而静者与心谋。"他借由高处开阔之景,感觉到心灵不再受具体的形体的局限,与这个世界冥冥然主载的运行之道相合,借由具体的、实际的游,体验到了抽象的、不可形容的心灵之游,并在心灵之游的指引下,完全放空了心灵中人为的、后天的东西,与自然合一之后,体悟到了身为人的本真状态与心灵虚白之感。这与《逍遥游》之游有极为相近之处,"若夫乘天地之正,而御六气之辩,以游无穷者,彼且恶乎待哉?"(《庄子·逍遥游》)。

这意味着他在第二次认知转化过程中,借助于山水,对佛、道的体悟到了更深入的层面,真正内化为与自己血肉相连的心灵涵养。而这般体悟又反过来滋养他在已有的隐逸文学传统内更进一步。元和四年到五年之间,他创作了永州八记前四记,经历了很多没有完全写出来的复杂的思想历程,他在愚溪旁定居了。在《庄子》和佛教的滋养下,在永州八记和这之后的山水田园作品之中,他逐渐形成了物我合一、笔下含情的写景状物的风格。他就像陶渊明一般,不着痕迹地对所有自然外物都以对待人的态度一样一视同仁,它们如人一般有自己的感受。在他眼中,他也以淡淡的欣赏与欣喜捕捉着它们。这意味着,他不再刻意地出游,令人欣悦的景致藏在生活的方方面面,每个角落之中。他住在愚溪旁,他最爱的山水田园景致旁边,他的平凡琐碎,不那么自由的生活被他成功地诗意化了。这样的他,山水田园就是他,他就是山水田园,以一种表面看起来平淡萧散,但深层又和煦温柔的含情的纽带相联系着。

这其中有一条必然的逻辑线索。首先,他在身份上先进入了山水隐逸。接着,在心灵上,正是因为他无法在心理上接受自己的情绪,在价值观上百思不得其解,他才要外出在自然景致中散心。正因为他努力内化道家、佛教的思想,他才走上了借助自然景观悟道观理的轨迹。又因为西山、钴鉧潭、钴鉧潭西小丘、小石潭,他才做到了最终的释然,他才能以冲淡的笔调描绘山水与田园。论者常说的"借助山水田园获得慰藉",实质上是一个惊心动魄、激荡着痛苦、怀疑和质问的整体人生价值观转向的外在显现,这一转向的每一步,山水田园都以不同的角色参与着,带着往日的文化资源同样温情脉脉地等待着柳宗元的到来。经过漫长的酝酿与挣扎,那位我们所熟悉的山水田园作家柳宗元,终于诞生了。

尽管柳宗元一步一步地迈向隐逸,但他仍然是一个儒家底色的士大夫。他只是在儒家的基础上开拓了一小部分道家和佛教的空间。他仍然深深地扎根于道与现世。这在《愚溪诗序》《愚溪对》《冉溪》中有明显的表现,儒家双重声音的矛盾仍然存在,但是是在"茫然而不违,昏然而同归,超鸿蒙,混希夷,寂寥而莫我知也"的道家文化语境中呈现出来的(《愚溪诗序》)。他不再强制地压制自己的真实感受,直接而爽快地点透愚溪的清、美、用,承认自己的智,声讨有罪的声音也蜕变为了承认愚钝的声音,钝化了很多。儒家内部矛盾缓和为了温文内蕴的自嘲,但儒家的根本精神没有发生变化。不在其位,但他屡次论及用士、求士的问题。他厌恶借山林获取名利的山人、僧人。在人生价值这一重大根本问题上,他多次表达出"若苟焉以图寿为道,又非吾之所谓道也。夫形躯之寓于土,非吾能私之。幸而好求尧、舜、孔子之志,唯恐不得,幸而遇行尧、舜、孔子之道,唯恐不慊,若是而寿可也。求之而得,行之而慊,虽夭其谁悲"(《送娄图南秀才淮南将入道序》)、"生同胥靡遗,寿比彭铿夭"(《与崔策登西山》)的思想,认为人生的价值在于一个人在尧舜孔子之道的指导下做了什么,而不是他活了多久。在《答周君巢饵药久寿书》中,他语辞更为激烈地批评,认为得"君子之道"是"寿而生",而"他人莫利,己独以愉"的长生是"夭而死。"他在柳州担任一州之长时也正是这样做的。

这一立体的柳宗元意味着,走向山水田园尽管看起来与古文运动政治化的特征相断裂,事实上,在更广阔的文化空间的意义上,柳宗元是被逼到这里的,他仍然是那个坚持"利安元元"的永贞革新精神的理想主义的少年人,而且卫道精神愈挫愈勇。只不过,这一系列的打击和精神历程让他越发内敛,"渐不喜闹",不愿意让"呶呶者早暮啡吾耳、骚吾心"(《答韦中立论师道书》),行师道之实,而拒师道之名。内敛的态度与宋人似乎很相似。隐隐间,他在短暂的个人生命历程中走过了唐宋一个时代的脚步。这是否意味着,存在着某种客观的事物发展的深层逻辑,在皇权的专制、士人的卫道与争取个人独立精神的斗争之间,必然地将士人的精神世界引向儒释道的合流,引向宠辱不惊的情怀。这是柳宗元留给我们的长久的思考。

参考文献:

[1]柳宗元撰,尹占华,韩文奇校注.柳宗元集校注[M].北京:中华书局出版社,2013.

[2]朱刚.唐宋"古文运动"与士大夫文学[M].上海:复旦大学出版社,2013.

[3]葛晓音.山水田园诗派研究[M].沈阳:辽宁大学出版社,1993.

[4]彭聃龄.普通心理学(第四版)[M].北京:北京师范大学出版社,2012.

[5]冯江平.挫折心理学[M].太原:山西教育出版社,1991.

[6]理查德·格里格,菲利普·津巴多.心理学与生活(第十九版)Psychology and Life[M].王垒,等,译.北京:人民邮电出版社,2016.

[7]劳伦·B.阿洛伊,约翰·H.雷斯金德,玛格丽特·J.玛诺斯.变态心理学(第九版)Abnormal Psychology[M].汤震宇,邱鹤飞,杨茜,译.上海:上海社会科学院出版社,2005.

[8]洪迎华,尚永亮.柳宗元研究百年回顾[J].文学评论,2004,(5):162 - 172.

[9]罗鸣放.二十年来柳宗元研究综述[J].梧州师专学报,1998,(1):41 - 45.

[10]施子愉.柳宗元年谱[J].武汉大学(人文科学学报),1957,(1):91 - 154.

[11]翟满桂.柳宗元永州事迹与诗文考论[D].华中师范大学,2010.

[12]尚永亮.论柳宗元的生命悲感和性格变异[J].文史哲,2000,(4):66 - 72.

[13]许总.论柳宗元谪居心理空间与诗境构造方式[J].汕头大学学报,1995,(4):24 - 31.

[14]郭莲花.贬谪永州时期的柳宗元与《庄子》[J].柳州师专学报,2005,(1):12 - 17.

[15]邓城锋.道家思想在柳宗元山水游记中的体现[J].广西民族大学学报(哲学社会科学版),2007,(S1):205 - 207.

[16]王承丹.弃逐逆境中的愤悱与宣泄——柳宗元贬谪心态探析[J].武汉大学学报(人文科学版),2006,(6):757 - 762.

[17]司马德琳,王玮.贬谪文学与韩柳的山水之作[J].文学遗产,1994,(4):53 - 59.

[18]王树海,王凤霞.佛禅对柳宗元山水诗的影响刍议[J].社会科学战线,2000,(1):105 - 114.

[19]尚永亮.关于柳宗元与佛学[J].文学评论,1992,(5):155 - 157.

[20]陈晓芬.柳宗元崇佛的主体意识[J].中国文学研究,1994,(4):19 - 24.

[21]曹章庆.柳宗元山水审美思想探析[J].南昌大学学报(人文社会科学版),2013,(1):115 - 121.

[22]卢宁.论柳宗元山水诗的复与变——兼及佛教对其审美理念的影响[J].南阳师范学院学报(社会科学版),2005,(2):49 - 54.

[23]尚永亮.寓意山水的个体忧怨和美学追求——论柳宗元游记诗文的直接象征性和间接表现性[J].文学遗产,2000,(3):25 - 33.

[24]李芸.元和四年柳宗元的永州心态及《小石潭记》的即兴创作[J].广西社会科学,2003,(7):135 - 137.

[25]陈松柏.再论柳宗元元和四年底搬入愚溪新居[J].湖南科技学院学报,2010,(9):23 - 25.

（原载 2018 年第 2 期,作者单位:北京师范大学）

论柳宗元对皇太子态度的反复变化及其思想的复杂性

✳ 张铁夫

一 在德宗朝,王叔文集团以私交皇太子起家

顺宗皇帝为太子时,王叔文以善弈棋待诏翰林,德宗令值东宫。由于他还粗知诗书,工言治道,于侍太子下棋之隙,多有辅弼匡正,因此,深得太子的宠幸。柳宗元说:王叔文"贞元中,待诏禁中,以道合于储后,凡十有八载。献可替否,有匡弼调护之勤。"对此,韩愈讲得更明白具体,就是劝太子韬光养晦,潜龙勿用以俟机待时。他在《顺宗实录》中写道:"上在东宫,尝与诸侍读并叔文论政,至宫市事,上曰:'寡人方欲极言之。'众皆称贺,独叔文无言。既退,上独留叔文,谓曰:'向者君奚独无言,岂有意邪?'叔文曰:'叔文蒙幸太子,有所见敢不以闻?太子职当侍膳问安,不宜言外事。陛下在位久,如疑太子收人心,何以自解?'上大惊,因泣曰:'非先生,寡人无以知此。'遂大爱幸。"正因为如此,皇太子李诵对王叔文非常器重,宫中之事皆倚之裁决。他曾对翰林学士韦执谊说:"学士知王叔文乎? 彼伟才也。"王叔文既然得到太子的宠幸和器重,乘机便向太子建议,某可为相,某可为将,以备异日任用。并密结当时的知名之士而欲侥幸速进者,尤其"与韦执谊、陆质、吕温、李景俭、韩晔、韩泰、陈谏、柳宗元、刘禹锡等十数人,定为死友"。他们以将来效忠于顺宗,致君于尧舜之君相互期勉,在朝廷内形成了一个小集团。正因为顺宗在东宫时,王叔文便与之君臣道合,受到他的器重和宠幸,被视为伟才,所以顺宗即位后,便立即提拔他为翰林学士、起居舍人,付以军国重务,委托和支持他实行改革。顺宗还爱屋及乌,对这个集团的成员,除了吕温出使吐蕃和李景俭居丧东都之外,也都越级提拔,给予重用。以上情况清楚地说明,一个在顺宗朝蓬勃兴起的王叔文集团,完全是依靠在德宗朝私交皇太子李诵起家的。

二 在顺宗朝,王叔文秉政,压抑皇太子李纯

在顺宗朝,王叔文秉政,尽管他本来是依靠私交皇太子李诵起家的。但是一旦权力在手,对于新的皇太子李纯,便彻底改变了原来的态度,不但不予结交,反而进行排挤和压制,这就是宋祁所说的"抑太子之明"。本来,顺宗即位时,其长子广陵王李淳就已经年满二十七周岁,并且在朝臣中具有很高的声望。所以在德宗驾崩,太子病重之时,当宦官提出内中商量所立未定时,翰林学士卫次公便昌言曰:"皇太子虽有疾,地居冢嫡,内外系心。必不得已,当立广陵王,若有异图,祸难未已。"卫次公的这些话,代表了当时大部分朝臣的看法,认为李淳就是顺宗理所当然和众望所归的继承人。顺宗即位之后,由于他疾久不愈,时扶御殿,群臣瞻望而已,莫有亲奏对者,中外危惧,思早立太子。而王叔文欲专大权,默不发议,暗中阻挠。其中监察御史卢坦,"说宰相韦执谊,速白立皇太子,以树国本,执谊深纳其言",也由于王叔文的反对而未果。此外,王叔文工言治道,政治策略上确实有一套。面对着朝廷内外思早立太子的政治情势,他便宣传起《晏子春秋・内篇问上》中忠臣"不私乎内""君在不事太子"的观念,用来统一大家的思想和行动。但是,王叔文的这种行为,连一向支持他的顺宗也很不满意。乘此机会,宦官俱文珍、刘光琦、薛盈珍等乃请示顺宗召翰林学士郑𬘬因、卫次公、李程、王涯入金銮殿,草立太子制。"时牛昭容辈,以广陵王淳英睿,恶之。𬘬因不复请,书纸为'立嫡以长'字呈上,上颔之。癸巳,立淳为太子,更名纯。"在立太子的过程中,王叔文和王伾这两位顺宗新提拔的翰林学士,再加上其党羽翰林学士凌准,由于他们的反对态度,便都被排斥在外了。通过这件事情,可以看出顺宗对王叔文的不信任和疏远,原来亲密无间的关系已经产生裂缝,败端也就开始出现了。而皇太子的建立,无疑又给反对派的阵营树立了一面旗帜,增添了一个极为重要的筹码。在这面旗帜之下,他们对王叔文集团的攻击也就更加名正言顺和肆无忌惮起来。所以,"已立太子,天下喜而叔文独有忧色,常吟杜甫题诸葛亮庙诗末句云:'出师未捷身先死,长使英雄泪满襟',因歔唏流涕。"

皇太子建立之后,由于顺宗的病依然没有起色,根据唐朝皇帝此前有事令皇太子监国的先例和当时朝廷内外大臣的情势,接下来的皇太子监国和继位,便都是顺理成章的事情了。旁观者清,太常卿杜黄裳是宰相韦执谊的岳父,见此情形,即劝执谊率群臣请皇太子监国。但当事者昏,却遭到韦执谊的断然拒绝。于

是,剑南西川节度使韦皋、荆南节度使裴均、河东节度使严绶,抓住时机,相继上表,请求顺宗令皇太子监国。又上皇太子笺,对王叔文及其集团在政治品质和组织人事方面的错误,进行全面的揭露和彻底的清算,尤其是利用这些错误和缺点,对他们进行恶毒的诬陷攻击和中伤诽谤。与此同时,宦官刘光琦、俱文珍、薛盈珍、尚解玉等,也屡启顺宗,请令皇太子监国。顺宗在这种内外夹攻之下,更由于他自己"固已厌倦万机,恶叔文等",于是召翰林学士郑纟因、卫次公、王涯等入至德殿,撰诏发命,"军国政事,宜权令皇太子纯勾当"。最后,由宦官和翰林学士等秘密策划,顺宗下诏内禅,自称太上皇,让位给宪宗。宪宗又根据太上皇顺宗的旨令,将王叔文、王伾贬官削职,逐出朝廷,"俾远不仁之害"。接着又将王叔文之党韦执谊、韩泰、柳宗元、刘禹锡、陈谏、凌准、程异等贬为远州司马。到明年,宪宗又下制,宣布以上"八人,纵逢恩赦,不在量移之限"。《旧唐书》在分析柳宗元、刘禹锡等王叔文之党被贬的原因时说:"禹锡、宗元等八人犯众怒,宪宗亦怒,《制》有逢恩不原之令",指出其中一个最重要的原因,就是他们在永贞改革时压抑太子,触怒了宪宗,这是符合历史事实的。

三　柳宗元谪居永州初期,
继续为王叔文集团压抑太子的思想和行为辩解

王叔文集团失败,柳宗元被贬为永州司马员外置同正员。他在谪居永州的初期,即元和元、二年期间,对王叔文集团在永贞改革期间不事太子、压抑储君的重大错误,不但没有丝毫的反省和后悔,反而依旧坚持《晏子春秋·内篇问上》忠臣"不私乎内""君在不事太子"的观念,并且从历史上找到了一个类似乎"不私乎内""君在不事太子"的具体人物,这就是燕昭王时与太子"有隙"的大功臣上将军昌国君乐毅,将他作为王叔文的代表。因此,王叔文被杀以后,柳宗元便写作了《吊乐毅文》和《咏史》诗,以燕昭王比喻唐顺宗,燕惠王影射唐宪宗,乐毅比喻王叔文,通过表彰乐毅一心辅佐燕昭王攻占齐国七十余座城邑为燕郡县而不为自己的后路打算去私交太子的正直忠诚,借古讽今,来为王叔文及其集团专心辅佐顺宗实行改革而不事太子、压抑储君、不为自己的后路即政治前途打算的思想和行为辩解;又通过燕惠王挟嫌撤换乐毅使其"功美不就"燕国复为齐国所败而衰弱不振的历史事实,含沙射影,预言唐宪宗挟嫌贬逐以至杀害王叔文使其功败垂成也将导致唐朝的衰弱不振。

　　如《吊乐毅文》中写道:"大厦之搴兮,风雨萃之;车亡其轴兮,乘者弃之。呜呼夫子兮,不幸类之,尚何为哉? 昭不可留兮,道不可常。畏死疾走兮,狂顾傍徨。燕复为齐兮,东海洋洋。嗟夫子之专直兮,不虑后而为防。胡去规而就矩兮,卒陷滞以流亡。惜功美之不就兮,俾愚昧之周章。岂夫子之不能兮,无亦恶是之遑遑。谅遭时之不然兮,非谋虑之不长。"又如《咏史》诗写道:"燕有黄金台,远致望诸君。嘁嘁事强怨,三岁有奇勋。悠哉辟疆理,东海漫浮云。宁知世情异,嘉谷坐熇焚。致令委金石,谁顾蠢蝡群。风波欻潜构,遗恨意纷纭。岂不善图后? 交私非所闻。为忠不内顾,晏子亦垂文。"以上文和诗中都有"东海"一词,过去学术界大都解释为代指齐国,理由是齐国位于东海边上。但按照这种解释,读起来总觉得有些别扭,意思窒塞难以贯通。经过再三分析,反复比较,我觉得"燕复为齐兮,东海洋洋"与"悠哉辟疆理,东海漫浮云"中的东海,也跟柳宗元《感遇》诗中"东海久摇荡,南风已骎骎"中所说的"东海"一样,都是借指储君太子。语本《后汉书》卷二和《东观汉记》卷二:汉明帝原为光武帝中子,建武十二年封东海公,十七年进爵为东海王,十九年立为皇太子,因以东海比喻太子。并且在当时的文献中,借东海以喻太子,乃是司空见惯的事情。如元和四年十月十八日的《册邓王为皇太子文》中,称赞太子说"东海之开明,视牍能辨";又如元和七年十月十七日的《册皇太子赦》中,也赞扬太子说"能辨南阳之牍,允符东海之贵"等等。据此,"悠哉辟疆理,东海漫浮云",乃指乐毅辅佐燕昭王下齐七十余城为燕郡县,而"燕惠王为太子时,尝不快于乐毅"的历史事实。又据《楚辞·九章·哀郢》:"顺风波以从流兮,焉洋洋而为客","洋洋"为飘流无所归宿之貌。"燕复为齐兮,东海洋洋",即指"燕惠王后悔使骑劫代乐毅以故破军亡将失齐,又怨乐毅之降赵,恐赵用乐毅而乘燕之弊以伐燕"时的无所依归之状。至于《感遇》诗中的"东海久摇荡",则明显地是指唐顺宗时太子早就对王叔文及其集团非常不满的情况。这样来理解诗文中的"东海"一词,不仅更符合作者的原意,上下之间的意思也通顺得多了。上述《吊乐毅文》和《咏史》诗中的"嗟夫子之专直兮,不虑后而为防。岂夫子之不能兮,无亦恶是之遑遑。谅遭时之不然兮,非谋虑之不长","岂不善图后,交私非所闻。为忠不内顾,晏子亦垂文"等,以肯定和表彰乐毅对燕昭王的专直为名,行肯定和表彰王叔文对唐顺宗的忠诚之实;并且引用《晏子春秋》作为根据,来为王叔文及其集团不事太子、压抑储君、不为自己的后路即政治前途着想的思想和行为作辩解,表现得义正辞严、理直气壮。尽管柳宗元这时是个钦定罪犯,已被剥夺了为自己辩护的权利。但是面对政敌的各种诬陷攻击,不平则鸣,却又不敢公开明言,于是采用这种影射比喻的方法,将真情公之于天下后世。所以,柳宗元的这个辩解,不仅对于反击当时政敌的诬陷不实之词是完全必要的,而且对于消除后世如《新唐书》"抑太子之明,规权遂私"、《资治通鉴》"以广陵王淳英睿,恶之"等对王叔文集团压抑太子的各种误解,也是非常重要的。

必须指出,柳宗元在《吊乐毅文》和《咏史》诗中将燕昭王和燕惠王父子与唐顺宗和唐宪宗父子相类比,将乐毅比喻王叔文,用燕昭王任用乐毅国家强盛而燕惠王罢免乐毅国势衰弱的历史事实,影射和断言唐顺宗任用王叔文国家强盛而唐宪宗杀害王叔文也将国势衰弱,是完全错误的。无独有偶,这种错误的判断和心理,在当时王叔文的同情者之中,也是存在的。比如王叔文死后,吕温作《华山下酹王景略墓文》,其中说"子也无寿,秦其不祀;日沉无昏,水竭龙死"。文中用王猛比喻王叔文,用苻秦影射李唐王朝,寓意王叔文被杀害,君主沉沦不明,政治昏暗,唐王朝的统治大概也不会长久了。然而后来的事实却雄辩地说明,宪宗朝的国势不但没有因为处死王叔文而削弱,反而由于继承了顺宗的改革事业尤其是扫平了藩镇割据状态而更加强盛,在唐朝历史上开创了一个堪与贞观、开元盛世并称的元和中兴时代。对于这种事实,柳宗元后来是亲身经历和认识到了的,并且明确承认了自己当初判断的错误。

四 柳宗元谪居永州后期及出任柳州刺史之时,检讨自己参加王叔文集团压抑太子李纯的错误并表示悔改

柳宗元在谪居永州的后期,尤其是元和八、九年期间,由于他为宪宗的无神论政治思想和平定藩镇割据政策作论证和宣传(前者如创作《贞符》《时令论》《断刑论》《天说》《天对》《非国语》,后者如创作《封建论》《唐铙歌鼓吹曲十二篇》等。)以表明自己将功补过、弃旧图新的忠心和决心来博取宪宗和当权者谅解同情因求重新起用的各种努力都归于失败,复为士列的希望破灭,因此心灰意冷,"甘终为永州民"。同时,经过深刻地反省,柳宗元对自己触罪受辱的思想认识根源,有了更清醒的认识。他在《起废答》一文中,讲了一个瘸腿释师和涎颡大马废而复起的故事,借以说明自己复起无望的根本原因,在于思想道德的缺失。他说:"彼之病,病乎足与颡也;吾之病,病乎德也。吾以德伏焉,岂躄足涎颡之可望哉?"与此同时,柳宗元又在《答问》一文中,对自己复起无望的根本原

因,作了进一步的具体说明。他说:"仆少尝学问,不根师说,心信古书,以为凡事皆易,不折之以当世急务。徒知开口而言,闭目而息,挺而行,踬而伏,不穷喜怒,不究曲直,冲罗陷阱,不知颠踬,愚蠢狂悖,若是甚矣。"其中尤其是"心信古书"一语,道出了他触罪受辱的深层的思想认识原因。而柳宗元这里所谓的古书,尽管没有具体说明是哪一部书或什么内容,然而按照他思想发展的脉络,联系到他在贬居永州初期所作的《吊乐毅文》和《咏史》诗来考察,无疑就是针对《晏子春秋》一书,特别是针对其中《内篇问上》的忠臣"不私乎内""君在不事太子"等内容而言的。从这里可以看出,此时柳宗元已经深刻地认识到,正是由于自己及整个王叔文集团都相信了《晏子春秋·内篇问上》中的话,墨守成规,胶柱鼓瑟;而"不折之以当世急务",即不知根据当时的政治形势来改变其思想和行动,才在其秉政期间,不与太子合作,甚至压抑太子,阻挠立皇太子及皇太子监国,使自己及整个集团犯下了常赦不原的滔天大罪。因此,自己和他们被摈斥都完全是咎由自取,罪有应得,既不怨天,又不尤人,并且明确表示了真诚的悔改,决心向"一涉险阨惩而不再者"的烈士和"知其不可而速已者"的君子学习,以他们为榜样,知错即改,不再犯同样的错误。他说:"一涉险阨惩而不再者,烈士之志也;知其不可而速已者,君子之事也。吾将窃取之以没吾世,不亦可乎?"柳宗元还运用现实中不平等的大量事实,来说明贤不肖用废不同的道理,以安慰自己复起无望的心灵。他说:"白羲、耳之得康庄也,逐奔星,先飘风,而跛驴不出泥淖。黄钟、元间之登清庙也,铿天地,动神祇,而呜呜咬哇不入里耳。西子、毛嫱之蹈后宫也,白敫朝日,焕浮云,而无盐逐于乡里。蛟龙之腾于天渊也,弥六合,泽万物,而虾与蛭不离尺水,卓诡偲侻之士之遇明世也,用智能,显功烈,而麼眇连塞颠顿披靡,固其所也。乃歌曰:尧、舜之修兮,禹、益之忧兮,能者任而愚者休兮。踸踔蓬藋,乐吾囚兮。文墨之彬彬,足以舒吾愁兮。已乎已乎,曷之求乎!"心安理得而又心甘情愿地做一个愚者、缧囚,自得其乐,别无所求。很明显,上述这些话,都不过是柳宗元经过长期谪居却复起无望时的自嘲自解;同时也是他积极努力以求世用却屡遭挫折时那种无可奈何心情的真实写照。

但世事的变化往往是茫然莫测,难以预料的。正当柳宗元感到复起无望,心甘情愿地做一个愚者、缧囚,并打算以此终身的时候,忽然接到了朝廷召追赴都的诏令。事情的进展竟如此突然,如此良好,他既感到惊喜,又有些不知所措。柳宗元按捺不住惊讶喜悦的心情,在一首诗中写道:"投荒垂一纪,新诏下荆扉。疑比庄周梦,情如苏武归。赐环留逸响,五马助征马非。不羡衡阳雁,春来前后飞。"柳宗元一路北归,来到汨罗江边,这里是战国时期楚国三闾大夫屈原含恨自沉的地方,不过他行经此地,则完全是另外一种满怀希望的心境。但却遇上大风巨浪,阻碍征程,他于是又写道:"南来不作楚臣悲,重入修门自有期。为报春风汨罗道,莫将波浪枉明时。"柳宗元于元和十年二月抵达京师,满怀信心地等待朝廷重新起用。可是始料不及,事与愿违。这年三月,被征召回京的王叔文余党,如韩泰、韩晔、陈谏、柳宗元、刘禹锡等人,复出为远州刺史。对此,《资治通鉴》写道:"王叔文之党坐谪官者,凡十年不量移。执政有怜其才欲渐进之者,悉召至京师。谏官争言其不可,上与武元衡亦恶之。三月乙酉,皆以为远州刺史,官虽进而地益远。"这就说明,王叔文余党再次被逐出朝廷,也主要是由于他们在永贞改革期间不事太子、压抑储君,引起宪宗的憎恨厌恶所致。其中,柳宗元出为柳州刺史,刘禹锡出为连州刺史,他们都可以说是乘兴而来,败兴而去。在之任的路上,刘禹锡与柳宗元结伴而行,到衡阳即将分别,二人难分难舍。柳宗元触景生情,他想到自己及其他党人的坎坷遭遇,心情极为悲愤,因而赋诗一首以相赠。诗云:"十年憔悴到秦京,谁料翻为岭外行。伏波故道风烟在,翁仲遗墟草树平。直以慵疏遭物议,休将文字占时名。今朝不用临河别,垂泪千行便濯缨。"其中"慵疏遭物议,文章占时名",是说自己慵疏正直不善逢迎却受到诬陷诽谤,文章盖世才学优秀反而遭到嫉妒排挤,愤激之情表露无遗。但柳宗元也不是片面地怨天尤人,愤世嫉俗,他在悲愤之余,又冷静下来,对自己及王叔文集团的错误,从主观上进行了深刻的分析和检讨。于是,又赋诗曰:"信书成自误,经事渐知非。今日临河别,何年待汝归?"柳宗元这里所说的"信书成自误",按照他思想发展的逻辑,联系眼前他及王叔文余党在永贞改革中压抑太子导致宪宗怀恨厌恶而再次被逐出朝廷的事件来分析,显然也跟他去年在《答问》一文中所说的"心信古书"一样,也是指自己及王叔文之党由于相信了《晏子春秋·内篇问上》中忠臣"不私乎内""君在不事太子"的话并且在永贞改革中照此行动,胶柱鼓瑟,墨守成规,而不知根据当时具体的政治形势改变其思想和行为,因此铸成大错,耽误了自己辅时及物的平生志向和美好前程。至于诗中的"经事渐知非",则同样是指柳宗元经过长期谪居和再次逐出朝廷等一系列事件的打击之后,才逐渐认识到自己及王叔文集团在永贞改革时期不私乎内、压抑太子的思想和行为,原来是完全错误的。古人说诗言志,柳宗元以上两句诗所表达的意思,正是他发自内心的呼喊,说明他对永贞改革中压抑太子的错误有了深刻的认识和真诚的悔悟。可以设想,一旦有机会,柳宗元这种认识和悔悟便会表现为实际的行动了。

五　柳宗元任柳州刺史时私交皇太子李恒的实际行动

柳宗元任柳州刺史之后,唐朝历史上发生了一系列重大的政治事件,其中特别重要的是元和十二年十月平定淮西藩镇吴元济的叛乱和十四年二月平定淄青节度使李师道的叛乱。以这两桩重大事件为背景并受其影响,柳宗元的政治生命和文学创作又进入了一个新的也是最后的活跃时期。吴元济叛乱平定后,柳宗元马上抓住时机,精心创作了《平淮夷雅》二篇,并将其献给宪宗,赞扬"睿圣文武皇帝陛下,天造神断,克清大憝,金鼓一动,万方毕臣。太平之功,中兴之德,推校千古,无所与让。"并表示自己"有方刚之力,不得备戎行,致死命,况今已无事,思报国恩,惟独文章。……谨撰《平淮夷雅》二篇,虽不及尹吉甫、召穆公等,庶施诸后代,有以佐唐之光明。"柳宗元力图通过《平淮夷雅》二篇,向宪宗表现自己的忠心和才能,盼望重新起用之意溢于言表。同时,柳宗元又将《平淮夷雅》二篇进献给宰相裴度和山南东道节度使李诉,盼望他们能够以此作为根据,施以援手,"庶宥罪戾,以明其心",帮助自己实现登朝用世的理想。李师道叛乱平定后,柳宗元马上又创作了《为裴中丞贺破东平表》《柳州贺平东平表》《为裴中丞贺克东平赦表》《代裴中丞贺分淄青为三道节度表》等。在表文中,他赞扬"睿圣文武皇帝陛下,威使百神,德消六沴,天降宝运,时归太平。自克夏擒吴,剪蜀平蔡,殊类稽颡,群疑革心。唯此凶妖,尚闻悖慢,庭议既得,庙谟必臧。旌旗独耀于洪河,金鼓震惊于灵岳。郓城自溃,宁同莒、鲁之争;齐地悉平,无俟耿、陈之战。五兵永戢,七德无亏,含生比尧、舜之仁,率土陋成、康之俗。介丘雾息,已望翠华之来;沂水风生,更起舞雩之咏。千岁之统,实在于斯。"文章构思精巧,用典贴切,为宪宗歌功颂德,鼓吹封禅,以表现自己的忠心和才能。

随着李师道叛乱的平定,自安史之乱以后形成的藩镇割据状态终于结束,全国重新统一于中央政权之下,出现了元和中兴的政治局面,举国沉浸在一片欢呼庆贺之中。在这种形势下,柳宗元、刘禹锡、韩愈等人向宪宗鼓吹封禅一事虽未实行,但宰臣们向宪宗上元和圣文神武法天应道皇帝尊号之事,经过宰臣们的再三奏请和宪宗的再三推辞,最后还是得到了宪宗的批准。他在批答宰臣表章的诏令中说:"卿等四陈章疏,每沥肺肝,表土庶之诚心,征朝廷之故实,愿饰虚美,皆为过谈。谕而复来,势不可止。虽重烦典礼,殊不自安;而深念奏陈,亦当从允。勉依所请,良用愧怀。"柳宗元一看到这道诏令,又马上抓住机会,向宪宗写了贺表,颂扬其功德,以表现自己的忠诚和才能。其表略曰:"臣某伏奉月日制,陛下膺受尊号,率土臣子,欢抃无穷。臣闻立极之大,四海无以报神功;配天之尊,万物不能崇圣德。唯有徽号,是彰中兴,所以上探天心,下极人欲。伏惟元和圣文神武法天应道皇帝陛下,统承千载,光被六幽,蟊贼尽除,福应皆集。有首有趾,咸识太平。是以启元和之盛典,延穹昊之景祚。理历凝命,实曰圣文;和众定功,时惟神武;运行有法天之用,变化乃应道之方。鬼神协谋,夷夏同志,大礼既建,鸿恩遂行。欢呼远匝于九围,渗漉普周于八裔,庆超遂古,美冠将来。臣获守蛮荒,远承大典。潢汙比陋,河清幸遂于千年;尘壤均微,山呼愿同于万岁,无任庆贺屏营之至。"很明显,柳宗元这里称自己获守蛮荒,与潢汙比陋,尘壤均微,其实是委婉地向宪宗表示希望重新登朝获得重用的意思。柳宗元的这篇表文,在《柳宗元集》中标题为《礼部贺册尊号表》。宋韩醇于题下注云:"在柳州作,非礼部表也。当题云《柳州贺册尊号表》。"然而考诸史实,韩注亦有所误。根据表文中"臣某伏奉月日制,陛下膺受尊号,率土臣子,欢抃无穷",可见柳宗元所贺非册尊号,而是膺受尊号。按膺受尊号与册尊号,属于性质和时间完全不同的两回事情。膺受尊号是宪宗允从宰臣的请求,答应接受他们所上的尊号,时间在元和十四年六月七日。而册尊号则是在宪宗答应接受尊号之后,由宰相崔群撰写册文,礼官选择吉日良辰,奉玉册玉宝,为宪宗举行的册尊号盛大典礼。《唐大诏令集》卷七载有《元和圣文神武法天应道皇帝册文》,时间在元和十四年七月十三日。所以,此文标题既不应作《礼部贺册尊号表》,也不应作《柳州贺册尊号表》,而应为《柳州贺膺尊号表》。

宪宗在答应接受宰臣所上尊号之时,年事渐高,理不能长久。加上他迷恋方士,幻想长生,服食金丹,更摧毁了他的健康,也势必缩短他的寿命。这样的政治形势,仿佛又回到了永贞改革的岁月。当时柳宗元及王叔文集团一心忠于身患中风,病入膏肓的顺宗,不事太子,压抑储君,以致引起后来宪宗长期的愤怒和怀恨,耽误了自己的平生志向和美好前程,而造成终身的遗憾和悔恨。这一次,柳宗元便吸取了过去的教训,痛改前非。他在向宪宗祝贺接受尊号,颂扬功德,表示忠诚之时,特地祝贺太子,上皇太子笺,称述李恒对宪宗皇帝的辅翊之德,赞襄之功。以此结交太子,为自己的后路即政治前途作打算。其《笺》曰:"宗元惶恐言:伏奉六月七日制,元和圣文神武法天应道皇帝光受徽号,率土臣子,欢抃无涯。伏惟皇太子殿下丽正居中,辅成昌运,消伏庆孽,赞扬辉光。鸿名永升,大庆周洽,表文武之经纬,著天道之运行。瑞景照临,示重轮之发耀;恩波下济,见少海之增澜。宗元忝守遐方,获闻盛礼,踊跃之至,倍万恒情。谨附笺贺,宗元惶恐,死罪死罪。"真是唱得好不如说得好,柳宗元这里将宪宗的元和中兴,说成是由于太子的辅翊而成;将削平藩镇割据特别是平定李师道的叛乱,也说成是由于储君的赞襄所致。尤其是"瑞景照临,示重轮之发耀;恩波下济,见少海之增澜"等语,构思精巧,比喻贴切,对嗣君的吹捧赞扬,迎合讨好,可以说无以复加了。

无独有偶,柳宗元对皇太子态度的这种反复变化及结交储君李恒的实际行动,在其同党刘禹锡的思想和行动中,也是同样存在的。比如宪宗平定淮西节度使吴元济的叛乱之后,于元和十三年正月一日宣布大赦天下,连州刺史刘禹锡奉制后,便马上向他写了贺表。赞扬"睿圣文武皇帝陛下,神扶宝祚,天赞鸿猷,意有所之,事无不克。当淮右凯旋之后,是域中庆幸之时。"与此同时,刘禹锡又向皇太子李恒写了贺笺,称赞"皇太子殿下,道冠元良,德兼忠孝,承颜拜庆,荣辉古今。"刘禹锡在祝贺皇帝之时又祝贺太子,既向当今皇帝表示忠诚,又结交嗣君,为自己的后路即政治前途作打算,其用心和行动与上述柳宗元如出一辙。并且,他的这种思想和行为,在柳宗元去世以后,依旧被继续坚持。比如穆宗长庆二年十二月二十日册景王李湛为皇太子,刘禹锡时任夔州刺史,奉制后便马上向穆宗写出了《贺册皇太子表》,同时又向太子写了《贺皇太子笺》。再如文宗大和七年八月七日,册鲁王李允为皇太子,刘禹锡时任苏州刺史,奉制后即向文宗写了《苏州贺册皇太子表》,同时又向太子写了《苏州贺册皇太子笺》。通过这些表现,可以看出柳宗元、刘禹锡等人在对待皇太子的态度上,思想转变之彻底,历史教训之深刻。

从当时和其后的情况来看,刘禹锡在向宪宗上《贺赦表》之时,又向皇太子上《贺赦笺》;柳宗元在向宪宗上《柳州贺膺尊号表》之时,又向皇太子上《贺皇太子笺》,在颂扬皇帝之时又称赞太子,既事皇帝,又结交储君,为自己的后路即政治前途作打算,确实是抓住了机会的一个非常明智的举措,表现了他们政治上敏锐的观察力。因为正如刘禹锡、柳宗元等人所预料的,此后并未多久,到元和十五年正月二十七日,宪宗就驾崩了,皇太子李恒即位,是为穆宗。如果柳宗元长寿,由于他提前与之结交,吹捧讨好,穆宗很可能对他另眼相看,格外眷顾,提拔重用,实现其登朝用世、辅时及物的政治理想和人生价值。退一步讲,由于柳宗元在皇帝、太子及宰臣中的印象比刘禹锡有才无行的形象要好得多,至少他也可以跟韩泰、韩晔、陈谏、刘禹锡一样准敕量移近处,然后回到朝廷。可惜的是,柳宗元寿命太短,他还没有等到穆宗即位,在上《贺皇太子笺》之后四个月,比宪宗逝世还早两个月,即元和十四年十一月八日便去世了,他生前为登朝用世所作的各种谋划和努力也都付诸东流,永远无法实现了。这些情况说明,柳宗元是带着即将实现却又尚未实现的志愿,怀着无穷的遗恨离开他所眷念的这个世界的。

六　柳宗元思想的复杂性

上面我们分别考察了柳宗元政治生活各个时期或阶段对皇太子的态度,其中既有依附结交的时期,也有厌恶压抑的阶段,还有反省悔悟的时候,前后变化不小,差异很大,可以说天壤之别。这些事实充分说明,柳宗元的思想具有丰富性、复杂性和矛盾性的特点。也就是说,他对皇太子态度的每一个观点,无论是依附结交的观点还是厌恶压抑的观点,都只是其整个思想发展过程中的一个时期,一个阶段。因此,我们便不能将柳宗元某个时期或某个阶段对皇太子的认识,代替或误认为是他对皇太子的全部观念,从而忽视或否认他在其它时期或阶段在这个问题上的观点。

但是,过去在柳宗元的思想研究中,学术界就分明存在着这样两种截然不同的观点。一种观点以柳宗元贬逐永州司马初期对皇太子的态度作为根据,认为他继续坚持了永贞改革中忠臣"不私乎内""君在不事太子"的立场而没有丝毫改变,正如我们前面在《吊乐毅文》和《咏三良》诗中所看到的情形一样。另一种观点则以柳宗元在永州司马后期及出任柳州刺史时期对皇太子的态度为根据,认为他彻底改变了永贞改革中不事太子、压抑储君的立场,承认这是自己一生中最大的政治错误,说他醒悟了,后悔了,亦如我们前面所述的情形一样。两种观点,各执一端,互不相让,长期争论。究而言之,这两种观点都有一定的真实性,但却又都带有片面性,即都没有全面系统地把握柳宗元思想行为前后动态的发展变化,而是片面孤立地抓住其中一点,进行静态僵化地考察。这样得出来的结论,当然也就是无异于盲人摸象,执其一体便当作全身,自然就不可能全面和正确了。

从这里我们还可以看到,在柳宗元的思想研究中,类似的情况在其它方面也是存在的。比如在哲学思想方面,柳宗元为了适应不同统治者的政治需要,在德宗朝、尤其是顺宗朝竭力宣传天命有神论思想;而在宪宗朝特别是其前期则大力宣传民本无神论和元气唯物论思想,用来批判天命有神论思想;此外他还好佛,积极宣传佛教的唯心主义思想;所以,整体上同样表现出复杂性和矛盾性的特点。而这种特点，又是与唐代学术思想的复杂性和矛盾性相联系的，或者说是它的一个缩影，在当时并不奇怪。但是在过去学术界，人们往往习惯于那种片面和静止僵化的思维模式，将柳宗元复杂的哲学思想简单地按照两个阵营来划分。于是一些人便认为它属于唯物主义，另一些人则认为它属于唯心主义，而成为中国哲学史上一个长期争论不休的问题。反之，如果大家完整地了解了柳宗元哲学思想的各个部分及其反复变化，并且充分认识了唐代统治阶级对传统学术思想所采取的全面继承为己所用的文化政策，上面这些矛盾和争论便都可以迎刃而解了。

（原载 2008 年第 5 期，作者单位：湖南省社会科学院）

柳宗元书信的哲学自觉与政治自信

✱ 程宏亮　叶永胜

柳宗元是唐代古文运动的倡导者,与韩愈并称,其文学成就蜚声四海而彪炳千秋,他在理论和实践上为中国古代散文的转型发展奠定了基石;其诗名"在陶渊明下,韦苏州上"(苏轼《东坡题跋·评韩柳诗》)[2]2124,他的诗歌成为宋代平淡诗风追求者的取法典范。古往今来,文学史上才华卓荦者往往命运塞舛,屈原、司马迁、杜甫、韩愈、苏轼、黄庭坚等皆如是,而柳宗元也不例外,且在有唐一代文学家中,其政治遭际十分坎坷,人生打击尤为深重。"永贞革新"(805)失败,柳宗元被贬永州,政治生涯从此一蹶不振,永州十年悲摧度日;接印柳州刺史实则长贬不起,终在元和十四年(819)十一月病逝柳州任所。柳氏一生,政治生命至为不幸,然其贬谪生涯中的文学创作极为丰硕,终使其荣登中国古代大文学家之列。就文化传播而言,柳氏的贬谪客观上促进了唐代长安文化对南方湘桂地区的滋育,这一点,柳氏当未能知觉,然其贞元十四年(798)京城之作《与太学诸生喜诣阙留阳城司业书》,在述及阳城司业贬谪道州之事时(道州,今湖南道县、宁远以南的潇水流域),曾强颜宽解云:"盖主上知阳公甚熟,嘉美显宠,勤至备厚,乃知欲烦阳公宣风裔土,覃布美化于黎献也"[1]868。历史上阳城司业未能成就"覃布美化"的美名,可人生不幸的、然又是文化幸运的巧合是,柳氏后来长期贬谪于永州、柳州,确为"宣风裔土"、传播文明作出了杰出贡献,其当年慰藉阳城之语却在自己身上应验了。柳宗元诗文皆擅,而尤长于文,其人生轨迹与文学成就,业已成为中国文化史上一道景观,其中蕴含的精神要素给予时人、后人以进取的动力。柳宗元书信的精神内涵十分丰富,本文通过分析柳氏书信,重点考察其贬谪期间的哲学自觉与文化自信,从而为探究柳氏深陷困厄而能抗击磨难寻找动力依据。

一

柳宗元书信共 35 篇(《柳宗元集》)[1]779-894,《寄许京兆孟容书》《与韩愈论史官书》《答韦中立论师道书》等 31 篇写于永州、柳州贬谪期间,其它 4 篇《与太学诸生喜诣阙留阳城司业书》《答贡士元公瑾论仕进书》《答贡士萧纂欲相师书》《答贡士沈起书》为贬谪前长安之作。柳宗元贬谪永州,遭遇多重困厄,水土不服而病魔缠身,且又承受着母亲病逝以及未有子嗣的深层心理煎熬,生存状态凄惨灰暗,或如其云:"伏念得罪来五年……罪谤交积,群疑当道,诚可怪而畏也。是以兀兀忘行,尤负重忧,残骸余魂,百病所集,痞结伏积,不食自饱。或时寒热,水火互至,内消肌骨。"(《寄许京兆孟容书》)[1]779柳氏自称"膏肓沉没"(《寄许京兆孟容书》)[1]779,其精神状态甚或至于崩溃边缘,然其却能抗击重压而挺立于世,其生命支柱何在? 笔者以为当与其拥有坚强的思想信念和人生期许密切相关,或可以用自觉与自信予以提挈。在柳氏的多封书信中,充满着对天人关系的哲学思考,鲜明地反映出作家的朴素唯物主义世界观。如其《答刘禹锡天论书》云:

> 宗元白:发书得《天论》三篇,以仆所为《天说》为未究,欲毕某言……其归要曰:非天预乎人也。凡子之论,乃吾《天说》传疏耳,无异道焉……犹天之不谋于人也。彼不我谋,而我何为务胜之耶? 子所谓交胜者,若天恒为恶,人恒为善,人胜天则善者行。是又过德乎人,过罪乎天也。……余则曰:生植与灾荒,皆天也;法制与悖乱,皆人也,二之而已。其事各行不相预,而凶丰理乱出焉,究之矣……若子之说,要以乱为天理、理为人理耶? 谬矣。[1]816-817

柳宗元答刘禹锡之信,牵引出诸多要义。从柳氏所处中唐特定时期社会思潮而言,基于社会实践需要,思想界对"天人关系"展开了深入的思考和论争。该书中提及的《天说》,柳宗元写于永州,主要批驳韩愈的天说观点,由此引发出刘禹锡的《天论》和此封书信的出现,柳宗元另有《天对》及《非国语》等系列文章,也重在阐述其对天人关系的深刻认识。中国古人对"天"及其"天人"关系的关注由来已久,《周易》虽为卜筮之书,但它更是我国现存最早的哲学专著,其所阐发之理在于明人事、通天道,如其"乾"卦,即在于论"天",而其"《象》曰:天行健;君子以自强不息"[3]8,则将"天"与"人"绾合起来;战国末期屈原以骚人的气质和思考写出《天问》,提出 170 多个关于"天"的疑问;战国末年思想家荀子则对天人关系作出系统论述,在其《天论》[4]176-177中指出"天有其时,地有其财,人有其治",人当"不与天争职",明确提出"明于天人之分"的观点,也即"天人相分"理论;至汉代,董仲舒思想影响广泛,他提出"天人感应"学说;东汉王充在《论衡》中提出天是没有感觉和意志的自然存在,进一步丰富了荀子"天人相分"理论。至中唐,对于天人关系,思想理论界未达共识,韩愈承接"天人感应"说,提出了"赏功而罚祸"(柳宗元《天说》)[1]443 的观点,柳氏予以批驳,认为"功者自功,祸者自祸"[1]443,天与人相分,反映出柳氏朴素的唯物主义哲学观,刘禹锡撰文《天论》三篇补充和支持柳说,柳宗元详察后,进一步于《答刘禹锡天论书》中发表观点。柳氏坚定地指出:刘禹锡之文只是对自己《天说》的注解,而非有"异者";天人相分明确,天的存在并不为人着想,则人无需胜过天,批判刘禹锡天人"交胜说"过分赞扬人而责怪天;认为生殖与灾荒是天(即自然界)的事,而法制与悖乱属于人类的事情,天与人"各行不相预";认为刘禹锡所谓"乱为天理、理为人理"之说是错误的。从柳宗元答刘禹锡之书,可见柳氏对自己的唯物观和无神论思想确信无疑,且在同时代当具有超前觉醒的价值。不唯此书,在其它一些书信中,柳宗元对于自己悟得的唯物理论也是信心满怀,并竭力用之以启人心智。如其《答周君巢饵药久寿书》云:"宗元以罪大摈废,居小州,与囚徒为朋……然犹未尝肯道鬼神等事。"[1]840此书表达出柳宗元虽处逆境而心中无鬼神的世界观,借此劝说周君巢无用炼丹服药以求长生。柳氏的断言导之以情而理直气壮。又如柳氏《与吕道州温论〈非国语〉书》云:

> 近世之言理道者众矣,率由大中而出者咸无焉。其言本儒术,则迂回茫洋而不知其适;其或切于事,则苛峭刻核,不能从容,卒泥乎大道,甚者好怪而妄言,推天引神,以为灵奇,恍惚若化而终不可逐。故道不明于天下,而学者之至少也……以道之穷也,而施乎事者无日,故乃挽引,强为小书,以志乎中之所得焉。[1]822

此段话指出"道不明于天下"的一个重要原因就是士大夫们"推天引神,以为灵奇",柳氏对"天"与"神"能够干预人事予以否定,进一步表明了作家的天人相分观点和无神论意识。在《非国语》六十七篇中,有不少作品都鲜明地表达了作家对"天人感应"唯心哲学的批判,其《与杨诲之书》《与杨诲之疏解车义第二书》中提到的"藉田"一事即如此。《非国语·不藉》云:"宣王不藉千亩。虢文公谏曰:'将何以求福用人?'王不听。三十九年,战于千亩,王师败绩于姜氏之戎。"[1]1267《国语》中将军队的失败归咎于不举行藉田仪式,因而神不降福而人不被役使,柳氏否定拿藉田之事来附会失败,且云:"吾益羞之。"[1]1268另外像《非国语》中的《三川震》《料民》《神降于莘》等诸多作品,均表明了柳宗元对唯心主义天命论、鬼神论的批判。

　　柳宗元的哲学自觉与自信不仅体现于对"天人相分"关系的理解,还鲜明地表现于对"中道"及行道方法论的把握。柳宗元奉守儒家的政治、哲学思想,尤其笃信其"中庸"之道,此在其书信类文章中屡见,通常用"中道""大中""中正""中之正"等表示,如"仆故为之标表,以告夫游乎中道者焉"(《答吴武陵论〈非国语〉书》)[1]825、"兄通《春秋》,取圣人大中之法以为理"(《答元饶州论政理书》)[1]833、"中之正不惑于外,君子之道也"(《与杨诲之书》)[1]847等。探究其"中道"观内涵,从《寄许京兆孟容书》可窥见一斑,柳氏立意于儒家"信义",意在通过"兴尧舜孔子之道",使其"利安元元为务"的目标得以实现。柳宗元对于为人处世的方法论颇有思考,在其亲朋应答之书中多有阐述。兹举数例以详。如其《与杨诲之书》云:

　　　　自今者再见足下,文益奇,艺益工,而气质不更于潭州时,乃信知其良也。中之正不惑于外,君子之道也。然而显然翘然,秉其正以抗于世,世必为敌雠,何也? 善人少,不善人多,故爱足下者少,而害足下者多。吾固欲其方其中,圆其外,今为足下作《说车》,可详观之。[1]847-848

此为柳宗元元和五年(810年)写给其妻弟杨诲之的信。元和四年(809年),杨诲之赴临贺县(今广西境内)探其父杨凭曾经过永州,柳宗元送别时作有《说车赠杨诲之》[1]462,借门外经过之车,作譬喻说明为人之道,即"材良而器攻,圆其外而方其中",并阐述了"方中圆外"的机理:"中不方则不能以载,外不圆则窒拒而滞。"在此封书中,将坚守"中正"阐释为得"君子之道",此道即为儒家的"中道",此概念与"中行""中和""中庸"相通,语出《孟子·尽心章句下》:"孔子'不得中道而与之,必也狂狷乎! 狂者进取,狷者有所不为也'。孔子岂不欲中道哉?"[5]341《论语·子路》中载有孔子之言,孟子所引"中道",原作"中行"[6]141。"中道"之"中"当指合乎某种尺度,超过或不及都不能称为"中",行中道,就是指待人接物不偏不倚,不执一端,通过权衡、调节、折中而致和谐。柳宗元在信中分析认为:在善人少而不善人多的社会中,秉正之人抗于世俗,则招致敌仇,因此,以"说车"作比教导杨诲之当"方其中,圆其外"。杨诲之对柳宗元之训导不以为然,认为"方中圆外"乃"翦翦拘拘,以同世取荣"(《与杨诲之第二书》)[1]852(按:翦翦,指花言巧语;拘拘,拘束的样子;同世,应和世俗),柳宗元遂作有"第二书",在该信中以肺腑之言痛定思痛,引经据典解析世情、深入说理,告诫诲之当

"慕中道",做到"刚柔同体,应变若化"[1]851,遂可"志乎道",则"内可以守,外可以行其道"[1]851,从而可达至高境界;针对诲之从俗"取荣"之论,柳氏认为自己绝非"与世同波"[1]853,究之柳氏为人正直德性及信中剀切言辞,其处世经验绝非圆滑之术,而是他追求"中正"之道的行事方略。在《与韩愈论史官书》中,柳氏选取了司马迁、班固、崔浩的典型灾难性个案以说理,其云:"司马迁触天子喜怒,班固不检下,崔浩沽其直以斗暴虏,皆非中道。"[1]808通过数典分析,从否定角度进一步阐述柳氏行中道的方法与技巧,由此充分显示出柳氏刚正不屈的秉性,以及对自我历经磨难而总结出的处世方法论高度自信。

要之,柳宗元书信中所体现的关于"天人相分"的哲学思考和行中道的方法体系,表明柳宗元具有坚定不移的儒家奋斗信念,其哲学自觉与自信,使其信念自挺、人格自强,此为柳氏能够经受打击、矢志不移的重要思想基础。

二

柳宗元的书信政治意味浓厚,充满着对治政的理性思考和自我仕途进退的表白。其信多写于贬谪期间,自然多反思政治遭遇、多表达改变困厄的愿望。柳宗元在制度问题、用才问题、税收问题等方面都有自己的深刻理解,对个人深陷贬籍充满着哀怨,在积极等待中抗击着命运的不公、探寻着人生的出路。

柳宗元信奉儒家政治理想,对于所处的封建统治社会忠贞不渝。其《寄许京兆孟容书》编在《柳宗元集》首篇,开宗明义,直奔中心,其云:"宗元早岁,与负罪者亲善,始奇其能,谓可以共立仁义,裨教化。过不自料,勤勤勉励,唯以中正信义为志,以兴尧舜孔子之道,利安元元为务。"[1]780这段话是柳宗元贬谪永州期间反思永贞改革的政治表白,阐述了柳氏政治理想的最高境界,以"立仁义"为奋斗纲领,以"裨教化"为终极目标,以"兴尧舜孔子之道"为取法范式和施政途径,以"利安"百姓为当务之急,与其书信中常言的"及物之道"相通,同时,也揭示出致力于政治实践的德性基础为"中正信义",行为态度乃"勤勤勉励"。这段话在回忆往事中,坚信自己的政治抱负,也在闪烁其词中揭示了失败的一些重要原因,柳氏或将矛头指向王叔文的才能不够、领导不力,由"始奇其能""过不自料"或可感知。在此需要说明的是,永贞革新在历史发展进程中具有积极意义,至于其失败的原因是多方面的,本文在此不论,自有史家评说。柳宗元书信中屡见之"及物",简言之,就是关怀现实、惠及民生的治政理想。其《与杨诲之第二书》云:"且子以及物行道为是耶,非耶? 伊尹以生人为己任,管仲衅浴以伯济天下,孔子仁之。凡君子为道,舍是宜无以为大者也。"[1]853此处引经据典,指出"伊尹"之民生抱负、管仲之济拯天下符合孔子的"仁政"学说,实际上也诠释了自己"及物行道"的内涵与取法高度。其《报崔黯秀才论为文书》云:"然圣人之言,期以明道,学者务求诸道而遗其辞……道之及,及乎物而已耳,斯取道之内者也。今世因贵辞而矜书……是不亦去及物之道愈以远乎?"[1]886柳宗元因贬谪而无法参与现实治世事务,于是他将精力转移到立言著述方面,此段话从文章的社会功能角度指出,文章贵在"明道",明道之内涵归于"及乎物",也就是担当天下大任、惠及百姓生活。其《答吴武陵论〈非国语〉书》云:"故在长安时,不以是(按:文章)取名誉,意欲施之事实,以辅时及物为道。"[1]824此句话指出,柳氏在长安时不以写文章为务,而主要致力于解决社会现实问题,以救世济物、恩惠民众;联系永州艰难处境,揭示出其治政的不变愿景以及环境逆转背景下忠诚理想的变通途径。其《与杨京兆凭书》云:"自抱关击柝以往,则必敬其事,愈上则及物者愈大,何事无用之朴哉?"[1]788此句中的"及物者",犹言关涉社会事物的情况,本句指出地位越高的人管理社会事务越多,其社会作用越大,结合后面的反问,其意甚明,突出了人才问题(在后文中还将有人才观专论)。以上主要通过分析柳宗元永州期间的书信材料,概论了柳氏的远大政治理想和现实治政理念,以说明其虽沉沦贬籍,倍受磨难,然依然不坠"利安"社会之志,此信念理所当然地成为柳宗元抗击磨难、坚挺信念的又一生命支柱。具体而言,他在政治方面的高度自觉和自信,可以分类言说。

关于制度和皇权。柳宗元毕竟是封建时代的知识分子,受制于时代和阶级出身,他对其所处的社会制度和皇帝权威虔诚恭敬、忠心耿耿,虽然柳氏也认为社会"弊政之大"(《答元饶州论政理书》)[1]832,虽然其曾参与的"永贞革新"也意在改革因宦官专权、藩镇割据带来的诸多弊乱,但其基本的政治认识论中内蕴着对现实制度和皇权统治的信任。其元和四年(809)所作《与裴埙书》云:

> 既受禁锢而不能即死者,以为久当自明……圣上日兴太平之理,不贡不王者悉已诛讨,而制度大立,长使仆辈为匪人耶? 其终无以见明,而不得击壤鼓腹乐尧、舜之道耶? 且天下熙熙,而独呻吟者四五人,何其优裕者博,而局束者寡,其为不一征也何哉? ……河北之师当已平奚虏,闻吉语矣。然若仆者,承大庆之后,必有殊泽,流言飞文之罪,或者其可以已乎? 幸致数百里之北,使天下之人,不谓仆为明时异物,死不恨矣。[1]795

此段话关涉社稷制度与天子统治权威,意思丰富而明确。书中认为"圣上日兴太平之理""制度大立"、天下之人幸逢"明时",此话虽难以掩盖歌功颂德之意,但对统治制度的不怀疑和对皇帝的敬仰和依赖却也溢于言表、由衷而出。对"河北之师"平定奚虏予以深切关注,此话说明沉潜于柳氏心灵深处的国家安全、制度安全的维护思想根深蒂固;自信"承大庆之后"自己或有"殊泽"沐浴,而能一洗罪名,表达了他对皇帝能够明辨是非而施以隆恩的热烈期待,尽管"八司马"被贬时,宪宗曾诏谓"左降官韦执谊、韩泰、陈谏、柳宗元、刘禹锡、韩晔、凌准、程异等八人,纵逢恩赦,不在量移之限"(《旧唐书》卷十四《宪宗》上)[7]418,然柳宗元自信君主的观念会发生改变,此处也明确揭示出"受禁锢而不能即死"的重要原因就在于有所期待,这种期待当来自于柳氏的制度自信观念和天子惠民的理念。柳宗元对现行皇权制度的坚信,在其同年于永州所作政论文《封建论》中也有鲜明的体现,"唐兴,制州邑,立守宰,此其所以为宜也……州县之设,固不可革也"[1]72、"今国家尽制郡邑,连置守宰,其不可变也固矣。善制兵,谨择守,则理平矣"[1]74。此话不仅信任统治权威,且也深入提出了善于用兵才能保障统治的政治主张。

关于用人问题在柳宗元书信中多有思考。主要集中于如下方面:治理国家的根本在于任用人才;人才进用之路历来并不通畅,改革不合理现状势在必行;有才而当世、当时不被重用屡见不鲜。其《与杨京兆凭书》不吝笔墨长篇讨论荐贤问题,对用人体制中出现的"三难"现象("知之难,言之难,听信之难"[1]786)进行剖析,深刻揭示出"愚朴无能"官吏的真相,从而有力抨击了腐败官僚政治对人才的压抑,大声疾呼其人才理念——"士,理之本也"[1]788(理,治也);柳氏将人才问题提到了治国理世的国家战略高度,进而对荐贤用人的公卿们提出了自己的人才建议:"故公卿之大任,莫若索士。士不预备而熟讲之,卒然君有问焉,宰相有咨焉,有司有求焉,其无以应之,则大臣之道或阙,故不可惮烦。"[1]788因"三难"现象具有深刻的社会原因,故人才仕进之路,多有不畅,柳氏呼吁公卿们将"索士"作为自己的"大任",由此说明在柳宗元理乱治世的治政思维模式中,荐才、用才据于核心地位。这是柳宗元的政治人才观,鉴于此信为贬谪永州时的作品,或带有自许才能和期望被用的深层用意。柳宗元对人才举用道路不畅早已深切关注,且也有不能助人仕进而深自谴责的体会。其从政长安时期的作品《答贡士元公瑾论仕进书》云:

古之道,上延乎下,下倍乎上,上下洽通,而荐能之功行焉……古犹难之,而况今乎？独不得与足下偕生中古之间，进相援也，退相极也，已乃出乎今世，虽王林国、韩长孺复生，不能为足下抗手而进，以取僇笑，矧仆之龌龊者哉！[1]875

此段材料在于说明两个问题：其一，荐贤举才乃为古道，但选用人才自古皆为难题；其二，因不能为贡士元公瑾抗手而进，深感羞耻，自感龌龊。在柳宗元书中，有一封构思奇特的书信《贺进士王参元失火书》[1]862－863，其书对王参元家失火受灾"始闻而骇，中而疑，终乃大喜，盖将吊而更以贺也"，乍读其文字令人惊诧，终读之，则猝然大悟。王参元虽才能卓越，然"进不能出群士之上，以取显贵"，柳氏认为："无他故焉，京城人多言足下家有积货。士之好廉名者，皆畏忌，不敢道足下之善……以公道之难明，而世之多嫌也。"在这里，柳宗元揭示出人才仕进之难的一种奇怪现象，评击了世俗"多嫌"的不良风气。柳宗元的剖析，可谓一针见血。鉴于这样的社会现实，柳氏又指出："自古贤人才士，秉志遵分，被谤议不能自明者，仅以百数……今已无古人之实，而有其诟，欲望世人之明己，不可得也。……贾生斥逐，复召宣室；倪宽摈死，后至御史大夫；董仲舒、刘向下狱当诛，为汉儒宗。此皆瑰伟博辩奇壮之士，能自解脱。"在此，柳氏列举古例，不只是在于揭示一些人才历经磨难而后名声显著的史实，更从"解脱"二字思之，当含有自譬的意味，即渴望自身得以解脱。由以上对柳宗元书信片言只语的剖析，或可说明柳氏的人才观具有丰富学理性和自觉实践性，此当既能显示柳宗元固有的才能自信，又能表明其政治自省的深度和自觉自信的高度。

关于税收问题，柳宗元对此也深有思考。其《答元饶州论政理书》，主要针对德宗初年开始实施的"两税法"实施情况，阐发自己关于经济政策的理论观点和解决实际问题的主张，极富真知灼见。其文首段即云："不唯充赋税养禄秩足已而已，独以庶富且教为大任，甚盛甚盛！"[1]831对元饶州的理政之道给予评价，高度赞扬元氏征收赋税意在使民富庶且有教养的治政目标，由此也可想见柳氏的赋税思想与见解。随之，柳宗元在书信中提出自己一些观点，其云：

> 如今富者税益少，贫者不免于捃拾以输县官，其为不均大矣。然非唯此而已，必将服役而奴使之，多与之田而取其半，或乃出其一而收其二三。主上思人劳苦，或减除其税，则富者以户独免，而贫者以受役，卒输其二三与半焉。是泽不下流，而人无所告诉，其为不安亦大矣。夫如是，不一定经界、核名实，而姑重改作，其可理乎？[1]832

此段话，揭示贫富"不均"差距拉大的原因；指出皇帝虽欲惠施隆恩，然由于税收制度执行环节存在弊端,"贿赂行而征赋乱",终"泽不下流"而贫民无处申诉,遂形成"不安亦大"的结果。鉴于此,柳宗元提出"定经界",即要清查田亩,确定数量;"核名实",即要核对贫富的名与实;"舍其产而唯丁田之问",即按丁亩多少征税,以改变社会贫富之不均。若不如此,柳氏认为因循守旧地"姑重改作"(即改革),则无法治理天下。柳氏"均赋"之经济思想观点与执行方式策划,深刻地反映出其"利安元元"的经世致用目标。此文在唐代经济思想史上当有一定的地位。柳宗元对百姓赋税过重的现实遭遇,在其永州期间所作《捕蛇者说》中,更以蒋氏一家三代捕蛇顶租的悲惨命运为例,揭示出"赋敛之毒,有甚是蛇者乎"[1]456的沉重感慨,暴露弊政可谓强烈至极!

柳宗元书信展示出其崇高的利民理想、非凡的治政思想和施政才能,其纵论治国方略的书信大都写于永州,当时柳氏身困穷山恶水之中,缺乏政治自由,虽有政治理想,又有治世才干,然能否除去贬籍而重返仕进之途,其有无信心呢?通过对柳氏书信的全面考察,或可觅得答案。其书信云:

> 喜圣朝举数十年坠典,太平之路果辟,则吾之昧昧之罪,亦将有时而明也。——《与杨诲之书》[1]848

> (今仆)不必立事程功,唯欲为量移官,差轻罪累,即便耕田艺麻,娶老农女为妻,生男育孙,以供力役,时时作文,以咏太平。——《与李翰林建书》[1]802

> 傥因贼平庆赏之际,得以见白……一释废锢,移数县之地……买土一廛为耕畎,朝夕歌谣,使成文章……亦不虚为太平之人矣。——《与萧翰林俛书》[1]799

> 宗元无似,亦尝再登朝至六品矣! ……夫知足与知止异,宗元知足矣。若便止不受禄位,亦所未能。今复得好官,犹不辞让……丈人旦夕归朝廷,复为大僚,伏惟以此为念。——《与杨京兆凭书》[1]790-791

> 自料居此(按:永州"蛮夷中")尚复几何,岂可更不知止,言说长短,重为一世非笑哉? ……用是更乐喑默,思与木石为徒,不复致意。——《与萧翰林俛书》[1]798

> (宗元)穷踬殒坠,废为孤囚。日号而望者十四年矣……及今阁下以仁义正直,入居相位,宗元实拊心自庆,以为获其所望,故敢致其词以声其哀。若又舍而不顾,则知沉埋踣毙无复振矣,伏惟心动焉。——《上门下李夷简

相公陈情书》[1]892

以上所摘书中语句,均为柳宗元表述"一释废锢"、希求脱离"沉埋踣毙"困境的肺腑之言。经分析可知:柳氏贬谪期间,尤其是身处永州蛮夷山水期间,对重获政治自由富有信心,从其倾诉心声的言辞观之,其心态趋于沉潜平和,"移数县之地""买土一廛"即已知足,愿望并不高远,且以"等待"为有所作为的主要方式,同时,也不失时机地在与上司长者、亲朋好友的书信往来中,或直白或含蓄地表达着自己的诉求。

要之,通过对柳宗元书信的全面检讨,可知他对政治充满着信心,其信心不仅表现于忠诚君主、信任制度,也表现在其具有筹划治政方略的雄才大略,同时也真切地反映出柳氏对走出贬谪困厄充满着信心。可以说,柳宗元之政治自信,也是支撑其抗击不幸灾难的坚挺理由,此信心当能为柳氏超越现实厄境而构筑起牢固的政治理想基础。

柳宗元书信的精神内涵是多方面的,其实质不仅表现于上文重点分析的哲学自觉和政治自信,也表现于学术理论自觉、文学创作自信,以及勇于担纲家道中兴的伦理自觉与自信,限于篇幅,此处不论。柳宗元的生命是短暂的,四十七岁即英年早逝,但其凭依远大理想、坚挺意志、刚直情怀和执着行动,游乎"大中之道",柳氏突出的政治表现、深邃的儒学思想和惊天动地的"古文运动"贡献,终使其成为千古师表,虽然他在书信中一再表白"避师名"[1]880之说,然其行师者之实却一以贯之,较之于韩愈《师说》,貌迥异而神相合,柳氏实为中国文学史上成效卓越的典范良师!柳宗元的文化精神光照千秋,其自觉、自信和自强,给予中国文士以丰富的滋养和无穷的动力!

参考文献:

[1]柳宗元.柳宗元集[M].北京:中华书局,2008.

[2]苏轼.苏轼全集[M].上海:上海古籍出版社,2000.

[3]黄寿祺,张善文.周易译注[M].上海:上海古籍出版社,1989.

[4]章诗同.荀子简注[M].上海:上海人民出版社,1974.

[5]杨伯峻.孟子译注[M].北京:中华书局,2005.

[6]杨伯峻.论语译注[M].北京:中华书局,1980.

[7]刘昫等.旧唐书[M].北京:中华书局,1975.

(原载 2014 年第 6 期,作者单位:金陵科技学院)

柳宗元：从革新能臣到自由知识分子

❋ 何生风

近年来，"柳学"的研究越来越广泛而深入，学者们从哲学、文学、经济、教育、宗教、旅游等方面对柳宗元的思想发微探幽，各抒己见，提出了许多真知灼见。纵观学术界对柳宗元的评价，普遍认为他是一位著名的思想家和文学家。现在有人给柳宗元冠以教育家、旅游家、岐黄大师、宗师、"超师"等称号，都是积极评价柳宗元成就的一家之言。然而，笔者在研究柳宗元的作品及对后世的影响时，时常感到他同封建社会那些一般的思想家和文学家有着明显的不同。这种不同是什么呢？封建社会中一般的思想家和文学家是以宣扬儒家正统思想为己任，虽然不乏有人对现实弊端进行大胆的揭露与批判，但都不会越过儒家正统思想的雷池。而柳宗元不仅在作品中表现出对现实的批判性，更重要的是他能够站在时代的高点，以一个旁观者的清醒头脑和敏锐目光纵横捭阖，其思想内涵超越了时代和儒家思想的局限。近代学者林纾评价说："柳柳州见解，可云前无古人。"毛泽东评价过："柳子厚出入佛老，唯物主义。他的《天对》，从屈原的《天问》以来，几千年只有这个人做了这么一篇。"笔者以为柳宗元是中国封建社会中一名伟大的自由知识分子。从这一角度去审视柳宗元，更能够看出他独有的魅力。

一

柳宗元并不是一个自觉的自由知识分子，是其仕途遭遇变故，才使他从一位革新能臣沦为贬官，再转变为一名自由知识分子。

柳宗元出身于一个背景显赫的封建官僚家庭，"人咸言吾宗宜硕大，有积德焉。在高宗朝，并居尚书省二十二人"（《送濬序》）；柳氏家族曾经"充于史氏，世相重侯"（《故大理评事柳君墓志》）。柳宗元出生时，虽然家道式微，但他自幼仍受过正统儒家思想的教育，因此，柳宗元同唐代的多数衙门子弟一样选择了先读书，后为官的人生道路。他二十一岁考中进士，三十三岁以前，他的仕途之路算得上一帆风顺。贞元二十一年(805年)三十三岁的柳宗元"自御史里行得礼部员外郎,超取显美。"如果不是命运多舛,柳宗元或许会成为中国封建社会中一名著名的政治家。

柳宗元生活在政局动荡不安的中唐,他自幼就立下的远大抱负使他无法放弃现实带来的机遇。他毫不犹豫地加入了王叔文革新集团,并成为中坚力量。然而,由于众所周知的原因,王叔文革新集团的"永贞革新"不到半年的时间就夭折了,柳宗元也不可避免地从一名革新能臣成了革新运动的牺牲品。在《寄许京兆孟容书》中他说自己:"于众党人中,罪状最甚。"由是可以看出,在"永贞革新"中,柳宗元是怀着满腔的热情投身到革新中,他期望通过自己的努力能够登上权力的更高峰。虽然柳宗元的政治上的理想没能实现,但他强烈的改革愿望表现出一个自由知识分子最本质的禀性。政治上的失意,使柳宗元更加深刻的认识到了现实的弊端,也促使他更加客观地面对社会和人生。

二

永州是柳宗元后半生最主要的生活地方,也是他由一位革新能臣转变为自由知识分子的地方。柳宗元被贬出朝廷后,他就再也没有机会回到朝廷的政治中心。虽然十年后他被朝廷量移为柳州刺史,结束了流囚一般的生活,但他的命运并无大的变化,甚至离中唐政治中心的距离更加遥远。

被贬永州后,柳宗元始终没有放弃"辅时及物""利安元元"的政治理想,渴望东山再起。为此,初到永州时,他小心翼翼地处事,"自为缪人,居是州,恒惴栗"(《始得西山宴游记》)。之所以如此,他就是希望得到唐宪宗的宽恕。元和元年,唐宪宗改元,大赦天下;同年,唐宪宗册封太后,再次大赦天下,柳宗元得到的却是"纵逢恩赦,不在量移之限"(《旧唐书·宪宗记》)的消息;元和二年,唐宪宗祀于郊上并大赦天下,元和三年朝廷大臣为唐宪宗上尊号"睿圣文武皇帝",唐宪宗又大赦天下,但柳宗元等"八司马"仿佛被朝廷遗忘了,没有任何被赦免的迹象;元和四年,朝廷册立太子,按惯例大赦天下。柳宗元得知消息后,立即给长安的故交写信,表达希望得到援引的心情,但是,唐宪宗再次让他的希望落空。我们可以想像柳宗元从一次次希望陷入一次次绝望的凄凉心情,现实逼迫他必须接受被朝廷抛弃的命运。

在"复起为人"的希望破灭后,在元和四年末,柳宗元才真正安下心来搬到愚溪边过起安居生活。他开始潜心治学、以文寄怀。"仆之为文久矣,然心少之不务也,以为是特博弈之雄耳。故在长安时,不以是取名誉,意欲施之事实,以辅时及物为道。自为罪人,舍恐惧则闲无事,故聊复为之"(《答吴武陵论〈非国语〉》)此番话道出了柳宗元无奈的选择。我们更要注意到的是,"仆近亦好作文,与在京城时颇异"(《贺进士王参元失火书》),柳宗元在此时的写作目的同以往已发生了根本的转变。在长安,柳宗元是有名的笔杆子,"宗元无异能,独好为文章,始用此以进,终用此以退"(《上李中丞献所著文启》),但那时所写的多是应制的"遵命文字",对后世没有多大的影响。被贬永州的前三年,柳宗元是在徘徊等待中熬过的,留下的文字多是沦为贬官后的感伤之作,是封建社会贬官文学的代表之作;后七年才是他一生中最辉煌灿烂的岁月,其间的创作,成就了他杰出自由知识分子的英名。倘若柳宗元能够在仕途失意后就从官场中超脱出来,心甘情愿地实践自己的"贤者不得志于今,必取贵于后,古之著书者皆是也"(《寄许京兆孟容书》)愿望,他的作品一定会放射出更加光彩夺目的光芒。我们可以理解柳宗元为改变命运始终期望"复起为人",但也为他不能在自由知识分子的路上走得更远而深深遗憾。

<h1 style="text-align:center">三</h1>

自由知识分子也称为公共知识分子,美国的拉塞尔·雅各比在《最后的知识分子》书中最早提出了这一概念。关于自由知识分子的定义,目前还没有统一的说法。一般来说,自由知识分子应该是"一个国家历史和现状的观察家和批判者。他们肩负推动观念更新、揭露和批判丑恶、呵护文明、维护正义的重任"(袁伟时《近代中国的公共知识分子》)。萨特说,自由知识分子是那些"对所有他们时代发生的问题,都有权利和义务,只依赖自身的理智力量,表达一个立场"的知识分子。从上述解释,我们认为自由知识分子具有以下几个主要特征:

(一)自由知识分子应该是一个学识渊博和思想超前的先觉者。他们有坚定的思想立场,始终坚持自己的观点。因而,他们不是某一时代正统的文人。

(二)自由知识分子一般不是从政者,或者被剥夺了从政的权利。但是,他们高度关注国家与民众的命运,是积极的入世者,不是超然尘世的隐居者。

(三)自由知识分子具有强烈的批判性,对历史和现实都有自己独到的见解和立场,从不人云亦云。因而,他们是孤独者。

（四）自由知识分子是普通民众的代言人，主张无权者的权利。

元和二年，柳宗元在潇水边写下了著名的《江雪》："千山鸟飞绝，万径人踪灭。孤舟蓑笠翁，独钓寒江雪。"诗中表现出的"千万孤独"的寂寞情感贯穿了他在永州的十年生活。孤独会让一个庸人悲观痛苦，也会让一个智者进入自由的境界。元和三年，柳宗元在度过最痛苦的日子后，开始系统地研究经史及诸子百家。在元和四年的《与李翰林建书》中他提到："仆近来求得经史诸子数百卷，常俟战悸稍定，时即伏读，颇见圣人用心贤士君子立志之分。"柳宗元贬到永州后名义是永州司马，实则是一位闲员，没有什么职权，相当于一个领朝廷俸禄的高级流因。这种远离政坛，甚至远离官场的处境，使柳宗元从一个朝廷的御用文人彻底转变为一个自由作家。而他在永州写下的一系列文章充分表现了一个自由知识分子的精神。

其一，柳宗元无神论的哲学思想突破了时代的局限，登上了他所处的时代的哲学高峰。柳宗元的哲学思想主要体现在《贞符》《天说》《天对》《非国语》等文章中，后人已作了全面深入的分析，不必赘述。我们必须看到的是，唐朝是一个神学盛行的朝代。唐初，李家皇室尊老子为李姓先祖，将道教奉为国教。中唐前后，佛教又开始盛行。无论是道教还是佛教，都建立在唯心主义的神秘哲学基础上。统治者借以阐释其统治的合理性，麻痹老百姓的思想。元和三年，柳宗元在《贞符》一问中提出了"天人不相预"的哲学命题，并进行了系统地分析。文中明确提出皇帝是"受命不在天，于其人；休符不于祥，于其仁。惟人之仁，匪祥于天，兹惟贞符"的结论。这一观点同自西汉董仲舒提出并成为儒家正统思想的"天人感应"的观点相对立，可以说是"冒天下之大不韪"。更难能可贵的是柳宗元在身处贬地而苦盼朝廷召回的处境中，仍然将《贞符》一文上奏朝廷，这充分表现了一个自由知识分子为真理而不屈服的高贵品质。他知道呈上这篇文章可能招致的后果，因而在序言中说："苟一明大道，施于人代，死无所憾，用是自决。"

其二，柳宗元用文章为"弱势群体"代言，表现了一个自由知识分子的社会良心。研究柳宗元的人都注意到柳宗元在《送宁国范明府诗序》中提出的"吏为民役"的政治主张，一致认为这一观点大大地超越了自孟子以来儒家倡导的"民本"思想，但是这种"超越"表现在哪里却没有谁说得令人信服。笔者以为，这种超越表现在他所站的立场与别人不同。传统的文人总是站在统治者的立场上论述官民关系，而柳宗元则是为民代言，为民请命，强烈地表达出"民"的心中愿望。元和七年，柳宗元在《送薛存义序》一文中对这一观点作了进一步的阐述。

同年,他还写下了著名的《捕蛇者说》和《晋问》等文章,前者可以说是为民请命,后者主张统治者要将"利民"政策调整为"民利"("所谓民利,民自利者是也。"就是让老百姓有依靠自己的力量,为自己谋求利益的权利)。我们认为,能不能将自己的立场放在"民"而不是"官"上,这是任何一个时代区别自由知识分子与正统文人的重要标志之一。

其三,柳宗元的文章具有强烈的批判性,这是自由知识分子共有的特征。柳宗元的批判是全方位的,从历史到现实,从哲学到社会,他都是以自己独到的眼光对自己认为讹谬的观点进行批判,我们可以将其归纳成三个方面:

一是对思想领域中荒诞错误观点的批判。在《非国语》中,柳宗元从"天人不相预"的唯物主义立场出发,对《国语》中"其说多诬淫,不概于圣"的谬误,逐一进行了批驳。《国语》虽然未列入儒家经典之中,但后世儒者称其"至比六经",是封建文人必读的书本。柳宗元是一个自称"与孔子同道""致君尧舜"的儒家思想的追求者,但他并不把儒家学说当作教条,对自己认为错误的东西毫不留情地进行批判。例如在批判《叔鱼生》一文中指出叔向的母亲凭相貌和哭声就判定一个人的福祸是"以其鬼事知之"的迷信说法;在《封建论》中,批判了主张恢复分封制的反动思想;在《答韦中立论师道书》中批判了"不重师道"和"独尊儒术"的思想;在《观八骏图说》中批判了迷信偶像,盲目崇拜的思想。在封建社会里,这种敢于将批判的矛头直指儒教经典的人实不多见。

二是对中唐政坛怪状的批判。其中最主要是对宦官弄权和官僚贪婪丑态的批判,因这类文章触及现实极为敏感的人事,所以柳宗元多采用寓言的形式。例如:《憎王孙文》《三戒》《骂尸虫文》等。在《六逆论》《序棋》《鞭贾》等文章中,对贤愚颠倒、任人唯亲的社会现状进行了批判。

三是对人性中丑陋现象的批判。例如《哀溺者文》《李赤传》等,文章对社会上那些被一己之利蒙蔽,或生死不分,或是非颠倒,最终落得可悲可耻下场的顽愚之徒进行了入木三分的刻画,对人性中最普遍存在的贪婪之心进行了无情的讽刺;《永某氏之鼠》《临江之麋》等生动地揭露了世俗中那些"乘物以逞"狂妄之徒的嘴脸。

四

中国封建社会是专制社会,中国封建文化是专制文化,因而,中国封建社会缺乏滋生自由知识分子的土壤。而缺乏自由知识分子的社会就会缺少活力,就会止步不前。苏格拉底说:"我这个人,打一个不恰当的比喻,是一只牛虻……这个国家好比一匹硕大的骏马,可是由于太大,行动起来迂缓不灵,需要一只牛虻叮叮它,使它的精神焕发起来。"这段话是对自由知识分子作了最生动的比喻。柳宗元是中唐社会中一只牛虻,他想要用力去叮咬中唐朝廷这匹病马,期待它能重新振作起来。

自由知识分子特定的角色在现实中常被视为"异类",总是受到排挤打击,在封建社会中,这一现象尤为突出。因此,封建社会中的自由知识分子的思想成果大多不会被现实接纳。柳宗元似乎预感到了这一点,他在《答吴武陵论[非国语]书》中说:"辅时及物之道,不可陈于今,则宜垂于后。"在柳宗元辞世约200年后,他的作品才在宋代被人重新发现并整理出版。然而,自由知识分子的思想往往是超越时代的,对后世的影响是深远的。柳宗元也是如此,比如一代伟人毛泽东一生钟爱柳宗元的文章,他提出的"为人民服务"的著名观点应该是受到柳宗元"吏为民役"思想的影响。

上海大学朱学勤教授说过:"真正的知识分子都是悲剧命运的承担者……他们要提前预言一个时代的真理,就必须承受时代落差造成的悲剧命运。从这个意义上说,时代需要悲剧,知识分子更需要悲剧。"柳宗元在永州的十年是被朝廷抛弃的十年,是他人生中最痛苦的十年。但这种悲剧命运使他从贬官成为了一名自由知识分子,从而使他留芳百世。柳宗元的思想大大地超越了时代的局限,闪烁着真理的光芒,正以为如此,他成为了后世研究者最感兴趣的中国古代文人。韩愈在《柳子厚墓志铭》中说:"虽使子厚得所愿,为将相一世,以彼易此,孰得孰失,必有能辩之者。"这段话是对柳宗元一生最恰当的评价。

参考文献:

[1]柳宗元.柳河东全集[C].上海:上海人民出版社,1994.

[2]杜方智,林克屏.柳宗元在永州[M].郑州:中州古籍出版社,1994.

[3][美]拉塞尔.雅各比.洪洁,译.最后的知识分子[M].南京:江苏人民出版社,2002.

[4]袁伟时.叮人牛虻与啼血杜鹃——近代中国的公共知识分子[J].南方人物周刊,2004,(7).

[5]何业光.解读柳宗元——荐梁鉴江《柳宗元传》[J].学术研究,2005,(5).

(原载2009年第1期,作者单位:永州职业技术学院)

柳宗元民法学思想探微

✻ 谢水顺

中国古代刑法体系非常发达完善,自古就形成了"重刑轻民"的法律传统,这一传统观念根深蒂固,以致我国古代思想家刑法学思想丰富而民法学思想贫乏。柳宗元是唐代的著名文学家、政治家、思想家,也是比较突出的法学家。其刑法学思想相当丰富,而民法学思想相对分散,没有全面、系统地表述其民法学思想的作品,难成一家之言,但把散见于他作品里有关民法学思想的见解加以梳理、系统化,就可以看出其民法学思想也有精彩之处。

有关其民法学思想主要体现在《童区寄传》《晋问》《贞符》《梓人传》《种树郭橐驼传》《全义县复北门记》《送薛存义之任序》和《答元饶州论政理书》等文章中。有鉴于此,本文欲对柳宗元的民法学思想作一初步探索,以求对柳宗元思想研究的全面性。

一 一国所有公民(包括奴婢)都具有平等的独立人格

平等是民法的基本原则之一。民法中的平等,是指主体的身份平等。身份平等是特权的对立物,是指不论其自然条件和社会处境如何,其法律资格亦即权利能力一律平等。而在唐代,作为权利主体的人有"良""贱"之分。良即良人,是指普通百姓即士、农、工、商四类,唐代法律规定,良人之间具有相互平等的民事主体身份。贱即贱民,在身份上分为官贱民和私贱民两类。官贱民包括官奴婢、官户、工乐户、杂户、太常音人等,由重罪罪犯的家属后代子孙转化而来;私贱民包括:奴婢、部曲、客女等。"奴婢贱人,律比畜产。"作为身份卑微的贱民,她们往往无法掌控自身的命运,而奴婢被唐律明文规定为主人的财产,其子女也是主人的财产,都由主人处分,不是独立的民事主体。但可拥有自己的财产,可以有家庭,可以财产自赎,但不得与其他阶层人员通婚,所生子女世代为奴,但奴婢将自己的女儿嫁与他人,竟被视为盗窃主人财产。相对于良人,贱民不具备独立的民事主体身份,其中的某些人如奴婢甚至不具备独立的人格,只被当作一种特殊的财产。在唐代,官府虽然禁止买卖奴隶,但禁令徒具其文。

柳宗元虽然出身于官宦之家,少有才名,早有大志,自幼就同情民众、关系民生疾苦、批判统治者苛暴统治。在贬至永州后,身处民众之中,切身体验了民生之艰难窘况,对百姓充满了真挚的关怀和同情。即使后来到柳州,对包括少数民族群众在内的普通百姓仍是倍加关注。所以他对蓄奴和买卖奴隶现象非常痛恨。在《童区寄传》里,他揭露了当时社会上买卖奴隶的罪恶行径,抨击地方官"因以为己利"而"户口滋耗"。废除奴俗,解放奴婢,是柳宗元任柳州刺史期间所进行的一项重大社会改革。唐朝时,岭南一带有"以男女质钱"的落后"土俗"。劳苦农民交不起地租或者是向富豪之家借了高利贷,就得把自己的子女送到债主家作抵押,"子本均,则没为奴婢"(无力及时还债赎回,就利上加利,到了利息与债款相等的时候,被抵押的穷家子女就要终身沦为任人驱使、毫无自由的奴婢)。柳州地区曾经出现过"豪家婢妾百余,男仆数百"的现象,许多穷苦家庭破碎了,社会生产受到破坏。一向主张"以生人(民)为己任"的柳宗元决心改变这种恶习。他运用朝廷颁发的"不许典贴良人男女作奴婢驱使"的法律规定,"革其乡法",给到债主家服役的穷家子女按时间计算工钱,"视直(值)足相当,还其质"(工钱与债款数目相当,就命令债主把人质释放回家)。柳宗元还"出私钱"帮助一些穷人赎回了被典当的子女。[1]这项措施在柳州一带推行,仅一年时间内,就使上千的奴婢获得了自由。柳宗元的这一改革措施,不仅使柳州许多穷苦百姓感恩戴德,而且受到了直接上司桂管观察使裴行立的赏识赞许,当作好经验在桂管的州县加以推广。"比一岁,免而归者且千人"(一年时间,便使上千人获得了自由)。柳宗元的朋友韩愈在袁州(今江西省宜春市)刺史任上,也仿照柳州的做法,为数百名沦为奴婢的穷家子女解除了痛苦,成效明显。[2]这就取消奴婢身份,使许多被压迫的奴婢获得了自由。所以韩愈在《柳子厚墓志铭》里说:"因其土俗,为设教禁,州人顺赖。其俗以男女质钱,约不时赎,子本相侔,则没为奴婢。子厚与设方计,悉令赎归。其尤贫力不能者,令书其佣,足相当,则使归其质。观察使下其法于他州,比一岁,免而归者且千人。"

柳宗元在《六逆论》《晋问》等政论文里,也主张任人唯贤,用人不论出身一律平等,反对世袭特权。另外,他也继承了先秦的"均税""薄赋"的思想,提出了"讼者平、赋者均"的主张,认为"宽徭、啬货、均赋之政起,其道美矣"[3]。还有,他在《梓人传》《种树郭橐驼传》《掩役夫张进骸》《宋清传》《牛赋》《宋清传》等作品中,公开地蔑视封建社会森严的等级制度。在《非国语·命官》中柳宗元批评了《国语》中的贵族世袭的传统观念:"官之命,宜以材耶? 抑以姓乎?"(《非国语(下)》)这些都在一定程度上也体现了平等的思想。

二　官与民的关系是平等主体之间的合同法律关系

在古代,官(府)是统治者、掌权者,民是被统治者、无权者,官与民的关系一般表现为掌权者对无权者的压迫和剥削关系。但关于国家与个人之间的关系即官(官府)与民之间的关系,我国古代思想家论及很少,周秦汉唐的舆论,总是把官吏说成是役民者,并喻之为民之父母,是牧养百姓的人,因此,州郡官长称"牧守""牧伯""牧宰"。所以,中国历史上,都是把官吏看成是役民者,并自喻为人民的父母,是放牧人民的人。而处于唐代的柳宗元却已经有了自己比较独到的见解。早年在长安之时,他就借友人之口说出:"夫为吏者,人役也。役于人而食其力。"(《送宁国范明府诗序》)他到永州后对这一思想理念进行了进一步地发挥,鲜明地提出了"吏为民役"的著名论断:"凡吏于土者,若知其职乎? 盖民之役,非以役民而已也。凡民之食于土者,出其十一庸乎吏,使司平于我也。今受其直怠其事者,天下皆然。岂惟怠之,又从而盗之。向使庸一夫于家,受若直,怠若事,又盗若货器,则必甚怒而黜罚之矣。以今天下多类此,而民莫敢肆其怒与黜罚何哉? 势不同也。势不同而理同,如吾民何? 有达于理者,得不恐而畏乎!"(《送薛存义之任序》)他认为官吏是民众雇佣的,民众所承担的赋税就是给他们的酬劳。他认为民众雇佣的官吏是执行"司平于我"职能的,对官吏任免、赏罚的权力应在民众手中,就像雇佣佣人一样。由此得出了一个结论:官府(官吏)与民众之间的关系是一种雇佣合同关系,也就是民庸其吏、吏为民役的关系。官吏靠百姓供养,百姓是官吏的衣食父母。这是从合同关系上论证百姓是雇主、官吏是仆役。官是老百姓花钱雇来为自己做事的仆役,百姓是主人,官是百姓的"公仆",而非高高在上的官老爷。官府(官吏)的职责就是维护社会的公平和安定。所以,官(官府)与民之间就是一种雇佣关系,也就是受雇人与雇佣人约定,由受雇人为雇佣人提供劳务,雇佣人支付报酬(包括服务和劳务)而发生的社会关系,这是一种雇佣关系当事人间的协议关系,是一种平等的合同法律关系,故具有平等性。显然,他倡导的是一种官民法律地位平等的思想。

在官(官府)与民的雇佣合同中,其基本内容就是民养活官,官受雇于民,官就得竭心尽力地为百姓服役来换取俸禄,为民服务,而不能奴役百姓。官吏是人民通过雇佣合同关系用钱雇佣来办事的。"凡民之食于土者,出其十一佣乎吏。"(《送薛存义之任序》)百姓从劳动收入中拿出十分之一的份额来交纳赋税,用作官吏的俸钱。他认为,自古以来,民都是最可怜的弱势人群,但一代又一代的仆人(官或官府)受了主人(民)的雇请,不仅心安理得地拿着主人的工钱,而且还随意消极怠工,甚至随便偷盗主人的财物,而主人对此除了徒叹奈何,竟别无办法。结果,仆人富了,主人穷了;仆人乘轿,主人抬轿;仆人食肉,主人吃糠;仆人坐堂,主人跪地等现象成常态。[4]官(官府)总是对老百姓巧取豪夺,处处为自己谋算,见风使舵,专横跋扈,肆无忌惮。所以,民的义务就是拿出十分之一的劳动成果来雇佣官吏,养活官吏,为自己服务。因为官(官府)向来都是强势群体,故在设定权利与义务时,应加重官(官府)的义务,所以,柳宗元对"民之役"提出了政治上经济上等各方面的具体要求,也就是官(官府)应尽如下义务:第一要司法公正,不徇私枉法。"讼者平。"(《送薛存义序》)第二要税赋合理,均平赋税。"赋者均。"(《送薛存义序》)"定经界,核名实。"(《答元饶州论证理书》)第三要保护弱者,营造良好民风。"老弱无怀诈暴憎。"(《送薛存义序》)第四要除暴安良,维护社会稳定。"知恐而畏也审矣。"(《送薛存义序》)第五要秉公办事,不弄虚作假。"不虚取直。"(《送薛存义序》)第六要甘于清贫,忍辱负重,不与民争利。"吾贱且辱,不得与考绩幽明之说。"(《送薛存义序》)第七要真心为国荐才。"夫天下之道,理安,斯得人者也;使贤者居上,不肖者居下,而后可以理安。"(《封建论》)第八要不怠不贪,不以权谋私。"吏不可受其直,怠若事,又盗若器。"(《送薛存义序》)等等。[4]柳宗元认为,在官(官府)与民的雇佣合同关系中,雇主(雇佣人)可以根据雇佣合同而雇用受雇人,也可以因雇佣关系的解除罢免、处罚受雇人。

三 婚姻法律关系主体(婚姻当事人)之间的关系是门当户对、良贱不婚

在我国古代,婚姻的标准是"门当户对"。"门当户对"就是男女双方的社会地位和经济情况相当,结亲很适合。从西周开始法律就禁止贵族与平民通婚,魏晋南北朝时门第等级森严,士庶不婚,隋唐时士族制度逐渐消失,"门当户对"逐渐成为古代婚姻的重要习俗,并演变而成"良贱不婚"。古代婚姻制度中的"门当户对""良贱不婚"都是指"娶妻",而非指"纳妾"。"娶妻"必须经过"六礼"程

式娶进门的才为妻，"纳妾"的形式等同于买卖交易。在几千年的封建社会里，法律上只规定你名义上的正妻只能有一个，并没有规定你实际上的配偶有多少，你只要正妻是一个，其他的妾有多少，法律并不加以干预。但妻妾之间也界限分明、等级森严，妻为正，妾为庶；妻主妾从，妻贵妾贱。

唐时严等级，重门第，法律禁止良民与贱民通婚，良民中士族、贵族与庶族、平民也难联姻。柳宗元被贬永州前，其妻杨氏早已去世，没有生育子女。但其妻杨氏"代济仁孝，号为德门"（《亡妻弘农杨氏志》）。属于士族大姓，与他是名副其实的门当户对。但被贬永州后，他身为"僇人"，在婚姻问题上，仍然未能摆脱封建等级制度的束缚。他曾哀叹柳氏家族"但见祸谪，未闻昌延"，他终究还是"吏"，六品官，受封建等级的制约，续娶要考虑门当户对。然而，"荒隅中少士人，无与为婚，世亦不肯与罪大者亲呢"（《寄许京兆孟容书》）。当地的仕官缙绅人家都不愿把女儿嫁给他，即使遇到适合的女子，谁又愿意与负罪的钦犯结亲？再者，柳宗元祖上身份显赫，在永州这个地方，当然没有和他门当户对的人家。受孟子"不孝有三，无后为大"的影响，子嗣问题一直困扰着他。柳在永州曾同马雷五姨母共同生活，由于属非"士人女"，所以没有正娶为妻。他不能结婚，只能与女子同居，女子则无妻子之名，可以同居，可以生儿育女。如果结婚，就触犯唐朝的婚姻法即《户婚律》，就要判刑。所以，柳的事实婚姻，囿于当时的等级观念没有公开。

"柳下惠坐怀不乱"，是大家所熟悉的一个著名典故。这位被孟子赞誉为"圣之和"的圣贤君子，正是中国柳姓的始祖。在《送从兄罢选归江淮诗序》《故叔父殿中侍御史府君墓版文》等文中，柳宗元反复强调河东解县柳姓是春秋鲁国大夫展禽（柳下惠）的后裔，表明了自己血统的高贵，极力宣传其祖先柳下惠"为世仪表"，被"孔氏称之""孟子赞之"（《送从兄罢选归江淮诗序》），也以"人咸语我宗宜硕大，有积德焉。在高宗时，并据尚书省二十二人"（《送獬序》）而自豪。"自中书以上，为宰相四世。"（《伯祖妣赵郡李夫人墓志铭》）"我姓婵嫣，由古而蕃，钟鼎世绍，圭茅并分。至于有国，爵列加尊，联事尚书，十有八人。"（《祭从兄文》）然而，天有不测风云，武则天掌权后，"遭诸武，以故衰耗，武氏败，犹不能兴。为尚书吏者，间数十岁乃一人"（《送獬序》）。"子孙亡没并尽"（《旧唐书·柳亨传》），且"武氏败，（柳氏）犹不能兴"（《送獬序》）。

柳宗元的父亲柳镇也是在三十四岁时才生育独子柳宗元。柳宗元在《先侍御史府君神道表》中说："先君（指柳宗元父）捧以（指柳宗元）流涕，曰：'吾唯一子,爱甚。'"在《祭(从)弟宗直文》中感叹道:"吾门凋丧,岁月已久,但见祸谪,未闻昌延。""(柳宗元这一辈)四房子姓,各为单子。""吾(指柳宗元自己)又未有男子,尔曹则虽有如无。"

因此,柳氏宗族面临的最重要任务就是振兴家族、迅速开枝散叶,而这个艰巨任务就历史地落在了柳宗元肩上。因为"男既立,必使之有禄仕"是柳氏家族的一贯家风,柳宗元的父母亲望子成龙心切,并且,柳宗元的父辈兄弟五人和柳宗元的从兄弟数人在仕途上均无成就。其中只有柳宗元的父亲柳镇略有建树,但其所任最高官职也仅为正七品下的殿中侍御史,其他人更默默无闻。在柳宗元这一辈兄弟中,唯独他是进士出生,先后任校书郎、集贤殿书院正字、蓝田县尉、监察御史里行、礼部员外郎,可谓前途无量。

可以看出,多少年来,祖辈一直梦寐以求的重振"吾宗"、光耀门庭、发扬祖先"德风"与"功业"的愿望,柳氏先人固有的高贵的血统、煊赫的家史,极大地感染着柳宗元,使他暗下决心,以不负众望。其次,上唐代法律极力维护贵贱尊卑等级秩序,明确禁止普通良人与奴婢贱户通婚。虽然《唐律疏议》卷一二《户婚律》规定"妾者,娶良人为之",出生于世家而为妾者很少,其中多数"不知其氏族所兴","不生朱门"。柳宗元出身官宦之家,尽管其思想体系中具有不同一般封建士大夫的平等思想,但由于阶级和时代的局限,终究摆脱不了封建正统思想的束缚。再者,唐人企羡士族大姓的记载屡见不鲜。朝廷"以中国士人差第阀阅为之制"(《新唐书·柳冲传》),分士族以四个等级,"以甄别士庶"(《旧唐书·儒学下》)。至柳宗元时,虽已时过境迁,但仍有不重要影响。并且,柳姓"吾门"也好与士族婚媾。《送内弟卢遵游桂州序》记载:"外氏之世德,存乎古史,扬乎人言,其敦大朴厚尤异乎他族。由遵而上,五世为大儒,兄弟三人咸为帝者师。"其伯祖母"夫人生于良族"(《伯祖妣赵郡李夫人墓志铭》);其姊娘系"江左上族"后裔(《叔妣吴郡陆氏夫人志文》),等等。门当户对地与大姓结为婚姻是元和时上流社会的普遍心态。当时"朝中以流品为朋甲,以名德清重者为首"(《唐语林》卷四)。所以,柳宗元希求与"士人女子"结婚生子,以保持柳姓血统的"高贵"与纯洁。因而当柳宗元被贬永州后,只能娶"士人女子"为妻了。这就使他在心里和行为上认同了婚姻关系中的门当户对和良贱不婚。可以说,社会环境造就了柳宗元婚必与大姓的婚姻观。显然,这种观点是庸俗和落后的。

参考文献:

[1]谢水顺.论柳宗元对法理学的贡献[J].中国经贸,2007,(12).

[2]有德于民的刺史柳宗元[J/DL].柳州市图书馆网,http://www.lzlib.gov.cn.

[3]谢水顺.论柳宗元的法治思想[J].湖南科技学院学报,2007,(3).

[4]黄金华.柳宗元"吏为民役"思想研究的拓补[J].长江师范学院学报,2007,(7).

（原载 2012 年第 6 期,作者单位:湖南科技学院）

柳宗元的孝道观及实践

✻ 吕国康

古代文人称虞舜为德圣、孝祖，可见德孝是舜文化的精髓。德与孝既相对独立，又密切联系。德主要指德政、伦理道德，孝则指孝道。孝自然属于道德范畴。故孟子说"尧舜之道，孝悌而已"。《孝经·圣治章》曰"圣人之德，无以加于孝"，如能用孝"以临其民，是以民畏而爱之，则而象之，故能成其德教，而行其政令"。作为高扬"尧舜之道"大旗的柳宗元，对虞舜厚爱有加，宣扬孝道，身体力行。在构建社会主义和谐社会中，研究柳宗元的孝道观，汲取中国古代孝文化的合理因素是大有裨益的。

我们先看看柳宗元对虞舜孝悌的歌颂。《天对》是著名的哲学著作。在回答屈原《天问》相关内容时，涉及舜的生平遭遇和传奇故事，柳相信《尚书》《史记》的记载，满腔热情地歌颂了舜的仁爱、孝悌：

[问]舜闵在家，父何以鳏？尧不姚告，二女何亲？

（舜忧戚着独自在家，他父亲瞽叟为何让他鳏居？为什么尧不告诉舜父，就让两个女儿与舜成亲？）

[对]瞽父仇舜，鳏以不俪。尧专以女，兹俾胤厥世。惟蒸蒸翼翼，于妫之汭。

（舜父瞽叟仇视舜，不给娶妻使他鳏居。尧断然把两个女儿嫁给舜，好让舜有子嗣来继世。舜为人非常孝顺恭敬，家庭和睦，居住生活在妫水河湾。）

[问]舜服厥弟，终然为害。何肆犬体，而厥身不危败？

（舜那么顺从他的弟弟，竟然还受他弟弟的百般谋害。象如此放肆施展犬豕之心，为什么舜的身体却不受危害？）

[对]舜弟眠厥仇，毕屠水火。夫固优游以圣，而孰殆厥祸！犬断于德，终不克以噬。昆庸致爱，邑鼻以赋富。

（象极端仇视舜，与父亲瞽叟一起谋害舜，用尽了火烧、水淹的恶毒手段。但舜本来就是从容圣哲，哪会让那灾祸危及自己的身心！尽管象如此狼心狗肺、龇牙裂嘴,终究伤害不了圣德的舜。为兄的还是待弟弟以仁爱,把他封在鼻地,让他收取贡赋来获得财富。)

《舜禹之事》专谈尧、舜、禹的禅让,称赞:舜帝举用十六个氏族首领,除掉四个凶恶的氏族首领,使天下百姓都得到有才德的首领;他任命二十二个大臣,提倡五教,制定礼制刑法,使天下百姓都得到很好治理;他正确划分四季月份,整理历法,统一乐律和度、量、衡,使天下百姓都能很好运用这些东西。经过十多年之后,人们说:"开导我们的是虞舜,治理我们的是虞舜,帮助我们的是虞舜。"

舜因"孝感天地"闻名于世,得到尧的重用和世人拥戴。尧舜之道的核心内涵是"孝",尧舜之道也被简称为"孝道"。孔子曰:"君子务本,本立而道生,孝弟也者,其为仁之本欤!"(《论语》)儒家继承发展了尧舜之道,将"孝弟"提升到"为仁之本"的高度。柳宗元以继承尧舜、孔子之道为己任,既提倡"仁义",又弘扬孝道,相辅相成,多有灼见。在理论文章中,多宣传"仁义",对具体人物的评价多涉及孝道。他认为圣人之道的核心是仁义。在《四维论》中指出:"圣人之所以立天下,曰仁义。仁主恩,义主断。恩者亲之,断者宜之,而理道毕矣。蹈之斯为道,得之斯为德,履之斯为礼,诚之斯为信,皆由其所之而异名。"《论语》曰:"樊迟问仁,子曰:爱人。"《孟子》曰:"义,人之正路也。""仁"是孔子学说的核心,"义"是孟子着重推行的社会规范行为。柳宗元在这里讲治理天下的道理,主要阐明了人际关系的处理。仁主导恩德,义主导断事。恩就是亲爱人们,从孝敬父母、友爱兄弟推广到社会所有人,即今天我们所说的要有爱心。"义者,宜也",《中庸》提出人的行为要"宜"。柳宗元说"义主断","断者宜之",告诉人们处理人与人之间关系的正确行为途径,就是处理得当,以适应环境。所有的道理都包含在这里面了。遵循它,那就是道;得到它,那就是德;实行它,那就是礼;忠于它,那就是信。因此,仁义是国家的纲维,是治理国家的根本原则。柳宗元站在治国利民的高度,强调仁义,提倡孝道,使之有利于"辅时及物","利安元元",促使人们和睦相处,社会和谐安定。

柳宗元谪居永州,身处逆境,仍在思考国家的长治久安。从制度上考虑,写作《封建论》,论述了历史上分封制的兴衰及为郡县制所代替的客观必然性,提出了"封建非圣人意也,势也"的重要论点。从帝王的角度考虑,他完成了在长安开始写作的《贞符》一文,认为帝王真正的受命之符是仁德,是生人之意,而不是天命。"德绍者嗣,道怠者夺。"保持仁德的人就能够继承王位,丧失仁德的人就被夺掉王位。并举圣人黄帝、尧、舜、禹等人的例子,肯定了他们的仁德,特别是尧的禅让，舜的"浚哲文明"，大公之道才建立起来。肯定了历史上这种"非德不树"的传统，肯定只有"仁德"确确实实是受命之符，是奠定长治久安的基础。文章借歌颂唐王朝"十圣济厥治，孝仁平宽，惟祖之则。泽久而逾深，仁增而益高"，阐明"是故受命不于天，于其人；休符不于祥，于其仁。惟人之仁，匪祥于天；匪祥于天，兹惟贞符哉！未有丧仁而久者也，未有恃祥而寿者也。"得出"用仁德作为治理国家的最高准则，按照仁德精神恭敬地专心治理人间事情"的结论。如果说，德偏重指帝王的品德、素质，那么，仁则是"惟人之为"，治国之道，两者都离不开孝。柳宗元的孝道观还具体现在他的官为民役、利民、民自利、防止扰民等思想之中。

为了推行孝道，柳宗元重视教化，也主张惩罚。他强调"立仁义，裨教化。""以熟吾道，吾道之尽，而人化矣。"(《断刑论(下)》)他重视教育的作用，"开发之要在陶煦，然后不失其道。"(《与杨诲之书》)在长安写的《监察使壁记》中指出："圣人之于祭祀，非必神之也，盖亦附之教焉。事于天地，示有尊也，不肃则无以教敬；事于宗庙，示广孝也，不肃则无以教爱；事于有功烈者，示报德也，不肃则无以劝善。"认为圣人设祭祀是为了社会道德教化。在永州，写了《道州文宣王庙碑》，对道州刺史薛伯高重修孔庙、弘扬儒学给予歌颂，热情称赞孔子最早精通于教化，最先深思正道学说，"群儒咸称，六籍具存。"记叙薛公亲自讲学，施行教化，"父庆其子，长励其幼，化用兴行，人无诤讼。"赞扬"惟公探夫子之志，考有国之制，光施彝典，革正道本，俾是荒服，移为阙里"。使道州这块荒蛮的地方，转变成阙里一样的教化之乡，"归欢于心，父子弟兄"，"公斯考礼，民感休嘉。"到柳州一上任，即着手修葺被损坏的孔庙，并写了《柳州文宣王新修庙碑》。他对孔子学说使柳州"人去其陋，而本于儒。孝父忠君，言及礼义"，改变地方经济文化落后的业绩作了积极的评价。他在《断刑论(下)》中说："为善者日以有劝，为不善者日以有惩，是驱天下之人而从善远罪也。驱天下之人而从善远罪，是刑之所以措而化之所以成也"。对人要赏罚分明，使做好事的人得到鼓励，使做坏事的人受到惩罚，以驱使天下的人去做好事而避免犯罪。这是刑罚之所以能废弃不用而教化之所以能够实现的原因。他针对《左传》中提出的"赏以春夏而刑以秋冬"的观点，强调"赏务速而后有劝，罚务速而后有惩"。认为赏罚不及时，将会使"为善者怠，为不善者懈"，只有赏罚及时才"驱天下之人而从善远罪"。更为重要的是，文章因赏刑之论引申出"顺时之得天，不如顺人顺道之得天"的主张。他强调国家的刑赏制度应该"谋之人心"，并肯定"谋之人心"对"圣人之道"的真正决定意义。

柳宗元十分重视个人的品格修养。他说:"君子学以植其志,信以笃其道。"(《送薛判官量移序》)"君子之出,以行道也;其处,以独善其身也。"(《送娄图南秀才游淮南将入道序》)在《送从弟谋归江陵序》中说:"凡士人居家孝悌恭俭,为吏只肃。出则信,入则厚。足其家,不以非道;进其身,不以苟得。时退则退,尊老无井臼之劳。和安而益寿,兄弟衎衎以相友。不谋食而食给,不谋道而道显。"意即:凡是信义之人,在家住着就讲求孝顺和睦、谦恭节俭,在外做官就要严肃谨慎。对外讲信用,对内要淳厚。使家庭富足,不是通过不正当手段获得;使自己进取,实现自我的价值,也不是通过卑劣的方式取得。该退隐的时候就退隐,尊敬老人,不让他们有点点的辛劳。和睦安宁保养自身,兄弟和睦,友好相待。不特意去谋取生计,而生计自然有供给,不特意去追求道德,而道德自然生成,一切顺其自然。在《答周君巢饵药久寿书》中说:"尝以君子之道,处焉,则外愚而内益智,外讷而内益辩,外柔而内益刚;出焉则外内若一,而时动以取其宜当,而生人之性得以安,圣人之道得以光"。"仕虽未达,无忘记生人之患,则圣人之道幸甚,其必有陈矣。"其意是:我曾认为君子的养生之道,在没有做官时,要使外表看起来很愚钝,内心却更加睿智,外面看起来不善言辞,内心却更加机敏善辩,外表看起来很柔顺,但内心却更加刚强,一旦出来做官时,则内外合一,顺时而动,务必措施得当,使人民得以安居乐业,这样,圣人的道义得以发扬光大。仕途虽然不通畅,但还是不要忘记人民的忧患,这样,对圣人之道来讲是件幸事,它一定有实现的希望。两段话都谈到"出"与"入",在家与做官两种涉世态度,其共同之处离不开孝道与关心人民的安居乐业,跳动着一颗爱民恤民的赤子之心!

柳宗元的孝道观是如何形成的呢?首先是"尧舜之道"的熏陶。他在《惩咎赋》中说:"日施陈以系縻兮,邀尧舜与之为师"。意思是:我每天都在修炼我的品格,希望尧、舜能做我的老师。谪居永州十年,他常常仰望九疑,怀念舜帝,身处逆境,仍关心国是与生民。他留下的五百多篇文章中,涉及尧舜的达六十多篇,在文章 大家中是少见的。他极力歌颂舜帝的仁爱、圣德,视舜为心中的楷模,天空的日月,常常结全自己遭贬的经历,抒发追求理想、矢志不渝的决心。柳子与刘禹锡、吕温都是志同道合的挚友。吕温在衡州刺史任上英年早逝,使柳大为震撼。在《唐故衡州刺史吕君诔》中称赞吕温:以仁爱为冠,以道义为衣服,以《尚书》《诗经》为干橹,以忠诚坚贞为佩韦,以智慧勇敢为履饰,跨越商周两代,以尧帝、舜帝为师。还回忆说:想往昔,吕君与我一道读论道德,研讨儒学。吕君时时切中中庸之奥旨,希望成为圣人的门徒。志向远大,希望能为皇帝所用,笑着吟咏唐尧、虞舜。昭昭若揭,如日月之行,照耀群愚。还在《祭吕衡州温文》中说:尧、舜的大道,宏大简约;仲尼的文笔,深刻含蓄。这些话虽然是纪念吕温而写,但反映了两人在年轻时的学习生活与共同志向,他们均师从陆质,研讨尧、舜之道,探求儒学改革。

其次,是家庭的教养。柳宗元在《先侍御史府君神道表》中自叙:我们家世世代代有廉孝的美德,闻名于家乡一带,那些称赞家风的士人都非常向往。父亲柳镇一辈子做小官吏,不畏强暴,刚强正直,皇帝也称赞他"以守持正直作为自己的志愿,憎恶坏人坏事而毫不畏惧"。柳宗元记述了父亲的德行:"先君之道,得《诗》之群,《书》之政,《易》之直方大,《春秋》之惩劝,以植于内而文于外,垂声当时。天宝末,经术高第。遇乱,奉德清君夫人载家书隐王屋山。间行以求食,深处以修业,作《避暑赋》。合群从弟子侄,讲《春秋左氏》《易王氏》,衍衍无倦,以忘其忧。"还颂扬了他的孝心与政绩:"常吏部命为太常博士。先君固曰:'有尊老孤弱在吴,愿 为宣城令。'三辞而后获,徒为宣城令。四年,作阌乡令。考绩皆最,吏人怀思,立石颂德"。在《先君石表阴先友记》中,记述了父亲生前的好友 68 名,"凡天下善士举集焉。信让而大显,道博而无杂,今之世言交者以为端"。说明柳镇一生"号为刚直,所与游皆当世名人"。母亲是范阳卢姓人家的女儿,"实有全德,为九族宗师"。在《先太夫人河东县太君归祔志》中,比较全面地称赞了母亲的高尚品格,尤其是她的孝心。一是大舅的讲述:"汝宜知之,七岁通《毛诗》及刘氏《列女传》,斟酌而行,不坠其旨。汝宗大家也,既事舅姑,周睦姻族,柳氏之孝仁益闻。岁恶少食,不自足饱孤幼,是良难也"。二是父亲所讲"吾所读旧史及诸子书,夫人闻而尽知之无遗者"。三是自己的记述:"某始四岁,居京城西田庐中,先君在吴,家无书,太夫人教古赋十四首,皆讽传之。以诗礼图史及剪制缕结授诸女,及长,皆为名妇""先君之仕也,伯母叔母姊妹子侄皆远在数千里之外,必奉迎以来。太夫人之承之也:尊己者,敬之如臣事君;下己者,慈之如母畜子;敌己者,友之如兄弟。无不得志者也。诸姑之有归,必废寝食,礼既备,尝有劳疾。先君将改葬王父母,太夫人泣以莅事。事既具,而大故及焉,不得成礼。"从中可以看出,其母从小聪慧好学,知书达礼,嫁到柳家后,尊老爱幼,勤劳持家,与亲族和睦相处,以孝顺、仁爱远近闻名,为后辈树立了榜样。特别是文中提到的两点更值得称道:"年成不好的时候,她吃得较少,自己吃不饱而让孤老、小孩先吃饱，这确定很难做到啊"。"母亲对待他们，比自己尊长的，尊敬他们就象臣子侍奉国君一样；比自己辈份低的，爱护他就象母亲抚养儿子一样；敌视自己的，以友好的态度对待他，就象兄弟友爱一样"。父母的言行成为子女的楷模。他的大姐崔氏夫人"善隶书，为雅琴以自娱乐，隐而不耀。工足以致美于服而不为异，言足以发扬于礼而不为辨。孝之至，敬之备，仁之大，又以配君子。"（《亡姊崔氏夫人墓志盖石文》）他的二姐裴君夫人"与仁孝偕生，以礼顺偕长。始于家，纯如也；终于夫族，穆如也。其于子道也，孝以和，恭以惠，取与承顺，必称所欲。"（《亡姊前京兆府参军裴君夫人墓志》）柳宗元从小就受到良好的家庭教育，耳濡目染，常怀"孝子之心"。

再次，社会影响。柳宗元父亲亲历了"安史之乱"，自己在幼年也遭遇了"建中之乱"。藩镇割据，宦官擅权，吐蕃入侵，战乱、灾荒，社会动荡不安，横征暴敛，阶级矛盾异常尖锐，"贫者愈困饿死亡而莫之省，富者愈恣横侈泰而无所忌"（《答元饶州论政理书》）。唐王朝面临由盛转衰的颓势。中唐时期，一些有识之士，为了国家的"中兴"，曾提出改革的主张，陆贽就是其中的优秀代表。"少时陈力希公侯，许国不复为身谋"。从小立志为国建功立业的柳宗元，曾师从陆贽研学《春秋》之学，受益颇深。步入政坛后，与王叔文、刘禹锡、吕温、韩泰等才俊交往密切，志同道合，故积极参加改革朝政，清除积弊的"永贞革新"。他自述："宗元早岁，与负罪者亲善，始奇其能，谓可以共立仁义，裨教化。过不自料，勤勤勉励，唯以中正信义为志，以兴尧、舜、孔子之道，利安元元为务"。（《寄许京兆孟容书》）还说："始仆之志学也，甚自尊大，颇慕古之大有为者。"（《答贡士元公瑾论仕进书》）他的抱负是"行乎其政"，"理天下"，为国为民干一番事业。

柳宗元命运坎坷，一生经历长安为官、贬谪永州、再迁柳州三个阶段，走过短暂的47年。但不管身处顺境还是逆境，在庙堂之上还是江湖之远，他都坚定奉行尧舜、孔子之道，践行孝道，堪称士人的楷模。主要表现在以下四个方面：

第一、弘扬孝道。舜文化包含着"父义，母慈，兄友，弟恭，子孝"这五种伦理道德，"孝"是核心。以孔孟为代表的儒家，在继承尧舜之道的基础上，将以"孝"事亲扩大到全社会所有的人际关系范畴。柳宗元一再表明自己的志向："幸而好求尧舜、孔子之志，唯恐不得；幸而遇行尧舜、孔子之道，唯恐不慊"。（《送娄图南秀才游淮南将入道序》）在《时令论》中说："圣人之道，不务异以为神，不引天以为高，利于人，备于事，如斯而已矣。"所谓"圣人之道"即"尧舜、孔子之道"，其标准是求得政治完善和有利民生。他写《封建论》，写《送薛存义序》，写《全义县复北门记》，写《晋问》等，"述春秋之大义，发救时之高论"，提出"吏为民役"，"贤者之作，思利乎人""民利民自利""厚德简刑""用贤弃愚"等等。正如孙昌武教授所言"他是儒家'仁政'思想的继承者和发展者。这也是他从事政治活动的出发点和他的政治理论的核心。"（《柳宗元评传》)[1]238

柳宗元在长安入仕后，"超取显美"，韩愈说他"俊杰廉悍，议论证据今古，出入经史百子，踔厉风发，率常屈其座人。名声大振，一时皆慕与之交。"（《柳子厚墓志铭》)他敢做敢说，写下千古奇文《驳复仇议》。该文与孝道相关，但并不局限于孝道，涉及刑礼统一原则。《复仇议》是唐陈子昂所作《复仇议状》简称。对平民徐元庆为父报仇，既杀其仇人赵师韫（下邽县县尉，后升任御史)，后又去自首一案，陈子昂主张"诛而后旌"，以求"礼""法"两全。柳针对此而写作《驳复仇议》，提出"穷理以定赏罚，本情以正褒贬"的观点，认为官吏违法杀人也应偿命；如朝廷不惩办这种官吏，受害子弟便可以复仇。他认为："旌与诛，不得并也。"关键在于审明复仇案起因之是非，若其父无辜被害，由孝子复仇可旌不当诛；若其父有罪当诛，则孝子复仇当刑不可旌。陈一鸣先生认为："可见，柳宗元认定礼法应'统于一'，二者是不应产生矛盾的。他认为真正守礼的举动，必是行义，应属合法；而真正违法的举动，必违大义，更不合于礼。因此，赏罚与褒贬，法律与道德，法治与德治，其社会作用应当统一起来。"（《儒法争讼的终审裁决》)[2]104虽然是对旧案发表看法，而且当时皇上武后曾两度出手，先是意欲赦免，后因陈子昂的建议又杀了徐元庆，柳宗元却大胆立论，观点鲜明，体现了公正务实的精神。

参加"永贞革新"是柳宗元一生的重大转折，也是遭受褒贬不一的导火索。他坚信从事政治革新，匡时济世是正确的，贬谪14年从未"悔志"。特别值得一提的是，在"永贞革新"面临夭折的情况下，公然撰写《故尚书户部侍郎王君先太夫人河间刘氏志文》，并保存流传。称赞"少曰叔文，坚明直亮，有文武之用。""有匡弼调护之勤。""有扶翼经纬之绩。""有弥纶通变之劳，副经邦阜财之职。"所以，章士钊先生认为："观《刘氏志文》全篇重要部分，举以称道叔文，述母德者殊落落无几语，是知子厚为叔文而撰斯文，非为母也。"[3]343是有道理的。这说明柳宗元临危不乱，光明磊落，正直无私。

柳宗元在理论上博采众长，融会贯通，用来匡时济世，发扬光大"圣人之道"。他提出："余观老子，亦孔氏之异流也，不得以相抗，又况杨、墨、申、商、刑、名、纵横之说……然皆有以佐世。""悉取向之所以异者，通而同之，搜择融液，与道大适,咸伸其所长,而黜其奇邪。"(《送元十八山人南游序》)对于唐代盛行的佛教,他认为佛理"盖本于孝敬,而后积以众德"(《送濬上人归淮南观省序》);"浮图诚有不可斥者,往往与《易》《论语》合。"(《送僧浩初序》)将佛教中合理的部分融入儒学,推行孝道。

他对人物的评价往往称赞其孝道。如"元全柔,河南人。气象甚伟,好以德报怨,恢然者也。""杨氏兄弟者,弘农人。皆孝友,有文章。""穆氏兄弟者,河南人。皆强毅仁孝。"(《先君石表阴先友记》)赞叹先辈"弘孝悌之德,振扬家声。""用柔和博爱之道,以视遇孤弱,仁著于内焉。"(《故叔父殿中侍御史府君墓版文》)《弘农令柳府君石表辞》是柳宗元代同族一位从父为其父亲所写的墓表。先交待墓主死后"以其素廉,家之蓄不足以充凶事,遂殡于是邑,"二十二年后才与原葬外地的夫人一并返葬祖墓的经过,说明尽孝的艰难,故"立石表于坟前,示后之人以无忘孝敬"。最后抒发感慨:五十岁了才思慕父母的是舜帝,得三千钟厚禄而悲伤的是曾子,圣明贤能的人尽孝都是这样的艰难。现在有人奉行这孝道,难道不能有所立于当世吗?

第二、"始于事亲"。对父母及长辈恭敬有加,对后辈青年关怀爱护,践行孝道。父亲逝世后,他按礼制守孝三年,一生牢记先父教诲,赞美父亲,"伏以先君禀孝德,秉直道,高于天下。"(《与杨京兆凭书》)继承其"守正为心,疾恶不惧"的品德。母亲67岁时随儿南迁永州,住龙兴寺。母子相依为命,卢氏教导儿子"明者不悼往事,吾未尝有戚戚也"。儿子照料母亲,"奉侍温清,未尝见忧"。永州"人多疾殃,炎暑熇蒸,其下卑湿,非所以养也"。(《先太夫人河东县太君归祔志》)因环境恶劣,水土不服,其母染病在身,"诊视无所问,药石无所求",不过半年就撒手西归。柳宗元万分悲痛,深感是自己遭贬的原因,无法使先母生活安宁,不能尽守孝道,不能回报母亲的教诲之恩。第二年,灵柩归葬京兆府万年县先父之墓,柳因戴罪之身不能前往,于是哭天喊地,"穷天下之声,无以舒其哀矣。尽天下之辞,无以传其酷矣"。柳宗元与刘禹锡志同道合,积极参加"永贞革新",革新失败后,两人同贬湖南,柳为永州司马,刘为朗州司马。经过十年磨难,他们奉诏赴京,结果是大失所望。一同回朝的五司马改放远州刺史。柳得柳州,刘先得播州(贵州遵义)。当时刘有八十多岁的老母,而播州路途遥远,行程颠沛。柳宗元考虑到其母在永州不幸病故的前车之鉴,毅然上疏朝廷,请求与刘对调。经多方努力,终于使宪宗收回成命,改任刘禹锡为连州刺史。人间真情,无私无畏。柳宗元出于友情、孝心,敢于牺牲的优秀品格光耀日月。当刘的母亲在连州病重时,柳宗元在柳州曾三次派人前去慰问。

柳宗元说过:"小子常以无兄弟,移其睦于朋友;少孤,移其孝于叔父"。(《故叔父殿中侍御史府君墓版文》)由于没有亲兄弟,对表弟宗直、宗一、内弟卢遵等关爱有加,对青年后学循循教诲,将孝心及博爱延伸到社会及生民。卢遵随柳来永州,"广而不肆,巽而不慑。孝敬忠信之道,拳拳然,未尝去乎其中,盖由其中出者也。浸润以《诗》《易》,动摇以文采。以余弃于南服,来从余居五年矣。未尝见其行有悖乎义,言有异乎行者。由余之弃也,适累斯人焉。以爱余而慰其忧思,故不为京师游,以取名当世"。(《送内弟卢遵游桂州序》)根据他的德才,柳向桂州观察使御史中丞裴行立推荐。卢遵后做过全州县令,颇有政绩:"由道废邪,用贤弃愚,推以革物,宜民之苏"。(《全义县复北门记》)柳谋是表弟,从小喜欢读经书,两次没有考取进士,以放弃科举,去做了广州从事。此后又辅佐邕州刺史,连连被举荐,最后官至御史,后来被免官,回到江陵家中,过着自给自足的富裕生活。"其隙则读书,讲古人所谓求其道之至者以相励也"。他来永州叙旧,柳宗元肯定了他不参加进士科考试而去做从事的做法是很贤良的,自始至终都以孝悌贯串,并认为他是振兴家族的人才。柳瀔是家族中脱颖而出的人才,"质厚不谄,敦相有裕",如果得到重用,一定会非常有出息。柳宗元勉励他要选择一个好的突破口,"勤圣人之道,辅以孝悌,复响时之美,吾于瀔焉是望。"(《送瀔序》)柳宗直是堂弟,才华横溢,编纂《西汉文类》四十卷,跟随柳宗元在永州十年,对宗元悉心照料。宗元对他亦悉心教导。后随宗元到柳州,因病早逝,年仅33岁。柳宗元接连写下《祭弟宗直文》《志从父弟宗直殡》,一方面自责自己未能照顾好兄弟,另一方面又为柳氏宗族的命运担忧。他三次责向天道不公:"仁义正直,天竟不知"、"苍无苍天,岂有真宰?"、"茫茫上天,岂知此痛?"淋漓尽致地表达了伤心悲痛、愤世嫉俗之感。并表白:"知在永州,私有孕妇,吾专优恤,以俟其期。男为小宗,女亦当爱,延子长大,必使有归。抚育教示,使如己子,吾身未死,如汝存焉。"(《祭弟宗直文》)兄弟情深,感人肺腑。

特别值得一提的是,柳写的《掩役夫张进骸》诗。张进是永州一位养马的仆人,死后被草草安葬在东山脚下,后因山洪冲垮坟墓,尸骨暴露在路旁。柳宗元听说后"眷之涓然悲",并亲自掩埋他的骸骨,叙说自己的感慨。"为役孰贱辱?为贵非神奇。"人生本来就没有贵贱之分,言下之意,人应该是平等的。"畚锸载埋瘗,沟渎护其危。我心得所安,不谓尔有知。"作者既不是因为做了一件小善事而宣传自己,也不是为了让张进在九泉之下感恩戴德,而为了表达自己"及物"的志向。以张进为代表的生前死后无人扶助与殓葬的那些穷困孤寡者,理应受到社会的平等相待和扶助,让他们生有所养,死有所安。

第三、"中于事君"。从某一角度而言,事君即事国。因为帝王往往是国家的象征。我国古代优秀士人常怀有"仁人之心":"居庙堂之高,则忧其民;处江湖之远,则忧其君。"柳宗元认为一个人的成就就是"功在社稷,德在生人。"(《送班孝廉摅弟归东川觐省序》)他步入仕途后,牢记"治国平天下"的理想,以报效国家、服务生民为最大的孝,最好的"尊亲"。在长安时,他义无反顾地投身"永贞革新","冲罗陷阱,不知颠踣"。以王叔文、王伾为首的政治集团,在唐顺宗李诵的支持下,进行了一场反对藩镇割据和宦官专权的斗争,其目的是中兴大唐王朝,为老百姓谋利益。风华正茂的柳宗元被提拔为礼部员外郎,在政治舞台上同保守势力进行了尖锐的斗争。革新集团被称为"二王、刘柳",可见他是其中的核心人物。"永贞革新"虽然不到半年便被扼杀,但却有力打击了专横跋扈的宦官和藩镇割据势力,顺应了历史的发展,利国利民。清代王夫之评价"革德宗末年之乱政,以快人心,清国纪"(《读通鉴论》),王鸣盛评价"改革积弊,加惠穷民,自天宝以至贞元,少有及此者。"(《十七史商榷》)

遭贬南荒,身处逆境,心系国是,"无忘生人之患"。贬永之初,四川的刘辟反唐,他忧心忡忡。唐宪宗派严砺率兵征剿,他时刻关注着事态的变化,留心着王师的"攀天蹈空,夷视阻艰,破裂层垒,殄歼群顽"(《剑门铭》),大获全胜后才放下心事。"伏惟汉、魏以来,代有铙歌鼓吹词,唯唐独无有。"于是,柳宗元创作了《唐铙歌鼓吹曲十二篇》(并序),其目的是"治兵振族","有益国事",表白了忠君爱国的拳拳之情,希望宪宗李纯发扬高祖太宗的文功武德,以重振朝纲,再创盛世。晚年在柳州,他心系国事,关注朝廷讨伐淮西吴元济等人叛乱的行动,得知力主平叛的宰相武元衡被刺身亡的消息,他大为震惊,写下长诗《古东门行》,对武元衡的遇害表示沉痛哀悼,歌颂了讨伐淮西战争的正义性,痛斥了藩镇割据势力的阴险毒辣和嚣张气焰,讽刺了主张对反叛势力妥协纵容的的朝中显贵。经过三年多的讨伐,大将李朔率军雪夜袭蔡州,活捉了元凶吴元济,淮西之乱终于平息。柳宗元闻知后异常兴奋,写了《平淮夷雅》两首长诗,满腔热情地歌颂了这一维护国家统一的重大胜利。

他无时无刻不在关心百姓的疾苦,敢为生人鼓与呼。他在《送表弟吕让将仕进序》中说:我发现古代那些能够理解人生的艰难困苦、生老病死和痛苦无奈的豪侠贤能之士,总是给饱受苦难的人们以怜悯同情,为人民所遭受的苦难奔走呼吁,他们救济贫困,使饥寒交迫者有饭吃、有衣穿,扶助孤寡,使孤立无依者有依靠、有寄托,他们忧心忡忡,东西南北四处奔走。柳宗元实际上就是这样做的。永州一位姓蒋的农民,一家三代人曾冒着生命危险去捕捉毒蛇,为的是向官府用交毒蛇来抵赋税。这个农民的祖父和父亲都是被毒蛇咬死的,可是当建议他往后不再捕毒蛇而恢复交赋税时,农民竟悲痛地哭泣起来。毒蛇固然非常可怕,可是赋税比毒蛇更加可怕。《捕蛇者说》描写了蒋氏这一个在赋敛重压下艰难生存的捕蛇者的典型形象,揭露了"死者相籍"的残酷现实,刻划了征收赋税的官吏的凶悍,发出了"呜呼! 孰知赋敛之毒有甚是蛇者乎"的呐喊! 对农民的苦难萦怀于心的忧患意识,希望赋税改革的民本思想,在这里得到充分的体现。在永州流传的《治染溪》《镇火鸟》《除蟒》等民间故事,反映了柳对百姓的爱戴之情。柳虽然置身官吏的营垒,却并不粉饰官场,不官官相护,反而对他们的倒行逆施予以揭露与谴责,对受害的穷苦百姓寄予了深切的同情。

第四、"终于立身"。《孝经》说:"立身行道,扬名于后世,以显父母,孝之终也。"柳宗元一生经历坎坷,饱受磨难,但坚持信念,以宣传、实践"大中之道"为己任,自强不息,坚忍不拔,通过奋斗来体现自己的人生价值与理想。他被政治所抛弃,仍关注政治,追求真理。在《寄许京兆孟容书》中表白:"贤者不得志于今,必取贵于后,古之著书者皆是以,宗元近欲务此。"于是广泛研读经史诸子,紧密联系实际进行写作,以笔为武器,宣传进步思想。他"读百家书,上下驰骋",杂取各家,自建一体,写出了《封建论》《天说》《天对》《贞符》《非国语》等一系列光辉著作,以大无畏的精神批判"天命论",宣传唯物论观点、民本思想和改革政治的主张。他的自然哲学思想,继承了荀子"天人相分"的朴素自然观,汲取了庄子的朴素唯物主义成分和辩证观,成为古代哲学思想的新高峰。他为儒学发展做出了卓越贡献,在儒学从汉唐经学到宋代理学的转折点上,起到了承前启后的作用。他的理论著作丰富了中华民族精神遗产的宝库,为跻身杰出思想家、哲学家的行列奠定了基础。

柳宗元少有文名,才华出众。他与韩愈一道倡导古文运动,高扬"文者以明道"的旗帜,提倡文风文体改革,身体力行,推动了唐代散文的发展。他花了大量精力,从事文学创作。柳宗元不长的一生留下了近700篇诗文,其中大多数写于永州。可以说,永州十年,是柳宗元思想最成熟、创作大丰收的十年,这些作品是柳宗元心血的结晶,中国文化的宝贵财富。据统计,柳宗元有三、四十篇诗文选入我国大、中、小学语文教材,数量之多,各种文体兼备,在古代作家中实属鲜见。柳宗元在文学上的突出成就,使他当之无愧地成为唐宋八大家之一。以"永州八记"为代表的山水诗文,是柳宗元作品中最富艺术品位和美学价值的部分,有效地影响了各个时代的中国人的精神生活,至今仍是传统文化中最具活力和影响力的精神资源。韩愈评价说:"子厚斥不久,穷不极,虽有出于人,其文学辞章,必不能自力以致必传于后如今无疑也。虽使子厚得所愿,为将相于一时,以彼易此,孰得孰失,必有能辨之者。"(《柳子厚墓志铭》)"穷且益坚,不坠青云之志。"柳也曾苦闷、彷徨过,但没有消沉、颓废,没有怨天尤人,一蹶不振。面对恶劣环境,坚定信念,毫不动摇,克服种种困难发愤著述,大有所为。柳宗元是逆境中奋进的不朽榜样,生活的强者,民族的脊梁。

晚年,柳宗元任柳州刺史4年,度过了生命的最后时光。"岂容华发待流年",他以"恪勤为民"为座右铭,努力实践大中之道;以病弱之躯,投入繁忙的政务之中,"惠民善政,施德于民"。韩愈《柳州罗池庙碑》载:"于是民业有经,公无负租,流逋四归,乐生兴事。宅有新屋,步有新船。池园洁修,猪牛鸭鸡,肥大蕃息。子严父诏,妇顺夫指,嫁娶葬送,各有条法,出相弟长,入相慈孝。先时,民贫,以男妇相质,久不得赎,尽没为隶。我侯之至,按国之政,以佣除本,悉夺归之。大修孔子庙。城郭巷道,皆治使端正,树以名本。柳民皆悦喜。"[4]233这可以看成在小范围内对"永贞革新"的继续。他为柳州的经济发展、社会进步,奉献了全部热情与心血,鞠躬尽瘁,英年早逝。他一生为官清廉,死后无钱办理后事,全靠好友桂管观察使裴行立捐款资助,八个月后由表弟卢遵将灵枢从柳州送归长安安葬。一千多年过去了,人民对柳宗元的崇敬和景仰之情并没有淡化,而是日益增长,这就是柳子的伟大之所在。

附注:本文所引柳宗元诗文均引自《柳河东全集》,北京燕山出版社1996年出版,《柳宗元哲学著作注译》(范阳主编),广西人民出版社1985年出版。

参考文献:

[1]孙昌武.柳宗元评传[M].南京:南京大学出版社,1998.

[2]陈一鸣.儒法争论的终审裁决—柳宗元《驳复仇议》读后[A].第三届柳宗元国际学术讨论会柳州作者论文专集(内部资料)[C],2004.

[3]章士钊.柳文指要[M].上海:文汇出版社,2004.

[4]徐柏容.郑法清.韩愈散文选集[C].天津:百花文艺出版社,1997.

(原载2008年第1期,作者单位:永州市教育局)

柳情深处难为水

——柳宗元的婚姻和情感

✳ 骆正军 ●

　　柳宗元的婚姻和情感问题,探讨者较众,"仁者见仁,智者见智"。章士钊老先生也曾在他的《柳文指要》中明确指出:"子厚自二十七岁而鳏,家缺主妇,身迁万里者,达二十年。"[1]368意思是说,柳子从 27 岁时就成了鳏夫,家里缺少主妇,被贬谪到万里之外,时间长达 20 年。也就是说,他的妻子杨氏去世之后,一直未能找到合适的替代之人——整整 20 年都没有"再娶"。

　　那么,柳宗元不"再娶"的原因,究竟何在? 笔者认为,应该从内、外因和主、客观两个方面来进行剖析。"找不到合适的意中之人"——实际上,这仅仅只是外在的客观因素罢了;其真正的内在的主观因素,在于柳宗元对前妻杨氏的感情既深又纯,无人能够填补她所留下来的"主妇空缺"。

一　从他与杨氏婚姻的艰难历程来看

　　公元 783 年,柳宗元 11 岁的时候,他的父亲柳镇在湖北夏口(今汉口)任鄂岳沔都团练使判官。柳宗元随父前往,跟在身边多年,曾经游历过长沙与九江等地。柳镇与弘农的(今河南灵宝县)杨凭兄弟 3 人(杨凭、杨凝、杨凌),为通家好友(见《先君石表阴先友记》)。杨凭的岳父——鄂岳沔都团练使——李兼,恰好是柳镇的上司。

　　章士钊老先生说过:"子厚父镇与杨凭在鄂岳沔都团练使李兼同事,子厚童稚,随父在鄂,以善言辞为凭激赏,因而戏谑订姻。"[2]341因此,次年,柳宗元与年仅 8 岁的杨凭之女,就订下了婚约。其中,杨凭的赏识和李兼的促成,都占有很大的比重。柳宗元在他的《祭杨凭詹事》一文中说:"某以通家承德,素奉良姻。"可见此事无误。

对妻子自幼以来的经历,柳宗元在他的《亡妻弘农杨氏志》一文中,有过非常详细的描述:"夫人生三年,而皇姚即世,外王父兼,居于伯连帅之任,历刺南部。夫人自幼及笄,依于外族,所以抚爱视遇者,殆过厚焉。夫人小心敬顺,居宠益畏,终始无骄盈之色,亲党难之。五岁,属先姚之忌,饭僧于仁祠,就问其故,媒傅以告,(媒,音保。按诸韵无媒字,恐止作保。)遂号泣不食。后每及是日,必遑遑涕慕,抱终身之戚焉。"(笄是束发用的簪子。古代女子满15岁结发,用笄贯之,因此称女子满15岁为及笄,也指已到了结婚的年龄。)

文中的意思是说,柳宗元的妻子刚满3岁,其母亲(杨凭夫人)就去世了,因此,她从小到大,一直跟随在外祖父李兼的身边。当时,李兼曾经历任江南一带的要职(建中四年,以兼为鄂岳观察使,贞元元年,迁江西观察使),对这个幼年失母的外甥女抚爱有加。她虽然非常受宠,却知道小心顺从,敬畏长辈,自始至终都没有骄盈的事,亲朋好友们都为其高兴。5岁那年,她母亲去世那天,家中亲人到祠堂中给僧人们供饭。她感觉好奇,就向大人询问原因;保姆告知此事,她就哭泣而不再进食。以后每到这一天,她都涕泪横流,终身悲戚。

柳宗元的父亲,非常珍重朋友之间的情义,与曾任礼部和兵部郎中的杨凭,感情最深。杨氏许配给柳宗元,曾经占卜问卦。他俩当时都是未成年的孩子,也喜欢开开玩笑;后来虽然经常分隔在两个不同的地方,但双方始终都没有改变心意的言辞。

公元789年,柳宗元17岁的时候,开始参加进士考选,连续五年,到21岁那年终于及第。但其父柳镇恰好在这一年的5月17日去世,终年55岁。柳宗元按当时的俗规,为父守孝3年。到24岁的时候(公元796年),才与已满20岁的杨氏完婚。

关于嫁娶的年龄,唐太宗在贞观元年曾经颁诏:"男年二十,女年十五已上,及妻丧达制之后,孀居服纪已除,并须申以婚媾,令其好合。"当时,一般的女子,14、15岁结婚者较多,14到18岁之间的占绝大多数。由此可见,柳宗元与杨氏的完婚,由于他求取功名及家庭累遭变故,所耽搁的时间的确较长。

"夫人既归,事太夫人,备敬养之道,敦睦夫党,致肃雍之美。主中馈,佐烝尝,怵惕之义,表于宗门。太夫人尝曰:'自吾得新归,增一孝女。'况又通家,爱之如己子,崔氏、裴氏姊视之如兄弟。故二族之好,异于他门。然以素被足疾,不能良行。未三岁,孕而不育,厥疾增甚。明年,以谒医求药之便,来归女氏永宁里之私第。八月一日甲子,至于大疾,年始二十有三。"

（《亡妻弘农杨氏志》）

杨氏嫁入柳家之后,对宗元的母亲非常崇敬、孝顺,与丈夫的亲朋和睦相处;主持家中酒食供祭等事务,协助秋冬的祭祀,小心谨慎的样子,堪称家庭的表率。宗元的母亲曾经夸奖她说:"自从新媳妇进了家门,如同增添了一个非常孝顺的女儿。"加之她是柳镇最铁哥们的女儿,因此,宗元的母亲疼爱杨氏就像自己的儿女;宗元的两位姐姐(崔氏、裴氏),同样将她看作嫡亲的姐妹。所以柳、杨两家的友好,胜过别的人家。然而,由于杨氏很早就有腿脚的毛病,行走不便。不满3年,就因怀孕难产,而使腿脚的毛病变得更加厉害。次年,为了求医抓药的方便,回到杨氏自己永宁里的家中。八月一日,竟然医治无效而去世,终年仅23岁。

> "呜呼痛哉!以夫人之柔顺淑茂,宜延于上寿;端明惠和,宜齿于贵位;生知孝爱之本,宜承于余庆。是三者皆虚其应,天可问乎?衰门多罾,上天无祐,故自辛未,逮于兹岁,累服齐斩,继缠哀酷,其间冠衣纯采。期月者,三而已矣。无乃以是累夫人之寿欤?悼恸之怀,曷月而已矣。"(《亡妻弘农杨氏志》)

柳宗元对妻子的离世,内心非常悲痛。他认为,凭着妻子的温柔、孝顺、善良而美丽,应该享有很长的寿命;聪明正直、仁爱和顺,应当居于高贵的位置;从小就知道孝爱的缘故,理应承受我们的庆贺。为什么这三项都落空了,是否可以向老天爷发问?衰落的门户往往多灾多难,上天并不保佑我们,因此,从贞元九年开始,到今年(贞元十二年)为止,屡次穿用丧服,(指五服中的"齐衰"与"斩衰"。孔颖达疏:"齐斩之情者,齐是为母,斩是为父。父母同情,故苔云'之情'也。")经常被悲哀的事情所缠绕:贞元九年五月,柳宗元的父亲柳镇谢世;贞元十二年二月,柳宗元的叔父柳缜去世,他与叔父柳综、柳续等扶丧归葬长安万年的少陵原;十一月,柳宗元的叔母陆氏(柳缜的妻子)又离开人世。在这期间,几乎一直没有穿过靓丽的服装。整月都如此,连续三次。难道是为此而连累、折减了妻子的寿命吗?悲伤痛苦的情怀,何年何月才能停歇?

贞元十五年(公元799)的九月五日,按照祖宗们立下的规矩,柳宗元的妻子被安葬在万年县栖凤原柳家的墓地之中。他亲自题写了墓志:

> 我的妻子品德温柔、孝顺,恪守妇道。在我眼中,唯有你端庄美丽。你那美好的仪容,在鼓乐声中被安放在黄泉之下。送葬队伍的旗幡,遮蔽了头

上的太阳。等到我死之后,再来与你相会,安葬在同一个墓穴之中。

由上所引,可见柳宗元对妻子的感情的确是非常深厚。这篇墓志,字字血,声声泪,上叩苍天,下穷碧落,寄哀思,有承诺,超凡而脱俗。读者若能细细品味,任凭是铁石心肠之人,读后也难免不为之潸然而泪下。

二 从他对妻子娘家上辈人的态度与关系来看

柳的岳父杨凭,虢州弘农(今河南灵宝)人。字虚受,一字嗣仁。唐代宗大历年九年(774)甲寅科状元及第。该科进士32人。杨凭早年丧父,其家于安史之乱中移居苏州,历官起居舍人、礼部郎中、兵部郎中、刑部侍郎、监察御史。为人重交游,尚气节,讲信用,与穆质、许孟容、李廓等为友。据《旧唐书·宪宗纪》载:永贞元年十一月,"甲申,以湖南观察使杨凭为洪州刺史、江西观察使"。洪州即现在的江西南昌,唐属江南西道。元和四年(809)任京兆尹。开始大兴土木,营造私宅,又召妓纳妾,铺张奢侈,被与其不和之御史中丞李夷简参劾,贬为临贺尉,官终太子詹事。杨凭性情孤傲,恃才凌人,但才干过人,时有政绩,尤善文章。《全唐诗》有存诗一卷。

柳宗元写给杨凭的诗文,有《献弘农公五十韵》《与杨京兆凭书》及《祭杨凭詹事文》;写给杨凝的诗文,有《送杨凝郎中使还汴宋诗》《兵部郎中杨公墓碣》;并曾为杨凌的书作序,即《杨评事文集后序》。

杨凝,字懋功,与杨凌生于同一天,早年丧父,和兄杨凭、弟杨凌奉其母避难于苏州。唐代宗大历十三年(778)戊午科状元及第。该科进士二十一人。杨凌大历十二年,进士及第,三兄弟皆以孝友闻名,时号"三杨"。

杨凝去世较早,时间是贞元十九年(803年)正月。当时,柳宗元还是以蓝田尉的身份,留在京兆府从事文字工作。他在这篇《墓碣》中,概述了杨凝的仕途经历:贞元十二年八月,杨凝由左司郎中调任为检校吏部郎中,并兼任汴、宋、亳、颍等州的观察判官。亳州刺史缺位,朝廷委派杨凝前往主持。到任之后,他安抚孤寡老人,处罚强悍狡猾之辈;组织百姓开荒垦田,以保证粮食的供给;修堤凿渠,防止洪水泛滥,根治水患。经过不到半年时间的治理,使当地百姓千百年都能受益。

贞元十四年冬,杨凝回朝廷复命,到次年春,才返还汴州。节度使董晋于二月份病逝,他手下的兵卒哗变,杨凝只好离开汴州,重回京师。途经西边的城楼,皇帝特派官员拿着诏书到城门迎接,表示慰问。此后,杨凝因疾病在家休养三年,到贞元十八年时,被朝廷任命为兵部郎中。杨凝在空闲之时,也曾吟咏诗歌,但他的疾病一直未好。皇帝曾亲致问候,并且特批他带着印绶在家长期治疗,希望早日治愈而加以重用,但终于因病去世。天下的文人墨客们,闻听噩耗都为他感到悲哀。

柳宗元极力称赞他:具有深厚淳朴的品行,意志和毅力都非常坚强;居家和睦亲友,为族属的表率;在外取信于朋友,政务处理公道正派。因此,他的进退升迁,都为大家所共同关注。杨氏兄弟三人,均以孝友而著称于朝,被大家夸为仁义之府。杨凝留下的许多文章,都可以流传于后世⋯⋯

杨凭在元和十二年去世,柳宗元当时在柳州所写的祭文中,记述了岳父一生的德操政绩,对他勤于养德、致政以仁的品格,给予了高度的评价;同时借此怀念去世多年的发妻杨氏。他回忆起自杨氏死后十八年"家缺主妇,身迁万里。谤言未明,黜伏逾纪"的沦落生涯,无限伤感涌上心头。

由上所引,可见柳子与岳父一家的关系非常亲密,尤其是对上一辈们的功勋业绩、来龙去脉,都了如指掌,正所谓"爱屋及乌",足以反证他对妻子感情的纯真。

三 从他对妻子娘家同辈人的态度与关系来看

柳宗元对他妻子杨氏的同胞弟弟杨诲之,爱抚有加。他曾经给妻弟写过两封信《说车赠杨诲之》《与杨诲之第二书》。

前封信的起因是元和四年七月,柳宗元的岳父杨凭,由京兆伊被贬为临贺(今广西贺州市贺街镇)尉。他的妻弟杨诲之前往临贺探父,途经永州,与柳宗元相聚甚欢,并给他带来韩愈的一篇文章《毛颖传》。柳宗元读之,"若捕龙蛇,搏虎豹,急与之角而力不敢暇,信韩子之怪于文也"。他倍觉高兴,并特地写了一篇《读韩愈所著毛颖传后题》,称赞韩愈"发其郁积,而学者得之励"、此文非常"有益于世"。

次年,诲之临行告辞,柳宗元送他出门,看见有车辆经过,便指着车辆对他进行告诫:"材良而器攻,圆其外而方其中然也。"希望杨诲之务必要取法于车辆,像车箱那样气量恢弘,像车轮那样周而通达,像车轴那样"守大中以动乎外而不变乎内",才能达到"险而安,易而利,动而法"的境界。

第二封信写于元和五年(810年)的十一月。起因是柳宗元听说次年正月十六日,宪宗皇帝将要去长安东郊,举行籍田大典。按照以往的惯例,大的庆典必定会有大赦,虽然自己"纵逢恩赦,不在量移之列",而且像被贬长沙的贾谊一样,无缘参与这种规模宏大且相当隆重的庆典活动,但他期望岳父杨凭的冤情,能够得到洗雪。因此,喜不自禁地写了长达三千余字的书信,托诲之的仆人福来捎去。

书信中,对杨诲之少年时气质平平,到后来"气益和,业益专,端重而少言",而如今"文益奇,艺益工"的成长变化,十分欣喜和赞赏,希望他恪守君子之道,"方其中,圆其外",认真领悟自己所撰写的《说车》那封书信的深刻含意。

杨诲之到贺州之后,于元和六年(811年)的四月十八日,写了一封回信,托张操带来永州。信中,对姐夫的《说车》之言不以为然,他觉得应该"柔外刚中",认为自己"不能为车之说","不能鬊鬊拘拘,以同世取荣";并表示要任心而行,肆志而言,以甘罗、终军为榜样,欲为阮咸、嵇康之所为。

柳宗元反复阅读了妻弟的来信,为其治学态度和人生的取向深感忧虑,回信再三重申"方中圆外"之旨。他引述诲之的言论,逐一加以解释和驳斥,旁征博引,并以自己的人生经历和深刻教训为例,条分缕析,谆谆开导,希望杨诲之能够既方其中亦圆其外,以免重蹈自己当年的覆辙。

针对杨诲之消极的人生取向,他苦口婆心地进行劝说,希望他能积极争取出世,走上仕途,不能任性而为。并且,还毫不留情地批评杨诲之,说"你年轻气盛,血气方刚,志向未定,忽然要学阮咸与嵇康的行为,守而不化,不肯将尧、舜之道,当作自己的人生理想和追求,这样做极为不可!"

俗话说:"良药苦口利于病,忠言逆耳利于行。"柳宗元的这几封书信,源于对妻子的挚爱,他视杨诲之为手足,恳切之态,眷顾之情,充盈于字里行间。

章士钊老先生曾经说过:"子厚于杨氏子弟,极亲切厚与之致。凭子诲之,集中有书相勖;至凌子敬之,尤认为当代'希屈、马者之一'……"[3]691妻子杨氏虽然已经过世十多年了,可柳宗元对她娘家同辈人的态度,始终亲密无间,不仅再三勉励妻弟,而且对叔丈杨凌的儿子——杨敬之,也夸他有希望成为屈原、司马迁之类的英才,寄予了无限的厚爱和殷切的期待,其态度之诚恳,感情之纯真,的确非同一般。

四 从他与同时代的诗人元稹的所作所为来看

柳宗元生于公元773年,819年去世,只活了短短的47年。元稹生于公元779年,831年去世,活了52岁,比柳子晚出生6年,多活了5岁。元稹的仕途虽然也比较坎坷,同样受过贬谪,但后来曾官居相位和节度使等要职,命运比柳子还是要强过不少。

元稹的生平如下:字微之,别字威明,汉族,唐洛阳人(今河南洛阳)。父元宽,母郑氏。为北魏宗室鲜卑族拓跋部后裔,是什翼犍之十四世孙。早年和白居易共同提倡"新乐府"。世人常把他和白居易并称"元白"。元稹8岁丧父,15岁以明两经擢第。21岁初仕河中府,25岁登书判出类拔萃,授秘书省校书郎。28岁列才识兼茂明于体用科第一名,授左拾遗。母郑贤而文,亲授书传。举明经书判入等,补校书郎。元和初,应制策第一。元和四年(809)为监察御史。因触犯宦官权贵,次年贬江陵府士曹参军。后历通州(今四川达州市)司马、虢州长史。元和十四年任膳部员外郎。次年靠宦官崔潭峻援引,擢祠部郎中、知制诰。长庆元年(821)迁中书舍人,充翰林院承旨。次年,居相位三月,出为同州刺史、浙东观察使。大和三年(829)为尚书左丞,五年,逝于武昌军节度使任上。年五十三卒,赠尚书右仆射。

元稹和妻子韦丛的半缘情深,至今为世人所津津乐道。

唐德宗贞元十八年(802年),太子少保韦夏卿的小女儿年芳20的韦丛下嫁给24岁的诗人元稹。此时的元稹仅仅是秘书省校书郎。韦夏卿出于什么原因同意这门亲事,已然无从考证了,但出身高门的韦丛并不势利贪婪,没有嫌弃元稹。相反,她勤俭持家,任劳任怨,和元稹的生活虽不宽裕,却也温馨甜蜜。可是造化弄人,唐宪宗元和四年(809年),韦丛因病去世,年仅27岁。此时刚好31岁的元稹已升任监察御史,幸福的生活就要开始,爱妻却驾鹤西去,诗人无比悲痛,写下了一系列的悼亡诗。最著名的就是《离思五首》中的第四首,全诗为:"曾经沧海难为水,除却巫山不是云。取次花丛懒回头,半缘修道半缘君。"

元稹运用"索物以托情"的比兴手法,以精警的词句,赞美了夫妻之间的恩爱,表达了对妻子的忠贞与怀念之情——曾经经过沧海的人,再看到其它的水,都觉得没有原来的水那么壮阔可观;欣赏过巫山的云之后,便觉得别处地方的云都不值得一顾;即使从成千的美女中走过,都懒得回头看她们一眼,一半固然是为了修身治学,一半是没有忘情于自己的妻子。

元稹的这首绝句,不但取譬极高,抒情强烈,而且用笔极妙。就全诗情调而言,言情而不庸俗,瑰丽而不浮艳,悲壮而不低沉,创造了唐人悼亡绝句中的绝胜境界,成为唐人悼亡诗中的千古名篇。

虽然韦丛去世之后不到两年,元稹就在江陵府纳了妾,有些言行不一,但是他对韦丛的感情是真挚的。我们不能用王维丧妻之后终身不再另娶作为标准，来衡量他们同时代的每一个人。

"曾经沧海难为水，除却巫山不是云。"这两句诗，虽然引自元稹的笔下，但借用来形容柳宗元内心的真实世界，也非常的恰如其分。试想：妻子杨氏去世之时，柳宗元才27岁，他正在集贤殿书院正字的任上；31岁时升为监察御史里行，到他33岁那年，又被"超取"为"尚书礼部员外郎"（从六品上，相当于正司局级官员），因参加"永贞革新"被贬永州，整整六年的时间。

韩愈曾在《柳子厚墓志铭》中，形容此段时期的柳宗元："议论证据今古，出入经史百子，中踔厉风发，常率屈其座人。"[2]踔厉风发——形容精神振作，意气奋发。韩愈夸他既精通经史子集，撰文或发表议论又常常旁征博引，能够令同座的客人心悦诚服。此阶段的柳宗元，三十而立，风发正茂，交往渐广，酬酢也多；与储君顺宗身边的红人——王叔文交情非浅，同韩愈、刘禹锡、吕温、韩泰等青年才俊，过从甚密。只要稍许分心留意，难道京城之中，果真就没有可供选择的士女，没有愿意委身于他的大家闺秀吗?!

此后，柳宗元被贬永州十年，来到这块"南蛮之地"，不仅有许多落井下石的恶徒，而且有许多人对他畏而远之，生怕株连九族，沾惹麻烦。元和四年，柳宗元写信给当时任京兆尹（相当于现今的北京市市长）的许孟容说："荒陬中少士人女子，无与为婚，世亦不肯与罪大者亲昵。以是嗣续之重，不绝如缕。"唐代等级森严，非常注重门第，而且法律禁止良民与贱民通婚，良民中士族（贵族）与庶族（平民）也很少联姻。由于永州地处蛮荒，难觅士人之女；即使遇到适合的女子，谁又愿意与负罪的钦犯结亲呢？因此，在此阶段柳宗元"找不到合适的意中之人"，也的确是比较重要的外在客观因素。但他虽然遭贬，终究还是六品官吏，只要自己愿意降低标准——能够将就着过日子的话，"续娶"也是手到擒来的小事一桩。

总而言之，柳宗元之不"再娶"，关键之处，在于其内心始终有一杆"杨氏之秤"作为衡量之标准。因此，我们完全可以说，柳子对前妻杨氏的感情，的确是深过沧海之水，纯胜巫山之云。

参考文献：

[1]章士钊.柳文指要[M].上海:文汇出版社,2000.

[2]马其昶.韩昌黎文集校注[M].上海:上海古籍出版社,1998.

（原载2012年第3期，作者单位:永州职业技术学院）

试析柳宗元的贫民情结

✻ 骆正军

柳宗元先后撰写过与贫民相关联的诗文 12 篇(首),尤以《捕蛇者说》《掩役夫张进骸》较为著名,其中不仅表现了他对贫民那种发自内心的同情与关爱,而且还真真实实地体现了他不分穷富、贵贱的人生观和价值观,其亲民爱民、惜民助民的贫民情结,十分难能可贵,而且值得我们加以充分肯定与借鉴。

一 柳宗元所撰写的与贫民相关联的诗文情况

柳宗元所撰写的与贫民相关联的文章,有 6 篇:《捕蛇者说》《种树郭橐驼传》《童区寄传》《饶娥碑》《马室女雷五葬志》《河间传》;诗歌 6 首:《掩役夫张进骸》《渔翁》《柳州峒氓》《田家》三首;此外,还有两篇《梓人传》《宋清传》,其中所撰述的人物是建筑工匠(总管)和卖药材的老板,相对官吏阶层来说,他们属于平民阶层,但不是贫民,所以不在本文探讨之列。

《捕蛇者说》是柳宗元被贬到永州之时所写的散文名篇。中唐时期的永州,相当荒僻落后。文章通过捕蛇者蒋氏对其祖孙三代为免交赋税而宁愿冒着死亡威胁捕捉毒蛇的自述,反映了当时"苛政猛于虎"的税收情况,对官吏们凶残的扰民、欺民行为加以严厉的抨击,表达了柳宗元对贫民百姓悲惨生活的深切同情。

《种树郭橐驼传》是柳宗元在长安期间所写的作品。文章针对当时官吏繁政、扰民的现象,通过对郭橐驼种树道理的描述,主张治国安民要"顺木之天,以致其性",不能"好烦其令",批评当时唐朝地方官吏扰民、伤民的行为,反映出作者同情人民的思想和改革弊政的愿望。

《童区寄传》是柳宗元的一篇传记文学作品,描写了柳州一位只有 12 岁的砍柴、放牛娃区寄,他被两个强盗劫持后,凭着自己的勇敢机智,终于手刃二盗,保全了自己。作者抓住人物的性格特征,从不同角度、不同侧面,刻画出一个勇敢机智、不畏强暴而又纯朴憨厚的少年英雄形象。

《饶娥碑》写的是江西饶州乐平的饶娥,她们家世代在鄱阳湖打鱼为生。一次,她的父亲因喝醉了酒,出去打渔,狂风突起而溺死河中,求尸不得。饶娥知道后,"走哭水上,三日不食,耳鼻流血,气尽伏死","明日尸出,鼋鱼鼍蛟浮死万数,塞川下流"。这个细节写出年方十四岁的饶娥,孝父之心感动天地。

《马室女雷五葬志》介绍了贫女马雷五的家世、生平事迹,对她聪明伶俐、容貌过人、善良淳朴的个性品质,加以赞赏,并对她十五岁即不幸病死表示无限惋惜与同情。

《河间传》写的是一位原本纯朴善良的妇女,由于邪恶势力的胁迫引诱,加上自己的意志薄弱,因而走向堕落,终至身败名裂的故事。柳宗元所描述的这一社会悲剧,实际是从反面说明了人性之善与人的尊严至可宝贵。

《掩役夫张进骸》是柳宗元在永州期间所写的一首诗。张进是个给官府喂马的老人,善良、勤劳、热情、乐于助人,虽然身份卑贱,但柳宗元对他给予了很多的关注,去世之后,因家中无钱安葬,是柳宗元垫资帮忙办的丧事;后来因春天暴雨,坟墓被水冲毁,尸骨暴露,又是柳宗元亲自带人去重新掩埋,并写诗予以记载。这首诗,是柳宗元爱民亲民的民本思想和不分贵贱、穷富惜民助民的贫民情结之最佳体现。

七言古诗《渔翁》写于柳宗元迁居愚溪之后,全诗共六句,是一首脍炙人口的佳作,耐人寻味。此诗通过渔翁在山水间获得内心宁静的描写,表达了作者在政治革新失败、自身遭受挫折后寻求超脱的心境。全诗就像一幅飘逸的风情画,充满了色彩和动感,境界奇妙动人。

《柳州峒氓》是柳宗元精心描述当地少数民族生活习俗的一首诗。虽然只有短短的 8 句,但观察细微,感触深刻,笔致鲜活,读来宛如一幅立体的民俗风情画。诗的字里行间,处处流露出他对山民艰苦生活的同情,以及对他们那种无知陋习的忧虑。

《田家》三首是一组描写乡村贫民悲惨生活的完整诗篇,三首诗体现了一些共同的特色。一是叙事风格朴实生动,客观而真实;二是语言风格质朴无华,几近口语,体现了田园诗的本色;三是运用生动的对话与形象描写,情景交融,极富艺术感染力。不仅忠实客观地描绘了乡村贫民悲惨生活的场景,而且含蓄而自然地流露出诗人对封建官吏骚民、扰民行为的憎恶之意,并且充分表达了对贫民百姓深切同情的民本思想和对自己遭贬永州、前途无望的愤慨之情。

二　柳宗元撰写贫民诗文的创作意图

柳宗元之所以要撰写这12篇(首)与贫民相关联的诗文,笔者认为,其创作的主要意图,可以归纳为以下几点:

(一)批评与提醒

《捕蛇者说》:"悍吏之来吾乡,叫嚣乎东西,隳突乎南北;哗然而骇者,虽鸡狗不得宁焉。"那些凶暴的官吏到乡下催租逼税的时候,到处狂呼乱叫,到处喧闹骚扰,那种吓人的气势,就连鸡犬也不得安宁——这是对官府骚扰贫民百姓恶劣行径的直接控诉与深恶痛绝。

柳宗元在文章的结尾一段说:"余闻而愈悲",想到自己过去对孔子所说过的"苛政猛于虎"这句话还有所怀疑,从蒋氏所谈乡邻们的悲惨生活情况来看,才知道这话的真实可信,而且了解到赋税对贫民百姓的毒害甚至比毒蛇还要严重,于是写了《捕蛇者说》这篇文章,为的是让朝廷那些负责了解观察民风民俗的人,明白苛重的赋税给贫民百姓所造成的灾难,已经到了无以复加的地步。

文章有着多角度、多层面的对比:捕蛇者与纳税者,捕蛇者的危险与赋税的沉重,捕蛇者与不捕蛇者(蒋氏与乡邻们)六十年来存亡的情况,"悍吏之来吾乡"时"我"和乡邻受扰的情形,一年受死亡威胁的次数和即使死于捕蛇也已死在乡邻之后等等。通过这些鲜明的对比,来深刻地揭示"赋敛之毒有甚是蛇者"的中心命题。

《田家》之一:"竭兹筋力事,持用穷岁年。尽输助徭役,聊就空舍眠。"描述贫民百姓一年到头辛苦耕耘,结果田地中所有的收获,都上交了"徭役",家徒四壁而空空如野。《田家》之二:"里胥夜经过,鸡黍事筵席。各言长官峻,文字多督责。东乡后租期,车毂陷泥泽。公门少推恕,鞭朴恣狼藉。"讲述的是那些官吏们,星夜来到乡村,贫民百姓还得杀鸡弄饭、极尽所能地进行款待,以便请他们高抬贵手,尽量少叱骂、少督责村民;东村的百姓曾经因为粮车被陷在泥沼之中,耽误了交租的日期,还受到过官吏们的严酷鞭打。

值得一提的是,许多柳学的专家学者,在研读柳宗元这些诗文时,往往上纲上线,认为他是"对社会或统治阶级的揭露与批判"。如:何书置先生"特别是《捕蛇者说》,在反映现实的深度和广度上最为突出。以深度而言,通过蒋氏之口,不仅反映了蒋氏一家三代的悲惨遭遇,而且揭露了唐王朝自玄宗天宝以来的征赋之乱。以广度而论,受征赋之害的,不仅是蒋氏一家,而且所有'永之人'"。"作为现实主义伟大作家的柳宗元,他对当时现实所作的揭露和批判,对我们今天仍有一定的认识价值。"[1]

孙昌武先生"他(柳宗元)到永州后写的《捕蛇者说》,是关心民众、批判专制苛政的千古传诵的名篇。这篇作品阐发的本是《诗经.硕鼠》以来的反对苛政酷役的传统立意,其点题的警句也出自《礼记·檀弓》。但作者选择了一个典型事例,带着满腔激情来加以表现,把故事写得震撼人心,催人泪下。文章以永州郊外一家三代人为免除赋役而捕毒蛇相继惨死的经历,揭露了当时直到偏僻'南荒'的暴政酷役之害,最后发出了'苛政猛于虎'的激愤呼号。"[2]

由于何、孙两位先生是柳学领域的先驱者,他们所取得的成就令后人们难以望其项背,因此,他们的影响力极其巨大和深远,往往会受到后来者的借鉴与模仿。但笔者认为,他们的"揭露与批判"之说,还是存在一定的"评价过头或过高"之嫌。

按照柳宗元当时所处的地位和环境来说,尽管遭贬来到蛮荒之地,远离了京城的政治漩涡中心,但他仍然还是统治阶层中的一员,不可能站在朝廷的反面,去公然唱"对台戏",而是通过鲜活的事例,对官府的政策和那些"念歪了经"的悍吏们,进行善意的"批评与提醒",好心规劝。"不矜细行,终累大德。"只不过他这些"批评与提醒"是"辣味十足",脱去"隐身衣",捅破"窗户纸",敢于"揭短亮丑、真刀真枪、见筋见骨,点准了穴位,戳到了麻骨",希望能使他们受到"猛击一掌的警醒"而已。

像吴文治先生在《柳宗元选集》中指出的:《种树郭橐驼传》"文中主要借郭橐驼养树的道理,规劝当时官吏,不要以烦政去骚扰人民,使人民不能安居乐业"[3]。这样的评价,则较为中肯,"规劝"二字极其得当;既符合柳宗元当时的政治身份与社会背景,又不会给人产生盲目拔高柳宗元思想境界、超越时代局限之嫌。

(二)同情与关怀

《掩役夫张进骸》:"生平勤皂枥,锉秣不告疲……猫虎获迎祭,犬马有盖帷……畚锸载埋瘗,沟渎护其危。"张进是一个普通的马夫,打扫和清洗马槽,铡草喂料,不知疲倦;一生辛劳,死后因暴雨冲刷,骸骨暴露,其遭遇竟然不如猫虎犬马;柳宗元听说此事之后,亲自带着人,手持畚锸(畚箕铲子),将他的尸骨重新掩埋,并写下了此诗。

孙昌武先生认为:诗中"明确提出'生死悠悠尔,一气聚散之';因为这生命是'一气'之聚散,所以'为役孰贱辱? 为贵非神奇。一朝犷息定,枯朽无妍媸',贫贱的役夫的生命和尊贵人的生命在本质上都是平等的。这就从根本上否定了人的先验品级的存在,给普遍、平等的仁爱观念提供了人性上的依据。柳宗元的爱民意识和他的这种人性论有关,也因此他能在前人的基础上在这方面做出不少新的突破"[2]。

吴文治先生在《柳宗元诗文选评》中指出:"诗中通过叙述掩埋马夫张进尸骨事,表现出对劳动人民的深切同情。也鲜明地反映了作者朴素唯物主义的哲学思想。"宋代范温《潜溪诗眼》曾称赞:"此一篇笔力规模,不减庄周、左丘明也。'"[4]

《捕蛇者说》:"余悲之,且曰:'若毒之乎? 余将告于莅事者,更若役,复若赋,则如何?'"柳宗元在为蒋氏的不幸遭遇深感同情与悲愤的同时,好心地提出了一个解脱危险的办法。这几句话句子简短,语气急促。而且连用了三个"若"字,表明"余"是面对面地与蒋氏交谈,态度十分诚恳,帮助对方的心情主动而急切,办法也似乎切实可行。但"蒋氏大戚,汪然出涕"——更加伤心,甚至连眼泪鼻涕都流出来了。蒋氏接下来述说了自己为什么每年两次甘冒生命危险而捕蛇,却不愿像乡邻们那样因为徭役而一年到头都担惊受怕的理由。"余闻而愈悲"——柳宗元想尽自己的努力去帮助蒋氏一家,但却奈于自己的身份而无能为力,这是多么令人痛苦的事情。

柳宗元认为"为役孰贱辱? 为贵非神奇",人生本来就没有贵贱和穷富之分。所以,那些以"捕蛇者"蒋氏、马夫张进为代表的生前无人扶助与死后无力殓葬的贫民孤寡者,他们理应受到社会的尊重,平等相待和尽力扶助,让他们生有所养,死有所安。

(三)变革与弘扬

柳宗元所创作的《童区寄传》,是为穷孩子立传,为下层人民呐喊的名篇。顾易生先生在《柳宗元·传记》中说:"《童区寄传》是一篇记载少年英雄牧童区寄与掠卖人口的强盗作抗争的故事。它以十分精炼的语言,深动地记述了区寄怎样突然遭到强盗劫缚以及怎样利用两个强盗间的矛盾和有利时机杀掉强盗,获得解脱的英雄事迹。当时南方广大地区,强盗横行,掠卖人口,幼弱惨遭虐杀,人口稀少,呈现著一片黑暗荒凉景象。柳宗元正因为对于不合理现象和奴婢制度怀著强烈的愤恨，因而对于区寄这种不畏强暴和反抗斗争的机智、勇敢行为，给予了热情的歌颂。这里只用了四百余字，但这曲折、紧张、惊险、动人的故事情节却交代得很清楚。豪贼的凶狠、愚昧、自私和区寄的机智、勇敢、纯朴都跃然纸上，给人们以教育，也给人们以鼓舞。"[5]

胡士明先生在《柳宗元诗文选注》中，也有过类似的评价："本篇通过少年区寄被两个豪贼劫缚，用计杀死豪贼得以脱险的事迹的记述，揭露了当时南方广大少数民族地区强盗横行，劫掠幼弱，贩卖人口，荼毒人民的黑暗现象，客观上反映了当时社会的混乱和吏治的腐败，具有一定的典型意义。文中对少年区寄不畏强暴的英勇行为的热情歌颂，实际上也寄托了作者希望看到英雄人物出来除暴安良的善良愿望。故事情节曲折、惊险，人物形象也写得栩栩如生。"[6]

柳宗元不分穷富、贵贱的人生观和价值观，弘扬正气，倡导"平等、博爱"的人文关怀，在《饶娥碑》《马室女雷五葬志》《河间传》中，也有较好的体现。邓小军先生《柳宗元散文的艺术境界》认为："饶娥哭父而死，在今天看来，应当被认为是不理智的事。但是在饶娥自己，对父亲生死不渝的孝行，却不能说是出于外加的理念，而是发自对父亲天然的爱心，和穷苦父女相依为命的生活所培养起来的深情。这正是中国人性论爱心源始于爱亲人的思想的实证。"[7]

"柳宗元《雷五葬志》，实为深体中国散文简练传神之体性的一篇典范作品。""柳宗元以满怀恻怛尊重之情，和独具之慧眼，乃能默契此流星般之生命，于那苍茫夜色之中；复能以传神之彩笔，写照出其整幅人性世界，使之传诸不朽。而全文仅寥寥百馀字，笔墨简练至极，得力处即在于记述一言一行，处处传神。尤其述雷五临终语，直凑单微，形成敞亮人性世界与个性特征的神光聚照之笔。"[7]

关于《河间传》，从南宋著名学者胡寅开始，到明代的学者刘定之、方鹏，一直到现代南京大学中文系的卞孝萱教授，几乎都一致认为，"托讽淫妇人有始无卒者以诋宪宗"。而张铁夫先生将这千百年来的所谓"定论"，加以推翻，认为"河间所影射的，根本不是宪宗，而是顺宗"，"河间所始爱终弃的丈夫，乃是影射革新集团的领袖王叔文。再如挟持、引诱河间的戚里恶少及淫夫等人，则是影射当时要挟、诱惑顺宗的藩镇和宦官等政治势力"[8]。

柳宗元所撰写的《河间传》这一人间悲剧，是否影射姑且不论，该文确实与其它从正面塑造与颂扬贫民形象的诗文不同，对河间这位善良的妇女，既"哀其不幸"，又"怒其不争"，除了抨击社会邪恶势力"引诱陷害、逼良为娼"的恶行丑

态之外,而且从反面表明了他所信奉的"人之初,性本善"的人生观,以及放大了
"善恶亦可转化"的丰富内涵的人性主题。

三　柳宗元贫民情结形成的由来

柳宗元的贫民情结,并非与生俱来,而是有着主客观等多方面因素共同作用
的结果,大体如下:

(一)青少年时期社会动乱,耳闻目睹

柳宗元生活在唐代宗大历八年到唐宪宗元和十四年(773—819),仅活了47
岁。在这段时间内,社会矛盾急剧激化、各种政治势力斗争极其尖锐复杂,当时
的朝廷外临强藩跋扈,内有宦官弄权,在衰败的颓势下存在着"中兴"的希望,对
抗分裂、腐朽势力的还有持续不断的革新、振作的努力。

柳宗元9岁时,藩镇割据的战争"建中之乱"爆发,泾原兵变、朱泚叛乱等
等,战火遍及关中、河南、河北和淮河流域的广大地区,朝廷先后逃亡奉天(今陕
西乾县)、梁州(今陕西汉中市)。少年柳宗元被送到父亲柳镇任职的夏口(今湖
北武昌),并曾到湖南潭州(长沙)和江西的九江等地游学;直到16岁父亲柳镇
入朝担任殿中侍御史时,才跟随返回长安。

由于战乱的原因,全国户口锐减,朝廷随意增设税收官,多立名目,旧税加新
税,无有限制,使贫民百姓的负担日益加重。尽管在唐德宗建中元年(780)颁布
了两税法(分夏、秋两次交税),并明文规定"敢在两税外加敛一文钱,以枉法
论",但这只不过是一种欺骗的手段而已。贫民百姓在重赋徭役之下,虽然相继
逃亡他乡,但悍吏仍不肯放过,遇有流亡则摊出(由留存当地的人共同负担),致
使已重者愈益加重。柳宗元耳闻目睹,对贫民百姓所受的战乱流离之苦、徭役重
赋之苦,有着非常深刻的感受,对于形成他们那一代人的思想意识与贫民情结,
毫无疑问地起到了巨大的促进作用。

(二)家庭的教养和熏陶,父母亲的言传身教

柳宗元的父亲柳镇明经出身,一生奔走仕途,虽沉于下僚,政声却享誉士林,
对社会现实有着相当深刻的了解,并养成了积极用世的人生态度和刚正不阿的
品格,且善诗能文,是唐代社会里积极活跃的"文章之士"。一方面他被权臣贵
戚所压抑,另一方面又容易受到社会动荡的冲击,政治和经济地位都不稳定,与

贫民百姓的生活也比较接近。柳镇为人正直敢言，不阿权倖，宁折不弯、刚烈正直的品格，对柳宗元贫民情结的形成，起到了重大的推动作用；他人格上的优点，也被柳宗元所继承和发扬光大。

柳宗元的母亲卢氏，出身于河南范阳著名的卢姓家族，贤惠聪敏，而且见识不凡，受过良好的教育，有相当高的文化素养，七岁即通《毛诗》和刘向的《列女传》。她周睦亲族，孝敬长辈，抚养孤幼，操持家务，备受艰辛而无怨无悔；遇到"岁恶少食，不自足而饱孤幼"——灾荒年头缺少食品，宁可自己节衣缩食，也要喂饱孤儿幼女——表现出舍己及人的崇高品格。这些，同样都会在柳宗元的心灵深处，打上强烈的烙印。

（三）长安时期参与革新时的所见所闻与初始作为

柳宗元于贞元九年（21 岁）科举及第，但这一年的五月，他的父亲柳镇去世，按照当时的规定，必须守孝三年，不能参加"诠选"做官。他利用这一段时间，到邠州（今陕西彬县）去看望在那里任职的叔父。柳宗元通过访问老校、退卒，与普通群众广泛接触，了解了边地民众和士兵的生活实况，加深了对社会矛盾各方面的认识，学到了在"乡间家塾"读书攻文所得不到的知识，为日后进入仕途，奠定了良好的思想基础。

中唐时期，豪强地主兼并掠夺土地的现象日益严重，"富者兼地数万亩，贫者无容足之居"。仅有一点土地的农民，除了交纳正常的捐粟外，还要承受地方军政长官摊派下来的各种杂税、徭役。据《旧唐书·食货志》记载，各地官僚为巩固自己的地位，竞相向朝廷进奉，加紧对下层的盘剥，于是"通津达道者税之，莳蔬艺果者税之，死亡者税之"，因而民不聊生，怨声载道。柳宗元针对这种官吏繁政扰民的现象，曾经通过对郭橐驼种树之道的记叙，说明"顺木之天，以致其性"是"养树"的法则，并由此推论出"养人"的道理，指出为官治民不能"好烦其令"，指责中唐吏治的扰民、伤民，反映出他贫民情结的进步思想和改革弊政的强烈愿望。

"观于明镜，则瑕疵不滞于躯；听于直言，则过行不累乎身。"[9] 柳宗元从贞元十四年（26 岁）登科，被任命为集贤殿书院正字，正式踏入官场，到贞元二十一年（33 岁）四月，被提升为礼部员外郎（正六品上），掌礼仪、享祭、贡举之政，接触面更广，所了解的情况更加广泛、深入、细致，日积月累，使其思想日益成熟，贫民情结有增无减。永贞革新期间，他们废除骚民、扰民、侵民的"五坊小儿"、罢除"宫市"，惩治李实等贪官污吏，释放近两千余名宫女，就是柳宗元贫民情结的最好宣泄。

(四)被贬之后与贫民朝夕相处的亲身感受以及施政之后的全力施为

柳宗元被贬永州,"待罪南荒",先是借居在龙兴寺,从"云端"落到了"人间",增进了与普通民众交往的机会;尤其是迁居愚溪之后,从河东到河西,从被动到主动,完完全全地"接了地气"。他通过深入民间,了解贫民百姓的生活、风俗、习惯,关心他们的疾苦,又亲自参加劳动,基本上把自己融入到一个普通民众之中,使其平民情结得到了进一步的深化与巩固。《田家》第三首就是通过写"我"恋游郊外,迷不知返,黄昏时,田家老翁担心"我"走夜路有危险而诚心留宿的情景,表达了"我"被贬南荒后的苦闷无奈、孤独无望的心理,同时也表现了永州贫民百姓的善良与淳朴。

柳宗元莅任柳州刺史之后,其浓厚的贫民情结终于有了施展的舞台:为了解民悬,排民忧,造福于贫民百姓,他积极倡导移风易俗,清除陋习,以改变当地百姓愚昧落后的观念;改革弊政,解放奴婢;兴修寺庙,兴办教育,以利于传播儒家学说;并带头栽柑种柳,开荒植竹,打井修路,以发展生产,从而使柳州的经济、文化,都有了新的发展。因此,尽管他只有短暂的四年任职时间,便英年早逝,却给柳州的百姓留下了"鞠躬尽瘁、勤政为民"的许多脍炙人口的佳话,也为中华民族留下了一份格外珍贵的政治思想和文化遗产。

总而言之,柳宗元所撰写的这些诗文,抱着"以兴尧舜孔子之道,利安元元为务"的目的,充分体现了他对贫民百姓那种发自内心的同情与关爱,希望能够以他直接或间接的帮助,通过"顶层设计",改良朝廷治国安民的大政方针,来实施对贫民的"普惠";通过改变世人的看法,来净化社会风气,达到"辅时及物(治国平天下)"的美好愿景。他的贫民情结与爱民报国的拳拳之心,对当今我国大力弘扬推动改革发展的强大正能量,进一步凝聚党心、军心、民心,努力实现"两个一百年"的奋斗目标、实现中华民族伟大复兴的中国梦,仍然有着极其重要的借鉴作用。

参考文献:

[1]何书置.柳宗元研究[M].长沙:岳麓书社,1994:85.

[2]孙昌武.柳宗元评传[M].南京:南京大学出版社,1998:239.

[3]吴文治.柳宗元选集[M].太原:山西高校联合出版社,1993.

[4]吴文治.柳宗元诗文选评[M].西安:三秦出版社,2004:87.

[5]顾易生.柳宗元[M].上海:上海古籍出版社,1979:78-80.

[6]胡士明.柳宗元诗文选注[M].台北:建宏出版社,1996:124.

[7]邓小军.柳宗元散文的艺术境界[J].四川师范大学学报,1993,(1).

[8]张铁夫.柳宗元新论[M].长沙:湖南大学出版社,2005:223.

（原载 2015 年第 6 期,作者单位:永州职业技术学院）

永贞改革新论

✤ 张铁夫

前　言

　　永贞改革是唐代中期的一个重大事件。它的时间虽然很短,但各方面的情况复杂,矛盾尖锐,斗争激烈。其中既有革除前朝积弊、反映时代要求的壮举,又有暴起领事、张皇威福、党同伐异的小算盘;既有维护朝纲国是的正义行动,又参杂着统治阶级内部不同派别和个人之间的权利斗争;既有一开始顺宗对王叔文集团的信任和支持,又有到后来顺宗对他们的厌恶和抛弃;既有百姓相聚欢呼大喜的轰轰烈烈,又有二王八司马被贬甚至被杀的惨惨凄凄。这些情况和矛盾斗争,错综复杂地交织在一起,使人眼花缭乱,目不暇接。历来学术界对永贞改革特别是王叔文集团的研究和评论,主要分两个阶段,两种观点。一种观点是从唐朝当时迄于近代,由于受封建社会尊君统治思想的影响,对王叔文采取全盘否定的态度,视之为奸臣,只讲其错误缺点,而忽视其成绩。另一种观点是从建国以后开始,这时虽然推翻了封建主义的思想统治,但由于强调阶级分析和为阶级斗争服务,将永贞改革看作是庶族地主革新派与豪族地主守旧派的斗争,将王叔文视为革新派的代表而予以全面肯定,只看其成绩,不讲其错误缺点。过去学术界的这两种观点,各持一端,皆有所以,但都存在着时代的局限性和认识的片面性,从而也就不利于全面地总结其中成功的经验和失败的教训,更不用说以史资治,鉴戒后世了。本文的探索,既运用实事求是的原则和方法,系统地考察永贞改革的缘起、内容、反复和结局的整个过程,又总结上述两个阶段的研究成果,避免其局限性和片面性,力求得出一个比较全面和公正的结论。管见刍言,以就正于方家。

一　永贞改革的缘起：历史的趋势，时代的要求

所谓永贞改革，主要是针对德宗以来的政治积弊和社会矛盾而进行的一场革新运动。史称德宗"猜忌刻薄，以强明自任。耻见屈于正论，而忘受欺于奸谀"[1](卷七,P219)，以致圣德少修，庶政多缺。德宗一朝，特别是其晚年所暴露和积累起来的一系列政治弊端和社会矛盾，尽管在德宗时未得到解决，但是都必须解决，否则国家的秩序就难以维持，就会发生动乱，甚至危及它的存在，这是历史的趋势；与此同时，朝野上下也都出现了改革的强烈呼声，这是时代的要求。这些情况，集中表现在以下三个方面：

第一个方面：阶级矛盾尖锐，统治者与被剥削群众关系紧张，民不堪命。

据《新唐书·食货志》记载，德宗"初定两税，货重钱轻，乃计钱而输绫绢。既而物价愈下，所纳愈多。绢匹为钱三千二百，其后一匹为钱一千六百，输一者过二，虽赋不增旧，而民愈困矣。度支以税物颁诸司，皆增本价为虚估给之，而缪以滥恶督州县剥价，谓之折纳。复有进奉、宣索之名，改科役为'召雇'、率配曰'和市'，以巧避微文，比大历之数再倍。又疠疫水旱，户口减耗，刺史析户张虚数以宽责。逃死阙税，取于居者，一室空而四邻亦尽。"[1](卷五十二,P1353)贞元十年五月，宰相陆贽向德宗上疏，请求厘革为害最甚的六条弊政。尤其要求德宗"宜令有司，复初定两税之岁绢、布定估，为布帛之数，复庸、调旧制，随土所宜，各修家技。物贱所出不加，物贵所入不减。"[1](卷五十二,P1353)又指出：今均田制已被破坏，"富者万亩，贫者无容足之居，依托强家，为其私属，终岁服劳，常患不充。有田之家坐食租税。京畿田亩税五升，而私家收租亩一石。官取一，私取十，稿者安得足食？宜为占田条限，裁租价，损有余补不足，此安富恤穷之善经，不可舍也。"[1](卷五十二,P1357)但不久，陆贽被罢退，所言之事都未施行。到贞元十二年，河南尹齐抗又向德宗上疏，论钱重货轻，农民不堪负担之弊。并提出："百姓本出布帛，而税反配钱，至输时复取布帛，更为三估计折，州县升降成奸。若直定布帛，无估可折。盖以钱为税，则人力竭而有司不之觉。今两税出于农人，农人所有，惟布帛而已。用布帛处多，用钱处少，又有鼓铸以助国计，何必取于农人哉？"[1](卷五十二,P1358)贞元十四年，京畿大旱，民请蠲租赋。京兆尹韩皋，先悉索府中杂钱，折耀粟麦三十万石上献，时府帑空虚，心中忧恐，不敢以实情上奏。不但没有减税，相反地命令官吏加紧督责常赋，导致农民反抗，至有县令为部内百姓

殴辱者。事情闹大后,德宗罢免了韩皋的京兆尹职务,贬为抚州员外司马。而任命自己的五舅、颇有民望的吴凑为京兆尹,才平息了事态。贞元十九年,自正月不雨至于七月。畿甸之内,大率赤地而无所望,转徙之人,毙踣道路。礼部侍郎权德舆向德宗上《论旱灾表》,又因旱灾而《上陈阙政》。以为"天下理,在百姓安;百姓安,在赋税减;赋税减,在经费省。天下未有不由此途出也。生之者少,靡之者多,物力既屈,人命必蹙。大历中,绢一匹价近四千,今止八、九百,设使税人之数如其旧,出于民者已五倍其多。又四方之臣,锐于上献,为国敛怨,为身市恩。或广军实之求,而兵有虚籍;或信地征之数,而取以多方,固非家财,皆出民力者也。虽有心计巧历,能商功利者,其于困民均也。"[2](卷三十六,P575)同时,向德宗建议:"今兹租赋,及宿逋远贷,一切蠲除。设不蠲除,亦无可敛之理。不如先事图之,则恩归于上矣。"[2](卷三十七,P614)但是,京兆尹李实"务征求以给进奉,言于上曰:'今岁虽旱,而禾苗甚美。'由是租税皆不免。人穷至坏屋卖瓦木、麦苗以输官,优人成辅端为谣嘲之,实奏辅端诽谤朝政,杖杀之。监察御史愈上疏,以京畿百姓穷困,应今年税钱及草粟等,征未得者,请俟来年蚕麦,愈坐贬阳山令。"[3](卷二百三十六,P1621)

第二个方面,宦官害民干政,具体有以下三种情况。

其一是宫市和五坊小儿害民。"先是宫中市外间物,令官吏主之,随给其直。比岁以宦者为使,谓之宫市,抑买人物,稍不如本估。其后不复行文书,置白望数百人于两市及要闹坊曲,阅人所卖物。但称宫市,即敛手付与,真伪不复可辩。多以红紫染故衣败缯,尺寸裂而给之,仍索进奉门户及脚价钱。人将物诣市,至有空手而归者,名为宫市,其实夺之。商贾有良货,皆深匿之。敕使出,虽沽浆卖饼者,皆撤业闭户。尝有农夫以驴负柴,宦者称宫市取之,与绢数尺,又就索门户,仍邀驴送柴至内。农夫啼泣,以所得绢与之,不肯受。曰:'须得尔驴。'农夫曰:'我有父母妻子,待此然后食,今以柴与汝,不取直而归,汝尚不肯,我有死而已。'遂殴宦者,街吏擒以闻。诏黜宦者,赐农夫绢十匹,然宫市亦不为之改,谏官御史数谏不听。建封入朝,具奏之。上颇嘉纳,以问户部侍郎判度支苏弁,弁希宦者意,对曰:'京师游手万家,无土著生业,仰宫市取给。'上信之,故凡言宫市者皆不听。"[3](卷二百三十五,P1616)吴凑为京兆尹,"京师苦宫市强估取物,而有司附媚中官,率阿从无敢争。凑见便殿,因言中人所市,不便宵民,徒纷纷流议。宫中所需,责臣可办。若不欲外吏与闻禁中事,宜料中官高年谨信者为宫市令,平贾和售,以息众譁。'帝辄顺可。"[1](卷一百五十九,P4955)但德宗猜忌孤疑,寡断少信,

"宦者言凑屡奏宫市,皆右金吾都知赵沈、田秀嵒之谋也。丙午,沈、秀嵒坐流天德军。"[3](卷二百三十五,P1616)所以,事竟未行,宫市害民如故。顺宗为皇太子,"尝与侍读论政道,因言宫市之弊,太子曰:'寡人见上,当极言之。'"[4](卷一百三十五,P3733)又以宦官为雕坊、鹘坊、鹞坊、鹰坊、狗坊等五坊使,所领"五坊小儿,张捕鸟雀于闾里,皆为横暴以取钱物。至有张罗网于门,不许出入者。或有张井上者,使不得汲水。近之,则曰'汝惊供奉鸟雀',痛殴之,出钱物求谢乃去。或相聚饮食于肆,醉饱而去。卖者或不知,就索其直,多被殴骂。或时留蛇一囊为质,曰:'此蛇所以致鸟雀而捕之者,今留付汝,幸善饲之,勿令饥渴。'卖者愧谢求哀,乃携而去。上(即顺宗)在春宫时,则知其弊,常欲奏禁之。"[5](《外集》卷七,P90)

其二是监军挠政。宦官监军始于开元末年,《通典》卷二十四《职官》:"开元二十年后,并以中官为之,谓之监军使。"安史之乱以后,扩展到各个长设藩镇及临时军事组织。监军使"黜侍从之荣,受腹心之寄""俯达人情,仰喻天意"[5](《外集》卷七,P74),既听取军士们的呼声和要求并且报告皇帝,又把皇帝的意志和指令转告给他们.对军士,他是皇帝的代表;对皇帝,他又是军士的代表。身份特殊,地位重要,权力很大。这样,也就为一些监军使怙权干政提供了方便和条件。贞元十一年五月,河东节度使李自良薨,监军王定远奏请以行军司马李说为留后,知府事。"王定远自恃有功于李说,专河东军政,易置诸将,说不能尽从,由是有隙。定远以私怒拉杀大将彭令茵,埋马矢中,将士皆愤怒。说奏其状,定远闻之,直诣说,拔刀刺之,说走免。定远召诸将,以箧贮敕及告身二十余通示之曰:'有敕令说诣京师,以行军司马李景略为留后,诸君皆迁官。'众皆拜,大将马良辅见箧中皆定远告身及所受敕也,乃麾众曰:'敕告皆伪,不可受也。'定远走登乾阳楼,呼其麾下莫应,逾城而坠,为枯蘖所伤而死。"[3](卷二百三十五,P1614)贞元十六年,"义成监军薛盈珍为上所宠信,欲夺节度使姚南仲军政,南仲不从,由是有隙。盈珍谮其幕僚马总,贬泉州别驾。福建观察使柳冕,谋害总以媚盈珍。遣幕僚宝鼎薛戎摄泉州事,使按致总罪。戎为辩析其无辜。冕怒,召戎囚之,使守卒恣为侵辱。如此弥月,徐诱之使诬总,戎终不从,总由是获免。盈珍屡毁南仲于上,上疑之。盈珍乃遣小使程务盈,乘驿诬奏南仲罪。牙将曹文洽,亦奏事长安,知之。晨夜兼行,追及务盈于长乐驿,与之同宿,中夜杀之,沉盈珍表于厕中。自作表雪南仲之冤,且首专杀之罪;亦作状白南仲,遂自杀。明旦门不启,驿吏排之入,得表状于文洽尸旁。上闻而异之,征盈珍入朝。南仲恐盈珍谮之益深,亦请入朝。夏四月丙子,南仲至京师,待罪于金吾,诏释之。召见,上问:'盈珍扰卿邪?'对曰:'盈珍不扰臣,但乱陛下法耳。且天下如盈珍辈,何可胜数?虽使羊、杜复生,亦不能行恺悌之政,成攻取之功也。'上默然,竟不罪盈珍,仍使掌机密。盈珍又言于上曰:'南仲恶政,皆幕僚马少微赞之也。'诏贬少微江南官,遣中使送之,推坠江中而死。"[3](卷二百三十五,P1617)还有的藩镇,监军使刚愎自用,节度使懦弱无能,一军之政,便完全由监军所掌握。比如河东监军李辅光,与节度使严绶,"久相交结,军中补署职掌,比来尽由辅光。"[6](卷五十八,P1236)这种情况,与上述监军使与节度使的矛盾冲突不同,属于监军干政的另一种类型。

其三是中尉弄权。贞元十二年六月,以监勾当左神策窦文场、监勾当右神策霍仙鸣,皆为护军中尉。以前他们都只是以监军的身份勾当即主管和办理神策军事,现在便名正言顺地成了神策军的统帅。"是时窦、霍势倾中外,藩镇将帅,多出神策军;台省清要,亦有出其门者矣。"[3](卷二百三十五,P1614)宣武节度使李万荣,患中风病,昏不知事。霍仙鸣荐宣武押牙刘沐,可委军政,德宗便任命他为行军司马。李景略为河东行军司马,节度使李说忌之。说乃厚赂中尉窦文场,使去之。文场乃向德宗推荐景略为丰州都防御使,俾李说如愿以偿。贞元十五年,彰义节度使吴少诚叛乱,侵掠邻道。诏削夺少诚官爵,令诸道进兵讨之,将置统帅。夏绥节度使韩全义,本出神策行营节度使,中尉窦文场厚之,荐于德宗。德宗即以全义为蔡州四面行营招讨使。但韩全义素无勇略,专以巧佞货赂结宦官,得为统帅。每议军事,宦官为监军者数十人坐帐中,争论纷然,莫能决而罢。每与叛军交锋,无不挫败溃退。吴少诚被赦免后,窦文场又为韩全义巧计周旋,以掩其败迹,使之免受责罚。窦、霍之后,杨志廉、孙荣义继为左右神策军中尉,"皆骄纵招权,依附者众,宦官之势益盛"[3](卷二百三十五,P1620)。

第三个方面,藩镇跋扈,纲纪隳败。

君为臣纲,尊君卑臣,强干弱枝,是封建统治秩序的根本法则。对于这一条法则,德宗开始是非常清楚,坚决维护的,所以,他即位之初,便志欲扫清河朔,束缚奸豪。对于那些跋扈不臣的藩镇,如李惟岳、李纳、梁崇义、田悦等,都毫不犹豫地实行镇压,大张挞代,但操之过急,力不从心,加之处置失宜,抚御乖方,导致讨叛者埋怨不满,一寇方平,一贼又起,如朱滔、王武俊、李希烈等讨叛之师,旋皆反叛,局面更加不可收拾。终于在讨伐李希烈叛乱的过程中,泾原兵倒戈反攻,侵犯京师,德宗仓惶逃往奉天,后又逃到梁州。赖浑瑊、马燧、李晟等拼死力战,才平定了叛乱,返回京城。德宗经此劫难,深自惩艾,惟恐生事,遂行姑息之政。由是朝廷益弱,藩镇愈强。"山南东道节度使于頔,因讨吴少诚,大募战士,缮甲厉兵,聚敛货财,恣行诛杀,有据汉南之志。专以慢上陵下为事,上方姑息藩镇,知其所为,无如之何。頔诬邓州刺史元洪赃罪,朝廷不得已,流洪端州。遣中使护送至枣阳,頔遣兵劫取归襄州。中使奔归,頔表洪责太重,上复以洪为吉州长史,乃遣之。又怒判官薛正伦,奏贬峡州长史。比敕下,頔怒已解,复奏留为判官,上一一从之。"[3](卷二百三十五,P1618) 又如吴少诚,本为淮西兵马使,以犯上杀节度使陈仙奇自为留后,朝廷因而许之,后改彰义节度使。但他逆心未改,跋扈不臣。贞元十四年九月,擅自遣兵掠寿州霍山,杀镇遏使谢详,侵地五十余里,置兵镇守。十五年三月,又寇唐州,杀监军邵国朝,掠居民千余而去。八月,陈许节度使曲环卒,少诚又陷临颍,并进围许州。德宗于是下诏削夺吴少诚在身官爵,令诸道进兵攻讨。少诚后虽屡败官军,但士卒疲弊,又恐发生内变,乃致书于监官军者请求昭洗,德宗复从之。下诏赦免少诚及彰义将士,复其官爵。从藩镇跋扈的这些典型事实中,可以看出当时统治秩序破坏、纲纪隳败的情况,已经是臣不成其为臣,君不成其为君了。而且,跋扈藩镇从帅臣以下的各级官吏,其选皆不出朝廷,而由他们自己署置,只在形式上奏报朝廷任命认可。每帅臣死,或其子弟将军自称留后,或遣中人伺其军,观众所欲立者,朝廷因而授之。针对这种藩镇强横、尾大不掉的局面,杜黄裳担任宰相后,便向宪宗"每从容具言:'陛下宜鉴贞元之弊,整法度,朘损诸侯,则天下治。'"[1](卷一百六十九,P5146)

此外,永贞改革开始时,白居易为人上书宰相韦执谊,建议改革不宜渐进,而应疾行。书中写道:"庶政阙于内,则庶事斁于外。至使天下之户口日耗,天下之士马日滋;游手于道途市井者不知归,托足于军籍释流者不知反。计数之吏日进,聚敛之法日兴。田畴不辟,而麦禾之赋日增;桑麻不加,而布帛之价日贱。吏部则士人多而官员少,奸滥口生;诸使则课利少而羡余多,侵削日甚。举一知十,可胜言哉!况今方域未甚安,边陲未甚静,水旱之灾不戒,兵戎之动无期。然则为宰相者,得不图将来之安,补既往之败乎?方今拭天下之目,以观主上之作为也;侧天下之耳,以听相公之举措也。如此,则相公出一言,不终日而必闻于朝野;主上发一令,不浃辰而必达于华夷。盖主上辑百辟、和万姓、服四夷之时,在于此时矣。相公充人望、代天工、报国之恩,正在于今日矣。得其时,行其道,不取于渐,在于疾行而已矣。夫欲行大道,树大功,贵其速也。盖明年不如今年,明日不如今日矣。"[6](卷四十四,P955) 白居易的这些话,虽然是代某位朝官说的,但却反映了当时社会政治的实际状况和大部分朝臣的思想情绪,因而也在一定程度上反映了历史的趋势和时代的要求。既然永贞改革是历史的趋势和时代的要求,自然也就不宜过分地夸大王叔文集团的作用。诚然,王叔文集团顺应历史的趋势和时代的要求,在改革中发挥了重要的作用,但这并不是唯一只有他们才能够做到的事情。从上述情况可以看出,如果没有王叔文集团,或者说,如果历史选中的不是王叔文集团,而是选择了如陆贽、齐抗、权德舆、韩愈、杜黄裳、白居易等人的话,由他们来主持和辅佐朝政,也肯定会如既往、义无反顾地实行改革,也许在某些问题上还会进行得更加彻底。比如针对钱重货轻而导致农民负担过重的问题,改按官价而不是按实价纳税,改两税不计钱而纳布帛等等,而不会等到宪宗和穆宗时才获得解决。

二 永贞改革的内容:主要方面及其具体措施

永贞改革是一项浩繁的政治系统工程,牵涉到政治生活的各个领域,各个方面,但主要是围绕着政治、组织和思想等三个方面进行的。以下对三个方面及其具体措施分别作一些考察。

(一)政治方面

这个方面主要是针对德宗以来的各种政治积弊和社会矛盾来进行的,其实质和目标就是革除这些积弊,解决这些矛盾。与前述政治积弊和社会矛盾相联系,政治方面的改革又包含着以下三项内容。

其一,针对统治者巧取豪夺、民不堪命的社会矛盾,在顺宗的授意和支持下,王叔文集团采取了一系列重大的改革措施。首先,禁罢害民乱政的宫市和五坊小儿,人情大悦。对此,又在顺宗即位赦文中进一步具体规定:"诸有费用,先给工价,仍以现钱,更不折物,不得辄令科配。天下百姓,应欠贞元二十一年二月三十日已前榷酒及两税钱物、诸色逋悬、一物已上,一切放免。京畿诸县,一应今年秋夏青苗钱,并宜放免。天下诸州府,应须夫役车牛驴马脚价之类,并以两税钱自备,不得别有科配。仍并以两税元赦处分,仍永为恒式。不得擅有诸色榷税。常贡外,不得别进物钱、金银器皿、奇绫异锦、雕文刻镂之类。若已发在路者,并纳左藏库。清净者理国之本,恭俭者修己之端。朕临御万邦,方弘此道。苟可济物,予何爱焉? 宫掖之中,宜先省约。其后宫细人弟子音声人等,并宜放归亲族。应缘宫市,并出正文贴,仍依时价买卖,不得侵扰百姓。所缘诸宫要奶母,并取食粮户充税,不得科配寺观。两税及诸色榷税钱物重轻须有损益,宜委中书门下与所司商量,具利害条件以闻。"[7](卷二,P10)接着,下明诏公布京兆尹道王李实残暴掊敛的罪状,贬通州长史。"至遣,市里欢呼,皆袖瓦砾遮道伺之,实由间道获免。"[5](《外集》卷六,P89)然后,停盐铁使进献;减冗食者,罢翰林阴阳、星、医相、复棋诸待诏四十二人;出宫女三百人于安国寺;又出掖庭教坊女乐六百人于九仙门,召其亲族归之,"百姓相聚欢呼大喜"[5](《外集》卷七,P91)。最后,"诏二十一年十月已前百姓所欠诸色课利、租赋、钱帛,共五十二万六千八百四十一贯、石匹、束,并宜除免"[4](卷十四,P408)。这一系列措施,对于减轻当时广大劳动人民所受的剥削和压迫,缓和阶级矛盾,维护社会秩序的和平与稳定,保护和推动生产力的发展,无疑是有积极作用的。其中尽管有些措施,如两税及诸色榷税钱物重轻须有损益的问题,由于某些原因,当时未能实行,但既然已经提上了议事日程,便不能否认其具有历史进步意义。

其二,针对宦官害民干政之弊,在具体措施上,由于当时的宫市使和五坊使都为宦官所把持,上述禁罢宫市和五坊小儿等改革措施,同时也把他们给禁罢了,从而也具有反对宦官干政弄权的意义。其次是制授顺宗十七子抚王纮为河东节度观察处置等使,兼太原尹,北都留守。其制略曰:"抚王纮,志量端平,体识沉远。毓德早闻于诗礼,成器可比于珪璋。居然岐嶷之姿,雅有信厚之誉。是宜奖其令美,授以旌旄。况全晋雄藩,兴王故地,屏护狄塞,统制甲兵;抚循緊将领之才,居守藉公侯之重。一昨师徒扰叛,帅令不遵,用尔遥临,以绥其众。"[7](卷三十六,P157)这表面上是加强中央对河东的领导,削弱河东节度使严绶的权力,但由于"严绶在太原,其政事一出监军李辅光,绶但拱手而已"[4](卷一百四十八,P3990),实际上也是反对宦官干政的一个重要措施和明确信号。但由于严绶等人的抵制,这个措施当时未能实行。最后,以右金吾大将军范希朝为左右神策京西诸城镇行营节度使,复以度支郎中韩泰为其行军司马,以夺取宦官中尉所掌握的神策军权。釜底抽薪,从根本上革除宦官中尉弄权的积弊。当时神策军作为天子禁军,卫戍京西北边镇,诸镇皆有屯营,称神策行营,达十五万人,皆统于宦官中尉。

宦官干政弄权,有恃无恐,也主要由于他们掌握着神策军的兵权。王叔文这个决策的重要作用和实际意义,作为宦官四贵之二的左右神策中尉很快就意识到了,并激起他们极大的愤怒和恐慌。因此,当他们感到兵权将被剥夺,失去所恃时,乃大怒曰:"从其谋,吾属必死其手。"于是密令边镇行营诸将:"无以兵属人。"范希朝、韩泰至奉天治所,诸将不至。"韩泰驰归白之,叔文计无所出,唯曰:'奈何!奈何!'"[3](卷二百三十六,P1624),由于这一改革措施的失败,唐朝政权也因此而失去了一次起衰振弊的重要机会。可以设想,如果此举成功,宦官的势力决不会猖獗至于"万机之与夺任情,九重之废立由己"[4](卷一百八十四,P4754)的程度。唐朝后来就不会出现甘露之祸,文宗也不会有受制于家奴的哀叹,甚至连顺宗以后的整个唐史,都将是另外一种写法了。

其三,针对藩镇跋扈、纲纪隳败之弊,则根据各类藩镇的不同表现,分别采取不同的措施。对于表现忠顺的藩镇,加其官秩。比如河北诸镇,自至德以来就比较跋扈,不常朝觐。前一年冬,易定节度使张茂昭来朝未还,即加官同平章事,给予表彰。这是一个信号,为顺从的藩镇树立起一个榜样。对于那些素非恭顺也尚未叛乱的藩镇,进其爵位。如西川韦皋,进位检校太尉;淄青李师古、卢龙刘济、镇冀王士真、淮南王锷、魏博田季安等,皆进位检校司空,以进行安抚。而对于那些桀骜不驯的藩镇,则实行镇压。如西川节度使韦皋,得寸进尺,采取威胁利诱的手段,求都领剑南三川。王叔文不仅断然予以拒绝,而且愤怒地准备将其使者刘辟处斩,以正朝纲。这也是王叔文发出的一个信号,向跋扈的藩镇表明朝廷坚决镇压的态度。很明显,如果此举成功,就不会有后来的刘辟反叛,宪宗也不必兴师动众,大张挞伐了。

(二)组织方面

在这个方面,立即暴露出王叔文集团主要成员缺乏大度谦虚的政治品质和器小易盈的致命弱点。首先,他们自恃有顺宗皇帝的全力支持,张皇威福,独断专行,恃才傲物,以伊尹、周公、管仲、诸葛亮等古代的名臣贤相,相互比况推奖,俨然自得,唯我独尊,谓天下无人,不循旧章,亵慢公卿。宰相贾耽,以王叔文用事,心恶之,称疾不出。这年三月丁酉,诸宰相在中书省会食。按照惯例,宰相会食时,百官无敢谒见者。正好王叔文到中书省找韦执谊商量事情,值班者以旧事相告。叔文怒斥值班者,执谊竟起身迎接叔文,就其阁窃语良久,又与之同食阁中。宰相杜佑、高郢、郑珣瑜皆停箸以待。佑、郢心知不可,畏叔文、执谊,莫敢出言。珣瑜独叹曰:"吾岂可复居此位!"顾左右取马径归,遂不起。[5](《外集》卷七,P92)对宰相尚且如此态度,对其他朝廷百官,就更加傲慢不尊了。所以,自二相归卧[5],叔文、执谊益无所顾忌,远近大惧。王叔文这种盛气凌人、张皇威福的行径,也传染给集团的其他成员,在朝廷中产生了极其恶劣的影响。王叔文以宰相杜佑兼度支盐铁使主其名,而酗涂度支盐铁使副专其事。其后叔文因母丧归第,杜佑有所按决,其党仓部郎中判度支案陈谏提出,须请示叔文。"佑曰:'使不可专邪?'"[1](卷一百六十六,P5088)于是将陈谏逐出朝廷,为河中少尹。其次,卖官鬻爵,贪污受赂。在唐朝,对贪赃枉法、监守自盗的官吏,处罚是极其严厉、经赦不原的。但王叔文、王伾秉政后,利令智昏,似乎完全忘记了这一点。其时邀官求见者,"至宿其坊中饼肆酒垆下。一人得千钱乃容之。伾尤闒茸,专以纳贿为事。作大匮贮金帛,夫妇寝其上。"[3](卷二百三十六,P1622)

王叔文在组织方面的具体措施,可以概括为任人唯亲、排除异己和压抑太子的三部曲。第一,任人唯亲。对自己素与结交的死友,如韦执谊、韩泰、韩晔、陈谏、刘禹锡、柳宗元、凌准、程异等人,不拘程式,越级提拔,至一日除数人,予以重用,安排在朝廷的一些要害部门。韦执谊由正五品上的吏部郎中提拔为正四品上的尚书右丞相,同中书门不平章事,后又擢为正三品的中书侍郎。王叔文每言,钱谷为国大本,"判度支,则国赋在手,可以厚结诸用事人,取兵士心,以固其权"[5](《外集》卷七,P91)。惧骤使重权,人心不服,藉宰相杜佑雅有会计之名,故先令为度支盐铁使以主其名,而自除度支盐铁使副以专其事;又以翰林学士凌准为尚书都官员外郎,由本官参度支,佐其府;以陈谏为仓部郎中,判度支案。韩泰、刘禹锡、柳宗元、程异原来都是正八品下的监察御史,皆超资录用。韩泰为从五品上的度支郎中,出为神策行营行军司马,使掌军权;刘禹锡为从六品上的屯田员外郎,判度支盐铁等案;柳宗元为从六品上的礼部员外郎,掌尚书笺奏,引导舆论宣传;程异为从六品上的虞部员外郎,充盐铁转运扬子院留后。

第二,排除异己。王叔文集团恃才傲物,盛气凌人,听不得不同意见,容不下任何批评,对于与自己意见不同的官吏和批评者,则或出或贬,排挤打击。宣歙巡官羊士谔因公事至京,遇叔文用事,朋党相煽,颇不能平,公言其非。叔文闻之怒,欲下诏斩之,执谊不可。则令杖杀之,执谊又以为不可。遂贬为汀州宁化县尉。窦群德宗时守侍御史,兼领杂务。顺宗立,王叔文秉政,改膳部员外郎兼侍御史知杂事。但窦群素强直,与王叔文并不合作。他对王叔文说:"去岁李实恃恩挟贵,气盖一时,公此时逡巡路旁,乃江南一吏耳。今公一旦复据其地,安知路旁无如公者乎?"[3](卷二百三十六,P1623)又奏刘禹锡挟邪乱政,不宜在朝,群即日罢官,"出为唐州刺史"[8](卷七百六十一,P3506)。按《资治通鉴》记述此事谓"其党欲逐之,韦执谊以群素有强直名,止之",明显有误,今不取。武元衡为御史中丞,叔文欲使附己,诱以权利,元衡不为之动,故贬为太子左庶子。韩皋贞元十四年被德宗贬为抚州司马,后移杭州刺史。王叔文秉政,追赴京师,为尚书右丞。但他"自以前辈旧人,累更重任,颇以简倨自高,嫉叔文之党,谓人曰:'吾不能事新贵人。'皋从弟晔幸于叔文,以告之。"[5](《外集》卷八,P3)故出为鄂岳沔蕲都团练观察使。

第三,压抑太子。时顺宗疾久不愈,王叔文居翰林决大政,天下懔懔,内外皆欲顺宗早定太子位。其中监察御史卢坦,"说宰相韦执谊,速白立皇太子,以树国本,执谊深纳其言。"[9](《李文公文集》卷十二,P163)但王叔文欲专大权,默不发议,暗中阻挠,这使顺宗也很不满意。乘此机会,"宦官俱文珍、刘光琦、薛盈珍,皆先朝任使旧人,疾叔文、忠言等朋党专恣,乃启上召翰林学士郑絪、卫次公、李程、王涯入金銮殿,草立太子制。时牛昭容辈,以广陵王淳英睿,恶之。絪不复请,书纸为'立嫡以长'字呈上,上颔之。"[3](卷二百三十六,P1623)在立太子的过程中,王叔文和王伾这两位顺宗新提拔的翰林学士,再加上其党羽翰林学士凌准,由于他们的反对态度,便都被排斥在外了。通过这件事情,既可以看出顺宗虽然中风失语,但神智仍然正常,并牢固地掌握着政权,完全可以通过颔首或摇头来表明自己的决定,行使自己的权力;又可以看出顺宗对王叔文的不信任和疏远,原来亲密无间的关系已经产生裂缝,败端也就开始出现了。而皇太子的建立,无疑又给反对派的阵营,树立了一面旗帜,增加了一个极为重要的筹码。所以,"已立太子,天下喜而叔文独有忧色,常吟杜甫题诸葛亮庙诗末句云:'出师未捷身先死,长使英雄泪满襟。'因歔欷流涕。"[5](《外集》卷十,P13)既然顺宗的病情依旧没有起色,根据唐朝皇帝有事令太子监国的先例和当时朝廷内外大臣的情势,接下来的太子监国和继位,便都是顺理成章的事情。旁观者清,太常卿杜黄裳是宰相韦执谊的岳父,见此情形,即劝执谊率群臣请皇太子监国,但当事者昏,却遭到断然拒绝。于是,剑南西川节度使韦皋、荆南节度使裴均、河东节度使严绶等,抓住时机,相继上表,请求顺宗令皇太子监国。其表略曰:"臣闻上承宗庙,下镇黎元,永固无疆,莫先储两。皇太子睿质已长,淑问日彰,四海之心,实所倚赖。伏望权令监抚庶政,事无大小,一切谘禀。候圣躬痊愈,即归春宫。"[8]又上皇太子笺,对于叔文集团主要成员在政治品质上的缺点和组织方面的错误,进行全面地揭露和清算;并利用这些错误和缺点,对他们进行恶毒的诬陷攻击和中伤诽谤。如说:"伏以圣上嗣膺鸿业,睿哲英明,攀感先皇,志存孝理。上追殷宗之德,谅闇未尝发言,军国万机,委于臣佐,所宜竭诚翊戴,以致雍熙,但托付未得其人,处理多亏公正。今则群小得志,隳紊纪纲,官以势迁,政由情改;朋党交构,荧惑宸聪。树置腹心,遍于贵位;潜结左右,难在萧墙。国赋散于权门,王税不入天府。亵慢无忌,高下在心;货贿流闻,迁转失序。先朝屏黜赃犯之类,咸擢在省闼府署之间。至今忠臣陨泪,正士吞声,谓之不可。"然后陈述利害,指明去就,对皇太子和顺宗进行威胁利诱。"伏恐奸雄乖便,因此谋动干戈,危殿下之家邦,倾太宗之王业。伏惟太宗栉沐风雨,经营四方,列圣兢兢,年将二百。将欲传于万代,永保无疆。岂可以一朝委任王叔义、王伾、李忠言等三人小艺之臣,付以车国重务,恣其黩乱,坐致倾危。特望殿下即日奏闻,斥逐群小,天下事务,出自殿下之心,则四方获安,忠臣得以戮力。"[8](卷四百五十三,P2049)这些话的用意,太子和顺宗当然十分清楚:天宝之末,安禄山以讨奸臣杨国忠为名,发动叛乱,攻陷两京,乘舆播迁,几倾宗社,殷鉴不远,覆辙犹新。如果继续任用王叔文等小人,恣其黩乱,则奸雄乘便,因此谋动干戈,坐致倾危。反之,如果斥逐群小,令皇太子监国,则忠臣戮力,四方获安。孰利孰害,何去何从,你们就看着办吧!与此同时,宦官刘光奇、俱文珍、薛盈珍、尚解玉等,皆先朝任使旧人,同心怨猜,屡启顺宗,请令皇太子监国。顺宗在这种内外夹攻之下,更由于他自己"固已厌倦万机,恶叔文等",于是召翰林学士郑绹、卫次公、王涯等,入至德殿,撰诏发命:"军国政事,宜权令皇太子纯勾当。百辟群后,中外庶僚,悉心辅翼,以底于理,宣布朕意,咸使知闻。"[5](《外集》卷九,P11)最后,在宰臣及用事者都不得召对的情况下,由宦官和翰林学士秘密策划,顺宗下诏内禅,让位给宪宗。其诏曰:"宜令皇太子即皇帝位,朕称太上皇,居兴庆宫,制称诰。"继之,诰曰:"朕获奉宗庙,临御万方,降疾不瘳,庶政多缺。乃命元子,代予守邦。宜以今月九日册皇帝于宣政殿,宜改贞元二十一年为永贞元年。"[4](卷十四,P409)

(三)思想方面

二王刘柳集团,皆出身寒微,暴起领事,言不足以服人,名不足以压众,他们所唯一依靠的顺宗又已病入膏肓。因此,其政治基础非常脆弱,随时都有被颠覆的可能。但王叔文工言治道,策略上确实有一套。面对这种严峻的政治形势,他便重演古代圣人以神道设教而服天下的故伎。王叔文执政之后,宫廷大内便不断地制造祥瑞,并且宣示百僚。如中使王自宁奉宣圣旨,出延和殿前丁香树甘露一大合示宰臣;未时,又出一大合,令明日示百僚。甘露见降未止,又奉进旨宣示白鹊;又内出西内定礼池中青莲花,并神龙寺前合欢莲子示百僚;又中使某奉宣圣旨,出西内神龙寺前水渠内合欢莲花图一轴示百僚等等。外地一些节度使、观察使也承风希旨,争相仿效,进献祥瑞,王叔文也都一一鼓励接受,同样宣示百僚。如内出剑南西川节度使韦皋所进嘉禾图及虢陕观察使崔宗所进紫芝草示百僚;又内出沧州所进白龙见图示百僚;又内出盐州所进合欢黄瓜图示百僚,又内出浙东观察使贾全所进越州山阴县移风乡百姓王献朝园内产嘉瓜二实同蒂图示百僚等等。王叔文这样接二连三、不厌其烦地宣示祥瑞,自然是出于对神权迷信的政治需要,即利用天命神意,迷惑人心,稳定政权。此时柳宗元以文章称首,被擢为礼部员外郎,掌尚书笺奏。用今天的话来说,就是主管宣传舆论工作。对王叔文的意图,自然是心领神会,并与之密切配合,谋议唱和。对于内廷宣示的各种祥瑞,不论大小,他都不失时机地写了贺表,并且率领百官,诣阙奉贺。这类贺表,在《柳宗元集》卷三十七中,现在保留下来的尚有《礼部贺嘉禾及芝草表》《礼部贺甘露表》《礼部贺白龙并青莲花合欢莲子黄瓜等表》《礼部贺门鹊表》《为王京兆贺嘉莲表》等。柳宗元在这些表文中,大肆鼓吹天命论、天人感应思想,为顺宗和王叔文集团歌功颂德,粉饰升平。如《礼部贺白龙并青莲花合欢莲子黄瓜等表》中写道:"二气交泰,万国同和,动植思协于殊祥,遐迩毕陈其嘉应,披图按牒,圣理彰明。伏以天道非远,睿感必通,叠瑞重祥,累集宫禁。池莲表异,灵化非常。敷彼青光,征佛书而尤绝;成其嘉实,验祥经而甚稀。积庆旁流,自中徂外。遂使龙腾白质,乘秋果应于金行;瓜合黄中,表圣更彰于土德。远通边徼,近出苑园,合庆同欢,周于亿兆。况复邦畿之内,雨霁必时,宿麦大穰,嘉谷滋茂,和风孕秀,灵气陶蒸。是皆发自帝心,达于天意,周流升降,成此岁功,惠彼群生,自为嘉瑞。臣某深惟多幸,获遇斯时,观灵贶之备臻,知人和之溥洽。"并且,柳宗元还将一些祥瑞作为顺宗健康长寿的象征,以维护顺宗和王叔文集团的权力地位。比如《礼部贺嘉禾及芝草表》中说:"伏惟皇帝陛下缉熙至道,保合大和,天惟发祥,地不爱宝,嘉禾擢质,灵草抽英。献于王庭,唐叔惭同颖之异;荐诸郊庙,班史谢连叶之奇。即呈蘱蘱之祥,更睹煌煌之秀。丰年斯著,圣寿用彰,饮和之人,欢抃无极。"又如《礼部贺甘露表》中说:"玄化升闻,灵贶昭答,必呈尤异之应,以告天地之和。伏惟皇帝陛下均煦育之功,敷渗漉之泽。大和潜达,闵瑞克彰,发于天霄,特降宫树。然则零其庭而著异,纪于年以标奇,徒矜往辰,孰并兹日。况树有丁香之珍,殿即延和之号,所以著芳风之远播,期圣寿于无疆。事绝古今,庆传遐迩。"[10](卷三十七)

这一年春天,久旱不雨,出现旱情,朝廷多次命令京兆尹王权差官于诸灵迹处祈祷求雨。王权是在前京兆尹李实被罢黜之后,王叔文把他由鸿胪卿调任京兆尹的,也是这个集团的一个重要成员。他对王叔文宣传和利用天命神权的政治意图同样心知肚明,按照当时的思想观念,求雨有应也属于祥瑞的一种现象,于是便又抓住这件事来附会天命,进行有神论迷信宣传。王权每次求雨有应,都请柳宗元代作贺雨表,前后一共写了四表。柳宗元在这些贺雨表中,同样竭力宣扬天命论和天人感应思想,为顺宗和王叔文集团大唱赞歌,以此显示他们采取的各种措施都是符合天意,得到天佑的。如《为王京兆贺雨表一》中说:"臣昨日面奉进旨,以近日少雨,今月内无雨,即须祈祷,今日便降甘雨者。天且不违,神必有据,密云与纶言继发,时雨将天泽并流。伏惟皇帝陛下忧切蒸黎,虑深稼穑,思彼未兆,防于无形。渗漉每出于湛恩,变化亦随于广运。宸衷暂惕,已矫御天之龙;圣谟既宣,遂洽漏泉之泽。野夫鼓舞,知帝力之玄通;官吏欢呼,见天心之默喻。"又如《王京兆贺雨表三》中说:"臣今月十三日面奉进旨,缘自春来少雨,宜即差官精诚祈祷者。十四日,臣便差官分赴灵迹,其日云阴四合;至十五日,甘雨遂降。伏惟皇帝陛下言为神化,动合天心,未成旱叹之虞,已积忧勤之虑。众灵受职,荟蔚且跻于南山;百谷仰荣,滂霈遂沾于东作。睿谟朝降,膏泽夕周,知天人之已交,识阴阳之不测。然则周王徒勤于方社,殷帝虚关于桑林,岂若无灾而早图,未祷而先应。化超前圣,道贯重玄,遍野同欢,倾都相庆。"[10](卷三十七)

从以上情况可以看出,王叔文执政期间,由于其迷惑人心、稳定政权的政治需要,在政治生活和思想舆论中大力进行祥瑞天命论宣传,达到了盛况空前的程度。与此同时,柳宗元的天命有神论思想,也达到了他一生中的最高阶段;与他后来所批判的董仲舒、司马相如、杨雄、班彪、班固等人所宣扬的祥瑞天命论相比较,实有过之而无不及。

三 永贞改革过程中的人情反复

综观王叔文及其集团在永贞改革中的行为和表现,其中既有反映历史趋势和时代要求的政治措施,又有任人唯亲、党同伐异的组织行为;既有命范希朝为神策行营节度使夺取宦官兵权以反对其弄权干政的壮举,又有命其党韩泰为行军司马的小算盘;既有镇压强藩的正义行动,又有张皇威福的个人行为;既有利安元元的一系列具体办法,又有迷惑人心的祥瑞天命论宣传。总的一句话,就是正确与错误、国家与集团、权力与个人、进步与落后等等的各种情况,错综复杂地交织在一起。这使得顺宗和内外臣僚对他们的态度,也变得游移不定和复杂多变起来。

顺宗为皇太子时,王叔文以善弈棋待诏翰林,娱侍太子。柳宗元说:王叔文"贞元中,待诏禁中,以道合于储后,凡十有八载,献可替否,有匡弼调护之勤。"[10](卷十三,P344)韩愈进一步具体指出:"上在东宫,尝与诸侍读并叔文论政,至宫市事,上曰:'寡人方欲极言之。'众皆称赞,独叔文无言。既退,上独留叔文,谓曰:'向者君奚独无言,岂有意邪?'叔文曰:'叔文蒙幸太子,有所见敢不以闻。太子职当侍膳问安,不宜言外事。陛下在位久,如疑太子收人心,何以自解?'上大惊,因泣曰:'非先生,寡人无以知此!'遂大爱幸。"[5](《外集》卷六,P87) 太子尝对翰林学士韦执谊说:"学士知王叔文乎? 彼伟才也。"[4](卷一百三十五,P3732) 王叔文得到太子的宠幸和器重,便向太子建议,某可为相,某可为将,打算以后任用。并密结韦执谊及当时知名之士陆质、吕温、李景俭、韩晔、韩泰、陈谏、刘禹锡、柳宗元、凌准、程异等十数人,定为死友。他们以效忠于顺宗、致君于尧舜相互期勉,在朝廷内形成了一个小集团。

正因为顺宗在东宫时,即与王叔文君臣道合,对他大爱幸,视之为奇才,所以,顺宗即位后,便立即提拔他为起居舍人,翰林学士,付以军国重务,委托和支持他实行改革。顺宗还爱屋及乌,对这个集团的成员,除了吕温出使吐蕃和李景俭居丧东都之外,也都越级提拔,给予重用。而王叔文及其集团一开始也忠实地贯彻了顺宗的意图,制定了许多革除积弊、振兴朝政的重大方针,采取了相应的具体措施。如苏民困:禁罢宫市和五坊小儿,罢盐铁使月进钱,贬黜贪吏,蠲免逋赋;减冗食:罢诸翰林待诏,出宫女及掖庭女乐;抑宦官:罢宫市使和五坊使,反对监军干政和中尉弄权;制藩镇:根据各个藩镇的不同表现,分别采取不同的政策,或表彰,或安抚,或制裁。王叔文在政治方面的这一系列方针和措施,总的来说,都是从国家长治久安的大局出发的,是正确的,进步的。具体而言,前者有利于减轻对劳动人民的剥削和压迫,缓和阶级矛盾,维护社会稳定;而后二者则在于整顿朝廷纲纪,强干弱枝,维护封建统治的正常秩序,保护社会生产力及其发展。因此,得到顺宗的充分肯定和大部分朝臣特别是广大劳动人民的热烈欢迎,"信为奇才"[4](卷一百三十五,P3735),欢呼声、赞扬声不绝于耳,铸就了王叔文及其集团事业和道路的辉煌。永贞改革的成就和功劳也主要表现在这个方面。但是从当时的情势来看,由于改革是在顺宗的领导和支持下进行的,这些成就和功劳也全部都归于顺宗,记到了顺宗的功劳簿上,变成了顺宗的事业。这对于效忠于顺宗,致君于尧舜的王叔文及其集团来说,当然也是无怨无悔的。以上情况说明,王叔文及其集团具有很高的才识,卓尔不凡,他们不仅把准了时代的弊病,而且为之开出了一套济世安民的药方。如果当时全部按照王叔文的政治设计去做,特别是处斩刘辟和夺取宦官兵权,不仅当时的政治会有更大的起色,而且后来的唐朝历史也肯定不是我们现在所看到的写法。

但王叔文及其集团在政治品质上又存在着致命的缺陷和弱点。他们恃才傲物,盛气凌人,或张皇威福,陵衊公卿;或卖官鬻爵,贪污受贿。这种品德上的缺点又进一步导致了他们在组织和思想方面各种错误决策及其措施的发生。王叔文任人唯亲,超资越序,提拔重用;党同伐异,排摈端士,随意出贬;尤其是压抑太子,阻挠立皇太子和皇太子监国,连原来对他"大爱幸"的顺宗也很不满意,甚至"恶叔文等"。这些情况,同时也引起了一部分宦官、藩镇和内外臣僚强烈的非议和反对。如前述宦官俱文珍、薛盈珍、刘光奇、尚解玉;藩镇韦皋、严绶、裴均;宰相贾耽、郑珣瑜、杜佑;翰林学士郑絪、卫次公、李程、王涯;臣僚如卢坦、杜黄裳、羊士谔、窦群、武元衡、韩皋等人的行动和表现,可以作为典型的代表。这种广泛而强烈的非议和反对,汇合成一股包括顺宗、太子、翰林学士、宰相、藩镇、宦官、朝臣等势力的巨大潮流,王叔文及其集团的地位和处境,不仅从根本上发生了动摇,而且已经极其危殆,眼看着就要遭受灭顶之灾了。

上述王叔文及其集团在永贞改革中的表现,可以概括为一句话:功过相侔,毁誉参半。从根本上说,就是有才识而无德行。其中最大的一个失误就是与顺宗和中外臣僚离心离德,阻挠立皇太子和皇太子监国。及至皇太子即位,他们已经失势,无能为力了。事实上,王叔文及其集团当时并非没有看到压抑太子所潜伏的危机,然而他们却以《晏子春秋·内篇问上》忠臣"不私乎内,君在不事太子"的古训作为思想和行为的准则,义正词严,理直气壮。正如柳宗元在《咏史》一诗中借乐毅之事所表明的:"岂不善图后? 交私非所闻。为忠不内顾,晏子亦垂文。"[10](卷四十三,P1257)但胶柱鼓瑟,墨守成规,忽视事物的普遍联系及其运动变化,结果适得其反。柳宗元后来也省悟到这是自己一生中最大的失误,亦如他在元和十年再出为柳州刺史的路上对刘禹锡所说的:"信书成自误,经事渐知非。今日临歧别,何年待汝归?"[10](卷四十二,P1161)如果王叔文、韦执谊采纳了卢坦、杜黄裳等人的建议,首先向顺宗请立皇太子及请皇太子监国,拥戴太子,团结中外臣僚,与顺宗同心同德,则时势将会更加顺利,改革也将会取得更大的成功。而翊戴之功,何不自我? 哪至于落得个被贬被杀,身败名裂的下场呢? 而弄权的宦官和跋扈的藩镇正是抓住了王叔文及其集团在政治品质上的缺点及其在组织、思想方面的错误,尤其是抓住了他们压抑太子的错误,代表着广大内外臣僚——包括顺宗和太子——的愿望,走上了政治的前台。首先请立皇太子,接着请皇太子监国,然后请顺宗内禅,命皇太子即皇帝位。同时,又对王叔文及其集团进行恶毒的诬陷攻击和中伤诽谤。他们自己也因此由改革的对象一跃而成为改革的动力,由时代的罪人变成了时代的功臣。而王叔文集团则正好相反,由改革的动力变成了改革的对象,由时代的功臣变成了时代的罪人。

必须指出,永贞改革过程中的人情反复,除了王叔文及其集团自身的缺点和错误之外,还有一个重要原因,就是宦官和藩镇的诬陷诽谤,中伤攻击,也起了推波助澜的作用,不可忽视。这些诬陷和中伤,集中地表现在夺取神策行营军权的问题土。本来,王叔文任命范希朝为左右神策行营京西诸诚镇节度使,以剥夺宦官所掌握的神策行营军权,是打击宦官干政弄权、整顿朝廷纲纪、釜底抽薪的重大决策,表现了政治上的远见卓识、赤胆忠心和勇敢无畏精神。然而王叔文胸襟狭小,任人唯亲,对范希朝不信任,于是随即又任命自己的亲信韩泰为其行军司马,似乎只有采取这样的组织措施,才能保证此政治决策的顺利贯彻实行,他也就放了心。但王叔文自以为忧国如家,以身许国,克己奉公,"尽心戮力,为国家事不避好恶难易者,欲以报圣人之重知也"[4](卷一百三十五,P3735)。反对派却认为他们心怀叵测,"招权作朋,将害于国。"[8](卷五百九十四,P2663)由于王叔文办事公私不分,瓜田李下,不避嫌疑。于疑似之间,却未免给反对派留下口实,太阿倒持,授人以柄。对此,他们一开始就不能辩明,及其失势,更不容许他们置辩了。而宦官和藩镇,正是利用了王叔文办事的这种疑似之间,造谣诽谤,说"叔文欲专兵柄,藉希朝年老旧将,故用为将帅,使主其名;而寻以其党韩泰为行军司马,专其事。"[5](《外集》卷八,P3)将以身许国、克己奉公说成是假公济私、损公利己,将政治上的公正无私曲解为组织上的徇私枉法,将政治上的大忠大勇诬陷为组织上的大奸大恶。反对派得势后,这种诬陷之词便成了当时的统治思想。宪宗后来对二王八司马的处罚不断升级,越来越重,虽然还有其他方面的原因(这个原因后面将会提到),但在一定程度上也是这种诬陷越来越深的结果。起初韩愈作《永贞行》,其中例举王叔文集团的罪状,首先就是"北军百万虎与貔,天子自将非他师。一朝夺印付私党,憪憪朝士何能为?"[5](卷三,P10)后来他修《顺宗实录》,说王叔文"既知内外厌毒,虑见摧败,即谋兵权,欲以自固"[5](《外集》卷九,P11)。又说王叔文"谋夺官者兵,以制四海之命"[5](《外集》卷十,P13)。很明显,韩愈所说的这些话,并不是他一个人的看法,而是反映了当时舆论的普遍观念。

刘禹锡被贬朗州司马之初,在写给杜佑的书信中,即针对王叔文和自己这个以疑似之词为根据的冤案,力辩其诬枉。信中写道:"人之至信者心目也,天性者父子也,不惑者圣贤也。然于窃铁而知心目之可乱,于掇蜂而知父子之可间,于拾煤而知圣贤之可疑。况乎道谢孔颜,恩异天性,是非之际,爱恶相攻。争先利途,虞相轧则衅起;希合贵意,虽无嫌而谤生。鲁酒致邯郸之围,飞鸢生博者之祸。伯仁之杀由偶对,伯奢之冤以器声。动罹险中,皆出意表,虽欲周防,亦难曲施。加以吠声者多,辩实者寡。飞语一发,胪言四驰,萌芽始奋,枝叶俄茂,方谓语怪,终成祸梯。"[11](卷十,P90)刘禹锡在这封信中,虽然不敢公开为王叔文及其集团(包括他自己)申冤翻案,但用"于窃铁而知心目之可乱,于掇蜂而知父子之可间,于拾煤而知圣贤之可疑"来揭露宦官贵倖的卑劣手法,主要是利用人们心理和认识上的错觉,于疑似之间、诬陷诽谤,以假乱真,以虚为实,制造和引导舆论。并以"鲁酒致邯郸之围,飞鸢生博者之祸,伯仁之杀由偶对,伯奢之冤以器声"借古喻今,运用历史的事实,揭发当时的隐讳。最后,"加以吠声者多,辨实者寡。飞语一发,胪言四驰,萌芽始奋,枝叶俄茂,方谓语怪,终成祸梯",对这种趋炎附势的世俗常态进行谴责,且又无可奈何。刘禹锡的这些分析,尽管是站在自己小集团的立场上说的,并不全面,但对于了解永贞改革过程中的人情反复及其原因,仍然是非常重要的。

如果说,韩愈作《永贞行》,后来又作《顺宗实录》,将王叔文夺取宦官兵权这个整肃朝纲的重大决策,说成是为个人和小集团的私利,将政治问题曲解成组织问题,将政治上的大忠大勇诬陷为组织上的大奸大恶,囿于时论,存在忌讳,尚情有可原。那末,后来五代时形成的《旧唐书》以及北宋所修的《新唐书》和《资治通鉴》,尤其是后面二史,其中记述王叔文夺取神策军权一事,已经时过境迁,没有忌讳,却仍然沿袭韩愈的观念,对刘禹锡的辩驳充耳不闻。因而不能摆脱当时舆论的诬陷和偏见,揭露历史事件的真象,分清是非,辨明忠奸,致使奸恶光显,忠善蒙尘,千载之下,犹令人遗憾。

四　永贞改革的结局

这也是过去学术界讲过,并且观点也比较一致的一个问题。但过去学术界讲永贞改革的结局,都是不分青红皂白,笼统而谈。认为永贞改革是以王叔文为首的地主阶级革新派的事业,将二王八司马的被杀被贬作为标志,以失败而告终。并且认为,永贞改革的失败,是地主阶级守旧派向革新派反扑的结果,它的一切改革措施都被以宪章为首的地主阶级守旧派全部推翻。事实上,这种观念与历史的客观真实情况相距甚远,它不但没有正确地揭示历史现象及其规律,为后世提供成功的经验和失败的教训,反而曲解历史事实,误导读者。本文认为,永贞改革是一个包括政治方针、组织人事、思想舆论等各个方面的复杂历史事件,在这个事件中,国家大计与个人和小集团利益、正确与错误,进步与落后又交织一起,因此不应该义利不分,是非不分,笼统地谈永贞改革的结局,简单地说它失败了或者成功了。而必须根据永贞改革政治方针、组织人事、思想舆论三个方面的具体情况及当时人们的不同态度,分别对各个方面进行具体分析。

第一,政治方针方面。改革中的各项措施,如缓和阶级和社会矛盾:罢贪吏、禁宫市和五坊小儿、罢进献、蠲逋赋、减冗员、放宫女;又如尊君卑臣、强干弱枝以处理朝廷与藩镇的关系;再如打击宦官害民干政:罢宫市使和五坊使、抑制监军弄权、夺取神策行营军权等等。这一系列的措施,都顺应了历史的趋势和时代的要求,有利于减轻劳动人民所受的剥削和压迫,缓和阶级矛盾;有利于重振纲纪,维护封建统治秩序和国家的统一与和平,用现在的话来说,就是有利于广大人民群众和保护生产力的发展,是正确的和进步的,因而得到朝廷内外一切有识之士特别是广大人民群众的热烈欢迎。同时,这一系列措施,除了夺取宦官神策行营军权由于中尉的坚决反对和诬陷诽谤而没有实行之外,又都是在顺宗的领导和支持下实行的,当时朝廷内外都一致认为是顺宗的功劳和事业。并且随着顺宗内禅和宪宗嗣位,顺宗的这些事业,也都传给了宪宗,为宪宗所继承。对此,宪宗本人也再三申明,他的使命,就是继承顺宗的事业。如元和元年正月一日,宪宗在上太上皇尊号的册文中,便称自己"惧忝传归之业,莫申继述之志"[5](《外集》卷十八,P15)。又如顺宗逝世不久,宪宗在《试制科举人制》中表示,此次制科选拔人才,就是为了"详求正言,思继先志"。[8](卷五十六,P263)再如元和三年,宪宗在制科考试的策问试题中,用事实说明,自己即位以来的一切举措,都是"庶继先志,臻于治平"[9](《皇甫持正集》卷三,P77),但收效不大,而要求应试举人献计献策。宪宗的这种理念,在当时也是一般朝士的共识。如顺宗逝世时,左拾遗元稹作挽歌词,便称顺宗"寿缘追孝促,业在继明兴"[12](卷八,P90)。元和十年,史臣韩愈修订《顺宗实录》工作完成,他在写给宪宗的《进〈顺宗皇帝实录〉表状》中,仍然不无得意地宣称:"顺宗皇帝嗣守大位,行其所闻;顺天从人,传授圣嗣。陛下钦承先志,绍致太平。"[5](卷三十八,P25)除此以外,历史的事实和逻辑的推论也都充分说明,顺宗皇帝由于身患重病,享国日浅,不可能完成历史和时代所赋予的重大使命。作为一种历史的趋势和时代的要求,需要一个长久的过程,不可能一蹴而就,永贞改革其实只是一个开端,播下了种子,提出了问题;到宪宗时代才充分展开,开花结果,解决了问题。如果不是宪宗继承了永贞改革和顺宗的事业,这一次改革就很可能成为一场华而不实、有头无尾、有始无终的历史闹剧,更谈不上具有重大的意义和深远的影响了。正因为宪宗全面地继承了永贞改革和顺宗的事业，使其发扬光大，继续发展，才完成了永贞改革和顺宗已经开始而未竟的事业。唐代历史上著名的元和中兴，在很大程度上就是宪宗继承和发展了永贞改革和顺宗事业的结果。其详细情形，且看下面分解。

首先，在纾民困、治贪官的问题上：宪宗即位后，继续禁罢宫市，对于五坊鹰犬则"量留校猎外，悉放之"[3]（卷二百四十三，P1673）。元和元年四月，左拾遗元稹上疏，请禁非时贡献等，宪宗嘉纳其言，时召见之。元和三年正月赦天下，规定自今长吏诣阙，无得进奉。四年闰三月，制降天下系囚，蠲租税，出宫人，绝进奉，禁掠卖。这一些措施，无疑都是对永贞改革中相关政策的继承和发展。元和四年四月，山南东道节度使裴均，恃有中人之助，于德音后进银器千五百两。翰林学士李绛、白居易上言："均欲以此尝陛下，愿却之。"宪宗立即命令将银器付度支。这年七月，御史中丞李夷简弹京兆尹杨凭，前为江西观察使时赃罪，贬凭贺州临贺县尉。元和六年五月，前讨王承宗行营粮料使于皋谟、董溪坐赃数千缗，赐死。宪宗还下诏严厉惩处官吏犯赃之罪。其诏曰："凡在职司，必当廉慎；苟怀贪污，实紊政经。为理之先，固在惩诫，其犯赃官，本据律文，刑名甚重。顷者多从宽宥，不足惩奸；切在申明，使其知惧。自今以后，如钱谷稍多及情状难恕者，宜杖决配流，余并比类节级科处。如有此色，所在长吏及观察使不能纠察，事发之后，并据所犯轻重加责罚。庶警贪吏，以惠疲人。"[8]（卷六十，P281）其后，宪宗又在元和十三年的平淮西大赦中和十四年的上尊号大赦中一再重申："大辟罪以下，咸赦除之，惟官典犯赃，不在此限。"[8]（卷六十三，P293）按照旧制，民输税有三：一曰上供，二曰送使，三曰留州。建中初定两税，货重钱轻，是后货轻钱重，而税额不变，民所出已倍其初。其留州送使者，所在长吏又降省估（估者价也，省估即都省所定之价也。就是现在所说的政府所定的保护价）就实估，以自封殖而重敛于民。裴垍为宰相，乃"奏请天下留州送使物，一切令依省估；其所在观察使，仍以其所莅之郡租赋自给，若不足，然后许征于支郡；其诸州送使额，悉变为上供，故江淮稍息肩。"[4]（卷一百四十八，P3992）元和六年六月，宪宗批准中书门下二省的奏议，"敕吏、兵部侍郎、郎中、给事中、中书舍人各一人，错综利病，详定废置，吏员可并省者并省之，州县可并合者并合之，每年入仕者可停减者停减之。此则利广而易求，官少而易理，稍减冗食，足宽疲甿。"[4]（卷十四，P436）这一次精减，共计减省内外官八百零八员，诸司流外一千七百六十九人。以上诸条，不仅与永贞改革一脉相承，而且有过之而无不及。

其次,在抑制宦官的问题上:右卫大将军知内侍省事俱文珍,在永贞改革期间是拥立太子反对王叔文集团的宦官首领,有功于宪宗。但宪宗对他"终身无所宠假"。"吕如全历内侍省内常侍、翰林使,坐擅取樟材治第,送东都狱,至阌乡自杀。又郭旻醉触夜禁,杖杀之。五坊朱超晏、王志忠纵鹰人民家,榜二百,夺职。由是莫不畏。"[1](卷二百七,P5869)此外,元和六年五月,取受王承宗钱物人品官王伯恭杖死。元和十三年十月,五坊使杨朝汶妄捕系人,迫以考捶,责其息钱,遂转相诬引,所系近千人,中丞萧俛劾奏其状,宪宗闻之怒,赐朝汶死。而对于监军,无论是侵权还是失职,宪宗都一律追究,严惩不贷。元和三年,户部侍郎杨於陵以考策升直言极谏牛僧孺等,为贵倖所怒,"出为岭南节度使,会监军使许遂振悍戾贪恣,干扰军政。於陵奉公洁己,遂振无能奈何。乃以飞语上闻,宪宗惊惑。赖宰相裴垍为於陵申理,宪宗感悟。五年,入为吏部侍郎。遂振终自得罪。"[4](卷一百六十四,P4293)又如河东节度使严绶,与监军使李辅光"久相交结,牢中补署职掌,比来尽由辅光"[6](卷五十八,P1236)。于是宪宗先用刘贞亮(即俱文珍)代替李辅光为监军使,接着罢严绶节制,追赴朝廷为左仆射,而以凤翔节度使李鄘为河东节度使,解决了王叔文曾经想要解决而未能解决的问题。并且,贞亮出代之前,翰林学士白居易向宪宗进状,谓"臣伏闻贞亮先充汴州监军日,自置亲兵数千;又任三川都监日,专杀李康两节度使,事迹深为不可。为性自用,所在专权。若贞亮处事依前,即太原却受其弊。虽将追改,难以成功。其贞亮发赴本道之时,恐须以承前事切加约束,令其戒惧。此事至要,伏惟圣心不忘。"[6](卷五十八,P1237)再如元和八年十月,振武节度使李进贤不恤工卒,判官严泌,绶之子也,以刻薄得幸于进贤,导致士卒发怒作乱,进攻进贤,进贤逾墙走,军士屠其家,并杀严泌。动乱平定之后,贬李进贤为通州刺史。振武监军骆朝宽坐纵乱者失职,杖之八十,夺色,配役定陵。对于中尉弄权,宪宗更不稍宽贷。吐突承璀幼以小黄门直东宫,宪宗立,擢至左神策军护军中尉。王承宗叛,诏承璀为行营招讨处置使,俄改招讨宣慰使。逾年无功,罢为军器庄宅使。寻拜右卫上将军知内侍省事,会弓箭库使刘希光受羽林大将军孙璹钱二万缗,为求方镇,事觉赐死。事连吐突承璀,乃出为淮南监军。事后,宪宗对户部侍郎李绛说:"此家奴耳。向以其驱使之久,故假以恩私。若有违犯,朕去之轻如一毛耳。"[3](卷二百三十八,P1638)此外,加强京师西北边镇节将的权力,削弱神策军中尉对诸镇行营的控制及其指挥权。比如元和二年四月,以右金吾卫大将军范希朝为朔方灵盐节度使,以右神策盐州定远军隶属其领导指挥,用以改革宦官中尉掌握京西北行营诸镇军权的旧弊,专任边将。又如元和七年十一月,宰相李绛上言:"京西京北皆有神策镇兵。始置之欲以御吐蕃,使与节度使犄角相应也。今则鲜衣美食,坐耗县官。每有寇至,节度使邀与俱进,则云申取中尉处分;比得其报,虏去远矣。纵有果锐之将,闻命奔赴,节度使无刑戮以制之,相视如平交,左右前却,莫肯用命,何所益乎?请据所在之地,士马及衣粮器械,割隶当道节度使,使号令齐一,如臂之使指,则军威大振,虏不敢入寇矣。"宪宗立即表态:"朕不知旧事如此,当亟行之。"[3](卷二百三十九,P1641) 宪宗与李绛君臣的这一番对话及其拟议,既是王叔文夺取宦官中尉神策行营军权的继续,也是对王叔文这个政策的最好说明,足以推翻对王叔文这个政策的各种诬陷不实之词。可惜的是,这样一件关系到国家命运前途的大事情,由于神策军骄恣日久,不乐隶节度使,竟又为宦者所沮而止。更不可理解的是,对于这同样一件事情,《资治通鉴》的记述却前后相反,彼此矛盾,对王叔文是完全否定,对李绛和宪宗则充分肯定。司马光、范祖禹诸人,世称博学通才,但也有得此失彼、遗前拾后的时候。后之学者,不可不识。

再次,在对待藩镇的问题上:宪宗继承了永贞改革所采取的方针,即根据各个藩镇的具体表现,分别采取不同的政策。

其一,对于那些表现恭顺的藩镇,继续给予表彰,恩礼有加,以劝来者。比如元和二年,义武军(易定)节度使张茂昭入觐,愿奉朝请于阙下,宪宗为之优加太子太保,复令还镇。四年,王承宗叛,诏茂昭进讨,累献捷,几覆承宗,会朝廷洗雪承宗,乃诏班师。复加茂昭检校太尉,兼太子太傅。自安史乱后,两河藩帅多阻命自固,父死子代,惟茂昭请举族还朝。邻镇屡遣游客间说,茂昭态度坚决,拜表求代者数四。宪宗乃诏左庶子任迪简为其行军司马,乘驿往代。茂昭奉易、定两州符节、管钥、图籍付之,束装归朝,拜检校太尉兼中书令充河中晋绛慈隰等州节度观察使。元和六年二月卒,宪宗为之罢朝五日,册赠太师,赙绢三千匹,布一千端,粟三千硕,丧事所须官给,诏京兆尹监护,谥曰献。宪宗念其忠荩,诸昆仲子侄子皆居职秩。至元和八年十二月,宪宗又下诏:"张茂昭立功河朔,举族归朝,义烈之风,史册收载。如闻身殁之后,家无余财。追怀旧勤,特越常典。宜岁给绢二千匹,春秋二时支给。"[4](卷十五,P448) 又如横海节度使程权,元和六年入朝,宪宗宠礼遣还镇,加检校尚书右仆射。十二年,淮西平,权自以世袭沧景,与河朔三镇无殊,内不自安,遣使上表,请举族入朝。朝廷因命华州刺史郑权代之。宪宗以程权京城靖安里私第窄狭,赐地二十亩,以广其居。寻迁检校司空、邠州刺史、邠宁节度使。十四年十一月卒,赠司徒,兄弟子侄在朝列者三十余人。再如魏博节度使田弘正,田季安时为衙内兵马使。元和七年八月,季安死,衙兵迎之使主军务。弘正乃与军士约:守天子法,举六州版籍,请吏于朝,众许之。于是图魏、博、相、卫、具、澶六州之地,籍其民以献,不敢署僚属,以待王官。幽、恒、郓、蔡大惧,遣客间说,弘正皆拒遣之。宪宗美其诚,诏授检校工部尚书充魏博节度使。十年讨蔡,弘正遣子布以兵三千进战,数有功。李师道疑其袭己,不敢显助蔡,故元济失援,王师得以致诛。王承宗叛,诏弘正全师压境,破其众于冀州南宫县。承宗惧,元和十三年二月,求哀于弘正,请以二子为质及献德隶二州,输租税,请官吏,弘正为之再三奏请,宪宗方许之。十三年五月,李师道拒命,诏弘正与宣武等五节度兵进讨。弘正自杨刘渡河,距郓四十里筑垒,与师道大将刘悟战阳谷,再遇再北,斩首万余级,贼势蹙。十四年三月,刘悟自前线反兵斩师道首,诣弘正降,取淄青十二州以献。以功加弘正检校司徒、同中书门下平章事。十四年八月,弘正来朝,上表固请留阙下,宪宗褒慰还镇。常欲变山东承袭旧风,故悉遣子侄仕朝廷,宪宗皆擢任之,朱紫满门,荣冠当时。

其二,对于那些素非恭顺,也尚未叛乱的藩镇,一旦效顺,即予奖赏,进行安抚。在永贞改革中已经进位检校司空的藩镇,如淄青节度使李师古、幽州节度使刘济、镇冀节度使王士真、淮南节度使王锷、魏博节度使田委安等,宪宗即位之初,也都加官晋爵,继续进行慰抚。其中李师古、刘济皆加兼侍中,王土真加同中书门下平章事,田季安加金紫光禄大夫,以本官同中书门下平章事。时淄青、幽州、镇冀、魏博互相勾结一体,共同对抗朝廷。及讨王承宗,李师道、刘济、田季安皆持两端,既不愿伐赵卖友,又不愿与赵反君。于是大张声势,各出兵进讨,取其一县或数县以向宪宗献捷,然后邀功请赏,驻军观望,致使国家数年讨伐无功。对此,《旧唐书》写道:由于"藩邻观望养寇,空为逗挠,以弊国赋。而师道、刘济亟请昭雪,乃归罪卢从史而宥承宗,不得已而行之也。幽州刘济加中书令,魏博田季安加司徒,淄青李师道加仆射,并以罢兵加赏也。"[4](卷十四,P431) 又如讨吴元济,"诏兴诸道兵而不及郓。师道选卒二千抵寿春,阳言为王师助,实欲援蔡也。及闻李光颜拔凌云栅,始大惧,遣使归顺。帝重分兵支两寇,故命给事中柳公绰慰抚之,加检校司空。"[1](卷二百十三,P5993) 再如刘总既酖其父幽州节度使刘济,遂领军务,朝廷因授以节钺,累迁至检校司空。王承宗再拒命,总遣兵取冀州武强县献捷,遂驻军持两端,以利朝廷供馈赏赐。宪宗明知不可,但此时吴元济尚存,王承宗方跋扈,乃暂务姑息,外示崇宠,加总同中书门下平章事。

其三,对于那些抗拒朝命、跋扈不臣的藩镇,则毫不迁就,坚决镇压。其行动较之永贞改革不仅毫不逊色,而且更加果断,更加彻底。比如永贞元年八月剑南西川节度使韦皋薨,支度副使刘辟自为留后,俄而朝命辟为西川节度副使,知节度事。但刘辟贪心不足,得寸进尺,求兼领剑南西川、东川、山南西道三川,宪宗不许。这与王叔文对待刘辟的政策一脉相承。刘辟因此围东川节度使李康于梓州,欲以同幕卢文若为节度使。宪宗乃下令左神策行营节度使高崇文、兵马使李元奕、山南西道节度使严励进讨,并削夺刘辟官爵。在这期间,永贞元年八月,夏绥节度使韩全义入朝,以其甥杨惠琳为留后。俄有诏除李演为夏绥节度使,代全义。演赴任,惠琳勒兵柜之,表称将士逼臣为节度使,于是复诏发河东、天德兵诛之。元和元年三月,夏州兵马使张承金斩惠琳,传首以献。这年九月,高崇文克成都,擒刘辟以献。十月,斩刘辟并子超郎等九人于独柳树下,完成了王叔文欲斩刘辟而未能如愿的一件大事。又如元和二年十月,镇海节度使李锜据润州反,杀判官王澹、大将赵琦。宪宗乃下诏削夺李锜官爵及属籍,以淮南节度使王锷充诸道行营招讨使,率汴、徐、鄂、淮南、宣歙、江西、浙东之师进讨。在这种大军压境的形势下,叛军内部出现分化,润州大将张子良、李奉仙倒戈反攻,执李锜械送京师,并其子师回腰斩于独柳树下。再如元和九年闰八月,淮西节度使吴少阳卒,其子元济匿丧不报,自总兵柄,焚劫邻境,及于东畿。宪宗不能容忍,元和十年正月,制削夺吴元济在身官爵,命宣武等十六道进军讨之。元和十二年十月,随、唐、邓三州节度使李愬率军入蔡州,擒吴元济,械送京师。十一月一日,宪宗御大明宫南兴安门受俘,以吴元济徇两市,献于庙社,斩于独柳树下。淮西平定,淄青节度使李师道忧惧,乃于元和十三年正月,遣使奉表,乞听朝旨,请使长子入侍,并献沂、海、密三州。宪宗许之。可是,李师道反复无常,中途变卦。到了四月,复上表,言军情不许纳质割地。宪宗受此愚弄欺骗,大怒,乃决定讨伐。七月,诏削夺李师道在身官爵,仍令宣武、魏博、义成、武宁、横海等五镇之师,分路进讨。这种大军压境的严峻形势,使叛乱集团的内部矛盾更加尖锐起来。十四年二月,淄青都知兵马使刘悟自前线反戈,擒李师道及二男,并斩之,函其首诣魏博节度使田私正行营请降,师道所管十二州皆平。至此,宪宗平定藩镇叛乱的政策取得了巨大的成功。"自广德以来,垂六十年,藩镇跋扈河南北三十余州,自除官吏,不供贡赋,至是尽遵朝廷约束。"[3](卷二百四十一,P1655)

第二,组织人事方面。王叔文集团恃才傲物、盛气凌人的政治品格及其任人唯亲、排除异己、压抑太子的一整套路线、方针、政策,从历史上说,是落后的,从当时国家的利益来看，也是错误的。这种落后的错误的组织路线及其措施，一开始就受到部分宰相、翰林学士、朝臣、宦官、藩镇，甚至太子和顺宗的强烈批评和坚决反对，他们不约而同地联合起来，对王叔文集团倒行逆施的各项措施，展开了全面的反击。

首先，针对王叔文集团压抑太子的行为，部分宦官、翰林学士、藩镇和顺宗一道，干脆撇开王叔文集团，排除他们的阻挠和干扰，立长子李淳为皇太子；继而令太子监国；然后内禅，令太子即皇帝位；同时，命宪宗贬逐二王，从而实现了政权的顺利交接与和平过渡，保持了社会的稳定和政策的连续性，避免了由于信用王叔文集团而导致藩镇"奸雄乘便，因此谋动干戈"的一场政权危机和国家动乱。在这一系列事件中，起领导和决定作用的，主要是顺宗。从当时的舆论来看，顺宗的至德大功，也主要体现在这些事件之中。元和元年春正月朔日，宪宗率群臣诣兴庆宫上顺宗尊号应乾圣寿太上皇；太上皇逝世后，谥曰顺宗，按照谥法，慈和遍服曰顺，顺人曰顺。按照当时人们的认识，顺宗立皇太子，令太子监国，至令太子即皇帝位，自为太上皇，最后，命令宪宗驱逐王伾和王叔文，这一系列的措施，都是应天顺人的明智之举，所以表现在尊号和谥号上，以播无疆之休烈。

其次，针对王叔文集团任人唯亲的行为，正如上面所述的那样，不仅部分宰相、翰林学士、朝臣、宦官和藩镇进行了坚决的抵制，而且连一向支持和重用他们的顺宗也表现出极大的不满，深恶痛绝，"恶叔文等"，因而命令太子监国，将军国政事大权交给太子。永贞元年七月二十二日，金部郎中判度支案陈谏，依恃王叔文势，顶撞度支盐铁转运使杜佑，出为河中少尹。太子监国后，八月六日，即根据父皇顺宗的指示，将王叔文、王伾贬官削职，逐出朝廷，并且宣布其罪状："王伾、王叔文等，夙以薄伎，并参近署，阶缘际会，遂洽恩荣。骤居左掖之秩，超赞中邦之赋。曾不自厉，以效其诚，而乃漏泄密令，张皇威福；蓄奸冒进，黩货彰闻。迹其败类，载深惊叹。夫去邪厝枉，为国之要；惩恶劝善，制政之先。恭闻上皇之旨，俾远不仁之害。宜从贬削，犹示优容。伾可开州司马员外置同正员；叔文可守渝州司户参军员外置同正员，并驰驿发遣。"[8](卷五十六,P262) 按照当时的情况，官吏贬官削职，一般情况下，并不宣布其罪状。只有在罪行严重，且具有普遍的惩诫意义之时，才宣布其罪状。永贞改革中，王叔文贬了那么多人的官，但只有李实公布了罪状。宪宗贬削二王，宣布其罪状，可见此案的严重性。继之，九月十三日，又将王叔文之党逐出朝廷，其中神策行营行军司马韩泰为抚州刺史、司封郎中韩晔为池州刺史、礼部员外郎柳宗元为邵州刺史、屯田员外郎刘禹锡为连州刺史;旋又出都官员外郎翰林学士凌准为和州刺史、虞部员外郎程异为岳州刺史。十月十九日,贬京兆尹王权为简王傅。十一月七日,复将宰相韦执谊贬官削职,逐出朝廷,并且宣布其罪状:"为臣之道,必在尽忠。其有朋党比周,挟邪败度,事资惩戒,必正典刑。韦执谊幸以文艺,久从任使,早居禁署,谬列鼎台。直谅无闻,奸回有素;负恩弃德,毁信废忠。言必矫诬,动皆蒙蔽;官由党进,政以贿成。朕初临万邦,务于宏大,每存容恕,冀有悛心。而乃不顾宪章,敢行欺罔,宜投荒服,以儆无良。以祇事先朝,尝参近职,尚宽极法,俾佐遐藩。可崖州司马员外置同正员,仍即驰驿发遣。"[8](卷五十六,P262)过了七天,即十一月十四日,再贬抚州刺史韩泰为虔州司马,河中少尹陈谏为台州司马、邵州刺史柳宗元为永州司马、连州刺史刘禹锡为朗州司马、池州刺史韩晔为饶州司马、和州刺史凌准为连州司马、岳州刺史程异为郴州司马,并员外置同正员。王伾被贬为开州司马后,不久就死于贬所。到明年,宪宗又将王叔文赐死。关于王叔文被赐死的确切日期,史书中语焉不评。韩愈《顺宗实录》只说:"皇太子既监国,遂逐之;明年,乃杀之。"其他如《旧唐书》《新唐书》《资治通鉴》等皆沿袭韩说,没有改变。但我们完全可以根据当时有关各方面的情况,确定一个更加具体的日期。按顺宗令皇太子监国在七月二十八日,八月六日贬逐二王,所以韩愈说"既监国,遂逐之",下笔非常严谨准确。照此笔法,"明年,乃杀之",就应该是到明年,便将他杀了,可定为新年伊始,即元和元年正月一日。如果是正月一日以后,韩愈下笔便应该说"既明年,乃杀之"了。又从宪宗在明年伊始的政治活动来看,元和元年正月一日,率群臣诣兴庆宫上太上皇尊号曰应乾圣寿太上皇;二日,御含元殿受朝贺,礼毕,御丹凤楼,大赦天下,改元元和。按照唐代"经赦无杀"的惯例和法律规定,王叔文被杀的确切日期,不可能在正月二日大赦以后,韩愈既然确定地说是"明年"那便只能是正月一日了。再者,赦文既云"自元和元年正月二日昧爽以前,大辟罪以下,常赦所不原者,咸赦除之"。据此,王叔文即使犯了大辟死罪,也在正月二日已经赦除,而不会处死了。但正月一日将他处死,则是名正言顺,不属于大赦的范围。武则天时期酷吏来俊臣有抢在赦令宣布前尽杀重囚的先例,于此亦可以窥见宪宗于大赦前一日赐死王叔文的用心。韩愈在《顺宗实录》中记述此事,说(宪宗)"明年,乃杀之",是为了纪实;而不说(宪宗)"明年正月朔日,乃杀之",则是为了替宪宗避免抢在大赦之前杀人的嫌疑,其为尊者讳的用心,不是欲盖弥彰,昭然若揭了吗?可见《顺宗实录》中的这句话,现在读起来虽然轻松容易,但韩愈当时写起来却是经过了反复推敲,煞费苦心的。如果说韩愈记述王叔文被宪宗赐死,说"明年,乃杀之",当时因为忌讳,故意模糊其词,实不得不如此。那末,《旧唐书》《新唐书》《资治通鉴》记述此事,已经时过境迁,无须避讳,却依旧沿袭顺宗实录》的说法不改,尽管省事,岂可免失察之讥? 元和元年八月二十二日,宪宗又宣布:"左降官韦执谊、韩泰、陈谏、柳宗元、刘禹锡、韩晔、凌准、程异等八人,纵逢恩赦,不在量移之限。"[4](卷十四,P418)对王叔文集团一案的处理,至此才告一个段落。

此外,在上述宪宗《贬韦执谊崖州司马制》中,对于贬逐王叔文集团的内幕,也提供了一些新的消息和第一手材料,可证以往史书之误。比如对韦执谊的被贬逐,《顺宗实录》《旧唐书》《新唐书》《资治通鉴》等都说,因为他是宰相杜黄裳的女婿,所以独在后贬。但宪宗在该制中却明确地表示:"朕初临万邦,务于宏大,每存容恕,冀有悛心。"意思是对王叔文集团一案的处理,本来到贬逐二王,出其党羽韩泰、韩晔、柳宗元、刘禹锡、凌准、程异等人为远州刺史,就已经结束,并没有打算处分韦执谊。同时对二王刘柳之党的处分,也都是宽大为怀,从轻发落,希望他们洗心革面,改过自新。但他们却"不顾宪章,敢行欺罔",其具体所指,从字面上的意思并结合当时的情况来分析,无非是阳奉阴违,欺君罔上,当面一套,背后又一套。即当面表示拥护宪宗及其对王叔文集团一案的处理,背后却为自己评功摆好;尤其是利用刘辟表求节钺而朝廷不许一事,替王叔文平反翻案。这些事情,再加上宦官的诬陷诽谤,推波助澜,导致宪宗对他们采取更加严厉的处罚,"宜投荒服,以儆无良"。当然,制中的这些话,所指的并非只有韦执谊一人,而是还包括了王叔文及其党羽。所以,宪宗在贬逐韦执谊之后,紧接着又再贬刺史韩泰、韩晔、柳宗元、刘禹锡、凌准、程异及河中少尹陈谏等为远州司马。可是《旧唐书》等记述韦执谊之贬,谓"以交王叔文也",而记述七人之再贬,则谓"皆坐交王叔文,初贬刺史,物议罪之,故再加贬窜"[4](卷十四,P413)。显然都与该制所述的情况不相符合。后来宪宗对二王八司马的处罚不断升级,包括元和元年正月一日杀王叔文,八月二十二日决定对八司马"纵逢恩赦,不在量移之限",也都主要是由于他们"不顾宪章,敢行欺罔",即对宪宗阳奉阴违,欺君罔上,再加上宦官的诬陷诽谤、推涉助澜所造成的。

再次,对于因王叔文集团党同伐异而受到排挤打击的一些官员,宪宗不仅都一一给予平反,而且提拔重用。比如,由御史中丞被王叔文贬于散地的太子左庶子武元衡,宪宗即位后,不仅恢复了他的御史中丞,而且还提拔他担任宰相。又如由侍御史知杂被罢为唐州刺史的窦群,宪宗立,即召回朝廷,除吏部郎中;及武元衡入辅大政，又提拔他为御史中丞。再如由宣歙巡官被王叔文贬为汀州宁化县尉的羊士谔，宪宗继位后，也被提拔为监察御史，入朝为常参官。不过，窦群和羊士谔不久由于陷害宰相李吉甫而获罪，宪宗复出群为湖南观察使，再贬黔南观察使，出士谔为资州刺史。最后，由尚书右丞被王叔文出为鄂岳沔蕲都团练观察使的韩皋，宪宗即位后，也被提拔为鄂岳蕲安黄等州节度使。

第三，思想舆论方面。宪宗对王叔文、王伾实行组织清洗、贬官削职、逐出朝廷之后，即对他们所宣扬和依赖的祥瑞天命论进行思想整顿，下明诏禁止奏闻祥瑞及天命论宣传。其诏曰："联以寡昧，纂承丕业，永思理本，所宝惟贤。至于嘉禾神芝，奇禽异兽，盖王化之虚美也。所以光武形于诏令，《春秋》不书祥瑞。朕诚薄德，思及前人。自今已后，所有祥瑞，但令准式申报有司，不得上闻。其奇禽异兽，亦宜停进。宣示天下，知朕意焉。[8](卷五十九，P276) 这是宪宗即位后发布的第一道诏令，具有纲领性的指导意义，对于当时的政治界和思想界，有着振聋发聩的作用，影响重大而深远，它宣告了一个以天命有神论为政治指导思想的旧时代的结束和一个以人本无神论为政治指导思想的新时代的开始。柳宗元在永贞改革中，本来是宣扬祥瑞天命论的主将，许多奏闻祥瑞的贺表和活动者是由他写作和主持的。因此，宪宗这一道诏令批评的矛头，在很大程度上也就是直接冲着他而来的。面对着这种泰山压顶的严峻形势，柳宗元马上改弦易辙，调转笔锋，反过来批判祥瑞天命论，宣传无神论。为此写下了《贞符》《时令论》《断刑论》《天说》《天对》《非国语》等一系列文章著作。柳宗元在这些文章著作中，既竭力为宪宗的无神论政治思想作论证和宣传，又以此为标准，对历史上的各种祥瑞天命论思想进行了彻底批判和全面清算；从而提高宪宗的无神论政治思想及其本人在历史上的地位和作用，并用来向宪宗和当权者们表明自己至诚拥戴的赤胆忠心和"缧绁之辱，有望蠲除；鸣吠之能，犹希效用"[10](卷三十六，P925) 的迫切心情。柳宗元在这一过程中，同时也将唐代无神论思想的发展推向了一个新的高度。这是后话，按下不表。

总而言之，永贞改革的结局，并不是偶然的，更不是出于天意，而是公正无私的历史选择的必然结果。在政治方针方面，永贞改革的各项措施都是非常及时和必要的，充分反映了大部分朝臣和有识之士的共同要求及广大劳动人民的愿望，代表着生产力发展的要求和时代前进的方向，因而是正确的，其成功也是必然的，体现了历史规律的作用。这为后世进行的一切政治改革，提供了成功的历史经验。在组织人事和思想舆论方面，二王刘柳集团所实行的一套路线、方针、政策,则基本上都是错误的。他们从错误的英雄史观出发,自诩为伊尹、周公、管仲、诸葛亮等治国能臣,恃才傲物,盛气凌人,张皇威福,独断专行,任人惟亲,排挤正士,尤其是厌恶储君,压抑太子,引起内外大臣的强烈不满和坚决反对,更导致了顺宗对他们的厌恶和抛弃。虽然不停地制造和宣示各种祥瑞,假托天命神意,造作舆论宣传,但于事无补,其失败是必然的,同样体现出历史规律的作用。这也是一面镜子,为后世进行的一切政治改革提供了失败的历史教训。

参考文献:

[1]欧阳修,宋祁.新唐书[M].北京:中华书局,1975.

[2]权德舆.权德舆文集[M].兰州:甘肃人民出版社,1989.

[3]司马光.资治通鉴[M].上海:上海古籍出版社,1987.

[4]刘昫.旧唐书[M].北京:中华书局,1975.

[5]韩愈.韩昌黎集[M].北京:商务印书馆,1958.

[6]白居易.白居易集[M].北京:中华书局,1979.

[7]宋敏求.唐大诏令集[Z].北京:商务印书馆,1959.

[8]董诰等.全唐文[Z].上海:上海古籍出版社,1990.

[9]四库全书:1078册[Z].上海:上海古籍出版社,1987.

[10]柳宗元.柳宗元集[M].北京:中华书局,1979.

[11]刘禹锡.刘禹锡集[M].上海:上海人民出版社,1975.

[12]元稹.元稹集[M].北京:中华书局,1982.

(原载2005年第10期,作者单位:湖南省社会科学院)

柳宗元对永贞革新的看法及原因分析

✲ 刘美玉

　　永贞革新是柳宗元一生的分水岭,这之前他平步青云一帆风顺,之后则是长达十四年的贬谪,直至最后客死柳州。柳宗元对永贞革新的看法,对其后来十四年也是其一生主要的思想、创作有着举足轻重的影响。

　　柳宗元对永贞革新的态度、思考表现为两方面。

　　一是坚持原则不屈服。这一点大部分研究者都注意到了,是大家极力推崇的柳宗元精神。柳宗元参加革新的初衷:"唯以忠正信义为志,以兴尧、舜、孔子之道,利安元元为务……其素意如此也。"(《寄许京兆孟容书》,《柳宗元集》,中华书局 1979 年版。以下所引柳宗元书信均出自此文集。)"忠正信义""尧、舜、孔子之道"是改革的出发点,"利安元元"是立足点,这种思想指导下的柳宗元认为王叔文"可以共立仁义,裨教化"(《寄许京兆孟容书》),所以他参加了王叔文革新。初衷,柳宗元一直有所坚持,并表示"既受禁锢而不能即死者,以为久当自明"(《与裴埙书》),他坚信拳拳之心总会有"自明"于天下的一天。所以最困窘时,他也不屑于只是追求个体生命的长寿——"他人莫利,已独以愉。若是者愈千百年,滋所谓夭也,又何以为高明之图哉?"他始终坚持"大中之道",不忘"生人之患"——"然苟守先圣之道,由大中以出,虽万受摈弃,不更乎其内。……愚不能改。""仕虽未达,无忘生人之患,则圣人之道幸甚,其必有陈矣。"(《答周君巢饵药久寿书》)他表示了不渝的决心,抱着将来"必有陈矣"的希望。

　　二是自责、罪感。除了柳宗元对永贞革新肯定的一面,在表明心迹的柳宗元书信中我们还听到另一种声音。不可忽略的在柳宗元书信中大量存在着这一类态度,虽然很多研究者无意有意进行一些回避,但它却确确实实有,表现为:现实面前对永贞革新领袖王叔文的怀疑动摇。柳宗元书信中多用"罪人"来指称王叔文,如"与负罪者亲善"(《寄许京兆孟容书》)"与罪人交十年"(《与萧翰林俛书》)"此人虽万被铢锤,不足塞责,而岂有赏哉?"(《寄许京兆孟容书》)推及自己参加永贞革新有了"过不自料"(《寄许京兆孟容书》)的说法,也就是虽然初衷是好的,可没想到对方会有别的想法,这让他始料未及,所以感到被误导,产生了一定的怀疑动摇。

对永贞革新失败及自己被贬更多自责。永贞革新失败及自己被贬,除归咎被误导外,柳宗元还是更多从自身找原因,他找到了以下五方面原因:(1)运气不好。所谓"末路孤危,厄塞险巇,凡事壅隔"(《寄许京兆孟容书》)。(2)能力不够。柳宗元意识到自己有"不知愚陋,不可力强"(《寄许京兆孟容书》)的地方。(3)素卑贱,不能压众。王叔文集团成员大都资历不深,他们大多在贞元末年才调任较重要的职位,顺宗即位后,才任要职。象柳宗元就是在贞元十九年由蓝田县尉调回朝廷,担任监察御史里行,贞元二十一年顺宗即位,提升为礼部员外郎。就算革新领袖王叔文,入朝前也只担任过苏州司功参军,后入东宫仅以棋艺待诏,是个不起眼的小人物,顺宗即位后一下子被提升为翰林学士,并执掌朝廷大权。这难以使朝臣心服,以至"百谤斯至"(《旧唐书·王叔文传》)对此,柳宗元认识到了:"加以素卑贱,暴起领事,人所不信。"(《寄许京兆孟容书》)(4)超取显美,狂疏不慎,遭人嫉恨。柳宗元被贬永州期间反复思考着自己以往的过失:"仆之罪,在年少好事,进而不能止,俦辈恨怒,以先得官,又不幸早尝与游者,居权衡之地,十荐贤幸乃一售,不得者诟张排恨,仆可出而辩之哉!性又倨野,不能摧折,以故名益恶,势益险……"(《与裴埙书》)"超取显美,欲免世之求进者怪怒媚嫉,其可得乎?凡人皆欲自达,仆先得显处,才不能逾同列,名不能压当世,世之怒仆宜也。"(《与萧翰林俛书》)才华出众加上年少任气,他自知得罪了很多人,那些"射利求进",想从他那里得到好处却"百不一得"的人,"更造怨谗"(《寄许京兆孟容书》),"皆聚为仇怨"(《与萧翰林俛书》)。就连一般的"饰智求仕者",也是"更晋仆以悦仇人之心……自以速援引之路"(《与萧翰林俛书》)。所以柳宗元连平时"平居闭门",也遭"口舌无数"(《与萧翰林俛书》)。(5)"大中之道"做得不够。柳宗元自觉到"宗元始者讲道不笃,以蒙世显利,动获大僇,用是奔窜禁锢,为世人所诟病。"(《答周君巢饵药久寿书》)

种种自责下,柳宗元接受了自己被贬的命运,他有些罪有应得、咎由自取的感觉——"皆自所求取得之,又何怪也?"(《寄许京兆孟容书》)这些看法加深了他的悲剧。

实际上永贞革新失败更多是权力政治斗争的结果,王叔文集团的改革措施大都侵犯甚至剥夺了当势宦官、官僚、藩镇其既得利益。改革措施主要有:下令免除诸色杂税和本年以前百姓所欠租税及庄宅使(管理皇室田产的官吏,由宦官担任)所属民户的积欠;废止宫市、五坊小儿等扰民的弊政;罢免著名的大贪官李实,起用陆贽、阳城等被贬谪的正派官吏;由王叔文亲任度支盐铁转运副使,掌握中央财政;派老将范希朝为京西诸镇行营兵马节度使,以改革派骨干韩泰为行军司马,从宦官手中夺取掌握中央卫成部队的权力;严拒藩镇韦皋、刘辟安图割据三川的要求。[1]这些措施主要针对的是当权既得利益团体,所以招致强烈联合反击。在反对派强大反扑下,加上自方肃宗皇帝中风、集团成员不能压众等原因,改革不到一年就失败了。

对此柳宗元似乎没有明确认识,梁鉴江《柳宗元传》说"这表现出他政治上的幼稚和官场斗争经验的不足"[2],确有道理。

和他同时被贬的"八司马"中的刘禹锡对永贞革新的看法就和柳宗元截然不同。刘禹锡对参加革新始终毫无悔意,文坛上盛传的其两首游玄都观诗很能说明问题:在同样"一身去国六千里,万死投荒十二年"[3]后回到长安,刘禹锡居然以《元和十年,自朗州至京,戏赠看花诸君子》暗讽炙手可热的新贵——"紫陌红尘拂面来,无人不道看花回。玄都观里桃千树,尽是刘郎去后栽。"[4]他也因此被贬更远。可之后"巴山楚水凄凉地,二十三年弃置身"[4]第二次返回长安,又再次写《重游玄都观绝句》"百亩庭中半是苔,桃花净尽菜花开。种桃道士归何处? 前度刘郎今又来。"[4]二十三年磨难似乎丝毫没有改变他,他对自己参加过的革新运动无半点屈服悔意,直至去世前,病中仍写《子刘子自传》,表明那份坚定——"人或加讪,心无疵兮!"甚至直接站出来,毫无畏惧地肯定永贞革新、肯定王叔文——"工言治道,能以口辩移人。既得用,自春至秋,其所施为,人不以为当非。"对顺宗之死提出疑惑,用"借汉说唐"手法,揭露顺宗内禅内幕——"是时太上久疾寝,宰臣及用事者都不得召对。宫掖事秘,而建桓立顺,功归贵臣。"(刘禹锡《子刘子自传》)"桓"指汉桓帝,"顺"指汉顺帝,"贵臣"指宦官,用汉代宦官操纵皇帝更替,暗指当朝顺宗内禅内幕。临终前的表白可见至死的坚定。

为什么同样遭遇的柳宗元和刘禹锡对永贞革新失败有很多不同的认识? 柳宗元的态度和真实之间为什么存在着这么大的偏差? 以致造成对其后半生严重影响。其中原因可以分析为:

(一)不得不接受的严峻现实。柳宗元可能不了解永贞革新失败作为权力斗争的内幕及险恶,可他对于失败的结局却实实在在见闻和经历着。革新失败后,就在宪宗皇帝即位第二天,贬王叔文渝州司户、王伾开州司马,之后,王叔文第二年被赐死,王伾至贬所不久病死。其他集团成员,除之前已逝世的陆贽、回家守丧的李景俭和出使吐蕃的吕温外,全被贬为远州司马,即"八司马事件"。柳宗元九月出贬邵州刺史,行未半路,十一月,加贬永州司马。这对自视甚高的柳宗元是个沉重打击。

柳宗元骨子里永远对未来抱着希望,在沉重打击面前,他相信有朝一日会得到皇帝的"量移"。当然,按常规,皇帝恩赦天下时都会酌情"量移"罪人,可对"八司马",宪宗皇帝特别下了诏书"左降官韦执谊,韩泰,陈谏,柳宗元,刘禹锡,韩晔,凌准,程异等八人,纵逢恩赦,不在量移之限。"(《旧唐书》卷十四)宪宗可能恨透了妨碍他做皇帝的"二王八司马",几次天下大赦都没有恩惠到他们,这带给柳宗元一次次失望。可他仍然"望而不止"(《上门下李夷简相公陈情书》)。

近十年的等待在元和十年时似乎有了尽头。或许皇帝的仇恨随时间消淡,也可能是韦贯之、裴度、崔群等朝中贤臣对"八司马"才能赏识的促成,皇帝下诏书召柳宗元们回长安了。可二月刚到,三月旋即又贬。不知是刘禹锡那首《元和十年,自朗州至京,戏赠看花诸君子》惹的祸,还是保守势力仍在作祟,总之,专制社会惯有的"莫须有"罪名,使他们又被斥出长安,柳宗元这次被贬到更远的柳州做刺史。这次被贬致命打击了柳宗元的希望,他近乎绝望地呼喊"命之穷,势之极,其卒呼愤自弊,不复望于上矣。"(《上门下李夷简相公陈情书》)就像寒夜中卖火柴的小女孩,她本来不会死,因为怀抱希望并已习惯了身边的黑暗寒冷,可擦出的点点可怜光亮最终毁了她。

毁了他的还有当时人们的态度。代表皇帝及当时人态度的正史"两唐书",《旧唐书》指责王叔文是"蹈道不谨,昵比小人,自致流离,遂堕素业。"《新唐书》也指斥王叔文"沾沾小人,窃天下柄",与"盗"无异,柳宗元自然也归入"贪帝病昏,抑太子之明,规权遂私",所以"贤者疾,不肖者娼,一愤而不复"(《新唐书·柳宗元传》)。篡权夺位,对君不忠,在封建君主社会是永不得翻身的罪名,可怕如同瘟疫,所到之处人人口诛笔伐,就连至交好友韩愈也不止一次地指责柳宗元"不自贵重顾藉"、不能"自持其身"(韩愈《柳子厚墓志铭》)。

残酷的现实,以一种不可置疑的方式让柳宗元接受了,他无奈地感叹"善人少,不善人多,故爱足下者少,而害足下者多。"(《与杨诲之书》)"三人成虎",现实中的遭遇和普遍的指责,以一种滴水穿石的力量腐蚀着柳宗元的信心,他相信了自己有错有罪。

(二)出身于奉儒守官之家。河东柳氏是唐王朝时的"士林盛族",柳宗元高伯祖柳奭以上，四代都曾做过宰相，柳父柳镇也做过太常博士、殿中侍御史等职。柳母卢氏，是涿郡范阳大族，祖上世代做官。古代做官人家信奉儒家思想，儒家提倡修身养性治国平天下，注重个体修养，强调自省。柳宗元反复申说的"古圣人之道""大中之道"，就是儒家的理论体系。

柳宗元同时亲身实践着儒道。年轻时虽然气盛——"前时少年，勇于为人，不自贵重顾藉，谓功业可立就。"）（韩愈《柳子厚墓志铭》）可也注重自身修养，他在《与杨诲之第二书》中比较详尽地谈到过这点，他说那时自己虽然"志气"高、"号为狂疏人"，但一边仍是"日思摧其形，锄其气""甚自折挫"；做地方官蓝田县尉时，为环境所迫，也和众人一样"旦暮走谒于大官堂下，与卒伍无别，居曹则俗吏满前，更说买卖，商算赢缩。"但内心仍是力图矫正——"度不能去，益学《老子》，'和其光，同其尘'，""自以为得"，希望以《老子》的谦虚来矫正"轻薄"；担任监察御史里行时，也顾忌"登朝廷，利害益大，愈恐惧，思欲不失色于人"，所以就"戒励如切"；被贬永州后更是"蚤夜惶惶，追思咎过，往来甚熟，讲尧、舜、孔子之道亦熟，益知出于世者之难自任也。"（《与杨诲之第二书》）柳宗元始终是对自己有要求的。

修身自省是他一贯的为人态度，这也一以贯之地很自然表现于对永贞革新失败的反思上——有很多的自责。

（三）前期太顺利，一蹶不振之后以至不能坚持自身政治理想。柳宗元家世显赫，河东柳氏士族是唐王朝立国时依靠的重要社会势力之一，在初唐，他们能与唐王室结姻亲，柳宗元高伯祖柳奭的外甥女是唐高宗的皇后，柳氏很多人在唐王朝担任要职，柳奭在唐高宗时做宰相，其以上四代都曾做过宰相，高宗时仅尚书省的柳氏就有"二十二人"（《送澥序》）。后来，在柳奭做宰相时，因与褚遂良、韩瑗一起触怒武后而被处死，从此柳氏衰落。再之后，柳宗元伯祖柳浑被德宗任命为宰相，柳宗元父亲也入朝做殿中侍御史，家势颇有起色。对如此"士林盛族"的家世柳宗元是非常自豪的。

柳宗元整个人生经历开始也颇顺畅。他二十一岁登进士第，在当时"五十少进士，三十老明经"的环境中，很是少年有为；二十六岁第博学宏词科，做集贤殿书院正字，从此踏上仕途；二十九岁自集贤殿书院正字调蓝田尉，县尉主管一县军事，蓝田县又靠近长安，属京畿道，较一般县地位高，刚刚进士出身的他能到这样的基层锻炼算好待遇，况且柳宗元实际仍留在京城，因为蓝田县归京兆尹管辖，当时的京兆尹韦夏卿很赏识柳宗元，把他留在京兆府做文字撰写工作；三十一岁时由蓝田尉入为监察御史里行,这一朝廷的监察官,职责是监察大大小小的官员,可以出入宫廷,在皇帝面前发表意见,是众新进士人求之不得的职位;三十三岁由监察御史里行升为尚书礼部员外郎,礼部为中央六部之一,掌管礼仪、祭祀、贡举,属朝廷要员。从集贤殿书院正字到礼部员外郎,仅用了八年时间,真可谓平步青云、一帆风顺。

出身名门望族、一路顺风顺水、怀抱着远大理想,希望"以兴尧、舜、孔子之道,利安元元为务"(《寄许京兆孟容书》)的柳宗元,在就要实现其政治理想、处人生颠峰时,打击猝不及防到来,其所参加革新持续不到一年就以失败告终,之后是连续不断的贬谪。

他被突如其来的打击推下人生颠峰,摔得很惨,以至一蹶不振。在贬地,他感觉到一种死里逃生的珍惜——"今其党与,幸获宽贷,各得善地,无分毫事,坐食俸禄,明德至渥也,尚何敢更俟除弃废痼,以希望外之泽哉?"(《寄许京兆孟容书》)说是珍惜,实际上是降低了对生活的愿望,同时也动摇了早年似乎很坚定的政治理想。

降低了的甚至卑微的对生活及将来的愿望,在其书信中比比皆是,概括起来:一是没有后代。封建时代男子讲究个传宗接代,孟子说"不孝有三,无后为大"(《孟子·离娄上》),柳宗元同样不能免俗,他在给至友的信中反复诉说没有"嗣续"的痛苦,"嗣续之重,不绝如缕""顾盼无后继者,懔懔然""摧心伤骨,若受锋刃"(《寄许京兆孟容书》)"至今无以托嗣续,恨痛常在心目"其程度之强,以至成为他活在世上的唯一愿望——"今之汲汲于世者,唯惧此而已矣"这个愿望的支撑,甚至于可以延续生命,"使有世嗣,或者犹望延寿命"(《与杨京兆凭书》)。二是希望能够"量移"。备受挫折的柳宗元已不敢奢望官复原职、平反昭雪之类,只是希望稍微有所改善。他构筑了自己心中对将来的希望:"一释废锢,移数县之地,则世必曰罪稍解矣。然后收召魂魄,买土一廛为耕氓,朝夕歌谣,使成文章。"(《与萧翰林俛书》)"唯欲为量移官,差轻罪累,即便耕田艺麻,取老农女为妻,生男育孙,以供力役,时时作文,以咏太平。"(《与李翰林建书》)和先前的柳宗元判若两人。三是宗祀等家事。其一为先墓的"礼重拜扫",长安城南先墓"独托村邻",他担心"主守者"懈怠,会导致"田野道路,士女遍满,皂隶佣丐,皆得上父母丘墓"。所以希望能亲自洒扫。其二是城西先人所封植田顷、果树,他担心"今已荒秽,恐便斩伐,无复爱惜"。其三是善和里旧宅的皇帝赐书三千卷,他担心"宅今已三易主,书存亡不可知"这第三个愿望柳宗元甚至认为是奢望不敢求的——"不敢望归茔域,退托先人之庐,以尽余齿"如此卑微的愿望,如果能够实现,他就觉得足够了,不敢再有更高的奢求——"姑遂少北,益轻瘴疠,就婚娶,求胤嗣,有可付托,即冥然长辞,如得甘寝,无复恨矣!"(《寄许京兆孟容书》)"过是而犹竞于宠利者,天厌之!天厌之!"(《与杨京兆凭书》)

此心境下,柳宗元甚至觉得自己连一般平民百姓都不如了——"明时百姓,皆获欢乐;仆士人,颇识古今理道,独怆怆如此。诚不足为理世下执事,至比愚夫愚妇又不可得,窃自悼也。"(《与李翰林建书》)

前后巨大差异表现,确实让人感叹欷歔。后来的柳宗元要求的仅是最基本的做人条件,原先远大的人生理想大概很多时候只能成为身外之物了吧?理想的沦落动摇会丧失很多生命的支撑力,柳宗元后半生十几年只是勉强苦闷地活着,缺少一种象刘禹锡那样不屈战士的抗争,这应该也是导致他悲剧的一大原因。

其内在成因,我们试以马斯洛需求层次论解释:马斯洛是美国著名哲学家、人本主义心理学之父,《纽约时报》评论他说:"马斯洛心理学是人类了解自己过程中的一块里程碑。"他以需求层次理论著名。这种理论认为"人是一种不断需求的动物,除短暂的时间外,极少达到完全满足的状况,一个欲望满足后,往往又会迅速地被另一个欲望所占领。人几乎整个一生都总是在希望着什么,因而也引发了一切。""人类的需求构成了一个层次体系,即任何一种需求的出现都是以较低层次的需求为前提的。"马斯洛提出五个层次的需求:生理、安全、爱、尊重、自我实现。它们在强度和优势方面有一定顺序,通常对食物的需求是最强的,其次,与诸如爱等其他方面的需求相比,安全需要是一种较优势、较强、较迫切、较早出现和较有活力的需要。生理需求在尚未得到满足时会主宰机体,同时迫使所有能力为其服务,并组织它们,以使服务达到最高效率。……上述原则也同样适用于归属与爱、自尊、自我实现层次的需要。马斯洛形象地说到:如果一个人极度饥饿,那么,除了食物外,他对其他东西毫无兴趣。他梦见的是食物,记忆的是食物,想到的是食物。他只对食物发生感情,只感觉到食物,而且也只需要食物。这样的人真可谓单靠面包为生。[5]

柳宗元,早期生活、事业一切顺利,并怀有远大政治理想,希望达到人生价值的自我实现,即马斯洛所说人生最高需求层次。可一旦被贬,似乎一切都变了。基本的安全需求都无法满足,他时时有孤独、被弃、自卑、恐惧、罪恶、囚禁感,时时感到恐惧;也没有爱和归属感——"寡居十余年"(《与杨京兆凭书》)。"荒陬中少士人女子,无与为婚,世亦不肯与罪大者亲昵"(《寄许京兆孟容书》)。无妻无子、没有家的状况持续到元和五年以后;他没有尊严——"得罪来五年,未尝有故旧大臣肯以书见及者。"(《寄许京兆孟容书》)人们孤立、排挤、迫害他。自我实现的政治理想在基本需求坍塌的基础上无法立足了,所以柳宗元出现了理想的动摇状况。

(四)性格因素两面性的另一面呈现。文学史上,柳宗元是中唐著名古文运动倡导者,他是古文家、诗人、改革家。其作品呈现出伟岸、有为、强烈社会责任感、忧国忧民的柳宗元形象。他坚持原则、嫉恶如仇、具反抗斗争性;他满怀希望、积极乐观并能坚忍不拔;他重人事、不宿命;他品行高洁、傲岸不群。

可在更私密真实的柳宗元书信里,我们却看到另一种状态下的柳宗元,他负重、愚直、乞怜、孤独。这两种似乎截然相反的表现居然同时存在于一个人身上,似乎不可思议,但其实这是辩证的两面,并生并存,相辅相成,或表现于显达时,或表现于穷困时;或呈现为显意识,或呈现为潜意识;后者是前者光明面投下的阴影,是它伟大背后的平凡支撑。

(1)责任与负重。柳宗元出身于奉儒守官之家,儒家提倡的"格物、致知、诚意、正心、修身、齐家、治国、平天下"(《礼记·大学》),应是他从小的功课,他也树立了为国为民的远大社会理想,有强烈社会责任感。这样一个人,同时也就是一个负重的人,背负着太多的责任,就象自己笔下的"蝜蝂",负重前行,任劳任怨,死而后已。这种责任感使我们在柳宗元书信中看到很多他对永贞革新的自责自省。

(2)正直与愚直。父亲柳镇是个正直的人,得到过皇帝"守正为心,疾恶不惧"(《先侍御史府君神道表》)的肯定。柳宗元继承了父亲坚持正义、嫉恶如仇、敢于斗争的好品格,之后的他参加永贞革新,就是为了革除中唐社会长期形成的积弊,宏扬正气,反对邪恶,是正义感的现实体现。可当正义遭遇灭顶之灾时,这种对正义的坚持就成了一种愚直,柳宗元在《愚溪对》《愚溪诗序》等文中都自嘲过自己的"愚",还把居住地附近的一条小溪改名"愚溪",似乎自觉的愚直使他在贬谪生活中固执于挫折不可自拔,念念不忘于失败,跳不开其阴影,以至产生了沉重的罪感,时常认为自己是"罪大摈弃"(《答周君巢饵药久寿书》)。

(3)希望与乞怜。柳宗元是个始终坚忍不拔地满怀希望,入世很深的乐观人,被贬之后他一直未停止过"量移"的希望,从元和四年开始,就不停地向各方人士——亲朋好友、有权力、有交情、有可能为他说情的人,写信、上启,直到元和十三年——去世前一年,还写了感人肺腑的《上门下李夷简相公陈情书》,作最后的呐喊——"生死通塞,在此一举"(《上门下李夷简相公陈情书》)。柳宗元是个彻底的无神论者,他认为天人是相分的,他不宿命,重人事,但这也使得他的一切失败及不幸没有归咎的地方,最后只能自己承受、自己主观努力地去改善。他相信人事,对人世怀抱希望。可也同时带来了无助时令人痛心的乞怜相——对希望的乞求。

(4)高洁与孤独。一首《江雪》很能代表柳宗元心志——高洁、傲然不群,这背后同时伴随的是孤独苦闷,一种"千山鸟飞绝,万境人踪灭"的绝对孤寂。柳宗元也在书信中反反复复诉说着这种孤独和被弃感,展开书信,满目皆是,无须例举。

柳宗元坚守的"穷则独善其身"人生信仰,成为其高洁的源头,同时也带给他高处不胜寒的孤独。

总之,以上辨证方面在柳宗元身上同时存在着,前者多表现于他公之于众、流传后世的诗文里,后者则存在于他希望"勿为他人言"(《与李翰林俛书》)的私情书信中。前后对立而统一的两面,显达时呈现为前者,穷困时呈现为后者;前者是潜意识,后者是显意识;前者表现为高尚伟大,后者表现为平凡渺小。它们相互扶持、共存共亡,伟大以平凡为支撑,高尚也投下渺小的身影。

参考文献:

[1]柳宗元诗文选注组.柳宗元诗文选注[C].长沙:湖南人们出版社,1979.

[2]梁鉴江.柳宗元传[M].广州:广东高等教育出版社,1999.

[3]尚永亮.柳宗元诗文选评[M].上海:上海古籍出版社,2003.

[4]傅德岷.唐诗鉴赏辞典[Z].上海:上海辞书出版社,1983.

[5]马斯洛(成明编译).马斯洛人本哲学[M].北京:九州出版社,2003.

(原载2007年第10期,作者单位:闽江学院)

柳宗元的改革思想与人格魅力

✳ 吕国康

柳宗元从小立志报效国家,"少时陈力希公侯,许国不复为身谋"(《冉溪》)。他刻苦攻读,积极进取,贞元九年(793)21岁考中进士,步入政坛后,"唯以中正信义为志,以兴尧、舜、孔子之道,利安元元为务"(《寄许京兆孟容书》),"辅时及物之道,不可陈于今,则宜垂于后"(《答吴武陵论〈非国语书〉书》)。"利安元元""辅时及物"是他的崇高理想与精神动力。永贞元年(815),33岁的柳宗元被提拔为礼部员外郎,积极投入"永贞革新",改革失败后贬谪到到永州、柳州达14年之久,无时无刻不在思考改革。他的改革精神是非常可贵的,其人格魅力令人赞赏,独有千古。

柳宗元怀着"励才能,兴功力,致大康于民,垂不灭之声"(《答贡士公瑾论仕进书》)的抱负,义无反顾地投身"永贞革新",其目的是中兴大唐王朝,为老百姓谋利益。以王叔文、王伾为首的政治集团,在唐顺宗李诵的支持下,进行了一场反对藩镇割据和宦官专权的斗争,历史上称为"永贞革新"。革新的内容包括:力主中央集权,反对分封割据,强调任人唯贤,否定任人唯亲,呼吁合理征赋,谴责横征暴敛,以求社会安定和生产发展。正如清代王夫之所评价"革德宗末年之乱政,以快人心,清国纪"(《读通鉴论》),史载"百姓相聚欢呼大喜"。风华正茂的柳宗元在政治舞台上同保守势力进行了尖锐的斗争,革新集团被称为"二王、刘柳",可见他是其中的核心人物。"永贞革新"虽然不到半年便被扼杀,但却有力打击了专横跋扈的宦官和藩镇割据势力,顺应了历史的发展,利国利民,震动全国。遭贬后,他"读百家书,上下驰骋",关注社会矛盾,将"忧国忧民"意识上升到理性思考,发愤著述,宣传改革思想。

柳宗元一生以宣扬、实践"大中之道"为己任。章士钊认为:"子厚等信大中之道,其源出于《春秋》,为陆淳先生所讲授","柳文立大中为准绳,万变不离其宗。"[1]据统计,柳集中有11处提及"大中",12处提及"中",7处提及"中道",3处提及"中庸",3处提及"中正",3处提及"时中",还认定"当"就是大中之道。

说法不一,内涵相同。他解释说:"圣人之道,不穷异以为神,不引天以为高,利于人,备于事,如斯而已矣"(《时令论上》)。"立大中,去大惑,舍是而曰圣人之道,吾未信也"(《时令论下》)。"当也者,大中之道也"(《断刑论下》)。所谓圣人之道,其主要内容就是"不穷异以为神,不引天以为高",要"利于人,备于事",要"立大中",要探求"当"。"当"即中正不偏,符合大中之道。他提倡的大中之道,并不等于传统意义上的圣人之道、尧舜孔子之道,而是对儒学的改造和创新。"其道,以生人为主,以尧舜为的,苞罗旁魄,胶轕上下,而不出于正"(《文通先生陆给事墓表》)。柳所讲的"生人""元元",是一个内涵比较广泛的概念,相当于今天的"人民""民众"。宣扬大中之道的目的,一是"意欲施之事实,以辅时及物为道",二是"辅时及物之道,不可陈于今,则宜垂于后"(《答吴武陵论〈非国语〉书》)。在逆境中,仍坚定表示:"然苟守先圣之道,由大中以出,虽万受摈弃,不更乎其内","仕虽未达,无忘生人之患,则圣人之道幸甚,其必有陈矣"(《答周君巢饵药久寿书》)。晚年任柳州刺史四年,他勤政爱民,除弊兴利,促进了经济与社会发展,"民既皆悦喜",用实际行动实践了"大中之道"。

主张"天人相分",认为郡县制是历史发展的必然。在传统的儒学中,存在"天命论""圣人说"的唯心主义倾向。柳宗元在永州完稿的《贞符》,批驳了董仲舒等人"推古瑞物以配受命"的说法,阐述帝王受命于"生人之意"的观点,认为帝王真正的受命之符是仁德,是生人之意,而不是天命。用朴素的唯物主义观点代替了唯心主义的"天人感应"论。在天人关系上,韩愈认为天是有意志的,人类分割了自然界,得罪了上天,就要遭到惩罚,如果能够制止人类对自然界的分割,就会得到上天的奖赏。柳为此写了《天说》一文,批驳了韩愈的天命论观点,阐述了唯物主义自然观。他继承和发展了荀况、王充等人的唯物主义自然观,指出天同瓜果、草木等自然界一切物质的东西一样,是由浑浊的"元气"构成的,一切都统一于"元气",不存在离开"元气"而独立存在的有意志的"天"。"功者自功,祸者自祸",人类的行为同"天意"没有任何联系,天不能赏罚人类的功过。在《非〈国语〉》中,对宣扬天命神鬼迷信思想和维护贵族特权的观点进行了系统批驳,语言犀利,观点鲜明,具有震聋发聩之效。如《三川震》一文批判所谓地震是国家死亡征兆的唯心主义谬说,论证地震是自然物质运动,不以人的意志为转移,与人类社会的治乱兴衰毫无关系。

写于永州的政论《封建论》,分析了中国社会分封制暴露出的种种弊端,肯定秦始皇实行郡县制是历史发展的必然。他在解释社会政治制度的演变时,提出"势"这一范畴,以说明历史发展的必然趋势和客观规律性。他说:"自天子至于里胥,其德在人者,死必求其嗣而奉之。故封建非圣人意也,势也。""非不欲去之也,势不可也。"他已经初步看到社会政治制度的变革,是由于"势"即客观必然性、规律性在起支配作用。文章体现了主张中央集权、反对封建割据,主张任人唯贤、反对贵族世袭的政治立场。苏轼对这篇雄文评价甚高:"宗元之论出,而诸子之伦废矣。虽圣人复起,不能易也"(《东坡续集》卷八)。

提倡"德治",贯彻法制。柳宗元的"德治"思想,包括德治教化和实行仁德、仁爱等,体现在多方面。笔者在《论柳宗元的"德治"与"民本"思想及其渊源》一文中,主要从3个方面做了归纳,一是对尧舜"德治"的首肯;二是主张以儒家的"仁义"思想作为治理国家的根本原则;三是阐述以"仁德""仁爱"为主的道德观。在此不再赘述。[2]柳主严刑峻法,赏罚分明。他早年任监察御史时,写过《蜡说》。文章借探求"圣人"祭神的用心,借题发挥,对现实政治生活中诸如残暴贪婪、昏庸疲沓等腐败现象作无情鞭挞,主张毫无例外地予以惩处。与此同时,又举出历史上一些政绩卓著、受到百姓爱戴的官吏作对比,表明了他对政治革新的强烈愿望。该文体现了柳的无神论思想和依法治国、惩治腐败的政治思想。《驳复仇议》是针对陈子昂所作的《复仇议状》而写的批驳文章。唐朝武则天时期,同州下邽人徐元庆的父亲徐爽被县令赵师韫所杀。徐元庆后杀了赵师韫,并投案自首。历史上称为"徐元庆案件"。对徐元庆为父报仇一案的处理朝野议论纷纷。陈子昂主张应"诛而后旌",以求"礼""法"两全。柳却提出"穷理以定赏罚,本情以正褒贬"的观点,认为官吏违法杀人也应偿命,如朝廷不惩办这种官吏,受害者子弟便可以复仇。指出或"刑"或"旌"必须符合国家法典,切合实际,无论官民,当刑则刑,当旌则旌,二者不可以同用于一人。为官者只有依法行政,为民者只有遵守国家法典,才能消除"亲亲相仇"的隐患,达到为国分忧、为民除害的目的。

改革吏治,"吏为民役"。早在长安时,柳宗元就在《送宁国范明府诗序》中提出:"夫为吏者,人役也。役于人而食其力,可无报耶?"在贬永期间,柳结识了零陵县代理县令薛存义,对薛"昼作而夜思,勤力而劳心"所取得的政绩评价颇高,为他送行时,写下《送薛存义之任序》:"凡吏于土者,若知其职乎?盖民之役,非以役民而已也。而民之食于土者,出其十一佣乎吏,使司平于我也。今我受其直怠其事者,天下皆然。岂惟怠之,从而又盗之。向使佣一夫于家,受苦直,怠其事,又盗若货器,则必甚怒而黜罚之矣。以今天下多类此,而民莫敢肆其怒与黜罚者何哉？势不同也。势不同而理同，如吾民何？有达于理者，得不恐而畏乎？"在这里，提出了"官为民役""民可黜罚"的思想，把民本思想提高到一个崭新的高度。把官与民的统治与被统治关系颠倒为"役"与"主"的关系，破天荒地指出民是雇主，官则是民的受雇者，雇主可以雇用佣者，也可以罢免、处罚佣者。对官民关系的深刻阐述具有石破天惊之力！这实质上已从"为民作主"上升到"人民作主"的理论范畴，闪灼民主思想的光芒！柳批判了"治国在天"的唯心主义天命观，宣扬"治国在贤"的进步主张，他认为一个人的成就是"功在社稷，德在生人"。柳除了在政治上反对宦官擅权、封建割据之外，还主张刷新吏治，考核官吏政绩的优劣而决定提升或降职，着眼于是否有补于万民之劳苦，对为政清廉、政绩显著的极力称赞。充分肯定了吕温、薛存义等人的政绩，歌颂了段秀实关心人民、不畏强暴的高尚品质，对中唐以后吏治腐败的现象进行了深刻揭露与无情抨击。

强调"民利，民自利"的观点。柳宗元在《晋问》中通过拟设的吴子之口说"安其常而得所欲，服其教而便于己，百货通行而不知所自来，老幼亲戚相保而无往之者，不苦兵刑，不疾赋力。所谓民利，民自利是也。"从"利民"到"民利"，变被动为主动，是一个质的飞跃。柳深刻认识到"利民"和"民利"的不同，认为执政者不仅要制订惠民政策，更重要的是引导老百姓通过自身的努力创造财富，获得利益。还在《答元饶州论政理书》中，讨论为政之要，认为当官"不仅在于完成国家赋税，供给官吏薪俸，满足自己需要就算了"，还"要使人民生活富裕，人丁兴旺，并大兴教化等等，作为自己的重大职责"，并提出减轻农民负担，进行赋税改革的希望。

构建至善至美的和谐社会。柳宗元在《梓人传》中说："为天下者本于人"，治理天下的根本在于用人："择天下之士，使称其职，居天下之人，使安其业。"要善于选拔和任用人才，使他们各尽职守，让天下人民都安居乐业。这体现了以人为本的思想。在《晋问》中，他认为尧的时代是理想社会的楷模，通过对尧帝的赞颂抒发了自己的政治理想，描绘了至善至美的社会生活。具体从六个方面做了概括：（一）俭朴——"人用足而不谋"，人们在生活上讲俭朴，不但"给""用"足，而且好逸恶劳的坏习惯也会消除；（二）谦让——"遵分而进善，其道不斗"，百姓在行为上习于谦让，就会安分守己，乐于做善事，社会械斗也就不会发生了；（三）谋虑——"通于远而周于事"，人们在思想上深谋远虑，就会事事看得长远，想得周到，照顾全局；（四）和睦——"仁之质"，人与人讲"和睦"，这是社会伦理道德"仁"者爱人的本质;(五)敬戒——"义之实",人在法制上一有敬戒心,就会见义勇为,这是义的实质;(六)淡泊自娱——"安而久于其道",人们在精神上淡泊自娱,就会恬淡自足,心情舒畅,社会得保安宁,"王道"也就长久了。这是柳的"民利"思想的充分体现,既满足人民物质生活的需要,又向往中国传统的优良社会风尚,努力构建和谐生活,做到了民富国强,文明进步。

孙昌武教授评价柳宗元说:"他的品德、意志、人格,他的才华、感情、能力,体现了中华民族传统的价值与良知,具有极大的魅力,成为不朽的榜样。特别是他后半生,身为流囚,仍奋斗不息,在极其艰难困顿条件下,凭藉自己坚韧的毅力和不懈的努力,实现了人格的一大转变:由政治斗争中怨抑退屈的牺牲者、失败者拼搏而成为思想战线、文学领域的创造者、胜利者,从一个供奉朝廷的官吏,成长为代表一代思想学术和文学创作成就的伟人。"[3]何谓人格?人格乃人的性格、气质、能力等特征的总和,是一种非凡的精神力量。品德是人格之本,人格的魅力只有具有高尚品德的人才能真正拥有它。柳宗元被誉为一代宗师,是我国古代具有人格魅力的杰出代表。

柳宗元的人格魅力主要体现在以下几方面:

(一)追求理想,坚韧不拔。理想是人生的路标,是永不枯竭的精神动力。柳宗元刻苦攻读,自学成才,从小胸怀大志,想干一番利国利民的大事。年轻时,他怀着"辅时及物""利安元元"的理想、抱负,积极投身"永贞革新","冲罗陷阱,不知颠踣"。革新失败,遭贬永州,流言蜚语,刻毒攻讦。《旧唐书》说他"蹈道不谨,昵比小人,自致流离,遂堕素业。"尽管政敌落井下石,自己遭受残酷打击,但他正直倔强,刚正不阿,坚持真理,毫不妥协。他一生从未屈服悔志。他在《惩咎赋》的结尾说:"苟余齿之有惩兮,蹈前烈而不颇。死蛮夷固吾所兮,虽显宠其焉加?配大中以为偶兮,谅天命之谓何!"决心继承前贤的正义事业,终生遵循大中之道不动摇。在《答周君巢饵药久寿书》中写道:"苟守先圣之道,由大中以出,是万受摈弃,不更乎其内,大都类往时京城西与丈人言者,愚不能改。"志向坚定,态度鲜明。他在"永贞革新"后期为王叔文母刘夫人所写的墓志,称赞"少曰叔文,坚明直亮,有文武之用。"在改革面临失败的情况下,仍肯定王叔文"有抉翼经纬之绩","弥纶通变之劳","和钧肃给之效"。王叔文被赐死后,成为大逆不道的小人,柳不仅保留此文,还认为"大夫死忠兮,君子所与。呜呼哀哉!敬余忠甫。"借吊苌弘而吊叔文。这说明他与王叔文志同道合,是对"永贞革新"的肯定,也显示了他的气节和胆略。他被政治所抛弃,仍关注政治,追求真理。在《寄许京兆孟容书》中表白:"贤者不得志于今,必取贵于后,古之著书者皆是以,宗元近欲务此。"于是广泛研读经史诸子,紧密联系实际进行写作,以笔为武器,宣传进步思想。他"读百家书,上下驰骋",杂取各家,自建一体,写出了《封建论》《天说》《天对》《贞符》《非国语》等一系列光辉著作,以大无畏的精神批判"天命论",宣传唯物论观点、民本思想和改革政治的主张。他的自然哲学思想,继承了荀子"天人相分"的朴素自然观,汲取了庄子的朴素唯物主义成分和辩证观,成为古代哲学思想的新高峰。他为儒学发展做出了卓越贡献,在儒学从汉唐经学到宋代理学的转折点上,起到了承前启后的作用。他的理论著作丰富了中华民族精神遗产的宝库,为跻身杰出思想家、哲学家的行列奠定了基础。他为实现理想抱负沤心沥血,敢于批判,勇于创新,通过奋斗,实现了自己的人生价值,成为生活的强者,民族的脊梁。

(二)身处逆境,自强不息。"沉埋全死地,流落半生涯",永州十年,形同囚徒。老母病故,爱女早夭,五年内连遭四次大火,天灾人祸,饱经摧残,柳宗元未老先衰,百病丛生。他还克服了水土不服、语言不通等困难,与农民、渔夫打成一片,"投迹山水地,放情咏《离骚》"。他与韩愈一道倡导古文运动,高扬"文者以明道"的旗帜,提倡文风文体改革,身体力行,推动了唐代散文的发展。他花了大量精力,从事文学创作。柳宗元不长的一生留下了近 700 篇诗文,其中大多数写于永州。可以说,永州十年,是柳宗元思想最成熟、创作大丰收的十年,这些作品是柳宗元心血的结晶,中国文化的宝贵财富。据统计,柳宗元有三、四十篇诗文选入我国大、中、小学语文教材,数量之多,各种文体兼备,在古代作家中实属鲜见。柳宗元在文学上的突出成就,使他当之无愧地成为唐宋八大家之一。以"永州八记"为代表的山水诗文,是柳宗元作品中最富艺术品位和美学价值的部分,有效地影响了各个时代的中国人的精神生活,至今仍是传统文化中最具活力和影响力的精神资源。韩愈评价说:"子厚斥不久,穷不极,虽有出于人,其文学辞章必不能自力,以致必传于后,如今无疑也。虽使子厚得所愿为将相于一时,以彼易地,孰得孰失,必有能辩之者。"(《柳子厚墓志铭》)"穷且益坚,不坠青云之志。"柳也曾苦闷、彷徨过,但没有消沉、颓废,没有怨天尤人,一蹶不振。面对恶劣环境,坚定信念,毫不动摇,克服种种困难发愤著述,大有所为。柳宗元是逆境中奋进的不朽榜样。

(三)忧国忧民,爱憎分明。在贬永途中,他专程来到汨罗江凭吊伟大的爱国诗人屈原,写下声情并茂的《吊屈原文》。"先生之不从世兮,惟道是就","穷与达固不渝兮,夫惟服道以守义。矧先生之中愠愊兮,蹈大敌而不贰"。赞颂了屈原的品格和坚贞不屈的精神。伤心人别有怀抱。柳宗元对屈原的高度赞扬,展示了自己与之灵犀相通的志向,抒发了对人生忧患的傲视和执意克服的精神。"其人其行,犹如屈原在世。其情其志,可与日月争光。"清代吴大受称赞柳"并时才力韩公笔,异代江山屈子思",意思是说柳的文学才华与同时代的韩愈齐名,爱国爱民思想则与不同时代的屈原相媲美。他以屈原为楷模,怀有强烈的忧患意识。他无时无刻不在关心国家的前途命运。柳宗元出生于唐王朝由盛而转入衰败的中唐时期。"安史之乱""建中之乱"后,唐王朝各种社会矛盾急剧发展,潘镇割据、宦官专权、朋党之争等社会弊端日益严重。柳的家庭、长辈亲历了动乱颠波,柳本人也亲眼目睹了种种矛盾。于是他渴望祖国的强大统一。贬永之初,四川的刘辟反唐,他忧心忡忡。唐宪宗派严砺率兵征剿,他时刻关注着事态的变化,留心着王师的"攀天蹈空,夷视阻艰,破裂层垒,殄歼群顽"(《剑门铭》),大获全胜后才放下心事。"伏惟汉、魏以来,代有铙歌鼓吹词,唯唐独无有。"于是,柳宗元创作了《唐铙歌鼓吹曲十二篇》(并序),其目的是"治兵振旅","有益国事",表白了忠君爱国的拳拳之情,希望宪宗李纯发扬高祖太宗的文功武德,以重振朝纲,再创盛世。晚年在柳州,他心系国事,关注朝廷讨伐淮西吴元济等人叛乱的行动,得知力主平叛的宰相武元衡被刺身亡的消息,他大为震惊,写下长诗《古东门行》,对武元衡的遇害表示沉痛哀悼,歌颂了讨伐淮西战争的正义性,痛斥了藩镇割据势力的阴险毒辣和嚣张气焰,讽刺了主张对反叛势力妥协纵容的的朝中显贵。经过三年多的讨伐,大将李朔率军雪夜袭蔡州,活捉了元凶吴元济,淮西之乱终于平息。柳宗元闻知后异常兴奋,写了《平淮夷雅》两首长诗,满腔热情地歌颂了这一维护国家统一的重大胜利。

他无时无刻不在关心百姓的疾苦,敢为生人鼓与呼。他在《送表弟吕让将仕进序》中说:"吾观古豪贤士,能知生人艰饥羸寒、蒙难抵暴、捽抑无告,以吁而怜者,皆饱穷厄,恒孤危,訑訑忡忡,东西南北无所归,然后至于此也。"(我发现古代那些能够理解人生的艰难困苦、生老病死和痛苦无奈的豪侠贤能之士,总是给饱受苦难的人们以怜悯同情,为人民所遭受的苦难奔走呼吁,他们救济贫困,使饥寒交迫者有饭吃、有衣穿,扶助孤寡,使孤立无依者有依靠、有寄托,他们忧心忡忡,东西南北四处奔走。)柳宗元实际上就是这样做的。《捕蛇者说》描写了蒋氏这一个在赋敛重压下艰难生存的捕蛇者的典型形象,揭露了"死者相籍"的残酷现实,刻划了征收赋税的官吏的凶悍,发出了"呜呼! 孰知赋敛之毒有甚是蛇者乎"的呐喊！对农民的苦难萦怀于心的忧患意识,希望赋税改革的民本思想,在这里得到充分的体现。《田家三首》反映了农民劳作的艰辛,"蓐食徇所务,驱牛向东阡。鸡鸣村巷白,夜色归暮田"。从天亮到天黑,整天在田里忙碌。收获后却一无所有:"尽输助徭役,聊就空舍眠。""蚕丝尽输税,机杼空倚壁。"这悲惨的结局会代代相传,不知何时是结局。作者工笔细雕,绘出了最精彩的一幕——官府差役鱼肉百姓的情形:"里胥夜经过,鸡黍事筵席。各言官长峻,文字多督责。东乡后租期,车毂隐泥泽。公门少推恕,鞭扑恣狼籍。努力慎经营,肌肤真可惜。"明明承担了难以偿还的租税,还要款待乡间小吏,更要担心因车陷泥潭延误交租遭受肆意的鞭打。柳虽然置身官吏的营垒,却并不粉饰官场,不官官相护,反而对他们的倒行逆施予以揭露与谴责,对受害的穷苦百姓寄予了深切的同情。柳宗元敢爱敢恨,对正直开明、卓有政绩的吕温、段秀实、薛存义等官吏热情歌颂,对救死扶伤、具有高尚道德的药商宋清充分肯定,对那些贪脏枉法、欺压百姓、追求高官厚禄和私欲无穷的官僚,则采用寓言的形式进行无情的揭露、讽刺和批判。

（四）"内方外圆",外柔内刚。柳宗元在总结"永贞革新"的经验教训时,曾反思过自己性格上的缺陷。他自述"年少气锐,不识几微","年少好事","性又倨野,不能催折",但从未承认参加革新是错误的。由于性格外向,意气用事,容易得罪人。他回忆道"徒知开口而言,闭目而息,挺而行,踬而伏,不穷喜怒,不究曲直,冲罗陷井,不知颠踣","时遭讪骂诟辱,不为之面,则为之背"。韩愈也说他是"不自贵重顾藉"。有两件事可以证明:一是贞元十四年,柳宗元在长安刚通过博学鸿词科考试不久,遇到国子司业阳城遭贬,太学生们阙下请愿。他毫不顾忌,公开与朝廷唱反调,给太学生写信,热情赞扬阳城,声援他们。二是刚到永州不久,他撰写《先君石表阴先友记》,对父亲柳镇的朋友褒贬不一,少有忌讳。他称已故宰相崔损"畏慎,为相,无所发明",称当时还在世、两次为相的郑余庆是"始天下皆以为长者,及为大官,名益少"。我行我素,"面轻辱好讥议",不晓得什么是得罪人,确实是刚有余而柔不足。柳宗元在永州,给内弟杨诲之写过两封信:《与杨诲之书》《与杨诲之第二书》,还写过议论文《说车赠杨诲之》,重点阐明了"内方外圆"的处世哲学。"存乎材良而器攻,圆其外而方其中",从"车说之道"生发开来,"车之悦,其有益乎行于世也。""刚柔同体,应变若化,然后能志乎道也……内可以守,外可以行其道,吾以为至矣。"其主旨是"方其中,圆其外",方以守志,圆以行道。"方"就是要坚持自己心中的志向"大中之道"。"所谓圆者,不如世之突梯苟冒,以矜利乎已者也。固若轮焉:非特于可进也,锐而不滞,亦将于可退也,安而不挫;欲如循环之无穷,不欲如转丸之走下也。乾健而运,离丽而行。"圆指圆通,并非圆滑媚俗。其本意是要象车轮一样,可进可退,刚健而行,附地而进。这是一个形象而生动的比喻。他还认为性格纯刚纯柔都于己不利,"刚柔同体,应变若化"才"然后能志于道"。并劝告杨诲之要学会内方外圆的处世方式,不要重蹈自己的覆辙。在永州,他的性格也发生了一定的变化,有时自称"负罪臣","宗元于众党人中,罪状最甚",披上一层保护色,目的是迷惑政敌,以利战斗。柳宗元坚持原则,对大是大非问题毫不含糊,决不妥协。同时又讲究斗争策略,有时不惜委曲求全,"旨在于恭宽退让,以售圣人之道"(《与杨诲之第二书》)。

(五)珍惜友谊,忠信真诚。柳宗元喜欢交友,是一个十分重感情的人。他与韩愈同在朝廷为官,均是诗文高手,一起倡导"古文运动",结下了深厚的友谊。尽管两人在政治上并不是同道人,在天人关系上也存在分歧,但这并不影响他们之间有友谊。柳宗元以"罪人"贬谪南荒,时亲交故旧多已断绝关系,但韩愈对他的不幸表示惋惜、同情,并保持书信往来。有人向韩愈请教文章,他却极力推荐"系囚"柳宗元。在诗中称赞"同官尽才俊,偏善柳与刘。""吾友柳子厚,其人艺且贤。"当韩愈写下讥评时弊的奇文《毛颖传》,被人指责为"戏谑之言",柳宗元却盛赞此文,写下《读韩愈所著〈毛颖传〉后题》,给韩愈以支持。元和六年,韩愈任史官修撰,柳致书激励,并提供史料,写成《段太尉逸事状》。元和十四年,柳宗元病逝于柳州,时为袁州刺史的韩愈悲痛欲绝,立即写了祭文、墓志。对柳宗元的学问、文章、政绩作了充分肯定,尤其对柳舍己为人的品质热情赞颂。柳宗元临终前曾托孤于韩愈,韩愈勇于承担责任,可见韩柳之间的友谊非同一般,它不是势利之交,而是感情深厚的君子之交、文学之交。柳宗元与刘禹锡志同道合,肝胆相照。两人同年进士及第,后同在朝廷为官,结为挚友。他们积极参加"永贞革新",王叔文集团被称之为"二王、刘柳",可见两人都是改革派的骨干。革新失败后,两人同贬湖南,柳为永州司马,刘为朗州司马。两人书信往来,心心相印。经过十年磨难,元和十年正月,柳、刘满怀喜悦奉诏同奔长安,结果是大失所望。三月十四日,一同回朝的五司马改放远州刺史。柳宗元得柳州,刘禹锡先得播州(今贵州遵义)。当时,刘有八十多岁的老母,而播州路途遥远,行程颠沛。柳宗元考虑到其母在永州不幸病故的前车之鉴,毅然上疏朝廷,请求与刘对调。经多方努力,终于使宪宗收回成命,改任刘禹锡为连州刺史。人间真诚,无私无畏。柳宗元出于友情,敢于牺牲的优秀品格永垂青史。两人在衡阳依依惜别,互相赠诗,字里行间,有对共同命运的概括,对前途多蹇的感慨,对晚年"当为邻舍翁"的企盼。在任所,两人鸿雁传书,赠诗唱合,柳集中可查的达10篇之多。当刘禹锡的母亲在连州病重时,柳宗元曾三次派人前去慰问。柳宗元临终前,将自己的作品寄给刘禹锡,并写了托孤遗书。接到讣告,刘禹锡异常悲伤,惊号大哭,痛写悼文。后精心编辑柳集,抚养孤儿,有情有义,传为千古佳话。

柳宗元关心亲友,提携后学,接人待物,态度诚恳。他对堂弟宗直、宗一,表弟卢遵等进行谆谆教诲,体现了手足情深。对远道而来的韦七、柳谋、柳瀍、吕让等青年后生,一一指教,勉励,寄予厚望,洋溢真挚的情感。早在长安时,柳就"名声大振,一时皆慕与之交"。他热情辅导青年,"往在京都,后学之士到仆门,日或数十人,仆不敢虚其来意"(《报袁陈秀才避师名书》)。柳考虑自己的处境,政治斗争的复杂,再三表示不敢为人师,但从来没有放弃对青年后辈的教育。在永州、柳州十四年,前来求教者不少,"衡、湘以南为进士者,皆以子厚为师。其经录口讲指画为文词者,悉有法度可观"(《柳子厚墓志铭》)。可见,柳宗元不愧为一代宗师。

(六)勤政爱民,为官清廉。柳宗元努力实践"利安元元为务"的民本思想,处事公道,不徇私情。早年在长安任御史里行,公正廉洁,对跑官者坚持原则不讲情面。在"永贞革新"时,时年33岁的柳宗元被提升为礼部员外郎,正六品上,掌礼仪、享祭、贡举之政。他"以文字进身",可以推测,当时的诏命制诰是由他起草的。而起草这类文件,直接关系到政令、人事等重大问题的决策。除文字工作外,柳宗元、刘禹锡等人还负责参与谋议、采听外事。可见他在革新斗争中所起到的重要作用。他后来自认"于众党人中,罪状最甚"(《寄许京兆孟容书》),也可证明。清代王鸣盛评价永贞革新:"改革积弊,加惠穷民,自天宝以至贞元,少有及此者","叔文行政,上利于国,下利于民,独不利于弄权之阉宦,跋扈之强藩"(《十七史商榷》)。

柳宗元主张"君子谋道不谋富"(《吏商》),"不唯充赋税养禄秩足己而已,独在富庶且教为大任",并强烈谴责"夫弊政之大,莫若贿赂行而征赋乱"(《答元饶州论政理书》)。晚年,他任柳州刺史4年,"岂容华发待流年",以"恪勤为公"为座右铭,努力实践大中之道。他以病弱之躯,投入繁忙的政务之中,"惠民善政,施德于民"。改革弊政,解放奴婢;挖井开荒,发展生产;兴办文教,传播儒学;讲究条法,社会和谐。"柳民既皆悦喜。"这可以看成在小范围内对"永贞革新"的继续。他为柳州的经济发展、社会进步,奉献了全部热情与心血,鞠躬尽瘁,英年早逝。他一生为官清廉,死后无钱办理后事,全靠好友桂管观察使裴行立捐款资助,八个月后才由表弟卢遵将灵柩从柳州送归长安安葬。一千多年过去了,人民对柳宗元的崇敬和景仰之情没有淡化,而是日益增长,这就是柳子的伟大之所在。

参考文献:

[1]章士钊.柳文指要[M].北京:中华书局,1971.

[2]吕国康.论柳宗元的"德治"与"民本"思想及其渊源[J].株洲师范高等专科学校学报,2003,(6).

[3]孙昌武.柳宗元研究文集序[A].孙昌武,陈琼光.柳宗元研究文集——第三届柳宗元国际学术讨论会研究论文撷英[C].南宁:广西人民出版社,2005.

(原载 2006 年第 10 期,作者单位:永州市教育局)

柳宗元的创新意识

✳ 夏卫平

作为一位文学家的柳宗元,能在文学史上独具一帜,赢得的显赫名声,因素固然很多。永贞革新的积极主张,个人人格的巨大魅力,忧国忧民的人生态度,坎坷曲折的贬谪生涯,对于提升他的文学地位,扩大他的创作影响,作用自然很大。作品种类之多、数量之巨,质量之高,更是成为一个大家必不可少的基本条件。然而,仅有这些是不够的,历史的裁判是公正而严厉的。千百年来,柳宗元的作品一直被众多的读者和研究者赞不绝口、爱不释手,赢得文学史上不可动摇的地位,绝不只是取决于以上的原因,而是与他在文学创作上不断地全面地创新分不开的。创新才是文学的灵魂,具有创新意识的作家才能被定格于永恒。柳宗元和他的创作证明了这一点。所以王安石他为称为"天才奇才"。本文从柳宗元的文学观念、文体和意象三个层面,论述他的创新意识。

一　观念的创新

只有文学观念的创新,才能带来文学的创新,这是一个基本的文学常识。一个作家能否观念创新,离不开两个重要的背景。一个是文化背景,一个是个人素质背景,柳宗元正好同时具备了这两个条件。柳宗元所处的那个时代,到处弥漫着强烈的创新气氛。无论是政治界、思想界,还是文学界,纷纷举起了创新的旗帜。陆质新学中的实用论、怀疑论和批判论,有力的催生了思想界的创新意识,永贞革新就是这种创新意识的直接产物,并由此迅速辐射到其它各个领域。唐传奇的"有意为之"、古文运动勃然兴起和新乐府诗运动狂飙突进,更是全面激活了作家们的创新意识。顷刻间,长期死寂的文坛,如雨后春笋,出现了生机勃发局面,中唐一大批创新型的人才登上文坛。他们着力于新途径的开辟,新理论的阐发和新技法的探寻,创作出大量极富创新意味的作品,形成了中唐文学的奇特景观。柳宗元就是在这样的文化背景下,登上文坛,成就文业的。就个人而言,柳宗元的综合素质很高,无论是政治修养、生活阅历,还是文学感觉、学问功底,都是那个时代的佼佼者。尤其是受陆质新学的熏陶,更是强化了他的创新意识。所以柳宗元的创新观念的形成不是偶然,而是时代的必然。

在柳宗元的文学观中,创新意识值得重视的有三点。首先是求变意识。求变是一个作家成功的秘诀,也是文学发展的必由之路,柳宗元深知这个道理。他在《答韦中立论师道书》中介绍自己读书经验时说:"本之《易》以求其动"。在这个"动"字中间,透出了一个重要的文学创作理念,就是在继承的基础上求变。柳宗元的求变,至少含有几层意义。一是扩充道的含义,名存而实变。作为古文运动的领袖,喊出的口号就是"明道",完成的任务是复兴儒学。然而,就是这个被反复强调的"道"(儒学),在柳宗元那里,其内涵已发生了许多改变。柳宗元并不想要成为孔孟道统的传人,而是借已经陈旧、僵化、教条和衰落的儒学外壳,注入时代的先进思想和现实内容,为补天理想提供理论。在永贞革新前,他因把当时激进的陆质新儒学引入"道"中,而被视为怪人。到永州后,随着对佛学中积极意义的深刻认识,进一步援佛入儒、统合儒释,而置朋友韩愈的指责于不顾。柳宗元所明的儒道,已大不同于汉儒建立的儒学体系,而是一种包含革新的批判的内容,可以直接服务于现实的新儒道。二是改变"道"的载体,即对长期以来盛行的形式主义骈文的改变。这是唐代古文运动的起因,也是主要任务之一。骈文形成于魏晋,大盛于南北朝,此后经久不衰,至唐代更成为了普遍使用的文章样式。由于骈文日益注重对偶、声律、辞采等形式的华美,它的载道功能不断弱化,弊端随之而生,非但不能"明道",反而成了"明道"的障碍。要完成"明道"使命,必须选择适宜的形式。三是肯定新体古文。古文运动中对骈文的否定是一致的,理解和支持的人很多。但对用何种散文体取代的问题,产生了分歧。许多人对新文体缺乏信心,而崇古倾向严重,主张学用古体散文体,包括韩愈也持这种观点。柳宗元站在文学发展史的高度,坚决反对"荣古陋今"的错误观点,极力主张并不断创作新体古文,用大量的事实为新体古文正名。他在《与杨京兆凭书》中说:"古之人未始不薄于当世,而荣于后世也。"他相信创新的文体必定产生长期意义和深远影响。

在柳宗元的文学观中,另一种可贵的是求实意识。这是针对当时华而不实的形式主义的文风,引出的对作家态度和责任的新的思考。作家应如何去面对现实、反映现实? 也是一个如何"文以明道"的具体操作的问题。柳宗元所求之"实",有两个重要的内涵:一是真实,即"文必信其实""先诚其中"。要求作者创作时,态度真诚,感情真切,内容真实,反对"务富文采,不顾事实"的倾向。二是切中现实,服务现实。即要求作品达到"辅时及物","益于世用""利安元元"等目的。所以柳宗元的作品,被视为"中唐社会的一面镜子",贯穿着补天意识。在柳宗元的作品中,读者可以处处感受到求实的意识。如《段太尉逸事状》一文,首先就符合"信"和"诚"的原则,作者在很早以前,就萌生了为段秀实写点什么的念头,最后写成于贬地永州,前后用了十多年时间搜集、考证资料。在居父丧期间,特意到邠州对段秀实的作了大量的调查考证,从当地老校退卒口中了解到段秀实的为人处事,在对所有的事实确认之后,才开始写作。柳宗元非常满意,在《与史官韩愈致段太尉逸事书》中肯定了真实这一特点:逸事事实确凿,"传信传著",史料价值大,后来成了《新唐书·段秀实传》的主要史料依据。其次有较强的现实性,完全是为了"辅时及物"的政治目的。文中赞扬了段秀实刚正不阿的无畏精神和爱民廉洁的品德,都是符合自己的补天理想的。《捕蛇者说》中描写的繁重赋税,是现实的真实反映。《种树郭橐驼传》和《梓人传》两篇传记,也是符合"实"的要求。借现实生活中的普通、真实小事,阐述治国安民之深刻道理,文以明道的政治目的显而易见。

平等意识是柳宗元文学观念中,最富有创新精神的,给后世的启发也最大。平等意识与古文运动中所倡导的"不平则鸣"的精神是一致的。柳宗元文学观念中平等意识,有力的促成了他创作上的两大突破。一是带来了山水文学巨大成功。山水作为文学题材自从进入文学领域后,与人的关系一直处于不平等状态,作家只是把山水作为一种客体存在,可以任意驱使。《诗经》中的山水,其作用只是充当景物点缀、记时标志和比兴的媒介。《楚辞》中的山水,更多的是作为人的一种对立的力量存在,用来渲染、衬托抒情主人公的悲愁情绪和恐惧的心境,而本身没有审美价值。谢灵运诗中的山水,常常成为了德的载体,或作为反照自我的对象。尽管写出了一些山水名句,但那条无法摔掉的玄言尾巴和哲学谜语,让人大倒胃口。即使酷爱自然的李白,对山水的态度也是高高在上,真情不够。笔下的山水只是作为随意调遣的抒情的道具,远没有达到平等的程度。柳宗元对山水的态度完全是平等的,对自然山水犹如朋友、知音,不分彼此,可平等对话、心灵相通。在许多山水作品中,很难分清,那是柳宗元,那是山与水,渗透了人与自然的亲和之情。清澈晶莹的愚溪之水,不只是显现柳宗元命运遭遇,更像一个同病相怜的好友,在柳宗元苦闷时,可作为玩笑嬉戏和解闷的对象,关系何等的融洽。高高挺立、"不与培塿为类"的西山,它的动人处不只是作为柳宗元倔强人格的象征,而是它与柳宗元那份亲密的缘分。柳宗元偶尔发现,就急切相聚,在西山上,他获得了从未有过的轻松感,难道不像一对久别的朋友重逢吗?还有面对小石城山,发出的"以慰夫贤者而辱于此者"的感叹,包含了多少对知音的理解,岂只是对自己命运的哀怨。这一切新感受的获得主要来自于人与山水的平等关系。平等的关系,给人物传记也带来了新的审美视觉和审美感受。过去不被所重视的小人物,不但成为柳宗元关注对象,而且是柳宗元人物传记的主要题材。对捕蛇者的真切同情,对种树郭橐驼和技术高超的梓人由衷的敬佩,没有平等的态度,岂能给人以新鲜的感动。这是柳宗元创新意识的第一个层面,也是一代宗师首先具备的素质。

二　文体的创新

文学创新的意识,往往通过文体的创新具体表现出来。柳宗元创新意识的第二个层面就体现在这里。个人的创新,与他所处的那个崇尚创新的时代分不开的,柳宗元的文体创新绝不是偶然。唐代文学经过中唐前期的一段沉默寂静之后,终于酝酿出一个文体全面创新的时期:古文运动带来了散文文体更新,新乐府诗运动带来了诗体的更新;唐传奇带来的小说体的创新;还有变文带来的语体的创新,创新潮流势不可挡。在文体的创新上,以柳宗元表现最为突出。最能体现柳宗元创新意识的文体主要有三类。

山水游记是柳宗元最具有代表性的文体,凡言柳宗元者必言其山水游记,凡言山水游记者,也必言柳宗元。因为山水文学至柳宗元之手才臻于成熟,出现突破性的发展。张岱评价说:"古人记山水手,太上郦道元,其次柳宗元,近时袁中郎。"这段话,不但指出了柳宗元山水文学继承和发展的渊源关系,也给了其在文学史上的准确定位。柳宗元的山水游记上承郦道元《水经注》,而又有了突破性的发展,最终完成了山水游记的定型。这种突破意义表现在几点上:郦道元的山水文算不上真正的文学,尽管有的写得很优美、很艺术,但终究还是一部对名山大川的散文式的注释;柳宗元似乎有意区别于郦道元的做法,极力避免写名山大川。他写的游记写几乎全是普通山水,公认的山水美景也不写,而只写自己的独特的发现,甚至是一些当地人都不屑一顾的无名山水,体现了作者的"美不自美,因人而彰"的美学见解。以著名的"永州八记"为例,除西山和小石城山原来有名之外,其余的景致皆不为世人所知。郦道元描写的山水虽然客观、生动、准确,但自己是置身于山水之外,文中没有什么人文内容,也看不到作者的情感和个性渗透,是纯客观的"模山范水";而柳宗元的山水文学之中,不仅描绘了山水的自然美,获得了"文中有画"的美誉,而且把自己完全融入自然之中,赋予了山水强烈的个性特征和情感色彩。在柳宗元的笔下的一山一水、一泉一石、一草一木之中,我们可强烈地感觉到作者的存在。他的不平的遭遇,激愤的呼喊,倔强的性格,悲剧的命运,一一在山水中得以显现。正如清人金圣叹所说的:"笔笔眼前小景,笔笔天外奇情。"柳宗元在山水文上的创新,就是确立了人在山水中的位置,为人的情怀的表现,找到了一种永恒的形式。另外值得一提的是,柳宗元的山水游记,不是偶尔为之的即兴之作,而是精心布局的组合创作。譬如"八记",无论在时间上,还是内容上,都相互关联相互呼应,宛如一幅山水长卷,这在以前无人为之。这种写法对提升了山水游记的地位,无疑大有好处。勿庸质疑,柳宗元的山水游记是我国古代山水文学的一座丰碑。因为他,山水游记才成为了真正的艺术性文学、美的文学和精品文学。同样因为他,山水游记对后世的影响才愈加深远。以后的山水文学中,无论上欧阳修、苏轼,还是明代的、清代的作家,他们的文章中,总有无法抹去的柳宗元的影响。茅坤说:"夫古之善记山川,莫如柳子厚。"这一评语,柳宗元的确当之无愧。

寓言小品是柳宗元创作中独创性表现最为出色的一类文体。在我国,寓言早已有之,但没有独立成体。先秦大量出现的寓言,虽然丰富多彩,内容广泛,但始终只是作为诸子立论的一种论据而存在,属于文章中的一个组成部分。两汉六朝时,虽然出现了一些含有较多寓言的故事集,但寓言还是没有从传说中分离出来而成为一种独立的文体。直到柳宗元才完成了这一历史性的突破,寓言成为真正意义上的独立文体。作为独立成体的寓言文,从形式到内容、从形象刻画到手法表现,都具有了创新意义。首先,不但完成了由远承先秦而来的寓言到寓言文的过渡,形式上彻底摆脱了附庸的处境,取得了独立地位,具有了独立的价值,而且,形式多样。寓言不止是用于对、说、志、传等散文体,在诗体、赋体中也经常运用。如此广泛、自由而熟练地使用寓言体,柳宗元算得上唐代第一人。其次,刻画了一系列成功的寓言形象。先秦的寓言主要突出的是寓意,作为阐述政治观点的论据,并不重视形象的刻画。柳宗元的寓言文给了读者的全新印象,形象生动丰满,既具有生动性,又富有典型性,大大地增加了作品的艺术含量。如《三戒》中的麋、驴、鼠,形象是那样的生动鲜活、惟妙惟肖,意蕴深刻。它们既有动物的个性特征,又具有社会世相的共同特征,同时还饱含着哲理意味,给后世留下一个玩味不尽的话题。再次,寓言的讽喻性和批判性特征更加突出。他的许多寓言,既具有讽喻性,又富有针对性,还能形象而准确地概括出当时政治生活和社会生活中种种世相,对中唐社会弊端和黑暗现实进行讽刺、揭露和批判,充分发挥了灵活、犀利的战斗功能。如《罴说》通过一个无能的猎人,想用错误的方法控制猎物,最后被猎物所食的故事,讽刺朝廷以藩治藩的错误决策,有很强的现实性。《蝜蝂传》的讽刺矛头直指"日思高其位,大其禄"而智若小虫的官场中的贪婪者,当时有的读者一读,便知其所指。《哀溺文》也是有感而发,讽刺的对象是社会上普遍存在陋习。这种批评的精神,完全符合柳宗元"导扬讽喻"的创作目的。柳宗元的寓言文,对晚唐的皮日休、陆龟蒙、罗隐的讽刺小品,产生了重要的影响,也获得了很高的评价。贝远辰在《历代杂文选》说:"柳宗元确实堪称唐代的鲁迅",其寓言小品是"一块万古不灭的丰碑"。这样的肯定一点也不过分。寓言文的成熟,柳宗元功不可没。

人物传记是柳宗元很重视的一类文体,比较多地体现出他的创新意识。传记文是我国成熟较早,影响较大的一种文学体裁。先秦的历史散文,称得上传记文学的开山之作;经《史记》之后,几乎到了尽善尽美的境界,难以超越。可对于这样的文体,柳宗元仍能闯出新路。在柳宗元的文集中,属于此类的有几十篇,算得上是用意较多的文体。柳宗元对人物传记的突破,主要有几个方面。一是,作传的主体多为小人物,明显受到唐传奇的影响。传统的传记属于史学范畴,立传者有严格的限制。能否立传取决于他的历史地位和历史作用,普通人不可能有传可记。柳宗元突破了传统的限制,对小人物的才华、作用和价值给予充分的肯定。二是,手法传奇化,使用传奇的写法为小人物立传,可以为创作带来两个充分的自由:任意虚构和突出主题。虚构大大地增加了作品的文学性,所以,有人把柳宗元的人物传记视为小说。《段太尉逸事状》中人物的细节描写和对话方式,形象生动,有明显的小说特征。对此,柳宗元自己都满意的说:"比画工传容貌尚差胜"。另外,为了突出"辅时及物"的主题,柳宗元的人物传记,一般不对人物作整体描写,或几个片段,或某件事情。只求意图表达出来,见好就收,长短不作限定。三是,褒多于贬、颂扬多于批评,服务于辅时及物的补天理想。与寓言文的讽喻不同,传记文充满了浓浓的人性和人情关爱。《种树郭橐驼传》一文,作者高度地赞扬普通的小人物,能在种树中体现一种"顺木之天"的人性关爱的理念;《宋清传》肯定了普通医生宋清乐善好施、重情轻利的助人精神。总之,柳宗元以新的视角、新的方式、新的笔墨,为我们创造出一个面貌全新的小人物群,为传记文学的画廊增添了新的光辉。

柳宗元的文体创新远不止三种,可以说,凡经他写过的体裁,几乎没有不带上几分创新色彩的。文体的创新,更确立了柳宗元文学大家的地位。

三 意象的创新

意象是文学的重要部分,也是衡量一个作家才华的高低、作品质量的优劣最客观的标准。每个有特色的作家,都有自己独特的意象。作家的艺术创新,最终要通过意象体现出来。柳宗元创新意识的第三个层面,就体现在意象的创造上。在柳宗元的作品中,有许许多多的意象,但常引起后人兴趣的意象主要有三类:山水意象;动植物意象;人物意象。对意象的阐释虽然说法很多,一般认为是由意和物象两个部分构成,指的是一个有意味的物象形式。从这个形式中,既可以看出作者取象的艺术眼光、审美趣味,又可以感受他的文化底蕴和思想深度。所以,许多人注重对作家的意象研究。

柳宗元的作品中的山水意象,既有继承,也有创新。其中受陶渊明和谢灵运的影响较多。陶渊明虽是以田园诗著称,但对山水的描写不少,有的还写得很美。如"采菊东篱下,悠然见南山。山气日夕佳,飞鸟相与还"的诗句中南山和归鸟,还有《桃花源记》中的山光水色,总被后人津津乐道。因为在这些意象中,附丽了作者的一种人生归宿和精神的寄托,具有深刻的文化底蕴。但又因作者常常达到了"欲辨已忘言"的境地,而忽略了对山水意象作细致精确的描绘,不免有"意"大于"象"遗憾。谢灵运是古代山水文学的开派人物,他不但自觉地以山水作为文学的题材,而且还以山姿水态作为了他创作的主要内容。谢灵运很喜爱山水,正如他《游名山志序》中说:"山水,性之所适。"他走进山水、亲近山水、歌咏山水,目的非常明确。一是,为了适性,追求心灵的慰藉,缓解现实的压力。二是为了体道,在山水中感悟人生的哲理,追求精神的超脱。柳宗元的山水意象,在继承两位的长处之外,更有发展和创新。

柳宗元创造的山水意象形成了自己的特点;其一,写实的准确性。如《始得西山宴游记》中的西山,《小丘记》中的弃地小丘,《小石城山记》中小石城山,《愚溪诗序》中的愚溪,还有小石潭、石渠、石涧、黄溪等等,其所处的方位、形体的大小、彼此间的距离、自身的特征,都描述准确,几乎可以按图索骥,直至今日,误差很少。这点可以直追郦道元,避免了陶渊明"忘言"的不足。其二,自我的象征性。这一点既不同于陶渊明过分强调山水与精神的融合,也有别于谢灵运在山水中过于追求"适性""体道"的满足,而是着重寻求山水象征意义。凡与自己的个性、经历和人格有某些相似的山水,都会引起柳宗元的特别关注。如柳宗元多次描写的那条愚溪,喜爱它的原因,就是具有象征性。溪流蜿蜒曲折、奔突"峻急";溪面"漱涤万物,牢笼百态";溪水"善鉴万类,清莹秀澈",审美品位极高。但它最大的缺失是不媚俗。不谙世情,远离功利。不能载舟、不可浇灌,蛟龙不屑,云雨不兴,不为达官贵人赏识,固以"愚"名之。作者这样写愚溪,其意显然不是为了介绍愚溪,而是象征自我。愚溪之美,正是自己补天之才的象征。愚溪之"愚",象征的正是柳宗元的执著倔强的个性。再如,那"更千百年不得一售其伎"的小石城山和美不胜收的"弃地"小丘,都是自己怀才不遇的悲剧命运的象征。其三,情景的融合性。在柳宗元的山水之中,自己的感受、情感与山水的自然特征本体和喻体密不可分地融合一起,彼此莫辨。"西山之特立"的描述,到底是写山还是写己,很难说清,所以今天对西山的位置仍争论不休,原因大概于此。柳宗元所以被誉为记山水之冠,得益于山水意象的创新,而最大的新意是以自我作为山水之魂。

柳宗元第二类有特色的意象是动植物意象,受到屈原的影响较明显。屈原的楚辞中,香花香草、虬龙鸾凤等动植物的反复出现,不仅大大地增加了他作品神奇浪漫的气氛和梦幻般的色彩,也是成为浪漫主义诗人的重要因素。柳宗元也创造了这类意象,不同的是,柳宗元已淡去了屈原那层浓郁的神奇的色彩,回归到现实社会的简朴上。如柳宗元作品中的跛乌、笼鹰、鹧鸪、桂树、橘柚、柑树、山竹等物象,已经没有了楚辞意象那种神光异彩,而是原汁原味的楚地楚物。永州历来多竹,放眼望去,遍山长满各式各样的竹子,还有最著名的斑竹,故有"竹城"之称。鸦也是永州本地寻常之物,在民间传说不少,一致的地方是,认为它是一种让人讨厌的小动物,它总是以啼叫提醒危险和不详的存在,有不媚俗的特点。取象本土化是柳宗元创作时遵循的第一个原则。第二个原则是强烈的自我化。无论动物还是植物,总让人感觉到作者的存在。或者融入自己的不幸的经历和命运,或者寓于本人执著的个性和美好的理想,用意明显。如《跛乌词》中的那只弱小的乌鸦,读后总让人难以忘怀,其因是寓意明确。除了外形是乌鸦,内涵几乎柳宗元化了。那只乌鸦受伤致残的过程和原因,以及落魄之状和恐惧心理,与柳宗元追求理想、理想幻灭和倍受打击的情形非常相似。跛乌的失败是由于志向的高远和对手的强大,柳宗元的永贞革新失败不正是这样吗!跛乌失败后遭受的嘲弄欺凌,内心产生的哀怨恐惧的情形,与贬永的柳宗元又有多少区别?不同的是"象"和"意"是分开的,柳宗元之"意"是借跂乌的"形"来承载的。这样做,更具有隐蔽性和艺术性。这样的意象构成法,柳宗元常常使用。再如《笼鹰词》中的笼鹰,在历尽磨难、伤痕累累、危机四伏的情形下,仍渴望战斗,渴望自由。"但愿清商复为假,拔去万累云间翔"不正是借"笼鹰"之口,发出柳宗元内心的呐喊吗!还有那些遭受不测仍期盼芬芳的桂树、受命不迁、独立南国的橘柚和持守"凌寒"气节的翠竹,质朴的外形之中充溢的尽是柳子魂。

在人物意象中,虽也不乏神奇人物,但最值得一提的是渔翁的意象。渔翁本是潇湘之滨最寻常的景观,直至今日,依旧还在青山绿水之间,夕阳晚霞之下,渔歌飘荡,不绝于耳。但是,作为艺术意象最早为屈原创造成功。在屈原的作品中叫"渔父"。此后。中国古代文学史上,有了一个歌吟不绝的艺术意象。奇怪的是,无论时光如何流逝,社会怎样变迁,不同的作家写出的渔父都似曾相识,风貌依旧。究其原因,正如张京华教授在《由庄屈〈渔父〉篇论中国古代诗词中的"渔父"意象》一文中所分析的:屈原原创的"渔父"意象有两个重要的规定,一是特定的自然环境:有水,有舟,有钓。二是特定的内涵:渔父具有由儒、道文化升华出来的一种超脱旷达、恬淡自适的人生态度。其实,是一位淡泊名利、超然物外、自然惬意、无拘无束的老年隐者。优美如画流动变化的景色与闲散恬淡的心境,和谐地统一,构成一个完美的艺术境界和精神境界。很为古代文人所所赏识,所向往,谁也不愿改变。从而成为了我国文学中一个经典的文学意象。以后,凡是文学中出现的"渔父"意象,作者都自觉地遵循着这两个规定。从屈原的"渔父"到柳宗元的"渔翁",应该是柳宗元对屈原的渔父意象直接继承。

不过,柳宗元的继承中,表现出了不少的创新。在柳宗元的诗中,有两首专写"渔翁"的。一首是《渔翁》,一首是《江雪》。从这两首诗,可以看到柳宗元在继承基础上的创新意识。《渔翁》诗,除了改"渔父"为"渔翁"外,可以说是对屈原"渔父"意象的全面继承。作者重点地表现了渔翁的恬淡自适的情怀。诗中的渔翁往来于青山绿水之间,时而歌唱,时而赏云,无牵无挂,超脱潇洒,算得上一位真正的隐者。《江雪》诗中的独钓寒江的渔翁,表现出对传统"渔父"意象的突破。虽然,这位渔翁还是生活在有水、舟、有钓的环境中,但是,渔翁的内涵已大不同于原创"渔父"意象的规定。周边环境与渔翁构成的关系不是和谐的,而是对立的。在这样的冲突中,渔翁意象的内涵更加丰富和深刻。在极度寒冷的漫天大雪之中,在"千山鸟飞绝,万经人踪灭"的寂静里,小舟上的渔翁披蓑戴篱独钓寒江。是钓鱼,还是钓雪?严冬岂有鱼钓,"此翁意不在鱼也",前人早就否定了"钓鱼"说。那么,柳宗元通过钓雪,传达出什么意义呢?显然是把现实的、政治的、个人的一切融入其中,渔翁和诗人两者间的界限模糊了、混一了。因此,渔翁其实成了柳宗元自我形象的重叠,高洁孤独情怀的外化,倔强执著个性的形象表现,理想追求的高度诗化。这就是柳宗元的意象创新,赋予一个传统意象的深刻的现实内容和无穷的艺术魅力,不得不叫人佩服。所以,范晞文才把柳宗元的《江雪》诗列为唐诗一流之作,给予高度评价:"唐人五言四句,除柳子厚《江雪》一首之外,极少佳者。"由此可见,他是真正读懂了这首诗的读者,他深知,意象的创新,对柳宗元文学上成功的意义。

鉴于以上,事实很清楚了。文学的生命在创新,作家的生命在创新。只有具有创新意识的作家,才能创作出流传千古的文学。这个屡试不爽的真理,古今中外无数的文学家已经证明了,而且还在证明着。柳宗元不朽的文学成就,主要来自于他的创新意识。今天,研究柳宗元的创新意识,不仅具有历史意义,同样也具有现实意义。

参考文献:

[1]袁行霈.中国文学史[M].北京:高等教育出版社,2001.

[2]蔡自新.柳宗元国际学术研讨会论文集[C].珠海:珠海出版社,2003.

[3]章士钊.柳文指要[M].上海:文汇出版社,2000.

[4]张铁夫.98'山西永济柳宗元学术讨论会综述[J].零陵师专学报,1999(2).

[5]张京华,崔曙凤.由庄屈《渔父》篇论古代诗词中的"渔父"意象[J].零陵学院学报,2004(1).

(原载 2005 年第 7 期,作者单位:湖南科技学院)

柳宗元的无奈之举

✱ 赵新国

永贞元年(公元805),柳宗元和其他一批参与革新的同僚,一个个被贬到边远荒蛮之地。柳宗元初贬邵州,还只算是被斥出朝。因为邵州虽僻远,但刺史仍是正四品下的大员,表面看来,比正六品上的礼部员外郎的官品还高。无奈"惟大罪而宠厚兮,宜夫重仍乎祸谪"(《惩咎赋》),他陪同年届 67 岁的老母一行还没有渡过长江,又接到了加贬永州的诏命,成为"永州司马员外置同正员"的闲官,这对柳宗元来说无疑是一个更加沉重的打击。他被贬永州,名为官吏,实则囚徒。他曾写过《囚山赋》一文,将永州的山看作囚禁自己的牢墙,真实地反映了他的生活感受。柳宗元是著名世家大族的后裔,对家族昔日的显赫十分向往,他经常自豪地回忆先祖的德风、功业、地位及荣耀,一心想光耀祖宗门第的他,虽然被贬"南荒",却始终没有忘记有朝一日能重返朝廷为官。在永州,他的政治理想无法实现,生活也颇为窘迫。为政治出路计,为生活计,不得已,只好向当朝重拳在握的大官僚投献诗文以求提携。他不但给京兆尹许孟容写信,陈述苦衷,表示希望再受朝廷重用,而且还给保守派大臣李吉甫、勾结宦官镇压永贞革新的藩帅严绶、永贞革新的政敌武元衡、迫害柳宗元岳父杨凭的主谋者李夷简等各路节度使投书献文,足见其"病急乱投医"的苦衷,表现了他千般无奈之举。在永州期间,柳宗元向他们一个个写信求援,言辞多褒扬,意向颇明晰:"鹗立朝端,风引天下,人统邦宪,出分主忧,控此上游,式是南服。凡海内奔走之士,思欲修容于辕门之外,蹑履于油幢之前,譬之涉蓬瀛,登昆阆,不可得而进也。"(《谢襄阳李夷简尚书著启》),因而,柳宗元也"愿为厮役,以报恩遇";"阁下相天子、致太平,用之郊报,则天神降、地祇出;用之经邦,则百货殖、万物成;用之文教,则经术兴行;用之武事,则暴乱蒯灭"(《上扬州李吉甫相公献所委曲抚问文启》);"宗元曩者齿少心锐,径行高步,不知道之艰以陷与大阨,穷踬陨坠,废为孤囚。日号而望者十四年矣"(《上门下李夷简相公陈情书》)……诸如此类的陈词,目的是希望他们冰释前嫌,"以一言而扬举之"(《上扬州李吉甫相公献所文启》),表达了他"敢希大贤,曲见存念"(《谢襄阳李夷简尚书委曲抚问启》)、"独有望于阁下"(《上广州赵宗儒尚书陈情启》)的心意,希望重新得到朝廷的重用。

从柳宗元的个性与操守看,这不像是柳宗元的所为,但他却实实在在地做了这样的事。

一 被贬永州后的生活状况迫使他不得不作出这种选择

柳宗元来到永州,没有官舍,只好寄居在潇水东岸的一座古寺庙龙兴寺里。唐代的永州是相当荒僻的地方。但就是这远离中原腹心地带的"南荒",也受到时代动乱的深刻影响。"安史之乱"以后,由于藩政割据,不少地方不输赋税,湖南也成为朝廷财赋的主要来源地之一。永州土地贫瘠而稀少,当时是穷山恶水,农民在陂陀不平的山地耕种着小块田地,"欣下颓以就顺兮,曾不亩平而又高"(《囚山赋》),老百姓只有不惜性命捉毒蛇以抵赋税,"贸财以缓祸"(《钴鉧潭记》)。"黄叶复溪桥,荒村唯古木",面对当时永州农村破产的现实情形,他常发出"哀斯民之增劳""孰知赋敛之毒有甚是蛇者乎"的哀叹。白居易贬官江州,"住近湓江地低湿,黄芦苦竹绕宅生,其间旦暮闻何物,杜鹃啼血猿哀鸣"(白居易《琵琶行》),只是没有了在京城的那种享受;可柳宗元被贬永州后,所见是满目荒凉,本人又居无安室,食无美味,水土不服,年迈老母又病逝,怎不令他思想回到他生活惯了的都城长安?"饰志求进者,更喾仆以悦仇人之心,日为新奇,务相喜可,自以速援引之路。"(《与萧翰林俛书》)

作为谪吏的柳宗元,没有了官场的应酬,闷即出游,有时信步走去,已不知来时之路,只好在老百姓家里过一夜。艰苦动荡的生活,加上精神上所承受的打击和压力,柳宗元的身心健康急剧恶化,三十多岁的他来永州仅过了三四年,就已经"百病所集,痞结伏积,不食自饱","神志荒耗,前后遗忘"(《与许京兆孟容书》),甚至连读书作文都有困难。作为常人,也难免做一些与自己意愿相违背的事情,更何况一个满心抱负,一心想光耀柳氏门庭,却因于永州,无法实现自己的"美志"的文人柳宗元?试问:在当时,他不向武元衡、李夷简等人求援又向谁求?

二 光宗耀祖的思想观念驱使他必须作出 "人在屋檐下,不得不低头"的选择

柳宗元出生于代宗大历八年(公元773),祖籍唐蒲州解县(今山西运城市西

南解州镇），古代这里属河东郡。柳氏是河东的一个大家族，柳宗元是真正的门阀贵族出身。他的高祖柳子夏，唐初任徐州长史；五世祖柳楷的兄弟柳亨，隋末附李密，密败归唐，累授驾部郎中，娶高祖李渊的外孙女为妻，受到爱重，三迁至左卫中郎将，封寿陵县男，后拜太常卿，检校歧州刺史；太宗李世民曾曰："与卿旧亲，情素兼宿"（《旧唐书·柳亨传》）。柳楷的另一兄弟柳则之子柳奭，贞观中为中书舍人、高宗朝宰相，其外甥女王氏为皇后。唐初柳氏是权贵兼外戚，在朝廷上下势力显赫，高宗时居官尚书省的就达二十多人。后来，统治集团内部斗争，导致柳氏家族由"奕叶贵盛，而人物尽高"（赵璘：《因话录》卷一）的显贵世家沦落到五、六代以来"无为朝士者"（《与杨京兆书》）的衰败不振的地位。此后，柳宗元祖上仍然历代仕宦，曾祖父柳从裕做过沧州清池（今河北沧县）县令；祖父柳察躬做过湖州德清（今浙江德清县）县令；父亲柳镇也是长期任职府县，最高做到殿中御史。柳氏家族的衰败使柳宗元对严酷的政治环境产生痛切之感，对柳氏家族往昔的荣耀带有一些显得虚幻的自豪感。可如今身囚永州，无职无权，闲人一个，与平民百姓何异？何年才能走出这"囚山"？何日才能重回朝廷，累官而不失将相之位？何时才能光耀祖宗门第，重显昔日柳氏家族的辉煌？这些应该是柳宗元来到永州后一直思考想解决的问题。当时掌管朝廷大权的大多是永贞革新时的反对派，向李夷简等一帮人一再写书求援，期望能得到重新起用，实现自己的宏愿也就在情理之中了。

三 "踔厉风发"的革新斗士精神，肃整朝仪、励精图治、"利安元元"的政治理想促使他应该作出这种选择

"安史之乱"后的连续动乱与衰败，朝廷上下也曾有振作和改革。经济上的改革，像改良漕运、改进盐法、平抑物价，施行"两税法"等，有效地整顿经济秩序，扩充了财源；政治上的改革，如压抑强藩、改革行政弊端，加强中央集权，树立朝廷的权威等，在一定程度上调和了日趋尖锐的矛盾……这一切，无不激励着一个欲经世济国，为朝廷建功立业、"利安元元为务"的文人志士。此时的柳宗元，积极求举与入仕，逐渐结交一批志同道合的同志积极参与革新政治，与守旧势力进行了尖锐而激烈的斗争。在朝为官时，他积极参与"永贞革新"，并作为骨干分子起了重要作用，满以为从此能飞黄腾达，哪曾想改革失败，被贬荒蛮之地。遭贬后目睹了老百姓的艰难困苦和朝政的腐败，更坚定了他官复原职、为朝廷建

功立业,实现自己"美志"的思想。"路漫漫其修远兮,吾将上下而求索"(《离骚》),受屈原影响,柳宗元具有强烈的责任感和使命感,一生孜孜以求实现"美志"——国家富强、人民安宁。柳宗元重视"生人",主张轻徭薄赋,使民以时,重本轻末,守土安民。反对因循守旧,主张通达变时。他在永州写的《唐铙歌鼓吹曲十二篇》,直接表达了"为生人义主,以仁兴武"的政治理想,而《送薛存义之任序》则提出"官为民役""民为邦本"的民本思想。宋代的苏东坡一再遭贬,曾萌"我欲乘风归去"之念,"起舞弄清影,何似在人间"(《水调歌头·明月几时有》)颇有些超脱,然而苏大学士终于悟出不做官没有权力,没有权力就无法造福一方的道理。他一次次放弃了归隐的念头,希望官复原职,目的是想造福一方。从柳宗元"利安元元"的民本思想中,我们同样可以这么说,要想改变当时的吏治,要想改变当时广大老百姓的现状,只有手中掌握权力,才能实现,他到柳州后所作所为足以说明这一切。他不计较个人得失与尊严,向李夷简、严绶等人一再写书求援,个中三昧,谁又省得?

柳宗元的一封封求援信,只可惜"溪路千里曲,哀猿何处鸣?孤臣泪已尽,虚作断肠声。"(《入黄溪闻猿》)他所有的努力都没能如愿以偿。到头来,不仅没能重回朝廷,官复原职,实现自己的"美志",又捧一纸诏书,再适柳州任职。悲哉!哀乎!

参考文献:

[1]柳宗元.柳宗元全集[M].上海:上海古籍出版社,1997.

[2]孙昌武.柳宗元评传[M].南京:南京大学出版社,1998.

[3]王济海.柳宗元研究[M].海南:南海出版公司,2006.

[4]尚永亮.柳宗元被贬后的心性设计与主客观矛盾[J].江海学刊,2003,(1).

[5]马晓坤.从柳诗看柳宗元被贬后的内心世界——兼论贬谪流放文人的心态[J].宝鸡文理学院学报,1996,(2).

[6]张一川."刚以柔通"与"圆其外方其中"——柳宗元的立身行世之道[J].零陵学院学报,1998,(2).

[7]杜慧月.永贞革新与中唐文学[J].河南大学学报,2005,(5).

(原载 2009 年第 6 期,作者单位:永州职业技术学院)

柳宗元《非〈国语〉》中的疑古思想

✱ 李伏清

　　经学由汉学向宋学的蜕变的实现,得益于解经范式的变革(即治经模式由重章句向重义理的转变)。①而解经范式变革借以实现的手段,在中唐已现雏形,而且随着儒学复兴运动的兴起而日益清晰。在柳宗元那里,采用内外结合,双杆齐下的方法,来推进解经范式的变革,于疑古、辨伪方面做出了卓越的贡献,前者主要表现为对《国语》进行了系列的批评和非议而做《非〈国语〉》六十七篇,后者具体为对诸子学产生了系列的怀疑,并为之论辩。柳宗元这一思想为宋学疑古、惑经和辨伪思想的全面展开开启了序幕。本文就其疑古思想略加分析,还望方家指教。

　　象山语:"为学患无疑,疑则有进。"(《象山集·象山语录》)怀疑精神乃儒学内在的生命力。唐代疑古涉及的领域相当广泛,包括经、史、子、集。就经部而言,主要有司马贞对《子夏易传》真伪的辨疑,韩愈对《诗序》作者的辨疑以及与李翱一起发动对《论语》的质疑和辨析,成伯玙于《诗》之大、小序的辨疑,赵匡对《礼记》《周官》作书时代的辨疑,啖助、赵匡、陆质诸人对《春秋》三传的辨疑,司空图对《春秋》经、《古文孝经》的怀疑,柳宗元对《论语》编者的辨疑,韩愈与门生张籍对《孟子》编者的辨疑;于史方面,与经之《春秋》紧密联系,如刘知幾的《史通》,最为典型的则是新《春秋》学派(包括柳宗元的《非〈国语〉》六十七篇以及《辩晏子春秋》等);子学方面如杜佑对《管子》的怀疑、柳宗元对《列子》《文字》《鬼谷子》《亢仓子》《鹖冠子》子书的辨伪或怀疑等。他们对经典的考辨虽然谈不上系统全面,但提出的问题却直接启发了宋人对经典的怀疑和论辩。他们不囿陈说的大胆怀疑精神为推动怀疑学风的发展产生了重大的影响,为宋学的解经思潮创造了一个宽广的视域,为推动宋学走向历史舞台拉开了序幕。

　　柳宗元的疑古思想集中体现在《非〈国语〉》《月令论》上下篇、《断刑论》以及《六逆论》《四维论》《蜡说》《辩侵伐论》等文中,我们以《非〈国语〉》为例,窥探柳宗元的疑古思想及其方法。

柳宗元明确了"我"在解经疑古中的地位和原则。他以研习《春秋》为例,主张研究《春秋》不要停留于文辞,而要探究"圣人之情",领会其精神,把握其真谛,即要于经文中把握其"微言大义"。所谓"故凡得《春秋》者,宜是乎我也。此之谓信道哉!"(《荀息》,《柳宗元集》②卷四十四)柳宗元亦曾赞赏吕温研究《春秋》时指出,"《春秋》之元,儒者咸惑。君达其道,卓焉孔直。圣人有心,由我而得。"(《唐故衡州刺史东平吕君诔》,《柳宗元集》卷九)可以说,《非〈国语〉》是柳宗元怀疑精神和解经思想最直接、最经典的体现。《国语》中有许多关于祥瑞、灾异、命数、禄相、卜筮、神怪、妖异、谣应等关于"天命"论和"天人感应"论的记载。柳宗元瞄准了此的,对《国语》进行了全面而系统的批判,更集中、更深刻有力地表达和阐述自己的观点,使之更成系统。我们通过对柳宗元《非〈国语〉》中六十七篇各自独立的笺疏体进行整理,略观柳子对《国语》行文所载之事的批评。

首先,柳宗元批评《国语》的某些说法为诡怪浅陋迷惑之说。如内史用"有神降于莘"以征虢将于五年后而亡之说,而左氏为之书,柳子于《神降于莘》中斥之为"不待片言而迂诞彰矣";单襄公以晋厉公、郤锜、郤犨、郤至、齐国佐等人的面相由此断定晋将有乱。柳宗元于《柯陵之会》指斥单公为巫史,其说为"迂之大者",并感叹为何没有遭受贬谪;《大钱》认为"召灾"之说"未之闻",而且借用《内传》"王其心疾死乎"以证明左氏为书多为此类怪诞诡异之说;《国语》载,郭偃用口以纪三辰,有言宣五行,由此来预卜祸福吉凶且精确时纪,柳宗元在《郭偃》篇中指斥此说为愚蠢荒谬至极之说;《舆人诵》认为惠公等人的下场是咎由自取,而《国语》所载郭偃神化众人之口,且认为众人之说为"祸福之门"之言为浅陋之说;《仓葛》篇通过批评《国语》周襄王避昭叔之难之记载,指斥左氏乃"耄者";《观状》篇指出观重耳之骈列肋骨者为曹公而非郑,而《国语》载之为郑,柳子认为这种违背历史史实的记载为胡言乱语,批评左氏之说"多为诬者且耄";《祈死》中指斥范文子祈死且得之之说为大妄诞者;《长鱼矫》中批评左氏"多为文辞,以著其言而征其效",若言矫知"几",则为迷惑之甚之言;《赵文子》中指出左氏《内传》之"人主偷必死"以及《国语》之"死与大咎,偷之能必乎尔"之说为浅陋之言;《左史倚相》中指出,王孙圉神化了的"能使上下说于鬼神,顺道其欲恶,使神无有怨痛于楚国"的白珩若真如此,则为"觋之妄者"。

其次,柳子从源头或原因的角度,追问这些神怪征兆之说的产生定为好事者追而为之,或本身就是左氏牵强附会以自成其说。如《不藉》中反对虢公将宣王不藉千亩当成将败于姜戎之征,《国语》还真以之合验,柳宗元斥之为牵强附会荒诞之说;《郤至》指出"因以列数舍郑伯、下楚子、逐楚卒,咸以为奸,则是后之人乘其败追合之也。"《城成周》中认为《国语》中彪傒持天所坏之说,由苌弘、刘文公扩建"成周"城来断定苌叔必速亡,魏子亦将及。《国语》以苌弘不久被杀,刘氏亡于定王有证验之,柳子认为这种"当身""速即"之说,乃后来那些不怀好意的人于事后牵强附会追述的诬陷之言;《卜》中指出"左氏惑于巫而尤神怪之,乃始迁就附益以成其说";《葬恭世子》认为郭偃"知君嗣二七之数与重耳之伯"之说,"是好事者追而为之,未必偃能征之也,况以是故发耶";《杀里克》批评郭偃"不谋而谏不忠,不图而杀不祥。不忠受君之罚,不祥罹天之祸。受君之罚死戮,罹天之祸无后""以配君罚天祸"之说,柳子认为此"皆所谓迁就而附益之者也。"《乞食于野人》认为《国语》所记载的子犯"推天引神"之言定非子犯所言,而是"后之好事者为之",等等。

再次,柳宗元认为《国语》中不少观点绝非圣人之言,相反是陷诬圣人,玷污圣人之名。如《律》中认为州鸠之说"诬圣人亦大矣。"《獭羊》中,柳子将《国语》中关于孔子神料獭羊而非狗之说指斥为"是必诬圣人矣",同时也指斥后来史书如《晋书·五行志》"地坼犬出"以及近世杜济穿井得缶中狗且投于河化为龙等"穷异以为神"之说为妄;柳宗元在《骨节专车 楛矢》篇中指出,孔子不好"穷物怪之形",《国语》所载孔子辩吴王会稽之骨节为防风氏之骨节以及陈侯庭院中所坠死的用箭穿着的鸟中的箭是北方肃慎氏之箭这两件事不可靠,认为这些诡异之言为圣人所不耻,由此认为左氏玷污了圣人的名誉,而且借助孔子之言左丘明"多能鄙事"之说以证明《国语》此言是左氏对孔子的污蔑。另外,《跻僖公》篇认为柳下惠对夏父弗忌评论之说不可靠,"非士师所宜云者",认为"必有殃"之说定为左氏借助柳下惠之口所言,为左氏本人的浅陋之说。柳宗元的这些评论正表现为他对圣人的尊崇。

另外,正因为《国语》中不少的观点为鬼怪荒诞浅陋之说,并非圣人之言,故"无足取",为君子所不宜。如《灭密》篇中康母认为康公不献三美女予恭王,则康必亡,而左氏以密灭为之征验之说,《三川震》中将三川之地震当作西周将亡的征兆,以"源塞"之因而精确西周将亡的期限不过一纪的说法,《料民》中仲山氏"惑于神怪愚诬之说",甚至以之诿后嗣之说;《晋孙周》中单襄公列举周之一德与天六地五之数相合之谬说,《律》中乐官州鸠所谓"律吕不变"则平正而久而纯而终最终"礼乐治国"有"成政"的观点,《不藉》中将宣王败于戎牵强附会于不藉千亩,且还预言战于千亩之说,《虢梦》中舟之侨以虢公之梦而断定虢将不久之说,《童谣》中以童谣来占卜作战日期之说,《宰周公》中宰孔预言晋献公将死之说,《叔鱼生》中那种以婴儿之相貌、声音来断定其命运、死亡或者以鬼事推断之之说,《褒神》中史伯之褒神流祸的荒谬说法,《祀》中子期认为祭祀除却昭孝外,还可"息民""抚国家""定百姓"故不可废除之说,《伐宋》中赵宣子就宋人杀昭公,称"是反天地而逆民则也,天必诛焉。晋为盟主而不修天罚,将惧及焉"而请师以伐宋之言,《韩宣子忧贫》中那种将人的善恶决定于先人,自己无力改变的观点,等等,柳宗元认为这些说法皆"无足取",为君子所不道者,"不足书以示后世",认为载于史册是有害于圣人之道之教化,《国语》书之甚至征验之不可为不荒谬。

以上大体上是柳宗元于"我"所探颐的"圣人之道"的角度对《国语》所作的评价。而柳子对《国语》的批驳和指斥,主要采用了以下三种方法:

首先,"以经驳传"。如《料民》篇引用《论语·述而》中"子不语怪、力、乱、神"之说,批驳仲山氏的怪诞荒谬之论,同时更是指斥左氏"以是征幽之废灭",由此得出"圣人之道,不穷异以为神,不引天以为高"的结论。《守道论》中引征《礼记》之"道合则服从,不可则去"和《孟子》"有官守者,不得其职则去"之说来说明"失其道而居其官者,古之人不与"的观点,以此论证"官也者,道之器也,离之非也。未有守官而失道,守道而失官之事者也",从而得出"守道不如守官"之言"非圣人之言",乃"传之者误也"的结论。

其次,"借圣立言",即多借用尧、舜、孔子之名来增强自己立论的说服力。如《神降于莘》中"力足者取乎人,力不足者取乎神。所谓足,足乎道之谓也,尧、舜是矣",以尧、舜圣人之道取乎人而非取乎神为自己"力足者取乎人"的观点辩护。《虆羊》以"孔氏恶能穷物怪之形也"来说明孔子等圣人不言怪、力、乱、神,从而为自己天事和人事各行不相预的天人相分的观点增加论辩的力度。《无射》中借助孟子"今之乐犹古之乐也","与人同乐,则王矣"的观点来批评圣人制礼作乐以"移风易俗"而"化人"的观点,认为"乐之来,由人情出者也,其始非圣人作也。"而《骨节专车 楛矢》中引用孔子之语"丘少也贱,故多能鄙事",来证明自己对左氏好怪诞浅陋鄙夷的评价的正确性。

再次,是"以子之矛攻子之盾"的方法,其中以《律》为典型。州鸠主张"律吕不易",认为"王以夷则毕陈,黄钟布戎,太蔟布令,无射布宪,施舍于百姓",而夷则、黄钟、太蔟、无射本身又正说明了《大武》之律变,"律吕不变"和《大武》之律变自相矛盾。柳宗元还从《大武》之声、之象、之形、之律四者全面分析乐官州鸠之说之误。

"以经驳传"也罢,"借圣立意"也罢,"以子之矛攻子之盾"也罢,无不是用来重新解读《国语》以求探颐"圣人之道"、彰显"微言大义"的手段。尽管柳宗元对《国语》的非议,仍停留于疑传的层次,尚未上升到疑经的角度,但他对传注的怀疑和批评正是对"经"的维护,与解经范式变革的思想仍高度一致,充分体现了尊经、崇圣的思想。

注释:

①详参拙文《中唐解经范式变革发微——以新〈春秋〉学派为中心》,《华东师范大学学报》2008 年第 3 期。

②《柳宗元集》四卷本,中华书局 1979 年版。

(原载 2010 年第 1 期,作者单位:湘潭大学)

柳宗元《非〈国语〉》中的"大中之道"思想

✱ 李伏清

　　笔者曾在拙文《中唐解经范式变革发微》中指出,柳宗元继承了新《春秋》学派的思想,使圣人之道显白于经学和史学革新中,他于《国语》并非以史学的角度考察其"叙事"之优劣,而是从"义理"的角度批评其不得"微言大义"之弊病。① 而《非〈国语〉》中所贯彻的所谓"道",是圣人之道,也即"大中之道"。

　　柳宗元力求终其一生,以"明道为务",而重要的表现之一就在于批评《国语》因"文胜"而"道翳",认为离析"中道"是《国语》"文锦覆陷阱"的最大弊病,故主张以"道"非《国语》以求合"大中之道"。② 如他批评《国语》以文采遮蔽道,即"用文锦覆陷阱",使道不得以明,并指出自己作《非〈国语〉》的目的在于明"中道"。他指出"夫为一书,务富文采,不顾事实,而益之以诬怪,张之以阔诞,以炳然诱后生,而终之以僻,是犹用文锦覆陷井也。不明而出之,则颠者众矣。仆故为之标表,以告夫游乎中道者焉。"[1]825柳宗元还表达了他对时人溺于《国语》之文而遮蔽圣人之道的忧虑,以及为救圣道、救世之谬而担当重任的"舍己者谁"的气概和时代责任感。他指出,"尝读《国语》,病其文胜而言尨,好诡以反伦,其道舛逆。而学者以其文也,咸嗜悦焉,伏膺呻吟者,至比六经,则溺其文必信其实,是圣人之道翳也。余勇不自制,以当后世之讪怒,辄乃黜其不臧,救世之谬。凡为六十七篇,命之曰《非〈国语〉》。"[1]822这一思想在《非国语·序》中更为明白。他指出,"左氏《国语》,其文深闳杰异,固世之所耽嗜而不已也。而其说多诬淫,不概于圣。余惧世之学者溺其文采而沦于是非,是不得由中庸以入尧、舜之道。本诸理,作《非〈国语〉》。"[1]1265由此可见,柳宗元《非〈国语〉》的主旨正在于对"大中之道"的伸长。

---

　　① 详参拙文《中唐解经范式变革发微》,刊《华东师范大学学报》(哲学社会科学版),2008 年第 3 期。

　　② 详见《柳宗元集》,卷三十一中的《与吕道州温论非〈国语〉书》《答吴武陵论〈非国语〉书》以及卷四十四中的《非国语·序》。《柳宗元集》四卷本,中华书局 1979 年版。

通过对《非〈国语〉》的整理,笔者认为,柳宗元具体在以下方面伸长了"大中之道"思想。

首先,在道德伦理领域,柳宗元认为,礼、信、忠、贤、孝等均本于"大中之道"。

于"礼",柳子主张或舍礼之名而行礼之实,或舍礼之泥而行礼之情。如《不藉》中认为古代劝农耕种而君王作示范的藉田之礼不过是无用的虚礼,与其行无用之礼,不如存礼之实,真正做到不违农时,节用财物,流通产品,均赋薄税;《嗜芰》一文主张要礼义俱行,反对泥囿于僵死之礼数而舍弃圣人行礼之本情。

于"信",柳宗元认为"信"离不开大中之道,是"道之常"也是"政之常"。他在《救饥》一文中否定了箕郑的观点:认为"信"在于君主对臣下的态度,不以爱憎来诬善评恶,信守百官尊卑名分,不违时令,使民事各得其所,即"信于君心,信于名,信于令,信于事。"柳宗元对"信"作了新解。在他看来,"信"离不开"大中之道",是"政之常",不可须臾离弃,同时也是"道之常",而非"知变之权",反对把信作为权宜之计。同时,批驳将"信"比附于四时,认为"信"是不受时令季节约束的,也就是说,"信如四时恒也,恒固在久。"如果"信"仅为一时之"信",或者作为权变之"信",那么是难能让人信服的。因此,他指责《国语》中将"信"当作"救饥"一时之道的做法。

于"忠",柳宗元也提出了他个人的看法。《荀息》中指出,"忠"即"中","贞"即正直清白,认为荀息"排长嗣而拥非正,其于中正也远矣",故不能算忠贞之士;《狐突》篇立足于"大中之道",批判狐突、丕郑、里克等人不忠不实之臣。

于"贤",《鉏麑》一文否定了《国语》中将鉏麑定性为贤者的结论,柳宗元认为鉏麑"不知其大而贤其小"。灵公暴虐,赵宣子屡次进谏。灵公以之为患,命令鉏麑杀之。而鉏麑晨往时见赵之寝门已开,盛服将朝,早而假寐。麑退感叹赵宣子之不忘恭敬之德,为国之重臣,认为贼国之镇不忠,受命而废之不信。故以触槐树而死有避"不忠""不信"之罪名。柳宗元认为鉏麑未见赵宣子为政之贤良、谏君之正直,为国家治术贡献已久之大德,而仅见其"早而假寐"而为贤,柳宗元指出,那天早晨若赵没有假寐,鉏麑必定将其杀害。赵宣子大德不得赦免而也小敬得以存正是对鉏麑不见"大"而见"小"的一种讽刺。因此,柳宗元认为鉏麑之所谓贤并没有值得特"书"的地方。《灭密》篇中指出,康公之母并非贤者,怂恿康公以美女谄媚恭王,此非正派之大德。

于"孝",柳宗元基本上反对子使其父陷于不义的行为。《仲孙它》以"中庸"

为标准,认可了季文子的节俭,称颂仲孙它知错能改,但又批驳他在他父亲在世时,俭侈专于己,认为其举止不符合"中庸"之道;《公子申生》篇认为申生做到了孝、忠、贞的观点,但又同意古代儒者之观点,认为申生虽死后被封为"恭世子"但却使其父亲陷入不义,不能算纯孝。

其次,柳宗元还特别强调了"大中之道"中的"贵生"思想。如《赵宣子》中,柳宗元批评赵宣子"使人以其乘车干行,陷而至乎戮"之举,当"戮"为杀戮之意时,"轻人之死甚"。柳子主张孟子"杀一不辜而得天下,君子不为"的"贵生"思想,反对草菅人命,杀戮无辜。而当"戮"为"僇",即"侮辱"之意时,柳子同样认为此举非"君子之道"。这点体现了柳宗元以"君子之道"为准则,"明法尚贤",重视生民的政治观。《伍员》篇就伍子胥伏剑而死之事展开,柳宗元通过对境遇的具体分析,认为伍子胥"去之"即可,其伏剑而亡之举止为柳宗元所不能理解,认为这一行为并非"很人"。这里一方面反映出柳子主张治国处事要合乎大中之道,一方面也表达了他对个体生命的重视。

再次,于治道方面,柳宗元发挥了"大中之道"中行仁义之德政的政治主张。

就诸侯会盟而言,柳宗元基本上反对纯粹依恃强力的霸王政策,而主张以仁义为主导,以德为盟国领导诸侯的武器。《宰周公》一文指出,诸侯会盟中仅仅依靠强力(武力)而不务于仁义之道,非"中国之道";《晋问》篇主张应以仁义为本,附之以强力;《轻币》文则从仁义的角度论说诸侯会盟之事,认为诸侯间应以互利为原则,反对强暴和外侮,主张盟主保护弱小国家,"君得以有其国","人得有安其堵",诸侯国即使纳赋也乐意归顺之。柳宗元主张,盟主不可以霸主身份对诸侯国强取豪夺,也不可拿本国人民创造的财富随意送他国而不顾本国人民之生活。他否定桓公救邢国于北戎,救卫国于狄,并皆为其修城筑堡,给予良马的做法,认为此举非仁义所为,乃以钱买名声于天下,不足有奉、利天下;《获晋侯》文主张立仁义行至公之道来成就霸业,统一国家。反对舍大务小,违义从利。对于叛逆者,柳宗元同样主张以德修政服其心。《逐栾盈》文批驳晋平公和阳毕排除异己、诛连宗族的做法。在他看来,只有增其德而修其政,才能使贼顺服,相反,顺贼意而行自然会赏罚不明,善恶不分,从而发生叛乱。《围鼓》文中,柳宗元从"有逃暴而附德者,有力屈而爱死者,有反常以求利者"三个方面全面地分析了城畔归己的情况,主张以"德""义"道德出发,使叛变者附归其德,以此批驳穆子片面的观点。

德政的另一表现,则是对生民的关注。如《不藉》主张与其行无用之藉礼,不如存藉礼之实,主张不违农时,不夺其力,节用而不耗其财,流通产品,均赋薄税等,以求实现物足财富老幼皆得养的大同理想。《料民》中,柳宗元主张不要无故料民,认为无故料民乃繁杂扰民之举,为"政之尨",主张民自安、自利。柳宗元的这些主张正是君主"无为"而"无不为"、生民"自利"自安思想的具体表现,柳宗元将此称为君主之"大德",为存礼之诚"善"。而《大钱》一文也从生民的角度出发,认为钱币的重量以及价值的多少是不可一劳永逸的,而必须依"时"(具体的条件)来决定。钱币不值钱,则物价会飞涨,物价飞涨则会导致农民无所售,如此会给民众带来灾害。出于对生民利益的关注和对现实中赋税制度给人们带来的巨大的负面影响,柳宗元主张"赋不以钱"。"赋不以钱"实际上正是柳宗元从中唐自两税法以来赋税制度对生民的剥削所导致的民不聊生的现状出发,有的放矢所提出的赋税改革制度,其目的自然是为了安民、利民。

德政具体表现在用人制度上,则是尚贤使能。《命官》一文批评晋国以十一姓担任国家左右的大臣,以诸姬之能者为朝内大官,而其他异姓之贤能者仅仅担任地方官的以姓氏命官的做法,主张"官之命,宜以材"而非以"姓"。这一主张表明上是针对晋之弊俗而发,实际上是否定世家大族世代承袭为大官,"一人得道,鸡犬飞天"的命官制度。当然,柳宗元也并未否认旧族中有能者之士,但他认为任官以"材"为准,才是正道。若大官均需出自旧族,那么那些根本就不称职的也给予要职吗?相反,不是旧族之称职的贤能者,也宁愿舍弃吗?因此,他反对"必出旧族""必不出乎异族"的任官制度。《狐偃》主张贤者居上位,重耳应当顺应时势,回到晋国继承君位,以蒙福百姓,从而取得民众的支持而成就霸业。《赵宣子》中,柳宗元赞赏赵宣子推荐韩献公予灵公,并褒奖其贤能的"诚当"之举。

另外,柳宗元还主张"崇礼明法"之清明治道。《莒仆》一文从"中道"观出发剖析了鲁宣公、里革及其仆人之所为,认为仆人破坏了君命,不杀无以行令,主张"崇礼明法",认为只有严格执行政令,才能治理好国家。《董安于》文指出,立功受赏并不仅仅是个人的事情,是世代相传的治国之道,即使是你不愿意受用,也要将所赏接受。而董安于在下邑之役中立下了大功,却遁逃以自洁而不受赏。这种做法会导致"受赏者"耻;"受赏者"耻又势必导致立功者倦怠;如此形成一个恶性循环而必然导致国弱。柳宗元认为"君子之为也,动以谋国",圣人之道于国最根本的就在于"治国安民"。因此,他不赞赏董子自洁之行为而不顾治国之大道。这点体现了柳宗元"明法尚刑,赏罚分明且务速"的政治主张。《戮仆》

一文中,也反映了柳宗元刑罚严明,"贵不足尚",反对"有害无罪"的主张。在他看来,公子扬干搅乱部队行列,魏绛不治其罪,反而杀害禀受执行其命令的仆人的这种行为是不合"道"。当然,就安史之乱以来战乱不断的现实而言,讨伐藩镇除却明法尚刑,还需要全面的考虑。如《问战》反对求神助战之天命论,反对仅以断狱为问战之条件,认为还需要考虑、研究诸如,谋臣、将领、预计伤亡人数、士兵、武器装备以及地形等,认为独以刑法得当来论战,必会误国误民而导致社稷无望。

从以上方面可知,柳宗元对《国语》的批评,正在于以"大中之道"为准则,以求"合其理",明圣人之道,由此慎防世之学者溺其文采而沦于是非,力求世之学者由中庸以入尧、舜之道。这点恰好体现了柳宗元对《国语》的研究,并非以史学的角度考察其"叙事"之优劣,而是从"义理"的角度批评其不得"微言大义"之弊病,从而折射出新《春秋》学派所倡导的史学由叙事向义理转变的史学变革,成为由唐及宋之解经范式变革的重要一环。

(原载 2010 年第 3 期,作者单位:湘潭大学)

论柳宗元《非国语》的明道意识

✱ 王洪臣

　　《非国语》为元和三年（808）柳宗元于永州所作，是时，他被贬谪为永州司马已有四年了。

　　柳宗元作为唐代古文运动的领袖之一，主张"文者以明道"。这个"道"，就是儒家五经的本义，是尧舜、孔子之道。他在《答韦中立论师道书》中说自己写文章是以之"羽翼夫道"。然而，《国语》所记之事，所论之义，不尽与"道"合，并且其广博深邃的意趣可能使人沉溺其中。所以，柳宗元对《国语》中不合于"道"的某些记述进行了批驳，以防谬论流传。他在《与吕道州温论〈非国语〉书》中表明了写作《非国语》的背景与目的："常欲立言垂文，则恐而不敢。今动作悖谬，以为僇于世，身编夷人，名列囚籍，以道之穷也，而施乎事者无日。故乃挽引，强为小书，以志乎中之所得焉。尝读《国语》，病其文胜而言，好诡以反伦。其道舛逆，而学者以其文也，咸嗜悦焉伏膺呻吟者。至比六经，则溺其文必信其实，是圣人之道翳也。余勇不自制，以当后世之讪怒，辄乃黜其不臧，救世之谬，凡为六十七篇，命之曰《非国语》。"他在《答吴武陵论〈非国语〉书》中也说："拘囚以来，无所发明，蒙覆幽独。……若非国语之说，仆病之久，尝难言于世俗，今因其闲也而书之。"这些，都说明了柳宗元写作《非国语》的意旨是为"明道"。

一

　　柳宗元在《非国语》中的"明道"意识充分表现出了朴素的唯物主义思想。

　　《国语》作为先秦时期的一部国别体历史著作，其思想倾向有着历史进步性。它继承西周社会"敬天、保民、明德"的思想意识，主要表现出儒家的崇礼观念，并且也具有一定的民本意识。然而，《国语》"其文不主于经"，并且地明显地夹杂着许多天命鬼神的迷信思想。柳宗元对这些天命鬼神的思想给予了直接地批驳与否定。

《国语》所宣扬的天命鬼神的思想,柳宗元评价为"好怪而妄言,推天引神,以为灵奇,恍惚若化"。柳宗元对《国语》迷信思想的批驳主要表现在以下几个方面。

第一,对《国语》在自然灾害中所表现的天命思想进行批驳,表现出了他的唯物主义宇宙观。

在《三川震》篇,《国语》记述了周幽王二年,泾、渭、洛三川皆有震动的事,周大夫伯阳父认定三川皆震这一特殊自然现象必然会造成泉源阻塞,这是上天要抛弃西周王朝的征兆,十年之内西周必然灭亡。果然,当年出现了三川河水枯竭,岐山也崩塌的现象。九年后,幽王被灭,周王朝东迁。柳宗元对这一迷信思想进行了批驳。他认为,山川作为天地间的自然之物,有其自身存在与衰竭的规律,是不以人的意志为转移的。所谓"源塞,国必亡"的观点是站不住脚的;至于说"人乏财用,不亡何待"则更为荒唐,这是社会之事,如何怪罪得三川源塞呢?而"天之所弃,不过其纪"的断言更是毫无道理的。

《谷洛斗》篇也是这样,表现出了柳宗元科学进步思想。周灵王二十二年,谷、洛二水格激将会冲毁王宫,灵王没有听取太子晋的劝谏而堵塞了大水,《国语》的作者却将此事与后来东周王朝的动乱联系了起来:"及景王,多宠人,乱于是乎始生。景王崩,王室大乱。及定王,王室遂卑。"对此,柳宗元说:

> 非曰:谷、洛之说,与三川震同。天将毁王宫而勿壅,则王罪大矣,奚以守先王之国?壅之诚是也。彼小子之譊譊者,又足记耶?王室之乱且卑,在德,而又奚谷、洛之斗而征之也?

他驳斥了《国语》作者的天命思想,指出堵塞大水保护王宫的做法是正确的,指责《国语》作者记载不足挂齿的"譊譊者"的言论,批驳其以自然现象验证社会发展情况的荒诞。

第二,对神异现象包括对某些事件所进行的神异解释进行批驳,表现出无神论的思想高度。

在《神降于莘》中,周惠王对神降于莘地之事咨询内史过,内史过迷信于神异,做出一番荒诞的解释,预言这是虢国灭亡的征兆并预见其灭亡时间不超过五年。柳宗元批评了周惠王和内史过的迷信行为,并对《国语》的这种记载的迂腐荒诞进行了讥讽。他说:"力足者取乎人,力不足者取乎神。所谓足,足乎道之谓也,尧、舜是矣。周之始,固以神矣,况其征乎?……天子以是问,卿以是言,则固已陋矣。而其甚者,乃妄取时日,莽浪无状……斯其为书也,不待片言而迁诞彰矣!"

《国语》中还记载了一些用梦、童谣等来预示未来的吉凶发展趋势的离奇荒诞现象,这些现象往往具有预示性的神奇作用。柳宗元对这些神异荒诞的现象所做的迷信解释也给予了批驳。如在《虢梦》中,《国语》记载了虢公做梦之事。史嚚占其为凶梦,虢公囚史嚚。欲使其梦转吉,使国人贺梦。虢大夫舟之侨将虢国灭亡的原因预言为虢公使人贺梦。柳宗元对被称为贤者的舟之侨以占梦为政的荒唐做法给予了嘲笑。他认为,虢国作为小国却骄纵奢侈,以招大国之怒,政荒人乱,而犹用兵穷武以增其仇怨,这是自拔其本。其灭亡是必然的,"又恶在乎梦也? 舟之侨诚贤者欤? 则观其政可以去焉。由梦而去,则吾笑之矣"。又如《童谣》,晋献公向卜官郭偃询问攻伐虢国的时间,郭偃用童谣所暗示的时间"曰丙之辰"告诉献公,对此,柳宗元认为,"童谣无足取者,君子不道也"。

在《葬恭世子》中,柳宗元针对其所谓国人颂曰"岁之二七,其靡有征"以及郭偃所做的解释"十四年,君之冢嗣其替乎? 其数告于人矣。公子重耳其入乎? ……若入,必霸于诸侯"进行了批驳:"非曰:众人者言政之善恶,则有可采者,以其利害也,又何以知君嗣二七之数与重耳之伯? 是好事者追而为之,未必偃能征之也,况以是故发耶!"古代以民歌谚谣反映统治者的统治得失,表现民众的思想愿望,这本是其认识功能的一个重要方面,但《国语》的作者却将其视为未来事件发生发展的征兆,就是荒唐的了。柳宗元对这种迷信思想进行的无情批驳,体现出了他的唯物主义思想认识。他认为,歌谣本身是没有预见性和征兆意味的,那只不过是好事者事后编撰的罢了。

第三,对巫筮占卜之术及尊天崇神的思想进行批驳,表现出科学的思想意识。

在《筮》中,柳宗元从当时的政治态势上分析了重耳归国的必然性,指出重耳归国继承君位是条件已经成熟的必然结果,而决非"公子亲筮"所为。柳宗元批评了重耳归国时不考虑如何实行君道而是卜问吉凶,批评了司空季子"博而多言",却不及于国家政治,都是陷入迷信的泥淖之中,"又何载焉"。

在《卜》中,柳宗元反对卜筮巫术,批评《国语》的作者迷惑于卜史之术害道,将占卜之言附益于史事。他说:"卜者,世之余伎也,道之所无用也。圣人用之,吾未之敢非。然而圣人之用也,盖以驱陋民也,非恒用而征信矣。尔后之昏邪者神之,恒用而征信焉,反以阻大事。要言,卜史之害于道也多,而益于道也少,虽勿用之可也。左氏惑于巫而尤神怪之,乃始迁就附益以成其说,虽勿信之可也。"他在此明确将卜筮巫术与"道"对立起来,认为是"道之所无用也","害于道也多,而益于道也少"。又如《黄熊》篇,柳宗元对子产为晋侯圆梦这种唯心行为给予否定,并以科学的态度对梦的实质进行了解释:"凡人之疾,魄动而气荡,视听离散,于是寐而有怪梦,罔不为也,夫何神奇之有?"

二

柳宗元在《非国语》中的"明道"思想还表现在他批驳《国语》所记之事"苛峭刻核,不能从容"方面。所谓"苛峭刻核"是指《国语》作者在记载的历史事件中往往对一些不足以决定事物发展趋势的细枝末节小题大做,以至于"不能从容"。《灭密》《不藉》《聘鲁》等篇都表现了这一点。

《灭密》中,密康公之母认为密康公的地位和德行不可接受淫奔于他的三个美女,主张应将其献给周恭王。密康公不听,一年后密国被周王所灭。柳宗元认为,《国语》的作者以密国的灭亡来验证密康公母亲的话是不可取的。

《不藉》对"宣王不藉千亩"而导致的"王师败绩"进行了反驳。藉田,是古代帝王在春耕时象征性亲耕农田的始耕典礼,即借民之力治天子之田,以之奉祀宗庙,并寓劝农之意。周代在厉王时爆发了"国人暴动",厉王流于彘,藉田之礼废,至宣王,不复其礼。虢文公阐述了藉田的重要作用,对宣王进行了劝谏,认为不藉则无以求神福佑和役使民众。柳宗元对《国语》的观点给予了否定,他认为,藉田之礼的意义不过是劝农,而劝农"未若时使而不夺其力,节用而不殚其财,通其有无,和其乡闾,则食固人之大急,不劝而劝矣",与"将何以求福用人"无关。

《聘鲁》记载定王八年刘康公聘于鲁国,回来后对定王评价鲁国的季文子、孟献子和叔孙宣子、东门子家未来命运。他认为节俭的季文子、孟献子能够长久地保持其在鲁国的地位;而奢侈的叔孙宣子、东门子家必然灭亡,并预测了其灭亡的时限。柳宗元非曰:

> 泰侈之德恶矣,其死亡也有之矣,而孰能必其时之早暮耶?设令时之可必,又孰能必其君之寿夭耶?若二君而寿,三君而夭,则登年载毒之数如何而准?

他认为,过分奢侈固然是恶劣的品德,由此而导致灭亡也是可能的,但是谁能准确地知道其灭亡时间的早晚呢? 假使知道灭亡的准确时间,又怎么能准确知道其所伴随两代国君、三代国君的寿命呢?

《宰周公》:

> 葵丘之会,献公将如会,遇宰周公,曰:"君可无会也。夫齐侯将施惠出责,是之不果,而暇晋是皇。"公乃还。
>
> 宰孔曰:"晋侯将死矣。景霍以为城,而汾、河、涑、浍以为渊,戎狄之民实环之,汪是土也,苟违其违,谁能惧之?"是岁,献公卒。
>
> 非曰:凡诸侯之会霸主,小国,则固畏其力而望其庥焉者也;大国,则宜观乎义,义在焉则往,以尊天子,以和百姓。今孔之还晋侯也,曰"而暇晋是皇",则非吾所陈者矣。又曰:"汪是土也,苟违其违,谁能惧之?"则是恃乎力而不务乎义也,非中国之道也。假令一失其道以出,而以必其死,为书者又从而征之,其可取乎?

鲁僖公九年,齐桓公盟诸侯于葵丘,晋献公在赴会途中听从了宰孔意见而返回。柳宗元认为,诸侯会盟霸主,小国期望得到其庇护,大国应观其义,而不应期望得到什么直接的好处。柳宗元还批驳了宰孔"恃乎力而不务乎义"的观点,并指责《国语》作者以此验证这一观点的做法。

三

柳宗元批驳了《国语》的"好怪而妄言,推天引神,以为灵奇,恍惚若化",致使"迂回茫洋而不知其适",从而表现其"明道"思想。

在《问战》篇,柳宗元对长勺之战前曹刿论战中决定战争胜负的条件进行评论。他反驳问道于神,同时也否定断狱是"可以一战"的决定条件。他指出,应该充分考虑谋略、将领、士卒、器械以及地形地利等,否则只凭借断狱为全部条件,是会误国的。柳宗元指出:"刿之问洎严公之对,皆庶乎知战之本矣。而曰夫'神求优裕于飨','不优,神不福也'。是大不可。方斗二国之存亡,以决民命,不务乎实,而神道焉是问,则事机殆矣。……既至于战矣,徒以断狱为战之具,则吾未之信也。刿之辞宜曰:君之臣谋而可制敌者谁也? 将而死国难者几何人? 士卒之熟练者众寡? 器械之坚利者何若? 趋地形得上游以延敌者何所? 然后可以言战。"

《郭偃》中,晋国掌占卜的郭偃断言,晋国的混乱少则经历三代君王,多则五代。而事实上果然经历了奚齐、卓子、惠公、怀公至文公乃平定下来。柳宗元指责其言曰:"举斯言而观之,则愚诬可见矣。"

作为政治家、思想家的柳宗元,是以"道"来"辅时济物"的。他所参与的"永贞革新"失败后,遭受了灭顶的打击,陷入了万劫不复的苦难境地,使他不可能在政治道路上实现他的"利安元元"的理想了,于是,便以驰骋文章来"明道",来表现自己的思想,使之陈于今,垂于后。正如他在《卜》篇中对巫筮占卜所批驳的那样:"卜者,世之余伎也,道之所无用也。圣人用之,吾未之敢非。然而圣人之用也,盖以驱陋民也,非恒用而征信矣。尔后之昏邪者神之,恒用而征信焉,反以阻大事。要言,卜史之害于道也多,而益于道也少,虽勿用之可也。左氏惑于巫而尤神怪之,乃始迁就附益以成其说,虽勿信之可也。"

柳宗元在《与吕道州温论〈非国语〉书》中说:"近世之言理道者众矣,率由大中而出者咸无焉。其言本儒术,则迂回茫洋而不知其适;其或切于事,则奇峭刻核,不能从容,卒泥乎大道;甚者好怪而妄言,推天引神,以为灵奇,恍惚若化,而终不可逐。故道不明于天下,而学者之至少也。"我们通过柳宗元对《国语》中不合于"道"的历史观的批驳,可以看出他杂明道中表现出来的朴素的唯物主义思想。

(原载 2011 年第 3 期,作者单位:湖南科技学院)

论柳宗元《非国语》的政论性

✷ 王洪臣

政论是针对社会政治的某些问题进行评论,政论文是通过对这些社会政治问题的评论以阐述作者观点与理念的文章,作者一般从现实的社会政治观点出发,引证古今,指证时政。《非国语》是柳宗元针对《国语》所记之事,所论之义,不尽与"道"合而进行的否定性批评。这可以说是史评或史论,然其所评论之史事,大都是有针对性地提出相关政治观点和思想观点,有的政治评论乃至具有现实意义,因而具有极强的政论性。

柳宗元认为《国语》的一些记载"其道舛逆",因"病其文胜而言尨,好诡以反伦"。"学者以其文也,咸嗜悦焉伏膺呻吟者,至比六经,则溺其文必信其实,是圣人之道翳也",[1]故作《非国语》。

一

《非国语》的政论性突出体现在强烈的思想观念上。

柳宗元在《非国语》中突出表现了"德"的理念。"德"是儒家传统思想的一个重要理念,也是西周社会以来的主流社会意识。作为理念的"德",是"外得于人,内得于己"[2]。"德"也是对统治者的一系列律己以得民心的道德行为规范。"德"作为一种行为规范被确定下来之后,就要求统治者身体力行了。《周易·文言》中说的"君子进德修善",就是指对"德"的践行。

第一,柳宗元把"德"作为统治者统治社会的先决条件。

在《谷洛斗》中,谷、洛二水格激将会冲毁王宫,灵王没有听取太子晋的劝谏而堵塞了大水,《国语》的作者却将此事与后来东周王朝的动乱和衰微联系了起来。柳宗元指出"王室之乱且卑在德",是由周天子失德造成的。这种理念就是"皇天无亲,惟德是辅"[2],得天下是"在德不在鼎"。《尚书·召诰》中,召公以夏商灭亡的教训勉励周成王说:"我不可不监于有夏,亦不可不监于有殷。……

惟不敬厥德,乃早坠厥命。"柳宗元的"王室之乱且卑在德"说,大概也是对其所处时代的朝政衰微的一种规谏吧。

《晋孙周》中,单襄公嘱咐他的儿子顷公,要他善待晋周,说晋周将来一定会成为晋国的国君。单襄公数晋周之德有十一条,"夫敬,文之恭也;忠,文之实也;信,文之孚也;仁,文之爱也;义,文之制也;智,文之舆也;勇,文之帅也;教,文之施也;孝,文之本也;惠,文之慈也;让,文之材也"。这里,"文"是"德"的总名。当然,所谓"天六地五,合于天地之数",柳宗元称其为非"德义之言",又征卦、梦以附合之,这都是柳宗元所否定的,而所数的"德",则被肯定是作为国君的条件。

第二,柳宗元还提出"德"是使人归顺的力量。

《围鼓》篇本来是晋国的中行穆子师师伐白狄,围鼓,鼓人请求归附晋国,而中行穆子不准,最终使得白狄投降。这本是战争中常见的情况,而柳宗元不甚合时宜地"非"了中行穆子的不受白狄叛归。柳宗元这样做,就是要借题发挥,表明"德"能使人归顺的力量。他说:"城之畔而归己者有三:有逃暴而附德者,有力屈而爱死者,有反常以求利者。逃暴而附德者麻之,曰:德能致之也。"

柳宗元极力推崇"德",鲜明地表明了自己的思想主张。正如他在《贞符》中所说,人类社会"厥初冈匪极乱,而后稍可为也,非德不树"。他历数上古圣君之德:尧"克明俊德",舜"濬哲文明",禹"文命",汤"克宽克仁",周武王"有道",因此得出结论:"惟兹德实受命之符。"这里的"文明""文命""宽仁""有道"都是"德"体现的不同侧重点。柳宗元在批驳董仲舒等人"推古瑞物以配受命"的基础上,提出君王"受命不于天,于其人;休符不于祥,于其仁"的观点。他的这种"德"的思想主张的提出,其现实目的就是"言唐家正德"非"受命于天",而是"受命于生人之意",要使人们"知圣人立极之本","显至德"。他认为,君王应该"思德之所未大,求仁之所未备。以极于邦理,以敬于人事",这才是治理邦国之道。

第三,柳宗元在《非国语》中还从反面阐述了与"德"相悖的教训。

在《灭密》中,密康公之母认为密康公的地位和德行不可接受淫奔于他的三个美女,主张将她们献给周恭王,认为"众以美物归汝,何德以堪之? 小丑备物,终必亡"。密康公不听,一年后密国被周王所灭。柳宗元针对这段史事的思想意识进行了批驳:

> 非曰:康公之母诚贤耶? 则宜以淫荒失度命其子,焉用惧之以数? 且以

德大而后堪,则纳三女之奔者,德果何如? 若曰"勿受之"则可矣。教子而媚王以女,非正也。

他认为康公之母应以淫荒失度劝诫其子,然而她却以"德大而后堪",纳三女"德果何如"来劝其子,讥刺康公之母不是贤德之人,对其"教子而媚王以女",尖锐地指责其"非正也"。

《聘鲁》篇,刘康公聘于鲁国,回来后对定王评价鲁国的季文子、孟献子和叔孙宣子、东门子家未来命运。他认为节俭的季文子、孟献子能够长久地保持其在鲁国的地位;而"泰侈"的叔孙宣子、东门子家必然灭亡。柳宗元尽管批驳了刘康公预测其身家灭亡时限的荒唐,但却对"泰侈"恶德必然导致灭亡观点的赞同。

柳宗元"德"的思想理念即是"大中之道"。他在《与吕道州温论非国语书》中说:"近世之言理道者众矣,率由大中而出者咸无焉",这个"大中"是"志乎中之所得",是他在现实基础上对"圣人之道"的阐发。正如吕国康在其《论柳宗元的"德治"与"民本"思想及其渊源》一文所说:"他提倡的大中之道,并不是传统意义上的圣人之道、尧舜孔子之道,而是对儒道的改造和创新,也可以说是新儒学的发端。"

二

《非国语》的政论还突出地表现出了鲜明的政治观点。

第一,《非国语》充分表现出了柳宗元"德政"的执政理念。

《不藉》篇,柳宗元针对"宣王不藉",虢文公以"将何以求福用人"进行劝谏的观点进行了驳斥,指出籍田这一"礼"其意义是劝农。既然是劝农,他阐述了自己的政治主张:"时使而不夺其力,节用而不殚其财,通其有无,和其乡闾,则……不劝而劝矣。启蛰也得其耕,时雨也得其种,苗之猥大也得其耘,实之坚好也得其获,京庾得其贮,老幼得其养,取之也均以薄,藏之也优以固。"可以说,这是柳宗元从当时社会实际出发,在自己政治革新失败后,对其政治观点的进一步推出。他借助于史评,阐述了充满民生意识的现实政治观点。他的这一政治观点与孟子"五亩之宅,树之以桑,五十者可以衣帛矣;鸡豚狗彘之畜,无失其时,七十者可以食肉矣;百亩之田,勿夺其时,八口之家,可以无饥矣;谨庠序之教,申之以孝悌之义,颁白者不负戴于道路矣。老者衣帛食肉,黎民不饥寒"的仁政思想一脉相承,是孟子思想在柳宗元所处时代的具体体现,柳宗元将其称之为"大德"。

"利安元元""辅时及物"是柳宗元政治思想的极为重要的一面。他在这里表达的民生意识至为浓厚,正如后人所评论的,"一片悯时深思、忧民至意,拂拂从纸上浮出。"[3]

《赵宣子》篇,赵盾推荐韩厥做了军中司马,他为了试探韩厥,使人驾驶他的乘车扰乱军中队伍,结果被韩厥将这人杀掉了。柳宗元肯定了赵盾褒扬韩厥秉公执法、不徇私情之举,但却对赵盾以陷害无辜、轻人之死来考察韩厥的做法进行了尖锐的批评。他义正词严地指责:"彼何罪而获是讨也?"并以孟子的话对这种草菅人命的行为进行了谴责:"杀一不辜而得天下,君子不为!"

《大钱》篇,柳宗元以周景王将铸造大钱,单穆公不赞同,认为这样做是"召灾"为话题展开了议论。他认为:"币轻则物价腾踊,物价腾踊则农无所售,皆害也。就而言之,孰为利?曰:币重则利。曰:奈害农何?曰:赋不以钱,而制其布帛之数,则农不害;以钱,则多出布帛而贾,则害矣。"他倾向于在对农民赋税以布帛实物征收的前提下,币值重些是有利的。在这里,他把朝廷的利益与民众的利益进行权衡,从民生的角度来处理二者的关系。柳宗元认为,为政之要"在于利民",要以"生人为主"。这也就是他的"利于人,备于事""急生人","以兴尧舜孔子之道,利安元元为务"的"生人之意"。他把儒家倡导的民本思想提高到了一个新的高度。

第二,在政治事务中,强调道义的主导地位。

柳宗元在对历史的社会政治分析中,提出"明乎物无非道,而政之不可忘"的政治观点,《非国语》所"非"的原因就是《国语》"背理去道"。《荀息》篇,他提出了"中正"之道:"夫'忠'之为言,中也;'贞'之为言,正也",并对荀息认定自己行为属于忠贞的观点进行了批驳。他认为荀息不符合忠贞的标准,"间君之惑,排长嗣而拥非正,其于中正也远矣"。柳宗元还在《宰周公》中借评论宰孔在劝说晋献公无须参加齐桓公会盟诸侯的事件上,提出了执政者应遵循的道义是"以尊天子,以和百姓",同时又从反面评价"恃乎力而不务乎义,非中国之道也。"

《获晋侯》比较详尽地阐述了行政中的道义。秦晋韩原之战,秦国俘获晋惠公。秦穆公与大夫谋划,对晋惠公是杀是逐还是复其君位。公子絷主张杀,而以重耳为晋君,"杀无道,立有道,仁也";公孙枝却主张复晋惠公的君位并令其嫡子入秦为人质,反对"纳有道以临汝"。柳宗元明确指出:"秦伯之不霸天下也,以枝之言也。"他认为公子絷"言立重耳,则义而顺"。当时,天下诸侯莫能宗周,而能宗周者则是大国称霸的基业。倘使秦穆公俘获晋侯之后，以天子之命黜晋惠公而立重耳，达公道于天下，"则天下诸侯无道者畏，有德者莫不皆知严恭欣戴而霸秦矣"。而秦穆公却弃至公之道，这是"舍大务小、违义从利"。

柳宗元在《非国语》中还从多个方面否定了为政"背理去道"。一是批评卜筮之术害道。如《卜》，他认为卜筮巫术是"世之余伎"，指出，"卜史之害于道也多，而益于道也少，虽勿用之可也"。他批评《国语》的作者将占卜之言附益于史事，"恒用而征信"，不可相信。《筮》篇，晋公子重耳为能否得晋国而筮。柳宗元指出重耳人事齐备，可以得晋国，"虽在外，晋国固戴而君焉；又况夷吾死，圉也童昏以守内，秦、楚之大以翼之，大夫之强族皆启之"。然而重耳却以筮而问，司空季子《易经》学问广博解释爻义为"吉"，他们的做法"皆不及道者也"。二是批评政治活动中的非礼行为。如《怀嬴》，秦穆公把五个女子送给晋公子重耳为媵妾，其中包括曾经嫁过晋怀公的怀嬴。晋怀公是重耳的侄子，柳宗元认为重耳出于"将以守宗庙社稷，阻焉，则惧其不克"的政治目的，作为权宜之计是可以的；而批评秦穆公作为大国应该行仁义交诸侯，其做法非礼。

第三，以正道摆正君臣关系。

柳宗元参与王叔文变法革新失败，遭受了极大的打击。他为君、为民、为国的耿耿忠心，天日可表，但却招来万里投荒的悲惨遭遇。在政论中表现忠直的君臣关系，是《非国语》的一个重要观点。

首先，表明臣对君要秉持忠正之心。《公子申生》中，晋献公宠幸骊姬，欲废黜太子申生而立奚齐，里克、丕郑、荀息以及猛足等力主申生图之，申生恪守对君、父的"孝、敬、忠、贞"四条原则而拒绝诸臣的主张。柳宗元认为申生的行为得到了儒家的道德标准。

其次，抨击谄媚君王和"诬以愚其君"的恶德。《灭密》中，柳宗元认为密康公之母教密康公把淫奔于他的三个美女献给周恭王是谄媚于王，不是正道。《料民》中，仲山父对周宣王"无故而料民"进行劝谏，认为是"天之所恶也，害于政而妨于嗣"。周宣王没有听从劝谏，于是"妨于嗣"应验于"及幽王，乃废灭"。柳宗元非曰："吾尝言，圣人之道，不穷异以为神，不引天以为高……君子之谏其君也，以道不以诬，务明其君，非务愚其君也。诬以愚其君则不臣。"在《叔孙侨如》中，也批评了叔孙侨如"使王逆诈诸侯而蔑其卿"的恶德。又如《射鴳》："平公射鴳不死，使竖襄搏之，失。公怒，拘将杀之。叔向曰：'君必杀之。昔吾先君唐叔射兕于徒林，殪，以为大甲。今君嗣吾先君，射鴳不死，搏之不得，是扬吾君之耻者也。君其必速杀之，勿令远闻。'君忸怩于颜，乃趣舍之。"柳宗元反对用这种旁敲侧击、讽刺暗示的做法劝谏君王。他认为，对于国君来说，"明者固可以理谕，胡乃反征先君以耻之耶？"这些评论都体现出柳宗元忠正磊落，直言劝谏的性格。

再次，表现出贤臣对于政荒人乱的无道昏君可以弃之而去的思想。《虢梦》篇，柳宗元肯定了舟之侨离开骄纵奢侈、政荒人乱、穷兵黩武的虢公而到晋国的行为是"观其政可以去焉"，称舟之侨为"贤者"。《伍员》中，对伍子胥伏剑而死表示了深重的惋惜。他认为，伍子胥其始以道交吴王阖闾，故由其谋。如今嗣君宠信进谗者，国无可救者，"于是焉去之可也"。

第四，处理行政事务要从实际出发，反对空谈抽象理论。

《救饥》篇，晋国遭遇饥荒，晋文公问其大夫箕郑怎样来救饥。箕郑对曰："信。"公曰："安信？"对曰："信于君心，信于名，信于令，信于事。"柳宗元对此空谈给予了批驳："信，政之常，不可须臾去之也，奚独救饥耶？其言则远矣。"饥荒之困迫在眉睫，而推行上述的"信"要在岁月之外。这是不知常道和权变的关系。因此柳宗元批评这"救饥之道，则未尽乎术"，抽象的空谈不是解救饥荒的办法。正如他在《断刑论》中所说："果以为仁必知经，智必知权，是又未尽于经权之道也。何也？经也者，常也；权也者，达经者也。皆仁智之事也。离之，滋惑矣。经非权则泥，权非经则悖。……知经而不知权，不知经者也；知权而不知经，不知权者也。"

《问战》篇也是这样，柳宗元对长勺之战前曹刿论战中决定战争胜负的条件进行评论。他反驳问道于神，同时也否定断狱是"可以一战"的决定条件。他指出，应该充分考虑谋略、

将领、士卒、器械以及地形地利等，否则只凭借断狱为全部条件，是会误国的。他指出，曹刿应该提出这样的问题："君之臣谋而可制敌者谁也？将而死国难者几何人？士卒之熟练者众寡？器械之坚利者何若？趋地形得上游以延敌者何所？然后可以言战。"如果仅仅凭借庄公"神求优裕于飨"和"小大之狱，必以情断之"来进行战争"则其不误国之社稷无几矣"。

三

《非国语》的政论性还表现在思想、政治观点与现实的密切关联上。

自从《非国语》问世，对其是是非非人们评价不一。对其肯定者且不说，对其否定的，有的批评其"意恣乱诗书"[4]，甚至挖苦柳宗元"是私其所自得，而讳其所从来也"，"天资刻薄"[5]以至于出现了多家的《非非国语》。（黄瑜《双槐岁钞》卷六《非非国语》："宋刘章尝魁天下，有文名，病王充作《刺孟》、柳子厚作《非国语》，乃作《刺刺孟》《非非国语》。江端礼亦作《非非国语》……元虞槃亦有《非非国语》，是《非非国语》有三书也。"[6]）其实，这些否定《非国语》者，都没有清楚地看到，柳宗元的《非国语》并非仅仅是就《国语》而论《国语》，不是发思古之幽情，他是通过批评《国语》来表达现实的思想和政治观点。

"大中之道"是柳宗元继承儒家思想、圣人之道提出的思想观点。他在《与吕道州温论〈非国语〉书》中说："近世之言理道者众矣，率由大中而出者咸无焉"。他写《非国语》是"志乎中之所得"。这个"大中"不是尧舜孔子的"大中"，而是柳宗元在其社会中与现实相关，由内心所出的思想认识。他在《断刑论》中说："当也者，大中之道也"，而"当"，简单说就是与现实相吻合，与柳宗元的思想认识相吻合。"大中之道"在《非国语》中也称作"中庸"。《非国语·序》说："左氏《国语》……是不得由中庸以入尧、舜之道"，正是指出了不合于现实社会之"当"。要之，"大中"或"大中之道"，就是传统的儒家理论、尧舜孔子之道的时代体现，它有着强烈的现实意义，《非国语》是承载大中之道，与现实社会问题关系密切的一组政论文。

在具体的政论中，《非国语》表现的"德政"思想与现实密切相关。

唐代中期开始，社会经济的繁荣表现在商业的兴盛上，但同时却伴随着农业的衰落。由于土地兼并的加剧，地主庄园经济日益发展，加之战乱和重税，农业经济受到极大地破坏。特别是"两税法"实施以来，加重了民生的艰难。柳宗元在《非国语》中的许多观点与主张都针对当时的社会现实。《不藉》篇中，他提出籍田之礼的意义不过是劝农，在此基础上，他紧切于社会实际阐述了劝农政治主张，这等于是对当今最高统治者的奏疏。

《大钱》中，柳宗元的观点就直指"两税法"带来的民生灾难。德宗建中元年（780）开始施行的"两税法"规定，人居分夏秋两次纳税，两税都按钱计算，这对农民带来了重大的负担。农民只生产布帛，而按钱计税就要卖出布帛换钱纳税。刚实行"两税法"时，物重钱轻。然而物重钱轻则导致物价腾踊，物价腾踊则农无所售。而钱重则物价下跌，物价越跌，则农民纳物越多。如原来一匹绢为3200文钱，后来跌为1600文。官府按钱收税的标准没变，而农民缴纳的负担却加重了一倍。柳宗元抛开《国语》的谈论重点,直接就现实问题侃侃而谈:"古今之言泉币者多矣。是不可一贯,以其时之升降轻重也",他认为就国家而言,"币重则利";但对于农民的重负怎样解决,他主张"赋不以钱,而制其布帛之数,则农不害;以钱,则多出布帛而贾,则害矣"。

"两税法"还有一条重要内容是"户无主客,以见居为簿;人无丁中,以贫富为差"。贞元四年(788)又诏令定户等,并且规定三年一定,以为常式。《料民》中,柳宗元对仲山父仲山父劝谏周宣王不要"无故而料民"所进行的评论,也明显具有现实意义。

另外,《非国语》的许多观点和主张,虽未明指,却与现实暗合。

中唐时期,官场腐败,统治者任人唯亲,排除异己的情况非常严重,"父子相袭,亲党交固",形成了强大的势力。《命官》篇,晋文公命十一族晋之旧姓掌近官,姬姓之良掌其中官,而异姓之能,掌其远官。柳宗元对这种任人唯亲的用人原则给予了严厉的指责:"官之命,宜以材耶? 抑以姓乎? 文公将行霸,而不知变是弊俗,以登天下之士,而举族以命乎远近,则陋矣。"现实所指,不言自明。《祝融》篇也是这样。《国语》中,史伯就上古的黎为高辛氏火正,以其辉煌功德命之曰祝融之事,认为"夫成天地之大功者,其子孙未尝不彰",并指出虞、夏、商、周其后裔皆为王公侯伯。柳宗元通过列举历史事实驳斥史伯这种观点,以"故凡言盛之及后嗣者皆勿取"这样极其愤慨的口气,立意鲜明地批判了包括现实中"父子相袭""世卿世禄"的腐朽政治制度。

还有,《非国语》的评价中对其自身遭遇表明了坚定的态度和抒发了一定的情感。

柳宗元胸怀"辅时及物""利安元元"的志向积极投身"永贞革新"。革新失败,被贬永州。尽管遭受残酷打击,但他坚持自己的政治理想,从未悔志。《非国语》的一些篇章流露出了他的坚定态度并时有感慨系之。《鉏麑》中,赞扬赵宣子骤谏施行虐政的晋灵公是"为政之良,谏君之直,其为社稷之卫"的忠正之臣,称其为"大德"。对"大德不见赦,而以小敬免"的感慨,又岂是对"贼之悔过者,贤可书乎"的鉏麑所发?

《庆郑》篇,晋大夫庆郑是个正直之臣,由于对晋惠公忘善背德的昏昧行为不满,在韩原之战中不救,致使晋惠公被俘。晋惠公返国后,斩庆郑。柳宗元对此评价说:"庆郑误止公,罪死可也,而其志有可用者",如果赦免其罪,"则获其用亦大矣",这话绝不是没有遭受残酷打击的人所能说出的。最后,"悲夫! 若夷吾者,又何诛焉?"未遇明君的幽怨,又是多么深重!

《郤至》中,柳宗元对郤至表现出同情,肯定《国语·晋语》中评价郤至"勇以知礼",而对于这篇《周语》所谓其"舍郑伯、下楚子、逐楚卒,咸以为奸,则是后之人乘其败迫合之也"。从郤至的遭遇中,"郤氏诚良大夫,不幸其宗侈而亢,兄弟之不令,而智不能周,强不能制,遭晋厉之淫暴,谗嬖窃构以利其室,卒及于祸",不是可以看到柳宗元的身影吗? 接下来的"吾尝怜焉",岂不是同病相怜!

清代焦循说得好:"一《国语》也,或是之,或非之,而《国语》则至今存;一《非国语》也,或是之,或非之,而《非国语》则至今与《国语》并存。然则是非果何定乎? 古人之书,往往是非各半。苟不论其世,则一言且可非可是也。"[7] 信哉其言! 如果仅仅把《非国语》看做是史评或史论,那么许多"非"《非国语》的言论不无道理,但是充分认识它的政论性,就可以看出柳宗元在"动作悖谬,以为僇于世,身编夷人,名列囚籍"处境下,"以志乎中之所得"来"立言垂文"的伤时忧世之意,《非国语》为道、为政、为事而发。

参考文献:

[1]柳宗元.与吕道州温论《非国语》书[A].柳河东集[M].上海:上海人民出版社,1974.

[2]杜预.春秋左传集解[M].上海:上海人民出版社,1974.

[3]孙琮.山晓阁选唐大家柳柳州全集[A].柳宗元资料汇编[C].北京:中华书局,1964.

[4]朱翌.灊山集[A].柳宗元资料汇编[C].北京:中华书局,1964.

[5]张萱.疑耀[A].柳宗元资料汇编[C].北京:中华书局,1964.

[6]黄瑜.双槐岁钞[A].柳宗元资料汇编[C].北京:中华书局,1964.

[7]焦循.雕菰楼集[A].柳宗元资料汇编[C].北京:中华书局,1964.

(原载 2013 年第 9 期,作者单位:湖南科技学院)

郡县制与《封建论》

✱ 廖剑鸣 ●

中国历史上的政治家、思想家,由周公开始,总是力图通过设计一个尽善尽美的政治体制来把国家治理好。政治体制是政治生活的规矩和政治活动的依据,带有根本性和全局性,与社会上的各个阶级、阶层利害相连,所以,一项政治体制的创建或废除,甚至只是重大的修改,都是各个阶级、阶层利益的重新调整,因此,政治体制的变化,自然而然地成为历史中国政治斗争的焦点,牵动着上上下下很多人的神经。

一 从分封制到郡县制

公元前 1066 年,位于渭水流域的周部落的酋长,即后来的周武王,会合大批反商部落攻入朝歌,商纣王自杀。战后,周公姬旦考虑到周疆域辽阔,在当时极为原始的交通、通讯条件下,周王室无法统治这么广大的地区,便设计并实行了"分土而治"的分封制,让王室成员和功臣到中原各地"分封建国",各诸侯国与王室因有血缘和感情上的联系,自然也愿意承担向王室进贡和派兵拱卫王室的义务,从此确定了周朝在中国中原地区的统治地位。周及各诸侯国在经济上实行井田制,使人口定居下来,从而使农业得到普遍地发展。分封制给各诸侯国以全权,各诸侯都把分封给自己的区域视作私产,不把自己的"家"治理好,今后自己如何自立?如何发展?这样,封建、宗法、井田、认真治理的交相作用,终于出现了生气勃勃的"成康之世",在中国产生了辉煌的农业文明,《诗经·周颂》正是叙述这个兴旺时期的可靠的信史。看来,分封制的出现是历史的必然。

但是,客观事物变化发展的无限性和周公认识的有限性,决定了这种政治体制的设计不可能是一劳永逸、永恒不变的,一段时间之后,分封制便显现出它的缺陷:

首先,分封制是专制制度下的地方分权制,分封制的诸侯在自己的封土内享有全权,这个权又是世袭的,全权加上世袭,各诸侯国就自然而然地形成各自为政的局面。当时的中国,经济是小生产的农业经济,每个诸侯国的财富和力量,主要依赖对自己封地上农民和奴隶的控制,谁的地盘大,控制的农民和奴隶多,所得的贡赋和剩余产品多,能养之兵就越多,谁就越强大;反之,就越弱小。到西周末期,随着农业的迅猛发展和人口大量增加,荒地得到大片开垦,原来各国间的无人地带已不复存在。每个诸侯都想拓展疆土,增加赋税,各诸侯国在扩张接触中冲突四起,实力政治在社会上慢慢抬头,宗法制度开始失效,加上有些诸侯国的实力已超过周王室,周王室就逐渐地失去了仲裁的力量,春秋战国时期列国混战的局面出现了,这种并大兼小、兵革不休的局面延续了五百多年,广大民众屡遭兵燹,痛苦不堪,无不盼望停止战乱.过上和平安定的日子,于是,以结束战争、保障太平的政治体制来取代产生战乱的分封制的社会需要便呼之而出。

其次,我国自有史以来,水利和政治始终紧密相连,治水一直是治国的最大政治,史学家们指出,周王朝的疆土主要在黄河流域,黄河所流经的黄土地带,土质稀松厚积,疏松的黄土层有 100 尺到 300 尺的厚度,因此咆哮奔腾的黄河极易裹挟大量泥沙,阻塞河床、冲破河堤、淹没人畜、损坏庄稼。而中国农产区的雨量,80% 出现于夏季三个月内,季候风由菲律宾海循西北方向吹来,由新疆方向自西至东的旋风将这股东南吹来的气流升高,把温度降低,使东南季候风中的水分凝结为雨,下雨或不下雨,全靠这两种气流适时地聚会。要是它们经常在一处碰头,碰头处必有水灾;反之即有旱灾。据《图书集成》及其他资料统计,中国在 1911 年前 2270 年中,有旱灾 1392 次,水灾 1621 次。为抵御水灾,分封制下的诸侯国,各造堤防来应对,于是便常常发生天旱与邻国争水,天涝向邻国放水"以邻为壑"的事情,如赵魏两国地势高,齐国地势低,常常是黄河不决齐堤便要泛滥浸淹魏赵,壅水或放水,都会给黄河沿岸男女老少以生死的威胁,分封制下各诸侯国的局部治理无济于事,因此,统一管水、统一治水,就成为黄河流域各诸侯国广大民众的共同要求,而这只有全国统一,才能消除或减少由于割据所发生的灾害。

史学家范文澜在《中国通史》中说:春秋时期大小一百多国,象莒、邾等小国,也要准备兵车一千乘。小国对大国缴纳的贡赋徭役,列国间的战争损害,国内君主贵族的奢侈浪费,全压在劳动人民的肩上,那时候小国民众负担极其沉重。但如晋、齐等大国,土地、人口比莒、邾大几十倍,兵车不过四五千乘,从这一点来说,大国民众的负担要比小国轻得多。战国时期,秦、赵等大国,兵力 60 万左右,战争中用全兵力的次数极少,可以说,民众负担又比春秋时期大国要轻些。所以,民众的经验是:做小国的民众不如做大国的民众,做大国的民众不如做全中国统一的民众。

聪明的儒家敏锐地察觉到广大民众的这种愿望,及时地提出了"大一统"的政治主张。"大一统"三字最早出现于《春秋公羊传》的传文中,其"隐公元年"称"何言乎'王正月'?大一统也。"孔子倡导用"王道"来实现"大一统",设计了"大一统"政治最高目标是"大同"社会,《礼记·礼运》还对孔子向往的大同世界作了生动而完整的描述。《孟子·梁惠王上》记载了这样的对话:孟子见梁惠王,梁惠王问:"天下恶乎定(天下怎样才能安定)?"孟子答:"定于一(统一才能安定)。"梁惠王又问:"孰能一之(谁能统一呢)?"孟子说:"不嗜杀人者能一之(不喜好杀人的人能统一天下)。"孟子的政治思想是劝国君行仁政以达到全中国统一的目的。儒家学者长时期地不遗余力地宣传"大一统"思想,反映出春秋战国时期广大民众厌恶战争、要求统一的愿望。

秦国的政治比山东六国都进步,兵力也较强,先后击败山东六国,统一了中国。"元元黎民,得免于战,……人人自以为更生"(《史记·平津侯主父列传》)的太平日子终于来临。秦统一中国后,废除分封制,实行郡县制,把全国划分为郡县,郡守县令皆由朝庭任免,中央对地方有很大的控制权。定疆域,书同文,车同轨,行同伦,"海内为郡县,法令由一统",中国开始成为伟大统一的国家。

二 郡县制深藏玄机

郡县之名见于春秋,成为普遍的地方政权的一级建制始于战国,而在全中国普遍推行郡县制却是从秦始皇统一中国开始的。中国实行郡县制有两千多年的历史,是中国有史以来存在时间最长,对中华民族心理和文化影响很深的政治体制。一种政治体制的内在价值取决于这个民族的需要程度。秦始皇统一中国后,确定在全中国推行郡县制,这个决策,玄机深藏。

1. 郡县制使郡县政府成为中央政府的"延长之手"。秦在全国设郡36个,后增至48个(不包括内史),设县则在1000个左右,平均每郡辖县约20个。全国行政建制是中央——郡——县三级,中央只管48个郡,每个郡只管20个县,管理链不长,即使是在交通不便、信息难以收集的古代,中央对郡、郡对县可以进行有效管理,不会出现顾此失彼之弊,可收行政办事效率高之功。郡县按中央决策、命令办事,郡县政府就成了中央政府的执行机构,郡县政府就具有"中央性",就成了中央政府的"延长之手",中央政府指挥郡县如"身之使臂","治天下如运诸掌然"。

2. 郡守县令直接由君主任命,并可随时撤换。郡守县令官职,代表着一定的权力、地位、名望和财富,在社会上居于特殊的地位,享受着特殊的权利。郡守县令由君主任命,意味着他们的权力都源自君主,来自中央,是"仰沐上恩"。权力来源的"唯上"性,使君臣之间形成一种"主卖官爵,臣卖智力"(《韩非子·难一》)的主仆关系,既食君禄,就必须"忠君之事",郡县长官就会对君主"忠诚";由于郡守县令的职务君主可以随时撤换,权力的变更带有很大程度的随意性和随机性,而失去权力,即意味着郡守县令在丧失荣华富贵的同时,断绝了衣食之源,甚至失去生命的保障,郡县长官保官固位的本性与难卜莫测的仕途,使郡守县令个个都盼望得到君主的赏识,对君主那敢有半点的"不忠"与"不敬"。当时,不是绝对没有想割地称王的郡守,但一个郡只管辖 20 个县,与中央政府拥有的资源、实力相比,相差极为悬殊,只能是"有贼心无贼胆",老老实实服从中央政府。

3. 郡县制可使君位与君权统一。分封制下的各诸侯国,诸侯在自己封国中居于支配地位,这个地位是世袭的,周天子的命令,诸侯可听可不听,听了是"尊王",不听,天子也无可奈何。周天子的权力只能在自己直接管辖的地域内行使。因此,实行分封制的周天子,尽管被各诸侯国尊为"共主",但只有领导全中国的君主名号而无统领全中国的实际权力,君位与君权是背离的。郡县制的权力格局与分封制大不相同,分权固然不可避免,但郡县长官所分掌的权力只能是办事之权,无碍大局之权,那些决策之权、重大之权、要害之权,则只能由君主专擅,也就是申不害所说的"君设其本、臣操其末,君治其要、臣事其详,君操其柄、臣事其常"(《群书治要·大体篇》)的要旨,郡守县令,不过是君主办事的工具而已,只有君主才是国家行政权的真正掌握者。凡统治中国的君主,无不希望君位与君权是统一的,但只要实行的是分封制,君位与君权就是背离的,不可能统一,而实行郡县制的秦始皇,却把君位与君权一致起来,历史实践证明,只有君位与君权相一致,才可能建立起全国统一的、君主专制的中央集权的国家。

4. 郡县制实现了当时历史条件下最大的"公",大大拓宽了知识分子的仕途。分封制下,官员的选拔、任用是实行"世卿世禄"制,一个人能否当高官,决定于这个人的血缘关系,与他的才干无关,这种选人用人机制,把很多有才干而没有贵族血统的"士"排斥在统治集团之外,广大知识分子自然愤怒不满。废分封、立郡县,也同时废除贵族凭血统当官的特权,每一个"士",只要你的才能得到皇帝或上司的赏识,不但有机会到郡县当官,还有机会到中央官僚机构当官,有机会进入统治阶级的统治层中,甚至有机会挤入社会最上层核心决策集团中。这样一来,凝固的

"世卿世禄"用人机制被摧毁了,知识分子的仕途由窄变宽了。郡县制的推行,自然而然地把广大的知识分子争取到实行郡县制的君主这一边来。

5. 郡县制是当时中国几股强大势力的利益结合点。各诸侯国民众盼望统一、结束分封,这种愿望只有废分封、立郡县才能实现;秦贵族拥有列国中最先进的政治体制和最强大的军队,他们要把自己的统治权由秦扩大到全中国,而废分封、立郡县才能达到这个目的;广大知识分子要求参与执政,要求废除"世卿世禄"的用人机制,这只有废分封、立郡县才能办到。广大民众的"统一、和平"愿望,秦贵族把统治权扩大到全中国的目的,知识分子仕途由窄变宽的要求,都可以在废分封、立郡县的实施中得到不同程度的实现,所以,郡县制成了中国当时几股强大势力的利益结合点。抓住这个结合点,不但得到掌握强大军事实力的秦贵族集团的支持,还得到广大知识分子、广大民众的支持和拥护,于是,郡县制的推行就所向披靡、迅速遍及全国。

以上五点,能使行政权力重心向中央倾斜,在全国形成上重下轻、上下相维的政治态势,使中央政权具有居上驭下、居内驭外的功能,使全国出现统一、和平、稳定的政治局面。秦的统一,结束了诸侯500多年的混战,增强了抗拒外来侵略和周边各族统治者的骚扰的力量,有利于中国社会经济文化的发展,也保证了以后中华民族的一统。这统一事业超越了地主阶级狭隘利益的范围,对中国历史是一伟大贡献。在这统一事业中,郡县制贡献昭著,功不可磨。如果没有郡县制,古代中国即使发生了改朝换代这样的大事,夺权后冒出来的还是封侯建国的局面,还是搞分封制,权力只是在不同的集团之间转移而已,国家政治制度仍没有进步。郡县制取代分封制,是中国历史一大变局,在这个大变局中,秦始皇表现了超常的政治智慧,他突破了古圣人周公的执政理念,果断地废分封、行郡县,建立了一个专制主义的中央集权的国家。环顾世界,当时的欧洲尚未跨入封建社会的门槛,还要再过1600多年(1477年),以路易十一为国王的法国,才结束封邦建国,走上君主专制中央集权之路;还要再过2000多年(1871年),俾斯麦时代的德国,才真正完成秦始皇式的统一。因此,秦始皇统一中国所建立的政权,是世界上第一个中央集权的政权,秦朝实行的郡县制,是当时世界上促进统一的最先进的政治体制。

三 《封建论》深化了对郡县制存在、发展规律的整体性认识

秦统一中国不久,中国历史上一件令人困惑的大事发生了,处于封建社会上

升时期、拥有郡县制这种先进的政治体制的秦王朝,却在统一中国 15 年后土崩瓦解了。

秦王朝的短命而亡,使主张分封制者以为抓到攻击郡县制的"把柄",他们大肆鼓吹什么周王朝实行分封制,立国 800 余年,秦王朝实行郡县制,15 年即灰飞烟灭,要想国祚长久,只有实行分封制等等。加上汉代著名史学家班固有言:分封制是圣人周公制定的古法,封侯建国使朝庭有了屏藩,一旦国家有事可以首尾相顾,这是保证国运长久、王业"根深固本"之法(《汉书·诸侯王表》)。班固的观点成为分封论者的理论根据,认为郡县制违背圣人意,是造成秦朝短命的祸首,应当坚决废弃。是分封制还是郡县制? 这两种政治体制谁优谁劣,是汉至唐近千年来一直争论不休的问题。汉朝初年,是郡县制与分封制并用,"七国之乱"后,改为以郡县制为主;唐朝则完全实行郡县制。这说明汉唐两大王朝的统治者们,在行动上是向郡县制倾斜的,但由于主张分封制的理论一直未遭到有力的驳斥,特别是实行郡县制的秦朝短命而亡,始终是汉唐两王朝皇帝们挥之不去的心头阴影,这个阴影不除,郡县制的存废问题始终存在;另外,中唐的现实又对支持郡县制者提出了新的疑问:郡县制如果是个好的体制,为什么实行郡县制的唐王朝又发生危害全国的"安史之乱"? 为了批驳流行了千余年的分封论调,为了给郡县制一个正确的说明,柳宗元的《封建论》被催生了。

郡县制好不好? 秦王朝的短夭与实行郡县制有没有关系? 如何正确看待周王朝的长久与秦王朝的短暂? 柳宗元的《封建论》不但对这些问题作了精彩的回答,还进一步提出了实行郡县制必须要有政治措施、军事制度、用人制度配套的见解,这个见解,精辟深邃,视野广阔、蕴含了高度的政治智慧。

郡县制取代分封制,并非局部改革,而是政治体制带有全局性的大改革。因为不是局部的改革,所以不能"单兵独进",需要综合配套,整体推进。

配套之一是"制"必须有"政"的配合。

《封建论》正确地区别了"制"和"政"这两个相关的范畴,并以此来考察历史政治中的得和失。"制"是政治体制,郡县制和分封制都属于政治体制;"政"是政治措施,即执政者的具体施政行为。"制"与"政"一旦确立,就具有相对的独立性,就会作为一种现实力量对与自己有联系的事物施行强大的推动和影响,而"制"与"政"的互相推动、互相影响常常达到"共生共荣"或"一损俱损"的程度。但秦朝的统治者没有认识到这一点,对郡县制的设计、推行非常认真,思虑周密,可谓"老谋深算",但对"政"的制定、实施却脱离实际、极不谨慎。秦统治者被胜利冲昏了头脑,以为自己无所不能,采取了很多只顾满足奢欲、不管人力物力财力是否承受得了政治措施,即《封建论》所说的"亟役万人,暴其威刑,竭其货贿"(本文以下引文,除注明者外,均为《封建论》)。秦时全国人口约 2000 万左右,被征发造宫室坟墓 150 万人,守五岭 50 万人,蒙恬率防匈奴兵 30 万人,筑长城假定 50 万人,再加上其他杂役,总数不下 300 万人,占总人口 15%。"力役三十倍于古,田租口赋盐铁之利二十倍于古"(《汉书·食货志》)。使用民力如此巨大急促,实非民力所能胜任。加上刑法苛暴,很多农民被称为罪人去服各种劳役,他们的境遇与奴隶同,实际上等于部分的发闾左,"赭衣塞路,囹圄成市"(《史记·秦始皇本纪》),出现了"男子力耕,不足粮饷,女子纺绩,不足衣服,竭天下之资财以奉其政"(《汉书·食货志》)的严重局面,秦的苛政不但把秦统一给民众带来的好处全部抵消,还加深了对民众的盘剥和压迫,使广大民众对秦王朝由拥护转为敌视,"负锄梃谪之徒,环视而合从,大呼而成群","杀守劫令而并起",终于倾覆秦庭。周朝是实行分封制引发战乱、诸侯坐大而灭亡的,是"制"劣导致灭亡;秦朝郡县制是好的政治体制,却因"政"的苛暴导致灭亡。看来,一个王朝,即使拥有先进的"制",没有"政"的配套,仍有灭亡的危险。

配套之二是郡县制的实施,必须有"善制兵"作保障。

"安史之乱"平定后的第十个年头,柳宗元诞生了。长达 8 年的"安史之乱",对中唐政治、经济、文化创痛巨深,当然也会引起心系国家安危的柳宗元的深思:唐王朝是全国实行郡县制的王朝,"制"是好的,安禄山起兵叛乱的前夕,正是赫赫有名的"开元盛世,"郡县制既然内在地具有防范地方叛乱的功能,又有"开元之治"这样的优"政"配合,为何在不经意间就"渔阳鼙鼓动地来"(白居易:《长恨歌》)?原因是军事问题朝庭没处理好。唐玄宗好大喜功,自恃强盛,想侵略邻国多立边功来炫耀自己国力的强大,来满足自己的骄侈心。他把全国几十万精兵部署到边境,驻守首都长安的只有未受过军事训练、战斗力极弱的 12 万"彍骑",边疆兵力与国家中心地区兵力结构严重失衡,形成了一个"强藩镇、弱中央"的危险格局,野心勃勃的、在边境任平卢节度使兼范阳节度使、河东节度使的安禄山,这时手上拥有精兵 15 万,他探知唐王朝中央兵力空虚,是一个"取而代之"的大好时机,便起兵反唐,连战皆捷,兵锋直达洛阳、长安东西两京,唐玄宗被迫仓惶南顾,出逃四川,赖郭子仪等将领率兵苦战 8 年,才平定这场战乱,在形式上恢复了唐王朝的统一。唐玄宗制兵不善引发了大乱,说明有了优"制"与良"政"但不"善制兵",仍不能保证国家的长治久安,"善制兵"不可少!

柳宗元所说的"善制兵"不是简单地看作是一个中央掌握军权的问题,更重要的如何"善"用这个军权。如何才算是"善"用军权? 柳宗元在《辩侵伐论》里提出一个"三有余"思想,即"义有余""人力有余""货食有余"三项原则,"义有余"是指充分地实行仁义政治,在柳宗元看来,中央政府掌握军队,并非只是军事问题,如果朝庭能实行仁政,就会取得民众的支持,从而具有道义上的优势;"人力有余"是指兵员充足";"货食有余"是指物资储备充分。中央政权掌握的军队如果是"三有余"的军队,既在道义上先声夺人,又有人员和物资上的优势,是任何地方反叛的军队抵挡不了的。朝庭只有做到了"三有余","内重外轻"的力量格局才能真正形成,中央政权对地方政权"居重驭轻"的政治态势就有了有力的保障。地方若称兵叛乱,中央下令出兵讨伐,必然是"动必克矣"(《辩侵伐论》),因为胜券已稳握在手,这就是"善制兵"之"善"。

配套之三是郡县制内在地要求"谨择守"。

任何政治体制的推行都是要靠人来贯彻执行的,郡县制也不例外。在实施郡县制的过程中,郡县的官吏与民众比较起来,居主导地位的是郡县官吏;在郡县官吏中,居主导地位的又是郡县长官。郡县长官手握一郡一县的行政权力,中央的政令要靠他们来贯彻执行,郡县的民众是由他们来管理。如果用人得当,朝庭任命的郡县长官会"爱民如子",施行《封建论》称道的"孟舒、魏尚之术""黄霸、汲黯之化",那么"贞观之治""开元盛世"均不难再现;如果用人不当,派去郡县的长官都是饿狼饥虎,民何以堪? 揭竿而起是迟早要发生的事。经济学和行为科学都认为,追求个人利益最大化是在一定历史阶段人性的一个共同的弱点,在物质财富还不能达到满足所有人的需要的程度时,只要环境和条件允许,人总会争着去干利己的事的,即使是损人利己的事,也会有人去干的;何况在汉族的传统中,有"皇帝轮流做,今日到我家"念头的大有人在,平民陈涉想的是"王侯将相宁有种乎?"(《史记·陈涉世家》)贵族项羽想的是"彼(皇帝)可取而代也"(《史记·项羽本纪》),连一个小小的亭长刘邦,在咸阳看到秦始皇仪仗车驾随从之盛时也感慨万分地说:"嗟乎,大丈夫当如此也"(《史记·高祖本纪》)。在君主专制制度下,"朕即国家",君位意味着至高无上的权力、尊贵无比的地位和享用不尽的财富。因此,历史上一切野心家和阴谋家,无不把猎取君位作为实现个人野心的最高奋斗目标。郡县长官如果多用了像安禄山这种人物,郡县"地震"不断,皇帝老倌休想过安然日子。因此,不管是从行仁政角度还是皇位不受威胁角度看,都需要"谨择守"。

《封建论》对"谨择守"有较深刻的阐述。首先,"择守"要有标准,这标准就是"贤",即德才兼备,做到"使贤者居上,不肖者居下";其次,对所择之"守"要有一套"有罪得以黜,有能得以赏"的激励约束的法规章程;再次,要建立选人用人的动态化管理机制——"朝拜而不道,夕斥之矣;夕受而不法,朝斥之矣"。自古以来,选人不难,选准人难;选择好人不难,选中上贤者特别难,这是中国历史上选人用人遇到的一个千古难题。其所以难,就是由于人是在天天变化的,朝庭即使十分认真地去选择郡县长官,只能基本了解在考查时被考查者的情况(有时还不能),而不能预见到考查对象的品质会随着地位的变化而发生的变化,因此,所谓德才兼备只能是相对的、阶段性的,此时贤,当上郡县长官后未必贤,今日优,他日未必优。中央政权要有效的控制郡县,保证政令在郡县畅通,只有实行选人用人的动态化管理。《封建论》提出的"朝拜而不道,夕斥之矣;夕受而不法,朝斥之矣",就是一种选人用人的动态化管理机制,这种机制反应灵活,突破了封建社会通行的"一选定终身""一用定终身"的潜规则和保守僵化的选人用人习惯,及时做到"可上可下""可进可退",即使选错了人、用错了人,纠正也很及时,这样一来,"选准人难、选中上贤者更难"的千古难题也就迎刃而解,不仅能做到"贤者居上,不肖者居下",还能使贪官污吏真正有所收敛,更重要的是这种机制建立之后,为官者一旦不贤不肖,一定被及时地黜罚,所有的为官者,无论贤与不肖,都会重视"贤"的操守,日渐时久,"贤者更贤"的习俗自然形成,"小人变君子"之风于焉而起,政治清明的局面就会出现。遗憾地是《封建论》对这种选人用人动态化的管理机制没有更多的阐述和发挥,因而这种优良的机制不能不带上浓厚的理想色彩,但这种理想是符合"用人唯贤"原则继续发展的逻辑的。要在封建社会建立这种选人用人动态化管理机制是困难的,也许是不可能的,但在一个由人民真正当家作主的新社会里,这种机制不仅是必要的,而且是必然会变在现实的,这也是《封建论》至今仍充满魅力的一个原因。

国之存亡,必须具体情况具体分析。《封建论》指出秦之亡"失在于政,不在于制",这是透过现象抓住本质而得出的结论。历史经验表明,秦亡于"政"而非亡于"制",说明即使是好的"制",也需要有"政"的配套;"安史之乱"几亡唐朝,是失于"兵"(善制兵)和"守"(谨择守),所以要想通过行郡县制来保国祚长久,除了要有"政"的配套外,还需要有"兵""守"的配合,即"政""兵""守"的综合配套。"制""政""兵""守"都是具有一定力量的构成社会上层建筑的基本要素,它们对社会的发展变化和出现的突发事件,均有一定的应变能力,但"制"的力量总是有限的,如有"政""兵""守"的综合配套,"制"就可以借助"政""兵""守"的力量来增强自己,愈配套得好,应变能力就愈强,政权就愈巩固,政局就愈稳定。"政""兵""守"与"制"存在着成正比例的关系,这是"制"需要"政""兵""守"配套的深层次原因,这是郡县制存在、发展的一条规律,秦王朝忽视这种配套,违反了郡县制存在、发展的客观规律,焉能不丢权失国?

《封建论》认为,"政""兵""守"与"制"的配套,"政""兵""守"与"制"的有机结合,可以发挥郡县制的优越性,进一步把国家治理好("则理平矣")。为什么? 因为"政"所实行的是仁政,是轻徭薄赋政策,广大农民免于饥馑之困;"善制兵"保证了全国无战乱(有战乱也能很快平定),老百姓可过上太平日子;"谨择守"制造了大批贤官良吏;加上郡县制使全国政令统一,中央权力达到地方,"制""政""兵""守"四基本要素交叉,联袂互动,全国就出现这样的政治联动运行系统:下层有"尽其民力"和"地力"的自耕农群,中层有能按仁政、民本思想办事的官僚机构,上层有一个控制一切资源的皇帝,凭借这个政治联动运行系统和轻徭薄赋政策,作为主要物质生产者的农民的生产积极性将被调动起来,各级官员的智力和勇气将被释放出来,各种人力资源和物力资源的潜力也将被激发出来,这些调动、释放、激发出来的强大力量聚集在专制国君手中,形成了集中使用的巨大优势,依靠这个优势,可把国家资源按战略目标的轻重缓急进行合理的配置,汉的"文景之治""汉武辉煌",唐的"贞观之治""开元盛世"就是这样创造出来的光辉业绩。因此,我们不但要看到"政""兵""守"与"制"的稳定巩固成正比,还应看到"政""兵""守""制"的有机结合与社会进步、国家强盛成正比,"政""兵""守""制"的有机结合愈好,社会就愈进步,国家就愈强盛,这是郡县制存在发展的另一条规律。遗憾地是中国历代皇帝,杰出者稀,平庸者众,能按这条规律办事、按这种治国思想去管理国家的甚少,再加上封建社会政治上的腐朽倾向总是要得势的,所以,在漫长的封建社会历史中,大治盛世的出现只能是凤毛麟角了。

四 《封建论》的思想之光,彪炳千古

《封建论》把前人实行郡县制的实践经验上升到理论的高度,说理透切,论证翔实,有力地驳斥了分封论的谬误,指出了对郡县制认识的误区,在思想领域里完全解除了人们对秦短命而亡的困惑,捍卫了郡县制的正确性。文章影响深

广，使分封论从此式微，所以宋代大文豪苏轼这样称赞《封建论》："宗元之论出，而诸子之论废矣，虽圣人复起，不能易也"，即使圣人能再生，也无法更改柳宗元《封建论》中的观点。

《封建论》的问世，使郡县制的实行有了理论指导，这个理论深化了对郡县制存在、发展规律的认识，并可在此理论指导下，根据实际情况对郡县制不断进行补充和完善。可以说，自唐以后，在中国土地上出现的实行郡县制的全国政权或地方政权，其统治集团不管认识与否，自觉或不自觉，凡违反这个理论要求的，其存在的时间都较短暂，凡大体上符合这个理论要求的，其存在的时间较长久，政权存在时间较长久的执政者，在一定意义上都可以说是柳宗元的"遗嘱的执行人"。

中国自秦至清，凡是实行郡县制这种政治体制的王朝，都是中央集权的王朝。在阶级社会中，这种政治体制的主要方面，是阶级压迫的工具，是封建地主阶级对劳动人民实行政治压迫和经济剥削的工具，但却不应是政治体制的全部内容。政治体制除了作为阶级压迫的工具外，管理公众事务的职能始终都是存在的，这种政治体制，对中国封建社会的繁荣、封建文明的高度发展，对中国统一多民族国家的形成与巩固，对中国抗击外来的侵扰等等，都起了巨大的、不容否定的作用，也充分展示了这种政治体制在管理公众事务方面的职能。郡县制这种政治体制，具有阶级统治和管理公众事务的双重功能，随着新中国的建立，郡县制对劳动人民实行政治压迫和经济剥削的职能已被摒弃，而管理公众事务方面的职能则被社会主义的人民政权继承下来并延续下去。

两千多年前，世界上第一个"废分封、立郡县"的中央集权的政权在中国出现，随着岁月的流驶，这种国家政权形态不断向世界扩散，今天，实行郡县制的中央集权的国家政权形态，已是全球绝大多数国家的政权形态。这种国家政权形态，是由中国秦朝启其端绪，《封建论》加以充实和完善的，经过充实和完善的郡县制，浓缩了中国古代政治家、政论家的政治智慧，在人类政治文明史上写下了浓重的一笔。

在中国这片国土上，自从建立了中央集权的全国性政权后，便出现了统一与分裂的矛盾。由于分封制有利于分裂势力，所以一直得到可从分裂中获益的社会势力的支持；郡县制有促进统一、巩固统一的功能，所以一直得到可从统一中获益的社会势力的拥护，因此郡县制与分封制之争，实质是主张统一与主张分裂的两股社会势力之争。只要从分裂可以获益的家族、社会集团、社会势力仍存在,当中央政权力量有所削弱而他们手上又掌握一定的军事力量时,便会趁机大搞分封制或变相的分封制,如汉末州牧割据称雄,中唐藩镇(节度使)拥兵擅权,都是变相的分封制,都是在搞分裂。汉末群雄混战19年,使中国境内特别是黄河流域化成了大屠场,"出门无所见,白骨蔽平原"(王粲:《七哀诗》)是当时的现实写照。唐藩镇引发的战乱,从中唐至晚唐,一百多年绵延不绝。分裂之害,民众首当其冲,老百姓盼统一和平,有如大旱之望云霓,了解民情的柳宗元,清醒地认识到郡县制有固统一、反分裂的功能,但需要"政""兵""守"的配套,这种固统一、反分裂的功能方可真正发挥出来,《封建论》提出的"政""兵""守"与"制"相结合的思想,是中唐朝庭固统一、反分裂的最佳国策。后来唐宪宗采取了一些符合这个思想的措施,使取得了魏博、淮西、横海、幽州、成德、淄青等6个藩镇或归顺或消灭的胜利,但好景不长,唐宪宗及以后的唐朝皇帝,又推行了很多违背《封建论》建议的倒退措施,唐王朝终于无可救药地衰亡了。

在中国,从分裂中获益的人是极少数,从统一中获益的人是绝大多数,加上大统一的理念早已植根于秦、汉、唐大帝国的光荣和儒家学说(这是中国两千多年占统治地位的学说)之中,所以历代统一与分裂的矛盾斗争,最后总是统一战胜分裂,郡县制战胜分封制,与此对应的是中国几千年的历史中,统一的时间长,分裂的时间短。但是,中国又是一个封建社会存在时间最长、封建思想影响特别深久的国家,从分裂中获益的家族、集团、社会势力历代都有,因此中国历史上就不断演出统一与分裂的活剧,分裂分子"你唱罢我登场",至今仍不衰歇:"台独"造势愈演愈烈,"藏独""东突"的活动也甚嚣尘上,如何消除分裂、完成祖国统一大业,尚需中国人民作出艰苦努力。可以说,只要闹分裂的条件还在中国存在,柳宗元在《封建论》中提出的"政""兵""守"与"制"相配套相结合以加强统一、反对分裂的思想、国家的统一不单纯是军事问题、要用政治眼光处理军事问题的见解、国家统一要有一系列的深得人心的政治措施和多方面工作互相配套的综合思维等等,对我们就仍有重要的参考价值。当然,时代不同了,历史条件已经发生了变化,消除分裂、促进统一的方针政策、国家统一的具体形式应该有所不同,《封建论》中的"统一策"其合理性在于斯,其局限性也在于斯。

(原载2005年第7期,作者单位:柳州市委党校)

柳宗元《断刑论》经权之道

✳ 朱雪芳

众所周知,唐代文学的特色,是诗歌,诗歌的代表作者是李白、杜甫。其它散文,也很发达,散文的代表作,是韩愈、柳宗元。[1]1而其中韩愈、柳宗元在文学史上的地位尤为重要,他们的文风改变了当时流行的四六骈文体,用古文取代骈文在社会上的地位;所谓古文:首先重点在"古道",其次是"兼通其辞",是以修文辞以明古道。后来,渐引导了柳宗元的"文者以明道"名句,韩愈、柳宗元的散文渐渐互相辉映。"韩愈始以古文为学者倡,柳宗元翼之,豪健雄肆,相与主盟当世"[1]7成为唐代文学的另一特色。

一　柳宗元思想与写作特点

柳宗元(字子厚,773 年—819 年),唐代河东(今山西省永济县)人,世称"柳河东"。曾经在柳州当刺史,故又称"柳柳州"。柳宗元一生撰写诗文无数,留下诗文作品 600 余篇。由于不为时用,几经流放,故其诗多抒写抑郁悲愤、思乡怀友之情,文风幽峭峻郁,自成一路。山水游记是柳宗元代表作之一,其中的清深意远、疏淡峻洁的山水闲适之作,最为世人称道。《天说》为哲学论文代表作,收录在《河东先生集》,《柳宗元集》。后来好友刘禹锡为他编写《河东先生集》,又名《柳宗元文集》,至宋初,穆修始为收编刊行。

柳宗元的文风主张复古,但又不能厚古薄今。他推崇先秦两汉文章,提出学习儒家及道家等经典,提出博观约取,以为我用,如:《离骚》《史记》等文史作品也不能忽视。认为文章的内应是"文以明道"。因此,他十分关注文学的社会功能,强调文须有益于世。认为对国、民有利,切实可行才是"道"。

唐中叶,柳宗元的散文,与韩愈齐名。柳宗元与韩愈不仅在文风上意见相近,在文坛上也一起倡导了一场古文运动。在政治观点上也甚为接近,他们提出了一系列思想理论和文学改革观点。主要是针对骈文体,由于骈文只重型式,不重内容、往往流于空洞的弊病,提出"文道合一""以文明道"等文风内容。因此,他们提倡写作应是思想内容与艺术形式的完美结合,指出写作态度必须持认真严肃,强调作家道德修养的重要性。认为先"立行"再"立言",指出身教的重要意义。韩愈和柳宗元在创作实践中身体力行,创作了许多内容丰富、技巧纯熟、语言精练生动的优秀散文,韩、柳二人发起和领导的古文运动对后世产生了深远的影响。

柳宗元的论说作品也不少,论说包括哲学、政论等文及以议论为主的杂文。文章笔锋犀利,论证精确。柳宗元的思想与政论分不开,并且常常融入在他的散文中,例如:哲学论文《天说》;长篇和中篇政论文《封建论》和《断刑论》;短篇政论文《晋文公问守原议》《桐叶封弟辩》和《伊尹五就桀赞》等都是有名的代表作。柳宗元哲学思想也受佛教的"缘起观"的影响,尤是政治失意时,往往投向佛教寻找精神上的解脱。不难看出,柳宗元的创作与他的生活经历常常融为一体。他一生常常在政治斗争中牺牲,在创作中多是对政治批评。

国学大师胡朴安、胡怀琛指出:"在文学的范围以内。前人误为是文学而实非文学的,一概删除了不叙。实为文学中很好的作品,而为前人所不注意……韩愈的《原道》,柳宗元的《断刑论》,不是被旧文学家误认作文学作品么? 其实何尝是。"《原道》和《断刑论》所讲的,都是偏向哲学。他的形式,虽然是用"纵横文"的方法,然"纵横文"也非文学。[1]3-4《断刑论》是以"纵横文"写作结构,然文笔犀利,立论清晰,论据充份,是一篇富有气势的论文。

二 《断刑论》"刑以秋冬"的"伪"与"惑"

《断刑论》是柳宗元的一篇政论散文。全文 980 字,论述唐代行刑制度的执行期流弊,指出"刑以秋冬"制为因循守旧,"未尽于经权之道";而且欠缺人道精神,"非为聪明睿智者设"。论文立论明确,文笔犀利,富有气势,充满辩论色彩。从儒家"经权之道"的原则评儒家"顺天应时"的原则,达到"以子之矛,攻子之盾"的效果,情理俱备,是一篇较佳的思辩性作品。

汉代统治者根据"天人感应"理论,实施了"秋冬行刑"的刑罚执行制度。"秋冬行刑"原于西周立国初年"敬天保民""以德配天"的思想。西汉统治者为巩固君权,弱化民心,正式将这一司法制度写入汉律,即"王者生杀,宜顺时气"。统治者根据"天人感应"理论,规定春夏不执行死刑,即是凡被判处死罪的人,立春時不能执行,必须等到秋后才能处决,除谋反大逆等"决不待时"以外。其定律:"无以十一月,十二月报囚。"(《后汉书》)秋天霜降后,天地始肃,杀气正至,便可申严百刑,以表示"顺天刑诛"。时隔一千多年之后,"秋冬行刑"制便为唐律所承袭,也是唐朝死刑执行的惯用制度。但柳宗元在《断刑论》中旗帜鲜明地指出"刑以秋冬"的刑罚观点是"伪也"。

唐代思想家柳宗元的《断刑论》下篇,批判了中国传统的死刑执行制度——"秋冬行刑"制,指出"刑以秋冬"的刑罚观点是"伪也"。文章分为三个论点,首先,柳宗元认为"刑以秋冬"制,"伪"在不能"罚务速而后有惩";其次,认为"刑以秋冬","惑"在"言天而不言人",借"天命"而愚民;第三,"刑以秋冬"但不知在仁与智中作出平衡抉择,"滋惑矣",惑在"未尽于经权之道"。

柳宗元分析出"刑以秋冬"的"伪"与"惑"自有其论据。第一点,"赏务速而后有劝,罚务速而后有惩",由于人有随性"为善者怠,为不善者懈",会导致"是殴天下之人而入于罪"法律就失去了其杀一儆百的震慑威力。若能"为善者不越月逾时而得其赏","为不善者不越月逾时而得其罚"就可以"殴天下之人而从善远罪",这样刑赏才能达到教化人民的效果,"是刑之所以措而化之所以成"。第二点,统治者用"顺时得天"的理论标榜其残酷刑罚制度的人道,以显示"德政"的恩泽;但是因犯身披又重又脏的木、鉄加锁,在狱吏的恣治下,加上"大暑者数月,痒不得搔,痹不得摇,痛不得摩,饥不得时而食,渴不得时而饮",实是苦不堪言,生不如死。第三点,在以上二点的前题下,仍坚持"刑以秋冬",则是"经非权则泥,权非经则悖","惑"在因循守旧,拘泥时令,虽是名称为仁义之制,而实非圣人的仁义心。

另外,柳宗元在《答刘禹锡天论书》中,也曾反复申明自己的观点,他以为,万物的"生殖与灾荒是自然规律发展的结果,国家的"法制与悖乱"是统治阶级主观意志的体现及施政行为的结果。前者是自然活动,后者是社会活动,二者"其事各行不相预"[2]。柳宗元指出,"刑以秋冬"貌似顺应天时,悲天悯人,实是残忍。书中与柳宗元在《断刑论》中描述到:"使犯死者自春而穷其辞,欲死不可得。贯三木,加连锁而致之狱吏,大暑者数月,痒不得搔,痹不得摇,痛不得摩,饥不得时而食,渴不得时而饮,目不得瞑,支不得舒,怨号之声,闻于里人。"恰好互相呼应,也就是柳宗元思想与言论的一致性。

三 "刑以秋冬"未尽于经权之道

"经权之道"出自《孟子》,孟子根据孔子人生经历,为孔子申辩,提出了经典名言"执中无权,尤执一也"(《孟子·尽心章句上》)。意思是执守中道是人应该遵守的做人原则,但在抉择时也要权衡轻重,以不失仁义为本。由此可知,儒家十分注重实现中庸之道,同时在实践中庸之道的过程中也需要顺应适时地变通,决不能因循守旧,执守一种道理。

柳宗元提出"刑以秋冬"是未尽于经权之道。在《断刑论》中说道"为仁必知经,智必知权,是又未尽于经权之道也。何也? 经也者,常也;权也者,达经者也。皆仁智之事也。离之,滋惑矣。经非权则泥,权非经则悖。"他认为"经"是常道,"权"是达到常道,二者都是属于仁、智的事。只有经无权陷于拘泥,但只注重权无经就成为悖论——更不可取。而且"是二者,强名也"。只是名称而已,重点在运用恰当,适得其宜才算是中庸之道。"当也者,大中之道也。离而为名者,大中之器用也。"他批评当时墨守成规的人,"知经而不知权,不知经者也;知权而不知经,不知权者也。偏知而谓之智,不智者也;偏守而谓之仁,不仁者也。"进一步论述真正的实行仁、智的统治者是"知经者,不以异物害吾道;知权者,不以常人佛吾虑。合之于一而不疑者,信于(一本无"于"字)道而已矣。且古之所以言天者,盖以愚蚩蚩者耳,非为聪明睿智者设也。或者之未达,不思之甚也"。"天"不过是填充于宇宙问的物质之"气",是一种自然而然的无意识的存在,有心者,正在于圣人。总之,"生植与灾荒皆天也;法制与悖乱。皆人也。二者而已,其事各行不相预,而凶丰治乱出焉"。

柳宗元在批判"赏在春夏,罚在秋冬"和睦顺时令效法于天的错误观点的同时,指出人事在于"顺乎人心,合于中道"之"经"及赏罚要及时之"权"的"经权"观。可见,柳宗元的经权观与其"天人不相预"思想紧密联系,可以说后者正是其经权观的理论前提。[3]两个偏向:"知经而不知权,不知经者也";只懂得"经"而不了解"权"、运用"权",不是真正懂得"经",知"经"内在包含着对权变的通晓和应用,知"权"是知"经"的条件;同样"知权而不知经,不知权者也。"知"权"也暗含着对"经"的正确把握、理解及遵循,知"经"又是知"权"的条件。我们可以得出两个相应的结论:"偏知而谓之智,不知智者也;偏守而谓之仁,不仁者也。"只懂得权变而忘却或忽视"经"之把握和遵循,是偏见之知,而非明智之

"智";片面的守常,囿于"经""常"之约束而不知变通、权宜,不知合理运用"经""常"就不是真正的"仁"德之举。[3]

大多学者认为,柳宗元《断刑论》一文回击了当时法律思想界的"天刑"说,提出了新的"断刑"观点——"罚务速而后有惩"。这一刑罚观点的提出,从司法制度的角度表现了柳宗元要求变革的政治主张,同时,也是柳宗元"天人相分"自然哲学思想内容中的精彩言论。但笔者认为《断刑论》还有哲学的涵意,周初到汉代订立"顺应天时"的理念本来就是站在人道立场,基于一种生道精神,为囚犯讨取宽容的对待,多取一点生存时间。但时移世易,牢笼的环境与设备每况愈差,坐牢的人数不断增多,卫生环境也愈益简陋;这种延长的生存的人道精神,反而成为悖论,成为囚犯增加痛苦的原因。因此,柳宗元也是从人道主义立场,为囚犯争取减少痛苦的时间。由此可见,柳宗元对唐代制度的深入思考,反省后所提出的个人观点,源于对受刑的恻忍之心,也是基于人道精神。

参考文献:

[1]胡朴安,胡怀琛.唐代文学[M].上海:商务印书馆,1929:1.

[2]翟冰林.解读柳宗元的《断刑论》[J].当代教育论坛,2005,(6).

[3]李伏清.柳宗元"经权"观发微[J].求索,2008,(3).

(原载 2013 年第 10 期,作者单位:湖南科技学院)

互不相轻的典范

——论柳宗元《答韦珩示韩愈相推以文墨事书》

✳ 马晓斌

　　《柳河东集》第三十四卷,有《答韦珩示韩愈相推以文墨事书》。① 在这里,"推"是关键词。韩愈为什么"推"柳宗元? 他是怎么"推"柳宗元的? 除了韦珩,韩愈还向谁"推"过柳宗元? 除了"文墨事",柳宗元有哪些方面值得韩愈"推"?"推"在今天,又有什么现实意义? 诸如此类的问题,引起我研究的兴趣。

一

　　先谈韦珩。《柳河东集》凡两见,另为《寄韦珩》。② 又名群玉,京兆万年县人,贞元二十一年(805)进士。父亲韦正卿、伯父韦夏卿。《旧唐书·韦夏卿传》:"苦学……与弟正卿俱应制举,同时策入高等,授高陵主簿……为吏部侍郎,转京兆尹……卒时年六十四。"贞元十七年至十八年(801 – 802),任京兆尹时,曾留柳宗元(时任蓝田尉)为文书。③ 柳宗元替他拟表多篇,如《为韦侍郎贺布衣窦群除右拾遗表》《为京兆府请复尊号表三首》等。但柳宗元识韦珩,却由韩愈介绍。④ 贞元十八年(802),时为四门博士的韩愈,有《与祠部陆员外书》,荐十人于陆傪(佐权德舆管贡举),说:"有韦群玉者,京兆之从子。其文有可取者;其进而未止者也;其为人贤而有材、志刚而气和、乐于荐贤为善;其在家,无子弟之过,居京兆之侧,遇事辄争,不从其令而从其义。求子弟之贤而能业其家者,群

---

① 写于哪一年,有几种说法:元和八年(813),柳州市地方志编委会办公室《柳宗元图传》242 页,广西美术出版社 2004 年版;元和九年(814),阿忠荣、张廷银选注《柳宗元》317 页,大连出版社 1998 年版;元和八、九年间(813—814),章士钊《柳文指要》854 页,文汇出版社 2000 年版。此取章说。

② 写于元和十二年(817)。

③ 柳宗元《与杨诲之第二书》:"及为蓝田尉,留府庭,旦暮走谒于大官堂下,与卒伍无别。"

④ 参见章士钊《柳文指要》855 页,文汇出版社 2000 年版。

玉是也。"

二

韩愈"推"柳宗元,从深层次看,与他的美德有关。柳宗元这样评价:"彼好奖人善,以为不屈己,善不可奖,故慊慊云尔也",意谓,韩愈喜欢赞美别人,并从中获得愿望满足。在上述引文中,"屈己"与"奖人善"颇堪玩味,试分析之:(一)韩愈倾倒了身体。对自己,韩愈有严格要求,即,舍弃骄傲①、柔弱身段。他懂得,只有倾倒("屈己"),才能使别人有充分表达观点和想法的机会,容易获得好感。现在,柳宗元身处逆境,多少会有自卑心理或曰郁闷心态,如果不厌烦他、疏远他,而是尊重他、认同他,那么,沟通和理解就不成问题。结果当然是,交得到朋友、结得成情谊。(二)韩愈听得见心声。做到了"屈己","奖人善"就顺理成章。早在贞元十九年(803)到元和六年(806)间,韩愈就用凸透镜看别人的"善",他说:"一善,易修也;……能有是,是亦足矣"②,认为,别人容易做到的善,要三倍视之,即,易、难、非常难("足"),于是,只有赞美,而无诋毁;现在,韩愈再一次宽以待人("假借"),把柳宗元的"善",加以放大并赞美("奖"),这就减少了误会与冲突、增多了在意与和谐。我注意到,长期的苦恼与焦虑,因被听见而渐渐平息;千万里又算什么? 有的只是"无缝衔接"。

三

韩愈"推"柳宗元的内在根源,是他善于倾听。现在,让我们继续研究他是怎样"推"柳宗元的。元和八九年间(813—814),年轻学子韦珩③,致函韩愈,请教"文墨事(写作)",韩愈有回信,说,与其找我,不如找柳宗元。④ 于是,韦珩从

---

① 时任比部郎中、史馆修撰、考功郎中。孙昌武先生认为"进入生平中短暂的官运通显时期",《韩愈诗文选评》118 页,上海古籍出版社 2002 年版。

② 韩愈《原毁》。

③ 三十以外,参见章士钊《柳文指要》854 页,文汇出版社 2000 年版。

④ 章士钊认为:"自唐以来,天下真知柳文价值者,为韩本人……此由两人自幼相知,退之自审质力咸不如子厚,而又子厚得从斥后专力于学,退之因更觉荒废不如。"《柳文指要》1193 页,文汇出版社 2000年版。

长安写求教信,并附韩愈推让的回信①,寄给时在永州的柳宗元②。韩愈的回信,着重谈了两点:(一)柳宗元教韦珩最合适。韩愈认为,柳宗元"(文)才"超过自己,是一个善于写作的人。现在,尽管不在长安,但指导韦珩最合适("宜")。我想,韩愈写这些的时候,青年柳宗元"俊杰廉悍,议论证据今古,出入经史百子,踔厉风发,率常屈其座人"③的形象,一定历历在目。因此,我们可以说,韩愈对柳宗元是由衷地佩服与肯定的。④(二)柳宗元会鼓励韦珩。韩愈始终认为,柳宗元是一个积极向上、努力前行的人⑤,从他那里,可获鼓励。不是吗?"如有所誉者,其有所试矣。"⑥早在贞元十九年(803),当韩愈与刘禹锡因争论激烈而闹出矛盾时,"时惟子厚,窜言其间。赞词愉愉,固非颜颜。磅礴上下,羲农以还。会于有极,服之无言"⑦,即,柳宗元会及时参与,摆大量的事实,讲"古道"⑧的理由,使大家心服口服。现在,韦珩之所以请教,是因为信心不足、勇气不够,既然如此,那么,柳宗元以"道"自励、用"道"励人的坚强决心,正是韦珩写作的动力。

四

此时此地,柳宗元经历了由"冷"到"温"再到"热"的全过程。为什么这样说呢?因为,自从永贞元年(805)被贬以来,柳宗元看惯了白眼、受尽了冷落,用他自己的话,是"居小州,与囚徒为朋,行则若带缧索,处则若关桎梏,彳亍而无所趋,拳拘而不能肆,槁然若柿,陨然若璞,其形固若是,则其中者可得矣"⑨,内心痛苦万分;而韦珩的认真与韩愈的夸奖,就如"冬天里的一把火",把柳宗元冰凉的心给温暖了,即,韩愈的"推",或许只是平常之举,⑩但在柳宗元,意义却非比

---

① 已逸。

② 被贬八、九年。

③ 韩愈《柳子厚墓志铭》。

④ 元和八年(813)六月九日,韩愈写《答刘秀才论史书》,希望柳宗元指教。

⑤ 韩愈《柳子厚墓志铭》:"例贬永州司马。居闲,益自刻苦,务记览,为词章,泛滥、停蓄,为深博无涯涘。而自肆于山水间。"

⑥ 《论语·卫灵公》。

⑦ 刘禹锡《祭韩吏部文》。

⑧ 柳宗元《〈送薛丰群公诗〉后序》:"宗元常与韩安平(泰)遇于上京,追用古道"、《答吴武陵论〈非国语〉书》:"故在长安时,不以是取名誉,意欲施之事实,以辅时及物(顺应时势、惠及万物)为道。"

⑨ 11《答周君巢饵药久寿书》。

⑩ 唐李肇《唐国史补》:"韩愈引致后进,为求科第,多有投书请益者,时人谓之韩门弟子。"

寻常,因为自己突然被关注、被肯定、被激赏、被重视;①于是,"投我以木瓜,报之以琼琚(施薄而报厚)"②,柳宗元踊跃、振奋,竟然说八次"退之"("足下所封示退之书""若退之之才""退之所敬者""迁于退之""退之独未作耳""不若退之猖狂、恣睢""今退之不以吾子励仆""亦以佐退之励足下"),非常热和,让我们联想到,火山岩浆在猛烈喷发。

从《答韦珩示韩愈相推以文墨事书》,我们看到一个热情似火却又清醒如水的柳宗元。他没有飘飘然,而是倍加珍惜这登高望远的机会,把自己放到历史长河中考量,得出了明智的结论。他先说,韩愈其实不知我("非其实可知"),所以,"勿信之";其次,在谁更适合指导这件事上,韩愈不应把我推上第一线而自己回避;最后,干脆把作家分为三等:

(一)司马迁、韩愈是第一流作家。以《史记》著称的司马迁,一直是柳宗元的偶像,他早就说过:"希(希望成为)屈(原)、(司)马(迁)者,可得数人。"③朋友韩愈,因为"猖狂(勇猛)、恣睢(豪放)、肆意(自由)有所作"④,所以,与司马迁的水平与地位不相上下。⑤言外之意很清楚,韩愈才是值得推让的大家,他作指导,定能高屋建瓴、提升技巧。在这里,我注意到有趣的互动,即,韩愈抬举柳宗元的时候,柳宗元也在看韩愈的姿态,是降低,还是高傲?然后,根据韩愈的低姿态,决定,作出积极而又正面的回应。⑥

(二)扬雄是第二流作家。西汉末年,有一位辞赋家,叫扬雄,他在柳宗元的心目中,属于第二流作家。为什么这样说呢?因为他的遣词造句,颇"局滞("短局滞涩",呆板)"。事实上,扬雄仿《周易》作《太玄》、仿《论语》作《法言》,另有歌功颂德的《甘泉赋》《羽猎赋》《长杨赋》《河东赋》存世,算是有名,但在气魄上,绝对比不过韩愈的"恢奇(雄奇)"。

(三)柳宗元是第三流作家。柳宗元自我评价"滞骏(愚钝)",⑦只能算第三

---

① 元和五年(810)十一月,柳宗元《读韩愈所著〈毛颖传〉后题》曾说:"自吾居夷,不与中州人通书。"

② 《诗经·卫风·木瓜》。

③ 《与杨京兆凭书》,写于元和五年(810)。

④ 柳宗元《答严厚舆秀才论为师道书》:"仆才能、勇敢,不如韩退之。"

⑤ 刘禹锡《唐故尚书礼部员外郎柳君集纪》:"昌黎韩退之志其墓,且以书来吊曰:'哀哉若人之不淑。吾尝评其文雄深雅健,似司马子长(迁)'。"

⑥ 元和五年(810)十一月,柳宗元写《读韩愈所著〈毛颖传〉后题》。明茅坤:"子厚深服昌黎,故其题如此,亦其让能之一端也。"转引自吴文治《柳宗元资料汇编》250页,中华书局1964年版。

⑦ 《答书》作"稚骏",据清陈景云改。参见章士钊《柳文指要》854页,文汇出版社2000年版。

流作家:"趑趄(徘徊)文墨、笔砚浅(小)事"。他说,本应担任韩愈的助手("佐"),没想到,竟被推上指导的高端;况且,韩愈真要推让,至少也该推个二流作家,无论如何,不该推我这样一个三流作家("使雄来,尚不宜推避,而况仆耶"),有万万不敢当的意思。①

总上,我注意到,这里有一个"热胀"效应,即,本来只是韦珩、韩愈、柳宗元三人私信的交往,现在,柳宗元加了司马迁与扬雄,颇具史识;本来只谈"文墨事",现在,扩展到比较("迁于退之,固相上下")、推测("退之独未作耳,决作之,加恢奇")、评点("雄之遣言措意,颇短局滞涩")及赞美("不若退之猖狂、恣睢,肆意有所作"),敞开心扉,令人目不暇接。毫无疑问,所有这些,都与柳宗元当时的心态与情绪分不开。

五

与韩愈一样,柳宗元把自己看低,是第三流作家,因此,美德凸现。他回答韦珩,你尽管年少②,却"志气高",所以,由你来鼓励我,还差不多("反以仆励吾子");哪儿轮得上我来指导你、鼓励你呢?话虽这么讲,事实上,柳宗元是不会随便辜负信任、推卸责任的③,毕竟,在长安时,"日数十人到门者"④;来永州后,"衡湘以南,为进士者,皆以子厚为师"⑤。他指出,对韦珩,既感欣慰,又有担心。欣慰的是,韦珩是一个出类拔萃["后来(年轻人)无能和(附和)"]的"贤豪"⑥,具体而言,朋友多("知己者如麻")、肯钻研("穿穴")、学问好("好读《南》《北》史书,通国朝(唐朝)事"),美名必扬("不患不显");但还有担心:"患道不立"。为此,柳宗元同意韩愈的说法:"自挫抑(敲打、批评)、合(符合)当(今)世事",即,把反映人情世故当作首要任务,在这个过程中,只要不断地扬长避短,就不愁写不出好文章。

---

① 清何焯引李云:"柳子于文用力深,故善品题古人及当世高下。"转引自吴文治《柳宗元资料汇编》369 页,中华书局 1964 年版。

② 柳宗元四十一二岁。

③ 唐赵璘《因话录》:"柳柳州宗元……以高文为诸生所宗……以引接后学为务。"

④ 韩愈《柳子厚墓志铭》。

⑤ 《报袁君陈秀才避师名书》。

⑥ 《寄韦珩》。

六

除了韦珩,事实上,韩愈还不止一次地向别人夸奖过柳宗元,使我们得到这样的信息,即,韩愈的称"善",并非虚与委蛇,而是发自内心、正大光明的。永贞元年(805)秋,韩愈由阳山令(广东)量移(赦谪臣、近安置)江陵(湖北),有《赴江陵途中寄赠王二十(涯)补阙、李十一(建)拾遗、李二十六(程)员外翰林三学士》诗,曰,"同官尽才俊,偏善柳与刘",回忆贞元十九年(803)自己任监察御史时,与柳宗元(监察御史里行)、刘禹锡等同事的种种交往;元和十四年(819)正月,韩愈因谏佛骨而被贬潮州刺史,在《赠别元十八(集虚,字克己)协律六首》(其三)中,直言"吾友柳子厚,其人艺且贤"。除此之外,元和元年(806),韩愈自江陵召还、为国子博士,爽快答应"柳君宗元为之请",欣然写下《送浮屠文畅师序》,更留珠联璧合、相映成趣的美妙故事。

七

韩、柳互"推",留下一段不相轻的佳话。① 在我看来,所谓推让,实即礼让,或曰谦让。② 柳宗元在《与杨诲之第二书》中,不但指出,是对"矩"与"纵"关系的积极的、艺术的、问心无愧的把握,还用"说车"发展了礼让。在这里,试概括三点,供评析:(一)耐心倾听。韩愈倾听在先,柳宗元回应在后,因此,他们都能"奖人善"。这一点,在今天,尤为重要。为什么这样说呢? 现代社会,生活节奏加快,很少有人耐心倾听别人的讲话,即,别人刚一张口,就显出腻烦,但这样做的结果,往往是,得不到别人的认同,无法达到心灵的真正沟通。所以说,倾听需要严于律己、宽以待人,基于此,融洽、和谐才有可能。(二)取法乎上。在《答韦珩示韩愈相推以文墨事书》中,柳宗元认为,司马迁、韩愈属第一流作家,因此,是学习的楷模。事实上,他不但这样说,也付诸实践:"参之谷梁氏以厉其气,参之《孟》《荀》以畅其支,参之《庄》《老》以肆其端,参之《国语》以博其趣,参之《离骚》以致其幽,参之太史公以著其洁,此吾所以旁推交通而以为之文也。"③ 可谓

---

① 《荀子·荣辱》:"巨途则让,小途则殆",有因大而让、因让而大意。
② 吴文治先生认为"谦逊",《柳宗元评传》210页,中华书局1962年版。
③ 《答韦中立论师道书》。

做中学、受益深,结果也明摆着:柳宗元不但不是第三流作家,反而成为受人尊敬的一代宗师。(三)不忘历史。柳宗元赞韦珩"好读《南》《北》史书,通国朝事",让我们知道,鉴往知来的重要性。而柳宗元自己,不仅有史志,更有史才。,且不论《段太尉逸事状》,在《封建论》中,他用"知孟舒于田叔,得魏尚于冯唐,闻黄霸之明审,睹汲黯之简靖"等一系列例子,论证西汉郡邑制的赏罚分明;刺史柳州期间,有《柳州城西北隅种甘树》诗,其中,"方同楚客怜皇树,不学荆州利木奴"句,连用两个典故:一是屈原,意谓,我种柑树,有着《桔颂》的借物咏志,即,热爱祖国、报负远大;二是三国李衡,意谓,与李衡靠种树发家不同,我的目的是为公。

(原载 2011 年第 6 期,作者单位:华中科技大学)

从"蒋氏"到"捕蛇者"

——《捕蛇者说》新探

✻ 王祚昌

在柳宗元的散文作品中,《捕蛇者说》可以说是影响最广泛的作品之一。然而散文中的捕蛇者蒋氏,是确有其人,还是柳公塑造的艺术形象,似乎研究者不屑于研究。如果是一个脱胎于真实人物的艺术形象,那么他的典型意义何在,又往往被认为是明白不过而被研究者忽视。

本文试图从文本本身出发,对"蒋氏"和"捕蛇者"作一番新的探索,以期让读者对这个作品有一些新的认识。

一 蒋氏是一个真实的历史存在

永州土著人,究竟是什么人,现在实难考证。张泽槐先生在他的《永州史话》中,从姓氏的角度,考察了永州人口的变化情况。他认为唐代以前,"永州境内人口不多,姓氏也比较少。"能延续至唐及今的,"只有黄、骆、郁、刘、熊、蒋、李等少数姓氏",据考"道县部分蒋姓则为东汉平都候蒋嵩的后裔"。这些材料虽不能证明捕蛇者蒋氏,也是蒋嵩的后裔,但在永州不多的姓氏中,柳宗元一个外来人,如果不是确见蒋氏其人,何以能在为数不多的姓氏中,不犯"虚构"的错误呢?

蒋氏的生平事迹,早已湮灭在历史的长河中,但他幸运地遇到了柳宗元。读过《捕蛇者说》的人,对于蒋氏的形象,一定有如见如闻的感觉。许多人都将功劳归于柳宗元的神来之笔,然而这恐怕值得商榷。蒋氏的形象,除了"貌若甚戚","大戚,汪然出涕"的描写,更多的得益于他的谈话,而有许多话,却不是出身官宦,少年得志的柳宗元说得出来的。

比如对"乡邻之生日蹙"的叙述,"殚其地之出,竭其庐之入",一个"殚",一个"竭",真实地再现了天宝以后,永州地区苛捐重赋的情景。写下此二字的必是柳宗元,但从前"余悲之"后,"余将告于莅事者,更若役,复若赋,则何如?"的话语中,我们可以推之,对于"殚其地之出,竭其庐之入"的严酷性,作者是始料不及的。又如,蒋氏所叙乡邻之迁徙,"号呼而转徙,饥渴而顿踣"中的"顿踣"二字的使用,如果不是蒋氏亲见,谁又能想象人在饥渴折磨下,走着走着便倒地死去呢?此等景象,使柳宗元不能不想起孟子的"涂有饿莩",但同孔子的"苛政猛于虎"一样,"吾尝疑乎是",只有经过蒋氏的叙述,"往往而死者相藉也",便活生生的展现在作者眼前。他的如椽之笔才能作此生动描述,虚构是不可能的。作者云"今以蒋氏观之,犹信",不光是对"苛政猛于虎"的理解,更是对现实的认识。

我们知道,以王叔文为首的革新集团,在短短的执政时期内,革新的首要目标是打击跋扈的强藩和强化朝政,收回利权。因此,减免赋税,就成了打击保守派,争取支持者的重要手段。永贞革新失败后,柳宗元虽远贬永州,但其"利安元元"的政治思想,始终是他孜孜追求的,而且他一直寄期望于有朝一日,能重返政治舞台。因此,蒋氏的故事就不能不引起他的注意。"故为之说",便是要把这件事记下来,所谓"以俟观人风者得焉",只是作一虚幌,潜台词只能是"以俟我东山再起,要用这件事,重重打击豪强势力"。因为我们知道,柳宗元在永州期间,是未给当朝皇帝写过只言片语的。

因此,《捕蛇者说》所记事真、人真、情感也真。

二 捕蛇者是一个珍贵的艺术典型

读过鲁迅先生的《灯下漫笔》的人,对鲁迅先生概括的中国"一治一乱"的历史循环无不产生极大的的心灵震撼。那么,蒋氏所处的时代,是什么时代呢?唐王朝由太宗李世民建朝,经贞观之治,到开元、天宝年间,唐朝已发展到了它的高峰,而形成了中国封建社会的蔚蔚大观。但在这种繁荣的背后,社会上的腐朽力量迅速膨胀,各种社会矛盾迅速发展,终于导致了"安史之乱"的爆发。

如果说"安史之乱"以前的唐代社会,对于人民来说,是一个"暂时做稳了奴隶的时代"的话,那么"安史之乱"以后的天宝年间,就应该算作是向"想做奴隶而不得的时代"转变的历史循环的过渡时期。

那么,在这样一个时代,人民的思想状态,心理模式直至行为习惯如何,是最终导致历史前进方向的重要因素,而捕蛇者蒋氏,应该说是一个中唐人民思想状态,心理模式,行为习惯的标本,是一个典型人物。从文本中看,这显然不是柳宗元写作《捕蛇者说》的目的,但却是他在无意之中,为我们保留下的一个栩栩如生的典型形象。

蒋氏性格中有两点,是值得我们高度重视的。

其一,是在税赋不断加重,统治日益严酷的现实面前,追求做稳奴隶的价值取向。蒋氏对于现实,是有认识的,从他对"邻之生日蹙"的叙述中,从他对"悍吏之来吾乡"的描述中,我们可以感到蒋氏是一个较为清醒的现实主义者。但是他对于自祖父开始,三世"专其利"的捕蛇,却是心存感激的。虽然"吾与吾祖居者,今其室十无一焉;与吾父居者,今其室十无二三焉;与吾居十二年者,今其室十无四五焉。"虽然"吾祖父死于是,吾父死于是,今吾嗣为之十二年,几死者数矣。"同时也认识到"向吾不为斯役,则久已病矣。"经过比较,"则吾斯役之不幸,未若复吾赋不幸之甚也。"因此,当柳宗元提出"更若役,复若赋"时,用"又安敢毒耶"作为最后的回答。其凄婉沉痛之情溢于言表,其对"更若役,复若赋"的要求,坚决拒绝也是不言而喻的。

其二,在追求做稳奴隶的价值取向中,表现了对现实的麻木、冷漠和心安理得的心理状态和思维模式。《捕蛇者说》记叙蒋氏的表情神态,着墨不多,但甚是精到。当作者问捕蛇之事时,他历数三代人的冒死经历后,"貌若甚戚者",当作者提出"更其役,复其赋"后,"蒋氏大戚,汪然出涕",显然触动了他内心那个不可动摇的价值判断。这些细节,感动了作品问世后的多少读者。然而对于蒋氏随后的一大段叙述的感情起伏变化,却少有人分析体味。

笔者认为,蒋氏的叙述,可分为以下几个层次。第一个层次,可以说是痛语,从"君将哀而生之乎"到"则久已病矣",是"汪然出涕"后的哭诉。第二个层次,当为冷语,从"自吾氏三世居是乡"到"虽鸡狗不得宁焉",是客观冷静地陈述。历来为此文作标点者,在"往往而死者相藉也"和"非死则徙尔"这样沉痛的句子后面,不愿标为叹号,也说明后代读者,感情上也随叙述语言的变化,而有准确的感情把握。第三个层次,是乐语。从"吾恂恂而起",到"其余则熙熙而乐。"请仔细品味这"恂恂而起""弛然而卧""时而献焉""退而时食""熙熙而乐",一个心满意足,自得其乐的蒋氏,跃然纸上。第四个层次,则应算是一种快语,真道出蒋氏自得其乐的原因有二,一为"吾乡邻之旦旦有是哉",二是"比吾乡邻之死则已后矣"。原来,蒋氏没有将自己的处境与统治者的苛政暴税联系起来,而是将对比的对象,盯在了吾乡邻身上。这种思维方式,应该说是一种典型的在"治""乱"轮回之中,培养造就的"奴性心理"。

我们不能苛求古人,但鲁迅先生在现代人身上发现的病症,其实是在古代就早已入之腠理了。因此,蒋氏是一个不可多得的典型人物。其历史和现实的价值也是不言而喻的。

参考文献:

[1]柳宗元.柳宗元集[M].北京:中华书局,1979.

[2]鲁迅.中国现当代文学名著导读·灯下漫笔[M].北京:北京大学出版社,2002.

[3]张泽槐.永州史话[M].桂林:漓江出版社,1997.

[4]尚永亮.柳宗元诗文选评[M].上海:上海古籍出版社,2003.

[5]孙昌武.柳宗元传论[M].北京:人民文学出版社,1982.

[6]翟满桂.一代宗师柳宗元[M].长沙:岳麓书社,2002.

(原载 2006 年第 10 期,作者单位:永州职业技术学院)

三世捕蛇与数世航海
——柳宗元接受的一个问题

✳ 陈庆元 ◆

　　文学史上一个伟大或重要的作家,对当代以及后世必然产生巨大的或不同程度的影响。当代或者后世对文学史上名家作品的接受,有的是有形的,比较容易看得出来的,例如拟陶,宋代之后,直接标榜拟陶诗或拟陶某诗者不计其数;有的虽然没有一个"拟"字,但用其题或改换一种文体进行写作,如王维、韩愈、王安石各自的《桃花源诗》,虽然主题各异,但都有《桃花源记》明显的印记,这种接受,也比较容易理解。

　　后人有些作品的题目,初看不一定直截了当承袭前人或接受前人,但在精神思想、构思写作时对前人之作也有不同程度的接受。晚明曹学佺《桂林山水可游记》(《石仓三稿文部》卷之五《记类》中,日本内阁文库藏本),《小引》云:"唐柳子厚有《柳州山水可游记》……柳公刺龙城郡三载,故能得柳。而余在桂州首尾四年,其得于桂者多矣,因仿公而为《桂州山水可游记》。然柳公以罪人自零陵量移柳,余虽起家监桂,竟以获罪而归。则柳与桂,其为责家之娱一也。而文之不及,则古今人之不相及也已。"《柳州山水可游记》,即《柳州山水近治可游者记》(《柳河东集》卷二十九)。曹学佺说,文虽不及柳,而境遇和柳有点类似,柳宗元遭贬斥到柳州,写下《柳州山水近治可游者记》,自己任职桂林,因文字获罪被遣归,险遭不测,精神上有相通之处。曹学佺的游记共二十篇,篇幅比柳大得多,但乃为柳宗元的"可游记"之体,就是一个典型的例子。

　　有时,后人对前人的接受,作者并不直说,几乎是"隐形"的。晚明陈衍有一首《十不愿辞》(《大江集》卷三,崇祯刻本),其一:"不愿化作天上月,那得盈盈长不缺。"其二:"不愿化作天上星,白日一照不分明。"虽然作者题下自注:"《十不愿》者,《子夜》变歌之体也。"但是我们还是会想起陶渊明《闲情赋》的种种"愿作"。反陶意,其实也是一种接受。

柳宗元的《捕蛇者说》是集中的名篇,中等文化以上者无不知晓。三世捕蛇,祖父、父亲死于是,这位捕蛇者捕了十二年的蛇,历险无数,仍然以捕蛇为生,文章最后归结到"苛政猛于虎"的高度,其讽教的意义不言而喻。如果不一定强调讽教,在历代的社会中,三代人或三代从事同一种高危职业者,大有人在。上世纪三十年代,陈衍老人为金门洪天赏(景星)撰《金门洪景星先生墓志铭》(拓本藏天赏后人处),说漳州、泉州人善商贸,金门人尤其如此。天赏曾祖、祖父"操航业,资转运,寝有盖藏矣",以航海转运货物为业,渐有家产,天有不测风云,"倾覆淳潏洪涛中",曾祖死于洪涛,祖父死于洪涛,家道中落。天赏父亲中年弃世,天赏尚在童年,不得已,母亲将他托付给在省城的伯父,以至于以"鬻饧饦为活"。天赏"稍长,戮力理旧业,回翔燕、齐、辽、沈间。久之,长船务,运业蒸蒸日上矣",成年有所积蓄之后,又重操祖业,海运事业越做越大,其船队从福建远航至渤海湾、辽东半岛。机轮船兴,天赏紧跟时代,弃旧日帆船,组建机轮船队。航海风险极大,天赏不止一次遇到巨风,也有过触礁的经历。一次,"遭巨风,邃至垂没矣",又一次"尝航海返里中,途触礁,同舟胥罹厄,先生无恙",天赏仍操其业不顾。捕蛇者曰:"吾祖死于是,吾父死于是。今吾嗣为之十二年,几死者数矣。"天赏之曾祖死于航海,天赏之祖航海,至天赏已经四世,天赏嗣之数十年,几死于航海者数矣!捕蛇者继续捕他的蛇,航海者天赏持续他的航海。航海获利较大,天赏说:"陶朱公三致千金,分散贫交,疏昆弟。吾岁获奇盈,定擢若干算以襄义举。"《捕蛇者说》最后归结到苛政猛于虎,《金门洪景星先生墓志铭》则归结到乐善好施,两篇文章的寓意内涵虽然不同,但都有关教化,这也是古文家十分常见的手笔。陈衍这篇《墓志铭》没有明言洪氏世代航海与柳宗元的《捕蛇者说》有什么联系,其实柳宗元的文章陈衍肯定烂熟于心,经过我们的再次体会(再次接受),还是可以看出"三世捕蛇"说的蛛丝马迹。

就文体而言,陈衍《金门洪景星先生墓志铭》属于"墓志铭"体,柳宗元的《捕蛇者说》则为"说"体,阅读两文,陈衍存对柳宗元的隐形接受,也是可以体会出来的。然而,要发现这种隐形的接受,前提条件是:读者必须对柳宗元的《捕蛇者说》的再次接受和对陈衍《金门洪景星先生墓志铭》的仔细解读和接受。

(原载 2006 年第 10 期,作者单位:永州职业技术学院)

《周易》对柳宗元诗文的影响

✳ 郭　丽

在柳宗元的诗文中,大量采用了《周易》的内容。据笔者不完全统计,可以明显看出为《周易》内容的有 90 多处,甚至有一篇之中引用《周易》内容多达三次者。从柳宗元诗文中涉及的《周易》各方面内容看——或运用《周易》书名、卦名,或援引卦爻辞以及《易传》内容,或融会《周易》语词。这既使文学作品充满了深邃的哲学意蕴,也使古奥的哲学著作《周易》的诸多内容,影响及于文学创作领域,这些无疑是《周易》深刻影响柳宗元创作的重要体现。

本文即试从以下三个方面辨析柳宗元诗文对《周易》内容的直接运用,说明二者之间存在的显著的影响与被影响的关系。

一　援引《周易》书名或卦名表现不同意蕴

在柳宗元的诗文中,多次直接引用《周易》一书的名称。其情况大要可分为三种:

一是仅指《周易》这一部书而言,并无其它深意。如《箕子碑》:“故在《易》曰:‘箕子之明夷’,正蒙难也。”[1]118 文中的《易》,指的就是《周易》一书。直接援引《周易》书名的例子在柳宗元诗文中颇多。如“大《易》之制,《序卦》处末。”① “帝出于《震》,著在《易经》。”②等。

二是《易》指易学这门学问。《周易》成书年代久远,因此后人对其的研究和阐释也肇端极早。先秦时期的《左传》《国语》及诸子哲学著作载有不少《易》说,当属易学成为一门专门学问之滥觞[2]22。此后历代对《周易》的研究、探讨和阐释绵延不绝,并形成了众多流派,以“象数”“义理”二派影响最大。但“象数”

① 《送韩丰群公诗后序》,卷 25,654。
② 《礼部太上皇诰宜令皇帝即位贺表》,卷 37,951。

"义理"二派又不能囊括《周易》所涉及的众多研究领域,所谓"《易》道广大,无所不包……皆可援《易》以为说,而好异者又援以入《易》,故《易》说愈繁。"[3]3因此,易学研究在历代所涉及的学术领域是至为宽广的。这也就吸引了众多研究者致力于《周易》的研究,由此形成了一门研究《周易》的专门学问,即易学。在柳宗元的诗文中,这样的例子如《与刘禹锡论周易九六书》:"今二子尚未能读韩氏注、孔氏正义,是见其道听途说者,又何能知所谓《易》者哉?"[1]813这里的《易》指的就是《周易》这门学问,即易学的道理。

三是将《周易》作为儒家经典的代表,用以代称所有儒经。如《送内弟卢遵游桂州序》:"浸润以《诗》《易》,动摇以文采。"[1]637这里的《诗》和《易》就是所有儒家经典的代表,说明卢遵精通儒家经典,故而文采超拔不群。

用《周易》指代儒家经典,在柳集中屡见不鲜。其用法颇类似于今人举例时因需列举之例太多,为言辞简便起见,故而选取其中有代表性的一两例,用"××等"的句式来说明问题一样。而被选取出来这一两个例子往往是所有例子中最具代表性、最突出的。这也从一个侧面反映了《周易》冠居"群经之首"的崇高地位。

在柳宗元的诗文中,除了直接引用《周易》书名之外,还有直接运用六十四卦卦名的情况,其所蕴含的意味又各个不同。如《伯祖妣赵郡李夫人墓志铭》:

> 兆灵趾,栖凤里,艮之山,兑之水,灵之车,当返此。子孙百代承灵祉,谁之言者青乌子。①

文中"艮"和"兑"分别是《周易》之五十二卦和五十八卦的卦名,《艮》卦是象山之卦,《兑》卦是象水之卦,此处运用《艮》《兑》二卦象山、象水之义,说明李夫人的墓地是背山临水的风水宝地。葬此宝地,会惠及子孙,故言:"子孙百代承灵祉,谁之言者青乌子。"②柳宗元在此巧用《周易》卦名的象征物事及相关典故,言语之中充溢着对死者魂灵安息的深情慰籍和对其子孙后代的美好祈愿。再如:

> "然则吾所谓圆者,不如世之突梯苟冒,以矜利乎己者也。固若轮焉:非特于可进也,锐而不滞;亦将于可退也,安而不挫;欲如循环之无穷,不欲

---

① 卷13,330。
② 《风俗通义》曰:"汉有青乌子,善数术。"见东汉应劭撰,吴树平校释,风俗通义校释,天津人民出版社,1980年版,470。《相冢书》亦曰:"青乌子称山三重相连,名连伞山。葬之二千石。"意谓死者葬在这样的宝地,子孙之中会出食禄二千石的大员。见唐徐坚,初学记,中华书局,1963年版,666。

如转九之走下也。乾健而运,离丽而行,夫岂不以圆克乎? 而恶之也?"①

其中用到《乾》卦和《离》卦的卦名,《乾》卦上下卦皆为乾,象征"天",意为"健"。其寓旨正是勉励人效法"天"的刚健精神,奋发向上。《离》卦的上下卦皆为离,象征"附丽"。其寓旨取"人事"来说,就是不论人的地位尊卑如何,均需附丽于所处的时代和社会,而人与人之间所谓不同层次,又存在着附丽与被附丽的复杂关系。

柳宗元借《乾》《离》二卦的本义及寓旨,用自己在现实生活中经受挫折所获得的"方其内而圆其外"的处事准则,告诫杨海之不要重蹈自己的覆辙。他所标举的其实是一种富于辩证哲理而又界划分明的人生观、处世观——不圆滑以趋利,不苟合以取容;要勇于前进,必要时也要后退,才能安而不挫。只要守乎内者不变,则其应于外者即可随环境改变而变,以正大刚健之特质,达循环无穷之极致。这样的处世观是柳宗元遭受打击之后对整个人生世事的透彻体悟,其中饱含着由一己切肤之痛而萌生并日渐成熟的生存智慧。

综上所述可以看出,柳宗元在诗文中直接援引《周易》书名,或是仅指《周易》一书,或是指称易学,或是代指群经。援引《周易》各卦卦名,或是利用各卦的象征物事,或是利用各卦本义及寓旨用以表达不同的意蕴,且都每每切合于叙事对象和他想要表达的意旨。由此足见其将《周易》与诗文创作相沟通,颇有精到之处。

二 援引《周易》内容表达自我思想

柳宗元精通儒家经典,常常将经典的内容运用在自己的文章写作中,对《周易》尤是如此。在柳集中,可以找到很多直接援引《周易》卦爻辞及《易传》内容来表达自己思想的例子。具体说来,其或者被用来作为论据将所述之事引向深入、或者是作为自我行为方式的理论依据。以下笔者试各举例论述之。

《四门助教厅壁记》属于前一种情况。其文曰:

> 周人置虞庠于四郊,以养国老,教胄子。《祭统》曰:天子设四学。盖其制也。《易传·太初篇》曰:天子旦入东学,昼入南学,夕入西学,暮入北学。

---

① 《与杨诲之第二书》,卷33,856。

蔡邕引之,以定明堂之位焉。《大戴礼·保傅篇》曰:帝入东学以贵仁,入南学以贵信,入西学以贵德,入北学以贵爵。贾生述之,以明太子之教焉。故曰为大教之宫,而四学具焉。参明堂之政,原大教之极,其建置之道弘也。①

"厅壁记书于各级官吏办公场所,内容多为叙官秩创置及迁授始末。"[4]133以上所引部分是文章的第一段文字,恰巧是回顾周朝至汉代国家学校设置的概况。柳宗元在文中引用《易传·太初篇》的内容,其目的在于理清"四学"在唐前的发展源流,由于前引《祭统》对"四学"的记载不详,《易传》的详细记载不仅弥补了其不足,而且也由此理顺了汉代蔡邕《明堂论》《大戴礼记》对"四学"的记述,在理清源流的情况下作者作出了可靠的结论。由此看见《易传》内容在此是作为论据将文章的论述引向深入的。

而在另外一些文章中,他引用《周易》的内容又是为自己的行为方式寻找理论依据,借以说明自己采取某种处事为人方式的原因。如《与萧翰林俛书》:

> 居蛮夷中久,惯习炎毒……读《周易·困卦》至"有言不信,尚口乃穷"也,往复益喜曰:"嗟乎! 余虽家置一喙以自称道,诟益甚耳。"用是更乐喑默,思与木石为徒,不复致意。②

文中讲自己在处地荒僻的贬所居住时间久了,对贬所的气候和语言也逐渐习惯,心境平静下来之后,也慢慢认识到对自己的遭遇越急于辩白,就越容易遭到更多的讥笑和非议,于是他采取缄默不言、沉默不语的方式来应对世人的辱骂和嘲讽。而《周易·困卦》的内容"有言不信,尚口乃穷",则成为他采取这一应对方式的有力支持。

《困卦》是《周易》的第四十七卦,"有言不信,尚口乃穷"意为此时有所言未必见信于人,崇尚言辞不但无益反而更致穷厄。柳宗元在此处引用《困卦》内容,确实是非常适合其当时所处的境况的。他不仅在这句卦辞里找到了自己面临困境时,所应采取的正确行为方式,而且也由此获得了一种心理上的慰藉。于是"往复益喜",心下高兴,此后"更乐喑默",不再作无谓的辩解。柳宗元在身处逆境时从《周易》中找到正确的应对方式的例子,也从一个方面反映了《周易》不仅影响了柳宗元的诗文创作,而且影响到了他的思想行为方式。以上种种,都是

---

① 卷26,691。
② 卷30,798。

为了表达自己的某种思想。显然也是柳宗元将《周易》内容直接运用于文学创作的一方面体现,客观上也显示出《周易》对柳宗元诗文影响的明显痕迹。

三　融化《周易》语词自铸美意伟词

细考柳宗元在写诗作文时对《周易》内容的运用,还可以发现:作者往往有意无意地融会《周易》的语词,化为他自己的语言,表情达意,精炼简洁。这里略分为两类举例证之。

其一,融化《周易》卦爻辞的语词。如:

> 1. 先君之道,得《诗》之群,《书》之政,《易》之直方大,《春秋》之惩劝,以植于内而文于外,垂声当时。①

"直方大"本自《坤·六二》:"直方大,不习无不利。"这是从六二的位、体、用三方面来说明爻义之美的。此处意为人品端方、正直、宏大。

> 2. 公之伯仲,信惟先执,感激之风,道同义立。中司守直,奸权是袭,致之徽纆,诬以贿人。②

"徽纆"出自《坎·上六》"系用徽纆","徽"和"纆"都是绳索之名。《释文》引刘表语曰:"三股曰'徽',两股曰'纆',皆索名。"[5]46

> 3. 臣伏以窦群肥遁居贞,包蒙养正,学术精果,操行坚明,赞咏道真,以求其志。③

"肥遁居贞"源于《遁》卦上九爻辞"肥遁,无不利"和该卦卦辞"亨,小利贞。""肥"通"蜚",即"飞"。"遁"又作"遁","隐退也,匿迹避时、奉身退隐之谓也"[5]46。"肥遁"指有高飞远隐,遨然退避之象。此处"肥遁居贞"指窦群品德美好,守持正固。"包蒙养正"中"包蒙"出自《蒙·九二》"包蒙,吉。""养正"出自《彖传》"蒙以养正"。文中"包蒙养正"极言窦群端庄正派,具有纯正无邪的品质。

> 4. 非敢窃国宾五献之礼,希康侯三接之恩,一觌龙颜,万死为足。④

---

① 《先侍御史府君神道表》,卷12,294。
② 《祭穆质给事文》,卷40,1051。
③ 《为韦侍郎贺布衣窦群除右拾遗表》,卷38,983。
④ 《为崔中丞请朝觐表》,卷38,993。

此例出自《晋》卦卦辞:"康侯用锡马蕃庶,昼日三接。"文中化用此卦辞,意为不敢希求象尊贵的公侯一样一天之内荣获三次接见的厚恩,能够一睹龙颜,即使死一万次,心里也感到满足。

> 5. 实由臣不称职,使此艰患。伐檀兴议,负乘招讥。常怀覆餗之虞,敢望专征之寄。①

"负乘"盖本自《解·六三》:"负且乘,致寇至",意为背负重物而身乘大车,必招致强寇前来夺取。文中化用此爻辞意在自谦,指广南节度使认为皇帝赋予自己这样的重任是自己无功受禄。"覆餗"本自《鼎·九四》:"鼎折足,覆公餗。"原意为鼎器难承重荷、鼎足断折,王公的美食全被倾覆。文中化用是作为广南节度使的谦辞,意为惟恐自己不胜重任,心中恐慌不安。

其二,融化《易传》中的语词。如:

> 6. 臣闻皇建其极,存诸大训,帝出于《震》,著在《易经》。继明以照于四方,重熙以临于万国。②

"继明以照于四方"取自《离·象传》:"大人以继明照于四方。"意指"大人"(文中指皇帝)效法《离》卦光明连继之象,绵延不断地用"明德"照临天下。

> 7. 即日被观察使牒,李师道以月日克就枭戮者。帝德广运,唐命惟新,霾曀廓清,天地贞观,率土臣庶,庆抃无涯。③

此例本自《系辞下传》:"天地之道,贞观者也。日月之道,贞明者也。"意为天地的道理,守正就被人瞻仰。日月的道理,守正则焕发光明。此处化用意为在皇帝的英明统治下,唐朝阴霾廓清,万象更新,天地、日月之道守正和洽。

> 8. 伏惟陛下体乾刚以运行,协坤元之翕辟,百灵受职,六合从风。④

"乾刚"本自《乾·文言》:"大哉乾元! 刚健中正"。意指纯阳刚健,其性刚强。"坤元之翕辟"本自《系辞上传》:"夫坤,其静也翕,其动也辟,是以广生焉"。指象征"阴"的坤,具有"静翕""动辟"而宽柔的特性。此处化用为"乾刚""坤元之

---

① 《代广南节度使谢出镇表》,卷38,1006。
② 《礼部太上皇诰宜令皇帝即位贺表》,卷37,951。
③ 《柳州贺破东平表》,卷38,979。
④ 《为裴中丞贺克东平赦表》,卷38,977。

翕闢"意为皇帝陛下体察《乾》的刚健行事,协调《坤》的阴柔施政,极言皇帝理政之善。

> 9.臣昨日面奉进旨,以近日少雨,今月内无雨,即须祈祷,今日便降甘雨者。天且不违,神必有据,密云与纶言继发,时雨将天泽并流。①

"天且不违,神必有据"出自《乾·文言》:"天且弗违,而况于人乎? 况于鬼神乎?"意为天尚且不违背它,何况人呢? 何况鬼神呢? 此处指天降甘雨是上天不违背皇帝的圣旨,神灵都来相助。

以上所举两类例子,均为笔者阅读柳集过程中信手笔录来。柳宗元切当自如地融化《周易》经、传中的语词:无论是引申、借用抑或是化用原意,都能不露痕迹地融铸为自己的语言,恰切的表达自己的思想。美意伟词流布于字里行间,读者稍不留心察辨,或不审此等言辞原是本于《周易》。因此,柳宗元之精于易学,当为无可置疑之事实。

当然,本文所论《周易》对柳宗元诗文的影响,仅从其直接运用《周易》书名、卦爻辞以及《易》传语词这几点入手已经较明确地揭示了柳宗元所受《周易》的显著影响。那么,这种影响探其根源,不外有二:

其一,家学的熏陶。柳宗元之父柳镇,不仅自身精通《诗》《易》等经典,并从中借鉴为人处事之道、培养自身品德,而且乐此不疲地召集亲族子弟讲习《春秋左传》和《易王氏》,柳宗元云:"先君之道,得《诗》之群,《书》之政,《易》之直方大,《春秋》之惩劝,以植于内而文于外,垂声当时。……合群从弟子侄,将《春秋左氏》《易王氏》,衎衎无倦,以忘其忧。"[1]294 以此推断,柳宗元定随父研习《周易》。幼时修习《周易》的经历以及乃父之学的熏染对他以后创作的影响无疑产生了巨大的影响。

其二,习业的需要。柳宗元于贞元九年(793年)及进士第,而当时进士的必考科目是"进士帖一小经及《老子》,皆经、注兼帖;试杂文两首;策时务策五条。"②"小

---

① 《为王京兆贺雨表》,卷37,970。
② 《大唐六典》卷二《尚书交部》,这一考试政策的确定是高宗调露二年(680),刘思立为考功员外郎时建议的,"以进士惟试时务,恐伤肤浅,请加试杂文两道,并帖小经"(《封氏闻见记》卷三《贡举》)。根据刘思立的建议,明经、进士均加试帖经。也就是说,从高宗末年起,进士科不但试策,而且要试杂文、帖经,其顺序是先帖经、然后试杂文及策。至中宗神龙元年(705),这种"先帖经、然后试杂文及策"的三场考试的制度最后确定下来,且一直保持到科举制的终结。到柳宗元及进士第的贞元九年(793),这一制度考试科目和程序已经完全固定了下来,亦即柳宗元必须先帖一小经,再试杂文及策。

经"指的是《易》《尚书》《春秋公羊传》《春秋谷梁传》[6]142。这就是说,柳宗元必须在上述四门小经中选取一门作为应试科目,《周易》是选项之一。另外,在中唐时期,官私学生都急于仕进而不愿修习文字较多的儒家经典,使《春秋》三传、《仪礼》《礼记》以及一些史书传习渐少。乃至于礼部奏请在科举制中开设三礼科、三传科、一史科、三史科,以鼓励学生修习这些经书。[7]269 如此看来,在四门小经中,除去当时众士子都不愿修习的《春秋公羊传》《春秋谷梁传》,就剩下《易》和《尚书》。从柳宗元自幼随父修习王氏《易》的背景看,选择《周易》这门已早有基础的课程参加考试相较于其它三门课程无疑通过的把握更大一些。柳宗元作为应试者当然也想尽早及第,其心理应和当时的大部分应试举子是一样的。综合上述二重因素可以推断,在四种小经中柳宗元极可能选《周易》参加了"帖经"考试。

在唐代科举考试中,"帖经"是将书上正文或注中的某几行贴上几个字,要被试者将所贴的字填写出来。而应举人多,主考官务在使人答不出,故有专考孤章绝句、疑似参互之处,以迷惑被试者。这实际上就是考应试者的记忆力,因此就要求应试者对所试经书达到精熟、甚至倒背如流的程度。由此看来,柳宗元为了应举需要,即使有幼年修习《周易》的基础也不能掉以轻心,而必须认真研读。可以说,他从幼时到成年应举,一直都在修习《周易》。因此,他在诗文中广泛引用《周易》内容就不难理解了。

总之,通过以上三个层面的考辨可以看出:柳宗元的诗文创作确实是受到了《周易》的显著影响。笔者文中所论虽是仅就其诗文中直接引用《周易》的情况而言,尚未涉及间接化用《周易》内容、融会《易》理的例子,就已有了令人惊喜的发现。由此可见,这一考辨过程,对于深入理解柳宗元诗文将有所助益。此外,对于分析柳宗元思想与《周易》乃至古代哲学的内在联系,并进一步将柳宗元研究推向前进,似乎也不无裨益。鉴于目前学人在此方面鲜有论及,笔者以为颇值得探讨,故不揣谫陋,略陈一己之见,或有牵强之处,还期求正于方家。

参考文献:

[1][唐]柳宗元.柳宗元集[M].北京:中华书局,1979.

[2]黄寿祺,张善文.周易译注[M].上海:上海古籍出版社,2004.

[3][清]纪昀.钦定四库全书总目[M].北京:中华书局,1997.

[4]林纾,慕容真.林纾评选古文辞类纂[M].杭州:浙江古籍出版社,1986.

[5][唐]陆德明,黄焯.黄延祖重辑.经典释文汇校[M].北京:中华书局,2006.

[6]王炳照.简明中国教育史[M].北京:北京师范大学出版社,1987.

[7]李国均,王炳照.中国教育制度通史(第二卷)[M].济南:山东教育出版社,2000.

（原载 2010 年第 6 期,作者单位:南开大学）

论柳宗元对老子思想的传承与发挥

❋ 邓怡舟

老子是我国古代著名思想家,道家的创始人,道教的教祖。其思想内容主要见之于《老子》一书。老子的思想博大精深,其中蕴含着永恒的价值、高超的治世智慧和丰富的人生经验,营养过诸子百家,营养过中华文明,至今依然熠熠生辉。老子的许多精湛的传世哲理,启迪了历代哲人的智慧。

唐代著名的政治家、思想家、文学家柳宗元,出身于一个背景显赫的官宦之家,自幼接受儒家思想的教育,精通儒家经典。他一生以儒者自居,"以中正信义为志,以兴尧、舜、孔子之道,利安元元为务,"(《寄许京兆孟容书》)以匡世济民的儒家思想为安身立命的精神家园。永贞革新失败后,他遭受严厉惩罚,远贬为永州司马,跌入人生低谷。随着政治抱负和理想的幻灭,他把自己的精力投入到思想文化领域,渴望"能著书,断往古,明圣法,以致无穷之名。"(《与顾十郎书》)因此,他发奋钻研经史子集,"读百家书,上下驰骋"(《与杨京兆凭书》)博采多家思想,对儒家以外的思想都采取了糅合、兼容的态度,认为杨、墨、申、商、刑、名、纵横、释、老等各家学说"皆有以左世",主张"咸伸其所长,而黜其奇邪";把这些学说"通而同之,搜择融液",使之完全合于"圣人之道"(《送元十八山人南游序》)。

在《柳宗元全集》等材料中,柳宗元多次直接提到老子其人、其书,对《老子》作了较高的评价,并多次化用《老子》之句。由此可知,身陷逆境的柳宗元与厌恶政治黑暗和社会腐败现实的老子产生了共鸣,在肯定老子思想具有辅佐政治教化的社会作用的基础上,传承并发挥了老子思想,并把老子思想作为适应逆境的重要精神支柱。这还可以从柳宗元与元十八、周君巢、娄图南等具有道家思想的学者密切交往中得到验证。柳宗元的这种严谨的学术态度,与李唐王朝统治者尊奉老子为祖先,敦崇道家思想的政策是一致的。在柳宗元的思想和文学作品中,我们能看出老子思想深深烙印和清晰痕迹。

一 柳宗元的唯物主义和无神论思想深受老子宇宙本体论的影响

老子哲学体系的核心是"道"。老子认为整个世界都是从"道"而生,肯定"道"是天地万物的最高本源,创立了以"道"为宇宙本源的中国哲学本体论,这是古代理论思维的一次重大突破。老子提出"有物混成,先天地生。"(《老子》第25章)"道生万物。"(《老子》第42章)"道法自然"(《老子》第25章)等观点,认为天地万物包括人类都是自然而然产生的,没有超自然的神灵主宰宇宙万物和人间祸福,否定了上帝创世说和一切神学目的论。老子这种对宇宙和生命的起源、宇宙结构的朴素唯物主义和无神论思想思想,是中国古代无神论思想的一个重要源泉。这种一元论的宇宙观对后世从整体上去思考探索宇宙,认识事物具有深远的影响。柳宗元的朴素唯物主义和无神论思想传承老子这一思想,并在新的历史条件下有所发展。

柳宗元的朴素唯物主义和无神论思想是唐代哲学思想发展的里程碑。他的哲学思想主要是以"天论"为中心,阐发了天人关系这个中国古代哲学的重要命题,包含有老子的朴素唯物主义成分和辨证观。针对当时流行的"天命论"神秘思想,柳宗元在《天对》中以直截了当的方式,回答了这些宇宙根本问题。他说:"本始之茫,诞者传焉。鸿灵幽纷,曷可言焉! 冥黑晰眇,往来屯屯,庞昧革化,惟元气存,而何为焉!"不仅肯定了世界的物质性,而且接触到了世界的无限性和统一性的问题。他把元气看成是构成宇宙万物的根源,明确否定了创世主的存在。事实表明,柳宗元用朴素唯物论和无神论的观点批判天命论,是非常有力和深刻的。

在《非国语》《封建论》《天对》《天说》《贞符》《六逆论》等著作中,柳宗元坚决否定所谓神灵创世的谬论。在《天说》中,他有力批判了唯心主义有神论的观点,认为"天"同瓜果、草木等自然界一切事物一样,是由浑沌的"元气"构成的,一切都统一于"元气",不存在离开"元气"而独立存在的有意志的"天"。在《非国语》中,他以大半篇幅,举出许多历史例证,从各个侧面反复批驳了《国语》中的迷信思想,系统阐明了自己的无神论观点,指出天地、阴阳都是客观存在的物质,山崩地裂,水斗川竭,不过是阴阳二气相互作用的结果;他还力图从自然界本身探讨事物运动变化的规律,连用"自动自休,自峙自流"和"自斗自竭,自崩自缺"八个"自"字,说明自然界的一切事物,无一不是按自身的规律运动着,与国家的治乱毫无关系(《非国语上·三川震》)。在《断刑论》和《时令论》等著作中,他还深刻揭露了"赏以春定""刑以秋冬"那种把刑政制度神权化的荒唐。这些观点试图从自然界本身来说明自然界运动的规律,含有朴素辩证法的因素,对西汉以来盛行的"天人感应"和"君权神授"等传统有神论思想以及神秘哲学进行了抨击,指出"天命"是为了欺骗愚昧的人,企图把"圣人"拉回"人间"。

二 柳宗元进步的民生史观对老子"爱民治国"思想接受与发挥

"爱民治国"(《老子》第 10 章)是老子政治思想的核心。生活在春秋战国之际,亲历了诸侯争霸征战,目睹了人民的无穷痛苦,这位深具悲悯情怀的智者提出了"爱民治国"的政治思想。他大声疾呼:"以道佐人主者,不以兵强天下。"(《老子》第 30 章)对外穷兵黩武,称王称霸,必然强凌弱,众暴寡,驱使百姓为其效命疆场,广大民众难以安居乐业。因此,老子坚决反对破坏和平的不义之战,同时更反对残酷的经济剥削。他无情地揭发统治者的剥削行为与享乐生活,在《老子》中写道:"朝甚除,田甚芜,仓甚虚;服文采,带利剑,厌饮食,财货有余,是谓盗夸。"(《老子》第 53 章)朝政荒废,田园荒芜,仓库空虚,百姓衣食无着;统治者却只顾自己享受,吃好的,穿好的,搜刮财富,剥削大众,简直就是强盗。

"爱民治国"的思想中有两个准则:一是"无为而治"。老子主张:为治之道,应是"治大国若烹小鲜"(《老子》第 60 章),即要懂得执政规律,遵从民意,顺乎自然,不要横征暴敛。老子通观古今"令多扰民"之弊,提出"希言自然"(《老子》第 3 章)来告诫统治者要简政稀令、减负轻税,改善政府与民众的关系,实行亲民爱民的政策,做到"我无事而民自富,我无欲而民自朴。"(《老子》第 57 章)人民冻馁而不能自富,铤而走险不能自朴,是当政者徭役苛税逼迫的结果。二是要执政者做到"以百姓心为心"。老子提出:"圣人无常心,以百姓心为心。"(《老子》第 49 章)"爱以身为天下,若可托天下。"(《老子》第 13 章)"贵以贱为本,高以下为基"(《老子》第 39 章)等观念,即要求统治者对人民富有同情心,要善于体察民情,一心为百姓服务,以宽宏的心态去捕捉和对待各种不同的信息或意见。老子从"爱民治国"理念出发,强调要统治者认清自己赖以生存的根本与基础,要以民为本,尊重百姓的权利,不要把自己的意志强加到百姓头上,尽力创造条件,构建一个和谐美满的社会,让百姓安居乐业。

作为进步思想家、政治家的柳宗元一生关心国计民生,致力经国济民,提出一套进步的民生史观。其民生史观主要体现在两个方面:一是国家的变迁兴衰,决定于"生人之意"。在《贞符》一文中,他主要阐述帝王受命于"生人之意"的观点,认为帝王真正的受命之符是仁德,是生人之意,而不是天命。(《贞符并序》)所谓"生人之意",即强调统治者要"以生人为己任",满足人民生存的意愿,公平地为百姓办事,在一定程度上承认人民的生存权利。柳宗元生活在民困国衰,各种社会矛盾激化的中唐王朝,目睹了政令烦乱,民不聊生的现实,对腐败的吏治深恶痛绝。他提出"生人之意"的思想,站在"弱势群体"一边,为民代言,为民请命,强烈要求统治者应该少思寡欲,减少烦扰人民的政令,给人民一个"休养生息"的社会环竟,他说:"圣人之道,不穷异以为神,不引天以为高,利于人,备于事,如斯而已矣。"(《时令论上》)这是他的政治理想以及他从事各种政治活动的出发点和归宿。因此,他一登上政治舞台,就极力宣传"利民""养人术"。如在《捕蛇者说》一文中,他揭露统治者横征暴敛给人民造成的苦难现实,直指"赋敛之毒"的厉政,敢为人民鼓与呼!在《种树郭橐驼传》一文中,他借老人之口,对当时政烦扰民的现实提出批评,通过论述种树要"顺木之天,以致其性"而达到"养人""蕃生""安性"之目的。这正是对老子"爱民治国"思想的接受和发挥。二是为政之要"在于利民"。在《晋问》一文中,他明确地提出并阐述了"利民"的思想。文章描写了其家乡晋地的山川险固、物产丰富、河鱼肥美。并借吴武陵之口指出:"安其常而得所欲,服其教而便于己……不苦兵刑,不疾赋力。所谓民利,民自利者是也。"这里强调,民利就是人民自己谋取的利益。怎样才算人民自己谋取的利益呢?文章指出,晋地有"尧之遗风";并称赞这种"有温恭、克让之德""有无为、不言、垂衣裳之化"的风气"美矣善矣,其蔑有加矣",因此应该"举晋国之风以一诸天下"。显然,柳宗元强调的"利民"思想,就是要发扬尧时流传下来的好风尚,让老百姓自己去谋取自己的利益,做到"民自利"。可以看出,柳宗元的"利民"思想也正是对老子"无为而治"思想最好的发挥。这种"民自利"的愿望,补充了儒家的仁爱意识,远远超越了儒家一般的仁政观念,具有超越时代的历史意义,对以后的封建治世也有深远的影响。

三 柳宗元以老子的"柔弱不争"为"复起为人"的精神支柱

老子"柔弱不争"的处世思想对民族性格和民族精神的形成有着巨大的影响,闪烁着智慧之光。这一思想内涵丰富,主要包含"谦下不争"的品德、"以退为进"的思路、"祸福相生"的辩证思维、"以柔克刚"的方法等内容,集中体现了老子辩证智慧的精华。

老子在深入观察社会,认识到柔弱的一类事物往往更有生命力,而坚强刚硬的一类事物往往容易被毁坏,水质虽柔,却能冲凿山石。故他说:"天下之至柔,驰骋天下之至坚,无有入无间。"(《老子》第43章)"江海所以能为百谷王者,……以其不争,故天下莫能与之争。"(《老子》第66章)老子所谓的"柔弱不争"就是指不争强好胜,善于利用事物的自然规律,以退为进,"曲则全,枉则直,"(《老子》第22章)"柔弱胜刚强。"(《老子》第36章)"柔弱不争"是一种独特的取胜之道和生存之道,在现实生活中,那些恃才傲物、锋芒毕露、自我逞强的人总是多遇失败,而敢于表现柔弱的反而保全生命。一帆风顺、万事如意的人生是没有的,而痛苦、忧患却常与生活涉履相伴随。这从生活的另一面对社会和人生进行诱导与慰藉。老子告诉人们,身处逆境,要懂得"祸兮福之所倚,福兮祸之所伏。"(《老子》第58章)"反者,道之动,"(《老子》第40章)"物或损之而益,或益之而损"(《老子》第42章)的深刻意蕴。"反"是事物变化的永恒规律,物极必反,万物皆然。这种处世思想,对调节人们心理平衡起着重要作用,为人们正视困难和战胜挫折都颇有裨益和启示。

革新失败后,被贬谪永州的柳宗元,陷入深深失望和苦闷之中。其每况愈下的处境,不断下降的自信心,日趋低落的情绪,表露无疑的消极心态,迫使他终于转向道释,走上"独善其身"之道,从老子"柔弱不争"的处世思想中得到慰藉和解脱,努力寻找着一条既能为现实社会所容,又能使自己心灵安适的生存之路。"却学寿张樊敬侯,种漆南园待成器。"(《冉溪》)正是他失落心境得到平衡的写照。告诫内弟要"柔外刚中""圆其外而方"(《与杨晦之书》),只有能够做到刚柔相济的人,才能取得事业的成功,说的也正是这种思想。

老子提出的否定原理、"以退为进""祸福相生""以柔克刚"的辩证思维为遭贬谪的柳宗元"复起为人"提供了精神支柱和前进的动力。正是老子这一思想的启迪,才使柳宗元建功立业的理想最终没有倒塌,对整个社会和自身的前景始终充满天真的幻想和坚定的信念。"以退为进",就是要受得了委曲,受得了挫折,在逆境中奋起,在黑暗中争取光明,把矛盾当成前进的动力,把失败视为成功的教训。故人王参元家失火,房屋货财付之一炬,柳宗元知道后,写了贺书,不吊反贺,"始闻而骇,中而疑,终乃大喜",以为"盈虚倚伏,来去之不可常"(《贺进士王参元失火书》)这是因为他觉得王参元从此不再因为富有家财而被人误解,可以名正言顺地得到应得的称赞。这些事实,从一个侧面反映出柳宗元从老子朴实辩证法思想中汲取了丰富的营养。

四 柳宗元"辅时及物"的生命价值观与老子的"死而不亡"一脉相承

"死而不亡者寿"(《老子》第33章)是老子生命观的核心和灵魂。老子认为,真正的长寿者,就是长期坚持修养品德之人;无德性的人,活的时间再长,也不过等同于草木;人总是要死的,身死而人格犹存才是真正的长寿。老子是无神论者,不追求肉体的长生,也不追求灵魂的不灭。老子主张"死而不亡者寿"是指超越于个体的精神力量。

人的肉体寿命不过区区数十载,不可能长生不老,但人的精神则可以浩气长存,因为他的学说、思想、精神会长期深深影响后世,激励后人,为后世人缅怀尊敬。从这个意义上讲,人完全可以做到"死而不亡"。那些为国家和社会做出突出贡献的人,人民永远不会忘记他们的历史功绩。他们虽死犹生,流芳百世,与时俱存,这才是人生最高价值的体现。老子这种追求"死而不亡"的人生价值的实践,超越了人的生死极限,使人的生命具有不朽的价值。这是老子关于长寿的另外一种卓越的观念。

柳宗元在对道教所追求的"长生不老"及其辟谷服气、丹药方术等方面批判的基础上,接受和发挥老子"死而不亡"的生命价值观。

首先,对道教所追求的"长生不老"持批判态度。历代道教真人先贤们都渴望长生不老,用毕生精力寻访仙法秘术,企盼逃脱生死的束缚,达到不死不灭的境界。在《东明张先生墓志》一文中,柳宗元批评道教徒"方恩坏礼,枯槁憔悴,隳圣图寿,离中就异。欻然与神鬼为偶,顽然以木石为类"。从历史上看,"先作书道天地日月黄帝等下及列仙方士皆死状,出千余字,颇甚快辩。"(《与李睦州论服气书》),世界上从来没有不死的人。所谓肉体寿命长生不老,完全是一种荒诞不经的邪说,圣人所不道,君子所不齿。很显然,柳宗元不相信神仙长生那一套。

其次,对道教的辟谷服气、丹药方术持否定态度。睦州刺史李幼清遭诬构,斥逐南海。元和三年,李量移永州员外司马,与柳宗元同病相怜,成为好朋友。两年后,李得气诀,开始练习辟谷服气。经过一段时间,李"貌加老,而心少欢愉,不若前去年时"(《与李睦州论服气书》),本想通过辟谷服气,强身健体,长生久视,结果却事与愿违。又邕管经略招讨使李位,迷信炼丹术,以为服金丹可以返老还童,长生不死。"尝合汞、硫磺、丹砂为紫丹,能入火不动,以为神,服之且十年。然卒以是病,暴下赤黑,数日薨。"(《邕州刺史李公志并序》)柳宗元在给李位写的墓志中,有意记述了这些事例,提醒人们,记住这一血的教训。

其三,将生命的意义和价值与"辅时及物"联系起来。柳宗元认为,即使长生久视是可能的,辟谷服气、丹药方术是灵验的,从"辅时及物"的标准来看,也完全没必要。初贬永州,老朋友周君巢来信,极力宣扬长生久视之说,吹嘘丹药方术如何灵验,并以山泽中一位清瘦老人为例证,针对这种说教,他在回信中,不但反对为"私其筋骨"而服食,而且提出"而生人之性得以安,圣人之道得以光。获是而终,虽不至耆老,其道寿矣。"认为君子之道,应该以"辅时及物"为价值标准和社会目标,穷通出处,始终不渝。即使短命,并无遗憾。相反,如果放弃自己的社会责任,一切以饵药久寿为旨归,对国家的治乱安危,人民的利害生死,全然无动于衷,"若是者逾千百年,滋所谓夭也,又何以为高明之图哉?"(《答周君巢饵药久寿书》)这样的人,即使活上千百年,并无意义和价值,还不如那些短命的人。

综上述分析,我们可知,柳宗元接受和发挥了老子"死而不亡"的思想,将生命的意义和价值与"辅时及物"联系起来,认为人生的意义和价值在于为国家和人民谋利益。有的人虽然短命,但是为国家和人民的利益而死,或者为国家和人民作出了贡献,因此很有意义,其精神长存。如果只以"无事为贤,不死为生"为标准,则如"深山之木石,大泽之龟蛇"(《送娄图南秀才游淮南将入道序》),谈不上有何价值。柳宗元这种积极的人生价值观,体现了他很高的思想觉悟和强烈的社会责任感和使命感。

五 柳宗元的杂文巧妙地运用了老子"正言若反"的思维和语言艺术

"正言若反"是老子巧妙的思维方式和语言艺术。老子惯用这一思维方式和语言艺术来阐述自己的思想。"正言若反",这句话词约而义丰,是老子对那些相反相成的言论的高度概括,其特点和重心就在一个"反"字上,即正面的、肯定性的言词中包含着反面的、否定性的因素,正面的话,听起来就像反面的话一样。这集中深刻地体现了老子独有的逆向思维模式的魅力和智慧。

在老子看来,事物的本质与它的形象是矛盾的,所以要用否定性的术语来表达它的肯定性的内涵。如:"俗人昭昭,我独昏昏;俗人察察,我独闷闷……众人皆有以,而我独顽且鄙"(《老子》第20章),"明道若昧,进道若退,夷道若纇……大器晚成,大音希声,大象无形"(《老子》第41章),"信言不美,美言不信;善者不辩,辩者不善;知者不拨,博者不知"(《老子》第81章)等等。这种表达方式,比一般正面表述,意义更为深刻,这种思维方式用于写作,其针对性更强,看似消极的,其本质上却是积极的,这更能让人们领悟其良苦用心。时至今日,老子的这一思维技巧仍深受世人关注,被广泛应用和发挥。

柳宗元被贬永州后,虽未放弃"利安元元""辅及为物"的政治理想,但贬谪永州数年,终未被量移,屡次通过书信求援,始终没有下文。因此,长年蓄积的不满和忧懑,也唯有借创作这种表现形式得以释放。因此,在永州十年,他的文学创作数量大增,其中不少作品深藏老子的玄蕴。他的作品中不仅大量地运用《老子》中的思维方法,阐述自己的政治原则和哲学观点,在其杂文创作中更是巧妙地运用了老子"正言若反"的说理艺术。

柳宗元的杂文善于运用曲笔反语,委婉地表达自己的难言之隐和悲愤之情。这是他在被贬特定环境下形成的思维方式和语言风格。正话反说,是他对现实弊政所采用的特殊批判手段。这一曲折反讽的特殊方式使柳宗元的杂文更具有战斗性与文艺性。《愚溪对》和《愚溪诗序》即是典型的例子。在《愚溪对》一文中,他通过虚拟的梦境,写了他与溪神的一段辩论,通过溪神对他的指责,将其哀怨全部包容于"智者用,愚者伏,用者宜迩,伏者宜远"的反语中。这种看似平静的正话反说,正深刻地透露出作者对混浊世事的强烈不满。在《愚溪诗序》一文中,他说:"余以愚触罪",做一个世人眼中的"愚者",抱着冤屈,忍受被贬的耻辱,自是一种莫大的痛苦。但是他却决定勇敢、执着地承担下来,不与世俗同流合污。因此,他命溪为"愚",喻自己的遭遇,用"愚"来解嘲自己无法排解的心中苦闷。以"愚"名溪,既表达了自己不随波逐流的高风亮节,又反嘲了政治黑暗、官场险恶的现实社会。在《惩咎赋》一文中,他也讲到了这层意思,说自己"惟罪大而宠厚兮,宜夫重仍乎祸谪。"分明是在说着倔强的反语,也由此巧妙而适度地渲泄、消解了无罪遭贬带来的忧郁愤懑之情。

六　柳宗元讽谏的寓言是老子"知足不辱"的忠实的解读

对于金钱与财富,老子是这样来透视的:"多藏必厚亡。……知足不辱,知止不殆"(《老子》第 44 章),"罪莫大于可欲,祸莫大于不知足,咎莫大于欲得知足之足,常足矣。"(《老子》第 46 章)老子的这一理念很深刻,一反世俗。要求人们"去甚、去奢、去泰"(《老子》第 46 章),做到"知足之足常足"。老子的这一人生智慧一直谆谆教导人们:人性具有贪欲的一面,贪有而惧无,贪多而怕寡。人们羡慕财富,便有了贪得无厌者,贪官污吏者。每个时代,每个国度都有被金钱财富物化的另类。名利,确实让许多人困惑不已,痛苦不堪,甚至为此丢掉性命。老子的智慧足以警示那些老是不知足、无休止的贪婪者,给在晦暗迷糊中寻觅财富者点亮一盏指路明灯。

两千多年来,继老子此响者不绝,柳宗元就是其中代表。柳宗元在寓言《蝜蝂传》《哀溺文》《招海贾文》等文中所描绘的因贪恋钱财和追名逐利而至死不悟的人物形象,正是对老子的这一智慧的反面例证。如在《蝜蝂传》一文中,他可怜蝜蝂这种"善负小虫";在《哀溺文》中,他哀悯不忍丢弃腰间千钱而溺死的"永之氓";在《招海贾文》中,他讽刺那些倾毕生精力追名逐利,最终落得死而不返的可悲下场的人。

柳宗元将此对照"今世的嗜取者","遇货不避",就要捞一把,以此来"厚其室",殊不知此已成为自己的累赘,而"唯恐不积",等到"怠而踬"。柳宗元感叹那些贪得无厌而自取灭亡的人物,像《蝜蝂传》《哀溺文》和《招海贾文》中的人物,不知警戒,至死不悟,确实可悲。这几则经典寓言,其旨意历久而不废,代代言必中的,时时可以针砭。这正是对老子"知足知止"智慧最好的接受与发挥,对唐以后寓言创作的影响更是深远的。

参考文献:

[1]孙昌武.柳宗元传论[M].北京:人民文学出版社,1982.

[2]章士钊.柳文指要[M].上海:文汇出版社,2000.

[3]张铁夫.柳宗元新论[M].长沙:湖南大学出版社,2005.

[4]孟欣,天后.老子哲学与人生智慧[M].青岛:青岛出版社,2006.

[5]陈鼓应,白奚.老子评传[M].南京:南京大学出版社,2001.

（原载 2010 年第 6 期,作者单位:华中师范大学）

贬谪:从屈原到柳宗元

✹ 张利玲

贬谪是中国封建时代皇权专制下的政坛司空见惯的现象,纵观漫漫历史长卷,成王败寇,贬谪生生埋没多少志士仁人;穷而后工,贬谪意外催生无数华章美文,中国古代文学长廊又增添了一道独特景致——贬谪文学。在这些被放草野、生命沉沦的人群中,楚国的屈原和唐朝的柳宗元总是最能吸引后世人们的眼光,他们一在源头,一在中点,无意却有效地标划出贬谪文学的发展里程,因此审视他们那些用血泪书写以生动展示奋起抗争、超越苦难的篇篇文字,探讨其间承传变异的规律或许能为贬谪文学研究提供某些有益的启示。

一

人们很早就发现唐朝中期的柳宗元和战国时代的屈原楚骚存在颇多相通之处,《旧唐书·柳宗元传》曾指出过这一点,"(柳宗元)既罹窜逐,涉履蛮瘴,崎岖堙厄,蕴骚人之郁悼,写情叙事,动必以文……览之者为之凄恻。"南宋严羽《沧浪诗话》言"唐人惟柳子厚深得骚学",清代沈德潜《唐诗别裁》也有类似的说法"柳州诗长于哀怨,得骚之余意"。的确,同样才华出众,同样位居显要,同样远斥蛮荒抑郁终身,相距千年之遥的他们竟有着几乎完全重合的人生轨迹。据史料记载,屈原是楚王同姓贵族,他"博闻强志,明于治乱,娴于辞令"[1],有着出类拔萃的才能,曾经很受楚王信任,担任了仅次于令尹(丞相)的要职——左徒,"入则与王图议国事,以出号令;出则接遇宾客,应对诸侯"[1],宠遇非常;柳宗元则是一个风华正茂的青年官吏,少年得志,短短数年便由集贤殿书院正字、蓝田县尉直升礼部员外郎,"超取显美",居"权衡之地"[2],可谓青云直上。然而政坛风云变幻莫测,屈、柳二人在纷繁复杂的政治斗争中败北,又同以令人诧异的速度跌落下来,踏上了被逐边地的不归路。屈原因"夺稿"事件陡然失去楚王的信任,"王怒而疏屈平"[1],旋即又流放汉北、沉湘直至最终自沉汨罗,始终没有重获楚王的谅解;柳宗元则因"永贞革新"的失败,在"讠互 诃万端,旁午构扇"的冷眼中远谪永州、柳州,"涉履蛮瘴,崎岖湮厄"[3],结果抑郁成疾,壮年即撒手人寰,永远没能重返魂牵梦萦的京城。引人注目的也许不完全是他们生命轨迹的惊人相似,还有二人在生命沉沦之时的选择,他们不约而同把文学创作当成倾吐哀怨、支撑生命意义的重要手段。柳宗元从贬地永州写给朋友的信中明确表示"贤者不得志于今,必取贵于后,古之著书者皆是也。宗元近欲务此……"(《与许京兆孟容书》)《旧唐书·柳宗元传》则以第三者的口吻指出柳宗元"既罹窜逐"后,"蕴骚人之郁悼,写情叙事,动必以文",证明柳宗元在贬地的确是以饱含血泪的文字来抚慰身心、排遣积郁的。当然,由于材料缺乏,我们也许无法确认屈原主动选择文学创作来倾诉被逐哀怨的事实,但无庸置疑,屈原绝大多数作品是贬谪的产物。他最著名的长诗《离骚》是在"王怒而疏屈平"之后,"屈平嫉王听之不聪也,谗谄之蔽明也,邪曲之害公也,方正之不容也,故忧愁幽思而作离骚"[1];《九章》则是"放在草野,复作九章,援天引圣,以自证明"[4]的作品;其他如《九歌》《天问》《远游》《卜居》无一不是放逐山林忧心愁悴徬徨山泽时舒泄愁思以泄愤懑的产物。屈、柳二人的创作实际证明,作为文化传承主力的文人在个体生命沉沦的困境中往往极自然地选择文学创作作为超越现实苦难的手段,发愤著书,贬谪成为文学创作最强劲的动力,贬谪提高文学创作水准,而艰难境遇特殊心态又使他们在温柔敦厚之外另立异声别调,因此贬谪文学在题材内容风格诸方面都自成一格,这就决定了被抛离正常生活轨道之外的贬谪者们的心声具有独立的审美价值,值得人们从各个角度反复审视。

贬谪文学有不少值得关注的特异之处。当我们将两位因贬谪而文思泉涌的文学巨匠那些呕心沥血的创作置于同一平台仔细审视后发现,屈原、柳宗元几乎都在不厌其烦地反复申诉自己政治品质的高尚和政治活动的无私,这也是贬谪文学最醒目的标志之一。根据屈原的说法,他不仅始终"眷顾楚国,系心怀王",而且时刻关注国事民生,他的志向是为楚王导夫先路,辅佐楚王建立前代贤王式的政绩,他日夜忧虑的是"恐皇舆之败绩","哀民生之多艰",一生政治活动的目标是"及前王之踵武"。正因为如此,一旦"信而见疑,忠而被谤",屈原在极端愤慨的同时始终坚贞不渝,"宁溘死以流亡兮,余不忍为此态也","路曼曼其修远兮,吾将上下而求索","虽体解吾犹未变兮,岂余心之可惩"(《离骚》),其执着坚贞的优秀品质赫然可见,故而刘安、司马迁、王逸异口同声地称赞他志洁行廉,"推此志也,虽与日月争光可也"[1]。柳宗元也不含糊,他不仅多次自比屈原,以人人熟知的屈原的冤屈和高洁为自己辩护,而且一有机会就热切地申诉自己参与政治活动的本意,他反复宣称其政治理想是"以生人为主,以尧舜为的","辅时及物",丝毫没有见不得人的企图;虽然参与王叔文政治集团,但他完全是一片忠君报国的赤诚,"宗元早岁,与负罪者友善,始奇其能,谓可以共立仁义,裨教化。过不自料,勤勤勉励,唯以中正信义为志,以兴尧舜孔子之道,利安元元为务,不知愚陋,不可力强,其素意如此也。"(《与许京兆孟容书》),立志正大,倾心为民,即便有某些不妥之处,也不过是轻信上当,好心办了坏事而已,其道德人品无可指责。然而,当我们挣脱诗人感情潮水的裹挟,理智正视对立面的抨击,我们似乎觉得诗人的表白终究是当事人的一面之辞。屈原作品已略露个中消息,在他的政敌看来,屈原也不过是个"善淫"的"蛾眉"罢了。现存史料所描绘的柳宗元更是面目大异,《旧唐书·韦皋传》指斥秉政时的"二王刘柳":"今群小得志,毁紊纪纲,官以势迁,政由情改,朋党交构,荧惑宸聪。树置腹心,遍干贵位,潜结左右,难在萧墙";《新唐书·柳宗元传》言辞则更为严厉,"叔文沾沾小人,窃天下柄……宗元等桡节从之,徼幸于一时,贪帝昏病,抑太子之明,规权遂私。故贤者疾,不肖者媚,一偾而不复,宜哉!"甚至柳宗元的好友同道也认为他属于"有当时名欲侥幸而速进者",指责他"不自贵重顾籍"[5]"疏隽少检"[6],综合时人后贤的各种批评,柳宗元简直就是窃国弄权的"小人",悖理害道的恶棍,最起码也算是立身不谨,人品有玷。这些议论个中自然难免以成败论史事,因偏见定抑扬的因素,但也并非全属无根之谈。柳宗元本人在追叙早年作为时曾说:"……曩日齿少心锐,径行高步,不知道之艰"(《上门下李夷简相公陈情书》);"徒知开口而言,闭目而息,挺而行,踬而伏,不穷喜怒,不究曲直,冲罗陷井,不知颠踣"(《答问》),其颐指气使之态隐隐可见,即便立志正大,初衷善良,似乎也有一朝得志,胡行妄为的嫌疑。作为文人,这番表演也许可以原谅;作为政客则显然犯了大忌。作为公众人物,人们对政治家(特别是居高位者)持论严苛本属当然,无可厚非。屈原、柳宗元个人表白与社会舆论高下悬殊的评判透露出贬谪文学研究常常遇见的麻烦:其一,作者人品人格的评判聚讼纷纷,莫衷一是。且不论屈原,有关柳宗元的种种争议就已延续千年之久,观点之尖锐对立世罕有匹,誉之者赞为"天下之奇才""亦豪杰可畏者也";毁之者则毫不客气地认定其"归道不谨,昵比小人""心术不掩"[7],致使柳宗元的面目驳杂而模糊,难以客观公平地"知人论世"。其二,文学评价的政治化倾向。柳宗元生前虽然"以高文为诸生所宗",但死后因政治操行评语的严厉影响了他的文章和文学成就的定位及后世的接受传播，人们总是耿耿于他的政治行为，以至于到北宋初年甚至连本完整的柳宗元集都不易找到。受政治评价的影响，宋代以后还形成一股由否定柳宗元政治活动政治人格进而贬低他文章的潮流，欧阳修、朱熹、魏了翁等都曾从为人大节上对柳宗元的文学创作大有微词。这种思路至今仍有市场，现当代的柳宗元研究虽然结论与前人大相径庭，肯定者占据了绝对优势，而论证逻辑却与前人如出一辙，肯定柳宗元文学地位的先决条件是极力辩解"永贞革新"的现实必要性和历史进步性，给他戴上诸如"革新派""无神论者""唯物主义论者"诸多桂冠，似乎不如此便不足以树立柳宗元的文学权威。其实，这种以政治化的结论决定文学问题的做法并非严肃公正的文学批评题中应有之义，政治作为的臧否与文学成就高下的明显因果链显然不符合文学研究所要求的公正客观，给读者的感受恐怕更多的是荒诞和滑稽。这些事实给贬谪文学（它显然与现实政治关系非浅）研究提出了一个耐人寻味的问题：贬谪文学的价值是否首先取决于政治活动的价值？换句话说，贬谪文学研究者是否必须兼职历史法官？答案显然是否定的。因人废言，因事废文显然不足取信于历史，那么贬谪文学中常有的高歌理想、盛陈品节的价值取向就并不意味着作者必然性的政治正确，而是贬谪者习惯性的既定思路，是贬谪者自怜自慰的心理补偿，他们借抢占精神制高点的方式傲视对手的打击，抚慰孤寂的灵魂，获得超越现实苦难的力量，同时也意味着贬谪文学似乎不应局限于非罪而贬者的笔墨，过于看重或拔高贬谪文学的思想价值也许是不科学的。

二

应当承认贬谪给予屈原、柳宗元的打击是沉重的，直接导致他们政治境遇的极端恶化。从流传下来的作品可以大略了解，屈原被疏之后，楚王长期置之不理，敌对势力争相构陷，亲自培养的人才纷纷变节，卖身投靠，普通国人甚至亲爱如女须超脱如渔父皆不赞同他的人生选择，可谓孤立之极；柳宗元的命运与之颇相类似，"永贞革新"失败后，最高统治者迅速处治这批危险分子，把他们迅速贬往蛮荒之地聊充闲职，还数次重申包括柳宗元在内的永贞党人，虽遇恩赦不在"量移"之限。其时社会舆论亦群起而攻之，"谤语转侈，嚣嚣嗷嗷，渐成怪人"，"饰智求仕者，更曾仆以悦仇人之心，日为新奇，务相喜可，自以速援引之路"（《与萧翰林俛书》）以至于数百年后的宋人也未能免俗，"至今士大夫欲为君子者,皆羞道而喜攻之"(王安石《读柳宗元传》)[8]。面对如此沉重的政治打击和舆论压力,屈原、柳宗元显然并未悔悟妥协,屈原多次表白"余固知謇謇之为患兮,忍而不能舍也","吾不能变心以从俗兮,愿依彭咸之遗则","伏清白以死直兮,固前圣之所厚"(《离骚》)。柳宗元虽然常常自称"僇人""缧囚""待罪南荒";但骨子里却并非如此。他在反思"永贞革新"失败教训时,除了检讨自己年少气盛,树敌过多以招至诽谤嫉妒外,始终不曾对参与革新表示悔悟,"苟守先圣之道,由大中以出,虽万受摈弃,不更乎其内"(《与周君巢饵药久寿书》),奉行的为人准则仍然是"君子志正而气一,诚纯而分定,未尝标出处为二道,判屈伸于异门也。因其本,养其正,如斯而已矣"(《送萧鍊书》),因此一旦获得解放,虽有"疑比庄周梦"的惊喜,更多"情如苏武归"般洗雪沉冤的快意。

尽管如此,我们必须指出,屈原、柳宗元面对困境的抗争姿态是有明显差异的。纵观屈原传世的二十余篇诗作,他选择的显然是一种针尖麦芒式激烈冲突的斗争方式,他上天下地,诃神骂鬼,驱遣万象,在反复剖白自己忠君爱国的同时,把批判的火力直接针对朝中所有对手。他公开指斥楚王"荃不察余之中情兮,反信谗而齌怒","初既与余成言兮,后悔遁而有他";对那些庸俗卑鄙、追名逐利的奸佞之辈,屈原的抨击更是不加掩饰,"固时俗之工巧兮,偭规矩而改错。背绳墨以追曲兮,竞周容以为度",其尖锐激烈一望可知,以至于东汉的班固反感屈原这种不依不饶的为人,斥之为"狂狷景行之士"。与之相较,柳宗元的表现要复杂得多。柳宗元有重新起复的强烈愿望,在贬谪期间特别是后期多次致书亲友权贵甚至于政敌乞求援引,其中不乏自怜自责奉承阿谀之词,从而引发了人们对他贬谪期间政治人格和政治态度的激烈论争,甚至有言"柳之达于上听者皆谀辞,至于公卿大臣者皆罪谪后羞缩无聊之语"(黄震《黄氏日抄》)[8],此评固然过于苛刻近乎诋毁,却也并非空穴来风,它提醒我们柳宗元诗文所表现出的贬谪之痛和抗议之声要柔和许多。首先,柳集中绝少屈原式直诉贬谪愤懑的篇什,即便追步屈原的"九赋""十骚"也增加了就事论事的外衣或寓言化的包装,而柳集中比比皆是的山水、田园、赠别等题材的诗文在倾诉哀怨的方式上则多半采用直接象征和间接表现的特殊技巧[9],其中固然有柳宗元对艺术之美的个性化追求,却也不能否认它在某种程度上带来批判力的削弱。其次,这种变化还表现在屈、柳之作的风格差异上。如果说屈原的作品往往激情澎湃,拜读之下有懦立廉贞之效,那么柳宗元诗文则大多沉郁凄切,常令"览之者为之凄恻"[3],刚柔之别判然分明。柳宗元诗文基调往往是低沉的,叙事写情之中常常浮现诗人心事满腹的忧戚面容,就算因幽树好石而暂得一笑,随即又"已复不乐",因为"譬如囚居圉土,一遇和景,负墙搔摩,伸展支体,当此之时,亦以为适。然而顾地窥天,不过寻丈,终不得出,岂复能久为舒畅哉!"(《与萧翰林俛书》)这种忧郁哀伤的心理定势更多顾影自怜之态而非奋起抗争之声。同时,我们也注意到柳宗元的怨愤和抗争更习惯让含而不露的言外之意去完成,形成了"发纤秾于简古,寄至味于淡泊"(苏轼《书黄子思诗集后》)的独特风格。《南涧中题》写于贬居永州的第八个年头,字面似乎是写景纪游,但"独游""萧瑟""羁禽""寒藻"等字眼,"索寞竟何事,徘徊只自知"的心理,一种深沉的压抑感是通过景物描写旁敲侧击透露出来的;《岭南江行》写江行的所见所想,象迹、蛟涎、射工、飓母这些富有特征性的事物编织成诗人的心象,含蓄反映了作者南来充满忧惧的复杂心理,不言贬谪而贬谪满纸;此外,"凄神寒骨"的小石潭,"货而不售"的小丘等等显然也有诗人深沉的身世之感。与屈原相比较,柳宗元创作中的情感特征的确别具一格。

从屈原到柳宗元的承传变异显示出贬谪文学在不同方面的进展:第一,标志着贬谪文学创作在艺术上的成熟。屈原毕竟生活在文学自觉意识确立之前,他的作品几乎都是对现实打击的直感式反应,虽因楚文化的独特性而呈现"惊采绝艳"的实际效果,但艺术表现的意识还是很淡薄的,其中自然难免直白的叫嚣;柳宗元生活在文学观念成熟诗文创作繁荣的中唐时期,他把政治上的不幸遭遇与人生丰富多样的体验融合起来,在深味个体生命沉沦的同时吸收传统诗文已有的艺术经验,结合个人独特的性格气质,形成了个人独树一帜的艺术风格,将贬谪文学的艺术品位推进到一个新的高度。第二,标志着贬谪文学精神的渐次转向。与屈原一样,贬谪是柳宗元文学创作的主要动力,正如韩愈所指出的"然子厚斥不久,穷不极,虽有出于人,其文学辞章必不能自力以致必传于后如今,无疑也"[5],但他对屈原代表的贬谪文学特有的批判精神和抗争意识有明显的文饰和软化的倾向,他的幽怨渐渐减少了势不两立的诀绝,批评锋芒逐渐内敛,退缩到个人化的精神境界里,变成为个人心灵的调适,只不过柳宗元还未能圆满实现这种转变,这种转变是在北宋最终完成的,贬谪文学也因此别开生面。柳宗元之后,专制制度日趋严密,贬谪事件层出不穷,贬谪者开始达观地看待贬谪之事,贬谪文学的主体倾向转向苏轼式随遇而安的旷达。于是贬谪文学的精神趋向从屈原的愤激狂傲经柳宗元沉郁凄切的中转,至北宋神宋朝贬谪高潮时已转呈旷达自如的特色,贬谪者大多能自寻其乐,自遣其愁,贬谪文学进入一个新的发展阶段,贬谪文学的精神转向最终完成。

参考文献:

[1]司马迁.屈原贾生列传[A].史记[M].北京:中华书局,1982.

[2]柳宗元.与萧翰林俛书[A].柳宗元集[C].北京:中华书局,1979.

[3]刘昫.柳宗元传[A].旧唐书[M].北京:中华书局,1975.

[4]王逸.楚辞章句[M].北京:中华书局,1983.

[5]韩愈.柳子厚墓志铭[A].韩集校诠[M].北京:中华书局, 1986.

[6]刘禹锡.唐故柳州刺史柳君集[A].刘禹锡集[C].上海:上海人民出版社,1975.

[7]欧阳修,宋祁.柳宗元传[A].新唐书[M].北京:中华书局, 1975.

[8]古典文学研究资料汇编.柳宗元研究资料汇编[C].2004.

[9]尚永亮.寓意山水的个体忧怨和美学追求[J].文学遗产,2000,(3).

(原载 2008 年第 1 期,作者单位:吉首大学)

柳宗元的千古寂寞
——兼叙陶柳之辨

✤ 张忠纲　姜玉芳 ●

唐代诗坛,盛唐以后,经大历之转折,至元和年间重现繁荣之局面。明胡应麟云:

> 元和而后,诗道浸晚,而人才故自横绝一时。若昌黎之鸿伟,柳州之精工,梦得之雄奇,乐天之浩博,皆大家材具也。……东野之古,浪仙之律,长吉乐府,玉川歌行……如危峰绝壑,深涧流泉,并自成趣,不相沿袭。(《诗薮》外编卷四)

胡氏盛赞元和诗坛人才济济,并指出他们"并自成趣,不相沿袭",具有独特的艺术风格和鲜明的创作个性,可谓的评。柳宗元的诗数量不多,总计不过一百五六十首,但他亦自立于辉煌的元和诗坛,并且形成独具特色的"柳子厚体",受到后世许多人的喜爱与称扬。但是,柳宗元的诗在他生前,并未能享有如散文那样的盛名,"柳子厚之诗,得东坡而后发明"(张戒《岁寒堂诗话》卷上)。如张戒所说,第一个推重柳宗元,真正认识到他的诗歌价值的,是宋人苏东坡。东坡自云:"流转海外,如逃深谷,既无与晤语者,又书籍举无有,惟陶渊明一集、柳子厚诗文数册,常置左右,目为二友。"(《东坡续集》卷七《答程全父推官》)苏东坡也有过遭受贬谪、流落蛮荒的经历,他对于柳宗元的诗歌当是深切理解了的,所谓"惺惺相惜",故他的评论也是比较具有代表意义的:

> 李杜之后,诗人继作,虽间有远韵,而才不逮意,独韦应物、柳宗元发纤秾于简古,寄至味于澹泊,非余子所及也。(《东坡题跋》卷二《书黄子思诗集后》)
>
> 柳子厚诗在陶渊明下,韦苏州上。退之豪放奇险则过之,而温丽精深不及也。所贵乎枯淡者,谓其外枯而中膏,似淡而实美,渊明、子厚之流是也。

（同上《评韩柳诗》）

然而,这个苏东坡在发明柳宗元之余,也把柳宗元推进了一个十分尴尬的境地。

> 若柳子厚五言古诗,尚在韦苏州之上,岂元白同时诸公所可望耶?（严羽《沧浪诗话·答出继叔临安吴景仙书》）

> 柳子厚诗,雄深简淡,迥拔流俗,至味自高,直揖陶谢;然似入武库,但觉森严。（《苕溪渔隐丛话》后集卷三十三引蔡绦语）

> 柳子厚诗,世与韦应物并称;然子厚之工致,乃不若苏州之萧散自然。（胡震亨《唐音癸签》卷七引刘履语）

> 韦左司平淡和雅,为元和之冠。至于拟古,……宋人乃欲令之配陶陵谢,岂知诗者?柳州刻削虽工,去之稍远,近体卑凡,尤不足道。（王世贞《艺苑卮言》卷四）

> 东坡谓柳柳州诗'在陶彭泽下,韦苏州上',此言误矣。余更其语曰:韦诗在陶彭泽下,柳柳州上。余昔在扬州,作《论诗绝句》有云:'风怀澄澹推韦柳,佳处多从五字求。解识无声弦指妙,柳州那得并苏州!'（王士禛《分甘馀话》卷三）。

夹在陶渊明和韦应物之间,柳宗元诗艰难地寻找着一席之地。到底是谁高谁下呢?那么多的诗论家争论了上千年了,似乎已经定论,与韦应物似乎还在“仁智之辨”的范围,但至少是要屈居陶渊明之下的。而这一推断的前提就是陶柳诗风格相似。

粗看起来,在诗境冲淡的一格上来说,柳确实有与陶相似的一面,笔者以为,陶柳的相似只是表面的而非本质的东西,二人之间更多的是“不似”。

一　不一样的冲淡

柳宗元一生最重要的政治活动就是参加了王伾、王叔文等人的永贞革新,革新失败后被贬为永州司马是他一生命运的转折点。十年之后,柳宗元被召回京师,但几乎是刚到京城,就旋被贬出,发配到更远的柳州（今属广西）去做刺史,四年以后,柳宗元死在柳州。

自第一次被贬,柳宗元的政治生涯就几乎永远带上洗不净的污点。新、旧《唐书》本传中,对柳宗元的批评十分严厉。《旧唐书》传论说他“蹈道不谨,昵比小人,自致流离,遂隳素业";《新唐书》传论则称王叔文是企图窃取权柄的"沾沾小人",柳宗元依附王叔文,是"侥幸一时,贪帝病昏,抑太子之明,规权遂私"。也就是说,在两《唐书》中,柳宗元的形象已经差不多接近以权谋私的小人,败坏纲纪的奸臣。这是何等沉重的历史评判! 两《唐书》成书时代离柳宗元已一百多年,论调仍然那么严苛,柳宗元在世时的政治处境也就可想而知了。柳宗元在《寄许京兆孟容书》中说到:"群言沸腾,鬼神交怒","以此大罪之外,诋诃万端,旁午构扇,尽为敌仇,协心同攻"。同时被贬的刘禹锡在《上淮南李相公启》中也说"骇机一发,浮谤如川"。那些当时"射利求进""填门排户"的小人们又看到了进身升级的良机,谁咒骂革新派最有力、最卖力,那么谁就最忠诚、最正直,所以落井下石、口沫飞溅,柳宗元等人遭到了无情的羞辱和打击。即使是"偏善柳与刘"(韩愈《赴江陵途中寄赠王二十补阙李十一拾遗李二十六员外翰林三学士》)的韩愈在《柳子厚墓志铭》中也认为柳宗元当时持身不洁,言外之意,颇有点咎由自取的味道。朋友尚且如此,遑论他人! 柳宗元在被贬永州后写了一篇寄意颇深的《谪龙说》,谓有奇女自天降落,贵游少年欲狎侮之——似乎贬到永州去以后,柳宗元仍然受到了不少诬谤。

柳宗元出身高贵,青年时代在政治才能和文学方面都取得了极高的声誉,所谓才高八斗,少年得志,大展宏图。然而,就在一切一切都是那么美好,那么顺遂人愿的时候,柳宗元转瞬之间就失去了他生命中最重要的一部分——政治生命,他被流放了,而且几乎是永远的流放,身后跟着无耻小人的诬蔑、世人的白眼。柳宗元被抛弃了,他被甩出了政治运行的轨道,跌到一个黑暗、偏狭的角落里,理想、希望都成了可笑的东西,他的一切都被否定了,他怎样继续活下去? 他原来信奉的追求都还要不要坚持? 怎样坚持? 天上人间的巨大差别、前后不过六个月的革新时间——试问,此情此境,要怎样的达观、自信、坚强才能够无伤于心,才能够奋力反击,才能够随遇而安,才能够待时而动? 这些问题,是失败后的柳宗元必须面对、必须回答的问题。

"少无适俗韵,性本爱丘山"(《归园田居》)的陶渊明虽然也是一个时代的受害者,却并未在政治上蒙受打击。因受道家崇尚自然的意识和大扇玄风时代思潮的裹挟,陶性格本来倾向于丘山之乐;另一方面,农民阶级与统治阶级的矛盾尖锐化,农民起义的风暴深深地震慑着贵族出身的陶渊明;统治阶级内部的争权斗争又十分激烈,政治风云变幻莫测,陶深感生逢乱世,"政治风险"太大了,所以他说"商歌非吾事,依依在耦耕"(《辛丑岁七月赴假还江陵夜行涂口》),为着逃避丑恶的现实,逃避现实对自身的伤害,陶渊明主动归隐。所以在陶的诗里,我们看到那么多的平淡自适,柳诗中却有着太多的无奈与幽愤。如陶渊明的《丙辰岁八月中于下潠田舍获》:

> 贫居依稼穑,戮力东林隈。
>
> 不言春作苦,常恐负所怀。
>
> 司田眷有秋,寄声与我谐。
>
> 饥者欢初饱,束带候鸣鸡。
>
> 扬楫越平湖,泛随清壑回。
>
> 郁郁荒山里,猿声闲且哀。
>
> 悲风爱静夜,林鸟喜晨开。
>
> 日余作此来,三四星火颓。
>
> 姿年逝已老,其事未云乖。
>
> 遥谢荷蓧翁,聊得从君栖。

柳宗元的《夏昼偶作》:

> 南州溽暑醉如酒,隐几熟眠开北牖。
>
> 日午独觉无余声,山童隔竹敲茶臼。

陶诗乃陶渊明亲事农耕,至秋丰收时有所感而作。"不言春作苦,常恐负所怀",农耕是辛苦的,但诗人不怕吃苦,只是害怕辜负了自己平生的志意。也就是说,诗人对不负志意的家耕生活感到满足。诗中虽有"猿声闲且哀""悲风爱静夜""姿年逝己老"等含有"哀""悲"之意的词句,但诗人的心境却是平淡喜悦的,所以哀猿声中他听出了"闲"意,悲风之夜乃"静"夜,"其事未云乖"呼应开头的"常恐负所怀",更进一步地对自己的生活状态、精神状况进行了肯定,精神是完满的,心灵是和谐的。而明人胡应麟评柳的《夏昼偶作》时说:"意亦幽闲。"(《诗薮》内编卷六)确实,这首诗意境幽闲,以致于好象完全超脱了苦痛。南方的湿热气候使人如中酒般昏昏欲睡,诗人开着北窗就趴在几案上睡了,何等幽闲。一觉醒来,四周寂然无声,只听见山童隔着竹林敲打茶臼的声音,何等宁静!而"无余声"之余却听到远处传来敲茶臼的声音,这声音在炎热而寂静的中午听起来该是多么单调啊。诗的表面并未有哀伤苦痛的表示,而是创造了一个特殊的意境,乍看似恬淡,细品起来却不难看出恬淡的后面仍然与诗人心底的寂寞感紧紧相联,是无力的恬淡,是寂寞的恬淡,与陶渊明的欣然自得之恬淡绝不相同。

清人沈德潜说:"愚溪诸咏,处连蹇困厄之境,发清夷澹泊之音,不怨而怨,怨而不怨。行间言外,时或遇之。"(《唐诗别裁集》卷四)用评此诗,可谓切中肯綮。"沉吟亦何事,寂寞固所欲。幸此息营营,啸歌静炎燠"(《夏初雨后寻愚溪》),柳宗元强为"啸歌",只是为了在燠热的天气中使心情得到平静,可见他是未曾达到平静。"寂寞固所欲"也不过是反语,故作超脱。而陶渊明则"四体诚乃疲,庶无异患干。盥濯息檐下,斗酒散襟颜。……但愿长如此,躬耕非所叹"(《庚戌岁九月中于西田获早稻》),躬耕田亩,不以为苦,反以为乐,"但愿长如此"中包含的是他唯恐失去这种宁静的满足心情。这正和柳宗元的乐中含悲相反。

柳宗元也有过逃避,他一度寄心佛学。自称"自幼好佛"的他到永州以后,寓居龙兴寺,与天台宗的重巽交往密切,还写过一些文章赞扬佛僧,曾经引起力主排佛的韩愈不满。佛法宣扬与世无争、淡泊名利的境界与佛界不少高僧清高脱俗的形象吸引了柳宗元。他觉得俗世太喧嚣,而佛界倒是有一块清净乐土。他在《送僧浩初序》里说:"凡为其道者,不爱官、不争能、乐山水而嗜闲安者为多。吾病世之逐逐然唯印组为务以相轧也,则舍是其焉从?"柳宗元写了几首禅味诗,但写得更多的是山水诗。佛徒的清静无为与乐山水之性正与他此时的心境相契,故此,与佛徒往还,啸咏山水也就是势所必然了。最能代表这种心态的是著名的《晨诣超师院读禅经》:

> 汲井漱寒齿,清心拂尘服。
>
> 闲持贝叶书,步出东斋读。
>
> 真源了无取,妄迹世所逐。
>
> 遗言冀可冥,缮性何由熟?
>
> 道人庭宇静,苔色连深竹。
>
> 日出雾露余,青松如膏沐。
>
> 澹然离言说,悟悦心自足。

首二句给人非常洁净的感觉。三四句则画出诗人的悠闲:清心寡欲,清静无为。五六句则批评世俗之人不取真源,妄逐功名。七八句则思考如何经修炼而达圆熟之性。九至十二句则写即目所见:庭院幽静,苔色连竹。日光照在露珠上,松柏青青如得膏沐。一片幽静,一片清新,好象一个刚刚出生的婴儿一样纯净清新。对此,诗人感到由衷的喜悦和满足:"澹然离言说,悟悦心自足。"诗作没有正面描写他那左冲右突、难以进退的矛盾心情,但对于"悟"的愉快的满足感却告诉人们：这种境界之所以可贵，正因为它是诗人生活中极难保有的一种境界。他曾说"吾缧囚也，逃山林入江海无路，其何以容吾躯乎？"（《答问》）隐逸他做不到，优游山水也不足以寄放他那颗矛盾重重的心，而只有摒除"妄迹"、只取"真源"的佛学使得诗人得以托身于一个宁静和谐的境界。读此诗，我们似乎可以从诗作那种静穆清新的意象中听到他满足的叹息声。但是，好佛的柳宗元更是一个孔门信徒，站在他的儒家思想立场，他永远逃避不了他的苦闷，而且，愈是逃避，苦闷似乎愈重。他的心灵在最静穆的时刻也是躁动的：

> 千山鸟飞绝，万径人踪灭。
>
> 孤舟蓑笠翁，独钓寒江雪。（《江雪》）

千山连绵，一只鸟也看不见；积雪遍野，到处都不见人踪。诗人创造了一个"鸟飞绝""人踪灭"的绝对幽寂的背景，而在这背景上矗立着一个独钓寒江的"蓑笠翁"。其心情之孤苦可知，其情操之自坚可知！历来评论家多以为柳宗元只是以此寓世态炎凉、宦情孤冷之意，谁知柳宗元并非就此看破红尘，消极避世。他苦闷、孤独，而并不完全绝望。寒江垂钓，明知不可为而为之，隐隐透射出一种对抗顽固势力的斗士精神，意境的寂灭使这种精神蒙上一层"基督受难式"的光彩。柳宗元虽然研究佛学很入迷，但他一直未曾放弃匡世济民的儒家主张，他至死都在同政治上的孤独作战！《江雪》，在此种意义上仿佛是诗人一生不幸的谶语，更是诗人一生的写照！明人胡应麟说这首诗"律以辋川作，便觉太闹。"（《诗薮》内编卷六）何以称为太闹？无非是心灵并未寂灭，以这样的心灵观照万物，则"千山鸟飞绝，万径人踪灭"正是他极度孤独的内心对寂灭的不情愿的反照！王维是一心向佛的禅宗居士，他的心灵的痛苦比之柳宗元是太少了、太轻了，"律以辋川作"，柳诗又如何能"不闹"？

心近佛门，优游山水，的确使柳宗元得到过类似"弃逐久枯搞，迨今始开颜"（《构法华寺西亭》）的愉悦，然而"赏心难久留，离念来相关"（同上），悲哀如影随形，挥之不去。他的山水诸作，常常是一边进行自我抚慰，一边又不禁更牵动愁肠，跌入更深、更苦的感伤之谷。"嘻笑之怒，甚乎裂眦；长歌之哀，过乎恸哭。庸讵知吾之浩浩，非戚戚之尤者乎？"（《对贺者》）一个京师朋友到永州来看他，见他"貌浩浩然也，能是达矣"，就祝贺他，柳宗元便说了上面这番话。表面上的嘻笑长歌，其实正是极度悲苦的内心反射。

> 久为簪组累，幸此南夷谪。

闲依农圃邻，偶似山林客。

晓耕翻露草，夜榜响溪石。

来往不逢人，长歌楚天碧。（《溪居》）

"久累"与"幸谪"对举，似乎对谪居生活感到十分惬意。终日与农圃、山林打交道，晓耕夜榜是那样的清新可喜，好象陶渊明的自愿归隐一样，处处自适！如果没有结尾两句，说这首诗是陶渊明写的，除了"幸此南夷谪"无处安排外，恐怕谁都不会有疑议。然而正是末两句透露出他内心极度的孤独、哀伤！忘怀壮志吗？不能！寄情山水吗？不能！徘徊于二者之间而皆不能入，故柳宗元笔下的山水，正是"见山不是山，见水不是水"，解读他的诗歌，表面的冲淡之下，总掩盖着或浓或淡的感伤色彩。柳宗元这类写贬谪后闲散生活的诗，貌似恬淡，实含郁愤。

二 不一样的坚定

黑格尔有一段论述艺术家独创性的话：

> 独创性揭示出艺术家的最亲切的内心生活；从另一方面看，它所给的却又只是对象的性质，因而独创性的特征显得只是对象本身的特征，我们可以说独创性是从对象的特征来的，而对象的特征又是从创造者的主体性来的。

（黑格尔《美学》第一卷，P373-374，商务印书馆1982年）

诗歌是要表现诗人的内在主体的，陶柳时代不同、经历不同，其主体精神自然大相径庭。陶诗中的"对象"是田园生活中常见的谷物、树木、山川以及稼穑的场面，往往一派平静、自足，柳诗中的"对象"与陶诗并无本质差别，但是却表现出不同的"特征"，孤独、哀感，这只能从"创造者的主体性"而来。就二人的艺术表现力而言，陶诗充分地表达了"陶渊明的自我"，一个对精神自足无比重视的诗人在贫贱饥寒中仍然其乐融融；柳诗充分表达了"柳宗元的自我"，一个受到严重政治伤害、怀着"一夕十顾惊且伤"（《笼鹰词》）的精神裂痕用诗歌舔摩伤口的诗人究竟无法平息精神的失衡，然而，对理想的执着支撑着他，使他获得了更丰厚的人生价值体验。

柳宗元在被贬之前，几乎未曾写过诗。被贬以后，他才开始大量写诗，永州期间，所作诗歌约占他全部创作的三分之二，是他诗歌创作最重要的时期。这段时期的创作按内容来分，有寓言体诗、怀乡诗、禅味诗、山水诗、田园诗等等。诗

中蕴含着他对政治清明的向往,对重展宏图的渴望,对国计民生的关切,无处不透露着他对理想、信念的执着。如《行路难》之一:

> 君不见夸父逐日窥虞渊,跳踉北海超昆仑。
>
> 披宵决汉超沆漭,瞥裂左右遗星辰。
>
> 须臾力尽道渴死,狐鼠蜂蚁争噬吞。
>
> 北方狰人长九寸,开口抵掌更笑喧。
>
> 啾啾饮食滴与粒,生死亦足终天年。
>
> 睢盱大志小成遂,坐使儿女相悲怜。

夸父逐日,道渴而死,狐鼠蜂蚁却趁此机会争先噬吞他的躯体。"啾啾饮食滴与粒"的北方小矮人也拍手喧笑。诗人自比夸父,惺惺相惜中透出一股浓重的悲哀。但,悲哀之中又深蓄战斗精神,这种精神就是绝不屈服。这在《笼鹰词》里得到更充分的体现:

> 凄风淅沥飞严霜,苍鹰上击翻曙光。
>
> 云披雾裂虹霓断,霹雳掣电捎平岗。
>
> 砉然劲翮剪荆棘,下攫狐兔腾苍茫。
>
> 爪毛吻血百鸟逝,独立四顾时激昂。
>
> 炎风溽暑忽然至,羽翼脱落自摧藏。
>
> 草中狸鼠足为患,一夕十顾惊且伤。
>
> 但愿清商复为假,拔去万累云间翔。

诗作活画出一只披云裂雾、无所畏惧、雄视百鸟的雄鹰,无疑正是当年厉行改革的柳宗元的自画像,而一旦英雄失路,"一夕十顾惊且伤",诗人又是多么惶惑无助! 但是,感伤与愤慨之余,诗人并未一蹶不振,他把悲慨深埋心底,同时也把希冀小心而执着地埋了下去,等待自由,期待自由。

窜身蛮荒,失望、苦闷之余,家国之思自然时时占据心头。"故池想芜没,遗亩当榛荆"(《首春逢耕者》),"一声梦断楚江曲,满眼故园春意生。……乡禽何事亦来此? 令我生心忆桑梓?"(《闻黄鹂》)"问春从此去,几日到秦原? 凭寄还乡梦,殷勤入故园。"(《零陵早春》)——恍兮惚兮,荒凉的故园与春意盎然的故园交迭,使诗人乡心愈痛。

> 梅实迎时雨,苍茫值晚春。

愁深楚猿夜,梦断越鸡晨。

海雾连南极,江云暗北津。

素衣今尽化,非为帝京尘。(《梅雨》)

晚春季节,梅实迎雨,楚猿夜啼,越鸡惊梦,再加上海雾、江云弥天漫地,前三联写景紧紧扣住"苍茫"二字,那种不见前路的悲苦彷徨,不可思想、不可听闻的乡思尽寓其中。末二句化用陆机的"京洛多风尘,素衣化为缁",反用其意,曰:我的白衣都变黑了,但却不是因为帝都的尘。婉转点出贬谪已久而仍不得归的怨望。不难看出,柳宗元在思念故园的同时,也在思念帝都。故园与帝都实为一地,因而,他的渴念,更多的是渴望重回帝阙,再展宏图。但是现实像贬地的晚春一样沉闷,四周像布下了大网,诗人被困其中,几被窒息,发出了"非为帝京尘"的舒缓而沉重的悲叹。如果仅仅是悲叹个人失意,仅仅是思念故园,那么柳宗元就不成其为柳宗元,但是他将个人的遭际与他的政治理想、与他的忧患意识紧密地结合在一起,所以他的悲叹具备了楚骚的精神质素,他的悲叹乃是诗人的悲叹,是执着的悲叹,深蕴希冀的悲叹。"读骚之久,方识真味。须歌之抑扬,涕洟满襟,然后为识《离骚》,否则如戛釜撞瓮耳。唐人惟柳子厚深得骚学。"(严羽《沧浪诗话·诗评》)严羽此评总算抓住了柳宗元的精神特质。惜乎响应者不多。

永州十年,柳宗元经受了种种痛苦:亲族谢世(母亲卢氏、女儿和娘、从兄柳宽、姊夫崔简相继去世)、知交零落(二王及韦执谊、吕温等相继死去)、情感失调(妻子久丧,居永时又无士人女子可以婚配)、水土不服、疾病缠身、独处无友等等,国家的境况也是内忧宦官、藩镇,外患回纥、吐蕃侵扰,正在用人之际,柳宗元却身负重罪,不得量移,无由报效。这种种非常人所能承受的痛苦加之于柳宗元一身,多么坚强的灵魂也会垮掉的。柳宗元尝试过解脱这些痛苦,交往佛教界人士,写诗作文、悠游山水都曾经给过他宝贵的愉悦感,但是现实的痛苦从未远离:痛苦与快乐杂糅的情感方式反而给了他更深的痛苦,如同陷在漩涡里,他挣扎复挣扎,不能自拔。他借助于清新淡泊的自然咏歌来抒泄郁愤,却又每每是"长歌之哀,过乎恸哭"(柳宗元《对贺者》),如莎士比亚戏剧的一句台词:"像堵塞的炉膛,把心灵烧成灰烬。"(《泰特斯·安得洛尼克斯》)柳宗元的心灵、情感严重失衡、凹陷,而诗歌(当然也有散文)正是他借以平衡、补偿的方式,是他的精神支柱。他有过愤怒,有过失望,有过迷惘,但在崩溃与复生的临界点上,他沉缓然而坚定地站了起来;他的诗歌外表看起来是那样平静,而这平静的背后,有着多么压抑又多么坚忍的精神力量在支撑啊!从他的诗歌中,人们既可以看到披发行吟的屈原孤傲高洁的形象,更能体味出他信念的坚定、对国计民生的忧患深沉!他是一个诗人,更是一个把自己的命运与国家的命运联结在一起的诗人中的儒者。孟子曾给儒者指出了"达则兼济天下""穷则独善其身"的两可之路,柳宗元虽然失去了兼济的机会,但是在精神上他从未放弃理想,他的忧愤与孤寂因为并非仅仅与个人沉浮相关而有了更宽博的境界、更感人的魅力。

柳州四年,柳宗元以比较实际的眼光对待自己的处境:"是岂不足为政耶?"(韩愈《柳子厚墓志铭》)他踏踏实实地为柳州人民干了一些好事:废除奴俗,解放奴隶,组织农村生产,开荒凿井,兴办文教,推广医学。治柳四年,"民业有经,公无负租,流逋四归,乐生兴事,宅有新屋,步有新船,池园洁修,猪牛鸭鸡,肥大蕃息"(韩愈《柳州罗池庙碑》),可谓政绩斐然。

柳州时期的诗比永州时期的诗在字面上看起来确实更冲淡一些,试看下面几首绝句:

> 荒山秋日午,独上意悠悠。
>
> 如何望乡处,西北是融州。(《登柳州峨山》)
>
> 海畔尖山似剑铓,秋来处处割愁肠。
>
> 若为化得身千亿,散上峰头望故乡。
>
> (《与浩初上人同看山寄京华亲故》)
>
> 行尽关山万里余,到时间井是荒墟。
>
> 附庸唯有铜鱼使,此后无因寄远书。
>
> (《铜鱼使赴都寄亲友》)

平淡之中写尽浓郁的思乡之情。永州时期的思乡诗还和他的政治期望联在一起,两种悲苦交迭,诗中多呈现愁云惨雾、萧瑟凄清之景。而此时柳宗元的思乡之情则显得更纯粹一些,情绪相对来说也比较平静。大约是物极必反,永州时期心灵的严重失衡现象此时也变得不是那么明显了。而且为一州之牧,终于能够做一些实政,毕竟多少能够慰藉一下多年失意的心灵。他这时的山水诗、怀人诗、酬赠诗、咏物诗也都写得很好。如《柳州城西北隅种甘树》:"几岁开花闻喷雪,何人摘实见垂珠? 若教坐待成林日,滋味还堪养老夫",已经准备终老于柳了;《种木槲花》:"只应长作龙城守,剩种庭前木槲花",虽则自叹飘零,对再度遭贬的境遇已表示了接受现实的态度。这些诗都是柳宗元心境发生微妙变化的佐证。如果说永州时期的诗是悲而苦,那么此时的诗则是悲而酸。由于诗人不再用那些带有明显主观色彩的词语来写景状物,而以比较平朴的眼光去体物描画,溢于言表的"苦"化为潜流于心的"酸",读来有更深刻的悲哀。柳宗元的诗风变了,时刻不忘生人之苦的思想没变,永州时期他把自己的悲苦与对国家前途命运的考虑结合在一起,柳州时期则不以官卑,勤力为政,在实际行动上实现了兼济之志,虽然远不及他理想中那么伟大,但他这种坚韧执着的人格,在唐代却是少人比肩的:李白寄理想于幻想,王维逃禅了,白居易隐于朝,如果说有谁能与柳宗元相比,那么只有终其一生也未能实际参予政治的杜甫了。杜甫一生都以儒者自任,"穷年忧黎元,叹息肠内热"(《自京赴奉先县咏怀五百字》),"致君尧舜上,再使风俗淳"(《奉赠韦左丞丈二十二韵》),一生困苦飘泊而不改初衷,梁启超称他为"情圣"(《情圣杜甫》)。柳宗元固不必与杜甫争"圣",而柳宗元没有达到"情圣"的境界么?柳宗元始终坚持儒家济世的思想准则,他的逃避只是逃避苦闷,而并非现实斗争。实际上,正是由于不能与现实接触、斗争,才有了深刻的苦闷。他一刻也未能忘怀他的政治理想,这与更倾向于道家思想意识的陶渊明可说是截然不同。

陶的人生观基本上是道家的,他从宏观的角度看待社会、人生,把人生放在宇宙中去考察,得出等生死、齐是非、同荣辱、混物我的观点,"纵浪大化中,不喜亦不惧,应尽便须尽,无复独多虑"(《形影神·神释》),要求以道家的顺应自然来看待人生,所以他选择了田园生活,甚至困苦到了要乞食,他也决不为五斗米折腰。苏东坡曰:"渊明得一食至欲以冥谢主人,此大类丐者口颊也。哀哉!哀哉!非独余哀之,举世莫不哀之也。饥寒常在身前,声名常在身后,二者不相待,此士之所以穷也。"(《东坡题跋》卷二《书渊明〈乞食〉诗后》)东坡虽然号称知陶者,但是此论却有失于知音之处——乞食的陶渊明既然有勇气将"丐者口颊"展现给人家,自然不怕人笑话。由此可见,对于自己的选择,他是何等的坚定不移。"采菊东篱下,悠然见南山"的生活中除了不能充饥的菊花、山水之外一无所有,却能引得诗人如此深情的歌之咏之,也正以此。这种完全抛开物累的心态使得他的诗歌获得了一种浑然雍容的风致。

柳宗元遭贬之后,有一篇散文叫《谤誉》,其中写道:"如有谤誉乎人者,吾必征其所自,未敢以其言之多而举且信之也;其有及乎我者,未敢以其言之多而荣且惧也。苟不知我而谓我盗跖,吾又安取惧焉?苟不知我而谓我仲尼,吾又安取荣焉?知我者之善不善,非吾果能明之也,要必自善而已矣。"柳宗元在谤议四起的情境下写了这篇文章来给自己壮胆气,并非说明柳宗元对于那几可淹死人的谤议全不在乎,而是要求自己处谤而能求自明于心,未敢预他人言之多寡而信疑。所以,在他的诗作中也时常流露出这种胸怀澄明、无私可畏的从容之气。如《旦携谢山人至愚池》:"新沐换轻帻,晓池风露清。自谐尘外意,况与幽人行。霞散众山迥,天高数雁鸣。机心付当路,聊适羲皇情。"景物平和,意境开阔,差不多已有陶的雍容。

然而,柳宗元诗中偶尔一见的悠闲、开阔与陶渊明的雍容还有一段距离:柳宗元的人生观、世界观都是现实的、现世的,考察的问题也都是实实在在的现实情况。他也没有陶渊明那种混然物我的自然观,即使是与道家观念极为相近的佛学也不能完全消除柳宗元对于现实的执着、对于苦痛的不能释怀。在他的诗歌中,描写景物的时候,如王国维所说的那样,诗人与自然景物之间是有距离的,是隔境,如"寒月上东岭,泠泠疏竹根。石泉远逾响,山鸟时一喧。"(《中夜起望西园值月上》)因为对景物的精工描摹,而使人与景物自然地站在了对立的两方。寒月升起,泉水在竹间穿行,山鸟偶而鸣叫一声。但是因为自然的"自在"而不与人发生精神的交融,只是人主观精神的外射,意境是寂静的,所以意象比较分散。但是柳诗中也有一个贯穿的线索,那就是他无可排遣的寂寞,对景物的关注可以分散他对于痛苦的深切感受,所以才有看似客观的描摹。后来的诗论家对此颇多微辞:明人李东阳说:"陶诗质厚近古,愈读而愈见其妙。韦应物稍失之平易,柳子厚则过于精刻"(《麓堂诗话》),元人刘履亦以"工致"过之,谓"子厚之工致,乃不若韦苏州之萧散自然"(胡震亨《唐音癸签》卷七引),都是看到了柳诗精工细致的一面,却没有发掘出精刻背后深蓄的精神痛苦,乃至于以此贬低柳诗的品格,是不知柳诗之为柳诗,不足为训也。

结语　不似的相似

本文说了那么多的陶柳不同,实际上,陶柳也有相似的地方:柳宗元的深于理想、执着于理想,与陶渊明的逃避与恶浊的现实相沉浮的坚定决绝很相似,都是一种对于人生观的执着、坚定。不过其内核一个是欲与交锋,另一个却是逃避交锋。后世诗论家对陶诗冲淡的啧啧称赞、对柳诗峭刻的不以为然,体现的正是封建文人面对现实政治的软弱性——惜哉,千载而乏知音,柳宗元的寂寞至今令人悲慨!

(原载 2005 年第 3 期,作者单位:山东大学)

作为文章之儒的柳宗元

✻ 温志拔

　　宋人对于韩柳的接受,大致经历了三个阶段的发展,北宋前期,宗韩甚于宗柳,北宋中后期,重新发掘柳的价值,至于两宋之际始提出韩柳并重,南宋孝宗以后尊韩、崇柳,因不同的学术立场,各有所尚。这一变化,与其说反映了宋人对柳宗元接受的不同态度,毋宁说是反映了两宋学术史前后相沿的一个命题:文章之儒与道学之儒此消彼长中的多元学术世界。

　　尽管"韩柳"并称,晚唐杜牧已然,宋初柳开以"肩愈""绍先"自任,王禹偁《赠朱严》一诗"韩柳文章李杜诗"句亦并称韩柳,实际上这些文士对于柳宗元的重视往往具有特殊的家世、政治背景。在性理之学为特征的新儒学兴起之前,韩愈作为道统的提出者和托命人,无疑具有更高的地位。古文运动本质上,是一场以文学手段的思想突进运动,其关注的根本点在于价值的重建。不论是思想的纯净程度上,还是政治实践的实际效果上,韩愈对儒学复兴的贡献,似乎都远高于柳宗元。这一点在韩柳的接受史上,无论如何都很难被忽略,同样以古文接续道统、复兴儒学、排斥异端的北宋前期文章之儒,自然对韩愈心有戚戚焉。仅以《新唐书·韩愈传》《柳宗元传》为例,即可见一斑。虽然《新唐书·柳宗元传》的篇幅数倍于《旧唐书》,但主要是新增了 4 篇选文,真正的传记文字与旧书并无明显变化。而《新唐书·韩愈传》不仅增加了选文和事迹,还大量新增了传文及史臣"赞曰"的史家议论文字,凸显了韩愈对于"圣道不断如带"的巨大贡献和深探儒家本元,"卓然树立,成一家之言"的思想成就。时人对韩柳的价值认定之高下,已判然两分。

　　对于北宋中期前后的学术变迁,南宋学者王应麟曾有一段为人熟知的评论:"自汉儒至于庆历间,谈经者守训故而不凿。《七经小传》出而稍尚新奇矣。至《三经义》行,视汉儒之学为土梗。"庆历之后,王安石、二程为代表的新儒学逐渐确立性理之说,追求"道""理"对于天人、政治、人伦、学术的贯通,建立起了精密的"理学"(广义)思想体系。远称不上精密的韩愈的儒学思想主张,也随着汉儒之学成为"土梗",其道统色彩逐渐退却,而作为文章家的形象则得到清理和确认。回归文学本位,韩柳得以回到同一起点上,而柳宗元不论在诗歌还是古文方面,都绝不逊色于韩愈,尤其是柳的山水诗文小品,更为包括王安石、苏轼等在内的北宋中后期儒者所习尚。作为现实政治重压下的情感和生命体验的文学的柳宗元,获得了与韩愈道统传承同样重要的价值,并且构成与道学重道轻文、甚至不近人情的对立面。特别是在王安石新经学走向官学僵化、洛学被视为"离世异俗之行""背圣人之意"的两宋之际,追求性命之学的"思想"淡出,以"崇苏热"为核心的文学得以复盛。韩愈与柳宗元一道,回归文学本色,真正自觉地并成为"文章"大家,构建起了与道统有别的"文统"。正是在这一层面上,南宋前期的王十朋才提出:"唐之韩、柳,宋之欧、苏,使四子并驾而争驰,未知孰后而孰先。"换言之,柳宗元的重新"盛行",在北宋中后期至南宋,实际上是"周程、欧苏之裂"所代表的道学、文学分立的结果:"自元祐后,谈理者祖程,论文者宗苏,而理与文分为二。"(吴子良《荂窗续集》序)

此后的论者,固然不乏像黄震此类对柳宗元政治道德极端贬斥者:"达于上听者皆谀辞,致于公卿大臣者,皆罪谪后羞缩无聊之语。"(《黄氏日抄》卷六十)但经历两宋之际的学术史转换,"韩柳"以及柳宗元,已经固化为具有与道学不同的独立价值的符号。

(原载 2014 年第 3 期,作者单位:福建师范大学)

中国文学叙事传统探究

——以柳宗元作品为例

✱ 俞兆良

　　自从陈世骧先生在上个世纪 60 年代《中国的抒情传统》一书中提出了"中国文学的荣耀并不在史诗;它的光荣在别处,在抒情的传统里"[1]2。自此,中国文学就产生了与西方文学相对应的概念,即:中国抒情文学,西方叙事文学。以此来展现中国文学自身的特点。叙事,作为一个文学的表现形式,相较于抒情,在中国文学的历史舞台上一直不被受到特别的重视。正如董乃斌在《中国文学叙事传统研究》一书中提到的一样:"作为中国文学史的贯穿线,抒情传统和叙事传统二者的研究程度很不平衡,前者强而后者弱,这妨碍了对中国文学史真实面貌、根本特征和精神实质的把握,薄弱环节亟需弥补。"[2]1

　　那么对中国文学叙事这一条线的研究就变得迫在眉睫。纵观中国文学,从远古时期的《弹歌》到西周时期的《诗经》,春秋战国时期的《左传》《战国策》,汉代的《史记》《汉书》,魏晋时期的志怪志人小说,到唐代的传奇、敦煌变文、曲子词的兴起,可以说中国文学的叙事传统从来就没有中断过。本文以柳宗元作为例子对其作品的叙事性进行探究的原因有二:首先,柳宗元作品中的叙事作品所占比重,相比较同时代的其他作者来说要多。其二,在人们传统的观念中,诗歌与部分文章会被视作抒情文学作品来看待。诗文在很多时候会被认为是作者表达内心感受的一种手段,柳宗元作为唐代诗人的代表,可以作为一个诗人的典型被研究挖掘,以期能够在将来的研究中作为一个切入点,以便对唐代诗人叙事传统的研究进行更加深入的探索。

一　中国文学的叙事传统

　　董乃斌老师在《中国文学叙事传统研究》一书中提出的叙事概念认为:

"'叙'指作者对自身以外事物、事像、事态或者事件（故事）的描绘讲述，无论这描绘讲述是片断的还是完整的，零碎的还是系统的，内容的客观性是其根本特征。'叙'也就是言说叙述，是人的一种行为。'叙'的对象是'事'（但不一定已形成'故事'），是作者身外、客观存在的大大小小的'事'，包括这位作者把本人的事加以客观化，把它当作文学对象进行客观描述这样的情况。"[2]13

根据以上对于叙事的定义可以看出，叙事与抒情最明显的区别在于其客观性，也就是不带入任何主观色彩的表达。翻阅中国文学史，可以发现以上述定义作为参照标准的中国文学叙事传统其实由来已久，虽然陈世骧先生认为《诗经》和《楚辞》可以代表中国文学的抒情传统，但是也应该可以看到在《诗经》中，也存在着大量的叙事作品，其中最为典型的就是被认为周族史诗的《生民》《公刘》《绵》《皇矣》《大明》，除此之外，诸如国风中的《氓》《载驰》等，大雅中的《行苇》，小雅中的《甫田》《宾之初筵》《黍苗》等等作品都可以被认为是典型的叙事作品，这些作品的存在可以被认为早在西周时期中国就有了叙事的传统，相比于抒情作品，显然，中国叙事作品的传统也由来已久。

到了春秋战国时期，由于受到外部战乱的因素影响，于是诸子百家出现了，他们各派都怀揣自己的主张，带着不同的目的，周游各国，游说各国诸侯采纳自己的政治主张，这时候比较有代表性的子部叙事流派是被称为先秦时期四大显学的儒道墨法四家，在诸如在《孟子》《墨子》《庄子》《韩非子》等作品中都可以看到许多叙事作品，大部分的叙事是为了让自己的主张能够更好地被理解，并且在一些著作中出现了诸如寓言，成语等形式的作品。

这一时期，还有诸如被称为先秦叙事之最的《左传》和以寓言成语故事见长的《战国策》，虽然这些书籍被归为史部作品，但在大文学观的背景下，依然可以被认为最具有文学价值的史部作品。这些作品的存在保证了中国文学叙事作品的传统。

两汉时期乐府诗的出现使中国文学叙事传统得以延续。相较于先秦时期叙事的简明扼要来说，两汉乐府诗的叙事风格则更为细腻，对于细节上的叙述也更加饱满，这个时期出现了诸如《陌上桑》《孔雀东南飞》这样的名作。

魏晋南北朝时期出现了以《世说新语》《搜神记》等为代表的志人志怪小说，这些作品为后来中国的叙事类作品诸如戏曲，各类小说的发展打下了坚实的基础。

隋唐五代时期的唐传奇作品是这一时期叙事文学的最主要的代表，但是诗词文赋的发展也是叙事文学的重要一环,这其中做出比较大贡献的是作品被称为"史诗"的杜甫和发起新乐府运动的元稹和白居易,元白诗派批判接受了旧乐府写实事的传统,用新题写亲身见闻。另外就是,本文要做针对性研究的柳宗元。

在这以后一段时期里,说唱文学,白话小说,戏曲艺术的蓬勃发展,成为了"叙事移向文坛中心,抒情传统沉潜变易的阶段"[2]525,抒情走向了衰落而叙事则渐渐走向了中国文学的中心地带。

因此,可以说中国文学叙事传统丝毫不逊于抒情传统,而对诗歌文章抒情观念的打破是有利于对中国叙事文学的研究有实质性帮助的一个方面,而作为中国诗歌文章质量都属于上乘的唐代,则应该是研究的中心地带之一,本文就以柳宗元为例探究其作品的叙事性。

二　柳宗元叙事作品分类

(一)行状、碑志表铭碣诔类叙事作品

把这一类作品放在第一类讲,是因为这一类作品非常的多,而且,这一类作品的叙事性质是非常典型的,以文为主,诗歌为辅。

举例来说,这一类的文章有:《唐故秘书少监陈公行状》《故大理评事柳君墓志》《先太夫人归祔志》《唐故兵部郎中杨君墓碣》《唐故安州刺史兼侍御史贬柳州司马孟公墓志铭》等等,诗作有《韩漳州书报彻上人亡因寄二绝》。

《韩漳州书报彻上人亡因寄二绝》是一首既叙事又抒情的作品,这是元和十一年,柳宗元作于柳州的作品。诗歌中描写了柳宗元对诗僧灵彻逝去感到悲痛,赞誉以及思念。根据叙事学理论来说,"叙事必须涉及两个或者两个以上的事件或状态"[3]2。由此,这里的两句都符合叙事的基本定义,为了表现出作者这一系列的复杂感情,这首诗的首联和颈联就运用了叙事的手法。因此,可以说在这首诗歌中叙事成为了后期抒情的铺垫,没有叙事就没有办法体现灵彻上人的出尘之处,没有"频把琼书出袖中"就无法让读者体会到"挥泪何时到甬东"的悲愤。

(二)游记类叙事作品

从中华书局《柳宗元集》的全部作品来看,大部分优秀的作品都是作于其被

贬谪期间的,而游记是这一类作品中很能代表柳宗元特点的一类作品,虽然数量不多,但质量都属于上乘,"历来为文学批评家所重视,获得了甚高的评价"[4]64。其文的内容是"专注于对美的自然的描绘。"[4]64诗文数量相当。

举例来说,这一类文章有:"永州八记"(《始得西山宴游记》《钴鉧潭记》《钴鉧潭西小丘记》《至小丘西小石潭记》《袁家渴记》《石渠记》《石涧记》《小石城山记》)、《柳州东亭记》《柳州山水近治可游者记》等等,诗作有:《雨晴至江渡》《夏夜苦热登西楼》《秋晓行南谷经荒村》等等。

"永州八记"中的《至小丘西小石潭记》是柳宗元的代表作品,这篇文章是柳宗元贬谪永州时期所作,全文以第一人称视角,讲述了作者游历小石潭周围风景的经历,是一篇典型的叙事作品。文中作者没有流露出自己的主观感情,纯客观描述,属于叙事中隐含抒情的代表。但是,读者可以通过作者的叙事描述感受到作者内心惆怅,与西方文学相比,这种带有典型中国"含蓄"式的叙事方式,只有在了解了作者背景情况下,才能明白作者想要表达的深层意思,而叙事则成为了一种沟通作者和读者之间的媒介。因此,叙事的重要作用也就不言而喻了。

(三)寓言类叙事作品

柳宗元的寓言类作品,纵观在中国文学界,都是占有一席之地的一类作品。这一类作品继承了先秦庄子想象奇特的文风,《战国策》铺张渲染的叙事方式,通过叙事来说理。基本的模式是先叙事,后说理。它们对后世欧阳修,苏轼,王安石等文人的文学作品影响甚大。值得注意的是它们都是文章。

举例来说:《三戒》(《临江之麋》《黔之驴》《永某氏之鼠》)、《罴说》《种树郭橐驼传》《谪龙说》等等。

《黔之驴》是《三戒》中其中一篇,是典型的叙事说理型寓言故事,美国修辞学教授西摩查特曼在"叙事修辞学"中谈到寓言和说教性小说时说到:"对寓言和说教性小说的关注本身就是对意识形态修辞的关注,这样的作品中,作者用虚构叙事来说服读者接受有关真实世界的某些明确的伦理主张。"[3]180而柳宗元在《杨评事文集后序》中提到:"文之用,辞令褒贬、导扬讽谕而已。"就是指写文章要么直接发表自己的看法,要么通过类似寓言故事这样的叙事手段来引导读者自己去联想,进行讽刺。这样看来,中国文学和西方文学对于寓言类作品的看法是一致的,其目的都是服务于说理。本文作者借黔之驴的故事来讽刺那些徒有外表而无真才实学的人,先叙事再说理,条理清晰明确,这一类寓言也可以称为寓言体小说,因为它已经包括了小说的三要素:人物形象,故事情节,环境描写。

对后世小说的发展是有一定影响的。

（四）写人、记事类叙事作品

写人、记事类叙事作品是柳宗元最后一种类型的叙事作品。这一类作品也可分为文章和诗歌。文章的主要特点是先由作者叙述一位人物的一段客观的历史故事，最后以"非曰"开头，对其做出作者的评论。诗歌则主要是描写某一个人物，叙述某一个场景。也有类似于"史诗"性质的作品，用以记录历史史实。这一类文章有：《柯陵之会》《晋孙周》《莒仆》《仲孙它》《狐突》《童谣》等。诗作有：《渔翁》《江雪》《韦道安》等等。《江雪》是柳宗元的名作，全诗仅仅描写了一个场景，各种意象的叠加效果使"诗人心中蕴藏的孤独也更明晰地浮现于诗的画面之中。"[4]71全诗纯用叙事的手法，但是读者却可以深深地感受到作者的孤寂和傲岸的品格。这就是柳宗元叙事作品的高明之处，也是品评柳宗元萧散自然诗风的代表作品。

从以上这些对柳宗元作品的分类中，可以清晰地发现柳宗元叙事作品的多产性和艺术表现手法上的多样性。比如运用寓言，比如纯叙事的抒情等。当然，柳宗元叙事作品如果再进一步细分，相信一定还是会有空间的。叙事视角作为研究唐代，乃至中国文学史中其他断代诗人都是一件很有新意的事情。

三 柳宗元叙事作品的特征

（一）戏剧式的叙事视角

戏剧式的叙事视角是西方叙事学研究叙事视角的一个重要理论，其定义为"故事外的第三人称叙述者像是剧院里的一位观众或像是一部摄像机，客观观察和记录人物的言行"[3]95。按照分类来说，应归于"外视角"（即：观察者处于故事之外）。[3]95柳宗元的这一类作品非常多，多数都是以一个旁观者客观地记录，当然这里需要指出的是：在分析柳宗元叙事作品的时候，其记录的不仅仅是人物的言行这么局限，它可以得到一定的扩充，也可以是事件。柳宗元的《段太尉逸事状》和《渔翁》就是这一类作品的代表.

《事状》叙述了焦令谌强占人田，强取人谷，对段太尉派出通报其罪行的使者严加拷打，在尹少荣指责下羞愧难当，自恨而死的故事。从这一段文章中不难看出，作者是以一个戏剧式的叙事视角作为叙事角度的，它真实客观地反映了焦令谌的强横无礼,段太尉的人文情怀。这里作者主要是对于人物的言行进行了客观记录,其叙事作品中对于客观人物言行的用字应该说也是相当到位的,不吝惜笔墨。比如其中段太尉为自己的使者所做的"即自取水洗去血,裂裳衣疮,手注善药,旦夕自哺农者,然后食。取骑马卖,市谷代偿,使勿知"。这里作者用了一系列动词,为了突出段太尉为人善良,仁爱。叙事详细,详略也配合的非常好。人物语言描写也是本文的一大特点,尹少荣批评焦令谌的那一段语言条理清晰,说理明确,把段太尉所做的截取重点进行了叙述,令焦令谌自感悔恨。这是作为"古文运动"倡导者柳宗元的作品的特点,倡导的就是这样明白晓畅的行文风格。

柳宗元的《渔翁》诗也是用戏剧式叙事视角来写的一首诗歌,全诗客观地记录了渔翁日暮和日出的生活。与西方文学不同,中国的诗歌历代有"言不尽意"说,全诗作者除了字面的叙述渔翁的生活情况之外,还有一层隐含的意味,当然,这其中的意味每一位接受者可能体会的到的感情不一样,这类似于"一千个人眼中就有一千个哈姆雷特"的道理一样。

(二)隐含作者的运用

隐含作者是西方叙事学中的一个概念,其定义为:"乃是由作品构筑并由读者感觉到的作者形象,它涉及作者的编码与读者的解码两个方面。就编码而言,隐含作者就是处于某种创作状态、以某种方式写作的作者(即作者的'第二自我');就解码而言,'隐含作者'则是文本'隐含'的供读者推导的写作者的形象。"[2]187

柳宗元也有许多隐含作者的作品,如他的《韦道安》中的隐含作者就是老叟。全诗的前一部分,柳宗元借老叟之口猛烈抨击了当时社会的黑暗,诉说自己的不幸。因此,其"第二作者"就是一个自怜自艾的形象,作者借用这个"第二作者"的形象,除了为后文歌颂韦道安之外,也是为了借用他人之事表现作者心中的不平之气,诗人可以在他人的故事中毫无保留地释放自己心中的苦闷,歌颂自己心目中向往的"义重利固轻"的仁者形象。这种隐含作者的运用就相当的成功。可以引起读者的兴趣及联想。在作品中添加隐含作者的作品还有《愚溪对》《捕蛇者说》等。

(三)叙述时间和叙述空间的灵活性

叙述时间和叙述空间是西方叙事学上的一个重要概念。叙事时间可以分为:故事时间和话语时间。"故事时间是指所述事件发生所需的实际时间,话语时间指用于叙述事件的时间。"[3]112叙述空间则可以分为:"故事空间"和"话语空间"。其中:"故事空间指事件发生的场所或地点,话语空间则是叙述行为发生的场所或环境。"[3]129柳宗元的作品在叙述时间和叙述空间具有灵活性的特征,而中国诗文中的作品,由于很多是即兴创作,因此需要区别对待其故事时间和话语时间以及其故事空间和话语空间,比如下面这一首作品就是他即兴有感而作,因此故事空间和故事时间就是其主要的研究对象。

试看柳宗元《衡阳与梦得分路赠别》:

> 十年憔悴到秦京,谁料翻为岭外行。伏波故道风烟在,翁仲遗墟草树平。直以慵疏招物议,休将文字占时名。今朝不用临河别,垂泪千行便濯缨。

这首诗歌叙述的是柳宗元第二次被贬谪柳州与被贬谪连州的刘禹锡在衡阳分别时候留下的作品。全诗的第一句就对过去十年的情况做了交待,过去十年只能用两个字就概括了,即:"憔悴"。而主要想着重强调的是眼前的处境。作者非常善于把握时间上的差异,十年可以一笔带过,眼前却需要极尽描绘。空间上,故事事件发生的地点是现在的衡阳,而同样的空间在以前,却是"伏波故道","翁仲遗墟",这样的空间处理,就给了作者接下来抒发感想,提供了客观条件。用这样的对比,凸显出了物是人非的感受,让接受者品读起来更加的感同身受。故事在叙事时间和空间上运用的非常灵活,到了炉火纯青的地步。

试看柳宗元《始得西山宴游记》,这篇文章是一篇游记,作于作者在永州因闲来无事和好奇而登西山后的游玩日记。全文有明显的故事时间,即:"今年九月二十八日",当然这是属于日记特有的形式。而其话语时间则肯定是在这周才有的,根据是"故为之文以志",与上一首诗歌"回首十年看如今"对比起来,这样直接写出故事时间的作品在柳宗元的作品中也有不少。著名的"永州八记"都属于这一类作品。而从西方空间与叙事关系的研究角度来看,全文都是沿着第一人称视角去游历的,其故事背景则一直在切换,一会儿在"攀援而登"的路上,一会儿到了山顶,又见到"则凡数州之土壤,皆在衽席之下"。不同的故事空间给了作者不同的感受,让接受者随着作者的视角也感受到了愉悦与欢心。其随着不同空间不断变化心情的特点,就好像与接受者同乐同悲一般。

小　结

在西方叙事学创立仅仅 40 多年的情况下中国叙事作品的研究已经引起了很多学者的关注,这一点是相当了不起的。笔者相信,从抒情的角度研究传统的诗文还是有相当大的空间,但是叙事学的出现能够帮助现在的研究者打开眼界,提供新的思维和新的角度,而对于西方的理论,不应该是"拿来主义",而是要取其精华,去其糟粕,找到两者的平衡点。

柳宗元的叙事作品研究仅仅是笔者用叙事学原理研究中国古代作者的一个个例,希望能够在今后的道路上以柳宗元为切入点对唐宋时段更多的作者作品进行分析归类,运用恰当的西方叙事学原理进行分析比较,相信在这条正确的研究道路上会有更多的惊喜和收获。

参考文献:

[1]陈世骧.陈世骧文存[M].沈阳:辽宁教育出版社,1998.

[2]董乃斌.中国文学叙事传统研究[M].北京:中华书局,2012.

[3]申丹.西方叙事学[M].北京:北京大学出版社,2010.

[4]章培恒,骆玉明.中国文学史新著(第二版)(中卷)[M].上海:复旦大学出版社,2014.

（原载 2016 年第 3 期,作者单位:青海师范大学）

从作者的"立诚"到读者的"尽味"
——柳宗元文学创作论与批评论述评

✲ 曹建华

柳宗元的文学创作论和文学批评论有着极为丰富的内容,以前的学者从他所倡导的古文运动的角度进行零散分析的很多,从创作论和批评论的角度进行系统分析的则很少。本文试图在分析其基本概念的基础上,对他的理论做出一个系统的梳理。

一　文学创作论的基本概念及体系:立诚·广纳·博采·讽喻

作为一个优秀的作家,柳宗元对文学创作有着很深的直接体验,他从自己的创作实践中总结出来的创作理论,有着很强的科学性和实用性。在创作论系统中,他首先强调的是作家的品德修养:"文以行为本,在先诚其中。"[1]461(《报袁君秀才避师名书》)

在柳宗元看来,文与行是紧紧地联系在一起的。所谓"行",就是品行、品德。唐代的古文运动,因为要"益世""利民",所以对作家的品德修养要求甚高,无论柳宗元或韩愈,均是如此。他们认为:作家的品德修养是根本的东西,文章是作家品德的反映;品德的高低好坏,决定文章的高低好坏;而文章的高低好坏,又决定着社会效果的高低好坏。因此,要救世风必须先正文风,要正文风又必须先立人品。这也就是柳宗元之所以强调"文以行为本,在先诚其中"的原因,这里的"诚",主要是要求作家在进行创作时必须抱定诚实的态度、表达真实的感情;同时,在内容的反映上,也应该是真实的。柳宗元强调"诚",这也是进攻骈文的有力武器。在此之前,还没有谁把作家的人品提到这样的高度,特别是骈文作家,更不注意品德的修养。这大致是肇始于梁代的简文帝萧纲,他公然提出"立身先须谨慎,文章且须放荡",把人品和文品完全割裂开来,彻底否定了人品在创作中的作用。他既倡放荡之说,又大量创作放荡之文,再加上他的地位之尊,影响力尤著,因而助长了齐梁文坛的淫风。到了中唐,这股文风仍然猖獗,柳宗元的人品要求,其现实意义在于:既救文风于根本,也挽世风于久颓,真可谓是一剂益世利民的良药。

当然,品德修养还不是立诚的全部内容,在创作过程中,柳宗元还提出了"凡为文,以神志为主"[1]413(《与杨京兆凭书》)的要求。"神志",就是精神状态,也可以说是创作态度,柳宗元在《答韦中立论师道书》中曾谈到自己写文章时,不敢存有轻率之心、怠惰之意、昏愦之念、骄矜之气,因为害怕写出的文章浮滑而不稳当、松散而不严谨、晦涩而庞杂、傲慢而无礼。一个享有盛名的作家,创作态度仍然如此端正严肃,这也可以证明柳宗元自己的"诚":他是说到做到,决不妄言的。

作家加强了品德修养,再加上健康的精神状态,端正的创作态渡,其心境就可以做到"清莹秀澈","善鉴万类",带着这种心境进人创作过程,就可以广纳素材,做到"漱涤万物,牢笼百态"。

柳宗元在《愚溪诗序》中说自己"虽不合于俗,亦颇以文墨自慰,漱涤万物,牢笼百态,而无所避之。"这里所谈的首先是积累素材和选择题材方面的经验。积累素材要尽量地广,对自然"万物",人间"百态",均应"无可避之"地包容接纳,因为这关涉到创作基础是否丰厚的问题。有了素材,还必须"漱涤",才能"牢笼"。"漱涤"是去芜存菁,"牢笼"是兼收并蓄,这两者是相互联系的整体,即先去芜存菁,然后才兼收并蓄:前者是素材转化为题材,进入创作领域的桥梁;后者是保证题材,风格多样性的基础。因此,两者都不能忽视。此外,对自然"万物"和人间"百态"的采录,这又牵涉到一个创作源泉的问题,即他自己的创作是从现实生活中去找材料的,而不是靠前人的作品去"点铁成金"。他能成为文学大家,与他广纳天下之"材"为我所用是分不开的。他的文章,大至日月星辰,小至草木虫鱼;上至朝政纷争,下至民间琐事;远至古代圣贤,近至当今豪俊——事无巨细,物无大小,皆可汇集笔端,可以说,在反映社会生活的广且细方面,中国文学史上能与柳宗元比肩的并不多见。

当然,柳宗元对前人的作品也是很重视的,这主要是从借鉴写作技巧方面去考虑的。写作技巧自然是愈丰富愈好,因此,柳宗元提倡博采,以便"旁推交通而以为之文"。

在博采众长的问题上,柳宗元在《答韦中立论师道书》中曾提出"本"与"参"

的经验。"本"就是从内容上借鉴前人经验,他认为应该"本之"的有《尚书》《诗经》《春秋》《易经》等;"参",就是从形式上借鉴前人的经验,他认为应该"参"之的有《谷梁传》《孟子》《荀子》《庄子》《老子》《国语》《离骚》《史记》等。而就具体的技巧而言,则应该各取所长:取《尚书》之叙事的质直,《诗经》之感情的恒久,《札记》之行事的适宜,《春秋》之论断的简明,《易经》之变化流动……这样写出来的文章,才会合于道。然后,再从《谷梁传》中学习磨砺文章的气势,从《孟子》《荀子》中学习文章的畅达而有条理,从《庄子》《老子》中学习文思的恣肆无涯,从《国语》中学习表达的别有奇趣,从《离骚》中学习行文之幽深微妙,从《史记》中学习文字的高峻雅洁。最后再"旁推交通"即融会贯通,消化吸收而变为自己的东西,就能自铸伟辞、自成一家。柳宗元的这些经验,可谓全面、具体又实用。

从以上的分析中可以看出,柳宗元的创作论虽已接触到文学创作的实质,但还不是仅就文学而言的,而是论文章——包括学术著作和文学作品。那么,学术著作与文学作品有什么不同呢?柳宗元认为文学的不同处就在于"导扬讽谕"。

在《杨评事文集后序》中他曾说:"文有二道:辞令褒贬,本乎著述者也;导扬讽谕,本乎比兴者也,"[1]313即文章的作用有两种:一是"辞令褒贬",作者直接作出是与非的评判,明确表示肯定否定的态度;一是"导扬讽谕",作者借用比兴的手法,以艺术形象为中介,从而间接地诱导和激发人们的思想感情。他还认为这两类作品均有不同的渊源和要求:"著述"源出于《尚书》《周易》《春秋》等,以论述政治、哲学、历史为本,要求结构完整、内容充实、语言准确、说理周备,以便于作为文献保存。"比兴"源出于上古的歌谣、殷周的风雅,以比喻寄托、联想为本,要求文采绚丽、音节动听、语言流畅、意境优美,才便于流传唱诵。这些论述,可以说已从根本上揭示了学术著作与文学创作的区别,接触到文学创作中的形象思维问题。因为"比兴"就是要借具体的"物象"来表达抽象的"情志",其实质也就是形象思维。柳宗元很善于运用文学的特点来抒发自己的情志,他寄浓情于山水,寓至理于万物,创作了大量的文艺散文,如寓言、游记、杂文等体裁,均在他的手中臻于成熟,从而开辟了中国散文发展的新阶段。这既是他创作上的丰收,也是他理论上的丰收。

二 文学批评论的基本概念及体系:信实·知难·辨玉·尽味

在文学批评方面,柳宗元提出的第一个批评原则就是"文必信其实",也就是要求文风朴实,内容真实可信。他对《国语》大加指斥,写了六十七篇《非国语》,就是因为《国语》以华美的文采掩盖了内容的谬误,他担心人们"溺其文而必信其实",故起而非之,为的是"救世之谬"。

信实的原则既然是针对《国语》提出来的,那么,它首先就是对历史著作的要求,从信实的原则出发,要求于修史作者就是"直",即直道而行,直录其事。关于这一点,柳宗元还指责过韩愈。韩愈任史馆修撰时,曾奉命编修《顺宗实录》,这在政治上是一个十分敏感的问题,韩愈感到左右为难:如果秉笔直录,难免会触怒权贵,招来"人祸";如果"巧造语言,凿空构立善恶事迹",又怕有"天刑"。柳宗元知道这件事后,立即写了《与韩愈论史官书》,批驳了韩愈"不有人祸,则有天刑"的错误,严正地指出:史官的任务就是褒善贬恶,必须"不忘其直,无以他事自恐"。

对历史著作要求直录,对纯文艺性作品呢?柳宗元也要求不脱离生活的真实。柳宗元曾写过一篇《观八骏图说》,批评《八骏图》把马画得"若龙凤麒麟、若螳螂然"的作法是荒诞不经的。他认为骏马与凡马同,也是"四足而蹄,吃草饮水",如果失去这个马之为马的真实性,也就失去了骏马。推而广之,圣人亦与常人同,如果把圣人描绘成怪异之人,那也就失去了圣人。显然,他是从实用性出发,强调现实主义的真实再现,过于理想化以致失去生活的真实,他是坚决反对的。

当然,即使是不脱离生活真实的作品,也未必能立即得到人们的认可,很多光耀后世的作品,倒是不见容于当代,这是因为:"知之愈难。"

柳宗元在《与友人论为文书》曾谈到为文有两难:"得之为难,知之愈难。"得之难是作家的事,知之难则是批评家和读者的事。柳宗元分析知之难有两个原因:一是"卓然自得以奋其间",即人们往往自以为是而横加指责,很难进行客观公正的评价;二是"荣古虐今",即人们总是重视古人的作品而轻视今人的作品。"扬雄没而《法言》大兴,马迁生而《史记》未振",这种"荣古虐今"的倾向,使多少名声不高的作家,在当代就被湮没无闻,这对文学的发展实在是"为害已甚"。因此,这种偏向必须纠正。纠偏的法门就是古今并荣:"彼古人亦人",今人亦人,既然"可以言古",为何"不可以言今"?柳宗元自己就是古今并荣的,他评价韩愈的作品,认为高于扬雄而与司马迁不相上下,可谓公正而准确。

那么,如何评价有缺点的作品呢?柳宗元提出的办法是看主流,即应该:"得其高朗,探其深赜"。

还是在《与友人论为文书》中，柳宗元提出了这样的要求：

苟或得其高朗，探其深赜，虽有芜败，则为日月之蚀也，大圭之瑕也，曷足伤其明，黜其宝哉！[1]431

就是说，只要风格高朗，思想深邃，即或行文上有些败笔，那也不过是美玉微瑕，不失它的宝贵处。这就要求批评家在评价作品时，应该抓主流，求独创，辨明玉与瑕，而不能横加指责，求全责备，以免因微瑕而黜美玉。

当然，瑕也可以指，不能因瑕黜玉，也不必因玉掩瑕。柳宗元对《国语》的批评，便是瑕玉互指的。他既指责《国语》的"文胜而言尨，好诡以反伦"，又提倡"参之《国语》以博其趣"。只有这样，才能不失之为公正、全面。

再者，读者的审美趣味是多种多样的，要解决众口难调的问题，批评家也应该去发现和提倡多种风格，从而使文学创作能"尽天下之奇味以足于口"。

韩愈曾写了一篇奇文《毛颖传》，他以史传体的形式为毛笔立传，又用传奇的笔法写毛颖君（即毛笔）一生的遭遇，文笔雄奇风趣，描摹细腻生动，是一篇很具特色的寓言。但因它通篇都是"驳杂无实"的文字，所以文章一出便受到攻击，正统文人均"大笑以为怪"。唯柳宗元慧眼独具，读了此文后，立即写了《读韩愈所著〈毛颖传〉后题》的长文。他首先指出，韩文的长处不在说理，而在于强烈的艺术感染力："索而读之，若捕龙蛇、搏虎豹，急与之角而力不敢暇。"[1]308即被深深地吸引、陶醉，使人一气下读，几无喘息的余闲。这自然是强调该作品的娱乐性。但他所看到的又不仅是它的娱乐性，他深知作者的意图："韩子穷古书，好斯文，嘉颖之能尽其意，故奋而为之传，以发其郁积，而学者得之励，其有益于世欤！"[1]309这说明，柳宗元文学批评是思想标准和艺术标准并重的。

尤为可贵的是，他提出了"尽天下奇味以足于口"的观点。他认为，"大羹玄酒"，虽是"味之至者"，但仅有此味又不免单调，所以酒筵上总还要设"小虫水草，楂梨桔柚"，并佐以"苦咸酸辛"[1]309，以满足各人所好。对文学欣赏也是如此，人们的审美爱好，艺术趣味总是多种多样的，因而文学的风格、趣味也应多种多样，以满足读者的口味。这反映了柳宗元对艺术规律的正确认识。

综上所述，柳宗元的文学创作论和批评论，既系统全面，又具体实用。贬永十年，在创作上是他的成熟、丰收期，在理论上也是他的成熟、丰收期。他的理论，主要是在总结自己的创作经验的基础上形成的，又在与时俗的不断抗争中得到完善，还经过了文学批评实践的检验，因而具有较强的科学性。我们从他的理论中，既可见出他本人的执着理想、不避艰危的决心和意志，又可见出其理论的注重实用、针砭时俗的现实批判精神。就他的整个理论构架而言,虽然往往是针对具体的问题有感而发,显得有点零散,但经过梳理归纳之后,则不难看出其理论系统的完备性。

参考文献:

[1]母庚才,马建农.柳宗元集[M].北京:中国书店,2000.

(原载 2009 年第 6 期,作者单位:湖南科技学院)

论柳宗元谪永时期的"闲"与"适"

——兼论柳宗元闲适诗的创作缘起

✳ 周尚义

柳宗元在被贬为永州司马的近十年里,身处闲散官位,政务方面无所事事。尽管如此,但他并未消沉,官职闲而人不闲。他竭力摆脱悲情的缠绕,求取心志的顺遂和适意,并锐意创作,从而为我们留下了包括不少闲适诗的丰富的诗文作品。本文拟就柳宗元谪永时期的闲散、闲澹、闲安和"心适""适志"的几种情形略作说明,并进而论析柳宗元谪永之后的闲适情性,以期探索和从总体上把握柳宗元的闲适诗歌的创作缘起及其特征。

一

"闲",是与"忙"相对的主观色彩极浓的语辞,被用来形容审美主体时,多寓示和修饰人们的一种无所事事、安闲、闲逸、闲静的表现状态或生活情景,如闲游、闲逛、闲坐、闲谈、闲独、闲住、闲吟等等。"闲"作用于审美,更重要的是表现和描绘人们的悠然、恬淡、自由和从容安逸的内心状态与文化心理境界。如闲澹、闲适、闲静、闲豫等。

"闲",是古代士人孜孜追求的一种美的境界。中国古代的文士虽多以"修齐治平"为旨归,乐为治理天下而苦心劳骨,奔波忙碌,传说中的大禹治水三过家门而不入,便是被人们奉为楷模的典型的圣人佳话。但是,由于人的本性的因素以及佛道思想的影响,历代的文人大多"性爱山泉,颇乐闲旷。"(梁·张缵《谢东宫赉园启》)[1]713唐代的诗人们也是如此。"白发任教双鬓改,黄金难买一生闲。"(唐·牟融《游报本寺》)"因过竹院逢僧话,又得浮生半日闲。"(唐·李涉《宿鹤林寺僧舍》)"到君居处暂开颜,长爱街西风景闲。"(刘禹锡《秋日题窦员外崇德里新居》)"几时抛俗事,来共白云闲"(温庭筠《地肺山春日》)等等,这些诗文名句道出了不少文人的心声,为我们透露的是诗人们对"闲"的生活和情态的欣赏与向往。

柳宗元"少时陈力希公侯,许国不复为身谋。"(《冉溪》)[2]137少有闲暇之日。贞元十四年,柳宗元二十六岁时被任命为集贤殿书院正字(从九品),校理经籍图书。书院属中书省,刘禹锡描写集贤殿是"凤池西畔图书府,玉树玲珑景象闲。"(《题集贤阁》)其正字的事务和所处的环境可能略显静。尔后,柳宗元政务繁忙,尤其是与"二王"革新集团诸人"共立仁义",(《寄许京兆孟容书》)[3]780想清闲也是不可能的了。

永贞革新失败后,柳宗元被贬为永州司马。"司马",即"司马员外置同正员",在州中位列刺史、别驾、长史之下,虽非"散位",但"官外乎常员"。(《永州法华寺新作西亭记》)[3]750永州是中州,中州的司马正六品上,官级虽不低,但朝廷设置这一类闲职,多用以安置遭贬谪的官员,被贬的朝廷官员任此职,不临实务,不能陟升,"纵逢恩赦,不在量移之限。"(《旧唐书》卷一四《宪宗纪上》)

从朝廷"员外郎"的紧张忙碌到地方"司马"的闲散无事,从繁闹的京都到"在京师南三千二百七十四里"(《旧唐书》卷四十《地理三》)的荒远僻地,"风波一跌逝万里,壮心瓦解空缧囚。"(《冉溪》)在生命的沉沦和不尽的屈辱中,柳宗元不得不接受这一残酷的客观现实。被贬永州的近十年里,柳宗元在司马这一闲职任上的发展过程与心性变化,大致上可以用以下几个语词加以概括。

(一)闲散。所谓闲散,就是清闲无事。这对于柳宗元来说,就是在企图将"利安元元"(《寄许京兆孟容书》)理想付诸实施的具体的政务活动中,显得过于清闲,无所事事。柳宗元被贬永州后,水土不服,身染疴病;居无定所,只得暂寄龙兴寺;老母病逝,他不得扶枢归葬,以尽最后的孝道;又遭火灾,所携书籍等几被焚净。这一连串的打击,使得他无暇他顾。好在寺庙长老对他多有眷顾,且几无政事,所以,柳宗元遭贬后的最初的时日,是在忧愤与闲散中打发的。

(二)闲澹。所谓闲澹,即闲静淡泊。这对于柳宗元来说,就是看淡名利,以潜心读书为要。被贬于南荒的柳宗元,此时已缺少"踔厉风发"(韩愈《柳子厚墓志铭》)[4]511的激情,他所处的环境也不允许他直接参预州治政务。"贤者不得志于今,必取贵于后,古之著书者皆是也。"(《寄许京兆孟容书》)于是,他在闲暇之时,深钻百家著作,"幽沉谢世事,俯默窥唐虞。"(《读书》)[2]118以便从政治上探索治乱之本。他曾多次言道:"自贬官来无事,读百家书,上下驰骋。"(《与杨京兆凭书》)[3]789"仆近求得经史诸子数百卷,常候战悸稍定,时即伏读。"(《与李翰林建书》)[3]802他又在《唐铙歌鼓吹曲十二篇·序》中说:"臣幸以罪居永州,受食府廪,窃活性命,仰视息,无治事,时恐惧;小闲,又盗取古书文句,聊以自娱。"[2]397在这种思想支配下,在永州谪居的特定的闲静氛围中,柳宗元博览经史诸子,探讨哲学、历史、政治、人生等问题,写出了一系列的哲学、政治美文。

(三)闲安。所谓闲安,就是幽闲安乐。这对于柳宗元来说,就是要以闲为乐。柳宗元以闲安的态度来游赏自然山水,他在《送僧浩初序》中说:"且凡为其道者,不爱官,不争能,乐山水而嗜闲安者为多。"[3]674也就是在这种闲游中,柳宗元写出了"永州八记"和大量的山水诗。对此,韩愈在《柳子厚墓志铭》中称颂不已,说他"例贬州司马,居闲益自刻苦,务记览,为词章泛滥停蓄,为深博无涯涘,而自肆于山水间。"

刘勰在《文心雕龙·物色》中曾言及"入兴贵闲",其意在告诉人们,只有在闲暇之时才能很好地感发并进行创作。明代徐师曾在《而庵诗话》中也说:"夫作诗必须心闲。"闲暇时日可以从容论文,闲澹的创作心态,带给诗文的是纡徐高雅的气度和悠远空灵的意境。柳宗元用自己的论文和文学创作,沟通了闲澹心境与诗文创作的联系,也证明了"入兴贵闲"的道理。

柳宗元曾在诗句中吟道:"鱼乐广闲,鸟慕静深。"(《零陵三亭记》)[2]458"莳药闲庭延国老,开罇虚室值贤人。"(《从崔忠丞过庐少府郊居》)[2]213"再期永日闲"。(《游朝阳岩遂登西亭二十韵》)[2]109在这些诗句中,我们可以看出柳宗元对"闲旷"的理解与对闲安的喜爱。

综上所述,柳宗元在谪居永州过程中,由最初的在闲散中恐惧度日,由被动地接受闲散到乐于在闲静淡泊,潜心研究经史子集,游历山水,创作诗文,终于在闲逸的生活中找到了安身立命之所,开始从事新的伟业,并从中得到了情感的慰藉和一丝有限的快乐,从而走过了一条曲折的心性变化之路。

二

"适"通常有适合、适当、适宜、恰当、和顺与美好等多种含义,而用得最多的是"适合"之意。"适"用来形容身体和生理方面的情形,主要有舒适、适量、适当、恰当等含义,而其核心是"舒适";用来形容心理精神,如"适情""适性""适意""适志"等等,其所表达的基本含义是"顺心遂意"。

"适"的"舒适""适宜""适意"等诸多含义,分别构成了"身体"——"言行"

——"心性"三个层次的语义场。从对身体、生理的描绘,再到对社会生活中的一言一行的形容,最后归结和跃升到心理的境界,其既反映了古代人们的思维和认识的不断提升,更展示了他们不断提高的审美追求:就人与物的关系而言,一方面是要使行为举动,尽可能地顺应天地万物的规律,另一方面也要使自然和万物尽可能地适合人们的要求并为我所用。质言之,就是追求人与物的和谐。只注重人之"适"而不讲物之理,这显然是不正常的文化心态。对人之身而言,"适",就是身体的舒服和生理的舒泰;如果不适,就意味着"病""老"或对所处的环境、气候不能适应等。从审美角度而言,这种身体、生理体验之"适",是形而下的"适"。形而上的"适",即"适"的最高境界,是一种心志、情性感到愉悦的审美体验。

与天地万物相适应,求得身心的和畅与顺适,这应该是古代士子向往和追求的一个重要目标。柳宗元也不例外,他在谪于永州后,为求得"适"而付出了大量的努力,他的诗文,为我们真实地记载了他不懈追求的苦乐心酸。

(一)舒适——即追求身体的舒畅。诞育在黄河流域的原始先民,向以勤劳坚毅著称,中国古代的儒士,亦多信奉为治国平天下而劳其筋骨,对于身体的安适与否,也并不过于看重。即使是居陋巷,一箪食,一瓢饮,亦应不改其乐。不少士人认为,如果追求身体的舒畅,未免落入人生次一级境界,甚至会有悖圣人之教。柳宗元也是如此,他在《游朝阳岩遂登西亭二十韵》中吟道:"挹流敌清觞,掇野代嘉肴。适道有高言,取乐非絃匏。"[2]109看来,柳宗元在这方面对自己的要求是很低的。他曾在《与李翰林建书》中自我嘲解道:"譬如囚拘圜土,一遇和景出,负墙搔摩,伸展支体,当此之时,亦以为适。"当然,这种囚拘之"适"对于常人来说,未免要求太低了,也根本无舒适可言,所以,柳宗元在上文紧接着对囚徒之适反问和自悼道:"然顾地窥天,不过寻丈,终不得出,岂复能久为舒畅哉?明时百姓,皆获欢乐,仆士人,颇识古今理道,独怆怆如此。诚不足为理世下执事,至比愚夫愚妇又不可得,窃自悼也。"自谪居永州后,柳宗元身体一直不好,"一二年来,痞气尤甚,加以众疾,动作不常,眊眊然,骚扰内生,霾雾填拥惨沮,虽有意穷文章,而病夺其志矣。"(《与杨京兆凭书》)为了治病,处身僻壤且缺医少药的柳宗元,尽可能地与田夫野老交往,力求适应南方水土和当地人的生活习惯,他还不得不自己研究医药,并"晨起自采曝,杵臼通夜喧。"(《种仙灵毗》)[2]112尽管百般努力,仍然未老先衰,"齿疏发就种,奔走力不任。"(《觉衰》)[2]91但他对身体安适舒畅的追求,于此可见一斑。

（二）适宜——即追求言行、性格与社会现实相适应，与外界事物相和谐。柳宗元遭受贬谪后，对社会现实的险恶有了深刻的认识。他认为，处身于政治斗争之中，如果性格过于锐利、刚直激烈而无所避忌，这就容易导致浮躁、轻率、鲁莽，亦疏于防范，最终招致失败。柳宗元在给妻弟杨诲之的几封信中，以"说车"为喻，详细地谈了这个问题。在他看来，适应社会的重要方法之一，就是人要像车轮一样，圆外方中。"中不方不能以载，外不圆则窒拒而滞。"（《说车赠杨诲之》）[3]462"吾以为刚柔同体，应变若化，然后能志乎道也。"（《与杨诲之第二书》）[3]851处身社会与人交往，应像孔子那样，"度不逾矩"，既不能"翦翦拘拘，以同世取荣"（同上），也不能"纯刚纯强"，（《佩韦赋》）[3]45要"去尔中躁与外挠，姑务清为室而静为家"；"铺冲虚以为席，驾恬泊以为车"。（《解祟赋》）[3]52—53一句话，要做到与社会现实相适应，就要当圆则圆，当方则方，根据具体情况加以变化。"圣人所贵乎中者，能时其时也。苟不适其道，则肆与佞同。"（《与杨诲之第二书》）柳宗元的这些论述，诚如尚永亮先生所言，"不无一份敢怒敢骂、自由洒脱之真性情的失落"[5]175但我们从中可见他对士人文化人格内涵的整体认识和对自我心性的无奈调整与精心设计。

（三）适志——即追求情性的舒爽，求取心志的顺遂。《庄子·外篇·达生》云："忘足，屦之适也；忘要，带之适也；知忘是非，心之适也。不内变，不外从，事会之适也。始乎适而未尝不适者，忘适之适也。"[6]662其意思是说：忘却了"足"（脚）的存在，正是因为并且说明"屦"（鞋子）很适合于脚；忘却了"要"（腰）的存在，正是因为并且说明"带"（腰带）很适合于腰；忘记了"智慧"是判断是非的标准，正是"心"对于认识对象处于"适"的状态。不改变内心，不追随外物，无所变从，随遇而安，那么不管什么时候和碰到什么事情，都会觉得合适。人们的内心始终处于一种"适"的状态，不因感于外物而欢愉悲伤，忘记了"适"与"不适"，那就"未尝不适"了。

庄子的思想，对柳宗元的影响是很深的。柳宗元被谪永州后，在诗文中对"忘机心""适志"多有涉及，我们从中可以想象到他对"适志"与"心适"的美学追求。如他在诗文中写道："机心付当路，聊适羲皇情。"（《日携谢山人至愚池》）[2]146"志适不期贵，道存岂偷生？"（《游石角过小岭至长乌村》）[2]105"欠伸展肢体，吟咏心自愉。得意适其适，非愿为世儒。"（《读书》）[2]118

那么，在柳宗元看来，做些什么才"心适""适志"呢？他在《与杨诲之第二书》中说："但当把锄荷锸，决溪泉为圃以给茹，其隙则浚沟池，艺树木，行歌坐钓,望青天白云,以此为适,亦足老死无戚戚者。时时读书,不忘圣人之道,己不能用,有我信者,则以告之。"艺树种药,游山观水,读书课教,这样的生活的确是很适意的。上述这段话虽不无愤懑牢骚,但也真实地反映了柳宗元遭贬后对"适志"的新的感知与理解。

综上所述,柳宗元被贬于永州后,用言行和心志为后人树立起了两个形象:第一是在投闲置散中发愤著述的文士形象。他在闲散官位上和闲逸生活中,手未闲,脚未闲,心更未闲,从而为后人留下了不少优秀的诗文作品。第二是在投荒不适中忘机独善的哲人形象。柳宗元"一身去国六千里"(《别舍弟宗一》),但在生命沉沦中不为苦痛所击倒,努力调试,在淡泊中求取身心的安适。被贬后,柳宗元虽外在气象上没有刘禹锡那样豪放,但我们通过绘刻他遭贬后心灵波折的发展轨迹,可以看到的是一个执著生活而又超然生活,悠然自持而又凛然难犯,实现自我又超越自我,不忘苦痛但又不断追求神闲心适的志士。柳宗元这种在"闲"与"适"方面所表现出来的特征,与初唐"沈宋"之辈被贬后的情形大不相类,而开元和后期特别是北宋遭贬文士的心灵自我设计之先河。

三

"闲适诗"这一诗学概念是中唐诗人白居易提出来的,但闲适诗的创作却非白居易的专利,自陶渊明以降,尤其是唐宋时期,著名诗人一般都写有不少的闲适诗。与白居易同时的柳宗元,在被贬为永州司马的近十年里,也写有不少的闲适诗。

何谓"闲适诗"?白居易将自己创作的"或退公独处,或移病闲居,知足保和,吟玩情性"(《与元九书》)[7]964的诗歌,称为"闲适诗"。有的研究者认为,"闲适诗约占白居易全部诗作的70%左右"。[8]43笔者按照白居易的说法,曾对柳宗元的160来首诗歌细细排列与分析,得出的结论是,柳宗元的闲适诗大约占其全部诗作的四分之一以上。如《夏夜偶作》云:"南州溽暑醉如酒,隐机熟眠开北牖。日午独觉无余声,山童隔竹敲茶臼。"[2]266又如《从崔中丞过庐少府郊居》:"寓居湘岸四无邻居,世网难婴每自珍。苔药闲庭延国老,开罇虚室值贤人。泉回浅石依高柳,径转垂藤间绿筠。闻道偏为五禽戏,出门鸥鸟更相亲。"[2]213上面所引的诗作应该属于闲适诗。柳宗元的诗集中,这样典型的闲适诗还有不少。

白居易曾云:写诗作文"先务身安闲,次要心欢适。"(《咏怀》)以"和"为基础的"闲"与"适",是有着诸多因素综合的审美观照和内心体验——它既可以是生理的、身体五官方面的感觉,更可以是心理的、精神情操方面的认知。"闲"与"适"合起来就是"闲适"。所谓"闲适",其主要的内涵实际上可视为一种精神心境的状态,即悠闲自在,平和恬静,任情自然等等。质言之,闲适的精义并不主要是指身体"安闲舒适",而是"神闲心适"。中国古代的儒士对"身安闲"之类的感官的享受倒不怎么看重,而对神闲心适却竭力追求,这也是闲适诗源源不断产生的缘由之一。

柳宗元被贬永州后,政事闲散,且"无江海而闲",(《庄子·刻意》[6]537有充裕的时间读书、写诗、论文;又置身寺庙,"闲持贝叶书,步出东斋读。"(《晨诣超师院读禅经》)[2]216更有甚者,柳宗元在贬谪之所,从来都没有放弃求取心灵的顺遂和心志的适意,加上水平高超,所以闲适诗就源源不断地在他笔下创作出来了。关于柳宗元闲适诗的审美特征等,限于篇幅,笔者将另具文详论和就教于方家。

参考文献:

[1]严可均.全上古三代秦汉三国六朝文·全梁文[M].北京:商务印书馆,1999.

[2]王国安.柳宗元诗笺释[M].上海:上海古籍出版社,1993.

[3]柳宗元.柳宗元集[M].北京:中华书局,1979.

[4]马其昶,马茂元.韩昌黎文集校注[M].上海:上海古籍出版社,1986.

[5]尚永亮.圆外方中:柳宗元被贬后的心性设计与主客观矛盾[J].江海学刊,2003,(1).

[6]郭庆藩.庄子集释[M].北京:中华书局,1961.

[7]白居易.白居易集[M].北京:中华书局,1979.

[8]檀作文.试论白居易的闲适精神[J].安庆师范学院学报,2000,(2).

(原载 2008 年第 5 期,作者单位:湖南文理学院)

论柳宗元寓言杂文对六朝咏物赋的借鉴

✳ 于浴贤 •

寓言体杂文是柳宗元散文中最富有光彩的一类,也是唐代散文革新辉煌成就的重要组成部分。千百年来,柳宗元的寓言体杂文一直受到称道和关注,而且,前贤也好,时彦也好,他们在探讨柳宗元寓言杂文的承传关系时,往往将眼光投向寓言崛起的先秦,在《庄子》《孟子》《韩非子》和《战国策》等先秦散文中寻找影响和借鉴。诚然,欲了解认识寓言,必然追溯至先秦,必然历数《庄》《孟》《韩》之功,切不可数典忘祖。但从先秦至柳宗元时代,时光流驶,历史变迁,寓言伴随着人类社会生活的丰富和发展,已经历了近千年时光,历史提供给柳宗元的已不仅仅是先秦寓言,而是十分丰富的寓言文学遗产。柳宗元的创作固然受先秦寓言的影响,但更为直接的影响则在于六朝,在于多姿多彩的六朝咏物赋。

一 从六朝咏物赋到柳宗元寓言杂文

在中唐古文运动中,柳宗元创作了大量优秀的散文作品而饮誉当代后世。寓言体杂文是其散文中最富有文学特征和讽谕意义的文体,也是作者在散文领域中的新创。柳宗元的寓言体杂文包括:《黔之驴》《临江之麋》《永某氏之鼠》《乞巧文》《骂尸虫文》《宥蝮蛇文》《憎蟐文》《愚溪对》《蝜蝂传》《种树郭橐驼传》《捕蛇者说》《谪龙说》《罴说》等十几篇。这些寓言体杂文从题材选择、结构形式、创作倾向和寓意揭示等方面,都明显表现出对六朝咏物赋的借鉴。

（一）通过动植物特性的摹状,揭示事物的道理,托物言志,寓言讽谕

在柳宗元的寓言杂文中,最为人称道的是《三戒》:《黔之驴》《临江之麋》《永某氏之鼠》,三文各传写一物以喻一种人事。黔驴本为异方之物,初入黔,"虎见之,庞然大物也,以为神,"骇然而逃。后来老虎经过一番观察、试探,彻底了解了黔驴之技不过"一鸣,一怒,一蹄而已",于是毫无顾忌地攻击,"断其喉,

尽其肉",把驴当作一顿美餐了。文章结尾议论曰:"噫!形之庞也类有德,声之宏也类有能。向不出其技,虎虽猛,疑畏卒不敢取;今若是焉,悲夫!"在黔驴技穷的故事中,讽刺了那些拉大旗作虎皮,虚张声势以傲人,实则平庸无能的卑琐之辈,警告他们牛皮吹破、假象揭穿后,必然落得可悲的下场。"临江之麋"倚仗主人的宠爱和保护,不辨敌友,与群犬嬉戏狎昵而不知将有大难临头,一旦离开了主人的保护,立遭群犬捕杀。故事讽刺了"依势以干非其类,"放纵无度、恃宠而骄之辈,一旦冰山倒,必没好下场。《咏某氏之鼠》写作恶多端的老鼠,终于逃脱不了被捕杀的下场,表达了对得意忘形之辈的讥讽,对邪恶之徒的警告。柳宗元《三戒》序曰:"吾恒恶世之人,不知推已之本,而乘物以逞;或依势以干非其类,出技以怒强,窃时以肆暴,然卒迫于祸。有客谈麋、驴、鼠三物,似其事,作《三戒》。"阐明其为文之目的,愤世嫉俗之情,寓言讽喻之意十分鲜明。

柳宗元寓言杂文,善于托物言志、寓言讽喻的特点,与六朝咏物赋实乃一脉相承。文学的发展以汉魏六朝为一大转关。自建安至南北朝,文学开始冲破两汉经学的樊篱而逐渐步入一个自觉的阶段,人的独立意识、个性情感在文学中大量表现。辞赋创作也由汉大赋的侧重京殿苑猎等宏大题材的摹写和颂圣颂美的时代精神的表现转为注重个体主观情感的表达。为抒情达意的需要,六朝赋家以积极创新精神努力开拓新题材,动物、植物、山川、水域、节序、物候、器物等等,大凡得以寄情抒怀之物,都置于赋家的审美视野,一时咏物抒情赋大大繁荣。六朝咏物抒情赋通过大量动植物的咏叹,寓言讽喻,寄托了丰富的情感。如曹植《蝙蝠赋》,描写蝙蝠"形殊性诡,每变常式,行不由足,飞不假翼。明伏暗动,尽似鼠形。谓鸟不似,二足为毛,飞而含齿,巢不哺鷇,空不乳子,不容毛群,斥逐羽族"。一幅可憎的嘴脸,正是现实生活中阴险奸诈两面派人物的写照!阮籍《猕猴赋》写猕猴:"体多似而匪类,形乖殊而不纯。外察慧而内无度兮,故人面而兽心。性褊浅而干进兮,似韩非而因秦。扬眉额而骤呻兮,似巧言而伪真。"运用拟人化的手法,通过猕猴外貌特点及动物本性特征的铺叙和描写,表现了对人面兽心的丑恶之徒的抨击,对奸佞之徒的极端痛恨。后魏元顺《蝇赋》,从苍蝇形貌、生活习性的描写入手,抨击此秽类"敧胫纤翼,紫首苍身。飞不能迥,声若远闻。点缟成素,变白为黑。寡爱芳兰,偏贪秽食。"并进一步以苍蝇喻小人,揭露君主身边奸佞之徒混淆黑白、颠倒是非,蒙蔽君主,惑乱朝廷,遂使贤良受黜,小人亲近,祸国殃民,罪莫大焉。这类咏物小赋,往往突出某一动物的属性特征,将其拟人化、人格化,托物言志,表达对现实社会中某类人物的讽刺和揭露。这类咏物赋的选材、构思、描写和立意,在柳宗元的《三戒》等寓言杂文中无不得到借鉴和发挥。

再看西晋傅咸《叩头虫赋》和柳宗元《蝜蝂传》,二文所咏对象虽不同,但对二小虫绘声绘色的描绘,对其特性的突显,以及由此寄托的深刻的人生启示,都令人过目不忘,拍案叫绝。请看傅咸《叩头虫赋》并序:

> 叩头虫,虫之微细者。然教之则叩头,人以其叩头,伤之不祥,故莫之害也。盖齿以刚克而尽,舌存以其能柔。强梁者不得其死,执雌者物莫之雠。无咎生于惕厉,悔吝来亦有由。仲尼唯诺于阳虎,所以能解纷而免尤。韩信非为懦儿,出胯下而不羞。何兹虫之多畏,人才触而叩头。犯而不校,谁与为雠?人不我害,我亦无忧。彼螳螂之举斧,岂患祸之能御?此谦卑以自牧,乃无害之可贵。将斯文之焉贵?贵不远而取譬。虽不能触类是长,且书绅以自示。旨一日而三省,恒蹴躇以祗畏。然后可以蒙自天佑之吉无不利。

此赋通过叩头虫特点的咏叹,赞美其"犯而不校,谁与为雠,人不我害,我亦无忧"的生活态度,表现了作者谦卑自牧、无为、忍让的处世哲学。

再请看柳宗元《蝜蝂传》:

> 蝜蝂者,善负小虫也。行遇物,辄持取,昂其首负之。背愈重,虽困剧不止也。其背甚涩,物积不散,卒踬仆不能起。人或怜之,为去其负,苟能行,又持取如故。又好上高,极其力不已,至坠地死。今世之嗜取者,遇货不避,以厚其室,不知为己累也,惟恐其不积。及其怠而踬也,黜弃之,迁徙之,亦已病矣。苟能起,又不艾。日思高其位,大其禄,而贪取滋甚。以近于危坠,观前之死亡不知戒。虽其形魁然大者也,其名人也,而智则小虫也。亦足哀夫!

通过对此善负小虫特性的描写,讽刺那些"日思高其位,大其禄"的贪婪之辈,警告他们刻意钻营,必然自取灭亡。二文对小动物的观察深入细致,对动物特性的描写形象鲜明,由动物特性所揭示的一类人生入木三分,恰切生动,思辩性极强。

柳宗元的寓言体杂文和六朝寓言咏物赋,还存在着题材对象相同、相近的现象,使人在不同时代、不同文体的阅读时,体会到相似相通的感受。柳宗元《永某氏之鼠》中老鼠作恶多端的丑恶行径,我们在北魏卢元明《剧鼠赋》中已有认识。《剧鼠赋》生动地描绘了剧鼠一付"贼眉鼠眼"机灵奸诈的嘴脸,以及它们肆虐家室的嚣张情状,表现了对丑类作恶的无比痛恨。从相同题材的角度加以考察,我们还看到,六朝咏物赋不仅影响了柳宗元的寓言杂文,同时也影响了韩愈。韩愈《毛颖传》写"毛颖"本来侍于君旁,颇受恩宠,后因"发秃,又所摹画不能称上意","因不复召"。寄托了士人老而见弃的不幸与悲愤,表现了统治者的残酷和寡恩。此一题材早见于汉魏六朝咏物赋中,其时有蔡邕《笔赋》、傅玄《笔赋》、成公绥《故笔赋》,它们从题材到立意都直接启发了韩愈的《毛颖传》。此外,韩愈《送穷文》亦是学习汉代扬雄《逐贫赋》而来的。相同的题材选择从一个角度展示了六朝咏物赋与柳宗元寓言杂文之间的传承关系。

(二)主客问答形式的借鉴和创新

柳宗元的寓言体杂文,部分地应用了主客问答形式,借主客问答阐明事理。《捕蛇者说》通过作者与蒋氏的对话构成全文。文章借蒋氏之口介绍了蒋氏祖孙三代以捕蛇为生,父、祖均死于毒蛇之口,而蒋氏面对毒蛇的祸害,却不愿改行务农,原因何在?因为以捕蛇为业可以免去繁重的赋税。文章揭露了封建时代"苛政猛于虎"的残酷剥削,表现了对民生疾苦的同情和对社会弊端的揭露。《种树郭橐驼传》通过郭橐驼种树经验的介绍,以种树之道,比照为官治国之道,对当时统治者不体恤百姓、与民休养生息,而是役民、扰民的社会现象提出了严厉的批判和警告。以上二文都运用了主客问答的形式,一是借蒋氏之口,一是借郭橐驼之口,讲述相关故事,通过作者的提问和发议论,揭示主题,抒愤寄慨。又如《愚溪对》,借柳子与溪神的对话展开故事,描写了"愚溪"虽然具有"甚清与美",造福人类的品格,却被抛在"远王都三千余里"的蛮荒之处。"愚溪"的不幸命运,实乃作者高才美德却遭贬谪居的现实处境的写照。这种对话寓言体形式在柳宗元散文中还有多篇,《乞巧文》《宥蝮蛇文》等均是。

主客问答也是六朝咏物抒情小赋主要的结构形式。如左思《白发赋》,通过我与"白发"的对话,表现了"白发"不遇之愤慨,揭露了门阀制度下,"英俊沉下僚","白首不见招"的不合理的用人制度。谢惠连《雪赋》,托为西汉梁孝王雪天菟园宴请宾客,命司马相如、邹阳、枚乘三人赋雪,于是,司马相如为"白雪赋",邹阳为"白雪歌",枚乘为白雪作乱辞,结撰成篇。赋作咏雪质性洁白而能委地作尘,随风飘零、因时兴灭之情状;托物言志,赞美纵心浩然,不为名节所拘的人生。谢庄《月赋》设为建安文士应玚、刘桢初丧,曹植、王粲思念故友,月夜游园,曹植命王粲为赋,抒发怨遥伤远之情。作品假托曹植与建安七子的故事,展开情节,构思巧妙,咏物抒怀,自然恰切。将月的咏叹放在缅怀亡友的文化氛围下来表现,使月光月景无处不着凄婉、哀伤之色;通过清幽月景的描绘渲染,使伤悼之情更为哀伤、惨恻。庾信《竹杖赋》设为桓宣武赠楚丘先生竹杖以养老扶危,楚丘先生说明自己感伤乱离而衰老,竹杖之赠无益于心病的医治。作者寓言写志,比喻魏、周爵禄之赐非己所愿,唯有徒增悲伤与耻辱。

凡此种种,六朝一系列咏物抒情小赋,主客问答形式的运用十分灵活,有的由一人完成,有的由两人完成,有的由三人完成,赋中往往缀以诗以歌,又加上对答语言的生动流丽,使作品意境优美,故事性极强。赋中主客对象不是子虚乌有的虚构人物,往往假借历史人物,或著名的辞赋家,或士大夫文士,展开情节,既构思巧妙,又显示出丰富的历史文化内涵。柳宗元的寓言杂文中主客人物既不同于汉赋子虚乌有的纯粹虚构,也不借助历史人物,客的形象虽属假托,但是现实社会中的劳动者形象,如捕蛇者、种树人;而"主"的形象则是作者本身,事件的过程及内容是以作者亲身经历的形式出现的,因此这一主客问答形式现实色彩十分浓。可见,就主客问答形式而言,六朝咏物赋也好,柳宗元的寓言杂文也好,它们在借鉴前人的基础上,不蹈故辙,表现了极大的创造性。

(三)题材小化,见微知著的选材特点

六朝赋家以卓越的艺术才华去发掘社会及自然界中各类题材,以深刻的思辩精神去感悟、品味平凡事物中所蕴涵的社会人生道理。六朝赋家大量写小动物、小植物,小器具等,借琐碎、细小之物抒写丰富的情感内容,体现了见微知著的选材特点。柳宗元的寓言杂文同样注目于身边琐事,写小生命、小题材。因此,从题材小化、见微知著的选材角度上,我们再一次看到了柳宗元寓言体杂文对六朝咏物赋的学习和借鉴。

二 文风趋向之相通——由雅入俗

从以上的比较分析中,明确显示了柳宗元寓言杂文对六朝咏物赋的学习和借鉴。二者的承传关系,是有其现实的文化思想基础的。

六朝与中唐，是相去甚远的两个朝代，六朝可以说是个乱世，朝代迭更，政权频移，政治杀戮不断。"文士少有全者"的现实，使士大夫文士逃避现实政治，徘徊在仕与隐的十字路口，以老庄思想为核心的魏晋玄学成为乱世中士大夫文士逃避现实的理论依据。柳宗元所处的中唐乃是治世，当社会经历了盛唐的辉煌和安史之乱的衰败之后，世人期盼中兴，并努力推动中兴。柳宗元正是为了推动王朝中兴而积极投身变革政治的斗争，失败后受黜遭贬。面对六朝乱世政治的黑暗，士大夫文士避之唯恐不及；而中唐的中兴局面则激励和感召了士人的社会担当意识。社会政治环境的差异使柳宗元的寓言杂文与六朝咏物寓言赋在思想情感上呈现出巨大的差异，六朝赋主要表现的是乱世中的人生忧愤，诚惶诚恐地关注个人命运，追求老庄无为顺任的人生。而柳宗元的寓言杂文，主要表现的是治世中的社会忧患，他所关注、所思考的是社会政治的建构问题，积极用世的儒家精神十分鲜明。象《捕蛇者说》《种树郭橐驼传》一类直刺时政的作品，在六朝咏物赋中颇为罕见。比起六朝咏物赋，柳宗元的寓言杂文具有更为深广的社会现实内容。这种差异，说明了柳宗元寓言杂文在学习借鉴六朝咏物赋的同时，立足当代，积极创新的精神，也是中唐"文以明道"的现实政治需要所决定的。

从社会思潮来看，六朝和中唐都是社会经历辉煌之后走向冷静和思考的阶段。因此，就文学思潮而言，从汉大赋向魏晋抒情小赋的转向，其间赋学观的嬗变与中唐文学观的转变有极其相似的地方。当汉代大一统王朝分崩离析之际，大赋的辉煌也随之消逝，处魏晋人性觉醒、文学自觉时期，抒情小赋崛起，开创了辞赋从宫廷贵族圈走向广阔社会生活的崭新时代。"京殿苑猎"的题材范围被冲破了，宏伟、富丽的题材被冷落了，赋家把眼光投向了自然和社会生活的方方面面，花鸟、虫鱼、风云、雷电的赞美，春去秋来的惆怅，江潭秋月的吟哦，枯树残冬的感慨，乃至白发、行殣的哀叹，题材小化、通俗化、平民化特征十分突出。辞赋面向生活，面向社会，成为人们抒情达意的方便体裁。人们的赋学观发生了巨大变化，象汉人那样追求辞赋"巨丽"的观念，追求"或以抒下情而通讽谕，或以宣上德而尽忠孝"的观念隐退了，而"辞赋小道"的观念深入人心。诚如曹植所云："夫街谈巷说，必有可采；击辕之歌，有应风雅。匹夫之思，未易轻弃也。辞赋小道，固未足以揄扬大义，彰示来世也。"(《与杨德祖书》)此说既肯定"街谈巷说""匹夫之思"足可成为辞赋创作的有价值题材，又认为"辞赋小道"，不必成为宣扬"大道"的工具。此一观点提出了把辞赋从政治教化工具中解放出来，使它真正成为抒情达意的载体。曹植"辞赋小道"之论与曹丕《典论·论文》中的"文章经国之大业不朽之盛事"之说,实在是从不同的角度,共同反映了魏晋士人文学自觉的观念。

魏晋而下,"辞赋小道"的观念进一步普及。陆机曰:"方思之殷,何物不感?曲街委巷,罔不兴咏,水泉草木,咸足悲焉。"(《怀士赋》序)张华曰:"夫言有浅可以托深,类有微可以喻大。"(《鹪鹩赋》序)一代赋家们,如此"何物不感",所托物兴咏者,专注于"曲街委巷""水泉草木",时人赋学观之摆脱贵族特性而走向平民化由此可见。赋家们取材借浅托深,以微喻大的特点,已非个别而是成为整个时代的风尚。魏晋辞赋题材小化平民化的特点,展示了辞赋由雅向俗的转变。虽然这个转变经宋入齐又开始向贵族化方向逆转,直至梁、陈贵族化达到了高峰;但是,辞赋由汉代的贵族化向魏晋的平民化通俗化的转变却给魏晋直至刘宋赋坛带来了强大的生机,开创了咏物抒情小赋创作的繁荣局面。

通俗化文风在中唐文坛荡起,与魏晋赋风并无关联,但却是相似相通的。中唐时期,蓬勃向上的盛唐气象已不复存在了,社会不再给予士人以自豪自信和浪漫憧憬了;又由于变革现实政治,推动王朝中兴的功利目的需要,文学风尚呈现出由雅入俗的转变。文风的俗化,在诗歌中出现了元白诗派的浅切轻俗,和韩孟诗派的趋奇尚怪。林继中认为:"这是一股由世俗地主带进文坛的俗气所掀起的由雅入俗的新浪潮。"[1]39而文风俗化在散文中的表现,则是古文运动的化骈为散,即如陈寅恪所云:"用先秦两汉的文体,改作唐代当时民间流行之小说,欲藉之一扫腐化僵化不适用于人生之骈体文,作此尝试而能成功者,故名虽复古,实则通今。"[2]中唐文学的由雅入俗与魏晋辞赋由宫廷贵族化向平民化的转变,其世俗化通俗化特点是相似相通的。正是这一文学发展的共同趋向,使柳宗元将创作的眼光投向魏晋辞赋成为可能和必然。在魏晋赋风通俗化、平民化的趋势下,一大批从不被留意的微小生命、甚至是丑陋的小动物、小植物进入了赋家的创作视野,构成六朝咏物赋多姿多彩的形象画面。柳宗元在前代文学俗化成果中吸取营养,驴、麋、鼠、蝮蛇、蝜蝂、尸虫、猿、蝜、罴、愚溪、橐驼人等等构成了柳宗元寓言杂文通俗化的题材特点。魏晋咏物赋"浅可以托深","微可以喻大"的艺术构思,给予柳宗元寓言杂文的创作以理论的指导和启示。

三 借鉴《庄》《孟》? 借鉴六朝赋?

综上所述,柳宗元在中唐由雅入俗的文风趋向中,吸收并借鉴了六朝咏物赋通俗化的成果,创作了寓言体杂文。但是,这一点却从未得到认可,人们更愿意承认的是柳氏寓言杂文借鉴于《庄》《孟》。此论是邪? 非邪?

诚然,柳宗元曾在他的文章中坦言自己的创作学习借鉴了包括《庄》《孟》在内的先秦两汉散文,曰:

> 本之《书》以求其质,本之《诗》以求其恒,本之《礼》以求其宜,本之《春秋》以求其断,本之《易》以求其动,此吾所以取道之原也。参之谷梁氏以厉其气,参之《孟》《荀》以畅其支,参之《庄》《老》以肆其端,参之《国语》以博其趣,参之《离骚》以致其幽,参之太史公以著其洁,此吾所以旁推交通而以为之文也。

(《答韦中立论师道书》)

作者自谓广泛学习先秦两汉散文,"旁推交通",自铸伟词而成文。其实,这也正是中唐古文运动的精神。韩愈《答李翊书》曰:"非三代两汉之书不敢观,非圣人之志不敢存。"

以三代两汉散文为楷模,是韩愈、柳宗元等古文运动家们倡导和努力的方向。柳宗元的一段论述,说明他学习先秦两汉散文的明确方向和途径,而并非局限于对《庄》《孟》寓言的学习。当然,柳宗元在学习《庄》《孟》散文以"畅其支""肆其端"的同时,也必然接受其寓言创作的影响,因此后代学者在探讨柳宗元寓言杂文的继承关系时,把眼光投向了先秦,投向了《庄》《孟》寓言。这固然不错,寓言起源于先秦并沾溉后世,其泽甚远;大凡后世各体寓言,其渊源之追溯概未能避过先秦。但设若如此看待文学之承传,以一源而遮百流,则江流奔腾,其间劈波斩浪,冲撞起伏之壮观,一概不见,岂非一叶障目? 又怎能一览山川之胜景? 文化的发展尤重承上启下,每一代人都必须站在前人的肩上才能看得更高更远。文学的承传、发展有远源之功,更有近源之效,这是学界所公认的。正是基于这样的认识,人们承认没有六朝诸代作家的艺术创造和探索,就不可能有唐代文学的巅峰成就。也基于这样的认识,唐人以辩证的眼光,博大的艺术胸怀去批判和继承六朝文学艺术成果。他们既称"汉魏风骨,晋宋莫传","齐梁间诗,彩丽竞繁,而兴寄都绝"。(陈子昂《与东方左史虬修竹篇序》),认为"自从建安来,绮丽不足珍"。(李白《古风五十九首》其一)"窃攀屈宋宜方驾,恐与齐梁作后尘。"(杜甫《戏为六绝句》)对齐梁绮丽文风加以批评而致力于超越。另一方面,他们又热情肯定六朝作家在文学艺术技巧上的探索和开创之功,赞美之辞不绝于耳:"解道澄江静如练,令人长忆谢玄晖。"(李白《金陵城西楼月下吟》)"蓬莱文章建安骨,中间小谢又清发。"(李白《宣州谢朓楼饯别校书叔云》)"清新庾开府,俊逸鲍参军"。(杜甫《春日忆李白》)唐人对六朝文学的学习是全方位的,并且是诸体文学间的交叉吸收和学习,柳宗元的创作也不能例外。

文学史向人们展示了这样的事实,在各体文学发展、繁荣、衰落乃至裂变过程中,总是互相学习、取长补短、彼此争胜又各擅胜场。因此,文体的发展、文学艺术技巧的运用又往往此消彼长,迭更起伏,艺术的精华是不会消失的。寓言为各体文学所吸纳、所运用就是一个力证。寓言源于先秦,诞生于《庄子》《孟子》《韩非子》等诸子散文和《战国策》等历史散文中,并出现了寓言文学的第一次繁荣。至西汉,寓言从散文中减退,转而为赋所用。由于赋体文学集大成的特点,使它善于学习和融铸各类文体之长而自成一家,第一篇赋——荀况《赋篇》就是一篇咏物寓言赋。汉赋吸纳了《庄》《孟》散文借寓言说理的手法,从咏物到京殿苑猎题材都有虚构人物、托物寓言的特点。但这个特点在大赋中尚不明显,它被"铺陈"手法和宏大体制所掩盖,倒是对话体特征十分突出。对话体是先秦说理散文的初始样式,《论语》《墨子》《庄子》《孟子》均是对话体。至战国中后期,论说文体走向成熟和完善,对话体随之消失。就在对话体逐渐从散文中退出之际,荀况的《赋篇》却引进了对话体,创造了对话寓言体赋。汉赋进一步运用这一形式,从而奠定了赋体文学的基本结构——主客问答。因此,章学诚认为赋体之源乃"出入战国诸子",是为的论。辞赋的主客问答,虚构人物,恢诡声势,托物讽谕的特点,都是在吸收先秦诸子散文特点的基础上形成的。

至六朝,咏物抒情小赋繁荣,两汉以来辞赋的对话寓言体特点,得到进一步发展和完善,更具有故事性和文学性。它们或寓言说理,或抒情达意,构思巧妙,篇章独立完整,内涵丰富,寓意深刻。此类对话寓言体赋,其体制、结构及内容特点,不仅《庄》《孟》散文无法比拟,就是汉赋也稍逊一筹。先秦《庄子》《孟子》等说理散文,寓言的运用仅作为文中说理材料的一部分,它并不具备独立为文的条件。而六朝的咏物抒情小赋,一则对话寓言故事就是独立一篇赋。不管是白发命运的咏叹,猕猴人面兽心的抨击,还是鹡鸰的无为、叩头虫的谦卑,或是浮萍的命运、孤黍的浅薄、雀钗的邀宠等等,吟咏一物,寄托一种情思并独立成文。柳宗元寓言杂文和六朝咏物寓言赋的相似之处,就在于它们都是独立、完整、成熟的寓言文学形式,它们都摆脱了先秦寓言说理工具的辅助角色,而成了文章的主体。由此可见,从先秦至柳宗元时代,寓言经历了形式、内容及文体应用等方面的变革和洗礼而有了长足的发展,柳宗元的寓言体杂文距先秦寓言远,却与六朝寓言体咏物赋相当接近。毫无疑问,六朝咏物赋给柳宗元寓言杂文以直接的影响和良好的借鉴。

参考文献:

[1]林继中.文化建构文学史纲:中唐——北宋[M].福州:海峡文艺出版社,1993.

[2]陈寅恪.论韩愈[A].金明馆丛稿初编[C].上海:上海古籍出版社,1980.

(原载 2005 年第 9 期,作者单位:泉州师范学院)

柳宗元永州山水文章明版述异

✲ 梁颂成

中央民族大学图书馆藏明嘉靖刻本何镗辑《古今游名山记》卷之九第二十七至三十三页,收录了柳宗元永州山水文章十四篇,其顺序为:《游黄溪记》《始得西山宴游记》《钴鉧潭记》《钴鉧潭西小丘记》《至小丘西小石潭记》《袁家渴记》《石渠记》《石涧记》《小石城山记》《愚溪诗序》《永州龙兴寺东丘记》《零陵三亭记》《游宴南池序》《永州韦使君新堂记》。对照中华书局 1979 年 10 月版《柳宗元集》(后出版者均依此版重印)相应篇目及其校勘记,显然别有所本,有些还很有参考价值。兹将其相异之处辑录于下,中华书局《柳宗元集》校勘记有说明的录以对照,校勘记未有记载的用 ✲ 号表示:

《游黄溪记》

《古今游名山记》无"元和八年五月十六日"一语。《柳宗元集》有校勘记:《英华》作"十月五日入六日归"。何焯校勘本据《英华》改。

《始得西山宴游记》

"遂命仆人过湘江",《古今游名山记》无"人"字。《柳宗元集》有校勘记。

"缘染溪,斫榛莽,焚茅茷,穷山之高而上。"《古今游名山记》"上"作"止"。《柳宗元集》有校勘记。

"攀援而登,箕踞而遨,则凡数州之土壤,皆在衽席之下。"《古今游名山记》"遨"作"坐"。✲

"然后知是山之特立",《古今游名山记》"特立"作"特出"。《柳宗元集》有校勘记,作"突出"。

"悠悠乎与颢气俱",《古今游名山记》"颢"作"灏"。✲

又,《古今游名山记》无"是岁,元和四年也。"✲

《钴鉧潭记》

"其清而平者且十亩余",《古今游名山记》无"余"字。《柳宗元集》有校勘记。

"其上有居者",《古今游名山记》"上"作"旁"。*

"孰使予乐居夷而忘故土者,非兹潭也欤?"《古今游名山记》无"非"字。*

《钴鉧潭西小丘记》

"由其中以望,则山之高,云之浮,溪之流,鸟兽之遨游",《古今游名山记》"鸟兽之遨游"作"鸟兽鱼之遨游"。《柳宗元集》有校勘记。

"举熙熙然迴巧献技,以效兹丘之下。"《古今游名山记》"迴"作"逞"。*

"以兹丘之胜",《古今游名山记》"丘"作"土"。*

"贾四百,连岁不能售",《古今游名山记》"贾"作"价","能"作"得"。*

《至小丘西小石潭记》

"全石以为底",《古今游名山记》"全"作"泉"。《柳宗元集》有校勘记。

"日光下澈",《古今游名山记》"澈"作"徹"。*

"寂寥无人",《古今游名山记》"寂寥"作"寥寂"。*

《古今游名山记》无"同游者:吴武陵,龚古,余弟宗玄。隶而从者,崔氏二小生:曰恕己,曰奉壹。"*

《袁家渴记》

"有小山出水中,皆美石",《古今游名山记》作"山皆美石"。《柳宗元集》有校勘记。

"其地主袁氏",《古今游名山记》作"其地世主袁氏"。《柳宗元集》有校勘记。

《石渠记》

"有泉幽幽然",《古今游名山记》作"有泉幽然"。*

"北堕小潭",《古今游名山记》"堕"作"坠"。*

"潭幅员减百尺",《古今游名山记》"减"作"阔"。*

"奇卉美箭,可列坐而庥焉",《古今游名山记》"庥"作"休"。《柳宗元集》有校勘记。

"揽去翳朽,决疏土石",《古今游名山记》"土"作"上"。*

《石涧记》

"折竹箭,扫陈叶",《古今游名山记》作"折竹扫陈叶"。《柳宗元集》有校勘记。

《小石城山记》

"又怪其不为之中州,而列是夷狄",《古今游名山记》"又怪其不为之中州"作"又怪其不为之于中州"。《柳宗元集》有校勘记。

"是固劳而无用",《古今游名山记》"固"作"故"。《柳宗元集》有校勘记。

《愚溪诗序》

"余以愚触罪,谪潇水上。"《古今游名山记》"余以愚触罪,至谪潇水上。""谪"上有一"至"字。*

"今予家是溪,而名莫定。"《古今游名山记》"今予家是溪,而名莫能定。""莫"下有"能"字。《柳宗元集》有校勘记。

"又峻急多坻石",《古今游名山记》"峻"作"浚"。*

《永州龙兴寺东丘记》

"廖廓悠长",《古今游名山记》作"寥廓悠长"。*

"以属于堂之北陲",《古今游名山记》"陲"作"垂"。*

"无乃阙焉而丧其地之宜乎?"《古今游名山记》"阙"作"缺"。*

"丘之幽幽,可以处休",《古今游名山记》"处"作"取"。 *

《零陵三亭记》

"会零陵政庬赋扰",《古今游名山记》"庬"作"厖"。*

"遁租匿役,期月辨理",《古今游名山记》"辨"作"辦"。*

"人无劳力,工得以利",《古今游名山记》"工"作"土"。《柳宗元集》有校勘记。

"宾以燕好",《古今游名山记》"燕"作"宴"。*

《陪永州崔使君游宴南池序》
《古今游名山记》题目作《游讌南池序》。*
"其下多芰荇蒲蕖、腾波之鱼",《古今游名山记》"芰荇蒲蕖"作"芰蒲夫渠"。*
"诚游观之佳丽者巳",《古今游名山记》"巳"作"矣"。*
"其政宽以肆",《古今游名山记》"宽"作"宅"。*
"横碧落以中贯,陵太虚而径度",《古今游名山记》"陵"作"挟"。*
"则於向之物者可谓无负矣。"《古今游名山记》无"於"字。*
"而席之贤者,率皆左官蒙泽",《古今游名山记》"率"作"悉";"左"作"在"。*

《永州韦使君新堂记》
《古今游名山记》题目作《永州新堂记》。《柳宗元集》有校勘记。
"迤延野绿,远混天碧,咸会于譙门之外。"《古今游名山记》"野绿"作"绿野";"外"作"内"。*
"岂不欲除残而佑仁?"《古今游名山记》"佑"作"祐"。*
"宗元请志诸石,措诸屋漏,以为二千石楷法。"《古今游名山记》"屋漏"作"壁编"。《柳宗元集》校勘记:措诸屋漏句下注《诗》:尚不愧于屋漏"。"尚"原作"上",据《诗·大雅·抑》改。又"一作'措诸壁编'"。"壁编",诂训、济美堂、蒋之翘本注作"壁编",《英华》注:"零陵石刻作'壁编'。"按:音辩本及《全唐文》正文作"壁编",近是。当在"壁"下断句,"编"字下读。

分析以上内容,中华书局《柳宗元集》校勘记已作记载的有两种情况:
一是别本有异。如《游黄溪记》所记时间;《始得西山宴游记》中"然后知是山之特立",《古今游名山记》"特立"作"特出",《柳宗元集》校勘记则作"突出"。
一是别本相同。其余大部分都是如此。
校勘记未作记载的,则有以下几种情况:
一是音同或相近义可通者。如:"悠悠乎与颢气俱"中"颢"作"灏";"日光下澈"中"澈"作"徹";"又峻急多坻石"中"峻"作"浚";"廖廓悠长"中"廖廓"作"寥廓";"以属于堂之北陲"中"陲"作"垂";"无乃阙焉而丧其地之宜乎"中

"阙"作"缺";"诚游观之佳丽者已"中"已"作"矣";"会零陵政厖赋扰"中"厖"作"厐";"贾四百,连岁不能售"中"贾"作"价""宾以燕好"中"燕"作"宴";"岂不欲除残而佑仁"中"佑"作"祐"。

二是字词形相近义可通者。如:"寂寥无人"中"寂寥"作"寥寂";"迩延野绿"中"野绿"作"绿野";"北堕小潭"中"堕"作"坠";"其下多芡芰蒲藻、腾波之鱼"中"芡芰蒲藻"作"芡蒲夫渠";"有泉幽幽然"中"幽幽然"作"幽然"。

三是形音不同而义可通者。如:"而席之贤者,率皆左官蒙泽"中"率"作"悉";"以兹丘之胜"中"丘"作"土";"贾四百,连岁不能售"中"能"作"得"。

四是字形相近义不同者。如:"揽去翳朽,决疏土石"中"土"作"上";"逋租匿役,期月辨理"中"辨"作"辦";"其政宽以肆"中"宽"作"宅";"而席之贤者,率皆左官蒙泽"中"左"作"在"。

五是形音义完全不同者。如:"攀援而登,箕踞而遨"中"遨"作"坐";"其上有居者"中"上"作"旁";"举熙熙然迴巧献技,以效兹丘之下"中"迴"作"逞";"潭幅员减百尺"中"减"作"阔";"咸会于谯门之外"中"外"作"内";"丘之幽幽,可以处休"中"处"作"取";"横碧落以中贯,陵太虚而径度"中"陵"作"挟"。

六是此有彼无者。如:《始得西山宴游记》中,《古今游名山记》本无"是岁,元和四年也。"《钴鉧潭记》"孰使予乐居夷而忘故土者,非兹潭也欤?"《古今游名山记》无"非"字。《至小丘西小石潭记》中,《古今游名山记》无后节"同游者:吴武陵,龚古,余弟宗玄。隶而从者,崔氏二小生:曰恕己,曰奉壹。"《愚溪诗序》中"余以愚触罪,谪潇水上。"《古今游名山记》"谪"上有一"至"字。《陪永州崔使君游宴南池序》中"则於向之物者可谓无负矣。"《古今游名山记》无"於"字。

根据以上情况,前三者于义可通而无碍,可勿具论。后三者则有比原校勘本为佳者,可择善而从。如:"逋租匿役,期月辨理"中"辨"作"辦","辨理"显为"辦(办)理"所误;"攀援而登,箕踞而遨"中"遨"作"坐","遨"为"游"义,既是"箕踞",自然是"箕踞而坐"近理;"举熙熙然迴巧献技,以效兹丘之下"中"迴"作"逞","逞"是"表现"之义,同句意更相吻合;"潭幅员减百尺"中"减"作"阔",亦应依从,方合句意。如此等等,皆可作为理解原文的重要参考。其他各例,也还有值得进一步深入研究的地方。读书偶得,在此提出,愿与同好者切磋。

参考文献:

[1]何镗.古今游名山记[M].北京:中央民族大学图书馆藏,明嘉靖刻本辑.

[2]柳宗元集校点组.柳宗元集[M].北京:中华书局,1979.

（原载 2005 年第 9 期,作者单位:湖南文理学院）

论柳宗元与永州山水之关系

✳ 吕国康

　　"韩柳文章李杜诗。"柳宗元有30多篇诗文选入我国大、中、小学语文教材，在日本也存在类似现象，数量之多，各种文体兼备，在古代作家中实属鲜见。人们是通过《捕蛇者说》中的"永州之野产异蛇"才知道永州的；从《小石潭记》《始得西山宴游记》《钴鉧潭西小丘记》《愚溪诗序》《永州韦使君新堂记》的描写中才熟悉永州山水之美的；读《种树郭橐驼传》《宋清传》《段太尉逸事状》《童区寄传》等方了解柳子笔下的小人物是如此栩栩如生，爱憎分明；学《三戒》《蝜蝂传》《哀溺文》才触摸寓言的深刻内涵；吟诵《江雪》《渔翁》《酬曹侍御过象县见寄》《登柳州城楼寄漳汀封连四州》等诗，从内心佩服子厚不愧为诗坛高手，绝妙古今；听讲解《薛存义序》《与崔连州论石钟乳书》《驳复仇议》《答韦中立论师道书》《封建论》等雄文，感到力举千钧，发聋振聩。

　　"少时陈力希公侯，许国不复为身谋。"柳宗元的志向是当政治家，"辅时及物，利安元元为务"，结果成了唐宋八大家之一。这其中的原因何在？恐怕与贬谪永州有关，与永州山水有关。退一步说：如果柳先任邵州刺史或柳州刺史，能否成为文学大家？我推测，不一定。有可能成为政治家、哲学家。还有一个问题：究竟是柳宗元发现了永州山水的新奇，提升了自然美？还是永州山水薰陶了柳宗元，造就了一代文学大家？"仁者见仁，智者见智。"我认为两者兼而有之。宋人汪藻解释说："先生居零陵十余年，至今言先生者必曰零陵，言零陵者必曰先生。零陵去长安四千余里，极南穷陋之区也，而先生辱居之。零陵徒以先生居之故，遂名闻天下。先生为之不幸可也，而零陵独非幸欤？故以唐三百年，所以推尊者，曰韩、柳而已。岂非盛哉？先生虽坐贞元党与刘梦得同，梦得会昌时，犹尊显于朝。先生未及为时君所省，而遽没于元和之世。事业遂不大见于时，可深惜哉！然零陵一泉石、一草木，经先生品题，莫不为后世所慕，想见其风流。而先生之文载集中，凡瑰奇特者，皆居零陵时所作。则予所谓幸不幸者，岂不然哉？"（《永州柳先生祠堂记》）南宋张敦颐评价说："零陵，极穷陋之区，先生居十年，披荆剪芜,搜奇选胜,放于山水之间,而独得其乐。如愚溪、钻鉧潭、南涧、朝阳岩之类,往往犹在,皆先生夕日杖履徜徉之地也。凡零陵花草泉石经先生题品者,莫不为后世所慕,想见其风流,况在当时哉?"(《柳先生历官纪并序》)

从先秦到唐代,永州出现过一批本土作家,也写过一些佳作,但影响不大。外地的文人骚客也曾涉足永州,留下以潇湘为题材的美好诗文,李白可堪称代表。他写的《悲清秋赋》《远别离》《草书歌行》《赠卢司户》等作品,游潇湘地,登九疑山,写诗赠友人,但缺乏对永州山水的整体刻划,数量也有限,影响不及《永州八记》。元结代宗广德元年(763)任道州刺史,是中唐前期著名诗人、作家,写下《舂陵行有序》《贼退示官吏有序》等现实主义诗篇,其散文启了柳宗元游记散文的先声。但与柳宗元相比,"稍逊风骚"。据统计,"自一九四九年至一九八一年这三十多年间,有专著、专论的唐代作家仅六十一人,而且集中在李白、杜甫、白居易、韩愈、柳宗元几位大家,杜甫一人就占总数的五分之一还强。"[1]82素与柳宗元友善的吕温,才华横溢,志同道合,永贞元年(805)由左拾遗转户部员外郎,后于元和三年(808)贬为道州刺史,元和五年改授衡州刺史,四十岁英年早逝。他为文颇富文彩,尤擅铭赞,亦能诗。《旧唐书》本传评其文"有丘明、班固之风"。在丽如中天的唐代文坛,吕温只能列入中小作家的行列。北宋的周敦颐、南宋的乐雷发、清代的何绍基皆属永州名家,被称为南宋四大家的杨万里,曾做过零陵县丞,写过不少歌吟零陵山水风光的诗歌,但他们在中国文学史上的地位,均不及柳宗元。"国家不幸诗家幸。"可以说,柳宗元对永州文学的贡献,是前无古人,后无来者。正如马积高教授所说:柳宗元"堪称是第一个从多方面描写永州的作家,更是永州的自然山水美的第一个发现者和最杰出的表现者。"[2]

永州位于湖南省南部,属内陆地区,因湘江由西向东穿越零祁盆地,潇水由南至北纵贯全境,潇湘二水在零陵频岛相汇,自古雅称潇湘。永州地处东经111°06′-112°21′,北纬24°39′-26°51′东连郴州、衡阳,南接两广,西邻广西,北靠邵阳、衡阳。永州的北部是湘中丘陵盆地,南部是南岭山地。在唐代,南部属道州管辖的范围。永州以山地为主,除常见的浑圆顶形的红岩丘陵外,大多是石灰岩丘陵。有的是陡坡峭壁,基石裸露,或石牙网陈。如祁阳的浯溪摩崖,零陵的小石城山,东安禄埠头的天书崖,都是大自然的杰作。神奇的岩溶地貌,如淡岩、月岩、朝阳岩等,令人留连忘返。拔地而起的石峰和石林,巧夺天工,屡见不鲜。如香炉山、万石亭、石角山等,令人叹为观止。

永州气候属亚热带大陆性季风湿润气候,年平均气温在17.5-18.5℃,无霜期长,降水丰富,适宜各种动植物生长。在唐代,永州山水尚处于原始荒蛮状态,美丑混杂。正如柳宗元所言:"有石焉,翳于奥草。有泉焉,伏于土涂。蚖蛇之所蟠,狸鼠之所游,茂树恶木,嘉葩毒卉,乱杂而争植,号为秽墟。"(《永州韦使君新堂记》)

"窜身楚南极,山水穷险艰。"(《构法华寺西亭》)"永州居楚越间,其人鬼且機。"(《永州龙兴寺息壤记》)柳宗元认为永州"状与越相类"(《与李翰林建书》),"此州地极三湘,俗参百越。"(《代韦永州谢上表》)说明永州的风俗既受楚国的影响,又与"百越"相近。因远离中原、京城,故永州被人称为南蛮之地。

柳宗元祖籍今山西运城永济虞乡镇,但他诞生在京城长安,在长安长大。少年时代,十一至五十五岁他曾随父亲在湖北夏口(今武汉)、江西南昌等地生活了一段,主要是接受父亲的言传身教,来不及游历名山大川。他十六岁回到长安,十七岁参加科考,二十一岁登进士等。因父亲柳镇病逝,他守父丧三年,曾到离长安三百里的邠州看过叔父,后任过蓝田尉两年,主要在长安从政。

从《晋问》一文中,可以看出他对北方山水印象之深。文章描写了古晋国所在地山西高原的自然风貌,壮丽山川,丰富物产,悠久历史,处处给人以强烈的美的感受。描写断层山:"其高壮,则腾突撑拒,聱岈郁怒,若熊罴之咆、虎豹之嗥,终古而不去。"(那高大壮丽的地方,群峰迭起,斜插云天,峡谷幽深,山风怒吼,有如熊罴在咆哮,有如虎豹在嗥叫,自古至今总不消失。)描写黄河:"浚源昆化,入于天渊,出乎无门,行乎无垠,自匈奴而南,以界西鄙,冲奔太华,运肘东指;混溃后土,渍浊糜沸,鼋鼍诡怪,于于汩汩,腾倒駥越,委泊涯涘,呀呷欲纳,摧杂失坠。"(它发源于昆仑山,汇入黄河,出处没有门户,去处没有边际,从匈奴往南流去,成为西部的天然疆界,它冲突奔腾,到了西岳华山,然后弯过手来,转而流向东方。水流冲刷着河岸,混合沙泥,浊浪翻滚,鼋鼍在河中诡秘地作怪,流水时而舒缓,时而湍急,波涛汹涌,滔滔不绝,东奔的河水,直泻天边,它张开大嘴吞噬大地,摧毁着一切。)无论是高山还是大河,都显得大气磅礴,体现了一种阳刚、雄浑之美。这与永州的秀丽山川形成强烈的反差。

永州留给柳宗元的整体印象是"欸乃一声山水绿","长歌楚天碧","水碧无尘埃"。在《游黄溪记》中进一步概括:"北之晋,西适豳,东极吴,南之楚、越之交,其间名山水而州者以百数,永最善。"对永州山水的评价不可谓不高。柳宗元从北方来到南方,从庙堂之上来到江湖之远,永州人民用热情的胸怀拥抱了他,永州山水处处给他以新奇之感。故妙笔生花,潇湘生辉,具有独创之功。衣若芬博士指出："山水诗文标志着柳宗元为后人所推崇的文学成就,永州得天独厚的地理环境当然功不可没"[3]158。如果说永州山水之美是客观因素,那么,柳的文学功底、坎坷经历、创造精神是内在因素,正好比独具慧眼与神奇山水两相宜。韩愈《柳子厚墓志铭》说:"子厚少精敏,无不通达。……俊杰廉悍,议论证据古今,出入经史百子,踔厉风发,率常屈其座人,名声大振,一时皆慕与之交。……居闲益自刻苦,务记览,为词章,泛滥停蓄,为深博,无涯矣,而自肆于山林之间。"青年时代的柳宗元才华横溢,风流倜傥,在长安影响很大。遭贬永州,遍览山川胜景,写下许多寄情山水的美妙华章。在《墓志铭》后面,韩愈把柳在仕途上的达通与文学上的业绩作了权衡,感叹"材不为世用,道不行于世也!"具有将相之才的柳宗元,如果有得力者为之举荐,他在功名事业上一定能够出人头地。不过,如果是这样,柳宗元在文学上也就不可能取得像现在这样不朽的成就。

初贬永州,有一个适应的过程。从庙堂之上超取显美的大人物,到被贬南荒的司马闲员,地位是一落千丈。他自述:"自余为僇人,居是州,恒惴栗。其隙也,则施施而行,漫漫而游。日与其徒上高山,入深林,穷回溪,幽泉怪石,无远不到。"(《始得西山宴游记》)"仆闷即出游。"(《与李翰林建书》)心情恐惧,有时想到自杀:"守道甘长绝,明心欲自刎。"(《同刘二十八院长寄澧州张使君八十韵》)"将沉渊而陨命兮,诟蔽罪以塞祸。惟灭身而无后兮,顾前志犹未可。"(《惩咎赋》)"既受禁锢而不能即死者,以为久当自明。"(《与裴埙书》)通过山水之游来消除苦闷,集中精力读书写作来转移视线。《与李翰林建书》云:"仆近求得经史诸子数百卷,常候战悸稍定,时即伏读,颇见圣人用心贤士君子立志之分。"《寄许京兆孟容书》云:"贤者不得志于今,必取贵于后,古之著书者皆是也。宗元近欲务此。"随着时光的流逝,柳宗元的心态趋于正常,"投迹山水地,放情咏《离骚》"。他与农民交谈,"聊从田父言,款曲陈此情。"(《首春逢耕者》)有时在老农家留宿,"田翁笑相念,昏黑慎原陆。今年幸少丰,无厌饘与粥。"(《田家三首》)元和五年(810),"方筑愚溪东南为室"。"筑室茨草,为圃乎湘之西,穿池可以渔,种黍可以酒,甘终为永州民。"(《送从弟谋归江陵序》)于是,"闲依农圃邻,偶似山林客。"有时"把锄荷锸",种花种树,布置"八愚"胜景,"俚儿供苦笋,伧父馈酸楂。劝策扶危杖,邀持当酒茶。"(《同刘二十八院长寄澧州张使君》)他与小孩、老人打成一片,已融入永州百姓之中。而且,基本适应了南方的炎热气候,与当地人的语言风俗。可以说,柳宗元与永州的关系已成为鱼水关系。

由礼部员外郎谪为永州司马,官外乎常员,既无官舍,又无事可干,俸禄照拿。于是,柳宗元有时间游遍了永州的山山水水。根据作品,我们可以大致追寻柳子的游踪。贬永前四年(805－808),他居住在城南龙兴寺,位于潇水东岸,主要行踪在城南、东山一带。后六年(809－815),迁居愚溪之畔,地处潇水西岸,主要行踪在河西一带,但也存在交叉现象。具体景点有,城南:龙兴寺、龙兴寺东丘、龙兴寺西轩、南池、南亭等。城东:法华寺、法华寺西亭、华严岩、零陵三亭等。城北:万石亭、湘口馆、铁炉步、石角山、蒲洲等。河西:西山、愚溪、钴鉧潭、小石潭、西小丘、袁家渴、石渠、石涧、西岩、芜江、小石城山等。他在《游黄溪记》中说:"环永之治百里,北至于浯溪,西至于湘之源,南至于泷泉,东至于黄溪东屯,其间名山水而村者以百数,黄溪最善。"这说明,永州所辖范围都到过,特别点出浯溪(祁阳)、湘之源(临源)、泷泉(双牌)、黄溪(零陵)这几处风景最佳处。黄溪距州治七十里,这是比较远的。在《袁家渴记》开头说:"由冉溪西南水行十里,山水之可取者五,莫若钴鉧潭。由溪口而西,可取者八九,莫若西山。由朝阳岩东南水行,至芜江,可取者三,莫若袁家渴:皆永中丽奇处也。"四处搜奇探幽,许多是"永之人未尝游焉"的地方。"追游疑所爱,且复舒吾情。石角恣幽步,长乌遂遐征。"(《游石角过小岭至长乌村》)不惧征途漫漫,更有披荆斩棘,为登西山,他"遂命仆人过湘江,缘染溪,斫榛莽,焚茅茷,穷山之高而止。"(《始得西山宴游记》)寻小石潭,"伐竹取道,下见小潭,水尤清冽。全石以为底,近岸卷石底以出,为坻,为屿,为嵁,为岩。"(《至小丘西小石潭记》)宋代欧阳修云:"投以空旷地,纵横放天才。山穷与水险,上下极沿洄。故其于文章,出语多崔嵬。"(《永州万石亭寄知永州王顾》)清代卢元昌云:"无欲洗出永州诸名胜,故谪公于此地。观其穷一境,辄记一笔。千载之下,知永州有钴鉧潭、石渠、西山、石涧、袁家渴诸地者,皆公之力。(《山晓阁选唐大家柳柳州全集》卷三)由此可知,柳宗元的创作得江山之助,柳宗元与永州山水的关系是生活与创作的关系,是源流关系,永州、潇湘是柳的创作之源。柳宗元得江山之助是肯定的,此外,还受到永州文化的熏陶。李鼎荣先生在《柳宗元与中国南方人文氛围》一文中,谈到了中国南方人文氛围对柳宗元的陶养,"首先是舜文化氛围对柳宗元的陶养","其次是屈骚精神氛围对柳宗元的陶养","三是永州宗教、民间传说、民俗风情等人文氛围对柳宗元的陶养"。[4]易先根先生对"永州八记"的禅意做过分析,角度新颖,见解独到。如果说永州山水自然风光是柳文创作的基础、外形和载体,那么厚重、浓烈的人文氛围则是柳文的内涵、本质和精髓。舜之德、屈之骚、佛禅之悟、民情之风是柳宗元思想和创作的人文语境,它们构成了柳子山水游记等美文的灵魂和神韵。

许多研究者发现,柳的山水游记其描写对象具有新、奇、小、巧等特点,从寄情山水上升到美感观照、人生体悟、从政见解。从审美的角度分析,"美感产生于新奇"。柳宗元说过:"河东,古吾土也,家世迁徙,莫能就绪。闻其间有大河、条山,气盖关左,文士往往彷徉临望,坐得胜概焉。"(《送独孤申叔侍亲往河东序》)提到河东故土的山川雄壮。笔者到过永济,这里距西安不过二百公里,给人的印象是平原辽阔,土地肥沃,中条山巍峨绵亘,具有雄浑之美。永州的山水风物,大异彩于中原情趣,迥异于盛唐诗人笔下被开发过的人化的自然,属于尚未开发的具有蛮荒特征的自然生态美,显示出独特的个性。独具慧眼的柳宗元,从荒区蛮域中发现了清泉美石,在恶木毒莽中寻觅到幽丽奇绝,体现了"美不自美,因人而彰"的主观能动性。并用生花妙笔将她描绘出来,使之彰于天下。明人唐顺之说:"永之山水,无作地藏,经几何年,埋没于灌莽蛇豕之区,至公始大发其环伟而搜剔其荒翳。公之文章,开阳阖明,固所自得。至于纵其幽遐诡谲之观而邃其要眇沉郁之思,则江山不为无助。"(《荆川先生文集》卷十三)

韩国黄珵喜女士对柳宗元游记散文中的奇特形象做过罗列,注意到以奇异怪状而形容的多,达二十几处。她分析了奇特形象的审美意义,一是"亦丑亦美的病态美",二是"多重复式的含蓄美"。认为柳宗元"亲身卷进了当时激烈而复杂的政治和思想文化争端之中","这种强烈复杂的冲突,反映在山水游记文中,因此用'奇'、'特'字以及奇异怪特形象来写的较多,而给人以富有刺激性的奇险之感。"进而得出结论:"全篇在复杂的矛盾相争中不断展现其利欲斗进的精神和躁郁情绪,其文章风格归于奇崛。多用了'奇取之辞'而寻常景物甚至卑下低俗经验意象,因而发掘了一个尚待开发的经验领域与美感范畴。"[5]苏轼在谈论柳宗元的《渔翁》诗说:"诗以奇趣为宗,反常合道为趣。熟味此诗有奇趣,然其尾两句,虽不必亦可。"这从写作角度来谈到诗的审美趣味。笔者在《诗的"反常合道"》一文中指出:"反常合道,就是通过似乎与常情、常理、常事不符的特殊,来反映符合生活规律本质的一般,正反相形,对立统一,从而产生跌宕起伏,出人意外的艺术效果。"以《渔翁》诗为例,"渔翁夜傍西岩宿,晓汲清湘燃楚竹。"摄取的是永州渔翁的日常生活镜头。"烟消日出不见人",烟雾消失,太阳升起,却不见人影,令人奇怪。"欸乃一声山水绿",永州的山水似乎被渔歌声声所唤绿,这就是"奇趣"所在。解读《江雪》,我们领悟到:雪中垂钓比垂钓碧溪更能创造遗世独立的艺术形象,也更能折射柳子孤独、超脱、自傲不屈的复杂思想感情。

胡应麟《诗薮》评价"柳子厚清而峭"。"清"作为诗美的核心概念,蒋寅教授经过研究,在《古典诗学的现代诠释》中归纳出清的美学内涵:"清"是与"浑厚"相对的一种审美趣味,它明快而澹净,有一种透明感,像雨后的桦林、带露的碧荷、水中的梅影、秋日的晴空;也像深涧山泉、密林幽潭,有时会有寒冽逼人的感觉,如柳宗元《小石潭记》所写的让人不可久居。他指出,"首先应该肯定,清的基本内涵是明晰省净。""其次应该说是超脱尘俗而不委琐。""新颖是'清'的另一层重要内涵,由清构成的复合概念最常见的就是'清新',这主要是就立意与艺术表现而言。""凄冽似乎也是题中应有之义,张衡《东京赋》已云:'阴池幽流,玄泉冽清'。""古雅是不太容易在人们对清的感觉或联想中出现的要素,通常人们对清的感觉印象最容易倾向于鲜洁明丽,很少会意识到古雅的趣味。可是只要我们想一下清最初与道家遁世精神的关系,就不难觉察其中所包孕的古雅的基因了。"并几次提到柳宗元作为其论据:"以散淡明晰见长的王、孟、韦、柳被目为正风,无凝体现了古典诗歌艺术理想的主导倾向。"汪端说"清者诗之神也,王孟韦柳如幽泉曲涧,飞瀑寒潭,其神清矣。"(《明三十家诗选·凡例》)《至小丘西小石潭记》描写小石潭"水尤清冽",用"青树翠蔓,蒙络摇缀,参差披拂"来映衬,用"潭中鱼可百许头,皆若空游无所依"来印证,结尾"坐潭上,四面竹树环言,寂寥无人,凄神寒骨,悄怆幽邃。以其境过清,不可久居,乃记之而去。"使我们身临其境地感受到那寒冽逼人的清冷。"千山鸟飞绝,万径人踪灭。孤舟蓑笠翁,独钓寒江雪。"前两句用"千山""万径"形容山多路重,极言背景的广阔无边。"鸟飞绝""人踪灭"由动到静,鸟畏寒而逝,人的足迹被大雪掩埋,渲染了天地的寥廓,烘托出寒气逼人。后面是特写镜头,唯有那孤舟之上披蓑戴笠的渔翁,独自一人专心致志垂钓白茫茫的江雪,似乎凛然不可侵犯。用"孤""独"来形容渔翁的清高孤傲,体现了不屈服于恶劣环境的斗争精神。这恐怕就是柳子"清而峭"的风骨。

德国莱辛在《拉奥孔》中说过:"诗想在描绘物体美时能和艺术争胜,还可用另外一种方法,那就是化美为媚。媚就是在动态中的美,因此,媚由诗人去写,要比由画家去写较适宜。""在诗里,媚却保持住它的本色,它是一种一纵即逝而却令人百看不厌的美。"《钴鉧潭西小丘》描写小丘上的石头:"其石之突怒偃蹇,负土而出,争为奇状者,殆不可数。其欹然相累而下者,若牛马之饮于溪;其冲然角列而上者,若熊罴之登于山。"给两类顽石赋予生命与情感,给人留下深刻印象。在《袁家渴记》中着力刻划袁家渴里小山上的大树、小草、野花,尤其是在大风中的动态形象：

　　有小山出水中，山皆美石，上生青丛，冬夏常蔚然。其旁多岩洞，其下多白砾，其树多枫、枏、石楠、梗、槠、樟、柚。草则兰芷，又有异卉，类合欢而蔓生，轇轕水石。每风自四山而下，振动大木，掩苒众草，纷红骇绿，蓊葧香气，冲涛旋濑，退贮溪谷，摇扬葳蕤，与时推移。

　　先是点出美石、青丛、白砾，再介绍树木的种类，兰草、白芷等，还特别说明一种奇异的草，样子像是合欢树，但却是蔓生植物，它们的枝藤交错缠绕在水中的石头上。每当山风从四周的山上刮下来时，大树摇曳，百草随风倒斜，红花纷飞，绿叶惊落，散发出浓郁的香味。大风又激起波涛，使急流回旋，倒流到溪谷中。风不断摇动着茂密的草木，随着时间的推移而推移。这里，既给人强烈的视觉、味觉冲击，又呈现斑斓无比的色彩美。达·芬奇说过："同样美观的色彩之中，凡与它的直接对比色并列的颜色最悦目。淡色与红色，黑与白，天蓝与金黄，绿与红都是直接对比色。"(《芬奇论绘画》)柳宗元深熟此道，在《游黄溪记》中，也是将色彩与动态两者紧密结合在一起。"祠之上，两山墙立，如丹碧之华叶骈植，与山升降。"黄溪两岸的山像墙壁一样矗立，这"墙"上成排地生长着红花绿叶，顺着山势蜿蜒起伏，或升或降，或沉或浮。通过视觉域差的变化写出山的陡峭，化静为动，以动衬静。写潭水，动静结合，色彩鲜明："揭水八十步，至初潭，最奇丽，殆不可状。其略若剖大瓮，侧立千尺。溪水积焉，黛蓄膏渟。来若白虹，沉沉无声，有鱼数百尾，方来会石下。"描绘第二潭的石头，化美为媚，形象逼真："石皆巍然，临峻流，若颜颌齗腭，其下大石杂列，可坐饮食。有鸟赤首乌翼，大如鹄，方东向立。"至今到黄溪，仍可见这只像天鹅的大鸟，不过红脑袋、黑翅膀是作者的想像。

　　近代学者林纾说："《黄溪》一记，为柳州集中第一得意之笔。虽合荆、关、董、巨四大家，不能描而肖也。"(《柳文研究法》)柳宗元像一位高明的画家，熟谙中国画的技法，寥寥数笔勾勒出永州山水的神韵，如"潭中鱼可百许头，皆若空游无所依，日光下澈，影布石上，怡然不动，俶尔远逝，往来翕忽，似与游者相乐。"无一字写水，却通过游鱼来体现水的存在，用"日光下澈，影布石上"来反映水的清冽，描绘自由自在的群鱼来触发作者"囚居"的情感。这就是运用水墨画的"空白"，来追求艺术的真实，超越形似，达到神似。柳的永州山水游记，篇幅短小，但写得波澜起伏，富于变化，喜乐哀怒交织在一起，体现了一种和谐美、整体美。再以《小石潭》为例，先是"隔篁竹，闻水声，如鸣佩环，心乐之。"接着描写小石潭的特点,水清、石多、树密、藤柔,宛然一幅清新质朴的风景画。然后,集中笔力写潭中鱼"似与游者相乐。"似乎心情是欢悦的,目光远移,小溪像弯曲的北斗七星,又像蜿蜒而行的蛇,"明天可见。"小溪两岸像狗的牙齿一样相互交错,不知它的源头在哪里。这是转折,触景生情,激起内心深处的抑郁。最后,"坐潭上,四面竹树环合,寂寥无人,凄神寒骨,悄怆幽邃。以其境过清,不可久居,乃记之而去。"小石潭的美景使柳子在精神上暂时得到慰藉,但一联想到自己的无罪遭贬,一种孤寂之感又涌上心头。此情此境怎么不感到神凄骨寒?那"如鸣佩环"的声响,那与鱼同乐的情趣,早已抛到九霄云外。这就造成跌宕起伏的艺术效果。此外,柳的山水游记,都写得短少精悍,语言峻洁形象,并采取骈散结合的形式,声调阴阳顿挫,体现了一种音韵美。

黑格尔说过:"在艺术中感性的东西,是经过心灵化了的,而心灵的东西也借感性化而显现出来。"(《美学》第一卷)自然景观升华为人文景观,要经过人工造作的加工,同时要坚持因地制宜的原则。柳宗元堪称这方面的典范,他不仅发现了永州山水之美,而且创造了高于自然美的艺术美。如《钴鉧潭西小丘记》,作者买下不到一亩的弃地小丘,与同游者李深源、元克已都非常高兴。"即更取器用,铲刈秽草,伐去恶木,烈火而焚之。嘉木立,美竹露,奇石显。"站在小丘上向四处眺望,只见高峻的山峰,飘浮的白去,流动的溪水,还有各种嬉戏的鸟欢乐地施展出各式各样的技巧,尽献于这座小丘之上。柳子为这优美的景色所陶醉,写到这里,文章可以嘎然而止,但最后加上一段议论,为美丽小丘的处境不同而身价不同发表感慨。托物言志,以"弃地"自况,流露作者的隐衷,表面上"贺兹丘之遭",实质上"贺兹丘,所以自吊也"。奇山异水的为世所弃与贬谪者的悲剧命运,使二者之间形成一种共同感应的关系,因而使被贬者对被弃山水怀有一种特殊的感情。从《愚溪诗序》得知,柳子在愚溪上面买了一个小丘,叫愚丘。从愚丘往东北走六十步,发现一处泉水,又买下来作为积蓄,称它为愚泉。愚泉共有六个泉眼,都在山下平地,泉水都是往上涌出的。泉水合流后弯弯曲曲向南流去,经过的地方就称为愚沟。于是运土堆石,堵住狭窄的泉水通道,筑成了愚池。愚池的东面是愚堂,南面是愚亭。池子中央是愚岛。美好的树木和奇异的岩石参差错落,这些都是山水中瑰丽的景色。"八愚"胜景,不仅是柳命名,而且是柳加工构建,柳不愧为中国古代的园林大师。为"八愚"披上愚的面纱,更是令人玩赏不已,猜想不断。

柳宗元在永州花费了大量精力阅读古今典籍,对历史和现实问题进行深入的思考,发表了不少真知灼见。在山水亭台记中,也体现了强烈的从政意识。《永州韦使君新堂记》写景叙事,歌颂刺史韦宙择恶取美,蠲浊流清,克服种种困难修建新堂的行为,肯定了"逸其人,因其地,全其天"的思想。"逸其人,因其地,全其天"乃为全篇的文眼,行文无一处不现此理,无一语不蕴其玄:造作应如此,修身应如此,治家应如此,治国平天下亦如此。柳子的忧国忧民之心跃然纸上。在《永州万石亭记》中,记述永州刺史崔能"伐竹披奥""欹侧以入",在荒野发现怪石林立的景致,并"刬群朽壤,剪焚榛秽,决洿沟,寻伏流,散为疏林,洄为清池"。还建造了观游之亭,被誉为"万石亭"。"其上青壁斗绝,沉于渊源,莫究其极。自下而望,则合手攒峦,与山无穷。"文章借此事赞颂了崔刺史的政绩与美德,反映了百姓对他的爱戴之情。在《零陵三亭记》中提出"观游"即"为政"的观点,并叙述零陵县令薛存义修建"三亭"的经过,刻划了"吏为民役"的典型。文中描绘了东山之麓的宜人风景:"爰有嘉木美卉,垂水聚峰,珑灵萧条,清风自坐,翠烟自留,不植而遂。鱼乐广闲,鸟慕静深,别孕巢穴,沉浮啸萃,不畜而富。伐木坠江,流于邑门。"孙琮评价说:"《零陵三亭记》将游观与为政二意,交互发出妙论。前幅从为政说到游观,见得为政不可少游观;后幅从游观说到为政,见得游观亦有益于为政。中间记亭旧址,记存义吏治,记存义辟地建亭,此是记中正义,自不可少。"(《山晓阁选唐大家柳柳州全集》)柳宗元不在其位,仍谋其政:以民为本,对吏治发表新见,为重返政坛作思想准备。

诚然,柳宗元在哲学上提出过"天人相分"的观点,这是针对含有"天命""天人感应"思想的"天人合一"。实际上,他在山水亭台记等作品中,体现了人与自然和谐统一的"天人合一"内涵。他攀援登上西山,只见"萦青缭白,外与天际,四望如一。然后知是山之特立,不与培塿为类。悠悠乎与颢气俱,而莫得其涯;洋洋乎与造物者游,而不知其所穷。""苍然暮色,自远而至,至无所见而犹不欲归。心凝形释,与万化冥合。"(《始得西山宴游记》)这是作者对永州最独特的感受,万虑顿释,天人合一,柳已与自然万物融化为一体,精神得到高度升华。这是中国传统文化"天人合一"的绝妙体现,既包含道家"天人一体"的思想,也是"禅宗"顿悟的最高境界。愚溪是柳宗元为之一更名的一条小河,是与其生活休戚相关的对象,是他抒发情感、寄托理想抱负的载体。在《愚溪诗序》的结尾,说"溪虽莫利于世,而善鉴万类,清莹秀澈,锵鸣金石,能使愚者喜笑眷慕,乐而不能去也。"溪虽愚而仍有其可爱之处。"颇以文墨自慰,漱涤万物,牢笼百态,而无所避之。"人虽愚似亦有不尽愚处。最后,"以愚辞歌愚溪,则茫然而不违,昏然而同归,超鸿蒙,混希夷,寂寥而莫我知也。""超鸿蒙"语出《庄子·在宥》:"云将东游,过扶摇之枝,而适遭鸿蒙。"鸿蒙指宇宙形成以前的混沌状态。"混希夷"指与自然混同,物我不分。希夷,虚寂玄妙的境界。语出《老子》:"视之不见名曰夷,听之不闻名曰希,搏之不得名曰微,此三者,不可致诘,故混而为一。"这名话意即:用我愚蠢的文辞来歌颂愚溪,就茫茫然昏昏然好像同愚溪融为一体,简直超脱于元气之外,溶化在寂寥无垠的太空之中,达到形神俱忘,空虚无我的境界。人与溪融合无间,主宾俱化,这是"天人合一"境界的尽情展放。与前者有同工异曲之妙,不过一是西山,一是愚溪,人与自然、思维与存在、主观与客观达到和谐统一。尽管在永州山水的契合中,柳子也曾发出过"欲采蘋花不自由"的感叹,"谁使吾山之囚吾兮滔滔"的呐喊!这是出世与入世之间的徘徊,敢爱敢恨的表白,体现了孤傲狷介的个性,优游山水并非逃避现实的良知,也是追求自由、和谐的必然经历!

总之,永州十年,柳宗元与永州山水朝夕相伴,与永州百姓血肉相连。永州张开宽大的胸怀,收留了这个从朝堂跌落的弃客,永州人民是柳的再生父母,用甜美的乳汁哺育了他,用爱心医治了他的疲惫和创伤,使他从困顿中震醒,"甘终为永州民"。清人王日照曰:"一官饱系几何年,一代文章万古传。山水得名从此始,非公谁与破荒烟。"他知恩图报,用刻苦攻读和辛勤写作来实现自我价值。"一滴终须归大海,几人到此悟平生。"(林伯渠《路过永州游西岩作》)在徜徉山水中,他发现了永州山水之美,寻找到自己的精神家园,并用多种形式表现永州山水之美、人文之美,将自己的身世遭遇、喜乐哀怒寄情山水,抒发真善美的真谛!柳宗元是永州的名片和骄傲,他的作品是奉献给祖国与人民的精神财富和无价之宝。柳宗元是一座高耸入云的智慧之山,是一条滋润潇湘大地的秀澈之水,他将与永州山水相伴到永远!

参考文献:

[1]陈友冰.海峡两岸唐代文学研究史(1949-2000)[M].台北:宇晨企业有限公司,2001.

[2]马积高.柳宗元在永州·序[M].郑州:中州古籍出版社,1994.

[3]衣若芬.潇湘文学与图绘中的柳宗元[J].柳宗元国际学术研讨会论文集[C].珠海:珠海出版社,2003.

[4]李鼎荣.柳宗元与中国南方人文氛围[J].柳宗元研究(内部发行),2005,(1):171.

[5][韩]黄珵喜.柳宗元游记散文中奇特形象的审美意义[J].湖南科技学院学报,2005,(7):1-3.

（原载 2006 年第 3 期,作者单位:永州市教育局）

试论柳宗元山水游记的"旷如"与"奥如"

✳ 周慧玲　杨年丰

柳宗元是中唐时期的一位伟大作家,他以永州八记为代表的山水游记作品更是奠定了他在中国文学史上的"游记之祖"地位,有"古代记山水手"的美誉。[①]明代学者茅坤曾说:"夫古之善记山川,莫如柳子厚。"[1]666柳宗元以"漱涤万物,牢笼百态"的笔触、细腻优美的清词丽句,观照永州和柳州两地特异的山水,再现两地山水风光的自然美,展示着一幅幅山水风光的隽秀画卷:凌厉阻峭的山、清莹秀澈的水、蓊郁幽奥的树带给人们安闲的美,往来翕忽的游鱼、如鸣珮环的泉水,活现了灵动的美。在参差披拂、蒙络摇缀各种景物的层次错落中实现另一种人生的价值,完成对人生自我的一次超越。

清人刘熙载曾说过:"昌黎之文如水,柳州之文如山,浩乎沛然,旷如奥如,二公殆各有会心。"[2]74柳宗元在《永州龙兴寺东丘记》也有过这样的表述:"游之适,大率有二:旷如也,奥如也,如斯而已。"

玄宗天宝(742 – 756 年)后期,社会矛盾开始激化,756 年安史之乱爆发,这场持续八年的战争成了唐朝由盛转衰的分水岭。顺宗(805 – 806 年)时,王叔文为代表的革新集团掌权,柳宗元也以极高的政治热情参加了永贞革新,但在宦官为首的保守势力的联合反击下,革新运动惨遭失败。

宪宗时(806 – 820 年),曾参加永贞革新的柳宗元被贬为永州司马,这次的远宦代表他政治生涯的结束,但是也造就了他"漱涤万物,牢笼百态"(《愚溪诗序》)的山水游记。

柳宗元在被贬谪地永州和柳州,优游山水,努力用诗文排遣心中的苦闷,同时实现了同自然的结合。但是,他并不是借山水自然来逃避退缩,相反,他借这块瑰丽的山水表现其身世之感和哀怨之情的同时,也表现了"浩乎沛然"的雄浑正气和"穷踬不能变其操"(《送元秀才下第东归序》)的执著追求。

"柳宗元的案例被认为在唐人中最为极端而典型。是贬黜使他成就为一个大文学家。一个不屈服的政治失败者的自我形象鲜明地渗透于他的整个作品中。他的经历在中国文学史上具有神话传说般的色彩。在柳宗元的手中,山水游记第一次承载表达个人情志的功能。他以山水作为他困苦生活的安慰,在精神上将他周围的土地'殖民化'。"[3]53-59被贬永州,是柳宗元人生历程中一个重大的转折。在这里,他以"愚者"自命,寄情山水、搜奇探胜。

柳宗元少年就立志颇大,自视很高。"始仆之志学也,甚自尊大,颇慕古人之大有为者。"(《答贡士元公瑾论仕进书》)他一生坚持儒道,早有"利安元元为务""辅及为物是道"的抱负。"永贞革新"的失败给他带来沉重的挫折感,这时,作为他抒写个人情志载体的永州柳州特丽山水、早年影响过他的佛禅都给他受伤的心灵带来了慰藉,儒释(还有道)的统合使他的生命脉动更加显示出勃勃的强力。

永州柳州时期,《愚溪诗序》是始终响彻在柳宗元心灵上的生命主旋律,是一曲高昂的战斗之歌。这篇散文作于柳宗元身贬永州的第六年(810年),在《愚溪诗序》中,柳宗元用了二十七个"愚","通篇就一'愚'字点次成文,借愚溪自写照,愚溪之风景宛然,自己之行事亦宛然。"[1]380儒道统合下的"愚"使他从万象的繁华中回归真朴,展现跟自然冥合后自由、欢娱的生命,透露出对儒家入世之"愚"的执著。在这种心态下"投迹山水地,放情咏离骚",(《游南亭夜还叙志七十韵》)才造就了他山水游记"漱涤万物,牢笼百态"的"旷如"与"奥如"之美。

在永州柳州时期,"愚"是柳宗元山水游记的风神,"奥如""旷如"是其山水游记的骨肉。从总体的风貌上看,他的山水游记表现的正是"崇台延阁,回环日星,临瞰风雨"的旷如和"茂树瑛石,穹若洞谷,翕若林麓"的奥如之美。

在永州、柳州这些风光旖旎、特异清越的山光水色中,柳宗元"山水诸记,能引人入胜,千载之下,读者立觉当时之人与地宛在,而己若有物焉,导向使与相会,因而古今人物彼己,都汇而为一,引吭微诵,其文字沁入心脾,感受到一种无言之妙"。[4]665

拖着沉重的脚步,带着心灵的创伤,柳宗元走进永州这片偏远之地,永州山水不分贵贱、不论穷达地真诚接纳了他。他也自觉的把自己的人格和感情投射并转移到自然山水中,他开始主动地寻找美的山水,惊喜地发现山水的美,愉悦地欣赏美的山水与山水的美,并把美的山水作为返观内照的明镜,与自然山水融为一体,"神舒屏羁锁,志适忘幽潺。弃逐久枯槁,迨今始开颜。"(《构法华寺西亭》)

后世论者说柳宗元文多及其文之"骚""怨"意,实自五代刘昫《旧唐书·柳宗元传》滥觞:"既罹窜逐,涉履蛮瘴,崎岖湮厄,蕴骚人之郁悼,写情叙事,动必以文,为骚文十数篇,览之者为之凄恻。"其实,柳宗元在贬途所写的《吊屈原文》就已充分地透露心声:对屈原"不从世俗,惟道是就"的精神极为感佩,深刻理解屈原不忍"立而视其(国家)覆坠"的爱国深情,被屈原"穷与达固不渝分,唯服道以守义"的节操感动得"涕之盈眶"。心灵也得到了一次洗礼:"苟余齿之有惩分,蹈前烈而不颇。"(《惩咎赋》)清人林纾"读《惩咎》一赋,不期嗟叹。……最后结以一句'苟余齿之有惩分,蹈前烈之不颇。'此万死中挣出生命之言,……正以一息尚存,仍能自拔,归于君子之林,此柳州之所以成豪杰也。"[1]579

所以当他置身于怪石、老树、野溪、幽谷、峭壁之时,自然界的荒寒独寂的境界,特立、挺拔的山石、林木,幽邃、清冽、灵动的泉溪、游鱼,就都成了他人格生命的表现形态,成了他自强不息,特立不倚的精神写照。他投身于山水所获得的是顽强的生命动力。

宋人汪藻在《永州柳先生祠堂记》中说:"然零陵一泉石,一草木,经先生品题者,莫不为后世所慕,想见其风流。"[1]70柳宗元在永州柳州所写的山水游记,在"物"与"我"一致的生存境遇中达到的"物"与"我"的交融,带着情感互渗和"交感"的生命感应。所记两地山水之胜,令人陶醉,催人向往。

对于柳宗元山水游记的"旷如""奥如"特点,明代茅坤已有这样的评价:"予览子厚之文,其议论处多镵画,其纪山水多幽邃夷旷。"[1]669"柳子厚《永州龙兴寺东丘记》云:'游之适大率有二:旷如也,奥如也,如斯而已。'《袁家渴记》云:'舟行若穷,忽又无际。'《愚溪诗序》云:'漱涤万物,牢笼百态。'此等语,皆若自喻文境。"[2]73这里,刘熙载以"旷如""奥如"比喻柳宗元游记的文境,又说"柳文如山",以山景比况柳文的风貌,都是非常恰当的。而我们从柳宗元游记中正可以体会到其"旷如"和"奥如"的特点。"旷如""奥如"是柳宗元在永柳期间鉴赏景色或改造景色的过程中所把握的一个重要的原则,根据了这个原则,置身此景此境的人体会到的是一种出与入的心境。如《永州龙兴寺东丘记》中,"其地之凌阻峭,出幽郁,寥廓悠长,则于旷宜,"是为出,宜登高望远,使人心旷神怡;"抵丘垤,伏灌莽,迫遽回合,则于奥宜,"则为入,曲径通幽,令游者妙会于心。

在柳宗元看来,值得赏鉴的景物一定要在出与入中体现出"旷如""奥如"的特点。出可以登高,入以"处休""观妙","处休"即指心态的平和宁静;而"观妙"则指从自然美景中有所领悟,妙会在心。在景色的"旷如""奥如"、环境的变幻中心境如潮,而能出入自如"溽暑遁去,兹丘之下;大和不迁,兹丘之巅。"在高和下、出与入、错落有致的宜人景色中,情绪得以宣泄,心境因之适然。

柳宗元写山水善于捕捉在大范围内的景物,绘其"旷如"的全貌如《游黄溪记》中介绍黄溪的独特之处:"北之晋,东极吴,南至楚越之交,其间名山水而州者以百数,永最善。环永之治百里,北至于浯溪,西至于湘之源,南至于泷泉,东至于黄溪东屯,其间名山水而村者以百数,黄溪最善。"有如从空中俯瞰,从远而近,由外而内,逐渐呈露,最后转到黄溪的传说后戛然而止,让读者如历其境。清人孙琮评这个开头说:"一起先从幽晋吴楚,四面写来,抬出永州。次从永州名胜,四面写来,抬出黄溪,便见得黄溪不独出一个永州,早已甲出天下,地位最占得高。"[1]496以"旷如"的视野去观赏景物:(龙兴寺)"登高殿可以望南极,阚大门可以瞰湘流(《永州龙兴寺东丘记》)。"开阔画面自然令人心旷神怡,乐游而忘忧。《永州龙兴寺东丘记》"通篇只以'旷''奥'二字前后结撰。妙在读其前幅令人思游其旷处,复游其奥处。读至中幅东丘一段,已是得游其奥处。读至龙兴一段,令人既游其奥处,复得游其旷处。"[1]498在《柳州山水近治可游者记》中,从通幽的小石室上到仙奕山顶时,"临大野,飞鸟皆视其背",一"临"字,活脱画出山势险峻,使人有登临怵目之感。也有了"会当凌觉顶,一览众山小"(杜甫《望岳》)的超脱。登高远眺游目骋怀:"悠悠乎与颢气俱,而莫得其涯;浩浩乎与造物者游,而不知其所穷。"(《始得西山宴游记》)是犹有孔子"暮春……浴乎沂,风乎舞雩,咏而归"[5]16的陶醉。

柳宗元在永柳任上,参与或指导修建了一些池亭台阁,如"于马退山之阳"而建的茅亭,"不斫椽,不剪茨,不列墙,以白云为樊篱,碧山为屏风"(《邠州柳中丞马退山茅亭记》),何等洒脱! 东池戴氏堂"成而胜益奇,望之若连舻縻舰,与波上下。就之颠倒万物,辽廓眇忽。(《潭州杨中丞作东池戴氏堂记》)"端坐亭中,犹如在荡漾的碧波之中徜徉、留连,如何不胜! 在柳州所建的东亭,"上下徊翔,前出两翼。凭空拒江,江化为湖。众山横环,辽阔潆湾。当邑居之据,而忘乎人间,斯亦奇矣!(《柳州东亭记》)"在永州龙兴寺西轩,"凿西牖为以户……以临群木之杪",犹如"凿大昏之埇,辟灵照之户",在拈华微笑的静谧中反观内省,是若愚的睿智!

智者乐山,仁者乐水。柳宗元在对"旷""奥"山水的景物描摹中托意遥远,抒写胸臆,使得山水也带有了人的性格。

柳宗元"既委废于世,恒得与是山水为伍(《陪永州崔使君游宴南池序》)",审视他永柳两地的记游之作,会突出地感觉到,奇异美丽却遭人忽视的自然山水,多在奥幽之处:距州治七十里的黄溪;"不能一亩……可以笼而有之(《钴鉧潭西小丘记》)"的小丘;"隔篁竹""全石以为底(《至小丘西小石潭记》)"的小石潭;入绿缛环密竹的龙兴寺东丘。形态各异、境界幽深:水则清莹秀澈,石则灵怪神异,木则摇扬葳蕤,草则红绿翁郁。

柳宗元以搜奇探奥的心态游览山水,或"伐恶木,删奥草",或"伐竹披奥,欹侧以入",而搜寻到的山水果然也不负人的苦心。水,或平布石上:"流若织文,响若操琴"(《石涧记》);或奔流而下:"流沫成轮,然后徐行"(《钴鉧潭记》);或因地势、流速的差异,呈现"平者深黑,峻者沸白"(《袁家渴记》)之貌。石,有横亘水底之石、负土而出之石、园林之石:"或列或跪,或立或仆,窍穴逶邃,堆阜突怒"(《永州韦使君新堂记》);山野之石:"涣若奔云,错若置棋,怒者虎斗,企者鸟厉"(《永州崔中丞万石亭记》),形貌态势各各相异。柳宗元将那些罕见的胜境传给世人:自然山水是那么纯净,那么奇特,那么多彩多姿,那么富有灵性!

明人茅坤说:"子厚所谪永州、柳州,大较五岭以南,多名山峭壁,及清泉怪石,而子厚适以文章之隽杰,客兹土者久之。愚窃谓公与山川两相遭:非子厚之困且久,不能以搜岩穴之奇;非岩穴之怪且幽,亦无以发子厚之文。"[1]249 这里所述"奇""怪""幽"表现的正是柳宗元山水游记中"旷如""奥如"景物的特色。其实柳宗元对"旷如""奥如"景物的把握与欣赏正是他对人生的态度,他在《零陵三亭记》中说:"邑之有观游,或者以为为非政,是大不然。夫气烦则虑乱,视壅则志滞。君子必有游息之物,高明之具,使之清宁平夷,恒若有余,然后理达而事成。"他的"旷"是外观、"奥"是内省,他把"旷""奥"之景协调配伍,而具备了这样的审美意识,则能达到"手挥丝桐,目送还云"(《邕州柳中丞作马退山茅亭记》)的潇洒,而自有"西山爽气,在我襟袖,以极万类,揽不盈掌"(《邕州柳中丞作马退山茅亭记》)的博大胸襟。

柳宗元放飞心神与生动的景物和谐交融:"清泠之状与目谋,瀯瀯之声与耳谋,悠然而虚者与神谋,渊然而静者与心谋。"而在他眼中奇形异状的石头也仿佛栩栩如生,有了活的生命:"其欹然相累而下者,若牛马之饮于溪;其冲然角列而上者,若熊罴之登于山。"(《钴鉧潭西小丘记》)

清人孙琮评《石涧记》说:"读《袁家渴记》一篇,已是穷幽选胜,自谓极尽洞天幅地之奇观矣。不意又有《石渠记》一篇,另辟一个佳境。读《石渠记》一篇,已是搜奇剔怪,洞天之中,又有洞天;幅地之内,又有幅地,天下之奇观,更无有逾于此矣。不意又有《石涧记》一篇,另辟一个佳境。真是洞天之内,有无穷洞天;

幅地之内,有无穷幅地。不知永州果有此无限妙丽境界,抑是柳州胸中笔底真有如此无限妙丽结撰,令人坐卧其间,能不移情累月。从古游地,未有如石涧之奇者,从古善游人,亦未有如子厚之好奇者。"[1]497

柳宗元在永柳如画的山水中探寻徜徉,自得其乐,是羁忧中的旷豁与超脱,情景俱真,所以前人感慨:"读此等文,最能廓人心胸。"[1]294 他在游而不知穷尽的境界里,"心凝形释,与万化冥合"。在"旷如"与"奥如"的审美结合中有了发现生命的真象的机会,能够对生命本身作观照和反思,才创造出了"漱涤万物,牢笼百态"、泛发着勃勃生趣的山水游记。

贬谪,激发了诗人借文学创作以抒发郁愤的动力和与忧患抗争的勇气。贬谪是个人的不幸,却是文学的幸运。

宋人陈长方曾这样评论:"余尝以三言评子厚文章曰:其大体如纪渻养斗鸡,在中朝时虚骄而恃气,永州以后犹听影响,至柳州后,望之似木鸡矣。"[6]185 柳宗元"愚溪诸咏,处连蹇困厄之境,发清夷澹泊之音,不怨而怨,怨而不怨,行间言外,时或遇之。"[1]384 而任柳州刺史后作的《柳州山水近治可游者记》"全是叙事,不著一句议论,却淡宕风雅。"[1]249 体现了"温丽清深,似淡而实美……平淡自然"[7]2124 的风格,从永州到柳州,山水始终是其生命的动力,只是,永州的强烈的生命意识转化成柳州的沉重的使命感,在柳州,柳宗元以超脱的热情实践了"利安元元"的理想。

永贞革新失败遭到贬谪后,柳宗元曾有过沉沦,"海畔尖山似剑芒,秋来处处割愁肠。(《与浩上人同看山寄京华亲故》)"但是,当他到达永州与山水相亲后,却表现出了相当的超脱:"凡人之黜弃,皆望望思得效用,而宗元独以无有是念。"(《与杨京兆凭书》)

贬谪期间,柳宗元坚持理想,却冠之以"愚","无以利世,而适类于余……今余遭有道,而违于理,悖于事,故凡为愚者莫我若也。"在这里,他以宁武子自喻,肯定"睿而为愚者,皆不得为真愚",又肯定和认同颜回"不违"的求知、审知、实践的方式。"以愚者歌愚辞,则茫然而不适,昏然而同归,超鸿蒙,混希夷,寂寥而莫我知。(《愚溪诗序》)"这里,柳宗元以道家的语言来描述自己当时的心境,透露出自己的快乐是超越了老子所指的宇宙形成前的"鸿蒙",混入了虚寂玄妙的"希夷"境界,他的愚人之境正是遵循了老子之言:"众人皆有余,而我独若遗,我愚人之心哉! 沌沌乎! 俗人昭昭,我独昏昏。俗人察察,我独闷闷。""神舒屏羁锁,志适忘幽潺"(《构法华寺西亭》),抛弃了财禄智巧的追逐,解脱了自我束缚,体悟到的是一种浑厚淳朴的"真我"。

中国传统文化思想历来是多元化的,但自汉代董仲舒"独尊儒术",儒家思想就成为历代的统治思想。唐朝历代皇帝,或出于政治需要,或由于个人嗜好,曾左佛右道或左道右佛,然统观有唐一代,大体是儒道佛三教并举。柳宗元从陆质学《春秋》,以陆的"大中之道"为执行儒家思想的权柄,在长安时,即有"兴尧、舜、孔子之道,利安元元"(《寄许京兆孟容书》)的理想,以"乐行乎其政者""以理天下为悦者"自居。柳宗元在《送巽上人赴中丞叔父召序》中谈到他受到的佛教影响:"吾自幼好佛,求其道,积三十年。……世之能言者罕能通其说,于零陵,吾独有得焉。"这里,他对于自己在零陵(即永州)从佛教中得到的收获颇为自得。儒释的不同教义也在他身上实现了完美的结合,产生出了累累硕果。

柳宗元提倡"文以载道",认为:"辞令褒贬,本乎著述者也;导扬讽喻,本乎比兴者也。著述者流,盖出于《书》之《谟》《训》,《易》之《象》《系》,《春秋》之笔削,其要在于高壮广厚,词正而理备,谓宜藏于简册也。比兴者,盖出于虞、夏之歌咏,殷周之《风》《雅》,其要在于丽则清越,言畅而意美,谓直于谣诵也。(《杨评事集后序》)"坚信"贤者不得志于今,必取贵于后(《寄京兆许孟容书》),""高壮广厚,词正而理备"的儒家思想是他的立身根本,"丽则清越,言畅而意美"的风雅比兴,是他从内视转化到外观的有效手段,两者在他的思想中得到融合。

近人章士钊评《愚溪诗序》云:"此为柳子厚骚意最重之作,然止于为骚而已,即使怨家读之,亦不能有所恨,以全部文字,一味责己之愚,而对任何人都无敌意,其所谓无敌意者,又全本乎真诚,而不见一毫牵强,倘作者非通天人性命之源,决不能达到此一境地。"[4]574柳宗元正是在儒家理性精神烛照之下,以"愚""拙"的生命韧性,在悲郁苦闷的生命情境中,展现一种"君子以自强不息"的生命激情、主体意识和生命情感。刘熙载认为:"自《典论·论文》以及韩柳,俱重一'气'字。余谓文气当如《乐记》二语,曰:'刚气不怒,柔气不慑。'"[2]84他比较认同柳文具有刚柔兼济之气,而这也正是"君子以自强不息"生命精神,因此,诗人能在自然的景色中自由出入,既从大自然获得审美的愉悦,又能在审美的观照中正确定位人生,在外观和内省的自由出入中洒脱自如。

缪钺先生曾说过,中国古代文人有一种可称为儒道互补的人格模式:"吾国自魏晋以降,老庄思想大兴,其后,与儒家思想混合,于是以积极入世之精神,而参以超旷出世之襟怀,为人生最高之境界。"[8]79 这种人格在柳宗元及其山水游记中都可得到很好的印证。

"诗人对宇宙人生,须入乎其内,又须出乎其外。入乎其内,故能写之;出乎其外,故能观之。入乎其内,故有生气;出乎其外,故有高致。"[9]15

柳宗元"志正而气一,诚纯而分定未尝标出处为二道,判屈伸于异门也。固其本,养其正,如斯而已矣。(《送萧錬登第后南归序》)"坚持"志适不期贵,道存岂偷生",(《游石角过小岭至长乌村》)他能够在儒、释、道之间"入乎其内","出乎其外","处焉则外愚而内益智,外讷而内益辩,外柔而内益刚,出焉则内外若一,而时动以取其宜当,而生人之性得以安,圣人之道得以光。(《答周君巢饵药久寿书》)"他的山水游记也因此呈现出"出乎其外"的高致和独特的"奥如"与"旷如"之美。

柳宗元为"人闳旷而质直","为学恢博而贯统"(《送元二十八山人南游序》),特殊的政治经历中和贬谪生涯里,他以推崇儒、道之"愚",完成了心理上的角色转换,对自然景物的欣赏持有一种异乎寻常的审美感受,他的灵魂在伟大、崇高的自然美得到了净化,他的精神境界也得到了文化的提升,融入了悠远漫长的时间和广袤无垠的空间中,他的山水游记散文脱离了泛泛记游写景的俗套,放射出自然美与艺术美、情趣美高度融合的哲理光彩,体现出了"旷如""奥如"的独特风貌。

注释:

①本文论及柳宗元的广义山水游记,有游山水记、亭台记、轩榭记,包括上海古籍出版社《柳宗元全集》(1997 年版)卷二十七、卷二十八、卷二十九等篇。文中涉及柳宗元作品均选自曹明纲标点,上海古籍出版社 1997 年版的《柳宗元全集》。

参考文献:

[1]吴文治.古典文学研究资料——柳宗元卷[Z].北京:中华书局,1964.

[2](清)刘熙载.刘熙载文集[C].南京:江苏古籍出版社,2001.

[3](美)司马德琳.贬谪文学与韩柳的山水之作[J].文学遗产,1994,(4).

[4]章士钊.柳文指要[M].上海:文汇出版社,2000.

[5]杨伯峻.论语译注[M].北京:中华书局,1980.

[6](宋)陈长方.步里客谈[A].李庆甲.瀛奎律髓汇评[C].上海:上海古籍出版社,1986.

[7](宋)苏轼.东坡题跋·评韩柳诗[A].苏轼全集[C].上海:上海古籍出版社,2000.

［8］缪钺.论辛稼轩词［A］.诗词散论［C］.上海:上海古籍出版社,1982.

［9］王国维.人间词话［M］.上海:上海古籍出版社,1998.

（原载 2009 年第 1 期,作者单位:淮海工学院/苏州大学）

论柳宗元山水散文的审美特征

❋ 王天桂

柳宗元的散文,以其卓绝的造诣和独特的面貌卓尔不群,秀出于中华民族的文学园地。自宋、明以来,研究者们将柳宗元散文分为说理文、山水文和讽刺文三类。其赞誉有加的首推山水文,且视其为美仑美奂的艺术精品。明人张岱曾言:"古人记山水手,太上郦道元,其次柳子厚,近时袁中郎"。可见古人已对柳的山水散文的推崇备至。

柳宗元是继北魏郦道元之后描画山水的能手,并使山水游记成为一种独立的文学体裁。他在永州所写的九篇游记(后人总称为"永州八记")是其代表作。这些文章不仅用清新秀美的文笔描绘自然界的山水各具形态,各呈姿色,各有特点;而且寄情于山水,融情于山水,给山水以生命、以灵魂。这是山水游记文学的一种发展,也是柳宗元的山水游记的文学价值所在。笔者从审美角度,品味柳宗元山水散文的内秀与外美,谈柳山水文学的审美的特征。

一 主动的审美行为

古今山水巨匠的传世之作中,大抵为以闻某山某水之令名而慕名来游,有感而记;或路经某名山名楼,或凭吊某胜迹而抚今追昔,终成佳篇。陶渊明、谢康乐之山水诗莫过于此。而郦道元在为《水经》作注时,只不过是博采汉魏以来许多山川土风,秩闻掌故,揉进对江河山川的奇景异物描写之中,以致于后人奉之为山水文学的开山之祖,宋代文坛泰斗苏轼叹道:"今我乐何深,水经亦屡读"(苏轼《寄周安孺茶诗》)。而柳宗元之山水游记—返俗套,别劈蹊径。其山水文学长廊中,突兀而出,映入眼帘,叩人心扉的非记名山大川之景,非写古刹名寺之奇,而是描绘名不见经传的山谷涧溪。并非柳宗元一生未游历名山秀水,自幼年授学,二十一岁登弟进士,后官至礼部员外郎,其间也曾有几次壮游,顺宗永贞元年被贬出京城,自长安至永州,迢迢贬谪道上,不乏排遣之山阿,寄情之清流,而宪宗元和十年,南赴柳州之任,更不乏奇山秀水,而柳宗元的山水文学中,却未曾有一席之地,而独独永州这一方山水,连"农夫渔父过而陋之"者,柳子独具慧眼,钟情于斯。他对山水美的欣赏,并不是被动地为美所吸引,所陶醉,所陶冶,而是主动地、积极地去审视山水,发现美之内涵。

二 独特的审美过程

柳宗元以独特的视角和途径去欣赏,同时去揭示,也去创造美。所以,追求、发现、揭示、欣赏、创造这便是柳子山水审美的轨迹。例如,柳宗元发现西山之美景,"因坐法华寺,望西山,始指异之。遂命仆人过湘江,缘染溪,斫榛莽,焚茅茷,穷山之高而上"(《始得西山宴游记》)。是通过这样一个心有灵犀的发现和不避艰辛的追求过程。又若《至小丘西小石潭记》中写道:"隔篁竹,闻水声,如鸣佩环,心乐之。伐竹取道,下见小潭,水尤清冽。"作者的简洁传神之笔墨写出了闻其声而求其形,而发现其美的全过程。

作者不仅积极主动地去追求美、发现美,而且在揭示、欣赏中创造美。当发现钴鉧潭西一弃地时,便以四百钱购得,"铲刈秽芹,伐去恶木,烈火而焚之"。然后,便"井口嘉本立,美竹露,奇石显",使得"山之高,云之浮,溪之流,鸟兽之遨游,举熙熙然回巧献技,以效兹丘之下"。一方弃地,殳除蒙在其上之秽恶,美便显现在人们的面前,可谓是慧眼独具,匠心独具。

三 深邃的审美主旨

柳宗元的山水游记,不是客观地为欣赏山水而描写山水,而是把自己的生活遭遇和悲愤的思想感情,寄托到山水之中,使山水人格化,感性化,因而在他的山水文里,仍然反映出其一贯的思想倾向。在《愚溪诗序》中,柳宗元毫不隐讳地阐明自己的观点:在仕途上遭受黑暗势力打击与迫害者,是世上最愚蠢之人。那些地处偏僻的名山胜水,无人登临欣赏,彼人与彼山彼水遇际何其相似也,沦落天涯,故而因病相怜,便将门前之清流命名为"愚溪"。愚溪非真为迂腐浑浊,而有"溪虽莫利于世,而善鉴万类,清莹秀彻,锵鸣金石"。般的锐利目光和纯洁的品质。正如他自己一样,"余虽不合于俗,亦颇以文墨自慰,漱涤万物,牢笼百态,而无所避之",也非真愚。因而出慨然之叹,流露出愤愤不平之感情。

在《钴鉧潭西小丘记》《袁家渴记》和《小石城山记》诸篇中，字里行间无不叹惋美山秀水，却弃墨弄墨于凄凉寂寞的荒郊野外，无人欣赏和关顾，而兴怀才不遇，郁郁不得志之愁思。

如《钴鉧潭西小丘记》中，作者叹道："噫，以兹丘之胜……日增千金而愈不可得，今弃是州也，农夫渔父过而陋之，贾四百，连岁不售。"同情小丘长期被弃置的命运，借以抒发自己怀才不遇久贬不迁的感慨。

《袁家渴记》《石渠记》中，作者烘云托月写大自然之鬼斧神工，巧夺天工之美，其中蕴含作者的坚毅意志和情感，表现孤傲耿直之个性和身处逆境，不颓废的决心。

《钴鉧潭记》中作者叙述购得胜景由来的同时，将笔锋指向"官租私券"的剥削行径，予劳苦百姓以深切的同情，与《捕蛇者说》的"苛政毒辣于蛇"有异曲同工之妙，同时作者流露出在贬谪生活中怀念"故土"的抑郁心情。

四　旷奥的审美情趣

柳宗元在《永州龙兴寺东丘记》中说："游之适，大率有二：旷如也，奥如也，如斯而已。其地之凌阻峭，出幽郁，寥廓悠长，则于旷宜；抵丘垤，伏灌莽，迫遽回合，则于奥宜。"故而，柳宗元的山水游记，已达到了这两种境界。在《始得西山宴游记》中，通过一位"失意者"出游之所见所闻，然后发出"心凝形释，与万化冥合"之感慨。作者借西山自况，暗示自己高逸脱俗的品格。而《钴鉧潭记》中所表现的天高气迥，乐而忘故土的超然之气。文卷中呈现出天、地、人、物浑然一体的旷达和谐意境。而在《至小丘西小石潭记》中，作者写景由水而石，由石而树，由树而鱼"潭中鱼可百许头……怡然不动，俶尔远逝，往来翕忽，似与游者相乐"，绘声绘色、描摹大自然优美的奥妙境界。

柳宗元将这类文字写得历历如绘，他漱涤万物，牢笼百态，用敏锐的目光洞察了自然风物，用高洁的心灵与空灵奥幻的大自然对话，而后呕心沥血撰成心语，绘成图画，呈现在中华民族的文学殿堂之上。

五　灵妙精湛审美技巧

柳宗元的山水游记，文笔清新秀美，写有诗情画意，审美技巧灵妙精湛。他用最清丽的语言,将山水的风骨刻画出来,读者从中不仅能看到奇山异水之容貌,之颜色,还能听到山水之语言:树木摇落,风吹草动,禽鸟和鸣,虫鱼之动静,山水之形,万籁之声,如浮雕般耸立在字里行间,在读者的眼前,在读者的心灵中。如《袁家渴记》:"渴上与南馆高嶂合,下与百家濑合。其中重洲小溪,澄潭浅渚,间厕曲折,平直深黑,峻者沸白,舟行若穷,忽又无际。"作者写景由近而远,愈远愈旷达愈迷蒙。而《始得西山宴游记》则由远而近,由"萦青缭白,外与天际,四望如一",到"引觞满酌,颓然就醉,不知日之入,苍然暮色,自远而至,至无所见,而犹不欲归"。此种天、地、人合一之境界,读罢令人抚卷长叹,似仙似人,似醒似醉,高逸之景,超脱之情是为天地造化之神奇。

作者写山、写水、写树木、写石、写虫、写鱼,无论是写动态还是写静态,可谓生动细致,精美绝妙。《小石潭记》中写水与光与鱼之和谐统一,然后用"怡然不动,俶尔远逝。往来翕合,似与游者相乐"。描绘出人与自然之美。《石渠记》:"有泉幽幽然,其鸣乍大乍细,"大自然的美妙之音,有如琴弦之悠扬,洞箫之泣诉,又似交响合鸣。再看"又如其侧皆诡石,怪木,奇卉,美箭,可列坐而庥焉。风摇其巅,韵动崖谷,视之即近,其听始远"。山水之神奇诡异怪美尽在笔下,静则美,动则亦美。作者给山水以奇异,给山水以灵魂。永山永水如诗如画,是大自然的赐予,是作者心灵的讴歌。

柳宗元贬谪永州十年期间,体察民情,针砭时弊,讲学授书,述著丰硕。更为难能之处,柳以贬谪戴罪之身,闲散之职,却以满腔热情和豁达胸怀融入永州这方土地,以其独特的审美观解读永州社会,审视僻陋之壤,南蛮之地的永州山水,独具匠心地将永州社会、风土人情、奇山异水制成一幅幅美丽的画卷,向世人推介永州这块炙热而美丽的神奇的土地。柳宗元为永州人民建立了万世不朽之功业。

参考文献:

[1]游国恩.中国文学史[M].北京:中国人民大学出版社,1983.

[2]刘大杰.古典文论[M].长沙:湖南人民出版社,1984.

[3]顾易生.柳宗元[M].北京:燕山出版社,1992.

[4]刘从林.柳宗元文选[C].上海:上海古籍出版社,1984.

[5]任访秋.中国古典文学论文集[C].郑州,中州书画社,1981.

(原载 2007 年第 6 期,作者单位:永州职业技术学院)

论柳宗元的山水散文中人与自然的关系

✽ 熊　琴

　　柳宗元的文学作品中艺术性最高、最具独创性的是其山水散文,这些山水散文主要创作于其参与"永贞革新"失败后的被贬时期,以永州之作更胜。"永贞革新"失败后,柳宗元被贬为永州司马,"既罹窜逐,涉履蛮瘴"[1],心情消沉抑郁,而在经历了一次次投迹山水、放情歌咏之后,柳宗元慢慢在山水中找到了新的寄托,于是,山水悄然走进了他的文章中。

一　"慢慢而游":发现与表现自然之美

　　山水之美往往是观赏者通过游览活动来发现的,这种现象自古有之,柳宗元在《邕州柳中丞作马退山茅亭记》中说:"兰亭也,不遭右军,则清湍修竹,芜没于空山矣。"[2]同样,也因为柳宗元的一系列游览活动,永州的佳山秀水才不断被其发现。柳宗元在被贬永州期间,与友人先后发现西山、钴鉧潭、钴鉧潭西小丘、小石潭、袁家渴、石渠、石涧和小石城山等风景。在此之前,这些山水景物都寂寞地存在于永州之野,是农夫"过而陋之"[2]的弃山弃水,无人问津。而在柳宗元以文记之之后,它们才真正成为被观赏的风景。

　　永州之地荒远偏僻,自然景观未必绮丽宜人,但柳宗元却以其敏锐的目光发现了荒野之中竟也有使人乐而忘归的美景,这些美景多是他继发现西山之后陆续找到的:沿西山山口西北道二百步,得钴鉧潭,潭西二十五步为小丘,从小丘西行百二十步为小石潭……是柳宗元出尘拔俗的思想、卓尔不群的性格,尤其是他在政治上的遭遇,造就了他独特的审美情趣,永州山水因为柳宗元的发现和欣赏而呈现其独特的价值,即所谓"美不自美,因人而彰"[2]。

　　《始得西山宴游记》是《永州八记》的第一篇,文章开头写柳宗元被贬之后的忧惧心情,其因"居是州,恒惴慄"而放行山水聊以自慰,"施施而行,慢慢而游。……入深林,穷回溪,幽泉怪石,无远不到"。一次偶然的机会,其"因坐法华西亭,望西山,始指异之。遂命仆人过湘江,缘染溪,斫榛莽,焚茅茷,穷山之高而止。攀援而登,箕踞而遨,则凡数州之土壤,皆在衽席之下。"接着写其立于西山之巅,尺寸千里之势尽收眼底,苍茫暮色之中,他感到"心凝神释,与万化冥合"。西山之游使柳宗元经历了从消极排遣到主动探寻山水的情绪转变,最后情景交融的过程,也使柳宗元真正认识到永州山水的独特之处,故而"以文为志",永州山水因此陆续揭开了神秘面纱。

山水本是无情物,只因柳宗元有心以文字记录,后世的人们才有机会领略到如此美的自然山川,欣赏到如此美的山水散文。这种有心之举,在很多篇章都有所体现,如柳宗元喜得小丘后"书于石,所以贺兹丘之遭也"。《石渠记》云:"惜其未始有传焉者,故累记其所属,遗之其人,书之其阳,俾后好事者求之得以易。"

当柳宗元面对宁静纯洁的自然山水时,他可以暂时远离纷扰喧器,将山水作为交流对象,将怀才不遇的抑郁寄托于自然山水,表现人生感慨,再将这种感受宣泄为文字,"这是人们的一种常有的经验,每到痛苦得不能忍耐的时候,突然经一次的发泄,表现成为文章,他的心境是会渐渐转成恬静的"[3]。

柳宗元在将情感化为文字的能力上表现得颇为自负,其在《愚溪诗序》中说:"余虽不合于俗,亦颇以文墨自慰,漱涤万物,牢笼百态,而无所避之。"[2]例如《钴鉧潭西小丘记》中的一段描写:"其嵚然相累而下者,若牛马之饮于溪;其冲然角列而上者,若熊罴之登于山。"[2]又如《石涧记》中有:"亘石为底,达于两涯。若床若堂,若陈筵席,若限阃奥。水平布其上,流若织文,响若操琴。"[2]如此描写不胜枚举。读这样的文字,仿佛让人真的看见了奇姿百态的岩石,听见了流水潺潺之声,深处清幽深邃之境,云彩漂浮、植物生长、光影交换、声音回响,万物在他的笔下都被赋予了艺术的生命力,正如刘熙载在《艺概·文概》中所说:"柳州记山水,状人物,论文章,无不形容尽致。其自命为'牢笼百态',固宜。"[4]

二 "笼而有之":改造自然之美

被贬的经历使柳宗元得以接触南方荒野的永州自然,并使其能以高超的文才将永州的自然山水之美表现出来,在观赏与描写的过程中,其选景的角度和对自然景物的精致描摹都透露出他以对自然美的改造和追求来体现其改变自身遭际的渴望和对不幸命运的抗争。

从先秦时期"老庄告退,而山水方滋"[5]到魏晋时期山水文学开始真正兴起,再到唐朝李白笔下的"黄河之水天上来,奔流到海不复回",以及杜甫的"会当凌绝顶,一览众山小",我们都可以看出文人对自然山水的视角已呈现出新的趋势——人的主体意识越来越强,人与自然的距离越来越近。我们在柳宗元的山水散文中可以看到人对自然"笼而有之"的欲望,即通过对自然的改造来体现人的主体意识对自然的支配。

柳宗元的山水散文中没有雄伟的崇山峻岭,也没有汹涌澎湃的江河湖海,其取景多为眼前常见的小丘溪水,例如钴鉧潭"清而平者且十亩余",钴鉧潭西小丘"不能一亩,可以笼而有之",石渠"或尺,或倍尺,其长可十许步"。柳宗元对这些眼前的小景进行了精心刻画,使其包罗万象,呈现出精雕细刻之美。《至小丘西小石潭记》中有:"潭中鱼可百许头,皆若空游无所依。日光下澈,影布石上,怡然不动,俶尔远逝,往来翕忽,似与游者相乐。"[2]林纾对《小石潭记》的这段描写如此评价:"写静中物态,皆跃跃欲动,其叙潭鱼翕忽,及水日映发,余在花坞中确见此状,特写不出耳。"[6]柳宗元之所以会选取眼前小景来聊以自慰,只因其贬谪一隅、无人问津的遭际与荒野之中的山水沦落相逢。然而,小丘尚能为柳宗元"怜而售之",经过修整改造使之恢复原来面貌,显现出蓬勃的生机和存在的价值,小丘之外的其他景物或清冽、或深邃、或孤寂,在其眼里皆可亲可近可爱,相比之下,其自身却无此幸运,只因一场政治变故,便一直被埋没、冷落,甚至求助多方也没有人来信任、擢拔和重新起用他,无助的心态可想而知。所以,他渴望朝中有人能够像他发现永州自然之美一样,看到他的才能与抱负,其借笔写永州山水,正是一种对自身不幸命运的强烈抗争意识。

永贞十年,已是柳宗元到永州的第十年,因长期处在"与囚徒为朋,行则若带缧索,处则若关桎梏"[2]的生活中,他的精神状况和身体状况都很不好,到元和三、四年间,他的精神已经"荒乱耗竭,又常积忧恐,神志少矣"[2],且"痞气尤甚"[2](肝脾肿大),后移居愚溪,病情稍稳,却又出现更加危险的病症,身体状况堪忧。而相比身体状况而言,柳宗元精神上的压力显得更为严重,目之所及皆为群山层峦,他感觉自己就像被囚禁在其中,这种感受使他写下《囚山赋》来感叹身世,南荒群山如狴牢,谪居十年,他渴望摆脱困境而不得出,心念朝廷却不得回,这种想要被起用的欲望与被弃南荒的境遇使其内心不断在等待中煎熬,理想与残酷的现实使其精神在十年的煎熬中几近崩溃。所以,当我们看到"铲刈秽草,伐去恶木,烈火而焚之。嘉木立,美竹露,奇石显"(《钴鉧潭西小丘记》)、"揽去翳朽,决疏土石,既崇而焚,既酾而盈"(《石渠记》)和"折竹扫陈叶,排腐木"

(《石涧记》)这些句子,都能发现柳宗元表面是写其对自然美的追求和改造,而在一定意义上,又是将现实社会中作者的生活态度曲笔再现,即他将坚持真理、向命运挑战的顽强意志以及对现实的无情批判物化在了对自然的改造、对自然的征服上。

三 "心凝形释":人与自然的互化

在柳宗元的山水散文中,其发现自然、表现自然是排遣郁闷的形式,改造自然是其渴望向不幸命运抗争的意识,都是我们能显而易见的,而蕴藏其中、最值得探寻者,是其在与自然的相处过程中产生的更高的精神境界,即通过对自然与"我"的审视和思考,实现自我人格的重塑和超越。

竹谦梅傲,鹤逸鸳盟,都是人赋予它们以品格,所谓"登山则情满于山,观海则意溢于海"[5],当一个人心中的忧郁怅惘愈积愈深而欲将情感投射于外界事物时,这些事物不免会染上主人公的情感色彩。在柳宗元的山水散文中,出现了很多"永之人未尝游"[2]的弃地,《钴鉧潭西小丘记》中,小丘是"唐氏之弃地","农夫渔父过而陋之,贾四百,连岁不能售"。小石城山虽"工夺造化",却被他感叹"不为之中州,而列是夷狄,更千百年不得一售其伎。"弃地如此之多,固然是因为唐朝时期永州地远偏僻,最重要的是因为作者有意如此——这些地处偏僻的风景、不为人知的美丽山水正是柳宗元自身命运的写照。《新唐书·柳宗元传》载:永贞革新失败后,宗元"与同辈七人俱贬。宗元为邵州刺史,在道,再贬永州司马。既罹窜逐,涉履蛮瘴"[1],后"纵逢恩赦,不在量移之限"[1]。同样拥有各自之"美",却同样被弃荒野、无从申诉,他选择寄情山水,拥抱自然,这一切都在他与自然山水的交汇中得到淋漓尽致的再现,人与山水成为了同情同感的生命体。

《钴鉧潭西小丘记》中有"清泠之状与目谋,瀯瀯之声与耳谋,悠然而虚者与神谋,渊然而静者与心谋"[2]。文中清凉的景色映入眼帘,水的回旋声萦绕耳畔,自由放松的心与深邃的思想相碰撞,深沉幽静的环境沁入人心,作者用各种不同的感官层层推进,使得山水不再只是人类客观感受的对象,它也可以与人在精神层面上亲切交流,从而成为人的真正知音。作者在与自然交流之后襟胸开阔,宠辱皆忘,耳目为之一新,精神为之一振,几乎达到了"与万化冥合"的境界,这与《愚溪诗序》中"以愚辞歌愚溪,则茫然而不违,昏然而同归,超鸿蒙,混希夷,寂寞而莫我知也"是相同的感受。弃地中的一石一木在别人眼中并不以为然,但在柳宗元的视野中,钴鉧潭在迂回曲折中具有深广的气魄,小石城山的嘉树美箭具有顽强的生命力,它们虽不像大江大河、山川绿野为人注目,但它们在艰苦、寂寞的生存环境中都保持了自身的美好。作为坚贞不屈这一高尚品格的真实写照,柳宗元正是在对自然美的审视中,思考自身的命运和人格,超越了对自然美的欣赏层面,完成了自然与"我"的人格比附。

柳宗元虽郁郁不乐,却也并未一味沉沦,终其一生,他都拒不承认自己有罪并坚持自己的政治理想。他的人生曾涉及两项重要活动,一是积极参与永贞革新;一是领导古文运动。前者可见其热衷仕途,向往功名,在其被贬永州期间对此依然有强烈渴望,"致君尧舜上"是每个封建时代的文人几乎都有的信念,无可免俗。后者可见其倡导儒学,经世致用,这种文学家的情怀则使其能无论身处京都或者南荒都能保持自我人格,不为利益所左右。他在《答周君巢饵药久寿书》中明确地说:"虽万受摈弃,不更乎其内……仕虽未达,无忘生人之患。"[2]这是一种被苦难压迫而不肯降心辱志又努力挣扎的执着精神。虽遭贬谪,他也仍要用他手中的笔进行抗争,以文为声,力陈其言,渴望能再一展抱负,却又不卑不亢,捍卫做人、为官的尊严和情操。柳宗元在永州所作的一系列山水散文都是其表达个人情怀与意志的直接产物,其人格兼具政治家的气节与文学家的傲骨,而正源于这二者,其在游览永州山水时,能智慧地思考自然与自我的关系,并将之作为自我人格的象征。

总体而言,柳宗元的山水散文展现了人与自然山水由分离到合二为一的过程——在来到永州之前,柳宗元的作品中关于山水题材的作品并不多,而来到永州之后,柳宗元从不得已地自放山泽到主动探寻、发现自然山水,再到"写情叙事,动必以文"[1]来表现其个人意志和情感,最后达到了人与自然在精神上的高度契合。《柳文指要》中提出:"茅坤谓:'子厚与山川适两相遭,非子厚之困且久,不能以搜岩穴之奇,非岩穴之怪且幽,亦无以发子厚之文。'此论却有理,世无子厚山川之秘奥,遂乃千古无闻。"[6]正是由于柳宗元在流落南荒的孤苦生活中,对永州的山水自然有了深切的感受,从而在山水散文中写出了复杂的个人生活体验和思想感情,山水变成了可理解的山水,当柳宗元对现实的观察、认识和体验与自然相碰撞,便会激发他关于人生更深刻的思考,即渴望超越现实的自我从而达到辅时及物的理想,这也是其山水散文反映的人与自然的关系中,最闪光和最杰出之处。

参考文献：

［1］［后晋］刘昫.旧唐书［M］.北京：中华书局,1975.

［2］［唐］柳宗元.柳宗元集［M］.北京：中华书局,1979.

［3］郭沫若著作编辑出版委员会.郭沫若全集：文学编(第9卷)

［M］.北京：人民文学出版社,1983.

［4］王气中.艺概笺注［M］.贵阳：贵州人民出版社,1986.

［5］周振甫.文心雕龙今译［M］.北京：中华书局,1986.

［6］章士钊.柳文指要［M］.北京：中华书局,1971.

（原载 2015 年第 11 期,作者单位：安徽师范大学）

柳宗元山水游记的文体特征

✱ 景遐东　曾羽霞

宋代倪思云:"文章以体制为先,精工次之。失其体制,虽浮声切响,抽黄对白,极其精工,不可谓之文矣。"[1]体制是中国古代作家在文学创作和文学批评中首要考虑的重要问题。中国山水游记文体在柳宗元笔下得到真正意义上的确立,首先表现在文体体制的革新与完善上。

先秦至两汉,自然山水尚未进入成为文学关注的独立对象。山水作为客观的自然,常常被记载于如《尚书·禹贡》《汉书·地理志》之类的地理著作中,随着自然山水的人格化,或作为君子品德的寄托,或是崇高威严的象征,逐渐成为文学描摹抒写的内容,但还没有出现独立的山水散文。汉末至南北朝,出现了较完整的骈文游记、山水诗和一些写山川胜景的短札,如《登大雷岸与妹书》、吴均的《与宋元思书》、陶宏景的《答谢中书书》等,但仍非完整独立的山水散文。王羲之的《兰亭集序》虽然从作品的内容来看,已具有山水散文的意味,但其着重在叙事说理,其重点尚不在对山水风景的描写和品鉴。陶渊明的《桃花源记》也采用了游记散文的形式,但关注点在于虚构的乌托邦式理想社会。《水经注》作为地理著作,尽管有些篇章对山水进行了细致生动的刻画,如《江水》《浙江水注》等,以致张岱在《寓山注》跋中说"古今记山手,太上郦道元,其次柳宗元,近时则袁中郎"。但作为学术性的注释文字,多所引用他人文字,且客观叙写为主,主观抒情较少,亦非山水游记完备体制,只能是游记散文的初始之制。中唐元结《右溪记》,多被认为是游记散文的开山之作,但从文体上看,应属于刻石的山水铭文一类,带有明显的过渡痕迹。而随着中唐古文运动的兴起,出现了一批优秀的散文家,柳宗元的山水游记,不但数量大,且清新秀美,富有诗情画意,他创造性地继承了前人的成就,使得山水游记文体体制真正定型。

一　柳宗元的山水游记的体制特征

（一）开拓了新题材，扩大了山水散文的关注范围

同时在对山水的描写时凸显山水的特色，写"意"中的山水，"人化"的山水。柳宗元所记山水地处荒僻，大都无名，只因作者闲时偶遇，或赏或买，对这些不起眼的山石水潭草木虫鱼进行细致描摹，使得这些不为人知的秀丽之景能呈现在读者面前，这样，山水游记就不再仅仅记载那些名川胜水，还可以表现那些地处蛮荒无人问津的山水。山水游记表现的题材得到了扩大，一方面，这些山水前人没有写过，富于创造性，作者赞美其独特之美，使得山水题材的独特性成为山水游记必要的体制特征。另一方面，以"游"为核心的思想贯穿了柳宗元所有的山水散文，在他的笔下，山水是自由的，不受世俗的拘束，在偏僻的角落依然默默展示自己的秀丽之景；人在山水之中获得暂时的解脱与愉悦，从而建立属于自己的精神家园，因此人亦获得自由。

山水题材的扩大，山水内容的丰富，为山水游记拓出一条新路，即只描写那些在作家眼中、"意"中的山水。在柳宗元之前的山水题材的文学作品，或以书信序言的形式，或以碑铭的体式，篇幅短小，皆非专门的模山范水之作。郦道元的《水经注》中的篇章也只注重对外在形态的描摹而少进行精心布局。柳宗元山水游记体更为自由，在游玩赏心之时借描摹山水，抒一己之情，发一己之议论。文章可随心而走，拈景物，选角度，突出特色，避免了呆板的叙述和程式化体制。其笔下的山水为柳宗元所独有，其传达的山水意识是鲜活的，是人介入了其中的自然，是"人化"的山水。比如《游黄溪记》突出初潭的奇丽，《始得西山宴游记》突出西山的高峻和气势的阔大，《石渠记》写泉水的细致，《小石城山记》描绘小石城的天然等。若没有作者细致的观察和对山水的深切爱好，没有投入山水的深沉情感，是不可能使得每处山水特色各异的。

（二）山水游记文体的诗化

中唐以来散文被作为明道的工具，柳宗元的山水散文则显然不同于普通的载道文章。他恰恰是借鉴诗歌的手法，学习诗歌的节奏与意境，进行山水游记创作。柳宗元的山水游记不乏奇深幽秀美、新颖奇特的意象，并且开拓了物我交融、天人合一，如诗如画的意境。其山水游记如同一首首抒情诗，又如一幅幅山

水画卷,情溢字句,气韵满纸,同时具有诗一样的弦外之音、味外之旨。句式上多用短句,且多排比偶对,兼之语言简洁凝练、蕴藉丰富,读来悠扬婉转,有很强的音乐性。

1. 意象的选择。山水游记体的诗化,反映了柳宗元山水游记的创作思维与诗歌创作思维的本质上的相通,它们必然都要求以意象为思想的象征符号。诗人喜用新鲜的意象来比喻自身品格,因此在意象的选取上,柳宗元倾向那些不为人知的深奥幽美型的小景物,并借"弃地"来表现自己虽有卓越的才华却不为世所用的悲哀。这些意象大多奇异秀美却遭人忽视、为世所弃的自然山水,如《钴鉧潭西小丘记》:"以兹丘之胜,致用之沣、镐、鄠、杜,则贵游之士争购者,日增千金而愈不可得。近弃是州也,农夫渔父过而陋之,贾四百,连岁不能售。[2]"直接抒发了对"唐氏之弃地"的同情,也寄寓了自己怀才被贬的不幸遭际;又如《小石城山记》中的被冷落的小石城山,同样引发作者的惋惜和不平之情:"吾疑造物者之有无久矣。及是,得一售其伎,是故劳而无用,神者傥不宜如是,则其果无乎?"

明唐顺之云:"永之山水,天作地藏,经几何年,埋没于灌蟒蛇豕之区,至公始大发其伟而搜剔其荒翳。公之文章,开阳阖阴,固所自得。至于纵其幽遐诡谲之观而邃其要眇沉郁之思,则江山不为无助。"[3]永州山水的蛮荒特征十分明显,没有柳宗元的发现,永州山水很难进入文学的殿堂,更不可能为人们所认识。但作者并非单纯为游赏而登山临水,"自余为僇人,居是州,恒惴栗,其隙也,则施施而行,漫漫而游。日与其徒上高山,入深林,穷回溪,幽泉怪石,无远不至"《(始得西山宴游记)》,这说明柳宗元在政治道路上的失意使得他转向山水寻求精神上的解脱,通过寻幽探胜来派遣自己的郁愤之情,这样他对所选择独特的意象,便不可能是接对其进行纯客观描写,而是在描写中注入一股浓烈的主观情感。柳宗元渗透进了自己浓厚的寂寥心境和抑郁情怀,并在对山水的传神写照中,达到情感与山水意象基调的高度一致,使得每篇都能或隐或现地看出作者的影子,心与山水达到高度的契合。

2. 意境的开拓。林纾曾说:"文有诗境,是柳州本色。"(《畏庐续集》)确实,柳宗元山水游记多载真人真事真景物真情感,而其"真"是柳宗元山水游记的一大特点,主要体现在对意境的营造上。柳宗元以诗为文,吸收了诗歌营造意境的方法,使得其山水游记情景相生,营造出如诗如画的意境。

一方面,柳宗元不仅通过展示永州和其他山水完整的真实印象,融入自己的情思和生活感悟,还使读者对笔下的山水有了独特的体验和认知,读者在体会山水的独特奇秀之时,能深入作者的内心世界,进入山水之外的情景交融、与万物冥合的境界。如《钴鉧潭西小丘记》中的山水云天、飞禽走兽都是表现作者情思的物象,但作者的情思不着痕迹,与大自然同化了。"由其中以望,则山之高,云之浮,溪之流,鸟兽之遨游,举熙熙然回巧献技,以效兹丘之下,枕席而卧,则清泠之状与目谋,潧潧之声与耳谋,渊然而静者与心谋。"物我相通相融,这期间,主观之"我"被遗忘了,"我"的处境也被遗忘了,精神上获得暂时的解脱,心灵上获得暂时的自由;《始得西山宴游记》中由"萦青缭白,外与天际,四望如一",到"引觞满酌,颓然就醉,不知日之入,苍然暮色,自远而至,至无所见,而犹不欲归"。山水在这里是宁静的是自由的,人处其中,山水便不再只是山水,而是心灵上的朋友、知音,是精神的依托和归宿,这种天人合一的境界,正是作者所执着追求的。

另一方面,柳宗元在营造意境时常常留下了空白,让读者发挥想象,让思维任意驰骋。如《至小丘西小石潭记》重写水之清澈空明,令人心旷神怡。先写"隔篁竹,闻水声,如鸣佩环,心乐之",未见其水,先慕其声,提起悬念,使人急于揭开其神秘的面纱,接着"伐竹取道,下见小潭,水尤清冽",再写潭边石、岸边石和树木翠蔓,最后主要抓住潭中游鱼的动静效果来反衬水的清澈,"潭中鱼可百许头,皆若空游无所依。日光下澈,影布石上,怡然不动,俶尔远逝,往来翕忽,似与游者相乐"。水始终是虚写,给读者留下了充足想象空间,游鱼的实写却使读者似乎如临其境,眼见水的清澈和生机,感受那幽静的氛围。再如《石渠记》写风,不是直接写风穿过崖谷,吹动花草树木的景色,而是写被风吹过的花草、树木、竹子已经静下来的景象,草木被风吹动的声音在远处开始回响,"风摇其巅,韵动崖谷。视之既静,其听始远"。以动衬静,使读者想象狂风吹过的壮观景象。简洁的语言营造出独特的意境,比直接描写风吹的过程更显旷达、幽静,此亦为不面面俱到留出空白的好处。

3. 语言的诗意化。柳宗元的山水散文与其诗歌是互相影响的。借景抒情,寓情于景,用以抒发被贬荒蛮之地的忧愤,显示自己高洁情怀,是两者共有的手法。柳宗元诗歌的明净峻洁的风格特色,也与他的山水游记完全一致。柳宗元山水游记的语言具有简洁凝练、蕴藉丰富的特点,这种诗化的语言更有利于真挚情感的抒发。《永州八记》均篇幅短小,最长的《钴鉧潭西小丘记》337 字,最短的《钴鉧潭记》才 173 字。但简洁的文辞所包容的内涵是相当丰富的,如《至小丘西小石潭记》写"全石以为底,近岸,卷石底以出,为坻、为屿,为堪、为岩",用词精当,画面鲜明。又如《始得西山宴游记》写山势"是山之特立,不与培塿为类",虽是景语,却蕴含着作者保持卓尔不群的高洁品质和不愿与小人同流合污的心情。《钴鉧潭西小丘记》中写小丘景色奇丽却不被人赏识,埋没于荒野之中,作者对小丘遭遇的感叹,与自己的生平遭际和怀才不遇之感联系在一起,虽只有短短的几句,但蕴含深沉的含义。

柳宗元山水散文的语言的诗意化还体现在对于骈文体式对偶、排比以及音韵美等的学习借鉴上。柳宗元的山水散文汲取了骈文的长处,多用短句,节奏明快而富有变化。如《袁家渴记》中的一段描写:"每风自四山而下,振动大木,掩苒众草,纷红骇绿,蓊勃香气;冲涛旋濑,退贮溪谷;摇扬葳蕤,与时推移。"连用八句四字句,气势急促,俯仰回旋风势被很好地烘托出来。特别是"纷红骇绿"一词活化了花草在风中的摇曳之姿,最为传神,不仅表现了对比分明的色彩感和丰富细腻的动态感,而且写出了作者的情感联想和主观体验。《石涧记》中作者用偶句和排比来描写景物,"交络之流,触激之音,皆在床下;翠羽之木,龙鳞之石,均荫其上",各种景物组成对偶句,不但使景物生动鲜活,又造成语调铿锵的效果,如同诗歌,读来抑扬顿挫,富于节奏感。

二 柳宗元的山水游记的语体特征

曹丕《典论·论文》:"盖奏议宜雅,书论宜理,铭诔尚实,诗赋欲丽。"一定的文学体裁有特定的语体特征,柳宗元的山水游记形成质朴自然、简洁明快的特点。柳宗元山水游记的语言质朴自然,不似小说语言一样生活化口语化,也不像辞赋那样绮靡华美。但其质朴并不平淡乏味,极具个性化,也极有表现力,能恰如其分地将景物的真实面貌展示在读者面前。如《至小丘西小石潭记》的"明灭可见",生动地表达了遥望溪流之所见,色彩鲜明,节奏明快。又如"蒙络摇缀,参差披拂"和"斗折蛇行"等则描摹准确细致,形象具体,又动静结合,虚实相衬。语言特色正如柳宗元自己在《愚溪诗序》中所云"清莹秀澈,锵鸣金石"。

柳宗元之前的山水游记刻画景物亦多用白描,不事雕琢,柳宗元在继承这一手法的基础上又有发展,写景体物标新立异,尤其是善用比喻拟人的修辞手法表现自然景物。如写小石潭,运用移步换景手法,在此基础上工笔特写。先写发现小石潭,再写小石潭周围景致,然后写潭中小鱼,"皆若空游无所依。日光下彻,影布石上,怡然不动,俶尔远逝,往来翕忽",光影可触,动静结合,极具画面感。又如《袁家渴记》则运用由远及近、虚实相生的手法。先写从冉溪西南水行十里,风景佳者五处,钴𬭁潭尤最;再写从朝阳岩东南水行,风景美者三处,而均不如如袁家渴,以钴𬭁潭等衬托袁家渴,袁家渴风景之美便不言而喻了。《至小丘西小石潭记》以"鸣佩环"比喻潺潺水流,又以"牛马之饮溪""冲然角列而上""熊罴之登于山"比喻小石潭编层叠叠山石,不但形象生动,且使山水充满无穷生趣。作家的流连山水的自得之情,也自然流淌。前人的山水游记虽然也写景,但常常理胜于情,或者根本不涉及主观感情,柳宗元的山水游记创造了一种更抒情化的散文类型。他写山水游记,多因情而成文,显示出作家心灵与山水自然的一种感发和契合。

柳宗元山水游记还有与一般散文文体不同的特点,即较少虚构人物、场景和生活空间,其核心重在"游",重在情景交融中表达作家的独特的心境,是写真景物真情感,是性灵的抒发。

三 柳宗元的山水游记的风格

山水游记在柳宗元这里虽然已经建立了一定的语体规范,但要真正成熟,必须形成文体特征的最高范畴——风格。古人多称"韩如海,柳如泉"[4],韩愈散文风格暂且不论,柳宗元的山水游记文笔或峭拔峻洁、或清邃奇丽,总体来看确实具有清泉般的风格特征。泉之清,即文如其人,高洁之品质如涓涓细流清澈见底,而又"漱涤万物,牢笼百态";泉之冽,即创作个性真诚深挚,发现山水的自然与自由之美的同时,达到了物与我、心与境的交融,而在这情境之美中又掺杂着作者内心世界的孤愤,故而凄寒清冷;泉之甘,即语言简洁明快而又涵义深远,质朴而优美,令人回味无穷。

从作家个性对创作个性的影响来说,柳宗元的山水游记具有与其人格相得益彰的"文格"。文体特征与作家个性有着密切的联系,从曹丕"文气说"到刘勰的"体性说",都从心理学角度说明创作主体与文本形态的关系。柳宗元的山水游记呈现给我们的是幽丽自然的文风,其文辞准确而简洁,又兼有含蓄、自然之长,体现出孤高脱俗的人生情调,是与其人格相统一的。《永州八记》每一篇刻画的山水形态,都可以看出作者的个性,体现作者的感情。《始得西山宴游记》

就抓住"始得"二字,突出描写西山的"怪特",显示①钐 Symbol`@ @ 自己孤高特立的人格。西山的"不与培塿为类",亦暗示自己的"特立"清高品格。作家将自己的一腔热情与满腹失意都沉淀下去,曲折隐晦地反映在寻幽探胜之中。其描摹山的高峻,也是在抒写自己挺拔伟岸的人格。《愚溪诗序》末尾写溪水和自己之"愚",实际上是对自我的反思和保持人格独立的自我慰藉。愚溪"不可以灌溉""大舟不可入","不能兴云雨"却"善鉴万类,清莹秀澈",说明作者并非真正的"无以利世",而是抱负才情不得施展,在当时统治者的眼中成了"违于理,悖于事"的行为,以"愚"为名,其实是作者在人生逆境中的"不怨而怨,怨而不怨"①。

因此,柳宗元笔下的山水往往不是客观意义上的山水,而是为"我"所特有的,主观化的。《愚溪诗序》将溪水命名为"愚溪",又提出"愚丘""愚泉""愚沟""愚池""愚堂""愚岛",山水虽美而不被欣赏因而一律得"愚"名,这是正话反说,其潜在的内涵是作者抑郁不得志,激愤不平的心情。山水浸染了作者的情感,成了作者观照自身的对象,不但体现在作者对山水自然美的发掘和创造,还通过对自然山水的人化,提升自己的精神境界,达到澄澈空明之境。如写小石潭的游鱼"影布其上,怡然不动"到"俶尔远逝,往来翕忽",作家全身心投入到自然山水之中,而"似与游者相乐",则象征着自然与人的和谐交流以及精神上契合的关系,这样,小石潭就成了柳宗元的小石潭,显示了更多超越自然本身的意义。

柳宗元《游南亭夜还叙志七十韵》诗云:"投迹山水地,放情咏《离骚》"。柳宗元的山水游记,其实就是他的抒情诗。他将自己的内心情感寄予山水之中,表现自己对社会、对人生的态度。"一切景语皆情语",柳宗元赋予了山水深厚的感情色彩,使山水散文充满了深沉的情境之美。不论是西山的高峻和气势阔大,小石潭的清透明净,还是小丘的凄清幽冷,凸显了山水个性的同时也流露出作者曲折含蓄的感情。就是在对自然之美的不断发现和阐释,对崇高精神境界的永恒追求中,柳宗元的山水游记达到了物与我、心与境的交融,山水个性与作家个性的完美统一。

柳宗元山水散文具有"峻洁"的语言风格。他竭力提倡为文要峻洁,说"参之太史公以著其洁"[2]。故其散文语言不拖沓,不含糊,不矫饰,言简意丰。如

---

① 沈德潜《唐诗别裁集》卷四:"愚溪诸咏,处连蹇困厄之境,发清夷淡泊之音,不怨而怨,怨而不怨,行间言外,时或遇之。"

《至小丘西小石潭记》中柳宗元用为数不多的文字,把潭中怪石交错,岸上枝蔓交绕的景色概括而又形象地表现出来,还特别刻画了潭水和游鱼,"皆若空游无所依。日光下彻,影布石上,怡然不动,俶尔远逝,往来翕忽,似与游者相乐。"语言精确,色彩鲜明,句式整齐,音调铿锵,准确别致地反映了潭水的清澈明净和生机勃勃。又如写对小丘的感受,"寂寥无人,凄神寒骨,悄怆幽邃"几个字就传达出小丘的审美性("嘉木立,美竹露,奇石显")与实用性("其境过清,不可久居")的矛盾,也隐约可见作者无法忘怀一己之困苦,抑郁不得志的幽凄心境。《钴鉧潭西小丘记》中对小丘奇形怪状的山石的刻画十分传神细致,却毫无雕琢之感,而具自然之美。

从审美特征来说,柳宗元的山水游记有着雄深雅健之风,给读者带来一种清幽明澈的审美感受。读者不但欣赏到山水自然之美,还体味到山水的孤独和作者的内心世界的孤独。这是其他的山水游记不能比拟的。柳宗元追求的主要是一种阴柔之美,在对山水的观照中自我精神升华,显示自我清峻峭拔的品格。他笔下的溪水、潭水、怪石、草木,都秀美清新,不染一丝俗世尘埃。

四 小结

总之,柳宗元的山水游记创造性的吸收了前人成果,开拓了新题材,扩大了山水的关注范围,在对山水的描写时凸显山水的特色,写"意"中的山水,"人化"的山水;通过独特意象的选择,注重情景交融、物我冥合意境的开拓和语言的诗意化,形成了山水游记文体的诗化状态。柳宗元对山水自然之美与自由之美的独特诠释,给读者无穷的审美愉悦。正是柳宗元在以上几个层面的丰富和完善,山水游记具有了自己独特的文体意义。其山水游记不仅影响了游记体文学的发展,而且影响了其他散文文体的创作。无论是其娴熟的诗化手法、独特的题材选择、高洁幽远的创作风格与精美隽永语言,对唐以后历代散文家都有深刻影响。晚唐的皮日休、罗隐、陆龟蒙等的散文,随处可见柳宗元山水游记的痕迹。宋代欧阳修、王安石、苏东坡,明代的袁宏道、徐宏祖,清代的姚鼐等均在不同程度上受到他的山水游记的影响。

参考文献:

[1][元]潘昂霄.金石例(卷九)[M].文渊阁四库全书本.

[2]柳宗元.柳宗元集[C].北京:中华书局,1979.

[3]唐顺之.永州祭柳子厚之文[A].荆川集(卷九)[C].文渊阁四库全书本.

[4]李耆卿.文章精义[M].文渊阁四库全书本.

（原载 2011 年第 9 期,作者单位:湖北师范学院）

贬时弊与抒孤愤
——柳宗元寓言散文略论

✳ 江建高 ●

寓言,劝喻或讽刺故事,借物寓意,托物寄情,借古喻今,借小喻大,寄理与情于故事之中。古希腊《伊索寓言》之"狼与小羊""农夫和蛇",影响深远。先秦诸子散文中,《孟子·公孙丑章句》中的"揠草助长",《韩非子·五蠹》中的"守株待兔",《韩非子·外储说》中的"买椟还珠",《列子·汤问》中的"愚公移山",《吕氏春秋·察今》中的"刻舟求剑",《淮南子·说林训》中的"削足适履",及汉人刘向《新序·杂事》中的"叶公好龙"等,留下了许多精彩"段子"。但它们只是片言只语,只是被用来作为设喻或论证的一种手段,很少单独成章。柳宗元寓言乃有意为之,单独成篇,篇数不少。如《三戒》《哀溺文》《蝜蝂传》等,思想内涵与艺术价值都相当高,并且对后世产生了影响。如苏东坡曰:"予读柳子厚《三戒》而爱之,乃拟作《河豚鱼》《乌贼鱼》二说,并序以自警。"[1]604明人刘基《买柑者说》中,"金玉其外,败絮其中"之柑橘的卖柑者,竟然还振振有词,此文便直接受柳宗元《鞭贾》的影响。在柳宗元的政论、寓言、山水三大散文题材中,寓言散文的成就仅次于他的山水散文,甚至可以与山水散文媲美。然而学界对此缺乏系统研究。本文主要论述柳宗元寓言散文"砭时弊"与"抒孤愤"的基本情感内涵,兼论其艺术特点。

一 思想内涵

托物寓意是寓言这种文学体裁的基本要求。察事之深与体物之切,是柳宗元寓言散文的显著特点之一。柳子有以小虫、小鸟、老鼠、野兽、驴马等为话题的,也有躄和尚、富家子、猎人等以"人"为话题的,还有"红""黑"棋子之类以"物"为话题的。内涵很丰富,如外强中干,无自知之明,技止一"蹄"的"黔之驴",有"倚势以干非其类"的"临江之麋",有以为"饱食无祸为可恒"的"永某氏之鼠",有以其愚昧无知而夸耀于人买鞭者"富贵子",春秋时候贪得无厌的智伯。还有"吾腰千钱"渡河而不舍,"遂溺死"的"永之氓","伺人隐微失误","出谗于帝以求飨"的"尸虫",可谓片言只语,而见大千世界。这些作品或显出作者之察世之微,体物之深;或为作者愤世嫉俗,借物写情;或是身处僻远,例同囚系,呼唤理解帮助与人间温情。苏轼称柳文"外枯中膏",真乃的评也!

(一)砭时弊,显睿智

柳宗元的寓言散文中,有贪财贪权、"日思高其位"的"蝜蝂"。文章传神写照,显示作者敏锐的观察力与深刻的思辩力。蝜蝂虽是小虫,却有"其背甚涩,物积因不散"的生理特性,并有独特的心理特性:"行遇物,辄持取,卬其首负之。背愈重,虽剧困不止也。卒踬仆不能起";"又好上高,极其力不已"。作者极自然地联系到物欲、财欲与权欲都很强的贪

官污吏,这些人模人样、贪钱财恋高位的大小官员,只不过是披着人皮的小虫而已。说不定哪一天会为非法谋取财物、高位而跌得粉身碎骨,"至坠地死"。所以作者在寓言的后半,借题发挥说:

> 今世之嗜取者,遇货不辟,以厚其室,不知为己累也。唯恐其不积。及其怠而踬也,黜弃之,迁徙之,亦已病矣。苟能起,又不艾,日思高其位,大其禄,而贪取滋甚,以近于危坠,观前之死亡,而不知戒。虽其形魁然大者也,其名人也,而智则小虫也,亦足哀夫。(《蝜蝂传》)

"三戒"亦是针砭庸俗,力透纸背之作。小序说:"吾恒恶世之人,不知推己之本,而乘物以逞,或依势以干非其类,出技以怒强,窃时以肆暴,然卒迫于祸。有客谈麋、驴、鼠三物,似其事,作《三戒》。"寓言先写"麋"这种小野兽,从山中被抱回家以后,恃主人之宠爱,与家犬"抵触偃仆,益狎","忘己之麋也,以为犬良吾友"。后来竟忘了自己是什么东西的麋,"见外犬在道甚众,走欲与之戏"。而早已对其垂涎三尺的外犬"见而喜且怒,共杀食之,狼籍道上"。然而"麋至死不悟"。次写"黔之驴",其悲剧在于不会藏拙避短,只以"一鸣""一蹄",最终为老虎"断其喉,尽其肉"。其技与其"庞然大物"的外貌极不相称,作者评论说:"形之庞也类有德,声之宏也类有能。向不出其技,虎虽猛,疑畏,卒不敢取。"末写"永某氏之鼠",先前主人"畏日","爱鼠,不畜猫犬",始得侥幸,"昼累累与人兼行,夜则切齿斗暴";后来主人则"假五六猫,阖门撤瓦,灌穴,购僮罗捕之,杀鼠如丘"。

主人换了,客观条件变了,而老鼠把侥幸当成了必然,"彼以其饱食无祸为可恒也哉"。

《鞭贾》讽刺富家子被"鞭贾"愚弄,却夸耀于人。他所买的鞭,"视其首,则拳蹙而不遂;视其握,则塞仄而不植;其行水者,一去一来不能相承"。本50钱就够的劣等鞭子,"有富者子,适市买鞭,出五万,持以夸余"。《罴说》中,某猎人能学各种野兽啸叫的声音,他利用"鹿畏貙,貙畏虎,虎畏罴"的动物一物降一物的制约关系,获兽于一时。然而"罴闻而求其类,至则人也,捽搏挽裂而食之"。柳氏评曰:"不善内而恃外者,未有不为罴食之也。"春秋时智伯,"灭范、中行,志益大,合韩、围魏赵,水晋阳",卒抵于败(《设渔者对智伯》)。贪物贪财贪势,一切贪得者必自败,仅以柳氏寓言论,蝜蝂是也,腰系钱袋而渡河的"永之氓"与智伯也是也。

(二)抒孤愤,遣抑郁

柳宗元长期遭贬,悒郁终生,不平则鸣,抒孤泄愤,这是柳子许多诗文也是其多篇寓言的创作动机。柳宗元少有大志,因参与王叔文集团改革,先后贬永州10年、贬柳州5年,可谓抑郁终生。在余冠英、周振甫等主编的《唐宋八大家全集》(国际文化出版公司,1998年版)《柳宗元集》中,柳子这类寓言散文常加有编者根据创作背景的题解与原作者的自注。《骂尸虫文并序》题解曰:"公此文盖有所寓也。"《序棋》题解曰:"棋出公之新意,然观其末曰:'余墨者徒也,观其始与末,有似棋者。'故叙其谪居零陵时,间有以寓意焉耳。"寓言小说《河间妇传》题解中亦曰:"其文固有为而作也。"《谪龙说》言天间圣物不可犯也,题解曰:"盖有激而然者也。"这些作品或斥朝廷颠倒贤愚,如《起废答》;或责小人进谗以得势,如《骂尸虫文并序》;或愤世嫉俗,如《序棋》等。它们借物抒愤,带有浓郁的骚体色彩。宋祁曾言柳子:"贬永州司马,既窜斥,地又荒疠,因自放山泽间,其堙厄感郁,一寓诸文,仿《离骚》数十篇,读者咸悲恻。"[2]严羽说:"唐人惟柳子厚深得骚学,退之、李观皆所不及。"(《沧浪诗话》)

《起废答》中,听永州老人言该地之新鲜事:起用废弃的躄脚和尚与颡驹。"聚鬓老壮齿","相顾加进而言曰:今兹是州,起废者二焉",乃"东祠躄浮图,中厩病颡之驹"。诗人借此啼笑皆非之事,讽刺朝廷之颠倒是非,昏愦至极——无用的废人、废物被起用,而"俊杰廉悍""出入经史百子"的人才,却被长废弃不用。文末借老人之口,诉说自己长贬永州之抑郁,以责世道之昏聩。鬓老曰:

> 今先生来吾州亦十年,足轵成风,鼻知膻香,腹溢儒书,口盈宪章,包今统古,进退齐良,然而一废不复,曾不若躄足、涎颊之犹有遭也。

"尸虫"在作者看来,就是那些献谗诬陷害他人的小人,他们无所不为,防之不胜。题解中曰:"永贞季,公以党累贬永州司马。宰相惜其才,欲澡濯用之,诏补袁州刺史。其后谏官颇言不可用,遂罢。当时谗公者众矣,(作者)假此以嫉其恶也。当是谪永州后作。"文曰:"有道士言:人皆有尸虫三,处腹中,伺人隐微失误,辄籍记。日庚申,幸人之昏睡,出谗于帝以求飨。……吾意斯虫若果为是,则帝必怒而戮之,投于下土,以殄其类,俾夫人咸得安其性命而苟愿不作,然后为帝也。"(《骂尸虫文并序》)柳宗元被贬后,进谗与阻止他出仕的不仅有"谏官颇言不可用",且"平生向慕,毁书灭迹","落陷阱,不引一手救,反挤之,又下石焉",真是世态炎凉,人心叵测!

《序棋》言"置棋二十有四,贵者半,贱者半,贵曰上,贱曰下。咸自第一至十二,下者二乃敌一,用朱墨以别焉"。"既而抵戏者二人,则视其贱者而贱之,贵者贵之。其使之击触也,必先贱者,不得已而使贵者,则皆慄然惧焉。……彼朱而墨者,相去千万不啻。有敢以二敌其一者欤?余墨者徒也,观其始与末,有似棋者。"作者以下棋设喻,棋子红黑各半,两黑子才当一红子,动辄用黑子铺路,黑子与红子之间犹如低贱与高贵,区别辄然。其实棋子的颜色只是作者友人房直温随手涂抹的,"二乃敌一"也只是游戏规则。然而随手所抹棋子之颜色,往后竟造成它们境遇的天壤之别,柳宗元藉此抒发世道对自己命运捉弄与人生之不常。柳子从"少时陈力为公侯,许国不复为身谋",到"风波一跌逝万里,壮心瓦解空缧囚"(《冉溪》)。政治地位、生活境遇,一时跌入深渊之中。他曾说:

> 过洞庭,上湘江,非有罪左迁者罕至。又况逾临源岭,下漓水,出荔浦,名不在刑部而来吏者,其加少也固宜。(《送李渭赴京师序》)

(三)表世态,写人情

柳宗元遭贬后的境遇与人情冷暖,韩愈《柳子厚墓志铭》中言:"今夫平居里巷相慕悦,酒食游戏相征逐,诩诩强笑语以相取下,握手出肺肝相示,指天日涕泣,誓生死不相背负,真若可信。一旦临小利害,仅如毛发比,反眼若不相识,落陷阱不一引手救,反挤之,又下石焉,皆是也。此宜禽兽夷狄所不忍为,而自视以为得计。"柳子在《答问》中也说:"独被罪幸,废斥伏匿。交游解散,羞与为戚,平生向慕,毁书灭迹。他人有恶,指诱增益,身居下流,为谤薮泽……"用其诗句来说便是"沉灭全死地,流落半生涯。入郡腰恒折,逢人手尽叉"(《同刘二十八院长述旧言怀书事……》)。柳子遭贬还郡,逢人打躬作揖赔笑脸,虎落平原被犬欺。人情似纸,世事如棋。正是在身遭其事、见惯世态炎凉的基础上,柳宗元描状了充满爱意与仁心的鸷鸟"鹘"与识序相爱、遇险"推其弱者以免"的"猿",真切呼唤理解、温情与帮助。他在诗文中热情地写到自长安而来求师的韦中立,"不意吾子自京师来蛮夷间,乃幸见取"(《答韦中立论师道书》);对旧友曹侍御过广西象县所寄之信,则以最精美、最深情的文字为诗《酬曹侍御过象县见寄》(此诗唐人10首七绝压卷之作之一),表示由衷的感激:

> 破额山头碧玉流,骚人遥驻木兰舟。
>
> 春风无限潇湘意,欲采蘋花不自由。

禽鸟识仁义、重恩爱,柳文借长安一浮图所言故事曰:"冬日之夕,是鹘也,必取鸟之盈握者完而致之,以燠其爪掌。左右而易之。旦则执而上浮图之趾焉。纵之,延其首以望,极其所如往,必背而去焉。苟东矣,则是日也不东逐,南北西亦然。"(《鹘说》)意谓:冬夜鹘鸟必帮小鸟温暖爪掌,早上则执小鸟上塔顶放飞,并且目送它远远飞去,而当天这鹘绝不朝小鸟这个方向飞。作者叹曰:"呜呼,孰谓爪吻毛翮之物,而不为仁义器耶?是固无号位爵禄之欲,里间亲戚朋友之爱也,出乎毂卵,而知攫食决裂之事尔。"鹘鸟既有仁爱,又有刚义。杜甫在《义鹘行》中,写到"白蛇登其巢,吞噬恣朝餐"时,"斯须领健鹘,痛愤寄所喧。斗上掠孤影,噭哮来九天",以其义勇,终于战胜了强敌白蛇。托物寄情,诗文同理。

兽禽知爱,万物有情,杜甫《杜鹃》曰:"鸿雁及羔羊,识序如知恩","君看禽鸟情,犹解事杜鹃。"柳子《憎王孙文并序》通过猿与王孙两种不同猴的对比,表达对知爱、识序明礼的猿的钦慕,而对同类间互相排斥、自相残害、落阱下石的王孙其无耻行径表示鄙视。作者对比写道:"猿、王孙居异山,德异性,不能相容。猿之德静以恒,类仁让孝慈。居相爱,食相先,行有列,饮有序。不幸乖离,则其鸣哀。有难,则内其柔弱者。……王孙之德躁以嚣,勃诤号呶,虽群不相善也。食相噬啮,行无列,饮无序,乖离而不思,有难,推其柔弱者以免。""然则物之甚可憎,莫若王孙也,余弃山间久,见其趣如是,作《憎王孙》云。"寓言明斥王孙而实斥无恩、寡爱、悖礼的小人,其借喻作用十分明显。

《谪龙说》题解曰:"盖有激而然者也。""扶风马孺子言:在泽州,与群儿戏郊亭上。顷然,有奇女坠地,有光晔然,被弛裘白纹之裹。""贵游少年骇而悦之,稍相狎焉。奇女颓尔怒曰：'不可，吾故居钧天帝宫，下上星辰……帝以吾心侈大，怒而谪来，七日当复。今吾虽辱尘土中，非若俪也。吾复，且害若。'"龙为天地间圣物，凛然不可犯也。作者可能借以表自喻高节，不媚俗流。《河间传》寓言小说，内涵比较复杂。"河间"人名，本贤惠女子，族中无赖想诱其坏而不能。一次被恶少强暴，便一坏不可收拾，连街巷无赖闻其声都皱眉捂鼻子，不愿提到她。柳曰：夫妻已很亲密，"自败于强暴，诚服其利，归敌其夫犹盗贼仇雠，不忍视其一面，卒以计杀之。……朋友固如此，况君臣之际，尤可畏哉。"清人陆以湉曰："柳子厚《河间妇传》，遣词猥亵，昔人曾讥之。其文固有为而作者。"宋人胡寅言"子厚托讽淫妇人有始无卒者，以诋宪宗"，[1]584今人卞孝萱持此说。

二 艺术特色

柳子寓言，或为杂文式寓言，或为赋体寓言。所谓杂文式寓言就是有故事有主题，有叙有议，它直接为作者托事言理服务。其结构或小序加正文，如《三戒》《序棋》《鹘说》《设渔者对智伯》，也有虽无小序而在文末以片言只语加以点题的，如《罴说》《蝜蝂传》。所谓赋体寓言，一般前有小序概写主要情节或背景，正文用辞赋形式，以唱叹语调叙事达意，因其内容多写愤世嫉俗、孤愤怨尤，受《离骚》影响很深，也可称之"骚体寓言"。如《哀溺文并序》《憎王孙文并序》《骂尸虫文并序》《起废答》等。还有寓言小说，如《河间妇传》。柳宗元寓言具有贴近生活际遇、故事完整、体察细腻、立意精警等艺术特色。

首先，所见所感，就地取材。柳子寓言散文都取材于被贬永州后的所见所闻与所感。如"善游"的"永之氓""永某氏之鼠"、永州新被起用的"东祠矍浮图，中厩病颡之驹"等。永州多山，因而多野兽，又临近贵州，所以写到能学各种野兽叫声的猎人、"黔之驴"及猿猴与王孙等。耳闻目睹，随物感兴。还有的题材从历史掌故中来，如"设渔者对智伯"中的"智伯"；有的从传说故事中来，如《鹘说》，就受杜甫《义鹘行》《杜鹃》等诗的启发；《谪龙说》带神话色彩，"河间妇"则属小说中人物。

其次，故事完整，语言简洁。托事以言情喻理是寓言的重要特点，然此"事"须故事完整、情节曲折、耐人寻味，而语言简洁。没有生动完整的故事就犹如无得鱼之"筌"，没有深远的意蕴就像有筌而"无鱼"。柳宗元寓言使人得鱼忘筌，启人心智。黔驴技穷的先后经过、临江之麋与永某氏之鼠倚势而亡的始因结局。

永州善水之氓溺死的始末——"吾腰千钱,重,是以后","不应,摇其首","又摇其首,遂溺死",过程清晰,重要关节点都描写完整、准确、简洁。还有寓言小说"河间女"本良家女,受强暴后而日坏一日,至谋杀亲夫,常"日召长安无赖男子,晨夜交于门,犹不慊",成为彻头彻尾的淫妇,以至于连"是虽戚里为邪行者,闻河间之名,则掩鼻、蹙頞,皆不欲道也",故事一波三折。柳子寓言短篇短句,言简意赅。篇幅少只百多字,多也仅数百字。如《三戒》"临江之麋""黔之驴""永某氏之鼠",分别为 102、139、179 字,《蝜蝂传》亦只 167 字。

再次,体察细腻,抓住特征。如小虫蝜蝂,"其背甚涩,物积不散",又"行遇物,辄持取",而不是猴子摘玉米,必摘一个丢一个的特性。所以很符合那些贪财、贪势而不择手段者的特点。写善水性的"氓",因难舍身上的钱袋终致丧命,也描写得细腻真切:"永之氓咸善游。一日,水暴甚,有五六氓乘小船绝湘水。中济,船破,皆游。其一氓尽力而不能寻常,其侣曰:'汝善游最也,今何后为?'曰:'吾腰千钱,重,是以后。'曰:'何不去之?'不应,摇其首。有顷,益怠。已济者立岸上,呼且号曰:'汝愚之甚!蔽之甚!身且死,何以货为?'又摇其首,遂溺死。"(《哀溺文并序》)百字左右的小序准确、简洁描绘了"宁为财死"的"守财奴"形象,而告诉人们的道理是"身且死,何以货为?"

又次,立意精警,主观色彩浓郁。柳氏寓言都是有感、久思而作,作者感受并思考大千世界、纷繁世事中蕴含的事理、实质与真相,如"形之庞也类有德,声之宏也类有能",虚有其表的黔之驴;实价五十而"出价五万,持以夸余",且洋洋得意的富家子;"不善内而恃外",凭小技而终"为罴所食"的猎人;"出逸于帝以求飨"的尸虫,等等,在选择物象上便带有鲜明的爱憎情感。而且作者的立意常通过浓郁主观议论来揭示,亦有用小序揭示背景与主题,或叙事之后一句两句画龙点睛。如善水而因腰系钱袋而亡身的永州氓,柳子小序末点题并深化曰:"吾哀之,且若是,得不有大货之溺大氓者乎?"(《哀溺文并序》)使人透过字面上的嗜财溺身者,想到那些达官贵人、奸商大户为占有非法所得的"大货",而不择手段,终至身亡,如蝜蝂小虫一般。又如卖鞭的商人,以次充好,漫天喊价;买鞭者傻当阔老,买之不问二价,竟然还到处夸耀。作者引申到朝中奸巧小人,"今之梲其貌,蜡其言,以求贾于朝",其结果害人害国,"恶有不折其用而获坠伤之患者乎?"又如《蝜蝂传》的后段与《三戒》的小序等,都是点睛点题、发人深省之笔。

元人虞集曰:"子厚精思于窜谪之文,然后世虑销歇,得发其过人之材、高世之趣于宽闲寂寞之地,盖有惩创、困绝而后至于斯也。"(《道元学古录》卷 31)金华先生程子山亦曰:"前辈谓退之、子厚皆于迁谪中始收文章之极功,盖以其落浮夸之气,得忧患之助,言从字顺,遂造真理耳。"(《河东集叙说》)[3]10柳宗元寓言,以体物之切,察事之深,故事完整、内涵丰富,形象生动,立意精深,语言简洁,而在柳宗元散文、唐代散文,乃至于中国古代寓言、古代散文中别具一格。

参考文献:

[1]余冠英,周振甫,启功,傅璇琮等.唐宋八大家全集·柳宗元集:第1册[C].北京:国际文化出版公司,1998.

[2]宋祁,欧阳修.新唐书·柳宗元传[M].北京:中华书局,1975.

[3]转引自尚永亮.柳宗元诗文选评[M].上海:上海古籍出版社,2003.

(原载 2008 年第 9 期,作者单位:湖南科技学院)

柳宗元赠序文中的明道思想

✳ 宋瑞婷　邓　佳

一　柳宗元的赠序文概况

　　赠序文,是一种古代散文文体,中唐是赠序文发展的成熟期。作为中唐古文运动主要旗手的柳宗元在创作这种文体上做出了突出的贡献,章士钊等学者非常看重柳宗元赠序文,如在《柳文指要》中赞扬柳宗元赠序文"以诗书为冠冕,词美意重[1]693;庄严典重,气亦激昂,自是序中高品[1]697;笔力健举[1]703等"。其赠序文创作在时间上贯穿其文学创作的主要生涯:笔者据施子愉《柳宗元年谱》统计,长安时期柳宗元赠序创作 19 篇,永州时期 22 篇,柳州时期 5 篇。详情如下:

　　长安时期(773 - 805);贞元年间(19 篇)。具体是:贞元 8 年:《送苑论登第后归觐诗序》;贞元 10 年:《送崔群序》;贞元 12 年:《送萧炼登第后南归序》;《送邠宁独孤书记赴辟命序》作于邠宁;13 年:《送元秀才下第东归序》;《送辛殆庶下第游南郑序》;15 年:《送独孤申叔侍亲往河东序》;《送文畅上人登五台遂游河朔序》;《送杨凝郎中使还汴宋诗后序》;17 年:《送班孝廉擢第归东川觐省序》;18 年:《送从兄偁罢选归江淮诗序》;20 年:《送韩丰群公诗后序》;《送薛判官量移序》《送宁国范明府诗序》;未能确定具体年份的:《送从弟偁罢选归江陵序》;《送幸南容归使联句诗序》;《送豆卢膺秀才南游序》;《送严公贶下第归兴元觐省诗序》;《送睿上人归淮南觐省序》;《送蔡秀才下第归觐序》;《送辛生下第序》。

　　永州时期(805 - 815);元和十年前(22 篇)。具体是:3 年:《同吴武陵赠李睦州诗序》;《送娄图南秀才游淮南将入道序》;《送赵大秀才往江陵谒赵尚书序》;4 年:《送薛判官量移序》;《送南涪州量移澧州序》;《送内弟卢遵游桂州序》;5 年:《送李判官往桂州序》;《送从弟谋归江陵序》;6 年:《送元暠师序》;《送巽上人赴中丞叔父召序》;7 年:《送崔子符罢举诗序》;9 年:《送易师杨君序》；未能确定具体年份创作于永州的赠序：《同吴武陵送前贵州杜留后诗序》；
《送薛存义序》；《送濬序》；《送徐从事北游序》；《送诗人廖有方序》；《送琛上人
南游序》；《送元十八山人南游序》；《送文郁师序》；《送玄举归幽泉寺序》。

柳州时期(815－820)：元和十年后(5篇)。具体是：10年：《送表弟吕让将
仕进序》；11年《送李渭赴京师序》；12年：《送僧浩初序》；14年：《送方及师序》；
《送贾山人南游序》。

以上共计46篇，不仅创作数目引人注目，而且题材丰富：其赠序文除了赠别
亲朋师友外，还有青年学生、官员、方外人士和隐居人士四类致赠对象。柳宗元
在赠序文中不仅抒发离别之情，还会阐明丰富的思想：如对青年学生，《送濬序》
中表达出了"敬宗收族"思想等；对官员，《送薛存义序》中阐释了"官为民役"思
想等；对方外人士，《送文畅上人登五台遂游河朔序》体现了"统合儒释"思想，而
对隐居人士，《送贾山人南游序》中则歌颂了其融会贯通经史子集、不追求功名
利禄的精神境界。除此之外，尤其值得注意的是他赠序文中随处可见的古文理
论主张，下面笔者将对柳宗元赠序文中的"文以明道"思想做详细阐述。

据施子愉《柳宗元年谱》考证，柳宗元最早的赠序文为贞元九年进士登第时
写的《送苑论登第后归觐诗序》。[2]98贞元九年，韩愈在《争臣论》中写道："君子
居其位，则思死其官；未得位，则思修其辞，以明其道。我将以明其道也。"[3]146这
年，韩愈第一次明确提出了"文以明道"这个概念。柳宗元作为韩愈"古文"理论
的积极响应者和支持者，其"文以明道"的主张，是被贬谪永州司马，即元和元年
(806)之后逐步确立起来的，要晚于韩愈。柳宗元在元和元年前即在长安时期
的赠序文创作多达19篇之多，所以柳宗元的赠序文在其"文以明道"理论提出
前已经开始创作并且是大量创作。

二　赠序文中儒者形象的塑造

柳宗元在《答韦中立论师道书》中提出了其"文者以明道"的见解。并且还
说："本之《书》以求其质，本之《诗》以求其恒，本之《礼》以求其宜，本之《春秋》
以求其断，本之《易》以求其动：此吾所以取道之原也。"[4]871柳宗元在谈论写作
时标榜五经，明确提出《书》《诗经》《礼记》《春秋》《易》为取道之原，他的道主要
是儒家之道。柳宗元赠序中的致赠对象多是富有儒者风貌的君子形象。

作于长安时期，即其古文运动理论未形成以前的赠序文。如作于贞元十年

的《送崔群序》:"清河崔敦诗,有柔儒温文之道,以和其气,近仁复礼,物议归厚,其有禀者与? 有雅厚直方之诚,以正其性,悫论忠告,交道甚直,其有合者与? 是故日章之声,振于京。"[4]588 贞元十二年的《送萧炼登第后南归序》:"其乐嗜经书,慕山薮,凝和抱质,气象甚茂。观其德,如九江之拜,视其道,如泽宫之遇,窥其质,如陋巷之会。君子志正而气一,诚纯而分定,未尝摽出处为二道,判屈伸于异门也。固其本,养其正,如斯而已矣。吾兄先觉而守道,独立而全合,贞确端懿,雅不羁俗,君子之素也。"[4]602

他的古文运动理论逐渐形成在永州时期的赠序文。如《送内弟卢遵游桂州序》"遵,予弟也。广而不肆,巽而不愗。孝敬忠信之道,拳拳然未尝去乎其中,盖由其中出者也。浸润以《诗》《易》,动摇以文采"[4]636。《同吴武陵送贵州杜留后诗序》中用"好古书百家言,洋洋满车,行则与俱,止则相对,积为义府,溢为高文。悫而和,肆而信,岂《诗》所谓抑抑威仪,惟德之隅者耶?"[4]553

柳宗元赠序文中的人物形象描绘具有较强的文学性,他运用灵活多变的艺术手法来描写人物。通过化用《论语》《中庸》等中的"'克己复礼为仁','君子之道,暗然而日章','在陋巷,人不堪其忧,回也不改其乐'"等典故,赞扬他们近仁复礼,有日章之声,如陋巷之会;通过排比句式对人物的"德""道""质"进行精雕刻画。通过把德比喻为九江之拜,道比喻为泽宫之遇,展现人物的内在修为。另外,描写人物时的语言长短不一,参差错综,骈散结合,加强了赠序文的节奏美。柳宗元用简洁明净的文字,把人物刻画的品德特征精严传神。总之,描写人物时无论是写官员,还是青年学子,柳宗元基本都会提到他好古书,身上有柔儒温文之道,君子的仁、义、礼、智、信,温、良、恭、俭、让,温柔敦厚,孝悌务本,文质彬彬为他欣赏,可见他在文中对儒家之道的践行,同时也可见他对君子形象的向往之情。

三　赠序文中"明道"思想的体现

(一)理论表现

柳宗元"文以明道"的主张比较明确的表述是在《报崔黯秀才论为文书》中"道假辞以明,辞假书而传,要之道而已耳。道之及,及乎物而已耳,斯取道之内在者也"[4]886。可见他"文以明道"中的"道",是指文学作品的内容,是要用古贤之"道"指导创作实践,他更为重视文章所阐明之"道"的现实性,文章是用来"明道"的,在文中要用"明道"指导"及物",即文也要有及物之用的。他要在文中阐发他的政治主张、人生理想,强调文章的匡时济世的社会功用。贬谪永州后,在《答吴武陵论非〈国语〉书》中,柳宗元说自己在长安从事政治活动的时候,不甚重视文章,"意欲施之事实,以辅时及物为道"遭贬斥后,深感"辅时及物之道,不可陈于今,则宜垂于后",故更多的从事于文章创作。[5]235 可见,在抱负和现实的矛盾中,他觉得"辅时及物"之道在现实生活中不起作用,要要更多的从事于文章,借文以垂后世。

在他贬谪永州后的赠序类文章中,会看到他强调"辅时及物"的重要性。如《送徐从事北游序》:"苟闻传必得位,得位必以《诗》《礼》《春秋》之道,施于事,及于物,思不负孔子之笔舌。能如是,然后可以为儒。"[4]660 这是,柳宗元对儒家经学思想的理解,同样也是在对朋友的祝愿与希望,给徐从事提出在闻传得位以后,要把《诗》《礼》《春秋》之道落到实处,即勉励朋友既要诵读经文,又要紧跟时代步伐,在现实中实现圣人之道。甚至在柳宗元人生没落的晚年即贬谪柳州时期,他嗜爱儒书的表弟吕让进士及第之后拜见柳宗元,问"道不可特出,功不可徒成,必由仕以登,假辞以通,然后及乎物也。吾将通其辞,干于仕,庶仕吾道,愿一决其可不可于子何如?"柳宗元答:"道不误矣,勤而不忘,斯可也;怠而忘,斯不可也。"[4]638 他勉励吕让勤而不殆,继续发奋刻苦,才能更好的践行"辅时及物"之道。从吕让提出的问题中,可以推论出柳宗元的"辅时及物"观已经在青年学子间广泛流传,青年学子开始以此为木铎。

(二)创作实践

柳宗元赠序文中具有广泛的现实社会内容,不只是叙友谊、表离别,更多的是由人来写事,把人放在社会环境中,反映中唐社会的矛盾及政治弊端。柳宗元主张国家统一、反对藩镇割据,他写出了《送杨凝郎中使还汴宋序》《送邠宁独孤书记赴辟命序》。在《送杨凝郎中使还汴宋序》分析怎么样统驭藩镇问题,指出了"以藩制藩"的危害,并提出对藩镇要威怀两施,纳为腹心的办法,加强朝廷权威,求得国家统一。

柳宗元揭露吏治腐败、赏罚不公,他写出了《同吴武陵赠李睦州诗序》《送宁国范明府诗序》《送薛判官量移序》《送南涪州量移澧州序》。如《送南涪州量移澧州序》中南承嗣为涪州刺史时,西川节度行军司马刘辟反,南霁云"昼不释刃,夜不释甲"拼死御敌,但刘辟被评定后,许多参与谋反的人被释放,而南承嗣却被刀笔之吏污蔑为没有及时御敌,贬谪永州。柳宗元为南霁云的不公遭遇鸣不平,揭露朝廷的赏罚不公。

柳宗元揭露科举制度弊端,他写出了《送崔子符罢举诗序》《送辛生下第序略》《送韦七秀才下第求益友序》。《送韦七秀才下第求益友序》和《送辛生下第序略》这两篇赠序文是写的两个极端:韦中立是违反社会趋势、依靠真才实学下第,而辛殆庶是因顺应社会风气,投献诗文,取得名声落榜。在唐代,读书人要想谋取官位,近身到统治集团中,从不外乎两种办法:一是仰仗有权势的公卿推荐,参加科举考试,由下而上;一是依附统治集团的"知名人士",直接依靠他们提拔,弄得一官半职。这就牵涉到科考制度的弊端问题。[6]18他们二人前后被摈落下第,都是因为奖借浮华奔竞之风,但情境绝异。柳宗元以其间委曲着笔,对有真才实学的辛殆庶和韦中立被屏落下第抱同情的态度。

柳宗元反对官员对人民的横征暴敛,阐释"官为民役"的政治主张,写出了《送薛存义之任序》。在《送宁国范明府诗序》中范明府提出了"官为民役"的主张,作者欣赏范明府这种主张,在《送薛存义之任序》中进一步进行了阐释:"凡吏于土者,若知其职乎?盖民之役,非以役民而已也。凡民之食于土者,出其十一佣乎吏,使司平于我也。今我受其直怠其事者,天下皆然。岂唯怠之,又从而盗之。向使佣一夫于家,受若直,怠若事,又盗若货器,则必甚怒而黜罚矣。以今天下多类此,而民莫敢肆其怒与黜罚,何哉?势不同也不同而理同,如吾民何?有达于理者,得不恐而畏乎?"[4]615文词质朴,但却深刻有力。柳宗元送薛存义上任,并不是表达对朋友的一番赞美的客套话或是抒发离愁别绪,而是一步步地揭露及批判了"官"和"民"之间的现实关系,有力地鞭笞了当时扰民残民的贪官污吏,表达对暴政的不满和对人民疾苦的关心。

由上可以得出,柳宗元赠序文中展示了中唐社会的真实画面,从对朋友的赠言中,一个忧国忧民、正直磊落的君子形象展现在我们面前。根植于儒家对道德追求的理想,柳宗元将其与现实民生相结合,关心时政,批判社会弊病,体现出他古道热肠的儒者风貌。柳宗元的道是集儒家的修身齐家治国平天下之道,其赠序文中用"明道"思想指导"及物",使我们对当时的社会现实有了清醒的认识,同时,也可以看出官场一生失意的柳宗元,思想上并未消沉,以他冷静的批判力观察着这个世界,从而也透露出他施展抱负而不得,只能以文字诉诸于后世的无奈。

四　余论

孙昌武先生在《柳宗元传论》中提到《送苑论登第后归觐诗序》《送幸南容归使联句诗序》《送豆卢膺秀才南游序》等赠序,早期柳未形成自己的古文理论前作的,思想较为浅薄,且未脱离骈文体制。[7]60 笔者并不这样认为。吴文治先生在《柳宗元评传》中写道:唐代的科举考试科目,但"士族所趣向,唯明经、进士二科而已"。明经主要考试《孝经》《论语》等儒家经籍;进士则除经义之外,还要考诗、文和赋。因为进士出身的人比较容易为统治者器重,进士一科为当时读书人竞相追逐。[6]19 可见柳宗元早期的文章由骈文写成和他当时努力考进士科有关。章士钊先生《柳文指要》中说:"《送苑论登第后归觐诗序》虽少作,而其中名言络绎,要自金贵,如'执谊而固,临节不夺,在兄而已',数语吾生平不忘"。[1]689 所以孙昌武先生说柳宗元早期的文章未脱骈文体制是对的,但说这些早期创作的赠序思想浅薄就值得商榷了,柳宗元的赠序文一直都承载着道,只不过与其古文理论形成后相比重视程度不同罢了。如《送豆卢膺秀才南游序》文中,柳宗元勉励豆卢膺加强修养:"'君子病无乎内而饰乎外,有乎内而不饰乎外者。无乎内而饰乎外,则是设覆为阱也,祸孰大焉;有乎内而不饰乎外,则是焚梓毁璞也,诟孰甚焉! 于是有切磋琢磨镞砺栝羽之道。圣人以为重。''吾愿子以《诗》《礼》为冠履,以《春秋》为襟带,以图史为佩服,琅乎? 璜之响发焉,煌乎山龙华虫之采列焉,则揖让周旋乎宗庙朝廷斯可也'。"[2]606 章士钊评此文在赠序中最有斤两,以诗序为冠冕一段,词美而含义亦重。[1]693 柳宗元要豆卢膺以五经为取道之原,广泛学习前人的写作经验,充实自己的文质,才能胜任朝廷的职位。这时的柳宗元已经意识到用"文质彬彬"的写作风格来规范与指导,已经重视到文学"明道"的社会作用,也重视到了文学作为道的载体的功能。通过以上分析,柳宗元在长安时期写的赠序文也在不自觉的践行着"明道"的思想,无论是"辅时及物"之道还是对赠序对象的已标举出的儒家之道评价标准。如前面提到的《送崔群序》《送邠宁独孤书记赴辟命序》《送严公贶下第归兴元觐省诗序》《送杨凝郎中使还汴宋诗后序》等都是作于长安时期。

综上所述,柳宗元将其倡导的古文创作理论充分运用到自己的赠序文创作中,贯穿于他长安、永州、柳州三个时期的创作。柳宗元赠序在实现赠序叙离别、表友情的基本功能的同时,表现出他明确的明道思想,并且这种思想在道别赠致对象的情境中有多方面的表述,注入了其政治观、文学观、人生观等,表现了鲜明的是非评判标准,使其具有深刻的社会思想内容。由此可以说,他的赠序文无论在数量上还是质量上都达到一个新的高度。

参考文献:

[1]章士钊.柳文指要[M].北京:中华书局,1971.

[2]施子愉.柳宗元年谱[J].武汉大学学报,1957,(4).

[3]余冠英,等.唐宋八大家全集[M].北京:国际文化出版公司,1997.

[4][唐]柳宗元.柳宗元集[M].北京:中华书局,1979.

[5]顾易生,王运熙主编.中国文学批评史新编[M].上海:复旦大学出版社,2006.

[6]吴文治.柳宗元评传[M].北京:中华书局,1962.

(原载 2013 年第 3 期,作者单位:宁夏大学/重庆大学)

清峻高洁的羁旅之情
——柳诗探幽

�֍ 吕国康◆

  柳宗元《湘口馆潇湘二水所会》《登蒲州石矶望横江口潭岛深廻斜对香零山》两诗,是山水诗的佳作,均以永州潇湘二水汇合处的风光为描写对象,各有侧重,抒发了羁旅之忧思,显示清峻高洁的宽阔胸怀,呈现内心情感的细微波动。关于诗的描写对象、写作时间、艺术风格等,均存在歧义,需深入研究,寻找真谛。

  先看诗的描写对象。第一首的"湘口馆",何书置先生说"湘口馆即在潇湘二水汇合的蘋岛上"[1]295。杨竹邨先生注释为"湘口馆在潇水入湘处"[2]14。王国安《柳宗元诗笺释》引《明史·地理志》:"零陵北有湘水,经城西,潇水自南来合焉,谓之湘口,有湘口关。"《清一统志·湖南》载:"湘口关在零陵县西北潇湘二水合流处。"《读史方舆记要·湖广》载:"今为湘口驿,《会典》有湘口水驿";永州文史学者刘继源先生认为:湘口馆"不是发蒙读书的学馆,而是驿馆";"湘口馆最可靠的遗址应定位于二水合处之东岸上"[3]214。刘说准确可信。我国古代从京城到全国各地,在重要水陆交通干线沿途均设有驿站。站内建有馆舍,专供来往官吏、商旅途中住宿用,相当今之招待所、宾馆。明代徐弘祖游永州,他在《楚游日记》中写道:"潇之东岸即湘口驿,有古潇湘祠,祀舜帝之二妃。"[4]199唐代时,在蘋岛上建有潇湘二妃庙,后毁于大火,元和九年(814)迁至东岸重建。徐所见属实,也可佐证刘说。第二首的"蒲州""香零山"所指,更是莫衷一是。《清一统志·湖南》:"蒲州在(零陵县)东南六里蒲江之涯。"又:"香零山在县东潇水中,山中所产草木,当春皆有香气。"注家多以此为注。刘继源先生经过考证,认定"柳诗中的蒲州即今蘋洲或浮洲。香零山即蒲州石矶斜对面、潇水东岸潇湘驿背后,古时建有潇湘祠的那座山。潭岛是蒲州南方横亘于湘江口内的大砂碛"[1]210。而地方志及注家所提的"香零山"实为香炉山。徐弘祖《楚游日记》载:"(三月十三日,自朝阳岩)下舟湘江,渐折而东七里,至香炉山。山小若髻,独峙于西岸。山,江中乃石骨攒簇而成者。其上佳木扶摇,其下水窍透漏。最可异者,不在江之心,三面皆沙碛环之,均至山足,则决而成潭,北西南俱若界沟。"香炉山位于潇水与芜江相汇处,芜江又称茆江。柳宗元在《袁家渴记》开头说:"由朝阳岩东南水行,至芜江,可取者三,莫若袁家渴。皆永中幽丽奇处也。"可取者应包括香炉山。芜江由北而东折向南注入潇水。赵卫平先生发现的民国十七年(1928)瑞梅堂刊本《莫氏族谱》,族谱印有"永州府图",在城东潇水河中的小岛标明香炉山。导致香零山与香炉山张冠李戴的原因与明末清初的狂狷儒士易三接有关。他受聘撰写(康熙九年)《永州府志》,在《山川志》中写道:"香零山在城东。柳子厚尝登蒲州石矶以望之。"[5]261 "蒲州在城东六里,潇水之涯。唐柳司马尝登石矶以望之。"[5]269将香零山与蒲州混为一谈。由于潇湘古镇的衰落,明代潇湘庙的迁址,清代中后期将"香零烟雨"列入永州八景,故将香零山取代了香炉山,以讹传讹,流传至今。蒲州因香蒲草遍布岛边而得名。蒲与浮同音,俗称浮洲。又因周围多长蘋草,又称蘋洲、蘋岛。蘋岛位于零陵城北 4 公里的潇湘二水汇流处,长 310 米,宽 145 米,环绕一周约 600 余米。

两诗均有两个及两个以上的描写对象,第一首是湘口馆、潇湘二水,第二首是蒲州、潭岛、香零山。为什么要标出众多对象? 一般认为是受谢灵运的影响。谢的《于南山往北经湖中瞻眺》《登永嘉绿嶂山》《游赤石进帆海》等诗,精确交代诗人所游路线及所记山水的具体方位,作为纪游诗的引子,为读者导游。陈衍指出:"柳州五言刻意陶、谢,兼学康乐制题,如《湘口馆潇湘二水所会》《登蒲州石矶望横江口潭岛深廻斜对香零山》等题,皆极用意。"(《石遗室诗话》卷四)我认为,诗中的两至三个对象即景象,可以起到参照、对比的作用。按照"参考系"的定义:"为确定物体的位置和描述其运动而被选作标准的另一物体或物体系。也叫参照系、参照物。"从写作的角度,可以看成"衬垫",防止景观平实太直,一览无余,用景物来旁衬,显得丰富多彩。也如周振甫所言"衬垫好比不让水直泻下去,所谓'走处仍留,急语须缓';衬跌好像把水闸关住,让水位提高了再跌落下去,就更有力。"[6]168也可以看成视点的变换,即所谓移步换景。以第一首为例,先在潇湘二水之滨观景,后移至岸上湘口馆俯看,视点不同,景象变幻。

《湘口馆潇湘二水所会》

九疑浚倾奔,临源委萦廻。会合属空旷,泓澄停风雷。高馆轩霞表,危楼临山垲。兹晨始澄霁,纤云尽褰开。天秋日正中,水碧无尘埃。杳杳渔父吟,叫叫羁鸿哀。境胜岂不豫,虑分固难裁。升高欲自舒,弥使远念来。归

　　流驰且广,泛舟绝沿洄。

柳宗元在永州的游览,不外乎两种方式,或陆上步行,或水上行船,但一到幽奇处,则驻足观赏,出神入化。该诗描写湘口馆潇湘二水所会处的风光,视点先在水边,湘口馆为景点之一,后转换角度,登上湘口馆俯瞰潇湘二水,展现一幅立体画卷。开篇省略了旅途的过程,既未交代时间,也未点明陆行还是泛舟。开门见山,前四句直写潇、湘二水汇合的空旷:江面辽阔,波平涛息。从近景想象二水发源、奔流不息的远景。点明潇水发源于九疑山,湘水来自广西兴安县海洋山(临源)。泓指水深,澄指水清,泓澄言江面平静深广。风雷,形容波涛汹涌的浪涛声。接着视角再转向湘口馆,高楼依山而建,耸于云霄之外。霞指早霞,也说明时间为早晨。"兹晨始澄霁,纤云尽褰开。"进一步点明久雨初晴的早晨,云开日现,天色晴朗。这四句的画面显得十分开阔,水面的宽广、平静,高楼的屹立,霞光的映照,互相衬托,映入眼帘,气势博大,精刻工致。"天秋日正中,水碧无尘埃。"目光又落到江面,秋高气爽,阳光灿烂,碧水荡漾,一尘不染。像剥笋一样,层层递进,进一步点明时间、季节,从早晨至中午,时光已过去半天,诗人陶醉于秋水共长天一色的美景。前五联均为上半幅,主要描写潇湘二水所汇处及湘口馆的景物。那么,后四联八句自然是即景抒怀。"杳杳渔父吟,叫叫羁鸿哀。"这两句是转折,既是写景又是抒情。此中"羁鸿"的哀鸣,使江上"渔父"之"吟"便也有了悲音,这悲音发自诗人的心底,是贬谪的心弦拨动产生的羁恨。"渔父"自然有着屈原《渔父》"落泊落拓"的影子。羁,拘束;鸿,大雁。"羁鸿"这一意象是迁客的化身。"境胜岂不豫,虑分固难裁。"豫,安乐、快乐。虑分,忧虑之情。裁,抑制。美好的风光景物难道不使人感到快乐?忧虑之情因胜境而得到一些分散,但根深蒂固的忧患则难以抑制。"升高欲自舒,弥使远念来。"直抒胸臆,递进一层。诗人上岸登上湘口馆的高楼凭栏远眺,打算舒展一下愁绪,却更加引起去国怀乡的思念,流露出"暂得一笑,已复不乐"的心情。"归流驶且广,泛舟绝沿洄。"沿,顺流而下;洄,逆流而上。凝视潇湘,放眼远望,渴望由永州回归长安,顺水行舟,随广阔的江流北去。但这仍然是空怅望而已,只得乘船逆流而上,返回愚溪草堂。结尾才说明是乘船观游。结句中,诗人思归的愁苦,重返朝廷为国效力的美好愿望均在不言中。汪森《韩柳诗选》说:"柳先生诗其冲淡处似陶,而苍秀则兼乎谢。至其忧思郁结,纤徐凄婉之致,往往深得于楚骚之遗,亦诗歌之雄杰也。"这涉及柳诗的继承关系,主要受陶、谢、屈的影响,这是对的。从思想感情而言,"柳诗长于哀怨,得《骚》之余意"(沈德潜《唐诗别裁集》第61页)。

具体表现为"忧思郁结,纡徐凄婉之致。"柳的"哀怨"与屈原"忠而被谤,能无怨乎"的"怨"是一脉想承的。该诗在写作上是学谢？还是近陶？徐翠先教授说:柳"在永州的记游诗较多,但主要是学谢,近陶的有《湘口馆潇湘二水所会》《南涧中题》《秋晓行南谷经荒村》等"[7]43。尚永亮、洪迎华引近滕元粹所言"闲旷之景,叙来如见,宛然一幅活画",认为"这种对景物的着力刻画,正表现出和谢诗一样的精刻、工致之美。不同的是,此诗所写皆高远之景,如高楼、纡云、江天等,故显得境界开阔,气势博大"[8]27。学谢是主要的。从语言的角度,以律诗写古体,对仗工整,朗朗上口,与"才高词盛"的谢追求对偶工稳、雅练整饬各具特色。正如尚、洪所言:"由于柳宗元兼学陶、谢之长,他诗中的对偶句不如谢诗那样密集,而又有陶诗自然疏淡的一面。汪森《韩柳诗选》点评此诗云:"'柳州山水文字最有会心,幽细澹远,实兼陶谢之胜。'实为确论。"[8]28至于写景"境界开阔,气势博大"不同于谢诗,说的不太准确,谢的《入彭蠡湖口》《游赤石进帆海》等诗描写的场景、气势也是十分壮阔的。此诗在写作上还有两个特点:一是写得凝炼集中。省略了半天观游中的诸多景物,连湘口馆对岸的蘋岛——潇湘八景之一的"潇湘夜雨"的原生地也省略了。这比画家要高明许多。这与《永州八记》没有为朝阳岩写记,没有提及香炉山一样,柳对于司空见惯的景物,不愿再花笔墨去勾勒,而对于被人忽视的幽奇处则精心刻划,寻觅与心灵沟通之妙境。二是在抒情上达到炉火纯青、水乳交融的境界。时间是慰藉心灵的良药。诗人的"虑分""远念",正是无辜被贬、有志难伸的愤懑和痛苦,只是大自然的宁静让其沉潜在了心底。渔父的歌吟,羁鸿的鸣叫,才打破平静,激起心底的波澜。诗人的情感与贬永初期那种惶恐、内疚、愤恨的心态有所不同,比起元和三年(808)"投迹山水地,放情咏《离骚》"的激愤之情要深沉、老到得多,"怨而不怨,不怨而怨"。正如《唐风定》评点:"悲凄婉曲,音旨哀绝,而不忿怼叫噪之气,所以得风人之正也。"此诗属于搬迁愚溪草堂后的作品,约写于元和五年,贬永后期诗人已近不惑之年,视野更加开阔,心态自适,较为舒展自如。

《登蒲州石矶望横江口潭岛深廻斜对香零山》

隐忧倦永夜,凌雾临江津。猿鸣稍已疏,登石娱清沧。日出洲渚静,澄明晶无垠。浮晖翻高禽,沉景照文鳞。双江汇西奔,诡怪潜坤珍。孤山乃北峙,森爽栖灵神。洄潭或动容,岛屿疑摇振。陶埴兹择土,蒲鱼相与邻。信美非所安,羁心屡倰巡。纠结良可解,纡郁亦已伸。高歌返故室,自调非所欣。

开头交待出游的缘由,点明时间地点:"隐忧倦永夜,凌雾临江津。"被贬谪的深忧令人彻夜难眠,非常疲倦,清晨,冒着雾气来到江边渡口。隐忧,出自《诗·邶风·柏舟》:"耿耿不寐,如有隐忧。""猿鸣稍已疏,登石娱清沦。"这时林中的猿声已经稀疏了,我登上蒲洲岛边突出的岩石。望着水面清流泛起的层层微波,感到心旷神怡。这四句为全诗第一层,写黎明时分来到蒲洲登上石矶观景。接着十二句为第二层,集中描写所见的美景。"日出洲渚静,澄明晶无垠。"太阳冉冉升起,湘江口的沙洲格外宁静,日光和水波相映,一片澄澈明亮,漫无边际。使人联想谢灵运的"云日相辉映,空水共澄鲜"(《登江中孤屿》)。"浮晖翻高禽,沉景照文鳞。"水面浮光闪耀,鸟儿翻飞直上高空;阳光透射水中,倒映出游鱼的美姿。近藤元粹评点此二句"警联妙绝,浮晖句五平,唐人古诗不拘声律如此"(《柳柳州集》)。"双江汇西奔,诡怪潜坤珍。"双江指潇、湘二水。徐弘祖《楚游日记》载:"潇之东岸即湘口驿,有古潇湘祠,祀舜帝之二妃。由祠前载潇水而西,盘龙尾面入湘。湘口之中有砂碛中悬,丛木如山,湘流分两派潆之,若龙口之含珠。"[4]199坤珍,象徵大地的符瑞。《后汉书·班固传》:"于是圣皇乃握乾符,阐坤珍。"李贤注:"乾符、坤珍,谓天地符瑞也。""这两句说:潇水与一股湘水汇合,再从蒲洲西边的河流注入湘江,怪异的江水中潜藏着大地的珍宝。"孤山乃北时,森爽栖灵神。""孤山"指香零山。《柳河东全集》注"孤山即指香零山"是正确的。北時为古代五時之一,汉代祭祀天地五帝之处。诗中代指潇湘二妃庙。森爽,森严明朗。灵神,指舜之二妃娥皇、女英。屈原《楚辞》云"九疑缤兮并迎,灵之来兮如云"。相传"二妃从征,溺于湘江,神游洞庭之渊,出入潇湘之浦"(《水经注·湘水》),成为湘水之神。这两句说:位于潇水东岸的香零山,俨然是汉代的北時;山上森严明朗可栖灵神,有供奉舜帝二妃的潇湘祠。"洄潭或动容,岛屿疑摇振。"永州文史学者赵卫平经实地考察,在《回眸潇湘古镇香零山》中认为:"洄潭却不在蒲洲左近,能够令人动容的,即是西岸第二崖下的山溪水口,即洄流之域在溪口,动容之域在深潭,由于重重波浪冲撞高岩怪石,发出一种沉闷的激水回声,回环不绝。"那蒲洲也因此产生"随波浮动"的振动形象。"陶埴兹泽土,蒲鱼相与邻。"石矶下的西岸滩涂的土质很好,适合烧制砖瓦;蘋岛江边有蒲草和鱼相伴,若居住在此处该是舒适不已。描写细致具体,动静相间,曲折无穷,令人神往。读到这里,使人想起柳的自述"穿池可以渔,种黍可以酒,甘终为永州民"(《送从弟谋归江陵序》)。似乎有陶渊明的影子。最后六句为第三层。"信美非所安,羁心屡逡巡。"王粲《登楼赋》:"虽信美而非吾土兮,曾何足以少留。"信美,确实美好。逡巡,有顾虑而徘徊或退却。这两句说:这里虽然风景优美,但终非我安身之处,贬谪的愁苦,经常在我心中萦回,故心神不定。"纠结良可解,纡郁亦已伸。"纠结,缠绕着的绳结。纡郁,郁结。刘向《九叹·忧苦》:"愿假簧以舒忧兮,志纡郁其难释。"这两句说:缠绕着的绳结如果能够解开,那么,我心中的郁结也就可以舒展。意即:绳结不可解,我心中的郁结也同样解不开。遭贬的残酷打击,伤痕无法彻底抚平,怨恨潜伏在心底。观游的快乐转移了注意力,兴奋的波浪又搅动了心存的怨恨,忧乐杂揉,彼此起伏。《韩柳诗选》评价说:"子厚山水诗极佳,然每篇之中必见羁宦迁谪之意,此是胸中所积,不可强者。"这是很中肯的。"高歌返故室,自惘非所欣。"惘,欺骗。最后两句,我真想高唱着歌儿,返回长安故里,我不想自欺欺人,说不想回去的话。这一层借景抒发感慨。柳宗元祖籍山西永济,但生在长安,长在长安,长安有他的"故园"、亲故,长安是他步入政坛施展才华的地方,是他的真正故乡。诗人认为蘋岛这块地方虽好,终非长期安身之所,故迫切盼望放声高歌返回长安,为国为民再干一番事业。结尾与前诗迥然不同,基调高昂,透露的重要信息是,他或许已接到皇帝的诏令,即将踏上重返京城的归途,字里行间漾溢着激动与喜悦。

参考文献:

[1]何书置.柳宗元研究[M].长沙:岳麓书社,1994.

[2]杨竹邨.柳宗元诗选注[Z].桂林:漓江出版社,1993.

[3]刘继源.柳宗元诗文研究[M].珠海:珠海出版社,2003.

[4]徐弘祖.徐霞客游记[M].成都:成都出版社,1995.

[5]赖中霖.康熙九年永州府志注释[M].长沙:湖南人民出版社,2011.

[6]周振甫.诗词例话[M].北京:中国青年出版社,1962.

[7]徐翠先.柳宗元诗文创作论稿[M].北京:中国文联出版社,2007.

[8]尚永亮,洪迎华.柳宗元集[Z].南京:凤凰出版社,2007.

(原载 2013 年第 9 期,作者单位:永州市教育局)

柳宗元绝句新探

✳ 吴同和

一

曹明纲先生标点之《柳宗元全集》(上海古籍出版社,1997 年 10 月第一版),以宋世彩堂本为底本,共录入柳宗元诗 163 首。除去《平淮夷雅》(2)、《唐铙歌鼓吹曲》(12)、《贞符》(1)等 15 首外,得各体诗 148 首。其中绝句合 41 首:五言绝句 9 首,七言绝句 31 首,另有《六言》1 首。

浏览古今各种诗歌选本,发现一个现象:柳宗元诗歌数量并不很多,绝句更少。宋·王安石《唐百家诗选》,未选柳宗元诗作。由宋·谢枋得选辑《重定千家诗》和明·王相选辑《五言千家诗》合并而成的蒙学读本《千家诗》,所选诗歌多数是唐宋时期的名家名篇,易学好懂,较为广泛地反映了唐宋时代的社会现实,流布极广。然而该本竟然未选录柳宗元任何诗作!曾国藩《十八家诗钞》,凡 28 卷。唐代有王维、孟浩然、李白、杜甫、韩愈、白居易、李商隐、杜牧等八家在册,柳宗元不在其列。明·胡应麟《诗薮内编》卷六开列的有关唐人五绝名单,柳宗元殿后;而唐人七绝代表诗人名单,柳宗元没了踪影。

清·孙洙(1711—1778)于乾隆二十九年(1764)以"蘅塘退士"署名选辑的《唐诗三百首》,世代相传,名气极大,但柳诗仅有 4 首:五言绝句《江雪》,五言古诗《晨诣超师院读禅经》《溪居》、七言律诗《登柳州城楼寄漳汀封连四州刺史》。

宋·洪迈(1123—1202)《万首唐人绝句》,开启了宋代专选唐绝句的先河,许多唐人绝句藉此保存下来;清·王士禛(1634—1711)沿袭洪迈选诗体例,编《唐人万首绝句选》,录柳宗元绝句 5 首,为万分之五。五言绝句 2 首:《长沙驿前南楼感旧》《江雪》,七言绝句 3 首:《柳州二月榕叶落尽偶题》《酬曹侍御过象县见寄》《闻彻上人亡寄杨侍郎》。仅此而已。

明人高棅(1350—1423)《唐诗品汇》,规模阔大,前所未有,体例也很有特色,是中国古代诗学的重要评论著作;其选诗和论析很是考究,颇具识见,对明代尊唐诗风影响深远,成为明初诗歌复古的里程碑。值得一提的是,高棅很有眼光,将柳宗元与韦应物、高适、岑参等诗人同列为名家。清·雍正年间,长洲王尧衢(翼云)著《古唐诗合解》,凡 16 卷,收录柳宗元诗比较多,达 11 首。五言古风 4 首:《南涧中题》《雨后晓行独步至愚溪北池》《秋晓行南谷经荒村》《中夜起望西园值月上》,七言古风 1 首:《渔翁》,五言律诗 1 首:《梅雨》,七言律诗 1 首:《登柳州城楼寄漳汀封连四州刺史》,五言绝句 2 首:《江雪》《零陵早春》,七言绝句 2 首:《柳州二月榕叶落尽偶题》《酬曹侍御过象县见寄》。

比较而言,古籍中,以清·沈德潜(1673—1769)《唐诗别裁集》(1717 年成书)收录的柳诗数量最多,达 41 首!计五言古风 21 首,七言古风 4 首,五言长律 1 首,五言律诗 2 首,七言律诗 5 首,五言绝句 4 首:《长沙驿前南楼感旧》《入黄溪闻猿》《春怀故园》《江雪》,七言绝句 4 首:《柳州二月榕叶落尽偶题》《夏昼偶作》《酬曹侍御过象县见寄》《与浩初上人同看山寄京华亲故》。

当今唐诗选本不乏累累,柳诗入集者也十分有限。林庚、冯沅君主编《中国历代诗歌选》(人民文学出版社,1979 年 11 月北京第一版),非常权威,但收录柳宗元诗仅 4 首:《南涧中题》《渔翁》《登柳州城楼寄漳汀封连四州刺史》《江雪》。吴熊和、蔡义江、陆坚合编《唐宋诗词探胜》(浙江人民出版社,1981 年 5 月第一版),倍受名家推崇,影响很大;但柳诗只有 3 首在册:《渔翁》《登柳州城楼寄漳汀封连四州刺史》《江雪》。《唐诗鉴赏辞典》(上海辞书出版社,1983 年 12 月第一版),洋洋大观,更是了得;该典选柳宗元诗 14 首,还不如《唐诗别裁集》选得多。江苏古籍出版社 2002 年 9 月出版的《名家视角·唐诗精选》,乃霍松林先生编选,所录柳诗也只有 4 首:《南涧中题》《渔翁》《登柳州城楼寄漳汀封连四州刺史》《江雪》。

二

南宋严羽《沧浪诗话·诗法》曰:"律诗难于古诗,绝句难于八句,七言律诗难于五言律诗,五言绝句难于七言绝句。"

绝句虽然难写,但柳宗元绝句,为古今诗论家推崇的精品甚多。试举之:五言绝句《江雪》《零陵早春》《春怀故园》《夏昼偶作》《长沙驿前南楼感旧》《入黄溪闻猿》,七言绝句《重别梦得》《酬曹侍御过象县见寄》《柳州二月榕叶落尽偶题》《诏追赴都二月至灞亭上》《与浩初上人同看山寄京华亲故》等，都是绝妙好诗。

作为一种文学样式，柳宗元绝句抒发了诗人被贬南方后政治抱负不得实现的失落之意和郁悒之情，绝少闲情逸致。多数作品为寄赠、送别、酬答、行旅之事，还有少数即景抒怀之作。纯粹写景的绝句几乎没有，即使写景，也常融痛苦失意与怨怼愤懑之情于山光水色之中。此之谓景为情驭，境以思偕者也！故清人乔亿《剑溪说诗》曰："柳州哀怨，骚人之苗裔，幽峭处亦近是。"此言得之。

五言绝句共9首，《江雪》声名最大：黄发垂髫，皆可成诵；诗家学者，争相注评。各类教材中，人教版小学语文教材一直保留《江雪》一诗，沪教版初中语文教材九年级下册第七单元"诗歌赏析"，甚至将吴小如《柳宗元的山水小诗——〈江雪〉》一文列入其中，以培养学生文学鉴赏能力。

名家评述《江雪》的文章，多得简直可以结集。众多评述中，以宋·范晞文评价为最高："唐人五言四句，除柳子厚《钓雪》一首之外，极少佳者。"（《对床夜语》卷四）明·孙月峰《评点柳柳州集》卷四十三点明《江雪》特色："当景耳，道得峭快便入妙！"明·贺贻孙《诗筏》亦曰："余观子厚诗似得摩诘之洁，而颇近孤峭。"清人沈德潜《唐诗别裁集》赞其"清峭已绝"。王尧衢《古唐诗合解》评"孤舟蓑笠翁"句，曰："置孤舟于千山万径之间，而以一老翁披蓑戴笠，兀坐于鸟不飞人不行之际，所谓寄蜉蝣于天地，渺沧海之一粟矣！何足为轻重哉？"评"独钓寒江雪"句，似已解醉翁之意："世态寒凉，宦情孤冷，如钓寒江之鱼，终无所得。子厚以自寓也！"现当代文学史著名学者刘永济（1887—1966）《唐人绝句精华》曰："此诗读之便有寒意，故古今传诵不绝。"著名学者霍松林就"自寓"作比较赏析，极有见地："《江雪》与《渔翁》，都以渔翁'自寓'，反映了柳宗元在长期流放过程中交替出现的两种心境。他有时不甘屈服，力图有所作为；有时又悲观愤懑，寻求精神上的解脱……《江雪》中的渔翁……正是前一种心境的写照。"（《唐诗鉴赏辞典》）尚永亮则进一步阐析"冷"与"峭"的内涵："一方面，这里有冷，也有峭，是峭中有冷，冷以见峭，二者的高度结合，形成了迥拔流俗、一尘不染的冷峭格调；另一方面，冷峭的格调反映了诗人精神的卓绝。"（《柳宗元诗文选评》）

这些精当点评，对于读者进一步体味《江雪》"千万孤独"之邈远意象，揣摩钓雪渔翁绝俗超尘之神采，多有裨益。

愚以为，《江雪》之景，峭冷而外，旷远而外，更蕴含几分超然，四大皆空之超然；而渔翁之象，孤凄而外，卓立而外，却不乏几分闲适，随遇而安之闲适也！然则渔翁与宋人周敦颐描摹"出淤泥而不染"之莲荷,为可类也!

柳宗元谪居永州时之思乡诗《零陵早春》,亦颇耐玩索。诗云:

> 问春从此去,几日到秦原。
>
> 凭寄还乡梦,殷勤入故园。

宋·刘辰翁评曰:"皆自精切。"明·唐汝询《删订唐诗解》解之曰:"零陵在南,春最早;秦原在北,春稍迟;故借以言还乡之梦。"清·王尧衡《古唐诗合解》卷四曰:"此意殷勤,惟思故园,故亦作殷勤之梦,身不能到而梦到,庶同春以入故园耳!"今人尚永亮《柳宗元诗文选评》品曰:"这首《零陵早春》,寄意于'春',而着力于'早'……春是自由的象征,它可以不受任何拘束地由南向北蔓延,而人则是不自由的,眼望春色,虽然屡兴思乡之梦,却有家难归。在这种情况下,只好将其'殷勤'之梦寄托于'早'到之'春',凭借它将梦带回故园去。"

另有诗家学者,引李唐名家名诗名句评《零陵早春》,可谓得其精髓。清·黄叔灿《唐诗笺注》卷七曰:"与岑嘉州'渭水东流去,何时到雍州。凭添两行泪,寄向故园流'同意。"清·吴瑞荣辑《唐诗笺要》,曰:"四句一起赶下,手不能停,口不可住,与'步出东门'、'打起黄莺儿'一例。"今人吴文治《柳宗元诗文选评》评曰:"全诗构思新巧,韵味无穷,可与李白《闻王昌龄左迁龙标遥有此寄》诗中'我寄愁心与明月,随风直到夜郎西'比美。"

愚以为:诗人寄意于"春",着力于"早",是为"早春"也。全诗并无春花春风之描摹,只有"问春从此去,几日到秦原"之冥索。盖以南北风景之殊异,蕴休戚交织之复杂情怀故也!早春给人们带来无限新的希冀,但柳公被贬南荒永州,有家难回,只好借江南早春之行止遥寄故乡之情思,盼习习春风把新的气象带至"秦原"。"秦原",代指长安,亦指代唐皇宪宗,则其"故园"之情凝聚笔端矣!奈何新春"到秦原",指日可待;"罪臣"回长安,遥遥无期。则"早春"何其恼人也!惟寄思念于梦境,"入故园"以怀想矣。痛哉!

"殷勤入故园"为点睛之笔,"殷勤"一词,最是精彩。品其情味,浓烈而外,期盼而外,又多了几分郁闷,几分无奈,几分喜悦,几分苦悲……其怜爱与怨愁,回望与期盼,交织在一起,为可意会而难言传也!

这首五绝,情随景入,意在笔先,寥寥数语,可让人充分体味柳宗元"发纤秾于简古,寄至味于澹泊"的妙处。

《入黄溪闻猿》,情境交合,柳公之心曲也。诗云:

> 溪路千里曲,哀猿何处鸣?
>
> 孤臣泪已尽,虚作断肠声。

夫猿啼者,凄厉哀婉,弃妇游子、贬官谪吏之所不堪。初唐卢照邻《送梓州高参军还京》之"别路琴声断,秋山猿鸟吟。"抒发了诗人惜别好友之情:琴声似断,昔日相与饮酒吟诗的挚友已离我而去;秋山俱寂,夜空那哀猿之悲声格外刺耳,令人毛骨悚然……白乐天《琵琶行》之"其间旦暮闻何物? 杜鹃啼血猿哀鸣。"则借杜鹃猿猱之哀鸣衬歌女身世之遭际,射诗人处境之窘困也……

柳宗元于永贞元年(805)谪贬永州,元和八年(813)入黄溪,闻猿声,亦不堪也! 沈德潜《唐诗别裁集》解之为"翻出新意愈苦",明·唐汝询《唐诗解》卷二十三评曰:"猿声虽哀而无泪可滴,此于古词中翻一新意,更悲!"吴逸一亦曰:"只就猿声拨弄,不添意而意自生。"(《唐诗正声》),

愚揣摩,"新意"者,为哀猿声、谪贬意,虚实形神,相生相得,相衬相补也! 据柳公《游黄溪记》载,黄溪在永州城东七十里,"黄神"乃王莽后代,避祸而来此蛰居。诗人临溪怀古,已是一痛;又闻猿声,情何以堪哉!

故曰:《入黄溪闻猿》,表情达意,可楷法也。

《再上湘江》作于元和十年(815)再贬柳州赴任途中,备受诗家关注。诗云:

> 好在湘江水,今朝又上来。
>
> 不知从此去,更遣几年回。

清·宋长白评曰:"杜诗'不知沧海上,天遣几时回。'柳诗所本。柳子厚《再上湘江》曰:'好在湘江水,今朝又上来。不知从此去,更遣几年回。'外苦中甘,超出'去国投荒'之句,进境也。"(《柳亭诗话》卷六)

吴文治评曰:"短短二十个字,便将宗元再次途径湘江时沉重心情和盘托出。第二句中一个'又'字,饱含谪永十年的悲酸和再贬柳州的痛苦,炼字尤妙。"(《柳宗元诗文选评》)

尚永亮评曰:"一个'好在',如老友相见,不无温存、亲切之感;一个'又上来',则于温存、亲切中增加了几多伤感和悲凉……诗以疑问语作结,内中充满惆怅、迷茫和无尽的感伤。"(《柳宗元诗文选评》)

愚以为:"再上"者,柳公少年时代曾随父南行,首次拜谒湘江,为其自然人文景观所倾倒;永贞元年(805)南贬永州,此前奉召回京,亦过湘江。物是情非,心绪大异于前;而今"溯洄从之",奈何"道阻且长"。英雄失路,为欲哭无泪;宏图大志,类空中楼阁。瞻望前途,不禁愁绪萦怀,"迷不知其所如"也!乃发"不知从此去,更遣几年回"之叹,明人蒋之翘以为"凄绝,一言断肠矣"(《柳集辑注》卷四十二),可谓中肯。

柳宗元五言绝句,惟《三赠刘员外》,虽为酬答之词,却有理趣。诗云:

> 信书成自误,经事渐知非。
>
> 今日临岐别,何年待汝归。

曰"信书成自误,经事渐知非",乃人生哲理,悟之不易。然则书尽不可信乎?非也。知"自误"者,已"自悟"矣!夫读圣贤书,经升迁事,其间相抵相违者,又何其多!智者了然于心,愚者久而渐悟,均缄口封笔;惟柳公者,屡遭谪贬,诸念近灰,非愚非智,亦智亦愚,竟直言不讳,其识见胆色,尤可嘉也!然既"知非"而"待汝归",情感更其复杂矛盾,信书乎,不信乎?妙在禅机多蕴:曰"误即悟",曰"非亦非",曰"智如智",曰"愚若愚",盖柳司马、刘员外皆参之矣!

日本学者近藤元粹《柳柳州诗集》卷二点评此诗,仅六字,可谓精准之极:"经世练磨之语。"

柳诗之五言绝句还有《春怀故园》《登柳州峨山》《长沙驿前南楼感旧》《桂州北望秦驿手开竹径至钓矶留待徐容州》等4首,俱以诗人忧恐焦虑、忠君报国之情凝于笔端,缀景状物为情所驭故,亦广为流传也!

三

柳宗元七言绝句数量不少,多作于谪居永州之后。其中最为脍炙人口者,非柳州任上之《酬曹侍御过象县见寄》而莫属也。诗云:

> 破额山前碧玉流,骚人遥驻木兰舟。
>
> 春风无限潇湘意,欲采蘋花不自由。

关于此诗作年作地,学界一直争论不休。一般认为,此诗写作时、地不甚明了。韩醇《诂训柳集》卷42云此诗"作于元和十四年(819),不知何据。曹侍御路过象县时有诗寄赠柳宗元,因象县距柳州较近,则柳宗元有可能是在柳州刺史任上"。但旧注云"破额山在今湖北省最东部黄梅县境内,而潇湘则属湖南。故前人于此亦多所怀疑"。清·吴昌祺《删定唐诗解》云:"或彼(象县)自有破额山也。"清·徐增《而庵说唐诗》则云:"此山不在象县,何故兴此? 想侍御从黄州而来耶? 抑黄州人也。于破额山必有一段胜事在。"前人诸多猜测,均难"潇湘意"。按曹侍御路过象县时寄诗给宗元,而宗元答诗云"破额山……驻木兰舟",则此破额山必在柳州、象县一带无疑。而若宗元在柳州,则曹侍御必与潇湘有关,当是宗元在永州时之旧交,故云"潇湘意",乃忆旧情之意。然而另一种可能是:宗元此时在永州。曹过象县时作诗寄给永州宗元。永州是潇湘二水汇流之处,与象县相距颇远,正合"遥驻"之意。而且永州潇水中有白蘋洲,宗元欲采此蘋花寄潇湘怀人之意。

也有学者认为此诗当作于柳宗元刺柳州时。如肖扬碚《柳宗元〈酬曹侍御过象县见寄〉诗考辨》(《柳州师专学报》1999 年 4 期),从诗的内容、所涉及之地名等方面进行了考察,认为此诗作于柳州。其它柳宗元研究的论文还有王婉萍《柳宗元贬谪时期心态探析》(《台州师专学报》1998 年 2 期)、朱国能《柳宗元诗禅机理趣事探讨》(《唐代文学研究》第七辑)、方介《柳宗元的愚者形象》(《唐代文学研究》第七辑)、梁鉴江《柳宗元诗歌简论》(《学术研究》1998 年 2 期)、李育仁《论柳宗元诗风的多维结构》(《湖北大学学报》1999 年 2 期)、陈芒、唐红梅《论柳宗元诗模山范水之模式》(《赣南师院学报》1998 年 5 期)、李芳民《论柳宗元山水诗的个性特征》(《西北大学学报》1998 年 4 期,又载《唐代文学研究》第七辑)、蒋晓城《论柳宗元山水诗文的情感表现》(《云梦学刊》1998 年 3 期)、程新炜《论柳宗元的散文创作》(《青海师大学报》1998 年增刊)、陈琼光《论柳宗元散文的语言艺术》(《广西社会科学》1998 年 2 期)、宋绪连《柳宗元散文的创造价值和文学地位》(《辽宁大学学报》1999 年 6 期)等。

永州学者何书置(已故)力排众议,认为这首诗肯定写于永州。其理由如下:其一,诗中的"潇湘"二字,尽管历来解释不同,但在湖南境内则无疑……因此,诗中的"潇湘"二字,可视为永州的代称。其二,"十一年前南渡客,四千里外北归人"(《诏追赴都二月至灞亭上》)。"一身去国六千里,万死投荒十二年"(《别舍弟宗一》)。这说明永州距象县二千余里,"遥驻"有了着落。其三,诗的末二句是说,我是多么希望到潇湘一带去采些蘋花寄给你,可惜我没有这个自由啊! 这与他在永州贬所的时地和心情完全吻合。(何书置。《柳宗元研究》,岳麓书社,1994 年 2 月第一版)

诸多争议,客观上予该诗研究以更大空间。

关于《酬曹侍御过象县见寄》思想内容和艺术表现形式的研究,历代诗论家有多角度多层面的阐析。试举之则有:

　　明·顾璘评曰:"意话,所以难及。"(《批点唐诗正音》)

　　明·唐汝询评曰:"山前水碧,侍御停舟于此,我之感春风而怀无限之思者,正欲采蘋潇湘,以图自献,乃拘于官守不自由也。子厚初虽贬谪,已而被召,其刺柳州原非坐谴,至谓拘以罪者,非。"(《唐诗解》)

　　清·王闿运评曰:"柳子厚云:'春风无限潇湘意,欲采蘋花不自由。'责己恕人,庶可以怨。"(《湘绮楼说诗》卷一)

　　清·宋顾乐评曰:"风人骚思,百读而味不穷,真绝作也!"(《唐人万首绝句选》)

　　清·金湜生评曰:"王阮亭(即王士祯)司寇删定洪氏《唐人万首绝句》,以王维之'渭城',李白之'白帝'……为压卷,……近沈归愚宗伯亦效举数首以续之,令按其所举惟杜牧'烟笼寒水'一首为当,其柳宗元之'破额山前'、刘禹锡之……诗虽佳而非其至。"(《粟香随笔》三笔卷一)

　　清·何焯评曰:"'碧玉流'三字,暗藏'沟水东西流'意,三、四句用柳浑之语,自叹独滞远外,而止以相近而不得相逢为言。蕴蓄有余味。沈德潜在《说诗晬语》卷上中甚至把此诗列为唐人七绝的压卷之作之一:'李沧溟推王昌龄'秦时明月'为压卷,王凤洲推王翰'葡萄美酒'为压卷,本朝王阮亭则云:'必求压卷,王维之'渭城'、李白之'白帝'王昌龄之'奉帚平明'、刘禹锡之'山围故国'、杜牧之'烟笼寒水'、郑谷之'扬子江头',气象另殊,亦堪接武。"(《唐三体诗评》)

　　清·沈德潜评曰:"欲采蘋花相赠,尚牵制不能自由,何以为情乎? 言外有欲以忠心献之于君而未由意,与《上萧翰林书》同意,而词特微婉。"(《唐诗别裁集》卷二十)

　　清·方东树亦曰:"李沧溟推王昌龄'秦时明月'为压卷,王凤洲推王昌龄'葡萄美酒'为压卷。王阮亭则云:必求压卷,王维之《渭城》,李白之《白帝》,王昌龄之'奉帚平明',王之涣之'黄河远上',其庶几乎? 而终唐之世,无有出四章之右者矣。沧溟、凤洲主气,阮亭主神,各有所见。愚谓李益之'回乐峰前'、柳宗元之'破额山前'、刘禹锡之'山围故国'、杜牧之'烟笼寒水'、郑谷之'扬子江头',气象稍殊,亦堪接武。"(《昭昧詹言》卷二十一)

　　近代学者俞陛云评曰:"柳州之文,清刚独造,诗亦如之,此诗独淡荡多姿。《楚辞》云:'折芳馨兮遗所思。'柳州此作,其灵均嗣响乎? 集中近体皆生峭之笔,不类此诗之含蓄也。"(《诗境浅说续编》)

当代学者吴文治云:"友人曹侍御既已舟抵象县,与柳宗元近在咫尺,但二人只能以诗相赠而不能相见。诗中抒写怀念友人而又不能相见引起的深深遗憾,曲折地表现出诗人渴望自由但又得不到自由的内心矛盾……'春风无限潇湘意,欲采蘋花不自由'二句……融柳恽诗意,可谓天衣无缝。宋叶梦得名作《贺新郎》'无限楼前沧波意,谁采蘋花寄取'句,又显系从柳诗脱化而来。清沈德潜《说诗晬语》曾评此篇为七绝中'压卷'之作。"(《柳宗元诗文选评》)

霍松林评曰:"'春风无限潇湘意'一句,的确会使读者感到'无限意'……把'潇湘'和'骚人'联系起来,那'无限意'就包含了政治上受打击之意。此其一。更重要的是……主要就是怀念故人之意。此其二。而这两点,又是像水乳那样融合在一起的。'春风无限潇湘意'作为绝句的第三句,又妙在似承似转,亦承亦转……这首诗虽然写景如画,但这不是它的主要特点。从全篇看,特别是从结句看,其主要特点是比兴并用,虚实相生,能够唤起读者许多联想。"(《唐宋诗文鉴赏举隅》)

尚永亮评曰:"这(指《酬曹侍御过象县见寄》)是柳集中写得最为含蓄委婉、也最得后人称赏的一首七言绝句。"(《柳宗元诗文选评》)

颇有意味的是,清代以降,竟然有若干诗人、学者、评论家,一致认为,《酬曹侍御过象县见寄》堪称为七绝"压卷"之作。

愚以为:全诗含蓄委婉,幽远高卓,诗情浓,画意美,嚼之如饴,芳香溢口。既有对山水花木穷形尽相的描摹,也有诗人自己处境、情怀、人格的曲折反映;既有对传统的承继,又有大胆创新,予读者以多层面的艺术享受:

山似破额,水如碧玉,木兰为舟,骚人骋目,春风骀荡,蘋花满池,其"意"与"境",有机地融为一体,且注入诗人独特情思,从而达到一种至高境界。柳公与曹公都是在"水"的背景下交织着一场心灵的碰撞与煎熬,而"潇湘无限意",则含蓄曲折地表达了诗人政治上受迫害之意,同时又蕴含怀念故友之情:既有柳公对曹公的思念,也有曹侍御对柳刺史的仰慕。可是"欲采蘋花不自由",只好以文言志,作诗述怀,情含景中,意在言外。这就给曹公、也给读者带来更多的想象空间和理性思考。

作于元和十年(815)之《重别梦得》,传达了诗人复杂心态。诗云:

> 二十年来万事同,今朝岐路忽西东。
>
> 皇恩若许归田去,晚岁当为邻舍翁。

元和九年(814),刘柳衡阳分路。南荒古道,春风不度,瞻望前程,吉少凶多,乃作诗抒怀也。

清·汪森曰:"'二十年'、'今朝'、'晚岁',笔法相生之妙。"(《韩柳诗选》)

吴文治评曰:"写临歧叙别,情意深长,在表面的平静中蕴蓄着深沉的激愤与感慨……诗中直叙离情,寓复杂的情怀与深沉的感慨于朴实无华的艺术形式之中。语似质直而意蕴深婉,虽未言悲而悲不自禁,未言愤而愤意自见。"(《柳宗元诗文选评》)

尚永亮评曰:"诗从'今朝'写到'晚岁',不只是'笔法相生之妙'(汪森《韩柳诗选》),而且在作者的殷殷期盼中,流露出生死至交那种荡气回肠、绵绵不绝的情谊,读来令人为之动容。"(《柳宗元诗文选评》)

愚以为:临歧叙别,不着一个愁字,而以"二十年来万事同",叙宦海浮沉,表人世沧桑,可谓妙笔。刘禹锡回答亦妙:"弱冠同怀长者忧,临歧回想尽悠悠。"前途可卜耶?曰"晚岁当为邻舍翁",曰"黄发相看万事休"。牢骚乎,悟彻乎,讥讽无奈乎,抑或兼而有之? 然则其深蕴之别愁离恨、厚谊深情,可感可知焉! 大有"不言悲而悲情自见,不言愤而怨愤集结"之奇效。

《种木榭花》,系柳州刺史任上所作,确年待考。诗云:

> 上苑年年占物华,飘零今日在天涯。
> 只应长作龙城守,剩种庭前木榭花。

柳公昔日在京城,伴君王于上林禁苑之内观赏美景,何其惬意爽心;而今被贬至南荒百越,飘零孤苦,度日如年。今非昔比,不觉凄然怆然,悲从中来。夫木榭花者,落叶乔木,其花黄褐色,皇宫禁苑之不屑一顾;"龙城守"者,南荒柳州小吏之谓也,京官宠臣皆嗤之以鼻。然风云突变,世事无常,运交华盖,当随遇而安。乃苦中作乐,忙里偷闲,种花植草,以求解脱。剩种:犹多种也——盖诗人心灵之阴霾,可见一斑矣!

《柳州二月榕叶落尽偶题》,作于柳州刺史任上。诗云:

> 宦情羁思共凄凄,春半如秋意转迷。
> 山城过雨百花尽,榕叶满庭莺乱啼。

仲春共暮秋交错,萧条肃杀;"宦情"偕"羁思"互生,不寒自悲。睹之思之,其情景不可堪也!"春半如秋",乃愁人眼中之景,诉诸情,是为情景交融也! 何以"意转迷"哉? "春半如秋"故也! 王尧衢《古唐诗合解》卷六析"春半如秋意转迷"句,曰:"羁人最怕是秋,今春半而木叶尽落,竟如秋一般,使我意思转觉迷乱也!"柳公遣词造语,平淡简约而意味深长,可见一斑。刘永济《唐人绝句精华》曰:"此诗不言远谪之苦,而一种无可奈何之情,于二十八字中见之。"不谬也。清人王士禛有一组《秦淮杂诗》,第一首"年来肠断秣陵舟,梦绕秦淮水上楼。十日雨丝风片里,浓春烟景似残秋",亦写"春半如秋"。但王诗仅描江南习见之景,抒文人怅惘之情,虽饶有风韵,而其深沉厚重,则不可与柳诗相提并论。苏东坡《东坡题跋》赞"所贵乎枯淡者,谓其外枯而中膏,似淡而实美,渊明、子厚之流是也。"

七绝诗中,以作于元和十二年(877)秋之《与浩初上人同看山寄京华亲故》最为凄苦。诗云:

> 海畔尖山似剑芒,秋来处处割愁肠。
>
> 若为化作身千亿,散向峰头望故乡。

上海师范大学文学研究所教授马茂元先生(1918—1989)以为:"柳诗自有其别调。他的诗,像悬崖峻谷中凛冽的潭水,经过冲沙激石、千回百折的过程,最后终于流入险阻的绝涧,渟潴到彻底的澄清。冷冷清光,鉴人毛发;岸旁兰芷,散发着幽郁的芬芳。但有时山洪陡发,瀑布奔流,会把它激起跳动飞溅的波澜,发出凄厉而激越的声响,使人产生一种魂悸魄动的感觉。此诗中诗人跳动飞溅的情感波澜无法抑制,恰如'山洪陡发,瀑布奔流',奔进而出,因而产生了强烈的艺术感染力。"(《唐诗鉴赏辞典》)

尚永亮对此诗"入笔擒题,直抒胸臆","采用扩张、发散式思维"的写法深入阐析,认为此写法"在宋人陆游那里得到了很好地继承",并与陆游《梅花绝句》("闻道梅花坼晓风,雪堆遍满四山中。何方可化身千亿,一树梅前一放翁。")比较:"柳诗冷峭峻刻,陆诗平缓悠远;柳诗愁肠百转,陆诗意兴遄飞……陆诗是散而不返,柳诗则散而又聚……分散的千亿化身又在'故乡'一点上合拢起来,形成了新的聚集点……"(尚永亮《柳宗元诗文选评》)

名家评点精准,予学人鉴赏《与浩初上人同看山寄京华亲故》以启示矣!

余品味再三,欲解读而不能;冥思苦索,获四言若干焉:

> 忠君敬业,屡遭谪贬;忍辱负重,忧患元元。
>
> 放浪形骸,移情幽远;辗转眷顾,北望长安。
>
> 山何其尖,海何其广;秋何其肃,心何其寒。

参禅悟道,分身之术;万念近灰,回归本原。

柳宗元抱负远大,不甘命运摆布,屡屡进取求助,冀东山再起。然屡屡受挫,报国无门。没奈何,一方面,回归本原,"自放山泽间",借山水以消遣愁怀;一方面,潜心佛理,寻求解脱。因而,诗文作品再现之思想矛盾、感情煎熬,以及迷失自我的调适和顿悟偶得,皆为真实柳宗元之直白也!诚如此诗:群山巉岩尖而若剑,"愁肠"百结触之即绝;浩初上人指点迷津,"化身千亿"亦可望乡。于是禅悟,于是快意:悲欣交集焉!

参考文献:

[1]曹明纲标点.柳宗元全集[Z].上海:上海古籍出版社,1997.

[2]清·王尧衢.古唐诗合解[M].上海:锦章书局,1913.

[3]清·沈德潜.唐诗别裁集[M].北京:中华书局,1975.

[4]王国安.柳宗元诗笺释[M].上海:上海古籍出版社,1993.

[5]吴文治.柳宗元诗文选评[M].西安:三秦出版社,2004.

[6]尚永亮.柳宗元诗文选评[M].上海:上海古籍出版社,2003.

（原载 2013 年第 6 期,作者单位:永州市柳宗元研究学会）

柳宗元寓言刍议

✱ 杨晓彪

　　柳宗元的寓言形式多样,体裁丰富,寓意深沉,有鲜明的特色,是寓言的集大成者。他写下了大量脍炙人口的寓言,现存有《三戒》《罴说》《鹘说》《谪龙说》《鞭贾》《蝜蝂传》《骂尸虫文》《笼鹰词》《种树郭橐驼传》等各体寓言21篇。这些寓言创新性强,艺术成就高,成为文学史上的重要现象。国内有关柳宗元寓言的研究较多,有的论述其写作手法,有的分其其艺术形象,有的阐释其文体位。

一　寓言文体多样

　　先秦是我国寓言的源头,其中寓言故事散见于诸子散文和历史散文之中,形式单调,大部分是以散文的形式存在,很少有其他体裁见于文中。作为"唐宋八大家"之一的柳宗元独辟蹊径,在寓言文体形式上匠心独运,成绩显著。他遍悟文体,实事求是,勇于实践,大胆探索,使得言的体裁更加灵活多变,丰富多彩,以"说"体、"骂"体,诗体和"传"体的形式,书写了大量寓言,将寓言推向了成熟。

　　一是章法各异的"说"体。柳宗元的"说"体寓言,是指在寓言标题中出现"说""戒""对"的字样,来说理论事,劝诫后人。其中"说"有《罴说》《鹘说》《谪龙说》;"戒"有《三戒》;"对"有《愚溪对》《设渔者对智伯》。这些"说"体寓言在结构上又是丰富多变,别具特色,大部分是单篇独立,当然也有几篇组合在一起共同说明一个道理的。其中单篇独立也有多种结构方式,主要有以下三种:

　　第一种是在寓言中开篇总结介绍,之后的正文论述事情的整个经过,在结尾用一两句话进行独到的议论。全文一气呵成,论点突出,逻辑严密,而且这一议论也是点睛之笔,将全篇寓言所要表达的主题思想表露出来。《鹘说》就是这样,开篇先总体介绍了鹘的习性及其生活习惯,在中间部分便开始了这个故事的阐释,鹘本是一种猛禽,但是它有个特点,冬天的晚上要抓取小鸟来温暖掌爪,到了早上便放掉小鸟,自己背方向飞去,鹘的这种特性是知恩图报这一人的意识最好说明。结尾处,作者议论到"孰若鹊者,吾愿从之……乐以忘饥",表明作者希望整个社会上的人尤其是皇帝,要懂得并且践行这一美德。所以宋人黄唐评此文:"唐之中世,酷吏……鹊能纵鸟,柳子从而为之说,以见斯人多害物之忍。"第二种是全文完全由一篇寓言组成,所要表达的寓意隐含在其中,没有议论性的评述。《临江之麋》便是这种结构安排的代表,全文只是讲述了麋因依附主子的势力,自大狂傲,最后失去自己的生命。作者就是通过这样一个简单的故事,影射了那些狐假虎威、恃宠放纵的奴才,讥讽了他们的可耻命运。第三种是全篇两部分,前一部分叙事,后一部分议论抒情,将文中所讲故事和刻画的人或物联系起来,表明文章的中心。如《设渔者对智伯》,开篇先叙述故事,之后进行议论,将全文的思想暗含其中,在不经意间表露出来,出人意料而又在情理之中。还有就是,柳宗元的"说"体寓言,也有多篇组合在一起共同说明一个道理的,以《三戒》最具有代表性,通过叙写,使文中之理顺理成章的表达出来,言有尽而意无穷。柳宗元的这类"说"体寓言,不仅意境深邃,同时,语言优美凝练,富有文采,情真意切,生动活泼。这是柳宗元"说"体寓言又一特色,用恰当的寓言,使全文如行云流水,让人意犹未尽;又质朴无华,而耐人寻味。在这些"说"体寓言中,柳宗元以神来之笔,运用多种手法,或单独成篇,议论抒情;或几篇组合,寄意其中;将最浅显的道理用最生动的形象表达出来,章法各异,却又井井有条,极大地丰富了寓言的文体形式。

二是独具一格的"骂"体。柳宗元的寓言不仅有"说"体,还有一些具有讽刺意味的"骂"体,这些寓言在其标题中,往往会出现"憎""骂""宥""斩"等字。如《憎王孙文》《骂尸虫文》《宥蝮蛇文》《斩曲几文》书名号之间不要顿号,已删等,其讽刺当权统治者,表示自己被贬谪的不满,又为了避免继续遭到迫害,采用了比较隐晦的"骂"体形式。这类寓言具有极强的现实针对性,行文声长语斐,反复咏叹,是切合柳宗元所要表达的内容要求。一般来说,寓言的基本结构有两部分:一是故事,一是结语,往往以一语揭示其劝谕之意,当然也有没有结语的。关于柳宗元寓言的结构,章士钊先生说:"子厚为小文,序与文并……另以一语相映作结。"这里说到的寓言的结构,在"骂"体寓言中得到了很好的展示,主要有以下三种:一是先写叙文,其实已经交代了写作的主题,正文进一步的说明补充,如《憎王孙文》,正文前的序文,猿和王孙是居住在不同山上的"德异性,不能相容"的两种动物。猿能互爱互让,无论饮食、走路都很谦恭,所以他们能够和睦相处,受到人们的喜爱;而王孙们聚在一起,"行无列,饮无序",专门"窃取人食",互相争斗,通过两者的对比,突出了主题。作品的正文,主要是作者在序文叙述事实的基础上,进一步对王孙的罪行进行批判,正文是对序文的一种延伸。二是寓言开篇先用散体的序,用来说明他写作的原因或目的,如《骂尸虫文》,开篇说有一种尸虫为了得到天帝的赏赐,专门寻找人们的过失,上告天帝,在这里尸虫被喻为朝廷中的奸佞之臣,写得绘声绘色,铿锵有力,而序文也就自然交代了写作这片寓言的缘由和目的。在接下来的正文中,采取对尸虫当面指骂的写法,首先诘问尸虫为什么这样,之后围绕序文内容进行深层次的叙述,大胆的批判,这是柳宗元寓言所值得肯定的地方。三是序文就像一个故事,以此为切入点,进行讨论,最后得出结论,如《宥蝮蛇文》,全文开头的序文是一个故事,讲述蝮蛇的习性以及其危害,正文中便着重对这一现象进行论述,最后得出一个结论,认为它们虽然外形可怖,其实不过是些外强中干的可怜虫而已。当然柳宗元作为一名寓言大师,他的任何一篇创作都不是任意为之,这些"骂"体除了在内容中透露出自己对社会的不满,让人们有思考的余地,还寓情于文章标题之中,别具特色。就如上述几篇"骂"体,标题中的"骂""憎""斩""宥",双引号之间不要顿号 就非常鲜明的表明了自己的感情,使读者第一次品读就知道文章的主题思想,这不得不说柳宗元在寓言的创作上确实有自己的天赋奇才。每一种体,为一段,分段不要太零碎,这是论文写作的逻辑。我已经帮你合并段落了。下面的诗体和传体同样如此,每体用一段话简要概括。

　　三是寓意深刻的诗体。柳宗创作过的诗体寓言,能将自己的感情用诗句的形式表现出来,如《笼鹰词》《行路难》(其一)等。要采用寓言笔调来写诗体的政治讽刺诗,必须使得诗歌具有寓言创作的一些要素,柳宗元的诗体寓言就做到了这几点:第一,他的诗体寓言不仅有完整的故事情节,而且在诗歌中有所兴寄;第二,他的诗体寓言,在艺术风格上和"骂"体寓言中的《憎王孙文》《骂尸虫文》等极为相似,颇有异曲同工之妙;第三,他的诗体寓言做到了曲折隐蔽而不晦涩,寓意深刻而发人深省。如在《行路难》(其一)中"君不见,夸父逐日窥虞渊",诗人创造性的运用"夸父逐日"的神话,来说明在他所处的封建社会里,有理想抱负的人不得好果,而庸碌之辈,却可以志得意满,过着醉生梦死的生活。诗中唯一与神话不同的是,除了写夸父追逐太阳,飞越大山,之后还写了狐狸、老鼠、野蜂、蚂蚁在夸父死后都争着来咬他吃他。诗中的夸父形象是柳宗元的化身,表达了其远大的抱负,不畏艰险的精神以及执着的追求。那些狐狸、蚂蚁等则意在说明当时社会的黑暗和丑陋,同时寄寓了诗人无限的感慨和满腔的悲愤。《笼鹰词》一篇,开头就是"凄风淅沥飞严霜,苍鹰上击翻曙光",以苍鹰自比写出了自己的品格;结尾句"但愿清商复为假,拨去万累云中翔",进一步表达了自己不甘失败,期待他日卷土重来,实现政治革新的豪情壮志。这几首诗,看似平淡,实则蕴含无限深情,集中地反映出了柳宗元诗体寓言独到的表现力。这种以诗为寓言的形式既开拓了寓言创作的新境界,也影响了后世诗人。

四是富有小说性质的"传"体。柳宗元的寓言种类繁多,除上述三类之外,还有一些如《种树郭橐驼传》《谪龙说》等富有小说性质的"传"体,只是数量不多。此类寓言内涵深刻,韵味悠长,以小说为形式,传奇色彩厚重,因而带有浓郁的小说性质。其中有些寓言的题材源于真人真事,有的则是完全虚构。《种树郭橐驼传》就是作者根据真人真事所写的寓言,这是一篇斥责封建政权骚扰人民的作品。作品主要由三个部分组成:开端一小段,简要介绍郭橐驼的籍贯和外形特征;接着是两段对话,以一问一答的形式,批评当时的政府官员,巧妙地把郭橐驼"顺木之天,以致其性"的道理"移之官理",说明当官治民也像种树一样,应当使百姓能够"蕃吾生而安吾性"。此番道理以小说的形式出之,使读者能够一目了然。不过,在这类传记体寓言中,最能体现柳宗元创作成就的当属一些虚构性的小说,如《谪龙说》。这是一篇富有浪漫主义色彩的优美寓言,作品描述了龙女因得罪天帝,被贬人间,最后回返天宫的故事。寓言中的龙女显然是柳宗元自我形象的展现,反映了他在被贬后不屈不饶的高洁品格。作者以神话为框架,营造了一种既虚幻却又合情合理的情境,不仅引人入胜,更能发人深省。这种小说性质的"传"体寓言,在柳宗元的寓言花丛中独放异彩。此种寓言形式在很长一段时间里都为人津津乐道,成为文学土壤中的一朵奇葩。

二 寓言修辞丰富

寓言是一种形式比较灵活的文学体裁,早在先秦时期就出现了大量寓言体式的作品,且作品的行文与修辞手法运用互为表里。在先秦散文中,比喻是最常见的说理手段,尤其是《孟子》中的"就近取譬",更是将比喻的手法发挥到了极致。柳宗元更是寓言大家,他在寓言中采用多种文本形式,同时又在叙事说理时融合了多种修辞手法,使比喻、拟人、对比、夸张尽显风采。这样就能能够使读者从多角度去理解文章的主题,给读者更大的空间和余地去尽情思考,不论读者的学历高低、知识深浅、地位尊卑,都能很容易理解文章内容。柳宗元在寓言文本修辞上的造诣使其更易寄托哲理,也提高了寓言在文学史上的价值。

比喻形式多样,重在隐喻、暗喻,是柳宗元寓言文本修辞的重要特征。大量使用比喻,将道理隐含其中,这是他和先秦散文所共同的特点。不同的是,柳宗元不是用明喻的修辞,更多的使用隐喻、暗喻、借喻等隐晦之法,富含深邃性、哲理性、开拓性,使文章风趣幽默,清新自然,浑然天成,且篇幅短小精干,更适合阅读欣赏的要求。具体而言,有的是借物喻理,如《三戒》,作者借三种我们熟知的动物,隐喻了三种社会上的人。《黔之驴》中的"驴",比喻那种外强中干,不务实际,又很爱表现的虚有其表的人;《临江之麋》中的"麋",比喻的是狐假虎威,不知天高地厚,不能正视自己的人;《永某氏之鼠》中的"鼠",比喻的是专事破坏的人,即使可以侥幸一时,但最后绝不会有好下场;《蝜蝂传》中"行遇物,辄持取"的小爬虫,比喻了一些贪婪成性、私欲无穷的亡命之徒;《骂尸虫文》中的"尸虫"比喻专门挑人毛病,为获取自己的私利的人。有的是借人说理,如《罴说》中的"猎人"隐喻那种专靠蒙混吓唬过日子,欺善怕恶的人;《哀溺文》中善于游泳的"永之氓",以小喻大,耐人寻味的刻画了那些所谓"大氓"贪财不要命的丑恶现象。这些文章,不管是借物还是借人,都把作者想要表达的思想隐喻其中,显得更直白通俗。同时,语言凝练,具有很强的艺术概括性,借的是一人一物,喻的是整个社会上所有的丑恶现象,达到"微而显"的效果,这是柳宗元运用比喻的特色,是不可替代的。可以说,寓言中的比喻在柳宗元之后,才真正显示了其作为喻事说理的平台的功用。

拟人生动形象,善于传神写照,揭露社会现实,是柳宗元寓言修辞的又一特征。他的寓言中拟人手法的运用,大多是着眼于对动物习性的细致观察,赋予动物以人性,将动物人格化,以动物的动作、神态、心理等,侧面烘托出人的弱点和缺陷,以此来批判社会。这些拟人化的作品惟妙惟肖,看似写动物的某些神态,实则暗含对人性的揭露。如《黔之驴》中拟人化的描写相对较多,写驴是"庞然大物";其活动,一是"鸣",一是"蹄",写尽了驴的基本特征。对虎的描写更为精彩,作者突出的是虎自我保护的机警。这种机警是一种自然本性,只是融入拟人化的因素,如"蔽林间窥之""虎大骇,远遁"等。但是,作者主要描写的是虎的心理,如"虎视之……以为神";《蝜蝂传》中对蝜蝂的描写是"行遇物,辄持取",因为"其背甚涩,物积因不散"。作者着眼于这种习性,对其负物的形态进行拟人化的描写。"仰其首负之"则是对蝜蝂负物的动态描写,如此这一形象便栩栩如生了;《永某氏之鼠》中也有拟人化的描写,当然相比于前边几篇就显得很少了,但文中"由是鼠相告,皆来某氏"的动作描写,却将鼠的投机取巧写活了。

当然这种拟人手法的运用,也有赖于柳宗元对叙事视角的选择,这在《黔之驴》中有所体现。作者在写虎时就运用了双层叙事视角:一层是作者的视角,即全知视角,把整个故事情节置于作者的视线之下,从人的心理意识角度看待虎的行为动作,有意无意的将其意识化,如"以为神""然往来视之,觉无异能者",等等都是,这是以人的心理意识猜测虎的动作心理。另一层是虎的视角,整个故事,从"虎视之"到"乃去",都是从虎的视角去看驴,直到把它吃掉;而这个过程又全部置于作者第三人称的眼底。这样,虎的形象就自然而然人格化了。这是柳宗元运用拟人化手法的一大亮点,用不同的视角进行拟人化的写作,将物人格化,达到拟人的至高之境。

对比尖锐犀利,醒人耳目,是柳宗元寓言修辞丰富的重要表现。将相似的两种或几种人或物放在一篇文章中精心安排,同台亮相,这是柳宗元寓言中对比手法与众不同之处。通过对照,突出重点,褒贬有别,有爱有憎,把不同品格的人或物塑造在一篇文章中,突出主旨。柳宗元寓言中这种尖锐犀利的对比,也有很多。如《牛赋》中,作者为了突出自己人格的高洁,就用"耕牛"和"驽马"进行对比,把自己比作"耕牛",认为自己有耕垦之劳,虽无益于己,而有利于人。就是这样的对比,让我们看到一个完全不一样的作者,他的人格在这样的对比中更加凸显。再有《憎王孙文》中用"猿"和"王孙"两种不同的动物对比,他们"德异性","猿"是和睦相处的,相比之下的"王孙"则是自私自利的。作者在这里的对比,实则是以自己参加的王叔文政治集团和在朝的官员做了对比,表明他对自己参加王叔文集团的赞美和在朝官员的憎恶。而这种不同的情感也正是作者恰当巧妙的运用了对比才显得自然而又感情突出,矛盾分明。还有就是《愚溪对》中对比手法的运用,文中不论是恶水、浊流,还是弱溪、黑水,在作者的笔下与"冉溪"对比之后,都各自显现了自身的缺点。同时对社会中各种反动势力进行了剖析和批判,主题明确,论点突出,表明作者虽然身处困境,但绝不与恶势力同流合污。对比的使用,将寓言强烈的讽刺性发挥到了极致,集针对性和普遍性于一体,让寓言在柳宗元的笔下彰显其应有的意义。

三 寓言地位凸显

柳宗元在寓言文体形式和文本修辞上的造诣,拓展了寓言内容与艺术,凸显到了寓言的文体地位。先秦寓言出现之时,寓言存在于大量散文中,重在说教,所蕴含的是理性内容及其张力,而不是情节的生动性,也就是说作者重视的是故事本身的理性品格,而不是文学形象。文学一旦被作为一种手段去传授,在一定程度上便会失却文学本身所具有的启人神智的作用,虽然道理显而易见,但是文学整体的价值会被自然的拉低,成为一种说理的附庸。柳宗元在寓言的发展上慧眼独到,将寓言作为一种讽刺文学,来述说社会中的不平,人世间的不公。这不仅没有损害寓言本身的文学性,而且使寓言开始脱离母体,成为一种独立的文学体式。他提高了寓言在文学史上的地位,又充分发挥了其价值,使寓言真正独立出来,可以说这是柳宗元对寓言的一个大跨度式的发展。

柳宗元将先秦寓言从说教的手段变为唐代讽刺文学的样式。先秦是我寓言发展的初创期,寓言在诸子散文和历史散文中,都以说教为主,因而这类寓言又被称为哲理寓言。就这样,寓言在先秦时期成为说教的工具,比如儒家的"仁政",墨子的"兼爱""非攻",韩非子的"六微"等。到唐代,柳宗元对其进行独到的创作。他在《读韩愈所著毛颖传后题》中把寓言比作有特殊风味的小吃,认为"虽蜇吻裂鼻缩舌涩齿,咸有笃好之者"。所以他在寓言中选取不同的角度,进行批判讽刺,深刻反映"安史之乱"后社会的状况。宦官专权,奸臣当道,民不聊生,忠臣受迫,种种丑恶的现象都是柳宗元用讽刺寓言的形式揭露出来的。同时,柳宗元寓言中也不乏各种寓言形象的描绘,以讽刺时弊,吴文治说柳文"妙在写麋、写犬……使读者说其解颐,忘其猛醒"。如《憎王孙文》中王孙这一负面形象,《三戒》中的驴、麋鹿、鼠等,都是作者讽刺社会的利器,表达对社会的不满,宣泄自己的情绪。当然,柳宗元寓言中的讽刺也有自己不同寻常之处,他能将寓言的教育性和讽刺性结合在一起,发人深省,又意味深长,正像他在《杨评事文集后序》中所说:"文之用,辞令褒贬,导扬讽刺而已",说明柳宗元创作寓言,既为讽刺,也为"明道"。如《种树郭橐驼传》,将做人的道理融合在种树之中,将此理"移之官理",说明做官也一样,不能人为的破坏某些规律,只有这样社会和人民才会兼得其益。这其中自然也有一种辩证法的思想,更有利于自己用讽刺的手法说明道理。

柳宗元在这样的文学创作中,推动寓言的发展,使寓言不仅作为一种说教的手段,更成为体现社会性的讽刺文学的新形式,从而成为独立的文体。寓言作为说理的一种手段,能将最深刻的道理用简单的故事表达出来,这是寓言本身所具有的功能。先秦寓言很好的发挥了这一功能,如《孟子》中"拔苗助长";《战国策》中的"狐假虎威";《庄子》中"螳臂当车"等,都是用一个寓言故事进行说理,道理一目了然,说理蕴含其中。但是,这时的寓言并没有脱离整个文章而独立出来,还是存在于散文的大篇章之中,也没有一个专门性的题目为之点睛。柳宗元写寓言,自然不能离开说理的前提。他写作寓言,为了说理,运用一些专门性的讽刺性寓言。正是寓言功能由说理转变为讽刺时,他的寓言开始脱离文学母体,独立成篇,有了专门性的题目为之点明主旨。因此就出现了现在所看到的《三戒》《罴说》《憎王孙文》等独立成篇的寓言。这些寓言虽然篇幅短小,但是讲求为文的气势,正如他在《答韦中立论师道书》中所说"为文要抑之欲其奥,扬之欲其明……此吾所以羽翼夫道也",这在文学史上是不可多得的。

当然,柳宗元之所以能够促进寓言发展为独立的文体,不仅因为寓言功能的转变,还有其他的原因。首先,先秦时期寓言的发展,肯定为柳宗元创作寓言提供了许多借鉴之处。论事说理,用寓言以尽之,这就让柳宗元开始关注这一文学体裁,去进行自己进一步的发挥创作。其次,在先秦和唐代之间的魏晋南北朝时期出现大量志怪小说。这样的小说将作者的理念穿插其中,表达出来,显得合理而又深刻,这也启发柳宗元去探索一种更加简洁而又通俗易懂的文体形式去述说自己心中对社会的不满和对命运不可捉摸之恨;第三,就是唐代文化土壤和文学气息,使得柳宗元对整个社会有更深刻的了解,能够灵活运用一些故事,巧妙编织,用寓言表现出来。所有这些原因,都是柳宗元创作寓言的催化剂,他在这种文学氛围中,吸取经验,加上自己的思维创作,形成自己智慧的结晶,使得寓言在他的妙笔下开出一朵极艳之花,以独立的姿态让世人为之赞叹。

总之,不管是从宏观理解,还是微观细谈,柳宗元寓言着实是文学史中的瑰宝。他实现了寓言文体形式的多样化,又探索各种修辞手法,运用的精妙恰当,使寓言的文本修辞达到了无法超越的境界。同时还开拓自己的思维,着力创作超越前代的寓言,促使寓言的文体地位得到提升,作为独立的文体,在文学之林中屹立不倒。

参考文献:

[1]尤力.柳宗元寓言与先秦寓言的比较研究[J].云南社会科学,1998,(6).

[2]祝良文.柳宗元寓言文学的审美特征[J].贵州社会科学,2004,(3).

[3]王一民.柳宗元寓言的特色及成就说略[J].零陵学院学报,2004,(3).

[4]柳宗元.柳宗元集[C].北京:中华书局,1979.

[5]章士钊.柳文指要[M].北京:中华书局,1971.

[6]吴文治.柳宗元资料研究汇编[M].北京:中华书局,1964.

(原载 2017 年第 5 期,作者单位:湖南师范大学)

从器物复古到精神复古：柳宗元的乐府雅诗述作历程的再探讨

✳ 陶成涛

柳宗元是古文大家，诗歌创作也特为一派。而柳宗元的乐府诗创作，在唐宪宗元和之际，显示出明显的有明确的国家礼乐制度意义的复古倾向。就此现象，吴振华《论柳宗元唐雅的现实意义及其艺术特点》一文已有所论述，吴文指出："柳宗元创作铙歌、平淮夷雅等雅诗歌曲，具有很强的现实意义：不仅具有补苴罅漏的意义、重建礼乐秩序的价值，还有脱自己于政治泥淖的干谒意图。"①吴文对此的认识是全面而深刻的，当然吴文更多认为柳宗元创作"唐雅"是为了改换政治姿态，迎合当朝以求再用，从某种程度上说这是贬谪之臣的最为强烈的心理，本文也完全赞同。但是，柳宗元创作乐府雅诗最根本的文化内驱力来自其乐府观念，而柳宗元两次乐府雅诗创作，也反映了柳宗元乐府观念的进一步复古的倾向。本文试图从礼乐制度等方面申述一二。

一 "仪仗"精神与王业述作

柳宗元对鼓吹乐曲的追怀与摹写

柳宗元贬官在永州之时，有《唐鼓吹铙歌十二篇》。柳宗元序云：

> 伏惟汉魏以来，代有铙歌鼓吹词，唯唐独无有。臣为郎时，以太常联礼部。尝闻鼓吹署有戎乐，词独不列。今又考汉曲十二篇，魏曲十四篇，晋曲十六篇，汉歌词不明纪功德，魏、晋歌，功德具。今臣窃取魏、晋义，用汉篇数，为唐铙歌鼓吹曲十二篇，纪高祖、太宗功能之神奇，因以知取天下之勤劳，命将用师之艰难。每有戎事，治兵振旅，幸歌臣词以为容……

鼓吹乐曲最初是汉代北方游牧民族音乐、西域音乐以及异域乐器演奏出的音乐

---

① 载《文学遗产》2014 年第 3 期，第 57 页。

的统称,这种音乐本身有将强烈的杀伐之音和粗犷之气,这正是其本身的胡乐特性,并且也使得这些音乐适合于军乐性的演奏。蔡邕有"汉乐四品,其四曰短箫铙歌,军乐也"的定性①,今天我们从《乐府诗集》所保留的汉铙歌曲辞分析,颇觉其杂凑难懂,甚至与军乐无关。这也就是柳宗元所谓的"汉歌词不明纪功德"。如《朱鹭》《巫山高》《有所思》《上邪》,从标题到曲辞内容均无关军阵。但我们不能简单以歌辞来作为判定音乐属性的依据,从后代对汉铙歌的沿袭应用中,我们都可以看出其军乐性质的流露。以《巫山高》为例,曹魏时改名为《屠柳城》,颂曹操破乌桓之事;孙吴改名为《关背德》,颂孙权擒杀关羽之事;西晋改为《平玉衡》、南朝梁改为《鹤楼峻》,都是以歌颂战功为主要内容。②

鼓吹乐曲自汉魏以来持续雅化,缪袭、韦昭、傅玄、何承天、谢朓等人开启了各自朝代对汉铙歌十八曲的颂诗化改制。同时,北朝也出现了歌颂开国皇帝征战事迹的鼓吹曲。南北朝时期,原本被随意记录的短箫铙歌汉曲古辞变成了称颂开国皇帝赫赫武功和洋洋盛德的颂诗③。

柳宗元所继承的铙歌传统,正是经缪袭、韦昭、傅玄、何承天、谢朓等人开拓的传统,即对原本称为"短箫铙歌"的汉鼓吹乐曲加以配词,以使用于不同时代的鼓吹仪仗用乐。鼓吹乐曲自西晋至于南北朝,长期被应用于皇帝或重臣出行的仪仗,也在祭祀和庙堂音乐中充当一定的地位,更重要的是,鼓吹仪仗队被长期用于赏赐功臣武将,"加葆羽鼓吹"便是极高的荣耀。总之,鼓吹乐曲在东汉至隋代,一直作为仪仗乐队广泛使用,体现了宣扬威仪的重要礼乐精神。④

---

① 见《乐府诗集·鼓吹曲辞》题解中引蔡邕《礼乐志》。

② 分别见《乐府诗集》第267页,272页,277－278页,299页。又据《晋书·音乐志》:"汉时汉时有短箫铙歌之乐,其曲有《硃鹭》《思悲翁》《艾如张》《上之回》《雍离》《战城南》《巫山高》《上陵》《将进酒》《君马黄》《芳树》《有所思》《雉子班》《圣人出》《上邪》《临高台》《远如期》《石留》《务成》《玄云》《黄爵行》《钓竿》等曲,列于鼓吹,多序战阵之事。"见卷二十三,第701页。

③ 可参《隋书·音乐志中》,北齐武成帝时"鼓吹二十曲,皆改古名,以叙功德。第一,汉《朱鹭》改名《水德谢》,言魏谢齐兴也。第二,汉《思悲翁》改名《出山东》,言神武帝战广阿,创大业,破尔朱兆也。第三,汉《艾如张》改名《战韩陵》,言神武灭四胡,定京洛,远近宾服也。第四,汉《上之回》改名《珍关陇》,言神武遣侯莫陈悦诛贺拔岳,定关、陇,平河外,漠北款,秦中附也……"(见第330页)北周宣帝时"革前代鼓吹,制为十五曲。第一,改《朱鹭》为《玄精季》,言魏道陵迟,太祖肇开王业也。第二,改汉《思悲翁》为《征陇西》,言太祖起兵,诛侯莫陈悦,扫清陇右也。第三,改汉《艾如张》为《迎魏帝》,言武帝西幸,太祖奉迎,宅关中也。第四,改汉《上之回》为《平窦泰》,言太祖勒兵讨泰,悉擒斩也……"(见第342页)另,《乐府诗集》(卷二十,第293页)尚录有齐谢朓所制的《齐随王鼓吹曲》,限于诸侯之乐的礼制,未有歌颂皇帝武功的组诗,可见,皇帝之外的王族甚至功臣所奏鼓吹,也有文人改制乐章歌辞的现象。《乐府诗集》(卷十九,第287页)录何承天的《宋铙歌十五篇》也是一组文人改制的歌颂刘裕的组诗性乐章。

④ 可参见陶成涛拙文《作为仪仗乐队的黄门鼓吹》,《黄钟》2014年第4期。

初唐时期,鼓吹乐曲基本上还具备着宣扬威仪的礼乐精神。《旧唐书·音乐志》载:"景龙二年,皇后上言:'自妃主及五品以上母妻,并不因夫子封者,请自今迁葬之日,特给鼓吹。宫官亦准此。'侍御史唐绍上谏曰:"窃闻鼓吹之作,本为军容,昔黄帝涿鹿有功,以为警卫。故掆鼓曲有《灵夔吼》《雕鹗争》《石坠崖》《壮士怒》之类。自昔功臣备礼,适得用之。丈夫有四方之功,所以恩加宠锡。假如郊祀天地,诚是重仪,惟有宫悬,本无案架。故知军乐所备,尚不洽于神祇;钲鼓之音,岂得接于闺阃?"①唐绍的上谏最后没有被采纳,我们可知,鼓吹乐曲的仪仗使用已经不是皇家和重臣的特权了。一般的贵主之家皆使用鼓吹仪仗。杜甫《丽人行》云"箫鼓哀吟感鬼神"的箫鼓即是仪仗鼓吹。

唐绍所云《灵夔吼》《雕鹗争》《石坠崖》《壮士怒》等鼓吹曲,《乐府诗集》失载②,我们猜测应该与柳宗元试图恢复歌辞的太常所备戎乐是一致的。这是隋唐之际的鼓吹乐曲,如果鼓吹乐曲在唐代国家礼乐制度中的地位还如魏晋之时,那么柳宗元述作唐铙歌十二曲的礼乐意义无疑是巨大的。然而非常遗憾的是,柳宗元的时代,这种礼乐模式已经遭受不可复起的冷遇。

鼓吹署原属太常寺,在西晋至隋唐一直存在。《通志》卷五十四:"鼓吹令,《周礼》有鼓人掌六鼓四金之音。后汉有承华令,典黄门鼓吹,属少府。晋置鼓吹令丞,属太常。(东晋)元帝省太乐并鼓吹。(东晋)哀帝复省鼓吹而存太乐。梁有鼓吹令丞,又有清商署。北齐鼓吹令丞及清商部并属太常。隋有鼓吹、清商二令丞。至炀帝罢清商署。唐鼓吹署,令、丞各一人,所掌颇与太乐同。"③但是,

---

① 《旧唐书》卷二十八,第1050页;又见《旧唐书》卷八十五列传第三十五,第2813-1814页。又《唐会要》卷三十八:武德六年二月十二日,平阳公主葬,诏加前后鼓吹。太常奏议,以礼妇人无鼓吹。高祖谓曰:"鼓吹是军乐也,往者公主于司竹举兵,以应义军,既常为将、执金鼓,有克定功,是以周之文母,列于十乱,公主功参佐命,非常妇人之匹也,何得无鼓吹? 宜特加之,以旌殊绩。"至景龙三年十二月,皇后上言:"自妃主及五品以上母妻,并不因夫子封者,请自今婚葬之日,特给鼓吹,宫官准此。"左台侍御史唐绍上疏谏曰:"窃闻鼓吹之作。本为军容……"按,鼓吹的赐给,自晋以来,重臣丧葬常有,如贾充、王导、桓温。南朝时王公重臣送葬,受赐鼓吹亦颇可见。隋唐葬仪赐鼓吹有李穆、李德林、杨素、段文振等,唐代魏征、李靖葬仪亦有赐。唐初就有平阳公主葬礼用鼓吹。

② (宋)陈旸《乐书》卷一百三十八(文渊阁四库全书本)"掆鼓"条保留了唐代掆鼓曲,其文云:"隋大驾鼓吹,有掆鼓,长三尺,朱鬃其上。工人青地苣文。大业中,炀帝宴饗用之。唐《开元礼义罗》曰:'掆鼓,小鼓也。'按图,鼓上有盖。常先作之,以引大鼓。亦犹雅乐之奏楝。与金钲相应。皆有曲焉。《律书·乐图》云:'掆鼓一曲十揲,一曰《惊雷震》,二曰《猛虎骇》,三曰《鸷鸟击》、四曰《龙媒蹀》、五曰《灵夔吼》、六曰《雕鹗争》、七曰《壮士怒》、八曰《熊罴哮吼》、九曰《石荡崖》、十曰《波荡壑》。并各有辞,其辞无传焉。大常鼓吹前部用之。"

③ 《通志》职官略第四,第670页。

官职摆设与实际的礼乐制度已经貌合神离,以祖孝孙等创制的十二和雅乐、三大乐舞(破阵乐、庆善乐、上元乐)作为歌颂祖宗功德的乐舞、"十部伎"宫廷燕乐的主体,都使得鼓吹乐曲不再被要求承担礼乐雅颂的功能。接着是唐玄宗时代教坊、梨园成为当时音乐制度的实际中枢,太常寺地位下降,太常寺中的鼓吹署更是冷落。甚至在唐代太乐署的乐工考核中,无法通过考试的都会被"退入"鼓吹署:

> 教长上弟子四考,难色二人、次难色二人业成者,进考,得难曲五十以上任供奉者为业成。习难色大部伎三年而成,次部二年而成,易色小部伎一年而成,皆入等第三为业成。业成、行修谨者,为助教;博士缺,以次补之。长上及别教未得十曲,给资三之一;不成者隶鼓吹署。习大小横吹,难色四番而成,易色三番而成;不成者,博士有谪。内教博士及弟子长教者,给资钱而留之。①

《新唐书》同时记载:"开元二年,又置内教坊于蓬莱宫侧,有音声博士、第一曹博士、第二曹博士。京都置左右教坊,掌俳优杂技。自是不隶太常。"唐代的音乐机构,原来有太乐署、鼓吹署和教坊。开元二年(714)设立内教坊后,太常已经不是礼乐制度的实际执行部门了。所以,柳宗元在担任礼部郎中之时,已经无缘参与国家礼乐事宜,太常寺虽备鼓吹,但是在实际的国家礼乐中的地位已经极小。柳宗元一片良苦用心,所歌颂的太宗创业之艰辛,可怜无法成为魏晋时期的仪仗军乐的鼓吹乐曲了。

此次柳宗元的乐府雅诗创作,体现了其乐府观念中"器物复古"的第一层追求。汉魏旧制、太常备乐,这些复古的方式都是值得推崇的,但是由于器物的更迭变换,新礼乐环境之下,柳宗元的乐府雅章无法得到采用,也是在所难免。

二　宣王中兴与王师奏凯:柳宗元对《江汉》《常武》的继承

唐宪宗元和十二年(817年)十月平定淮西藩镇吴元济。官方文字有元和十三年韩愈以及段文昌的《平淮西碑》。二文虽有官司风波,但是历来韩优段劣之评深入人心。柳宗元亦于元和十三年上《平淮夷雅》二篇。可以说,韩愈和柳宗

---

① 《新唐书·百官三·太常寺》。

元都十分自觉地以古为则完成各自的鸿篇。韩愈文气似之①，但毕竟由于文体之隔，没有明确传递出来。而柳宗元的二首诗非常自觉地继承了《诗经》中《江汉》《常武》的精神，将平淮西事件与宣王平淮夷联系起来，构建出"再现宣王中兴"的历史话语和叙事模式，颂扬了儒家盛世再现的礼乐神话。柳宗元在《献平淮夷雅表》中开宗明义地表述了宣王中兴得以再现的历史话语逻辑：

> 伏见周宣王时称中兴，其道彰大，于后罕及。然征于诗大小雅，其选徒出狩，则《车攻》《吉日》；命官分士，则《嵩高》《韩奕》《烝人》；南征北伐，则《六月》《采芑》；平淮夷，则《江汉》《常武》，铿鍧炳耀，荡人耳目，故宣王之形容与其辅佐。由今望之，若神人然。此无他，以雅故也。

> 臣伏见陛下，自即位以来，平夏州，夷剑南，取江东，定河北。今又发自天衷，克翦淮石。而大雅不作，臣诚不佞，然不胜愤悱，伏以朝多文臣，不敢尽专数事，谨撰平淮夷雅二篇。虽不及尹吉甫、召穆公等，庶施诸后代。有以佐唐之光明，谨昧死再拜以献。②

"宣王中兴"儒学历史观的建构，在《毛诗》的经学阐释中，体现得尤为明显。③ 其中《六月》为歌颂北伐玁狁；《采芑》为歌颂南伐荆蛮；《江汉》《常武》则歌颂平定东南淮夷。由于地理空间和话语逻辑的相似，柳宗元特意地使用了"淮夷"来直接指涉吴元济的淮西藩镇割据。不仅如此，柳宗元在二首雅诗中，完全是对《江

---

① 《韩昌黎文集校注》卷七《平淮西碑》补注引姚范曰："自元和九年用兵淮蔡，至十三年而始平，铭及之。期间命将出师，攻城降卒，俱非一时事，亦非尽命裴度后事也。而序皆类之若一时事者，盖其所以从唐宪奋武耆功，申命伐叛之威。裴度以宰相宣慰，君臣协谋，著度之威，而主威益隆。此《江汉》《常武》之意也。"见上海古籍出版社 1986 年版，第 475 页。

② 《柳宗元集》，中华书局 1979 年版，第 3 页。

③ 关于"宣王中兴"的历史事实，从已出土西周青铜器物可以印证宣王征伐淮夷、徐方、荆楚等军事行动是胜利的。李学勤《新出青铜器研究》(文物出版社 1990 年版)结合兮甲盘和驹父盨等出土文献指出，宣王二十三年、二十四年军事上达到鼎盛。而《国语》《史记》中亦记载了宣王"败于姜氏之戎""丧南国之师"等军事失败。顾炎武《日知录》卷三"太原"(按，顾氏此条考证"太原"即大原，在西北今甘肃平凉一带)条云："吾读《竹书纪年》，而知周之世有戎祸也。……宣王之世，虽号中兴，三十三年，'王师伐太原之戎，不克'。三十八年，'伐条戎、奔戎，王师败逋'。三十九年，'伐羌戎，战于千亩，王师败逋'。四十年，'料民于太原'。其与后汉西羌之叛，大略相似。……盖宣王之世，其患如汉之安帝也；幽王之世，其患如晋之怀帝也。……然则宣王之功，计亦不过唐之宣宗，而周人之美宣，亦犹鲁人之颂僖也。事劣而文侈矣"(岳麓书社 2011 年版，第 117 页。)。《诗序》认为属于周宣王时期的作品，如《大雅》中《云汉》《崧高》《烝民》《韩奕》《江汉》《常武》；《小雅》中《六月》《采芑》《车攻》《吉日》基本可信。另有《鸿雁》《庭燎》《斯干》《五羊》《祈父》《白驹》《黄鸟》《我行其野》《沔水》《鹤鸣》，朱熹以来，学者怀疑渐多，今之学者多不采其说。

汉》《常武》的亦步亦趋。

雅颂中的战争诗淡化战争本身,强调武力震慑以及政治声讨。雅颂中的篇章,着墨点均在战前和战后。战前,则是命将、耀武与声讨;战后,则是献俘、封功与受飨。《江汉》就如言股肱大臣统帅虎贲之师一临敌境,立刻强虏震怖,不战而胜。于是"经营四方,告成于王。四方既平,王国庶定。时靡有争,王心载宁"了,《常武》就如言伟大的军事胜利仅仅只需要圣明天子一发雷霆之怒,一声令下,军容威整之震慑气势一出,立刻强虏震惊,不战来降。胜利之后,"王猷允塞,徐方既来。徐方既同,天子之功。四方既平,天子之功。"①这种强调王道荡荡、王师无敌的写作思路,柳宗元在《平淮夷雅》中完全加以继承。

《平淮夷雅》二篇,第一篇为《皇武》,第二篇为《方城》。第一篇侧重于赞美裴度,第二篇侧重于赞美李愬。两首诗的结构都完整地体现了战前命将、耀武与声讨、战后献俘、封功与受飨的写作模式。《皇武》反复陈述皇帝命将和王师的进军,而真正的战争一章仅是"王旅浑浑,是佚是怙。既获敌师,若饥得餔。蔡凶伊窘,悉起来聚。左捣其虚,靡愆厥虑。载辟载袚,丞相是临。弛其武刑,谕我德心。其危既安,有长如林。曾是谮诮,化为讴吟"的描写,战争结束,其结果是"淮夷既平,震是朔南。宜庙宜郊,以告德音。归牛休马,丰稼于野。我武惟皇,永保无疆。"②《方城》更对克蔡后的胜利和对李愬的歌颂用了四章的篇幅。

《江汉》《常武》作为《诗经·大雅》之篇章,在西周礼乐制度中,或者在《周礼》以及"毛诗"阐释系统中,一直有明确的礼乐功能。《周礼·春官宗伯·大司乐》云:"王师大献,则令奏恺乐。"③《周礼·春官宗伯·乐师》云:"凡军大献,教恺歌。"④《江汉》《常武》正是在宣王用兵淮夷两次重要胜利之后的凯乐。

所谓凯乐,专指重大军事行动之前或者之后的专用礼乐。出征有之,以激励士气,凯旋有之,以庆贺战功。《诗经》中出征和还师,均奏凯乐,也与《诗序》所云"(文王)以天子之命,命将率遣戍役,以守卫中国。故歌《采薇》以遣之,《出车》以劳还,《杕杜》以勤归也"⑤的说法相一致。

按照《周礼》的说法,"王师大献",必奏凯乐。而当唐廷大献之际,柳宗元

---

① 《毛诗正义》十三经注疏标点本,卷第十八,1241 页、1256 页。
② 见《全唐诗》卷 350,第 3915 页。
③ 阮元《十三经注疏》,中华书局影印本,1980 年版,第 791 页。
④ 同上,第 794 页。
⑤ 《毛诗正义》十三经注疏标点本,卷第九,第 588 页。

"不胜愤懑"①之因,当是在于自己内心固有之礼乐观念。这种礼乐文化在封建时代并非只是文本的记录。历代凯乐创作不绝于记载。《乐府诗集》著录的西晋张华所作的凯乐歌辞《命将出征歌》和《劳还师歌》②,即是其最佳例证:

> 重华隆帝道,戎蛮或不宾。徐夷兴有周,鬼方亦违殷。今在盛明世,寇虐动四垠。豺狼染牙爪,群生号旻昊。元师统方夏,《出车》抚凉秦。众贞必以律,臧否实在人。威信加殊类,疏逖思自亲。单醪岂有味,挟纩感至仁。武功尚止戈,七德美安民。远迹由斯举,永世无风尘。

> 玁狁背天德,构乱扰邦畿。戎车震朔野,群帅赞皇威。将士齐心膂,感义忘其私。积势如鞲弩,赴节如发机。嚣声动山谷,金光耀素晖。挥戈陵劲敌,武步蹈横尸。鲸鲵皆授首,北土永清夷。昔往冒隆暑,今来白雪霏。征夫信勤瘁,自古咏《采薇》。收荣於舍爵,燕喜在凯归。

《旧唐书·音乐一》大和八年太常院奏议中称"太宗平东都,破宋金刚,其后苏定方执贺鲁,李勣平高丽,皆备军容凯歌入京师"③,可见,柳宗元创作《平淮夷雅》的动机,当与《毛诗》"美宣王"以及《周礼》"王师大献"等观念融合而成的一种文化潜意识密切相关。

柳宗元晚年的这一次雅诗创作,体现了从"器物复古"到"精神复古"的升华。《诗经》大雅精神在封建国家意识形态上是永恒的礼乐核心,柳宗元以此为出发点,故而取得了第二次创作的成功。

三 余论

柳宗元以贬谪之身,两次向朝廷献乐府雅诗。其中我们可以看到,柳宗元的乐府复古思想是建立在他的国家礼乐理想之上的。从开始偏向礼乐制度的器物复古,到最终的上升到礼乐精神的追摹。柳宗元显然在复古主义的乐府雅诗创作路线上完成了个人的突破。第一次的鼓吹铙歌,虽然意图陈述太宗创业艰辛,但显然是一个游戏规则的落伍者,故而柳宗元第一次的乐府雅诗述作是失败的。

---

① 按,尹占华《柳宗元集校注》作"不胜愤踊",校记云:"原作'愤懑',据注释音辨本改"。按,中华书局 1979 年版《柳宗元集》以宋刻本为底本,作"愤懑",似不当轻改。

② 《乐府诗集》第十九卷,第 284–285 页。

③ 《旧唐书》卷二十八,第 1053 页。

而第二次柳宗元直接上承《诗经》大雅精神,旗帜鲜明地用诗歌形式和语言塑造了"宣王中兴再现"的历史话语,并且结合了"王师大献"的奏凯礼乐遗意,成为柳宗元乐府雅诗述作的典范代表。相比韩愈《平淮西碑》,更能体现出儒家礼乐精神的典范意义。故而历代论韩柳者多有"退之不能作""与吉甫辈所作无异矣""韩公不得不让"①的评语。我们可以说,柳宗元主动继承了《大雅》的礼乐精完成了从器物复古到精神复古的境界提升,也重新获得了礼乐文化话语权的述作高度。

(原载 2017 年第 11 期,作者单位:西北大学)

---

① 参见尹占华《柳宗元集校注》之集评所引唐庚、李如箎、陆梦龙语,见第 27 – 30 页。

唐人《诗》学观与柳宗元古文创作

✱ ［台湾］王基伦

一 前言

陈子昂《与东方左使虬修竹篇叙》说："文章道弊五百年矣！汉、魏风骨，晋、宋莫传，然而文献有可征者。仆尝暇时观齐、梁间诗，彩丽竞繁，而兴寄都绝，每以永叹。窃思古人，常恐逶迤颓靡，风雅不作，以耿耿也。"（《陈伯玉文集》卷1）而韩愈《荐士诗》也说："国朝盛文章，子昂始高蹈。"（《全唐诗》卷337）于是钱穆先生指出："唐代之古文运动，当追溯于唐代之古诗运动。……古诗运动，当溯自陈子昂。"[1]16"自陈子昂、李太白、杜子美诸贤兴，而诗体一变。自韩、柳之兴而文体亦一变。此二者。皆主复古。诗之复古，在求有兴寄，勿徒尚丽采。文之复古，则主以明道，而毋徒修辞句。此其要领也。"[1]53可见唐代诗文的复古，从陈子昂到韩愈、柳宗元，似乎有一条文学发展的脉络线索。

钱先生在前述文章又提出"诗文本一脉，若必分疆割席论之，则恐无当于古人之真际尔"[1]19的说法，并且引用了章学诚《文史通义》的说法作为佐证："学者惟拘声韵之为诗，而不知言情达志，敷陈讽谕，抑扬涵泳之文，皆本于《诗》教。"[1]48这是很正确的观念。但是他并未将唐人的的《诗》学观念多作说明；而韩愈、柳宗元所理解的儒家之"诗教"，如何落实到古文的书写，这也有待讨论。如果能厘清这些问题，对于唐代《诗》学观与古文创作的关系将会有更深一层的理解。

二 初唐陈子昂引发出来的写作效应

唐太宗命颜师古考定五经，命孔颖达等撰成《五经正义》，试图统一东汉、魏、晋至南北朝的各派经学以后，儒学思想就成为唐代君臣治国的方针，这促成

初唐开始重视礼乐教化,逐步有"文儒型"的知识阶层的形成。孔颖达《毛诗正义序》说:

> 夫《诗》者,论功颂德之歌,止僻防邪之训,虽无为而自发,乃有益于生灵。……若政遇醇和,则欢娱被于朝野;时当惨黩,亦怨刺形于咏歌。作之者所以畅怀舒愤,闻之者足以塞违从正。发诸情性,谐于律吕。故曰:"感天地,动鬼神,莫近于《诗》。"此乃《诗》之为用,其利大矣。[2]3

成复旺等《中国文学理论史》说:"孔颖达的诗学确切地说是'诗经学',虽然对当时的创作影响不大,但它对后世的作用却不可低估。到了安史之乱前后,杜甫、元结、贾至、杨绾、梁肃、武元衡、杜确、李益等人,则掀起了一个不大不小要求恢复儒家学的风潮。……梁、武、杜(确)、李,则大力宣扬儒家《诗》学的原理、原则。"[3]11这里指出初唐至中唐"诗经学"的发展,虽然孔颖达只是延伸传统"诗教"的说法,影响也不在当时,而是到了安史之乱前后,产生了重大的影响。

事实上,唐太宗的举措,发生在陈子昂之前;而唐太宗所造成的文士群体效应,却要到安史之乱前后才开展出来。这是因为初唐时代的文学思潮实为陈、隋之延长的缘故。譬如唐高祖武德初年)到睿宗景云年间,已有反绮靡与文质并重的主张,[4]39-53然而唐太宗自己喜好徐陵)、庾信之作,曾作宫体诗而命虞世南和之。《唐诗纪事》载虞世南推辞而谏之曰:"圣作诚工,然体非雅正,上有所好,下必有甚;臣恐此诗一传,风靡天下,不敢奉诏。"[5]6后来,则天武后游龙门时,命群臣赋诗,宋之问荣获锦袍,一时也传为美谈。[5]165这可以解释为何当时人都在追求修辞丽语,讲求平仄(声律)、押韵、对句,促成文学发展史上"诗律"之体的完成。唯一与此风气大力对抗者只有陈子昂一人。

陈子昂的努力重点,显然是提倡诗作之中的"兴寄"精神。他以"风雅"代替"颓靡",指出了文章改革的方向;他写的许多奏议书疏,虽然间有骈句,但基本上已是散体文字,内容切实为其主要特色。子昂死后,其友卢藏用集其诗文而序之曰:"道丧五百岁而得陈君,……天下翕然,质文一变。"(《右拾遗陈子昂文集序》)萧颖士说:"近日陈拾遗子昂,文体最正。"[6]315李舟《独孤常州集序》说:"天后朝,广汉陈子昂独泝溃波,以趣清源,自兹作者稍稍而出。"柳宗元《杨评事文集后序》指出"文有二道:辞令褒贬,本乎著述者也;导扬讽谕,本乎比兴者也"之后,也赞美陈子昂道:"唐兴以来,称是选而不作者,梓潼陈拾遗。其后,燕文贞以著述之余,攻比兴而莫能极;张曲江以比兴之隙,穷著述而不克备。其余各探一隅,相与背驰于道者,其去弥远。文之难兼,斯亦甚矣。"元稹叙诗寄乐天也说:"始得陈子昂《感遇诗》启示,此下遂叙及工部。"这些都是唐代文人看出陈子昂写作范式的意义,包括文体雅正,以"质"代"文",以及兼有诗的"比兴"、文的"著述"长才,从而给予肯定。

陈子昂所鼓吹的文学主张,是否真的能推波助澜,形成开元、天宝之际的"文人重儒"的知识阶层,进而带动古文运动的兴起,这其实还是次要的问题。更根本的是,他如何能把文学主张落实到写作文本,尤其是从"诗学"到"古文"的转换。关于这点,清初永瑢《四库全书总目·陈拾遗集提要》曾经从创作的角度,肯定陈子昂的"诸表序犹沿俳俪之习,若论事书疏之类,实疏朴近古。"在在显示陈子昂的先导作用。王国璎据此尝试说明陈子昂、韩愈二人的关系:

> 陈子昂曾提出恢复"风雅比兴"和"汉魏风骨"(《修竹篇序》)的主张,虽然其言主要乃是针对诗歌创作而发,却已经明显涉及文学作品在内涵情境上亦须复古与革新的要求。何况现存陈子昂的一些对策、疏奏等官方公文,以及个人批评朝政的政论文章,实际上已颇为接近疏宕朴实的散体古文,或许可视为盛唐一般应用文体由骈转散之前奏。试录其《上蜀川安危事三条》中之一小段为例……。上引文字中,对蜀中诸州平民百姓失业、逃亡的同情与怜悯,对"官人贪暴,不奉国法"的不满与指责,充分流露一介书生对社会民生的由衷关怀,这正是中唐韩愈诸人,为改革时政而提出文章当须复古的先兆。……根据《新唐书》陈子昂本传的观察:"唐兴,文章承徐、庾余风,天下祖尚,子昂始变雅正。"陈子昂在唐代文章"始变雅正"的先驱地位,不容忽视,正犹如韩愈《荐士诗》中所称扬的:"国朝盛文章,子昂始高蹈。"[7]608-609

此处从文学主张、实际创作两方面,说明陈子昂的贡献。细观陈子昂的文学主张,标举风骨、兴寄,要求"风雅""因物寓志""托物起兴",这主要应用在诗歌创作美学上,实质是在复古旗帜下革新,也因此他的诗文常有鲜明的经世致用的现实主义精神。他那"文辞宏丽"的风格,是初唐文风大环境给他的普遍性特色;而讨论到现实问题时,不重藻饰,而能引经据典,出之以"切直之言",文字疏宕朴实,他的《谏刑书》《复雠议状》即有此现象。值得注意的是,陈子昂在作品中关怀民生疾苦的内涵主旨,正是后来韩愈复古旗帜下的书写旨趣;他已经开始离弃初唐四杰如王勃《滕王阁序》、骆宾王《代徐敬业讨武曌檄》之类沿续南朝以来华丽辞藻的骈体文风,运之以散行示意的古文风格,单句为主的风貌特色,可说是由骈转散之前奏,这些都是韩愈革新文体的书写方式。

此外,钱穆先生连结了陈子昂、李白、杜甫、韩愈等人进行一些考察,他说:

> 李阳冰序其(李白)集乃曰:"……凡所著述,言多讽兴。……卢黄门云:'陈拾遗横制颓波,天下质文,翕然一变。'……至公大变,扫地并尽。今古文集,遏而不行。"此谓文变之风,其功竟于太白,而其原仍始子昂也。……言唐代之古诗运动,亦必至于工部,而始臻于大成也。……然工部擅于诗,而不擅文,则所以承袭六经,发扬儒道者,惟在《诗》三百。就儒术言,终不能无憾。且工部之于儒术,亦仅偏重政治。……故太白仅属一种文学之复古,工部始站在儒家地位而复古,其意较深。然亦仅偏于政治。必待昌黎韩公出,始原本六经,承李、杜古诗运动之后,又重倡古文运动。其言曰:"好古之文,乃好古之道也。"于是始正式提出一"道"字,为其诗文作骨干。又首唱尧舜禹汤文武周公孔孟历古相传之道统。是至昌黎,乃始站在纯儒家之地位而提倡复古者。故论唐人文学复古之大潮流,亦必达于昌黎,乃始有穷源竟委之观,兼包并蓄之势。……故推论昌黎之古文运动,决不当忽略其对于李、杜古诗运动之欣赏与推崇。……越后宋穆修《唐柳先生集后序》……自李、杜直叙至韩、柳,可谓得唐代运动之真源。[1]16-19

这段话结合文学史现象,说明唐代古诗运动与古文运动有着紧密的关联。先是陈子昂对李白的诗学有影响,韩愈大力推崇李、杜二人,而李白诗又不如杜甫诗饶富国计民生的关怀,故杜甫的复古含有更深邃的儒学意涵,直到韩愈提出儒家之道的道统观念,古文运动始完全继承了古诗运动的复儒学之古的主张。而古诗运动的复古精神,离不开《诗》三百的传统,此又为不争的事实。钱穆另从古文体类的革新以及韩愈、柳宗元的写作现象,补充说明唐代古文家之所以能"以诗之神理韵味化入散文中",赠序、杂记与杂说尤其有运诗入文之意,都是源自唐代诗学的影响。这就是韩、柳古文"以诗为文"的新诠释。[1]16-19,42-45学者对于钱先生说法已能认同,并由此延伸多篇论文,讨论韩、柳古文运动"以诗为文"的成绩。①综上可知,不论是作品内容或写作风格,韩愈古文都有源自陈子昂诗文的地方。

继陈子昂之后,燕国公张说写的许多碑志文,虽然仍用骈体,但是减少了浮华之辞,有的骈散间行,真实生动,类似传记。开元年间,一些诗人写的书和序,也往往骈散间行,词语自然精美,王维《山中与裴迪秀才书》就充满诗情画意,读来有宁静秀美的感觉。李白《春夜宴从弟桃花园序》也有异曲同工之妙。

李白允为盛唐最伟大的诗人。李白提倡复古,孟棨《本事诗》引述他的诗论说:"梁、陈以来,艳薄斯极,沈休文又尚以声律。将复古道,非我而谁?"这句话倍受怀疑,不太可信,然而李白诗《古》五十九首之第一首,意与此略同。其词曰:"大雅久不作,吾衰竟谁陈?"又谓:"自从建安来,绮丽不足珍。"逮及唐朝,"圣代复元古,垂衣贵亲真。……文质相炳焕,众星罗秋旻。我志在删述,垂辉映千春。"可见李白与陈子昂同样有振衰起蔽、对抗时代文风的勇气,二人都讴歌古道,反对绮丽,向往文质彬彬,李白诗的确也跳脱了修辞主义,转而走向内容意境的表现。当我们读到李白《与韩荆州书》时,可以感受到他的情感奔放,神采飞扬,气势一贯而下,没有骈文雕琢巧丽的味道。从陈子昂、李白、杜甫到韩愈、柳宗元,已经串成一条文学发展史的路线。

三　初盛唐儒学教化开展出来的写作群体

或许由于陈子昂的文学努力太过受人看重,反而让我们忽略了初盛唐时期学术思潮对当代文人创作的带动,误以为他们对古文运动缺乏影响力。其实,从初唐以来,一直存在着儒学观念——尤其是"礼乐"方面的思考。譬如杨炯《王勃集序》指出唐朝建国之前,诗坛风气是"未尽力于丘坟""不寻源于礼乐",到了王勃才"经籍为心""风云入思"。卢藏用也指出陈子昂《复雠议状》关于徐元庆报父仇而犯法的讨论,"则刑礼之中也"。(《右拾遗陈子昂文集序》)类似的引用或讨论到"礼乐"的文章,数量并不少。

唐玄宗于先天元年(712)冬即位,帝畋猎于渭水,户部尚书魏知古献诗谏之。玄宗嘉其意,自作制褒之曰:

> 夫诗者,志之所之,所以写其心怀,实可讽谕君主。是故扬雄陈《羽猎》,马卿赋《上林》。爰自风雅,率由兹道。予顷向温泉观省风俗,时因暇景,掩渭而畋,方开一面之罗,式展三驱之礼,躬亲校猎,聊以从禽。岂意卿有箴规,辅予不逮,自非款诚凤着,其孰能继于此耶?(《旧唐书·魏知古传》)

唐玄宗表明自己遵守古代礼法,认同诗赋的劝谏传统;由此对照初唐太宗、武后时代风气,已经有所不同。又史称玄宗即位之初,恶风俗之奢靡,销毁乘舆服御、金银器玩,节资以供军国之用,将其所有珠玉锦绣焚于殿前,令天下严禁采珠玉,织锦绣等物,如此英明果断,能不使其风俗为之一变乎?而此风反映于文学思想,乃当然之事。这时期君臣上下的言论如此记录着:

> 我国家敦古质,断浮艳,《礼》《乐》《诗》《书》,是宏文德。(唐玄宗《禁策判不切事宜诏》)敦《诗》《书》,悦《礼》《乐》,济济多士,开元以宁。(袁映《神岳举贤良方正策》)太学者,教人务《礼》《乐》,敦《诗》《书》也。(吴兢《谏限约明经进士疏》)

朝廷上下把《诗》《书》《礼》《乐》结合起来,看重的是儒学思想能化育人才,恢宏文德的功能。君臣奖励儒学,提倡儒学思想的道德教化,于是这就形成了当时的另一股力量——儒学带给文人的思考。从初唐到发生安史之乱的这段时间,发挥了很大的作用,渐渐形成了文学创作群体。玄宗天宝年间,殷璠序其所编《河岳英灵集》曰:

> 自萧氏(梁朝)以还,尤增矫饰。武德初,微波尚在。贞观末,标格渐高。景云中,颇通远调。开元十五年后,声律风骨始备矣。实由主上(玄宗)恶华好朴,去伪从真,使海内词人,翕然尊古,有周风雅,再阐于今。代宗时,杜确《岑嘉州集序》亦曰:圣唐受命,斫雕为朴。开元之际,王纲复举,浅薄之风,于兹渐革。其时作者,凡十数辈,颇能以雅参丽,以古杂今,彬彬然,灿灿然,而近建安之遗范。

前引袁映、杜确、吴兢说法,都出自玄宗开元年间,这时期诗坛风气大为改变。他们说的是,就在"声律"发展成熟之余,"风骨"也已经建立起来。这主要是来自儒家思想的熏陶,尤其是《礼》《乐》《诗》《书》的讲求至关重大,包括《诗经》之国风及大小雅以思想为主的作品。

可想而知,当时士大夫也以儒家经书教弟子,譬如李华《三贤论》指出:刘知幾之子刘迅,出身"名儒史官之家,兄弟以学著称,乃述《诗》《书》《礼》《乐》《春秋》为五说,条贯源流,备今古之变"。而李华教导子孙也说:"当学《诗》《礼》《论语》《孝经》,此最为要也"(《与外孙崔氏二孩书》)。这些现象并非孤例,是许多文儒教育子弟的方式。

既然以《诗》《书》《礼》《乐》为群经首要阅读的典籍,于是文章写作也有经书的形迹可求,当时被称为"燕许大手笔"的张说和苏颋,都是文藻雅丽,擅长朝廷制诰、赋颂、碑铭的作品,所谓"动有礼乐之运,言有雅颂之声"(张九龄,《东海徐文公神道碑铭》);在他们引领之下,当代文坛竞相写作合乎雅颂之声的作品,也逐渐形成了一个"文人重儒"的知识阶层。独孤及为李华文集所作的序说:

> 天宝中,公与兰陵萧茂挺、长乐贾幼几勃焉复起,振中古之风,以宏文德。公之作本乎王道,大抵以五经为泉源,抒情性以托讽,然后有歌咏;美教化,献箴谏,然后有赋颂;悬权衡以辩天下公是非,然后有论议。至若记叙、编录、铭鼎、刻石之作,必采其行事以正褒贬,非夫子之旨不书。故风雅之旨归,刑政之本根,忠孝之大伦,皆见于词。于时文士驰骛,飙扇波委。二十年间,学者稍厌《折杨》《皇华》而窥咸池之音者什五六,识者谓之文章中兴,公实启之。(《检校尚书吏部员外郎赵郡李公中集序》)

梁肃为独孤及文集所作的序也说:

> 唐兴,接前代浇醨之后,承文章颠坠之运,王风下扇,旧俗稍革。不及百年,文体反正。其后时寝和溢,而文亦随之。天宝中,作者数人,颇节之以礼。洎公为之,于是操道德为根本,总礼乐为冠带。以《易》之精义,《诗》之雅兴,《春秋》之褒贬,属之于辞,故其文宽而俭,直而婉,辩而不华,博厚而高明。论人无虚美,比事为实录。天下凛然,复睹两汉之遗风。(《常州刺史独孤及集后序》,或题《毗陵集后序》)

这两段文字意思相近。其中说明了初唐有过矫正前朝文风的思考,于是"文体反正";延续到盛唐玄宗天宝年间,有"作者数人"——当指李华、萧颖士、贾至等人,他们重视道德、情性,讲求礼乐教化,值得注意的是,以儒家经典为写作标准,《易》《诗》《春秋》各自发挥其效用,达到"文章中兴"的成绩。

上述成绩虽与陈子昂的努力不无关系,但是朝廷上位者的提倡,文儒家庭教育的讲求,儒学思潮的蔚然兴盛,其实更是深入文章写作的动力。葛晓音说:

> 盛唐的诗歌革新,除了陈子昂的影响以外,有没有更重要更深层的现实背景?……我在研究盛唐文人所受文化教育的状况时,发现"文儒"型的知识阶层在开元年间的形成,以及礼乐观念在盛唐的普及,是天宝文人所赖以成长的文化环境的显著特征,也是导致相当多的文人重儒的主要根源。[8]274-275

综合前文,已经得知杜甫、元结、贾至、杨绾、梁肃、武元衡、杜确、李益以及吴兢、袁映、刘迅、李华、萧颖士等人,都是恢弘儒家学说的重要人物。再加上张说、苏颋、张九龄、独孤及拓展雅颂比兴的儒家书写,韩愈《送孟东野序》又提出在他之前:"唐之有天下,陈子昂、苏源明、元结、李白、杜甫、李观,皆以其所能鸣。"因此,陈子昂之后的"文人重儒"的写作群体已经形成,他们不绝如缕的从事研读经典,转化到文学创作的思考,是不容忽视的一股力量。

四 《诗经》"比兴"意义的转变与古文写作的关联

以上说明了唐代文人之间的传承关系,这是"作者"的因素。可以再进一步深究的是,表现在"作品"的因素——关怀民生疾苦的内涵主旨,是否与《诗经》所带出来的文学思想密切相关? 答案显然是肯定的。问题是,"《诗经》学"与古文运动的书写究竟紧密到何种程度? 这里面可能涉及传统知识阶层普遍抱持"诗是一切韵文的正典母体"的文化意识,[9]62一切分流的子体必向母体归源的问题,也就是说,当作家看待"诗"为主要的"正典母体"时,不论写作什么体裁,其写作意识会自然而然朝向"诗学"的精神而努力。

因此,如果我们只把《诗经》当作儒家经典来解读,似乎忽略了它在诗学发展方面的重大意义。《诗》原有赋、比、兴三种作诗、解诗的不同意义。《毛传》《郑笺》在解释"兴"义上有些不同,随着魏、晋时期文艺自觉及审美意识的觉醒,一些对文艺创作有深刻体会的文论家便试图挣脱《毛传》《郑笺》的束缚,从纯粹的美学艺术上,对"兴"作另一番诠释。流衍到唐代,在诗学传统中,"兴"除了保留经学传统中的譬喻和由此发展的对现实的批判意义外,还描述了诗歌创作的特殊状态、诗歌欣赏的美感特质,以及诗歌存在的本体论特征。这些观念对古文写作,产生了很大的影响。

首先,郑玄是先注解"三礼",而后笺《诗》,这里面有时间先后的观念上的转变。《周礼·春官宗伯·大师》云:"大师掌六律六同,以合阴阳之声。……教六诗,曰风,曰赋,曰比,曰兴,曰雅,曰颂。"据此文可知,"大师"乃主管音乐教育的官职,而其所教"六诗"应与"六律""六同""五声""八音"参看,可知"风、雅、颂、赋、比、兴"与音乐密切相关。郑玄注:

> 风言圣贤治道之遗化也。赋之言铺,直铺陈今之政教善恶。比见今之失,不敢斥言,取比类以言之。兴见今之美,嫌于媚谀,取善事以喻劝之。雅,正也,言今之正者以为后世法。颂之言诵也,容也,诵今之德,广以

美之。[10]354-356

又《周礼·春官宗伯·大司乐》云:"大司乐掌成均之法,以治建国之学政,而合国之子弟焉。……以乐语教国子:兴、道、讽、诵、言、语。"郑玄注:

> 兴者,以善物喻善事……。[10]336-337

郑玄此处以"喻"解"兴",与他后来为《毛传》作笺时的见解,似有所不同。郑玄大多将《毛传》里的"兴"视为"刺恶"而非"颂美"之诗。例如《邶风·北风》:"北风其凉,雨雪其雱。"《毛传》云:"兴也。"《郑笺》曰:"兴者,喻君政教酷暴,使民散乱。"《北门》:"出自北门,忧心殷殷。"《毛传》:"兴也。"《郑笺》:"兴者,喻已仕于暗君,犹行而出北门,心为之忧殷殷然。"在这里,郑玄把《北风》解释成"刺虐"之诗,把《北门》解释成"刺仕不得志"之诗,和他在《周礼注》中"以善物喻善事"的"兴"义说法不同。尽管受到少数学者批评,但郑玄以"喻"为"兴"的经学传统仍为不少治《诗》者所承袭。

初唐孔颖达奉敕作《毛诗正义》时,已注意到《郑笺》释比、兴之抵牾。孔氏或许有"疏不破注"的原则,但对郑氏的难以自圆其说处,还是作出了疏正:

> 赋云"铺陈今之政教善恶",其言通正变,兼美刺也;比云"见今之失,取比类以言之",谓刺诗之比也;兴云"见今之美,取善事以劝之",谓美诗之兴也。其实美刺俱有比兴者也。郑(玄)必以风言圣贤之遗化。……赋者,直陈其事,无所避讳,故得失俱言。比者,比托于物,不敢正言,似有所畏惧,故云:"见今之失,取比类以言之。"兴者,兴起志意,赞扬之辞,故云:"见今之美,以喻劝之。"雅既以齐正为名,故云:"以为后世法。"郑之所注,其意如此。诗皆用之于乐,言之者无罪。赋则直陈其事。于比兴云"不敢斥言""嫌于媚谀"者,据其辞,不指斥,若有嫌惧之意。其实作文之体,理自当然,非有所嫌惧也。……郑以"赋之言铺也,铺陈善恶",则诗文直陈其事,不譬喻者,皆赋辞也。郑司农云"比者,比方于物",诸言"如"者,皆比辞也。司农又云"兴者,托事于物",则兴者起也,取譬引类,起发己心,诗文诸举草木鸟兽以见意者,皆兴辞也。赋比兴如此次者,言事之道,直陈为正,故《诗经》多赋在比兴之先。比之与兴,虽同是附托外物,比显而兴隐,当先显后隐,故比居兴先也。《毛诗》特言"兴也",为其理隐故也……。(《诗经·周南·关雎诂训传第一》)[2]15

这段文字中,孔颖达疏解了《郑笺》的意思,指出比、兴虽同为附托外物的譬喻,其中仍有所区别,不过不是郑玄所谓的畏失、嫌美之别,而是"比显而兴隐"。②经过孔颖达的疏正,"兴"为"隐喻"的观点已被后世学者所接受。后来,朱自清《诗言志辨》也说:"《毛传》'兴也'的'兴'有两个意义,一是发端,一是譬喻。这两个意义合在一块才是'兴'。……兴是发端,只须看一百十六篇兴诗中有一百十三篇都发兴于首章,就会明白。……兴是譬喻,'又是'发端,便与'只是'譬喻不同。前人没有注意兴的两重义,因此缠夹不已。他们多不敢直说兴是譬喻,想着这么一来便与比无别了。其实《毛传》明明说兴是譬喻。"[11]53-54

以上主张"比""兴"都具有譬喻的功能,尤其具有托物为喻、美刺讽谕的功能,这说法在唐代实居于主流的诠释地位。初唐陈子昂为反对齐、梁遗风,就突显了"兴"的美刺义。到了白居易,"兴寄"被明确表述为对现实的讽谕和批判,并将此一说法追溯到《诗经》的风雅比兴。其《与元九书》云:

> 唐兴二百年,其间诗人不可胜数。所可举者,陈子昂有《感遇诗》二十首,鲍防《感遇诗》十五篇。又诗之豪者,世称李(白)、杜(甫)。李之作,才矣!奇矣!人不迨矣!索其风雅比兴,十无一焉。杜诗最多……然撮其《新安》《石壕》《潼关吏》《芦子关》《花门》之章,"朱门酒肉臭,路有冻死骨"之句,亦不过十三四。杜尚如此,况不迨杜者乎?

从白居易所举的杜诗观之,其所谓"风雅比兴",就是对现实的批判和揭露。又云:

> 凡闻仆《贺雨诗》,众口籍籍,以为非宜矣;闻仆《哭孔戡诗》,众面脉脉,尽不悦矣;闻《秦中吟》,则权豪贵近者,相目而变色矣;闻《登乐游园》寄足下诗,则执政柄者扼腕矣;闻《宿紫阁村》诗,则握军要者切齿矣!大率如此,不可遍举。

比、兴原本是委婉的比喻,现在却变成了尖锐的批判。随着历史的发展,"兴"义产生了巨大的变化,这是经学传统中的"兴"义对中国文艺美学在思想内容上的影响。在如此写作心态下,自然会提出"文章合为时而著,歌诗合为事而作"的文学主张,白居易也把自己的诗命名为"讽谕诗",表达兼善天下的济世之志:

> 仆数月来,检讨囊帙中,得新旧诗,各以类分,分为卷目。自拾遗来,凡遇所感,关于美刺兴比者;又自武德至元和,因事立题,题为《新乐府》者,共

> 一百五十首,谓之讽谕诗……故仆志在兼济,行在独善,奉而始终之则为道,
> 言而发明之则为诗。谓之讽谕诗,兼济之志也。

我们必须另分出一条路来说,"起情曰兴"原本是中国诗学的主要诠释观点,《诗》言志"《诗》可以兴,可以观,可以群,可以怨",意谓《诗》是发自人心抒情言志的作品。所以刘勰也曾把"兴"理解为"起情"。有名的《世说新语·任诞》王子猷雪夜访戴安道的故事:"乘兴而行,兴尽而返",句中的"兴"字正是此义。《魏书》载北魏孝文帝"才藻富赡,好为文章,诗赋铭颂,任兴而作。""任兴而作"指的就是不受理智控制的自由创作。唐代贾岛则说:"兴者,情也。谓外感于物,内动于情,情不可遏,故曰兴。"(《二南秘旨》)于此处,"兴"并不能作一般意义上的"情"字理解,而是一种正在激发之中、不可遏抑的突出的情感,此种情感是诗歌创作不可或缺的要素。正因为一直有这么一路的解释,反衬出白居易批判现实的诠释,是一个极大的突破。

只比白居易小一岁的柳宗元,应当听说过白居易的前述主张,他仿佛与之呼应的说:

> 文之用,辞令褒贬,导扬讽谕而已。……作者抱其根源,而必由是假
> 道焉。

作于圣,故曰经;述于人,故曰文。文有二道:辞令褒贬,本乎著述者也;导扬讽谕,本乎比兴者也。著述者流,盖出于《书》之谟、训,《易》之象、系,《春秋》之笔削,其要在于高壮广厚,词正而理备,谓宜藏于简册也。比兴者流,盖出于虞、夏之咏歌,殷、周之风雅,其要在于丽则清越,言畅而意美,宜流于谣诵也。

柳宗元从散文、韵文二分的观点,说出文学源自儒家经典,而各有所侧重。其中强调诗的比兴传统与讽谕功能,得自初盛唐以来的文人观念,以及白居易的启发。因此唐晓敏指出:柳宗元所说的"导扬讽谕自然主要是诗歌的功能。柳宗元明确提倡讽谕,与白居易的文学主张相同"[12]129。柳宗元另有《与友人论为文书》说:"古今号文章为难,足下知其所以难乎?非谓比兴之不足,恢拓之不远,钻砺之不工,颇颣之不除也。得知为难,知之愈难耳。苟或得其高朗,探其深赜,虽有芜败,则为日月之蚀也,大圭之瑕也,曷足伤其明黜其宝哉?"此处的"比兴"也是指一种写作方式,带有托物讽谕的意味。后来皇甫湜《谕业》也说道:"歌咏者极情性之本,载述者遵良直之旨。触类而长,不失其要。"这更足以证明,柳宗元将文学作品条分缕析、二脉分承的说法,在唐代是具有普遍性的共通意义。

五 "本之《诗》以求其恒"解

我们可以再回到韩、柳古文运动本身作检视,会发现柳宗元受到唐人《诗》学观念的影响显然比韩愈来得深。

韩愈《答李翊书》自述他的古文写作历程,刚开始是:"行之乎仁义之途,游之乎《诗》《书》之源,无迷其途,无绝其源,终吾身而已矣"。这不是泛泛说说而已。他以《诗》《书》为写作之源,符合盛唐开元、天宝以来文学思潮的变迁,也符合以《诗》为六经之首要学习对象的写作模式。至于他在《进学解》所说的"《诗》正而葩",则是一语道出《诗经》内容纯正而文辞华美,指陈《诗经》作为文学摹写范式的可依循的方向。李光地说:"'正葩'等字,并极群经要眇,故未有不精经术而能行文者。"[13]39倘若不是熟稔深知《诗经》之内容者,何足以知之?然而韩愈终究只是在文字的表现上看出《诗》学的影响而已。

柳宗元则彻底肯定了《诗经》的讽谕功能,当然与时代脉动有关。从《诗》学的诠释角度来看,《诗经》的"兴"义在唐朝起了很大的变化,柳宗元与白居易继承了这种变化。因此,他在《答韦中立论师道书》自述他的古文写作历程所说的"本之《诗》以求其恒",就另有其深长的意味了。这里把《诗》视为作品,"恒"字是"长久"的意思,与柳宗元在《三戒》一文"呜呼! 彼以其饱食无祸为可恒也哉!"的用法相同。林云铭《古文析义》说"恒"字是"不易之情"[14]725,尚永亮说"恒,指永恒的情理"[15]116、吴文治说:"恒,永恒。《诗经》中许多抒情作品具有永恒的感染力。"[16]231这些说法大致不错,问题是——如何从《诗经》作品得来这般永恒的情理或是永恒的感染力呢?

当我们不是只从《诗经》作品内容来界定其意义,而同时注意到唐朝以来《诗经》学所开展出来的力量时,我们就能理解柳宗元所指的是自古以来讽谕的功能、比兴的写法、雅颂之声所造成的文德教化作用,这些才是天长地久的永恒力量,也是柳宗元对应于唐代文学思潮所得到的启发。是故,"本之《诗》以求其恒"说的是柳宗元这类文章。

譬如《种树郭橐驼传》一文,柳宗元之所以写种树之理,就是为了要"移之官理",本段借郭橐驼大发议论道:"吾居乡,见长人者好烦其令,若甚怜焉,而卒以祸。且暮,吏来而呼曰:'官命促尔耕,勖尔植,督尔获,蚤缫而绪,蚤织而缕,字而幼孩,遂而鸡豚。'鸣鼓而聚之,击木而召之。吾小人辍飧饔以劳吏者,且不得暇，又何以蕃吾生而安吾性耶？故病且怠。若是，则与吾业者其亦有类乎？"问者嘻曰："不亦善夫！吾问养树，得养人术。"传其事以为官戒也。这显然是很有讽谕目的一篇文章。

又如《钴鉧潭西小丘记》一文的末段，柳宗元观赏完小丘的美景之后，忽然生发一番感慨道："噫！以兹丘之胜，致之沣、镐、鄠、杜，则贵游之士争买者，日增千金而愈不可得。今弃是州也，农夫渔父过而陋之，贾四百，连岁不能售。而我与深源、克己独喜得之，是其果有遭乎？书于石，所以贺兹丘之遭也。"孙琮《山晓阁选唐大家柳柳州全集》卷三评此文曰："一段先叙小丘，次叙买丘，又次叙辟芜割秽，又次叙赏游此丘，末后从小丘上发出一段感慨，不挽越一笔，不倒用一笔。"[15]94明眼人一看便知，这是很有比兴意味的反讽手法。又如《捕蛇者说》一文，柳宗元记录了捕蛇者蒋氏一大段的痛切陈词：

> 君将哀而生之乎？则吾斯役之不幸，未若复吾赋不幸之甚也。向吾不为斯役，则久已病矣。自吾氏三世居是乡，积于今六十岁矣，而乡邻之生日蹙。殚其地之出，竭其庐之入，号呼而转徙，饥渴而顿踣。触风雨，犯寒暑，呼嘘毒疠，往往而死者，相藉也。曩与吾祖居者，今其室十无一焉；与吾父居者，今其室十无二三焉；与吾居十二年者，今其室十无四五焉。非死即徙尔，而吾以捕蛇独存。悍吏之来吾乡，叫嚣乎东西，隳突乎南北，哗然而骇者，虽鸡狗不得宁焉。吾恂恂而起，视其缶，而吾蛇尚存，则弛然而卧。谨食之，时而献焉。退而甘食其土之有，以尽吾齿。盖一岁之犯死者二焉，其余则熙熙而乐，岂若吾乡邻之旦旦有是哉。今虽死乎此，比吾乡邻之死则已后矣，又安敢毒耶？

这段话让作者"闻而愈悲"，于是引述孔子"苛政猛于虎也"的话来，更在文末表明写下捕蛇者事件的原因是："呜呼！孰知赋敛之毒有甚是蛇者乎！故为之说，以俟夫观人风者得焉。"这不正是本于《诗经》"风""雅"的写法吗？

又如《三戒》一文，柳宗元开宗明义就说："吾恒恶世之人，不知推己之本，而乘物以逞，或依势以干非其类，出技以怒强，窃时以肆暴，然卒迫于祸。有客谈麋、驴、鼠三物，似其事，作三戒"。这也是很明确地告诉世人，本文有所为而发，"其直接目的在于说明那些缺乏自我认识乃至迷失了自然本性、仅依靠外在力量而'乘物以逞'者，结局都不可避免地走向灭亡，其间接目的或许含有影射现实政治的意图。"[15]135

又如《蝜蝂传》一文,柳宗元绝不只是描写喜欢背东西、又喜欢尽力向上攀爬的小虫而已,如尚永亮所说:"作者并不满足于对蝜蝂的直观描写,而是要借此描写来讽刺世上那些有如蝜蝂一样的贪婪之人。所以文章的后半部分掉转笔锋,直指'今世之嗜取者':他们遇货不避,唯恐所得不多,所积不厚……'日思高其位,大其禄,而贪取滋甚,以近于危坠,观前之死亡不知戒。'寥寥数语,活画出一批徇财者可憎亦复可悲的面目。"[15]137

柳宗元这类文章不少,如《罴说》一文,也是借由猎人捕捉罴的具体形象,警告"不善内而恃外者",生活会有危险。《哀溺文》《招海贾文》也是讽刺贪财亡命之徒的作品。另有《瓶赋》《牛赋》《愚溪对》《鹘说》《谪龙说》《憎王孙文》《骂尸虫文》《斩曲几文》《宥蝮蛇文》等篇,"着重在揭露和批判当权的旧官僚,对自己在政治上遭受迫害表示不满和抗议。……这些作品,由于旨在对当时掌权的统治者进行击,表示自己对被贬谪者的不满,为了避免继续遭到迫害,因此采用了较为隐晦的寓言笔法。其中有一些作品,虽并非纯粹的寓言,但把它们当作寓言来看也还是可以的"[16]4-5。这也帮助我们理解,为什么战国以后日趋衰微的寓言作品,竟然得以在柳宗元身上发扬光大。而他微婉劝谏的作品风格,与《诗经·周南·关雎》的《毛诗大序》:"上以风化下,下以风刺上,主文而谲谏,言之者无罪,闻之者足以戒"的说法,非常接近。今人陈允锋指出:"柳宗元所说'比兴'之体,要义之一,在于'导扬讽谕'。他的散文创作,颇能体现这一特点,如《宋清传》。……其次,柳宗元所说'比兴'之体,要义之二,在于'丽则清越'、'宜流于谣诵'。他的散文作品,尤其是山水游记,亦多臻此佳境,如《游黄溪记》《始得西山宴游记》……"[17]205-210笔者大致同意此观点,然而前文之所以没有将比兴之体的要义放在"丽则清越""宜流于谣诵"的部分,是因为这等文学风格的形成,未必只能从"以诗为文"的"比兴"手法得来;比兴之体的要义放在"导扬讽谕"的部分,才是唐朝文人源远流长的共识。

六　结语

以上透过初、盛、中唐《诗》学观念的演变的讨论,注意到唐代古诗运动确实影响到古文运动的发展,也说明了柳宗元接受《诗经》导扬讽谕的传统,因而古文作品中运用了

不少比兴的手法。是故,柳宗元响应了韩愈为改革时政而提出的复古说,而

且"本之《诗》"的地方,并不是像他《献平淮夷雅表》直接引述《诗经》或模拟《诗经》句式之类的作品,虽然旧注说此文"盖公拟《江汉》之诗而作也。"他的《贞符》末段、《视民诗》也都以四字句的形式写出,后者旧注也说"意有仿于大雅《嵩高》《烝民》等诗。"倘若我们只从形式雷同的角度去寻访柳宗元古文得自《诗经》的地方,那就走错了方向,无法解释为何"本之《诗》"可以"求其恒"的问题了。

所谓的"恒",从柳宗元《答韦中立论师道书》并列五经的作用:"本之《书》以求其直,本之《诗》以求其恒……"看来,指的是古文作品可以写出"具有永恒的感染力",但是,重点不在于《诗经》本身有"不易之情""《诗经》中许多抒情作品具有永恒的感染力",而是说学习《诗经》"导扬讽谕"的传统而后古文作品能具有永恒的感染力。这是中唐渐趋成熟的《诗》学观念所促成,柳宗元将其运用至古文上而产生出来的一种体悟。

注释:

①参见王基伦:《"韩愈以诗为文"论题之辨析》,收入《韩柳古文新论》,台北,里仁书局,1996年,13－42页;同时可参见何寄澎:《论韩愈之"以诗为文"——兼论韩文写作策略之形成及其影响》,《语文、情性、义理——中国文学的多层面探讨国际学术会议论文集》,台北,台大中文系,1996年,283－314页。

②有待补充的说明是,"比显而兴隐"并非孔颖达首唱,刘勰(约464－522)《文心雕龙·比兴》云:"《诗》文弘奥,包韫六义,毛公述传,独标兴体,岂不以风通而赋同,比显而兴隐哉!故比者,赋也;兴者,起也。附理者切类以指事,起情者依微以拟议。起情故兴体以立,附理故比例以生。比则畜愤以斥言,兴则环譬以托讽。盖随时之义不一,故诗人之志有二也。观夫兴之托喻,婉而成章,称名也小,取类也大。……且何谓为比?盖写物以附意,扬言以切事者也。故金锡以喻明德,珪璋以譬秀民,螟蛉以类教诲,蜩螗以写号呼,浣衣以拟心忧,席卷以方志固:凡斯切象,皆比义也。"

参考文献:

[1]钱穆. 杂论唐代古文运动[A]. 中国学术思想史论丛(四)[C]. 台北:东大图书公司,1991.

[2][汉]毛亨传,[东汉]郑玄笺,[唐]孔颖达疏. 毛诗正义[M]. 台北:艺文印书馆,1989.

[3]成复旺,黄保真,蔡锺翔. 中国文学理论史(二)[M]. 北京:北京出版社,1991.

[4]罗宗强. 隋唐五代文学思想史[M]. 上海:上海古籍出版社,1986.

[5][宋]计有功. 唐诗记事[M]. 台北:木铎出版社,1982.

[6][唐]李华.扬州功曹萧颖士文集序[A].[清]董诰.全唐文[C].北京:中华书局,1983.

[7]王国璎.中国文学史新讲[M].台北:联经出版公司,2006.

[8]葛晓音.盛唐"文儒"的形成和复古思潮的滥觞[A].诗国高潮与盛唐文化[C].北京:北京大学出版社,1998.

[9]颜昆阳.论宋代"以诗为词"的现象及其在中国文学史论上的意义[J].东华人文学报,2000,(2).

[10][汉]郑玄注,[唐]贾公彦疏.周礼注疏[M].台北:艺文印书馆,1989.

[11]朱自清.诗言志辨[M].台北:台湾开明书店,1975.

[12]唐晓敏.中唐文学思想研究[M].北京:北京师范大学出版社,2000.

[13]转引自叶百丰.韩昌黎文汇评[C].台北:正中书局,1990.

[14][清]林云铭.古文析义[M].台北:广文书局,1974.

[15]尚永亮.柳宗元诗文选评[M].上海:上海古籍出版社,2003.

[16]吴文治.柳宗元诗文选评[M].西安:三秦出版社,2004.

[17]陈允锋.中唐文论研究[M].北京:中国社会科学出版社,2010.

（原载 2011 年第 6 期,作者单位:台湾师范大学）

唐人对柳宗元的接受研究

✵ 栗世娜　李寅生

　　柳宗元与韩愈一起在中唐推崇古文运动,创作了大量优秀的散文作品,开拓了古文的应用范围,提高了古文运动的水平。虽然从政治地位和社会影响来说,柳宗元无法和韩愈相比,但是柳宗元却和韩愈一起成为了古文运动的领袖。"唐宋八大家"的由来不是一开始就确定了的,明初朱右选编《八先生文集》,第一次单独把这八位古文家的作品放在一起,后来的茅坤在《文编》的基础上选编了《唐宋八大家文钞》,"唐宋八大家"之称正式出炉,并随着这部总集而广泛流传。"唐宋八大家"这一提法有一个相当长的发展过程,也就是说柳宗元的散文有一个传播和接受的过程,根据接受美学的观点,文学作品在没有人阅读的时候,还不完全是文学作品,还不是文学作品的实现。只有作品接受读者的阅读和接受才成为文学作品,笔者拟将对唐人对柳宗元的接受做个梳理总结。

　　唐朝时期,柳宗元主要以文鸣世,虽然他自从元和元年被贬谪后,一直仕途不顺,交游人群有限并且社会影响不大,但是由于其刻苦自励,创造出了许多名作佳篇,并且他倡导古文运动,鼓励后进,虽然拒绝为师,但是对那些登门求教的青年循循善诱,在当时也有一定的威望。吴文治的《柳宗元资料汇编》列出了唐朝时期的韩愈、刘禹锡、皇甫湜、元稹、吴武陵、李肇、赵璘、锺辂、皇甫枚、司空图、范摅、张读、莫休符、冯贽、刘昫、王定保对柳宗元做的评价,柳宗元是个历来争议比较大的人物,其争议也主要是集中在对其参与于"永贞改革"的问题和其佛学思想上。本文从把对柳宗元的接受分为对其人的接受和对其文的接受来讨论。

一　对柳宗元本人的评价

　　对于永贞改革的认识直接关系着对柳宗元的评价,我们从政见的异同两个方面来讨论,选出政见相同的刘禹锡和吴武陵,政见不同的韩愈和刘昫作为代表来评述。

柳宗元志是刘禹锡志同道合的朋友,同甘共苦的知己。刘禹锡的《重别》中"二十年来万事同"这句诗最能表达出柳宗元与柳子厚的关系。二人共同中进士,同参与王叔文领导的"永贞改革",同被贬谪,同被召回京城,然后又同被贬为更远的地方。柳宗元个性禀直,珍重友谊,在元和十年的再次被贬谪中,刘禹锡初被贬到播州(今贵州省遵义地区),柳宗元被贬到柳州(今广西省柳州市),柳宗元考虑到刘禹锡的母亲年龄太大,不便到播州去,上书要求与刘禹锡对换。刘禹锡对柳宗元自然也是推崇备至,共同的命运和志向,也使他们拥有牢固的友谊。更主要的是二人有着共同的政治理想,在刘禹锡的《重答柳柳州》中"弱冠同怀长者忧",可以看出他与柳宗元在登进士科之前都有着:"许国不复为身谋"的胸怀。他们后来都看不惯中唐时期的藩镇割据和宦官专权,意识到当德宗本身不能对改革做出有利的措施,于是二人把目光一致投向了有志改革的太子李诵和太子侍读王叔文身上。于是他们同时参与了王叔文领导的改革运动,尽管这场运动后来历史上褒贬不一,但是参与改革的柳宗元和刘禹锡都从根本上都没有否定自己的参与的这次政治运动。

吴武陵也是柳宗元的朋友,他同情柳宗元的命运,为其鸣不平。吴武陵是唐元和二年(807年)进士,拜翰林学士,年轻时胸怀大志,倜傥不群,吴元济叛乱的时候,吴武陵写诗告诉他,但是吴元济终不领悟,后来裴度东讨,韩愈做为司马,吴武陵通过韩愈屡次献计,受到了裴度的欣赏。元和三年,因得罪了权贵李吉甫流放永州,与贬为永州司马的柳宗元相遇。他们在永州相聚四年,来往很密切,结下了很深的友谊。吴武陵对柳宗元十分欣赏,对柳宗元的命运非常同情,这种同情是建立在巨大的生命认同的基础上的。元和七年,吴武陵遇赦北还,他回到长安后,多次向宰相裴度陈述柳宗元的不幸,"西原蛮未平,柳州与贼犬牙,用武人以代宗元"再给工部侍郎孟简的信中说:"古称一世三十年,子厚之斥十二年,殆半世矣。霆砰电射,天怒也,不能终朝。圣人在上,安有毕世而怒人臣邪?且程、刘二韩皆已拔拭,或处大州剧职,独子厚与猿鸟为伍,诚恐雾露所婴,则柳氏无后矣。"希望将柳宗元从边地调回,改变境遇。谁知正当事情稍有眉目时,宗元已病逝柳州,成为武陵终生遗憾。

韩愈也是柳宗元的朋友,但是二人的关系是有一定距离的,韩愈认为柳宗元急功近利而遭贬。韩愈、刘禹锡和柳宗元三个人曾在监察御史任上共过职,韩愈后来说:"同官尽才俊,偏善柳与刘。"《赴江陵途中赠王二十补阙、李十一拾遗、李二十六员外翰林三学士》。永贞改革发生时,韩愈身在贬所,对于这场变革可以说是局外人,但是韩愈对柳宗元参加永贞改革十分不满,反对王叔文集团的革新运动,说他们是"小人乘时偷国柄"《永贞行》,骂二王韦执谊是"三奸"《忆昨行和张十一》。因为韩愈反对永贞改革的王叔文,自然对参与永贞改革的柳宗元有些不满,他在《祭柳子厚文》《柳州罗池庙碑》《柳子厚墓志铭》里,肯定了柳宗元的个人风采、在柳州的政绩,还有柳宗元在穷困之中仍然能够先考虑朋友的处境。《柳州罗池庙碑》里讲到"柳侯为州,不鄙夷其民,动以礼法,三年,民各自矜奋曰:兹土虽远离京师,吾等亦天氓,今天幸惠仁侯,若不化服,我则非人。于是老少相教语,莫违侯令。"《柳子厚墓志铭》称赞其"士穷乃见节义"。这说明韩愈对柳宗元本人还是非常赞赏的,但是对其政治思想却不认同,在其撰写的《顺宗实录》里,说王叔文"密结韦执谊并有当时明欲侥幸而速进者,陆质、吕温、李景俭、韩晔、韩泰、陈谏、刘禹锡、柳宗元等十数人,定为死交。"从这些来看,韩愈认为柳宗元又是一个急功近利之人,没有儒家规范所要求的君子之风。

《旧唐书》作者刘昫认为柳宗元若不从奸党,可以平揖古贤。《旧唐书》出自乱世,众人之手,内容显得芜杂。其实《旧唐书》的主要贡献者不是刘昫,这里也不一定是他的观点,但是可以代表当时史学家的观点。《旧唐书》赞扬了柳宗元的为人,肯定了其在柳州的政绩。但是认为"如俾之咏歌帝载,黼藻王言,足以平揖古贤,气吞时辈,而蹈道不谨,昵比小人,自致流离,遂隳素业。故君子群而不党,戒惧慎独,正为此也。"他认为如果柳宗元不是追随王叔文的话,应该可以成为一个可以和古代贤人相媲美的人物。《旧唐书》对柳宗元的评价其实是很高的,但是同样认为柳宗元不能按照儒家君子的标准来要求自己,所以造成了可悲的局面,这也是柳宗元自己造成的罪过。

上面所选取的四个人物他们的主要分歧也就是对于永贞改革有着不同的认识问题。至今对永贞改革的评价依然争论不休,很多教科书一反历史对"永贞改革"的态度称之为"永贞革新",认为是"二王八司马"掀起的"反对宦官、士族、强藩"的政治革新运动。历史纷繁复杂,拨开历史的层层迷雾去如何看待这个事情,对于柳宗元的接受至今仍然有着重要的影响。黄永年先生在《唐史十二讲》里对这种观点进行了反驳,他做了精确的考证,列举了大量详实可信的史实,认为王叔文改革算不上历史的政治革新,他们的确做了一些革新,但是这些革新放在历史的角度来看,并不能从根本上带来历史变化,在当时中唐复杂的历史背景下,他们的集团内部并不都是庶族,顺宗前掌权的人也并不都是士族,并且并不是只有他们才反对宦官专政,反对强藩割据的,而他们在与这些势力的斗争中也和宦官有着联系,从而得出的结论王叔文运动同样是历史上"一朝天子一朝臣"的政治斗争,王叔文本人也是历史的一次次王朝变革中的政治牺牲品。但是王叔文既然能够在当时顺宗在太子时取得顺宗的信任,并且得到"八司马"的支持和协助,的确如范仲淹所评:"刘禹锡、柳宗元、吕温做王叔文党废不用。览数君子之述作,体意精密,涉道非浅,如叔文狂甚,义必不交。叔文以以艺进东宫,人望素轻,然传称知书,好论道理,为太子所信,顺宗即位,遂见用,引禹锡等决事禁中。"客观地来分析这些内容,王叔文毕竟还是一个在政治上有自己的想法,有一套至少在理论上可行的政治法案,不然不会引起顺宗和"八司马"的信任。我们不去抬高王叔文集团是所谓的"永贞革新",但是在中国"成王败寇"的历史规律中,笔者同样不认为王叔文本人就是史书中所说的"小人"。他虽然是有着强烈的权力欲望的政治家,但是他们的改革在当时看来毕竟还是有一定的进步的历史意义的。

由此来看,柳宗元是有着强烈的济世心的一位政治家,但是在参与王叔文集团的时候,他还是一个政治上的"新秀",但是他还没有深谙中国封建社会的政治内幕,不懂韬光隐晦、审时度势,也可以说不够成熟。他之所以至死不悔的坚持自己观点,是因为他认为他的济世心是没有错误的,但是他的方法却显得不怎么高明,这也是后来他在《与杨悔之书》中所认识到的。任何人的评价都是站在自己的角度,站在一定的局限性的评价,不可能做到彻底的公允和客观,但也正是这种动态的评价过程更能让后世认识到一个丰满的柳宗元形象。

二　对柳宗元的其文

柳宗元众体兼长、作品丰富,现存散文四百余篇,他的散文从不同的方面反映了当时复杂的社会矛盾,反映了人民的苦难,抒发了自己"才不为世用"的悲愤抑郁的情怀,具有强烈的现实意义和重要的社会价值。对柳宗元文采的评价历史的态度几乎是一致赞扬的的,但是对柳宗元的思想也存在着很大的争议。

柳宗元认为文章首先在于明道,但是柳宗元的道在唐朝却不受重视。唐人评价柳宗元主要在于他的文采。韩愈和柳宗元同为古文运动的领袖,但是二者的观点却有很多不一致的地方。韩愈张扬"道统",一生推崇儒道,对兼习佛道的柳宗元有不满,所以韩愈所称赞的只是柳宗元的"文学辞章",在《柳子厚墓志铭》里赞扬其"俊杰廉悍,议论证据今古,出入经史百子,踔厉风发,率常屈其座人,名声大振,一时皆慕与之交。"对其文学艺术充分肯定,但对其思想却不尽然。

在柳宗元的文集里有文章直接和韩愈辩驳,《天说》批判韩愈的"赏功罚过说",韩愈曾作《答刘秀才论史书》,认为作史者"不有天祸,则有天刑",因此表达自己不敢尽史官之职的观点,而柳宗元在《与韩愈论史官书》中对于韩愈的这种观点大加批判,严加指责,指出史官"居其位",就应该"直其道","道苟直,虽死不可回"。从这些的论争中,我们就可以看到柳宗元和韩愈其实有很多的观点不一致,他们都重视明道,但对道的认识有着很大的区别。最根本的不同在于二者对于儒道的态度。韩愈是一直坚持儒道的,韩愈认为要使这样一个社会走向大治的局面,首先要有一个统一的思想,他认为只有用儒家的思想才能巩固和维护封建统治秩序,于是他不遗余力地提倡儒家道统。而柳宗元却不是对儒道之外一概排斥的。柳宗元认为佛教中也有很多和儒教暗合的地方,有补充儒教的地方,但是韩愈对此很不满,柳宗元曾做一系列的文章表明自己对待浮图的态度,如《送僧浩初序》,"浮图诚有不可斥者,往往与易论语合,诚乐之,其於性情奭然,不与孔子异道。退之好儒未能过扬子,扬子之书於庄、墨、申、韩皆有取焉。"另外从这篇文章中也可以看到韩愈曾多次写信给柳宗元,发表对柳好浮图的的不满。

韩愈对浮图的全面否定虽有其历史的原因,有一定的历史进步意义。中唐时期正是中国封建社会由前期向后期的转折时期,地主阶级斗争很激烈,宦官专权、藩镇作乱、朋党倾轧,社会上道、佛盛行,对社会风气有很多较坏的影响,但是最根本的原因其实不在佛教,而是统治者内部有很多弊病,韩愈全面否定佛教有其用意,但是观点未免显得狭隘。今天看来,柳宗元的观点反而显得更为通脱和活跃。柳宗元的思想还是以儒道为主的,但是他广泛学习古代典籍,并以一个政治家、思想家来看待历史,对各家的思想都有多研究,他是根据当时政治斗争的需要,而有所取舍的。并且,柳宗元对于佛教的认同更多的是个人在贬谪生涯中从佛教中寻求着精神寄托,并不该给与太多的指责。

政治上与柳宗元同道的刘禹锡很多观点与柳宗元相似,二人在思想上也比较一致,他们都坚持唯物主义,柳宗元曾作《天说》中反对韩愈的"天地能赏功而罚过"的说法,提出"功着自功,祸者自祸,欲望其赏罚者大谬。"刘禹锡认同柳宗元的观点,并作了《天论》进一步阐述天、人之间,有着不同的法则,不可能会赏功罚过的观点。在《答柳子厚》里对柳文的评价"顾其词甚约而味渊然以长,气为干,文为支,跨踔古今,鼓行乘空,附离不以凿枘,咀嚼不有文字,端而曼,苦而腴,佶然以生,癯然以清。"刘禹锡对柳文的这段评价反映了刘禹锡对与柳文的真正欣赏,是柳宗元真正的相知。另外刘禹锡还在《再授连州至衡阳酬柳柳州赠别》里把柳宗元比作柳下惠,"去国十年同赴召,渡江千里又分歧。重临事异黄丞相,三黜名惭柳士师",表明自己对好友的钦敬之情。但是纵观刘禹锡的文集,他在道的方面对柳宗元的评述也很少,对柳宗元的文章也只是在艺术水平上给与肯定,并没有在道上做更多的评述。

真正在思想上完全和柳宗元保持一致的是吴武陵,在《柳宗元集》中,涉及吴武陵的诗文就有八篇。柳宗元写《贞符》的目的,在于批判盘踞在史学领域中的种种神学迷信思想,批判"君权神授"的唯心史观。但写作中因被贬而中辍,吴武陵听了,即"叩头邀臣"说:"此大事,不宜以辱故休缺,使圣王之典不立,无以抑诡类,拔正道,以核万代。"在吴武陵的劝说下,柳宗元终于"不胜奋激,即具为书"。另外,柳宗元与吴武陵的深情厚谊,在《答吴武陵论〈非国语〉语》一文中表现得更为完美。柳宗元作完《非国语》后,亦怕后世指责,曾交给好友吕道温和吴武陵审阅,得到他们的认可后,才敢放心。这些都表明吴武陵与柳宗元政治原则、学术观点以及思想方法的高度一致。这是吴武陵对柳宗元赞赏的基础,也是他们建立深厚友谊的坚实基础。

《旧唐书·柳宗元传》里评价"宗元少聪警绝众,尤精西汉诗骚,下笔构思,与古为侔,精裁密致,璨若珠贝,当时流辈咸推之。"从以上的文字我们可以看到后晋的史学家们为柳宗元深表遗憾,认为如果柳宗元不是参与了王叔文集团的话,一定可以和古贤相比。这个评价对其文学才华是充分肯定的,和《旧唐书》里对韩愈的评价相比,柳宗元在文学上的地位就被抬的更高。

在接受美学里有一条重要的原则是"视野融合",只有读者的期待视野和文学本文相融合时,也就是读者和作者在审美和思想上高度一致时才会对作品真正地理解和接受。从以上四个人对于柳宗元的评价我们也可以看到读者本人的思想决定了其接受的程度。唐朝人对柳宗元的评价来看,对柳宗元的地位和功绩还是基本肯定的,唐人的评价基本奠定了柳宗元散文在文学史上的位置,后代的评价虽然有突破,但是也是在此基础上的深入和发展。

参考文献:

[1]吴文治.柳宗元资料汇编(上)[M].北京:中华书局出版社,1964:10.

[2][唐]柳宗元.王安国笺释[M].上海:上海古籍出版社,1993:124.

[3][宋]欧阳修,宋祁.新唐书·吴武陵传(第十八卷)[M].北京:中华书局出版社,1975:5792.

[4]屈守元,常思春.韩愈全集校注[M].成都:四川大学出版社,1996:221.

[5][后晋]刘昫等.旧唐书·柳宗元传[M].北京:中华书局出版社,1975,5:2869

[6]李勇先,王荣贵.范仲淹全集(三卷本上)[M].成都:四川大学出版社,2002,9:182.

[7]柳宗元.柳宗元集(三)[M]北京:中华书局出版社,1979:809.

[8]柳宗元.柳宗元集(二)[M]北京:中华书局出版社,1979,10:673

[9]刘禹锡.刘禹锡集(上,卞孝萱校订)[M].北京:中华书局出版社,1990:127.

[10]柳宗元.柳宗元集(一)[M]北京:中华书局出版社,1979,10:441.

[11][联邦德国]姚斯,[美]霍拉勃.接受美学与接受理论(周宁,金元蒲译)[M].沈阳:辽宁人民出版社,1987.

[12]黄永年.唐史十二讲[M].北京:中华书局出版社,2007.

（原载 2008 年第 9 期,作者单位:广西大学）

论唐宋时影响柳宗元文学接受的三个因素

✳ 杨再喜

一 政治生涯与其文学接受之关系

柳宗元的政治生涯对其文学接受构成重要影响的主要有两件事情:他年轻时(805 年)在长安所参加的"永贞革新"和任广西柳州刺史时(815－819 年)对当地百姓的"政治业绩"。现就这两件事与其文学接受之关系分而述之。

"永贞革新"事件也被称为"二王八司马"事件,是柳宗元等人在永贞元年(805 年)所参加的一次政治革新运动,但由于改革的力度过大,最后在保守势力的反扑下而迅速失败,同时由于这次改革涉及到皇权政治的核心之争,实质上也具有了"宫廷政变"的性质[1]90－92。"永贞革新"对柳宗元文学的传播接受不在其改革的内容,问题在于柳宗元所参与的"永贞革新"触犯了古代皇权社会的一个大忌。在唐朝,发生过三次"禅位"事件,即唐高祖禅位于唐太宗,唐睿宗禅位于唐玄宗和唐顺宗禅位于唐宪宗。这是借历史传说中尧、舜禅让的美谈来掩盖他们"宫廷政变"的实质。作为宫廷政变的斗争,失败者都以悲剧而结束。宪宗皇帝在宦官的拥护下取得政权后,所做的第一件事就是驱逐改革集团的成员,八司马的境遇非常凄惨,而"宗元于众党人中,罪状最甚"(《寄许京兆孟容书》,卷三十),"永贞革新"的政治事件对柳宗元文学接受的影响也最深。

"永贞革新"事件对其文学的传播接受产生了一定的负面影响。柳宗元是一个身兼政治家的文学家,他是依靠文学获取政治地位的,在政治斗争失败后,虽然政治不能限制他文学成就的取得,但却能决定其文学传播和接受的状态。因为文学成就的取得来自于自己心灵的感受和自己的秉赋。在一定意义上讲,柳宗元的贬谪生活还玉成了他的文学成就。但文学的传播接受所面临的对象是读者,读者在具体的生活实践中,有自己价值观念的选择,受到社会舆论的影响,特别对于一般的读者,在官方舆论的诱导下,往往容易造成先入为主的心理接受状态,而缺乏鉴别的能力。在以读好文章,以便"迩之事父,远之事君"(见〈宋〉蔡节编《论语集说》卷九)的封建社会里,人们对于一个同当今皇上还有私人恩怨和犯有"非常之罪"(《寄许京兆孟容书》,卷三十)之人的文学作品而言,不管是出于传统观念的考虑或者现实利益的选择,对其作品的接受一定会是很慎重的。此外,文学作品的传播还需要一定的途径和媒介,而柳宗元是一个贬谪之臣,是一个"纵逢恩赦,不在量移之限"(〈后晋〉刘昫《旧唐书》卷十四》)的戴罪之身。在文学与政治的较量中,由于政治居高临下的干预,文学往往屈服于政治。因此,柳宗元的文学作品虽然没有被当政者禁止,但也很难获得进入主流文化圈的"通行证",在"溥天之下莫非王土,率土之滨莫非王臣"(引自〈宋〉苏辙撰《诗集传》卷十二)的社会里,他在"文学场"中能够占有的份额必然非常有限,更何况其本人已经远离了当时的政治和文化中心,人们已经把他作为一个无用之人而逐渐淡忘。

由于历史学家迫于传统观念的影响,以失败论英雄,柳宗元政治革新的事实真相大都被歪曲,甚至被作为反面典型载录在《顺宗实录》、新旧《唐书》和《资治通鉴》等官方史书中。自此之后,"虽其事之美者,反以为恶,而刘、柳诸人朋邪比周之名成矣。"(〈清〉《记昌黎记后》,《陈司业文集》卷一,乾隆二十九年日华堂刻本)给柳宗元在漫长的接受历程中定了一个基调,这是柳宗元的文学在唐五代处于寂寞境地和在宋代经常遭到非议的一个重要原因。在一些文选的编辑中,编撰者出于政治的考量,有意不收录他的作品。例如,令弧楚在元和十二年(817 年)在编撰《御览诗》时,出于对宪宗皇帝的考虑,对柳宗元的诗歌一首也不敢入选。南宋的黄震从人品的角度评论柳的文章是"达于上听者皆谀辞,致于公卿大臣者,皆罪谪后羞缩无聊之语"(《黄氏日抄》卷六十)。由此而来,他在对韩愈和柳宗元的文学接受中,采取两种截然不同的态度。对于韩愈的作品是益多益善,来者不拒的态度,而对柳宗元的作品却要有选择的阅读,特别只看其被贬谪之后的山水游记。

但任何事情都是两面的,柳宗元的文学成就从来也没有被时代的主流意识所淹没,尽管许多封建文人对柳宗元的"永贞革新"持否定态度,但对其文学才能还是高度赞赏的,如韩愈虽然说他"不自贵重顾籍"(《柳子厚墓志铭》,见〈宋〉王伯大《别本韩文考异》卷三十二)以为柳宗元的被贬谪是行为不端,罪有应得,丝毫没有同情的意识,但同时又认为柳的文章是"玉佩琼琚",必将"大放厥辞"(《祭柳子厚文》,见〈宋〉王伯大《别本韩文考异》卷二十三)。苏轼也是如此,他是王安石变法的受害者,作为一个改革的保守派,对柳宗元的变法革新也不理解,认为柳宗元在"大节"上有亏。但由于其它方面的原因,苏轼又同柳宗元在心灵上走得很近,这并不妨碍他成为柳宗元文学的重要接受者。

还有一种情况,就是随着时代的发展,一些思想进步的改革者,逐渐同情并理解柳宗元的政治遭遇,并为其平反鸣冤。例如,北宋的范仲淹、王安石大都如此,成为因接受柳宗元的政治改革转而接受其文学的一派力量。在宋代,由于改朝换代的到来,赵氏宋朝可能在内心里不太在意柳宗元在"永贞革新"中与唐宪宗李纯的私人矛盾,而是化作了一种道德的符号在继续争论,但总的来说,柳宗元的政治生涯在宋朝的负面影响已经开始减少,并且,由于新的改革的带来,柳宗元所参加的"永贞革新"与范仲淹的"庆历新政"和王安石的"熙宁变法"在内在精神上一脉相承,再加之,欧阳修也赞同范仲淹的改革,在此方面对柳宗元也少有微词。所以,柳宗元"永贞革新"的政治作为对其文学的负面影响一方面越来越少,在新的历史条件下,还得到一些人的正面赞同,又在一定程度上促进了文学的接受。由此可见,文学是屈服于特定的政治的,随着政治集团的变化,文学传播和接受命运也会随之发生着变化。

柳宗元政治生涯的第二件事就是在广西柳州作刺史时的"政绩"。柳宗元在文学上是天才,在政治才能上同样是天才。他人生的最后四年(815-819年)除了在文学上的成就,还利用刺史这一地方行政掌长官的职位,充分显示了他杰出的政治才能。只用了短短四年的时间,他兴办学校,移风易俗,惩治盗贼,释放奴婢,发展经济,取得了斐然的政绩。对于柳宗元在柳州刺史任上的作为,韩愈首先进行了详细的记载,把柳宗元治理下的柳州描述成了一个"世外桃园"的胜地,之后的《新唐书》《旧唐书》等都有记载,并且都从正面加以肯定。柳宗元在柳州的"政绩"是其文学传播接受的"加分点"。柳宗元死后不久,柳州人们感念他的恩德,就为其立庙于罗池,来纪念这位故去的父母官和文学大师,并且以民意的方式上报朝庭,获得了官方的认可,请韩愈撰写了《柳州罗池庙碑》这篇永载史册的美文。所以,柳宗元在柳宗的政治作为又改善了他的人品形象,在人们的心目中,除了是唐宪宗的罪臣,同时也是造福于民的功臣。"启封侯爵,因民之情"(《初封文惠侯告词》,魏仲举《五百家注柳先生集》附录卷一》),这为以后宋代皇帝对其勒封奠定了一个基础。在皇帝的告词里,在肯定其政绩的同时,也总是把他的文学联系在一起,这样也促进了文学的传播接受。崇宁三年(1104年)宋徽宗封柳宗元为"文惠侯",说他"功德在民",同时也不忘其"文章在册",

由此得出"是为不朽"(《初封文惠侯告词》,《五百家注柳先生集》附录卷一)的结论;绍兴二十八年(1158 年)宋高宗加封柳宗元为"文惠昭灵侯",肯定"其才足以命世,其政足以裕民"(《加封文惠昭灵侯告词》,《五百家注柳先生集》附录卷一)。正是伴随着宋代皇帝对柳宗元政绩和文学的肯定,永州百姓也在绍兴十四年(1144 年)为其建立庙宇(今为全国重点文物保护单位),来纪念这位"至今言先生(柳宗元)者必曰零陵(永州),言零陵者亦必曰先生"((宋)汪藻《永州柳先生祠堂记》,见《五百家注柳先生集》附录卷三)的司马。在南宋朝高宗年间,掀起了刊刻柳宗元文集的一个高潮,柳州和永州的地方官都把这看成是义不容辞的责任,这是柳宗元的政治作为对其文学传播接受的间接促进。

二 对待儒、释、道的态度与其文学接受之关系

柳宗元在思想上的深刻程度超过了同时代的其他人。他是古文运动的倡导者,其思想当然也以儒家为主,主张建功立业,希望以文学的形式来恢复儒家古道。但他的基本态度是"服勤圣人之教,尊礼浮图之事,…统合儒释,宣涤疑滞"(《送文畅上人登五台遂游河朔序》,《柳河东集》卷二十五)。在唐朝实行宽容的文化政策里,儒、释、道三教并行各自发展,但在中唐却出现了一股排佛的潮流。柳宗元的思想行为被一些人所指责。实质上,柳宗元的好佛态度有其客观原因,在肃宗、代宗、德宗和宪宗时,皇帝都参禅好佛,再加上他的母亲本身就是一个虔诚的佛教徒,所以他说"吾自幼好佛,求其道积三十年"(《送巽上人赴中丞叔父召序》,《柳河东集》卷二十五)。柳宗元好佛的主观原因在于南贬之后,他希望通过对佛教的参悟来释放悲苦的情怀,以求得心灵的安宁,所以他自认为"世之言者罕能通其说,于零陵吾独有得焉"(《送巽上人赴中丞叔父召序》,《柳河东集》卷二十五)。

柳宗元对待儒、佛、道的态度,对其文学的传播接受,特别在宋代的传播接受构成了深远的影响。韩愈是柳宗元文学在当世重要的接受者,然而他以排佛而出名,以为儒、佛不相容,认为儒佛之间的关系是"入于彼,必出于此,入者主之,出者奴之,入者附之,出者汙之"(《原道》,(宋)王伯大《别本韩文考异》卷十一),而柳宗元坚持"咸伸其所长,而黜其奇衺"(《送元十八山人南游序》,《柳河东集》卷二十五)的态度,两者展开了激烈的争论。柳宗元对待儒、释、道的态度和由此而展开的与韩愈的辩论,导致了宋代接受者持续不已的讨论,成为影响柳

宗元文学在宋代传播接受的最重要因素。为了说明柳宗元的儒、释、道态度对其文学接受在宋代所产生的影响,现将其接受者分为两类,分述如下:

第一类为"道学家"或称为"道学之儒"。这类人坚持儒学的一统地位,也就是思想政治上的一元论。在对柳宗元文学的接受中,其中较有影响的,以"宋初三先生"之一的石介为代表。石介在其一元论思想的指导下,把自己的学术视野返回到了孔子乃至其以前的时代,"夫自伏羲、神农、黄帝、尧、舜、禹、汤、汤、文、武、周公、孔子至于今,天下一君也,中国一教也,无他道也。"(《上刘工部书》,《徂徕集》卷十三),为此,在对待佛教的态度上,他写了一篇《明四诛》的文章,主张对儒道之外的旁门左道,统统诛杀。石介的思想一元论显然与柳宗元的思想格格不入,因此,在对待柳宗元文学的态度上也是自出一格。本来,北宋立国之后,由于柳开、王禹偁、穆修等人的努力,文学接受中的"韩柳并称"已成基本态势,为常人所认可。然而,到石介这里,他表面上也推崇柳宗元,但却把柳宗元贬到了与韩愈的弟子李观、李汉一样的文学地位,变成了古文运动的追随者和附和者,成为柳宗元文学接受史上"柳不如韩"的源头之一。

第二类为"古文家"或称为"文章之士"。这类人比较复杂,为了便于说明问题,又将其分为两种情况。第一种为道学成分较浓的古文家,如柳开、欧阳修等。柳开是北宋古文运动的开启者,承接晚唐杜牧的"韩柳并称"之论,对于柳宗元文学的接受,其功不可没。但柳开又毫不含糊地说"吾祖多释氏,于以不迨韩也"(《东郊野夫传》,《河东集》卷二)。由此可见,柳开的"韩柳并称"是从文学的角度来说,"柳不迨韩"是从他们对道的态度上说的。欧阳修更是坚持封建思想的"正统论",把韩愈对待儒佛的态度,树立成学习的标杆,坚决反对当时流行的"韩柳并称",把柳宗元说成了"韩门之罪人",成为柳宗元文学接受史上"尊韩抑柳"的代表人物。第二种情况是与柳宗元态度基本一致的"古文家",苏轼和王安石就是其中的代表。著名柳学家章士钊先生指出:佛无论为禅为律,都具有两种诱惑力,一种能招致绝顶聪明的人使之俯首,一种于失路英雄、左降官吏,雅相契合。在这方面,王安石和苏轼与柳宗元是一致的,因此,在对待儒、佛、道的态度上也是一致的。柳宗元坚持"统合儒释"的观点,而王安石认为应该"融通儒释",苏轼进而发展到"皆以为一家"的思想,在对待儒、释、道的问题上,体现出比柳宗元更加开明的态度。思想上的共鸣,必然导致心灵的接近和文学的接受。王安石和苏轼成为柳宗元文学接受史上的代表性人物,标志着其文学接受高潮的到来。

三　诗文主张与其文学接受之关系

柳宗元是一代诗文大家,同时,也是文学理论家。人们在接受其文学作品的过程中,也接受其文学思想。更有甚者,是受其文学思想的感染,才接受其作品。柳宗元的诗文主张对其诗文的传播接受有着密切的关系。现择其要者进行说明。

首先,是其"文以明道"的理论主张对其文学接受的影响。他把"文学"和"道统"的关系进行了完美的结合,也是唐代古文运动能够取得卓越成就的原因。但在晚唐五代时,"文"和"道"的关系逐渐分离,人们关注的对象从外在世界转向了自己感官感受,这时的"道"已显得苍白无力,离经叛道是时代的一个趋势。文学开始远离了圣人之道,远离了社会生活。宋王朝建立后,面对着"礼崩乐坏"的社会现实,需要思想文化的重新建构,以此来恢复失去的人性礼仪。于是把恢复儒学的重任落到了"古文"之上,在此情况下,柳宗元"文以明道"的理论重新被发现和接受,并被赋予新的时代内涵。对当时文学的发展,也对自己的文学接受产生了一定影响。为了便于说明,也将接受者分为两类。

第一类,为道学家。道学家们在对"文"与"道"的关系理解上,其重点自然在道,是从"道"的立场来看待"文"的。这里,有很多的观点,如石开的"文害于道"、周敦颐的"文以载道",二程的"作文害道"等。他们固然重道轻文,对于柳宗元文学的传播接受之贡献,也不如古文家。但是不是对柳宗元文学的接受,就如常人所言,真正是反"害"了文呢?我们必须抛开历史的成见,从接受的角度来发现其意义。为了有一个完整的理解,现将其论述,分别摘录如下:

（1）天下淫文辈盛于时,视吾徒,嫉之如仇,幸与二三同志极力排斥之,不使害于道。(石开《上范思远书》,《徂徕集》卷十三)

（2）文所以载道也。轮辕饰而人弗庸,徒饰也,况虚车乎? 文所以载道,犹车所以载物,故为车者,必饰其轮辕;为文者,必善其词说,皆欲人之爱而用之。然我饰之而人不用,则犹为虚饰而无益于实,况不载物之车,不载道之文,虽美其饰亦何所为乎? (周敦颐《周元公集》卷一)

（3）问作文害道否? 曰:"害也"。凡为文不专意则不工;若专意则志局于此,又安能与天地同其大也…观乎天文以察时变,观乎人文以化成天下,此岂词章之文也? (程颐、程颢《二程遗书》卷十八》)

综观他们的观点,对于"文"与"道"的关系,并不是人们平时断章取义的理解,与柳宗元"文以明道"的文艺思想也存在相近之处:首先,主张平易朴实的文风,石开所指责的"淫文"是那些华靡浮艳的词章。柳宗元也反对"苟为炳炳烺烺,务采色,夸声音而以为能也"(《答韦中立书》,《柳河东集》卷三十四》)。其次,理学祖师周敦颐就出身在柳宗元这一文艺思想的诞生地:道州(今永州所辖的一个行政县),他的"文以载道"与柳宗元的"文以明道"最为近似,他们的区别将在文章的第三章进行分析。就其共同点来说,都强调了文学的实用功能。"文以载道"的理论来自于一个以车载物的比方,如果车不载物,纵然装饰豪华,也毫无价值。显然他否认了文学的独立价值和功能。但就其强调"实用"这一点而言,与柳宗元的"辅时及物""物得其利"等观点是一致的。并且,这种"实用"的文艺观和周敦颐为了说明这一理论所运用的修辞手法,都影响了古文家王安石"文为适用"的观点。再次,两程(程颐、程颢)"作文害道"的文艺观,虽然把文学和道学的关系推向了极端。但必须明白的是,作为理学家,他们是把"道"与"文"的含义上升到了一个更大更深的程度。他们主张天地之"道"与天"文"和人"文"的统一。

道学家虽然重道轻文,但对于文学的传播和发展,其功不可没,对于柳宗元古文的传播接受更是如此。在思想文化需要重建的时代,道学的产生和发展,它上应天命(皇帝的命令),下符人心(确立新的思想体系),是一个不可逆转的大趋势。从一定意义上讲,古文复兴的目的和道学建立的目的是殊途而同归的,只是以不同的形式做着同一件事。只有在道学思想文化体系深入人心的时候,古文的传播接受才可能深入人心,才有存在和发展的土壤。实质上,大多数道学家也是文学之士,我们只是根据他们在对待"文"与"道"之关系的程度不一样,及其所取得的文学成就和道学成就之大小的对比,把他们归类为"道学家"。许多道学家在批评柳宗元的过程中,也接受传播着其文学作品。石介、朱熹等人就是柳文比较重要的接受者。值得注意的是,在南宋时期,随着古文运动的衰微,理学成为官方的思想体系,儒、释、道三教合一,对于古文有了更多的宽容和理解。理学家们借古文来弘扬道义,古文也借道的名义获得了广泛的传播。许多理学家把柳宗元的古文作为学习的典范,进而收录在文学总集里。唐宋"文章四大家"的概念就是由理学家来阐述,柳宗元在唐宋古文体系中的历史地位也是由理学家所确立的[2]1-3。

第二类,为古文家。北宋立国之初,文与道的传统消失殆尽,为了恢复柳宗元的文道之论,经过了长期的演变过程,其中古文家们历经曲折,在欧阳修的时代,基本完成了修复的历史任务[3]。现择其要者,举例如下:

(1)柳开首先高举复兴古道的旗帜,在"文"与"道"的关系上,曾言"吾之道,孔子、孟轲、扬雄、韩愈之道;吾之文,孔子、孟轲、扬雄、韩愈之文也"(《应责》,《河东集》卷一)。在柳开看来,道中有文,而道外无文。这显然是把文已经限定在道的范围内,虽是对柳宗元文道论的第一次恢复,但由于时代使然,有矫枉过正之处。由于柳开对于"道"和"文"的狭隘理解,使其虽然接受柳宗元的古文,说他"柳不逮韩"。

(2)王禹偁倡言"文传道而明心也"(《答张扶书》,《小畜集》卷十八)。在柳开的文道论的基础上,注重内在品心和情趣的修养,这把古文拉近了同现实生活的距离,体现了文的价值,因此而成为柳宗元古文虔诚的接受者。

(3)到了庆历年间的欧阳修推崇"知古明道",认为""君子之于学也,务为道,为道必求知古,知古明道而后履之以身,施之于事,而又见于文章而发之,以信后世"(《文忠集》卷六十六)已经把"道"与现实生活相联系,脱离了以前抽象的古道。在"大抵道胜者,文不难而自至"(《答吴充秀才书》,《文忠集》卷四十七)这一信念的指导下,重道而不轻文,而把"道"又"施之于事",较好的处理了文道之关系和赋予道以新的含义。经过欧阳修等人的努力,"景祐、庆历后天下知尚古文。"(〈宋〉胡仔《渔隐丛话》前集卷二十二引《蔡宽夫诗话》)柳宗元的"文以明道"在这里得到了恢复和延续,他的古文也为时代所推赏。

由上分析可以看出,文学家"文道论"与宋代道学家的"文道论"在目的上一致,但在看待问题的立足点上却不相同。我们可以这么认为,古文家是站在文学的立场上希望来振兴儒学的,道学家是站在哲学的立场上,寄希望儒学的复兴。这样一来,最后导致他们在处理文道之关系时也不一致。

其次,对柳宗元的文学接受产生较大影响的是他的"文有二道"的观点。柳宗元认为诗歌和散文在旨义上是"乖离不合"的,文学之士难以兼者。在此思想指导下,他广泛学习先秦两汉的散文,把主要精力放在"辞令褒贬"的著述中,因此他的文学作品在唐五代时的接受状态是诗不如文,文名掩其诗名。在宋代,更是呈现出诗文分野的接受轨迹。他的古文在北宋初年就被赋予"明道"的历史责任,很多古文家只偏向接受其散文,而诗歌却延续到苏轼的时候,以其独特的人生经历和敏锐的审美眼光,凭借对诗歌和散文广泛吸纳的自信和胸怀,才真正被发现和接受。其中原因固然很多,但由于柳宗元自己"诗文有别"的创作思想,自然也影响了自己文学的接受者。在这一思想的指导下所进行的诗歌创作,多是个人心灵的独白,形成了一种"枯淡"和"幽峭"的艺术特色,而这些又是他诗歌为后世读者接受的重点。他诗歌的接受状态说明,真可谓"寂寞源自其诗文主张,热闹也源自其诗文主张"。

我们必须看到:在不同的时代,各种因素对柳文传播接受所起的作用是不一样的。即使为同一个接受者,各种因素所起的作用也不一样。例如,韩愈作为柳宗元文学传播接受的奠基者之一,他与柳宗元有着相近的文学主张,高度肯定了柳的文学成就,但反对柳宗元在"永贞革新"中的政治作为,对其对待儒、释、道的态度有过激烈的争论。柳开倡导以古文来复兴儒道,是北宋初年柳宗元古文的第一位发现者和接受者,但他推崇韩愈的"尊儒排佛"的态度,因此,也导致了"柳"不如"韩"的开始。欧阳修虽然是柳宗元文学较为重要的接受者,但由于他坚持儒家思想文化的"正统"地位,同时也就成为"尊韩抑柳"的代表人物。苏轼是柳宗元文学接受史上里程碑式的人物,但他作为"王安石变法"的受害者,因此也认为柳宗元在"永贞革新"上是"大节"有亏。由于柳宗元坚持"文有二道"的诗文主张,使其古文和诗歌有着不同的接受命运,在唐五代时,"文名掩其诗名";在宋时,又呈现出诗文分野,古文早在立国之初就被发现和接受,而诗歌却在半个多世纪之后才姗姗来迟的接受格局。

总之,唐宋时,柳宗元文学的传播接受状态是在各种因素的综合下形成的,呈现出一个回环往复、波澜曲折、错综复杂的特点。

参考文献:

[1]胡可先.中唐政治与文学　以永贞革新为研究中心[M].合肥:安徽大学出版社,2000.

[2]朱刚.唐宋四大家的道论与文学[M].北京:东方出版社,1997.

[3]张兴武.宋初百年文道传统的缺失与修复[J].文学遗产,2006,(5).

(原载 2008 年第 1 期,作者单位:湖南科技学院)

◇ 湖南省应用特色学科(中国语言文学)建设项目资助 ◇

潇湘学术研究

——《湖南科技学院学报》地方文化特色栏目选编

第三卷

主编　吕艳妮

上海三联书店

目　录

柳宗元研究

从柳宗元诗文管窥唐代士大夫的旅游活动

✽ 李朝霞

唐代士大夫旅游之风，从初唐的王勃、陈子昂中经盛唐的李白、王维，至中唐时元结、柳宗元将其推向一个高潮。在他们的诗文中多涉及旅游，常见有怀古迹名胜之情、述山水美景之事，甚至与友人送别、修书也是谈论各地的异常景色。柳宗元就是唐代喜好、崇尚旅游的士大夫中的代表人物，写下了许多脍炙人口的山水游记之作，《永州八记》《游黄溪记》即为其名篇。本文试以柳宗元诗文为主要研究资料，再辅之其它诗歌、笔记等文献，勾沉梳理，借以管窥唐代士大夫的旅游实态之全貌。

一　士大夫日常生活中的旅游

柳宗元在年少时随亲游宦东南，及进士第后又在秦中游历，览畿辅名胜。在他左迁永州之后，每旅游一地，时常会写诗感叹世事变迁，或撰文以志留念。如元和四年记载他游西山的感受：暮色苍茫，“而犹不欲归。心凝形释，与万化冥和。然后知吾向之未始游，游于是乎始，故为之文以志。”[1]第三册P763 同样地，他游朝阳岩登西亭，也随兴致所至，赋诗二十韵志之。后来他游黄溪，亦一如前例，“既归为记，以启后之好游者”[1]第三册P760。根据《柳宗元集》所记载，我们将柳宗元在元和年间出游的日期与地点简作系年，绘制成下表，从中可略知其在日常生活中大致的游踪了。

元和年间柳宗元主要旅游活动简表

年份	旅游的日期(农历)	旅游的景点
元和元年		龙兴寺、南涧、朝阳岩、冉溪
元和三年		永州南亭

元和四年	9月28日、10月6日等	西山、钻鉧潭、西小丘、黄溪、愚溪、小石潭、法华寺西亭、
元和七年	1月8日、10月19日等	袁家渴、石渠、石涧、小石城山
元和八年	5月16日	黄溪、
元和九年	9月、12月	西山、界围岩、南岳、汉阳临川驿
元和十年	2月、5—6月	灞上、界围岩、桂州漓水、柳州近郊诸山峰
元和十二年	9月	柳州东亭

再综合前所述可知,柳宗元的旅游活动既有远涉千里的 钑 Symbol@@ 壮游 (士游),也有近距离的休闲游。至于他出游的动机,壮游主要是为了修学求仕进,此时正值在他青壮年时期(贞元年间)。他尝云:"北至晋,西适豳,东极吴,南至楚越之交"[1]第三册P759,于游历间访友问学;短途之旅则多为宪宗元和年间在贬所附近的游览,所谓"闷即出游"[1]第三册P801。其时,柳氏刚左迁楚南岭外,心情郁悒,"余既委废于世,恒得与是山水为伍"[1]第三册P641,自然想借山水旅游以纾胸中块垒。当然,也有心境甚好而出游的,或是天气晴朗宜游,或是有朋相邀赴会而游。

二 景点、交通工具、食宿情况

(一)景点的选择

从士大夫为纪游所作的诗文来看,对其而言最能值得一游的,无外乎名山、大泽与园林三类。唐代的终南山、庐山、东岳泰山、南岳衡山、西岳华山等名山,分布着众多的古刹、大庙、奇泉、名石,士大夫往往会选择这类清幽秀丽或有宗教圣地之誉的名山作为旅游地点。柳宗元就自称:"余既与大乘师重巽游"[1]第一册P166,登祝融,探幽壑,遍览衡山美景。元和十年春,柳宗元从永州北还长安时,途径南岳衡山即再度游览,并兴致勃勃地赋诗《过衡山见新花开却寄弟》:"故国名园久别离,今朝楚树发南枝。晴天归路好相逐,正是峰前回雁时。"[1]第四册P1148杜甫亦曾至岱岳之下,望岳而歌:"岱宗夫如何?齐鲁青未了。……会当临绝顶,一览众山小。"

不过,衡山、泰山等五岳名山毕竟路途迢迢,士大夫能够长途跋涉,不辞远而壮游的人终究有限。大多数士人仍多去离居住地路程较近的山川旅游。譬如,京畿的士人、赴都的举子在宦游长安时,常常登临三秦名山——终南山。而王维终其一生,都未曾千里远游,只是在终南山周遭访山觅水,与林泉相依。一般而言,士大夫在为官期间游历的景点,大多为府治内的名胜古迹或相毗邻的山水佳处。柳宗元于元和年间左迁永州时,即"环永之治百里,北至于浯溪,西至于湘之源,南至于泷泉,东至于黄溪东屯,其间名山水而村者以百数"[1]第三册P759,作短距离的一日游或两三日游。我们详考柳宗元的游踪,朝阳岩、黄溪、冉(愚)溪、小石潭、钴鉧潭、袁家渴、西山、小石城山、石渠、石涧等景点,均在永州府治附近,数里至数十里不等,往还便利。浔水、雷塘、东亭、峨山、屏山、甄山、仙弈山、石鱼山、驾鹤山等处,也皆"柳州山水近治可游者"。[1]第三册P775 秀峰林立,岭树重遮,江流九曲,别是一番旖旎的岭南风光。

唐代的园林艺术有了进一步的发展,既有气势恢弘的皇家园囿,也开始出现了精巧玲珑的私家园林,如王维的辋川别业、孟浩然的襄阳别业。此外还有一些州、县治的公共园林,柳宗元在永州、柳州任所的零陵三亭和东亭即属此类。这些园林通过人工构筑的方式,移天缩地,将自然山水移进园中,由此不出城郭而享山水之美。这自然是士大夫暇时玩赏游娱的好景点。

(二)交通工具

交通工具对旅游而言,无疑是十分重要的。唐代士人非常重视所谓的"游具",即交通工具以及与旅游相关的器具。当然,旅游目的地的不同,所乘用的交通工具也将不同。文人士大夫外出游山,除了小山会步行外,在登览嵩、岱、衡、华等峻峭的山岳时,常常也会雇人乘肩舆。这种肩舆,即是轿子的前身。

如果要游湖泛江,游览洲渚小岛,舟楫是必不可少的。在唐代,其形式因地各有异,名称也颇多,有"舟",有"筏",有称"帆",也有曰"舫",等等。韦应物在《夕次盱眙县》即道:"落帆逗淮镇,停舫临孤驿"。柳宗元在永州赏景观光,就多以小舟代步。例如,他描述去袁家渴游玩的情形:"由朝阳岩东南水行,至芜江,可取者三,莫若袁家渴。皆永中山水幽丽奇处也。……渴上与南馆高嶂合,下与百家濑合。其中重洲小溪,澄潭浅渚,间厕曲折,平者深黑,峻者沸白。舟行若穷,忽又无际。"[1]第三册P768 又如游宴南池:"于暮之春,征贤合姻,登舟于兹水之津。连山倒垂,万象在下,浮空泛景,荡若无外。"[1]第二册P641 他到香零山、湘口馆,也是乘一叶扁舟:"归流驶且广,泛舟绝沿洄",[1]第四册P1191 沿水路前往旅游。綦毋潜在《春泛若耶溪》的诗中也提到:"晚风吹行舟,花路入溪口。"由此而论,唐代士大夫乘舟船前去游览湖光山色,已是极为普遍的。当然,南方多因山水相连,所以在旅游时会舟舆兼用,以便跋江上岸,涉水登山,减少体力消耗,免得疲惫不堪地抵达旅游地后,却全无游兴,或是扫兴、败兴而归。

(三)食宿

如前已述,唐代士大夫在旅游时短则一日,长则数日乃至逾月半载。在出行旅游前都要携带若干必备物品,如主副食、饮料、食器,甚至还有一些相关的舆地书籍。士大夫在游玩时自然对饮食亦十分在意,尤其酒与茶等饮品更是助添游兴的不可少之物。如元和四年(809年)九月,柳宗元与仆人游西山时一面登临赏景,一面则是饮酒助兴,所谓:"萦青缭白,外与天际,四望如一。然后知是山之特立,不与培塿为类,悠悠乎与颢气俱,而莫得其涯,洋洋乎与造物者游,而不知其所穷。引觞满酌,颓然就醉,不知日之入。苍然暮色,自远而至,至无所见,而犹不欲归。心凝形释,与万化冥合。"[1]第三册P762-763游小石潭西小丘,柳宗元与同僚也是载酒而行,且游且饮,"置酒溪石上","实觞而流之,接取以饮",欢娱至夕,醉而忘归。[1]第二册P646元结在《石鱼湖上醉歌并序》中也提到:"漫叟以公田米酿酒,因休暇则载酒于湖上,时取一醉。欢醉中,据湖岸引臂向鱼取酒,使舫载之,遍饮坐者。"可见,唐代士大夫偕友载酒出游,渐成了一时尚习俗。引觞满酌,觥筹交错,这使得士大夫的游兴逸飞,咏歌赋诗,为旅游增添了无限的乐趣。游玩中的饮茶品茗之风也可一道。柳宗元有谓:"芳丛翳湘竹,零露凝清华。复此雪山客,晨朝掇灵芽。蒸烟俯石濑,咫尺凌丹崖。圆方丽奇色,圭璧无纤瑕。呼儿爨金鼎,馀馥延幽遐。涤虑发真照,还源荡昏邪。犹同甘露饭,佛事薰毗耶。咄此蓬瀛侣,无乃贵流霞。"[1]第四册P1136中唐以后,茶已然成了士大夫邀友赏游时必备的上佳物品。

因为带酒煮茶,酒器与茶具亦是不能少的。元结游宴石鱼湖,即有诗云:"我持长瓢坐巴丘,酌饮四座以散愁。"[2]92他所说的"瓢"就是唐代的一种酒器。当然,唐时酒器种类繁多的,士大夫出游常常会带上尊(樽)、壶等盛酒器和觯、杯等饮酒器。我们从柳宗元述其外出游赏饮酒的诗篇中可见一斑:"今日少愉乐,起坐开清樽。举觞酹先酒,为我驱忧烦。须臾心自殊,顿觉天地暄。连山变幽晦,渌水函晏温。蔼蔼南郭门,树木一何繁。清阴可自庇,竟夕闻佳言,尽醉无复辞,偃卧有芳荪。"[1]第四册P1253

从唐人诗歌、游记来看,一旦形成景点的地区,大多有住宿的地方,无论是城内或郊外,最常见可供食宿的包括酒楼、客栈、旅邸、旅舍与寺庙等。在城郊的景点,往往有精明的商人临路或傍城而设旅邸酒馆,如王维在渭城送友人远游:

"渭城朝雨浥轻尘,客舍青青柳色新。劝君更进一杯酒,西出阳关无故人。"[2]424
杜牧也在《泊秦淮》里谓:"烟笼寒水月笼沙,夜泊秦淮近酒家",秦淮河乃唐时金
陵繁华的冶游处,两岸楼榭相倚,灯红酒绿,自可为风流士大夫的温柔梦乡。

　　城市里也有许多旅舍。唐朝初年,长安城内已有供逆旅客人住宿的客栈,虽
说设施与招待不怎么高档。不过,对于那些囊中不甚丰裕的士大夫赴都游历拜
谒,倒也适合栖宿。到了开元、天宝年间的唐朝全盛日,城内旅馆应是更为普及,
设施也日愈舒适,旅京的士大夫可供住宿的选择更多了。[3]838-846洛阳、扬州、益
州等繁华都会,均有旅舍或旅邸供往来游玩的士大夫休憩、夜宿。

　　即使在荒郊野外,也会有陈设简陋的酒店、茶肆供旅客饮食。若在山野,士
大夫看到酒帘招摇之处,即可买食投宿。士大夫有时也因游兴所至,或暮色苍
茫,旅程杳杳,无处觅宿而露宿于山林岩石。元和十年春,柳宗元出刺柳州,五月
复经汇潇、湘二水之地的界围岩,观览水帘美景,"遂宿岩下"[1]第一册P1147。

　　唐代,佛、道两教尤为兴盛。时有俗语称:"天下名山僧占多"。因而,在不
少秀水青山间常常会有佛教的寺庵或道教的道观,这些寺庙道观自然也就成了
喜好旅游的文人与士大夫住宿的地方。就以南岳为例,"肃宗制天下名山,置大
德七人,兹岳尤重,推择居首。师(按:指般舟和尚)乃即崇岭,是作精室。辟林
莽,剔岩峦,殿舍宏大,廊庑修直。"[1]第一册P168后来又有许多僧人、道士相继进入此
区域,"以兴祠宫,遐迩攸从"[1]第一册P164,使得寺庵道观散布衡山诸峰,①这无形中
也解决了当时人旅游衡山时的住宿问题。柳宗元就自称:"余既与大乘师重巽
游"[1]第一册P166,饱览衡山幽景,宿留梵宇禅房。又如,韩愈赴江陵途经衡山谒南岳
大庙,也趁着"星月掩映云曈昽","夜投佛寺上高阁"。[2]98-99而孟浩然在夜暮黄
昏时游赏山间风景,流连忘返,亦曾留宿业师山房。在一些有名的旅游进香的名
胜地,当有更完善的附属设施,以供游人食宿。由此而言,宗教文化游也成了唐
代文人士大夫的一项重要的旅游活动。

　　另外,僧人"披山伐木,崇构法宇","砻石峻整,植木翳茂",使"地得其
胜"[1]第一册P166,从某种意义上来说,一些风景区旅游资源的开发,僧人羽士实则扮
演了重要的角色。这为唐代士大夫的游赏提供了很多便利。

三　游伴与社交

　　唐代文人士大夫通常都会呼朋引伴地去旅游,从许多游记中我们都可以看

到他们约友朋出游的记载。作为游伴的身份大多数是最深交的朋友以及男性亲属。如元和八年,博陵人崔策前来永州探视柳宗元,柳遂和他作西山之游,归后还特写《与崔策登西山》诗一首纪游:"鹤鸣楚山静,露白秋江晓。连袂渡危桥。萦回出林杪。西岑极远目,毫末皆可了。重叠九疑高,微茫洞庭小。迥穷两仪际,高出万象表。驰景泛颓波,遥风递寒筱。"[1]第四册P1195柳宗元《至小丘西小石潭记》中也提到,偕他同游小石潭的有吴武陵、龚右及其弟柳宗玄等。又如柳宗元游览钴鉧潭西小丘,"李深源、元克己时同游,皆大喜,出自意外。"[1]第三册P765可见,深交又有同好的朋友往往是士大夫之间提高旅游兴致的因素之一。再如,元和十年,柳宗元、刘禹锡由贬所被召赴京,刘亦寄诗邀为同行伴游,两人一路随行,凭吊淳于髡,赏花灞亭前,并赋诗酬唱,游兴甚欢。[2]相反,在柳宗元的游踪里,若出游无伴,心境总是凄冷幽寂,少有愉悦、开朗,如独游永州南涧、石渠、愚溪。"赏心难久留,离念来相关。北望间相爱,南瞻杂夷蛮"[1]第三册P1196就是这种心境的反映。

在唐代士大夫的游伴中,有一个特殊的群体,这就是释僧或道人,他们往往是士大夫游山玩水时最要好的朋友。最典型者莫过于李白、王维、孟浩然、柳宗元诸人。从《柳宗元集》来看,柳曾与浩初上人、灵彻上人、重巽上人、贾鹏山人、江华长老、元居士、朱道士等多位佛、道两界人士往来密切,并一同游赏山林,相互酬唱。柳宗元任柳州刺史时,曾题有诗作纪游,即《与浩初上人同看山寄京华亲故》《浩初上人见贻绝句欲登仙人山因以酬之》。僧人有时还主动邀请文人士大夫游寺,孟浩然在《宴梅道士山房》诗中即叙述了自己的这种经历。有次,他在山涧赏览春景时,忽然被邀到梅道士的宫观内游憩:"林卧愁春尽,搴帷览物华。忽闻青鸟使,邀入赤松家。"[2]210唐时还没有出现专业的导游,不过当地的僧道因为山居已久,于各处地形胜景皆了然在胸,所以也常会给士大夫游历奇山秀水做向导,起到导游的作用。

从士大夫呼朋引伴的行为来看,旅游活动又具有了另一种重要功能,即社交。通过旅游,士大夫们来联络旧交,结识新知,增进情感,这实为明清之际文人雅集结社之滥觞。柳宗元在提到零陵城南之美景时,说他与永州刺史崔敏的南池宴游,"席之贤者,率皆左官蒙泽"。[1]第三册P641可见旅游本身就是这些官宦士人的聚会;从柳宗元的诗文中还可以找到许多这样的例子,士子文人在谈到自己的游历时,从游者大抵为志同道合的文友、同年或门生。在唐代,这种带社交性质的旅游活动,最著名的莫过于"曲江游宴"和"雁塔题名"。新及第进士,或在曲江亭榭游园设宴,痛饮大醉;或登临慈恩寺塔,题壁留名;如此游宴,可谓盛况空前、风光无限。唐代士大夫的这种聚会既加深了座主、门生及同谊之间的感情,扩大了交际范围,自然也融合了旅游的场合,扩大了宴游地的影响,使之成了京都名胜。此外,新科进士策马遍访京师名园,探花赏景,"一日看尽长安花"(孟郊:《登科后》),这也成了中唐以后士人旅游的一大亮点。

唐代士大夫在旅游时还会带很多游具,然就士大夫的个性而言,其自身是少有携负东西的,因而通常还将有若干奴仆随从。如柳宗元在《始得西山宴游记》中就说:"因坐法华西亭,望西山,始指异之。遂命仆人过湘江,缘染溪,……引觞满酌,颓然就醉。"[1]第三册P762-763他游小石潭时,也有崔氏二小生恕己、奉壹,"隶而从者"[1]第三册P767。

到达旅游目的地之后,士大夫还有一些娱乐活动。如柳宗元在描述他陪永州刺史崔敏的南池之游,俟"登舟于兹水之津",众士大夫便"羽觞飞翔,匏竹激越,熙然而歌,婆然而舞,持颐而笑,瞠目而偻,不知日之将暮。"[1]第二册P641柳宗元还记载了其与娄图南至小丘游宴的一件趣事。他们把酒放溪石上后,"乃置监史而令曰:当饮者举筹之十寸者三,逆而投之,能不洄于洑,不止于垠,不沉于底者,过不饮。而洄而止而沉者,饮如筹之数。既或投之,则旋眩滑汩,若舞若跃,速者迟者,去者住者,众皆据石注视,欢抃以助其势。突然而逝,乃得无事。于是或一饮,或再饮。客有娄生图南者,其投之也,一洄一止一沉,独三饮,众乃大笑驩甚。"[1]第三册P646-647欢娱之情,跃于纸上。

饮酒觞酌之外,唐代士大夫在旅游中常见的娱乐活动还有弈棋、垂钓等。初唐,围棋的技艺水平有了很大的发展,对弈在民间社会十分流行,尤为众多士大夫所喜好。柳宗元就曾写过一篇《序棋》,介绍唐朝的棋艺。[1]第二册P648-649虽然我们在柳宗元的诗文里没见到柳氏旅游时与人对弈的记载,但可以推测,在蓝天白云之下,在山泉丘壑之间,黑白博局亦应是唐代士大夫赏玩的一大乐事。还有的士大夫则更富雅趣,携一钩渔竿垂钓溪沿江畔,或许并非为鱼而钓,仅仅是游娱乐志,想玩赏"独钓寒江雪"的闲雅韵味而已。

我们通过深入地研究柳宗元诗文,并从实际旅游的地点、旅游的食宿、旅游的交通工具及携带的器具等诸多方面进行考察,至此,唐代士大夫的旅游活动的实态已生动地展现出来了。透过这丰富的唐代旅游活动实态的长卷,鲜活地反映出唐代士大夫已开始看重旅游的娱乐功能及旅游的舒适性,旅游在其社会日常生活中已占有了相当的位置,并且构成其生命旅程中的一个组成部分。

注释：

①《柳宗元集》中载录的衡山诸寺庙有祝融峰下的大明寺、云峰寺等,柳宗元在《南岳大明寺律和尚碑》云:"广德二年,始立大明寺于衡山,诏选居寺僧 21 人,师为之首。乾元元年,又命衡山立'毗尼藏'",《柳宗元集》卷七,第一册,第 170 页。

②元和九年冬柳、刘被召返朝时,沿途怀古述志,其欣悦情怀溢于诗文,计有《朗州窦员外寄刘二十八诗见促行骑走笔酬赠》《北还登汉阳北原题临川驿》《题淳于髡墓》《善谑驿和刘梦得酹淳于先生》《诏追赴都二月至灞上》等诗纪行纪游。参见《柳宗元集》第四册,第 1150 - 1154 页。

参考文献：

[1]柳宗元.柳宗元集[M].北京:中华书局,2000.

[2]蘅塘退.管又清,译注.白话唐诗三百首[M].长沙:岳麓书社,1996.

[3]白寿彝.中国通史(第六卷)[M].北京:人民出版社,1997.

（原载 2011 年第 10 期,作者单位:邵阳学院）

苏轼"柳在韦上"之评的诗学思考

✱ 徐 涛 ◆

在苏轼看来,陶渊明是他心目中"高风绝尘"的第一大家,唐代诗人中能庶几接近陶诗的,惟有韦、柳二家:"李、杜之后,诗人继作,虽间有远韵,而才不逮意。独韦应物、柳宗元发纤秾于简古,寄至味于淡泊,非余子所及也。"(《书黄子思诗集后》)[1]2124中唐以来,柳宗元以古文知名而不以诗显,得东坡为异代知己,其诗才获"发明"。不仅如此,苏轼还进一步品评道:"柳子厚诗在陶渊明下,韦苏州上"(《评韩柳诗》)[1]2109,更将柳诗提到了前所未有的高度。"柳在韦上"之评引起了后世广泛争论①,其实这一评价背后蕴含着东坡深刻的诗学思考。

首先,苏轼视陶、韦、柳为一体同流之诗人,而陶诗为最高典范,故"柳在韦上"是以陶诗为参照标准提出的。这也正是引起争论的重要原因,在后世许多论者看来,韦应物诗的风格、体貌,比柳宗元更近陶诗,胡应麟即谓:"韦左司大是六朝余韵,宋人目为流丽者得之;(柳)仅曹清峭有余,闲婉全乏,自是唐人古诗,大苏谓胜韦,非也。"[2]36平心而论,韦诗冲和闲婉、若出无意,柳诗清峭峻洁、锻炼精深,若单以"似陶"为评骘标准,柳徇不及韦。那么苏轼为何评"柳在韦上"呢?这说明他虽以陶诗为最高目标,却并不以"似陶"为创作鹄的;柳诗清远古淡是承陶之处,故能与陶同流,而其峻峭刻削则是变陶之处,故得与韦分途;在苏轼看来,和而不同,承而能变,正是柳高于韦之处。苏轼本人的"和陶诗",可以说是他这一看法的有力证明,其妙处亦在似与不似之间,体现出鲜明的自家风貌,承陶而能变陶。这实际上涉及到了如何对待诗学遗产及诗人创作个性的问题,苏轼显然更主张在继承典范的同时,又能充分发挥诗人个性,从而突破传统格局,推动诗史在绵延承续中不断创新发展。师古而新变,是诗史赋予宋代诗人的时代课题,黄庭坚手书柳诗数篇以遗后学,谓"欲知子厚如此学陶渊明,乃为能近之耳"(《跋书柳子厚诗》)[3]卷28,可作苏轼"柳在韦上"的另一注解。

苏轼"柳在韦上"之评,还与"平淡"的诗美追求有关:"柳子厚诗在陶渊明下,韦苏州上……所贵乎枯淡者,谓其外枯而中膏,似淡而实美,渊明、子厚之流是也。"(《评韩柳诗》)[1]2109-2110然后人亦多以"平淡"许韦而不许柳,究其原因,一在于柳诗精美工致,不及韦诗萧散自然,一在于柳忧悲愁怨,不及韦旷达闲淡;要之,无论艺术抑或思想,韦都比柳更近陶②。持此观点者,皆以陶为纯粹的隐逸诗人,以陶诗自然旷达为平淡之本质。此与东坡视陶及陶诗之平淡不同。在东坡看来,陶并非遗世高蹈之隐者,而实为一历尽人间况味而能对抗并超越人生苦难者,故其深然陶氏"性刚才拙,与物多忤"之说(《与苏辙书》)[1]2515;因陶之超越,故其诗能臻于真而淡,又因其不离现实人生,故其诗能包融种种人生真性情,"若中边皆枯淡,亦何足道……人食五味,知其甘苦者皆是"(《评韩柳诗》)[1]2110;如此,则"平淡"虽以"豪华落尽见真纯"为旨归,却并不排斥各种"异质"之美,故"外枯而中膏,似淡而实美""质而实绮,癯而实腴"。由此再来看"柳在韦上"之评:韦、柳皆能学陶,韦诗在清深淡远上更近陶诗,但这种"平淡"似未经人生熔炉的淬炼而直接迈入了诗意的栖居,显得超然有余而深厚不足;柳虽未达到陶之超旷,但柳诗因诗人独特的人生际遇与审美趣味所产生的悲怨之情、精刻之美,则显然为"平淡"带来了更多的人生况味与不同的审美风味,使诗作变得愈发深厚、丰美。柳诗在"平淡"的精神实质上与陶诗更为接近,或者更确切的说,这与苏轼本人对"平淡"的诗学追求更为接近,这是苏评"柳在韦上"的又一原因。

由此可见,苏轼"柳在韦上"之评,其诗学内涵并不在于区别韦、柳诗歌风格并作出高下判断,换句话说,它不属于"风格鉴赏论";而是从诗史发展及诗与人生关系的宏观角度,对诗人与创作作出的深刻思考。

(原载 2014 年第 3 期,作者单位:南京大学)

苏轼删柳宗元《渔翁》诗与"有我""无我"之境

✳ 陈未鹏

一 从苏轼删节柳宗元《渔翁》尾两句说起

柳宗元的七言古诗《渔翁》,是唐诗中的名篇:

> 渔翁夜傍西岩宿,晓汲清湘燃楚竹。烟销日出不见人,欸乃一声山水绿。回看天际下中流,岩上无心云相逐。

《苕溪渔隐丛话》前集引《冷斋夜话》:"东坡云:诗以奇趣为宗,反常合道为趣。熟味此诗有奇趣。然其尾两句,虽不必亦可。"[1]124苏轼先是肯定了《渔翁》的诗歌艺术,但也认为尾两句有蛇足之嫌。

苏轼的议论引发了诗史上的争论。反对者,如《唐诗品汇》言:"此诗气浑,不类晚唐,正在后两句,非蛇安足者。"[2]又如《唐风定》亦言:"高正在结。欲删二语者,难与言诗矣。"[3]1799赞成者,如《唐诗选脉会通评林》引周珽语:"然尾二句不必亦可,盖以前四语已尽幽奇,结反着相也。"[4]1799又如《唐诗别裁集》:"东坡谓删去末二语,馀情不尽。信然。"[5]114

《渔翁》末二句是否需要删除的问题,仁者见仁,智者见智。但借此问题,则可以窥探柳宗元、苏轼二人山水诗作不同的艺术旨趣。

柳宗元、苏轼虽相隔异代,但他们中年以后都有颇为相似的贬谪经历,并且贬谪经历都对他们二人的文学创作产生了深远的影响。苏轼曾将柳宗元与陶渊明并视为自己的南迁二友:"(苏轼)流转海外,如逃深谷,既无与晤语者,又书籍举无有,惟陶渊明一集、柳子厚诗文数策,常置左右,目为二友。"[6]1627而且,苏轼在柳宗元诗歌的传播接受史上具有关键的作用:"子厚诗尤深远难识,前贤亦未推重。自老坡发明其妙,学者方渐知之"[7]328,"陶渊明柳子厚之诗,得东坡而后发明"[8]463。苏轼对柳诗的艺术特色也颇为肯定:"李、杜之后,诗人继作,虽间有远韵,而才不逮意。独韦应物、柳宗元发纤秾于简古,寄至味于淡泊,非余子所及也。"[9]2124基于上述原因,前人的论述多集中在柳诗、苏诗艺术的相似性及其相互影响方面,而较少关注其差异性。但围绕《渔翁》末两句是否需要删节的争论,为我们窥探柳、苏山水诗作的不同艺术旨趣提供了难得的裂隙。

二 "有我之境""无我之境"视角下的柳宗元、苏轼诗

我们可以借用王国维《人间词话》提出的"有我之境""无我之境"理论来撬开裂隙。换句话说,要不要删节《渔翁》尾两句,实际上反映了柳宗元、苏轼山水诗歌对于"有我之境"与"无我之境"的不同执著。

王国维《人间词话》言:

> 有有我之境,有无我之境。"泪眼问花花不语,乱红飞过秋千去""可堪孤馆闭春寒,杜鹃声里斜阳暮"、有我之境也。"采菊东篱下,悠然见南山""寒波澹澹起,白鸟悠悠下",无我之境也。有我之境,以我观物,故物皆著我之色彩。无我之境,以物观物,故不知何者为我,何者为物。[10]18

王国维的"境界""有我"" 无我"等概念,有着丰厚的内涵,可以从物我关系中的情感位置、观物方式和风格类型三个向度加以把握。

首先,从物我关系中的情感位置加以区分,所谓的"有我之境",是指诗人的情感表达往往较为显露,而"无我之境",其情感表达相对隐蔽。这两种类型,亦即樊志厚所说的"意余于境"与"境多于意"。[11]1《渔翁》一诗的前四句,仅凭借人物的外在行为——住宿、汲水、燃竹、摇橹等,来勾勒渔翁的形象。而尾两句,则由外在而进入内心。"回看天际下中流",写出了渔翁乘舟下中流回看天际时的若有所思,"岩上无心云相逐",这既是渔翁借云以抒怀,又是柳宗元借渔翁以自况,"无心"恰恰是一种强烈的情感表达。柳宗元政治失意、贬谪永州的孤愤之情,在诗歌的末二句凸显。这是一种典型的"有我之境"。但设若这首诗如苏轼所删,在"欸乃一声山水绿"时便告终篇,则将取得"馀情不尽"的效果(沈德潜《唐诗别裁集》语)。——馀情不尽,恰恰证明了诗歌情感表达的节制与含蓄,而这正是"无我之境"的特征之一。

柳宗元贬谪永州、柳州期间的诗歌,情感表达极其迫切,"子厚山水诗极佳,然每篇之中必见羁宦迁谪之意"[12]1780。柳宗元的贬谪境遇以及他个人的性情气

质,使得其诗歌"意余于境"。柳宗元的许多诗歌,往往同《渔翁》一样,在尾两句突破此前营造的物、景意象,而直接呈现抒情主体的情怀、思考或感慨,如:

予心适无事,偶此成宾主。(《雨后晓行独至愚溪北池》)

来往不逢人,长歌楚天碧。(《溪居》)

机心久已忘,何事惊麋鹿。(《秋晓行南谷经荒村》)

即使有的作品,没有这种"卒章显志"的惯例,但"有我之境"仍相当明显。如《江雪》:"千山鸟飞绝,万径人踪灭。孤舟蓑笠翁,独钓寒江雪",这一首押仄韵的五言绝句,表面上颇同于《渔翁》前四句,借自然风景与人物的外在形象来营造意境,并且没有《渔翁》尾两句的情感"蛇虫"。但实际上,诗人的情感早已通过"绝""灭""孤""独""寒"等具有强烈情感倾向的字眼表露无遗。

相对而言,苏轼贬谪期间的山水写作,更趋向于"无我之境"。苏轼以陶渊明的诗歌作为艺术榜样。"吾于诗人,无所甚好,独好渊明之诗,渊明作诗不多,然其诗质而实绮,癯而实腴,自曹、刘、鲍、谢、李、杜诸人,皆莫及也。吾前后和其诗凡百数十篇,至其得意,自谓不甚愧渊明。"[13]1110陶渊明的诗歌"质而实绮,癯而实腴",看似无我,实则有我,正是王国维所述的"无我之境"的典型代表。无我之境中,主体的情感更多地融化在对客观物象的描绘之中,心融于物,以物载情。所谓"采菊东篱下,悠然见南山"如此,而"长淮忽迷天远近,青山久与船低昂"(苏轼《出颍口初见淮山是日至寿州》)、"杳杳天低鹘灭处,青山一发是中原"(苏轼《澄迈驿通潮阁二首》其二)、"云散月明谁点缀,天容海色本澄清"(苏轼《六月二十日夜渡海》)等亦如此。当然,不能说苏轼的每篇山水作品的情感表达都是相对潜藏不露,但苏轼的确曾视"无我之境"为较高的艺术范式。

其次,如果以观物方式来加以区分的话,则如王国维所述,"有我之境"乃"以我观物","无我之境"则"以物观物"。所谓的"以我观物",则自然是"游于物之内,而不游于物之外……是以美恶横生,而忧乐出焉"[14]351。而"以物观物",借用叔本华《作为意志与表象的世界》的说法:"按一句有意味的德国成语来说,就是人们自失于对象之中了……好像仅仅只有对象的存在而没有觉知这对象的人了,所以人们也不能再把直观者(其一)和直观(本身)分开来了,而是两者已经合一了;这同时即是整个意识完全单一的直观景象所充满,所占据。"[15]反映在诗歌中,即呈现了物我关系的超越。

柳宗元的山水诗作,并不是单纯的雕镂刻画、模山范水之作,在他的笔下,自

然山水的细微之处纤毫毕现,而且倾注着柳宗元浓厚的情感。当他心情较好的时候,花娇柳媚,如:

> 诏书许逐阳和至,驿路开花处处新。(《诏追赴都二月至灞亭上》)
>
> 破额山头碧玉流,骚人遥驻木兰舟。春风无限潇湘意,欲采蘋花不自由。(《酬曹侍御过象县见寄》)

俞陛云评《酬曹侍御》言:"此诗独淡荡多姿……集中近体皆生峭之笔,不类此诗之含蓄也"[16]218。的确,柳宗元贬谪期间,心情压抑,所以其诗作淡荡多姿者少,生峭孤冷者多:

> 惊风乱飐芙蓉水,密雨斜侵薜荔墙。岭树重遮千里目,江流曲似九回肠。(《登柳州城楼寄漳汀封连四州》)
>
> 林邑东回山似戟,牂柯南下水如汤。(《得卢衡州书因以诗寄》)
>
> 海畔尖山似剑铓,秋来处处割愁肠。(《与浩初上人同看山寄京华亲故》)

可以看到,诗作中的山水,不再是客观的描绘,而是柳宗元视角下的山水,是主观的投影。柳诗一般采用三种方式来强化这种投影。一种是在景物前加上情感的定语,如"惊"之于"风"。一种是以比喻的方式来强化景物的情感作用,如:山——剑铓——割愁肠、江流——曲折——回肠等。一种则是在入诗景物的选择上,侧重与人的呼应,如写岭树,则因为其遮挡了诗人的远眺。总之,柳宗元的诗歌,倾向于以情役物,其笔下的自然山水,始终对应着人的存在。

当然,"一切景语皆情语",诗歌里的景与情不可剥离。但以情役物与物我同化,仍有本质的区别。苏轼笔下的山水,更多的是一种物我的同化。以《澄迈驿通潮阁二首》为例。这二首诗的三四句都是纯粹的写景,"贪看白鹭横秋浦,不觉青林没晚潮""杳杳天低鹘没处,青山一发是中原"。这均是"以物观物"的典型,苏轼还原了景物的本来面目,其写景状物,既无情感的定语,又无比喻。所谓的"贪看""不觉",似乎是诗人的视角,但实际上道出了主体的消隐。更有甚者,苏轼在诗中,甚至将人事隐为风景,如"登高回首坡垅隔,但见乌帽出复没"(《辛丑十一月十九日既与子由别于郑州西门之外,马上赋诗一篇寄之》)。可以说,苏轼的"无我之境",致力于将景物客观呈现,并利用这种客观呈现构筑出浑然的意境。

再次,就风格类型而言,"有我之境"与"无我之境"也有明显区别。王国维

《人间词话》言:"无我之境,人唯静中得之。有我之境,于由动之静时得之。故一优美,一宏壮也。"[10]32王国维解释了"有我之境"的风格类型是"宏壮",认为其创作的心理状态乃"由动之静",而"无我之境"的风格类型是"优美",其创作的心理创作是"静"。同时,王国维在《叔本华之哲学及其教育学说》对此问题有进一步的说明:"而美之中,又有优美与壮美之别。今有一物,令人忘利害之关系,而玩之不厌者,谓之曰优美之感情。若其物直接不利于吾人之意志,而意志为之破裂,唯由知识冥想其理念者,谓之曰壮美之感情。"[17]29其《红楼梦评论》中也有相关说明:"而美之为物有两种,一曰优美,一曰壮美。苟一物焉,与吾人无利害之关系,而吾人之观之也,不观其关系,而但观其物。或吾人之心中,无丝毫生活之欲存,而其观物也,不视为与我有关系之物,而但视为外物,则今之所观者,非昔之所观者也。此时吾心宁静之状态,名之曰优美之情,而谓此物曰优美。若此物大不利于吾人,而吾人生活之意志,为之破裂,因之意志遁去,而知力得为独立之作用,以深观其物,吾人谓此物曰壮美,而谓其感情曰壮美之情。……而其快乐存于使人忘物我之关系,则固与优美无以异也。"[18]综合王国维的意见,"有我之境"与"无我之境"的风格类型,实际上是"意志的破裂"与"宁静的状态"的区别。所谓"意志的破裂",实际上主体欲望与客体世界的冲突。

柳宗元的山水诗作,前人一般以"劲峭""清峻"论之。如:"世言韦柳,韦诗淡而缓,柳诗峭而劲"[19]188、"柳子厚清而峭"[20]186等。的确,柳诗笔下的山水,清幽怪奇,极富个性。但不能忽略的是,柳诗也得到过如下评价:"发纤秾于简古,寄至味于淡泊"(苏轼语),"句雅淡而味深长者"[21]142等。

在柳诗风格多样化的背后,其实横亘着柳宗元"意志的破裂"。前人曾论述柳宗元与陶渊明的区别:"子厚永、柳以后诗,高者逼陶、阮,然身老迁谪,思含凄怆"[22]65、"韩、柳齐名,然柳乃本色诗人。自渊明没,雅道几熄,当一世竞作唐诗之时,独为古体以矫之,未尝学陶和陶,集中五言凡十数篇,杂之陶集,有未易辨者。其幽微者可玩而味,其感慨者可悲而泣也。其七言五十六字尤工"[23]226、"柳子厚幽怨有得骚旨而不甚似陶公,盖怡旷气少,沉至语少也"[23]982。应当说,柳宗元的作品或有以陶渊明为师的努力,但仍是"有我之境",他的作品中,始终有着欲望的不满足,或曰理想的大失落。亦即:"即事成咏,随景写情,颇有自得之趣。然毕竟有'迁谪'二字横于意中,欲如陶、韦之脱,难矣。"[24]1789

而苏轼则追求诗歌"宁静的状态",其曾言:"欲令诗语妙,无厌空且静,静故了群动,空故纳万境。"(《送参寥师》)苏轼的性格豁达旷放,晚年于贬谪期间,追和陶诗,但其和陶诗,并不单纯的模仿:"公之和陶,但以陶自托耳。至于其诗,极有区别。有作意效之,与陶一色者;有本不求合,适与陶相似者;有借韵为诗,置陶不问者;有毫不经意,信口改一韵者。……而有与陶绝不相干者。盖未尝规规于学陶也"[25]2107。陶渊明之所以能吸引住苏轼的眼光,更多的是其"宁静的内心":"(苏轼)吾于渊明,岂独好其诗也哉? 如其为人,实有感焉。半生出仕以犯世患,此所以深愧渊明,欲以晚节师范其万一也。"[13]1110苏轼晚年的境况,比陶渊明更为窘迫,然而其内心却能翻去少年志气的豪猛,而归于陶渊明般的淡泊:"迹其迁谪景况,盖比渊明穷困为甚。而处之泰然,啸咏自得,则又千载一辙。"[26]1803

正是内心的泰然与豁达,养成了苏诗的"无我之境"。"起语着一'澹'字,便觉高远,气味逼真渊明。以迁谪之况,而得澹然无事,可谓乐天知命,随遇而安,东坡之胸次过人远矣"[27]1791、"以东坡之透快,效陶之平淡,相济而成温厚之者"[27]1814、"于愤懑中,忽作旷达语"[27]1818。正是过人的胸次,透过与平淡相济,才使得苏轼写出"云散月明谁点缀,天容海色本澄清"之类的"优美"之作。当然,我们不能说苏轼所有的作品,都达到了"无我之境"。然而,苏轼对柳宗元的诗也颇多推崇,但并未像追和陶诗一样追和柳诗,则可以见出"无我之境"与"有我之境"在苏轼心中的不同份量。

三 "有我之境""无我之境"背后的诗歌功能观

柳宗元、苏轼的山水诗作之所以会出现而之所以会出现"有我之境"与"无我之境"的分野,当然与个人的性情气质、宗教思想、哲学观念、文学修养等原因息息相关。但一个比较大的原因则是二人对于诗歌功能有不同的理解。

对于柳宗元来说,诗歌不过是"自释"的手段。柳宗元在贬谪期间,心情压抑悲愤:"时到幽树好石,暂得一笑,已复不乐。何者? 譬如因拘圄土,一遇和景出,负墙搔摩,伸展支体,当此之时,亦以为适,然顾地窥天,不过寻丈,终不得出,岂复能久为舒畅哉? ……仆近求得经史诸子数百卷,常候战悸稍定,时即伏读,颇见圣人用心、贤士君子立志之分。著书亦数十篇,心病,言少次第,不足远寄,但用自释。"[28]801柳宗元内心的愤懑与苦闷,无法通过奇山异水、幽树好石得以排遣,便通过诗文的阅读和创作发泄出来。其在《上李中丞献所著文启》亦言:"长吟哀歌,舒泄幽郁。因取笔以书。"[29]926柳宗元借助诗歌,纾解内心的痛楚,因而,其诗歌中所写的自然万物、山水百态,自然浸透着柳宗元浓烈的情感色彩:"余虽不合于俗,亦颇以文墨自慰,漱涤万物,牢笼百态,而无所避之。以愚辞歌愚溪,则茫然而不违,昏然而同归,超鸿蒙,混希夷,寂寥而莫我知也。"[30]643这种以感情驱使山水,不正是构成"有我之境"的第一步吗?

同柳宗元借诗歌以"自释"不同,苏轼以诗歌为内心情感的自然流露。"大略如行云流水,初无定质,但常行于所当行,常止于所不可不止,文理自然,姿态横生。"[31]1418其《自评文》亦言:"吾文如万斛泉源,不择地而出,在平地滔滔汨汨,虽一日千里远难。及其与山石曲折,随物赋形而不可知也。所可知者,常行于所当行,常止于不可不止,如是而已矣。"[32]2069苏轼的《自评文》虽是针对散文创作而发,但也同样适用于他的诗歌创作实际。"与山石曲折,随物赋形",见出其内心情感与自然万物的物我同化。

陆时雍评论柳宗元《田家三首》言:"《田家》三首直欲与陶相上下,第陶趣恬淡,柳趣酸楚,此各其性情所会。"[33]《韩柳诗选》亦评曰:"三诗极似陶,然陶诗是安贫,此诗是感慨,用意故自不同。"[34]1795如果将这两则评论中的"陶渊明"换成"苏轼",大意亦无所差。"恬淡""酸楚"都是一种情感表达的方式,前者隐忍后者显豁。"安贫""感慨"则是诗歌功能的差异,"安贫"是诗人在心理自我调适趋于宁静状态,并在诗歌里自然流露。而"感慨"则是主体情感借由外界事物的触发,诗歌成了其情绪宣泄的出口。"安贫"与"感慨"的区别,导致了柳诗与陶诗、苏诗的分野,而"无我之境"与"有我之境"由此殊途。

当然,必须指出,柳诗并不全然是"有我之境",《渔翁》一诗若如苏轼所言,删去后二句,即是典型的"无我之境"。柳宗元有的诗歌,"萧散简远,秾纤合度,置之渊明集中,不复可辨"[35]295。同样,苏轼只是将"无我之境"作为诗歌创作的一种追求,并不是每一首诗歌都实现了"无我之境"的美学理想。而且,王国维的"有我之境""无我之境",在文学艺术中,只是一组相对应的美学范畴,并无优劣高下之分。指出柳诗、苏轼在贬谪时期艺术之境的不同,并不涉及诗艺的价值判断。因此,对于《渔翁》末二句的讨论,并不是要对此诗应否删节下具体的结论。只是借由这样的讨论,去发现关于诗境的不同追求,既取决于诗人对于诗歌功能的定位,又与创作中物我关系中的情感位置、观物方式密切相关,并最终塑造了诗歌的风格类型。

参考文献：

[1]胡仔.苕溪渔隐丛话(前集)[M].北京:人民文学出版社,1962.

[2]高棅.唐诗品汇[M].上海:上海古籍出版社,1982.

[3]陈伯海.唐诗汇评·唐风定[C].杭州:浙江教育出版社,1995.

[4]陈伯海.唐诗汇评·唐诗选脉会通评林[C].杭州:浙江教育出版社,1995.

[5]沈德潜.唐诗别裁集[M].北京:中华书局,1975.

[6]苏轼.苏轼文集·答程全父十二首[M].北京:中华书局,1986.

[7]范温.潜溪诗眼[A].郭绍虞.宋诗话辑佚[C].北京:中华书局,1980.

[8]张戒.岁寒堂诗话[A].丁福保.历代诗话续编[C].北京:中华书局,1983.

[9]苏轼.苏轼文集·书黄子思诗集后[M].北京:中华书局,1986.

[10]王国维著,刘锋杰,章池集评.人间词话百年解评[M].合肥:黄山书社,2002.

[11]樊志厚.苕华词序[A].王国维.王国维遗书·苕华词[M].上海:上海古籍出版社,1983.

[12]陈伯海.唐诗汇评·韩柳诗选[C].杭州:浙江教育出版社,1995.

[13]苏辙.苏辙集·子瞻和陶渊明诗集引[M].北京:中华书局,1990.

[14]苏轼.苏轼文集·超然台记[M].北京:中华书局,1986.

[15]叔本华.作为意志与表象的世界[M].北京:商务印书馆,1982.

[16]俞陛云.诗境浅说[M].北京:北京出版社,2003.

[17]王国维.王国维遗书·叔本华之哲学及其教育学说[M].上海:上海古籍出版社,1983.

[18]俞晓红.王国维《红楼梦评论》笺说[M].北京:中华书局,2004.

[19]方回.瀛奎律髓汇评[M].上海:上海古籍出版社,1986.

[20]胡应麟.诗薮(外编)[M].上海:上海古籍出版社,1979.

[21]杨万里.诚斋诗话[A].丁福保.历代诗话续编[C].北京:中华书局,1983.

[22]刘克庄.后村诗话(后集)[M].北京:中华书局,1983.

[23]施补华.岘佣说诗[A].清诗话[C].上海:上海古籍出版社,1978.

[24]王尧衢.古唐诗合解[A].陈伯海.唐诗汇评[C].杭州:浙江教育出版社,1995.

[25]苏轼.苏轼诗集[M].北京:中华书局,1982.

[26]曾枣庄.苏诗汇评·和陶合笺[M].成都:四川文艺出版社,2000.

[27]曾枣庄.苏诗汇评[M].成都:四川文艺出版社,2000.

[28]柳宗元.柳宗元集·与李翰林建书[M].北京:中华书局,1979.

[29]柳宗元.柳宗元集·上李中丞献所著文启[M].北京:中华书局,1979.

[30]柳宗元.柳宗元集·愚溪诗序[M].北京:中华书局,1979.

[31]苏轼.苏轼文集·与谢民师推官书[C].北京:中华书局,1986.

［32］苏轼. 苏轼文集·自评文［M］. 北京：中华书局，1986.

［33］陆时雍. 唐诗镜［M］. 文渊阁四库全书本.

［34］陈伯海. 唐诗汇评［C］. 杭州：浙江教育出版社，1995.

［35］曾季貍. 艇斋诗话［A］. 丁福保. 历代诗话续编［C］. 北京：中华书局，1983.

（原载 2014 年第 3 期，作者单位：福州大学学报）

柳宗元接受史上的重要传承者黄庭坚

❋ 杨再喜

一 承传和深化了柳开、苏轼等关于"韩、柳""陶、柳"同流的文学观

在北宋初年,柳开是第一个大力倡导学习和柳宗元的文学家。柳开(947－1000)是宋代的散文家和宋代古文运动的先驱,他不满晚唐五代纤弱的文风,提倡文学复古,宣扬孔孟之道,后世文人往往把柳开作为宋代文学的开创者之一。柳宗元和韩愈的散文自小就是柳开学习和效仿的对象,他说"知为文之趣,自是属词必法韩柳。"(曾巩《隆平集》卷十八)在少年时代为了表明学习韩愈和柳宗元的志向,就把自己起名为"肩愈"(比肩韩愈之意),字"绍先"(把柳宗元作为自己骄傲的祖先,包含着继承祖先事业的意思),由于在唐五代时,柳宗元的文学地位不及韩愈,他第一次把韩愈和柳宗元相提并论,在提高柳宗元的文学地位方面具有重要的开创之功。在柳开之后,穆修(979－1032)继续倡导学习"韩柳"的古文,以刊刻"韩柳文集"来对抗当时盛行的"西昆体",并且在刊刻的文集中认为:"至韩、柳氏起,然后能大吐古人之文,其言与仁义相华实而不杂。"(《唐柳先生集后序》)一般认为这是文学史第一次真正的"韩、柳"同流,确立了柳宗元同韩愈在文学史上并驾齐驱的历史地位。

黄庭坚是宋代文学的重要代表,在他所推崇的唐代文学作家中,应当属于杜甫、韩愈、柳宗元三位,对于杜甫和韩愈在其心目中的重要地位,我们从他的"老杜作诗,退之作文无一字无来处,盖因后人读书少,故谓韩杜自作此语耳"(《山谷集》卷十九)的著名论断中可见一斑,在此不再复述。黄庭坚对于柳宗元的传播接受也具有重要贡献,担当起一个传承的作用。首先,继承了柳开关于韩愈、柳宗元相提并论的观点。他在《庚寅乙未犹泊大雷口》中说:"雄文酬江山,惜无韩与柳。"(《山谷集》卷三)显示了韩愈、柳宗元在其心目中的崇高地位,表达了对他们的无限崇敬和怀念之情。其次,对于柳宗元能够名列"唐宋八大家"具有

开创性的作用。黄庭坚主张"天下之学要之有宗师,然后可臻微入妙,虽不尽明先王之意,惟其有本源……有左氏、庄周、董仲舒、司马迁、相如、刘向、扬雄、韩愈、柳宗元及今世欧阳修、曾巩、苏轼、秦观之作,篇籍具在,法度灿然,可讲而学也"(《杨子建通神论序》,见《山谷集》卷三)在他所罗列的学习和效仿的古代伟大作家中,韩愈、柳宗元赫然位列其中,并且在所列唐代作家中也只有韩愈、柳宗元两位,他把"柳、韩"同流的原因在于"法度灿然,可讲而可学";我们如果仔细研读这句话,还会进一步发现在这群所罗列的作家中唐代的韩愈、柳宗元与宋代的欧阳修、曾巩、苏轼等已经具有了明代茅坤所标榜的"唐宋八大家"中的五位,已经具备了"唐宋八大家"的雏形,但我们必须知道黄庭坚(1045-1105)与茅坤(1512-1601)相距近五百年,这充分显示了黄庭坚敏锐的眼光和超人的胆识魄力,为柳宗元在后世的传播接受,奠定了基础,指出了一条方向。

黄庭坚推崇柳宗元和韩愈,除了巩固和提高他俩的文学地位外,还深入比较了他们的文学风格,寻找他们的文学渊源。黄庭坚在比较他俩作品时说:"退之《进学解》拟子云《解嘲》;柳子厚《晋问》拟枚乘《七发》,皆文章之美也。"(《跋韩退之送穷文》,见《山谷集》卷十一)黄庭坚的这种考据之法,经常有意思的把柳宗元与韩愈放在同样重要的位置,往往言韩愈时必言柳宗元,言柳宗元时也必言韩愈。在考察两人的诗文时,黄庭坚也发现了柳宗元与韩愈有时存在着不同的审美趣味和文学风格,他指出:"人间爱憎常自不合,如退之、柳子厚论《鹖冠子》可知也。"(《跋法帖》,见《山谷集》卷三十八)柳宗元和韩愈皆读《鹖冠子》,标准不同,评价有异。韩愈认为:"其《博选篇》,'四稽'、'五至'之说当矣。使其人遇时,援其道而施于国家,功德岂少哉…余三读其词而悲之"(《读鹖冠子》)对《鹖冠子》一文持赞许和肯定的态度,柳宗元却认为《鹖冠子》"尽浅鄙言也"和"好事者伪为其书"(《辨鹖冠子》)。

陶渊明是中国文学史乃至文化史上的一个符号,"渊明文名,至宋而极"[1]88,柳宗元在宋代崇高的文学地位是伴随着陶渊明的文学地位一起提升的,苏轼在这里起着关键的作用。"柳子厚诗与陶渊明同流,前乎东坡未有发之者。(晁说之《嵩山文集》卷十八)"苏轼深刻阐释了柳宗元诗歌的审美风格,突破时空的限制,遥隔数百年把柳宗元与陶渊明都作为自己的隔代知音,开启了柳宗元传播接受的主流方向,同时也了成为柳宗元诗的"第一读者"。黄庭坚作为苏轼的弟子和朋友,继承和深化了有关"陶、柳"同流的观点。首先,把"陶、柳"相提并论。苏轼说:"惟陶渊明一集、柳子厚诗文数策,常置左右,目为二友。"

(《与程全父书十二首》其十一)苏轼把柳宗元和陶渊明看作是可以神交的两位朋友;黄庭坚进一步探讨了柳与陶的艺术渊源,把柳诗作为学习的典范,他说:"余友生王复观,作诗有古人态度,虽气格已超俗,但未从容中玉佩之音,左准绳、右规矩尔。意者,读书未破万卷:观古人之文章,未能尽得其规摹;及所总览笼络,但知玩其山龙,…故手书柳子厚诗数篇遗之,欲知子厚如此学陶渊明,乃为能近之耳。如白乐天自云效陶渊明数十篇,终不能近也。"(《跋柳子厚诗》,见《山谷集》卷二十六)黄庭坚认为柳子厚深窥渊明诗之妙处,故学渊明并近渊明,白居易、王复观囿于规矩和准绳,虽学渊明而终不能近渊明。其次,黄庭坚继承了苏轼的美学标准,探讨了柳诗和陶诗共有的"平淡"的艺术风格。苏轼云:"柳子厚诗在陶渊明下,韦苏州上。退之豪放奇险则过之,而温丽靖深不足也。所贵乎枯淡者,谓其外枯而中膏,似淡而实美,渊明、子厚之流是也。"(《又论柳子厚诗》,见《五百家註柳先生集,附錄卷二》)苏轼崇尚以"平淡"为美的诗学标准,渊源于其师梅尧臣的美学追求,但梅尧臣只是以陶渊明的诗为例来论述在平淡之中所呈现的诗"味",还没有把柳宗元与陶渊明合流。苏轼把陶、柳合流,具体论述了他们两者共有的"平淡"美。黄庭坚作为苏轼的弟子,结合了梅尧臣和苏轼的观点,在他们的基础上,把"陶、柳"进一步同流,以具体的诗歌为例阐述了两者共有的"平淡"之美。他在《论诗帖》中说:"陶渊明诗长于丘园,信所谓有味其言者。吾尝见梅圣俞诵唐人诗云:'乳雀青苔井,鸡栖白板扉',圣俞甚爱此句。柳子厚诗云:'渚泽青泉青',渊明云:'平畴交远风,良苗亦怀新',此句殆入妙也。"(《山谷集》卷五)第三、继承了苏轼的著名诗学观点:"诗需要有为而后作,当以古为新,以俗为雅,好奇新乃诗之病。柳子厚晚年诗极似渊明,知诗病也。"(《东坡志林》卷九)这句话的重要意义除了把柳宗元与黄庭坚继续相提并论之外,就是著名的"以古为新,以俗为雅"理论,这向来被看作是黄庭坚及其江西诗派作诗的法门,黄庭坚曾说:"昔得此秘于东坡,今举以相付。"(赵翼《瓯北诗话》)这一理论指引着整个"江西诗派"的创作倾向,也奠定在整个宋代文坛的创作基调。当人们在批驳六朝以来浮艳文风的时候,便会运用这一理论,便会接受这一理论的模范执行者——柳宗元。黄庭坚虽然没有提出超过前人的观点,只是兼顾了梅尧臣和苏轼等关于柳诗和陶诗的看法,继承了"以俗为雅,以古为新"的诗学理论,但这对于提高柳宗元的文学地位,对加深柳宗元诗歌的艺术研究,起着一个总结前人开启后人的作用。

二　心追手摹柳宗元

黄庭坚具有完备的诗歌理论,在其"点铁成金"和"换骨夺胎"等诗学思想的指导下,开始了对柳宗元诗歌的学习和接受。

第一个方面为"点铁成金"之法。黄庭坚认为:"古之能为文章者,真能陶冶万物,虽取古人之陈言入于翰墨,如灵丹一粒点铁成金也。"(《答洪驹父书三首》,见《山谷集》卷十九)就是移植和化用别人的语句,使之成为自己诗文的组成部分,这处于学习的模拟阶段,具有以下两种情况:

首先是直接移植柳宗元诗文中的语句。举例比较如下:

1. 舍南舍北勃姑啼(黄庭坚《从人求花》)

　 舍南舍北遥相语(柳子厚《闻黄鹂》)

2. 园菜当肴羞(黄庭坚《和答魏道辅寄怀》)

　 掇野代嘉肴(柳子厚《游朝阳岩遂宿西亭二十韵》)

3. 鱼游悟世网,鸟语入禅味(黄庭坚《又答斌老病愈遣闷》)

　 世网难婴每自珍(柳子厚《从崔中丞过卢少府郊君》)

这种直接移植的情况很多,不再赘述,需要指出的是出现了整句移植和反用典故的情况:

1. 人言陋如何,我自适其适(黄庭坚《和甫得竹数本于周翰喜而作诗和之》

　 我自适其适,非愿为世儒(柳子厚《读书》)

2. 北书来无期,雁不到梅岭(黄庭坚《寄晁元忠十首》)

　 正是峰前回雁时(柳子厚《衡山诗》)

其次,对"点铁成金"的理解,如范温《潜溪诗言》所言:"句法以一字为工,自然颖异不凡,如灵丹一粒,点铁成金也。"就是进行诗句的改动,但保留原来的诗眼:

1. 炉香沉水寒,钟磬秋山静(黄庭坚《丁巳宿宝石寺》)

　 鹤鸣楚山静,露白秋江晓(柳子厚《与崔策登西山》)

2. 道人住香火,独先开净行(黄庭坚《次韵知命永和道中》)

　 始悟三空门,华堂开净域(柳子厚《净土堂》)

对柳宗元诗句的虽作了改动,但分别保留了关键的"静""净"两个词,也就是保留了柳诗原有的意境和审美情趣。这里特别值得指出,黄庭坚还存在着整首诗歌化用的情况。如黄庭坚的《竹下把酒》一诗:

> 竹下倾春酒,愁阴为我开。不知临水语,更得几回来。

再把这首诗同柳宗元的《再上湘江》诗加以比较:

> 好在湘江水,今朝又上来。不知从此去,更遣几年回。

在比较中会发现,除了两首诗歌五言绝句的写作形式外,在表达的主题和意境上也基本一致,更为重要的是黄庭坚的《竹下把酒》的后面两句"不知临水语,更得几回来"模拟了柳宗元《再上湘江》的"不知从此去,更遣几年回"两句,并且"不知临水语"中的"临水语"没有承接前面的描写环境"竹下倾春酒,愁阴为我开",而是承接了柳宗元《再上湘江》中"好在湘江水,今朝又上来",这种情况进一步说明黄庭坚对柳宗元诗歌的倾心仰慕和把他作为师法的对象。

第二个方面为"换骨"之法。黄庭坚云:"诗意无穷而人之才有限,以有限之才追无穷之意,虽渊明,少陵不的工也。然不易其意而造其语谓之换骨法。"(释惠洪《冷斋夜话》卷一)就是沿用诗歌原来的意思而用自己的语言从从新改写,进行形式上的变化,作者认为这是学习诗歌创作的一条捷径。我们试看黄庭坚对柳宗元诗文的换骨之法。如柳宗元有诗:"一身去国六千里,万死投荒十二年"(《别舍弟宗一》),是抒发被贬的身世感慨,黄庭坚借此写成:"前朝老诸生,大半正丘首。投荒万里归,烦公问健否?"(《次韵仲车因娄行父见寄之什》)。再如,黄庭坚的诗歌《明远庵》:"远公引得陶潜住,美酒沽来饮无数;我醉欲眠卿且去,只有空瓶同此趣。"这首诗除了化用张籍等人的诗句外,其中的意趣就来自于柳宗元的《始得西山宴游记》:"意有所极,梦亦同趣"。另外,黄庭坚的"杜门绝俗行无迹,相意犹当遣化身"的下句就来浓缩了柳诗:"若为化作身千亿,偏上峰头望故乡"。其实,黄庭坚通过把柳宗元诗文中的语句进行改造来表达相同意趣的现象就更多,例如:"少时诵诗书,贯穿数万字.迩来窥陈篇,记一忘三二。光阴如可玩,老境翻手至。"(《为韵寄李秉彝德叟》)其中"迩来窥陈篇,记一忘三二"的意思来自于柳文《寄许京兆孟容书》:"往时读书,自以不至抵滞,今皆玩然不复省录。每读古人一传,数纸以后,则再三伸卷,复观性氏,旋又废失。"后句"光阴如可玩,老境翻手至"的意思就化用于柳文《与李翰林建书》:"悠悠人世,越不过为三十客耳。前过三十七年,瞬息无异。复所得者,其不足把玩,亦已审矣。"这种从柳的散文中移植意趣进入诗中的现象很多,不能——道尽。

第三个方面"夺胎法",黄庭坚云:"窥入其意而形容之,谓之夺胎法"(释惠洪《冷斋夜话》卷一),就是在深入研究原来诗文意蕴基础上,再铸新词,在深度和广度上有所突破。如柳宗元有诗云:"粪壤擢珠树,莓苔插琼瑶。芳根閟颜色,徂岁为谁荣。"(《新植海石榴》),此诗借石榴开在岁末无人赏识抒发了自己有才不被用的情怀,黄庭坚在这着诗歌的主题和意境的基础上演化成《次韵中玉水仙花》诗:"淤泥解作白莲藕,粪里能开黄玉花,可惜国香天不管,随缘流落小民家。"诗歌借物咏志,主题鲜明,语言清新,消除了柳诗语言晦涩的不足,可谓黄氏诗歌之佳作。再把以下两首诗进行比较:

> 江鸥摇荡荻花秋,八十渔翁百不忧。清晓采莲来荡桨,夕阳收网更横舟。群儿学渔亦不恶,老妻白头从此乐。全家醉著蓬底眠,舟在寒沙夜潮落。(黄庭坚《清江引》)

> 渔翁夜傍西岩宿,晓汲清湘燃楚竹。烟销日出不见人。欸乃一声山水绿。回看天际下中流,岩上无心云相逐。(柳宗元《渔父》)

两诗细加比较,黄庭坚的《清江引》虽然化用了柳宗元的"渔父"意象,表达了悠然自得、与世无争的生活情趣,但《清江引》作于黄庭坚的七十岁的时候,整个诗歌比柳诗更平淡质朴,静观内敛,体现出黄诗浑圆老成之佳境,诗"平淡而山高水深"(《与王复观书》),他源于柳诗而不拘于柳诗,吸百家之众长,纳人生之真谛,终成一代之巨匠。

黄庭坚对柳宗元诗文的移植和化用,构成了柳宗元传播接受史的一个重要环节。这种方法犹如小孩之蹒跚学步,亦如书家之临帖,在效仿中进步,在进步中超越。同时,在不断的学习和研究中,才可能进行比较,发现柳宗元诗文的特点,使其研究不断深入,使柳宗元的传播接受也不断走向深入。

三 原因探析

刘勰在《文心雕龙》中云:"文变染乎世情,兴废系乎时序。"文学的演变和接受与时代大环境紧密相连。

儒学复兴和文学复古。在中晚唐时柳宗元虽然在文学上取得了杰出的成就,但他远贬永州和柳州,远离当时的文化中心长安,其诗文只能在亲人和朋友间进行有限的传播,由于地理位置、文化环境、政治地位、人际交往和传播手段等方面的限制,他的文学地位不可能与另外一为古文运动的倡导者韩愈相提并论。在北宋时柳宗元之所以会迎来接受史上的第一个高峰,是伴随着儒学复兴和文学复古而出现的。在唐代儒、释、道三教并行,在演进的过程中出现不断融合和冲突的局面。到了中唐,出现了弊象丛生,国力不振,儒学衰而佛、道盛的情景。此时,韩愈和柳宗元等文人志士于是从文学复古开始,倡导古文运动,希望在形式上扫除六朝以来浮艳华丽的骈体文,恢复秦汉时通畅自由的散体文,在目的上达到复兴儒学,振兴国运。在这场文学复古运动中,柳宗元说:"始吾幼且少,为文章以辞为工。及长,乃知文者以明道,是固不苟为炳炳烺烺,务声音而以为能也。"(《答韦中立论师道书》,)以自己为文的亲身实践阐述了"文以明道"的理论。"韩、柳及其弟子门倡导儒学,实开两宋复兴儒学思潮的先河,姻缊着理学儒学的转生。"[2]32 这是柳宗元在宋代受到推崇的根本原因。在如何复兴儒学上,韩愈尊儒学为正统而视佛、道为异统加以排斥,事实上不能回应佛老的挑战,化解与佛老的矛盾,韩愈的这种极端作法也受到了后世文人(苏轼等)的批评。柳宗元采取了开放的胸怀,他广纳百家学术之长,"统合儒释",后来的宋明理学实质上就是运用了柳宗元的学术思想化解了与道、佛的矛盾,同时本身也蕴涵了佛、道之思想,才具有如此旺盛的生命力。从一定意义上讲,柳宗元的学术思想就是宋明理学的滥觞,所以北宋初年的柳开,在少年时就把继承祖先的事业作为自己奋斗的目标(他字"绍元"就为此意),后来的理学开创者周敦颐等人对柳宗元的学术思想多有阐述和接受。

伴随着复兴儒学的文学复古运动,在整个宋代也开展得如火如荼,柳宗元"文以明道"的思想也被广泛接受和深化。柳开(947 - 1000),原名肩愈,字绍元,即为韩,柳的继承者,后改名为开,字仲途,说是:"将开古圣贤之道于时也,将开今人之耳目使聪且明也,必欲开之,为其途矣,使古今由于吴也,……吾欲达孔子者也。"(《补亡先生传》)和"文章为道之筌也,筌可妄作乎?筌之不良,获斯失矣。"(《上王学士第三书》)强调"道"是目的,"文"是为道服务的手段和工具,对于复兴古文,反对晚唐、五代以来颓靡浮艳的文风有开创之功。穆修(979 - 1032)在西昆体风行的时候,继续倡导韩、柳的古文。他刊刻,补录韩柳的文集亲自在东京大相国司寺出售,对韩、柳的古文推崇备至:"呜呼,天厚余者多矣,始而厌我以韩,既而饫我以柳,谓天不吾厚,岂不诬也哉!世之学者,如不志于古则已;苟志于古,则践立言之域,舍二先生而不由,虽曰能之,非余所敢知也。"(《唐柳先生集后序》),后来苏舜钦、尹洙等古文运动的中坚力量都为穆修的弟子,使文学复古之风连绵不断,后继有人。宋代古文的复兴到欧阳修而蔚为大观,他所领导的诗文革新运动继续探讨了文道之关系:"圣人之文,虽不可及,然大抵道胜者文不难而自致也。"(《答吴充秀才书》)欧阳修以"我所谓文,必与道俱"来训诫苏轼,苏表示"有死不易"(苏轼《祭欧阳文忠公夫人文》)。黄庭坚他作为苏轼的弟子和朋友,也参与了"文道之争",认为:"文章者,道之器也。言者,行之枝叶也"(《次韵杨明叔四首·序》)作为"江西诗派"的领袖,自然不可能置身于宋代文学这种儒学复兴,文学复古的领域之外,对柳宗元诗文的接受是一件水到渠成的事情。

平淡古朴的审美情趣。在整个宋朝雅好古淡的生活态度与文学的审美相结合,呈现出一种平淡闲远的文风。首开此风气的是梅尧臣,他认为"作诗无古今,唯造平淡难"(读绍不疑学士诗卷奉呈杜挺之),认为"梅圣愈学唐人(主要指中唐的柳宗元等)平淡处"作为"唐人之风变矣"的重要标志。此后,欧阳修、苏轼大都接受了梅尧臣的文学观点。特别是苏轼把平淡诗美的创作源头也向前推进到陶渊明、柳宗元,敏锐地看到了柳诗的艺术价值之所在,"柳子厚诗在陶渊明下,韦苏州上。退之豪放奇险则过之,而温丽靖深不足也。所贵乎枯淡者,谓其外枯而中膏,似淡而实美,渊明、子厚之流是也。"(《五百家注柳先生集》附录卷二)以其深刻的理论阐述和成功的创作时实践开启了柳宗元接受史高潮的到来。黄庭坚继承了苏轼的审美情趣、也继承了对柳宗元的接受。"平淡美是一种老成美、成熟美,它既是诗歌成熟的一种标志,也是人生修养达到极高造诣的一种标志。"[3]304 所以他自己说:"大凡为文当使气象峥嵘,五色绚烂。渐老渐熟,乃造平淡。"(宋魏庆之《诗人玉屑》卷十)黄庭坚继承了苏的衣钵,认为:"句法简易而大巧出焉,平淡而山高水深。"(《山谷集》卷三)柳宗元平淡闲远的审美情趣与黄庭坚多相似之处。其原因在于黄与柳都爱好佛教,多与僧人有往来。柳宗元自己说:"吾自幼好佛,求其道积三十年。"(《送僧上人赴中丞叔父召序》)和苏轼云:"子厚南迁,始究佛法。"(《书柳子厚大鉴禅师碑》)再加上生活的磨练和智慧的积累,使其诗歌特别是晚年的诗极似陶渊明。黄庭坚也"目不求色,口不求味",只"喜与禅僧语"(苏轼《答黄庭坚书》,见茅坤《唐宋八大家文钞》卷一百四十九),黄庭坚做到了"心无欲则静"(《明儒崇案》卷七)、和"淡则欲心平,和则躁心释"(《周元公集》卷一),把诗意指向平淡,悠远的境界。

就个体而言,黄庭坚和柳宗元具有相似的人生经历。两人都出生诗书之家,少年英敏,博览群书。柳宗元祖上世代为官,柳姓为河东显赫之家族,其父亲柳镇曾为太常博士,其母亲卢氏大家闺秀,家学深厚。黄庭坚的父亲黄庶中进士第,多为地方官,其舅父李常为北宋著名的藏书家,在十四岁他的父亲去逝后,就在舅家生活和学习,这种良好的学习条件使黄庭坚博览群书,才华横溢。过人的才华使和不幸的人生遭遇使黄庭坚对柳宗元具有命运相同,心灵共鸣之感。柳宗元在"永贞革新"失败之后,曾贬湖南永州十年,广西柳州四年,并死于贬所柳州。黄庭坚也由于新党和旧党之争,充当了政治的牺牲品,先后被贬黔州(今四川彭水)、戎州(今四川宜宾)最后死于偏远的贬所宜州(今广西所辖),黄、柳两人有趣的是最后都死在贬所,并且宜州和柳州都在广西北部,两地仅百里之距。黄庭坚诵柳诗,读柳树,必然会以意逆志,崇敬柳宗元的为文和为人激起心灵深处的共鸣。在黄的诗歌中我们经常可以看到对柳宗元的一些诗句进行化用,借柳柳宗元不幸的人生遭遇来寄予同情和激励自己。如柳宗元曾有"一身去国六千里,万死投荒十二年"(《别舍弟宗一》),黄庭坚由柳宗元这句抒发身世感慨的诗句联想到自己的贬谪生涯,因此在诗句中经常化用,据统计共用"去国"18 次,"万死"11 次,"投荒"12 次,著名的诗歌有:"投荒万死鬓毛斑,生入瞿唐滟滪关。未到江南先一笑,岳阳楼上对君山。"(《雨中登岳阳楼望君山》其一)不仅如此,黄庭坚还往往在诗中直接抒发对柳宗元这位先贤的追慕之情:"意行到愚溪,竹舆鸣担肩。冉溪昔居人,埋没不知年。偶託文字工,遂以愚溪传。柳侯不见人,古木荫溅溅…"作者睹物思人,可物是而人非,感怀之情溢于言表。

"以黄庭坚为代表的江西诗派是中国诗学思想发展史上的转折点"[4]280,它脱胎于苏轼的诗学思想,一直演进到南宋中期的陆游、杨万里、姜夔等"自江西入而不自江西出"者。苏轼掀起了柳宗元接受史第一个高潮的到来,黄庭坚师承苏轼,继承了对柳宗元的文学阐释,心追手摹柳宗元的为文和为人,他对柳宗元在其之后的深入传播和接受起了桥梁作用,成为柳宗元接受史上接力棒的重要传承者。

参考文献:

[1]钱锺书.谈艺录(补订本)[M].北京:中华书局,1984.

[2]张立文.中国学术通史(宋元明卷)[M].北京:人民出版社,2004.

[3]李剑锋.元前陶渊明接受史[M].济南:齐鲁书社,2002.

[4]萧华荣.中国诗学思想史[M].上海:华东师范大学出版社,1996

(原载 2007 年第 3 期,作者单位:湖南科技学院)

宋人接受柳宗元在方法论上的成熟及其文学意义

✳ 杨再喜

柳宗元(773－819)经历了晚唐和五代的寂寞之后,在两宋时,迎来了接受史上的第一次高潮。这种接受高潮的出现,与在接受方法论上的成熟密不可分。

一 在散文领域,由"韩柳并提"之论拓展到"文章四大家"之说

以现在的眼光看来,柳宗元和韩愈同属唐代"古文运动"的领导者,其文学地位是并驾齐驱的。实质上,在唐五代时,柳宗元的文学地位同韩愈比较而言,是存在一定差距的[1]28－30。在柳宗元的传播接受史上,晚唐的杜牧(803－852)第一次将柳宗元与韩愈的散文相互比较,开创了"韩、柳"并提之法。他在《冬至日寄小侄阿宜》一诗中勉励自己的侄儿后辈,并指出了在文学上学习效法的对象,他说:"李杜泛浩浩,韩柳摩苍苍;近者四君子,与古争强梁。"(《樊川文集》提要)由此而首开了把柳宗元的古文同韩文相提并论的先河,这种比较之法的开创,有着重要的接受学意义,正如姚斯所言:"美学意蕴含于这一事实中,读者首次接受一部文学作品,必然包含着与他以前所读作品相对比而进行的审美价值体验。"[2] P334杜牧在接受柳文的过程中,将柳文同韩文相比较,认为两者的文学地位具有接近苍天的高度,这对于处于相对寂寞的柳文而言,无疑是一次前所未有的提升。杜牧所开创的"韩、柳"并提之法,成为宋人接受柳文的一条主线。北宋初期的柳开(947－1000)就指出:"少喜读书卷,慕韩愈、柳宗元为文,因名肩愈、字绍先。"(《河东集》提要)王禹偁(954－1001)明确地说:"谁怜所好还同我,韩柳文章李杜诗。"(《赠朱严》,《小畜集》卷十)到穆修(979－1032)时,更是不遗余力的刊刻韩、柳文集,把两者都作为学习的典范,乃至于他深情地感慨:"呜呼! 天厚予嗜多矣。始而厌我以韩,既而饫我以柳,谓天不吾厚,岂不诬也哉! 世之学者如不志于古则已;苟志于古,求践立言之域,舍二先生而不由,虽曰能之,非予所敢知也。"(《旧本柳文后序》,《柳河东集注》附录)柳宗元文集另一

个重要编撰者沈晦(1084 – 1149)也说:"学古文,必自韩、柳始。"(《四明新本柳文后序》,《柳河东集注》附录)南宋时的王十朋(1112 – 1171)更在"韩、柳"并提的基础上,结合在北宋时享有盛誉的欧阳修和苏轼,提出了"文章四大家"的概念,他指出"唐宋文章未可优劣,唐之韩、柳,宋之欧、苏,使四子并驾而争弛,未知孰后而孰先,必有能辨之者"(《读苏文》,《梅溪集》前集卷十九》)。此后,陆九渊(1139 – 1192)更是倡言"读汉、史、韩、柳、欧、苏、尹师鲁、李淇水文,不误后生"(《象山集》卷三),他已经把柳宗元与司马迁、班固、韩愈、欧阳修、苏轼、曾巩等散文大家完全并列,使柳宗元处于散文发展史上一个承前启后的位置,同时也具备了明代茅坤所主张的"唐宋八大家"之雏形。这些古文家或者在南宋后期由于理学思想发生变化而比较注重文学功能的理学家,大都沿袭了晚唐杜牧的"韩、柳并提"的方法,使之成为柳文接受的主流,变成了一种约定俗成的作法,再加之与宋代散文大家的结合,"文章四大家"的说法已经得到当世的公认,进而为"唐宋八大家"的确立奠定了基础。因此,在对柳文的接受方法上,其轨迹源于晚唐的杜牧,经过宋人的拓展和深化,随之也基本确立了他的文学地位。

但在两宋时期,对于柳文和韩文的历史定位,由于柳宗元和韩愈对待儒、佛、道的不同态度,杜牧的"韩、柳"并提之论遭到一些人的反对,导致其文学不同的接受命运。韩愈以排佛而出名,以为儒、佛不相容,认为儒、佛之间的关系是"入于彼,必出于此,入者主之,出者奴之,入者附之,出者汙之"(《原道》,王伯大《别本韩文考异》卷十一),而柳宗元坚持"咸伸其所长,而黜其奇衮"(《送元十八山人南游序》,《柳河东集》卷二十五)和"服勤圣人之教,尊礼浮图之事……统合儒释,宣涤疑滞"(《送文畅上人登五台遂游河朔序》,《柳河东集》卷二十五)的态度,为此两人展开了激烈的争论。柳、韩两人不同的哲学思想,也导致了宋代接受者持续不已的讨论,成为影响柳宗元文学接受的重要因素。一些"道学之儒"或者道学气息较浓的古文家,出于"复兴儒学"的需要,往往从"道统"的角度来看待文学,由此认为"柳"不如"韩",否定习惯上的"韩、柳并提"之论。其中分别以石介(979 – 1045)和欧阳修(1007 – 1072)为代表。理学家石介说:"爱而喜,前而听,随而和者,唯柳宗元、皇甫湜、李翱、李观、李汉、孟郊、张籍、元稹、白乐天辈数十子而已。"(《上赵先生书》,《徂徕集》卷十二)在这里,已经把柳宗元由古文运动的领导者降格为韩愈的追随者和附和者。至于欧阳修,作为正统的封建士大夫,肩负着"道统"和"文统"的双重任务,因此在评判韩、柳的文学地位时,只会选择坚持"道统"和对柳宗元的评价更为尖刻,他指出:"自唐以来,言文章者惟韩、柳,柳岂韩之徒哉! 直韩门之罪人也。盖世俗不知其所学之非,第以当时辈流言之耳。"(《文忠集》卷一百四十一)在这里,把柳宗元看成了"韩门之罪人",对于"韩柳并提"之法进行了根本上的否定,成为"从儒道的大本大原上攻击柳宗元,欧阳修是出言最苛的一个人"[3]420。欧氏的这段言词,对于一些随声附和而不加区分的读者而言,这种不切实际的导向,对柳宗元的文学接受产生了巨大的负面影响,在此后漫长的接受历程中,长期存在着"扬韩抑柳"的现象。

二 在诗学领域,形成了"陶、柳"和"韦、柳"同流之论

两宋时,在对柳、韩古文进行比较的基础上,读者将其接受的视野触及到了柳诗。苏轼在《答程全父推官六首》之三中说:"流转海外,如逃深谷,既无与晤语者,又书籍举无有,惟陶渊明一集、柳子厚诗文数册,常置左右,目为二友。"(《东坡全集》卷八十四)在贬谪辗转的日子里,他把柳宗元的诗歌作为自己精神上的朋友,他仔细玩味,心追手摹,开始了对柳宗元诗歌的大规模接受,成为柳诗接受史上的"第一读者"[4]93。其中最大的贡献在于第一次把柳宗元的诗歌同陶渊明(365 – 427)和韦应物(737 – 792)的诗歌同流,把柳诗的艺术渊源追溯到陶渊明,把艺术成就位列于唐代享有盛名的韦应物之上,并由此而演变成后世读者接受柳宗元诗歌一种新的方法。他说:"柳子厚诗在陶渊明下,韦苏州上。退之豪放奇险则过之,而温丽靖深不及也。所贵于枯淡者,谓其外枯而中膏,似淡而实美,渊明、子厚之流是也。"(《又论柳子厚诗》,《五百家注柳先生集》附录卷二)"李杜之后,诗人继作,虽间有远韵,而才不逮意。独韦应物、柳宗元发纤秾于简古,寄至味于淡泊,非余子所及也"(《书黄子思诗集后》,《东坡全集》卷九十三)。苏轼把柳诗与陶诗和韦诗一起归于第一流"平淡"诗美的代表作家,其在柳诗接受学上的重要意义,正如艾略特在《传统与个人才能》中所言:"从来没有任何诗人,或从事任何一门艺术的艺术家,他本人就已经具备了完整的意义。他的重要性,人们对他的评价,也就是对他和已故诗人和艺术家之关系的评价。你不可能只就他本人来对他作出估价,你必须把他放在已故的人们当中进行对照和比较。"[5]P3后人受此影响,对柳诗的阐释大都在此范围内展开,成为人们接受柳诗的主流。如南宋的严羽(生卒不详)以人论诗,在《沧浪诗话·诗体》一文中,列举了三十六种诗体,它们当中有:"苏李体、曹刘体、陶体、谢体……高达夫体、孟浩然体、岑嘉州体、王右丞体、韦苏州体、韩昌黎体、柳子厚体、韦柳体、李

长吉体、李商隐体、卢仝体、白乐天体、元白体……陈简斋体、杨诚斋体"。在三十六种诗体中,关于柳诗的有"韦柳体"和"柳子厚体",前者就是指柳子厚与韦应物共同的诗歌艺术风格而呈现出一个流派。刘克庄(1187－1269)也说"(渊明)其诗遂独步千古,唐诗人最多,惟韦、柳得其遗意。"(《赵寺丞和陶诗序》,《后村集》卷二十三)南宋张戒(约1135年前后在世)的《岁寒堂诗话》中把柳宗元诗歌的艺术风格的相似性推广到王维、孟浩然等山水田园诗人,他说:"李义山、刘梦得、杜牧之三人,笔力不能相上下,大抵工律诗而不工古诗,七言尤工,五言微弱,虽有佳句,然不能如韦、柳、王、孟之高致也。"这种从艺术风格相似的角度,把柳宗元诗歌与陶、韦乃至王、孟相提并论的方法,当演进到元朝时,元好问(1190－1257)再次把柳诗与谢灵运的诗歌同流,他指出:"谢客风容映古今,发源谁似柳州深;朱弦一拂遗音在,却是当年寂寞心。"(《论诗三十首》之二十,《遗山集》卷十一)突出了谢、柳两诗共有的孤独寂寞之情怀。晁说之云:"柳子厚诗与陶渊明同流,前乎东坡未有发之者。"(晁说之《东坡题诗》,《景迁生集》卷十八)相对于柳文而言,柳诗接受高潮的时间虽然较晚,但在苏轼所开创的"陶、柳"和"韦、柳"之法的启示下,使其在后来接受的态势并不逊于古文。

三 把柳公作为"穷而后工"理论的典型印证者

柳宗元他"少时陈力希公侯,许国不复为身谋"(《冉溪》),为了唐朝的中兴,参与了历史上著名的"永贞革新",然在一百多天后却以失败而告终,此后他"风波一跌逝万里,壮心瓦解空缧囚"(《冉溪》),从永贞元年(805)到元和十四年(819),也就是从他的三十三岁到四十七岁,在偏远的永州和柳州度过了他的余生。其间,他秉承着"贤者不得志于今,必取贵于后,古之著书者皆是也"(《寄许京兆孟容书》)的人生理想,过着"投迹山水地,放情咏《离骚》"(《游南亭夜还叙志》)的生活,取得了称誉后世的文学成就,形成了独特的艺术风格。由此而来,在中晚唐和五代时,在柳宗元传播接受的过程中,接受者较早注意到了他的人生经历与其文学成就之关系,形成了"知人论世"的研究方法。其中最早指出这一现象的是韩愈,他在《柳子厚墓志铭》中说:"然子厚斥不久,穷不极,虽有出于人,其文学辞章必不能自力,以致必传于后如今无疑也。"其次,是刘昫的《旧唐书》,进一步阐述其艺术风格来源于其贬谪的生活,指出"既罹窜逐,涉履蛮瘴,

崎岖埋厄,蕴骚人之郁悼,写情叙事,动必以文,为骚文十数篇,览之者为之凄恻。"(《旧唐书》卷一百六十)

在宋代对柳宗元生平遭遇与文学成就之关系的论述,其中最有代表的要数欧阳修的"穷而后工"理论。他说:"君子之学,或施之事业,或见与文章,而常患于难兼也。盖遭时之士,功烈显于朝廷,名誉光于竹帛,故其常视文章为末事,而又有不暇与不能者焉。至于失志之人,穷居隐约,苦心危虑,而极于精思,与其有所感激发愤,惟无所施于世者,皆一寓与文辞,故曰:穷者之言易工也。如唐之刘、柳无称于事业,而姚、宋不见乎文章。彼四人者,犹不能于两得,况其下者乎?"(《薛简肃公文集序》,《文忠集》卷四十四)。这里,欧阳修把柳宗元同刘禹锡一起作为自己"穷而后工"理论的典型印证者,使后世读者在接受其"穷而后工"理论的同时,也把柳宗元"发愤著书"作为自己的精神支柱,从而喜欢和接受柳文。此外,欧阳修还写有《永州万石亭寄知永州王顾》一诗,对柳宗元不幸的身世表示了深切的同情。他说:"天于生子厚,禀予独艰哉。超凌骤拔擢,过盛辄伤摧。苦其危虑心,常使鸣声哀。投以空旷地,纵横放天才。山穷与水险,下上极沿洄。故其文章,出语多崔嵬……我亦奇子厚,开编每徘徊。"(《文忠集》卷四)诗中指出,柳宗元虽然秉赋超群却过早地被贬谪于蛮荒之地,但这险恶的环境也玉成了他的文学成就和形成了与众不同的文风。此外,在宋代的《新唐书》里表达了相同的意思:"俄而叔文败,贬邵州刺史,不半道,贬永州司妈马。既窜斥,地又荒疠,因自放山泽间,其埋厄感郁,一寓诸文,仿《离骚》数十篇,读者咸悲恻。"(《新唐书》卷一百六十八)严羽作为一个伟大的诗学家,坚守着唐以来的"知人论世"之法,首次从纯诗学的角度重新审视了柳诗与屈骚的关系,提出了"唐人惟柳子厚深得骚学"(《沧浪诗话·诗评》)的著名论点。他认为屈骚是诗的渊源,强调"工夫须从上做下,不可从下做上,先须熟读楚词,朝夕讽咏以为之本。"(《沧浪诗话·诗辩》)他抛开《诗三百篇》而直言《楚辞》,将抒情性作为文学考量的第一要素,实质上是由屈原和柳宗元相似的人生经历,看到了他们在文学作品中共有的悲怆之意蕴。

四 开创了著名的"删诗"之法

宋代文学大家在接受柳宗元作品的过程中,有时不会局限于简单的作品解读,而是站在新的高度,指出其中的不足,对其名篇进行删改,由此而开创了接受史上的"删诗"之法。首开此风气的是宋代伟大的文学家苏轼（1037－1101），柳宗元有《渔翁》一诗："渔翁夜傍西岩宿，晓汲清湘燃楚竹。烟销日出不见人，欸乃一声山水绿。回看天际下中流，岩上无心云相逐。"对此古诗短篇，苏轼云："诗以奇趣为宗，反常合道为趣。熟味此诗有奇趣，然其末亮句，虽不必亦可也。"（蔡正孙编《诗林广记》卷五）这就是诗歌史上有名的苏轼删改柳诗之说。此言一出，便掀起了对此诗持续不已的争论，形成了两种截然不同的意见。著名诗学理论家严羽便赞同苏轼的删诗之说，认为"柳子厚《渔翁》夜傍西岩宿之诗，东坡删去后二句，使子厚复生亦必心服"（《沧浪诗话·诗辩》）。对此，同为南宋后期的刘辰翁（1231－1297）则表达了不同的意见，说"或谓苏评为当，未知言者。此诗雄厚浑，不类晚唐，正在后两句，非蛇安足者"（《唐诗品汇》卷三十六）。此后，对于柳宗元《渔翁》一诗的争论，可谓旷日持久，一直延续到现在，成为柳宗元诗歌接受史上一道独特的奇观。正如当今学者莫砺锋先生所言："苏轼除了'发明'柳诗之外，还对它进行了局部的'修正'（指［宋］范温在《潜溪诗眼》中所言：子厚诗尤深远难识。前贤亦未推重，自东坡发明其妙，学者方渐知之），而后者或许具有更重要的诗歌史意义"[6]38。艺高胆大的接受者自然不会满足于对柳诗的简单解读，必然要想方设法超越于眼前的文本，进行突破，而对其增补或删改就是其中方法之一。就苏轼对柳宗元《渔翁》一诗的删改而言，其重要意义不仅在争论中引起接受者对柳诗的接受，更在于后人在接受《渔翁》一诗时，也仿佛忘记了柳诗原来是六句短篇的古诗，而把之当成了一首朗朗上口的七言绝句。正如德国浪漫派宗教哲学家施莱尔马赫（1768－1834）在其《解释学》中所言："理解一位作者要像理解自己一样好，甚至比他本人的理解还要好。"[7]254对柳诗而言，苏轼或许就是这样一位比柳宗元"本人的理解还要好"的接受者。从一定意义上说，柳宗元诗歌的艺术魅力正是来自于这些伟大接受者这种天才般的艺术改造。

参考文献：

[1]杨再喜.唐五代时柳宗元的寂寞境地和接受语境[J].社会科学家,2008,(4).

[2]尧斯,霍拉勃.接受美学和接受理论[M].沈阳:辽宁人民出版社,1987.

[3]孙昌武.柳宗元传论[M].北京:人民文学出版社,1982.

[4]尚永亮.柳宗元接受主流及其嬗变:从另一角度看苏轼的"第一读者"的地位和作用[J].人文杂志,2004,(6).

[5]艾略特.艾略特文学论文集[M].南昌:百花洲文艺出版社,1994.

[6]莫砺锋.论后人对唐诗名篇的删改[J].文学遗产,2007,(2).

[7]王岳川.艺术本体论[M].北京:中国社会科学出版社,2005.

（原载 2011 年第 3 期,作者单位:湖南科技学院）

柳宗元文论思想对宋代韩驹的影响

✳ 程宏亮

　　中唐时期,韩愈和柳宗元作为领袖人物举起改革文体、文风大旗,基于先贤经验,他们以弘扬儒家道统为己任积极进行理论探索和创作实践,掀起声势浩大的唐代古文运动,从而完成了中国古代由以骈文为主转至以古文为主的语体革新,对中国文学史、乃至中国文化史的发展产生了深远的影响。韩愈之功,或如苏轼之评:"文起八代之衰,而道济天下之溺。"(苏轼《潮州韩文公庙碑》)[1]988柳宗元与韩愈同为古文运动倡导者,世称"韩柳"。柳宗元是中唐著名诗人,存诗140余首,其诗风格幽峭明净,善状自然风物,多抒贬谪感慨。苏轼评其诗:"发纤秾于简古,寄至味于澹泊。"(《书黄子思诗集后》)[1]2133又云其诗"在陶渊明下,韦苏州上"(《评韩柳诗》)[1]2124。柳宗元更为唐宋著名散文大家,现存散文四百余篇,这些作品既是其古文实践的丰硕成果,也是柳氏能名列"唐宋古文八大家"的重要根据。柳宗元与韩愈的文论思想对北宋古文运动产生了强劲的推动作用,不仅对宋代散文名家,诸如欧阳修、王安石、曾巩、苏洵、苏轼、苏辙等产生深刻的影响,也给予南北宋之交的散文创作以理论支撑,而对江西诗派成员的散文创作也有诸多滋育,韩驹即是一位重要的受益者。韩驹(1080－1135),在北宋末、南宋初文坛中,不仅以诗见称,而且在诗文理论方面也颇有建树。《陵阳集》使其诗名世,《陵阳室中语》使其以"饱参"为核心的诗论体系为时所称,而其献皇上、宰相等人的文论也颇引人注目。《弘治抚州府志》卷24《寄寓·韩驹》云:"献文论八篇,补将仕郎,召试,赐出身,除正字。"[2]626可见韩驹步入仕途与其文论是有关系的。韩驹文论今存于《历代名臣奏议》《宋代蜀文辑存》《国朝二百家名贤文粹》中,2006年新出版的《全宋文》[3]对此作了整理。本文将重点考察柳宗元对江西诗派重要成员韩驹的影响。通过比较分析,或可深入洞察柳氏文论思想之菁华,也可明见韩驹文论思想的取法与创新。

一　柳宗元与韩驹文论思想的特质

　　柳宗元的散文理论成果较之于韩愈,或不够全面、系统,然亦十分丰富。"文以明道"是其文学思想的总纲领。其《寄许京兆孟容书》云:"宗元早岁,与负罪者(按:王叔文)亲善,始奇其能,谓可以共立仁义,裨教化。过不自料,勤勤勉励,唯以中正信义为志,以兴尧、舜、孔子之道,利安元元为务。"[4]780此处明确指出其写文章的目的在于播扬儒家之"道"、在于"立仁义"、有补于"教化",而指向为庶民服务,由此可见其所"兴"之"道"源于仁政理念和民本思想。柳氏在《答韦中立论师道书》中通过形象化的表述将作文的宗旨揭示得更为明确,其云:"始吾幼且少,为文章,以辞为工。及长,乃知文者以明道,是固不苟为炳炳烺烺,务采色、夸声音而以为能也。"[4]873从柳氏作文的亲身体验可知,其为文的首要目的在于"明道",而非"以辞为工",实际上阐述了柳氏对文章内容与形式关系的一些认识,至少告诉人们"明道"的内容是最为重要的。而柳氏在《答吴武陵论非国语书》中则将其长期写文章的体验凝练成一种理念,其云:"仆之为文久矣……故在长安时,不以是取名誉,意欲施之事实,以辅时及物为道。自为罪人……然而辅时及物之道,不可陈于今,则宜垂于后。"[4]824由此可知,柳氏鲜明地将文章的作用系于"明道",并进而认为"道"的内涵在于"辅时及物",指出了文章为现实服务的功能,若其"道"未能在现实中兑现,则宜通过文章"垂于后",也即传道以遗泽后人。柳宗元所论与韩愈的主张"君子居其位,则思死其官;未得位,则思修其辞以明其道"(韩愈《争臣论》)[5]113、"文书自传道,奚仗史笔垂"(韩愈《寄崔二十六立之》)[6]862的意旨是相通的,柳氏之"道"与治世的现实性关系或表述得更为明确、清晰。柳氏作文重"道"(即内容),然并不否定"文采",且认为文采对内容的传承具有推助作用。其《杨评事文集后序》云:"文之用,辞令褒贬,导扬讽谕而已。虽其言鄙野,足以备于用。然而阙其文采,固不足以竦动时听,夸示后学。立言而朽,君子不由也。故作者抱其根源,而必由是假道焉。"[4]578此处体现出柳宗元文、道并重的"二元"观点,写文章之"用"在于"明道"("褒贬"与"讽谕"),"道"借助于文采而更加鲜明,可警动时俗、可启示后学。因此作者探求作文之"根本",务求文采与内容的结合,此处申述与"固不苟为炳炳烺烺,务采色、夸声音而以为能"并不矛盾,只是"传道"与"工辞"的权重有所区别,所欲明之道当居其要冲。柳氏《报崔黯秀才论为文书》中表达更为明晰,其云:"道假辞而明,辞假书而传,要之,之道而已耳。"[4]886

柳宗元的理论创新与写作实践始终熔铸着中国文化的基本精神,即"厚德载物"精神,他非常强调作家的道德修养,其《报袁君陈秀才避师名书》云:"大都文以行为本,在先诚其中。"[4]880又,其《同吴武陵送前桂州杜留后诗序》云:"积为义府,溢为高文。"[4]594所强调的均是文品和人品的统一。柳氏强调作文要有严肃认真的态度,在《答韦中立论师道书》中,他指出写文章要戒除"轻心""怠心""昏气""矜气",要采取严谨的态度;要追求"奥"而"明""通"而"节""清"而"重",也就是要做到含蓄而明朗、舒畅又简洁、清雅而不俗。柳氏之论或合乎清章学诚所谓"临文主敬"之作文体验说。另外柳氏文论特别强调要广泛学习前贤和时人(下文有论,此处暂不展开)。

从中国文论史上来说,韩驹较之于柳宗元,不可同比,但其思想光华照耀着其所处的时代,发挥了重要的作用。韩驹文论思想特质主要表现在以下方面:

(一)关于文章的属性和功能等问题,韩驹围绕其时代着力阐释了"文者何为"的内涵。从其《上宰相书》(一)中的两则材料可知韩驹的"文者"定义及其内涵。其一云:

> 某幼而喜为文,至今二十年矣,于文无所不观,始诵其言,中探其义,卒明其道。其言则自简编以来,凡可以使人骇心动目者,皆是也;其义则学士大夫类能言之矣,故缺而不论,而独论其道焉。夫文者,何为也? 圣人所以探深索隐而化天下者也。[7]1

其二云:

> 今夫《易》之卦爻,则是圣人所以开物成务者也;诗之风谕,则是圣人所以移风美教者也;《书》之训誓,则是圣人所以发号敷命;而《春秋》之纪事,则是圣人所以赓歌陈谟劝善惩恶者也。此数者,皆圣人所操持以为化天下之具。[7]1

韩驹所谓的文章,乃是一种工具,虽新意有限,然具有现实针对性。韩驹指出文章的本质意在探索"深""隐",其作用指向"化天下"。其"深""隐"的内涵,即韩驹所举《易》《诗》《书》《春秋》等古代典籍涵容的精要旨意,它们具有"化天下"的功能,韩驹将其功能分为两类,一类为启迪明理的知识教育功能,如"开物成务";一类为治政服务的政教功能,如"移风美教""发号敷命""劝善惩恶"等,主要涉及讽谕、施令、宣传、献策等治政教化功能。韩驹所谓的"深""隐"就是一种

"道",如其所说"始诵其言,中探其义,卒明其道",其"道"又源自"圣人"所立之言,它们"非必羲、尧、舜、禹、汤之所为,则皋陶、益、稷、伊、傅之所作也"(韩驹《上宰相书》一)[7]1,当然也包括孔子的业绩,因为相传《诗》乃孔子所编辑,《春秋》系孔子依鲁史而删述。韩驹复先秦三代古道,即圣人道统之宗旨豁然,其所谓"文"的本质内涵,即"明其道",承续了柳宗元的文章本质观,然亦有所不同。柳宗元之"道","参之《庄》《老》以肆其端"(柳宗元《答韦中立论师道书》)[4]873,可见其"道"比韩驹之"道"多了一份道家的"自然之道";柳宗元认为文章功能在于明"道"和传"道",其"道""施之事实,以辅时及物",具有鲜明的传统与现实融合的时代特色,展现出很强的个性化立功色彩,然韩驹之"道"重在复古,而非变古,其施事及物而求新变的内涵并不明显。

(二)韩驹文论思想零散,不够概括,然涉及面广泛,在文章本体论、风格论方面,也多有论述,并提出了一些独到见解。如其《请立文章模楷疏》云:

> 夫文之体固不一矣,而今之为文者则一之。[8]375

韩驹认为文章体裁本不该凝固为一种模式,然当今文章恰恰囿于单一,遂形成流行的时文。该类文章弊端何在?从韩驹论述中约略可见。如其《请立文章模楷疏》又云:

> 臣闻士为科举之文,其工拙若无所系于国家,而臣谆谆为陛下言之者,不独以格气卑弱负陛下教育之意,且陛下立政造事,皆将复三代之盛。臣愚以谓典谟训诰,所以播之四方,传之万世,亦当尽如六经而后为称。[8]374

科举之文,为时文之一种,其典型之弊表现于脱离经国大业,"格气卑弱"。不系于国事,与韩驹所谓探索隐微之道以"化天下"的文章本质论点相背;"格"不高,当指立意卑弱,宋代文人甚鄙之。文病如此,如何矫正?在此,韩驹以"典谟训诰"为例,阐明文章贵在传远,宜当追攀三代,复兴"六经"体式。韩驹对"义""论""策"三种体裁也颇有见识。韩驹认为:"义以观其经术,论以察其智识,策以辨其谋略。"(韩驹《请仍用策论以定升黜疏》)[8]381其中对"论"和"策"尤为强调,韩驹认为此种体裁易于考察智慧和才能。如其《请仍用策论以定升黜疏》所云:

> 近日学子乃以是(按:策、论)为余事,不过亦以偶俪漫汙之文,篡错繁杂以充试卷而已。此尤失作文之体矣。而有司曰"是余事也"……今日之论则他日之陈谟,而为陛下讲治道者也;今日之策则他日之奏疏,而为陛下

议时政者也。[8]381—382

由此可见韩驹反对单调的科举之文,认为"偶俪漫汗"的语辞是"失作文之体"的重要表征。

关于文风建设,韩驹的观点也至为鲜明。反对"义格"是其文风观的重要内容,所谓"义格",实为一种应对科举考试的范文。韩驹《请慎择司文以风动天下疏》云:

> 今荆、广、闽、蜀之间,去京师数千里,学者无所取师,而都下鬻书者岁取进士高选之文,集为版本,传播四方,谓之义格。[8]374

"义格"为进士高选之文,也即《请立文章模楷疏》中所谓"科举之文"。该类文章典型弊端表现为"格气卑弱""偶俪漫汗"两端,前者针对思想内容而言,韩驹主张文章当以复兴"六经"旨意,有助于教化天下为主要内容;而后者,主要针对文章的表现形式而言,韩驹主张用简朴平易的形式表现思想内容。如其文章所提及"著述觅句,淡然如一"(韩驹《北湖集序》)[7]19,赋颂尚"典实"(韩驹《再上皇帝书》)[8]369,制诏当"词尚体要"(韩驹《请慎择司文以风动天下疏》)[8]373。"词尚体要"也即追求语句表达切实、简明而能挈其要领,若能如此,文章之"浑灏之气"(韩驹《请慎择司文以风动天下疏》)①将可呈现。"浑灏"指文章的风格境界,其主要特征表现为:雄浑浩大,而厚重朴实。此乃韩驹所期望的理想文章境界。该理想境界与柳宗元的散文高标有诸多相通之处,柳氏《答韦中立论师道书》云:"抑之欲其奥,扬之欲其明,疏之欲其通,廉之欲其节,激而发之欲其清,固而存之欲其重。"[4]873不过柳氏的审美境界中绾合了"奥"与"明""通"与"节""清"与"重"三对似乎相对的概念,更富于辩证精神和相应的美感功效。

二　韩驹文论与柳宗元文学思想的关联

两位隔代文人发明的文论思想均产生于相似的时代背景。柳宗元的文论思想是唐代古文运动的重要内涵之一,他与韩愈等所面对的特定背景是文章已历"八代之衰"(苏轼《潮州韩文公庙碑》),他们直面着古文传统失落而陷于大断裂的困境;他们所倡导的"古文"与流行的时文(骈体文)进行着激烈的斗争。骈文萌芽于两汉,兴起于魏晋,南北朝及至唐初极其盛行,此文体讲究骈俪、对偶,而至六朝以后,骈文尤重形式,过于堆砌典故、注重平仄格律,片面讲究语辞华艳,有碍思想情感的表达,致使华而不实文风愈演愈烈,且已使各类实用文体也沾染骈文习气,骈文渐成作文的唯一范式。此文风已严重阻滞社会诸多事业的发展,令人堪忧。唐李华曾描述古文传统渐失的路程,其云:"夫子之文章,偃、商传焉,偃、商殁而孔伋、孟轲作,盖六经之遗也。屈平、宋玉哀而伤,靡而不返,六经之道遁矣。"(李华《赠礼部尚书清河孝公崔沔集序》)[9]5韩愈也认为儒家之道至孟轲死而"不得其传焉"(韩愈《原道》)。至韩柳时,为打击藩镇势力和宦官专权,亟需实行一系列革新措施,以攘除时弊、振兴国力,唐代古文运动应运而生,积极配合政治改革,成为推动社会进步的重要力量之源。韩驹处于北宋末、南宋初,其政治和文事活动主要在徽宗、钦宗和高宗朝。作为有为之仕人,他对当时的文风之弊痛心疾首。相对于韩柳所处的古文长期失落的景况,韩驹之前的北宋时代,古文传统经由欧阳修、王安石、曾巩、三苏等的弘扬和不断革新,呈现出繁盛的景象,只是到徽宗朝以后,鉴于文士们迷狂于科举时文,古文遭受了冷遇,过分追求形式的文风一度猖獗,"国初文章皆严重老成……及宣政间则穷极华丽"[10]2206、"迄于宣政之末,而五季之文靡然遂行于世"[11]P121。可以说,韩驹时代古文传统的缺失,只是文学史上短期内的断裂,然此亦引起韩驹的高度警觉。其《论文不可废疏》云:

> 臣闻方今陋儒之论,以为人主之治天下,直以礼乐刑政,而为士者亦务明于道德性命而已,文章不足尚也。[8]369

韩驹《论时文之弊疏》又云:

> 今之学者既以讲究道德,发挥章句,六经之旨亦略明矣,独其文章未能复古。[8]371

以上两则材料所揭示的重经轻文、文章不兴的现状堪为时忧,由此可知,韩驹重文之论多因现实弊端而生发。

特定的时代背景,需要韩驹这样的有识有为之士奋起而疾呼,于是韩驹举起了复古重文的大旗,自古以来,复古向来均具有弘扬传统而创新发展的内涵,韩驹的文论思想自然要树立取法的高标,韩驹重视"三代六经",对唐宋散文前辈韩愈、柳宗元、欧阳修、王安石、苏轼等均在不同程度上予以取法。下面主要阐述韩驹对柳宗元文学思想的吸收与实践。韩驹对柳宗元的尊崇可以从其有关诗话和散文中得知。此处略作梳理。其一:"致尔自何处,初来犹索腾。真宜少陵觅,未解柳州憎。婢喜常储果,奴嗔屡掣绳。报君无一物,试为斫寒藤。"(韩驹《谢人寄小胡孙》)[12]16612其二:"予(按:韩驹)观古今诗人,惟韦苏州得其(按:陶渊明)清闲,尚不得其枯淡;柳州独得之,但恨其少遒尔。柳州诗不多,体亦备众家,惟效陶诗是性所好,独不可及也。"(胡仔《苕溪渔隐丛话》前集卷四)[13]26其三:韩驹诗论"人生作诗不必多,只要传远。如柳子厚,能几首诗?万世不能磨灭。"(魏庆之《诗人玉屑》卷之五)[14]121由此三则材料可知,韩驹精熟柳宗元诗歌,对柳氏诗作的特点有独到的见解,认为其地位虽逊于陶渊明,但承续了陶氏诸多优点,且其诗历史地位很高,或可以用"万世不能磨灭"形容之。韩驹崇拜柳宗元的心理由此可见一斑。

又,韩驹文论云:

其一,"宋朝以文名世者多矣,然柳州、苏州,自欧阳公尚未之爱。"(胡仔《苕溪渔隐丛话前集》卷十五)[13]99

其二,"有能歌功颂德,如柳宗元、韩愈者乎?"(韩驹《请立文章模楷疏》)[8]375

由以上材料可知,韩驹认为柳宗元虽与韩愈共同掀起了声势浩大的唐代古文运动,然其知名度在宋代欧阳修及其以前,尚得不到宋人的重视,自欧氏以后才得到人们的喜爱,结合韩驹对柳氏诗歌的喜爱和评价,自然可以推出韩驹是仰慕柳宗元文名的。而其对柳文的崇拜,或可从韩驹将柳氏文章树立为"歌功颂德"的楷模得到鲜明的印证。需要说明的是,此处"歌功颂德"绝非今人情感倾向中的讽刺意味,而是忠诚于宋室江山社稷、关心民瘼而希望有补于世的具体表现。韩驹《再上皇帝书》中对自我古文能力的期许或可进一步证之,其云:"又以治经余暇,学为古文,至于铺张陛下之宏休,论载陛下之伟迹,窃自以为无愧于古。"[8]369因此,可以认为韩驹对柳宗元十分景仰,其文学思想受到柳氏滋育自在情理之中。下面从韩驹取法渊源、修辞手段的袭用等方面考察与柳氏的相似、相同之处,或可深入理清柳宗元对韩驹文论思想的影响(为便于说明问题,增强关联性比较,论述中兼及韩愈的观点)。

韩驹倡导学古,其作文所取法的对象较为广博,三代六经和宋代的王安石均是其取法的高标,而韩愈、柳宗元也是其钦羡的对象。

其《论时文之弊疏》云:

愿下明诏,使为文者上穷六经之体以为质,中取孟轲、诸子之作以为支,下如王安石《义解》(按:《义解》即为王安石撰写的《三经义》)之类以为义,至于汉晋之弊,则使痛刮而深锄之。[8]372

韩驹将其取法的对象区分为三个层次,即上取为"质"、中取为"支",下取为"义"。"质"为最核心的内容,也即韩驹所谓"探深索隐而化天下者也",此即为"道","道"源自圣人立言,而三代六经最能体现之,《诗》《书》《礼》《易》《乐》《春秋》皆为典范。除此以外,韩驹将古代孟轲、诸子之作列为取法之"支",它们亦为韩驹"道"统的重要渊源。又,其《论时文之弊疏》云:

> 又近岁黜异端之后,士非三代之书不读,诚可谓知本矣。其朝夕之所诵,舍六经则孟轲、扬雄、庄周、列御寇之书而已,六经何可及也?然《诗》之道志,《书》之述事,尚当取为法焉,至于孟轲之醇,扬雄之深,庄周之辩,列御寇之不华,皆囊之工文者所采取也。今徒剽其语而不能学其文,是独何欤?[8]372

士读"三代"之书,韩驹认为"知本","本"即上述之"质",除"六经"外,韩驹又认为孟轲的"醇",扬雄的"深",庄周的"辩",列御寇之"不华"等,均为过去"工文者"所取法的内容,此即为韩驹所论之"支"。对于今人不学其实(即"质""支"的内容和形式),只"剽其语",韩驹深表不满。韩驹取法的标准颇高,宋代散文名家王安石也只是其"下"取的标准,并名之为"义"(因取法王安石《义解》之类得名),"义"即为一种规范。

韩驹《论时文之弊疏》提出了具体的取法标准,其与先驱韩愈、柳宗元相比,具有明显的相通之处,然亦有变化。下面结合三家文论以阐释。

韩愈《进学解》云:

> 沈浸浓郁,含英咀华。作为文章,其书满家。上规姚姒,浑浑无涯;周《诰》殷《盘》,佶屈聱牙;《春秋》谨严,《左氏》浮夸;《易》奇而法,《诗》正而葩;下逮《庄》《骚》,太史所录,子云相如,同工异曲。先生之于文,可谓闳其中而肆其外矣。[5]46

柳宗元《答韦中立论师道书》云:

> 本之《书》以求其质,本之《诗》以求其恒,本之《礼》以求其宜,本之《春秋》以求其断,本之《易》以求其动。此吾所以取道之原也。参之《谷梁氏》以厉其气,参之《孟》《荀》以畅其支,参之《庄》《老》以肆其端,参之《国语》以博其趣,参之《离骚》以致其幽,参之《太史公》以著其洁。此吾所以旁推交通而以为之文也。[4]873

由韩愈、柳宗元的论断和韩驹《论时文之弊疏》所云"质""支"来看，韩愈所谓"上规""下逮"，柳宗元所谓"取道之原""旁推交通"等，与韩驹取法"上"和取法"中"大体相同。可见，他们的取法本源相同，皆归于三代六经，均对孟子等诸子百家有所取。所谓差异，结合三家的文学思想及其产生背景，概言之，主要表现于三个方面：①提倡复兴三代六经的内因有别。韩柳倡导古文明道、传道主要出于个人爱好及社会责任；而韩驹呼吁兴举文事主要在于响应政策，附庸政治。②对待汉代文学成就的观点有差异。韩愈、柳宗元直取西汉，多予褒赞，而韩驹则略而少论。韩驹未将"西汉"列为取法标准，如对于"太史公"的态度，韩柳皆高度赞许，然韩驹文论中并不提及，韩驹对待相如、子云也只是有所参而已。③对待三代六经的取法角度有所差异。如对于《书》，韩愈取其"浑浑无涯"和"佶屈聱牙"，主要指深博的内容和典雅、古奥的风格；柳宗元取其风格"质"的一面，即叙述朴素的一面；而韩驹则取其"发号敷命"（韩驹《上宰相书》一）[7]2的训誓文体特色和"述事"（韩驹《论时文之弊疏》）[8]372的周详结构。如对于《诗》，韩愈取其"正而葩"，指平正健康的内容和文采华美的艺术形式；柳宗元取其"恒"，即"永恒"，指许多抒情作品的永恒感染力，重在效果；韩驹则取其"风谕"（韩驹《上宰相书》一）[7]1和"道志"（韩驹《论时文之弊疏》）[8]372，即指诗歌的讽谏艺术和言志功能。如对于《易》，韩愈取其"奇而法"，即指事物的变化和规律；柳宗元取其"动"，指事物"运动"的精义，此处流露出柳氏朴素的唯物主义思想；韩驹取其"卦爻"，即开物成务的作用。如对于《春秋》，韩愈取其"谨严"，重在结构特征；柳宗元取其"断"，指其微言褒贬的"春秋笔法"；而韩驹取其"纪事"（韩驹《上宰相书》一）[7]1，指简而有法的叙事艺术，实含"断"和"谨严"于其中。

在韩驹"质""支""义"的取法标准中，虽未见柳宗元之名，然通过对韩驹文论的考察，可以判定韩驹对柳氏极其崇敬，并有所取法。从前所引韩驹、柳宗元关于取法标准的文论中，可知韩驹以"质""支"等概念界定取法标准，与柳宗元的提法颇为相似。在文章的明道、传道和修辞手段等方面，均有相似之处。韩驹《上宰相书》"三"中有多处皆为柳宗元文论之嗣响。如：

> 世治则缀文之士聚于朝，道否则缀文之士散于野。聚于朝则为典为诰，为雅为颂，其文施于当年；散于野则为歌为谣，为风为骚，其文传于后世。施于当年则为国华，传于后世则自取名而已。[7]5

此论很有见解，作者重在探讨"世治""道否"与文士"聚于朝""散于野"的创作关系,指出文章可分为"在朝"与"在野"两种类型,并指明其成因、特征及意义。韩驹"施于当年"和"传于后世"的文论思想,与柳宗元"意欲施之事实,以辅时及物为道……不可陈于今,则宜垂于后"[4]824的明道和传道的思想具有相似性,当可认为韩驹沾溉于柳宗元。

又如:

> 惟言足以载其伪,而辨足以行其言,如持锦绣覆诸陷阱之上,人知锦绣之悦目,而不知陷阱之殒身也。[7]5

采取"锦绣覆诸陷阱"的比喻以论证"辨"(言辞漂亮、巧妙)之夸饰,晓之以谕,通俗易懂,然非始于韩驹,柳宗元《答吴武陵论非国语书》云:"夫为一书务富文采,不顾事实,而益之以诬怪,张之以阔诞,以炳然诱后生,而终之以僻,是犹用文锦覆陷阱也。不明而出之则颠者众矣。"[4]825可见就论证方式而言,韩驹对柳宗元也有所直取。

从以上分析可知,韩驹的取法标准是广博、宽泛的。韩驹不囿于其所定名的标准,即"上"质、中"支"和下"义"(三代六经,孟轲、诸子和时贤王安石),对唐宋散文名家如韩愈、柳宗元等,也极为推崇,并积极汲取其理论要旨,化而用之。另外需要补充说明的是,柳宗元与韩驹均对文章的审美愉悦功能有一定的认识,具有一定的相似性,柳氏对韩驹或有一些影响存在,在此略予比较。柳宗元《与李翰林建书》自述其谪居永州时生活情况云:"著书亦数十篇,心病,言少次第,不足远寄,但用自释。"[4]802其"自释"之意,说明柳氏认为作古文具有自我宽慰,调节身心,获得审美快适的功能。韩驹也认同古文具有自娱功能,其《上宰相书》(三)云:"某少而学为文,聊以自娱,年大以来,始知文之功烈参与治体……无令盛世独为林下水滨之文以自娱意而已。"[7]5韩驹的文论与柳宗元文论均认可文章除具有明道、传道的功能,还具有遣怀畅神的精神自娱功能,只是韩驹尤其强调生逢"盛世"当写文章以"宣风助化"(韩驹《回秀州曾学士启》)[7]15,而不宜游离现实时事,只作"林下水滨"之文以自赏。由此可知,韩驹文论对于文章的审美愉悦功能具有着意克制的心理倾向,也就是说,对于文章的审美价值,韩驹既趋同于柳宗元,又具有个性化的差异,此亦为后代文士因袭前贤而又具变异的常有表现。

总之,韩驹文论,较之柳氏理论,从文论发展史的角度观之,虽未为先进,然亦切合韩驹时代的发展需要,为徽宗朝廷治政需求提供了必要的理论支持。韩驹文论对其时代所发挥的作用表现于两端,其一,适应徽宗时代所谓"丰亨豫大"[15]4156的宣传需要;其二,在兴盛文事上确实起到倡导古道,抑制虚饰不良文风的作用。韩驹文论当是关合北宋末而指向南宋初的代表性文论思想之一,对当时的散文创作具有一定的指导意义。由韩驹的文论思想,也可见柳宗元等唐宋散文名家所倡导和发扬的文论精神,在特定历史时期得到回响和承嗣的接受状况。

注释:

①韩驹《请慎择司文以风动天下疏》云:"前日陛下制诏多士,词尚体要,使复三代之盛,甚大惠也。臣时闻之,踊跃太息,谓将立见浑灏之气。"(《全宋文》卷三五〇九,161 册,第 373 页,上海辞书出版社、安徽教育出版社,2006 年版)

参考文献:

[1]苏轼.苏轼全集[M].上海:上海古籍出版社,2000.

[2]弘治抚州府志[M].天一阁藏明代方志选刊续编(四八)[C].上海:上海书店,1990.

[3]曾枣庄,刘琳.全宋文(第 161、162 册)[M].上海,合肥:上海辞书出版社,安徽教育出版社,2006.

[4]柳宗元.柳宗元集[M].北京:中华书局,1979.

[5]韩愈著,马其昶校注.韩昌黎文集校注[M].上海:上海古籍出版社,1987.

[6]钱仲联集释.韩昌黎诗系年集释(下)[M].上海:上海古籍出版社,1994.

[7]曾枣庄,刘琳.全宋文(162 册)[M].上海,合肥:上海辞书出版社,安徽教育出版社,2006.

[8]曾枣庄,刘琳.全宋文(161 册)[M].上海,合肥:上海辞书出版社,安徽教育出版社,2006.

[9]李华.李遐叔文集(卷一)[M].清文渊阁四库全书本[C].台北:台湾商务印书馆,1983.

[10]黎靖德辑.朱子语类(卷第一百三十九·论文上)[M].明成化九年陈炜刻本.

[11]陈亮.龙川集(卷十六·书欧阳文粹后)[M].清宗廷辅校刻本.

[12]傅璇琮等.全宋诗[M].北京:北京大学出版社,1991.

[13]胡仔.苕溪渔隐丛话前集[M].北京:人民文学出版社,1962.

[14]魏庆之.诗人玉屑[M].上海:上海,古籍出版社,1978.

[15]脱脱.宋史(卷一百七十三)[M].北京:中华书局,1977.

(原载 2011 年第 3 期,作者单位:马鞍山师范高等专科学校)

柳宗元研究中的"索隐研究"

✿ 陈松柏

缘 起

《红楼梦》研究有个"索隐派",对《红楼梦》提出了三种主要论点:第一是"纳兰成德家事"说,第二是"清世祖与董小宛故事"说,第三是"康熙朝政治状态"说。"索隐派"代表性人物有王梦阮、沈瓶庵和蔡元培,代表著作有王梦阮、沈瓶庵的《红楼梦索隐》和蔡元培的《石头记索隐》。影响最大的自然是蔡元培先生。这里仅从《石头记索隐》中摘录两段,让我们一窥"索隐派"的大致情形:

> 然作者深信正统之说,而斥清室为伪统,所谓贾府,即伪朝也。其人名如贾代化、贾代善,谓伪朝之所谓化、伪朝之所谓善也。贾政者,伪朝之吏部也。贾敷、贾敬,伪朝之教育也(《书》曰"敬敷五教")。贾赦,伪朝之刑部也,故其妻氏邢(音同刑)。予妇氏尤(罪尤)。贾琏为户部,户部在六部位居次,故称琏二爷,其所掌则财政也。李纨为礼部(李礼同音),康熙朝礼制已仍汉旧,故李纨虽曾嫁贾珠,而已为寡妇。其所居曰"稻香村",稻与道同音。其初名以杏花村,又有杏帘在望之名,影孔子之杏坛也。……作者于汉人之服从清室而安富尊荣者,如洪承畴、范文程之类,以娇杏代表之。娇杏即徼幸。……于有意接近而反受种种之侮辱,如钱谦益之流。则以贾瑞代表之。瑞字天祥,言其为假文天祥也。
>
> 贾宝玉,言伪朝之帝系也。宝玉者,传国玺之义也,即指胤礽。……林黛玉影朱竹垞也。……薛宝钗,高江村也……探春影徐健庵也……王熙凤影余国柱也……史湘云,陈其年也……妙玉,姜西溟也……惜春,严荪友也……宝琴,冒辟疆也……刘老老,汤潜庵也……四十八回贾雨村拿石呆子事,即戴名世之狱也。

蔡元培先生对清代历史了如指掌,读《红楼梦》的时候便将心头想到的各类人物、典故一一地对号入座。只是太过较真,太拘泥实事。与文学创作的规律不符,于文学欣赏的情趣全无。所以很快地便让胡适的"新红学"取代。显见用这种索隐的方法研究文学作品是不合适的。

这种现象其实并不仅仅存在于《红楼梦》研究,在其他文学作品的研究中,也有这种"索隐"情况。譬如柳宗元研究,在一个很长的时间段,为了打造柳宗元封建斗士的形象,便千方百计从其作品中搜寻只言片语、蛛丝马迹,联系官场生态,结合一贬再贬,绘出一幅幅诋毁君王、歌颂志士的英勇画面。以下让我们略加分析。

一 柳宗元研究的"索隐现象"

自宋至今,第一个从柳集中探赜索隐的是南宋秦桧当政时受到打击的胡寅。为了了解胡寅为什么从柳集中探赜索隐,特从搜搜百科[1]下载了胡寅的简单介绍:胡寅,宋徽宗宣和三年(1121)进士。宋钦宗靖康元年(1126),除秘书省校书郎。历官司门员外郎、起居郎、永州知府、中书舍人、礼部侍郎兼侍讲、徽猷阁直学士。秦桧当国,乞致仕,归衡州。因讥讪朝政,桧将其安置新州。桧死,复官。看了这个简介,起码能说明三个问题:第一,他之所以关注柳宗元,因为他曾任永州知府。因为柳宗元的历史文化地位,自唐宪宗元和元年之后,不管任何一个朝代,历任永州知府没有不重视柳宗元的。至今仍是当地政府的文化品牌。第二,因为他在"秦桧当国"时"乞致仕",所以他深切地体会了在奸臣治下做官的艰难和怨懟。第三,因为他有过秦桧当丞相时"讥讪朝政"而遭贬的亲身经历,联系到柳宗元的长期被贬,便竭力从他的作品中寻找熟悉的心迹,探赜索隐,势在必然。终于从《河间传》中找到了柳宗元对唐宪宗的"讥讪":

> 或谓宪宗用法太严,而人才难得,岂应以一眚终弃?是不然,梦得、子厚之附伾、附文也。盖有变易储贰之秘谋,未及为而败。子厚至托讽淫妇人有始无卒者,以诋宪宗。二人者,既失身匪人,不知创艾,乃以笔墨语言,深自文饰,上及据义,以成小人之过,则其免于大戮,已为深幸。摈弃没齿,非不幸也。(胡寅《致堂读史管见》)

宋人王定之、方鹏附和了胡寅这一说法。方鹏且在最后补了一句:"胡氏曰:《河间传》寓言耳,盖以讥宪宗也,则其罪益大矣。"(方鹏《责馀备谈》卷下)宋代以后再没人附和,可见这种说法影响不大,或者可以说得不到学界的认同。胡寅与秦桧,柳宗元与唐宪宗,其不类也是明明白白的。因为胡寅与秦桧只是臣与臣、忠与奸的矛盾,柳宗元和唐宪宗可是君与臣的关系,而且,宪宗其人不但不是昏君、暴君,而是被史官称之为"睿谋英断,近古罕俦"的皇帝,得到了"贞元失驭,群盗箕踞。章武赫斯,削平啸聚。我有宰衡,耀德观兵。元和之政,闻于颂声"(《旧唐书》)的赞赏,柳宗元会像胡寅讥讪秦桧那样的讥讪当朝皇帝吗? 得不到认同就是最好的答案。即使是胡寅本人,在讥讪秦桧的同时,对于相对昏庸的宋高宗赵构,不是没有半点讥讪吗!

索隐较多的是章士钊先生的《柳文指要》,这里仅从《子厚哀永贞三诗》提取几个片断。第一诗是《感遇二首》,章先生认为,"东海久摇荡"中的"'东海'指二王,以二王皆越人也。二王动摇,南方人心不劲"。"小星愁太阴"中的"'小星'指阉宦出扰政局"。"揽衣中夜起"中的"'揽衣'当指王叔文吟杜诗自况,歔欷泣下事"。"谁念岁寒心"中的"'岁寒'是子厚独自感念叔文之语"[2]1075

章先生概括出该诗六大意义,其中一、二、五条分别标有"本党"一词,第三条标有"党内"。俨然存在一个以王叔文为首的革命组织,其中第五条又落实到具体的个人:

> 南风已浸浸,当指韦皋及裴均、严绶等人发动进攻,再加天暮小星之群阉里应外合,可见敌势之强,非本党所能抵御。[2]1076

俨然革命党与反革命之对抗,其形势何等严峻。

第二诗是《咏史》,章先生阐释该诗时有这样一段话:

> 诗全为吊王叔文而作,望诸君,乐毅也,诗即以此影叔文。……强怨表面指齐,而暗影在东宫之顺宗,言外之意,足见子厚于顺宗大大不满。……宁知世情异二语指内讧,嘉谷指叔文,如韦执谊之立异,乃叔文之致命伤。
>
> 蠹蠕即指韦执谊。其所以谓之蠹蠕者,盖执谊以为己属杜黄裳之子婿,出身清华,原与叔文之微贱有别,虽倚叔文之势起,而行政上节次立异,应得到旧派同情。如此种种,幻想弥多,认为叔文败后,己仍得居中执政。由子厚看来,此真与蠕动之蠹虫无异。语讽而刻,足见作者之伤心极己。语尾声着一群字,大约执谊外,还有余人计算在内。如房启之类是,又羊士谔为韦执谊遮护,亦可能暗中合作,共倾害叔文。风波,指韦皋上表及太子监国种种。善图后,指王伾当时收受赂遗不少,而叔文绝不私以肥己。[2]1076-1077

时时不忘树立王叔文、柳宗元之革命领袖形象,可谓用心良苦。对于韦执谊等进行了一番相反的推论,反正没人理会,无诬陷之告,无须澄清,说到哪就算到哪。

第三诗是《咏三良》,章先生大发感慨:

> 诗以三良影二王。……子厚在宪宗治下为臣,而对君声讨,斥之曰彼狂,此在子厚惟民至上,以民讨君,诚若行其所无事然。而独中唐之世,人心尚趋敦厚,无人妄兴文字狱,以取媚于此,宪宗复不如满洲雍、乾二暴,专以戮辱士类为事,于是子厚恣行怨怼,居然得以容头过身而去。[2]1078

柳宗元竟成革命志士了!这里我提两个问题。第一,中国传统的儒家思想培养的士人,有谁没有民本意识?民本意识能冲击"朕即国家、国家即朕"的王权、民本意识能大于王权吗?第二,对于反对自己执政的一干人,唐宪宗哪里仁慈了?只是他太了解这班人,没有大加杀戮,只除"首恶",业已起到惊慑作用。如果柳宗元真像章先生分析的,胆敢这样猖狂诋毁,其程度远远超过了王叔文,还能得到额外开恩的待遇吗?只会比王叔文死得更惨。

继章先生《柳文指要》之后,集中论述柳宗元诋毁唐宪宗、歌颂王叔文的有卞孝萱先生的《〈谪龙说〉与〈河间传〉新探》[3]1-15。

卞先生认为:"(咏史)柳宗元以重用乐毅的燕昭王比喻重用王叔文集团的唐顺宗。以自为太子时尝不快于乐毅固已疑乐毅的燕惠王比喻迫害王叔文集团的唐宪宗,此诗发泄出对宪宗的怨怼。""在《咏史》《咏三良》中,柳宗元以燕惠王、秦康公比唐宪宗,对君声讨,与《河间传》中托讽淫妇人有始无卒者以诋宪宗,手法如一。""永贞内禅,王叔文集团遭受迫害的背景下,长期被贬的柳宗元,以诗文发泄怨怼,矛头所向,直指宪宗。《河间传》乃其一耳。"

读了该作下面所引的两段话之后,我总算明白了卞先生之所以如此留意、垂青柳宗元对唐宪宗的不敬:

> 苏轼写过一篇《刘禹锡文过不悛》的史评:"谩骂刘禹锡敢以建桓立顺比喻宪宗,以此知小人为奸,虽已败,犹不悛也。"(《东坡先生全集》卷65)胡寅提出、刘定之、方鹏谩骂柳宗元至托讽淫妇人有始无卒者以诋宪宗。深自文饰,上及君父,以成小人之过,则免于大戮,已为深幸。都从反面反映刘柳文章的战斗性。
>
> 宪宗扼杀革命是坏事,故指斥之。平吴元济是好事,故歌颂之。

是卞先生把柳宗元置于一个与封建王权决裂、宣战的位置上,看中了柳宗元"文章的战斗性",刻意突出一个骂其该骂、颂其该颂、拿捏得当、从容自如、领袖群伦的革命者形象。

对卞先生的观点提出异议的是张铁夫先生,他推翻了南宋胡寅首倡的"(《河间传》)托讽淫妇人有始无卒者以诋宪宗"说,否定了卞孝萱教授的"屈原以'美人'比楚君,柳宗元以'淫妇人'诋宪宗,手法相同"说。指出:"河间所影射的,根本不是宪宗,而是顺宗。""河间所始爱终弃的丈夫,乃是影射革新集团的领袖王叔文。再如挟持、引诱河间的戚里恶少及淫夫等人,则是影射当时要挟、诱惑顺宗的藩镇和宦官等政治势力。"[4]223

即是说《河间传》是为讥讪唐顺宗刻意而作。之所以认为《河间传》是以河间影射皇帝(不是唐宪宗就是唐顺宗),是因为柳宗元最后附了一段话:"柳先生曰:天下之士为修洁者,有如河间之始为妻妇者乎?天下之言朋友相慕望,有如河间与其夫之切密者乎?河间一自败于强暴,诚服其利,归敌其夫犹盗贼仇雠,不忍一视其面,卒计以杀之,无须臾之戚。则凡以怀爱相恋结者,得不有邪利之猎其中耶?亦足知恩之难恃矣!朋友固如此,况君臣之际,尤可畏哉!余故私自列云。"粗粗一看就能明白,这是多么明显多么肤浅地把读者往讥讪皇帝的思路引导呀!如果真是这样,我要提出五个问题:第一,唐代文人都是傻瓜,他们读不懂柳宗元那么明显的寓意,把机会留给我们后来的大家、高人?第二,柳宗元是天下第一大傻瓜,公然向世人宣示:我这是讥讪皇帝、怀念永贞志士,要杀要剐尽管来?其实柳宗元可从来都没有傻过,他是当悔则悔,当做则做,认罪的时候从不含糊。第三,无论如何,唐顺宗对柳宗元有知遇之恩,以柳宗元的家庭出身和个人气节,只能属于滴水之恩涌泉相报那一类,根本不是现在某些人所想像的,遇到挫折就怨天怨地,连有恩于自己的皇帝都要挖空心思百般咒骂、恩将仇报。第四,夫妻关系能与君臣关系划上等号吗?被人奸污之后的河间竟那样欲火中烧,放荡形骸,匪夷所思,与活死人唐顺宗有哪点形似或神似?以一个塑造的形象影射现实中的某人,起码要做到大致相似,哪有仅影射一点不及其余的?第五,作为一种创作手法,既然影射,无非是不好言明,让人领略,哪有自报家门让人对号入座的!

还有其他类似说法,没有超出以上所引,这里从略。

二 柳宗元与唐宪宗关系论略

诚然,"二王八司马"是在唐宪宗监国、称帝后被解除了权力,逐出京城,一贬再贬的,甚至杀害了为首的王叔文。但是,我们可不能据此就认为王叔文为首的一方与唐宪宗就演变为革命与反革命、最高统治者与反革命集团之类的敌对关系。终其柳宗元一生,他和他永贞革新的同道,从来就没有与唐宪宗对立过,也从来没有平等过。永远隶属于一个阵营,是永远的上下、君臣、主仆关系。对于柳宗元个人来说,他可能反对个别执政的宰辅或权臣,却永远也不会反对坐上了皇帝宝座的唐宪宗,因为对于他的人生而言,尊君始终是第一要义。以下且让我从四个方面展开讨论。

（一）绝对正规的封建伦理教育决定了柳宗元,他永远是皇帝的臣仆,不会是革皇帝之命的造反派

柳家是一个名门望族,尽管武周时开始持续衰落,却不妨碍柳宗元出身于一个历代仕宦之家,受到了最好的儒家伦理思想的教育,从小树立了"唯以中正信义为志,以兴尧、舜、孔子之道,利安元元为务"(《寄许京兆孟容书》)的人生理想,成了儒家思想培养出来的最为优秀的士人,而不是20世纪50年代用阶级斗争学说培养出来的"舍得一身剐,敢把皇帝拉下马"的革命造反派。不会如野心勃勃的项羽和刘邦似的,有一丝"彼可取而代也""大丈夫当如是"的奢望。也不是王巢、洪秀全式的半串子书生,稍受打击、纵容就揭竿而起。对于王权,他只有绝对的服从;对于皇帝,他只有绝对的效忠;对于他生活的李唐王朝,他只能做至死不渝的忠臣;对于唐宪宗,他永远是竭诚竭智的臣仆。即使不被重用,长在贬地,也会最好地做到竭尽所能,鞠躬尽瘁,死而后已。因为他恪守的是"为臣尽忠,为子尽孝"的"天理之常,人伦之本"。这是丝毫也不用怀疑的。他长期被贬永州,肯定有怨,却决不会把这种怨发向皇帝。相反,无论永州还是柳州,他都在想尽办法,寻找机会,向皇帝讨好:

他向唐宪宗献《贞符》,"言唐家正德受命于生人之意,累积厚久,宜享年无极之义",对李唐王朝唱响一曲名正言顺、万民拥戴、享祚永久的赞歌;《晋问》是希望唐宪宗兴唐尧之治,《封建论》为唐宪宗削藩维护君主集权提供理论依据,《献平淮夷雅表》《平淮夷雅二篇》,高度歌颂了唐宪宗的中兴之德……

特别值得一提的是《献平淮夷雅表》前面的一段说明:"太平之功,中兴之德,推校千古,无所与让。臣伏自忖度,有方刚之力,不得备戎行,致死命,况今已无事,思报国恩,独惟文章。"联系到柳宗元一生的最大特长:"独好为文章,始用此以进,终用此以退。"即是说,他用自己最为擅长的本事,"思报国恩",在那个"朕即国家,国家即朕"的时代,不就是用自己的擅长报唐宪宗的宽大、不杀之恩吗！

与歌颂朝廷歌颂皇帝恰恰相反，柳宗元对自己却毫不客气。在所有《柳宗元全集》留下的文字依据中，我们会时不时地看到他自称罪人。

不消说上皇帝表乃习惯性用语：

> 臣负罪窜伏。（《献平淮夷雅表》）
>
> 负罪臣宗元。（《贞符》）

与朝中大臣的书信也总是谦中带卑：

> 宗元于众党人中罪状最甚。（《寄许京兆孟容书》）
>
> 不以仆罪过为大。（《与裴埙书》）
>
> 唯欲为量移官，差轻罪累。（《与李翰林建书》）
>
> 拘囚以来，无所发明。（《答吴武陵论非国语书》）
>
> 仆罪大，不得与于恩泽。（《与杨诲之书》）
>
> 沉窜俟罪，朝不图夕。（《上广州赵宗儒尚书陈情启》）

即使作赋、吟诗、记游，也忘不了冠上罪人身分：

> 罪通天而降酷兮，不殛死而生为。（《惩咎赋》）
>
> 余囚楚越之交极兮，邈离绝乎中原。（《闵生赋》）
>
> 唯触罪摈辱愚陋黜伏者，日侵侵以游。（《愚溪对》）
>
> 汝柳子以罪贬永州。（《对贺者》）
>
> 吾不智，触罪摈越、楚间六年。（《送从弟谋归江陵序》）
>
> 余以愚触罪，谪潇水上。（《愚溪诗序》）
>
> 农事诚素务，羁囚阻平生。（《首春逢耕者》）
>
> 世议排张挚，时情弃仲翔。不言缧绁枉，徒恨缰牵长。（《献弘农公五十韵》）
>
> 俟罪非真吏，翻惭奉简书。（《韦使君黄溪祈雨见召从行至祠下口号》）
>
> 自余为僇人，居是州，恒惴慄。（《始得西山宴游记》）

这样念念不忘罪人身分，起码可以说明一点，那就是他的态度：甘于自己认罪而不敢对皇帝有所埋怨。

"哀吾党之不淑兮，遭任遇之卒迫。势危疑而多诈兮，逢天地之否隔。欲图退而保己兮，悼乖期乎曩昔。欲操术以致忠兮，众呀然而互吓。进与退吾无归分,甘脂润乎鼎镬。幸皇鉴之明宥兮,累郡印而南适。惟罪大而宠厚兮,宜夫重仍乎祸谪。既明惧乎天讨兮,又幽栗乎鬼责。"(《惩咎赋》)完全符合柳宗元永州前期的思想实际,也是他对唐宪宗的基本态度:明怕"天讨",暗怕阴谋。除了敬畏还是敬畏!

(二)或贬或杀的现实教育了他,柳宗元不能也不敢有任何反抗与怨怼,诚惶诚恐是他当时心态的最好写照,低头认罪是他当时的最好选择

正是这样一个柳宗元,一个儒家文化的优秀承传、发扬光大者,一个李唐王朝的忠诚奴仆,当再贬为"永州司马员外置同正员"以后,当王叔文赐死的消息传来的时候,他会产生近现代革命志士似的革命豪情,誓与唐宪宗为首的反动执政集团斗争到底、誓死捍卫王叔文革新路线吗? 肯定不是。

再贬为"永州司马员外置同正员"对柳宗元已是晴天霹雳:千万不要高兴得太早,对我们的处分还远没完结,下一个处分会是什么? 当王叔文赐死的消息传来之后,对柳宗元那是当头一棒:下一个被杀的会是谁呢? 会参与机要的我吧。关于这一点,我将在柳宗元永州心态章中详加探讨,这里只讨论他不可能与唐宪宗对着干,不可能悼念王叔文问题。他只能够把自己深深地隐没在诚惶诚恐、担惊受怕中。对此,他在诗文曾多次表露:

惟罪大而宠厚兮,宜夫重仍乎祸谪。既明惧乎天讨兮,又幽栗乎鬼责。(《惩咎赋》)

自为罪人,舍恐惧则闲无事,故聊复为之。(《答吴武陵论非国语书》)

窜逐宦湘浦,摇心剧悬旌。始惊陷世议,终欲逃天刑。(《游石角过小岭至长乌村》)

岂知千刃坠,只为一毫差。守道甘长绝,明心欲自剚。(《同刘二十八院长寄澧州张员外使君八十韵》)

某天罚深重,余息苟存,沉窜俟罪,朝不图夕,伏谒无路,不任荒恋之诚。(《上广州赵宗儒尚书陈情启》)

生杀予夺,全凭唐宪宗一句话,柳宗元能把自己往枪口上撞,为表现自己坚强的"革命"意志,百般诋毁唐宪宗,热情歌颂王叔文,从而给唐宪宗一个非杀不可的口实吗? 回答仍是否定的。他的选择只能是认罪、讨好。因此,即使在叙述张署的生平经历、完全可以不涉皇帝的时候,仍然忘不了借花献佛、给唐宪宗两句吹捧:"三载皇恩畅,千年圣历遥。"(《同刘二十八院长寄澧州张员外使君八十韵》)

在与人交流的时候也总忘不了称颂皇恩，感谢唐宪宗对自己的宽大："与罪人交十年，官又以是进，辱在附会。圣朝弘大，贬黜甚薄，不能塞众人之怒，谤语转侈，嚣嚣嗷嗷，渐成怪民。"(《与萧翰林俛书》)

要之，贬谪永州的柳宗元决不会诋毁唐宪宗。如果真像前引诸君所说，柳宗元是那样奋不顾身、与唐宪宗对着干，他所得到的只能是比王叔文更加凄惨的下场。

(三)未来的前程决定了柳宗元对唐宪宗的态度，只有获得皇帝的宽大甚至喜欢，才会得到最终的解脱与升迁

历经永贞革新失败继而一再遭受各种打击最后赋闲在永州之后，柳宗元比什么人都要明白，无论从什么目的出发，是"兴尧、舜、孔子之道，利安元元为务"也罢，是光宗耀祖、重振柳门也罢，都需要职务权力，无职无权能干什么？然而，这又是唐宪宗一句话就可以决定的。即使是"为量移官，差轻罪累，即便耕田艺麻，取老农女为妻，生男育孙，以供力役，时时作文，以咏太平"(《与李翰林建书》)，也仍然得唐宪宗首肯。舍此别无捷径。即使有朝中大臣力荐，地方要员推举，最后还得要唐宪宗最后定夺。为了达到这个目的，他必然要想方设法改变唐宪宗对自己的印象，哪还敢公然跟唐宪宗过不去，说他不喜欢的话，做他不喜欢的事情呢！因此，任何诋毁唐宪宗、肯定王叔文的言论，都是后来人一厢情愿想当然的结果。

然而，身为贬官，处地偏远，既为皇帝所嫌，又没资格上书。怎样寻找一个机会向唐宪宗表现自己呢？完成并献上《贞符》可说是他与吴武陵精心策划、成功演出的一个双簧。之所以这样说，是基于下面三点理由：

第一，设计了一个冠冕堂皇的理由。以柳宗元现在的身分"永州司马员外置同正员"，没有资格给皇帝直接上书，他们精心设计了一个冠冕堂皇的理由："此大事，不宜以辱故休缺。使圣王之典不立，无以抑诡类，拔正道，表核万代。"不能因为个人的恩怨宠辱，而放弃一件确立神圣典章、抑制诡谲邪恶、发扬正义、树立表率的大事。有了这样一个冠冕堂皇的理由，还有谁好意思不接受呢！

第二，抛出了一个精彩之极的马屁。古今中外任何一个统治者最爱听的褒奖莫过于深得民心，而不是仅仅天授，不管做到没有，做得好不，只要有人说深得民心，没有不特别受用的。柳宗元的设计可谓煞费苦心，精彩之极。在描绘唐代的丰功伟绩之前，他刻画了隋末的乱局："积大乱至于隋氏，环四海以为鼎，跨九垠以为炉，爨以毒燎，煽以虐焰。其人沸涌灼烂，号呼腾蹈，莫有救止。"在这个

基础上推出唐宪宗的列祖列宗:"大圣乃起,丕降霖雨,浚涤荡沃,蒸为清氛,疏为泠风。"开创了一个国强民富的太平盛世:

> 人乃并受休嘉,去隋氏,克归于唐,蹴蹴讴歌,灏灏和宁。帝庸威栗,惟人之为。敬奠厥赋,积藏于下,是谓丰国。乡为义廪,敛发谨饬,岁丁大侵,人以有年。简于厥刑,不残而惩,是谓严威。小属而支,大生而孳,恺悌祗敬,用底于理。凡其所欲,不谒而获,凡其所恶,不祈而息。四夷稽服,不作兵革,不竭货力。丕扬于后嗣,用垂于帝式。十圣济厥理。孝仁平宽,惟祖之则。泽久而逾深,仁增而益高,人之戴唐,永永无穷。是故受命不于天,于其人,休符不于祥,于其仁。惟人之仁,匪祥于天,匪祥于天,兹惟贞符哉!

之所以说这是一个精彩的马屁,之所以说柳宗元是一个忠于李唐王朝、不反王权、不反皇帝的忠仆,仅看他把唐宪宗之前的十代帝王高祖、太宗、高宗、中宗、睿宗、玄宗、肃宗、代宗、德宗、顺宗全部列入"大圣"行列,不管他们的施政实际,仅这一点就足以证明。最后是激情高呼:"祝唐之纪,后天罔坠。祝皇之寿,与地咸久。曷徒祝之,心诚笃之。神协人同,道以告之。俾尔亿万年,不震不危。我代之延,永永毗之。仁增以崇,曷不尔思?有号于天,金曰呜呼,咨尔皇灵,无替厥符。"把一大堆美好动听的描绘与祝福,献给了当朝皇帝唐宪宗。把马屁拍到了点子上,唐宪宗能不受用!

第三,巧妙地表达了自己的请求。柳宗元和吴武陵都是大才子、大智慧。在这篇歌颂李唐王朝"俾尔亿万年,不震不危"的吹捧之作里,同样巧妙地诉说了自己的处境:"念终泯没蛮夷,不闻于时,独不为也。苟一明大道,施于人世,死无所憾,用是自决。"无非是让皇帝想到自己处境的艰难,在欣赏该作、受用该作、龙颜大悦的同时,大开金口,把自己召回京城,赐一京官,从而得到彻底解脱。

(四)出于家族的声誉、个人的诚信,出尔反尔、阳奉阴违、指桑骂槐,为柳宗元所不屑为

韩愈这样称赞柳宗元的父亲柳镇:"皇考讳镇,以事母,弃太常博士,求为县令江南。其后,以不能媚权贵,失御史。权贵人死,乃复拜侍御史,号为刚直。"(韩愈《柳子厚墓志铭》)足见其孝行卓著、人品高尚。韩愈这样肯定了柳宗元:

> 俊杰廉悍,议论证据今古,出入经史百子,踔厉风发,率常屈其座人,名声大振,一时皆慕与之交。诸公要人争欲令出我门下,交口荐誉之。……呜呼!士穷乃见节义。今夫平居里巷相慕悦,酒食游戏相征逐,诩诩强笑语以

相取下,握手出肺肝相示,指天日涕泣,誓生死不相背负,真若可信,一旦临小利害,仅如毛发比,反眼若不相识,落陷井不一引手救,反挤之,又下石焉者,皆是也。此宜禽兽夷狄所不忍为,而其人自视以为得计,闻子厚之风,亦可以少愧矣。(韩愈《柳子厚墓志铭》)

基于这样的家族遗传、个人节操,那些出尔反尔、阳奉阴违、指桑骂槐的事,深为柳宗元所不屑为。我们千万不要把他视同于如今那些台上高调反腐败、台下腐败不遗余力的某些党政领导,不要把他当成当面说好话、背后送黑材料两面派、整人狂。只要端正了这个观念,如果柳宗元口是心非、言行不一,前面所引仅仅停留在表面上对唐宪宗口称万岁、极力讨好层面,背地里却百般诋毁、恶毒咒骂;表面上说"与罪人交十年",背地里却一而再再而三想方设法歌颂王叔文,咒骂唐宪宗,除了一旦被人揭发、暴露后可能产生的严重后果,更可怕的是直接污辱、损害了他的先人和自己向来的清誉与诚信,落一个言行不一、反复无常、当面一套、背后一套、伪君子的恶名,这是柳宗元宁死也不愿意的。那些以尊崇柳宗元为目的,极力标榜柳宗元"曾经写过一系列文章和诗歌被后世认为是诋毁唐宪宗"[5]的说法,那些认为柳宗元多次歌颂王叔文、为王叔文翻案的说法,真不知是抬高了柳宗元的人品地位呢还是有损或污辱了他的形象。

三 《咏史》《咏三良》《河间传》辨析

既然有那么多专家认为《咏史》《咏三良》《河间传》影射了唐宪宗和王叔文,也让我对这三篇作品略作考察。

(一)《咏史》解读

《咏史》通过燕国两代君王对乐毅的不同态度及其为国家带来两种截然相反的后果,表达了作者对他们的肯定与否定。诗曰:

> 燕有黄金台,远致望诸君。嘿嘿事强怨,三岁有奇勋。悠哉辟疆理,东海漫浮云。宁知世情异,嘉谷坐熇焚。致令委金石,谁顾蠹蠕群。风波欸潜构,遗恨意纷纭。岂不善图后,交私非所闻。为忠不顾内,晏子亦垂文。

前三联作者赞赏的是燕昭王的礼贤下士、延揽人才及其由此产生的一系列丰功伟绩,这是有史为证的:

昭王曰:"寡人将谁朝而可?"郭隗先生曰:"臣闻古之君人有以千金求千里马者,三年不能得。涓人言于君曰:'请求之。'君遣之。三月得千里马,马已死。买其首五百金,反以报君。君大怒曰:'所求者生马,安事死马而捐五百金?'涓人对曰:'死马且买之五百金,况生马乎?天下必以王为能市马,马今至矣。'于是不能期年,千里之马至者三。今王诚欲致士,先从隗始。隗且见事,况贤于隗者乎?岂远千里哉?"于是昭王为隗筑宫而师之。乐毅自魏往,邹衍自齐往,剧辛自赵往,士争凑燕。燕王吊死问生,与百姓同其甘苦。二十八年,燕国殷富,士卒乐佚轻战。于是遂以乐毅为上将军,与秦、楚、三晋合谋以伐齐。齐兵败,闵王出走于外。燕兵独追北,入至临淄,尽取齐宝,烧其宫室宗庙。齐城之不下者,唯独莒、即墨。(《战国策·燕策一》)

有了这一段以史为证,什么解释都不需要了,燕昭王的德、乐毅的绩都已经铭刻在历史的功绩柱上,任谁也不可否认。它说明了明君良臣的重要性。不过,这里还存在一个对原诗的理解问题。其第三联"悠哉辟疆理,东海漫浮云",《柳宗元永州诗歌赏析》是这样翻译的:"他为治理新开辟的疆域竭尽精诚,不料东海边的齐国弥漫重重战云。"[6]186预伏着一场新的战事。《今译柳河东全集》则相反:"广阔的疆域也得到了治理,浮云弥漫的东海也在管辖之下。"全统在"乐毅合谋以伐齐"的功劳簿里。两相比较,我倾向于后一种。前三联每一联均完整地交代了一个问题:第一联交代了燕昭王礼贤下士及其结果,引来了后来被封为望诸君的乐毅为燕国效命。第二联描述的其实就是一个含辱忍垢、奋发图强、迅速壮大、一举成功的典型事例。第三联体现了成功后的大好局面。

顺便指出,《柳宗元永州诗歌赏析》对于"悠哉"的注释也不确切:"悠哉:忧思。《诗经·关雎》:'悠哉悠哉,辗转反侧。'"我为此查了《辞源》(商务印书馆1980年版),没有"悠哉"这个词组,对"悠"列三义:一是忧思;二是远、长;三是闲适貌;四是飘扬貌。要解释这首诗中的"悠哉",我以为以第三义为宜,引申为随便、轻松。后面的"漫""浮云"也都有闲适轻松的意蕴,以显出乐毅治军、治国的非凡才能,一切都做得那么轻松自如、得心应手。且让我也为这一联作一次意译:无论是扩疆拓土,或者是治国安民,都是那样整整有条。太平盛世,天清地朗,东海的上空飘浮着吉祥的白云。

接下来形势变了,因为燕昭王已死,由他的长子后来被称作燕惠王的姬乐资执政:

　　昌国君乐毅为燕昭王合五国之兵而攻齐,下七十余城,尽郡县之以属燕。三城未下,而燕昭王死。惠王即位,用齐人反间,疑乐毅,而使骑劫代之将。乐毅奔赵,赵封以为望诸君。齐田单欺诈骑劫,卒败燕军,复收七十城以复齐。(《战国策·燕策一》)

君主不同,胸襟有别,才智谋略差别更大。燕惠王中了齐国的反间之计,逼走了乐毅,一系列失败便接踵而至。于是,以前三联对后三联,两代君王,一组对比,高下妍蚩,一目了然。上一代君王是"燕有黄金台,远致望诸君",延揽了大批杰出人才;下一代君王是"宁知世情异,嘉谷坐熇焚",逼走了杰出人才,自毁了大好形势。上一代君王是"嘿嘿事强怨,三岁有奇勋",忍耻含辱,一举成功,国泰民安;下一代君王是"致令委金石,谁顾蠹蝝群",国之宝器,且已不保;芸芸众生,加倍不堪。上一代君王治下出现的是"悠哉辟疆理,东海漫浮云",一派祥和景象;下一代君王却捣鼓成"风波欻潜构,遗恨意纷纭",蜚短流长,风波不断,留下了无穷遗恨。

　　最后两联为作者议论:"岂不善图后,交私非所闻。为忠不顾内,晏子亦垂文。"身为国君,难道就没有一个长远规划吗? 哪可以以个人恩怨影响国家大事呢! 为了国家就不要顾虑自己,这是晏子留下的忠告。至此,该作的主题已明明白白,那就是只有明君良臣齐心协力,才能做到国泰民安。

　　清人何焯认为:"此诗以燕惠王比宪宗。"[7]章士钊说:"诗全为吊王叔文而作,望诸君,乐毅也,诗即以此影叔文。"无异于痴人说梦。旧史家都把唐宪宗称之为中兴之主,开创了元和中兴,昏庸的燕惠王哪有可比性? 王叔文亦是,乐毅指挥燕赵联军,连克齐国七十余城,创造了不凡业绩,王叔文有什么呢? 一个初出茅庐便惨遭失败的书生,能够构成意义相近的对比吗?

(二)《咏三良》解读

　　《咏三良》借秦穆公之死"以子车氏之三子奄息、仲行、鍼虎为殉,皆秦之良也。国人哀之,为之赋黄鸟"(《左传·文公六年》)的历史事实,置于自己曾经参政议政的切身经验里,发表了自己的独特感受。承上所叙,我同样不赞成"此诗刺康公而美三良,抑意在刺宪宗之信谗贬贤耶"[8]124的说法。如果《咏三良》"对宪宗的怨恨和攻击更为猛烈和明显",如果一如有的论者所言"从邪陷厥父,吾欲讨彼狂"已"将批判的矛头直接指向现实了……他欲讨伐康公,实乃鞭挞讽喻宪宗;他为穆公开脱,实欲为顺宗张目;他称赞三良与穆公的生时同体,死不分张,实指王叔文等与顺宗同归于尽,借以慰藉忠魂;他咏叹三良的冤枉而死,实即痛悼王叔文等革新志士的悲剧命运"[6]191的话,如果真是这样,即使放在20世纪50–70年代,那也是恶毒攻击伟大领袖罪,非判死刑不可。唐宪宗能放过柳宗元? 即使是唯一为唐宪宗所杀的所谓"永贞革新"集团的王叔文,也没有这么恶劣的性质,不曾这样恶毒攻击,难道比王叔文更甚而能保全? 难道柳宗元抱定了与唐宪宗对抗到底、进而必死的决心? 既然抱定了必死的决心,后来又如何在得到王叔文赐死的消息以后那般惊慌失措呢? 显然这一切都无法解释。能够得到的合理解释只有一个,那就是柳宗元没有恶毒攻击,没有诋毁唐宪宗,唐宪宗因此不对号入座。柳宗元同样没有"痛悼王叔文等革新志士",这才赢得了唐宪宗的宽容,得以安然度过那一段有惊无险期。以下也让我对该诗略作评析。

> 束带值明后,顾盼流辉光。一心在陈力,鼎列夸四方。款款效忠信,恩义皎如霜。生时亮同体,死没宁分张。壮躯闭幽隧,猛志填黄壤。殉死礼所非,况乃用其良。霸基弊不振,晋楚更张皇。疾病命固乱,魏氏言有章。从邪陷厥父,吾欲讨彼狂。

该诗共九韵,分三层。前五联为第一层,歌咏了三良的杰出才干,忠君报国及其与秦穆公生死与共的亲密友谊。中间二联为第二层,陈述三良殉葬是如何荒谬及其对秦国的重大损失。最后二联为第三层,提出了一个正确处理其父遗嘱的对比,并对三良殉葬事予以严肃的批判,其实这就是该诗的主题。之所以说"没有诋毁唐宪宗","也没有'痛悼王叔文等革新志士'",这里有四点属于明显的理解偏差:

第一,唐顺宗没有留下处分王叔文党羽的遗嘱,唐宪宗不存在秦康公似的执行父王遗嘱的问题;第二,殉葬与贬谪压根就不是一个层次的问题,唐宪宗处理"革新志士",杀一儆百,只除掉王叔文一人,其余全部贬放偏远地区,与"三良"整体殉葬存在着本质的差异性。第三,三良殉葬之后,导致了"霸基弊不振,晋楚更张皇"的严重后果,唐宪宗处理了"二王八司马",却赢得了元和中兴。第四,柳宗元谴责的只是三良殉葬这件事,怎么读也与"痛悼王叔文等革新志士"毫无关联。

(三)《河间传》解读

《河间传》是一篇小说。在小说意识业已觉醒的中唐,作为一个失意的文人、被贬的官员,有意地创作几篇小说那是再自然不过的。本书后面我将有一个专节论柳宗元的小说创作。这里仅就索隐、影射的问题解读《河间传》。

《河间传》描写了少妇河间怎样由一个贞洁持重的女人,沦落为荡妇淫娃的故事。围绕河间的蜕变过程,作者设计了一个个生动的细节。面对河间在别人的算计下逐步沦落、变态且纵欲而亡的事实,引发出作者对人情冷暖、人生变异的无限感慨。既然有人说到影射了谁谁谁的问题,且让我们看看其中的人物(以出场先后为序):

河间:一个贞洁持重的女人,在人家的反复算计下,终于沦为荡妇淫娃。

族类丑行者(群戚):本族一班无赖,肆意算计河间,一而再挖空心思终于成功,引诱她走上淫荡之路。

姑:河间的婆婆。一个糊涂透顶的家婆,配合族类丑行者逼迫河间一步步落入人家的圈套。

群恶少:一批游手好闲、以渔艳猎色为能事的青年。

貌美阴大者:群恶少之出类拔萃者,是他诱奸了河间,是引领河间淫荡的第一人,让河间对性认识完成了抗拒–顺从–贪婪之三步曲。

婢:为虎作伥者,协助貌美阴大者达到占有河间的目的。

夫:河间的丈夫。一个盲无主见的糊涂虫。轻易让老婆听从族类丑行者安排,走上了淫荡之路而不觉,中了老婆的圈套而不觉,被老婆出卖屈打至死而不觉。

邑臣:河间的间接帮凶,在河间的操纵下告发了“召鬼解除”事,让河间达到了陷害丈夫的目的。

上下吏:亦为河间的间接帮凶,抓走了河间的丈夫,并“笞杀之”。

长安无赖男子:害死了丈夫、赶走了最初的奸夫之后,与河间淫乱的市井恶少。

通过这样一个人物排列,我们可以得出四个结论:

第一,这是一个世风淫糜、寡廉鲜耻的社会,是一个族类丑行者、群恶少、长安无赖为所欲为的时代,群体谋划、多人强制、引诱强奸了一个贞洁烈女,使之从此走上淫荡之路。

第二,哪怕是最为循规蹈矩的老实人,在现实社会的一再诱惑下,也会走向自己的反面,并变本加厉、一发而不可收。

第三,珍惜已有的安宁、祥和的家庭氛围,杜绝节外生枝;对外部环境、家族亲戚有个清醒的认识,不得怂恿家族人员参与“族类丑行者”组织的任何活动。

第四,身为丈夫,清楚认识自己的老婆,知其该知,管其该管,支持其该干,制止其不当行。

最后也让我试译一下那段话,以释普天下说柳宗元讥讪唐代皇帝者之疑。

柳先生曰:天下之士为修洁者,有如河间之始为妻妇者乎?天下之言朋友相慕望,有如河间与其夫之切密者乎?河间一自败于强暴,诚服其利,归数其夫犹盗贼仇雠,不忍一视其面,卒计以杀之,无须臾之戚。则凡以怀爱相恋结者,得不有邪利之猾其中耶?亦足知恩之难恃矣!朋友固如此,况君臣之际,尤可畏哉!余故私自列云。

柳先生说:"天下读书人的修养节操,有像河间刚为人妻时那样贞洁忠诚的吗?天下间互相仰慕的朋友有像河间与其丈夫那样关系密切的吗?但是,自从河间被强暴所征服,她就沉溺于那种快感,回到家里视丈夫如强盗、小偷、仇人,甚至不想看他一眼,最后还想办法害死了他,并且一点也不伤心。由此看来,凡是以恋爱情感相结合的,经不住感官欲望的强烈干扰,所谓感情、恩义全靠不住。连知根知底的朋友都是这样,何况不交心不相知只有服从的君臣关系呢!那是相当可怕的。想到这些,我私下里写下这个故事。

无非是通过河间夫妻之间的故事引申了伴君如伴虎的道理,与唐宪宗、唐顺宗人品、政绩并不相干。

钱大昕曰:"《汉书》原涉曰:'子独不见家人寡妇邪?始自约敕之时,意乃慕宋伯姬及陈孝妇,不幸一为盗贼所污,遂行淫失。知其非礼,然不能自还,吾犹此矣。'柳子厚《河间传》,盖本于此。"(《十驾斋养新录》卷十六)除了说明柳宗元《河间传》之渊源有自,似也可归入"读百家书,上下驰骋"的收获。

参考文献:

[1]搜搜百科[EB/OL]. http://baike. soso. com.

[2]章士钊. 柳文指要[M]. 上海:文汇出版社,2000.

[3]卞孝萱.《谪龙说》与《河间传》新探[A]. 国际柳宗元研究撷英[C]. 南宁:广西人民出版社,1994.

[4]张铁夫. 柳宗元新论[M]. 长沙:湖南大学出版社,2005.

[5]姬水客. 柳宗元诗歌文章中对唐宪宗的诋指[J/OL]. 国学论坛网, http://bbs. guoxue. com.

[6]吕国康,杨金砖. 柳宗元永州诗歌赏析[M]. 长沙:湖南文艺出版社,2002.

[7]何焯. 义门读书记[M]. 北京:中华书局,2006.

[8]王国安. 柳宗元诗笺释[M]. 上海:上海古籍出版社,1993.

(原载 2013 年第 11 期,作者单位:广东技术师范学院)

读《巽公院五咏》兼论柳宗元的佛教信仰

✳ 王国安

一

柳宗元的《巽公院五咏》是一组阐述佛理之作,历来人们对它们似乎不甚重视,各种柳宗元集的注释本也大都略而不注[1],其实这是了解柳宗元贬谪永州后浸润佛学的颇为重要的一组组诗。

永贞革新失败后,柳宗元被贬为永州司马,"俟罪非真吏"(《韦使君黄溪祈雨见召从行至祠下口号》),只是以待罪之身挂名而已。始居永州龙兴寺西轩,结识龙兴寺住持、著名的天台宗高僧重巽。重巽,是天台宗中兴局面开创者、天台九祖荆溪湛然的再传弟子,柳宗元《送巽上人赴中丞叔父召序》说"以吾所闻知,凡世之善言佛者,……楚之南则重巽师。"可见重巽在当时佛教界的声望、地位。

所谓"巽公院",即是指永州龙兴寺中的净土院,柳宗元《永州龙兴寺修净土院记》云:"前刺史李承晊及僧法林置净土院于寺之东偏,常奉斯事。逮今二十余年,廉隅毁顿,图象崩坠。会巽上人居其宇下,始复理焉。……有信士图为佛像,法相甚具焉。"据此,"巽公院"当就是指重巽所居的"净土院"无疑。其中有净土堂、曲讲堂、禅堂,而芙蓉亭、苦竹桥也在其间。柳宗元入居龙兴寺是永贞元年(805)冬,元和五年(810)迁居潇水之西的冉溪。净土院的修缮在元和元年、二年间,诗云"华堂开净域,图象焕且繁",应是净土院刚修竣之后不久,故可推知《巽公院五咏》大约作于元和二年(807)的秋天[2]。其时柳宗元已在龙兴寺寄居了两年之久,刚被贬永州时的愤激之情已渐趋平缓,而在这两年中他显然在重巽的影响下对佛教经典作了深入的研习,正如他自己所说:"吾自幼好佛,求其道积三十年,世之言者罕能通其说,于零陵,吾独有得焉。"(柳宗元《送巽上人赴中丞叔父召》)所谓"得"的具体内容,应该就是对天台宗教义的理解和赞同,而在这组诗中也得到了颇为明确的反映。

二

《巽公院五咏》分咏净土院的的五处景观,它们不同于一般浮浅的阐述佛理之作,而是将作者有深刻领会的天台宗教义贯穿其间。诗云:

净土堂

结习自无始,沦溺穷苦源。流形及兹世,始悟三空门。华堂开净域,
图象焕且繁。清泠焚众香,微妙歌法言。稽首愧导师,超遥谢尘昏。

曲讲堂

寂灭本非断,文字安可离!曲堂何为设?高士方在斯。圣默寄言喧,
分别乃无知。趣中即空假,名相与谁期?愿言绝闻得,忘意聊思惟。

禅 堂

发地结青茆,团团抱虚白。山花落幽户,中有忘机客。涉有本非取,
照空不待析。万籁俱缘生,窅然喧中寂。心境本同如,鸟飞无遗迹。

芙蓉亭

新亭俯朱槛,嘉木开芙蓉。清香晨风远,溽彩寒露浓。潇洒出人世,
低昂多异容。尝闻色空喻,造物谁为工?流连秋月晏,迢递来山钟。

苦竹桥

危桥属幽径,缭绕穿疏林。迸箨分苦节,轻筠抱虚心。俯瞰涓涓流,
仰聆萧萧吟。差池下烟日,嘲哳鸣山禽。谅无要津用,栖息有余阴。

这五首诗概括而言主要写了三方面的内容:一是表示对重巽的敬佩,二是对佛教教义的理解,三是描写佛院的自然景色。柳宗元初至永州不久,在《永州龙兴寺西轩记》中曾借在西轩开窗后室内一片透亮而发挥说:"因悟乎佛之道,可以转惑见为真智,即群迷为正觉,捨大闇为光明。"并将此记抄录两份,"其一志诸户外,其一以贻巽上人",联系文章最后"夫性岂异物耶,孰能为余大昏之墉,辟灵照之户,广应物之轩者,吾将以为徒",显然有准备精研佛典、并向重巽拜师求教之意。二年后在《巽公院五咏》中更明确说"稽首愧导师,超遥谢尘昏",明确称重巽为引导自己"始悟三空门"的"导师"而尘昏叩谢,可见在这二年中柳宗元在研习佛教典籍时重巽对他的影响之大。尤其值得我们注意的是诗中对佛教教义

的阐述,从现有材料看,这很可能是柳宗元明确表明自己的天台佛学信仰和对当时盛极一时的禅宗新潮流不满的最早的作品[3]。

天台宗是中国第一个大乘佛教宗派,是佛教完成其中国化并走向成熟的标志,也是一个具有深刻而完整的哲学构建的佛教教派。从智𫖮创建到湛然中兴,其教义核心"一念三千,即空,即假,即中""圆融三缔"之说在当时社会知识阶层中产生了很大的影响。柳宗元在这几首诗中所阐述的佛理,正是天台宗的核心教义。其中比较集中涉及天台宗教义的是《曲讲堂》和《禅堂》两首。《曲讲堂》一开口就提出诘问:"寂灭本非断,文字安可离?"在天台宗看来,"生死即涅槃,无灭可证",即便是"寂灭"也是"纯一实相,实相外更无别相"[4],因而他们极其强调对佛教经论修持领悟是不可或缺的。禅宗提出"不立文字,以心传心",秉承僧肇的"夫文字之作,生于惑取,法无可取,则文字相离"及"无有文字是真解脱"[5]的观点,大倡"离文字"之说,正与天台宗的奉行经籍相反,所以柳宗元针锋相对加以反诘。他后来在《送巽上人赴中丞叔父召序》中的一段话说得尤为透彻:"佛之言,吾不可得而闻之矣,其存于世者,独遗其书。不于其书而求之,则无以得其言。言且不可得,况其意乎?"也就是说要探知佛意,必须从佛教的经典入手,"非取乎经论则悖矣"(《送琛上人南游序》)。巽公院设有曲讲堂,正是重巽讲经说法之处。诗三、四两句即是用佛教典故说明讲读佛教经论的重要。《思益经如来二事品》曰:"言一圣说法,说三藏十二部经也;二圣默然,一字不说也。如来唯有此二法。"又曰:"佛及弟子常行二事,若说、若默。"诗所谓"寄言宣"即"圣说法",谓阐说佛教经典。柳宗元指出分别默、说,毫无必要,否定经论实在是无知之见,也是秉承了天台宗的观点。天台宗认为"三界无别法,唯是一心作",智𫖮曾说"离说无理,离理无说;即说无说,无说即说。无二无别,即事而真","圣说圣默,非说非默"[6]。在这里,柳宗元正是以天台的"圆融"批驳禅宗偏执"顿悟"的理论。所以接着他马上又指出:"趣中即空假,名相与谁期?"从天台的观点来看,偏执一端就堕入割裂空、假的魔障,而以"中道"观之,说也好,默也好,"即空、即假",并没有根本区别。

《禅堂》一诗乃重在赞扬重巽精于天台止观,圆融三谛。天台宗认为要达到"一念三千""圆融三谛"之境地,必须通过一定的宗教修持的实践,具体说就是定慧相资、止观双修。为此,智𫖮还专门著有《修习止观坐禅法要》一卷,以贻学者。禅堂即是坐禅修持之地,诗云"中有忘机客",正是修持入定之谓。"涉有本非取,照空不待析"。"照",观照、照见之意也。按照佛教"一切法皆空"的观念,对世间万物,都不能"看",而只能用"心"观照。诗中"照空"即承上谓由"有"而感受"有即是空"。佛教各派对于"空""有"的争论不绝,天台宗则取慧文的"诸法无非因缘所生,而此因缘,有不定有,空不定空,空有不二,名为中道"之说,提出"双遮双照"之说而"圆融"之。柳宗元《永州龙兴寺修净土院记》谓重巽"修最上乘,解第一义。无体空析色之迹,而造乎真源;通假有假无之名,而入于实相",也正以此意赞之,而说得更为具体。"万籁"皆是由因缘所生,其实是空,本是佛教旧说;然而在天台教义看来它们又是"一念三千"的实相。所以"心境本同如",无论是心、是境,都是"实相"(如),换言之,也就是"心"和"境"本同一而无所区别,亦即《摩诃止观》卷五所云"此三千在一念心,若无心而已,介尔有心,即具三千",世间森罗万象无不是"一念心"对实相的观照之意,此乃是称赞重巽于天台教义的修养深湛,修持已达于心、境同"如"之超凡之界。末句的"鸟飞无遗迹",是佛典中常见的比喻,《华严经》《涅槃经》等都曾使用,比喻一切有为法的性相"寂灭",但在天台宗看来即便是"寂灭"亦非断相,只有他们所宣扬的心、境合一、"圆融三谛",才真正达到"如鸟飞空中,足迹不可得"的境界。这两首咏佛堂的诗,所涉及的正是天台宗的核心理论,甚至所使用的语言也是天台大师们所经常用的。孙月峯说:"诗最忌议论,最忌说理,此乃全是议论,全是说理,却圆妙有致,不腐不俗,真是高手。"[7]之所以能达到如此境界,固然需要高超的诗歌创作的艺术才能,但同柳宗元深湛的佛学修养、尤其是对天台宗典籍的熟悉也是分不开的。

《巽公院五咏》首咏的是"净土堂",这应该是柳宗元的有意安排,反映出柳宗元对"西方净土"一说的敬信。中唐时期净土说大畅,但多数士大夫接受的主要还是禅宗的"净土在心"的观念。柳宗元却似乎真的相信西方有一个"极乐世界",突出地表现出他确有佛教迷信的一面,这同他接受天台教义也有一定的关系。天台宗也大力宣扬西方净土之说,智颉还专门著有《释净土十疑论》,"弘宣其教",为天台宗的重要经典。所以在重巽发起修缮龙兴寺净土院时,永州刺史冯叙捐助了净土院的大门,柳宗元不但捐助了曲廊,并且特意亲自在墙宇上书写了智颉的《释净土十疑论》。他在《永州龙兴寺修净土院记》中特别指出:

> 彼佛言曰:西方过十万亿佛土,有世界号极乐,……有能诚心大愿归心是土者,苟念力具足,则往生彼国。然后出三界之外,其于佛道无退转者——其言无所欺也。……呜呼!有能求无生之生者,知舟筏之存乎是。

把西方净土信仰看作是到达彼岸的"舟筏",认为"其言无所欺",都显示出他对西方净土的深信不疑。几年后,他在《岳州圣安寺无姓和尚碑》中又一次强调:"生物流动,趋向混乱,惟极乐正路为得其归。"柳宗元对天台教义的赞同如果还可以说更多的是着眼于佛学理论的话,那末他对西方净土的热诚,则显然是陷入了宗教迷信。联系后来他的一些迷信活动,如对病重的女儿更名为佛婢又削发为尼的愚昧行为,写下《下殇女子墓砖记》加以褒扬,说明他对待佛教的态度,既有取舍佛学理论为我所用之处,又有陷入宗教迷信的一面,两者确可谓兼而有之。后世对他的一些迷信佛教的行为颇多诟病,也并非全然没有道理。

《巽公院五咏》的最后两首是描写佛院的景色,汪森认为"五诗极能因名立意,洗剔见工。然谈理而实诸所无,不若写物而空诸所有,在具眼者自当辨之"[8],尤为欣赏之。有意思的是这两首诗曾被人用来佐证柳宗元不忘世俗政治和对佛教有心存疑虑,这主要是针对"尝闻色空喻,造物何为工"和;谅无要津用,栖息有余阴"几句而言。认为前者"为的是向佛教色空理论提出疑问";而"要津"一词,则是表现出他思想深处希望重返政界。这显然是作者未必然而读者所以然了。柳宗元《巽公院五咏》是谈自己敬信释教、领悟佛理之作,这就决定了他不太可能在诗中对佛教本身表示怀疑;实际上这是作者结合自然景色而阐述他对天台教义的领悟。"色即是空,空即是色"本是佛教大乘空宗的基本思想,所谓"空者,理之别目,绝众相,故名为空",在盘若类佛教经典中,"色"和"空"是二而一的东西。然而,持实相说的天台理论主张调和空、有,在色、空关系上并不完全附和这简单化的偏执一隅的提法。智顗认为"昔者慧眼但见于空,不见不空,今开慧眼即见不空,不空即见佛性";又说"圆顿者,初缘实相,造境即中,无不真实。系缘法界,一念法界,一色一香,无非中道"[9]。既然"一色一香,无非中道",可以"唯于万境观一心"[10],于是"低昂多异容"的芙蓉,自然也可以是"中道"——"即空即假即中"的"三谛圆融"的本真体现,否则倘若芙蓉仅仅只有一"空",那造物又何必赋以如此的风姿呢?至于"谅无要津用",也不能武断说是与希望重返政界有联系,清蒋之翘曾说"要津用,谓作筏也"[11],甚是。"有能求无生之生者,知舟筏之存乎是",舟筏之喻,在这里显然当也是指佛学修持之津梁,乃是感叹苦竹不能为"舟筏"而渡至"无生之生"之彼岸也。

前人谓《巽公院五咏》"取韵各精切,非复纵肆而作,随其题观之,其工可见也"[12]。可知经过精心结撰,并不是一时兴起的应酬之作;它们"俱就禅理发挥",但又不是泛泛而谈佛理,显示出柳宗元对佛教理论的熟悉和取舍,以及对天台宗教义的信仰。所以《巽公院五咏》在柳宗元的思想历程上颇为重要,代表了柳宗元对于佛教信仰态度的一个重要的思想转变的完成,也就是他在"求其道积三十年"后的"独有得"。

三

许多学者早已指出,柳宗元出身在一个佛教气氛浓重的生活环境里。他自称"自幼好佛",从现存史料看,他早期接触较多的应该是禅宗,尤其是当时日益成为禅宗新潮流的洪州禅。其父柳镇曾任职于鄂、岳、沔三州节度使李兼幕府,李兼即很崇信禅宗,贞元元年(784),李兼迁江西(治所洪州,今江西南昌市),曾为正在当地开法宣讲的马祖道一(709 — 788)"勤护法之诚,承最后之说"[13]。十一岁的柳宗元跟随其父也正在洪州。李兼奉洪州禅,上行下效,李兼门下信之者自然不会少,著名的如李兼的女婿、后来成为柳宗元岳父的杨凭,与其有学承关系的权德舆等皆是洪州禅的热心鼓吹者。柳宗元在长安期间与禅宗中人也颇有来往。他现存最早的与佛教徒交往的作品即是《送文畅上人登五台遂游河溯序》,文畅是马祖法嗣南泉普愿(748 – 834)弟子,正是洪州禅一派的嫡传。还有灵彻,是当时著名诗僧,"贞元中(785 — 805),西游京师,名振辇下"[14],吕温《张荆州画赞并序》称其为"曹溪沙门"。柳宗元刚到永州寄寓龙兴寺时,与其"联栋而居"的文约也是禅宗中人[15]。有关材料虽然不多,但柳宗元早期与禅宗僧徒颇有来往并受到影响是毋庸置疑的。

然而,"佛道逾远,异端竞起,唯天台大师为得其说"(柳宗元《岳州圣安寺无姓和尚碑》)。柳宗元被贬永州后,由于从理论上接受天台宗的教义,对于律宗、净土宗等也颇有好感。而对禅宗,尤其是引领禅宗发展新潮之洪州禅开始反感,并日益强烈;所谓"异端",当即指此。他在《龙安海禅师碑》中说:"佛之生也,远中国仅二万里;其没也,距今兹仅二千岁,故传道益微,而言禅者最病。拘者泥乎物,诞则离乎真,真离而诞益胜。故今之空愚失惑、纵傲自我者,皆诬禅以乱其教,冒于嚣昏,放于淫荒。"这段话可以视作他对当时风靡一时的禅宗新潮流的总体性的批判。

从现存材料看,柳宗元不满禅宗的具体理由有三,对此不少学者都已经指出并加以分析,这里再作些补充,与天台教义作些比较:

其一,柳宗元认为佛教徒"不爱官,不争能,乐山水而嗜闲安者为多"(柳宗元《送僧浩初序》），这也正是他亲近佛教的原因之一。然而禅宗却"莫征旁行，徒听诬言。空、有互斗，南北相残"（柳宗元《龙安海禅师碑》）。唐代佛教教派间的争论很平常，但同一教派内部派系的这种你死我活的"相残"也不多见。从这字里行间颇能体味到赞同天台教义杂博兼容的柳宗元对南、北禅宗门派森严、不择手段的争斗的厌恶。

其二，"今之言禅者，有流荡舛误，迭相师用，妄取空语，而脱略方便，颠倒真实，以陷乎己又陷乎人。"（柳宗元《送琛上人南游序》）这里是批评其时禅宗内部的派系相传、互相争斗和诞妄任意的禅学主张，认为他们徒以谬说相高、空言诱导，而不注重研读经论、领悟佛意，脱略必须有的修持过程。如洪州禅的开创者马祖道一就说："汝但随时言说，即事即理，都无所碍。"[16]这里所谓的"方便"，也当是指天台宗所强调的"夫修止观，须具方便法门"的修持之法。柳宗元很赞同持律、修持和读经，"佛以律持定慧，去之则丧，……异律与定慧者，不可与言佛"（柳宗元《南岳大明寺律和尚碑》），赞同天台宗的定慧双修，而禅宗本来也不是全然废弃读经修持的，北宗神秀的"方便通经"即是。自惠能始倡导"单刀直入，知了见性，不言阶渐"的"顿悟"，至马祖洪州一支则愈益抛弃修持，而宣扬"平常心即是道""道不用修，……只今行住坐卧，应机接物，尽是道"[17]，融禅修于日常行事之中而不拘任何形式，实际上是废弃了宗教修持。其极端一派，更从"佛在心中"，随心所欲，发展到毁经弃律、狂放不羁，"冒于嚣昏，放于淫荒"，自然会引起以天台佛学为准则，重视修持、强调读经的柳宗元的强烈不满。

其三，"又有能言体而不及用者，不知二者之不可斯须离也，离之外矣。是世之所大患也。"（柳宗元《送琛上人南游序》）佛教各宗派都常提到"体""用"两字，但内涵各有不同。如华严宗人在谈"法界缘起"时就说"体为用本，用依体起"，所谓"法界"即是"至净真心"，也即是一切诸法的本原，而以世间诸尘、万象为"体"（法界）的表现，即"缘起"为"用"[18]；而在禅宗，北宗神秀也曾说"我之道法。总归体用两字"[19]。他是以"体"为佛性本身，而"用"则指"时时勤拂拭"的修为。柳宗元这里的"知其体而不知其用"当还是针对洪州禅而言。洪州禅认为"起心动念，弹指动目，所作所为，皆是佛性全体之用"[20]，也是以佛性为"体"，以"缮性"为用，但他们所主张的日常的一切活动都是"佛性全体之用"，正是柳宗元所坚决反对的，因此柳宗元斥之为"能言其体而不及用"。

从柳宗元留下的释教碑铭看，为禅宗僧徒而写的总共只有两篇[21]。借海禅师之口而对禅宗大加批判的《龙安海禅师碑》是其一，海禅师虽是禅宗中人，但他对禅宗的许多批评与柳宗元的看法十分接近；另一篇就是《曹溪大鉴禅师碑》，这是柳宗元作于柳州的一篇很有意思的文章。比较前此王维的《六祖能禅师碑铭》、稍后刘禹锡的《大唐曹溪第六祖大鉴禅师第二碑》，隐隐可以看出柳宗元在撰结碑文时的心态。其时禅宗南宗已经风靡全国"凡言禅者皆本曹溪"，惠能的声望已是如日中天，连唐宪宗也下诏封赠大鉴禅师的称号，对于这样一位碑主，加以赞美自然是碑文的题中之义，况且又是顶头上司岭南节度使马总委托；但仔细分析这篇碑文，令人玩味的是大量的篇幅竟是写马总如何为惠能请谥的过程及赞美马总和皇帝敬佛之词，而碑主惠能倒似乎成了配角，直接称赞之的主要是这几句话：

> 其道以无为为有，以空洞为实，以广大不荡为归；其教人，始以性善，终以性善，不假耘锄，本其静矣。

所谓"以无为为有，以空洞为实，以广大不荡为归"，即是说惠能的主要理论是以空融有，以有解空，空有相融，这也是惠能佛学理论体系的基本出发点，可见柳宗元对惠能佛学有很深入的理解。但是，"其教人，始以性善，终以性善"云云，则显然有违惠能本意。儒家的"性善"同惠能的"自性本自清净"的观念风马牛不相关，精通佛学的柳宗元不可能不知道；碑文中对由惠能所开创且成为南宗主要标记的"一悟即至佛地"的"顿悟"说又只字不提。后世常用这段话来作为柳宗元主张"统合儒、释"的例证，但如果换一个角度看，柳宗元这样介绍惠能的佛学，是否也可以用来说明柳宗元对惠能佛学的某些观点持有保留态度呢？

作为一个政治家、思想家，柳宗元很注重佛教的"教化"功能。他在《柳州复大云寺记》中就直言"唯浮图事神而语大，可因而入焉，有以佐教化"。应该说这也确是柳宗元重视佛教的一个重要原因。但于当时佛教各宗派中，他尤为倾心天台宗，应该同他对天台佛学之哲学构建的赞同不无关系。天台宗是一个具有缜密的哲学构建的佛教宗派。智顗之天台佛学，乃是统摄天竺大乘诸学的基础上，又融入中国思想传统的一次创新。他的"一念三千"说，从字面看很容易被断定为"彻头彻尾的唯心主义"，其实还不能遽下断语。天台宗奉"实相说"，他们所谓的实相，显然是指一切诸法之本体，所谓三界六道，乃至三千大千世界，一切染净诸法，无不容纳其间。所以他们又强调"实相之境，非佛天人所作，本自有之，非适今也"[22]，"一切世间治生产业，皆与实相不相违背"[23]。这就又把"实相"从虚幻缥缈中拉了回来，否定了在"实相"之上更有什么神秘的力量。应该说实相说在一定程度上有重视现实存在的一面,这对注重国计民生、具有一定唯物观的柳宗元应有一定的吸引力。

天台佛学又有一套自己独特的理论阐述方法。天台宗在阐说经义时,依理不依人,依义不依文,即便经论无明文,亦会随情而立名,作义以通之。"无文立名,作义以通经教""但使义符,经论无文,不足致疑"[24],正是智顗诠释经义所遵循的基本原则之一。智顗在《四教义》中还曾有过一个生动形象的比喻:

> 今一家解释佛法,处处约名作义,随义立名,或有文证,或无文证。若有文证,固不应疑;无文证者,亦须得意。譬如神农、扁鹊、华佗,皆古之圣贤,所造药对治,撰集经方,当时所治,无往不差,今人依用,未必皆愈。而今代凡医,虽约古方,出意增损,随病处药,少有不差。若深解此喻,通经说法,覩时事所宜,作义立名,亦有何失?

天台宗所主张的"通经说法"必须"覩时事所宜",显然曾被柳宗元所敬重的前辈啖助、赵匡、陆质创立新《春秋》学时所借鉴,当然也为柳宗元所赞同。柳宗元概括陆质的主要贡献是"明章大中,发露公器"(柳宗元《唐故给事中皇太子侍读陆文通先生墓表》),但"大中"一词陆质等人其实都从未说过,当就是出于柳宗元的"随情而立名"。柳反复强调大中之道就是"当",固然主要受到荀子、陆质等的影响,但与天台宗"覩时事所宜"观念也确是十分相近。从他的理论著作如《断刑论》《时令论》《六逆论》等所运用的论述手法中都可以间接看出天台佛学阐述佛理方法的影响。

天台佛学又以兼融杂博著称,广采诸家之说融而会之,充分利用当时可能获得的各种思想资料"引诸经以增信,引诸论以助威,观心为经,观法为纬,织成部帙,不与他同。"[25]主张对此前的不同义学兼收融合。在其天台教义中还吸收了许多儒家及其他世俗之治国伦理的内容,智顗在《法华玄义》中就曾强调"若周孔经籍、治法、礼法、兵法、医法、天文地理、八卦五行、世间坟典,孝以治家,忠以治国,各亲其亲,各子其子,敬上爱下,仁义揖让,安于百姓,霸立社稷。若失此法,强者凌弱,天下焦遑,民无聊生,鸟不暇栖,兽不暇伏;若依此法,天下太平,牛马内向。当知此法,乃是爱民治国,而称为实。"又云:"若坚持五戒,,兼行仁义,孝顺父母,信敬惭愧,即是人业。"这对主张不执一隅,兼收并蓄、"统合儒释"而志在济世治国的柳宗元自然是颇有会心。柳宗元在建立其思想体系时同样是广收博取,他广泛阅读"经、史、诸子数百卷",了解"圣人用心,贤士君子立志之分"

(柳宗元《与李翰林建书》),他认为"老子,亦孔氏之异流也。又况杨、墨、申、韩、刑名、纵横之说,其迭相訾毁、诋牾而不合者,可胜言耶?然皆有以佐世。"(柳宗元《送元十八山人南游序》)他称赞好儒超过韩愈的扬子的著作"于庄、墨、申、韩皆有取焉"(柳宗元《送僧浩初序》)。他把佛教教义视作一种学说,主张"真乘法印与儒典并用",固然是未能分清佛教教义和诸子学说的区别,但也可窥见其努力从多方面吸取有益于世的观点的态度。从这种理论思维和研究方法上的契合,也可以看出柳宗元有取于天台佛学的原因确实是多方面的。

这里应说明一下,禅宗在中国佛教史和思想史上自有其重要的贡献,柳宗元所极力反对的禅宗新潮,在思想解放方面也曾产生过积极的作用。本文并非旨在讨论天台宗和禅宗的功过是非,只是想指出柳宗元的佛学倾向,指出柳宗元的某些涉及佛教的议论,往往同他对当时佛教不同宗派之教义的取舍有关。不过在历史上确也有过一个有趣的现象,后世在热衷政治、志在改革的知识分子中也颇有信奉天台宗同时而又贬抑禅宗者,如清代的龚自珍,就"辟尽狂禅礼天台"(《己亥杂诗》),这恐怕与天台宗和禅宗各自的某些特点不无关系吧!很值得我们作进一步深入的研究。

参考文献及注释:

[1]笔者撰写《柳宗元诗笺释》时,发现历代注本对这几首诗的注释都极为简略。

[2]参见拙著《柳宗元诗笺释》,1992年上海古籍出版社出版。

[3]柳宗元明确表示信奉天台并对禅宗不满的作品,如《龙安海禅师碑》,元和三年作;《送琛上人南游序》旧说谓永州作,然观文中"自京师来,又南出乎桂林",似当作于柳州的可能为大。

[4]智顗《摩诃止观》卷一。

[5]《维摩诘经弟子品》注。

[6]智顗《摩诃止观》卷一。

[7]孙月峯评点《柳柳州集》。

[8]汪森《韩柳诗选》。

[9]智顗《摩诃止观》。

[10]湛然《止观义例》卷下。

[11]蒋之翘《柳集辑注》。

[12]曾吉甫《笔墨闲录》。

[13]权德舆《唐故洪州开元寺石门道一禅师塔铭并序》。

[14]刘禹锡《彻上人文集纪》。

[15]刘禹锡《赠别约师》。

[16]《景德传灯录·江西道一禅师》。

[17]《景德传灯录》卷二十八。

[18]《华严经义海百门》。

[19]《楞伽师资记》。

[20]《中华传心地禅门师资承袭图》。

[21]柳宗元现存释教碑铭九篇,其中《南岳弥陀和尚碑》《南岳般舟和尚第二碑》,碑主承远,法照之师,为净土宗。《南岳云峰寺和尚碑》和《南岳云峰寺和尚塔铭》,碑主云峰和尚法证(澄),重巽之师也,天台宗。《岳州圣安寺无姓和尚碑》碑主法剑,天台宗。《南岳大明寺律和尚碑》,碑主慧开,律宗。《衡山中院大律师塔铭》,律宗。

[22]智顗《法华玄义》卷二。

[23]智顗《摩诃止观》卷一。

[24]智顗《四教义》。

[25]湛然《止观义例》卷上。

（原载 2005 年第 3 期,作者单位:复旦大学）

也谈柳宗元与禅宗南宗
——与普慧先生商榷

✳ 王国安

柳宗元于佛教的关系，一向颇受研究者关注，也已经有不少文章加以讨论。普慧先生的《王维柳宗元刘禹锡对惠能禅的总结与推动》（见《陕西师范大学学报》2004 年 1 月）阐述王维、柳宗元和刘禹锡等三位作家对惠能禅的总结推动，也涉及到这一很有意义的问题。然而让人感到可惜的是，作者的许多分析结论不是建立在客观材料的基础上，也脱离了学术界已有的研究成果，颇多出于凭空臆想，因而很有必要提出来加以讨论。

普慧先生文章说：

> "柳宗元长于京畿，此时所了解的应该主要是北禅的思想。柳宗元的外放永州使他开始真正了解到了南禅的思想，所以，他深有感触地说'世之言者罕能通其说，于零陵，吾独有得焉'。'独有得'就是说在南禅那里得到了领悟。"

> "柳宗元的这一《碑》，使得岭南曹溪禅又重焕生机，大放异彩。

> "可以说，惠能的曹溪禅是靠柳宗元的《碑》再次发扬光大，而柳宗元也靠为惠能作《碑》，有了更多与南禅接触的机会，同时也对他的人生观和生命观产生了巨大的影响，以至于他的诗文创作在很大程度上受到了南禅潜移默化的影响。"

普慧先生的这两段话，也是他的核心观点，提出了柳宗元于佛教禅宗关系的两个重要问题。对此我们有绝然不同的看法。

我们先来谈第一个问题，柳宗元被贬永州后是否"在南禅那里得到了领悟"呢？

柳宗元被贬永州后深究佛学，元和六年他在《送巽上人赴中丞叔父召序》中回忆说"吾自幼好佛，求其道积三十年，世之言者罕能通其说，于零陵，吾独有得焉"。这里的"独有得"究竟是指什么？其实仔细读读此序全文就不至于引起误解。这篇序在一开头说"或问宗元曰：'悉矣子之得于巽上人也，其道果何如哉？'"就已经明确指出柳宗元学佛而"得"的重要来源——永州龙兴寺住持重巽。柳宗元贬永州后起初几年就借居龙兴寺，与重巽交往极为密切。重巽是天台宗高僧，从现有材料看，柳宗元对他极为尊敬，尊之为"导师"（《巽公院五咏》），称之为"世之善言佛者"，认为他深得佛教经典的真谛，"穷其书，得其言，论其意。推而大之，逾万言而不烦；总而括之，立片辞而不遗。与夫世之析章句，征文字，言至虚之极则荡而失守，辩群有之伙则泥而皆存者，其不以远乎？……师之言存，则佛之道不远矣"（柳《送巽上人赴中丞叔父召序》）。十分显然，柳宗元所说的"独有得"，其实是指从天台大师重巽那里得到了启示，或者说在天台宗那里得到了领悟[①]，而绝不能说是"在南禅那里得到了领悟"。

不仅如此，正是在这篇序中，柳宗元还恰恰批评了禅宗南宗。禅宗惠能认为"诸法妙理，非关文字"（惠能《坛经·机缘品》），秉承僧肇的"夫文字之作，生于惑取，法无可取，则文字相离"及"无有文字是真解脱"（《维摩诘经弟子品》注）的观点，提出"不立文字，以心传心"，大倡"离文字"之说，这与天台宗的奉行经籍相反。对此柳宗元早在元和二年就曾针锋相对予以诘问："寂灭本非断，文字安可离？"（柳《巽公院五咏》），明确指出对佛教经论的修学领会是不可或缺的。他在这篇序中的一段话说得尤为明确："佛之言，吾不可得而闻之矣，其存于世者，独遗其书。不于其书而求之，则无以得其言。言且不可得，况其意乎？"在强调读经的重要性之同时，批驳的矛头显然还是针对禅宗。柳宗元很重视学习佛教经典，"佛之迹，去乎世久矣，其留而存者，佛之言也。言之著者为经，翼而成之者为论。其流而来者，百不能一焉，然而其道则备矣。法之至莫尚乎盘若，经之大莫极乎涅磐，世之上士，将欲由之而入者，非取乎经论则悖矣。"（柳《送琛上人南游序》），在他看来，佛经虽然存留百不能一，然已经足以阐明佛道，通过读经而才能领会佛意，才可以"由之而入"，舍筏而登彼岸；反之，如禅宗之求佛道之真谛而不"取乎经论"，则无疑南辕北辙，缘木求鱼。

柳宗元崇信天台宗，对于天台高僧往往大加褒扬，尤其是对天台的"中道"观倍加赞赏。其赞云峰和尚法证"师之教，尊严有耀，恭天子之诏，维大中以告，后学是效；师之德，简峻渊默，柔惠以直，涣焉而不积，同焉而皆得，兹道惟则。"（柳《南岳云峰和尚碑》），"由其内者，闻大师之言律义，莫不震动悼惧，如听誓命；由其外者，闻大师之称道要，莫不气息慺愀欣踊，如获肆宥"（柳《南岳云峰和尚塔铭》)。其赞无姓和尚法剑"绍承本统,以顺中道,凡受教者不失其宗。生物流动,趋向混乱,惟极乐正路为得其归。和尚勤求端愨,以成至愿,凡听信者,不惑其道"(柳《岳州圣安寺无姓和尚碑》);在碑中还特别强调指出:

> "佛道逾远,异端竞起,唯天台大师为得其说"。

从这些碑铭的字里行间,充溢着对天台宗的崇信和对这些天台大师的敬仰,以及对天台"中道"观的赞赏。由于天台宗也赞成持律,倡导弥勒净土,故柳宗元对于律宗、净土宗也颇为亲近。而对于当时的禅宗南宗,尤其是当时南宗的新潮流洪州禅则颇为不满。对此,我们只要读读他的《龙安海禅师碑》《送琛上人南游序》及《东海若》等文就可以有清楚地认识。

禅宗南宗自惠能至柳宗元时代,已有一百三十余年,即便是南宗一支也分了好几个派别,其时影响最大、启领潮流的是江西马祖(709－788)的洪州禅。而柳宗元恰恰是这一禅宗主流的批评者。他在《龙安海禅师碑》中说:

> "佛之生也,远中国仅二万里;其没也,距今兹仅二千岁,故传道益微,而言禅者最病。拘者泥乎物,诞则离乎真,真离而诞益胜。故今之空愚失惑、纵傲自我者,皆诬禅以乱其教,冒于嚚昏,放于淫荒。"

这段话可以视作他对禅宗、尤其是当时风靡一时、成为禅宗南宗主流之洪州禅的总体性批评。从现存材料看,柳宗元对当时禅宗的不满是多方面的,除了前面已经谈到的禅宗"文字相离"之说外,再如:

其一,柳宗元认为佛教徒"不爱官,不争能,乐山水而嗜闲安者为多"(柳《送僧浩初序》),这也正是他亲近佛教的原因之一。然而禅宗却"莫征旁行,徒听诬言。空、有互斗,南北相残"(柳《龙安海禅师碑》)。唐代佛教教派间的争论很平常,但同一教派内部派系纷争如此激烈,乃至形同水火,你死我活的"相残"也不多见。于此我们颇能体味到柳宗元对禅宗内部不择手段的争斗的厌恶。

其二、柳宗元认可佛门戒律,他说:"佛以律持定慧,去之则丧……异律与定慧者,不可与言佛"。甚至认为"小律而去经",是佛道衰败的表现(柳《南岳大明寺律和尚碑》)。他也赞同天台宗的定慧相资、止观双修。为此他严厉地指出,"今之言禅者,有流荡舛误,迭相师用,妄取空语,而脱略方便,颠倒真实,以陷乎己而又陷乎人"(柳《送琛上人南游序》)。批评当时那些"言禅者"徒以谬说相高、空言诱导,而不注重研读经论、领悟佛意,脱略必须有的佛门修持过程。如洪州禅的开创者马祖道一就说:"汝但随时言说,即事即理,都无所碍。"(《景德传灯录·江西道一禅师》)柳宗元这段话里所说的"方便",即当是指天台宗所强调的"夫修止观,须具方便法门"的修持之法。禅宗本来也不是全然废弃读经修持的,北宗神秀的"方便通经"即是。自惠能始倡导"单刀直入,知了见性,不言阶渐"的"顿悟",至马祖洪州一支则愈益抛弃修持,而宣扬"平常心即是道""道不用修,……只今行住坐卧,应机接物,尽是道"(《景德传灯录》卷二十八),融禅修于日常行事之中而不拘任何形式,实际上是废弃了宗教修持。其极端一派,更从"佛在心中",随心所欲,发展到毁经弃律、狂放不羁,"冒于嚣昏,放于淫荒",因而引起以天台佛学为准则、重视修持、强调读经的柳宗元的强烈反感。柳宗元有《东海若》一文,被净土宗推为宣扬净土的名作,其实作者的本意恐怕还是在强调修道实践的重要。文中两个僧人的"性"被污秽所困,一僧自以为"我,佛也。毗卢遮那、五浊、三有、无明、十二类,皆空也,一也。无善无恶,无因无果,无修无证,无佛无众生,皆无焉,吾何求也?"坚持不肯修持。另一僧则表示"我毒之久矣",希望得到指点,于是"问者乃为陈西方之事,使修念佛三昧、一空有之说",而最终得以"去群恶、集万行,居圣者之地,同佛知见矣";而前一僧人则始终同粪壤污秽混在一起不得超脱。这前一僧人所述说不愿修持的理由正是禅宗的观点,而"一空有之说"乃是天台的主张,文章显然蕴有挖苦禅宗的意思。

其三,柳宗元批评当时禅宗"又有能言体而不及用者,不知二者之不可斯须离也,离之外矣。是世之所大患也。"(柳《送琛上人南游序》)佛教各宗派都常提到"体""用"两字,但内涵各有不同。如华严宗人在谈"法界缘起"时就说"体为用本,用依体起",所谓"法界"即是"至净真心",也即是一切诸法的本原,而以世间诸尘、万象为"体"(法界)的表现,即"缘起"为"用"(《华严经义海百门》)。禅宗北宗神秀曾说"我之道法。总归体用两字"(《楞伽师资记》)。他是以"体"为佛性本身,而"用"则指"时时勤拂拭"的修为,对"体"和"用"的内涵已经作了改变。柳宗元这里的"知其体而不知其用",当还是针对洪州禅而言。洪州禅认为"起心动念,弹指动目,所作所为,皆是佛性全体之用"(《中华传心地禅门师资承袭图》),也是以佛性为"体",以"缮性"为用,但他们所主张的日常的一切活动都是"佛性全体之用",正是柳宗元所坚决反对的,故而斥之为"能言体而不及用"。柳宗元在同一篇序中以琛上人为例,指出琛上人与之恰恰相反,把他作为"能言体"又"及用"的典范,称他"观经得盘若之义,读论悦三观之理,昼夜服习而身行之,有来求者则为讲说",这就告诉我们在柳宗元看来,只有(1)观读经纶,领悟天台宗的"一心三观"之理;(2)刻苦修持,昼夜服习;(3)坚持讲说布道:

这样才算是能言体而及用。从他所撰写的几篇颂扬天台高僧的碑文中,也可看出柳宗元的这一观点。

以上这些观点,全部出诸于柳宗元被贬永州之后的文章,所以说柳宗元其时"在南禅那里得到了领悟",言外说柳宗元是南禅的信奉者,显然违背了实际情况,是没有根据的。

现在我们再来谈谈第二个问题,关于柳宗元的《曹溪大鉴禅师碑》(以下简称《曹溪碑》)是否真的对禅宗和柳宗元的思想和创作产生了如普慧先生所说的如此之大的影响呢?通观柳宗元全部有关佛教的论述,我们可以发现他对禅宗除了《曹溪碑》外,几乎没有说过一句好话。即便就《曹溪碑》而言,有几点也应该注意,一是碑文的写作的时间较晚,碑文中明言诏谥大鉴禅师的敕文于"元和十年十月十三日下尚书祠部符到都府",则请柳宗元作碑至早应在元和十年底也即他在柳州期间,换言之,柳宗元作碑后三年多即去世。而他的诗文创作绝大部分作于元和十年之前投闲置散于永州期间,在柳州他已是一方行政长官,更多的致力于吏治,所以说柳宗元"靠为惠能作《碑》,有了更多与南禅接触的机会,同时也对他的人生观和生命观产生了巨大的影响,以至于他的诗文创作在很大程度上受到了南禅潜移默化的影响""把南禅化作了对心灵的感应、情感的体验,审美的观照,将人的另一种经验世界展现出来。走出了一条清新静谧、空灵澄澈、意蕴无穷诗歌创作新路"云云,实在是无稽之谈。二是对于《曹溪碑》的评价,也不宜过高。从柳宗元留下的释教碑文看,为禅宗僧徒而写的很少,总共只有两篇[②]。借海禅师之口而对禅宗大挞伐的《龙安海禅师碑》是其一,海禅师虽是禅宗中人,但他对禅宗的诸多激烈的批评与柳宗元的看法十分接近,柳宗元为其作碑,且大段引述其对禅宗的批评和改革禅宗的愿望其用意显而可见;另一篇就是《曹溪碑》。其时禅宗南宗已经风靡全国,"凡言禅者皆本曹溪",惠能的声望已是如日中天,连唐宪宗也下诏封赠"大鉴禅师"的称号,对于这样一位碑主,说些好话必然是碑文的题中之义,况且又与上司岭南节度使马总有关。仔细分析这篇文字,令人玩味的是大量的篇幅竟是写马总如何为惠能请谥的过程及赞美马总和皇帝敬佛之词,直接有关碑主惠能佛学宗旨的叙说则十分简单:

> "其道以无为为有,以空洞为实,以广大不荡为归;其教人,始以性善,终以性善,不假耕锄,本其静矣。"

从柳宗元的一些论述看,他对禅宗有很深入的理解。这里"其道"云云,联系碑的上文显然是说惠能发展了达摩的"空术",但问题是柳宗元其实并不认可禅宗说空太过的倾向,而赞同天台的"一其空有";"其教人,始以性善,终以性善"云云,也不能说是惠能本意。儒家的"性善"同惠能的"自性本自清净"的观念并不相同,精通佛学的柳宗元不可能不知道;特别是碑文中对由惠能所开创、且成为南宗主要标志的"一悟即至佛地"的"顿悟"说却只字不提。我们如果换个角度看,柳宗元这样片面介绍惠能的佛学,是否也可以用来说明柳宗元对惠能佛学的某些观点持有保留态度而故意王顾左右而言他呢? 比较前此王维的《六祖能禅师碑铭》、稍后刘禹锡的《大唐曹溪第六祖大鉴禅师第二碑》,隐隐可以看出柳宗元在撰结碑文时的独特心态;如果将此碑文同他为天台高僧所作的几篇碑文仔细比较一下,就更会发现《曹溪碑》中几乎找不到类似如前所引的他对几位天台高僧的那种极力推崇敬重之词。而在《龙安海禅师碑》中,柳宗元特意引述的一段话更值得关注:"由迦叶至师子,二十三世而离,离而为达摩。由达摩至忍,五世而益离,离而为秀为能。南北相訾,反戾斗狠,其道遂隐。"这里明明白白的指出正是惠能、神秀辈"南北相訾,反戾斗狠,"造成了"其道遂隐";柳宗元对禅宗南北分裂,各执一隅十分反感,这里批评惠能之意,十分明显。一是奉上司之命所作,一是在阐说自己的佛学观点,孰是真心之言,难道不值得我们深思一下吗?有些老一辈的研究者对此碑并不很重视,其原因就是唐人替人作碑有为碑主讳的潜规则;应托为地位显赫者作碑,更常有"谀墓"之举,柳宗元恐怕也难以超越时代之陋俗吧。当然主张"蹈乎中道"的柳宗元也没有把禅宗完全一棍子打死,特别是对早期的禅宗,这也当是他为惠能作碑的原因之一。但退一步来说,即使柳宗元在此碑中讲了几句惠能的好话,也不能掩盖他对当时以洪州禅为代表的禅宗南宗的不满。三是从佛教发展情况看,惠能南宗至中唐已经影响愈大,尤其在南方的江西马祖洪州禅已成为南宗的新潮流,再经过百丈怀海(720-814)的努力,势力愈来愈强,真可谓一枝独秀[③]。而洪州禅恰恰又正是柳宗元所坚决加以抵制的。所以把中唐以后佛教禅宗的发展说成是由于柳宗元的推动是不符合实际情况的,佛教史上根本就不存在什么"柳宗元的这一《碑》,使得岭南曹溪禅又重焕生机,大放异彩","惠能的曹溪禅是靠柳宗元的《碑》再次发扬光大"的历史事实。

普慧先生的文章在涉及柳宗元和佛教关系时,谈的都是结论性的看法,而没有提出支持自己看法的史料,而任何学术研究都必须从客观的史料出发,而不该脱离客观事实而任意臆断,这样所得出的结论是不可能正确的。

以上就柳宗元与禅宗的关系略申己见,不当之处,还请普慧先生指正。

注释:

①参阅笔者《读"巽公院五咏"兼论柳宗元的佛教信仰》,《湖南科技学院学报》2005 年第 3 期。

②柳宗元现存释教碑铭九篇,其中《南岳弥陀和尚碑》《南岳般舟和尚第二碑》,碑主承远,法照之师,为净土宗。《南岳云峰寺和尚碑》和《南岳云峰寺和尚塔铭》,碑主云峰和尚法证(澄),重巽之师也,天台宗。《岳州圣安寺无姓和尚碑》碑主法剑,天台宗。《南岳大明寺律和尚碑》,碑主慧开,律宗。《衡山中院大律师塔铭》,律宗。

③参阅吕澂《中国佛学源流略讲》,中华书局 1979 年 8 月。

（原载 2006 年第 3 期,作者单位:复旦大学）

柳宗元的净土宗天台宗教派观

✳ 杜寒风

唐朝文学家、哲学家、政治家柳宗元所写关于佛教的文章当中,涉及到了禅宗、净土宗、天台宗等佛教教派。他对这几个教派都提出了自己的见解,形成了独特的士大夫文人的佛教教派观,值得我们加以研讨,以利借鉴。笔者曾发表过专文谈柳宗元与禅宗的问题、柳宗元的佛教戒律与孝道说[1],在此具体对柳宗元的净土宗、天台宗教派观,加以评述,以较为全面地研究柳宗元的佛学思想。

净土宗专修往生阿弥陀佛西方净土,其教义较为简单,且方法也容易施行,故在中唐后得到了广泛的回应。柳宗元对净土宗也是留意的。对于《南岳弥陀和尚碑》里的柳宗元的铭中的几句话,学术界流行的看法是以为它是与柳宗元气论的矛盾处。这几句话是:"一气回薄茫无穷,其上无初下无终。离而为合蔽而通,始末或异今焉同。虚无混冥道乃融,圣神无迹示教功"(《柳宗元集》[2]第1册154,以下凡引此书只注篇名)。本碑的碑主是净土宗大德承远法师,看来柳宗元对承远"有异德""立中道","不求而道备,不言而物成"的修持是推戴的。现将这篇铭文全录于下,便于理解前三句话。孤立地看,脱离具体的语言环境是难免让人产生理解的歧义的:"一气回薄茫无穷,其上无初下无终。离而为合蔽而通,始末或异今焉同。虚无混冥道乃融,圣神无迹示教功。公之率众峻以容,公之立诚教其中。服庇草木蔽穹隆,仰攀俯取食以充。形游无极交大雄,天子稽首师顺风。四方奔走云之从,经始寻尺成灵宫。始自蜀道至临洪,咨谋往复穷真宗。弟子传教国师公,化流万亿代所崇。奉公寓形于南冈,幼曰弘愿惟孝恭,立之兹石书玄踪。"

冯友兰先生说:"在这一段话里(指前三段话——引者注),柳宗元又认为,佛教所讲的性,就是儒教所讲的气,也就是他所讲的元气。"[3]324这里似有牵强之处,佛教所讲的性决非儒教所讲的气,也非柳宗元所讲的元气。冯先生在另一处说,柳宗元"认为佛教所讲的'佛性',就是儒家所说的'性本善'"[3]327,倒贴切些。"气""性"有着不同的范畴界说,虽然它们之间有联系,但不该不加区分地混同。郭绍明、周桂钿先生也沿袭了冯友兰先生的这一观点,对前三段话引申为"柳宗元是从元气论的立场出发去理解佛学的本体论、宇宙生成论内容的"[4]。笔者认为,柳宗元在这里并不是讨论宇宙本体论,这里的气不可能是本体论意义上的气。与《曹溪第六祖赐谥大鉴禅师碑》中的辞相同,《南岳弥陀和尚碑》的铭与前面部分是相互贯通,前后呼应的,都是记述碑主的事迹为主的。这几句话是紧紧围绕推戴南岳大长老的主题的,而不是游移于这个主题之外,这是从生成的历程比喻大长老的精神境界的修行。虽然修行过程当中出现过离、蔽,但合、通的归向是阻抑不住的,作为生命的精神力量、人格理想却是永恒的。在虚无混冥的不加人为痕迹的自然过程中,大道融于其内,在无踪无影中显示出了教化的功能。柳宗元在《岳州圣安寺无姓和尚碑》中,讲过"道用不作,神行无迹"。是称颂无姓和尚的,可与"虚无混冥道乃融,圣神无迹示教功"礼赞大长老可参证。所以把这三句话孤立起来分析,不与后面所述大长老的其他文字及柳宗元其他相关文章联系起来看,难免会出现误读的。柳宗元的"一气回薄茫无穷"并不是从宇宙本原上来入手的。像《天爵论》中所讲"刚健之气""纯碎之气",《南岳云峰和尚塔铭》中的"气混溟兮德洋洋"等也不是指宇宙本体论意义上的,而是精神、品质意义上的,它不是精神实体[5]163。孙昌武先生把这三句话看成与柳宗元元气一元论的宇宙观相关,是从本体论意义上认识的,同样不确[6]151。潘富恩、施昌东先生认为《南岳弥陀和尚碑》"并不是专门论述宇宙观的",笔者是赞同的,但讲这篇文章"不过是柳宗元的应酬之作,……更不是他的哲学代表作"[5]165似欠公允。即便为应酬之作,也是柳宗元思想的组成部分。不仅在哲学代表作中,而且在非哲学代表作中,也有应予挖掘的有价值的东西。像"一气回薄茫无穷"等三句话的理解,就不是可有可无,对之不同的理解,直接影响到对柳宗元关于"气"的论述等问题的看法。哲学代表作中也不是面面俱到的,而且也只有研究好非哲学代表作,对一向重视的哲学代表作的研究才会有进一步的提高。从非哲学代表作中会得到收益的。《天对》《天说》《非国语》等是柳宗元的哲学代表作,《南岳弥陀和尚碑》等有关佛学的重要文章,也不失为柳宗元佛学思想的代表作。

在《岳州圣安寺无姓和尚碑》里,柳宗元对天台宗无姓的言行是赞赏的。无姓并不像有人讥讽的那样"有为""有迹",而正是在"未尝作""未尝行"中领悟了佛教的真谛。"呜呼!佛道逾远,异端竞起,唯天台大师为得其说。和尚绍承本统,以顺中道,凡受教者不失其宗。生物流动,趋向混乱,惟极乐正路为得其归。"柳宗元感叹道,唉!离开佛道的要求更远,不同的学派在争逐兴起,天台大师算是得到了佛教的学说。无姓承接天台宗相传的系统,以便顺应中道,凡是接受过其教育的人不会失掉其宗旨。生物的流传移动,趋向混杂无序,极乐世界的正路算是得到了佛教的归宿。柳宗元虽重视天台宗,但决无独尊天台宗,排斥禅宗、净土宗等宗之说。学术界有人对"唯天台大师为得其说"理解有偏,主要是把"唯"字理解成只、只有,如郭绍林先生理解成柳宗元"认为只有天台宗的中道主张符合佛教原义"[7]253。笔者觉得,将"唯"字理解为句首语气词较符合柳宗元的思想实际。柳宗元"是从'有益世用'的角度来看待佛教,对佛教的推重也不局限在哪一宗派"[6]147。范阳先生主编的《柳宗元哲学著作注译》把《送僧浩初序》里的"唯山水之乐"译为"只在山水之间寻求乐趣",也有同样的毛病。不经斟酌,望文生义是不可取的。

> 无姓为僧年数不少,有名无姓,世上没有谁知道其闾里宗族,人问则告:"性,吾姓也。其原无初,其胄无终,承于释师,以系道本,吾无姓耶?法剑云者,我名也。实且不有,名恶乎存?吾有名耶?法海,吾乡也;法界,吾宇也。戒为之墉,慧为之户,以守则固,以居则安。吾闾里不具乎?度门道品,其数无极;菩萨大士,其众无涯。吾与之戚而不吾异也,吾宗族不大乎?"(《岳州圣安寺无姓和尚碑》)无姓析述的是进入佛门,就有了性海法界,戒慧可守可居。度门道品的数目以及菩萨大士的众多是不能加以限制的。佛门香火是不断的。看来无姓为找到自己根之所在而感到自豪。他"渊懿内朗,冲虚外仁"(同上),可见柳宗元的鉴定也带上了儒家的色彩。内朗外仁,无姓俨然像一个儒士,他引导善男信女,使他们不陷于昏昧。无姓之功劳,为世称道。他自己讲到:"凡吾之求,非在外也,吾不动矣。"(《碑阴记》)不向外求诸,不为外物所扰,赢得了人们的爱戴,柳宗元便是称道无姓人们当中的一个代表。

陈隋之际的智顗创立了天台宗,到了唐代又有了新的发展。柳宗元主要受到了湛然等人的思想影响。柳宗元与湛然的再传弟子龙兴寺住持僧重巽有密切的交往。后来的佛教徒认为柳宗元是重巽的俗弟子,竟把他列于天台宗的传法系统里。柳宗元的思想中当然有与天台宗的思想的相合处。

在《永州龙兴寺修净土院记》中,柳宗元写道:"中州之西数万里,有国曰身毒,释迦牟尼如来示现之地。彼佛言曰:'西方过十万亿佛土,有世界曰极乐,佛号无量寿如来。其国无有三恶八难,众宝以为饰;其人无有十缠九恼,群圣以为友。有能诚心大愿,归心是土者,苟念力具足,则往生彼国,然后出三界之外。其于佛道无退转者,其言无所欺也。'晋时庐山远法师作《念佛三昧咏》,大勤于时。其后天台颛大师著《释净土十疑论》,弘宣其教。周密微妙,迷者咸赖焉,盖其留异迹而去者甚众。"西方的极乐世界是佛教为世人所描绘的一个净土乐园。那里没有三恶八难,十缠九恼。往生西方世界,出三界之外,不失难得的美差。慧远吸取了净土思想,智颛也为净土论证,柳宗元不但帮助维修了龙兴寺的净土堂,也为人们的信仰拓展了净土的疆域。柳宗元发感慨道,有能够寻求无生之生的人,才算知道了到达彼岸的舟筏的所在。无生之生,才为真正的生。重巽"通假有借无之名,而入于实相。境与智合,事与理并"(同上)。世俗的认识的种种现象无非是假相,摆脱了假相才能显出诸法的实相。境、智、事、理能够融于一体。"致之极乐之境,而得以去群恶,集万行,居圣者之地,同佛知见矣"(《东海若》)。只要修念佛三昧,认识到空有的统一,就可以获致正确的佛教见解,保持心定于一境而不散乱的精神状态。湛然说:"应知万法是真如,由不变故;真如是万法,由随缘故。"(《金刚錍》)看到具体事物时,要求能从实质上把握它是空的,在把握其为空时又能感受到它的有。

柳宗元曾在法华寺建西亭居住。庑外有竹数万遮挡了视线,柳宗元命人操刀斧砍伐,砍伐完竹后,视野扩大了。然而该寺僧觉照住在这个地方"而不蚤为是也"(《永州法华寺新作西亭记》)。柳宗元在这里提问道:"向之碍之者为果碍耶?今之辟之者为果辟耶?彼所谓觉而照者,吾讵知其不由是道也?岂若吾族之挈挈于通塞有无之方以自狭耶?"(同上)佛教徒并不是按世人的常理来考虑问题,不像世人斤斤计较得失利害,从而自己束缚了自己,自己限制了自己。这样的人也才能"足以观于空色之实,而游乎物之终始"(同上)。其修行境界也就异于世人了,在出家人当中就拉开了档次。

柳宗元将琛上人看作是既精研佛教经典,又亲身践行的典范。琛上人的做法与尚没有修得正果而自以为是的人区别开来。琛上人"观经得'般若'之义,读论悦'三观'之理,昼夜服习而身行之"(《送琛上人南游序》)。通过智慧是可以到达涅盘之彼岸,一心当中同时可观空、假、中三谛,三者密不可分。随从琛上人而被教化的人,都知佛义的精奥博大,佛法的无边广宏,菩萨大士的雄劲强力。"荡而无者"正因有"碍"存在,也就不能理解"修而行者"的"空"(同上)。喜好佛教而不讲亲身的践行,无法真正到达"空"

的精神境界。柳宗元在《送巽上人赴中丞叔父召序》中指出:"佛之言,吾不可得而闻之矣。其存于世者,独遗其书。不于其书而求之,则无以得其言。言且不可得,况其意乎?今是上人穷其书,得其言,论其意,推而大之,逾万言而不烦;总而括之,立片辞而不遗。与夫世之析章句,征文字,言至虚之极则荡而失守,辩群有之夥则泥而皆存者,其不以远乎?"柳宗元无非是强调精研佛教经典的重要,讲修行的巽上人弘扬佛法不辞辛劳,与世上背离佛教理论的不良做法是截然不同的。"言至虚之极则荡而失守,辩群有之夥则泥而皆存"。执着于空、有两边,不合乎中道。放纵与拘泥都是不利于佛教的发展的。

参考文献:

[1]杜寒风.柳宗元与佛教禅宗的问题[J].社会科学家,1994,(1);杜寒风.柳宗元的佛教戒律与孝道说[J].柳州师专学报,2004,(2).

[2]柳宗元.柳宗元集[M].北京:中华书局,1979.

[3]冯友兰.中国哲学史新编(第4册)[M].北京:人民出版社,1986.

[4]郭绍明,周桂钿.柳宗元佛论分析[J].世界宗教研究,1992,(4).

[5]潘富恩,施昌东.中国哲学论稿[M].重庆:重庆出版社,1984.

[6]孙昌武.禅思与诗情[M].北京:中华书局,1997.

[7]郭绍林.唐代士大夫与佛教[M].开封:河南大学出版社,1987.

(原载 2005 年第 3 期,作者单位:中国传媒大学)

研究佛学不信佛
——鲁迅、柳宗元与佛文化关系比较之一

❋ 杜方智

鲁迅(1881—1936),中国现代史上伟大的思想家、文学家;柳宗元(773—819),中国唐代史上著名的思想家、文学家。尽管他们生活在不同的时代,具有不同的时代理想和人生追求,代表着不同的阶级利益和发展方向,但他们都是中国文化界的伟人,都曾把关注的目光投向过佛教文化,都曾认真地研究过佛学,并从中吸取过力量、勇气和智慧,具有自己的佛学观。佛文化的研究和吸收,在一定程度上,发展和深化了他们的思想,拓宽和丰富了他们的创作,在中国思想史和文学史上,他们都作出了各自光辉的贡献,占据着重要的地位。

佛教起源于古代印度,创始人为释迦牟尼,距今已有 2500 年的历史了。佛教于西汉末、东汉初传入中国,距今也有 2000 年的历史了。佛教是外来宗教,在传播的过程中,表现出了极强的适应性和生命力,很快地实现了中国的本土化和世俗化,得到了发展的土壤,形成了强劲的发展势头。到柳宗元生活的唐代时,已经形成了儒、释、道三足鼎立之势,其历史、其影响,远远超过了同样是外来宗教的基督教和伊斯兰教。

佛教文化源远流长,博大精深。它包含着人类的理性思辨,包含着宇宙、人生的巨大智慧,包含着认识世界、认识人生的思维过程和思维方法。它具有完整的哲学体系,其中充满了深邃丰富的辩证法思想。恩格斯在《自然辩证法》一书中称誉佛教徒处在人类辩证思维较高阶段上,"辩证的思维——正因为它是从概念本性的研究为前提——只对于人类才是可能的,并且只对于较高阶段的人(佛教徒和希腊人)才是可能的,而其充分发展还晚得多,在现代哲学中才达到。"正因为如此,王富仁博士才认为:佛教文化是最具有学术性的文化;它在中国真正的信仰基础是知识分子。[1]也正因为如此,鲁迅、柳宗元这两位文化伟人在人生的某一阶段,才会对佛文化产生兴趣,并认真地进行过研究,从而形成了

自己的佛学观。为了更好地研究鲁迅、柳宗元的思想,为了更加深入地研究鲁迅、柳宗元与中国传统文化的关系,从而更好地发扬传统文化,我们今天对这两位文化伟人进行分析、比较,我们觉得是具有意义、有价值的。

一

鲁迅与佛教的关系,最早要追溯到童年时代拜和尚为师的经历,他写过散文《我的第一个师傅》。鲁迅不到一岁时,便拜"龙师傅"为师,并得了"长庚"的传名,以后,一直保持着较长时间的来往。"龙师傅"年轻时敢于上台演出,敢于恋爱结婚,后来喝酒、吃肉、生子,颇有一些反抗意识和叛逆精神。鲁迅对这位"第一个师傅"充满了赞赏、敬仰之情。其次,则要追溯到他在日本留学受章太炎的影响。1906年,鲁迅从仙台返回东京,跟随章太炎学习文字学。当时章太炎正在主编《民报》,主张用宗教激发国民的感情,增进国民的道德,撰写了一系列颇具新意的关于佛教方面的论文。其中著名的有《俱分进化论》《革命之道德》《建立宗教论》《国家论》和《大乘佛教缘起论》等。这些文章,激起了鲁迅对佛教、佛学的兴趣,对鲁迅产生了较为深刻的影响。

鲁迅潜心研究佛学时期,主要是他回国后的1912—1916年。四年来,他购买了不少佛教经典。据1912年《鲁迅日记》"甲寅书帐"一项记载:全年买佛典书籍不下几十种,其中还包括有《长阿含经》《中阿含经》《广弘明集》等佛典珍品。四年来,他阅读了大量的佛教经典。他不仅阅读自己购置的佛家书籍,还想方设法,多方建立联系,到外国去借阅佛教经典。可以说,在这四年中他阅读佛教经典达到了如痴如迷的境界。他的学生宋紫佩说鲁迅等人"现皆致于佛"[2],不是没有根据的。诚如鲁迅在《呐喊·自序》中所说,他这时正处在"寂寞"之中,"这寂寞又一天一天的长大起来,如大毒蛇,缠住了我的灵魂了"。于是,读古书,抄古碑,抄拂经,钻研佛学,成为了鲁迅这一时期生活的重要内容。如果说,东京时期他只从兴趣出发,对佛教经典有所接触,有所阅读,那么,到了这一时期,他已进入到了自觉钻研、潜心研究的阶段。

柳宗元与佛教的关系,一是少年时代受母亲的影响。柳宗元的母亲卢氏夫人,出生于名门望族,受到过良好教育。她有文化,有教养,是柳宗元的启蒙教师。卢氏夫人特别好佛,柳宗元童年时代深受影响。他在《送巽上人赵中丞叔父召序》中说:"吾自幼好佛,求其道积三十年。"写这篇"序"时他正三十九岁,上推"三十年",柳宗元"好佛"当在十岁左右。二是永州时期与僧人的交往。柳宗元贬谪永州后,开始寄住在龙兴寺内,经过四次大的火灾,龙兴寺住不下去了,后又寄住在法华寺里。他与重巽和尚、石门长老有很深的交情。这都是一些有道德、有修养、有学问、有威望、有影响的和尚,柳宗元与他们朝夕相处,探讨佛理,朝钟暮鼓,谈佛论禅,抽暇聚会,饮茶赋诗。耳濡目染中,柳宗元不能不受到他们的深刻影响。

柳宗元潜心研究佛学时期,主要是永贞革新失败后,被贬谪到永州这十年间。尤其是刚到永州,寄居在龙兴寺、法华寺这四、五年间,即公元805—810年间。这时,柳宗元寄居在寺院里,有经可读,有僧人可以研究、讨论;而且自己有了大量的空余时间,可用来读书、思考、写作。这都为柳宗元潜心研究佛学提供了有利条件。柳宗元在永州时写过一首《晨诣师院读禅经》的诗,诗曰:"汲井漱寒齿,清心拂尘服。闲持贝叶书,步出东斋读。……澹然离言说,悟悦心自足。"此诗写于初到永州时,从诗中,既可见柳宗元悠然自得的形态,也可见他潜心读经的身影。结尾两名,谓读经而迷,览物而悟,充满禅机。总之,柳宗元儿童时代的"好佛",只是儿童对成人的一种模仿,充满了盲目性。长安时代写的一些有关佛教方面的文章,也只是一种附会时尚的举动,还谈不上对佛文化有什么新鲜的见解。而真正潜心研究,并做出了创造性贡献的时期,则应是贬谪永州以后,尤其是贬谪永州后的前四、五年间。

二

鲁迅、柳宗元在对佛文化的潜心研究中,形成了自己的佛学观。在中国,儒、释、道三教并立,他们既相互矛盾斗争,又彼此交融互补,呈现出你中有我、我中有你的复杂、矛盾状态。我们要了解鲁迅、柳宗元的佛学观,应先了解他们对待儒家和道教的态度。

中国汉代是独尊儒术的,到了唐代,形成三教鼎足之势。唐太宗主张以儒为主,释、道并用。一方面他说:"朕今所好者,惟在尧舜之道,周孔之礼"。另一方面他把老子李耳奉为祖先,正式册封他为道教教主"太上老君"。与此同时,他又信奉佛教,称佛教为"国之常经"。这种三教并行的历史,在中国延续了很长的时期。鲁讯、柳宗元的思想,不能不受到这一历史发展态势的影响。

首先,看他们对待儒家文化的态度。儒家文化是孔子创立的一种社会学说,她体系完整,影响深远。不仅影响着中国漫长的古代社会,而且,直到今天,她还对当今的社会生活产生影响。它是整个中国文化的重要组成部分。对儒家文化,我们应取科学的分析态度。限于篇幅,本文不涉及对儒家文化的评价。

鲁迅是坚决反儒的。他嘲笑过孔子是"摩登圣人"和"深暗世故的老先生"。[3]嘲笑过孔子和儒家的趋时随俗,升官发财,逐名随利,追求利禄。而更重要的,鲁迅揭露过儒家更深层次的内在本质。儒家文化忽视人的个体性和独立性,强调人的依附性和奴隶性;而且,儒家文化往往与活动家文化结合在一起,并以专制制度作为依托,这样,便充满了残酷性与虚伪性。鲁迅揭露过儒家文化的"王道"与"霸道"的结合,揭露过儒家文化的血腥和"吃人"。鲁迅的这种揭露,是振聋发聩、发人深省、击中要害的。

柳宗元则是虔诚尊孔的。他宣称自己的政治理想是:"唯以中正信义为志,以兴尧舜、孔子之道利安元元为务"(《寄许京兆孟容书》)。他宣称自己的行为准则是:《好求尧、舜、孔子之道唯恐不得》,"遇行尧、舜、孔子之道唯恐不慊"(《送娄图南秀才游淮南将入道序》)。他宣称自己的求学之道是:"本之《书》以求其质,本之《诗》以求其恒,本之《礼》以求其宜,本之《春秋》以求其断,本之《易》以求其动,此吾所以取道之原也。"(《答韦中立论师道序》)这些都是儒家的经典。他还说:"当先读六经,次《论语》,孟轲书皆经言"(《报袁君陈秀才避师名书》)。此外,柳宗元还多次表明自己是儒家的信徒,坚持自己的"儒者"立场。不过,柳宗元与一般的"儒者"不同,他不以教条主义态度去对待儒学。他不满足于对儒家经典学句的解释,年轻时表示"今世固不少章句师,仆幸非其人"。[4]他也不满足于儒学现成结论的背诵,他要追求的是儒家的"中","大中"和"大中之道"[5]。这是柳宗元对儒学认识上的重要特点,有了这一认识基础,当佛学向儒学挑战时柳宗元能提出"统合儒释""以儒统佛""以佛援儒"的应对主张,成为儒学复兴的先行者。

其次,看他们对待道家文化的态度。道教是中国本土宗教,道家文化也是中国传统文化重要组成部分。道教的文化传统是原始巫术,鬼神信仰。道教的创始人是汉末的张道陵。到了唐代,唐太宗册封老子为道教教主"太上老君",唐玄宗则将老子、列子、庄子之书,正式改名为道教经:《老子》称为《道德经》,《列子》称为《冲虚经》,《庄子》称为《南华经》。这些成为了道教的教理、教义,成为了它的理论根据。道教的信仰内容包括长生不老,羽化登仙,提炼仙丹,祈福禳灾,一人得道,鸡犬升天等等。道教的宗教仪式与内容,大多援引佛教制度而设置。一般说来,成熟的宗教总是由教理教义、信仰内容和宗教仪式三部分组合而成,彼此之间相互联系,相互呼应,组成整体。我总觉得:道教的教理、教义是后人把前人的思想勉强"焊接"而来的,是与信仰内容脱节的,也就是说道教的理论与实践是脱节的,还不能组合成完整的整体。作为道教教理、教义的老子、庄子哲学,在中国思想史占有重要的一席之地,有些还闪耀着灿烂的思想光芒;而作为道教的信仰内容,则过于世俗化、功利化和庸俗化了,受到后代思想家的指责。

鲁迅对道家文化是不满和厌恶的。对它的理论,鲁迅不满老子、庄子哲学中的"消极退让""安弱守雌""无为而无所不为"。因为,用这种理论要求和人生态度培养不出国民的刚毅精神来,这与鲁迅"改造国民性"的主张大相经庭。这种不满,鲁迅常常采用委婉的、嘲讽的态度来表现。对它的实践,鲁迅厌恶道教的现世主义、实利主义的信仰内容。在鲁迅眼中,中国国民精神的卑俗、昏乱、愚昧、"根底"全在道教;他还认为:懂得了这一点,"以此读史,有多种问题可以迎刃而解"。[6]他还认为:"人往往憎和尚,憎尼姑,憎回教徒,憎耶教徒,而不憎道士。懂此理者,懂得中国的大半"。[7]这种厌恶,鲁迅往往采用毫不掩饰的、讽刺的手法来表现。

柳宗元对道家文化是排斥和反对的。他写过一篇《东明张先生墓志》。张先生名因,是柳宗元父亲柳镇的朋友,曾任长安尉,后学黄老学,出家成为道士,死于今广西梧州市。柳宗元借写墓志的机会,批评道教"亏恩坏礼,枯槁憔悴。隳胜图寿,离中就异。欻然与鬼神为偶,顽然以木石为类。倥侗而不实,穷老而无死"。显然,柳宗元对道家宣扬的羽化成仙、长生不老持根本否定态度。柳宗元在永州结交了一批好朋友如李幼清、娄图南等,他们或政治上受挫,或科举上失意,因各种各样的原因,来到了永州,成为了柳宗元的好朋友。他们都有自己的不幸命运和痛苦处境,他们也迷信道教,炼丹服气,企求长生不老。柳宗元同情他们的不幸命运,也批评他们迷信道教,脱离实际的幻想,更希望他们放弃道教的长生之术,回到正常的人生社会中来。柳宗元给李幼清写了《与李睦州论服气书》,对道教的吸收"日月精华"以成仙的法术,进行了猛烈的攻击。柳宗元还写了《道娄图南秀才游淮南序》,希望他放弃道教"铒药为寿"的幻想,笃行"尧、舜、孔子之道",发挥自己的聪明才智,作一个有益于社会的人。柳宗元对朋友李幼清、娄图南的批评,实际上也是对道教的批评。当然,这种批评较为表面,较为肤浅,远远比不上鲁迅的深刻与犀利。

三

作为思想家的鲁迅、柳宗元,在经过对佛学的潜心研究并把儒、释、道进行比较后,他们对佛文化做出了自己的价值判断。尽管他们评价的角度不同,评价的程度有别,但他们都是推崇、钟爱佛文化的,在充分肯定的基础上,从而形成了自己的佛学观。

鲁迅的佛学观包含这样一些内容和特点。

第一,"佛教崇高"。鲁迅在《破恶声论》中指出:"夫佛教崇高,凡有识者所同可。""崇高"既是一种道德判断,也是一种美学评价。"佛教崇高"首先表现在它的目的上。佛教教义认为:物质世界是人类痛苦的根源,佛要普度众生,超越物质世界,实现精神升华,真正进入佛家的涅槃境界。"佛教崇高"其次表现在它的牺牲精神上。为了普度众生,释迦牟尼可以"割肉喂鹰,投身饲虎"[8];华严宗要求教徒:"头目脑髓",均可"施舍与人"。[9]在这种无畏的牺牲精神里面,闪耀出一种冷峻、悲壮的色彩。"佛教崇高"还表现在修行方法和戒律要求上。按照佛教的教理、教义,对出家的比丘或在家的居士,都有严格的戒律要求,都采用严谨的修行方法,其中包括戒、定、慧三部分。"戒"是佛教徒必须遵守的戒律;"定"是佛教徒修养心性的具体方法;"慧"是佛教徒应该具有的觉悟和智慧。"坚苦"与"刚毅"是佛教徒在修行方法和戒律要求上的两大特色。

第二,"真是大哲"。据许友裳《亡友鲁迅印象记》记载,鲁迅曾亲口对他说:"释迦牟尼真是大哲,我平常对人生有许多难以解决的问题,而他居然大部分早已明白启示了,真是大哲。"我们说佛文化是学术性最强的文化,道理也就在这里。鲁迅称赞释迦牟尼是"大哲",原因有二。一是提出了一系列比较进步的思想。例如"诸法无常"的思想,即宇宙的一切事物、现象,都是此生彼生、此灭彼灭的相待相对的互存关系,其间没有恒常的存在。"众生平等"的思想,即不分男女、贵贱、贫富,均可成为佛家弟子,众生平等。"无造物主"的思想,佛教缘起论中提出"无作者义",否定创造宇宙万物的主宰,否定人格化的造物主。佛教早在2500年前能提出这样一些进步思想,是很了不起的。二是建立了一整套比较严谨的哲学。佛文化包含着对宇宙、对社会、对人生的认识,感受的思维过程和思维方法,蕴藏着丰富的哲学内容。佛文化的辩证法思想特别丰富,它对生灭、断常、色名、来去、自他、美丑、善恶、贫富、有无、因果等范畴或事物相依相关的阐释,涉及到了一系列的辩证关系。恩格斯称赞佛教徒的思维处于人类较高的辩证思维的阶段,道理就在这里。

第三,重小乘,轻大乘。释迦牟尼创建佛教后,在印度分化为大乘教与小乘教两大派别。二者的区别就在于:(1)在修炼的目的上,小乘教追求个人超度,大乘教主张普度众生。(2)在修炼方法上,小乘教主张苦修苦炼,显得艰苦卓绝。大乘教提倡"顿悟",主张"放下屠刀,立地成佛",显得浮华浅薄。(3)在对佛的看法上,小乘教认为释迦牟尼是"人"不是"神",他不能主宰人的命运。大乘教则认为释迦牟尼是"神"不是"人"。他全智全能,佛法无边,大慈大悲。鲁迅是重小乘、轻大乘的。他说:"我对于佛教先有一种偏见,以为坚苦的小乘教倒是佛教,待到饮酒食肉的阔人富翁,只要吃一餐素,便可称为居士,算作信徒,虽然美其名曰大乘,流播也更远,然而这教却因为容易信奉,因而变为浮滑,或者竟等于零了。"[10]佛教传入中国后,佛教理论的发展必然会进一步促成佛教宗派的创立。佛教宗派为数不少,中国汉语系佛教门徒最终落定为八大宗派。在章太炎的影响下,鲁迅特别偏爱其中的华严和唯实二宗。华严宗和唯实宗都是由小乘教直接派生出来。鲁迅为什么重小乘、轻大乘?为什么对华来和唯实二宗特别偏爱?我们将在系列论文"之二"里,进行较为详尽的阐述。

柳宗元的佛学观包含这样一些内容和特点。

第一,柳宗元是站在儒家的立场上来评价佛学的。鲁迅评价佛学,是站在道德和学术的层面来进行的,柳宗元则是站在儒家的立场来评价。他在《送僧浩初序》中说:"浮图诚有不可斥者,往往与《易》《论语》合。"作为"儒者"的柳宗元,《易》与《论语》在其心目有何等重要地位,他却称佛学"往往与《易》《论语》合",这是他站在儒家立场上对佛学的高评价。即使佛教有"可斥者",柳宗元也是站在儒家的立场上进行批评、指责。在上引的同一篇文章中,他说:"髡而缁,无夫妇父子,不耕农蚕桑而活乎人。若是,虽吾亦不乐也。"他正是站在儒家的人伦道德和重视农桑的立场上,对佛教的"可斥者"进行批评。柳宗元是儒家的忠实信徒,他这样做的目的是为了"统合儒释",是为了"佐世"。鲁迅研究佛学也是为了"佐世",他是为了"改造国民性"。这些,我们只能留在系列论文"之二"里再详说了。

第二,柳宗元着重研究佛教的教理教义,但有时也自觉不自觉地为佛教精心设置的信仰内容所迷醉。任何崇教的重点都是它的信仰内容,教理教义只是它的理论论证。作为思想家的柳宗元重视的是佛教教理教义的研究。例如,他认真地研究过天台宗的"三谛圆融"和"一心三观"学说,天台崇强调"十界互具"认为人性、佛性都具有善恶两个方面,从而突出了修道的重要性和必要性。这更激起了柳宗元对"人性论"的思索、探讨。柳宗元还认真研究过禅宗的"自性清净论"与"顿悟成佛说",并把佛教的"自性清净论"与儒家的"性本善论"进行过分析、比较,他还批评过禅宗的"平常心是道"和"道不要修"的主张。从所举事例看,柳宗元重视的是佛教的教理教义,重视的是理性思考。鲁迅也是重视教理教义的研究、重视理性思想,但鲁迅是彻底的唯物主义者,他不会相信佛教的信仰内容。柳宗元初贬永州时,却对佛教西方净土的信仰表现出了极大的热情。永州龙兴寺重修净土堂,柳宗元助修了四廊。他在《永州龙兴寺修净土院记》中说:"彼佛言曰:西方过十万亿佛土,有世界曰极乐,佛号无量寿如来。其国无有三恶八难,众宝以为饰,其人无有十缠九恼,群圣以为友。有能诚心大愿归心是土者,苟念力具足,则往生彼国。然后出三界之外,其于佛道无退转者,其言无所欺也。……呜呼!有能求无生之生者,知舟筏之存乎是。"也许是柳宗元被贬的身世,促使他去寻找西方净土的精神寄托;也许是柳宗元生活的时代,给他造成思想认识上的局限。这是柳宗元的悲哀。柳宗元经常受到时人和后人的指责,这大概是一个重要的原因。

第三,柳宗元对中国汉语系佛教八大宗派大多进行过认真的研究,特别钟爱天台宗,在八大宗派中,他对密宗不感兴趣,对华严宗、唯实宗、三论宗接触不多,他真正认真研究并有较为深入了解的是天台宗、律宗、净土宗和禅宗。他特别亲近的是天台宗和禅宗,对天台宗尤为钟爱。他在《岳州圣安寺无姓和尚碑》中说:"佛道逾远,异端竞起,唯天台大师为得其说。"这是一个主观性很强的判断,尽管柳宗元借和尚之口说出,但偏爱之情已溢于言表。天太宗、禅宗都属于大乘教。鲁迅是重小乘而轻大乘的,柳宗元重视的恰恰是大乘教。鲁迅在中国汉语系佛教中偏爱华严宗和唯实宗,柳宗元恰恰对这两大宗派缺乏了解。为什么会出现这样大的反差呢?这与他们研究佛学的目的有关。鲁迅为了"改造国民性",所以他赞赏小乘教的"坚苦",厌恶大乘教的"浮滑",赞赏由小乘教派生出来的华严宗和唯实宗。柳宗元为了"统合儒释",而天台宗、禅宗融入了较多的儒学成分,因而受到了柳宗元的青睐。鲁迅和柳宗元对佛教宗派的认识差异较大,但他们研究佛学的目的都是为了"佐世",这是相同的。

四

宗教的虔诚信徒，一定迷信宗教信仰；宗教的研究者，一定熟悉教理教义。鲁迅、柳宗元是成熟的思想家，他们的情况虽然不尽相同，但从总的思想倾向来看，他们都可算研究佛学不信佛。

鲁迅研究佛学，推崇佛教，并有自己的佛学观，但他绝不是佛教的信徒。这是大家容易接受的。早在南京矿务铁路学堂读书时，鲁迅便接受了自然科学知识的洗礼，后到日本仙台医药专科学校学医，据《藤野先生》记载，他没有鬼神观念，敢于解剖尸体，很使得藤野先生"高兴"了一回。通过学医，鲁迅更打下了坚实的唯物主义基础。后来，随着实践经验的丰富，随着马列主义的学习，更坚定了他唯物主义的立场，成为了彻底的唯物主义者。纵观鲁迅的一生，他反对鬼神迷信，反对风水宅相，反对求神拜佛，反对轮廻转世。他对宗教的态度，是严峻而又激进的。

柳宗元与鲁迅相比，情况当然要复杂、矛盾得多。因为柳宗元对佛教太执着、太痴迷了。初贬永州时，他执迷于佛教的"净土"信仰，感情与理智一直处于矛盾状态之中。尽管如此，我们仍然认为：柳宗元也是研究佛学不信佛。且不说他坚定的反天命、反鬼神、反符瑞的唯物主义思想倾向，单就下面两件事情，也足以说明柳宗元的宗教态度。第一，他不向僧徒"执弟子礼"。拜和尚为师，作俗家弟子，是唐代政客、文化的一种时尚。据柳宗元《龙安海禅师碑》记载，柳宗元岳父杨凭曾对如海禅师执弟子礼。柳宗元是有条件这样做的，他在永州与重巽、觉照、琛上人来往频繁，交谊颇深，完全可能成为他们的俗家弟子。柳宗元没有这样做，他也从不参加参禅、打坐、拜佛等宗教仪式，在现存的柳宗元诗文里，还见不到这方面的记载。至于后来《佛祖统记》把他列入天台宗，称为重巽的俗家弟子，是缺乏根据的，无非是借柳宗元的名给宗教做宣传而已。第二，他一贯坚持"儒者"立场。衡山尼姑无染，赶到永州要求柳宗元为她师傅写碑，诉说了不少荒诞不经的事情，并要求柳宗元把这些写到碑文上。柳宗元写了《南岳大明寺律和尚碑》，碍于情面，只在《碑阴》中记下了这些事情，并在文后特加声明："以儒者所不道，而无染勤以为请，故末传焉。"柳宗元公开表明了自己的"儒者"立场。其实，一个富于理性的思想家要成为真正的佛教徒，也不是一件容易的事。

注释:

[1]详见王富仁:《中国文化的守夜人——鲁迅》,人民文学出版社,2002 年 3 月版,第 78 页,第 86 页。

[2]转引自《鲁迅研究资料》第 10 册第 143 页。

[3]鲁迅《且介亭杂文二集·在现代中国的孔夫子》《再论雷峰塔的倒掉》。

[4]柳宗元:《答严厚舆秀才论为师道书》,《柳宗元集》第三册,中华书局出版。

[5]参见柳宗元《岳州圣安寺无姓和尚碑》《南岳弥陀和尚碑》和《与吕道州论〈非国语〉》,《柳宗元集》第一册、第三册,中华书局出版。

[6]参见鲁迅:《书信·180820·致许寿裳》。

[7]鲁迅:《而已集·小杂感》。

[8]参见鲁迅《三闲集·叶永蓁作〈小小十年〉小引》。

[9]转引自章太炎《人无我论》。

[10]鲁迅:《庆祝泸宁克复的那一边》。

（原载 2005 年第 7 期,作者单位:湖南科技学院）

柳宗元佛教思想对其诗文创作的影响

✳ 王洪臣

在柳宗元的思想中,佛教信仰比较深厚,"余知释氏之道且久,固所愿也"[1]。其佛教思想的产生,既与家庭影响熏陶有关,也与当时社会崇尚佛教以及唐王朝实行儒、道、释三教调和的思想统治策略有关,更与"统合儒释"的思想风气在当时官僚士大夫中盛行有关。除此之外,柳宗元在政治上遭受严重打击,被一贬再贬,"既罹窜逐,涉履蛮瘴"[2],便于佛益笃。一方面,他受"统合儒释"思想的支配,另一方面,他更需要利用佛教禅宗的"心静土静"来消释和排遣精神上以及身体上的极端痛苦。柳宗元的大量诗文创作,深深地打上了其佛教禅学思想的烙印。可以说,柳宗元的佛教禅学思想既体现在其作品宣弘佛旨、统合儒释的思想内容上,也对其作品"澹泊古雅、清劲纡徐"艺术风格的形成有着重要的影响。

一

柳宗元的许多诗文创作,从内容上突出地体现了佛教思想的影响。其中,有一部分很明显地宣扬或表达了佛旨禅意。

第一,直接宣扬佛教旨意,"就佛言佛,不入一儒语者"[3]。这在释教碑铭文中最为突出,最为集中。《柳河东集》第六、第七卷即《曹溪大鉴禅师碑》等11篇碑铭文全部是宣扬佛法,阐述禅意,嘉美高僧之文。如被苏轼誉为"妙绝古今"的《曹溪大鉴禅师碑》就极力嘉赞被赐谥为大鉴禅师的禅宗六祖慧能的美德。慧能以至诚感动其师弘忍,"遂受信具"。后慧能"遁隐南海上,人无知闻。又十六年,度其可行,乃居曹溪",于宝林寺开讲佛法达三十年,为佛教禅宗的创始人。文章嘉美其德,"其道以无为为有,以空洞为实,以广大不荡为归。其教人,始以性善,终以性善。"再如《南岳云峰寺和尚碑》,赞美云峰大师法证(一作澄)"轨行峻特,器宇弘大。有来受律者,吾师示之以为尊严整齐,明列义类,而人知其所不为;有来求道者,吾师示之以为高广通达,[4] 一空其有,而人知其所必至。"又如《龙安海禅师碑》,赞扬龙安海禅师"北学于惠隐,南求于马素,咸黜其异,以蹈乎中。乖离而愈同,空洞而愈实。作安禅通明论,推一而适万,则事无非真;混万而归一,则真无非事。推而未尝推,故无适;混而未尝混,故无归。"这里,柳宗元作此碑文"摭天竺故典"[4],并非如有人所言,"作绮语赞僧媚佛而谆谆录之"[5],而是在统合儒释的思想支配下,以符合儒家道德标准的佛教教义来规范人们的行为。正如他在《送文畅上人序》中所说:"真乘法印,与儒典并用,而人知向方。"在这类文章中,以《南岳弥陀和尚碑》和《大明律和尚碑》等所主者言律,大部分都是言禅。律主要讲规范,体现出对人的约束;而禅主要是讲顿悟,引导人们"自识本心,自见本性"。宋代黄震说:"律者严洁其身,佛所教人之本旨。律以断恶修善,而禅者谓恶不必断,恶不必修,唯问心之有无如何"[6]。这些碑铭文章宣扬了佛教宗旨和高僧的懿德。苏轼对此给予了高度的评价:"柳子厚南迁,始究佛法,作《曹溪》《南岳》诸碑,妙绝古今。……自唐至今,颂述祖师者多矣,未有通亮简正如子厚者。"[7]

除这些碑铭文之外,这类内容的文章在一些"记""序"中也有所表现。如《永州龙兴寺修净土院记》,文章前半部分以宣弘佛教作为文章主题深厚的基础,并于结尾处以宣佛照应,正所谓"就佛言佛,不入一儒语者。"其他如《送琛上人南游序》《送元皓师序》《柳大云寺记》等,皆属此类。

第二,于辟佛的辩难中宣扬佛旨。柳宗元崇奉佛教禅学,虽符合当时士大夫流行的社会风气,但也遭到了一些人的诋毁。韩愈与柳宗元虽然同为古文运动的领袖和文章魁首,且为挚友,但是在对待佛教的态度上韩愈却极力排斥之,并对柳宗元崇奉佛教大加指责(当然,韩愈后来遭受了严重打击,最终也走向了从佛教禅学中获得精神解脱的道路,但这是其晚年的事了)。柳宗元在韩愈等辟佛者的诋毁中理直气壮地坚持自己的观点,驳斥对方,在论辩中大力宣扬统合儒释的思想,即所谓"服勤圣人之教,尊礼浮屠之事"[8]。他在《送僧浩初序》中,对韩愈"尝病余嗜好浮图言,訾余与浮图游","寓书罪余""不斥浮屠"的指责,进行辩驳。他在文章中将崇奉佛教的道理表达了出来,明确指出"浮图诚有不可斥"的原因,是佛教理论"往往与《易》《论语》合","不与孔子异道"。文章用对比的方法剖析了崇信佛教者与世俗之人精神境界和道德观念的异同与高下,"凡为其道者,不爱官,不争能,乐山水而嗜闲安者多",与"逐逐然唯印组为务以相轧者其亦远矣。"作者以高超的笔法,驳斥了韩愈的指责,"虽圣人复生不可得而斥也",有理有据地表达出了"浮图之言可嗜,浮图之人可游"的观点,虽不失礼节却锋芒欲见。全文"翻案在前,断案在中,定案在后,……真是绝不费力文字"[9],正如元代刘谥所评:"妙哉!子厚之言,深中愈之膏肓也。"[10]

柳宗元对佛教宗旨的宣扬,其主要目的就是统合儒释,以佛济儒。他说:"真乘法印,与儒典并用,而人知向方。"[11]对此,明代宋濂说得很中肯:"盖宗儒典则探义理之精奥,慕真乘则荡名相之篱迹。二者得兼,则空有相资,真俗并用,庶几周流而无滞者也。"[12]应当指出,柳宗元作为进步的文人士大夫,虽然在政治上遭受了严重的打击,但他并不是消极地看破红尘,归依佛法,并没有陷入宗教的迷惘之中,而是在佛法中悟出了真谛,以佛济儒。

二

柳宗元的佛教思想对诗文创作的影响,在一些诗歌和记人叙事的文章以至于山水游记中都体现出了禅理、禅机、禅意或禅趣。柳宗元信奉的是佛教中的禅宗,再确切一点说,是南禅宗的一派。禅宗是唐代建立起来的佛教宗派之一。由于禅宗是在中国的社会环境下产生的,它更具有中国特色,禅宗理论本身就具有与传统儒家理论相适应的特点,因此它更适合当时中国士大夫的思想意识和生活习俗。禅宗第六代祖师慧能和他的弟子神会所创立的禅宗学说主要有四点:一是众生本来具有的真心就是佛。认识到自己的本心,就可以达到佛的境界,即"识心见性,自成佛道"[13];二是修行不必坐禅,不管什么修行方式,只要心不散乱就行,即"自性自度""定无所入"[14];三是无妄念,就能见性成佛,即"无念为宗"[15];四是心性觉悟,只要一念与佛法相应,就可以成佛,即"一念愚即般若绝,一念智即般若生"[16],也就是"顿悟"。禅宗是佛教在中国长期流传并不断中国化的结果,尤其是它的"人性本静""自性常清净""迷则渐劝,悟人顿修"等教义,对于身处穷途、失意落魄的士大夫来说,简直就是精神处于迷惘沙漠中遇到的绿洲。这其中的禅理、禅意、禅机、禅趣,自然就成了这些士大夫借以消释和排遣苦闷、寻求精神寄托的良方。柳宗元正是这样一位士大夫的典型。尽管柳宗元"自幼学佛",而苏轼却说"柳子厚南迁,始究佛法",实在是柳宗元在遭受"二王八司马"的沉重政治打击后于极度痛苦中才更进一步从佛教禅学中得以精神解脱的。因此,柳宗元南迁后的许多诗文创作,蕴涵着禅理和禅机。

且看他的诗作《晨诣超师院读禅经》:

汲井漱寒齿,清心拂尘服。闲持贝叶书,步出东斋读。真源了无取,妄迹世所逐。遗言冀可冥,缮性何由熟? 道人庭宇静,苔色连深竹。日出雾露余,青松如膏沐。澹然离言说,悟悦心自足。

一片充满禅意的情景和心境参然如在目前。"真源了无取"四句,透彻明了地道出了禅理。宋代范温评价其"真妄以尽佛理,言行以尽薰修,此外亦无词矣"[17]。全诗以此四句为中心,其前四句超凡脱俗、了无杂念的心性和此后四句悠闲清净、饱含意蕴的景象充满禅趣,而结尾二句更是道出了禅机,立意遣词,曲尽其妙。

再来看《巽公院五咏》中的《曲讲堂》:

寂灭本非断,文字安可离。曲堂何为设? 高士方在斯。圣默寄言直,分别乃无知。趣中即空假,名相谁与期。愿言绝闻得,忘意聊思惟。

一幅从世俗红尘中来,又超脱凡尘的心境毕现眼前。有高士再兹,世间的功名又有什么值得期盼的呢? 从凡尘中悟出"空、假",对世事乃一切"无知"。庄子的超脱世俗,精神达到高超的境界时,是"筌者所以在鱼,得鱼而忘筌;蹄者所以在兔,得兔而忘蹄;言者所以在意,得意而忘言。"[18]陶渊明得到"真意",则"欲辩已忘言"[19]。而在柳宗元这里,禅机的理趣竟使人连"意"也都忘了,此中玄机妙不可言。还有《戏题石门长老东轩》一诗,"坐来念念非昔人,万遍莲花为谁用?"运用王梵志的典故,表达出禅宗"识心见性"的玄机。此类诗作,如《巽上人以竹间自采新茶见赠酬之以诗》中,"犹同甘露饭,佛事薰毗耶";《净土堂》中,"流形及兹世,始悟三空门。华堂开净域,图像焕且繁。清泠焚众香,微妙歌法言";《禅堂》中,"山花落幽户,中有忘机客。涉有本非取,照空不待析。万籁俱缘生,窅然喧中寂。心境本同如,鸟飞无遗迹";《法华寺石门精室三十韵》中,"拘情病幽郁,旷志寄高爽。……小劫不逾瞬,大千若在掌。体空得化元,观有遗细想"等等,道出了无限禅机。

柳宗元更多的诗文,渗透着禅意或流露出禅趣。如《赠江华长老》中:"风窗疏竹响,露井寒松滴",以竹、风、松、露来比喻江华长老的真寂;《永州法华寺新作西亭记》中:"(觉)照谓余曰:'是其下有陂池芙蕖,申以湘水之流,众山之会。果去是,其见远矣。'遂命仆人持刀斧,群而翦焉。丛莽下颓,万类皆出,旷焉茫焉。天为之益高,地为之加辟,丘陵山谷之峻,江湖池泽之大,咸若有增广之者。……余谓昔之上人者,不起宴坐,足以观于空色之实,而游乎物之始终。其照也逾寂,其觉也逾有,然则向之碍之者为果碍耶? 今之辟之者为果辟耶? 彼所谓觉而照者,吾讵知其不由是道也? 岂若吾族之挈挈于通塞有无之方以自狭耶?"可谓是顿悟,是心性本觉基础上的顿悟。

三

柳宗元的山水诗和山水游记是他文学创作中最为优秀的部分。柳宗元排遣精神苦痛的渠道有两条:一是在佛理禅机中得以超脱;二是在山水之乐中得以安慰。这是他在遭受惨重打击下相对于无尽苦闷中的短暂快乐。其实,柳宗元的山水之乐也不是孤立的,而是于山水之中感受到了禅意。也就是说,他将优美的山水与幽渺的禅意融会到一起,而感受其中之乐。

柳宗元山水诗的特点一个是以精致细密的笔调刻画山水景物的容貌,另一个就是往往在描绘山水景物的同时,由外在的景物而转入到内心的探索。他在模山范水的时候,不是自然的描摹,不是向有人所说的"犹如明镜映物"[20],他以心中的禅理观照客观景物,才使得他笔下的景物"漱涤万物,牢笼百态"。[21]《永州龙兴寺西轩记》中,他在记叙了凿开居所西墉以为户所见到景物大观后说:"夫室,向者之室也;席与几,向者之处也。向也昧,而今也显,岂异物耶? 因悟夫佛之大道,可以转惑见为真智,即群迷为正觉,舍大暗为光明。夫性岂异物耶? 孰能为余凿大昏之墉,辟灵照之户,广应物之轩者,吾将与为徒"。可见他的山水诗和游记于景于物的精美描写,从其创作的理念来说,就有了禅宗思想在起作用了。最受人们推崇的五言绝句《江雪》,"千山鸟飞绝,万径人踪灭。孤舟蓑笠翁,独钓寒江雪",胡应麟称其为"二十字骨力豪上,句格天成";[22]而苏轼评价说是"殆天所赋,不可及也已"。[23]其意境清净虚空,虽无一字禅语,但却寄寓着随缘任运的禅理。又如《渔翁》:"渔翁夜傍西岩宿,晓汲清湘燃楚竹。烟销日出不见人,欸乃一声山水绿。回看天际下中流,岩上无心云相逐",其自然古朴、清淡悠远、超脱凡尘的意境亦蕴涵着禅趣。

苏轼评价柳宗元的诗说:"柳宗元发纤秾于简古,寄至味于澹泊",[24]"柳子厚诗在陶渊明下,韦苏州上;……温丽清深……外枯而中膏,似淡而实美","柳子厚南迁后诗,清劲纡徐"[25]。他的诗歌峻峭、洁逸的风格,"神骨泠然,绝出烟火"[26]。这种风格的形成,不仅是其诗歌的内容所决定,更重要的是他的审美追求,具体说是他思想中的禅理、禅意支配着他对自然山水的特定审视,对创作风格的特定追求。

柳宗元的山水游记饱含诗情画意,《永州八记》是其代表作。这些作品通过对自然山水的洞察幽微和细致刻画,表现出了精美、高洁、幽邃、凄清的神韵。而这些充满诗情画意的山水游记所创造出的艺术境界,无论是奥狭深僻也好,幽寂凄冷也好,都蕴涵着深邃的禅意。《永州龙兴寺东丘记》中说:"游之适,大率有二:旷如也,奥如也,如斯而已。"这里道出了山水景物给作者带来快乐与舒适的特点,也道出了《永州八记》对于山水描绘的特色。宋代汪藻品评说:"零陵一泉石,一草木,经先生品题者,莫不为后世所慕,想见其风流。而先生之文载集中,凡瑰奇绝特者,皆居零陵时所作。"[27]无论是静态还是动态,无论是"奥如"还是"旷如",无论是幽深清净,还是奇特瑰玮,很突出的一点,都体现出了他孤独寂寥、远离尘俗的心境。他的这种心境与禅理融合到一起,"美不自美,因人而彰",便创作出无不形容尽"牢笼百态"的动人佳作,读之令人悠然有出世外之意。他"借对山水的传神写照表现出一种永恒的宇宙情怀,创造出了专属于柳氏的如雪天琼枝般的清冷晶莹之美来。"[28]柳宗元在优游山水美景中增添了自得自适的情怀,也为我们留下了超脱物外和物我合一的禅趣的感受。

柳宗元佛教禅学思想对其创作的影响是很大的。柳宗元崇奉佛教禅学,但他并不是佛教徒,他与王维也不一样。他认为"佛合孔","禅合孟",最终是要以佛济儒。韩愈和柳宗元关于"嗜佛"和"辟佛"的一段公案,其核心是围绕着儒这个基本点来展开论争的,其前提是儒。正如清代林云铭在《古文析义》中所说:"……又以世人营营名利,浮屠多乐山水,嗜闲安,放谪之余,无可与语,因与人游,……亦非去儒以从其教也。……故惟有退之之见,然后可以辟佛;有子厚之见,然后可以嗜佛也。"柳宗元调和了封建士大夫入世和出世之间的矛盾,他的诗文创作除本文所谈到的阐述佛旨禅理和蕴涵禅机、禅意、禅趣的以外,其它许多悲悯之作也反映了儒释调和后的思想。

注释:

[1]唐 柳宗元《永州龙兴寺西轩记》,《柳河东集》卷二十八。

[2]《旧唐书·柳宗元传》。

[3][8]清 孙琮《山晓阁选唐大家柳柳州全集》评语。

[4]清 林纾《畏庐续集》。

[5]明 王世贞《读书后》卷六。

[6]宋 黄震《黄氏日钞》卷六十。

[7]宋 苏轼《东坡后集》卷十九。

[8][11]唐 柳宗元《送文畅上人登五台山遂游河朔序》,《柳河东集》卷二十五。

[10]元 刘谧《三教平心论》卷下。

[12]明 宋濂《宋学士文集·銮坡后集》卷八。

[13][15][16]《坛经》。

[14]唐 王维《能禅师碑铭》。

[17]宋 范温《潜溪诗眼》。

[18]《庄子·外物》。

[19]晋 陶渊明《饮酒》诗(其六)。

[20]王国安《柳宗元诗笺释·前言》。

[21]唐 柳宗元《愚溪诗序》,《柳河东集》第二十四卷。

[22][26]胡应麟《诗薮》内篇,卷六、卷五。

[23][25]苏轼《东坡题跋》卷二。

[24]苏轼《经进东坡文集事略》卷六十。

[27]宋 汪藻《浮溪集》卷十九。

[28]尚永亮《柳宗元诗文选评·前言》。

参考文献:

[1]尚永亮.柳宗元诗文评选[M].上海:上海古籍出版社,2003.

[2]文史知识编辑部.佛教与中国文化[C].北京:中华书局,1988.

[3]吴文治.柳宗元资料汇编[C].北京:中华书局,1964.

[4][韩]权锡焕.柳宗元的山水记及其空间认识[J].柳宗元国际学术研讨会论文集[C].珠海:珠海出版社,2003.

[5]衣若芬.潇湘文学与图绘中的柳宗元[J].柳宗元国际学术研讨会论文集[C].珠海:珠海出版社,2003.

[6]易先根.《永州八记》的禅意[J].零陵学院学报,2004(2).

[7]张官妹.柳宗元的山水游记与禅宗丛林[J].零陵学院学报,2003(6).

（原载 2005 年第 9 期,作者单位:湖南科技学院）

柳宗元山水文学中的天台宗意蕴

❋ 范洪杰

一

山水文学自南朝以来就是一种重要文学类型,柳宗元山水游记和山水诗都取得了重要成就。可以说,柳宗元是中古山水文学的殿军人物①。柳宗元好佛,是性之所近:

> 诚乐之,其于性情爽然。(《送僧浩初序》)
>
> 凡为其道者,不爱官,不争能,乐山水而嗜安闲者居多……吾之好与浮屠游以此。(《送僧浩初序》)

所以柳宗元的山水文学背后弥漫着一种佛教意蕴,便不奇怪了。学界对柳宗元的山水诗的解读已经注意到这一点②,但对他所取得卓越成就的山水游记的佛教意蕴方面的分析尚未达到理想状态。对柳宗元的山水游记和山水诗通观并察,发掘其佛教意蕴,是有意义的。笔者认为,柳宗元的山水文学背后的佛教意蕴与天台宗思想有紧密关系。

文人接受佛教思想,一般带有普泛性和随意性特点,很少独好某个宗派的思想而对其它思想进行排斥。柳宗元的思想也以同时代人对佛教的普遍接受水平为背景,以佛教的共义为知识基础。但同时柳宗元个性明敏善断,在唐文人中慧解突出。此外也由于他来到永州之后与重巽的特殊因缘,所以他所接受的佛教

---

① 就诗而言,胡应麟:"靖节清而远,康乐清而丽,曲江清而淡,浩然清而旷,常建清而僻,王维清而秀,储光羲清而适。韦应物清而润,柳子厚清而峭"(《诗薮》),言下把柳子厚作为中古山水诗的殿军;葛晓音也把柳宗元作为魏晋南北朝隋唐山水田园诗派的殿军,见氏著《山水田园诗派研究》,辽宁大学出版社,1992年,第347页。

② 王国安先生对《巽公院五咏》的解读是重要成果,见其《读〈巽公院五咏〉——兼论柳宗元的佛教信仰》一文,《湖南科技学院学报》,2005年第2期。

思想,确实是以天台宗为主导的。这也是性之所近致然。所以"统合儒释"之"释",大体可认定为天台宗。

历来对柳宗元的思想和文学进行阐释的专著和论文比较多。① 关于柳宗元受天台宗思想影响的表现,王国安先生《论柳宗元佛教天台宗信仰》一文做了很好的论述。该文列举了柳宗元受天台宗影响的种种具体表现,这都是正确的;孙昌武一直关注柳宗元的思想与文学,他的近作《柳宗元与佛教》[1],揭示了柳宗元接受天台宗的可能性途径,并对柳宗元在佛教影响下的思想创造进行了描述,论述较有创见,但似尚有进一步开拓的空间。笔者认为,柳宗元的天台宗思想成分并不局限于种种具体的表现,而是在天台宗的根本思想上,他都有深入的摄取。中道、现实精神、柳宗元的经权观等都是柳宗元基础性的观念,但都体现出在对儒学和天台宗教理的统合基础上的思想创造。如中道与既与儒学的"中庸"有关,又与天台宗的"中道实相"有甚深关系;柳宗元的现实精神既有取自儒学的一面,又与天台宗重视假谛的救世情怀相通;柳宗元的经权观虽有《春秋》学的背景,但体用一如的思维方式无疑主要是受佛教影响的,其具体见解与天台宗"开权显实,发迹显本"的思想的具有内在关联等。但本文不打算在思想层面上展开论述柳宗元与天台宗的关系,而尝试对柳宗元的山水文学通观并察,从文学的角度探讨天台宗的思想和意蕴是如何深入地渗透到其创作中的,从而对柳宗元与天台宗的关系以及柳宗元的山水文学(尤其是山水散文)的佛教意蕴有更准确的认识。

从与天台宗思想的关系来看,柳宗元那些艺术成就高的山水文字可划分成两种类型,一种是《愚溪诗序》等与天台宗"圆顿止观"有直接体现关系的;另一种类型是与天台宗"圆顿止观"的关系虽然不能确切指实,但可以认定是在与之一致的朴素禅观上有精神上的相通之处的。

---

① 有代表性的有孙昌武《柳宗元传论》《禅思与诗情》、陈若水《柳宗元与唐代思想变迁》、张勇《柳宗元儒佛道三教观研究》、骆正军《柳宗元思想新探》、松本肇《柳宗元研究》等论著,此外尚有赖永海《柳宗元与佛教》、王国安《读〈巽公院五咏〉兼论柳宗元的佛教信仰》、《论柳宗元的佛教天台宗信仰》、杜寒风《柳宗元与佛教禅宗的问题》等论文;此外还有《柳宗元国际学术研讨会论文集》(梁超然、谢汉强编,广西人民出版社1994年版)等柳宗元的会议论文集和《啖助新〈春秋〉学派研究论集》(林庆彰、蒋秋华主编台湾中央研究院文哲研究所2000年版)等专题性的会议论文集。

二

《愚溪诗序》:

> 溪虽莫利于世,而善鉴万类,清莹秀澈,锵鸣金石,能使愚者喜笑眷慕,乐而不能去也。余虽不合于俗,亦颇以文墨自慰,漱涤万物,牢笼百态,而无所避之。[2]1607

鉴,即照,智顗:"法性寂然明止,寂而常照名观。"(《摩诃止观·明缘起》)鉴,即是"止观"。"莫利于世"的溪水与"不合于俗"的作者相类,溪水"善鉴万类",而宗元"以文墨自慰,漱涤万物,牢笼百态",可以说,澄澈的溪水是作者心体的意象化。作者的心体因为澄澈,所以能把外在万物都能在其中呈现。这些被呈现的万物杂然纷陈,有净有染,却不外在于心体。所谓天台宗的"性具善恶"之说便是如此。如果依照如来藏性说(如华严宗和达摩禅),此清净心体自是根本,把外在万物予以消泯,返归清净心体,即达成目的,而不必"无所避之"地去"牢笼百态"。天台宗的"性具说"很独特,迥异它宗,中唐湛然等人特别在此说上发挥,以示区别于它宗的优胜之处。在天台宗看来,心性本具善恶,一念心就能呈现三千大千世界,要成就"圆顿止观",只需在一念心中观照此三千大千世界,观照此恶,从恶之上转成实相而又不离此恶,因为实相本就不离此恶。从这个意义上来讲,柳宗元的山水文学可谓自有特质,它背后的精神就是天台宗的"一念三千"和"性具"说。所谓"漱涤万物,牢笼百态"背后的思想依据就是"一念三千"。

序文又说到"染溪"的得名:"或曰:'冉氏常居也,故姓是溪为冉溪。或曰:可以染也,名之以其能,故谓之染溪。"笔者大胆猜测作者在这里采取了隐晦的笔法,欲显故藏,后一种说法才是宗元的本意,所谓"染溪",即是染心,或曰善恶本具之性,与以"愚溪"之名意趣相同。可能这个溪本名是冉溪,但宗元倾向于染溪之名。后面又说:"今予家是溪,而名莫定,而土之居者尤断断然,不可以不更也,故更之曰愚溪。"意思是大家在冉溪还是染溪上争执不下,所以索性另取名。实际上,柳宗元诗文中数次出现"冉溪"或"染溪",绝大部分是"冉溪"。可见此溪原名是"冉溪",那些诗文也具有纪实性质。另外取名"愚溪",只是局限于本文和与此相配的一组诗,同解释"染溪"之名的含义一样,恐皆是作者私意。所以笔者认为柳宗元笔下的"染溪"和"愚溪"二名,实际上都在强化这样的命意:自性本恶本染,乐意以此自处。柳宗元私意可能是并存"染溪"和"愚溪"二名,相互映衬。只是在行文中多些曲折意趣。该文在文体上是一篇说心说性文字,行文中有遮显隐藏,与纪实性质颇不同。类似于陶渊明《桃花源记》,文笔上有一些诡谲。当然,这一点是笔者的猜想,姑陈于此。如果此说有一定道理,那么可以说,此文的内在意旨可能并不只是纯然地以反语自我解嘲,而是表达自己对心性的悟解。或者说,两个层面的意蕴都有,一个是感情上的,一个是思想上的。一个浅层,一个是深层的。正如同宗元在文中引用过的愚公的故事所体现的,自我嘲弄是古代失志士人表达失落情绪的传统。作者一定程度上沿用了这种手法,但又赋予其新的意涵

以愚辞歌愚溪,最后归结为:

> 则茫然而不违,昏然而同归,超鸿蒙,混希夷,寂寥而莫我知也。

用玄学化的语言,实际上阐明的正是即空即假即中的"三谛圆融"的实相境,这个实相境并非纯然的空或无,而是真常妙有的,是一个"浑沦圆具之大全的虚空"①。总的意思是悟得真实,更无所待。

上述分析可以与记录与天台宗人相过往的诗句和游记予以参照。《法华寺石门精室三十韵》写由精室见弘旷之景并抒发对天台佛理的妙悟:

> 结构罩群崖,回环驱万象。小劫不逾瞬,大千若在掌。体空得化元,观有遗细想。[3]

所谓回环驱万象,写精室位置高峻,有驱赶万象、含纳万象之势。这引发下句"小劫不逾瞬,大千若在掌",即"一念三千"的解悟。这与《愚溪诗序》:"漱涤万物,牢笼百态"同义。"体空得化元,观有遗细想",意思是即空即假即中的圆融之境,与"一念三千"一致,一为经,一为纬,是为中道实相。

《永州龙兴寺西轩记》:

> 夫室,向者之室也;席与几,向者之处也。向也昧而今也显,岂异物耶?因悟夫佛之道,可以转惑见为真智,即群迷为正觉,捨大暗为光明。夫性岂异物耶?孰能为余凿大昏之墉,辟灵照之户,广应物之轩者,吾将与为徒。

---

① 此语是董平先生对天台实相的概括描述,见氏著《天台宗研究》,上海古籍出版社,2002年,第68页。

此处体现出"性具染净"和修善开悟的观点。正是天台宗的性具说和修行方法。在中唐,佛教的心性说大概有两种,一是天台的"性具善恶"说,一是华严宗和禅宗达摩禅①主张的性本清净说。前者主张众生与佛,都是性具善恶的,众生不脱善性,而诸佛不脱恶性,众生与佛的差别在于,众生舍弃修善而为无明所障,诸佛虽具性恶但断尽修恶,修善至解脱境界,众生要转凡成圣,必须修善开悟。[4]后者主张佛性是本来清净的,人之所以不能成佛,是因为这清净性为妄念所覆,只要悟得此身是妄念所致,那么就能复返本性,形成正觉。因此,前者修行以染心为基础展开,即染心而转净,并不断除性恶。善恶原本是一物,只是观照不同,因为善恶相即,所以就为观染心而成解脱提供了可能;后者是以净心(本体)为基础,去除外尘(现象)才能返回净心。善恶是对立的,本体与现象相对,最后返归本体。柳宗元所说,与复返初心的修行方式不同,是以"向者之室"(性)为基础进行,这"向者之室"是昏暗着的,通过"凿大昏之埏,辟灵照之户",即修善开悟,使黑暗转为光明。作者感叹,"室"是"向者之室",席与几也没变,但前后显昧不同,"性"和"室"也一样,是"性"和"室"本身变化了吗?明显没有,是观照方式变化了。"广应物之轩","止观"的目的并非纯然出世,并非排斥假谛的空,天台宗的实相境不离此间,所以"广应物之轩"。所以三千世界是无限广大的。此文又说"以贻巽上人焉",是敬服并称许重巽为自家佛学导师,认同其天台教义之意。

其它作品也可与此参照。《永州龙兴寺净土院记》:

> 上人者,修最上乘,解第一义。无体空折色之迹,而造乎真源,通假有借无之名,而入于实相。境与智合,事与理并。[2]1867

巽上人已经悟到圆顿境界。"体空折色",是空谛,"无体空折色之迹",即是即空即假,与"通假有借无之名"意思一样,即空即假,也意味着不执取于空,不执取于假,即是即中,即空即假即中,即是"实相"。

《永州法华寺新作西亭记》也是以伐去障目之丛林以见大观的经历来寄寓佛理感悟。他感叹法照:

---

① 祖师禅是否是如来清净心系统,学界有两种看法,一是牟宗三和吴汝钧认为祖师禅是近于天台宗的性具善恶说的,与如来藏系统不同,其修行基础是染心。分见牟宗三《佛性与般若》,吴汝钧《中国佛学的现代阐释》二书论禅宗的部分。二是印顺法师认为祖师禅和达摩禅都是以如来藏清净心为根本,二者并无实质不同。见印顺《中国佛教论集》,中华书局,2010年,第87-90页。大部分人持后说。

　　余谓昔之上人也者,不起宴坐,足以观于空色之实,而游乎物之终始。其照也逾寂,其觉也逾有。然则向之碍之者为果碍也? 今之辟之者为果辟也? 彼所谓觉而照者,吾讵知其不由是道也? 岂若吾族之翚翚于通塞有无之方,以自狭也。

谓由止观得慧解,则性之善恶染净一并泯灭,原来的障碍并非障碍,获证的清净也并非清净,一并消泯于诸法实相,此实相即"一念三千"。一念中含具三千大千世界,所谓游乎物之终始,即是说此三千大千世界。不执著于"通塞有无",即是不执分别心,否则以一念心作为观照对象时又起一种执心,执上加执,只有静观一念,不起执着,才能进入实相。

三

对此实相中的自由境界的刻画与《愚溪诗序》结尾可以相比照的,如《始得西山宴游记》:

　　若垤若穴,尺寸千里,攒蹙累积,莫得遁隐。萦青缭白,外与天际,四望如一。……悠悠乎与颢气俱,而莫得其涯;洋洋乎与造物者游,而不知其所穷。……心凝形释,与万化冥合。

这勾描出一种自由解脱的境界。心与"万化"相冥合,实际上是心境不二,境观合一。

《钴鉧潭西小丘记》:

　　枕席而卧,则清泠之状与目谋,滢滢之声与耳谋,悠然而虚者与神谋,渊然而静者与心谋。

以上两处文字皆与写天台后学的承远法师的《南岳弥陀和尚碑》相类似:

　　一气回薄茫无穷,其上无除下无终。离而为合蔽而通,始末或异今焉同。虚无混冥道乃融,圣神无迹示教功。

《南岳云峰寺和尚塔铭》塔主是天台宗的法证,也说:"气混冥兮德洋洋。"也是以气的混冥来说明这种圆顿的止观体验。使用了玄学化的语言,但佛教与玄学本就关系甚深。柳宗元在此描述的"虚无混冥"之境,实际上还是天台宗的"中道实相"。因为天台宗的实相如董平先生所说,"它本身原是一浑沦圆具之大全的

虚空"。[5]68悟得实相,实现了真正的自由,因此笔下活现出处处存在而灵动不居的佛性。《小石潭记》:

> 潭中鱼可百许头,皆若空游无所依。

此句妙在写出了对自由解脱之境的向往,这条鱼可以说是宗元向往的一颗自由心。水性为空,但又不舍离此空性之水,鱼游于其中,即空即假,在中道中妙得自在。此句又作:

> 披拂潭中,俯视游鱼,类若乘空。[2]1913

"乘空"一语,似更能妙得此义。

四

更广泛的意义上,柳宗元的许多美妙的描写都可视为止观或禅观下的境界。天台宗的止观,也就是佛教通义的"禅",含义是相同的。太虚说:"中国佛学的特质在禅"[6],意思就是说在中国影响大的那些宗派,如天台宗、华严宗、净土宗等都是由禅修实践演化而来,只是各宗在义解上不同,所以称为各种宗派。但各宗的一些基础性的实践都是相同的。而对于圆顿境界,各宗对达到此境的义解往往不同,比如天台宗是以"三谛圆融"和"一念三千"作为实相的义解,而禅宗以去除杂然,返回清净心或直接顿悟清净佛性为义解,是不同的,但作为最终所证悟到的境界的特点也还是差不多的。也就是说,佛教普遍承认一种"根本无分别智"的直观认识,在此认识之下,全部是符合真理的现量境。柳宗元笔下的一些美妙的描写,很难指实为天台宗圆顿止观下的直观境界,但可以说是与天台圆顿境界相一致的各宗都追求的直观境界。其实从柳宗元对禅宗排斥态度来看,说他是天台止观境也是不错的。以下描述可称为朴素禅观下的灵妙境。

柳宗元对流水的描写,能在境上无住,得跳脱灵妙的妙趣。《袁家渴记》:

> 其中重洲小溪,澄潭浅渚,间厕曲折,平者深黑,峻者沸白。舟行若穷,忽又无际。

《石渠记》:

> 其流抵大石,伏出其下。逾石而往,有石泓,菖蒲被之,青鲜环周。又折西行,旁陷岩石下,北堕小潭。潭幅员减百尺,清深多鲦鱼。

《石涧记》：

> 其水之大，倍石渠三之一。亘石为底，达于两涯。若床若堂，若陈筵席，若限阃奥。水平布其上，流若织文，响若琴操。

这种细致的观照隐然有一种游戏意味，是自由心的体现。其实禅观，或曰止观，本有两种形态，一是静态的，一是动态的，吴汝钧曾分别以"三昧"和"游戏"这两种表现来指称[7]。这两种禅法当然也存在于天台宗的完整的修行实践中。既有静默的止观功夫趋近"定"境，又有定境中灵动自由的境界。柳宗元的山水文字有的以静默证会见长，有的以灵动自由见长。就是相应的体现。

"超摅藉外奖，俛默有内朗。"（《法华寺石门精寺三十韵》）通过山水旷景对心境脱离尘染执着的"外奖"作用，促发"内朗"慧性的显现。宗元的山水文学与佛教的关系，是可以通过他的这句诗来做基本概括的。

柳宗元的性灵的感发不仅来自于他的止观实践和对实相的悟解，而且还与另一种思想有关。如前所述，在众生的佛性问题上，天台宗持乐观态度。湛然发展了智𫖮的佛性论，更明确地提出"无情有性"说。这在当时，是针对华严宗把佛性限定在有情众生的范围内而发的，同时禅宗的神会一系也认为只有有情才有佛性。湛然之说有很大影响，董平先生说："尽管无情有性实际上并不是湛然的首创之说，经过湛然的竭力提倡，这一学说才真正引起了人们的普遍关注……天台宗在中唐时期的中兴，在很大程度上须归结为湛然无情有性说在当时佛教界所造成的影响。"[5]232. "无情有性"认为草木瓦砾都有佛性，这带有泛神论倾向的观念与山水审美心理具有一致性。柳宗元的山水文学渗透了因这种观念而带来的灵性。五古《自衡阳移桂十余本植零陵所住精舍》写把桂木移植到龙兴寺后"路远清凉宫，一雨悟无学。南人始珍重，微我谁先觉？"清凉宫，即龙兴寺。无学，丁福保《佛学大词典》："声闻乘四果中，前三果为有学，第四阿罗汉果为无学。学道圆满，不更修学也。《法华玄赞》一曰：'戒定慧三，正为学体，进趣修习名为有学，进趣圆满止息修习，名为无学。'"又，荆溪湛然《摩诃止观辅行传弘诀》："放心就枕。头未至枕，便得无学"，礼贤注此句："台宗三祖慧思大师亦复如是，如云：'夏竟受岁将欲上堂，将放身倚壁，豁然大悟法华三昧。'"[8]柳诗正是写天台僧人重巽所主持的龙兴寺，所以"无学"意指法华三昧。在这里指得圆满实相。雨，比喻演说佛法。智𫖮《法华文句》卷第七上解："如来即是云，闻法即是雨，读诵修行即是润，功德即增长。"又，佛经中经常用"雨花"表示演说佛法感引诸花降落,如《法华经序品》曰:"是时天雨曼陀罗花,摩诃曼陀罗花,曼殊沙花,摩诃曼殊沙花,而散佛上,及诸大众。"因此,"雨"在这里隐喻演说佛法。"路远清凉宫,一雨悟无学",是说桂木因接近龙兴寺,感应佛智,使本有佛性得到开显。这首诗是对无情有性思想的形象化描述。末句"芳意不可传,丹心徒自渥",作者感叹草木都能证悟佛性,但无法将这种证悟传达给自己;自己对之也深感惭愧。①《晨诣超师院读禅经》:"遗言冀可冥,缮性何由熟?道人庭宇静,苔色连深竹。日出雾露余,青松如膏沐。澹然离言说,悟悦心自足。"首先说明佛教经典是修持的依据,没有经论就失去了修行的引导。然后描写早上所见清新景色,"苔色连深竹",让人联想到与"无情有性"同一意思的出于作为禅宗别支的牛头禅的另一种说法"青青翠竹,尽是法身;郁郁黄花,无非般若",而在日出时经过雾露沐浴过的青松,给人爽然而深邃的感觉,也大概寄寓了"悟悦心自足"的自性圆满的意义。

也有一些诗中的植物隐喻作者的遭际和感情,这种手法古来有之,但在柳宗元手中,植物与作者的精神达到了融合不二的程度,体现出作者视植物为性灵之物的思想。《湘岸移木芙蓉植龙兴精舍》:"有美不自蔽,安能守孤根。盈盈湘西岸,秋至风露繁。丽影别寒水,浓芳委前轩。芰荷谅难杂,反此生高原。"木芙蓉美丽芳艳,但在低僻处与芰荷为伍,于是作者移到位置较高的龙兴寺,以保护它的孤洁。对拥有美质的事物的怜爱,带有作者自重自伤的意味。《新植海石榴》:"弱植不盈尺,远意驻蓬瀛。月寒空阶曙,幽梦彩云生。粪壤擢珠树,莓苔插琼英。芳根阂颜色,徂岁为谁荣。"海石榴植非其地,也是作者的化身。也有写与植物相互依存的情感,视草木为知己。《种白蘘荷》写寻找并移植白蘘荷,藉以庇护自己这多病之身:"崎岖乃有得,脱以全余身。纷敷碧树阴,眒眜心所亲。"《戏题阶前芍药》写芍药陪伴自己度过孤寂的夜晚:"孤赏白日暮,暄风动摇频。夜窗蔼芳气,幽卧知相亲。"元好问曾选名家花卉诗九首,以此为第一,即因作者在无情之物上见出特深之情,"怨之愈深,其辞愈缓,得古诗之正,其清新婉

---

① 牟宗三先生认为荆溪湛然的"无情有性"之说"'有性'者亦有佛性,此所有之佛性即法性义之佛性……但此并不表示草木瓦石亦有觉性之佛性,而能自觉修行而成佛也",(《智的直觉与中国哲学》,《牟宗三先生全集》第20册,联经出版公司,2003年,第412页)即认为草木瓦石的佛性只是"性理",而非"性智",因其不具"心"。这一说法在"圆教"背景的阐述下自有道理,但"法性"在天台宗这里本是"智如不二"的,而且"无情有性"之说本就具有明显的泛神论色彩,因此,在这一思想观照之下,草木瓦石未必不可以理解为有"性"有"智"(或"心")的。

丽,六朝辞人少有及者"[9]。这些花草都是有性情的精神伴侣。

五

综合来看,柳宗元不但在思想上"统合儒释",借助天台宗的思想资源有一定的思想创造,而且,在审美意识和文学创作方面,柳宗元在天台宗的教理的深入影响下,也创作出了一系列文学成就突出的山水文学作品。这些作品中所渗透的天台教理可以说是深透而细密的。柳宗元的山水文学,其佛教意蕴虽然曾得到学者们的注意,但如果不能清晰地认识到天台宗的教理对其山水意识的深入影响的事实,这种认识就是有欠缺的。笔者贡献自己的浅见于上,期待方家批评。

参考文献:

[1]孙昌武.柳宗元与佛教[J].文学遗产,2005,(3):73-81.

[2]柳宗元撰.尹占华,韩文奇校注.柳宗元集校注(第五册)[M].北京:中华书局,2014.

[3]柳宗元著.王国安笺释.柳宗元诗笺释[M].上海:上海古籍出版社,2007:28.

[4]赖永海.中国佛性论[M].上海:上海人民出版社,1988:174.

[5]董平.天台宗研究[M].上海:上海古籍出版社,2002.

[6]太虚.佛学入门[M].杭州:浙江古籍出版社,1990:8-9.

[7]吴汝钧.中国佛学的现代诠释[M].台北:文津出版社,1995:128-129.

[8]隋智者大师说.章安灌顶录,荆溪湛然撰,定海沙门礼贤注.摩诃止观辅行传弘诀辑注[Z].自印本,2010:1059.

[9]章士钊.柳文指要[M].上海:文汇出版社,2000:1469-1470.

(原载 2016 年第 8 期,作者单位:北京大学)

《大藏经》"柳学"资料的价值

✱ 张 勇

柳宗元与佛教的关系,是近 30 年来"柳学"研究的一大热点,发表的有关论文多如恒河之沙。然而,稍微翻检一下这些成果就会发现,相当大的部分为低水平重复之作。造成这一现象的原因是多方面的,而新材料的匮乏无疑是其中最主要的原因。研究者所依据的材料主要是《河东先生集》中的释教碑铭,以及记寺庙、赠僧侣的诗文,很少有人使用佛教内典中的资料。笔者近年来致力于《大藏经》中"柳学"资料的发掘工作,也尝试着运用这些资料写一些论文,①下面就有关心得与"柳学"同道做一交流,同时求教于方家。

先介绍几种蕴含"柳学"材料较多的释家典籍。

1.《隆兴佛教编年通论》

《隆兴佛教编年通论》二十九卷,简称《隆兴编年通论》《编年通论》《通论》,南宋沙门祖琇撰。本书最显著的特点是大量引用碑记序表书等史料,是一部较为真实可靠的编年体佛教史论著作,其唐五代编年史部分为全书之重点,也是最有价值的部分。该书收录柳宗元《南岳云峰寺和尚碑》等涉及佛教的文章 20篇,还有大量关于柳宗元的记载与评价。

2.《释门正统》

《释门正统》八卷,南宋沙门宗鉴编撰,是一部以天台宗为正统的佛教史书,该书卷三《弟子志》、卷四《兴衰志》对柳宗元的佛教思想作了高度评价。

3.《佛祖统纪》

《佛祖统纪》五十四卷(现行本缺十九、二十两卷),南宋天台宗僧志磐撰。

---

① 《论柳宗元的〈东海若〉》,《文学遗产》,2009 年 2 期;《柳宗元〈大鉴碑〉中的"负问题"》,《中国社会科学院研究生院学报》,2009 年第 5 期;《论柳宗元的佛教天台观》,《禅学研究》第 8 辑,2009 年 9 月;《柳宗元的佛教律学观》,《湖南科技学院学报》,2009 年第 11 期;《释氏眼中的柳宗元》,《中国典籍与文化》,2010 年第 2 期。鉴于篇幅的限制,本文涉及上述论文的内容不再一一标明出处。

这是一部写作态度十分谨严的佛教史著作。该书把柳宗元列为天台宗法师重巽的俗家弟子,并在卷四十九《名文光教志》中收录了柳宗元的《圣安寺无姓和尚碑》等三篇文章。卷四十一《法运通塞志》录柳宗元《送僧浩初序》,并评点柳宗元与韩愈的争论,赞扬柳对佛法的深刻理解,批评韩"不知佛,所以斥佛"。卷二十六《净土立教志》与卷五十四《历代会要志》也有关于柳宗元的材料。

4.《乐邦文类》

《乐邦文类》五卷,南宋沙门宗晓编。该书主要收录弘扬净土思想的诗文,柳宗元的《东海若》《岳州圣安寺无姓和尚碑》《永州龙兴寺修净土院记》收入其中。卷二收录吴克己《刊往生行愿略传序》,该文称赞柳宗元为"能知如来设教本意"之第一人;宗晓本人也赞《东海若》"诚为《乐邦文类》之冠"。该书还收录苏东坡、橘洲和尚为《东海若》作的跋。

5.《佛祖历代通载》

《佛祖历代通载》二十二卷,又称《佛祖通载》,元代禅宗名僧念常撰,是一部有关中国及印度佛教传播的编年体佛教史著作。该书著录了柳宗元的《南岳云峰寺和尚碑》等九篇文章,还介绍了柳宗元的生平事迹,尤其是在柳州的政迹,并对其做了高度评价。

6.《居士传》

《居士传》五十六卷,清代大居士彭际清编撰。该书总结了柳宗元佛教观的主要特点,对柳宗元《曹溪第六祖赐谥大鉴禅师碑》主旨的揭示尤其深刻。

除以上所列,其它包含"柳学"材料的佛教典籍还有很多,如《南岳总胜集》《释氏稽古略》《天台传佛心印记》《历朝释氏资鉴》《佛法金汤编》《法喜志》《列祖提纲录》等。

以上这些佛教内典中的"柳学"资料具有十分重要的学术价值。第一,彰显柳宗元在佛教界的重大影响。上述佛教内典,跨越宋元明清四个朝代,由此可见柳宗元在佛教界的影响时间之久;同时,这些典籍涉及禅宗、天台宗、净土宗等多个大乘佛教宗派,如《隆兴佛教编年通论》《佛祖历代通载》为禅宗学人所编撰,《释门正统》与《佛祖统纪》为天台宗人所编撰,《乐邦文类》为净土宗人所编撰,这些佛教史著作可能会受编撰者宗派观念的影响而有所偏向,但对柳宗元的评价都是肯定的,由此可见柳宗元在佛教界的影响范围之广。

第二,能帮助我们更加全面而深刻地理解柳宗元的佛教思想。概言之,高僧大德对柳宗元的评价主要有如下五个方面:一是精通佛法。《释门正统》卷四《兴衰志》曰:"深明内教,广赞台崖。审思笃信,明辨力行。"认为柳宗元不但"深明内教",而且能"明辨力行",并以在柳州兴复大云寺为例。二是统合禅教。《释门正统》卷三《弟子志》称赞其统合禅教的思想为"万世学佛者之指南"。三是统合儒释。《隆兴佛教编年通论》卷二十一赞曰:"其言与孟轲氏合";"不以儒佛为异趣"。四是"有补于宗教"。祖琇赞成柳宗元对禅宗的批评,称其有"深救时弊,有补于宗教"之作用(《隆兴佛教编年通论》卷二十三)。五是开掘佛教"辅时及物"之道。祖琇说:"盖子厚深明佛法而务行及物之道,故其临事施设,有大过人力量也。"(《隆兴佛教编年通论》卷二十三)

第三,帮助解决"柳学"中的疑难问题。《东海若》是柳宗元写的一篇寓言,其主题扑朔迷离,当今"柳学"界很少有人问津。其实,《乐邦文类》早就把这个问题回答了:"昔人以净土为诞妄,柳公故作斯文以讥其失。"又如,柳宗元《曹溪第六祖赐谥大鉴禅师碑》被苏轼赞为"妙绝古今"(《又跋大鉴禅师碑》),受苏轼影响,当今"柳学"界一般认为柳宗元的碑文正确反映了惠能的禅学思想,其实不然。《居士传发凡》说,柳宗元这篇碑文"与《六祖坛经》之旨全无交涉",柳子"误解"惠能的目的在于"和会儒释"。这种观点恰如其分地指出了柳宗元的良苦用心。

总之,《大藏经》中的"柳学"资料,具有十分重要的学术价值,可惜至今仍未引起学界的足够重视。

(原载 2014 年第 1 期,作者单位:安徽师范大学)

愚溪鉴万类　愚辞超鸿蒙

——柳宗元《愚溪诗序》辨析

✱ 何生风

　　大凡自己把自己说成"愚者"的人都不是真正的愚人,而且还极可能是"大智若愚"的人。如果是被别人说成"愚者"的人,则可能有两种情况:或者名副其实的愚人,或是反语。前者如明朝的愚暴皇帝朱厚照、朱翊钧,后者如《愚公移山》中的愚公。

　　在中国历史上,将自己视为"愚者"之最者当是唐朝的谪臣柳宗元。这位心比天高,才华横溢的文人以一篇《愚溪诗序》和《八愚诗》(遗憾的是八首诗均已失传)把自己推到了"愚者"的极端。古往今来,在作品的字里行间或委婉或隐晦或激愤地贬贱自己"愚"的文人并不少见,但像柳宗元这样以专门的诗文来写自己之"愚"的,似乎是绝无仅有。《愚溪诗序》是柳宗元对后世影响很广的一篇作品,选入了中学教材。对这篇文章的理解,传统的观点一致认为是作者运用反语的笔法讽刺贤愚倒置的现实社会。笔者以为不然,只有联系柳宗元被贬到永州前后的经历与心境变化,我们才能真正走进柳宗元的内心世界。

一　"无人信高洁,谁为表予心"

　　柳宗元是中唐"永贞革新"的牺牲品,后半生在忧愁愤怨中度过。他自幼聪慧过人,"子厚始以童子有奇名于贞元初",(刘禹锡《柳君集记》)"少精敏,无不通达"。(韩愈《柳子厚墓志铭》)唐德宗贞元九年,二十一岁的柳宗元进士及第,可谓少年得志,名震朝野。后因守父丧直到二十六岁才被任用,在三十三岁时(贞元二十一年)就升任礼部员外郎,身近天子,前途无量。在这之前,他在仕途上算得上顺达坦荡。

　　历史常常无情地改写人物的命运。正当柳宗元怀着"致君尧舜"的理想要在政治上大展鸿图之时,皇位的意外更替断送了他一生的政治前途。唐宪宗李纯即位后,柳宗元积极参与的王叔文集团的政治改革便寿终正寝了,历时仅180余天。柳宗元、刘禹锡等年轻革新者的一腔豪情,换回的是痛苦的远谪。永贞元年(即贞元二十一年)八月柳宗元被贬为邵州(今湖南邵阳)刺史,途中又加贬永州(今湖南永州市芝山区)司马。十年后(元和十年)奉召回京,旋即又被改贬为柳州(今广西柳州)刺史。像这种贬中再贬,贬后又贬的遭遇,在历史上不知还有何人?

初到永州的柳宗元最深刻地感受到了世态的炎凉,这位朝廷的谪臣到达永州时连个住处都没人安排,竟然"无以为居",只能借住在破烂不堪的龙兴寺下,"凿西墉以为户,户之外为轩"(《永州龙兴寺记》)。面对命运如此的大起大落,柳宗元在承受失意的痛楚时,一定会在心中追向这一切究竟是为什么?得罪了皇帝当然是被贬的直接原因,但为何自己似乎比他人罪加一等,"宗元于众党人中,罪状最甚"(《寄许京兆孟容书》)。个中原因,恐怕同柳宗元的性格特点和思想观念相关。从性格上看,柳宗元是一个刚正不阿而又清高孤傲的人,"俊杰廉悍,议论证据今古,出入经史百子。踔厉风发,率常屈其座人"(韩愈《柳子厚墓志铭》)。在思想上,柳宗元无神论的哲学思想和"官为民役,民可黜官"的民本思想与正统的封建思想格格不入。因而,官场上的柳宗元是孤独落寞的,当他遭贬时,人们唯恐避之不及。这就是柳宗元来到永州时,遭遇无人理睬的凄凉境况的原由。

被贬初期,柳宗元是在惶恐无助中度过的,"自余为僇人,居是州,恒惴栗"(《始得西山宴游记》)。直到元和三年后,"幸余死之已缓兮,完形躯之既多"(《惩咎赋》)。他才抹去了死的阴影。在这段时间中,他总是怨天尤人,满腹委曲。他给故旧大臣写了许多表面悔罪,实是为自己百般辩解的书信。他在字里行间时时流露出"无人信高洁,谁为表予心"的凄凉。他的书信几乎没有人回信,"伏念得罪来五年,未尝有故旧大臣肯以书见及者"(《寄许京兆孟容书》)。面对无情的现实,柳宗元同历史上的谪臣一样,纵情山水,放浪形骸。"日与其徒上高山,入深林,穷回溪,幽泉怪石,无远不到。到则披草而坐,倾壶而醉。"(《始得西山宴游记》)但他心中始终相信自己的才华会得到朝廷的重视,相信自己的忠心会得到皇上的认可。"苟守先圣之道,由大中以出,虽万受摈弃,不更乎其内。"(《答周君巢书》)高傲的柳宗元就是这样坚守着自己的秉性。他从未意识到自己的悲剧同个人性格和思想之间的关系,更没有从内心反省自己。

时间的流逝常常会改变人的认识。大致是在元和四年至元和五年间,柳宗元的谪居生活发生了一件重大的事情,这既是他贬居生活的分水岭,也是他人生的一个崭新起点。

二 "悟已往之不谏,知来者之可追"

柳宗元在失意、焦虑、怨怼和等待的心情下熬过了四、五年后,终于对朝廷的召回心灰意冷。朝廷彻底的抛弃,深深地刺痛他的心。他开始反省自身:为什么自己锐意革新、尽忠朝廷却遭到一贬再贬?为什么自己才华超群,满腹经纶却无人赏识?为什么被贬永州四年多自己小心翼翼多次忏悔后仍然归朝无望?面对绝望的境遇,再怨朝廷君王,再怨故旧之交,再怨世态炎凉又有什么意义,再怨只能怨自己了。

大致是在元和五年,柳宗元决定从潇水的东边搬到河西的冉溪边居住。从《永州八记》看,这是柳宗元在元和四年发现并游玩了西岸的奇异山水后,因留恋这里的环境而更居的。但如果我们把柳宗元迁居的理由只归结于这一点,应该是过于简单的判断。

唐代的永州虽然属于中州,但远离京城,人烟稀少,自古以来都是朝廷贬放罪人的荒凉之地。当时州治衙门在河东,它只不过是一条又短又窄沿河而建的木房土屋。而河西则几乎可以肯定是人迹罕至,不宜安居的地方。曾在这里居住的土著听说柳宗元有意购地筑屋,不是主动上门求售就是低价抛售。"唐氏之弃地,货而不售。问其价,曰:'止四百'。余怜而售之。"(《钴鉧潭西小丘记》)柳宗元在永州期间虽然是个"闲员",有职无权,但能领到朝廷的俸禄,生活无忧,比一般的人过得有保障。因而他迁居河西不会是因为生计的原因。河西虽然风景奇异,冉溪边虽然幽静妙绝,但这样的地方作为游览之地可以,要长期居住生活却不太合适。柳宗元在《小石潭记》中也说这里的环境"凄神寒骨,悄怆幽邃。以其境过清,不可久居"。即使是在现代社会,通讯交通十分便利,但也很少有人为了某处山水离群寡居。那么柳宗元为什么要离开都市迁居呢?

在元和四年前,柳完元在永州的日子过得是很凄苦的。随他而来的母亲不到半年(元和元年五月)就因病辞世。这使他内心充满了负罪感,"穷天下之声,无以舒其哀矣;尽天下之辞,无以传其酷矣"(《先太夫人归祔志》)。柳宗元自己也因精神上的失落而导致身体"百病所集,痁结伏积,不食自饱"(《寄许京兆孟容书》)。加之"亲族朋友不来理睬,地方官员时时监视。"(余秋雨《柳侯祠》)在这度日如年的日子里,支撑柳宗元的精神支柱就是朝廷的召回。而当所有的努力与期待化为灰烬时,他终于幡然醒悟了。

柳宗元以留恋冉溪边的幽境为由搬到了河西,似乎要向世人表明自己要归隐山水,去过"甘终为永之民"的日子。然而,这只不过是柳宗元对世俗之人的无奈表白,而在他与友人的书信中我们才能真正感受到他心底的真情,"贤者不得志于今,必取贵于后,古之著书者皆是也,宗元近欲务此……"。柳宗元一生都是积极入世,不甘平庸的。因此,他的迁居是向世人宣布要开始一种崭新的生活,要重新构筑自己的心灵家园。可谓是"悟已往之不谏,知来者之可追"。

在与冉溪相伴的日子里,柳宗元的精神再一次得到一次升华。在始游西山时,他已经开始走出旧我,"心凝形释,与万化冥合"。而在冉溪边,他更加心定神清,眼前的"水、丘、泉、沟、池、堂、亭、岛"都给了他深深的启示,令他大彻大悟,他终于明白自己过去是个"愚者",而且"凡为愚者莫我若也。"同时,物随人愚,冉溪被柳宗元更名为"愚溪"。他不仅在内心真正地反省自己的"愚行",而且要大声告知世人。于是他写下了《八愚诗》,还担心别人不能理解诗的真情,又写下长长的《愚溪诗序》。

三 愚辞歌愚溪

柳宗元是一个大智的人,这不需做任何说明。但聪明人并不是从不做傻事,智者并非没有"愚行"。《八愚诗》已经失传,我们今天只能从《愚溪诗序》(以下简称《愚》)中去体味柳宗元自辱为愚者背后的苍凉悲怆而又坚定执着的情怀。

1. "愚"指什么?以往学者在分析时,都认为是反语,是讽刺贤愚颠倒,是非混淆的昏暗现实,柳宗元并不是说自己真"愚"。笔者以为这种分析有拔高文章主旨,背离文章实际情况之嫌。《愚》是作者心灵的写照,是自我反省的文字。

柳宗元把自己说成"愚者",一定是认为自己有愚蠢的想法和愚蠢的行为。"余以愚触罪,谪潇水上",柳宗元就是说自己自步入官场起就"不识几微,不知当否"(《寄许字兆孟容书》),而从贬谪永州后到迁居愚溪前,则"凡为愚者莫我若也"。柳宗元将自己看得如此之愚,"愚"的内容究竟是什么,理解这一点是把读全文的关键。联系上文的叙述与分析,可以将柳宗元的"愚"归纳成以下几点:

其一,是指在政治斗争中,不能清醒地审时度势,以致得罪朝廷,陷于罪党,最终被贬出京。"永贞革新"是唐代中时地主阶段内部革新派与保守派之间的一场较量,但归根结底是一次权力斗争。柳宗元等改革新锐渴望以变革为契机,施展自己的才干,以求登上政坛高峰。但改革的失败无情地葬送了柳宗元的政治前途,作为一个自幼就恃才自傲、胸怀大志的人来说,他心中一定是充满深深的痛悔与自责。"仆之罪在年少好事,进而不能止"(《与裴埙书》),在痛定思痛之后,柳宗元虽然仍旧怨恨朝廷不能明鉴他的一片忠心,但更多地是承认自己曾经十分幼稚,是一个官场权力斗争中的"愚者"。

其二,是指贬居永州后,不能洁身自爱,韬光养晦,天真地以为东山再起之时指日可待。柳宗元遭贬以后,他给别人写了很多书信,乞求朝中的故旧大臣援手相救,目的是希望将心中的悔意与忠心闻达于皇上,无奈竟无人"肯以书见及"。面对现实,他才明白自己是多么遭人嫉恨,官场是何等的冷漠,不得不承认自己是官场人际交往中的"愚者"。

其三,是指自己不能"以文墨自慰"而磋砣了岁月。在移居愚溪之前,柳宗元也写下了许多文字,由于"刑部囚籍"身份,由于对朝廷"复为士列"的期望,所以不敢"即文以求其志"(《寄许京兆孟容书》),在创作上没有什么建树。他感觉自己在追求人生价值的过程中走进了迷途,留下了一段遗憾的"愚行"。

读柳宗元的《愚》,如果只是片面地强调文章对现实的不满,而忽视作者内心的自我反省就无法真正理解作者的真情实感。世上所谓的智者,大多就是能不断地反省自己的"愚思",勇于修正自身的"愚行"。柳宗元既是一个敢于揭露和鞭挞社会现实的作家,也是一个敢于剖析和批判自我的文人。正是这一点,使得他高于古代一般的文人。柳宗元的《愚溪对》《东海若》《起废答》《惩咎赋》等等,都有他不断反省自我的记载。

2."愚溪"的象征意义。"愚溪"是贯穿全文的线索,是作者刻意构建的一个寄托了自己全部情感的"意象"。首先,柳宗元将愚溪与愚谷并列,委婉地表达了自己将如愚公谷中的老翁,不再期待朝廷对自己的"罪状"重新作处置。把冉溪"更之为愚溪",暗示自己将隐居溪边,吞下自己因愚而酿成的苦果;其次,愚溪与另外七愚"丘、泉、沟、池、堂、亭、岛"相互构成一个有机整体,对"愚"起到了强化的作用,表达了自己在许多方面都"愚";再次,柳宗元通过对愚溪的描写与议论,向世人宣告自己对未来的追求。在政治上,作者知道自己如同"愚溪"已经"无以利世"了。但他永远是一个不甘平庸的人,决心用"文墨自慰",相信自己可以像愚溪一样"善鉴万类",可以做到"漱涤万物,牢笼百态",达到"超鸿蒙,混希夷,寂寥而莫我知也"的境界,而这就是柳宗元"愚辞歌愚溪"的最终目的,也是文中"使愚者喜笑眷慕,乐而不能去"的真正原因。

3.关于"有道"与"无道"。前人多认为"有道"是反语,是讽刺贤愚颠倒,是非混淆的现实。我们知道,柳宗元出生于封建士族家庭,自幼受儒家正统文化的熏陶,因而他一生中从未对封建社会政治制度产生质疑。即使他写过《捕蛇者说》这样的辛辣的文字,但其写作目的是向当权者提出忠告,希望社会矛盾得到调和。因此,实事求是地分析,"有道"含有戏谑嘲弄的语气,但不会是反语。文中说的"余遭有道,而违于理,悖于事,故凡为愚者莫我若也",是说自己得意时不能像宁武子那样审时度势,失意时又不能像颜回那样"终日不违",故进亦愚,退亦愚。

综上所述,《愚》是柳宗元在迁居愚溪边后的一篇自我反省文章,是作者宣告从"旧愚"走向新生活的心灵写照。同时,作者也通过自己"无以利世"的遭遇表达了对现实的不满。这一分析,我们可从柳宗元的《愚溪对》一文中得到诠释:"吾茫洋乎无知,冰雪之交,众裘我烯;潴暑之铄,众从之风,而我从之火。吾荡而趋,不知太行之异乎九衢,以败吾车;吾放而游,不知吕梁之异乎安流,以没吾舟。吾足蹈坎井,头抵水石,冲冒榛棘,僵仆虺蜴,而不知怵惕。何丧何得,进不为盈,退不为抑,荒凉昏默,卒不自克。"

我们要感谢历史的无情,让柳宗元拥有了在愚溪边一段平静的生活,感谢卑微的愚溪,让柳宗元从"愚"梦中醒来。在此间前后,他写下了《非国语》《封建论》等哲学名篇,写下了《永州八记》《捕蛇者说》等文学精品,从而使中国的文化与文学都攀上了一个新的高峰,尤其是在中国的"贬官文学"创作中,取得了"前无古人,后无来者"的成就。

(原载 2005 年第 10 期,作者单位:永州职业技术学院)

柳宗元《袁家渴记》景物考释

❋ 唐忠元

柳宗元于元和七年(812)秋天,从潇水西岸的朝阳岩乘小舟逆水而上芜江,途中经过袁家渴。他发现袁家渴是"永中幽丽奇处"之一,遂作《袁家渴记》。《袁家渴记》是"永州九记"的第五篇,是一篇山水游记美文,关于《记》中的景物,诸柳学专家已作过不同程度、不同角度的考察、注释,本文试从河床地质、地貌、河流水文特征、地带性植被与气候出发,对一千一百多年前的袁家渴自然景物作一番考察描述,以作柳学研究之参考。

一 袁家渴的范围

"渴上与南馆高嶂合,下与百家濑合。"《袁家渴记》写明了袁家渴的上、下游界线。渴的上游止于高嶂,即现今南津渡电站东公墓山突兀在潇水河中的部分,因山上曾建有南馆;渴的下游止于百家濑,百家濑在何处? 柳宗元在《石涧记》中写道:"由渴而来者,先石渠,后石涧;由百家濑上而来者,先石涧,后石渠。"可见,百家濑位于石涧入江口下游,石涧、石渠的水都是流入袁家渴的。那么,百家濑的具体位置在哪里? 黄伯荣先生认为:百家濑是"水名,在永州古城南二里处。"[1]31永州古城南二里处在今何处方位? 大致在今诸葛庙对面的河滩上,这里有羊角山溪水注入,河中多砂砾,秋水潇潇,石激水浪(濑:湍急之水,水激石间为濑)。诸葛庙附近居民较多,此处河边建有码头,便于取水洗涤和泊舟。柳"由百家濑上而来者"句指的是由河东过百家濑,从诸葛庙码头下船而来到石涧、石渠等地的人。

袁家渴的南、北两岸边界如何定? 柳文不详。"水之反流者为渴",水之顺流者不为渴,刘继源先生认为:"潇水由东向西流经此处拐弯向北流去,江面在此展宽。河中有一小山把潇水干流与袁家渴分隔成两部分。"这种说法是合乎实际的。袁家渴仅仅是水之反流部分,它的南岸是石渠入口处以东的山麓地带,北岸是河中小山南边的边缘地带。河中小山以北的河流主干道部分不属于袁家渴范围。

从现今的河流水文特征考察来看,柳氏将袁家渴的下游界线下延了,根据"水之反流为渴"和柳氏《石渠记》"然卒入渴"句来分析,袁家渴的下游应止于石渠与石洞之间,而非百家濑。实际上,石洞水流入潇水口处至诸葛庙码头一段,河水并无反流现象,这一段是冲刷岸,是岩岸,是河流主干道动力抵岸消减的河段,不可能出现反流现象。现南津渡大桥下河岸兀立的岩石便是佐证。

二 河中小山、美石、岩洞

柳在《记》中写道:"有小山出水中,山皆美石……其旁多岩洞,其下多白砾,其树多枫、柟、石楠、楩、槠、樟、柚。"这水中小山是什么? 为什么水中有小山? 诸家注释不详。有的解释说,这座小山是河水长期冲刷、侵蚀河岸左岸,不断把松碎的物质带走,形成巨大的河湾,而古河床左岸的坚硬岩石部分还残留原地,便就是这座小山。这种解释只适合于解释渴中的"重洲""浅渚",不适合解释水中的小山。水中的小山其实就是柳宗元乘舟逆水而上看见的河中小洲,即关刀洲。关刀洲位于袁家渴北面,将其与河流主干道分开。1200 年前,关刀洲比现在的要高,泥沙覆盖较厚,一般年份汛期,水不漫顶浸泡,洲上长有自然生长的亚热带常绿阔叶林树种,如樟、柚、槠、枫等。[2] 现今冷水滩湘江河床中宋家洲岛上的植被形态、道县城旁潇水河床中西洲岛上的植被形态都是如此。

袁家渴南边的关刀洲乃水中沙洲,属江心洲,是潇水洪流遇"南馆高嶂"处的石矶后,水动力向右偏移,左岸流速减缓,引起泥沙沉积,形成沙洲。在洪流主道比较稳定的情况下,沙洲会稳定增高,在枯水季节或平水年,沙洲上会形成自然植被,植被起到稳定沙洲和加速丰水年泥沙的沉积作用,从而使得沙洲继续增高,形成水中小岛。小岛上长满大树后,就成了柳《记》中所说的小山。只因近百年来,该地人口剧增,小山上的大树被砍伐,植被遭破坏,泥土被冲走,以致成为裸露沙洲。现沙洲已被厚层土石覆盖,成为南津渡电站的护堤。

柳《记》中所称"美石""白砾",实际上就是河谷中所俗称的"卵石"。潇水零陵河谷中的"卵石"大者如拳头,小者如豆粒。主要颜色有乳白色、灰白色、棕黑色、紫红色、橙黄色,有的各色相间、花纹各异。其成份主要是石英砂岩、锰质砂岩、花岗岩、灰岩、砾岩等。"小山"底下由各种颜色、各种成份的"卵石"组成,在清澈河水的漂洗下,显得格外美丽,柳氏特称之为"美石"。

柳《记》中所谓"岩洞",用现在的岩洞概念来理解是名不符实的,沙洲岛边缘不可能有象模象样的岩洞存在,此"岩洞"可能指的是在水的拍击下或蛇、蛙、鼠类动物的作用下,小山临水边形成的蜂窝状的小洞穴。

三 袁家渴内的"重洲小溪""澄潭浅渚"

在地质史上,第三纪(二、三百万年至七千万年间)湘南气候炎热干燥,山间盆地以陆相沉积为主,红色碎屑岩沉积广泛,衡阳盆地、祁阳盆地、零陵盆地沉积了厚度较大的陆相红色岩层。零陵红岩盆地的红岩分布向西延伸至东安竹木町,向南延伸至岚角山,零星分布到了富家桥,在袁家渴内出露的红岩属于经过变质作用的红色砾岩,硬度较大,岩层呈斑状花纹,甚是好看。《袁家渴记》中描述的"重洲","浅渚",实际指的是渴内红色砾岩经水流冲蚀后残留的星点状、珊瑚状、簇状的岩石,丰水季节全被淹没、枯水季节部分出露于水面,高出水面者为洲,低于水面者为渚。小舟行之其间,一会儿到了岩石夹缝中找不到出路,一会儿掉头又到了宽阔的水面,谓之"舟行若穷,忽又无际"。

"重洲小溪"指的是在平水季节,岩石间的细小水道,水道中的水在反流,形如小溪。"澄潭浅渚"指的是,站在高处看,水深的地方如澄潭,水浅的地方可看见岩石。澄潭、浅渚交互存在,为袁家渴水中美景。"平者深墨,峻者沸白"指的是在水流平静的地方,水体深而呈深墨色,水流遇到"浅渚"或碰到高出水面的岩石,就激起了白色的浪花。这又是袁家渴水面美景。

四 《袁家渴记》中的风

在柳宗元的笔下,袁家渴的风有三个特点:(1)风从四面而来。袁家渴东、南、西南三面低山环绕,北面亦有水中小山,四面大风都可吹进来,《记》中"每风自四山而下"并不是指四个方向的风同时吹进来,而是指不同季节有不同方向的风吹入。(2)风的威力很强劲,能"振动大木""冲涛旋濑",夏季的南风"掩苒众草,纷红骇绿,蓊葧香气",冬季的北风"冲涛旋濑,退贮溪谷"。(3)风的景色很美,风作用于树、草、花,生机勃勃,香气四溢;风作用于水,水回浪起,微波荡漾,秋景温馨。寥寥数语,勾勒出袁家渴不同季节的风水图画。

五　袁家渴的水动力特征

弯弯的潇水流经古城零陵后,经香炉山(现称香零山)往南直贯南津渡,在沙沟湾转了一个大弯后往西抵朝阳岩,然后向北汇入湘江。袁家渴位于沙沟湾内,水面宽阔,水流方向与潇水主流方向相反,即由河道的下游方向往上游方向流动,然后汇入上游主流水道。俯视袁家渴、关刀洲(水中小山)和潇水主水道,恰是一个以关刀洲为中心的漩涡。

渴内之水为什么反流?奔腾东来的潇水过香炉山(现香零山)后,主流部分受阻于赛阳岩(自来水公司东侧河岸),使赛阳岩边岸受到冲刷后,主流部分势能往南直抵"南馆高嶂"处伸向河中的石矶部分,因石矶部分是经过变质作用的红色砾岩,硬度大,不易冲蚀,傲立于江中,水动力受阻向右折转直奔下游河段南岸,使石渠入口处以下南岸至石涧入口处、朝阳岩岸、愚溪入口处都成为主水动力的接触带,而受到冲刷。

洪流主动力部分受阻于"南馆高嶂"的石矶,水位抬高,尔后往右偏转直泻而下,造成下游左侧流速减缓,泥沙沉积,形成了沙洲岛(关刀洲)。洪流主动力抵达石渠口至石涧口河岸时,一小股水动力分支往左侧注入沙洲湾内,从而形成袁家渴。渴内之水受下游水动力驱使和上游出口处急速水流的拉引而汇入主流,这样就形成了以沙洲岛为中心的大型水流漩涡。

刘继源先生在他的《柳宗元诗文研究》中说:"柳宗元在文中揭示了袁家渴湾内河水反流(即漩濑)的原因之一是风力作用引起的。"[3]121-124风力吹送对于渴内水反流肯定是有些作用的,但风力作用是有限的,断续的,不足以引起渴内大规模水反流,只是在秋冬季节,西北风在袁家渴下游入口处会起到一定的推波助浪作用。

参考文献:

[1]黄伯荣.柳宗元永州山水散文鉴赏[Z].广州:中华图书出版社,2004.

[2]唐晓君.探寻柳宗元笔下的"永州八记"[J].永州柳学(内部发行),2003,(1):70.

[3]刘继源.柳宗元诗文研究[M].珠海:珠海出版社,2003.

(原载 2007 年第 3 期,作者单位:永州职业技术学院)

《野草》里的"过客"与柳诗中的"渔翁"

✳ 杜方智

诗歌创作中艺术意象的创造,既是诗人在创作中苦心孤诣的艺术追求,也是评价诗人思想、艺术水平高低的重要标志之一。有成就的、充分个性化的诗人,总是有自己独特的、个性化的艺术意象。鲁迅在《野草》中,创造了"过客"的意象;柳宗元在柳诗中,创造了"渔翁"的意象,这是他们在诗歌创作领域里结下的艺术硕果。在这两类意象的身上,都折射出鲁迅、柳宗元共同的"美子"理想,都充满着浓郁的禅理诗情,都受到了佛文化的深远影响。经历了时间的冲刷和历史的考验,鲁迅的"过客"与柳宗元的"渔翁"意象,在中国文学史上,成为了夺目的两颗宝石,交相辉映。在中国禅学史上,成为了耀眼的两颗明星,相互映衬。今天,我们对这两类艺术意象进行分析、研究、比较不仅能加深对这两类艺术意象的认识和理解,而且更能进一步认识到佛文化是如何深深地影响着鲁迅、柳宗元的诗歌创作的。

一

鲁迅独特的"过客"意象,不仅是他在诗歌领域中独特的创造,而且是他在中国文学史上的重大贡献。为了探讨"过客"意象时目标更集中,概念更明确,我们特对"过客"意象做如下"规定"。第一,"过客"必须是完整的人物形象。第二,"过客"必须具有叛逆性、反抗性的性格特征。第三,"过客"身上必须具有佛文化影响的深深印痕。按照第一条"规定",《野草》中大量的象征性、比喻性、抽象性的诗歌意象被排除在外了。如《秋夜》《影的告别》《先掉的好地狱》《雪》《好的故事》《死火》《狗的驳洁》《晓叶》等,它们虽然也有诗歌意象,但不是我们"规定"的人物形象。按照第二条"规定",有的作品虽然描写了人,描写了人物形象,但没有突出人物本身固有的叛逆性、反抗性的性格特征,也还不能算做"过客"意象。如《我的失恋》《风筝》《死后》《立论》《墓碣文》《求乞者》《复仇》

等。按照第三条"规定",有的作品虽然写了人,写了人的抗争,但看不到佛文化影响的印痕,或者这种影响印痕不够明显,这样的作品也不能算作"过客"意象。如《聪明人和傻子和奴才》《淡淡的血痕中》《一觉》等。这样,真正属于"过客"意象的诗篇共计五篇,即《复仇》(其二)、《希望》《过客》《颓败线的颤动》和《这样的战士》。

那么,"过客"意象有哪些特征和意义呢?

(一)"过客"意象再现出了强烈的生活哲理。作为诗歌的意象,常常是共性与个性的统一。"过客"的共性主要表现在这样几个方面。首先,他们出身于社会底层,深受压迫之苦《过客》中的"过客",一直生活在"没一处没有名目,没一处没有地主,没一处没有驱逐和牢笼……"的地方,过着"我不知道我本来叫什么"的生活。《颓败线的颤动》中的母亲,出卖肉体,含辛茹苦,养大女儿。年老体衰时,却遭到女儿、女婿、外孙的"冷骂和毒笑"。即使是《复仇》(其二)中的"神之子","以色列的王",人们也在"打他的头,吐他,拜他……",上帝也"离开他",终于成了"人之子"。"人之子"也最后被钉上了"十字架"。其次,他们富于反抗精神,敢于反抗斗争。《这样的战士》中的"战士",他不被假象所迷惑,不被谎言所欺骗,不被诬陷所吓倒,他坚定不移地,不计成败地,永远"举起了投枪"。《希望》中的"我",开始相信自己的青春,"我的心也曾充满过血腥的歌声:血和铁,火焰和毒,恢复和报仇。"自己的青春逝去了,便相信身外的青春。"星,月光,僵坠的蝴蝶,暗中的花,猫头鹰的不祥之言,杜鹃的啼血,笑的渺茫,爱的翔舞……。"然而"身外的青春也都逝去",这样,"只能由我来肉薄这空虚中的暗夜了。"在多次的失败、绝望后,"我"仍然坚信"绝望之为虚妄,正与希望相同"。满怀新的"希望",坚持新的抗争。再次,他们坚持的是一种自发的反抗,带着朦胧的色彩。他们反抗的方式是单枪匹马,孤军奋战,得不到群众的理解,同情与支持。他们生活在"四面都是敌意,可悲悯,可咒诅的"浓厚的黑暗里。他们反抗的目的并不明确,他们的理想也较为朦胧。前面等待他们的究竟是"坟"还是"花"? 催促前进的"声音"究竟是什么? 这些都没有明确的答案。这样,作品必然缺乏一种明朗的色彩,缺乏一种乐观的调子。这是"过客"意象的共性,它概括了五四前后叛逆的小资产阶级知识分子的共同性格和共同命运。鲁迅在小说集《呐喊》《彷徨》中写过这类意象,同时代其它作家也写过这类人物。不过,鲁迅的"过客"意象不仅有他的共性,而且有他详细的个性。这种艺术个性为:第一,高度的浓缩性。鲁迅"过客"意象诗歌一般有一至几位人物,一般都描写了一定的生活冲突,有简短的故事情节。但他的人物是浓缩的,情节也是浓缩的。《颓败线的颤动》通过两个"梦"境,描写了祖孙三代的人物,描写了他们三代人的恩怨情仇。人物多,框架大,跨度长,但作家将整个内容浓缩在一千五百字内。第二,强烈的象征性。诚如鲁迅在《颓败线的颤动》中所说:"眷念与决绝,爱抚与复仇,养育与歼除,祝福与咒诅……"这都是人世间复杂而又对立的感情。"过客"意象往往是这种复杂、对立感情的象征。《复仇》(其二)象征着牺牲,《希望》象征着理想,《过客》象征着追求,《颓败线的颤动》象征着决绝,《这样的战士》象征着战斗。这就是"过客"艺术意象的个性。这种共性与个性高度统一的艺术意象,显示出了强烈的艺术美和诗意美,深深地吸引着广大的读者;同时,显示出了五四前后小资产阶级知识分子叛逆者的思想、性格、矛盾及其发展态势,表现了当时的时代风气,揭示出了一种强烈的生活哲理。

(二)"过客"意象表现出了浓郁的佛理禅思。鲁迅从 1912 年到 1916 年,潜心地研究佛学经典,受到了佛文化的深远影响。这种影响,表现在精神层面上是他对"苦"的认识及其荷苦前行的思想、生活态度。我们在系列论文"鲁迅、柳宗元与佛文化关系比较之三"已经做了较为详尽的论述。这种影响,表现在创作层面上,则是表现在《野草》的创作上。《野草》是在鲁迅创作中受佛文化影响最深的一部创作,而在《野草》中,"过客"意象更深深地浸染着佛文化的佛理禅意。这主要表现在下列两个方面。

第一,"过客"意象之魂:强烈的殉道精神。佛教的殉道精神,是一种为了普渡众生,我不入地狱谁入地狱的牺牲精神。据《佛说菩萨投身饥饿虎起塔因缘经》记载:佛祖的前身,用自己的身体来拯救饥饿将死的老虎。鲁迅在《叶永蓁作〈小小十年〉小引》称赞佛教"割肉喂鹰,投身饲虎"的牺牲精神。鲁迅在《野草》中,一方面根据古老的佛教、佛理、教义的要求,一方面按照现实的改造国民性的需要,对佛教的殉道精神加以发展、改造,从四个方面进行歌颂。

一是强烈的信仰精神。信仰精神是殉道精神的思想基础。鲁迅在《希望》结尾写道:"绝望之为虚妄,正与希望相同。"他彻底地否定了绝望,引导人们用斗争去实现希望,而斗争的力量正来源于信仰。这是一首真正的希望之歌,一首真正的信仰之歌。

二是强烈的探索精神。探索精神是殉道精神的表现形式。鲁迅在《过客》里歌颂"过客"勇往直前、义无反顾的探索精神和生命意志。《过客》为了"道",他明知前路是坟而偏要走,他要探索出一个结果来。

三是强烈的战斗精神。战斗精神是殉道精神的最高发展。鲁迅在《这样的战士》里歌颂了"战士"面对敌人,永远进击的战斗精神。佛教强调"慈悲",鲁迅主张"战斗"。这是鲁迅对佛家殉道精神的发展和改造。

四是强烈的牺牲精神。牺牲精神是殉道精神的核心内容。鲁迅采用《新约全书》中耶酥受难的故事,写出了《复仇》(其二)。与《复仇》相比,同样表现了孤独中的"先觉者"对于麻木"庸众"在精神上进行"复仇"的主题。但是,与《复仇》相比,鲁迅在诗篇中反复强调耶酥"不肯喝那没用药调和的酒",反复描写了耶酥肉体上的"大痛楚"和精神上的"大悲悯",以至于"遍地都黑暗了"。与其说耶酥在"复仇",倒不如说他在"殉道",他要用自己的牺牲来换取庸众的觉醒。

第二,"过客"意象的逻辑结构:"苦""空""有"。我在系列论文"鲁迅,柳宗元与佛文化关系比较之四"里,曾阐述过:佛教教义的基本内容是"苦",而佛教教义的基本根基则是"空"。佛家对"苦"的觉悟,是侧重于社会层面的人生体验;对"空"的觉悟,则是对于宇宙层面本体论的认识。佛家说"空",并不执着于"空",他认为"空"是宇宙万"有"的实质。"有"是"空"的表现,"空"才是"有"的本质。"苦""空"才是"有"的本质。"苦""空""有"构成了佛文化对于社会人生的真实体验和对于宇宙世界的本体认识。鲁迅既受到了佛文化"苦""空""有"观念的影响,又对佛文化"苦""空""有"有的内涵,作出了自己的发挥和阐述。《野草》中有些诗篇受佛文化影响较深,其中包括表现"过客"意象的诗篇,"苦""空""有"既是这些作品的抒情线索,更是这些作品的逻辑结构。基于这一认识,我还在论文里具体分析了"苦""空""有"是如何成为《希望》《过客》的抒情线索和逻辑结构的。在本文里,我不打算在理论上重复已经提出过的论点,只想对《复仇》(其二)、《这样的战士》的抒情线索和逻辑结构作一些分析。

首先我们看《复仇》(其二)。鲁迅从两个层面描写了"人世苦"。一是"先觉者"的痛苦,他不仅要忍受肉体上的"大痛楚",而且还要忍受精神上的"大悲悯"。二是"庸众"的痛苦,他们的"现在"让人"仇恨",他们的"前途"也让人"悲悯"。鲁迅也从两个层面描写了"人世空"。一是"先觉者"的"人世空"。开始他认为自己是"神之子","以色列的王",后来他感到"上帝离弃了他",他只是一个"人之子",而且"遍地都黑暗了"。二是"庸众"的"人世空"。他们钉死了"人之子",钉死了真正为他们谋利益的"人之子",还认识不到自己的罪过。这才是真正的悲剧所在。鲁迅最后写到了"有"。小说《药》与散文诗《复仇》(其二)的主题有相近之处。鲁迅在瑜儿的坟上添上了"花环",给作品增添了"亮色"。在散文诗中,鲁迅写到了耶稣之死,他的死定会唤起"庸众"的觉醒,他们的"现在"和"前途"定会发生变化,耶稣的血不会白流。

接着我们看《这样的战士》。鲁迅首先写了"战斗之苦"。"战斗之苦"来源于两个方面,一是敌人的狡猾和凶残,他善于变幻面孔和手法,二是战斗胜利的来之不易,敌人最后倒成了"胜者"。鲁迅接着写了"战斗之空"。一是战士的变幻之空。经过激烈的战斗,战士"老衰,寿终"了!战士反而"不是战士"了。二是敌人的变幻之空。经过激烈的战斗,敌人变成了"无物之阵""无物之物"变成了"胜者"。三是战场变幻之空。经过激烈的战斗,这里"不闻战斗",只见"太平"。鲁迅最后写了"战斗之有"。不管形势如何变化,不管最后胜负如何,战士毕竟是战士,"他举起了投枪",投入永不休止的战斗。

第三,"过客"意象塑造的话语特征:怪异性、非逻辑性。佛文化对"过客"意象的影响是多方面的,其中包括话语特征。佛教中的禅宗是强调禅语的,悟,既是一种理性的直觉,又是一种心理的体验。禅宗把悟作为成佛的重要手段。禅语的突出特点是它的怪异性和非逻辑性,最著名的例证是"空手把锄头,步行骑水牛,人从桥上走,桥流人不流。"这是一系列的具有怪异性和非逻辑性的话语,而它正是"禅悟"的话语特征。

禅宗的"禅悟"开启了诗学的"妙悟"。作为一种美学主张,"妙悟"是由南宗著名词学家严羽提出来的,他说:"大抵禅道惟在妙悟,诗道亦在妙悟。"(严羽《沧浪诗话·诗辨》)妙悟的话语特征也在于它的怪异性和非逻辑性。作为一种美学主张,它出现于南宋;而作为一种创作实践,在唐代早已诗禅合流,早已出现了大量充满怪异性、非逻辑性的诗句了!柳宗元《江雪》曰:"独钓寒江雪",正是这一话语特征的表现。

鲁迅的"过客"意象塑造正运用了这种怪异性、非逻辑性的话语。他在《复仇》(其二)中写道;"可悯的人们呵,使他痛得柔和。""可咒诅的人们呵,这使他痛得舒服。""突然间,碎骨的大痛楚透到心髓了,他即沉酣于大欢喜和大悲悯中。"他在《希望》中写道:"我只得由我来肉薄这空虚中的暗夜了。……但暗夜又在哪里呢?……而我的面前又竟至于并且没有真的暗夜。"他在《过客》中写道:"倘使我得到了谁的布施,我就要像兀鹰看见死尸一样,在四近徘徊,祝愿她的灭亡,给我亲自看见;或者诅咒她以外的一切全部灭亡,连我自己,因为我就应该得到咒诅。他在《这样的战士》开头肯定:"要有这样的一种战士",但在结尾却又作了否定:"他终于不是战士。"

柳宗元在《江雪》中描写渔翁"独钓寒江雪",看似不科学,不真实,但它正恰到好处地表现了诗人的孤独情怀和伟岸人格,成为了千古名句。它符合艺术科学,符合艺术真实。同样的道理,鲁迅在塑造"过客"时使用的某些词语,看似不科学,不符合生活的逻辑,但正是这些怪异的、非逻辑性的话语,或恰到好处地表现了描绘对象对立而又统一,复杂而又矛盾的本质;或恰到好处地抒发了诗人自己肯定与否定、希望与绝望、复仇与悲悯……起伏交错的感情。同样,它符合艺术科学,符合艺术的逻辑。这正是它语言魅力的所在。

二

在中国诗歌的历史长河中,飘荡着这样一种诗歌意象:依仗着一叶扁舟,他们或撒网于河中,或垂钓于岸边,长须飘飘,渔歌阵阵,他们无欲无求,淡泊宁静。这是中国诗歌史上著名的"渔翁"意象。"渔翁"意象最早是由屈原创造的,当时称为"渔父"。后来不少诗人从事这一意象的写作,写出了众多的优秀诗篇。柳宗元的"渔翁"诗篇是最富个人特色、最具思想、艺术价值的精品。与鲁迅的"过客"意象不同,鲁迅的"过客"意象是诗人独自创造的,而柳宗元的"渔翁"意象经历了既继承传统,又开拓创新的创作过程。为了使我们对柳宗元的"渔翁"意象有更为深入的把握,也为有别于其它诗人创作的"渔父"意象,我们也特做如下的"规定":(1)"渔翁"的外表下流露着文人的气质。柳宗元"渔翁"意象描写了渔翁的生活环境:有舟有欸;描写了渔翁的衣着装扮:戴笠披蓑;描写了渔翁的日常生活:垂钓唱歌。与屈原等诗人创造出的"渔父"意象比,柳宗元对渔翁外表的描写更浓墨重彩,更充分细致。但与柳宗元自己在《首春逢耕者》《田农三首》等诗创造的田父渔丈比,"渔翁"意象流露出了较多、较强的文人气质。不管渔翁"独钓寒江雪"(《江雪》)的孤傲,还是"岩上无心云相逐"(《渔翁》)的超然,这都是文人气质的自然流露。这种文人气质与屈原等人创作的"渔父"意象倒是一贯相承,息息相通的。(2)"隐士"的悠闲里表现出传统知识分子的自尊。柳宗元与屈原等其他诗人一样,他们笔下的"渔翁"意象都是生活中的"隐士":无欲无求,隐居山林,悠闲自在,淡泊宁静。比较起来,柳宗元笔下的"渔翁"更多了一些中国传统知识分子的自尊与自傲。他们蔑视冰雪,敢于寒江独钓;他们放纵山水,更显旁若无人。在"渔翁"的身上,折射出了柳宗元被流放、被贬谪永州后的悲剧命运和性格特征。"永贞革新"失败了,"二王八司马"受到了严厉的惩处,各种谣言、诽谤和攻击也相继涌来,但柳宗元始终没有低下他高贵的头颅。他坚持着,抗争着,始终坚信自己和战友从事的事业的正义性和进步性。在这些"渔翁"的身上,我们可以看到柳宗元坚毅的面影。(3)儒家观念里的佛文化影响。屈原及其以后诗人创作的"渔父"意象,他们都受到了儒、道文化的影响,他们或具有由儒家文化升华出来的重视教化的人生态度,或具有由道家文化提炼出来的偏重玄远的性格气质。柳宗元的"渔翁"意象具有儒家观念,并在这一观念的框架内,深深受着佛文化升华出来追求性灵的影响。[1]"渔翁"意象是如何受到佛文化影响的呢?我们将在后面进行详细的论述。我们根据制订的这三条"规定",柳宗元在 164 首诗歌创作中,真正算得上表现"渔翁"意象的诗篇只有《江雪》和《渔翁》两首。

同样,柳宗元的"渔翁"意象诗篇的创作有哪些意义呢?

(一)"渔翁"意象的新突破。柳宗元的"渔翁"意象是对屈原及其以后众多诗人创造的"渔父"意象的继承、发展与突破。这种新突破表现在三个方面。第一,在画境中写人。屈原及其以后诗人描写"渔父",往往采用多种的描写方法,其中也包括用自然风景来表现、烘托人物的。柳宗元与他们不同,他在短短几行小诗中,完全是用景物、是用画境来表现人物。《江雪》描写了一幅"千山鸟飞绝,万径人踪灭"的静态画境,在辽阔深远的冰天雪地里,刻画了独钓寒江的"渔翁"意象。《渔翁》则描写了一幅"烟销日出不见人,欸乃一声山水绿"的动态画境,在充满阳光、歌声的青山绿水间,刻画了自由自在的"渔翁"意象。第二,在核心处写人。要在抒情小诗中写活人物,诗人必须紧紧抓住人物性格的核心,运用精彩、准确的细节,来剖析,来展示,这样才能表现出抒情主人公的神韵和光彩来。《江雪》主人公的性格核心是"孤傲",《渔翁》主人公的性格核心是"自在"。柳宗元由于抓住了人物性格的核心,运用细节描绘,便把抒情主人公写得活灵活现,形神兼备。第三,在禅意中写人。屈原及其以后的诗人在塑造"渔父"意象时,往往在儒、道文化中升华人物性格的内涵,他们塑造的"渔父"身上,焕发出儒、道文化的色彩。而柳宗元在塑造"渔翁"意象时,在儒文化的框架内,在佛文化中升华人物性格的内涵。由于柳宗元对佛文化修行非浅,道机颇熟,所以在《江雪》《渔翁》两首诗中,充满了禅机、禅意和禅境。在这种浓浓的禅意中,塑造了抒情主人公的形象。

(二)山水诗篇的新成就。中国文学史上最早描写山水诗并取得突出成就的是谢灵运,时人称赞他的诗"如初发芙蓉,自然可爱。"柳宗元"渔翁"意象的诗篇既继承了谢灵运山水诗的传统,又做出了不少的创新。第一,描绘美丽的画面。任何山水诗都需要描绘美丽的画面,但比较起来,柳宗元更善于在短小的篇幅里,运用清词丽句,运用构图、色彩、远近和动静变化,来描绘美丽的画面。在《江雪》一诗中,柳宗元像高明的画家,手握遒劲的画笔,开头两句用"千山""万径"画出了一幅辽阔的构图,是大景、远景、虚景、静景;虽未写到"雪"字,但"鸟飞绝""人踪来"从效果上极力烘托了冰雪的威力。三、四两句是小景、近景、实景、动景,茫茫雪野上,出现了一位孤独垂钓的"渔翁"。诗人的语言清新、朴实、美丽、自然,运用了众多的表现手段,为我们描绘了一幅寒江独钓的美丽画面。黄生曰:"此等作真是诗中有画,不必更作寒江独钓图也。"[2]第二,抒写人生感受。柳宗元在描写美丽的自然风光时,也在抒写着自己的人生感受和人生体验。贬谪永州后,他过着"俟罪非真吏"(柳宗元《韦使君黄溪祈雨见召从行至祠下口号》)的生活,在他矛盾、复杂的心态里,有对黑暗现实的恐惧,"二王八司马"中的王叔文被杀害了,王伾死于贬所,自己也可能躲不过杀身之祸。还有对自由生活的向往,柳宗元写有《囚山赋》,认为自己是被山囚禁的囚徒。柳宗元的这些人生感受和人生体验,在两首风景小诗里得到了充分体现。《江雪》里的冰天雪地,是现实险恶的象征;《渔翁》里的自由自在,是柳宗元内心的精神向往。唐汝询在译论此诗时说:"此盛称渔翁之朵,盖有欣慕之意"[3],是说得极为中肯的。第三,表现伟岸人格。柳宗元在"渔翁"意象里,融进了现实的"自我",是现实自我形象的艺术幻化,是现实自我人格的艺术象征。在《江雪》里,我们看到了"鸟飞绝""人踪灭"的险恶环境,但在冰天雪地里,我们仍然看到了"渔翁"在"独钓寒江。"唐汝询说:"人绝,鸟稀,而披簑之翁傲然独钓,非奇士耶?"[4]这里突出的是"渔翁"傲然反抗的勇气、毅力和决心。而在《渔翁》里,我们看到是一幅"寝食自适而放歌于山水之间,泛舟中流与无心之云相逐"[5]的图画。青山绿水,渔歌轻舟,阳光白云,自由自在。这是一幅多么令人向往的人生境界呵,这里突出的是"渔翁"追求自由的意志、品质和精神。"渔翁"这种孤傲反抗的勇气和追求自由的精神,正是柳宗元人格的自我写照和自我象征。这样,作品更增添了丰富的内涵和感情的深度。

(三)禅理诗情诗篇的新探索。谢灵运既是一个虔诚的佛教信徒,又是一位杰出的山水诗人,写出了大量禅理诗情相结合的山水诗篇。他往往把山水审美与宗教感悟结合起来,在山水审美的愉悦中,感悟到一种佛理禅意。柳宗元继承了谢灵运的这一传统,把自然审美与宗教感悟有机地融为一体,让读者徜徉在山水审美愉悦中自觉或不自觉地体悟到佛理禅意，从而进入到一种禅理诗情的境界中去。他的《江雪》《渔翁》就是这样的作品。这些诗篇，既诗情洋溢，又禅理充沛，是禅理诗情诗篇的新探索、新发展。第一，诗与禅的统一。作为抒情情诗，它有画面，有感情，情景交融，具有诗的意境。作为禅理诗，它有景物，有感悟，时时处处，触景生情，触景生感，进入一种禅的境界中去。《渔翁》中的"回看天际下中流，岩上无心云相逐"，体现的正是物我一如，随缘自在的心境，也就是一种禅境。后来的禅师们都把这两句诗作为参悟的对象。第二，"有"与"无"的统一。作为抒情诗，这里有诗人的生活感受，有诗人的内心情感，有诗人的主观精神，这是诗歌中的"有"，即有我之境。同时，佛文化认为，在思想心灵世界里，"有"和"无"不是截然对立的，"有"中有"无"，"无"中有"有"，亦"有"亦"无"，非"有"非"无"，仍然可能是一种诸法有无的存在。因此，作为禅理诗，看不到诗人直接活动的身影，听不到诗人直接倾诉的声音，诗篇中描绘的是美丽的客观风景，是活动在风景中的客观人物，它强调是禅的心境，是禅的感悟。从这一角度看，它是诗歌中的"无"，即无我之境。佛文化有"是山不是山，是水不是水"的说法。诸法虚妄不实毕竟空，泯除了经验界的"有""无"对待，禅的世界辽阔无边。柳宗元的《江雪》《渔翁》诗里，既有"有我之境"，又有"无我之境"，是"有"与"无"的统一，是有我之境与无我之境的统一。第三，动与静的统一。在我们平时的生活常识经验里，"动""静"是截然不同的两种状况，是有差别的。而在佛教教义里事物本身并没有动静的差别，至于我们说它是"动"的，它是"静"的，那是我们起心动念的一种妄执。事物本身没有"动""静"，只是我们的心在"动"，在"静"而已。在一动一静之间，包藏着禅机、禅意和禅理。柳宗元的《江雪》《渔翁》，都有动与静的描写。以《渔翁》为例，第一句的"宿"是静，第二句的"汲"和"燃"为动，第三句"烟销日出不见人"为静，第四句"欸乃一声山水绿"为动，第五句"回看天际下中流"为动，第六句"岩上无心云相逐"为静。这是我们按照日常生活知识和生活经验对动静的理解。从禅学的角度看，柳宗元心境中的动与静是合一自如、圆融无碍的。在一动一静的对比中，描写了随缘自在的渔翁形象，体现了物我一如的渔翁心境，心境也就是禅境。在这一动一静之中，正充满了禅机，正焕发出禅味。

三

鲁迅的"过客"意象与柳宗元的"渔翁"意象在中国文学史上占有自己的地位。对这两类艺术意象进行比较,是有趣而又危险的审美探险:说它有趣,是因为我们能获得探险过程中的意外惊喜;说它危险,是因为我们随时随地都会误入迷途,遭遇陷阱。

首先,我们比较"过客"与"渔翁"意象的思想意义。"过客"意象的公开身份很多,有的是"神之子",有的是流浪汉,有的是为养活女儿被迫出卖肉体的母亲,有的是高举投枪正在英勇奋斗的战士。但他们的思想、性格、气质都属于中国五四运动前后进步的知识分子。"渔翁"意象的公开身份是渔翁,但他们的思想、性格、气质都属于中国封建社会地主阶级中失意的进步知识分子。"过客"和"渔翁"都是经过中国传统文化薰陶、培育出来的知识分子,在他们的身上,既有中国传统知识分子的共同特征,又有不同时代、不同阶级的鲜明的个性色彩。

鲁迅的"过客",一类是探索者。《过客》中的过客,尽管他分不清前面是"花"还是"坟",分不清催他前进的"声音"究竟是什么,尽管他负伤、流血、困顿,但他与旧的生活彻底决裂,坚毅不拔地探索前进。《复仇(其二)》是"先觉者"对"庸众"的复仇,"先觉者"用自己的死亡来"悲悯他们的前途","仇恨他们的过去"。《颓败线的颤动》是"母亲"对忘恩负义的儿孙辈复仇,"母亲"用赤裸的肉体"颓败线的颤动"给人们带来灵魂的"新的战栗"。一类是"战斗者"。《这样的战士》中的战士,是精神界的战士,他面对的敌人既残忍狡猾,又虚伪卑怯,战士在战斗中清醒,坚韧,顽强,骁勇,永远在"举起了投枪",进行不懈的战斗。这些探索者、复仇者、战斗者也许暂时还没有找到明确的战斗方向;也许单枪匹马、孤军奋战,得不到群众的支持,战斗中免不了孤独,寂寞,悲苦,绝望,但他们乐观与悲观并行,希望与绝望同在,他们相信"绝望之为虚妄,正与希望同在。"他们最终还是满怀希望,充满信心,投入战斗。"过客"意象是五四前后觉醒了的、进步的小资产阶级知识分子的典型,他们具有强烈的时代、阶级色彩,具有鲜明的思想意义。

柳宗元的"渔翁"意象是中国封建社会地主阶级中失意的进步的知识分子。他们一般有理想,有抱负,既爱国又爱民,廉洁自律,洁身自好。他们的理想与现实有一定的差距,一旦现实的恶风吹熄他们理想明灯,在失败、失意的面前,他们有自己独特的选择。一种选择是不与邪恶势力同流合污,隐居山林,放舟中流,在青山绿水间追求精神的自由,在白云相逐里获得心灵的慰藉。另一种选择是在漫天冰雪,"鸟飞绝""人踪灭"的高压态势威逼下,他们挣扎,反抗,傲然挺立,独钓寒江。他们"钓"的不是"雪",而是正义,良知,人格,尊严。唐代的柳宗元在一千多年前能创造出这样的知识分子形象来,也是有意义的。

其次,我们比较"过客""渔翁"的艺术价值。第一,在艺术形象的塑造上:鲁迅采用了散文诗的体裁,艺术形式比较自由,因而能用多种多样的艺术手法去塑造人物。"过客"人物形象的塑造,采用得比较多的艺术手法,一是象征。《野草》借鉴了波特莱尔的散文诗,较多地采用了象征主义的表现手法。有的诗篇全篇都是象征,《颓败线的颤动》人们再也不把它当作"现实主义"的小小说来阅读,认定它的主题是表现城市平民妇女的悲惨命运;而把它当作是一种象征主义散文诗来审美,认定它的主题是对忘恩负义的青年一代在道德层面上的复仇。它的人物、主题、故事、情节都具有丰富的象征意蕴。有的诗篇中的人物象征,《过客》中的老翁、过客、小女孩三个人物,象征着人生的三个阶段。有的诗篇中的事物是象征,如《过客》中的"坟""野百合""野蔷薇""声音"等,都具有深刻的象征意义。二是哲理。章衣萍曾说:"鲁迅先生自己却明白的告诉我,他的哲学都包含在《野草》里面了。"[6] 显然,《野草》里包含着丰富的哲理。鲁迅自己也说过,《过客》表现的是"虽然明知前路是坟而偏要走"的"反抗绝望"的生命意志。[7] 这是一种生命的哲学。不仅《过客》表现了生命的哲学,在其他表现"过客"意象的诗篇里,同样表现了这种"生命的哲学"。它们表现出人类对生命的追求与超越,对理想的向往与呼唤,对战斗的急迫与需求,对复仇的焦虑与渴望。它具有悲壮性、永恒性、崇高性的特征。正因为鲁迅的"过客"意象采用了多种多样的表现方法,所以艺术意象丰满充盈。在艺术形式的选择上,柳宗元采用的是格律诗的形式,篇幅短小,格律严谨,文字简炼,在艺术表现上往往要受到严格的限制。柳宗元只能采用山水陪衬的方法。《江雪》采用了反衬的方法,用冰无雪地的严酷反衬了"渔翁"的孤傲性格。《渔翁》采用了映衬的方法,用"山水绿"来映衬"渔翁"的自在心境。由于艺术容量的限制和表现手法的单一,柳宗元笔下的艺术意象便显得单纯简洁。第二,在艺术风格的表现上:艺术风格是作家创作个性的突出表现,是作家长期刻意追求所达到的艺术境界。鲁迅的"过客"意象风格冷峻、峭拔而又悲壮;柳宗元的"渔翁"意象风格典雅、清丽而又飘逸。这是两种属于不同美学范畴的艺术风格,这两种不同的风格似百花争艳,如星汉争辉,相映成趣,各得其妙。

最后,我们比较鲁迅、柳宗元创作"过客""渔翁"意象时受佛文化影响的情况。我们在系列论文"鲁迅、柳宗元与佛文化关系比较之二"里论述过:鲁迅、柳宗元都认真研究过佛学,但他们研究佛学不信佛,他们研究佛学的目的,鲁迅是为了"改造国民性",柳宗元是为了"统合儒释"。他们在创作"过客"和"渔翁"意象时,都受到过佛文化的影响,但受影响的内容、程度、大小是有区别的。鲁迅受佛文化影响主要表现在:第一,为了"改造国民性",鲁迅一方面正面歌颂佛教的殉道精神,其中包括信仰精神、探索精神、战斗精神、牺牲精神。他认为这是中国国民性中缺乏的精神,这与他"定宗教以强中国人之信奉"(鲁迅:《破恶声论》)的主张是一致的。鲁迅另一方面通过"过客"意象,从反面批判"庸众"麻木不觉悟的状态,批判年轻一代忘恩负义的行径。他认为这是中国国民性中应该"改造"的内容,这与他杂文、小说中的批判锋芒是相同的。第二,受佛文化思辩哲学的影响。佛文化是一种特殊的思辩哲学,它对生灭、断常、来去、自他、内外、有无的阐述,充满了辩证法的思想。鲁迅在创作"过客"意象时,受到了这种思辩哲学的影响,他在《颓败线的颤动》里,一口气列举了"眷念与决绝、受抚与复仇、养育与歼除、祝福与咒诅"等两极对立的概念,共它各篇中也有很多,例如"希望"与"绝望","悲悯"与"仇恨","寂寞"与"平安","苦痛"与"欢欣","爱"与"憎","友"与"仇"……等等。这些两极对立概念的出现,不仅较为真实地反映了鲁迅创作过程中复杂、矛盾的思想状态和作品完成后深广、对立的批判情绪,同时也在一定程度上揭示了客观事物的矛盾对立本质和相互依存、相互斗争和相互转化的辩证关系。

柳宗元的《江雪》写于他流放永州时期,这也是他对佛文化最为痴迷的时期。现实社会的黑暗使他极度失望,他要到西方净土世界去寻找精神的寄托,去寻找精神的慰藉。同时,这也是佛文化对他的创作影响最为深刻、最为巨大的时期。他写作了不少充满禅理诗情的作品。佛文化对柳宗元诗歌创作的影响,一般有这样三种情况。一是在诗歌创作中宣扬佛理教义,出现佛教语汇。他的《巽公院五咏》就属于这类情况。二是在诗歌创作中描写与僧侣的交往,描写寺院建筑,描写礼佛活动。他的《赠江华长老》《戏赠石门长老东轩》《法华寺西亭夜饮》《晨诣超师院读禅经》就属于这类情况。佛文化对这两类作品的影响是浅层次的,表面的影响。三是诗人在平凡的生活里,在日常的山水间,甚至一花一叶,一问一答中,诗人对佛理、禅意产生出自己的感情与体认。佛文化对这类作品的影响是深刻的、内在的影响。柳宗元的《江雪》《渔翁》就属于这类情况。柳宗元创作"渔翁"意象时,往往把佛教的义理、禅义融化在诗在意象和诗的意境里,不着一字,尽得风流。是诗意与禅意的高度融合。它体现了诗学的最高境界,也符合禅学的精神实质。佛文化对柳宗元"渔翁"意象的创造,影响巨大、深远。

注释:

[1]何尚之《答宋文帝赞扬佛教事》:"谢灵运每云:'必求性灵精奥,岂得不以佛教为指南耶?'"(《弘明集》卷11。

[2]黄生《唐诗摘抄》卷2,转引自王国安《柳宗元诗笺释》,上海古籍出版社,1993年版。

[3]唐汝询《唐诗解》,卷18,转引自王国安《柳宗元诗笺释》。

[4]唐汝询《唐诗解》,卷23,转引自王国安《柳宗元诗笺释》。

[5]唐汝询《唐诗解》,卷18,转引自王国安《柳宗元诗笺释》。

[6]章衣萍《古庙杂谈(五)》,载1925年3月31日《京都副刊》。

[7]鲁迅《致赵其文》,《鲁迅全集》第11卷。

(原载2006年第10期,作者单位:湖南科技学院)

澹然离言说　悟悦心自足
——柳宗元法华寺诗文赏析

✽ 吴同和

　　特定的社会环境、家庭影响和个人遭际注定了柳宗元必然与佛门结下不解之缘。他"自幼好佛,求其道,积三十年",一辈子都崇尚佛学,寻求"净土",欲入"幽玄"之境。但毕竟肉眼凡胎,故尔虽可洞察人生百态,熟读释学典籍,可是对于自身的运程吉凶,官场沉浮,却无法未卜先知。贬邵贬永贬柳,"风波一跌逝万里",黜罚丧亲罹难,"海天愁思正茫茫"。尽管如此,他仍然希望有朝一日能东山再起,始终未能悟觉"鸢飞戾天者,望峰息心"的禅机。但现实太残酷,于是,潜神佛经,移情幽远,寻求解脱。也许他没有想到,正是这些寻求,却实现了他人生的另一种价值,为后代留下了宝贵的精神财富和文化食粮。从这个意义上看,柳宗元虽未大彻大悟,但却更为真实可信,亲切感人。

　　永贞元年(805)年底,柳宗元扶老携幼,一路逶迤,从邵州来到永州,因无官署可居,便寄住在龙兴寺——也许是天意——一住便是四年多。这可怜的"弱马温"终日无事,常与寺中住持重巽和尚打坐说经。重巽是天台九祖荆溪湛然的再传弟子,柳宗元对他十分仰慕,称之为"超师",称赞他"穷其书,得其言,论其意",为"楚之南""善言佛"之第一人。二人甚投缘,潜移默化,其诗文作品所表现出来的思想矛盾,感情煎熬,欲"跳出三界外,不在五行中"等种种无奈和顿悟,与重巽和尚的弘法开导不无关系。元和四年(809),作《法华寺西亭夜饮》和《法华寺西亭夜饮赋诗序》,便是一例。

　　元和四年某日,柳公与好友元克己等七位"天涯沦落人"在法华寺西亭夜饮,酒酣耳热之际,克己"咸命为诗",好友们口吐玑珠,落墨成韵(可惜这些诗作无从披阅);柳宗元亦赋诗一首,且受命为序,有悲戚,有禅悦,表愤懑忧恐之意,蕴惺惺相惜之情。细细咀嚼,其味无穷。

　　登高望远,饮酒赋诗,差不多已成为古代文人墨客一大癖好。去国怀乡之感,伤春悲秋之情,喜怒哀乐,忧恐悲戚,俱在眼底,全在杯中,又都在笔下。法华寺可谓"净土",柳公在其西面建一亭,"其高可以上,其远可以望","观物初,而游乎颢气之始",骋目神游,随心所欲,遐思迩想,绝然远尘。这就是柳宗元孜孜以求的"梵境幽玄,义归清旷;伽蓝净土,理绝嚣尘"(《魏书·释老志》)的空灵宝地。能与同道好友在此"倾壶而醉","放怀吟诗",可望暂时解脱,甚至忘我,倒是人生一大快事。盖酒中有诗,诗中有情,情中有我也。

"放怀意气排空易,落指阳春定调难。"读罢元克己等七子之诗作,序文该从何处下笔,确实是一大难事。柳公乃以"谪"一字立骨,突兀奇崛,意趣全出矣。"余既谪",已然不幸;"间岁,元克己由柱下史亦谪焉而来",实非偶合;而"无几何,以文从余者多萃焉",可谓悲欣交集。"以文从余",乃蕴惺惺相惜之意,是为欣;'萃'于南蛮之地,虎落平阳,报国无门,实为悲也。"从余"之文人是否谪贬之人,失意之士,自然不言而喻。而序中这一"萃"字与"谪"相配,看似乖谬却又极其和谐,将柳公各种复杂情感微妙地揉合成一体:皇上昏聩,奸佞弄权,忠臣贤士全被谪贬到边鄙之地,倒成就了国之精华有"荟萃"于北漠南荒的机缘。这既是客观的描述,也是无情的嘲弄,更是诗人对宪宗皇帝不懂得惜才爱才用才,致使人才流失的的含蓄指责。因"谪"而"萃"诸贤,因"萃"而"生"百感。所以说,两个极不协调的词放在文中,倒觉得和谐之至。盖言在此而意在彼,柳公含蓄深沉之高超笔法何其精妙。

接下来便以古喻今,表"七子之志",抒谪贬之情。首先缅怀的是大难不死的赵氏孤儿赵孟(武),他相悼公后,使晋国能与诸侯各国和睦相处,某日出使郑国,留下了一段佳话,典出《左传》襄公二十七年:"郑伯享赵孟于垂陇,子展、伯有、子西、子产、子大叔、二子石(印段,公孙段二人字均"子石")从。赵孟曰:'七子从君以宠武也,请皆赋以卒君贶,武亦以观七子之志。'"

这段话的大意是,郑伯在垂陇设宴招待赵孟,子展等七位大臣陪客,赵孟请七人作赋言志。

为什么要用这一典故,仅仅因为子展等七子,与今天西亭夜饮人数相同,还是揣摩"克己其慕赵者"呢?其实,"慕赵者"岂止克己,夜饮的"八仙"谁不仰慕赵孟?时势造英雄,赵孟有施展才华,报效朝廷的用武之地,只可惜我们龙游浅滩,欲效古人之驰驱而不能啊!这几句话,言简而意丰,借赵孟故事抒谪贬之怨,表效忠之心,可谓曲经通幽,婉约而又深邃。

"克己其慕赵者","余其慕卜者"。古人之诗序书序,不胜枚举,为何选用卜子夏为《诗序》一典？须知这一笔也极有讲究。这在他元和五年(西亭夜饮的次年)所作的《愚溪诗序》可找到注脚。柳公是贬官谪吏，而贬谪的主要原因在于他"以愚触罪"，"不合于俗"。来到贬所，无所事事，唯有"放浪形骸，移情幽远"，读经论道，会友宴朋。闲暇之余，"以文墨自慰，漱涤万物，牢笼百态"，聊以排遣郁闷；但"超鸿蒙，混希夷，寂寥而莫我知也"，更多的却是无奈。于是交几个知音，喝几杯闷酒，看一轮明月，发几句牢骚，在晨钟暮鼓之中参禅悟道，有时却不免心猿意马，顾影自怜。个中三昧，谁能省得？卜子夏则不然，他曾仕于鲁，作过地方长官；晚年讲学魏国西河一带，魏文侯亲咨国政，以之为师，"受子夏经艺，客段干木(魏隐士)，过其庐，未尝不轼也"(《史记·魏世家》)。相形之下，柳公徒有"风雅之道"，处境命运何其乖塞。用此典又一次将柳宗元元克己等"谪贬之士"的怨怼虚着一墨，令"同是宦游人"的好友们怆然泣下。

《法华寺西亭夜饮赋诗序》仅 160 字，悲欣交集，而谪贬之意，忧恐之情，均熔铸其中。言外有意，弘外有音，堪为一篇可"传于世"的佳作名篇。

如果说，《序》讲究"一字立骨"，旨在抒谪贬之怨的话，那么，《法华寺西亭夜饮》则倾力于悟禅蕴情，更为含蓄地表露了柳宗元落拓失衡的心灵世界。一文一诗，相得益彰。

值得玩味的是，"祇树夕阳亭，共倾三昧酒"有别于常建"清晨入古寺，初日照高林"(《题破山寺后禅院》)。同样是悟禅，前者见得灰暗清冷，后者显得光明煦暖。这样写，与两人的遭际有关。柳宗元刚从京城被逐，心态尚未调适，一心想着东山再起，效命圣上，景为情驭，故景语已着上诗人主观色彩。"祇树"即祇林，为寺院之代称，夕阳之中，索寞冷寂，有似诗人心境；"三昧"，乃佛教语，有使心神平静，杂念止息的意思，是佛教的重要修行方法，然而元克己等八人"共倾三昧酒"，果然参透人生，消除杂念否？只怕是孽缘未了，只能"抽刀断水"而已。常建则不然，进士及第后四十余年才做了个小小的县尉，当时已六十开外，早把功名利禄看透，后来，他果然招王昌龄等同隐，成为方外之人。当年他入兴福寺，目之所及，耳之所闻，心之所思，似去尘缘，愉悦非常，因而眼前一切都美好。

"雾暗"两句稍见亮色，奈何夜色朦胧，雾暗月沉。尽管"月明花覆牖"，尽管亭幽水净，但同样清冷索寞，这景色，这氛围，好像有助酒兴，又好像有伤酒兴，"八仙"会饮，诚为快事，"言说"暂离，"自足"吾心，故尔很快便"既醉"了。常建当年在兴福寺看到的是"山光悦鸟性，潭影空人心"，听到的是"万籁此俱寂，但余钟磬音"，因而极为愉悦，遂悟禅机而吐禅语。如今柳宗元在法华寺所见乃

"雾暗水连阶,月明华覆牖",所闻为何物,不得而知;所感却是"莫厌樽前醉,相看未白首"了。元和四年,柳宗元 36 岁,尚"未白首",自然翘望朝廷再度起用。他虽潜神佛典,但绝无剃度之意,其悟觉仅仅停留在"笑看众生相"的层面,远远未达"四大皆空"之境。因而这"相看未白首",自然蕴有怨愁和感伤,也抱着希冀和幻想,这与后来所作的序,在情感上是一脉相承的。只是诗更为含蓄深沉,序则相对比较直露明朗。

柳宗元的诗文,早有定论,不必赘述。而这一文一韵,确乎坦露他的内心世界,文则清丽,诗则含蓄,有禅意,有悟觉,有愉悦,有哀愁,最后似达"澹然离言说,悟悦心自足"(《晨诣超师院读禅经》)之境,给后来者以多维的思考。

(原载 2007 年第 10 期,作者单位:永州市第七中学)

调查社情　报告民生

——柳宗元《答元饶州论政理书》研究

✻ 马晓斌 ●

唐朝元和五年(公元810年)前后[1],"八司马"[2]中柳宗元、刘禹锡、韩晔三人共同的朋友元藇[3],尽管时在饶州(今江西上饶)刺史(州行政长官)任上,但没有忘记身处逆境、远在永州(今湖南零陵)的柳宗元,依然与他有书信往来。他们不仅谈学问、谈友谊、谈理想,而且关注国计、探讨民生。[4]共同的事业使他们心贴得更近,理解也就更深入了一层。某一天,柳宗元收到了元藇一封论"政理"(为政之道,犹政治)的信,其中,谈到了一些实行两税法[5]后的设想,随信,还附上了刘禹锡的《答饶州元使君书》[6]。赋税,这正是柳宗元一直在思考的问题[7],他马上根据自己所掌握的事实真相,写下了颇堪研究、极具价值的《答元饶州论政理书》。

一

在信的开头,柳宗元明确表明,有利于民生是"政理"之本。他说,元藇与其他"长人者"(官员)不同,是"以庶富且教为大任",而不只是"充赋税、养禄秩足己"的,可见,他对统治者搜刮赋税、盘剥掠夺,表示出极大的不满,然后,柳宗元自比颜回,提出疑问,与元藇商榷:"兄所言'免贫病者,而不益富者税',此诚当也。乘理政之后,固非若此不可;不幸,乘敝政之后,其可尔耶?"矛头直指敝政,同时,也毫不客气地认定,元藇的设想客观上是行不通的。众所周知,在初唐祖庸调法[8]基础上发展而来的两税法,于唐德宗(李适)建中元年(公元780年)施行,"建中新令,并入两税"[9]。它不以丁夫为本,而以家产多寡为标准,分夏秋两季、用钱纳税。应该指出,"两税之法,乃取暂时法外之法,收入于法之中"[10],即,将一切杂敛,统一到两税中,因而,有过一定的成效[11]。但是,由于唐朝中叶政治的腐败,"藩镇、州、县多违法聚敛"[12],人民的负担日趋严重,这一切,都令柳宗元痛心疾首,他一定要坚决批判社会的毒瘤——"敝政"[13]。

"夫敝政之大,莫若贿赂行而征赋乱",一针见血。"夫赋税之乱,实缘于贿赂之行,故敝政之集中点,终在贿赂"。[14]且看柳宗元怎样论证:"贫者无赀(资)以求于吏,所谓有贫之实,而不得贫之名,……贫者愈困饿死亡而莫之省";"富者操其赢以市于吏,则无富之名而有富之实,……富者愈恣横侈泰而无所忌。"非常明显,富者在贿赂。柳宗元在这里,把富者贿赂引起征赋之乱,用贫者愈贫、富者愈富的铁的事实,猛烈抨击两税法的创导者——杨炎[15]。建中年间,时任宰相的杨炎,曾说:"凡百役之费,一钱之敛,先度其数而赋于人,量出以制入。户无主、客(客籍户),以见(现)居为簿。人无丁、中,以贫富为差"[16]。他认为,按照老百姓的贫富,可以定出等第高下,进行征税。然而事实却完全相反,"贿赂"导致家产多寡毫无标准可言。我们注意到,柳宗元连用了两个逻辑学的"三段论式",现试发其微:凡贫者都无赀(有贫之实)以求于吏(大前提),吏却认为是富者(不得贫之名)(小前提),所以,征赋,使贫者愈困饿死亡而莫之省(结论);凡富者都操其赢(有富之实)以市(贿赂)于吏(大前提),吏就认为是贫者(无富之名)(小前提),所以,免赋,使富者愈恣横侈泰而无所忌(结论)。思维严密、论证雄辩,让人叹服。我们还注意到,柳宗元对贫者与富者的生动描绘,它再现了当时"纤悉"[17](详细)的情景(求、困饿死亡而莫之省、操、恣横侈泰而无所忌),而非僵硬与呆板的公式,给人以深刻又丰富的感受。

让我们看一段史料:"资产之中,事情不一,有藏于襟怀囊箧,物虽贵而人莫能窥;有积于场圃囷仓,直虽轻而众以为富;有流通蓄息之货,数虽寡而计日收赢;有庐舍器用之资,价虽高而终岁无利;如此之比,其流实繁,一概计估算缗(成串的钱),宜其失平、长伪"[18],它首先说明,要想准确定出家产(尤其是富者)的等第(九等)高下,在当时,几乎是不可能的。再看:"狡猾者……或假名入任,或托迹为僧,或占募军伍,或依信豪族"[19],又告诉我们,土豪富户,绞尽脑汁,勾结官吏,求居下等,以逃避赋税。最终,农民被"吏胥追征,官限迫蹙,则易其所有,以赴公程。当丰岁,则贱籴半价,不足以充缗钱;遇凶年,则息利倍称,不足以偿逋债。……田垄疲人望岁勤力者,日以贫困"[20]。更有甚者,"通津达道者税之,莳蔬艺果者税之,死亡者税之"[21]。可见,"贫者愈困饿死亡而莫之省",决非危言耸听!

面对这种"国家定两税,本意在忧人"[22]的状况,柳宗元再也平静不下来,他把对贫者的无限同情,写成这样一句:"兄若所遇如是,则将信其故乎? 是不可惧'挠人'而终不问也"(如果您遇到这种情况,那么,您打算探究它的根源和本质吗? 这是不可以因为怕烦就不闻不问的啊!)。说得何等好! 在这里,我们感受到的是,除了言辞恳切的批评外,更多的是柳宗元那种为寻求真理而何所畏惧的勇气。紧接着,柳宗元再说:"固必问其实;问其实,则贫者固免,而富者固增赋矣。安得持一定之论哉?"非常严肃、非常鲜明地亮出自己的观点,它意味着,元奥,您的认识,是不充分、不完全的,应加以修正,因为,如果您是站在事实面前的话,那么,合理而又合法的赋税,必然是"贫者固免,而富者固增赋"。一个应该减,一个定要加,这是不能一概而论的!

二

元奥设想"(既)免贫病者(税),而(又)不(增)益富者税",柳宗元没有同意,他认为,应该是"贫者固免(税),而富者固增赋",即,对于贫者,免税是应当的;但对于富者,则要毫不客气地增加税赋。为什么呢? 柳宗元说,问题在于"不均"与"不安"。先看他论"不均":"若曰,'止免贫者,而富者不问',则侥倖者众,皆挟重利以邀,贫者犹若不免焉。若曰,'检富者惧不得实而不可增焉',则贫者亦不得实不可免矣。若皆得实而故纵,以为不均,何哉?"对元奥的两个具体说法("止免贫者,而富者不问""检富者惧不得实而不可增焉"),讲出两层意思。集中到一点,那就是,如果不增加(减少)富者税赋的话,那么,与此同时,就等于贫者也没有减免(增加)税赋。细细推敲,我发现,前者,柳宗元又用了一个"三段论式",试看:凡富者皆挟重利(有富之实)以邀(吏),(吏)使侥倖(逃税)者众(大前提),贫者无利(有贫之实)以邀吏,侥倖不了(小前提),所以,贫者犹若不免(税)(结论)。而后者,则是归纳推理:根据检富者(有富之实)不得实,推出检贫者(有贫之实)亦不得实;根据富者不可增(税)(无富之名),推出贫者也不可免(税)(不得贫之名)。从查实富者、不使侥倖,联系到关怀贫者、不让增负,从富者狡猾、变动、名实不符,推论到贫者忠厚、被动、孤立无助,充满着辩证思维与系统观点。紧接着,柳宗元再说:"今富者税益少,贫者不免于捃拾(捡取遗谷)以输县官,其为不均大矣。"即,由于富者的税赋减少,贫者已到了倾家荡产的地步[23],极具针对性。"不均"这一社会病已是非常急迫、非常严重了。

在引用了孔子"不患寡而患不均,不患贫而患不安"[24]后,柳宗元开始论

"不安"。他是这么说的:"必将服役而奴使之,多与之田而取其半,或乃出其一而收其二三。……则富者以户独免,而贫者以受役,卒输其二三与半焉。是泽不下流,而人无所告诉,其为不安亦大矣。"四层意思,有待一一讲清楚。"必将服役而奴使之",指,穷人走投无路,不得不给官僚地主家当奴隶;"多与之田而取其半",指,贫者的另一条路,是租种地主土地(佃农),但交给地主的地租一般都在收获的一半以上,"降及中等,租犹半之,是十倍于官税也"[25];"或乃出其一而收其二三",指,地主输出十分之一的税赋,却收佃农十分之二或三的地租;"富者以户独免",指,官僚地主以等级低之户税免去等级高之税。这些数据,是事实的总和,具有很大的概括力和表现力。柳宗元用它们,深入分析了当时的情况,说明,占有大量良田的地主很少纳税或者不纳税,繁重的赋税被转嫁到了少地或无地的农民头上,揭示出"不安"的本质和规律。加之,"(恩)泽不下流(到贫者),而(穷)人无所告诉",真可谓叫天天不应,叫地地不灵。柳宗元对此,忧心忡忡,他意识到,如果"不安"逐渐地积聚,势必形成一股力量,让统治者"恐而畏"[26]。在这里,柳宗元除了将经济与政治有机联系了起来,同时,在写作技法上,也有"变化了的重述"(varied iteration),即,不均,是从富者处说;而不安,则是从贫者处说。

三

"夫如是,不一定经界(清查土地)、核名实(核实户等),而姑重改作,其可理矣乎?"大声疾呼、慷慨陈述。在此建议下,柳宗元认为,首先,要面对富者增赋后可能产生的现象。"富室,贫之母也,诚不可破坏",他承认,富者对于社会,有一定的稳固作用,但这并非关键,"然使其大(侥)倖(逃税)而(又奴)役(穷人)于下(田亩),则又不可",核心在这里。既然这样,那么,元藙所说"惧富人流(变)为工商浮窳(浮末,指工商),盖(此事)甚急而(且带来)不均,则(无)有此(严重)耳",也就根本不必担心。他接着说,富者增税,第一,是"均"的,因为充其量只有十分之一("若富者虽益赋,而其实输当其十一");第二,是"安"的,因为十分之一的税不会影响富者的经济状况("犹足安其堵(墙)");第三,由于税少,所以,即使赶富者去做工商之事,他们也不会愿意的("虽驱之不肯易也")[27]。把矛盾和关系讲得很清楚,借以打消元藙的顾虑。至此,我们可以看出,柳宗元关心的是贫者的"不均"与"不安",他要拯救他们于水火之中,这是主要的,而不认为有什么富者的"不均"或"不安"。

其次,才是如何"定经界、核名实"的"改(革与运)作",即,对策。关于检核家产(田亩、资产),元與是有点害怕的,他不仅认为"挠人"(麻烦、复杂)、"检富者惧不得实而不可增焉",还说"检之逾精,则下逾巧(瞒家产)"。柳宗元坚信有办法,他说,"今若非市井(商贾)之征,则舍其(民)产而唯丁(夫与)田(亩)之问。"将焦点集中在"丁田"二字,并具体说明是"一社一村之制"。本意很清楚,就是要"恢复以身丁为本(即,以力役为主)之租庸调法也"[28]。因为,在柳宗元看来,比起两税法,租庸调法更具合理性[29]。那么,"一社一村之制"的可操作性,又在什么地方呢? 柳宗元开出了良方:"推以诚质,示以恩惠,严责吏以法,……递以信相考,安有不得其实?"其中,关键词是"诚""恩惠""法""信""考"等,指的是,官吏要依法行政,而不能"悍"(凶暴),不能"叫嚣乎东西,隳突乎南北"[30];要示调查对象以恩惠;调查人员要态度诚恳(刘禹锡所谓"仁恕");调查数据要信实、经得起考核等。照这样下去,想要巧瞒家产,也难以做到。我们相信,有此保障体系,检核,就不会流于形式,就会让虚假的现象大为减少。当然,不要说封建社会,就是在今天,真要做到这些,也是不容易的。但不管怎么说,柳宗元是有理想的,他认为,唯此途径,才可治理。而且,"是故乘弊政,必须一定制,而后兄之说乃得行焉",即,不要说是善政,即使是弊政[31],只要严格执行这种统一的"一社一村之(法)制",元與的设想("免贫病者,而不益富者税"),也可推行,非常乐观。

柳宗元的建议,根本目的在解决"不均"与"不安"问题,即,"有补于万民之劳苦"[32]。紧接着,他就摆出了自己的理论基础:《春秋》"大中之法"[33]及"均赋"[34]概念,并认为,它们可以"理"(治理)、可以"除其惑"。"大中",在《柳河东集》中屡见不一见,或言中、中道、中庸、中正、时中[35]。在这里,我认为,应与"均"联读。所谓"中",即,无过无不及、恰如其分、合宜、合适、"当"[36];所谓"均"(平),即,调和与调节。两字同义,亦即孔子所谓的"和"[37]。前述,我们已知,两税法是用钱纳税的,但政府又需军粮,"大率二户资一兵"[38]。所以,购买民粮,在名义上是议价交易的,时称"和籴"。史载,"(唐)宪宗(李纯)即位之初(公元806年),有司以岁丰熟,请畿内和籴。"[39]但事与愿违,原则上与赋税无关的"和籴",竟也逐渐演变为按户摊派、害民之政。时人白居易就曾加以揭露:"凡曰和籴,则官出钱,人出谷,两和商量,然后交易也。比来和籴,事则不然:但令府县散配户人,促立程限,严加征催,苟有稽迟,则被追捉,迫蹙鞭挞,甚于税赋。号为和籴,其实害人"[40]。"由'和'买而变为强征"[41],这是"毒,有甚是蛇者"的赋敛,本质上属"猛于虎"的"苛政"[42]。于是,激起柳宗元要还"和"(协调)以本来面目、要让"中"与"均"在税赋上真正体现出来的信念。而柳宗元自己,则愿做这样一名"调人"[43]。他的原则,与刘禹锡所说的"调赋",仿佛心灵感应,不谋而合。[44]

<h1 style="text-align:center">四</h1>

《答元饶州论政理书》的前半部分,以条理清楚的状况、问题、建议排,使我们想起今日之社会基本情况的调查报告[45];它的后半部分,即结尾部分,可以看作是柳宗元论友谊。其中,他赞美了两位朋友,那就是元藇与韩晔。先看赞元藇,"又闻兄之莅政三日,举韩宣英(晔)以代己",说的是,元藇上任伊始,不仅没有对韩晔落井下石,反而举荐韩晔(永贞元年11月,晔被贬为饶州司马)取己而代之(任刺史)。这种行为,"是乃希世拔俗,果于直道,斯古人之所难,而兄行之",给元藇的高尚品德以中肯评价。再看赞韩晔。韩晔,唐德宗时宰相韩滉之族子(同族兄弟之子),"有俊才",先"贬池州(今安徽池州)刺史,寻改饶州司马,量移汀州(今福建长汀)刺史,又转永州(刺史),卒"[46]。他"善","达识多闻,而(且)习于事,宜当贤者类举",柳宗元真有知人之明。下一段最感人,柳宗元还说:"宗元与宣英同罪,皆世所背驰者也,兄一举而德皆及焉",并用春秋祁奚为叔向(羊舌月)说情免罪、"不见叔向而归"[47]典,说明,元藇是一举两"德",即爱屋及乌。举韩晔,等于在举荐我,让我感同身受;而这种举荐,又是出自公心、无半点私心杂念的,充满着理解与敬佩。

对于柳宗元来说,友谊实在是太重要了。贬永期间,他没有停止过与亲朋好友的通信,其中,还先后有吕温、吴武陵、许孟容、杨凭、顾十郎、裴埙、萧俛、李建、杨诲之、韦中立、严厚舆、袁君陈、韩愈等人[48];他与朋友之间,已经臻于畅达的沟通及深刻的默契。在《答元饶州论政理书》中,他赞美元藇与韩晔的举荐与被荐;若干年后,在长安,他自己与刘禹锡的"以柳易播"[49],又该让多少后人为之掬一捧热泪! 我想,正因有这种情深似海的友谊,柳宗元才能忍辱负重、苦撑待变,在身为"僇人"[50](罪人)的十年间(永贞元年——元和十年),使"其文学辞章,……必传于后如今,无疑也。"[51]

五

掩卷深思,柳宗元《答元饶州论政理书》,确是一篇不可多得的、用事实说话的、调查并报告社情民生的好文章。[52]它虽是私信,但有极大的社会作用,即,它不仅反映了劳动人民艰难的生存状况,同时,诸多要点,在今天,依然有现实启发意义。试揭举如下:一、柳宗元的政治理想,是与经济相联系的。他认为,是弊政,导致富者愈富、贫者愈贫,因此,"惟房与杜(防微杜渐),实为民路"[53]。给我们的警示是,与其标语、口号式地宣传某些政治纲领,还不如代表最广大人民的根本利益,即,以改善人民群众日益增长的物质与精神需求为切要。二、柳宗元认为,关心民众,还需有良好的信息渠道,不能"贫者愈困饿死亡而莫之省""泽不下流,而人无所告诉",即,不能上不传下、下不达上。否则,即使再英明的皇帝,也会出弊政。三、柳宗元的勇敢精神。他不仅多次质疑元翼的"惧":"是不可惧挠人而终不问也""检富者惧不得实而不可增焉""惧富人流为工商浮窳""检之逾精,则下逾巧"等等,而且,还说,不管怎么样,我都要"强言之",甚至不怕"(讥)笑(与嘲)弄"。可见,柳宗元为了引来"至当之言",不怕实践检验推翻自己已经作出的判断和结论。事实上,他的勇敢,不但遵循了其父柳镇平时的教诲"守正为心,疾恶不惧",[54]同时,也是基于他的"急民"[55]以及他对"生人之意"的深刻认识,他曾经说过,为此,他可以"死无所憾"[56]。四、批判现实。在文中,矛头直指"弊政"。言必有据地说明,两税法已暴露出贫者的"不均"与"不安",而富者则相对"均"与"安"。它不是简单地否定,而是既有辩证思维,又有逻辑推理,还有定性与定量分析,这样,就产生了力量。五、调查研究方法论。"推以诚质,示以恩惠,严责吏以法,……递以信相考,安有不得其实?"说得何等好! 其中,"信"(credit)字为最重要、最科学。[57]道理很清楚,只有给人以诚信(调查对象先得调查你,然后再决定是否让你调查他),才有可能获得信实的数据。

总而言之,柳宗元《答元饶州论政理书》的实质,是要制止"两税法"施行中的流弊,其矛头是指向隐漏赋税的富豪的。如果说它有什么不足之处的话,那么,第一,柳宗元说"富室,贫之母也,诚不可破坏"。有人认为,这是"仍然要求维护富室的利益,并认为富室的安定是社会安定的基础。这都表明了他的经济思想的阶级色彩"[58]。我认为,与其说是"阶级色彩",还不如说是历史或时代的局限更为确切;第二,他担心"征赋乱"会导致"不安亦大"。有形势严峻、必须高度警觉的含义。我认为,是贬谪,使柳宗元这样一个出身于封建官僚家庭、登过朝廷、曾经被人称为"狂疏人""轻薄人"[59]的角色,被转换到了社会的底层,他才有可能真切体验"弊政"的黑暗。但不管怎么说,他毕竟是封建统治阶级中的一员,因此,他的认识,就不可能具有彻底性,即,他是站在巩固李唐王朝封建统治的立场上来说话的,他只是希望统治者了解情况并及时作出调整。另外,如果说它有什么可以肯定的方面,那就是,柳宗元难能可贵地迈出了调查社情、研究问题、反映现实、报告民生的一大步。

注释:

[1]见孙昌武《柳宗元传论》,人民文学出版社1982年版,278—282页。岑仲勉《唐人行第录·唐集质疑·元饶州》云,此信"作于元和七至九年顷",上海古籍出版社1978年新1版,409页。孙昌武所据,为刘禹锡《答饶州元使君书》中的"(韩晔)坐事为彼郡司马,更闻余者再焉";兹补一据,亦《答饶州元使君书》中"间(近)闻主分土者,尽笼其利而斡之;坐薄书舛错,为中执法所劾"。指,元和四年(公元809年),柳宗元岳父杨凭,为李夷简所劾事。《旧唐书·杨凭传》:"元和四年,拜京兆尹。为御史中丞李夷简劾,奏凭前为江西观察使赃罪及他不法事";《新唐书·李夷简传》:"元和时,至御史中丞。京兆尹杨凭性骜侻,始为江南观察使,冒没于财。夷简为属判史,不为凭所礼,至是发其贪,凭贬临贺尉。"

[2]唐顺宗(李诵)即位,擢用王叔文、王伾等,谋夺中官(太监)兵权,进行政治改革。史称永贞革新。朝中旧派官僚与中官合谋发动政变,王叔文、王伾被杀害,韦执谊被贬为崖州(今海南)司马,韩泰为虔州(今江西赣州)司马,陈谏为台州(今浙江临海)司马,柳宗元为永州(今湖南零陵)司马,刘禹锡为朗州(今湖南常德)司马,韩晔为饶州(今江西上饶)司马,凌准为连州(今广东连县)司马,程异为郴州(今湖南郴州)司马,时称"八司马"。

[3]据岑仲勉考证,前引书。元藇,河南人,傅璇琮等编《唐五代人物传记资料综合索引》有条,中华书局1982年版,120页。元和十五年(公元820年)迁杭州刺史。清·王昶《金石萃编》卷一百十五《郎官石柱题名·主客员外郎》,作"元藇"、清·劳格、赵钺《唐尚书省郎官石柱题名考》卷二十六有"主客员外郎""元藇",孙昌武先生亦持此说(《柳宗元传论》,人民文学出版社1982年版,191页);柳宗元识元藇,应在长安时期:一、元藇是柳宗元姐夫裴瑾之友,《答元饶州论〈春秋〉书》有"往年曾记裴封叔(瑾)宅,闻兄与裴太常(瑾)言晋人及姜戎败秦师于殽一义"的记载,二、元藇又是柳宗元亡友吕温之友,《答元饶州论〈春秋〉书》有"往年又闻和叔(吕温)言兄论楚商臣一义"的记载;刘禹锡(772—842),唐文学家、哲学家。识柳宗元,当在贞元九年(公元793年),《旧唐书·刘禹锡传》:"贞元九年,擢进士第"、柳宗元《与杨诲之第二书》:"吾年十七,求进士,四年(21岁,柳宗元生于公元773年)乃得举"、柳宗元《先侍御史府君神道表》:"贞元九

年,宗元得进士第",以后,曾"与柳子厚宗元评修国史"(唐·范摅《云溪友议·卷中·中山悔》)。柳宗元死后,代养柳子周六(《刘宾客文集》外集卷十《祭柳员外文》:"誓使周六,同于己子"),编次《柳河东集》。识元冀,时不详,在柳宗元《答元饶州论政理书》前,有《答饶州元使君书》;韩晔,京兆人,生卒年不详,唐德宗时宰相韩滉族子。识元冀,由柳宗元与刘禹锡介绍,"饶州(元冀)初不与宣英(韩晔)相识,子厚从中介绍""似宣英与饶州之关系,由彼(刘禹锡)之推挹而起"(章士钊《柳文指要》,文汇出版社 2000 年版,797—798 页)。

[4]柳宗元另有《答元饶州论〈春秋〉书》。

[5]两税法,唐建中年间施行的赋税制度。唐中叶以后,均田制名存实亡,租庸调制已不适用。德宗(李适)即位后,宰相杨炎建议改革赋税。建中元年(公元 780 年)颁行两税令:(1)各地州县官按旧征户税数,照丁、产定户等,分夏、秋两次征税;(2)租、庸、调折合钱价并入以上两税征收;(3)地税和青苗钱等仍照大历十四年(公元 779 年)"见佃青苗地额"(耕地)重新摊征,夏税在六月、秋税在十一月完纳。

[6]见《刘宾客文集》卷十"书"。此时,刘禹锡在朗州(今湖南常德)任司马。柳宗元采用刘禹锡一些提法,如信、安等。

[7]早在贞元二十一年(公元 805 年)二月,时任礼部员外郎的柳宗元,就因为天旱不雨、庄稼干枯,为京兆尹王权写过《为京兆府昭应等九县诉夏苗旱损状》,请求朝廷免税;八司马所在的王叔文进步政治集团,又以顺宗名义,先取消了一些苛捐杂税,规定:"天下诸道,除正敕率税外,诸色权税,并宜禁断,除上供外,不得别有进奉",后免除了"百姓所欠诸色课利租赋钱帛共五十二万六千八百四十一贯、石、匹、束"(《旧唐书·顺宗本纪》)等。

[8]租庸调法,唐代向受田课丁(人丁)征派的田租、力庸、户调等三种赋役的合称。源于北魏到隋以均田制为基础的租、调、力役制度。武德二年(公元 619 年)制定,名租庸调法;武德七年(公元 624 年)又作详明规定。每丁每年缴"租"粟二石;"调"随乡土所产缴纳,绢、绫、絁二丈,布加五分之一,缴绫、绢、絁的加绵三两,缴布的加麻三斤;"庸"是代替力役的赋税,人丁每年有二十日力役,不服役的每日折纳绢三尺。因事加役十五日的免调,三十日的租、调都免;但连正役不得超过五十日。贵族免役。工匠不服役的也缴庸税。为唐初主要税源。开元末年(公元 741 年)均田制破坏,这一赋役制度渐不适用;安史乱后,为两税法所代替。

[9][19]唐·杜佑《通典》卷七《食货·丁中》。

[10]清·王夫之《读通鉴论·唐德宗》。

[11]实施两税法,大大简化了征税的项目,统一了国家的税收,将过去的按丁征税,基本上改变为按资产、田地收税,征税时间也比较固定,这是适应了当时生产力的发展与提高以及生产关系的某些变革而产生的新税法。参见张泽咸《唐五代赋役史草》,中华书局 1986 年版,184 页。

[12]《资治通鉴》卷二百三十二李泌(722—789)语。

[13]在《送薛存义序》中,柳宗元说:"受……直(值),怠……事,又盗……今天下多类此"。

［14］［28］［35］章士钊《柳文指要》，文汇出版社 2000 年版，1517 页；796 页；1012—1015 页；

［15］杨炎，公元 727—781 年。唐凤翔天兴（今属陕西）人，字公南。德宗时，官至门下侍郎同平章事（宰相）。建中元年，定议废除"以丁夫为本"的租庸调旧制，改行以家产多寡为标准的两税法。

［16］《旧唐书·杨炎传》。

［17］明·茅坤《唐大家柳柳州文抄》评语。

［18］唐·陆贽《陆宣公集》卷二十二《均节赋税恤百姓第一条》。

［20］白居易《息游堕》，《白居易集》，中华书局 1979 年版，1311 页。

［21］《旧唐书·食货志·上》。

［22］白居易《重赋》，《白居易集》，中华书局 1979 年版，31 页。

［23］柳宗元另有诗句："蚕丝尽输税，机杼空倚壁"（《田家》其二）。

［24］《论语·季氏》。

［25］唐·陆贽《陆宣公集》卷二十二《均节赋税恤百姓第六条》。

［26］见柳宗元《送薛存义序》。时有袁晁、方清、陈庄等农民武装反抗斗争。参见孙昌武《柳宗元传论》，人民文学出版社 1982 年版，18—21 页。

［27］时称工商为"末业"，位次卑下。

［29］两税法下，钱重货轻（两税法规定，一律收现钱，但农民生产的，只有布帛等实物，官吏任意折价，富商又从中取利，"往者纳绢一匹，当钱三千二三百文，今者纳绢一匹，当钱一千五六百文。"唐·陆贽《陆宣公集》卷二十二《均节赋税恤百姓第一条》）和税外加征（增加税额、茶税、借商钱、间架、除陌等）两方面，使剥削加重。参见韩国磐《隋唐五代史纲》，人民出版社 1977 年版，316—321 页。

［30］［42］柳宗元《捕蛇者说》。

［31］指户口紊乱。见章士钊《柳文指要》，文汇出版社 2000 年版，1526 页。

［32］见柳宗元《与杨京兆凭书》。

［33］大中，实出《易》与《书》。《易·大有》："大有：柔得尊位大中，而上下应之，曰大有"；《书·洪范》："五、皇极。皇建其有极"，汉孔安国传："大中之道，大立其有中，谓行九畴之义"。

［34］柳宗元赞美"均赋"，参见《送薛存义序》。

［36］［58］参见孙昌武《柳宗元传论》，人民文学出版社 1982 年版，106 页；280 页。

［37］《论语·子路》："君子和而不同"。

［38］《资治通鉴》卷二百三十七。

［39］《新唐书·食货志三》。

［40］白居易《论和籴状》，《白居易集》，中华书局 1979 年版，1234 页。

［41］参见陈寅恪《隋唐制度渊源略论稿·财政》。

［43］长安时期,柳宗元曾作《驳复仇议》,引《周礼·地官·调人》。

［44］见刘禹锡《答饶州元使君书》。

［45］在古代散文中,似是唯一一篇。

［46］参见旧、新《唐书·王叔文传》。

［47］事见《左传·襄公二十一年》。

［48］参见吴文治《柳宗元评传》,中华书局1962年版,265－269页。

［49］元和十年(公元815年)二月,柳宗元等五司马(柳宗元、刘禹锡、韩晔、韩泰、陈谏),同时被召回长安。但又同被迁往更远的地方任刺史,柳宗元得柳州(今广西柳州),刘禹锡得播州(今贵州遵义)。柳宗元不忍刘母老迈随迁,上疏,愿以柳易播。后,刘禹锡改刺连州(今广东连县)。事见韩愈《柳子厚墓志铭》。

［50］柳宗元《始得西山宴游记》。

［51］韩愈《柳子厚墓志铭》。

［52］章士钊先生说:"为集中第一大文字。"《柳文指要》,文汇出版社2000年版,1518页。

［53］柳宗元《际(视)民诗》。章士钊先生有一家之言,见《柳文指要》,文汇出版社2000年版,20—27页。

［54］《先侍御史府君神道表》。

［55］柳宗元《吏商》。

［56］参见柳宗元《贞符》。此文,草稿于长安时期,定稿于永州时期。"生人之意",当指人类(尤其是人民群众)的生存需求。

［57］刘禹锡《答饶州元使君书》,有"徙木之信必行,则民不惑,此政之先也"句。

［59］柳宗元《与杨诲之第二书》。

(原载2006年第3期,作者单位:华中科技大学)

韩柳古文的双重主题
——以《圬者王承福传》与《种树者郭橐驼传》为例

✳ ［韩］赵殷尚

本文的主要目的在于分析韩愈、柳宗元古文的叙事策略，了解韩、柳如何主张恢复儒家之道。韩、柳二人在文中运用双重主题的形式，以达到写作目的——恢复儒家之道，这或许可视为一种新型的叙事策略，也可当作唐代古文运动的成功因素。

由于这是一种实验性的论文，其范围暂以韩愈的《圬者王承福传》与柳宗元的《种树者郭橐驼传》为限。这两篇文章不仅是他们的代表作品之一，还采用了双重主题的形式，故以它们为例，进行讨论。

一 《圬者王承福传》的第一个主题

先看一下韩愈的《圬者王承福传》：

> 圬之为技贱且劳者也。有业之，其色若自得者。听其言，约而尽。问之，王其姓。承福其名。世为京兆长安农夫。天宝之乱，发人为兵。持弓矢十三年，有官勋，弃之来归。丧其土田，手镘衣食，余三十年。舍于市之主人，而归其屋食之当焉。视时屋食之贵贱，而上下其圬之佣以偿之；有余，则以与道路之废疾饿者焉。

> 又曰："粟，稼而生者也；若市与帛。必蚕绩而后成者也；其它所以养生之具，皆待人力而后完也；吾皆赖之。然人不可遍为，宜乎各致其能以相生也。故君者，理我所以生者也；而百官者，承君之化者也。任有大小，惟其所能，若器皿焉。食焉而怠其事，必有天殃，故吾不敢一日舍镘以嬉。夫镘易能，可力焉，又诚有功；取其直虽劳无愧，吾心安焉夫力易强而有功也；心难强而有智也。用力者使于人，用心者使人，亦其宜也。吾特择其易为无愧者

取焉。

"嘻！吾操镘以入富贵之家有年矣。有一至者焉，又往过之，则为墟矣；有再至、三至者焉，而往过之，则为墟矣。问之其邻，或曰：'噫！刑戮也。'或曰：'身既死，而其子孙不能有也。'或曰：'死而归之官也。'吾以是观之，非所谓食焉怠其事，而得天殃者邪？非强心以智而不足，不择其才之称否而冒之者邪？非多行可愧，知其不可而强为之者邪？将富贵难守，薄功而厚飨之者邪？抑丰悴有时，一去一来而不可常者邪？吾之心悯焉，是故择其力之可能者行焉。乐富贵而悲贫贱，我岂异于人哉？"

又曰："功大者，其所以自奉也博。妻与子，皆养于我者也；吾能薄而功小，不有之可也。又吾所谓劳力者，若立吾家而力不足，则心又劳也。"一身而二任焉，虽圣者石可为也。

愈始闻而惑之，又从而思之，盖所谓"独善其身"者也。然吾有讥焉；谓其自为也过多，其为人也过少。其学杨朱之道者邪？杨之道，不肯拔我一毛而利天下。而夫人以有家为劳心，不肯一动其心以蓄其妻子，其肯劳其心以为人乎哉？虽然，其贤于世者之患不得之，而患失之者，以济其生之欲，贪邪而亡道以丧其身者，其亦远矣！又其言，有可以警余者，故余为之传而自鉴焉。[1]1148–1449

这篇文章是寓言体的人物传记。有些人把它视为唐传奇，[2] 甚至认为它并不是人物传记，而只是个寓言罢了。[3] 这些问题至今仍争论不休。由于本论文的目的在于探讨《圬者王承福传》的双重主题，所以把这些问题暂时排除在研究范围之外。

《圬者王承福传》的第一个主题是什么？答案是：作者（韩愈）借泥水匠之口来劝诫富贵之家的没落。有些人也许会说，还有另一个主题，就是作者批判了杨朱之道。至于这个问题，笔者不同意。杨朱的主要学说是"不肯拔我一毛而利天下"。韩愈在《圬者王承福传》中说，王承福是个"学杨朱之道者"。事实并非如此。我们在《圬者王承福传》中可以看出，王承福是个"有余，则已与道路之废疾饿者。"把这样的人以"独善其身"的辞意来比喻王承福，是非常不恰当的。简单来说，有些人虽然主张《圬者王承福传》中包含着另一个主题，认为作者批判了杨朱学说，但是因为作者在写作过程中使得文章的结构发生了矛盾，以减少说服力，所以另一个主题是不能成立的。

那么接下来的问题是，笔者所说的答案是否能成立。笔者在答案中说：韩愈借泥水匠之口来劝诫富贵之家的没落。我们先讨论一下这个问题。《圬者王承福传》共有五段:第一段是叙事的部分;第二、三、四、五段属于说理的部分。在这叙事、说理两个部分当中,写的最详细的部分就是说理的部分。由此可见,这篇文章的核心内容在于说理的部分。那么我们再从所谓说理的部分中找一找重点所在。上文已经谈过,第五段说理的部分因为结构上有不少问题,所以不能把它视这篇文章的重点。换言之,第一段中的"有余,则已与道路之废疾饿者焉。"与第五段中的"盖所谓独善其身者也。""其学杨朱之道者邪?"之间产生了不少矛盾,因此可以说第五段的内容已经没有说服力,也不能把它当做这篇文章的主题。

那么,现在剩下来的问题是,只有第二、三、四部分而已。这三个段落有可能是这篇文章的重点所在。现在还没有进入本论,所以也许我们不知道,这篇文章的重点在哪里。不过在此笔者可以确定,这篇文章的重点在于第二、三、四段。诚如我们接受上述的看法,我们就很容易发现,这三个段落都以对话的方式为主,谈到了这篇文章的重点;也会发现其对话都以圬者王承福一个人的说话为主干。作者虽然在旁,但是在重点的部分中无法发现作者的对话。有些人也许这样问:"噫,刑戮也""身既死,而其子孙不能有也"与"死而归之官也"以上三个句子是由谁说的,这种问题一定会有的。三个句子是他人的讲话,这是没有错,可是把这三个句子传达给作者(韩愈)的人确实是王承福这个人,意思就是说,在这篇文章中所讲的对话都是由王承福之口来传达的。

接下来要讨论的是"劝戒富贵之家的没落"这一句。第一段是这篇文章的开头部分。(上文已经讲过这篇文章的说理部分较为详尽)我们可以把它视为"说理文"或者是"论说文"。论说文一定会有绪论,绪论要包含文章的撰写目的。基于上文的共识,我们分析一下这一段的内容。王承福在天宝年间动乱时,当兵作战,为唐朝做了不少功劳,有机会做官,然而他放弃这个机会,回到家乡,做泥水匠做了三十年。王承福是个"有功有能"的人,但是当时社会并没有给他合理的待遇,而"视时屋之贵贱,而上下其圬之佣以偿之。"至于王承福的房租和伙食费是不是很贵,我们无法知道,只能知道"圬之为技,贱且劳者也。"假如以士农工商的概念来揣测他的身分,他的地位一定会很微贱的。这样微贱的泥水匠住得起房租和伙食费很贵的地方吗? 当然不可能。王承福又告诉我们说:他也"乐富贵而悲贫贱"。意思就是说,他虽然过着微贱的生活,但是希望将来能够享受富贵的生活。我们就此可以推衍一件事情,以他的能力来看,王承福的薪水相对偏低,意思就是说,他虽然有能力,但是还过着贫贱的生活。

那么所谓"富贵之家",指的是哪个阶层,或包含着哪个阶层? 作者把当时社会分成三个阶层,说明了君臣民之间的关系:君主是"理我所以生者";百官(也可以说"臣")是"承君之话者";民(或说百姓,或说"我")是被君主管理的。在这三个阶层当中,韩愈到底劝诫了哪个阶层?。

先看一下君主。作者无意中把君主之道与圣人之道合而为一,换言之,作者不把君主作为被劝诫之对象,反而赞美君主,甚至把他的地位提高到圣人之处。(这一点就是《圬者王承福传》的第二个主题,以下会讨论到。)假如我们接受这一点(君主不能成为被劝诫之对象),被劝诫的对象便是剩下的百官或百姓。

笔者先要探究百姓。百姓不能成为被劝诫的对象,其原因有三:圬者(我)的职业颇为微贱,不可能成为富贵之家,其原因之一。王承福说"取其直,虽劳无悔,吾心安焉。"所以他最后选择了那种容易做而且不惭愧的事。假如从另外的角度来说,王承福所说的"无悔"这一句隐含着某种意义,即"用心者"的工作"难强"而有愧,因此以"无愧"的工作为业的王承福不能成为被劝诫的对象,这是第二个原因。第三,王承福是个"自得者",一般而言,无论被肯定的"自得者"也好,无论被否定的"自得者"也好,他们总不会劝诫自己本身。总而言之,圬者王承福是个"非富贵之家""无愧者"和"自得者",所以不能成为被劝诫的对象。

我们从上文中可以揣测出来被劝诫的对象是哪个阶层,也就是百官(臣)。作者将百官说成"用心者",说"用心者"必须要有"智"。因此,我们可以把"用心者"视为知识分子(士大夫);也可以把"百官"称之为士大夫。简单来说,被劝诫的对象不是所有的百官,而是"做官的有钱的士大夫"。换言之,这篇文章的第一个主题是:作者(韩愈)借泥水匠之口来劝诫"做官的有钱的士大夫"的没落。

二 《圬者王承福传》的第二个主题

接下来要讨论的是《圬者王承福传》的第二个主题。在前一段中,已经提过《圬者王承福传》的第二个主题:作者无意中把君子之道与圣人之道合二为一,把君主的地位推高到圣人之处。以下是其原因。

韩愈以物为例分析了自然界的"气力移动"与生产过程。首先,用"粟"来说明自然界的生产过程与"气力"移动。"粟"是把一种谷物的"粟"形象化的文字,也是未完成之前的"禾"。"禾"加上农民的气力(稼)而完成为"粟"。完成"粟"

之前不仅需要农民的气力,而且也需要"天"的气力(保佑)。这"天"或许可以说成上天。要之,名为"粟"的产品,是由上天保佑再经由农民的气力而完成的。其次,韩愈用"布帛"来解释自然界的生产过程与"气力"移动。名为"布帛"的产品,是由上天保佑(气力)再经过织女的气力(织布)而完成的。最后,一切的生活产品,是由上天保佑(气力)再经由"人力"来完成的。若综合以上三点,不难获知自然界的秩序:上天是管照(保佑)自然界的圣人;人民是以上天的保佑为气力而生产"产品"的中间管理者;"产品"是由上天的气力(保佑)再经由人民的劳动(气力)而完成的"养生之具"。

在前一段中,已经提到过韩愈把当时社会分成三个阶①钰 Symbol\@＠层:君主、百官、百姓。在此,再提三个阶层的本性,以便文章顺利进行。韩愈在《圬者王承福传》中说:"故君者,理我所以生者也。而百官者,承之化者也。"君主是管照我们的;百官是承君主之教化而宣扬之于百姓的;百姓(我)是被君主管照的。

韩愈巧妙地把人间世界对比于自然世界;把自然之道对比于"生人之理"。就其"本性"而言,"养生之具"的本性可以比拟于"百姓";人民的本性就可以比拟于"百官";上天的本性也可以比拟于"君主"。由此看来,圣人的本性相当于"上天"①;"君主"的本性就相当于圣人。总而言之,韩愈就君主的地位提升到圣人之处。

三 《种树郭橐驼传》的第一个主题

柳宗元的《种树郭橐驼传》也是一种寓言体的人物传记。

> 郭橐驼,不知始何名。病偻,隆然伏行,有类橐驼者,故乡人号之驼。驼闻之,曰:"甚善!名我固当。"因舍其名,亦自谓橐驼云。其乡曰丰乐乡,在长安西。驼业种树,凡长安豪富人为观游及卖果者,皆争迎取养。视驼所种树,或移徙,无不活;且硕茂,早实以蕃。他植者虽窥伺效慕,莫能如也。

> 有问之,对曰:"橐驼非能使木寿且孳也,以能顺木之天,以致其性焉尔。凡植木之性,其本欲舒,其培欲平,其土欲故,其筑欲密。既然已,勿动勿虑,去不复顾其莳也若子,其置也若弃,则其天者全,而其性得矣。故吾不

---

① ①韩愈《原道》:"古之时,人之害多矣,有圣人者立,然后教之以相生养之道。"

害其长而已,非有能硕而茂之也。不抑耗其实而已,非有能早而蕃之也。他植者则不然:根拳而土易:其培之也,若不过焉则不及。苟有能反是者,则又爱之太殷,忧之太勤。旦视而暮抚,已去而复顾;甚者爪其肤以验其生枯,摇其本以观其疏密,而木之性日以离矣。虽曰爱之,其实害之;虽曰忧之,其实雠之;故不我若也,吾又何能为哉?"

问者曰:"以子之道,移之官理,可乎?"驼曰:"我知种树而已,官理非吾业也。然吾居乡,见长人者,好烦其令,若甚怜焉,而卒以祸。旦暮,吏来而呼曰:『官命促尔耕,勖尔植,督尔获,早缫而绪,早织而缕,字而幼孩,遂而鸡豚!』鸣鼓而聚之,击木而召之。吾小人辍飧饔以劳吏,且不得暇,又何以蕃吾生安吾性耶? 故病且殆。若是,则与吾业者,其亦有类乎?"

周者嘻曰:"不亦善夫! 吾问养树,得养人术。"传其事以为官诫也。[4]207-208

柳宗元不仅借郭橐驼之口来批评执政者的扰民政策,而且把种树的道理对比于做官治民的道理。《种树郭橐驼传》充分发挥了传记文与寓言文的特征。传统的传记文通常有叙事部分和说理部分:叙事部分以人物生平的记述为主;说理部分以借物来说明人或自然道理为主。寓言以假想的故事来说明某种哲理,从而达到教育或讽刺目的。《种树郭橐驼传》可以分为四个段落:第一段是从"郭橐驼"到"莫能如也"的部分;第二段是从"有问之"到"吾又何能为哉?"的部分;第三段是从"问者曰"到"其亦有类乎?"的部分;最后一段就是从"问者嘻曰"到"传其事以为官戒也"的部分。最后一段写的是《种树郭橐驼传》的撰写动机,仅仅二十个字而已,因此,排除在讨论范围之外。

第一段以叙事为主;第二段以寓言为主;第三段以说理为主。若我们仔细一看,《种树郭橐驼传》的结构颇为顺畅,换言之,各个段落之间的影响关系甚为密切。在第一段中,除个人生平之外,我们还会发现有关《种树郭橐驼传》主题的两件线索:第一、柳宗元站在农民的立场来写了这篇《种树郭橐驼传》。文章的开头极为重要,尤其是第一句,读者阅读文章的时候,透过文章的第一句来感受该文的情绪。《种树郭橐驼传》的第一句是"郭橐驼,不知始何名。"这第一句使得读者感觉到,作者将会撰写关于郭橐驼的事,而且也能够联想到名为陶渊明的隐逸田园诗人。陶渊明曾在《五柳先生传》中说:"先生不知何许人也,亦不详其姓字。宅边有五柳树,因以为号焉。"[5]696陶渊明是与农夫樵子相从,与之共舞共乐,以及深深了解民众疾苦的文人,因此他才能写出永垂不朽的诗与文了。柳宗元为了使《种树郭橐驼传》更有说服力,表达出他自己就像陶渊明一样,深深地了解民众的生活状况。第二、显示出作者将会使用对比方法。从第一段中我们很容易看到典型人物与相对人物:典型人物是"郭橐驼";相对人物是"他植者"。郭橐驼的种树技术是"或移徙,无不活;且说茂,骚实以番。"而"他植者"呢,虽然效仿郭橐驼的种树方法,但是无法能够达到郭橐驼的水平。从此我们可以看到相对人物对种树的功用,也可以发现作者充分利用了相对人物本身的效果,假如没有相对人物,读者无法知道郭橐驼的种树技术多高,也无法把握这篇文章将会论述什么。

典型人物与相对人物的对比在第二段中更为明显。郭橐驼(典型人物)的种树方法只是"以能顺木之天,以致其性焉尔。"种树的时候"若子",种好之后"若弃"而已。他根本没有"能使本寿且孳也""能硕且茂之也"和"能骚而蕃之也"。而其它种树者并非如此:树根弄得弯曲着,根上的旧土也换了新的;培土的时候,不是土太多,就是土太少。如果有人不是这样粗心乱种,那么他可能会变得太殷勤,也会担心得太过分:早晨去看,晚上去摸;走了又回头去看,甚至还爪破树皮,查验它的死活;摇摇树根,看看泥土的松紧,因而"木之性日以离矣。"由此可知,第二段的对比效应与第一段迥然不同,简单来说,虽然把典型人物与相对人物同写在此,但是把相对人物对比于典型人物,以显示出相对人物的特征及其结果。若看《种树郭橐驼传》的结构,我们很容易看出这篇文章的人物对比;首先是郭橐驼与他植者的对比;第二是他植者与长人者的对比,在郭橐驼与他植者的对比中,可以得到能对比于长人者的道理。文中说:"虽曰爱之,其实害之。虽曰忧之,其实雠之。"他植者的这种种树方法又以对比的方法转化为"长人者"的扰民政策。

在此,我们可以知道种树的第一个主题。郭橐驼把种树的方法和经验来应用于政治上,意识到了"木之天"与"民之性"的相同处,也可了解到"他植者"的种树方法和"长人者"的扰民政策实际上是同样的道理。"长人者"的扰民政策时常导致"吾小人辍飧饔以劳吏者,且不得暇"的情况,甚至使得百姓不能够增加生产,保全本性。换言之,这篇文章的第一个主题是:作者柳宗元借郭橐驼之口来批评执政者的扰民政策。

四 《种树郭橐驼传》第二个主题

最后要讨论的是《种树郭橐驼传》的第二个主题。在上文,已经讨论了《圬者王承福传》的双重主题,这篇文章的第二个主题与《种树郭橐驼传》有相似之处,以下将探讨《种树郭橐驼传》的第二个主题。

一个一个的人若在一起,将会变成社会(或集团);一个一个的集团也会变成国家(或民族);各民族合成为"人生界"。我们可以透过儿童之间的关系来窥见成人之间的关系,也可从小的集团了解大的集团。《种树郭橐驼传》中的郭橐驼是种树界的高手,也是颇受欢迎的种树人。对"木"而言,郭橐驼可以说是正面人物。而"他植者"呢?不但不受欢迎,反而迫害"木"的生长,使之离天性,因此,对"木"而言,"他植者"就是是负面人物。若把"木"视为艺术作品,郭橐驼可以是个"创作者";"他植者"也许可以成为"非创作者"。又若从宗教观念来看,郭橐驼是"木"的创造主(或上天),也是对"木"的正面人物;"他植者"是"木"的迫害者(或鬼神),也是对"木"的负面人物。

我们再回到看一下《种树郭橐驼传》。柳宗元在第一、二段中做了郭橐驼与他植者的对比之后,又做了他植者与百官的对比。他植者的对"木"的负面因素与百官的对"小人"(指百姓)的负面因素相当类似,例如:

	他植者的负面因素	百官的负面因素
1	虽曰爱之,其实害之。虽曰尤之,其实雠之。	若甚怜焉,而卒以祸。
2	旦视而暮抚,已去而复顾。	旦暮,吏来而呼曰:"官命促尔耕,尔植,督尔获,早缫而绪,早织而缕,字而幼孩,遂而豚。"
3	他植者则不然:跟拳而土易。其培之也,若不过焉,则不及。	吾小人辍飧饔以劳吏者,且不得暇。
4	而木之性日以离也。	故病且怠。

经过以上的讨论能做一个小结:他植者在《种树郭橐驼传》中象征着所谓的百官;"木"在《种树郭橐驼传》中象征着百姓。

那么,有人会问"郭橐驼"在文章中象征什么? 所谓百官与百姓是唐代社会阶层的一部分。百官与百姓已出现在《种树郭橐驼传》中,然而君主尚未出现在此。柳宗元把种树界分成三个单位(或阶层):郭橐驼、他植者和树木。此种分法正好与君臣民的分法相当类似。柳宗元把当时社会分成三个阶层:君主(君)、百官(臣)、百姓(民)。他在《封建论》中云:"是故有理胥而后有县大夫,有县大夫而后有诸侯,有诸侯而后有方伯,达帅而后有天子。自天子至于里胥,其德在人者,死必求其嗣而奉之。"[4]31-35 里胥、县大夫、诸侯、方伯和大帅都属于百官(臣);天子可视为君主(君);人就是百姓(民)。若这两种分法混在一起,我们不难发现,柳宗元是把郭橐驼比喻成君主的。因为柳宗元以为君主应该以德治国、治民,成为"德在人者",也强调说君主就像圣人一样保佑百姓;这种概念与郭橐驼所思所为正好相符无异。

诚如接受上述的论点,可以知道君主的本性就是郭橐驼的本性,也是正面人物的本性。

五 结语

经过以上的讨论我们可以得到以下几点结论。第一点,韩愈《圬者王承福传》的内容侧重于两个方面:一方面借泥水匠之口来劝诫"做官的有钱的士大夫"的没落;另一方面就把"君主"的本性比拟于圣人,进而将君主的地位提升到圣人之处。第二点,柳宗元的《种树郭橐驼传》不仅借郭橐驼之口来批评百官的扰民政策,而且把种树的道理对比于做官治民的道理;同时将郭橐驼比喻成君主,强调君主就像郭橐驼一样具有圣人般的本性,成为"德在人者",以便推行爱民如子的德政。第三点,前人谈到双重主题的时候,往往提到白居易的《长恨歌》,认为它对李杨爱情悲剧的描写,既有讽刺批判,又有同情歌颂,[6]而这种形式的双重主题结构不仅有批判与歌颂之间的矛盾,还有两个主题之间的冲突,最后造成了读者在理解上的吊诡;但韩愈与柳宗元笔下的双重主题形式不但没有两个主题之间的冲突,同时也可以达到"文以载道"和"文以明道"的文学观,这或许可视为一种新型的叙事策略,也可当作唐代古文运动的成功因素所在。

这一点论述虽然前所未有,是种实验性的讨论,但是我们知道这篇论文对韩·柳古文的了解可以提供新的看法,扩展读者的视野,这是毋庸置疑的。最后希望这篇文章成为抛砖引玉之用,能引起博闻君子的关注。

参考文献:

[1]屈守元,常思春.韩愈全集校注证[M].成都:四川大学出版社,1996.

[2]高培华,杨倩莲.传记,还是传奇?[J].中州学报,1986,(4).

[3]颜瑞芳.唐宋拟人传体寓言探究证[J].古典文学,1997,(4).

[4]柳宗元.柳河东全集[C].北京:世界书局,1988.

[5]刘盼遂,郭预衡.中国历代散文选(上册)[C].台北:五南图书出版股份有限公司,1991.

[6]张中宇.《长恨歌》双重及多重主题说辨证[J].渝西学院学报,2005,(1).

（原载 2011 年第 9 期,作者单位:韩国培材大学）

再论《马退山茅亭记》非柳宗元作

✳ 刘　鹏

在《柳宗元集》卷二七中,有一篇《邕州柳中丞作马退山茅亭记》。新时期以来,随着对于柳宗元山水游记和"美学"思想研究的展开,本文中"美不自美,因人而彰"这句富于哲理的美学判断,成为见证柳宗元美学思想及其对古典美学理论重要贡献的依据之一①,使其身价日增。问题在于,在唐代独孤及《毗陵集》卷十七中,也有一篇《马退山茅亭记》,与此文大同而小异,不禁令人疑惑。

本来,对这种"一文两属"现象,古今学者已有所辨析。从继唐而起的天水一朝直到本世纪,或拥柳,或拥及,相关的论述可谓"不绝如缕"②。但仔细梳理和品读之后的印象,是聚讼纷纷而稍乏的论——尤其令人头痛的是,由于对"可能享有著作权的另一方"独孤及的生平、诗文缺乏了解,往往在新的正确论点被提出的同时,新的错误推论也"赢粮而景从",致使研究进二退一,始终无法毕其功于一文。

同时,要彻底解决这一问题,似不应局限于"作者是谁"这一主要但绝非唯一的层面。相关的考证,还要搞清楚文章的写作时间、地点、背景、风格,以及文中的人事关系和其他关键的细节。只有这些方面的材料和论证都做到严丝合缝,相互支持,才能使这一至今观点模糊或矛盾的争论尘埃落定。在此,笔者不揣冒昧,拟循其主次之序,兼及主旨与末节,论证本文作者并非柳子,而是大历朝的"文伯"独孤及。对前人之论,也力图一并考辨明白,并祈方家指正。

一　诗文互证

宋代以来,尤其是明人创立所谓"唐宋八大家"之说以来,绝大多数的读者,

---

①　可以说,近几十年来,几乎所有论及这一美学观点的文章,都将其归于柳宗元名下。

②　吴文治先生主编《柳宗元集》(中华书局 1979 年版)附录部分的《辨伪杂录》,收集了王应麟、王士祯、何焯、陈景云、姚范、纪昀等人的观点。1471－1473 页。此外专论及此的还有赵怀玉、章士钊先生,以及今人黄权才、徐翠先二位先生,详下文所引。

尤其是官方的权威表述,基本都将本文默认为柳宗元的作品①。这本也不足为怪——无论生前身后之名,抑或著作流传的程度,独孤及都无法望柳宗元之项背。但若抛开这些外象,从两位作家的作品文本入手,首先便很容易发现,由于存在着诗文互证的优势,胜负的天枰已倾向于独孤及。

独孤及文集《毗陵集》二十卷,为弟子梁肃于其殁后编定。除了卷十七《马退山茅亭记》外,卷一还有一首《初晴抱琴登马退山对酒望远醉后作》:

> 年长心易感,况为忧患缠。壮图迫世故,行止两茫然。
> 王旅方伐叛,虎臣皆被坚。鲁人着儒服,甘就南山田。
> 挈榼上高磴,超遥望平川。沧江大如缝,隐映入远天。
> 荒服何所有,山花雪中然。寒泉得日景,吐溜鸣潺潺。
> 举酒劝白云,唱歌慰颓年。微风度竹来,韵我号钟弦。
> 一弹一引满,耳热知心宣。曲终余亦酣,起舞山水前。
> 人生几何时,太半百忧煎。今日羁愁破,始知浊酒贤。

在独孤及的不同作品中,两次出现"马退山"字样,本就是有力的证据,而诗、文中的诸多细节也相互吻合:

首先是景物的契合。如文中说"是山崒然起于莽苍之中,驰奔云蠱,亘数十百里,尾蟠荒陬,首注大溪",诗中有"挈榼上高磴,超遥望平川。沧江大如缝,隐映入远天"句相对;文中说"壤接荒服",诗中有"荒服何所有"句相对。

其次是情趣之相投。《茅亭记》云:"每风止雨收,……率昆弟友生冠者五六人,步山椒而登焉。于是手弹丝桐,目送还云。"而诗题便有"初晴""抱琴登马退山",诗中更云:"微风度竹来,韵我号钟弦。……曲终余亦酣,起舞山水前。"可见作者是既善且喜弹琴之人。

柳宗元幼时好琴,并与善琴之卫次公交好。《与李睦州服气书》云:"愚幼时尝嗜音。见有学操琴者,不能得硕师。"讲述了"学操琴者"苦学而无名师的苦恼。独孤及之好琴则属"更有甚者"。《新唐书》卷一六二独孤及本传载:"晚嗜琴,有眼疾不肯治,欲听之专也。"又其兄独孤巨曾月夜抱琴登台独奏②,叔兄独

---

① 如明太祖《谕幼儒敕》云:"盖于《马退山茅亭记》见柳子之文无益也。"《明太祖文集》卷七(文渊阁四库全书本)。

② 据《清一统志》卷二四五江西建昌府"古迹""超遥台"条云:"在南丰县治西,唐邑宰独孤巨尝月夜抱琴登临,亦名琴台。"

孤憕亦"工于画,尤善音律"①,可证其好琴之深,兼有家学渊源。当然,单纯从"好琴"这一点上,二人的经历都可与诗文所载相印证。

也许有读者会说:《毗陵集》中出现涉及马退山的一诗一文,又何足为证?无论柳宗元抑或独孤及,都可能到过"马退山",又何见得不是二人分别写了一诗一文、而细节偶然契合呢? ——后文另有交代。

另外,《茅亭记》一文中引人注目的"手挥丝桐,目送还云,西山爽气,在我襟袖。八极万类,揽不盈掌"六句,被古人视为"直用前人语""语杂气轻",可见有较为明显的引用、化用成分。"手挥"二句,源自嵇康《四言赠兄秀才入军诗》之"目送归鸿,手挥五弦";"西山爽气"源于《晋书》卷八十王徽之传;"揽不盈掌"取自陆机《拟明月何皎皎》:"照之有余辉,揽之不盈手。"而独孤及喜用先秦汉魏乐府名句入诗文,前人已有论述②,且本文确如章士钊先生所言存在"收束尤率"的瑕纰。而子厚永州山水作品多冷峭孤寂,与文中明朗开阔,挥洒自如的开天风度也有不同(故清人言"文之造句,颇与李太白、顾逋翁近")。

二 美学思想的一以贯之

另外一个有力的证据,是《茅亭记》中"美不自美,因人而彰"的说法,与独孤及一贯的审美观点高度一致。这一点,黄权才先生《试论独孤及的美学思想,兼考证其〈马退山茅亭记〉的著作权》③一文(以下简称"黄文")中已有详尽分析。此处笔者仅罗列文献,供读者评判。值得注意的是,下举三篇文章,其实都出现在独孤及《毗陵集》第十七卷"记述"卷中。《马退山茅亭记》:

> 乃构乃墍,作我攸宇。于是不崇朝而攻木之功告成。……夫美不自美,因人而彰。使兰亭不遭右军,则清湍修竹,芜没于空山矣。

独孤及《琅玡溪述》:

> 陇西李幼卿,字长夫。以右庶子领滁州,而滁人之饥者粒,流者占,乃至无讼以听。故居多暇,日常寄傲此山之下。因凿石引泉,酾其流以为溪。……述曰:"……天锺灵奇,公润饰之。……于戏! 人实宏道,物不自美。

---

① 详《毗陵集》卷十《唐故颍川郡长史赠秘书监独孤公第三子憕墓志》。
② 详蒋寅先生《作为诗人的独孤及》,《河南大学学报》1996 年第 4 期。
③ 《广西师院学报》1995 年第 4 期。

向微羊公,游汉之涘。岘山寂寞,千祀谁纪。

独孤及《慧山寺新泉记》:

> 无锡令敬澄,字深源。以割鸡之余,考古案图,葺而筑之,乃饰乃圬……
> 夫物不自美,因人美之。泉出于山,发于自然。非夫人疏之、凿之之功,则水
> 之时用不广。

这里不仅有"美不自美,因人而彰"的审美观,还可以看出作者赞赏返璞归真,因
势利导,使自然美景彰显人文气质的做法。在《卢郎中浔阳竹亭记》中,独孤及
写道:

> 前尚书右司郎中卢公,地甚贵,心甚远,欲卑其志而高其兴。故因子仞
> 之邱,伐竹为亭。其高出于林表,可用远望。工不过凿户牖,费不过剪茅茨。
> 以俭为饰,以静为师。

而《茅亭记》亦云:

> 冬十二月作新亭于马退山之阳,因高邱之阻以面势。无樽栌节梲之华,
> 不断橡,不剪茨,不列墉。白云为藩篱,碧山为屏风,昭俭也。

也反映出作为儒臣、古文家的独孤及追求朴素自然的审美观念。此外,我们可以发
现,独孤及在这三篇为县令、刺史等地方长官所作的序记中,都强调他们修亭凿泉
的行为是在为政有成之暇,而并非贪图逸乐,在这一点上三文也惊人地相似。

三 "马退山"何在

本来古今学者无论拥柳拥及,几乎对此毫无异议,一致认为"马退山"就是
邕州城(今广西南宁)外的马退山,古代诸多《府志》《通志》《一统志》还常引用
《茅亭记》一文中描述周遭景物之语[1]。

然而《茅亭记》一文明确说:"然以壤接荒服,俗参夷徼,周王之马迹不至,谢

---

① 如《明一统志》卷八五:"马退山,在府城北一十五里,状如马退。山旧有茅亭,唐柳宗元记云:'是
山崒然起于苍莽之中,蛇奔云蠹,且数十百里。尾盘荒陬,首注大溪。诸山来朝,势若星拱。苍翠诡状,绮
绣错杂。盖天锺秀于是,不限于退裔也。'"《大清一统志》卷三六四:"马退山在宣化县北十五里,柳宗元
记是山'崒然起于莽苍之中,蛇奔云蠹,亘数十百里。尾盘荒陬,首枕大溪。诸山来朝,势若星拱。苍秀诡
状,绮绣错杂。'"乾隆《广西通志》卷四亦近是。

公之屐齿不及……是亭也,僻介闽岭,佳境罕到,不书所作,使盛迹郁堙,是贻林涧之愧。"马退山似乎应在福建北部一带。黄权才先生因独孤晞曾任建州刺史,而猜测马退山可能是在福建建州,大约就是据此而断。但根据罗联添、蒋寅等先生对于独孤及家世的稽考,独孤晞并非独孤及的仲兄甚至从兄。

同治朝邵子彝修《建昌府志》卷一"南丰县"条下云:"马退山,城西,一名龙首山,为悬龙入城之首。其石坚滑却马,故称马退。唐令独孤汜尝月夜偕弟及抱琴登此,后人琢石为琴,因名琴台。石上有超遥台,以及诗有'超遥望平川'之句,今废。"民国包发鸾修《南丰县志》卷一也有类似说法。

又清谢鸣谦《程山谢明学先生年谱》"康熙八年"条下云:"程山居城西,偏石圆砥可坐数百许人,在独孤及弹琴马退山之左。林塘幽闃,修竹翳如。堂三楹,馆、室、亭、榭凡数处。"此处的"谢明学先生",即谢文洊(1615-1681),字秋水,号约斋,世人称"程山先生",江西南丰人,清初著名理学家。

那么,根据历代地方志,江西境内也曾经有一座与独孤及关系密切的马退山(或称龙首山)了。

虽然有府志、县志及明清人的文章为证,但南丰的马退山是否与《茅亭记》有关,前人已有讨论。

《建昌府志》卷九《艺文志》收此文,后有评语云:"按此记见《柳柳州集》,题作《邕州马退石记》,甘京《琴石山房记》亦疑之。查《南丰县志》,考辨甚悉,谓见《文苑英华》,作独孤及;又'僻介闽岭'句,于南丰为切。今详记内'谢公'、'屐齿'二语,亦不类柳文,或编集者误收入柳文,亦未可知。"

志中提及的《琴石山房记》,民国《南丰县志》卷三收录,其考辨"马退山"甚力:"其记曰'是亭也,僻介闽岭',邕在西粤,吾丰在闽粤之间,似乎邕之文为谬。然求其所谓'是山萃于莽苍之中,驰奔云矗,亘数千百里,尾践荒陬,首注大溪'者,即丰之马退石无之。而马退石诗所云'寒泉得白景,吐溜鸣潺潺'者,即今之琴石亦无之,岂数百年之变迁至于如是? 抑古今胜迹,往往多所附和也欤?"

从《茅亭记》所载之"僻介闽岭"这一地理位置判断,文中的马退山,应在江西南丰。那么,独孤及、柳宗元与江西南丰的马退山之间,又有怎样的渊源?

四 "仲兄""以方牧之命试于是邦"

《茅亭记》云:"岁在辛卯,我仲兄以方牧之命,试于是邦。"这句话成为后世考证者关注的焦点之一。

先说"仲兄"。仲兄,二兄也,但柳宗元是独子,并无仲兄。那么会不会是从兄弟? 旧注一般认此"仲兄"为柳宽。清代陈景云《柳集点勘》认为柳宽卒于辛卯八月,而此亭建成于十月,必非其人。清人姚范《援鹑堂笔记》卷四三更有明辨:

> 予据子厚为其《先侍御神道表》述其言曰:"吾惟一子",及子厚自云"代为冢嗣",则无仲兄矣。古人少以伯仲之称称其群从者。……今注柳集者则云仲兄盖其从兄柳宽,字存谅,柳所为《故大理评事柳君墓志》并祭文者也。案《志》云:宽卒于元和六年八月七日,而此记云冬十月作亭,其非宽矣。且宽与子厚之父镇于刺史楷同为高祖,则宽于子厚为叔父行,非兄弟也。

可知著文述其"仲兄"事迹者,不可能是柳宗元。

然而,独孤及的仲兄问题,依然成谜。《毘陵集》卷十为其父独孤通理所作《唐故朝散大夫颍川郡长史赠秘书监河南独孤公灵表》,提及母亲长孙氏去世时的情况:"(乾元元年)八月某日,权殡于雷门之南。汜、巨、及、正等遭天不吊,无恃无怙,以世故坎壈,不克迁祔者,十一年矣。"《新唐书·宰相世系表》因此在独孤通理名下只列独孤汜、独孤巨、独孤及、独孤正四子。其实,文中所举者,只是乾元元年(758)权殡母亲灵柩之时,尚在世之子。已知独孤及还有卒于天宝元年(742)、未出仕的三兄独孤憕[①];卒于乾元二年(759)、终于剡县主簿任的五弟独孤丕[②];卒于乾元元年(758)、未出仕的六弟独孤万[③]等。

灵表中述及的四人,也可以确定是按年齿长幼排列。独孤汜曾"四为二千石",为独孤兄弟之长[④]。独孤正为独孤及之七弟[⑤],独孤巨只能是那位"仲兄"。而独孤及,则位列汜("元子")、巨、憕("独孤公第三子")之后,排名第四。

独孤巨的生平和经历,史乏明文。《新唐书·宰相世系表》云其为"右骁卫

---

① 《毘陵集》卷十《唐故颍川郡长史赠秘书监独孤公第三子憕墓志》云:"唐天宝元年,岁次壬午……未仕,不幸多病,年才二十二而殁。"而此年独孤及十八岁。

② 《毘陵集》卷十《唐故浙江东道节度掌书记越州剡县主簿独孤丕墓志》云:"乾元二年……表为剡县主簿,卒于会稽,春秋才二十三。"

③ 见《毘陵集》卷十《唐故颍川郡长史赠秘书监独孤公第六子万墓志》。

④ 权德舆《祭独孤台州文》言其"四为二千石",又云"介弟宪公,挺此文德"。独孤及卒谥"宪"。又梁肃《桓州真定县尉独孤君墓志铭》云:"君讳正……故常州刺史府君讳某之爱弟。春秋四十六,大历十一年某月日卒于晋郡。……元兄水部员外郎兼侍御史汜衔天伦之痛,且惧陵谷之不可常也。"并可知独孤汜为"元兄"(长兄)。

⑤ 据梁肃《桓州真定县尉独孤君墓志铭》。

兵曹参军"。《毗陵集》卷十有《前左骁卫兵曹参军河南独孤公故夫人京兆韦氏墓志》云:"广德二年夏六月归于我……生一子,四岁而夭。大历四年夏六月癸丑,再孕不育。乙卯,殁于舒州。"同卷《殇子韦八墓志》云:"殇子河南独孤氏,小字韦八……颍川郡长史府君之孙(按:即独孤通理),左骁卫兵曹参军公之元子。……其仲父衔涕书其始终,纪于墓云。"《世系表》中"右"殆"左"之误。

但问题又来了:文中提到"我仲兄以方牧之命试于是邦",前贤多将此句解释为"仲兄担任(邕州)刺史",然独孤巨位止左骁卫兵曹参军(正八品下)。又据《清一统志》卷二四五江西建昌府"古迹"超遥台条云:"在南丰县治西,唐邑宰独孤巨尝月夜抱琴登临,亦名琴台。"①因此,"我仲兄以方牧之命试于是邦"或者可以理解为独孤巨奉团练观察使或刺史之命试摄南丰县令或县丞之职(南丰并非抚州州治,超遥台位于此处,则独孤巨更不可能试守刺史)。值得注意的是,明正德年间《建昌府志》记载了一首署名为"独孤汜"的《超遥台古》诗,内容竟与独孤及《初晴抱琴登马退山对酒望远醉后作》完全一致!这自然是编纂者的张冠李戴,但诗中"挈榼上高磴,超遥望平川"句亦可使我们联想到,独孤及、独孤汜、建昌府(南丰县)、超遥台、甚至马退山之间,一定有某种复杂的联系。

因为有诸多的相似之处,前人一般都把《茅亭记》和诗视作同时的作品。但何焯、赵怀玉以诗中"王旅方伐叛,虎臣皆披坚"句及天宝十载辛卯岁(751)讨南诏一事为证,却实有牵强之处。此诗云:"年长心易感,况为忧惠缠。壮图迫世故,行止两茫然。王旅方伐叛,虎臣皆披坚。鲁人著儒服,甘就南山田。……人生几何时? 大半百忧煎。"实非天宝盛世之下一位尚未入仕、二十七岁的年青人所应有的心态。从诗的内容和诗人流露出的忧时、彷徨的情绪来看,更像作于安史之乱后。那么,独孤及是否曾经到过南丰呢? 如前注,《明一统志》及雍正《江西通志》均提到独孤及月夜登超遥台弹琴之事。据前人及笔者考证②,独孤及上元二年(761)辛丑、宝应二年(763)癸卯、广德二年(764)甲辰均曾在江西活动,上元二年及为李峘掌书记,不应有"鲁人著儒服,甘就南山田"之叹。同时,《毗陵集》卷一有《癸卯岁赴南丰道中闻京师失守寄权士繇韩幼深》诗云:"种田不遇

① 《明一统志》卷五十三同条下云:"在南丰县治西。唐邑宰独孤及尝月夜抱琴登临,亦名琴台。"雍正《江西通志》卷四十"超遥台"条云:"《名胜志》:'在揖仙门北隅,即琴台也。唐独孤及为宰,有《月夜携琴登台》诗。"乾隆之前的方志中均作"独孤及",《清一统志》改为"独孤巨",符合事实,安史乱后,及当曾赴南丰依兄长。

② 罗联添先生《独孤及考证》(台湾《大陆杂志》卷四八第三期),蒋寅先生《独孤及文系年补正》(《大历诗人研究》下编,中华书局1995年8月版)。

岁,策名不遭时。胡尘晦落日,西望泣路岐。……长叹指故山,三奏归来词。……但令迍难康,不负沧洲期。"按本年吐蕃入京师与退出均在十月,由诗中"种田""归来词""沧州期"可知此诗当与《初晴抱琴登马退山对酒望远醉后作》前后所作。后诗"伐叛""披坚"即当指京师失守、郭子仪等力图恢复之事。

另外,《茅亭记》云:"每风止雨收,烟霞澄鲜,辄角巾鹿裘,率昆弟友生冠者五六人步山椒而登焉。"此处的"昆弟"是谁呢? 独孤及三兄早卒,安史乱起之后,及与各位兄弟奉母赴越,六弟万卒于楚州,五弟丕卒于会稽。文中"昆弟"当指七弟独孤正[①]。综合上述考证,我们有理由认为,独孤及(有可能包括独孤汜、独孤正)于广德元年(癸卯岁)赴南丰往依试官的仲兄独孤巨,并作《初晴抱琴登马退山对酒望远醉后作》(亦作《超遥台古》)一诗。

与马退山有关的诗作于癸卯岁,可是,看起来作于同时的《茅亭记》一文却明确指出"岁在辛卯",似乎就产生了矛盾,这就提出了另一个重要问题——"癸卯岁"误作"辛卯岁"问题。

五 "癸卯岁"误作"辛卯岁"问题

首先,假设《茅亭记》作于辛卯岁,柳宗元、独孤及当时在作什么? 按:柳子厚经历之辛卯岁为元和六年(811),据《柳宗元大辞典》所列柳宗元年谱:"三十九岁,在永州司马任……八月,族叔柳宽卒于广州,为之作《大理评事柳君墓志》。十月,西川节度使武元衡来书抚问,作《谢西川武元衡相公谢抚问启》,望其弃瑕录用。"可知其辛卯岁始终在永州司马任,未敢擅离。以独孤及论,辛卯岁为天宝十载(751),时独孤及尚未出仕。及曾作有《古函谷关铭》(《毗陵集》卷七),铭云:"岁在大火(按:卯年),余适下阳。"古函谷关,在今河南灵宝县东北。下阳为今山西平陆县,可知此时独孤及自河南赴山西游历。这是他辛卯年的实际行踪。独孤及在辛卯岁次年写的一首《壬辰岁过旧居》,开篇说"少年事远游,出入燕与秦",这两处行踪都有其他文献的旁证,而邕州所在的广西和南丰所在的江西,并没有言及。则"辛卯岁作《茅亭记》",与二人的经历均不相合。

独孤及一生经历了三个卯年,第一个在天宝十载(辛卯岁);第三个在大历

---

① 梁肃《恒州真定县尉独孤君墓志铭》云:"君讳正,河南洛阳人……故常州刺史府君讳某之爱弟。春秋四十六,大历十一年某月日,卒于晋陵郡。"癸卯岁广德元年独孤正时年三十三岁。

1103

十年(乙卯岁),时独孤及守常州刺史。而第二个卯年,正是写作《初晴抱琴登马退山对酒望远醉后作》诗的癸卯岁。如前分析,当是文中"辛卯"的干支有误,以癸卯岁作《茅亭记》最有可能①。反观柳宗元,一生中并未经历癸卯岁②。

六 《毗陵集》与《柳宗元集》的版本问题

综上所述,我们可以确定,《马退山茅亭记》一文必是独孤及所作无疑。至于柳集中的重出现象,合理的推断是此文"误入柳集"(而非相反),而且最晚在宋代,就被窜入了柳宗元的集子中。关于柳集多非子厚之文的事实,王应麟《困学纪闻》卷一七已多有列举。且柳集版本较多,卷数不一,实自唐代已然。吴文治先生《谈谈〈柳宗元集〉的版本问题》一文③,详细说明了柳集二十种善本的差异。文中说:"《柳集》四十五卷,经二十种善本互相对校,已校出讹、脱、衍、倒一万一千多处。这是一个非常值得我们重视的问题。"

反观《毗陵集》,独孤及死后由梁肃编订为二十卷,宋代以后到明代中期,一直罕见于世,直到明代中后期吴宽才从内阁抄出,成为明清多种抄本的源头,但其内容一直没有大的变化④。编于北宋初的《文苑英华》卷八四二选《马退山茅亭记》,云为独孤及作。至南宋孝宗时用通行"印本"对《英华》进行校勘,宁宗时又用"别本"校订后方才刊印传世。因此,《英华》中收入的独孤及文章,每每有"集作某某"的小注。由此可见宋初及后来两次校勘所用的唐本和其它版本《毗陵集》中便有《茅亭记》一文。此后从生于宁宗末年(1123年)的王应麟所见《毗陵集》,到明代以后所传吴宽内阁抄本《毗陵集》,均有《马退山茅亭记》一文。可以肯定,《马退山茅亭记》一文"自古以来"便归属于独孤及,文字虽因传抄略有差异,但文章主体却无不同。柳子厚其人为后世所敬,其文为后世所重,故官私刻本极多,却难免错、讹、窜、乱;独孤及名不显于后世,而诗文亦几近湮没,却无

---

① 《毗陵集》中干支错误极多,岑、罗、蒋诸先生均有多处考辨。
② 柳宗元(773－819),与其生卒年相近的两个癸卯岁分别为763年、823年。
③ 《零陵学院学报》2002年第5期。
④ 《文苑英华》卷九七二梁肃《朝散大夫使持节常州诸军事守常州刺史赐紫金鱼袋独孤公行状》云:"故天下谓之文伯,有集二十卷行于代。"《新唐书》卷六十,《艺文志》亦云《毗陵集》二十卷。赵怀玉刊本中另有附录一卷(收集唐人所作独孤及行状、碑铭、祭文等)、补遗一卷(收集作者校勘过程中在《英华》等书中发现的可能为独孤及所作的数篇文章)。赵望秦先生《毗陵集版本考略》云古今公私书目及抄刻本均为二十卷,唯上图所藏一部三十卷《毗陵集》,为康熙间书。

意中避免了后人有意无意的"伪作",得以基本保持原貌。得失之际,世事之难料,天道之损益,可见一斑。

七 《茅亭记》的题目问题

此文在《文苑英华》、明抄本《毘陵集》中均作《马退山茅亭记》,毫无疑义。在认作柳文的不同版本和选集中,却出现过数个名字,有作《茅亭记》(宋祝穆撰《古今事文类聚》续集卷八、宋谢维新撰《古今合璧事类备要》别集卷一九)者,有作《邕州茅亭记》(宋黄震《黄氏日抄》卷六十)者,有作《邕州马退山茅亭记》(此题目最常见)者,还有作《邕州柳中丞作马退山茅亭记》者。前两个题目很可能是简称,但后两个名字则必是全称,为宋人所加(均见于宋人编《柳河东集》等书)。"邕州"是为了说明马退山的位置,中丞指御史中丞,据《旧唐书·职官志》,唐代会昌二年前为正五品上,为御史台副长官。唐代中后期常以节度经略使或刺史兼御史中丞,此处当指"仲兄"柳宽。上文已辨明柳宽及仲兄之事,则"柳中丞"必为后人所加无疑。

综上所述,争议千年的《马退山茅亭记》归属权问题已基本明晰,即该文本属于大历时期的"文伯"独孤及,却被宋人窜入柳宗元文集中。在宋以后的数百年间,柳子厚郁为文宗,近年又因牵涉到"美不自美,因人而彰"这一美学命题,加之研究者对原作者独孤及的陌生,是故在获取文献远较古人为便的今日,此问题反而愈加扑朔不明。《茅亭记》虽一小文,但一叶落而天下知秋,在千年归属争议及相关考证出台的过程中,我们可以看到古籍流传中的版本变迁,可以看到古今学者对学术疑案的不同态度,更可以看到真实的历史是多么不容易为我们所知。

(原载 2012 年第 3 期,作者单位:国家图书馆)

四论柳宗元的快乐之源

——柳宗元《与崔连州论石钟乳书》研究

✸ 马晓斌 ◆

一

《柳文指要》1971 年出版以来,章士钊先生关于柳宗元"谅亦与石钟乳不无连谊"①的观点,被柳学界普遍接受②。事实果真如此? 我以为不然,理由如下: (一)孤证不立。章士钊先生仅凭《与崔连州论石钟乳书》③"然由其精密而出者,……心平意舒"这一句明显夸张的话,即,不是证据的"证据",就认定柳宗元嗜石钟乳,不免武断。事实上,也无任何其他证据,可以证明。(二)前后矛盾。至少有两处,前后冲突:其一,元和五年(810),柳宗元反对李幼清服气④,如果在元和六年(811),自己服石钟乳,岂不矛盾? 又怎么可能在元和九年(814),理直气壮地批判周君巢服丹⑤? 其二,服石钟乳后,势必瘦骨嶙峋("臞")⑥、无精打采("神不偕来")⑦,又怎么可能在元和十年(815),底气十足地说:"是岂不足为政邪(柳州地虽僻远,也可以做出政绩)"⑧? 并用短短的四年,兑现解奴、办学、打井、植树的承诺⑨? (三)写人用意。就石钟乳论石钟乳,于理可通,为什么柳

① 参见章士钊《柳文指要》798 页,文汇出版社 2000 年版;石钟乳,又名钟乳石。石灰岩洞中悬在洞顶上的象冰锥的物体,常与石笋上下相对,由含碳酸钙的水溶液逐渐蒸发凝结而成。

② 参见金性尧《夜阑话韩柳》156 页,中华书局 2004 年版;《柳宗元大辞典》97 页,黄山书社 2004 年版。

③ 原题《与崔饶州论石钟乳书》,据清何焯改,参见章士钊《柳文指要》802 页,文汇出版社 2000 年版。

④ 参见《与李睦州服气书》。

⑤ 参见《答周君巢饵药久寿书》。

⑥ 参见《答周君巢饵药久寿书》。

⑦ 参见《与李睦州服气书》。

⑧ 参见韩愈《柳子厚墓志铭》。

⑨ 参见韩愈《柳州罗池庙碑》《井铭(并序)》《柳州城西北隅种甘树》。

宗元会写关于人的一段话:"其在人也……皆可以谋谟于庙堂之上"? 说的是,鲁本出儒,今生忽悠;卢地名医,现成平庸;越国西施,早已失踪;山西将才,胆小如鼠;山东贤臣,智商低下。一言以蔽之,假、丑、恶已取代真、善、美,成为今日主流。明眼人看得出其中关键,即柳宗元批判现实、感受危机的深刻用意①。

既然章士钊先生"柳宗元服食石钟乳"的观点不能成立,那么,什么才是《与崔连州论石钟乳书》的主题呢? 我认为,真、善、美,是柳宗元的快乐之源,比较可靠。

二

元和六年(811)二、三月间,柳宗元再见姐夫崔简②,真可谓既喜又怕("惧")。喜的是,分别这么多年,终又会面③;怕的是,崔简不但服食假冒伪劣("非良")的石钟乳,而且,还闷闷不乐("时惯闷动作")④。看着崔简所给同样的石钟乳("所饵与此类"),柳宗元当时就意识到,必须加以耐心说服("勤勤以云")。柳宗元讲,象您这位于人民诚信至上、在我是良师益友的"君子"⑤,竟然受伤害("伤"),我于心不忍,所以,千万不能再错下去("仍习谬误")了。现在,问题的症结是,只要离真、善、美("粹美")渐行渐远,那就一定越来越不快乐。

可惜的是,崔简并没有完全听进去。四五月间,在驩州刺史任上⑥,给柳宗元写了千余字("多过数百言")的信,说,我给你的石钟乳,可是真货,因为它产地好("征引地理""土之所出乃良,无不可");服了以后,效果不差("证验"),等等。于是,有了一而再、再而三("再三为言")针对盲点的《与崔连州论石钟乳书》。

三

对崔简"产地好的石钟乳可以放心大胆吃"的理论,柳宗元不能同意("不

① 柳宗元关注社会,胜过关注自然,参见《复吴子松说》。
② 崔简,元和六年(811)由连州刺史改任永州刺史,未上任,于四月六日立罪流放。之前应至永州。
③ 柳宗元永贞元年(805)被贬,离开长安;至元和六年(811),已有六年。
④ 柳宗元《祭姊夫崔使君简文》有"雷谤爱兴,按验增诬"字样。
⑤ 柳宗元《零陵郡复乳穴记》有"诚乎物而信乎道,人乐用命"字样、《祭姊夫崔使君简文》有"实契师友,岂伊亲昵"字样、《祭崔氏外甥女文》有"汝之先君,以文诲我;周流辩论,有疑必果;恒革其非,以成其可"字样。
⑥ 柳宗元《谢李中丞安抚崔简戚属启》有"某启,伏见四月六日勑,刺史崔简以前任赃罪,决一百,长流驩州"字样。

然"),认为,此话过于绝对①。他说,产地好,当然真、善、美会多一些("固多良"),但并不是说,从此就好、一切皆可以吃。因为,即使来自相同产地,也不能一概而论,其中,会因条件的不同("不可知")而生"不一性",即,相对性。比如,存在"上下""薄厚"、高低("高下")等动态("移")的差"异":(一)崔简应停吃。柳宗元说,如果以"类"来分石钟乳的话,至少有细("精密而出")与粗("粗疏而下")两种。前者,不但视觉效果好:质清亮、有油光、孔平滑、面纤细("油然而清、炯然而辉、其窍滑以夷、其肌廉以微"),而且,吃下去以后,可以让人性轻柔、气色好、养肠胃、心平和、益健康("荣华温柔、其气宣流、生胃通肠、寿善康宁、心平意舒"),一言以蔽之,"其乐愉愉"。在这里,柳宗元的快乐理论再一次凸现,即,真、善、美("取其色之美"),让我快乐。与之相反,当然令人不快,比如后者,不但样子难看:不滑润、有大小、灰蒙蒙、黑乎乎、疙瘩多、面粗糙("奔突结涩、乍大乍小、色如枯骨、或类死灰、淹顺不发、丛齿积额、重浊顽璞"),而且,一吃就让人无精神、肝火旺、喉咙痒、变呆傻、心烦躁、难平和("偃蹇壅郁、泄火生风、戟喉痒肺、幽关不聪、心烦喜怒、肝举气刚、不能和平")。以上夸张的文字,在我看来,完全是柳宗元的写作技巧,仅为对比而用;与他服不服石钟乳,一点关系也没有。当然,言外之意是清楚的:希望("幸")崔简"慎""取"石钟乳,即,抵制并停止("止、御")假冒伪劣的"粗矿燥悍"②,千万不可:见产地好,拿来就吃("不必唯土之信"),以免后果严重③。

(二)不迷信产地。事实上,药典,并不看重产地,比如《本草集经》("《经》")④,就说,道士用的朱砂,"光明照彻"⑤;草药当归,叶大那种,象马的尾巴⑥;还有人参,以酷肖人形为最好⑦;黄芩呢,有圆的、破的⑧;那个附子,八月上

---

① 范阳编《柳宗元哲学著作注译》(广西人民出版社 1985 年版)惜未收入。

② 柳宗元认为,崔简死于"悍石是饵,元精以渝",参见《祭姊夫崔使君简文》。

③ 柳宗元《辨伏神文》有"物固多伪兮,知者盖寡;考之不良兮,求福得祸"字样;章士钊先生认为,"默冀忠告见采,何等迫切",《柳文指要》803 页,文汇出版社 2000 年版。

④ 《旧唐书·经籍志》著录陶弘景撰《本草集经》七卷。

⑤ 柳宗元用"言丹砂者,以类芙蓉而有光"表述;《柳河东集》原注:"唐注《本草》云,光明砂生石龛内,似芙蓉,破之如云母,光明照彻,在龛中石台上。"

⑥ 柳宗元用"言当归者,以类马尾、蚕首"表述;《柳河东集》原注:"《本草》有云:当归有二种,细叶者名蚕头,大叶者名马尾当归。蚕头者世不复用。"

⑦ 柳宗元用"言人参者,以人形"表述;《柳河东集》原注:"《本草》云,人参如人形者有神。"

⑧ 柳宗元用"黄芩以腐肠"表述;《柳河东集》原注:"陶隐居(陶弘景)云:黄芩圆者名子芩,破者名宿芩。其内皆烂,故曰腐肠。"

旬采八角形为佳①;甘遂,当然红皮②,等等("不可悉数")。总之,产地无所谓("云生某所"),疗效是第一("良")。

(三)社会已变质。意犹未尽,柳宗元竟用十三个"皆可以"(按,前八个,今译"虽然……但照样有"句式;后五个,以"滋生""不乏""满是""变成""尽出"排),组成排比句,读来节奏均匀、语势强烈③。毫无疑问,这是批判崔简既绝对又静态的思维的:南方流箭,虽然锋利,但照样有射偏④;北国树木,虽然高大,但照样有干枯⑤;内蒙骏马,虽然飞驰,但照样有损伤⑥;昆仑玉石,虽然坚硬,但照样有稀松⑦;徐州土色,虽然缤纷,但照样有灰泥⑧;楚地滤酒,虽然扎青,但照样有白茅⑨;九江占卜,虽然龟大,但照样有小鼋⑩;泗水编磬,虽然材好,但照样有砺石⑪。总之,产地好、过去好,固然占优,但从此以后、直到今天,还说一切皆好,则是"大谬",因为,万事万物,都在变化与否定之中。

以上八个"皆可以",只是偏句、衬句,后面五个谈"人"的,则为更严肃的正句、更重要的主句,可谓嫉恶如仇:孔子家乡,滋生坑蒙拐骗⑫;扁鹊故里,不乏沽

---

① 柳宗元用"附子八角"表述;《柳河东集》原注:"陶隐居云:附子以八月上旬采八角者良。"

② 柳宗元用"甘遂赤肤"表述;《柳河东集》原注:"陶隐居云:甘遂出中山。赤皮者胜,白皮者下。"

③ 明林次崖认为:"气健而语工,读之痛快",转引自吴文治《柳宗元资料汇编》285页,中华书局1964年版。

④ 柳宗元用"东南之竹箭,虽旁岐揉曲,皆可以贯犀革"表述。

⑤ 柳宗元用"北山之木,虽离奇液瞒、空中立枯者,皆可以梁百尺之观、航千仞之渊"表述。

⑥ 柳宗元用"冀之北土,马之所生,凡其大耳、短胫、拘挛、跧跌、薄蹄而曳者,皆可以胜百钧、驰千里"表述。

⑦ 柳宗元用"雍之块、璞,皆可以备砥砺"表述。《尚书·禹贡》:"荆州……厥土惟途泥……砺砥砮丹。"

⑧ 柳宗元用"徐之粪壤,皆可以封太社"表述;《尚书·禹贡》:"徐州……厥贡惟土五色"。孔注:"王者封五色土为社。建诸侯,则各割其方色土,与之,使立社。"五色,指黄、青、赤、白、黑。

⑨ 柳宗元用"荆之茅,皆可以缩酒"表述;《尚书·禹贡》:"荆州……包匦(guǐ)菁茅"。包匦,缠扎。菁(青)茅,草名。缩酒,滤酒渣,使清澈。

⑩ 柳宗元用"九江之元龟,皆可以卜"表述;《尚书·禹贡》:"九江纳锡大龟。"

⑪ 柳宗元用"泗滨之石,皆可以击考"表述。《尚书·禹贡》:"泗滨浮磬。"

⑫ 柳宗元用"鲁之晨饮其羊,关毂而輠轮者,皆可以为师儒"表述;《孔子家语·相鲁》:"鲁之贩羊有沈犹氏者,常朝饮其羊以诈市人。"《礼记·杂记下》:"叔孙武叔朝,见轮人以其杖关毂而輠轮者。"

名钓誉①；西施街坊，满是鼠目獐眼②；将在山西，变成贪生怕死③；臣本山东，尽出傻里傻气④。一句话，社会已败坏为"反伦、悖道"，即，由量的渐变发展到了质的突变⑤。我读以后，不但冷汗沁背，而且，佩服柳宗元那别人难以企及的理解力与洞察力：初始辉煌，早已不再；播下龙种，收获跳蚤；金玉其外，败絮其中；东南西北，假冒伪劣。依此类推，崔简怎么还能迷信"产地好的石钟乳可以放心大胆吃"呢？

四

信中，柳宗元语重心长，祝崔简美德长存（"醇懿"）、永远健康（"固子敬之寿"）：（一）还是服草药好。柳宗元说："非以知（丹）药、石（钟乳）角技能也"，分析，崔简的服石钟乳，很大程度上，是逞能心理在作怪，即，明明知道害大于利（"不必利己"），却偏要尝试，为的只是，人前显摆知道得多（"胜人而夸辩博"），结果，导致行为偏差（"不然"）。作为旁观者，柳宗元希望的是，与其服石钟乳（"素不望此"），不如服草药，像当归、人参、黄芩、附子、甘遂等。

（二）始兴石钟乳是正宗的。对于产地，崔简是真"博"，还是假"博"？柳宗元心存疑虑。干脆，把《水经注》⑥抄出，让他知道："始兴为上，次乃广、连，则不必服。正为始兴也"，强调，正宗（"英精"）的石钟乳，产自始兴。

---

① 柳宗元用"卢之沽名者，皆可以为大医"表述；卢医即扁鹊。
② 柳宗元用"西子之里，恶而矉者，皆可以当侯王"表述；《庄子·天运》："西施病心而矉其里，其里之丑人见之而美之，归亦捧心而矉其里。"《史记·外戚世家》："视其身貌形状，不足以当人主矣。"
③ 柳宗元用"山西之冒没轻儳、沓贪而忍者，皆可以凿凶门、制阃外"表述。《国语·周语中》："夫戎狄，冒没轻儳。"《国语·郑语》："其民沓贪而忍。"《淮南子·兵略训》："将已受斧钺……凿凶门而出。"《史记·张释之冯唐列传》："阃以外者，将军制之。"
④ 柳宗元用"山东之稚骏朴鄙、力农桑、啖枣栗者，皆可以谋谟于庙堂之上"表述；《左传·庄公二十四年》："女贽不过榛栗枣修"；《汉书·赵充国传》："山东出相，山西出将"。清孙琮认为："其富丽则……奇博"，转引自吴文治《柳宗元资料汇编》487 页，中华书局 1964 年版。
⑤ 柳宗元《骂尸虫文》有"以曲为形，以邪为质；以仁为凶，以僭为吉；以淫诐谄诬为族类，以中正和平为罪疾；以通行直遂为颠蹶，以逆施反斗为安佚"字样；《憎王孙文》有"毁成败实兮更怒喧，居民怨苦兮号穹旻"字样；《斩曲几文》有"末代淫巧，不师古式；断兹揉木，以限肘腋；欹形诡状，曲程诈力；制类奇邪，用绝绳墨；勾身陋狭，危足僻侧；支不得舒，胁不遑息"字样。
⑥ 参见章士钊《柳文指要》642 页，文汇出版社 2000 年版。

五

　　崔简,字子敬,博陵(今河北蠡县)人①,排行第三②。贞元五年(789)进士③。柳宗元大姐夫,与崔柳氏,有儿女十人④。旧、新《唐书》无传。柳宗元在《故永州刺史流配骦州崔君权厝志》中,记录了他来永州以及去骦州详细过程:"至刑部员外郎,出刺连、永两州,未至永,而连之人诉君,御史按章具狱,坐流骦州。"说的是,尽管连州刺史任上⑤,使"下民其苏(修养生息)"⑥,但难逃诬陷,于元和六年(811),即将为永州刺史时⑦,被李众(时任湖南观察使)毁为受贿("赃罪")⑧。于是,流放骦州。元和七年(812)死,年仅 39 岁⑨。

　　名为受贿,实乃冤案⑩,崔简弟崔策申诉于朝廷⑪,柳宗元也同仇敌忾⑫,最终,使陷害者罢官⑬。可惜的是,崔简二子崔处道、崔守讷奉父枢过海时,遇风暴,溺死⑭;几年后,外甥崔骈、外甥女崔媛相继去世,又使柳宗元伤心不已⑮。他

---

　　① 参见柳宗元《故永州刺史流配骦州崔君权厝志》。
　　② 吕温《初发道州答崔三连州题海阳亭见寄绝句》,《全唐诗》370 卷。
　　③ 清徐松《登科记考》451 页,中华书局 1984 年版。
　　④ 参见柳宗元《谢李中丞安抚崔简戚属启》。
　　⑤ 约元和三年至六年(808－811),郁贤皓《唐刺史考》2169 页,江苏古籍出版社 1987 年版。
　　⑥ 参见柳宗元《祭姊夫崔使君简文》。
　　⑦ 郁贤皓先生说"未之任",《唐刺史考》2187 页,江苏古籍出版社 1987 年版。
　　⑧ 参见柳宗元《谢李中丞安抚崔简戚属启》。
　　⑨ 参见柳宗元《故永州刺史流配骦州崔君权厝志》
　　⑩ 柳宗元《谢李中丞安抚崔简戚属启》有"名为赃贿,卒无储蓄"字样。
　　⑪ 崔策,元和六年(811)夏申诉,参见章士钊《柳文指要》882 页,文汇出版社 2000 年版。
　　⑫ 柳宗元《又祭崔简旅榇归上都文》有"楚之南,其鬼不可与友,躁戾佪险、唉眪欺苟、脞贱暗忽、轻嚚妄走"字样。
　　⑬ 参见《唐会要》62 卷:"六年九月,以前湖南观察使李众为恩王傅。初,众举按属内刺史崔简罪。御史卢则就鞠得实。使还,而众以货遗所推令使。至京,有告者。令使长流,卢则停官,故众亦坐焉。"柳宗元《故永州刺史流配骦州崔君权厝志》。
　　⑭ 参见柳宗元《故永州刺史流配骦州崔君权厝志》
　　⑮ 参见《祭外甥崔骈文》《祭崔氏外甥女文》。外甥女崔瑗,章士钊先生认为:"名媛,亦即所后周六之母",《柳文指要》990 页;《谪龙说》,"绳之崔氏子女",《柳文指要》416 页,文汇出版社 2000 年版。

认为,即使惨淡到"令亲爱疏"①的地步,也会珍惜与崔家的一世情缘②。

（原载 2013 年第 1 期,作者单位:华中科技大学）

---

① 参见《与崔策登西山》。

② 《柳河东集》,至少十六篇,与崔简有关,即,《亡姊崔氏夫人墓志盖石文》(贞元十八年)、《故连州员外司马凌君权厝志》(元和三年)、《零陵郡复乳穴记》(元和四年)、《至小丘西小石潭记》(元和四年)、《送薛判官量移序》(元和四年)、《谢李中丞安抚崔简戚属启》(元和六年)、《与崔连州论石钟乳书》(元和六年)、《故永州刺史流配驩州崔君权厝志》(元和七年)、《祭姊夫崔使君简文》(元和七年)、《祭崔氏外甥文》(元和七年)、《与崔策登西山》(元和七年)、《送崔子符罢举诗序》(元和七年)、《又祭崔简旅榇归上都文》(元和九年)、《祭外甥崔骈文》(元和十二年)、《朗州员外司户薛君妻崔氏墓志》(元和十二年)、《祭崔氏外甥女文》(元和十三年)。

柳宗元《江雪》禅林传播接受谈片

✳ 李小荣

柳宗元是中唐著名思想家之一,兼通三教而统合儒释,诗文创作影响深远,故在中国思想史、文学史占有较重要的地位,尤其在文学史上,千百年来,其作品不断地被人阐释、传播和接受。最近出版的杨再喜先生之博士学位论文《唐宋柳宗元传播接受史研究》(中国社会科学出版社 2013 年版),对柳氏其人、其文在两宋时期的传播接受史做了较为全面系统的爬梳和深入的理论思考,创获良多,笔者读后深受教益。比如,书中分析影响柳宗元文学传播接受的三个因素时,指出子厚对待儒、道、释三教的态度与其文学传播接受有着极密切之关系(第 12 – 14 页),就颇有见地。兹以被南宋范晞文称为唐人五绝之冠的《江雪》在禅林的传播接受为例,续貂于此,不当之处,盼杨先生和各位方家多加批评指正。

对《江雪》在世俗文人创作中的接受传播,陈文忠、殷学国二先生分别做过个案研究(参陈氏《中国古典诗歌接受史研究》第 83 – 94 页,安徽大学出版社1998 年版;殷氏《唐诗经典影响史的三个层次——柳宗元〈江雪〉影响研究》,《安徽师范大学学报》2012 年第 1 期,第 102 – 106 页)。其实,两宋以来,该诗在禅林也广为流传。

较早引用《江雪》诗句上堂说法者是两宋之际的普崇禅师(其人生卒年不详,为北宋临济宗黄龙派僧人草堂善清禅师之法嗣)。据《嘉泰普灯录》卷10《庆元府育王野堂普崇禅师》载,师在举巴陵和尚(即颢鉴禅师,五代宋初人,云门文偃禅师法嗣之一)、雪窦和尚(即重显禅师,980 – 1052,世称云门中兴之祖)论六祖大师"不是风动,不是幡动,仁者心动"之著名话头时有颂曰:"非风非幡无处着,是幡是风无着处。辽天俊鹘悉迷踪,踞地金毛还失措。阿呵呵,悟不悟? 令人转忆谢三郎,一丝独钓寒江雨。"(《大藏新纂卍续藏经》第 79 册,第 354 页中。)显而易见,最后一句是对《江雪》"独钓寒江雪"的化用,最大的改动是把"雪"换成了"雨"。

嗣后,则有以《江雪》全诗作为颂古之偈者,如《嘉泰普灯录》卷28载西禅此庵静禅师《竹篦》偈曰:"千山鸟影灭,万里人迹绝。孤舟箬笠翁,独钓寒江雪。"(《大藏新纂卍续藏经》第79册,第471页下。按,元道泰集《禅林类聚》卷16"槌拂"条此偈则作:"千山飞鸟绝,万径人迹灭。孤舟蓑笠翁,独钓寒江雪。"参《大藏新纂卍续藏经》第67册,第96页下。未知孰是?)南宋临济僧居简(1164–1246)《北磵居简禅师语录》卷1谓师举"庞居士问马大师:'不与万法为侣者,是什么人?'大师云:'一口吸尽西江水,即向汝道。'"时有颂云:"千山鸟迹绝,万里人踪灭。扁舟蓑笠翁,独钓寒江雪。"(《大藏新纂卍续藏经》第69册,第666页中。)南宋法应集,元代普会续集《禅宗颂古联珠通集》卷4载南宋临安府净慈寺肯堂彦充禅师之颂古曰:"千山鸟飞灭,万里人迹绝。扁舟蓑笠翁,独钓寒江雪。"(《大藏新纂卍续藏经》第65册,第497页下。)清释超永编《五灯全书》卷80谓润州夹山汝汾恒禅师(其人为清初玉林通琇之法嗣,属临济派僧人)上堂时:"举僧问云门如何是佛?门曰:干矢橛。师曰:千山鸟飞绝,万境人踪灭。孤舟蓑笠翁,独钓寒江雪。"(《大藏新纂卍续藏经》第82册,第435页上。)虽说诸禅师引《江雪》来作颂古之偈时都或多或少在文字上有所更改,但基本上没有重构诗境,大都保留了柳诗原有的孤独峭拔、幽寒奇绝之个性风格。其中,最值得注意的是元初曹洞宗僧人释从伦的《林泉老人评唱投子青和尚颂古空谷集》,该书卷2评唱北宋禅僧投子义青(1032–1083)"丹霞烧佛"之颂古偈时,在原封不动引《江雪》诗后申述云:"正当此时,万境消沉,十方黯黑,干剥剥分滴水冰生,冷清清兮撼颏打战。非止古岩苔闭,紧掩柴扉,飞走惊危,俱难觑向。忘情怀之计较,绝凡圣之阶梯。……性空心月无圆缺,枉被迷云取次遮。"(《大藏新卍续藏经》第67册,第282页下–283页上。)所谓"绝凡圣之阶梯",实指超越生死的涅槃境界,而《江雪》头两句"绝""灭"之境,李汉超先生曾参以子厚《送琛上人南游序》"经之大莫极于《涅槃》",故认为它们与《大般涅槃经》关系密切(参《柳宗元〈江雪〉旁证——唐诗札记之二》,《社会科学辑刊》1981年第1期,第156页);"性空"则指般若性空,据《金刚经注解》卷2陈雄注引柳宗元之语曰"法之至者,莫尚于《般若》"(《大藏新纂卍续藏经》第24册,第783页上),可知柳氏对般若空观也深为折服。而《江雪》一诗,从佛教境界论讲,既充分肯定涅槃寂灭,又注重缘起性空,空有不二,合乎中道。这正是它被后世禅林接受的思想基础。

《江雪》除了作颂古之用外,也用于上堂说法、朝参暮请(即早参晚参、晨夕参扣)。如清释行元《百痴禅师语录》卷1曰:

> 　　上堂。僧问如何是夺人不夺境? 师云:有约不来过夜半。如何是夺境
> 不夺人? 师云:闲敲棋子落灯花。如何是人境两俱夺? 师云:千山鸟飞尽,
> 万径行踪绝。如何是人境俱不夺? 师云:蓑衣竹笠翁,独钓寒江雪。(《嘉
> 兴大藏经》第 28 册,第 3 页下。)

此处说法是按临济宗开山祖师义玄法师(? -867)"四料简"来引导学人之悟
入,即"夺人不夺境""夺境不夺人""人境俱夺"和"人境俱不夺"。人者,主观存
在也;境者,客观存在也。夺与不夺,因对象自身的实际情况而定。行元前两种
料简所引诗句出自南宋著名诗人赵师秀七绝《约客》之后两句,后两种料简则全
部袭用《江雪》,但文字略有改动。

　　清蕴上禅师撰《鄂州龙光达夫禅师鸡肋集》曰:

> 　　值雪小参:琼铺宇宙,玉砌乾坤,处处呈普贤境界,头头露舍那全身,情
> 与无情,一寒彻骨。他方此界,水冻冰生。正恁么时:千山鸟飞绝,万径人踪
> 灭。孤舟蓑笠翁,独钓寒江雪。遂以杖作垂钓势云:众中莫有不顾危亡底
> 么? 众无对。乃云:过也,过也。便下座。(《嘉兴大藏经》第 29 册,第 159
> 页上。)

《磐山牧亭朴夫拙禅师语录》卷 2 又曰:

> 　　因雪晚参:千山鸟飞绝,万境人踪灭。孤舟蓑笠翁,独钓寒江雪。遂以
> 拄杖作钓势云:众中若有锦鳞,不妨冲风破浪。一僧才出,师收钓云:惯钓鲸
> 鲵沉巨浸,却嗟蛙步辗泥沙。便下座。(《嘉兴大藏经》第 40 册,第 505
> 页下。)

于此,二位禅师说法方式基本相同,都先以《江雪》来印证眼前雪景(触物即真),
再以身体的姿态语言(假杖以作垂钓)启示学人,最后总结告诫禅者应破除一切
执著。换言之,《江雪》本身就像《中阿含经》卷 54《大品阿梨吒经》所说"筏喻
法"之"筏"(参《大正藏》第 1 册,第 764 页中 - 下)一样,仅是开悟学人的工具而
已。

　　禅林对《江雪》既有整体引用,也有部分引用,而部分引用时多取后两句。
如明释通明就写过《孤舟蓑笠翁,独钓寒江雪,为雪舟禅衲赋》(《嘉兴大藏经》第
31 册,第 660 页上 - 中),清释定洌《沩山古梅洌禅师语录》卷 2 则曰:"普贤菩萨
失其境界,拾得寒山烧火有分,只如'孤舟箬笠翁',为甚'独钓寒江雪'?"(《嘉

兴大藏经》第 39 册,第 805 页上。)有时又把《江雪》末两句浓缩为一句而化用之,清释上睿(1624 - ?)《北京楚林禅师语录》卷 5 即云:"过去心不可得,孤舟独钓寒江雪。"(《嘉兴大藏经》第 37 册,第 547 页上。)释如一(1616 - 1671,黄檗宗僧)《即非禅师全录》卷 6 又云:"野老谋生何太切,孤舟独钓寒江雪。抛钩直欲引狞龙,谁拟盲龟与跛鳖。"(《嘉兴大藏经》第 38 册,第 651 页上。)

由于《江雪》与柳宗元另一名篇《渔翁》的钓者形象有某些共通性,故后世禅林传播接受《江雪》时,在语汇、诗境方面偶有统合二者为一体者。《五灯全书》卷 73 载潭州龙牙云叟住禅师(1620 - 1676,临济宗僧人)示众之咏曰:"风凛冽,渔父掉舟波上立。时把纶竿掣,钓来多是寒江雪。"(《大藏新纂卍续藏经》第 82 册,第 367 页上。)释达珍编《正源略集》卷 15 谓扬州平山丽杲行昱禅师晚参时自唱《渔父词》曰:"鼓枻烟波一钓翁,自南自北自西东。银丝直钓寒江雪,铁笛横吹别浦风。红蓼岸,白苹丛,水光山色有无中。侬家不管尘寰事,欸乃一声天地空。"(《大藏新纂卍续藏经》第 85 册,第 90 页下。)尤其最后一句,从《渔翁》"欸乃一声山水绿"化出,脱胎换骨,直接点出了佛家的性空思想、平等思想,也十分契合柳氏原诗所说的"无心"观,即不执著之自由、超然境界。当然,合《江雪》《渔翁》为一者,是从宋人开始,喻良能《次韵陈侍郎李察院潇湘八景图·江天暮雪》即云:"独钓寒江晚来雪,凭谁画我作渔翁。"(《全宋诗》第 43 册,第 27052 页,北京大学出版社 1998 年版。)

最后要说的是,《江雪》进入禅林的原因,除了前面所说该诗表现的佛教境界外,还有三点至关重要:一与柳宗元自身的佛学修养有关,他对禅学、天台、净土、律学思想都有较深入的了解。这点,张勇博士已做过较全面的分析(参《柳宗元儒佛道三教观研究》第 59 - 117 页,黄山书社 2010 年版),我就不多置余喙了。二与苏轼的高度评价有关。宋蔡正孙《诗林广记》前集卷 5 引《洪驹父诗话》云:"东坡言郑谷《雪》诗,特村学中语。子厚此诗,信有格也哉!殆天所赋,不可及也。"(中华书局 1982 年版第 89 页。)范温《潜溪诗眼》则说:"子厚诗尤深远难识,前贤亦未推重。自老坡发明其妙,学者方渐知之。"(郭绍虞《宋诗话辑佚》第 328 页,中华书局 1980 年版。)而东坡本人,诗禅俱妙,广交当时禅林名宿,酬唱甚多,影响甚大。三与两宋以来盛行的文字禅有关。两宋以来的禅僧,不但上堂说法、朝晚参请时广说诗偈,还创造了颂古这一禅林特有的新诗体。值得注意的是,禅林无论自创新偈还是引用前代名诗,唐诗都是首先参考的对象之一,如大家耳熟能详的名作——李白《朝发白帝城》(参清释性统录《别庵禅师同门录》,《嘉兴大藏经》第39册,第348页下)、王维《送元二使安西》(参南宋《虚堂和尚语录》卷2,《大正藏》第47册,第966页中-下)、白居易《赋得古原草送别》(关于这首诗在禅林的传播接受,参拙撰《读藏札记三则》,《文学与文化》2013年第2期,第20-23页)等,都在禅林中广泛传唱。因此,唐诗的传播接受史研究(宋诗亦然),禅宗语录(包括日僧语录)也是不可忽视的领域之一。

(原载2014年第1期,作者单位:福建师范大学)

歌高祖之神功　颂太宗之盛德

——柳宗元《唐铙歌鼓吹曲十二篇》评析

✳吴同和

"铙歌,军乐也,又谓之骑吹。行军时,马上奏之,通谓之鼓吹。"按《辞源》这个诠释,铙歌应有鼓舞士气,扬威耀武的作用。它盛行于汉魏,而"唐独不列"。柳宗元"以罪居永州"时,虽名为"永州司马员外置同正员",其实只是个闲员,既无公务,也无官舍,名为六品官员,实则囚徒而已。因"无治事,时恐惧",乃"窃取魏晋义,用汉篇数,为唐铙歌鼓吹曲十二篇",反而做了一件承前启后的大好事。承前者,借鉴并继承了汉魏铙歌的传统而扬长避短,创制出具有独特风格的唐代铙歌;启后者,为后代铙歌制作提供了极其宝贵的经验和启迪,成为这一文学样式"断层期"的经典作品。今天我们赏读它,如欣赏柳子其它诗文一样,很有"仰之弥高,钻之弥坚,瞻之在前,忽焉在后"之感,往往只能挂一而漏万,顾此却失彼。

创制这一组铙歌的初衷,柳子在自序中表明,旨在"纪高祖、太宗功能之神奇,因以知取天下之勤劳,命将用兵之艰难",以求"有益国事"。这个写作目的,是作者政治观点、现实处境的一个折射,却又"言于此而意在彼"也。

柳子欲借这一组铙歌表白自己的儒家正统思想和忠君爱国的拳拳之心,以使"上闻"。孙昌武先生在《柳宗元评传》中写道,柳宗元由于"受到儒家传统的教育,儒家的仁政理想成为他的政治思想的核心",而这个"核心",便是封建正统思想。尽管他被放逐到当时的南荒永州,过着囚徒般的生活,但这个"核心"中的"君臣父子"理念却是根深蒂固的;虽然他也曾因参加王叔文集团倡导革新而被贬谪左迁,但终无谋反叛逆之意。即使一贬再贬,"在十分艰难的处境里,但忠君如故,仍然怀抱着复出的希望",故柳宗元竭尽全力地歌功颂德,有时甚至已到违心的地步,也就不足为怪了。据范文澜先生《中国通史》说,唐高祖李渊并不是什么圣君,他"爱好酒色,昏庸无能,只是凭借周、隋大贵族的身份得为太原留守。他起兵取关中,建立唐朝,主要依靠唐太宗的谋略和战功,他本人并无创业的才干,连做个守城的中等君主也是不成的。""用佞人,忌功臣,就是他治国的方针。"《通鉴》亦云:"上(唐高祖)每有寇盗,辄命世民讨之,事平之后,猜疑益甚。"显然,他嫉恨世民,而想传位给李建成。就是这样一个昏君,河东先生却大加吹捧。曰"皇烈烈,专天机",曰"号以仁,扬其旗"(《晋阳武》),曰"震赫万国,阒不龚"(《苞枿》),曰"顺之于理,物咸遂厥性"(《河右平》),认为李渊因"天厚黄德",可使"狙犷服"(《兽之穷》),所以,尽管李世民屡建奇功,而最后"归有德,唯先觉"(《战武牢》),功劳还是李渊的。歼灭辅公祏之后,朝野高歌:"赫炎溥畅,融大钧"(《奔鲸沛》),好一派娱乐升平景象,其实所颂扬的仍是高祖之"神功"……如此等等,不一而足。应该说,这正是柳子厚"核心"思想,即封建正统思想的真实显露。另一方面,对德高望隆,战功卓著的一代圣君唐太宗,出于同一个目的,柳宗元也必须吹捧。因此"铙歌"亦不遗余力地大书特书,或正面,或侧面,或反面;有描述,有渲染,有烘托,把李世民捧到了天上。其实,柳宗元非常清醒,李渊根本毫无"神功"可歌。至于太宗李世民,虽然南征北战时战功赫赫,登基之后能继往开来,任贤用能,创太平盛世,不愧一代圣君;但当初为夺王位,何其狠毒,同样无所不用其极,谈不上有什么"盛德"了。这样看来,柳宗元这一组铙歌,与其说是为歌高祖之神功,颂太宗之盛德,倒不如说是为了表白效忠皇上,为自己东山再起着想。他的"谨冒死上",除了有对宪宗李纯喜怒无常"御览"后可能龙颜大怒而降罪的恐惧外,更多的却是希望皇上垂怜赐恩,再度起用他。所以,欣赏这一组铙歌,就仿佛洞悉了柳子的思想根脉。

同样是出于忠君爱国这个"核心",柳子厚还想借这一组铙歌讽喻宪宗李纯,希望他不忘祖业,励精图治,使高祖太宗的文功武德发扬光大,以重振朝纲,再创盛世。无奈唐宪宗基本上是腐朽势力的代表,朝廷文恬武嬉,已积重难返;到了后期,他根本听不进任何意见,性情变得十分暴躁多怒。也就在宪宗执政之时(806—820),柳宗元因"二王八司马"事件已被逐出长安,开始了南荒永州十年囚徒般的生活,复出的希望十分渺茫。人微言轻,即使宪宗御览了《唐铙歌鼓吹曲十二篇》并序,而这些曲折表达忠君爱国的进谏完全不可能采纳,何况宪宗根本就没有"御览"!据宋人郭茂倩《乐府诗集》言:"此诸曲,史书不载,疑宗元私作而未尝奏,或虽奏而未尝用。"质言之,柳宗元这个目的没有达到。

综上所述,柳宗元这十二篇铙歌制作的目的虽然为"有益国事",其实还是有他个人目的的。只是他并没有想到,其"醉翁之意"也会"藏之名山,传之其人"！

就艺术特色而论，欣赏柳宗元的这组唐铙歌，却可以得到多层面的享受和愉悦。为了说明这个问题，拟与汉铙歌进行对照，以探寻其一麟半爪。

第一，从题材看，汉铙歌比较广泛：有诅咒战争的《战城南》，有咏鼓之辞的《朱鹭》，也有叙游子怀乡之情的《巫山高》，有表男女情爱之意的《上邪》《有所思》和伤亲子之别的哀痛之辞《雉子班》等等。给人的整体感觉是，失却了悲壮铿锵，熔入了哀怨缠绵，怎么看也不像"军乐"，根本谈不上鼓舞士气，振奋军威。唐铙歌却不然，全是战事。选材十分集中，场面非常壮阔，声势特别威武，语言铿锵有力，掷地有声，极能鼓舞士气。柳宗元在自序中就希望"每有戎事，治兵振旅，幸歌臣词以为容"，盖以为这一组铙歌的确有"鼓士气，扬军威"的效果。在这个意义上，唐铙歌已还铙歌之真面目。

第二，依格调言，题材决定了格调，汉铙歌多低沉哀婉，唐铙歌皆高昂豪壮，几乎所有篇章都让人振奋、昂扬：《晋阳武》之德义所归，《兽之穷》之人心大快，《战武牢》之秦王神武，《泾水黄》之拨乱反正，《奔鲸沛》之大地重光，《苞枿》之所向披靡，《河右平》之恩威并施，《铁山碎》之势如破竹，《靖本邦》之定国安邦，《吐谷浑》之凯歌高奏，《高昌》之除恶怀柔，《东晋》之四海归一……皆军旗猎猎，战鼓咚咚。无怪乎清人孙月峰（1543－1613）在点评《柳柳州集》中称："此铙歌信铮铮有金铁声，皆操觚上技。"如果以宋词之婉约豪放两派论铙歌，则汉魏属前者，而唐铙歌则彻底豪放！

第三，就语言论，余冠英先生在《乐府选注》（人民文学出版社1957年北京第一版）中说："铙歌（指汉铙歌）文字有许多是不容易看懂，甚至不能句读的。"主要原因是"声辞相杂"，"字多讹误"，"胡汉相混"；相形之下，唐铙歌并不存在以上三种情况。其语言风格是通俗而不失典雅，晓畅而绝无俗气，字字珠玑，句句溢彩；虽然也偶有古僻字词，但绝不像汉铙歌那样古奥晦涩，佶屈聱牙。此外，唐铙歌音韵也十分和谐，一篇之中，多一韵到底，易于上口。或三言一韵贯通于上下，或杂言多韵参差于全诗，俱各得其宜，各尽其妙，这是汉铙歌所无法比拟的。

通过以上的对比分析，我们便可体味唐铙歌无论在思想内容和表现手法上都承前启后的基本内涵。下面试对十二首铙歌作简单评述。

《晋阳武》颂唐高祖成就霸业之功。先提问："炀之渝，德焉归？氓毕屠，绥者谁？""渝"者，有"违背"之意，射隋炀帝祸国殃民，干尽坏事，不得人心；"绥"

者,安也,确指惟有唐高祖可使百姓安居乐业,可使天下太平。品味这一"渝"一"绥",两个君王的形象呼之欲出矣! 一个暴戾,一个仁慈,一个民心丧尽,一个众望所归,为全诗甚至这一组铙歌定下了基调,承上启下,然后逐层烘托出一个救民于水火的乱世英豪李渊。他有容纳百川之德,有扭转乾坤之能,终获万民拥戴。结句"惟德辅,庆无期"更是响亮、灿烂。意谓高祖有老天护佑,呈祥降瑞,百姓定可高枕无忧,故尔万众欢庆。这虽为过誉之辞,却合情在理。如前所述,李渊其实并无德能,柳宗元出于儒家道统这个"核心",大唱赞歌,可知用心良苦。这个结句,巧妙地回答了本篇开头"炀之渝,德焉归? 氓毕屠,绥者谁?"的提问,前呼后应,浑然天成。

作为一首铙歌,为"纪高祖、太宗功能之神奇",诗人调动了多种技法,记叙描写议论抒情皆融而为一,几不可辨;比喻对照烘托参差交互,李渊其人被塑造得光彩照人。全诗句式整齐,一韵到底,气韵流畅,语言铿锵,相信"每有戎事,治兵振旅"之时,将士们若歌此词,的确能鼓舞士气,耀武扬威。

《兽之穷》仍颂高祖之厚德。曰"天厚黄德",可使"狙犷服"。全篇皆用比喻,明写豺兕野兽,暗指李密之流。李密乃首鼠两端小人,几易其主,与唐军对垒,因"自亡其徒",走投无路而降唐归李,"乏者德,莫能享",理所当然。全诗大气磅礴,每有奇字佳句。开篇"兽之穷"三字,便奇崛,李密之狼狈困窘之态毕现;"皇旅靖,敌逾蹙"两句尤为形象逼真:皇旅所至,鸡犬不惊;叛军过境,百姓已乱。天兵平定叛乱,李密日暮途穷,理固宜然。如果说,诗人用"蹙"字状李密之狼狈还有些笔下留情的话,那么以"逾"修饰之,其"蹙"便发生了质的变化,"兽之穷,奔大麓",走投无路的丧家犬丑态暴露无遗矣!

相对于《晋阳武》,《兽之穷》多参差错落。全诗以三言为主,杂以四言,读来仍感圆润流畅,不觉得佶屈聱牙。在音韵方面,1-14 句偶句押 lu 韵,仄声,干脆利落,明快短促,叙高祖制服李密,最是恰当;15-22 句偶句押 ang 韵,响亮悠扬,鼓舞人心,有效地抒发了诗人歌功颂德之激情。此乃音错落,意亦错落。前人评"此篇语特多精峭","写得神武,气象万千",实不谬也。

《战武牢》叙李世民征讨叛逆,初建奇勋。设喻取譬,将叙事、议论和抒情合为一体,深得诗家好评。与《兽之穷》相比,多了刀光剑影的厮杀,有了文韬武略的铺叙。"战武牢,动河朔",声势何其壮观;"铺施芟夷,二主缚",战果何其辉煌;"惮华戎,廓封略",影响何其深远;"归有德,唯先觉",赞誉何其夸张。掩卷而思,柳子似欲昭示世人:窦建德、王世充之流无德而亡,上应天意,下顺民心;李世民英勇神武,旗开得胜,可歌可泣。然倘无高祖点化,世民之神勇恐难以施展。结句"归有德,唯先觉"六字颇值得玩味:李世民战功卓著,战果辉煌,唐太宗治国有道,人所尽知;相形之下,高祖李渊不可同日而语。颂其"有德",赞其"先觉",实乃违心之语。此处巧用虚实疏密相生之笔法,面面俱到颂李渊父子,非高手巨擘而不可为也。宪宗李纯倘能"御览",他大概不至于"龙颜不悦"吧!

《泾水黄》写秦王世民率师平定叛逆薛举父子之事。全诗可分为两大层,第一层(1-14句),写薛举父子嚣张至极:"怒飞饥啸,翾不可当";子承父业,仁杲更是了得,"巢岐饮渭,肆翔翔",简直无人可敌。第二层(15-24句)写李世民之神武,尽极赞美颂扬之誉词。他"顿地纮,提天纲",威风八面;因顺天顺民,竟使"鬼神来助,梦嘉祥";经艰苦卓绝,浴血奋战,终于使薛氏"脑涂原野,魄飞扬","星辰复,恢一方",功不可没。全诗笔法曲折翻驳,第一层极写薛举父子势力,乃为衬托太宗神奇武功,所谓蓄势既足,则唐太宗之形象可闻可睹矣!

全诗用语古峭省净,如"翾不可当",何其威猛。用在此处,险劲有锋,薛举的威势确乎令人不寒而栗;而"列缺掉帜,招摇耀铓"两句,则大有令人眼花缭乱之后却又欢欣鼓舞之奇效。前后对照,妙趣无穷,令人赏玩不已。

《奔鲸沛》之笔法与《泾水黄》相似,曲折翻驳,喻而后陈;所不同者,《奔鲸沛》通篇设喻。辅氏,狂鲸也,奔腾之时可"荡海垠",可"腥浮云";李渊,天帝也;李孝恭,天神也,他"手援天矛,截修鳞",他"披攘蒙霿,开海门",最后,"玉宇澄清万里埃"。值得玩味的是,本诗明写李孝恭战功显赫,暗指唐高祖知人善任。全诗句式参差,却又一韵到底,柳公之情思于此便得以彰显。

《苞枿》叙李孝恭和李靖征讨僭称皇帝的萧铣之举。全诗可分三层:第一层(1-8句),写萧铣据有天险,"江汉之阻,都邑固以完",在荆、巴一带称孤道寡,颇难对付。第二层(9-20句),叙唐高祖调兵遣将,挥师西南,剿灭萧铣的战功。高祖并未御驾亲征,但"圣人作,神武用",昔日固若金汤的都邑,已不可恃,"浩浩海裔,不威而同",可知王师神勇。第三层(21-28句),叙蛮夷朝大唐的盛大场面,极为壮观。"凯旋金奏,像形容。震赫万国,罔不龚。"极赞唐高祖恩威并施的感化政策,令万众欢呼;九洲归唐之众,对高祖的颂扬已到无以复加的程度。

在表现手法上,《苞枿》类《兽之穷》,与《奔鲸沛》《泾水黄》又稍有不同。本篇句式变化多,意蕴含量大。全诗共106字,28句,三言、四言、五言均有,是为错落。用韵也颇有特色,第一层为an韵,二、三层为ong韵,层次分明,又一错落。故前人评此诗,曰"工峭中稍存古调,以错落胜"。盖指本诗意错落、句错落、韵错落也。

《河右平》写李轨称帝而为高祖所灭之事,仍为颂高祖之厚德。其实这时候唐太宗已登基,有功者,太宗也。征讨李轨,举师西北,可谓势如破竹;平叛功成以后,又行安抚……但到头来,"濡以鸿泽,皇之圣",功劳还是李渊的。如前所述,这样写,柳公自有苦衷,后之学者心知肚明,既可意会,也不难言传也。

《铁山碎》叙突厥二虏终于臣服之实。碎铁山者,徐李二将及其士兵也;而反复歌颂者,天子之"神奇"功能也。所不同者,本篇已将歌颂的物件转向李世民,指明"利泽万祀,功不可逾"是太宗;"官臣拜手"者,何也?"惟帝之谟"也!

在表现手法上,《铁山碎》采用一气承接法,一贯而到底,不生曲折,不叙旁条,却有波澜壮阔、大气磅薄之效。此外,炼字炼句,颇耐玩赏:首句"碎"字,铿锵有力,形象地再现了天兵所向披靡,突厥土崩瓦解之状。次句"舒",舒缓徐展,如一特殊的山水长轴,寓宁静之意蕴,尽大漠之风情。形象地歌颂大将徐世绩和兵部尚书李靖平定突厥的盖世奇勋。叙突厥强悍,用"劲""连""专"三字,恰到好处;描天兵神勇,"破""降""穷""斥"四字,更是传神……

相对于征服李轨、二虏,刘武周就不是那么好对付了。据史书记载,刘武周不但称王称霸,而且兵犯唐境,高祖曾几次派将收取,都大败而归,最后由秦王李世民平叛告成。本篇名《靖本邦》,为颂太宗之神武,"守臣不任,勋于神圣",神圣者,太宗也;"洪惟我理,式和以敬",施教化之理,亦和亦敬,仍太宗之功。"皇谟载大,惟人之庆",值得万众欢庆的"皇谟"究竟是谁制定的?还是太宗。但明写高祖,实赞太宗也。《靖本邦》全诗俱为四言,一韵到底,意辞皆雅。

《吐谷浑》和《高昌》叙李靖劳苦功高,为五言诗。似乐府作品,又有古诗风味,一韵到底,笔法与《河右平》《铁山碎》相类。值得一提的是,两诗都尽极歌功颂德之华辞丽语,绘王师凯旋,则"登高望还师,竟野如春华","凯旋献清庙,万国思无邪";叙蛮夷臣服,则"咸称天子神,往古不得俱","献号天可汗,以覆我国都"……从某种意义上看,二诗也表现了诗人盼统一颂太平的爱国情怀。这种情怀在《东蛮》中表现得更为突出。李世民登基后,各国诸侯、四方蛮夷均朝拜请服,全国上下一片娱乐升平,诗人追怀当年情景,喜不自禁,绘形绘声绘色地描述了东蛮首领谢元深来朝的盛况:"如周王会书,永永传无穷","广轮抚四海,浩浩如皇风"。言下之意,当朝皇帝宪宗,可否从中得到借鉴呢?"胜地不常,盛筵难再",可悲乎?这首诗,乐中寓哀,可谓一绝。

"诗言志。"归根结蒂,十二首铙歌还是抒怀言志,假歌高祖神功讽当世之朝政,借颂太宗武德寄志士之忠心,场面壮阔,气势雄伟,形式新颖,格调高亢,堪为铙歌之奇葩。

(原载 2008 年第 9 期,作者单位:永州市柳学会)

宋刊《重校添注音辩唐柳先生文集》考述

✳ 岳　珍 ●

　　南宋嘉定年间，姑苏郑定刊于嘉兴的《重校添注音辩唐柳先生文集》，是传世柳集宋本中具有极高文献价值的一个珍贵版本。由于其书完本孤悬海外，大陆学者查阅困难。所以，此本的学术价值还没有得到应有的重视；迄今为止，还没有专文对此本的版本情况进行鉴定评价；吴文治先生整理柳集，也没能直接采用此本①。笔者整理柳集，此本为主要参校版本之一，对此本的是非得失略有所知。今考察相关情况于次，以就教于学界同好。

一　此本版刻特点及流传端绪

　　历代书目中，最早著录此书者为南宋陈振孙《直斋书录解题》。台北中央图书馆所存原海源阁旧藏本，杨绍和《楹书隅录》《海源阁藏书目》《宋存书室宋元秘本书目》、王文进《文录堂访书记》、傅增湘《藏园群书题记》《藏园群书经眼录》、阿部隆一《中国访书志》《中央图书馆善本书目》有著录。今以原本为依据，参考前人著录，考察此本的版刻特点及流传端绪如次：

　　1. 版式行款

　　卷首《序言》首叶首行题"重校添注音辩唐柳先生文集"，次行低六字署"夔州刺史刘禹锡纂"。《目录》首叶首行题"重校添注音辩唐柳先生文集目录"，次行低一字题"第一卷"，三行低二字出类目"唐雅唐诗贞符并序"，四行以下低三字出篇目。正文首卷首叶首行题书名卷次"重校添注音辩唐柳先生文集卷第一"，次行低一字题类目"唐雅唐诗贞符并序"，三行低三字题篇目"献平淮夷雅

---

　　① 吴文治《柳宗元诗文十九种善本异文汇录·代序》："此书已在清代散失，现仅存残本五卷藏北京国家图书馆。清初何焯曾以此本校柳文，我们现在只能从他的校本和《义门读书记》中略见其概貌。"黄山书社 2004 年版，第 13 页。

表一首",四行题注低四字。版框高 20.5 厘米,宽 15.4 厘米,有界栏。左右双边,上下单边。每半叶九行,行十七字,注小字双行同。版心白口,单黑鱼尾。鱼尾上记大小字数,鱼尾下署"柳文卷几",再下记刻工姓名。

2. 文字避讳

宋讳"朗""匡""筐""恇""恒""絙""緪""祯""贞""浈""侦""征""桓""构""慎"等字阙笔,"构""慎"等字避讳尤谨。

3. 阙叶钞补

卷首《序》及《目录》前半阙,卷中亦间有阙叶,但已据原书它本影钞补足。全书钞补多达八十余叶。

4. 刻工

丁松、丁日新、王仔、王遇、王显、毛端、王僖、石昌、朱椿、朱春、朱梓、吴叙、吴铉、吴椿、周玉、金流、金滋、马文、马良、高文、高寅、高春、徐禧、陈斗南、陈良、张待用、张待周、曹冠宗、曹冠英、董澄、董证、缪恭、刘昭、郑锡、庞知柔、庞知德。

5. 藏书印章

书前护叶:海源阁

序首叶:秀水朱氏潜采堂图书/海源残阁/东郡宋存书室珍藏

目录首叶:苣圃收藏/瀛海僊班/东郡杨绍和字彦合藏书之印/杨印承训

卷一首叶:苣圃收藏/杨绍和读过/宋存书室

卷二首叶:宋存书室/彦合珍玩

卷六首叶:常郡杨伯镇家藏

卷十首叶:东郡宋存书室珍藏

卷十二首叶:杨保彝藏本

卷十三首叶:常郡杨伯镇家藏

卷二十一首叶:宋存书室

卷二十四首叶:常郡杨伯镇家藏

卷三十三首叶:常郡杨伯镇家藏

卷三十八首叶:杨氏协卿平生真赏

卷三十九首叶:常郡杨伯镇家藏

卷四十三首叶:常郡杨伯镇家藏

卷四十五末叶:聊城杨氏宋存书室珍藏

外集目录首叶:东郡杨氏鉴藏金石书画印

卷上首叶:协卿读过

卷下末叶:绍和筠岩/道光秀才咸丰举人同治进士/聊城杨承训鉴藏书画印

由藏书印章可以判定:此本清初藏朱彝尊潜采堂,后入聊城杨氏海源阁。民国年间散入文禄堂,后藏吴兴张氏适园。现藏台北中央图书馆。

二　此本文字特点

在柳集宋代注本中,百家注本、五百家注本、郑本、廖莹中世彩堂本属于同一个系统。五百家注沿袭百家注,但有少量内容增补及文字校改。郑本则以五百家注为底本"重校""添注",同时也有少量文字校改。这一结论,通过比对百家注本、五百家注本的文字歧异以及郑本对这些文字歧异的从违情况,即可一目了然。

1.五百家注新增的内容,此本全盘收录。如:

卷一《唐铙歌鼓吹曲·吐谷浑第十》题解、卷二《闵生赋》"望九疑之垠垠"、卷三《封建论》"于是有方伯连帅之类",五百家注引"严曰",卷十四《天对》一篇引"严有翼曰"6条。郑本全文收录。

《天对》一篇,五百家注增入"洪兴祖曰"12条,郑本全文收录。

《天对》一篇,五百家注增入"蔡梦弼曰"4条、"蔡曰"259条。郑本全文收录。

《天对》"四方之门其谁从焉"之下,百家注脱逸"对:清温燠寒,迭出于时,时之丕革,由是而门。问:西北辟启,何气通焉"一段文字,五百家注增入,郑本从五百家注收录。

卷十六《乘桴说》"捷焉而已矣",五百家注增入:"捷,一本作'捷'。"郑本从五百家注收录。

2.五百家注删削或更替的内容,此本全盘遵从。如:

卷十四《天对》题解,百家注出"补注";五百家注删去,另录"蔡梦弼曰"。

同上"曶黑晰眇",百家注引"童曰";五百家注删去,另录"蔡梦弼曰"。

同上"无功无作",百家注引"文曰";五百家注删去,未另出注。

同上"州错富媪",百家注引"文曰";五百家注删去,另录"蔡曰"。

同上"折篿剡筳",百家注引"张曰";五百家注删去"张曰",另录"蔡曰"。

同上"往视西极",百家注引"韩曰";五百家注删去,另录"洪兴祖曰"。

同上"帝以贺嫔",百家注引"孙曰";五百家注删去,另录"蔡曰"。

3.五百家注对百家注文字的校改,此本大多遵从。如:

卷一《献平淮夷雅表》题下百家注:"详注:《诗》(《大雅·江汉》)曰:'宣王能兴衰拨乱,命召公平淮夷。'注云:'淮夷,东国,在淮浦而夷行也。'元和十二年十月癸酉平吴元济,在淮蔡,故亦曰淮夷。盖公拟《江汉》之诗而作也。与韩文公《平淮西碑》同时作。先儒穆伯长云:'韩《元和圣德》《平淮西》,柳《雅章》之类,皆辞严义伟,制述如经,能崒然耸唐德于盛汉之表。'《谈薮》云:'论柳文者,皆以谓《封建论》退之所无,《淮西雅》韩文不逮。'"五百家注改"详注"为"集注",郑本从五百家注。同样的情况,全书还有多条。

卷一《平淮夷雅·皇武》"无恃頷頷",百家注:"黄曰:頷頷,勇悍之貌。《书》(《益稷》)'罔昼夜頷頷',鄂格切。"五百家注订"黄曰"为"童曰",郑本从五百家注。

卷一《唐铙歌鼓吹曲·泾水黄》"泾水黄",百家注:"孙曰:《汉地理志》:'泾水出安定郡泾阳县井头山,东南至陵阳入渭。'《诗》云:'泾以渭浊。'故云'泾水黄'也。"五百家注订"井头山"为"开头山",郑本从五百家注。按:《汉书·地理志卜》安定郡泾阳:"开头山在西,《禹贡》泾水所出,东南至阳陵入渭。过郡三,行千六十里,雍州川。"颜师古注:"开,音苦见反,又音牵。此山在今灵州东南,土俗语讹,谓之汧屯山。"

卷十四《天对》"宏离不属",五百家注订"宏"为"完",郑本从五百家注。

卷十六《捕蛇者说》"死者相藉",百家注:"藉,徂夜切。"五百家注:"藉,但夜切。"郑本从五百家注。

同上"谨食之",文说注:"食,音饮。"五百家注:"食,音飤。"郑本从五百家注。

卷十七《蝜蝂传》"不知戒"句上,音辨本、百家注本"不"上注:"一本有'曾'字。"五百家注讹"字"作"也",郑本从五百家注。

卷十八《宥蝮蛇文》"彼不汝即",五百家注本"汝即"作"即汝",郑本从五百家注。

4.对五百家注本的少量文字,此本也有所校改。如:

卷十六《说车赠杨诲之》"不变乎内若轴",韩醇本、文本、百家注本、五百家注本"变"作"挛"。郑从苑本、音辩本作"变"。

卷十六《观八骏图说》"緟而清",苑本、音辩本、百家注本、五百家注本"清"

作"清"。郑从韩本作"清"。

卷十八《乞巧文》"俪于神夫",五百家注本"夫"作"天"。郑从音辩本、韩醇本、百家注本作"夫"。

卷十八《骂尸虫文》"俾夫人咸得安其性命",百家注本、五百家注本无"咸"字。郑从苑本、音辩本、韩醇本有"咸"字。

三　此本"重校"考察

此本题名首先标举"重校",可见其旨趣。所谓"重校",是相对于其底本五百家注而云然。百家注是宋代柳集中采用文献最为丰富的校本,五百家注在沿袭百家注的基础上又有所增补。此本在百家注、五百家注的基础上"重校",所采集的版本都是宋本,其中不少已经失传;所录存的异文都是百家注、五百家注失收的文字,其中不少优于现存文字。由此可见:此本的文献价值非常珍贵。今以卷一为对象,考察此本的"重校":

1.《献平淮夷雅表》题下重校:"一本此表在第五卷;蜀本此表重出,在三十八卷;邵武本在三十八卷,却作'进平淮夷雅表'。"按:此段校语保存了三种失传宋本的重要信息:其一,编此篇于第五卷的宋本,今已失传。其二,重出此篇于卷一、卷三十八的蜀本并非韩醇本,因为韩醇本只在卷三十八重出此篇篇题,未录正文;且卷一题作"献平淮夷雅表",卷三十八题作"进平淮夷雅表"。则此引"蜀本",必为孙汝听本或刘崧本。其三,"邵武本"即张敦颐本,此本亦已失传。此条所出张本异文,现存《增广注释音辩唐柳先生集》未收录。

2.《平淮夷雅·皇武》"旷诛四纪",添注:"四纪,一作'四祀'。按《新唐史·德宗纪》:'贞元二年六月,淮西兵马使吴少诚杀其节度使陈仙奇,自称留后。'《宪宗纪》:'元和十二年十月,克蔡州。'又《唐宰相表》贞元二年丙寅,元和十二年丁酉,才三十二年耳,安得四纪也?《宪宗纪》:元和九年八月,彰义节度使吴少阳卒,其子元济自称知军事。九月,山南东道节度使严绶云云讨之。十二年七月,裴度为淮西宣慰使,自九年至十二年用兵讨元济,首尾正四年也。然《新史·元济传》曰:'自少诚盗有蔡,四十年王师未尝傅城下。'亦自误。"世彩堂本注同。

3.同上"有长如林",添注:"如,一作'有'。"世彩堂本注同。

4.同上"爵之成国",重校:"一作'于有晋国',又作'于有晋胙'。"世彩堂本注同。

5.《平淮夷雅·方城》"以后厥刃",重校:"后,一作'复'。"世彩堂本注同。

6.同上"敢蹈恳疆",重校:"蹈,韩作'逾'。"世彩堂注:"蹈,一作'逾'。"按:今传韩醇本作"蹈"。

7.同上"蔡风和矣",重校:"风,韩作'人'。"世彩堂本注同。按:今传韩醇本作"风"。

8.《唐铙歌鼓吹曲十二篇并序》题下添注:"一本序在篇末。"世彩堂本注同。按:此篇传世诸本《序》均在篇首,序在篇末之本,今已失传。

9.同上"尝闻鼓吹署有戎乐",添注:"闻,一作'问'。"世彩堂本注同。

10.同上"魏晋歌功德具",重校:"一本无'具'字。"按:韩本无"具"字。

11.《唐铙歌鼓吹曲·晋阳武》"日之升,九土晞",百家注、五百家注、廖本:"晞,一作'熙'。"郑定注:"晞,一作'熙'。今正。"按:郑本增"今正"二字。《诗·齐风·东方未明》"东方未晞",毛传:"晞,明之始升。"所谓"九土晞",谓九州岛迎来光明。"熙"亦有光明一义。《诗·周颂·昊天有成命》:"于缉熙,单厥心,肆其靖之。"毛传:"缉,明;熙,广。"郑笺:"广,当为'光'。"综合上下文考较,以"明之始升"义较切,郑说是。

12.《唐铙歌鼓吹曲·战武牢》"惮华戎",重校:"惮,一作'怛'。"世彩堂本注同。

13.同上"卑以斯",添注:"卑,一作'毕',作'毕'是。《楚辞》(《七谏·怨世》):'羌两足以毕斯。'"世彩堂本注同。

14.《唐铙歌鼓吹曲·泾水黄》"列缺掉帜",添注:"帜,一作'槴'。"世彩堂本注同。

15.《唐铙歌鼓吹曲·奔鲸沛》"推元臣",添注:"推,一作'雄'。"世彩堂本注同。

16.同上"手援天矛",添注:"援,一作'授'。"世彩堂本注同。按:韩本"援"作"授"。

17.《唐铙歌鼓吹曲·铁山碎》"穷竟窟宅",重校:"竟,一作'竞'。"世彩堂本注同。

18.同上"斥余吾",韩本注:"斥,一作'井'。"百家注:"斥,一作'井'。"五百家注、郑本注、廖本注同。郑本添注:"蜀本作'井'。"廖本注同。按:孙汝听本、韩醇本、百家注本均作"斥余吾",此引"井余吾"必为刘崧本。

19. 同上"威武燀耀",添注:"燀,一作'辉'。"世彩堂本注同。

20. 同上"官臣拜手",郑本注:"又一本作'群臣'。"世彩堂本注同。

21. 《唐铙歌鼓吹曲·靖本邦》"洪惟我理",重校:"洪,一本又作'汪'。"世彩堂本注同。

22. 《唐铙歌鼓吹曲·吐谷浑》"登高望还师",重校:"还,一作'旋'。"世彩堂本注同。

23. 《唐铙歌鼓吹曲·东蛮》"累累来自东",添注:"累,一作'累'。"

24. 《贞符序》"独不为也",重校:"独,一作'犹'。"按:韩本"独"作"犹"。

25. 同上"施于人世",重校:"世,一作'代'。"按:苑本"世"作"代"。

26. 同上"死无所憾",重校:"一'死'字上有'臣'字。"世彩堂本注同。按:苑本、粹本、韩本"死"上多一"臣"字。

27. 《贞符》"于是乃知架巢空穴",添注:"韩本无'乃知'二字,下同。"按:今传韩醇本有"乃知"二字,下文同。世彩堂注:"一无'乃知'字,下同。"

28. 同上"饥渴牝牡之欲驱其内",添注:"驱,一作'欧'。"

29. 同上"睒焉而斗",重校:"睒,一作'际'。"世彩堂本注同。按:苑本、今粹本"睒"作"际"。

30. 同上"草野涂血",重校:"涂,一作'流'。"世彩堂本注同。

31. 同上"用号令起",重校:"韩无'用'字。"世彩堂注:"一无'用'字。"按:今传韩醇本有"用"字。

32. 同上"厥初罔匪极乱",重校:"匪,韩作'不'。"世彩堂注:"匪,一作'不'。"

33. 同上"其可羞也",重校:"其,一作'甚'。"世彩堂本注同。按:苑本、粹本"其"作"甚"。

34. 同上"而莫知本于厥贞",添注:"《新唐史》无'而'字。"世彩堂本注同。

35. 同上"犹崇赤伏",重校:"伏,一作'服'。"世彩堂本注同。

36. 同上"相晞以生",添注:"晞,一作'晞'。"世彩堂本注同。按:苑本、今粹本、《新唐书》、韩本"晞"作"晞"。

37. 同上"琢斲屠剔",添注:"琢,一作'椓'。"世彩堂本注同。

38. 同上"兹惟贞符哉",重校:"一本无'符'字。"世彩堂本注同。

39. 同上"深鸿庞大",重校:"一本无'大'字。"世彩堂本注同。

40. 同上"以极于邦治",重校:"治,一作'理'。"粹本、世彩堂本"治"作

"理"。

41.同上"殄厥凶德",重校:"殄,一作'勃'。"世彩堂本注同。按:《新传》"殄"作"勃"。

42.同上"十圣嗣于理",重校:"治,一作'理'。"世彩堂本注同。苑本、粹本"治"作"理"。

43.同上"神具尔宜",重校:"一作'神其佑尔'。"世彩堂本注同。

44.同上"祝唐之纪",重校:"纪,一作'祀'。"世彩堂本注同。

通过上文的举证可以看到,此本的"重校"可以为现代柳集校理提供一批非常重要的学术资源,其具体的文献价值主要体现在以下几个方面:其一,录存了若干失传柳集的作品编次情况,如上列第1条、第8条。其二,为考察若干失传柳集的情况提供了重要线索,如上列第1条、第18条。其三,记录了部分异文的版本依据,如上列的第6、7、18、27、31等条。其四,录存了若干失传柳集的异文,如上列的第1、3、4、5、9、12、13、14、15、17、20、21、22、23、28、30、35、37、38、39、43、44等条。其五,录存了若干柳集宋代传本不同于后代传本的异文,为判断后代传本的价值提供了原始依据,如上列第6、7、27、31等条。其六,补充了若干现存诸本所有而为百家注、五百家注遗漏的异文,如上列的第10、16、24、25、26、29、32、33、34、40、41、42等条。其七,为若干异文的诠释提供了独到的辨析,如上列的第2条、第11条。

还有必要指出的是:廖莹中世彩堂本全面抄撮郑定本,包括其中的"重校"。由于廖本流传甚广,此本"重校"的内容,似乎通过廖本也能采录;然则此本"重校"的文献价值,似乎可以被廖本取代。实际情况并非如此。廖本不能取代郑本,至少在两方面至为明显:其一,按廖本体例,所采录的文献一律删去注家名氏,改称"一作";则郑本"重校"所记录的大量版本信息就此泯没,不再具备文献考订的价值。上列引文中,第6、18、27、31、32等条即属此类。其二,郑本"重校"的不少内容被廖本遗漏,如果郑本失传,这一部分学术资源也都就此泯没。上列引文中,第1、8、11、23、24、25、28等条即属此类。由此看来,对于现代柳集校理工作而言,郑本的"重校"具有不可替代的文献价值,是毋庸置疑的。

四　此本"添注"考察

此本题名直接标举"添注",可见其旨趣。所谓"添注",是相对于其底本五百家注而云然。百家注是宋代柳集中采用文献最为丰富的注本,五百家注在沿袭百家注的基础上又有所增补。此本在百家注、五百家注的基础上"添注",进一步补充深化了百家注系统的文本诠释内容。今以卷一为对象,考察此本的"添注":

1.《平淮夷雅·皇武》"陟降连连",郑定注:"连,陵延切。《说文》:'负连也。'一曰连属。又力展切,难也。《易》:'往蹇来连。'又郎旰切,连,石山名。"按:此条传世诸本无一出注,郑本新增注文。

2.《平淮夷雅·方城》"胡甈尔居",韩醇注:"甈,丘例切,毁也。《尔雅》:'康瓠谓之甈。'《说文》:'康瓠,破罂也。'"百家注:"甈甈,不安貌。童曰:《尔雅》:'康瓠谓之甈。'《说文》:'康瓠破罂也。'《前汉·贾谊传》注:'康瓠,瓦盆底。'甈,牛列、五计二切。"添注:"章籍曰:《周礼·牧人》:'毁事用庬。'故书'毁'为'甈',《释音》:'丘例反。'《杨子》(《先知篇》):'刚则甈。'音五计反。今此谓杌陧不安,字当作'鼿',音五结反,不安也。《书》(《秦誓》)作'杌陧'。"世彩堂本注略同。按:此条韩醇注解"甈"为"毁",百家注解"甈"为"不安"。添注引《周礼·牧人》补证前说,引《杨子·先知篇》《书·秦誓》补证后说。

3.《唐铙歌鼓吹曲·晋阳武》"劻者羸",百家注:"劻,音勤。羸,伦为切。"五百家注:"劻,音勤。羸,伦为切。"郑定注:"童云:劻,音勤。羸,伦为切,瘦也。"按:此条注文原出童宗说,现存《增广注释音辩唐柳先生集》未出注,百家注、五百家注亦未标明。郑注补"童云""瘦也"四字,既补足"羸"字释义,又补出注家名氏。

4. 同上"后土荡",百家注、五百家注:"荡,平也。"郑定注:"童曰:荡,平也。"

5.《唐铙歌鼓吹曲·兽之穷》题下郑定注增童曰:"唐高祖救生民于涂炭,太宗遏乱略,致太平,虽古之聪明睿智神武而不杀者无尚也。"按:郑引"童云",现存《增广注释音辩唐柳先生集》、百家注、五百家注均未征引。

6. 同上"屈麔猛",百家注:"孙曰:麔,猛兽,音畎。韩曰:按《唐韵》《集韵》《官韵》并无'麔'字。或谓当作'虣',音暴,强侵也。《周礼》有司虣氏。"添注:"《尔雅》'麔,有力',注:'出西海大秦国。似狗,多力。'铉云:麔,恐误作'麔'。"世彩堂本注略同。按:孙汝听解"麔"作"猛兽",音畎;韩醇以"麔"为"虣"字,解作"强侵",音暴。就此篇文义言,当作"猛兽"解。唐崔湜《御史台精舍碑铭》:"错盘螭以顿棁,镂蹲麔以衔铺。"崔文"麔""螭"相对,均为兽名。《尔雅·释兽》:"麔,有力。"郭璞注:"出西海,大秦国有养者。似狗,多力,犷恶。"陆德明

《音义》:"贙,胡犬反。"邢昺疏:"贙,似犬之兽名也。"添注补足此义,是。

7.《唐铙歌鼓吹曲·苞枿》"苞枿黮矣",童宗说注:"黮,音队,茂也。《集韵》作'曃'字。"百家注引韩曰:"《官韵》《唐韵》《集韵》《玉篇》并无'黮'字。疑作'曃',传写者误书'日'为'黑'耳。曃,音队,茂也。"郑定注增入:"黮,同'靆'。黱黮,黑气屯浓也。俗作'霴',非。"按:"黮""曃"音同义异。童注、韩注以为"黮"即"曃",音队,茂也;郑注以为"黮"同'靆',黑气屯浓。童、韩之说,义亦可通。宋玉《高唐赋》:"曃兮若松榯。"《文选》李善注云:"曃,茂貌。"《广雅·释训》:"蔚蔚蔚蔚,茂也。"《广雅疏证》:"'曃'与'蔚'通。《西都赋》'茂树荫蔚'注引《仓颉篇》云:'蔚,草木盛貌。'合言之则曰'蔚蔚'。《后汉书·马融传》'丰彤对蔚',李贤注云:'皆林木貌也。'对,与'蔚'通,重言之则曰蔚蔚蔚蔚。蔚蔚,犹郁郁耳。"但"黮"字亦自有义:黮,字一作黱、黮、靆、霴、靆、黱、黮,亦音队,云层浓黑貌。《玉篇》:"黮,徒对切,黑云行黮黮也。靆,徒对切,霴靆。霴靆,云貌。"《六书故》:"黮,徒对切。黱黮,黑气屯浓也。又作黱,徒戴切。别作黮、靆、霴、靆。"此篇"苞枿黮矣",作"黮"谓浓密,作"曃"谓茂盛,二义俱可通解。但谓"黮一作曃"或"误书日为黑",并无实据,不可信从。且"黮"字本自有义,在没有版本依据的情况下,不宜改字以求训释。综合考较,郑注为优。

8.同上"惟根之蟠",百家注、五百家注未出注。郑定注:"扬子《太玄经》云:'龙蟠于泥。'张曰:'《礼·乐记》:'即夫礼乐之极乎天,蟠于地。'《大戴礼》:'乘龙而至四海,东至于蟠木。'"按:此条传世诸本均未出注。所引张敦颐注,现存《增广注释音辩唐柳先生集》未征引。

通过上文的举证可以看到,此本的"添注"可以为现代柳集校理提供一批非常重要的学术资源,其具体的文献价值主要体现在以下几个方面:其一,征引新史料为前人笺注提供补证,如上列第2、6等条。其二,此前注本征引前人笺注未注明注家名氏,添注补出注家名氏,如上列第3、4、5等条。其三,增补此前注本未曾征引的前人笺注,如上列的第5、8等条。其四,增补此前注本未能提供的文字诠释,如上列的第1、3、8等条。其五,前人笺注均欠确切,添注提出新解,如上列第7条。

还有必要指出的是:廖莹中世彩堂本全面抄撮郑定本,也包括其中的"添注"。由于廖本流传甚广,此本"添注"的内容,似乎通过廖本也能采录;然则此本"添注"的文献价值,似乎可以被廖本取代。实际情况并非如此。廖本不能取代郑本,至少在两方面至为明显:其一,按廖本体例,所采录的文献一律删去注家名氏,改称"一作";则郑本"添注"所记录的大量版本信息就此泯没,不再具备文献考订的价值。上列引文中,第2、4等条即属此类。其二,郑本"添注"的不少内容被廖本遗漏,如果郑本失传,这一部分学术资源也都就此泯没。上列引文中,第1、3、5、7、8等条即属此类。由此看来,对于现代柳集校理工作而言,郑本的"添注"同样具有不可替代的文献价值,也是毋庸置疑的。

五 此本存在的问题

就文字刊刻质量而言,此本允称谨严。古籍刊刻中常见的形讹、声讹、脱笔、增画乃至生造俗字等毛病,此本都很少发现。但此本也存在若干明显的错误,从刊刻技术的角度很难解释。比如:书中将蜀人孙汝听、韩醇、文谠、王俦等人的注文误署在童宗说、张敦颐、蔡梦弼名下的情况屡见不鲜,似乎并非偶然失误。今以卷一为对象,归纳此本常见的错讹情况于次:

1. 自违体例,将校语署作"添注",注文署作"重校"。前者如上文第三章第2、3、8、9、13、14、15、16、18、19、23、27、28、34、36、37等条。后者如本章下文第3条《贞符》"汉用大度"注。

2. 误署注家名氏,将孙、韩等注误作"张曰"者尤多。如:

《平淮夷雅·皇武》"庙于元龟"条,百家注、五百家注引"孙曰",郑本讹作"韩曰"。"于社是宜"条,百家注、五百家注引"韩曰",郑本讹作"张曰"。"天子饯之"条,百家注、五百家注引"孙曰",郑本讹作"张曰"。"既涉于浐"条,百家注、五百家注引"童曰",郑本讹作"张曰"。"其佐多贤"条,百家注、五百家注引"韩曰",郑本脱"韩曰"二字。"宛宛周道"条,百家注、五百家注引"孙曰",郑本讹作"韩曰"。《唐铙歌鼓吹曲·晋阳武》题下,百家注、五百家注引"韩曰",郑本讹作"张曰"。"有其二"条,百家注、五百家注引"孙曰",郑本讹作"童云"。"惟德辅"条,百家注、五百家注引"补注",郑本讹作"张曰"。《唐铙歌鼓吹曲·兽之穷》题下,百家注、五百家注引"韩曰",郑本讹作"孙曰"。"奔大麓"条,百家注、五百家注引"孙曰",郑本讹作"韩曰"。《唐铙歌鼓吹曲·苞枿》"像形容"条,百家注、五百家注引"韩曰",郑本讹作"张曰"。

3. 转录旧注误题"重校""添注"。如:

《平淮夷雅·皇武》"震是朔南",潘纬注:"南,叶韵尼心切。《选》云:鸾凤飞而北南。"添注:"南,叶韵尼心切。《选》:凤飞而北南。"按:此录潘注,非新增添注。

《唐铙歌鼓吹曲·晋阳武》"氓毕屠",百家注引孙曰:"言民皆屠戮也。"添注:"言民皆屠戮也。"按:此录孙注,非新增添注。

《唐铙歌鼓吹曲·泾水黄》"顿地纮",百家注补注:"纮,八纮也。《选》(曹植《与杨德祖书》)云:'设天网以该之,顿八纮以掩之。'"郑定注:"添注:纮,八纮也。《选》云:'设天网以该之,顿八纮以掩之。'"按:此录补注,非新增添注。

《贞符》"汉用大度",百家注补注:"《汉书·高帝纪》:'常有大度。'"郑定注:"重校:《汉书·高帝纪》:'常有大度。'"按:此录补注,非新增重校。

以上情况表明:此本虽然具有较高文献价值,但采录使用,仍然需要缜密的鉴别与判断。

(原载 2010 年第 1 期,作者单位:华中科技大学)

柳州路文宣王庙碑辨异

✱ 张　静

　　孔子是中国著名的教育家,尤其在唐代这个思想、文化都尤为繁荣的历史时期,更是受到人们的崇敬。儒学"四海一家","天下有道,则礼乐征伐自天子出"的思想,是中国封建社会实行全国统一的理论支柱。唐太宗诏令全国州县立孔庙,从政治思想上加强了中央集权,特别是对柳州这样远离中原政治经济发达地带、基本没有开辟的荒凉地方。经济、文化都很落后,周边居住着长期叛服不常的一个少数民族聚居之地,社会很不安定。更是增强政治攻心力的重要办法。儒家思想作为推行朝廷政令密切相关的举措而广为传播。唐玄宗李隆基追封孔子为文宣王后,儒学地位更为提高,全国各地的孔庙都改称为文宣王庙,成为推行教化的重要基地。儒学在促进中唐时期氏族社会遗风还严重的柳州地区封建化过程中起着积极的作用。柳宗元这位中唐时期的进步思想家、优秀文学家和革新政治家,无外乎也受到了这一思想的影响,对其加以高度的重视。唐元和十年六月柳宗元到柳州,十月修复孔庙。这是古代柳州一件历史性的大事。

　　唐永贞元年(805)柳宗元刘禹锡等参加王叔文的政治革新失败而被贬任永州司马。宪宗元和十年(815)正月,柳宗元怀着兴奋的心情奉诏回京,原以为会得到在朝中任职,重展才华的机会。岂料三月又被改贬到比永州更为荒远的柳州任刺史。六月二十七日柳宗元到达柳州,这意味着他的人生又翻开了新的篇章。柳宗元立即向宪宗皇帝呈送了《谢除柳州刺史表》,表示了要竭尽全力,把地方治理好。柳宗元修复孔庙也表明了他积极推行朝廷政令,维护中央集权的决心。

　　唐元和十年(815)八月,柳宗元即着手修复崩坏的文宣王庙,十月便完工。并亲自撰写了《柳州路文宣王庙碑》(现称《柳州文宣王新修庙碑》),表明了他对儒学的尊崇。乾隆《马平县志》称柳州人知学自柳宗元开始,表明以前立孔庙而兴儒学,只不过是流于形式,影响甚微。因此柳宗元到柳州所见的孔庙,可能已有百年历史。当时"州之庙屋坏,几毁神位。"(《柳州路文宣王庙碑》)可见文教事业的冷落。柳宗元修复孔庙,推行教化,才使情况有了较显著的改变。柳州"古为南夷"经济文化比较落后,人们有喜欢攻打劫掠、争斗行暴的陋习,治理起来难度较大。要使朝廷的政令在地方上得到贯彻,就应该大力宣扬儒家的思想主张,从教育开导入手,改变地方百姓的愚昧落后观念。他在碑文中把修复孔庙提到巩固"教基"的高度加以重视。碑记首先指出了孔子思想的传播与中央政权推行政令相远迩的密切关系,介绍了唐朝建国后在柳州一带推行儒家思想,加强行政管理,对于中国封建文化的正统思想"仲尼之道"使柳州落后面貌有所改变,经济社会有所进步的情况。接着讲述了文宣王庙受到损坏的情形和筹集经费、组织修复并会集众官隆重祭祀的过程,对孔子学说使柳州"人去其陋,而本于儒,孝父事君,言及礼义",改变地方经济文化落后的业绩作了积极的评价。碑文最后表示了对孔子"永永是尊"的恭敬虔诚。柳宗元重修孔庙,在历史上受到人们称道。这和他在柳州推行儒家思想对柳州人民"动以礼法"的政绩有关。因此这是一方了解和研究柳宗元与儒家文化关系的重要碑刻。

柳宗元当年所立庙碑早已不存。元代至元二十六年(1289)地方官员重立柳州文宣王庙碑于柳城(当时柳州治所)。庙碑上半截刻柳宗元所作碑文,下半截刻柳宗元像,此碑现存于柳侯祠。是国内现存最早收录柳宗元石刻画像和柳宗元修复文宣王庙全过程的石刻。

《柳州路文宣王庙碑》因为记载了柳宗元在柳州的重要政绩之一,所以在近些年来所出版有关柳宗元的著作或文章中多有收入。但是值得注意在这些文章中引用此碑的某些地方与原碑有些出入或不妥,也许是因为版本的流传过程中出现了失误,或是因为别的原因造成了这些纰漏,但在这里笔者认为这些问题不容忽视,有些问题不是进行实地考察是很不容易发现的。应该提出来与大家进行商榷,以避免在今后收录此碑文时不至于再以讹传讹。

《柳州路文宣王庙碑》碑文如下(以下碑文均以简体字录入):

柳州路文宣王庙碑①(篆额)

先圣文宣王之庙碑(题)

唐尚书礼部员外郎、使持节柳州诸军事、柳州刺史柳宗元撰②

　　仲尼之道,与王化远迩。惟柳州古为南夷,椎髻卉裳,攻劫斗暴,虽唐、虞之仁不能柔③,秦、汉之勇不能威④。至于有国,始循法度,置吏奉贡,咸若采卫,冠带宪令,进用文事⑤。学者道尧、舜、孔子,如取诸左右,执经书,引仁义,旋辟唯诺。中州之士,时或病焉。然后知唐之德大以迟,孔氏之道尊而明。

元和十年八月,州之庙屋坏,几毁神位。刺史柳宗元始至,大惧不任,以堕教基。丁未奠荐法齐时事⑥,礼不克施,乃合初、亚、终献三官衣布,洎于赢财,取土木金石,征工僝功,完旧益新。十月乙丑,王宫正室成。乃安神栖,乃正法庭。祇会群吏⑦,卜日之吉,虔告于王灵曰:昔者夫子尝欲居九夷,其时门人犹有惑圣言⑧,今夫子去代千有余载⑨,其教始行,至于是邦。人去其陋,而本于儒。孝父忠君,言及礼义。又况巍然炳然,临而炙之乎。

惟夫子以神道设教,我今罔敢知。钦若兹教,以宁其神。追思告诲,如在于前。苟神之在,曷敢不虔。居而无陋,罔贰昔言。申陈严祀,永永是尊。丽牲有碑,刻在庙门。

至元二十六年四月□日

承务郎、广南西道儒学提举陈懋卿校定

承直郎、签广西海北道提刑按察司事胡梦魁书丹

中义大夫、礼部侍郎李思衍篆额

以上碑文按多数文章中引用的内容所录入。落款部分是笔者从原碑上收录的,引用文章均未提及。碑文中所标注的九处是比较普遍存在的问题,笔者针对这些问题,以查考文献与实地校对相结合的方法,现就此提出自己的不同看法。

笔者查找史料的过程中发现在宋代之前,《柳河东集》几乎未曾刻本流传过,直至宋代才由一位名叫廖莹中的集注在《世綵堂》中刻本流传下来,当时共印制了45卷。在柳侯祠的这方《柳州路文宣王庙碑》里提到了承务郎、广南西道儒学提举陈懋卿校定,说明刻制这方碑的时候相当认真,还有人负责专门校定。所以这样看来现在人们看到的《柳州路文宣王庙碑》,很可能是元代的人看到了宋代刻本的《柳河东集》来刻制的,可以说它是流传下来据今最早的版本,所以我们在收录此碑文时应该忠于此碑。

以下为笔者就《柳州文宣王新修庙碑》碑文中所标出(下划线)的九个方面,所提出的论述:

一、篆额《柳州路文宣王庙碑》

《柳州文宣王新修庙碑》为现在多数文章引用此碑所作的名称,均未注明出处。因为柳宗元当年所立的庙碑早已无存,此碑为元代至元二十六年(1289)重立,现存柳侯祠内。柳侯祠内的这方碑篆额则为"柳州路文宣王庙碑"。当然,

唐代柳州称为龙城郡和柳州;宋代柳州称为柳州;元代柳州才称为柳州路,所以很显然其额为元人所拟,以其作为柳宗元文之题有所欠妥,仅仅作为忠于石刻原文来说。但现在多数文章都不用石刻原题而另采"柳州文宣王新修庙碑"作题,相信有所依据,可文意则不通。从字面上理解,有柳州的孔子新修了一庙而所立的碑之意。查《全唐文》卷五百八十七,此文题为"柳州新修文宣王庙碑",以此作题似乎文理顺得多。

二、篆额、题、作者署款,均为元人所拟,按《柳州路文宣王庙碑》实录。但多数文章引用此碑文时未录。

三、唐、虞:《辞源》——唐虞:朝唐(尧)、有虞(舜)都以揖让有天下,以唐虞时为太平盛世。《论语·泰伯》:唐虞之际,于斯为盛。《史记》卷一百二十《汲黯传》:天子方招文学儒者,上曰吾欲云云,黯对曰:陛下内多欲,外施仁义,奈何欲效唐虞之治乎。所以唐虞这个词是用来指像尧舜这样的太平盛世,而多数文章引用此碑文时作为"唐、虞"录,这样把意思断开了,似乎不妥。

四、秦、汉:在这里与唐虞的道理的一样。秦汉:秦,指秦始皇嬴政,秦朝的建立者。汉,指的是汉武帝刘彻,西汉中兴之主,他们两人都是以武力取得天下统一的。所以在这里秦汉用来指的是像秦始皇汉武帝这样以征战来巩固统治的时代。因此如果引用此碑文时作为"秦、汉"录,似乎把意思断开了,有些不妥。

五、文事:从《柳州路文宣王庙碑》上按碑实录为"文士",《说文》——事也:数始于一终于十,从一从十。《管子·牧民篇》——有事经:士,事也。经,常也。所以引用此碑文时用"事"而不用"士",文理亦通顺,但从忠于原碑上说应该用"士"。

六、丁未奠荐法齐时事,礼不克施,这句在断句方面有所不妥。如果这样断句"时事"一词就无解了。丁未奠荐法齐:其意为:丁未(指元和十年八月初九日)这天,已将祭奠所需进献的物品都准备齐全了。下句,"时事礼不克施",其中"时"作当时解,"事礼"即"祀礼",为祭祀之礼。其意是:可当时要按规定的程序来进行祭祀活动,几乎无法实施。因此如果在"时事"二字之前断句,这整句话的意思很通顺,所以要如同多数引用文章中的,在"时事"二字之后断句,不仅文理不通,而且"时事"一词就无解了。

七、祇会群吏:是有些引用文章录入此碑时所用的文字,但不管是从《柳州路文宣王庙碑》的碑面,还是从碑文的意思上说,都应该取用"祇会群吏",因为如果用"祇会群吏",不知应该如何解释这句话。《柳宗元柳州诗文选读》中用的就是"祇会群吏",祇:恭敬。《文选〈谢瞻任抚军庚西阳集别作〉诗》:祇召旋北京,守官反南服。李周翰注:"祇,敬也。"这里是郑重的意思。"祇会群吏"的意思是我郑重的会集所属官吏们。

八、其时门人犹有惑圣言:这句话的意思是:当时您的弟子中还有人对您的话迷惑不解。但从《柳州路文宣王庙碑》的碑面实录,这句话应该是"其时门人犹惑圣言",从意思上来讲这两句话表达的都是一样的,但虽然文理上是通顺,不过从忠于原碑的方面来说,引用此碑文时应该取用"其时门人犹惑圣言"。正因为原碑上没有这个"有"字,才显示出这方碑的珍贵,毕竟当时刻制此碑时是有专人认真校正过的。

九、今夫子去代千有余载:这句话的意思是:现在离夫子您去世后已有一千多年的时间了。但从《柳州路文宣王庙碑》的碑面实录,这句话应该是"今夫代千有余载",从意思上来讲这两句话表达的都是一样的,但虽然文理上是通顺,不过从忠于原碑的方面来说,引用此碑文时应该取用"今夫代千有余载"。同上,正因为原碑上无"子去"二字,才显出这方碑刻的珍贵,毕竟当时刻制此碑时是有专人认真校正过的。

(原载 2005 年第 1 期,作者单位:柳州市博物馆)

柳宗元《湘源二妃庙碑》考释

✳ 吕国康

　　唐元和九年(814)八月二十日,湘源县的二妃庙遭受火灾被毁。经永州刺史崔能批准重修,十一月峻工,举行祭奠礼,柳宗元为此写下《湘源二妃庙碑》。碑文分两部分,前面是文,叙说二妃庙因火灾烧毁,刺史崔能马上组织重修的经过,后面是铭,采用四言诗,内容有重复之处,主要称颂了二妃的品德,着力描写了祭祀的场面和百姓的喜悦心情。这是柳宗元歌颂舜帝与二妃的德行,倡行"尧舜之道"的一篇重要文章,也是印证"舜帝南巡"的重要地方文献。对"湘源"所指及二妃庙的分布值得考辨,对《湘源二妃庙碑》的历史价值及现实意义值得研究。据《元和郡县图志》,唐代元和年间,永州管县四:零陵、祁阳、湘源、灌阳。碑文中提到的人物刘知刚、崔能等,章土钊先生解释:"司功掾守令彭城刘知刚:司功者、司功参军也,参军为掾级官,故曰司功掾。守者,摄也,守令、谓以司功摄令,令当指湘源县令,湘源为永州刺史辖县。"[1]刘知刚以司功参军代理湘源县令。崔能,据《旧唐书·崔能传》:"(元和)六年,转黔中观察使。坐为南蛮所攻,陷郡邑,贬永州刺史"。其前任韦宙,元和七、八年任永州刺史。崔能元和九年继任,是柳宗元贬永期间最后一任刺史。柳文《永州崔中丞万石亭记》《送易师杨君序》《与史官韩愈致段秀实太尉逸事书》均提及此人。碑文中的"湘源"是否指"零陵"?永州学者雷运福认为:"柳宗元笔下的湘源二妃庙就是永州零陵的潇湘二妃庙",并提出四点理由:"从'邑令群吏,告于君公'来推测,也应是零陵县,州府治地所在县名,通常省称,县令和众多的县衙官吏一同到刺史崔能处汇报,也说明是所在地零陵县"。"若二妃庙是在湘源县的话,那么湘源县治所距离永州府很远,就不可能有这么多的官吏同时来到永州向刺史汇报"。"湘源县建二妃庙,也不符合二妃寻夫到九嶷山的行程,即从黄河流域—长江—洞庭湖岳阳—湘江长沙—永州零陵县—道州—九嶷山。""湖南的湘水,习惯上称湘江,严格意义上的湘江是从潇水汇入处为起点为源口,汇入处的二水上游均为湘江二级交流,二水汇合处可称'湘口',也可称之为'湘源',湘源、湘口在这里同义。"[2]实际情况是,湘源二妃庙建在湘源县,即古零陵,今广西全州。公元前221年,秦朝在今全州境内设置了零陵县,属长沙郡。汉武帝元鼎六年(前111)置零陵郡,郡治仍在全州,辖7县4侯国,地域广阔达9万余平方公里,相当于现在的湖南衡阳市、郴州市、永州市、邵阳市,广西的梧州市、贺州市、桂林市,广东的清远市、韶关市北部等地。司马迁《史记·五帝本纪》载:舜"南巡狩,崩于苍梧之野。葬于江南九嶷,是为零陵"。此"零陵"即古零陵,说明零陵的得名与舜葬九嶷有关,根据北京大学《中国古代史教学参考地图集》辑录,"零陵"是我国夏代已出现的全国34处重要地名之一。"章帝建初四年(79),有甘露降泉陵、洮阳二县"[3],零陵郡治才迁到泉陵县,即今天的湖南省永州市零陵区。时间跨度300年。隋开皇9年(589),撤零陵、营阳二郡,设永州总管府。废广西地的零陵、洮阳、观县(今灌阳)三县,置湘源县。改泉陵县为零陵县,将永昌、祁阳、应阳3县并入。永州总管府和零陵县治均设在今永州市零陵区。这一年可称永州、零陵一地二名的起始年。这时,在全州存在了810年(前211－589)之久的零陵这一地名,最终在今广西境内消失了。由此可知,古零陵是以全州为中心的。

置湘源县三百年后,后唐天成元年(926)改名湘川县,13年后,改名全州,辖清湘和灌阳两县。明洪武二十七年(1394)全州从永州府划出,归桂林府管辖。明洪武《永州府志》卷五·祠庙载:全州"二妃庙城南江外。汉初平元年(190)建,唐元和九年(814)重建"。收入柳宗元《湘源二妃庙碑》全文,并有北宋陶弼诗:"溪上龙蛇屋,萧条帝女祠。竹痕当日泪,山色后人疑。古服流霞绮,新妆月献眉。楚民已水旱,萧鼓谢神禧。"府城"潇湘二川庙,旧在潇湘滩西岸。唐贞元九年(793)三月,水至城下,文武官民祷而有感,至于水落。漕运艰涩,未有祷而不应。自是,凡旱干水溢,民辄叩焉。后徙庙于潇湘滩东岸。至正癸巳(1353),庙遭兵燹,遂移置于潇湘门内画锦坊内。洪武壬戌(1382),零陵知县曹恭见祠宇狭隘,劝率士民,增创后屋三间,以安神位。前为拜厅,规模可观。先是,洪武四年(1371),圣朝赐封为'潇湘二川之神',每岁正月十五日,官为致祭"。历史的事实一清二楚,二妃庙在全州,潇湘二川庙在府城潇湘滩西岸,后迁往东岸。两庙都与舜及二妃有关,是舜文化的重要标志。据清《全州志》记载,"虞帝岭在城西二十八里,官道旁有行宫故址,是大舜巡行处","后人构宇以识其迹",又"虞帝庙在城西十里"。《全州县志》记载:"二妃庙在城南一里,汉初平元年建。"清乾隆三十年(1765),越南使者阮辉僙出使中国时,使用的手绘本彩色地图集

《燕轺日程》,在灵川和全州之间的灵渠一段,绘制了7页地图,其中沿江庙:图注"灵光庙,祀虞帝及二妃"。全州有关圣祠、湘山报恩光孝寺。可证二妃庙曾名灵光庙。全州二妃庙,位于县城三江口三角洲李家山,在今县党校附近。今有二妃路。全州地处湘江上游,距永州市79公里。永州至全州,道路较为平坦,兼得车船舟楫之利,自秦以来就是中原与广西联系的纽带,是湘桂走廊最重要的通道。《左氏传》云"国之大事,在祀与戎",在我国古代以军事和祭神为国家大事。永州刺史率属官到所辖湘源县祭奠二妃,不仅属履行职责,也说明对此事的重视,因为二妃庙是皇帝下诏修建的,属"国典"。元和二年(807),因大雨成灾,永州刺史冯叙赴道州境内的九嶷山祭拜舜帝,柳宗元代其作《舜庙祈晴文》。元和八年(813)夏,因久旱不雨,柳宗元等一行跟随刺史韦宙到城东七十里外的黄溪庙求雨。归来后,柳写了《游黄溪记》及诗。至于府治在零陵县,这是对的,湘源县代理县令率主簿卫之武等到府治向刺史汇报,这十分正常,刺史率属官到一百五十余里的湘源县参加祭奠,乘马车前往交通也不成问题。至于永州潇湘二川庙,简称潇湘庙,雷运福先生认为始建于李隆基开元十一年(723),显然,与汉初平元年建的湘源二妃庙不是一回事。明嘉靖《湖广图经志书》卷十三载:"潇之源发自道州宁远九嶷,湘之源发自桂林之兴安阳海山,积流成川,不舍昼夜,至是而合于一,是曰潇湘。……旧有庙在水之西岸,唐贞元九年(793)三月,洪水泛涨至城下,郡之官民咸祷于庙,水遂平厥。后凡旱干水溢,漕运艰阻,随所祷辄应如响。有司具其事闻于朝,而赐以王号。……徙庙于水之东岸,所以便祗奉也。"清康熙《永州府志》载:"潇湘祠原在浮洲上,有司以春水泛滥,艰于涉祀,迁之东岸。至今秋水澄碧,尚见甬道也。"

浮洲后名蘋洲、蘋岛,为了方便尊奉、祭祀地神,故将潇湘庙迁往东岸。何时迁建?未明确,应在唐贞元九年以后,柳宗元贬谪永州之前。因为柳《登蒲洲石矶望横江口潭岛深迥斜对香零山》诗中有"双江汇西奔,诡怪潜坤珍。孤山乃北峙,森爽栖灵神"的句子,"双江"指潇水、湘江,"孤山"指蘋岛东岸的香零山,"北峙"指潇湘庙。"灵神"就是二妃神。舜帝为天为乾,二妃为地为坤,"坤珍"也隐含二妃之意。徐霞客《楚游日记》载:"初三日,平明,放舟湘口,于是去潇而转向湘矣。……潇之东岸即湘口驿,有古潇湘祠,祀舜帝之二妃。由祠前裁潇水而西,盘龙尾而入湘。"这与柳诗"双江汇西奔"完全一致,也是潇湘庙在潇水东岸的明证。值得指出的是,潇湘庙又名"禹皋庙",有越南使者诗文为证。清乾隆二十五年(1760),黎贵惇以副使身份出使中国时,在湖南写下《潇湘百咏》,其二

"红蕖碧杜满芳香,翠竹青松自郁苍。穆穆庙庭千古祀,平成景仰禹皋王"。尾注:"潇湘江口有庙,祀敕封允德禹皇、齐德皋王。"越南使节阮辉僙《奉使燕京总歌并日记》说:"三歧江口有潇湘古祠,敕封齐德禹皇、允德皋皇,内扁'威德显灵',外扁'功在平成'。"[4]诗文互证,在清代乾隆时期,潇湘庙曾祀禹皋。还需一提的是,元代末期,潇湘庙遭兵灾,遂移置城北潇湘门内。明代增置殿宇,"奉敕封为潇湘二川之神","春秋官祭"。潇湘庙一直保存到20世纪50年代,后因修建粮库而被拆毁。而蘋岛东岸,至清代又重修潇湘庙,至今犹存,为市级文物保护单位。庙共两栋六间,殿堂的墙体中共有19方石碑。嘉庆《重修神像卷棚碑》云"潇湘神祠之盛于前也"。乾隆《建立潇湘圣庙》碑云"两川之神于湘之口而祭之,论者德配禹皋,明重千古"。可知祀主为"两川之神"。同治十二年《重建正殿碑》说"潇湘者,娥皇,女英之灵也"。说明潇湘二川之神即二妃。吴光《泊湘口二妃庙是潇湘二水会处》诗也可佐证。张京华教授认为"潇湘庙是湘妃庙的专称,同时也是主庙之称。……沿湘水上下多有湘妃庙,而永州之庙建于潇湘之会,故可独获此称"。此论确切。碑文中对祀主又称"'二圣皇爷',称湘妃为'二圣'。推测塑像是二尊女神、一尊男神形象"。"可知明代,潇湘庙的祀主除了湘妃姐妹二神,还有帝舜,共为三神。下及清代,这一状况得以延续。"[5]这是可信的。祁阳潇湘庙"上祀虞帝暨二妃"也可印证。根据同治《重修潇湘圣庙碑》中有"四民沾惠泽,芳名泐碑中",刻有捐资修缮人的名字及金额,可以推测是清代民间集资的义举。在一城中同时存在两座潇湘庙的格局,实属罕见。说明舜文化影响的深远。

司马迁说舜"南巡狩,崩于苍梧之野,葬于江南九疑",苍梧为古国名、古地名,与中原华夏的尧、舜等古国同时并存。苍梧古国的分布范围主要在湖南湘江流域及南部地区、广东的北部和西北部、广西的西北部和东部地区。而九嶷山是其核心。故《山海经·海内经》说"南方苍梧之丘,苍梧之渊,其中有九嶷山,舜之所葬,在长沙零陵界中"。苍梧之野范围相当广泛,涵盖湘漓大部分地区。而在湘漓之野存在一个舜文化圈。所谓舜文化圈,指舜帝一生的活动轨迹所留下的文化遗迹,辗转播迁,经久不衰。这一文化圈包括湖南、桂北、粤北之地,以古零陵为中心。以桂林虞山为例,相传虞帝南巡曾到这里,秦人立碑纪念,唐代建虞帝庙,古往今来祭祀虞帝者络绎不绝。现已开辟为虞山公园,保存古代碑刻65件,其中以唐代韩云卿撰文、韩秀石手书、李阳冰篆刻的《舜庙碑》和宋代朱熹的《靖江府新作虞帝庙》最为珍贵。在遗址上重建的虞帝庙,为正殿;东西两边新修的配殿,供奉二妃娥皇、女英,对联分别为"虞山有幸祀贤女,湘水多情慰落英","斑竹泪凝千古事,湘君情系九嶷魂"。娥皇、女英是尧帝的女儿,舜帝的两个妃子,故称帝子、二妃,又称湘妃、湘夫人。北魏郦道元的《水经注》说:"世言大舜之徙方也,二妃从征,溺于湘江,神游洞庭之渊,出入潇湘之浦"。九嶷山的传说却不同,说二妃到过九嶷。可是"九疑联绵皆相似,重瞳孤坟竟何是?"恸哭不止,泪珠洒在竹子上,"癍痕苦雨洗不落",指纹合血泪留于竹干,"色抱霜花粉黛光"。最后,二妃化作了娥皇、女英两座秀丽的山峰,仍然矢志不渝地守护着舜帝的英灵。刘禹锡《潇湘神》:"湘水流,湘水流,九疑云物至今愁。若问二妃何处所,零陵芳草露中秋。""斑竹枝,斑竹枝,泪痕点点寄相思。楚客欲听瑶瑟怨,潇湘深夜月明时。"潇湘神即二妃,后衍变成词牌。词中将二妃与湘水、九嶷、零陵及潇湘完美融合在一起,斑竹泪、瑶瑟怨,诉说着二妃与舜帝凄美的爱情故事。柳宗元在永州十年,对所辖4县的地理概念十分清楚,决不会用"清湘"代替"零陵"。如《覃季子墓铭》中"永州祁阳县某乡"。《零陵三亭记》中有"零陵县东有山麓","河东薛存义,以吏能闻荆、楚间,潭部举之,假湘源令。会零陵政庬赋扰,民讼于牧,推能济弊,来莅兹邑"。薛存义被授以湘源县代理县令。遇上零陵政令混乱,赋税扰民,老百姓打官司告到了州府,于是州府推举贤能的人士以革除弊政,薛又来到零陵任职。《送薛存义之任序》中云"存义假令零陵二年矣",说明薛存义代理零陵县令二年。《愚溪诗序》开头"灌水之阳有溪焉,东流入潇水",灌水即灌江,源出灌阳县西南。柳宗元写了《湘口馆潇湘二水所会》诗,因潇湘二水在零陵蘋洲相汇,故称"湘口",衍生出湘口馆、湘口关、湘口站、湘口驿、湘口渡、湘口津、湘口镇,无"湘源"之说。

雷运福先生说:"明朝《湖广通志》记载今湖南、广东、广西一带二妃庙只有二处,即湘阴县的黄陵二妃庙和零陵县的潇湘二妃庙。其他州县未见二妃庙的记载。"[2]事实并非如此。除泳超博士在"尧舜传说的地理分布"中指出:"黄陵庙在湘阴县北四十里,唐韩愈有记。……湘妃庙在巴陵县西南君山,祀尧二女"。"常德府二:祠庙:舜二妃庙,在武陵县西"。"永州府二:祠庙:潇湘庙,在祁阳县东门内,祀帝舜及湘君、湘夫人。""二妃庙,在蓝山县东十五里,祀娥皇、女英。"加上零陵的潇湘庙,可知在今湖南境内,至少有6处祭祀二妃的祠庙。而在广西,除全州二妃庙外,还据《寰宇记》载,"临桂县有双妃冢,高十余丈,周回二里,相传二妃寻舜而卒,葬于此。"

现在回到碑文的内容。关于修复湘源二妃庙的目的:"祗栗厥戒,会群吏泊众工,发开元诏书,惧废守祀。"崔公非常严肃地对待这一告诫,召集各位官员以及众位工匠,打开开元时的诏书,惟恐荒废了一直有的祭祀活动。"唐命秩祀,兹邑攸主"。在唐代,皇帝诏命进行官家祭祀,湘源县令负责主祭。说明在唐朝李隆基开元年间(713 – 741),由皇帝下诏对二妃庙进行官祭,规格极高。明洪武四年朱元璋敕封二妃庙神为"潇湘二川之神",其祭仪载在国典上,与此一脉相承。从"神用播迁""神乐来归""神既安止"等铭文来看,这次修复是异地重修、迁徙庙神。碑中对修建过程做了简洁生动的叙述,资金的来源是官府筹集,"均节委积",建材是就地取材,"斩木于上游,陶埴于水涯,乃桴乃载,工逸事遂"。仅三个月时间就顺利完工,"作貌显严,粲然而威",重修的二妃庙外观宏伟、威严,庄严肃穆。"十有一月庚辰,陈奠荐辞,立石于庙门之宇下,"崔公率领左右属官前来祭祀。柳宗元肯定也参加了祭奠活动。碑中重点歌颂了二妃的品德,"唯父子夫妇,人道之大。大哉二神,咸极其会"。父子夫妇,是人伦的大道。娥皇、女英这两位女神,都很好的做到了这两点。具体而言,有三个方面:第一,"为子而父尧,为妇而夫舜。齐圣并明,弼成授受"。作为女儿,她们的父亲是唐尧,作为妻子,她们的丈夫是虞舜。她们与圣明的虞舜平齐共耀,辅佐虞舜治理天下。这是从国家的角度来讲的。作为尧的两个女儿,受到过良好的家庭教育。《列女传·有虞二妃传》载:"舜既嗣位,升为天子,娥皇为后,女英为妃。封象于有庳,事瞽叟犹若初焉。天下称二妃聪明贞仁。"张京华解释"虞舜继续孝行,而湘妃也能善始善终。'贞'意为中正,谓能合于中道,行于正道。清人解为'所言所行,皆合礼道',是对的,聪明而又合于中道,可以说是治家治国的最高评价了"[6]。可以说,二妃是名副其实的贤内助。第二,"内若嚚瞽,上承辉光。克艰以义,德罔不至",内心顺从愚蠢而又顽固的公公婆婆,又从她们的父亲那儿继承了光辉照人的品格。能够吃苦而且治理出众,德行没有不到的地方。刘向《新序·杂事》云"父瞽叟顽,母嚚,及弟象傲,皆下愚不移"。舜在家遭受种种磨难、迫害,几次死里逃生,仍行孝道。二妃的相夫之功值得称道,常常为舜出谋划策,使其化险为夷。患难与共、支持配合,并且孝顺公婆,爱护弟弟。刘向称颂"以尊事卑,终能劳苦,瞽叟和宁,卒享福祐",居《列女传》之首,并称之为"元始二妃"。这是从家庭角度来讲的。践行仁爱、孝悌的二妃,在处理夫妻关系、婆媳关系方面是妇女的楷模,如此特殊的家庭,尚且能和谐相处,天底下还有什么家庭矛盾解决不了?在现代和谐家庭建设中,我们完全可以宣传推广二妃的德行。第三,"既野死,神亦不返。食于兹川,古有常典",舜帝死在了苍梧之野后,两位妃子也死在了湘水之间，神灵不得归返。在湘水间受到人们的祭祀，自古以来就形成经常的仪式。《述异记》云："舜南巡，葬于苍梧，尧二女娥皇、女英泪下沾竹，久悉为之斑，亦名湘妃竹。"斑竹一枝千滴泪。斑竹的传说，是二妃与舜帝爱情故事的千古绝唱。"德形妫汭，神位湘浒"，二妃的德行形布于妫水之汭，可是你们死后的神位留在了湘水之滨。生为人杰，死作神灵，二妃与舜帝的英魂最终归属于潇湘、九嶷。这是从爱情的角度来讲的。二妃忠于爱情，至死不渝，书写了中国最早的爱情故事，留下无数歌吟的华美诗篇。屈原的《湘君》《湘夫人》就是娥皇、女英化作湘水之神后的恋歌。李白的《远别离》直写二妃与舜帝生离死别的故事，迸发出"苍梧山崩湘水绝，竹上之泪乃可灭"的无穷感慨。在现代，郭沫若先生以此为题材，写出了著名的诗剧《湘累》。碑文最后归结到祈福。从二妃庙的因火灾毁坏，到高大的庙宇重新树立，"神既安止，邦人载喜。奉其吉玉，以对嘉祉。南风湑湑，湘水如舞。将子无譁，神听钟鼓"。民俗内情，历历在目，情调欢快，神民同乐。"丰其交报，邦邑是与"，神灵高兴之下，多多赐福给州县的百姓。首尾呼应，文铭结合，浑然一体，堪称完美。其中体现了柳宗元一贯的民本思想。全州的二妃庙虽然已不复存在，但是《湘源二妃庙碑》这一文献将永载史册！零陵潇湘庙虽破旧不堪，但框架犹存，经过修复，必将光耀千古。

参考文献：

[1]章士钊.柳文指要[M].上海:文汇出版社,2000:185.

[2]雷运福.柳宗元集版本探微[M].长沙:湖南人民出版社,2010:180－181.

[3]蒋钦挥.历史的碎片:全州地域文化纵横谈[M].南宁:广西人民出版社,2015:21.

[4]复旦大学文史研究院,越南汉喃研究院.越南汉文燕行文献集成[M].上海:复旦大学出版社,2010.

[5]张京华.湘妃考[M].长沙:湖南人民出版社,2011:73.

[6]陈泳超.尧舜传说研究[M].南京:南京师范大学出版社,2000:360－364.

（原载 2017 年第 9 期，作者单位:永州市教育局）

柳宗元祖籍及家眷亲属考略

✳ 翟满桂

关于柳宗元的家世，《旧唐书》《新唐书》中有《柳宗元传》，韩愈的《柳子厚墓志铭》等文中均有相关记载。历代评家多有论及。柳宗元为文也屡言此事，唐代门庭观念较重，以士族为荣。柳宗元在这种风气的影响下，与人唱和，常常流露出柳家门庭之高的自豪和惋惜之情。后积极仕进，奋发有为，参与永贞革新，也反映出强烈的重振宗族光耀门庭的意识。

一 关于柳宗元的祖籍和家族祖先世系

柳宗元的祖籍在今山西省永济市虞乡镇。柳宗元自称是"河东解人"，[1]他在《杨氏子承之哀辞》，也自称是"解人"；在为叔父所作的《故殿中侍御史柳公墓表》中，又明言他的家族"邑居于虞乡"，《送独孤申叔侍亲往河东序》曰："河东，古吾土也。"为此之故，后人在认定柳宗元祖籍的问题上，便存在着两种不同的看法。其实柳宗元在文章中自言"河东解人"和"邑居于虞乡"是统一的，"解"是指汉晋时的"大解县"，并非唐时的"小解县"，为古蒲州所辖。蒲州在秦朝以后隶属河东郡。所以《旧唐书》卷七七《柳亨传》，谓亨"蒲州解人"，这说明唐时柳宗元的五世祖柳亨已在隶属蒲州的解县居住。关于"邑居于虞乡"，《柳宗元集》百家注本在此句下注引宋人孙汝所注曰："虞乡，县名，属蒲州。"《元和郡县志》卷十二云："虞乡县（原注：西至府（河东）七十里）本汉解县地。"又："解县（原注）：西北至府四十五里）本汉旧县也，属河东郡。……武德元年改虞乡县为解县，属虞州，因汉旧名也。"由此可见，"解县"和"虞乡县"实为一地。据《元和姓纂》卷七记载："柳氏鲁灭仕楚，秦并天下，柳氏遂迁河东。"又"河东解县"条："秦末有柳安，（柳下）惠裔孙也，始居解县。"由于蒲州在秦朝以后隶属河东郡，所以后来人们根据柳宗元的祖籍称之为"河东柳宗元"，其著作也被称之为《柳河东集》或《河东先生集》。

追溯柳宗元家族祖先的世系,学界往往推尊展禽(柳下惠)为柳氏始祖。据《元和姓纂》载:展禽为鲁士师,谥曰惠,食采于柳下,遂姓柳氏。考察柳氏家族历祖历宗仕宦的史迹,其中确有好多代可以说得上是相当辉煌和显赫的。早在南北朝时期,河东柳氏家族,就已经是我国北方一支势力很强盛的门阀士族,柳、薛、裴三姓被并称为"河东三著姓"。柳宗元自己也曾自豪地说过:"柳族之分,在北为高。充于史氏,世相重侯。"隋末农民大起义中,士族地主虽然遭到了打击,但柳氏故里河东属大贵族李渊、李世民为首的所谓"关陇集团"地区。李渊父子建立唐王朝以后,柳氏家族仍然能保持其显赫地位。柳宗元曾热情洋溢地称颂他的七世祖柳庆,谓"自庆以下四世为相封侯","六代祖讳庆,后魏侍中、平齐公。五代祖讳旦,周中书侍郎、济阴公。高祖讳楷,隋刺济、房、兰、廓四州。曾伯祖讳奭,字子燕,唐中书令。曾祖讳子夏,徐州长史。祖讳从裕,沧州清池令。皇考讳察躬,湖州德清令。世德廉孝,飏于河浒,士之称家风者归焉。"[1]柳庆是柳僧习的少子,曾任后魏尚书左仆射,封济阴公。柳庆子柳旦,是北周中书侍郎,隋统一南北朝后,为隋黄门侍郎。旦子柳楷,曾为隋的济州、房州、兰州、廓州等四州的刺史。柳揩的长子柳子夏,曾任唐徐州长史。子夏和长子柳袁,是柳宗元的曾伯祖,一为唐初宰相,与褚遂良、韩瑗都因为得罪武后而被处死。这是柳氏家族史上所遭遇的一次沉重的打击。从此以后,柳氏家族便中道衰落,从皇亲国戚的特权地位降落为普通士族的官僚阶层,再也未能重新柳氏家族昔日曾经有过的显赫和辉煌,因此,柳宗元在所作《送瀌序》中,曾经带着自豪而惋惜的心情,去追诉河东柳氏祖先的陈年往事道:"人咸言吾宗宜硕大,有积德焉。在高宗朝,并居尚书省二十二人。遭诸武,以故衰耗。武氏败,犹不能兴。为尚书吏者,间十数岁乃一人。"从柳宗元的高祖以后,他的家族官运便都不那么亨通。柳宗元的曾祖父柳从裕,曾为沧州清池令。祖父柳察躬,做过二任湖州德清令,后来便一直退居在江苏吴县。察躬有五个儿子:柳镇、柳纁、柳缮、柳综、柳续。柳镇便是柳宗元的父亲。四个叔父虽也有官职,但都并不显贵。

二　柳宗元家眷、亲属考

(一)父系母系

父系:柳宗元的父亲柳镇,以为人正直和文章闻名当时。曾为晋州录事参军,"晋之守,故将也,少文而悍,酣嗜杀戮,吏莫敢与之争。先君独抗以理,无幸将死,常以身扞笞箠,拒不受命。守大怒,投几折簣,而无以夺焉。……四年,作闅乡令时,考绩皆最,吏人怀思,立石颂德”[1]295。迁殿中侍御史,为鄂岳沔都团练判官时,会宰相窦参与御史中丞卢佋同谋,诬陷正士,以校私仇。天子命镇总三司以听理,“群冤获宥,邪党侧目”。逾年,“卒中以他事,贬夔州司马。……居三年,丑类就殛,拜侍御史。制书曰:‘守正为心,疾恶不惧’”[1]296。窦参败后,还朝为侍御史,以刚强正直为时所称。韩愈《柳子厚墓志铭》云:“皇考讳镇,以事母,弃太常博士,求为县令江南。其后,以不能媚权贵,失御史。权贵人死,乃复拜侍御史,号为刚直。所与游皆当世名人。”父柳镇以刚直的品格赢得社会好评。曾经作为士族的河东柳氏已经衰落。但柳氏清正淳厚的家风犹存,有良好的社会名声和交往,特别是父亲柳镇刚正不阿的品格,给宗元以终生影响。

父柳镇又以文章垂声当时。柳宗元《先侍御史府君神道表》云:“先君之道,得《诗》之群,《书》之政,《易》之直方大,《春秋》之惩劝。以植于内而文于外,垂声当时。天宝末,经术高第。遇乱,奉德清君夫人载家书隐王屋山。间行以求食,深处以修业,作《避暑赋》。合群从弟子侄,讲《春秋左氏》《易王氏》,衍衍无倦,以忘其忧。”[1]294

宗元的叔父有四人,文安礼《柳宗元年谱》列察躬五子:“镇,侍御史;某,朔方营田副使、殿中侍御史,集有墓版文;繟,华阴主簿,集有叔父祭六祖母文;综、续皆见叔父墓版文。”施子愉《柳宗元年谱》列宗元叔四人:“某,曾任朔方营田使参谋,后迁殿中侍御史(《故叔父殿中侍御史府君墓版文》);繟,华阴主簿;综;续(《新唐书》卷七十三·宰相世系表)。”[2]宗元叔父四人从上述句可据。

宗元《故叔父殿中侍御史府君墓版义》云:殿中侍御史某,“自进士登高第,调受河南府文学。秩满,渭北节度使论惟明辟为从事,授太常寺协律郎。元戎即世,罢职家食。无何,朔方节度使张献甫辟署参谋,授大理评事。……此公从政之大略也。既佐戎事,实司中府。匪颁有制,会计明白。……惟公尽敬于孝养,致毁于居忧。表正宗姓,观示他族。故宗人咸曰:‘孝如方舆公。’皆合于古。故宗人咸曰:‘文如吴兴守’。当官贞固,确乎不拔。持议端方,直而不苟。故宗人咸曰:‘正如卫太史。率性廉介,怀贞抱洁。嗣家风之清白,绍遗训于儒素”P317。父某亦品德端方,谦孝刚直之儒者,在宗族中享有很高的威望。“贞元十二年,岁在景子,正月九日壬寅,遇暴疾,终于私馆,享年五十。……夫人吴郡陆氏,洎仲弟综、季弟续、冢侄某等,抱孤即位,牵率备礼。祇奉裳帷,归于京师。……小子常以无兄弟,移其睦于朋友;少孤,移其孝于叔父。”[1]317一岁丧父后,至邠州,

"移其孝于叔父"[1]334-335，他与仲叔综、季叔续，一同奉丧归葬，则尚有两位叔父的呵护。

由上可知，宗元一直在接受父、叔教诲和熏陶中成长。他一生"以兴尧、舜、孔子之道，利安元元为务"[1]780，行仁义，去民疾苦，均可说是上承家风。

母系：柳宗元之母卢氏，则享寿六十八岁，至元和元年卒于永州。《先太夫人河东君归祔志云》："尝逮事伯舅，闻其称太夫人之行以教曰：'汝宜知之，七岁通《毛诗》及刘氏《列女传》，斟酌而行，不坠其旨。汝宗大家也，既事舅姑，周睦姻族，柳氏之孝仁益闻。岁恶少食，不自足而饱孤幼，是良难也。'又尝侍先君，有闻如舅氏之谓，且曰：'吾所读旧史及诸子书，夫人闻而尽知之无遗者。'某始四岁，居京城西田庐中，先君在吴，家无书，太夫人教古赋十四首，皆讽传之。……既至永州，又奉教曰：'汝唯不恭宪度，既获戾矣，今将大做于后，以盖前恶，敬惧而已。苟能是，吾何恨哉！明者不悼往事，吾未尝有戚戚也。'"[1]326见，宗元之母不唯德淑行懿，贤慧豁达，而且知书达礼，能通旧史、诸子、诗、礼、古赋等。对儿女善于管教，又慈爱勤恳。宗元才四岁，便由母亲教诵古赋十四首。在如此优良的母教之下，年仅二十一进士及第，崭露头角。

（二）兄弟姊妹

二姊：柳宗元上有二姊，无兄弟。在母亲的培育下二姊皆知书达理，聪明贤惠。柳宗元《先太夫人河东县太君归祔志》：太夫人"以诗、礼、图史及剪制缕结授诸女，及长，皆为名妇"[1]326《御史府君神道表》：太夫人"用柔明勤俭以行其志，用图史箴诫以施其教，故二女之归他姓，咸为表式"[1]296。崔简，贞元十八年卒，宗元为作墓云石文曰："我伯姊之葬，良人博陵崔氏为之志。……夫人天命之性，固有以异于人。孩而声和，幼而气柔。以吾族之大，尊长之多，夫人自能言，而未尝误举其讳。与其类戏于家，游弄之具，未尝有争。先公自鄂如京师，其时事会世难，告教罕至，夫人忧劳逾月，默泣不食，又惧贻太夫人之忧虑，给以疾告，书至而愈，人乃知之。善隶书，为雅琴，以自娱乐，隐而不耀。工足以致美于服而不为异，言足以发扬于礼而不为辨。孝之至，敬之备，仁之大，又以配君子。然而不克会于贵寿以至于斯，孰谓之天有知者耶？……"[1]334宗元的大姐温和贤慧，德硕行淑，写得一手隶书，还善操琴，又嫁给了有德君子崔简。为人媳为人妻为人母可谓德懿齐备。但天不假年，三十多岁去世。

姊丈：关于大姊丈崔简，柳宗元《永州刺史崔君权厝志》云："博陵崔君，由进士入山南西道节度府，始掌书记。至府留后，凡五徙职。六增官，至刑部员外郎。

出刺连、永两州。未至永,而连之人诉君。御史按章具狱,坐流驩州。幼弟讼诸朝。天子黜连帅,罢御史,小吏咸死,投之荒外,而君不克复。元和七年正月二十六日卒。孤处道泊守讷,奉君之丧,逾海水,不幸遇暴风,二孤溺死。七月某日,枢至于永州。八月甲子,槁葬于社坛之北四百步。……崔氏世嗣文章,君又益工。博知古今事,给数敏辩。善谋画,南败蜀虏,西遏戎师,其虑皆君之自出。后饵五石,病痬且乱。故不承于初。今尚有五丈夫子。夫人河东柳氏,德硕行淑,先崔君十年卒。"[1]231-232崔简,贞元五年进士,历任山南西道节度掌书记、刑部员外郎、连州刺史。元和五年,转永州刺史。未之永州任,坐事流放驩州,元和七年正月卒于驩州。其子处道、守讷护丧北上,不幸溺死,崔简权厝于永州,元和九年迁葬长安。崔简为柳宗元的大姊丈,崔简任连州刺史时,柳宗元作《零陵郡复乳穴记》[1]742:"君子之祥也,以政不以怪。"称颂崔简的美政,又有《与崔连州论石钟乳书》。崔简去世后,柳宗元作《故永州刺史流配驩州崔君权厝志》《祭姊夫崔使君简文》《又祭崔简旅榇归上都文》。崔处道、崔守讷,崔简之子,元和七年奉父之丧北归,不幸溺死。柳宗元有《祭崔氏外甥文》。崔恕己、崔奉一,崔简之子,曾随柳宗元在永州生活,同游小石潭。

次姊:适裴墐,贞元十六年卒。宗元为作志云:"夫人与仁孝偕生,以礼顺偕长,始于家,纯如也;终于夫族,穆如也。其为子道也,孝以和,恭以惠,取与承顺,必称所欲。先君与太夫人恩遇尤厚,故夫人侍侧,无威怒之教焉。……既病,太夫人在侧,尚虑积忧伤于尊怀,犹持形立气,给以少间。……以夫人之德行,宜贵寿,宜康宁,然而年始三十,不克至于寿。……良人官为参军事,不及偕其贵。骨髓之疾,实钟丁身,贞元十六年三月十三日甲子,终于光德里第。"[1]336次姊亦仁孝温顺,能强忍忧劳或病痛,以免令母忧伤。作为人妻,贞洁顺从,和睦姻亲,抚幼恤孤的德行完全具备,然而才刚刚三十岁患骨髓病去世。适裴墐,生子三人,次子崔六,柳氏去世后50天而夭折。幼子崔七,柳氏去世前8个月而夭折。[1]337

姊丈:裴墐,柳宗元《万年令裴府君墓碣》云:"公讳墐,字封叔,河东闻喜人。太尉公讳行俭,实高祖。侍中公讳光庭,实曾祖。刑部员外郎府君讳积,实祖。大理卿府君讳傲,实父。公由进士上第,校书崇文馆。饬馆事,修整左春坊,由是立署局。后参京兆军事,按覆校巡,大尹恒得以取直。……为太常主簿……转殿中侍御史,仍拜尚书比部员外郎,会校成要,期岁毕具。刺金州,决高弛隙,去人水祸,渚菱原茅,辟成稻粱。陟万年令,丛剧辨肃,谈宴终日,人视之若居冗官然。会金州猾吏来,扬言恐喝,以烦褒事,曰:'不得三十万,吾能为祸。'公大怒,召骂之,恣所为。吏巧以闻,御史按章具狱,再谪道州、循州为左掾。会赦,量移吉州长史。元和十二年秋七月日,病痟泄卒。"[1]334 裴堪进士及第,历任崇文馆校书郎、京兆府参军、太常主簿。后转殿中侍御史、尚书比部员外郎、金州刺史。迁为万年县令,为人所构,贬为道州、循州僚佐,量移吉州长史,元和十二年七月病卒。柳宗元作《裴堪〈崇丰二陵集礼〉后序》《唐故万年令裴府君墓碣》《祭万年裴令文》。

由上可知,宗元是在具有浓厚的家庭文化环境中成人,长姊善于隶书、雅琴,宗元亦工于书法、琴艺,应会受姐指导。在父母、二姊共同影响之下长成的宗元,宗元的青少年时代是很幸运的。但这种早来的幸福,却使他在成年以后,面对亲人去世、仕途挫败的种种打击时,更加难以承受。宗元被贬之后,犹强以"浩浩"之貌掩饰"戚戚"之心[1]362。姐的那种克己内敛的性情,亦为宗元所具有。同时以两位姐姐德懿作为榜样,对他后来的"非士中女子"不娶也有着影响。

(三)妻子儿女

妻杨氏:柳宗元妻杨氏,弘农人。妻父杨凭或杨凝,有歧见。柳宗元《亡妻弘农杨氏志》载:"殿中生醴泉县尉讳某,醴泉生今礼部郎中凝。……郎中娶于陇西李氏,生夫人。夫人生三年,而皇姚即世,外王父兼,居方伯连帅之任,历刺南部"[1]339 的妻父为杨凝。施子愉《柳宗元年谱》云:"按《亡妻弘农杨氏志》谓其夫人父为杨凝;惟集有《祭杨凭詹事文》,称凭曰'丈人',自称曰'子婿';《与杨京兆凭书》亦如是。'丈人'虽非专称岳父之辞(如杜甫《赠韦左丞丈》:'丈人试静听,贱子请具陈。'本集有《柳州寄丈人周韶州》亦云:'丈人本自忘机事,为想年来憔悴容。')然观其历次如此称道,非偶然也。《亡妻弘农杨氏志》又谓其岳父为礼部郎中。考《新唐书》卷一百六十《杨凝传》,凝固未尝为礼部郎中;为礼部郎中者,乃凭也(《旧唐书》卷一四六《杨凭传》)。是《亡妻弘农杨氏志》中之'凝'当系'凭'之误。杨凝一生未尝官礼部,'凝'为'凭'之误,确是。[2]《柳宗元年谱》载:按《旧唐书》卷一四六及《新唐书》卷一六零《杨凭传》,凭字虚受,一字嗣仁,虢州弘农人。少孤,善文辞,与弟凝、凌皆有名。大历中,踵擢进士。时号三杨。累佐使府,征为监察御史,不乐检束,遂求免去。累迁起居舍人,左司员外郎,礼部、兵部郎中,太常少卿,湖南江西观察使,入为散骑常侍,刑部侍郎,京兆尹。元和四年为御史中丞李夷简劾奏其为江西观察使阵时脏罪及其它不法事,贬临贺尉。后历中书舍人,以礼部尚书致仕卒。宗元生平对杨凭备极崇敬,观《与杨兆京凭书》《贺弘农公复官五十韵》及《祭杨詹事文》可见。其婚时凭或为礼部郎中也。凭与宗元父友善,《先君石表阴先友记》载其名。宗元与杨氏之婚,盖其父早年与杨凭所订。《亡妻弘农杨氏志》云:'恭惟先府君重崇友道,髫稚好言,始于善谑,虽间在他国,终无异辞,凡十有三岁,而二姓克合,奉初言也。'"

柳宗元为妻杨氏作志文云:"夫人既归,事太夫人,备敬养之道,敦睦夫党,致肃雍之美。主中馈,佐烝尝,怵惕之义,表于宗门。太夫人尝曰:'自吾得新归,增一孝女。'况又通家,爱之如己子,崔氏、裴氏姊视之如兄弟。故二族之好,异于他门。然以素被足疾,不能良行。未三岁,孕而不育,厥疾增甚。明年,以谒医求药之便,来归女氏永宁里之私第。八月一日甲子,至于大疾,年始二十有三。"[1]340德宗元年,宗元十二岁,随父居夏口,与其父长官鄂岳沔都团练使李兼外孙、杨凭之女定婚。至贞元十二年完婚。杨氏适宗元,恪守孝道和妇道,然不到三年未育而卒。此后多年,宗元皆为婚娶不易,尚无子嗣而苦恼[1]779;786。

续娶某氏:柳宗元续娶某氏,生女和娘,十年卒于永州。柳宗元有《下殇女子墓砖记》:"下殇女子生长安善和里,其始名和娘。既得病,乃曰:"佛,我依也,愿以为役。"更名佛婢。既病,求去发为尼,号之为初心。元和五年四月三日死永州,凡十岁。其母微也,故为父子晚。性柔惠,类可以为成人者,然卒夭。敛用缁褐,铭用砖甓,葬零陵东郭门外第二岗之西隅。"[1]341-342 "其母微也,故为父子晚"之语,可知女儿和娘非正式结婚所生之女。又从"下殇女子生长安善和里""家有赐书三千卷,尚在善和里旧宅"[1]781知善和里旧宅为柳宗元在长安所居之地。和娘即出生长安善和里,必为宗元之女,称"其母微",其母或为宗元家中侍妾之类女子。和娘于元和五年卒,年十岁,当生于贞元十七年,即宗元妻杨氏卒后之二年。宗元谪永州后,《寄许京兆孟容书》云:"茕茕孤立,未有子息。荒陬中少士人女子,无与为婚,世亦不肯与罪大者亲昵,以是嗣续之重,不绝如缕。"[1]780《与李翰林建书》云:"唯欲为量移官,差轻罪累,即便耕田艺麻,取老农女为妻,生男育孙,以供力役,时时作文,以咏太平。"[1]802作于元和四年,是时柳宗元仍为孑然一身。和娘之母因故未能随宗元来永州。

又续娶某氏:施子愉《柳宗元年谱》云:"……寄许京兆孟容书及与李翰林建书,宗元在作书时(元和四年)犹为孑然一身,则其续娶当不能早于此,祭弟宗直文(作于元和十年七月)云:'两房祭祀,今已无主。吾又未有男子,尔曹虽有如无。'《新唐书》卷二零三《吴武陵传》亦载:'初、柳宗元谪永州,而武陵亦坐事流永州,宗元贤其人。及为柳州刺史,武陵北还,大为裴度器遇,每言宗元无子,说度曰：'西原蛮未平，柳州与贼犬牙，宜用武人以代宗元，使得优游江湖。'又遗工部侍郎孟简书曰：古称一斥三十年，子厚之斥，殆半世矣。霆碎电射，天怒也，不能终朝。圣人在上，安有比世而怒人臣耶？且程、刘、二韩，或处拔擢，或处大州剧职，独子厚舆猿鸟为伍。诚恐霜露所婴，则柳氏无后矣。'从两文之意，当是宗元是时已续娶，惟尚无子耳。"[2]宗元寄刘禹锡诗云："小学新翻墨沼波，羡君琼树散枝柯。在家弄土惟娇女，空觉庭前鸟迹多。"[1]1179有一个小女孩之意。刘禹锡答诗云："日日临池弄小雏，还思写论付官奴，柳家新样元和脚，且尽姜芽敛手徒。"又一首："闻彼梦熊犹未兆，女中谁是卫夫人？"（《刘梦得文集》外集卷七）官奴用王羲之之女之典，其时宗元之女当已能识字学书。"卫夫人"是谁？柳宗元《祭杨凭詹事文》云："家无主妇，身迁万里"。《马室女雷五葬志》云："……以其姨母为妓于余。又证以"与许京兆孟容书"中"荒陬中少士人子女、无与为婚"之语，则宗元续娶者当是妾。其人或即马雷五之姨母也。

　　关于儿女：韩愈《柳子厚墓志铭》云："子厚以元和十四年十一月八日卒，年四十七，以十五年七月十日归葬万年先人墓侧。子厚有子男二人：长曰周六，始四岁；季曰周七，子厚卒乃生。女子二人，皆幼"。据韩愈墓志和刘禹锡祭文所云，柳宗元有二男二女，原配杨氏婚而未育。柳宗元之儿女应为继室所生，柳宗元谪居永州的第五年，十岁的女儿和娘卒于永州，[1]341在长安时曾娶一妾，生女和娘。在永州，又娶一妾，生二女二子。柳宗元死时，二女皆幼，长子周六始四岁，次子周七尚未出生。刘禹锡《河东先生集序》云："留书抵其友中山刘禹锡曰：'我不幸，卒以谪死，以遗草累故人。'禹锡执书以泣，遂编次为四十五通，行于世。刘禹锡作于"元和十五年岁次庚子正月戊戌朔日"的《祭柳员外文》云："誓使周六（柳宗元之子），同于己子"，未提及周七，说明周七生于元和十五年正月之后，宗元卒后生，与韩愈说法一致。柳宗元二十四岁完婚，二十七岁丧偶，四十四岁得子，临终时子女皆幼。其子女下落和生活境况如何？《新唐书》世系表载宗元子"告，字用益"；四库本五百家注引宋任子渊云："咸通四年……中第者二十五人，柳告第三人，韩绾第八人。"告，即宗元之子，字用益，绾即韩愈之孙。柳告，懿宗咸通四年（863）登进士第。告如为周六，登第已四十八岁，如为周七，登第已四十四岁。知举者萧仿，宰相俛之从弟（俛为宗元之友，《柳宗元集》三十有《与萧俛书》），有与浙东郑商绰作为名父之子登弟过晚的感叹。

　　柳宗元二十七岁丧偶，此后未有正式续婚，然先后与两个非婚女子同居，四十四见得子，临终时子女皆幼，实为不幸。他贬谪后长期郁闷寡欢，实亦与家庭生活之不幸有关。

三　柳宗元谪至永州随同亲属考

柳宗元于永贞元年十二月到达永州,随同前往的家庭人员主要有母亲卢氏、从弟柳宗直、表弟卢遵,以及女儿和娘及其生母。

(一)堂弟柳宗直

柳宗直为柳宗元堂弟,早年随宗元求学,为人正直,好善疾恶,治学勤勉,又善书法,喜读西汉文章,编成一部四十卷的《西汉文类》,很受柳宗元爱重,曾为之作序:"始吾少时,有路子者,自赞为是书,吾嘉而叙其意,而其书终莫能具,卒俟宗直也。……于是有能者,取孟坚书,类其文,次其先后,为四十卷。"[1]577赏宗直的才气,与宗元志同道合。宗元没有亲兄弟,他长期追随左右,二人的感情很投契。柳宗元在《志从父弟宗直殡》云:"从父弟宗直,生刚健好气,自字曰正夫。闻人善,立以为己师;闻恶,若已仇;见佞色谄笑者,不忍与坐语。善操觚牍,得师法甚备。融液屈折,奇峭博丽,知之者以为工。作文辞,淡泊尚古,谨声律,切事类。撰《汉书》文章为四十卷,歌谣言议,纤悉备具,连累贯统,好文者以为工。"[1]322-323事受到牵连而没有被举用,"兄宗元得谤于朝,力能累兄弟。为进士,凡业成十一年"(柳宗元《志从父弟宗直殡》)。有的《柳宗元集》版本误用标点,把"力能累兄弟为进士"连读,以为宗直末中进士。实则"业成十一年",即表明进士及第年份。据王昶《金石萃编》卷一零五:"柳宗直等华严岩题名:永州刺史冯叙、永州员外司马柳宗元、永州员外司户参军柴察、进士卢□礼、进士柳宗直。元和元年三月八日直题。"又据《朝阳岩题名》,"卢□礼"做"卢宏礼",署名"直题"做"宗直题"。《朝阳岩题名》已署"进士柳宗直"。[3]宗直及进士第,徐松林《登科记考》亦失考。孙昌武认为,此题名在柳宗元到永州后不久,柳宗直当与宗元同行到永州。[4]笔者依从。

又据柳宗元《志从父弟宗直殡》载:"元和十年,宗元始得召为柳州刺史。七月,南来从余。道加疟寒,数日良已。又从谒雨雷塘神所,卧至旦,呼之无闻,就视,形神离矣。呜呼!天实析余之形,残余之生,使是子也能无成!"从此文"七月,南来从余"得知,柳宗元于元和十年得召长安,宗直仍在永州,是年七月又从永州到柳州。"道加疟寒,数日良已。又从谒雨雷塘神所,卧至旦,呼之无闻,就视,形神离矣。呜呼!天实析余之形,残余之生,使是子也能无成!"[1]323宗直到达柳州仅二十天后病逝于柳州,时为元和十年七月七日。"年才三十,不禄命尽。"柳宗元极为悲痛:"仁义正直,天竟不知,理极道乖,无所告诉。"[1]1100感发出至极的哀痛。柳宗元从兄弟甚多,柳集载有宗直,宗一,宗玄、谋、澥等。柳宗元在从兄弟中排行第八,在《祭弟宗直文》中以"八哥"自称,宗直排行第十,称之为"十郎"。宗直在永州留下一位做为外室的"孕妇"。柳宗元在祭文中云:"知在永州,私有孕妇,吾专优恤,以俟其期。男为小宗,女亦当爱,延子长大,必使有归。抚育教示,使如己子,吾身未死,如汝存焉。炎荒万里,毒瘴充塞,汝已久病,来此伴吾。到未数日,自云小差,雷塘灵泉,言笑如故。一寐不觉,便为古人。茫茫上天,岂知此痛!"[1]1101宗元发誓要优恤宗直的有孕之妇,抚育将产之婴。"吾身未死,如汝存焉"肺腑之言,足见至情。[5]

(二)表弟卢遵

柳宗元贬谪永州,卢遵随行。卢遵,涿人,母舅之子。柳宗元曾作《送内弟卢遵游桂州序》;"遵,余弟也。广而不肆,巽而不慑。孝敬忠信之道,拳拳然未尝去乎其中,盖由其中出者也。浸润以《诗》《易》,动摇以文采。以余弃于南服,来从余居五年矣。"[1]637从"来从余居五年矣"句得知,往上推算五年,即永贞元年卢遵随行宗元到永州无疑。宗元曾向桂州李中丞推荐卢遵,作《上桂州李中丞荐卢遵启》:"内弟卢遵,其行类诸父,静专温雅,好礼而信,饰以文墨,达于政事。今所以闻于阁下者,无怍于心,无愧于色焉。以宗元弃逐枯槁,故不求达仕、务显名,而又难乎其进也。窃高阁下之举贤容众,故愿委心焉。则施泽于遵,过于厚赐小人也远矣。以今日之形势,而不废其言,使遵也有籍名于天官,获禄食以奉养,用成其志。"[1]906-907李中丞不因人废言,卢遵得以任桂管属县全义令。"卢遵为全义,视其城,塞北门,凿他雉以出"[1]720,卢遵任职县令,复开全义县北门。柳宗元作《全义县复北门记》记载卢遵的政绩。关于卢遵的出身,柳宗元在《送内弟卢遵游桂州序》云:"外氏之世德,存乎古史,扬乎人言,其敦大朴厚尤异乎他族。由遵而上,五世为大儒,兄弟三人咸为帝者师。其风之流者,皆好学而质重"[1]637。卢遵家学源远,好学质重,并且质朴厚道。卢遵随行柳宗元到永州,后又到柳州,直至柳宗元去世。宗元其后事、家事,均由卢遵操持。韩愈《柳子厚墓志铭》云:"舅弟卢遵。遵,涿人,性谨慎,学问不厌。自子厚之斥,遵从而家焉,逮其死不去。既往葬子厚,又将经纪其家,庶几有始终者。"[6]韩愈对卢遵的善始善终的人品和学识给予了高度评价。[5]

（三）女儿和娘及其生母

关于柳宗元的婚姻子息，在谪至永州之前，柳宗元有妻杨氏。根据柳宗元在《亡妻弘农杨氏志》所载，"恭惟先府君重崇友道，于郎中最深。髫稚好言，始于善谑，虽间在他国，终无异辞。凡十有三岁，而二姓克合，奉初言也"。他的父亲柳镇与杨凭关系好、友情重，在柳宗元与杨氏孩提之时就有了婚约，尽管两人父亲后来未能同在一地做官而不在一处生活，两家人重诺十三年以后仍然结为秦晋之好。杨氏患有足疾走路不方便，结婚不到三年，怀孕经常流产。第四年，杨氏为求医问药之便回到娘家，不料怀孕早产病亡。这一年是 799 年，柳宗元 26 岁。直到十多年后的元和四年，柳宗元仍然因为其妻杨氏没有真正生育，以至"茕茕孤立，未有子息"[1]779，但这里的"子息"是指男孩，这在柳宗元给其岳父杨凭的书信中得见："独恨不幸获托姻好，而早凋落，寡居十馀年。尝有一男子，然无一日之命，至今无以托嗣续，恨痛常在心目。"[1]786尽管杨氏曾经怀有"一男子"，却因未面世亡故"至今无以托嗣续"。所以，柳宗元说"子息"不包括女儿，但并不表示柳宗元没有女儿。据《下殇女子墓砖记》："下殇女子生长安善和里，其始名和娘。既得病，乃曰：'佛，我依也，愿以为役。'更名佛婢。既病，求去发为尼，号之为初心。元和五年四月三日死永州，凡十岁。其母微也，故为父子晚。"和娘是柳宗元的亲生女儿，生于长安善和里柳氏旧宅，元和五年死于永州，从柳文确信无疑。柳宗元初至永州居住于龙兴寺，女儿和娘因病向佛更名佛婢，与当时生活环境密切相关。关于"其母微也"，当为杨氏故世之后，柳宗元未有再娶妻，但有婢妾一类人物陪伴其生活。所以尽管生下了和娘，但因为侍妾身份问题"故为父子晚"。柳宗元遭受贬谪离开京城，已经有母亲、堂弟、表弟一道随行，再带着时年五岁的亲生女儿一起举家南迁，更是人之常理。五岁的和娘与其生母是否随行？查柳文尚无记载。但笔者认为，因为名分问题，只是不便说明，然从当时情况来看，柳宗元上有六十多岁的老母亲随行，一路颠簸需要人照顾服侍，作为侍妾身份的和娘生母有义务承担此任。因此，和娘及其生母有可能也跟随一道同行到永州。然柳集无记载，仍有待考。

（四）其他

柳宗元谪至永州，是否还有其他人员随同？历来也有一些说法。罗联添认为："子厚至永州时，其母暨从弟宗直、宗玄、表弟卢遵皆从。"[7]80笔者认为，宗玄随从，尚无资料可证。虽柳宗元《至小丘西小石潭记》载："同游者吴武陵、龚古、余弟宗玄。"[1]767宗玄随宗元同游小石潭是在元和四年,或许是后来永州探望宗元,因而宗玄随行永州之说,不足为证。[5]

卢弘礼,据《朝阳岩题名》,卢弘礼为进士,元和元年三月八日曾与柳宗元同游华严岩(王昶《金石萃编》卷一零五)。元和二年奉送卢氏灵柩归葬长安,柳宗元在为母亲的祭文中曰:"其孤有罪,衔哀待刑,不得归奉丧事以尽其志,侄泊太夫人兄之子弘礼承事焉。"弘礼即卢弘礼,于元和元年、元和二年均在永州,是否在永贞元年随同宗元到永州?或卢弘礼与卢遵同一人?待考。[5]

参考文献:

[1]柳宗元.柳宗元集[M].北京:中华书局,1979.

[2]施子愉.柳宗元年谱[J].武汉大学学报,1955,(3).

[3]零陵县志[Z].清光绪续修本.

[4]孙昌武.柳宗元传论[M].北京:人民文学出版社,1982.

[5]翟满桂.柳宗元谪居二考[J].广东技术师范学院学报,2009,(5).

[6]韩愈.柳子厚墓志铭[A].王云五.万有文库(第一集)·韩昌黎集[C].上海:商务印书馆,1930.

[7]罗联添.柳宗元事迹系年暨资料类编[Z].台北:国立编译馆,1981.

(原载 2014 年第 6 期,作者单位:湖南科技学院)

“其母微也,故为父子晚”辨

✲ 陈松柏

只要读过柳宗元的《下殇女子墓砖记》,没有人不对柳宗元的女儿和娘一掬同情之泪。她短暂的一生真是太可怜、太可怜,她的出世之谜真是太神秘、太神秘,千百年来,人云亦云,莫衷一是,至今仍是一大悬案。其实这也是揭开青年柳宗元感情世界的一把钥匙,为深入研究柳宗元打开另一扇窗户。这里且对和娘的身世之谜作一次简单的探讨。

一　和娘短暂的生命历程

我们首先梳理一下和娘短暂的生命历程:

唐德宗贞元十七年(801),和娘一岁。出生于长安善和里,因“其母微”,未为柳宗元所认。这一年柳宗元29岁,从集贤殿正字调蓝田尉,未赴,为京兆尹韦夏卿所留。

唐德宗贞元十八年(802),和娘二岁,这一年柳宗元30岁,仍任京兆府从事。未认和娘。

唐德宗贞元十九年(803),和娘三岁,柳宗元31岁,调任监察御史里行,未认和娘。

唐德宗贞元二十年(804),和娘四岁,柳宗元32岁,仍在监察御史里行任。未认和娘。

唐德宗贞元二十一年,八月五日改为唐顺宗永贞元年(805),和娘五岁。柳宗元33岁。

这一年正月二十三日唐德宗去世。正月二十五日,老太子李诵即位,是为唐顺宗。

唐顺宗重用王叔文、韦执谊,作为王、韦的朋友,柳宗元擢升为礼部员外郎,参与倡导与推行了系列革新。

八月四日,李诵因身体不行禅位于李纯,是为唐宪宗。王叔文与其同进者皆贬,酿成"二王八司马事件"。柳宗元初贬邵州刺史,赶赴贬所。途中(11 月)加贬永州员外司马。

柳宗元在朝为官时没认和娘,贬出京城了才公开相认,和娘跟着父亲和奶奶,历尽奔波,奔赴永州。于年底到达贬所,住进永州龙兴寺西厢。

唐宪宗元和元年(806),和娘六岁,柳宗元 34 岁,住永州龙兴寺。

这一年,王叔文赐死。死讯传来,一直为儿子悬着一颗心的卢老夫人似乎看到了儿子的末日,急火攻心,于 5 月 15 日不幸去世。

性命之忧、妨母之痛直接折磨着柳宗元,八月又下达"左降官韦执谊,韩泰、陈谏、柳宗元、刘禹锡、韩晔、凌准、程异等八人,纵逢恩赦,不在量移之限"的诏命,柳宗元陷入绝望境地。

唐宪宗元和二年(807),和娘七岁,柳宗元 34 岁,住永州龙兴寺。

柳宗元心情不好,担惊受怕,身体状况日趋恶劣。

唐宪宗元和三年(808),和娘八岁,柳宗元 35 岁,住永州龙兴寺。

柳宗元进入调适阶段。吴武陵、李幼清等先后来永,给柳宗元以莫大安慰。王叔文似的遭遇也因时间的流逝而荡然无存,母亲去世的悲伤亦慢慢缓解,身体因此日益健康。然而,和娘的身体却出现不适。"既得病,乃曰:'佛,我依也,愿以为役。'更名佛婢。既病,求去发为尼,号之为初心。"从"既得病"到"既病",展示了一个病情逐渐加深的过程。它告诉我们,和娘不是骤然死亡,而是慢性疾病。所以还抱有一线希望,满以为献身佛祖就可以好转。

唐宪宗元和四年(809),和娘九岁,柳宗元 36 岁,住永州龙兴寺。

没想到献身佛祖依然没有换来和娘的健康,病情加重,她以为自己虔诚不够,便干脆剃度为尼。

这是柳宗元在永州彻底放松、身体比较健康的一年,他开始了永州优美山水的游赏,完成了人生的几件大事:建房、乔迁、纳妾。深感遗憾的是和娘的身体竟一天不如一天。以和娘意志的坚强和从小养成的独立性,结合死后葬于"零陵东郭门外第二岗之西隅"的事实,可知她没有随柳宗元搬入愚溪新居,没有融入柳宗元建立的新家。

唐宪宗元和五年(810),和娘十岁,柳宗元 37 岁,和娘病情加重,于四月三日死于永州。

通过这个简表,看出三个问题:

第一，和娘是个苦命的女孩，她只短暂地活了十年，没有好好地过上一天。

第二，从和娘的年岁可推算出柳宗元青年时候的感情生活。因为"先府君重崇友道，于郎中最深"（《亡妻弘农杨氏志》），所以早年就由父亲作主，订杨凭的女儿为妻。"凡十有三岁，而二姓克合"，是为唐德宗贞元六年。唐德宗贞元九年二月柳宗元登进士第，时年 21 岁，杨氏 16 岁。事业才开头，杨氏未长成，结婚略嫌早，不料三个月后的五月十七日，其父柳镇卒，依礼得守孝三年，直到贞元十二年孝满，24 岁的柳宗元才与 19 岁的杨氏完婚。

然而，因为是父亲作主，只重视双方家庭的相称和两位家长的友谊，并未尊重年轻人的意愿，婚前两个人从未见面，不知道对方是否适合。婚后的柳宗元相当郁闷，主因是杨氏的身体不好："素被足疾，不能良行"（《亡妻弘农杨氏志》），据昭七年《左传》载："孟絷之足，不能良行。注云：跛也。"是个跛子。另据唐忠元先生考证，柳宗元的相貌大致具有三大特点："第一，他是中国北方人的模样。……第二，个头高大，举止文雅。第三，他在永州、柳州时，应是壮年汉子，略显衰老、清癯忧虑。"（第五届柳宗元国际学术研讨会《柳宗元研究论文集》第 335 页）一个标准的帅男形象。如果说这个推理不足以服人，另一个不容置疑的事实却是显而易见的：即使柳宗元不是帅男，长相一般，进士出身的佼佼者已是不争的事实，在那个强调男才女貌的年代，自然得有个如花美眷。这如今却配了个跛子为妻，心理上的委曲自不待言。这是柳宗元之所以婚后有外遇的主要原因。

"未三岁，孕而不育，厥疾增甚。"（《亡妻弘农杨氏志》）说明杨氏身体不好，加之大户人家的小姐，许多惺惺作态，不为当时率性而又浪漫的柳宗元所喜，于是就恋上了自己喜欢的女人。那就是和娘之母。

"明年，以谒医求药之便，来归女氏永宁里之私第。八月一日甲子，至于大疾，年始二十有三。"（《亡妻弘农杨氏志》）这段话说得异常含混。按照常理，嫁出去的女，泼出去的水，哪有把病妻送到岳家的？柳家也在长安，"谒医求药"哪有不便了？为治病送回娘家的说法有点牵强。"不孝有三，无后为大。"儒家学说的创始人为多妻制提供了伦理依据，杨氏之所以回家治病，应该包括"未三岁，孕而不育"的愧疚，或许还有柳宗元外遇的风声。有一点是非常清楚的，杨氏"来归女氏永宁里之私第"之后，病体不仅没有起色，反而加剧，不久去世。更让我们想到"谒医求药之便"的不切。这里没有说明杨氏到底故于何处，试让我翻译这几句话："第二年，为了求医买药的方便，她回到永宁里娘家。于八月一日甲子，竟因此死去，年龄只有 23 岁。"按照文气，好像病故于娘家。有点蹊跷，说明杨氏病重期间两家的关系不太正常。

停枢一个月之后的"九月五日庚午,克葬于万年县栖凤原,从先茔,礼也"(《亡妻弘农杨氏志》)。毕竟还能够葬于柳家祖茔万年县栖凤原,说明柳宗元并没有休妻,可能有一个协商过程,最后达到完满结果。

柳宗元继续与和娘之母交往。于贞元十七年生下和娘。和娘五岁离开长安,这场婚外恋相持时间起码有六年以上。

第三,和娘的亲生母亲的身分与柳家有太大差距,让柳宗元一直不敢父女相认。

二 "为父子晚"考

向来的柳宗元研究,没有解决"其母微也,故为父子晚"问题,柳宗元为什么不认和娘?

关于这一点,许多研究者为贤者讳:"善和里者,柳氏旧宅也。……女既生于祖遗老屋,其母应至少为柳氏婢妾,然母纵微也,何至使所生父认之晚耶? 岂子厚曾起意不育此女耶?"[1]343章士钊先生对柳宗元推崇备至,这一解释却相当无力。即使"曾起意不育此女",当造成生下来的既成事实后,还有不认女儿的?须知这是他唯一的孩子呀! 还有"善和里者,柳氏旧宅"的说法也值得商榷,会造成"善和里"全为柳氏所有的误会。

"善和里"是长安的一条街,也称善和坊,应该改成"善和里有柳氏旧宅"或"柳氏旧宅在善和里",那里还有其他房屋甚至普通百姓的住宅。辛德勇《〈冥报记〉报应故事中的隋唐西京影像》载:

> 经日本学者福山敏男、中国学者黄永年以及我本人的研究,始确定这两个坊从北向南,应分别是善和坊和通化坊。另外,日本学者平冈武夫,很早就曾经注意到,在《册府元龟》《云仙杂记》和《唐国史补》诸书中,都提到过善和坊这一坊名。今案《册府元龟》述及此坊,系记述唐人郑注"居京师善和里"……

西京城内的坊里,都筑有坊墙围绕四周,而在特定的位置辟有坊门,供人出入。城市管理设有宵禁制度,夜间关闭坊门,限止诸坊居民不得相互往来;白天则按时开启坊门,通行不受约束。诸坊因其所在位置不同,所辟坊门的数目和位置也分为两种不同的类型,太平坊、善和坊这些位于皇城南面的坊里,都只辟有东、西两座坊门。曾某由太平坊去往安上门,本来可以出太平坊东门后,北趋外郭城金光门至春明门间的东西向大街(这条大街就在皇城的前面,北临安上门),东赴安上门,可是,此人却是东入与太平坊东门隔街相望的善和坊西门,这也就意味着他是要从善和坊内穿行而过。隋唐西京城内的街道以及坊里内部连通各坊门的主要街道,都呈规整的棋盘格式直交分布,曾某穿行坊内东西横街,并不会比走外面的大街更节省路程。[2]

可知这是一条寻常的街道,有大户人家,也有寻常百姓。柳家祖宅在这条街,和娘的亲生母亲也住这条街。经常相见,互生情愫,柳宗元与和娘的亲生母亲产生了感情,于不经意间有了和娘。

"和娘生在长安善和里,其母应为侍妾。"[3]122 "侍妾所生之女和娘,因子厚泥于礼,未敢公认。子厚贬永州,和娘已五岁,公方认为己女,'故为父子晚'。"[4]58类似这样的说法还有很多,恕不一一列举。比较有说服力的是梁鉴江先生在《柳宗元传》中所写的:"他肯定蓄有外妇,并为他生儿育女。和娘……为外妇所生。……唐代士大夫纳姬妾是很普遍的现象。"让我不理解的是,即使是侍妾、外妇所生,按照中国古代的风俗,男人广纳姬妾不仅合理合法,而且有本事。生得再多,也没有不父子相认的。而且,中国古代知识分子视出入青楼妓馆为风流韵事,柳宗元的岳父杨凭"本是文人出身,性豪纵,善奢侈。任京尹时,曾筑第宅于永宁里,又蓄妓妾于永乐里"[5]。如果是这样公开的以妓为妾,同这个"妓、妾"生的儿女,肯定会公开承认。柳宗元之所以不认,"其母微也"透露出若干信息。

第一,所谓"其母微也",是根据家世而言,是和娘的家庭出身,配不上柳家这样的官宦世家。

第二,柳宗元和这种身分低微的女人相互恋爱,暗中往来,偷偷地生下和娘,违背了当时的婚姻伦理。当时的伦理要求,男人可以公开嫖妓、纳妾,却不能公开恋爱,更不能因此而结合、生育。不得破坏父母之命和媒妁之言。

第三,正是柳宗元踏进官场、前程看好的时候,他要有个好名声,以保证仕途更顺。倘有了这种绯闻,会让人说行为放荡、不检点,那些自我标榜为正义、正直的朝中大员,可能会结束对他的信任与提拔,会中断上升势头。

第四,迫于杨氏家族势力。从纵向上看,杨家历代有"高祖皇司勋郎中讳某,司勋生殿中侍御史讳某,殿中生醴泉县尉讳某"(《亡妻弘农杨氏志》),累世为官,根基深厚。当代有杨凭弟兄在朝,有权有势,杨凭时为太常少卿,杨凝时为礼部郎中。相形之下,到柳宗元这一代,柳家就显得势小力单了:父亲去世,柳宗元一脉单传,与杨氏结婚那年才考取博学宏辞科,刚刚拥有作官资格,任为集贤殿书院正字。据《新唐书·百官志》:开元十三年,改丽正修书院为集贤殿书院,贞元八年,置校书四人,正九品下,正字二人,从九品上。直到杨氏去世那年,仍是这个身分。他能以这个身分与杨家抗衡?

凭着杨家的势力,一旦知道柳宗元负了他们的姑娘,稍作理会就会扼杀其政治前途。有慑于此,他只能对杨氏赞誉有加:"夫人既归,事太夫人,备敬养之道,敦睦夫党,致肃雍之美。主中馈,佐烝尝,怵惕之义,表于宗门。太夫人尝曰:'自吾得新妇,增一孝女。'况又通家,爱之如己子,崔氏、裴氏姊视之如兄弟。故二族之好,异于他门。"(《亡妻弘农杨氏志》)完全是违心之言,是典型的写给杨氏家族看、念给杨氏家族听的谀墓。以杨氏残疾而又羸弱的身体,长期娇养的身分,她能"主中馈,佐烝尝"讨得婆婆欢心吗!

第五,柳宗元心虚。无论是杨氏生前就恋上了和娘之母,或者是杨氏亡故后才开始往来,前者属讨厌发妻,另有新欢;后者属尸骨未寒,寻花问柳。怎样说都对不住自己的妻子和她的亲人。如果再把他们的私生女领回来,众怒难犯,他的一切全都完了。

这是柳宗元不敢与和娘相认的全部理由。就这样一拖五年,及至贬官外放,这才公开认女,随即南下,来到永州。柳宗元为什么这个时候与女儿相认,带着她承受长途颠簸之苦,到那个想像中不知多苦、描绘中特别可怕的"瘴疠之地"呢? 以下四点似可成立:

第一,安全保护的考虑。这之前,柳宗元虽然没直接相认,间接的保护是少不了的。那是柳宗元人生最为得意的阶段,受到皇帝、权臣的器重,只要打个招呼,说是自己什么朋友的亲眷,怎谁都投鼠忌器,那些想打和娘母女主意的人,不敢起什么坏心,有力地保证了她们的人身安全。柳宗元被贬之后就不一样了,朝中已是敌对势力的天下,见风使舵的流氓地痞,还有不乘机而上的? 只有带走和娘才会减轻其母的麻烦。

第二,经济接济的考虑。在京城,柳宗元随时都可以接济身边的女人。到了偏远的外地就不一样了,哪能及时把钱送到她们手上呢? 一时接济不上怎么办?带走了和娘就减少了开支,减轻了其母的经济负担。

第三,无须考虑前途。贬离京城,柳宗元已无须考虑近期的政治前途,既然已经降罪,多条少条又能怎样?再也不怕人家在他与和娘母女的关系上做什么文章了。

第四,亲情的需要。这一年柳宗元33岁,按照古人的早婚习惯,应该已儿女成群。柳宗元膝下尚无儿女,多个女儿就多了一份亲情的安慰。母亲卢氏年过六十,随儿子贬到南方一隅,身边没有小儿女相伴,有个孙女正可解除寂寞,添一份热闹,以充实这个家庭。

有了以上先后9条,"为父子晚"也就有了充分的注脚。柳宗元在永州所纳的妾就不一样了,他们的子女,决没有"为父子晚"问题,生下来就父子、父女相认。

就因为有了这一层"为父子晚"的原因,和娘的命运才是那样太不幸、太悲惨!她生命的头五年,正是父亲青云直上、大权在握的时候,她不但沾不上半点光,还是一个父亲不敢相认的私生女,遭受着人们的白眼与唾弃,饱罹忧患,比之同龄人,更早地体会了世态炎凉。

直到父亲敢于相认,业已陷入"壮心瓦解空缧囚"的境地,她却别无选择,离开了亲生母亲,来到了这个新家,跟着这位贬谪的"新父",日夜兼程,不远万里,来到永州。所幸还有个慈祥的奶奶,给予了相应的关怀。不道相处半年,彼此已逐渐适应,奶奶又意外去世。她伴随父亲度过了头两年悲伤(奶奶的死)、惊恐(父亲的性命之忧)、绝望(仕进之路已断)的岁月。两年之后,父亲的心情稍为开朗,可以借永州的山水之美、南来的朋友之聚稍舒愁怀了,自己本可以开心轻松了,却不幸得病,以致不得不遁入空门,拜倒在泥塑的佛相前。满以为借助佛门的保佑可换来平安与寿命,却不料十岁已是人生的极限。回顾她短暂的十年,可曾有一天安逸与舒心?

可以想象,面对这样一个负她太多、早夭的女儿,柳宗元的愧疚是深重的,其悲痛也是加倍强烈的。

三 灵与肉的折磨

本来,搬出充满压抑氛围的龙兴寺,在愚溪新居度过元和四年的春节应该是一件特别惬意的事,而且纳了妾,有了相对稳定的生活与家庭。然而,柳宗元的心头一直有一个阴影,那就是和娘并没有随他们一道搬入新居,没有融入这个新家。她下定了"去发为尼"的决心,脱离了家庭,脱离了世俗的生活,与青灯古佛相伴。而且身体状况越来越差。终于油尽灯灭，于元和五年四月三日悄然去世。

和娘去世了，柳宗元的悲痛可想而知。这是一个多么可怜可爱、善解人意而又有着顽强求生愿望的姑娘啊！"性柔惠"！三个字绘出一个温柔、善良、贤惠、宽厚的乖女儿的素描。这种性格的女儿，是大可让人放心的，属于"可以为成人"那一类，少有短命的。却不料，病魔竟找上了她。在人力不可及的情况下，她乖巧地寄希望于佛门，一个不满十岁的弱女，拖着病弱的身体，对着宝相庄严的佛门权威，虔诚地礼拜与祷告，谁都会一鞠同情之泪，谁都会竭尽全力保护她。可是，庙堂里供奉的全都是泥塑的金身，只能漠视这位献身于门下的小尼，让她的病情日益沉重，身体日益衰弱，直至枯竭死亡。尽管柳宗元对和娘及其病后情况描写不多，通过她自愿礼佛、为尼的简介，已足以表达这位年方十岁的小姑娘顽强的求生意志，足以引起读者的同情与惋惜。间接地体现了作为亲生父亲的他，所承受的打击之沉重，痛苦之强烈。

这还不算，同时袭上心头并深深自责的是感情的亏欠太多，是给予这位女儿的太少。只因"其母微"，"故为父子晚"，如此白纸黑字，向社会、向历史公开承认自己当年的过失，把个人隐私公之于众，该需要多少勇气，需要多大的责任意识啊？是莫大的对爱女的愧悔之情给了柳宗元这种勇气，他要用真情的披露向死去的女儿表示自己深重的愧悔。让我们读读后面的几句铭文，以感知柳宗元强烈的愧疚与怜爱之情：

"孰致也而生"，这一问难道是真的向别人讨教？还有谁比柳宗元自己更加明白和娘是怎样出生！这是他对自己过来一段的审视，蕴含着深深的自责：和娘是怎么出生的？不分明是自己造孽的结果吗！

"孰召也而死"，同样是自我审视，同样包含深刻的反省：稀里糊涂地把你生下来，没有尽到善加养育的责任，又稀里糊涂地任你这样轻易地被病魔掳去。

"焉从而来？焉往而止？"这是向亡女发出亲切呼唤，有如我们后来广为传诵的那句感人至深的怀念："你在哪里！"这位伟大的文豪，深怀愧疚的父亲，对亡女的追思与缅怀，同样热烈而深沉：和娘啊！你从哪里走来，又到哪里去了呢？

"魂气无不之也，骨肉归复于此。"寄托了深深的追思与祝愿：对于我这个不称职的父亲，你的灵魂无处不在，经常萦绕在我的身边，你就在我居住的永州安息吧！

由此，也我们看到了柳宗元的真性情：面对死去的爱女，面对世人，毫不忌讳地亮出了曾经的荒唐，表达了真诚的忏悔。这是那些文过饰非的官僚文人永远也无法比拟的。

参考文献:

[1]章士钊.柳文指要[M].上海:文汇出版社,2000.

[2]辛德勇.《冥报记》报应故事中的隋唐西京影像[J/OL].中国民俗学网,http://www.chinesefolklore. org. cn.

[3]孙昌武.柳宗元评传[M].南京:南京大学出版社,1998.

[4]何书置.柳宗元研究[M].长沙:岳麓书社,1994.

[5]梁鉴江.柳宗元传[M].广州:广东高等教育出版社,1999.

（原载 2012 年第 6 期,作者单位:广东技术师范学院）

从"紫衣麻鞋"到"緅裘白纹之里"

——兼答陈松柏先生

✿ 张铁夫

一　引言

笔者认为,对于柳宗元一些影射性质的寓言小说,如《谪龙说》《龙马图赞》《河间传》等,要弄清楚文章的主旨,所影射的是谁,都只有通过揭示文章内容与当时事件的内在联系,才能找到正确的答案。在《谪龙说》中,一个关键的内容就是龙女坠地时"被緅裘白纹之里",即披着青色的帛裘,其衣里是白色的。根据这个内容,笔者认为,谪龙所影射的对象,完全不是历来学术界所认定的柳宗元,而是王叔文。与此相联系,该文的写作时间,也不是在柳宗元被贬之后,而是在王叔文被贬之后,柳宗元被贬之前。其写作地点也不是在谪所永州,而是在京师长安。具体理由有以下两点:一是王叔文被贬之时,其品服为青色,与谪龙所披"緅裘"的颜色相符;而柳宗元被贬之时,其品服为绿色,与谪龙所披"緅裘"的颜色不合。二是王叔文被贬之时,其母才死一个多月,正在家居丧,丧服白色,与"白纹之里"相符合;而柳宗元被贬之时,他的母亲还健在,并不存里面穿丧服的问题。

对于笔者的这些观点,陈松柏先生以为不然,并提出了自己的看法。他在《〈谪龙说〉"是用来比喻王叔文的"吗》(以下简称陈文,见《柳宗元国际学术研讨会文集》,湖南人民出版社 2011 年 5 月版)中写道:"关于'緅裘',尽管我同样理解为深青色的帛裘,想到的却不是从八品下阶深青色的品服,而是白居易那句'江州司马青衫湿'。白司马与柳司马是同时代人,白能用青衫自喻,柳难道不行? 后来我又确实地查了一下'青衫'的意义,标注最祥的是'百度百科',这里权列相关的五义:1. 古时学者所穿之服。2. 借指学者、书生。3. 唐制,文官八品、九品服以青。唐白居易《琵琶行》：'座中泣下谁最多，江州司马青衫湿'，后因指失意的官员。4.泛指官职卑微。5.借指微贱者的服色。这五义皆可成为柳宗元借用这个词自喻的理由，岂能让王叔文独占？关于'白纹之里'，如果硬要把'白纹之里'象征丧服，尽管柳宗元其母健在，他也绝对有服丧的理由，而且是国丧。因为柳宗元到达永州一个月之后的'元和元年正月甲申'唐顺宗李诵逝世。除了太上皇的丧举国尽服的常识之外，谁人不知他对'二王八司马'的知遇之恩？身为八司马之一的柳宗元，为这样一位知心皇帝服一回丧难道错了？否认了铁夫兄仗以立论的两大根据，他的观点便不能成立。"

对于陈先生的批评，笔者表示热诚欢迎。如果能够拿出真实可靠的证据，充分可信的理由，本人如何不心悦诚服，引为良师益友。但陈文中所陈述的一些理由或观点，由于违离事实或者不完全符合事实，则实在不敢苟同，并且愿意就这些问题来进行讨论和答复。但在这种讨论和答复之前，还应该对《〈谪龙说〉考辨》中的一个错误予以更正，因为它对后面的论述是完全必要的。

二　对《〈谪龙说〉考辨》中一个错误的更正

笔者老实承认，尽管对陈文的批评不敢苟同，但《〈谪龙说〉考辨》一文，并非无懈可击，而是存在错误的。不过这个错误，陈先生并未发现，而且沿袭不改。所以现在也只好由笔者自己指明，自己更正了。这就是在品服的问题上，混淆了散官和职事官的区别，把唐代按散官品秩划分的服色等级制度，错误的套用在职事官身上。对此，笔者在自我批评的同时，谨向各位读者表示歉意。但由于王叔文与柳宗元被贬时散官和职事官的差别都比较小，不足以影响其品秩服色的改变。所以，在更正了过去的错误之后，现在得出的结论与原来还是大致相同的，没有多少变化。

对于王叔文被贬时散官的品秩，《贬王伾开州司马王叔文渝州司户参军制》（《全唐文》卷56）说得非常清楚，就是"将仕郎"，即从九品下。按照唐代的品服制度，九品服浅青。由此看来，王叔文被贬之后穿着浅青色的官服，是可以确定，没有问题的了。至于柳宗元被贬时散官的品秩，由于没有直接的资料可以引用，所以还必须经过一番考证才能弄明白。唐制："凡九品以上职事，皆带散位，谓之本品。"（《旧唐书》卷42《职官志》）散位就是散官，吏部注拟或诏制授与的职事官，根据其品秩与散官品秩的关系，有四种情况：或称为守、或称为行、或称为兼、或者直称其名。对此,历来的解释是:"贞观十一年改令:以职事高者为守;职事卑者为行;其欠一阶依旧为兼;与当阶者皆解散官,官阶相当,无行无守。"(《通典》卷34《文散官》)比如柳宗元在《祭李中丞文》中写道:"维贞元二十年岁次甲申五月某朔二十二日,故吏儒林郎守侍御史王播、将仕郎守殿中侍御史穆赟、奉议郎行殿中侍御史冯邈、承奉郎守监察御史韩泰、宣德郎行监察御史范传正、文林郎守监察御史刘禹锡、承务郎监察御史里行柳宗元、承务郎监察御史里行李程等,谨以清酌之奠,敬祭于故中丞赠刑部侍郎李公之灵。"(《柳宗元集》卷40)从这些记述中我们看到,在当时的御史台,侍御史王播、殿中侍郎史穆赟、监察御韩泰、刘禹锡等,由于他们职事官的品秩都比其他散官的品秩高,所以称之为守;殿中侍御史冯邈和监察御史范传正,由于他们职事官的品秩比其散官低,所以称之为行;而监察御史里行柳宗元和李程,他们职事官与其散官的品秩相当,所以也就无行无守,直称其职官之名了。对于监察御史里行,笔者过去只知道"其员数居正员之半,唯俸禄有差,职事与正同"(《通典》卷24),现在通过柳宗元的这一段记述,才进一步知道了其俸禄差别的原因,是由于职官品秩的不同。真监察御史属正八品下,而监察御史里行则与散官承务郎相当,属于从八品下。当然,这是题外的话,扯得远了。还是回来讨论柳宗元被贬时散官的品秩问题,这仍然要从柳宗元的原著中寻找答案。他在《唐故秘书少监陈公行状》一文中写道:"宗元,故集贤吏也。得公之遗事于其家,书而授公之友,以志公之墓。……公贞元二十一年四月二十五日,终于安邑里妻党之室。……永贞元年八月五日,尚书礼部员外郎柳宗元状。"(《柳宗元集》卷8)这里值得注意的是最后署名"尚书礼部员外郎",这是柳宗元当时职官的名称,无行无守,表明他的职事官与其散官的品秩相当,正如他前面所说的监察御史里行一样。而尚书礼部员外郎的品秩,大家都十分清楚,即从六品上。既然散官的品秩与之相当,那也就是从六品上的奉议郎了。按照当时的品服制度,六品官的衣服颜色为深绿。由此可见,柳宗元被贬时穿着深绿色的品服,也是没有问题的了。

通过上面的考察,我们就可以知道,王叔文被贬之时,其散官为从九品下的将仕郎,品服的颜色为浅青;柳宗元被贬的时候,其散官为从六品上的奉议郎,官服的颜色为深绿。按照这两人被贬时品服的颜色,对照龙女被谪时所披的"缁裘",明眼人一看便知,谪龙所影射的是王叔文,而不可能是柳宗元。

三 就陈文所述问题的讨论和答复

（一）"白司马与柳司马是同时代人，白能用青衫自喻，柳难道不行？"

对于这个问题，我只能说，既然唐代官员的服色等级不是按照职事官的品秩区分，而是按照其散官的品秩来区分的，而司马属于职事官，不属于散官，所以便不能据此来推断二人的服色，可见这个问题本身就是不正确的。很明显，在这里陈文也犯了《〈谪龙说〉考辨》中一样的错误。当然，对于这个问题，不能责怪陈先生。先生很可能是受《〈谪龙说〉考辨》中错误的误导所致。因此，笔者首先应该自责。现在提出这点，不过是释疑解惑，相互勉励，共同提高而已。

至于白司马（上州司马，从五品下）与柳司马（中州司马，正六品下）衣服的颜色究竟如何，则完全可以从当时他们各自散官的品秩推断出来。柳宗元当时的散官和品服，本文上面已经讨论过，即散官为从六品上的奉议郎，品服的颜色为深绿。白居易当时的散官和品服，我们也可以从《白氏长庆集》的相关记述中找到明确的答案。说来也奇怪，白居易从入仕授散官从九品下的将仕郎（《旧唐书》卷42："进士、明法出身：甲第，从九品上；乙第，从九品下。"）开始，一直到元和十五年十二月，二十年间，其散官品秩一直未升，始终是一个从九品下的将仕郎。按照当时的服色等级制度，当然也就只能穿浅青色的官服了。对此，他本人也不无感慨，以至于在送别自己的老乡时还发牢骚说："既入仕，凡历四朝，才朽命剥，蹇踬不暇。去年冬，蒙不次恩迁尚书郎，掌诰西掖。然青衫未解，白发已多矣。"（《白氏长庆集》卷26《送侯权秀才序》）但奇怪的事情不止于此，更奇怪的还在后头。至长庆元年，白居易突然时运亨通，否极泰来，穆宗皇帝一下就把他的散官提拔为正六品上的朝议郎。由从九品下的将仕郎到正六品的朝议郎，算一算，一次就升了一十五阶，难道还不足奇吗？当初读《唐会要》，看到德宗皇帝宠幸常衮和裴延龄，一次特加朝议郎常衮九阶，为银青光禄大夫；又一次裴延龄自朝请大夫特加银青光禄大夫，升了七级，曾为之惊愕不已。但是与后来的白居易相比较，真是小巫见大巫，毫不足怪了。也正是到这个时候，白居易才得以脱去青衫，换上绿袍，而柳宗元却已经去世了。所以，摆在我们面前的事实是，由于二人的散官品秩不同，白司马"能用青衫自喻"，柳司马就是不行。

（二）"元和元年甲申，唐顺宗李诵逝世。除了太上皇的丧举国尽服的常识之外，谁人不知他对二王八司马的知遇之恩？身为八司马之一的柳宗元，为这样一位知心皇帝服一回丧难道错了？"

对于这一系列的问题，笔者拟从三个方面来进行分析和答复。

（1）关于太上皇的国丧，笔者不想多说，因为有《顺宗遗诰》在，讲得明白而且详细具体，照抄就行。"圣人大孝，存乎善继。枢机之重，军国之殷，缵而承之，不可暂缺。以日易月，抑惟旧章。皇帝宜三日而听政，十三日小祥，二十五日大祥，二十七日释服。方镇岳牧不得离任赴哀。天下吏人，诰至后出临，三日皆释服，无禁婚嫁祠祀饮酒食肉。宫中当临者，朝晡各十五举音，非朝晡临时，禁无得擅哭。释服之后，勿禁举乐。他不在诰中者，皆以类从事。"（《唐大诏令集》卷12《顺宗遗诰》）遗诰中所说的"天下吏人，诰至后出临，三日皆释服"，"出"指走出家门，集中到公共场所；"临"就是哭悼；当然也都必须外面穿上白色的丧服，所以接着便说"三日皆释服"。这些情况，与龙女被谪时的"白纹之里"，"七日当复"，即里面穿着白色的丧服，七天后白衣才反到外面来，可谓风牛马不相及。

（2）全面的看，顺宗对王叔文的态度是先爱后恶，始亲终弃，并非一成不变的。因此，便不应该只强调他开始对王叔文"大爱幸"（《韩昌黎集·外集》卷6《顺宗实录》卷1）、知遇之恩的一面，而忽视顺宗后来"恶叔文等"（《韩昌黎集·外集》卷9《顺宗实录》卷4）、厌恶抛弃的一面。并且，按照中国人看人只看后半截的传统观念，即所谓"声妓晚景从良，一世之烟花无碍；贞妇白头失守，半生之清苦俱非"（《菜根谭》）的思维模式，似乎更应该强调顺宗后来对王叔文厌恶抛弃的一面。实际上，也正是顺宗这后来厌恶抛弃的一面，才最终决定了王叔文的命运，直接导致了王叔文的失败。不但立皇太子、命皇太子监国等一系列重大的政治措施，全部都经过了顺宗的首肯，就连宪宗贬逐王叔文，也是"恭闻上皇之旨，俾远不仁之害"（《全唐文》卷56《贬王伾开州司马王叔文渝州司户参军制》），即奉太上皇顺宗之旨行事的。所以我说，王叔文是成也顺宗，败也顺宗。笔者的相关见解，可以参看《柳宗元新论》中的《唐顺宗被杀说驳议》《〈河间传〉考证》等，此不赘述。

（3）顺宗对王叔文的先爱后恶、始亲终弃导致了他的失败，柳宗元、刘禹锡等八司马都受其牵连，也都是受害者，他们对顺宗的这种行为无不痛恨到极点。刘禹锡、柳宗元是文人，他们将心中的沉痛和愤怒，都通过自己的诗文发泄和表现出来。永贞元年八月，王伾、王叔文被贬之后，柳宗元作《感遇》诗二首，第二首写道："旭日照寒野，鹥斯起蒿莱。咖啾有余乐，飞舞西陵隈。回风旦夕至，零叶委陈荄。所栖不足恃，鹰隼纵横来。"（《柳宗元集》卷43）诗中将出身寒微的王叔文集团比做起自蒿莱的一群小鸟，而将顺宗比做他们所赖以栖息的树木。"所栖不足恃，鹰隼纵横来。"既反映了顺宗对王叔文的始爱终恶及其严重后果，又抒发了作者对顺宗这种背弃行为的悲愤之情，元和元年正月，也就是在王叔文被杀和改元大赦之后，刘禹锡既对王叔文被杀感到悲痛，又看到了自己量移近处的希望。他马上向宰相杜佑写信，诉说冤情，请求帮助。信中写道："呜呼！人必求知，不能自达。何投分效节有积尘之难？何潜行爱驰有决防之易？何将进之日必自见其可而后亲？何将退之时乃人言其否而遂弃？良由邪人必微，邪谋必阴。阴则难明，微则易信。罔极泰甚，古今同途。"（《刘禹锡集》卷10《上杜司徒书》）这些话乍看起来比较费解，但只要结合当时的情况来分析，意思就十分清楚了。即为什么王叔文集团尽职效忠像积尘为山一样艰难？为什么宦官和藩镇的谮言流行就使得顺宗对他们的爱幸废弛如堤防溃决般容易？为什么一开始顺宗必须要自见其可才亲近王叔文集团？为什么到后来却因为人言其否便抛弃了他们？其实是由于宦官等邪人微小，他们的邪谋隐秘。隐秘则难以明辨，微小则易于轻信，以至于祸国无穷败政最甚，古代的事实和今天的情况，都是如出一辙的。在这里，尽管刘禹锡为尊者讳，有所顾忌，把王叔文集团失败的原因最后归结为宦官的阴谋中伤，诬陷诽谤，而不敢直接指斥顺宗，但也明确无误地揭露了顺宗对王叔文先可后否、始亲终弃的事实，怨愤之情，溢于言表。也就是在这一个月，顺宗去世了。柳宗元、刘禹锡等人，不但没有留下任何哀挽、悼念的文字，相反地柳宗元还写了《河间传》一文，来诋毁顺宗，发泄愤怒。文章用始贞终淫并设计谋杀其夫的河间影射对王叔文先爱后恶的顺宗，通过一系列具体生动的故事情节，曲折而又明确地指出他就是贬逐乃至杀害王叔文的罪魁祸首。元和二年，韦执谊病死贬所。柳宗元闻讯后，联想到此前被杀的王叔文和病死的王伾，作了一首《咏三良》的诗。诗中以春秋时为秦穆公殉葬的子车氏三良作为幌子，影射被顺宗和宪宗贬逐致死的王叔文、王伾和韦执谊三人，借古讽今，以虚纪实，来表彰先烈，寄托哀思，抒发愤懑。该诗最后写道："疾病命固乱，魏氏言有章。从邪陷厥父，吾欲讨彼狂。"（《柳宗元集》卷43）这些话，明显地就是针对宪宗贬二王制中的"恭闻上皇之旨，俾远不仁之害"（《全唐文》卷56《贬王伾开州司马王叔文渝州司户参军制》）而发的。在这里，柳宗元讨伐的矛头，虽然主要是指向宪宗，指责他不但没有阻止反而服从和执行了顺宗的邪恶命令。而对顺宗却有所忌讳,曲意回护,将他驱逐二王的旨命说成是"疾病命固乱",即推脱为病情严重、神志混乱不清来进行掩饰。但在这种曲笔之下,仍然明确无误地指其旨命为"乱"、为"邪",从而使之堕落成为杀害忠良的昏君暗主,实际上就是肯定了顺宗为王叔文、王伾、韦执谊三人贬逐致死的主谋元凶。看了这些情况,很难设想,对唐顺宗满怀怨恨的柳宗元,还会例外地为他"服一回丧"。

四 从"紫衣麻鞋"到"緅裳白纹之里"

据韩愈《顺宗实录》记载,王伾以书法、王叔文以棋艺侍候太子,俱出入东宫。"闻德宗大渐,上疾不能言,伾即入,以诏召叔文入,坐翰林中使决事。"(《韩昌黎集·外集》卷6《顺宗实录》卷1)可见德宗病危之时,王叔文就已经入宫决事,辅助太子了。至于所决何事,韩未具体说明。但柳宗元却讲得很清楚。即"先帝弃万姓,嗣皇承大位,公居禁中,訏谟定命,有扶翼经纬之绩"(《柳宗元集》卷13《故尚书户部侍郎王君先太夫人河间刘氏志文》)。在这段话中,"訏谟定命",出《诗经·大雅·抑》,指重大的谋画政令;"扶翼",辅佐之意,如《后汉书·顺帝纪》:"近臣建策,左右扶翼";"经纬",可作安排讲,如《荀子·解蔽》:"经纬天地而材官万物。"整段话的意思就是说,从德宗逝世到顺宗即位期间,禁中一切重大的谋略政令,都出自王叔文的辅佐安排。贞元二十一年正月二十三日,德宗驾崩。"苍猝召翰林学士郑絪、卫次公等至金銮殿草遗诏。宦官或曰:'禁中议所立尚未定',众莫敢对。次公遂言曰:'太子虽有疾,地居冢嫡,中外属心。必不得已,犹应立广陵王。不然,必大乱。'絪等从而和之,议始定。次公,河东人也。太子知人情忧疑,紫衣麻鞋,力疾出九仙门,召见诸军使,人心粗安。"(《资治通鉴》卷236《顺宗至德弘道大圣大安孝皇帝》)很明显,在德宗去世,太子由于疾病致使其继嗣地位发生动摇而即将出现权力真空和动乱的政治危机中,太子"紫衣麻鞋,召见诸军使"这一措施,具有举足轻重的作用。虽然当天并未发丧,但它明确地宣布了德宗的死讯和自己的嗣君地位,居丧夺情,解开了人们的忧疑,挫败了宦官等势力另立嗣君的阴谋,安定了人心,稳定了局势。根据上面柳宗元所说此时王叔文"居禁中,訏谟定命,有扶翼经纬之绩。"的话,可以肯定,太子的这一重大举措,就是出自王叔文的精心安排,体现了他极高的政治智慧和行事能力。不过对于此中奥秘,过去却很少有人能够正确理解。如韩愈在记述此事时强作解人,于"紫衣麻鞋"之后又加上"不俟正冠"(《韩昌黎集·外集》卷6《顺宗实录》卷1)四字,给人的印象是苍猝时偶然为之。而《资治通鉴》记述此事,胡三省在注释中更进一步坐实了韩愈的说法。他说:"《考异》曰:按秘丧则不应麻鞋,发丧则不应紫衣,盖当时苍猝偶着此服,非秘丧也。以未成服,故不衣缞绖耳。"(《资治通鉴》卷236《顺宗至德弘道大圣大安孝皇帝》)这样一种解释,致使"紫衣麻鞋"这一举措在当时的重大政治意义,一直淹没不闻,令人遗憾。

另外,纵观王叔文的思想行为方式,可以发现他在许多问题的处理上都有一种套路,或者说具有一贯性。比如王叔文为了掌握国家的财政大权,"遂阴荐丞相杜公为度支盐铁等使,翊日叔文以本官及内职兼充副使"(《刘禹锡集》卷39《子刘子自传》)。对此,韩愈分析说:"杜佑雅有会计之名,位重而务自全,易可制。故先令佑主其名,而除己为副以专之。"(《韩昌黎集·外集》卷7《顺宗实录》卷2)又如:"以右金吾大将军范希朝为检校右仆射兼右神策京西诸城镇行营兵马节度使。叔文欲专兵柄,籍希朝年老旧将,故用为将帅,使主其名,而寻以其党韩泰为行军司马,专其事。"(《韩昌黎集·外集》卷8《顺宗实录》卷3)这两件事情,反映了王叔文在用人命官问题上以副干正的一贯思想行为方式。

同样,太子有丧未发时的"紫衣麻鞋"与王叔文居丧被贬时的"缌裘白纹之里",也反映了王叔文在居丧夺情问题上以丧服配品服的一贯思想行为方式。众所周知,麻鞋就是白鞋,麻衣就是白衣。如《诗经·曹风·蜉蝣》:"蜉蝣掘阅,麻衣如雪。"所以,"紫衣麻鞋",说穿了就是紫衣白鞋。如果说"紫衣麻鞋"与"缌裘白纹之里",人们似乎还看不清楚二者的密切联系,那么说"紫衣白鞋"与"缌裘白纹之里",马上便会有一种似曾相识的感觉。事实上,太子有丧未发时"紫衣麻鞋"的上品服下丧服与王叔文居丧被贬后"缌裘白纹之里"的外品服内丧服,都属于他自己的精心安排,二者相距不到七个月的时间,可以说一脉相承,后者不过是前者的翻版。

柳宗元与王叔文关系亲善,相交长达十年之久,对他的政治智慧和思想行为方式自然都有充分的了解。由此便不难看出,柳宗元即使不去向别人打听,也不用去亲自观察,就完全可以按照王叔文在居丧夺情问题上以丧服配品服的一贯思想行为方式,由太子有丧未发时的"紫衣麻鞋",逻辑地推导出其居丧被贬后的衣服颜色来,就是"缌裘白纹之里",正如我们现在可以推导出来的一样。反之,如果王叔文居丧被贬后的衣服颜色不是"缌裘白纹之里"的外品服内丧服;那么,与太子有丧未发时"紫衣麻鞋"的上品服下丧服也就明显的自相矛盾,不符合王叔文一贯的思想行为方式,而显得不伦不类了。

(原载2013年第11期,作者单位:湖南省社会科学院)

民国时期柳宗元研究专论概述

✳ 彭二珂 ●

20世纪作为柳宗元研究的新阶段,部分学者对此时期柳学发展状况做出了进一步地回顾与总结,如洪迎华、尚永亮的《柳宗元研究百年回顾》与赵继红的《20世纪柳宗元研究综述》均认为新中国成立前半个世纪是柳宗元研究准备、起始阶段。本文在个人搜集、辑录民国时期有关柳宗元论述文献的基础上,侧重探讨大陆地区学者有关柳宗元研究论著的概述。其文献来源以民国时期正式发表的期刊、杂志为主,其中王云六与胡寄尘所作两篇文章为《柳宗元文》选注的问答,故归为一篇而论。惟因个人能力水平有限,且民国资料多半遗失或难寻,仅就所得民国时期14篇论述概述于下。

一 胡寄尘《柳宗元的小说文学》

胡寄尘《柳宗元的小说文学》是目前所见民国时期唯一一篇较早探讨柳宗元寓言和小说的论述。此文分为序言、柳宗元小传、柳宗元小说文学的渊源、柳宗元小说文学作品四大部分,主要从小说理论的角度出发,对柳宗元文学作品及其活动进行分析,侧重探讨了柳宗元小说文学的缘起,得出柳文小说是寓言,直接发源于周秦诸子的结论。

文中,胡寄尘提出柳宗元的小说是寓言,是直接从周秦诸子里来的观点。胡寄尘认为"他仿着周秦诸子做的寓言也有好多这种寓言,便是我所说的小说文学了",且认为柳宗元的《捕蛇者说》是《礼记》里的孔子过泰山一段的延长版:"孔子过泰山侧,有妇人哭于墓者而哀。夫子式而听之,子路问之,曰:'子之哭也,一似重有忧者。'而(按:"而"字指妇人)曰:'然昔者吾舅(按:夫子之父也)死于虎,吾夫又死焉,今吾子又死焉。'夫子问:'何为不去也?'曰:'无苛政。'夫子曰:'小子识之,苛政猛于虎也。'(《礼记·檀弓》)……这岂不是一段小说么?后来柳宗元做的《捕蛇者说》和他是一色一样,不过延长些罢了,越是延长越像一篇短篇小说。"

胡寄尘指出柳宗元的《捕蛇者说》是和《礼记·檀弓》中的"孔子过泰山"一段完全相同的叙事模式,只是柳宗元在《捕蛇者说》中描写得更为具体详细,因此更能与读者产生共鸣,牵动读者的情绪,但是它在形式上已经是小说的格局了。在柳宗元小说文学作品中,胡寄尘又列举了柳宗元《三戒》中《临江之麋》《黔之驴》《永某氏之鼠》三篇寓言,认为它们都是小说,只是前人统称他们为"古文"罢了。20 世纪 80 至 90 年代柳宗元寓言小说分析和研究得到发展,如牛庸懋的《读柳宗元的政治寓言》[①]、董明的《柳宗元的寓言特点》[②]等。

民国时期,柳宗元小说、寓言领域的研究成果数量很少。据杜晓勤《二十世纪隋唐五代文学研究综述·柳宗元研究(下)》叙述:"二十世纪三十年代以前,关于柳宗元小说寓言的研究,仅有胡寄尘《柳宗元的小说文学》。"[1]1202

二　王佐才《读柳宗元〈答韦中立论师道书〉》

王佐才《读柳宗元〈答韦中立论师道书〉》[③]是民国时期可见资料中唯一篇探讨柳宗元与"师道"之关系的文章。本篇侧重探讨了韩柳虽同处一时,志气相投,但却在为师之道态度迥异的原因。

王佐才认为韩、柳两人在"为师"方面表现为韩愈好为人师而柳宗元不以人师自居。并且文章开篇提出问题"退之之所以为固能恢宏师道,然子厚与退之同时,有志圣人之道,而不欲为人师,是又何故?"接着,作者从柳宗元《答韦中立书》得出答案,认为韩、柳两者在为或不为"师道"中有以下几点原因:一是韩、柳立论点不同。韩以"从师"为立论点,意在说明人人都有择师而从之的必要,而柳以"作师"为立论点,所论是为人师取其实,而不必虚有其名。二是柳宗元个人的"循例"和"避嫌"。循例是指非例不为也;避嫌是指柳宗元不是不想为人师,而是不想因为好为人师而"树大招风",所以不欲担"师道"之名。三是韩、柳个人地位、情志不同。此外,王佐才还肯定了韩、柳二人在古文运动中的作用,认为:"王杨骆庐出,始以精切豪厉相尚;子昂燕许出,文乃一变而之雅驯,渐入于精絜宏茂之一途;燕许之后,又有元结独孤及,大变排偶浓艳之习;韩柳出,乃倡

①　见《开封师院学报》1976 年第 4 期。
②　见《北京师大学报》1980 年第 5 期。
③　见《水荇》1928 年第 1 卷第 1 期。

为古文辞,开悟后进,不遗余力。"

文章最后,作者推崇柳宗元"本之《书》以求其质;本之《诗》以求其恒;本之《礼》以求其宜;本之《春秋》以求其断;本之《易》以求其动"(《答韦中立论师道书》)以及"更可见其非徇名忘实之学者也,其议论证据古今,踔厉风发,亦有所自矣"的"文德"精神。

三 李辰冬《韩柳的文学批评》

李辰冬自燕京大学毕业后,曾赴法国巴黎大学攻读比较文学与文学批评,《韩柳的文学批评》①就可见其中西结合的批评方式。文章就韩、柳在文质、形式、内容等文学创作方面进行批评,是柳宗元研究在民国时期为数不多运用新方法来评述韩柳古文理论和文学创作的批评论著。

首先,李辰冬对韩、柳"复古"的文学革命论给予肯定,也对韩、柳在古文创作风格进行批评。文章在开篇指出"文质在形式与内容的争论"一直都是东西方文学批评史上尚未解决的难题,认为:"中国当秦汉的时代,本无所谓文与质,文学就是文章博学,包括一切的著述。"并且指出中国自范晔起,开始明确地提出"文笔之分,有韵为文,无韵为笔,文主于情,笔主于智"的文学理论,同时也指出我国古代作品大多只重视作品形式,却不追求思想的弊病,由此提出韩、柳"重视内容"的文学革命论。

柳宗元作为古文运动倡导者之一,在一定程度上推动了散文创作的发展,在文学发展中起到了举足轻重的作用。文中,作者指出韩、柳改革文学的唯一标语是"复古",口号是"非三代两汉之书不敢观,非圣人之志不敢存",并且认为韩、柳所要复古的是"道"而不是"辞",说韩、柳复古的目的是"并不是拿文学以终其身,是要行其道,对于国家事业要有所建设。然要在不能行其道的时候,这才著书立说,传之于后世"。另外在复古的过程中也要讲求"文辞",而就文辞如何能好,李辰冬认为其方法也就是"学古",而所谓"学古",从字面意思来讲就是模仿古人。文中李辰冬还引证刘勰《文心雕龙·宗经篇》和扬雄《法言·吾子篇》来说明韩、柳"学古"是借此达到"文以复古"的目的。故作者说:"韩柳文学批评的渊源,受刘勰的《文心雕龙》的影响为最大。"又说:"所受扬雄的影响,恐怕只是

---

① 见天津《益世报》1930 年 5 月 22 日。

复古的思想。"他认为柳宗元通常把文章分为"著述"与"比兴"两个部分,前者是注重逻辑,后者则注重情感,并且二者是不可兼得的。

另一方面,李辰冬还指出韩、柳文混淆"纯文学"与"杂文学"概念和把文学作为宣传的工具这两点不足之处。他认为"用文学的形式去表现主旨的话,就得以文学的标准来判断,而不得以宣传的目的来决定","文学只是表现我内心的情感与意象,表现完了,则文学的目的就随之而终。然宣传,是预先有一种目的,于是只求其如何能达到这目的,至于文学的艺术如何则就不问,所以我们只能谓之宣传品,而不得谓之文学"。文章最后,李辰冬得出"韩柳的文论,也只可以说是宣传论,而不能说是文论"的结论。

从研究方法来看,古人在研究古文经卷时多讲求考证、训诂、义理,而随着时代的发展和西方文化的东渐,民国时期,学者开始寻求新角度、新方法来审视传统文化。李辰冬此篇以随笔、杂感的批评形式,为20世纪柳宗元研究的形成和发展注入了新的元素。

四 何止清《永州柳子厚遗迹访求记》

何止清《永州柳子厚遗迹访求记》[①],所记为其探访永州柳子遗迹时的见闻。从体裁来看属于游记,且内容相对轻松,节奏较为明快,不算严格意义上的学者专论、研究,但由于涉及到"永州八记",所以也故将其略论一二。

众所周知,"永州八记"是柳宗元山水游记代表作,它们分别是《始得西山宴游记》《钴鉧潭记》《钴鉧潭西小丘记》《至小丘西小石潭记》《袁家渴记》《石渠记》《石涧记》和《小石城山记》八记,此八记因其独特的文学性一直备受关注。而何止清在篇首便交代游历之缘由:"今年之夏,于役三湘,道出斯土,小作勾留。军中多暇,日以访寻柳氏遗迹为事。"

何止清这篇文章分为芝山鸟瞰、愚溪无复曩时矣、钴鉧潭之古木、西岩、释怀素之草书、求之不得之小石城山、疑似疑非之袁家渴、游踪鸿爪一八个部分,以时间、地点为游踪,记录沿途所见所闻所感,是民国柳宗元研究起步阶段唯一一篇游记体论述。

文首开篇便说:"永州,古零陵郡,岳以南,山水奇处也。"又说:"至今读其

---

① 见《旅行月刊》1930 年第 5 卷第 7 期。

(此处指柳宗元)书,知其人,悠然神往其地。"可见其对永州山水奇处的肯定以及对柳子遗迹的向往。然而真正去追寻柳迹时却发现时过境迁,物是人非,行文中尤可见何止清"靡不以道僻难至,其至者,又鲜以所得公之人人"的遗憾。

读其文,仿佛随着他的脚步走进了芝山、愚溪、西岩、绿天庵、赛朝阳、袁家渴等遗迹,可得之处欢喜,则随之喜,不得之处悲叹,则随之叹。如"友人告予,小石城山在城南,有碑可考。其言似信,因偕游至此。寻石城旧迹,无有,而一二断碣,偃卧草间,大氏善男信女之题名。求其志山水之缘起,亦杳不可得,乃知被给","登崖周览,颇悟前山既环水有奇状,与柳氏《袁家渴记》'有小山出水中,山皆美石,上生青丛'者,何肖之酷邪"。何止清笔下的柳子遗迹如亭台楼阁、山水人家,读来可想见柳子遗迹之情态,亦可见其所到之处,所见所闻,字里行间,不仅流露出欣喜之情,也蕴含着他追寻古迹有一二尚不可得的惋惜和悲叹。

行文最后,何止清坦言于柳子遗迹中最喜愚溪,其次是西岩,他沿途还作有《永州感事诗》和《重游西岩》小诗几首,用其诗"沿岸画舟皆一系,此中谁笑我匆匆"来概括此次寻访柳子"永州八记"遗迹之行最好不过。

杜晓勤认为"永州八记在中国散文史上占有十分重要的地位"。[1]1199 至 20 世纪 80 至 90 年代,有关"永州八记"的分析和研究的到发展,如霍松林的《〈永州八记〉选讲》①、杨铁星的《柳宗元〈永州八记〉的美感性》②、鹿琳的《〈永州八记〉——柳宗元精神世界与自然的完美融合》③等。

五 高文《论柳宗元文》

高文《论柳宗元文》④共分为小引、文变、总论、分论、诸家评柳议五个部分,细读其文便可知其造句行文处无不流露他深厚的文言功底。

文首,高文极赞柳宗元才起高奇,谓只有他的文章方称得上"文意称物,文辞达意"并且对柳宗元在古文运动中所起到的积极作用给予肯定,认为:"文迄梁陈,艳葩藻饰,盛极而衰,流弊孔多。剽盗沿袭,气象凋耗。"而此种现象在初唐四杰的时候也没有得到改善,直到中唐韩柳挺峙,从事改革才力扫粃糠,一改

---

① 见《语文学习》1979 年第 2、3 期。
② 见《河北学刊》1995 年第 2 期。
③ 见《齐齐哈尔师范学院学报》1994 年第 6 期。
④ 见《金陵大学文学院季刊》1931 年第 1 卷第 1 期。

文坛不正之风。高文谓柳文"展论则卓万飙迁,与霜月而齐灿;属文则清隽露凝,共高秋而竞爽","思发如潮,辞润如玉,穆肃汪洋,萧机玄尚"可见高文对柳文之态度。

接着高文从柳子厚论辩文《封建论》《晋文公问守原议》以及山水记来论证柳子为文之"深切精刻,清秀敷舒",而在诸家评柳议中,他综纳李朴、王世贞"柳之纯正不及韩,而韩之才秀不及柳"、黄震"于韩可无择,而于柳不能无择"、赵善怵、茅坤"柳在中朝时所为之文,尚有六朝规矩,未能臻善"等各家评柳之观点,提出自己看法,说:"达于上听者,皆诔辞,致于公卿大臣者,皆罪谪后羞缩无聊之语","情动于中,而形于言,勃郁行回之意,缠绕悱恻之辞,惨悽增欷之情,吐于口,书于纸,而能动人千百载之下者,即其文章之工妙,能化无聊为有聊也","如据成见以评文,以彼而累此,虽欲无失,不可得矣"可见其态度。就韩、柳之比较而论,高文认为:"退之之辟佛老,似诚而实伪,易箦之际,席流水银,是其明证,夫复何言于子厚","其(此处指韩愈)尊经者,求售于世也;其崇圣者,以要爵禄也;乏创见,无卓识,较子厚之考覈精核、胆大眼明者,相去犹远"尤可见其对韩、柳两者的态度。

文章最后,他提及:"但皆为文章之俊杰,固无议于趋舍,更何况以其道之不同,而有所褒贬也。"可见韩柳之争论一直众说纷纭的原因在于各家论道立场的不同,从而形成了褒贬不一的现象。

高文《论柳宗元文》是民国时期为数不多的对柳宗元文学创作进行评析的文章。

六 王云六、胡寄尘《柳宗元文》选注之问答

王云六《与胡寄尘论〈柳宗元文〉之选注》[①]是他读胡寄尘"万有文库本"《柳宗元文》选注后的质疑之作,后有胡寄尘答疑文章《胡寄尘答华狷公论柳文书》[②]。胡怀琛选注《柳宗元文》一书,先收入《万有文库》,又收入《学生国学丛书》,又收入《新中学文库》,均由上海商务印书馆出版,王云五主编。此文作者署名"王云六",疑为针对王云五之笔名。文后有编者按语,署名"狷公",即华狷

---

① 见《中国新书月报》1932 年第 2 卷第 9–10 号。
② 见《中国新书月报》新书评介 1933 年 3 月第 2–3 期。

公,《中国新书月报》编辑,撰有《先天不足后天失调的现代出版界》《看他横行到几时的"翻版书"》《南宋民族文学家》等。

王云六于文章开篇便说自己最近读罢胡寄尘先生《柳宗元文》(万有文库本),佩服之余却尚有疑问,故而作文向胡先生请教。

王云六在文中就《柳宗元文》提出了以下几点疑问:一是"《论语辩》中'今卒篇之首章,然有是,何也?'于义似不可通。尤可'今卒篇之首,章然有是,何也?'当绝";二是"《鹘说》中将'如往,必背而去焉'一句,作为假定法语气似有不妥,'如'作为假定法语气在唐以前绝少";三是"《柳州山水近治可游者记》中'多秭归'注使读者迷离惆恍";四是"尊选尚多缺而未注,注而不详。如西汉《文类序》'欲采比义',未注;《鹘说》'昔云',插在文中殊不可解,亦未注;《法华寺新作西亭记》'空色、逾寂、觉有'等字,仅注云:'皆佛书中语',似未交代清楚"明确提出了自己对胡寄尘《柳宗元文》的几点质疑之处。

《胡寄尘答华狷公论柳文书》中,胡寄尘针对王云六的疑问一一作了解答,先是肯定了他善于发现问题,提出问题的治学精神,其次也针对其不足之处给出中肯的分析。

胡寄尘具体解答如下:首先,胡寄尘对王云六《柳文·论语辩》"今卒篇之首章,然有是,何也?"于义似不可通的疑问进行了解答。他指出"今卒篇之首章,然有是,何也"是通的,而柳文"卒篇之首章然有是"中"然"字用的法,与庄子"晋得升斗之水然活耳"中"然"字用法一致,且认为王云六所言'然'有'赫然有是'之意,语气太重,与柳文不符。其次,针对王云六《鹘说》中"如"字假定语气的用法之疑,胡寄尘谓其是校对上的错误。再者,至于王云六提出"多秭归"使读者迷离惆恍的疑问,胡寄尘的回答是:"柳先生的'在多秭归西'一句,他是有意学《山海经》的,却是学坏了,所以把我弄得莫名其妙。"最后,胡寄尘答王云六第四个问题时说:"缺而未注,注而未详,是因为匆促的关系,诚如某君所言,然谁应缺,谁不应缺?谁应详,谁不应详?亦绝无标准可言,千古注书者无不如此,不独我一人为然。这一点应请原谅。"如此便将问题一一交代清楚了。

柳宗元及其作品在无形之中加强了学者之间的交流与联系,为民国时期的柳宗元研究增添了一缕活力。此两文一问一答,一唱一和,尽显学者间互相交流之形态,同时也可以看出随着期刊、报纸等媒介的发展,为柳宗元研究与交流提供了重要平台,一定程度上营造一种学术氛围。

杜晓勤《二十世纪隋唐五代文学研究综述·柳宗元研究》认为:"胡怀琛的

《柳宗元文》是 20 世纪上半叶仅有的柳宗元诗文选本。"[1]1209

七　俞沛文《柳子厚永州八记小识》

柳宗元山水游记之精妙有名者,以"永州八记"见长。民国时期,有关柳宗元"永州八记"探讨为最多,其中俞沛文的《柳子厚永州八记小识》①、周澂的《读柳子厚山水诸记》②、何止清的《永州柳子厚遗迹求访》、董郁青的《读柳文随笔》③、梁孝瀚《柳宗元文艺思潮及其影响》④等,都是 20 世纪较早涉及柳宗元山水游记的论述和研究。

八记中对山、水、石、树、竹等景物的描写,以及情感的抒发,无不露出清新脱俗、引人入胜,隽永质朴的气息,俞沛文提倡初学的人应该多去效法它的文笔与结构。

俞沛文论《始得西山宴游记》,认为这篇文章在内容上只记山,是极平淡的,全文妙在子厚把"始得"和"宴游"二个意思加到里面去,于是就诞生了一篇文辞生动、结构明朗的文章。论《钴鉧潭西小丘记》,认为文章先是写出潭来,然后再由潭生出丘,丘之廉价而无人去购,并且也没有人去赏他的美景。最后柳子购得且为之道贺,是说子厚借题发挥,借丘之"遭"来自嘲己之境遇不如这丘。论《至小丘西小石潭记》,则指出潭的景色,是水石合写。起于"伐竹取道,下见小潭",落于"以其境过清,不可久居,乃记之而去",以"过清"来评全景,以"去"作陪景,妙在其中。论《袁家渴记》,则坦言全文生动的地方就是"风"的描写,而就文章结构,他认为文章首先点"渴",后生出小山,再写草木而生下面的风来,最后,再写出"袁"字来点正题目。论《石渠记》,则是感叹柳宗元写得面面俱到,记"水"之外,还有"潭"和"泓"的描写,后以"风"来做衬托,结尾写到石渠,收笔处干净利落。论《石涧记》,他指出结笔"穷"的运用似有余音,有种所留而又没有尽的韵味,而《石涧》后此而尽了,道出《石涧记》的精妙。论《小石城山记》,则指出柳子厚此文章自西山的又一路写起,是记山石,起初便埋下"石城"的伏根,末段借石状的瑰玮,来吐出他自己胸中的郁勃气。

---

① 见《光华附中半月刊》1933 年第 8 期。
② 见《光华大学半月刊》1936 年第 4 卷第 9 期。
③ 见《天津益世报》1937 年 1 月 1 日第 7423 期至 7434 期。
④ 见《协大艺文》1937 年第 5 期。

20 世纪 80 至 90 年代，八记研究与分析得到发展，出现了一大批文章，如杨慧文的《论柳宗元的永州八记》①、鹿琳的《〈永州八记〉——柳宗元精神世界与自然的完美融合》②、杨铁星的《柳宗元〈永州八记〉的美感性》③等。俞沛文《柳子厚永州八记小识》中对"永州八记"的论述，是 20 世纪较早论述柳子八记的文章，虽然篇幅不大，但是从柳学研究的继承与发展来看，在一定程度上为后世学者研究柳子八记提供了一个参考方向。

八 周荫棠《读柳文》

周荫棠《读柳文》④是民国时期为数不多探讨柳宗元政治思想的文章。

周荫棠对柳宗元"民本"政治思想极为推崇，认为："夫文学结晶，乃柳之不期而获，其专心致志，实在于政，则其政治学说不可不知也。"周荫棠指出要了解柳宗元的政治学说，有三点值得注意：一是辟神权、二是武力说、三是德治。

周荫棠在文章开篇便向我们表明了他独钟情于柳文的态度，直言自己"楚屈原，汉贾谊，唐韩愈，然吾独于柳尤有感焉"。接着，他便逐一阐释了柳宗元政治思想在神权、武力、德治三个方面的突出表现。

在柳宗元"辟神权"的政治思想中，周荫棠提出"辟神权而专重民意，厥为子厚"的观点，并且补充到："子厚以为有主非贵得天，乃在得人。非由神与，乃由民约。上断邢论，下深言天不足信。"在柳宗元"武力说"的政治思想中，周荫棠认为其较之"辟神权"进步，而"其后强有力者起，统而治之，国家于是乎始"，"在后强有力者出而治之，往往为曹于险阴，用号令起而君臣什伍之法立"此种思想在柳宗元《贞符》中表现最为明显。周荫棠认为柳宗元主张以"武力"来建立政权的观点与西儒波贝思（Poybuis）及哈姆（Hume）的"武力说"不谋而合。在柳宗元"德治"的政治思想中，作者认为柳宗元政治思想"德治"的提出较"武力"更胜一筹，而"国家之成立虽在武力，而国作之绵延，君权之统一，人民之向慕，非徒以力也，以德也"，又与儒家强调的"仁政""德治"不谋而合，同时也是社会发展到理性状态的必然结果。

---

① 见《唐代文学论丛》第 3 辑，1983 年版。
② 见《齐齐哈尔师院学报》1994 年第 6 期。
③ 见《河北学刊》1995 年第 2 期。
④ 见南京《遗族校刊》1935 年第 2 卷第 6 期。

文章最后,周荫棠则大赞子厚之为人与作文,直言"柳则思想邃密,政治理论,古今未闻,对于玄奥之佛学,亦细心探讨,不持狭见,发而为文与诗,其宇宙观,人生观,亦深远有韵,非若韩之硬拗直率而毫无意境也","至于其为人,忠直坚决,困不易操,尤非退之之一挫辄屈,随俗雅化之可同日而语"。

杜晓勤《二十世纪隋唐五代文学研究综述·柳宗元研究》认为:"周荫棠的《读柳文》是本世纪较早对柳宗元的政治思想进行探讨的文章。"[1]1183

九　梁孝瀚《柳宗元之文艺思潮及其影响》

梁孝瀚《柳宗元之文艺思潮及其影响》[1],民国二十五年(1936)十一月二十六日作于福建协和大学光荣楼。

梁孝瀚此文,可以说是目前所见民国资料最早谈及柳宗元文学理论的文章,而有关柳子厚文学理论研究与分析在 20 世纪中后期得到发展,如吴文治的《柳宗元的文学理论初探》[2]、方扬的《柳宗元的文学思想》[3]等。

文中,梁孝瀚提出"柳宗元之文艺渊源实源于六经诸子"的观点,且认为柳宗元文艺的最高标准是"复古明道,重创作而恶因袭",且认为柳文是以"神""志"为主,重效用,反对摹拟剽窃,眩耀为文,舍本逐末的文学追求。梁孝瀚此文,还从感伤主义、写实主义、讽刺主义、浪漫主义四大部分来分析柳宗元文艺思想。

在柳宗元文艺感伤主义中,梁孝瀚认为柳宗元所处的时代环境以及贬谪永州之后的自然环境造成了他文艺上的伤感,并且指出柳宗元贬谪永州的伤感情调,又为其文艺上的写实主义思潮奠定了基础,是柳宗元写实主义大放异彩的奠基石。在柳宗元文艺写实主义中,他认为柳宗元柳永二州所作山水游记最能表现写实思潮,其诗次之,其它散文又次之。并且称赞柳子厚写实主义"足以上继《水经注》之文,上开描写派之先锋也"。在柳宗元文艺讽刺主义中,他认为:"其讽刺思潮表现于作品。实渊源于《诗经》中之《国风》。"并且认为柳子厚的讽刺思想仅次于元结与刘禹锡。在柳宗元文艺讽刺主义中,作者称柳宗元浪漫主义充满神秘意味,直透纸背,认为柳宗元与屈原有着相似之遭遇,故文中有"亦犹

---

① 见福建《协大艺文》1937 年第 5 期。

② 见《光明日报》1960 年 2 月 21 日。

③ 见《江海学刊》1961 年第 11 期。

屈原被放之时,其文学之浪漫色彩特厚也"的感慨。

梁孝瀚评价柳宗元文章"缠绵悱恻,如歌如泣,如怨如诉。一唱三欢,如往而复处,直逼《离骚》",且认为"虽子厚得力于《离骚》,抑亦由其所处环境,至为可怜,不期然间,造成感伤情调也",又言"宗元之贬谪为造成感伤思潮之元素,其文艺中所表现写实主义之思潮者,亦多从贬谪时期来也",亦言"盖子厚被谪,身后幽僻之地。满腔悲愤不平之气无以发泄。故藉小品文字,用幽默,冷嘲,热诮之词句",再言"至此种思潮(浪漫主义)所以发生者,实以横遭贬谪,心烦意乱,于是神秘思想得胜焉"。由此可见,文中形成柳宗元感伤主义、写实主义、讽刺主义及浪漫主义四大文艺思潮是有因可寻的。总结为两点,其客观原因是柳宗元贬居永州,背井离乡,客观环境之异常恶劣;主观原因是柳宗元个人对人生境遇难以释怀,抑郁愁苦不可终日,从而形成了文艺上的四大特色。

在文章最后,梁孝瀚就柳宗元文艺思潮对后世的影响又做了说明。他指出柳宗元文艺上"明道"的核心思想影响于北宋者,有程朱等理学家;其文本六经思想,影响于宋代者,有南宋曾巩;而文艺上之感伤主义及讽刺主义思潮,影响于宋代文艺界者,当为苏轼,影响于明者还有刘基、于清,林纾也受其影响,"描摹景物处,直之子厚集中,几莫能辨其真赝"梁孝瀚如是评价林纾。综上,可见柳宗元对后世文学创作影响程度之深,范围之广,梁孝瀚谓其为当之无愧的"散文大家"。

杜晓勤《二十世纪隋唐五代文学研究综述·柳宗元研究(下)》认为:"梁孝瀚的《柳宗元之文艺思潮及其影响》是本世纪上半叶唯一一篇全面系统且较为深入地探讨柳宗元文艺理论的论文。"[1]1193

十 周澂《读柳子厚山水诸记》

在柳宗元山水游记研究中,周澂《读柳子厚山水诸记》①是民国时期较为全面且深入地探讨柳宗元山水游记的文学作品。至 20 世纪 50 年代以后,柳宗元山水游记研究与分析得到发展,如管希雄的《柳宗元山水记的艺术特色》②、鲍叔的《柳宗元山水游记的写作技巧》③等。

---

① 见《光华大学半月刊》1936 年第 4 卷第 9 期。
② 见《江海学刊》1962 年第 10 期。
③ 见《齐齐哈尔师范学院学报》1981 年第 1 - 2 合期。

周濟首先肯定了柳宗元山水散文的艺术成就,且将文章结构分为三部分:一是永州诸记,二是柳州诸记,三是永柳以外诸记,再细可分为纪山、纪水、纪石、纪草木、纪亭树与工事等几个方面,直言:"永柳以外诸记所以异于永柳诸记者,不以山水为主,述游观之乐,亭树之胜也。而记永与记柳又有别,记柳用总,记永则有总有分,叙议特密,此又同而不同者也。"

对柳子厚的山水游记进行了周密而全面的分析,究其特点,探其文心,且谓其有总有分,有详有细的写作手法和行文安排"精裁密制,结篇紧凑"。文章最后指出,柳宗元山水诸记可谓兼采郦道元《水经注》"囚捉幽异,搁弄光彩,力致其空濛萧瑟之情"和杨炫之《洛阳伽蓝记》"复殿重阁,绮柱珠廉,侈陈登临游观之乐"之长。故而作者有"予读子厚诸作,尽情于空蒙萧瑟,放意于登临游观,若柳氏者,殆欲兼之乎!"之感慨。

杜晓勤《二十世纪隋唐五代文学研究综述·柳宗元研究》认为:"周濟的《读柳子厚山水诸记》是本世纪较早对柳宗元山水文学进行探讨的专论。"[1]1199

十一　董郁青《读柳宗元随笔》

董郁青《读柳宗元随笔》[①]是民国时期柳宗元研究起步阶段一篇综合性论著。可见共有 77 小节(其中 22 至 25 缺页),先后在《天津益世报》"说苑"栏目7423 期至 7434 期发表,连载近 11 期。

董郁青此文以随笔的形式探讨了柳宗元散文、传记文、政论文、寓言小说等多类文体的艺术风格及其特点,可大致分为言柳和抒情两部分。

言柳,对柳宗元文学创作艺术特点进行分析。文章开篇,作者就提出"作古体文最忌肤浅,从柳河东入手,自可免肤浅之病"的观点。从写作的手法上来看,作者一方面说柳宗元作文章之难,另一方面又花重笔写柳宗元文章的出彩之处,欲扬先抑的手法不言而喻,给文章增加了一层韵味。文中多处指出柳宗元笔力之深厚,卓识之远见,风格之迥异,影响之深远。作者认为柳宗元痛快淋漓,雅与题称,景象毕呈,情感充溢,句句庄雅,字字凝重,以古况今的艺术创作风格有汉赋朴致之风,且认为只有此种文字方可称得上"活文字"。

另外作者对柳宗元文学创作也有深刻的理解,他认为柳子"骚体文"最为实

---

① 见《天津益世报》1937 年 1 月 1 日"说苑"栏目,第 7423－7434 期。

情实讲;"驳议文"最为精悍;"小品杂文"每能以小见大,常觉世忧民;杂文拟骚体者,别开蹊径,神韵自由;而其"赠序",不如韩之简净有意义;山水小记,高绝千古。作者认为文章作"箴言"最难下笔,作"铭赞"最难于文字,为下层人民作"送序"最难著笔,且认为"柳宗元《沛国汉原庙铭》典实之高华,气象之庄重,词彩虽富丽而气不滞,头绪虽纷繁而则贯",且"《送薛存义之任序》通篇发挥民权公仆之义,与近代之欧美学说适相吻合,识见之远大"以及"《柳州厅堂壁记》真实贴切"和"《三戒》幽默、寓意深远"等在作者看来都是非韩、柳之辈不可及的。

而从内容上来看,作者较为突出地介绍了柳宗元"民本"思想,具有一定的时代意义。自 1919 年五四运动以来,民主共和的观念开始深入人心,抗日战争爆发后,更使人民陷入了水深火热之中,救国生民开始成为热门话题。他认为"子厚《天说》,其所发挥者,即今日之《天演论》,复礼仪则標扬法治精神,犹与近代文明国家若合符节",并且指出"《封建论》第一步是郡县优于封建,若再充其类而言之,则第二步即是共和优于君主",其观点灼灼可见。

言情,则多抒发自己的情感。一是站在个人的角度,一是站在国家的角度。于个人而言,董郁青认为人生于世,不朽之道有三:一是立德,一是立功,一是立言。并且指出自己将柳文《三亭记》奉为平心养气之箴言且起到了"躁性因之渐除,旧疾亦不复触犯,犯亦不甚剧矣"的效果,可见作者已把柳宗元当做自己修身养性的引路人,故而有"柳子数语,竟为有裨身心之良师,我又安能忘之耶!"的感概。同时,董郁青又告诫后人"学古文词者,不宜专向唐宋八家讨生活,须读经史以树立其根基,读诸子以开拓其思想,自然下笔不凡。如有此精力,再兼通外国文字,以沟通世界之文学潮流,自蔚然成一大家矣"。而于国家而言,他认为:"写夷人皆成病夫,则己身虽欲不病,不可得矣,唐距今世逾千年,中国人已有此状,则欧美称我为病夫国,洵不诬矣,然则今日欲尝强国,健全国民体格,尚有他途乎?"又言:"徜徉于光阴短促,或存一悬车待尽之心,或纵其秉烛夜游之欲,则此种思想,不惟与人生无益,且于国家亦有大损,此不可不辨也。"其忧国忧民之心,不言而喻。

本文以随笔、杂文的新形式就柳文的各个方面逐一论述,涉及各个方面,是民国时期比较全面且系统化的论述。

十二 陈柱《方望溪评点〈柳河东集〉跋》

方望溪(1668－1749)，又名方苞，字凤九，一字灵皋，晚年号望溪，安徽桐城人，清代散文家，是桐城派散文的创始人之一，与姚鼐、刘大櫆合称"桐城三祖"。陈柱《方望溪评点〈柳河东集〉跋》①一文，1940年作于上海。

骈文作为一种文体于魏晋南北朝时在文坛占据统治地位，达到其全盛期，后世仍有所发展。至唐代，则兴起了以韩愈、柳宗元为代表的"古文运动"，他们反对辞藻浮华的骈文，提倡散文的朴素自然，从而达到"文以复古"的目的。陈柱先生师从唐文治，于唐独尊韩柳，尚古文，好收藏。本文在内容上主要记述了他喜得浦孙玉麟先生所录评点柳文《方望溪评本》的过程，因其为名家，且论述有关《柳河东集》评点版本，故而略论一二如下。

作者开篇便发出"学者无意于古文则已，不然则韩、柳之文必不可不读"的感慨，接着便提出"东汉以前之文，皆古文也。然古文之尊，实自韩、柳始，以韩柳始，以文复古也"的观点，且认为："古文之佳者莫不有义法，然古文义法之严，实自桐城诸老始，以桐城诸老始，专以义法绳古文也。"此外，作者叙述了他"假得其尊人浦孙玉麟先生所录《方望溪评本》，于是吾家乃有归、方评点柳文，足以与世所传归、方评点史记媲美，且足以与家藏方、姚诸家评点韩文并读并珍矣。"其喜悦之情溢于言表。在谈及《方望溪评本》时则说："震川于柳文多美辞，望溪于柳文多贬辞。"而后笔锋一转，直言："望溪经明行修，熟精义法，故讥弹柳文，人不以为过。"指出方望溪之所以对柳文多贬词，实则因其文律严当，才力学问实可与子厚堪比，故而为之，且时人不以之为过。另一方面，又告诫后学之才不及者"慎勿轻学望溪，妄讥古人哉"。

文章最后，仍不忘提点后学之辈，其言："欲读韩柳之文，则归、方、姚、曾诸先生所评点韩柳文之书尤不可不读"，又言"欲知桐城义法之严，则望溪之评点柳文尤不可不读。"行文言简意赅，结尾处干净利落，此亦足以窥其文法之精湛，学识之渊博，用心之良苦。

---

① 见《群雅》1940年第4卷第4期。

十三 齐敬鑫《从郭橐驼科学的顺天种树说到柳宗元哲学的安性养民》

齐敬鑫《从郭橐驼科学的顺天种树说到柳宗元哲学的安性养民》①,是民国时期为数不多探讨柳宗元哲学思想的文章。除此文外,另有许本裕《书柳州〈种树郭橐驼传〉后》②和易洒屏《读柳子厚〈种树郭橐驼传〉》③两文涉及《种树郭橐驼传》,但后者为学生读后,论述深度和广度均不及齐敬鑫。

齐敬鑫该文可大致分为两部分:一是分析郭橐驼"顺天种树"的科学性,一是分析郭橐驼种树与柳宗元安性养民的联系性。

在分析郭橐驼种树的科学性时,齐敬鑫认为郭橐驼"顺木之天性,不忧不扰"的种树方法是极为科学和令人赞叹的。他根据造林学的原理,从种树与自然的关系来说明郭橐驼的种树方法所具有深刻价值与意义。接着他便从六个小的方面来展开,进一步论述郭橐驼种树"其本欲舒,其培欲平,其土欲故,其筑欲密"四大要素的重要性,以此来说明"顺天种树"的道理。分析郭橐驼种树与柳宗元安性养民的联系性时提出"种树,养民同是一理。树能种的好,民就能养的好"的观点,并且指出一百多年来的革命与战争给百姓带来很大灾难,特别是八年抗战以来,人民更是苦不堪言的社会现实。并认为战争结束以后,与民休养生息是当务之急,治理国家者大可以借鉴以郭橐驼"其本欲舒,其培欲平,其土欲故,其筑欲密"的种树方法来治民,救民于水火之中。他在文中提出"现在要改良中国的政治经济,不在一切的一切,而在讲求如何能均匀的人口,就是郭橐驼种树'其本欲舒'的道理","我国人口果能均匀的分饰于此若大的广土之上,则人民最低限度的衣食住行都可平均了,所谓'不患寡而患不均'。故郭橐驼种树,首倡'其培欲平'"而就如何改变国人青黄不接的弊病,他提倡:"我们应当仿效郭橐驼种树'其土欲故'的办法,并须恪遵国父'恢复固有道德,而于世界新科学,则迎头赶上之'的谲教去养民。"最后说:"郭橐驼种树,主张'其筑欲密',就是要叫新栽的树木赶快的得着养料。我们今后养民的方针,也就应该要叫老白姓赶快的得着实惠才对呢!"此数语,一针见血地指出问题后则提出建议,将郭橐驼种树的"其本欲舒,其培欲平,其土欲故,其筑欲密"四要则与柳宗元"安性

---

① 见《安徽农讯》1947 年第 5 期。
② 见《学生杂志》1914 年第 1 卷第 5 号。
③ 见《学生文艺丛刊》1924 年第 1 卷第 3 集。

养民"结合起来,再引申到当时社会实际情况,从而提出治国之道。

柳宗元在《种树郭橐驼传》特书郭橐驼养树之法,其意深远,不言而喻。齐敬鑫在抗战胜利后,百废待兴之际,借郭橐驼种树之法兼通国家养民之法,探讨战争之后如何治国之道,是此诸篇中唯一一篇直接将柳宗元哲学思想同当下社会现实情况联系起来的文章,诚可见其忧国忧民的赤子之心。

十四 季羡林《柳宗元〈黔之驴〉取材来源考》

季羡林《柳宗元〈黔之驴〉取材来源考》①,作于1947年,是民国时期可见资料中唯一一篇考证柳宗元作品取材来源的文章。

季羡林在国外留学多年,精通多门外语,《柳宗元〈黔之驴〉取材来源考》便从印度梵文寓言集《五卷书》《利教书》《驴皮本生》《伊索寓言》、印度故事集《说海》、巴利文的《本生经》(原名《狮皮本生》)、法国拉芳丹(La Fontaine)的寓言《驴蒙狮皮》对柳宗元《捕蛇者说》来源进行多方考证,以"故事套故事"的形式来说明国外著作中有很多类似于《黔之驴》的故事。

本文以印度为起点,途经古希腊,最后到达法国,在所得故事中均不乏与《黔之驴》类似的故事情节和叙事模式。驴或披虎皮,或披豹皮,或披狮皮,但最终都没能逃脱因暴露自己而惨死的命运。几则故事之间既有共性又有差异性,在其共性方面,季羡林认为:"第一,这里的主角也是驴。虎虽然没出来,但皮却留在驴身上;第二,在这里,驴也鸣过,而且就正是这鸣声泄露它的真像,终于被打死;第三,这当然也是一篇教训,因为梵文《五卷书》全书的目的就是来教给人'统治学'(Netisastra)或'获利术'(Arthasastra)的。"而差异性在于致使其丧命的关键要素不同。《利教书》、印度故事集《说海》、巴利文的《本生经》(Lataka)《狮皮本生》(Siha camma Jataka)、《伊索寓言》、法国拉芳丹(La Fontaine)等寓言里的"驴"都因为鸣叫而暴露了自己,而法国拉芳丹(La Fontaine)《驴蒙狮皮》(L'ne vêtu de la peau du lion)里的"驴"却因露出耳朵而送了命,仅此处稍有不同。

季羡林认为这些故事本身就是一个故事,只是形式不同而已,且说:"我们只能说,原来是一个故事,后来分化成两系:一个是虎皮系;一个是狮皮系。在印

① 见《文艺复兴》1948年上、中、下合刊。

度,《驴皮本生》就是狮皮系故事的代表。"又指出:"这个故事,虽然到处都有,但却不是独立产生的。它原来一定是产生在一个地方,由这地方传播开来,终于几乎传遍了全世界。"他认为这样一个普遍存在于世界各地的故事不是独立的,而应该是有一个源头,然而季羡林也没有具体说这个源头究竟是什么,在哪里。在文章最后,季羡林得出柳宗元《黔之驴》的故事并非他自己创造出来的,而是从别处借鉴过来的结论。

陈惇评价说:"季羡林的《〈柳宗元〈黔之驴〉取材来源考》在探讨中印文学关系方面对人颇多教益。"[2]82

郑振铎在《文艺复兴》发刊词中曾提到"中国今日也面临着一个文艺复兴的时代,文艺当然也和别的东西一样,必须有一个新的面貌,新的理想,新的立场,然后力求能够有新的成就"。随着西方思想的东渐,民国时期的柳宗元研究也开始出现新局面,有一部分学者立足于世界文学,跳出传统的视野和方式,运用新方法、新视野来审视古文经典,如李辰冬的《韩柳文批评》、董郁青的《读柳文随笔》、胡寄尘的《柳宗元的小说文学》、梁孝瀚的《柳宗元之文艺思想及其影响》等都是这一类作品,而这一做法给此时期的柳宗元研究提供了一种新思路,是民国时期柳宗元研究不可缺少的新元素。

结　语

从时间上来看,这15篇文章大多集中在20世纪30至40年代。在民国时期,民族危亡之际,时局动荡之时,这几篇关于柳宗元研究的文章可谓弥足珍贵,可以说是20世纪柳宗元研究雏形,大体代表了这一时期的基本形态;从文章内容上来看,这15篇文章涉及柳宗元文章山水游记、人物传记、寓言小说等各个方面,且此时期的学者较多地关注柳子厚山水游记及其在古文运动中的作用,这为后世学者更进一步研究和分析柳宗元奠定了一定的文化基础。至20世纪80年代,胡寄尘"柳宗元小说寓言来源于周秦诸子"的观点得到延伸和发展,如尤力《柳宗元寓言与先秦寓言的比较研究》①以及朱国维《柳宗元讽刺寓言成因探》②等。而从其社会现实性来看,齐敬鑫、李辰冬、董郁青等均心系家国安危,倡导以

---

① 见《云南社会科学》1988年第6期。
② 见《江西教育学院学报》1989年第1期。

柳子"民本"的德政思想来治理国家,救民于水火之中。而在研究方法上,随着社会的急剧变革,西方学术思想的涌入,学者开始寻找新方法、新思路来研究柳宗元,如季羡林《柳宗元〈黔之驴〉来源考》、李辰冬《韩柳文批评》、董郁青的《读柳文随笔》等。

综上可知,虽然民国时期的柳宗元研究成果数量不多,但是此时期的论述方向、方法等均已见雏形,且多已涉及柳宗元政治思想、山水游记、寓言小说、文学理论等多个方面。这对 20 世纪柳宗元研究在其生平、诗歌创作等方面研究具有启示意义,为 20 世纪 80 至 90 年代柳宗元研究的全面繁荣奠定了基础,对丰富柳学研究和促进柳学发展不无裨益。故可见民国时期的柳宗元研究,不仅仅是 20 世纪柳宗元研究起步阶段的重要构成因素,同时也是 20 世纪柳宗元研究一个不可或缺的断代。

参考文献:

[1]杜晓勤.二十世纪隋唐五代文学研究综述:柳宗元研究(下[M].北京:北京出版社,2003.

[2]陈惇,刘象愚.比较文学概论[M].北京:北京北京师范大学,2009.

(原载 2015 年第 7 期,作者单位:湖南科技学院)

柳宗元在民国教育中的影响概述

✻ 彭二珂 •

民国初期,随着新文化运动的高涨,开始出现一批有关柳宗元及其作品的论述,此类文章尚属柳宗元研究在民国初级阶段中难得的文献材料。在国文教育教学中,开始出现一批学生所作柳文读后、书后、英译作品;另有国文教师为推动古文通俗化、大众化而作的有关柳宗元寓言、山水游记、政论文等古文解析类作品;同时,还出现了一类柳文仿作作品。以上诸类文章均在一定程度上反映了民国时期的教育教学思潮以及柳宗元在民国时期的发展情况。

一　民国时期学生之柳宗元论说

民国元年(1912年)一月十九日,南京临时政府教育部公布《普通教育暂行办法通令》和《普通教育暂行课程标准》,以敦促全国恢复学校教育。提出"注重道德教育,以实利教育、军国教育辅之,更以美感教育完成其道德"的教育宗旨,且对全国初等教育以及高等教育在教学制度、课程设置、学生待遇等作出了统一规划,为民国教育制度的最终确立奠定了基础。虽然各个教育阶段的课程设置均有所差异,但国文教育一直占据着重要地位,而此时期的国文教材中较为突出的选入了唐代柳宗元的作品,且出现了一批学生有关柳宗元读后、书后类作品。

民国期间,国家统编的中小学教科书选用了柳宗元不少的诗文。李鼎荣曾表示:"据统计,在近年编的全国小学、中学语文统编教材中,被选入的柳宗元作品有《江雪》《渔翁》《小石潭记》《捕蛇者说》《愚溪诗序》《三戒》《种树郭橐驼传》《段太尉逸事状》等篇。"①而在商务本第一部教科书中,就分别选入了柳宗元寓言《临江之麋》《永某氏之鼠》《黔之驴》,供初小学生诵读,后又选入中学教材。

从民国时期正式刊表的学生类撰述和记载来看,反映了柳宗元作品集中出

---

① 见李鼎荣《柳宗元与中国南方人文氛围》,《柳宗元研究》(内部刊物)2005年1期,第171页。

现在上海、江苏等地区的教材中,这与上海、江苏等地的经济基础和学校教育的发展不无联系,而这一类作品也体现了柳宗元对民国教育所产生的影响。

(一)民国时期上海等地学生的柳宗元论说

1. 原刊上海商务印书馆《学生杂志》的柳宗元论说。《学生杂志》,月刊,1914年创办于上海,同年7月20日出版第一期,中途因战乱曾短期休刊3次,至1947年停刊。该刊由学生杂志社编辑,上海商务印书馆印刷兼发行,定价每册一角,朱天民、杨贤江、陈功甫等曾先后主编辑之事。其内容主要介绍各种学科和世界知识,系中等学校学生的辅助读物。辟有论说、图画、文苑、小说、讲演、修养、体育、谈话、文苑、杂纂、记载、英文等栏目。其创刊号《学生解》一文中提到"学者,学业也,有学业者谓之学生。学者,学问也,有学问者谓之学生。学生者,学为人生之道也。学而生,则不学者之前途如何,从可知矣。学生者,为学生活之事也。生活必需之知识、技能,不学胡以成学生? 而不学,将不能得适宜之生活矣。"可见其对"学生"的深刻认识。

发表于《学生杂志》中有关柳文论述有:淮扬合一中四年级学生许本裕的《书柳州〈种树郭橐驼传〉后》[①]、南通代用师范二年级学生戴瓏的《读柳柳州〈天說〉》[②]、南通师范学校预科生王翌奎的《书柳柳州〈蝜蝂传〉后》[③]以及直隶育德中学校四年级学生谢庚宸的《拟愚溪致柳子厚书》[④]。

2. 原刊上海大东书局《学生文艺丛刊》的柳宗元论说。《学生文艺丛刊》,月刊,1923年创刊于上海,1937年终刊。该刊由上海大东书局印刷发行,吴兴、沈镕曾主编辑之事,刊头"学生文艺丛刊"为南通师范柳巷题。其内容以各校学生稿件为主,以稿件体裁有先后而非次第之分。辟有文学之部、艺术之部两大专栏,其下文学之部又分文甲、文乙、诗甲、诗乙、诗丙、小说、剧本等,艺术之部又分书法、图画、音乐、手工、游戏、幻术等。浙江绍兴五中学生陈于德在《祝词》中说到"呵! 中国学生界的明灯——《学生文艺丛刊》今天就要产生了! 这是很适宜我们课外的读物,感激得很! 感激得很!"并祝愿它"奋发纯洁的精神! 本着澎湃的热血! 培养我们的文学,促成我们的艺术。祝你万岁啊! 祝你万岁呵!"

发表于《学生文艺丛刊》有关柳文的论述:南通代用师范易廼屏的《读柳子

---

① 见《学生杂志》1914第1卷第5号"文苑"栏目,第170页。
② 见《学生杂志》1915年第2卷第3号"文苑"栏目,第73–74页。
③ 见《学生杂志》1915年第2卷,第10号。
④ 见《学生杂志》1916年第3卷第8号"文苑"栏目,第194页。

厚〈种树郭橐驼传〉》①、武昌中华大学高中冯世庚的《读柳子厚〈愚溪诗序〉》②、江苏第二代师附小毕业生季鸿志的《读柳子厚〈捕蛇者说〉书后》③、郭宗熙的《读〈永某之鼠〉》④等。

3. 原刊上海《民立》的柳宗元论说。《民立杂志》,1915 年 7 月由上海民立中学创刊于上海,终刊不详。上海民立中学,1903 年正式成立,由福建苏氏教育家族苏本炎、本立、本铫、本浩四兄弟创办于上海。创建之初,苏本炎岳父曾铸等为校董,苏本炎任经理,苏本铫任校长。以"教育救国"和"为民而立"为宗旨,是清末民初上海知名学校之一。该校注重学生的全面发展,开设有英文、国文、体育等课程,且不定期有体育项目比赛,课余生活丰富。此外,苏氏姐妹苏本西、本农、本清、本楠四人还集资创办了民立女子中学和民立幼童学校,兄妹齐心办学,一时传为佳话。据《清华周刊》1918 年第 127 期赠书鸣谢中提到"上海民立中学赠《民立杂志》第 4 期一本"。可推断此刊物为上海民立中学学生刊物,其余细目不详。

刊表于《民立杂志》有关柳文的论述有:上海民立中学一年级学生邝天佑的《书〈晋文公问守原议〉》⑤、上海民立中学二年级学生翁恩燮的《蝜蝂传跋》⑥、上海民立中学二年级学生汤天栋的《蝜蝂传跋》⑦、上海民立中学学生屠守镕的《非柳子厚非国语》⑧。

(二)民国时期江苏等地女校学生的柳宗元论说

江苏地区的学生论说以民国建立的江苏省立师范学校的学生论说为主,又以江苏省立第一女子师范学校、江苏省立第二女子师范学校、江苏吴江私立丽则女子中学等较为集中。其中江苏省立第一女子师范学校(即原宁垣属女子师范学堂),校址在今江苏南京,设有本科和预科,首任校长为吕惠如女士。该校曾在辛亥革命时停办,至民国元年 5 月复办,且正式定名为江苏省立第一女子师范学校。江苏省立第二女子师范学校,校址在今江苏苏州,设有预科和讲习科,首

---

① 见《学生文艺丛刊》1924 年第 1 卷第 3 集,第 21 - 22 页。
② 见《学生文艺丛刊》1924 年第 1 卷第 5 集,第 21 - 22 页。
③ 见《学生文艺丛刊汇编》1926 年第 3 卷上集,第 13 - 14 页。
④ 见《学生文艺丛刊》1929 年第 5 卷第 5 期,第 11 - 12 页。
⑤ 见《民立(上海 1915)》1915 年第 1 卷第 1 期"文学"栏目,第 38 - 39 页。
⑥ 见《民立(上海 1915)》1916 年第 1 卷第 3 期"文学"栏目,第 27—28 页。
⑦ 见《民立杂志》1916 年第 1 卷第 3 期"文学"栏目,第 28 - 29 页。
⑧ 见《民立学生》1928 年第 1 期"文艺"栏目,第 111 - 112 页。

任校长为杨达权女士。该校以"德、智、体三育并进"为宗旨,以"诚朴"为校训,开设课程有国文、历史、地理、数学、物理、化学、音乐、体育、美术、修身、家事、缝纫、手工等。至 1937 年停办。

发表于江苏等地女校有关柳文的论述有:江苏省立第一女子师范学校预科生顾克秀的《读柳宗元〈驳复雠议书〉后》①、江苏省立第二女子师范学校本科三年生陈定秀的《读柳柳州〈宋清传〉书后》②、苏州女子师范学校佩秋的《茶余随笔》③、吴江私立丽则女子中学一年级学生张亮秋的《代韩文公拟复柳柳州〈论史官书〉》④、吴江私立丽则女子中学一年级学生钱瑞秋的《代韩文公拟复柳柳州论史官书》⑤。

(三)其他学生的柳宗元论说

发表于其他地区有关柳文的论述有:第二学期正科学生徐人植的《书柳子厚〈桐叶封弟辨〉》后⑥、立乙种实业学校农业科二年级学生沈维璞的《读柳子厚〈永某氏篇〉感言》⑦、清华学生崔学攸的《读柳宗元〈封建论〉书后》⑧、东山中学三年级学生张景良的《书柳柳州〈捕蛇者说〉后》⑨、东山中学三年级学生詹鼎元的《书柳柳州〈捕蛇者说〉后》⑩、邵阳私立邵陵中学萧鑫钢的《读柳宗元〈送薛存义之任序〉以后》⑪。

以上论述均为学生读后、书后作品,多为此时期难得的有关柳文论述文章。此类文章多收录在当时各大期刊国文成绩、国文范作、文艺栏目中。如崔学攸的《读柳宗元〈封建论〉书后》就刊登在《清华周刊》国文成绩栏目,另有吴江私立丽则女子中学张亮秋和钱瑞秋的《书柳柳州〈捕蛇者说〉后》一文,不仅刊登在《妇女杂志》国文范作栏目中,而且在文章开篇可见"原作留百分之六十,改百分之四十博记"以及批注、评论之语。钱基博执教于吴江私立丽则女子中学时,曾提

---

① 见《江苏省立第一女子师范学校校友会杂志》1920 年第 3 期"论文"栏目,第 1 页。
② 见《江苏省立第二女子师范学校汇刊》1915 年第 1 期"文萃"栏目,第 4 – 5 页。
③ 见《苏州女子师范学校校刊》1932 年第 18 号"杂俎"栏目,第 43 页。
④ 见上海《妇女杂志》1917 年第 3 卷第 4 号"国文范作"栏目,第 3 页。
⑤ 见《妇女杂志》1917 年第 3 卷第 4 号"国文范作"栏目,第 4 页。
⑥ 见《国学杂志》1915 年第 3 期,第 5 – 6 页。
⑦ 见《少年杂志》1916 年第 6 卷第 5 期,第 2 页。
⑧ 见北京清华学校《清华周刊》1918 年第 136 期,第 1 – 2 页。
⑨ 见《东中学生文艺》1920 年第 1 期"杂文"栏目,第 7 页。
⑩ 见《东中学生文艺》1920 年第 1 期"杂文"栏目,第 8 页。
⑪ 见《邵中学生》1933 年第 7 期,第 77 – 78 页。

倡国文教育教学要"读讲合一",主张国文教师应当针砭时弊地批改学生文章,重其源流并且以启发学生为文,曾有"汝曹读古人名家文字,不及读我文字,读我文字,尤不及读我为汝改订之文字"①的说法。此类文章即为此时期国文教师批阅之后的学生命题作文,说明在此阶段的国文教学中,柳文的学习和课外创作活动已相当活跃。并且从以上上海商务印书馆《学生杂志》、上海大东书局《学生文艺丛刊》、上海《民立杂志》以及江苏等地女校和其他地区学生所作的读后、书后可以看出,在此时的国文教育中,柳宗元《捕蛇者说》《黔之驴》《种树郭橐驼传》《蝜蝂传》《宋清传》等文学作品已经开始被广大学生接受,部分经典作品开始成为国文教育教学的习作和范例,可以认为柳文以其严明的法度,清晰的逻辑,娴熟的技巧以及深厚的寓意对民国的国文教育的作文训练起到了良好的示范作用,是民国国文教育教学中不可忽视的一部分。

二 民国时期国文教师之柳宗元解析

民国时期,随着新文化运动的兴起,白话文如雨后春笋般蓬勃生长,一发不可收拾。此阶段在学生接受柳宗元文学作品和思想的同时,国文教师也开始肩负起国文教学走向通俗化和大众化的重任。一部分国文教师在国文教学中开始注重对我国古文的注释和浅析,力求适应新形势。因此在《自修》刊物中出现了一类国文教师有关柳宗元部分文学作品的新诠和浅析类文章,意在将古文作为一种欣赏艺术的同时,也能使初学者从古文中获得一些立身处世的道理和教训。此外,另有一部分社会人士创作的有关柳宗元广作或仿作类文章,亦具有鲜明的时代特性。

(一)柳文之古文解析

《自修》周刊,1938 年 10 月 5 日创刊于上海,终刊于 1941 年。发行者为自修周刊社,经售者为五洲书报社发行,发行社旧址在当时山中路二二一号,刊物定于每周二出版,零售价五分。该刊是上海变成"孤岛"之后的新刊物,因其以关注中等学生及职业青年的自修材料为中心而命名为《自修》。该刊类目庞杂,包括化学,工艺,英文,日文、读书指导、商业、经济、会计、簿记、医药、法律、生活问答等多个方面,无栏目固定设置。其中,刊中古文浅释、古文新诠以及古文辑

---

① 见刘桂秋《无锡时期的钱基博与钱钟书》,上海社会科学院出版社,2004 年,第 75 页。

注等类型的篇目,在《自修》中屡见不鲜,已有相当之规模。其意在使古文通俗化,大众化,使之成为中等学生以及职业青年的自修教材,但此类文章大多使用笔名或化名,故而其作者生平详情多不可得查。

《自修》创刊号《编者的话》中提到:"我们这本东西的性质和一般的刊物略为有点不同:简单的说,就是本刊所登载的文章,每一篇都可以当学校的讲义读。如有不明白了的地方,随时可以写信来问,我们定必予以满意的解答。"虽然《自修》中刊表的文章作者大多使用笔名或者为不知名人士,但是由以上可推断其中刊表的浅析、浅释等类文章当为学校讲师或教员所作。

发表《自修》中有关柳文浅释有:怡然所作的《古文浅释:永某氏之鼠》①、《古文浅释:临江之麋》②、《古文浅释:黔之驴》③;瞿镜人所作的《古文浅释:始得西山宴游记》④、《古文浅释:至小邱西小石潭记》⑤、《古文浅释:祭柳子厚文》⑥、吟阁所作的《古文新诠:送薛存义之任序》⑦、拙夫的《古文辑注:梓人传》⑧、半帆的《古文浅析:柳子〈三戒〉》⑨。

(二)柳文之今文广作

由于社会变革与发展,民国兴起了大量刊物,而在有些刊物中专门收录诙谐文、游戏文等类文章,如《小说月报》《笑林杂志》《余兴》等。此类文章多以寓言或类似于童话、神话的形式,假借自我嘲弄而抒发其怀才不遇,或者借指某种现象来映射现实,但也有纯粹的游戏之作,一般都具有个人或者时代特色。

民国时期仿柳文所作的诙谐文有:若英的《捕蝗者说(仿柳宗元〈捕蛇者說〉)》⑩、仁山的《捕狼者說(仿柳宗元〈捕蛇者說〉)》⑪、新树的《贺北京第一舞

---

① 见《自修》1938 年 15 期,第 9 – 10 页。
② 见《自修》1938 年第 22 期,第 8 – 9 页。
③ 见《自修》1938 年第 22 期,第 10 – 11 页。
④ 见《自修》1939 年第 72 – 3 期,第 8 – 11 页。
⑤ 见《自修》1941 年第 164 期至 165 期,第 10 – 13 页。
⑥ 见《自修 》1941 年 186 期,第 13 – 14 页。
⑦ 见《自修》1938 年第 40 期,第 12 – 13 页;1941 年第 180 期,第 12 页。
⑧ 见《自修》1940 年第 147 期,第 11 页。
⑨ 见《浙赣路讯》1948 年第 346 号,第 4 版。
⑩ 见《小说丛报》1914 年第 4 期"谐林"栏目,第 12 页。
⑪ 见《余兴》1914 年第 1 号,第 92 页。

台失火书(仿柳宗元〈贺王参元失火书〉)》①、容的《捕狼者说(仿柳柳州〈捕蛇者说〉)》②、半仙的《广柳子厚〈乞巧文〉并序》③、癯鹤的《广柳子厚〈乞巧文〉》④、范烟桥的《广柳子厚〈乞巧文〉》⑤。

这一类文学作品中有一类是《小说月报》小说俱乐部·第二次征文初选的文章,如半仙、癯鹤、范烟桥所作的《广柳子厚〈乞巧文〉》三篇。其中范烟桥曾于1913年肄业南京民国大学商科,因"二次革命"学校迁沪,他辍学从教,曾任江苏吴江县劝学所劝学员,吴江县第二高等小学以及第一女子小学教员,其余若英、仁山、新树、半仙、癯鹤、容等人均不可查,故将其归为社会人士。

以上国文教师和社会人士的创作,前者承担起了在校学生以及社会职业青年自修教材的重任,后者则反映了此时社会思潮。同时从浅释、浅析等类作品也可以看出柳宗元寓言《三戒》及其山水游记《永州八记》在此时期特殊的文学地位。前者怡然、瞿镜人等人的"古文浅释"意在使学生在柳文中获得一种文学的欣赏以及文学的省悟,后者范烟桥、癯鹤、半仙的"今文仿作"则可以说是在接受柳文基础上的一种创新行为。他们就社会的某一社会现象模仿柳宗元文体创作了一类诙谐、游戏文,或论女性之巧,或道出蝗灾之甚,或表明自己誓死保家卫国之心,更突出了民国这一时期的时代性和特殊性,在一定程度上反映了当时思潮,为柳文发展的多样性增添了新元素。

三 民国时期柳宗元《三戒》之英译

19世纪早期,一些传教士开始陆续来到中国进行宗教传播活动,鸦片战争爆发后,中国被迫开放,传教士数量剧增,大量教会学校兴起,此时外语教学以及外语出版活动得到迅速发展。至民国时期,其表现为在社会中涌现了大量的英语教材、英语工具书、英语杂志刊物等。此时的商务印书馆、中华书局、世界书局、开明书局等出版了大量的英语学习图书及刊物,如商务印书馆《英语周刊》《英文杂志》以及中华书局《中华英文周报》等。在这一新的社会形式下,江苏、

---

① 见《余兴》1914年第3号,第92页。
② 见《笑林杂志》1915年第1期第1集"文具箱·传序议说记铭文契启广告",第7-8页。
③ 见《小说月报》1918年第9卷第11号"小说俱乐部·第二次征文初选"栏目,第7页。
④ 见《小说月报》1918年第9卷第11号"小说俱乐部·第二次征文初选"栏目,第8-9页。
⑤ 见《小说月报》1918年第9卷第11号"小说俱乐部·第二次征文初选"栏目,第10页。

上海等地涌现了一批学生及社会人士所作的有关柳宗元中英文对照作品,其中以柳子厚寓言《三戒》最为突出。

民国时期有关柳文英译作品有:芜湖萃文书院中学四年级生鲁仑云 Translation:《捕蛇者说》(*THE SPEECH OF THE MAN WHO CAUGHT THE SNAKE*)①、江苏省立第四中学学生王元通中英文对照:《临江之麋》(*A FAWN AT LIN CHIANG——TRANSLATED FROMED THE PIECE OF CAUTIONRY MAXIMS, BY C. Y. LIU. BY Y WANG*)②、周镜如中英文对照:《捕蛇者说》(*CHINESE CLASSICS TRANSLATED LIU TUSNG – CATCHER CONTRIBUTIONED,BY K. S. CHOW*)③、吴铁声中英文对照:《临江之麋》(*THE STAGE OF LINKIANG TRANSLATED BY WU T' LEH SHENG*)④、陈守谟中英文对照:《临江之麋》(*LIU TSONG YUAN' S A FAWN UN LIN KANG,BY TAN SIU MO*)⑤。

以上 5 篇英译作品,为柳子厚《捕蛇者说》的全译以及寓言《三戒》的节译。其中鲁仑云是芜湖萃文书院中学四年级学生,王元通是江苏省立第四中学学生,而周镜如从"Chinese classics"可以推断出其可能为某校学生,详细不明。陈守谟,或为社会人士。吴铁声《一家专业出版英语读物的书局——竞文书局》一文中提到:"《竞文英文杂志》,是一种指导学生和青年自修学习英语的读物,执笔者多系大专中学老师,富有教学经验,所以能针对学习者的实际困难编写,讲解清楚,注释详尽,如能认真学习,可以无师自通。"由此可推断吴铁声或为外文教师。在民国时期,随着社会的变化,英文开始被设立为一门正式的课程。鲁仑云芜湖萃文书院中学校友叶轶凡曾形容自己的学校"那些同学们一天到晚所读的、所看的,甚至所讲的,皆是英文"⑥。这一类英译作品体现了民国时期学生、教师以及社会人士对柳文的接受,同时,这类英文翻译在一定程度上促进了此时期柳宗元对外传播。而这种行为的产生不但体现了学生个人外文学习技能的提高,更说明了柳宗元对民国教育影响已经具有新的形式。

---

① 见《学生杂志》1916 年第 3 卷第 12 号,第 7 – 8 页。
② 见《江苏省立第四中学校校友会杂志》1916 年第 2 期,第 4 – 5 页。
③ 见《英文杂志》1917 年 3 卷 8 期"Chinese classics translated"栏目,第 629 – 631 页。
④ 见《竞文英文杂志》1938 年第 26 期,第 15 页。
⑤ 见《华英杂志》1917 年第 1 卷第 1 期,第 101 页。
⑥ 见《杨贤江全集·第四卷》,河南教育出版社,1995 年版,第 697 页。

结　语

民国期间,学生撰写的有关柳宗元的读后、书后、论述和英翻译以及国文教师和社会人士创作的解析、广作仿作类作品,体现了柳宗元在这一时期国文教育中的发展状况以及柳宗元对国文教育的影响。从时间上来看,由 1914 年淮扬合一中四年级生许本裕《书柳州〈种树郭橐驼传〉后》以及张亮秋、钱瑞秋崔学攸等学生撰写的国文范作和国文成绩类作品可知,早在 1914 年之前柳宗元部分文学作品就被选入国文教材中。从内容上来看,此时期柳文凭借其蕴含人生哲理和民本思想而广受关注,如学生撰写的有关《三戒》《捕蛇者说》《种树郭橐驼传》《梓人传》等篇目的书后、读后作品以及国学教师对《永州八记》部分篇目的解析等,加之学生英译作品以及社会人士结合当时社会实际所创作的广作、仿作等,一方面体现了他们对柳宗元文学作品的接受,另一方面体现了他们在接受基础上的创新和在创新的基础上所产生的对内、对外的传播作用。

总的来,柳宗元作为著名历史人物,其在民国时期对民国教育所产生的影响不仅仅体现于在语文作文训练上起到了良好的师范作用,而且对培养学生家国情怀、人生理想起到了极大的启发作用,在民国国文教育中占有不可替代的地位。此外,不可忽视的是,在整个柳宗元对内、对外传播过程中,民国教师、学生以及此时期的社会人士起到了不可忽视的作用,可以说是代表了柳学在 20 世纪民国教育中传播与接受的基本形态。

（原载 2015 年第 8 期,作者单位:湖南科技学院）

关于《柳文指要》

✳ 卞孝萱 ◆

章士钊先生字行严,笔名十余个,其中以青桐、秋桐、孤桐最为世人所知,湖南长沙人。一生从事政治活动与学术研究,其著作汇编为《章士钊全集》,共10册,2000年由上海文汇出版社出版。

章老自述其研究柳宗元文的经过:"余少时爱好柳文,而并无师承,止于随意阅读,稍长,担簦受学于外,亦即挈柳集自随,逮入仕亦如之,比集随余流转,前后亘六七十年。"(《柳文指要·总序》)"忆余初知柳文,年始十三,所得为一湖南永州刻本,纸质极劣,而错字反较少。辛丑冬(光绪二十七年),余馆紫江朱氏,以此本教其长女湘筠,解馆未携走……越二十八年,戊辰(民国十七年),余与朱氏俱寓天津……其女捧书交还……持归后一直相随至今,其眉泉墨填委,批抹至不堪辩认。"(《通要之部》卷五《评林下·翁叔平之于柳文》)

章老为何如此"爱好"柳文呢?最好用章老自己的话来说明。章老说:"尝读柳子厚《梓人传》,审其有以通逻辑之邮。"(《逻辑指要》第三章《思想律》)又说:"(《说车》)文中举出两个例子:一遇阳虎曰诺,一叱齐侯类蓄狗。之两例者,高低有天与渊之别,而子厚将之纳入同一范畴之内曰圆。……自有柳文一千余年,吾迄未见有人解得作者善用二律背反之矛盾通象,督责其至亲密友之杨晦之。"(《柳文指要·体要之部》卷十六《说·说车》)作为逻辑学家的章老,爱好合乎逻辑的柳文,是必然的。

1949年以后,章老在北京编著《柳文指要》。何谓"指要"?柳宗元《辩鬼谷子》云:"元冀好读古书,然甚贤《鬼谷子》,为其《指要》几千言。"章老以"指要"为书名,取意于此。

《柳文指要》分为上下两部。上部依照柳宗元集之原文编次,逐篇加以探讨,包括评论、考证、校勘等,称为《体要之部》。章老说:"体要者,谓柳集本体所有事,必须交代清楚也。"下部分类论述有关柳氏和柳文的各种问题,如政治、文学、儒佛、韩柳关系等,称为《通要之部》。章老说:"通要者,谓各即品目而观其通,得所会归也。"(《总序》)上部成于 1964 年,又不断补充。下部定稿于 1971 年。

《柳文指要》是章老长期研究柳宗元其人其文的硕果,这部巨著有如下几点,特别值得称道:

一 《指要》论柳文的艺术性和两种笔法

分两点说明:

(一)求"洁"与讲求运用"助字"(虚字)

《柳文指要·总序》云:"余平生行文,并不摹拟柳州形式,独柳州求文之洁,酷好《公》《谷》,文中所用助字,一一叶于律令,依事著文,期于不溢……余遵而习之,渐形自然。假令此号为有得,而余所得不过如是。"章老将柳文的艺术性归纳为求"洁"与讲求运用"助字",这也是他一生学习柳文进行创作的心得。

求洁——《通要之部》卷九《论文一·古文贵洁》云:"吾尝论子厚之文,其得力处第一在洁。"《体要之部》卷三十四《书·报袁君陈避师名书》云:"柳文自订规律甚众,而洁字最为突出。……所谓洁者,作何义解乎? 曰子厚《答吴武陵论非国语书》:'夫为一书务富文彩,不顾事实,而益之以诬怪,张之以阔诞,以炳然诱后生,而终之以僻,是犹用文锦覆陷阱也,不明而出之,则颠者众矣。'夫明而出之者何? 曰:视事实所需,一字不加多,亦一字不加少,摈诬怪阔诞,而使读者不至误入陷阱,即洁之效也。"章老认为王元启以"明"释洁,"可谓深通柳志"。何谓"明"呢? 章老引用柳宗元《天爵论》"纯粹之气,注于人也为明,得之爽达而先觉,鉴照而无隐",并加以解释:"爽达先觉,与鉴照无隐,在明之于人,有内感或外袭之不同。"(《通要之部》卷九《论文一·明说》)

讲求运用助字——《体要之部》卷一《雅诗歌曲·平淮夷雅》云:"子厚行文,讲求运用虚字,虚字不中律令,即文无是处。"章老将柳宗元《平淮夷雅》所用虚字,如乃、于、允、止、其、曾是、是、伊、爰、式、聿,加以诠释,并说:"综举全集,子厚大抵每篇皆在细针密缕之中,加意熨贴,从无随意涂抹,泥沙俱下之病,必须明了此文,方可得到柳文之神。退之称子厚之文,雄深雅健,所谓雅者,不窥破此窍,即不能了解何谓之雅。"

求洁与讲求运用助字的关系如何呢?《通要之部·论文一·文律》云:"吾考柳文好洁,而洁之最先表现处,在用助字适当。"章老这段话,是最好的回答。

（二）两种笔法

珠帘倒卷法——《体要之部》卷二十五《序·送徐从事北游序》去："此文前后反覆，一笔到底，学柳文于此类篇幅，最能得到笔法。"章老指出：此序收笔"苟闻传，必得位，得位而以《诗》《礼》《春秋》之秋施于事，及于物，思不负孔子之笔舌，能如是，然后可以为儒"一段话中，如将"能如是"三字省略，"丝毫无损"，而将"能如是"三是加上去，"便觉此文行徐而顿挫，格外有味"。因"苟闻传"至"思不负孔子之笔舌"五句太长，"往往读断而意不属"，中间夹"如是"字，"即表显为珠帘倒卷法"，"如是"字为帘钩。"赖此一钩，将上数句卷成一束，使与下文衔接，便觉千钧直下，意外有力。"章老进一步说："柳文惯用此种笔法，如《送僧浩初序》种种，随处可见，读者若不懂得此一笔法，即算于柳集无所通晓。"

画龙点睛法——《体要之部》卷十六《说·谪龙说》云："子厚于此类文字之结尾，每轻轻下一语，如画龙睛然，以示警惕。若《永某氏之鼠》曰：'彼以其饱食无祸为恒也哉？'而本文则曰：'非其类而狎其谪，不可哉！'志之壮，声之远，意之斩截，戒之显白，都表里乎是。"同卷《罴说》云："子厚善为小文，每一文必提数字结穴，使之知儆，《三戒》其著例也，而《罴说》则重在'不善内而恃外'一语。卷十九《吊赞箴戒·三戒》云："子厚为小文，序与文并，每以一语提纲，另以一语相映作结。《临江之麋》：'依势以干其非类'，纲也，'麋致死不悟'则结；《黔之驴》：'出技以怒强'，纲也，'技止此耳'则结；《永某氏之鼠》：'窃时以肆暴'，纲也；'以饱食无祸为可恒'则结。"孝萱案：章老认为：柳宗元的"小文"，有两种画龙点睛的笔法。一种是在"结尾"用一句话"接穴"，如《谪龙说》《罴说》。另一种是在序中用一句话"提纲"，在原文中用一句话"相映作结"，如《三戒》。柳宗元用这两种笔法"以示警惕"，"使之知儆"，不但显示了柳文的艺术性，也是柳文的思想性所在。

二 《指要》论柳文的思想性和政治意义

分五点说明：

（一）立大中为准绳——章老指出："柳文不甚言道，而重言中。"（《体要之部》卷九《表铭碣谏·陆文通先生墓表》）除了在《体要之部》各卷随文诠释之外，又在《通要之部》卷一《柳志》撰《大中》一篇，进行专题论述，其要点为：

"子厚笃信大中之道，其源于《春秋》，为陆淳先生所讲授。"

"柳文立大中为准绳,万变不离其宗";"或单言中";"或言中道";"或用骈俪语,如中庸,又如中正";"抑或别加状物词如时中"。

"子厚以'当'为大中同义语";"宜当,骈语,宜亦当也"。

何谓"中"?章老引用柳宗元《与杨海之第二书》"夫刚柔无恒位,皆宜存乎中,有召焉者在外,则出应之。应之咸宜,谓之时中"一段话,认为"右数语,子厚自作中之解释,尤为通彻。"

(二)善于持喻——《体要之部》卷二《赋·牛赋》云:"子厚为文,善于持喻,然其妙处,在分寸不溢,一出口即如人意之所欲言,凡吾谓此赋为叔文写照以此。"卷十九《吊赞箴戒·吊苌弘文》云:"子厚吊苌弘,实乃吊王叔文,盖叔文遇嬴病之主,而革政不成,致以身殉,与苌弘欲城成周,以强周室,卒为周人所杀,事微异而愚忠颇同。"

(三)论古箴今——《体要之部》卷四《议辩·晋文公问守原议》云:"子厚论辩文字,大抵有关当时朝局,精悍无匹之作,如《晋文公问守原议》,若视为作者心忧古人,泂溯晋故,岂非呆汉?"章老指出此篇是"假托古人摅其愤慨","文曰:'其后景监得以相卫鞅,弘石得以杀望之,误之者晋文公也',断制何等紧迫?就中'不宜谋及媟近'一句,最为纲领。推之《桐叶封弟辩》,并以'设有不幸,王以桐叶戏妇寺,亦将举而从之乎'数语显示铜山洛钟之妙。"同卷《桐叶封弟辩》云:"子厚行文,以'合古今,散同异'六字,为之准则,故凡论古之作,皆属箴今,如《问守原》及本篇,最为显例。子厚熟精《春秋》义例,运用不穷。"章老指出:"王设以桐叶戏妇寺当如何?妇特陪笔而已,而寺人最置重。"

(四)托物抒怀——《体要之部》卷二十九《记·小石城山记》云:"此文寥寥二百字,读之有尺幅千里之势,而又将己之郁勃思致,愤慨情绪,一一假山石之奇坚,树箭之疏数,悉量表暴于其间。茅顺甫谓'借石之瑰玮以吐胸之气',信然。"

(五)遇题发挥——柳宗元《箕子碑》云:"当其周时未至,殷祀未殄,比干已死,微子已去,向使纣恶未稔而自毙,武庚念乱以图存,国无其人,谁与兴理?是固人事之或然者也,然则先生隐忍而为此,其有志于斯乎!"章老指出:"此乃子厚大展抱负,隐隐以箕子自喻,绝非仅仅于殷周间推测其人事之或然也。"柳宗元"固绝对否认"他"与叔文亲善为比匪",而是"以唐无(王叔文)其人,谁与兴理自期"的。章老又说:"此碑谢枋得评价极高,《文章轨范》中收柳文仅六篇,而此碑其一。其说曰:'此等文章,天地间有数,不可多见,惟杜牧诗一道似之。《题项羽乌江庙》云:胜败兵家不可期,包羞忍耻是男儿,江东子弟多豪俊,卷土重来未可知。右说着眼在隐忍二字。夫叠山以向后志存兴宋而尊此文,子厚以从前迫切兴唐而作斯颂,两贤忧国仁民,隐衷如一。'钊案:有友见此记载,于小杜诗大为嗟赏,吾曾有二绝咏此事云:'柳州箕庙杜乌江,志大男儿总不降,两字叠山牢记取,人争隐忍定兴邦。'又'公孙落魄叟迴肠,破庙题篇事可伤,一入有心人眼底,化为天地大文章。'并记于此,以资印证。"孝萱案:章老所云"友人""有心人",指毛主席。毛主席看过《柳文指要》原稿,对柳宗元、杜牧、谢枋得的"隐忍"议论,"大为嗟赏。章老写了两首七言绝句,吟咏其事。除了毛主席外,谁能当受章老"天地大文章"的赞誉呢!

章老认为:柳文"中所涵政治意义,指摘当时朝议情况者,未必人人能解"(《体要之部·桐叶封弟辩》)。他撰《柳文指要》"所三致意者,为文中之政治意趣也"(《体要之部》卷二十九《记·游黄溪记》)。章老在《体要之部》中,一一揭出政治性强的各种体裁的作品,如:

卷三《论·封建论》云:"子厚之论封建,不仅为从来无人写过之大文章,而且说明了子厚政治理论系统,及其施行方法之全部面貌。"

又《天爵论》云:"子厚所为《天爵论》,可视为抗古箴今,双管齐下之作。"

又《时令论》云:"吾尝论子厚非薄当时礼制,而迹之差显明者,莫如《时令论》。"

又《断刑论》云:"《断刑论》者,与《时令论》相辅而行之所为作也。"

又《辩侵伐论》云:"子厚此论,关乎唐室之安危者甚大。"

又《六逆论》云:"子厚之《六逆论》,明明为王叔文而发也……假借左氏言卫州吁之事,痛论一翻,就中置臣一款,所引秦用张禄,魏疏吴起,苻进王猛,胡族李斯诸例,无一不影射叔文,叹拘儒瞽生妄师古训而乱天下。"

卷十三《墓志·王叔文母刘氏志文》云:"子厚之草此志,乃争取时间为之,倘稍涉游移,叔文一生之抱负功业,可能永无正面写照之任何文语。"

卷十八《骚·斩曲几文》云:"鄙意此崭崭为弃绝阉宦而作……适以反映永贞作政之最大号召,而标识达道专法之唯一准绳。"

卷十九《吊赞箴戒·伊尹五就桀赞》云:"子厚一生为学入政大宗旨,不外'急生人'三大字,合乎此义者,至不恤枉寻直尺以殉之,此殆子厚贬窜终身而不悔者也。夫永贞七八月短短期间,所行善政如彼之多,感动人心如彼之大,即可证伊尹就桀,朝吾从而暮及于天下者,涉思不谬。"

卷三十《书·寄京兆许孟容书》云:"千载而下,如闻其声,中正信义,及兴尧舜孔子之道,利安元元,乃子厚毕生学问与志愿所在。"

又《致杨京兆凭书》云:"书中有关目语,最为扼要:一曰'圣人之道,不益于世用'……代表子厚之政治思想,与其生平明章大中之旨相通。"

卷三十一《书·与吕温论非国语书》云:"《非国语》者,子厚体物见志之作也。凡子厚读古书,以'世用'二字为标准……所谓'以辅时及物为道'者也。……尝论以文字言,《非国语》在柳集中,固非极要,若以政治含义言,则疏明子厚一生政迹,此作针针见血,堪于逐字逐句,寻求线索,吾因谓了解柳文,当先读《非国语》"。

余不多举。

章老还将柳宗元这些政治性强的代表作品,进行比较研究,综合论述,例如他说:"子厚之政治理想,往往执持甚坚,遇题发露,不一而足。如篇中《六逆论》言任用者之道,此在《封建论》中已发其大凡,即所谓'世大夫世食禄邑,以尽其封略,圣贤生于其时,亦无以立于天下'是也。此外《非国语·命官篇》,对晋文公树一义曰:'官之命,宜以材耶? 抑以姓乎? 文公将行露而不知变是弊俗,以登天下之士,而举族以命乎远近,则陋矣。若将军大夫必出旧族,或无可焉,犹用之耶? 必不出乎异族,或有可焉,犹弃之耶? 则晋国之政可见矣。'此以视《六逆论》中远间亲、新间旧之驳义,如骖之靳,相辅而行。"(《体要之部·六逆论》)

我与章老,非亲非故,年龄相差43岁,在茫茫人海中他为何独垂青于我呢? 自1949年起,我长期在北京工作,经常到各图书馆看书。当时章老正撰《柳文指要》,其秘书王益知,也常到各图书馆查找资料,二人遂相识。每当王秘书遇有难题,求助于我时,我都是认真思考,详细解答。王秘书将此情况向章老汇报,章老邀约面谈,多有奖掖之辞,并委托我代为寻觅永贞史料,《柳文指要》中多处引用我的考证、研究成果。我又因章老而识新闻学家王芸生先生,喜结文学之缘。今略举《柳文指要》中涉及我者三例:

(一)《通要之部》卷二《永贞一瞥·册府元龟之永贞史料》云:"卞孝萱勤探史迹,时具只眼,顷从《册府元龟》中检得永贞史料二事见示,颇足珍异。"《柳文指要》1362—1363页全录我文,摘引如下:

"《册府元龟》卷五〇七《邦计部·俸禄》:'唐顺宗以贞元二十一年正月即位……诏停内侍郭忠政等十九人正员官俸钱'……一举而停十九个宦官之奉钱,为中晚唐绝无仅有之事,二王刘柳与宦官斗争之坚决,于此得一强证。"

章老在《通要之部序》中,特书此事,认为"于政治柳文有甚深理解"。

（二）《通要之部》卷二《永贞一瞥·二恨潜通史迹》云："吾读子厚寄许孟容书：'外连强暴失职者以致其事'一语，明与上文'狠忤贵近'相接，就中权珰强镇，此二恨如何交通构扇之迹，恨无显文露书可资左验，曾偶与卞孝萱谈及而嗟叹之。越日，孝萱果提供'永贞史料钩沈'二则，持读辄为一快。"《柳文指要》1358—1359 页全录我文，摘引如下：

"崔元略撰《唐故兴元元从正议大夫行内侍省内侍知省事上柱国赐紫金鱼袋赠特进左武卫大将军李公墓志铭（并序）》云："公讳辅光……属太原军帅李自良薨于镇，监军使王定远为乱兵所害……公驰命安抚……便充监军使，前后三易节制。……元和初，皇帝践祚，旌宠殊勋，复迁内常侍，兼供奉官。'此志中'旌宠殊勋'云云，非寻常谀墓之词，实永贞内禅之重要史料。韩愈《顺宗实录》卷四：'六月癸丑，韦皋上表请皇太子监国，又上皇太子笺，寻而裴均，严绶表继至，悉与皋同。'时韦皋为剑南西川节度使，裴均为荆南节度使，严绶为河东节度使，三人相距遥远，缘何不约而同？幕后盖有操纵者焉。据《旧唐书》卷一四八《裴垍传》：'严绶在太原，其政事一出监军李辅光，绶但拱手而已。'永贞之际，严绶上表请皇太子监国一事，疑亦拱手听命于李辅光，特治史者苦无确据。今以李辅光墓志所云'元和初，皇帝践祚，旌宠殊勋'等语为证，可释然矣。又据《新唐书》卷一〇八《裴均传》，均为大珰窦文场之养子，其上表请皇太子监国，当亦受宦官指使，可从严绶类推得之。"

章老说："从崔元略志中'殊勋'二字著想，为问国家大事，殊监国外，将更何所谓殊？如此觅证，在逻辑谓之钢叉论法，百不失一。孝萱既从联锁中获得良证，而吾于子厚所云外连强暴之一大疑团，立为销蚀无余，诚不得谓非一大快事。"又于《通要之部序》中，特书此事，认为"人从而覆治柳文，将能理解亲切，不至有畔官离次之虑"。

（三）陈寅恪有《顺宗实录与续玄怪录》论文，认为李复言是"江湖举子"，《辛公平上仙》是"复言假道家'兵解'之词，以纪宪宗被弑之实"。（原载《北京大学四十周年纪念论文集》乙编上，后辑入《金明馆丛稿二编》）我考证李谅（字复言）、李复言为二人，李谅是王叔文革新集团成员，其所作《辛公平上仙》，被宋人羼入李复言《续玄怪录》中。章老采用我的考证成果，《柳文指要·体要之部·晋文公问守原议》159—160 页全录我文：

"《辛公平上仙》条，在《续幽玄怪录》卷一。该书卷二《张质》条云：'猗氏张质，元和十七年四月二十一日，上临涣尉。……'又云：'江陵张质，年五十一，元和十二年四月十一日上任,十七年四月二十一日受替人。……'案此为故事发生之年代。又云:'元和六年,质尉彭城,李生者为之宰'。案此为撰写故事之年代。文中三处所用年号,同为元和,但元和无十七年。上两处之元和,显为贞元之误。今持与《辛公平上仙》条比较观之,所云'元和末偕赴调集……',此为故事发生之年代;又云:'元和初,李生畴昔宰彭城',此为撰写故事之年代。李生者,李谅(复言)之自称,元和六年宰彭城,两条吻合,故知上文之元和末为贞元末之讹,《辛公平上仙》条,实为记载顺宗被弑之资料。"

章老说:"孝萱考证详明,年号遵改,并录存其说如右。"并在《通要之部序》中,特书此事,认为:"顺宗绝对出于幽崩,……此事公文书内,绝无遗迹可查",李谅(复言)之《辛公平上仙》,"成为绝可信赖之孤证"。又,《体要之部》卷三十八《表·为王户部荐李谅表》云:"中涵遗闻秘事不少",引用我对李谅的考证成果,否定陈寅恪"江湖举子"之说。

当时,王芸生先生对韩柳关系甚感兴趣,在《新建设》1963 年 2 期发表《韩愈与柳宗元》论文,文末的"附白"说:

"章行严先生……提出唐顺宗李诵之死可疑的问题。这一观点,得到卞孝萱同志的支持,并提供了史料和见解。孝萱同志考出《续玄怪录·辛公平上仙》的作者是属于王叔文集团系统的李谅,并研究出所描写影射的被杀皇帝不是宪宗,可能是顺宗。这一发现很重要。由于这一发现,可以帮助我们进一步地认识二王政权和永贞内禅一幕政变的重要意义。这对中唐和中唐以后历史的研究也提出了一条重要线索。"

1971 年,在毛主席的关怀和周总理的安排下,中华书局以大字排印《柳文指要》。章老写信给周总理,请将我从中国科学院哲学社会科学部(今中国社会科学院)河南干校召回,协助他校勘。我回北京后,在章老身边工作。章老对我说,书的内容由他负责,我只进行文字校勘。我深知章老性格(《柳文指要》中即有"吾文一落笔,即不欲任性涂抹也"等语),虽看出内容有疏误之处,也无能为力,实为憾事。书出版后,章老赠我一部,亲笔题:"孝萱老棣指疵。此书出版,荷君襄校之力,甚为感谢。章士钊敬赠。一九七一年十月廿六日。"钤印二方:"章士钊印"(白文)、"行严"(朱文)。

(原载 2005 年第 1 期,作者单位:南京大学)

《柳文指要》中的章士钊自述

✳ 卞孝萱●

　　章士钊(1881－1973)先生爱好柳宗元诗文,达到痴迷的程度。他读柳文柳诗时,经常联系自己,夹叙夹议,写入《柳文指要》中。今选录比较重要者若干条,分类排列。汇合起来看,无异一篇自传,可以见著者之家庭、生平、别号、交游、创作诗词、评论书法等情况,尤其是从私塾读书、学八股文、参加科举考试转变到进学堂、宣传革命、留学英国,真实、生动地反映出清末知识分子所走的曲折道路,有助于知人论世。章氏把自己融化在柳文柳文柳诗之中,是《指要》独特的、别具一格之处。特撰此篇,以飨读者。

社　会

　　吾生于光绪初年,正当洪杨迹息之后,文武大吏,浸淫满载造孽钱以归于乡,……。(640 页,中华书局 1971 年版,下同)

　　孝萱注:章氏因柳宗元《吏商》而联想到自己幼年所见官场腐败。

　　清末自道光以后,追求子书之风特盛,甚至有慕王充、仲长统之为,自撰一子以自炫者……此可知士风躁妄,眼见洋务萌芽,及科举制度不稳,因求以子书为进身之阶,吾少时曾躬与此一风尚。(225－226 页)

　　孝萱注:章氏因柳宗元《辩鹖冠子》而联想到自己少时所见学术风尚。

家　庭

　　余家世业农,至社辈而大起,家有田三千余亩,雄长一方,下一代读书,有中乙科而仕宦于外者。诸孙即吾曹也,八九舍农而嬉游,耕读两无所成,不三四十年间,家业荡尽,人皆枯瘠以死。二十余辈中,唯吾流浪于外而独存。(1431 页)

　　孝萱注:章氏有感于柳宗元《送从弟谋归江陵序》加厚耕读相与之谊而联想

到自己家世。

吾父故习医,如荣卫、三焦等字义,儿时耳熟能详,后来一触柳文,感染自与其他学儿不同。(1977 页)

孝萱注:章氏因柳文好用荣卫字而联想到父亲。

吾母嗜茶,每日三有盖大盅,不可少,饮时并叶嚼之,清脆有声,吾亦渐染斯癖,而叶总是以陈旧为上品。(1967 页)

孝萱注:章氏因柳宗元《夏昼偶作》"山童隔竹敲茶臼"句而联想到母亲。

生 平

燮钧,张亨嘉字,一作铁君,为湖南学政,在光绪丙戌,时吾廑五岁。(1816页)

道光末造,平湖张金镛海门督湖南学政,其人宿学高怀,提振风雅,大有文翁入蜀气象。……一时云蒸霞蔚,勃焉兴起,所刊行之试牍,名曰《湘隽小录》,中无一首八股文字,凡气度之美,词翰之高,在各省学政之比较下,几绝无而廑有,吾少时摩挲不置,惜不见此书已越六十余年矣。吾忆光绪中叶,侯官张亨嘉燮钧,继长湘学政,彼其重视古学,一如海门前任规模……湘风于焉再振。兹二老者,后先辉映,与湖南文风之提高,影响最大,因特珍重著录如右。(1756 页)

孝萱注:章氏因柳宗元文在湖南流传较广而联想到张金镛、张亨嘉两位学政,以及自己少时所受影响。

《云仙散录》……读者明知为赝,而以其工于造语,词赋家转相引用而不能废(此亦《四库全书目录》语)。中有李固言柳汁染衣一条,吾七八岁时,即为塾师所授,笃信不移。

孝萱案:章氏因《云仙散录》虚构韩愈、柳宗元事,而联想到自己七八岁在私塾读书往事。

吾少时学作八股,起讲每用且夫字开始,亦或作今夫,盖开讲说清题旨,宜用子厚两论之所谓古法,总而言之,亦即近时文家所用之村塾法也。(205 页)

孝萱注:章氏因柳宗元《论语辩》二篇而联想到自己学作八股文往事。

偶忆十一二岁时,曾读(袁)子才所为老者安之三句八股题文,其中一联:"已落形气之中,即不得高谈玄妙,既生三代以后,又无人共任仔肩",深信名人名句,……由今观之,此类功令文字,固不妨蛇蝎其中,而锦绣其外,……。

孝萱注:章氏因袁枚与友人论文书中阉割柳宗元《答韦中立论师道书》中要义,而联想到自己往事,并批判八股文。

……明清两朝,用八股锢蔽儒生思想,试题将一部四书翻来覆去,……但七百年间,从无一试官敢以民贵命题,吾曾于大题及小题两文府中,遍查无著。(382 页)

孝萱注:章氏因韩愈虽尊孟而不申释民贵之旨,柳宗元不标榜孟子却深喻而广用民贵之旨,联想到自己往事,并批判八股文。

因忆余初知柳文,年始十三,所得为一湖南永州刻本,纸质极劣,而错字反较少。辛丑冬(光绪二十七年),余馆紫江朱氏,以此本教其长女湘筠,解馆未携走,旋浸忘怀矣。越二十八年戊辰(民国十七年),余与朱氏俱寓天津,一日往访桂辛,谈话未毕,其女捧书交还,毫未损坏,桂辛见眉批满纸,尚以未及过录为憾。余大喜过望,持归后一直相随至今,其眉朱墨填委,批抹至不堪辨认。今余作记,此本犹横卧在侧,余诚不知其将来流落何所云。乙巳莫春(时一九六五年)。(1573 页)

孝萱注:章氏因翁同和诗文日记中多次题咏柳宗元集,而联想到自己从十三岁至耄耋与永州板柳集相随。

如《世说》载:王夷甫谈延陵、子房,超超玄箸,至何谓玄箸,却无一人申释明白。……吾十四岁,在长沙私塾读书,亦曾以此四字窘塾师及同学。(2020 – 2021 页)

孝萱注:章氏因刘禹锡《天论》称柳宗元为"河东解人",而联想到《世说新语》"玄箸"之义无人能解,以及自己往事。

以云学政,……吾所亲历而向往,有元和江标。标固辞赋之雄,而苍湘适值甲午庚子二变之交。(江标,吾于乙未之秋,及丁酉之冬,两次逢场,其人俊俏风流,容观甚美。)于时张皇号召之职志,左为词章,而右乃洋务。尔时所谓洋务,由考生看来,不啻以吾国古代名墨萌芽,与泰西近今科技成就,两相交织而成,……。丁戊之间,江标发刊《湘学新报》,以旧式雕板线装成之,不古不今,不中不西,……斯乃新旧交替之活生生标识,不失为划时代之特殊怪相,由此一转,即化为革命浪潮,……。(1756 – 1757 页)

孝萱注:章氏因柳宗元文在湖南流传较广,而联想到二张之外的又一位学政江标,自己两次参加科举考试往事,以及由洋务运动转变为民主革命之经历。

光绪丁酉,吾年十六,得戴东原之《孟子字义疏证》,而酷嗜之,尤醉心于其

言井田。不廑日讽诵之而已,而且手钞一通,置于随身枕函,漫游欧美,甚久甚久而未之遗。(1323－1324 页)

孝萱注:章氏因金榜与朱筠书中评论韩、柳、戴震而联想到自己往事。

夫《孟子字义疏证》,是东原第一部经世名著,吾十余龄,曾将此书手录一通,当时亦善其解,而未尝善其文。(513 页)

孝萱注:章氏因柳元《祀朝日说》,而联想到戴震学深而文不称,以及自己往事。

千九百零一年,余年二十一,怀挟革命热念,欲通过江南陆师学堂,掌握武器,因贸贸焉前往投考。总办俞明震,以维新兼爱士,时名颇高。考日发题,恰是无敌国外患者国恒亡论,余文引用向心离心二力之物理,将考卷单行双用,始能写完此一篇论文,大为俞公激赏。(1988 页)

孝萱注:章氏因柳宗元《敌戒》而联想到自己往事。

吾忆辛亥革命初期,吾在伦敦,为上海《民立报》作访员通电,忽得袁世凯过莫礼逊街遇刺未伤之一消息,而不解莫礼逊街何指,再三访察,而知《泰晤士报》访员莫礼逊,曾居王府井大街,而经易成新名,为西方承认所致。(2007 页)。

孝萱注:章氏因柳宗元《献平淮夷雅表》《唐铙歌鼓吹曲》而联想到大原即大卤,北京王府井大街即莫礼逊街,以及自己在伦敦往事。

抗战期间,吾违难于桂林,一日登独秀峰,望见江面一大片青绿草地,十分可爱,人告我曰:此柳子厚所谓訾家洲也,居民皆訾姓,……子厚记中,说到"盗遁姦革",胜地诚宜有是境。(2084－2085 页)

孝萱注:章氏因柳宗元《桂州訾家洲亭记》而联想到自己在桂林往事。

抗战时,吾在重庆汪山避难,曾于严冬梅林,亲见此禽(翡翠)倒挂景象。(2086 页)

孝萱注:章氏因柳宗元《寄丈人周韶州》"梅岭寒烟藏翡翠"句而联想到自己在重庆往事。

吾违难重庆七年,离渝不远,传有涂山,谓即万国执玉帛朝禹之地,传说谬妄,……。(610 页)

孝萱注:章氏因柳宗元《涂山铭》而联想到自己在重庆往事。

别　号

吾最爱桐,少时书斋前有双桐,其一为雷震死,故吾别号孤桐。曩读王介甫《孤桐》诗而好之,其句云:"天质自森森,孤高几百寻,陵霄不屈己,得地本虚心。岁老根弥壮,阳骄叶更阴,明时思解愠,愿斫五弦琴。"诗当然直撼抱负,自有斤两,惟于读子厚此赞后读之,殊觉寡味,纵斫为解愠之五弦琴,定不如雷震后合天下之美之霹雳琴也。吾因更易别号曰震馀,视"陵霄不屈己,得地本虚心"之王半山,不盈尺矣,何几百寻之有?(598-599页)

孝萱案:章氏因柳宗元《霹雳琴赞引》而联想到自己别号孤桐、震馀之用意。

五十年前,……,吾浼太炎为书白团扇,太炎停笔突谓余曰:"子名钊而母氏刘,别号宜曰无卯",盖指刘字去钊存卯,今母亡,宜署此忆母也,……吾寻自忖,母于光绪丁酉谢世,吾为念母,与曰无卯,宁言无酉,包孕更大。……吾自是字迹流转在外,酉卯杂署,特后大大多于前。(1996页)

孝萱案:章氏因"柳"字而联想到自己别号无卯、无酉之原因。

交　游

(一)黄兴

吾毕生朋游中,能领略子厚遗训,自视歉然者,殆莫如黄克强。辛亥之役,克强丝毫无居功意,"事苟有济,成之者何必在我?"此克强频频于宴坐或广众中言之,吾于民元克强辞留守时,在《民立报》为克强赠言,及最近为回忆辛亥写稿,述吾与克强订交始末,均未忘述及此一刻骨语,今为柳文指陈义理,又牵联及之。(1452页)

孝萱注:章氏因柳宗元《与萧翰林俛书》"何必攘袂用力而矜自我出耶"句而联想到友人黄兴(克强)。

(二)章炳麟

近世章太炎未娶,有女子子三人,盖太炎幼有癫疾,家人不为娶妻,遂私婢而得子。吾藏有太炎致吾外舅吴君遂札中数语云:"……顷以荧居,遂毁我室,无妃匹之累,而犹有弱女三数,然亦近于弃捐也。"……太炎终娶汤国梨,在辛亥革

命后,时三女皆已成长。(328 页)

孝萱注:章氏因柳宗元《故试大理评事裴君墓志》子女均微出,而联想到章炳麟致吴保初(君遂,章氏岳父)函所云三女微出。

少时违难东京,……时吾撰中国文典,太炎谓是别通故训之一途径,而(刘)申叔反对甚烈。(1850 页)

孝萱注:章氏因刘师培《论文杂记》有涉及韩、柳者,而联想到自己曾著《中等国文典》,以及与章炳麟、刘师培讨论此书。刘氏反对章氏的理由是什么呢?据光绪三十年,章士钊在日本所撰《中等国文典》(原名《初等国文典》)之《序列》云:"吾友仪征刘子,共文学当今所稀闻也。特其持论以教国文,必首明小学,分析字类次之(刘子著有《中国文学教科书》),余则以为先后适得其反。吾之是书,即先刘子之所后者也。世之读刘子书者,合吾书观之,以自审其后先之序焉可矣。"

五十年前,吾与太炎同滞高要,一日,吾浼太炎为书白团扇,……至今此扇犹存箧衍。(1996 页)

孝萱注:章氏因检索"柳"字写法而联想到自己请章炳麟书扇。

(三)刘师培

(刘)申叔以公历一八八四年生,少余三岁,相识在一九〇三年,同在沪昌言革命,所著《攘书》,仿梨洲《黄书》而主攘夷,余实首为印行。(1850 页)

癸卯秋(即一九〇三年秋),申叔在扬州,为缇骑所困,衣装不整,潜附小火轮奔沪,迳役梅福里吾所设招待所。时吾与陈独秀、张溥泉、谢晓石、谢无量、正露坐论事,申叔苍黄叩门,张皇四顾,疑犹有尾追者在后,余悸未已,口几不能举词,此吾与申叔初见面形象,思之憬然。(1851 页)

申叔吾友也,平日学优于吾,吾甚敬之,独少时违难东京,太炎与吾及申叔聚处时,偶谈文事,意辄相左。……(1850 页)

孝萱注:章氏因刘师培(申叔)《论文杂记》中涉及韩、柳,以及《群经大义相通论》有"旁推交通"(柳宗元出)语,而联想到自己与刘之交往。

(四)岑春煊

吾壮岁从岑西林游,西林家有饮料二品,非上客不得尝,一山西醋,一普洱茶。(1967 页)

一九一六年夏,余以反袁于役肇庆,见西林捕获所谓狗鱼者,疑与三足鳖同为鲗鳙类之南越丑鱼。

孝萱注:章氏因柳宗元《夏昼偶作》"山融隔竹敲茶臼"句,及《寄丈人周韶州》"桂江秋水露鲗鳙"句,与岑春煊(西林)之交,及反袁世凯往事。

创作诗词

余于五十岁前,原无意作诗,是岁罢官旅津,与一诗人遇,偶写不入格之长篇诗与他看,他甚喜,作七古一首还答我,末两韵云:"冲寒过我示新作,抑郁穷愁聊一呕,不妨独以文为诗,莫与时贤较升斗。"所谓以文为诗,谓吾当时诗笔近韩也,吾甚恶之,向后力谋以柳折韩,吾诗渐有今貌,追忆往迹,曷胜悚然。(2061页)

孝萱注:章氏因杨万里《诚斋诗话》评韩愈《行箴》、柳宗元《忧箴》,而联想到"诗人"(指郑孝胥)评自己所作诗,以及自己诗风之转变。

二十年前,吾违难重庆,偶作小词自遣,以示苏州汪东旭初,旭初曰:"此刘辰翁笔也。"吾当时不自喻,今旭初物故,亦无自追讨其故云。(1480页)

孝萱注:章氏因刘辰翁答刘英伯书评韩、柳文而联想到汪东评自己所作词。

附《柳文指要》中所见章士钊诗作(选录十首)

吾曩与永康吕公望友善,于其殁也,曾有诗吊之,即用子厚成语云:"交吕平生意最亲,杭州余事不堪论,惘然未下当时泪,惹得追思倍损神。"思古怀旧,感喟同深。(1929页)

孝萱注:章氏因柳宗元《段九秀才处见亡友吕衡州古迹》"交吕平生意最亲"句而联想到自己吊吕公望诗。

五十年前,吾留学于英伦,曾羡彼邦勉强号称无妓,而两次大战以还,据闻风纪败坏,亦与欧陆相去不远,去岁夏间,吾曾有一诗吊之:"景教流行国,门风最可嘉,如何刚四纪,一往竟无涯?雾起笼飞豹,花深出艾猳,一壶成砥柱,矫首望支那。"(1950页)

孝萱注:章氏因柳宗元《马室女雷五葬志》"妓"字,而联想到伦敦今昔之有妓无妓,并吟一诗。

吾录此文(《补记袁滋》)毕,得诗四截为媵:墨本留题忆故人,唐贤玉篆更丰神,文坛故事原如此,面辄相思背绝尘。磨崖曾有几人知?名帖佳书烂若泥,谁上孤桐高百尺,晚从柳外瞷华滋。时文无处与推袁,古艺终唐近绝门,辜负东坡诗一句,槟榔生子竹生孙。　　人生何外失膺惩? 臧谷双亡各有凭,洛诵销沈诗味渺,书城谁见郓都鹰?(此指伯鹰善诗,复善诵诗,音调绝美,吾尝有专篇美之。)

孝萱注:章氏因柳宗元《先侍御史府君神道表石背先友记》有袁滋,吴兆璜藏,潘伯鹰咏唐开云南置驿(在昭通豆沙关)刻石墨本有"袁滋题"三字篆书,有感而赋四绝句。

近沈乙盫(曾植)言:"日本橘逸势,传笔法于柳子厚,……"。近中日两国交流书法,吾题一绝纪其事云:"海国堂堂橘秀才,乙庵好古见丰裁,柳州墨法萧寥甚,且觑蓬山一线才。"(1923 页)

孝萱注:章氏因王观国《学林》评柳宗元书法,而联想到沈曾植论橘逸势,并吟一绝。

沈乙盫论日本橘逸势,有人将传字读作传授,吾以诗解之云:"墨法流传事可知,乙盫著录本无疑,何当一字争宗主? 说与书家吴令湄。"以误会者自署此名也。

又近吾有诗怀马一浮云:"当年跃马事何如? 天下文章会萃余,出海西泠桥下水,春来犹见告存书。……"(以上 1929 页)

孝萱案:章氏因柳诗各本"交吕"皆误作"交侣"而联想到自己之诗。

吾七八龄时,长兄菊年在后园枫树顶上,摘取鲜白大菌,全家烹食甚美,……吾老来曾有句云:"赫赫枫林大菌肥,长兄割取佐家醅,闲来苦忆儿时事,曾食乖龙左耳来。"即追记此事也。(2083 页)

孝萱案:章氏因韩愈《答道士寄树鸡》"直割乖龙左耳来"句,而联想到伪柳宗元《龙城录》,以及自己往事,并吟一绝。

评论书法

沈乙盫(曾植)……所著《全拙庵温故录》……谓:"融液屈折,奇峭博丽八字,尽笔法墨法之工。"……乙庵亦自工书,奇峭博丽四字,己乃当之无愧。近代能写碑上石者,北惟宝瑞臣熙,南惟乙盫,外舅吴北山先生志,即乙庵笔。字于笔法之外,兼求墨法,吾见实罕。(428 页)

吾国女流能书,吾见以傅幼琼夫人之汉分为第一,夫人使笔,刚劲如景君碑,不愧子厚所许从弟宗直"奇峭博丽"四字。夫人为瞿蜕园之母,所见汉分册,现

存朱桂辛旧宅中。(1566)

孝萱案：章氏因柳宗元《志从父弟宗直殡》而联想到沈曾植、傅幼琼之书法。

宗教信仰

陶氏之裔有名岘者，……据称尸解于湘中，法身留在长沙城外，其集曰朗梨市，市人为建庙祀之，号陶真人。……吾少时为母病曾往捧香，……吾夙吐弃一切菩萨道，惟此至今不能忘。(775页)

孝萱案：章氏因柳宗元《送元暠师序》嘉其孝，而联想到自己无迷信思想，但曾为母病捧香。

（原载 2005 年第 9 期，作者单位：南京大学）

越南使者咏柳宗元

❋ 彭丹华 ❋

大型文献丛书《越南汉文燕行文献集成》，由复旦大学文史研究院、越南汉喃研究院合作编纂，主要形式为燕行记、北使诗文集和使程图，尤以北使诗文集文学性为高，诗歌为其主要形式，多纪行、咏古、唱和之作。据统计，咏湖南、潇湘的诗作多达700馀首，其中常见于使者笔下的古人文士有屈原、贾谊、元结、柳宗元、周敦颐等。其中明确提到咏柳宗元的诗作共十首，均为使者途经永州所作。

一　黎贵惇《潇湘百咏》之一

序云："自永州抵长沙半月间，风日恬清，江山明霁，望中欢感俱生，信笔成绝句若乾章，非（敬）[故]衔多，只因遣兴，但期适意，何用忘言。"

> 湘口关头望永州，江风十里白蘋秋。
> 溪山几处逢青眼，遥忆当年子厚游。

见《集成》黎贵惇《桂堂诗汇选》。[1]第3册155-156黎贵惇（1726—1784），字允厚，号桂堂，太平延河人，乾隆二十五年至二十七年以甲副使身份出使中国，《桂堂诗汇选》收录黎贵惇所作咏潇湘绝句一百首，此选第一首。柳宗元字子厚，曾为永州司马。永州旧有湘口驿，在城北十里。又有白苹洲，今称苹岛。均在潇湘二水交汇处。又有潇湘馆、潇湘门、潇湘楼。黎贵惇《北使通录》卷四载作者回程经永州，云十月"十七日早行六十里至祁阳县城驻。十八日仍驻。自湖以南地丰和暖，草木繁茂，野花山竹，隆冬不凋，风土景物，宛如我国"。

此诗当为作者行至潇湘合流处湘口所作，永州历来被称为蛮荒之地，江山虽美，却淹于荒烟蔓草，无人欣赏。作者对此处山水十分钟情，遥想当年柳宗元谪居永州，曾对此地山水青眼有加。千载之下，二人皆有同感，作者自然为之欢欣，生出惺惺相惜之感。

二 黎贵惇《潇湘百咏》之四

> 共传老杜擅诗名，夔峡年年秀气生。
>
> 点出零陵山水好，元和司马极才情。

见《集成》黎贵惇《桂堂诗汇选》。[1]第3册156－157 此首咏柳宗元在永州所作山水游记，即《永州八记》。杜甫寓居夔州两年，是其创作的高峰期，所作诗艺术上更趋成熟，内容多为对自我的关注及对生命的关爱。柳宗元谪居永州十载，同样创作了大量诗文，零陵山水更因此广为人知。汪藻《永州柳先生祠堂记》云："零陵一泉石，一草木，经先生品题者，莫不为后世所慕，想见其风流，而先生之文载集中，凡瓌奇绝特者，皆居零陵时所作。"二人一诗一文，实乃殊途同归。此诗将杜甫与柳宗元相提并论，盛赞柳宗元才情。

三 吴时位《过永州怀柳宗元》

> 序云："宗元以唐永贞元年与韩泰、刘禹锡、陈谦等八人俱坐附王叔文贬远州，时号八司马。按宗元贬柳州而其《集成》多在永州时作，林西仲亦通称贬永，则所贬之地未可执定。宗元博学能文，唐名士也，而身蒙谤谪，流落不偶，投荒十载，终于一官，此可为贤者惜耳。"

> 闻说宗元窜粤墟，身淹柳永混樵渔。
>
> 七州司马文章友，十载炎郊瘴疠居。
>
> 党狱已成衰汉后，儒功何补晚唐馀。
>
> 八愚别墅今安在？蛇捕民风必变初。

见《集成》吴时位《枚驿诹馀》。[1]第9册302 吴时位，生卒年不详，嘉庆十四年出使清朝，此诗作于其使清去程。林云铭，字西仲，号损斋，福建闽县林浦人，有《古文析义》评注。柳宗元永贞元年贬为永州司马，元和十年春回京师，不久再次被贬为柳州刺史，其《衡阳与刘梦得分路赠别》云："十年憔悴到秦京，谁料翻为岭外行。"炎郊，意谓永州地处炎热偏远的南方，多瘴疠，柳宗元《与萧翰林俛书》云："居蛮夷中久，惯习炎毒，昏眊重膇，意以为常。"柳宗元虽与渔樵为伍，不废文字，《新唐书·柳宗元传》云："南方为进士者，走数千里从宗元游，经指授者，为文辞皆有法。"柳宗元有兼济天下之心,其《寄许京兆孟容书》云:"唯以中正信义为志,以兴尧、舜、孔子道,利安元元为务。"柳宗元不但尊崇儒学,而且对佛、老、杨、墨、申、商诸家思想持兼收并蓄的态度。

吴时位在此诗感怀柳宗元遭遇,追怀柳宗元遗迹,感其郁郁不得志却胸怀百姓,叹其博学多才而被贬谪蛮荒。柳宗元满腔抱负不得发,虽兴儒学,提倡求实,难挽唐王朝式微之势。

四　阮攸《永州柳子厚故宅》

衡岭浮云潇水波,柳州故宅此非耶?
一身斥逐六千里,千古文章八大家。
血指汗颜诚苦矣,清溪嘉木奈愚何?
壮年我亦为材者,白发秋风空自嗟。

见《集成》阮攸《北行杂录》。[1]第10册32 阮攸(1765—1820),字素如,号清轩,河静省宜春县仙田社人,清嘉庆十八年以正使身份北使中国。此诗作于其北行途中,咏柳宗元。柳宗元为永州司马时,前期住零陵城南龙兴寺,后迁寓所至愚溪附近。柳宗元《与杨诲之书》云:"方筑愚溪东南为室",《愚溪诗序》云:"爱是溪,入二三里,得其尤绝者家焉。"故宅今已不复见。柳宗元故址今人一说为娘子岭西麓之吕家冲,另一说为愚溪下游南岸上之荒地,今永州七中校园平地。血指汗颜,语出唐韩愈《祭柳子厚文》:"不善为斲,血指汗颜;巧匠旁观,缩手袖间。"

永州处衡山以南,境内多山,潇湘合流,青山绿水,风景绝佳。柳宗元冠清溪以"愚"名,以"愚"自嘲。此诗感怀其怀才不遇。柳宗元被贬永州时,其年三十三,正值壮年,然不为当时所用,空有满腹才华。十载流寓,青丝成白发,作者为之扼腕叹息。

五　丁翔甫《过永州怀柳子厚和正使公元韵》

越楚分疆共此区,柳公往迹在江湖。
一身去国六千里,千古(是)成家八大儒。
自(古)是文章难合俗,□□溪若尽如愚。
今来已是文明地,应讶当初说有无。

见《集成》丁翔甫《北行偶笔》。[1]第10册140丁翔甫生卒年不详,此诗作于其嘉庆二十四年北行使清程中,咏柳宗元,和诗《集成》未收录。八大儒,此处指唐宋八大家,即唐韩愈、柳宗元,宋欧阳修、苏洵、苏轼、苏辙、曾巩、王安石。八人均通儒学,尤以韩柳为甚。说有无,意谓永州曾为蛮荒之地,柳宗元《小石城山记》云:"噫!吾疑造物者之有无久矣,及是,愈以为诚有。又怪其不为之中州而列是夷狄。"永州今已文明开化,柳子千载后重游当惊讶。作者认为柳宗元正直而不合于流俗,《愚溪诗序》云:"今予遭有道而违于理,悖于事,故凡为愚者,莫我若也。"此诗感怀柳宗元被斥逐偏远之地,然其文竟成大家。

六 潘辉注《望零陵诸山怀柳子厚》

一带临江郭,千岩郁树云。

苍幽空蕴秀,藻(厉)丽孰描神。

我忆唐司马,宦游湘水滨。

琼琚文字古,山水有清芬。

注云:"韩文公祭子厚文有云:'玉佩琼琚,大放厥词。'"

见《集成》潘辉注《华轺吟录》。[1]第10册223潘辉注(1782—1840),字霖卿,号梅峰,山西国威府瑞奎社安山邑人,曾两次使清。此诗作于道光五年第一次使清去程,咏柳宗元。柳宗元被贬永州司马期间居零陵,零陵山水苍翠幽美,潇水如带,岩石耸立,树木蓊郁。然即使辞藻绮丽,也难描难画,空负其内蕴的俊秀风神。幸得柳宗元到此,寻山问水,常得妙处,形诸笔咏,有《永州八记》名于世。韩愈《祭柳子厚文》称其文如"玉佩琼琚"。此诗叹零陵山水之美,赞颂柳宗元文字之妙。其文所记山水虽年久而不掩其美,得到了永恒的生命。柳宗元以其独到的眼光发现了永州山水,永州山水也成就了柳宗元。

七 阮文超《永州有怀柳子厚遗迹》

> 地是九疑塞,潇湘一碧涵。
> 江山分岭北,风气域湖南。
> 名岂愚溪辱,幽宜逐客探。
> 荒陬馀胜迹,司马旧池潭。

跋云:"湖南当五岭(此)〔北〕,永州府在湖南极南境。五岭居府界二,都庞岭当永明县,甿渚岭当江花县。骑田岭当接府界之柳州,自骑田岭而东则为江西安南府之大庾岭,自甿渚而西则为广西桂林府之临源岭。自西而东,横亘千馀里。分为五岭者,因地而殊名,以志之耳。粤西、东及闽,皆在五岭南,湖南、江南、江西在五岭北。《志》云:'风气自别,寒燠顿殊。'九疑山在永州东南界之宁远县,亦自五岭分出,九峰如一,故名九疑。潇水自此发源,至府治零陵,西入湘江。府城在潇水右,隔湘口十五里。愚溪当府城西南冠鸡山下。南池、北门塘,凡子厚所游咏处,土人犹系以司马名,云钴鉧潭,《志》云:'潭形如熨斗,故名。'"

见《集成》阮文超《方亭万里集》。[1]第16册232-234 阮文超(1799—1867 或 1872),字逊班,号方亭,河内青池金缕乡人,清道光二十九年出使清朝,时任乙副使。《永州有怀柳子厚遗迹》当作于其去程中。柳宗元曾官永州司马,其游历之处,后人多以司马名之,道光《永州府志》存司马塘、司马桥。旧有鸡冠山,入愚溪三四里许,冠鸡山应为误作。又有南池,柳宗元有《柳子厚陪永州崔使君宴游南池序》。北门塘或为《志》之司马塘。道光《永州府志》卷二《名胜志》均有记载,均在今永州零陵。"花",同"华",今作江华县,属湖南省永州市。此诗追寻柳宗元遗迹,遥想先人遗风。柳宗元虽为逐客却不掩其风骨气度,域于永州一隅而不拘己心,名"愚"而实不"愚"。

八 潘辉泳《望愚溪》

> 宜人乐处水无情,溪入潇湘一样清。
> 长得大家文藻在,寒流应不辱愚名。

注云:"溪在永州府城西,唐柳子厚谪居于此,有《记》云:'灌水之阳有溪焉,东流入于潇水。或曰:冉氏尝居也,故曰冉溪。或曰:可以染也,故谓之染溪。今予家是溪,凡为愚者,莫我若也,得专而名焉。'潇水一名营水,自九疑山发源至永州,与湘江合,谓之潇湘。"

见《集成》潘辉泳《骕程随笔》。[1]第17册278-279潘辉泳(1801—1871),字涵甫,号柴峰,安山瑞圭人。清咸丰三年至五年出使中国,此诗作于其北行途中。永州有愚溪,旧称冉溪、染溪,自唐柳宗元始名愚溪,嘉庆《零陵县志》、道光《永州府志》均有记载。柳宗元曾录诗,并为之作序,引文当出自《愚溪诗序》。潇水,古称营水,自唐始称潇水。

题名貌似咏愚溪,而实咏柳宗元文藻。《任彦升为庾杲之与刘居士虬书》云:"山水无情,应之以会。"山水本无情无感,遇识山水、知山水之人,始成"宜人乐处"。柳宗元谪居永州期间,多有诗文,韩愈《柳子厚墓志铭》曰:"居闲,益自刻苦,务记览,为词章,泛滥停蓄,为深博无涯涘。"

九 范熙亮《访子厚遗迹》

> 万里荒陬作逐臣,千秋馀迹在湖滨。
>
> 为逢许伯能知己,谁料中郎却误身。
>
> 文字非由憎达命,江山何幸得传人。
>
> 只今司马遗名处,钴鉧潭边月似银。

注云:"子厚所游历溪邱诸处,土人皆名以司马云。"

见《集成》范熙亮《北冥雏羽偶录》。[1]第21册44范熙亮(1834—1886),字晦叔,河内寿昌南鱼人。清同治九年以甲副使身份使清。许伯,《全梁文》梁武帝《入屯阅武堂下令》有云:"岂直贾生流涕,许伯哭时而已哉?"中郎,或指蔡邕,《后汉书·蔡邕列传》:"卓重邕才学,厚相遇待,每集宴,辄令邕鼓琴赞事,邕亦每存匡益。……及卓被诛,邕在司徒王允坐,殊不意言之而叹,有动于色。允勃然叱之曰:'董卓国之大贼,几倾汉室。君为王臣,所宜同忿,而怀其私遇,以忘大节!今天诛有罪,而反相伤痛,岂不共为逆哉?'即收付廷尉治罪。……邕遂死狱中。"二者均暗指王叔文。《新唐书·柳宗元传》曰:"王叔文、韦执谊用事,尤奇待宗元。与监察吕温密引禁中,与之图事。转尚书礼部员外郎。叔文欲大用之,会居位不久,叔文败,与同辈七人俱贬。"文字非由憎达命,语出杜甫《天末怀李白》："文章憎命达，魑魅喜人过。"意谓文才出众者大多命途多舛。

此诗感怀柳宗元身世，叹其命途坎坷，虽有满腔抱负却流于荒凉之地。作者以为命途通达之人难有好文字，柳宗元虽被贬永州，但其文得江山之助。《新唐书·柳宗元传》云："既窜斥，地又荒疠，因自放山泽间。其堙厄感郁，一寓诸文。"柳宗元被贬之前，多表、赠序、墓志，居永州期间，始专力为文，创作了大量诗文。江山有幸，后人亦有幸。

十　裴文禩《右怀柳子厚先生》

零陵山水奇而僻，古人当不怨迁谪。

千秋明月满池塘，元和司马旧游迹。

注云："府城南池、北门塘，凡子厚所游咏处，土人从系以司马名云。"

见《集成》裴文禩《万里行吟》。[1]第21册235 裴文禩（1832—?）字殷年，号珠江、海农、逊庵，河内里仁府金榜县人。清光绪二年以正使身份使清，此诗作于北行途中，怀柳宗元。裴文禩文笔既高，又勤于创作，作于永州的诗颇多，今浯溪仍存其诗《祁阳游浯溪有怀》石刻。

南池、北门塘，道光《永州府志》均有记载。又有司马塘，司马桥。零陵山水奇秀，柳宗元为永州司马期间多有游览。作者以为，如斯美景，当舒谪客之郁。然柳宗元《与李翰林建书》云："时到幽树好石，暂得一笑，已不复乐"。

结　语

越南使者咏柳宗元诗在《越南汉文燕行文献集成》中共十首，均为清乾隆至光绪年间使清使者所作，且均作于去程。其中乾隆年间两篇，嘉庆年间三篇，道光年间两篇，咸丰、同治、光绪年间各一篇。

使者所作咏柳宗元诗，是从异国眼光看柳宗元，触及到柳宗元在永州的各个方面，一是感怀柳宗元身世，叹息其怀才不遇。越南自中国唐朝兴科举，文人由科举入仕，来访使者受中土文化影响很深，熟知柳宗元。柳宗元极富才情，却被斥逐蛮荒，使者虽并不失意，然去国万里，身负使命，推人己及，心戚戚然。二是称赞柳宗元才情，推举其文字之功。越南使者精通汉文，《方亭万里集序》云：

"阮子方亭,为人富学工诗。"[1]第16册161 又如盛庆绂为裴文禩的《万里行吟》所做序,言其"为诗天才奔放,数十百韵立就"。[1]第21册169 又有慕使者文名前来求诗者,文字之盛,可见一斑。同为文人,柳宗元千载之下,文名远播,自然极其钦佩。永州为其放逐之地,柳宗元一生知名著作几乎尽出此地,越南使者到此,自然发言为诗了。三是赞其风骨气度,表现其人格之高。永州被称为蛮荒之地,气候恶劣,又百越聚居,民风迥异。然柳宗元终不失其风神,专力为文,不合于流俗。虽处江湖之远,亦心忧百姓。诗作其中又有吟咏永州山水,表现一己之怀。

从越南使者所作的咏柳宗元诗可以看出,使者对柳宗元的生平事迹、诗文均有相当深的了解。越南抄印的收录柳宗元诗文的书籍,今可查到的有四种。[2]《十科策略》,策文集,由广文堂据中国两广五文楼印本重印于明命十四年(1833),共十卷,分经、传、史、子、吏、户、礼、兵、刑、工十科,集科收录柳宗元的论体文。《古文析义》,古文选本,由林云铭评注,林丰玉、林沉撰有序跋,收录柳宗元的部分文章。《名诗抄集》,中越名家诗选,收录中国李白、柳宗元及越南阮舒斋、陈名案等人的三百九十一首诗。《后汉书》,诗文杂抄本,摘抄部分《后汉书·百官志》,有杜甫、柳宗元诗作约一百首。

参考文献:

[1]复旦大学文史研究院,越南汉喃研究院.越南汉文燕行文献集成[M].上海:复旦大学出版社,2010.

[2]刘春银,王小盾,陈义.越南汉喃文献目录提要[M].台北:中研院中国文哲研究所,2002.

（原载 2011 年第 3 期,作者单位:湖南科技学院）

关于柳宗元永州诗的几个问题

✳ ［日］小池一郎

一 柳宗元永州长诗有故事的发展线索

柳宗元在永州写成了一些比较长的五言古诗,例如《法华寺石门精室三十韵》《遊南亭夜还叙志七十韻》。值得注意的是这些长诗大部分有故事的发展线索。《韦道安》《哭连州凌员外司马》这两首是令人感动的叙事诗,其诗当然是遵循时间而展开的。《柳宗元集》卷四十三有《种仙灵毗》《种术》等几首植树诗,这些诗也有比较长的句数与作为故事的时间经过,而且这些植树诗的结构都是同样的。

看一下《自衡阳移桂十餘本植零陵所住精舍》诗的次序。这首诗最初叙说作者的苦恼（"谪官去南裔"）,其次发现佳木（"幽桂"）,劳苦移植而爱惜培育（"倾筐壅故壤"）,在它的姿态上看到自己本身的姿态。然后作者被它解救,享受它们带来的新生命力（"丹心徒自渥"）。其他植树诗也有这样的结构和次序。

尤其是《植灵寿木》诗的第1－8句的叙事描述有鲜明的故事特性:"白华鉴寒水,怡我适野情。前趋问长老,重复欣嘉名。寒连易衰朽,方刚谢经营。敢期齿杖赐,聊且移孤茎。"柳宗元为了维持长诗的故事结构,想了各种各样的办法。例如,他用"出门"的词而把诗中的故事发展下去。举《种仙灵毗》诗第1－第10句的例子:"穷陋阙自养,疗气剧嚣烦。隆冬乏霜霰,日夕南风温。杖藜下庭际,曳踵不及门。门有野田吏,慰我飘零魂。及言有灵药,近在湘西原。"《论语·先进》说:"从我于陈蔡者,皆不及门也",集解引郑玄注云:"言弟子从我而厄于陈蔡者,皆不及仕进之门而失其所"。李白"门有车马客行"诗说"门有车马宾,金鞍曜朱轮"。"不及门"表示不遇、病苦的境遇。《种仙灵毗》诗次句继"门有"的诗句而展开故事,向更积极方面发展故事。看来使用李白诗的典故,作者的这个意图很明显。山水长诗,例如《游朝阳岩遂登西亭二十韵》《游石角、过小岭、至长乌村》等也有遵循时间的诗结构,不加详论。

二 在长诗上有时出现停顿

在我看来,永州古诗长诗中有时出现的停顿有三种。

第一个是因为美丽的风景突然出现,在诗的时间里暂时发生的停顿。

这个停顿可以说是从外部带来的。以下举《遊南亭夜还叙志七十韵》诗第53－56句的诗句:"徘徊遂昏黑,远火明连艘。木落寒山静,江空秋月高。"这时,柳宗元"谪官去南裔"的苦恼暂时消失了,诗的时间停顿了。何绰《义门读书记》在这儿言及谢灵运诗"野旷沙岸净,天高秋月明"(《初去郡》)的两句,我认为这是关于典故的正确指出。诗的时间停顿之间,像谢灵运一样的山水意境出现了,而把柳宗元从暗淡的现实里解救出来。《游石角,过小岭,至长乌村》诗的第15－20句:"磴回茂树断,景晏寒川明。旷望少行人,时闻田鹳鸣。风篁冒水远,霜稻侵山平。明亮的风景也在眼前突然出现,叙事的时间暂时停止。"《韦道安》诗第33－36句的诗句就是:"夜发敲石火,山林如昼明。父子更抱持,涕血纷交零。"这个情景也是在暗里突然出现的,同时诗的时间停止。父子从危难中被解放出来了。我认为,这个情况跟美丽的风景突然出现是一样的。

第二个是柳宗元感觉到人生黑暗部分的时候发生的停顿。这个停顿可以说是从内部带来的。以下举《遊南亭夜还叙志七十韵》第37－40句的例子:"朵颐进芰实,擢手持蟹螯。炊稻视鬵鼎,鲙鲜闻操刀。"《周易·颐》云"初九舍尔灵龟,观我朵颐,凶",《老子》第六十章云"治大国若烹小鲜"。这四句诗句是诗中带来的停顿。大概人们吃饭的活动与诗的时间次第是不一样的。柳宗元在这个停顿中对作为动物存在的人进行反思。凡人都是无法从动物存在中逃出来的。

下面举《种白蘘荷》诗第03－16句的例子。

> 衔猜每腊毒,谋富不为仁。蔬果自远至,杯酒盈肆陈。言甘中必苦,何用知其真。华洁事外饰,尤病中州人。钱刀恐贾害,饥至益逡巡。窜伏常战栗,怀故逾悲辛。庶氏有嘉草,攻襘事久泯。

第04－14句是诗的时间停顿部分,而其停顿中人生黑暗部分显露出来。

再举《遊南亭夜还叙志七十韵》诗的例子。第77－78句的两句诗句即:"问牛悲衅钟,说彘惊临牢"。

《孟子·梁惠王上》云："齐宣王坐于堂上,有牵牛而过堂下者,曰:将以衅钟。"(衅者,杀牲以血涂其衅隙。)柳宗元在《牛赋》(柳宗元集卷二)里说:"牛虽有功,于己何益?命有好丑,非若能力。慎勿怨尤,以受多福。"《庄子·外篇达生》云："为彘谋曰:不如食以糟糠,而错之牢筴之中。"从这两句得到的印象与该句前后的诗句绝不相似。我认为,在这儿也出现了诗的时间及发展线索的停顿。柳宗元不仅从心里同情他们的遭遇,而且想到对人生残酷黑暗的部分。那个部分使人痛苦。他在《与杨京兆凭书》(元和五年冬作)里说:"一二年来,痞气尤甚,加以众疾,动作不常。眊眊然骚扰内生,霾雾填拥惨沮。"

看了这"问牛悲衅钟,说彘惊临牢"两句,我想起杜甫《春望》诗来。其第3,4句就是:"感时花溅泪,恨别鸟惊心。"我认为,柳宗元继承了杜甫对人生的感受能力。悲哀引起他们惊悸的心态。我们发现《读书》诗第19-26句上也有停顿:

> 得意适其适,非愿为世儒。道尽即闭口,萧散捐囚拘。巧者为我拙,智者为我愚。书史足自悦,安用勤与劬。

其中从"道尽即闭口"到"智者为我愚"是诗的停顿部分。在表明对读书的态度之间突然出现令作者伤心的记忆。蒋之翘注云:"《读书》之作,至此(即"非愿为世儒"句)意已自结煞。以下更属蛇足,可删。"蒋之翘说属蛇足的地方,其实是诗的停顿。对柳宗元来说,我想,这个停顿并不是蛇足,而是必然的。

第三个是由于诗的主体转眼变化而出现的停顿。这个可以说是从主体移动带来的停顿。以下举《游南亭夜还叙志七十韵》诗的第105-115句的例子:

> 饥食期农耕,寒衣俟蚕缫。及骭足为温,满腹宁复饕?安将蒯及菅,谁慕粱与膏?戈林驱雀鹏,渔泽从鳅鲔。观象嘉素履,陈诗谢干旄。方托麋鹿群,敢同骐骥槽?

在这个地方,柳宗元最初想起长安的田地来,想象在故里的农耕生活。不过,他的意识在途中回到自己在永州的身份来,而考虑在本地的自然无为的实际生活。可以说主体从在故里的柳宗元转移到在这儿的柳宗元。

《柳宗元集》卷四十三有三篇种药草的长诗。这些种药草诗也有故事的时间。其中,例如《种仙灵毗》诗也有诗的主体的转变。其第25-30句就是:

> 我闻畸人术,一气中夜存。能令深深息,呼吸还归跟。疏放固难效,且

以药饵论。

柳宗元在这儿疏远"气"的盲目崇信。他疏远自己还没熟悉的或者反人生实感的事情。参看张勇《柳宗元儒佛道三教观研究》（黄山书社，2010 年 3 月，147页）："可见，柳宗元的'服饵'养生与崔简、李睦州、周君巢等人对道教服食、服气之术的盲目崇信是有根本区别的。"诗中讲出的意见与作者的不一样的时候，主体便从自己转移到他者，诗的时间停顿即在那儿发生。

三　从长诗的停顿来看短诗的特性

柳宗元在永州长诗上的停顿，把平常看不见的事情明确地显示给我们读者。象长诗这样的停顿现象在永州短诗上也出现吗？我想，即使有什么停顿，短诗写成的时候，其停顿也已经被克服了。不过，有些短诗的底流里仍残留着带来长诗上的停顿的主要因素。例如：《戏题阶前芍药》诗（全 10 句）在第 9，10 句的诗句上诗的主体瞬息转变："愿致溱洧赠，悠悠南国人。"作者愿意把芍药送给溱洧的人，然而他想到自己是远道而来的南方的客人，深化了自己孤独的感觉。在第10 句上诗的主体从主观主体转移到了客体主体。《早梅》诗第 05－08 句说：欲为万里赠，杳杳山水隔。寒英坐销落，何用慰远客。这儿也可以看见迅速的自我客体化（"远客"）。

我认为，《渔翁》末二句的诗句也可以同样说明：

渔翁夜傍西岩宿，晓汲清湘燃楚竹。烟销日出不见人，欸乃一声山水绿。回看天际下中流，岩上无心云相逐。

东坡云："熟味此诗有奇趣。然其尾两句，虽不必亦可。"这首诗的主体在末二句上从主观主体转移到客观主体。换句话说，前四句的主体是渔翁，反而第五六句的主体就是柳宗元。他从离渔翁远一些的地方羡慕地观看渔翁。无心的白云好像敬慕这个渔翁似的，追逐他来。所以，我想末二句并不是蛇足的诗句。

最后，我对短诗《入黄溪闻猿》与长诗《韦使君黄溪祈雨见召从行至祠下口号》的主体关系进行分析。《入黄溪闻猿》诗，百家注韩曰："黄溪在永州。下有从韦使君黄溪祈雨诗，此篇岂亦其时作耶？"。我认为这两首诗有互为表里的关系。《韦使君…口号》诗没有主体的转变，但有一个主体与三个视点。这三个视点，通过观察诗中使用的三种词汇而明确起来。三种词汇是"官"的、"祠"的与

"孤臣"的。以下列举各个词汇：

　　（官）—岁事,良牧,蔷畬,列骑,鸣笳,遥驻,俟罪,非真吏,惭奉,简书

　　（祠）—丛祠,焚香,奠玉,肹蚃,巫言,精诚,礼物,惠风,偃草,灵雨,随车

　　（孤臣）—残月,碧虚,樵客路,野人居,谷口,寒流净,古木疏,秋雾湿,晓光

这三种词汇永远不交叉,因此孤臣的孤独永远地继续下去。柳宗元这时在离"官"与"祠"的世界很远的地方。《入黄溪闻猿》的诗句（全4句）就是:"溪路千里曲,哀猿何处鸣? 孤臣泪已尽,虚作断肠声。"何书置《漱涤万物咏离骚—柳宗元在永州的诗歌》（《柳宗元研究:1980–2005》王涘海主编,南海出版公司,2006年,307页）说该诗受到杜甫《秋兴》八首其二"听猿实下三声泪,奉使虚随八月槎"的影响。这是十分必要的言及。明唐汝询《唐诗解》说:"猿声虽哀而我无泪可滴。此于古词中翻—新意更佳。"杜甫《吹笛》诗有"吹笛秋山风月清,谁家巧作断肠声"的诗句,我们在这儿看到"作断肠声"的词句。杨再喜《探析柳宗元对杜甫诗歌的接受》（《聊城大学学报（社会科学版）》2006年第5期）说:"柳宗元对杜甫诗歌的接受虽然没有明确有力的论调,但对杜诗精髓的心领神会毫不逊于同时代的其他诗人。"《入黄溪闻猿》诗的主体是"孤臣",而其视点只是"孤臣"的。柳宗元向杜甫诗学习得多而又翻了一层新意。

　　　　　　　　　　（原载2011年第10期,作者单位:日本同志社大学）

永州朝阳岩现存柳宗元诗刻与明人朱衮

[日]户崎哲彦

一 《游朝阳嵓》异文及校勘

清人据石刻录文,如《[道光]永州府志》卷18上《金石略》(51b)云:"唐柳宗元《朝阳岩诗》:存,模刻,诗见《名胜志》(卷2)。"下云:"《游朝阳岩遂至西亭二十韵》,唐永州司马柳宗元。"陆增祥《八琼室金石补正》①卷60《朝阳岩石刻三种》(16a)云:"重刻柳宗元西亭诗:高四尺七寸,广四尺四寸,十九行,行十二字,行书。"下录全文。《[光绪]零陵县志》卷14《金石》(56b)"朝阳岩"条:"柳宗元诗:存。模刻。"下录全文。《[光绪]湖南通志》卷264《艺文志·金石》(11a):"唐柳宗元《朝阳岩诗》",下录全文,又采录《[道光]永州府志》《八琼室金石补正》(下简称《补正》)二书按语。录文似采自《补正》。陆增祥,曾为湖南督粮道,亦《[光绪]湖南通志》监修提调之一(见于卷首《重修湖南通志职名》中)。

笔者于2009年9月访永,首次考察朝阳岩石刻,洞内尚存此诗刻,试图释读,全文如下:

01	遊朝陽嵒遂登西亭二十韻	11	塘疏沉坳會有圭組戀遂貽山
02	唐永州司馬河東柳宗元	12	林嘲薄軀信無庸瑣屑劇斗筲
03	謫棄殊隱淪登陟非遠郊所懷	13	囚居固其宜厚羞久已苞庭除
04	緩伊欝詎欲肩夷巢高岩瞰清	14	值蓬艾隙牖懸蠨蛸所賴山水
05	江幽窟潛神蛟開曠延陽景廻	15	客扁舟柱長梢挹流敵清觴掇
06	薄攢林稍西亭構其巔反宇臨	16	野代嘉肴適道有高言取樂非
07	呀庨背瞻星辰興下見雲雨交	17	弦匏逍遙屏幽昧澹薄辭喧呶

① 成书于光绪初期,民国十四年吴兴刘氏希古楼刊刻,嘉业堂刘承幹校勘。关于嘉业堂刘氏藏本,下文有所考。

08　惜非吾鄉土得以蔭菁茆羈貫　　18　晨難不予欺風雨聞嗲々再期

09　去江介丗仕尚函嶠故墅卽澧　　19　永日閒提挈移中庯

10　川數畞均肥墝臺館葺荒丘池

此五言古诗二十韵,诸《柳集》之间稍有异文,又与石本互有出入。因行书带草,故诸石本释文翻字往往致误。《补正》最严谨,用《通志·山川》(《[嘉庆]湖南通志》)、《永志·名胜》(《[道光]永州府志》)、《全唐诗》(《御定全唐诗》)、《柳文惠集》(同治六年刻杨季鸾校本)参校,而校对多有遗漏,又参校本不足。今以宋刻集本及明清方志等所录校对,异文如下表:

	现存石刻	石本释文			宋刻集本								明清方志等													
		补正	光县	诂训	百家	五百	音辩	郑定	世綵	洪府	寰宇	弘府	嘉通	隆府	康府	康县	康府	图集	雍通	乾通	嘉县	嘉通	道府	唐统	唐稿	全诗
01	遊	○	游	○	○	○	○	○	○	○	○	○	○	○	○	○	游	○	○	○	－	游	○	○	○	○
	嵒	○	巖	巖	巖	巖	巖	巖	巖	巖	巖	巖	巖	巖	巖	巖	巖	巖	巖	巖	巖	巖	巖	巖	巖	巖
	遂	○	○	○	○	○	○	－	／	／	／	－	－	－	－	－	－	－	－	－	○	○	○	○	○	○
	登	○	至	宿	○	○	○	○	○	○	○	○	○	○	○	○	○	○	○	○	○	○	至	○	○	○
	西亭	○	○	○	○	○	○	○	○	○	○	○	○	○	○	○	○	○	○	○	－	○	○	○	○	○
	二…	○	○	○	○	○	○	○	○	○	○	○	○	○	○	○	○	○	○	○	－	○	○	○	○	○
02	柳	柳	柳	－	－	－	－	－	－	－	－	－	柳	柳	柳	柳	柳	柳	柳	柳	柳	柳	柳	柳	○	柳	柳
03	棄	○	○	○	○	○	○	○	○	○	○	○	○	○	○	○	○	○	○	○	○	○	○	弃	○
04	蔚	鬱	鬱	鬱	○	鬱	○	鬱	鬱	鬱	○	○	鬱	鬱	鬱	鬱	鬱	鬱	鬱	○	鬱	鬱	鬱	○	鬱	鬱
	肩	○	○	○	○	○	○	堅	堅	○	○	○	○	○	○	○	○	○	○	○	○	○	○	○	○	○
	夷	○	○	○	○	○	○	○	○	○	○	○	○	○	○	○	○	彝	○	○	○	○	○	○	○	○
	岩	巖	巖	巖	巖	巖	巖	巖	巖	巖	巖	巖	巖	巖	巖	巖	巖	○	巖	巖	巖	巖	巖	巖	巖	巖
05	開	○	○	○	○	○	○	○	○	○	○	○	閒	閒	閑	閒	○	閒	閒	閒	○	○	○	○	聞	○
	廻	迴	迴	迴	○	○	○	○	○	○	迴	迴	○	○	○	○	○	○	迴	迴	迴	○	迴	迴	迴	○
06	稍	○	梢	梢	梢	梢	梢	梢	梢	梢	梢	梢	梢	梢	梢	梢	梢	梢	梢	梢	○	梢	梢	梢	梢	梢
	構	搆	○	○	○	○	○	○	冠	○	搆	冠	搆	○	○	搆	○	○	搆	○	○	搆	○	搆	○	搆	搆
	其	○	○	○	○	○	○	○	○	○	○	○	危	危	危	危	危	危	危	危	○	危	○	危	○	○
	巓	○	寙	寙	寙	○	寙	○	○	○	○	○	顛	○	軒	軒	軒	○	軒	軒	軒	○	軒	○	軒	○
	反	○	○	○	○	○	○	○	○	○	○	○	仄	仄	仄	仄	仄	仄	仄	仄	○	仄	○	仄	○	○

07	廒	○	○	哮	○	○	○	○	○	○	○	○	○	○	○	○	○	○	○	○	○	○	○	○
08	菁	○	○	青	○	○	○	○	○	○	青	青	○	青	青	青	○	青	青	青	青	青	○	○	○
	茆	○	○	○	○	○	○	○	○	茅	○	○	○	茅	○	○	○	○	○	○	○	○	○	○	○
	貫	□	○	○	○	○	○	○	○	○	○	○	屮	艹	草	草	○	寓	寓	草	○	草	○	○	○
09	介	○	界	○	○	○	○	○	○	○	○	○	○	○	○	○	○	○	○	○	○	○	○	○	○
	世	○	世	世	○	○	○	○	世	○	世	世	世	世	世	世	世	世	○	世	世	世	世	世	世
	仕	○	○	土	○	○	○	○	○	○	○	○	○	○	○	○	○	○	○	○	○	○	○	○	○
	函	函	○	圅	函	函	函	函	函	函	○	○	圅	函	○	函	函	函	函	函	函	○	函	○	函
	墅	○	○	○	○	○	○	○	○	○	○	○	○	○	○	○	○	○	○	宇	○	○	○	○	○
	澧	○	○	○	澧	澧	○	澧	○	澧	澧	澧	澧	豐	豐	豐	豐	○	豐	豐	豐	○	豐	○	澧
10	畝	畞	畞	畞	○	畞	○	○	○	畞	畞	○	畞	畞	畞	畞	畞	畞	○	畞	畞	畞	畞	○	畞
	境	○	磽	磽	磽	磽	○	磽	磽	磽	○	磽	磽	磽	磽	磽	磽	磽	磽	○	磽	○	磽	磽	磽
	臺	○	○	○	○	○	○	○	○	○	○	○	○	亭	亭	亭	亭	亭	亭	亭	○	亭	○	○	○
	館	○	○	舘	○	舘	○	○	○	舘	舘	舘	○	○	○	○	舘	舘	舘	○	○	○	○	○	○
	茸	○	○	集	集	集	○	集	集	○	○	○	○	○	○	○	○	○	○	○	○	○	○	○	○
	丘	邱	邱	土	○	○	○	○	○	○	○	○	○	○	○	○	○	邱	○	邱	邱	邱	邱	○	○
11	疏	○	○	疎	○	○	○	○	○	○	○	○	○	○	○	○	○	○	○	○	○	○	○	○	○
	沉	○	沈	沈	○	○	沈	沈	○	○	○	○	○	○	○	○	○	○	○	○	○	沈	○	沈	沈
	貽	○	○	○	○	○	○	○	○	○	○	○	○	遺	○	○	○	○	○	○	○	○	○	○	○
13	苞	○	○	包	包	包	○	包	包	包	包	包	包	包	包	包	包	包	包	包	包	包	包	包	包
14	悬	○	○	○	○	○	○	○	○	○	○	垂	○	垂	○	○	○	○	○	○	○	○	○	○	○
	蟎	○	○	○	○	○	○	○	○	○	○	○	○	蠓	蠓	蠓	○	蠓	蠓	蠓	○	蠓	○	○	○
	蛸	○	○	○	○	○	○	○	○	○	○	蟏	○	○	○	○	○	○	○	○	○	○	○	○	○
	水	○	○	○	○	○	○	○	○	○	○	林	○	○	○	○	○	○	○	○	○	川	○	○	川
15	長	○	○	○	○	○	○	○	○	○	○	○	○	見	見	見	見	見	見	見	○	見	○	○	○
	梢	○	○	○	○	○	○	○	○	○	○	捎	○	○	招	招	招	招	招	招	○	招	稍	○	○
	清	○	○	○	○	○	○	○	○	○	○	青	○	青	○	○	○	○	○	○	○	○	○	○	○
16	野	○	○	○	○	○	○	○	○	○	○	○	○	○	○	○	○	○	○	○	○	○	○	埜	埜
	肴	○	○	○	○	○	○	○	殽	○	殽	殽	殽	殽	餚	殽	餚	餚	殽	○	殽	○	○	○	○

17	弦	絃	絃	絃	絃	絃	絃	絃	絃	絃	絃	○	一	絃	絃	絃	絃	絃	絃	絃	絃	絃	絃	絃	絃
	魄	○	○	○	○	○	○	○	○	○	○	○	飽	○	○	○	○	○	○	○	○	○	○	○	○
	幽	○	○	○	○	○	○	○	○	○	○	○	林	○	○	○	○	○	○	○	○	○	清	○	○
	昧	○	○	○	○	○	○	○	○	○	○	○	林	○	○	○	○	○	○	○	○	○	○	○	○
	滄					淡	淡	淡	淡	淡	淡		淡	淡	淡	淡	淡	淡	淡	淡	淡	淡	淡		淡
	薄	泊	○	○	○	簿	○	○	○	○	○	○		○	○	○	○	○	○	○	○	○	○	○	○
	辭	○	○	○	○	○	○	○	○	○	○	○	辞	○	○	○	○	○	○	○	○	○	○	○	○
18	予	○	吾	余	余	余	余	余	余	余	余											余	○	余	余	余
	〃		嘮	嘮	嘮	嘮	嘮	嘮	嘮	嘮	嘮	嘮	嘮	嘮	嘮	嘮	嘮	嘮	嘮					嘮
	再												期													
	期												再													
19	聞	○	○	閑	閑	閑	閑	閑	閑	閑	閑	閑	閑					間	○	閑	○	閑	閑		○
	挈												携													

  表中以"○"标出与石本相同者;"／"标出漏其字者;"－"标出原无其字者。"石本释文"栏中"光县"指《[光绪]零陵县志》;"明清方志等"栏中"洪府"指《[洪武]永州府志》卷7《山岩·本府零陵县》(6a)所录;"寰宇"指《[景泰]寰宇通志》卷58《永州府·题咏》(16a)所录;"弘府"指《[弘治]永州府志》卷6《永州府题咏》(2b)所录,《[嘉靖]永州府志》与此相同①;"嘉通"指《[嘉靖]湖广图经志书》(一名《湖广通志》)卷13《永州府诗类》(1b)所录;"隆府"指《[隆庆]永州府志》卷7《提封·岩》"朝阳"条(16b)所录;前"康府"指《[康熙九年]永州府志》卷22《艺文》(41a)所录;"康县"指《[康熙]零陵县志》卷13《艺文》(24b)

---

  ① 《天一阁藏明代方志选刊续编(64)》(上海书店影印1990年)"据明弘治刻本影印,原书版框……卷一至卷四有缺页",题作《弘治永州府志》,而绝非弘治原刻版。卷首《永志前序》有沈钟《重修永州郡志序》,末署"弘治七年岁舍甲寅季冬月吉",中国科学院北京天文台主编《中国地方志联合目录》(中华书局1985年,654页)录天一阁藏本,以为"弘治七年刻本",而末卷《永志后序》有陈铨《永州郡志后序》,末署"弘治八年岁舍乙卯夏六月甲子"。又,天一阁藏本载至正德年间,如卷4《科甲·本府·进士》"沈良佐"条(1b)云"正德戊辰吕柟榜","蓝伯采"条(2a)云"正德辛巳杨淮聪榜"。正德辛巳十六年(1521),次年初改元嘉靖,天一阁藏本应成于嘉靖间。日本国立国会图书馆藏有弘治版,卷4《科甲·本府·进士》载至"王鑑(成化甲辰二〇年)"条(1b)为止。天一阁藏本每卷首题"永州府知府姚昱重修",版式亦与弘治版相伴,则似修补本,否则疑即嘉靖版,如《[隆庆]永州府志》卷12《艺文》(3b)"永州府志四册:弘治七年,知府姚昱校刊"后有"永州府志五册:嘉靖三十四年(1555),同知戴惟师校刊"。用者注意,天一阁藏本绝非"弘治刻本"。本文称为《[嘉靖]永州府志》,以便与弘治原刻本分别。

所录;后"康府"指《[康熙三三年]永州府志》卷3《山川·岩·零陵》(11a) 所录;"图集"指《古今图书集成·方舆汇编·职方典》卷1283《永州府部·艺文》(161 册55a) 所录;"雍通"指《[雍正]湖广通志》卷83《艺文》(30a) 所录①;"乾通"指《[乾隆]湖南通志》卷163《艺文》(22b) 所录;"嘉县"指《[嘉庆]零陵县志》卷12《名胜》(24a) 所录;"嘉通"指《[嘉庆]湖南通志》卷13《山川·永州府·零陵县》(9b) 所录;"道府"指《[道光]永州府志》卷2 上《名胜志·零陵》"朝阳岩……岩顶有西亭,柳宗元登之,有诗"(6b) 下所录,即卷18 上《金石略》所云"诗见《名胜志》"者;"唐统"指《唐音统签》卷386《柳宗元》(7b);"唐稿"指《全唐诗稿本》卷409《柳柳州》②;"全诗"指《全唐诗》第6 函第1 册《柳宗元》卷3③。异体字除外,重要异文以黑字显示。

01:"遊""游"两字早通,而诸集本皆作"游"④,吴文治《柳宗元诗文十九种善本异文汇录》(简称《汇录》)作"游",不及其异。⑤ "嵒","巖"异体字。《汇录》以"巖"误作"嚴"。"登"字,《光县》作"至",恐袭《[道光]府志》(金石略)之误,或因原刻草书,字迹相近,又字义于此可通,故致误。《诂训》作"宿"字,亦误。子厚《渔翁》诗"渔翁夜傍西岩宿","西岩"谓"朝阳岩",不知是否与此相混。

02:《光县》缺"河东"二字,恐又袭《府志》之误。"柳"字,诸本皆作"栁",异体字,近年出土柳宗元所撰《唐朗州员外司户薛君妻崔氏墓志》《故秘书省校书郎独孤君墓志》及华严岩从弟柳宗直题名皆用"栁"字,可推知柳宗元本人用"栁"字。

03:"棄"字,中有"世",唐太宗名世民,唐人避讳用"弃"字。今存宋拓唐刻《柳州罗池庙》[1],用"弃"字,"世""民"均缺笔。

04:"欝"字,《补正》最忠实于石本而作"鬰",异体字。"肩"字,惟《世綵》作

---

①　雍正版之前《通志》类尚有《[万历]湖广通志》《[康熙]湖广通志》,其《艺文》卷均未收此诗,又万历版卷6《方舆·永州府》(10a - 12a)无"朝阳岩"条,康熙版卷5《山川·永州府》(70a)有"朝阳岭"条,"岭"字即"岩"之讹。

②　《全唐诗稿本》,钱兼益、季振宜递辑,台北联经出版事业公司影印,1976 年,第45 册页301。

③　扬州诗局本,上海古籍出版社影印,1986 年,872 页。四库全书(文渊阁)本《御定全唐诗》卷352 (8a)与此相同,故表中不分置一格。

④　集本《诂训》《百家》《五百》《音辩》《郑定》《世綵》等皆从惯用简称,详见吴文治等《柳宗元集》(中华书局1979 年)第四册《校点后记》(页1501 - 1510)。

⑤　吴文治《柳宗元诗文十九种善本异文汇录》,2004 年黄山书社出版,786 页。

"坚",因与"肩"同音,故误。"岩"字,同"巖",异体字。宋本《方舆胜览》卷首《引用文集目·诗·山类》(8b)中见"柳宗元《朝阳岩》",卷25《永州·山川》(7b)引"柳宗元诗"四句,作"高岩瞰清江,幽窟潜神蛟。开旷延阳景,回薄攒林梢"。

05:"廻"同"迴",异体字。

06:"梢"字,石刻作"稍",《补正》按语云:"亦重刻之一证。"后有"扁舟枉长梢"之句,故"以两押梢韵肊改之,不自觉其谬也"。"構""搆"通,又行草书"木""扌"不分。"反"字,若缺上一笔,则似"仄"字,故方志致误。"巔"字,"巓"异体字,而《百家》《五百》《郑定》作"寊",注云"音颠"。《正字通》"宀"部云:"寊,俗颠字,旧注:'音颠,高远也。'"《集韵》下平"先"韵:"顛:高远也。"一从"冖",一从"宀",二字原同,而与"巔"不同,如《广韵》《集韵》云:"巔:上顶也。"不必谓"高远"。此处应作"巔"。

07:"嘐"字,惟《诂训》文渊阁本作"哮",《百家》童宗说注:"'嘐',虚交切。它本或作'呀哮'。"《音辩》引童注作"下(嘐),计交切。一本作'呀哮'"。《诂训》似即此本,而《诂训》文津阁本作"嘐",《诂训》两本注:"'嘐',虚交切。"似原作"嘐"字,盖即清官抄书之讹。《汇录》未提。用者注意:《诂训》只有清臣抄本,即四库全书本,而诸本间偶有出入。

08:"㠯"字,石本从"口""人",异体字。"菁"字,惟《诂训》文津阁本作"青",而文渊阁本作"菁",《汇录》未提。盖抄书之讹。《补正》作"囗",下补注"贯"字,云:"'羁'下一字,石刻已渺,诸本俱作'贯'。"今虽石面有凹,而字迹可辨。诸集本注:"'羁贯'谓交午剪发以为饰。'贯',与'毌'同。"故清志以"毌"误作"卝",故又误改作"草",又字形相似而误作"寓",可知清志杜撰之多。

09:"介"字,《光县》作"界"字,因音同而误。"丗"字,同"世",异体字。唐人避太宗讳而缺笔或用"代"字。"仕"字,《诂训》作"土",盖清抄误笔。"函"字,同"函""圅",异体字。"澧"字,与"灃"字体相近,义音俱不同,如"澧"在湖南,流入洞庭湖,而《百家》引孙汝听注云:"'灃',长安水名,《诗》所谓'灃水东注'者也。"《音辩》引童注云:"一本作'灃'字者非。"《百家》批注无误,而字却误,盖抄刊之讹。章士钊《柳文指要》下卷14《菁茆》(页1973)以此句为"指善和里旧宅",尤误。子厚别业在长安西南郊、灃水之畔[3]。方志以"澧"误作"豐",故又误作"豐"。《补正》云:"《全唐诗》'灃'作'澧',当是刊刻之讹。"扬州诗局本作"澧",四库全书本亦然,惟《全唐诗》稿本作"灃"。不知《补正》用何本,疑即内府刻本或其底本《全唐诗》正本,均佚。

10:"畞"字,同"畝""畞""畞",异体字。《干禄字书》云:"畞、畞:上通、下正。""墧"字,与《音辩》相同,《百家》等集本作"礄"者居多,《汇录》(页786)未及。"葺"字,《音辩》《唐稿》作"葺",《音辩》有注:"音葺,七入切。"即异体字,如《干禄字书》:"絹、缉:上俗,下正。诸与缉同声者并准此。"《百家》等集本均作"集",注云:"'集',一作'葺'。"《音辩》是也。二字音同而义通,故误。"丘"字,圣人孔子之名,清朝避讳而缺笔("丘"之"丨")或改作"邱"。《诂训》文津阁本作"丘",文渊阁本误作"土",盖缺笔("丨")而误抄。《汇录》(页786)未提。

11:"疏"字通"疎"。"沉"字通"沈"。

13:"包"字通"苞",此处谓包容,"苞"即绮字,"包"字即可。

14:"水"字与"林""川"形近而误。《补正》云:"《通志》'山水'作'山川'。"《全诗》扬州诗局本、四库全书本亦均作"川",《补正》未提,所见《全唐诗》同其稿本。

17:"弦"字,音通"絃",故误。《干禄字书》云:"弦、絃:上弓弦,下琴絃。"此处谓乐器,应作"弦"。"薄"字,惟《诂训》作"泊",因音近而误,盖清抄失误。

18:"予""余"音义俱同,石本显作"予",惟《光县》作"吾",义同而误。"嘤嘤",石本"嘤々","々"即重迭符号。

19:"閒"通"閑",异体字,而与"间"不同。《诂训》文津阁本作"閑",文渊阁本作"閒"。

综述所考:《补正》释读视《[光绪]县志》严正,而录文未免小误。《[光绪]县志》疑非据石刻拓本而录者。集本之间,《音辩》与《百家》等互有出入,除异体字外,如"登/宿""葺/集""肩/坚""苞/包""墧/礄"等字,石本最近于《音辩》,而稍有不同,如"稍/梢""弦/絃""予/余",似据另本。至于方志所录,除异体字外,舛误极多,如"亭""螵""见招"等字形而误,"彝""遗"等音近而误。清志诸版相近,与明志截然不同,盖沿袭故也。而明志之间亦稍有出入,《[嘉靖]志书》错讹尤多,《[弘治]府志》较近于石本。《[嘉靖]志书》属于《通志》之类,与《府志》《县志》不同,自为一系统。

总之,与石本全同者无有。石本与诸集本相比,最近《音辩》,又与诸方志相比,较近《[弘治]府志》,而皆稍有不同。至于"稍""弦"二字,皆讹字,惟石本与《[弘治]府志》仅有此,盖出于同一本。前有《[洪武]府志》与此稍不同,不尽沿袭。明时永州有刻本,而刊于万历二十年(1592),知府叶清寰编刻,称《柳文》,

共二十二卷,仅载其文,不采其诗①。今传世《柳集》宋刻本四十五卷,其中《音辩》最近于刘禹锡编三十卷本[4]。石本何时何人书刻。

二　柳诗《游朝阳岩》书刻人

《[天顺]大明一统志》卷65《永州府·山川》(13a)、《[嘉靖]志书》卷13《永州府·山川》(6b)、《[弘治]府志》卷2《山川》(13b)"朝阳岩"条均云:"古今名贤留题,皆镌于石。(元)结诗有云……。"《大明一统名胜志.湖南》卷13(6a)"朝阳岩"条亦云:"唐宋名贤题咏,皆镌于石。(元)次山自为歌云……。"皆未及柳诗。盖皆出于南宋《舆地纪胜》,卷56《永州·景物下》"朝阳岩"条云:"旧[经]②云:道州刺史元结[曾维舟山下,]以地高而东其(衍字)门[向]③,故以朝阳名之。今所刊记犹在。岩下有洞……亭台凡十六所,自唐迄今名贤留题,皆镌于石④。"明末徐霞客曾来永州登朝阳岩,亦感叹曰:"石间镌刻甚多,多宋、唐名迹。"唐人石刻,原有多少未详,现存者并不多。据最近调查,下以民国末为限,计以145方⑤,如今永州零陵地区中为数最多。唐刻则有张舟、牛犨、李当、魏淙

---

① 日本南山大学图书馆、国立台湾师范大学图书馆等收藏。

② 清辑本(盈斋本、粤雅堂本)脱"经"字。宋本《方舆胜览》卷25《永州·山川》"朝阳岩"条云:"旧经:'道州刺史元结曾维舟山下,以地而东向,遂名朝阳。有记,犹存。'○元结诗……。"出于《永州图经》,如《舆地纪胜·永州·县沿革》"零陵县"条引《图经》,陈运溶《籀山精舍辑本》(王谟《汉唐地理书钞》所附)《永州图经》采自《舆地纪胜》"旧经",未及《方舆胜览》"旧经"。"维舟山下"等语见于《胜览》,可以补遗。

③ "东其门"疑"东向"之讹,当据《方舆胜览》改。

④ 《永州·碑记》"朝阳岩记"条亦云:"元结所刊记尚在岩下。自唐迄今名公[贤]留题,皆镌于石。"

⑤ 侯永慧等《朝阳岩摩崖石刻的田野考察》(载《湖南科技学院学报》2010年第2期)。"建国后所刻仅有一幅,故亦列入",共计146幅,今除此一幅。永州市文化局、永州市文物管理处编《永州石刻拾萃》(湖南人民出版社2006年)《永州古碑调查表》(页37)据2005年普查,以为114方,侯氏所收视此增多近三分之一,并附《示意图》标出具体位置,既周到又方便。

等题诗①、李坦题名②,而此《游朝阳岩》一方绝非"唐永州司马河东柳宗元"所书,亦非唐宋人摹刻。何人所书刻,据管见所及,至今说者有三,皆非是。

一:明·萧幹。《[道光]府志》云:"案:此碑字迹飘忽而无精神,刻又庸劣,且具衔不称'员外司马',与华严岩异③,断为模勒无疑。其旁有明嘉靖间(1522—1566)通判萧幹诗刻,与此极相类,则必幹所为也。"萧幹所书,盖指《[光绪]县志》卷14《金石》(68b)"朝阳岩"条所载《萧幹诗》"行书,九行"者,落款云:"大明嘉靖元年(1522)季春望后二日甲子,承德郎永州府通判滇南顺德萧幹书。"又均行书。至今尚有人持此说④。

陆氏《补正》早已考证云:"此碑之前尚有'题朝阳岩'等字,其下有书字及'正德辛巳九月'等字,意即书刻之年月、姓名,未必是萧幹所为。要其为明代所镌,无疑。"驳回《[道光]府志》之说,而未考出其人。《题朝阳岩》石刻尚存,与元结所作《朝阳岩下歌》相同(《全唐诗》卷241《元结二》、四部丛刊本《元次山文集》卷4),可知前刻元结《题朝阳岩》诗,后刻柳宗元《游朝阳岩》诗,字迹前后一致,本为一幅,为同一人于正德岁次辛巳十六年(1521)所书刻无疑。"题朝阳岩"下小字今仍隐约可见,全文如:

> 石北山□□袞书,正德辛巳九月。

此外,岩洞内另有石刻题《朝阳洞阴潜洞志》在《题朝阳岩》傍。阴潜洞在朝阳岩流香洞。末有小字款署,全文作:

> 明正德辛巳秋九月五日,石北山人朱袞子文甫书。

---

① 详见张京华《新见唐张舟诗考》(《唐研究》第十六卷,北京大学出版社2010年)。颇有新见、新材料,研究唐诗唐史者可参考。

② 《[嘉庆]零志补零》卷中《诸岩题名石刻》(3b)、《[道光]府志》卷18上《金石略》(58b)、《[光绪]县志》卷14《艺文·金石》(57a)、《[光绪]通志》卷264《艺文·金石》(17a)录"唐李坦朝阳岩题名",均作"永州刺史李坦会昌元年三月五日游题"十六字。实则"永州刺(刺)史李坦,会昌元季(年)三月五日题"十五字,无"游"字,盖方志沿误。郁贤皓《唐刺史考全编》(安徽大学出版社2000年)卷171《永州》据华严岩题名石刻,作"李坦:开成五年(840)",次作"张浑:会昌中"。会昌元年,李坦在任,可以补正《唐刺史考》。袁枚有《朝阳洞观会昌元年李坦题名》诗云:"朝阳岩高三百尺,李坦如何能镌石。我想云梯驾六鳌,终难着翅强挥毫。"刻在悬崖高处。

③ 《金石萃编》卷105(4b)《柳宗直等华严岩题名》《[道光]府志》卷18《金石略》(50a)、《[嘉庆]府志》卷206《金石》(2a)、《[光绪]县志》卷13《金石》(34b)"唐冯叙华严岩题名"等录文作"永州员外司马柳宗元"。

④ 刘翼平·雷运福《零陵论》(中国和平出版社2007年,225页)《千年名胜·朝阳岩石刻》云:"存于朝阳洞摩崖石壁上的这三首石刻,非柳子书法遗墨,而是明代永州通判萧幹书刻上去的。"

"正德"二字书法独特,"正"略带行书,字似"匹","德"之"彳"似"忄",与《题朝阳岩》下小字款署既相符,字迹亦酷似。其书人姓名,《金石补正》未考及,而已审。方志亦录《朝阳洞阴潜洞志》而释读不同,后文详考。

二:明·朱文甫。《[光绪]县志》卷14《金石》"朝阳岩"条(68a)录"朱文甫序《朝阳阴潜洞志》"一文,"朝阳"下漏"洞"字,后录全文,"正书,十六行",释读落款作"明正德辛巳秋九月五日,朱文甫书"。而"文甫"非其名。光绪以前有《[嘉庆]零志补零》卷上《补艺文·古文》(11a)录《朝阳洞阴潜洞志》全文,题下云:"前志刻朱衮《上下洞两志》,此《志》独佚。"下云:"明正德辛巳九月,邑翰林御史朱衮子文"。"邑"谓邑人,即零陵县人。其名作"子文",为是。

三:清·朱衮,字补山。《[康熙]府志》卷21《艺文》(29a–30b)收《朝阳岩志》《下洞志》,以作者为"朱衮",今人批注以为"朱衮,清朝人,字补山"①。此朱衮,浙江嘉兴府秀水县人,康熙十五年进士②,清初著名书画家,尤工写竹[4]86。,而此《府志》成于康熙九年③,绝非其人。又《朝阳岩志》亦录入《[嘉庆]零志补零》《[光绪]县志》等,皆以为作于正德间,可知作者明人。

四:明·朱衮,字子文。《朝阳洞阴潜洞志》石刻尚存,字迹近于行书,亦与《题朝阳岩》等一方相同。末署"石北山人朱衮子文甫书",《[光绪]县志》以"文甫"误为撰人朱氏之名。若为"朱文甫书",则"朱衮子文甫书"一句谓朱氏名文甫,字衮子,或谓朱衮之子有名文甫者。实则皆非是,《[光绪]县志》编者似未翻查《[嘉庆]零志补零》,或见而不同意,抑或不知"甫"字之用欤。凡"甫"字有二用:一则含于人名或人字,如王安石,字介甫;二则另加于人字之后,亦男子美称,如桂林七星岩刻有"弘光乙酉(元年1645)春日,晋陵吴钟峦峦雉甫题"。吴钟峦,字峦雉。或用"父"字,上声,音同"甫",如称"莆田方信孺孚若父"[5]163。方信孺,字孚若。"朱衮子文甫"谓朱衮,字子文,亦可称子文甫。

要之,《游朝阳岩》,明正德十六年朱衮所书刻。朱衮,字子文,号石北。永州明清方志皆有传,而又互有出入,拟于下文作一考正。

---

① 湖南科技学院图书馆网站(http://lib. huse. cn/lzy)《柳学期刊》专题专栏连载《[康熙]永州府志》(康熙九年版)批注云:"朱衮:清朝人,字补山,会稽(今浙江绍兴)人。工写竹,有《江湾志》传世。与明朝正德(1506)年间曾任山东省临沂知州及明嘉靖二年(1523)曾任福建兴化(今莆田市)知府的朱衮,非同一人。"

② 《[乾隆]浙江通志》卷142《选举·进士》(25a)、《清代进士题名碑录》,见朱保烱等《明清进士题名碑录索引》(上海古籍出版社1980年,762页、2661页)。

③ 康熙三三年版《府志》卷3《山川·岩·零陵》"朝阳岩"亦载(12b)。

三 方志《朱衮传》补正

《[道光]府志》卷15上《先正传·理学》(8a)有所考前志而详,云(今以其他方志补遗):

> 朱衮,字子文,号昭北,永州卫人,[居郡城北关外两凤坊。镛之子也。]①少颖悟绝伦,宏[弘]治十一年与兄宸同登乡榜,成十五年进士,入翰林[庶吉士],以阐明正学为己任,[尤以诗文著名],时大学士李东阳称知人,深器之,迁南京[监察]御史,升云南左参政。居官刚介,风采凛然,所至奸宄屏迹,卒于滇。[寿至七十二岁卒于任,归葬河西。]②[为人朴茂,善谈论,如涌泉悬河,清洌澎湃,其为文飙回云结,崒嵂崎嶬,其所蕴蓄,人莫能测其崖涘,至今犹可想见之。]③[为当时名流所推慕云。]④著有《诗文集》[所著有《白房集》,藏于家,《续郡十三志》]。崇祀乡贤。其后,名缙,字云卿,嘉靖初举人⑤,司郏县谕,清修著作,及迁封邱令。澹泊自守,便民瘁躬。蒋鳌志其墓⑥。
>
> 廖道南《楚纪》载:"衮为御史,忤刘瑾谪(嘉善县)⑦县丞,瑾败,起南京吏部郎中,官至参政。"而《郡县》皆佚其事⑧,今补之。

"号昭北"下有注,云:

> 旧王元弼《志》作"石北",新《县志》作"芝北",而朝阳岩刻作"昭北",

---

① 此句仅见于《[嘉庆]县志》卷8《乡贤上》"朱衮"条(19a)。

② 此句仅见于《[嘉庆]县志》卷8《乡贤上》"朱衮"条(19a)。

③ 廖道南《楚纪》(嘉靖二五年1546,《四库全书存目丛书》第48册)卷42(35a)有传,而未及其号、籍贯、撰著。

④ 过庭训《本朝分省人物考》(天启二年1622,《续修四库全书》第535册)卷83《永州府》(5b),而未及其号、籍贯、撰著。

⑤ 嘉靖四年举人,见《[隆庆]府志》卷5《人物表下·皇明举人》(10b)。

⑥ 蒋鳌,正德八年举人,见《[隆庆]府志》卷5《人物表下·皇明举人》(10a)、卷14《人物列传》(9a),著有《湘厓文集》四卷,未见。《[道光]府志》卷15下《先正传·高隐》(34b)"厓"作"崖",略引其《集序》,而卷9下《艺文·集》(148a—150b)中不见其《集》。

⑦ 《武宗实录》卷39(页1621):"正德三年六月……降监察御史朱衮为嘉善县县丞。"

⑧ 未是,《[雍正]湖广通志》卷50《乡贤·永州府》(26a)、《[嘉庆]湖南通志》卷133(10b)、《[光绪]湖南通志》卷168(9b)《人物·明·永州府》等《通志》"朱衮"条皆据《楚纪》。同文亦见《本朝分省人物考》"朱衮"条(5b)。

从之。

《[道光]府志》纠正新旧两志,据朝阳石刻,应可靠。卷18《金石略》采至元朝为止,故未收明人朱衮所作。而此"朝阳岩刻"尚存,清晰可辨,均作"石北"。"旧王元弼志"谓王元弼《[康熙]零陵县志》,其说见于卷9《人物·名臣》(27a)、卷8《选举·进士》"弘治十五年壬寅[戌]康海榜"下(12a)"朱衮"条。此外,《[康熙九年]府志》卷16《人物》(17a)亦作"石北"。传记略同,盖沿袭,而《[康熙三三年]府志》卷19《人物上·零陵名贤》(43a)"朱衮"条删去其号①。

按《[道光]府志》"朝阳岩刻作'昭北'"之说,盖出于《[嘉庆]零志补零》,其卷上《朝阳洞阴潜洞志》末(11b)有注云:"按前志,衮号'芝北',此刻'昭北',存疑。"有待证实,而《[道光]府志》竟然"从之"。"前志"即《[道光]府志》所云"新县志",盖谓《[嘉庆]零陵县志》,其卷7《选举·进士》"宏[弘]治十五年壬戌康海榜"下(16a)云:"朱衮:字子文,号芝北,郡城人。"卷8《乡贤上》有传(19a),不及其号。清人皆未翻查明志,如《[隆庆]府志》卷14《人物列传》(9a)作"石北",修于明隆庆四年(1570),距石刻所署"正德辛巳(十六年1521)"约五十年,颇近,可置信,又合石刻。《[嘉庆]零志补零》虽释读石刻,因"昭"字下半似"石"而致误;"芝"则其兄之号,与此相混,详后。

进士之年,亦互有出入。《[康熙]县志》卷8《选举·进士》作"弘治十五年壬寅",其十五年岁次应作"壬戌",又《[康熙九]府志》卷16《人物》作"领弘治戊午(十一年1498)乡荐,登正德壬戌进士",《[康熙三三]府志》卷19《人物》亦作"宏治戊午举人,正德壬戌成进士",正德年间无"壬戌",而《[康熙三三]府志》卷14《选举·进士年表》(33b)入"(弘治)十五年壬戌"。清志与明志不同,如《[嘉靖]志书》卷13《永州府·科甲·进士·本府》(52b)云:"朱衮:弘治壬戌康海榜,历升副使。"《[嘉靖]志书》刊于嘉靖元年(1522),仅距二十年,时极近,可从。稍后,《[嘉靖]府志》卷4《科甲·本府·进士》(1b)云:"朱衮:永州卫武生,弘治壬戌廖[康]海榜,历翰林庶吉士,终右参政。""廖"字因形近而讹。又《[隆庆]府志》卷5《人物表下·皇明进士·零陵》(2a)、《[万历]湖广总志》卷37《选举表·国朝进士》(20a)"弘治壬戌康海榜"中亦见其名。此均符合《明代

---

① 《[万历]湖广总志》卷52《献征·国朝》(35a)、《[康熙]湖广通志》卷36《人物·永州府》(32a)"朱衮"条等《通志》类皆不载。《[乾隆]湖南通志》卷114《人物·永州府下》(1b)"朱衮"条虽云据"府志",而亦未载其号。

进士题名碑录》①,如"弘治十五年壬戌科:第一甲三名(康海、孙清、李廷相)"下"第二甲九十五名"中见有"朱衮:湖广永州卫籍,直隶长洲县人"一条。朱衮,本为江南长洲县人,后编入永州卫户籍,故《[隆庆]长洲县志》卷6《科第·国朝进士》(22a)"弘治十五年壬戌科康海榜"下亦见"朱衮:字子文,监察御史",《[道光]云南通志稿》卷112《秩官·官制题名·明文职官姓氏》"副使"条(22a)亦云:"朱衮:长州[洲]人②,进士。"而《[万历]总志》《[康熙]通志》卷19《选举·进士》(53a)作"朱衮:永州卫籍,长沙人"。"沙"字乃"洲"之讹③,形近而误。

《[康熙]府志》作"正德壬戌",乃"弘治壬戌"之误。《[嘉靖]府志》记载年代次序有所颠倒,如"朱衮:弘治壬戌(十五年)"条前有"沈良佐:正德戊辰(三年)"条,与《[嘉靖]志书》不同。由此推测,《[康熙]府志》所据旧志或某史料有次序颠倒,误以"弘治"为"正德"。

又据《[隆庆]府志》《[万历]大明一统志》卷65《永州府·人物》(31a)④以及《[康熙]府志》《[康熙]县志》《[嘉庆]县志》等本传,朱衮著有《白房集》《续郡十三志》⑤[40],而《通志》之类均未著录。《白房集》,即《[道光]府志》所云《诗文集》。《[隆庆]府志》卷12《艺文志》(5b)作"《白房集》六册",盖即《白房杂兴》三卷(诗集)、《白房杂述》三卷(文集)、《续集备遗》一卷,整本尚存,详见后文。卷首有《白房集序》云:

> 字子文,号石北,起家弘治壬戌进士。乃甫节庵公、兄芝北公,俱以科目显。

朱衮之字、号及其进士年代,皆与《[隆庆]府志》等明志相符,又如《[嘉靖]志书》卷13《永州府·科甲·举人·本府》(53b)亦云:"朱宸:弘治戊午科。""乃

---

① 《明清进士题名碑录索引》(762页、2490页)。《[康熙]通志》卷36《人物·永州府》(32a)"朱衮"条仅作"弘治进士",而卷19《选举·进士》(53a)见于"弘治壬戌科"下,《[嘉庆]通志》卷133(10b)、《[光绪]通志》卷168《人物·明·永州府》(9b)"朱衮"条作"宏治壬戌进士"。

② 同卷"左参议"条(13a)作"朱衮:零陵人,进士"。"左参政"条(7a-9a)、"右参政"条(9a-12b)不录其名。后文考其官历。

③ 《[万历]总志》卷38《选举·举人》(48a)、《[康熙]通志》卷21《选举·举人》(7b)"弘治戊午科"下皆作"永州人"。

④ 《统志》天顺版(经厂原刻本)固未及录嘉靖人,"朱衮"等条为万历版(万寿堂刊本)据《府志》所补。

⑤ 《[道光]府志》卷9下《艺文志·史·地理》(40b)采自《零陵著述目》作"续郡志十三志",不通,后"志"字似"卷"之讹,实则前"志"衍字,如《[隆庆]府志》卷12《艺文》(5b)作"续郡十三志一册"。

甫"谓乃父,《[嘉靖]府志》卷4《科甲·本府·举人》(6b):"朱镛:天顺壬午科。"①《[康熙]县志》最详,卷8《乡荐》"天顺六年壬午科"(18a)见"朱镛:朱衮之父";"弘治十一年戊午科"(19b)见"朱衮:《礼记》,字子文,号石北,壬戌进士,镛之子。朱宸:《礼记》,衮兄,同榜";又卷8《乡贡·明封赠》(29b)云:"朱镛:经魁,以子衮赠监察御史。"由此可知,"芝北"乃朱宸之号,其弟衮号"石北",二人名俱从"衣"字,号俱含"北"字;其父朱镛,号节庵。《[嘉庆]零陵县志》卷7《选举·举人》"朱镛"(22a)、"朱宸"(23b)、卷7《封赠·明》"朱镛"(55b)略同,而以朱衮之号作"芝北",以朱宸之号作"芝南",又误,当从《白房集序》及朝阳岩现存石刻。由此可知,《县志》最详而不可尽信,又《[嘉庆]零志补零》虽据石本补遗,极为贵重有用,而亦不可尽信,用者须谨慎。若有实物尚存,不如作实地考察再次确认。实则,《白房集》中习见"石北子""石北子朱衮"之语。其号"石北",故自称"石北子",其字"子文",故自称"子文甫"。由此暴露《府志》《县志》皆未查检《白房集》,恐清时已佚而不传,下文容详考。至于"白房"之称,亦似朱衮之号,如清代金石学者翁方纲以为"白房盖所居之地名"[6]332,而《序》中有云:"先生顾不欲以言语文字炫赫当世,乃以'白房'名《集》,非诗人尚炯之义,《大易》'白贲'之旨乎。"《序》作者乃永州后学,若为"所居之地名",应得知。"白房"必非地名。

至于"升云南左参政。……卒于滇"等事迹,尤误。《[嘉庆]县志》亦作"升云南左参政"而无"卒于滇",《[隆庆]府志》《[万历]明统志》稍不同,均作"升云南副使、左参政",《楚纪》《本朝分省人物考》均作"出补云南参议,转按察副使,进参政",近是而未精确。据《明实录》②,正德八年正月"升南京吏部郎中朱衮为云南布政司左参议",十年五月"升云南布政司左参议朱衮为云南按察司副使",嘉靖元年三月"云南按察司副使朱衮服阕阕,复除原任",三年十一月"升云南按察司副使朱衮为四川布政司右参政",可知方志所载多有缺漏,应作"升云南左[参议],[转按察副使,][进四川右]参政"。"滇"谓云南,则似未"卒于滇"。

朱衮生卒年皆未见载,墓在"零陵县河西二里陶家冲",其兄朱宸墓在"县东

---

① 《[嘉靖]志书》卷13《永州府·科甲·举人·本府》(53a)中不见,《[隆庆]府志》卷5《人物表·皇明举人》中二人俱见。《[万历]总志》卷38《选举·举人》(38a)、《[康熙]通志》卷29《选举·举人》(70a)误作"朱鏞",与"镛"字形近而讹。

② 《武宗实录》卷96(页1678)、卷125(页1707)、《世宗实录》卷19(页1803)、卷45(页1829)。

仙人桥",其子朱缙墓在"城北湘口"①,永州举人蒋鏊曾撰《墓志》②。朱衮殁后"崇祀乡贤",即入乡贤祠,祠曾在县学戟门之右,见于《[隆庆]府志》卷8《创设上·学校·零陵县学》(21b)"乡贤祠"条下所祀之中。清志载入永州府学乡贤祠,必误③。《[隆庆]府志》始修于隆庆四年(1570)七月,脱稿于十一月,五年二月刊成,又《白房集序》云:"先生殁且久,评采月旦,崇祀里社。"④则盖卒于隆庆年前,又《集》中有嘉靖十八年(1539)以后所作⑤,弘治十一年(1498)举人,"寿至七十二岁卒于任",则应生于成化间(1465-1487),卒于嘉靖间(1522-1566)中期。假设卒于嘉靖二五年,则生于成化十一年。据《明实录》⑥,嘉靖四十二年正月"巡按直隶御史温如璋等奏报:……诏赏总督杨选、巡抚徐绅、蓟州总兵孙膑……等各赏银有差,其补练不及数者……朱衮等夺俸二月",此"朱衮"恐非其人。

除清初"朱衮"外,明时亦有同姓同名者,共三人,又皆嘉靖间人,故至今往往相混⑦。一人字子文,永州人;一人字文龙,江西德化人,嘉靖四十年(1561)乡荐⑧;一人字朝章(1479-1565),号三峰,浙江上虞人,弘治十五年进士,曾出任

---

① 见《[嘉庆]县志》卷16《古墓》(5b)、《[嘉庆]通志》卷183《陵墓·永州府·零陵县》(23b)、《[道光]府志》卷10《古迹·明墓》(37b)、《[光绪]县志》卷1《地舆·陵墓》(62b)等沿袭。仙人桥在"城东十里。同治辛未李星辉等倡建石拱",见《[光绪]县志》卷2《建置·桥》(25b)。

② 《[嘉庆]县志》卷9《乡贤》"朱缙"条(32a)载蒋鏊《墓志》一段。

③ 《[道光]府志》卷4下《学校·零陵县学》"乡贤祠"条(2b)亦见其名,而卷4上《学校·永州府学》"乡贤祠"条(15b)亦举"雷复、朱衮、熊绣"三人,重见朱衮,误致混入。雷复、熊绣见于《[隆庆]府志》卷8《创设上·学校·永州府学》"乡贤祠"条(20a)。《[康熙九]府志》永州府学、零陵县学俱与《[隆庆]府志》相同。朱衮见祀于县学乡贤祠,非府学。《[康熙三三]府志》卷13《学宫·零陵》"乡贤祠"条(2b)"朱"误作"宋"。

④ 《[嘉靖]府志》卷2《学校·零陵》(4a)、卷3《祠庙·本府·零陵县附》"乡贤祠"(5a)未载所祀人名。

⑤ 《杂述》卷2《五马桥铭纪成事也有叙》(20a)有云:"嘉靖十八年夏华阴渭北子赵廷文氏来牧永州。"朱衮似在永。

⑥ 《世宗实录》卷517(页2301)。

⑦ 如《浙江采进遗书总录简目》(《四库采进书目》,吴慰祖校订,商务印书馆1960年,297页)"白房集三卷"条下以撰者为"上虞朱衮";《[民国]盐乘县志》卷13、《中国历代诗文别集联合书目(10)》(王民信主编,台北联经出版事业公司1983年,239页)、杨廷福等《明人室名别称字号索引(下)》(上海古籍出版社2002年,93页)以为朱衮号三峯、白房。又湖南科技学院图书馆网站《柳学期刊》专题专栏连载《[康熙]永州府志》批注所提"嘉靖二年曾任福建兴化知府的朱衮"即字朝章者。

⑧ 《[雍正]江西通志》(四库全书本)卷92《人物·九江府·明》(45a)、《[光绪]江西通志》卷165《列传·明》(28b)。

兴化知府①。今有"上虞三峯朱衮"撰《观微子》一卷,收于《百陵山学》《说郛续》②。据《明代进士题名碑录》"弘治十五年壬戌科"下"第三甲一百九十九名"中见"朱衮:营州左屯卫军籍,浙江上虞县人",即其字朝章者也。可知此人与永州朱衮同年进士,故谢谠《三峰先生行状》云:"壬戌中康海榜进士,会选翰林庶吉士。当事者首取先生,既而查少礼经,乃以榜中同姓名者举焉。且云:'名姓相同,难处一馆。'先生遂不与,授工部都水司主事。"亦属永州朱衮之佚事。又,褚人获《坚瓠续集》(康熙间)卷3《孝庙人材》云:"弘治间……又壬戌鲁铎榜,复有永平鲁铎③,有两朱衮,一美貌,一貌不扬。时有对曰:'鲁铎分南北,朱衮别妍媸。'"④永州朱衮为"美貌"与否,非所敢知。

四　朱衮《白房集》及其价值

《白房集》一书,传世稀罕,何时刊刻,难以考定,自清迄今说者不一。

据道光间永州朱衮后裔之言,清朝已"征入《四库》"⑤,又见于《浙江进呈书目》(乾隆三九年1774)⑥,而《四库全书总目》未著录,至于民国时期所编《续修四库全书总目提要(稿本)》,录"白房杂述三卷、杂[杂]兴三卷、续集备遗一卷",题下注云:"吴兴刘氏嘉业堂藏,明正德刊本。"⑦此谓清代浙江湖州藏书世

---

① 见谢谠《谢海门集》(嘉靖四四年1565)卷16《三峰先生行状》(23a)、《寿三峰翁赋》(4a)。《集》藏入国家图书馆(台湾)。

② 《丛书集成初编》第606册(《丛书集成简编》第186册)据《百陵山学》(王文录辑,万历十二年1584刊)排印。《说郛续》(明陶珽编清顺治三年李际期宛委山堂刻本,上海古籍出版社《说郛三种》第9册页53)卷2作"上虞朱衮",缺"三峯"二字。

③ 前者湖广景陵人,后者直隶抚宁人,故曰"分南北"。

④ 梁章巨《巧对录》(道光二九年1849,岳麓书社1991年)卷5亦录:"明代制义得人之盛,莫过于弘治朝,……又壬戌鲁铎榜,复有永平鲁铎,又有两朱衮,一貌美,一貌不扬。时有对云:'鲁铎分南北;朱衮判妍媸。'"

⑤ 《[道光]府志》卷9下《艺文志·集》(148b)载《白房集》,采自《零陵著述目》,编按云:"案是《集》征之,其裔二希云:'国朝征入《四库》,并无存稿。'"

⑥ 《浙江省第六呈送书目》(《四库采进书目》,原名《各省进呈书目》收入《涵芬楼秘籍》第十集)页124):"白房集三卷,续集一卷,白房杂述三卷。明朱衮着。六本。"《浙江采进遗书总录简目》(乾隆三九年)(同上书页297):"白房集三卷:续集三卷,白房杂述三卷。刊本。明云南参政上虞朱衮撰。""白房集三卷"疑谓《白房集》七卷中《白房杂兴》三卷,《简目》"续集三卷"之"三"疑即"一"之讹。又此朱衮非"上虞"人,疑与字朝章者相混。

⑦ 《续修四库全书总目提要(稿本)》,中国社会科学院图书馆整理,齐鲁书社1996年,第四册页765。

家嘉业堂旧藏本,清末书楼主人刘承幹(1882 – 1963),前后刊印《嘉业堂丛书》《八琼室金石补正》等。至民国后期藏书陆续散出,今有《嘉业堂藏书志》①,初由缪荃孙撰稿,吴昌绶继之,又董康赓续成书,其卷4《集部》录"白房杂述三卷、杂兴三卷、续集一卷:明刻本",缪荃孙(1844 – 1919)曰:"是书曾有《序》,不著姓氏,玩其语意,盖乡之后学也。……《四库》未收。"董康(1867 – 1947)补曰:"《集》殆正德刻本,黑口,四围双边。《序》文未题撰人姓氏。"余所记与《续修四库提要》略同,盖见采录。至其事略,董氏仅提《集》中《先母刘氏行状》,未及《序》中之语。《朝阳洞阴潜洞志》为正德十六年(1521)九月所书刻,收入《白房杂述》卷2(2a),又《集》收嘉靖年间所作不少。正德(1506 – 1521)在嘉靖(1522 – 1566)之前,故绝非"正德刊本"。此书见著录于《续修四库全书总目提要(稿本)》,而至于今人所编《四库全书存目丛书》《续修四库全书》等②,亦均未收。

国家图书馆(台湾)收藏《白房集》两部,一部即《白房杂兴》三卷、《续集[备遗]③》一卷、《白房杂述》三卷,八册;一部不全,仅有《白房杂述》三卷,三册。卷首无《目录》,仅有《白房集序》一文,有藏印"吴兴刘氏嘉业堂藏书记"在《白房集序》题下及每卷首叶。此乃"吴兴刘氏嘉业堂藏,明正德刊本"者也。国图藏本《序》文不全,缺1b·2a,而缪荃孙引《序》文两条,"先生以学鸣世……"一条见于1b,"以文名见忌侪辈……"一条见于2a,则原无缺叶。国图本标签及《目录》[7] p1035均作"明嘉靖间永州刊本",不知何据,既非正德刊本,又非永州刊本,恐亦非嘉靖间所刊。《集》中习见"嘉靖""永州"之词,而《杂述》卷2末有"桂阳州刊字匠谢义[财晓]礼□"十二字④。"桂阳州",明时衡州府桂阳州,位于永州府东南、郴州之西,即今湖南桂阳县,则似非"永州刊本"。何年刊刻,存疑,下文容再考。

北京图书馆曾有一部,不全,即《白房杂兴》三卷、《续集遗备》一卷,四册,明刊本。王重民《中国善本书提要》录此书云:"卷端有序文两叶,缺下款……疑尚有《续集》。然是《集》殊少著录,今不知都凡若干卷。"⑤非是,尚有《白房杂述》

---

① 《嘉业堂藏书志》,吴格整理,复旦大学出版社1997年,765页。
② 《四库全书存目丛书》(季羡林总纂,齐鲁书社1997年)、《四库全书存目丛书补编》(齐鲁书社2001年)、《四库未收书辑刊》(罗璘主编,北京出版社2000年)、《续修四库全书》(顾廷龙等主编,上海古籍出版社2002年)。
③ 《目录》缺"备遗"二字。
④ "财晓"二字横书,小字。"礼"下字,国家图书馆目录作"仓",疑非是。
⑤ 王重民《中国善本书提要》,上海古籍出版社,1983年,584页。

三卷,可以补正。北图本版式与国图本相侔(今据日本国会图书馆所藏摄制北平图书馆善本胶片本),《序》文亦不全,而所缺不同,仅有1ab、2ab,即"两叶",下缺3a,即"缺下款"。

此外,内阁文库(日本)亦收藏一部,七卷两册,版式与前两种相同,有《序》无《目录》,而内阁本、北图本《序》在《白房杂兴》之前,国图本即嘉业堂旧藏本在《白房杂述》之前。内阁本被视为"万历九年序刊"①,一说改"九"作"十"②,为是。此本《序》文完整,见有"余自发丱即慕吾永故翰林石北朱先生……业释褐游两都……先生殁且久,评采月旦,崇祀里社"等语,可知朱衮入乡贤祠后,应在隆庆(1567-1572)初之后,为永州后学进士者所撰。又《序》末"谨序"后(3ab)改行而题"皆万历壬午岁仲秋望吉,钦差提督操江兼管巡江南京都察院右金都御史前吏部文选清吏司郎中,后学生吕藿顿首拜书",此合明人序文款式。吕藿,亦零陵人,嘉靖四一年(1562)进士③,与《序》中之语相符。然则此书为"万历壬午岁"十年(1582)序刊本不容置疑。然而有一怀疑:国图本有《序》第三叶而文至"谨序"为止,下空白,无吕藿款署,符合嘉业堂本"曾有《序》,不著姓氏"者。是否原有序人吕藿自署,后印本删此。吕藿著有《巢云阁集》,未见④,无从确考。又有令人疑惑者,如《[隆庆]府志》卷12《艺文》(5b)录云:"《白房集》六册:国朝零陵朱衮撰。《续郡十三志》一册:撰刊同上。"似已刊刻。若是则应刊在《[隆庆]府志》以前,即卒后不久,非万历年间。何时刊刻,材料有限,未敢断定,有待新发现更考。

《白房集》一书既属文学,又富有史料价值。《白房杂述》卷2收《朝阳岩志》《朝阳岩下洞志》《朝阳洞阴潜涧志》,石刻尚存,校勘者当参用。尤其对柳宗元研究大有益,如董康评论曰:"《杂述》暨《续集》为文,格律简峭,大似柳州,其所蕴蓄,莫可窥测。"赋予高评价,继而《续修四库提要(稿本)》敷衍此评云:"今观其《集》中文字,以山水游记最擅胜场,《朝阳岩》《西山》《愚溪》《万石亭》《石门精室》《袁家渴》《黄溪》《澹山岩》诸志,皆能缀次琐屑,刻镂物态,钩深缒幽,辞无枝蔓,盖柳子厚敷教之乡,盼蹙前修,同其轨躅。正、弘间诗人,简炼有法如

---

① 《内阁文库汉籍分类目录》(日本·内阁文库1956年,354页下)。

② 如《京都大学人文科学研究所汉籍目录》(日本·同朋舍1981年,502页下)作"东京内阁文库藏万历十年序刊本"。

③ 《[康熙]府志》卷16《人物中·零陵名贤》(20b)、《[康熙]县志》卷9《名臣》(27b)、《[嘉庆]县志》卷8《乡贤》(21a)等有传。

④ 方志《传》云:"藏于家。"似未付梓。

（朱）衮者,实未多觏。"赏识之语又合乎《序》者所解"白房"之义。书刻《游朝阳岩》一事亦可证宗仰子厚,并对《永州八记》等相关柳宗元遗址皆有所作。朱衮,明代古文作家,私淑子厚,祖述柳文,文学研究者可以从《白房集》中探讨柳文对后人之影响,尤其山水游记作品多描述明时之貌,地理考证者得以搜集不少史料,今略举一二,如《愚溪志》(4b)云:

> 愚溪,冉溪也,源出鸦山。柳子曰:"灌水之阳,有溪焉,曰冉溪。"盖鸦山,灌阳之北谷也。……若夫奇丽可赏,庶以忘忧者,岂特一钴鉧潭哉。旧《八愚诗》载石上,今亡之,数百年无复见;潭上小丘,今没于居人;愚泉以下荒矣。

又篇末往往加以自注,如:

> 右溪当州城西黄叶渡上十步许,附入潇水,溯流上几千余步为钴鉧潭,愚丘等七胜附丽潭旁,聚为一胜。

由此可知,明代中期黄叶渡在愚溪口旁,仅十步,极近;永州人以为溯愚溪而上几乎"千余步"[①]之处有钴鉧潭在,盖近于石刻"钴鉧潭"三字大书现存之处;"愚丘等七胜"即"八愚"中除愚溪外七愚,皆在钴鉧潭旁;潭西小丘、《八愚诗》俱早已不见。又《西山志》(3a)云:

> 今山在溪阴,故无恙。

篇末自注云:

> 右山在城西,旁出冉溪之上,特为一胜。

可知朱衮以为西山在"溪阴",谓愚溪之南,即今粮子岭,非芝山。崇祯十年(1637)徐霞客探访,亦怀疑[②],朱《志》在约一百年前。又,文中引柳文《愚溪诗序》作"曰冉溪",同《音辩》《文苑英华》。《音辩》有注云:"'曰',一本作'为'。"

---

①　"几千余步"一句,既曰"几千",又曰"余步",文意恐不妥,此"几"疑属副词,谓几乎、殆。又,凡古代量词"步"约五尺,如柳文所用,而此"步"似行步量地,谓半步,即跬。

②　《楚游日记》云:"执土人问愚溪桥,即浮桥南畔溪上跨石者是",即朱云"黄叶渡上十步许";徐曰"钴鉧潭,则直西半里,路旁嵌溪者是。……遵通衢直西去……半里,过柳子祠,再西将抵茶庵……石上刻'钴鉧潭'三大字",即朱曰"溯流上几千余步"之处;徐云"按是水发源于永州南百里之鸦山",即朱曰"源出鸦山。……盖鸦山,灌阳之北谷也";徐曰"求西山亦无知者。后读《芝山碑》,谓芝山即西山,亦非也,芝山在北远矣,当即柳子祠后圆峰高顶,今之护珠庵者是。……是山之为西山无疑",芝山亦在溪北,不合朱衮"在溪阴"之说。

其余集本如《诂训》《百家》《五百家》《郑定》《世綵》皆作"为冉溪",注:"'为',一作'曰'。"可知朱衮所用本近于《音辩》,合乎上文所考。

结　语

综述所考:永州朝阳岩洞内刻有"唐永州司马河东柳宗元《游朝阳嵒遂登西亭二十韵》",为永州人朱衮于正德十六年(1521)所书刻。其所据文字,在传世《柳集》诸本中最近于《音辩》本即《增广注释音辩唐柳先生集》,又在明清方志所录之中最近于《[弘治]永州府志》。至于"稍""弦"二字,集本皆作"梢""弦",石本之讹字却与《[弘治]永州府志》相符,盖同出一辙,属于与《音辩》同一系统。《[洪武]永州府志》《[嘉靖]湖广图经志书》亦与《[弘治]府志》时代接近,而舛误极多,自为另一系统。由此臆测,《[弘治]府志》所载虽在递修传抄之中难免讹字,而疑出于南宋永州刻三十卷本,其余诗文如何,有待校对再深考。

朱衮,字子文,号石北山人,弘治十五年(1502)进士,生于成化年间,卒于嘉靖年间中期,年七十二岁,卒后祀于零陵县学乡贤祠。朱氏本贯长洲县,迁籍于零陵县。其父朱镛,号节庵,其兄朱宬,号芝北,其子朱缙,字云卿,号晴峰①,三代皆举人,可谓明时永州世家。朱衮著有《白房集》七卷,尤善古文,寻子厚《永州八记》等地皆有所作,无愧于祖述柳文者之称。管见所及,《白房集》现存三种明刊本,版式相侔,而惟日本内阁文库藏本完整,殆海内孤本。愚奉劝永州柳学会同仁用此作一研究,所获必不少。

参考文献:

[1]户崎哲彦.韩愈撰《柳州罗池庙碑》之复原及其庙碑失存年代考略[A].柳宗元国际学术讨论会.柳宗元研究文集[C].南宁:广西人民出版社,2005.

[2]户崎哲彦.柳宗元の荘園と唐長安県——柳宗元の故郷・荘園をめぐる唐代長安城里坊・長安県郷里に関する歴史地理学的考察の試み(下)[J].滋賀大学経済学部研究年報,1995,(2).

[3]户崎哲彦.簡州石刻柳宗元《永州八記》再考——その底本と宋代蜀本《柳集》の系統[J].島大言語文化,2010,(29).

---

① 其号仅见于《[嘉庆]县志》卷7《选举·举人》(24b),云:"朱缙:号晴峰,河南封邱县知县,衮之后。"不及其字,而卷9《乡贤》"朱缙"条(32a)字、号均录,而不提"衮之后"。

[4]单锦珩.浙江古今人物大辞典(上编)[Z].南昌:江西人民出版社,1998.

[5]户崎哲彦.中國乳洞巖石刻の研究[M].东京:白帝社,2007.

[6]翁方纲等著,吴格等标校.白房集提要[A].四库提要分纂稿[M].上海:上海书店出版社,2006.

[7]国立中央图书馆.国立中央图书馆善本书目(增订二版)[M].台北:台湾书店,1986.

（原载 2011 年第 5 期,作者单位:日本岛根大学）

柳宗元对永州的影响

吕国康

柳宗元是一位历史伟人，是一座文化巨峰，影响深远，令人敬仰。下面重点就柳宗元对永州的影响进行阐释。

第一，柳宗元是永州一张响当当的名片。宋代汪藻寓居永州12年，对柳宗元深怀崇敬之情，他在《永州柳先生祠堂记》中指出："盖先生居零陵者十年。至今言先生者必曰零陵，言零陵者必曰先生。零陵去长安四千余里，极南穷陋之区也，而先生辱居之。零陵徒以先生居之之故，遂名闻天下。先生为之不幸可也，而零陵独非幸欤？""而零陵一泉石，一草木，经先生品题者，莫不为后世所慕，想见其风流。而先生之文载，其中凡瑰奇绝特者，皆居零陵时所作。"明代唐瑶在《祭柳侯祠文》中说："永之山水，天作地藏，经几何年，埋没于灌莽蛇豕之区，至公始大发其环伟而搜剔其荒翳。公之文章，开阳阖明，固所自得。至于纵其幽遐诡谲之观而邃其要眇沉郁之思，则江山不为无助。"衣若芬博士在《潇湘文学与图绘中的柳宗元》中指出："柳宗元游历永州山水，知识与思想于山水间深广开展，潇湘文学中的过客心态经柳宗元对永州乡土的认同，形成了正向的情感，由'潇湘客'转为'永州民'，潇湘山水之美籍着诗文传播四方，于是潇湘文学的书写不再充满对穷乡僻壤的哀怨，而产生对避世乐土的向往，为'潇湘'的文学意象汇聚新意。"柳的《永州八记》等绝妙诗文，极大地提升了永州的知名度与美誉度，使永州名扬天下。清代王日照写诗称赞："一官匏系几何年，一代文章万古传。山水得名从此始，非公谁与破荒烟。"《愚溪怀古》章士钊说得好："世无子厚，山川之秘奥，遂乃千古无闻。"（《柳文指要》）柳宗元对永州文学的贡献，是前无古人，后无来者。正如马积高教授所说：柳宗元"堪称是第一个从多方面描写永州的作家，更是永州的自然山水美的第一个发现者和最杰出的表现者"（《〈柳宗元在永州〉序》）。永州十年的生活和山光水色成就了柳宗元，使之成为举世闻名的唐宋八大家之一，而柳宗元的奇文华章成就了永州，使永州闻名遐迩。可以说，柳宗元是永州山水的知音，更是永州的形象代表。

第二,柳宗元是中华历史长河中的一座丰碑。孙昌武教授在《柳宗元评传》中对柳做了全面中肯的评价,认为"柳宗元是唐代进步思想家、优秀文学家和革新政治家。思想家、文学家、政治家的品格兼备一身,在其中任何一个领域,他的成就都是十分杰出的;而在哪个方面的贡献更为重要,又是难以轩轾的"。还在《〈柳宗元研究文集〉序言》中指出:"他的品德、意志、人格,他的才华、感情、能力,体现了中华民族传统的价值与良知,具有极大的魅力,成为不朽的榜样。特别是他后半生,身为流囚,仍奋斗不息,在极其艰难困顿条件下,凭借自己坚韧的毅力和不懈的努力,实现了人格的一大转变:由政治斗争中怨抑退屈的牺牲者、失败者拼搏而成为思想战线、文学领域的创造者、胜利者,从一个供奉朝廷的官吏,成长为代表一代思想学术和文学创作成就的伟人。"永州十年,他在逆境中奋起,为追求理想而矢志不渝,成为谪官的楷模。

无论是在庙堂之上,还是身处江湖之远,柳宗元无时无刻不在关心百姓的疾苦,敢为人民鼓与呼!他在《送宁国范明府诗序》中提出了"官为民役"、在《送薛存义之任序》中提出了"民可黜罚"的民主思想,在《捕蛇者说》中发出"呜呼!孰知赋敛之毒有甚是蛇者"的呐喊,在《晋问》中提出"民利民自利"的真知灼见,把民本思想提升到一个崭新的高度,至今震撼人心。明正德八年(1513)永州知府曹来旬《重修柳司马先生庙记》说:"夫先生,唐之名贤也。永贞间以事谪永州,因放於山水之间,爱冉溪,货其尤绝者家焉,更名曰愚溪。则愚溪者先生之故居也,至今官不科租于民,可得而私之乎?先生为永人遂毕方、愬螭室,刚明正大之气可质诸鬼神而无疑也。""且先生之文与昌黎并称,其瑰玮奇特之体多出于居永之时,而永之士类至今率能文、名为文献之邦者以先生为之倡焉,则先生之有功于永人也非小,而永人之庙祀于先生也,实报本之心耳!"清代永州知府魏绍芳在《书柳马祠堂碑阴》说:"千秋而下,道在人心,民到于今,尚受其赐。载之国典,专祀愚溪。匪独惬乎人心,盖已合于往论。"明代董传策谪戍南宁时,来永州游朝阳岩,为柳子不入寓贤祠打抱不平。他说:"顾独柳子事有慨乎中,而余从岩前访十贤祠,则往昔名人官永者得祠,惟柳子者不逮焉。余指谓关曰:'柳子可惜,祠不逮者,可恨!夫柳子奇才乎!奇才乎!……睹寓贤祠不逮柳子,殆伤之焉!'"(《游朝阳岩因泛潇湘记》)清代吴大受奉命出使交趾,道经永州,写下《愚溪柳先生祠》诗:"司马羁留十载迟,愚溪溪畔系愚诗。并时才力韩公笔,异代江山屈子思。"称赞柳的文学才华与同时代的韩愈齐名,爱国爱民思想则与不同时代的屈原相媲美。在永州柳子庙中殿有一幅清代文人杨季鸾所写的长联:

"才与福难兼,贾傅以来,文学潮儋同万里;地以人始重,河东而外,江山永柳各千秋。"上联以西汉贾谊提倡改革遭贬长沙为太傅,唐代韩愈因谏宪宗迎佛骨被贬广东潮州,宋代苏轼悖于朝政贬于海南儋州之事,感慨柳宗元参加了永贞革新被贬永州,同样是"人才难兼福命"。下联则赞颂柳宗元以杰出的文学成就、哲学思想和卓越的政绩,不仅使他的祖籍河东而且使永州、柳州都闻名于世。内涵丰富,寓意深刻。道光《永州府志》卷十三良吏传,有曹来旬、唐琎、黄翰、史朝富、丁懋儒、魏绍芳,其中以"郡佐教职"介绍柳宗元,仅此一例。说明了编者的智慧。按实际情况,柳没有任过行政长官及教职,编者不忍心将柳放在"流寓"之中,而纳入"良吏"范围。据户崎哲彦教授介绍,日本山川出版社出版一套介绍全世界从古至今 100 个伟人的丛书,柳宗元有幸入选,并由户崎撰稿。唐代名人众多,李白、杜甫未选入,他们虽然是优秀的文学家,但无思想、哲学著作。韩愈虽然比较全面,但他的思想是正统的儒学。而柳不仅是伟大的文学家,更是儒学的改革者、创新者,哲学著作也很有价值。笔者佩服出版者的眼光。

第三,柳宗元堪称一代宗师。韩柳文章李杜诗。"山灵因柳子之诗,今犹晶采;石崖有元郎之颂,谁不品题。"(《方舆胜览》)作为唐宋八大家之一的柳宗元,其精神遗产主要产生于永州。中华书局出版《柳宗元集》收入诗文 678 篇,其中近 500 篇写于永州。子厚文章在,光焰万丈长。他与韩愈一同领导了唐代的古文运动,并提出了"文者以明道"的理论;"论文八书"发表的精辟见解,不仅是古文运动的指导文献,而且是文学史上的重要著述。以《永州八记》为代表的山水文学,开创了中国游记散文的先河。《段太尉逸事状》《童区寄传》等人物传记,刻划的小人物栩栩如生,体现了作者扬善惩恶的人文思想。《三戒》《哀溺文》等寓言小品,语言简洁,讽刺辛辣。"九赋""十骚"等被誉为"辞赋中的奇葩"。早在北宋,永州知府柳拱辰将子厚"在永所著词章,漆于堂壁",供学者学习观摩。南宋汪藻在《永州柳先生祠堂记》中表达了对柳的无限景仰和崇敬之情,并亲自收集柳子作品,与刘禹锡的诗"书而置之祠中,附零陵图志之末",供人瞻仰。历代《永州府志》《零陵县志》都刊载柳的文章。其中隆庆《永州府志》卷十五设"流寓传",对柳宗元作为第一位传主介绍,文章长达 2000 余字,除以新旧唐书及韩愈《柳子厚墓志铭》为基调评价外,还重点汇集了柳有关思想行为的作品 23篇,可见对柳的垂青与爱戴。永州人民为了传播柳的文化功绩,多次为他刻板流传。据考证,历史上柳宗元文集的永州刻本至少有 7 种以上。最早的《柳集》大约是北宋末期的永州州学刻本。其次是宋乾道云年(1165)永州郡守叶榿所刻

《柳柳州集》。值得一提的是清同治丙寅（1866），翰林院待诏杨季鸾归寓永州时重校刊刻的《柳河东集》，称为"海内珍本"。章士钊说："寻柳文在湘，比之别家传诵较广，而且有湘南自行雕刻之本子流布。吾初读柳文，即是永州刻本，相依至老未脱手"（《柳文指要·湖南文风》）。永州州学教授钱重在《柳文后跋》中指出："子厚居愚几十年，闲中舍寻游山水外，往往沉酣于文字中，故其文至永尤高妙，为后世学士大夫所宗师。"宋代周敦颐于治平三年（1066）任永州通判，写了《拙赋并序》，以"拙"为荣，以"巧"为耻。"天下拙，刑政彻。上安下顺，风清弊绝。"他认为，如果天下人皆拙，社会也就拥有了真正的通顺与和谐。这与柳宗元在《愚溪诗序》《愚溪对》等文中就"愚"与"智"发表的精辟见解，在《乞巧文》中就"巧"与"拙"提出的鲜明观点是一脉相承的。杨万里《零陵县种爱堂记》说"零陵……山川木石之奇，古不求闻于世，而为天下之所慕。故生于其间者，多秀民。至于前辈诸巨公不容而南者，名德相望，而寓于此，其人士见闻而熟化焉，往往以行义、文学骏发而焯者，视中州无所与逊也"，饱含柳子等巨公对永州人士道德、文学影响的褒扬。

柳宗元因"避祸"而"不敢为人师"，但实际上是一位卓有成效的教育家。韩愈说："衡湘以南为进士者，皆以子厚为师。其承子厚口讲指画为文词者，悉有法度可观。"（《柳子厚墓志铭》）全国各地不少青年或写信寄文向柳子求教，或前来永州登门拜访。根据柳集统计，受过他指导的后学之士有名有姓的不下20人。柳以渊博的学识和杰出的才能，以及诲人不倦的精神，培养出不少"名士"。如元和十四年（819）进士及第的韦中立就是一例。对因各种原因不幸落第者、"不以仕为事"的人才，也予以鼓励，指导点拨。道州刺史薛伯高重修文庙，柳作《道州文宣王庙碑》，赞扬薛尊重儒学、积极施行教化的精神。据《湖南通志·选举志》载，从唐初至清光绪九年（1883），湖南共考取进士（包括特科）2305人，其中永州487人，占21.3%。柳宗元对永州的重教传统具有促进作用，对湖湘文化具有开启之功。如今，柳宗元有42篇诗文入选全国大、中、小学语文教材，读者数以千万计。延续千年的"柳学"已成为一门显学，在改革开放新时期掀起新一轮高潮。1981年至2013年，已召开10次规模较大的全国，国际柳宗元学术研讨会，其中4次在永州。永州学者已出版柳学著作25本，出版《柳宗元研究》会刊17期。永州已成为柳学研究的重镇。国内外学者参观柳子庙，漫步愚溪，寻访"八记"遗址，对柳宗元及永州山水表示了浓厚的兴趣。柳宗元对永州的影响是深刻而深远的，对湖湘文化及中华文化的贡献是巨大而卓越的。

第四,"重巽的俗家弟子"。"龙兴,永之佳寺也!"贬永初期,柳住城南龙兴寺西序,与巽上人即重巽朝夕相处,交往密切,经常到重巽的净土院去读禅经。重巽是天台九祖荆溪湛然的再传弟子,是楚南首屈一指的高僧、超师,在佛学方面对柳宗元颇有影响。柳在《送巽上人赴中丞叔父召序》中说:"吾自幼好佛,求其道积三十年。世之言者罕能通其学,于零陵,吾独有得焉。"他认为佛教的教理"往往与《易》《论语》合,诚采之,其于性情奭然,不与孔子异道。"(《送僧浩初序》)他认为儒家的礼义与佛家的戒律是一致的:"儒以礼立仁义,无之则坏;佛以律持定慧,去之则丧。"(《南岳大明寺律和尚碑》)柳主习佛教天台宗,对禅宗、净土宗也有钻研,与之交往的僧人有姓名者就有10余人,写下与佛教相关的文章30多篇。柳宗元在永州好佛求其道,主要发生在迁居愚溪前,其目的除从佛教那里寻求精神寄托外,更重要的是为了统合儒释,用以佐世。柳开拓了唐代儒佛道三教融合的新途径,为儒学的改革发展做出了卓越贡献。

据张勇博士《〈大藏经〉"柳学"资料的价值》一文介绍,《大藏经》中收录的佛教内典资料中,《佛祖统纪》五十四卷(现行本缺十九、二十两卷),南宋天台宗僧志磐撰。该书把柳宗元列为天台宗法师重巽的俗家弟子。高僧大德对柳宗元的评价主要有五个方面:"一是精通佛法","二是统合禅教","三是统合儒释","四是有补于宗教","五是开掘佛教'辅时及物'之道"。

在唐代,永州佛教得到发展,寺庵遍布全境,仅零陵城内就有龙兴寺、法华寺、开元寺等多处寺庵。明清时期,永州佛教传播进入高潮。到清末,境内共建有寺庵476座,僧尼12348人,教徒1.93万人,这与柳宗元的"崇佛"是分不开的。东山法华寺,是柳宗元经常光顾的地方,后改名万寿寺、报恩寺,明代改名为高山寺,沿用至今。高山寺鼎盛时,占地数十亩,规模庞大,寺僧多达200人。如今,大雄宝殿有一副对联:"唐代名庵,子厚旧居,精篇佳作今犹在;当前胜迹,怀素故里,法音妙谛又重宣。"龙兴寺,宋元丰四年(1081)更名太平寺。嘉靖年间,寺废,渭王据为别邸。永州人为纪念柳宗元对佛教的推崇,在柳祠右新建龙兴寺。隆庆年间,郡守黄翰、史朝富在太平寺旧址复重为寺,太平街之名沿袭至今。明代秀峰和尚,筑庵于黄溪之阳明山。"秀修行数十年,得曹溪正传"。秀峰禅师坐化后真身不腐,嘉靖帝诏谥秀峰禅师,奉为"七祖活佛",使万寿寺成为永州香火最旺盛的寺庙。"每岁八月,朝礼者以数万计,至今肉身犹在焉。"秀峰禅师肉身保存至"文革"时被转移,下落至今成谜。如今,双牌阳明山与台湾阳明山已结为姊妹山,成为大陆对台交流的重要平台。

第五，柳宗元被奉为"柳子菩萨"。自宋以来，永州人把柳子奉为神明，祭祀、歌咏、神化、美化，充满爱戴之情！柳宗元于元和十四年（819）在柳州刺史任上病逝，3年后柳州人民建罗池庙纪念他。韩愈应邀写了《柳州罗池庙碑》，碑曰"余谓柳侯生能泽其民，死能惊动福祸之，以食其土，可为灵也已。作迎享送神诗遗柳民，俾歌以祀焉，而并刻之。"开祭柳之先河。永州可考的文献，是北宋柳拱辰的《柳子厚祠堂记》，此为永州祭柳之开端。南宋汪藻写《永州柳先生祠堂记》，说明永州人先祀先生于州学偏东的柳祠，现祀先生于愚溪上新建的柳祠。八百多年来，愚溪柳庙多次重修。现存柳子庙为清同治、光绪年间重修，大门楹联"山水来归，黄蕉丹荔；春秋极事，富我寿民。"既歌颂了柳子的不朽功绩，又画龙点睛点破庙祀主题。这充分表达了永州百姓对柳宗元的敬仰、怀念，又希望为民造福的柳子死后也能化作神灵来保佑他们。

历史上，祭祀传承不断。清嘉庆十五年（1810），武占熊重修《零陵县志》记载："柳子祠，在河西愚溪上，春秋官祭，街民置有番田公费，七月庆祝神诞，亦如潇湘庙之盛。"据1992年出版的《零陵县志》载："在柳子街四周方圆十里内的上窑申家、李家、寇家、易家、高家、枞树山王家、桃江冲沈家、张家、潘家坝、枫木铺、腊底、范家冲严家、塔北刘家等地，还建有13座柳子脚庙，规模虽小，但祀典长盛不衰。这些庙的创建，说明柳宗元施'德政'于人民，人民永远纪念。"《柳宗元在永州》记载："旧时的每年春秋，在庙内举行祭典，尤以农历七月十三日柳宗元的生日最为隆重，祭祀规模胜于祭孔，士、农、工、商齐集庙内，杀猪宰羊，邀请戏班唱戏，热闹非凡。""自古以来，永州人都把柳宗元奉为神明，永州城内有'八庙'，即柳子庙、火神庙、黄溪庙、唐公庙、潇湘庙、府城隍庙、县城隍庙、风王庙等。柳子庙被尊为八庙之首。每遇较大的天灾，则向其祈告乞救。同时还在庙内戏台上，唱岳飞戏，目连戏等。"后殿内有神龛，中塑柳宗元泥像，人称"柳子菩萨"，面目清癯，神采奕奕。是为"行像"，打醮酬神都可以抬出供奉。后柳子像由柳木雕刻而成，文革时被毁。现为精细雕琢的汉白玉柳子像，形象逼真，栩栩如生。柳子坐像上方的背景是"利民"两字，体现了其思想精髓，令人肃然起敬。柳宗元在永州人民心中有着神圣而崇高的地位。新时期以来，前来柳子庙拜祭柳子的人川流不息。2002年8月20日，永州市市长刘爱才率海内外柳学研究同仁及社会各界人士公祭柳宗元，恭读《祭柳子文》，规模空前，影响广泛。为了弘扬中华民族优秀文化传统，学习先贤爱国忧民的崇高情怀与模山范水的精美诗文，此后，每年由永州柳学会组织开展清明祭柳活动。制订了新的祭柳仪式，除主祭宣读祭文外,青少年背诵柳子诗文,参祭人员行鞠躬礼,文艺工作者举行民俗文艺表演等。既体现了从古至今祭柳的一脉相承,又与时俱进,显得隆重而富有地方特色。

第六,柳文可谓"半部地方志"。舜帝崩葬于苍梧九疑,藏精于潇湘山川,永州是舜所创造的道德文化的彰显之地。柳宗元在诗文中多次提到舜、二妃、苍梧、九疑,极力歌颂舜的仁爱、圣德,抒发了"唯以中正信义为志,以兴尧舜、孔子之道,利安元元为务"的理想。他写的《舜庙祈晴文》《湘源二妃庙碑》等文,不仅是了解柳的思想,也是研究永州古代祭舜、祭二妃风俗的重要史料。永州越俗浓郁,楚风强烈,迥异于中原。这在柳的心目中留下深刻印象。明洪武《永州府志》卷一"风俗":"按柳子厚云:'潇湘参百粤之俗。'又《谢表》云:'地极三湘,俗参百越。'曹荣《表》云:'家闲礼义而化易孚,地足渔樵而人皆乐。'"主要用柳文做概括。柳在《永州龙兴寺息壤记》中说"永州居楚越间,其人鬼且機。"指永州人相信鬼神与迷信。在《永州刺史崔公墓志》中又说"惟是南楚,风浮俗鬼。户为胥徒,家有禳梗。"说永州人崇神信佛,家家有求神拜佛祈祷除疫之祭。这是对民俗的真实反映。柳"为文遂火,为文驱螭",在永州传为佳话。明洪武《永州府志》在卷十一"祥异"中收入《诉螭文并序》《捕蛇者说》《逐毕方文并序》等文。永州多火灾,民间传说这是火神毕方所为,关心民瘼的柳,撰文声讨毕方,警告毕方,命令毕方远走高飞,"海之南兮天之裔,汝优游兮可卒岁"。体现了与民同忧的襟怀。永州城内原大西门的左侧城垣中建有毕方塔,俗名火鸟塔,刻有《逐毕方文并序》。每年农历六月二十二日,居民到塔前烧香化纸,口诵柳文,乞求柳子保佑城内永不发生火灾。塔直至"文革"时才拆除,发现塔下有大铁锅,内罩锡箔纸等物,传为镇火鸟的锅。柳为破除"息壤"迷信而作《永州龙兴寺息壤记》。1971年,在龙兴寺原址的零陵县委招待所扩修厨房施工时,挖出一块刻有"息壤"二字的石碑。碑被打破填为墙脚。

康熙九年《永州府志》艺文志收柳文38篇、柳诗38首,占有较大比例。柳宗元写了不少人物传记,以及与人相关的大量文章,留下了丰富的史料。在永州写的《段太尉逸事状》及信,寄给在京的韩愈,供他在编修国史时参考。康熙九年《永州府志》卷十五人物志(上)·循良列传,介绍崔敏、韦宙、吕温、薛伯高、薛存义等,均采用柳文为素材。流寓列传首先介绍柳宗元,对其家世、生平、业迹做了概述,最后评价"然其才实高,名盖一时",韩愈评其文曰"雄深雅健似司马子长,崔、蔡不足多也。"接着介绍吴武陵、李睦州、南承嗣、李渭、元克己等,基本上也是以柳文为依据。在卷十六人物志(中)·名贤列传,对祁阳"耽志古学"的覃季子做了简介,完全是柳文《覃季子墓铭》缩写。特别是柳为小人物写传,宋清、郭橐驼、童区、杨潜等,生动传神,在历史上留下闪光一笔。

柳宗元对永州的地理环境、天气物候、草木鸟兽等有过生动的描述。在《囚山赋》中说"楚越之郊环万山兮,势腾踊夫波涛",说明多山的特点。柳诗"长歌楚天碧""欸乃一声山水绿""春风无限潇湘意",这是对自然风光的讴歌,至今常被人引用。他对永州夏季炎热、冬天寒冷有过深刻体会。他笔下的树木鸟兽、花草虫鱼,种类繁多,显示了知识的渊博。永州的不少地名以及寺观、亭台,均与柳相关。一是由柳命名或记录,二是因柳而得名。载入康熙九年《永州府志》卷八"山川志"的如万石山、西山、香零山、石角山、小石城山、华严岩、朝阳岩、柳岩、小丘、东丘、愚溪、黄溪、钴鉧潭、石渠、石涧、南涧、蒲洲、袁家渴、司马塘等。还有东山、黄茅岭、芜江、柳子街等,大都沿用至今。柳子街于2015年4月被评为全国首批历史文化街区,为湖南唯一。洪武《永州府志》卷五"寺观",涉柳诗文7篇;卷六"亭台",涉柳诗文3篇,地名2处;卷十二"杂咏诗文"共11篇,柳占7篇。特别是"潇湘八景""芝城八景""永州八景",无论是自然景观,还是人文景观,也不管是产生于宋代、明代、清代,其中不少内容与柳宗元有关,与《永州八记》有关。"潇湘八景"泛指湖南湘江及沿岸的八个景点,其中"潇湘夜雨"指永州蘋岛,也就是柳宗元笔下的蒲洲。"江天暮雪"一景的灵感源头即来自柳的《江雪》诗。至于"永州八景"的大部分景点至今仍在,"蘋洲春涨"指蘋岛。"愚溪眺雪"指愚溪。"山寺晚钟"指东山高山寺,原唐代法华寺。"朝阳旭日"指朝阳岩。"香零烟雨"指香零山,命名明显受柳诗《登蒲洲石矶望横江口潭岛深迥斜对香零山》的影响。由此可知,柳的影响源远流长,柳的贡献功不可没。

参考文献:

[1]何书置.柳宗元研究[M].长沙:岳麓书社,1994.

[2]杜方智,林克屏.柳宗元在永州[M].郑州:中州古籍出版社,1994.

[3]雷运福.柳宗元集版本探微[M].长沙:湖南人民出版社,2010.

[4]赖中霖.康熙九年永州府志注释[M].长沙:湖南人民出版社,2010.

[5]吕恩湛,宗绩辰.[道光]永州府志[M].长沙:岳麓书社,影印本,2008.

(原载2016年第6期,作者单位:永州市教育局)

再论柳宗元元和四年底搬入愚溪新居

✳ 陈松柏

2005 年参加柳州主办的"柳宗元国际学术研讨会"的时候,我递交的论文是《柳宗元在元和五年》,其中有一段论及柳宗元乔迁愚溪新居的时间,否认了前人普遍认定的元和五年迁居愚溪新居的说法。后来读到何生风先生的大作《从"龙兴寺"到"愚溪"》,认为我"没有提出确实可信的理由,只是主观推断柳宗元在发现西山及冉溪后,就一定会迫不及待地付之行动(如果他仍然居住在对岸的龙兴寺,将怎么欣赏"兹丘之胜"),因而缺少说服力"[1]。何生风先生可能只看了小作的前段,没读到后面的反证,分别从时令上、亲情上、偶然中寓着必然三个方面略加辨析,以支撑我的"元和四年"说。这几天准备为广东省立项的课题"贬谪文人心态研究:柳宗元个案"结题,在整理柳学论著的时候,再一次发现这个未曾了结的问题,乃略作充实,正式提出我的"元和四年"说。

我不认为元和五年的柳宗元有乔迁之喜。他的乔迁应该在元和四年年底。即是说,他是在愚溪新居迎接元和五年春节的。

柳宗元在愚溪建造新居纯出偶然。元和四年秋末与冬初,他发现并游览了西山、钴鉧潭、钴鉧潭西小丘、小丘西小石潭等一系列胜境,以"四百"之廉价买下西小丘。这是柳宗元无意中为修建愚溪新居迈出的第一步。如果他仍然居住在对岸的龙兴寺,将怎么欣赏"兹丘之胜"(《钴鉧潭西小丘记》)[2]137? 潜意识下搬迁河西的想法是不难理解的。

柳宗元来到永州,长期居住龙兴寺。虽然与和尚投缘,关系不错,作为一个曾经深受皇帝器重的谋臣,寄人篱下的感觉总是挥之不去。加之"五年之间,四为天火所迫。徒跣走出,坏墙穴牖,仅免燔灼"(《与杨京兆凭书》)[2]246,换个生活环境的念头应该不是一时半刻了。

这之前所以没有换,一是头两年连性命是否保得住尚且说不准,哪还顾得上住的问题? 二是其母卢老夫人于元和元年"五月十八日弃代于永州零陵佛寺",为此他深深自责:"太夫人有子不令而陷于大僇,徙播疠土,医巫药膳之不具,以速天祸,非天降之酷,将不幸而有恶子以及是也。"而且又不能亲自护送母亲的遗骸归葬祖茔,更增添了沉重的哀伤与自责。在这种无奈的情况下,他唯一能够做到、略显孝意的,就只有守丧三年。三年孤哀子,常思父母恩。忧伤似常在,不敢有欢情。他因此不能纳妾、建房、纵情娱乐。甚至不能忘情山水。所以,元和元年到元和四年上半年,尽管有一段身体状况极为不佳,当他稍稍摆脱了最初的惊恐与巨大的哀伤之后,"读百家书,上下驰骋"(《与杨京兆凭书》)[2]246、"不得志于今,必取贵于后"(《寄许京兆孟容书》)[2]244便成了他寄托哀思、打发时间、重新追求的最佳方式。这也是元和三年、四年在永州著述颇丰的原因之一。

过了元和四年五月以后,柳宗元才为自己添了点相对的自由,多了点纵情山水的快乐。建立一个属于自己的家,包括找一个女人,解决子孙繁衍的问题,也自然而然紧迫地摆到了他的议事日程上。他总不能以"零陵佛寺"为家,在那里纳妾生子吧! 正是这个特殊的时间段,突然间碰上了天赐良机。

那是元和四年的九月二十八日,柳宗元和他的朋友在法华寺西亭相聚,发现了对面的西山,开始了愚溪沿岸一系列胜境的游览。奇特的山水之胜让他产生了"爱是溪"的思想感情。特别是"入二、三里,得其尤绝者"(《愚溪诗序》)的时候,"家焉"的想法便倏地明晰起来。

除之,柳宗元之所以在永州成立一个家,还有另一个重要原因,那就是重回长安的无望。那个"纵逢恩赦,不在量移之列"的紧箍咒无情地操纵着他的命运。程异于元和四年被重新启用、朝中大臣给他的来信让他看到了一线希望,一批请求救拔的信如石沉大海,又让他不能不大失所望,不能不作"甘终为永州民"的思想准备。一旦"得其尤绝者","在这里安个家多好"的话便脱口而出,时值元和四年深秋。他身边的朋友如吴武陵、楚图南等自然雀跃而应,为之出谋划策、积极促进。与他交谊不错的刺史崔敏也会大力支持。那还不水到渠成吗?

柳宗元虽然被贬,毕竟还有个"永州司马员外置同正员"的官衔,享受正六品上的优厚待遇。在朝中官员看来,他是一个被挤兑的对象;他也自嘲是一个"缧囚"。但是,在普通百姓眼中,在永州人民心上,他依然是一个来自京城的大官、大富人。因此,置身永州的柳宗元,依然拥有崇高的社会地位和经济地位,办什么都是容易的。

逐臣安家,贬地定居,柳宗元对新居的要求不会太高,不要高楼大厦,不须雕龙画凤,只须"筑室茨草,为圃乎湘之西"(《送从弟谋归江陵序》),一座富有创意的草堂而已! 确实是小事一桩。看准几个晴日,舂它几面土墙,架上几根桁木,搭上若干竹块,压上几层茅草,缠上几道篾条,足可以遮风避雨、安家落户。

柳宗元及其朋友,都是个性鲜明的书生、学者,图的是乘兴而来,兴尽而去;想干就干,说做就做;十月初开始,月底竣工。虽然巧设景点,多如"八愚",有三处是原有的自然景观:1. 现成的愚溪;2. 现成的愚丘("买小丘,为愚丘。"本段引文均出自《愚溪诗序》)[2]201);3. 现成的愚泉("自愚丘东北行六十步,得泉焉,又买居之,为愚泉")。有二处稍作加工就可成就:4. "愚泉凡六穴,皆出山下平地,盖上出也。合流屈曲而南,为愚沟";5. "遂负土累石,塞其隘为愚池"。需要重建的只有三处:6. "愚池之东为愚堂",亦即愚溪新居;7. "其南为愚亭";8. "池之中为愚岛"。

柳宗元、吴武陵、楚图南等,一个个都是闲人,在整个草堂建造过程中,不消说时常光顾。怎样因地制宜、景点配套自然是经常议论的话题,一旦想到,马上动手,所谓"八愚",都是他们随心所欲的结果,在乎整体一致、自得其乐,与"愚堂"可同时完成。

龙兴寺住了这么多年,一旦有了自己的房子,柳宗元自然迫不及待,急于搬进那个风景"优绝"的新居,在那里迎接新年自然是最好不过,元和四年年底,搬进了愚溪新居。

我们说这一切都完成在元和四年,还可以提出三点反证,如果拖到元和五年,可就难以实现了:

第一,从时令上说,南方春夏雨水多,有"二月春墙三月倒,三月春墙连夜倒"之说。房屋修建通常是秋冬两季,人们不会在春季或夏季安排建房。何书置先生认为"柳宗元元和五年四月后迁居冉溪"[2];王国安先生在为《溪居》一诗笺释时说:"观诗意即当作于元和五年(810)秋迁居之初。"[3]春夏两季不建房,"元和五年四月后""元和五年(810)秋"哪有房可搬?

第二,从亲情上说,四月初三日,柳宗元唯一的亲人和娘去世。按此推算,从二月或三月开始即是他女儿病情危重期,柳宗元不可能再有心情想到修造房屋的事。女儿病故后,陷入深度悲痛中的柳宗元就没有这个兴致了。

第三,修建愚溪新居可说是偶然中寓着必然,是与朋友吴武陵、楚图南等乘兴而游,发现了风景"优绝者",触发了早就想脱离寄居生活,重建一个家的愿望。乘兴而定,乘兴而建。如果当时不建,在好友楚图南等相继离去后,再难产生那种冲动。

何生风先生反对我的元和四年迁居愚溪说,认为"柳宗元迁居冉溪是在元和五年初夏至初秋之间……几乎是普遍达成共识",并且作了一个不容置疑的判断:"肯定地说,在元和五年四月初三和娘去世前,柳宗元是不可能迁居到冉溪边的。因为在《下殇女子墓砖记》中,柳宗元写道:和娘是'葬零陵东郭门外第二岗之西隅'。古往今来,将死去的人用船运过河而葬的事情实在少见。"对此我要说两点理由:第一,"实在少见"不等于没有。只要没有灵柩不许上船的规定,肯定有"用船运过河而葬"的事。中国的有钱人喜欢早早地为自己准备阴地,在方圆几十里的范围内为自己或家人寻找一块死后安居的风水宝地可是寻常可见的。河东的人在河西找到喜欢的阴地,河西的人看中了河东的某处,这样异地而葬的事无疑是时有发生的。在没有公路、没有大桥连接两岸的时代,只能"用船运过河而葬"。和娘在河东龙兴寺住了五年,受祖母影响信佛,又在龙兴寺皈依佛门,柳宗元曾因"其母微","故为父子晚"(《下殇女子墓砖记》)[2]107,对她怀有深深的歉疚,死后把她由河西运到她熟悉的、曾经生活了五年的河东安葬乃是一种愧疚的表达,爱怜的体现。第二,最大的可能还在于和娘根本没跟柳宗元住进新居。其理由有三:

其一,正是那篇《下殇女子墓砖记》所载:"既得病,乃曰:'佛,我依也,愿以为役。'更名佛婢。既病,求去发为尼,号之为初心。"可见和娘个性之刚烈,用心之执着,皈依佛祖的决心之坚定,离开了寺庙自然就不好念经礼佛了,她选择了留在寺庙,不去新居。

其二,和娘是个苦命的女孩,小时候因为母亲身份的卑微,不为父亲所认,肯定不知道父亲是谁,与卑微的母亲一起生活。在那个等级森严的社会,孤僻自卑不难想见。父亲尊贵的身份被撸掉了,再没什么顾忌了,这才相认,带着她奔赴贬所,她就那么心甘情愿吗? 好在还有一个奶奶,成了她的依赖,并在奶奶的影响下信了佛。可以说奶奶既是她赖以依靠的第二个女人,又是她的保护人和引入佛门的导师。奶奶不久去世了,她明白这是父亲拖累了奶奶,与父亲感情上的隔阂是很难消除的。从此,诵经礼佛就成了她最大的安慰。这如今父亲要搬入新居,搬入河对面一个陌生的地方,她可不愿意,她离不开这个熟悉的、成天可以与菩萨相伴的、奶奶去世的地方。

其三,柳宗元搬入新居的另一个重要目的是纳妾。以和娘孤僻的性格,一生都保留着对自己生母的怀念,容不下另一个女人。不如留在清静的寺庙!

请一个人侍候和娘,这个能力柳宗元还是有的,何况还有一众僧尼相互照料呢!

何生风先生认定柳宗元在元和五年搬到愚溪新居还有另一个理由："元和五年十月后写的《与杨诲之书》中也说到：'方筑愚溪东南为室，耕野田，圃堂下，以咏至理，吾有足乐也。'方筑，就是指刚修建不久之意。"把"方"解释作刚刚。如果这样，当柳宗元在写《与杨诲之书》的时候，愚溪新居不过刚刚修好，也可能没有搬进去，柳宗元不过在向他的内弟介绍、炫耀"耕野田，圃堂下，以咏至理，吾有足乐"的生活设想。阅读古人书，自然查《辞源》(商务印书馆，1980年修订版)，"方"有18义，没有"刚刚""才不久"之说(网上查"百度"，"方"有14义，其11义为"才，刚刚"，举例有"方才""如梦方醒")。结合本文，我看好《辞源》中"方"的11义："佔有、依托"。就是说柳宗元依托愚溪东南建了一所房子。有人这样翻译这段话："我在愚溪东南建了一所房子，耕种于田间，在堂前养花植草，心中咏念正理，自得其乐。"[3]724基本领会了作者原意。

何生风先生信服何书置先生，书置先生也为柳宗元元和四年底迁居愚溪提供了两条确凿证据。

其一在《柳宗元永州年谱》元和四年下：

> 以马室女雷五之姨为妾。

《寄许京兆孟容书》："今抱非常之罪，居夷獠之乡……茕茕孤立，未有子息。荒陬中少士人女子，无以为婚；世亦不肯与罪大者亲昵，以是嗣续之重，不绝如缕。"

《马室女雷五葬志》："马室女雷五，父曰师儒，业进士……以其姨母为妓于余也。"按：以雷五之姨为妾，大约在是年冬。[4]251

这条结论是否正确大可商榷。柳宗元给许孟容的信只是说"嗣续之重，不绝如缕"，不过表达自己后继无人的担忧与痛苦，并没有暗示已经纳妾，显然不能作为这一年就已经"以马室女雷五之姨为妾"的证据。"以其姨母为妓于余"也还值得认真辨析，并不表示"以雷五之姨为妾"。读了多遍《马室女雷五葬志》全文，看不出雷五与柳宗元有亲属关系，只是死者知道柳宗元对自己印象忒好，要姨母转达请柳写志的遗愿，柳宗元满足了死者的愿望。我也曾对"为妓于余"反复推敲，总有疑虑不能释怀。还是《今译柳河东全集》[2]291译得较好："因为她的姨母做我的使女。"即"妓"＝"伎"，并没有那层同居关系，自然也得不出"以马室女雷五之姨为妾"的结论。

其一在《柳宗元永州年谱》元和五年下：

> 所纳之妾生一女。

考:柳宗元元和四年纳妾,是年得女符合常情。又《迭前》云:"在家弄土唯娇女,空觉庭前鸟迹多。"这说明周六尚未出世。"在家弄土",大约五六岁。由此推断,其女大约生于是年。[4]257

几乎全是揣测之词,"推断""大约"云云,不是确证。因而也不能肯定柳宗元"所纳之妾"在元和五年生下一女。

但是,柳宗元毕竟在永州有过纳妾、生子的历史真实,元和四年五月母孝结束,续后的焦虑、空前的寂寞无情地煎熬着他,迫切需要一个女人。所以,元和四年纳妾、元和五年生一女的推断是合理的。为了及时解决这一问题,必须在元和四年搬入新居。且让我改造一下何生风先生那句话:古往今来哪有在寺庙纳妾的理!哪怕是为了实现纳妾这样一个愿望,他也必须搬出"永州零陵佛寺"。我因此认为:在为母亲守满三年之孝后,在好友吴武陵、楚图南等的设计与推动下,从选地到建房、乔迁、纳妾,一气呵成,完成在元和四年的冬季。

参考文献:

[1]何生风.从"龙兴寺"到"愚溪"[J].永州政府网,www.yzcity.gov.cn/gtb/index.jsp.

[2]柳宗元.柳宗元全集[M].上海:上海古籍出版社,1997.

[3]朱玉麒,杨义,等.今译柳河东全集[M].北京:燕山出版社,1996.

[4]杜方智,林克屏.柳宗元在永州[M].郑州:中州古籍出版社,1994.

(原载 2010 年第 9 期,作者单位:广东技术师范学院)

柳宗元永州行迹再考

✻ 洋中鱼

作为一个柳学研究者,对柳宗元在永州的行迹是必须有一定了解的。作为一个土生土长的永州人,尤其对于生长在柳宗元笔下石涧之旁游戏于石渠、袁家渴、西岩之间曾就读于柳子庙的笔者来说,更有责任和义务对柳宗元在永州的行迹进行全方位的考释。日前,笔者研读了永州柳学研究先驱龙震球的《柳宗元永州行迹考释》(见《柳宗元在永州》,中州古籍出版社出版发行,1994 年)、刘继源先生的《柳宗元永州行迹考释》质疑(载《永州柳学》第 6 期)和张官妹先生的《百家濑 石城村考释》(载《永州柳学》第 3 期、《三子与三溪》人民日报出版社2005 年)等文献,觉得上述考释有些部分考释方法欠妥、考试地点欠准,本着百家争鸣的方针和求真务实、坚持真理之精神,结合笔者的生长环境与认知,笔者特意于 2005 年 9 月、11 月、12 月三次从广州赶回故乡永州重蹈柳子行迹现场进行考察,现将笔者对柳子部分行迹考释意见阐述如下,欢迎广大柳学前辈批评指正。

龙兴寺

龙氏《考释》P272 页云:"龙兴寺在永州太平门内"又云:"寺建于千秋岭下",刘氏《质疑》认为均不妥,应在千秋岭上。张氏《三子与三溪》51 页从龙氏之说。

我以为,柳宗元《永州龙兴寺西轩记》已经标明龙兴寺之所在:"寺之居,于是州为高。西序之西属当大江之流。"唐朝永州城内除东山外,千秋岭地势最高。故龙兴寺位于千秋岭之巅,而太平门则是千秋岭西南方向永州城内地势低洼之处。

上世纪 70 年代初,年幼的我在零陵城内住过几年,虽然住在原县百货大楼后面的山上(临近现零陵宾馆后面的原零陵行署机关幼儿园),但是经常跟爷爷到城南千秋岭上的原军分区教导队玩。记得当时附近一位耋耄老人说，教导队和二中(现工商职业中专)一带是柳宗元居住的古庙遗址，民国三十三年日寇入侵零陵时，对零陵的建筑并没有实施大规模的烧毁破坏，解放以前这一带依然古木参天。我想，老人的说法应该是正确的。因为古代官场等级森严秩序井然，唐代的永州府县并存，故城也有有母城和子城之分(宋祝穆撰《方与胜揽》卷之二十五永州篇称"南池:在子城外。万石亭:在子城北。")。我手头上没有当时的永州城区资料，但猜想子城是府治所在区域，是永州的城中城。古代的街道没有今日这么宽敞，况且千秋岭与东山山脊相连，若从教导队沿原地区教育局、芝山四小、原地区煤炭局、中医院、原地区体委灯光球场后面的山脊走到今电影院后面的高山寺(法华寺)，距离与柳宗元诸多诗文描写基本相符。

至于70年代初在原县招待所食堂附近挖出"息壤"之碑一事，我怀疑此处原属于龙兴寺范围，估计是柳宗元《苦竹桥》一诗描述的位置，而碑是后人在龙兴寺废后无知之辈从岭上龙兴寺殿有堂翻滚下来的。千年时间，龙兴寺僧弥叠换永州城兵燹相凌，很有这种可能。

南　亭

柳宗元有《游南亭夜还叙志七十韵》五言长律，龙氏《考释》274页断定"南亭应在愚溪桥至朝阳岩一带。但今已无法确指究在何处？"张氏《三子与三溪》P55页在龙氏之说基础上断定在朝阳岩群玉峰(又称玉女峰、俗称柑子山)那南北长百米高几十米的悬崖峭壁上。刘氏《质疑》认为在袁家渴一带。我经过反复研读柳宗元《游南亭夜还》诗和实地考察，觉得刘氏说法比较正确，故从其说。诚如刘氏所言，《游南亭夜还》虽是文学作品，但它真实反映了地理事物的方位、距离、形态、特征、成因之间的相互联系。单从文学作品分析研究，会走弯路的。唯运用野外地理考察方法，分析《游南亭夜还》部分诗句，这才是可靠方法。

我从刘氏之说理由是:诗中句句有所指，字字有根据。我们考释，除了注意原诗句，更要注意原诗句中的每一个词和字。柳宗元是一个杰出的语言学家，写诗行文惜墨如金，一个字能表达的他决不会用两个字。细读《游南亭夜还》，我发现，除了"石砾迎飞涛"之"石砾"是南亭定位的突破口，"虚馆背山郭，前轩面江皋""积翠浮淡滟，始疑负灵熬"也是确定南亭位置的重要依据之一，由此可以推定南亭应该就在袁家渴西南方向小山头的临水处。此山头甚至只能称作土丘,在今南津渡水电站厂区大门内的避雷针位置,是唐家山(又称东家山、总管岭)的余脉,俗称峦岭。它跟唐家山的关系与朝阳岩跟群玉峰的关系一样。

峦岭东临袁家渴,与关刀洲(俗称拦河坝)隔潭相望。从现在的电站办公楼方向看,它只有二三十米高,但是从袁家渴的水面望上看,则有七八十米高。设想当年自然环境没遭破坏,这一带山麓是莽莽丛林,那么站在峦岭之巅临江的南亭俯瞰袁家渴,则澄潭、曲渚、绿洲(关刀洲)、积翠(环岸树木)、渔舸等景色一目了然,若是秋天,就有诗中中所描写之"虚馆背山郭,前轩面江皋""重叠间浦溆,迤俪驱岩敖(上山下敖)""丛林留冲飙,石砾迎飞涛""澄潭涌沉鸥,半壁跳悬猱"之现场感。

在这里,我要特别提醒大家注意《游南亭夜还》中的一些词和字,这与峦岭一带地貌十分吻合的。例一:"重叠间浦溆,迤俪驱岩敖(上山下敖)"中的"重叠"一词,因为只有站在峦岭东望自香零山方向而来的潇水,方有被重山阻断河岸之感。其中的"敖(上山下敖)"字,是山多小石的意思;"岩敖(上山下敖)"就是多小岩洞。在峦岭附近的潇水(柳宗元作湘江)沿岸,以前有很多石头和石岩的,后来被当地人烧石灰建房子修水利砌护坡时毁了,现在南津渡电站内尚存一个抽水站,其上方到峦岭之间的河边有石灰窑遗址(以前无马路,主要靠船运输石灰),而抽水站以下至电站大门口一带的河边,至今还有许多迤俪绵延的巨型石头和岩洞。峦岭右则东南方向的石渠南岸也是绵延石块和石岩,尽管修电站时毁了,但南边尚存部分遗址,诸君不妨去看看。例二:"积翠浮澹滟,始疑负灵鳌。"的"灵鳌"一词,也只有对面的关刀洲最形象,该洲首尾狭长中间椭圆,若是站在峦岭看翠绿之洲,俨然一只神鳌负载涉水而来。例三:"澄潭涌沉鸥"中的"澄潭"一词,是指水清而深的地方,倘若从张氏之说,就立即发现矛盾所在:朝阳岩群玉峰(又称玉女峰、俗称柑子山)那南北长百米高几十米的悬崖峭壁临水之处仅仅是浅滩,干旱季节还可以挽着裤筒趟过去。倘若从龙氏之说,我八十年代中期曾在朝阳岩的群玉峰下烧过石灰,每天放船进城挑煤渣,知道潇水沿岸的深浅。据我所知,在愚溪桥至朝阳岩一带,澄潭处有三,即原朝阳粮库(江西会馆)附近、现三官殿和水厂水塔附近、现朝阳公园岩洞至大门口附近,这三个地方河水很深,一根竹篙难以到底。然而,朝阳公园岩洞至公园大门口附近虽然有澄潭,但无南亭背依的山郭,而另两处虽有娘子岭背依,方向却不对,它们在西向。此外,句中的"涌"字也只有在峦岭这里才能表现出来,袁家渴三面环山一面临洲,方圆数里,水面宽阔,自古鸥鸟集翔,站在峦岭俯瞰渴内飞鸟,方有"涌"

出来的感觉。例四："曲渚怨鸿鹄，环洲涧兰皋（上面还有草字头）"中的"曲渚"
和"环洲"，倘若从龙、张之说，南亭在愚溪桥至朝阳岩一带，就是这一带有"澄
潭"，在朝阳岩的群玉峰上可以看到"环洲"（俗称南门沙洲），也没有"曲渚"啊，
三者并存者，唯袁家渴附近的峦岭也。在峦岭看到的"澄潭"是袁家渴那澄清之
水，"曲渚"是袁家渴中间露出的那一小块一小块的陆地（这也是1973年农业学
大寨时在此拦河筑坝准备造田的原因），"环洲"就是那"关刀洲"。例五："暮景
回西岑，北流逝滔滔。"中的西岑非指西山，乃指峦岭之西的唐家山。唐家山与
峦岭相连，且高出峦岭数倍，每当太阳西沉之际，唐家山的阴影会笼罩峦岭，映在
峦岭附近的水面，而且潇水在峦岭之北，故有"暮景回西岑，北流逝滔滔。"之说。
例六："远火明连艘。"中的"远火"和"连艘"四字。作者站在南亭看见一艘艘的
渔船点着渔火排成一队归来，这种景象也只有在袁家渴西边的峦岭才能看到。
而"愚溪桥至朝阳岩一带"的江面狭窄（注意朝阳岩对面是沙洲，以前很高），当
无"远火"之感，而袁家渴方圆数里，简直是个天然渔港，没涨洪水的时候渔船泊
靠无须系缆，所以以前沙沟湾（袁家渴）的居民家家户户都有渔船。而且，峦岭
位置离潇水与袁家渴的驳口有百米之遥，加上河面宽度，应在两百米之上。潇水
本来自东北向的香零山而来，由于关刀洲横阻，折转西南而下，所以关刀洲滩下
的潇水，北面沙滩流水清浅湍急，南面河岸水深而缓，扇子矶一带河水还往袁家
渴内回流，渔船一般是深入浅出，从袁家渴内出来时靠关刀洲用桨划行，至袁家
渴口子上的滩头，则用竹篙力撑以求抵达滩流中心加速顺流而下，回家时则靠澄
深的南岸划行，因为河水回流有时候无须划桨，这样既省力又安全，所以诗人后
来又说"趣浅戢长枻，乘深屏轻篙。"此外，诗中还有"擢手持蟹螯"和"涧急惊鳞
奔"这样的句子，也与峦岭周围环境吻合。峦岭东临袁家渴东南是石渠（与石渠
相距仅几十米），这一带多石，石下多洞穴与缝隙，里面藏有很多螃蟹。1977年
底至1979年初，华沅公社（现已并入石山脚乡）一批人马进驻我们村，修建石涧
和石渠上的两座桥，结果石渠上的桥修成了（修南津渡水电站时毁了）石涧上的
桥仅修了桥基（今存）。而修石渠桥的张师傅、唐师傅、蒋师傅等十余人就住在
我家里，我常跟他们到石渠及袁家渴去捉螃蟹，而且沙沟湾村的人也常有鱼蟹出
售，此乃其一。其二：石渠注入袁家渴的地方也就是当年修桥的地方，亘石为底，
落差有三四米，上有人们横过石渠的大块不规则跳石，湍急溪水遇石而阻在阳光
下产生粼粼光泽，更有趣的是不时有鱼穿水而上。石渠之东紧邻高山（因修电
站时塑狮于上，今俗称狮子山），南面是唐家山（又称总管岭）、东南是张家山和

其它绵延群山，愈上山谷愈窄，设若当年没有开垦稻田而且森林蓊郁，自然就有"涧急惊鳞奔，蹊荒饥兽嗥。"的意境了。

至于峦岭上以前究竟有没有馆舍亭台，因为时间久远峦岭湮没，现在已无法考释。我问过村里许多老人，有的人说以前有木楼遗址，有的说没有。不过，附近的人都记得以前峦岭之前今抽水站水管以东曾有古石板路和石牌楼遗址，1984年修电站时被毁。而且，峦岭多坟，1984年修电站我们去迁坟时，发现最早的石碑是明朝嘉靖年间的，此外清康熙、雍正、乾隆、嘉庆、光绪等年间的都有，可见峦岭的历史非同一般。

石城村

柳宗元在《石涧记》里说："涧之可穷者，皆出石城村东南，"那么，石城村究竟在哪里呢？龙氏《考释》和刘氏《质疑》中均未提及，倒是张氏在《永州柳学》第3期和其著述《三子与三溪》56页上有所阐述，认为石城村在港子边村与码头街之间的菜地上，并说"石城村在石涧的北边，诸葛庙的东南边。现在这带的菜地里还有屋基石和瓦砾，南边有一座小石山，西边有两座石山。不知什么时候村子不见了，却在靠近河边修了一座庙，叫诸葛庙。"其实，不然。即便对照现在的地形地貌，张氏所指的地方应该是石涧的西边靠近杨家山（因为村里人全部姓杨，故称；又因山在村庄对面，故俗称对门岭）的那一大片菜地。

还需要指出的是，很多人都将现在石涧旁边的杨姓村庄（我故乡）称为港子边杨家，就连出生在该村的著名作家现永州市作协主席杨克祥在其著作简介中也是如此。其实，准确的称谓应该是涧子边杨家，意思是石涧旁边的杨姓村庄。大约是在零陵话中"涧"与"港"同音，都读gang，所以才会有此讹传。

根据我的考察，认定石城村就是现在的涧子边杨家村，只不过位置发生了些许变化。现在我们看到的涧子边杨家东高西低临近石涧，这是后来的变迁。原石城村的位置在现在涧子边杨家村的东部，大概范围东部在康济大道电站岔路口、南部在原村支书杨柏青家以南的那丘有高压电线的田里，西部在沙沟湾居委会办公楼后的现村庄即我叔叔家，北边在沙沟湾居委会办公楼以北原南津渡大桥剪彩通车牌楼位置。理由是，我是该村人，对这里的情况最熟悉，我们村里以前的后头园里菜地（村庄座东朝西，以前进城从诸葛庙渡口过渡，故称西边为前东边为后，村前菜园也就是张氏所述菜园称为前头园里，村子后面的菜地称为后头园里菜地。这是零陵话的叫法,准确叫法应该是前菜园后菜园。)有一片叫老屋檐,就是千年前的石城村所在旧址,位置正在现康济大道马路中间,现电站岔路口北边(宝宝鱼家北边)那块残存菜地也有一部分是老屋檐旧址。现宝宝鱼家所占用的田叫盘开田,就是盘开老屋檐上的瓦砾开垦出来的田,现杨柏青家后面有两座旧房子,是原生产队的禾场,分别叫新禾场老禾场。老禾场在南边,比较矮小,是解放前的建筑,六十年代进行了改建,老人们说这老禾场以前是观音堂,既村里人供奉观音菩萨的地方。老禾场南边有一丘田,田里有高压电竿(现存),这里也是石城村旧址(南沿),九十年代末村里人在马路上做生意搞洗车加水,有人在附近打井大约挖了一米深就挖出了古旧瓦砾,现在还可以看到。九十年代初我叔叔扩建厢房,我帮忙挖基脚,挖了一米多深挖到了很多排列整齐的古砖,俗称纸薄砖,品质很好,我还拿了两块雕刻砚盘(可惜后来摔破了)。我当时还怀疑那里有古墓,但是奶奶和村里一些老人说那里以前是老村庄的荆棘林,解放后才辟为菜地的,加上叔叔要赶建房时间,所以就放弃继续挖掘和探究了。

石城村遗址为何被泥土累了一米多深(有的地方深达两米)?这是因为村里人劳动改造所致。就拿后菜园来说,有的地方仅解放后因为村民长期从潇水上游香零山一带用船运来的泥沙垒韭菜菀积累的厚度就达一米,现在从电站岔路口两边切开的菜地可以看出。

柳宗元为何称之为石城村,我想,这大概跟石涧两岸的山尤其是西岸的杨家山多石有关。柳宗元说石涧"亘石为底",我估计石涧是杨家山的石头延伸出来的。因为以前杨家山有很多石头,千余年来,村里人建房子下基脚,建桥铺石板路,砌护坡凿碑乃至烧石灰等用石,大多数取自杨家山。七十年代初修建的大队小学(现存),就用了不少石头。记得大队小学二期工程(南端外延部分)没建时,我们这些学生常到旁边的石林去玩,那些石头千姿高耸,有几个通透岩洞,夏天午休很舒服。内有清泉汨汨而流,如琴如弦,十分美妙(现在杨家山上还有一个人字型的三通岩洞,可惜当年柳子没发现)。而现在学校山脚至石涧的一些菜地里杨小青家至俗称莲芭塘的石涧段,也有部分天然石头,估计下挖几米应该是连着杨家山的石头。柳子当年无论乘船从潇水南岸的涧口而入,还是从百家濑(诸葛庙)过渡再沿路东来,他抵达石涧所看到的石头除了涧底之石,应该就是这杨家山千姿百态的石林了。而原来村庄即老屋檐以东的唐家山(这是解放前打土豪分田地时期的命名,因山下有唐姓人家,故称。又称东家山、总管岭)西麓也有很多石头(后来村民采石的坑深达数米,已填没),看起来整个村庄被石头夹着,所以柳宗元称之为石城村。

还有一点,张氏推定前菜园就是石城村的原因除了那里有瓦砾(其实是诸葛庙屡建屡毁的瓦砾),另外就是柳宗元《石涧记》里说:"涧之可穷者,皆出石城村东南,"那句话。其实,我们现在看到的石涧尤其是村庄以南的上游已经是被人工改造过的。石涧本身不是从头到尾都是石头的,它仅在注入潇水的末端即我们涧子边杨家村前那一段有很多漂亮的石头,恰恰又被官场失意靠文章发牢骚的柳宗元发现才命名的。农业学大寨时,大队响应上级号召,将蜿蜒穿过田洞的石涧截弯修直了,从207国道上俗称的鲁家桥以下至俗称弯凼里,从万凼里到莲芭塘等流段,均有截弯取直痕迹。听说以前石涧蜿蜒到俗称丝凼里的地方(现马路中间),柳宗元若是站在石涧的桥上(文有"民又桥焉"字样,疑是现存两古桥的上桥。因为两桥对比,下桥明显年轻。1999年春广东三位学者来永,我陪同他们游览,其中一人对考古颇有研究,他说上桥是唐代早期之作,下桥是唐末宋初之作)欣赏石涧,说它"出石城村东南"自然就不错了。

南 涧

柳宗元有《南涧中题》一诗,作于元和七年(一说作于元和六年)。自从何书置先生考证并认定南涧是今杨梓街南面田洞中的涧水之后,今人从其说者甚多。龙氏《考释》亦云:"历来注家多以柳宗元《石涧记》之石涧,即是南涧,难以成立。""我怀疑南涧,即杨梓塘码头边那条溪涧。"刘继源、汤东风在其《破析柳宗元有关杨梓塘的三首诗》(《柳宗元研究》第6期)中作了颇为详尽的分析,将三首诗并论,也认定南涧就是今杨梓塘田洞之涧水,因位于愚溪之南二里,故名。然而,我研读之后,仍不敢苟同刘氏之见,反而要从前人之说,南涧即石涧。理由有以下几点:

首先,我不赞同这三首诗中的"泉"(《从崔中丞过卢少府郊居》)、"涧"(《南涧中题》)、"溪"(《秋晓行南谷经荒村》)就是同一个地方。因为按照《现代汉语词典》中的释义,涧:山间流水的沟。组词有溪涧、山涧。溪:旧读qi,原指在山里的小河沟,现泛指小河沟。组词有溪涧、溪流。请大家注意这两者的区别,涧是山间的,溪是山里的,后来泛指小河沟。而两者组成的词语溪涧的意思就是夹在两山中间的小河沟。柳宗元是个杰出的语言大师,写诗行文用词用字十分讲究(这一点可以从《八记》中看出来),尤其是在标题上更加注重。柳宗元诗文中言及"溪""涧"的有多处,而标题之分十分明显,溪(愚溪、黄溪)是(愚)溪,涧(石涧、南涧)是涧。在诗文内容上虽然有两处交叉以"涧"代"溪",一是《游南亭夜还叙志七十韵》中有"涧急惊鳞奔"一句子,二是《酬娄秀才将之淮南见赠之什》中有"只应西涧水"一句。前者指石渠,后者指愚溪。但是细细分析,我们就会发现这两个代替"溪"的"涧"字,用得也很准确。石渠注入袁家渴的地方,就在两山相夹的地方,几乎是渠水断开两山的山脚。而《酬娄秀才将之淮南见赠之什》写于诗人移居愚溪之后,在愚溪吕家冲段,两岸之山相距也很近,而且也有相夹之势。倘若南涧是杨梓街南面田洞中的涧水(我以为称之溪水、溪流更确),师专(今湖南科技学院)背依之山与朝阳岩公园内的群玉峰相距有数里之遥,且田洞开阔,何来夹势?倘若拿朝阳岩公园门口原水泥厂一带的低矮山丘与师专背依的高山相夹,也不成体统呀。我想,以文字功底见长的柳宗元决不会糊涂至斯。

其次,龙刘皆言因杨梓塘田洞之涧水位于愚溪之南二里,故名南涧。刘氏又言柳子贬永有闷即出游的习惯。此刻一人走出卢遵寓所,下到南涧中消愁解闷。不然,柳子居于愚溪草堂,亭午时不在家吃午饭,却一人带着书童走二里路赶到南涧中,在石壁上题诗。柳子并未狂愚到如此程度!我读了十分纳闷:柳子原诗并无此说呀!也许我资质愚钝,反复研读原诗,无论直译还是意译,都没发现柳子带着书童走二里路赶到南涧中在石壁上题诗的痕迹。

"永州城内七条门,古往今人要记清。东南西北为四正,潇湘小西和太平。"众所周知,受"安史之乱"余脉影响,到柳子贬来永州时,永州城内依然人口稀少。人们进出基本上是走四个正门和潇湘门(水运,唐代船泊是主要交通工具,柳宗元就是乘船抵达永州的),柳宗元移居愚溪之后,是从大西门过渡往来城郊的。他在永州官职全称为"司马员外置同正员",只拿六品俸禄,没有参政议政的权力,而且行踪受到监督不能到处乱跑。

居愚溪之后,他每月也得定期到州府点卯和领取俸禄。我估计,柳宗元应该是在某天上午到城里办事或者点卯领取俸禄之后独自出南门过百家渡(诸葛庙渡口)抵达石涧的,而不象刘氏所言狂愚到亭午时不在家吃午饭却一人带着书童(实际是一个人)走二里路赶到南涧的程度。柳子身上有的是银子,永州城内人口虽然稀少,但毕竟是州府所在,各种食肆店铺也一一俱有,难道就没有柳子在城内吃了早点再出南门过渡独游的可能?况且,柳子早上在溪居起来,从愚溪大西门渡口进城,在城内办事闲逛呆半个时辰,再出南门过渡到南岸的码头街并东行到石涧,时间差不多正好亭午。因为我们村里一些卖蔬菜的人以前从南门过渡进城,到七层坡市场买一个小时左右,如果不好迈他们就会往河西走,从东风大桥抵达河西市场再沿苹阳南路抵达柳子街时也差不多是亭午。

第三,柳子为何出南门? 这也有原因。中国古代的士大夫爱国之心令人钦敬,他们即使遭到贬谪,也不忘在贬谪地眺望国都,甚至连死后的墓葬也要面朝国都。例如:晋国国都在山西临汾侯马,陶渊明归隐后尽情领略庐山大自然界的美景,死后葬于庐山西南的面阳山南坡,北朝临汾侯马;李白墓位于马鞍山市东南 20 公里处的青山脚下,北朝国都长安;杜甫死于漂泊的船上,后来被人安葬在平江县城东南 16 公里处,北朝国都长安;就连与柳宗元同一时代的白居易,死后之墓位于洛阳城南龙门石窟斜对面的琵琶峰上,北朝国都长安。由此可见,古代(尤其是唐代)南贬之人,在贬谪地南出或死后南(包括东南)葬朝都,也有一定传统的。况且,尽管唐代永州的陆路交通很落后,人们出远门大多走水路,但是东门菱角塘方向有通往道州、郴州、岭南的秦时峤道,北门有来自祁阳、衡阳、潭洲(长沙)方向的驿道,西门之外也有通往广西全州、桂林的驿道,比较之下,惟有南门外一片萧条,连纪念诸葛亮攻取零陵时的诸葛庙也坍塌了,所以更符合柳宗元流放永州的荒凉心境。失意的文人喜欢趋冷门,这也是一种传统。

第四,从《南涧中题》的用词来分析,我更加确信南涧就是石涧。诗中的“廻风”“羁禽”“幽谷”“寒藻”“沦漪”现在还可以从石涧周围找到痕迹。我们现在看到的石涧在涧子边杨家(石城村)东南的田洞中几乎呈直线北流,这是农业学大寨改造的结果。大家现在还可以辩出昔日田洞的模样,这个田洞没有杨梓街南面田洞那么平整和宽敞。其实,在未开垦田地之前,石城村东南的田洞是山谷。大家现在看到康济大道花坛东部的唐家山和东南部的丫头山上的田地是解放后开垦的,即便现在花坛以南的康济大道至加油站一带的田,也是后来开垦的。从现在的山形也可以看出,丫头山与对面的鲁家山(又称长冲岭,其山谷现辟为垃圾填埋场)相距何其近,而唐家山(又称东家山、总管岭)与杨家山(又称对门岭)相距也比较近,且有谷状,更主要的是石涧没被截直之前,是呈 S 状穿过现田洞的。设若当年石涧两岸是兽虫出没密林,无论吹东南风还是西北风,只要风力大,就会产生回响,所以柳子才会有“廻风”“幽谷”之句。放之杨梓街南面田洞,试问“幽谷”何在?“廻风”何来?

此外,历代评家都将诗中的“羁禽”译作象被系住的鸟叫声,我以为柳子此词既指鸟声,也指禽声。因为原石城村很高,若从现在杨家村遗弃的水井边东望,石城村原址高出石涧有十余米。柳子站在涧边,听到村中的禽声从树林中透出,自然也有鸟声出林之感了。

至于有些人说石涧"亘石为底",不可能长有藻草。其实,不然。前面说过,石涧本身不是从头到尾都是石头的,它仅在注入潇水的末端即我们涧子边杨家村前那一段有很多漂亮的石头。所以,其它流段也长有丝藻。在长冲岭的垃圾场没修建上游没有搞养猪场石涧没遭污染之前,石涧的水十分清澈。我们小时侯在石涧里游泳,村里人在石涧里洗菜、洗衣,甚至炎热天我们还提着水瓶去石涧旁边打泉水饮。以前,村里那口水井水质很好,井里长有锯子藻(藻类的一种),外面洗菜的井里有丝藻。井西边的石涧段叫万凼里,从那里到莲芭塘一段底部没有石头,也长有丝藻、锯子藻,我们小时侯经常在这一带戽鱼。石涧的尾段,即现在诸葛庙村三组(涧子边一个自然村有两个行政组)的古石拱桥下,到石涧注入潇水的那一段,有的地方也长有丝藻。只不过后来被污染,加上村民大量使用农药并往涧里倾倒各种垃圾,现在的石涧淤塞了变得臭不可闻了,不要说鱼就连丝藻也难以看见了。

柳子诗中还有"沦漪"一词,一些人译作像风车一样旋转的水波,这在石涧也可以找到。石涧上桥以上约百米的地方土名叫莲芭塘,那是"亘石为底"的起点。莲芭塘有个较为狭窄的地方有三十公分左右落差,也是我们小时侯戽鱼筑坝拦水的地方。那里西边的石头有些像书页状,因为有一点点弯度,湍急的流水泻下去遇阻就会产生风车叶片似的水纹。因为石涧淤塞,现在已不很明显。

参考文献:

[1]林克屏,杜方智.柳宗元在永州[M].郑州:中州古籍出版社,1994.

[2]刘继源.柳宗元永州行迹考释[J].永州柳学,2006,(6).

[3]吕国康,杨金砖.柳宗元永州诗歌赏析[M].长沙:湖南文艺出版社,2002.

[4]张官妹.三子与三溪[M].北京:人民日报出版社,2005.

[5]吴文治.柳宗元资料汇编[Z].北京:中华书局,1964.

[6][宋]祝穆.方舆胜览[M].北京:中华书局,2003.

[7][唐]柳宗元.柳宗元集[C].北京:中华书局,1979.

(原载 2009 年第 1 期,作者单位:永州市柳宗元研究学会)

在情境教学中渗透人格教育

——以《永州八记》原址考察为例

※ 周玉华

  对古代散文的阅读理解,最为重要的是理解作家的心志,即散文的内在神韵。因此,如何在有限的教学时间里,对古代散文中的经典名篇进行合理讲析,既能够让学生了解作家创作动机、掌握写作技巧以及使用的修辞艺术手法的同时,又能很好地体味作家隐含在作品中的心迹和意旨,则是古代散文教学中的一大重点,也是在教学中渗透人格教育的难点之一。其中横亘在教学中的主要困难是如何消解古今理解的差异性,由于时间、空间跨度大,学生对古代作家生活的时代特征、个性思想以及人生遭际大多停留在模糊认识阶段,对古代和古人的认识和理解,学生主要通过教师讲解以及个人想象,这样的理解往往是间接生硬的或强制性的。由于缺乏直观感受和直接体验,因而就难以与古代作家及其作品形成共识,产生共鸣,无法真正体味古代散文的魅力,理解作品中的人性和情感,也无法真正达到人格教育的教学渗透。

  时间跨度难以逾越已是不争的事实,也是无法改变的。因而从空间地理上着手,则成为最好的选择之一。实地考察正是尝试从空间上贴近古代散文作家,感受其创作心境的理想选择,也可以为古代文学教学选择和创设真实的情境,帮助学生更好理解山水游记情景交融和融情于景的写作特色,理解古代作家的创作心境,体验古代作家的人格,更好地完成人格教育渗透教学的目的。

  所谓教学情境乃是一种特殊的环境,是教学的具体情景(situation)的认知逻辑、情感、行为、社会和发展历程等方面背景(context)的综合体,具有文化属性。教学情境这种环境不同于教学系统外在的、宏观的环境(社会环境、学校环境等),教学情境是知识获得、理解及应用的文化背景的缩影,其中含有社会性的人际交往和协商,也包括相应的活动背景,学生所要学习的知识不但存在于其中,而且得以在其中应用。教学情境的特点和功能不仅在于可以激发和促进学生的情感活动,还在于可以激发和促进学生的认知活动和实践活动,能够提供丰富的学习素材,有效地改善教与学。[1]

情境教学以建构主义学习理论为基础,认为:知识不是通过教师传授得到,而是学习者在一定的情境即社会文化背景下,借助他其他人(包括教师和学习伙伴)的帮助,利用必要的学习资料,通过意义建构的方式而获得的。由于学习是在一定的情境即社会文化背景下,借助其他人的帮助及通过人际间的协作活动而实现的意义建构过程,因此建构主义学习理论认为"情境""协作""会话"和"意义构建"是学习环境中的四大要素或四大属性。[2]

根据情境教学的相关理论,在古代散文教学中,创设适当的教学情境,渗透教师的情感,更为合理地进行人格教育也就显得很有必要了。"教师只有身体力行地、当下地付出'爱心',才能使专业与道德教育真正地统一起来,道德教育的影响力决不止于表面语言文字的传导,它还有更为直接的心灵共鸣式的交流传导,教与被教者的相关性在同一心灵'场'中,有时根本不是'言说'水平高低可以决定得了的,它往往是经由'整体性呈现'的印象而与受教者统一起来的。"[3]通过实地考察,在教学中创设适宜的情境,让学生在心灵共鸣中获得情感熏陶和人格教育,从而凸显出传统文化教学的作用。

笔者任教学校湖南科技学院地处文化古城——永州,这里留下了古代文化名人如元结、柳宗元、杨万里、周敦颐等的足迹,永州自然山水风光幽静深邃,永州社会民情古朴淳厚,这些因素的综合既能陶冶古代文化名人的心怀,让他们在优美的山水与丰富的人文中抚平心灵的创伤,忘却远离宗庙的无奈与远离家乡的孤寂;同时也给他们提供了丰富的创作素材,成为其复杂幽深情感的承载体。

因此,在主讲《中国古代散文专题》时,笔者依据元结、柳宗元作为唐代古文的重要代表人物,他们都在永州生活数年,创作了优美的山水铭文与游记,将二位作家的山水散文作为课堂讲授与课后考察的重要专题,采取情境教学法,一则大大提高了学生学习的兴趣;二则也开展了永州地方旅游如何与文化名人结合的应用性课题研究;三则在实际考察中体验作家的人格精神,渗透了情感和人格教育。从而做到学以致用,使理论教学与实践考察融为一体。

例如在讲授柳宗元山水游记专题时,笔者根据情境教学法的基本步骤与原理,创设出恰当的情境。山水游记乃柳宗元散文的精致之作,是作家悲情人生与幽美山水的结晶。首先,课前发放有关柳宗元生平政治思想与创作的相关资料,让学生整体感知柳宗元的"民本"政治思想、"永贞革新"以及贬谪永州十年的生活情形,并将柳宗元主要山水游记作品"永州八记"打印出来,让大家在朗读与赏析中感受柳宗元山水游记的优美。

然后,组织同学到"永州八记"描写的原址进行实地考察,因为笔者工作的湖南科技学院与"永州八记"所在河柳子景区距离不远,这就为实地考察提供了很大的便利。于是我们选择周末或者课后空余的时间,从《始得西山宴游记》中的"西山"然后向北到"愚溪",沿溪而上再到《钴鉧潭记》中的"钴鉧潭"、《钴鉧潭西小丘记》中的"小丘";再折而向北到《至小丘西小石潭记》中的"小石潭";再到较远的《袁家渴记》中的"袁家渴"、《小石城记》中的"小石城"、《石渠记》中的"石渠"以及《石涧记》中的"石涧",让学生在"永州八记"的原址实景中感受柳宗元山水游记情景交融的艺术特色。

由于外地同学居多,他们未上大学之前,就已经了解柳宗元了,并对柳宗元的山水游记——尤其是《永州八记》产生了浓厚的兴趣,游记作品中文字的精美、环境的幽静雅致、浓郁的凄凉情感让他们叹为观止。

然而,在实地考察中,学生却发觉原址的环境与游记中描绘、创设的环境相去甚远,不仅失却了原来建立起来的审美意蕴,相反还产生了强烈的反差,大呼"大文学家柳宗元忽悠了我们!""这哪里有游记中展现的美妙灵动啊?"面对学生不断涌现的怀疑、失落表情,我一开始并没有打断他们,而是让他们在眼前真实自然的原址环境中自我体验。

等学生在感叹、争论到一定情形时,我让他们停下来,提问:"为什么我们对眼前柳宗元《永州八记》中的原址环境没有柳文中的感受?""为何柳宗元笔下的景物如此凄美冷清?"在不断的启发下,一些学生开始联想到柳宗元参加王叔文领导的"永贞革新",失败后遭受贬谪的心情。这个时候,我首先称赞他们的思路明晰,让他们都保持平静,再仔细观察眼前的景象,然后在结合眼前的情境,有针对性地向他们讲述柳宗元写作《永州八记》的情感。

柳宗元年轻时科举、仕途是非常得意的。二十一岁就中了进士,二十六岁第博学宏词科,授集贤殿书院正字,后又任蓝田尉,监察御使裏行。并与刘禹锡等一起参加主张政治革新的王叔文集团,升为礼部员外郎,深受王叔文的器重,成为革新集团的核心人物,到达其政治生涯的最高峰。然而随后由于宦官何藩镇势力联合反扑,导致革新失败,他被贬为永州司马,这成为其一生的转折点,之后,柳宗元一贬再贬,再没回到朝廷,也没再被重用。虽然他多次写信给上级官员,希望他们为自己求情,上书给朝廷,乞求回京,但是都未能奏效,于是在长期的贬谪与寓居中,柳宗元十分沮丧,倍感悲哀。贬谪永州对于颇富政治抱负的柳宗元来说,可谓毁灭性的打击。政治理想的破灭,僻远之地的贬谪,让柳宗元心情极为低落,于是他亦寄情于永州幽僻的山水。他在《游黄溪记》中说:"北之晋,西适豳,东极吴,南至楚越之交,其间名山水而州者以百数,永最善。"贬谪之后因为不能议政,且还有人监督,柳宗元便如同没有精神归属的流落者,失魂落魄,心情沮丧。而忘情永州山水则让他暂时淡忘了政治革新失败时的痛苦,也让他找到了情感、精神寄托的最佳处所。因此,他只能于山水游记中巧妙而隐微地让心灵之窗略微一开启,瞬时就关闭。而这种隐微而寂寞的情感也更能引起读者的遐想,产生心灵的共鸣。如《始得西山宴游记》中只能从对苍茫、空廓的景物的描绘中感受柳的寂寞、孤独心怀;《钴𬭁潭记》只"孰使予乐居夷而忘故土者,非兹潭也欤"一句就将自己谪居僻远之地的孤独,以及对故土、家园的思念点出,让世人心生戚戚;《钴𬭁潭西小丘记》则借"唐氏之弃地,货而不售",寄寓自己贬谪的孤寂;《至小丘西小石潭记》以"寂寥无人,凄神寒骨,悄怆幽邃,以其境过清,不可久居",衬托自己内心的寂寞。

正所谓"醉翁之意不在酒,在乎山水之间也",柳宗元在山水中找到了心理认同感,因此在意象的选取上也倾向那些不为人知的深奥幽美型的小景物,而且这些意象大多是奇异美丽却遭人忽视、为世所弃的自然山水,并借"弃地"来表现自己虽才华卓荦但不为世所用,被远弃僻荒之地的悲哀。如《小石城山记》文曰:"吾疑造物者之有无久矣。及是,愈以为诚有。又怪其不为之中州,而列是夷狄,更千百年不得一售其伎,是故劳而无用,神者倘不宜如是,则其果无乎?"对小石城山的被冷落深表惋惜和愤懑;《钴𬭁潭西小丘记》文中说:"以兹丘之胜,致用之澧、镐、鄠、杜,则贵游之士争购者,日增千金而愈不可得。近弃是州也,农夫渔父过而陋之,贾四百,连岁不能售。"更是直接抒发了对"唐氏之弃地"的同情,也寄寓了自己怀才被贬的不幸遭际;柳宗元在幽美山水之间找到了与悲哀心情的契合点,于是他便用自己的全副精力和才情,去"漱涤万物,牢笼百态"(《愚溪诗序》),借以休憩悲哀苦闷的心灵,并从中获得些许凄美的喜悦。如此隐微、含蓄透露心迹,让我们在为柳宗元的不幸遭遇鸣不平的同时,也为他寓情于景、隐微透露情感的高妙艺术手法叫好。适时地,我们渗透人格教育:为什么柳宗元在人生遭受如此重大挫折,从朝廷大臣贬谪到蛮荒僻远之地担任司马,并且还有人监视,他还能保持独立的人格,坚持自己的为政理想呢?从而让学生结合现实生活,领悟在人生的道路上,不论遇到多大的困难和挫折,都应该坚持自我,保持独立的人格。

通过对柳宗元《永州八记》原址的实地考察,不仅为古代散文教学创设了合适的上佳情境,能更贴近作者生活,理解山水游记的创作背景,有效地提高了教学效率,同时也为提高学生的实践活动能力,进行人格教育提供了上佳的情境,可谓一举多得,在教学和实践中颇具实用价值。

参考文献:

[1]耿莉莉.深化对情境的认识,改进化学情境教学[J].课程.教材.教法,2004,(3):72-76.

[2]何克杭.建构主义的教学模式、教学方法与教学设计[J].北京师范大学学报,1997,(5):74-81.

[3]王晖,柳一群.人格教育的理念、取向及其方式[J].江西社会科学,2005,(10):75-78.

(原载 2015 年第 11 期,作者单位:湖南科技学院)

种漆南园待成器

——柳宗元在永州的人才培养

✳ 何 晶 ●

　　柳宗元的《冉溪》诗云:"少时陈力希公侯,许国不复为身谋。风波一跌逝万里,壮心瓦解空缧囚。缧囚终老无余事,愿卜湘西冉溪地。却学寿张樊敬侯,种漆南园待成器。"樊敬侯,名重,字君云,东汉人。他为了制作器物,先种了一些梓树和漆树,时人讥笑他。后来他种的树都派上了用场,被封为寿张侯,死后谥"敬",故诗中称其为"寿张樊敬侯"。柳宗元运用这个典故,表明自己愿在培养人才方面作出贡献。

　　他在这方面做得如何呢? 韩愈在《柳子厚墓志铭》中说:"衡湘以南为进士者,皆以子厚为师,其经承子厚口讲指画为文词者,悉有法度可观。"这是对柳宗元在永州培养人才的高度评价。

一

　　后学之士以子厚为师是有一个过程的。柳宗元贬永初期,由于政治气候格外恶劣,正如他说的:"自遭斥逐禁锢,益为轻薄小儿哗嚣,群朋增饰无状,当途人率谓仆垢污重厚,举将去而远之。"(《答廖有方书》除随同他来永的从弟宗直、内弟卢遵向他学为文之道外,其它后学之士尚不敢拜他为师。元和二三年后,李深源、吴武陵、元克己相继流放永州,到元和四年,正如柳宗元在《法华寺西亭夜饮赋诗序》中说的"以文从余者多萃焉,是夜会兹亭者凡八人。"所谓"多萃焉",即多数聚集在这里,言下之意,还有些没有聚集在这里的。今聚集在这里的是哪八个人呢? 除宗直、卢遵外,也许就是吴武陵、元克己、娄图南、龚古、恕己和奉壹了。他们在一起切磋为文技艺在社会上造成良好的影响,特别是柳宗元复操为文之业以后进行了大量创作,他的诗文据统计先后约有近两百篇通过各种渠道在社会上不断传播,给不少后学之士树立了榜样,加之他在长安时期早有文名,为时辈所推仰,所以元和五年以后,特别是元和八年前后,后学之士来拜他为师的不断增多,或慕名而登门求教,或来信拜师,或经别人推荐而来。柳宗元看到"南山栋梁益稀少","群才未成质已夭"的可悲现实,他深深地感到"突兀山孝豁空岩峦","爱才养育谁复论?"(《行路难》)他不顾自己"身编夷人,名列囚籍"(《与吕温书》)的处境,自觉地挑起了为古文运动培养人才的重担。他这种身处逆境,仍为培养人才而努力的精神是很可贵的。

柳宗元在培养人才时不务虚名。韩愈"奋不顾流俗,犯笑侮,收召后学,做师说,因抗颜而为师。"(《答韦中立书》)柳宗元却始终不愿建立师弟子关系,"仆自卜固无取,假令有取,亦不敢为人师。"(同上)为此,他特意做《师友箴》。他深深懂得:"不师如之何? 吾何以成?""今之世,为人师者众笑之,举世不师,故道益离。"他认为"中焉可师","道苟在焉,佣丐为偶;道之反是,公侯以走。"(《师友箴》)由此可见,他是主张要有师的,不过是避师名而已! 所以他说:"仆之所避者名也,所忧者其实也。实不可一日忘,仆聊歌以为箴。"(《答严厚舆书》又说:"仆避师名久矣,往在京都,后学之士到仆门,日或数十人。仆不敢虚其来意,有长必出之,有不至必惎之。虽如是,当时无师弟子之说。"《报袁君陈书》)现在,后学之士写信给他欲以为师,"怪仆所作《师友箴》与《答韦中立书》",有的甚至抬出韩愈来,"欲变仆不为师之志","众口虽恳恳见迫",他都耐心予以解释,并且指出:"仆才能勇敢不如韩退之,故又不为人师。人之所见有同异,吾子无以韩责我。"(《答严厚舆书》)他为何不愿建立师弟子关系呢? 他说:"其所不乐为者,非以师为非,弟子为罪也,有两事故不能:自视以为不足也,一也;世久无师弟子,决为之,且见非,且见罪,惧而不为,二也。"(《报袁君陈书》)前一事,当是自谦之词;后一事多有申说。孟子称:"人之患,在好为人师。"由魏晋氏以下,人益不事师。"今之世不闻有师,有,辄哗笑之,以为狂人。"这是所"惧"之一。"今韩愈既自以为蜀之日,而吾子又欲使吾为越之雪,不以病乎?"(《答韦中立书》)这是所"惧"之二。"秀才无乃未得向时之益,而受后事之累,吾是以惧。"(《答廖有方书》)这是所"惧"之三。他的"三惧"思想,有社会舆论、爱护后学和不愿为越之雪而遭犬吠等等原因。从他所惧之一和之三来看,虽有"勇气"不如韩退之之嫌,但也是不得已。因为他们两人先后的处境截然不同,韩抗颜而为师是在贞元十八年以后,那时他职高位显,勇为人师,理所当然。但他仍"以是得狂名"。而柳宗元当时的处境是被贬斥禁锢的"囚徒",他到永州以后,尽管"入

郡腰恒折,逢人手尽叉",老老实实,仍不断遭到谩骂诽谤,而且"谤语转侈,嚣嚣
嗷嗷,渐成怪民。"(《与萧俛书》)"平居望外遭齿舌不少,独欠为人师耳;"若与
后学之士建立师弟子关系,岂不又"召闹取怒"(《答韦中立书》)连"独欠"的这
一条罪过都加上了。这其中的苦衷,应该是可以理解的。柳宗元虽力避为师之
名,但他并非不肯指导后学,他说:"仆之所拒,拒为师弟子名。而不敢当其礼者
也。若言道讲古穷文辞,有来问我者,吾岂尝瞑目闭口耶?"(《答严厚舆书》)这
就是说,他拒的是"名",务的是"实"。凡不远千里登门求教的,他都热心"口讲
指画";凡来信勤恳求教的,"吾曷敢以让?"(《答廖有方书》)他甚至主动提出:
"幸而瘝来,终日与吾子言,不敢倦,不敢爱,不敢肆,苟去其名全其实。"(《答严
厚舆书》)《柳集》中今存与人论为文之道的书信有十余篇,都是最好的证明。

　　柳宗元培养人才的方式是个别的"口讲指画"。韩愈是通过收召后学集体
进行培养,柳宗元则是通过一个一个地进行"口讲指画"。这种方式用今天时髦
的话来讲,有点类似于个别辅导或家教。这种方式虽在人数培养上受到一定限
制,但却更有利于从实际出发,因材施教,针对性强,收到更好的效果。下举二例
证之。吴武陵,刚健之士又善于为文,他贬永以后虚心向柳宗元求教为文之道。
柳宗元根据他为人为文的实际,"美其齿少,才气壮健,可以兴西汉之文章,日与
之言,因为之出十数篇书",希望他"铿锵陶冶,时时得见古人情状",以为古文
"一世甚盛"。(《与杨凭书》)恳恳见迫欲以为师的崔黯,写信向柳宗元求教并将
自己的文章也寄来。柳宗元从他的信、文中看出贵辞而矜书的毛病,在回信中有
的放矢地予以开导:"吾子之所言道,匪辞而书,其所望于仆,亦匪辞而书,是不
亦去及物之道愈以远乎?"由此可见,柳宗元对崔黯的"指画",与对吴武陵的"指
画",有很大的不同,是因人而异的。

　　柳宗元培养人才抓住根本现身说法。要拜柳宗元为师的后学之士,都是欲
有所为而又血气方刚的年轻士子,他们都有一定的思想水平和写作能力。如何
使他们能够接受自己的教育,进一步提高写作水平,这当然是柳宗元时时考虑的
问题。他在《答严厚舆书》中说:"马融郑玄者,二子独章句师耳。今世固不少章
句师,仆幸非其人。吾子欲之,其有乐而望吾子者矣。言道讲古穷文辞以为师,
则固吾属事。"从这番话里可以看出,他不当章句师,而乐于言道讲古穷文辞。
这是培养后学之士的根本途径。韦珩是韩愈推荐来向柳宗元学习为文之道的,
他"志气高,好读南北史书,通国朝事,穿穴古今,后来无能和。"面对这样一位青
年士子,柳宗元在答书中说:"吾子年甚少,知己者如麻,不患不显,患道不立尔。

此仆以自励,亦以佐退之励足下。"这不仅抓住了根本而且现身说法。韦珩看到这样的答书,对"道"当然不会等闲视之了。前面提到的崔黯秀才有贵辞而矜书的毛病,柳宗元在给他的回信中,首先指出"圣人之言,期以明道","道假辞而明,辞假书而传,要之之道而已耳。道之及及物而已耳。"然后指出"今世"之弊病和崔黯的缺点。"观吾子文章,自秀士可通圣人之说,今吾子求于道也外,而望于余也愈外,是其可惜欤!吾且不言,是负吾子数千里不弃朽废者之意,故复云尔也。"面对如此谆谆教诲,谁不铭记于心?"凡人好辞工书,皆病癖也。吾不幸早得二病。学道以来,日思前砭鍼攻熨,卒不能去,纏结心腑牢甚,愿斯须忘之而不克,窃尝自毒。今吾之乃始钦钦思易吾病,不亦惑乎?"面对这样的肺腑之言,谁不乐意受教?

柳宗元在培养人才中"交以为师"。他在《师友箴》中公开宣称:"中焉可师,耻焉为友";"道苟在焉,佣丐为偶;道之反是,公侯以走。"这就是他求师交友的标准。柳宗元在与后学之士言道讲古穷文辞时,既用大中之道去教导他们,也注意"以其余易其不足",以后学之士为师,这样,他们就"交以为师"了。(《答严厚舆书》)正因为柳宗元主张交以为师,所以韩愈要柳宗元劝勉韦珩,他在(《答韦珩书》)中说:"今退之不以吾子励仆,而反以仆励吾子,愈非所宜。"特别是遇到后学之士对他过分称赞,他尤其感到不安。他在《答韦中立书》中说:"今书来,言者皆大过,吾子诚非佞誉诬谀之徒,直是爱甚故然耳。"在《答吴武陵书》中又说:"足下以超轶如此之才,每以师道命仆,仆滋不敢。每为一书,足下必大光耀以明之,固又非仆之所安处也。"他的这些活都不是客套,而是由衷之言。他与后学之士交以为师,在他的一些书信中多有反应,其中与吴武陵之间表现得最为突出。吴武陵贬永以后,每以师道命柳宗元;柳宗元对吴的"口讲指画"确实劳心尽力。但是,另一方面,正如柳宗元所说:"会足下至,然后有助我之道。"事实确实如此,如柳宗元将长安时期"会贬逐中辍"没有写完的《贞符》写完并呈与献宗,是与吴武陵的请求、鼓舞和教育分不开的。如柳宗元与吴武陵讨论《非国语》表示"足下乃以为当,仆然后敢自是也。"这不是明显以武陵为师吗?此外,我们从《晋问》中更可生动形象地看到他们相互启发、交以为师的状况。

二

韩愈《柳子厚墓志铭》云:"其经承子厚口讲指画为文词者,悉有法度可观。"

柳宗元向后学之士传授了哪些为文的法度呢？

其一，"文者以明道"。柳宗元说："始吾幼且少，为文章以词为工；及长，乃知文者以明道。"（《答韦中立书》）可见他这一认识来之不易。他所说的"及长"，是指何年何月呢？《与杨凭书》云："宗元自小学为文章，中间幸联得甲乙科第，至尚书郎，专百官章奏，然未能究知为文之道，自贬官来无事，读百家书，上下驰骋，乃少得知文章利病。"可见他是贬官以后才究知为文之道，才知文者以明道的。他所谓的"明"，当释为"阐明"；他所说的"道"，即儒家之道，也就是"尧舜孔子之道"，亦称"大中之道"。不过，他头脑中的儒家之道并不是《书》《诗》《礼》《春秋》《易》等书中死的教条，而是"当也者，大中之道也。"（《断刑论》）即要看其在社会实践中"当"与"不当"。"当"者，坚持；"不当"者，批判。这种强调社会实践，强调人们的认识随着历史的发展而发展，无疑是进步的。例如，他的《非国语》是专门批判左氏《国语》的，其中有些内容也是《春秋》里有的。他认为"左氏《国语》，其文深宏杰异"（《非国语》序），而内容却"大概于圣"（《非国语》后记），一是"文胜而言尨"，二是"好诡而反伦"（《与吕温书》），三是"不顾事实"（《答吴武陵书》），四是"背理反道"（《非国语》后记）。这样的作品严重地掩盖歪曲了圣人之道，是陷害后生的用文锦复盖的陷阱。若不批判，"世之学者溺其文采而沦于是非"，就不能"由中庸以入尧舜之道。"因此，他"勇不自制"，不顾"后世之讪怒"（《与吕温书》），而写了《非国语》。由上观之，他多么重视"文者以明道"的问题。那么，他是否重视文辞呢？他深知"道"与"文"是不能分割的。"道假辞而明。"（《报崔黯书》）没有"辞"，就无以明"道"。"言而不文则泥"，"文者固不可少耶？"（《答吴武陵书》）他还进一步指出："阙其文采"，则不足以"辣动时听。"（《杨评事文集后序》）由此可见，他是主张道辞统一的，即内容与形式统一，思想性与艺术性统一的。他对《国语》，批其内容，学其文辞。"参之《国语》，以博大其趣"；（《答韦中立书》）《国语》之辞，"稍采取之"（《报袁君陈书》）都是明证。他反对的是片面好辞的倾向。正因为如此，他被贬以后，才写出"与在京时颇异"（《贺王参元书》）的真实反映现实生活、如实反映人民疾苦、自由表达思想感情的脍炙人口的好作品来。

其二，"文以行为本，在先诚其中。"（《报袁君陈书》）他所说的"行"，是指一个人的立身行事。"即其辞，观其行，考其智，以为可化人及物者，隆之；文胜质，行无观，智无考者，下之。"（《送崔子符序》）柳宗元一生正气凛然，他的一些寓言和骚体文对各种行为不正的人以极大的鞭挞和辛辣的讥讽，特别是骂那些妒人之能幸人之失的人是"尸虫",充分反映了他刚正不阿的品德。一个人的"行",总是受其思想支配的。所以,要解决文以行为本的问题,首先,必须"先诚其中",即心中要"诚",要真心实意。换言之,即要先解决作者的政治理想、思想品德、道德情操等修养问题。一个人的理想、品德、情操如何,往往是文章写得好坏的根本。其次,要提高识别能力。现实生活是多样的,文化遗产是庞杂的,只有具备了高度的识别能力,才能辨别精华和糟粕,才能辨别真善美与假恶丑。否则,把假恶丑的东西当成真善美来歌颂,把错误很多的遗产,"反谓之近经"(《非国语》后记),就会混淆黑白,颠倒是非,谬种流传,误人不浅。再次,要敢于真实反映现实和表达自己的见解,不能粉饰现实,不能隐瞒自己的观点。要做到这一点,就要有勇气。柳宗元的《非国语》就是"勇不能自制"的产物。他曾慷慨激昂地表示:"苟不悖于圣道,而有以启明者之虑,则用是罪余者,虽累百世滋不憾而恧焉。"(《与吕温书》)这就是说,只要不违背圣人的道理,而对有见识的人的思考有启发,如果因为我写了《非国语》而加我以种种罪名,并且连累千秋万代,我也不悔恨不惭愧。这是多么可贵的勇气!他这种勇于发表自己见解向旧观念挑战的大无畏精神,对后学之士做人为文,无疑都会起到表率作用。

其三,"读百家书,上下驰骋。"柳宗元在《答韦中立书》中说:"本之《书》,以求其质;本之《诗》,以求其恒;本之《礼》,以求其宜;本之《春秋》,以求其断;本之《易》,以求其动;此吾所以取道之原也。参之谷梁氏,以厉其气;参之孟荀,以畅其支;参之庄老,以肆其端;参之《国语》,以博其趣;参之《离骚》,以致其幽;参之太史公,以著其洁:此吾所以旁推交通而以为之文也。"这番话告诉我们,柳宗元不仅广泛学习前人的经验,而且把前人的著作分为两类,主次分明。一类为"本",是取道之原;一类为"参",进而旁推交通。他对这些著作分别以极简洁的语言概括其实质和写作上的不同风格,其见解是精辟的。这充分体现了他读百家书上下驰骋的功力和超人的识别能力以及博取众长的精神。他在广泛学习前人的经验中,又特别强调学习西汉。他在《柳宗直西汉文类序》中说:"殷周之前,其文简而野;魏晋以降,则荡而靡;得其中者汉氏。汉氏之东,则既衰矣。"他为什么如此推重西汉?是因为"文之近古而尤壮丽,莫若汉之西京。"此外,还应该特别提出的是屈原。由于他的遭遇与屈原相同,他对屈原的作品也很喜爱。他的诗歌屡从屈原的作品中汲取营养,他的辞赋,更是深得骚学之旨。如何学习前人的经验?柳宗元认为:"君子之学将有以异也,必先究穷其书,究穷而不得焉,乃可以立而正也。""然务先穷昔人书,有不可者而后革之,则大善,谨之勿遽。"(《与刘禹锡论周易书》)这就是说,对于前人的著述及其经验,一定要认真地读,刻苦地读,研究深透。究穷其书而不得,就应该"立而正也";发现有不可者,就应该"革之",绝不能盲从和以讹传讹。此外,他还提出,学习古人的著作,要"先读六经,次《论语》孟轲书,皆经言;左氏《国语》庄周屈原之辞,稍采取之;谷梁子太史公甚峻洁,可以出入。余书俟文成异日讨也。"(《报袁君陈书》)这些有选择有计划分别采取不同态度的观点,在当时是十分难得的。应该指出的是他强调学习前人的经验,但并不"荣古虐今"。他在《与友人论为文书》中对"比肩迭迹"的荣古虐今者颇为不满。他认为"自古文士之多莫如今。今之后生,为文希屈马者数人,希王褒刘向之徒者又可得十人,至陆机潘岳之比,累累相望;若皆为之不已,则文章之大盛,古未有也。"(《与杨凭书》)例如韩愈,柳宗元说:"退之所敬者司马迁杨雄。迁于退之上下。若雄者,如《太玄》《法言》及《四愁赋》,退之独未作耳;决作之,加恢奇。至他文过杨雄远甚。雄之遣言措意,颇短局滞涩,不若退之猖狂恣睢,肆意有所作。"(《答韦珩书》)这种向前看的观点,是很值得重视的。

其四,端正写作态度。柳宗元在《答韦中立书》中说:"吾每为文章,未尝敢以轻心掉之,惧其剽而不留也;未尝敢以怠心易之,惧其弛而不严也;未尝敢以昏气出之,惧其昧没而杂也;未尝敢以矜气作之,惧其偃蹇而骄也。"他说的四个"未尝敢",就是对"轻心""怠心""昏气""矜气"这四种不良写作态度的否定;四"惧"的内容,即四种不良写作态度将会造成的严重恶果。他从反面否定来说明他正确的写作态度,即严肃认真、勤奋努力、神志清醒、谦虚谨慎。先说严肃认真。写作是件难事,特别是真正有所得,突破一般人的立意和布势就更难。因此,必须严肃认真,而不能漫不经心。柳宗元说:"古今号文章为难,……非谓比兴之不足,恢拓之不远,钻砺之不工,颇纇之不除也,得之为难,知之愈难耳。"他所说的"得",即独到的见解,也就是创见。要想自己的文章有创见是很不容易的。因为"自孔氏以来,兹道大阐,家修人励,刓精竭虑者,几千年矣。""其间耗费简札,役用心神者其可数乎?登文章之箓,波及后代,越不过数十人耳。其余谁不欲争裂绮绣,互攀日月,高视于万物之中,雄视于百代之下乎?率皆纵臾而不克,踯躅而不进,力蹙势穷,吞志而没,故曰得之为难。"(《与友人论为文书》)在这种情况下,假如能够"得其高朗,探其深赜",那就是难能可贵的;即使"虽有芜败,为日月之蚀也,大圭之瑕也。"(同上)他所说的"知之愈难",是指文章中独到的见解和创造性的表现更难为人所知,这是属于文章鉴赏范畴的问题,恕不赘述。次说勤奋努力。柳宗元在《答吴秀才书》中云："夫观文章,宜若悬衡然,增之铢两则俯,反是则仰,无可私者。"这就是说,要想把文章写好,偷懒取巧是不行的,只有老老实实,勤奋努力,多付出一份心血,就会增加一份重量。所以他勉励吴秀才"夙夜孜孜,何畏不日日新又日新也。"再说神志清醒。"凡为文,以神志为主"。若以昏气出之,势必昧没而杂也。以己之昏昏,岂能使人以昭昭?柳宗元"自遭责逐,继以大故,荒乱耗竭,又常积忧恐,神志少矣。"(《与杨凭书》)在这种情况下,"虽欲秉笔觋缕,神志荒耗,前后遗忘,终不能成章。"(《寄许孟容书》)柳宗元现身说法说明神志清醒对写作来说是多么的重要。末说谦虚谨慎。凡为文不能自尊自大自夸,否则就会盛气凌人狂妄自傲,这是不可取的。只有谦虚谨慎,以理服人,以情感人,才会写出好文章。

其五,要不断提高写作技巧。柳宗元在《答韦中立书》云:"抑之欲其奥,扬之欲其明;疏之欲其通,廉之欲其节;激而发之欲其清,固而存之欲其重。"这几句话意为:抑制它是想要它储蓄,发挥它是想要它明快,详述它是想要他通畅;删削它是想要它简洁;尽情发挥它是想要它清新;反复提炼它是想要它凝重。其中"奥"与"明",侧重文章命意,即主题或中心的表达,既要含蓄,又可明快;"通"与"节",侧重题材布势,即题材的选择和表达,既要突出主题中心,又要恰到好处,即要求锻炼剪裁详略得当,疏者浓墨重彩,节者惜墨如金;"清"与"重",侧重语言提炼,即语言提炼应该清新鲜明,又要一字千金。我们从他这番话看出,他并不是把提高写作技巧仅仅看成是技巧问题,而是与文者以明道和写作态度紧密相关的。要提高写作技巧,必须掌握不同文体的不同特点。他认为"文之道"可分为两大类:一类是"词令褒贬,本乎著述者也",即我们今天所说的议论文、记述文和应用文之类。这类文章的特点,"其要在于高广壮厚,词正而理备。"即要领在于气势磅礴、内容丰富、语言准确、说理充分。另一类是"导扬讽谕,本乎比兴者也。"即我们今天所说的抒情文和诗歌之类。这类作品,"其要在于丽则清越,言畅而意美。"即要领在于华美有度、高风亮节、语言流畅、意境优美。从思维的角度来说,前类主要是逻辑思维,后类主要根基于形象思维。这两类作品,其功用、形式和风格皆不同,写作技巧也就有别。无论哪一类作品,其写作技巧又是多种多样的。正如柳宗元所说:"大羹玄酒,体节之荐,味之至者;而又设以奇异小虫水草楂梨橘柚,苦咸酸辛,虽蛰吻裂鼻,缩舌涩齿,而咸有笃好之者。……然后尽天下之味以足于口,独文异乎?"(《读韩愈所著毛颖传后题》)这说明作品的情趣是多样的,人们的爱好也是多样的。文章的写作技巧当然就不拘一格了。韩愈的《毛颖传》，表面上是为中山人毛颖立传，其实他写的是兔毛做的毛笔，寄寓自己不被始终信用的感慨。由于他运用拟人和双关的表现技巧，似人非人，启人联想，真是妙趣横生。可是文章问世以后，议论与指责蜂起。柳宗元在永州就接触过一位南来者，"不能举其辞，而独大笑以为怪。"元和四年柳宗元读到这篇文章时，被强烈地吸引住。他慨叹"信韩子之怪于文也。"后在《与杨诲之第二书》中又说："足下所持韩生《毛颖传》来，仆甚奇其书，恐世人非之，今作数百言，知前圣不必罪俳也。"他所说的"怪"即"奇其书"的"奇"，是对韩文题材之新、构思之奇、立意之巧的赞许。他认为韩愈"嘉颖之能尽其意，故奋而为之传，以发其郁积，而学者得之励，其有益于世欤！"充分肯定其艺术价值和社会作用，表现了他对具有卓越技巧作品的高度的鉴赏能力。

其六，"成而久者，其术可见。"（《报袁君陈书》）前面引过他视为文若悬衡的比喻，"衡诚悬矣，则不可欺以轻重。"（《荀子·礼论》）只有自始至终刻苦努力，锲而不舍，才能逐步提高。提高一点，类乎增加一个砝码，"衡则俯，反是则仰，无可私者。所以，当他看到吴秀才寄示新文，比原先寄示的文章大有进步，就"多贺多贺！"并进一步激励他说："秀才诚欲令吾俯乎？则莫若增重其文。今观秀才所增益者，不啻铢两，吾因伏膺而俯矣。愈重，则吾俯滋甚……苟增而不已，则吾首惧至地耳。"正因为如此，他总是勉励后学之士要不断地努力，坚持不懈，"慎勿怪勿杂，勿务速显。道苟成，则慭然尔。久则蔚然尔。"他当心的是那些才高者不肯久学，所以，他总是谆谆教导他们"成而久者，其术可见"。这就像"源而流者岁旱不涸，蓄谷者不病凶年，蓄珠玉者不虞殍死矣。"（《报袁君陈书》）

综上观之，由于柳宗元避名务实，不为章句师，言道讲古穷文辞以为师，从根本上传授为文之道，所以凡经他"口讲指画为文词者，悉有法度可观。"韩愈对他培养人才的高度评价，他是当之无愧的。

（原载 2006 年第 3 期，作者单位：永州市委党校）

永州柳子庙的历史沿革

✱ 吕国康 ●

明嘉靖三十七年（1558），永州知府刘养仕撰《重修柳司马祠记》说："是祠也，自唐元和九年至宋绍兴十四年以端明殿学士汪藻作记为始。"故有人认为"永州人为了纪念柳宗元，早在唐朝元和九年十二月，柳子将要离开永州时，就开始筹建柳子祠"。这完全是一种推测，尚缺乏可信依据。北宋至和二年（1055），柳拱辰任永州知府，第二年，他在《柳子厚祠堂记》中说："子厚谪永十余年，永之山水亭榭题咏固多矣。韩退之谓衡湘以南为进士者，皆以子厚为师，其经承子厚口讲指画为文词者，悉有法度可观。今建州学成，立子厚祠堂于学舍东偏，录在永所著词章，漆于堂壁，俾学者朝夕见之，其无思乎？至和三年丙申二月二日。尚书职方员外郎知永州柳拱辰记。"碑刻拓片现存国家图书馆，这是铁证。明隆庆《永州府志》也记载："石刻今存华严岩侧，宋时祀子厚盖在此，今其西仍为郡学，子厚祠则专在愚溪矣。"因为韩柳得到欧阳修、苏轼的尊崇，加上柳拱辰远见卓识，故建柳祠。柳子厚祠堂实为永州柳庙之开端。

柳祠是何时迁建到愚溪北岸的呢？尚无史料明确记载。何书置先生根据汪藻《永州柳先生祠堂记》，认为"从柳拱辰始建柳祠的至和三年，到汪藻写记的绍兴十四年，其间将近九十年的历史。汪藻的记是为重修愚溪柳祠而作，由此推算，柳祠迁到愚溪来的时间，或许是北宋末年或南宋初年"（《柳宗元研究》）。最近经雷运福先生考证，"南宋绍兴二十年（1150），永州知府在州学东厢立'周濂溪先生祠堂'，将'柳子厚祠堂'迁建于愚溪之北即今址。庙建成后，请谪隐永州的汪藻作有《柳先生祠堂记》，嘱随父亲张浚（前宰相）寓居永州的张栻作有《永州府学周先生祠记》"（《柳宗元集版本探微》）。其理由是：（1）张栻《永州府学周先生祠记》载："零陵守福唐陈公辉，下车之明年，令信民悦，乃思有以发扬前贤遗范，贻诏多士。"可见永州知府陈辉，把祠祀前贤，发扬前贤优良传统摆上了重要议事日程，迁柳祠而添建周祠，一举两得。据查考，绍兴十九年继林子善之后知永州者为陈辉，至绍兴二十一年许永知永州。（2）汪藻谪居永州12年，在作《玩鸥亭记》之前不具备作《永州柳先生祠堂记》的心态。《玩鸥亭记》有"余谪居零陵得屋数椽……屋临大川,愚溪水注焉",择居在愚溪旁;他对柳宗元在永州的活动已有深入的研究,且原罪已赦,已为永州民;汪藻又是前中书舍人、翰林学士;加上张浚又闭门谢客,陈辉已请崭露理学头角的张浚之子张栻为理学鼻祖周敦颐祠堂作记,毫无疑问为新迁建的柳祠作记,汪藻就成为最佳人选。(3)张栻是绍兴二十年随父亲张浚寓居永州的。张浚绍兴丁巳(1137)冬"谪居零陵。明年春二月,即至,寓止客馆。作堂于地之东隅"。绍兴十一年张浚携家属量移长沙、连州等地,直至绍兴二十年才返回永州。言之比较有理。需要补充的是,北宋哲宗元祐七年(1092)六月,朝廷对柳州罗池庙发出《敕赐灵文庙额牒》;徽宗崇宁三年(1104)七月,朝廷发出了追封柳宗元为文惠侯的诏书,"文章在册,功德在民。昔有其人,是为不朽。生而昭爽,后且不忘,惠我一方,是宜崇显"。对罗池庙及柳宗元的肯定,造成了良好的政治环境。经查实,明洪武《永州府志》卷十"宋朝守倅名氏"在"郡守、丞"中记载"彭合、晏孝本、陈辉、王佐、余毕,并以绍兴年间任"。康熙九年《永州府志》卷四《秩官志上》"宋、知州军事"中记载"绍兴:林子善、陈辉、王佐、许尹、余毕"等,可补雷说之证据。特别是康熙九年《永州府志》,收入张栻《永州府学周先生祠记》,第一段更详细,对"于郡学辟濂溪周先生祠"的原因及经过做了具体介绍。其文为:"令信民悦,乃思有以发扬前贤遗范,贻诏多士。他日,偕通判州事曾公迪诣郡学,顾谓诸生曰:'永虽小郡,而前辈巨公名德往往辱居之,如本朝范忠宣公、范内翰公、邹侍郎公,皆既建祠于学宫矣。惟濂溪周先生,嘉祐中曾倅此州,而独未有以表出之,岂所以为重道、崇德、示教之意乎?'于是教授刘安世率诸生造府,请就郡学殿宇之东厢辟先生祠。前通判武冈方公畴,以书走九江求先生像,于先生诸孙得之。陈公命零陵宰高祈董其事而成之,绘像俨然,栏楯周密。既成,嘱栻为记。栻以晚生属辞,不获,敬诵所闻,以广其意。"汪藻说"零陵人祀先生于学、于愚溪之上,更郡守不知其几,而莫之敢废"。祭柳传承,具有良好的社会基础。府学祭周濂溪,愚溪祭柳子厚,切合实际。因为柳贬永后期居愚溪之畔,构"八愚"胜景,"甘终为永州民"。愚溪不仅是柳的故居,更是柳的精神家园。

明朝正德年间,"柳子厚祠堂"被顽民霸占入居。正德八年(1513),知府曹来旬主持重修扩建柳庙,并作《重修柳司马先生庙记》。该碑虽存,但遭人为破坏,正文无法辨认,唯额名"重修柳司马先生庙记"完好无损。值得庆幸的是,明嘉靖元年(1552)《湖广图经志》收录了该碑的部分内容,可能是遭破坏的录文。

而清嘉庆二十二年(1818)宗霈修《零志补零》收录的碑文比较完整,共650字。碑载"潇江之西,愚溪之北,柳先生之庙在焉……因庙将敝,且弗制,特改修正庙三间,外厦称之;前大门三间,临路去溪水数步,后寝室三间,近庙约三丈;两旁庖库各二间;前门又客舍八间,其二给司庙者居,其六取赁值以供祭事;周围缭以崇垣,延百余步,袤五十余步;环庙内外,平地壤,剔竹木,崭然皆一新也。又以先生居永时官为司马,直榜之曰'柳司马庙'"。碑文说明了重修的原因,因为庙将要倒塌,而且已不成庙宇规制。记载了扩建的规模及建筑设施风格,以及经营管理制度,柳祠改称"柳司马庙"的理由。据折算,总面积达到20多亩,比现今庙宇要大。特别是在开头详细记载了柳庙入主巫神,后又恢复柳宗元神主这一鲜为人知的事件。明正德十三年(1518),严嵩以翰林学士、国史编修身份出使桂林,还朝途经永州拜谒柳庙,写下《寻愚溪谒柳子庙》,并勒石。他还将随身所带的象牙朝笏,供奉在柳宗元塑像手中。不仅碑文精妙,书法造诣很高,更重要的是首次称"柳子庙",称柳宗元为柳子,"这不是一个称呼的平常变更,而是一个更为崇高的尊称,是将柳宗元视同儒家圣贤孔子、孟子之列的称呼变更"(《柳宗元集版本探微》)。

明嘉靖二十年(1541),唐瑶出任永州知府,他在《祭柳侯祠》文中说:"今来吏斯土,周览四顾","眷风景之如者,想公之神恒往来于斯地,聊奠觞而陈词,仿佛其来至"。由此可见,这时的柳庙尚好。

明嘉靖三十六年(1557),刘养仕任永州知府。他到柳庙一看,"礼奠无秩","堂庑颓圮","如此,何以肃瞻向而明报劝耶?"于是,他在次年"鸠才庀工,率修葺之",并写了《重修柳司马祠记》。碑刻保存完好。开头说"是祠也,自唐元和九年至宋绍兴十四年以端明殿学士汪藻作记为始;自绍兴十四年至明嘉靖戊午更新自今"。这段话使人产生误解:一是柳祠是唐元和九年初建?还是绍兴十四年汪藻写《永州柳先生祠堂记》时初建?二是自绍兴十四年至嘉靖戊午(1558)重修,明显漏掉了正德八年的重修。刘养仕的这次重修,虽然只是"增拓墙垣,聿新堂宇",但值得注意的是,柳庙复称为"柳司马祠"了。

明万历二十四年(1596),刘克勤任永州推官时,摹柳州罗池碑于永州柳祠中。同治七年(1858)永州知府廷桂《荔子碑跋》说"永祠有碑,自国朝魏太宁绍芳摹刻始",实质上魏是复摹。据光绪《湖南通志》载《魏绍芳重刊跋》:"右《柳州柳侯庙享神诗》,昌黎作之,东坡书之,与柳河东之德政世称三绝。先宋时柳州金判关公庚等刻于罗池庙,明时永州司理(应为推官)刘克勤刻于愚溪庙中,兵燹之后复焚毁,字已湮灭,今芳谨将元本重勒上石,以复旧观。顺治己亥岁孟冬月永州知府文安后学魏绍芳重刻。"明隆庆《永州府志》也有类似记载,文字略有出入。据康熙九年《永州府志》卷四《秩官志》载:刘克勤,四川新繁人,乙未进士。二十四年任推官。

清朝顺治十三年(1656)魏绍芳任永州知府。次年,他与守道黄中通捐俸鸠工,重修柳祠。黄中通在《柳司马祠堂记》中说:"登堂凭吊,栋折榱崩,不禁抚膺而太息也。永邦父老群向予谋再建是堂,以不朽先生。"因此,他与绍芳"共襄厥举,丹垩焕然,梁栋一新。"魏绍芳在《书柳司马祠堂碑阴》中说:"无何兵燹之后竟成瓦砾之区,士女兴悲,父老咸叹,芳职在专城,恭行竭奠,拜遗像于溪流之下,委牲牺于草莽之间。于是捐资鸠工,爰兴堂构,黄金范像,尚余元和芳姿。"可知这次重修,是因为原祠毁于兵燹。魏除修复柳祠外,还将刘克勤摹刻的《柳侯祠碑》予以重刻,置于柳祠。康熙修、嘉庆重修《零陵县志》载:"柳祠内旧摹刻柳州罗池庙'荔子丹兮蕉黄'诗,今将昌黎碑文全录,并附载昌黎祭文备览。"现存《荔子碑》系同治七年(1868)永州知府廷桂重刻。

现存柳子庙是经清同治、光绪朝两次维修才保存了如今的模样。咸丰四年(1854),杨翰授永州知府,但没有赴任。先迁常德,后徙沅州,八年始赴永州。他自述"予莅永凡七载于兹矣,此间名山胜景一一修葺"(《捐修茅江石桥碑序》)。自然修缮过柳庙。今柳子庙门首石门刻有一副楹联:"山水来归,黄蕉丹荔;春秋报事,福我寿民。甲子孟陬月永州守督亢杨翰书",系同治三年(1864)杨翰集韩愈荔子碑佳句成联,所写行书。庙额名正式定为"柳子庙",也为杨翰所书。杨翰任永州知府七年后,升辰沅道,同治十年(1871)被免职,退居祁阳浯溪。后殿系同治八年修建。清光绪三年(1878)柳庙又修缮一次,中殿正梁题有"皇清光绪三年丁丑岁仲秋月谷旦,祠下六坊分祭绅耆商民捐资公建"等字。值得一提的是,柳庙还一度"额称柳圣庙"。其依据是东安邑令曾镛的《过柳子祠额称柳圣庙》诗:"永州司马柳子祠,此额何人浪称圣。我过祠前一惊心,却非怪此名谁命。同然潇浒溪与山,适尔辞人题若咏。文可名家地以传,到今也教人起敬。没世之疾疾为何,君子而何不自儆?"虽然带有明显的贬柳倾向,但证实了称"柳圣庙"的事实。宗霈修《零志补零》卷上,还收有曾镛《登永州高山寺》诗。宗霈之子宗绩辰(1792-1867),于道光元年(1821)中举,主修《永州府志》,并讲学于群玉、濂溪书院。《零志补零》还收录了宗绩辰的长诗《谒柳先生祠》,诗中有"愚不可及同千秋""犹听人民怀柳侯"等颂柳句子,也有"正名旧传司马祀,称圣今方柳下祠""祠中题记古人满,前朝故物留丰碑"的记述。"称圣今方柳下祠"与"柳圣庙"互相印证。清吕恩湛、宗绩辰修纂道光《永州府志》卷十一中《职官表》:东安知县:嘉庆曾镛,浙江泰顺拔贡,由教谕保升,十九年任。道光元年卓荐引见,二年复任,寻卒,有传。可见称"柳圣庙"为清嘉庆年间之事。称柳为圣人,对子厚的评价达到了登峰造极的地步。百余年来,此事鲜为人知。

解放后,1957 年、1964 年、1982 年由湖南省人民政府三次拨款对柳子庙进行大的维修,并将占据庙舍办学的中学迁出。近 30 年又进行了几次大的修缮。1985 年柳宗元纪念馆开放,请赵朴初先生题写馆名。中殿辟为柳宗元生平事迹陈列室。1992 年启动柳庙"内充外延"工程。"内充"即修复了在"文革"中被破坏的石碑匾联,充实了陈列室内容;"外延"即庙外拓展占地面积 6.15 亩并修建防护性仿古围墙。2003 年至 2004 年,进行了一百多年来规模最大的一次全面维修,更换椽檩、髹漆木构、加固戏台、补整屋面,将原享堂改为碑廊,恢复了旧亭。后又修建了东西防火通道。2015 年初再次修缮。柳子庙早已批准为湖南省爱国主义教育基地。近几年开辟了"柳宗元民本廉政思想展厅",成为湖南省廉政教育基地。教化作用日益彰显。

参考文献:

[1]何书置.柳宗元研究[M].长沙:岳麓书社,1994.

[2]杜方智,林克屏.柳宗元在永州[M].郑州:中州古籍出版社,1994.

[3]雷运福.柳宗元集版本探微[M].长沙:湖南人民出版社,2010.

[4]赖中霖.康熙九年永州府志注释[M].长沙:湖南人民出版社,2010.

[5]吕恩湛,宗绩辰.道光永州府志[M].长沙:岳麓书社,《湖湘文库》影印本,2008.

(原载 2015 年第 12 期,作者单位:永州市教育局)

目的论视角下柳子庙景区公示语汉英翻译分析报告

✳ 胡　维　胡　朴

一　功能目的论对旅游景区　公示语汉英翻译的指导作用

柳子庙坐落在湖南省永州市芝山区河西柳子街中段愚溪之滨。它是全国唯一一座为纪念唐代著名的文学家、政治家、思想家柳宗元而修建的庙宇,全国重点文物保护单位,湖南省爱国主义教育基地。柳子庙景区为推介永州,宣传永州起了重要的作用。柳宗元纪念馆记载道:"柳子庙景区已接待美国、加拿大、日本、新加坡、澳大利亚等10多个国家的游客和港澳台胞及海外侨胞共计200万人次。"由此可见,柳子庙景区的公示语汉英翻译在帮助国外游客了解柳文化和永州文化上起到了重要作用。如果其景区公示语的英译本存在不妥之处,必将给国外游客对中国文化的了解带来困难。因此我们以此为切入点,分析柳子庙景区公示语的汉英翻译所使用的翻译策略,同时也指出了其公示语翻译中失误之处并探索解决方法。

文章以功能目的论作为理论指导,深入分析柳子庙景区的公示语翻译文本,探讨其公示语翻译所用到的翻译策略,分析其公示语翻译中失误之处并探索解决方法。功能目的论不仅重视文本功能的传播和目标读者的反应,而且将跨文化交流的目的置于首要位置。从翻译角色、目标接受者、原文和文化因素的角度来看,功能目的论对旅游景区公示语汉英翻译起一定的指导作用。一方面,公示语属于实用性文本,公示语翻译的目的在于使他人充分理解和接受翻译者所提供的信息。再者,公示语翻译以跨文化交流为特色,同时它应关注目标语读者的感受与反应。另一方面,目的论是一个提倡"以读者为中心"的翻译理论,它强调文本的功能与交流的效果。综上所述,研究功能目的论视野下的公示语翻译是必要且合适的。

文章旨在推动零陵古城旅游业的发展,同时也为永州旅游景区公示语的汉英翻译提供翻译策略,进一步传播柳文化和永州文化,增强地区文化软实力;力求为景区的汉译英人员在翻译公示语的过程中提供有效的、正确的翻译策略和思路,帮助景区提高翻译效率和质量,促进有效的跨文化交际。

二 柳子庙景区公示语汉英翻译策略分析

(一)音译

音译是一种特殊的翻译,它是一种用译语的文字表达的同时保留源语发音的方法。音译是一种偏向于源语文化的翻译方法,有着悠久的历史,是翻译过程中不可或缺的手段。

例1:原文:该碑系明嘉靖宰相严嵩于明正德十三年(公元 1518 年)以翰林学士的身份出使桂林,回朝时特地转道永州所作,该碑为其真迹。——寻愚溪谒柳子庙碑

译文:The inscription was composed by Yan Song, the Prime Minister in the 13th of Zhengde Years in the Ming Dynasty (AD 1518) when he served as the Chin – shih of Hanlin Imperial Academy to inspect Guilin. Yan Song specially changed his travel to make the inscription in Yongzhou, the stela inscription is his authentic work. —— Seeking Yu rivulet but come across Liu Zongyuan Memorial Hall

译者将"翰林学士"通过音译译为了"the Chin – shih of Hanlin Imperial Academy",实现了直译策略,避免了文化亏损或语义不全,传递了中国传统文化。

(二)直译

直译广泛用于各类翻译实践活动中,是一种非常实用的翻译方法。本论文所选材料为旅游景区的双语公示语,此种宣传形式的文本多使用陈述性语言,在表达时需要客观地对旅游景区进行介绍,故应采用直译的方法来达到翻译目的,实现功能目的论的忠实原则。

例2:原文:全国重点文物保护单位柳子庙,始建于北宋仁宗至和三年(公元 1056 年),是纪念唐代杰出的文学家、思想家和政治家柳宗元而修建的古代建筑群。——柳子庙简介

译文：Liuzi Temple, National Key Cultural Relics Protection Spot, dates from the 3rd of Zhihe Years during Emperor Renzong of North Song (AD 1056). It is an architectural complex which was built by civilians to commemorate Liu Zongyuan, the famous thinker, literary giant and politician in Tang dynasty. ——A Brief Introduction to Liuzi Temple

译者在翻译时考虑到外国游客的心理感受,处理年份的翻译的同时保留了中国宋代年号又注明了公历,忠实地传达了原语的内容,有助于外国游客了解中国文化。

例3：原文:塑像为汉白玉雕刻,系中央工艺美院教授、著名石雕艺术家李葆年先生于1992年精心设计而成。——柳宗元雕像

译文：The Statue is white marble sculpture, well – designed in 1992 by Mr. Li Baonian. A professor of Central Academy of Fine Arts, the famous stone carving artist. ——Statue of Liu Zongyuan

对于客观陈述性的内容,采取直译的方法能够最大程度的保留旅游景区公示语的真实性和可信度,进而达到吸引游客的目的。

(三)意译

意译不是对原文的逐字逐句翻译,通常在翻译句子或词组时使用较多。如果原语与译语的文化差异较大,为保证源语文化特色的最大程度保留,一般需要采取意译的翻译方法。这种翻译方法体现了功能目的论基本构成理论中"翻译行为理论"的原则,即通过翻译这种行为实现跨文化和跨语言的交流。

1.省译。省译法,即删去不符合目标语思维习惯、语言习惯和表达方式的词,以避免译文累赘。结合大多数外国游客阅览旅游景区汉语公示语的英语翻译时的心理感受以及德国翻译家 Christian Nord 的翻译学说,景区汉译英人员在旅游景区公示语汉英翻译时应该省去那些难以激发外国游客兴趣的内容,把翻译重心放在景区更具吸引力的部分。

例4：原文:有"国宝"之誉的"三绝碑""严嵩碑"等珍贵碑刻,另有大量雕刻、彩绘、牌匾均出自于全国名家之手,是价值极高的艺术珍品。——柳子庙简介

译文："Three Unparalleled Inscriptions" which is national treasure, Yansong inscription, and many sculptures, colored drawings and tablets are works of many national famous artists, which have high artistic value. ——A Brief Introduction to Liuzi Temple

省译体现在最后一句评价性的话语上，"艺术珍品"一词被彻底地省译。最后一句话实际上是对"三绝碑""严嵩碑"等珍贵碑刻以及出自于全国名家之手的大量雕刻、彩绘、牌匾所作出的一个总评，而其中"价值极高"这一形容词，就间接说明了这些都是艺术珍品。因此，在翻译这类内容时，我们就可采取省译的方法，省去意思相近的词语以达到化繁为简的目的，避免译文显的冗繁。

2.改译。改译是旅游景区公示语汉英翻译时常用的一种方法，是一种有目的的翻译行为，它通过对原文适当的删除、增添或改变原作形式、风格来达到翻译的目的。目的论的观点认为，所有的翻译过程都是由这项翻译活动需达到的目的决定的。因此，为便于外国游客对公示语的理解，采取这一策略符合目的论的要求。

例5：原文：1956年柳子庙被省人民政府公布为省级文物保护单位，1985年开始对外开放，2001年6月被国务院批准为全国重点文物保护单位。——柳子庙

译文：Liu Zongyuan Memorial Hall was announced as Provincial Cultural Relics Protection Spot by Provincial Government in 1956. It was open to the public in 1985, and it was approved to be National Key Cultural Relics Protection Spot the State Council in June 2001. ——Liu Zongyuan Memorial Hall

原文在视觉上整齐划一，在翻译这类中文公示语时，拘泥于原文形式，逐字对应进行翻译只会让译文显得冗长。因此，在这时，译者应采取拆译的方法，使译文更加简洁明了，很符合外国游客的阅读习惯。

例6：原文：全国重点文物保护单位柳子庙，始建于北宋仁宗至和三年（公元1056年），是纪念唐代杰出的文学家、思想家和政治家柳宗元而修建的古代建筑群。——柳子庙简介

译文：Liuzi Temple, National Key Cultural Relics Protec–
tion Spot, dates from the 3rd of Zhihe Years during Emperor Renzong of North Song（AD 1056）. It is an architectural complex which was built by civilians to commemorate Liu Zongyuan, the famous thinker, literary giant and politician in Tang dynasty. ——A Brief Introduction toLiuzi Temple

比较原文和译文，英文译文在语序上对中文原文进行了调整，"柳子庙"这一主语与其属性来说，旅游景区公示语的重点在于突出景区，因此"柳子庙"在

译文中被放在了句首的位置。

例7:原文:碑作长方形,共四块。每块宽0.78米,高1.15米,厚0.21米,宋时刻于柳州罗池,明时翻刻于零陵柳子庙中,后被焚毁,清顺治十六年(公元1659年)永州知府魏绍芳重刻,后又被毁。至同治五年(公元1866年)永州知府廷桂再次翻新,保留至今。具有较高的历史、艺术价值。——苏轼荔子碑

译文:The stela is formed into rectangular, there are four blocks in total. The width of each block is 0.78m, the height of this stela is 1.15m, and the tickness is 0.21m. The inscription was engraved inside Luo pool of Liuzhou in Song Dynasty, and then they were inscribed in Liu Zongyuan Memorial Hall in Ming Dynasty, afterwards they were destroyed by the fire, they were re – inscribed by Wei Shaofang, the magistrate of Yongzhou in 1659. Later on, they were destroyed again. Once again, they were re – inscribed by Tinggui, the magistrate of Yongzhou in 1866. They are preserved till now. They are featured with high historical and artistic value. ——Su Shi Iitchi Epigraphy

由于中英文不同的表达习惯,英文更偏向于使用被动语态,将重要内容放于句子的主体部分,因而译者在表达永州知府魏绍芳重刻碑时,将被宣传的景区或文物至于主体位置,摆脱了原文句式的限制。从目的语文化出发,采取意译的方法达到了宣传目的。

3. 增译。

例8:原文:此二碑拓均为高僧怀素晚年作品,分别是《圣母贴》和《秋兴八首》。——怀素书艺碑刻

译文:Both the two tablets are later works of Huai Su, the eminent monk, they are "Stela Inscription of Female Deity" and "Sentimental Feelings Poems Inscription for Fall" respectively. ——Huai Su calligraphy inscription

为了让译文受众准确无误地理解译文所传递的信息,译者应注重译文的交际效果和受众的接受程度,设法化解英汉这两种语言在文化传统、思维方式等方面的差异。基于此观点,译者灵活地运用增译的手段,解释《圣母贴》和《秋兴八首》,传递了文化内涵,实现了意译这一翻译策略。

三 柳子庙景区公示语汉英翻译失误分析

经我们实地考察研究,柳子庙景区公示语汉英翻译的失误主要包括:拼写错误、用词不当、字母大写误用、语法错误。

(一)拼写错误

例9:原文:为唐韩愈作,宋苏轼(东坡)书,加上柳宗元之"德政",世称"三绝碑"。——苏轼荔子碑

译文:The masterpiece of Han Yu in Tang Danasty, Autobiography of Su Shi (Su Dongpo) in Song Danasty, together with "Benevolent Ruling" of Liu Zongyuan were honored as "Three Unparaleled Inscriptions". ——Su Shi Litchi Epigraphy

该句有两个明显的拼写错误:唐朝被错拼成"Tang Danasty",应改为"Tang Dynasty","三绝碑"被错拼成"Three Unparaleled Inscriptions",应改为"Three Unparalleled Inscriptions"。

例10:原文:每块宽0.78米,高1.15米,厚0.21米。——苏轼荔子碑

译文:The width of each block is 0.78m, the height of this stela is 1.15m, and the tickness is 0.21m. ——Su Shi Litchi Epigraphy

该句存在一个很明显的拼写错误:"厚度"被错拼成"tickness",应改为"thickness"。

(二)用词不当

例11:原文:目前柳子庙内是至今保存最完整的,具有较高的历史、收藏价值。——寻愚溪谒柳子庙碑

译文:Currently the one preserved in Liu Zongyuan Memorial Hall is the most intact saved, it has high historical and collecting values. ——Seeking Yu rivulet but come across Liu Zongyuan Memorial Hall

根据原文后半句"具有较高的历史、收藏价值",我们认为原文更倾向于表达"寻愚溪谒柳子庙碑"具有历史意义,而不是只指它是历史上实实在在存在过的东西,正是因为它有其历史意义,所以才具有很高的历史价值及收藏价值。译文中使用的"historical"一词主要指历史上发生过或存在过的,侧重强调其真实性;因改为"historic"——指历史上有名或具有历史意义,侧重强调其影响性。

(三)字母大写误用

例12：原文：全国重点文物保护单位柳子庙,始建于北宋仁宗至和三年(公元1056年),是纪念唐代杰出的文学家、思想家和政治家柳宗元而修建的古代建筑群。——柳子庙简介

译文：Liuzi Temple, National Key Cultural Relics Protection Spot, dates from the 3rd of Zhihe Years during Emperor Renzong of North Song (AD 1056). It is an architectural complex which was built by civilians to commemorate Liu Zongyuan, the famous thinker, literary giant and politician in Tang dynasty. ——A Brief Introduction to Liuzi Temple

唐朝是中国的一个历史朝代,是一个专有名词,因此两个单词都需要大写。而在原文中,"唐朝"一词被译成"Tang dynasty","朝代"一词没有首字母大写化,应改为"Tang Dynasty"。

例13：原文：柳宗元居永州十年,写下了脍炙人口的《江雪》《捕蛇者说》等近五百篇诗文,他笔下的《永州八记》遗址更是驰名天下,令人神往。——柳子庙简介

译文：In 10 years in Yongzhou, Liu Zongyuan wrote about 500 poems, including popular Snowy River and The Snake Catcher. The relics in "eight Travels in Yongzhou" written by Liu Zongyuan are well known and fascinating. ——A Brief Introduction to Liuzi Temple

《永州八记》是唐代文学家柳宗元被贬为永州司马时,借写山水游记书写胸中愤郁的散文。作为一个作品名,将其译为英文时,除介词外的所有单词都应该首字母大写化。因此应将原译文中"eight Travels in Yongzhou"改为"Eight Travels in Yongzhou"。

(四)语法错误

例14：原文：有"国宝"之誉的"三绝碑""严嵩碑"更珍贵碑刻,另有大量雕刻、彩绘、牌匾均出自于全国名家之手,是价值极高的艺术珍品。——柳子庙简介

译文："Three Unparalleled Inscriptions" which is national treasure, Yansong inscription, and many sculptures, colored drawings and tablets are works of many national famous artists, which have high artistic value. ——A Brief Introduction to Liuzi Temple

"国宝"即国家的宝物,因此"treasure"在这句话中是作可数名词,指艺术品和有历史价值的物品。而"treasure"作为可数名词,其前面应当加一个不定冠词"a",因此应改为"a national treasure"。

四 柳子庙景区公示语汉英翻译失误解决措施

目前柳子庙景区公示语汉英翻译中存在的种种问题并不是其特有的,同样也或多或少地存在于国内外其他各大景区中。于是我们针对一些普遍存在的问题,提出以下建议。第一,加强对译者素质问题的重视,着力提升景区翻译人员的水平。第二,加强相应部门或者机构的审查及监督。第三,重视公示语牌的制作过程,部分公示语的翻译错误不是译者导致的而是因为制作人员的大意而造成的,如字母的大小写问题、单词错拼等问题。

通过对柳子庙景区的双语公示语进行案例分析,我们探究出其景区公示语汉英翻译所使用的翻译策略:音译、直译、省译、改译、增译等。我们也发现了一些翻译失误:拼写错误、用词不当、字母大写误用、语法错误。我们认为,目的论对于旅游景区公示语汉英翻译策略选择具有指导作用,在翻译过程中译者要掌握相关翻译技巧,高度契合目标文本的预期功能和外国游客的接受程度,提升译文的可读性和可接受性,从而规范我国旅游景区公示语,方便译文读者理解其含义,达到跨文化交流的目的。

参考文献:

[1]Newmark, Peter. Approaches to Translation [M]. Shanghai:Shanghai Foreign Language Education Press,2001.

[2]Nord,Christiane. Translating as a Purposeful Activity:Func –

tional Approaches Explained [M]. Shanghai:Shanghai Foreign Language Education Press,2001.

[3]贺学耕.汉英公示语翻译的现状及其交际翻译策略[J].外语与外语教学,2006,(3):57－59.

[4]胡红云.跨文化交际与公示语的汉英翻译[J].浙江社会科学,2008,(7):121－124.

[5]黄田.语境角色认知与公示语翻译[J].四川外语学院学报,2007,(3):100－103.

[6]王银泉.公共场所的英语翻译错误拾零[J].上海科技翻译,2000,(3):55－56.

[7]赵湘.中英标识语的文化差异与语用翻译[J].外语教学,2006,(2):72－74.

[8]朱志瑜.翻译策略:功能主义的翻译类型学[J].中国翻译,2004,(5):3－9.

（原载 2017 年第 7 期,作者单位:湖南科技学院）

论柳宗元的淡然情怀及对当代大学生的价值意义

✳ 姚从军　吴美玲

柳宗元诞生于开元盛世的唐高宗时代,追本溯源,柳宗元所在的柳氏家族,在当时是家世显赫的家族,这与他后来的谪居永州的窘境是不可同日而语。柳宗元的一生,可谓传奇。他是家喻户晓的唐代文学家、思想家、政治家,也时常被人称为"河东柳宗元"。所以,他的著作又称为《柳河东集》《河东先生集》。

一　柳子淡然情怀之深刻内涵

淡然一词可谓博大精深,从古至今,在许多名人作家的著作里对淡然的阐释表现得淋漓尽致。淡然一词可以解释为犹漠然,淡然的意思在《大戴礼记·哀公问五义》:"若天之司,莫之能职,百姓淡然,不知其善";唐元稹《叙诗寄乐天书》:"性不近道,未能淡然忘怀";茅盾的《多角关系》四:"唐太太也淡然微笑"。对于淡然一词还有一种解释,它是指淡泊,不趋名利。在《南史·王峻传》:"峻为侍中已后,虽不退身,亦淡然自守,无所营务";唐吴筠《黔娄先生》诗中有曰:"淡然常有怡,与物固无暇";还有的人认为淡然只形容颜色深浅。唐代杜甫的诗《冬到金华山观》诗:"四顾俯层巅,淡然川谷开";宋周密《癸辛杂识续集·乌贼得名》:"世号墨鱼为乌贼……盖其腹中之墨可写伪契券宛然如新,过半年则淡然如无字"。尽管这些文人作家对淡然做了很好的阐释,虽然柳子之淡然情怀与他们有异曲同工之妙,但是,柳子之淡然情怀蕴含更深刻的意义是它对淡然情怀的独到阐释。古人云:"淡泊以明志。"其意是说要远离名利,恬淡寡欲,保持一种宁静自然的心态,不追求虚妄之事,修养品行,这是一种美好的境界。柳子却让这种境界得到升华。柳宗元一生经历坎坷,见证过繁华盛世,也历经过衰败落魄,在这样一种境遇中尤其需要淡然情怀。柳子之淡然情怀表现在身居朝堂,进行革新运动时的顺境之时,能够洁身自好,淡泊名利,表现在对民生民情的人文关怀;在无奈被贬永州、柳州的逆境之时,仍能淡然置之,保持一颗宁静自然之心笑对生活,这就是柳子之淡然情怀的深刻内涵。

二 淡然情怀之兴于柳子之学

淡然情怀是柳子之学的生动写照。柳子之学,洋洋洒洒飘过数载文化。柳宗元是"唐宋八大家"之一,他一生留下的诗文作品达 600 余篇,他的文章比他的诗要多。柳子之学博大精深,无论是从他言辞笔锋犀利的散文,还是从他优美洒脱的游记,甚至是从他那抑郁悲愤,寄托思乡怀友之情的诗文中,都可以体现柳子之淡然情怀。然而,最为世人称颂的,是那些情深意远的山水闲适之作。淡然情怀在柳子之学中的体现枚不胜举,这里列举几例,表达我对柳子之学的崇敬与仰慕之情。柳宗元在他的《伊尹五就桀赞》中说到:"圣人出于天下,不夏商其心,心乎生民而已。"这句话告诉我们,比起汤武仁义之师去讨伐坑害人民的暴君,圣人伊尹明认为靠说服的力量使夏桀不施暴于人民,这样的效果会更好。"汤诚仁,其功迟,桀诚不仁,朝无从,而暮及于天下可也。"因此,了解柳宗元之淡然情怀可以从此句中体现。在复杂的繁世中,能够保持对民众最深刻的人文关怀,而不是去追逐所谓的名利。柳宗元在他的另外一篇文章《种树郭橐驼传》中,提到郭善种花木,"能顺木之天,以致其性"。对于"顺天致性",柳宗元认为应该以一颗淡然之心去顺应人民,而不是向官吏一样无情的打压人民,柳宗元在人生的低谷期,更加体现了这样一种淡然情怀。在他的《送从弟谋归江陵序》中这样写到:"筑室茨草,为圃乎湘之西,穿池可以渔,种黍可以酒,甘终为永州民。"这表明他在无奈被贬永州之时,能够淡然置之,以淡然的情怀去面对逆境,他在这时已经放下了读书人、名流、官宦的架子,以与农人为伴,干点农活为荣,他此时此刻就是一个真正的农民,在面临巨大打击之后,享乐于闲适间,寻找新的宁静,恐怕只有柳宗元了。

三 时代召唤柳子之淡然情怀

人生哪能事事如意,生活哪能样样顺心,这就是人生、生活。柳宗元的生活也是如此。柳宗元经历过在长安春风得意,一帆风顺的生活,他在贞元九年中进士后,他也曾曲江宴游,大雁题名,过了三个月的风光日子。然而历史的现实是,他生活在我国封建鼎盛的唐王朝正走向衰落的时期,"安史之乱"造成了严重的地方割据,形成了历史上的藩镇割据的局面。中央集权日趋瓦解,唐王朝由盛世走向衰落、由统一走向分裂。"安史之乱"使人民陷入水深火热之中,农民生活朝不保夕,而朝堂则官宦专权,党派勾结严重。柳宗元就是在这样的时代脱颖而出,他深刻体会到要关心国家前途,关心广大人民的命运,要用自己淡然的情怀去表达对生民的关切、关怀。因此,时代需要召唤柳子之淡然情怀。

然而,在今天物欲横流的社会里,社会上丑陋现象更是层出不穷,拜金主义、享乐主义、个人腐朽主义充斥着生活的各个角落。人们更是贪图安逸、追求享乐、满足现状、不思进取、个人利益至上的思想盛行。社会就像一个大染缸,有着形形色色的人物。在复杂的社会里,金钱是一切丑陋现象的根源,人们的内心对金钱的强烈渴望,形成了对金钱利益的无止境追求,甚至以违背良心和道德的代价去不择手段的追求。而对金钱无止境的追求就是我们现在官场腐败的渊源。官场的腐败能够让贪欲无穷的扩大,这样的社会环境就造成社会丑陋现象数见不鲜。现在社会上无情、败行、失信现象也是随处可见。人性的冷漠无情,在公交车上看到的老弱妇残,年轻人能够袖手旁观,甚至争抢座位;在看到惊慌失措的交通事故现场,救死扶伤人员能够置群众疾苦和危难于不顾,竟逃之夭夭了。这就是社会上的无情之处;诚信一直是社会上倡导的优良品德,然而现在的社会已渐渐失去公信力,人们几乎生活在防备的状态中。经济诈骗不得不防,借贷不得不防,食品安全不得不防;上到官居高职的政府公务员,下到社会典型,无论是个人文凭,还是社会上各种新鲜事物,都存在制假售假现象。这是社会上的失信之处;尽管现在社会上倡导法治社会,大多数人都会与时代接轨,但还是有少数人游离在犯罪的边缘,不经意间走入了一条坎坷之路。社会上的败行行为无所不用其极,官员贪污腐败、酗酒滋事、飞扬跋扈,甚至在荣誉光环下的明星也开始纵情迷色,吸毒成瘾,给社会上造成的负面影响可想而知。这是社会上的败行现象的体现。这样的时代风气,更加需要柳子之淡然情怀,即拥有一份淡泊的心境,谢绝繁华,回归简朴,找回真实的自己。

不仅社会上丑陋现象随处可见,在我们的高校也存在一些出乎人们意料之外的现象。最近各大高校屡屡曝出丑闻,不仅给社会上造成严重影响,也给当代的大学生带来误导。现在的大学也渐渐社会化了,一些学生为了所谓的"名利、权势",用金钱来衡量一切,乃至于他们忘记了进入高校学习的真正含义,不再以学术的满足为追求,而是以金钱权势为所求,没有理想,更谈不上信仰。在高校竞争无处不在,有的学生甚至为了所谓的竞选绞尽脑汁,拉党结派,为了选票而四处奔跑,大学里的内部关系、暗箱操作不比社会上的各种现象复杂,搞的比美国总统竞选还要隆重的多似的;许多学生为了"奖学金""助学金""三好学生"等等称号,违背真实,只为荣誉,只为金钱。这种手段是学生出卖自己灵魂的一种表现,变得不那么真实,学校就像个争名夺利的战场;在大学也存在着许多的拜金女,为了金钱不惜出卖自己的肉体,享受金钱带来的虚荣感,迷失自己的本质,只因为金钱的驱使、诱惑,而当他们面临考试时,则奉行抄袭主义,在他们眼中只有金钱;为了金钱可以出卖灵魂、肉体,连内心深处的情感也不放过。大学生普遍的思想特点是以自我为中心,他们在复杂的社会、学校里丧失了纯真的情感,不懂得感恩父母的深情、朋友的真情、老师的热情,所做的一切只为达到自己的目的。

无论是在社会上的行人,还是处在高校的学生,丑陋现象显而易见。随着科技的发达,时代在进步,同样时代也在变复杂。在这样的时代亟待召唤柳子之淡然情怀,能够让我们真正地达到一种出淤泥而不染、众人皆醉我独醒的情境,这也是柳子之淡然情怀最为深切的表达。在金钱、名利、权势面前,能够以淡然情怀去面对,遵循自己的本性,率性而活,把金钱、名利、权势看成是浮云。因此,柳宗元的这种淡然情怀就顺时运势了。

四 柳子之淡然情怀对我们当代大学生的价值意义

(一)高扬柳子之淡然情怀,能够让我们笑对人生挫折

千百年来人们始终深深怀念,柳子逆境中奋起的"柳子精神",在世间产生了极其深远的影响,柳子之淡然情怀就是柳子精神的重要组成部分,所以高扬柳子之淡然情怀,能够让我们更好的笑对人生,笑对人生挫折。柳宗元从被贬前的"少时陈力希公侯,许国不复为身谋"的悠闲自得生活到被贬之后的"投荒垂一纪,窜逐宦湘浦"的落魄生活,这两种截然不同的生活,形成鲜明的对比,可以说柳宗元的前半生有着梦幻般的生活,有过光辉的日子,他生活在一个书香门第之家,父亲的刚强正直,母亲的贤惠,让柳宗元从小受到了学术文化的熏陶,一代宗师就在这样的家庭环境下形成了;然而在他的后半生几乎处于流离失所、四处飘泊的穷困窘境的生活。仕途的落魄,理想与事业瞬间付诸东流,特别是在他死后竟无钱料理丧事,最后还是在好友的帮助下才送回故里安葬。值得说的是,在面对仕途失败、流离失所的困境下,柳宗元依然能够"投迹山水地,放情咏《离

骚》"。柳子用一种淡泊的心态去摆脱陷害之苦,排斥打击之难,更加懂得用淡然的情怀去笑对人生、笑对生活中所遇到的挫折。在今天,特别是当代大学生,在求学的过程中会因家庭、学习、恋爱等遇到大大小小的挫折,更需要柳子之淡然情怀,去笑对人生路途中的种种挫折。

(二)高扬柳子之淡然情怀,能够让我们拥有一颗纯净的心灵

柳子之淡然情怀是富贵不张扬,不追名逐利,在纷杂的世界里,仍能拥有一颗纯净的心灵,这是十分难能可贵的。在社会上,道德问题时时刻刻充斥着我们每个人的内心。社会上接连发生的矿难、诈骗、交通事故、制假售假、食品安全问题、天价医药费、彭宇案件……种种问题,暴露的是人们心灵的冷漠,道德的沦丧!很显然人们已经被金钱利益扭曲而丧失了难能可贵的道德。柳宗元对道德问题的见解也是独到的,可以堪称柳文化中的精要。柳宗元在对道德问题上大多数是继承了先秦儒家的"中庸"观点。在受到现实无情的压迫下,他选择像佛教一样乐山乐水,淡泊自然的审美情趣,这与他当时想借此来摆脱沉重负担,来获得自我心灵的纯净十分契合。他寄情于自然,希望达到一种物我两忘的境界,从大自然的美景中,寻找一种心灵的审美体验,从而达到内心的纯净,从他的《始得西山宴游记》《钴鉧潭西小丘记》等山水游记中我们可以体会到柳宗元享受人生像这样的淡然、适然。柳子之淡然情怀,它能够消除现实中的烦扰,在柳宗元生活得意的时候,他是比较热衷于仕途而求得功名,在长久的追逐中并失败之后,他希望摆脱世事的束缚,来获得人身的自由,人性得到回归,心灵得到慰藉,这是他淡然生活的美好写照。高扬柳子之淡然情怀,能让我们拥有一颗纯净的心灵,特别是在道德沦丧、物欲横流、世风日下的今天,能让我们此刻仍能保持心灵的纯净。

(三)高扬柳子之淡然情怀,能够让我们成为竞争中的佼佼者

柳子之淡然情怀,没有那么复杂,淡然的面对世事,不怕四季的轮回,不怕昼夜的来临,有的只是面对。柳宗元在经历了革新失败后,受到了反对派们的排挤打压,严重触犯了宦官集团的利益,他们百般从中阻拦革新,向朝廷施加压力,迫使柳宗元被贬永州。永州的艰苦生活,使他"百病所集,疢结伏积,不食自饱,或时寒热,水火互至,内消肌骨"。这样的困境下,柳宗元在永州的 10 年却对哲学、政治、历史等方面勤加钻研,寄情山水,有的只是淡然面对,最终他写下《永州八记》。而《柳河东全集》中有 317 篇就创作于永州,从此一代宗师柳宗元的形象,

就永远留在永州人民的心中。永州人民更是通过建祠寄相思,碑刻寄深情,来表达他们对柳宗元的爱戴、崇敬之情,从此柳子之遗泽永传,诗文百代传。那些曾经恨极了柳宗元的人们,可曾想到柳宗元在官场失意后仍能得到人民如此的厚待!可以说,柳子的这种淡然情怀,造就了他一生的命运,柳子之美名也就此亘古留存了。

21世纪的竞争是人才的竞争,早在达尔文的《物种起源》中就强调了"适者生存,优胜劣汰"的观点,在如今这样科技发达的时代,更需要竞争,这对于我们当代大学生是一个巨大的挑战,这就要求我们不仅要具备扎实的专业知识基础、良好的道德情操,更需要柳子那一份独特的淡然情怀。面对激烈的竞争,能够出类拔萃,成为竞争者中的强者、佼佼者,也能在平淡的人生中拥有美好的明天。

(四)高扬柳子之淡然情怀,能让我们拥有幸福的人生

每个人对幸福的定义不同,因而每个人的人生也千差万别,世界上也找不出完全相同的两个人。柳子之淡然情怀,也让他拥有幸福人生。有人可能会问他真的幸福吗?或许在别人眼中,他受尽背井离乡之苦,贬谪永州是不幸福的。哲学中的思想教会我们看问题、看事情不以偏概全,应该用全面的、联系的观点去看待问题。纵观柳宗元的一生,家庭的和谐氛围,贤母的帮助,父亲的鼓励,兄妹和乐,让他享受到家庭的幸福。即使政治上仕途的失败,让他失去了所谓的理想,但他却收获到了朋友的真情,在他穷困潦倒之时,他得到刘禹锡等好友的热心帮助。永州艰苦的困境,没有给他带来物质上的财富,却给他带来了精神上的无价财富。他寄情永州山水间,关心民生民情,让柳文化弘扬于中华乃至世界。从这方面看,柳宗元是幸福的。现在,人们往往把幸福想得那么复杂,那么庸俗,其实幸福很简单。对于社会上的各种事物,以淡泊情怀去对待,因为看淡,所以幸福。拥有淡然之心,就会学会满足,满足之后便会感到幸福。生活中并不追求奢华,在人生路途中,过着淡淡的闲情逸致的生活,明白生活中一些事物发展的规律所在,静能生悟,水止而能照物;品超斯远,云飞而不碍空。明白了这些精华,不再为一些小事而耿耿于怀,练就一颗淡然豁达的心,让自己浮躁的心平静下来。这样我们就会有可能拥有幸福的人生。我们要向柳子一样,不再为仕途失意而耿耿于怀,投迹山水地,放情咏《离骚》,坦然面对一切,这才是幸福人生的真谛。

"千山鸟飞绝,万径人踪灭。孤舟蓑笠翁,独钓寒江雪。"这首诗时常被人们所吟诵,文人骚客徒留于昔日的西岩,久久不愿离去。这是柳宗元的《江雪》,恰

好这首诗是柳宗元对于淡然情怀的一种完美写照。《江雪》中描绘了美丽壮观的自然风光,恬静淡然的幽深意境和人鸟飞绝的寂寞空灵,却突出一位顽强坚定、执着的垂钓者。回眸柳宗元的一生,《江雪》中表现的垂钓者是恬静淡然的意境的独具代表,也是诗人的情感寄托与完美写照。由此,他的淡然情怀也体现得淋漓尽致。因此,不得不说柳宗元的作品对于淡然情怀的阐释有着独到见解。对于审视、研读、崇敬这样一位拥有淡然情怀的文坛传奇,对于我们当代大学生具有很深的现实启示意义。

参考文献:

[1]李大师,李延寿.南史[M].北京:中华书局,1975.

[2]杜方智,林克屏.柳宗元在永州[M].郑州:中州古籍出版社,1994.

[3]翟满桂.一代宗师柳宗元[M].长沙:岳麓书社,2002.

[4]吴文治.柳宗元评传[M].北京:中华书局,1979.

[5]孙昌武.柳宗元评传[M].南京:南京大学出版社,1998.

(原载 2015 年第 6 期,作者单位:湖南科技学院)

柳子挫折文化与当代大学生抗压能力的培养

※ 卢 勇

在社会多元化背景之下，肩负着社会发展历史使命的当代大学生，在就业体制的转变和社会转型中或多或少会遇到困惑与迷惘，面临学习、就业、恋爱等问题，特别是遇到挫折时，显得无法适从，大学校园暴力事件与大学生自杀的事件频频见于报端媒体，大学生抗压能力令人堪忧。而公司企业招聘时将抗压列入了用人标准，越来越重视大学生的抗压能力。可见，当代大学生的抗压能力的培养是时代的呼唤。地方历史文化中蕴含着无数积极因子，柳子的挫折文化实际上是一种积极面对困难，战胜挫折，以实现人生价值和理想的不屈与抗争精神。以柳子逆境成才的经历为切入点，对当代大学生进行挫折教育，增加其抗压能力，为当代大学生抗压能力的培养提供新途径。

一　柳子挫折文化的内涵

柳子仕途落魄，被一贬再贬而为永州司马，然其直面挫折、寄情于山水，乐观向上，并最终成为一代文学巨匠的人生经历成为了后人宝贵的精神财富。柳子克服挫折的精神即为一种文化：柳子挫折文化。挫折文化是柳文化中极其重要的组成部分，柳子直面挫折而不失勇气，心怀天下，忧国忧民，逆境成才，调整目标，积极进取，坚守信念，用追求改变命运，奋力获得新生的人生价值观念，这种面对挫折和困难所表现出来的坚忍与不屈是柳子挫折文化的内涵。

二　以柳子挫折文化为载体，加强当代大学生抗压能力培养

（一）抗压教育是当代大学生人文素养的重要组成部分

重视学生抗压能力的培养，是提高大学生人文素养不可或缺的内容。在当

今复杂的社会环境中,尚未步入社会的大学生就感受着激烈竞争,而大学生自我调适能力有限,容易用极端的方式来解决问题。教育的目的是为社会培养有用的人才而推动社会的发展,马克思主义认为:人们的社会历史始终是他们的个体发展的历史,而不管他们是否意识到这点。[1]良好的抗压能力是当代大学生健康人格的体现,如果高校仅仅注重学生的文化知识的培养,而不重视大学生的抗压能力培养,培养出来的是不合格的人才。故学校要创设条件,在培养大学生人文素养中自觉引入挫折教育理念,以地方历史人文资源中丰富的挫折文化资源结合学生自身成长过程中遇到的挫折为例,去探讨更好应对挫折的方法,分享面对挫折的感受与体会,从而让所有同学都能认清挫折为何物,为以后遇到挫折时在内心能有较好的调适能力,培养出健康的人格和较强的抗压能力,从而提高人文素养。

(二)柳子挫折文化对当代大学生抗压能力培养的启示

以地方历史文化资源柳子的挫折文化为载体,以柳子的人格特征和抗压观念来提升当代大学生的抗压能力,无论是从人格素养的塑造,还是健康心理状态的形成方面,极具有重大的现实意义。

一是追求改变命运。追求是实现人生目标永不枯竭的精神动力。正如金一南教授所说:性格决定命运,追求决定命运,用来概括柳子先生的一生,可谓精辟一语。柳子心怀远大理想和抱负,一心想在政途谋一番利国利民的事业,失败后遭贬永州,被政治所抛弃,在政途上实现人生目标的机会已然失去,然其追求真理之心不死,仍然决心继承前贤的正义事业,终生遵循大中之道不动摇,信仰坚定,态度鲜明,追求不止,此为性格决定命运也。与此同时,柳子在落魄的年岁中,理想转向,以文寄情,批判现实,用自己的追求改变了命运。作为民族希望的当代大学生,更应该站在前人的肩膀上,树立远大的理想和抱负,并为之坚定不移的努力和奋斗。民族的繁荣富强,祖国的昌盛,社会主义建设的伟大重任,都要靠当代青年学生来挑起。没有信仰,没有理想,没有目标,就没有前进的动力。当代大学生一旦树立了自己的理想,找到了自己的人生目标,就应该确定自己的行动方向,克服一切困难,实现自己的人生价值。

二是逆境亦能成才。柳子是逆境中奋进的不朽榜样,是逆境成才的典范。柳子被贬永州十年,已为流囚,语言不通,水土不服,再加上柳母病逝,爱女夭折,柳子步入人生的最低谷。然柳子"投迹山水地,放情咏《离骚》"[2],亦有了《江雪》的千万孤独。其逆境奋发,成才成家,这是柳子在挫折面前自我调适能力的体现。当然柳子也曾苦闷、彷徨过,是消沉、颓废,一蹶不振,怨天尤人,还是奋发向上,柳子选择了后者,在恶劣环境中,接受现实,克服困难,发愤著述,成名成家,这正是当代大学生在挫折面前缺乏的精神品质。在物欲横流之社会,当代大学生性格急躁,心态飘浮,吃苦耐劳抗挫折的能力缺乏,更应努力学习先哲处逆境而自强的精神,在逆境中成长成才,增强自我适应能力,承抗压折、战胜困难的能力。

三是心怀天下,忧国忧民。柳子在贬谪永州途中,时刻保持着爱国忧民的高尚品德。到汨罗,吊屈原,赞颂屈原坚贞不屈的精神,抒发其对人生忧患的傲视和执意克服的精神。中唐时期,国家由盛而转入衰败,柳子本人亲眼目睹了种种矛盾,柳子以屈原为先导,树立内心的精神楷模,常怀忧患意识,心系国家之前途和命运。同时,他无时无刻不在关心百姓的疾苦,敢为生人鼓与呼,亦有了《捕蛇者说》这种对农民百姓的苦难萦怀于心的忧患意识,为民请命之理想信念。少年富则国富,少年强则国强。当代大学生更应该为祖国的统一、繁荣昌盛而努力,关注国家时事,维护祖国统一,增强名族自尊心、自豪感,以国家和民族的发展为己任。树立强烈的使命感,通过自身的努力,提高自我能力,以促祖国之发展。

三 以柳子挫折文化为载体加强当代大学生抗压能力培养的建议

(一)以地方历史文化中逆境成才的范本,开辟加强大学生抗压能力培养的途径

作为精神文化遗产的地方历史文化资源,可以为当今社会的发展提供宝贵的经验教训。作为社会发展的基本元素的各级政府,应当充分吸收当地的历史文化资源,结合本地实际情况,建立与本地经济发展水平相适应的文化产业。例如湖南永州、广西柳州和山西永济、沁水等地,就可以结合柳子文化,建立柳子文化基地,研究和学习其文学艺术的同时,更应该发展其人格魅力,倡导学习他们的文化。通过建立文化教育基地,让当代青年充分吸收先人人生经验,古今结合,确定现代教育原则,以此达到教育后代、促进当地产业调整步伐,最后推动当地的发展。当代大学生没有吃过多少苦、未经历多少挫折,但是前辈们走过的路,留下的经验教训,是一笔不可忽视的财富,只要能充分吸收,合理运用,对提高抗压能力的作用不可小窥。

(二)创新地方历史人文资源中的挫折文化,重视大学生的抗压能力培养

地方历史人文资源中挫折文化的精华急待凝练与升华,并在社会转型发展

中传承与创新,应用于当代大学生抗压能力的培养与教育中去。在教育实践过程中,高校是当代青年走向社会、为社会贡献的重要阶段,知识技能、人格素养都在此阶段形成、提升。全方位提高大学生综合素质是高校人才培养的重中之重,科学文化知识的提高与抗压能力的培养同样重要。地方历史人文资源中挫折文化内涵丰富,博大精深,可为当代大学抗压能力的培养提供宝贵素材。在对当代大学抗压能力培养的同时,使学生深刻体会、理解挫折文化的内涵与精髓并应用于人生的社会实践,面对挫折,战胜挫折。

(三)以地方历史文化中的精髓引导大学生树立正确人生价值观和培养良好品质

习近平同志指出:"中华文化源远流长,积淀着中华民族最深层的精神追求,代表着中华民族独特的精神标识,为中华民族生生不息、发展壮大提供了丰厚滋养。"[3]地方历史文化中蕴含着诸多文化灵魂与精神,加强当代大学生抗挫折能力应当从地方历史中去汲取养分以引导其树立正确的人生价值观和培养其良好品质。有了正确的人生价值观和良好品质,大学生就能在自我调适中直面挫折,在成长经历中明确理想和目标,为了实现目标理想而全身心投入,不管遇到什么困难和挫折,仍然坚持正确的价值导向,以积极的心态来实现自己的理想,最后取得成功。积极的人生价值观是大学优秀品质的表现,具备积极的人生价值观,才能适应现今社会的复杂形势,在成长成熟历程中学会取舍,自我调适,自我释放,积极地应对人生挫折。

"求名应求万代名,求利要求千秋利",柳子用自己的人格魅力赢得了世人的尊重,名流青史。柳子面对被贬转而为具有建设性的人生态度,用执着的追求实现人生价值。柳子挫折文化是培养当代大学生抗压能力的范本。

参考文献:

[1]中共中央马克思恩格斯列宁斯大林著作编译局.马克思、恩格斯全集(第27卷)[M].北京:人民出版社,1972.

[2]刘铁峰.投迹山水地,放情咏《离骚》——试论柳宗元诗歌在山水人物描写中的贬谪心态[J].松辽学刊,2002,(2).

[3]习近平.在中共中央政治局第十三次集体学习时的讲话[N].人民日报,2014-02-26.

(原载 2016 年第 3 期,作者单位:湖南科技学院)

一部深化柳宗元研究的新著作

——杨再喜《唐宋柳宗元传播接受史研究》

❋ 吴在庆 ◆

　　文学史上韩愈、柳宗元并称,我所指导的博士生论文已有以唐宋韩愈接受史研究为内容的。因此我特别期待有一部柳宗元接受史的专著,这特别是在柳宗元研究也如同多数唐代著名作家的研究一样,处在迫切需要开发研究新视角、新课题以打开研究瓶颈之际。值得快慰的是杨再喜君的《唐宋柳宗元传播接受史研究》(下简称《接受史》)终于从传播接受史研究的角度扩展了柳宗元研究的瓶颈,从不同的视角提出新见解,展开一些新问题,取得不少成果,开拓并深化了柳宗元的研究,是一部颇有学术深度和价值的新著。其成绩,此处容不具体展开,我则想从此书的个别还可周全之处而兴发出的一些或异或新之鄙见,说说对我的启发与滋生的应关注研究的问题。我想,这虽有意避开赞颂之辞,但却是因此书而产生的良好效应,同样可以显示此书的一种学术贡献。以下我简约地就此谈点读后感。

　　永贞革新为何失败?《接受史》谈到其中的一点原因是"由于方法不当"。至于"方法不当"的具体表现,著者没有展开具体说明。尽管如此,"方法不当"之说还是很能引起读者的探究之心。这不仅因为这一说法已经揭示"永贞革新"所以失败的因素之一,而且也触及到以往研究者因肯定"永贞革新"而未认识到或有意避开的问题。现在《接受史》既然已经认识到这一点,则颇希望能得到著者和其他研究者进一步的具体阐明。这也可以说是由《接受史》引起的研究课题之一。由此批评的意见我还想到,韩愈《柳子厚墓志铭》有"子厚前时少年,勇于为人,不自贵重顾藉"的批评;刘禹锡在《唐故柳州柳君集》中也有柳"是岁,以疏隽少检获讪"之评,韩愈所撰的《顺宗实录》也对二王八司马有"朋党諠哗,荣辱进退生于造次,惟其所欲,不拘程度"的种种行事操守性格上的责难。对于这些批评,在今人的研究中,多有因其为改革派而不以为然者。我觉得连刘禹锡本人尚有上述之说，要说那是全是污蔑不实之辞，总令人有所困惑生疑。因此，上述批评的是与非，值得重新加以审视，尽可能客观准确、实事求是地还其本来面目。

《接受史》从唐宋多位大家的角度比较具体地研究他们对柳宗元的接受，很有新意心得，也很有启发，值得称赞。不过金无足赤，在我看来个别论述的说服力还留有圆融的空间。比如在论述韩、刘对柳宗元的接受时，个别举证论述，在我看来说服力是有待加强的。柳、韩、刘的密切友好关系是无可怀疑的，故韩愈曾说"同官尽才俊，偏善柳与刘"，在柳宗元去世后，韩还撰有《柳子厚墓志铭》等文章；刘也有《重祭柳员外文》等。因此《接受史》从多方面阐述了韩刘两人对柳宗元的接受，所论多可信。但在以柳宗元作于810年秋后的《愚溪对》和韩愈作于811年正月的《送穷文》为例，说明两者"都采用了对话的形式，以诙谐的方式讽喻了世态人情"；"《愚溪对》中的'愚者'实质上就是作者自己"，"通过'恶溪'、'弱水'……五个水名，分别映射了当时社会的邪恶、腐朽"等等；而"韩愈《送穷文》中的'鬼'正是自身形象的刻画，其缘由是自己的'智穷'、'学穷'……。在文章的结尾也呈现出高度的一致性"等等例子，论述两文在"表达形式方面的相似"，这是有说服力的。但以此说明韩此文是对柳《愚溪对》的接受，则尚欠圆融。同一时代作家作品间的这种相似，并不一定是他们有意师学效仿的结果，除非拿出具体可靠的两人间确实在此篇作品创作上的师学效仿的有力证据。考虑到两者创作时间相距不到半年，且韩愈当时在河南令任，柳宗元则在永州贬地，而《接受史》也未提供期间韩愈已见到《愚溪对》的证据，故谓《送穷文》乃接受《愚溪对》而成，这未免令人怀疑。又，《接受史》还认为"刘对柳诗的接受还体现在意象的营构上"。在论述这一关系时举例谓"两人都特别喜欢在诗中运用'鸟'意象，柳宗元《笼鸟词》中的鸟具有'独立四顾时激昂'、'拔去万累云间翔'的雄姿；同样，刘禹锡笔下的鸟是'薄暮大山上，翩翩双鸟征'，正准备踏上新的征程。显然，都是借鸟而喻人，借以表达自己的心志。……再如刘禹锡……'巴人泪应猿声落，蜀客船从鸟道回'与柳宗元……'溪路千里曲，猿猿何处鸣。孤臣泪已尽，虚作断肠声'所运用的'猿'意象和所表达的悲苦意境完全吻合"。所举刘柳都用"鸟""猿"意象而表达相同的内涵，我觉得这还不足证明刘禹锡对柳宗元的接受。其实这只能说明著者在这段论述前所说的：刘柳"同被贬谪在南方的荆楚之地，每天的所见之景都基本一样，再加上审美情趣颇多相似之处，致使他俩在诗歌意象的营构上也表现出高度的一致性"。然而这却不足以表明两人间的谁接受谁的关系,要论证它,尚需有相应的确凿证据。

我上述举例,并非意在判定《接受史》的上述观点的对或错,目的仅在于通过个别论证的不够圆融,说明《接受史》即使在这类问题上也能兴发读者的问题意识,促进作者与读者共同思考所兴发的问题。如韩愈的《送穷文》是否接受柳宗元《愚溪对》而成,如有该如何说明?刘禹锡诗中的"鸟""猿"意象是否即是接受柳宗元诗"鸟""猿"意象的结果?如确实如此又该如何证成?我想这也是《接受史》对深化柳宗元研究的贡献之一。

（原载 2014 年第 2 期,作者单位:厦门大学）

文学熠熠　思想隐隐

——读杨再喜《唐宋柳宗元传播接受史研究》有感

✳ 陈仲庚

　　杨再喜博士的新著《唐宋柳宗元传播接受史研究》,视角新颖,材料翔实,读来令人耳目一新,也颇受启发。本人读后,感触最深的是:柳宗元的文学成就熠熠生辉,得到了充分的传播接受,其思想成就则隐而不彰,几乎被文学成就所淹没。其实,柳宗元"是代表一代思想学术成就的杰出人物",一般的介绍也往往是思想家(或哲学家)与文学家相提并论。而我认为:柳宗元思想成就的价值甚或超过了文学成就,特别是其民本思想所达到的高峰,雄视中国漫长的封建社会数千年,几乎可以说是前无古人后无来者。

　　就文学成就而言,与柳宗元并驾齐驱乃至于超过柳宗元的文学家大有人在,在唐代文学家队伍中,他绝对排不上第一,即使是在"唐宋八大家"中,他同样排不上第一。而在思想上特别是在民本思想上,他却可以争得中国思想史上的多个第一。

　　例如在哲学思想上,屈原在《天问》中提出的一些问题,经历了一千多年都无人问津,柳宗元的《天对》则给予了解答。他认为世界是由元气构成的,在天地形成之前,只是一团混沌的元气,"庞昧革化,惟元气存",根本不存在有意志的天帝;还说"合焉者三,一以统同。吁炎吹冷,交错而功",即运动是元气本身对立"交错"的作用,世界万物的运动变化是元气自身的阴阳二气相互作用的结果,阴阳二气之外并不存在其他神秘的动力。也许,用现代的眼光来看,柳宗元的回答缺乏科学根据,但他在阐发唯物主义思想方面的确做出了自己特有的贡献。在中国两千多年的思想史上,再无第二人敢作"天对",仅此一点,他就可以堪称第一。

　　在民本思想方面,柳宗元的一些观点更是特立独行。

　　首先,他提出了以"利安元元为务"(《寄许京兆孟容书》)的观点。他曾写过一篇《伊尹五就桀赞》,以中国历史上的伊尹在夏桀与商汤之间屡屡摇摆、曾五次就桀为依据,解说其中的缘由是因为伊尹"欲速其功",想尽快地让黎民百姓摆脱战争的苦难,而早期的商汤却不具备快速取胜的力量。所以,柳宗元得出了石破天惊的结论:"圣人出于天下,不夏、商其心,心乎生民而已。"夏桀与商汤,前者为暴君,后者为圣君,这已经成为千古定论。柳宗元却打破常规,认为王朝君主是姓夏还是姓商并不重要,重要的是心系于民,解民于倒悬比君权的归属更重要,这也就意味着,在国家的政治事务中,民众的利益是决定一切的。这样的观点已经超越了整个封建社会,放在现在也仍然是合适的。

其次是提出了"受命于生人之意"说。自从汉代的董仲舒提出"君权神授"之后,这一观点在中国畅行了数千年。柳宗元的《贞符》则认为:"受命不于天,于其人;休符不于祥,于其仁"。在柳宗元看来,国运的昌盛与长久,"受命于生人之意",这才是最根本的。"生人"也就是"生民",唐代因避李世民之讳,往往改"民"为"人"。"生人之意"决定君权的"受命",这不仅是对"得民心者得天下"观点的继承,更是一种提升。因为"得民心者"主动权在"君","受命于生人"则主动权在"民";主权在"君"还是在"民",这是现代民主的标志,直到今天,国人中恐怕还有不少人没有真正解决这一问题。

其三,尤为重要的是提出了"吏为民役"说。柳宗元认为:"凡吏于土者,若知其职乎?盖民之役,非以役民而已也。凡民之食于土者,出其十一佣于吏,使司平于我也。今我受其值,怠其事者天下皆然;岂唯怠之,又从而盗之"。(《送薛存义序》)官吏是人民的仆役,而不是去奴役人民,人民纳税来雇佣官吏,是要他们来保人民平安的,但那些官吏拿了人民的"纳税钱"却懈怠人民的事,甚至,还要窃掠人民。对这种"天下皆然"的官场黑暗,柳宗元的针砭可谓铄古熔今,放在今天仍是振聋发聩。

自古皆谓官吏为"父母官",能够"爱民如子"就是"青天大老爷"了,这是天下皆以为然的定论。但柳宗元却说官为民仆,在一千多年前的封建社会鼎盛时期,柳宗元就能提出这样的观念,真可算是洪钟巨响,惊世骇俗。柳宗元之后,这一观念后继乏人,直到孙中山才反复强调官吏为"国民公仆"的观点,并将它与"民生、民权"的观念相结合,使之成为中国现代"民主"理论的先声。

柳宗元的这些"先进理念"为什么后继乏人?人们对他的文学成就为什么是那样地热衷乃至吹捧,而对他的思想成就则是那样地冷漠乃至蔑视?这其中的缘由当然有很多,但韩愈的态度无疑起了关键性作用。这是从杨再喜的著作中所感受到的:"柳宗元在其政治生涯中的所作所为,与其文学的传播接受有着密切的关系,而这一切又都源自于韩愈对这些政治事件的记载和从中所表现出的态度。"(《唐宋柳宗元传播接受史研究》第 45 页)韩愈认为王叔文集团的"永贞革新"是"小人乘时偷国柄",柳宗元参与其中不过是"朋党喧哗"。韩愈否定了柳宗元的政治作为,从而也就否定了他的思想成就。而作为柳宗元的好朋友,又要抬高柳宗元的地位,于是便极力推崇柳宗元的文学成就。以韩愈的地位和影响力,他的推崇所产生的积极影响有多大,他的否定所产生的消极后果就有多烈。于是,柳宗元的文学成就在他的鼓吹下熠熠生辉,而思想成就则被他有意无意地隐匿了。后人对柳宗元的传播接受,基本是沿着韩愈所定的路径走下去,于是就有了文学成就与思想成就的巨大反差——正所谓"成也萧何败也萧何"。

假如,柳宗元的民本思想能被后世所传播接受,中国何至于要等到五四运动时期才从国外进口"德先生"? 何至于直到现在民主之路还是走得如此艰难? 惜哉!

(原载 2014 年第 2 期,作者单位:湖南科技学院)

推陈出新，闳意妙指

——读《柳宗元儒学思想研究》有感

✳ 赵泽龙 ◆

柳宗元作为唐代哲学的重要人物，在儒学发展史上尤其是唐宋儒学转型的准备阶段过程中具有举足轻重的历史地位。然而，理学家基于特定的历史背景搁置了柳宗元的儒学思想，以致后世学者对他的研究往往聚焦于其文学思想的研究。虽然，自 20 世纪 80 年代以降，其儒学思想渐渐受到哲学界的关注，以它为研究对象的论著陆续发表或出版。但是，这些论著只是分析柳宗元儒学思想的某个问题或某个方面。2014 年 12 月由上海社会科学院出版社出版的李伏清著《柳宗元儒学思想研究——兼论中晚唐入学复兴》一书围绕着中晚唐儒学在末学驰骋，儒道不举这一困境中如何实现儒学复兴的时代课题，全面、深入、系统地考察了柳宗元思想的主旨和实质以及他对中晚唐"儒学复兴"所做出的贡献，呈现了唐代儒学与两宋儒学复兴的历史联系。作为国家社科基金后期资助项目"柳宗元思想研究"的结项成果，笔者认为该书具有以下两个特点：

首先是全面性。本书以横向比较为经，以纵向比较为纬，具体分析了柳宗元在中晚唐时期面临儒学复兴的四个问题所作出的回答：一是如何对待佛教的问题，即辟佛还是融佛。柳宗元主张"统合儒释，宣涤疑滞"，以儒学为基统合佛老。这不仅是三教理论由于各自的局限与现实的需求不相符，从而表现出三教融合的需要，还是佛教昌盛发展、影响深刻而又广泛的现实下的必然选择。二是儒家经典如何重获活力的问题，即"我注六经"或"六经注我"。在当时唐代特定的学术大背景之下，儒学的复兴之道在于自身研究方法的变革，即力求通过治经模式的改革充分挖掘儒家经典内在的生命力。作为新春秋学派的承继者，柳宗元倡导由"章句"向"义理"以及由"叙事"向"义理"的转变。如何实现对章句学的即"破"即"立"呢？在他看来，要借助舍传求经、疑古、辨伪等具体方法，实行"有我而得"的治经模式，以"大中之道"阐发儒家经典的义理。柳宗元解经范式的变革突破了两汉以降的章句传注,开启了儒学由汉学向宋学发展的新局面,呈现出唐宋经学思想的承继性。三是如何彰显天人关系论中儒家的人道原则,是选择孟学路线还是荀学路线。柳宗元通过对传统"自"论的继承,创造性地发展了由孔而至荀子——王充的天人相分的路线,提出"天人不相预"的观点,将传统的"人道原则"从神学呓语的奴役下解放出来。与此同时,他还从历史观的角度发展了"自然"人性论和"民役而非役民"的思想,从构成世界整体的"天""人"双重领域伸张儒家的"人道原则"。尽管其"天人不相预"理论对后世的影响是从"非议"和"认同"正反两方面渗透的,但是,不可否认的是该理论在解构传统天人感应论、建构元气自然论和宇宙本体论以及人性论等方面为宋学的发展奠定了基础。四是如何重现儒学的教化功能,即"以文掩道"或"文者以明道"。柳宗元借助"古文运动"的形式,从"文"与"明道"、"取到之原"与"旁推交通"、"为学"之文与"为文"之文、"志"与"言"、"术"与"心"、文采与明道、"古文"与"古道"这七个方面,发展了"文者以明道"的主张,以此实现儒学的教化功能。"文"和"道"的辩证统一是他一生所追求之复兴儒学和文体革新的必然要求和自然呈现。

其次是创新性。就柳宗元的哲学思想研究而言,该书对于破除日丹诺夫唯物与唯心"两军对垒"的教条主义做出了贡献,长风破浪开辟了一个全新的视角:从儒学复兴的视角来考察柳宗元与宋代理学兴起的关系,探讨柳宗元哲学思想的意义。这一视角之新,主要表现在两个方面:其一,突破了将柳宗元的唯物主义思想作为判断他在中国哲学史上地位的唯一标准的旧框。以往学者对柳宗元思想的研究主要聚焦于其文学思想和唯物主义思想,尤其是在改革开放以后,由于日丹诺夫唯物与唯心机械区分的教条主义模式被打破以后,学术界对于柳宗元哲学的研究可谓寥若晨星。本书从柳宗元与宋代理学兴起之间的关系考察其哲学思想,实可谓是为柳宗元哲学的研究开启了一个全新的视角。就这一方面而言,全书最为凸显的要数第四章如何重归儒学的基本价值:人道原则,就天人关系而言,是选择孟学路线还是荀学路线。在这一章节中,作者在受到池田知久等国际国内学者们对"自"与"自然"的诠释的基础上,始终以伸长人道原则为准则,将"自"的"自然而然"之意贯彻于柳宗元的以下几个观点的分析中:一是"天人不相预"的天道观;二是圣人与人无异,持"中正之道"的成圣理想人格,其中还包括与之密切相关的人性论和明志观;三是"民利""民自利"的"利安元元"的社会理想。通过对这三个层次层层递进的分析,从而得出全新的结论:柳宗元主张的"天人不相预"理论全面克服了汉儒"天人感应"的神学目的论,为宋代理学的转型扫清了障碍,因此,柳宗元在唐宋儒学转型的准备阶段具体不能抹灭的历史作用。但基于柳宗元的思维方式还未完全"脱汉入宋",又恰好合理地解释了柳宗元为什么得不得宋代理学家的认同。这种基于"自"的诠释学角度的意义来分析其天道与心性理论方面对人道原则的伸长,由此探讨其历史地位和作用,相对于以往唯物与唯心的界定来定格柳宗元的哲学贡献,无疑是一个全新的尝试,给人耳目一新的冲击力。其二,打破了仅将韩愈、李翱作为理学先驱的旧定势。柳宗元与韩愈的哲学思想都是中唐儒学的重要组成部分,在韩愈学说备受关注,柳宗元思想却被搁置的历史现实之下,我们重新认定柳宗元在儒学史上的地位尤为重要。本书独辟蹊径,从探究唐宋儒学转型与中晚唐儒学复兴之间的关系着手,挖掘出作为"异端"学的柳宗元的思想实质:"正统"与"异端"之间,别于正统而又同于正统,得出了中唐儒学复兴是宋学的胚胎,柳宗元、韩愈等都对儒学的复兴做出了重大的贡献,他们同为理学先驱的结论。

当然,该著的创新性思路还体现了统筹兼顾的特点。不仅于总的结论和命题方面有别于目前学术界的研究成果,同时在细节的论证方面,也可谓另辟蹊径。如第一个问题如何对待佛教的问题方面,通过《送琛上人南游序》中"而今之言禅者,有流荡舛误,迭相师用,妄取空语,而脱略方便,颠倒真实,以陷乎己,而又陷乎人。又有能言体而不及用者,不知二者之不可斯须离也。离之外矣,是世之所大患也"之文,具体而微地结合当时的历史文献和佛教史来分析柳宗元对时禅之风"流荡舛误","迭相师用","妄取空语","脱略方便""言体而不及用"等方面的批评,由此批驳学术界一向认为柳宗元"溺佛""融佛"的简单结论,而认为柳宗元和韩愈一样,是有辟有融的,两者于佛教的态度的思想实质是一致的,因而可谓"殊途同归",不存在决然而然的不同。就第二个问题儒家经典如何重新获得活力的问题,通过对柳宗元的《非〈国语〉》等文献和韩愈、李翱的《论语笔解》等文本的逐字逐句的归类梳理,可以发现,不仅仅是韩愈,同样柳宗元也是宋代理学经学变革的前驱,以柳宗元等人为代表的中晚唐新《春秋》学派在推进由章句向义理、由汉学向宋学的演变过程中,功不可没,直接开启了宋代经学革新的大门。

(原载 2015 年第 11 期,作者单位:湘潭大学)

"问题意识"研究方法的典范

——读《柳宗元儒学思想研究:兼论中晚唐儒学复兴》

✳ 唐琦露琴

2014 年 12 月,湘潭大学哲学系李伏清的新作《柳宗元儒学思想研究——兼论中晚唐儒学复兴》历尽艰辛,终于付梓。该书也是国家社科基金后期资助项目的最终成果。仔细拜读后,本人认为该书对中晚唐儒学复兴和柳宗元对儒学复兴所做的贡献这一热点问题作了直接回应。它从分析柳宗元的复兴儒学所做的贡献的个案入手,回答了诸如中晚唐为什么要复兴儒学,复兴儒学何以可能,如何复兴儒学等理论问题。就柳宗元的哲学思想研究而言,对于破除日丹诺夫唯物与唯心"两军对垒"的教条主义作出了贡献,长风破浪开辟了一个全新的视角:从儒学复兴的视角来考察柳宗元与宋代理学兴起的关系,探讨柳宗元哲学思想的意义。这一视角之新,一方面在于突破了以往只把唯物与唯心作为评价柳宗元思想意义的唯一标准的旧模式和旧框架,另一方面更是突破了只把韩愈、李翱作为理学先驱的旧定势。

与已有成果相比较,《柳宗元儒学复兴思想研究——兼论中晚唐儒学复兴》一书为我们开拓了新的研究路向。给笔者留下深刻印象的主要在于其"问题意识"的研究范式。

习近平总书记在《中共中央关于全面深化改革若干重大问题的决定》的说明中强调:"要有强烈的问题意识,要以重大问题为导向,抓住关键问题进一步研究思考。"在今天的学术界,也不断强调学术研究中"问题意识"的重要性,无论是硕士研究生的培养工作还是博士研究生科研能力的培育方面,无不强调"问题意识"。北京师范大学甚至为博士生开设了一门"人文社会科学研究的方法论问题"课程,认为人文社会科学应当树立专门的研究意识,即问题意识、学理意识和方法意识。通过对《柳宗元儒学思想研究》一书的反复拜读,笔者认为,该著比较经典地体现了学术研究中的"问题意识",贯彻了"问题意识"的研究方法。可以说,全篇都是在"问题意识"的研究思路中凸显本课题的全面性、宏观性和系统性。

文章开篇探讨中晚唐儒学为何要复兴的问题:"末学驰骋,儒道不举。"中晚唐时期,于外,儒释道三教并存,佛、道二教尤其是佛教昌盛发展;于内,儒学内部经学僵化,文学浮靡,日渐呈现失却经世致用之弊。在内忧外患夹击下,如何复兴儒学成为中晚唐的重大时代课题。这一课题具体而微地表现为四个问题:

首先,如何应对佛教的挑战:辟佛还是融佛?

鉴于中晚唐佛教的高度中国化及其影响的深刻性,中晚唐儒士开辟了以儒统合佛教的道路。这一路线存在着一定的必要性、紧迫性和现实可能性。具体而言,韩愈、李翱表面上辟佛而无创见,在实质层面融佛而又多有创新;柳宗元在儒学的视野下,既表现出对佛教的认同,又表现为对佛教的批判。于前者,柳宗元基于中晚唐佛教高度世俗化的现实,认为在"孝道"、仁义、礼法和戒律等方面,佛道"不与孔子异道",佛教理论有"与《易》《论语》合"之处。同时,柳宗元以儒家"入世"的品格来消释佛教的"出世"色彩,发挥佛理的优越性。于后者,柳宗元批评时禅"流荡舛误""迭相师用""妄取空语""脱略方便""言体而不及用"等弊病,折射出守礼法、尊经崇圣、修身养性等儒家思想主张。此外,还从学风的角度,对佛教进行了全面的批评,体现了儒家经学、文学的主张。柳宗元以儒学为主导思想,不离"复兴儒学"这一重任,主张"统合儒释"。可见,韩愈和柳宗元表异实同、殊途同归,都主张以儒统和佛教,这一思想对宋明儒学有一定的启发意义。

其次,儒家经典如何重新获得活力:"我注六经"还是"六经注我"?

在佛教义疏经学的影响、刺激和启发下,在疑古思潮的影响下,日益陷入泥淖、遮蔽儒道的中晚唐儒家经学,内部宜时而行的解经范式变革破茧而出。以啖助、赵匡、陆淳为开创者,以柳宗元、吕温为推进者的新《春秋》学派主张,一方面"解构"、超越传统章句学,另一方面又从经学和史学两个领域发起了对"义理"的追求,主张以"大中之道"为支柱,重新"解释"传统经传,六经注我,由"我"明"圣人之心",发明"微言大义",建构新的理论,使儒家经典重新获得生命力,充分彰显儒道的政教世用性。以柳宗元为例,发展了"舍传求经"、严格区分经传以及疑古、辨伪的方法。韩愈在《论语笔解》中也呈现了"六经注我"的经学主张。新《春秋》学派"由我而得"、借圣立言、疑古辨伪的主张与宋明经学在很多方面表现出一致性。

其三,如何彰显儒家的基本价值人道原则:孟学路线还是荀学路线?

在孔子那里,天人关系这一基本的哲学问题,蕴含着孟子天人合一的路线和荀子天人相分的路线,孟荀天人观实则殊途同归,都在于彰显"人道原则"。柳宗元将荀子——王充天人相分的路线贯彻下来并加以推进:一,发展了"自"论思想,将自然说贯彻于宇宙论和人生观、价值观;二,提出了"天人不相预"的观点,从宇宙论的角度还原"天"的"自然"性,全面批判两汉天人神学目的论,将传统的"人道原则"从神学呓语的奴役下解放出来;三,从理想人格和理想社会两个角度还原了"人"的"自然"性,将性"朴"论发展为人性"自然"论,认为人性是"明"和"志"的辩证结合,发展了"大中之道",提出了"圣人与人无异"的观点,倡导"至公"的社会理想,将基于儒家人道原则的民本思想发挥为"利民"和"民利民自利""民役而非役民"的"利安元元"的主张;四,柳宗元从批判"封建论"的角度倡导人道原则。总体上,柳宗元承继了被以后宋明理学视为异端的荀子天人相分路线,这使得他与发挥孟学天人合一路线的宋明理学家产生了了距离而被斥为异端。

柳宗元虽然克服了汉儒的"天人感应"的神学目的论,主张"天人不相预",突出人道原则,但这一理论与宋明儒学"天人合一"思想还是有着质的区别;同时,柳宗元沿袭了汉儒的思维方式及其结果,主张元气论,这些都说明柳宗元并未完全摆脱汉儒思维方式及其成果,正是这一特征,使得柳宗元在唐宋儒学转型的准备阶段具有很重要的历史意义。也正是柳宗元这种并未完全"脱汉入宋"的思想特征,合理解释了为何宋代理学家几乎都不认同柳宗元的历史地位,对他的评价普遍不高的问题。其实这种"脱汉入宋"的不完全性及至宋初仍有呈现,尤其是在经学方面,这也是为什么著名经学家马宗霍称宋初儒学为"唐学"的原因。但我们不能因此而否认唐及宋初阶段的儒学在唐宋儒学转型过程中所起的准备作用。

其四,如何重现儒学的教化功能:"以文掩道"与"文以明道"。

在儒学传统中,"文""道"本为一体。"文"蕴含着"尊经""崇圣""复古"的思想,包含教化之意,存在显化儒道教化的可能。在唐宋复兴儒学的时代课题下,文学革新与经学变革有如一卵双胎。柳宗元从"文"与"明道"、"取道之源"与"旁推交通"、"为学"与"为文"、"志"与"言"、"术"与"心"、"文采"与"明道"和"古文"与"古道"等方面,发展了"文以明道"的主张而别于宋代"文以载道"的思想。唐代的柳宗元和韩愈与宋代的欧阳修和苏轼等人在承继前人文道思想的同时又表现为对重文轻道、重道轻文思想的修正,主张"文"和"道"的辩证统一。

以上问题的探讨不仅把柳宗元的思想置放于当时具体的思想背景中,而且从中论证了柳宗元哲学思想的问题域之所在。在对这些由点及面问题的解决过程中,比较清晰地呈现了柳宗元和韩愈一样,都是宋代理学的先驱,揭示了柳宗元在汉学向宋学演变过程中的思想特征。通过这些论题的呈现,层层递进地回答了以下问题:柳宗元重振儒学要解决的问题是什么?柳宗元何以是宋代儒学的前驱?柳宗元作为宋代儒学的前驱,为何又得不到理学家的认可?通过对这些问题的解答,从政治现实的差异性与正统论、道统论和夷夏之辨的紧密联系中分析得出,为什么柳宗元的思想被宋代理学斥为异端,并由此分析解决柳宗元哲学思想的实质是什么的问题,认为柳宗元的哲学思想总体上呈现为正统性,如果实在要强调"异端",充其量也只能说是正统与异端之间。

从以上可以看出,《柳宗元儒学思想研究——兼论中晚唐入学复兴》一书可谓"问题意识"贯彻到底的一个典范。全篇都是在"问题意识"的研究思路中凸显本课题的全面性、宏观性和系统性。这正好为研究生于学术研究中去具体理解究竟什么是"问题意识"、如何贯彻"问题意识"等问题,提供了一个活生生的现实的范例。

(原载 2015 年第 7 期,作者单位:湘潭大学)

柳宗元的爱情欲望与婚姻生活
——从小说《灞亭柳》谈起

✳ 吕国康 ◆

　　柳宗元是中国历史上的伟人，享誉世界的文化名人。最近，日本山川出版社出了一套介绍全世界从古至今100个伟人的丛书，柳宗元有幸列入其中，并由柳学专家户崎哲彦先生撰稿。唐代名人众多，李白、杜甫未选入，他们虽是杰出诗人，但无思想、哲学著作。韩愈虽然比较全面，但他的思想属正统儒学。而柳不仅是优秀的文学家，也是伟大的思想家，哲学著作也很有价值。他是儒学由唐代向宋代发展的承前启后者。通过文艺形式来塑造柳宗元的形象很有必要。同时，在创作上也存在较大的难度。骆正军先生的长篇历史小说《灞亭柳》，由湖南人民出版社于2013年6月出版，这是一个有益的尝试。

　　为什么不少作者以柳宗元为题材进行创作，成功者却不多？我认为，其一：柳除在长安参加轰轰烈烈的永贞革新，在柳州任刺史有德于民之外，永州十年，主要是读书、写作、游览、交往，以一介书生、一位贬官的形象占据历史舞台，生活中缺乏激烈的矛盾冲突，难以入戏。其二：柳的一生还有不少未解之谜。如他的婚姻家庭生活。再举两个例子。柳父名，一般说柳镇。但有学者指出：柳父五兄弟，名"缫""综""续"等，均为"系"旁，故柳父名也应为"系"旁，有人考证为"缜"，加上子厚为避讳不用"镇"字，柳父名"缜"是可信的。临终前，柳曾给刘禹锡、韩愈写信，嘱托编集及抚孤。刘比柳多活了二十多年，编辑了柳集，并将柳告（周六）抚养成人，后进士及第。不知为何未将柳的遗书公诸于世？信的内容至今不得而知。而刘临终前写的《子刘子自传》却编入文集。当然，从另一角度而言，这些未解之谜也为创作提供了想象的空间。

　　正军先生在从事柳学研究的基础上，创作了电视剧本《灞亭柳》，后将其改成长篇历史小说出版，花费了大量的心血与精力。总体而言，这是目前以柳宗元为题材的写得较好的一部文学作品，著作中有不少闪光之处。同时，也存在一些值得探讨、商榷的问题。艺无止境，为了精益求精，使作品更加完美，能够成为传世之作，还需精雕细刻。

作品以柳宗元奉诏重返长安作为切入点，将参加永贞革新、贬谪永州十年的生活，通过回忆来展开，柳州生活以整块式呈现在读者面前。构思不错。在表现形式上，保留了电视剧的特点，多采用"闪回"这一蒙太奇手法，将现实与历史、今事与往事串联在一起，富有跳跃性，有利于克服平铺直叙的呆板，也为作品节约了篇幅。问题是运用太多，使人感到眼花缭乱，有些应接不暇。特别是影响了可读性。比较而言，柳州生活写得精彩纷呈，而永州十年稍嫌零散、平实。写柳州也有倒叙，如雷圹祈雨与黄溪求雨互相映衬，效果较好，在柳州大云寺前回想永州龙兴寺，也十分自然。无论是电视剧还是小说，均以塑造血肉丰满的人物形象为主旨，这离不开曲折的情节，动人的细节。悬念设计十分重要。时空的转换，"蒙太奇"、意识流的运用，也应考虑读者的欣赏习惯、思维定势。

柳宗元所处的时代，正是唐王朝从盛转衰的中唐，"安史之乱"的浩劫使国家大伤元气、危机四伏。王叔文、柳宗元等一批有识之士，忧国忧民，想为振兴中唐干一番事业。永贞革新的壮举，矛头直指宦官弄权、朝廷积弊、藩镇割据，留下可歌可泣的壮丽诗篇。柳宗元因革新失败而遭贬，这是他一生的重要转折，是改变其命运的一次"偶遇"。故作品应该涉及"安史之乱"曾在柳及父辈心灵上留下的创伤，应对永贞革新有更惊心动魄的有声有色的描写。

作品根据史料加以虚构、细化，描写了众多历史人物，不乏生动感人之处。柳宗直、卢遵是陪伴子厚在永州、柳州度过漫长岁月的关系最密切的亲人，自然着墨较多。刘禹锡、韩愈是与柳一生交往的挚友，小说中有不少细腻亲切的叙说。值得一提的是重巽即巽上人，是柳初贬永州住龙兴寺时与之相识相交的一位高僧。有关史料对重巽的介绍比较简单，说他应湖南观察使柳公绰之召赴潭州（长沙）弘法，离开永州后就没有下文。小说将其行踪延伸到长安、柳州，与子厚长期相处，作为佛家的代表人物，对柳的影响较大，起到了陪衬作用。特别是第四十回，写子厚岳父杨凭为阻止皇上李纯再服金丹，抢过柳道长手中装有金丹的葫芦，将金丹全部吞服到肚里，然后投湖自尽。这一大胆的构思，为树立杨凭的正面形象，增添了不俗的一笔。

柳宗元的性格，总体而言属外向型。参加永贞革新，在朝廷超取显美，锋芒毕露。在社会生活方面，像其父一样，喜欢交友，倾诉心声。他敢于讲真话，敢怒敢言、敢说敢做。由于遭贬，受到残酷打击，性格也发生了一些变化，有时显得内敛,面对大自然的美景常常忧乐杂糅。生活环境的变化,迫使他首先考虑自保,防止政敌的落井下石,生存是东山再起的基础与根本。但他强大的内驱力,忧国忧民的焦虑,利安元元的抱负,又不得不发声,故外向、内敛交织,成为一种复合体。以《江雪》为例,寒江独钓的渔翁,不惧冰雪严寒,是外向型的,而内心炽烈,渴望援引,是内敛型的。自称"罪臣"是涂抹一层保护色,为了"复起为人",有时低声下气乞求朝中官僚及亲友,不得不说一些违心的话,是压抑怒火,以磨平棱角。对柳宗元性格的刻画,应该是立体多面的。

文学是语言的艺术。作品在以表述为主的基础上,可以增加一些环境描写、心理活动刻画。对永州的民俗描写游刃有余,而长安略显生疏。高明的作家是十分重视环境描写的,可以起到渲染、烘托的作用,为作品增添诗情画意。"燃烧的寂寞"——柳宗元的心理活动是非常丰富的,有的作品就是"一篇心理自传"。心理活动的刻画对人物内心情感的揭示是不可忽视的,这对塑造柳宗元尤为重要。他为国为民遭贬十四年,历经坎坷,在逆境中拼搏,其心灵的凸陷与补偿、内驱力的产生均大有文章可做。历史小说涉及一些古文,诗词应保持原貌,对话可译成现代口语。

从爱情、婚姻及家庭生活来看,在柳宗元身上还存在一些未解之谜。小说着力刻画了柳的"影子夫人"秦茹萍,认为她是和娘的生母,随子厚从长安来到永州,并生下殷贤、殷芝两个女儿。她是子厚原配杨凭之女兰芝的陪嫁丫头,在长安时就照顾侍候兰芝,后遵嘱照顾子厚,并产生感情,伴随柳度过一生。作品将周六即柳告虚构为子厚外甥女崔媛之子,由重巽建议子厚收为己子。柳采纳了这一主张。周七则为柳的遗腹子,由茹萍亲生。小说还穿插了柳宗元在永州与歌妓邹雪梅的爱情故事,写得跌宕起伏,引人入胜。雪梅后为子厚返京的前途四处活动,在长安受蒙骗丧生,可谓有情有义。这样描写柳宗元的爱情生活,有利于从正面塑造他的完美形象,不失为一种选择。但作为历史小说,离历史的真实究竟有多大的距离? 值得研究;子厚的爱情、婚姻真实情况究竟如何? 值得探讨。

柳宗元是杰出的思想家,能够超越时代、超越前人,能够高屋建瓴,提出不少真知灼见,至今光焰万丈。但是,在生活上他却不能脱离当时的社会环境,特别是在爱情与婚姻问题上也是一个有七情六欲的凡人,对于"纳妾"一事不必为尊者讳。唐代经济发展,文化繁荣,性生活相当开放。但在婚姻问题上要求严格。法律禁止良民与贱民通婚,良民中士族(贵族)与庶族(平民)也难联姻。柳虽遭贬，但终究还是六品官吏，受封建等级的制约，续娶要考虑门当户对。唐朝风行蓄妓纳妾的世俗。史载唐太宗之初宫女三千，至唐玄宗时有"先帝侍女八千人""后宫佳丽三千人"之说。玄宗时长安内外共有在册教坊妓11409人。北宋张瑞义《贵耳集》说"唐人尚文好狎"。官妓隶属于各级官府，又称"官使妇人""官使女子"等，至中唐时已普及到州、府、郡乃至县级衙门。朝廷还对官员蓄养家妓规模做过规定。中宗曾令："三品已上，听有女乐一部；五品以上，女乐不过三人。"唐玄宗则下诏："五品已上正员清官，诸道节度使及太守等。并听当家蓄丝竹，以展欢娱。"官僚贵族们还普遍蓄养家妓。柳宗元的岳父杨凭，为人重交往，性尚简傲，又喜奢侈，做京兆尹时，筑宅于永宁里，幽蓄妓妾。韩愈晚年也蓄妓妾享乐。刘禹锡有《怀妓四首》，白居易有"黄金不惜买蛾眉，拣得如花三四枝"的诗句，都是这一世风的真是写照。元和十年（815）七月二十四日，柳在《祭弟宗直文》中提到："吾又未有男子，尔曹则虽有如无。"意思是：我又没有儿子，你虽然有，却也像没有一样。又说："知在永州，私有孕妇，吾专优恤，以俟其期。"我知道你在永州还有一个怀孕的小妾，我会专门好好对待她。宗直在永州生的是一个男孩，后代居住在零陵阳河柳家村。从宗直身上可以看到子厚的影子。元和五年（810），他的女儿和娘因病去世。柳很悲伤，写了《下殇女子墓砖记》："下殇女子生长安善和里，其始名和娘。""元和五年四月三日死永州，凡十岁。其母微也，故为父子晚。"这说明和娘生于长安柳宅，其母地位卑微，故子厚拘泥于礼法，未敢公认与和娘的父女关系。直至女儿在永州病逝才承认父女关系。这也说明和娘之母未随柳至永，若来永，两人的同居关系将继续存在，变成事实婚姻，就不存在"为父子晚"的问题，也不可能10年之内再无生育。另一方面，柳文中涉及家僮、马夫、侄女等，不可能对和娘之母只字不提。

柳宗元从庙堂之上到江湖之远，一生坎坷，饱受磨难。在爱情问题上也经历了喜悦、悲痛、苦闷与追求，对爱情生活始终有着美好的愿望。如《戏题阶前芍药》诗就抒发了"愿致《溱洧》赠，悠悠南国人"的思念。在困境中，能从实际出发，为传宗接代而寻找配偶。在《与李翰林建书》中表白：即便让我去耕田种麻，娶老农夫的女儿为妻，生养儿女、养育孙子，靠他们来干体力活；而我则经常地写诗作文，用以歌咏太平盛世。这似乎有着陶渊明的影子。

柳宗元十三岁时与杨氏订婚，二十四岁时完婚。结婚不到三年，杨"孕而不育"流产，后因病去世，年仅二十三岁。柳哀伤悲痛，为夫人写了墓志，称赞她温柔和顺、德行美好，端庄聪明、贤惠和睦，生而知孝顺友爱之根本。并表示死后一定要与夫人合葬。参加永贞革新失败后，三十三岁的柳宗元贬谪到永州，为员外司马，住城南龙兴寺。他经常去东山浏览，写了《戏题石门长老东轩》诗："石门长老身如梦，栴檀成林手所种。坐来念念非昔人，万遍莲花为谁用？如今七十自忘机，贪爱都忘筋力微。莫向东轩春野望，花开日出雉皆飞。""石门"指华严岩的"石门精舍"。《大明一统志·永州府》："华严岩在县南三里，唐为石门精舍，踞法华寺南隅崖下。"雉，野鸡。"雉皆飞"用典。古乐府有《雉朝飞》曲，相传是战国初齐宣王时处士犊牧子所作。据吴兢《乐府古题要解》，他"年七十无妻，出采薪于野，见雉雄雌相随而飞，意动心悲，乃仰天而叹曰：'圣王在上，恩及草木鸟兽，而我独不获！'因援琴而歌以自伤。"结尾意谓：你老和尚虽是《莲花经》诵念万遍的得道高僧，但千万不要站在东轩眺望春光烂漫的原野，那儿旭日花开，色彩斑斓的野鸡雄雌相逐嬉戏，你能抗拒那犊牧子七十无妻的本能烦恼吗？诗称"戏题"，似乎是与年过七十的石门长老开玩笑，实质上折射出正当旺年的诗人"那潜伏深处的性意识"，暗藏夫子自道的意念。这应是元和四年（809）的作品，因为柳母于元和元年五月十五日在龙兴寺病逝，须守丧三年。柳经历了压抑苦闷、惶恐不安的贬永初期，逐渐静下心来，读书写作，游玩散心。蒋凡教授认为，该篇"借诗遣怀，满纸风趣的诙谐调侃中，不仅暗伏着对异性之爱的合理向往，而且表达了自己不屈服于环境重压的热爱生命之追求，苦中作乐，其诗所'戏'，真谛在此"（《柳集与性意识的文学表现》）。这是比较中肯的。对爱情的渴望，柳还有不少直接的表白。如《寄许京兆孟容书》说："茕茕孤立，未有子息。荒陬中少士人女子，无与为婚，世亦不肯与罪大者亲昵，以是嗣续之重，不绝如缕。"《与杨京兆凭书》亦说："身世孑然，无可以为家，虽甚崇宠之，孰与为荣？独恨不幸获托姻好，而早凋落，寡居十余年。尝有一男子，然无一日之命，至今无以托嗣续，恨痛常在心目。"并引用孟子"不孝有三，无后为大"的话，担心没有后代无以延续家族的香火。希望得到大赦，回归故乡，成立家室，生养儿子，以续家族世系，以完成作为人子的职责。诸如此类的话还说了不少，均比较实在，发自肺腑。透露的信息有三点：一是诉说处境的艰难，希望引起同情以改善环境；二是盼望重返长安；三是寻找配偶，生儿育女。这是从庙堂到江湖的转变，是落魄之人内心发出的强烈呼唤，体现了一种接地气的平民意识。

元和五年（810）搬迁愚溪之畔后，柳对爱情的渴望更加强烈。他写了《戏题阶前芍药》诗："凡卉与时谢，妍华丽兹晨。欹红醉浓露。窈窕留余春。孤赏白日暮，暄风动摇频。夜窗蔼芳气，幽卧知相亲。愿致《溱洧》赠，悠悠南国人。"这是一首咏物诗,以芍药为歌咏对象,与之对话的是一位孤赏者的形象。芍药系多年生草本植物,羽状复叶,小叶卵形或披针形,花大而美丽,有紫红、粉红、白等颜色,供观赏。根可入药。鉴于牡丹与芍药有许多相似之处,故李时珍在《本草纲目草部》中又将牡丹释名木芍药。蒋青海主编《养花要领500答》说:"芍药又名梦尾春、没骨花、殿春,属毛茛科多年生宿根草木花卉……五月上、中旬开花。"诗经《郑风·溱洧》结句:"维士与女,伊其相谑,赠之以芍药。"这是爱情诗,描写三月上巳节时青年男女在溱水、洧水之间踏青游春、谈情说爱之情形,互赠"芍药"为信物。据马瑞辰《毛诗传笺通释》考证,诗中的"芍药"实为蘪芜之类的一种香草。虽然此芍药非彼芍药,但传达的爱情信息是相似的。《戏题阶前芍药》也用了一个"戏"字,看似漫不经心,实则发出心语:芍药是名花,见名花而思美人,在充分渲染了名花的娇艳与郁香之后,最后以"愿致《溱洧》赠,悠悠南国人"结尾,透露给续者的是心灵之语,愿以名花赠与佳人,那位佳人就是心中的玫瑰——红颜知己。

元和六年,柳在《送从弟谋归江陵序》中描绘了自己的田园生活:"吾不智,触罪摈越、楚间六年,筑室茨草,为圃乎湘之西,穿池可以渔,种黍可以酒,甘终为永州民。"这说明生活已经稳定,做了安家乐业过陶渊明式生活的打算。根据记载,柳宗元于元和十四年(819)十月五日因病去世,年仅47岁。长子周六,年四岁;次子周七是遗腹子;大女儿殷贤不到十岁;小女儿比周六略大。由此推断,殷贤约于元和六、七年生于永州,而柳于元和五、六年已与女子共同生活。这位女子是谁? 根据《马室女雷五葬志》,雷五"姨母为妓于余",与柳同居的是马雷五的姨母。难以理解的是"妓",据《说文》"妓,妇人小物也。"朱丰苊云:疑物为巧字之误,或曰弱之误。故可理解为巧弱的女子。还有歌妓、舞妓、声妓、艺妓等称谓。章士钊先生认为"子厚蓄妓于家,其所妓者,殆妾也"(《柳文指要》)。这位"妓",实际上是他娶的小老婆。这也有一定的道理。由于属"非士人女",柳与她的结合并非门当户对,严格来说,有违大唐法律,故不能正娶为妻,也未能详细介绍她的信息。这成为柳学研究的一道难题。

元和十四年(819)十月五日,柳宗元在柳州英年早逝,因家贫全靠"观察使裴行立为营护其丧及妻子还于京师"(《旧唐书·柳宗元传》)。舅弟卢遵,"既往葬子厚,又将经纪其家。庶几有始终者"(《柳子厚墓志铭》)。柳临终前,曾给刘禹锡、韩愈写过托孤遗书,但一直未公诸于世,可能是柳考虑后代的安危,谨慎所至。目前,比较清楚的是,柳的妻子及儿女是先到长安的,由卢遵操办家事,四个小孩后分别由刘禹锡、韩愈等人抚养。长子周六,即柳告,由刘禹锡抚养成人,咸通四年(863)与韩愈孙韩绾等二十五人进士及第,柳告第三。柳告曾任仓部员外郎,为光宗耀祖写下精彩一笔。柳夫人的下落不得而知。现江浙一带有不少柳告的后裔。

爱情生活仅是柳宗元一生的重要组成部分,而并非全部。运用文学手段反映柳宗元的曲折人生和传奇故事,这是一项很有意义的工作,也是文史学者的崇高使命与职责。如何塑造柳宗元这一个血肉丰满、栩栩如生的历史伟人,使之又符合历史的真实,这需要作者百尺竿头更进一步。愿正军再接再厉,笔底生花,让柳宗元的人格魅力与作品的艺术魅力交相辉映,深深地感染读者,又使读者对中唐的社会、历史有较为深刻的认识、领悟。

(原载 2014 年第 3 期,作者单位:永州市教育局)

思亭描古柳 染翰画河东

——读《灞亭柳》有感

✳ 吴同和

六月暑天,骆正军教授冒着炎炎烈日,来敝舍,将新近出版的力作《灞亭柳》馈赠予我。恭读而后,感慨良多。

由封面"长篇历史小说"的红色印章,很快联想到罗贯中《三国演义》、姚雪垠《李自成》,联想到陈寿《三国志》、张廷玉等《明史·流贼李自成传》。说来惭愧,我没有读《明史·流贼李自成传》;李自成其人其事,除了从中学历史课本知其大概,从戏台、屏幕睹其风采外,比较全面系统认识,却是得益于姚雪垠 5 卷《李自成》。依稀记得,《李自成》是上世纪 80 年代初中国青年出版社出版发行的。当时文艺作品不是很多,青黄不接,故此书非常畅销;前三卷是从朋友那儿借阅的,后来从书店购买了第三卷。当年有报道说,一位解放军战士因买不到书,竟然将此书某卷全文抄下! 这说明,历史小说很受读者欢迎。

以历史人物或历史事件为题材的历史小说,集真实性与艺术性于一体,是读者了解历史人物、历史事件的有效途径之一。它要求作者客观回顾历史,按照历史的本来面貌描写,艺术再现一定历史时期的社会生活面貌,以揭示历史发展的必然趋势。历史小说的写作原则是:不允许杜撰,篡改,不允许违背基本史实,却允许作者用虚构的人物同历史人物相混合,还可以集中描绘某一个历史事件;允许适当的艺术夸张和必要的集中,允许有细节上的想象和虚构。如"三顾茅庐"的故事,史书《三国志》只有五个字:"凡三往,乃见。"罗贯中《三国演义》却写了4000 余字!

历史小说是雅俗共赏的。但要写好历史小说,谈何容易? 既要尊重历史事实,又要予读者以审美愉悦,还要给读者以启示和教育。这类作品所描写的主要人物和事件,虽然允许适当虚构、夸张,但必须有历史根据;长篇作品则须展示某一时期的生活面貌和历史发展的趋势。

《灞亭柳》是历史小说。通过阅读,读者可以了解中唐社会的社会现实,感知有血有肉的"古柳"形象,走进柳宗元的心灵世界。作者所塑造的柳宗元及刘禹锡、裴度、裴行立、武元衡等形象都是"历史"的,真实可信的;而作者精心塑造的线索人物秦茹萍,虽为虚拟,却是成功的艺术形象。她是"柳宗元没有名分的妻子",活跃在作品始终,对于柳宗元形象的塑造,举足轻重。

著名诗人、散文家聂绀弩先生为《三国演义》再版写过一篇前言。其中一段话,解说了历史小说的功能与特征:

《三国演义》是一部断代的历史小说。

第一、它把高文典册的史书陈寿《三国志》通俗化了。使本来只有高级知识分子才读得懂的史书,变成几乎连半文盲式的一般人都可以勉强看下去,虽有种种原因,而文字通俗最为主要。

第二、把正史变成小说,为了把一件事说得娓娓动听,把一个人说得栩栩如生,容许更多夸张、虚构、无中生有,化不可能为可能,几乎可以说是使作者得到解放,从必然王国走到自由王国。我没有核对《三国志》和《三国演义》之间的异同,但我想象桃园结义、连环计、祭东风、草船借箭、蒋干盗书,以及以后的单刀赴会、玉泉显圣、骂死王朗、空城计之类,恐非《三国志》所全有。

第三、反过来说,《三国演义》不只把通俗化了的高文典册放在一般人手里,还把一般人看的通俗读物放在知识分子乃至高级知识分子手里,使他们更有兴趣地了解了高文典册,使他们发现:那些典重文字竟还可以写成这样奇趣横生的通俗文字,通俗文字还能如此驰骋于神出鬼没想象不到的境界。这就使他们的眼界为之一宽,文风为之一变,甚至使没有读过陈寿《三国志》这样一部重要史书的人,因为读了《三国演义》,实际上没有什么重大的遗憾。而读过《三国志》的人,又会得到更多的启发。

《灞亭柳》,当然不可与《三国演义》相提并论;但究其功能和特征,两者却是大致相同的。

骆教授创作《灞亭柳》,有两大优势。

首先,正军是柳学专家,潜心研究20余载,对柳宗元其人其事,以及柳宗元的相关资料和评介文字,简直可以说如数家珍。此前,他在全国数所高校学报发表过多篇学术论文,2006年,在《文艺报》集中发表了三篇论文:《岐黄大师柳宗元》《柳宗元的文学观》《柳宗元的佛教观》。这些文章，内容涉及哲学、经学、理学、佛学、文学、史学、医学、地理学等诸多学科；2007年，出版专著《柳宗元思想新探》，有新见，有深度，代表了他前期柳学研究的成果。所有这些努力，为创作《灞亭柳》，铺平了道路。写作之前，他究竟还读过多少史书，研究过多少古今史学家、柳学专家、评论家的著作，借鉴了多少学人的观点和论述，浏览过多少流传在民间的轶事逸闻……我们自然不得而知。但是，有一点却可以肯定：其阅读量之大，难以估算；为此付出的艰辛劳动，常人难以想象。

俗话说："有米之炊，人皆可为。"有了这一基础，万里长征，作者已迈出了坚实的第一步。

下一步工作是，整理资料，甄别取舍，疏通脉络，结构文本；然后运用文学创作手法，合理想象，适当虚构夸张，铺叙成文。这个工作，史学家、学者不一定能做好，但正军做起来却得心应手。因为"正军身上有一股诗人情怀"（王田葵《想象追怀梦亦真》）。1980年从中文系毕业后，他援藏支教17年，艰苦的工作和恶劣的环境，磨砺了他的心志，同时也赐予他文学创作以取之不尽用之不竭的生活源泉。正军很勤奋，也很有灵性，业余时间喜欢写诗撰文，自娱自乐；久而久之，生活积淀日渐厚实，文学素养日渐提高，诗作随笔等作品也常见诸报刊。这无疑激发他更大的兴趣，从而形成良性循环。其作品形式，由新诗而至于歌词，而至于散文随笔，而至于中短篇小说，而至于电视剧本，而至于长篇历史小说……每一种文学样式，都有佳作。特别值得一提的是，反映雪域高原普通中学教师情感纠葛的中篇小说《轮》，凭其实力和特色，鹤立鸡群，荣获《小说选刊》2011年度"第二届全国优秀作品·中篇小说类"一等奖。

有丰富材料，有创作历练，写《灞亭柳》，可以说"万事俱备，只等机缘"。"机缘"是一种创作冲动，正军恰恰有这种冲动。于是，《灞亭柳》问世了！

《灞亭柳》是一本好书，一本普及柳文化的好书！其意义在于，它可以帮助不同文化层次的读者共同认识并走近柳宗元。

中华民族在几千年的历史长河中，创造了灿烂的中华文明，形成了优良的文化传统，这不仅成为凝聚中华民族的精神纽带，而且对世界文明作出了重大贡献。如何在新的历史起点上铸造中华文化新辉煌，以礼敬、自豪的态度善待民族优秀传统文化呢？通过挖掘整理和科学扬弃，使中华民族的精神血脉得以延续，始终保持中华文化的鲜明个性和独立品格，是摆在炎黄子孙面前的重大课题。

完成这一课题，必须坚持两条腿走路的方针。一方面，认真挖掘和提炼中华文化的思想精华,促进学术研究多维开拓,纵深发展。另一方面,要加强对文化遗产的保护和利用,运用多种形式宣传、弘扬,使之在普及层面加油提速;利用地域人文优势,弘扬精髓,从而提高全民建设美好精神家园的意识。

以柳宗元研究为例。作为一个研究门类,长期以来,人们更愿意将目光和心力,集中到"有所发现、有所前进"的学术层面,很少有人考虑到普及层面的工作。但学术研究毕竟只是少数专家学者的工作,其研究成果很难为广大群众所接受。说句极端的话,这些研究,老百姓甚至是不闻不问的。他们更愿意接纳以推介柳宗元,推介柳文化为目的的各种形式的文艺作品,包括诗歌、小说和影视作品;可是,这类作品却少之又少。《灞亭柳》的出版,填补了一个空白。其意义在于:"把一般人看的通俗读物放在知识分子乃至高级知识分子手里,使他们更有兴趣地了解了高文典册"(聂绀弩《〈三国演义〉再版前言》)。至于一般文化层次的读者,他们是能够接受,也乐意接受的,和所有读者一样,"可以从中得到更多的启发"(聂绀弩《〈三国演义〉再版前言》)。

关于书名《灞亭柳》,作者主观意向怎样,读者虽然不是很清楚,但相信他是经深思熟虑,推敲再三而定的。

灞桥,位于西安城东12公里处,建于汉代,是一座极有影响的古桥。史载隋开皇三年(583),桥两边广植杨柳;至唐,灞桥设立驿站,凡送别亲人好友,均至灞桥分手,并折柳相赠;因之,人们称灞桥为"情尽桥""断肠桥""销魂桥";与灞桥相关的灞亭、灞水、灞陵等景物,也随之带上了情尽、断肠、销魂的悲怆色彩。唐宋诗人最喜用"灞桥"意象,《全唐诗》直接描写或提及灞桥(灞亭、灞水、灞陵)的诗篇达114首!其中脍炙人口的诗句有李白《忆秦娥》"年年柳色,灞陵伤别",岑参《送祁乐归河东》"置酒灞亭别,高歌披心胸",司空图《杨柳枝》"灞亭东去彻隋堤,赠别何须醉似泥",柳永《雨霖铃》"杨柳岸晓风残月"……明代著名画家吴士英《灞桥风雪图》,点染了冰封雪飘,万木凋零,深山古刹,大河飞泉的雪景,而一位老者骑在驴背上低首沉思,蹒跚通过灞桥的形象,则将"断肠人在天涯"之主题,渲染到极致!

李太白云:"夫天地者,万物之逆旅也;光阴者,百代之过客也!"任何一个人,无论贤愚忠奸,都是过客,都得在一个特定的环境中拼搏摔打,终其一生。作为一个"典型环境","灞亭"太过孤凄。柳宗元父祖三代都生活在晋豫陕一带,不止一次亲历过"灞陵伤别"的伤痛;特别是柳宗元,一次次挥别灞亭,一次次被贬斥,被放逐,的确令他伤心断肠。纵有报国之心,效忠之能,也注定英雄无用武之地。元和八年(813),诗作《入黄溪闻猿》之"孤臣泪已尽,虚作断肠声",描述的就是这种心境。可以这样理解:柳宗元"典型性格"的塑造,必然地要在灞亭这"典型环境"中完成。

另一方面,柳宗元与"柳"有不解之缘。生为柳氏嗣,殁于柳州府。常树柳,心怀忧乐;时折柳,屡别亲朋。故尔,"灞亭"是一特定环境,是伴其度过颠沛流离人生的典型环境;而"灞亭柳"是一株古柳,一个象征,是柳宗元人格的写真。柳宗元一生,短短四十几年,穷经兀兀,忧患元元;阅尽人间冷暖,见证家国兴衰。进则思亭,望复出重用;退而怀柳,求随遇而安。最后,这灞亭之柳永远地定格在唐元和十四年(819),定格在南国柳州大地。

这难道仅仅是巧合?

骆正军先生敏锐捕捉"灞亭""古柳"意象,乃以《灞亭柳》名之;然后精思傅会,艰苦劳作,终成佳作。

这一切皆如此顺理成章。

赞曰:

思亭描古柳,染翰画河东。

贬谪孤臣泪,参详或幻空。

(原载 2014 年第 4 期,作者单位:永州市柳宗元研究学会)

永州柳学的历程

✻ 吕国康

作为唐宋八大家之一的柳宗元,是中国文学史上的一座巨峰。尽管历史上对他参加永贞革新存在异议,褒贬不一,但随着历史的进步,蒙在明珠上的灰尘已经拭去,柳的精神遗产越来越显示其灿烂的光辉。作为杰出思想家、革新政治家的柳宗元同样将彪炳千秋。中国柳宗元研究学会首任会长梁超然教授指出:柳学研究已走出国门,"可以说柳宗元的文化遗产已具有世界性的意义"。柳学"犹如外国文学研究中的莎学,中国文化研究中的红学、杜学、李白学、关学一样"(《国际柳宗元研究撷英——93'柳宗元国际学术讨论会论文选》前言)。改革开放以来,随着文化建设高潮的到来,新一轮柳学研究高潮正在兴起。

历史上,从中唐到"五四"运动的1100年间,柳学曾掀起过两次高潮。李乃龙的《论宋代柳学》对宋代柳学有比较详细的阐述。他认为"唐代是柳学的发轫期","唐代柳学基本上属于情感批评,大抵详叙其人而略论其文,这既是特点也是缺点,客观上为宋代柳学留下了地步"。"宋代掀起了柳学研究的第一次高潮","宋代柳学是一种理智的、人与文并重的批评,与重情感、重人轻文的唐代柳学形成鲜明的对比"。清代掀起了柳学研究的第二次高潮。早在北宋至和二年(1055),永州知府柳拱辰在东山华严岩侧建州学,在学舍东偏立子厚祠堂,"录在永所著词章,漆于堂壁,俾学者朝夕见之,其无思乎?"永州为柳学著作的出版、传播做出过重要贡献。历史上柳宗元文集的永州刻本至少有7种以上。最早的《柳集》大约是北宋末期的永州州学刻本。其次是宋乾道元年(1165)永州郡守叶程所刻《柳柳州集》。值得一提的是清同治丙寅(1866),翰林院待诏杨季鸾归寓永州时重校刊刻的《柳河东集》,称为"海内珍本"。章士钊说:"寻柳文在湘,比之别家传诵较广,而且有湘南自行雕刻之本子流布。吾初读柳文,即是永州刻本,相依至老未脱手。"(《柳文指要·湖南文风》)

新中国成立后,柳学开辟了崭新局面。刘光裕先生在《柳宗元思想研究综述》中将新中国成立以来的柳宗元思想研究分为三个阶段,"文革"以前为第一阶段,"文革"期间为第二阶段,"文革"结束至今为第三阶段。对第一、第二阶段的柳学研究做了简明扼要的点评,对"文革"前的成果及分析切中时弊,对"文革"中"柳宗元被无端地说成是有唐三百年间最大的法家思想家"予以彻底否定,认为章士钊先生1971年出版的《柳文指要》"博大宏富,为历代柳研之最,发微探幽,见解独到之处甚多。训诂考证,亦多发明"。对"文革"后的柳学做了深入阐述,将其特点归纳为三点。①从多学科进行全面的研究;②论研究成果,则推文学思想为多;③论学术讨论以哲学思想为最热烈。

永州市的柳学研究从20世纪70年代后期起步至今,已历40年。以2001年永州市柳宗元研究学会成立为标志,大致可以分为前后两个阶段。第一阶段以龙震球、陈雁谷、何书置、杜方智等人为代表,以零陵师专柳宗元研究室为依托,他们主导了80年代初至90年代末近20年的永州柳学研究。第二阶段以陈松柏、蔡自新、吕国康、翟满桂、杨金砖、夏卫平、骆正军等人为代表,以永州柳学会为阵地,不仅取得了丰富成果,还培养、带动了一大批柳宗元研究爱好者,为推动柳宗元研究向纵深发展作出了积极的贡献。

一 第一阶段

1976年2月,湖南人民出版社出版了《柳宗元〈非国语〉评注》。据介绍,参加评注的有"零陵军分区的理论骨干","零陵地区的几位中学教师也参加了这一工作"。不可否认,它带有强烈的政治倾向,为配合批林批孔运动中掀起的"评法反儒"闹剧。不过,从另一方面来说,也为普及柳学知识,传播子厚文章起到了一定的推动作用。从1970年代后期开始,永州市的柳宗元研究开始了艰难的起步,经过陈雁谷、龙震球、何书置等前辈学人二十多年的艰苦跋涉,终于开出了朵朵奇葩。这一阶段的成果主要是,成功召开了两次重要的柳宗元学术讨论会,发表了大量的柳学研究论文,出版了4部柳宗元研究著作。放眼全国,应该说永州市的柳学研究是走在前面的。

首先,两次研讨会的成功举办,向学界展示了永州学人在柳学研究领域的努力和成果。1981年10月,湖南省古典文学研究会和零陵师专在永州市举办了首届全国柳宗元学术讨论会,国内知名学者吴文治、苏渊雷、孙昌武、霍旭东、马积高、羊春秋等90余人参加研讨,这是有史以来第一次柳宗元研究者的盛会,在柳学史上具有开创性意义。北京大学杜晓勤先生在所著《隋唐五代文学研究》

一书中对百年柳学进行了述评,认为此次会议"是本世纪召开的第一次规模较大的柳宗元专题研讨会,因而在柳学史上具有不同寻常的意义"。在此基础上,1989年,永州市又一次成功举办了全国柳宗元学术讨论会。

其次,永州学人出版了四部柳宗元研究专著。一是陈雁谷先生于1989年在广西师大出版社出版了《柳宗元社会心理思想研究》,柳学专家刘光裕在《柳宗元思想研究综述》一文中指出:"陈雁谷的专著《柳宗元社会心理思想研究》,此可谓独辟蹊径。著名心理学家潘菽早就重视《天爵论》中的心理学见解。陈雁谷则从社会心理学角度进行系统研究,其中关于'挫折心理'的论述相当精辟。"2000年,陈老又出版了《柳宗元旅游思想研究》(香港新风出版社),篇幅不长,但"探幽发微,创见迭出,颇能给人启迪",受到前中国柳学会会长吴文治教授的首肯。陈老以近90岁的高龄,不断开拓新的研究领域,独辟蹊径,笔耕不辍,分别在社会心理和旅游思想两个领域取得了丰硕的成果,受到永州柳学研究后学的尊崇。二是由杜方智、林克屏主编的《柳宗元在永州》一书1994年由河南中州古籍出版社出版,列入"学人独语书系"。该著有20多人参与编写,重点对柳宗元在永州的生活、思想和创作进行阐述,比较全面系统,部分文章见解独到。如胡宗健对柳子山水游记的研究,观点新颖,分析深刻,韩国学者权焕锡曾引用。三是何书置先生的专著《柳宗元研究》1994年由岳麓书社出版,据作者《前言》自称:在读书过程中,发现不少柳宗元研究中的问题,"历时数年,搜集的问题竟达百条之多。这些问题……有关于作品注释析义的,有关于作品时令地域的,有关于子厚生平思想的,有关于王叔文集团及其政治革新的,也有关于柳集校勘的,等等"。作者针对与柳学相关的444个问题进行了认真的研究,发表自己的见解,有不少真知灼见;该著以纠谬为主,具有较高的学术价值和资料文献价值,《柳学研究动态》曾做过推介。这四部著作的出版,既是这一阶段永州学人柳学研究成果的集中体现,标志着永州柳学研究进入到了第一个鼎盛时期,在全国也产生了一定的影响;也直接影响和带动了永州柳学的后续研究,影响可谓深远。

再次,以《零陵师专学报》"柳宗元研究"专栏为阵地,永州学人发表了大量研究论文。《零陵师专学报》1980年创刊,1981年出过"柳宗元研究"专号,长期开辟"柳宗元研究"专栏,据统计,至2000年,学报共发表"柳学"研究论文67篇,在全国绝无仅有。这些论文半数以上是永州学人的内稿,加上在外地报刊发表的论文,永州学人发表的柳学论文总数应该近百篇。这些论文的内容主要包括三个方面:一是柳宗元在永州的行迹、交往及作品考释研究,影响比较大的有龙震球先生的《柳宗元永州行迹考释》、陈雁谷先生的《〈永州九记〉旧址考及有关词语浅析》、何书置先生的《柳宗元永州十年纪略》《春风无限潇湘意——柳宗元在永州的交往录》《贬永作品知多少——柳宗元永州时期作品系年略考》等文章,对柳宗元永州期间的行迹、作品进行了初步而又颇有建树的资料性的归整,具有很强的资料参考价值,也无疑为永州柳宗元研究后来者的研究工作铺平了道路。二是关于柳宗元思想的研究。龙震球先生的《我对柳宗元"统合儒释"的肤浅看法》、何书置先生的《柳宗元在永州与佛教的关系》分别对柳宗元的宗教思想进行了研究。陈雁谷先生的《柳宗元教育思想刍议》《试探柳宗元的行为动机心理思想》等文对柳宗元的教育思想、社会心理学思想、旅游思想进行了研究。陈松柏先生的《宣室无由问釐事,周南何处托成书——柳宗元在永州的忧患意识》、吕国康先生的《柳宗元"愚"说的思想内涵》等文对柳宗元的忧患意识、"愚"的思想内涵等道德精神、人格品质进行了深刻的探讨。三是关于柳宗元文学创作的研究。龙震球先生的《柳宗元诗歌初探》全面系统地研究了柳宗元的诗歌创作,论证分析翔实,资料引证宏博,是较早从整体上研究柳宗元诗歌创作的论文之一。此外,胡宗健先生研究过柳宗元的山水游记,吕国康先生研究过柳宗元的诗歌与小品,陈俊昆先生研究过柳宗元的人物传记,唐朝阔先生还研究了柳宗元的修辞理论。

对于这一时期的永州柳学研究成果,武汉大学洪迎华、尚永亮撰写的《柳宗元研究百年回顾》(《文学评论》2004 年 5 期)一文、北京大学杜晓勤撰著的《隋唐五代文学研究》(北京出版社 2001 年)中的"柳宗元研究"一节,都对百年柳学研究进行了评述,均提到了上述龙、陈、何三位前贤的柳学论文,可以说,在中国的百年柳学研究园地里留下了的永州学人辛勤耕耘的足迹。

二 第二阶段

从 2001 年开始,新千年新气象,以永州市柳宗元研究学会成立为标志,永州柳学进入了新的历史进程。这一阶段以陈松柏、蔡自新、吕国康、翟满桂、杨金砖、夏卫平、骆正军等人为代表,以永州柳学会为阵地,以湖南科技学院、永州职业技术学院等高校为依托,在永州市委、市政府的支持下,使永州柳学从象牙塔走向了广阔的社会。永州柳学研究者注重了学术研究和柳学普及的有机结合,不但取得了丰富的研究成果,还培养、带动了一大批柳宗元研究爱好者,谱写了永州市柳宗元研究的崭新篇章。

（一）永州市柳宗元研究学会的成立

经永州市民政局批准，永州市柳宗元研究学会 2001 年 11 月 10 日在永州宾馆举行了成立大会，永州市委、市政府有关领导、社会各界代表及永州市柳学研究者 90 多人出席了会议。永州市柳宗元研究学会是由永州市柳宗元研究者自愿结成的非盈利性学术性团体，学会理事成员 90 人，理事单位 45 家。学会成后，即集思广益，制定了《永州市柳宗元研究学会科研规划》；阐明了柳文化研究的意义：弘扬地方文化，创造研究精品，从而提高永州市在全国的知名度，促进永州经济发展，为永州市文化、旅游服务；进一步明确了学会科研的目的和任务：继往开来，总结柳文化研究的成果，拓展柳文化研究领域，构建柳学研究的新体系，服务于永州地方建设，为永州市文化旅游事业作贡献。同时，决定创办会刊《永州柳学》（2005 年起更名为《柳宗元研究》），作为柳学研究阵地，普及柳文化知识，扩大柳文化的影响。在学会的领导下，永州学人共同协作，在课题、著作、论文等方面取得了丰硕的成果。学会的成立，是永州柳学研究史上的一件大事，也是永州柳学的里程碑，从此，永州柳学进入了一个崭新的时期。

（二）永州柳学会活动蔚然成风

学会确定了努力将永州建设成为"柳学研究的实地考察中心、教学科研中心、思想文化中心"等"三个中心"的建设目标；在多年来的坚持下，已形成了"一刊、一祭、一会、一网"的活动方式。一刊，即《柳宗元研究》刊物，现已出版了 18 期，每期文章篇目都在 35－40 篇，文字容量 20 万字左右。一祭，即清明祭柳活动，由学会发动组织、大中专学校学生和柳子社区各界人士参与、柳宗元纪念馆承办的一年一度清明祭柳活动，诵读祭文，吟唱诗章，多年坚持如一，蔚然成就一道柳文化亮点。一会，即形式多样的柳学研讨会，有规模较大的，如每年结合祭柳召开一两次；也有规模较小的，如就某一专题开展研究；还有走出去参与大型会议，宣读论文，交流柳学研究成果。一网，即运用永州政府网站平台，在永州市柳宗元研究学会网页上充分发表学会活动情况，报告新的研究成果。2005 年，学会依托永州政府网设立了永州市柳宗元研究学会网页，该网页将学会出版的刊物文章及相关文章挂上了网。2007 年，在湖南科技学院图书馆网页上开设了"柳宗元研究"栏目，挂出著作、论文、信息 1 万多条，点击率上千万。自开通以来，扩大了与海内外学者的联系，该网页因其内容丰富，信息量大，被永州网络协会评为最佳网页。

近 15 年来,永州柳学会组织开展的比较重要的学会活动主要有:一是由中国唐代文学学会中国柳宗元研究会、零陵学院、永州市柳宗元研究学会等单位发起,永州市人民政府主办,以"柳宗元与永州"为主题的柳宗元国际学术研讨会。2002 年 8 月 20 日,"中国·永州柳宗元国际学术研讨会"在永州顺利召开。本次大会有来自中国大陆以及港澳台地区、日本、韩国、马来西亚的 100 余位专家学者和新华社、中新社、香港凤凰卫视、大公报等 20 多家媒体单位 40 多位记者与会,共收到上述国家和地区的学者提交的学术论文 96 篇、期刊 3 种、论著 9 部。尤其是《文学遗产》不仅对会议进行了综述性的详细报道,还刊发了整版的会议图片,极大地扩大了永州柳学会的影响。2003 年,珠海出版社出版了蔡自新主编的《柳宗元国际学术研讨会论文集》(中国·永州),收入论文 49 篇,有关讲话、专访、报道 10 篇。其后的 2004 年、2007 年,学会还组织参加了柳州、山西永济两地举办的第三届、第四届柳宗元国际学术研讨会,加强了学术交流,巩固了学会的地位。二是举办了 2005 年"中国·永州柳宗元诗文教学观摩会"。由本会发起并与中国柳宗元研究会、湖南省教科院、永州市教科中心主办,湖南科技学院、永州职业技术学院、永州市一中、永州市柳宗元纪念馆等协办,2005 年"中国·永州柳宗元诗文教学观摩会"于 9 月 24 至 25 日在永州一中举行。与会人员以市内外中小学教师为主,近 200 人。大会以"弘扬柳子文化,展示地域特色,打造永州品牌"为宗旨,集教学科研、观光旅游于一体,吸引了国内著名专家教授、中小学教师以及诸多老友新朋。这是一次全方位的形象感知,也是一次多角度的抽象研讨;成功地将普及与提高、中小学语文教学与专家学者深层次研讨有机地结合了起来。2010 年 10 月 11 日至 14 日,第五届柳宗元国际学术研讨会在永州召开,共有 142 位专家学者汇聚柳子宾馆参加会议。其中来自我国台湾及日本、韩国的学者共 10 人。共收到论文 102 篇,著作 12 部,刊物 4 种。有近 60 位代表在小组讨论或大会发言。大家不仅对柳宗元的文学、哲学思想进行了深入探讨,还参加了隆重的祭柳仪式,实地考察了柳子笔下的永州山水。会议期间进行了中国柳学会换届选举,武汉大学尚永亮教授当选新一届会长。永州有 6 人当选理事,翟满桂为副会长,蔡自新为秘书长。理事会决定将秘书处改设永州。原会长孙昌武教授致闭幕词,对会议给予了充分肯定和高度评价。会后,由湖南人民出版社出版了蔡自新主编的论文集,选入了 38 篇文章,存目 57 篇。第六届柳宗元国际学术研讨会,于 2013 年 7 月 20 日至 21 日在山西晋城市召开。

来自海内外的 120 多位专家学者参加了会议。在会前,永州柳学会会长蔡自新等人参加了晋城市柳宗元研究会的成立及本次会议的筹备,为壮大柳学队伍一改往日"三驾马车"并驱的局面成为如今的"四轮驱动"做出了贡献。永州 20 多人组团参加会议,提交论文 20 多篇。有 9 位代表在大会作主旨发言,其中永州 2 人,在分组讨论时,与会人员都畅谈了自己的研究心得,体现了学术性、适用性的特点。韩国岭南大学南哲镇博士表示,争取早日把柳宗元的诗文、思想、生平、中国柳学研究的成就等翻译成册,传播到韩国。

2001 年,永州柳宗元研究学会成立,推选陈松柏博士、编审为第一任会长; 2003 年,由于陈松柏离湘入粤,经改选蔡自新先生继任会长;2014 年底,经过改选,翟满桂教授成为第三任会长。在历任会长的带领下,全体同仁奋力前行,不断开拓,已取得不少成果,还将在柳学领地获得更大的收获。

(原载 2017 年第 1 期,作者单位:永州市教育局)

永州柳学的成果

✳ 吕国康

柳文化是永州最重要、最独特、最具代表性的地域文化之一,研究力量较强,研究成果丰硕。经过永州市柳宗元研究学会同仁15年的辛勤耕耘,无论是柳学研究的广度还是研究的深度,无论是专著、论文还是研究课题,这一阶段所取得的成果都大大超越了第一阶段,在全国产生了较大的影响,成为继广西柳州后又一重要研究基地。可以说,永州柳学进入了一个新的繁荣时期。

一 著作方面

这一阶段,永州学人的涉柳著作时有出版,无论数量还是质量,都有了长足的进步。不完全统计,学会同仁共出版柳学著作26部;在学会的组织下,学会10名学术骨干参与了《柳宗元大辞典》(黄山书社2004年)500多个条目的撰写工作。永州学人的著作从不同角度对柳宗元的文学作品、思想及诗文教学等进行了深入的研究,大多注重了学术性与普及性的有机结合,充满了永州地域特色。其中,翟满桂教授的《一代宗师柳宗元》是永州学者比较系统研究柳宗元的一部专著,该著重点阐述了柳宗元在永州十年的生活、心境、踪迹,对其思想、文学成就进行了较深入的探讨,对现代柳学研究进行了归集和梳理,得到了国内外柳学专家的充分肯定和留学研究者的好评。值得一提的是学报编辑、学会副秘书长王漻海将前后跨越25年,从《零陵师专学报》到《零陵学院学报》《湖南科技学院学报》上发表的"柳宗元研究"专栏文章137篇,共计115万字加以搜集整理,主编了《柳宗元研究:1980－2005》,该书既是对过去柳学研究成果的阶段性集结,又为后续的柳宗元研究提供了丰富的资料。中国柳宗元研究会会长孙昌武先生不仅为该书作序,还极力称赞"这部文集无论是作为总结性的学术成果,还是作为文献资料,都具有相当高的价值。"

在综合研究中,吕国康的《柳宗元评说》,由广西人民出版社出版,共收录75

篇文章,38万字。本书是作者近20年来心血的结晶,比较全面地介绍了柳宗元的生平、思想、创作及影响,分为"生活的轨迹""睿者的智慧""艺术的美感""奇葩的芬芳"四辑,对柳宗元进行多层次、多角度、多方位的探索。无论长文短章,都充满了学术激情,用事实说话,用论据立题,在研究中注意扬长避短,探索学术疑难问题,提出了不少观点独到的新见解。

在思想研究中,李钟麟的《柳宗元官德研究》,由广西人民出版社出版。该书独辟蹊径,以"官德"的视角剖析了柳宗元置身官场生态中的价值趋向。作者在历史地考察中国古代优秀的官德文化之后,聚焦柳宗元的官德实践,从为官目的论、为官用人论、为官修养论、为官风格论、为官职责论。通过佐证、阐释、论析,指出"忧国忧民"是其思想核心,彰显了"官为民役"这一浸润民本主义思想的历史光辉。作者梳理了柳宗元官德思想的现代价值:官为民役,仁民爱物,公正无私,廉洁自守,尊贤惜才。并联系现实,针砭时弊。骆正军《柳宗元思想新探》一书,由湖南大学出版社出版。全书共九章,第一章概述,第九章结语,二至八章分别是:以"儒学四德"为德治之本;以"虞舜之道"为"德治之范";以"易学理念"为从政之基;以"佛学精髓"为佐世之道,以"辅时及物"为"文学之根";以"荣卫学说"为"治国之术";以"利安元元"为"终身之务"。该书对柳宗元思想建构的本原,以及他的德治思想、易学思想、佛学思想、文学思想与民本思想等方面,进行了全景式的开掘与探究。为柳学的繁荣奉献了新的优秀成果。作者认为:对柳宗元而言,"永贞革新"是其政治与生命之愿景的锋芒初试,被贬永州使其政治与生命之愿景得到"淬火"与成型,而任职柳州则是其政治与生命之愿景的部分实验与验证。这是十分中肯的。吕国康《柳子风范》列入丛书"永州这本书",由湖南人民出版社出版。全部分四个部分。"谪居永州 十年风雨""刻苦攻读 发奋著述",一、二部分对柳宗元在永州十年的生活做了阐述。第三部分"睿者之智 思想之光",对柳的主要哲学思想及治国理论做了介绍。第四部分"一代宗师 风范长存",从5个方面对柳的人格魅力做了阐释。该书短小而精悍,深入浅出,通俗易懂。

在作品研究中,早在2002年,由湖南文艺出版了陈松柏、蔡自新主编的《柳宗元与永州山水》,吕国康、杨金砖主编的《柳宗元永州诗歌赏析》。前者用生动的笔调介绍了永州历史和山水名胜,柳宗元在永州的生活与永州山水的联系,柳宗元在永州的部分传说故事,"永州八记"及部分山水诗赏析,图文并茂,可读性强。后者收录了柳宗元在永州创作的全部诗歌,另增选了两首赴长安途中写给永州亲友的佳作,共81题101首,集注解、今译、赏析于一体,雅俗共赏,易于普及。刘继源《柳宗元诗文研究》,列入"潇湘文化"系列丛书,由珠海出版社出版。作者长期从事地理教学与教研,尤其对柳宗元笔下的永州山水情有独钟,从地理学的角度开展田野考察,反复考辨,对柳诗文中的大量地名遗址,以及柳在永州的住所、行踪、交往等,都认真地作了考证,得出了令人信服的结论。作者对柳的部分诗歌提出己见,纠正谬误。涉及领域广泛,角度新颖,既有宏观阐述,又有微观剖析,新见迭出,具有较高的学术价值。黄伯荣《柳宗元永州山水散文鉴赏》一书,由中华图书出版社出版。作者将柳的山水游记与实地考察结合起来研究,不仅在诸多注释中作了切合实际的订正,而且在赏析中有自己独到的见解。文笔练达流畅,可见先生治学之严谨与功力。正如曹典谟先生所说:"综合评价、义理、考据、辞章兼备俱佳,乃本书一大特色。"

雷运福是永州从事柳宗元集版本研究的代表。他的《柳宗元集版本探微》由湖南人民出版社出版。全部分为上、下二篇,上篇为版本探微,下篇为集文考述。上篇全面梳理了自刘禹锡编《柳宗元集》以来的各种《柳集》版本,并将《柳集》中的外集与附录作为重要的方面来论述。同时,对永州、柳州两地的历代《柳集》版本进行了探索,特别是对明万历壬辰永州刻二十二卷本《柳文》的专题研究和对刘禹锡原编《柳集》无《非国语》的新认识,将使刘禹锡原编《柳集》的复原成为可能。下编主要收录近十年来关于柳文化的研究文章,多为考辨类论文。

翟满桂的《柳宗元与舜文化研究》,由湖南人民出版社出版。该书从文化学角度探讨了对潇湘大地有深远影响的两位历史人物虞舜与柳宗元。用"文化考论""文化影响""文化认同""文化淡源"四辑30余篇论文系统论述了柳宗元与多元文化的关系,柳宗元诗文的文化意蕴和柳宗元的文化认同等问题。从屈原的《天问》到柳宗元的《天对》,柳宗元对湖湘文化是一脉相承;虞舜推行孝悌,是中华民族的道德始祖,柳宗元与舜帝,二者的思想文化有着继承和开拓的关系。柳宗元谪居永州期间,非常崇仰舜帝,既写了不少歌颂舜帝的文章,又努力实践和光大舜帝的伦理道德文化。

杨再喜《唐宋柳宗元传播接受史研究》是在博士论文的基础上修订后,由中国社会科学出版社出版,其中大多数内容在全国各地社科期刊发表,影响广泛。该书视角新颖,材料翔实,将柳宗元文学的接受传播与历史演变,古代哲学发展和古代文论思想结合起来,打破了传统的文学接受史研究的局限,颇具开创性和启发性。厦门大学吴在庆教授在《一部深化柳宗元研究的新著作》中评价说:

"终于从传播接受史研究的角度扩展了柳宗元的瓶颈,从不同的视角提出新见解,展开一些新问题,取得不少成果,开拓并深化了柳宗元的研究,是一部颇有学术深度和价值的新著。"

骆正军在从事柳学研究的基础上,创作了电视剧本《霸亭柳》,后将其改成长篇历史小说,由湖南人民出版社出版。作品以柳宗元奉诏重返长安作为切入点,将参加永贞革新、贬谪永州十年的生活,通过回忆来展开,柳州生活以整块呈现在读者面前。在结构安排、故事穿插、人物刻画等方面做了一些有益的探索。总体而言,这是目前以柳宗元为题材的写得较好的一部文学作品,著作中有不少闪光之处。同时,也存在一些值得探讨、商榷的问题。为此,永州柳学会组织开展了讨论,尚永亮、张勇、吕国康、何生风、吴同和、陈仕龙等发表了意见。《湖南科技学院学报》2014年第4期刊登了一组评论文章。

翟满桂《柳宗元永州事迹与诗文考论》,由上海三联书店2015年4月出版。该书是作者在其博士论文的基础上修改而成,由20多万字扩充到了25万字,对柳宗元的永州十年做了比较系统的研究。专著分为上下两编共十章。上编《柳宗元永州重要事迹考辨》分别考察了永州的人文地理、柳宗元至永州的路线及称谓、柳宗元在永州的寓所、柳宗元在永州的家眷及亲属、柳宗元在永州的交往、柳宗元在永州的行踪。这部分既有历史文献的梳理,也有地形地貌的实地考察,厘清了不少模糊的历史问题。下编《柳宗元永州诗文考论》按文体分类分别论述了柳宗元在永州创作的诗歌、骚赋、论说文、游记和书启。还有专章论述柳宗元对永州及湖湘地域文化的影响。正如作者在华中师范大学读博士时的导师戴建业在《序》中所言:"上编侧重于考,下编侧重于论,考为下文的论作了坚实的铺垫,论建立在文献考辨的基础之上,因而考不是为文献而文献,论不是凌虚蹈空的无根之谈,它们表现了作者扎实的文献功底和深厚的理论修养。"著作中还附录《柳宗元永州诗文系年考》,在前人的基础上,对柳宗元永州十年的诗文重新进行了系年。戴建业教授认为:"可以预料,后来的柳宗元研究者不能也不会跳过这部专著,这是对一部专著学术价值的无声肯定,也是对一个学者辛勤汗水的最好回报。"

吴同和、马重阳主编的《柳宗元研究大系·晋湘篇》,由现代教育出版社2015年5月出版发行,是"中国阅读学会经典阅读研究中心"荣誉推荐的一部柳学新著。该书共汇集湖南、山西两地柳学研究专家的52篇文章,从生平稽考、行迹研究、诗文评析、文化研究、地域影响、研究动态等六个方面展开。《大系》所收录的文章,均为湘晋学者的最新成果,可以说该书是诸多同仁共同努力的结晶。《大系》得以顺利出版,离不开晋湘二地柳学会鼎力相助,离不开晋湘学者通力合作,离不开中国柳宗元研究学会各位领导的大力支持和悉心指导。关于本书出版的意义,正如现任中国柳宗元研究学会会长、武汉大学文学院博导、教育部长江学者尚永亮教授所说:"文字省净,著意朗然,其于柳氏及其著述,实具发明阐扬之功,而于当今治柳学者,更饶集成借镜之效。"不仅引领着"柳宗元研究"众多的前沿问题,拓展研究的深度和广度,而且广泛收集湘、晋两地文献资料,凸显出"柳宗元研究"的地域文化特色。

二 论文方面

这一阶段的论文发表收益多多,不仅从数量上显出了优势,而且研究面广,新见颇多;被中国人民大学书报复印中心和《唐代文学年鉴》收录篇目呈逐年递增态势。有的在考释中时见新意,如刘继源对"永州八记"遗址和柳宗元永州行迹的考释和论述;有的开拓了新的研究领域,如吕国康从分析柳宗元与法华寺有关诗文入手,对柳的住所、交往、游踪、崇佛等问题提出了自己的看法;陈松柏对柳宗元创作中奉行的主题先行论详加辨析;翟满桂通过对柳宗元在永州的私人交往与创作的分析,论证了这种特定的人文环境对柳宗元巨大成就的取得具有的重大作用;张官妹对柳宗元与周敦颐哲学思想的联系详加探讨;杨再喜发表了系列论文,对柳宗元的文学作品、文艺思想、哲学思想乃至其为人等方面在中晚唐、五代和两宋时的传播接受情况进行了探讨。

永州一批学术骨干十分活跃,在全国形成了一个核心作者群。据张伟检索《唐代文学年鉴》(2004－2008年),被"柳宗元研究一年综述"及论文索引收录永州学人2003－2007年间发表的论文共55篇。其中,吕国康11篇,夏卫平8篇,翟满桂5篇,杨再喜4篇,杜方智3篇,骆正军、张官妹、何蕴、何生风、王祚昌各2篇。据广西柳州市图书馆郭丽娟、兰献《2006－2009年上半年CNKI关于柳宗元(柳学)的研究分析》(《柳宗元文化通讯》2009年第2期),在此段时间,全国发文3篇以上的作者共10人,其中永州5人。杨再喜、吕国康各发文12篇,赵新国6篇,杜方智、陈松柏各3篇。尹华君检索中国学术期刊网,自2008年至2014年3月,永州学者40余人在全国50多种期刊发表有关柳宗元主题的论文134篇,这还不包括在报纸发表的大量柳学文章及部分硕博论文以及收入论文集的文章。作者队伍、研究范围呈逐年扩大趋势,同时,也涌现不少新生力量。发文最多的是杨再喜,共17篇,他在博士论文的基础上,以柳宗元传播接受研究为主攻方向,在全国发表了系列文章。如《唐宋柳宗元接受之比较》《柳宗元接受"拐点"的开拓者王安石》《欧阳修的文学关联及其思想差异》等。吕国康发文13篇,研究柳的生活、寓所、思想、文学,并涉及考证。影响较大的有《从龙兴寺到愚溪"草堂"——柳宗元在永州的寓所》《柳宗元的爱情欲望与婚姻生活》《柳宗元的孝道观及实践》《湖南地方文文献与摩崖石刻研究补遗纠正——兼谈对柳宗元的评价》《清峻高洁的羁旅之情——柳诗探幽》等。陈松柏12篇,重点研究柳的永州心态、婚姻家庭问题,大胆提出新见。代表作有《柳宗元贬离长安的心境及其加贬后的变化》《"名为司马,实如囚徒"辩——以柳宗元为个案,论贬谪文人研究的"三突出模式"之一》《论贬谪文人研究"三突出模式"之二——以柳宗元为例》《柳宗元永州婚恋考辩》等。翟满桂5篇,研究范围包括柳的哲学思想、综合儒释、民本思想、诗文创作。如《略论屈原〈天问〉与柳宗元〈天对〉》《统合儒释的文化贯通——柳宗元与佛教论略》《柳宗元骚赋文刍论》等。骆正军5篇,研究涉及柳的心态、教育思想、婚姻问题等。如《柳宗元贬永期间的心态主流之剖析》《略论柳宗元的教育思想与实践》《柳情深处难为水——柳宗元的婚姻和情感》等。周玉华4篇,着力于柳宗元与元结、刘禹锡的比较研究。如《论元结、柳宗元山水游记的文化精神》《少年文化经历对柳宗元、刘禹锡南荒贬谪生活的不同影响》等。此外,邓怡舟研究柳的哲学思想与庄老的关系,蒋新红研究柳的教育思想及当代价值,何生风研究柳的人性追求及"美政"理想,王洪臣的《非国语》研究,杨涛研究柳的伦理思想,吴同和的柳诗文赏析,均有佳作发表。

为了加强学术交流,掌握研究动态,学会刊物《柳宗元研究》经常刊发研究信息。吕国康《回眸七年:新世纪柳学成果及前瞻》《新世纪柳宗元研究的动态与进展》两文,对近十几年海内外来柳学研究进行了结合分析,涉及面广,信息量大。2008年6月,永州柳学会派翟满桂、吕国康、杨金砖专程赴南京、天津拜访吴文治、孙昌武先生,向柳学名家请教。10月,蔡自新、翟满桂专程去武汉大学,拜访尚永亮会长。韩国学者黄瑾喜、孙兴彻、日本学者户崎哲彦、下定雅弘、小池一郎、市川桃子、丸山茂,我国台湾学者王基伦、衣若芬、张蜀蕙等来永州时,学会都派专人陪同考察,进行交流。特别值得一提的是《湖南科技学院学报》的"柳宗元研究"栏目,自1980年创办,历时33年,中间从未间断,累计发表柳学论文 200 多篇,在全国学术期刊中首屈一指。2006 年,"柳宗元研究"专栏被评为"百种特色栏目",并开始与中国柳宗元研究学会合办;《学报》被评为第三届、四届"中国人文社科学报核心期刊""全国百强学报"。2010 年在湖南省高校文科学报评比中获一等奖。2013 年、2015 年获得湖南省委宣传部"优秀理论栏目资助。""柳宗元栏目"刊载了大量角度新颖、学术含量高的论文,在全国引起了强烈反响,品牌效应显著。北京大学龙协涛教授说:"这家学报上的'柳宗元研究'是有分量的,是在别的名校名刊上找不到的。"

三　课题研究及获奖方面

近十年来,永州的学者围绕柳宗元,获得了 10 多项国家社科基金、教育部、省社科基金、省教育厅和永州市的课题立项。他们分别从历代柳宗元研究文献、柳宗元的年谱系年、接收嬗变、政治思想、法学思想、教育思想、伦理思想、文献文本以及旅游价值、文化产业等方面进行了深入研究与多层次探讨。既有学术的深度研究,也有学术的普及推广研究,可以说,正是这样一批永州学者的努力,无论是课题立项的层次,还是论文发表数量与质量,都捍卫了永州作为全国柳宗元研究重镇的地位,为我国的传统文化的传承与发展做出了不可磨灭的贡献。

翟满桂在"柳宗元年谱长编"以及"柳宗元湖南十年创作年谱"系列课题中,认真考证了柳宗元的作品系年,尤其详细考证了柳宗元贬谪永州十年期间创作的作品,这些作品数量有 400 多篇,占柳宗元传世作品的三分之二以上。所以说能确系柳宗元谪永时期的诗文系年,大体上就完成了柳宗元诗文系年的考释。因此,这个课题的研究,从理论上讲,拓宽了柳宗元研究的新领域,便于人们更加全面了解柳宗元的创作思想,深入把握柳宗元的时代精神,并为湖南乃至永州发展柳宗元文化旅游经济提供了智力支持;从实践上讲,柳宗元在中国文学史上的贡献是多方面的,这一课题的研究弘扬了中国文学的优良传统,更好地从本质上寻找到柳宗元研究的生命力和文学的原创力。

杨再喜在"柳宗元的接收与被接受""柳宗元文学接收史"以及"柳宗元研究的历史进程"系列课题中,认真论述了柳宗元的接收与被接受史。这一研究有诸多突破,一是论述了柳宗元作为一个接受者,他对《尚书》《诗经》《史记》的借鉴与吸收;二是论述了柳宗元作为一个被接受者,他的散文对后人的影响,他的诗歌对明清及近现代人的影响。

翟满桂在课题"柳宗元文化学考察"中,从文化层面探讨了柳宗元对湖湘乃至全国的影响。着重论述了柳宗元与多元文化的关系、柳宗元诗文的文化意蕴,以及历代柳宗元文化的认同。

蒋新红在课题"柳宗元教育思想的当代价值研究"中着重研究了柳宗元的教育思想。他认为,柳宗元一生热心教育,其教育业绩卓著,特别是为永州、柳州等边远地区古代教育的兴盛作出了不可磨灭的贡献。但他又是一位"不敢为人师"的教育家,长期的教育实践及教育著述都采取"去名全实"的策略,以至其教育贡献至今鲜为人知,其教育思想也亟待开发。

挖掘传统文化有利于打造人文旅游的核心竞争力。翟满桂、吕国康、周玉华等人在"柳宗元与永州的旅游开发研究""建设零陵柳子景区民俗文化园、促进古城旅游产业大发展"和"元结、柳宗元永州山水游记探究及其应用研究"课题中很好的论证了这一点。柳宗元是永州的烫金名片,不仅以优美的永州八记而传世,而且以"利安元元"的民本思想和"赋敛之毒有甚是蛇者乎"的为民请命而感动世界。他们的课题探讨了柳宗元山水游记的内涵,探讨了柳宗元在永州十年的生活游踪。提出了柳宗元在永州遗址的修复方案,零陵古城是湖南四大历史文化名城之一,柳子景区建设是永州申报全国历史文化名城的重头戏。应统筹规划,分步实施,对文物古迹、历史性自然山水本着"修旧如旧"的原则进行,同时,根据现代旅游发展需要,适当开辟与之相关的新景点。这些都促进了柳宗元与永州的旅游经济发展。

以翟满桂教授为古代文学学科带头人,学会同仁王洪臣、张京华、杨金砖教授等主持的中国古代文学学科,经过论证答辩、专家评审,2007年被确认为湖南省"十一五"重点建设学科,并获得了湖南省教育厅每年5万元资助建设经费(连续5年)。同时,在湖南省第八届、第九届、第十届、第十一届,永州市第一、二、三、四、五届社科成果评奖活动中,学会成员多人次获奖。如2006年蔡自新主编的《潇湘文化系列丛书》获湖南省第八届社科成果奖二等奖,其中有刘继源《柳宗元诗文研究》;翟满桂《一代宗师柳宗元》获省第七届社科成果四等奖;翟满桂《柳宗元与舜文化研究》获省第十一届社科成果三等奖。翟满桂、吕国康、杨金砖、王涘海、杨再喜、雷运福、骆正军、杨涛等人的柳学著作及论文分别获得永州市社科成果奖一、二、三等奖。2015年,永州市柳学会申报的"柳宗元祭祀习俗"在永州市第四批市级非物质文化遗产项目评审会上通过论证,蔡自新研究员被确定为"柳宗元祭祀习俗"代表性传承人。

表1 永州学者研究柳宗元著作一览表

作者	书名	出版社及时间
陈雁谷	柳宗元社会心理思想研究	广西师大出版社 1989 年 9 月
何书置	柳宗元研究	岳麓书社 1994 年 2 月
杜方智　林克屏	柳宗元在永州	中州古籍出版社 1994 年 12 月
陈雁谷	柳宗元旅游思想研究	香港新风出版社 2000 年 12 月
陈松柏　蔡自新主编	柳宗元与永州山水	湖南文艺出版社 2002 年 1 月
吕国康　杨金砖主编	柳宗元永州诗歌赏析	湖南文艺出版社 2002 年 1 月
翟满桂	一代宗师柳宗元	岳麓书社 2002 年 7 月
蔡自新　主编	柳宗元国际学术研讨会论文集	珠海出版社 2003 年 8 月
刘继源	柳宗元诗文研究	珠海出版社 2003 年 8 月
吕国康　主编	柳宗元诗文教与学	珠海出版社 2004 年 9 月
陈雁谷	柳学·徐学研究论文集	珠海出版社 2004 年 10 月
黄伯荣	柳宗元永州山水诗文鉴赏	中华图书出版社 2004 年 12 月
张官妹	三子与三溪	人民日报出版社 2005 年 5 月
李中麟	柳宗元官德论	广西人民出版社 2006 年 9 月
王浍海　主编	柳宗元研究:1980 – 2005	南海出版公司 2006 年 9 月
骆正军	柳宗元思想新探	湖南大学出版社 2007 年 4 月
吕国康	柳宗元评说	广西人民出版社 2008 年 5 月
赵新国	柳宗元文学作品研究	湖南人民出版社 2008 年 6 月
吕国康	柳子风范	湖南人民出版社 2010 年 5 月
翟满桂	柳宗元与舜文化研究	湖南人民出版社 2010 年 9 月
蔡自新　主编	柳宗元国际学术研讨会论文集	湖南人民出版社 2010 年 9 月
雷运福	柳宗元集版本探微	湖南人民出版社 2010 年 10 月
杨增和	柳宗元诗文精选	凤凰出版社 2011 年
杨再喜	唐宋柳宗元传播接受史研究	中国社会科学出版社 2013 年 11 月
翟满桂	柳宗元永州事迹与诗文考论	上海三联书店 2015 年 4 月
吴同和　马重阳主编	柳宗元研究大系:晋湘篇	现代教育出版社 2015 年 5 月

表2 永州市有关柳宗元研究课题一览表

课题名称	课题层次	主持人	课题编号
历代柳宗元研究文献整理与数据库建设	国家社科基金课题	翟满桂	16BZW034
柳宗元年谱长编	教育部人文社科	翟满桂	2012YJA751077
柳宗元的接收与被接受	湖南省社科基金	杨再喜	0806042B
柳宗元湖南十年创作年谱	湖南省社科基金	翟满桂	0407029
柳宗元民本思想研究	湖南省教育厅	杨涛	09C462
柳宗元文化学考察	湖南省教育厅	翟满桂	08A025
论柳宗元的法学思想	湖南省教育厅	谢水顺	08C352
元结、柳宗元永州山水游记探究及其应用研究	湖南省教育厅	周玉华	08C360
柳宗元文学接收史	湖南省教育厅	杨再喜	07B028
柳宗元教育思想的当代价值研究	湖南省情与决策咨询课题	蒋新红	0809BZZ91
建设零陵柳子景区民俗文化园促进古城旅游产业大发展	永州市社科联	吕国康	2010.2.01
柳宗元政治伦理思想研究	永州市科技局	杨涛	永科发[2008]14号
柳宗元研究的历史进程	永州市科技局	杨再喜	永科发[2007]12号
柳宗元与永州的旅游开发研究	永州市科技局	翟满桂	永科发[2004]9号

（原载2017年第1期,作者单位:永州市教育局）

柳学专家访谈录

✸ 吕国康

一 南京拜访吴文治先生

6月14日下午5点,我与满桂、金砖一行3人从长沙飞抵南京。南京正值梅雨季节,密风细雨,顿感凉意。马路并不宽敞,且未拉直,但绿化不错。法国梧桐长得错落有致,旁出的枝桠象撑开的伞柄。街道旁长满叫不出名的藤萝类植物。赶到江苏教育学院百草园宾馆,已是6点多种。先拜访吴文治先生,然后推着吴先生坐轮椅下楼一起聚餐交谈。吴老已83岁高龄,满头浓发,精神饱满,对我们的到来甚为高兴。说明来意,永州柳学会准备组织力量,对《柳宗元集》进行校勘、注释、集评,并奉上《〈柳宗元集〉诠释编纂提纲》,请吴老指教! 他大声说:柳宗元著作的校注、集评是柳研的基础工程,我支持你们的工作。

第二天下午,根据约定,我们来到吴老的住所11幢302室。客厅较小,除摆放一张书桌、一张长皮沙发外,还有一个大书架,密密麻麻排满了书。旧的已经发黄,新的《明诗话全编》《清诗话全编》十几本,全是精装,由凤凰出版公司再版。其中有永州市人民政府赠送的书籍,是吴老参加第二届柳宗元国际学术讨论会的纪念品。一提起柳学,吴老侃侃而谈,声音宏亮,对编纂《〈柳宗元集〉诠释》提供了重要信息和具体意见。他说山东大学原来承担了国家下达的整理柳宗元著作的任务,由殷孟伦教授牵头,从全国抽调了一批专家,搜集了一批资料,后因故未完成,但资料应该有。他说西北大学霍旭东先生组织4位退休教授,准备对柳宗元的诗文进行注评,已申报了课题,建议我们与霍先生联系一下,最好一起搞。对于编纂工作,吴老讲了两条原则:"首先要确定注本及参考版本,是以五百家注本还是世綵堂本为底本? 二是要使用权威的工具书,如《辞海》《中国人名大辞典》《中国地名大辞典》等,参考《中国文学史大事年表》。至于时间问题,两年恐怕不成。"在与满桂单独交谈时,吴老还提出书名就叫《〈柳宗元全集〉汇校、汇注、汇评》。此外,他还谈到柳州谢汉强先生为柳学立下的汗马功劳,对其病逝深感惋惜,希望永州与柳州的同仁加强团结,互相支持。对办好《柳宗元研究》会刊,吴老建议将"柳学研究动态"的内容纳入,本期要发几篇悼念谢老的文章。他从书架上抽出台湾罗联添先生的《柳宗元事迹系年暨资料类编》,说该书吸收了不少自己的研究成果。还说,在"文革"中,湖南编了《柳宗元诗文选注》,曾征求他的意见,他看后,认为受政治因素影响较重,故未回信。指着中华书局再版的《柳宗元集》,吴老谦和地说:"这里面还有一些差错,来不及改正,也没有加注。"目前,受出版社约稿,他正在撰写《柳宗元诗文系年长编》,已完成一半,写了十几万字。

我们向吴老请教读书写作的经验。他一生追求学术,以读书为乐,常常回忆起在北京图书馆度过的美好日子。为查找学术资料,他经常是早进晚出,一坐就是一整天,中午自带干粮,吃几个烧饼,喝点开水。开始用卡片摘录,然后整理,后摸索出提高效率的好办法,使用专用方格稿纸,摘抄内容与评语相结合,直接交出版社出书。从风度翩翩的青年才俊到八旬高龄的柳学大师,吴老一生"自甘寂寞,埋头苦干",笔耕不辍,硕果累累。解放初,他在人民大学读研究生时,毕业论文便是《柳宗元评传》,经修改后由中华书局出版。毕业后留校任教,讲授《中国文学史》。1964 年 10 月,中华书局出版了他的《古典文学研究资料汇编:柳宗元卷》(二册),辑录从中唐到"五四"一千一百余年间有代表性的评述四百六十余家,引用图书四百八十种。"文革"中下放在江西余江县五七干校,1974 年被北京市委宣传部抽调去负责整理柳宗元著作,历时 3 年,他排除干扰,与同事们完成了新校点本《柳宗元集》(四册),1979 年由中华书局出版。1978 年他回到人民大学,1984 年调回家乡的江苏教育学院,1987 年评为正教授,1993 年开始享受国务院政府特殊津贴。先后出版了《柳宗元简论》《韩愈资料汇编》(四册)、《世界文学名著文库·柳宗元选集》《中国文学史大事年表》(上、中、下三册)、《中国古典文学基本知识丛书·韩愈》《中国古代文学理论名著题解》等学术著作 24 部。多次获国家、省级优秀图书奖。真可谓著作等身,事业有成,在海内外学者中享有崇高声誉。

吴老对永州独有情钟,曾于 1981 年、1989 年和 2002 年 3 次来永州参加全国和国际柳宗元学术研讨会。吴老由于长期过度劳累,积劳成疾,患有心脏病。2000 年 11 月又突发脑栓塞,左侧肢体偏瘫。经悉心治疗,病情渐趋稳定,购置了轮椅,配备了护工。2002 年 8 月,作为中国柳学会的会长,他带着轮椅、氧气瓶和必备的药物,从南京长途跋涉来到永州,亲自主持学术会议,参加公祭柳宗元活动,令与会人员深受感动。凭着顽强的毅力,经过几个月的康复锻炼,他终于能够重操旧业,读书写作。2002年11月,黄山书社出版了他的《五朝诗话概说》。经过一年的奋战,完成了三秦出版社的《名家注评古典文学丛书·柳宗元诗文选评》,2004年7月出版。他与谢汉强先生共同主编的《柳宗元大辞典》,经过两年的努力,这部62万字的工具书2004年10月由黄山书社出版。他还接受黄山书社的约稿,撰写了《柳宗元诗文十九种善本异文汇录》,60余万字,既有资料性,又有学术性。一位身患中风的高龄老人,在一无助手二无电脑的情况下,全靠钢笔一字一句书写,四年中写作出版了四部著作,五年中坐着轮椅赴永州、柳州、永济参加了三次柳宗元国际学术讨论会。这是什么精神?是拼搏的精神。这是什么力量?是人格的力量。当然,这也是长期积累的结果。吴老创造了人间奇迹,堪称一代学人的楷模。他对永州柳学的发展寄予厚望,谈话结束时,和我们留影,给我们赠书。他用微微颤抖的手签字、盖印,"吴文治赠"几个字依然是那么娟秀,一股敬仰之情油然而生。

二 孙昌武教授谈话略记

6月17日上午8点,我们一到北京站,便立即乘坐"和谐"号快速列车,去天津拜访孙昌武教授。虽然电话已经联系好,但心里还是有点忐忑不安。孙教授是中外闻名的著名学者,唐代文学研究专家,是我们崇拜的偶像。他的《柳宗元传论》《柳宗元评传》是柳学的重要成果,是指引我们初涉柳学的明灯。虽然久闻大名,但直至2004年11月在柳州才第一次与孙教授见面,有过简单的交流,他刚接替吴文治先生担任新一届中国柳学会会长。真正与孙教授面对面交流,是去年10月在山西永济参加第四届柳宗元国际学术讨论会,往事历历在目。

孙教授中等个子,身体结实,面孔慈祥,一脸微笑,戴一副浅色眼镜,头发已经斑白。他1961年毕业于南开大学中文系,在辽宁营口市师范学校、营口教育学院任教多年,1979年调回南开大学任教。为学尚实,不蹈空言,经过二十余年的钻研,在中国古代文学、佛教、道教等学术领域颇多建树,曾到日本、韩国、捷克、台湾的6所大学任客座教授、研究员,出版著作18部,整理古籍和选本9种,发表论文130余篇。2007年10月17日晚上,怀着崇敬的心情,我与翟满桂教授在电机宾馆的贵宾楼拜访了孙昌武教授。他为人随和,在谈话时补充了在开幕式上未展开讲的一些内容。他借鲁迅先生在《中国人失掉了自信力吗》一文的话称赞柳宗元是"中国的脊梁"。要提高中华民族的思想道德素质,知识分子要有批判意识。柳学应该做好普及工作,唤起记忆。柳宗元诗文教与学这一活动很好,可以请人讲几节课,出一本书。鲁迅的《中国人失掉了自信力吗》所讲的4种人,可以出4本书,销路不成问题。柳学如何深入,要掌握信息动态,不搞重复劳动。地方重点搞一些普及工作,与高层次的学术活动相结合。在18日的全天讨论中,孙教授两次讲话,几次插话。他说,柳学两个层面,一是学术层面。学术从来就是少数人的事,要求有研究能力,及时掌握信息。他称赞了日本学者户崎哲彦,在研究桂林石刻时,发现了30多首未曾刊载的唐诗,这是一项重大贡献,日本政府资助出书。二是一般文化层面。具有地方性,意义更重大。提高人的文化层次大有作为。他的外甥叫明德,在日本、韩国老百姓一问都知道名字的来历"大学之道,在明明德",而中国一些有身份的人却不清楚。有的中国人在国外不受欢迎,为什么?涉及文化素质、个人修养,要提高文化水准,宣传中华文化传统。这是一项长期的工作。在听了殷永全代表宣读《柳宗元与伪古文尚书》一文后,孙教授说,台湾同学的论文涉及文本研究。柳宗元文集至今没有一本好的校勘本,杜甫、韩愈的注释本较多,柳集作注的很少,缺乏好的年谱。历史事实的研究还有好多空白,学者要做一生的工作。柳研范围十分宽广。柳宗元文集的校注、考订工作及柳宗元与新春秋学的关系是今后柳学研究的重点。台湾同学的论文还是一个初步的框架,不能单凭电脑统计,还要查找原件,注意甄别版本。柳宗元是借用伪尚书的文字,还是思想。是否有所发展、发挥。是否还借用了其他经典。搞清楚了,对柳的思想研究有帮助。孙教授的谈话使我们受益匪浅,有顿开茅塞之感。

在回想中不觉到了天津站,改乘的士,约10点左右寻访到孙教授的家。这是一幢新建的宿舍楼,设施设备齐全,有电子监控门、电梯。温文尔雅的孙教授热情接待了我们。看完《〈柳宗元集〉诠释编纂提纲》,他问:"这些作者都是永州的?"并立即表态:柳集的汇注汇评比较容易,将现有的注评汇集起来。汇校难一些,是个学术问题。我与日本学者点校的《祖堂集》(中国佛教典籍选刊)花了10多年时间,中华书局的《书品》做了评介。自己加注,困难大一些,有的不好把握。我询问:集评是否将当代的研究成果纳入?回答:搞古代的。又提出:柳诗王国安先生搞了笺释,我们不好弄。他说:你们搞的是柳宗元诗文全集。当代的集评可以单独搞一本。孙教授介绍,上世纪八十年代初国家下达了对古代15大作家的作品进行整理、研究的任务,柳宗元便是其中之一。山东大学做了不少工作,搜集了一些资料。15 位作家除李白等少数几位外,大多数没有搞成。可去山东大学了解情况。他说:"台湾大学罗联添教授的唐代文学研究成果不少。罗先生八十大寿,为我赴台延期庆贺,后因台湾当局未批准,故还是未去成。深感遗憾。"可见他们两人的关系非同一般。他推荐《韩愈论文注评》一书可做参考,结果在书架上未找到,安排学生为我们复印了罗的《柳宗元事迹系年暨资料类编》及日本学者的一本柳学著作。

话题转到柳学研究与柳学活动。对于申报全国社科规划课题,他说情况复杂,地方院校与重点高校合作申报,成功率高一些。他认为柳宗元的思想研究还可以深化。如在中唐转折时期,柳宗元在中国思想史上的重大贡献。宋代儒学的发端可以追溯到柳宗元,对诸子百家的重视也始于柳宗元。《柳宗元评传》在有的方面只点了一下,但没有展开,可以深入研究。他还谈到唐代文学学会、韩愈研究会的相关活动,介绍河南孟州市韩愈研究会的活动开展得好,当地政府很支持。他说《五台山研究》是个小刊物,在国内外有影响,《周口师院学报》的"韩愈研究"栏目办得不错,他们都邀请全国的专家写稿。《柳宗元研究》可以考虑不局限只发研究柳宗元一个人的文章,扩大到唐代其他作家。

不觉谈了近两个小时,已到中午,他盛情邀我们在学校就餐。并赠送《文学与佛教——孙昌武教授七十华诞纪念文集》。在路上,他介绍了南开大学的有关情况,说学校现在招的一半本科生,一半研究生。不几分钟就到了"桂苑"餐厅。他说:日本、韩国的朋友从北京来看我,我都在这里招待,比较方便,也实惠。中餐后,孙教授还带我们到文学院参观,特地看了他为博士生上课的地方。房子约半间教室大小,中间摆一张大圆桌,可坐十三、四人,四周都是书柜,装满了佛教典籍。院里还设有电子阅览室、中心资料室等。时间已 1 点多钟,我们劝孙教授午休,希望明年秋天在永州相会,才依依不舍地挥手告别。

(原载 2008 年第 11 期,作者单位:永州市教育局)

回眸七年:新世纪柳学成果及前瞻

✳ 吕国康

进入 21 世纪,柳学的新一轮高潮正在兴起,主要体现在以下几方面:一是 2002 年 8 月在湖南永州、2004 年 11 月在广西柳州召开了两届高规格的柳宗元国际学术研讨会,规模较大,成果颇丰,成为柳学深入发展的重要标志。二是柳学与群众性文化、旅游活动结合。如山西沁水举办了柳宗元文化研讨会,其中有华夏柳氏恳亲、柳氏民居的旅游开发等活动。柳州坚持清明祭柳,在青少年中开展了柳宗元知识竞赛活动。永州举办了柳宗元诗文教学活动,创办了《柳宗元研究》会刊。三是一批研究生、地方文史学者对柳宗元产生了极大的兴趣。据网上可查资料统计,近七年将柳学作为硕士、博士论文选题的优秀论文有 20 多篇。永州、柳州经常撰写柳学文章的有 30 多人。四是论文、著作猛增,领域拓展,成绩显著。现分类概述如下:

一 基础工程

吴文治教授等人编校的《柳宗元集》(全四集)最近由中华书局再版。易新鼎教授点校,母庚才、马建农主编的《柳宗元集》于 2000 年由中国书店出版,发现纠正了 1200 字的差错,且是横排本。吴文治编辑的《柳宗元资料汇编》也已再版。山西师范大学赵继红、西藏民族学院严寅春先生编辑的《柳宗元研究资料》于 2005 年由延边人民出版社出版,对 1900 年到 2004 年这一百多年的柳学资料进行了收集、汇编。浙江青田发现了柳宗元后裔 2000 人,并保存了《河东柳氏宗谱》,其中有柳宗元的画像。第一部工具书《柳宗元大辞典》(吴文治、谢汉强主编)由黄山书社 2004 年出版。北京大学杜晓勤教授撰著《隋唐五代文学研究》(20 世纪中国文学研究),有专章"唐代古文运动和韩柳研究",对百年柳学做了评述。武汉大学的洪迎华、尚永亮合著的《柳宗元研究百年回顾》,刊发《文学评论》2004 年 5 期。陈友冰著《海峡两岸唐代文学研究史》(1949—2000),附有论文、著作目录,涉柳内容不少,对了解台湾的柳学情况有帮助。网站方面,从全国的期刊网上可以查阅到报刊发表的柳学文章,永州市政府网上开设了"永州柳学研究会",不仅汇集了近六年的永州柳学情况,还搜集了全国的部分信息。国学网上附设了私人网站"唐宋八大家",有柳宗元专版。柳宗元诗文入选教科书,是传播柳学的重要途径,使数以亿计的学生受到熏陶。据统计,全国中小学语文教材(人教版)选入柳诗文6篇,《江雪》《小石潭记》《始得西山游记》《愚溪诗序》《渔翁》《种树郭橐驼传》。三种高等学校文科教材共选柳诗文39篇。新的柳宗元诗文选本面世,如尚永亮撰《柳宗元诗文选评》,列入新世纪古典文学经典读本,由上海古籍出版社于2003年12月出版。吴文治注评《柳宗元诗文选评》于2004年7月由三秦出版社出版,选诗65首,文63篇,除注释外,还加以点评。吕国康主编的《柳宗元诗文教与学》于2004年9月由珠海出版社出版,收入柳宗元诗文60多篇,选自大、中、小学教科书及教育部指定的课外读物,除注释、今译外,还进行评析。

二 著作、论文

吴文治、卞孝萱等老一辈柳学专家宝刀不老,笔耕不辍。吴老先生经过二十多年的刻苦研究,出版了62万字的学术巨著《柳宗元诗文十九种善本异文汇录》。卞老先生从浩如烟海的文史资料中撷取精华,发表了几十篇短小精悍的涉柳文章,最近在湖南科技学院学报发表了两篇涉柳文章。孙昌武、尚永亮等中青年学者相当活跃,硕果累累。孙昌武教授当选新一届中国柳宗元研究会会长,2004年11月在广西柳州做了"柳宗元的'民本'思想及其现代意义"的学术报告,并为《柳宗元研究文集》(第三届柳宗元国际学术讨论会研究论文撷英)撰写了序言,为《柳宗元研究:1980—2005》(《湖南科技学院学报》专栏专辑)撰写了题为《柳宗元研究的意义与方向》的序言。

尚永亮先生的博士论文《元和五大诗人与贬谪文学考论》完稿于1990年,曾于1993年由台北文津出版社出版,后经过加工修改,2004年1月由兰州大学出版社出版,列入两岸文化星系丛书,书名为《贬谪文化与贬谪文学——以中唐元和五大诗人之贬及其创作为中心》。本书论述了元和时期柳宗元等五位著名诗人的贬谪生涯及其诗文创作,角度、方法新颖,深入探究诗人们的内心世界。尚永亮以对屈、贾、陶的接受态度为基点考察中唐贬谪诗人心态,论析了柳宗元、刘禹锡与白居易等不同的接受情形和接受心态,认为唐代文人对屈原模式的继承、超越和认同贾谊,走向陶渊明,乃是中国士人心态发展中的一个转折点,其承上启下的作用,在中国文化史、文学史上都具有典型意义。作者现为武汉大学教授、博士生导师,是柳学论坛升起的一颗明星。他围绕"贬谪文化与贬谪文学"这一课题,经过十多年的研究,发表了数十篇论文。如《元和贬谪文学艺术特征初探》,载《陕西师大学报》1990 年 4 期,《冷峭:柳宗元审美情趣和悲剧生命的结晶》,载《江汉论坛》1990 年 9 期,《论元和贬谪诗人的后期心态》,载《文史哲》1991 年 3 期;《孤愤:元和贬谪文学的精魂》,载《固原师专学报》1991 年 4 期;《雄直劲健:刘禹锡诗文的风格主调》,载《中州学刊》1991 年 4 期;《论元和五大诗人的参政意识和政治悲剧》,载《人文杂志》1991 年 1 期;《元和诗人与贬谪文学》,载《文学遗产》1992 年 2 期;《韩柳元和与阳城事件》,载《古典文学知识》1992 年 3 期;《关于柳宗元与佛教》,载《文学评论》1992 年 5 期;《论柳宗元刘禹锡执著意识的三大特征》,载《河北师大学报》1993 年 3 期;《论元和诗人的生命沉沦和苦闷心理》,载《吉首大学学报》1997 年 2 期;《论柳宗元的三大悲感》,载《唐代文学研究》1999 第 8 辑;《寓意山水的个体忧怨和美学追求》,载《文学遗产》2000 年 3 期;《湖湘贬谪文学的地域特点》,载《求索》2001 年 6 期;《圆外方中:柳宗元被贬后的心性设计与主客观矛盾——以与杨诲之"说车"诸书为中心》,载《江海学刊》2003 年 1 期;《柳宗元及其诗文简说》,载《古典文学知识》2004 年 1 期;《开元、元和两大诗人群交往诗创作及其变化的定量分析》载人大复印资料《中国古代近代文学研究》2005 年 7 期。他与张娟合写的《唐知名诗人之层级分布与代群发展的定量分析》,载《文学遗产》2003 年 6 期;他与洪迎华合写的《柳宗元诗歌接受主流及其嬗变——从另一角度看苏轼"第一读者"的地位和作用》,载《人文杂志》2004 年 6 期。在研究视角、方法、深度上都有新的突破,给人以别开生面之感。他善于综合比较,对柳宗元的心理流程分析深刻,对其矛盾心态的化解有独到的见解。

更为可喜的是,在研究队伍中涌现了一批新生力量,不少研究生加入柳学行列,毕业论文以柳宗元为对象。内容较为广泛,研究领域有所拓展,有的采用了比较研究方法。如对柳的生平思想研究,有首都师大张曙霞博士《柳宗元与永贞革新》(2006 年),曲阜师范大学于海平硕士《柳宗元与中唐儒学》(2002 年),武汉大学张剑平硕士《柳宗元的政治道德观及其在当代反腐倡廉工作中的现实价值研究》(2005 年)等。何书置先生写过《春风无限潇湘意——柳宗元在永州的交往录》，涉及 56 人。西北大学乔丽硕士《柳宗元交游考》（2001 年），扩大到一生的交往，共涉及 74 人。严寅春硕士也研究了柳的交往，写成《柳宗元交往考》（2006 年），对这一问题已基本搞清。关于古文运动，有湖南师大李淑芳硕士《古文运动的社会背景》（2003 年），华中师大刘晖硕士《韩、柳古文运动的理论贡献及历史启示》（2003），新疆大学陈辉硕士《柳宗元的古文理论研究》（2006年），郑州大学张文安硕士《柳宗元科学思想管窥》（2000 年）。张文安认为柳"在科学思想方面也有一定的造诣"，并做了"拾遗补阙性质的研究"，从三个方面做了归纳："柳宗元的气本论思想贯穿于他的整个元气学说"；"柳宗元的科学思想在他对天人关系的认识上也有充分体现"，"柳宗元的天文学思想也值得一提"。对柳的作品研究，有的按体裁分类，有的按内容分类，突出了贬谪时期与山水文学。如安徽大学王德春硕士《柳宗元的贬谪生涯与山水文学》（2003年），福建师大郑晓春硕士《柳宗元山水文学的艺术特点与文化意蕴》（2004年），黑龙江大学蔡云飞硕士《柳宗元与中唐赋坛》（2003 年），华中师大李丹硕士《柳文与〈国语〉》（2004 年），兰州大学安华涛硕士《柳宗元永州诗歌研究》（2002 年），江西师大唐小薇硕士《柳宗元诗研究》（2006 年），安徽师范大学袁茹硕士《柳宗元的学术研究与散文创作》（2005 年）。南京大学龚玉兰博士《贬谪时期的柳宗元研究》（2002 年）；论文《悠然而虚者与神谋，渊然而静者与心谋——论柳宗元的贬谪心态与文学创作》（《文学评论丛刊》，2004 年第 2 期），将柳的生平思想、创作进行综合研究。在比较研究方面，陈雁谷、蔡靖泉等人写过柳宗元与屈原比较的论文，内蒙古大学魏永贵硕士的《哀怨起骚人——屈原柳宗元比较研究》（2005 年）做了更加全面深入的分析。安徽大学孔妮妮硕士有《柳宗元刘禹锡贬谪作品的对比研究》（2001 年）。受对唐代文学传播与接受的研究热点影响，对柳宗元研究的研究引起重视。如武汉大学洪迎华博士《刘柳诗歌明前传播接受史研究》（2005 年），河南大学赵东丽硕士《宋代柳宗元诗歌接受研究》（2006 年）。有的在综合研究中涉柳，如河北大学刘金柱的博士论文《唐宋八大家与佛教》（2004 年）。

《文学评论》《文学评论丛刊》《文学遗产》等权威刊物每年都发表有研究柳宗元的高质量的论文。湖南科技学院、广西柳州师专学报长年坚持办有"柳宗元研究"专栏，不少大专院校的学报及有关报刊都刊发柳学文章，每年在 100 篇以上，据初步统计，1994 年至 2004 年大陆公开发表的论文两千多篇，从中国期刊到网上可查的 1979 年至 2004 年柳学文章 3028 条。1999 年至 2006 年柳学文章439条。中国唐代文学学会的会刊《唐代文学论丛》每两年一辑,已出10辑,均收有柳学论文。陈颖主编、漓江出版社出版的《柳园絮语》,从柳州日报1981年至2004年"柳园絮语"栏目中发表的600多篇柳学文章中,精选270多篇汇编成册。王湜海主编的《柳宗元研究:1980—2005》,海南出版公司出版,收集了《湖南科技学院学报》专栏专辑论文120多篇,共一百多万字。该专栏从2000年至2005年共发论文58篇,其中永州学者32篇。内容广泛,质量较高。吴文治教授《谈谈〈柳宗元集〉的版本问题》,是参加"中国·永州柳宗元国际学术研讨会"提交的论文,对柳集的多种版本进行了综合分析,指出谬误,是版本学的重要贡献。在《零陵学院学报》发表后,立即被人大复印资料全文转载。霍旭东教授《再谈〈道县文宣王庙碑〉的写作年代》(《零陵学院学报》2003年6期),从雷运福先生的文章得到启发,针对《柳宗元集》的校勘失误,从考查薛伯高刺道州的时间入手,然后再根据柳"碑"所提供的时间和干支纪日来反复对应,解决了一个一千多年来都没有解决的问题,认为《道州文宣王庙碑》作于元和九年,而《道州毁鼻亭神记》则作于元和七年。

卞孝萱教授与章士钊先生是忘年交。章老曾邀卞面谈,并委托他代为寻觅永贞史料,并在《柳文指要》中多处引用其研究成果。该书出版时,请卞校勘。《关于〈柳文指要〉》(《湖南科技学院学报》2005年1期)一文对巨著的特点作了概括:章老将柳文的艺术性归纳为求"洁"与讲求运用"助字"。"珠帘倒卷法""画龙点睛法"是柳使用的两种笔法,"以示警惕","使之知做",不但显示了柳文的艺术性,也是柳文的思想性所在。《〈柳文指要〉中的章士钊自述》(《湖南科技学院学报》2005年9期),"章氏把自己融化柳文柳诗之中,是《指要》独特的、独具一格之处",作者一一指出,使读者了解章老及著作宜有帮助。

台湾衣若芬博士慕名来到潇湘,她对与潇湘相关的诗画做过专题研究。《潇湘文学与图绘中的柳宗元》(《零陵学院学报》2002年1期),论述了柳宗元在"潇湘"母题中承先启后的意义,角度新颖。并认为《江雪》诗是"潇湘八景图"中"江天暮雪"一景的灵感源头。韩国黄珵喜女士《柳宗元游记散文中奇特形象的审美意义》(《湖南科技学院学报》2005年3期,根据柳的特殊经历,"反映在山水游记文中,因此用'奇'、'特'以及奇异怪特形象来写的较多,而给人以富有刺激性的奇险之感。"从美感范畴的背反这一视点做了深入分析,有理有据。

陈蒲清教授《论柳子寓言的地位与特点》(《零陵学院学报》2003年1期),认为"柳宗元作为一个寓言家,在中国寓言文学史上具有划时代的重要地位。"

并重点阐明了柳子寓言的社会讽刺性,从浅层寓意、中层寓意、深层寓意三个方面做了剖析。于浴贤《论柳宗元寓言杂文对六朝咏物赋的借鉴》(《湖南科技学院学报》2005 年 9 期),通过实例说明柳宗元的创作固然受先秦寓言的影响,但更为直接的影响在于多姿多彩的六朝咏物赋。

蔡自新主编的《柳宗元国际学术研讨会论文集》(中国·永州),珠海出版社2003 年 8 月出版,收集论文 49 篇。孙昌武、陈琼光主编的《柳宗元研究文集》(第三届柳宗元国际学术讨论会研究论文撷英),广西人民出版社 2005 年 11 月出版,选入论文 47 篇。近六年出版的研究著作近 20 部,有的前面已经提及。蒋凡的《文章并峙壮乾坤——韩愈柳宗元研究》(上海教育出版社 2001 年 1 月版),收入论文 25 篇,分为韩愈柳宗元比较研究、韩愈论、柳宗元论、作品论、传记五部分。6 篇对比研究的文章,分别从生活经历、思想论争、学风传承、市民意识、古文运动、古文"小说"观、散文艺术等方面,比较了韩、柳之间的异同,认为他们同中有异,异中有同。柳宗元论中的 3 篇文章,分别探讨了柳作品中的性意识、柳与书法艺术、柳英年早逝的原因。作品论中的 2 篇文章,论述了柳宗元的散文及诗歌的艺术成就。该书是作者 20 年心血的结晶,在学术研究上体现了创新精神。周楚汉的《唐宋八大家文化文章学》(巴蜀书社 2004 年 12 月版),从文章学的角度对唐宋八大家进行研究。第二节集中论述了柳宗元的文章理论及其历史地位。柳宗元的文章理论由七部分构成,分别是兴西汉文章的古文论、文以明道的文道论、文有益于世的文用论、言畅意美的文美论、卓然自得的创新论、感激愤悱的动力论、知之愈难的批评论。还附录了《柳宗元论三则》:文以神志为主,炳蔚文采,反对"荣古陋今"。正如曾祥芹先生在序中所说:"从建设先进的文章文化这个背景和前景来看,唐宋八大家文化文章学的古为今用,就闪射出特有的历史光耀和时代光芒。"湖南社科院张铁夫先生《柳宗元新论》列入"湖湘哲学与文化丛书",由湖南大学出版社 2005 年 7 月出版。该书在一系列重大问题上一反传统观念,提出己见,故称新论。一些章节的内容在报刊发表过。"永贞改革新论"一节中,在肯定永贞改革的政治方针、改革措施是正确的前提下,指出"在组织人事和思想舆论方面,二王刘柳集团所实行的一套路线、方针、政策,则基本上是错误的。"并认为宪宗继承了永贞改革和顺宗的事业,全面论述了"唐代历史上著名的元和中兴,在很大程度上就是宪宗继承和发展了永贞改革和顺宗事业的结果。"对卞孝萱提出的"顺宗被杀"说,他在"唐顺宗被杀说驳议"中,通过从史料上对其证据进行了全面的考评辨析,认为不符合历史事实。在

"柳宗元、韩愈同唱封禅调"中,对两人在封禅问题上的态度做了客观分析,一改扬柳抑韩的观点,"历史的真实情况便应该是:刘禹锡、柳宗元、韩愈同唱封禅调"。对《谪龙说》考辨、《龙马图赞》考释、《河间传》考证,条理清晰,不乏真知灼见。当然,作为一家之言,书中有的观点还值得商榷。如在"柳宗元无神论思想的时代背景和政治内容"中,虽然充分肯定了柳的无神论思想"代表当时无神论思想发展的最高成就和时代精神的精华",但认为"柳宗元的无神论思想是适应当时宪宗皇帝的无神论政治原则的需要而产生,并为其论证和宣传的,具有鲜明的时代内容和政治特色。"这实质上从一个侧面贬低了柳宗元的贡献,否定了柳宗元自身的思想素质和主观能动作用,值得商榷。

中国柳学会与柳州市柳宗元学术研究会合编了 6 期《柳学研究动态》,永州市柳宗元研究学会编辑出版了 7 期《柳宗元研究》,前者以介绍柳宗元学术研究的新情况、新信息、新动态为主,后者除介绍新的研究成果外,还发表了大量柳学新作。游览近五、六年的柳学论文,多角度、多层次探讨,在广度与深度上均有新的突破。永州学者呈后发趋势,对柳学表示了极大兴趣,在研究领域进行开拓,并突出永州特色。陈松柏博士分析了"柳宗元作品中体现的主题先行论"(《柳宗元创作方法论》),并在《悲喜交错中的沉思》中,对柳在元和五年迁居愚溪、纳妾、爱女和娘早夭、创作与思想的变化均提出了新见,有利于破解某些未解之谜。翟满桂教授的专著《一代宗师柳宗元》,对柳的生平与创作做了全面介绍,深入浅出,通俗易懂。近几年又致力于"柳宗元与湖湘文化"的专题探讨。蔡自新先生在积极组织柳文化活动之余,还撰写了《关于一代宗师柳宗元的历史地位》等论文,对柳宗元进行评价和推介。吕国康的《柳宗元与法华寺》《柳宗元与山——心路历程的阐释》入选两届柳宗元国际学术研讨会文集,《柳宗元的早衰与早逝》收入山西沁水为配合柳宗元文化研讨会出版的纪念文集。还发表了《论柳宗元与永州山水之关系》《柳宗元的改革思想与人格魅力》等多篇论文。夏卫平涉猎较广,近几年发表了十几篇涉柳文章,如《论柳宗元的补天思想》《柳宗元的创新意识》《柳宗元的愚性》等。刘继源老先生撰写了洋洋数万言的《〈柳宗元永州行迹考释〉质疑》,对龙震球先生的观点提出了许多不同看法。张官妹教授出版了《三子与三溪水》,以元结、柳宗元、周敦颐作为比较研究对象。黄伯荣先生出版了《柳宗元山水散文鉴赏》,对柳的山水散文有精细分析。骆正军先生发表了《柳宗元——舜文化的传人》《柳宗元和刘禹锡"易学思想"之比较》等论文,2006 年在《文艺报》连发了《歧黄大师柳宗元》等 3 篇论文。雷运福先生立足考证,认为《钴鉧潭》《南池》诗是柳的两首佚诗,"湘源二妃庙"就是零陵的"潇湘二妃庙",并考证复原了明朝曹来旬的《重修柳司马先生庙记》碑文。擅长舜文化研究的王田葵教授发表了第一篇涉柳论文《瞧着皇上的脸色:柳宗元的精神症候》(《湖南科技学院学报》2005 年 9 期),他说"柳宗元用他的诗文,真实地记述了一个在专制王权下'欲采蘋花不自由'的蓄臣故事。""他是伟大的文学家,说他是伟大的唯物主义思想家,则有炒作之嫌。"并在文中回答了三个问题:柳宗元何以钟爱屈原? 毛泽东何以喜欢柳宗元? 现代人喜欢柳宗元什么? 观点尖锐泼辣,给人以别开生面之感,但也有值得商榷之处。

柳州柳学起步较早,近几年在稳步发展,一批柳学骨干相当活跃。他们在《柳州日报》《柳州师专学报》开辟专栏,发表了大量柳学文章,并注重成果的汇编出版。据统计,以柳州学者为主撰写、编辑的论文集、文献汇编、诗文选读达12 本之多。日本户崎哲彦教授在柳学研究上成绩卓著,在上世纪九十年代出版过两部专著,近几年又发表多篇论文。发表在《柳州师专学报》上的《"钴鉧"不是熨斗而是釜锅之属——柳宗元的文学成就与西南少数民族的语言文化》,从语言学、地名学、民族学、考古学等角度对"钴鉧"一词进行交叉探讨,论述"钴鉧"一词并非"熨斗"之意,而是釜锅之属。论证详细,令人信服。马来西亚郭莲花博士近几年在柳州师专学报接连发表了 5 篇论文,《贬谪永州期间的柳宗元与〈庄子〉》《柳宗元山水游记对六朝山水文的继承和开拓》,以及对悲怨文学、佛教文学、对问文学的研究,《柳宗元研究文集》选了她的《历代咏柳宗元诗》。从中可以看出,境外学者注重资料的搜集,论证的旁征博引,多从微观入手,开口较少,论述透彻。

张忠纲、姜玉芳教授的《柳宗元的千古寂寞——兼叙陶柳文之辩》(收入《柳宗元研究文集》),认为在诗境冲淡的一格上,柳确实有与陶相似的一面,但陶柳的相似只是表面的而非本质的,二人之间更多的是"不似"。结合具体作品进行分析、比较,见解独到,鞭辟入里。张明非教授《柳宗元诗艺术风格刍议》,认为苏轼所推崇的"枯淡"一类多作于永州,而"清峻冷峭"一类,多成于柳州。用这两种风格中的任何一种来概括柳宗元诗都是不全面的。

谢汉强先生可称得上柳学活动家,与吴文治教授一道组织编纂了《柳宗元大辞典》,出版了《读柳札记》,收入涉柳文章 45 篇。戴义开先生在编纂地方志的同时,从事柳宗元研究,出版了《柳荫琐言——柳宗元和柳州》。王一民先生是老报人,独立作战,发表了一批质量较高的论文,在《湖南科技学院学报》就有

9 篇。如《当前柳学面临的三大课题》,尖锐提出"柳学的基本问题还要重新深入探讨",对"近年柳学研究本身也略有不足",进行举例分析,指出"要明确今后柳学研究的重点",读后使人警醒。陈琼光教授发表了十几篇涉柳论文,内容比较广泛。孙代文教授的《柳宗元人格的特点与缺失》《柳宗元写作论辨析》反响较好。莫山洪先生笔耕不辍,在从事骈文研究的同时,写了不少研究柳宗元诗文的文章,如《从永州到柳州:论柳宗元山水诗的演变》《论柳宗元散文句法与骈散相争》等。程朗女士重点围绕柳宗元与柳州文化做了一些有益探讨。鲁永良的《从柳宗元诗歌看中唐长篇五言律的创作》,把触角伸向较少人涉足的长诗。而柳学则呈现普及与提高相结合的趋势。永州、柳州以及山西永济、沁水的柳文化活动比较活跃,且与当地的经济、社会发展相融合。如整修和充实柳宗元纪念馆,修建柳子笔下的景点、景观,修缮柳氏民居,兴建柳园;开展柳宗元与湖湘文化、潇湘文学的流变等课题研究以及校本教研;举办柳氏宗亲联谊会、柳宗元诗文教学观摩活动等。

我们应该清醒地看到,柳宗元研究还存在许多不足。如关于柳宗元文集,至今还缺乏搜集最全、按体裁、写作年代编排并加笺释的权威版本。对柳宗元思想的研究,还缺乏应有的高度,对柳宗元人格的研究,还需要进一步挖掘,对柳宗元作品研究,代表作热,其它则冷。特别是存在虚假现象及实用主义倾向,不少文章大同小异,缺乏原创性,存在炒剩饭的现象,有的将柳宗元研究与政治、经济硬性挂勾,结果适得其反。

三 发展趋势

孙昌武教授精辟指出:柳宗元是"代表一代思想学术和文学创作成就的文化伟人。""柳宗元的学术理论作品涵盖极其广阔,内容极其丰富,包括哲学、史学、政治学、经济学、伦理学、美学等诸多领域,柳宗元在这诸多领域都创造出具有巨大价值的成果,成为他留给后人的珍贵的思想遗产。其中有些部分可以'古为今用',直接拿来作今人的借鉴;又有更多的内容则作为历史上的文化积累,为后人提供了宝贵的思想、理论资源。至于他的那些美奂美仑的文学作品给人以教益,提供人美感,则是不言而喻的。"他留给今天遗产的另一个重要部分是他的人格……这种伟大的人格,对于今人更是难以估价的精神遗产。"(《柳宗元研究的意义与方向》)我们应该站在历史的高度,将柳宗元的思想与舜文化、儒学有机联系起来,与中国历史伟人进行比较分析,进一步确立他的独特地位及作用。要注意发掘柳文化的精华,科学贯彻"古为今用"的方针,从中汲取构建和谐社会的智慧与力量。有学者在研读柳的作品时,发现柳宗元研究的牛鼻子是大中之道、大中、中……,实质上是中庸之道,相当于今天的"和谐"。可做进一步的探索研究。对柳宗元的改革精神与伟大人格需进行深入细致的综合、概括。

柳宗元的作品博大精深,既需要宏观研究,也需要分类研究、微观研究。要多读原著,大量掌握相关资料,在原创性上下功夫,避免重复劳动。对"永州八记"及《江雪》《渔翁》等诗的研究显得异常火爆,而对书信、序、墓志铭的研究则比较冷,要解决冷热不均的问题,设法将研究的触角伸向方方面面。一些学者将柳与韩愈、刘禹锡、元稹、白居易放在贬谪文人的范畴进行比较研究,取得喜人的成果,也可将柳与屈原、李白、杜甫、元结等进行比较分析,定会有新的收获。普及与提高相结合是推动柳学发展的不竭动力。我们应为此而付出心血与努力。

继续做好柳宗元文献的整理,尽快出版一部收集完备、系年加注、白话翻译、点评的柳宗元全集。加速柳宗元研究资料的汇编,将1919年至今的研究著作、论文条目汇编成册,论文集中的论文也应列入,重要文章最好有内容摘要。积极创造条件,完成资料的电子化处理,实现资源的网络共享。创办柳学刊物,为广大柳学爱好者提供一块园地,以利于培养柳学队伍,展示柳学成果。也可采取以书代刊的形式,每年一至二辑。我们相信,柳学的高潮正在形成,新的成果将不断涌现。

(原载 2007 年第 6 期,作者单位:永州市教育局)

近三年柳宗元研究概述（2013－2015）

✳ 尹华君

从王兆鹏（《20世纪海内外唐五代文学研究成果量的地域差异》见《西北师大学报》2014年第5期）的研究来看，柳宗元属于海内外学者研究的十大热点作家之一。在中国知网里检索获知，近三年以柳宗元为主题词发表的论文有390篇（131篇，169篇，90篇），而直接以"柳宗元"为题发表的论文有180篇（67篇，75篇，38篇），数量之多，范围之广，足显柳宗元研究欣欣向荣之景。

近三年出版的柳宗元研究的学术新著有6部，翟满桂《柳宗元永州事迹与诗文考论》（2015年上海三联书店），郭绍民《吏为民之役：柳宗元论集》（2015年广西师范大学出版社），李伏清《柳宗元儒学思想研究——兼论中晚唐入学复兴》（2014年上海社会科学院出版社），郭凌云《古文运动：韩愈、柳宗元》（2014中州古籍出版社），杨再喜《唐宋柳宗元传播接受史研究》（2013年中国社会科学出版社），尹占华《柳宗元集校注》（2013年中华书局，2015年三晋出版社再版）。另外，尚永亮、洪迎华精注精评本《柳宗元集》（2014年凤凰出版社），吴同和、马重阳主编《柳宗元研究大系·晋湘篇》（2015年现代教育出版社），王晚霞主编《柳宗元研究（2006－2014）》（2014年湖南人民出版社），上海古籍出版社于2013年影印出版的《新刊增广百家详补注唐柳先生文》（属于《宋蜀刻本唐人集丛刊》），户崎哲彦等十位日本学者出版的一套"日本唐代文学研究十家丛书"（2014年中华书局），肖献军《唐代两湖流域诗歌比较研究》等书与柳宗元研究息息相关，很值得关注。

近三年以柳宗元为主题词的硕博学位论文有51篇（其中硕士43篇，博士8篇），而直接以"柳宗元"为题的硕博学位论文有15篇（均为硕士论文），可以预见，如今这批以柳宗元为主题撰写学位论文的硕士博士将是未来柳宗元学术研究的生力军。

近三年海外柳宗元研究也不甘落后，仅日韩两国就发表了近10篇有关柳宗元的论文。日本一直是海外柳宗元研究的重镇，在日本国会图书馆检索得知，有

6 篇有关柳宗元研究的论文,他们是:马场英雄《嵇康的〈明胆论〉与柳宗元的〈天爵论〉》(见 2015 年《大东文化大学汉学会志》第 54 卷),太田亨(《日本中世禅林中柳宗元诗接受的一个侧面——以五山版图籍为中心》见 2014 年《中国中世文学研究》第 63－64 卷),久田麻实子(《柳宗元人物描写与"天"》见 2013 年《东洋学集刊》第 108 卷),小池一郎(《柳诗注译》见 2013 年《同志社大学地域文化学会纪要》第 1 卷),小池一郎(《言语的生成与释义》见 2013《言语文化》第 15 卷)诠释了柳诗的语言美,高畑常信(《汉诗研究——唐代诗》见 2013 年《德岛文理大学研究纪要》第 86 卷)论述了如何从利用地方志更好理解张集、李白、杜牧、刘禹锡、柳宗元、杜甫、王昌龄、崔颢等人唐诗。另外,户崎哲彦《〈柳宗元集〉新定本登场:尹占华〈柳宗元集校注〉》(见 2014 年《东方》第 402 卷),下定雅弘《柳宗元研究的重大突破:竹田晃编〈柳宗元古文注释〉》(见 2014 年《东方》第 403 卷),分别为中日两部柳宗元新著做了推介。韩国的柳宗元研究也值得关注,从韩国国立图书馆检索得知,近三年有 2 篇论文和 1 部新著问世,他们是:金宗民《韩国韩文散文中的柳宗元〈段太尉逸事状〉的受容与变奏》(见 2015 年《大东汉文学》第 42 卷),宋基采《柳柳州文抄译注》(见 2013 年《传统文化研究会》第 43－44 卷),金哲虎(《经典与创新:唐宋八大家的写作经典》2014 年出版)。

现从柳宗元的思想探索、诗文解读、传播接受、地域文化、交游考证方面概述如下。

一　思想研究方面

文以明道是柳宗元思想宝库中最耀眼的明珠。刘宁《韩愈古文理论与儒家修养思想》(见《安徽师范大学学报》2014 年第 3 期)从儒家修养方面探讨了韩柳的文以明道,他们的古文思想都反映了他们的身心修养,柳宗元的理性色彩略重,更讲究自我约束,讲求抉择与鉴别,更接近荀子"治气养心之术"中对自身不良气质的调节与治理,但缺少荀子"虚一而静",至于孟子那种存心养气的修养传统,柳宗元更与之颇为疏离。宋瑞婷、邓佳《柳宗元赠序文中的明道思想》(见《湖南科技学院学报》2013 年第 3 期)则从柳宗元善于在赠文序言中塑造儒圣形象来阐释了柳宗元的文以明道思想。文以明道是古文运动的旗帜,罗书华《科举仕途:理解韩柳古文运动的新角度》(见《江汉学术》2013 年第 1 期)从科举仕途角度阐释了韩柳的古文运动,科举的兴起,使得读书人有了接近文章、以道自任、壮大自我的愿望与机会,仕途的坎坷又使他们得以回到文章当中,使自我与道理与文章融合在一起,这便有了古文。

古文运动实质上是儒学的复兴和新儒学的滥觞,李长海《立足儒家兼采佛道——柳宗元对儒学的改造》(见《语文建设》2013 年第 14 期)认为作为儒学革新的思想家柳宗元以元气一元论为基础,以天人相分为依据,以儒家尊者的身份,立足儒家,吸收佛家和道家的思想来改造儒学,为后唐儒学的转变和宋明理学的萌生奠定了基础。冯雅仙《中唐思想家与儒学复兴》(见《沧桑》2014 年第 5 期)认为,中唐儒学的复兴是宋明理学兴起的基石,韩愈、李翱发展了儒学,柳宗元、刘禹锡推进了儒学,他们成为中唐儒学复兴的先驱,为中唐儒学复兴做出了杰出的贡献,在中国儒学史上具有重要地位。唐琦露琴《"问题意识"研究方法的典范——读〈柳宗元儒学思想研究:兼论中晚唐儒学复兴〉》(见《湖南科技学院学报》2015 年第 7 期)介绍了李伏清新著中对柳宗元在儒学复兴中的重要贡献。

在天人关系的论述中,刘顺《天人之际:中唐时期的"天论"与诗歌转型》(见《文学理论研究》2015 年第 1 期)认为韩愈、柳宗元、刘禹锡的"天人关系"论推进了中唐的儒学转型,也深度影响了中唐的诗文转型,但三人天人论有别,韩愈是"天人相仇"其诗文为奇险,柳宗元是"天人不相与"其诗文多骚怨与孤独,刘禹锡是"天与人交相胜"其诗文是多悲健与理致。陈维《中唐儒学畛域下的天人观新论》(见《中州学刊》2014 年第 2 期)也分析了韩愈柳宗元刘禹锡三人的天人观,三人对天人关系的相异理解,并不只是在思想文本上的对立,其根源在于对政治语境的解读不同,韩愈更侧重从王道教化方面抽象出天的象征,使其更具有神性意义,而柳宗元、刘禹锡则更倾向于天人关系中人的环节,凸显出改革的意义。姚艾、刘生良《柳宗元〈天对〉神话观辩疑》(见《广西社会科学》2015 年第 4 期)从首肯"天人相分"的哲学论分析了柳宗元的神话观,《天对》具有强烈的现实针对性,体现唯心主义天命观的"符瑞论"就成了柳宗元攻击的靶子,神话只是柳宗元反对天命观的"载体"而已,柳宗元对神话的裁剪并非一个尺度,对一些美丽的神话还是首肯的,并非想消解神话的情趣。而康宇《论隋唐时期"天人感应"说的再起及其对自然科学发展的影响》(见《自然辩证法研究》2015 年第 7 期)则提出了柳宗元刘禹锡发起的"天人之辨",使得隋唐再次兴起的"天人感应"思想退潮,对隋唐自然科学发展如古代天文学、数学、医药学、潮汐理论以及科学思维进展产生了重要影响。朱雪芳《柳宗元〈断刑论〉经权之道》(见《湖南科技学院学报》2013年第10期)提出,柳宗元在批判"赏在春夏,罚在秋冬"和睦顺时令效法于天的错误观点的同时,指出人事在于"顺乎人心,合于中道"之"经"及赏罚要及时之"权"的"经权"观,这种经权观与其"天人不相预"思想紧密联系。

对柳宗元民本思想的探讨从未间断过。毛崇杰《泛化封建观与后封建问题》(见《甘肃社会科学》2015年第5期)认为,柳宗元的《封建论》之精髓是揭示了秦王朝"失在于政,不在于制",而这一关键性结论常常被歪曲了,柳氏承袭了贾谊《过秦论》与司马迁恶评秦始皇暴政的观点,指出邦之兴亡不在于封建与郡县之集权与分权"制",惟"仁政"与"暴政"才是"得天下"与"失天下"之关键;正如柳宗元《贞符》文中所说一样,君权"受命不予天",而"于其人","于其仁","受命于生人之意",这是先秦儒家思想中最为可贵的民本思想和民主精神。户崎哲彦《读柳宗元〈武冈铭〉并序》(见《中华文史论丛》2013年第1期)认为该文可窥见柳宗元特有的"生人为先"的思想,并见柳宗元之仁政思想近乎大乘教思想的慈悲观念。而刘泽华《论天、道、圣、王四合——中国政治思维的神话逻辑》(见《南开学报》2013年第4期)则认为,柳宗元固有浓重的民本思想,但其思想中夹杂着浓重的帝王至上理念,柳宗元在上皇帝的表奏中对皇帝的称颂无以复加,颂扬帝王养育万物、万民的词汇连篇累牍,这看似矛盾,其实是儒家传统中天、道、圣、王四者合一,而王是全社会最高权威的表现。王基伦《柳宗元的京城符号》(见《湖南科技学院学报》2014年第7期)也认为,柳宗元对宪宗皇帝从无怨怼,和许多唐代文人一样有着深深的"长安情结",那里不仅是京城与故园,更是北返从政的希望。守道不如守官,陈松柏《柳宗元研究中的"索隐研究"》(见《湖南科技学院学报》2013年第11期)认为柳宗元对唐宪宗是相当臣服与依赖的。忧国忧民与自身乐观快乐并不矛盾,马晓斌《四论柳宗元的快乐之源——柳宗元〈与崔连州论石钟乳书〉研究》(见《湖南科技学院学报》2013年第1期)认为柳宗元也是快乐的,《与崔连州论石钟乳书》饱含了柳宗元的忧国忧民思想,用石钟乳引出柳宗元对"产地好,从此就好"的质疑,进而论述真、善、美才是快乐之源。亲民爱民、惜民助民是封建士大夫民本思想的外化表现,骆正军《试析柳宗元的贫民情结》(见《湖南科技学院学报》2015年第6期)认为柳宗元有浓厚的贫民情结,他对贫民那种发自内心的同情与关爱,而且还真真实实地体现了他不分穷富、贵贱的人生观和价值观。杨涛、曾长秋《论柳宗元民本廉政思想对加强廉政建设的启示》(见《湖南科技大学学报》2014年第1期)则分析了柳宗元民本思想中蕴含着许多廉政思想,认为其思想为构建和谐社会加强廉政建设提供了理论借鉴,具有积极的启示作用。王亮《柳宗元"吏为民役"民本思想的内涵及其现实意义》(见《山东工会论坛》2014 年第 6 期)则分析了柳宗元的民本思想,具体包括民众决定历史观、官吏为民服务观、官吏为民负责观、养民利民观等,其思想不仅具有重要历史价值,而且对于当今深入贯彻科学发展观、推动社会主义和谐社会的建设等,都具有重要的借鉴意义。

永贞革新永远是柳宗元研究不可回避的话题,对于永贞革新的评价直接影响了柳宗元的政治主张、思想高度与文学成就。阎琦、张淑华《永贞"革新"与中唐文人刘禹锡、柳宗元及韩愈》(见《唐都学刊》2013 年第 6 期)老调重弹,认为革新有名无实,王、韦更是小人,柳宗元固锐于进取,但终因遇人不淑,且个人较少把持,年少轻狂、未识几微,一味盲从,终为其所累,反映在文学创作中,则是浓厚的王、韦"情结"和或激愤、或感伤的色彩。永贞革新之后柳宗元的思想转变深深地影响了他的文学创作,马佳佳、邵行红《柳宗元政治失意后的复杂心态探析》(见《山西师范大学学报》2013 年第 S1 期)分析了柳宗元贬谪永州后经历了痛苦的抗争与妥协的思想斗争,轻师名而重师实的抉择,最后倾注笔端,化为骚文,铸就文学成就。

如何对待儒家经典,这关乎一个士子的经学思想和学术涵养。康宇《论中晚唐时期儒家解经思想之变新》(见《人文杂志》2014 年第 2 期)就分析了柳宗元的解经思想,他引佛教心性理论入儒,在入世与出世中寻找儒释理论上的交汇点;他以"道"非《国语》,以求其中"圣人之道",在从"义理"的角度对文本的批评中,大讲"中道"之大旨,在很大程度上拓展了儒家解经学的诠释空间;中晚唐儒家解经思想的变新——心性化和平民化——其实就是新儒学的变革,下启宋明理学,才使得宋学有别于汉学。

统合儒释是柳宗元复兴儒学的方法之一。孙昌武《柳宗元与佛教》(见《文学遗产》2015 年第 3 期)认为,柳宗元是中国古代文人中真正对佛教教理有深入理解,特别是研习天台宗义确有心得的少数文人之一,他继承荀子以来"非天无神"的传统,基于"统合儒释"立场,吸收、借鉴天台宗提供的理论资源,针对宇宙观、历史观、人性论诸范畴的课题进行发挥,取得一系列具有重要理论价值的思想成果,他的诗文创作深受佛教影响,对天台教典的思想观念、思维方式和文体、事典等亦多所借鉴。礼佛还是斥佛,是一个宗教信仰问题,也是一个如何变新儒学的问题,恰恰这个问题将文人相敬的楷模韩愈和柳宗元拉到了对立面。王昌昊《浅析元和年间的两种士大夫佛教观——以韩愈、柳宗元为核心》(见《学理论》2014 年第 22 期)分析了韩柳为代表的中唐士大夫的佛教观,以韩愈为代表的一方,视佛教为"异端",要求反制佛教,清除佛教的现实危害,重塑儒家的思想权威和秩序;而以柳宗元为代表的一方,积极寻求儒佛义理的契合之处,要求"统合儒释",从佛家理论中寻找可供儒门利用的思想资粮,这两种看似相悖的佛教观,只是在资源整合中方法的差异,前者是从儒家自身内部传统经典中找资源,后者则是把佛教资源引入到儒家自身资源系统中来,都是为了充实儒家自身,都是为了提高儒家在形而上学层面上的思维能力和水平。

儒家八目中修身为先。柳宗元的修身准则有一条就是恪守中道。李辉《柳宗元的"中道"思想》(见《船山学刊》2015 年第 1 期)认为,"中道"是柳宗元持身立命、知人论世的思想圭臬,正是以"中庸"之道作为人生的旨归,以"明道"为作文立说的要务,才成就了柳宗元在中国思想史、文学史上独特的地位。刘亮红《论柳宗元"方其中圆其外"的道德修养方法论》(见《湖南科技大学学报》2014 年第 3 期)就分析了柳宗元的"中方外圆"之道德修养论,一是植志笃道,二是固本养正,三是进退有度。在柳宗元的道德修养中,秉持大中之道是其重要一环,刘亮红《柳宗元"大中之道"的道德修养》(见《江西社会科学》2014 年第 6 期)就提出,柳宗元的大中之道修养有三:一是"去大惑"是道德修养的前提与基础;二是以经权合一为本质内容的"唯当之所在"是道德修养的关键;三是"以生人之意为己任"则是道德修养的最终目的,此论完美体现儒学内圣外王的道德修养理想。

改革派常有超凡脱俗之论,而这点恰恰容易被人理解为异端。周岩壁《论柳宗元诗文中的孔子》(见《中州大学学报》2014 年第 6 期)提出,柳宗元笔下的孔子形象,在唐代文人学者中显得独具一格,孔子首先是一个现实的人,之所以获得圣人地位,是其主体能动性发挥到极致的必然结果;柳宗元的这一观点在客观上质疑了自汉代谶纬之学以来加在孔子头上的神性光环,这一独特的孔子形象,是柳宗元在思想上具有异端色彩的具体表现,是其实证性的批判意识的直接产物。

百代皆行秦政法,儒家士大夫也不乏法律思想。张辉《中唐文人法律思想探析——以韩愈、柳宗元和白居易法律思想为代表》(见《黑龙江教育学院学报》2014 年第 12 期)认为,柳宗元有法律思想,他的一些朴素的唯物观和民主观对后世法律思想的发展产生了深远的影响,在中国法律思想史上应占有一席之地。

对柳宗元的思想源泉的探讨,高会霞《柳宗元思想的易学底蕴》(见《柳州师专学报》2013 年第 6 期)提出了易学是柳宗元思想的来源之一,柳宗元的心性思想、大中之道都是易学的具体体现。梁静《中古河东柳氏与文学概述》(见《晋阳学刊》2013 年第 1 期)强调了柳宗元的思想及诗文素养与其河东柳氏家族世代积累不无关系。

柳宗元是文学大家,也是品文高手。他的文艺思想之一是"奇味论"。马草《柳宗元奇味论研究》(见《河北工程大学学报》2013 年第 3 期)认为,柳宗元的"奇味"是一种风格论,是对文学审美风格的总体概括,是倡导多元化的审美风格,主张新颖别致的创新性风格,反对险怪艰涩的风格,同时崇尚壮丽的理想风格,寄寓着国家强盛的社会理想。

二 诗文解读方面

李杜诗,韩柳文。柳宗元诗文并茂,然以文著。柳文骈散结合,而今论者多将韩柳倡导之古文运动理解为反对骈文。谷曙光《韩柳骈文写作与中唐骈散互融之新趋势》(见《文艺评论》2015 年第 3 期)提出,韩柳虽是古文泰斗,但兼擅骈偶之作,韩柳对骈文的态度是扬弃,而非抛弃,韩柳是唐代骈体文的改革者,而非反对者;韩柳骈文最显著的艺术特征莫过运散入骈、援古文技法入骈,韩柳的骈文与古文的参体互融现象显著,其文奇偶相间、单复并用,树立了瑰伟奇丽、卓荦精致的文章新风貌,为中唐骈文之新变,且对宋四六有一定影响。罗书华《论唐宋古文运动非以骈文为对立面》(见《上海师范大学学报》2015 年第 5 期)提出,唐宋古文运动反对的并不是骈俪形式本身,而是文道分离的浮靡文风,韩柳欧苏不仅在理论上对骈俪相当友善,柳宗元、欧阳修、苏轼、王安石甚至还是整个骈俪文学史上的关键人物。禹明莲《论柳宗元南贬散文的务奇笔法》(见《文艺评论》2013 年第 10 期)提出,柳文尤其是南贬之后的柳文多以奇称,其法在题材选择上,传统题材能反意出奇、以文为史关注市井奇人奇事、自病自医以真见奇,在谋篇布局上,一字贯之、起结之妙、曲笔转换、不循常规,上承扬雄,援赋入文,下启苏轼,以奇为文。

山水游记尤其是《永州八记》是柳文的精华之一,后人对柳宗元的山水游记的解读乐此不疲。刘堂春《论〈永州八记〉的山水美学思想》(见《太原师范学院学报》2014 年第 6 期)提出,《永州八记》揭示了主体在山水之美的发现、创造中的重要意义,认为山水美在有"奇味",则凸显了审美客体的价值。

韩柳都是撰写祭文的大家,吴振华、邵行红《韩愈与柳宗元祭文之异同》(见《宜春学院学报》2013 年第 1 期)则比较了韩柳祭文的异同,认为其共同之处在于:内容上在表现哀情悲愁的同时,都寄托了深沉的身世慨叹;情感上悲怆动人,或直抒悲恸之情,或隐含哀怨之心;风格上寄托哀思,缠绵悱恻;不同之处在于:韩文气势雄健,柳文清洁明澈;韩文擅于变化,柳文缜密精悍;韩文言语奇崛,柳文平中见奇。

墓志文在柳宗元笔下也别有新意。刘城《文体新变与作者情感融合的典范之作——论柳宗元的墓志文》(见《山西师范大学学报》2013 年第 3 期)分析了柳宗元所写的墓志文既深刻又有新意,既有文体的变革又有自身情感的融入,使得其文饱含感情超越前人。黄媛媛、戴伟华《元和墓志文体的创作风貌》(见《古典文学知识》2013 年第 6 期)则提出,正是由于韩愈、柳宗元、白居易、刘禹锡等人的大量撰写墓志文,使得元和时期的墓志已是一种成熟的文体,也成为一个墓志文的创作高峰。

从柳宗元留存的书信中可以窥见其交游圈与政治理想。程宏亮、叶永胜《柳宗元书信的哲学自觉与政治自信》(见《湖南科技学院学报》2014 年第 6 期)认为,柳宗元书信揭示出柳宗元"天人相分"的哲学思考和行"中道"的方法论体系,表明柳氏具有坚定不移的儒家奋斗信念。

柳宗元的铙歌、平淮夷雅等雅歌曲虽然数量不多,但颇具特色。吴振华《论柳宗元唐雅的现实意义及其艺术特点》(见《文学遗产》2014 年第 1 期)着重分析了柳宗元的这些雅歌曲,他们不仅具有补苴罅漏的意义、重建礼乐秩序的价值,还有脱自己于政治泥淖的干谒意图,具有很强的现实意义;而艺术上锤炼精工,骨力坚劲,生动形象,意境雄浑,取得了超越魏晋而追攀《大雅》的成就。而苏瑞隆《柳宗元骚体文命题特点研究》(见《湖北大学学报》2015 年第 2 期)则分析了柳宗元骚赋命名特点,其题目或直接模仿其源流《楚辞》篇章,或从《离骚》的抽象概念中抽出元素,加以拟人化和道德化,或化用前人骚体赋之题材加以变化,也有直接截取当时发生的时事为题或以民间习俗为题,变化万端,不可捉摸,充分展现出柳宗元在骚体文这一辞赋的次文类中的非凡成就。

陈戍国《柳宗元的礼文学创作及其成就》(见《湖南大学学报》2014 年第 9 期)从礼学视角来看柳宗元的诗文,认为柳宗元礼文学作品又多又好,有近百篇之多,内容上传统五礼除了军礼,柳宗元的诗文均有反映。

柳宗元以古文名而不以诗显,得东坡为隔代知己,其诗才得以"发明"。吕国康《清峻高洁的羁旅之情——柳诗探幽》(见《湖南科技学院学报》2013年第9期)以柳宗元永州诗分析入手,从诗中描写对象的变幻、写作时间的考证、艺术风格的美学意蕴角度论证了柳诗"远在灵运上"之论。

对柳宗元山水诗文的解读,曹章庆《柳宗元山水审美思想探析》(见《南昌大学学报》2013年第1期)从柳宗元山水审美思想立论,认为柳文的审美主要表现在旷远幽深的审美取向、弃恶取美的审美态度、苦乐并存的审美体验以及因人而彰的审美认识上。刘伟安《幽怨情感与孤洁人格的投射——论柳宗元的个性气质及其对山水诗文的影响》(见《西南科技大学学报》2013年第3期)探讨了柳宗元幽怨情感与孤独高洁人格在山水诗文中的投射,显现出柳氏独有的幽怨冷峭的意境和孤高峻洁的格调。杨文榜、苏爱风《海畔尖山似剑铓秋来处处割愁肠——论柳宗元山水诗的演变》(见《学理论》2014年第33期)则比较了柳宗元永州和柳州两地山水诗的不同,在情感上是从感伤到绝望,在意象上是从清秀澄明到峻拔险怪,在诗体上是从平和的五古到凄怨的七律,在风格上是从简古平淡到险峻冷峭。陈俊娟《论柳宗元山水诗歌的艺术特色》(见《学理论》2014年第17期)则分析了柳宗元的山水诗文,认为其具有寂寞孤峭的意境、激愤幽怨的情结、高洁执着的人格坚守以及浓郁空寂的禅趣等艺术特色。

古诗当歌,柳诗尤甚。胡艳《浩浩长歌戚戚之尤——析柳宗元入声韵诗的声情》(见《名作欣赏》2013年第18期)从声韵学角度阐释了柳宗元大量的入声韵诗,以急促、压抑的特点表达孤寂、抑郁、悲愤之情。由于入声在普通话中已消失,如今人们常会忽略入声诗所表达的感情,该文为准确把握柳诗的情感提供了参考。

据考,柳宗元留存各类诗作148首,其中绝句41首。吴同和《柳宗元绝句新探》(见《湖南科技学院学报》2013年第6期)专门探析了柳宗元的绝句,认为柳宗元绝句抒发了诗人被贬南方后政治抱负不得实现的失落之意和郁悒之情,绝少闲情逸致,所谓景为情驭,境以思偕者也。而对柳宗元七律诗,吴振华《雄浑劲健泄悲愤百转千回叹哀伤——韩愈、柳宗元二诗比较赏析》(见《古典文学知识》2013年第4期)从韩愈《左迁至蓝关示侄孙湘》与柳宗元《登柳州城楼寄漳汀封连四州刺史》对比中,概论了韩柳七律之异同:均取法子美,不过柳诗继承多于创变,韩诗创变多于继承,柳诗给人感动,韩诗给人启发。柳诗的风格也是发展变化的,王丹《离愁渐远渐无穷——柳宗元〈别舍弟宗一〉评析》(见《开封教育学院学报》2013 年第 4 期)提出,柳宗元离别诗《别舍弟宗一》是柳宗元生平遭际转折时期的重要作品,也是作者一反写诗时"清峭"传统,转为"忧愤"风格的转型作品。子厚诗似渊明,董灵超《论柳宗元与陶渊明读书、饮酒的风神之异》(见《沈阳大学学报》2014 年第 1 期)则分析了二者的不同:其内在风神却有很大差异,柳诗比陶诗潇洒冲淡,但缺少陶渊明那种相对超脱基础上的真旷达。柳诗好奇险,梁德林《论柳宗元诗歌的奇险风格》(见《广西师范学院学报》2014 年第 3 期)分析了柳诗奇险特色:题材奇异、构思奇妙、语言奇特、用韵奇险,之所以奇险:一是好奇的个性,二是所处地理环境的影响,三是时代审美风尚的影响。马连菊、陈向春《柳宗元律诗"峭"的成因探析》(见《广西民族大学学报》2014 年第 3 期)则分析了柳诗"峭"的成因:柳宗元受"苦吟派"影响下形成的情景搭配的出新能力恰恰是形成柳诗之"峭"的重要因素。

宋颖芳《论柳宗元乐府诗的文献留存》(见《名作欣赏》2013 年第 3 期)则集中考察了柳宗元乐府诗的文献留存问题,探讨了柳宗元作乐府的目的、其献诗方式及其拥有怎样的乐府观等问题。

《江雪》时时被人称为压轴之作,对其解读更是层出不穷。李小荣《柳宗元〈江雪〉禅林传播接受谈片》(见《湖南科技学院学报》2014 年第 1 期)例析了以《江雪》为代表的唐诗在禅林的传播与接受,该诗有颂古、上堂说法、朝参暮请之用;之所以在禅林中传播如此之广,一是柳宗元自身的佛学修养高,二是苏轼的高度评价,三是两宋以来文字禅盛行有关。李君怡《论柳宗元〈江雪〉意境的五重结构》(见《贵州社会科学》2013 年第 10 期)认为,柳宗元《江雪》一诗的意境,由雪境、画境、处境、语境、悟境组织构造,形成其结构特征。

山水之胜人皆乐之,远可游,近可居,远游则形成山水游记,近居则化为园林艺术。周玉明《景观空间环境的旷奥特性研究》(见《苏州大学学报》2014 年第 1 期)则从建筑学角度,研究了柳宗元提出的景观旷奥特性与当下的现代景观空间设计理论是互为可译的。赵翠萍、王慧香《唐朝文学家柳宗元建筑成就略谈》(见《兰台世界》2015 年第 6 期)则从园居生活角度分析了柳宗元的建筑理念和建筑审美成就。

三　接受传播方面

姚艾、刘生良《韩愈、柳宗元在文学上对〈庄子〉的接受》(见《文学评论》

2014 年第 10 期)撇开了前人从审美范式、庄学精神、寓言文体的继承和发展等方面,而从韩柳继承庄文奇崛戏谑的特点入手,韩愈的以丑入诗、戏谑人文,柳宗元的以文为戏、身世哀怨甚至自冠以愚都与庄子有密切关系。肖献军《血缘与心灵相交融思想与精神互碰撞——论柳宗元对柳下惠的全面接受与突破》(见《湖南社会科学》2014 年第 1 期)则提出了柳宗元上承柳下惠,其"和"与"仁"思想就来源于柳下惠,而柳宗元因时制宜的求变思想与"和"之思想相辅相成,构成了柳宗元思想的主体。翟满桂《柳宗元骚赋文刍论》(见《湖南社会科学》2013 年第 3 期)认为,柳宗元骚、赋、文多上承屈原,其骚赋创作,源于屈原骚赋为多,不仅在数量上少有人望其项背,而且创造了艺术表现形式的多样化,完成了自屈原骚赋、汉魏大赋向精短古赋的转折,以其卓越成就在唐赋中领袖群伦。认同此论的还有曹章庆《论屈、柳"骚怨"精神的情感意向和人格境界》(见《吉昌学院学报》2013 年第 3 期),他认为柳宗元是屈原怨骚精神的优秀继承者。而曹章庆在另一篇文章《屈、柳"骚怨"意象差异及其成因蠡测》(见《广东海洋大学学报》2014 年第 5 期)更是分析了柳宗元与其师承者屈原"骚怨"的差异:一是意象选择从神奇瑰丽转向世俗怪异,二是意象表达由连类比兴变为整体象征和寓言,三是意象关系由主客融合转向部分反常乖离;造成这种差异的客体原因主要是时代、环境和风俗的变化以及历史审美风尚的变迁,而主体原因则主要是屈、柳神秘思维与理性思维的不同建构。王亮、张伟《谢灵运与柳宗元山水诗意境比较研究》(见《山东社会科学》2014 年第 S2 期)认为,柳宗元的山水诗无论是内容还是写法上都上承谢灵运,有所创新而标榜千秋。成松柳、李雪容《王维山水游记散文特色探析》(见《湖南社会科学》2015 年第 2 期)分析了王维对柳宗元的影响,王维山水游记散文虽然数量不多,却启迪了以柳宗元为代表的唐代山水游记散文,王维散体化的有意尝试,对于中唐古文运动,也产生了影响。黄亚利《唐传奇对柳宗元散文创作的影响》(见《时代文学》2015 年第 7 期)提出,唐传奇在题材的选择、小说笔法和尚奇风格三个方面对柳宗元的散文创作用重要影响。

唐人对柳宗元的接受与传播多不见经传,这与柳宗元的贬官身份相关,而同时代的韩愈与柳宗元的交谊显得异常珍贵。李文博《韩、柳交谊始末及其影响》(见《书屋》2014 年第 7 期)分析了韩柳之间的交谊,他们在生活中的交往并不是很多,可恰恰是这并不多的交往,足以成为文人间相敬相惜而又互诚共勉的典型,足以被千古传颂。

宋人欧阳修对柳宗元的文学思想多有沿袭,杨再喜《欧阳修与柳宗元的文学关联及其思想差异》(见《中国文学评论》2013 年第 2 期)认为,作为"唐宋八大家"重要成员的欧阳修和柳宗元,在文学上的关联,主要体现在三个维面:其一,两人同为"穷而后工"论的践行者;其二,文艺思想多有共鸣之处;其三,在文学创作风格上呈现出一定的趋同性。但欧阳修坚守儒家的"道统论"与柳宗元"统合儒释"的哲学思想有着明显的差异。宋人的赠送序文主要上承唐人韩柳,张海鸥《宋代赠送序文体研究》(见《韩山师范学院学报》2013 年第 5 期)认为,赠送序是因送别而作的序,是一种兴起于唐而盛行于宋的文学性和抒情性较强的应用文体,宋代赠送序的文体形态承唐而来,其语体承唐代李华、韩愈、柳宗元而来,并略有变化。温志拔《作为文章之儒的柳宗元》(见《湖南科技学院学报》2014 年第 3 期)提出了宋人对韩柳接受的不同阶段,北宋前期:宗韩甚于宗柳,北宋中后期,重新发掘柳的价值,至于两宋之际始提出韩柳并重,南宋孝宗以后尊韩、崇柳,因不同的学术立场,各有所尚;这一变化,与其说反映了宋人对柳宗元接受的不同态度,毋宁说是反映了两宋学术史前后相沿的一个命题:文章之儒与道学之儒此消彼长中的多元学术世界。人们多说,苏轼是柳宗元的第一读者。认为在柳宗元的接受史上,苏轼有开山之功。苏轼抛出的陶韦柳论——柳子厚诗在陶渊明下韦苏州上——多能引发争议,徐涛《苏轼"柳在韦上"之评的诗学思考》(见《湖南科技学院学报》2014 年第 3 期)就分析了"柳在韦上"之论是以陶渊明诗为参照提出的,也与苏轼"平淡"的诗学追求有关。宋末诗论家严羽对柳宗元诗的推广居功甚伟。朱学召《〈沧浪诗话〉对柳宗元诗歌接受的开创性贡献》(见《语文建设》2014 年第 23 期)认为严羽对柳诗有开创性贡献,他首次提出将柳宗元作为"元和诗坛"的代表性作家,开创性的从纯"诗学"角度探讨了柳诗与屈骚共同的情感基调,揭示情感意蕴是支撑作者扬"柳"而抑"元白"的重要情感原因;严羽还从"诗之外音"和内在情感两方面把握两者共同的"悲壮""凄婉"情愫,并开创了以"人"论诗之法,第一次提出"柳子厚体"和"韦柳体"。

明人茅坤是柳宗元文章接受史上重要人物之一,莫山洪《论茅坤对柳宗元文章的接受》(见《钦州学院学报》2013 年第 1 期)认为,有着与柳宗元相同身世经历的茅坤能客观评价柳宗元文章,认可韩柳并称,尤其肯定柳宗元在山水游记方面"公与山川两相遭"更甚一筹。唐宋派是明代一个重要的文学流派,其派对柳文的评点颇高,杨贵环《唐宋派对柳宗元文的评点——以唐顺之、茅坤等评点为中心》(见《湖北社会科学》2014 年第 8 期)认为,唐宋派赞评柳宗元文,表现了他们从唐宋古文上追秦汉古文,重道不轻文的文道合一的文学主张,在柳文评点史上有重要价值。

清人曹雪芹的巨著《红楼梦》中也有柳宗元的影子。王光福《"正邪两赋论""金陵十二钗"渊源补论》(见《红楼梦研究学刊》2015 年第 3 期)认为,曹雪芹借贾雨村之口所说的一篇"正邪两赋论",在《红楼梦》中意义重大,周汝昌先生曾对其一再论及,并且指出它和明代吕坤、宋代朱熹的思想渊源,其实它的源流可以追溯得更远一点:宋代的欧阳修在《洛阳牡丹记》、唐代的柳宗元在《小石城山记》中,都曾发抒过类似的思想观点。

后人对前贤的诗文接受可分为有形接受和隐形接受,唐宋以降,文人对柳宗元的接受亦如此。陈庆元《三世捕蛇与数世航海——柳宗元接受的一个问题》(见《湖南科技学院学报》2014 年第 3 期)分析了明人曹学佺《桂林山水可游记》就是对柳宗元《柳州山水可游记》的一种有形接受,这种有形接受,虽然没有直接反映在标题里,但在精神思想、构思写作等方面有实质性的接受;而陈衍《金门洪景星先生墓志铭》却是对柳宗元《捕蛇者说》的隐形接受,虽然柳文为说体文,陈文为墓志铭,但前者归结到苛政猛于虎,后者归于乐善好施,都是有关教化,两文在寓意内涵上有内在联系,这种隐形接受不仅要求撰文者对前贤哲文能灵活化用,也要求读者对前贤哲文了然于胸。

柳宗元诗文的翻译是对外传播的重要环节之一。辛红娟、覃远洲《格式塔意象再造:古诗英译意境美之道——以柳宗元《江雪》译本为例》(见《湖南农业大学学报》2013 年第 2 期)论述了用"格式塔意象再造"法翻译古诗能事半功倍,以《江雪》为例,用此法能够通过音、言、象、意及其结构的高度整合,实现对原诗意义及意境的再现。王婷《从接受美学看诗歌英译中的译者主体性——以《江雪》为例》(见《英语广角》2014 年第 9 期)提出,从接受美学理论视角出发,分析柳宗元《江雪》的两个不同英译本,并讨论不同译者是如何以读者的需求为关注,来体现译者主体性的。

熟读唐人《封建论》,莫从子厚返文王。毛泽东此诗一出,重新激活了历史对柳宗元的评价。韩柳地位论一直是个有争议的话题,而章士钊《柳文指要》似有"扬柳抑韩"之嫌。赵鲲《"极端书写"中的政治与学术——重读章士钊〈柳文指要〉》(见《现代中学刊》2014 年第 6 期)认为,章士钊的《柳文指要》是一部极端推崇柳宗元的著作,其中心是"扬柳抑韩",其论证方式就是将柳宗元的思想与 1949 年后的"新社会"相互参证,观点的极端性完全背离了章士钊早年主张的"调和"哲学,是一部深富政治色彩的学术著作。

文献史料的发掘对今人研究柳宗元有重要参考价值,也是促进柳宗元接受与传播的重要一环,在这方面,《湖南科技学院学报》的特色栏目——"柳宗元研究"成了这一成果发布的集散地。彭二珂集中整理校释了 10 余篇民国时期的柳宗元研究专论和 10 余篇柳文读后感,为我们提供了一批绝好的研究材料。此外,彭二珂《民国时期柳宗元研究专题概述》(见《湖南科技学院学报》2015 年第 7 期)和《柳宗元在民国教育中的影响概述》(见《湖南科技学院学报》2015 年第 8 期)分析了柳宗元在民国时期的接受与传播——此时期柳文凭借其蕴含人生哲理和民本思想广受关注,认为柳宗元作为著名历史人物,其在民国时期对民国教育所产生的影响不仅仅体现于在语文作文训练上起到了良好的师范作用,而且对培养学生家国情怀、人生理想起到了极大的启发作用,在民国国文教育中占有不可替代的地位。张勇《〈大藏经〉"柳学"资料的价值》(见《湖南科技学院学报》2014 年第 1 期)则从佛经内挖掘了大量柳宗元研究资料,具有十分重要的学术价值,可惜至今仍未引起学界的足够重视。

柳宗元留存的诗文可信的约有 600 多篇,随着新史料的发现和研究的深入,偶有疑似柳宗元的佚文佚诗的发现。薛俊霞、吕国康《柳宗元两首僧友诗的真伪》(见《运城学院学报》2013 年第 3 期)就论证了新发现的《摘樱桃赠元居士时在望仙亭南楼与朱道士同处》与《永州府志》所载柳诗《忆全正上人》都非柳宗元所作。杨贵环《清人手批柳宗元诗四种》(见《古籍整理研究学刊》2015 年第 4 期)列举了四种柳诗手批本,汪森所评《韩柳诗选》、汪立名所辑的《唐四家诗》、王庆麟、黄二梧与张鸣珂等人的评本,他们的批点注重对柳诗的风格、诗法等的评点,其中不乏精到的见解;尤其是,在手批本中的一些序跋、题识中包含着批点者、刊刻者的诸多批评,且有的批本还录有许多诗话中的批语,它们为我们今天解读、研究柳诗提供了很好的参照。

四 地域文化影响

柳宗元长期谪居南方,对柳州、永州影响甚大。刘顺《个体记忆与文化生产:柳宗元的南方生活》(见《山东师范大学学报》2013 年第 3 期)认为南方的 14 年是柳宗元移植北方记忆,同时也是在与南方的本土记忆和本土问题的碰撞中更新记忆的过程,在记忆的复制与增值中,柳宗元赋予了南方山水以独特的人文意义,而自身也最终成为南方记忆的组成部分,进入后人的追忆之中。刘儒《论唐代岭南连州、柳州的地域文化及民族政策——以刘禹锡、柳宗元诗文创作为中心》(见《惠州学院学报》2013年第1期)则论证了刘禹锡柳宗元诗文中不仅具有丰富的民俗学价值,而且保存了较完整的关于连州、柳州风物、习俗、语言、文化等方面的文献材料,尤为珍贵的是其中蕴含着对莫瑶、黄洞蛮的真实记载,为研究者提供较了大量可信的民族史研究资料,具有很高的民族学价值。李花蕾《湖南地方文献与摩崖石刻研究》是一部研究湖南古代地方文献的精品图书,吕国康《〈湖南地方文献与摩崖石刻研究〉补遗补正——兼谈对柳宗元的评价》(见《广东技术师范学院学报》2013年第1期)认为该书作者用石刻史料论证了历代前贤对永州的深远影响,很有说服力,诸先贤中尤以柳宗元、周敦颐和元结影响最为深远。一方山水养一方人,中原人士柳宗元长期谪居南方,落下了身体不适的怪病,柳宗元的双腿变得瘫弱无力,走起路来很是艰难,周向前《淫羊藿治好柳宗元的腿》见(《中国中医药报》2014年6月11日)认为零陵一位经验丰富的药农告诉他当地有一种叫"灵毗"的草药,能治腿疾,于是,柳宗元找到这种草药,亲自栽种、采摘和加工,按时服用,结果真的治愈了他的顽疾。山西沁水县西文兴为柳氏世居所在,据考为柳宗元家族避难之所。陈为人《西文兴血脉柳宗元》(见《社会科学论坛》2013年第6期)用文学家的笔调历数柳宗元的身世文章,尤以现存于柳氏民居中的三雕艺术和隐士文化,足显柳宗元对该地的文化影响之深远。闫书广《沁历一带是柳氏家族的避难之地》(见《晋城职业技术学院学报》2013年第5期)则从史书和方志记载中论证了沁水历山一带是柳氏家族避难之所。

柳宗元给贬谪之地永州和柳州留下了一笔丰厚的文化遗产,是当地传统文化教育和旅游开发中的宝贵资源。姚从军、吴美玲《论柳宗元的淡然情怀及对当代大学生的价值意义》(见《湖南科技学院学报》2015年第6期)认为,柳宗元那种处庙堂之高则忧其君,居江湖之远则忧其民,无论发达和困顿都淡然处之的情怀,在当今这个物欲横流的社会中,对当代大学生思想教育有极其重要的意义。李元雄《试论地方文化资源在本土高校学生心理健康教育中的运用——以湖南省永州市优秀地方文化为例》(见《经济研究导刊》2015年第10期)分析了,以柳宗元民本思想为代表的永州地方文化对永州高校大学生心理健康教育具有贴近、亲切、自豪、吸收力和感染力强的优势与作用。周斌《柳宗元柳州文学遗产旅游资源的开发研究》(见《柳州师专学报》2015年第1期)认为,柳宗元柳州文学遗产旅游资源具有较高的资源价值、宣传价值与文化价值,对柳宗元柳州文学遗产旅游资源的开发成为了发展柳州旅游业,提升柳州城市形象与文化竞争力的必由之路。

渔翁形象是柳宗元诗文中塑造的一个典型形象,也是柳宗元对永州地区文化影响的一个标志性符号。《渔翁》和《江雪》二诗就是塑造这一形象的源泉。陈未鹏《苏轼删柳宗元〈渔翁〉诗与"有我""无我"之境》(见《湖南科技学院学报》2014年第3期)就分析了后人对渔翁形象的解读,苏轼是柳宗元的第一读者,其解读尤其重要,可苏轼将柳宗元《渔翁》诗后两句视为蛇虫,建议删去,这其实是柳宗元、苏轼二人对于诗境有不同的追求,这既取决于诗人对于诗歌功能的定位,又与创作中物我关系中的情感位置、观物方式密切相关。"渔翁"形象在现代电视剧本《灞亭柳》中再一次重现,杨金砖《读骆正军先生的历史长篇小说〈灞亭柳〉》(见《湖南科技学院学报》2015年第4期)认为,骆正军教授的《灞亭柳》以柳宗元从永州回长安的路上,夜宿灞亭为故事的起点,对柳宗元的心路历程与跌宕生活进行了非常细腻的描述,尤其是大量采用"时空闪回"的叙事方式,打破了原有历史小说的固有写作模式,有较强的创新性,将渔翁形象提升了到新的高度。

柳宗元对永州、柳州地区的文化影响相对集中明显,推而广之,其对潇湘流域及漓江流域的文化影响也不可小视。潇湘意象是中国古典文学中一个话题之一,王晓明《郴江幸自绕郴山,为谁流下潇湘去——中国古典文学中的潇湘情结探微》(见《河南教育学院学报》2014年第6期)提出,潇湘情结是历代文士心中的情种,并在其作品中发芽开花,潇湘情结包含三大情愫:一是缠绵哀婉、忠贞不渝的爱恋,这在舜帝、湘妃和"潇湘妃子"林黛玉的爱情中得以体现;二是怀才不遇、流放贬谪的幽怨,这在屈原、柳宗元、秦观等人的经历中得以体现;三是寄情山水、避世隐逸的闲适,这在渔父、桃源以及柳宗元等人的作品中得以体现。而王晓明《中国古典文学中潇湘情结所蕴含的人文精神》(见《郑州师范教育》2015年第1期)也分析了潇湘意象中的人文精神,一是乡愁,即湘籍文人的怀乡与寓居潇湘文人的思归共同构成的乡愁;二是勇气,即曹雪芹和"潇湘妃子"林黛玉所表现出的反抗传统的勇气;三是潇湘意象群中人物形象所体现出的孤直清高的风骨;四是由屈原、杜甫、柳宗元等人作品中反映出的关怀民生的仁心。曾羽霞《柳宗元与荆楚文化传统》(见《湖北师范学院学报》2013年第6期)就论述了柳宗元对荆楚文化的沿袭与革新——承屈原之骚怨,但对巫鬼文化的排斥、对蛮夷旧俗的摒弃、对儒家文化的推广都显示了柳宗元对荆楚文化的开拓。胡菡《论屈赋和汉赋对柳宗元永州辞赋的影响》(见《湖北广播电视大学学报》2013年第2期)更是论证了柳宗元的辞赋尤其是永州时期创作的辞赋多源自于屈赋与汉赋。

文化的影响总是双向的,柳宗元深深影响贬谪之地的地方文化的同时,贬谪之地的地域文化对柳宗元的诗文创作也有勒痕。柳宗元贬谪永州与刺牧柳州期间,诗文创作前后变化颇大,足见地域文化对诗文创作者的反作用有多大。刘占召《刘、柳唱和与柳宗元七言近体诗歌艺术的发展》(见《东南大学学报》2015年第1期)认为,柳宗元贬谪柳州时期,创作重心由五古转向近体(七律、七绝为主),刘柳唱和是柳宗元诗体转向的重要原因,柳宗元七言近体创作从严守格律法则到自由创作,内容从大量用典到描写即目所见,感情基调从悲苦愁怨到轻松戏谑,都受到刘柳唱和的重要影响。纪兰香《经验、记忆与体验——韩愈、柳宗元贬谪时期文学的南方形象差异之探讨》(见《船山学刊》2013年第4期)认为南方文化对韩柳深有影响,在韩柳笔下的南方形象颇有差异,韩愈笔下的阳山、潮州是险山恶水、野蛮未化之地;而柳宗元笔下的永州、柳州则是山奇水清的游览佳境,究其原因既与他们的童年经历以及受到中原记忆的影响不同有关,也由于他们在南方贬谪时间的长短从而形成对南方的不同体验有关。邹莎莎《楚文化对柳宗元诗赋情感表达的影响》(见《剑南文学》2013年第6期)认为,柳宗元贬谪情感的体验与周围的山水、民情接近,浸染了当地的文化精神,他的诗赋在模山范水中,承载着怨愤感伤的情怀,异地风俗与文化对他的创作有很大影响。

五　身世交游考证

柳宗元贬谪永州十年,后奉诏返都,旋又出刺柳州,其间悲喜剧情反转多次,其时间经历新旧唐书有略记,具体实情有待后人详考。陈松柏《柳宗元"追诏回都"考》(见《广东技术师范学院学报》2013年第2期)就详细考证了柳宗元追诏回都这一经历。他认为柳宗元接到回都诏命是在元和十年正月初五之后,北归路上诗作可信的只有十首,追诏回都时柳之心态狂喜。

柳宗元的后嗣不旺,家学难继,为何至此?田恩铭《士族身份与柳宗元的无嗣之忧》(见《辽宁师范大学学报》2013年第4期)认为,柳宗元的无嗣之忧源于其士族身份,士族出身对士子的仕宦生涯所发生的影响渐小,他们能够守住的是

"婚"的底线——士族家庭在婚姻上依然保持着门第观念。

要之,近三年柳宗元研究继续呈现出热闹兴旺之景,其研究的深度与广度都有了一定的发展,已为进一步全面系统深入研究奠定了良好的基础;当然,还有较大的提升空间,有待今后更深更细的探讨与研究。

(原载 2016 年第 1 期,作者单位:湖南科技学院)

中国柳宗元研究会
第八届年会暨国际学术研讨会综述

✳ 李芳民

2017年9月23-24日中国柳宗元研究会第八届年会暨国际学术研讨会在西北大学文学院召开。经过两场大会及三个小组九场次的小组讨论,圆满完成了预定的学术研讨任务,会议的学术研讨环节,至此已落下帷幕。现就本次会议学术交流的特点与所取得的成绩,以及有关未来柳宗元研究努力的方向、学术空间的拓展以及学术质量的提升等问题,谈一点个人的感受与意见,不周不妥乃至错误之处,敬请大家批评。

本次柳宗元国际学术研讨会,是一次参加人数较多、规模较大的会议,也是一次程序组织周密、讨论气氛热烈、学术氛围浓郁,并在学术上取得重要收获的会议。参加会议的专家学者约80余人,收到论文60余篇。这些论文,内容广泛,角度多样,思致活跃。不少论文论题新颖,研究深入,论证充分扎实,把相关论题的研究,引向了深入,取得了令人瞩目的成绩。特别值得注意的是,本次会议还出现了一些在研究深度与论题开掘上学术价值很高的论文,体现了当代中国柳宗元研究会的研究水准。会议在学术层面的这些收获,诚为可喜可贺。根据我对本次会议论文不尽精细的阅读,我觉得会议学术层面所取得的成绩,主要有以下几个方面:

一 内容广泛,角度新颖多样

本次会议的60多篇论文,就其所涉及的内容来看,大致包含有柳宗元思想、文学、个性心理与性格、作品传播与接受、与唐代文化及其他作家之关联,以及与地方文化之关系等方面,而研究的视角与方法,则既有宏观性的综合研究,也有具体作品的微观性探析,既有理论性研讨,也有实证性考索,既有文学文本的诠释解读,也有文献学的事实本相的探求。而就上述内容而言,有关思想与文学(包括文学的传播接受)则为大宗,其分量占到论文总量的百分之六十七。其中思想研究又涉及柳宗元的哲学思想、宗教思想、文学思想、经学思想、法制思想以及治国理政思想等不同侧面。有关柳宗元的哲学、宗教、文学、经学的论文,大都思考较为深入,一些文章或概括精到,或别有新见,多有值得称道处。有关法制思想及柳宗元有关吏治与地方治理的思考,在本次会议论文中,也是聚集较多的论题,有多位学者的论文都是围绕此而展开的。这些论文,不仅有纯学理性的探讨,而且有的还将柳宗元相关的论述与当代现实中出现的一些社会现象的思考相结合。这不仅反映了柳宗元作为杰出的思想家与政治家所具有的超越其时代的价值,也反映了学人在当代思想文化建设中,力图从柳宗元传统思想文化资源中汲取可资借鉴的精神财富的价值祈向。有关柳宗元文学的研究,则有若春来花圃,异彩纷呈,不仅数量多,而且方法多样。有从宏观角度对柳宗元贬谪文学做出新观照者,有对具体作品展开细致分析者,还有从小处入手,以小见大者,有前后纵横比较者,还有跨国跨文化比照者,有柳宗元传播接受的历时观照者,也有对其在异域的影响与受容的审视者,有不同文体创作的解读,还有版本的考证、注释的商榷,等等。其中一些论文,或以吸收新的学术观念,或以苦心孤诣的精深钻研,对论题做出了有创新意义的开掘,给人以新的学术启迪。有关柳宗元个性、心理、性格的研究,也不乏蹊径独辟之作,而柳宗元与唐代文化及其他作家的关联性研究,或以较宏阔的视野,或以唐代社会文化或文学为背景,考察柳宗元的时代贡献与价值,亦多新颖之作。至若柳宗元与地方文化的关系,则多与柳宗元的祖籍和生前生活与治理的地方相关,这些论文,一方面反映了柳宗元的德能治绩的深远影响,另一方面也体现了地方文化研究学者对于柳宗元深厚的乡土情谊。

二 学风较为纯正,有较高的学术追求

中国柳宗元研究会是唐代作家研究会之一,本次会议为研究会的第八届国际学术研讨会,也就是说,作为中国古代作家研究组织之一的中国柳宗元研究会,已有较长的历史。总体来看,柳宗元研究会有着良好的会风,它团结了一批国内外热爱柳宗元、热心柳学研究的学者,举凡参加柳宗元研究会者,大都在学术上有着崇高的追求,也有着一定的学术造诣。本次年会的论文,可说为柳宗元

研究会的会风与学风,做了一个很好的标注。本次会议论文中,长篇论文数量不少,论题新颖者不少,这些都反映了柳宗元研究者对待学术研究严谨认真的态度。特别值得一提的是,不论在思想研究、文学研究,还是文献研究、文化研究及与唐代作家的相关研究,都有一些水准很高的论文。我个人以为,这些高水准的论文,不仅足以体现当代柳宗元研究的学术水平,而且将之放在整个当代中国古代文学研究的高质量论文群体中,也毫无愧色。而这一成就的取得,正是与柳宗元研究会中一批具有高远的学术追求的学者的努力分不开的。

三　研究队伍结构多元,呈现良好的研究面貌

学术的发展进步,不仅需要良好的学术发展环境,而且还依赖高素质的学术研究队伍。从本次会议论文的作者组成看,既有一批在学术上取得卓越成就的年长学者,也有一批年富力强的中年学者,还有一批80后、90后的年轻新锐。既有高等学校、科研机构的专家,也有从事地方文化研究的学者,还有从事与柳宗元文化相关的文物胜迹管理部门的学者。从这些特点可看,本次年会,可说是当代柳宗元研究界不同方面的学者的一次大聚会,一次学术交流的盛宴。而从论文中我们也可以看出,年长的学者,学养深湛,积淀丰厚,其论文真力弥漫,精光四射;中年学者的论文,勇于开拓,扎实沉稳,于严谨的探索中,力求新的突破;年轻一辈的学者,则思维敏锐,善立新意,别开蹊径,不受拘囿。地方文化的学者,则藉其所长,补充不足,并表现出浓厚的感情色彩。这些论文呈现的多姿多样的风貌,说明柳宗元研究会是一个具有勃勃生机学术研究团体,也具有良好的发展前景。从本次会议的论文,我们有理由相信当代中国柳宗元的研究,一定会薪火相传,不断创造学术的新辉煌。

以上是我对本次会议在学术上所取得的成绩的基本估计。尽管从本次会议看,柳宗元研究的学术成绩颇值得称许,但未来要想取得新的突破,创造学术上新的辉煌,我们对于当前研究的不足,也需要有足够的认识。为此,我在这里想就未来柳宗元研究努力的方向,或者说学术上的开拓、突围,谈一点个人的浅见。

一是当代的柳宗元研究,要突破定势思维,更新学术观念,以焕发学术生气。柳宗元研究的学术史,源远流长,积淀丰厚,近代以来,随着学术观念的变化,柳学研究门户大开,堂庑渐大。老一代学者开疆拓土,以启山林,其所建构的学术大厦,万户千门,规模大备。这既是当代柳宗元研究的丰厚的遗产,也给我们面

前矗起了需要超越的大山。多年来,我一直担任《唐代文学研究年鉴》中"一年研究综述"之"中唐文学研究综述"的撰写,对于当代柳宗元研究的的情况,有比较全面的了解。我有一个很深的感受,就是当代的柳宗元研究一直是当代唐代文学研究中的热点,每年的论文数量占据了整个中唐文学研究论文中相当的分量,但是存在的问题也十分突出,这就是陈陈相因的论文苦多,而论题新颖、开掘深入的论文苦少。不少研究者,根本不顾前贤时彦的研究成果,常在前人已做过的论题上不断重复,不但没有学术上的推进,甚至还将论题引向倒退。论题的陈旧,论述的重复,实际上反映了学者们思维方式上局限,也就是受定势思维的影响,习惯于沿袭承继,而艰于开拓创新。要改变这种局面,我觉得最主要的还是要更新学术观念,敏锐地吸取新的学术理论与研究方法,转换视角,勇于创新,善于开拓,不断地寻求研究视角、研究论题、研究方法的突围。只有在研究视角、论题、方法上突围成功者,其学术成果才具有新鲜感,才具有生命力,学术才能够生机勃勃。。

二要不断提升学术素养,创造无愧于柳子的学术精品。学术研究是一项具有严谨规范的事业,其规范是为整个学术共同体所认同并共同遵守的,因此,每个从事这个事业的人,不仅首先需要熟悉并掌握这个行业的"行规",而且需要经过严格的"行业"训练。这个"行业"的训练,也就是每个人的学术素养。只有具备了深厚扎实的学术素养,才能为学术精品的产生提供保证。当然,每个人不是天生的就具有良好的素养,学术素养是不断地学习、不断地培养,加上自我不断的努力而获得的,而且素养的提升是没有上限的,每一个学者都需要不断地学习提升自己。我们的研究如果要减少低水平的成果,创造更多的学术精品,就需要从提升学术素养做起。从目前研究状况看,我们的柳学研究还需要在这方面加强努力。我觉得我们每一个研究者,都要从创造学术精品出发,认真对待自己的学术素养问题。柳宗元在《答韦中立论师道书》中论其为文之道时说:"吾每为文章,未尝敢以轻心掉之,惧其剽而不留也;未尝敢以怠心易之,惧其弛而不严也;未尝敢以昏气出之,惧其昧没而杂也;未尝敢以矜气作之,惧其偃蹇而骄也。抑之欲其奥,扬之欲其明,疏之欲其通,廉之欲其节;激而发之欲其清,固而存之欲其重,此吾所以羽翼夫道也。"我们研究柳子者,若以柳子为文的态度与精神对待自己的学术研究,我想我们一定会创造出无愧于我们的研究对象的精品来。

三要树立国际化意识,与国际柳学研究对话,彰显中国柳学学术水准。随着当代世界全球化的到来,学术研究也已不再是一国之事、一人之事。柳宗元研究也是这样,它不再是我们自己关在门内的自吹自拉、自弹自唱、自娱自乐,我们的研究,即要受到国际同行的审视,同时,国际同行的研究,我们也需要给予及时的关注,也就是说,我们当代的柳宗元研究,必须具有国际意识、国际眼光,具有放眼世界的气量与胸怀,必须与世界同行的研究展开对话。如果我们把自己的眼界只限制在狭小的空间,则不仅会使我们研究的学术质量、学术水准大打折扣,而且还可能遭受"固步自封""孤陋寡闻""坐井观天""夜郎自大"之讥。我们且不可站在自己的院子里,为自己眼光所见的狭小天地而洋洋自得。只有放开眼量,充分地与国际接轨,和国际柳学研究展开对话,我们才能够真正地彰显我们中国柳学研究的水准。

柳宗元自中年起长期外贬,一直未能回到他魂牵梦绕的故国长安。当他在元和十年被召回时,他在《诏追赴都二月至灞亭上》一诗中激动地说:"十一年前南渡客,四千里外北归人。诏书许逐阳和至,驿路开花处处新。"但他最终还是不得不亡殁于贬所,留下了深长的遗恨。今天我们研究柳宗元的学者,在古长安欢聚一堂,可算是替柳子还了心愿,柳子在天有灵,一定会高兴地再吟唱其"驿路开花处处新"的诗句的。

(原载 2017 年第 11 期,作者单位:西北大学)

"柳宗元研究"专栏的回顾

✳ 唐朝阔

我校柳宗元研究及学报设柳宗元研究专栏,从 1980 年开始到现在,已经有 26 年历史了。26 年来,风雨兼程,历尽艰辛,从未懈怠。其结果是培养了人,写出了文,出版了专著,也亮出了柳宗元研究的品牌。最终目的是推进了文学研究事业和永州旅游经济的发展,提高了永州和学院的知名度。为了给 26 年来的研究作一个小结,《湖南科技学院学报》推出一个《柳宗元研究》专集。主编张京华教授约我写篇文章,谈谈开设"柳宗元研究"专栏的初衷与其风雨历程。因为我是《零陵师专学报》(《湖南科技学院学报》的前身)和"柳宗元研究"专栏的初创人。其实,我是教语言学的,对柳宗元的作品没有多少研究,只是感兴趣而已,偶尔根据约稿写些小文章。当时之所以这样做,完全是职务上的原因,教务科长要抓科研,学报主编要办出特色,如此而已。

《零陵师专学报》(2001 年后逐次更名为《零陵学院学报》和《湖南科技学院学报》)创办于 1980 年。创办《零陵师专学报》的目的在发刊词中有明确的表述,一是开展科学研究,交流学术成果,活跃学术空气;二是总结师专和中学教学经验,把师专和中学教学结合起来,做到你中有我,我中有你,互相影响,既提高师专的教学质量,又更好地为中学教学服务;三是通过学报这块阵地,"努力培养出一大批又红又专、适应四个现代化需要的教学科技人才"。目的明确,怎样才能达到这个目的,把《零陵师专学报》办出水平、办出质量呢? 在这个问题上,我们既不能跟名牌大学的学报比,也不能跟一般本科学校的学报比,因为相差太远,没有办法去比,若硬是要比,那结果只能是偃旗息鼓,收兵回转。但是,我们也不甘于无所作为,一筹莫展,人总是要有一点精神、有一点志气、有一点追求的。我们既然把《零陵师专学报》办起来了,就要把她办好,办出水平,办出自己的特色来,以特色取胜,通过特色求质量,可见《零陵师专学报》的生命力、影响力全在于特色。咬住特色不放,充分展示特色的内涵和外延。这就是我们当时办学报的指导思想和基本原则。什么是《零陵师专学报》的特色? 简言之,就是突出地方性。地方性要常抓不懈，期期有文章。关于这一点，发刊词有一段文字作了表述："《零陵师专学报》要从现有的实际情况出发，扬长避短，力争办出自己的特色。本刊除发表一般的学术论文外，还要逐期发表一些能体现零陵地方特色的文章。文科可研究柳宗文、周敦颐、何绍基、李达等生平活动或学术思想，可调查零陵地区少数民族的历史、文化、语言、风俗；理科研究论文也要注意零陵地区的自然环境、矿产资源，优选、统筹等方法在我区的实际运用；总结中学教学经验，也要从零陵地区中学各科教学实际出发。总之，本刊既要办出共性，更要办出个性，使之不失为百花园中的一朵小花。"为了突出地方性，当时设计了几个专栏，如"柳宗元研究""零陵文化研究""零陵风俗调查与研究""零陵方言调查与研究""零陵经济调查与研究""零陵中学教学经验谈"等。

在众多的地方性专栏中，柳宗元研究成了主要视点，摆到了突出的位置，也投入了非常多的精力和非常大的力量。那原因是：一、柳宗元是唐代伟大的文学家、思想家和政治家。《柳河东全集》中678篇文章，有400多篇是在永州写的，写的是永州的人和事、山和水、风土和民情，很有文学影响和社会价值，柳宗元是唐宋八大家之一，在文学史上有承前启后的作用，不仅在中国的知名度很高，就是在世界范围内知道柳宗元的人也不少。永州人研究柳宗元既责无旁贷，又得天独厚；政治理想受挫后，谪居永州，历时十年，对当时官场的腐败和民间的疾苦，有直接的体验和切身的感受，其政治观、道德观更趋于时代的潮流。基于此，借古鉴今，古为今用，何乐而不为。这叫做有东西可研究，也确实值得研究，只要认真研究，就一定能出成果。二、高等学校的教师应该是研究型的教师。有研究才有发现，有发现才能出成果，有了发现和成果，才能创造性地进行教学，提高教学质量。培养这样的不脱岗的教师应当从哪里入手呢？当然我们可以鼓励他们研究李白、杜甫、白居易、茅盾、郭沫若等；也可以支持他们研究歌德、雨果、高尔基、托尔斯泰、塞万提斯等，这当然也是必要的。但引导一部人研究柳宗元，我们认为更直接、更现实、更有实在性。遗踪旧址可以考证，作品中涉及的内容可以调查，散落在民间的善举义事近民传言可以寻访，用不着远道奔波，花钱求证，写出的东西相对而言可信度也更高。从易入手，易出成果，有了成果便能激发热情、增强自信，一发而不能收，创造出更多的成果，研究型教师也就培养出来了。这是第二个原因。三、突出特色，取得成果，为零陵师专在高校和学术界争一席位。新建高校要在高校和学术界有点名气，争一席位，既要看你的高质量教学水平，又要看你的高质量的科研成果。教学我们自有安排，而且连续拿得三个国家级大奖,成为当时师专的领头雁。科研我们想通过特色研究,尤其是柳学研究,多出成果,出有水平的成果,让专家和学术界认同。26年来,这一愿望正逐步得以实现。地方高校要为当地的经济建设和社会发展服务,就要选准课题,打造出有亮点,有吸引力的品牌。我们认为柳宗文及其作品是一份很有品味、很有分量,又为永州特有的文化资源,通过对柳宗元的研究,让社会认识柳宗元,认识永州,借以宣传永州,提高永州的知名度,把有识之士和经济界的巨富们吸引到永州来,搞旅游开发,办经济实体,推进永州的经济发展和社会进步。这是第四个原因。这些认识在当时是比较全面和比较深刻的,为柳宗元研究及其专栏能持续办下去提供了思想认识保证,起到了很好的作用。

思想认识是正确的,但是要把这种认识变成实实在在的行动,并取得柳宗元研究的好成果,还得要有一定的条件和较好的学术环境。在这方面,我们当时考虑了并且实施了如下一些工作:一、广交朋友,形成柳宗元研究者的联系网络。当时我们决定召开全国性的柳宗元学术研讨会,以会结友,以学会友,广泛结识省内外柳文研究专家、学者和教授。经过较长时间的组织筹备、资料打印和论文准备,于1981年10月在零陵师专召开了全国第一届柳宗元学术研讨会,到会专家、学者和教授有吴文治、姚奠中、苏渊雷、马积高、刘知渐、孟庆文、张玉玲、龙震球、曾应怀、赵民伊等90多人,收到论文80余篇。大家对研讨会反映强烈,评价很高,更为可喜的是把我校的柳文研究工作者与全国柳文研究专家、学者和教授联系起来了,为后来的互通信息、互交资料、互递成果,你来我往,奠定了良好的基础,也为"柳宗元研究"专栏开辟了高质量的稿源。二、建立专门研究柳文和专抓柳文研究的机构。当初,我们建立了挂靠中文系的柳文研究室,由柳文研究学者龙震球任主任,其经费列入学校预算计划。研究室既有自己的课题研究任务,又有组织和管理柳文研究的责任。后来,研究室从中文系独立出来,直接由学校领导管理,由何书置先生任主任;再后来,又将研究室更名为研究所。接着,我们又成立了校级性的柳宗元研究学会,这个学会经过扩大重组,更名为永州市柳宗元研究会,把全市柳宗研究工作者和政府部门对柳宗元研究有热情有成果的官员也吸纳了进来,阵营壮观了,活力增强了,研究成果更丰富了。尤其是政府部门对学术研究的支持,使得研究会经费渠道更畅通,活动范围更广阔,生命力和影响力也更大。这个研究会于2002年成功地举办了世界性的柳宗元研讨会,并办了专刊,出了专集,并以团体身份成了全国柳宗元研究会会员,还有两名同志担任该会副会长。这不仅提高了永州研究柳宗元的知名度,同时也为柳宗元研究专栏开辟了更为活鲜的稿源基地。三、建立资料室,设立展示柜。为了研究方便,我们还专门建立了柳宗元研究资料室。资料室首先把柳河东全集的不同版本、各种资料集中起来,本校缺漏的就到全国有关图书馆、研究室去复印,尽量求其全,供大家参考。我们还在柳庙设立了展示柜,把永州人研究柳宗元的成果,包括论文、论著、评释展示出来,供游览者参阅,加大宣传力度。此外,我们还与政府配合,逐步修复柳宗元的遗址,并在遗址所在地竖碑说明。这既是对游者的引导,以便加深认识,又是对市民的告示,要保护好遗址。四、约外稿、组内稿,形成丰富稿源。这一举措,在研究之初尤为重要。一方面为了解决稿源不足而专栏又要长期办下去的矛盾,另一面也是借外力以推练内功。约外稿主要是约全国有名的柳文研究专家、学者和教授,如吴文治、苏渊雷、姚奠中、马积高、王一民、刘知渐、张玉玲、周庆义、卞孝萱等,他们的文章有深度、有新意、有独特的见解,发他们的文章既可以提高学报柳宗元研究专栏的质量,又可以引导和推进本校学者对柳文的研究。组内稿主要是为了培养本校柳文研究工作者,自己的专家出来了,稿源就成了活水。实践证明,这一做法对 26 年来坚持设立柳宗元研究专栏是非常必要的。学报办了 26 年了,主编也更替了 4 个,但"柳宗元研究"专栏却从未松懈,那原因,恐怕与咬住上面 4 条不放不无关系。

回顾 26 年来柳文研究的历程和柳宗元研究专栏开办的情况,我们欣慰地看到,柳宗元研究的学术空气更浓了,组织机构更健全了,研究成果更丰富了,研究队伍也不断扩大了,为永州经济社会的发展也做出了贡献。据初步统计,专栏总共发表柳宗元研究论文 123 篇,其中内稿 52 篇,占 42% 左右,外稿 70 篇,约占 60% 左右。此外,还有一大批内稿发在其它专刊、专期和报纸上。出版专著 12 部,如《柳宗元社会心理思想研究》(陈厂谷)、《柳宗元旅游思想研究》(陈厂谷)、《徐柳研究文集》(陈厂谷)、《柳宗研究》(何书置)、《柳宗元与永州》(杜方智)、《一代宗师柳宗元》(翟满桂)、《柳宗元永州诗歌赏识》(吕国康、杨金砖)、《柳宗元与永州山水》(陈松柏、蔡自新)、《柳宗元诗文研究》(刘继源)、《柳宗元永州山水散文鉴赏》(黄伯荣)、《柳宗元学术研究论文集》(蔡自新)、《柳宗元诗文教与学》(吕国康)等。由此可以看出,柳宗元研究已经由必然步入自由,由篇什跃入综合,由单体进入互动,由论文跨入专著。大而言之,涉及到柳宗元的文学思想、政治思想、教育思想、语言思想、旅游思想等;小而言之,涉及到诗歌、散文、辞赋、游记、寓言、传记文学等。其趋势越来越成熟,越来越科学,也越来越有深度。柳宗元研究丰富了"柳宗元研究"专栏的稿件,柳宗元专栏的设置又促进了柳宗元研究,互为因果,相得益彰。在队伍培养方面,除了老一辈像陈雁谷、杜文智、赵民伊、刘继源、何书置、龙震球、曾应怀等人外,还涌现出了一大批破土而出、成果卓著的新秀,如陈松柏、翟满桂、杨金砖、蔡自新、夏卫平、吕国康等,真可谓群星璀璨,光耀神州。我们可以乐观地预想,有了这样一批年轻有为,执着追求,又富于创造精神的柳宗元研究工作者,尤其是现任主编张京华教授是古典文学研究专家,功底深厚,眼光独到,联系面又很广,在他的谋划下永州柳宗元研究将会出现更加灿烂的局面,取得更加辉煌的成果,而"柳宗元研究"专栏也会因此办得更加红火,更加富于特色,更加生机勃勃,也更加为学术界所瞩目。

（原载 2005 年第 7 期,作者单位:湖南科技学院）

精心打造特色栏目　全面展现地方文化

——《湖南科技学院学报》"柳宗元研究"栏目建设述论

❋周　欣

　　《湖南科技学院学报》于1980年创刊,经过33年的持续努力,在理论研究、基础学术研究上已有丰富积累,产生了一定的影响。在全国高校文科学报研究会第三届、第四届评优活动中,连续两次被评为"中国人文社科学报核心期刊"和"全国百强学报","柳宗元研究"栏目被评为"百种特色栏目"。2010年在湖南省高校文科学报评比中获一等奖。2013年获得湖南省委宣传部"优秀理论栏目资助"。同期,湖南省委宣传部《评论简报》(2013年7月30日第8期)发表理论阅评员文章,题为《"柳宗元研究"栏目有特色有影响》,对栏目进行了高度评价。

一　坚持正确办刊方向和栏目导向

　　"柳宗元研究"栏目的创办,具有重要的理论意义和现实意义。柳宗元是继屈原、贾谊之后,对湖湘文化影响最大的一位。从韩愈到毛泽东,都对柳宗元有高度评价。对柳宗元的研究,其目的就是可以发掘其思想的光辉,为当今社会经济文化建设奠定坚实的理论基础。

　　近年来,"柳宗元研究"栏目认真遵循和贯彻《中共中央关于深化文化体制改革推动社会主义文化大发展大繁荣若干重大问题的决定》,传承和弘扬中华优秀传统文化,传承和弘扬以爱国主义为核心的民族精神,努力提高思想道德素质和文化素质,积极展示中华优秀传统文化的崭新形象和精神风貌,挖掘民族文化的思想价值,满足本民族的精神需求,丰富本民族的精神世界,增强国家文化软实力。"柳宗元研究"栏目通过研究和发掘柳宗元的爱国主义思想、民本和民主思想、德治和法治思想、孝道思想、廉政思想、诚信敬业思想,贴近地方实际、贴近民众生活,增强本民族的精神力量,努力建设中华民族共有精神家园,为实现中华民族的伟大复兴,建设社会主义文化强国,贡献自己应有的一份力量。

二 定位精准,特色鲜明

《湖南科技学院学报》1980年创刊的第一篇文章即为柳宗元研究,首任主编唐朝阔教授在《发刊词》中指明:"本刊除发表一般的学术论文外,还要逐期发表一些能体现零陵地方特色的文章,文科可研究柳宗元、周敦颐、何绍基、李达等生平活动或学术思想。"不久学校成立"柳宗元研究室",后更名为"柳宗元研究所",随即"柳文化研究""柳宗元研究"便渐渐成为固定栏目。

"柳宗元研究"栏目的设立,基于湖南科技学院所在永州这座历史文化古城,有丰厚的人文底蕴和文化积淀。唐代著名文学家、思想家和政治家柳宗元,在永贞革新失败后,贬居永州十年,留下了《永州八记》等六百多篇文章,传世的诗文作品70%产生于永州。北宋仁宗始,湖湘人士在永州潇水面建柳子庙。

柳宗元对湖湘文化的贡献,主要体现在三个方面:一是文学成就,为唐宋八大家之一,《永州八记》《捕蛇者说》等散文脍炙人口;二是民本思想,是中国民本思想史上的重要一环;三是"明而教之"的育人思想。这三个方面构成了湖湘文化的重要基因。

为确保"柳宗元研究"栏目质量,学报采取了与"中国柳宗元研究学会"合办栏目的方式。定期就"柳宗元研究"的选题与研究会专家沟通,及时了解和掌握学术前沿,围绕学术热点问题有重点、有计划的组织学者撰写论文,不仅确保了特色栏目稿件的选题新、质量高,也为栏目时间上具有连续性,空间上具有上升性,在数量上具有积累性提供了保障,较好地实现"柳宗元研究"栏目建设与学术研究的"双赢"。

三 突出学术质量,积极主动策划

一是,主动向国内外专家约稿。"柳宗元研究"栏目自办刊之初发表陈雁谷先生的《柳宗元教育思想刍议》后,相继发表了马积高、陈浦清、卜孝萱、孙昌武、姚奠中、苏渊雷、刘知渐、孟庆文、吴文治、王国安、尚永亮、王田葵、张铁夫、梁颂成、马晓斌等国内省内知名专家学者的论文。这些文章具有很高的权威性、探索性、学术性,奠定了"柳宗元研究"栏目的学术地位。

二是,邀请国外、境外知名专家撰稿。近年来先后刊发了日本户崎哲彦教授、小池一郎教授,韩国赵殷尚教授、黄珲喜教授,台湾王基伦教授、衣若芬教授等一批重量级的稿件,形成了稳定的高端作者群。

三是,积极参与学术会议并约取稿件。1981年10月在永州主办召开了全国性的柳宗元学术研讨会,到会学者90多人,收集论文80多篇。2001年在永州主办第二届中国柳宗元国际学术研讨会,会后学报出版了"柳宗元研究专辑"。2007年10月,组织20多名校内学者赴山西永济参加了"第四届柳宗元国际学术研讨会",并向大会提交了50余篇文章,交换著作8部。2010年10月在永州参与组织"第五届柳宗元国际研讨会"。2013年7月,组织赴山西晋城参加"第六届柳宗元国际学术研讨会",有针对性地向国外、境外和国内著名专家学者约稿10余篇。

四是,培养不同学科、不同年龄层次的作者。以学术名家(包括校内作者)为作者队伍的主力军、以青年新秀为作者队伍的后备力量,建立了一支稳定的作者群,形成了专题学术会议约稿与自由约稿,约请名家与扶持学术新秀的灵活组稿方式。

四　努力创新编辑方式,探索栏目发展新形式

2005年,学报将"柳宗元研究"栏目所刊高水平论文,汇编为《柳宗元研究:1980—2005》,由南海出版社正式出版发行,16开精装。该书的出版成为柳宗元研究的必备资料,栏目专辑被评为"无论是作为总结性的学术成果,还是作为文献资料,都具有相当高的价值",是学报栏目主题专辑出版的先行者。

沿着"柳宗元研究"栏目成功的轨迹,学报还以同样的经验策划了"纪念改革开放三十周年专稿""建国六十周年纪念专栏""创刊30周年纪念""辛亥百年纪念专栏"等栏目,扩充学报内涵,凸显刊物的特色。

2006年,"柳宗元研究"栏目与"中国柳宗元研究学会"合办,在合办特色栏目方式上,在省内起步较早,具有一定的典范作用。为进一步提高刊物水平,开拓永州本土特色以外的基础学科或学术前沿,学报还相继与国内有名的专业研究机构合办栏目,以这些著名研究机构的专家为触点,将学报稿件水准和影响力扩大到相关方面和领域。相继与日本国立东北大学中国思想研究室合办"日本

中国思想研究";与福建师范大学易学研究所合办"经学·国学研究";与北京师范大学中国儿童文学研究中心合办"儿童文学研究";与湖南商学院女性研究中心合办"本土·女性研究"等专栏。这些合办单位参与选题策划,组织一些观点新颖、视角独特、资料翔实、论证有力的高质量文章,深化栏目的内涵,拓宽学术视野,实现了编辑与专家资源的优势互补。2005 年以来 8 年 6 个月内,合办栏目 4 个,刊发专栏 92 期,发表论文 270 篇。(见表 1)

表 1 2005 年以来 9 年间 4 个合办栏目数量统计表

年/期/篇		日本中国思想研究	经学·国学研究	儿童文学研究	本土·女性研究	共计开设专栏
2005	期数			2	3	5
	篇数			15	10	25
2006	期数			3	3	6
	篇数			16	10	26
2007	期数			4	5	9
	篇数			17	15	32
2008	期数		5	8	3	16
	篇数		10	21	8	39
2009	期数		5	4	5	14
	篇数		13	7	16	36
2010	期数		6	4	6	16
	篇数		27	7	17	51
2011	期数		4	2	4	10
	篇数		9	5	7	21
2012	期数		4	3	3	10
	篇数		15	7	7	29
2013	期数	2	3		1	6
	篇数	2	7		3	12
总计	期数	2	27	30	33	92
	篇数	2	81	97	90	270

注:统计数据截止于 2013 年第 6 期。

五 33年打造柳宗元研究重镇,本土特色研究规模显著

"柳宗元研究"栏目的开办,秉持"内容为王"的原则,有效地对永州地方文化资源和学报资源进行合理科学开发,明显地突出学报在地域文化研究方面的独特优势,深化永州历史文化的内涵,而且突出了学报的"个性",在期刊之林中尽显"万绿丛中一点红"的效应。孙昌武教授(南开大学教授,前全国柳宗元研究学会会长)这样评价说:"如今作为地方高校的湖南科技学院,已经成为国内柳宗元研究的重镇之一。"

在"柳宗元研究"栏目的成功带动下,学报不断加大地方文化研究方面内容的比重,开办"虞舜文化与四代文明研究""元结与永州石刻研究""濂溪学·理学·儒学研究""女书与瑶文化研究""越南与湖南研究"。2005年以来8年6个月内,开设特色栏目5个,刊发专栏48期,发表论文120篇。(见表2)

表2 2005年以来9年间5个特色专栏数量统计表

年/期/篇		虞舜文化与四代文明研究	元结与永州石刻研究	濂溪学·理学·儒学研究	女书与瑶文化研究	越南与湖南研究	共计开设专栏
2005	期数	3		3	1		7
	篇数	6		13	5		24
2006	期数	2			1		4
	篇数	13			4		17
2007	期数	1		3			4
	篇数	2		7			9
2008	期数	3	1				4
	篇数	7	3				10
2009	期数	3		1			4
	篇数	6		2			8
2010	期数		1	1			2
	篇数		3	2			5

2011	期数	1	4	4	1	1	11
	篇数	6	7	7	2	2	24
2012	期数	3	2	4			9
	篇数	7	3	8			18
2013	期数	2			1	1	3
	篇数	4			2	1	7
总计	期数	17	8	16	5	2	48
	篇数	49	16	39	13	3	120

注：统计数据截止于2013年第6期。

六　反响强烈，品牌效应显著

"柳宗元研究"栏目以刊载内容集中、新颖、有特色、学术含量高、集中体现"柳宗元研究"的发展轨迹而引起读者和作者的广泛关注，使越来越多的人了解了柳宗元，了解《湖南科技学院学报》，龙协涛教授（北京大学教授，《北京大学学报》原主编，中国人文社会科学学报学会前理事长）曾给予"柳宗元研究"栏目相当高的评价："作为一般的读者，他们不一定会去找《湖南科技学院学报》来读，但作为对柳宗元研究有研究兴趣的读者，他们一定会去找《湖南科技学院学报》来读，因为这家学报上的'柳宗元研究'是有分量的，是在别的名校名刊上找不到的。"

以"柳宗元研究"栏目为纽带，学报积极邀请专家学者讲学来访，云集知名学者，拓宽稿源渠道，开展学术交流。日本著名汉学家户崎哲彦教授、韩国国际大学孙兴彻教授相继来永州，对柳宗元山水游记所涉及的遗迹进行实地考察。通过这些学术交流，促进了"柳宗元研究"向深度和广度发展。

以"柳宗元研究"栏目为核心，学报致力于建设学术梯队。设栏33年来，培养和扶持了一大批柳学研究者，并推动湖南科技学院成立了"柳宗元研究所""湖南省古代文学重点建设学科""湖南省古代文学教学团队"等相关学术研究机构。不仅丰富了"柳宗元研究"专栏的稿件，也为研究所提供了一个固定的学术交流、学术争鸣的场所。

在"柳宗元研究"栏目的影响下，学校历年指导学生研究柳宗元、学习柳宗元，给予青年学生以诸多积极影响。与栏目协作的永州柳子庙被列为国家级文物保护单位。栏目协助创办的"柳宗元廉政文化展览室"成为全省廉政文化教育基地,栏目协助并积极参与"湖南省思想政治工作研究基地"的研究,并构建了以挖掘优秀地方文化资源,建设精美校园文化的基地研究特色。同时"柳宗元牌异蛇酒"也发展成为产值过亿的地方经济龙头产业。

通过33年持之以恒的努力,"柳宗元研究"栏目基本上做到了"五个一",即:形成一个平台,团结一批学人,支撑一个学科,培养一批学子,服务一方社会。

(原载 2013 年第 10 期,作者单位:湖南科技学院)

◇ 湖南省应用特色学科（中国语言文学）建设项目资助 ◇

潇湘学术研究

——《湖南科技学院学报》地方文化特色栏目选编

第四卷

主编　吕艳妮

上海三联书店

目 录

濂溪理学研究

论周敦颐学术思想的基本特点

✻ 梁绍辉

周敦颐开创的理学是我国历史上最为显赫的学术之一。它虽然源于孔学，但比孔学更加精密适用；借鉴了易学思想，却比易学更加广大深刻。虽然晚于西汉经学、魏晋玄学、隋唐佛学，在历史上是比较晚出的学术，但其于思想理论统治时间之长，于社会风气影响之深，于国家民族作用之大，却又远非经学、玄学、佛学所可比。周敦颐开创的理学是概括和沉淀了孔孟以后诸家学术精华而且有了新的重大发展的新儒学，其特点主要表现在以下几个方面：

一　哲学思想的开拓性

在哲学思想上周敦颐是一位前无古人的开拓者，他将道家的宇宙论和儒家的人生观作了有机的统一，构成了上究天人之际，下究古今之变的庞大学术思想体系。近代著名学者钱基博在其所著《近百年湖南学风》一书中说："周敦颐作《太极图说》《通书》，契性命之微于大易，接孔孟之学于一诚，而以太极、人极发明天人之蕴，倡理学以开宋学程朱之性理。"钱基博在这里提出的大易与诚、太极与人极实际上是两种学术思想、两条思想路线，即道家研究宇宙万物生成的太极路线和儒家研究为圣为贤的人极路线。前者表现为周敦颐的《太极图说》，后者则是他的《通书》；前者追溯万物之源，"契性命之微于大易"，后者推本圣人之蕴，"接孔孟之学于一诚"。在周敦颐的思想体系中，"无极"是宇宙的最终本原，而"诚"是道德的本原。探求宇宙的本原是为了探求人的本原，探求人的本原是为了探求道德的本原，而探求三者本原的目的是为了更好地了解人生的意义，懂得人生的价值，把握人生的契机。这就是他在《太极图说》中借《易传》的话说的："原始汉终，故知死生之说。"周敦颐这一开拓性的哲学思想，不仅为人们探求宇宙万物本原开辟了一条无比宽广的思路，而且为社会道德的实施提供了一个与宇宙同样广阔的实践空间。

二 时空应用的无限性

周敦颐的学术主要探讨的是人与自然的相互关系以及人的物质躯体与精神状态之间的自我关系。在人与自然关系的探讨中,他始终坚持人与自然的一致性,认为人是大自然的一部分,不仅人的躯体来自大自然,人的各种属性也来自大自然。他在阐述圣与诚的关系时说:"圣,诚而已。'大哉乾元,万物资始',诚之源也。"认为圣即是诚,而诚本身就是自然物的一种属性。阐述仁与义的由来时则说:"天以阳生万物,以阴成万物。生,仁也;成,义也。"认为道德的仁与义是大自然生物与成物的一种社会性反映。在谈到音乐的产生和作用时更是说:"乐者本乎政也,政善民安,则天下之心和。故圣人作乐,以宣扬其和心,达于天地,天地之气感而太和焉。天地和则万物顺,故神祇格,鸟兽驯。"周敦颐认为,人是大自然之一物,人的活动就是大自然的活动。人只有与大自然保持一致,融为一体,才能处处顺畅,事事亨通,这就是他在《太极图说》中提出的"君子修之吉,小人悖之凶"人与自然关系处理的基本原则。

在人的自我关系的探讨中,周敦颐始终坚持人的个体独立性,从一个具体人的自我关系中进行探讨。在周敦颐的学说中,人只有修养层次的不同,并无其他区别。周敦颐分修养层次为圣、贤、士三等,所谓士希贤,贤希圣,圣希天,即使达到了圣的境界,还有"天"的目标可以追求,说明人的修养是无止境的。圣是人生的最高境界,又是人人可以学而至之的境界。他在《通书·圣学》中以对话的形式表述说:"'圣可学乎?'曰:'可。''有要乎?'曰:'有。'请闻焉,曰:'一为要。一者无欲也,无欲这静虚动直。静虚则明,明则通;动直则公,公则溥。明通公溥。庶矣乎!'"。这里的"无欲"指的是无私欲,无贪欲。无欲不一定就能成为圣人,但圣人必然无欲,任何真正的光荣伟大无一有孕育于无私欲、无贪欲的个体人格之中。在周敦颐的心目中,孔子就是这类圣人的典型代表。他在《通书·孔子下》说:"道德高厚,教化无穷,实与天地参而四时同,其惟孔子乎!"道德高厚,教化无穷,指的是个体人格的感化力量,而不是权力所致的约束力量。因为周敦颐的学术研究的是人与自然的关系、个体人的自我关系,所以能不受阶级的局限,不受时空的局限。周敦颐的著作仅日本一国就有八十多种版本,是它不受空间限制的明证;而在中国曾经是八百年不动摇的官学,历宋元明清诸代而不衰,至今读来仍感亲切,是它不受时间限制的明证。

三 价值判断的内向性

所谓价值判断的内向性,指的是人生价值的自我判断,也就是说衡量人生价值的高低,不取决于某种能量的外化,而是取决于自身道德拥有的多寡。周敦颐在《能书·师友上》说:"天地间至尊者道,至贵者德而已矣。人何以贵?不是因为人的躯壳,也不是因为躯壳的外表,而是因为人有思想,有精神,有道德。躯壳是人与动物共同的,道德才是人所独有的。"道德有于身"不是讲人的群体,而是批人的个体。身者亲也,亲身拥有谓之身有。所以是身有道德,而不是口有道德。万物中难得者人,人之所以难得是因为身有道德。道德区分了人与动物的疆界,道德升华了人的价值,所以说"天地间至尊者道,至贵者德而已矣"。

道德之所以至尊至贵,是因为道德有着他物不可伦比的价值。周敦颐在他的《通书·颜子》中说:"夫富贵,人所爱也。颜子不爱不求而乐乎贫者独何心哉?天地间有至贵至爱可求,而异乎彼者,见其大而忘其小焉尔。"周敦颐认为财富与权位构成的富贵只是小富小贵,而不是大富大贵,更不是至富至贵,并举出颜回乐乎贫的例子。颜回之所以于富贵中不爱不求,忘却了财富与权位的小富小贵。周敦颐在《通书·富贵》章中更是直截了断地说:"君子以道充为贵,身安为富,故常泰无不足。"泰者大之极也,思想行为充满道德,身体安康无病,这就是最大的富贵,也是最大的幸福。

当然,精神上的需求也要以一定的物质需求为条件,"颜子不爱不求"毕竟也有"一箪食,一瓢饮"作为物质基础,周敦颐是在扩张放大的情况下对比精神与物质两者而言。任何物质的东西都是有限的,惟有精神才是无限的,周敦颐提倡的是人的思想要突破有限的物质生活,在物质生活的基础上寻求以道德为支撑的高尚而且无限的精神生活,因为只有这种生活才能使人更加充实,更加愉快,更加安稳,使人常泰而无不足。

(原载 2005 年第 1 期,作者单位:湖南省社会科学院)

周敦颐是道学当之无愧的首创者和奠基者

✻ 金春峰 ✻

道学开宗是濂溪，手授图说与二程。

朱熹承前又启后，致知直贯王阳明。

儒学自孔子创立，为中华文化树立主干与方向后，在唐代受到佛禅的严重挑战，晦而不明，到宋代儒学复兴，融合佛道而成为新儒学，《宋史》称之为道学。现代的哲学思想史著作或称道学，或称理学。

唐代韩愈首倡道统说，道统在宋代的首位传人，道学的首创者、奠基者，当之无愧的是濂溪先生。我的老师冯友兰先生不认为如此，认为二程才是道学的开创者与奠基人。但二程是濂溪先生的学生，从周受教。濂溪先生以其《太极图说》与《通书》口授二程。二程说"天理二字是自家体贴出来"，从哪里体贴出来？就是从《太极图说》与《通书》体贴出来。二程突出"仁者与万物为一体"，谓"人当学颜子之学"，谓"夫动静者阴阳之本"，谓"动静无端，阴阳无始"，都是对老师学说的继承与发展，而非自己凭空独创。

濂溪的著作与思想具有两大特点与优势：（一）《太极图》《太极图说》形象地揭示了宙宇天道阴阳五行的运行与生化系统，为儒学的天道、宇宙观建立了坚实可靠的基础；比之张载的《正蒙》，它更为完整和具有鲜明的承前启后的性质，很符合"统系化"的要求。（二）濂溪以《中庸》为指导解释《系辞》，开以《中庸》心性思想释《易》之先路。《中庸》谓"诚者，天之道也；诚之者，人之道也"，天道人道合而为一。《通书》以"诚"为中心，谓"大哉《易》也，诚之源乎"。道家讲无为，乃自然如此之意，濂溪则予之以道德价值的含义，既有真实无妄、自然实在之义，又有诚心诚意、永恒专一之义，是"实然"与"应然"的合一，开两宋心性之学的先河。

南宋朱熹大力弘扬濂溪思想，以"无极而太极"为"无形而有理"，说"人人有一太极，物物有一太极"，"太极是众理的总和"，认为"太极"是"理之极致"，是

"至善",在天为"性",在人为"心本体",为"道心",为"良知",为"仁"。"太极"乃指人伦道德之天理,非指自然物理、客观原理。由于朱子的弘扬,濂溪在道统中确立起神圣而不可动摇的地位。朱熹以后,历经元明,直贯至王阳明与东林党人,成为一完整的道统史与哲学史。顾宪成谓:"孔孟既没,吾道不绝如线,至宋而始一光,发脉得一周元公,结局得一朱晦翁。""《太极图说》,元公之《中庸》也;《通书》,元公之《论语》也。上下两千年间,一人而已矣。"这是东林党人用生命和鲜血凝成的结论,是历史的见证。

儒学的发展是一部不断返本开新的历史。返本之"本"是孔子思想之人本主义与人文主义。人是目的,不是工具与手段;爱人、尊重人,道德的实践是完成自己之成为真正的人,而不夹带任何获取名利、荣誉的考虑。人乃是文化的产物,若非诗书礼乐的教育陶冶,将只是自然物而非完全的人。濂溪由此而建立"人极",从而为孔子的人本主义与人文主义建立新的理论形式,树立新的理论根据。这是孔子思想在宋代的全新展现。

"睿性通微,实几于圣。"濂溪是智者,更是仁者。光风霁月,清逸超群,不苟流俗,律己严而爱人厚,"得其位,施其道,泽及生民",乃是"诚"与"人极"之卓越体现。宋代士人"以天下为己任",有高度的政治担当之自觉,范仲淹和周濂溪是其佼佼者。

周子主张"文以载道",文从"道"出。所谓"道"就是对人与天地万物的挚爱与尊重。他的诗文,类如陶渊明,充溢田园牧歌情趣。他以《拙赋》明志,"拙"者,质朴、刚直、古拙也。老子谓"道常无名,朴,虽小,天下莫能臣",孔子谓"宁武子,其勇可及也,其愚不可及也"。老子之"朴",孔子之"愚",即周子所志之"拙"。《爱莲说》集清逸、刚直于一身,是这一高尚情操凝聚,是其光月霁月人格的诗化。

濂溪曾兼管邵州,重建州学。我是邵阳人,解放前夕读书于邵阳县立中学,实乃周子之遗泽。值此周子千年诞辰之际,仅以拙诗数首,聊表景仰纪念之情。

一

光风霁月立人伦,此即太极在人身。

莲花清逸绝尘俗,濂溪活水滋育成。

二

湖湘宋前尚无闻,濂翁一出名声振。

图说通书弘道统,广播东瀛惠无穷。

三

邵州父老敬濂溪,为之建祠立学宫。

朱子弘文叙其事,人心感奋至于今。

四

景行行止敬濂溪,弘道使命在后生。

不遑多让勤努力,伊尹颜子可立成。

(原载 2018 年第 4 期,作者单位:人民出版社)

周敦颐的思想地位

✳ 张京华

周敦颐(1017－1073),字茂叔,谥元,学者尊称濂溪先生、周濂溪、周元公、周子。北宋中期真宗、仁宗、英宗、神宗时期在世,官至尚书虞部郎中、提点广南东路刑狱。

周濂溪是湖南永州道县人,宋代称道州营道县营乐里,世称濂溪故里。周濂溪本人曾在湖南任桂阳县令、永州通判、郴州知州,至今永州朝阳岩、九龙岩还保存着周濂溪的石刻手迹。在永州期间,他写了《任所寄乡关故旧》诗,说道:"老子生来骨性寒,宦情不改旧儒酸。……事冗不知筋力倦,官清赢得梦魂安。"突出反映了他清正廉洁的为官准则。到南宋中期,宁宗嘉定间,王象之编纂《舆地纪胜》,卷五十八"荆湖南路·道州"已经有"形胜·濂溪"条目,说"在州城西三十里,周茂叔故居也"。又有"古迹·舂陵濂溪、九江濂溪"条目、"人物·周濂溪祠堂"条目,说"在州学,胡铨为记,淳熙重建,张栻为记"。又有"人物·周敦颐条",说周敦颐"有《通书》《太极图〔说〕》等书,倡明道学",程颢、程颐"闻茂叔论道,慨然有求道之志"。周濂溪喜爱自己的家乡,晚年不忘故里,筑室名曰"濂溪书堂"。湖南永州濂溪故里和周敦颐的思想一样,与他的思想传播始终同步地扩散着自己的风物、乡土的魅力,历代解读《通书》《太极图说》与吟咏濂溪故里的诗歌,都缠缠不绝。

在两宋当时,程珦父子、潘兴嗣、蒲宗孟、度正、黄庭坚、朱熹、吕祖谦、魏了翁、胡宏、张栻等人,都对周濂溪的学术思想加以推崇,特别是朱熹编纂《伊洛渊源录》和《近思录》,突出周濂溪、程颢、程颐、邵雍、张载五人,即"北宋五子",创建了理学道统。这一认识集中体现在《宋史·道学传》中。其中说道:"孔子没,曾子独得其传,传之子思,以及孟子,孟子没而无传。……千有余载,至宋中叶,周敦颐出于舂陵,乃得圣贤不传之学,作《太极图说》《通书》。"

这里已经把周濂溪的思想地位表述得很清楚了,这就是周濂溪的思想是承接着千有余载的圣贤之道。只是世隔千年,需要人们重新加以理解而已。

经过"新文化运动"之后,在近百年期间,人们很少讨论"圣人""圣贤"了,即使谈到"圣人""圣贤"也大都只是把它当作普通名词看待。但是,在我国学术思想传统中,"圣人""圣贤"其实是有所专指的特殊名词。自上古以来,真正可以称为圣人的,先秦只有尧、舜、禹、汤、文、武、周公、孔、孟。先秦以后,像汉代大儒董仲舒、扬雄,隋代大儒王通,唐代大儒韩愈,也只能称为贤人,而不是圣人。所以《宋史·道学传》又说:"两汉而下,儒者之论大道,察焉而弗精,语焉而弗详,异端邪说起而乘之,几至大坏。"此后直到两宋,才又产生出几位圣人,就是周濂溪、二程子、朱子。所以,周濂溪在我国古代的圣人中,从孔子算是第三位,从孔孟以后算是第一位。这是明清时期整个东亚都认同的。

我国文化传统可以从不同的层面加以分析,可以称之为东方文明、礼乐文明、农业文明、儒家为主体的文化,等等,而从人类的主体性上界定,我国文化传统就是圣贤文化。

我国文化传统,是把人的教养分为圣人、贤人、士三个次第,这也就是周濂溪所说的"士希贤,贤希圣,圣希天"。

《周礼》说:"知者创物,巧者述之,守之世,谓之工。百工之事,皆圣人之作也。"能创兴称为"作"、称为"智者",这样的人叫做圣人。能继承称为"述",称为"巧者",这样的人叫做贤人。稍稍勉强一点儿,用今天的话语来说,圣人就是最好的发明家、最好的劳动能手。由于这些人的不懈努力,以死勤事,以劳定国,孜孜矻矻,鞠躬尽瘁,使得人群在比较长久的一个时期之内,点亮思想的明灯,这明灯照亮了人群的前途,施之于民,能捍大患,能御大灾,使得人类的文化事业,"博也,厚也,高也,明也,悠也,久也",经久不息,传之久远,古代称之为"圣贤之道"。

"道学"之名,自古所无。"理学"之名,也是自古所无。"道学""理学""心学""性理学"等等名称,都是两宋大儒面对当时价值观念中出现的问题,重新提出来的命题。因应时代的问题、变化而重新提出命题,这是真正的"创兴"。真正能够创兴,从而给一个时代带来思想的光明的人,叫做"圣人"。

周濂溪就是这样的圣人。二程、朱子也是圣人,而周濂溪又位居理学之首,是宋代新儒学开山的人。评价周濂溪的思想地位,首先应当从这里看起。

两宋理学兴起的思想背景,是五代的人文沦替、廉耻丧尽。如欧阳修《新五代史·冯道传序》所说:"不廉则无所不取,不耻则无所不为。"社会动荡,导致人们只剩下本能欲望,而丧失了人作为人的创兴精神,"灭天理而穷人欲"。所以宋儒振起,提出要遵循天道、天理,节制人欲。

孔子的儒家思想,学者公认其核心概念是"仁",又称为"仁道",也就是"人道"。从"仁道""人道"到天理、天道,表面看来是有变化,实际上同条共贯,并无不同。孔子说过:"人能弘道,非道弘人。"

"灭天理而穷人欲"原本是《礼记·乐记》里的一句警告。它说,人类身上有纯净的天性,也有物质的欲望。如果好恶没有节制,无所不为,就是人化于物,天理灭矣。可见"灭天理而穷人欲"的根本原因,是人化于物。人类的物质欲望无限膨胀,"强者胁弱,众者暴寡,智者诈愚,勇者苦怯,疾病不养,老幼孤独不得其所",于是天下大乱。

周濂溪的理学开山地位,与朱熹构建新儒学道统的信念有关,但是,周濂溪本人的思想中也确实领悟到了一些人类最普遍、最根本的元素,作出了自己的思想贡献。

再过三年就是周濂溪的一千周年诞辰。两宋距离我们有大约一千年之远了,当时的时代背景和社会问题都已经过去了。但是,"人化于物"的问题,今天仍然存在着。因而,今天重读周濂溪的经典、两宋圣贤的著作,似乎可以感到,他们的指点和警告不是对宋朝人说的,而恰像是针对我们今天的人们、针对当代的社会问题,而作出的预言一般。只要人群社会中还有"人化于物"的想象存在,周濂溪的思想就仍然具有伟大的思想意义和积极的现实作用,是可以肯定的。

(原载 2014 年第 9 期,作者单位:湖南科技学院)

理学是一个历史形态

✿ 张京华

　　周敦颐是北宋著名的哲学家、思想家,公元 1017 年生于湖南道县,1073 年卒,葬于江西九江,终年 57 岁。今年是周敦颐诞辰 1000 周年纪念。

　　周敦颐的思想学说直接影响到程颢、程颐、张载,再通过二程的弟子杨时,影响到罗从彦、李侗和朱熹,朱熹为周敦颐的五传弟子。又通过二程的另一位弟子谢良佐,影响到胡安国、胡宏、张栻,张栻与朱熹在湖南长沙的岳麓书院相见,经过"朱张会讲",播下湖湘学派的种子。"吾道南来,原是濂溪一脉;大江东去,无非湘水余波",清末王闿运撰写的楹联,是对濂溪学、湖湘学派的最简明概括,至今仍然悬挂在岳麓书院。"濂溪一脉"即濂学的创兴,"吾道南来"即洛学的南传,"大江东去"则是闽学的开展,阳明心学的兴起,乃至东亚各国的传布。在湖南产生的周敦颐的理学思想,经过濂－洛－关－闽四个阶段的发展,从中国传播到古代韩国、越南、琉球、日本,成为中国乃至整个东亚世界近一千年古代社会文明发展的主导思想。

　　中国古代史可以宏观地划分为上古、中古、近古三段。我们现在所说的中国优秀文化传统,上古时期的核心代表是孔子孟子,近古时期的核心代表是王阳明以及黄宗羲、顾炎武、王夫之,中古时期的核心代表就是周敦颐、二程、张载、朱熹。儒家思想学说在不同的历史时期呈现为不同的历史形态。孔子开创了私人讲学的风气,成为儒家学说的创始人,上古时期孔孟所代表的儒家是原始儒家。汉代宗师仲尼,折中六艺,推尊经学,汉代的儒学是经学的儒学。魏晋大畅玄风,融汇释老,魏晋的儒学是玄学的儒学。宋代理学又称为道学,儒学到了宋代就呈现为理学、道学的新形态。此后到明清时期,又有心学、实学乃至考据学等等形态。凡是一种思想学说,不可能一成不变地永远有效,必须顺应新的时代环境,应对新的历史局面,自我更化,重新注入活力。宋代理学就是儒学在两宋阶段的创造性转化和创新性发展,周敦颐以他卓越的理论贡献,成功地完成了这一历史使命,从而使得儒家思想自孔孟以来,经历汉唐一千三百余年,破除迷暗,获得新生。

中国中古时期这一次儒家思想的复兴,较之欧洲的文艺复兴运动,提早了四百年,为近古时期思想文化的发展做好了准备,也为整个东亚思想文化的充分发展做好了准备。古代韩国、越南、琉球、日本等国虽然开化时间很早,但其典章制度的完备,古典文明的鼎盛,在明清时期达到饱满,从而与欧洲文艺复兴时期的古典文化形成东西并美的局面,这主要是出于宋代理学的影响。周敦颐的著作在古代韩国、越南、日本都有大量的抄本、刻本和注本流传。"天不生仲尼,万古如长夜";而"阐发心性义理之精微,端数元公之破暗也"。

周敦颐先生留下两部哲学著作《太极图说》和《通书》给后人,《太极图说》探求义理的精微,论证宇宙间有天理、天道的存在,坚信人类具有善良的本性。《通书》阐发学说的体系,论证人类政治具有合理的秩序,坚信人类社会朝向文明发展。今年1月25日,中共中央、国务院发布《关于实施中华优秀传统文化传承发展工程的意见》。中华优秀传统文化的主要内容,体现为三个层面:核心思想理念、中华传统美德、中华人文精神,其中道法自然、开物成务、修齐治平等主要核心思想理念,最集中地包涵的宋代理学家的哲学著作中。濂溪之学,精确深密。"无极而太极""太极本无极","诚无为,几善恶","无欲故静",这些高度概括的理论命题,可以说是中华优秀传统文化核心中的核心。

儒家学说、理学思想首先是一个历史概念。对于历史上的问题,要待之以历史的态度。在中国以及整个东亚的古代历史上,儒家学说、理学思想无疑处于中国传统文化的主导地位,并且向周边国家辐射,在东亚形成了儒家文化圈。在古代历史上,儒家学说、理学思想对古代文明的发展延续起了积极的正面的作用,是毋庸置疑的。我们面对历史,面对我们的列祖列宗,对古人所作的贡献,对古代的思想学说和文献著作,应当给予积极的肯定,待以温情和敬意。对历史问题的学术研究,要在实事求是的前提下,结合具体的环境、语境,不厌其精地寻求每一个细节的真相,还原每一句文献的本义。从唐虞到洙泗,从洙泗到濂洛关闽,其历史渊源、发展脉络、基本走向,都有待于更深入的研究。相对于孔孟、程朱,对周敦颐的研究有其特殊性,以往的研究也相对薄弱,还有不少内容亟待学者发掘,填补空白。

所有的历史都是我们国家、民族的文化遗产。历史与现实又有连续性。中国传统文化是中华民族的根基和血脉,是中华民族的文化脐带和精神家园,对于我们当代社会的社会发展和文化建设,仍然可以发挥出积极的借鉴作用。马克思、恩格斯、列宁、斯大林本人并没有到过东方,对于中国的历史沿革、政治制度、社会生活状态、士大夫的思想寄托、社会底层的精神信仰,缺乏细致具体的了解。在儒家常说的"人伦日用"的层面,需要传统文化作有效的填充。"半亩方塘一鉴开,天光云影共徘徊。问渠哪得清如许,为有源头活水来。"寻孔颜之乐,看鸢飞鱼跃,活泼泼,常惺惺,宋明理学是中国思想史上最讲究活水活力、活学活用的流派,也是最强调社会担当、社会责任,最具有文化自觉和文化自信的流派。文化自信是更基本、更深层、更持久的力量,因此迫切需要深入挖掘中华优秀传统文化价值内涵,激发中华优秀传统文化的生机与活力。

中国传统文化的价值在于它是源头活水。当代文化自有其当代的形态,不是古代文化的简单翻版,不能盲目复古。但当代文化也不是闭门空想,儒家理学在中古时期的中兴,树立了一个思想自我更新、文明复兴再造的成功模式,为当代文化创新提供了可资借鉴的范例。

(原载 2018 年第 4 期,作者单位:湖南科技学院)

周敦颐与北宋理学之形成

✳ 周建刚

周敦颐其人其学,与北宋理学的形成有密切关系。以"宋初三先生"为代表的古文家和经学家,在倡导文风革新、经学转变等方面起了很大作用,但儒学的新义理、新思想尚未充分建立起来,自中唐延续到宋初的儒学复兴运动还没有完成它最后的目标。"北宋五子"的出现代表了理学的初步形成,这是儒学复兴运动的最后一个环节。此后的宋明理学便进入了自先秦儒学之后的儒学第二期发展阶段。在"北宋五子"中,周敦颐列为首位,这在历史上素有争议。实际上朱熹的理学"道统论"并非历史性的系谱,而是主要从哲学观点出发演绎成一个"哲学系统",北宋理学在"荆公新学""温公史学""苏氏蜀学"学派林立的形势下脱颖而出,逐步成为儒学发展的主流,是因为它触摸到了时代思想的脉搏,完成了当时儒学发展所亟需的"哲学突破",这一"哲学突破"的主要功绩应归于二程,周敦颐的哲理思想则是从孔孟到二程的"桥梁",因此朱熹从哲学演变的视角将周敦颐视为宋代理学第一人。"道统论"有主观色彩,但从哲学义理演变的"内在理路"上看,自有其深刻的道理。即使我们今天撇开朱熹的观点,从纯粹的历史观点来看周敦颐其人其学,还是可以发现,周敦颐对北宋理学的形成是有实际贡献的。这主要体现在人格影响、解经风格和重要义理三个方面。周敦颐对二程的影响也不仅限于"孔颜乐处",在"理气关系""理一分殊"等重要的义理思想上,都可以看出二程继承周敦颐的蛛丝马迹。为此,本文分别"道统论"(哲学)和历史两个不同的视野重新审视周敦颐与北宋理学的关系,以期说明周敦颐在理学形成中的影响和贡献。

一 "道统论"视野下的周敦颐与北宋理学

北宋庆历之际,伴随着范仲淹"庆历新政"的开展,学术思想界空前活跃,学术空气极度自由,出现了以"宋初三先生"等新思想、新学术的代表人物,他们反对汉唐诸儒对于经典的垄断性解释,积极通过自身的体会,从古老的经典中挖掘出新的"义理",从而为现实中政治改革提供思想和理论支持。他们还主张革新文风,倡导古文,重塑"道统",排斥佛老。总之,这些思想家的出现,为庆历之际的文坛、学界吹入了一股清新的空气。对此,清代学者全祖望在他的《庆历五先生书院记》一文中有细致的观察和描述:

"有宋真、仁二宗之际,儒林之草昧也。当时濂、洛之徒方萌芽而未出,而睢阳戚氏在宋,泰山孙氏在齐,安定胡氏在吴,相与讲明正学,自拔于尘俗之中。亦会值贤者在朝:安阳韩忠献公、高平范文正公、乐安欧阳文忠公,皆卓然有见于道之大概,左提右挈。于是学校遍及四方,师儒之道以立,而李挺之、邵古叟辈,共以经术和之,说者以为濂、洛之前茅也。"[1]1037

宋真宗、仁宗这两朝,是宋代政治、文化的确立时期,这一时期,正值"贤者在位",如全祖望提到的韩琦、范仲淹和欧阳修,都掌握了朝廷的大权,足以兴教布政、汲引贤士,因此出现了"学校遍及四方,师儒之道以立"的文化兴盛局面,著名的学者有"睢阳戚氏",即《宋元学案》记载曾做过范仲淹老师的戚同文,以及"宋初三先生"中的孙复和胡瑗,此外还有邵雍的父亲邵古和邵雍的老师李之才。全祖望认为,尽管当时学校遍布,师儒并出,但"濂、洛之徒方萌芽而未出",真正代表宋代学术精神的理学尚未出世,因此这一阶段还是属于"儒林之草昧",这些人物也只是"濂、洛之前茅"。

"濂洛关闽"是过去的理学家对于正统理学谱系的表述,其中的"濂"即"濂学"或"濂溪学",也就是周敦颐的思想学术。按照传统的看法,周敦颐才是北宋理学真正的奠基者和创始人,由周敦颐而二程、张载,北宋理学才得到了真正的开展。这种看法,在元人所修撰、深受程朱理学影响的《宋史·道学传》中表述的最为清楚:

"文王、周公既没,孔子有德无位,既不能使是道之用渐被斯世,退而与其徒定礼乐,明宪章,删《诗》,修《春秋》,赞《易象》,讨论《坟》《典》,期使五三圣人之道昭明于无穷。……孔子没,曾子独得其传,传之子思,以及孟子,孟子而无传。……千有余载,至宋中叶,周敦颐出于舂陵,乃得圣贤不传之学,作《太极图说》《通书》,推明阴阳五行之理,命于天而性于人者,瞭若指掌。……仁宗明道初年,程颢及弟颐寔生,及长,受业周氏,已乃扩大其所闻,表章《大学》《中庸》二篇,与《语》《孟》并行,于是上自帝王传心之奥,下至初学入德之门,融会贯通,无复余蕴。"[2]12709-12710

《宋史·道学传》是程朱理学"道统论"的集中表述。在这种"道统论"的叙事中,儒家学问的中心或努力的方向是要掌握宇宙中的一种神圣力量"道",此"道"在儒家传说中最为古老的"三代"圣王治世时期,曾经在这个世界上得到普遍的体现。周代的文王和周公等圣贤也领悟此"道",并施之政教。孔子"有德无位",故退修《诗》《书》。自孔子以后,此"道"便成为儒家学派得以成立的最深微的精神源泉。但孟子以后,两汉经儒陷入章句训诂的"知识陷阱",此"道"晦暗不明达千有余载,直到周敦颐的出现,儒家的古老精神源泉才重新喷薄而出,焕发生机,并由二程接续而大明于世。

在这一"道统统"叙事中,关于周敦颐的学术渊源,最重要的一句话就是"得圣贤不传之学",也就是说,周敦颐之学是孔孟原始儒学精神在宋代的复活,宇宙间的神秘性超越力量"道"在具体的历史时间中随时而浮沉,有幽而有显,宋代适当此"道"大明之时,周敦颐适逢其会,心与道契,故能成为宋代的"道学"第一人。朱熹为周敦颐作《像赞》说:"道丧千载,圣远言湮,不有先觉,孰开后人?"说的也就是这个意思。

"道统论"在儒家历史上源远流长,孟子云自尧舜至商汤、周文王,"五百年必有王者兴",已初步提出儒家圣人之统绪。唐代的韩愈、李翱均有"道统"的主张,陈寅恪先生谓为受禅宗"传灯"的概念影响而来。宋代儒士中,孙复、石介亦有其"道统"观念,重点则在于汉代的董仲舒、扬雄与隋代的"文中子"王通和唐代的韩愈,与后来理学家的"道统观"截然不同。程颐在为其兄程颢所作的《明道先生墓表》中说:"孟轲死,圣人之学不传。……先生生于千四百年之后,得不传之学于遗经,将以斯道觉斯民。"此即以程颢接续孟子。值得注意的是,程颐所说的程颢"得不传之学于遗经",在文字形式上与《宋史·道学传》说周敦颐"乃得圣贤不传之学"基本一致,也就是说,在程颐看来,其兄程颢才是"道学"在宋代的真正开启者。从《二程集》的相关记载来看,二程完全没有提到《太极图》和《通书》,对周敦颐的学术和思想也很少置评,反而倒是有"周茂叔,穷禅客"一类的戏谑之词。推想其中的缘由,不难想见,周敦颐完全没有进入二程等人心目中的"道统"行列。

周敦颐进入理学的"道统"行列,应该始自朱熹。在朱熹之前,周敦颐尽管也被认为是二程之师,并因"二程之师"这一身份在理学学术圈内享有一定的声誉,但并没有人认为他是理学的真正创始者。相反,正如程颐在《明道先生墓表》中所指出的,程颢才是孟子之后的第一人。对于此说,朱熹实质上也是同意的。他在《大学章句序》中说:"天运循环,无往不复。宋德隆盛,治教休明。于是河南程氏两夫子出,而有以接乎孟氏之传。"[3]《中庸章句序》又云:"子思惧夫愈久而愈失其真也,于是推本尧舜以来相传之意,质以平日所闻父师之言,更互演绎,作为此书,以诏后之学者。……自是而又再传以得孟氏,为能推明是书,以承先圣之统,及其没而遂失其传焉。……然而尚幸此书之不泯,故程夫子兄弟者出,得有所考,以续夫千载不传之绪。"[3]《大学》和《中庸》是经过朱熹的特意表彰而得以列入"四书",但在叙述这两部书的传承时,他明显是以二程接续孟子,这与《宋史·道学传》中以周敦颐接续孟子的观点是有冲突的。而众所周知,《宋史·道学传》的道统谱系,是承自程朱理学。朱熹的前后观点有如是之矛盾,如何予以合理的解释,是一桩令千古学人感到倍感为难的事情。

如果我们从早期道学的发展历史来看,不但周敦颐的"濂学",即使是二程的"洛学"、张载的"关学",在当时的影响力也远逊于后世人们的想象。邓广铭认为,"周敦颐(1017—1073)也是把释道二家(特别是道)二家的义理融入儒家的学者,其在义理方面的造诣也较高,但他在北宋的学术界毫无影响,二程也绝非他的传人。……二程学说之大行,则是宋室南渡以后的事……当他们在世之日,直到北宋政权灭亡之时,所谓理学这一学术流派是还不曾形成的。"[4]189漆侠在《宋学的发展与演变》一书中则指出,从宋仁宗嘉祐初(1056)到宋神宗元丰末(1085),总计三十年时间,北宋学坛先后形成四个较大的学派,即荆公学派(王安石)、温公学派(司马光)、苏氏蜀学(苏洵、苏轼、苏辙)、关洛道学(张载、二程)。此四大学派中,王安石之学为"官学","自熙丰以来'独行于世者六十年',学术上亦处于压倒的优势地位,影响亦最大。其他学派虽然居于次要地位,对宋学的发展也都做出了自己的贡献,亦都有自己的特色。"[5]315

邓广铭和漆侠先生的观察敏锐而细致,从客观历史层面指出了北宋中期学术界、思想界的真实状况。从这一"客观历史"出发,邓广铭先生断然否定周敦颐作为理学"开山祖"的地位,认为这一荣誉只能归属于二程和张载。[4]177-193表面上看起来,邓说似乎和朱熹在《大学章句序》《中庸章句序》中特意表彰二程的地位雷同一致,但仔细区分,则相去不可以道里计。邓说是从"客观历史"中观察而来,朱熹所说则是从"哲理演进"中推断而出。从客观历史层面来说,不但周敦颐在北宋思想界籍籍无名,毫无影响,即使二程、张载的影响力也远远不如王安石、司马光、苏轼等人,如"道统"之所归在于当时思想界执牛耳之人物,则此"道统"当属王安石无疑;但从"哲理演进"的角度来看,儒家思想演变到宋代,在佛老之学横肆、"儒门淡薄"的情况下,亟需寻找"哲学的突破"以从根本上应付这一重大的危机局面。如果从"哲学的突破"这一角度审视北宋中期的学坛,则立刻可以发现,周、张、二程等人比王安石、司马光等人有更为突出的优势。

北宋儒学的发展,经过了崎岖辗转的道路,其全部的生命方向和努力目标则在于为论证儒家生活方式的合理性,并为这"合理性"作一形而上的说明,从而在凡俗的生活中发现神圣,以此来安顿生命意义。理学能抗衡佛老,其要点即在于此,盖自理学发端以后,心性义理之学已非佛老之专利,儒家学者后来居上,阐释心性之精微,往往能驾乎佛老之上。在这条途径上,"宋初三先生"等人的功绩在于打破汉唐旧经学的权威,为理学自由诠释经典扫清了途径。周敦颐、二程、张载之学,不但摆脱了旧经学的束缚,同时还自由发挥,挖掘出先秦儒家经典所包含的实质性精神含义,并且体之于身心,使北宋儒学发生了飞跃性的质之变化。这种变化是内在的精神含义之变化,而从外在化的"客观历史"来看,则这种变化依然是潜伏在巨大冰川下的伏流,很难为世人所觉察到。而反观王安石、司马光之学,则还在传统的经学、史学范围之中,哲学意味甚为淡薄。程颐曾说:"为学,治经最好。苟不自得,则尽治《五经》,亦是空言。"[6]2程颢则说王安石之学是"对塔说相轮",自己的学问却是"实在塔中"。凡此都可见,在二程等理学家眼中,以《三经新义》而煊赫一世的"荆公新学",其实是在宋代儒学发展的主流脉络之外,是"对塔说相轮"的皮相之学,并没有接触到儒家思想的深层底蕴;而新起的理学家,虽然声势尚微,但却"实在塔中",已摸索到儒学的精神实质,并由此而寻找到了儒学更新的"哲学突破口"所在。

由此可以再观察宋人的"道统论"。陈荣捷说,宋人的"道统"实际上是一种哲学的系统,乃根据哲学之演进推演而出。此说确实道出了宋人"道统"的真实含义。[7]123-134朱熹一则云二程接续孟子之统,再则云周敦颐直承孔孟、下启二程,看似矛盾,实则都决定于哲学上的理由。"哲学上孔、孟与二程距离尚远,非有桥梁过渡不可,此即周子也。……盖《太极图》言太极、阴阳、动静、中正、仁义之理,《通书》第廿二章言性、理、命,由此而后二程之理乃可坚立。""二程言理,诚划时代,惟理与气之关系,形上形下之关系,与一与多之关系,程子均未明言。依朱子《太极图说》之解释,则太极为理,为形上,为一。阴阳之动静与五行之化生则为气,为形下,为多。于是理气等问题乃有下落。"[7]132二程拈出"理"字,对于理学之创立固有莫大之贡献,但"理"与"气""一"与"多"的关系,在二程哲学中语焉不详,实际上二程对此类问题也没有给予过多关注。在此意义上,周敦颐的《太极图说》关于"太极"与"阴阳动静"的论述正好补充了二程哲学之不足,形成了一个完整的关于"理气关系"的论述。

当然,朱熹完全明白北宋学坛的真实面貌与理学传承之历史,初期道学的开展以二程兄弟为核心,南渡以后理学之盛行,是因为二程弟子之努力,南渡后的理学称为"伊洛学",实际上是以二程为宗主的程门学派。因此他在《大学章句序》和《中庸章句序》中都指出二程是孟子以后的道统传人,这是符合历史实际情况的。但正如陈荣捷所指出的,"道统"并不完全是历史性的,在很大程度上这是一个"哲理演进"的系统排列。如从"哲理演进"的观点来看,周敦颐的《太极图说》是宋代理学兴起不可或缺的一个理论框架,对于二程哲学有匡扶补救之功,他在"道统"中当然可以占据首要的位置。

二 历史视野下的周敦颐与北宋理学

朱熹对于周敦颐思想的理解,完全是从"理气关系"这一层面进行的,由此他将周敦颐的地位抬高到宋代理学第一人的位置。朱熹对于周敦颐思想的理解是否正确,历史上素多争议,但将《太极图说》和《通书》合看,则至少《通书》中的《动静》《理性命》诸章可证明周敦颐哲学中有一定成分的"本体论"思想,朱熹所说并非完全没有据。此说留待以后再论。但即使撇开朱熹的论断,纯就历史观点来看,我们依然可以发现周敦颐思想对于北宋理学的开展有极其深刻的影响。其中的理由,主要可以分为三点:

(一)人格魅力的影响

在宋人的记载中,周敦颐给人的印象是"洒落",即潇洒出尘,超越世俗的名利而有高远的精神追求。蒲宗孟说他"生平襟怀飘洒,有高趣,常以仙翁隐者自许"[8]137。潘兴嗣则称颂他"心似冰轮浸玉渊,节如金井冽寒泉"[8]118。黄庭坚对他的评价最为有名,甚至被《宋史》所引用:"人品甚高,胸怀洒落,如光风霁月。"[8]122南宋时的理学家李侗对黄庭坚的这句话尤为赞赏,认为"此句形容有道者气象绝佳。"(《延平答问》)李侗的弟子朱熹也对这句话深有体会,作周敦颐《像赞》时说:"书不尽言,图不尽意。风月无边,庭草交翠。"[8]140

周敦颐"光风霁月"的人格魅力,应该归功于其对儒学生命境界的体会和领悟。周敦颐授学于二程,提出了著名的"孔颜之乐"的命题,程颢由此而"慨然有求道之志",由此可见,此时周敦颐和程颢都已初步认识到,儒家之"道"即寄托于对孔、颜生命境界之存在的体认,求"道"即当于此寻求。此一命题,可说是开启了程颢的求"道"方向。程颢自述:"自再见茂叔后,吟风弄月而归,有'吾与点也'之意。"后来陆九渊说:"学者至本朝而始盛,自周茂叔发之。""二程见茂叔后,吟风弄月而归,有吾与点也之意。后来明道此意却存,伊川已失此意。"[9]504分析程颢和陆九渊的这两句话,可知"吟风弄月"并非普通的文人雅致,而是一种对圣贤体道境界的诗意描述。程颢自承此境界由周敦颐启发而来,陆九渊也推断程颢后来的思想发展与此有关,"后来明道此意却存"。

周敦颐"光风霁月"的人格魅力不但影响了二程兄弟,还对王拱辰、李初平、侯仲良等人有所影响。《程氏遗书》中的程颐语录,记录了与周敦颐相关的两件事:一是周敦颐曾为王拱辰说《大畜》卦,王拱辰为之纳拜[6]278;二是李初平为郴州知州,周敦颐因其年老而特为其讲学,逾年果有得[6]278。《宋史》则记载侯仲良(字师圣)受周敦颐教诲的情形,"其善开发人类此"[2]12713。可见除二程之外,周敦颐还教导、影响了相当一批数量的学者,他对北宋理学的兴起是有一定的实际作用的。

(二)经典诠释的风格

周敦颐"深于易学",在宋代的许多文献中都有记载。《程氏遗书》中有一条程颐的语录说:"王拱辰君贶初见周茂叔,为与茂叔世契,便受拜。及坐上,大风起,说《大畜》卦,(一说作风天《小畜》卦。)君贶乃起曰:'某适来,不知受却公拜,今某却当纳拜。'茂叔走避。"[6]278周敦颐还与傅耆多次通信讨论易学,傅耆在回信中说:"兼承宠示《说姤》,意远而不迁,词简而有法,以之杂于元次山集中,能文之士观之,亦不能辨其孰周而孰元也。"[8]103"又蒙寄贶《同人说》,徐展执读,校以旧本改易数字,皆人意所不到处,宜乎使人宗师仰慕之不暇也。"[8]104吕陶亦说周敦颐"志清而材醇,行敏而学博,读《易》《春秋》探其原,其文简洁有制"[8]117。

按照潘兴嗣为周敦颐所作《墓志铭》的记载,周敦颐"尤善谈名理,深于易学,作《太极图》《易说》《易通》数十篇。"[8]136《太极图》即包括《太极图》和《太极图说》,是图和文的总称。《易说》遗佚,朱熹说:"先生《易说》久矣不传于世,向见两本,皆非是。"[8]74《易通》即《通书》的别名,"《易通》疑即《通书》。盖《易说》既依经以解义,此则通论其大旨,而不系于经者也"[8]74。由此可知,周敦颐的易学著作原有三种:一是"立象以尽意"的《太极图》和《说》;二是"依经以解义"的《易说》;三是"通论其大旨"的《易通》,后世则更名为《通书》。

周敦颐在《通书》中屡次说:"大哉易也,性命之源乎!""《易》,何止《五经》之源,其天地鬼神之奥乎!"可见他是将《周易》经传作为儒家思想的源头和"性命之学"的根本来看待的。他作《太极图》和《太极图说》,是试图以易学"象数学"的方式阐明这个原理,他作《通书》以"通论其大旨",回到了易学"义理学"的路线上,则还是为了说明这个原理。宋代理学家的易学有"象数学"和"义理学"之争,前者以邵雍为代表,后者以程颐为代表。而周敦颐以一身而兼"象数"和"义理"之长,在宋代理学家中是一个很特殊的现象。

周敦颐的解经风格也对宋代理学有一定影响。以《通书》而论,其中的言论极为复杂多端,并非完全依傍《周易》经传进行解释或者"通论",故方东美论其体裁和结构近于扬雄的《法言》和王通的《文中子》,并不象是一部解经的著作。[10]140但从《通书》的内容来看,其精华部分主要在《诚上》《诚下》《动静》《理性命》诸章,《诚上》《诚下》两章引入了《中庸》"诚"的概念来诠释《易传》的天道思想,《动静》《理性命》等章则是对《太极图说》思想的引申。总的来看,周敦颐解经不但没有拘泥于先儒的传注,同时也取消了经典之间的界限,以一种自由创造的态度贯通各部经典,从中提炼出儒学的根本精神。用今天的话来说,周敦颐是以一种"解释学"的态度来面对经典,在对经典的解释过程中投入了自己的生命体验,从而使陈旧的经书焕发出新的义理。这种解经风格,是理学家解经的典型风格,亦可以说是自周敦颐而发端。

(三)重要义理的提出

理学作为儒学哲学化的产物,有一套极其严密的概念范畴和依据这些概念范畴推演而形成的哲学系统。理学内部派别众多,不同的理学家有不同的哲学系统,如朱熹的"太极理气论"哲学系统和王阳明的"良知本心说"哲学系统,但在不同的哲学系统之间,有一些重要的义理范畴是共同的,而这些义理范畴很大一部分都源自于周敦颐。

蒙培元先生在《理学范畴系统》一书中整理、总结了历代理学家使用的25个范畴,其中直接出自于周敦颐的有"太极阴阳""动静""主静"(敬静)、"诚""乐"4个范畴,"理气""理一分殊""一两""体用""天人合一"等概念则不同程度地和周敦颐思想有关。

理学中的诸概念范畴都有原始的经典依据,并非宋明理学家独立创造而出,如"太极"这一范畴就出自《易传》的"易有太极,是生两仪","诚"则源自于《中庸》的"诚者天之道也,诚之者人之道也"。但宋明理学家对这些概念都重新进行了哲学化的诠释,并将其整合到自己的哲学系统中,因此,这些概念都可以视为宋明理学家的"创造"。当然,也有一些概念,如"理一分殊""体用"等,是宋明理学家根据自己对儒学精神、儒学学理的理解而独立提出的。由于有了这些丰富的概念范畴,宋明理学的"哲学化"进程才得以顺利展开。

周敦颐最为人熟知的概念就是"太极"。"太极"出自《易传》,但在自先秦到汉唐的儒学发展进程中,"太极"这一概念并不为人重视,也很少有人从学理上对其进行阐释。唐代孔颖达的《五经正义》中,《周易正义》的孔颖达疏将"太极"解释为天地未分之前的元气。唐代华严宗高僧在《原人论》中说:"气形之始,即太极也。"[11]45-709 可见宋代以前儒释知识分子都一致认为"太极"就是"元气",这一概念本身并没有多高深的义理。宗密甚至以鄙薄的态度说:"故知佛教法中,小乘浅浅之教,已超外典深深之说。"[11]45-709 但自周敦颐提出"无极而太极"之后,"太极"的概念顿时生发出新的意义,经朱熹的深度阐发之后,逐渐成为了理学的首要核心概念。与周敦颐同时的邵雍、张载等人也在他们的著作中阐释过"太极"的概念,这说明"太极"在北宋理学的形成初期是一个众所关注的概念,对理学哲学的进一步开展有重要意义,周敦颐对这一概念的阐发,是有其历史功绩的。此外还有"诚""乐"等概念,在理学初起时期,都是人们极其关注而又难以把握其确切含义的概念,周敦颐对这些概念都进行了深刻的阐发,为理学哲学的发展解决了难题。

宋代理学的"理气论"思想亦自周敦颐发端。《太极图说》提出"无极之真,二五之精,妙合而凝","二气交感,化生万物","无极"为理,"二五"为气,就是理学"理气论"思想的原始表达。程颢在《李寺丞墓志铭》中说:"二气交运兮,五行顺施;刚柔杂糅兮,美恶不齐"[6]499,这种表述和《太极图说》极其相似,说明他对于周敦颐的"理气论"思想是有所领悟的。周敦颐在《通书·理性命章》中说:"二气五行,化生万物。五殊二实,二本则一。是万为一,一实万分。万一各正,大小有定。"后来二程说:"二气五行刚柔万殊,圣人所由惟一理,人须要复其初。"[6]83 这是二程对"理一分殊"思想的表达,其源亦自周敦颐而来。

宋明理学的重要义理,有很大一部分在周敦颐那里可以找到根源。在理学初起阶段,"北宋五子"等重要理学家都对先秦儒学经典反复熟读思维,试图从中整合概念、构造哲学系统。"北宋五子"的思路不同,导致了哲学路向的不同,最终是二程的"天理"概念胜出而成为主流。但在这一过程中,周敦颐提出的一系列概念范畴和义理思想都为正在形成中的理学哲学解决了难题,奠定了基础,并且潜移默化地影响了二程哲学的命题和思想,为北宋理学的形成和开展作出了实际贡献。由此而言,周敦颐的"道统"地位虽然存在争议,但毫无疑问的是,他的思想对于北宋理学的形成有着至关重要的影响和贡献。

参考文献:

[1]朱铸禹.全祖望集汇校集注[M].上海:上海古籍出版社,2000.

[2]脱脱.宋史[M].北京:中华书局,1977.

[3]朱熹.四书章句集注[M].北京:中华书局,1983.

[4]邓广铭.邓广铭治史丛稿[M].北京:北京大学出版社,1997.

[5]漆侠.宋学的发展和演变[M].石家庄:河北人民出版社,2002.

[6]程颢,程颐.二程集[M].北京:中华书局,1981.

[7]陈荣捷.朱子道统之哲学性[A].陈荣捷.新儒学论集[C].台北:中研院中国文哲研究所,1995.

[8]周敦颐.元公周先生濂溪集[M].长沙:岳麓书社,2006.

[9]陆九渊.陆九渊集[M].北京:中华书局,1980.

[10]方东美.新儒家哲学十八讲[M].北京:中华书局,2012.

[11]宗密.原人论[A].大正藏[M].台北:新文丰出版公司,1983.

(原载 2016 年第 6 期,作者单位:湖南科技学院)

周敦颐与宋明理学思想谱系的相关问题

✳ 周建刚

关于宋明理学在中国思想史、哲学史上的特殊地位,杨立华在他新近出版的《宋明理学十五讲》序言中有一段精彩的概括:

> 将宋明理学视为儒学的第二期开展,已经成为学界的共识。这样的看法虽然不无简化之嫌,但基本反映了中国哲学的历史发展。从中唐儒学复兴运动开始,先秦儒学里贯注着的精神重新回到了时代精神的核心。面对佛道二家的笼罩性影响,为儒家生活方式奠定哲学基础逐渐成为这个时代儒学发展的主题。这也是宋明理学,特别是两宋道学,在哲学形态上更具思辨性的根本原因。[1]序

任何对宋明理学有所了解的人都会发现,与先秦儒学、汉唐儒学相比,宋明理学具有极其强烈的哲学思辨特征,宋明理学家在灵活运用先秦儒学原典的基础上,用"理""气""心""性"等概念,构筑了一个包含宇宙自然、道德伦理、心灵情感在内的庞大哲学体系,有效地论证了儒家生活方式的合理性。所谓"儒家生活方式的合理性",主要是针对南北朝隋唐以来盛行的佛道二教而言。中晚唐以来,面对破败不堪的社会政治局面,以及厌倦现实、追求出世的佛教哲学对人们心灵的巨大影响力,以韩愈、李翱为代表的儒家知识分子以"古文运动"为先导,开始初步尝试复兴儒学,并以此为理论武器来伸张皇权、抑制藩镇、对抗佛老。这一萌芽初启的"儒学复兴运动",直到北宋中期的周敦颐、张载、二程哲学之形成,才结出了真正的硕果。

一 周敦颐思想研究中存在的问题

周敦颐在宋明理学的形成过程中占有重要而特殊的位置。在朱熹的"道统论"叙事中,他是理学的首出人物。朱熹在淳熙五年(1178)冬所作的《袁州州学

三先生祠记》一文中,慨叹孟子以后圣学不传,俗儒内则拘于章句文词,外则杂于老子、释氏,遂使儒家传统的"修己治人"之学晦而不明,"濂溪周公先生,奋乎百世之下,乃始深探圣贤之奥,疏观造化之原,而独心得之。立象著书,阐发奥秘。词义虽约,而天人性命之微,修己治人之要,莫不毕举。"朱熹还特别指出,周敦颐授学于二程兄弟,是理学传承的开始,"河南两程先生既亲见之,而得其传,于是其学遂行于世。"在朱熹的《伊洛渊源录》中,周敦颐列为理学开创者的"北宋五子"之首。元人编撰的《宋史·道学传》中,周敦颐也被列为宋代理学家之首。至此,周敦颐作为"道学宗主"的历史形象已经建构完成,并为世人所熟知。

黄百家在《宋元学案·濂溪学案》的案语中指出:"孔孟而后,汉儒止有传经之学,性道微言之绝久矣。元公崛起,二程嗣之,又复横渠诸大儒辈出,圣学大昌。故安定、徂徕卓乎有儒者之矩范,然仅可谓有开之必先,若论阐发心性义理之精微,端数元公之破暗也。"黄百家认为,周敦颐在宋代首先阐发"心性义理"这一类具有哲学形而上学品格的概念,是宋代儒学接续孔孟原始儒学精神血脉的关键一步,而汉儒的"传经之学"则被排除在这一精神系统之外。黄百家在论述周敦颐的历史功绩时,意味深长地用了"破暗"一词。(实际上"破暗"一词有着强烈的佛教意味。在天台宗创始者智𫖮的《摩诃止观》中,有这样的比喻:"若能修定,如密室中灯,能破巨暗。"这一比喻在无形中也似乎说明,以反佛而著称的宋明理学,实际上与佛教哲学思想存在诸多共同点,并非截然对立。)"破暗"意味着对于黑暗的驱除。这里潜藏的意思是,在孔孟到周敦颐之间,是儒学的漫漫长夜,而周敦颐才是将宋代儒学带入光明的发端者。从朱熹到黄百家的传统理学叙事中,周敦颐是宋代理学的奠基者,这一历史地位是不言而喻的。

但从客观的历史层面来看,周敦颐在北宋中期,是一个声名并不显著的人物。他的著作流传至今的,仅有短短的《太极图说》和《通书》,以及一些诗文,这些著作,在当时并没有引起人们的重视,至少不能与同时代的司马光、王安石等人相提并论。在二程的语录中,对周敦颐的思想、学术也很少置评。因此,对于朱熹所描述的北宋理学传承系统,特别是"周程授受"这一段,后世学者多有疑惑之处。即使是钱穆先生这样肯定周敦颐历史贡献的学者,也有这样客观而冷静的评述:"二程讲学,并不自承出于周敦颐,他们对并世学人,推尊的是胡瑗与王安石。(朱)熹才把周张和二程并尊,确认(周)敦颐是二程所师承,特为《太极图说》《通书》《西铭》作解义。至编《近思录》,专采此四家。……周张宇宙论形上学的部门,与二程的心性修养工夫会合融和,又加入他自己增入的读书法,三流交汇,宋学遂臻于完整。"[2]152在近现代的宋明理学研究中,"周程授受"成为了一个论证起来十分困难的问题,很多学者对此提出质疑,由此也影响到对于周敦颐历史地位的判断。

周敦颐的著作有《太极图说》和《通书》,其中《太极图说》有图有说,图即朱熹所说的"立象",以图像的方式对宇宙论及道德形上学哲学进行阐示。周敦颐的《太极图》与北宋初年形成的易学象数学的"图书学派"有一定的关系,与此相类似的著作还有刘牧的《易数钩隐图》和邵雍的《先天图》等。关于周敦颐的《太极图》,历史上有种种传说,均有意无意地将其与宋初的华山道士陈抟联系在一起,也就是说,这是一种有着浓厚道家和道教气息的学问,与儒学传统距离甚远。但在朱熹的"道统论"叙事中,《太极图》是代表周敦颐最高学术成就的作品,哲学含义丰富,体现的是正统的儒家思想,绝不可能与佛道等"异教"有所牵连。在朱熹本人的哲学体系中,"理"是最基本的概念,而"太极"就是对"理"的另一种描述,所谓"无形而有理"。因此,朱熹肯定《太极图》是周敦颐自创,体现了北宋理学初期形成状态中对于世界本质和本源的一种崭新的领悟。朱熹的这种观点,主要是从哲学理论上推导出来的,有着强烈的主观色彩,因此长期以来受到各种攻击和怀疑,至今尚没有形成定论。

"周程授受"和"《太极图》源流",在近代学术史上也是一个热点问题,许多学者对此议论纷纷,形成了一定数量的著作和论文(参见笔者《目前国内外的周敦颐研究状况》)。这些问题的出现,以及近现代学者对此的关注,反映了人们对于周敦颐历史定位的不同意见,以及对于周敦颐思想学术性质的不同认识。肯定周敦颐历史地位的学者,以朱熹为代表,认为周敦颐的学术思想是宋代理学的初步奠基,《太极图说》是周敦颐学术的精粹,理学的哲学体系即以《太极图说》为根基;而否定周敦颐历史地位的学者,则认为周敦颐不过是宋代学术史上的一名普通人物,《太极图说》是北宋易学象数学的著作,尚未进入理学的堂奥。这方面的意见,在当代学者中颇为流行,如历史学家邓广铭认为,周敦颐在北宋时属于无名学者,"我们可以斩钉截铁地说,二程绝不是受'学'(理学)于周敦颐的,特别是对于他的《太极图》和《通书》,二程是都不曾接触过的"[3]211。日本学者土田健次郎在《道学的形成》一书中,则几乎把周敦颐哲学描绘成二程哲学的反面,"无论如何,正如仁斋所云,周敦颐的太极观离《周易正义》及其所采之注并不太远。……总之,'无'被树立为原理,这一点上两者是相通的。……程颐等人付出了怎样的努力,试图克服从无到有的图式。这也意味着,即便程颐等人知道《太极图说》的存在,那也不应该是他们要继承的前提,而恰恰是他们要克服的对象"[4]139-140。

不但周敦颐与二程的关系、周敦颐著作的"版权"或来源存在疑点,周敦颐本人的思想属于哪种性质(或具体的哪一类学派),在历史上也众说纷纭,迄无定论。在《太极图说》中,首句为著名的"无极而太极"。陆九渊对此提出疑义说:

> "无极"二字出于《老子·知其雄》章,吾圣人之书所无有也。《老子》首章言"无名,天地之始;有名,万物之母",而卒同之,此老氏宗旨也。"无极而太极"即是此旨。[5]608

"无极"二字,确实不见于先秦儒家著作,在《易传》中仅有"太极"的概念,而"无极"则首先见于《老子》。陆九渊认为,"无极而太极",实际上体现的是《老子》书中的思想,即"有生于无"。按此说法,周敦颐不但不是理学先驱,而且应该划入道家学者的阵营。

这些分歧极大的意见说明,有关周敦颐学术思想的性质、周敦颐与早期理学的形成等论题,还有着巨大的研究空间,这是本课题研究的缘起和试图解决的问题。

二 宋明理学的思想谱系研究中的问题

除了以上关于周敦颐本人学术思想的问题,本课题还试图解决另一个问题,即在理学的形成和发展过程中,周敦颐思想究竟发挥了何种作用;也就是说,周敦颐思想与宋明理学的"谱系"有何关联。

在理学的发展过程中,历来有"濂洛关闽"的说法,此为传统理学家所认为的理学正统谱系。在这个谱系中,"濂学"高居首位,"洛学"和"关学"紧随其后,最后则是朱熹的"闽学"集其大成,元明的理学则被视为朱子学的余辉。但"濂洛关闽"系统说的弊病在于,它实际上是以朱子学为核心而编排出的一套系统,朱子学派之外的理学家,如心学派的陆象山和王阳明,明清气学派的罗钦顺和王廷相,都难以寻找到自己的位置。如果以"濂洛关闽"说来界定理学的谱系,那么周敦颐思想的影响主要是在"闽学"的朱熹一系,很难看出他对心学派、气学派的思想有何实质性的影响,所谓的"道学宗主",也就是朱熹这一系的"宗主",与宋代以后的理学思潮发展关系不大。

近现代学者对于宋明理学的思想谱系也有各自不同的说法,如新儒家的代表人物牟宗三认为,宋明儒之发展当分为三系:

(一)五峰、蕺山系:此承由濂溪、横渠而至明道之圆教模型(一本义)而开出。此系客观地讲性体,以《中庸》《易传》为主,主观地讲心体,以《论》《孟》为主。特提出"以心著性"义以明心性所以为一之实以及一本圆教所以为圆之实。于工夫则重"逆觉体证"。

(二)象山、阳明系:此系不顺"由《中庸》《易传》回归于《论》《孟》"之路走,而是以《论》《孟》摄《易》《庸》而以《论》《孟》为主者。此系只是一心之朗现,一心之伸展,一心之遍润;于工夫,亦是以"逆觉体证"为主者。

(三)伊川、朱子系:此系是以《中庸》《易传》与《大学》合,而以《大学》为主。于《中庸》《易传》所讲之道体性体只收缩提炼而为一本体论的存有,即"只存有而不活动"者之理,于孔子之仁亦只视为理,于孟子之本心则转为实然的心气之心,因此,于工夫特重后天之涵养("涵养须用敬")以及格物致知之认知的横摄("进学则在致知"),总之是"心静理明",工夫的落实处全在格物致知,此大体是"顺取之路"。[6]44-45

牟宗三此说自具有他哲学上的睿识,但依此系统,周敦颐的"濂溪学"之影响仅限于第一系统的"五峰、蕺山系",对于第二系的"象山、阳明系"和第三系的"伊川、朱子系"则没有明显的影响。牟宗三依据他对宋明理学的理解,认为从内在学理而言,周敦颐应该与程颢、张载划为一组,此系统中的理学家对于"道体"的理解尽管有深浅、高低之不同,但"道体"为"即活动即存有"之创生实体,在这一点上并没有偏差。而程颐和朱熹所理解的"道体"与周敦颐等人均有所不同,朱熹尽管对《太极图说》下过很深的工夫,但他是遵循着程颐的思路来理解"太极"这一概念的,所谓"太极为无形之理",实际上是说"太极"是"只存有而不活动之理",这就离周敦颐的哲学系统相差甚远了。至于"象山、阳明系",也与周敦颐、程颢等人的哲学系统不同,陆象山和王阳明注重的是"一心之朗现",对于周敦颐等人的宇宙论系统殊不屑措意,故周敦颐的思想对此一系统的理学家也影响不多。

依据牟宗三对于宋明理学谱系的分析和解剖,则周敦颐之学是由《易传》和《中庸》生发而出,已触及到先秦儒学典籍中所蕴含的"天道性命"之奥秘,又生逢北宋新儒学复兴之际运,"故濂溪之学,虽无师承,而心态相应,出语即合"[6]279。但牟宗三整体上认为,濂溪之学只是宋明理学的初步开展,对理学发展的影响是有限度的,特别是朱熹理学,表面上与周敦颐的濂溪学密切相关,但实际上是互不相关的两套系统。

当代中国大陆的学者,对于宋明理学谱系的看法,一般是"三系"说,即在传统的程朱理学和陆王心学之外,再加上以张载为先导的"气学"。"气学"这一概念的提出,受到了马克思主义哲学辩证唯物论的影响,在客观上推动了宋明理学的研究,澄清了一些问题,在当代学术界受到了普遍的重视。如杨儒宾先生在《检证气学》一文中指出:"1949 年以后,新中国的中国哲学研究如果说有什么比较重要的突破的话,笔者认为理学系统中气学一系的提出是其中的佼佼者。……这个由张岱年首先提出,后来得到冯友兰、侯外庐等名家支持的论点主张:传统上理学、心学二分的架构不足以穷尽宋明新儒学的内涵,'气学'加上去了,其图像才可以称得上完整。"[7]"气学"一支以张载为先导,但兴盛期却在明代,代表人物有罗钦顺、王廷相、王夫之等人。由于此概念的提出,中国大陆学者普遍将宋明理学的思想谱系分为理学(程朱系)、心学(陆王系)、气学(张载、王夫之系)三个系统,并由理、气、心等核心概念的不同来观察这三个系统的差异。(陈来在《宋明理学》一书中将理学谱系分为四系:"我们可以把宋明理学体系区分为四派:气学(张载为代表)、数学(邵雍为代表)、'理学'(程颐、朱熹为代表)、心学(陆九渊、王守仁为代表)。气学、数学、'理学'、心学,历史地、逻辑地展现了宋明理学的逐步深入的发展过程。"[8]12-13陈来此说,在理学、心学、气学之外又加上了邵雍一系的"数学",共为四系,比较全面地呈现了宋明理学的体系特点。但邵雍一系的"数学"在理学上史上并无传承,也没有重要的思想家,仅在北宋时有此一家而已。故此说与原有的"三系"说并无太大的区分。)

理学、心学、气学三分的"三系"说,对于我们理解宋明理学的特质有很大的帮助。理学的兴起,是在复兴先秦儒学的口号下,吸收魏晋玄学、隋唐佛学的思想成果,试图在形上学领域有所建树、为儒家思想重新奠定哲学基础的结果。早在唐代,佛教思想家就以其哲学思辨的精密程度傲视儒家,如著名高僧圭峰宗密在《华严原人论》中提出:"然孔、老、释迦皆是至圣,随时应物,设教殊涂。内外相资,共利群庶。策勤万行,明因果始终;推究万法,彰生起本末。虽皆圣意而有实有权,二教唯权,佛兼权实。策万行,惩恶劝善,同归于治,则三教皆可遵行;推万法,穷理尽性,至于本源,则佛教方为决了。"[9]45-708宗密说的"本源",就是指的哲学上的本体和本原概念。宗密认为,在"穷理尽性"这一方面,佛教哲学远比儒家思想要高超。宋明理学作为有别于汉唐章句儒学的"新儒学",即致力于从哲学本体论、宇宙论方面超越佛教哲学,从而为儒学复兴走出新途径、开出新气象。所谓"理学""心学"和"气学",就是从三个不同方面论证世界的本原和本体,这里确实体现了宋明理学的独特精神所在。

在理学、心学、气学三分的思想图景中,还可以格外清晰地看到周敦颐思想对于宋明理学发展的独特作用。周敦颐对于宋明理学影响最大的概念,莫过于"太极"和"主静",前者涉及宇宙论和本体论,后者涉及工夫论。此外,周敦颐教授二程的儒学入门之处"孔颜乐处",则对理学的境界论有深刻的影响。周敦颐的"太极"概念,源自《易传》,在汉唐儒学的讨论中,普遍将其作为天地初辟的"元气"来对待。但周敦颐自己又创造了"无极"这一概念,"无极"从字面上虽然有可能出自《老子》,但周敦颐赋予"无极"的意义与《老子》是不同的,在《太极图说》中,"无极"是作为"太极"的补充说明而出现的,"太极"是天地本源,但"无极"则说明"太极"不囿于具体的形色、方所,是超越性的形而上之"道"。这样,围绕着对周敦颐"太极"概念的不同理解,宋明理学中"理学"系统和"气学"系统的分别就出现了。而"心学"一派,则更多地吸收了周敦颐思想中的"主静"观念。

当然,这样说并不是指由周敦颐的"濂溪学"直接衍生出理学、气学和心学三派,实际上,宋明理学历史发展的具体情况要比这样的简要叙述复杂得多。但是,由于周敦颐在理学史上的崇高地位,各派思想家都自觉地从他的著作中寻找思想资源。周敦颐授学给二程,虽然二程的理学思想体系与周敦颐有很大的不同,但"孔颜乐处"一语,给了二程极大的启示,将二程由世俗的科举之学拨转到追求超越的性命之"道",却是不争的史实。理学三系中,朱熹理学受周敦颐思想的影响最大,朱熹关于"理"的界定,在很大程度上是通过对《太极图说》的诠释体悟而出,而元明时代的理学家如吴澄、曹端等人,他们对朱熹的"理"概念有所修正、补充,也是通过重新释读《太极图说》来进行的。理学三系中的"气学"一系,始自张载,但在明代罗钦顺、王廷相等"气学"思想家的著作中,也开始频繁地讨论"太极"这一概念。他们主观意图上要与朱熹理学辩难、抗衡,因此客观上也对朱熹极度尊崇的《太极图说》有极大的关注,并在"气学"的维度上使用"太极"这一概念。至于理学三系中的"心学"一系,其开创者陆九渊与朱熹有过著名的"无极太极之争",对周敦颐的思想有所关注,但陆九渊的思想与周敦颐关联不大,谈不上受其影响。明代阳明心学兴起,以王阳明为首的"心学"思想家才开始关注周敦颐思想,他们将周敦颐的"太极"概念改造为"心极",塑造了一个"心学化"的周敦颐形象,并对周敦颐的"主静"思想有所吸纳和转化。

总的来说,周敦颐的思想的丰富和立体的,在宋明理学史上,很少有不受他影响的理学家。有意思的是,明清之际,正值理学衰微、考据学初兴的阶段,考据学家选择的第一个打击对象也是周敦颐的《太极图》,乾嘉考据学的代表人物戴震甚至发出过"发狂打破宋儒家中《太极图》"的呼喊。这说明,无论我们今天怎样评价周敦颐在理学史上的作用和地位,在客观历史层面上,周敦颐早已成为理学的象征性人物,是评述理学是非功过绕不过去的关卡。他是理学史上出现的第一位严格意义上的"理学家",而他的思想,则与理学各派的形成、发展乃至衰微都有密切关系。对这一历史现象进行深入根源的分析和探讨,是今天推进宋明理学研究应有的题中之义。

参考文献:

[1]杨立华.宋明理学十五讲[M].北京:北京大学出版社,2015.

[2]钱穆.宋明理学概论[M].台北:台湾学生书局,1977.

[3]邓广铭.邓广铭治史从稿[M].北京:北京大学出版社,1997.

[4]土田健次郎.道学之形成[M].上海:上海古籍出版社,2010.

[5]沈善洪.黄宗羲全集:宋元学案(上)[M].杭州:浙江古籍出版社,1985.

[6]牟宗三.心体与性体(上)[M].长春:吉林出版集团,2013.

[7]杨儒宾.检证气学——理学史脉络下的观点[J].汉学研究,2007,(1).

[8]陈来.宋明理学[M].北京:三联书店,2011.

[9]宗密.原人论[A].大正藏[M].台北:新文丰出版公司,1983.

(原载 2016 年第 7 期,作者单位:湖南科技学院)

宋代理学正统地位的确立过程研究
——以南宋后期为中心

✳ 陈　微

宋代儒学在继承先秦儒学的基础上,对儒学精神作进一步阐发,程朱等人高扬"理"这一概念,阐释"理"之意蕴,并赋予"理"新的内涵。"理学"之名,始称于南宋,最初泛指义理学、性理学,并未特指某个学派或思想体系。嘉定十三年(1220)军器监兼考工郎官楼观上《濂溪先生周元公覆谥议》:"理学之说,隐然于唐虞三代之躬行,闿端于孔门洙泗之设教,推广于子思孟轲之讲明,驳杂于汉唐诸儒之论议,而复恢于我宋濂溪先生周公颐,一濬其源,而流之混混,益昌于今,放诸百世无疑也。"[1]112此时,理学具有了圣门学问的涵义,而且在楼观看来,理学驳杂于汉唐,至周敦颐而复兴。这也是朱熹的道统观,即以周敦颐为理学开山,而后又有二程、张载。正因为理学被赋予了与道学基本相同的涵义,且道学之美名在淳熙间受污,故理学逐渐取代道学之名,指称以程朱学为主干,涵盖周敦颐、张载之学的思想体系。

本文所谓正统地位,即指朝廷对理学的认可与推崇。宋代有很多关于道统谱系的著作,如《诸儒鸣道集》、朱熹的《伊洛渊源录》、李心传的《道命录》,然而,这些道统都是学者自己所认定的,其正统性并不被朝廷或官方所认可。不过,正是由于这些理学家对道统的自觉意识,正是由于理学家们的努力争取,南宋后期,理学被朝廷大加推尊,得以确立其正统地位。

一　尊崇之前的废黜

理学获得正统地位的过程是曲折而漫长的,概而言之,主要遭受了元祐、绍兴、庆元三次学禁。"元祐之学,二蔡、二惇禁之,中兴而丰国赵公弛之。和议起,秦桧又禁之,绍兴之末又弛之。郑丙、陈贾忌晦翁,又启之,而一变为庆元之锢籍矣。此两宋治乱存亡之所关。"[2]3153 理学三禁三弛,大禁而稍弛,到南宋后期才逐渐确立正统地位。

(一)元祐学禁

元丰八年(1085)三月,哲宗嗣位,宣仁皇后一同听政。因为司马光、吕公著及韩绛三人的共同举荐,程颐被任为通直郎,充崇政殿说书。程颐任职后,议论褒贬无所顾忌,得罪了很多人,所以入朝不久,就受到孔文仲等朝臣的弹劾。程颐的入朝,即预示着元祐学禁的开始。

元祐八年(1093)九月,宣仁太后逝世,哲宗开始亲政。哲宗力图恢复新法,任用新党之人,"绍述之论"大兴,国是遂变。所谓"绍述",即指对神宗朝所实行的新法的继承。

因为安惇、蔡京等的谗言,哲宗心恶元祐诸臣。绍圣四年(1097)三月,因章惇之请,命塞序辰编类元祐诸臣章牍事状,每人一帙,共一百四十三帙,朝中大臣多因此得祸。十一月,程颐送涪州编管。元祐学禁正式开始,理学之人大多被贬黜,理学思想亦被排斥。

元符三年(1100)正月,哲宗驾崩,徽宗即位。建中靖国元年(1101),赵挺之建议"绍述",复攻元祐旧臣。崇宁元年(1102)五月,司马迁以下四十四人复行追降,且不得在京任职。程颐追回所复官职,依旧致仕。学禁继续发展,元祐诸人继续被贬谪。

蔡京专政时期"阴托'绍述'之柄,箝制天子"[3]13723,压制元祐之人,诬为奸党,从徽宗朝到钦宗朝,从崇宁元年到靖康元年,禁元祐之学二十五年。可谓学禁最严苛的一段时间。

崇宁元年九月,徽宗下诏中书省登记元符三年臣僚章疏姓名,分为正上、正中、正下三等,邪上、邪中、邪下三等。又登记元祐及元符末宰相、侍从、余官、内臣、武臣共一百二十人,徽宗亲书其罪状,列为奸党,立党人碑于端礼门。崇宁二年(1103)八月,又颁党人姓名,下监司于长吏厅刻石,共九十七人。程颐被归为余官类,为第二十三人。崇宁三年(1104)六月,下诏重定元祐、元符党人及上书邪等者,合为一籍,共三百零九人,程颐依旧被列入余官类。徽宗亲书刻石于文德殿之东壁,又命蔡京书而颁之天下。崇宁元年九月以来,朝廷共三次统计奸党人数,且徽宗两次亲书其罪状,可见当时学禁的规模之大与严酷。

元祐学禁从伊川入朝开始,接着绍述之论、蔡京专政,以伊川为代表的元祐之人、元祐学术一直被压抑、攻击。随着蔡京的被罢及去世,学禁逐渐解除。但是学禁并没有完全解除,不久的将来就是另外一场学禁,即绍兴学禁。

(二)绍兴学禁

靖康二年(1127)五月,康王赵构即位于南京,建立南宋。赵鼎执政时,深恶熙宁变法,尊伊川之学。随着赵鼎免相,伊川之学复禁。

绍兴六年(1136)十二月,左司谏陈公辅上奏,谓伊川之学惑乱天下,请求屏绝。当时胡安国奉祠居衡州,遂上奏为伊川辩护,乞封爵邵雍、张载、二程四先生,并列于从祀。胡安国之奏送达朝廷,陈公辅与中丞周秘、侍御史石公揆多次上疏,劾胡安国学术颇僻,行义不修。朝廷遂下诏除胡安国知永州,安国力辞,改提举太平观,进宝文阁直学士。胡安国此奏的请求也就不了了之。

自赵鼎被罢黜后,秦桧专政十八年,主张王安石之学,设"专门曲说"之名目,禁伊川之学十二年,直到绍兴二十五年(1155)十月秦桧死,朝廷大臣攻击伊川的风气才慢慢转变,学禁稍解。

乾道五年(1169),魏掞之以布衣为太学录,释奠先圣,职责是分献从祀的先贤。魏掞之事先言于宰相,谓王安石父子以邪说乱天下,不应祀典;河南二程,唱明绝学,以幸方来,其功大。请求向孝宗进言,罢王安石父子从祀,而追爵二程先生,使从食。当时陈俊卿为宰相,以为不可,这事遂未能实行。魏掞之接续胡安国为邵雍、张载、程颢、程颐请求谥封的事业,再度上书朝廷为诸贤请求谥封,事虽未行,其功不小。

(三)庆元学禁

秦桧死后,学禁稍解,然而秦桧之余党相继在位,国论未正。不久,程学便又遭禁。

王淮与朱熹有怨。在王淮的授意下,吏部尚书郑丙上疏,言近世士大夫有所谓道学者,欺世盗名,不宜信用。郑丙以道学诋程学,且以此针对朱子,自此遂有道学之目。淳熙十年(1183),王淮又以太府丞陈贾为监察御史。陈贾面见孝宗,即上奏论道学之徒假名以济其伪,乞摈斥勿用。

所谓道学,即以道为学,周公殁,圣人之道不行,孟轲死,圣人之学不传者,道衰而学废。今小人不知其实,立为道学之目,郑丙倡之,陈贾和之,以攻善类,道学之美名受污,贻祸于世。之后的庆元伪学之禁亦始于此。

宁宗朝时,韩侂胄掌权,任用何澹、刘德秀、京镗、胡纮等人,使尽去赵汝愚之客、朱熹之徒。因顾及道学之美名,乃巧立伪学之名目,大兴伪学之禁,排除异党。

庆元二年(1196)二月,知贡举吏部尚书叶翥上言:"士狃于伪学,专习语录诡诞之说,《中庸》《大学》之书,以文其非。有叶适《进卷》,陈傅良《待遇集》,士人传诵其文,每用辄效。请令太学及州军学,各以月试合格前三名程文,上御史台考察,太学以月,诸路以季。其有旧习不改,则坐学官、提学司之罪。"[3]3635是故科举取士,稍涉道学者悉皆黜落。语录被毁,《六经》《语》《孟》《中庸》《大学》之书为世大禁。

庆元三年(1197)十二月,知锦州王沇上疏:"乞置伪学之籍,仍自今曾受伪学举荐关升及刑法廉吏自代之人,并令省部籍记姓名,与闲慢差遣。"[5]876从之。于是伪学逆党得罪著籍者,共五十九人。庆元六年(1200)三月,晦庵先生卒于考亭。十一月,葬建阳,言者误以为归葬江西婺源,故施康年上奏论"伪徒会送伪师朱某之葬,乞严行约束"[2]3208。朱熹过世,学禁依然在继续。

庆元五年(1199),胡纮罢吏部侍郎,刘德秀自吏部尚书内知婺州,六年京镗卒,嘉泰元年七月何澹罢知枢密院事。"魁憸尽去,侂胄亦厌前事,且有开边之意,而往时废退之人,又有以复仇之说进者"[1]89,由于种种原因,侂胄渐有悔意,缓和对异党的打压。故"党人"得以先后复官,嘉泰二年(1202)十月,除晦庵先生华文阁待制,与致仕恩泽。自此,学禁稍解。

开禧二年(1206),韩侂胄发动北伐金朝的战争,以失败告终。开禧三年(1207)十一月,"礼部侍郎史弥远等以密旨命权主管殿前司公事夏震诛韩侂胄于玉津园"[3]746。侂胄被诛后,宁宗被迫下诏宣布韩侂胄之罪。嘉定元年(1208)韩侂胄等人的首级被送往金朝,宋、金订立嘉定和议。自韩侂胄被诛之后,朝廷"追录学党之士,申加恩数,而晦庵先生忠诚先见,始得暴白"[1]91。

庆元伪学之禁虽然时间跨度短,就六七年的时间,可是学禁之严,理学家被贬黜之频繁,实属罕见。经历元祐学禁、绍兴学禁、庆元学禁的废黜,理学终于在南宋后期迎来了胜利的曙光,正统地位逐步被确立。

二 特予赐谥

嘉定之后,理学家们纷纷获得朝廷的赐谥。古之谥法精密、高明,"惟周公旦、太公望开嗣王业,建功于牧野,终将葬,乃制谥,遂叙谥法。谥者,行之迹;号者,功之表;(古者有大功,则赐之善号以为称也。)车服者,位之章也。是以大行受大名,细行受细名。行出于己,名生于人"[4]18。谥号是对一个人行为的最后评价,而且这种评价是朝廷给予的,是官方的。理学家们纷纷获得赐谥,表示朝廷对理学家的平反及肯定,同时也表现出朝廷对理学正统地位的逐步肯定。

嘉定元年十月,晦庵先生有旨赐谥,为学禁解除之后第一个获得赐谥的人。嘉定二年(1209),太学博士章徕上《晦庵先生朱文公谥议》,议谥朱熹为"文忠",以显其"道德博闻""廉公方正"。

尚书吏部员外郎兼考功郎官刘弥正认为复谥不合古法,且苟当于其行,一字足矣,故上《晦庵先生朱文公覆谥议》:"盖孔氏之道,赖子思、孟轲而明,子思、孟轲之死,明者复晦,由汉而下暗如也,及本朝而又明,濂溪、横渠剖其幽,二程子宿其光,程氏之徒嘘其焰,至公圣道粲然矣……初太常议以'文忠'谥公。按公在朝之日浅,正主庇民之学,郁而不施,而著书立言之功,大畅于后,合'文'与'忠'谥公,似矣而非也。有功于斯文,而谓之文,简矣而实也。本朝欧苏不得谥'文',而得者乃杨大年、王介甫。介甫经学非醇也,其事业亦有可恨,杨公正复文士尔。文乎文乎,岂是之谓乎?世多评韩愈为文而非也,《原道》谓轲之死不得其传,斯言也程子与之,公晚为韩文立考异一书,岂其心亦有合欤,请以韩子之谥谥公。"[1]93-94从之。

刘氏此奏说到了朱熹这里,孔氏之圣道粲然,肯定了朱熹发明道学之功,也肯定了孔子、子思、孟子、周濂溪、张横渠、二程子、朱子的道统谱系。又言朱熹在朝之日短,"正主庇民之学,郁而不施",相对而言,其著书立言之功反而要重要得多,故建议以其"有功于斯文",而以一"文"谥之。刘氏言杨大年、王介甫虽谥曰"文",然王介甫经学不醇,杨大年乃文士,认为皆不符合"文"的真正含义,惟韩愈之谥曰"文"才恰当,故希望以韩愈之谥谥朱熹。盖此文非文士之文,而实有道学之义。刘氏此奏,意将朱熹与韩愈的地位相等同,着重肯定其延续道统、倡明道学之功。朝廷对此奏的批准,也可以看作对朱熹在道统中地位的认同。自此,周敦颐、二程、张栻、吕祖谦诸儒之谥遂皆用一字。

嘉定四年(1211)十二月,承议郎、秘书省著作佐郎李道传上奏,乞下诏解除学禁,颁朱子四书于太学,定周敦颐、邵雍、二程、张载五先生从祀。然当时执政有不乐道学者,而朝廷亦以其事大体重,故未及行焉。盖当时学禁虽除,但对"伪学"的偏见仍然存在,"攻伪"的风气还未完全扭转,执政者多为不乐道学者。此奏请求皇帝下明诏崇尚程朱之学,在当时可谓十分难得。绍兴中,胡安国请从祀,只言张载、邵雍、二程四先生。此奏为周敦颐、邵雍、二程、张载五先生请求从祀,首次提及周敦颐,并将周子置于最前。又具有开创性的意义。

继李道传之后,嘉定五年(1212),"国子祭酒刘爚晦伯,又乞以晦庵语孟集注立于学官"[1]96,从之。刘爚曾请求丞相史弥远以朱熹所著《论语》《中庸》《大学》《孟子》之说以备劝讲,正君定国,慰天下学士大夫之心。奏曰:"宋兴,《六经》微旨,孔、孟遗言,发明于千载之后,以事父则孝,以事君则忠,而世之所谓道学也。庆元以来,权佞当国,恶人议己,指道为伪,屏其人,禁其书,学者无所依乡,义利不明,趋向污下,人欲横流,廉耻日丧。追惟前日禁绝道学之事,不得不任其咎。望其既仕之后,职业修,名节立,不可得也。乞罢伪学之诏,息邪说,正人心,宗社之福。"[3]12171刘爚还请求将朱熹的《白鹿洞学规》颁示太学,将其《四书集注》刊行。朝廷同意了刘氏的请求,这表明当时已正式承认庆元学禁之非,也逐渐接受理学的正统地位。

嘉定七年(1214)八月,资政殿学士知潭州卫泾上奏,为南轩先生张栻请谥。得旨从之,谥曰"宣"。嘉定八年(1215)六月,知婺州丘寿隽,为东莱先生吕祖谦请谥,奉圣旨,吕祖谦赐谥曰"成"。

嘉定九年(1216)正月,时任潼川府路提点刑狱的魏了翁上《奏乞为周濂溪赐谥》,为周敦颐请求赐谥。魏了翁以胡安国与魏掞之为二程兄弟请谥为先导,谓周敦颐乃二程之师,请求为周敦颐赐谥。在魏了翁的请求之下,宁宗下诏让太常定议此事。同年十一月,任希夷上奏言程氏之学者如张栻、朱熹都被赐谥,而这些人所宗师的二程却没有获得赐谥,请求为二程赐谥,奉圣旨依。鉴于请谥之事久久没有回应,嘉定十年(1217)正月,魏了翁又上《奏乞早定程周三先生谥议》,并附有《贴黄》为张载请求赐谥。此奏奉圣旨依,魏了翁遂上《谢周程三先生赐谥表》。因为魏了翁、任希夷二人之请,嘉定十三年(1220)六月,奉圣旨,周敦颐谥曰"元",程颢谥曰"纯"、程颐谥曰"正"。魏了翁遂上《周程三先生赐谥舍菜祝文》与《周元公程纯公正公谥告序》。

嘉定十四年(1221),魏了翁又上《申尚书省乞检会元奏赐横渠先生谥状》为张载请求赐谥。嘉定十六年(1223)正月一日,朝廷颁旨,张载特予赐谥。然"博士陈某拟谥曰'达',而考功、春官,皆不以为然,礼部侍郎卫某议,于'明'、'诚'、'中'三字内取一字用之,华甫时为太常少卿,拟用'诚'字,及考诸谥法,则'至诚感神曰诚',议者以为不可用,迁秘书监,去奉常"[1]114,故横渠先生之谥号久久未定。

魏了翁是南宋后期著名的理学家,是张栻和朱熹的私淑弟子。魏了翁阐扬理学思想,推尊周敦颐、张载、二程、邵雍、朱熹等理学先辈。他尽心尽力为周、张、二程请谥,上了多封奏章,最终使这四人皆得朝廷赐谥,其对理学的功劳实在很大。魏了翁知道什么叫做不朽,并为不朽的事业奋斗终生,他为蒙元尊崇理学开辟了道路。

理学的崇黜在宁宗朝是一个很大的转折。《宋史》称宁宗曰:"初年,以旧学辅导之功,召用宿儒,引拔善类,一时守文继体之政,烨然可观。中更侂胄用事,内蓄群奸,至指正人为邪,正学为伪,外挑强邻,流毒淮甸。频岁兵败,乃函侂胄之首,行成于金,国体亏矣。"[3]781宁宗最初即位时,赵鼎执政,引用很多理学中人,后王淮等巧立道学之名目,韩侂胄专政,大兴伪学之禁,排斥异己,朝中善类皆被贬黜。韩侂胄被诛后,学禁稍解。宁宗在位后期,自嘉定元年始,朝廷逐渐为理学家平反,为理学家赐谥,理学逐渐被确立为正统。

三　封爵、从祀

嘉定十七年(1224)闰八月,宁宗崩于福宁殿,理宗即位。理宗继续推尊理学,周、张、程、朱等理学家们皆获封爵,得以从祀孔庙。《宋史》称理宗曰:"宋嘉定以来,正邪贸乱,国是靡定,自帝继统,首黜王安石孔庙从祀,升濂、洛九儒,表章朱熹《四书》,丕变士习,视前朝奸党之碑、伪学之禁,岂不大有径庭也哉! 身当季运,弗获大效,后世有以理学复古帝王之治者,考论匡直辅翼之功,实自帝始焉。庙号曰'理',其殆庶乎!"[3]889理宗推尊理学,肯定了理学的正统地位,虽然由于各种原因没有在当时获得很大的绩效,但是其功不小。理宗庙号曰'理',就其对理学的功绩而言,着实堪当此称。

宝庆三年(1227),理宗下《晦庵先生赠官封爵指挥》:"朕每观朱熹所著《论语》《中庸》《大学》《孟子》注解,发挥圣贤之蕴,羽翼斯文,有补于治道。朕方厉志讲学,缅怀典刑,深用叹慕,可特赠太师,追封信国公,谥如故。"[1]116同年正月,朝廷下《晦庵先生赠太师追封信国公制词》,因晦庵先生"嗣兴道统"之功,故特赠其"太师",追封为"信国公"。绍定三年(1230)九月,晦庵先生改封"徽国公"。

绍定末,"秘书郎李心传乞以司马光、周敦颐、邵雍、张载、程颢、程颐、朱熹七人列于从祀"[3]12769,可惜李心传之请,未得上报。端平二年(1235)正月,"诏议胡安定、孙泰山、邵康节、欧阳永叔、周濂溪、司马温公、苏东坡、张横渠、程明道、伊川等十人从祀孔子庙庭。"[2]3230然亦无后文。

淳祐元年(1241)正月十五日,理宗视学,手诏以周敦颐、张载、二程及朱熹从祀孔子庙。《濂溪、明道、伊川、横渠、晦庵五先生从祀指挥》曰:"朕惟孔子之道,自孟轲后不得其传,至我朝,周惇颐、程颢、程颐、张载,真见力践,深探圣域,千载绝学,始有指归,中兴以来,又得朱熹,精思明辨,折衷会融,使《中庸》《大学》《语》《孟》之书,本末洞彻,孔子之道,益以大明于世。朕每读五臣论著,启沃良多,今视学有日,宜令学官列诸从祀,以副朕崇奖儒先之意。"[1]117十五日,五先生亦皆得封爵。《濂溪、明道、伊川、横渠、晦庵五先生封爵指挥》曰:"周惇颐、程颢、程颐、张载、朱熹,宜令学官列诸从祀,所合各加封爵,除朱熹已封徽国公,续奉圣旨,周惇颐封汝南伯,程颢封河南伯,程颐封伊阳伯,张载封郿伯。"[1]118

同年,理宗"视太学,谒孔子,遂御崇化堂,命祭酒曹觱讲《礼记·大学》篇,诸生推恩锡帛有差。制《道统十三赞》,就赐国子监,宣示诸生。复亲书朱熹《白鹿洞学规》,赐焉。"[5]880《道统十三赞》为绍定三年理宗亲自制定,以伏羲、尧、舜、禹、汤、文王、武王、周公、孔子、颜子、曾子、子思、孟子十三人为道统之正传,并各自为赞,以述其行。理宗视太学,赐《道统十三赞》,亲书朱熹《白鹿洞学规》,一方面可见当时皇帝、朝廷对理学的重视,另一方面亦表明朝廷对程朱等人为孔孟道统继承人的认可,对理学正统地位的肯定。

理宗景定二年(1261)正月,时为皇太子的度宗谒孔子于太学,请以张栻、吕祖谦列从祀。朝廷遂下诏封张栻为华阳伯,吕祖谦为开封伯,从祀孔子庙庭。

赐谥是朝廷对理学家的平反及肯定,对理学思想的肯定。封爵、从祀,是朝廷通过肯定理学家来肯定理学的正统地位。自此,理学成为朝廷认可的社会主导意识形态。理学正统地位在南宋后期的最终确立,是一代又一代理学家们奋斗的结果,这也是儒学真正复兴的最主要和最重要的标志性成果之一。

《宋史》特有《道学传》四卷,卷首论道学之名,列文王、周公、孔子、曾子、子思、孟子的道统谱系,将周、程、张、邵等人列入道学,实是将这些人列入道统谱系。这是朝廷以史书的形式对理学正统地位的论定。评定时代虽为元代,所评时代却是宋代,可见理学在南宋后期实际上已经获得正统地位,只是这最后的论定由后一朝代完成。学禁时间跨度太长,理学家经历的苦难太多,幸而终于等到理学被确立为正统的时候。

参考文献：

[1][宋]李心传.道命录[M].上海:商务印书馆,1937.

[2][清]黄宗羲(原著),全祖望(补修).宋元学案[M].北京:中华书局,1986.

[3][元]脱脱.宋史[M].北京:中华书局,1977.

[4][唐]张守节.史记正义[A].史记(第十册)[M].北京:中华书局,1959.

[5][明]陈邦瞻.宋史纪事本末[M].北京:中华书局,1977.

（原载 2016 年第 1 期,作者单位:深圳大学）

颜子所乐何事?
——对于理学境界论的一个哲学阐释

✳ 周建刚 ◆

　　在理学史上,周敦颐一般被公认为宋明理学的开创者。周敦颐对宋明理学的思想贡献主要有三点:一是《太极图说》所代表的宇宙论;二是《通书》中以"诚"为核心的修养论;三是"孔颜之乐"的境界论。在周敦颐的这三点思想贡献中,《太极图》在后世关注最多,引起的争论也最大,《通书》相对不受人重视,但"孔颜乐处"的思想,宋明理学的各家各派却异口同声地表示赞同。周敦颐所说的"孔颜乐处",实际上揭示了宋明理学所为之奋斗的共同精神方向,也蕴涵了理学的最高精神境界和人格理想。

一

　　"孔颜之乐"的问题,主要是"颜子之乐"。在儒学历史上,颜回是一个具有一定神秘色彩的人物。依据《论语》的记载,颜回是孔子的杰出弟子,但终生贫困,并不幸而早死。按照世俗的看法,颜回的一生是不幸而凄惨的。但是《论语》中同时又记载,颜回虽然居陋巷而箪食瓢饮,内心世界却充盈着无比的快乐,"人不堪其忧,回也不改其乐。"(《论语·雍也》)这就形成了思想史上一个极其吊诡的问题:高度的精神修养是否能够转化现实生活的不幸,或者说,当人们面对简陋匮乏的现实生活时,内心幸福感的源泉究竟源自何处?

　　"孔颜乐处"的命题,关键在于"乐"。关于"孔颜之乐",《论语》中有所提示,主要着眼于颜回在困难的生活环境中"不改其乐",得到孔子的赞赏,但是其"乐"的内涵和实质则语焉不详。值得注意的是,在《庄子》中,颜回的形象得到了凸显,颜子之"乐"的内涵则被描述为"心斋"的精神快乐。此后,魏晋玄学也对这一问题有所提及,主要将颜回之"乐"解释为道家的"体无"精神境界。

　　"孔颜之乐"在儒学史上成为重大问题,应当发端于北宋的周敦颐与二程。周敦颐与二程的师生授受关系,在历史上是一个纠缠不清的问题,肯定者居多,但反对者也不在少数。但无论是肯定还是否定,双方关注的焦点其实都集中于《太极图》,即周敦颐是否向二程"手授"过理学史上的重要文献《太极图》。事实上从二程的自述来看,他们从周敦颐那里所得到的具体指点是"寻孔颜乐处",这一语指点,对二程理学的形成起到了至关重要的作用。

　　现存的《二程集》中,约有三处记载了周敦颐对二程所谈论的"孔颜乐处"。

　　1.《河南程氏遗书》:"昔受学于周茂叔,每令寻颜子、仲尼乐处,所乐何事?"[1]16

　　2.《河南程氏粹言》:"子谓门弟子曰:昔吾受《易》于周子,使吾求仲尼、颜子之所乐。要哉此言! 二三子志之。"[1]1203

　　3.《河南程氏遗书》:"《诗》可以兴。某自再见茂叔后,吟风弄月以归,有'吾与点也'之意。"[1]59

　　在上述三处记载中,第一和第二则未说明是二程中何人所说,第三则明确说明是程颢的语录。第一、第二则可综合参看,说明周敦颐是在讲授《易》学的过程中向二程提出"孔颜乐处"的问题,"孔颜乐处"与周敦颐的《易》学观点应有一定关系;第三则虽未明确提出"孔颜乐处",但程颢所说的"吾与点也",实际上也反映了儒家在境界问题上的看法,与"孔颜乐处"没有太大的区别,因此与第一、第二则语录可以归为一类。

　　二程的思想有所不同,明道和易而伊川严肃,这是前人的定评。二程从周敦颐受学,明道领悟较深,伊川则有些隔膜。后世以"周程"并论,实际上说的主要是濂溪与明道。明道得到濂溪"孔颜乐处"的提示后,有"吾与点也"之意,说明他对于这一命题所展示的儒家境界形而上学有所领会。《二程集》中有许多明道的语录,与周敦颐的思想若合符契。相反,伊川对此很少提及。二程的著作中,明道的《定性书》《识仁篇》展现了高度的哲学"形上学"的洞见,可说是直接濂溪学脉;而伊川的主要著作《程氏易传》则与濂溪易学关系不大。

　　"孔颜乐处",是将孔子和颜回并列,提出儒学复兴的一个新的精神方向。"孔颜乐处"的命题,是儒学的境界论命题,也就是如何将儒学的精神境界提升到可以与佛教、道家相提并论、分庭抗礼的地步。这是北宋儒学面临的一大问题。周敦颐提出"孔颜乐处"的命题,就是为了替宋代儒学解决这一时代性的大问题。

"孔颜乐处"的命题。主要是一个境界论的命题。前此与道家的境界论有关,往后则开启明代心学的境界论,如陈白沙、王阳明,乃至于罗近溪,都对"乐"进行了论述。

二

周敦颐提出了"孔颜之乐"的命题,实质上为宋明理学开启了一个新的精神方向。但是周敦颐的"孔颜之乐",主要体现在他的生命实践活动中,并没有从哲学上进行具体的解说。这一步工作,有赖于现代人代为完成。

首先说明,周敦颐所提出的"孔颜之乐",实际上是个体生命如何从有限达到无限的问题,这一问题所蕴含的哲学意义至关重大。

就现实生命而言,每个生命个体都受到具体条件的限制,无论是贤愚寿夭、富贵贫贱,都仿佛受到冥冥中造物者的播弄而形成一定的轨迹,个人的力量很难与这种无形的命运对抗。颜回虽是孔子所赞许的"贤人",也无法逃脱贫贱、早死的厄运;相反,许多作恶多端的歹徒,却反而安富尊荣、寿终正寝。这些现象,让历史上无数富于正义感、道德感的人们痛心疾首,却终究无可奈何。现代存在主义哲学所说的人之存在的"荒谬",实际上就是对这种不合理现象的反思。如果顺着这一思维而推到极致,也许可以认为人生不过是意义的"荒原",人接受命运的安排,偶然漂泊于此世,又在一片荒凉中死去,所有的努力都是 meaning-less(无意义)。

按照周敦颐所开创的宋明理学的思路,"偶然"这个具有存在主义色彩的概念在一定程度上是可以接受的,不同的是,宋明理学认为,"偶然"并不是存在的全部真相,由"偶然"而达到"必然",由"有限"而进至"无限",才能够真正接触到"存在之奥秘"。

"偶然性"是自然世界的根本性标志。在理学家看来,自然世界是一个气化流行的世界,"气"是自然世界得以形成、生长的质料,但万物所禀之"气"却并不均衡,而是有多少、清浊、刚柔之分,并由此而产生人或物的贵贱、贫富、贤愚之别。气化流行的过程形成了经验世界的"万有不齐",这背后并没有"上帝"或者"理性"之类支配性的原则,一切都是在"偶然性"的情况下发生的。因此当朱熹的一个学生疑问"尧舜之气常清明冲和,何以生丹朱、商均"时,朱熹也只能回答"气偶然如此" [2]59。

人或物禀受之"气"或清或浊、或厚或薄,这一切都出自偶然,甚至可以进一步说,偶然性就是命运。由此,孔子和颜回在世俗生活中的不幸就可以得到解释。"有人禀得气厚者,则福厚;气薄者,则福薄。禀得气之华美者,则富盛;衰飒者,则卑贱;气长者,则寿;气短者,则夭折。此必然之理。"[2]80"夫子虽得清明者以为圣人,然禀得那低底、薄底,所以贫贱。颜子又不如孔子,又禀得那短底,所以又夭。"[2]79说到底,即使是孔子和颜回这样的圣贤,还是生活在和我们同样的经验型日常世界中,他们的生命存在也同样受到经验世界"偶然性"原则的支配,因而飘泊不定,饱受生活的磨难。

如果世界真的仅仅是在"偶然性"原则下形成的自然气化世界,那么意义的缺位就无可避免,因为我们无法从"偶然"中分析出意义,就像无法在孩童随意摆放而凌乱不堪的玩具中总结出什么规律一样。但是理学家认为,"偶然性"并不能触及世界之存在的全部真相,世界存在的"偶然性"之中总是蕴含有"必然性",用理学的语言来说就是,"气化流行"的过程中蕴含有"天理流行"。如果说"气化流行"揭示的是经验世界、自然世界的相状,那么"天理流行"就为我们揭开了理想世界和价值世界的帷幕。人的全部努力所在,就是由"偶然性"达到"必然性",实现由自然世界向价值世界的转换,由有限到无限的解放。在这种解放的过程中,人能体验到一种精神性的幸福,这种幸福就是"孔颜之乐"。

冯友兰在《中国哲学史新编》中这样描述"孔颜之乐":"人一生都在殊相的有限范围之内生活,一旦从这个范围解放出来,他就感到解放和自由的乐(这可能就是康德所说的'自由')。这种解放自由,不是政治的,而是从'有限'中解放出来而体验到'无限'(这可能就是康德所说的'上帝存在'),从时间中解放出来而体验到永恒(这可能就是康德所说的'不死')。这是真正的幸福,也就是道学所说的'至乐'。"[3]15

冯友兰先生的这段话非常有力地解释了"孔颜之乐"对于人的精神世界的解放作用,同时他也提到了"孔颜之乐"与康德哲学的联系。我们知道,哲学的发展,无论是东方还是西方,都离不开对于人的命运的思考。人总是生活在经验世界中,受到经验世界法则的限制和束缚,但另一方面,人又总是试图挣脱这种束缚而投向无限性的超越世界,这是人的本质性的"形而上学冲动"。在康德哲学中,人的有限性体现为"理论理性"对于现象世界的认识,无限性则体现于"实践理性"对于道德世界的认识,而审美判断力则实现这两个世界的沟通。同样,在理学家看来,"理"和"气"的区分,在一定程度上也将有限性的自然世界和无限性的价值世界、超越世界划分开来，而人的努力则在于沟通这两个世界，这种沟通，理学家称之为"天人合一"，"天人合一"的直接效果就是"孔颜之乐"。

三

人的不幸源于经验世界的偶然性，人的幸福则在于破除经验世界的限制，将经验世界转化为价值世界，从而得到精神上的解放，这就是用哲学语言所解释的"孔颜之乐"。问题是，人应当如何努力，才能够从经验世界中得到解放，并得以体味这种神秘的"孔颜之乐"呢？

在这个问题上，周敦颐的答案是"道德有于身"。他在《通书》中这样说：

> "颜子一箪食，一瓢饮，在陋巷，人不堪其忧，而不改其乐。夫富贵，人所爱也。颜子不爱不求，而乐乎贫者，独何心哉？天地间有至贵至爱可求，而异乎彼者，见其大而忘其小焉尔。见其大则心泰，心泰则无不足，无不足则富贵贫贱处之一也。处之一则能化而齐，故颜子亚圣。"[4]32~33

> "天地间至尊者道，至贵者德而已矣。至难得者人，人而至难得者，道德有于身而已矣。"[4]33

这实际上是认为，颜回虽然身处贫贱之境，但体会到了"天地之间有至贵至爱可求"，这"至贵至爱"者就是道德，"天地间至尊者道，至贵者德而已矣。"颜回追求道德并拥有道德，由此就可以"见其大而忘其小"，对于贫贱和富贵一视同仁。按照这样的说法，颜子之乐的具体内容就是"道德"。

周敦颐对于"孔颜之乐"的解释，从字面意义上看来就是如此。但是这样一来，"孔颜之乐"的内容似乎很贫乏，缺少打动人心的力量，也难以说明这一命题为什么能够称为理学的精神修养纲领，并为二程开启了学问的方向。

实际上二程对于"孔颜之乐"有自己的领会。在《二程集》中，附记有一条这样的记录：

> "《胡文定公集》记此事云：……昔鲜于侁曾问：'颜子在陋巷，不改其乐，不知所乐者何事？'伊川却问曰：'寻常说颜子所乐者何？'侁曰：'不过是说颜子所乐者道。'伊川曰：'若说有道可乐，便不是颜子。'"

"若有道可乐，便不是颜子"，这分明是说，颜子之乐，其内容不是"道德有于身"。周敦颐与二程的这种理论分歧，应该作何解释呢？

让我们试着回到对"孔颜之乐"本身的理解上来。如前所述,"孔颜之乐"体现的是由自然世界向价值世界的回归,在这个过程当中,人从经验性的"有限"世界中挣脱出来,投向"无限"性的超越世界,从而体会到精神性的幸福。从宋代理学的发展思路来看,理学家所认识的超越世界、价值世界事实上就是"天理流行"的道德世界,只不过这个道德世界具有存有论上的终极性依据,即"天地之大德曰生"的"天道创生原则"。从这个意义上来说,周敦颐认为"道德有于身"就是"孔颜之乐",确实体现了宋明理学的一般思维原则。但是周敦颐这一说法的缺憾在于,他将超越性的"道德"与经验性的"贫贱富贵"对立起来,并得出了"一大一小"的结论,这就制造了一种以价值世界压制经验世界、自然世界的紧张格局,"孔颜之乐"的圆融性无疑就会大打折扣。

按照二程的思路,颜回之乐不会源自于价值世界与自然世界的分裂和紧张,相反,价值世界和自然世界原本就是合一的,道德秩序就是宇宙秩序。"上天之载,无声无臭,其体则谓之易,其用则谓之神,其命于人者则谓之性。"[1]4只是由于人的情感和私欲的作用,才造成了价值世界和自然世界的分裂,"人之情各有所蔽,故不能适道,大率在于自私而用智"[1]460。因此,沟通这两个世界的方法就在于"识仁",当仁体呈露时,自然没有内外之分,自然世界和价值世界合为一体,自然世界的万事万物都沐浴在价值理想的光辉之中,由此而产生内心真正的"至乐"。"此道与物无对,大不足以明之。天地之用,皆我之用。孟子言万物皆备于我,须反身而诚,乃为大乐。若反身未诚,则犹是二物有对,以己合彼,终未有之,又安得乐?"[1]17"以己合彼"尚有人为斧凿的痕迹,"反身而诚"则泯除内外之分而纯任天然,如晋人陶渊明的诗意,"采菊东篱下,悠然见南山。山气日夕佳,飞鸟相与还。此中有真意,欲辨已忘言。"(《饮酒》)在此忘言忘意的天然境界中,尚有何对象可以执持?一切均停停当当,自然天成,"天地设位,而易行乎其中矣。"(《周易·系辞上》)

依照二程的思路,颜回之乐就是"乐"此自然天成的世界。在此世界中,道德行为是一种自然行为,"风行水上,自然成文",如同荒野中的民谣俚曲,尽管有天籁之美,但在歌者的心目中只是生命的自我抒发,"饥者歌其食,劳者歌其事",并不自居为音乐或艺术。自然天成的世界中,道德行为也是如此,虽有道德之实,而无道德之名,无形无迹,一过而化。只有在这样的语境中,才可以理解程子所说"若有道可乐,便不是颜子"。

四

总结宋明理学对"孔颜之乐"的认识,我们发现,从周敦颐到二程,对儒家的精神方向始终有一个明确的把握,但又有一个不断深入认识的过程。从汉唐以来,儒学追求外在的训诂章句、外王事功,在精神境界方面日渐低落,相当多的知识分子尽管坚持儒家的社会价值观,但在精神修养方面已经走上了佛家、道家的道路。周敦颐指点二程"寻孔颜之乐",一入手就指出儒家在精神性"内圣"领域的高度成就,这确实是敏锐地把握到了时代的脉搏,为宋明理学开启了新的方向。但周敦颐的解释是初步的,他的生命境界完全体现了"颜子之乐",而在现存的《通书》中,其解释确实有不够圆融之处。二程所领悟的周子之学,主要是通过"颜子之乐"以窥见儒学精神殿堂之华美,从而进一步构筑了理学"内圣"学的宏伟规模。

让我们再回到颜回。《论语》和《庄子》中的颜回已经远去,我们现在看到的颜回是宋代理学视野中的"颜回"。姑且允许我们将这些文献记录中的颜回暂且"悬置",从自己的生命体验出发,以哲学解释学"视域相融"的方式,揣测一下究竟"颜子所乐何事"。

颜子是圣哲,也是凡人,他同样要受到经验世界法则的播弄,如同我们一样,在命运的威力面前无能为力。对于平常人来说,世界居高临下俯视着我们,接受命运的安排是人世间的唯一出路,尽管怀抱着"不堪其忧"的愤恨。但是对于颜子这样的圣哲来说,人不但需要仰视世界,同时也可以用微笑的姿态凝视世界。借用犹太哲学家马丁布伯《我与你》一书的理论来说,人总是生活在两重世界中,一重是"我与它"的世界,一重是"我与你"的世界。在"我与它"的世界中,人与万物相分离、相对待,"与物相刃相靡,其行尽如驰,而莫之能止,不亦悲乎!"(《庄子·齐物论》)在"我与你"的世界中,"我"和世界相遇并建立一种超越是非对待的纯净关系,"阳春布德泽,万物生光辉。"(《乐府诗集·长歌行》)颜子尽管受到命运的无情播弄而有着凄惨的人生,但他的世界是"我与你"的世界,"一旦'你'之天穹鉴临,光耀于我颅顶之上,则因果之疾风将俯伏足下,命运之流转将畏缩不前"[5]24。在"我与你"的世界中,世界脱离了因果之网的限制,呈现为冰清玉洁的琼楼玉宇,一切是非对立、美丑贫富、贵贱高低的差别都烟消云散,存在就是存在,哪怕是卑微、贫贱的存在,也自有其庄严和神圣的价值。因此颜子即使居陋巷,一箪食,一瓢饮,也能够"不改其乐"。

颜子的心境是否确实如此,我们无从揣测。但颜子确实在平凡的生活中活出了一个圣哲的姿态。"颜子之乐"是一个圣哲的生命面对无情命运的微笑凝视,在这种微笑凝视下,铁一样的经验世界法则似乎退缩、失效了。这种精神境界使历代儒家人士备受鼓舞,增添了他们在逆境中奋斗的勇气,因而散发出巨大的思想魅力。正是在这个意义上,"颜子之乐"成了儒学历史上永恒的经典。

参考文献:

[1]程颢,程颐.二程集[M].北京:中华书局,1981.

[2]黎靖德.朱子语类[M].北京:中华书局,1986.

[3]冯友兰.中国哲学史新编:第五册[M].北京:人民出版社,1988.

[4]周敦颐.周敦颐集[M].北京:中华书局,2009.

[5][德]布伯(陈维纲译).我与你[M].北京:三联书店,1986.

(原载 2014 年第 8 期,作者单位:湖南省社会科学院)

湖湘学人对周敦颐的历史记忆与文化诠释

✳ 朱汉民

　　我跟大家一样,这次怀着非常崇敬的心情来到道县,为周濂溪先生诞辰一千年,参加这样一个盛大的活动。这次活动确实是非常盛大,那么周濂溪先生他为什么值得我们今天在这个道县的一个山沟里聚集,一千年之后为什么我们还要这么隆重地纪念他呢?因为他在中国的文化史上或者讲思想史上、文明史上,甚至讲在东亚文明史上他是一个非常重要的人物。

　　大概再往前推一千年左右,董仲舒确立了东亚人的儒教文明,也就是把我们先前创立的儒学思想与国家制度结合起来。从汉到宋初是一个儒学复兴的时代。但是文化的复兴必须要有一个创造性。周敦颐他的特殊性在于,儒学在他那儿是具有原创性的事件。他的原创性就在于把儒学的中正仁义进行处理,将"人极""天道""无极""太极"与圣人的"神""圣"和"万物之始""乾道变化"结合在一起,这样一个宇宙论的手法可以解决儒家名教的安身立命问题。他奠定的这样一套思想体系在后来一代一代大儒的手中完善化系统化,最终确立了一个全世界的儒教。所以这样一个伟人是非常值得纪念的。

　　我是一个湖南的学者,从地域文化上看,宋代的儒家流派最重要的是濂、洛、关、闽,都是地域名称。宋代这些地方,在学术思想体系建成之后,逐步得到朝廷的认可,因而形成了从地域上延承下来的思想脉络。他们建立思想体系是从地域上出发的。

　　湖南它同时又是一个文化区域。在文化层面上最重要的一个区域一定是诗。诗影响着思想,并产生重大的思想家。

　　在北宋时期,儒学大家非常多,有王安石等一大帮人。而周濂溪在众多儒学大家中间,专注于学问,但他在当时影响不大,他去世的时候是默默无闻的。所带的学生二程,十几岁跟他学习,那和后来朱子名动一时的大弟子完全不是一个概念。这样一个默默无闻的学者,后来成为道学宗主,成为道学的开山。在这个过程中,大家将他的思想一步步地完善。道学思想体系的确立是由于湖湘的一系列学者的不断努力，从胡安国、胡寅、胡宏，到后来的张栻，最终形成了一个巨大的湖湘学派。对于周濂溪的思想学说作了必不可少的密集的诠释。

这种方式在社会主义文化建进行中事例这是一个特别的例子。因为大概这种社会记忆都是有选择的。而湖湘学人通过两种方式，

在长沙的胡宏编辑了《周子通书》并作了序，对周濂溪作了非常高的评价，认为这部书能够达到这样一个高度，能够"度越诸子，直与《易》《诗》《书》《春秋》《语》《孟》同流行乎天下"。另外一方面就是修建濂溪祠，最早是在道州，由胡宏、胡铨两人一起倡导，由此建立一个道统。学祠是宋代非常重要的一个文化现象，通过这样的方式保留和弘扬地域文化。

湖湘学人要做的是一种文化建构。文化建构有两种意义，一个是道统的意义，一个的区域文化的含义。湖湘学人特别提出濂溪学不仅仅是作为道统史上的周濂溪，还是湖南的周濂溪。最早提出把北宋时期的周濂溪、邵雍、二程和张载作为"北宋五子"概念的是胡宏，他不仅仅是说"北宋五子"，前面有个描述是"舂陵有周子敦颐，洛阳有邵子雍、大程子颢、小程子颐，而秦中有横渠张先生"。也就是说，周濂溪在那个时代，对胡宏及其他湖湘学人而言是一个重要的思想奠基人物。

《太极图说》中的"太极图"到底是怎么来的，有很多种说法，有人说他是自得于心，但湖南的很多学者讲他是在月岩洞里悟道得出的。

湖湘学人还强调学脉关系，强调从周濂溪过渡到胡安国、胡宏、张栻这样一个学术脉络。到明清时期尤其突出，晚清湖湘学人们讲起湖南的精神特色，就一定要将周濂溪作为范例。

湖湘学人对周濂溪体现了一种集体的历史记忆。湖湘学人们不断地从思想的创始到诠释到传播谈论周濂溪，实际上是在作一种建构。建构什么呢？建构湖湘之学，建构湖湘学术。一方面肯定周濂溪具有普遍性的价值，在儒学史上占有正统地位，另一方面强调这个正统是来自于湖南的。

当我们今天来纪念周濂溪的时候，我希望在近百年来现代中国重新建构思想文化体系的意义上，重新回顾周濂溪的思想学说。在一千年前，周濂溪作了《太极图说》和《通书》，影响了后来的学者。在一百年前，谭嗣同作了《仁学》，是一个非常重要的开山，可惜后来没有完成。谭嗣同在他那个时期，作了一个文化重建的尝试。他以"仁学"为文化核心，然后融入兼顾各家的学说，包括一些杂说，也包括基督教、佛教和各种近代思想学术，所以他是近代文化重建的一个重

要人物。谭嗣同是在一个变革的新时代,在一个中国必须近代化的时代,在这样一个大的背景下,沿着董仲舒、韩愈、周濂溪继续推进。儒学应当是以"仁学"为中心,其实一千年前周濂溪讲"人极"的时候也是将"仁"作为儒家的最核心概念,那么谭嗣同仍然是把"仁学"作为儒学的一个最核心的概念,继而实现近代中国儒学和中华文化的重建。

(原载 2018 年第 4 期,作者单位:湖南大学)

周敦颐与湘学

✳ 周建刚

一 "其功在孔孟之间"——周敦颐对中国文化的贡献

"其功在孔孟之间",这是南宋湖湘学者胡宏对周敦颐的评价。

周敦颐,字茂叔,后人尊称"濂溪先生"。北宋道州营道(今湖南永州道县)人。周敦颐是中国历史上最为著名的哲学家、思想家之一,由于他为宋明理学的创立奠定了基础,在历史上被称为"理学开山"。宋明理学的成立是中国学术史、思想史上的一件大事,有了理学,传统儒学得到了更新,注入了新的精神活力,得以和佛教、道教的思想相抗衡,成为中国古代社会后期宋元明清四朝的主流学术思想和官方意识形态。周敦颐对于理学有开创之功,这是他主要的历史功绩。

周敦颐学术地位的奠定,有一个比较曲折的过程。在周敦颐身前身后的很长一段时间内,人们对他的思想并不熟悉,他的学术地位也不突出。周敦颐是二程之师,在他30岁在江西任南安军司理参军时,二程的父亲程珦任本州通判。据程颐为他父亲写的《先公太中家传》所说,程珦对周敦颐非常赏识,"视其气貌非常人,与语,果为学知道者,因与为友"。二程在父亲的影响下,遂向周敦颐问学。这就是理学史上著名的"南安问学"事件。传统认为二程从学周敦颐,仅有"南安问学"一次,但实际上据现代学者(许毓峰《周濂溪年谱》、杨柱才《周敦颐的哲学思想》)研究,在周敦颐调离江西任湖南的郴县县令时,二程也跟从学习,是为"郴县问学"。周敦颐在理学史上的地位,很大程度上是由"二程之师"这一特殊背景而凸显出来的。周敦颐本人的学术思想称为"濂溪学",但濂溪学并没有形成学派。二程的"洛学"则是北宋中后期较有影响的学派,与王安石的"新学"、苏轼、苏辙等人的"蜀学"共同竞争当时学术界的主流地位。北宋灭亡、高宗南渡以后,二程的弟子后学如杨时、朱震、胡安国等人在南宋朝廷都占据了显要的位置,"洛学"也渐渐压倒王安石的"新学"成为显学,周敦颐作为"二程之师",他的学术地位才逐渐为世人所承认。

周敦颐学术地位的最终奠定,则与朱熹的大力宣扬有密切关系。南宋理学的传播,主要有两条路线:一是胡安国、胡宏、张栻等人建立的"湖湘学派",此派主要受二程弟子谢良佐影响;另一派是杨时、罗从彦、李侗等人传承的"道南学派"。"湖湘学派"属于湘学,"道南学派"则传播于福建,属于闽学。朱熹在理学上主要师承李侗,在李侗的指点下,他很早就对周敦颐的《太极图说》等作品有了了解。朱熹在学问的发展上,受"湖湘学派"理学的影响很大,曾在长沙与张栻多次论学,而"湖湘学派"恰恰推崇周敦颐。朱熹在学术思想发展的艰辛过程中,经过反复思索,最终以周敦颐的《太极图说》为依据,确立了"理先气后"的本体论学说体系。对于朱熹来说,《太极图说》具有非同寻常的意义,因此他敢于在与陆九渊等人的辩论中指出,周敦颐所说的"无极",与孔子(《易传》)所说的"太极",是"先圣后圣,同条共贯"。这就直接将周敦颐抬到了与孔子相提并论的地步。在中国文化史上,这是一个相当大胆而罕见的评论。

周敦颐的著作有《太极图说》和《通书》,他的思想就体现在这两部著作中。这两部著作的思想来源与《周易》有关。《太极图说》的主要概念"太极",就来自《易传》的"易有太极,是生两仪"一语。而《通书》这本书,据周敦颐的朋友潘兴嗣为他作的《墓志铭》说,最初名为《易通》,是对《周易》主题的阐释。周敦颐对于《周易》的阐释,体现了与汉唐经学家不同的风格,重视思想义理,顺着经典的脉络,发挥出与时代思潮相呼应的主题。这是周敦颐能够成为"理学开山"的重要思想依据。

宋明理学在历史上有各种评价,从清代直到"五四"新文化运动,负面评价居多;但以熊十力、梁漱溟等人为首的现代新儒家,则主张继承发展。客观地说,宋明理学本质上是一次文化创新运动,宋明理学家重新诠释了儒家的《六经》,整合了佛教哲学的高深思辨方式,复活了先秦儒家的人文主义精神。在一定程度上,这与西方近代的"文艺复兴"运动回向希腊古典精神,有比较相似的地方。周敦颐在这一中国式的"文艺复兴"运动中,占据了首要的位置。这是他的历史贡献,也是我们评价周敦颐历史地位的主要着眼点。

二 传统意义上的湘学学统就是理学学统

湘学,顾名思义,就是在湖湘大地上产生的学术思想和知识体系。根据现代学者的研究,

湘学有两大组成部分:一是湘人之学,即历史上湖南本地出生的知识分子所做出的学问;二是湘中之学,即历代流寓湖湘的外籍知识分子、主要是中原知识分子在湖南期间形成的学术思想和知识成果。"湘中之学"的代表人物,我们可以举出在永州居住十年之久的柳宗元;"湘人之学"的代表人物,无疑就是出生于今湖南道县的周敦颐。

湘学有源远流长的历史、清晰的发展脉络,但"湘学"这一词是近代才开始形成的,是一个近代化的学术概念。在理学历史上,南宋时期胡安国、胡宏、张栻等人在湖南建立了一个独特的理学学派,朱熹称他们为"湖湘学""湖南学者",这是湖南历史上第一个成型的地域性学派。但是理学"湖湘学派"和近代学术概念上的"湘学"并不是一回事。近代历史上,首先提出"湘学"概念的是辛亥革命前夕的湖南革命志士杨毓麟,他在《新湖南》一书中提出周敦颐和王夫之二人为湖南学术的代表,并指出王夫之的学问"自立宗主",在当时的学术风气中,"湘学独奋然自异焉"。此后叶德辉也提出"湘学肇于鬻熊,成于三闾。宋则濂溪为道学之宗,明则船山抱高蹈之节",将湘学的历史上推到西周时期,并将屈原也划为湘学人物,同时还是强调周敦颐和王夫之在湘学史上的突出地位。"湘学"作为一种有历史传统的地域性学术文化,在清末到民国时期大体已为学术界所承认。在梁启超的《近代学风之地理的分布》一文中,专门列有"湖南"一节,主要论述清代以来的湖南学术成就,其中谈到清代嘉庆以后湖南学者辈出,"自是湘学彬彬焉"。梁启超还指出,曾国藩湘军集团中的人物多以理学为立身之本,这也推动了湘学的发展,"而湘学之名,随湘军而大振"。湘学概念在近代学术史上的最终确立,则以1946年湖南大学教授李肖聃《湘学略》著作的完成出版为标志,这部书以传统"学案体"的方式为历史上的湘学人物列传,对湘学的源流、脉络进行了比较细致的描述。自此以后,"湘学"成了一个在学术界耳熟能详的概念。

以上讲的是"湘学"概念的大致形成过程。

就实际的历史进程而言,宋代以前的湖湘学术,包括"湘中之学"和"湘人之

学"，都还没有形成完整的体系，虽有一些中原文人流寓湖湘，传播思想和学术，但总体上没有出现有影响力的本土思想家，这与成型的学术体系、思想流派之"湘学"还相距甚远。湘学形成自己独立的学术传统，是从两宋开始的。两宋时期，南方逐渐成为全国的经济中心、文化中心，各种地域性学派纷纷兴起，过去理学家所标榜的"濂洛关闽"，就是地域性学派的名称。在这种文化氛围和文化环境中，湖南学术也得到了长足的发展，形成了自己的地域性学派。首先是周敦颐的"濂溪学"，其后则有南宋理学的"湖湘学派"。自此以后，湘学就与理学连接在一起，湖南也被称为"理学之邦"，直到清代朴学兴起，湘中学者依然重视理学，与全国的普遍学术风气表现得并不一致。

湘学与理学的密切关系，在周敦颐那里就可以反映出来。宋代以后，湖南学术史上的第一流思想家，基本上都是理学家，最为著名的是王船山和曾国藩。按照冯友兰先生晚年在《中国哲学史新编》中的论断，周敦颐是理学的开创者，而王船山则是理学真正的集大成者。理学的开创和集大成，一前一后，都是由湖南学者完成的。在这个意义上，宋代以后的湘学学统，实际上就是理学学统。

三　周敦颐对于湘学精神传统具有开创性的贡献

湖南之地，在宋代以前，基本上隔绝于中原文化之外，是偏僻的化外之地、流放官员的贬谪之乡。汉代的贾谊、唐代的柳宗元、刘禹锡都是在中央朝廷的政治斗争失败之后，才被迫流寓湖湘大地。从湘学的发展历史来看，贾谊、柳宗元等人都对湖南文化的发展和进步有所贡献，但他们的作品都以诗赋、散文之类文学作品为主，虽然其中蕴含有哲学思考和政治、社会思想，但并没有形成系统的理论化体系。湘学形成比较完整的理论体系和自身的特色，是从周敦颐开始的。在湘学理论体系的开创方面，周敦颐有首创之功。

从北宋初年到北宋中期，儒学处于激烈的变动转型之中，儒家知识分子迫切需要一种既能经世济民又能安身立命的新型儒学，一方面可以实现传统儒家的社会政治理想，另一方面则能够与佛道的出世思想相抗衡，追求在"名教"中安身立命。周敦颐的思想主要体现了儒学转型过程中的第二个需求，即探索天人之际，追求"孔颜之乐"，在平凡的日常世界、人伦生活中寻求个人身心的安顿。

周敦颐的哲学思想之形成，还有一重地域文化的因素。在中国学术史上，南方学术与北方学术一直有着重大的区分。先秦时期，老庄道家属于南方文化系统,孔孟儒学则属于北方文化系统。南北朝时期,经学亦分为南学、北学两大系统,甚至佛教在中国北方和南方的流传也各有特点。唐末五代时期,北方陷于长期战乱,南方则逐渐成为经济中心,文化也逐渐发达。在北宋初年的儒学复兴运动中,南方各地形成了各种地域性的学派,见于《宋元学案》的,就有《安定学案》《庐陵学案》《古灵四先生学案》,此外还有浙东、浙西的一些个别人物,这些学派和思想都在南方形成,对宋明理学有极大的推动作用,体现了宋代初年南方文化的兴起。周敦颐的"濂溪学"就是在这种南方学术风气兴盛的环境下形成的,此后二程建立"洛学",理学的重心又移到北方,这是一个南学北传的过程。

周敦颐的学术思想是典型的"湘人之学",同时又带有南方文化的普遍性特征。我们知道,与北方文化相比,南方文化自古以来就有好浪漫幻想和哲学思辨、追求事物本源的特点,这在屈原的《楚辞》中有比较明显的体现。屈原有《天问》,无独有偶,柳宗元在永州时期也写过一篇《天对》,都是对宇宙人生的根源进行探索和追问。在周敦颐身上,也体现了南方文化的这种特性,他的《太极图说》,从宇宙论入手,最后达到人伦道德的建立和个人生命意义的安顿,这一思维方式明显是继承南方文化的特性而来。湖南在唐宋时期是佛教禅宗的大本营,许多禅宗宗派均从这里发源。陈寅恪先生在研究韩愈时,认为韩愈少年时在禅宗发源地广东韶州生活,感受到了禅宗的思想氛围,他的"道统论"即从禅宗的"法统论"而来。周敦颐在湖南生活了十五年,天资颖悟,对于禅宗文化亦不可能毫无感受。今天对于周敦颐与禅宗思想的具体关系已很难考证,一些历史传说也不可靠。但是周敦颐的学说重视身心修养,追求生命意义,这不能说与南方盛行的禅宗文化毫无关系。

周敦颐的思想出于南方文化,但又很快北传,演变为理学中的二程"洛学"。那么,周敦颐的思想又是如何对湘学产生影响的呢? 根据一些学者的研究,这是由后代的湖湘知识分子在不断的历史回忆中逐步建构起来的。

湘人很早就重视周敦颐之学。南宋时期,朱熹整理周敦颐著作时,所见有四个版本:舂陵本、零陵本、长沙本和九江本。这四种版本中,有三种出自湖南,说明湘人很早就注意保存周敦颐的著作,对周敦颐之学有一定的了解。

周敦颐之后,湖南文化在南宋之初获得了又一次发展的机会。此时北方沦陷,许多学者纷纷南下,聚集湖湘之地。胡安国、胡宏父子以及胡宏的弟子张栻相继在湖南讲学授徒,盛极一时。这一学派,朱熹称之为"湖湘学""湖南学",这是湖南本土的第一个地域性学派。胡宏曾经为周敦颐的《通书》作序,直言周敦颐"首启二程兄弟以不传之学,一回万古之光明","其功盖在孔孟之间"。胡宏对周敦颐地位的肯定,在朱熹之先。同时,也是胡宏最早提出"北宋五子"的说法。湖湘学人最早肯定了周敦颐对理学的奠基作用,也就同时肯定了周敦颐对湖湘学术传统的开创性贡献。

在周敦颐之后的宋元明清时代,湖南的学术风气都以理学为主,这一方面是由于理学是全国范围内的主流学术,在湖南地区也不例外,但另一方面,这与湖湘学人对周敦颐的历史回忆也是分不开的。在周敦颐之前,湖南地区没有出现过有全国性影响力的文化人物,因此湖南学者对周敦颐身为湘人而开启理学学统有一种特别的自豪感。明清时期,在湖南各地建立了许多纪念周敦颐的祠堂、书院,无形中也强化了湖南学者的这种历史记忆。因此明清两代,明代阳明心学盛行,清代则朴学流行,但湘学在明清两代基本上不随全国的学术潮流而变动,依然以程朱理学为主。这里的缘由,很重要的一点就是缘于对周敦颐的历史记忆。

近代湘学概念的形成也与湖湘学者对周敦颐的历史回忆有关。近现代学者在讨论湘学的历史、范围、精神特质时,有各种争议,但对于周敦颐和王船山在湘学中的历史地位,则众口一词,毫无争议。李肖聃《湘学略》以《濂溪学略》开卷,现代学者的《湘学史》《湖湘学案》等著作,也基本上将周敦颐作为湘学内在精神传统的开创者。

湘学当然不仅是理学,在历史上,清代湖南的经世之学、今文经学乃至考据学也都有相当程度的发展,但无论哪种学术,都自觉不自觉地以理学为根底,最著名的例子就是以曾国藩为首的湘军集团"理学经世派"。周敦颐对于湘学精神传统的开创性影响,也就由此可见一斑了。

(原载 2014 年第 9 期,作者单位:湖南省社会科学院)

近代湖湘学人与周敦颐

✵ 李　斌

近代中国经世之学蔚然兴起,而此时开始涌现的湖南人材群体,在与全国大的学风氛围保持基本一致的同时,仍然推崇义理之学,成为湖湘文化中的特质部分。不过,湖湘学人在推崇义理之学的同时,仅限于推崇及宣扬周子之学及其为人等方面,而没有对周敦颐的思想进行深入研究、畅发。

近代中国社会处于风雨飘摇之境,中国人心激愤,民族主义、民主主义情绪高涨,湖南人更是积极为民族强盛而战,湖湘文化的独特性更是引人瞩目。探究造就这一现象的文化根源成为必要,因此,周敦颐的学术思想、精神意识在湖湘文化中的开创地位或重要影响被突显出来。

基于社会变革的需要,近代湖湘学人大多以湖南人的身份,一方面肯定周敦颐的理学开山祖地位,一方面将对周敦颐的学术思想、人品评价、宣扬与经世致用等思想相结合,并探究周敦颐对湖南学术思想、独创精神等方面的影响。而这种探究一直延续至民国时期,其典型代表有:

抗战时期执教于湖南的无锡钱基博先生,指出:"宋之周敦颐,作《太极图说》《通书》,契性命之微于大易,接孔颜之学于一诚,而以太极人极发明天人之蕴,倡理学以开宋学程朱之性理。"此外,他认为周敦颐是湖湘文化中"为生民立极,为天地立心,辅世长民,一本修己"之表率,说道:"然为生民立极,为天地立心,而辅世长民,一本修己,莫如周敦颐之于宋,其次王夫之之于明。"[2]1

长期执教于湖南大学的长沙人李肖聃先生,他于1946年著《湘学略》,述湘学略26篇,评价周敦颐、王船山等人的生平事迹、学术思想成就及其对中国文化、学术的影响。李肖聃在《湘学略》中,将宋明理学作为研究的重点,又将《濂溪学略》作为首篇,叙述了周敦颐的主要生平事迹,高度称赞其学术水平、为政、胸怀及人品,并将其概括为:"博学力行,闻道甚早,遇事刚果有古人风,为政精密严恕,务尽道理""自少信古好义,以名节自砥砺""襟怀飘洒,雅有高趣。尤乐佳山水,遇适意处,或徜徉终日"[2]115-116。

总的来看,近代以来湖湘学人对周敦颐思想、学术的宣扬,在突显周敦颐对中国历史、思想、学术的深远影响的同时,也反映了周敦颐对晚清以来湖南学人、湖湘文化的影响。这种影响主要体现在:一、具有探索"理"的传统精神。二、具有坚忍不拔的独创精神。三、学以致用、躬行实践的精神。四、肩负社会重任却以平淡心态处世的态度。五、矢志教育的精神。

一 推崇周子之理学地位

"吾道南来,原系濂溪一脉;大江东去,无非湘水余波。"岳麓书院濂溪祠前的这副对联,正是周敦颐对中国学术产生深远影响的高度概括,也反映了历代湖湘学人以此为荣的心绪。

周敦颐(1016 – 1073),字茂叔,湖南道州人,世称濂溪先生,主要著作有《太极图说》《通书》等。他提出宇宙的根源是"太极"、社会伦理为"人极"等基本道学、理学主题。南宋初年,被后人称为湖湘学派的胡安国、胡宏、张栻等人,吸收周子之学,又传播周子之学,确立了周敦颐道学之宗、理学之祖的地位。

岳麓书院为南宋湖湘学派传播周子之学和理学的主要阵地。自南宋以来,在岳麓书院传教和受业者,都深受周敦颐及其理学思想的影响,认同其理学鼻祖的地位。近代湖湘学人亦莫不如是。与理学有着浓厚历史渊源的岳麓书院,培养了一代又一代人才,在这里,无论是主讲老师还是听课学生,有意无意间,都希望秉承理学传统,维护湖南"理学之邦"的传统地位,与此同时,又都极力推崇理学的开山祖周敦颐。曾主持或主讲岳麓书院的罗典、欧阳厚均等人对周敦颐崇敬有加,出于其门下的士子门生也都推崇周敦颐,维护周敦颐的理学鼻祖地位。

罗典(1718 – 1807),湘潭人。曾主讲岳麓书院27年,治经论文,启迪后进,弟子门生显达者百数。创建"濂溪祠"于岳麓书院,并为周敦颐立像。

欧阳厚均(1766 – 1848),安仁人。主持岳麓书院20余年,曾国藩、江忠源、唐训方等人均出其门。曾专门著文,论说濂溪祠应立周子像为主位。

陶澍(1778 – 1839),安化人。在倡导经世致用即"通经学古而致诸用"的同时,也讲求宋明理学并推崇周敦颐。陶澍视周敦颐为"魁奇忠信材德之士",在给永州宁远人骆学博年谱所作的序中,他写道:"昔韩子退之谓中州清淑之气,尽于岭北,蜿蜒扶舆,磅礴而郁积,当有魁奇忠信材德之士出于其间。厥后,濂溪崛起,其言果应。"[1]127对周敦颐在理学上的地位,陶澍如此评价:"凡建学,以造士也。三代以上,圣贤盛西北,而集大成于我孔子。及其衰也,濂溪夫子起潇湘,道南诸贤继之,而集其成者,朱子也。"[1]19在陶澍看来,周敦颐振兴理学、儒学于中国学术处于衰微之时,是继孔子之后的又一贤人。

咸同之际,以曾国藩(1811－1872)为首的湘军人材群体被誉为"中兴将相",他们在倡导经世致用的同时,也坚执性理之学,当然也推崇理学之祖周敦颐。曾国藩在《湖南文征序》中,强调周敦颐作《太极图说》《通书》,"上与《周易》同风,下而百代逸才举莫能越其范围也"。[2]123

一代学儒王闿运(1833－1916),主治今文经学,先后主讲过成都尊经书院、长沙思贤讲舍、衡州船山书院、江西大学堂,弟子数千人。而这位主治今文经学的大儒内心深处对周濂溪也是尊崇有加,他曾以"吾道南来,原系濂溪一脉;大江东去,无非湘水余波"傲视藐视他身材矮小貌不其扬的江浙士人。

郭嵩焘(1818－1891)字伯琛,号筠仙,晚号玉池老人,人称养知先生,清湘阴县人。18岁就读长沙岳麓书院,与曾国藩、刘蓉相交往。他崇尚实际,主张学习西方科学技术"以立富强之基"。但他同样具有深刻的理学思想和道统观念,对宋儒、理学十分推崇,认为:"宋儒出而言理独精。"[3]253而郭嵩焘对周敦颐的理学地位亦深表认可。

一是肯定周敦颐开创理学思想的地位。郭嵩焘在《江幼陶重修新宁书院记》中记道:"屈子楚词成于罗、汩之交,濂溪起自舂陵。天下之文开于楚,而后无闻。故自汉诸贤祀于学者六十有二人,濂溪倡有宋道学之先,楚以南无得祀者。"[3]512

二是在肯定周敦颐理学的创立者的同时,肯定王船山是理学的终结者,并对这两位湘籍理学大家进行对比。郭嵩焘认为王船山为"导扬楚风而绍濂溪之业者",他在上疏表彰王船山、为船山立祠祭祀、创建讲舍等一系列活动中,对周敦颐都有评论和颂扬,体现出他宏扬理学的精神。

1870年,郭嵩焘主讲长沙城南书院,为宣传王船山生平事迹和思想,主张在书院建立船山祠。光绪初年,湖南官方奉清廷命,由盐商捐资兴建曾文正公祠于长沙小吴门正街。曾祠竣工,尚有余资,时兵部侍郎郭嵩焘、平江李元度及居住在长沙的盐商朱昌琳等人,共同发起倡建王船山祠于曾祠之右侧(今船山学社地址)。光绪五年至六年(1879年至1880年),王船山祠建成。郭嵩焘为此撰写《船山祠碑记》《船山先生祠安位告文》等文,以颂扬王船山学术思想。而在这些文章中,也体现出他对周敦颐理学地位的肯定。

他在《船山祠碑记》中记道："自有宋濂溪周子倡明道学,程子、朱子继起修明之,于是圣贤修己治人之大法灿然昭著于天下,学者所知宗仰。然六七百年来,老师大儒,缵承弗绝,终无有卓然能继五子之业者。吾楚幸得周子开其先,而自南宋至今,两庑之祀,相望于学,独吾楚无之。意必有其人焉,而承学之士无能讲明而推大之,使其道沛然施显于世。若吾船山王先生,岂非其人哉!"[3]512

在《船山先生祠安位告文》中记道:"盖濂溪周子与吾夫子(指王船山)相去七百载,屹立相望。揽道学之始终,亘湖湘而有光。"[3]538

郭嵩焘还为悬挂在船山祠中的王夫之遗像题词,词曰:"濂溪混然,其道莫窥;惟于先生,望见端崖;约礼明性,守道持厄;阐扬文命,是曰先知;一百余年,星日昭垂;私心之契,瞻世之师。"[3]544

郭嵩焘是乎对王船山之为学更为尊崇,但在提出周敦颐为理学的创立者、王船山为理学的终结者集大成者的同时,显现了他对周敦颐的另一种情感。

王船山专祠建立后,郭嵩焘每年元旦和农历九月初一船山诞辰日,都来王船山祠祭奠。当时的名贤宿儒郭昆焘、李元度、王闿运、熊鹤村、王先谦、龙研仙等人也常来瞻仰祭祀。而为郭嵩焘等名贤宿儒所推崇的王船山本人也非常尊崇周敦颐的理学地位。在周敦颐的故里濂溪祠中周子像前,王船山所书的一副对联表达了他对周敦颐理学地位的推崇和认可:"自尧舜禹汤文周孔之传汉董唐韩总未窥先生项背,读诗书易礼乐春秋之旨张铭邵数无非参太极根源。"

二 宣扬周子之学理学思想

周敦颐在《太极图说》中的主要思想为:宇宙的根源是"太极","无极而太极";辩证的动、静互动观,"太极动而生阳,动极而静,静而生阴。静极复动,一动一静,互为其根。分阴分阳,两仪立焉";社会伦理为以"仁"为核心的"人极","圣人定之以中正仁义而主静,立人极焉。""立人之道,曰仁与义";"天人合一"说,"圣人与天地合其德,日月合其明,四时合其序,鬼神合其凶"。《通书》的主要思想是以"诚"为核心的"人极"。他的理学思想影响了中国几百年历史,也为近代湖湘学人所继承和宣扬。

近代中国第一个睁眼看世界的魏源(1794-1857),主张社会变革,提倡西艺、西学,同时还倡导道、学、治的统一。他的变易思想与周敦颐的动静观有一定的相通之处。他在《周程二子赞》中说道:"'善固性也,恶固不可不谓性',此天台圆教彻底之言,而明道初年泛滥佛老时所兼印。宜乎,上同于孔子之毋意、必、固、我,下同于孔子之无欲而静。要之,惟颜子能尽发圣人之蕴,惟明道能尽得周子之蕴。至于周子之《太极图》,乃朱、陆意见各殊,而未知孰为定论。"魏源在这里充分肯定了周敦颐的理学思想和地位。他引理学入经世致用思想,"人生而静以上不容说,才说性时便已非性","动而无动,静而无静"。[4]317此外,魏源也认同人道、天道合一和"仁"的心性论。如他认为,"人生心即天地之心","仁者,天地之心也,天生一人即赋此种子之仁,油然渤然不容已于方寸。"性、理如此,就人类社会而言,同样是"天下无数百年不弊之法,无穷极不变之法"[4]48。

在曾国藩恢宏的思想领域,"诚"具有重要的地位。他的诚信思想与周敦颐的"诚"相通。他还将"诚"应用于实际,提出以"诚信"为原则的外交政策理论。他反对在对外关系中打痞子腔,主张以"诚"打动外人,"诚能动物,我想洋人亦同此人情,圣人言忠信可行于蛮貊,这断不会有错的"[5]109。他还认为,对外交往,"总不出一信字,非必显违条约,轻弃前诺,而后为失信也"[6]49。他这种"诚信"理论,后来为郭嵩焘、曾纪泽等人所秉承,也成为清政府对外政策的主导思想。

协同曾国藩带领湘军的罗泽南(1807—1856),胡林翼称他"上马杀贼,下马著书,仗大力撑持,真秀才,真将军,真理学。"这位"真理学"对宋儒理学推崇备至,"与其徒讲论宋儒濂洛关闽之绪,瘏口焦思,畅衍厥旨。"[2]16 "……凛降衷之大原,思主静以研几,于是乎宗张载而著《西铭讲义》一卷,宗周敦颐而著《太极衍义》一卷。"显然,罗泽南对周子之学研究透彻,且学以致用。通过深入研究,罗泽南以宋儒之学治军,取得可喜战果,"以宋儒之理学治兵,以兵卫民,皎然不欺其志。此湘军所以为天下雄,而国之人归颂焉。"[2]17他与弟子共同探讨切磋理学,弟子王鑫、李续宾、李续宜等湘军悍将,秉承他的理学思想和治军思想,"杀敌致果,卓有树立"。

近代教育家杨昌济,曾肄业于城南书院、岳麓书院。理学思想对杨昌济的学术思想等方面的影响都很大。他曾说岳麓书院:"自赵宋建设以来,千有余年,为中国四大书院之一,朱张讲学,流风余韵,千古犹新。"[7]352杨昌济还将其思想传授给学生。杨昌济崇奉理学,喜讲周、程、朱张,也非常尊崇理学开山祖周敦颐。萧三曾回忆杨昌济说:他在日本留学六年,又在英国留学四年,但始终不离中国的理学传统,喜讲周、程、朱、张。

三 尊崇周子之人生价值观

在湖南执教多年的无锡钱基博先生,认为周敦颐一生"以乐易恬性""光风霁月,饮人以和""以道自乐,从容涵泳之味洽",固而"闻敦颐之风者,鄙夫宽,薄夫敦也。"[2]4

周敦颐的确淡薄名利、怡然自乐。但他并不逃避社会责任,而是在恬淡中完成自己的使命。

周敦颐为官一生、执教一生,清廉一生、洒脱一生,无论是其学说,还是其为人为师为官,都堪称后世楷模。近代湖湘学人对周敦颐的治学态度、治学精神、独创精神、辅世长民、清明廉政等精神无不加以推崇和传承。

宁乡人袁名曜,被陶澍等人尊称为"楚南第一流人物",魏源等人均出于其门下。注重经世致用之学,足迹遍天下,留心边防厄塞、河渠水利、山川险要、古今沿革。他推崇理学,对周敦颐尤为尊崇。因为周敦颐是理学的开山祖,而岳麓书院"为湖南学者萃聚之地,濂溪周子为湖南人",因此,主讲岳麓书院的袁名曜,在书院修建"濂溪祠",以期"乡之人有能读周子书、继周子业而勃然兴起者"。[8]袁名曜希望湖湘学人"读周子书""继周子业",无疑是对周敦颐理学思想和地位的肯定、崇奉,同时,也是对周敦颐治学态度、治学精神、为人、为官的肯定和崇奉。袁名曜希望乡邦之人能继承发扬周子学说,继承发扬周子的教育思想、教育精神,以传道授业、执教育人,同时也继承和发扬周敦颐为人处世的行为模式和精神境界。

郭嵩焘推崇周敦颐理学地位,也非常认同周敦颐重视教书育人、启迪后进的精神。离开政界后,他本人也以教书育人为职志。郭嵩焘18岁就读岳麓书院,与曾国藩、刘蓉相交往。1837年中举人。嗣后10年,以教书为生。出使英法返湘后,遭受冷遇,在长沙筑养知书屋,主讲城南书院;又开思贤讲舍,启迪后进。

周敦颐为官清廉,郭嵩焘亦如是。1875年7月28日,郭嵩焘奉诏以兵部侍郎候补,充首任出使英国大臣,为我国遣使驻外之始。1878年兼出使法国大臣。出使期间,郭嵩焘取用公款只薪水与房租两项。并以"廉者君子以自责,不宜以责人,惠者君子以自尽,不宜以望于人"自律。

郭嵩焘廉洁自律,与七百年前的周敦颐产生了心灵共鸣,内心世界充满了对周敦颐的无限怀念,曾作诗《爱莲池》一首以表达自己的心绪:"濂溪祠下水平池,惆怅伊人寄远思。曲槛微风花似海,孤亭流水雨如丝。新秋云物空遗宇,异代弦歌忆往时。咫尺馀音通馨欬,从游未此生迟。"[3]654

近代湖南著名的革命家杨毓麟(1872—1911),为宣传革命、鼓吹革命,在1903年发表《新湖南》,其中提出"我湖南有特别独立之根性",而这种"特别独立之根性",在古代,最突出的代表人物就是周敦颐:"且我湖南有特别独立之根性,无所表见,其影响仅仅及于学术,而未大显。盖前则划以大江,群岭环其左而负其后,湘江与岭外之流同出一源,故风气稍近于云贵,而冒险之性,颇同于粤,于湖北与江西则相似者甚少,盖所受于地理者使然。其岸异之处,颇能自振于他省之外,自濂溪周氏,师心独往,以一人之意识经纬,成一学说,遂为两宋道学不祧之祖;胜国以来,船山王氏,以其坚贞刻苦之身,进退宋儒自立宗主,当时阳明学说遍天下,而湘学独奋然自异焉。自是学子被服其成俗,二百年来,大江南北,相率为烦琐之经说。而邵阳魏默深今文尚书三家诗,门庭敞然,及今人湘潭王氏之于公羊,类能蹂躏千载大儒之堂庑而建立一帜。道咸之间,举世以谈洋务为耻,而魏默深首治之;湘阴郭嵩焘远袭船山,近接魏氏,其谈海外政艺时措之宜,能发人之所未见,冒不韪而勿惜。至于直接船山之精神者,尤莫如谭嗣同。无所依傍,浩然独往,不知宇宙之圻埒,何论世法!其爱同胞而甚仇虐,时时迸发于脑筋而不能自己。是何也?曰独立之根性使然。"[9]617杨毓麟此处的宣扬有三点值得注意:一、湖南在风气、冒险性方面与云贵、广东相近,惟有周濂溪的学说为"其岸异之处,颇能自振于他省之外";二、周濂溪"师心独往",具有独创精神,为"两宋道学不祧之祖"。三、王船山"自立宗主",王闿运"建立一帜",魏源"首治之",郭嵩焘"发人之所未见",谭嗣同"无所依傍",都深刻说明了湖湘士民历来就有一种浩然独立、不囿陈见、另辟蹊径的创新精神,而这种创新精神正是导源于周敦颐的"师心独往"。

参考文献:

[1]陶澍.陶澍集·诗文[C].长沙:岳麓书社,1998.

[2]钱基博.近百年湖南学风[M].长沙:岳麓书社,1985.

[3]郭嵩焘.郭嵩焘诗文集[C].长沙:岳麓书社,1984.

[4]魏源.魏源集(上册)[C].北京:中华书局,1986.

[5]吴永,刘治襄.庚子西狩丛谈[M].长沙:岳麓书社,1985.

[6]李瀚章.曾国藩.曾文正公书札:卷30[C].长沙:岳麓书社,1986.

[7]杨昌济.杨昌济文集[C].长沙:湖南人民出版社,1983.

[8]袁名曜.濂溪祠记[A].丁善庆.续修岳麓书院志[M].清同治六年刊本.

[9]张枬,王忍之.辛亥革命前十年间时论选集(第一卷下册)[C].北京:三联书店,1960.

（原载 2007 年第 10 期,作者单位:湖南省社会科学院）

浅说周敦颐与湖湘文化的关系

✳ 张官妹

湖湘文化是一个地域文化,朱汉民说:"唐五代以后,湖南地区以'湖南''湖湘'的行政区域和命名,这应该是湖湘文化命名的历史依据。"[1]梁绍辉说:"湖湘之学源自濂溪,创于胡宏而盛于张栻,流于明清而接续近现代,形成了以岳麓书院为中心的跨时代人材群体。"[2]王立新说:"周敦颐虽为理学开山,但不是湘学鼻祖,湘学的开创者是胡文定与胡五峰父子。"他认为"周敦颐与湘学之开创并无直接并系,其对湘学的重要作用乃是通过胡氏父子的宣传转而发生的。"[3]尽管人们对湖湘之学(或湘学)源自濂溪学有不同的看法,但周敦颐对湖湘文化的影响是深远的,对湖湘文化的发展是有着许多开创性贡献。

一 做官先"立诚":做圣人的为官论对湖湘人影响

周子以前的哲学都是论说怎样为政,阐述的是"为政论"。周敦颐哲学体系的核心,是"立人极"的人性论,在这个体系中阐述的是"为官论"。"圣希天,贤希圣,士希贤",做人就要力做"圣人",做官先做人。什么是"圣"?"圣,诚而已矣。""诚者,圣人之本。""诚,五常之本,百行之源也"。[4]立诚为圣就必须"主静",即"无欲"。"圣人""贤人"也好,"善人"也罢,虽有先天的条件不同,但都要接受教育,要学道,"行善改过",也要"立诚"才能成"圣"。周敦颐的人性修养论对为官者来说也不例外,为官者首先必须做好人,要无私无"欲",做一个"社稷之臣"。周子的为官理论对湖湘文人的思想影响很大,历史上湖湘的有志之士,不管他的政治态度如何,但为人的道德修养却是非常值得称道的,他们大都在力做一位"圣人"。周敦颐自身的廉洁,曾国藩的人格修养,毛泽东的为民献全家等等,无不受到这种做官须做好"人"的思想影响。湖湘人一方面自身修养要求高;另一方面却又积极投身于现实社会斗争中去,积极参与时政,有一种强烈政治意识和热情。正因为是这样,湖湘涌现出了一大批政治活动家,左宗棠、曾国藩、蔡锷、陶铸等,他们为国家献出全部心血,甚至生命。

周敦颐的"立诚为圣"的思想不仅影响了湖湘的英雄豪杰,也成了湖湘普通人的人生奋斗目标。永州古训"出则为名臣,处则成硕士"[5]就是以他的思想作为思想基础。周尧卿办教育,行孝天下;张栻在永州生活了十五六年,他虽没从政,却为建立湖湘学派立了大功,培养了一大批抗金的学士;乐雷发不满朝廷的政治,退居山林,留下了《雪矶丛稿》;易三接写下了《潇湘山水记》;何绍基的瘦体;杨宗稷的琴书;李达对中国革命哲学思想的贡献;乐天宇的农学等。这种"有为于世"的人生价值观,恰是表现出湖湘人乃至整个中国人自强不息的精神,从而演变成一种强烈的爱国主义传统。他们或在文化理论上捍卫本土本民族的文化精神,顽强地进行文化传播;或则亲自投身于斗争第一线。如永州市蒋先云、阮贞、何宝珍等烈士为革命献身;湘军为维护国家统一做出的贡献是名留千古的,永州胡文高身为边疆提督,在平乱抗外夷收新疆中出生入死。虽说政治态度理想有许多自己的客观的无奈选择,但"有为于世"的精神却是鼓励着一代又一代人不懈地努力,书写着"上不愧天下不亏地"的顶天立地英雄气概。就是在这种积极的"有为于世"人生价值观的浸淫下,许多被贬在永州或在永州生活的人无不为自己为历史留下一笔宝贵财富。杨万里的"诚斋体"发生成熟于永州,汪藻的诗文,董源的"潇湘图",米友仁的"潇湘庵画",郭楚望的古琴曲《潇湘水云》等等,他们在永州为中国文化做出了伟大的贡献。潇湘人的"有为于世"精神不就是中国人的精神吗?

二 刚直倔蛮与善思侠义是湖湘人的性格特征

朱汉民先生说:"湖湘知识群体不仅有刚烈、果决、倔强的血性意志,同时也具有深远开阔及与时俱进的观念。"周敦颐是一个"刚果""胸中洒落","不为人窘束""廉于取名,锐于求志""尚友千古"刚直性格。他对王逵治狱不满,当庭丢牒不就的做法恰是湖湘人刚倔的个性特征;他具有办事明快果断,敢于负责的严肃作风,对端州的砚石处理,有令有行,快速制止了腐败,"贪风顿息"[6],为民解除困苦,申诉冤屈。而他对上司却不卑躬屈膝,有礼有义,即使对他不公,也能泰然处之,"赵清献惑于谮口,待先生色甚威,先生处之超然"。这胸怀洒落,为人刚正不阿性格,不就是湖湘人的刚烈之气吗;他对待朋友却是义气当先,李初平死后,全资抚养其后人,把自己的俸薪捐给亲朋好友,把田产留给家中老仆人,无不表现出一种侠义之气慨。他对亲戚却又是严格要求，非常讲究原则，他在《任所寄乡关故旧》中以"老子生来骨性寒"爽直的语气，毫不客气地堵绝了，想利用他找关系谋私利的人。但是他又长于思索，在学术研究中，具有包容兼收的思想。他在繁杂的公务、世俗的污流现实中，能修性达到内心的平静，有恒心和意志力去探索儒学新的发展途径，从而成为理学奠基者，湖湘文化的奠基者。中国马克思主义哲学的奠基人之一李达也无不是由于善思，成为我国一个优秀的思想家。

永州人素来就善于多思，具有刚直倔蛮侠义的性格特征。"打不过东安，蛮不过道县，犟不过永明，巧不过零陵，唱不过祁阳"这种民间俗语，高度概括了永州人的性格特征。刚直与善思，倔蛮与侠义和谐地结合在永州人的身上，成为潇湘人的典型性格，所做有勇有谋，为人有方有圆。这种性格形成有多元文化因素的影响，长期的边缘政治，使得永州在主体思想影响的前提下，形成文化的包容性，吸收了瑶、越思想中的许多有利因素。瑶族以义为先，千家峒的传说足以说明了这一点。元政府官员收租在峒内吃住了三年，不愿回去，结果政府以为杀了收租人，就派军队前来镇压。在强力面前，瑶族人不讨饶，不低头，奋起反抗，那怕全峒毁灭。这是一种多么令人肃然起敬的刚烈；陶铸在十年动乱中的表现不也证明了这种刚烈。朱汉民先生说的"湖湘人的刚、倔、蛮等性格"，不就是潇湘人最典型的性格吗？潇湘的地域文化培育了周敦颐的性格，而周敦颐的思想性格又影响了湖湘人。我们在探讨湖湘人的个性特征时，能忽略周敦颐性格对后人的影响吗？

三　周敦颐促进了湖湘教育的发展

周敦颐为官三十年，一直是半官半教的仕途生涯。他在湖南任职十多年，身体力行地设教讲学。他在郴州任县令，首倡办学，写有《修学记》，没有学校，就在公斋里讲学；到邵州建学馆修学舍，亲自主持开学典礼，做开学讲话，有《释菜文》传世。明隆庆《永州府志》载："里中人言学，永道间多亲炙其教，在永州培养了一大批学有所成的儒生。"周敦颐大办教育，促进了永州及湖南文化教育事业的发展。而他又能始终不断学习、品德修养高，他的精神鼓舞着湖湘人不断地进取，奋发学习。以古时永州的教育现象为例。仅道光《永州府志》记载的中举人士就达 38 人之多。据《湖南通志》载，从唐初到光绪九年的 1300 多年的科举考试中,永州考取的进士人数名列湖南前茅。湖南考取进士 2305 人,永州 487 人占 21.3%,状元 11 人,永州 3 人,另有 5 人是榜眼或探花。在历代考试中,永州举子曾二十届囊括全省进士名额。南宋绍兴四年,一届就考取进士 10 名。宋朝时期,湖南进士 966 人,永州为 385 人,占 39.75%;宋代湖南进士出身的名人 104 人,永、道两州占 25 人,仅次于长沙名列为二。从这些数据中看出周敦颐对教育发展的影响之大。

从唐代开始永州就办了府州县官学。唐元和八年(813 年)道州刺史薛伯高创建了州学,柳子为其写了《道州文宣王庙碑》;韦宙在永州为刺史时,也创立学宫,取仕家子弟十五人充之。柳子为之讲学,并写下了《答韦中立论师道书》,文中阐述了他的教育思想。永州办学的风气从柳宗元兴起到周敦颐时盛行,周子去世后,江南以濂溪或以濂为志而命名的书院比比皆是,湖南较大的县州都有濂溪书院;永州更是如此。各县都有县学宫,如永明、宁远、江华等县,在宋代已普及县学。名人或官方办的学院,如周尧卿最早办的桃溪书院,又如顾尚书院、甘泉书院、萍州书院等等。道州的濂溪书院还获宋理宗亲自题额,与岳麓、石鼓书院共享御题的殊荣。除了官方的办学外,最为称道的乡村私塾的兴起,村办的私塾、义学更是遍布各个乡村。永州的村落比较大,又都是聚族而居,先人们在"立诚""为圣"和"忠孝廉节"信念下,非常重视对子孙的教育。我们现在到各个村落去,村中的碑刻、家谱都清楚明白地记载着村里办学的情况,有些还保存着完整的书院、学堂。例如,江永上甘棠村有濂溪书院,其对联"成德达材蒙养始,移风易俗学堂先";宁远大阳洞张村至今还有三座完整的书院;道县的田广洞村在那整齐雄伟的明清房屋建筑群中,书堂的建筑更是规模宏大。村学一般是请家族中的老先生为其子弟教学,然后到县学考试,继续深造参加科举考试。永州村学大都采用学田制的方式助学兴教,村里拿出一部分田作为公田,专供先生的俸禄和助学资金。如道县东门的探花楼墙碑上记:"又有私制学田,以鼓后之力学。祭田,尽仅尽费学田议银……"在墙碑的村规条约中规定:参加"乡试者助谷五石,会试者谷二十石"。村人自己奖励读书人,努力参加科举考试,这又促学校教育的发展。道州的濂溪书院始建于宋绍兴九年(1139 年),由知军州事向子忞倡建,后置学田 100 亩;并有禀粮和捐助,成为濂溪书院的基金,作为后来学者的资助。永州这种助学的风气一直沿续到解放后。周敦颐兴教办学,深深地影响永州百姓对读书人的重视。我们在探讨唐宋永州科举考试进士多的文化现象时,更应该注意到,永州人读书风气的思想基础。一种文化现象的出现后,必然是精英文化与世俗文化的齐头并进才能繁荣,这是我们研究任何文化现象必须遵循的一条原则。正因是周敦颐大力的办学讲学,书院、义学遍布城乡,湖湘的文化教育事业得到很大的发展。

湖湘深厚的文化底蕴培育了周敦颐,周敦颐以他深邃的哲学思想奠定了湖湘文化的思想基础,他那清廉的高风亮节影响着湖湘人的价值取向,他的刚直果决襟怀飘洒的品行成了湖湘人典型性格。他对湖湘文化的影响和开创性作用还有待于我们进一步探究。

参考文献:

[1]朱汉民.湖湘文化访谈之五[J\OL].http://www.hnol.net,2002-08-27.

[2]梁绍辉.周敦颐评传[M].南京:南京大学出版社,1994.

[3]方克立.湘学(第二辑)[C].长沙:湖南人民出版社,2002.

[4]谭松林,尹红.周敦颐集[C].长沙:岳麓书社,2002.

[5]〔明〕(隆庆)永州府志[M].

[6]〔宋〕度正.周敦颐年谱[J].

(原载 2005 年第 3 期,作者单位:永州职业技术学院)

论濂学与湘学的关系

✳ 胡正耀 ◆

一 "湘学"对湖南人的影响

"湘学"起步较晚,但对湖南的影响很大,使得一些湖南巨子普遍能吃苦耐劳,重视道德修养,胸襟开阔,追求真理,为人行事,光明磊落,敢为天下先,致使湖南在近、现代以来,人才辈出。创建中华人民共和国的有毛泽东,理政安民有刘少奇,推倒两个凡是、平反冤假错案的有胡耀邦,打战有彭德怀、罗荣桓与贺龙,抓经济,使中国平稳渡过全球经济危机的有朱镕基,改良水稻品种有袁隆平,绘画有齐白石,编剧有田汉,作曲有谭循,唱民歌有李谷一与宋祖英,写文艺作品有丁铃、沈从文……。随便点一下,便是长长的一大串。如果再往近代史去找,使得清代中兴的名臣有曾国藩、左宗棠、彭玉麟、胡林翼、郭嵩焘、曾国荃,还有主张"师夷长技以制夷"的魏源,以血唤醒变法的谭嗣同。在学术与文艺上有巨大成就的则有王夫之、邓显鹤、何绍基、王闿运、叶德辉、王先谦、欧阳予倩等。清代末朝,为了推翻封建帝制,创建民国,湖南就有黄兴、宋教仁、陈天华、谭仁凤、刘揆一、蔡锷等革命家。上述这些湘杰巨子在各个领域内都是扛大鼎、执大旗的人物。比如左宗棠,常常自比老黄牛,年近古稀,还率领湖湘子弟远赴天山南北,令人抬着棺材随行,寻找敌人拼命,终于平定新疆内乱,将帝俄占据的伊犁夺回来。最后还"新栽杨柳三千里,引得春风入玉关"。维新变法的谭志同,在危急关头,他义薄云天,愿意留下为变法而死,劝梁启超迅速离开,并说:"不有行者,无以图将来;不有死者,无以召后起!"其豪气真可以惊天地、泣鬼神。又如民国的蔡锷将军,湖南邵阳人,1911 年 10 月 10 日武昌起义,当时他在云南任协统(相似旅长),他首先响应和策动,被大家推选为云南省都督,当时他只有二十九岁。他在任都督期间,关心民瘼,为人民做了许多好事,云南贵州的商贾为了感激他,特地捐款为他铸造一座大铜像。蔡锷敬领大家的情意,却将这笔捐款全部用于赈济饥民。他说:"彰我之功,不若拯民之命也。"伪大总统袁世凯,视这位年轻的将领为自己恢复帝制最大的障碍,将他骗到京城,一面以高官厚禄笼络,一面派人监视。蔡锷机智地应付。待"老猿"坐上皇位时,他从京城潜回云南,首先高举义旗,组织护国军声讨,老猿被活活地气死了,有力地保护共和体制。

湖南过去是块荒蛮之地,历来是罪臣谪居之乡,并不以出产人才著称,数得出的重量级人物仅有唐代的大书法家欧阳询、怀素和北宋的大思想家周敦颐。可是从清代以来,湖南便成了一块向阳的肥沃土地,长出的人才一批一批的,被人誉为"唯楚有才,于斯为盛","无湘不成兵,无湘不成事",甚至还有人这样说:"若道中华国果亡,除非湖南人尽死"。这些话虽然有些夸张,但也有几分实在,陈独秀在1920年,还热情的发表一篇文章《欢迎湖南底精神》,这不能不归功于湘学对湖南人的培育与滋润了。

二 "濂学"是"湘学"的源头

湘学大本营岳麓书院有一楹联云:"吾道南来,原是濂溪一脉;大江东去,无非湘水馀波。"上联是"湘学"与周敦颐的"濂溪"一脉相承,说明濂学是湘学的源头。下联是说明"湘学"对湖南的影响。事实确是如此,北宋神宗熙宁五年(1072),周敦颐年纪老了,身体虚弱多病,经上级批准,从江西南安军的职位退休下来,定居在江西庐山莲花峰下,因堂前有小溪,水质晶莹,弯弯曲曲,酷似家乡营道营乐里楼田堡(今湖南道县清塘镇楼田村)的濂溪,故名其居曰"濂溪书堂",以似不忘家乡之意,因此,学者都称他为濂溪先生,对他的学说也称为"濂溪学"。现在周敦颐的故里这条小溪仍在,流入营江,进入潇水,汇进湘江,成为湘江的源头之一,也说明"濂学"是湖南土生土长的学派。这副对联比喻很好,难怪被人到处传颂的。现在我们就进一步研究湘学的创立与发展,探索与"濂学"的关系。

(一)胡安国为湘学奠立基础

胡安国(1074-1138),字康侯,宋崇安(今福建武夷山市)人,十九岁进士及弟,提举湖南学士,迁居潭州(今湖南长沙)城南。在官六年,以后又任过中书舍人等职。由于仕途坎坷,干脆辞官退隐,从事传道授业与学术研究。南宋宣和五年,开始著述《春秋传》。南宋建炎年间(1127-1130)抵湘潭,定居碧泉,建立碧泉书院,仍从事传道授业。在此期间,他到衡山办过文定书院,从学者每年数十人,除自己的子侄胡宏、胡寅、胡宪外,还吸收众多的湖湘学子来学习,其中仅长沙就有以治《春秋》和《资治通鉴》著称的谭知礼和黎明等,开始奠定中国学术史上有名的"湘学"派别。

南宋绍兴八年(1138),胡安国著的《春秋传》成书,计30卷,进呈朝廷,高宗阅后称赞他深得圣人之旨,诏加宝文阁直学士。此书后来成为科考必读之书。此外他还著有《资治通鉴补遗》100卷,《文集》5卷。同年四月,胡安国逝世,葬于隐山,赐谥"文定"。胡安国的学说据东安张泽槐先生考证,来自两个方面,其义理之学出自程颐,春秋之学出自孙复,程颐是周敦颐的嫡传弟子,说明胡安国的学术与周敦颐的濂学有着渊源关系。

(二)胡宏与湘学派的创立

胡宏(1105 – 1165)是胡安国之少子,字仲仁,幼时从胡安国学,年长时从二程(颢、颐)的嫡传弟子杨时、侯从良学,为周敦颐的三传弟子,其学术与周敦颐有着深厚的传承关系,自己还有所发展,成为南宋的著名学者,世称五峰先生。初以荫补右承务郎,秦桧当国欲重用之,他不愿与秦桧为伍,严辞拒绝,不随俗波。秦桧死后,又一次被召,仍托病不出,从此终生不仕,在衡山下二十多年,一直以传徒授学为业、潜心研究学问。他常对学生们说:"道学衰微,风教大颓,吾徒当以死相卫。"由于他终生都以发展道学为己任。故其成就巨大,所著《知言》一书,被学者赞扬说:"其言约,其义精,诚道学之枢要。"《宋元学案》作者之一全祖望不仅认为是道学的代表作,同时还肯定他为湘学的创始人。他的说法得到学术界的认同。

(三)张栻与湘学的兴盛

张栻(1133 – 1180)字敬夫,一字钦夫,又字乐斋,号南轩,学者称南轩先生。与南宋朱熹、吕祖谦时称东南三杰。张栻是南宋中兴名相张浚的儿子,汉州绵竹(今四川绵竹县)人。绍兴八年(1138),张浚落职,谪居永州,张栻刚刚六岁,随父迁来永州度过八年。永州与营道相邻,周敦颐五十岁时,已有一定的名气,担任永州通判一年多。除在工馀之暇除讲学外,还写了一篇有名的文章《拙赋并序》,传颂一时,胡安国的侄儿胡寅在这里任知府时,特建康功堂,将该文立碑刻于堂内,濂学之风已经甚浓。张栻在永州开蒙读书,受的影响很深。绍兴二十年,张浚第二次谪居永州九年,张栻已经十七岁,又随父迁来永州,在此期间,他自己到衡山跟胡宏学习。胡宏见张栻睿智过人,读书勤奋,且有"濂学"基础,知其大器,称赞说:"圣门有人,吾道幸矣!"绍兴三十年(1160),有旨令张浚自便,张浚于是寓居长沙城南,建书院于城南妙高峰下,张栻开始在这里收徒教学。宋乾道元年(1165),湖南安抚使刘琪重建岳麓书院,聘请张栻主讲。由于他深得圣门要旨,加之教授得法,从学者千人之众。宋乾道三年(1167),他又特地邀请朱熹来长沙讲学,开展历史上著名的"朱张会讲",更使得岳麓书院名盛一时,成为"湘学"的大本营。张栻在岳麓书院主讲期间,还经常到宁乡的道山、衡山的南轩、湘潭的碧泉书院讲学,使得道学传遍三湘大地。

综上所述,胡安国、胡宏、张栻、朱熹等,虽然都是外省人,但他们传授的却是周敦颐的"濂学"为核心的学术。学生传学生,到明末清初,王夫之集各家之长,使得湘学更加成熟,因此说周敦颐的"濂学"是"湘学"的源头,还是合乎事实与逻辑的。

三 "濂学"为"湘学"注入激励的机制

"湘学"是对湖南的影响这么大,其原因与根由何在?"濂学"既是"湘学"的源头,不妨先对"濂学"进行探索。周敦颐世称理学鼻祖,名气很大,但著述不多,流传下来的《太极图说》249字,《太极图》的标注24字,《通书》2832字,其他诗文题记6248字,共计9153字。这么少的文字却承载他这么伟大的学术思想,真是文质而义精。窃认为他的"濂学"具有如下特点:

(一)自力更生的观点

周敦颐的宇宙生存论《太极图说》:"无极而太极",将"无极"作为宇宙的本源,宇宙生存进化的程序是:无极—太极—阴阳—五行—万物,这些程序无一不是物质的运动,说明宇宙的进化,既不是盘古与女祸的操作,也不是上帝与耶稣的推动,完全是宇宙自身的运动。人同宇宙一样(天人合一),自身也具有自力更生的本能,只要自己运用与发挥,就能吃苦耐劳,就能创造许多奇迹。

(二)修养至圣的思想

《通书·诚上第一》:"诚者,圣人之本。大哉乾元,万物资始,诚之源也。乾道变化,各正性命,诚斯立写,纯粹至善者也。"周敦颐认为:宇宙的本源"无极"出现时,道德本源"诚"也随之派生生出来,"诚"的内容是中正仁义(或仁义礼智信),是纯粹至善的,故人一生下来,正如《三字经》说的"人之初,性本善",在长大的过程中,由于环境的影响,便会出现程度不同的性恶,因此人生下来,必须加强修养,周敦颐不承认有"天纵至圣",只有"修养至圣",他著的《通书》四十章,有十七章论及修养,占47.5%,可见为人修养之必要。由于人的素质不同,所以他在《通书·志学第十》号召:"圣希天,贤希圣,士希贤",各个层次不同的人都必须加强修养,修养只有好处,"不及亦失于令名"。

(三)内圣外王的主张

《通书·顺化第十一》:"天以阳生万物,以阴成万物。生、仁也,成,义也,故圣人在上,以仁育万物,以义正万民。"周敦颐认为:"一个人自己修养好了,还要使别人通过修养也得到好处。"他是这样主张,也是这样实践的。一次他的好友潘兴嗣劝他提早退养,他回答说:"束发为学,将有以设施,可泽于斯民者。必不得已,止未晚也。"他在病危期间,听闻宋神宗重用王安石进行改革,他写信给他的内兄蒲宗孟说:"吾独不能补助万分之一,又不得窃须臾之生,以见尧舜礼乐之盛,今死矣,命也!"感到自己不能参加改革,心理觉得很悲哀。

"濂学"的上述特点注入湘学,使得湘学极富如下的激励机制:能吃苦耐劳,如同骡子,能够负重远行;作风凌励,锐志进取,敢为人先;经世致用,重视实践,关心天下大事。一些湖湘巨子,受到这些机制的影响,平时努力学习,积累知识,重视品德修养,不断磨练意志,到了关键时刻,便挺身而出,起到扶大厦之将倾,挽狂澜于既倒的作用。例如中兴名臣曾国藩,二十七岁考中进士,当了十几年的京官,升至礼部侍郎兼兵部侍郎。咸丰二年(1852),因母亲逝世,回到湖南湘乡荷叶塘老家守丧,突然接到朝廷的圣旨,令他就地办团练,负责消灭太平军。他想到:太平军从广西金田起义,不到两年时间,就攻占岳阳,直扑武汉,而且越战越强,要消灭这样一支彪悍的敌军,谈何容易;办团练,兵勇要自己招,饷械要自己筹,自己的官职还不如一个巡抚(省长)大,真是不好办的事;特别是清廷一贯不信任汉人,带兵又是最遭忌的事,还有些不办实事的大臣,喜欢在皇帝耳边嚼舌头,搞得不好会惹来杀身之祸。他想到这,不寒而栗。他毕竟是位理学宗师,受湘学的影响很深。他转过来又一想:如今国难当头,大丈夫应当挺身而出,自己已经被推到风口浪尖上,没有回旋的余地,现在只能认真对待了,说不定正是建功立业的机会。他想到这里,信心足了,办法有了。他利用知识分子十载寒窗,饱读诗书,欲报效国家,苦无进身之阶的思想,将他们团结在自己身边,交给任务,严明赏罚,这些人在当地都有一定的威信,故招兵筹饷的事很快得到解决。但团练办起来,遇到的问题确实不少。在长沙训练时,首先就遭到绿营兵的妒忌,他们打战不行,惹事生非还真有一套,与团练干了几架狠狠的。曾国藩知道,绿营是满人的嫡系,小不忍则乱大谋,只得移到衡阳来训练。训练还未成熟,朝廷就几次催战,犹如铁尚未烧红怎能槌打,自然失败的多,靖港一战,自己几乎连性命都丢掉,还引来不少的风言风语。好在他很能忍耐。他通过在战争中学习战争,不断总结提高,苦战十一年,终于将太平军扑灭,使得清廷多维持四十多年。他自己因功被封为一等候,官至总督,管辖两三个省,开满人对汉人的最高礼遇。跟随他的左宗棠、彭玉麟、胡林翼也都官至总督,左宗棠还被封为二等侯。其余的人、文的官至巡抚、知府;武的官至都督、总兵,长长一大串。

又如黄兴,字克强,湖南善化县(今长沙县)人,是同盟会仅次于孙中山的革命领袖。他幼读私塾,15 岁以优异成绩考入岳麓书院,受"湘学"的影响很深,他在这里一边学习文化,一边练习拳术,励志成为文武全才。1898 年,他 24 岁,被学校保送到武昌两湖学院深造,同年他见维新变法失败,六君子被杀,认为清廷已无可救药,只有采取革命手段推翻,中国才有出路。从此他积极进行革命活动。1903 年,他在明德任教,与宋教仁、陈天华等热血青年,成立革命团体"华兴会",被推为会长。经研究决定,次年 11 月 16 日(阴历 10 月初十),趁慈禧太后七十岁生日大办筵席时,联络各个会党,在长沙起义,"直捣幽燕,驱逐鞑虏"。为了解决革命的经费问题。他将在长沙东乡凉塘的遗产全部卖掉,毁家革命。这次起义因联络的会党泄密,未及发动即遭到失败,他立即经上海逃到日本。1905 年,他见到孙中山,两人积极联络各个革命团体,成立同盟会,孙中山被推为会长,负责全面工作,他被推选为庶务(相当协理),主要精力是组织起义,在同盟会里是仅次于孙中山的革命领袖。1907 年,他从日本来到越南,先后在广西的镇南关、钦州、防城港、广州、上思以及云南的河口,多次发动起义,都因弹尽援绝而失败。他败了从不气馁,越败越革命,清兵被搞得焦头烂额。1910 年 11 月 13 日,他与孙中山、赵声等相见于南洋的槟榔屿,总结过去起义失败的原因,主要革命力量过于分散,故决定募集巨款,集中人力发动一次大的起义,先占领广州,然后由黄兴率领一支军出湖南,进攻湖北;赵声领一支军出江西,向南京推进,会师长江,继续北伐。1911 年 4 月,他们由香港进入广州,在总督衙门附近的小东营 5 号设立起义指挥部,由于人数集中过多,怕目标暴露,几经周折,一再改期,原来的部署被打乱,起义人数大减。4 月 27 日,因形势逼迫,只得起义。黄兴率领赵声、林觉民、朱执信等百余人,臂藏白布,脚穿胶鞋,螺角一响,攻入广州总督衙门,进入后堂,发现总督张鸣岐已经逃跑,返回总督衙门时,恰好与调来的卫队相遇,展开激战,许多革命党人牺牲,黄兴也被击断两个手指。最后他发现只剩下他一个人,且战且走,退到衙门外,用肩膀撞开一家货店的门,双枪左右射击,连毙数人,敌人不敢再追,便从后门跳到香港住院治疗。这次起义又告失败,后收殓革命的殉难者,得尸体 72 具,合葬在广州郊区的黄花岗,世称黄花七十二烈士。同年 10 月 10 日,武昌新军起义,这时黄兴正在上海,闻信急忙跑来武昌指挥,与清军激战十多日,各省纷纷宣布独立,清帝被迫退位。次年元月一日,孙中山就任临时大总统,黄兴被任命为陆军部长。袁世凯在帝国主义支持下,玩弄两面手法,抢夺民国大总统。孙中山、黄兴等认为革命不是为了当官,现在清政府已经推翻,民国建立,革命的目的已经达到,因此只得相让。谁知老"猿"抢夺大总统后,还嫌不过瘾,1915 年,又恢复帝制。蔡锷在云南首举义旗,组织护国军声讨。这时黄兴正在美国,他积极宣传反"猿"的意义,动员华侨捐款支援护国军。老"猿"被活活气死,黄兴次年回国,病逝于上海,享年 42 岁。他的灵柩通过长沙时,万人挥泪。同盟会的元老胡汉民评价说:"黄兴是一个标准的'湖南骡子',更隐藏着'老子不信邪'的脾气,其雄健不可一世。"章大炎笔下的对联评价更高:"无公则无民国,有史必有新人。"

（原载 2015 年第 3 期,作者单位:道县政府）

湘军要员是如何推崇周敦颐的？

✳ 王兴国

湘军，顾名思义，是产生于湖南的一个地方性武装集团。但这个武装集团又有其特别之处，即与其他武装集团的将领大多为行伍出身不同，湘军绝大多数将领是文人出身，因此他们具有极高的文化自觉。正如曾国藩在《讨粤匪檄》中所宣示的那样，湘军就是要维护"中国数千年礼义人伦，诗书典则"[1]诗文,232。所以在近代，湘军是以中国传统文化的卫道者的形象出现的。这样的例子不胜枚举，本文仅以他们是如何推崇周敦颐为例说明之。

曾国藩研幾主静又谒陵墓

曾国藩是湘军的主帅。他早年在北京当官，遵照倭仁的指示进行修身时，其方法即包括周敦颐的研幾和主静思想。乌齐格里·倭仁（1804－1871），字艮峰，蒙古正红旗人，晚清大臣，以讲程朱理学受到清廷重用。曾氏日记道光二十二年十月初一记："拜倭艮峰前辈，先生言'研幾'工夫最要紧，颜子之有不善，未尝不知，是研幾也。周子曰：'幾善恶。'《中庸》曰：'潜虽伏矣，亦孔之照（炤）。'刘念台（宗周）先生曰：'卜动念以知幾。'皆谓此也。失此不察，则心放而难收矣。又云：人心善恶之幾，与国家治乱之幾相通。又教予写日课，当即写，不宜再因循。"[1]日记一,113"幾"字最早出现在《易传》："幾者动之微，吉之先见者也。君子见幾而作，不俟终日。"这里，它是作为一种观察和处理问题的方法论而提出来的。就是说，一个君子是善于从那些十分细微的变动中去发现吉凶的不同征兆，从而做到见幾而作。周敦颐在《通书》中提出"幾善恶"，即从"幾"上分辨善恶的观点，从而使"研幾"有了道德论的意义。倭仁引述刘宗周"卜动念以知幾"的话，更是为了说明，要做到从幾上分辨善恶，就要时刻明了自己心中萌发的念头，当恶念刚一冒头就要及时克服，而充分发扬那些善良的念头。所谓"人心善恶之幾，与国家治乱之幾相通"，与《大学》修身、齐家、治国、平天下，是如出一辙的,但它却更具有可操作性。曾国藩接受了倭仁的教导,在当时的日记中,反复对自己进行自我反省和悔过自新,正是为了在一念之几之上辨善恶。

要在一念之几之上辨善恶,就要使自己的身心保持一种相对静止的状态。所以曾氏又根据周敦颐在《太极图说》中的"主静"思想,实行静坐。在道光二十二年(1842)的日记中对此多有记载:十月初二日:"辰初起,静坐片刻。……饭后昏昧,默坐片刻,即已成寐。神浊不振,一至于此! ……静坐,思心正气顺,必须到天地位、万物育田地方好。"初三日:"一早,心嚣然不静……默坐,思此心须常有满腔生意;杂念憧憧,将何以极力扫却? 勉之!"十四日:"因心浮,故静坐,即已昏睡,何不自振刷也!"十九日:"饭后,会客一次,静坐不得力。"二十五日:"昨日今日,俱无事出门,如此大风,不能安坐,何浮躁至是! 静坐功夫,须是习熟,若不勉强苦习,更说甚?"二十八日:"起,杂思,静坐半时,不得力。"十一月十三日:"树堂来,与言养心养体之法。渠言舍静坐更无下手处,能静坐而天下之能事毕矣。因教我焚香静坐之法。所言皆阅历语。静中真味,煞能领取。言心与气总拆不开,心微浮则气浮矣,气散则心亦散矣。"十四日:"起亦不早,焚香静坐半时。饭后……仍静坐,不得力,枕肘睡去,醒来心甚清……饭后,静坐半小时,颓然欲睡,可恨之至。"[1]日记一,113 – 129

经过一段实践,曾国藩初步总结出静坐一些经验来:"细思神明则如日之升,身体则如鼎之镇,此二语可守者也。惟心到静极时,所谓未发之中,寂然不动之体,毕竟未体验出真境来。意者只是闭藏之极,逗出一点生意来,如冬至一阳初动时乎? 贞之固也,乃所以为元也;蛰之坏也,乃所以为启也;谷之坚实也,乃所以为始播之种子也。然则不可以为种子者,不可谓之坚实之谷也。此中无满腔生意,若万物皆资始于我心者,不可谓之至静之境也。然则静极生阳,盖一点生物之仁心也。息息静极,仁心不息,其参天两地之至诚乎? 颜子三月不违,亦可谓洗心退藏,极静中之真乐者矣。我辈求静,欲异乎禅氏入定,冥然罔觉之旨,其必验之此心。有所谓一阳初动,万物资始者,庶可谓之静极,可谓未发之中,寂然不动之体也。不然,深闭固拒,心如死灰,自以为静,而生理或几乎息矣,况乎其不能静也? 有或扰之,不且憧憧往来乎? 深观道体,盖阴先于阳,信矣,然非实由体验得来,终掠影之谈也。"[1]日记一,129这段话表明,曾国藩力图从哲学高度去把握静坐的意义。曾氏认为,静坐并非"深闭固拒,心如死灰,自以为静,而生理或几乎息矣",相反,而是必须"如冬至一阳初动时","满腔生意,若万物皆资始于我心者",从而达到"参天两地之至诚"。

道光二十四年(1844)三月初十日,曾国藩在《致温弟沅弟》的信中附上了他所写的《五箴》,其中之一就是《主静箴》,箴中描述了主静导致的思想境界:"斋宿日观,天鸡一鸣。万籁俱息,但闻钟声。后有毒蛇,前有猛虎。神定不慑,谁敢余侮?岂伊避人,日对三军。我虑则一,彼纷不纷。驰骛半生,曾不自主。今其老矣,殆扰扰以终古。"[1]家书一,81-82曾国藩生于嘉庆十六年(1811),到道光二十四年(1844),还只有33岁,他在箴中就说"今其老矣",表明他对自己"驰骛半生,曾不自主"的忧虑。但他说的"神定不慑,谁敢余侮?岂伊避人,日对三军。我虑则一,彼纷不纷"则表明,他在周敦颐主静思想指导下养成的能静功夫已经相当深厚。所以若干年后当他与太平军作战时,就坚持以静治军。他在咸丰五年(1855)江西南康水营作《水师得胜歌》中就规定:"第四军中要肃静,大喊大叫须严禁。半夜惊营莫急躁,探听贼情莫乱报。切莫乱打锣和鼓,亦莫乱放枪和炮。"第二年南昌省城作《陆军得胜歌》也规定:"他呐喊来我不喊,他放枪来我不放。他若扑来我不动,待他疲了再接仗。""第四规矩要肃静。""不许高声大喧哗。"[1]诗文,426-428

曾国藩于咸丰八年(1858)在江西与太平军作战的间隙中,于八月初二专程拜谒过周敦颐墓。周敦颐墓在江西九江。熙宁四年(1071),周敦颐听说其母亲在润州(在今江苏镇江)的墓地遭水淹,于是便将其改葬江西德化县(今九江县)栗树岭(今为莲花镇冯家村)。两年后周敦颐逝世,便埋在其母亲的左边,母亲坟墓的右边则是埋周氏的两位夫人陆氏和蒲氏。自从此墓建立之后,"数百年来,兵燹继至,朝代交谢,有墓无祠,有祠无祀,有祀无子孙奉守之。"这种情况,到了明代弘治、正德年间有了改变。弘治庚戌(1490)九江太守童潮创祠堂一所于墓前,堂凡三间,尸先生像于中,匾曰"宋元公濂溪先生祠",中又别建爱莲室三间,室前凿二池,植莲于内;前祠门一所,匾曰"濂溪先生墓"。外又置田地、山塘四十七亩一分,收其所入以为祀事之需。弘治十年(1497)经江西有关官员的努力,征得湖广布政司的支持,从弘治十六年(1503)七月二十一日起,送原住湖南道县的周敦颐后裔庠生周纶前往九江府德化县守元公墓。[2]825-828

据曾氏当天的日记:"饭后与雪琴(彭玉麟)、少泉(李翰章)、申夫(李榕)往谒周子墓。墓距九江府城十五里,在石塘铺之东南四五里。辰正起行,巳正到。其墓发脉于庐山之莲花峰,东行至江滨,绕折迤逦皆平岗。绕至西头,入脉结穴,系钤穴。两钤本沙,环抱甚紧,坐北向南。近案为一金星,远朝即莲花峰,所谓回龙顾祖也。溪水从右流出,微嫌左手外沙太少耳。墓为咸丰五年正月罗萝山所修。坟顶结为龟形,约高六尺,径一丈四五尺,罗围高约三尺,罗围后身碑三通。"[1]日记一，405此次陪同曾国藩谒墓者三人中,彭玉麟将在下文介绍。李瀚章(1821－1899),字筱泉,一作小泉,安徽合肥人。李鸿章的哥哥。道光二十九年(1849),以拔贡朝考出曾国藩门下,及曾国藩建湘军之初,即奏调瀚章至江西南昌综理粮秣。谒周子墓时,他在曾氏幕中总核粮台报销。李榕(1819－1890),字申夫,四川剑州人,官至湖南布政使。谒周子墓时,他在江西南昌办理湘军营务。日记中所说的"结穴",是一个风水名词,旧时堪舆家谓地脉顿停处地形洼突,地气所藏结。"金星"也是风水名词,是五种基本定穴星峰之一,指顶部圆净呈弧状隆起的山形。"回龙顾祖"也是一个风水学名词,指龙头(山脉)掉头朝向太祖山来脉方向。这表明,曾氏对堪舆学颇有研究,他认为周子墓的风水从总的来看还不错。

罗泽南撰《人极衍义》并修墓

罗泽南(1807－1856),字仲岳,号罗山。湖南省湘乡县(今属双峰)人。太平军进犯湖南后,罗泽南从咸丰二年(1852)开始以在籍生员的身份率生徒倡办团练,次年协助曾国藩编练湘军。自此率湘军转战江西、湖北、湖南三省。因战功卓著,历迁任知县、同知、道员(加按察使衔)。

"人极"一词最早出现在南朝梁沈约《明堂登歌·歌黑帝》:"祚我无疆,永隆人极。"唐白居易《立制度策》:"夫制度者,先王所以下均地财,中立人极,上法天道者也。"这里所讲的"人极"意为纲纪、纲常,社会的准则。周敦颐《太极图说》:"圣人定之以中正仁义而主静,立人极焉。"此所谓"人极"指做人之准则,《人极衍义》就是推衍这种做人的准则。罗泽南此书作于40岁时,即道光二十七年(1847)。刘蓉在为此书作序时,阐明了罗泽南写作此书的宗旨:"古之圣人所以建中立极,本天德以行王道,明学术以修治法,靡不一以贯之者也。尧舜禹汤、文武周孔,皆所谓躬凝此道,而立人极之准者也。……濂溪周子,又复括其精意,建图属书,以发明之。于是阴阳变化之故,天人性命之微,圣凡修悖之要,又益精切著明。读者诚即是以尽吾心焉,则夫太极之全体,亦可以反诸身而自得之矣。"这就是说,周敦颐的《太极图》和《通书》是专门发明古代圣人"本天德以行王道,明学术以修治法",即探求天的德性以施行王道,讲明学术以修订统治方法。这种体与用、知与行、理论与实践的高度统一,乃是人极的最高准则和实现人极的最终归宿。可是在明代末年,"学者浸失其旨,其曰性、曰命、曰太极者,往往沦于空虚元(玄)妙之归,而无预于人生日用之故。后之矫其失者,又欲一切置之,而但以博学行己为训,则又未免滞于形器事为之末,而不达夫天命降衷之原。二者既各倚于一偏,而于学术之精微之蕴、政治教化之本,亦往往不能究极端委,而深求所以然。此道之所以不明不行,而人极之所以不立也。"这就是说,在明代末年出现了两种不良的倾向,一种是只停留在性、命、太极的空谈之上,而不联系人生日用的实际;一种则是只注重博学行己,拘泥在种种具体事物和百工技艺之中,而将理论的研究撇在一边。这两种人都不能明道,不能立人极。正是针对这些弊端,所以罗泽南"本周子定之以中正仁义而主静以立人极之意,推衍以尽其义。上自天命之原,而下达于人事之著。触类引伸,反覆周尽,以明凡人日用酬酢之间,即事即物莫不有所谓太极者存。至究其所以修德凝道之实,则必以主敬工夫为之准焉。其宏纲要领,虽不出于先儒之所言,而要其旨趣,殆有非明季诸儒所能及者"[3]187-188。刘蓉的这段话清楚地表明,罗泽南的《人极衍义》就是要用周敦颐的太极理论指导人生现实的实践活动,这正是与近代湖湘文化特别重经世致用的精神相一致的。

罗泽南《人极衍义》的前一部分,主要是从理论上论述太极与人极的关系。他认为,天、地、人,一太极也。至诚无息,天以诚而运也;至顺有常,地以诚而凝也。"圣人者,至诚无息,与天地合其德也。贤人者,静存动察,善反天地之性者也。愚者、不肖者,千百其功,亦可驯至圣人之域,使所受诸天地者不失也。尽吾之性,以尽人物之性,以辅相天地之宜,则可以与天地参。"[3]189罗氏的这段话表明,他一反历代儒者将人性分等,认为上智下愚不移的观点,而认为即使是所谓"下愚""不肖"之人,只要他们"千百其功",即认真学习和实践,也可达到"圣人之域"。接着,罗氏指出,人性的善和不善,是由于气禀不同决定的,但是只要努力,是可以克服气质之偏的。他说:"气质之性,君子终不为所囿者,变化之道,是在乎人为也。尽性则人事皆天,好学则气质无权。"要为学,就要做到"内以成己,外以成物"。要"成己",则要"明善"。如何明善呢?就是要正心:"立一身之主宰,而提万事之纲者,其维心乎?心也者,理之舆也。事物未至,理具于心,事物既至,心即运此理以应之。"[3]191-192这些观点表明,罗泽南对人性是抱着一种乐观主义的态度,认为它是可以改变的,所以他在加入湘军以前,长期从事教育工作,并且培养了一批有体有用的学生,后来他们大多成为湘军骨干。所以后人称罗泽南为"湘军之父"。

《人极衍义》的主要部分,是论"皇极",即帝王统治天下的准则,也就是所谓大中至正之道。《书·洪范》:"五,皇极,皇建其有极。"孔颖达疏:"皇,大也;极,中也。施政教,治下民,当使大得其中,无有邪僻。"罗泽南说:"今夫天子者,继天立极,致天下于中和者也。"也正是这个意思。那么如何才能正确行使天子之道呢?罗氏从五个方面进行了论述:

其一,正心。他说:"君天下者,君也;君君身者,心也。帝王之政,本之一心以推及天下。……修身谨行,圣言之所由兴也;纵欲败度,昏主之所由亡也。不正其心,则无以正其身;不正其身,则无以正一家;不正其家,则无以正朝庭、正天下。"

其二,穷理。罗氏说,君主"内修家政,外任贤才,果何道而不失与? 曰:是亦在乎人君之穷理而已,修身而已矣"。穷理的目的是明道。"天子有道,封建亦治,郡县亦治。天子无道,封建亦乱,郡县亦乱。然欲跻天下于郅治,终非封建不为功。……苟为无道,郡县岂能保其不失也哉?"

其三:教民。"天能畀民以性,不能令民之气质皆淳也。天能与民以德,不能令民之习俗皆厚也。五方殊俗,贤否异情,必得圣人为之君,为之师,修其道以教之,而后可以一道而同俗。"

其四:安民。"今夫继天立极之道,岂有他哉? 惟在有以安民而已。""大矣哉! 皇极之用乎极也者。物我一源,体用一致者也。立己之极,尤必立人之极。明德、新民,皆止于至善也。"

其五:利民。"帝王之道,以利天下,非以利一身。故三王公天下,其治隆;后世私天下,其政杂。"[3]195 - 202

《人极衍义》最后论述天下之乱的原因。罗氏说:"然则天下之乱,天使之与? 抑人自召之与? 曰:人召之也。""今夫天,有气数之天,有义理之天。气数之天,人为天限者也;义理之天,天由人立。""是故尚词章,务记诵,身心之学不事讲求者,弃天者也。矜夸诈,逞机变,崎岖反侧,不即乎义理之安者,欺天者也。"[3]203 - 205

咸丰五年(1855)春天,罗泽南和李续宾在江西作战时,曾经重修周敦颐墓。据罗泽南《重修濂溪先生墓记》记载:"浔城东南莲花峰下,周濂溪先生之墓在焉。咸丰五年春,泽南与李子续宾督师浔阳,往谒之。其中为郑太君墓,乃先生所自卜者,先生没,祔于其左。右则陆、蒲两夫人也。历年久,墓圮,因与李子购陶甓与石重修之,命监生李兰亭、外委谢维德、先生二十二世孙周文珍董其事。

不一月,告成。"[3]80

李续宾(1818－1858),字如九,号迪庵,湖南湘乡(今属涟源)人。咸丰二年(1852)在籍协助其师罗泽南办团练,对抗太平军。次年随罗泽南出省作战,增援被太平军围困的南昌。咸丰四年(1854),在湘军攻占湖南岳州(今岳阳)、湖北武昌、田家镇(今武穴西北)等重要作战中,常当前锋、打硬仗,以功升知府。次年一月,随罗泽南南下,连占弋阳、广信(今上饶)、德兴、义宁等府县。十二月,随罗泽南赴援湖北。咸丰六年(1856)罗泽南战死后,接统其军,成为湘军一员重要统兵将领。罗泽南的这段记载表明,他重修周墓的原因是由于年代久远墓地坍塌,即是自然原因造成的。而李续宾的年谱却说:"宋儒周子葬于城外石塘铺,其墓及母妻冢遭贼损削,公督士卒葺治,而市石以表。"[4]124就是说,是由于太平军的破坏。但方宗诚光绪九年(1883)写的《谒周濂溪先生墓记》则说:"咸丰初,湘乡罗忠节公泽南率师过九江,重修其墓,为记而泐之石。兵燹之余,凡庐山名胜、佛宇多被残毁,而先生墓木、碑碣,独无敢毁伤。民之秉彝,好是懿德,虽盗贼亦有未尽泯灭者。古所谓'不为尧存,不为桀亡',其不信然欤!"[2]829应该说,罗泽南和方宗诚的记载是准确的,因为他们都是亲历者,而李续宾年谱的编者则是后人,难免有想当然的成份。

罗泽南还在《重修濂溪先生墓记》中对周敦颐在中国思想史上的地位进行了评论:"吾道之兴废,世运之盛衰所由系也。孔孟既没,圣贤不作,天下之士不驰骛于功利,则陷溺于虚无,古人修己治人之学,无复为之讲求。六朝五代攘夺频仍,生民之祸至此已极。无他,圣学不明故也。先生生千载下,奋起边方,不由师承,默契道体,图《太极》,著《通书》四十章,以示天下后世,孔孟之道灿然大明,其所以为世道人心计者,至深且远也。向使天下后世之士,尽能学先生之所学,求合乎仁义中正之道,以之修身则身修,以之治世则上有礼下有学,又何至贼民纷起,重贻斯世之忧也哉? 救乱如救病,养其元气,邪气自不得而入。感怀时事,兴念斯文,盖不禁有味乎先生之道,且深有望于学先生之道者也。"[3]80-81罗泽南认为,周敦颐的著作使"孔孟之道灿然大明",假如后世之人都"能学先生之所学",就不会有"贼民纷起"。现在"贼民"既起,再来修周子之墓,并且强调读周子之书,"亡羊补牢",犹未为晚也。这正罗氏修墓的初衷。罗泽南还作有《重修周濂溪先生墓》一诗:"关闽延道脉,伊洛接心传。不有濂溪子,谁开宋代贤? 言余书以外,意在画之先。千载墓门下,萋萋草色鲜。"[3]35

彭玉麟重修陵墓再纂《希贤录》

彭玉麟(1816-1890),字雪琴,号退省庵主人、吟香外史。湖南衡阳县人。与曾国藩、左宗棠、胡林翼并称中兴四大名臣,湘军水师创建者。官至两江总督兼南洋通商大臣,兵部尚书,封一等轻车都尉。关于光绪七年彭玉麟修墓的情况,彭氏有《重修周子墓碑记》:"濂溪周子,吾楚道州人也,墓在江西德化县(今九江)栗树岭下。光绪七年,玉麟巡阅江海,道出浔阳,率同湖口总兵丁义方、知县胡传钊等往谒。墓经湘乡罗忠节公泽南、李忠武公续宾于咸丰乙卯重修。时当戎事方棘之秋,工尚未足以经久远。玉麟因镯金为倡,属丁君营度其事,易陶甓(陶砖)而石,周缭以垣,闱闶其墓门,历一周星蒇事。"这说明此次重修周子墓的主要负责人为丁义方(?-1893),字燕山,湖南益阳人。早年入水师,隶彭玉麟部下,积功至守备。历任都司、参将、副将。同治七年,授湖口镇总兵。根据彭玉麟的重修记和丁义方的《说》、方宗诚的《谒周濂溪先生墓记》,可以知道这次重修周子墓的一些基本情况:

第一,修墓的时间和经费:光绪辛巳(七年,1881),湖口总兵丁义方和新昌县知县胡传钊等人,陪同彭玉麟谒周子墓,"乃定集赀修墓之举。自壬午夏经始,洎癸未春蒇事",这也就是彭玉麟在《墓记》中所说的"历一周星蒇事"。据王闿运所写的彭玉麟行状,"其濂溪墓、昭忠祠、京师及各省直衡永会馆,凡募助公举者,动以千计"[5]文集,334。这说明彭玉麟的捐银在一千两以上。

第二,主要修建项目:1. 在墓区修建或加高加厚围墙"八十余丈,高视旧加倍,深其址而石垒以甓,而增厚焉"。2. 自门至墓,级石为道(有的记载说,墓区内的石级为57级,以象征周敦颐年龄57岁,不知是否起自此时抑更早)并在墓区内植树数十株。3. 修建祠堂。墓前原有祠,明季已毁于兵。于是重新修建"守冢精舍二","俾奉守者有栖息,展礼者有斋沐之处。并且崇高其门而坊表之。"

第三,树碑:旧有碑仍之,新立碑四,中为元公母仙居县郑太君墓,左为元公墓,右为元公配缙云陆县君、继配德清蒲县君墓,皆彭玉麟所敬题。彭氏在谈到他是如何题周敦颐的墓碑时说:"嘉定九年,蜀使者魏了翁为先生请易名典,诏谥曰'元'。明弘治三年,九江知府童潮于墓所建祠,题匾额曰'宋元公濂溪周先生祠'。及嘉靖甲寅,修墓者则题曰'宋知南康军濂溪周先生',继修者则题曰

'先贤濂溪周子',漏谥不书而书知南康军,似不若先贤之为重,然谥亦不可漏也。玉麟因阐罗山所重之意,增题'元公'二字于碑,其于古礼,庶有合乎!"现存彭玉麟所题墓碑全文如下:"光绪癸未春　先贤宋元公濂溪周子墓　后学衡阳彭玉麟敬题"[6]。丁义方"则谨摹元公遗像兼图所爱莲花于石,以表洁而遗芳,庶俾过墓则式者有所宗仰乎!"[2]813-830此遗像碑原存道县,碑上有朱熹所题的像赞:"至道千载,圣远言湮。不有先觉,孰开我人?书不尽言,图不尽意,风月无边,庭草交翠。"丁义方将此遗像碑及朱子像赞摹绘下来,刻石墓所。[2]317

上述情况表明,这次重修周敦颐墓的工程量和工作量是比较大的。

彭玉麟在周敦颐墓重修好了的时候,写了一篇《重修周子墓碑记》。在这篇记中,他明确表示,对于推崇周敦颐来说,修墓一事还只是"末":"先生发伊洛之源,继洙泗之学,所著《太极图说》《通书》与六经并垂不朽。后之人苟不明乎中正仁义之道,以之修齐治平而徒致力于先生之墓焉,末已。"那么什么是"本"呢?彭玉麟认为,就是要把握周敦颐所宣扬的"中正仁义之道"[2]820。所以彭氏在写完这篇《记》以后,觉得意犹未尽,于是又着手编纂《希贤录》。

彭玉麟在《希贤录》序中,论述了他编辑此书的宗旨:"予维周子之学,德行精纯,体用具备。上继文、周、孔、孟,下启二程、张、朱,宋赐谥曰元,义深远也。其所著《太极图说》《通书》,与《易·系辞》《大学》《中庸》之旨,如合符节。经朱子注释之后,明时取以冠《性理大全》。我圣祖仁皇帝命儒臣纂修《性理精义》,复取以弁篇端,循明制颁之学宫,著为令典,与六经、四子书并垂天壤。其言行出处进退,几于时措从宜,近于君子,依中庸遁世不见知而不悔。《宋史》创立《道学传》,而以先生为首,称朱子《濂溪先生事实》所载特详,《宋史》即据以立传。其赐谥有礼臣之议,其从祀有理宗之诏,其墓则有潘兴嗣为之志铭,其重修墓则有罗忠节为之记,皆能发明先生体用实学,予无以益也。夫尚友古人,不徒在过墓生哀、至庙生敬,尤当奉为德行、政事、学术以为师法焉。既撰重修墓记以识颠末,复取《宋史·道学传》、朱子所撰《事实》并《通书讲义》,以及宋赐谥议、从祀诏、墓志铭、修墓记,并绘墓图汇为编,俾仰止先生者,考其言行,知其穷理尽性至命之学,实能存诸心、备诸身,发之于事君、行政、济人、泽物之间,故可为百世师而非徒托空言者也。用以自励希贤之志,且以励同志云。"[2]812-813彭玉麟反复强调"体用具备""体用实学",并且说"尚友古人,不徒在过墓生哀、至庙生敬,尤当奉为德行、政事、学术以为师法焉",充分体现了湖湘文化重体用统一、经世致用的优良传统。

《希贤录》全书约一万五千字。卷前有彭玉麟的序，丁义方所绘濂溪墓图和《说》。正文分上下两卷。上卷收录有关周敦颐的传记、赐谥、封号、尊崇典礼等资料。所收集的资料都是比较权威的。如《宋史·道学传》《九江志·理学传》是官方对周敦颐的评价。而朱熹的《濂溪先生事实》《濂溪书堂记》及《濂溪先生像赞》，其学术的权威性也是公认的。而魏了翁的《为濂溪先生请谥奏》和《再为濂溪先生请谥奏》、臧格的《濂溪先生周元公谥议》以及楼观的《濂溪先生周元公谥议》，则是有关朝廷赐谥的原始资料。而九江太守赵善璙的《濂溪书堂谥告石文》则是在赐谥之后，"更治其书堂，缮修其祠墓"的实际行动。《宋理宗淳祐元年从祀文庙诏》《宋理宗追封汝南伯制词》《元仁宗加封道国公制词》，则是有关从祀和加封号的原始文件。《历代尊崇典礼》一文则记述了历代皇帝尊崇周敦颐的种种措施。文中还有彭玉麟的按语："淳祐之先，嘉定四年十二月，承议郎、秘书省著作佐郎兼沂王府小学教授李道传尝奏，乞下除学禁之诏，因以濂溪及邵、程、张四先生列于从祀，其奏略云：'臣闻，绍兴中，从臣胡安国尝欲有请于朝，乞以邵雍、程颢、程颐、张载四人春秋从祀孔子之庙。淳熙中，学官魏掞之亦言，宜罢王安石父子勿祀而祀颢、颐兄弟。厥后虽诏罢安石之子雺（雱?），而他未及行。儒者相与论说，谓宜推而上之，以及二程之师周［敦］颐。臣愿陛下诏有司，考安国、掞之所尝言者议而行之，上以彰圣朝崇儒正学之意，下以示学者所宗，其所益甚大，所关其重，非特以补祀典之缺而已。'等语。会西府中有不乐道学者，而朝廷亦有以其事大体重，未及行焉。迨嘉定十三年，因魏华父（了翁）之奏，定议周子谥曰元，于时明道谥纯、伊川谥正，亦同定议。惟横渠请谥曰明，在嘉定十六年。朱子之谥文则已定于嘉定二年，先周子十年矣。淳祐从祀时，除邵子外，皆同特降指挥。由是历代表显复异，有加蒬已，升跻先贤位次，邵子亦同列。虽道之明晦先后有时，而推崇濂溪，实仲贯一奏肇其始。麟特详考端委，附载于编，以昭其希贤之美云。"[2]823彭玉麟的这段考证，补充了《濂溪志》中《历代尊崇典礼》只从封周敦颐"元"公讲起的不足，而将这种封典的酝酿过程也都寻绎出来，以说明"虽道之明晦先后有时，而推崇濂溪，实仲贯（李传道）一奏肇其始"，这就既充分表彰了前人尊贤之美，也体现了彭玉麟氏的希贤之美。

《希贤录》的下卷，则有关周敦颐墓的资料。《庐山志》有关周氏墓记载："墓虽面莲花峰，而相去乃二十余里。弘治庚戌，九江守童潮始辑祠置田，以供祭祀，廖纪为记。后十四年，提学邵宝为请于道州，取先生裔孙周纶来主其祀焉。"[2]824此外，这一卷还收录了潘兴嗣的《濂溪先生墓志铭》《查取后裔赴九江守墓公橄》、傅楫《重修墓祠增置祭田记》、廖纪《重修濂溪先生墓记》、童潮《濂溪祠墓记》、罗泽南《修濂溪先生墓记》、彭玉麟《重修周子墓碑记》、方宗诚《谒周濂溪先生墓记》。

方宗诚在其《记》中,对彭玉麟既修墓又编《希贤录》的举措评价很高。他说:"予惟先生(指周敦颐)所著图书,发羲、文、周、孔之蕴奥,上缵颜、曾、思、孟之绪,下开二程、张、邵、朱子之先,论者谓为三代以后圣人,虽毛、郑、董、韩皆不逮也。既从祀学宫,谥'元公',改称先贤,凡二十一行省府州县二千有余,有祀孔子之宫,即无不有先生之位,凡读孔子六经者,即无不读先生之书。且大孝尊亲,并其父亦得称先儒,而从祀启圣、肇圣五王(孔子的五代祖先)之下。先生之道,实与前圣冥契而无间;先生之神,殆与天地浑合而无迹,又岂拘拘于一墓之间哉!然而道不囿于器,亦不离于器,神固不滞于墓,而墓亦未始非神之洋洋如在者也。是以历朝祀典,凡先圣先贤祠墓之所,皆必令有司春秋致祭。盖帝王尊德重道之心,不如是不足以昭诚敬垂法则也。世之有司往往视为具文,且或不亲诣其地,渐至无知者毁伤其宰木,侵蚀其土地,堕坏其祠宇。呜呼!是何秉彝好德之良,竟有泯没无存者乎!然则彭公之所为,固足以发聋振聩,而为民牧者,其尚善养其懿德之好也。"[2]830方宗诚将陵墓与先贤之神的关系,比作道与器的关系,他说"道不囿于器,亦不离于器,神固不滞于墓,而墓亦未始非神之洋洋如在者也",便将彭玉麟修周子墓与编《希贤录》这两件事的必要性与重要性都突显了出来,并且统一了起来。

郭嵩焘定位定祀力赞诚神幾

郭嵩焘(1818－1891),字伯琛,号筠仙。湖南湘阴县人。他是湘军创建者之一,最早带湘军出省作战,也是湘军的高参,曾力劝曾国藩和左宗棠出山与太平军作战,并最早提出练水师、征厘捐。郭嵩焘对周敦颐也是十分推崇的。他在很多著作或活动中,经常将周敦颐和王夫之并提,并且作了准确的定位。他在同治九年(1870)掌教城南书院时,就曾建船山祠于南轩祠之旁。在他所写的《船山祠碑记》中将周敦颐与王夫之作为湖南古代学术上的两大丰碑。他说:"自有宋濂溪周子倡明道学,程子、朱子继起修明之,于是圣贤修己治人之大法灿然昭著于天下,学者知所宗仰。然六七百年来,老师大儒,缵承弗绝,终无有卓然能继五子之业者。吾楚幸得周子开其先,而自南宋自今,两庑之祀,相望于学,独吾楚无之。意必有其人焉,而承学之士无能讲明而推大之,使其道沛然施显于世.若吾船山王先生者,岂非其人哉!"[7]512在《船山先生祠安位告文》中,郭嵩焘又说:"盖濂溪周子与吾夫子(指王夫之),相去七百载,屹立相望。揽道学之始终,亘湖湘而有光。"[7]538所谓"揽道学之始终",是说周敦颐是宋明理学(道学)的创始人、奠基人、开山祖,而王船山则是宋明理学的总结者和终结者。这一认识,与当代学者的看法是一致的。光绪三年正月十六日,郭嵩焘在驻英国大使馆,梦见周敦颐:"夜梦六人同席,旁一人指示:首座周濂溪(敦颐),次张横渠(载),次张南轩(栻),次韩持国(维),而韩稚珪(琦)坐席上方,与我相对。并古衣冠。予因问:'濂溪、横渠俱在,而二程子及朱子不至,何也?'众亦无应者。醒时犹能辨其面貌,惟周子丰面,须不甚长,记忆为最清。"[8]150到英国当公使去了,还念念不忘周子,说明郭氏对周敦颐的深情和尊重。郭氏从英国回国后,于光绪七年(1881)创立思贤讲舍,并且成立禁烟公社,他与同人商定,每年在屈原、周敦颐、王夫之、曾国藩等四人生日之时举行祭祀及讲演活动。周敦颐虽然早已从祀孔庙,但敦嵩焘将他与屈原、王夫之、曾国藩等四人列为思贤讲舍的祭祀对象,则是为湖湘文化和湘学树立了一个纵向坐标。

郭嵩焘对周子的研幾思想特别服膺。他在咸丰十一年(1851)的日记中说:"年来他无所得,惟于周子之言幾,深悟其旨。圣贤处事,只重在一'幾'字。所谓幾者,动之微也。虽处一人,治一事,莫不有幾焉。一失其幾,而遂无以善其后。"[9]449郭嵩焘最为赞赏的是周子关于"诚、神、幾"三者统一的思想。《通书》中对此有两段论述:"诚无为,幾善恶。德,爱曰仁,宜曰义,理曰礼,通曰智,守曰信。性焉安焉之谓圣。复焉执焉之谓贤。发微不可见,充周不可穷之谓神。""寂然不动者诚也,感而遂通者神也,动而未形、有无之间者,幾也。诚精故明,神应故妙,幾微故幽。诚、神、幾,曰圣人。"郭嵩焘论"诚、神、幾"时,偏重于"诚、神、幾,曰圣人"一句话。相对于周敦颐的论述来说,郭嵩焘的论述有两点值得注意:

其一,从周敦颐上述两段论述来看,其论"诚、神、幾"偏重于个人的自我修养,而郭嵩焘则将它们推广为处理各种问题的一个重要方法论原则。最早将"诚、神、幾"作为思想方法者,当推王夫之。他曾说:"诚斯幾,诚幾斯神。'诚无为',言无为之有诚也。'幾善恶',言当于幾而审善恶也。无为而诚不息,幾动而善恶必审。立于无穷,应于未著,不疾而速,不行而至矣,神也。"[10]403可见,王夫之也更多地是从道德修养方法上立论的。郭嵩焘则不然,他将把握"诚、神、幾"的关系,作为一种普遍的方法论原则。例如他说:"吾谓天下事无论大小,只是一个幾。得幾则势如破竹,不得幾则寸寸抵牾,事劳而功不能半。……周子曰:诚、神、幾,谓之圣人。……一失其幾,则能者束手,而事端丛出,末路终无可观。"[9]351-352又说:"鄙人近数年颇有悟于《周易》言幾之旨,以为道非诚不立,非幾不行,事之大小,天下之治乱,皆有幾者行其间,天也,固人也。"[7]167显然,在郭嵩焘这里,是将《周易》之言幾与周子之言幾一例视之的。他说的"天下事无论大小,只是一个幾";"事之大小,天下之治乱,皆有幾者行其间",即都可以用《周易》或周敦颐论幾的思想为指导去研究和解决。

其二,他用中国传统哲学关于体用关系的理论,分析了"诚、神、幾"之间的关系:"周子之言曰:寂然不动者诚,感而遂通者神,动而未形有无之间者幾。诚精,故明;神应,故妙;幾微,故幽。诚、神、幾,曰圣人。诚、神至矣,而言幾者,非幾则诚弗形,非幾则神弗显也。诚,体也;神,用也。幾者,动之微,体用之交,妙而通焉者也。"[9]499又说:"周子言:诚、神、幾,谓之圣人。诚者,本也;神者,用也;幾者,介乎动静之间。大而治国平天下,小而处置一事,皆有幾者存其间,顺之而得,逆之而失,其初甚微,其流而为功效,相去判然。近年见此理差明,故曰幾,善恶判之以幾而已。"[7]172-173上面两段话中讲的"体"或"本",就是中国传统哲学所说的"本体";"用"则是指作用。郭嵩焘将诚视为本体,这一认识是与王夫之一致的。王夫之也是将诚视为"实有"的。"神"则是事物运动变化的一种微妙状态。郭嵩焘讲"诚,体也;神,用也",就是说世界的本体是"诚",即"实有",其作用则是诚的运动变化条理。这样,他便从唯物主义的立场对诚与神的关系作了解释。这一思想,显然是对张载和王夫之思想的继承。张载曾在《正蒙·太和》中说:"散殊而可象为气,清通而不可象为神。"对此,王夫之解释说:"太和之中,有气有神。神者非他,二气清通之理也。"郭嵩焘将诚、神的关系说成是体用关系,的确是对周敦颐、王夫之思想的发展,在此基础之上,他认真探讨和研究"介乎动静之间"的"幾",并以之作为自己一切行动的指南,就使他的思想和行动既具有唯物的基础,又具有辩证的基础。

参考文献:

[1]曾国藩.曾国藩全集[M].长沙:岳麓书社,1986.

[2]彭玉麟.希贤录[M].长沙:湖南大学出版社,2013.

[3]罗泽南.罗泽南集[M].长沙:岳麓书社,2010.

[4]傅耀琳.湘军人物年谱·李续宾[M].长沙:岳麓书社,1987.

[5]王闿运.湘绮楼诗文集[M].长沙:岳麓书社,1996.

[6]八亩台人.拜谒周子墓,感知湘军魂[EB/OL].新浪博客.

[7]郭嵩焘.郭嵩焘诗文集[M].长沙:岳麓书社,1984.

[8]郭嵩焘.郭嵩焘日记:第3卷[M].长沙:湖南人民出版社,1982.

[9]郭嵩焘.郭嵩焘日记:第1卷[M].长沙:湖南人民出版社,1980.

[10]王夫之.船山全书:十二册[M].长沙:岳麓书社,1992.

（原载 2017 年第 2 期,作者单位:湖南省社会科学院）

周敦颐"诚者圣人之本"

✱ 朱雪芳

北宋初期，胡瑗、孙复、石介等人倡导儒学，着重解释经典的义理，并且旗帜鲜明地批评佛、老，为理学开辟了道路，被称为"宋初三先生"。然而，他们皆未能自成体系，因此，在严格意义上，还未能成为理学家。至周濂溪建立其思想体系，始出现理学之雏型。

周敦颐（字茂叔，1017－1073），晚年定居庐山，把山麓的小溪命名曰濂，且筑濂溪书堂于其上，后世习称他为"濂溪先生"。濂溪的著述有《太极图说》《通书》（又名《易通》）、《爱莲说》《拙赋》和诗文等。其中以《太极图说》和《通书》对理学的影响最大。《太极图说》体大思精，建构出一个庞大而精密的宇宙本体论，认为世界上所有的事物都根源于"无极"，由"无极"而"太极"，创化出生生不息的天地万物。《通书》，主要阐述人性与道德的关系，内容多取自《周易》与《中庸》，说明人人本有的本性——"诚"，诚是存在的根据，亦是存在者完成其生命的动力。用中国哲学的名词，诚是本体，又是工夫。

濂溪一生长时间担任州县小吏，性格不重名利而雅好山林，喜吟风弄月而归，只慕"孔颜之乐"。他在《通书·颜子第二十三篇》写道：

> 颜子"一箪食，一瓢饮，在陋巷。人不堪其忧，回而不改其乐"。夫富贵，人所爱也。颜子不爱不求，而乐乎贫者，独何心哉？天地间有至贵至爱可求，而异乎彼者，见其大而忘其小焉尔。见其大则心泰，心泰则无不足。无不足则富贵贫贱处之一也。处之一，则能化而齐，故颜子亚圣。

濂溪指出颜子在欲望与道德之间的抉择中，选取过一种简朴的生活，显出其宽泰的心境。濂溪对颜子的赞叹，正反映其个人的理想。

在宋明理学史上，濂溪被喻为北宋儒学的重要人物。二程年青时曾问学于濂溪，濂溪教以体验"颜子、仲尼乐处，所乐何事"[①]，此事对二程启发甚大，特别是程颢，他终身不忘体验孔颜之乐，亦常教学生"寻孔颜之乐"。

濂溪论诚,乃从宇宙论和本体论两方面双向发展,他不仅论述宇宙的本源与终极问题,亦阐明生命的本源与终极问题,然后论述宇宙与人生如何融合。所谓天道、人道的问题,宋明儒者称为"天道性命相贯通"。关于这方面的论述,是汉唐以降所未有的,可谓由濂溪首创。濂溪的重要著作《太极图说》与《通书》,均是这方面的著作。

《通书·诚上第一》以"诚者,圣人之本"②为首,说明濂溪十分重视诚。圣人是儒家最理想的人格典范,濂溪认为成为圣人的首要条件是"诚"。朱子注谓"诚者,真实而无妄之谓"。③儒学认为为人应由内心的真心实意为本,"不诚无物",只有"立诚才有可居处",因此此是实践圣人之道的充分条件。

濂溪接着谓"'大哉乾元,万物资始',诚之源也。"④"大哉乾元,万物资始"出自《周易·彖辞》,原文是"大哉乾元,万物资始,乃统天"。朱子解"乾者,纯阳之卦,其义为健,乃天德之别名也。元,始也,资,取也"。⑤"大哉"是形容词,形容天道的伟大;"乾元"即天的元始之德。形容天道创生万物与及资养万物的伟大之处。濂溪以"诚之源"来代替"乃统天"以说明天道的创生性,可说是对《周易》的进一步发挥,说出《周易》未言及之处。

濂溪接着又谓"'乾道变化,各正性命',诚斯立焉"。⑥"乾道变化,各正性命"亦是出自《周易·彖辞》,"乾道"又名"天道",天道的变化,四时运行,循环不息,万物亦生生不息。濂溪为"乾道变化,各正性命"作注脚,进一步说明天道如何变化,如何正性命。"故曰:'一阴一阳之谓道,继之者善也,成之者性也。'"⑥天道由阴阳而变化,"继"是持续不断,"善"是形容天道能保持不断的变化,最后达到证成万物生生不息,这样才能成性。

由此看来,乾有三层意义:一是元,负责创造万物;二是变化,其变化包含健,是运行不息,又涵有流行义;三是各正性命,让万物得以畅顺其性。所以,乾包涵创造性、实践性、目的性三种义蕴。此中有一个我们不知道的东西,这个东西名为诚,即《中庸》"诚者天之道"之"诚"。

天道创生万物乃至资养万物,但并没有主宰万物,而是让万物在生长过程中给与其自身的空间,以便万物在其中变化生长,畅顺其性,终而至于各正性命。关于"各正性命"的意义,"各正性命"暗示万物的生长背后有其目的性,这目的性并不是一种固定不变的目标,而是一种含有目的性的有机的变化过程。这变化过程同时是表现为道的创生性——"随时变易以从道"。换言之,天道以道为创生,以道为滋长,亦以万物之合于道来体现道的大化流行的过程。在这意义下,濂溪指出在道的流行过程,并不是偶然的,因为它是以道为目的,所以是有机的过程,濂溪以"诚"来显示这有机过程的确立。

另一方面,濂溪所指的"诚"的意义,恰恰与《中庸》"诚始诚终""不诚无物"的观念互相配合,揭示天道的创生性、真实性、流行义与终极性。也就是说,中国哲学有关于道的观点是:天道是内在地具有整全性,在它的运行过程中发挥它的完满性。

在人道的层次,濂溪在《通书·诚下第二中》谓"圣,诚而已矣"。[⑥]圣人之所以成为圣人,只不过是诚。人能充实饱满发挥其生命存在的根据和能力,即如孟子所说"充实之谓美,充实而有光辉之谓大"。圣人亦是充尽地发挥其生命存在的本性,即濂溪谓诚者圣人之本,诚在其中。最后,濂溪以孔子回答颜子问仁作为诚的证成,把抽象的理念落入具体的问答中,谓"故曰:'一日克己复礼,天下归仁焉。'"[⑥]"克己复礼"即克去私意,复由天理,使生命摆脱私意的阻碍,而达到真实无欺,反身而诚的境地。统合诚与仁,通过生命在主观方面的实践,以体证客观的天道,此实契合中国哲学"天人合一"的古意。濂溪的《通书》以孔子、颜子论仁作为总结,亦代表了濂溪心中的理想人格典范。

《通书》共四十篇,二百余字,以诚上为首篇,诚下为次篇。首篇讲述天道,次篇讲述人道。这两篇亦是全书纲领,其余篇目都是对这两篇的申述和补充,可说是解说天道与人道的脚注。首篇全篇说明天道,却以论人的"诚者,圣人之本"。作开首语,可知天道是由人来证成,没有人则不知有天道,濂溪的天道论说明天道需要由人证成的,能证成天道的人称为圣人。同时《通书》诚上第一章阐述宇宙生化之道,由"大哉乾元,万物资始"定为"诚之源"与"乾道变化,各正性命"定为"诚斯立",分别以诚为起始和终点,这样与《中庸》"诚始诚终"并无二致。因此濂溪的天道论可谓把《周易》和《中庸》结合而再推进一步,创发出儒学另一领域:宋明理学——宇宙本体论。

濂溪以阴阳贯通整部《通书》,阴阳代表两种不同或相对的状态,如动静、虚实、有无。根据《太极图》及《易经》六十四卦所示,阴阳虽然是相对的状态,但除了乾卦是纯阳,坤卦是纯阴外,其余卦象都是阳中有阴,阴中有阳。这是表示动中有静,静中有动,虚中有实,实中有虚,虚实相涵,至横渠则更清楚直接地说两者互为其根;进而在不断的变化过程中,发展至阳极而阴,阴极而阳。同时用"阴阳"与"诚"两个范畴来贯通天道、人道,及天道与人道的关系:第一,阴阳是天地万物存在的要素;第二,诚是天地万物存在的本质内容。

或有学者批评濂溪的思想混合了佛道思想，不是孔孟传承下来的儒学本义。关于这点争议，可以从佛、道、儒的本体论的基本特质稍作简别。佛学认为世间万物都是缘生的，所谓"众因缘生法，我说即是空，亦为是假名，亦是中道义"[⑦]，因此万物都是缘起，由于缘起，所以性空。道家认为"天下万物生于有，有生于无"[⑧]，所以是无中生有。儒学认为"天命之谓性，率性之谓道"[⑨]，性是根源于天。儒学论性的本源，既不是"空"、又不是"无"，与佛、道的观点迥异。濂溪在说明宇宙的创生和界定人性上，都归于"诚"，"诚"虽是抽象的概念而不是具体的实物，但"诚"不是"无（nothingness）"，而是有内容的，而且总是在作用。况且，经过了汉唐时期，濂溪所处身的宋初，正是佛道思想风靡全国的时期，而且《太极图说》与《通书》的内容亦蕴含大量的儒学思想及词汇。因此濂溪绝不可能没有接触过佛道思想，只是从他的思想体系来看，其所说的性是具有道德内容，这点与先秦孔孟儒学，没有本质上的差别。

由此可知，《周易》全书虽然甚少用诚字，但濂溪以《中庸》"诚"字概括、贯穿《周易·彖辞》，可谓天衣无缝，自然合拍地打开"千古不传之秘"。[⑩]在儒学思想发展史上，可以说，濂溪贯通形上、形下，天道、人道，明晰地开辟了儒学在形而上学方面的思想。所以朱子认为濂溪是宋代理学的开创人。此外，从师徒关系的传承上，二程曾受学于濂溪，二程在洛阳讲述理学，二程的学生蔚群，其中杨时倡道东南，四传至朱熹。从师承关系上看，濂溪被定为宋明理学的开创人，是无庸置疑的。

注释：

①《二程集》，〔宋〕程颢、程颐著，北京：中华书局1981年版，第16页。

②《通书·诚上第一》，见《周敦颐全书》，〔宋〕周敦颐著，周文英主编：江西教育出版社1993年版。

③《四书章句集注》，〔宋〕朱熹，北京：中华书局2001年版，第31页。

④《通书·诚上第一》。

⑤《周敦颐全书》，第89页。

⑥《通书·诚上第一》。

⑦龙树《中论》卷四，见〔日〕高楠顺次郎、渡边海旭编：《大正新修大藏经》，东京：大正一切经刊行会1924－1932年版，第30卷。

⑧《道德经》，张忆译注，北京：中国书店1992年版。

⑨《中庸》，见《四书章句集注》。

⑩参考牟宗三：《心体与性体》，台北：正中书局1989年版，第324－325页。

参考文献：

[1]〔宋〕程颢，程颐.二程集[C].北京：中华书局，1981.

[2]〔宋〕周敦颐（周文英主编）.周敦颐全书[C].南昌：江西教育出版社，1993.

[3]〔明〕黄宗羲，全祖望.宋元学案[M].北京：中国书店，1990.

[4]牟宗三.心体与性体[M].台北：正中书局，1989.

[5]张忆（译注）.道德经[M].北京：中国书店，1992.

[6]〔日〕高楠顺次郎，渡边海旭编.大正新修大藏经[Z].东京：大正一切经刊行会，1924－1932.

[7]〔宋〕朱熹.四书章句集注[M].北京：中华书局，2001.

（原载2005年第9期，作者单位：湖南科技学院）

周敦颐"诚"的道德观及其现代转化

✳ 张冠湘

诚、诚信问题已成为我们社会焦点话题之一。对于我们这个尚未完成社会现代化转型便急剧投入全球经济一体化大潮的国度来说,这类话题蜂起的现象是完全可以理解的。现代化的快速推进,使我国社会生活呈现出种种新的特征,反映在当代中国文化上,就是:以经济增长绝对优先为追求目标,以社会商业化为基本趋势,以利益驱动为推动一切事业的巨大杠杆。这一文化氛围创造了举世瞩目的经济增长速度,也同时带来了令人忧虑的诚信危机。金钱魔力的扩张,诚信危机加剧!在这种社会伦理道德和社会生活实践之间,已经显现出这么一种反比逻辑:在特定的社会文化背景下,人们对某一道德问题的关注愈切,恰恰反证着社会对道德价值的需求愈强,而按照通常的市场规律推测,社会对某一道德价值的需求愈强,又恰恰反映出该道德价值的社会匮乏程度愈高。所以,时下人们对诚信问题的关注,也可以看作是我们这个现代社会和时代严重匮乏诚信伦理现实资源的道德症候。

由此,笔者以如上论题,将周敦颐"诚"的伦理道德观置于当今文化语境的背景之中,论证其原本意义,推本其深远影响,作些现代转化,以就教方家,芹献时人。

一 原本含义

对宋代理学开山之周敦颐及其学术,梁绍辉先生"简言之,曰四个第一:第一次把宇宙的最终本原推到了气前的无极阶段,肯定了物质世界的无限性;第一次把世界观和方法论相统一,形成了世界观指导方法论的思想模式;第一次把用于修养方法的动静说引入宇宙论,找到了物质世界发展变化的根本原因;第一次提出了刚柔善恶的品性观,肯定了社会教育的整体性"[1]。此言鞭辟入里,切中精髓。

在周子学术精髓中,有两个重要范畴:一是"无极",一是"诚"。"无极"是周子宇宙生成的基本思想,他的《太极图说》即以"无极"立论。"诚"是他道德、修养的基本思想,整部《通书》以"诚"立意。《通书》凡四十章,有 17 章论及道德修养,占 42.5%,篇幅占量最大。一至四章专门论"诚",还在《家人睽复无妄》等章反复论及他的"诚"的道德观,综观其原本意义,可胪列如下。

(一)"诚"之本原,为"乾元"。"乾元"即《易》之"太极","太极"为宇宙之本体。"诚"具有宇宙本体的意义。

周子所追寻的"诚"的道德观,直指宇宙生成论,认为它是宇宙在自身生成和万物化生过程中形成的一种自然属性。正是因为有了这种自然属性,宇宙才能成为宇宙,万物才能成为万物,人类才能成为人类。这种自然属性叫"诚",人类道德正是这种"诚"的承续和张扬。他说:"大哉乾元,万物资始,诚之源也。乾道变化,各正性命,诚斯立焉。"[2]"大哉乾元,万物资始"乃《易传·彖辞》语。周敦颐据此认定:万物本原的"乾元",同时也是"诚"之本原。"乾元",即乾阳元始之气。"资"取资,依赖。意思是,伟大尊崇的乾阳元始之气,万物依赖它获得生命的胎息。这表明:乾阳元气在"造就"万物的同时,具有了"诚"的属性。"诚"的这一自然属性,随着"乾道变化",在万物"各正性命"的过程中,不断得以确立。这种唯物道德观,明显区别于宗教伦理家以为"上帝"在创世的那天就向人颁行道德戒律观,也不同于某些唯物主义者认为道德是和人相与俱来的看法。在《通书·诚下》他进而指明:"诚,五常之本,百行之源也。……五常百行,非诚非也,邪暗塞也。"

这里的"五常",系仁、义、礼、智、信,五者并称的简化。《白虎通·情性》:"五常者何谓? 仁义礼智信。仁者不忍也,施生爱人也。义者宜也,断决得中也。礼者履也,履道成文也。智者知也,独见前闻不惑,于事见微者也。信者诚也,专一不移也。故人生而应八卦之体,得五气以为常,仁义礼智信是也。""百行",也不定有百,仅为数极多。在周敦颐看来,"百行"均属"五常"统括,"五常"又属"诚"统括,而"诚"又与万物同源。按照这意识系统的逻辑推衍是:由"无极"而"诚",由"诚"而"五常",由"五常"而"百行",以及由此产生种种人生哲理和道德规范。显然,"诚"是一切意识、道德的本原。它的这种自然属性,不是物的个别属性,而是万物共同的、本质的属性。这种本质属性反映于人,则是"身有道德"。"诚"与道德的关系,是源与流的关系,是继承与发展的关系。

（二）"诚"之内涵,为"仁义礼智信"或"中正仁义"。

周敦颐言及道德规范,其表述形式在不同语境略有差异:大凡正面称述,即用自己的语言称述时,均用"中正仁义"或"仁义中正";而转述他人思想时,则用"仁义礼智"或"仁义礼智信"。怎么理解这一表述形式上的差异呢? 根据朱熹的解释:"中是礼之得宜处,正是智之正当处"。"中者礼之极,正者智之体"[3]。段玉裁注《说文》:"中者别于外之辞也,别于偏之辞也,亦合宜之辞也。"所以,言"中",不仅有别于外的一般含义,也有别于偏,合于宜的特定内涵。言"正",有禁不正、止当止之义。实际上,"中""正"只是"礼""智"的修饰语,可分别指代"礼""智"。周子之所以用自己语言称述时用"中正仁义",大概是追求自己语言表述的精确度而已。就基本内涵说,"中正仁义"与"仁义礼智信"是一致的。

对"仁义礼智信"(或"中正仁义"),周子在传统解释的基础上,分别注入了自己的独到见解。

例1.《通书·顺化》(下引,仅示篇名):"天以阳生万物,以阴成万物。生,仁也;成,义也。"

例2.《爱敬》:"有善不及,曰:'不及,则学焉,'问曰:'有不善?'曰:'不善,则告之不善,且劝曰:"庶几有改乎?"斯为君子。有善一,不善二,则学其一而劝其二。……故君子悉有众善,无弗爱且敬焉。

例3.《圣学》:"'圣可学乎?'曰:'可。'曰:'有要乎?'曰:'有。'请问焉,曰:'一为要。一者,无欲也。无欲则静虚动直。静虚则明,明则通;动直则公,公则溥。明通公溥,庶矣乎。'"

例4.《诚几》:"宜曰义。"《玉篇》:"宜者当也,合当然也。"

例5.《师》:"性者,刚柔善恶中而已矣。"

在例1,他训仁为"生",义为"成",不仅表明仁有施生,义有爱人的特性,更说明仁、义的善良本性,可谓"纯粹至善"。把"诚"的善性揭示得淋漓尽致。在例2,讲义之爱人,达到"有善一,不善二,则学其一而劝其二"。试想,待人如此厚道,岂有不和谐、亲如一家? 例3~5,则分别对仁的"明通公溥"性,义的"当然","中"的处世、断事得当等,作了明晰的表述。可见,周敦颐所言之德,即如他在《通书·诚几德》所概述的:"德:爱曰仁,宜曰义,理曰礼,通曰智,守曰信。"无论说的"仁义中正",还是"仁义礼智信",内涵大体一致,无不集中表明两点:一是,道德范围,即仁义礼智信,"五常"。若在"五常"之外,则"匪仁、匪义、匪礼、匪智、匪信,悉邪"[4]。二是,道德性质,仅指善的一面,而不包括与善相对立的"恶"的一面,即"五常百行,非诚非也,邪暗塞也。"

(三)"诚"之最高境界,至"圣"。

"圣,诚而已矣"。"诚者,圣人之本。"在《通书·圣》章,周敦颐对"圣"境,作了精微的阐述:"既然不动者,诚也。感而遂通者,神也。动而未形、有无之间者,几也。诚精,故明;神应,故妙;几微,故幽。诚、神、几,曰圣人。"

原来",圣"之境界必须具备三个条件:诚、神、几;必此三条,缺一不可,各有其度:诚则"明",神则"妙",几则"幽"。达此三种程度,亦即"圣"之修养境界。具体说来,就"诚"而言,有着"既然不动"的心态平衡度;就"神"而言,有着"感而遂通"的感发锐敏度;就"几"而言,有着把握善恶、是非的机楔度。三个度向分别达到"明""妙""幽"的高超、绝佳程度。应该说,这么一种修养功夫,直至当今,仍有无限趣感召力。下面,不妨一一分开,约略展开。

"既然不动",是对"诚"的解释。作为一种道德修养,或者"圣"的一个重要标志,自然离不开日常良好心态。换句话说,一个人的平时心境,始终保持一种与宇宙最高本体相一致的静虚状态,不被外物干扰,不存些微私念,心态有着最高平衡度,达至此,即为"诚"。那么,周子修养中的"主静"说与道、释的"静",有何区别呢?原来,道家的"静",是消极的、绝对的;静是一切,静是目的;一切与静相对的"动"都是不必要的、反常的。老子认为,人之所以有败,正是因为他有为,苟无为则必无败;之所以有失,正在于他有得,"是以圣人无为,故无敌;无执,故无失"[5]。释家与道家相仿佛,释家的"静",也是无条件的、绝对的,不仅心不外求,眼、耳、鼻、舌、身等一切感官都不要与外界接触,"应如是生清静心,不应住色生心,不应往声、香、味、触、法生心,应无所住而生其心"[6]。与道、释相反,周子道德修养的"静"是积极的,有条件的,是达到目的的手段。他在《大极图说》中说:"圣人定之以中正仁义而主静。"圣人之所以要主静,正是为了推行他的中正仁义,企求品德中的中正仁义,"静"是为了"动",心静才能诚,诚则明,即"诚精,故明"。

"感而遂通",是对"神",对人思想反映的异常敏捷的解读。《易传·系辞》:"阴阳不测之谓神"。韩康伯注:"神也者,变化之极妙万物而为言,不可以形诘者也。"此处的"不可以形诘",为无形象踪迹可言。周子把"感而遂通"为之"神",极言反映之快速,理解、把握之迅速。当然,这种快速的基础,一靠平时的"既然不动"的心性蓄养。人的思维,日常处于寂静状态,毫无外扰、私念的困惑,一感知则焕然一新,入木三分。诚如朱熹所言:"苟非此心寂然无欲而静,则又何以酬酢事物之变而一天下之动?"二靠知识和实践的丰富积累。因为,"感觉到了的东西,我们不能立刻理解它。只有理解了的东西才更深刻的感觉它"[7]。

"动而未形、有无之间",是对"几"的界说。实际上,"几"是一种深层次的思维活动,是决定人的行为是否合乎道德准则的关键。《易传·系辞下》:"几者动之微,吉之先见也。"所谓"动之微",指思虑"出无入有"之际,将露未露、将动未动之时的"闪念"之间。所谓"吉之先见",即在此"闪念"之间,把握好自己的思维活动,判定具体事物的善恶、明辨事理的是非。他在《通书·诚几德》说:"几善恶"。即是在"几"上,区分何为善,何为恶。

可见,道德修养达到未动能"诚"、感知能"神"、审事能"几";诚能"寂然不动",且"诚精,故明";神能"感而遂通",具"神应,故妙";几能"动而未形、有无之间",且"几微,故幽",三个方面都达至"高端"程度,自然是进入一种最高、最理想的境界。

(四)"诚"之修炼,"不息""无妄""果而确"。

贯穿于生命全过程,是个日积月累,不断提高的过程。在《通书》,周敦颐有三段著名言论:其一,《乾损益动》:"君子乾乾,不息于诚,然必惩忿窒欲,迁善改过而后至。"其二,《家人睽复无妄》:"诚心,复其不善之动而已矣。不善之动,妄也;妄复,则无妄矣;无妄,则诚矣。"其三,《诚下》:"至易而行难,果而确,无难矣。"

其一语,提出人的道德修养之大端。"君子乾乾,不息于诚"为其主体:"乾乾",勤勉努力。作为君子,应终生勤勉奋力,永不停息于"诚"的追求、实践和完善!"惩忿窒欲"与"迁善改过"为其两翼:"惩忿窒欲",指的是身处逆境,戒止自己的忿怒,防止因感情冲动反失去理智;身居顺境,窒塞自己的贪欲,防止贪得无厌,"惩""窒",针对消极方面,着眼于预防。"迁善改过",指的是见他人有善德善行就去追随,而自己有了过失,立即改正,一"迁"一"改",从积极方面,着力于进取。从正、反两翼,强化"不息于诚"的主体。

其二语,指出人的道德修养要特别注意不良思虑苗头,即"复其不善之动"。这里的"复",反本的意思,使之"归本",返回到至纯至善的本来状态。"不善之动",指一切不好的思想苗头,皆谓之"妄"。在周敦颐看来,"诚"不只是与"不善"相对,还与"妄"相对。换句话说,"诚"的本来状态不仅至纯至善,而且要真实无妄;"复其不善",则返归于真璞至善,"复妄",则返归于切实无妄。所以,他反复说"妄"与"不妄",用的是"无妄"的特殊意义。"无妄"与"复":前者不敢虚妄,后者必返其真、返其本。一方面不敢妄,不敢有丝毫虚妄;一方面反其本,返回到至纯至善的本来状态,两面夹持、护卫,从而保证"诚"。朱熹再传弟子真德秀,有感于此,直言:"诚者无他,不善之动萌动于中则亟反之而已。诚者天理之真,妄者人为之伪,妄去则诚存矣。"[8]

其三语,强调道德修养是个经年累月、持之以恒、不断提高的过程,只要"果而确",就能达至最佳境界。所谓"果而确,无难焉",是说坚持"诚"的道德修养,勇而进取,坚毅不拔,就不存在困难。"果",段玉裁《说文》注:"引申假借为诚实、勇敢之称。"《国语·晋语九》"强毅果敢则坚。""果",有坚毅不移之义。"确",《说文》作"磝",段玉裁注:"确,谓多石碻薄。"此处的"果而确",说明对"诚"的修炼,坚毅之志如石之坚,恒久之积如山之累。对此,王夫之亦有同论:"欲致其诚者,惟在于操存,勿使间断,已百已千,勉强之,熟,而自无不诚也。""诚有其理,则自知之,如耳目口鼻之在面,暗中自知其处,不假闻见之知。"[9]倘若人们对"诚"的各种修炼原则、道理,"熟"到"如耳目口鼻之在面"的程度,又"果而确",终生孜孜以求,坚忍不拔,自然能达到"诚、神、几,曰圣人"的理想境界。

二 现代转化

诚、诚信道德资源,在我国传统文化中原本积淀丰厚。作为个人美德的"诚""信",在《周易》早就有记载。《乾》:"君子进德修业,忠信,所以进德也;修辞立其诚,所以居业也。"讲的是以忠信进德,以诚立业。当时,"信""诚"是两个分立的德目。后来,孟子将"诚"提升为"天道",将"思诚者"诚的意识提升为"人道"。《孟子·离娄上》:"诚者,天之道也;思诚者,人之道也。至诚而不动者,未之有也;不诚,未有能动者也。"到荀子及稍后的管子,"诚"与"信",被当作一个社会伦理美德的整体,始昌于社会。《荀子·不苟》:"诚信生神,夸诞生惑。"《管子·枢言》:"先王贵诚信。诚信者,天下之结也。"至宋周敦颐,将"诚"作为道德修养的最高境界,不只是居处应对的日用伦常,更是感物化俗的内在力量,作出"诚者,圣人之本""圣,诚而已矣"等最高命题。千古以往,政治家无不以诚信取信于民、立功于世,作为道德践履的君子亦无不以诚信取信于人、立业于世。

可是,当今中国的诚信危机四伏,大有蔓延之势。何以当今中国"诚信"式微?想来,与社会商业化不无关系!当代社会极度商业化,什么都可以买卖,金钱的魔力被强化到前所未有的地步,诚信受到挤压、质疑、挑战!现代社会经济关系、人际关系等方面与传统社会相比较,发生了根本性的变化,传统的诚信伦理,诸如周敦颐"诚"的道德伦理,难以直截了当地应用于当今社会,不可能以"原生态"形式为民众所吸纳,在内涵和外延上都需要转化和扩充。如果直接作为规范市场经济的伦理原则,难免捉襟见肘,甚至圆凿方枘。这也正是时下国人在"人无信不立"的古训面前疾呼诚信的原由所在。

传统的诚信伦理,诸如周敦颐"诚"的道德伦理,在当今市场经济中的转化和扩展,大体有如下理性思考和实践路径:

(一)由传统的"熟人社会"的"民规信用",到现代的市场经济的"社会信用体系"转化。

信用问题的发生和发展,伴随着人类关系和人类社会生活的发生和发展。传统社会自然经济条件下的人伦关系所能延伸度有限,且受制于血亲人缘的等差性自然脉胳。那种自然亲缘和人伦关系所构成的社会生活,具有"熟人社会"的性质。在"熟人社会"范围内,道德伦理规范已经程式化、仪礼化,日渐成为人们日常行为准则。"熟人社会"内部一些乡规民约的人际信用或"社会"信用程度并不低,个人的人格信用也得以强化。在许多情况下,"熟人社会"的民规信用反而显示出相当高的信用度。费孝通先生对"熟人社会"的高信用度,有过记录:

> 我们大家都是熟人,打个招呼就行了,还用得着多说么?——这类的话已经成了我们现代社会的阻碍。现代社会是陌生人组成的社会,各人不知道各人的底细,所以得讲个明白,还要口说无凭,画个押,签个字,这样才发生法律。在乡土社会中法律是无从发生的。'这不是见外了么?'乡土社会是从熟悉到信任。这信任并非没有根据,其实最可靠也没有了。因为这规矩。西洋的商人到现在还时常说中国人的信用是天生的。关于神话的故事真多:说是某人收到了大批瓷器,还是他祖父在中国订的货,一文不要地交了来,还说着许多不能及时寄出的抱歉话。——乡土社会的信用并不是对契约的重视,而是发生于对一种行为的规矩熟悉到不假思索时的可靠性。"[10]

事实上,那种狭小的"熟人"社会圈子一突破,"熟人"关系式的社会信用就不再有效,非但如此,它还会成为现代社会的严重障阻。正如费孝通先生解释的那样,现代社会是"陌生人"的社会,其人际交往或交易是普通的、无确定界限的,是以普遍的人际平等和社会公正为原则。"熟人社会"的民规不能保证普遍的人际平等和社会公正,这是由其亲缘等级关系结构的特性所决定了的。

然而,现代社会自身并不能自发地生成比传统社会更为普遍可靠的社会信用体系。历史经验告诉我们,即便早些年的单一的计划经济体制,经济交易秩序仅凭政府行政计划指导或行政干预,也难以自由而有效地扩张,也缺乏市场契约机制的信用保证,缺乏基本的交易公正,那种社会信用仅是凭籍政治权威的外在强制而偶然实现,不具备稳定、持久、公正、有效的基本特征。实行改革开放,选择社会主义市场经济,也不意味社会信用体系的自发产生。市场经济体制本身所蕴含的社会信用潜力还需要社会法制系统的强力支持,需要社会信用伦理规范的积极支持,需要良好的社会文化和公民诚信道德的道义精神支持。在现代的市场经济体制的"社会信用体系"中,个人信用,是这一体系所必需的人格道德基础;制度信用则是其政治法制前提;市场信用是其经济伦理条件。对于一个公正、完备、有效的社会信用体系建构来说,法制、社会伦理规范和公民道德三者,各有其位,各司其能,互为一体,缺一不可!

(二)由儒学传统的"信不及利",到现代市场经济伦理的"平等求利"转化。

如前所述,儒学传统的"诚""信"总是为宗法等级伦常相羁绊,总是与"礼""义"相伴和。周子的"五常","信"仅为其中一个义项。在很多场合,"信""诚"虽如底色,如璞玉,很重要,很宝贵,但须修饰、须雕琢,不然就难以派上用场,甚至有蔽。孔子曾言:"好信不好学,其蔽也贼。好直不好学,其蔽也绞。"[11]《谷梁传》云:"信之所以为信者,道也。信不从道,何以为信。"无论在圣人思想中,还是古人的道德实践中,"诚信"还得依顺其它的道德原则。常说"信随义走":"讲信"总是和"重义"相联;"背信"总是与"弃义"有关。而且,"信"似乎总是游离于"利"之外:"信不及利";在"利"的领域,"信"往往与"利"不搭格,"信近于义",没有"义"支撑的"信",将是苍白无力的。

作为现代市场经济,其信用伦理植根的前提:每个人对对方权利的尊重和认同。没有对普遍主体的尊重以及对其特殊利益(即个人利益)的社会认可,市场经济伦理就缺乏基础。可以想象,如果人们没有追求平等的意识,就不可能有对现代信用的强烈要求;如果人们没有事先机会平等的参与,就不可能有权利和责任相对应的契约,社会的普遍信用也只能是一种幻觉,或者空话。显然,改革开放的深入,使市场经济及其基础范畴——"利",成为经济生活乃至整个社会生活的基础伦理的时候,传统的"信不及利"的诚信观与现实经济体制及社会生活便发生了冲突,传统的诚信原则有必要"与时俱进"地扩展,将其延伸到"利"的领域,既利己又利他,既竞争又合作,平等竞争,平等求利,实现利益最大化,达到利益共赢。在市场经济条件下,诚信不只是一种出自道德动机的品质,更是一种明智的"平等求利"的行为准则。西方有句谚语:"诚信是最好的策略。"说是在一个制度健全、和谐发展的社会,"诚信"常常能比欺诈给一个人、一个单位、一个地区带来更多、更大的利益。从长远看、总体看,尤其如此。

(三)由传统重于个人、内在的"心性诚信",到现代重于社会、内外一致的"责任诚信"转化。

在我国古代,"诚""信"二字相近,《说文解字》以"诚""信"互释。但细细体会,两者的差异,也不难觉察:"诚",指真实的内心态度和品质,它是道德的、内在的,侧重于"我";"信",指个人的诚实无欺,"使人信任",更为关注的是他人对自己的态度,是外在的,重在他人,他人对自己。在不同的历史阶段以及不同思想家那里,"诚""信"的内涵也各有差异,但都比较倾心于"诚",周敦颐的"诚"论,把它推至道德观的核心,算是极至。在"诚"的思想中,又较为看重"中""正""忠"等,"诚者,自诚也",诚的道德品质,重在自我修炼。这种注重个人心性美德及修养的诚信观,无疑是现代国人自我品性的修炼和提升的一种珍贵的精神资源。

可现代社会的生活市场化、经济一体化,社会经济成分多元,社会组织形式多样,社会就业形式多渠道,利益关系和分配形式多格局,由此而导致现代国人思想的"多样化",人们的思想活动具有更多的独立性、选择性和多变性、差异性。整个社会诚信系统的构建,重在从基于平等权利和法律契约基础上的责任意识的认同,时时处处要求人们在获得自己权利的同时必须严守自己的诺言和履行相应的责任。由此,在人际交往和社会交易过程中,要求把"诚"与"信",内在的"心性诚信"与外现的"责任诚信"、道德自律与对他人负责等,有机地结合起来,而在交往天秤上又更多地倾向于后者。在市场经济条件下,人们固然看重自我的德性、"心诺""良心",却更器重于对他人、对社会的"责任心""行诺"、"全面兑诺"。看人、看事,所嘉许的是善于选择,勇于负责,敢担风险的智、谋。现代经济学家坦言:"只有当我们对我们自己的利害关系负责并有牺牲它们的自由时,我们的决定才有价值。"市场经济大背景下的许多事实无不表明,从现代道德上判断人与事,关键在视其值不值得信任,视其有无让社会、让他人,尤其让有利益关系的人信任的能力。集中一句话,"责任诚信"的大小、高下、深浅、厚薄。眼下,建立"诚信政府"的呼声如浪似潮,从一个侧面反映出社会民众对政府的"责任诚信"的殷切需求和百般关注。大至一个国家、一个社会如此,小至个人、家庭,无不如此:"责任重于泰山"!

(四)由自然经济状态中的"人格诚信",到市场经济条件下的"契约诚信"转化。

千百年来,我们中华民族处于以自给自足的自然经济为主的农业社会。就社会生活伦理层次而言,主要停留在日常生活伦理层面的道德观念,其适用范围有限,往往发生在亲戚、朋友、熟人之间,相互交往的人是"熟人",经常见面,多有血缘、业缘或地缘等关系,经常在感情、工作、生活方面的交往,相互的身份、人格、品性都较为熟悉,往往"面子""人格"就是种种交往的最好"担保"。凭着双方的良心道德、人情面子等来约束各自的行为,依据那种特殊的无字、无据的"君子协定""口头承应",来履行自己的义务,担负相应的责任。应该说,这种"人格诚信"产生于以"血缘"为基础的自然经济社会,也曾在相当长的历史时段中适应那种经济社会生活,还表现出相当高的诚信度。以至当今一些有名的家族企业、私营实体中,承袭"亲情信任""人格信用",仍有很强的凝结力。但就总体而言,普遍而言,其约束力、约束范围有限,难以适应市场经济化、经济一体化的要求。因为,以"血缘"为基础的自然经济和以"契约"为中介的市场经济,终究是两种性质截然不同的经济。两种经济的游戏规则、道德理念也迥然不同。虽然两者都需要诚信作为伦理纽带,但各自的涵义及路径会不尽相同。

构建现代社会的信用伦理实践表明,"加强诚信道德观念的教育和普及"与"加强基于法律和契约的信用制度伦理建设",两手都有要硬,并无孰长、孰短、谁前、谁后的分别。也就是说,既要通过伦理性的风俗民规、道德规范、个体良知等来维系约束人们的行为,提高全民、全社会的道德信用水准,又要通过社会的正式制度体制,诸如法律、法规、权力、社会结构的整合,来维持社会的信用秩序,并以信用制度伦理的建设促进诚信道德观念的生成与提升。通过国家法制的强有力的支持,商业文化或市场环境的有力支持,使市场信用——一般通过经济契约或商业合同所确立的信用规范,得以长久、有效、健康地发展。

三 几点思考

当我们穿超历史深远隧道,对宋明理学鼻祖周敦颐"诚"的道德观念,探赜索隐,有了如上一番感悟之后,仍言犹未尽,还想貂续二三:①面对当代我国的诚信危机,我们所需要的是保持一种积极的建设性姿态。在寻求正确解决当代中国社会信用问题的有效途径和方法中,充分发掘、利用传统优秀道德资源,对一些道德元典作出合乎科学的、现代的诠释,对一些基本伦理念予以准确的契合市场经济的读解,使其自然融入民众,渗入当代,为现代道德伦理建设提供动力和滋养。这远比坐而玄谈、怨天尤人、悲今叹古有用得多,切实得多!从这一方面说,所有的文化人、教育工作者、贤士学人们,有义不容辞的责任,且责无傍贷。②诚信伦理,当今社会信用体系中的有机一部分。如果说,"个人信用"是这个社会信用体系所必需的人格道德基础,那么,"制度信用"就是社会信用的政治法制前提,而"市场信用"则是社会信用的经济伦理条件。对于一个公正、完备、有效的社会信用体系建构来说,三者各在其位,各司其职,缺一不可。本文所论周子"诚"的道德观及其转化、延伸,虽涉及三者,尚不够深切、细腻。但如此尝试,不无裨益。③诚信,不能仅系于"契约""合同""宣言",根基在信仰。诚信危机,说到底是信仰危机,是道德危机。而今,拜金主义猖行,甚嚣尘上。金钱,本是一般等价物,许多人却用来衡量一切价值。其实,金钱只有工具价值,并无内在价值。构成人生价值的要素是内在价值,如健康、亲情、爱情、友谊等。有了金钱,并不意味着拥有这些人类最可宝贵的东西。社会也好,做人也好,都要有个"底线";"诚信",是社会的"底线",做人的"底线"。一个国家,一个社会,"诚信"则兴、则强、则盛;一个家庭,一个个人,"诚信"则立、则旺、则久!

注释:

[1]梁绍辉《周敦颐评传》,南京大学出版社,1994年2月出版。此为作者书赠笔者,于扉页题赠之言。

[2]周敦颐《通书·诚上》,上海古籍出版社,2000年12月出版。

[3]《朱子语类》卷九十四。

[4]周敦颐《通书·慎动》。

[5]《老子》六十四章。

［6］明朱棣《金刚般若波罗密经集注》。

［7］《毛泽东选集》，人民出版社，1960 年版，第 275 页。

［8］董榕《周子全书》卷十。

［9］《张子正蒙注》，《诚明篇》《天道篇》。

［10］费孝通《乡土中国》，三联书店，1985 年版，第 5 - 6 页。

［11］《论语·阳货》。

（原载 2005 年第 9 期，作者单位：湘南学院）

周敦颐"希圣"之学的心体论基础与"立人极"核心

✱ 赖功欧

如果我们把传统的中国文化看成是一种"圣贤"文化,那么,周子之学便大略可概之为"希圣"之学。周敦颐作为宋代理学的开山人物,其主要贡献即在此。宋代理学,天道观是人性论的准备,而心性论又是修身论(特别是修养方法)的准备;它们一"理"贯通,周敦颐的《太极图说》与《通书》,即为宋明理学作了这种一理贯通的理论奠基。周敦颐和早期儒家一样,有志于道德理想之目标,这正是其"希圣"之学最终价值取向。周子的这一取向在其《通书·志学第十》中有高度概括的命题性表达:"圣希天,贤希圣,士希贤。"志从学来,学以裕志;故周子继言"志伊尹之所志,学颜子之所学"。周子的"希圣"之学,根本宗旨在使道德由外在的制约规范变而为个体的内在要求;因而,它在心性论上的完备与成熟,使道德修养的方法论具备了相当深刻的思想基础。宋明理学倡言人人可成为圣人,故其理论主要聚焦在教人怎样做人,而其修身方法,通常是把积学明理作为立其大本、集义养气作为正其志意、由静而敬作为专致主一的步骤或方法;通过这些方法,达到"成圣"目标。周敦颐的"主静,立人极",则是对修身方法与成圣价值取向的统一;这一命题揭示出:在道德实践中,人们可以充满自信地付诸实施,只要通过努力,人人都可达成成圣目标。朱子在《隆兴府学先生祠记》中,对周敦颐的"希圣"之学有个总体概括:"盖尝窃谓先生之言,其高极乎无极太极之妙,而其实不离乎日用之间;其幽探乎阴阳五行之赜,而其实不离乎仁义礼智刚柔善恶之际。其体用之一源,显微之无间,秦汉以下,诚未臻斯理者,而其实不外乎六经、《论语》《中庸》《大学》七篇之所传也。……性此理而安焉者,圣也;复此理而执焉者,贤也。自尧舜以来,至于孔孟,其所以相传之说,岂有一言易此哉!……及先生出,始发明之,以传于程氏,而其流遂及于天下,学者始知圣贤相传之实乃出于此,有以用其力焉。此先生之教所以继往圣,开来学,而大有功于斯世也。"[1]339此中朱子所言"及先生出,始发明之",乃至"圣贤相传之实乃出于此",其评价之高,实透露出周敦颐"希圣"之学的历史地位及其价值。

《宋史》对周敦颐的记载亦可略窥一斑:"博学力行,著《太极图》,明天理之根源,究万物之终始。又著《通书》四十篇,发明太极之蕴。……其言约而道大,文质而义精,得孔、孟之本源,大有功于学者也。"[2]此中所言"得孔、孟之本源",当可见出周郭颐"希圣"学的源头所在。

无论根据周子本人的"希圣"命题,还是根据历史评价,我们都可将周子之学界定为"希圣之学"。周子一生短短的两部文献《太极图说》《通书》中,在在显现了其对"圣德""圣人""圣王""圣功""圣学""睿圣""希圣"的诉求。此一"圣"字,成了周子文献出现频率最高的概念之一。

一 "希圣"之学的心体论基础

周敦颐的"希圣"之学,是有着深刻的心体论基础的。他以"寂然不动者"为心之体:"寂然不动者,诚也;感而遂通者,神也;动而未形,有无之间者,几也。诚精故明,神应故妙,幾微故幽。诚、神、幾,曰圣人。"[1]诚、神、幾在这里都成为了心体论中的概念了。寂然不动是心之体,而周子说"寂然不动者,诚也",这个诚就不仅仅是天道论中的"诚体",而是天人贯通的一种本然的精神境界。"诚"作为贯通天人的本体性范畴,此处显为人道中"心体"之说。须知,周子《通书》开篇几章便立于"诚"这一范畴——《诚上第一》《诚下第二》《诚幾德第三》,或知此"诚"在其思想体系中占有何等重要之地位;而其深意,不仅在将"诚"作为天道诚体,亦将其作为人之心体。故周子在《通书·诚上第一》起始便言:"诚者,圣人之本。'大哉乾元,万物资始',诚之源也。'乾道变化,各正性命',诚斯立焉。纯粹至善者也。故曰:'一阴一阳之谓道,继之者善也,成之者性也。'元、亨,诚之通;利、贞,诚之复。大哉易也,性命之源乎!"此诚之"立""通""复"过程,贯通天人,既关涉宇宙论,又关涉道德论;终归落在一个"诚"字上。周子将此诚直接对应于寂然不动之心体,其深意是要以此心体作为"感而遂通"的前提条件。寂然不动而为诚的心体,其发用则为"神",故说"感而遂通者神也"。显然,这是精神(心)本体之作用。周子的高明之处在再加上一个"幾"字,幾是虽动而微,可见又不可见处,处于动静有无之间,按周子自己的解释是"动而未形,有无之间者"。朱子的解释是"至其微动处,即是幾,幾在诚神之间。"[1]106周子用诚、神、幾三个概念论心,这个"幾"就作为心体到神用之间的中介范畴了;朱子所谓"幾在诚神之间"是也。这样,心体之寂然与诚对应,心体之感通(用)与神对应,心体处于寂然与感通的有无之间与"幾"对应。黄榦在《无欲斋记》中说:"寂然不动,心之体也。事物未接,思虑未萌,湛然纯一,如水之正,如衡之平,则其本静也。……故主静者所以制乎动,无欲者所以全乎静,此周子之意,而亦有所自来也。"[1]341黄榦已明确说到寂然不动为心之体,动由静出,用由体出,寂然不动是心体本然静中境界,如此方能万象毕具,故周子主静,以静为体,动为用,静而后"人极"可立。重要的是,寂然不动之心体与"诚"的内在逻辑关系何在?又为何要从心体发用之初的"幾"上论善恶?请看周子《通书·诚幾德第三》:

诚无为,幾善恶。德,爱曰仁,宜曰义,理曰礼,通曰智,守曰信。

在朱子看来,"诚无为"说的是本体寂然不动之无为,"幾"则是"动之微";动而有为,则有善恶。在其初心有毫忽之微时,宜为穷察,便能识得是非。幾微之决,善恶可分。周子的诚无为,幾善恶的理论,不仅在理论上而且在实践上都有着十分重大的意义。因为人之为人,在于其有理智,能思维,故能明辨是非善恶;特别是人之一念如果于萌芽状态的露而未露、动而未动的"方感之初",就能觉察,实显人之灵性所在,可达到圣而神的境界。此心体之发用被周子称为"发微不可见,充周不可穷之谓神"。这正是孟子所说的"大而化之之谓圣,圣而不可知之之谓神"的境界。

处在有无之间的幾微幽隐是不可见的,这也正是"幾"的妙处。"幾"这一概念表征了宇宙与人生的深奥;周子主张守静,便是要使人控制未发已发之际的"幾微"间的状态,关于"主静"之说,我们在后面谈修身方法时还要讲到。心体纯一则明,神应感通则妙,有无之间、幾微不可见则幽。这虽是本于圣而言,实则为开发人心之成圣的基础;心体之神用是"充周不可穷"的,因其神感神应能通天下之故。所以周子又说:"静无而动有,至正而明达也。"(《通书·诚下第二》)这个心之所以能作为"心体",就在于它的"静无",静时纯一不杂,处于"至正"状态,但决非真正的"无";因其动时则有,所以能达到"明达"。周敦颐在《太极图说》中又指出:"唯人也,得其秀而最灵,形既生矣,神发知矣。五性感动,而善恶分,万事出矣。圣人定之以中正仁义而主静,立人极焉。"人既得"正且通"的清气而为"秀",故有"灵明",灵明之心体,发用必为"神妙"。所以"神"亦即人心认知活动能达到的一种最高而又不可言说之境界。心之认知活动,其神妙莫测的功能在于虚而灵明的心体,所以能感物而动,动而中节,使善恶昭明于心。

"匪灵弗莹",不为外物所遮蔽,纯一而静的心体,就能透彻地明理以至于"神妙万物",故曰"静虚则明,明则通"。

周敦颐又用"思"与"睿"两概念代表了心体之用:

> 洪范曰:"思曰睿,睿作圣。"无思,本也;思通,用也。幾动于此,诚动于彼。无思而无不通为圣人。不思,则不能通微;不睿,则不能无不通。是则无不通生于通微,通微生于思。故思者圣功之本,而吉凶之幾也。易曰:"君子见幾而作,不俟终日。"又曰:"知幾其神乎!"(《通书·思第九》)

显然,周敦颐所要强调的重点在思而无所不通者为圣人。思是心体之作用与功能,孟子所言:"心之官则思,"正是对应于"耳目之官不思而蔽于物"而言的。但为什么要说"无思,本也"?这也许是周子欲以虚灵不昧之心体为本,本体为形而上的,当然是"无思",无思为体,"通微"为用,所以无思决非"不思",心之本体毕竟要落实于"思通"之用上。结合周子所说的"厥彰厥微,匪灵弗莹",更可看出其旨意。这两句话是指无论彰著明显还是幽隐未形,不经过心体神妙之用,皆不能使之通透明白。"灵"就是心体虚灵而神用。周子的目的在于以"思"为作圣的功夫:思——睿——圣,而并非言一般作学问或其他之"思"。因此"思"之重点仍在"幾"上,知"幾"才能通微;作圣的功夫,首在于辨是非善恶。故知幾通微则无不通。所以周子不说思为学问之本,而说思者"圣功"之本,完全是从道德主体意义上说的。结合其"幾善恶"的观点,即以思之功落实于"幾"上,洞见"幾微",化除"幾恶",思而纯其心,仁义中正之性得以显现,从而使道德实践之主体终归于善。这正是周子"希圣"之学的价值取向所在。

二 "希圣"之学的"主静立人极"核心

一般认为,周敦颐的"无欲"说从佛道二家而来,然周敦颐的目标却在建树儒家"人极"之道德主体。人们把他的无欲说与程朱的"存理去欲"同等看待,正如其《通书·圣学第二十》中所说:"无欲,则静虚动直。静虚则明,明则通。动直则公,公则溥。明通公溥,庶幾乎!"从周敦颐的整体理论体系看,无欲则"静虚动直"的主张非常重要,它是以"诚"体为核心的逻辑结构中的基础。人性的力量始于此,通过无欲的修炼,达于"静"的自然本性,归于诚的最高境界。因此无欲以学圣,是周子《通书》之大旨。

　　然而,无欲与"静虚动直"是什么关系? 所谓"静虚"是指此心如明鉴止水,无一毫私欲在其中;静虚为体,动直为用。动直在朱子看来是指动无所碍,若有私欲,便碍便曲,便不是直。曲则私,私则狭。无私欲挠之,其动才能从天理流出。周敦颐的这段话,其思维紧密而连贯,无隙可击。心体之静虚,是以无欲为基础的;静虚明鉴,则邪不能入。所以心体之虚,乃"明"之前提;明则道理通透,通为明之极,明而达于通。同样,无欲导致的动无所碍,直道而行,又是"公"的前提——"动直则公"。而"溥"则指公之极。可见无欲作为"静虚动直"的重要前提条件,是这章"圣学"内容的奠基石。周子又指出:"欲动情胜,利害相攻,不止则贼灭无伦焉。故得刑以治。情伪微暧,其变千状,苟非中正明达果断者,不能治也。"(《通书·刑第三十六》)周子讲寂然不动,是将其作为心体现"诚体"的关键;这里所讲的"欲动情胜",则显然指人心之所趋向,这实际上是以善恶为根本标准。也就是说,有情欲,必有善恶,必导致利害相攻。情是心之动,若其掩蔽天理,微暧不明,也即遮蔽了心之光明。因此,周子极力主张无欲故静,主张心纯;并在"诚"的范畴基础上,将这一理论系统化。《太极图说》《通书》都可看出这一用心所在。故其无欲说,前有太极诚体、天道动静之理,后有人道幾微、圣人之学,它们都在周子的范畴网络中有恰如其分的重要位置,成为理学天理人欲说的开端。后来,张载、二程、朱子以及象山,都对他的这一理论作了极大的发挥,使其突显为理学一大核心论域。

　　"静"这一理念是中国哲学中重要范畴之一,道家以其养生练气,佛家以其达到超脱境界。理学家则普遍以主静修身。实质上,静以涵养,敬以省察,正是理学中讲心性修养的基本方法。静则虚,虚则明,明则神。静中涵养,可使心体自我呈现;持敬穷理,主一严整,自做主宰,敬以省察自心而不可倾刻间断。可见由静到敬是作为实际有效的方法论而被理学家所强调的。但我们必须指出的是,静与敬之分,在理学家们的解说中决非壁垒分明的。

　　必须指出的是,周敦颐的主静立人极与无欲故静说,与其无极太极的宇宙观相统一;因其在宇宙论中,乾坤各兼动静,动静是相对而言的。乾之动为健,坤之动为顺。太极所呈的动静两种状态,又可以互相转化;动至极为静,静至极则又动;动静互为对方存在的根据和转化的归宿,含有相互依存的辩证关系。周敦颐说"圣人定之以中正仁义而主静",又说"无欲故静",正是根据太极动静之原理而来的。朱子在对此的解说中便认为,人具有动静之理,而常常失之于动。欲动情胜,利害相攻,则人极不立,而圣人则能全动静之德,常本之于静。静中境界,万象毕具,此心湛然,此时才能真辨别是非善恶,故主静而后能立人极。朱子说"苟非此心寂然无欲而静,则又何以酬酢事物之变,而一天下之动哉! 故圣人中正仁义,动静周流,而其动也必主乎静。"[1]58应该说,这抓住了周敦颐主静说的命脉。

周敦颐虽从太极本体出发,看出万物始乎静,终乎静,如老子说"归根曰静,静曰复命",是指有一个原始的"静"的状态。而周子则以此种本体之静,转化为圣人主静,这当然不是随意所指更非将两者硬性凑合,而是在通过对天道的认识,洞察出主静能动而无不中节,而又不失其本然之静。因此,这是从天道自然的本体论思维路径而得出的人生静修涵养之理,亦即以自然主义为基础而达至人文主义目标的修身论。周敦颐将主静作为修身的基本原则,以"中正仁义"而达至"立人极"为其核心内容。这是显而易见的。

三 "希圣"学之步骤——"志学"而"明通公溥"

周敦颐虽没有具体的格物致知之论,但他对德性之知是极为看重的。这不仅可从其修养至圣的基本观念表现出来,而且在他的"师友"之道,"诚幾德"之义理,"志学"之修养中都可见出他对学问日增、修养日进的关系及境界的强调。

按周敦颐的思维理路,首先是把"中正仁义"作为道德性命之学,这是他的人生论总纲。他以此为人生修养的目标。"圣人定之以中正仁义,而主静,立人极焉。故圣人与天地合其德,日月合其明,四时合其序,鬼神合其吉凶。"(《太极图说》)有了这以中正仁义而主静的修身目标与方法论,才能达到与天地合其德的境界。在这一原则指导下,周敦颐在《通书》中认为有"设教"的必要:

> 故圣人立教,俾人自易其恶,自至其中而止矣。
> 故先觉觉后觉,暗者求于明,而师道立矣。师道立则善人多,善人多则朝廷正而天下治矣。(《通书·师第七》)

圣人立教是以传道为心,此即以先觉者启发后觉者的觉悟。常人都会须以求道为心,这是"求学",也即"求于明",明即明理。有教有学,师道才立得起;求学明理,就能修身养性能至于善,达于"中"。所以在周敦颐眼中,师道立,必使善人多,善人多则天下治。其前提当然在个体之善,而个体之善又在其积学明理——自易其恶——自至其中。这里的逻辑连贯是一看即知的。周敦颐为进一步论述这一必要的人生修养的条件,"必有耻,则可教;闻过,则可贤。"(《通书·幸第八》)朱子解释说,有耻则能发愤而受教;闻过知改而为贤。有人把"知耻"作为中国圣贤文化的一大特点,是有其理由的。人能知耻受教,闻过而改,才具备修养而不断上进的可能性;而人总是在不断求学明理的过程中,实现这种可能性的。所以周敦颐又强调"志伊尹之所志,学颜子之所学。"(《通书·志学第十》)程颐在受到周子这种教导后,曾写过《颜子所学何学论》,认为凡学之道,不过是正心养性而已。周敦颐之所以要以伊尹、颜渊为标准,就是要人们不断努力,学识日增,修养日进;这样的治学目标完全与修养至圣之目标一致。朱子注曰:"虽志于行道,若自家所学,元未有本领,如何便能举而措之天下?⋯⋯然亦必自修身始,修身齐家,然后达诸天下也。"[1]121朱子确看重"学"的本领并与修身结合起来。对此,孙奇逢说得极为中肯:"志从学来"。[1]121可见,积学明理(周子谓"求"学)作为修身的方法,是不可或缺的。周敦颐在《通书·师友下》中又反复申言道义之学之于德性修养的重要性:

> 道义者,身有之则贵且尊。人生而蒙,长无师友则愚,是道义由师友有之。

道义是公理,是穷天地亘古今不变的,人若具此道义,从而具有道德修养与人格力量,才能显示出人生价值。然而这仍然要建立在积学明理之基础上。周敦颐认为若无师友的开导与规劝,人是很难开蒙的,人生来需要在师友帮助下学习;否则,就难免处于一种以是为非、以非为是的蒙昧、冥固状态中。因此,周敦颐极为强调师友之道之于"希圣"境界的重要性。

此外,须提及的是集义养气论,宋代理学家唯二程与朱子最重视孟子的集义养气论。此前,周敦颐虽未涉及此主题,但其"性者,刚柔善恶中而已矣。""刚善,为义,为直,为断,为严毅"等论旨,已是以气禀论性。其刚善之性即与孟子至大至刚之气有关系,所以朱子评价说:"濂溪说性,只是此五者,他又自有说仁义礼智底性时。若论气禀之性,则不出此五者。然气禀底性,便只是那四端底性,非别有一种性也。所谓刚柔善恶中者,天下之性固不出此五者。然细推之,极多般样,千般百种,不可穷究,但不离此五者尔。"[1]111周子虽未论及如何养气,但却极力宏扬师道、主张正义,使人达至刚柔皆善而至于中。其苦心正在以师道"正人之不中而已"。[1]114这也是"致养其气"的间接途径。气从义生,而义多从学而来。义者"宜也",义而达于中,是产生正气的根本条件。这也是文天祥在

《正气歌》中所歌颂的"是气所磅礴,凛烈万古存"的浩然义勇之正气。须知,文天祥正是宋代理学所催生的英雄人物。

周子在《通书·圣学第二十》中说:"圣可学乎?曰:可。曰:有要乎?曰:有。请问焉,曰:一为要。一者,无欲也。无欲则静虚动直,静虚则明,明则通。动直则公,公则溥。明通公溥,庶矣乎!"在他看来,人生境界应与静虚本体的状态取得一致,所谓"一",就是纯一无杂。关于"一",中国哲学中有极深刻的思辨,它不仅表达了对宇宙本体的自在状态,出同时是"一天人"的贯通天人之道,统一天人的一种表达,而当"一"单单用于人生修养的领域时,它则直接为静虚纯一的人生修养境界之表征。周敦颐在《通书·治第十二》中说:"纯其心而已矣。"如果纯一无杂是一心的状态,那么无疑也就是一种"无欲"的状态与境界。无欲并非纯一的条件,无欲本身即为纯一。人无欲之时,心即为纯一不二,而纯一不二正是体之未发的"静虚"境界,是心如明鉴止水,无一毫私欲在其中,故能"动直",即作事一往无前,直道而行,无所曲碍。若有一丝私欲,便自生窒碍,便不是直。所以在朱子及其弟子看来,静虚是体,动直是用。虚则明,明则见道理透彻,所谓"明则通"。在这样基础上,才有清楚的道德是非观。由此而达到"公而至于溥"的人生修养的高境界。《礼记·祭义》云:"溥之而横乎四海。"可见溥有广大遍布之意。就周子这一理论的内在逻辑:静虚而动直,动直则廓然大公,公之极则"溥",即周遍而无所不及。修养到此地步,可谓圣人境界了。

钱穆先生曾高度评价说:"是则濂溪之志与学,亦即大学明明德之道。程子朱子皆尊大学,亦可贯通于濂溪之意。伊尹之志,以天下为终极。而颜子之学,则以心意为基本。以一己之心意,而终极于天下之事事物物,即其至善之所止也。"[3]111-112志于"至善"之境,当然是儒家正统的"希圣""希贤"之学了。更值得高度关注的是刘宗周对周子圣学的评价:"濂溪为后世鼻祖,《通书》一编,抒《中庸》道理,又翻新谱,直是勺水不漏。第一篇言诚,言圣人分上事,句句言天之道也,却句句指圣人身上家当。'继善成性',即是'元亨利贞',本非天人之别。"[1]94此中尤须提及的是刘宗周极有洞察力地指出了周子"言圣人分上事""句句指圣人身上家当",周子"希圣"之学由此亦可见出。

四　余论

事实上,就圣人境界之最终达成,周敦颐早已作了两个方面的铺垫,一是:人亦是生生不息大化流行的宇宙的产物之一,亦是"太极"本体的展开。另一方面,人是禀阴阳五行之灵秀而成,具有道德理性的基本能力;因为从根本上说,人"几希"于其他动物的最重要特性就在他有道德善恶观,周敦颐将此作为立"人极"的标志,据此而强调了人当以"中正仁义"作为尺度。这当然是一个极有意义的价值取向,然而对人类社会的进步而言,仅有正确的价值取向而缺失前行的基本手段及方式,也是难以为继的。所以,笔者以为对周敦颐而言更难能可贵的是,周敦颐同时能注意到修身方法论的重要性,并极力主张以"主静无欲"作为人格修养的基本方法论。笔者以为,这也是朱子后来极为看重周敦颐,并将其作为理学开山人物的根本理由之一。

这里,需要稍加深化的是,对儒家而言,所有个体的人格修养,无不广及社会人群的基本秩序;而正是在这一点上,儒家看重"礼"的基本训练,周敦颐在《通书·礼乐第十三》中即以理训礼:

> 礼,理也;乐,和也。阴阳理而后和。君君臣臣,父父子子,兄兄弟弟,夫夫妇妇,万物各得其理然后和。故礼先而乐后。

礼理互训,不是没有根据的。理为天之道,《礼记·礼运》说:"夫礼,先王以承天之道。……是故夫礼,必本于天,于地,列于鬼神,达于丧、祭、射、御、冠、朝、聘。故圣人以礼示之,故天下国家可得而正也。"礼本于天是承天之道的说法,给理学家的礼学留下了广阔的形而上天地。而《礼记·乐记》更是直接把礼的实质归结于理。周敦颐以简捷而又深刻的思维,从"万物各得其理"的思路建构起君臣父子夫妇在伦理形式上的合理性。因而尊者自尊,卑者自卑,自然而然,名就其位,和谐合理,这就是周敦颐的"各得其理""礼先乐后"的意旨所在。周敦颐无非是要极力说明伦理秩序是发自自然,各得其宜,从而是合于理的。所以他还要进一步指出:"古者圣王制礼法,修教化,三纲正,九畴叙,百姓大和,万物咸若,乃作乐,以宣八风之气,以平天下之情。"(《通书·乐上第十七》)畴,指类,即门类之意;叙指序,即有秩序之意。为什么周敦颐谈礼必与乐结合在一起呢?其实这正是中国儒家的根本观念,儒家认为乐是通伦理的,并且有"和"和功能,是关乎风气的。儒家的原始精神,即可以礼乐二字概括。在儒家眼中,理想之世界必重礼乐!礼使人相互敬重,乐使人和谐流畅,与物通情。《礼记·乐记》说:"乐者天地之和,礼者天地之序。和则百物皆化,序故群物皆别。"致礼可以"治躬",致乐可以"治心"。乐才为同,礼者为异;同则相亲,异则相敬。其形而上的意义在于:大礼与天地同节,大乐与天地同和。质而言之,礼乐乃实现社会群居的和谐之道。孔子对乐的最重要的见解即认为音乐要引人入善,顺从天道。《礼记·乐记》又说:"礼以导其志,乐以和其声,政以一其行。"儒家确实在礼乐当中看到了社会循序的统一与和谐,因而对礼别异,乐合同的说法建立了宇宙论的根据,并使其通于个体修身的基本方法。

周敦颐尤在此基础上强调了制礼法、修教化的重要性,因为这是"三纲正,九畴叙"的前提条件。我们知道,三纲是封建宗法制度的根本所在,作为一种伦理规范,它之所以特别重要,是因为它如网上纽结,纲举目张,可使社会运转有序。前述周敦颐所讲"八风之气","天下之情",可以看出他是极其注重整体的社会风气和人的精神风貌的。极为重要的是,礼的伦理秩序的最终实现,必须通过其教化民心、移风易俗的调节功能——此所谓化民成俗的教化功能。因而,在30年的政治生涯中,周敦颐一面做官,一面热心于儒家学说那种潜移默化之传播。据《年谱》载:他在郴县为县令时,首修学校,以教人;在合州五年,与士大夫广为交结,士之从学者甚众。在周敦颐的传道讲学活动中,处处可体现他是一位善启人心的圣学导师。据《宋史》记述说:"侯师圣学于程颐,未悟。访敦颐,敦颐曰:'吾老矣,说不可详。'留对榻夜谈,越三日乃还。颐惊异之,曰:'非从周茂叔来耶?'其善开发人如此。"大意为,程颐的学生侯师圣听不懂老师所讲的道理,就去向周敦颐请教,经周的开导与启发后,茅塞顿开。而程颐一知此事便立即猜测到,该学生一定向周敦颐请教过了。此事不仅说明周敦颐启发了侯师圣,更说明程颐当年定然受学于周敦颐。

参考文献:

[1]周文英.周敦颐全书[Z].南昌:江西教育出版社,1993.

[2][元]脱脱.宋史[M].北京:中华书局,1977.

[3]钱穆.宋代理学三书随札[M]台北:东大图书有限公司,1983.

(原载 2012 年第 10 期,作者单位:江西省社会科学院)

周敦颐“公”之价值观下的法治思想

傅秋涛

周敦颐(1017－1073),道州(今湖南永州道县)人,字茂叔,号濂溪。学术界一贯以周敦颐为“道学宗主”,容肇祖则认为其道教倾向更为明显。他说:“我们由周敦颐这种飘逸的生命理想,便知他所企之道、证之道绝对不会是理学家的仁义、天理之类东西,而显然更接近传统道家的大道之门。”①但就周敦颐一生来看,绝大多数时间都是作为司法官员的形象出现的,而非道家的学者。故侯外庐等主编的《宋明理学史》提示说:“人们不要忘记,这位具有仙风道骨的人物,是‘剪奸屠弊’的‘快刀健斧’。”②仙风道骨与法官形象在人们的心目中并不一致,这种说法只是意味着周敦颐有分裂性的人格。因此,尽管人们已经走到了其法治思想的边缘,但本文作者还未见有人对之进行专门论述。实际上,仙风道骨与法治的结合是中国思想的传统。司马迁《史记·老庄申韩列传》既以道、法人物“合传”,又以“归本于黄老”概括韩非等人的思想特点,可见道、法一致的观点由来已久。法家思想之所以以道家为本,是因为道家否定任何预设的前提,追求无条件的“公”,开启了法治的维度。陈鼓应说:“道家各派莫不尚‘公’,老子的‘道’,本蕴含着‘公’的客观精神,黄老援法入道,乃将道之为公转成法之为公提供了哲学理论的基础。”③由于道家思想放弃了形而上学前提和目标,在人格风度上就显得相当洒脱。即使韩非子也向往“身坐于庙堂之上,而有处女子之色”(《外储说左上》)的“无为”气象,不以事必躬亲的“瘁臞”为然。

本文将通过对周敦颐所使用的一些重要的学术概念的思想史考证,探讨其与道家、法家关系,以确定其思想意义,以及以“公”为目标的法治思想及其实现方式。

---

① 容肇祖,《周敦颐与道教》,陈鼓应主编,《道家文化研究》,第5辑,上海古籍出版社,1994年。

② 侯外庐等主编,《宋明理学史》,人民出版社,1984年,第83页。

③ 陈鼓应,《道家的人文精神》,中华书局,2012年,第69页。

一 濂溪法治思想之"道论"

周敦颐一生以司法官员为职业,宋本《元公周先生濂溪集》①中《遗事》载,吕公著在推荐周敦颐任广东转运判官时,称其:"操行清修,才术通敏,凡所临莅,皆有治声,臣今保举,堪充刑狱、钱谷繁难任使"。而据蒲宗孟《墓碣铭》所说,周敦颐对自己的司法官职业是全力以赴的,并在临终时为不再能为王安石变法效力而感慨:"吾独不能补助万分,又不得窃须臾之生,以见尧舜礼乐之盛。今死矣,命也"。那么可以肯定地说,周敦颐的学术努力首先是为自己的政治实践服务的。以周敦颐为"道学宗主"始于朱熹,其根据主要是因为周敦颐曾为二程之师,但二程却认为,其学术的核心观点"天理"二字是自家体贴出来的。而他们在周子那里感受的"孔、颜之乐",道家色彩更突出。同样受到周子影响的赵抃也有明显的神仙气象,为成都知府时,"匹马入蜀,以一琴一鹤自随"。赵抃还特别热衷佛学,以致朱熹不解地说:"赵清献公(抃)晚知濂溪先生甚深,而先生所以告之者亦甚悉……而公于佛学盖没身焉,何邪?"②不知濂溪本质上不是一个道学,自然不能使他人沾染道学气息。以此,下文便不再受限于"道学宗主"的成见,而以一个职业司法官如何改进自己的实践为主要视角,探讨其思想内涵。

(一)"道"的意义

司马迁关于道、法关系的论述,应出于其父司马谈在《论六家旨要》对汉初黄老学术"因阴阳之大顺,采儒、墨之善,撮名法之要,与时迁移"的判断。探寻周敦颐由"道"入"法"的线索,即以上述的判断为框架。濂溪在学术上的一个创造就是把《中庸》与《易传》结合起来加以论述。一般认为,《中庸》讲"诚",是谈心性论的;而《易传》讲万物的生成,是宇宙论,两者路向不同。但濂溪持一种主、客合一的哲学立场,把两者合而为一。虽然《中庸》《易传》被认为是儒家的著作,但从下文论述可知,濂溪所论的学术修养的路径,则完全采取道家的观点。

1. "一"与"独"。濂溪的主要学术著作《通书》,是从《中庸》核心概念"诚"开始的。《中庸》有"不诚无物"的说法,濂溪直接把"诚"当作宇宙万物的本源,从而《易传》所讲的万物的生成就成了万物在人的心灵中的显现。《通书》开章

---

① 该书由岳麓书社于2000年重版,文中所引有关周敦颐文献,均出于此书。
② 黄宗羲原著,全祖望补修,《宋元学案》卷12《濂溪学案下》,中华书局,1986年,第531页。

明义说："诚者,圣人之本。'大哉乾元,万物资始',诚之源也。'乾道变化,各正性命',诚斯立矣。"即是说:"诚"是通过万物的发生来体现的,而"诚"的确立则是以万物成其所是为效验的。但濂溪提出"圣人"的概念,就意味着不是每个人都能达到"诚"的境界;在凡庸者的面前,事物往往被遮蔽,不能得到如其所是的显现。那么,如何才能掌握"圣人之本"呢? 濂溪认为就在于使心灵保持在"一"的状态。他说:

> 圣可学乎? 曰:可。曰:有要乎? 曰:有。请闻焉。曰:一为要。一者,无欲也。无欲,则静虚动直。静虚则明,明则通;动直则公,公则溥。明通公溥,庶矣乎!

濂溪明确指出,学术的关键在于如何领会"一"的意义。"一"是超越于感性欲望而对事物进行直接的观照——因为欲望总是习惯于把事物当作一个满足自己的对象进行认识和宰制。上文大意:领会到超越性的"一",就自然达到了不言而喻的"诚"的虚静的境界,表现为对于事物的正确的理解与通达的行为,从而实现普遍性的"公"。由此理路,他的学术被后人称为"原一之旨"。可是,对于这么关键的内容,一贯喜欢穿凿的朱熹却认为"其辞义明白,不烦训解"。朱子被王阳明批为"二"(即朱熹的"格物""裂心、物为二"),对于周子之"一"有点隔膜也很自然。可是老子大讲其"一",他却不可能不知道。

只要对中国哲学略有所知,就知周子所谓"一者,无欲也"来自老子。从哲学的角度论"一",首次出现在《老子》第十章:

> 载营魄抱一,能无离乎? 专气致弱,能如婴儿乎? 涤除玄览,能无疵乎? 爱民治国,能无为乎? 天门开阖,能为雌乎? 明白四达,能无知乎?

张岱年对以上言论加以解释说:"老子讲'为道',于是创立一种直觉法,而主直冥会宇宙本根。'玄览'即一种直觉。"①不过,老子之意不是"创立",而是要求回到心灵的本来性的状态,故而说"能如婴儿乎"。"一"就是身心如一的本来性的"纯粹直觉",即"玄览"。因为是本来性的,故而这一回复的过程就是清除外加的东西,如人的意欲、经验和知识,等。在后面章节,老子更从不同的层次深化了"一"内涵:(1)"一"既是人的心灵境界,也是"道"的展开。四十二章:"道生一,一生二,二生三,三生万物。"此即是说,本于"道"之"一",能使世界万物一一

---

① 张岱年,《中国哲学史大纲》,转引自陈鼓应《老子今注今译》,商务印书馆,2003 年,第 110 页。

呈现出来。(2)人的心灵能始终保持在这"一"的状态,万物就成其为自身。三十九章:"昔之得一者,天得一以清,地得一以宁,神得一以灵,谷得一以盈,万物得一以生,侯王得一以为天下正。"彭富春解释说:"万物得一,就是得道。唯有得道,万物才能是其自身。"①(3)治理天下的最高思想境界就是"执一"。第二十二章:"圣人执一为天下式。"等等。"一"即"道",而所以要舍"道"而讲"一",则"一"是由本体世界落实到现象世界的关键。

在老子之后,道家继续丰富和发展了"一"的观点。文子说:"无形者,一之谓也。……视之不见,听之不闻,无形而有形生焉,无声而五音鸣焉,无味而五味形焉。故有生于无,实显于虚,道者一立而万物生焉。"(《原道》)等等,把"一"既是超越人的感觉经验而又是感觉经验之所以可能的依据。庄子的表达则更为清晰,他说:"端而虚,勉而一,则可乎?……一若志,无听之以耳,而听之以心,无听之以心,而听之以气。耳止于听,心止于符,气也者,虚而待物者也。"(《人间世》)"一"就是清除特殊性,合于道的普遍性。道家的观点也为其他学派所肯定,如孔子讲"吾道一以贯之"。只是由于曾子以"忠恕"(《里仁》)实之,才与老子之"一"发生了歧异。② 但传说为子思所作的《中庸》,则虽然没有正面讲"一",却讲了"不贰":"天地之道,可一言而尽也:其为物不贰,则其生物不测。""其"字所指即"诚"。因为前文说:"诚者物之终始,不诚无物。"换言之,所谓天地之道即,人只保持"壹"的心灵境界,万物就能自然地呈现。《中庸》又以"独"来形容道:"莫见乎隐,莫显乎微,故君子慎其独也。""独",不与他物为对,在先秦哲学语境中实与"一"无异。

由荀子到韩非子,则专注于在政治、法制的领域发展。荀子提出"壹虚而静"的观点,要求"不以所已臧害所将受"(《解蔽》)。但概观荀子的思想,基本上停留在经验认识论的层面,应是濂溪批评他"元不识诚"的原因。因此,韩非超过荀子,回到老子的道论。韩非论"一"说:"道无双,故曰一。是故明君贵独道之容。"(《杨权》)韩非子的理论兴趣不是很大,致力于道论在政治领域的应用,他把自己的政治理论核心概括为"用一之道",以对老子"执一"思想的承受为起点,在政治领域推衍道家道论。

---

① 彭富春,《论老子》,人民出版社,2014年,第92页。
② 李泽厚,《论语今读》说,"一以贯之"这一章"非常著名而异解甚多。有的且涉神秘。关键在于何谓'一以贯之'。有的解作禅宗顿悟,秘诀心传……"(生活·读书·新知三联书店,2008年,第134页)另第十五章有孔子告子贡曰:"汝以予为多学而识之者欤?非也……予一以贯之。"

通过对由老子发端的关于"一"与"独"的思想传统的讨论,我们理解到周敦颐的"一者,无欲也"就是克服主观意志、知识成见的偏执,达到一种与道合一的"纯粹直观"的"玄鉴"之境,从而实现普遍性的"至公"价值观。至于韩非的"用一之道"如何发展到法治,以及,濂溪对此的发展,则留待后文"由道入法"加以阐述。

2. 变化与循环。濂溪关于"一"的论述是一种静态的分析,而现实的"道"则是不断地发展和变化的。濂溪关于道的现实状态的观点,是一种不断往复的循环论。

濂溪的循环论的概念,同样来自老子。老子论述自己的循环论说:"有物混成,先天地生。寂兮寥兮,独立不改,周行而殆,可以为天下母。"(二十五章)"周行",即循环。老子的意思是说,任何具体的事物是不可能永远不变的,发展的结果则是回到其起点,不断往复。而把握事物生成的开端,就能使自己获得应对事变的主动权,以不变应万变。故而又说:"天下有始,以为天下母。既得其母,以知其子;既得其子,复守其母,没身不殆。(五十二章)濂溪在《读英真君丹诀》中,运用老子母、子的概念,对道的发展以及人对万物的顺应,有如下表述:"始观丹诀信希夷,盖得阴阳造化机。子自母生能致主,精神合后更知微。"这无疑是周子对老子的前述思想的发挥,强调的则是应对事变的主动性。《太极图说》更是以"无极而太极"展开阴阳、五行,而"复"之以:"五行,一阴阳也。阴阳,一太极也。太极,本无极也。"最后归结为:"原始反终,知死生之说。"万物既如此生成,又如此消逝,构成了宇宙的"创造"与"消化",人不应以私意阻滞"造化之机"。

质实而言,宇宙乃是一个人生存于其中的宇宙;离开了人,讲什么天地万物都是没有意义的。故濂溪说:"惟人也,得其秀而最灵。形既生矣,神发知矣,五性感动而善恶分,万事出矣。"但人心被蒙蔽后,事物就无法显现。故而周子提出了"定之以中正仁义而主静"而立"人极"。即保持心灵的虚静,回到事物发展的起点,也就回到了真理。故颜子号为"复圣",而濂溪愿以颜子为学。

(二)"由道入法"的政治法学运用

探讨"由道到法"的关键,则是对"道"−"名"−"法"的关系的做出合理的解释。"名"与"道"的关系是老子思想的重要话题,而"名学"事实上就是先秦时期因应立法活动而兴盛的;"法"是特别种类的"名"。由"道"而"名"而"法",有清晰的逻辑脉络;从老子"名"为"万物之母"到韩非子"以名为首",并提出"以法为本",其间的关联是很明显的。现代语言哲学的代表人物海德格尔翻译过《老子》,其语言哲学的基本观点差不多就是对老子观点的转述。海德格尔说:"惟当表示物的词语已被发现之际,物才是一物。惟有这样物才存在。"①从现代语言哲学以语言为事物存在的基本方式的观点来研究中国"名本论",可以更好地理解濂溪法治思想的真正意义。

1.由"以名为首"到"拟议"。在老子思想中,"名"是万物之本源,实为"道"的另一名称。《老子》第一章即说:"无名,天地之始;有名,万物之母。"世界涌现为森然万象(自然),故"有名"必然否定"无名";但同时万物的存在是有限的(三十二章:"始制有名,名亦既有,夫亦将知止,知止可以不殆"),故"无名"解构"有名"。在此名言观下,所谓道的发展与循环,就是由无名而显现出有名,由有名而复归于无名的过程。而推动这一切的,则是作为宇宙力量之表现的人的意志力。故《老子》第一章接着又说:"故常无欲,以观其妙;常有欲,以观其徼。"事物是外在环境与人的内在意志相互作用的产物,故人们可以通过在"无欲"与"有欲"的变换中发现事物的生成及其边界。此种观点在《乐记》中也有发挥,其内涵也更加明确。其中说:"人生而静,天之性也。感于物而动,性之欲也。物至知知,然后好恶形焉。好恶无节于内,知诱于外,不能反躬,天理灭矣。"《乐记》的上述观点源于道家,前人已有论述。②上文的意识是说,万物产生于人的意欲,也决定了其事物的时空有限性;如果不能反思事物发生的原因,被外物迷惑,善善恶恶,就走到了事物的反面。这就把哲学观转化为一种具体的人生态度。而庄子对由"一"到"名"的逻辑发展的论述,则更为具体。而在庄子看来,"一"作为事物最初的本源,也就是最纯粹的"名"与"言"。《齐物论》说:"天地与我并生,万物与我为一。既已为一矣,且得有言乎? 既已谓之一矣,且得无言乎? 一与言为二,二与言为三……"郭象注:"万物万形,自得则一;己自一矣,理无所言。物或不能自明其一,而以此逐彼,故谓一以正之。既谓之一,即是有言矣。……夫以一言言一,犹乃成三,况寻其枝流,凡物殊称,虽有善数,莫之能纪也!"从物回归于道,就是由有言走向无言;由道走向物,则由无言走向有言。而"名"如何构成事物存在之本质属性的观点,在《天地》中也有所披露。其中说:"泰初有无,无有无名。一之所起,有一而未形。物得以生谓之德。"德,就是事

---

① 海德格尔著,孙周兴译,《在通向语言的途中》,商务印书馆,2004年,第152页。

② 如张岱年说:"《乐记》此节受到宋代理学家的称赞,其实出于《淮南》,而《淮南》本于《文子》。"见氏著《试谈〈文子〉的年代与思想》,载陈鼓应主编《道家文化研究》第5辑,上海古籍出版社,1994年。

物成其为自身的本质属性,同时也就是"名"或"言"的显现。事物的本质属性与其得以显现的人的直观心灵,是一件事情的两个方面,二而一:让事物成其为自身者,即是有德;反之,障蔽事物的存在,则无德。

概而言之,老、庄学术是以文明批判为特征的,因此,虽然老子提出"有名""无名"一对辩证概念,庄子对"言"与"一"也有很深刻的阐述,但根本兴趣则在于以"无名"解构"有名",实行"解构就是正义"的策略。而对于那些希望建立一个稳定的社会秩序的人而言,他们的名言观则侧重于以"有名"克服"无名"的一面。孔子、荀子的"正名"论就是此种企图的表现,故儒教称为"名教";而韩非子则由礼制发展到法制,而法律也称"名法"。名家名学在法制建设中影响很大,邓析子在"成文法"的颁布中发挥了重要的作用。但是,名家以实际应用为取向,对"名"的哲学意义兴趣不大。而韩非子以老子思想为基点,则框定了法律的最终地位。韩非论治国之道说:"用一之道,以名为首,名正物定,名倚物徙。故圣人执一以静,使名自命,令事自定。"(《扬权》)宋乾道本旧注:"一谓道。可以常行古今莫二者,其唯正名乎?故曰以名为道。""名",也就是"法"。在韩非看来,首先是有人提出某种"建言";一旦被采纳并付诸实施,即为法令。因此,"以名为首"只是"以法为本"的抽象的、概括的表述。由"名本论",法律作为某种特定"名言",自然也就构成了其所指范围内事物的基本规范。故韩非在《饰邪》篇中以一种不容置疑的语调说:"先王以道为常,以法为本。……凡智能明通,有以则行,无以则止。"关于"名"与"法"的区别,韩非子说:"民朴而禁之以名则治,世知(智)维之以刑则从。"可见,"名"只是"法"的一个更为原始的概念。①

由上述对韩非子思想的理解来看,濂溪的"拟议"与韩非子的"以名为首",表达的是同样的意思。"拟议"即是对事物的语言学架构,而一切事物都必须置于这种语言学的架构之下,才能完成其自身的发展。濂溪说:

> 至诚则动,动则变,变则化。故曰:"拟之而后言,议之而后动,拟议以成其变化。

前面一句是《中庸》的观点,后面一句则来自《易传》,合并起来的意思可以理解为,由"诚",万物成就其自身的变化,这一过程是通过"拟议"方式实现的。"拟

---

① 对于"名""法"同一性,后人有许多论述。近代梁启超、胡适、吕思勉等人均对名、法的同一性有所论述。参见马腾《先秦法思想之名学框架略诠》(载《北方法学》,2012 年第 6 期)其实,早在司马迁论法家,即以"专决于名"概括其特色,"专决于名"就是"专决于法"。

议"这个词出自《系辞传上》第七章,指的是圣人通过一套语言符号系统,给浑沌杂多的世界建立秩序;而人们的具体的言行,则必遵循这一系统。其原文说:"圣人有以见天下之赜,而拟诸其形容,象其物宜,是故谓之象。圣人有以见天下之动,而观其会通,以行其典礼,系辞焉以断其吉凶,是故谓之爻。言天下之至赜不可恶也,至动而不可乱也。拟之而后言,议之而后动,拟议以成其变化。"这是说,作为道的具体展开的人的言说与行动,必须通过对圣人以"拟议"的方式所建立的规范来进行,而圣人的"拟议"则不是阻止任何事物的发展,而是通过一种秩序的建立,从而使万事万物的全面发展成为可能。

为什么濂溪要使用"拟议",而不使用更有学术味道的抽象"名""言"等概念呢? 首先是由于《通书》是一部释《易》之作,使用的主要是《易》学的概念。其次,则"拟议"以"拟诸形容,象其物宜",强调形象思维,突出了语言的诗性本质。在《易传》看来,《易》之作是圣人以"仰则观象于天,俯则观法于地,观鸟兽之文,与地之宜"的方式完成的,是人类诗性思维的结果。海德格尔说:"人之说话之纯粹被令者乃是诗歌之所说。"①即是说,只有诗歌的语言才能说出最客观的真实。在语言的发展中,由于逻辑推理的因素日益发达,语言在远离现实生活的领域中悬空延伸,往往与事实有很大的出入。故而,提倡诗性的语言,体现了语言显现事物真相的取向。在宋代,法律文本都力图表现出诗性,以致力于还原某种生活"现场"。虽然濂溪本人的作品没有流传下来,但同时代的苏轼所写作判决有些就与诗赋几乎没有区别,即是此种努力的表现。不过,即使《易传》的"拟议"也包含了对世界的主观架构的因素,在显现事物的同时也遮蔽了事物,故而以返本还原为取向的禅学批评说:"拟议即乖,动念即差。"濂溪对"拟议"的肯定表明其追求文明秩序的入世取向,也来自一个司法官员的职业经验——因为单凭直观行事,完全放弃推理论证,司法将无从进行。

濂溪的"拟议"与韩非子的"以名为首"的继承关系,除了上述意义上的探讨外,还可以从其司法实践来加以分析。据度正《年表》载:濂溪二十九岁时在南安军司理参军任上,曾抵制其上司转运史王逵枉法杀人的指令。试想,如果不是凭借《宋刑统》的法律文本,濂溪以一个不入流的小官抵制上司,是不可想象的。可见,濂溪在司法实践中,践行的也是"以法为本"的策略。

2."势"论。学问的探究是为了找到事情真相,以便采取合适的行动。周敦

---

① 海德格尔著,孙周兴译,《在通向语言的途中》,商务印书馆,2004年,第24页。

颐的道论，以及通过"拟议"所架构之名言观，目的在于应用；就政治领域而言，核心的问题便是权力控制的问题。权力，古称"势"；"势"论，即权力控制的观点。《通书》说：

> 天下，势而已。势，轻重也。极重不可反。识其重而亟反之，可也。反之，力也。识不早，力不易也。力而不竞，天也。不识不力，人也。天乎？人也何尤。

濂溪"势"论中所使用的"轻重"概念，是韩非子常用的词语之一。韩非子在《喻老》中解释老子"重为轻根，静为躁君"说："制在己曰重，不离位曰静。重则能使轻，静则能使躁。"并以轻、重概念说明政权的巩固与削弱。如《亡征》说："凡人主之国小而家大，权轻而臣重者，可亡也。"法治则是把权力的轻重交由法律规范："衡执（法）正而无事，轻重从而载焉。"（《饰邪》）而大臣"专制"则是"擅权威而轻重者也"（《人主》）。以前者论，故有强调"衡不同于轻重"（《扬权》）；以后者论，轻重由权势者任意确定。一旦客观性的"衡"被搁置，即不再实行法治，则"人主愈弊而大臣愈重"（《孤愤》），国家政权即面临瓦解的局面。故在《难势》一章中，韩非强调法律的重要性说："抱法处势则治，背法去势则乱。……释势委法，尧、舜户说而人辩之，不能治三家。"其实，即使违法势力也有足以形成稳定小集团的规则。否则，单个人擅权，随时会被擒杀。故而政权的势只能是法律的势，而法律则是势的法律，两者互相依在，同时消失。由此可见濂溪论"势"之意，即为：国家政权只是一个权力控制的问题，必须防止一切违法的行为，否则就会使权力下移。在觉察到僵化局面形成时，就要及时进行改革。改革，就是重新掌控权力。觉察越迟，改革越不易。但是，不论到了什么程度，改革都是唯一的选择；不成功，那是天命。没有觉察或是力量不够，则是人的因素。是天命，人就没有责任了。濂溪在这里论述权力，即使是专讲道德的朱熹也是予以承认的，只是他可能认为权力的控制可以通过教化来实现。然而，濂溪从头到尾都是从"力"本身的角度展开论述的，其中即使提到某种职业道德，也无关于权力控制的方式与方法。

由韩非的观点来看，法治只是"势"成其为自身而已；濂溪所谓"反之"也只能是变"法"，而非把权力直接攫取过来——这对于政权来讲也是不可能的。张居正关于"势"的论述，有助于理解上述观点。张居正说："天下之势，最患于成。成则未可以骤反。……夫吏之被诃也，以虐政毒民。然茹其毒者，恒不能诃吏，皆武断乡曲、素不畏官法者也。盗之起也,以迫于饥寒。然饥寒者,不能为盗。而为盗者,皆探丸亡命喜乱好斗者也……故识其几而豫图潜消之,上也。"①张居正在这里所讲之"成"是对濂溪"极重之不可反"之局面的概括。张居正从而更加明确地阐明了国家政权的崩溃,乃在于法制被废弃。

法制被废弃并不意味着不再存在司法现象,如张居正所谓贪官污吏与素不畏法者以法律为武器的攻讦、濂溪被人逼迫枉法杀人等等,司法现象仍然普遍地存在,甚至呈现繁荣之象。所谓法制被废弃是指对少部分人讲身份等级,讲人情,讲礼让,讲下不为例,等等,对多数人则以苛法镇压之。在此情势下,司法不再作为国家治理的手段而成为国家政权的掘墓者。

二 濂溪之"仁政"与"法治"

上面,通过论述濂溪与道家、法家哲学的关系,其基本的哲学观点,以法为本的观点,以及关于权力与法制的观点,确定了濂溪在中国思想格局中的位置。下面,再根据上述认知,分别从"仁政"与"法治"两方面来阐述他的具体主张,明了其"政主刑从"的法治观,以巩固上面的论点。

(一)仁政

1. 仁义观。一提起"仁政",人们认为这是儒学的专利,不知道家、法家也讲"仁政",只是内容不同,实现的手段也就不同。儒学所讲的"仁政"主要是从实现某种伦理道德的意义上来讲的,如孟子所说:"尧舜之道,孝悌而已矣。"(《告子下》)道、法讲"仁政",则从利害着眼。韩非子在《解老》中对"仁""义"分别进行解释,在他看来,"仁"就是对个人利益诉求的肯定,事实上人人都知道追求自己的利益,统治者并不能直接赠予人民利益,只是因为人们在追求各自利益时产生冲突,对冲突进行管理,去其泰甚而已,故说"为之而无以为"。但是韩非认为,人生在世有如君臣之间之类义务需要承担,这就是"义"。"仁"指对个体权利的肯定,"义"即义务,个体的权利只有在相应的社会环境中才能实现,故有其义务。"义"是一种外在的社会性要求,需要国家力量维持,故说"为之而有以为"。韩非训"义"为"宜",排除了其绝对性的道德形而上学,仅指某种社会义务的时代合适性,而这种合适性只能通过法律来规定,否则,"皆挟相为而不周于

---

① 张居正,《杂记》,《张居正集》,第 3 册,湖北人民出版社,1987 年,第 650 - 651 页。

为己"(《外储说左上》),君臣、父子之间就会由于对于对方的道德期望而产生无法控制的冲突,终至于发生"为人子者取其父之家,为人臣者取其君之国"(《忠孝》)之事。

对比"仁政"之内容,濂溪显然更接近道、法的精神脉络,而非孟子之儒。濂溪在《顺化》一章中说:

天以阳生万物,以阴成万物。生,仁也;成,义也。天道行而万物顺,圣德修而万民化。大顺大化,不见其迹,莫知其然之谓神。故天下之众,本在一人。道岂远乎哉!术岂多乎哉!

"不见其迹,莫知其然"的"大顺大化",显然是"无以为"之"仁"。"仁"是"义"的主脑,"义"是"仁"成就。"义"作为一种外在性的社会要求,以"有以为"来维护,濂溪在论《刑》一章中主张"政以养民,刑以肃之",提出实现"义"之具体路径。故与韩非一样,濂溪主张法治。自然,儒者以建设一个理想的道德社会为目标,发现或发明一套道德说辞,对人民进行教化,为濂溪所不能接受。他论"治"说:

十室之邑,人人提耳而教且不及,况天下之广、兆民之众哉!曰:纯其心而已……心纯则贤才辅,贤才辅则天下治。纯心要矣,用贤急矣。

此处所谓"纯其心",是讲纯统治者之心,而非纯百姓之心。百姓之心自然纯净,不须再纯;相反,根据老子"以百姓心为心"(四十九章),纯心要以百姓之心为目标。而且前面明明讲教化十户人家的村落都不可能,教化天下就更不可能,而后面讲纯心、用贤的主语都是作为政权符号的君主。濂溪在此所述的"纯心",也即前述之"一"的境界。濂溪以自己的司法职业追求表明,"贤才"就是韩非式之"贤者勑其才"之类专业才能。朱熹以"贤才"是道德教化之才,君主教不过来,就用贤人从事,显然不合文意。

2. 身本论。濂溪所讲的"仁政"所带给人民的利益,也是一种基于老子的"身本论"而来的肯定人的生存需要的实际利益,而非某种抽象道德境界的"受用"。老子在提出"贵以身为天下,若可寄天下"(第十三章)的观点后,即提出其具体展开路径:"修之于身,其德乃真;修之于家,其德乃余;修之于乡,其德乃长;修之于邦,其德乃丰;修之于天下,其德乃普。"(第五十四章)林希逸注:"即吾一身而可以观他人之身,即吾一家而可以观他人之家,即吾一乡而可以观他人之家。"濂溪"观身"的观点,显然是从此而来的。其论《易》"家人"一卦说:

治天下有本,身之谓也;治天下有则,家之谓也。本必端,诚心而已。则必善;善则,和亲而已……是治天下观于家,治家观身而已矣。身端,心诚之谓也。诚心,复其不善之动而已矣。

从濂溪论"富贵"以"君子以道充为贵,身安为富,故常泰无不足"中,可以看出其中"身本"的意义。而从濂溪提出的"仁政"的具体内容来看,更可以发现他吸收与发展道家思想的直接证据。庄子有句名言说:"道之真以治身,其绪余以为国家,其土苴以治天下。"(《让王》)道家政治哲学是身体养生学向社会领域的扩展而已,与儒学的道德路径不同。

(二)法治

1."刑"法的意义。在涉及制度论述的传统话语中,人们总是"刑""政"并举,以对应于道德教化的"礼""乐"。如孔子说:"道之以政,齐之以刑,民免而无耻。道之以德,齐之以礼,有耻且格。"(《论语·为政》)而在日常谈论中,"法"与"刑"常常混用,但并不一定只指刑法。事实上,中国古代的行政法规,如"职官表"之类;经济法规,如"会计录"之类,以及综合性的"会典"等,一般虽不称"法",都是货真价实的法律规范。这都属于"导之以政"的内容。换言之,在中国古代法律包含了"政""刑"两方面,单称法律为"刑",可能只是为了突出法的强制性的一面。[①] 由于与西方文明不同,中国很少有官方发布的"私法",其功能主要由官府通过支持一些地方性的民间习惯法之类规范的方式来实现,因此,中国古代法律基本上属于"公法"范畴,其强制性的特点也就非常突出,是其混称为"刑"的原因。据韦伯(Max Weber)所言:"任何公权力通常都包括惩罚的力量……以不利于对方的威吓手段来令其屈服……在这一点上,'公法'直接触及'刑法'。[②] 如此说来,中国古代法制与其他文明并无根本不同,只是侧重从社会利益的立场来处理问题而已。上述的澄清,有利于全面理解濂溪的法治思想。在《刑》一章,濂溪说:

> 天以春生万物,止之以秋。物之生也,既成矣,不止则过焉,故得秋以成。圣人之法天,以政养万民,肃之以刑。民之盛也,欲动情胜,利害相攻,

---

① 相当一部分学者据此认为中国古代只有刑法,不符实际。如韩非论述典衣、典冠的事例:典衣、典冠的职责规范属于"政",而"越官则死,不当则罪"则是"刑",就都是法。事实上,韩非所谓"循名责实"之"名"主要指官员的职责规范、政策建言,而不是指刑法;王安石"变法"基本不涉及《宋刑统》,说明刑法也不是国家法制的重心。

② 韦伯著,康乐等译,《法律社会学》,广西师范大学出版社,2011年,第21-22页。

不止则贼灭无伦焉,故得刑以治。

对于濂溪在这里所讲的思想,朱熹看出是对《通书·顺化》一章的发挥。就是说,政、刑是仁、义内容在法制中的落实。儒者以道德教化作为政治之本,推崇的是"无讼"的理想,以能够取消刑、政为教化的效验。而濂溪则不然,肯定刑、政为实现仁义的具体实现方式,具有不容怀疑的必要性:以某种社会利益为目标的法制设计,必须通过强制性的手段来保证其实施。相对于礼治的"德主刑辅",此种观点可以称之为"政主刑从"。

2. 司法的地位。韩非子以给婴儿治病来比喻法治,认为这是"犯其所小苦,致其所大利也"(《显学》)。刑罚是以消极的方式实现积极的仁爱,非常重要。濂溪说:

> 情伪微暧,其变千状。苟非中正明达果断者,不能治也。《讼卦》曰"利见大人",以刚得中也。《噬嗑》曰:"利用狱",以动而明也。呜呼! 天下之广,主刑者,民之司命,任用可不慎乎!

士大夫意识蔑称专业性司法官员为"刀笔吏""刑名家"之类,仅仅只比"讼师"稍微高一点,是不入流的职位,尽可能逃避之。但在濂溪看来,因为"肃之以刑"有促成"政以养民"的重大意义,所以应当选拔优秀的人才来担任。

三 结论

北宋中期,社会经济繁荣,利益冲突渐趋激化。周敦颐由于其司法官员的身份,处于时代生活之前沿,具有顺应时代的潮流的倾向。《通书》的最后一章以"时中"作总结,即表明了其态度。在周敦颐看来,顺应时代的发展,关键在于以一种包容万有的胸怀,平等地对待一切利益诉求。故而说:"天地至公而已矣。"濂溪的"至公"观认为,世界上并无绝对的善、恶,善、恶的概念是后天的:"诚无为,几善恶。"如相对于农夫的耕作而言,禾苗是善,草是恶;但从生态环境而言,善、恶也许就要易位。故"周茂叔不除窗前草"被后学反复称赏,成为其人格风范的标志。不过,周敦颐虽然具有完整的法治思想,不同于对韩非对儒家的礼乐完全排斥的态度,也予以正面评价。显然,他认识到法治并不是孤立的,而是在更加广阔的社会环境中进行的。

(原载 2016 年第 1 期,作者单位:湖南省社会科学院)

濂溪学"君子"内涵及现实意义

＊张官妹

君,在古代是指国家最高统治者,称为君主。君子,本是国君之子的意思。根据古代宗法制度要求,国君之子(嫡长子)从小须要进行理想和人格的规范教育,要想继承国君之位,需要成为个人修养上的楷模。《现代汉语词典》对"君子"一词的解释为:"古代指地位高的人,后来指人格高尚的人。"古籍中使用"君子"一词时其含义却更丰富:君子最先是对统治者和贵族男子的通称,指的是政治地位的高贵,如《诗·魏风·伐檀》"彼君子兮",宋司马光《训俭示康》"君子寡欲、君子多欲"。后才赋于君子有德行之义,用以指才德出众的人。《易经·乾》:"九三,君子终日乾乾。"汉班固《白虎通·号》:"或称君子何? 道德之称也。君之为言群也;子者丈夫之通称也。"宋王安石《君子斋记》:"故天下之有德,通谓之君子。"朱熹在对《通书》的批注中说:"君子,圣贤之通称。身内容外无道,道外无身。"

除上,"君子"还有对别人的尊称,如唐李朝威《柳毅传》:"君子书叙,君子登山"、明张溥《五人墓碑记》:"同社诸君子"、清梁启超《谭嗣同传》"君子之后"。有妻对夫之称,如《诗·召南·草虫》:"未见君子,忧心忡忡。"《后汉书·列女传·曹世叔妻》:"进增父母之羞,退益君子之累。"李贤注:"君子,谓夫也。"唐李白《古风》之二七:"焉得偶君子,共乘双飞鸾。"清孙枝蔚《采莲曲》之一:"妾采莲,采莲寄君子。"易中天在《先秦诸子》中说:"君子一词后来便被引申到所有道德、学问修养极高之人的统称。"

在中国儒道释教别中,对人格品性的修养、品德塑造都有着不同理想的要求,道家有真人、至人、神人,这是一种出世甚是高远不可攀及的仙界,不经过脱俗出世的修炼不可,一般世人很难达到。佛教中有佛、菩萨等高高在人世界之上的完人,世人达到佛的境界,同样需要出世。而儒家不出世,大同世界是理想社会,大同世界需要具有理想人格品德的尧舜一样的圣人和伊尹、颜回一类的贤人,但世间完人终究不是很多。然而在纷扰的人世间却需要人们经过一定的修养,较普遍的、较能达到的、较完美的人格典型,更多的圣贤人那就是君子,做一个品德高尚的人,是人们普遍追求而又能达到的理想人格。

周敦颐作为理学开山祖,继孔孟之后千年的亚圣,他是真正把从先前的政治儒学转向的人性儒学第一人。他把人道与天道统一,把人作为自然界的一员,与天道一样有最高境界,太极与人极相应,即"立人极"。其著作中特别是《通书》四十章前十章主要是论述理想的人格境界是什么,人们如何达到理想的人格。他的著作中对不同人格称别有圣人、贤人、小人、善人、士人和君子之多,而在他仅有6000多字的著作中,"君子"一词的出现竟有9处:《太极图说》"君子修之吉,小人悖之凶";《通书》"故君子慎动""易曰君子见几而作,不俟终日""故君子日休,小人日忧""改则为君子矣""故君子悉有众善,无弗爱且敬焉""君子乾乾不息于诚,然必惩忿窒欲、迁善改过而后至""君子以道充为贵,身安为富,故常泰无不足";《爱莲说》"莲,花之君子者也"。

周敦颐文中的君子是圣贤之人统称,特别在君子与小人的对举中。但人格修养的高下却又不是简单分为"君子"与"小人"。周敦颐的圣贤人道德修养具有不同的人格境界,具有程度不同的层次,即使同为君子但仍有圣、贤、之别,"圣希天、贤希圣、士希贤",处于不同层次的人都有自己的奋斗目标。在他的思想中注意到了人的个性差别,品德修行的精深之别,"大而化之谓之圣,才德出众谓之贤,讲学修立谓之士"[1]。曹端注:"士,学者之称也,学者见贤而思齐也"。士人本应讲学修立,需"见贤思齐",士人不能仅有修学之才,还需要进行品德的修养,努力达到高一个奋斗目标,成为才德出众的贤人。"才德出众之贤人,不敢自以为胜,而望同于圣人,则又法圣人而行焉。"[2]具有了贤人的品德,还需进而学圣,希冀到达更高一个奋斗目标。虽然圣贤是一个很高的目标,关键是"希贤、希圣",不断去努力实现一个个的人生奋斗目标,最后达到"立人极"的最高境界。这是周敦颐的哲学思想中较先儒学具有进步的观点,他对不同的人提出不同的奋斗目标,反映出一种孜孜不倦、奋发向上的精神,这种精神与《周易》中的"天行健,君子当自强不息"一脉相承。

"圣希天",周敦颐思想中的"圣"是需通过后天努力的修炼才能达到的,桑日升注说:"人不要把圣人看作不可及的,圣人亦须从下学做起,只是由思造到无思而无不通便是。"[2]周子学说中认为即使是"圣"也需不断继续进行品行操守的修养,才能达到天道与人道合一的境界。

"贤希圣",同为大贤的伊尹和颜回也有不同的操守修养。一为掌政之贤,伊尹出身贫寒,处于畎亩之中,汤"三使往聘之",先二次以"禄之以天下不顾,系马千驷不视",他的理想目标是要使"君为尧舜之君"。伊尹辅政执政二十三年,最后归隐故里,直至百岁去世。伊尹虽身处郊野却有鸿鹄之志,居庙堂之高却不恃功恋位转身归隐,他是以天下为己任的担事型贤人典型。二为守道之贤,颜回三十二岁去世,虽然未能行尧舜之道,但他跟随孔子学而不倦,一箪食一瓢饮,守贫不移志,并修养成"不迁怒、不贰过,三月不违仁",坚守自己的道德修养,颜回是自善其身型的贤人典型,他们是儒家要求君子做到的"达而兼济天下,穷则独善其身"的典范。周敦颐树立了这两个学习典型,一个兼济天下,一个自善其身,他们是儒家人格塑造中最理想最完美的君子典型。

"士希贤",他鼓励士人树立更高的理想。"讲学修立谓之士",在今天绝大多数人都已识字、文盲已基本扫除,现在的"士",应是更宽泛的意义上的有才人,如有经商才能的、有一定技能的等。有一定才学的士人仅仅有学识还不成,还没有达到"贤"的标准,还不是君子,必须要加强道德操守的修养,要达到才德高尚的君子。"过则圣,及则贤,不及则亦不失于令名。"向这两个贤人典型学习,超过他俩就是圣人,赶上这两人就是贤人。只要去努力,即使达不到伊尹、颜回这两个大贤的标准,但学问一天天增长了,道德修养也在一天天长进了,也不失为一个好名声,"不及则亦不失于令名"。这是因为"三者随其用力之浅深,以为所至之近远。不失令名,以其有为善之实也"[3]。

君子当"志伊尹之志,学颜子之所学"。志伊尹所志,是为了使君更好地惠泽于黎民百姓,并不是为了谋取个人的私利;"学而优则仕",入仕当官不是为名禄,不是为个人肥私,而是为了造福于百姓。学颜子之学,学的是至圣人之道,不管是居之安,还是颠沛之危,都要守诚之本,仁义忠信不离乎心。胡宏说:"周子患人以发策决科,荣身肥家,然则世取宠为事也。故曰志伊尹之志。患人以广闻见,工文词,矜智能,慕空寂为事也,故曰学颜子之所学。人能志此志而学此学,则知此书包括至大而其用无穷矣。"周子自己就是"志伊尹之志,学颜子之学"典范。入仕兢兢业业,秉公执法,在官场"出淤泥而不染,濯清涟而不妖",宠辱不惊,清廉勤政,"事冗不知筋力倦","举箸常餐淡菜盘","官清赢得梦魂安";而在学识上又是中国千年亚圣。

周敦颐对圣贤君子的论述周密,他的思想对人性浮躁、道德严重缺失、腐败成风的当下有非常重要的现实意义。当我们拼命挤进公务员的行列时,是否思考过我们进入这个队伍的目的是什么?是否思考过学伊尹这个贤人给我们的榜样,是为了实现自己的政治抱负,施展自己的政治才能,为国家为民族的强盛贡献才智,为造福一方百姓奉献一腔热血;还是为了谋取个人私利,捞取个人的权力财富。如今我们社会上一些立志当官之人,一旦获取了官位,不是为百姓谋幸福,不是为官一任造福一方,而是为了"荣身肥家",贪污腐败,当官一任,为己豪掠巧取,贪得无厌。当我们有了一定的才学,获得了某种技能后,不管是进行某项劳作为了生存,抑或你是经商赚钱还是做学术研究,是否像颜回那样,满足于清贫生存条件,是否思考自己是向社会自己的奉献才华,守住道德信仰的底线,追求更高的道德操守;还是想着一己私利,没有道德底线的丧失做人的基本操行。如今有那么一些早年立志为学的专家学者却也是为一己私利,逞能邀宠,攀附权贵,甚至卖国求荣。这些人不仅与共产党员的标准相差甚远,就是与"君子"相比也相差甚远,甚至已经丢失了做一个人的基本底线。若是这样,恐怕连"人"都不是了啊!

儒家的君子修养核心内容是"仁义礼智信"或是"忠孝廉节"。周敦颐发展了的儒学,他在"仁义礼智信的"的基础上,提出了"中正仁义"。《太极图说》"圣人定之中正仁义",《通书》"圣人之道,仁义中正而已矣"。什么是"中正"?"唯中也者,和也,中节也,天下之达道也,圣人之事也。"或是"真诚地坚持那不偏不倚的正道"。"周子的'中正'在宇宙生成论中指的是天下万物生长的规律,合'中'为'正'……'中'是天下达道的一种规则,'优柔平中,德之盛也;天下化中,治之至也'。在人性论中,'中正'是一种方法,一种思维方法,处理社会事物的方法,'圣人之事也','中'是圣人处事的一种手段、方式方法,用我们现在的话说,要成为'圣人',必须要掌握科学思维方法。'中正'也是做人修养的一个内容,'性者,刚柔善恶,中而已矣','苟非中正明达果断者,不能治也'。'中正'是'合乎众所共由之道也',符合大众所共有的利益,为人要正,做官要正"[3]。"中正仁义"既有人格修养的内容,也有修养方法。

如何努力奋斗成为圣人,达到"立人极"的境界呢?佛家讲求是"顿悟","放下屠刀,立地成佛";道家强调的是"无为";但是儒家成圣,却是要经过不懈的努力奋斗才行,就是圣人也有不断去努力,才能达到"立人极"的境界。周子的学说中"希圣"的主要方法是:

一是"立诚"。《通书》第一章说:"诚者,圣人之本";第二章说"圣,诚而已矣"。"诚"是圣人的根本,诚是人的真实无妄之本性,是一切道德之源,"诚,五常之本,百行之源";朱熹注:"五常,仁义礼知信,五行之性也。百行,孝悌忠信之属,万物之象也。"五常、百行是古代社会一切伦理道德和行为准则,而诚是五常之本、百行之源。"诚"圣贤君子的修养标准,道德修养的最高原则,修养至"诚"就可成为圣人。

二是主静慎动。"主静,立人极。"什么是"静","无欲故静","无欲则静虚动直",静如水则明鉴,虚若谷则无杂。"君子慎动",动是指心动,动要谨慎,"动而正",要符合五常的规范。如果心动不正,"邪动,辱也;甚焉,害也。"小则辱身,大则害命。在浮躁盛风的当下,我们更应静下来好好学习和思考,我们的一切行为是否符合社会道德规范,是否符合社会大众利益。

三是思。"故思者,圣功之本,而吉凶之机也。""不思,则不能通微;……通微生于思。"学圣人之道须善于思考,才会有自己的理解和收获,通过无数细致的思考积累成圣之功。

四是受教闻过。接受教育,则可"俾人自易其恶、自至其中而止矣"。通过受教,使其自觉改正品性中不好的,自主地提高好的品质至中、和,达到高度自觉自省的程度。"人之生,不幸不闻过,大不幸无耻。必有耻,则可教;闻过,则可贤。"过是行为过失,耻是羞愧心理。有耻才能发愤而受教,闻过则可知所改而为贤。有过不闻,会影响自己上进;若无耻,则没有上进的条件,也失去了做人的基本条件,这是"大不幸"。

濂溪学说博大精深,在继承先儒学的基础上又发展了新儒学,对圣贤君子的论述周密丰富,我们今天更需要学习周敦颐的君子思想,为构建新文明献出一点绵薄之力。

参考文献:

[1]梁绍辉.太极图说通书义解[M].海口:海南出版社/三环出版社,1991:118.

[2]周文英.周敦颐全书[M].南昌:江西教育出版社,1993:119,118.

[3]张官妹.三子与三溪[M].北京:人民日报出版社,2005:220.

(原载 2018 年第 7 期,作者单位:永州职业技术学院)

"太极"与"心极"

——心学对《太极图说》的解读

✦ 傅秋涛 ●

　　陆王心学对创始人陆象山虽然肯定濂溪的《通书》,但对《太极图说》却不以为然,认为"无极而太极"的说法令人怀疑,此书并非濂溪所作,或是其少年未定之作。其实这完全是针对朱熹注解的。象山认为"道理只是眼前道理"(《陆九渊集》第三十四卷《语录上》),事物的本性是当下呈现的,而朱注所确立的"太极图"不论其是气是理,却是一个外在于人的形而上学的存在者,自然是他所不能接受的。而杨慈湖沿袭其师之思路,认为:"太极奚可图,可图非太极。刻复赘无极,哀哉可叹息。"(《慈湖遗书》卷二《偶作》)对《太极图说》也是完全否定的,当然就说不上对其诠释了。《太极图说》到了王阳明那里则得到了肯定,他的一首诗说:"一窍谁将混沌开? 千年样子道州来。须知太极元无极,始信心非明镜台。始信心非明镜台,须知明镜亦尘埃。人人有个圆圈在,莫向蒲团坐死灰。"(《王阳明全集》卷二十《书汪进之太极岩二首》)此诗轻轻一转,把《太极图说》由朱注所确定的外在的普遍的宇宙论,转变为一种内在的具体的心性论,并确定濂溪为古代心学复兴的关键人物。王阳明完全摒弃朱注,把太极解释为"心极",从而为心学重新诠释《太极图说》扫平了道路。当代学者牟宗三追溯到朱注以前的濂溪文集编辑情况,即《太极图说》通常附于《通书》之后,认定《太极图说》是直接根据《通书》中的有关章节所作(《心体与性体》第306页),为《中庸》心性之学在宇宙论上的推演,为心学的解读确立了一种历史学的根据。牟宗三的这一历史学的论断,其实主要还不是根据这一考古学的证据,而是依据心学对《太极图说》的充分诠释之下自然得出的理解。下文将以王阳明的启示为核心精神,以王龙溪的阐述为主要内容,讨论心学根据《通书》对《太极图说》的重新诠释。

一　太极即心极

由朱熹注解《太极图说》的思路来看《通书》,则《通书》的中心内容"诚",就是讨论人们如何获得对一种抽象的、静止的、普遍的宇宙真理的认识的;而王阳明心学由《通书》之心性论的"诚"为主来看《太极图说》,则《太极图说》是描述宇宙万物在人的心灵中的呈现过程。这就构成了心学与理学的根本差异。

心学的对"太极"作"心极"之解,始于王阳明在为象山文集作序,明确学术正统时,对濂溪在心学中的地位的确定及其学术精神的诠释。他说:"千古圣人之学,心学也。"(《王阳明全集》卷七《象山文集序》)在下文中,王阳明认为,尧、舜、禹以人心、道心相授受,强调"惟精惟一,允执厥中",就是心学之源。孔、孟之学就是对心学的传承。但是也就在孔子之时,心学就开始发生蜕变。孔门高弟子贡等人试图在人的心灵之外寻求真理,孔子已经发现了其错误,使其求之于心。孟子更肯定:"仁,人心也。学问之道无他,求其放心而已。"不过孔、孟的教训,不足以阻止学术外求于物的潮流,在功利之学的影响下,儒学在器数之末探求物理,把心与理看成是互相分裂的,以内在的心灵求合于外在的道理,于是精一的心学就彻底消亡了。王阳明认为,到周濂溪、程明道二人试图复兴孔子、颜回的学术传统。周"无极而太极""定之以仁义中正而主静"的学说,程明道"动亦定,定亦动,无内外,无将迎"的论断,差不多就可以说是精一的学问了。在周、程二人之后就是陆象山。象山好像不如二人之纯粹和平,而学问简易直截则过于二人,可以直接孟子以后完全消失的心学传统(而非直接孟子本人的学术传统)。按阳明的意思,濂溪乃至明道是由孔孟到陆象山的中介人物,但他们的学问比较晦涩曲折,故而可以为朱注歪曲为一种外求之学,而象山的学问则非常明确,以直接抨击外求之学出现于世,不再含糊。濂溪之"无极而太极"在心学传统中,自然不能理解为某种讨论外在真理的宇宙论学说。在心学的意义上,心不是心理学意义上的感知之心,而是使万物得以呈现的本心,故而可以称为太极,那是每一个人都具有的;它没有任何具体的指向,故而说"太极元无极"。上面所引王阳明之诗,从这个意义上来理解就比较明确了。

王阳明是把《太极图说》与《通书》会通起来理解的。周濂溪在《太极图说》中说:"定之以仁义中正而主静。"这句话的意思应当如何理解呢? 王阳明认为可以联系《通书》中关于"一"的论述来理解。在《通书》中,濂溪说:"一为要。

一者无欲也,无欲则静虚动直,静虚则明,明则通;动直则公,公则溥。明通公溥,庶矣乎!"(《元公周先生濂溪集》卷之四《通书·圣学第二十》)按王阳明的意思,濂溪此话是对"太极而无极"的另一表述,其理由是这里所说的"一",就是指太极而言。王阳明在赣州亲笔书写了《太极图说》与《通书》,并在末尾注解说:"按濂溪自注'主静',云'无欲故静',而于《通书》云:'无欲则静虚动直',是主静之说,实兼动、静。'定之以中正仁义',即所谓'太极'。而'主静'者,即所谓'无极'矣。"(《王阳明全集》卷三十二《补录》)那么所谓主静,就应该理解为"无欲则一",正是"无极而太极"。王阳明认为,朱注以圣人之行为上合太极之道并非濂溪之意。按朱注,仁义中正即无极固有之理,而心学否定任何先验之理,只要无欲,则自然就产生出仁义中正之理。此即孟子所谓由仁义行,非行仁义。否定事先存在一个抽象的仁义,人们可以按照其固定不变的原则而行动。什么是无欲?无欲并不是朱注所的去清除人的自然性的欲望,而是指心无所向;心灵无所系着、执滞,达到真诚无伪的境界,世界万物就能够得到如其所是的显现,自然也就是中正仁义。

王阳明的诠释也是对程明道同一思想方式的发挥。明道以定释静,堵塞人们从与运动相对的静止去理解静,故而说"动亦定,静亦动,无内外,无将迎"。内在的心灵与外在的事物共属一体,放弃各种主观的偏执就能达到本心的定静。人心被遮蔽虽然各有不同,"大率患在于私自用智",故而定静就是"物来而顺应"(《河南程氏文集》卷二《答张横渠先生书》)。即,顺应事物自然而然的显示。王阳明发挥明道的思想,认为静定不是指槁木死灰,而恰恰相反,指的是心灵的极度的自由、生机盎然的状态。他说:"无欲故静,是'静亦定,动亦定'的'定'字,主其本体也。戒惧之念是活泼泼地。此是天机不息处,所谓'维天之命,于穆不已'。一息便是死。"(《传习录》卷下)阳明肯定明道对静的理解,与静止不动无关。既然完全主张从明道的角度来解读濂溪,太极也自然只能从内在的心灵方面来理解。"太极元无极",也就是指心灵无蔽之本然的状态。"故循理之谓静,从欲之谓动。欲也者,非必声色货利外诱也,有心之私皆欲也。"(《王阳明全集》卷五《答伦彦式》)这里的理不是某种外在的东西,而是指心之本然。心之本然包括了人的自然欲望的正常呈露,只是反对沉溺于其中,本身不是无欲针对的对象。沉溺于自然欲望固然是一种迷蔽,而更大的迷蔽却是固执自己的意见,而这种意见的产生实亦是沉溺于物欲的极端之表现,故亦称之为"欲"。而正常的自然欲望则有其合理性,不能消灭。故而阳明有诗言:"莫谓天机非嗜欲,须知万物是吾身。"(同上,卷二十《碧霞寺夜坐》)就更加清楚地表明了其"无欲"的真正含义。

阳明对濂溪的解读,得到其学生王龙溪的发挥,龙溪更直接揭示"心极"之义说:"夫千古圣人之学,心学也。太极者,心之极也。"(《龙溪王先生全集》卷十七《太极亭记》)而主静的学说,则是直接从心的角度说明无极。他说:"圣学一为要。一者,无欲也。一为太极,无欲则无极矣!"(同上,卷五《书同心册卷》)而心灵之无所向就是无欲,只要克服了各种主观的意见,自然就达到了太极之"一"。他说:"审于所向而窒之,以禁于未发之豫,是谓复其心之本体以达天德,斯为不悖于见一之训耳。"(同上,卷二《书进修会籍》)以非常明确的语言,把太极即心极的观点作了阐述。

二 心极生万物

心学把濂溪的太极解释为心极,是否说得过去呢? 如果联系《通书》的中心内容"诚"的思想来源来理解,是有充分根据的。诚的观点直接来自《中庸》就有把作为万物之本源的观点。《中庸》说:"诚者,物之终始。不诚无物。"一切事物的开端与结束,都是在诚中呈现的,不诚,就不会有任何事物的出现与结束。只要保持诚的至一无二的状态,则事物就会无穷无尽地显现出来。故而说:"其为物不二,则其生物不测。"天、人并不是对立的,而是认为诚就是人的本性。故而说:"诚者天之道也,诚之者人之道也。"(引文据朱熹《四书章句集注》)诚之者是指克服外物的迷蔽,就能回复自己的本性。濂溪对此的理解是:"诚,五常之本,百行之源也……故诚则无事矣。"(《通书·诚下第二》)

而濂溪的创造性,在于把《易传》的宇宙论与《中庸》的心性论融合为一,以《中庸》来统摄《易传》。这一点在《通书》中也是非常明确的,即把《易传》中并无确定意义的基本概念解释为某种心灵本性。濂溪说:"'大哉乾元,万物资始',诚之源也。'乾道变化,各正性命',诚斯立焉。元、亨,诚之通;利、贞,诚之复。大哉易也,性命之源乎!"(《通书·诚上第一》)《易传》之乾道即是诚道,是万物的开端,而非诚是一种认识的心态,以对某种绝对物之符合为目标。让万物呈现出来就是诚之源头,让万物如其所是地呈现就是诚得到确立的表现,万物蓬勃生长则是诚的效用,保持本然贞定之心则是诚的恢复。那么,心学对太极作心极的诠释,也不能说是把本来没有的东西强加于濂溪头上了。牟宗三对此所作的解释值得参考。他说:"自乾元为万物所资以为始言,濂溪名曰'诚之源',言诚体之发用由此为源头也。自乾元之成始成终而创生(实现)言,濂溪即由此说'诚斯立',言诚体之所以为诚体,诚体之自建其自己,即由其成始成终而见也……有元(普通所谓有好的开始),即有亨,亨者内通也。即生机之不滞。故于元亨说'诚之通'。通而有定向者谓'利',利而有终成者谓'贞'。贞者,定也,成也。故于利贞说'诚之复'。"此一节虽单说乾元,实亦兼含坤元。"创造即是天,保聚即是地。""在乾道变化中,于元亨处,所谓'诚之源'处,即见有阳之申;于利贞处,所谓'诚斯立'处,即见有阴之聚(阴之屈)。"(《心体与性体》,第278－280页)如此说来,则濂溪在《太极图说》中所谓:"无极之真,二五之精,妙合而凝。'乾道成男,坤道成女',二气交感,化生万物。万物生生,而变化无穷焉。"不过是把《通书》中的意思在阴阳的范畴中说得更为明确而已。这段文章就是描述万物在人的心灵中的自然呈现的情状,而非某个绝对的神秘事物自然产生出天地万物。这就是表述性命本源的伟大的易理。而牟宗三的"阴之屈"说法,又是对王龙溪的观点的发挥。王龙溪解释"无极、二五,妙合而凝"说:"凝者,畜聚之义……尺蠖不屈则不信,龙蛇不蛰则不启,万物且然,而况人乎?夫万物皆备于我,反身而诚则乐,诚斯凝矣。凝,目睛始能善万物之色;凝,耳韵始能善万物之声,天聪明也。"(《龙溪王先生全集》卷十七《凝道堂记》)此意虽是单从阴之一面说,而阳之意也由此而明。一个人尽管睁开眼睛在观看,若无所专注,也是看不到什么东西,耳朵亦然,所谓视而不见,听而不闻,于是则阳为虚阳。只在沉滞一下,万物才能如其所是地呈现出来,阳之为阳才能得到实现。

王阳明虽然对《易经》下过很大的功夫,并对周濂溪之太极予以充分的肯定,但其立论主要是根据《中庸》的诚意进行发挥的。而其由诚意转化出来的良知,具有创生万物的本体地位,即周濂溪之太极。阳明认为,他所说的主要的哲学命题"无心外之理,无心外之物",即《中庸》所说"不诚无物"(《传习录》卷上),此外无他。此心即本心,即良知,具有创生万物的意义。天地鬼神都是相对于人的存在而言的,并且如其本然地呈现于人的心灵之中;没有人的存在,世界没有任何意义。故而阳明说:"我的灵明,便是天地鬼神的主宰。天没有我的灵明,谁去仰他高?地没有我的灵明,谁去俯他深?鬼神没有我的灵明,谁去辨他吉凶灾祥?天地鬼神万物离去我的灵明,便没有天地鬼神万物了。我的灵明离却天地鬼神万物,亦没有我的灵明。如此,便是一气流通的,如何与他间隔得!"(《传习录》卷下《黄以方录》)人的心灵与事物的本性同属于一,是不可分解的。而只要回复自己的良知，则世界万物生生不已，人的生命得到了如其本然的发展，也自然感觉到极大的快乐。故而又说："良知是造化的精灵。这些精灵，生天生地，成鬼成帝，皆从此出，真是与物无对。人若复得他完完全全，无少亏欠，自不觉手舞足蹈，不知天地间更有何乐可代。"（同上，《钱德洪、王畿录》）良知使物成为其自身的物物者，物物者就不是一个与万物相对的存在者，故而说与物无对。由于有了阳明对良知的如此高扬，使龙溪把良知解释为《易传》传统创生天地万物的乾元就显得理据充分。结合濂溪的思想成果，龙溪论"乾卦"说："乾，天德也。天地灵气结而为心，无欲者，心之本体，即所谓乾也。天德之运，昼夜周天，终古不息，日月之代明，四时之错行，不害不悖，以其健也。"（《龙溪王先生全集》卷二十一《大象义述·天行健，君子以自强不息》）尧、舜、文王、孔子是天生的圣人，自然体现了天行之健。贤人以下则受外物的主宰，必须无欲以自胜，达到虚无的境界，人以天定。这只有通过学习，像颜回、濂溪所教示的那样，才可以勉强体现天德。据此，龙溪对传统的《易经》注解进行了修正。"乾知大始"之"知"一向解释为"主"，如知县、知府之知，而龙溪则直接解释为"良知"。他说："乾知大始。大始之知，混沌初开之窍，万物所资以始。"（同上，卷六《致知议辩》）"乾知即良知，乃混沌初开第一窍。为万物之始，不与万物作对，故谓之独。以其自知，故谓之独知。乾知者，刚健中正，纯粹精也。七德不备，不可以语良知，中和位育皆从此出，统天之学，首出庶物，万国咸宁者也。"（同上，卷六《致知议略》）"良知即乾知，灵明首出，刚健无欲，混沌初开第一窍，未生万物，故谓之大始。顺此良知而行，无所事事，便是坤作成物。"（同上，卷九《答季彭山龙镜书》）王阳明对周濂溪亦有不满处，认为濂溪"动而生阳，静而生阴。静极复动"是有毛病的，疑似于太极是在具体的时间与空间之中展开的，容易使人理解为把太极当作一物，分动静为两端，而不知作为生生之源的太极本身就是时空，具体的时空是太极生生之理的显现。阳明说："太极生生之理，妙用无息而常体不易。太极之生生即阴阳之生生，就其生生之中指其妙用无息是而谓之动，谓之阳之生，非谓动而后生阳也。就其生生之中指其常体不易者谓之静，谓之阴之生，非谓静而后生阴也。若果静而后生阴，动而后生阳，则是阴阳动静各自为一物矣。阴阳一气也，一气屈伸而为阴阳，动静一理也，一理隐显而为动静。"（《传习录》卷中《答陆原静书》）濂溪思想自然不能如阳明所言，达到如此圆融。这也说明濂溪思想的复杂性，非完全能够符合心学的思想，故而也阳明也只能说他差不多达到了精一之学的境界。

三 复归于无极

由心极之义可知,太极并不是某种向外无限发展的神秘的宇宙物质,而是事物生成变化的一个无穷无尽的循环,事物无中生有,由有归无,正是造化生生不已之机。即是《太极图说》只论述了宇宙创生的过程,而没有论述事物的消化情况。若太极只具有由无而有的一个方面,宇宙就会发生堵塞,生生之机就会被窒息。故而心学揭示了万物消化的一面,以救濂溪之偏,亦以体现太极非一绝对事物,而只是存在之虚无,即无极。故而龙溪揭示太极消化的一个方面,以补太极之全。他说:"有无相生,动静相承。自无极而太极,而阴阳五行,而万物,自无而向于有,所谓顺也。由万物而五行阴阳,而太极,而无极,自有而归于无,所谓逆也。一顺一逆,造化生成之机也。"(《龙溪王先生全集》卷十七《太极亭记》)

逆之一说,在濂溪思想中并不明显。但是濂溪的无极之说却有为作出这一向度的诠释的空间,龙溪上面的论述也是紧扣无极一词展开的。朱注把无极解释为理之无声臭影响,而陆象山认为若是就实的一面讲理,则太极即是实有是理,即无声臭影响,何必再言无极?孔子就不言无极(即是说《易传》不言无极)。那么无极显然是不能从实的理一方面去理解的,象山反对无极与其说是反对濂溪,不如说是反对朱注。龙溪上文所言之无极避免了从理的方面去理解无极,与心学的根本精神相符,质之象山,恐亦当为其首肯。至于象山所说之老与禅,则纯粹是一种意气之辞,老、禅是根本不能如象山那样理解的。那么孔子未言无极而濂溪言之,又是什么原因呢?龙溪认为那是时代的需要,那是濂溪面对儒学与佛学极度泛滥而弊端百出,必须有以救之。龙溪认为,佛、儒的衰蔽,在于他们完全不理解有无的真正意义。他说:"汉儒之学,以有为宗,仁义道德、礼乐、法度、典章,一切执为典要,有可循守,若以为太极矣;不知太极本无极,胡可以有言也?佛氏之学,以空为宗,仁义为幻,礼乐为赘,一切归于寂灭,无可致诘,若以为无极矣;不知无极而太极,胡可以无言也。一则泥于迹,知顺而不知逆;一则沦于空,知逆而不知顺。拘挛缪悠,未免堕于边见,无以窥心极之全,学之弊也久矣!"(同上)因此,即使孔子不言无极,针对时代的思想弊病,濂溪却很有必要提出这一概念。无极之说虽然是濂溪提出来的,其思想也包含在《易传》之中,《易传》所说"易无体",无体就是太极的意义,濂溪不过是阐明了这一意义,完全是孔子的正宗嫡传。"定之以中正仁义而主静"这句话,就是太极而无极。朱注以仁为

阳之动,以义为阴之静,等等说法,实之以理,实际上取消了无极,走入了支离繁
琐的学术道路。

至此,心学的解释完全推翻了由朱注所确定的数百年来对《太极图说》的解
释传统,其所加于其上的种种迷蔽,被一扫而空。

结 语

心学对《太极图说》的解读,超越了主、客两分的思维模式,不仅开启了濂溪
学的新境界,也开启了易学的新境界,在王龙溪之后议论濂溪与研究易学的一些
著作,无不受到上述思路的影响。其实,上溯到杨慈湖之《己易》乃至杨诚斋之
《诚斋易传》,都表现了心极的观点,只是没有自觉地以之与周濂溪研究联系起
来,表述得如此明确而已。但这些都是阳明以后心学解读《太极图说》的思想前
提,其启发之功是不可泯灭的。不过,心极的观点与自然主义的思想习惯极为冲
突,且淹没说毫无自主性认识的汗牛充栋的诠释文献之后,至今对濂溪研究影响
甚微。

参考文献:

[1]陆九渊.陆九渊集[M].北京:中华书局,1980.

[2]杨简.慈湖遗书[M].北京:文渊阁《四库全书》本.

[3]王守仁.王阳明全集[M].上海:上海古籍出版社,1992.

[4]周敦颐.元公周先生濂溪集.[M].长沙:岳麓书社,2006.

[5]程颢,程颐.河南程氏文集[M].北京:中华书局,2004.

[6]王畿.龙溪王先生全集[M].光绪八年重雕本.

[7]朱熹.四书章句集注[M].北京:中华书局,1983.

[8]王阳明.传习录[M].南京:江苏古籍出版社,2001.

(原载 2012 年第 2 期,作者单位:湖南省社会科学院)

论周敦颐的人生态度

✳ 徐仪明

作为理学开山,周敦颐以倡言探寻"孔颜乐处"而闻名,二程、朱熹等理学名家莫不纷纷著文大加赞叹。纵观濂溪先生一生"人品甚高,胸怀洒落,如光风霁月"。读其书可以知其人,我们能够看到周敦颐在对山水草木的观赏中、在与事事物物的接触中以及在道德生活的砥砺中,都体现了儒家仁人君子高尚的人生态度,显示了其独特的人格魅力。下面,我们就对周敦颐的人生态度问题做一论述,以就教于大方之家。

一

孔子有言,仁者乐山智者乐水。周敦颐既仁且智,其对山水的热爱体现了儒者追求自然和气、浑然天成的人生境界,并显示了挣脱世俗名缰利索羁绊的潇洒和快乐,这其中包含了更多的极富启发性思想内涵,使得后人反复琢磨、反复回味并深受启迪。

周敦颐寄情山水的诗文虽然不是很多,但都有一种超凡脱俗的意味,表现出天然纯朴的情趣。其云:"寻山寻水侣尤难,爱利爱名心少闲。此亦有君吾甚乐,不辞高远共跻攀。"(《喜同费长官游》)这是说只有舍弃了追名逐利之心,才能够真正专心致志地去寻山寻水,所以感叹高岩可上,伴侣难觅。濂溪在《同石守游山》一诗中进一步发挥了这种认识,诗曰:"朝市谁知世外游,杉松影里入吟幽。争名逐利千绳缚,度水登山万事休。野鸟不惊如得伴,白云无语似相留。旁人莫笑凭栏久,为恋林居作退谋。"在深山峡谷中漫游,他感到无比的舒畅,尘世间的烦恼都被抛到了脑后。幽静的松杉林中正好可以短吟低唱,度水登山舒展着四肢,野鸟成了如影随形的伴侣,白云默默在身边徘徊表达了无限的眷恋。最后两句体现了归隐山林的情趣,旁人也许不能理解,然而这正是自己所谋虑的最终归宿。在《书仙台观壁》中则说:"到官处处须寻胜,惟此合阳无胜寻。赤水有山仙甚古,跻攀聊足到官心。"在周子看来,寻胜与寻仙是密不可分的,尽管"官心"未泯,但仙境更乐,风物怡人。类似的诗篇还有一些,就不一一例举了,大致上都流露出追高慕远、高栖遐遁之意。在周敦颐的姻亲蒲宗孟所写的《濂溪先生墓碣铭》中有这样的描述:"(濂溪)生平襟怀飘洒,有高趣,常以仙翁隐者自许。尤乐佳山水,遇适意处,终日徜徉其间。酷爱庐阜,买田其旁,筑室以居,号曰濂溪书堂。乘兴客,与高僧道人跨松萝、蹑雪岑,放肆于山巅水涯,弹琴吟诗,经月不返。及其以病还家,犹篮舆而往,登览忘倦。语其友曰:'今日出处无累,正可与公等为逍遥社,但媿以病来耳!'"朱熹对蒲宗孟的这段描述颇不以为然,删去了其中的大部分内容,显然是认为有损周敦颐的"醇儒"的形象,理学宗师怎么可以"以仙翁隐者自许",终日与高僧道人结伴而行呢? 当然,蒲宗孟应该比朱熹更了解周敦颐的生平事迹,且不说其中有关僧道之类说法怎样,仅就濂溪酷爱山水的高雅情趣,就有他自己的诗可以印证,决非蒲宗孟空口腾说。其实,乐山乐水并非僧道的专利,儒者向往山林水畔之乐也无可厚非,即使和那些高僧道人结伴而行也不必大惊小怪,更显出周敦颐所具有"与众乐乐"的胸襟。濂溪对大自然秀丽风光的酷爱,深深感染了他的弟子们,特别是后来成为理学重镇的程颢。程颢也写作了不少山水诗。比如:"吏身拘绊同疏属,俗眼尘昏甚瞀矇。辜负终南好泉石,一年一度到山中。"(《白云道中》)"参差台殿绿云中,四面篔筜一径通。曾读华阳真诰上,神仙居在碧琳宫。"(《草堂诗》)"车倦人烦渴思长,岩中冰片玉成方。老仙笑我尘劳久,乞与云膏洗俗肠。"(《长啸岩中得冰,以石敲餐甚佳》)显然受到濂溪诗作的感染,但比起乃师来,程颢不仅描述徜徉山水、志在林泉的雅趣,而且直接将慕神仙、读真诰、餐冰片、乞云膏写入诗中,流露出浓重的道教情结。然而,这并不影响程颢的大儒形象,似乎后儒也并未把程颢的这些诗放在心上。朱熹甚至说:"(明道)是时游山,许多诗,甚好。"(《朱子语类》卷九十三)为什么偏偏那样计较蒲宗孟的《濂溪先生墓碣铭》中的这类文字呢? 显然,朱熹更重视周敦颐的理学开山的地位,更希望他是一位醇正的儒学大师,以承续先秦儒家以来的道统。毋庸讳言,在周敦颐思想中,三教合流的内容、儒道互补的观点不能说没有,然而,他仍是以先秦儒家学说作为母本的。他强调《中庸》的"诚体"、《易传》的"乾元、乾道"之说,显发了儒家形上智慧的思路。濂溪又引《尚书·洪范》"思为圣,睿作圣"之句,指出"思"为圣功之本,已经在强调理学的内圣功夫了。只是由于其说尚属草创未能圆满,故须后人继续予以发展,这一点是我们能够理解的。

　　至于具体说到周敦颐山水诗的影响,程颢有一段话颇具有代表性。其云:"诗可以兴。自再见周茂叔后,吟风弄月以归,有吾与点也之意。"(《二程遗书》卷三)这里所谓"有吾与点也之意"典出《论语·先进》,是说孔子与"二三子"相聚,"子路、曾皙、冉有、公西华侍坐。子曰:以吾一日长乎尔,毋吾以也。居则曰:不吾知也! 如或知尔,则何以哉? 子路率而对曰:千乘之国,摄乎大国之间,加之以师旅,因之以饥馑,也为之,比及三年,可使有勇,且知方也。夫子哂之。求! 尔何如? 对曰:方六七十,求也为之,比及三年,可使足民。如其礼乐,以俟君子。赤! 尔何如? 对曰:非曰能之,愿学焉。宗庙之事,如会同,端章甫,愿为小相焉。点! 尔何如? 鼓瑟希,铿尔,舍瑟而作,对曰:异乎三子之撰。子曰:何伤乎? 亦各言其志也。曰:莫春者,春服既成,冠者五六人,童子六七人,浴乎沂风乎舞雩,咏而归。夫子谓然叹曰:吾与点也!"曾皙(即曾点)号称是孔门的"狂者",他和子路、冉有、公西华的志向大相径庭。子路等人皆以命世之才自诩,独曾皙希望能够在暮春之时,与同学少年结伴而行,沐之春风,浴之沂水,舞于郊野,歌咏于归途,可谓其乐融融,遁世无闷。而孔子深有感触,喟然长叹,产生共鸣。当然,对于这段话,后人的理解各不一样,大部分人的意见是认为,孔子因其行道救世之志未遂,故有退隐待时之意,其与曾皙浴沂之说的契合点正在于此。并非孔子真的想要归隐,不过是以退隐作为韬晦之计罢了。这类说法似乎有些道理,但是却都显得太功利了,缺乏对这段话做出美学的理解。曾皙所描绘的是一幅美轮美奂的画面,人们愉悦的心情与美丽的大自然融合在一起,非常富有诗情画意。孔子显然是陶醉在这种美的享受之中,才能发出由衷的谓叹:吾与点也! 由此看来,程颢是真正理解这段话的真谛。所以他说,自从拜周敦颐为师之后,就学会了吟风弄月,才有像孔子一样的类似感喟,领会到了大自然所赐予心灵的快乐、陶醉、飘逸和自由。领会到孔子所说"诗可以兴"的深刻含义,那就是清新隽永、意境深远的诗篇能够激起人们的美感,调动情感的积极因素,从而可以使人们能够从诗歌的鉴赏中获得美的享受。儒家诗教之本即本于性情,诗歌对人们情操的陶冶功能,在儒家心目中显然是十分重要的。

　　如此看来,周敦颐的诗作所表现出来"乐",是一种自然的流露,自有着清明和乐气象,颇与濂溪一生胸中洒落,如光风霁月的心路历程相吻合。至于后世有人恐怕这些诗作有损周敦颐的醇儒形象,明显是过虑了。其实不管是道家还是佛家的东西只要能激起美感,都可以歌而咏之,而不要在心中横亘这森严的壁垒。尽管朱熹很计较蒲宗孟的那段话,但他也说过:"今观老子书,自有许多说话,人如何不爱?"(《朱子语类》卷一二五)流露出对道家的一些好感。所以,我们说无论是作为理学开山的周敦颐,或是其高弟程颢,甚至朱熹,他们的诗歌创作的这种审美情趣还是应该加以肯定的。

二

关于周敦颐的生活态度或生活情调,劳思光教授有如下评论,其云:"濂溪所以并无后世儒者之危苦意味,即因濂溪在理论上虽有一属于儒学之系统,但其生活非一圣贤型儒者之生活,而是一种名士或高士之生活。而此种生活情调,正道家人士或道教人士所具之情调。"(《新编中国哲学史》第 109 页)劳氏举出濂溪之诗作来作为此论的佐证,并认为濂溪之生活态度,与二程不同,更与朱熹大异。笔者认为劳先生之论恐怕也有不当之处。

首先,何谓"圣贤型儒者之生活"?如果以程颐"程门立雪"那种威严冷峻型为典范,则大部分儒者的生活态度似乎都不够"圣贤型"之标准。孔子为儒学之开创者,尚有"吾与点也"之乐。而孟子所标榜的"三乐"则是"父母俱存,兄弟无故","仰不愧于天,俯不怍于人","得天下英才而教育之"。即认为君子的这三种快乐与德服天下并无关系,而是自己内心中的愿望与抱负,一是亲情二是私德三是育人,显得平实无华。就这样宋儒尚认为孟子的气象不够"温润含蓄",而不如颜回具有一团自然之和气,渊深纯粹。在宋代理学家之中,程颢的气象最为人称道和仰慕,并被视为楷模。如说:"视其颜色,其接物也,如春阳之温。听其言,其入人也,如时雨之润","先生接物,,辨而不闻,感而能通。教人而人易从,怒人而人不怨",并概括为"心平气和"。(程颐《明道先生行状》)其实这些类似的赞美,也被用在周敦颐身上,如何仲平《赠周茂叔》诗云:"及物仁心称物情,更将和气助春荣",因此后儒认为"濂溪清和"(朱熹语)。黄庭坚所说的"春陵周茂叔,人品甚高,胸中洒落,如光风霁月",也可以理解为"清和""和乐""中和"等意思。由此看来,"圣贤型儒者之生活"是偏于安静、温和、含蓄、超脱、圆融,可以说基本上是属于阴柔性质的。当然,也并不是说这种阴柔性质就是唯一的圣贤生活态度或生活情调。应该说,"圣贤型"标准并没有固定划一的模式,既有我们这里已指出的周敦颐、程颢式的偏于阴柔的,同时也有其他诸如果敢、凛然、无畏、坚强等偏于阳刚性质,如文天祥、史可法等。所以,不能说偏于阴柔就是道家,偏于阳刚就是儒家,这样的认识显然是一偏之见。事实上,不同的性格、不同的修养、不同的气度和不同的现实境遇,会造就出不同类型的圣贤,这个道理恐怕并不难理解。不能因为周敦颐"并无后世儒者之危苦意味"就断定"其生活非一圣贤型儒者之生活"。

其次,周敦颐的生活态度或生活情调,并非劳先生在其书中所说的仅仅表现为对山水仙道的热爱,濂溪具有儒家"泛爱众"的广阔胸怀。他的这一生活情调,受到后儒的仿效和追捧。《元公周先生濂溪集》卷之八《附录杂文》有着一些记述。现择其要者录之于下:

> 明道先生曰:昔受学于周茂叔,令寻颜子仲尼乐处,所乐何事。
> 又曰:周茂叔窗前草不除,问之:云:与自家意思一般。
> 又曰:观天地生物气象。周茂叔看。
> 又曰:周茂叔谓一部《法华经》,只消一个"艮"字可了。

以上节录的几段话,是程颢在游学于周敦颐门下时所记,也夹杂了明道自己的一些体会。当然,这里的语句相当短,有的意思也颇费猜详,显然需要做一些分析与阐发。第一句,即人们较为熟悉的问题,即寻孔颜乐处。《论语·述而》:"子曰:饭疏食饮水,曲肱而枕之,乐亦在其中矣。"《论语·雍也》又说:"贤哉,回也!一箪食一瓢饮,在陋巷,人不堪其忧,回也不改其乐。贤哉,回也!"孔子所讲的颜回之乐,亦即是"贫贱之乐"。尽管贫贱本身并没有什么可乐的,但是作为贤者的颜回,它具备了高尚的"仁德",他就能感受到人生的快乐。程颢对此有自己的理解,他说:"箪、瓢、陋巷非可乐,盖自有可乐耳。'其'字当玩味,自有深意。"(《程氏遗书》卷十二)这个"深意"就是,"若颜子箪瓢,在他人则忧,而颜子独乐者,仁而已。"应该说程颢(包括程颐)对孔颜乐处的理解是很深刻的,显然对老师的这一教诲心领神会并有所发挥。其实,在笔者看来,周敦颐《爱莲说》所阐发的核心思想就是"寻孔颜乐处"。莲花"出淤泥而不染,濯清涟而不妖",讲的就是无论外在环境怎样,要始终保持自己固有的本然状态。这和身处陋巷、粗茶淡饭,而不改内心之乐的贤者风范是一脉相承的。莲花是儒家的君子之花,"中通外直,不蔓不枝,香远益清,亭亭净植,可远观不可亵玩也",象征一种特立独行的生活态度,趋时守中的处事原则。这正是儒门的一贯心法,而周敦颐将之以形象的语言描绘出来,就显得更加耐人寻味。第二句:周茂叔窗前草不除,与第三句:观天地生物气象,应该合看。《易传·系辞上》说:"生生之谓易",孔颖达疏曰:"生生不绝之辞。阴阳变转,后生次于前生,是万物恒生,谓之易也。"意思是生而又生,生生不已,是为变易。《系辞下》又说:"天地之大德曰生",孔疏:"以其常生万物,故云大德。"是说天地恒常生出万物,万物生生不已,是乃天地的基本德性。周程诸人对"生"的高度重视,体现了对《周易》的深刻理解并强调了在现实生活中的实际体验。在《二程遗书》卷三有着一些这样的记载:"切脉最可体仁。""观鸡雏。此可观仁。""子厚观驴鸣,亦谓如此。""张子厚闻生皇子,喜甚;见饿莩者,食便不美。""鸢飞戾天,鱼跃于渊,言其上下察也。此一段子思吃紧为人处,与必有事焉而勿正心之意同,活泼泼地。会得时,活泼泼地;不会得时,只是弄精神。"上述内容都体现了理学中人对天地生生不息精神的由衷赞叹,对仁德的高度礼赞。陈荣捷先生说:"孔子以仁为全德,开新局面。孟子解为人心,亦即'仁者人也'。仁的思想,于焉跃进一步。韩愈以汉儒说仁为爱之说,广而博之,谓'博爱之谓仁',又进一步。及至二程,则臻乎高峰,即以仁为生理是也。"(陈荣捷《朱学论集》第77页)当然,二程兄弟有如此认识,与周敦颐的言传身教密不可分,"程颢云'万物之生意最可观'。因茂叔(周敦颐)窗前草不除,有问颢。程子答云'与自家思想一般',即谓不肯断绝生意。上引'观天地生物气象'下有自注云'周茂叔看'即指此也。"(同上书第77页)第四句,周茂叔谓一部《法华经》,只消一个"艮"字可了。《法华经》即《妙法莲华经》,其强调出世(涅槃、佛性、圆满)与入世(生死、烦恼、有漏)之间要保持一定的张力,认为只有这样,人的精神状态才能平静、和谐和充实,像荷花出淤泥不染那样不受烦恼等不良因素的侵袭。而《艮》卦作为《周易》第五十二卦,其主旨即为"静止",当为"山"之象征。《序卦传》《杂卦传》《象传》皆有"艮"为"止"之说。《艮卦》上九爻辞曰:"敦艮,吉。"以多静多止为吉利。而"主静无欲"正是周子修养论的核心思想。《通书·圣学》说:"圣可学乎?曰:可。曰:有要乎?曰:有。请问焉。曰:一为要。一者,无欲也。无欲则静虚动直,静虚则明,明则通。动直则公,公则溥。明通公溥,庶矣乎!"就是说人首先要"静",这是成圣成贤的入手功夫,这也是"艮"字的奥义,正由于此"艮"字方能涵盖一部《法华经》。显然,周敦颐的人生态度与他的理论系统是一致的,都是对先秦儒学的的体认和发挥,劳先生所谓"而是一种名士或高士之生活。而此种生活情调,正道家人士或道教人士所具之情调"的观点,是不能成立的。

总之,现实生活中的人都具有各种各样的复杂性,表现出形形色色的生活样态。但是,其中必然具有占主导地位的生活态度和生活情调,这是应该首先应加以关注的。周敦颐是理学开山,是一位大儒,我们不能被一些枝节的现象所遮蔽,而将其视为一位道家或道教中人;或者将其两分:思想为儒,生活为道。这两种观点都是不符合实际情况的。濂溪先生无论在理论上还是在生活中,都是以儒学作为自己立身行事的原则的,这就是我的基本观点。

参考文献:

[1]周敦颐.周敦颐集[M].长沙:岳麓书社,2002.

[2]程颢,程颐.二程集[M].北京:中华书局,1981.

[3]黎靖德.朱子语类[M].北京:中华书局,1981.

[4]陈荣捷.近思录详注集评[M].上海:华东师范大学出版社,2007.

[5]陈荣捷.朱学论集[M].上海:华东师范大学出版社,2007.

[6]劳思光.新编中国哲学史(三上)[M].桂林:广西师范大学出版社,2005.

[7]李方录校.论语集解[M].南京:江苏古籍出版社,1998.

[8]周敦颐.元公周先生濂溪集[M].长沙:湖南教育出版社,2007.

[9]朱熹.朱熹集[M].成都:四川教育出版社,1996.

[10]孟子[M].北京:中华书局,2006.

[11]徐仪明.理学家程颢及其诗[J].河南大学学报,1992,(5).

(原载 2010 年第 10 期,作者单位:湖南师范大学)

爱莲守廉,志立人极

——论周敦颐的廉洁思想

✵ 张志龙

今年的农历五月初五,是宋明理学的开山鼻祖——周敦颐诞辰 1001 周年,我怀着十分崇敬的心情,穿越历史的时空,重温千年往圣的不朽遗作,激动的心情难以言表,我不断地在追问自己,作为永州人,对这位从永州这块沃土上诞生的伟大先圣,除了感动、骄傲、自豪之外,还能做点什么?于是,我拿起了这支笨拙的笔,抒发自己的内心感慨,总想写点什么,但又怕自己才疏学浅,写出的东西是文不成文、词不达意。不管怎样,也算是我表达对先圣的敬仰之情吧。

一　自幼好学,独爱白莲

周敦颐,又名周元皓,原名周敦实,字茂叔,谥号元公,为避宋英宗讳,改名敦颐。公元 1017 年 6 月 1 日(农历五月初五)在道州营道田堡出生(现今永州道县清塘镇楼田村)。周敦颐父亲周辅成,1015 年中进士,曾任贺州桂岭县令,后官拜谏议大夫,1032 年去逝。

父病逝三年后,周敦颐只有 8 岁,也就是 1025 年与同母异父之兄卢敦文随母投靠了在衡州(今衡阳市)任龙图阁学士的舅舅郑向。值得一提的是,资料上显示,周敦颐之父是 1032 年去世,周敦颐就不是 5 岁了,要么,周敦颐的父亲逝世的时间有误,应该是 1022 年才是,这里有待考证。周敦颐年纪虽小,但天资聪慧,五岁时能辨五星于宅之左右前后,懂得五行,14 岁筑室于月岩悟得太极。而且勤奋好学,尊敬长辈,孝顺母亲,深得舅舅的喜爱和赏识。因舅舅是龙图阁学士,学问颇深,舅父把外甥视如己出,当作自己的儿子一样进行教育培养。不仅教外甥识文断字,讲解诗赋经史,讲一些名人先圣成长的故事激励外甥,还经常讲些为人处世之道。周敦颐也经常向舅舅提问:如太阳为什么从东边出西边落?

天上的星星为什么不掉下来？天为什么会刮风下雨？说明了周敦颐从小肯动脑筋，舅舅对敦颐每每提出的问题，都会认真的回答。在周敦颐的心目中，舅舅既是良师益友又是父亲。

周敦颐喜爱白莲，舅舅为满足外甥的心愿，在自家宅后的西湖凤凰庙下的构亭水池中种植白莲供敦颐观赏。盛夏之夜，鲜花怒放，香气袭人，周敦颐触景生情，借物言志，将洁静的白莲人格化，写下了脍炙人口的《爱莲说》。

说到莲花，从古到今，赞美莲花的诗句、人物众多，从唐代的大诗人李白、王昌龄、孟浩然到后来的杨万里、李清照、石涛等都有赏荷佳句，其中，以杨万里写的《晓出净慈寺送林子方》的七绝："毕竟西湖六月中，风光不与四时同。接天莲叶无穷碧，映日荷花别样红"，还有李清照写的《一剪梅》："红藕香残玉簟秋，轻解罗裳，独上兰舟……"最为突出。但他们大都赞美莲的轻柔、娇艳、美丽，仅仅限于对表象的描写与欣赏。而周敦颐赞莲、爱莲就大不一样，"水陆草木之花，可爱者甚蕃，晋陶渊明独爱菊；自李唐来，世人盛爱牡丹；予独爱莲之出淤泥而不染，濯清涟而不妖，中通外直，不蔓不枝，香远益清，亭亭静植，可远观而不可亵玩焉。予谓菊，花之隐逸者也；牡丹，花之富贵者也；莲，花之君子者也。噫！菊之爱，陶后鲜有闻，莲之爱，同予者何人？牡丹之爱，宜乎众矣！"全文118个字中没有一句话、没有一个字描写莲的娇柔美丽，而是开篇立论，陶公爱菊，众人爱牡丹，我独爱白莲。接着阐述我为什么爱它？因为它"出淤泥而不染，濯清涟而不妖，中通外直，不蔓不枝，香远益清，亭亭静植。"它是花中君子。表明自己欣赏的不是莲的娇艳，而是白莲的内在品质。以莲喻己，立志做洁身自爱的正人君子。何为君子？就是品德高尚，很有修养之人。

此文是周敦颐在衡州舅舅家写的，当时也不过二十岁上下，可以想像，周敦颐正值青春年少时，就给自己人生做了规划，定了目标。志当存高远，这正是有为青年的本质与特性。

舅舅郑向对外甥周敦颐寄予厚望，外甥成长的每一个节点上，尤其是在周敦颐年幼丧父，人生处于最困难的时候，都是舅舅扶持与帮助。1036年，在周敦颐进入二十岁时，舅舅为他举行了冠礼（现今称成人礼），并当年为他安排婚事。同年，郑向得到了一次按叙例封荫子侄的机会，就竭力推荐周敦颐为"试将作监主簿"，也就是吏部的试用主簿，管理供祭祀用的牲牌、镇石、炷香、盥手、焚版币之类的琐事。二十岁的周敦颐从此迈入政坛。

周敦颐对这位恩舅感恩至诚，1039年，舅舅去世，22岁的周敦颐全面料理后事,尔后,又安排夫人陆氏一直陪伴舅母 19 年,直至舅母去世后,才把夫人接回身边,可见他对待舅父舅母胜过父母。

周敦颐在永州、郴州、广东、江西等地为官,每到一地都能扎扎实实的做事、清清白白为人,体恤黎民百姓,深受黎民百姓的拥戴。周敦颐为官三十一年官至五品,始终以白莲精神规范自己,洁身自好、廉洁自律,最后在江西南康任知军(知州),在他 56 岁时以多病为由请求解职。不到两年,在他 57 岁时仙世,家人想把丧事办得风光一点,可是家境贫寒,用不起这笔钱,也只能像普通百姓一样办理周敦颐的丧事。这充分说明了他为官一生的清廉。

二 开创理学,继往开来

儒家文化的发展经历了两千年多年的风风雨雨,历史上曾经过秦始皇的"焚书坑儒",把儒家文化打入了十八层地狱。到西汉时期,由董仲舒为首的大儒们又提出了"罢黜百家,独尊儒术"的口号,并被汉武帝刘彻所采纳,从此儒家文化成为中国的主流文化,儒家思想成为治国安邦、教化万民的金科玉律。

我以为在发展孔子创立的儒家思想的过程中,有三个人的贡献最为突出:一是孟子,他提出的"性善论"进一步完善了孔子的儒学思想,并提升到政治高度,主张仁政、上应天理、下应民意,促进了儒学发展。二是董仲舒,他向汉武帝大力推介儒学,为儒学的再度兴起立下了汗马功劳。三是周敦颐,他最大的贡献,就是将儒学理学化,把儒学提升到哲学的层面,提升到一个前所未有新的高度。

何谓理学? 理学亦称为"道学",广义上的理学就是将儒学理论化、系统化、哲学化,构成了一套较为完整的儒家伦理道德思想体系。宋代以前,儒家的《经》也好,《传》也罢,只是文章或语录,没有深入挖掘,缺乏理论的高度,哲学的深度。德国大哲学家黑格尔曾在他的《哲学史讲演录》中谈到中国的古代哲学时,对孔子的评价很低的,他说:"孔子讲的那些话里,一点思辨的东西都没有。只能算是道德格言"。当然,周敦颐是没有看到过黑格尔的书,也没有听到过黑格尔说的话,因为黑格尔生于十九世纪,相隔 800 多年。但是,周敦颐在研读儒学时,可能发现了这一问题,因此,他一边作官理政,一边从事理学的研究和创立。

他撰写了《太极图说》,文章不长,全文只有 249 个字,但是,在文中提出了"太极"的概念,他在文中说:"惟人也,得其秀而最灵",强调了人的价值和作用。

他还撰写了《通书》，本书是攻读《易经》后的心得，也是他对《易经》的解读。

《易经》是中国文化的总源头，其经意深邃，发挥想象的空间很大。不同境界的人，读后的感悟就大不一样，一般人看来是巫术，只能用来算算命，看看风水。学高者读来是哲学；从中悟出整个宇宙运行变化之规律，以及人类进化和人的身心发展的规律，包括和谐社会构建的重大问题等等。周敦颐是学高者，又是悟性极强的人，读书自然与众不同，他将儒、释、道三家思想的根本精神，放在一起来对比，进行深度思考，从中找出最大的交集，将释、道两家的精华吸收到了儒学中来。《通书》分四十章，虽文章字数不多，但非常精辟，他提出了许多基本概念，如无极、太极、阴阳、五行、动静、主静、至诚、顺化等，为后来的宋明理学发展，后世的理学家讨论和研究提供了理论依据和发展方向。

什么是哲学化？所为哲学化，就是从儒学里寻找出真理和规律，以哲学的要求进行分析和求证，将儒学赋予了哲学的内涵，更富有思辨性和逻辑性，对待事物能做出正确的判断和推理。让人更加信服，更具有指导意义。下面我们从周敦颐提出的一些论点和观点中可以看出：

（一）无极而太极的"本体论"

他在《通书》中说"二气五行，化生万物，五殊二实，二本则一，是万为一，一实万分。万一各正，小大有定"。他将老子提出的"无极"之概念与《易经》中的"太极"之概念联系起来了，认为"无极而太极，有生于无"。还把"一"与"万"的关系也阐述得非常清楚，这里的"一"就是太极，这里的"万"就是指自然界里的万物。"一实万分"，他强调这个"万"（物）就是从金、木、水、火、土这五种特殊实物变化而来。"无极之真，二五之精，妙合而凝，乾道成男，坤道成女，二气交感，化生万物，万物生生而变化无穷焉。"这里面的辩证思想显而易见。

当然，他还提出了"宇宙生成论"，"'至诚'、'主静'的道德论"，"明慎用刊"论，还有"文以载道"论。他在"文以载道"论里。强调了"文辞是艺，道德为实。笃其实而书之，美则爱，爱则传，贤者得而学之，是为教化。不务实虽业师保勉，人也而学。不知务道德，而专以文辞为能，是虚车，实为弊端。"把关于道德重在笃行这个问题阐述得非常透彻，严厉批评了那些只是把道德挂在嘴上而不见行动的人。

（二）"主静立人极"的伦理观

周敦颐在《太极图说》一文中提出"无极而太极"的本体论，其目的还是为了证明"主静立人极伦理观"的正确。《太极图说》中提出"天下之众本在一人"。这个"一人"实指掌握了"仁义之道"的君王,由于君王掌握了仁义之道,可以使"天道行而万物顺,圣德修而万民化,大顺大化,不见其迹"。《通书》里还强调了"以仁育万物,以义正万民"的观点,希望成为"一人"的君王实施仁义之道,做到"以仁育万物,以义正万民"。当然,他也强调了"君君、臣臣、父父、子子、兄兄、弟弟、夫夫、妻妻"。"万一各正,小大有定。"这些论点不免有封建思想的等级观念,封建色彩较浓。对于这个问题,我们要用历史的眼光,用历史唯物主义的观点去看问题,去想问题。我们不能脱离当时的社会背景,苛求生活在1000以前封建时代的贤士具有现代社会的思想意识。我以为,对于历史文化,关键在怎样理解,怎样取舍,不然的话,我们又怎么去看待中国五千年优秀传统历史文化?

社会主义时代的今天,一样要讲伦理观,只是社会主义时代伦理观与封建时代的伦理观有本质、内容上的不同。社会主义时代也有分工,周敦颐引用《易经·家人卦》中的卦辞:"君君、臣臣、父父、子子、兄兄、弟弟、夫夫、妻妻。"实际上是强调每个人都要守住本分,干好自己的本职事情,有自己应有的样子,应该要这样去理解。否则,就会偏颇。

当然,周敦颐还提出了"物则不同,神妙万物"的动静观。《太极图说》中提出:"太极动而生阳,动极而静,静而生阴,静极复动。一动一静,互为其根。"在《通书》一书里又提出:"寂然不动者,诚也,感而遂通者,神也;动而未形,有无之间者,幾也。"这其中提出了"诚、神、幾"等古老的哲学命题范畴,阐明了它们之间的辩证关系,进行了哲学上的提炼,进一步丰富了宇宙本体论。为后来的理学家拓宽了领域和空间,奠定了他宋明理学开山鼻祖之地位。

三 培养高徒,后继有人

周敦颐除了自己潜身于理学的研究以外,还非常注重培养后备力量,连同大家一起来研究探讨。早在1046年,当时的周敦颐还不满30岁,遇上了在江西南安大理寺为官的程晌,程晌见周敦颐忠实敦厚、谈吐风雅、学识甚广、为学知道、气貌非常,就同他结为好友。并且将自己的两个儿子,程颢、程颐(后称二程)送入周敦颐门下,拜师受教。周敦颐悉心教导,二程终成大器,成为北宋理学界五子。他们在发展理学上都有过杰出贡献,算得上是周敦颐的高徒。

周敦颐开创宋明理学的意义非同一般,因为是在"六和之外,圣人存而不论"，自西汉至唐代，儒学逐渐走向衰败的大背景下，周敦颐大兴理学之风，把儒学重新推向中国文化的主流地位，并达到一个前所未有高度。

宋明理学的兴起，得益于四大学派的争鸣：一是以张载为代表提出的"气学"；二是以邵雍为代表提出的"象数学"；三是以二程与朱熹提出的"理学"；四是以陆九渊、王阳明为代表提出的"心学"。各派立论有所不同，各有侧重。

张载提出了以"气"为核心的宇宙结构学，发挥了孟子的浩然之气，发展了孟子的"民本"思想。他提出的"为天地立心，为生民立命。为往圣继绝学，为万世开太平"，发出了心中的浩然之气。邵雍则从《周易》阴阳、河洛数理，人类进化的推演出了象数学。朱熹则建立了以"理"为最高范畴的思想体系。陆九渊、王阳明则提出了"心外无物"的心学思想。各家的争鸣，大大丰富了理学文化的内容及内涵。儒学能重新走向中国文化的主导地位，就得益于理学的创立和理学的不断发展。周敦颐是先行者，开拓者，功劳最大。

周敦颐，56岁辞官，在江西庐山脚下办起了濂溪书堂，本想以教书育人，作为人生新的起点，可是，天妒英才，英年早逝，办学不到两年，就病逝于书堂。他兴教的夙愿虽没实现，但他的"兴教"之意念却得到了后人的大力弘扬，在江西、湖南多地都办起了濂溪学堂，以示对先圣的纪念和传承。

周敦颐"主静立人极"伦理观的提出，不仅仅是对君王的要求，也是他自己人生价值的最高追求，从他提出的"成圣说"中就可以领会到。他认为学做圣人，不是口头说说，而是要务求实际，具体落实在行动上。他把学做圣人分了三个层面：一是"初圣人"。他以为，学做圣人，首先要静，唯有无欲，才能做到"静"，只有无欲，才会做到"诚"，诚是太极之理，是纯粹至善的心境。二是"政治圣人"。这是对领导者，尤是君王而言，特别要注重个人修身，以仁育万物，以义正万民，要明慎用刑，兴礼乐教化万民，使"天地和，万物顺"。三是"至圣人"。按照他的解释，人的个性有五品，即刚善、柔善、刚悲、柔悲、适中。适中是最完善的人性，而最完善的人性应该是至诚，至诚就是适中。"诚"源于宇宙的本源，体现太极的道德本质。周敦颐对"成圣说"的诠释，表明了自己的志向和愿望，就是要学做圣人，志立人极，体现了他人生的价值的取向，体现了他崇高的思想和精神境界。

周敦颐从文品到人品都是很高的，张栻称他为"道学宗主"，朱熹则尊他为"先觉"，文天祥撰《侍郎墓志铭》称周敦颐是"百代绝学之倡"，而《宋史·道学传》里直接称周敦颐为圣人，而且强调了自孔孟之后第一位圣人。可见周敦颐在后人的心目中,地位非同一般。

周敦颐最大的特点,就是"一而贯之,知行合一"。什么叫一而贯之? 就是始终如一,他从年少到年老始终坚定一个信念,毫不动摇。我们可以从年轻时代写的《爱莲说》到年老后写的"成圣说",一直以心灵的洁净、精神的纯粹要求自己、鞭策自己;他立志做圣人、立人极。有意思的是,他从爱莲到办濂溪书堂,人们尊称他为"濂溪先生",他的曾祖父又号为"濂溪公",莲、濂、廉三字谐音,在他的内心深处,始终蕴藏了一个"廉"字。濂溪成为周氏家族的特别标志,而廉洁成为周氏敦颐的精神现象。从廉开始,以圣为终,所以,他至廉至诚,贯穿人生,终成圣人。

说他坚持"知行合一",他不仅把理想、愿望说在嘴上,写在纸上,更是实实在在地体现在行动上。他为官清廉,克己奉公,体恤百姓。他开办学堂,诲人不倦。他开创理学,弘扬了中国优秀文化。为此,他耗费了毕生精力,57 岁,正直壮年,却积劳成疾,英年早逝。他死后有那么多的人纪念他、怀念他,他所到之处都修建纪念馆,不仅仅是他的文章写得好,更是因为他做得好,处处按圣人的标准去做。

周敦颐的遗风在周氏家族中得到广泛的继承与发扬,宋绍兴九年(1139),在周敦颐的家乡道县建有濂溪祠。宋嘉定十三年(1200)赐皇粮 54 石兴建书院,并推荐周子八世孙周善博为书院山长。到了清朝顺治十年(1653),封其裔孙周莲为五经博士;清康熙十九年(1680),封周莲三子周嘉耀充五经博士。还有周希圣曾官至户部尚书,周崇傅也曾是三品大员。更惊讶的是,新中国开国总理周恩来,被毛泽东主席评价为中国文化主将,伟大的革命家、思想家、文学家的鲁迅(周树人)也都是周氏之后,可见周氏家族人才辈出。

2017 年 6 月 1 日,这是一个特殊的日子,是我们的先圣周敦颐诞辰 1000 周年的纪念日,作为永州人,面对先圣,我们有何思考? 我想,我们不仅要学他的文章,更要学他的做人,学他的思想精神境界! 因为,周敦颐的精神境界与我们时代精神非常吻合,"白莲"精神值得发扬光大。

另一方面,我们以至为契机,是否可以建立一个永州历史名人博物馆或称纪念馆,展出人物、作品及相关文物,让永州人民知永州、爱永州。前几年,永州电视台在《品读永州》栏目开播一个月之际,召开了一个座谈会,时任市委书记张硕辅,市长魏璇君等领导都在场,我发言时曾提过:"有人说永州是一本书,但永州这本书里到底包含哪些内容,到底怎样去读? 作为永州人又有多少人知道?"

如果将此馆建起来,大家随时可以参观学习,这不是一件很好的事么？尤其是配合当前永州历史文化名城的建设,打造永州旅游品牌,历史文化及历史文化名人是最重要的内容。只有充满历史文化底蕴与内涵的旅游地才最具特色、最有吸引力。有了这个馆,让来自全国乃至世界各地的游客,一走进馆内,对永州历史文化及文化名人,当然也包括革命时期英雄人物一目了然,一睹全知。这样,对宣传永州、推介永州将起多么大的作用。

"今日重温圣贤书,方知任重而道远。"让我们在共同奔小康,实现中华民族伟大复兴的路上,撸起袖子加油干,让中国梦早日实现,这应该是对先圣的最好纪念。

（原载 2018 年第 8 期,作者单位:永州市第九中学）

周敦颐与佛教

❋ 万　里

　　在宋明以降的儒家、尤其是朱熹一系的理学家心目中,周敦颐及其思想,不止是与佛教没有任何关系,甚至还认为他是一位排佛者;但是,在一些宋元学者、尤其是佛教居士所撰写的相关文献中,周敦颐则不但与其同时代的一些佛教高僧有着密切的交往,甚至其思想体系的形成还受到佛教禅理的深刻影响。这两种观点针锋相对,几乎毫无妥协的余地。第一种观点不止是占据了学界的主流,至今仍然得到了一些当代学者的认同和坚守;第二种观点所依据的文献资料却长期隐没未彰,甚至被有意或无意地予以忽视。笔者在进行国家社科基金项目"唐宋江(西)湖(南)禅宗网络研究"的过程中,发掘梳理出一些相关文献资料。现根据这些文献资料,对周敦颐与佛教的因缘关系进行考述。

一　宋元书志文集中关于周敦颐与佛教关系的记述

　　关于周敦颐与佛家关系,可以追溯到与周敦颐同时代的一些北宋学者的文献记载;此后,南宋以及元代学者也多有述及。现将相关文献梳理如下。

(一)

　　宋代文士晁公武撰《郡斋读书志》记载:"《程氏易》十卷。右皇朝程颐正叔撰。朱震言:颐之学出于周敦颐,得之于穆修,亦本于陈抟,与邵雍之学本同。然考颐之解不及象数,颇类胡瑗尔。景迁云:'胡武平、周茂叔同师润州鹤林寺僧寿涯。其后武平传其学于家,茂叔则授二程。'与震之言不同。"[①]

　　晁公武(1105－1180),字子止,人称"昭德先生"。山东钜野(今山东巨野县)人。晁氏为北宋名门、文学世家。晁公武的父亲晁冲之为江西派诗人;堂叔

---

　　①　宋·晁公武撰:《郡斋读书志》卷一上,影印《文渊阁四库全书》本,台湾商务印书馆,1986 年。

晁补之、晁说之、晁祯之都是当时著名文学家,其中晁补之(1053-1110)更是与黄庭坚、秦观、张耒同为"苏门四学士"。

晁公武所撰《郡斋读书志》二十卷,为今存最早并具有提要内容的私藏书目,所述及的图书达1492部,基本上包括了宋代以前各类重要的典籍,尤以搜罗唐代和北宋时期的典籍最为完备。该书分经、史、子、集四部,部下又分45小类;书有总序,部有大序,多数小类前有小序;每书有解题。从而形成了一个严谨完备的体系。晁氏撰写的提要不仅翔实有据,而且注重考订,内容详略得当。其介绍作者生平、成书原委、学术渊源及有关典章制度、轶闻掌故,皆能引用唐宋实录、宋朝国史、登科记及有关史传目录,并详加考证。因此晁氏所撰提要内容具有较高史料价值。关于周敦颐与胡宿(995-1067)①共同师事润州鹤林寺僧寿涯,以及周敦颐又将所学传之于二程兄弟(程颢、程颐)之事,晁公武所据为"景迁云"。此处所称"景迁",就是晁公武的堂叔晁说之。

晁说之(1059-1129),字以道、伯以,因慕司马光(字君实,号迂叟)之为人,自号景迂生②。宋神宗元丰五年(1082)进士及第。苏东坡称其自得之学,发挥《五经》,理致超然,以"文章典丽,可备著述"予以举荐;范祖禹亦以"博极群书"荐之朝廷;曾巩亦予力荐。宋哲宗元符三年(1100),晁说之知无极县。应诏上言祗德、法祖、辨国疑、归利于民、复民之职、不用兵、士得自致于学、广言路、贵多士、无欲速无好高名等十事。后历任监陕州集津仓、监明州船场、通判廓州、提举南京鸿庆宫、知成州。靖康初(1126),召至京,任秘书少监兼谕德,寻以中书舍

---

① 胡宿(995-1067),字武平,常州晋陵(今江苏常州)人。宋仁宗天圣二年(1024)进士。历官扬子尉、通判宣州、知湖州、两浙转运使、修起居注、知制诰、翰林学士、枢密副使等。宋英宗治平三年(1066),以尚书吏部侍郎、观文殿学士知杭州。以居安思危、宽厚待人、正直立朝著称。治平四年,除太子少师致仕,命未至已病逝,享年73岁。死后谥文恭。其生平事迹见宋·欧阳修撰《文忠集》卷三十四"赠太子太傅胡公墓志铭"。又明·曹端撰《通书述解》卷下云:"黄氏瑞节曰:周子二书真所谓吐辞为经者。朱子之解是书也,亦如解经。然盖朱子之追事周子也,犹周子之追事吾孔、孟也,无一字不服膺焉耳。尝遍求其易说而不可得,仓令门人度正访周子之友、傅耆之子孙,求所穷姤说、同人说,亦已不可见矣。世之相去百有余年,而其书散逸难合如此哉!……或谓周子与胡文定公同师鹤林寺寿涯,是皆强求其所自出,而于二书未知深信者。朱子一言以断之曰:不由师传,默契道体。于是周子上承孔、孟之说遂定,而二书与《(论)语》《孟(子)》并行矣。"曹端所称"胡文定公",即两宋之际的著名学者胡安国(1074-1138),又名胡迪,字康侯,号青山,谥号文定,学者称武夷先生,后世称胡文定公。按:胡安国生于周敦颐去世后一年,显然不能与周敦颐一道师事鹤林寺僧寿涯。曹端所述明显有误。

② 宋·宗鉴集《释门正统》卷第七云:"晁说之,字以道,太子太傅文元公迥四世孙。……公家学有传,为一时文杰。尝著九学论,见其门户之广。……慕温公称迂叟,号景迂生。"《卍新续藏》第75册,第341页。

人兼詹事。清代初年著名史学家万斯同撰《儒林宗派》,将其列入"邵氏(邵雍)学派"之下①。晁说之博学广闻,著述甚夥,主要有《易商瞿大传》《书论》《易商小传》《商瞿易传》《亲氏易式》《晁氏诗传》《诗论》《晁氏书传》《晁氏春秋传》《春秋辩文》《春秋年表》《古论大传》《论语讲义》《壬寅孝经》《五经小传历谱》《周易太极传》《太极外传》《易玄星纪谱》《易规》《中庸传》《因说》《易归》《尧典星日岁考》《洪范小传》《诗序论》《易玄星纪图》等数十种,大多佚亡;今存者有《儒言》一卷、《晁氏客语》一卷,以及《景迂生集》二十卷,均被收入《四库全书》之中。作为一位"博极群书,尤长于经术"(《四库全书·景迂生集提要》)的严谨学者,又出自文学世家,晁说之交游甚广、博闻广见自不待言;加之他与周敦颐(1017-1073)及程颢(1032-1085)、程颐(1033-1107)为同时代稍晚之人,又与当时一些僧人有所交集②,故其所述"胡武平、周茂叔同师润州鹤林寺僧寿涯。其后武平传其学于家,茂叔则授二程"等史事应该不虚。更值得注意的是,晁说之最为推崇的理学(儒学)学者是程颢(明道)、张载(1020-1077)和程颐(伊川)等人,如他在《答朱仲髦先辈书》中云:"……吾明道、横渠、伊川三先生也为能得中。之所以为中者也,嗟夫学之难也。伊川已自畔乎?二先生之说矣,他人何望哉!"在《答袁季皋先辈书》中云:"……于是讲明道、横渠、伊川三先生得之矣。"③又在论述"诚""性"等"天命""天道"的《中庸传》中记载了当时的一些著名学者(先生),其中便有"明道先生""二程先生""横渠先生"④,但却没有周敦颐,可见周敦颐的思想价值当时尚未被学界所认识并推许。晁说之更是一位精研易学与太极图(传)的学者,曾撰有《太极传后序》⑤,如果当时学界已经认识到周敦颐的《通书》及《太极图说》的价值,他不可能不稍微涉及。由此可见,晁说之是将周敦颐当做一般的著名文士而非理学宗师对待的,故没有必要特意地予以褒贬。这也能佐证其关于周敦颐师事鹤林寺僧寿涯史事的记载并非空穴来风、无中生有。

晁公武《郡斋读书志》所称"《程氏易》十卷",即程颐所撰之注解《周易》的著作,又称《周易程氏传》《程氏易传》《伊川易传》等。宋元之际的著名史学家兼

---

① 清·万斯同撰:《儒林宗派》卷八,影印《文渊阁四库全书》本,台湾商务印书馆,1986年。

② 如晁说之有《题黄龙山僧送善澄上人诗卷》,见《景迂生集》卷十八;有《宋故明州延庆明智法师碑铭》及《高邮月和尚塔铭》,见《景迂生集》卷二十。

③ 并见《景迂生集》卷十五。

④ 见《景迂生集》卷十二。

⑤ 见《景迂生集》卷十七。

目录学家马端临(1254－1323)撰《文献通考》亦著录此书,作《伊川易传》十卷,在引述晁公武《郡斋读书志》的上述文字后,马端临云:"按伊川之学出自濂溪,此先儒通论也。而晁(晁)、朱之说以为濂溪所师本于希夷及一僧,则固老、释之宗旨矣。此论未之前闻。"①马端临并未否定晁公武引述晁说之(景迁)的说法,只是称没有听见过这一说法。

(二)

南宋著名文士刘克庄《先儒》诗云:"先儒绪业有师承,非谓闻风便服膺。康节易传于隐者,濂溪学得自高僧。众宗虚誉相贤圣,独守遗编当友朋。门掩荒村人扫迹,空钞小字对孤灯。"②

刘克庄(1187－1269),初名灼,字潜夫,号后村,福建莆田人。他以父荫入仕,宋宁宗嘉定二年(1209)补将仕郎,初为靖安县主薄。复以以宣教郎知建阳县。因咏《落梅》诗得罪朝廷,闲废十年。后通判潮州,改吉州。宋理宗端平二年(1235)授枢密院编修官,兼权侍郎官,被免。后出知漳州,改袁州。宋理宗淳祐三年(1243),授右侍郎官,再次被免。淳祐六年(1246),理宗以其"文名久著,史学尤精,赐同进士出身,秘书少监,兼国史院编修、实录院检讨官"。理宗景定三年(1262),授权工部尚书,升兼侍读。景定五年(1264),因眼疾离职。宋度宗咸淳四年(1268),特授龙图阁学士。次年去世,享年83岁。谥文定。刘克庄为南宋著名诗人、词人、诗论家,文坛领袖,辛派词人的重要代表。在江湖诗人中他年寿最长,官位最高,成就最大,号称一代文宗。其挚友林希逸《宋龙图阁学士赠银青光禄大夫侍读尚书后村刘公状》谓其:"言诗者宗焉,言文者宗焉,言四六者宗焉。虽前乎耆老后乎秀杰之士,亦莫不退逊而推先。"③对其推崇备至。刘克庄出生于理学世家,其家族学者世称"广平府知府莆田刘氏家世学派",为著名理学家刘夙(字宾之)之孙;又曾经受业于南宋著名文士兼理学家真德秀。清代文士李清馥撰《闽中理学渊源考》云:"彭从吾先生曰:莆壤土褊小,至宋始成郡,而文献特盛。忠惠蔡襄、文节林光朝、正献陈俊卿三五公为之冠冕。最后后

---

① 宋·马端临撰:《文献通考》卷一百七十六"经籍考三·经·易·伊川易传",影印《文渊阁四库全书》本,台湾商务印书馆,1986年。

② 宋·刘克庄撰:《后村集》卷二"南岳第一稿",影印《文渊阁四库全书》本,台湾商务印书馆,1986年。

③ 宋·林希逸撰:《竹溪鬳斋十一藁续集》卷二十三,影印《文渊阁四库全书》本,台湾商务印书馆,1986年。

村刘先生起而继之,文章流布,事业兼备,论者谓三五公而下一人而已。……后村先生资禀既异,濡染亦深,壮而益学,以至于成。加以寿数之高,位遇之显,遂以文事绍先,闻于天下。当世大儒真文忠公辟帅参,且以学贯古今,文追《骚》《雅》,荐于朝。晚乃荐历工部尚书,以龙图阁学士致仕,年八十三而没。"①刘克庄又与佛教高僧交往密切,自称"后村居士",其文集亦名《后村居士集》。有赋《达摩》诗云:"直以心为佛,西来说最高。始知周孔外,别自有英豪。"②可见他虽然身为理学家,但并无门户之见。刘克庄著述甚丰,生前曾自编文集,嘱林希逸为序,继有后、续、新三集,其季子山甫汇为《大全集》二百卷。又对文坛掌故极为熟悉,所撰《后村诗话》十四卷,论诗时多涉史事及作者生平,为后世诗坛所推崇。刘克庄身兼理学家与佛教居士,深谙文坛及禅林掌故,所述"濂溪学得自高僧"之事,当言之有据。

(三)

南宋文士张端义(? -1179)撰《贵耳集》卷下有云:"濮上陈抟以先天图传种放,放传穆修,修传李之才,之才传邵雍。放以河图、洛书传许坚,坚传范谔昌,谔昌传刘牧。修以太极图传惇颐,惇颐传二程。濂溪得道于异僧寿涯,晦庵亦未然其事,以异端疑之。"③

张端义的传记未见诸史籍,除了在一些南宋文士的文集中偶见涉及张端义事迹、行止、著述的文字外,其最为详细的生平事迹见诸于他在《贵耳集》卷上末所附的自序。据该自序称,他字正夫,自号荃翁。郑州人,居姑苏(今苏州)。祖父云庄公登辛未赵榜,父亲咏斋为淮南漕。他生于宋孝宗淳熙六年(己亥,1179)。"少苦读书,肆举子业,勇于弓马。尝拜平斋项先生于荆南。如慈湖,说斋、鹤山、菊坡、习庵,皆从之游。爱作诗赋小词。"宋理宗端平元年至三年(1234-1236),他前后应诏上皇帝三书,因而得罪,被贬韶州安置。《贵耳集》为三卷,分别撰成于不同时间。卷一的成书之年为宋理宗淳祐元年(辛丑,1241),他时年63岁。此年其著述已经有"上皇帝三书、诗五百首、词二百首、杂著三百篇,曰《荃翁集》"。南宋文士李昂英于淳祐三年(1243)重九日为其撰有《题节推张端

---

① 清·李清馥撰:《闽中理学渊源考》卷九"广平府知府莆田刘氏家世学派·文定刘后村先生克庄",影印《文渊阁四库全书》本,台湾商务印书馆,1986年。

② 宋·刘克庄撰:《后村集》卷十四,影印《文渊阁四库全书》本,台湾商务印书馆,1986年。

③ 宋·张端义撰:《贵耳集》卷下,影印《文渊阁四库全书》本,台湾商务印书馆,1986年。

义荃翁集》①。《贵耳集》卷中成书于淳祐四年（1244），卷下成书于淳祐八年（1248）。据此可知，张端义至迟在淳祐八年尚健在于世。

《四库全书提要》称《贵耳集》："观其下卷，大抵本江湖诗派中人而负气，好议论，故引据非其所长，往往颠舛如此。然所载颇有轶闻，足资考证。其论诗、论文、论时事，皆往往可取所长，固亦不可没焉。"上述关于"濂溪得道于异僧寿涯"的记载，便是出自于该书的下卷。张端义称"晦庵（朱熹）亦未然其事，以异端疑之"，表明朱熹知道有这种说法，但以其为"异端"之说而表示怀疑，但并无证据能够证伪。而张端义在周敦颐已经被推崇为"本朝大儒"②的情况下仍然记载此说，也表明他是相信实有其事的。值得注意的是，张端义记载是史事是，太极图的传承授受为："濮上陈抟以先天图传种放，放传穆修，修传李之才，之才传邵雍。……（穆）修以太极图传惇颐，惇颐传二程"；而"濂溪得道于异僧寿涯"。他显然是将周敦颐的太极图授受与"得道"两事加以区分。换言之，太极图的授受与周敦颐的"得道"并非一回事。这也与前述晁说之"胡武平、周茂叔同师润州鹤林寺僧寿涯"及刘克庄"濂溪学得自高僧"的说法可以契合。

（四）

元明之际的文士王袆撰《自建昌州还经行庐山下记》云：

> 八月，余自京还。九月，以事行郡境。二日，泛左蠡扬澜至都昌县。……十日，发德安，西北行三十里至庐山下，访汤泉。……宋元丰间，真净文禅师住归宗，时濂溪周先生自南康归老九江上，黄太史以书劝先生与之游甚力，以故先生数数至归宗，因结青松社，若以踵白莲社者。又名寺左之溪曰'鸾溪'，以拟虎溪。其事为释氏所传，世皆谓先生实传圣贤千载不传之统，岂其有取于佛氏之徒而愿从之游？甚者又谓濂溪之学受于寿岩佛者，此又厚诬吾先哲者也。余以为不然。大贤君子于其道既有得矣，其于形迹未尝以为累也。况先生之高致如光风霁月，初无凝滞，固奚必深辩之耶？及淳熙中，应庵华禅师继主归宗，朱夫子时为郡，亦尝与之游。华公盖临济正传，于大慧为适孙，归宗虽非巨刹，以屡为名僧所居，号天下归宗。今寺亦废，故基为树所蒙蔽，不可入。余徘徊鸾溪上甚久，日已暮，遂复行数里，宿开先寺。

---

① 宋·李昂英撰：《文溪集》卷五，影印《文渊阁四库全书》本，台湾商务印书馆，1986年。
② 《贵耳集》卷上云："本朝大儒皆出于世家。周濂溪以舅官出仕，两改名，先名宗实，因英庙旧名改；后名惇颐，又以光宗御名改。"

明日乃还。①

王祎,字子充,浙江义乌人。元明之际著名学者。少时从学于同乡之著名学者柳贯②、黄溍③等,遂以文章名世。因睹元政衰敝,为书七、八千言上时宰。危素、张起岩并荐,不报。遂隐青岩山著书,声名日盛。朱元璋取婺州,召见,用为中书省掾史。朱元璋征江西,王祎献颂,受到朱元璋赏识,历官江南儒学提举司校理、侍礼郎、掌起居注、同知南康府事等。朱元璋拟将即位,召其议礼,坐事忤旨,出为漳州府通判。洪武二年(1369)修元史,王祎与宋濂同为总裁。书成,擢翰林待制、同知制诰兼国史院编修官。洪武五年(1372),赴云南召谕元梁王,被杀。赠翰林学士,谥文节,改忠文。著有《造邦勋贤录》及《王忠文公集》等。

此游记为王祎任南康府同知期间所撰。他同时还撰写了许多有关庐山的记文,对相关的历史进行了考述和记载。文中所述"真净文禅师",即北宋著名高僧真净克文。

真净克文(1025-1102)为南岳系下第十三世(临济九世,黄龙二世)僧人,禅宗黄龙派宗师黄龙慧南禅师的法嗣,与下文所述照觉常总(东林常总)、祖心宝觉(晦堂心)等为法兄弟,也是北宋时期禅林的一代宗师。据《禅林僧宝传》④记载,真净克文是陕府阌乡(阌乡县,故址在今河南省灵宝市阳平镇阌西村)人。俗姓郑。家族世多名卿。25岁时剃度出家。时因禅宗兴起于南方江(西)湖(南)等地,遂南游于各处丛林,如禅宗沩仰宗的祖庭湖南宁乡大沩山密印寺、禅宗黄龙派祖庭江西黄檗山积翠庵等地参访,从而成为黄龙慧南的法嗣。熙宁五年(1072)至江西高安,先后出任洞山、圣寿两寺的住持12年。宋神宗元丰七年(1084),卸任后游江浙至金陵。时王安石居定林,倒屣出迎,对其极为赞赏,并舍自己的住宅为寺院,请真净克文担任开山第一祖;又将其道行修为上奏朝廷,宋神宗赐号"真净"。王安石也成为其法嗣。后因其厌烦喧阗,回到江西高安,

---

① 明·王祎撰:《王忠文集》卷九,影印《文渊阁四库全书》本,台湾商务印书馆,1986年。

② 柳贯(1270-1342),字道传,婺州浦江人。元代著名文学家、诗人、哲学家、教育家、书画家。博学多通,为文沉郁春容,工于书法,精于鉴赏古物和书画,经史、百氏、数术、方技、释道之书无不贯通。官至翰林待制兼国史院编修。与元代散文家虞集、揭傒斯、黄溍并称"儒林四杰"。

③ 黄溍(1277-1357),字文晋,又字晋卿,婺州义乌(今浙江义乌)人。元代著名史官、文学家、书法家、画家。元代"儒林四杰"之一。仁宗延祐间进士,任台州宁海(今浙江宁海)县丞,累擢侍讲学士、知制诰等职。生平好学,博览群书,议论精要,其文布置谨严,援据切治,在朝中挺然自立,不附于权贵。时人称其为清风高节,如冰壶三尺,纤尘不污。

④ 宋·惠洪撰:《禅林僧宝传》卷第二十三"泐潭真净文禅师",《卍新续藏》第79册,第537页。

结庵于九峰之下,名庵为"投老"(垂老、临老之意)。六年后出任庐山归宗寺住持。二年后,应著名官吏、文士兼居士张商英的礼请出任江西泐潭寺的住持。宋徽宗崇宁元年(1102),退居泐潭寺之云庵,人称"云庵老人"或"云庵和尚"。同年十月十六日圆寂,享年78岁,僧腊52年。其嗣法弟子有33人,其中有许多成为一代名僧。当时的许多著名文士如苏轼、苏辙、黄庭坚等人均与真净克文有着密切的交往。

关于真净克文禅师与周敦颐交往的因缘事迹,还有一些文献予以记载。如清代著名文士查慎行(1650－1727)于清康熙三十一年(壬申,1692)游庐山,有《经周濂溪先生废祠》诗,其中有句云:"尼山大圣人,重去父母邦。人情非得已,孰肯违故常。先生少而孤,依舅居丹阳。母殁即葬此,后乃官南康。官贫久不归,葬柩于九江。仁心重庐墓,卜筑匡山傍。托名寓濂溪,中岂忘故乡。同时往还辈,无若苏与黄。犹不谅此意,作诗徒夸扬。我来千载后,拜公谒祠堂。荒畦被秋禾,四野烟茫茫。……"并有《鸾溪》云:"二老风流路未迷,青松名与白莲齐。若将山水平情较,似觉鸾溪胜虎溪。"注云:"元丰中,周濂溪先生与真净文禅师于此结青松社,人以之比虎溪云。"①此外,清雍正《江西通志》亦载:"鸾溪在紫霄峰下,宋周元公敦颐数至归宗寺,与真净文禅师结青松社,因名寺左之溪曰鸾溪,以拟东林虎溪。"②

这里关于周敦颐与真净克文交往的记载,所述之于庐山归宗寺"结青松社,若以踵白莲社"的事迹,与两宋之际僧人晓莹《云卧纪谭》记载之周敦颐与佛印了元禅师交往的事迹相同。此处"故结青松社,若以踵白莲社"事迹的当事人不同,可能为误置,当以《云卧纪谭》的记载为准(详见后文考述)。但是,王祎所述"时濂溪周先生自南康归老九江上,黄太史以书劝先生与之游甚力",而黄庭坚(黄太史)又与周敦颐有着交往情谊并对其推崇备至,故黄庭坚以书信劝周敦颐与真净克文交游之事亦或有之。更值得注意的是,王祎认为,虽然"其事为释氏所传,世皆谓先生实传圣贤千载不传之统,岂其有取于佛氏之徒而愿从之游?甚者又谓濂溪之学受于寿岩佛者,此又厚诬吾先哲者也",但他却"以为不然。大贤君子于其道既有得矣,其于形迹未尝以为累也。况先生之高致如光风霁月,初无凝滞,固奚必深辩之耶?"并举"及淳熙中,应庵华禅师继主归宗,朱夫子(朱

---

① 清·查慎行撰:《敬业堂诗集》卷十五,影印《文渊阁四库全书》本,台湾商务印书馆,1986年。
② 清·谢旻等纂修:《(雍正)江西通志》卷十二"山川六·南康府·庐山",影印《文渊阁四库全书》本,台湾商务印书馆,1986年。

熹)时为郡,亦尝与之游"为证,当为平实之论。因为,理学门庭至南宋朱熹之后、尤其是明代才稳固,在北宋时期,儒家士大夫的胸襟较为宽广,他们可以不同意佛教的宗旨,但却并非狭隘到连与僧人交往都不愿意的程度;比照一句现代话语来换言之,当时的儒士是:"我们可以不同意佛教的教义,但却尊重僧人的信仰追求。"况且,唐代至南宋以前的禅宗僧人,尤其是本文提及之与周敦颐有所交往的北宋高僧,大多有着由儒入佛的经历,有着深厚的儒家经学根底,文化素质之高,远非明清以降僧人可比,故儒家士大夫与禅师们有着许多共同的语言,以及对终极真理追求的共同心愿,故"相与问道""相与讲道""相互切磋",实为一种社会常态。而抱残守缺、故步自封、眼光短浅、心胸狭隘之腐儒,恰恰出自于南宋晚期至明清时期。例如,晚明儒士黄云师在《濂溪书院记事》文中就毫无证据地称周敦颐与佛教禅僧的交往为"此妄说也",乃对"元公大贤"之亵渎①,不能不令人惊讶!

二　宋明佛教典籍对周敦颐与佛教关系的记述

在宋明佛教典籍中,也有许多关于周敦颐与佛教关系的记述。现择要分述如下。

(一)

两宋之际的僧人晓莹所撰《云卧纪谭》云:"春陵有水曰濂,周公茂叔先世所居,既乐庐山之幽胜而筑室,则以'濂'名其溪,盖识不忘本矣。于时佛印禅师元公寓鸾溪之上,相与讲道,为方外友,由是命佛印作青松社主。追媲白莲故事。嘉祐中。公通守瀼上,寻有谮公于部,使者临之甚威,公处之超然。佛印闻而述庐山移文寄之曰:'仕路风波尽可惊,唯君心地坦然平。未谈世利眉先皱,才顾云山眼便明。湖宅近分堤柳色,田斋新占石溪声。青松已约为禅社,莫遣归时白

---

① 明·黄云师撰《濂溪书院记事》云:"书院奉周元公,而二程先生侍坐。其像设甚古,见者肃然生敬。因居戎府左,丁亥之秋有欲毁像以广其宫者,问左右曰:周濂溪何人? 曰:古大贤也。曰:彼不过能作几句诗句耳,今何能为? 将鸠工撤像。是夕,见三冕而朱服者坐寝堂,严毅不可偪视。自是畏其神,不敢议毁。世传真净禅师住归宗,元公往与之游,因结青松社。又名寺左之溪曰鸾溪。此妄说也。元公与真净往还,或偶寄迹,必以松,可步莲鸾,名配虎递,因摹效此。即真净不为而谓元公为之乎? 且元公门庭高峻,王介甫闻风归响,尚三谒而三辞之,冀折其少年果锐之气,而谓其学远公、渊明于形骸之外,则又过矣! 予因书院事及之,使后人知元公大贤不可或亵,而书院之日就芜没为可惜耳。"载清·谢旻等纂修:《(雍正)江西通志》卷一百三十四"艺文·记十三",影印《文渊阁四库全书》本,台湾商务印书馆,1986年。

发生。'公未归,间复趣之曰:'常思湖口绸缪别,又忆匡庐烂漫游。两地山川频在目,十年风月澹经秋。仙家丹药谁能致,佛国乾坤自可休。况有天池莲社约,何时携手话峰头。'公虽为穷理之学,而推佛印为社主,苟道之不同,岂能相与为谋耶。"①

晓莹禅师为南宋初年僧人,字仲温,法号晓莹。俗家姓氏不详。为著名高僧大慧宗杲禅师的法嗣。明代僧人如惺撰《大明高僧传》记载:"释晓莹,字仲温,未详氏族。历参丛席,顿明大事,四众推重。晚归罗湖之上,杜门却扫,不与世接,惟以生平之所见闻诸方尊宿提唱之语,及友朋谈说议论宗教之言,或得于残碑蠹简有关典谟之说,皆会萃成编,曰《罗湖野录》。其所载者,皆命世宗匠、贤士大夫言行之粹美、机锋之劲捷、酬酢之雄伟、气格之弘旷,可以辅宗乘、训后学、抑起人于至善,是故阅者不忍释手云。"②明代僧人文琇集《增集续传灯录》记载:"感山云卧晓莹禅师,生缘洪州,学博而赡,善为文章。久亲妙喜,所得巨量。……师有《云卧纪谭》《萝湖野录》二书行世。"③

《云卧纪谭》凡二卷,又称《感山云卧纪谭》,系绍兴年间(1131－1162),晓莹于丰城曲江感山之云卧庵闲居时,随笔记录诸方尊宿之遗言逸迹、士大夫之嘉言懿行,凡可资修行警策、学人龟鉴者悉皆收录。卷末并附云卧庵主书,记述其师大慧宗杲与学人之机缘问答。据元代僧人念常集《佛祖历代通载》记载,《云卧纪谭》成书于南宋绍兴二十五年(乙亥,1155)④。此时朱熹(1130－1200)还只有25岁,声名尚未彰显;周敦颐的理学宗师地位亦尚未确立,故晓莹将其与一般的士大夫看待,称其为"周公茂叔"。这篇文字,时间、地点、人物、事迹历历俱在,述事平实质朴,清晰明晓,毫无穿凿伪造敷衍成文的痕迹可言;因为,在晓莹的笔下,在佛印了元以及其他僧人交往的士大夫中,比当时之周敦颐的地位、声誉、影响更大的文士不知凡几,根本就不需要攀援上周敦颐来装点佛教的门面。

佛印了元禅师(1032－1098)为青原系下十一世僧人,庐山开先寺善暹禅师

---

① 宋·晓莹录:《云卧纪谭》卷上,《卍新续藏》第86册,第661页。

② 明·如惺撰:《大明高僧传》卷第八"习禅篇第三之四·江西罗湖沙门释晓莹传十二",《大正藏》第50册,第933页。

③ 明·文琇集:《增集续传灯录》卷第六"五灯会元补遗·大鉴下第十七世·径山大慧杲禅师法嗣·感山云卧晓莹禅师",《卍新续藏》第83册,第351页。

④ 元·念常集《佛祖历代通载》卷第二十记载:"乙亥(绍兴二十五年,1155),《云卧纪谈》《罗湖野录》成。十月,感山沙门晓莹撰。字仲温,法嗣大惠杲禅师。"《大正藏》第49册,第685页。

的法嗣。据《禅林僧宝传》①记载,禅师名了元,字觉老,饶州浮梁(今江西省景德镇市浮梁县)人。俗家姓林。家世业儒,他也从小习儒业,幼读《论语》及诸家诗,既长从师授五经,略通大义。后读《首楞严经》于竹林寺,浸润其中而捐弃旧学,萌生出家度生死之念。礼宝积寺僧人日用出家。试《法华经》后受具足戒。游庐山参谒开先善暹禅师,进而成为其法嗣,时年19岁。后又参谒庐山圆通寺祖印居讷禅师,受到器许。皇祐二年(1050),时任圆通寺首座的大觉怀琏禅师应诏出任京师十方净因禅院的住持,居讷禅师便命佛印了元继任首座。后居讷禅师又推荐他出任江州承天寺(庐山承天归宗寺)的住持,时年28岁,时为宋仁宗嘉祐四年(1059)。"自其始住承天,移淮山之斗方,庐山之开先、归宗,丹阳之金山、焦山,江西之大仰,又四住云居,凡四十年之间,德化缁白,名闻幼稚,缙绅之贤者多与之游"。在住持庐山归宗寺期间,与苏轼结识,后过从密切,"酬酢妙句,与烟云争丽"。此外,当时出任江西地方的著名官吏文士,如张方平②、王韶③等,均与其有所交往。宋哲宗元符元年(1098)正月初四日,佛印了元圆寂,享年67岁,僧腊52年。《禅林僧宝传》赞云:"佛印种性从横,慧辨敏速,如新生驹不受控勒,盖其材足以御侮。观其临事,护法之心深矣。"

周敦颐于嘉祐六年(1061)从合州(治今四川合川县)判官任上迁国子博士、虔州(治所在今赣州)通判,在道经江州(治今九江市)时游庐山,因爱此山水之胜,遂筑书堂于山之麓以备作归隐之所。堂前有源自莲华峰的溪水,便以故乡濂溪之名称之,自此以"濂溪"为号。嘉祐八年(1063),宋英宗即位,周敦颐迁虞部

---

① 宋·惠洪撰:《禅林僧宝传》卷第二十九"云居佛印元禅师",《卍新续藏》第79册,第550页。

② 张方平(1007－1091),字安道,号乐全居士,北宋应天府南京(今河南商丘)人。景祐元年(1034),中茂才异等科,任昆山县(今属江苏)知县。又中贤良方正科,迁睦州(今浙江建德东)通判。历任知谏院、知制诰、知开封府、翰林学士、御史中丞,滁州(今属安徽)、江宁府(今江苏南京)、杭州(今属浙江)、益州(今四川成都)等地长官。神宗朝,官拜参知政事(宰相)。哲宗元祐六年(1091年)卒。赠司空,谥文定。有《乐全集》四十卷。

③ 王韶(1030－1081),字子纯,江州德安(今属江西)人。北宋著名文士兼军事家。嘉祐二年(1057)进士。初任新安主簿,后为建昌军司理参军。熙宁元年(1068),上《平戎策》三篇,详论取西夏之略。由此被任命为秦凤路经略司机宜文字(相当于机要秘书)之职,主持开拓熙河之事务。从此以一文人出掌军事,担负起了收复河湟的任务。后受命修筑古渭城,组建通远军,并主持军事,战争中屡有胜绩。遂进驻武胜,组建镇洮军。后迁任右正言、集贤殿修撰。旋以龙图阁待制知熙州。历任枢密直学士、左谏议大夫、端明殿学士。熙宁七年(1074),奉命回京入朝,加封资政殿学士,赐府第崇仁坊。因听说边防事紧,又日夜兼程赶至熙州以解危机。获胜后,将叛乱首领瞎征押送京城,拜观文殿学士、礼部侍郎。旋任枢密副使(国家最高军事副长官)。因故与王安石有隙,上书辞官,被贬知洪州(今江西南昌),复降职知鄂州。元丰二年(1079),复知洪州,晋封太原郡开国侯。元丰四年(1081),王韶逝世。享年52岁。追赠金紫光禄大夫,谥号襄敏。

员外郎,仍任虔州通判,著《爱莲说》以自况。翌年(宋英宗治平元年,1064),改任永州(治今湖南永州市)通判。晓莹所云"嘉祐中,公通守灉上",即是指周敦颐于嘉祐六年迁任虔州通判后至嘉祐九年(即宋英宗治平元年,1064)改任永州通判之前的期间;晓莹所云"于时佛印禅师元公寓鸾溪之上",即指此时佛印了元当时正担任庐山承天归宗寺的住持。

宋代文士陈舜俞撰《庐山记》记载:"承天归宗禅院,晋咸康六年,宁远将军江州刺史王羲之置以处梵僧那连耶舍尊者,一名达摩多罗,故有右军墨池。……土木之盛山南为冠。金轮峰、上霄峰正居其后,左右盘礴,面势平远。昔人卜其基曰:'是山有翔鸾展翼之势。'院东之水故名'鸾溪'。溪上有桥。溪西石渠流泉二百余丈,因水为硙,瀹圃栽蔬,规摹气象皆有可观者。"①当时的归宗寺与开先寺、栖贤寺和圆通寺并称庐山"四禅院",僧人、游客往来日有千人,此即黄庭坚所云:"盖庐山开先、栖贤、归宗、圆通四禅院,饭游客常居饭僧之半。"②

《云卧纪谭》的这段文字述说了如下史事:

1.周敦颐既乐庐山之幽胜而筑室,因故乡舂陵有水曰"濂",故以"濂"名其溪,盖识不忘本。

2.周敦颐与佛印了元之间所建立的是"相与讲道,为方外友"的平等关系。何谓"相与讲道"?指的是两人以方外之友的关系相互尊重、相互讲道、相互受益,而非单方面的受教。这种关系,既保持了周敦颐始终作为儒者的身份,而不是像苏轼、黄庭坚、张商英等人一样成为了佛教居士;同样,作为由儒入释(家世业儒,从小习儒业)的佛印了元也当有所受益。"追媲白莲故事"指的是,被后世推崇为华夏净土宗初祖的东晋僧人慧远法师于庐山的东林寺,与慧永、慧持和刘遗民、雷次宗等结社,精修念佛三昧,誓愿往生西方净土,又掘池植白莲,称"白莲社"。周敦颐也欲追媲此盛事,故与佛印了元等共结由僧、俗二众所组成的"青松社",并命佛印了元担任社主。值得注意的是,晓莹在此使用了"命"的语词,表明周敦颐是以年长于佛印了元的地方官及文士的身份与其交往的;如果周敦颐是一位佛教居士,即佛教信徒,哪怕是面对比其年少的僧人,也只能用"延请"而非"命令"的姿态。由此可见,作为僧人的晓莹,措辞严谨、真实可信。

3.周敦颐在任虔州通判期间,即宋英宗治平元年(1064),由于虔州民间失

---

① 宋·陈舜俞撰:《庐山记》卷第二"叙山南篇第三",《大正藏》第51册,第1032页。
② 宋·黄庭坚撰:《南康军开先禅院修造记》,《山谷集》卷十八,影印《文渊阁四库全书》本,台湾商务印书馆,1986年。

火焚毁千余家,当时周敦颐正"季点外县",没有在虔州,朝廷派人来虔州追问责任,周敦颐没有自我分辨,此即《云卧纪谭》所说的"公通守灊上,寻有谮公于部,使者临之甚威,公处之超然"。周敦颐由此被对移至更为偏僻的湖南永州担任通判。佛印了元闻知此事,写信赋诗来宽慰周敦颐。周敦颐后来回复诗一首,诗文俱在前述,不赘言。

4. 晓莹最后指出:"公虽为穷理之学,而推佛印为社主,苟道之不同,岂能相与为谋耶。"意思是,周敦颐虽然服膺的是穷理尽性之学,但却推荐作为佛教僧人的佛印了元担任青松社的社主,他们两人如果是道之不同,怎么能够相与为谋而结具有佛教性质的社会呢? 这里所谓相同之"道",当然只能是追求生命真谛、世界终极真理的天命之道,当然也是属于"穷理尽性之学"。

那么,周敦颐与佛印了元的"相与讲道"究竟讲了一些什么呢? 元代僧人熙仲撰集之《历朝释氏资鉴》对此有所记载:

> 濂溪周元公惇茂叔,先世所居春陵有水曰"濂"。公既乐庐山之幽胜,而筑室以"濂"名溪,盖不忘本矣。时佛印寓居鸾溪之上,公谒见,相与讲道。问曰:"天命之谓性,率性之谓道。禅门何得谓无心是道?"师云:"疑则别参。"公曰:"参则不无,必竟以何为道?"师曰:"满目青山一任看。"公心醉。一日忽见窗前草生意勃然,乃曰:"与自家意思一般。"以偈呈师云:"昔本不迷今不悟,心融境会豁幽潜。草深窗外松当道,尽日令人看不厌。"师和云:"大道体宽无不在,何拘动植与飞潜。行观坐看了无碍,色见声求心自厌。"由是命师作青松社主,追媲白莲故事。

> 嘉祐中,周元公通守灊上,寻有谮公于部,使者临之甚威,公处之超然,寄师偈云:"天开斯道在文明,富贵何如守贱贫。岂有庐山许高绝,不能容得一闲身。"师酬云:"泉石能寻旧日盟,胸藏万卷未为贫。世途侧掌难容足,道德天宽可立身。"师乃述庐山移文寄公曰:"仕路风波尽可惊,唯君心地坦然平。未谈世利眉先敛,才顾云山眼便明。湖宅近分堤柳色,斋田新占石溪声。青松已约为禅社,莫遗归时白发生。"公未归,复趣之曰:"常思湖口绸缪别,又忆匡庐烂漫游。两地山川频在目,十年风月澹经秋。仙家丹药谁能致,佛国乾坤自可休。况是天池莲社约,何时携手话峰头。(《纪谭》)"

> 公尝谓:"佛氏一部《法华经》,抵是儒家《周易》一个艮卦可了。"噫!《易》以艮为六十四卦之旨。艮,连山也,为止义。若以经偈止止不须说而比之夫,是之谓持蠡酌海矣。然公虽穷理尽性之学,而推佛印为社主,苟道

之不同,岂能相与为谋耶?①

《云卧纪谭》及《历朝释氏资鉴》所记载周敦颐的几首诗偈,未被周敦颐文集的编辑者收入,对于还原一位完整真实之周敦颐的思想行为,不能不说是非常遗憾的事情。尤其是周敦颐举《中庸》的语句问佛印了元:"天命之谓性,率性之谓道。禅门何谓无心是道?"佛印以"满目青山一任看"作答,其意为触目所见,处处是道。周敦颐无疑当受到启悟。故一日见窗前草生,自语"与自家意思一般"。其诗偈"昔本不迷今不悟,心融境会豁幽潜。草深窗外松当道,尽日令人看不厌",蕴含着禅宗之迷悟不二、心境融通的思想,更展现了周敦颐思想的升华。所谓"三人行,必有我师焉","相与讲道"的结果是双方都有所受益。而"常思湖口绸缪别,又忆匡庐烂漫游""况是天池莲社约,何时携手话峰头"等诗句,表明周敦颐与佛印了元的交往情缘之深。

(二)

明代初年僧人心泰编《佛法金汤编》中有周敦颐列小传,称:"惇颐,字茂叔,号濂溪,舂陵人。熙宁中除提刑,谥元公。……公传太极图于穆修,修传于种放,放传于陈抟,此其学之一师也。盖抟师麻衣,今正易心法是抟注。麻衣、涯公之传,东林总公广之也。总公门人弘益有书曰《纪闻》,云:'性理之学实起于东林涯、总二师。总以授周子。'故刘后村诗云:'濂溪学得自高僧。'后虞伯生亦曰:'宋儒惟濂溪、康节二公于佛书早有所得。'(公《行状》并《性学指要》)公《题留衣亭》曰:'退之自谓如夫子,原道深排释氏非。不识大颠何似者,数书珍重更留衣。'"②

《佛法金汤编》编撰于明洪武十九年(1386)。撰者心泰为元明之际的僧人,幼习儒业,后出家为僧。曾经在天台宗的祖庭台州国清寺掌笺翰。"其学赡而识达,气充而守约。其发为文章雄浑渊雅,惟务以弘宗树教为本,不以夸多斗靡为奇。"③在这里,心泰根据所见文献,提出了周敦颐"性理之学"几个新的来源,即除了竹林寺僧人寿涯外,还有庐山东林寺的常总禅师,并明确指出"总以授周子";并且引述了上文已经论及之宋代文士刘克庄(后村)的诗句,以及元代文士

---

① 元·熙仲集:《历朝释氏资鉴》卷第十,《卍新续藏》第76册,第235页。
② 明·心泰编:《佛法金汤编》卷第十二,《卍新续藏》第87册,第423页。
③ 见明代僧人清浚于洪武二十四年所撰《佛法金汤编叙》,明·心泰编:《佛法金汤编》卷首,《卍新续藏》第87册,第370页。

虞集(1272－1348)①所述"宋儒惟濂溪、康节二公于佛书早有所得"以作旁证;又引述周敦颐《题留衣亭》②诗以证明其并非排佛之人。

《佛法金汤编》所称之"东林总公",为北宋著名的高僧照觉常总禅师(1025－1091)。照觉常总为南岳系下第十三世(临济九世,黄龙二世)僧人,黄龙惠南禅师的法嗣,《建中靖国续灯录》有其简略传记及许多机缘语录③,而以《禅林僧宝传》④所载其生平事迹及出任东林寺住持的经过最为详细。据这些文献记载,可以得知,照觉常总是北宋时期禅林的一代宗师,也是庐山东林寺改律寺为禅寺后的第一位住持,曾经担任该寺住持有12年之久。数年之间,他将东林寺扩建成"厦屋崇成,金碧照烟云,如夜摩睹史之宫从天而堕,天下学者从风而靡,丛席之盛近世所未有也","众盈七百(人)",使其成为继归宗寺之后庐山一所庞大的禅林。自此,庐山东林寺成为宋代禅宗的一处著名道场,禅师游方必到之处,以致名僧辈出,不胜枚举。当时许多著名的官吏和文士,如王韶、黄裳、苏轼、张商英等,无不对其推崇备至;僧界则誉其为"马祖再来"的高僧。元丰三年(1080),赐号"广惠"。元祐三年(1088),赐号"照觉禅师"。苏轼曾撰《东林第一代广惠禅师真赞》,其中有句云:"堂堂总公,僧中之龙。呼吸为云,嚏欠为风。且置是事,聊观其一。戏! 盖将拊掌谈笑不起于坐,而使庐山之下化为梵释龙天之宫。"⑤

(三)

明人朱时恩撰《佛祖纲目》记载:"胡长孺,字汲仲,天台人。特立独行,留心内典。尝著《大同论》曰:'孟子没一千四百年而周子出。周子之传出于北固寿涯禅师。程子、朱子皆得之周子。朱子后,得张钦夫讲究此道,方觉脱然。元来此事与禅学十分相似。学不知禅,禅不知学,互相排击,都不曾札著病处,真可

---

① 虞集(1272－1348),字伯生,号道园,世称邵庵先生。元代著名学者、诗人。少受家学,尝从吴澄游。成宗大德初,以荐授大都路儒学教授、国子助教、博士。仁宗时,迁集贤修撰,除翰林待制。文宗即位,累除奎章阁侍书学士。领修《经世大典》,著有《道园学古录》《道园遗稿》。虞集素负文名,与揭傒斯、柳贯、黄溍并称"元儒四家";诗与揭傒斯、范梈、杨载齐名,人称"元诗四家"。

② 此诗收录于明·周沈珂编《周元公集》卷二,作《题太(大)颠壁》。

③ 宋·惟白集:《建中靖国续灯录》卷第十二"南岳怀让禅师十三世·洪州黄龙山慧南禅师法嗣·江州东林兴龙寺照觉禅师",《卍新续藏》第78册,第713页。

④ 宋·惠洪撰:《禅林僧宝传》卷第二十四"东林照觉总禅师",《卍新续藏》第79册。第539页。

⑤ 宋·苏轼撰:《东坡全集》卷九十五,影印《文渊阁四库全书》本,台湾商务印书馆,1986年。

笑也!'"①

朱时恩自称:"是书草创于万历三十八年之庚戌,卒业于崇祯四年之辛未。呕心枯须者历二十有一年,遂成《佛祖纲目》四十一卷。""我述此书,不为名闻。事理俱备,权实双行。"②据此可知,该书为精心撰著之作。朱时恩明确注称,关于周敦颐受学于北固(竹林寺)寿涯禅师的说法,是出自元代儒士胡长孺所撰之《大同论》。

胡长孺(一作艮儒,1249－1323),为宋元之际的儒士,字汲仲,号石塘,婺州永康人。宋度宗咸淳中(1265－1274),从外舅徐道隆入蜀,铨试第一名。授迪功郎,监重庆府酒务,拜福宁州倅。宋亡,退栖永康山中。元至元二十五年(1288)下诏求贤,有司强之,拜集贤修撰,因与宰相议不合,改扬州教授。至大元年(1308),转台州路宁海县主簿。延祐元年(1314),转两浙都转运盐使,司长山场盐司丞.以病辞官后,不复仕,隐杭州虎林山以终。门人私谥"纯节先生"。《元史》及明代文士冯从吾撰《元儒考略》③均有传。《元史》本传称:"长孺初师青田余学古,学古师王梦松。梦松亦青田人,传龙泉叶味道之学,味道则朱熹弟子也。渊源既正,长孺益行四方,访求其旨趣。始信涵养用敬为最切,默存静观,超然自得,故其为人光明宏伟,专务明本心之学,慨然以孟子自许,唯恐斯道之失其传,诱引不倦,一时学者慕之,有如饥渴之于食饮。方岳大臣与郡二千石聘致庠序,敷绎经义,环听者数百人。……所著书有《瓦缶编》《南昌集》《宁海漫抄》《颜乐斋稿》行于世。其从兄之纲、之纯皆以经术文学名之……人称之为'三胡'云。"④据此可知,身为朱熹再传弟子的正宗儒士,胡长孺所述不会信口开河、空穴来风,当有所据。

(四)

明人朱时恩撰《居士分灯录》"周敦颐传"云:

> 周敦颐,字茂叔,舂陵人。初见晦堂心,问教外别传之旨,心谕之曰:"只消向你自家屋里打点。孔子谓朝闻道夕死可矣。毕竟以何为道夕死可耶?颜子不改其乐,所乐何事?但于此究竟,久久自然有个契合处。"又扣

---

① 明·朱时恩撰:《佛祖纲目》卷第四十,《卍新续藏》第85册,第788页。
② 明·朱时恩撰:《佛祖纲目》卷首"佛祖纲目·序",《卍新续藏》第85册,第555页。
③ 明·冯从吾撰:《元儒考略》卷一,影印《文渊阁四库全书》本,台湾商务印书馆,1986年。
④ 明·宋濂等修:《元史》卷一百九十"列传第七十七儒学二·胡长孺"。

东林总禅师,总曰:"吾佛谓:实际理地即真实,无妄诚也。大哉乾元,万物资始。资此实理,乾道变化,各正性命,正此实理。天地圣人之道至诚而已,必要著一路实地工夫,直至于一旦豁然悟入,不可只在言语上会。"又尝与总论性及理法界、事法界,至于理事交彻,冷然独会,遂著《太极图说》,语语出自东林口诀。[①]

在这里,朱时恩对《佛法金汤编》所述周敦颐与东林照觉常总禅师相与问道的具体内容进行了补充。并且指出,周敦颐还曾经向晦堂心禅师叩问"教外别传之旨"。

晦堂心即祖心宝觉禅师(1025－1100),为南岳系下第十三世(临济第九世,黄龙二世)僧人,黄龙慧南禅师的法嗣,与照觉常总、真净克文为法兄弟。俗姓邬,名祖心,晚年号晦堂。南雄州始兴(今广东省始兴县)人。少年习儒。19岁时(1043)患目疾失明,父母许以出家,辄复见物,往依广东肇庆新兴县龙山寺僧人惠全。次年(1044)试经业,得奏名剃发。继住受业院,因不奉戒律,且逢横逆,于是游历丛林,到南岳云峰寺参谒大愚守芝禅师的法嗣云峰文悦禅师,依止三年,未能契合,在文悦禅师的指点下,往江西黄檗山参谒慧南禅师。在慧南禅师座下又依止四年,仍未契悟,又回到南岳云峰寺依止文悦禅师。宋仁宗嘉祐七年(1062),文悦禅师圆寂,宝觉禅师离开南岳前往湖南浏阳石霜寺住锡。一次,读《景德传灯录》至多福禅师关于丛竹的公案[②],顿觉在依止文悦禅师与慧南禅师时的一些禅悟,便又到黄檗山依止慧南禅师,由此成为慧南禅师的入室弟子。后往南昌翠岩广化禅院(寺)参谒慧南禅师的法兄弟可真禅师,受到可真禅师的赏识,依止二年。宋英宗治平元年(1064),可真禅师圆寂,宝觉禅师又回到黄檗山,慧南禅师命其分座接纳学僧。治平三年(1066),慧南禅师出任黄龙寺住持,宝觉禅师便往泐潭宝峰寺拜谒晓月禅师,并住锡于此。此时他已经有声于丛林。宋神宗熙宁二年(1069),慧南禅师圆寂,宝觉禅师继任黄龙寺住持12年。他因不乐从事于寺务,五次要求辞去住持之职,于宋神宗元丰三年(1080)卸任,退院闲居于黄龙山晦堂,便以"晦堂"为号。宋哲宗元符三年(1100)十一月十六日中

---

① 明·朱时恩辑:《居士分灯录》卷下"周敦颐(佛印了元禅师法嗣)",《卍新续藏》第86册,第600页。

② 该公案见宋·道原纂《景德传灯录》卷第十一"赵州东院从谂禅师法嗣·杭州多福和尚"记载:"杭州多福和尚。僧问:'如何是多福一丛竹?'师曰:'一茎两茎斜。'曰:'学人不会。'师曰:'三茎四茎曲。'"《大正藏》第51册,第287页。

夜圆寂,世寿 76 岁,僧腊 55 年。赐号"宝觉"。葬于黄龙山慧南禅师墓塔之东,号"双塔"。宋代著名文士黄庭坚为其撰写了塔铭①。其侍者子和录、弟子中介重编有《黄龙晦堂心和尚语录》(《黄龙四家录》第二《宝觉祖心禅师语录》)传世②。记载宝觉禅师生平事迹最为详细的是《禅林僧宝传》,对其评价称:"黄龙南公道貌德威,极难亲附,虽老于丛林者见之汗下。公之造前,意甚闲暇,终日语笑,师资相忘。四十年间,士大夫闻其风而开发者众矣。惟其善巧无方,普慈不间。人未之见,或慢谤,承颜接辞,无不服膺。公既腊高,益移庵深入,栈绝学者。"据《嘉泰普灯录》记载,宋代著名居士黄庭坚、吴中立等人为其法嗣③。

周敦颐问祖心宝觉禅师的所谓"教外别传之旨",即禅宗的宗旨。禅宗不施设文字,不安立言句,直传佛祖心印,称为"教外别传",意思是在释迦牟尼言教以外的特别传授。

三 讨论

综上所述可知,关于周敦颐与佛教僧人有所交往并"相与讲道"的最早记载,出自于他所生活活动时代的文士而非佛教徒。当时,周敦颐的著作及其思想价值尚未彰显于世,他更未被推崇为一代理学宗师。

众所周知,开创于先秦之孔、孟而后被推崇为修身治世之"圣学"的传统儒学,到唐宋时期已经走到了"巅峰",按照老路已经无法继续走下去,更无法面对在深入地吸收华夏传统文化精粹而后已经"中国化"了的、具有更甚于儒学之对生命乃至世界终极本源进行追问考究的佛学的冲击,因此,当时的社会风气是,士大夫们竞相学佛,试图从中寻觅新的思想文化资源以促进儒学的发展,此即当时著名文士张商英所云之"吾学佛然后能知儒"(参见下文讨论)。作为生活在学术风气较为宽松、"思想解放"之北宋时期④的一代道学宗师,周敦颐吸取当时社会上存在之包括佛学在内的各种思想文化资源以促进传统儒学的革命,并不

① 宋·黄庭坚撰:《黄龙心禅师塔铭》,《山谷集》卷二十四。

② 宋·子和录、中介重编:《黄龙晦堂心和尚语录》(《黄龙四家录》第二《宝觉祖心禅师语录》),《卍新续藏》第 69 册。

③ 宋·正受编:《嘉泰普灯录》总目录卷上"六之卷·南岳第十三世(临济九世,黄龙二世)·黄龙宝觉晦堂祖心禅师法嗣",《卍新续藏》第 79 册。

④ 著名中国科技史研究者、英国的李约瑟博士(Dr. Joseph Needham, 1900 – 1995)曾经称北宋时期为"中国的文艺复兴时期"。

是一件令人感到奇怪的事情。因此,当时的文士既不会因周敦颐与佛教僧人有所交往而觉得"玷污"了他;佛教僧人也不会要借用这位"未来的"理学"圣人"来"装点门面"。

最开始对周敦颐与佛教僧人在交往的碰撞中有所收获之事予以质疑的人,是将周敦颐推上理学宗师地位的朱熹(号晦庵)。明代僧人一元宗本在其所撰《归元直指集》中引述大量宋、元、明文献,综述了许多周敦颐与佛教禅师的交往事迹(虽然较之前文所述还有一些新的内容,但文字过长,此处从略),并以问答形式云:"曰:'禅宗既有大道传授,吾儒晦庵何以排之?'曰:'晦庵排佛者,心病也。'"①明代鹿园居士万表则在于明穆宗隆庆年间(1567–1572)所撰《归元直指·序》中云:"儒能体佛,可以为真儒。不见国相张商英曰:'吾学佛然后能知儒。'亦此谓也。"②

万表所云张商英"惟吾学佛,然后能知儒"之语,并非僧人杜撰,南宋僧人正受编《嘉泰普灯录》云:

> 庚子秋,延径山主僧宝印于选德殿。上曰:"三教圣人本同这个道理。"印奏曰:"譬如虚空,东、西、南、北初无二也。"上曰:"但圣人所立门户各别尔。孔子以中庸设教。"印曰:"非中庸之教,何以安立世间! 故《华严》亦不坏世间相而成出世间法。《法华》云:治世语言,资生产业,皆与实相不相违背。"上曰:"今之士夫,学孔氏者多,只攻文字,不见夫子之道,不识夫子之心。唯释迦老子不以文字教人,直指心源,开示众生,各令悟入。此为殊胜也。"印曰:"非独今之学者不见夫子之道,当时十哲如颜子,号为具体,尽其平生力量,只道得个瞻之在前,忽焉在后,如有所立卓尔,竟捉摸未着。而夫子分明八字打开,与诸弟子曰:'二三子以我为隐乎,吾无隐乎尔。吾无行而不与二三子者,是丘也。'以此而观,夫子未尝回避诸弟子,而诸弟子自蹉过也。昔张商英丞相云:'惟吾学佛,然后能知儒。'"上曰:"朕意亦谓如此。"③

"庚子"年即宋孝宗淳熙七年(1180)。此事在当时的许多文献中均有记载,如南

---

① 明·宗本集《归元直指集》卷下,《卍新续藏》第61册,第459页。

② 一元宗本禅师活动于明代中叶,万表《归元直指·序》云:"延庆一元本禅师,幼习儒,长从释,悟彻性宗,专修净土,诚乃稠人中之知识也。由是利他心切,集成此书。一日过我山居,特请为序。"载《归元直指集》卷首,《卍新续藏》第61册,第423页。

③ 宋·正受编:《嘉泰普灯录》卷第二十二"孝宗皇帝",《卍新续藏》第79册,第422页。

宋僧人志磐撰《佛祖统纪》①、昙秀撰《人天宝鉴》②等,并注明出自当时实录宋孝宗与身为皇家寺院径山寺住持之宝印禅师的"奏对录",这些是要进入国家档案,谁也不敢胡乱生造,甚至连记录不准确也是不允许的,故可以排除为僧人所伪造。

张商英(1043－1121)与周敦颐为同时代而年龄稍少(比周小26岁)之北宋著名官吏、文士兼居士,字天觉,号无尽居士,蜀州新津(今属四川)人。宋英宗治平二年(1065)进士。历任通川县主簿、南川县知县、权检正中书礼房公事、权监察御史里行、监荆南税、馆阁校勘、检正中书刑房、监江陵县税、开封府推官、提点河东刑狱、右正言、左司谏、知洪州、江淮荆浙等路发运使、工部侍郎、中书舍人、河北路都转运使、翰林学士、尚书右丞转左丞、资政殿学士、中书侍郎、尚书右仆射(宰相)等。政和元年(1111),出知河南府,寻落职知邓州,再谪汝州团练副使,衡州安置。宣和三年(1121)卒,享年79岁。赠少保。有文集一百卷(《宋史·艺文志》),已佚,《两宋名贤小集》辑有《友松阁遗稿》一卷。《宋史》卷三五一、《东都事略》卷一□二有传。

作为一位由儒士转而学佛的士大夫,张商英可以说于儒学及佛学均有深厚的底蕴,不能将其视之为一位浅薄的佛教居士。正如他在其名著《护法论》中对儒、佛教义及其信徒的思想行为进行对比时所云:"儒者言性,而佛见性。儒者劳心,而佛者安心。儒者贪著,而佛者解脱。儒者喧哗,而佛者纯静。儒者尚势,而佛者忘怀。儒者争权,而佛者随缘。儒者有为,而佛者无为。儒者分别,而佛者平等。儒者好恶,而佛者圆融。儒者望重,而佛者念轻。儒者求名,而佛者求道。儒者散乱,而佛者观照。儒者治外,而佛者治内。儒者该博,而佛者简易。儒者进求,而佛者休歇。"对比之后,张商英称:"不言儒者之无功也,亦静躁之不同矣。"③意即并非指儒家及其思想就没有功用,但两者却是有"静"与"躁"的差异。而周敦颐思想之特色以及之所以能够形成,正是"致虚极,守静笃"才能思考出来的。仔细体味,张商英所述当为平实之论。正是在儒、佛两者的对比之下,才能看出他们之间的巨大差异,这些是"只缘身在此山中"的一般儒士所无法觉悟到的,故张商英之"惟吾学佛,然后能知儒",以及前述万表在《归元直指·序》中所云"儒能体佛,可以为真儒",可以提醒某些实际上既不"知儒",又不

---

① 宋·志磐撰:《佛祖统纪》卷第四十七"法运通塞志第十七之十四",《大正藏》第49册,第429页。
② 宋·昙秀撰:《人天宝鉴》,《卍新续藏》第87册,第14页。
③ 宋·张商英述:《护法论》,《大正藏》第52册,第638页。

愿"知佛",但却武断地否定周敦颐与佛教有所交集借鉴之人所借鉴。

在周敦颐生活活动的北宋时期,士大夫中不止是张商英的思想行为由儒入佛,诸如苏轼(东坡居士)、黄庭坚(山谷居士)、张方平(乐全居士)、王安石(半山居士)等(还可以列举很多,从略)无不如此。尤其是后者,作为一位"天变不足畏,祖宗不足法,人言不足恤"而锐意改革的士大夫官吏,无疑与自幼就受到儒家"修齐治平"思想理念的熏陶相关,他肯定是一位具有坚定儒家信仰的官吏,他同时更是一位著名之深谙儒家典籍的经学家。或者有人会说,这些士大夫大都是在仕途受到挫折、对人生前途心灰意冷的情况下迷信于佛教的。显然这是一种皮相之见,甚至是对佛教的完全无知。姑且不说张商英是在其仕途蒸蒸日上之际学佛的,实际上,佛教实质与精髓远远不是现在人们所看到的那些烧香拜佛、叩首祈求"佛祖保佑""菩萨保佑"等,这些其实是华夏本土传统鬼神崇拜的产物,佛教则反受其害而"背黑锅"。明清以降佛教的"堕落",便是过度的世俗化,其中便与中国民间传统鬼神信仰对佛教的渗透有着极大的关系。佛教的真精神是教人觉悟,而这种觉悟的指向,就是人生乃至世界的终极真理和终极关怀。"释迦牟尼佛"称呼中之"释迦牟尼",意为"释迦族的圣者";"佛"则为"觉悟者"。其实,释迦牟尼(民间所谓"佛祖")只会用自己的言行去启示人们在观察世界、体味人生的实践中追求真谛、获得觉悟,而不会去"保佑众生";此即佛教所讲究的"自度度人",就是要求人们(信徒)自己觉悟并促使他人觉悟,其中并无任何"迷信"。真正的佛教、尤其是禅宗,是不讲究偶像崇拜的,故"呵佛骂祖"乃至于"烧木佛""骑在佛像上",是唐宋禅林僧人常见的行为。因为,佛教鼓励人们自己通过修证去发现生命和宇宙的真相,最终超越生死和苦、断尽一切烦恼,得到究竟(最高境界)解脱。这一对生命和宇宙终极真相的追求,不是"穷理尽性"又能是什么?而这一究竟觉悟和解脱,佛祖不会保佑你获得,因此祈求佛祖的保佑是无用的。不论这种追求究竟解脱是否真正能够"解脱",也不论佛教的这种追求是否能够被证实(但无法证伪缺却是无疑的),这种力求发现生命和宇宙真相(真谛)乃至终极存在的思想资源,却是传统儒家思想观念所阙如的。

包括朱熹在内的宋明理学家,对周敦颐思想的来源均语焉不详,或者说根本就不知道其来源。例如,朱熹就多次反复称周敦颐的思想是得自"孔、孟不传之正统"或"孔、孟不传之绪"。他在《周子通书·后记》中所云:"《通书》者,濂溪夫子之所作也。夫子姓周氏,名惇颐,字茂叔。自少即以学行有闻于世,而莫或知其师传之所自,独以河南两程夫子尝受学焉,而得孔、孟不传之正统,则其渊源因可概见。然所以指夫仲尼、颜子之乐而发其吟风弄月之趣者,亦不可得而悉。"①他在《邵州州学濂溪先生祠记》中亦云:"惟念先生之学,实得孔、孟不传之绪,以授河南二程先生,而道以大明。"②何谓"莫或知其师传之所自"? 就是说,朱熹也不知道周敦颐思想的师事来源;何谓"得孔、孟不传之正统""不传之绪"? 即指传世所见孔、孟的文字中都没有这种思想资源;哪怕是仅仅作为一种展现心性行为方式之"仲尼、颜子之乐而发其吟风弄月之趣者",朱熹也"亦不可得而悉"。既然如此,则朱熹所谓"则其渊源因可概见",不是他个人的揣测,又能是什么? 既然朱熹等宋、明儒士不知道周敦颐思想的来源,又对别人所述之来源极力加以否定,则不免有"武断"和"霸道"之嫌。

正如前述宋孝宗在与宝印禅师的勘问时所说的:"今之士夫,学孔氏者多,只攻文字,不见夫子之道,不识夫子之心。唯释迦老子不以文字教人,直指心源。"南宋以前的儒士追求心性诚静,多在概念或字面上下功夫;而佛教则主张通过自身对心源的实证体悟来获得答案。而宋明理学正是在部分汲取了佛教乃至道家(而非道教)的思想资源下形成的。

佛教、尤其是禅宗对儒家(儒士)的影响,并不止于思想,还有行为方式。这些,却往往被某些研究者所忽视。例如,儒家力图追崇"三代之礼乐"并以恪守"礼乐"而著称,但却经常"礼失求诸野"。这里所谓"野",当然是指庙堂之外,当然也包括儒士的社会生活,例如书院活动。正规的书院自唐代萌始而至北宋逐渐蜂起,但当时书院的仪规并不成熟规范,故当时的儒士在见到禅林礼仪具备的规范生活后,均大发感慨。例如,曾经受学于周敦颐的程颢就是如此。据南宋文士潜说友(1216 – 1288)《咸淳临安志》记载:"尝闻河南夫子因游僧舍,值其食时,顾而叹曰:'三代礼乐尽在是矣!'夫子之叹,盖有感也。"③元代文士冯福京等编《昌国州图志》亦云:"昔明道程纯公尝入僧堂,适睹饭次趋进揖逊之盛,喟然叹曰:'三代礼乐尽在是矣!' 盖谓其徒严整威仪,虽一食顷未尝少懈。而吾儒序序之闻,或有时而乃不如也。"④"河南夫子""明道程纯公"即程颢。元代著名文士欧阳玄叙《敕修百丈清规叙》云:"程明道先生一日过定寺,偶见斋堂仪,喟然

---

① 宋·朱熹撰:《晦庵集》卷八十一,影印《文渊阁四库全书》本,台湾商务印书馆,1986 年。

② 宋·朱熹撰:《晦庵集》卷八十。

③ 宋·潜说友撰:《咸淳临安志》卷七十七"寺观三·寺院·崇福院",影印《文渊阁四库全书》本,台湾商务印书馆,1986 年。

④ 元·冯福京等编:《昌国州图志》卷七"寺院·吉祥寺",影印《文渊阁四库全书》本,台湾商务印书馆,1986 年。

叹曰:'三代礼乐尽在是矣!'岂非清规纲纪之力乎。"①后世儒士乃至理学家均不否认关于程颢赞叹禅林僧仪的这一记载,如明神宗万历十七年(己丑,1589)的状元焦竑(1540－1620)就曾经说:"夫明道之叹,叹儒者不能执礼而释氏犹存其一二也,岂以三代之礼乐归之哉!"②焦竑并不否认程颢关于对禅林僧仪感叹的史事,只是认为不能"以三代之礼乐归之"。其实,程颢感叹的是禅林清规纲纪的形式,称之为"三代礼乐尽在是",也是一种比喻,当然并非指僧人行就是中国传统的"三代之礼乐"。焦竑显然不免有吹毛求疵之嫌。

综上所述,笔者认为,周敦颐在形成自己思想体系的过程中,对佛教、尤其是禅宗的行为思想有所借鉴③,当为史实。承认了这点,对于深入研究周敦颐的思想构成乃至价值,当有所帮助。至于周敦颐思想体系与佛教思想的异同之处,待另撰文讨论。

(原载 2017 年第 4 期,作者单位:湖南省社会科学院)

---

① 元·德辉重编:《敕修百丈清规》卷第八,《大正藏》第 48 册,第 1159 页。

② 见明·黄宗羲撰《明儒学案》卷三十五"泰州学案四·文端焦澹园先生竑",影印《文渊阁四库全书》本,台湾商务印书馆,1986 年。

③ 其实,周敦颐选择莲花之"出污泥而不染"的清净高洁作为自己行为以及心性修养之追求与象征,已经就透露出了他受到佛教的影响。因为,无论是在周敦颐之前或者之后,作为传统儒家君子心性行为之象征的植物是梅兰竹菊,故周敦颐对莲花选择和挚爱,在文士中可谓之"空前绝后"。而佛教最为神圣的植物为菩提树与莲花。前者所结之果即佛教象征觉悟证果的"菩提果",后者即"般若花"。据佛经记载,释迦牟尼曾在位于菩提迦耶的一棵木患子(毕钵罗)树下潜心打坐,终于在七七四十九日之后顿悟成佛。"菩提"一词为古印度梵语(梵文)Bodhi 的音译,意思是觉悟、智慧,用以指人如梦初醒,豁然开朗,顿悟真理,达到超凡脱俗的境界,简称"证悟"。释迦牟尼既然是在此树下证悟"成道",此树因此便改名为"菩提树",所证悟获得的结果便称之为"菩提果"。佛经在经常见到"以证菩提"之说,便是述说这一契悟过程及其结果。莲花以其出于污泥而不染的圣洁性,花谢根(藕)存来年又生的不断延续性,有着清静、无染、光明、自在、解脱等义,从而成为智慧与永生的象征。释迦牟尼佛在灵山会上拈花示众,其弟子迦叶尊者破颜微笑,所拈之花就是莲花;"拈花微笑"也因此成为佛教禅宗以心传心的第一公案,喻指禅宗的以心传心,心心相印,会心默契,参悟禅理。由于莲花是佛教中最为崇高神圣的吉祥物,由此将佛国称之为"莲界",将僧人穿的袈裟称之为"莲服",佛与菩萨所坐之莲花称之为"莲台""莲座",等等;并有"花开见佛(性)"之说。

周濂溪的著作和他的思想

✳ 杨柱才

　　周濂溪的著作,现在通行的《太极图说》《通书》这两本书,是由朱子费了很大的劲进行校订整理下来的。可是周濂溪的生前好友在濂溪墓志里说,他的著作是"太极图易说易通",这到底是两个书目还是三个书目,在朱子的时代是有很大争议的。

　　现在我们看《太极图说》《通书》是两本书,好像非常合适,事实不然。学术界当年还是有一些前辈,把《太极图说》称为《易说》而不是称《太极图说》,称《易通》而不是《通书》。前辈有前辈的考虑,我们去注意它,它就是一个问题。

　　周濂溪的著作只有这么多,而且生前并没有整理,他去世之后也没有及时整理。在他去世之后,著作是由两条线路在传,一条线路出自程门,另一条线路是他终老的九江庐山濂溪书堂。他的著作在庐山旧家是有收藏的,就是《通书》。从程门流传出来的也叫《通书》,既然都叫《通书》,那不会引起争议吗? 程门的《通书》是附有《太极图说》的,而在"九江家传旧本"中,《通书》没有附《太极图说》。后来朱子到南昌做知州,和濂溪的曾孙有来往,发现了旧家《通书》和其他一些资料。旧家保存的文献应当比较稳定,没有什么变故。而程门的《通书》就有几个说法,一种说周濂溪授二程,一种说二程的弟子侯仲良拜访周濂溪取了《通书》。祁宽是尹焞的学生,尹焞是程伊川晚年的一位门人,北宋灭亡,二人南渡,在庐山短期逗留,祁宽在庐山也得到了一个《通书》。后来胡宏也得到了《通书》,并且做了《通书后跋》,胡宏这个本子应该来自程门。

　　祁宽看到《通书》是在南宋高宗绍兴十四年,距离周濂溪去世大概五十年。朱子开始读周濂溪的书大概在二十二岁前后,这时候还属少年。可知《通书》的书名在北宋末应该已经出现,不能说朱子想怎么命名都可以。

　　进一步考虑,可以注意到,在周濂溪去世之后,经过元祐的较大变动,到程伊川晚年,其间程氏门人提到或引用周濂溪著作的,就目前所见,没有《太极图说》。

周濂溪的思想观念,就是两个,一个是"太极",一个是"诚",都是老的从先秦就有的观念。

"太极"来源于孔子作《易传》,又称《十翼》,相传是孔子作的,自欧阳修以后提出种种质疑,到了近代的古史辨把《十翼》否定了,孔子之后没有东西了,但是出土文献一出来,又恢复了,大家都比较认定,都是不可否认的。"太极"的观念出自《易传·系辞》,和儒家学派密切相关。"无极"这个观念和道教、佛教、儒教可能都有涉及。"太极"怎样理解?"太极"和"无极"联系起来又怎样理解?关于"无极而太极"有三种说法,一种是"无极生太极",一种是认为"无极而太极"是一体,一种认为"无极而太极"是两个阶段。有学者用"宇宙大爆炸",或者用"进化论"方式来解。两段论就是从"无"到"有",这个观点能不能成立,需要讨论。周濂溪明确讲"太极动而生阳,静而生阴""五行一阴阳,阴阳一太极""太极本无极",他强调的是太极和阴阳之间一种内在的关联性,这个内在的关联性毕竟要先说一个"无极而太极"才好说下面的。到底是不是无极到太极、太极到阴阳之间是有分段?在思想上来讲是不分段的,但是观念上来讲,我们要使用语言,语言是分层次的,如果语言不分层次,那么语言就没法说。而思想应该是不分层次的,太极、阴阳、五行是相互关联的,不能说太极和阴阳、五行之间有一种空间的距离或者时间的距离。这是一种哲学的宇宙本体论的思考,是周濂溪的一种创意。

先秦的思孟学派讲"诚",讲得最多的是《中庸》《孟子》。关于"诚",突出的就是"天之道""人之道"两个方面。到了周濂溪,有几种说法。比如《通书》以"无妄"来说"诚"。"诚心,复其不善之动而已矣;不善之动,妄也。"没有"妄"了,就是"诚"了,所以后来程伊川有"无妄之谓诚"的命题。还有以"寂然不动"来说"诚"。"诚,圣人之本;圣人,诚而已矣。寂然不动,诚也。"还有以"无为"来说"诚"。"诚无为,几善恶。"这里容易误解,看见"无为"马上就想到老庄。这个"无为"还是应该理解为"寂然不动",也就是想要寻找一个本体意义上的"诚",当它没有和现象界或者具体事物发生关系的时候,它是不动的。就我们人类来讲就是心体不动。周濂溪讲"诚",很大程度上是讲"仁",是讲境界。周濂溪实际上是把"诚"作为与天地的根源性,和"诚"作为一个流行之体,这两方面都讲出来了。一个是万物的根源,一个是流行之体,这两方面把意思都表达了。一个是根源,一个是流行,它跟圣人联系起来,也就是圣人的境界。圣人之心,周流无穷。

(原载 2018 年第 4 期,作者单位:南昌大学)

宋儒度正编纂周敦颐文集的渊源、过程及其流传考述

✲ 粟品孝 ●

一　从精择到广取：周敦颐文集的由来

《周敦颐评传》的作者梁绍辉先生曾指出："朱熹自然是编定、研究周氏著作用心最勤，成绩最著之人。朱熹之后则有他的高足弟子度正继承他的事业。特别在搜访遗稿遗迹方面，其用心和成绩都超过了乃师。"①

在度正之前，已有不少学者致力于搜集、整理和刊印周敦颐（1017－1073，下称周子）著作，甚至出现了七卷本的《濂溪集》，它们是度正编纂周子文集的渊源。因此在论述度正的编纂之功前，有必要对这些学者的劳绩做些梳理。

据周子生前好友潘兴嗣撰《濂溪先生墓志铭》，周死后"藏于家"的著作主要有"《太极图》《易说》《易通》数十篇，诗十卷"②。这里的《易通》，一般认为就是后来的《通书》。

周子著作最早是以《通书》为总名在程颐及其后学那里流传的，《通书》四十章是主体，《太极图》附于其后。所谓的《易说》和十卷诗则一直未见流传。而九江周氏家藏的《通书》"旧本"没有附《太极图》。程颐再传弟子祁宽见到了这两个系统的《通书》，从他所述"校正舛错，三十有六字，疑则阙之"③来看，《通书》本身的文字差别并不大。祁宽虽做了校勘，写有《后跋》，但未见刻板。当时二程另一再传弟子胡宏曾整理过《通书》，并写有序略，但他"叙而藏之"④，似乎也没有刊印。

目前所知最早以《通书》为总名刊印周子著作的，是在其家乡道州（舂陵

---

① 梁绍辉：《周敦颐评传》，南京：南京大学出版社，1994 年，第 69 页。
② 见宋本《元公周先生濂溪集》卷 8，湖南省濂溪学研究会整理，长沙：岳麓书社，2006 年，第 136 页。
③ （宋）祁宽：《通书后跋》，载《元公周先生濂溪集》卷 4，第 72 页。
④ （宋）胡宏：《通书序略》，见《元公周先生濂溪集》卷 4，第 72 页。

郡),所谓"春陵本最先出"①是也。之后永州(零陵本,绍兴二十八年即1158)②、江州(九江本,乾道二年即1166)③、潭州(长沙本,乾道二年即1166)等地相继刊印。这些版本"互有详异",但基本格局一样,即以《通书》四十章为主,后有《太极图》(含《图说》),并"附载铭、碣、诗、文",即潘兴嗣《濂溪先生墓志铭》、蒲宗孟《濂溪先生墓碣铭》、孔延之《邵州新迁州学记》、孔文仲《濂溪先生祭文》、苏轼《茂叔先生濂溪诗呈次元仁弟》、黄庭坚《濂溪词并序》等方面的文字。朱熹自称其"最后出"的长沙本"最详密"④,除了文字校勘可能更精确,收录内容更丰富外,还有就是对蒲宗孟《濂溪先生墓碣铭》一文的删改。朱熹在编集长沙本《通书》时曾做《答汪尚书》一通,其中明确写道:

> 大抵近世诸公知濂溪甚浅,如吕氏《童蒙训》记其尝著《通书》,而曰用意高远⑤。夫《通书》《太极》之说,所以明天理之根源、究万物之终始,岂用意而为之,又何高下远近之可道哉!近林黄中(引者按,即林栗)自九江寄其所撰祠堂记文,极论濂字偏旁,以为害道,尤可骇叹!而《通书》之后,次序不伦,载蒲宗孟《碣铭》全文,为害又甚。以书晓之,度未易入。见谋于此别为叙次而刊之,恐却不难办也。春陵记文(引者按,当指胡铨《道州先生祠记》)亦不可解。此道之衰,未有甚于今日,奈何,奈何!⑥

这里所谓"大抵近世诸公知濂溪甚浅",是说当时学林和思想界对周子著作和思想的认识还比较粗浅,如吕本中(《童蒙训》作者)、胡铨(其记文讨论了周子的"诚说")对周子思想的理解有偏差;林栗不但对周子的"濂溪"之号存在明显误解,而且刻印的九江本《通书》录载了蒲宗孟《濂溪先生墓碣铭》的全文,朱熹认为这"为害又甚"。为什么这么说呢?蒲宗孟本人在北宋是以支持王安石新法著称的,他在《墓碣铭》中记录了周子为政干练的作风、道家隐逸的风貌,以及称赞新法的言论,朱熹认为这些都是不符合实际的。从朱熹的这封书信,可知他此

---

①　(宋)叶重开:《春陵续编序》,见《元公周先生濂溪集》卷8,第142页。可惜未见具体刊刻时间。

②　参见(宋)曾迪《拙堂留题》,见《元公周先生濂溪集》卷11,第207页。

③　参见(宋)林栗《江州州学先生祠堂记》,见《元公周先生濂溪集》卷10,第171页。

④　(宋)朱熹:《太极通书后序(建安本)》,见《元公周先生濂溪集》卷4,第73页。

⑤　现存《童蒙训》(影印文渊阁《四库全书》本)所记为《太极图说》,而且说是"用志高远"。与此有别,疑朱熹记忆有误。

⑥　(宋)朱熹:《朱熹集》卷30《与汪尚书》第六书,郭齐、尹波点校,成都:四川教育出版社,1996年,第1278－1279页。

时已对蒲宗孟《墓碣铭》大刀阔斧地进行了删改①，并将改后的《墓碣铭》置于长沙本《通书》之后。朱熹这一做法的依据自然可以非议，但其目的，无非是要"净化"周子。

朱熹长沙本《通书》虽然"最详密"，但结构上与之前的版本并无不同。周子著作格局的大变化发生在朱熹乾道五年(1169)编定并刻印于建安府的《太极通书》上。建安本依据潘兴嗣《濂溪先生墓志铭》叙述周子著作的先后顺序，把《太极图》从原来《通书》的附录调整到最前面，形成《太极图(说)》在前、《通书》紧接其后的新格局，书名也由原来的《通书》变成了《太极通书》。其中的《通书》内容否定了长沙本依据胡宏整理本进行分章定次的格局，"复其旧贯"，即恢复了原来的"章目"，剔除了胡宏在章首添加的"周子曰"数字。而且，在长沙本删改蒲宗孟《墓碣铭》的基础上，建安本又更进一步，直接删去了"铭、碣、诗、文"，而代之以朱熹自己的《濂溪先生事状》。朱熹的理由是，当时各本附载，完全不是程门系统的"铭、碣、诗、文"，"事多重复，亦或不能有所发明于先生之道"，因此决定"一以程氏及其门人之言为正"，删去重复，合为《事状》一篇。② 朱熹的这些处理或纠程门系统之偏，或除非程门系统之"杂"，意在树立周子更为高大、更为纯粹的理学家形象。配合朱熹这一工作的，是其乾道九年(1173)编纂的《伊洛渊源录》，该书以二程为核心，前列其师周敦颐，旁列其友邵雍、张载，下列其门人后学，二程之学及其源流备于一书。其中周敦颐部分有两方面的内容，一是朱熹所写的《事状》，二是有关周子的《遗事》十四条，内容全部来自程门系统，符合其编纂《太极通书》时确立的"一以程氏及其门人之言为正"的标准。

在编印建安本《太极通书》之后，朱熹继续对其《太极通书》进行"精加工"，他在门人杨方的帮助下，得到"九江故家藏本"的《通书》，发现与建安本《太极通书》有十九处不同，"互有得失"，经过校勘后于淳熙六年(1179)在南剑州(即以前的延平郡)刊刻，是为延平本。③ 是年朱熹到任知南康军，对《太极通书》"复加更定"，并写有一长序，总结了自己对周子生平和著作的认识历程以及历年的整理情况，后刊印流传，是为南康本。全书的结构顺序为："周子《太极图》并《说》一篇，《通书》四十章，世传旧本遗文九篇，遗事十五条，事状一篇。"④此本仍然没

---

① 朱熹的删改本可见宋本《元公周先生濂溪集》卷8所收蒲宗孟《先生墓碣铭》，第136-138页。
② (宋)朱熹：《太极通书后序(建安本)》，见《元公周先生濂溪集》卷4，第73页。
③ (宋)朱熹：《太极通书后序(延平本)》，见《元公周先生濂溪集》卷4，第75页。
④ (宋)朱熹：《太极通书后序(南康本)》，见《元公周先生濂溪集》卷4，第74-75页。

有建安本以前诸本附录的"铭、碣、诗、文",可说是继续保持了朱熹的求精原则、以程门为正的原则。而且,此本的《太极图(说)》《通书》、遗文、遗事和事状的结构形式(不知朱熹建安本的结构是否也是如此)也确定下来,既是此后《通书》的"通行版本"①,也为后来的周子文集奠定了基本格局。

总括朱熹编刻周子著作的历程,可知他一贯具有选精集萃的原则,先是在长沙本《通书》中将蒲宗孟《濂溪先生墓碣铭》一文进行删改,初步"净化"了周子的形象;接着在建安本《太极通书》中调整周子著作的结构顺序,建立起以《太极图(说)》为首、以《通书》紧接其后的新格局,并抛弃了胡宏《通书》整理本的分章定次形式,而"复其旧贯"。他在建安本中还完全删去了之前一直附载的、非程门系统的"铭、碣、诗、文",而代之以自己以程学为标准所写的《事状》,显示出更为明显的"精择"原则。

通过朱熹等人的努力,周子的著作不断刊印,越传越广,就在南康本《太极通书》编印的淳熙六年(1179),就有"先生之书遍天下,士知尊敬讲习者寖多"之说②;祭祀周子的学校、祠堂也越建越多,同样是在淳熙六年,朱熹写道:"先生之学,自程氏得其传以行于世,至于今而学者益尊信之。以故自其乡国及其平生游宦之所历,皆有祠于学,以致其瞻仰之意。"③两年后,朱熹祖籍所在的徽州婺源县(今属江西)建立周程三先生祠堂,发起人周师清在请求朱熹撰写记文的来函中又说:"十数年来,虽非其乡、非其寓、非其游宦之国,又非有秩祀之文,而所在学官争为祠室,以致其尊奉之意。"④可见,"近世诸公知濂溪甚浅"的局面正不断得到改善,周子作为理学奠基人二程的老师、作为整个理学思想体系的开创者这一高大形象也越来越深入人心。这一形势的巨变,使得学林对周子生平事迹和著述情况需要更多的了解。而且在朱熹等人的努力下,周子的著作《太极图说》地位日高,将其作为经典来进行诠释的著作也不断推出(如朱熹、张栻均作有注解);随着学校、书院中祭祀周子祠堂的增加,有关阐发周子思想的学记、祠记的文章也越来越丰富(朱熹、张栻就写有不少),这些对更好地理解周子的生平和思想无疑很有帮助,因此有必要把它们汇集起来。顺应这一新的变化需要,有学

---

① 田智忠:《〈诸儒鸣道集〉研究》,北京:中国社会科学出版社,2012年,第206页。

② (宋)张栻:《张栻全集·南轩集》卷10《南康军新立濂溪祠记》,杨世文、王蓉贵校点,长春:长春出版社,1999年,第707页。

③ 《朱熹集》卷78《隆兴府学濂溪先生祠记》,第7册,第4085页。

④ 《朱熹集》卷79《徽州婺源县学三先生祠记》,第7册,第4094-4095页。

者开始突破朱熹的"精择"原则,以更宏大更开阔的思路,选取更多的内容来充实、来丰富周子的著作体系。这便是叶重开七卷本《濂溪集》的由来。

叶重开是南宋处州松阳县(今属浙江丽水市)人①,宋孝宗淳熙十一年(1184)中进士②,随即出任道州州学教授③,《濂溪集》就是他在任期间编刻的。他在淳熙十六年(1189)十一月的《舂陵续编序》中写道:

> 濂溪先生《通书》,传之者日众。舂陵本最先出,板浸漫灭。重开既白诸郡侯,参以善本,补正讹阙,并以南轩、晦庵二先生《太极图说》,复镂木郡斋矣。今序次此编,名之曰《濂溪集》。其间诸本所不登载,四方士友或未尽见,采诸集录,访诸远近得之,以类相从,分为七卷。

叶氏以舂陵本为底本来参校其他善本,自然有出于对周子家乡、自己任官之地的尊重态度,也说明此本与包括朱熹所编印诸本在内的其他各版本的《通书》(或《太极通书》)文字上相差并不大。较之于朱熹编刻周子著作侧重"精择"不同,叶氏的本子侧重于广搜博采,其增补主要包括两大方面:一是当时名气很大的两位理学大儒张栻和朱熹的《太极图说》,二是搜罗"诸本所不登载,四方士友或未尽见"的内容。叶氏之所以要与朱熹立异,他是这样解释的:

> 或谓晦庵更定周子之书,至于再三,极其精审,凡铭、碣、诗、文附见旧帙者,悉从删去。疑此集之杂,将无补于求道。重开应之曰:晦庵发明正道之传,示学者纯一之旨,择之不容不精。是书集于先生之乡,凡片言只字知所尊信,犹恐或失之,取之不得不广。又况先生之道,愈讲愈明,学者仁智之见虽有浅深,然自远而即近,由粗以至精,月异而岁不同,今而毕录于此,观之者宜知所适从矣。④

分析叶氏的话,可知在他看来,之前朱熹主要考虑的是如何把理学这一"正道"

---

① 叶氏在两篇文章的署名中都说是"括苍叶重开",括苍是处州的郡名。清人李卫修、沈翼机纂的雍正《浙江通志》卷126(文渊阁《四库全书》本)进一步说叶氏是"松阳人"。松阳为处州下面的一县名。

② (明)刘宣等纂:《处州府志》卷9,明成化二十二年刻本。

③ 对于他之后的情况,我们所知甚少。宋末编修的《咸淳临安志》说叶重开曾任临安府新城县县令,清代所编《杭州府志》进一步记其任时间是宁宗嘉泰二年(1202年)(清人马如龙、杨鼐等纂修,李铎等增修:康熙《杭州府志》卷22,清康熙二十五年刻三十三年李铎增刻本)或嘉定二年(1209年)(清人郑澐修、邵晋涵纂:乾隆《杭州府志》卷66,清乾隆刻本),但我们不知此叶重开是否就是我们这里所说的《濂溪集》的编者。

④ 以上两段引文均见(宋)叶重开:《舂陵续编序》,见《元公周先生濂溪集》卷8,第142页。

树立起来、流传开来,让世人知道什么才是真正的"纯一之旨",所以"择之不容不精",即特别注意分辨孰精孰粗的内容,注意取其精华、去其糟粕;而现在的《濂溪集》,编于周氏的家乡,"片言只字"都很重要,深惧遗漏,所以"取之不得不广"。应该说,叶氏对朱熹"精择"理由的分析很有道理,而对自己"广取"理由的说明,则并不充分,难以令人信服。不过他紧接着所述的话则有一定道理,他认为,"先生之道,愈讲愈明",因此把更多人的记述和论说汇集到一起,就更容易把道理讲清楚,这就是他要把各种"仁智之见""毕录于此"的原因。最后所谓"月异而岁不同",可谓叶氏把握时代变化带来的观念更新的点睛之语。

虽然我们不清楚叶氏编刻的《濂溪集》究竟有哪些内容,但从上述他的自序来看,内容已较之前所有的《通书》或《太极通书》版本都要丰富,不但把朱熹删去的"铭、碣、诗、文"重新恢复,而且把朱熹、张栻这两位当时的理学大儒解释周子《太极图说》的著作也补充进来,还把"诸本所不登载,四方士友或未尽见"的内容也加以汇集。整体上已由过去朱熹追求的"精审"向现在"杂"和"粗"的方向发展。更重要的是,叶氏首次以文集的观念来编定周子的著作,分门别类,多达七卷。叶氏编纂周子文集的原则、观念和规模,长期为后人所继承。

二 精粗兼收:度正编纂周敦颐文集的过程

度正是合州人,出生和成长于周子为官之地(周子曾任签书合州判官事五年)和周子为代表的理学快速发展时期,因此很早就确立了理学的信仰,并注意搜求周子的遗文遗事。科举入官特别是在问学朱熹之后,度正更是加快了这一步伐,并最终编纂出周子文集。其《书文集目录后》一文专门叙述了这一过程,先引录如下:

> 正往在富沙(引者按,福建路建宁府郡名,治今福建建瓯市),先生(引者按,指朱熹)语及周子在吾乡时,遂宁傅者伯成从之游,其后尝以《姤说》《同人说》寄之。先生乃属令寻访,后书又及之。正于是遍求周子之姻族,与夫当时从游于其门者之子孙,始得其《与李才元(引者按,即李大临)漕江西时慰疏》于才元之孙,又得其《贺傅伯成登第手谒》于伯成之孙,其后又得所序彭推官诗文于重庆之温泉寺,最后又得其在吾乡时所与傅伯成手书。于序见其所以推尊前辈,于书见其所以启发后学,于谒、于疏又见其所以笃于朋友庆吊之谊。故列之《遗文》之末。又得其同时人往还之书,唱和之

诗,与夫送别之序,同游山水之记,亦可以想象其一时切磋琢磨之益,笑谈吟咏之乐,登临游赏之胜,故复收之《附录》之后。而他书有载其遗事者,亦复增之。如近世诸老先生崇尚其学,而祠之学校,且记其本末,推明其造入之序,以示后世者,今亦并述之焉。①

度正在编定周子文集的同时,还编纂有周子的《年表》,并在后序中写道:

> 正少时得明道、伊川之书读之,始知推尊先生。而先生仕吾乡时,已以文章闻于当世。遂搜求其当时遗文、石刻,不可得,又欲于架阁库访其书判行事,而郡当两江之会,屡遭大水,无复存者。始仕遂宁,闻其乡前辈故朝议大夫知汉州傅者曾从先生游,先生尝以《姤说》及《同人说》寄之,遂访求之,仅得其目录及《长庆集》,载先生遗事颇详。久之,又得其手书、手谒二帖。其后过秭归,得《秭归集》(引者按,为蒋概著);之成都,得李才元(引者按,即李大临)《书台集》;至嘉定,得吕和叔(引者按,即吕陶)《净德集》;来怀安,又得蒲传正(引者按,即蒲宗孟)《清风集》,皆载先生遗事。至于其他私记、小说及先生当时事者,皆纂而录之。②

综合这两段自述和其他文献,我们可以将度正搜求周子遗文遗事和编纂周子文集的过程缕述于后。由于度正同时编纂的周子《年表》一般都与其文集合刊,或置卷首,或置卷末,因此这里一并叙述。

1. 约在宁宗庆元元年(1195),度正出任遂宁府司户参军,在任期间访得周子遂宁籍弟子傅者的《长庆集》,"载先生遗事颇详",内有 2 诗、6 书后被收入周子文集。

据度正《性善堂稿》卷 15《跋伊川先生帖后》:"正为遂宁户掾,友人王君世叓数数为正言,城西傅君光家藏先正韩范诸公手迹甚富。乃祖大夫公,嘉祐初实见濂溪周先生于合阳求教,先生手书《家人》《艮》《遇》等说赠之。其后程太中公知汉州,大夫公时为邑西川,又得交伊川兄弟间,手笔相问,往往皆在。正每见王君,必悉意咨恳,属以访求周程诸先生手迹。庆元二年正月四日,王君忽自山中来谒,讲礼已,袖出伊川先生手状一幅,徐加考订,殆先生入蜀时笔也。"从其友

---

① (宋)度正:《书文集目录后》,见宋本《元公周先生濂溪集》卷 8,第 142 页。曾枣庄、刘琳主编的《全宋文》卷 6869 据《永乐大典》卷 22536 亦收载,题名《书濂溪目录后》,见该书第 301 册,第 143 页,上海:上海辞书出版社,合肥:安徽教育出版社,2006 年。这里引录的个别文字已据《全宋文》订正。

② 见宋本《元公周先生濂溪集》末附《濂溪先生周元公年表》,第 238 - 239 页。

人王世冔于庆元二年(1196)正月四日来谒度正的时间来看,度正至迟在庆元元年就已到任遂宁府(时属潼川府路,治今四川遂宁)司户参军了。在此期间,他了解到傅光"乃祖"傅耆曾从学于周敦颐,并与程颐兄弟"手笔相问"。为此,度正嘱托王世冔注意"访求周程诸先生手迹"。虽然只得到一幅"伊川先生手状",并没有得到周氏手迹,但还是很有收获,这就是他在上引《书濂溪先生周元公年表后》中所写的:"始仕遂宁,闻其乡前辈故朝议大夫知汉州傅耆曾从先生游,先生尝以《妬说》及《同人说》寄之,遂访求之,仅得其目录及《长庆集》,载先生遗事颇详。"由此来看,度正得到了傅耆的文集《长庆集》,其中应当收载有后来被编入周子文集的傅耆2诗(《和周茂叔席上酬孟翱太博》《周茂叔送到近诗数篇,因和渠阁裴二公招隐诗》)、6书(即《答周茂叔书》4书、《上永倅周茂叔启》《答卢次山》);度正从文集中还了解到周子的不少遗事,即所谓"载先生遗事颇详"。但周子写给傅耆的"手书、手谒二帖"还没有见到,要很久以后才访得(详后)。

2. 约庆元三年(1197)春或夏初,度正经过秭归时,得到周子友人蒋概的《秭归集》,集中当有《巴东龙昌洞记》。

度正在上引《书濂溪先生周元公年表后》中叙述其"始仕遂宁"的情况后写道:"其后过秭归,得《秭归集》。"《秭归集》为蒋概所写,其中的《巴东龙昌洞记》(后入周子文集)主要叙述他和周敦颐等人游览秭归名胜龙昌洞的情况,当是这次搜集到的。据《性善堂稿》卷11《掩马记》:"庆元三年正月,乡舍调官阙下,既逾宣城,六月八日,发朱唐……。"由此可知度正是在任满遂宁府司户参军后于庆元三年(1197)初受命起程赴京的。宣城在江南东路的宁国府(今属江西),距京城临安(今浙江杭州)已很近,而秭归(治今湖北秭归)则在荆湖北路的最西边,与四川东面的夔州路相接。度正庆元三年(1197)初出发,六月已过宣城,那"过秭归"当在春天或夏初。

3. 庆元三年(1197)七月,度正在京城调官后南下福建建宁府,问学朱熹,朱嘱其寻访周子遗文遗事;次年朱熹又在书信中问及搜访情况。

庆元三年(1197)夏,度正到京城调官后,不顾"伪学""逆党"之酷,冒暑南下福建建宁府拜见并求学于朱熹,把在遂宁府访得的伊川手帖送朱熹一阅,朱熹在七月下旬得见伊川手帖,一方面赞扬度正"求访之勤",一方面勉励他继续努力:"濂溪先生往还遗迹,计其族姻闾里之间犹有存者,度君其广询之,当可得也。"[①]

① (宋)朱熹:《朱熹集》卷84《跋度正家藏伊川先生帖后》,第4319页。

度正当年返回后,出任利州教授。次年十月朱熹又写信给度正,仍然要他继续访问"濂溪文字"。这封《与度周卿书》在朱熹的《晦庵集》卷60中曾收录,但很不全;近人依据石刻抄录的《八琼室金石补正》卷112也有收录,仍有缺漏与讹误,现代整理的《朱熹集》《朱子全书》和《全宋文》也承袭了这一缺憾。其实,清代同治《涪州志》卷14《艺文志》和民国《涪陵县续修涪州志》卷3《艺文志》(民国十七年铅印本)收载有完整的文字。考虑到这封书信不易得见全本,兹全录于下(个别文字上的歧异则加注说明):

> 十月十六日,熹顿首:去岁暮何幸辱远访,得遂少款,为慰为慰。顷客舍语别,忽忽期年又两三阅月矣。不审何日得遂旧隐?官期尚几何时?比来为况何如?读书探道亦颇有新功否耶?岁月易得,义理难明。但于日用之间,随时随处提撕此心,勿令放逸,而于其中随事观理,讲求思索,沉潜反复,庶于圣贤之教,渐有默相契处,则自然有得。天道性命,真不外乎此身。而吾之所谓学者,舍是无有别用力处矣。相望数千里,无由再会面,因书涯略,不觉缕缕,切勿为外人道也。此书附建昌包生去,渠云自曾相识,且欲求一异书,不知果有之否?刻舟求剑,似亦可笑,然亦可试为物色也。所欲言者,非书可悉,灯下目昏,草草不宣。熹再拜。款署"周卿教授学士贤友"后缺数行云。

> 濂溪文①字后来更曾访问得否?去岁归建阳后方得于此所惠书并书稿、策问。所处既非,今又何敢道耶?熹②。

朱熹的当面叮嘱与事后书信相问,就是度正在上引《书文集目录后》开头的这段自述:"正往在富沙,先生语及周子在吾乡时,遂宁傅耆伯成从之游,其后尝以《姤说》《同人说》寄之。先生乃属合寻访,后书又及之。正于是遍求周子之姻族,与夫当时从游于其门者之子孙。"可见朱熹的嘱托是度正大力搜求周子遗文遗事的重要动力。

4.嘉泰四年(1204)至嘉定五年(1212)间,度正在成都访得李大临《书台集》,后入周子文集附录的《濂溪谒周虞部》诗当在其中;并通过李大临后人得到周子《慰李大临才元疏》。

----

① 此字在《八琼室金石补正》中作"大",在同治《涪州志》中作"丈",在民国《涪陵县续修涪州志》中作"文"。据度正《跋濂溪贺傅伯成受谒》,应为"文"字。见宋本《元公周先生濂溪集》卷6,第106页。
② 此"熹"字仅民国《涪陵县续修涪州志》的录文才有。

上引《书濂溪先生周元公年表后》说度正过秭归得蒋概《秭归集》后,"之成都,得李才元《书台集》"。度正何时到成都得到李大临(字才元)《书台集》呢?经考证,度正曾在嘉泰四年(1204)拜见由成都府路转运判官升任四川茶马使的赵善宣,作有《上赵茶马》《上茶使赵伯川》《谒茶使》《送茶使赵伯川赴阙》等诗,可知此时度正已在成都。① 紧接着的吴曦变乱平定后,理学家、张栻门人吴猎在嘉定元年(1208)到任四川制置使兼知成都府,度正被任为成都府学教授,不久知成都府华阳县,直至嘉定五年(1212)离任。因此度正在成都得到李大临《书台集》的时间,可能就是嘉泰四年(1204)到嘉定五年(1212)之间,内有《濂溪谒周虞部》诗,后入周子文集附录。度正在上引《书文集目录后》说他寻访周子遗文时,"始得其与李才元漕江西时慰疏于才元之孙",即从李大临后人中访得周子《慰李大临才元疏》。另外,他在成都期间还得到周子乡士杨齐贤所撰周子《年谱》初稿②,对其更多地了解周子自然大有帮助,也促使他编纂更好的周子《年表》。

5. 嘉定五年(1212),度正通判嘉府(治今四川乐山),在任期间得到吕陶《净德集》。

上引《书濂溪先生周元公年表后》说度正"至嘉定,得吕和叔《净德集》"。吕陶(字和叔)《贺周茂叔弄璋》《送周茂叔殿丞序并诗》当在《净德集》中,后收载周子文集附录。

6. 约嘉定九年(1216),度正从嘉定返回成都时,得到周子《贺傅伯成手谒》。

上引《书文集目录后》说度正自己"得其贺傅伯成登第手谒于伯成之孙",说明他是从傅耆后人那里得到周子《贺傅伯成手谒》的。度正后来写有跋语:"顷自嘉定还成都,寓于二程祠堂之右塾,偶得此纸。"③则又知度正具体是在成都二程祠堂旁得到这份《手谒》的。

7. 嘉定九年(1216),度正知怀安军(治今四川金堂),在任期间访得周子妻兄蒲宗孟《清风集》,集中当有蒲氏写给周子的《乙……十诗奉寄》。

据考,嘉定九年(1216),度正升任奉议郎、权发遣怀安军兼管内劝农事(即知怀安军)。上引《书濂溪先生周元公年表后》说度正"来怀安,又得蒲传正《清风集》",当在此时。集中当有周子妻兄蒲宗孟(字传正)所写《乙……十诗奉

---

① 参见黄博《度正年谱长编》(未刊稿)。
② 见宋本《元公周先生濂溪集》末附《濂溪先生周元公年表》,第239页。
③ 见宋本《元公周先生濂溪集》卷6,第106页。

寄》,后入周子文集附录。

据上引《书濂溪先生周元公年表后》,度正访得的傅耆《长庆集》、蒋概《秭归集》、李大临《书台集》、吕陶《净德集》和蒲宗孟《清风集》,"皆载先生遗事"。这样,度正从这些文集中不但得到了他们交往的一些诗文,还得到了周子不少"遗事",从而丰富了度正所编周子文集《遗事》部分的内容,也为其编纂周子《年表》提供了更多的资料。

8.嘉定十二年(1219),度正升任知重庆府,在任期间先后得到周子《彭推官宿崇胜院诗序》《与傅伯成手书》。

据《性善堂稿》卷15《跋濂溪序彭推官宿崇胜院诗后》,度正在嘉定十二年(1219)冬起知重庆府,次年他在编纂文集、年表时,从友人罗坚甫处得知重庆温泉寺的一僧人在寺庙的过道处发现了周子的《彭推官宿崇胜院诗序》,度正"得之喜甚"。不久,度正又得到周子写给弟子傅耆的书信,这就是上引《书文集目录后》所说:"其后又得所序彭推官诗文于重庆之温泉寺,最后又得其在吾乡时所与傅伯成手书。"

为了更直观地展示度正长年累月的搜集情况,我们依据上述,列表于后(见表1)。

度正在前引《书文集目录后》中还说:"而他书有载其遗事者,亦复增之。如近世诸老先生崇尚其学,而祠之学校,道记其本末,推明其造入之序,以示后世者,今亦并述之焉。"可知度正还搜集到了有关周子的一些"遗事""学记""祠记"等。

在度正搜求周子遗文遗事的过程中,周子及以其为代表的理学虽然经历了"庆元党禁"的政治高压,但接下来的"开禧北伐"迅速失败,主导这两大事件的权相韩侂胄被杀,理学又以狂飙突进之势,继续在全国各地大力传播和发展,并不断由民间思潮向官方统治哲学迈进,嘉定十三年(1220)周子成功地获得"元公"的谥号,确立了"自孟氏之后观圣道者,必自濂溪始"①的崇高地位。适应周子及以其为代表的理学政治地位的快速提升和在社会中日益普及的新形势,度正在嘉定十四年(1221)知重庆府期间完成了周子文集和年表的编纂。据度正《书文集目录后》的落款,知其编定周子文集在嘉定十四年六月;又据度正《书濂溪先生周元公年表后》和跋语的落款,知其最后编定周子年表在嘉定十四年八

---

① 《先生谥告》,见宋本《元公周先生濂溪集》卷9,第157-158页。

九月间。从度正《书文集目录后》所谓"列之《遗文》之末""收之《附录》之后"、对"遗事""复增之"这些用词来看,度正在编定周子文集时必定有一个文集的底本。目前我们知道在度正之前只有前述道州州学教授叶重开在淳熙十六年(1189)编刻的《濂溪集》七卷本,因此我们初步判断,度正所依据的当是叶氏的七卷本《濂溪集》。

表1

时间	度正职任或其他	度正搜访情况
宁宗庆元元年至庆元二年(1195 – 1196)	遂宁府司户参军	得周子门人傅耆《长庆集》,内有傅耆2诗(《和周茂叔席上酬孟翱太博》《周茂叔送到近诗数篇,因和渠阁裴二公招隐诗》)、6书(即《答周茂叔书》4书、《上永倅周茂叔启》《答卢次山》)
宁宗庆元三年(1197)春	赴京城调官,路经秭归时	得周子友人蒋概《秭归集》,内有《巴东龙昌洞记》
宁宗嘉泰四年至嘉定五年间(1204 – 1212)	在成都,曾任成都府学教授、知成都府华阳县	得周子友人李大临《书台集》,内有《濂溪谒周虞部》诗;又得周子《慰李大临才元疏》
宁宗嘉定五年至嘉定九年(1212 – 1216)	通判嘉定府	得周子任官合州时的属僚吕陶(时为铜梁令)《净德集》,内有《贺周茂叔弄璋》《送周茂叔殿丞序并诗》
宁宗嘉定九年(1216)	升任知怀安军,从嘉定返回成都时	得周子《贺傅伯成手谒》
宁宗嘉定九年至十二年(1216 – 1219)	知怀安军	得周子妻兄蒲宗孟《清风集》,内有《乙巳虽除日……成十诗奉寄》
宁宗嘉定十三年至十四年(1220 – 1221)	知重庆府	得周子《彭推官宿崇胜院诗序》《与傅伯成手书》

对度正辛苦搜集周子遗文的情况,宋末学者黄震在读《周子后录》时曾说:

《后录·补遗》《遗文》凡二十二,皆蜀人度正遍求于故家遗俗之传,梯访于高崖危嶝之刻,亦可谓忠厚之至者矣。公之文,不特诗文书帖见录,而贺傅耆之名刺亦见录。公之文所及,不特亲党交游见录,而守坟之周兴全家姓第皆见录。然则片言只字,余音遗迹,使后世皆宝爱之而不忘,此其所本固自有在。①

这里说周子的二十二篇遗文都是度正搜访所得,自然有所夸大,但强调度正以"忠厚"的态度,对有关周子的所有文字都注意收录,"片言只字"都不放过,则属事实。这在度正《书文集目录后》的最后也交代得很清楚:

> 正窃惟周子之学,根极至理,在于《太极》一图;而充之以修身齐家治国平天下,则在《通书》。吾先生既已发明其不传之秘、不言之妙,无复余蕴矣,其余若非学者之所急。然洙泗门人记夫子微言奥义,皆具载于《论语》,而夫子平日出处之粗迹,则亦见于《家语》《孔丛子》等书而不废。正今之备录此篇,其意亦犹是尔。学者其亦谨择之哉!

度正的意思是,正如孔门不仅看重《论语》,还重视"夫子平日出处之粗迹"一样,今天我们也要既重视《太极图(说)》和《通书》这些周子之学的精粹,也要重视搜集和保存其他"若非学者之所急"的内容。精粗俱录,最终让学者自己去选择。这个原则在他的周子《年表》中也得到反映,其弟度蕃在跋语中写道:

> 其(引者按,指度正)编类《濂溪家世年表》,皆口授,弟蕃执笔从傍书之。书至买平纹纱衫材、樗蒲绫袴段,蕃曰:"不太苛细否?"曰:"此固哲人细事,如食之精,脍之细,鱼之馁,绀緅之饰,红紫之服,当暑之絺綌,《乡党》皆备书之。今读之,如生于千载之前,同堂合席也,岂可忽乎?"恐观者之不达乎此,故书之以示同志云。②

这是一段生动的跋语,可见度正再次以孔门之事为例,对那些一般人认为是"苛细"的内容也要把它记录保存下来,目的是让后人通过这些看似琐碎的事情,能够生发出与周子"同堂合席"的亲切之感。

总之,由于周子生前地位不高,死后也长期得不到彰显,因此他的一些诗文早已散佚,一些事迹也湮没无闻。度正距离周子生活的时代已有上百年之久,他能够坚持巨细不遗的态度,精粗俱录,把不少濒临散失的周子遗文遗事搜集起来,并加以整理,形成文集和年表,应该说是十分难能可贵的,是无愧于黄震所谓

---

① (宋)黄震著,张伟、何忠礼主编:《黄震全集》第四册《黄氏日抄》卷33《读本朝诸儒理学书·周子后录》,杭州:浙江大学出版社,2013年,第1248–1249页。

② 此跋在宋本《元公周先生濂溪集》中题署度正,不确,应为度蕃作。参见粟品孝《两部宋刻周敦颐文集的价值》,《四川大学学报》2010年第3期。

"忠厚之至"这一美名的,而且促使周子的形象更为丰满,有助于我们更完整、更立体地认识这位理学大儒。如果考虑到度正访得的周子门人朋友的 6 部文集即傅耆《长庆集》、蒋概《秭归集》、李大临《书台集》、吕陶《净德集》、蒲宗孟《清风集》和何平仲《诗集》,只有吕陶《净德集》传世至今,其余都已散佚无存的话,那么我们更能对度正的所作所为增加一份敬意。可以说,如果不是度正,后世对周子的了解必将大为逊色。

三 名亡实存:度正所编周敦颐文集在宋代的流传

虽然度正重新编定了周子的文集,但我们没有见到其直接刊印的材料。那么,度正所编的文集是否得到刊印了呢? 笔者推测,与度正编定时间最近的道州守臣萧一致所刻的《濂溪先生大成集》,就是依据度正本而来。

《郡斋读书附志·别集类三》曾载录这个刻本,对其书名、编刻者及刻印地都有明确记载:

> 《濂溪先生大成集》七卷……。右周元公颐字茂叔之文也。……始,道守萧一致刻先生遗文并附录七卷,名曰《大成集》。①

这个道州守臣萧一致是江西新喻人,字伯易,生卒年不详。据明朝隆庆五年(1571)刻本《永州府志》卷四下记载,萧氏是在嘉定十六年(1223)知道州的,到宝庆三年(1227)为许纶取代。② 这样,萧一致应该是在嘉定十六年至宝庆二年(1223－1226)知道州期间刻印《濂溪先生大成集》的③,正好是度正编定周子文集两年之后的一段时间。此本已佚,但其目录则附在明朝弘治年间(1488－1505)周木编刻的《濂溪周元公全集》后面保存了下来④。据《目录》,《大成集》确为七卷,卷一为《太极图》(《说》一篇,朱熹氏全解),卷二为《通书》(凡四十章,朱熹氏全解),卷三为《遗文》,卷四为《遗事》,卷五至卷七为附录。从这份目录,我们明显可以看到它的结构顺序与朱熹更定的南康本《太极通书》是一致

---

① （宋）赵希弁:《读书附志》卷下,见（宋）晁公武撰、孙猛校证:《郡斋读书志校证》,上海:上海古籍出版社,1990 年,下册,第 1186－1187 页。

② 清朝嘉庆二十五年刻本《道州志》卷 4 也如此记载。

③ 此本在元修《宋史》卷 209《艺文志·总集类》中有著录。

④ 关于此本的情况,可参见粟品孝《明刻〈濂溪周元公全集〉价值略述》,载《徽音永著:徐规教授纪念文集》,上海:华东师范大学出版社,2012 年。

的，只是《太极通书》在"遗事"之后只有朱熹的《濂溪先生事状》一篇，而这里的《大成集》则已有多达三卷的"附录"了。从这份目录中，我们可见度正所编周子文集的诸多痕迹：

第一，《大成集目录》卷三《遗文》收录周子遗文 19 篇，其中最后 6 篇分别是《贺傅伯成手谒》《手书》《慰李大临才元疏》《与二十六叔手帖》《与仲章侄手帖》《宿崇胜院诗序》，除《与二十六叔手帖》和《与仲章侄手帖》外，其余 4 篇都是度正寻访所得。这与度正在《书文集目录后》说他亲自搜集的这几篇"列之《遗文》之末"是吻合的。

第二，《大成集目录》卷五《附录一》收录有关诗文 30 多篇，其中最后的 16 篇中，有 13 篇都是度正搜集到的（仅有苏轼、黄庭坚、张舜民 3 首诗不是），包括从蒲宗孟的《乙巳虽除日……成十诗奉寄》到最末的蒋概《巴东龙昌洞记》。这与度正在《书文集目录后》说他搜集的这些诗文"收之《附录》之后"也是相符的。

第三，《大成集目录》卷四《遗事》"凡十九条"，其中应该有度正增加的部分。前述朱熹编的建安本《太极通书》后有"遗事十五条"；而《大成集》已增至"十九条"。联系到度正在《书文集目录后》中说"他书有载其遗事者，亦复增之"，则说其中增加的 4 条有度正所补，恐不为过。

据此，虽然度正所编的周子文集未见单独刊刻，但两年之后不久，即为道州守臣萧一致所得，其基本面貌就保存在《大成集》中；透过保存至今的《大成集目录》，我们也就知道度正所编周子文集的大体样貌了。

这里要说明的是，虽然现存的《大成集目录》未见度正所编的《濂溪先生年表》，但萧一致也很可能刻印了，宋理宗淳祐年间（1241－1252）知广州的方大琮所见的"道本年谱"应当就是，他所谓的"道本年谱至潮题大颠堂壁，亦系于辛亥"①，就与今传度正《年表》一致。当然，我们在明代周木刻本所附的《大成集目录》中并没有见到年表。情况很可能是，《濂溪先生大成集》是把周子年表置于卷首，周木抄刻《目录》时没有抄录这一内容。这种情况从周木抄刻宋本《元公周先生濂溪集总目》时也没有抄录卷首的《濂溪先生周元公家世年表》中可以得到佐证。而且，据明代张元祯《周朱二先生年谱引》，张氏在周木处曾见到"凡若干卷"的《周子大成书》，说"首卷则《年表》也"。② 张氏这里所说的《周子大成

---

① （宋）方大琮：《铁庵集》卷 22《与田堂宾（灏）书》，此据《全宋文》卷 7386，第 322 册，第 13 页。
② （明）张元祯：《周朱二先生年谱引》，附载明朝周木刻本《濂溪周元公全集》末。

书》,应当就是《濂溪先生大成集》的别称、俗称,而且用的是《年表》而不是《年谱》之称,也就是说还保留了度正编谱时的称呼。这些情况似可证明萧一致在道州刻《濂溪先生大成集》时确曾刻印了度正所编的周子年表,并置于卷首。

在萧一致刊《大成集》后不久,即在理宗绍定元年(1228),进士易统又在江西萍乡刊刻《濂溪先生大全集》七卷。易统的生平行实不详,但其刻本有两篇跋文则保留至今,其中有一篇是由度正所撰[1],因此笔者相信他所编的文集内容也为《大全集》所吸收。

在萧一致刊《大成集》后十余年,连州(时属广南东路,治今广东连县)教授周梅叟曾将其翻刻于州学。周梅叟是周敦颐族人,字春卿,道州营道县(治今湖南道县)人,"习《礼记》"。绍定三年(1230)来知道州的李韶[2]"采诸旦评",拔其为当地书院堂长,后中嘉熙二年(1238)进士,出任连州州学教授。周梅叟至迟在嘉熙四年(1240)已到任,约在淳祐元年(1241)、二年(1242)间"取《太极图》《通书》《大成集》刊于学宫"[3]。此《大成集》当是周梅叟从道州赴任连州时将萧一致主持刻印的道州本带来翻刻的。淳祐三年(1243),周梅叟到广州出任科举考官,将新刻的《大成集》送给了时知广州的方大琮。据方氏所见,"其遗文际春陵本稍增"[4]。 这里所谓的"春陵本",当是萧一致所刻的道州本。所谓"稍增",当增加极少。笔者估计,增加的很可能就是附在明朝周木编刻的《濂溪周元公全集》后面的《濂溪先生大成集拾遗》所收的两方面内容,一是周子在合州与人游龙多山时唱和的八首诗,二是所谓"家集"的 7 篇遗诗。周梅叟是周敦颐族人,掌握并贡献出来"家集"的内容是极有可能的。而周子在合州龙多山唱和诗,则是周梅叟在京城(可能是参加科举考试时)从"蜀贤"那里得到的,即方大琮写给周梅叟书信中所说的"夜来所谓入京则得蜀贤遗以龙多山诗"[5]。这里的"蜀贤",很可能是眉州丹棱李埴后人或乡人。现在我们还能见到李埴写于绍定三年(1230)的跋语[6]。李埴绍定四年(1231)开始任知成都府,六年(1233)召赴

---

① (宋)度正:《书萍乡大全集后》,见宋本《元公周先生濂溪集》卷8,第143页。

② 李韶知道州的时间据《道州志》卷4,嘉庆二十五年刻本。

③ (宋)方大琮:《铁庵集》卷4《举连州教授周梅叟乞旌擢奏状》,此据《全宋文》卷7366,第321册,第76页。

④ (宋)方大琮:《铁庵集》卷21《与周连教书一》,此据《全宋文》卷7385,第321册,第402页。

⑤ (宋)方大琮:《铁庵集》卷21《与周连教书二》,此据《全宋文》卷7385,第321册,第404页。

⑥ 见宋本《元公周先生濂溪集》卷6,第107页。

朝廷,次年(端平元年,1234)到京任官,三年(1236)出知眉州,不再回朝。① 从李埴在朝廷任官的时间和周梅叟在京城参加科举考试的时间(1237－1238)对比来看,周氏不太可能直接从李埴那里得到,很可能是从李埴后人或李埴的其他乡亲那里得到的。与道州本有年谱一样,周梅叟连州翻刻本也有年谱,时知广州的方大琮简称其为"连谱",且发现与"道本年谱"有些不同。②

之后周子文集还有刊印。目前我们所见有两部宋刻本:一是理宗宝祐四年至景定五年(1256－1264)间编刻的《濂溪先生集》(不分卷)③,二是度宗咸淳六年(1270)之后不久刻于江州的《元公周先生濂溪集》十二卷。

这两部现存的宋刻本均藏于中国国家图书馆。不分卷的《濂溪先生集》已残,据其目录,内容依次为:家谱、年谱、太极图(含朱熹氏解)、太极说(含朱熹氏解等)、通书(含胡宏氏序等)、遗文(凡三十一篇,含诗赋)、遗事(凡二十条)和附录(分为四部分,各有四十六、十六、十七、八篇,总八十七篇)。此本虽然不分卷,但与上述七卷本《濂溪先生大成集》目录比照,除了卷首的家谱、年谱外,其他内容都是按《太极图(说)》《通书》、遗文、遗事、附录的结构形式依次编排的,因此应该还是在七卷本的基础上重新编刻的。从目录内容上看,不但涵盖了七卷本《濂溪先生大成集》的全部内容,而且还把度正在嘉定十六年(1223)于家乡守丧期间搜集到的何平仲三诗即《赠周茂叔》《贺茂叔得子》《题拙赋》也收载"附录一"中去了④。这些反映出此本已经把度正所编文集的内容和之后度正搜集到的内容都加以收录了。

十二卷《元公周先生濂溪集》完好无缺,也应该是在七卷本基础上扩编的。前有度正所编的《濂溪先生周元公世家》及《年表》,正集卷一至卷五为遗书(卷一至卷三是《太极图(说)》及相关内容,卷四、卷五是《通书》及相关内容),卷六

---

① 参见王德毅:《李焘父子年谱》,台北:商务印书馆,1963 年,第 206－234 页。
② (宋)方大琮:《铁庵集》卷 22《与田堂宾(灏)书》,此据《全宋文》卷 7386,第 322 册,第 13 页。
③ 此本原为民国学者傅增湘藏书,他根据该书《年谱》末所记"今上皇帝淳祐元年辛丑春正月",推知此本"当为淳祐刊本"。(《藏园群书经眼录》第 4 册集部上,北京:中华书局,1983 年,第 1146 页)这是不确切的。《年谱》"神宗熙宁元年戊申"条在述及孔延之为周敦颐兴学之举所作的《邵州新迁学记》时,有一段小字注文:"宝祐三年宋侯仲锡彻彻祠宇而大之,始建书堂焉"。附录四还专门收录了时人高斯得为此次复建祠堂、创设书堂写的《新建濂溪先生祠堂记》,此记以《宝庆府濂溪书堂记》(按,南宋后期邵州升为宝庆府,时属荆湖南路,治今湖南邵阳)为题收载高氏《耻堂存稿》卷 4,内有"经始于宝祐三年十有一月,明年某月成"语。据此,此本当编刻于"今上"理宗在位的晚期即宝祐四年至景定五年(1256－1264 年)之间,不会是时间更早的淳祐年间(1241－1252 年)。
④ 参见度正《记养心亭题说》,载《元公周先生濂溪集》卷 6,第 99－100 页。

为遗文、遗事,卷七至卷十二则为附录。正集的结构也与《濂溪先生大成集目录》一致,内容上也全部涵盖了《大成集》,并附有何平仲三诗,这些同样反映出此本已把度正所编文集的内容和之后搜集到的内容全部收录了进去。而且,此本还完整地收录了度正所编的《濂溪先生周元公世家》和《年表》,内容上与上述不分卷的《濂溪先生集》前面的《家谱》和《年谱》相近。两相比较,《年表》正文内容丰富,并有不少注文(包括明显是由度正所写的注文)、末有度正的后序以及署名度正(实际应为度蕃)的跋语,而《年谱》则完全没有,其他方面的文字也要简练得多,可说是度正《年表》的缩写版(当然文字上也偶有增加)。

从我们对度正之后(限于宋代)周子文集刊印情况的梳理来看,度正虽然没有单独刊印自己所编的成果,但那些成果已经汇入了后来编刻的各种周子文集之中了。我们这里虽然只是清理了宋代编刻的周子文集,实际上宋以后的周子文集都是在宋本的基础上发展的,宋本(包括度正所编的周子文集)是后来各种周子文集的祖本。因此,表面上度正所编的周子文集不见单独刻印,名义上已经亡佚(当然《世家》《年表》保存完好),而实际上则保存在后来各种周子文集之中。

(原载 2017 年第 5 期,作者单位:四川大学)

《爱莲说》创作时地小考

❋ 符思毅

周敦颐创作《爱莲说》的时间和地点后人多有争议。

周建华、刘信波认为《爱莲说》作于嘉祐六年五月："《爱莲说》作于嘉祐六年（1046 年）（笔者按：嘉祐六年为公元 1061 年）五月，由四明沈希颜书，太原王抟（按当作王抟）篆额，江东钱拓上石。原赣州府衙边有'莲池'，周敦颐当年作《爱莲说》正是久蓄于心，观池中莲，触动灵感，有感而发，一气呵成，遂成千古名作。"[1]进而断定原赣州府衙边爱莲池为周敦颐作《爱莲说》的地方。

李恟生认为《爱莲说》作于九江："莲，是元公独爱之物，濯缨有溪，堂前有莲，在九江筑书堂以后他写下了脍炙人口的《爱莲说》。"[2]

李国强、王国立认为《爱莲说》作于赣州："周敦颐确实是一个很有独特嗜好的人……"他在知南康期间，就在旧南康府署一侧，挖池种莲，并按自己的心意把莲池叫"爱莲池"。"他经过反复酝酿，写下了著名篇章《爱莲说》"[3]。

近年编纂的《星子县志》也认为《爱莲说》作于赣州："周敦颐酷爱莲花，在南康军治东凿池种莲，并写下了著名散文《爱莲说》。"[4]

梁绍辉先生所著《周敦颐评传》一书是最近十余年中关于周敦颐的综合研究最重要的著作，书中对《爱莲说》的创作和发表有猜测性的论述。

梁先生认为，《爱莲说》的创作与嘉祐八年正月的雩都罗崖之游相关联，而正式刻石则在五月，主要依据度正《年谱》：嘉祐八年，"先生年 47 岁，正月七日，行县至雩都，邀余杭钱建侯拓、四明沈幾圣希颜游罗崖，题名，并有诗刻石。沈公者，邑令也，因建濂溪阁于善山，山顶有高山仰止亭。五月，作《爱莲说》，沈希颜书，王抟篆额，钱拓上石。"[5]89 就此，梁先生推论出，沈氏于雩都善山建濂溪阁后，请周敦颐题词，于是周敦颐寄出《爱莲说》。建阁与刻石由沈氏一手操办，阅五月而后成。

似乎《爱莲说》的创作和发表过程比较具体了。然而若依梁先生的推论，同游罗崖于正月，作《爱莲说》于五月，那么周敦颐如何寄出《爱莲说》，沈氏、王氏、钱氏又如何等待周敦颐的原稿五个月之久而书写、撰额、上石,则又留下了疑问。

梁先生对此的解释是:周敦颐之所以寄出《爱莲说》,或许是他手头的现成稿子,或许是三人同游时已有承诺,抑或出于别的什么原因。沈氏正月同游罗崖后于雩都善山建濂溪阁,请周敦颐题词。"至于钱拓,既是周敦颐邀请的客人,此时当然已回他的任所余杭,但附记中既写作'嘉祐八年五月十五日江东钱拓上石'我们自然也就应当以附记为准了。"[5]90

梁先生的解释比较间接,没有确切告诉我们《爱莲说》创作于五月与正月罗崖之游的联系,因此也没有确切说明《爱莲说》创作于何时何地。

然而笔者猜想,《爱莲说》的创作与周敦颐罗崖之游可能是一致的,理由有二:

第一,莲花开放的季节问题。正月不是莲花开放的季节,此时江南天寒地冻,莲叶枯萎,这就给周敦颐的即兴创作带来了困难。相反地,如果作者能够亲眼目接莲花盛开,触动灵感,有感而发,则较符合创作的规律。李白《子夜四时歌·夏歌》:"镜湖三百里,菡萏发荷花。五月西施采,人看隘若耶。"

第二,文字错讹问题。"正""五"两字字形笔画相近易混。故猜测罗崖之游于正月有可能是"正""五"相混淆而误以"五"为"正"所致。《爱莲说》作于五月,若罗崖之游亦于五月,则可证两者是相一致的。

据查宋刻本《元公周先生濂溪集》卷六中《爱莲说》文后附记有:"舂陵周惇实撰,四明沈希颜书,太原王抟篆额,嘉祐八年五月十五日江东钱拓上石。"这个附记说明《爱莲说》当为周敦颐所作,其最初的发表形式是碑刻,时为(嘉祐八年)五月十五日。而度正《年谱》记载,嘉祐八年五月,作《爱莲说》,所据正是这个碑刻的附记。

同书卷六另有《行县至雩都邀余杭钱建侯拓四明沈幾圣希颜同游罗崖》诗一首,标题各本多省作《同友人游罗崖》。其年月如张伯行《周濂溪集》、董榕《周子全书》各本均署"嘉祐八年正月七日刻石",与度正《年表》同。而宋刻本《元公周先生濂溪集》诗题下有小字注作"嘉祐八年五月七日刻石",而不是正月。由宋刻本可证诗、文为同时(同月)所刻,两者前后相距仅八日。

按周敦颐摩崖题刻甚多,均署年月,如光绪《湖南通志》中载《永州九龙岩记》题刻一通的格式为:

> 将仕郎试秘书省秘书郎廉州军事判官蒋忱撰,儒林郎行零陵县主薄张
> 处厚书,将仕郎守零陵尉韩蒙亨篆额,(以下为《九龙岩记》正文)……熙宁

元年五月五日新广南东路转运判官朝奉郎尚书驾部员外郎前通判永州军州事上骑都尉赐绯鱼袋周惇颐上石。

对比可知,《九龙岩记》与《爱莲说》格式相仿,二者记述形式均为石刻。

度正谓罗崖诗嘉祐八年正月七日与某同游云,当亦据石刻而定。惟正月、五月形近易讹,或者出于石刻、拓本磨损不清,不易精审,误以"五"为"正",故度正《年表》于正月、五月中间又插入四月英宗登极迁虞部员外郎事,尤误。

考之度正《年谱》,或称《年表》,有多种版本传世,其中关于《爱莲说》创作时地的记载均比较模糊,例如:张伯行编《周濂溪先生全集》卷十中的《年谱》云:"(嘉祐)八年癸卯,先生时年四十七,在虔行县至雩都,邀余杭钱建侯拓、四明沈希圣希颜,游罗岩。正月七日刻石。四月壬申朔,英宗登极,迁虞部员外郎,仍通判虔州,追赠父桂岭君爵郎中,五月作《爱莲说》。"

周文英主编《周敦颐全书》中附录的《周敦颐年谱》云:"正月七日,行县至云都邀余杭钱建侯拓、四明沈幾圣希颜游罗崖,题名,并有诗刻石。沈公者,邑令也,因建濂溪阁于善山,顶有'高山仰止'亭。四月壬申朔,英宗登极,以恩迁虞部员外郎,仍判虔州,追赠父爵郎中。五月作《爱莲说》,沈希颜书,王抟篆额,钱拓上石,即十五日事也。"

以上二种《年谱》的记载,虽然文字繁简各异,但正月与五月的讹误则相同,进而也都认为或默认《爱莲说》作于虔州,这是学者关于《爱莲说》时地问题论述混乱的根源所在。

由以上论述可以得出结论:嘉祐八年(1063)五月,周敦颐游罗崖,七日刻《行县至雩都邀余杭钱建侯拓四明沈幾圣希颜同游罗崖》诗于雩都善山罗崖,十五日刻《爱莲说》于同一地点,《爱莲说》最初的发表形式是碑刻。

参考文献:

[1]周建华,刘信波.周敦颐在赣州的理学活动和遗迹考释[J].南昌教育学院学报,2002,(3).

[2]李恂生.濂溪风骨,香远益清——周敦颐与九江一中[J].九江教育,2000,(1):76.

[3]李国强等.历代名人与庐山[M].南昌:江西人民出版社,1989.

[4]姜南星.星子县志[M].南昌:江西人民出版社,1990.

[5]梁绍辉.周敦颐评传[M].南京:南京大学出版社,1994.

(原载 2007 年第 3 期,作者单位:湖南科技学院)

周敦颐与程颢程颐兄弟

✳ 王兴国

　　对于周敦颐与二程兄弟的师生关系,历史上说法颇多。本文拟对这些说法作一粗略的考察,以探讨二程从学周敦颐的时间和学到的主要内容。

一

　　关于历史上对于周敦颐与二程兄弟的师生关系的说法,全祖望在《宋元学案·濂溪学案》的序录中,有一段总的概括:"濂溪之门,二程子少尝游焉。其后伊洛所得,实不由于濂溪,是在高弟荥阳吕公已明言之,其孙紫微又申言之,汪玉山亦云然。今观二程子终身不甚推濂溪,并未得与马、邵之列,可以见二吕之言不诬也。晦翁、南轩始确然以为二程子所自出,自是后世宗之,而疑者亦踵相接焉。然虽疑之,而皆未尝考及二吕之言以为证,则终无据。予谓濂溪诚入圣人之室,而二程子未尝传其学,则必欲沟而合之,良无庸矣。"[1]

　　全祖望的这段话倾向性很明显,即他承认二程少年时代曾跟随周敦颐学习过,但是不承认二程的学术思想受过周敦颐的影响。其根据是两条,一是吕希哲(荥阳)、吕本中(紫微)和汪应辰(玉山)等人的说法,一是二程本人对于周敦颐的态度。这里,我们先来分析第一条根据。《宋元学案·濂溪学案》下"附录"中,曾引二吕之言如下:"吕荥阳曰:二程初从濂溪游,后青出于兰。""吕紫阳曰:二程始从茂叔,后更自光大。"这表明,吕氏祖孙并不否认二程曾从周敦颐受学,不过他们认为,二程的学术思想并没有受周敦颐的影响。"附录"也引了汪应辰的说法:"汪玉山与朱子书曰:濂溪先生高明纯正,然谓二程受学,恐未能尽。"[2]又说:"伊川于濂溪,若止云少年尝从学,则无害矣。"[3]这里"受学"的说法有些含糊,是指从周氏读书还是指接受其学术思想的影响,不明确。但是全祖望在《周程学统论》一文中,把汪氏的观点转述得更为清楚了:"明道先生传在《哲宗实录》中,乃范学士冲作,伊川先生传在《徽宗实录》中,乃洪学士迈作,并云从学周子。两朝史局所据,恐亦不只吕芸阁《东见录》一书。但言二程子未尝师周子者,则汪玉山已有之。玉山之师为张子韶、喻子才,渊源不远,而乃以南安问道,不过如张子之于范文正公,是当时固成疑案矣。"[4]汪应辰是张九成的弟子,而张九成是杨时的弟子;而杨时则是二程的高足。所以全祖望认为汪应辰距周敦颐"渊源不远",因此他所说的话应该是比较可靠的。"张子"指张载。据《宋史·张载传》记载,张氏青年时代喜谈兵。21岁时,作《边议》九条,上书时任陕西经略安抚副使知延安州事的范仲淹,请求效力边疆。范仲淹"一见知其远器,乃警之曰:'儒者自有名教可乐,何事于兵!'因劝读《中庸》。载读其书,犹以为未足,又访诸释老,累年究极其说,知无所得,反而求之六经。"[5]汪应辰为什么拿范仲淹与张载的关系来比周敦颐与二程的关系呢?这大概与程颐在《明道先生行状》中说的一段话不无关系:"先生为学,自十五六时,闻汝南周茂叔论道,遂厌科举之业,慨然有求道之志。未知其要,泛滥于诸家,出入于老、释者几十年,返求诸六经而后得之。"[6]这就是说,二程兄弟求道的经历与张载有相似之处,即他们虽然都曾受到高人的指点,但是真正找到"道"是经过自己长期独立探讨,特别是多年出入释、老之后才实现的。但是必须指出,汪应辰的这种比较是形式的、表面的。因为张载之于范仲淹,是偶然的知遇并受其点拨,而二程之于周敦颐,则是遵父命在南安随之受学。因此,不能将周敦颐对于二程的悉心教诲,等同于范仲淹式的点拨。

全祖望也不完全同意汪应辰的说法,所以他在这篇文章中说:"《明道行状》虽谓其'泛滥于诸家,出入于佛、老者几十年,反求诸六经而后得之',而要其慨然求道之志,得于茂叔之所闻者,亦不能没其自也。"这就是说,二程起码在周敦颐处得到了一个"慨然求道之志"。但是,全氏又认为,二程之所以从周敦颐处所得不多,主要是由于从学的时间太短。他说:"二程子之所以未尽其蕴者,盖其问学在庆历六年,周子即以是岁迁秩而去,追随不甚久也。潘兴嗣志墓,其不及二程子之从游者,亦以此。"[7]其实,这一说法是不准确的。但历来的论者都是这样说的,即二程从学于周敦颐,只是在庆历六年(1046)在南安的一段时间。如果我们认真翻阅《二程集》,便可发现,二程兄弟从学周敦颐,绝不止在南安的短短一段时间,他们实际上曾随周敦颐到了郴州。据度正所编的《周敦颐年谱》记载,周氏是于庆历六年冬天移郴县(一说是先任桂阳——今汝城)县令的。至庆历八年(1048),知郴州事职方员外郎李初平知周氏贤,不但不以属吏遇之,且从其问学,一年之后,果然有得。关于李初平向周敦颐问学一事的最早记载,就是出自程颐的《伊川杂录》:"先生曰:古人有言曰:'共君一夜话,胜读十年书。'

若一日有所得,何止胜读十年书也? 尝见李初平问周茂叔云:'某欲读书,如何?'茂叔曰:'公老矣,无及也。待某只说与公。'初平遂听说话,二年乃觉悟。"[8]这段话中所说"尝见"的主体,只能是二程兄弟,是他们亲自所见。如果他们不到郴州又怎能见此情景呢? 这种情况说明,二程兄弟至少在庆历八年(1048)或皇祐元年(1049)又曾随周敦颐问学。这一事实,在时间上,与程颐说程颢"自十五六"、朱熹说程颐"年十四五"受学于周敦颐,也大体上是相当的。《宋元学案·明道学案》附录中说:"十五六岁与弟伊川受学于濂溪,即慨然有为圣贤之志。尝自言再见茂叔后,吟风弄月,有'吾与点也'意。"[9]这里讲"再见",也决不是指在南安之再见,因为在南安从学,只能是"初见",既然他们师生还有在郴州之相聚,则这个"再见"就好理解了。还有一个事实可证,即《宋元学案·濂溪学案》记程颢说的一段话:"吾年十六七,好田猎。既见茂叔,则自谓已无此好矣。茂叔曰:'何言之易也! 但此心潜陷未发。一日萌动,复如初矣。'后十二年,复见猎者,不觉有喜心,乃知果未也。"[10]程颢第一次从学于周敦颐,是庆历六年,其时还只有十四岁。这里明确地说自己"十六七"还好田猎,那么"既见茂叔"只能是第二次从学的事。肯定了这一事实,我们对于桂阳(今汝城)县不但有一些周敦颐的遗迹,而且有一些二程的遗迹,就不会感到奇怪了。

二

全祖望在反驳汪应辰关于二程在南安向周敦颐问道,"不过如张子之于范文正公"时,说过一句话:"虽然,观明道之自言:'自再见茂叔,吟风弄月以归,有'吾与点也'之意。'则非于周子竟无所得者。"这句话清楚地表明,全氏虽然不承认二程的学术观点受过周敦颐的影响,但是认为在人生境界或思想境界方面还是有些影响的。所谓"吾与点也"的典故,出自《论语·先进》:有一天,子路、曾晳、冉有、公西华等四人与孔子坐在一起讨论人生理想。子路、冉有、公西华的志向都是希望在政治上有所作为,只有曾晳说,他的志向与他们三人的不同:"暮春者,春服既成,冠者五六人,童子六七人,浴于沂,风乎舞雩,咏而归。"孔子很欣赏他的这种理想,说"吾与点也!"孔子赞赏曾晳的这种态度,正好反映了他们师生向往那种天人合一的人生理想境界。二程兄弟自从在郴州之地"再见"周敦颐之后,从老师那里学到了"吟风弄月以归"的人生理想境界。这种"天人合一"的人生境界,就鲜明地表现在程颢的《偶成》一诗之中:"云淡风轻近午天,望花随柳过前川。旁人不识予心乐,将谓偷闲学少年。"[11]文集注明此诗作于程颢任鄠县主簿。但《汝城县志》却说是二程从学濂溪至汝城时所作,后人为纪念此事,还将距该县县城五里之处的一个江口称为"予乐窝""予乐湾"。

周敦颐的天人合一人生理想境界,还体现在他爱护自然环境,乐观生物气象的"顺化"思想。《通书·顺化》中说:"天以阳生万物,以阴成万物。生,仁也;成,义也。故圣人在上,以仁育万物,以义正万民。天道行而万物顺,圣德修而万民化。大顺大化,不见其迹,莫知其然,之谓神。"这种"顺化"的态度,在实际生活中,就表现为爱护自然生物,注意顺应自然。《二程集》中所记二程语录中就有"周茂叔窗前草不除去,问之,云:'与自家意思一般。'(子厚观驴鸣,亦谓如此。)[12]又说:"观天地生物气象(周茂叔看)。"[13]周敦颐的这种态度,也影响了二程兄弟。《宋元学案·明道学案》就曾记载张横浦(九成)说的程颢爱护生物的一些情况:"明道书窗前有茂草覆砌,或劝之芟,曰:'不可!欲常见造物生意。'又置盆池畜小鱼数尾,时时观之,或问其故,曰:'欲观万物自得意。'草之与鱼,人所共见,唯明道见草则知生意,见鱼则知自得意,此岂流俗之见可同日而语!"[14]程颐也有类似的言行。据《宋元学案·伊川学案》记载:"上(指哲宗)在宫中漱水避蚁,先生闻之,问:'有是乎?'曰:'然。诚恐伤之尔!'先生曰:'愿陛下推此心以及四海,则天下幸甚!'一日讲罢未退,上折柳枝,先生进曰:'方春发生,不可无故摧折。'"[15]

如果说以上所论,主要是讲二程受周敦颐的思想影响,注意人与自然之间的和谐关系的话,那么他们遵照周敦颐的指示,寻找颜子乐处,则是要追求一种更高的思想修养境界。二程语录中记载说:"昔受学于周茂叔,每令寻颜子、仲尼乐处,所乐何事。"[16]周敦颐在《通书·颜子》章说:"颜子一箪食,一瓢饮,在陋巷,人不堪其忧,而不改其乐。夫富贵,人所爱也。颜子不爱不求而乐乎贫者,独何心哉?天地间有至贵至爱可求而异乎彼者,见其大而忘其小焉耳。见其大则心泰,心泰则无不足,无不足则富贵贫贱,处之一也。处之一则能化而齐,故颜子亚圣。"周敦颐虽然讲颜子所乐者为"大",但这个"大"的具体内容是什么,他并没有说。所以对于颜子"所乐何事"的这个问题,还是需要具体进行探讨的。程颐曾明确表示,这个"事"不是一般的"道"。《宋元学案·伊川学案》附录中记载:"鲜于侁问:'颜子在陋巷,不改其乐,不知所乐者何事?'先生曰:'寻常道颜子所乐者何?'侁曰:'不过是说所乐者道。'先生曰:'若有道可乐,便不是颜子。'"[17]对于程颐这一说法,刘宗周有进一步的发挥,他说:"便说乐道,亦是。

只看道是何等物。"[18]这说明,在刘宗周看来,道并不是什么抽象的东西,它有各种具体的表现,只要人们乐对了有用的那一种,也未尝不可。而程颐的《颜子所好何学论》一文正是讲的要学好"至圣人之道",即达到到圣人境界的方法。

程颐的这篇的论文,是他十八岁游太学,按胡瑗出的一道考试题而作的。由于在此以前,程颐已经从周敦颐处知到了颜子所乐为何事,所以写此文就得心应手,特别有心得,使胡氏看了之后"大惊"。对于这个奥秘,刘宗周是看出来了的,所以他说此文是"伊川得统于濂溪处。"[19]在这篇文章开头,程氏指出:"圣人之门,其徒三千,独称颜子为好学。夫《诗》《书》六艺,三千子非不习而通也。然则颜子所独好者,何学也? 学以至圣人之道也。"所谓"独好"者,当然也就是"独乐"者。颜子之所以能够坚持箪食瓢饮,在艰苦的环境下不改其乐,正是因为他的心中始终存在着一个"学以至圣人之道"的崇高理想。

三

度正在《周敦颐年谱》中在谈到二程兄弟曾从学于周氏之后说:"其后先生作《太极图》,独手授之,他莫得而闻焉。"全祖望指出,此说出自张载:"张宣公谓《太极图》出于二程子之手授,此固考之不详。"[20]况且,从二程兄弟从来不提《太极图》一事,也可以说明此事之不可靠。但是我们认为,也不像全祖望所说的那样,二程在学术观点上,没有受周敦颐的一点影响。恰恰相反,只要深入加以分析,就不难发现,二程的某些具体学术观点,也是受过周敦颐影响的。这里,我们仅以学圣一事说明之。

其一,曰"圣人可学而至"。既然周敦颐教二程寻颜子乐处,就是要"学以至圣人之道",那就要肯定一个前提,即圣人是可学而至的。对此,周敦颐作了肯定的回答。他在《通书·圣学》章说:"'圣可学乎?'曰:'可。'"而程颐在《颜子所好何学论》中的回答与周敦颐如出一辙:"圣人可学而至欤? 曰:然。"当然,他们师生所讲的学圣人的途径,从表面上来看,是有差别的。但是只要仔细分析一下,就可以发现,他们所强调的途径,都是要"正心"。程颐说:"凡学之道,正其心,养其性而已。中正而诚,则圣矣。君子之学,必先明诸心,知所养,然后力行以求至,所谓自明而诚也。故学必尽其心。尽其心,则知其性,知其性,反而诚之,圣人也。"而所谓"诚之之道,在乎信道笃。信道笃则行之果,行之果则守之固:仁义忠信不离乎心,造次必于是,颠沛必于是,出处语默必于是。久而弗失,则居之安,动容周旋中礼,而邪僻之心无自生矣。"[21]周敦颐的学圣人之"要"则叫做"一"、叫"无欲"。这种"一"和"无欲"的实质,也就是要正心。所以周氏说"无欲则静虚动直。静虚则明,明则通;动直则公,公则溥。明通公溥,庶几乎!"所谓"静虚"和"动直"的对象,都是心,心"静虚"则能"明通",心"动直"也才能"公溥"。

其二,学习圣人的方法论——由"主静"到"主敬"。周敦颐在《太极图说》中说:"圣人定之以中正仁义,而主静立人极。故圣人与天地合其德,日月合其明,四时合其序,鬼神合其吉凶。"可见,在周敦颐看来,圣人的基本方法论就是"主静",所以学习做圣人的方法论也应该是主静。对此,二程兄弟在一定程度上是继承了,但是又有所发展。《宋元学案·明道学案》将程颢答复张载问性的一封信题为《定性书》,作为程颢的主要著作加以介绍。对于程颢的这篇文字,刘宗周有一段评论:"此伯子发明主静立极之说,最为详尽而无遗也。稍分六段看,而意皆融贯,不事更端,亦不烦诠解。今姑为之次第:首言动静合一之理,而归之常定,乃所以为静也。是内非外,非性也;离动言静,非静也。……合而观之,主静之学,性学也。'人生而静,天之性也;感于物而动,性之欲也。'圣人常寂而常感,故有欲而实归于无欲,所以能尽其性也。常人离寂而事感,离感而求寂,故去欲而还以从欲,所以自泪其天也。主静之说,本千古秘密藏,即横渠得之,不能无疑。向微程伯子发明至此,几令千古长夜矣。"这说明在刘宗周看来,程颢继承了周敦颐的主静说。但更多的学者认为,二程兄弟对周敦颐的主静说,既有继承又有发展。元代学者吴澄说:"程子初年受学于周子,周子之学主静,而程子易之以敬,盖敬则能主静矣。"黄宗羲则说得更加具体:"自周元公主静、立人极开宗,明道以静字稍偏,不若专主于敬,然亦唯恐以把持为敬,有伤于静,故时时提起。伊川则以敬字未尽,益之以穷理之说,而曰'涵养须用敬,进学在致知',又曰'只守一个敬字,不知集义,却是都无事也',然随曰'敬以直内,义以方外,合内外之道',盖恐学者作两项工夫用也。舍敬无以为义,义是敬之著,敬是义之体,实非有二,自此旨一立,至朱子又加详焉。"[22]黄宗羲的这段分析,将理学方法论的发展脉络清晰地勾画了出来。

其三,圣人之道的具体内容,是仁义中正。周敦颐在《通书·道》中说:"圣人之道,仁义中正而矣。"在《太极图说》中,周敦颐还把这种仁义统一的思想当作做人的最高标准,即"人极":"圣人定之以正中仁义,而主静,立人极焉。"程颢对周氏的这种仁义统一的思想,是充分肯定的。他说:"仲尼言仁,未尝兼义,独于《易》曰:'立人之道,曰仁与义。'而孟子言仁,必以义配。盖仁者体也,义者用也。知义之为用而不外焉者,可以语道矣。世之所论于义者,多外之,不然则混而无别,非知仁义之说者。"[23]这说明,在程颢看来,仁与义的关系是一种体用关系,而不是一种简单的内外关系,即内容与形式的关系。在此基础上,程颢突出地论述了"识仁"的重要性:"学者须先识仁。仁者,浑然与物同体,义、礼、智、信皆仁也。识得此理,以诚敬存之而已,不须防检,不须穷索。若心懈,则有防;心苟不懈,何防之有!理有未得,故须穷索;存久自明,安待穷索!"[24]这表明,程颢在继承周敦颐仁学思想的基础上,又有自己的发展。

注释:

[1]《宋元学案》第一册,中华书局1986年版,第480页。

[2]《宋元学案》第一册,第520—521页。

[3]《宋元学案》第一册,第650页。

[4]《宋元学案》第一册,第532页。

[5]转引自《张载集》,中华书局1978年版,第385–386页。

[6]《二程集》第二册,中华书局1981年版,第638页。

[7]《宋元学案》第一册,第532—533页。

[8]《二程集》第一册,第278页。

[9]《宋元学案》第一册,第573页。

[10]《宋元学案》第一册,第520页。

[11]《二程集》第二册,第476页。

[12]《二程集》第一册,第60页。

[13]《二程集》第一册,第83页。

[14]《宋元学案》第一册,第578页。

[15]《宋元学案》第一册,第590页。

[16]《二程集》第一册,第16页。

[17]《宋元学案》第一册,第647页。

[18]《宋元学案》第一册,第559页。

[19]《宋元学案》第一册,第644页。

[20]《宋元学案》第一册,第532页。

[21]《二程集》第二册,第577—578页。

[22]《宋元学案》第一册,第651—652页。

[23]《宋元学案》第一册,第556页。

[24]《宋元学案》第一册,第540页。

（原载2005年第1期,作者单位:湖南省社会科学院）

试论周敦颐与程颢、程颐微妙关系

✳ 张泽槐

　　在周敦颐的一生中,与周敦颐关系最为微妙的莫过于程颢、程颐兄弟。纵观周敦颐的一生,其最大的成功之处,是收了程颢、程颐两位弟子,而其最大的失败之处,也是收了程颢、程颐两位弟子。说收二程为徒是最大成功之处,是因为二程继承并发展了周敦颐的学术思想,到朱熹集大成,使理学成为宋、元、明、清四朝不动摇的官学。说收二程为徒是最大的失败之处,是因为二程功成名就,却从来不尊周敦颐为师,甚至对周敦颐颇有轻蔑态度,使自己与二程的师生关系完全没有了传统意义上的师生关系。

　　周敦颐的弟子肯定不少,然而值得称道的弟子也就程颢、程颐兄弟与张宗范而已。这三名弟子中,只有合州的张宗范对周敦颐崇敬有加。不仅周敦颐在合州为官时崇敬他,他离开合州后,张宗范还给周敦颐立生祠纪念。其崇敬之情,可谓无以复加。但是,程颢、程颐兄弟完全相反。终其一生,兄弟二人从来没有尊周敦颐为师,甚至连周敦颐的名字也很少提到。即使偶尔提到,也是直呼其名"周惇颐",或以"汝南周茂叔"相称。程颢、程颐兄弟是最讲究和重视师道尊严的。而他们对周敦颐显然是一个例外,是一种大不敬的态度。反过来看,周敦颐对二程也是如此,从来没有在别人面前提及二程。终其一生,周敦颐对收二程为徒之事也闭口不谈。特别是周敦颐去世前,二程已经大名鼎鼎。然而周敦颐并没有将自己死后的墓志铭、墓碣铭交由大名鼎鼎的二程去写,而是交给自己的挚友潘兴嗣、内兄蒲宗孟,以至后来招致诸如朱熹、陆九渊等人的非议。这些问题,不由得使人疑窦丛生。那么,二程为什么对自己唯一的老师都不承认?他们提及周敦颐时为什么竟然直呼其名?出现这种情况只有两种可能,一种可能是二程并没有拜周敦颐为师,一种可能是还有其他难言之隐。

一 程颢、程熙是否拜周敦颐为师

程颐作其父《太中公家传》中这样说道:"公在虔时,尝假倅南安军,狱掾周惇实年甚少,不为守所知。公视其气貌非常人,与语,果为学知道者,因与为友。及为郎官,故事当代举。每迁授,辄一荐之。"从程颐的这段话来看,他父亲程珦在南安军任副职时,赏识周敦颐的学问,与周敦颐成为好友。但是,程颐却隐去了程珦要程颢、程颐兄弟拜周敦颐为师的事。程颐为何要隐去这段历史,确实让人深为不解。一个可能的原因,就是他们根本没有拜周敦颐为师,或者说周敦颐并未收他们为弟子。然而事实的真相如何?从诸多相关资料看,二程拜周敦颐为师,周敦颐收二程为徒,这是铁定的历史事实。这一点,可以从三个方面得到证实。

其一,朱熹的高足度正编辑的《濂溪先生周元公年表》中有记载。朱熹是二程的第四代弟子,度正则是二程的第五代弟子。而度正在搜集周敦颐的著述、考证周敦颐的行迹方面,做出了很大的贡献,对周敦颐的生平行迹及著述情况有着重要的发言权。他在《濂溪先生周元公年表》中有如下记载:

> 庆历六年丙戌(1046),先生时年三十。大理寺丞知虔州兴国县程公珦,假倅南安,视先生气貌非常人,与语,果知道者。因与为友,令二子师之。及为郎,每迁授当举代,辄以先生名闻。二子,即明道、伊川也。明道生于明道元年(1032),伊川生于明道二年。时明道年十五,伊川年十四耳。故《明道传》云:"自十五六时与弟颐闻周惇实论学,遂厌科举之业,慨然有求道之志。先生手以《太极图》授之。"

这段记载,对二程拜师周敦颐的前因后果都讲得很清楚,并为后世所认可。其中引用的《明道传》一语,程颢虽然没有直接承认自己与弟弟程颐拜师周敦颐,但是从其"与弟颐闻周惇实论学"的说法,也可以间接证明二程曾经师从周敦颐。当时的二程,一个十五岁,一个才十四岁,不可能已经具备多么高深的学问。所谓的"闻周惇实论学",其实就是听周敦颐讲课,直呼周敦颐之名,完全是把自己放在平等的位置上,确实是大不敬。退一步讲,即使是一般的听课,也是学生听老师讲课,讲者与听者之间也构成了师生关系。何况周敦颐还"手以《太极图》授之"!

其二,宋版《元公周先生濂溪集》等文献有记载。《元公周先生濂溪集》始刊于南宋咸淳年间(1265－1274),刊刻的地点在江州(今江西九江),是现存最早的宋刻本。该书保留了有关周敦颐的一些真实史料;资料收集广泛,比较全面地反映了宋代诸儒对周敦颐思想的认同。同时,通过收集大量的《祠记》,反映了理学在宋代发展中的斗争。《元公周先生濂溪集》卷之六《遗事》关于二程拜师周敦颐,有以下诸多记载:

> 伊川先生作《明道先生行状》曰:"先生自十五六时,闻汝南周茂叔论道,遂厌科举之业,慨然有求道之志。"

> 河间刘立之叙明道先生事曰:"先生从汝南周惇颐问学,穷性命之理,率性会道,体道成德,出入孔孟,从容不勉。"

> 程氏门人记二先生语曰:"昔受学于周茂叔,每令寻颜子、仲尼乐处,所乐何事。"

> 又曰:明道先生言:"自再见周茂叔后,吟风弄月以归,有吾与点也之意。"

> 又曰:田猎自谓今无此好。周茂叔曰:"何言之易也,但此心潜隐未发。一日萌动,复如初矣。"后十二年因见,果知未也。明道年十六七时好田猎,既而自谓"已无此好"。闻周先生此语,后十二年暮归,在田间见猎者,不觉有喜心。

哲宗、徽宗实录云:伊川年十四五,与明道同受学于舂陵周茂叔。

上面这些记载充分说明,程颢、程颐兄弟曾经师从周敦颐是毋庸置疑的。这是因为,上面这些说法,既有二程自己所说,也有他人所述。特别是哲宗、徽宗实录,是记载二帝言行的,不会记载失实。即使《实录》记载失实或有篡改,也只会在一些涉及皇帝隐私或重大政治阴谋方面,而绝不会对二程是否拜师周敦颐这样的小事进行篡改。因此,《实录》所载不会有误。还有程氏门人所记二程"昔受学于周茂叔"之语,也应当是真实可信的。至于周敦颐"每令寻颜子、仲尼乐处"和程颢"见猎心喜"二事,曾经散见于多种资料,其真实性也是可信的。

其三,周敦颐的《通书》(包括《太极图》与《太极图说》)是由二程最早刊印的。周敦颐的全部学术思想,基本上集中在《太极图》《太极图说》与《通书》中。周敦颐的著作最早编定成书,是二程在世之时,朱熹称之为"二程本"。当时的《太极图说》包含在《太极图》中,而《太极图》又附于《通书》之后。朱熹在《周子

太极通书后序》中说:

> 故潘清逸志先生之墓,叙所著书,特以《太极图》为称首,然而此图当为书首不疑也。然先生既手以授,二程本因附书后(原注:刑宽居之云)。

后来,通过朱熹的几次整理,最后将二程本《通书》调整为《太极图》《太极图说》《通书》等三篇并列的著作。那么,二程为什么要刊印周敦颐著作? 二程为何有周敦颐著作? 如果二程与周敦颐没有师生关系,平时又没有什么交往,他们手里的《通书》又是哪里来的? 不可能想象,二程是偶然发现了周敦颐的著作,突然心血来潮,于是将周敦颐的著作刊印出来,供儒士们学习、研究和参考。二程能够最早刊印周敦颐的著作,表明他们的手里早就拥有周敦颐的这些著作。他们之所以刊印周敦颐的著作,是因为周敦颐的这些著作有着很高的学术价值。同时,二程刊印周敦颐的著作,也是间接承认他们与周敦颐之间的师生关系,并以此作为不承认与周敦颐师生关系的一种补偿。

综上所述,二程曾经拜周敦颐为师,这是没有什么疑问的。但是,二程在周敦颐那里呆了多长时间,却是难有定论。宋人饶鲁《金陵记闻注辩》载:

> (程颐)又曰:古人有言,共君一夜话,胜读十年书。若一日有所得,何止胜读十年书也。尝见李初平问周茂叔云:"某欲读书,如何?"茂叔云:"公老矣,无及矣。待某只说与公。"初平遂听说话,二年乃觉悟。

按照这一记载,当时周敦颐为郴县县令,李初平为郴州知州。周敦颐是于庆历六年(1046)在江西南安军收二程为弟子的。当时程颢十五岁、程颐十四岁。是年冬,周敦颐升任郴县县令。程颐自己说曾经见李初平问周敦颐读书之事,由此表明二程也随周敦颐由南安来到郴县,而不是随父程珦留在南安。周敦颐任郴县县令为四年,直到皇祐二年(1050)改桂阳县令。二程跟随周敦颐在郴县的时间有多长,是否直到周敦颐改任桂阳县令之前,尚不得而知。但是,二程能够随周敦颐由南安到郴县,足以说明程珦是完全把二程托付给周敦颐,不仅由周敦颐负起二程的教育责任,而且还要负责二程的生活。仅就这一点而言,就可以说明几个方面的问题:其一,二程拜周敦颐为师是毋庸置疑的。其二,拜师后的二程是随周敦颐学习与生活的,而不仅仅是周敦颐给二程讲讲课,二程的生活起居由父母负责,从而比一般的师生关系更为密切。其三,二程师从周敦颐的时间即使不很长,但绝对不会很短,更不是短时间内临时给二程讲讲课。

二　程颢、程颐为何不尊周敦颐为师

自古以来,师的地位是非常高的,有"天、地、君、亲、师"的说法。天所以覆万物,地所以载万物,君所以治万民,亲者则生身父母之谓,师者授道解惑。五者并称,古今使然。天与地可以并称天地,父与师则可以连称师父,且尊师于前。在民间,更有"一日为师,终身为父"之说。不尊重师父是与不孝敬父母相提并论的,称为忤逆不孝;欺师与灭祖也是相提并论的,称为欺师灭祖。作为理学重要创始人的二程,不会不明白其中的道理与利害。然而他们偏偏不尊周敦颐为师,对周敦颐毫无敬意可言。就程颢、程颐自己非常注重的师道尊严而言,从不正面提及与周敦颐的师生关系,刻意回避与周敦颐的师生关系,已经可以说是大不敬。而在提及周敦颐时,不称周敦颐为自己的老师,却只是直呼其名,称"汝南周茂叔",这更是一种大大的不敬。宋刻《元公周先生濂溪集》卷八《金陵记闻注辩》有以下几段记载,也可以说明二程不尊周敦颐为师:

> 二程先生固尝受学于濂溪者,然明道荐贤于神宗,以父表弟及弟为首,何为不能显扬师道?

> 又尝言吾接人多矣,不杂者三人,张子厚、邵尧夫、司马君实,乃不是四人,何也?

> 师之所存,道所存也。二程所与门人朋友问难往之书,不一而足,何独简于师门?

> 濂溪卒于熙宁六年,横渠卒于熙宁八年,二程之于横渠哭之甚哀,独于濂溪不闻其哭诸寝门之外也。程子尝有言,师不立,服不可立也。颜子之于孔子,当斩衰三年可也,况伊川以师道自尊,如是安有师存而遂忘之,师死而遂倍之者耶?

《金陵记闻注辩》的这些记载说明,在宋代,就已经出现很多关于二程不尊师的说法。上面的这些说法,只是当时一些有代表性的说法。第一种说法是程颢荐亲不荐师。熙宁二年(1069),程颢为御史(权监察御史里行),荐举数十人,以父亲程珦的表弟张载、自己的弟弟程颐为首,却没有荐举周敦颐。第二种说法是二程及人不及师。在二程接触的诸多大儒中,他们只讲张载(字子厚,世称横渠先生)、邵雍(字尧夫,号康节)、司马光(字君实,世称涑水先生),而不讲周敦颐。

第三种说法是二程重友不重师。他们与门人、朋友有很多书信来往,独不见与周敦颐有书信来往。第四种说法是周敦颐哭亲不哭师。周敦颐于熙宁六年(1073)去世后,二程没有去吊丧而哭诸周敦颐的灵堂,张载于熙宁八年(1075)去世后,二程却哭得很伤心,二者形成鲜明的对照。《金陵记闻注辩》的作者饶鲁,是就当时金陵(今南京)一带流传的诸多关于二程与周敦颐之间的疑问,进行记录整理,并逐条进行解释或辩论。上述这些说法,可以认为是当时很有代表性的说法。

二程是特别注重师道尊严的大儒,为什么对自己的老师这样大不敬?其中肯定有着一些不为人知的重要原因,或者说有着他们的难言之隐。从多种文献资料综合分析看,在程颢、程颐与周敦颐之间有着三道无形的障碍,或者说有三道无形的鸿沟:一为政治鸿沟,二为道德鸿沟,三为学术鸿沟。

(一)政治鸿沟

周敦颐与二程虽为师生,但他们的政治思想或者说政治理念并不相同。周敦颐是倾向变革的,二程则是倾向守旧的。具体讲,在对待王安石变法问题上,周敦颐同情、支持王安石变法,二程则是坚决反对王安石变法头面人物。这种政治立场、政治观点的不同,是导致二程回避与周敦颐师生关系的重要原因之一。

周敦颐与王安石之间的关系,将在后面专门述及,此处从略。

二程坚决反对王安石变法,并为此付出了沉重的代价。他们在政治思想上颇受父亲程珦的影响,比较守旧。程颢举进士后,做过县主薄、县令等地方官。神宗即位后,在御史中丞吕公著的举荐下,调回朝廷做了太子中允、权监察御史里行。但是,当神宗召见程颢时,感到程颢之言不切实用,从而不感兴趣。程颢也知趣地请求退出朝廷,外补做官。后来,王安石主持朝政,实行变法,程颢因与王安石政见不合,不受重用,于是潜心于学术研究。直到神宗去世后,哲宗年幼,由高太皇太后听政,反对王安石新法的人物被起用,重新掌握政权。这样,程颢也被召入京,授为中正寺丞。然而,这时的程颢已经病重,未及上路,便死于家中。

程颐年轻时一直未能为官,而专注于讲学授徒,在当时名气很大。然而,他在政治思想方面是保守的,坚决反对王安石变法。他没有直接反对的机会,就支持父亲程珦出面反对。同时,对于其兄程颢与王安石"意多不合,事出必论列",极力赞许。元祐元年(1086),反对王安石变法的旧党重新掌权。由于其兄程颢去世,从而给程颐带来了机会。他被召为秘书省校书郎,授崇政殿说书。然而,程颐以师道自居,对宋哲宗正色训诫,又主张一切都用古礼,从而引起了诸多朝臣不满。中书舍人苏轼认为他不近人情,每加讥讽。程、苏二人从此尖锐对立。在这种形势逼迫之下,他主动辞职回乡。尽管如此,绍圣三年(1096),新党再度执政,他仍被定为反对新党的"奸党"成员,流放到四川,直到元符三年(1100)年,才被赦免回到洛阳。

二程的坎坷人生经历,可以说都与北宋时代的新旧党争相关。新旧党争最后的结果是旧党胜利,新党失败。当时,旧党的势力非常强大。而新党为了变法,推行新政,其手段非常强硬,大批旧党人物遭到贬谪流放。由于旧党最后得势,当时对新党的反对之声呈一边倒的状态。人们谈及新党人物,都有一种轻蔑态度,唯恐避之不及。而周敦颐在政治上是同情支持新党的。在当时的情况之下,二程不承认自己同周敦颐之间的师生关系,主要是出于政治需要,表示自己与周敦颐不是同路之人,最起码可以说是与周敦颐划清了界线。这一点,我们还可以从另一方面予以证明。这就是二程的四传弟子朱熹,极力地否定蒲宗孟所撰周敦颐《墓碣铭》中有关周敦颐支持王安石变法的内容。朱熹这样做,无非是为尊者讳,使周敦颐与王安石划清界线,使自己的祖师爷周敦颐免遭骂名。二程与朱熹的做法不同,却有着异曲同工之妙。

(二)道德鸿沟

周敦颐和二程的道德伦理观基本上是一致的。他们都看到了伦理道德在维系封建统治秩序方面的重要作用,都主张加强个人道德修养,为"至圣"而努力。但是,在一些具体问题上,他们又有着不同的看法与主张,从而导致了道德观念上的障碍与鸿沟。

在周敦颐的"五常"(仁义礼智信)中,礼是最具实际性的规范。他在《通书·礼乐》章说:"礼,理也;乐,和也。阴阳理而后和,君君臣臣,父父子子,兄兄弟弟,夫夫妇妇,万物各得其理然后和,故先礼而后乐。"在这里,周敦颐从理论与实际两个方面对礼进行了解释。从理论上讲,周敦颐释礼为理,即治理的意思。理的本意为治玉,即对玉料进行琢磨加工,引申为治民,治理社会。从实践方面来讲,周敦颐释礼为君必君,臣必臣,父必父,子必子,兄必兄,弟必弟,夫必夫,妇必妇,亦即使君成其为君,臣成其为臣,父成其为父,子成其为子,兄成其为兄,弟成其为弟,夫成其为夫,妇成其为妇,做到尊卑有序。只有这样,社会才能稳定,国家才能稳定。但是,周敦颐并没有专门对妇女提出什么具体要求。

二程继承发展了周敦颐的道德伦理思想,并提倡在家庭内形成像君臣之间的关系。特别是程颐还反对妇女改嫁,宣称"饿死事极小,失节事极大",对后世产生了深远的影响,特别是给广大妇女带来了深重灾难。自夏商周以来,随着男性在社会政治和经济生活中的统治地位的确立,妇女的社会地位呈不断下降的趋势,对妇女的歧视与压迫则呈不断加强的趋势。到了周代,就已经出现了"三从四德"之说。"三从"指未嫁从父,既嫁从夫,夫死从子(《仪礼·丧服·子夏传》);"四德"指妇德、妇言、妇容、妇功(《周礼·天官·九嫔》)。"三从四德"的实质,就是要求妇女屈从男权,遵守所谓品德、辞令、仪态、手艺的"闺范"。但是直到北宋以前,社会对妇女的所谓贞洁问题、改嫁问题,上至皇室公主,下至农家闺秀,都还是持比较宽容的态度;对妇女追求婚姻自由,也持比较同情的态度。然而,自从程颐反对妇女改嫁,宣称"饿死事极小,失节事极大"以后,情况发生了根本性的变化。自宋代以后,全国各地用无数妇女的血和泪所建的贞洁牌坊等,都是程夫子"饿死事极小,失节事极大"所带来的直接恶果,都是一种十分扭曲了的社会道德观、价值观、审美观带来的严重恶果。

更严重的是,程颐反对妇女改嫁,恰好是在自己与老师周敦颐之间划下了一道巨大的鸿沟。这是因为,周敦颐的生身母亲郑氏就是改嫁之人。郑氏先嫁卢郎中,并生有一子叫卢敦文。时任黄岗县尉的周辅成,在妻子去世后续弦,再娶郑氏为妻,并生下周敦颐。程颐反对妇女改嫁,而老师周敦颐的母亲就是再嫁之人,无论程颐是有意为之还是无意为之,都是没有为尊者讳。对此,周敦颐会作何感想?程颐既然反对妇女改嫁,师母却是改嫁之人,任凭程颐怎么解释都是解释不清的,而且无论如何都是没有说服力的。俗话说,打人怕打脸。程颐反对妇女改嫁,正好是往老师周敦颐及其母亲的脸上,狠狠地打了两记耳光。当然,程颐当时可能并没有想到这一点。而当他想到这一点时,他自己还有什么脸面来认这个老师及其母亲?程颐作为当时赫赫有名的大儒,他所倡导的道德观念,当然会很快影响到社会风气。当反对妇女改嫁成为社会普世价值时,程颐自己已经被逼到墙角,没有任何退路,没有任何其他选择,只好选择不尊周敦颐为师。在这种情况下,周敦颐也被逼到了墙角,没有了任何退路,唯一可以选择的,就是不再提及自己有程颢、程颐这两个学生。因此,反对妇女改嫁这个问题,可能是程颢、程颐不尊周敦颐为师,周敦颐也不再认程颢、程颐为自己弟子的重要原因,甚至可以说是终极原因。

(三)学术鸿沟

理学是一种具有划时代意义的理论创新成果。从理学的酝酿、产生、成熟、完善,到理学统治地位的确立,是一个漫长的历史过程。这一历史过程,凝聚了宋代诸多大儒的共同智慧,决非一人之力,亦非一日之功。其中,对宋代理学创立贡献最大的莫过于四大学派,即以周敦颐为代表的濂学,以程颢、程颐为代表的洛学,以张载为代表的关学,以朱熹为代表的闽学。此外,当然还有以邵雍为代表的象数之学,以陆九渊为代表的心学,也是宋代理学的重要组成部分。在濂、洛、关、闽四大学派中,濂、洛、闽三大学派还有着师承关系。然而,恰恰在濂、洛两大学派的师承关系上出现了问题。

程颢曾说过:"吾学虽有所受,'天理'二字却是自家体贴出来。"程颢的这句话,是一句大实话。二程的学术思想确实是有所受,而且是师承周敦颐,这是历代学界的共识。"天理"二字确实是二程所悟。作为哲学范畴,"理"并非由二程所首创。但把儒家传统的"天人合一"思想用"天人一理"的形式表述出来,把"理"或"天理"作为世界万物的最高本原和封建伦理纲常的化身,用"理"来代替中国上古哲学中"天"所具有的本体地位,应该说是从二程开始的。同时,二程以"理"为哲学的核心和最高范畴,集本体论、认识论、辩证法、人性论、伦理观、历史观为一体,形成了一个有机的思想体系,这是二程对中国哲学的一大贡献。由于二程长期从事讲学,程颐还还曾被授"崇政殿说书",也可以说是给皇帝当老师,因此二程门人如织,弟子众多,其中很多人如杨时、侯仲良等,后来都成为宋代大儒。然而,这只是问题的一个方面。另一方面,由于政治上的鸿沟与道德上的鸿沟,二程始终不尊周敦颐为师。那么,在学术思想上,二程当然也不能说自己源于周敦颐,或者说师承周敦颐。为此,他们在讲学过程中始终不提及周敦颐的学术思想,始终不介绍周敦颐的学术著作,以示自己与周敦颐没有学术上的师承关系。即使在一些问题上持与周敦颐完全一样的观点,他们也有意无意地用不同的表述方式来表达,以示自己与周敦颐无关。对于这一点,宋人饶鲁在《金陵记闻注辩》中,对当时有关周敦颐学术思想及其与二程关系的一些问题,做过专门研究。其中关于二程与周敦颐学术思想,记录了以下几个问题:

> 考之二氏(二程)之书,则诚不能无少不同。周子曰无极,曰静虚;程子曰无太虚,皆实理也,天下无实于理者。周子曰"静无而动有";程子曰:言无无则多无字,言有无则多有字,有无与动静同。周子曰:"太极动而生阳,静而生阴;程子曰:"动静无端,阴阳无始。"非知道者,孰能识之。
>
> 周子谓一为要,程子谓主一无适为敬。周子谓无欲故静,程子谓敬而无失为中,静中须有物始得。此其文义类多有不同者。

程子之书,其发天地之秘,尽事物之情,亦已至矣。独未尝一言及于《图说》与《通书》者,固有深意也。事有发于毫厘之间,而其末流之差不倦寻丈之远者,穷理之君子所当辨也。

余不能答,姑以质之同志云尔。

最后,饶鲁以"余不能答,姑以质之同志云尔"作结。从饶鲁的这些记述看,当时确实有不少人对二程与周敦颐之间的学术关系存有疑问。饶鲁虽然记述了诸多问题,却以"余不能答"作结。我们则可以从这些记述中看到,不管二程如何想撇清自己与周敦颐之间的关系,好像都是无济于事的。

二程有意无意地不提及自己的学术渊源,也就在自己与周敦颐之间划上了一道学术上的鸿沟,并在人们中产生一种错觉或疑问,即二程的学术思想到底是否有师承?是否真的只是"自家体贴出来"?久而久之,人们对程颢"吾学虽有所受,'天理'二字却是自家体贴出来"这句话,只知道后半句"自家体贴出来",而不知道前半句"吾学虽有所受"。正是因为如此,不仅历史上有人否定二程之学与周敦颐学术思想之间的师承关系,时至今日,仍然有人如此。冯克诚、田晓娜主编的《中国通史全编》第七章,在《高度繁荣的宋代文化》中这样写道:"谈宋代理学的从来都把周敦颐列为首位,实际上,周敦颐虽然写过《太极图说》和《通书》,他的学术思想在北宋并无传人(原注:程颢、程颐全不传他之学)……在北宋学术思想领域内,周敦颐是全然没有地位的。"

周敦颐是否应该列在宋代理学之首位,他的学术思想是否有传人,程颢、程颐是否"全不传他之学"?周敦颐列宋代理学之首,是由多方面的因素决定的。首先,周敦颐最先提出"无极而太极"的哲学命题,为宋代理学的创立奠定了本体论方面的基础。换句话说,在宋代哲学或理学的本体论方面,周敦颐是有很大贡献的。其次,周敦颐虽然没有直接提出过"理"的范畴,他的后学也并没有按他"无极而太极"的本意去研究宇宙的生成与发展,但他关于阴阳动静的运动观,却从另外的角度统括了理学,并统括了与理学相对的心学和性学,成为统摄宋代诸派之学宗。程颢虽说天理二字是自家体贴出来,但在动静问题上却仍是周敦颐的"主静立极"之说。主张"一人之心即天地之心"的程颢,其学说虽与程颐略有不同,但人的修养必须在动静上下功夫,却是完全一样的。朱熹更是认为:"静者诚之复而性之真也。苟非此心寂然无欲而静,则又何以酬酢事物之变而一天下之动哉!故圣人中正仁义,动静周流,而其动也必主乎静。"和朱熹理学相对立的陆氏心学,尽管在无极太极问题上形若冰炭,但在主静问题上却都是高度一致的。所有这些说明,周敦颐的学术思想在宋代理学的创立中,有着极其重要的地位与影响。而且从时间上来讲,周敦颐学术思想形成在前,二程的学术思想形成在后,加上二程是周敦颐的弟子,因此将周敦颐放在宋代理学之首,他是当之无愧的。由于二程是周敦颐的弟子,他们的很多学术观点明显受到了周敦颐的影响,因此不管二程承认与否,他们与周敦颐之间的师承关系都是客观存在的事实。同时,不管他们承认与否,他们都是周敦颐学术思想的传人。

(原载 2012 年第 3 期,作者单位:永州历史文化研究会)

一脉相承：周敦颐、程颐论颜子

✳ 朱雪芳

　　孔子夸赞颜子能为自己所乐，而甘于贫贱。至宋代，周敦颐以倡言探寻"孔颜乐处"而闻名，二程亦追随周子"孔颜乐处"所乐何事；周敦颐教授二程学习"孔颜之乐"最为人所深究，因为"孔颜之乐"是一种人生境界，关乎人生的体验以及如何安身立命。《程氏遗书》证实了这个说法，程颢、程颐兄弟俩曾说："昔受学于周茂叔，每令寻颜子、仲尼乐处，所乐何事"，"自十五六时受学于周"。可见，周子确实传授了他们要体验"孔颜之乐"，使得二程日后以如何体验"孔颜之乐"为职志，永记不忘。

一　点到为止：《通书·颜子篇》论"颜子亚圣"

　　孔子直截指点明白儒学真义、成德之教的基本宗旨。千年之下，周敦颐除了教授二程寻"孔颜之乐"以外，在其著作《通书》中也有一篇谈及颜子的文章，从文字可知晓周子对颜子的性格和人生态度十分赞赏。《通书·颜子第二十三》有下列文字：

　　　　颜子"一箪食，一瓢饮，在陋巷，人不堪其忧，而不改其乐。"夫富贵，人所爱也。颜子不爱不求，而乐乎贫者，独何心哉？设问以发其端。(《周敦颐集》有此句。)天地间有至贵至爱可求，而异乎彼者，见其大而忘其小焉尔。见其大则心泰，心泰则无不足，无不足则富贵贫贱处之一也，处之一则能化而齐。故颜子亚圣。

可见，周敦颐认为颜子性格纯厚，安贫乐道，不受物质生活之影响，自得其乐。颜子之所以有这种情操，是因为颜子能见到生命的"大"，能做到"见其大则心泰，心泰则无不足"。此"大"极可能是指生命的真正意义、人生的价值，如能获得这种真谛，自然心安，亦所谓心安理得，这说明颜子是"理得而后心安"，心安自然不慕不求,心足安泰。颜子能"见其大而忘其小",表明他能够处富贵贫贱如一,保持"心泰""无不足"的精神境界。然何为"大",何为"小",如何"见",如何"忘"?周子未有具体阐释。至程颐所撰《颜子所好何学论》一文,方才对颜子之德行涵养展开论述(当然后来朱熹《通书》注释也对全文作注疏,认为颜子是"私欲既去,天理流行"至"大而化之",所以称颜子为"亚圣"),对周子未言之处予以解答,以致形成宋明理学关于从"孔颜之乐"到心性之学六百余年间的发展走向。

后来,程颐受周敦颐所启发并赋予颜子所好之学以新的涵义。(一直在思考颜子在孔门有何特别之处,什么是孔颜之乐,孔颜之乐乐在何处?)1051年,正值程子年轻"闲游太学"时遇上考太学,其时胡瑗执事于太学,所出题目为《颜子所好何学论》。《宋史·道学传》记载:"程颐,字正叔。年十八,上书阙下,欲天子黜世俗之论,以王道为心。游太学,见胡瑗问诸生以颜子所好何学。"程子答卷一出,令安定先生叹为观止,遂与以学职;程颐一生奉安定先生为师。

二 展开述析:《颜子所好何学论》论颜子"学以至圣人之道"

《颜子所好何学论》是程颐考场上所作,兹摘自《宋元学案》卷十六《伊川学案》,全文如下:

> 圣人之门,其徒三千,独称颜子为好学。夫《诗》《书》、六艺,三千子非不习而通也,然则颜子所独好者,何学也?学以至圣人之道也。圣人可学而至与?曰:然。
>
> 学之道如何?曰:天地储精,得五行之秀者为人。其本也真而静,其未发也五性具焉,曰仁义礼智信。形既生矣,外物触其形而于中矣,其中动而七情出焉,曰喜怒哀惧爱恶欲。情既炽而益荡,其性凿矣。是故觉者约其情使合于中,正其心,养其性,故曰"性其情"。愚者则不知制之,纵其情而至于邪僻,梏其性而亡之,故曰"情其性"。凡学之道,正其心,养其性而已。
>
> 中正而诚,则圣矣。君子之学,必先明诸心,知所养,然后力行以求至,所谓"自明而诚"也。故学必尽其心,尽其心则知其性。知其性,反而诚之,圣人也。故《洪范》曰:"思曰睿,睿作圣。"诚之之道,在乎信道笃。信道笃则行之果,行之果则守之固,仁义忠信不离乎心,造次必于是,颠沛必于是,出处语默必于是。久而弗失,则居之安,动容周旋中礼,而邪僻之心无自生

矣。故颜子所事,则曰"非礼勿视,非礼勿听,非礼勿言,非礼勿动"。仲尼称之,则曰"得一善则拳拳服膺,而弗失之矣",又曰"不迁怒,不贰过","有不善未尝不知,知之未尝复行也"。此其好之笃,学之之道也。视听言动皆礼矣,所异于圣人者;圣人则不思而得,不勉而中,从容中道。颜子则必思而后得,必勉而后中。故曰:颜子之与圣人,相去一息。

孟子曰:"充实而有光辉之谓大,大而化之之谓圣,圣而不可知之谓神。"颜子之德,可谓充实而有光辉矣;所未至者,守之也,非化之也。以其好学之心,假之以年,则不日而化矣。故仲尼曰:"不幸短命死矣!"盖伤其不得至于圣人也。所谓化之者,入于神而自然,不思而得,不勉而中之谓也,孔子曰"七十而从心所欲,不逾矩"是也。或曰:"圣人,生而知之者也。今谓可学而至,其有稽乎?"曰:"然。孟子曰:'尧、舜,性之也;汤、武,反之也。'性之者,生而知之者也;反之者,学而知之者也。"又曰:"孔子则生而知也,孟子则学而知也。后人不达,以谓'圣本生知,非学可至',而为学之道遂失。不求诸己而求诸外,以博文强记、巧文丽辞为工,荣华其言,鲜有至于道者,则今之学与颜子所好异也。"

文章显示,程颐陈述了颜子先天所具个人气质之佳,且通过后天之个人努力改善不足之处,终能逐渐自我圆善,达到自然而合理的心态和行为,故被先生周敦颐誉为亚圣。在这里,程子对"大""小""见""忘"进行了特别阐释:

"学以至圣人之道也。天地储精,得五行之秀者为人。其本也真而静,其未发也五性具焉,曰仁义礼智信。觉者约其情使合于中,正其心,养其性,故曰'性其情'。"从人性的纯粹至善、义理之性上说,此为"大"。

"形既生矣,外物触其形而于中矣,其中动而七情出焉,曰喜怒哀惧爱恶欲。情既炽而益荡,其性凿矣。纵其情而至于邪僻,牯其性而亡之,故曰'情其性'。"从人性的可善可恶、气质之性上说,此乃"小"。

"诚之道,在乎信道笃。信道笃则行之果,行之果则守之固,仁义忠信不离乎心,造次必于是,颠沛必于是,出处语默必于是。久而弗失,则居之安,动容周旋中礼,而邪僻之心无自生矣。集中精神关注自己的意志与行为,则曰'非礼勿视,非礼勿听,非礼勿言,非礼勿动'。"颜子"信道笃",能"得一善则拳拳服膺,而弗失之矣",故所事受到孔子称赞:"不迁怒,不贰过","有不善未尝不知,知之未尝复行也"。程颐对颜子学道的忠诚归纳成"此其好之笃,学之之道也"。从如何获得回复人性纯粹至善的方法上说,此即为"见"。

"忘"也是一种方法,跟"见"相反,指的是要扫除人性的缺点、陋习,故说"仁义忠信不离乎心,造次必于是,颠沛必于是,出处语默必于是。久而弗失,则居之安,动容周旋中礼,而邪僻之心无自生矣"。因此,"君子之学,必先明诸心,知所养,然后力行以求至,所谓'自明而诚'也。故学必尽其心,尽其心则知其性。知其性,反而诚之,圣人也"。

此外,据二程的学生端伯手笔记载,程颐平时态度表现十分严肃,做事战战兢兢,遵守道德法则诚诚恳恳。《二程遗书》有这样一段记载:有人劳正叔先生曰:"先生谨乎礼四五十年,应甚劳苦。"先生曰:"吾日履安地,何劳何苦? 佗人日践危地,此乃劳苦也。"这说明,程颐的内心实际上是安然自得的。由此可知,程颐不但学到了周敦颐嫡传的学问宗旨,而且已达到周子那种"吟风弄月""幽游涵咏"之心境,两师徒对"孔颜之乐"的阐释由粗到精、由表及里,前后呼应,一脉相承。

参考文献:

[1]郭齐家,徐卫红.《颜子所好何学论》教育思想寻证与疑义[J].江南大学学报(社会科学版),2003,(5).

[2]朱雪芳.周子"中正仁义"二重进路:"性焉安焉"与"复焉执焉"[J].文学界(人文),2009,(4).

[3]朱雪芳.论周敦颐的修养观[J].湖南科技学院学报,2009,(10).

(原载 2011 年第 5 期,作者单位:湖南科技学院)

周敦颐于汝城开阐理蕴传授二程初考

❋ 朱惠芳

宋明理学的产生,是中国儒学的第二次复兴。周敦颐因著《太极图说》开阐理蕴,授予二程,对理学的形成和发展起到了"发端示人"之功,从而"上承孔孟,下启程朱",成为宋明理学的开山鼻祖,被朱熹尊为"宋儒之首"。《太极图说》也成为理学思想的奠基之作。正如黄百家所说:"孔孟而后,汉儒止有传经之学,性道微言之绝久矣。元公崛起,二程嗣之,又复横渠诸大儒辈出,圣学大昌……若论阐发心性义理之精微,端数元公之破暗也。"[1]482周子发端之后传二程,后经张载、朱熹集大成后,使儒家的圣学重放光明。周敦颐在何时何地著《太极图说》,又在何时何地手授《太极图说》于二程呢?汝城,东晋升平二年(358)置县,曾称卢阳等县名,宋太平兴国元年(966)改名桂阳县,民国二年(1913)复称汝城。笔者经初步考证,周敦颐任桂阳县令期间,在桂阳,即今汝城开阐理蕴并授道二程。

一 二程师事周子之时间

程氏兄弟,程颢,字伯淳,人称明道先生;程颐,字正叔,人称伊川先生。历史上有理学二程之称。从各种年谱和二程兄弟的自述,可以看出二程兄弟曾有两次从学于周敦颐的经历。

二程第一次师事周子。确切记载是始于宋仁宗庆历六年(1046)。据《周子年谱》,是年周敦颐(30岁)在南安军司理参军任上,二程之父程珦知虔州兴国县,假卒南安,二人因此相识。程珦视敦颐之气貌,即觉非同寻常,"与语,果知道者,因与为友",[2]103并令二子师事之,时程颢15岁,程颐14岁。元丰八年(1085),明道去世,伊川为其作《行状》,也讲到受学一事:"先生为学,自十五六时,闻汝南周茂叔论道,遂厌科举之业,慨然有求道之志。"[3]638朱熹撰《伊川先生年谱》云:"先生名颐,字正叔,明道先生之弟也(明道生于明道元年壬申,伊川生于明道二年癸酉)。幼有高识,非礼不动(见语录)。年十四五,与明道同受学于舂陵周茂叔先生(见哲宗、徽宗《实录》)。"[4]338 程颢的"十五六"岁与程颐的"年十四五",应该是宋仁宗庆历六年至七年之间(1046 – 1047)。《程伊川年谱》载:"宋仁宗庆历七年……先生兄弟仍从周敦实学。"[5]9 据《周子年谱》记载,庆历六年冬,周敦颐升任郴县令。据此可以确定,二程兄弟第一次师事周子,正是在周敦颐在江西任南安军司理参军的最后一年至其到湖南郴州任郴县令的第一年。

二程第二次师事周子。《谢良佐录明道语》载:"诗可以兴。某自再见茂叔后,吟风弄月以归,有吾与点也之意。"[6]59 从"再见"可以推断二程与周子在第一次授受后隔了一段较长的时间且不在同一地点而见。据伊川《先公太中家传》,程珦在皇祐元年至四年知龚州(今广西平南县),后知徐州沛县、监京西染院、知凤州、知磁州、汉州,至熙宁七年前后,近 70 岁致仕。二程于嘉祐初随父入京。而明道除 30 岁前曾任江宁府上元县主薄之外,一生基本在北方为官。周敦颐一生全在江西、湖南、四川及广东一带的南方为官。可见在皇祐四年后周敦颐与二程相隔遥远,再见几无可能。由此也可推断,"再见"茂叔的时间应在皇祐四年前。这次"再见"也就是二程第二次师事周子。

二程第二次师事周子始止于何年,在史记载很少。笔者认为二程师事周子第二次的时间起于皇祐元年(1049)下半年,止于皇祐三年底或皇祐四年初。当时程珦受命移任广西龚州知州,从江西赴任广西途中经过郴州,携二子一道会见了时任郴州郴县令的周敦颐。考虑到广西正值兵乱过后,"欧希范"之乱余孽未除,岭南蛮侬智高作乱始兴,社会仍然动荡不定,自己又重任在身,既无法分心教育二子,又当心二子的安危,加之二程兄弟在南安时从学于周敦颐时间不长,故让二子留在郴州伴随周敦颐继续学习,自己与夫人赴任。据《先公大中家传》记载程珦知广西龚州,只二年。雍正《广西通志》载:"大中任龚州只二年,皇祐四年已出岭在道,则移龚当是元年。"皇祐二年,周敦颐改任桂阳令,二程随周子到桂阳从学。后因二程母亲患瘴疬,二程于皇祐三年底或四年初到龚州护送母亲北归。皇祐四年二月二程母亲逝世于江宁。因此,二程第二次师周子的时间有两年多,其中在桂阳时间有一年半以上。但因在宋时,桂阳是一个偏僻且经济文化较为落后的地方,故二程在桂阳从学周子的史实在各类年谱和传记中并未记载。但桂阳的历届县志中还依稀可见一些记载。如民国《汝城县志》记载:"予乐窝,在县城西五里江口,二程从学濂溪至此。"[7]124 又载:"《春游》(《春日偶成》),宋程子从周子在桂阳时所作。"[7]522

二 二程师事周子之所得

二程两次师事周敦颐。第一次授学,由于二程兄弟还是少年,思想尚未定型;且周敦颐时年 30 岁左右,其学术思想亦在发展定型之际。所以,二程受周子的影响主要在传授诸子百家,四书五经上。故有"遂厌科举之业,慨然有求道之志"的感慨。但二程第二次师事周子时,兄弟俩求学的方向日趋稳定,周敦颐的学术思想也已逐渐成熟,成思了《太极图说》,加之从学时间有较长的宽度,周子向二程手授《太极图说》,让二程感悟"天地性命"之学,将其引入理学大门。因此,二程第二次从学于周敦颐的收获很大。

一是寻求"孔颜乐处"。"孔颜乐处",这是周敦颐教导二程的首要内容,也是二程师事周子所得学问的重要方面。《程氏粹言》卷一:子谓门第子曰:"昔吾受《易》于周子,使吾求仲尼、颜子之所乐。要哉此言,二三子志之!"[8]1203周敦颐所谓孔颜乐处,就是指内圣外王之学,是培养和扩充人的道德伦理和道德精神境界的基础,以"圣希天,贤希圣,士希贤"为人道德精神的发展方向和人生价值的实现途径,从而达到"见大而心泰","心泰则无不足"的精神境界。"孔颜乐处"在宋儒即已视作"二程之于濂溪,口传心授的当亲切处",其后成为了宋明理学的一个重大课题。二程受此教导,就有了"慨然有求道之志","有吾与点也之意"的感慨。这充分说明二程在周子的教导下寻求"孔颜乐处"之所得。

二是感悟天地性命之学。《明道传》载:"自十五六时,与弟颐闻周敦颐论学,遂厌科举之业,慨然有求道之志,其后先生作《太极图》,独手授之,他莫得而闻焉。"[2]103这可以说明周敦颐著《太极图说》后,单独传授给二程,使二程触探到《太极图说》"明天理之根源,究万物之终始"的奥秘,豁然进入了周子的宇宙世界。从而对二程洛学的形成和发展起了"发端示人"之功。正如胡宏断言说"今周子启程兄弟以不传之学,一回万古之光明,如日丽天,将百世之利泽,如水行地,其功盖在孔孟之间矣"。[9]161周子的《太极图说》之动静阴阳,二气五行,形生神发,五性感动而善恶分,以至中正仁义等观念,在二程的早期作品中得以体现。如明道 37 岁作《程邵公墓志》和 43 岁作的《李仲通墓志铭》中都体现了周子以上的观点。在伊川 18 岁时,也就是皇祐二年庚寅(1050)所作的《颜子好学论》中更有直接体现。《颜子所好何学论》中云:"然则颜子所独好者,何学也?

学以至圣人之道也。圣人可学而至欤？曰：然，学之道如何？曰：天地储精，得五行之秀者为人。其本也，真而静，其未发也，五性具焉，曰：仁、义、礼、智、信。形既生矣，外物触其形而动于中矣。其中动而七情出焉，曰喜、怒、哀、乐、爱、恶、欲。……中正则诚，则圣矣。"[10]577 文中可以看出，伊川直接或间接的引用了周子《太极图说》的内容。从以上可以说明周敦颐传授《太极图说》给二程，二程也领悟了其思想内核，后虽对周子的思想进行了修正和发展，但周子的理学思想启发了二程，对二程后来形成的"天理"之学影响明显而深远。

三　周敦颐作《太极图说》授二程之所地

《明道传》："自十五六时，与弟颐闻周敦颐论学，遂厌科举之业，慨然有求道之志，其后先生作《太极图》，独手授之，他莫得而闻焉。"从中可以看出以下几点：一是在二程第一次师事周子是明道十五六时，也就是庆历六七年间，主要寻求孔颜之乐，通过寻求孔颜之乐后，才"遂厌科举之业，慨然有求道之志"。二是二程第二次师事周子时，也就是"其后"，周敦颐作《太极图说》并授与二程。如前所述，二程于皇祐元年下半第二次从学于周子，当时郴州郡守李初平与周敦颐问学，后李初平卒，周敦颐主要忙于处理李初平的后事。《周敦颐墓志铭》载："移郴令，改桂阳令，皆有治绩……郴守李初平最知君，君既荐之，又赒其所不给。及初平卒，子尚幼，君护其丧以归葬之，往来经纪其家，始终不懈。"[11]90-91 皇祐二年，周敦颐改任桂阳令。在宋代，桂阳（今汝城，）是一个地域较为偏僻、经济文化较为落后的地方，但从钻研学问而言，却是一处较少受到外界影响干扰的地方。周敦颐与二程兄弟的年龄本来就相差不是很大（年长大程约 15 岁），初到桂阳时，周敦颐 34 岁，这时大程（程颢）19 岁，小程（程颐）近 18 岁（均为虚岁）。周敦颐于二程亦师（就学问而言）亦友（就年龄而言），一道谈论学术，优游山水，不亦乐乎！在皇祐二年的春夏之交，正值生机盎然之际，周敦颐携二程郊游城郊朱家湾时，发现了朱家湾的天然太极图，后周子感悟《易经》著作《太极图说》，并亲手授予二程，在予乐湾现场传授点拨。程颢也得道而悦，触景生情吟出七言绝句《春日偶成》："云淡风轻近午天，傍花随柳过前川。时人不识予心乐，将谓偷闲学少年。"[12]476

先看城郊予乐湾的天然太极图的阴阳五行的格局。从现景分析看，予乐湾地形像一幅天然太极图，有种秉承天地灵气之感。粗看整个予乐湾，外圆两山抱水,两龙护堂,形成一个大圆球,正如宇宙世界的混沌状态。细看耒水成 S 形,就像太极图的阴阳分界线,将整个圆球分成两半,形成阴、阳两鱼。朱家花园就像太极图阴鱼的鱼眼,唐氏家庙就如太极图阳鱼的鱼眼。山水、村庄、花园、祠堂自然而形成金水木火土五行连续相生的局势,正是《太极图说》中的"五气顺布,四时行焉"的理论。从阴阳五行力量对比上分析。从整体上看,外圆两山为阳,气势雄伟力量强大。河水水田为阴,粗看力量较弱,但河水流动不息,力量加倍计算,总体上看阴阳力量几乎平衡。从五行力量上分析,两山为土,力量强大,但山静力量打折,乾金流水为动,力量加倍计算仍有化土之力。从木的五行力量上分析,除朱家花园竹林外,还有其它林木植物,木的力量也强旺。从离火上看,火的力量较弱,但阳鱼鱼眼唐氏家庙其形似火,坐离向坎,有收坎水之功,朝门向巽,巽为木,形成水生木,木生坐山离火,从而加强火的力量。综合起来看,阴阳五行力量形成泄强补弱的平衡相生态势,完全符合《太极图说》讲的"无极之真,二五之精,妙合而凝。二气交感,化生万物。万物生生,而变化无穷焉"[13]5。予乐湾的天然太极图地形,为周子感悟阴阳太极,探究宇宙与自然的奥秘,成思《太极图说》提供了基础。

关于《春日偶成》作于何处。清《明道先生年谱》记载"在鄠有诗"。但并非说在鄠作此诗。况此诗充满童气,又含有不以少为少的少年老成心理,描写的也是南方春色。而在陕西鄠县任官时,已是 28 岁,且处北方。故明道文集延平答问,"云录示明道的绝句,便是吟风弄月,有吾与点也之气味,某尚疑此诗若是初见周茂叔归时即可,此后所发之语,恐又不然是也"[14]325。正如延平所想,是程颢在予乐湾现场得周子手授言传《太极图说》,满心喜悦,直到傍晚,吟风弄月而归。也正如明道所言:"某自再见茂叔后,吟风弄月以归,有吾与点也之意。"

关于二程师事周子至汝城,郊游予乐湾作《春日偶成》的佳话,汝城的古代诗文及历代县志均有记载。南宋嘉定十五年,桂阳县令周思诚在《初建濂溪祠记》载:"濂溪周先生去孔氏千五百年余年,一旦复振洙泗坠绪,昌明道脉,传示圣学于无穷,使百世而下闻之者,犹足以释蒙启蔽。庆历间,尝宰桂阳,去今仅百八十年。而县屡经盗火,先生流风遗迹,乃仿佛无复存焉。县西五里,有山环合,林木茂翳,而溪流清泻,萦纡其间,土人号其乡为予乐,岂亦因先生而名之欤?思诚窃记程明道先生'有过前川而予心乐'之句,盖明道尝从先生游也。今读其诗,亦可想见先生之迹矣。"民国《汝城县志》记载也较明确:"予乐窝,在县城西五里江口,二程从学濂溪至此。有时人不识予心乐之句,后人遂名其地为予乐窝。俗名予乐湾。"[7]124

综上所述,可见周敦颐在庆历间任桂阳县令时,感悟予乐湾天然太极图作《太极图说》,开阐理蕴,传授二程。

四　周敦颐开阐理蕴授二程之受赞颂

民国《汝城县志》记载:"按通考……自濂溪周子弦歌斯土,开阐理蕴,提倡宗风。"周子理学,对汝城的民风、文风、官风的形成发展产生了深远的影响。尤其邑人仕宦多为御史反映了周敦颐爱莲守拙理学思想的深刻影响。自宋而后,汝城有史记载出了39名进士,其中出现了朱英、朱海、范辂等十几名立朝有声的监察御史和按察使。正如清乾隆《桂阳县志》所言:"独怪桂阳在楚南,虽属边徼,濂溪过化而后,流风余韵。至成化弘治间,人才特盛。"因而周敦颐在汝城开阐理蕴授道二程之倍受赞颂。

一是载录铭记。汝城自明正德年间曹琚所修《桂阳县志》以来,县志中就有关于周敦颐在桂阳任县令的记载。把周敦颐在任县令时兴农桑,修水利,办教育等事迹记载下来,铭记在汝城人民的心中。如清同治《桂阳县志》就记载了周敦颐兴修水利之事。"泉塘池,在县东六里许,尖岗岭下,亦说是宋濂溪凿,灌田数十顷,今湮。"关于周子在汝城重教育、兴师道之事就举不胜举。同时,县志还记载了周子暇余的吟弄垂钓。民国《汝城县志》载:"濂溪吟弄处,在县西桂枝岭对岸,峭石临江,先生筑亭于此,今圮,字迹犹在。"[7]124在《郴州水利志》中也把周子在汝城凿爱莲池,赏莲,咏莲的事迹。"爱莲池是郴州地区史料记载有明确年代的最早的池塘,系周敦颐为邑令时所凿。"

二是建祠祭祀。为纪念周敦颐及其理学在汝城发源、二程从师周子之实,《桂阳县志》记载,宋嘉定十三年,县令周思诚认为"入境诣学,谓学必有先生(周敦颐)祠。乃巍然犹存大成殿,其门庑遗址尽没于蒿莱。惟一厅一寝室,偿无他房。欲求拜先生之遗像而竟莫知所向,惕然为之不宁。"于是,周思诚利用修建县学的机会,于大成殿右庑之西南,立祠以祀周敦颐。他"又思县之正堂先生昔尝居之,因榜其中间曰'濂溪堂',俾得申其景仰。别创屋三间,于东边曰'光风堂',亦祀先生像于其中,其傍二间则以为政暇读书之所,庶几进夕如见先生。"到宋理宗宝祐年间,邑簿李劲请于邑令黄遂,又建祠于学宫前,颜曰:"希濂堂"。以祀周敦颐、程颢、程颐、张载、邵雍、朱熹,名曰"六君子祠"。后几易其址,至明代建成"濂溪书院"。千百年来,历代文人和莅汝治县者时常到濂溪祠、濂溪书院拜谒周子之灵位,以表达对理学文化和其廉政思想的认识和继承,也留下了很多脍炙人口的诗词。如清桂阳知县徐之凯有《谒濂溪祠》:"岭上秋香满桂枝,抠衣拾级拜名祠。弦歌在昔为人牧,俎豆于令是我师。时有光风披古树,依然霁月照清池。后来闻者能兴起,片石残碑正可思。"现濂溪书院为清代所建,是国内仅存的古建濂溪书院。2002 年,湖南省人民政府公布为省级文物保护单位。

三是诗文歌咏。汝城后人或来到汝城的文人墨客都会游观周敦颐留下的钩鱼台、濂溪吟弄处、爱莲池和记念周敦颐郊游的予乐亭等景点,寻求二程从师、周子从游的情景,以表达对周子、二程子的敬仰,且留下了许多留芳千古的诗词歌赋。如明状元罗洪先来汝游览钓鱼台时就写有《钓鱼台》:"泉石膏肓砭不开,九重恩诏许归来。江山景物资闲览,常共书台与钓台。"曾任广西北流知县的袁宗佺也留下了《秋日游濂溪吟弄处》"古篆何年挂石巉,登临弥望思无穷。今人不见当时月,百代犹闻夫子风。两岸青松长洒落,一泓秋水自照融。孔颜真乐无寻处,想在吟风弄月中。"清乾隆知县凌鱼游予乐亭留下的《过予乐亭》更是脍炙人口:"孔颜真乐妙难名,吟弄千秋想二程。问柳喜逢云正淡,临川欣对水长清。应时禾黍皆含绿,适意鸢鱼更不惊。偶憩石亭思往事,风流谁得似先生。"

四是复景纪念。今人为记念周敦颐及弘扬理学文化,对古时留下的纪念周敦颐的景点进行了修复,在县城的东拓南延中,也注入了较多的理学元素。如在濂溪书院前修建了濂溪广场,在予乐湾恢复予乐亭、兴建太极亭、周子从游雕像和石书、石碑,在"濂溪吟弄处"兴建了吟弄亭。在新行政中心前修建了爱莲广场,将《爱莲说》镌刻在广场正中的卷幅上。在行政中心正厅竖建刻有《拙赋》的屏匾。同时,将爱莲广场南北两条主要道路命名为"爱莲路""守拙路"。还在行政中心后山修建拙政公园。在南北横轴的东泉河上,根据《太极图说》的宇宙生成模式,按照"太极开元""两气交合""五行相生""万物共荣"等五段进行景观建设。今后,还将在行政中心对面的龙尾山上修建纪念理学鼻祖,彰显理学文化的周敦颐公园。

参考文献:

[1]黄宗羲,全祖望.濂溪学案[A].宋元学案:第 1 册[M].北京:中华书局,1986.

[2]度正.周敦颐年谱[A].周敦颐.周敦颐集[C].北京:中华书局,1990.

[3]程颐.明道先生行状[A].程颢,程颐.二程集[C].北京:中华书局,1981.

[4]朱熹.伊川先生年谱[A].程颢,程颐.二程集[C].北京:中华书局,1981.

[5]姚名达.程伊川年谱[M]上海:商务印书馆,1937.

[6]谢良佐.谢显道记忆平日语[A].程颢,程颐.二程集[C].北京:中华书局,1981.

[7]陈必闻修,卢纯道.[民国]汝城县志[M].中国地方志集成湖南府县志辑:30册[Z].南京:江苏古籍出版社,2002.

[8]程颢,程颐.河南程氏粹言:卷一[A].程颢,程颐.二程集[C].北京:中华书局,1981.

[9]胡宏.胡宏集.北京:中华书局,1987.

[10]程颐.颜子所好何学论[A].程颢,程颐.二程集[C].北京:中华书局,1981.

[11]潘兴嗣.周敦颐墓志铭[A].周敦颐.周敦颐集[C].北京:中华书局,1990.

[12]程颢.河南程氏文集:卷三[A].程颢,程颐.二程集[C].北京:中华书局,1981.

[13]周敦颐.太极图说[A].周敦颐.周敦颐集[C].北京:中华书局,1990.

[14]李侗,朱熹.延平答问[A].朱熹.朱子全书[M].上海:上海古籍出版社,2002.

（原载 2012 年第 11 期,作者单位:汝城县人民代表大会常务委员会）

吴澄与周敦颐

✳ 周建刚

一 吴澄的学脉源流

元代理学中,江西朱学一支也很重要,这一理学支脉也是黄榦所传,由黄榦的弟子饶鲁(双峰)传至吴澄(草庐)而大显于世。

全祖望说:"双峰亦勉斋之一支也,累传而得草庐。"[1]312江西朱学与浙江金华的"北山学派"并行于世,同出于黄榦,同为宋元时代朱子学的嫡系传承,"黄勉斋榦得朱子之正统,其门人一传于金华何北山基,以递传于王鲁斋柏、金仁山履祥、许白云谦,又于江右传饶双峰鲁,其后遂有吴草庐澄,上接朱子之经学,可谓盛矣"[1]313。《宋元学案》所说的黄榦所传的这两支,一支是金华的"北山四先生";另一支,则是江西的饶鲁、程若庸、吴澄,其中吴澄在元儒中的地位尤为重要,元人揭傒斯为他所撰的《神道碑》中评论说:"皇元受命,天降真儒,北有许衡,南有吴澄,所以恢宏至道,润色鸿业,有以知斯文未丧,景运方兴也。"[2]949

吴澄的师承渊源,是由程若庸而上溯至饶鲁、黄榦和朱熹,黄百家在《宋元学案》中说:"幼清从学于程若庸,为朱子之四传",但吴澄的学术成就是多方面的,于经学尤有特识,这一点远过于朱熹的门人后学,"考朱子门人多习成说,深通经术者甚少,草庐《五经纂言》有功经术,接武建阳,非北溪诸人可及也"[1]573。今人方旭东在《吴澄评传》中也指出:"前人认为,朱熹之后,说到学问规模的宏大渊博,与朱熹能相比的恐怕只有吴澄一人而已。"[3]18

江西诸儒的这一支理学,一贯关注周敦颐的《太极图》和《图说》,饶鲁有《太极三图》,程若庸则有《太极洪范图说》。吴澄的学问规模"宏大渊博",远非饶鲁、程若庸等人可比,但在对"太极"等问题的关注上,却是一脉相承的。更为可贵的是,吴澄虽然是朱熹的嫡传,但他并不一味盲从朱熹,他对"太极"概念有非常细致的分析,并且有独立的见解和一定的理论创造性,这在宋元时代的程朱学者中是并不多见的。

吴澄很早就认识到了周敦颐对于北宋理学的开创性贡献,他在十九岁时写的《谒赵判簿书》中说:"孟子死,圣人之学不传……至于我朝,天开文治,笃生异人,周、程、张、邵,一时迭出,呜呼盛哉! 夫斯文之丧久矣,世之人其父兄相与讲明,师友相与传习以为学者,果何事也? 而周子乃独能超然默悟此道于千载之下;二程子又独能以周子为师,而从学焉;张子又独能与程子为友,而慨然以吾道自足,何事旁求? 至于邵子,则又独能默悟天地之化,穷极象数之微,尤人所难能也。数夫子之道,可谓高出一世之右矣。"[4]66 在晚年写的《赠周南瑞序》中则回顾说:"濂溪之实未易即也。予尝有意于慕效,求之六十余年,茫如也,而仅识其路径之所由趋,略窥其门户之所从入"[4]88。可见吴澄对于周敦颐之学的向慕之诚,终其一生都没有丝毫改变。

二　吴澄论《太极图》之传承

吴澄受朱熹等人的影响,对于周敦颐的《太极图》极为关注。在"《太极图》源流"的问题上,吴澄也有自己的看法。南宋初期,朱震在《汉上易传》中将周敦颐的《太极图》列入陈抟易学系统,是由穆修传授给周敦颐的。这一说法在宋元时期广为人知,成为理学反对者批评周敦颐之学的有力依据。吴澄在《题常道士学易图》一文中,对此问题进行了解释:

> 邵、周授受之次,则颇予所闻异。予所据者,邵子文所记,陈授穆,穆授李,李授。(邵伯温《易学辨惑》记李之才授邵雍,《宋史》邵雍本传与此同。吴澄《题常道士学易图》此处原文有误,缺一"邵"字。)穆亲授于陈,而非转受于种也。种亦得陈学之一支,传于南方,刘牧承其绪。或以周子与牧同出此一支者,非也。周子之学乃其自得,而无所师授。至谓穆传之周,尤非也。朱子发《进易传表》盖踵讹而失其实,何也? 周在南,穆在北,足迹不相及也,何繇相授受哉?[5]505

吴澄根据邵雍之子邵伯温的《易学辨惑》,认为陈抟之学分为两支:一支传于北方,由穆修传给李之才,再由李之才传给邵雍;另一支传于南方,由种放传于刘牧。吴澄自己判断认为,周敦颐与南北这两支陈抟易学都没有关系,因为史料中并没有刘牧等人与周敦颐有直接关联的证据,而朱震在《汉上易传》中说周敦颐受学于穆修,也是"踵讹而失其实",因为穆修一直在北方,而周敦颐则生长于南方,两人不可能有直接关联。由此可见,"周子之学乃其自得,无所师授",这是一个自然而然的结论。

吴澄的考证并非全无瑕疵,如他说"周在南,穆在北,足迹不相及也",实际上周敦颐在仁宗天圣九年(1031)十五岁时就来到了京城开封,与穆修是有机会见面的。但正如元儒刘因所指出的,"然其实,则穆死于明道元年,而周子时年十四矣"[4]537,周敦颐入京时,穆修已在晚年,而周敦颐尚在少年,在此之前,二人确实是一南一北,不相闻问,"授受"之说也就近乎于捕风捉影的无稽之谈。由此而言,吴澄的考证虽然并不十分确切,但还是说出了问题的实质。他对于这一问题的判断是从历史事实出发,并非完全出于理学家对自身学统纯粹性的维护,因而是有一定价值的。

吴澄对于周敦颐的思想和学术评价极高,拟之于孔门之颜子,"濂溪周子至于千载之下,不由师授,默契道妙,本夫子赞《易》之旨,作《太极图》《通书》,盖几于生知,而可比圣门颜子矣"[4]507。他将"道统"的历史分为元、亨、利、贞四个时期,"至于周子,则我朝之元也"[4]697,评价之高,可谓无以复加。

三 吴澄论"太极"之含义

吴澄对于周敦颐学术的贡献,主要在于在朱熹的基础之上进一步澄清了"太极"的意义。在吴澄的文集中,集中探讨"太极"问题的作品有《无极太极说》《答王参政仪伯问》《答海南海北道廉访副使田君泽问》三书。

吴澄在理学史上有"和会朱陆"之称,但从他对"太极"概念的分析来看,他的"朱学"倾向还是要强一些。这一点他自己也坦然承认,自己撰写《无极太极说》,是因为"学者多不晓朱子之说,故作此说为之疏义,以发明朱子之意而已。其愚意亦有与朱微不同者,当别言也"[4]86。陈来也对吴澄的理学倾向有过适当的评价:"从整个学术、思想的体系来看,吴澄毋宁说是朱子学术及道学传统的真正承继者。正是在这个意义上,我一贯主张,'象山之后,还是阳明;晦翁之后,终是草庐,'"[6]384。

吴澄关于"太极"的分析,主要可以分为以下三个方面:

(一)"古今言太极有二"

吴澄在《答海南海北道廉访副使田君泽问》的第一书中,开门见山地提出了"古今言太极有二"的命题:

> 大概古今言太极者有二,当分别而言,混同为一则不可也。《庄子》云"在太极之先",《汉志》云"太极函三为一",唐诗云"太极生天地",凡此数言,皆是指鸿濛浑沌、天地未分之时而言也。夫子言"易有太极",则是指道而言也,与庄子、汉唐诸儒所言太极字绝不相同。今儒往往合二者为一,所以不明。如邵子言"道为太极",则与夫子所言同;又言"太极既分,两仪立矣",则与诸家所言同。盖夫子所言之太极指道而言,则不可言分。言分者,是指阴阳未判之时。故朱子《易赞》曰:"太一肇判,阴降阳升。"不言太极,而言太一,是朱子之有特见也。[5]83-84

吴澄在这里指出,古今学者所说的"太极",其实有两个含义,彼此绝不相同但又常常被混而为一。《易传》中的"太极",指的是"道";而庄子和汉唐诸儒所说的"太极",则是"鸿濛浑沌、天地未分之时"的浑沌元气。吴澄引用朱熹的《易赞》,认为汉唐诸儒所说的"太极"实际上应该称之为"太一"。

吴澄的这一分判是有针对性的。实际上"太极"在汉唐儒学中就是指"元气",周敦颐的《太极图说》中,"太极"也依然有此含义,直到朱熹的《太极解义》出现后,"太极"才获得了新的内涵,被明确为形上性的"道"和"理"。尽管如此,元代儒生中还是有人按照汉唐儒学的观点来理解"太极"。以田泽为例,吴澄说"愚见以太极为道理,而高见必以为混元浑沌未判之气"[4]99,可见田泽是以"太极"为元气的。以"太极"为元气的思路,是和朱熹的《太极解义》相冲突的,由此而造成了对周敦颐《太极图说》的理解混乱。吴澄认为,如果将浑沌之气称为"太一",再将"太极"和"太一"区分开来,就可以避免类似的误解,"然混元未判之气名为太一,而不名为太极……若知混元未判之气不名为太极,而所谓太极者是指道理而言,则不待辨而明矣。"[4]88

吴澄区分"太极"和"太一",是为了突出"太极"作为"道"的形而上地位,从而与形下的阴阳之气有所区别。吴澄认为,这是"伊洛诸儒"对于儒学的特殊贡献:"庄子及汉、唐诸儒皆是以天地未分之前混元之气为太极,故孔颖达疏《易》亦用此说。夫子所谓太极,是指形而上之道而言,孔疏之说非也。自宋伊洛之后,诸儒方说得太极字是"[4]87。吴澄关于"太极"和"太一"的区分,一方面梳理了"太极"概念的思想史流变,另一方面则澄清了宋元理学中"太极"概念的特殊含义,有着一定的积极意义。

(二)"合无极太极为一"

周敦颐《太极图说》中提出"无极而太极",此说向来令人费解。在当时所见的各种版本中,还有的是"自无极而为太极"(洪适《国史》),或者"无极而生太极"(临汀杨方本),按照这两种版本的《太极图说》,"无极"和"太极"应该是两个层次的存在,"无极"在先,"太极"在后,由"无极"而生"太极"。朱熹曾竭力论证这种理解的错误,并将"无极而太极"解释为"无形而有理",这样"无极"和"太极"就是一重存在而非两重存在。吴澄在他的《无极太极说》中沿袭了朱熹的解释,他说:"道也者,无形无象,无可执着,虽称曰极,而无所谓极也。虽无所谓极,而实为天地万物之极,故曰无极而太极"[4]631。这实际上是对朱熹思想的复述。

吴澄在《无极太极说》中指出,"道"就是"太极"。之所以要将"道"称为"太极",是因为"道"是无形的,无法命名,只好"假借"有形事物的"极"来命名。所谓"极"的本义是指屋子的脊栋,后又引申出"至高无上"的意思,故有"辰极""皇极"等名,"太极"之命名也仿佛于此。但"屋极""辰极""皇极"均为有形之"极",而"太极"则是无形之"极",故曰"无极而太极"。

吴澄反复说明"无极而太极"的含义,其实是为了防止有人对周敦颐《太极图说》作道家化的理解。如果将"无极"和"太极"理解为两重存在,那么"无极而太极"就是"无极而生太极",也就是《老子》书中分的"道生一","老子所谓道,庄子所谓太初,即来教所言之无极也;所谓一者,即来教所言之太极也。若如来教之解无极、太极,即是老庄此二章之旨"。吴澄也承认,如果仅从文本阐释的意义上来说,用"道生一"来解释"无极而太极",其实也是说的通的,但这样无疑就会损害周子《太极图说》的儒家经典地位,"说得周子本文固甚分晓,但是押入周子在老庄队里行,而不可谓之得吾圣道之传者矣"[4]89。

(三)太极是气之主宰

吴澄的"太极"说继承了朱熹的基本观点,但也有所改进,最明显的就是他不同意朱熹"理气论"中的"理先气后""理能生气"等观点,而是旗帜鲜明地反复强调"理气不分先后""理在气中""理为气之主宰"。就朱熹的本意而言,是为了突出"理"对于"气"的优先性和超越性,但吴澄认为,这种论点其实落入了道家的存在论陷阱,"《老子》云:'天下万物生于有,有生于无。'万物者,指动植之类而言,有字指阴阳之气而言,无字指无形之道体而言。此老子本旨也"[4]100-101。吴澄认为,《老子》的存在论是从"无"(道体)生"有"(阴阳之气),这显然就类似于理学家说的"理先气后","《老子》以为先有理而后有气"[4]101,而儒家的存在论应该是"理在气中,原不相离"[4]101。吴澄这里的观点,显然是对朱熹有所质疑的。

吴澄在讨论周敦颐的《太极图说》说,通过"太极"对"理在气中"的观点进行了阐释。《太极图说》中有"太极动而生阳,静而生阴"之说,似乎"太极"是有动静的,吴澄对此分析认为,"太极"本无动静,动静的是"气机","机犹弩牙、弩弦,乘此机如乘马之乘,机动则弦发,机静则弦不发。气动则太极亦动,气静则太极亦静。太极之乘此气,犹弩弦之乘机也"[4]72。这是说,"太极"本无动静,是乘气机之动静而动静。但"弩牙""弩弦"虽然相互依附,毕竟是两件事物,因此吴澄进一步解释说:"然弩弦与弩机却是两物,太极与此气非有两物,只是主宰此气者便是,非别有一物在气中而主宰之也"[4]72。吴澄的这一说法,尽管还是积极、正面地肯定"太极"对"气"的主宰作用,但从"太极之乘此气,犹弩弦之乘机"的比喻来看,气其实更为主动,"太极"则是气之作用的反映,而所谓"主宰"云云,则只是一种虚说。

总的来看,吴澄对于《太极图说》的阐释,基本反映了程朱理学的正统观点,但也有一定的理论创新。吴澄所主张的"太极"或"理",并不像朱熹所理解的"太极"那样,作为超越性的存在高居于经验世界之上,与经验世界形成一种紧张和对峙。吴澄所说的"太极",在一定程度上就是气的条理和规律,超越性减弱,经验性增强。尽管他也强调"太极"对"气"的"主宰"作用,但这种"主宰"是虚化的,这反映了程朱理学对《太极图说》的阐释已逐渐从"理"的立场转向"气"的立场。这是"理在气中"说的自然后果,明代理学家罗钦顺等人对《太极图说》的阐释就采取这一立场,而吴澄的"太极"说则为这一新的阐释解开了帷幕。

参考文献:

[1]黄宗羲,黄百家. 黄宗羲全集:第六册:宋元学案[M]. 杭州:浙江古籍出版社,1992.

[2]吴澄. 吴文正集[M]. 景印文渊阁四库全书本,上海:上海古籍出版社,1987.

[3]方旭东. 吴澄评传[M]. 南京:南京大学出版社,2005.

[4]李修生. 全元文:十四:吴澄[M]. 南京:江苏古籍出版社,1999.

[5]刘因.静修集[M].景印文渊阁四库全书本,上海:上海古籍出版社,1987.

[6]陈来.诠释与重建——王船山的哲学精神(第二版)[M].北京:北京大学出版社,2013.

(原载 2018 年第 8 期,作者单位:湖南科技学院)

元代大儒吴澄对周敦颐的推崇

✺ 吴国富

一 力辨"无极""太极"之说,维护周敦颐的宗师地位

周敦颐在后世被视为"理学鼻祖""理学宗师",但他的地位并非从一开始就得到了确认,而是经历了一个较长的演变过程。在这一过程中,作为元代儒学代表人之一的吴澄起到了重要的推动作用。

吴澄(1249－1333),字幼清,崇仁人,学者称为草庐先生。曾任国子监丞、翰林学士、经筵讲官,敕修《英宗实录》。吴澄与许衡齐名,并称为"北许南吴",在儒学的传播和发展上做出了重要贡献。有《吴文正集》传世。

吴澄生平推崇周敦颐,曾反复指出他的宗师地位。他说:"昔有周子,实绍圣道不传之统。"(吴澄《吴文正集》[1],卷二十七《送传民善赴衡州路儒学正序》。本文所引吴澄文章同出此书,以下仅标明卷数和篇名。)又说:"秦汉而下,孔道之传不续。历千数百年,乃得宋河南程子,远承孟氏之绪,而道国元公周子实开端于其先,徽国文公又集成于其后。"(卷三十七《都昌县学先贤祠记》)从孔孟到程朱,儒学中断一千多年,而周敦颐就是使儒学断而复续的创始人。具体让周敦颐享有这一崇高地位的,是因为周敦颐阐明了"心性"与"天道"。吴澄说"性与天道之秘",孔夫子不轻易阐述,连颜回、子贡这样的高足,也不得而知。而千年之后,周敦颐作《太极图》《通书》,才透露了"性与天道之秘",接近于"生而知之"的圣人,堪比孔门的颜回(卷十五《题陈德仁通书解》)。这些评价,可以说是无以复加了。

公允而论,周敦颐的学术思想,受到了禅宗、道家的影响,有脱胎于两家思想的明显痕迹,宋儒对这一点也颇有争议。但是,吴澄极力否认这一点,以便维护周敦颐儒学宗师的地位。例如易学的传承,向来是儒道两家杂糅的,无论是谁讨论《周易》,都很难逃避与道家的关系。宋代朱震在《汉上易解》中说:"陈抟以

《先天图》传种放,放传穆修,修传李之才,之才传邵雍;放以河图洛书传李溉,溉传许坚,许坚传范谔昌,谔昌传刘牧。穆修以《太极图》传周敦颐,敦颐传程颢、程颐。"(《宋书·朱震传》)在这个易学传承体系中,儒道人物混杂,难以截然分割。然而吴澄说:"陈学之一支,传于南方,刘牧承其绪。或以周子与牧同出此一支者,非也。周子之学乃其自得而无所师授,至谓穆传之周,尤非也。朱子发进易传表,盖踵讹而失其实,何也。周在南,穆在北,足迹不相及也,何繇相授受哉?"(卷五十六《题常道士易学图》)吴澄极力把周敦颐从这个儒道混杂的易学传承体系中拉出来,而置之于醇儒的行列。同时,他还在学理上努力剥离易学中的道家成分开来,并认为周敦颐也是这么做的。他说周子作《易通统论》,其贡献在于阐明"刚柔得中""善恶得中"这一儒学精髓:"刚而正者刚之善,其不正者刚之恶也。柔而正者柔之善,其不正者柔之恶也。刚柔之正者虽善,而犹不无或过或不及之偏;善至中而止,斯其为善之善也已。"(卷九《解观伯中字说》)而掌握了这一精髓,就可以得鱼忘筌、舍筏登岸,忽略《周易》中的"卜筮""象数"等内容了:"予愿常君忘言而用易,忘象以体易,言可忘也,象可忘也,之者又奚足云。"(卷五十六《题常道士易学图》)"象数两字,不过言气之可状可数者尔,非气之外别有象数也。"(《吴文正集》卷三《答海南海北道廉访副使田君泽问》)剥离"卜筮""象数"这些属于道家、道教的内容,易学就成了儒家的学问,在易学方面造诣很深的周敦颐,也就淡化了他的道家色彩。

周敦颐的代表作《太极图说》,与道家的关系很密切,其关键在于"无极而太极"一句。两宋之时,理学家对此普遍表示不满,虽有朱熹极力为之解说,但终不能服众。

相传产生于战国时期的《易传》(亦称《十翼》),是一部解释《周易》的著作,有人认为出自孔子之手,有人认为出自道家之手;该书思想无疑比较庞杂,并非儒学正宗。北宋张载《叶适因范育序正蒙遂总述讲学大指》说,魏晋以后,道家用《十翼》来印证自己的思想,《十翼》遂被称为"孔老之学";而佛教又用《十翼》来印证自己的学说,《十翼》又被称为"儒释之学"。而到北宋时期,"禅说尤炽,豪杰之士,有欲修明吾说以胜之者,而周、张、二程出焉",他们又反过来根据《十翼》证明佛道两家的学说"吾道固有之矣",故而有了"无极太极、动静男女"之类的说法,但他们"不悟十翼非孔子作,则道之本统尚晦。"[2] 言下之意,周敦颐著《太极图说》,就有杂用《十翼》这种非正宗思想来壮大儒学的用意在内。也可以说,张载对周敦颐的儒学宗师地位并不怎么认可。

南宋时期,陆九韶、陆九渊兄弟与朱熹围绕"无极而太极"一句展开了激烈的讨论。陆九韶给朱熹写信说:"《太极图说》与《通书》不类,疑非周子所为。不然,则是其学未成时所作;不然,则或是传他人之文,后人不辨也。盖《通书》言五行、阴阳、太极,未尝加'无极'字。假令《太极图说》是其所传,或其少时所作,则作《通书》时不言无极,盖已知其说之非也。"陆九渊说:"'无极'二字,出于老子知其雄章,吾圣人之书所无有也。"《太极图说》以'无极'冠首,而《通书》终篇未尝一及'无极'字,二程言论至多,亦未尝一及'无极'字。假令其初实有是图,观其后来未尝一及'无极'字,可见其学之进,而不自以为是也。"(以上陆氏兄弟观点均见《吴文正集》卷三《答海南海北道廉访副使田君泽问》所引,今本《陆九渊集》文字与此有所不同)陆氏两兄弟直接认为"无极"之说出于《老子》,属于道家思想,与儒家迥然有异;而《太极图说》肯定是周敦颐思想尚未成熟的表现,后来成熟了,就不这么说了。

朱熹不赞同陆氏兄弟的说法,极力为《太极图说》分辨,指出"无极""太极"实为一体:"无极是有理而无形。如性,何尝有形? 太极是五行阴阳之理而皆有,不是空底物事。若是空时,如释氏说性相似。"(黎靖德《朱子语类》[3],卷九十四。以下引《朱子语类》同出此版本。)指出"无极"不等于佛老的"空"。此后他反复说"无极""太极"都只是"道"的形容词,一个表明"无形无象",一个表明"有理":"有太极,是有此理;无极,是无形器方体可求。"(《朱子语类》卷六十七)"无极而太极,只是无形而有理。周子恐人于太极之外更寻太极,故以无极言之。既谓之无极,则不可以有底道理强搜寻也。""无极者无形,太极者有理也。周子恐人把作一物看,故云无极。""周子所谓'无极而太极',非谓太极之上别有无极也,但言太极非有物耳。"(《朱子语类》卷九十四)综合朱熹的观点,"无极""太极"本来就是一回事,之所以要采用两个名词,是因为"无极"可用来表现"道"的无形无象,"太极"可用来表现"理"的至高无上。

陆九渊对朱熹的辩解很不满意,认为他是在强词夺理。朱熹说:"不言无极,则太极同于一物,而不足为万化根本;不言太极,则无极沦于空寂,而不能为万化根本。"陆九渊就反驳说:"夫太极者,实有是理……其为万化根本固自素定",什么"足不足,能不能",哪会取决于说不说? 如《易大传》说"易有太极",并没有说什么"无极",这个"太极"又何尝等同于一物、沦落为形而下的有限事物,而不足为万物根本? 为此他嗤笑朱熹"只管言来言去,转加糊涂,此真所谓轻于立论,徒为多说,而未必果当于理也。"[4]针对朱熹之说法"无极即是无形,太极即是有理。周先生恐学者错认太极别为一物,故着无极二字以明之",陆九渊又进行反驳,引用《易大传》"形而上者谓之道"一语,指出作为形而上的"太极",本身就已经有了"无形无象"的特征,千百年来从未有人"错认太极别为一物者",何必再称之为"无极"?为此陆九渊认为朱熹根本就不懂得"太极":"若实见太极,上面必不更加'无极'字,下面必不更着'真体'字",否则岂不是叠床架屋、画蛇添足?又指出:"老氏以无为天地之始,以有为万物之母,以常无观妙,以常有观窍,直将'无'字搭在上面,正是老氏之学,岂可讳也?"认为根本不必讳言周敦颐杂有道家色彩这一点。论者指出,在对周敦颐的"无极""太极"的理解上,朱陆之间便展开了一场激烈的争论,结果却谁也没有说服谁。自此而后,辨析周敦颐"无极"与"太极"之间关系的问题便成了一个争而未决的悬案。近些年来有人以为《太极图说》首句应为《宋史》本的"自无极而为太极",也有的文章认为其首句应为"九江本"的"无极而生太极",两者都断定周敦颐的"无极"是先于"太极"的宇宙本原。这一论断应该是符合周敦颐的思想实际的。[5]

到了元代,认为周敦颐具有道家思想的人还有不少。据《吴文正集》卷三《答海南海北道廉访副使田君泽问》,当时人引用老子"天下万物生于有,有生于无"及"道生一,一生二"等语,还有庄子的"太初有无,无有无名,一之所起",指出老子所谓的道,庄子所谓的太初,就相当于周敦颐说的"无极",老庄所谓的"一",就相当于周敦颐说的"太极"。吴澄承认,如果用道家的说法来解释"无极而太极",当然是很明白的,但却等于"押入周子在老庄队里行",为此就不能把周敦颐称为"得吾圣道之传者"了。因为儒学所谓的"理",是有内涵的"理",如仁义礼智等;这一"理"可以说受之于天,但不能说生之于"无"。否则,"尽性知天"就将变为"尽性知无",堕入了佛道空无的境界,整个伦理体系因而失去了根基。所以,"无极而太极"不能解释为"由无极而生太极",而只能解释为"无极就是太极"。正是在这一点上,吴澄明确坚持了朱熹的主张。

《吴文正集》卷四《无极太极说》指出,"太极者,何也?曰:道也。"而道之条理细密,故而又名之曰理。为什么要将道称为太极?这是一种形象化的比喻和说辞。"极"本来指房屋的顶梁,因为它居于最高的地方,到了极致,所以称为"极";而道也因为"至尊至贵,无以加者,故亦假借屋栋之名,而称之曰极也",加一个"太"字,是表明它众多的"极致"中居于最高,不是"一物一处之极"而是"天地万物之极"。既然称之为"太极",为什么又要称为"无极"?这是因为"道也者,无形无象,无可执着,虽称曰极,而无所谓极也。虽则无所谓极,而实为天地万物之极,故曰无极而太极"。但这个"无形无象,无可执着"不等于"空无一物",而是指它十分抽象,诸如"道"之中蕴含的"理也,诚也,命也,性也,德也,仁也"等等,都是如此,它们不拘泥于实体形象,但又无处不在。这一解说与朱熹的说法相似,但又有所发展。朱熹认为周敦颐所谓"无极"是"太极"的修饰语,又把"太极"释为"万化之根",但对于"无极""太极""道"三者关系还是理得不够清楚,"道"从哪里生发出来、摆在哪里,不甚了然。吴澄则干脆将"无极""太极"都说成是"道"的别号、假借之名、形象说法,于是《太极图说》的首句实际上成了"道,无极而太极。太极动而生阳……",等于从"道"直接演变出"阴阳""五行"、万物和人类,实际上就绕开了"无极""太极"这一难缠的话题和"道"的本源问题,抹去了周敦颐身上的道家色彩,也就维护了周敦颐的理学宗师地位。

方旭东《吴澄评传》认为吴澄对《太极图说》中的"太极"做了两种解释,一指"太一",即混沌未分之元气,一指至高无上之理,这种解释上的混乱反映出吴澄在处理周敦颐太极说时的尴尬。又说吴澄只不过用"太极"置换了周敦颐的"无极",又用"太一"置换了周敦颐的"太极",这样就可以把它改造为儒家思想,而撇清与老子"无生有""道生一"思想的关系。[6]这种说法也体现了吴澄维护周敦颐宗师地位的意图,不过说吴澄处理得不高明,却未必然。因为从本体到儒家之道,是很难阐析清楚的,儒家向来也没有理清。假设儒家之道的终极本体是"自然之天",那么"自然之天"就应当分析为"自然之天的存在形式""自然之天的存在之理",从前者分析出人和万物,从后者分析出"自然之天的存在之理",继而分出"人与万物之理",再继而分出"儒家之理"。也就是说,在"儒家之理"和"自然之天"之间,至少还有两个层次,略等于"自然规律"和"生物运行规律",若想把这些层次关系一一梳理清楚,即便在科学发达的当下,也还是非常困难的。其实,任何一种思想理论,都不过是在整个宇宙和所有的自然规律中摘取一部分来讨论,想追溯这种思想理论与整个宇宙及其所有自然规律的关系,那实际上是做不到的。所以,直接让"儒家之理"对接"自然之天",只宣称儒家之道"受命于天"而不做过多阐述,反而显得更妥帖。

为了维护了周敦颐的理学宗师地位,吴澄还对宋儒的说法加以阐述。一般人都认为二程是周敦颐的弟子,但是两人却从来不将《太极图说》拿给别人看:"程子亲受学于周子,周子手授此图于二程,二程藏而秘之,终身未尝言及,盖为其辞不别白,恐人误认以为老庄之言故也。其后学者索之,只将出通书,终不出太极图。程子没后,于他处搜求,方得此图。能知程子不轻出此图之意,则言之必不敢容易。"(卷三《答海南海北道廉访副使田君泽问》)"近世程子受学于周子,太极一图,道之大原也,程子之所手受,而终身秘藏,一语曾莫之及,宁非有深虑乎？朱子演绎推明之后,此图家传人诵。"(卷八《姜河道原字说》)言下之意,无极、太极之说,若未加以阐明,是容易引起误解的。

吴澄又指出,"朱子费尽气力为之分疏,而解此二句不与世儒同者,正欲明周子之所言与吾圣人之言道不异故也。""世儒读《太极图》,分无极、太极为二,则周子之言有病,故朱子合无极、太极为一,而曰'非太极之外别有无极也。'……惟恐人错认此一句,与老氏同,卫道之力如此,可谓忠于周子也。""故朱子为周子忠臣,而曰无极二字,只是称赞太极之无可名状,非太极之外复有无极也。"(均见《吴文正集》卷三《答海南海北道廉访副使田君泽问》)最后吴澄总结说:"盖宋儒之言道,周子微发其端而已,其说之详而明,直待张子、二程子出,而后人知二子所言之道,与老庄所言自无而有者不同。故论程张二子有功于吾道者,以其能辨异端似是之非也。"指出周敦颐的"微言大义",后人不甚了然,故而多有误解,而经过张子、二程子、朱子的不懈努力,周敦颐的思想终于得到发扬光大,其理学宗师的地位也得以确立。

二 关注濂溪文化,传播濂溪之德

据《吴文正集》所载年谱,元仁宗延祐六年(1319)六月,吴澄"留建康,十月留江州。寓濂溪书院,南北学者百余人。十一月庚寅,祭周元公墓"。又据《行状》:"(延祐)六年十月,沂江州,寓濂溪书院。十一月,率诸生拜周元公之墓。"且作《祭周元公濂溪先生墓文》(编录文集者将此文标为"延祐二年",可能有误,应当为延祐六年),盛赞"先生之道,万世杲杲。展拜墓前,如亲见焉。庐山峙南,大江流北。仰之弥高,逝者不息"。在祭文中,他对周敦颐在儒学史上的地位作了高度评价,认为他是"道响绝弦,千数百年"之后得"洙泗真传"的重要人物;而"悟道有初,适道有途,先生之图,先生之书",则指出周敦颐的《太极图说》《通书》为"悟道"的敲门砖;这样就从学理和历史地位两方面肯定了周敦颐的功绩。此外,吴澄还对周敦颐为何取"濂溪"二字来命名溪流作了说明:"元次山在南方往往为水立新名,道州有水名濂溪者,亦次山之遗教。其后周茂叔先生寓江州城外,取道州旧地名,名其书院曰濂溪,苏子瞻诗云:先生本全德,廉退乃一隅。谓其取廉之义以名溪,而旁加水字也。"(卷六《文泉说》)

对九江一带推崇周敦颐的举措,吴澄十分欣赏,予以高度赞扬。元朝属于南康路的都昌县,原有县学。因大儒周敦颐、朱熹先后为南康军知军,而都昌是南康军的属县,故而县学中建有周敦颐、朱熹二人的专祠,宋元之交,兵燹战乱,遂至于荒废。"天历已巳,教谕万钧用至",看到这一情况,就请求主簿、县丞、县尹,重新建造先贤祠。吴澄指出,这一举措,"其于人心世教,岂小补哉?"都昌是所谓的"先贤过化之地","倘不惟二子是师,循习卑陋,猥同时辈,微近利,迷远志,则负公朝,愧先师矣。"接着他又指出:"师二子宜何如也?定而无一物留于心,应而无一事乖于理,……敬主诸中,义制诸外,其庶乎?教官其曷率邑士,精熟朱子所释诸经诸传,周子所著一图一书,反求之己而真识实践可也。"(卷三十七《都昌县学先贤祠记》)

博野人王彦弼担任南康路总管之后,定民产,减赋役,召集流亡百姓,重修朱熹建造的石堤,颇有德政。后来改任江州路总管,废除前任官员的苛政,"暇日诣郡,率及濂溪、景星两书院,勉励士学,咨询民瘼"。他还调拨钱粮,重修了郡学,使之焕然一新。(卷六十六《中大夫秘书大监轻车都尉太原郡侯王安定公墓碑》)吴澄对此善举大书特书。

吴澄与九江的濂溪书院山长黄次思关系密切。黄次思回家省亲,遭遇母丧,他还希望官员关注。在卷十三《答和卿书》中,他希望江州官员"远想庐阜溢水,光风霁月之景,与清白之操、循良之治,两相宜称",发扬周敦颐的风范。而"濂溪旧山长黄次思,与澄同里,名家羡彦,与碌碌为学官者不同,昨以母疾请假归养,侍汤药半年之上,竟尔遭丧"。希望江州官员予以关顾。卷十三《与希元书》:"昨留溢城,晨夕借庇,别去未尝忘也。……濂溪黄山长在任之时,多感提奖,不幸遭丧,今已期乎之上,当可给由,相公以旧日参趋之故,特成全之此盛德事也。"《与可立书》:"澄在溢城,日深感眷,与之厚别。去年余末由问讯晨夕驰仰。濂溪黄山长,旧来多荷提撕,母丧之后给由,凡百望郎中早与成全,幸甚。"

对那些仰慕周敦颐,以濂溪有关的义理文辞来取名字、给建筑命名的,吴澄也给予高度赞赏,并按照周敦颐的高标准去要求他们,寄予厚望。也就是说,吴澄十分希望濂溪之德能够渗透到日常生活之中,指导人生实践。

卷六十三《跋静安堂铭》应当是吴澄用于自警的,其中指出周子言"圣人定之以中正仁义而主静",这种境界很难做到,"非用功圣学者,未之能也。"做到这种"静"的前提在于"定",就是把握中正仁义,形成定力,"有定所以能静也。能静者,虽应接万变,而此心常如止水,周子所谓动而无动是也"。卷四十一《大中堂记》引子思子曰:"喜怒哀乐之未发谓之中。中也者,天下之大本也。"指出"此以心之不偏不倚为中也"。又引周子曰:"中者,和也,中节也,天下之达道也。"指出"此以事之无过无不及为中也",希望人们养中和、持中道。"中正、平和、虚静"的胸怀,乃是濂溪之德的体现,也是修养的根本。

卷四《静安堂说》:"静而安,圣学之基也。"这一要旨,在失传一千五百多年以后,得到了周敦颐的继承,他"以主静为圣人立人极之本",而"周子之静在无欲,知有定、无欲之不二者,于静之功,思过半矣"。卷四《静渊说》也指出,"其静也渊,水之止也;其动也川,水之流也。"其本质就是"事务不挠心,须臾不离道"。"夫子之后,无其人矣",旷千数百年之久,才有"江南一周子,河南一程子"继承了这一绝学。

卷四十五《静虚精舍记》记载江州柳从龙家住闹市之中,因讨厌喧嚣,故而选择一个幽静的地方建了一个静虚精舍,常于其中休闲读书。吴澄借题发挥,说:"心学之妙,自周子、程子发其秘。""周子云:无欲故静。程子云:有主则虚。此二言者,万世心学之纲要也。不为外物所动之谓静,不为外物所实之谓虚。"心中有主,就是指充满了"仁义礼智",而不是像佛教那样,空无一物,如同槁木死灰。心中无欲,就是指妄念不起、恶事不留,"爱人利物之心满腔皆是,而伤人害物之心一毫无之"。

儒家之道是用世之道,若无用世价值,则难以在社会上扎根,更不用说持久和流传了。吴澄生活在在异族统治的元朝,在崇尚实用、纷纷追逐眼前利益的时代,更是需要面对这一问题。从这一点来看,他对周敦颐的推崇是发自内心的,也是有益于世的,因为周敦颐提倡的道德价值,对于人生于世的诸多问题,的确有很好的启示意义。

抽象言之,人生于世,要面对主客观的冲突和协调。在客观现实中的遭遇,有好有坏;而主观状态与客观现实的关系,或是锦上添花(遭遇很好,心态又很好),或是缓解苦恼(遭遇不好,心态却比较好),或是雪上加霜(遭遇不好,心态又很差),或是互相冲突(遭遇很好、心态却不好)。而决定心态的核心,就取决于个人的定力、智慧、快乐,以及是抱着与世浮沉的态度还是抱着与人共进、有益于世的态度。有定力,有智慧,有自己的生活原则,不但能得到他人的认可,也能获得自己的快乐,这是一个人生存于世的理想表现。在这方面,吴澄做过很多思考,也对他人提出了有益的见解,而这些见解与周敦颐的品德关系密切。

吴澄指出,人生应当上与思考,在思考中把握生命的根本。卷八《陈幼实思诚字说》借用孟子的说法,说人生之初,皆有仁义礼智这"四端";长大之后,反而泯灭了,这都是"不思"所致。故而他引用周敦颐的说法:"思者,圣功之本。"指出"思于行之先,则能知其所当知,思于行之际,则能不为其所不当为,所以复其真实固有之诚也"。

有了思考,就会形成自己的处事原则,智慧也就在其中产生,世俗的拙巧观便不足以影响自己。卷四十二《拙逸斋庐记》指出,周子"因人谓已拙而赋之以自实",实际上是反话正说;因为像"周子所行大中至正之理,又恶可以巧拙名也哉"?君子就是要"廉于取名、拙于取利",表面上看起来很愚拙,实际上可以积福避祸,安然度日,"未尝拙也";而小人"巧图爵禄,巧贪货赂,似若巧矣",却惹来灾祸满身,堕入心劳力拙的境地,根本就算不上是什么"巧"。卷四十《拙闲堂记》指出"人之情莫不耻拙而慕巧",却又"喜闲而恶劳",为此挖空心思,用尽智巧,最终是一刻空闲也没有,诚然是作茧自缚。如清江人皮季章,是南雄总管的从子,深得宠爱,为此借助皮季章求名求利者纷纷上门,几乎踩踏了门槛,然而皮季章却躲到郊外,居住在拙闲堂,不是过年过节,不去见南雄总管,人们都以为他"拙",而吴澄却指出他是"用巧以拙、藏巧于拙",又说:"周子亦因世之尚巧而矫其辞,未暇约之中也。君子安分无求,乃其常事,岂必曰拙哉?"

善于思考、有独立的处世原则,就可以形成独立的内心世界,使此心不依赖于外物、不为外物所束缚,因而有独立的快乐。卷四十二《心乐堂记》指出,人与鸟兽的快乐不同,人与人的快乐不同。人的快乐有农工商贾之乐,有文章事业之乐,而最高境是孔夫子之乐、颜回之乐,他们做到了"虽身处极困之中,而其乐亦在也",这是一种超越自我的快乐,而古往今来,深知孔颜之乐的,"自周程二子之外,乐此乐者其谁与?"

相比之下,有的人过于看重文章诗歌带给人的快乐,未免为名所累。卷二十四《赠周南瑞序》记载安成周南瑞敬修匾"濂溪"二字于书室,他希望"慕濂溪之名,当继濂溪之实",希望周南瑞"他日重来,予一望间,见子有吟风弄月气象,即席而共语,其必有以起予,予将喟然叹曰:是真可为濂溪后人已!夫濂溪有云:圣人之道,韫之为德行,行之为事业,彼以文辞而已者,陋矣。敬修之文辞,固已卓冠乎乡儒之上,自濂溪眡之,则陋也。盍暂舍其所已学,而勉进其所未学者哉?"卷十五《光霁集序》,记载庐陵人萧道心用"光风霁月"之语,将他的诗集取名为《光霁集》,吴澄不肯为之虚美,讲了一个旴江人包氏请朱熹写"光风霁月之亭"而朱熹很不乐意的事情,又说"夫周子气象,惟大程子有焉",如果萧道心企慕大程的为人,就已经有

"光风霁月"的品德了,又何必画蛇添足,用诗歌来表现自己呢?

有的人过于看重物质生活带给人的快乐,这也未必是真正的快乐。卷三十八《远清堂记》记载河北人马仲温侨居仪真城北,那里有一个大水池,种植了莲花,盛夏花开叶茂之时,"绚错如锦,南薰徐至,香气弥天",故而在池边建了一座"远清堂",得名于周敦颐的《爱莲说》。吴澄指出,"中之通也,外之直也",这是莲花之德;对于人来说,就是要做到"静虚而明通,动直而公溥"。他又说,当年二程之父"命二子受学周子而竟得其传",希望马仲温也能这样教育两个儿子;而不要贪图什么世俗的"兰桂齐芳"。简言之,依赖于文章事业,依赖于荣华富贵,都不足以形成真正的快乐;因为这一切都取决于现实的种种条件,一旦条件不具备,追求受阻,快乐也就不复存在;而如果种种追求都很顺利,则会激发更大的欲望,如此循环不已,一个人就永远被欲望和外物所捆绑,永远得不到真正的快乐。

卷四十四《香远亭记》记载鄱阳陈广居家,有园池之胜,池中种莲,池上构亭,扁其亭曰香远。吴澄说:"周子以莲比君子,其状莲之德曰中通,曰外直,德之备于己者也;曰出淤泥而不染,曰濯清涟而不妖,德之不变于人者也。其香之远,犹君子之誉望远闻,盖德之征验焉。""君子之德如之何? 静不蔽于物而此心常明也,莲之中通似之;动不违于理而凡事悉正也,莲之外直似之。虽与污世合而不为所污,虽与流俗同而不为所流也,莲之不染不妖似之。德如是,誉望其有不远闻者乎? 且莲香之远也,闻于寻丈而已;德之香,则始乎一乡,达乎一国,远而可法于天下,又远而可传于后世,奚啻如莲香之远也哉?"在这篇文章中,吴澄创造性地发挥了《爱莲说》的义理,对濂溪之德作了总结,那就是内心境界与为人处世的合一,精神境界、道德修养和行为表现的合一;也是内心的独立与快乐、他人的认可与敬重、有益于己与有益于人、把握当前与把握未来的高度统一。

参考文献:

[1] [元] 吴澄. 吴文正集 [M]. 上海:上海古籍出版社,影印四库全书本,1987.

[2] [宋] 张载. 张载集 [M]. 北京:中华书局,1978:400.

[3] [宋] 黎靖德. 朱子语类 [M]. 北京:中华书局,1986.

[4] [宋] 陆九渊. 陆九渊集 [M]. 北京:中华书局,1980.

[5] 舒金城. 周敦颐的思想体系与"无极""太极"之辨 [J]. 孔子研究,1999,(3).

[6] 方旭东. 吴澄评传 [M]. 南京:南京大学出版社,2005:92-93.

(原载 2016 年第 6 期,作者单位:九江学院)

罗钦顺对《太极图》的批评

✳ 周建刚

　　罗钦顺(1465－1547)，字允升，号整庵。江西泰和人。明孝宗弘治六年进士，官至南京礼部尚书。罗钦顺是明代著名理学家，《明史·儒林传》称"钦顺潜心理学，深有得于性命理气之微旨"。他的著作有《困知记》《整庵存稿》等，是研究明代理学思想的重要文献。

　　罗钦顺作为明代重要的理学家，他的思想与朱熹学派和阳明学派都有所不同，当代的中国哲学史研究者将他划入"气学"一派。罗钦顺主张因气而见理，理气合一，理一分殊，这些见解体现了明代理学在"理气论"方面的进展，也隐隐与明清时期"气学"思潮的复兴有关。就罗钦顺的思想本身而言，他的"气学"思想是针对朱熹的"理气论"而作出的反拨，与周敦颐思想关联不大。但由于朱熹的"理气论"在形式上以周敦颐的《太极图说》为理论基础，因此罗钦顺在批驳朱熹学说的同时，也对周敦颐的思想学术进行了评论。在罗钦顺的主要著作《困知记》中，有一些条目评论周敦颐其人其学，主要涉及三个方面：一是周敦颐在理学史上的地位；二是《太极图说》的思想义理；三是《通书》的思想义理。

　　周敦颐是二程之师，理学的开山之祖，这是宋代以后人所共知的说法。周敦颐作为"道学宗主"的历史地位，是理学各派所共同承认的。陆九渊、王阳明等人对于程颐、朱熹或有微词，但对周敦颐的人品、学问则推崇有加，均无异论。罗钦顺对于周敦颐的评论，与这些人均有所区别，他在题为《答林正郎贞孚》的书信中说：

　　　　"周子在程朱之上"，恐未易言。二程所以有功于圣门，有功于后学者，第一是辨异端，辟邪说，使圣道既晦而复明，学者不迷其所向，岂小补哉！不知周子缘何却欠此一节？且天地造化之妙，圣学体用之全，《易》中言之甚悉，《太极图说》殆不能有所加也。推崇之过，听者能无惑乎！[1]383

林贞孚，即明代的福建文人林炫，字贞孚。明代何乔远编撰的《闽书》卷74有传,称其"才识通敏,为诗文富丽便捷"[2]2175,但并没有提到他对于理学有何造诣。林炫所说的"周子在程朱之上",应该是明代理学家的普遍观点,并非他个人的独得之秘。但罗钦顺对这一为理学家所普遍认同的观点显然并不以为然,他认为二程有"辨异端,辟邪说"之功,此为二程对理学的独到贡献,而周敦颐则对佛道二氏并无一语批评,就此一节而论,周敦颐的地位也不应在二程之上。此外,就宋明理学家一致推崇的《太极图说》而论,所说道理并不能超出《易传》之外。因此,罗钦顺认为,周敦颐在理学史上的崇高地位,是后人过度拔高的,"推崇之过,听者能无惑乎!"

罗钦顺不满于周敦颐在理学史上被人为拔高,其主要的理由是《太极图说》的理论有所缺陷。他曾经仔细探索《太极图说》的思想义理,但最终却无法认同其说。他在晚年所作的《太极述》中说:

> 周元公先生之《太极图》,朱文公先生所以尊信而表章之者至矣。愚尝熟玩其图,详味其说,虽颇通其大义,然不无少疑。首疑"无极之真,二五之精,妙合而凝"三言,未免析理气为二说,其说已见于《困知记》中矣。次疑"圣人定之以中正仁义而主静",不审为圣人自定耶?为定天下之人耶?以为自定,则"欲动情胜"乃圣人所必无。以为定天下之人,则主静二字难得分晓。朱门尝有问及此者,所答亦未见如何。至论下学工夫,仅有"君子修之吉"一言,疑亦太略。且其图之作,虽极力模拟,终涉安排,视《先天图》之易简精深而妙于自然,恐未可同年而语也,岂元公未尝见此图耶?[1]402

罗钦顺对于《太极图说》的非难有三点:一是《太极图说》的"无极之真,二五之精,妙合而凝",有将理、气分割的嫌疑;二是《太极图说》的"主静"论太过简略,无法安排理学的整体性"下学工夫";三是将周敦颐的《太极图》与邵雍的《先天图》进行比较,认为《太极图》有人为安排的痕迹,不如《先天图》之自然简洁。

罗钦顺对于《太极图说》"无极之真,二五之精,妙合而凝"这三句话的批评,见于《困知记》卷下的第19章,其辞曰:

> 周子《太极图说》篇首无极二字,如朱子之所解释,可无疑矣。至于"无极之真,二五之精,妙合而凝"三语,愚则不能无疑。凡物必两而后可以言合,太极与阴阳果二物乎?其为物也果二,则方其未合之先各安在耶?朱子终身认理气为二物,其源盖出于此。愚也积数十年潜玩之功,至今未敢以为然也。[1]267

朱熹解释《太极图说》中的"无极"概念,认为"上天之载,无声无臭,而实造化之枢纽,品汇之根柢也。故曰'无极而太极。'非太极之外,复有无极也"[3]72。无极是太极的另一个名称,"无极"之义实为诠表"太极"的无声无臭和无形无象,并非在"太极"之外还有更高一层的"无极"本体存在。朱熹同时也认为,作为本体的"无极"或"太极",本身是不离于阴阳的,"此所谓无极而太极也,所以动而阳、静而阴之本体也。然非有以离乎阴阳也,即阴阳而指其本体也,不离乎阴阳而为言尔。"[3]70对于朱熹的这种解释,罗钦顺是认可的。问题在于《太极图说》中的"无极之真,二五之精,妙合而凝"这三句话,罗钦顺认为,既然是"妙合",那就是两件事物的结合,这就暗示了作为本体的"无极之真"与作为材质的"二五之精"是相互独立的存在,彼此并非一体,只是在一种神秘的作用下结合在一起。罗钦顺对此发问说:"太极与阴阳果二物乎? 其为物也果二,则方其未合之先各安在耶?"按照罗钦顺的哲学理路,理气是一体化的存在,理是气之理,没有离气而独立存在之理;而朱熹的哲学则片面强调"理先于气",理在存在论的阶位上要优先于气,这就无形之中将"理"看作是独立于气的存在。罗钦顺指出,朱熹在"理气论"上的这种谬误,根源就在周敦颐《太极图说》的"无极之真,二五之精,妙合而凝"这三句话。

罗钦顺除了不满于《太极图说》对朱熹"理气论"的误导之外,对周敦颐的"主静"工夫论也有所指摘。罗钦顺主张"理一分殊",穷理格物必须从"分殊"处做起,不主张通过静坐来追求"理一"。他曾经针对明儒陈献章的"静中养出端倪"说进行批评:"四端在我,无时无处而不发见,知皆扩而充之,即是事地上工夫。今乃欲于'静中养出端倪',既一味静坐,事物不交,善端何缘发见? 遏伏之久,或者忽然有见,不过虚灵之光景耳。"[1]280罗钦顺早年曾从事于禅学,并颇有所得,久之觉察所得者为"此心虚灵之妙,而非性之理也"[1]273,他因此以"性"与"心"分判儒释之别,认为释氏所得为心之虚灵,儒者所得为性之实理。由此而论,他大致主张儒者的"实理"是由"分殊"中来,有一事则有一理,事虽殊而理则一;而释氏的"虚灵之心"则是虚悬一境,通过静坐等特殊方法体证而得。而周敦颐、陈献章等人,虽名为儒者,却主张如释氏一样的"主静""静中养出端倪",这样的工夫论主张,在罗钦顺看来,不但不是儒者通过"分殊"而见"理一"的"下学工夫",而且很可能就是禅宗修证方法的变种,是非常值得怀疑的。

罗钦顺还将周敦颐的《太极图》与邵雍的《先天图》进行比较,认为《先天图》简易自然,而《太极图》则人为造作,《先天图》的价值要高于《太极图》。罗钦顺对邵雍的《先天图》评价很高,"《先天图》最宜潜玩,性命之理直是分明。'分阴分阳',太极之体以立;'一阴一阳',太极之用以行。若玩得熟时,便见得一本之散为万殊,万殊之原于一本,无非自然之妙,有不知手之舞之,足之蹈之者矣"[1]310。《先天图》所展示的也是太极与阴阳之气的关系,但《先天图》以比较明确的体用结构模式展示了"太极"与"阴阳"的一体化关系,而此体用关系又通过"理一分殊"得到了分限和界定,因此能恰到好处地展示"自然之妙"。简单来说,《先天图》比较符合罗钦顺的哲学理路,而《太极图》则有些格格不入,因此罗钦顺的态度是贬低《太极图》而抬高《先天图》。

罗钦顺虽然不满于周敦颐的《太极图》和《太极图说》,但对于《通书》却有较高的评价。他说:"《通书》四十章义精词确,其为周子手笔无疑。至如'五殊二实,一实万分'数语,反复推明造化之妙,本末兼尽,然语义浑然,即气即理,绝无罅缝,深有合于乎《易传》'乾道变化,各正性命'之旨,与所谓'妙合而凝'者有间矣。"[1]268说《通书》"其为周子手笔无疑",即暗示《太极图说》可能不是周子手笔。但罗钦顺对此话题并没有进行任何引申、考证,他仅是通过哲学家的灵感对文献进行判断。他判断《通书》"义精词确"的依据还是在于哲学理路。他认为《通书》所言"五殊二实,一实万分"等语,表明了《通书》在"理气论"上所可能持有的立场的是"即气即理",理气一物,这就与《太极图说》中的"妙合而凝"以理气为二物的学说划清了界限。

罗钦顺对周敦颐的《太极图说》多有批评,他本人并因此而仿照周敦颐《太极图说》,采取《易传》中语句,撰写了一篇名为《太极述》的作品,以表明自己对"太极"的看法。罗钦顺撰写《太极述》,是为了纠正周敦颐《太极图说》的错谬,为此他"略仿周说首尾间架,错取吾夫子《十翼》中语,组织成篇,以尽愚意……凡此皆传吾夫子之旧,不敢妄赞一词,故名其篇曰《太极述》"[1]402。《太极述》全篇共取《易传》的文字七则,罗钦顺对这七则文字一一进行了简略的解释,并加上序言以及邵雍的《先天八卦图》,形成了《太极述》的全文。《太极述》的思想主题,杨柱才认为是体现了罗钦顺在《易》学上的创见,"罗钦顺的《太极述》是依据《易传》的思想资料而作成的,其中讲述了太极之义、太极之全体、太极之妙用,及人物之性、圣学体用之全等问题,建构了一个宇宙万物及人生性命演化的总过程"[4]。

参考文献:

[1]罗钦顺(阎韬译注).困知记全译[M].成都:巴蜀书社,2000.

[2]何乔远.闽书[M].福州:福建人民出版社,1994.

[3]朱熹.太极图说解[A].朱子全书:第十三册[M].上海:上海古籍出版社,安徽教育出版社,2002.

[4]杨柱才.罗钦顺的易学思想——以《太极述》为中心[J].周易研究,2007,(5).

（原载 2018 年第 7 期,作者单位:湖南科技学院）

阳明后学胡直与濂溪故里

❋ 唐司妮

引 言

　　胡直(1517－1585)，字正甫，号庐山，世称庐山先生。江西泰和人。正德十二年丁丑(1517)生于江西，少好读古文，后问学于江右王门学者欧阳德、罗洪先。嘉靖三十五丙辰(1556)进士，初授刑部主事，后除授刑部河南清吏司主事。当时严嵩专政，胡直刚正不阿，出为楚臬佥事，领湖北道，升授云南清吏司署员外郎主事，后升授湖广按察司佥事，晋四川参议，不久又以副使督学四川。因病乞休，致仕回籍。后蒙命起补湖广按察司提学副史，升广西布政使左参政，迁广东按察使。母病足在第，遂力疏乞养，罢官归，后又诏起福建按察使。万历十三年乙酉(1585)逝于闽。

　　胡直以家乡泰和，东距衡山不千里，北距庐山亦不千里，故取二山之名名其书室，因以"衡庐"名集。其著述颇丰，著有《衡庐精舍藏稿》《衡庐精舍续稿》《胡子衡齐》《太虚轩稿》《困学日记》《鞭后录》《闭关录》《补过日录》《翊全录》《求仁志》等。黄宗羲《明儒学案》有传，列在《江右王门学案七》。

　　胡直年表简编如下：

　　正德十二年丁丑(1517)：此年八月十六日出生于江西。

　　嘉靖二十一年壬寅(1542)：此年问学于欧阳德，闻"致良知""万物一体"之训。

　　嘉靖二十二年癸卯(1543)：与好友罗汝芳会于滕王阁。

　　嘉靖二十六年丁未(1547)：访罗洪先，拜为师，罗授以"主静无欲"之教。

　　嘉靖二十七年戊申(1548)：游韶州明经书院，参禅静坐，得静体。秋游九成台，悟道"宇宙与我为一"。

　　嘉靖二十八年己酉(1549)：冬，赴会试。

嘉靖二十九年庚戌(1550):落第,舍欧阳德宅。

嘉靖三十三年甲寅(1554):作《博文约礼》题,赴南都会友,与何迁、谭纶游,偕晤赵贞吉。

嘉靖三十五年丙辰(1556):成进士,初授比部主事。

嘉靖三十六年丁巳(1557):除授刑部河南清吏司主事。与罗汝芳、宋仪望、邹继甫、耿定向讲会于京师。

嘉靖三十八年己未(1559):耿定向语侵严嵩,严嵩疑为胡直所谋,因出为楚臬佥事,领湖北道。

嘉靖三十九年庚申(1560):四月,升授云南清吏司署员外郎主事,五月升授湖广按察司佥事。

嘉靖四十二年癸亥(1563):与同门聚松原,证所学。徐阶为首辅,胡直参议四川。

嘉靖四十三年甲子(1564):入蜀,不久又以副使督学四川。

嘉靖四十五年丙寅(1566):因病乞休,致仕回籍。

隆庆二年戊辰(1568):冬十一月,教郭子章求仁之道。

隆庆三年己巳(1569):五月,同友人习静,作《闭关录》。六月,蒙命起补湖广按察司提学副史。

隆庆四年庚午(1570):升广西布政使左参政。

万历元年癸酉(1573):季春,与门人蒋论、曹学参、周鸣球同至道州,拜谒濂溪故里及月岩,题榜"如月之中"刻石。孟夏,作《春陵三胜纪略序》。迁广东按察使,总持宪体,振肃属吏。冬,入关,便过家,太安人病足在第,遂力疏乞养,书上张居正,罢官归。

万历二年甲戌(1574):邹元标从师胡直。《明史·邹元标传》载:"邹元标,字尔瞻,吉水人。九岁通《五经》。泰和胡直,嘉靖中进士,官至福建按察使,师欧阳德、罗洪先,得王守仁之传。元标弱冠从直游,即有志为学。"

万历三年乙亥(1575):作《刻濂溪先生集序》。

万历四年丙子(1576):孟夏,《道州濂溪先生楼田洞中家庙碑》,又作《三君修元公庙颂》。

万历五年丁丑(1577):建求仁书社,讲学其中。

万历十二甲申(1584):罗汝芳至泰和访胡直,暮年论学。诏起福建按察使,冬,入闽。

万历十三年乙酉（1585）：此年五月二十九日，逝于闽。卒后，耿定向为作《明福建提刑按察司按察使胡公墓志铭》，郭子章为作《先师胡庐山先生行状》。

万历十四丙戌（1586）：郭子章督学四川，增祀三大儒，赵贞吉、孙应鳌、胡直，镌铭，以昭懿德。

周敦颐（1017—1073），字茂叔，谥元，学者尊称濂溪先生。湖南永州道县，古称道州，境内有濂溪，世称濂溪故里。周敦颐是宋代理学的开山鼻祖，学者称道程朱一派，有濂、洛、关、闽之说。胡直虽宗阳明，但对周敦颐颇能肯定。如说："自汉儒溺于逐末，当时遂以末学为训。故唐、宋与国初儒者但知竞末，至于争一字一文之义，始则缠辖于器数，而不知器数之所由来。继乃怔惑于训诂，而不知训诂之所从出。历数千年，而知道之源者不一二人。故韩愈曰：'轲之死，不得其传'。"（胡直《答唐明府书》）认为"濂溪、明道极力救正"（胡直《答唐明府书》）。"孟子之后，真儒不独晦翁，如濂溪、明道二公，不谓真儒，孰为真哉？"（胡直《突兀语以致孟子后无真儒云云》）。

周敦颐注重教化，曾说："天道行而万物顺，圣德修而万民化。"（《通书·顺化》）"道德高厚，教化无穷。"（《通书·孔子下》）王阳明也注重乡治，兴修社学，创立乡约（如《南赣乡约》），以讲学为首务，认为"且天下首务，孰有急于讲学耶？"（《传习录》）这种思想也影响了其再传弟子胡直。胡直治楚期间，创《求仁乡约》，"旌节孝"，用道德来约束民风、民俗。"馆谷数百人偕二三有倡议决行，予因题曰：'求仁乡约'。"（胡直《衡庐精舍藏稿卷二十六》）"一以学为政，整身式属，绳墨吏，省额外供，创乡约，严保甲，核民间节孝旌之。麻阳苗内讧，猝薄城。先生详若无备，夜出奇兵袭之，俘获无算。"（郭子章《先师胡庐山先生行状》）。

周敦颐出入释老以援儒，而阳明心学实则远绍周敦颐，"继承周敦颐'诚'的内涵，并从价值本体上升为宇宙本体"，"改造周敦颐《太极图说》的本源论思维，使之成为本体论"，并继承了周敦颐"'无欲'、'主静'、'迁善改过'等功夫论"[1]胡直作为江右王门学派的代表人物之一，其思想颇具特色，"在道体论上，胡直远绍伊尹，近承陈颢、谢良佐、张九成的'以觉言仁'学说；在功夫论上，胡直强调从道德生成之根源出尽性"。对于心学的阐释，胡直比阳明更进一步，阳明"南镇观花，仅言心外无物"，胡直"则主心造万物"；阳明"强调于朱子穷理说的分野"，胡直将"天理'赋之于'良知本心，使心具灵则，包含道德原则的约束"。[2][3][4]胡直以博文约礼为核心，大胆质疑阳明心学，不惜门面，"敢于指正王学的偏失，同时对于先儒（朱子）学说进行了大胆质疑与修正。在此基础上，胡直将心学与理学衡而齐之，直宗孔子。"[2]胡直以"直宗孔子"的求学态度,纠正"王学的流弊",对当时的江右王门产生了巨大的影响。"胡直致力于调和理学与心学的对立,并且在尽性与不尽性问题上划清佛儒界限。胡直对于孔子学说的推崇并不是盲目信仰,而是经过多年修正与思考后的真切体认与经验总结。这种对于原生态的儒学的回归不是简单的重复,而是在朱子学、阳明学展开后,弃其偏、杨其正的一种均衡齐一,是儒学发展史上一个非常重要的逻辑环节。"[2]

目前所见胡直在道州所作共计四篇文章及一篇榜书,即:万历元年季春榜书《如月之中》,万历元年孟夏《春陵三胜纪略序》,万历三年《刻濂溪先生集序》,万历四年孟夏《道州濂溪先生楼田洞中家庙碑》,万历四年(一说三年)《三君修元公庙颂》。新近出版的张昭炜先生校注本《胡直集》,四篇文章均予收录。《胡直集》底本为北京大学图书馆藏万历十二年甲申刻本《衡庐精舍藏稿》与《衡庐精舍续稿》,参校以《四库全书》本及光绪二十九年齐思斋刻本,上海古籍出版社2015年5月出版,为《阳明后学文献丛书》之一。而其中三篇,又别见明、清两代编纂的四种《濂溪志》中。以下据《胡直集》依次校注。

一 《如月之中》榜书石刻

《如月之中》榜书石刻是新近发现的胡直亲笔,现存湖南永州道县月岩,以往文集、方志、石刻文献均未见著录,近数十年来亦未见学者论及,当是国内首次发现的胡直真迹,故而十分珍贵。石刻榜书大字共四字,题款小字共四十二字,行书字体。全文为:

> 如月之中
> 　泰和胡直书。时同游为道州守罗君斗,铜仁人;及予门人蒋论,曹学参,
> 全州人;周鸣球,罗田人。万历季春喜日。

"如月之中"一句,写月岩实景,而寓意"太极"。濂溪故里在楼田,月岩在楼田

西。旧称穿岩,后别称太极岩。因岩有三洞如月,仿佛月相消长变化,故名"月岩"。今存摩崖石刻共 63 幅,榜书有"广寒深处""清虚洞""风月长新""如月之中""浑然太极""豁然贯通""道在其中""理学渊源""参悟道真""悟道先迹""乾坤别境""浑涵造化""鸿濛一窍""先天道体""上弦月""下弦月""望月""月岩""太极岩"等。清道光《永州府志》卷二下《名胜志下》载:"濂溪以西十五里,营山之南,有山奇耸,中为月岩。旧名穿岩。其距州约四十里焉,岩形如圆廪,中可容数万斛。东西两门相通,望之若城阙。中虚其顶,侧行旁睨,如月上下弦,就中仰视,月形始满,以此得名。岩前奇石如走猊伏犀,形状不一。相传周子幼时,尝游息岩中,悟太极,故又称'太极岩'。有书堂在岩内,石壁环之。"

罗斗,字汝南,家贵州铜仁,其先江西清江人。嘉靖三十七年(1558)戊午举人,隆庆六年(1572)任道州知州。曾著《春陵三胜纪略》,胡直为之作《序》。万历二年六月至三年二月,重修道州楼田濂溪家庙。详见胡直《道州濂溪先生楼田洞中家庙碑》《三君修元公庙颂》《春陵三胜纪略序》。明万历《贵州通志》卷十七《铜仁府》:"举人:嘉靖戊午:罗斗:官至府同知。"清光绪《道州志》卷四《职官》:"明:知州:罗斗:铜仁人,(隆庆)六年任。"事迹又见钱邦芑《月岩记》,载清康熙《永州府志》卷二十《艺文志三》。邓云霄《游九疑记》称"罗君斗,江西高安人",见清嘉庆《宁远县志》卷八《艺文志上》。胡直《春陵三胜纪略序》称罗斗"其先出予乡之清江",清江与高安临近。

蒋论,广西全州人。举人,万历二年(1574)任河北南皮县教谕,见光绪《重修天津府志》卷十一《职官志二》、民国《南皮县志》。万历三年(1575)升河北故城知县。清雍正《故城县志》卷二《职官志》有传云:"蒋论:广西全州人,由举人万历三年任。塞河流,活万人之命。祈秋霖,熟千顷之禾。操持耿介,可对神明,至今邑人皆思慕之。升江西抚州通判,祀名宦。"同书卷五《文翰》载其《重修关帝庙碑记》《科甲题名碑记》。事迹又见清光绪《抚州府志》卷三十五《职官志》,称"民无欺隐"。

曹学参,字惟斋,全州人。隆庆元年(1567)丁卯科举人,万历中任河南长葛县教谕,广东连山县知县,万历四年任广东新会县知县。清雍正《广西通志》卷七十九《乡贤》有传云:"曹学参字惟斋全州人。弱冠领隆庆丁卯乡荐,初署长葛教谕,升连山知县,有异政,调新会令。县近海多盗,募壮士缉之。寇闻名,相戒曰:'无犯曹使君境。'遂引去。以德感人,民间凡举子皆以参命名,考最为天下第一。常捐俸修陈白沙先生祠,为置祭田。寻以疾,乞归,民塞道遮留,肖像于三贤祠祀之,时以吴隐之方其清操云。著有《梅岩诗集》,卒祀乡贤。"又见清道光《广东通志》卷二百四十七《宦绩录十七·明六》、道光《新会县志》卷七《宦绩》、光绪《广州府志》卷一百七《宦绩》、清汪森《粤西文载》卷七十一《人物》。

明万历十三年刊本《开封府志》卷七《官师》载,曹学参任长葛教谕在万历中,则是万历初尚未仕。蒋论与曹学参均已中举而未仕,都从全州跟随胡直受业。

周鸣球,事迹不详,罗田在今湖北。胡直先任湖广按察司提学副史,湖广按察司治所在武昌。后任广西布政使左参政,广西布政使治所在桂林。周鸣球大约从湖北跟随胡直受业,同至道州。

万历季春,不言年数,乃是正当万历改元,即万历元年。

二 《春陵三胜纪略序》

胡直《春陵三胜纪略序》,据张昭炜先生编校《胡直集》抄录。全文如下:

> 夫览观方舆,纂图列胜,此博综者为稽而已,而非以为游也;登蹑崇幽,抒词挼藻,此游观者为适而已,而非以为道也。是故君子苟涉乎道,则游非游矣。春陵古称山水之域,其大者若九嶷舜陵,其次濂溪、月岩,称三胜。万历改元孟夏,予挈二三子从湘源谒濂溪,窥月岩。濂溪去州舍许,去元公庐不里许,泉汩汩从石出,相传元公濯缨其下。月岩又去濂溪舍许,岩辟东西双阙,中空洞透天,围不啻百十丈。游者从西入,视之类月下弦,东入为上弦,踞中则中天矣。予行四方,探陟有年,未睹有若斯殊胜者也。遂偕二三子留宿啸歌,不能去。已而州大夫出《三胜纪略》,请序。予披诵,顾二三子曰:为此编者,其亦有乡道之心乎? 昔者"精一"之旨发自虞舜,旷数千年,阒乎寥寂,"无欲""学圣"之旨又发自元公。夫无欲,精一之门也。学不从无欲,而自谓能入道者,诬矣,诬矣! 二三子识之! 而况舜之藏,元公之生,咸不越封内,山川之灵疑若有属。今州大夫编次得之,是岂为稽与适而已哉? 不然,自三胜而下,澹岩称稀于天下矣,大夫曷为其绌之也? 二三子识之! 于是予与二三子为九嶷之期,别大夫而序以遗之。大夫罗某,铜仁人,其先出予乡之清江。二三子,蒋论、曹学参,全州人;周鸣球,罗田人。

文见《衡庐精舍藏稿》卷九,文渊阁《四库全书》本标题"春陵"误作"金陵",内文不误。

湘源，即全州，隋唐为湘源县，隶属零陵，今属广西。湘水出自湘源之阳朔，经灵渠南通漓江，可达桂林。

"澹岩称稀于天下"，指宋黄庭坚《题淡山巖二首》："阆州城南果何似，永州淡巖天下稀。"澹岩又作淡岩，又称澹山岩，在永州零陵。南宋祝穆《方舆胜览》载："澹岩石壁削成万仞，旁有石窍，古今莫测其远近，目之者有长往之意。"清道光《永州府志》载："澹岩去城南二十五里，有岩奇奥，为永州冠。"

"大夫罗某"，缺其名，据《如月之中》榜书石刻题款，知为罗斗。罗斗所作《春陵三胜纪略》，原书存佚不详。明万历间章潢编纂《图书编》，卷六十三有《九疑濂溪月岩三胜图总叙》云："春陵古零陵郡，星野翼轸分属，其阴阳之精上达于天者则然矣。而山川之形胜有曰九疑，曰濂溪，曰月岩。九疑，舜帝所过化也。濂溪，元公所毓秀也。而月岩，又元公所悟太极之至纱至纱者也。夫舜为有虞之大圣，元公为有宋之真儒，一圣一贤，实得乎九疑、濂溪、月岩之形胜，则斯九疑也，斯濂溪也，斯月岩也，其造化英华，宁非先舜帝、元公以开圣贤之兆者乎？诚楚南之奇观，号天下之无尘者也。"章潢为江西南昌人，"江右四君子"之一，万历元年年四十六岁，与胡直同时而略早。其《九疑濂溪月岩三胜图总叙》或者与《春陵三胜纪略》相仿佛。

"蒋论、曹学参，全州人；周鸣球，罗田人"，与《如月之中》榜书石刻题款相合。

文中载"万历改元孟夏""从湘源谒濂溪，窥月岩"，但据《如月之中》榜书石刻题款，胡直于此年季春，已到月岩。大约其出行时间为春末夏初。

《衡庐精舍藏稿》卷四有《祝融峰用韩韵》，卷五有《初至武陵官舍续陈后冈先生作》《秋夜辰溪舟次对月怀万思节宪长》，卷六有《午登祝融峰四面忽起白雾溟不辨下上予趺坐石上嗒然与之俱忘》，可知胡直在湖广按察司任上，曾经到过今湖南境内的衡阳、常德、怀化，但未南至永州、道州。反而是在广西任上，距离道州更近，胡直便自全州来访。观文意，胡直此行可能是专程拜谒濂溪故里的。文中又提到"与二三子为九嶷之期"，但《衡庐精舍藏稿》未见痕迹，大约未能成行。

三 《刻濂溪先生集序》

胡直《刻濂溪先生集序》，据张昭炜先生编校《胡直集》抄录。全文如下：

甚哉！学术之难言也。非学之难言，言之者异也。尝试譬之：祖父之造家，莫不肇迹南亩，树谷务本，然后能操赢以殖其货。此非独人事，亦其势然也。而后之子孙徒见货殖之利，唯旦夜持筹、课算子母。记籍充栋而居积自矜，遂捐舍南亩，任其污莱。有务之者，则诋之曰："是西鄙野人之事，吾祖父无有也。"力本之论，不胜其逐末之说，故谈者恒难于言。虽然，亦取衷于祖父而已矣。尧、舜者，中古之祖父也；文王、孔子，近古之祖父也；濂溪、明道二先生，又近世祖父也。尧、舜语学曰"人心""道心"，精一执中，何其详也！岂不以心一也，惟动于欲而失其本然者为"人心"，惟不动于欲而不失其本然者为"道心"。然则道诚不出于心，而欲固贼道者与！至哉道心！精精，是而不以欲杂；一一，是而不以欲贰。盖自尧、舜千百载之前，而无欲之旨已彰彰较著矣。其在文王，"无然畔援，无然歆羡"，乃造于穆穆；孔子，"江汉以濯，秋阳以暴"，乃底于皜皜。皆是旨也。四代圣人，先天开人，鲜不自道心精一，而盛德大业繇斯以出始，未闻外心而专求物理也。濂溪先生去孔孟千有余载，其著书不多，唯独揭示圣道曰："圣，诚而已矣。"而指其学圣之要，则曰"一为要。一者，无欲也。无欲则静虚动直。静虚则明，明则通；动直则公，公则溥。"夫诚，非道心乎！无欲，非精一乎！静虚动直、明通公溥，非执中乎！是近世开先肇家，远与四代圣人异言同符，固孰与濂溪先生？今先生遗书具在，其旨尤彰彰较著，亦未闻外心而专求物理也。异时学者恇惑影响之间，眇忽道心之旨，谓理不生心而出于物，乃至鳃鳃睨睨，博求诸物，以有涯随无涯。至于当年莫究，累世莫殚，迄不自知。其远人以为道，而犹尊近闻、珍末见，以相雄长。其间有能原本道心、巫先无欲者，则反诋之曰："是不为老，必为禅。"嗟呼！是不知老与禅相去且千里也。乃俾学者尽弃南亩。专趋货殖，而重惑于"西鄙"之诃，将益为逐末者增赤帜而坚壁垒。天下后世莫不畏形避影，闻謦怖响，孰敢为力本者一置其喙？吾故曰：非学之难言，言之者异也。嗟呼！是当如祖父何哉！且夫天地之运不息，自穷天地观之后千百年，将不知有几圣人者作而为之开先肇基以祖父乎？天下斯学岂不复大明中天哉？彼区区竞逐末者，又何虞其不终醒且瘳耶？直独虞今之未逮乎醒且瘳者，将伥焉适燕而越辕，避渴而海饮，而卒莫之救也，可不为悲乎！虽然，亦取衷于祖父而已矣。某曩督楚学，窃不自揆，雅欲厘正先生遗集刻视学者，以见取衷之意，庶几少回逐末者之澜，迄未皇也。万历甲戌，太平崔君某为永州理官，念先生昔尝判永，乃求先生集，删其附益者，刻永郡中。明年，先生冢孙博士君周某，命其子生员某某走予山中，以新刻寄，且曰："道州故刻亦漫漶久矣，今且图复刻，请为之序。"予闻之跃然，因推本学术，重有感于本末、古今之异，而妄欲为天下瘳，且以谂崔君，并刻之。

此文又见明胥从化《濂溪志》卷七《古今记述》，明万历二十一年（1593）刻本；及明李嵊慈《宋濂溪周元公先生集》卷七《诸儒序跋》，明天启四年（1624）刻本。胥从化《濂溪志》与《衡庐精舍藏稿》的刊刻相距不到十年，文献价值尤其重要。

此文标题，胥从化《濂溪志》、李嵊慈《宋濂溪周元公先生集》题为《刻濂溪先生文集序》。

胥从化《濂溪志》、李嵊慈《宋濂溪周元公先生集》标题下有署名，为"万历三年泰和胡直"。

"莫不肇迹"，胥从化《濂溪志》、李嵊慈《宋濂溪周元公先生集》"迹"作"自"。

"记籍"，胥从化《濂溪志》、李嵊慈《宋濂溪周元公先生集》"籍"误作"藉"。

"濂溪先生去孔孟"，胥从化《濂溪志》、李嵊慈《宋濂溪周元公先生集》"孔孟"作"孔子"。

"珍末见"，胥从化《濂溪志》"珍"作"琛"。

"以相雄长"，胥从化《濂溪志》"雄"作"稚"。

"是不为老，必为禅"，胥从化《濂溪志》、李嵊慈《宋濂溪周元公先生集》文后多一句"而后之和而诋之者亦曰：'是不为老，必为禅。'"

"专趋货殖而重惑于'西鄙'之诃"，胥从化《濂溪志》、李嵊慈《宋濂溪周元公先生集》"惑"作"怖""诃"作"词"。"西鄙"，《春秋经·庄公十九年》："冬，齐人、宋人、陈人伐我西鄙"，《穀梁传》："其曰鄙，远之也"。

"一置其喙"，胥从化《濂溪志》、李嵊慈《宋濂溪周元公先生集》"喙"误作"啄"。

"将不知"，胥从化《濂溪志》、李嵊慈《宋濂溪周元公先生集》无"将"字。

"将伥焉"，胥从化《濂溪志》、李嵊慈《宋濂溪周元公先生集》"伥"作"伥伥"。

"某曩督楚学"，胥从化《濂溪志》、李嵊慈《宋濂溪周元公先生集》"某"作"直"。

"太平崔君某"，胥从化《濂溪志》、李嵊慈《宋濂溪周元公先生集》"太平崔君惟植"。崔惟植，号弘庵。字应德。清嘉庆《太平县志》卷六《遗爱》有传云："嘉靖戊午领乡荐，授永州府司理。民有冤狱坐重辟，植为雪，立释之。宁远萧斗山倡乱,植招其党吴湖等,千余人复业,而罪首遂获。两台皆曰:"才全楚。"徭役悉委裁酌,支费繁简,无不允。当黄蕲诸卫军士千余名侵饷,植厘剔之奸,弊顿除。获长沙巨盗葛缙民,以安枕摄道州篆。先是,民被水流亡者众,植为招徕安集之。捐俸重建周濂溪先生祠,尽复其旧址,又置田以助祭,重刻其文集。广西有豪民唐廷相,聚众争湖广零陵界,几倡乱。植不为动,俟其忿稍息,取其魁而严惩之,事遂解。转汝宁府同知。解组归,置义田以厚族,奉先杜门养望,桑梓仪型。"事迹又见嘉庆《宁国府志》卷二十四、光绪《重修安徽通志》卷一百八十九、光绪《道州志》卷七。《宋濂溪周元公先生集》万历二年崔惟植刻本,分十卷,《太极图说》《通书》为二卷,杂著一卷,附录七卷,较正德本增文二篇,书六篇,诗十八篇,而无年谱,首有丁懋儒、崔惟植、黄克俭序。

"先生冢孙",胥从化《濂溪志》、李嵊慈《宋濂溪周元公先生集》"冢"误作"家"。

"博士君周某,命其子生员某某走予山中",胥从化《濂溪志》、李嵊慈《宋濂溪周元公先生集》"周某"作"周道","某某"作"周联芳、周联官"。周道,周绣麟长子,承袭博士;周联官,周道子,承袭博士。见光绪《道州志》卷八《选举·恩荫》。

"且图复刻",胥从化《濂溪志》、李嵊慈《宋濂溪周元公先生集》文前有"州大夫罗君斗"一句。

《书经·大禹谟》:"人心惟危,道心惟微,惟精惟一,允执厥中。"胡直此文阐发周敦颐学术要旨,分析人心、道心之异,话语极重。其称"濂溪先生去孔孟千有余载","远与四代圣人异言同符",与《宋史·道学传》"千有余载,至宋中叶,周敦颐出于舂陵,乃得圣贤不传之学",大意相符。其归结在于一个"心"字,而兼及儒家与佛、老之辨。可知为胡直一篇重要的义理文章。

四 《道州濂溪先生楼田洞中家庙碑》

胡直《道州濂溪先生楼田洞中家庙碑》,据张昭炜先生编校《胡直集》抄录。全文如下:

> 御史大夫汝南赵公某抚楚之二年,自鄂渚行部,旋移旌钺,趋道州,谒濂溪先生故里。瞻家庙牿隘,屏在穹岩绝麓下,甚非所以妥神而苾祀也。怃然登降,得其故址楼田洞中,诹所部吏曰:"是地故笃生大贤,其果胜耶?"所部

进曰："地故称胜。"因举直曩谒时视所胜语符,公大悦。寻下所部出镪金若干,属永郡理官崔某成之。先是,直读元欧阳玄所撰祠记,称左龙右豸之胜。比承命督楚学,坐迫场事,弗遑躬阅。明年,自西粤归,乃取道谒拜先生里下,获寻故址,以左龙右豸验,则当面南离矣。然南面皆丛岭阒塞,靡足睹。若北眺则前之数里林林奇峰,列汉表可瞩州。大夫罗君进曰:"斗向视之,北眺审矣。"是当为右龙左豸,其庶几青乌家协。直因叹昔之君子或未躬阅,而相袭于传闻之淆,虽数百载其畴辨焉?然则学术之传以久而淆,亦何异之有哉!独直已去楚辖,力莫能复祠故处。罗君曰:"斗也窃愿就之。"寻即构庙堂一区,会觐行崔君摄守,慨然有表章作新之志。既奉公檄,殚力夙夜,与罗君先后增修正堂,并列五楹,中妥旧像,又前埤辟仪门大门,凿沼艺莲,以识遗爱。右居宗属,旁立学舍,蒐垣缭之,丹垩文之,垣之外故有五星墩,志载以为孕贤征表,成封土复焉。创始万历某年某月,至某年某月竣工。二君又捐饩金,买旁便腴田若干亩,畀先生家孙博士君某,世守供祀。曩见一荒区耳,今猝睹言言翼翼,朦朦鳞鳞,蔚乎阙里之亚观也。非独子孙,虽远近学士大夫忻忻奋跃,若复瞻仪刑,骏奔其侧,宛有生气,而公与二三君崇报夙心其酬矣夫。于是二三君暨博士君某、仲子某、季子某,将公之意走八百里以庙碑告执笔,且欲发先生绝学之概。直从雉发读先生书,将壮,浸闻父师训,始识先生"圣诚"之旨,"无欲"之功,越千百年独接尧、舜、孔、孟之绪,与后支末之学指夐。今皓首学未就,拜辱诸君命,益低回不能言。虽然,言未可易也。因撰叙始末,纳周氏伯季用复诸君,归加之石,永诏来者。若其故里山川之异,迁徙世系之详,暨公之德猷,二三君之懿政,则各有载志者存。

此文又见明胥从化《濂溪志》卷七《古今纪述》,及清周诰《濂溪志》卷四《祠墓》,道光己亥(1839)爱莲堂藏版。

此文标题,胥从化《濂溪志》题为《重建濂溪故居祠堂记》,周诰《濂溪志》题为《道州濂溪先生楼田庙宇碑》。

标题下署名,胥从化《濂溪志》为"万历三年,泰和胡直",周诰《濂溪志》为"学使胡直,太和"。

"御史大夫汝南赵公某",胥从化、周诰《濂溪志》"汝南"作"汝阳","赵公某"作"赵贤",时任湖广巡抚。《嘉庆重修一统志》卷二百十七:"赵贤,汝阳人,嘉靖进士。为户部主事,出监临清仓治辽东饷,皆励清操。历荆州知府,以治行闻。迁右佥都御史,巡抚湖广,画便宜十事,上之复奏行救荒四事。时张居正综核吏治,诸司振饬,贤特为巡抚冠。再抚山东,奏免积逋银米七十万。贤敏于政事,受知居正,以知府骤迁巡抚,人不以为私。终南京吏部尚书。"光绪《荆州府志》卷三十八:"赵贤,汝阳人。嘉靖四十五年知荆州府,政尚宽恕,志耽清苦。尝修学宫,月朔望谒见诸生,与谈经义。隆庆丁卯,郡大水,居民溺死者无算,或缘树升屋,等于巢居,贤各以舟济之。复人受以廛而发粟数百石廪之,活数万人。是冬,增筑堤防,民赖其利。时强藩巨猾结党肆焰,闾阎骚扰,贤阴召其猾而谕以利害,甚者稍翦除之,藩事败,皆安置远方,一郡肃清。明年江水溢,会大霖雨,黄滩将溃。贤止于其处,以身为万民请命。水稍缓,堤乃得立,民以为神。贤睹水害益重,欲开古穴口以杀江流,疏凡再上,不果行,民咸惜之。至今称循良者必首'徐赵'云。"乾隆《曲阜县志》卷三十:"(万历)戊寅,巡抚山东都御史赵贤以行部至曲阜,展谒庙廷,见其堂序齐室多所隳敝,因与监司守长计之。以为朝廷崇礼先师,尊无与亢,而圣迹所兴庙貌弗饬,非所以奉扬休德而昭示永远也。乃谋于巡按御史钱岱共图营葺,而前巡按御史王藻亦尝肇谋于先,至是两台议定。乃下计所司,榷材计程,庀徒揆日,群吏禀式,小大率从。经始于本年九月十五日,凡四月而竣工。"赵贤在道州,有《祭元公先生文》《濂溪祠记》《月岩诗》诸诗文,见光绪《永明县志》、光绪《道州志》及吴大榕《道国元公濂溪周夫子志》。

"怳然登降",周诰《濂溪志》"怳"作"慨"。

"是地故笃生大贤",周诰《濂溪志》"是"作"天"。

"曩谒时视所胜语符",似指胡直《舂陵三胜纪略序》。胥从化《濂溪志》"胜"误作"朦"。

"欧阳玄所撰祠记",即欧阳玄《道州路重修濂溪书院记》,见《圭斋文集》卷五,但文中未见"左龙山,右豸岭"。"左龙山,右豸岭"之说出自宋赵栉夫《濂溪小学记》,见《周元公集》卷六,又见胥从化《濂溪志》卷七。

"锾金若干",周诰《濂溪志》"锾"作"钱"。

"永郡理官崔某",胥从化、周诰《濂溪志》"崔某"作"崔惟值"。

"取道谒拜",周诰《濂溪志》无"拜"字。

"当面南离",周诰《濂溪志》"离"作"立"。按当作"立"。

"若北眆",胥从化《濂溪志》"眆"作"盼",周诰《濂溪志》"眆"作"行"。

"创始万历某年某月,至某年某月竣工",胥从化《濂溪志》、周诰《濂溪志》作"创始万历二年六月,至万历三年二月竣工"。

"冢孙博士君某,世守供祀",胥从化、周诰《濂溪志》"冢"误作"家","君某"作"君戒","戒"字属下读。"冢孙博士君"当指周道。

"今猝睹",胥从化、周诰《濂溪志》"今"作"一时"。

"二三君暨博士君某、仲子某、季子某",胥从化、周诰《濂溪志》"君某"作"君戒","戒"字仍属下读。"仲子某"作"仲子联芳",即周联芳。"季子某"作"季子联官",即周联官。

"与后支末之学指复",周诰《濂溪志》"复"误作"蔓"。周诰《濂溪志》"复"后有"别"字,按作"复别"义长。

"学未就",胥从化、周诰《濂溪志》"就"作"能"。

"言未可易也",胥从化、周诰《濂溪志》作"亦未易言也"。

"各有载志者存",周诰《濂溪志》文后有"万历四年岁次丙子孟夏之吉"一句。

此文称"先生'圣诚'之旨,'无欲'之功,越千百年独接尧、舜、孔、孟之绪",与《刻濂溪先生集序》称"唯独揭示圣道""而指其学圣之要","远与四代圣人异言同符",含义相近,都是对周敦颐的重要认同。

五 《三君修元公庙颂》

胡直《三君修元公庙颂》,据张昭炜先生编校《胡直集》抄录。全文如下:

方予寻元公罗田旧址,属州大夫罗君某祠之。退,伏念今肉食君子,缤缤多便文自营。有能核簿牒、严期约、不瘝事者,十不一二矣;有能急隐瘼、剔蠹羡、不瘝民者,百不一二矣;有能崇学术、笃风教、不瘝士者,千不一二矣。予虽云然,畴克如予指?乃不知州大夫果遂营庙宇一区。既行觐,永郡理官崔君来摄,慨焉作新。会领巡抚赵公檄,乃复大构。语具予所撰《家庙碑》中。二君又买近田若干亩,畀公家孙博士君某,世守供祀。崔君又刻公集郡斋中,皆出予画外。先是,永明邑令何君念永明去道州故里最迩,已请废寺崇构仰濂书院,配用二程先生,存国故以兴邦人,意勤勤著矣。赵公已自为文载碑,故不详言。赵公又檄何君更修道州城内庙,亦大壮固,咸别有述。要此三君者,非笃意风教、有味乎元公学术者,其乌能成哉!世求之千不一二,而环百里中遽有其三,可不谓幸事快睹哉!博士君某以书抵予曰:"崔君名某,字某,太平人。罗君名某,字某,家铜仁,其先清江人。何君名某,字某,简州人。三君于风教固殷,其不瘝事与民,莫不称良

云。"予既谢病治农,不与闻激扬,乃为作颂。颂曰:

> 道国甫甫,舂陵颙颙。月岩濂水,罗田之宫。五星奠隩,左豸右龙。绾结九嶷,羽翼祝融。是日岳降,笃生元公。遹溯精一,近嗣中庸。炳幾握要,无欲为功。施之公溥,中实明通。至理溢焉,奚必外穷。三纲九法,以叙以从。既殊寂灭,亦异玄同。辟天开地,如夜斯瞳。启程夫子,如日斯中。公鹫帝右,故里攸空。后几百祺,化为荆蓬。狐豕傶傶,麀鹿攸丛。肉食者鄙,畴哉是崇。显显三君,眠焉惕衷。赵公既唱,三君同风。五峰之柏,三浯之松。是断是度,是作是封。荒忽荟蔚,会朝穹隆。枚枚寝庙,神罔时恫。煌煌讲堂,趋者雍容。春祀秋尝,子孙枞枞。士者之来,乃绎乃宗。斯文之起,繇系繇隆。匪自三君,畴哉是功。外无蔽政,内为道帅。倬倬碢碢,颂辞匪丰。

此文又见明胥从化《濂溪志》卷八《古今题咏》,及明李嵊慈《宋濂溪周元公先生集》卷十《古今题咏》,清吴大镕《道光元公濂溪周夫子志》卷十五《古今艺文志》,清康熙二十四年(1685)刻本。又明李桢《濂溪志》,万历二十一年(1593)刊本,序删,仅存颂。

此文标题,胥从化《濂溪志》、李嵊慈《宋濂溪周元公先生集》、李桢《濂溪志》题为《重修濂溪书院三君颂》,吴大镕修《道光元公濂溪周夫子志》题为《重修濂溪书院颂》。

此文署名,胥从化《濂溪志》、李嵊慈《宋濂溪周元公先生集》、李桢《濂溪志》为"万历四年胡直",吴大镕《道光元公濂溪周夫子志》目录为"万历三年胡直,学使",正文为"万历三年,序删"。

"罗田旧址",胥从化《濂溪志》、李嵊慈《宋濂溪周元公先生集》、李桢《濂溪志》"罗田"作"楼田"。按当作"楼田"。

"属州大夫罗君某",胥从化《濂溪志》、李嵊慈《宋濂溪周元公先生集》无"某"字。"罗君某"即罗斗。

"乃不知州大夫",胥从化《濂溪志》、李嵊慈《宋濂溪周元公先生集》"大"误作"人"。

"既行觐",胥从化《濂溪志》、李嵊慈《宋濂溪周元公先生集》、李桢《濂溪志》"行觐"作"觐行"。

"慨焉作新",胥从化《濂溪志》、李嵊慈《宋濂溪周元公先生集》、李桢《濂溪志》"焉"作"然"。

"二君又买近田",胥从化《濂溪志》、李嵊慈《宋濂溪周元公先生集》、李桢《濂溪志》"买"作"置"。

"畀公家孙博士君某",胥从化《濂溪志》作"冢"、李嵊慈《宋濂溪周元公先生集》、李桢《濂溪志》误作"家"。

"博士君某以书抵予",胥从化《濂溪志》、李嵊慈《宋濂溪周元公先生集》、李桢《濂溪志》"君某"作"君道",即"周道"。

"意勤勤著矣",胥从化《濂溪志》、李嵊慈《宋濂溪周元公先生集》、李桢《濂溪志》"勤勤"作"劬劬"。胥从化《濂溪志》、李嵊慈《宋濂溪周元公先生集》、李桢《濂溪志》"著"作"殷"。

"故不详言",胥从化《濂溪志》、李嵊慈《宋濂溪周元公先生集》、李桢《濂溪志》"故"字前有"余"字。胥从化《濂溪志》、李嵊慈《宋濂溪周元公先生集》、李桢《濂溪志》"言"作"著"。

"道州城内庙",胥从化《濂溪志》、李嵊慈《宋濂溪周元公先生集》"内"后有"旧"字。

"其乌能成哉",胥从化《濂溪志》、李嵊慈《宋濂溪周元公先生集》、李桢《濂溪志》无"哉"字。

"崔君名某,字某",胥从化《濂溪志》、李嵊慈《宋濂溪周元公先生集》、李桢《濂溪志》"崔君名某"作"崔君名惟植,字应德"。

"罗君名某,字某",胥从化《濂溪志》、李嵊慈《宋濂溪周元公先生集》、李桢《濂溪志》作"罗君名斗,字汝南"。

"家铜仁,其先清江人",胥从化《濂溪志》、李嵊慈《宋濂溪周元公先生集》、李桢《濂溪志》"清江"作"高安"。

"何君名某,字某",胥从化《濂溪志》、李嵊慈《宋濂溪周元公先生集》、李桢《濂溪志》作"何君名守拙,字子工"。何守拙,字望湖,四川简州人。光绪《永明县志》卷三十有传云:"少从大学士赵贞吉讲学,贞吉学流于禅,守拙较平实,颇斥释老。隆庆三年,以岁贡考取为永明令。贞古已入阁,有重望大吏,亦善视守拙。守拙得以发摅其才,凡所为毅然行之,皆克有成。万历三年立仰濂祠,以祀周子,申免宋周尧卿裔丁役。公暇与县士徐时述蒲以慎讲学,因以稔知县中利病,县以大治。在官八年,都御史赵贤荐升云南禄劝州知州。前令何朝佩有治绩,守拙志而刊于甘棠之石。"事迹又见康熙《永州府志》卷九、康熙《永明县志》

卷四、道光《永州府志》卷六、光绪《永明县志》卷九。

"不与闻激扬",胥从化《濂溪志》、李嵊慈《宋濂溪周元公先生集》、李桢《濂溪志》后有"事"字。

"罗田之宫",胥从化《濂溪志》、李嵊慈《宋濂溪周元公先生集》、李桢《濂溪志》,吴大镕《道光元公濂溪周夫子志》"罗田"作"楼田"。按当作"楼田"。

"绾结九嶷",胥从化《濂溪志》、李嵊慈《宋濂溪周元公先生集》、李桢《濂溪志》,吴大镕《道光元公濂溪周夫子志》"嶷"作"疑"。

"至理溢焉",胥从化《濂溪志》、李嵊慈《宋濂溪周元公先生集》、李桢《濂溪志》,吴大镕《道光元公濂溪周夫子志》"内溢"作"溢焉"。

"故里攸空",李桢《濂溪志》"故"误作"启"。

"显显三君",吴大镕《道光元公濂溪周夫子志》有注:"永州司理崔惟植、道州牧罗斗、永明令何守拙。"

"眠焉惕衷",李桢《濂溪志》"衷"误作"表"。

"赵公既唱",吴大镕《道光元公濂溪周夫子志》有注:"名贤,湖广抚军。"

"枚枚寝庙",李桢《濂溪志》"寝"误作"浸"。

"颂辞匪丰",吴大镕《道光元公濂溪周夫子志》"辞"作"词"。

清康熙《永明县志》卷九载赵贤《濂溪祠记》,又见道光《永州府志》卷六、光绪《永明县志》卷四十六,即此文所云"赵公已自为文载碑",所述与胡直《三君修元公庙颂》相应,可以互见。赵贤《濂溪祠记》云:"周元公濂溪先生,道州营道人,今永明为道州属邑,志称古营地道云。岁甲戌,余观民至道州谒先生祠下,读朱文公记先生事,郁乎详哉!乃永明令何守拙则进而请曰:'先生里居去邑甚迩,而邑人又多先生族姓,邑中又有先生所常游览之处,乌得无专祠祀先生如州也?邑庠之旁有浮屠氏废宫,请即其地建仰濂祠,以系邑人之思。'余曰可。久之祠成,乃问记,余曰:此礼也,孔门记之矣。《记》曰:'释奠必有合,有国故则否。'所谓合者,释奠先师,合邻国而记之也。国故者,国之昔人,可以为师,有是人则不必远取合祀也。於乎!先王之制,达人情矣。古者仕不出国,其政与教皆国人耳目所睹闻也,取其昔尝闻之人以为之师,则政教之成宪未坠。揭其所尊信而示之范,本其所素习而要其成,此先王之教所以易行而政易举也。后世则不然,仕者既远于其国,而所仕之国或有国故耳。师者又不即谘省举以从祀,则博士诸生何所瞻效也?乃今永明有仰濂祠,非即古者祀国故之意欤?先生挺起春陵,绍孟氏之绝学,开宋代之文明,汉以后千五百年儒者所仅见,谓之国故,谁云不宜! 夫既先生为国故,则将仰之为师,究心先生之学,岂但假饰剿猎乎国故之名以为邑庠之光,乃于政与教无关哉? 先生尝令桂阳矣,判永州郡倅矣。三任在楚域,与古之仕于国者不甚异。而其政与教不独载之往牒,为有司与诸生所睹闻也,即田畎间妇,舆儓市贩,亦莫不颂说先生而敬慕焉。乃有司与诸生或假饰剿猎,不能究心先生之学,而徒以俎豆事先生,则不惟无益于政与教,且先生辱矣,不将为田畎间妇、舆儓市贩所訾议乎?《诗》曰:'高山仰止,景行行止。' 太史公述以赞孔子而继之曰:'虽不能至,心窃乡往之。'夫心窃乡往,而不举足登焉,徒仰耳。'仰濂'者,亦在乎勉之而已! 祠经始于万历三年三月,其年十月落成,记作于五年正月。"

参考文献:

[1]何静.远绍周敦颐的阳明心学[J].浙江社会科学,2011,(8).

[2]张昭炜.编校说明[A].胡直集[M].上海:上海古籍出版社, 2015.

[3]张昭炜.胡庐山博约仁说[J].中国哲学史,2008,(3).

[4]张昭炜.胡庐山学旨、行实及著述略述[A].南昌大学江右哲学研究中心.赣文化研究:总14 期[C].南昌:江西人民出版社, 2008.

(原载 2016 年第 7 期,作者单位:湖南科技学院)

阳明后学颜鲸与濂溪故里

❋ 刘　姝

一　颜鲸生平概述

颜鲸(1514－1589)，字应雷，号冲宇，浙江慈谿人。颜鲸少而好学，极慕古圣贤之学，又不落窠臼，往往离训诂自为洞解，师奇之。后学于山阴王畿，为阳明第二代弟子。嘉靖三十五年(1556)，颜鲸举进士，授官行人，擢御史，出视仓场。奸人马汉仗定国公势，大放贷子钱，百姓不堪其苦，颜鲸秉公执法，将其处死。嘉靖四十二年(1563)，出按河南，伊王朱典楧勾结严嵩父子作恶，颜鲸与参政耿随卿合计取得罪证，使会同巡抚胡尧臣弹劾之，帝震怒，废伊王为庶人，百姓欢庆鼓舞。景王越界夺民地，颜鲸捕其爪牙论罪处理。魏国公假借皇上赐名的树碑侵占民产，颜鲸罚其戍边。颜鲸后改任督畿辅学政，因在朝堂之上替大与知县高世儒辩白触怒皇帝，被贬湖南郴州安仁县。隆庆元年(1567)，颜鲸任湖广提学副使，因试恩贡生之失受权臣张居正指责，降为山东参议。后又改为太仆寺少卿，都御史海瑞向上进言推荐颜鲸，却没有回音。万历年间，朝廷中外有十多封奏章推荐颜鲸，但颜鲸终究没有被启用，仅以湖广提学副使致仕。

颜鲸为学勤勉，为官公正，为人正直。颜鲸既没，后世之人对于颜鲸的评价凡为嘉奖、褒奖之辞多不胜数，且又大同小异，笔者甄选以下几则。

《明儒学案》附案：

> 颜鲸，字应雷，号冲宇，宁之慈谿人。嘉靖丙辰进士。授行人。选为御史，巡按河南。华亭以伊庶人事嘱之，先生不动声色，卒定其乱。海忠介下狱，特疏救之。沈青霞冤死，拔其子襄于太学。出提学政，先风化而后文艺。在楚则忤江陵，在中州则忤新郑，其守正如此。邹南皋曰："予读先生所论孔、孟、颜、曾，及《原人》《原性》诸语，其学以求仁为宗，以默坐澄心为入门，

以践履操修为见性,而妙于慎独,极于默识。既殚厥心矣,而总于悟格物之旨尽之。世儒以一事一物为物,而先生以通天下国家为物为格。其力久,故其悟深。其悟深,故其用周。真从困衡中入,而非以意识承当之者。"先师蕺山曰:"先生于学问头脑,已窥见其大意,故所至树立磊落。"先生与许敬庵皆谈格物之学,敬庵有见于一物不容之体,先生有见于万物皆备之体。盖相反而相成者,总之不落训诂窠臼者也。

　　按五峰书院建自永康程养之先生粹。先生弱冠为诸生,往姚江受业阳明之门,归即建之。有讼其建淫祠、倡伪学于御史台者,被黜,且毁院。越数年,而邑绅士诸御史言状,复之。仍建祠祀文成,讲学,年八十八。其讲学于兹者,应、周、卢、杜四先生而外,尚有礼部尚书程舜敷先生文德,大理寺李侯璧先生珫,陈仲新先生时芳。性从王崇炳《金华徵献录》中得之。又黄子亲笔原本载有颜冲宇先生鲸传,谨附见于后。

黄宗羲《明儒学案》附案为后世郑性所整理,郑性平生极为推崇黄宗羲之学,黄子既没,郑性云:"黄子亲笔原本载有颜冲宇先生鲸传,谨附见于后。""亲笔"二字,能看出黄宗羲对于颜鲸的重视。

　　康熙《二浙通志》卷三十二《人物二》:

　　　　论者谓其理学似王文成,刚直似海忠介,清贞似薛文清,卓荦似刘忠宣。

王文成即王阳明。海忠介即海瑞,以刚正不阿,直言敢谏而颇负盛名。薛文清即薛瑄,是明代著名的理学家,河东学派的创始人。刘忠宣即刘大夏,他诗文出众,文采超凡,卓尔不群。这句话中说颜鲸同时具备了此三人的优点,是相当高的评价。

　　天启《慈溪县志》卷八:

　　　　鲸克孝似子舆,直谏似长孺,风节似元礼,文章论议似敬舆,亦似子瞻。虽不获尽其用,而社稷功亦伟矣。

子舆即曾参。长孺即汲黯,为西汉名臣,以其好直谏廷诤,汉武帝称其为"社稷之臣"。元礼即李膺,东汉名士,以洁身守礼,刚正不阿而名扬天下。敬舆即陆贽,中唐著名中唐著名政治家、文学家、政论家,工于诗文,尤长于制诰政论。子瞻即苏轼。

　　明邹元标撰《颜鲸墓志铭》(光绪《慈溪县志》卷四十五):

　　　　伟贤颜公,东鲁苗裔,崛起文溪,郁为名世。峨峨豸冠,直躬正色,澄之不清,挠之不忐。何物淮南,敢尔为妖?请剑上方,氛祲全消。畿甸中州,咸布惠流,所去见思,所至民讴。铎振南北,化行若驰,流风蕴义,代有余思。妙契格物,千圣同宗,匪曰意度,力贯心通。返其初服,式开来学,处世若超,岿然先觉。未竟其用,不用斯全,彼佞倖者,视公孰传。学宗无意?前有慈湖,吁嗟我公,与古为徒。勒子铭辞,过者式坟,一脉未泯,绵绵若存。

邹元标为颜鲸所撰墓志铭中"东鲁苗裔"一句与传言颜鲸祖籍为山东曲阜相吻合。

颜鲸所作《冲宇集》已佚,清裘琏作《序》(光绪《慈溪县志》卷四十七)略云:

> 公气刚性介,不附权近,故虽入为台谏,出掌文衡,而龃龉厄塞,终于外卿,不得一日立朝廷之上,以资启沃,以作霖雨,此其可扼腕痛悼而为明君贤相望治者惜也。公既乞休,啸歌泉石,日与诸生讲学文溪,闲以其暇作为诗歌,即今集中所载者也。公曾孙诸生溶受业于予,将衷公集而梓之,属为序,予自惟后生末学,安能序公文?公道德事功守先启后,天下莫不知,而其文根柢六经,穿穴百家,又将垂世行远无疑,则予固皆可以不言,而独序公出处大节如此。呜呼!如公者,夫孰使之不得大行其道也哉?

裘琏字殷玉,一字蔗村,号废莪子,学者称横山先生,浙江慈谿人,为黄宗羲弟子。序文中另有将颜鲸与王阳明、陆贽、韩愈、贾谊并提,可见裘琏对颜鲸的高度赞扬。

从以上几条略可窥见后世对于颜鲸的态度,无论为官、为人还是为学,颜鲸都是被后世之人所肯定和褒扬的。

二 月岩颜鲸诗刻

颜鲸如舂陵,祭濂溪先生,作《谒濂溪祠》《游故里》《谒元公祭文》两诗一文,亦在月岩留有诗刻。

月岩位于湖南永州道县城西二十公里,是自然景观与人文景观的完美结合,它不仅以其独特的自然风光为人称颂,更以其现存的数量众多的宋、明至民国的摩崖石刻而为人知晓。

颜鲸游月岩诗刻位于月岩下弦月的上洞中央,此诗刻旁还有隆庆三年(1569)永州府通判闪应霱游月岩诗刻。石刻长105公分,宽为60公分。全诗共

五十六字,题款九字,字体为楷体,端正清晰,清秀质朴。全文如下:

> 浑沦一窍自天来,参两分明此地开。象帝久知人世罔,真机端有化工
> 裁。盈虚弦望犹凡眼,闲静空明是圣胎。独有舂陵神解后,乾坤无处不
> 舂台。

> 隆庆戊辰,慈谿颜鲸题。

此诗又见明胥从化《濂溪志》卷八《古今题咏》,明万历二十一年(1593)刻本;及
明李桢《濂溪志》卷七《古今题咏》,明万历二十一年(1593)重刊本。此诗标题,
胥从化《濂溪志》、李桢《濂溪志》题为《游月岩》。"浑沦",胥从化《濂溪志》、李
桢《濂溪志》"浑沦"作"混沌"。"真机端有化工裁",胥从化《濂溪志》、李桢《濂
溪志》作"真畿端有画土裁",盖误。

此诗题款中"隆庆戊辰"即为隆庆二年(1568),据《南岳志》第三篇《石刻》
记载,是年颜鲸曾游南岳,亦留有石刻:"伏象朝真。4 字,每字 35 公分见方,行
书横刻,字在高台寺侧念庵松下坪中。款署:隆庆戊辰(1568)提学颜鲸题。"[1]
可知颜鲸的游月岩诗刻与南岳"伏象朝真"石刻为同年所作,应当作于颜鲸初到
湖南之时。

游月岩诗首联中"浑沦",意同"混沌"。"一窍"应指月岩洞,"参两分明"是
指万物生发的过程,老子认为宇宙形成之初是从一片"混沌"开始的,《道德经》
第四十二章曰:"道生一,一生二,二生三,三生万物。""参两分明"其意与之略
同。又周敦颐著《太极图说》,亦表达了这种"混沌",认为静止的,没有方向,没
有时间,不存在具体形态的状态为"无极",之后经过了逐渐的演变,形成今天宇
宙不停运动,不停变化,具体形象的面貌,这个发展过程就称为"太极"。这一句
讲述月岩与天地同时化生,钟灵毓秀,鬼斧神工,同时也一语双关地称美濂溪先
生思想、理论的深度,堪称开天辟地第一人。颔联中"象帝"一词指天帝,此句既
指天帝造物之神异,亦指周敦颐在理学上的开创如同天帝造物一样伟大。颈联
中"盈虚"二字背后颇有故事。据《周子全书·周敦颐年谱》记载,周敦颐少年时
读书于月岩,因对月岩的如同月相变化一样的奇异景观有所感受,最终由月相的
盈亏悟出了哲学中"动静""盈虚"的概念,创作了闻名于世的《太极图说》。颜鲸
言自身为"凡眼",不能像周子一般静坐月岩悟道,又赞誉周子为"圣胎"。明王
守仁《传习录》卷上:"只念念要存天理,即是立志;能不忘乎此,久即自然心中凝
聚,犹道家所谓结圣胎也。"可见这是一种极高的境界。由此可知,颜鲸为阳明

第二代弟子,但对于周敦颐的学说及思想也颇为肯定,认为周敦颐有极高的思想境界。尾联中"神解"意为濂溪先生悟性过人,聪慧绝伦,先生悟道之后,"乾坤无处不春台","春台"典出老子《道德经》第二十章:"众人熙熙,如享太牢,如春登台。"是为春日登台眺望美景之意,有舒畅惬意之感。尾联表达了周子的思想对于后世影响的深远,遍满乾坤,使世间清明。

颜鲸整首诗的字里行间充满了对周子的赞誉之情。事实上,《游月岩》并不是颜鲸所作的唯一一首关于濂溪先生的诗。

三 颜鲸与濂溪故里

除上文《游月岩》一诗,颜鲸在濂溪故里另作有《谒濂溪祠》《游故里》《谒元公祭文》两诗一文。

明胥从化《濂溪志》卷九收录《谒濂溪祠》全诗如下:

> 先生崛起千年后,我后先生五百年。风月人间几光霁,溪流漾碧汲虚妍。春庭瑶草满前绿,玉渊金井生瑞莲。分明天地有至教,仁体流行无间然。万物本来备于我,圣学玄微谁的传。人心静处妙元化,太空孤月澄百川。有无之间是真觉,镜台郭郭犹尘诠。春陵先生包羲氏,作圣一要开先天。浮生已逾五十载,意绪忽忽真堪怜。偶过祠下荐明藻.愧汗种种流如泉。不观断臂面壁者,异氏苦行何独坚。身亦儒冠号男子,灵台久旷甘拘缠。从今一洗欲根净,廓宇澄明希昔贤。

此诗又见明李桢《濂溪志》卷七《古今题咏》,及清吴大镕《道国元公濂溪周夫子志》卷十五,康熙二十四年(1685)镌,三寒吴崇鼎先生新修,凝翠轩藏板;清周诰《濂溪遗芳集》,道光己亥年(1839)刻本。"溪流漾碧汲虚妍",吴大镕《道国元公濂溪周夫子志》、周诰《濂溪遗芳集》"汲"作"涵"。"圣学玄微谁的传",周诰《濂溪遗芳集》"玄"作"元"。"太空孤月澄百川",吴大镕《道国元公濂溪周夫子志》、周诰《濂溪遗芳集》"澄"作"映"。"春陵先生包羲氏",吴大镕《道国元公濂溪周夫子志》"包羲"作"庖牺"。"从今一洗欲根净",吴大镕《道国元公濂溪周夫子志》、周诰《濂溪遗芳集》"欲"作"尘"。

全诗引经据典,句句表明了对周元公的赞赏。如"春庭瑶草满前绿,玉渊金井生瑞莲。"中"瑶草"为神话传说中的一种仙草,又有传说周敦颐窗前长满杂草,却从不去拔除,人问之,回曰:"与自家意思一般。"此句中可能也含此理趣。"玉渊"一词见于《尸子》卷下:"玉渊之中,骊龙蟠焉,领下有珠。"又有左思《吴都赋》:"玩其碛砾而不窥玉渊者,未知骊龙之所蟠也。"刘逵注曰:"玉渊,水深之处,美玉所出也。"此句运用"春庭""瑶草""玉渊"等大量美好绮丽的意象,又以"瑞莲"暗喻濂溪先生,表明了颜鲸对周敦颐的极力推崇。"至教"一词表明了颜鲸认为周敦颐的思想给予了后世人最好的教导,"仁体"一词意为仁爱的本旨,又北宋程明道,周敦颐的弟子,最先指出仁体:"学者识得仁体,实有诸己,只要义理栽培。如求经义,皆是栽培之意。""万物本来备于我",出自《孟子·尽心上》:"万物皆备于我矣。"后南宋陆九渊对这句话进行了延伸和发展,认为"宇宙是吾心,吾心便是宇宙。",陆九渊的思想近乎于程明道,虽于濂溪先生之学说不尽相同,但言其学说出自于濂溪一脉也未必不可。"春陵先生包羲氏,作圣一要开先天。"此句中"包羲氏"指伏羲,为华夏民族记录的最早的创世神之一,颜鲸将周敦颐与伏羲并提,可见周敦颐在颜鲸心中的地位之高。

本诗运用了大量美好的辞藻来赞美濂溪先生,诗的后半部分颜鲸又联想到自身,年过五十却"意绪忽忽",这侧面反映了颜鲸一生仕途上的坎坷失意。但拜谒过濂溪祠之后,有感于圣人先贤,身心有所顿悟,郁结有所纾解,希望从此放下"欲根"。

颜鲸另有《游故里》一诗见于胥从化《濂溪志》卷八《古今题咏》:

> 溪流曲曲抱平村,父老犹传故里门。四面佳山如立壁,一川霁月尚盈轩。野桥烟树曾游钓,邹峄昌平共俎尊。为叩道源来特地,石台芳草两忘言。

此诗又见李桢《濂溪志》卷七《古今题咏》,及吴大镕《道国元公濂溪周夫子志》卷十五、光绪《道州志》卷七,清光绪四年刻本。

这首诗相对于《游月岩》和《谒濂溪祠》两诗,较为通俗易懂,语言质朴自然。颈联"邹峄昌平共俎尊","邹峄"一词代指孟子,"昌平",为昌平山,位于孔子的故乡山东曲阜,所以"昌平"应代指孔子,后世之人称周敦颐的学说"上承孔孟,下启朱程",此句中颜鲸将周敦颐与孔孟并提,充分肯定了周敦颐的思想在儒学上的地位。尾联中的"石台芳草两忘言"是指游濂溪故里让颜鲸有所感悟,前二联中所说的美景在他眼中竟平淡无味了,又不知此句是否出于陶潜"欲辨已忘言"之灵感,虽是无言,更胜有言,情感真挚,耐人寻味。

颜鲸祭祀濂溪先生,有《谒元公祭文》,收录于胥从化《濂溪志》卷九《古今祭谒》,全文如下:

> 皇帝即位之二年,是为隆庆戊辰,慈谿颜鲸提学楚藩,以六月庚辰行部至于湖南,由永郡竣事趋郴州,道出舂陵,谨斋祓用牲释奠于宋大儒周元公濂溪先生之祠,曰:"於乎! 先生生千载绝学之后,而能超然默契圣人不传之秘,主静两言,无欲一要,直截易简,昭如日星。於乎! 小子乃其以形骸尔我之私劳劳焉,终身战于烦恼醉梦之场,真先生之罪人也。修之则吉,悖之则凶。心为太极,汝将焉从。圣凡平等,天地同宗。敬述斯言,用告群蒙,而以质夫先生。尚飨!

此文又见李桢《濂溪志》卷八《古今祭谒》、明周沈珂《周元公集》卷八,文渊阁《四库全书》本。"提学",周沈珂《周元公集》"提"作"视"。"於乎",周沈珂《周元公集》"乎"作"呼"。"小子乃其以形骸尔我之私劳劳焉",周沈珂《周元公集》"其"作"甘"。

此文中颜鲸详细地交代了祭濂溪先生的背景。从文中可以看出,时为隆庆二年(1568)六月庚辰,颜鲸此次怀着十分庄严肃穆的心情祭祀濂溪先生。"斋祓"为洁身斋戒之意,"释奠"一词出自于《礼记·王制》:"出征执有罪,反释奠于学,以讯馘告。"为古代祭奠先圣的一种礼仪。由此可见颜鲸礼数周到,准备充分,"谨"字更是突出了他小心翼翼、将祭祀濂溪先生看做头等大事的心情。后又夸赞濂溪先生"昭如日星",并且联想到自身困于"烦恼醉梦之场",没有修先生之道,不禁感到羞愧难当,可见颜鲸对周敦颐的推崇。

以上诗文,足见颜鲸对周敦颐的仰慕之深。颜鲸作此诗文时,元公已仙逝近五百年,由此亦可知元公的思想对后世影响之深远。

四 颜鲸的湖湘其他留顾

明徐象梅《两浙名贤录》卷二十记载颜鲸:"(隆庆)二年四月,校士湖南,宿云溪馆,悟格物之旨。游南岳,著《祀南岳文》;如舂陵,祭濂溪先生;过宁远,著《舜陵辨》。九月,至长沙偕诸生游岳麓,大合一十三校之士、郡邑大夫、诸学博士,会于岳麓。席地旁列,陈诗雅歌,发明心体。十月,还武昌,斥伍大夫员不得祀。复大会诸生于濂溪书院,论孔颜曾孟,著《原性订学》诸篇。"由此可见,颜鲸于湖南的著述颇为丰富，且以孔孟儒学为主，《祀南岳文》与《原性订学篇》虽已散佚于世而不得见，余下诸篇皆在各方志中有所呈现。《舜陵辨》即见于隆庆《永州府志》卷十。

《岳麓书院志》记载颜鲸有《偕诸生游岳麓》诗二首：

> 其一
>
> 群英从我渡沧浪，破晓江乡日欲黄。抱膝山中空管乐，开帘树底见潇湘。人文楚泽星辰合，胸次舂陵风月光。自笑腐儒疏脱甚，只闻尘世亦羲皇。
>
> 其二
>
> 碧树高林屋数楹，远从开宝到皇明。斯文一派关兴废，吾道千年属治平。山作衡云和榻静，座移江月照人清。偶来竹下歌苄域，七十峰头击壤声。[2]

《偕诸生游岳麓》之其一第四句中"潇湘"一词，出自于《山海经·中山径》言湘水"帝之二女居之，是常游于江渊。澧沅之风，交潇湘之渊"，是为潇水与湘水的合称。第六句中"舂陵"一词指周敦颐，《宋史·道学传》曰："周敦颐出于舂陵，乃得圣贤不传之学，作《太极图说》《通书》，推明阴阳五行之理，命于天而性于人者，了若指掌。""风月光"出自于宋黄庭坚《濂溪诗序》："舂陵周茂叔，人品甚高，胸怀洒落，如光霁月。"

其二第四句中"吾道"指儒道，表达了颜鲸遵从儒道的精神。最后一句中的"击壤"，出自《帝王世纪》："帝尧之世，天下大和，百姓无事，有八九十老人击壤而歌。"

从上述诗文，我们不难发现，颜鲸每到湖南各地，但凡有先贤圣人之旧迹，他都乐于追溯源流，往往有感而发，参悟真道。虽颜鲸仕途坎坷，壮志未酬，但处于困苦穷厄之境但仍不忘其本心，是谓儒家所信奉的"安贫乐道"之精神也。

颜鲸游月岩诗刻、《谒濂溪祠》《游故里》《谒元公祭文》及湖湘其他留顾诗文，具有一定的哲学义理，表达了对理学开山周敦颐的景仰之情，在一定程度上反映了晚明时期理学家对于濂溪一脉的景仰，代表了阳明后学对濂学的尊崇。

参考文献：

[1]湖南地方志编纂委员会.南岳志[Z].长沙:湖南出版社，1996:106.

[2][明]吴道行,[清]赵宁.岳麓书院志[Z].邓洪波,杨代春,校点.长沙:岳麓书社,2012:356.

（原载 2017 年第 4 期,作者单位:湖南科技学院）

陈垲与濂溪故里

✱ 屈梦君

一 陈垲其人

陈垲,字山甫,号宅平,又号紫墩居士、宛委山人。浙江余姚人,余姚旧属绍兴,故有说垲为绍兴人。生于弘治十五年(1502)卒于万历十六年(1588),享年87 岁。正德十四年(1519)十八岁举乡试,嘉靖十一年(1532)三十岁中进士。官至湖广右参政。生性好古,风骨清高,为官数十年,家无长物,能诗文,善书法。

陈有年《陈恭介公文集》卷八《大中大夫湖广右参政紫墩陈公行状》:"陈垲诗文尔雅,书法亦精,尝为人跋《智永千文》。"

褚纳新《姚江义门陈氏》:"陈垲不但为官坦荡,而且诗文尔雅,书法精良,曾为人题跋《智永千文》。张居正闻陈垲书名,托人持赝帖求跋。陈垲笑曰:'昔人谓孔光不识进退字,张禹不识刚正字,许敬宗不识忠孝字,字柳宗元不识节义字,今江陵(张居正)兼之,宁识我字耶? 竟不为跋。'"[1]349 又说:"陈垲生性好古,风骨清高,为官数十年,家无长物,清贫如洗。"[1]339

瞿冕良《中国古籍版刻辞典》:"陈垲,字山甫……诗文平易近人。嘉靖二十五年(1546)刻印过赵妫谦《学范》2 卷。嘉靖二十六年(1547)刻印过汉袁康《越绝书》15 卷(10 行 22 字)。"[2]332

潘荣胜《明清进士录》:"陈垲(1502 – 1588)明嘉靖十一年(1532)三甲五名进士。……由行人改南京吏科给事中。劾武定侯郭勋骄恣,又劾严嵩奸贪。出为湖广参议。转右参政,致仕。能诗文,善书法。有《受绌稿》。"[3]390

朱国祯《涌幢小品》:"崖山旧有石勒云'元大将张弘范灭宋于此'嘉靖中,督学陈垲磨去之,改曰'宋少帝及其臣陆秀夫死国于此',并篆文丞相《正气歌》,立碑于五坡岭。吾友区海目有诗云:'崖无灭宋字,涛有撼胡声。'垲字山甫,号宅平,绍兴人。官参政,严分宜恶之,嗾其党杨以诚劾退之。居林下四十年,卒年八

十有七,子孙藩盛。"[4]卷二十

(一)陈垲名号

陈垲,文献或误作陈瑾、陈瑆、陈嵦。

陈垲在月岩与朝阳岩的亲笔题名为"陈垲"(详后)。

《明史·严嵩传》(武英殿本)中记载是"陈垲":"嵩无他才略,惟一意媚上。窃权罔利,帝英察自信,果刑戮颇护己短。嵩以故得因事激帝怒,状害人以成其私。张经、李天宠、王忬之死,嵩皆有力焉。前后劾嵩、世蕃者,谢瑜、叶经、童汉臣、赵锦、王宗茂、何维柏、王晔、陈垲、厉汝进、沈炼、徐学诗、杨继盛、周鈇、吴时来、张翀、董传策,皆被谴。经炼用他过,置之死。继盛附张经疏尾杀之。他所不悦,假迁除考察以斥者,甚众皆未尝有迹也。"

但《明史·王晔传》(武英殿本)将陈垲误作"陈瑆":"二十年九月偕同官上言:'外寇陆梁,本兵张瓒及总督尚书樊继祖、新迁侍郎费寀不堪重寄。'帝下其章于所司。居两月,复劾瓒,因及礼部尚书严嵩、总督侍郎胡守中,与巨奸郭勋相结纳。嵩所居第宅,则勋私人代营之。逾月,御史伊敏生、郑芸、陈策亦云嵩居宅乃勋私人孙濙所居,濙籍没,嵩第应在籍中。帝怒,夺敏生等俸一级。嵩不问,而守中竟由晔疏获罪。明年秋,嵩入内阁。吏科都给事中沈良才、御史喻时等交章劾嵩。逾月,山西巡按童汉臣章上。又逾月,晔与同官陈瑆、御史陈绍等章亦上。"

倪涛《六艺之一录》一书中错记为"陈嵦":"陈嵦,字山甫,别号宅平,又称紫微居士,嘉靖壬辰进士。"

《古今图书集成·明伦汇编》王晔传中将陈垲误作"陈瑾":"晔字韬孟,金坛人。嘉靖十四年进士,授吉安推官。召拜南京吏科给事中,二十年九月偕同官上言外寇陆梁本兵张瓒及总督尚书樊继祖新迁侍郎费寀不堪重寄,帝下其章。于所司居两月复劾瓒因及礼部尚书严嵩总督侍郎胡守中与巨奸郭勋相结,纳嵩所居第宅则勋私人代营之。逾月御史伊敏生、郑芸、陈策亦云嵩居宅乃勋私人孙濙所居,濙籍没,嵩第应在籍中。帝怒夺敏生等俸一级,嵩不问。而守中竟由晔疏获罪。明年秋,嵩入内阁,吏科都给事中沈良才、御史喻时等交章劾嵩。逾月,山西巡抚童汉臣章上。又逾月,晔与同官陈瑾、御史陈绍等章亦上,大指皆论嵩奸贪。"

由上许多资料可见,陈瑾、陈瑆、陈嵦实为误记,陈垲是其姓名。

紫墩居士或误作紫微居士。

陈有年《大中大夫湖广右参政紫墩陈公行状》:"公讳墏,字山甫,别号宅平,又称紫墩居士。"

《明清进士录》《中国古籍版刻辞典》二书作"紫墩",是对的。但《古今图书集成》"紫墩"误作"紫微",《中国历代艺术典》引《古今图书集成》"紫墩居士"误作"紫微居士"。《佩文斋书画谱》《六艺之一录》《中华书法篆刻大辞典》《历代名人室名别号辞典》《四明书画家传》等书均误作"紫微居士"。

《明清进士录》:"陈墏(1502－1588):明嘉靖十一年(1532)三甲五名进士。浙江余姚人,字山甫,号宅平,又号紫墩居士。"[3]390

《中国古籍版刻辞典》:"陈墏:(1502－1588)明浙江余姚人,字山甫,号宅平,又号、紫墩居士,嘉靖十一年进士。"[2]332

《古今图书集成》:"按《陈恭介公集》陈墏,字山甫,号宅平,又称紫微居士。"

《中国历代艺术典》"按随忠介公集陈墏字山甫,别号宅平,又号紫微居士。"[5]772

《佩文斋书画谱》"陈墏,字山甫,别号宅平又称紫微居士。"

《六艺之一录》:"陈嶝,字山甫,别号宅平,又称紫微居士,嘉靖壬辰进士。"

《中华书法篆刻大辞典》:"陈墏,明,浙江余姚人。字山甫,别号宅平,又称紫微居士。"[6]304

《历代名人室名别号辞典》:"宅平:陈墏,字山甫,别号宅平,又称紫微居士,明人,籍贯不详。"[7]292

《四明书画家传》:"陈墏明弘治、嘉靖(1488～1566)时余姚人。字山甫,别号宅平,又称紫微居士。"[8]173

根据上述材料可见其号实为"紫墩"而非"紫微"。陈墏所辑的《名家表选》的自序中自称宛委山人,在许多典籍中未见提及。

(二)陈墏家世

陈墏为开原陈氏十九世孙,有六子,故宅在余姚南城。

陈有年《大中大夫湖广右参政紫墩陈公行状》"子六:巨,邑庠生。已弃去为定海把总娶二尹张公逊女。鉴,郡庠生,娶吏目陆公宰女。万锱,邑庠生,娶二尹沈公济女。万钧,娶州守徐公恒钖女。万金,娶王君正大女。万敛,娶仓大使虞君有仁女。"

褚纳新《姚江义门陈氏》:"元末明初,开原陈氏有十二世孙陈至仲迁徙于邑城学官之西为居,历五世,生炫,邑庠生,即为陈墏之父。"[1]349

陈文新主编《明代科举与文学编年》:"陈塏:贯浙江绍兴府余姚县,民籍,国子生,治《礼记》,字山甫,行十八,年三十一,六月十七日生。曾祖霖。祖籥,义官。父炫。母闻人氏。慈侍下。兄坚;坦;璋,盐课司副提举;增;堦;文魁,光禄寺监事;达;城。弟封、墀、培、壕。娶潘氏。浙江乡试第五名,会试第五名。"[9]1745

同书又说:"参政:浙江陈塏。己卯乡试五名。会试五名。廷试三甲五名。字山甫,治《礼记》(壬戌年六月十七日生),余姚县人。观礼部政,授行人,升南京科给事中,湖广右参议副使,湖广参政,止。号宅平。曾祖霖。祖籥,义官。父炫,生员。母闻氏。兄坚、增。弟培。子钜。"[9]1799

叶树望主编《昔日姚城》:"陈参政故宅,陈参政即陈塏,其故宅在南城学宫西首,今已无存。陈塏,字山甫,明代嘉靖间进士,官至湖广参政,善诗文。在陈塏故宅旁侧有方池,即向家池。据康熙《余姚县志》记载:向家池靠近南城直街,长、宽2-3丈,四周用石块砌筑,当地百姓曾用它作消防池。相传,此池是宋代丞相向敏中故居园中水池。向敏中,字常之,河南开封人,宋代太平兴国进士,累官至同知枢密院事,真宗朝拜右仆射,一生居要职30年,死后谥文简,据说葬于余姚城南。但据陈塏考证:北宋末年,高、曹、向、孟四姓一俱南迁,南宋向皇后是向敏中孙女,向氏作为国戚,与宋室一齐南渡后居余姚。无疑此处应是向氏后裔的居宅地。"[10]68

(三)陈塏政绩

陈塏在正德十四年(1519)己卯科乡试,取第五名,会试亦居第五名,延试三甲五名,治《礼记》。嘉靖十一年(1532)壬辰科进士。初授行人,观礼部政。嘉靖十四年(1535)擢南京给事中,政绩显露。

光绪《余姚县志》:"首劾武定侯郭勋骄恣。"

又云:"复劾礼部尚书霍韬与乡人群饮郊坛,擅取海子鱼饮啖松下,大不敬,帝为停韬俸四月。"

又云:"四月,严嵩入内阁,塏太息曰'嵩险人,奈何使当国'幸备谏职,其可默乎?即偕同官王晔御史陈绍等疏言'嵩贪污狡狯,重以孽子世蕃纳贿市权,置之政府必为国患'语甚剀切,帝不省。然是时,帝虽向嵩,犹未深罪言者。嵩亦以初得政,未敢显肆挤陷,塏得以考满入京。"

后任湖广右参议副使。嘉靖二十年(1541)升湖广督粮右参议。曾至湖南永州游历朝阳岩、月岩。(详后)

嘉靖二十五年（1546），任广东督学副使。在任期间，陈塏提拔海瑞。海瑞、庞尚鹏亦是嘉靖十一年壬辰科进士，与陈塏为同年，"方为诸生，皆第之高等。"

朱国桢《涌幢小品》下："崖山旧有石勒云：元大将张弘范灭宋于此。督学陈塏磨去之，并改张宏范字为：宋少帝及其臣陆秀夫死国于此。并篆文丞相《正气歌》，立碑于五坡岭。众人认为非常确当。区海目之诗云："崖无灭宋字，涛有撼胡声。'"[4]卷二十

道光《广东通志》："陈塏，字山甫，余姚人，嘉靖壬辰进士。由行人转南给事中，出为广东提学副使。海瑞、庞尚鹏方为诸生，皆第之高等。行部过崖山，改张宏范立石，书'宋少帝及其臣陆秀夫死国于此。'"

雍正《浙江通志》："陈塏，字山甫，余姚人。嘉靖壬辰进士. 由行人转南给事中，劾武定侯郭勋骄恣。严嵩欲见之，不可。出为湖广参议，历广东提学副使。海瑞、庞尚鹏方为诸生，皆第之高等。行部过厓山，改张弘范立石，书'宋少帝及其臣陆秀夫死国于此'。转湖广参政，归。林居四十年，读书如寒士，诗文不为奇崛，有洪永风。"

（四）陈塏之文

陈塏著有《周礼存疑》《戴记存疑》《近庄书屋诗集》《受欹稿》《名家表选》等，其中《周礼存疑》《戴记存疑》《近庄书屋诗集》《受欹稿》已佚，《名家表选》尚存。

陈塏为文淳朴不求奇崛，留有些许零散的篇章保存于他人文集或作品中，大部分的书籍著作都已散佚。陈塏精于书法，多次刻印经典书籍，在许多书画词典和其他文献中能找到相关记载，但后世存其墨迹并不多，为人题序跋的诸多笔墨亦未能如数保存。

陈塏曾选编《名家表选》（明嘉靖二十六年刻本），并作自序云："四六之体起于六朝时，则文无非国体者。唐宋以来，始专用其体于诏诰表笺，启而博学宏词。科则以之试士，我国家设科去辞赋、声律，而仍用诏诰表，盖辞赋无用而诏诰表有用也，近时士子应试率多作表，取中然犹嫌其丽，而末则或漫而不工。夫表者，有对君之辞所籍以道恭逊之，实抒忠爱之情，而过为丽句，漫言以相袭，毋乃不可乎？予谓表莫甚于唐宋，表雄浑然有出入至于揣摩声律，剪裁典故，敷陈事情，语精切而意明畅，则惟宋表为然。故人往往以四六名家，我朝所录程表，高者不减宋人其余，浑厚则有之，文采则不及也，故表学至宋人不可加矣。予用于校士之暇，取唐宋诸名家所为表选，其尤工者抄之，而尤多于宋，类为八卷，刻之崇正书

院,岭□诸士子共之,夫斯刻也,难似戾于敦本尚实之,教导人以雕蟲篆刻为者。然科目以此取士,士不可以不工此,不足以应主司,况今日进取之资,他日对扬之,具为可以不习乎? 司马温公自谓不能四六,然亦非求工于四六之文者,尚有金桴之集,斯固无伤也。嘉靖丁未四月朔东越宛委山人陈垲书于药洲之宛在亭。"

陈垲于嘉靖二十六年(1547)刻印了汉袁康《越绝书》15 卷(10 行 22 字),并作序云:"予越人也,《越绝》之书宜刻于予之乡,而刻之岭海也,可乎! 曰:吴越之传遐矣,事笔于《春秋》,语备于《左氏》,盖匪一国之私言也。世代推移,文献散佚,中古以来之书不传者多矣,而近世无实验杂之书方列肆而炫奇。故夫书之出于古也,虽亏纯雅,要非无为,固当尚而传之,而况事禅史缺,义存世鉴,若《越绝》者乎!《国语》之言文,《越绝》之言质,文或夸以损真,质则约而存故,欲论吴越之世舍此焉适矣。刻成,今官詹泰泉黄先生视予以杨升庵所为跋语,曰:'千载隐语得升庵而后白,盍刻诸?' 予受而读之,而因稽之于书而知斯之为信也。书具'建武二十八年',其为东汉之作无疑,其自命曰'记陈厥略',其谓邦贤曰'文属辞定',盖袁康草创而润色之以吴平也。东汉去古未远,残编遗事固当不泯,缀辑而成之,语难质犹近于古,独祸晋之骊姬,亡周之褒姒八言也不类,盖六朝之先驱也。其曰作于子贡,又曰子胥,盖皆隐语假托以尊邦贤也。书载子胥之死,彼岂不知其不可以为子胥作耶? 赵晔《吴越春秋》又因是书而为之。黄东发《日抄》以为《越绝》之出于《春秋》也,殆不然矣。校书至此,可为一快,因附刻跋语于书末,而予又首之以故以谂于观者云。嘉靖丁未春正月穀旦余姚陈垲书。[11]279

嘉靖《惟杨志》载陈垲《后乐轩记》一篇,全文云:"君子之于天下也,有终身之忧焉。负重者以力巨胜,适遐者以虑危达。非力而任,尪雏百钧;不虑而行,跬步千里。故君子负思其重,则必力之;适思其遐,则必虑之。吾其敢但已,故忧与终身。然则君子其何乐? 曰:是君子,所以乐也。君子非恶夫乐,不以乐为先,故后之;君子非乐夫忧,不以忧为后,故先之。文正曰:士当'先天下之忧而忧,后天下之乐而乐'。夫博施济众,尧舜犹病,君子之视斯世也,犹已病之也,安见其为乐而乐之! 后乐者先忧,先乐者后忧,君子忧,斯之为乐。今夫坐厅事,据案以待,趋走唯诺,刑赏惟命,非君子之乐也。仰而君德,俯而民命,吾有责焉。吾乐乎禄而无忧乎君,吾乐乎奉而非忧乎民,谓之乐者,否也。建一议,行一政,有系乎上下,可适乎治,以行吾忧,内省不疚,饮食委蛇,祸福惟至,得无乐乎? 其或狎比朋私，睚眦雠怨，抗行孤独，过为峻刻，以颐欲快情，亦以惟乐之兢兢也。而不知理亦相伏，忧以随之。故君子以乐为后，天理之乐也，自忧而得也；小人以乐为先，人欲之乐也，自忧而极也。侍御徐子芝南莅盐政于淮署，其行台西圃之轩曰'后乐'，命垲为之记。垲曰：'子试忧于子之堂，而后知乐于子之轩。夫子风纪之司也，负重矣；思以加名实于上下，适遂矣。子志于圣贤之学，力之以大；行于圣明之时，虑之以危。吾知子之有忧也，子得其所以乐乎？子试念之，居子之堂而苟有一之不忧也，则退居子之轩而能乐乎？是子之轩，是子之堂之考也，然则名子之轩曰'后乐'，则亦可名子之堂曰'先忧'。'徐子曰：'吾其以是自若矣，记之石，且以俟后之观风者。'"

乾隆《平江县志》载陈垲《跋杜氏诰敕》一篇，全文云："嘉靖壬寅春，予驻节岳之平江，阅《县志》，载有杜子美为左拾遗敕及其裔孙杜邦杰为承节郎敕，云尚存于县市民杜富家。亟命求其家，得之。子美敕为唐至德二载所授，邦杰敕为宋绍兴三十二年所授，文皆简古，真敕语也。唐敕用黄纸，高广皆可四尺，厚如钱，故久存。字大二存许，倔而劲，年月有御宝，宝方五寸许，色转沈。中有碎裂，几全者皆为蛇纹矣。宋敕用白绫如今敕度，而细腻坚厚，非所及。字用行书，方寸许。俊逸流动，有晋风神，且类今所传宋高宗御书，或当时宫中宦官女史所习也。年月隐隐有御宝，年月后细楷书侍中中书平章仆射等官，盖中书所奉行也。后复有承节郎四行书字。夫此二物者，洵杜氏传家之至宝也。予阅之而悠然起敬慕之情焉。仍还杜氏，俾宝无坠。按《唐书》子美传云因客耒阳而卒；元微之撰《墓志云》旅殡岳阳四十余年，子美之孙嗣业起子美柩之襄，祔事于偃师。然则平江之杜，何自而来哉？若非诚子美之裔，则此敕何自而得哉？县旧志云：意者子美由工部员外郎休致卜居，或往来经历。不知子美工部亦严武所表授，未尝还朝就职，及出峡而旅卒矣；若往来经历，亦非留家之谓也。且子美二子宗文、宗武，宗文早逝，宗武病不克葬其父，以命其子，乃终归葬于偃师。若宗武遂家于岳，则子美之殡终不归矣。当是子孙流寓家焉，而今不可考也。闻杜氏且有谱，未暇取阅，语又谓邦杰时在族有杜皇后，亦不可考。予喜子美之有后，又喜得见先代典章以为异，因录而志之，复书此付杜氏，以就正于博雅君子。"[13]62

东北师范大学图书馆藏《古籍善本书目题解》中的《汲冢周书十卷》："晋孔晁注，明蔡文范校。明嘉靖二十六年（1547）陈氏刻本。十行，二十字。白口，左右双边。白棉纸。陈垲嘉靖丁未二十六（1547）年序文题："……予于校书之暇，假数本躬为参校刻之以传"一册。此书内容据陈垲序文云：'《汲冢》之书，取以为尚书之辅,以与《阴符》《握奇》,《灵枢》,《素问》并传也,不亦可乎! 且择其格言以为永鉴,固有国者之凭依也'。"[14]107-108

孙梦观著《雪窗集》,今存二卷,嘉靖年间裔孙应奎刊行,陈塏曾为序。

翁方纲纂《四库提要稿》节选《雪窗集》陈塏叙云:"先生生于宋季,事穆陵,其立朝议论有轮对、有缴纳、有建白、有论进故事。盖先生不以利害怵其素,故其言尽;不以嗜欲诎其刚,故其行危。乡贵柄朝,可以藉慰两府,而先生弗为也。屡承郡绂而终身焉,虽尝晋参法从,位未纾其用,时未殚其言,然先生之心则罔不尽矣。断国论者可以征谋焉,稽行实者可以征节焉,议道术者可以征学焉。呜呼! 穆陵(眉注:穆陵是理宗)与南宋可谓仅治,然多欲内讧,匪人外附,动色于残舍之既弥,而忘大敌之压境也,盖先生独怀隐忧矣,先生裔孙文卿甫将传之梓,文卿举进士,为给事中,以言落职兹江阴,是无忝其祖云。嘉靖丁酉九月,赐同进士出身征

仕郎南京吏科给事中陈塏叙。"[15]741-742

陈文新《中国文学编年史》亦节选《雪窗先生文集序》云:"吾读雪窗先生文而知君子之心矣。先生生于宋季,事穆陵,其立朝议论有轮对、有缴纳、有建白、有论进故事。忠爱之真所以志也。……其言抑而不阿,抗而不激,博故而不迂,练务而不琐,有敬舆之遗焉。盖先生不以利害怵其素,故其言尽;不以嗜欲诎其刚,故其行危。"[12]409

二 陈塏在道州的诗、诗刻和榜书

(一)陈塏月岩榜书

月岩在道州(今为永州市道县)境内,与濂溪故里相近,又名太极岩,古称穿岩。作为"道州八景"之首位于道县西四十里清塘乡月岩村,明顾宪成《月岩游记》谓月岩"东西两门,望之如城阙,而虚其顶。自东望之,如月上弦;自西望之,如月下弦;就中望之,如月之望,故名月岩"。徐霞客誉称"永南洞目,月岩第一"。又传濂溪先生幼时读书悟道于此,参透阴阳二理悟太极,故又名太极岩。月岩溶洞为石灰岩地貌,白石璀璨,高数十丈,有东西二门,望如城阙。洞中奇石壁立,上方有穿空圆洞,中透天光,如圆月。康熙《永州府志》卷八有记载:"在州西四十里,旧名穿岩。去濂溪十五里,元公所常游也,宋淳熙中太守赵公祷雨过其下,有题名。明嘉靖甲辰州守王会磨崖刻字曰'太极洞',著有《图说》,万历

时,张乔松名'太极岩'。辛丑,州守钱达道题曰'鸿蒙一窍'。后镇江钱邦芑游而奇之,作文纪焉,见《艺文》。"洞中保留了很多历代游历之人的诗刻、榜书。

陈塏"广寒深处"榜书在月岩尽头处,离地不高,伸手可及。长172公分,宽45公分,落款为"陈塏题"。字体为楷书,字迹中正端庄、笔画丰满、盈润朴实。右上角是民国甲申年榜书"风月长新",正右方是佚名榜书"清虚洞"。此榜书可能是现存陈塏唯一的楷书真迹。再观榜书内容"广寒深处","广寒"即"月宫"之意,故推测因此榜书在道州月岩,而恰好又在月岩惯常入口颇远处,所以题道"广寒深处"。

(二)陈塏《谒周元公》诗

陈塏有《谒周元公》一首,应作于道州城内濂溪祠。

吴大镕《道国元公濂溪周夫子志》:"分守道陈塏:邹鲁微言后,濂溪正脉存。江山仍庙貌,风月自乾坤。强作门墙拜,几为利欲昏。盘铭有《拙赋》,此意夙能敦。"

胥从化《濂溪志》:"《谒周元公》,余姚陈塏,湖广参议:邹鲁微言后,濂溪正脉存。江山仍庙貌,风月自乾坤。强作门墙拜,几为利欲惛。盘铭有《拙赋》,此意夙能敦。"

陈塏在诗中指出:从孔孟之后,正统大道疲废,直至濂溪先生的出现才使之得以传承。辗转数千年,多少人跪拜濂溪先生以求得道,这些人被私欲驱使而迷昏了头脑而没能领会到濂溪先生的《拙赋》中真意,其实就是劝诫人们敦厚,与此相反他们的行为与先生作《拙赋》守拙的本意背道而驰了。

(三)陈塏《濂溪》诗

陈塏游访楼田村濂溪先生出生地,有感,又作诗一首。

隆庆《永州府志》卷七载:"十五里为安定山,即濂溪□□□里□。知州王会作《濂溪故里图》,著图说云:山在州一十五里,有寨,乡人所筑,以避寇乱者,俗呼为安心寨。其麓川民家为左龙山,右舜岭冈,垄丘阜拱,揖环合。世传有五墩统定若五星,然世久为乡人所夷,今仅存其一,濂溪先生实生于此。山之西石壁上有古刻二大字曰'遒山',下有石宝,深广不可穷。有泉滋宝而出者,濂溪也。清冷莹徹,如飞霜。噎王大旱不涸,积雨不滋,莫知其来之所自。知州方进刻其上曰'圣脉',故人呼为'圣脉泉'。泉之上为'有本亭',迤东为'风月亭',沿流而东为'濯缨亭',又东为故居,家庙在焉,先生子孙居之。又东为'大富桥',先生幼钓游其上,濯缨而乐之耶其地也。参议陈塏云:周元公故居在营乐乡安心寨之麓,子孙家焉。或寇至,则数乡之人丛而登于寨,结邻而居,垒石为衡,分地以守。寇退,则还其乡。予谓'寇亦人耳。过公之乡,其草木犹当存之,而况戕其人,刃其子孙。然为公子孙乡人,当益学善,劝不善,毋以寨与公为足恃也'"。

胥从化《濂溪志》:"《濂溪》:炎方寒作雨,雪窦淡生烟。地脉通洙水,天瓢洒洛川。就观空眼界,掬饮灌心田。解我尘缨坐,清风太古前。"

《古今图书集成》:"《濂溪》,陈塏:炎方寒作雨,雪窦淡生烟。地脉通洙水,天瓢洒洛川。就观空眼界,掬饮灌心田。解我尘襟坐,清风太古前。"

邓显鹤《周子全书》:"分巡上湖南道。《坐月岩》:炎方寒作雨,云窦淡生烟。地脉通洙水,天瓢洒洛川。就观空眼界,掬饮灌心田。解我尘缨坐,清风太古前。"

《周子全书》题名《坐月岩》,疑误。"雪窦",《周子全书》作"云窦"。"尘缨",《古今图书集成》作"尘襟"。

这首诗应是作于道县楼田村,"洙水""洛川"指的是孔子跟伊川先生,首联写景,一语双关,一是写炎热的夏天里的一场"及时雨",实际上这里的"及时雨"又是指濂溪先生。濂溪先生的思想上承孔子下启伊川先生,使人眼界开阔,又如细雨滋润心田。脱下帽子,坐在这儿,细品濂溪先生的思想,感觉如春风拂面般舒爽。

(四)陈塏含晖岩诗

陈塏曾游含晖岩,亦有诗作。周敦颐曾至此地并有题刻,后陈塏慕名而至此并赋诗一首。

道光《永州府志》:"又有陈塏诗一首:澄江涵碧玉,空洞隐天梯。近郭酒堪载,寻真路不迷。白云时出入,含景递东西。雅得濂溪后,摩挲带醉题。"

光绪《道州志》:"陈塏五律一首:澄江涵碧玉,空洞隐天梯。近郭酒堪载,寻真路不迷。白云时出入,含景递东西。雅得濂溪后,摩挲待醉题。"

光绪《道州志》中或将"带"误作"待",江面澄澈如一块皎洁的碧玉,岩洞中幽冷清寒不似人境,离城郭如此近的地方幸有此美景,我带上酒兴致盎然地一路上边走边饮,头上晴天朗朗,白云舒卷,影子在山体的遮挡下时而在东时而在西,找到濂溪先生的题字后,微醺的我在岩壁上也题了这首诗。"含晖岩"一名取诗家"山水含清晖"之意,周敦颐曾与乡人同游此地并有题字,壁上"水天一色"旧传为蔡邕所题,待考。《永乐大典》:"《永州府志》含晖岩,在本府道州营道县南五里,唐刘梦得有记。一名'白石岩',何子应以'金华'名岩中之泉,亦曰'金华岩'。治平己未,周元公以永卒归展墓,尝与乡人同游,题名于石。"

(五)陈增华岩诗

华岩在道州西向十里,有两岩相对,而一明一暗,明是为华阳岩,暗为华阴岩。旧时有乡民李童于其上结庵修真,又于此建亭,洞口有额曰"藏舟"。陈增曾游华岩,作《华岩》诗一首,收录于康熙《永州府志》、道光《永州府志》与光绪《道州志》中,但文字稍有不同。

康熙九年《永州府志》:"《华岩》陈增:双岩巧寄阴阳理,一水中贯东西流。云拥瑶华元气合,日高贝阙紫烟收。楚人煮石非关隐,越客乘槎故作游。笑却锦亭开玉馔,竹尊蔬席且淹留。"

道光《永州府志》:"监司陈增:双岩巧寄阴阳理,一水中分左有流。云拥遥华元气合,日高贝阙紫烟收。楚人煮石非关隐,越客乘楂故作游。笑却锦亭开玉馔,竹尊蔬席且淹留。"

光绪《道州志》:"双岩巧寄阴阳理,一水中分左右流。云插遥华元气和,日高贝阙紫烟收。楚人煮石非关隐,越客乘楂故作游。笑却锦亭开玉馔,竹尊蔬席且淹留。"

此诗首联康熙九年《永州府志》作"中贯",道光《永州府志》作"中分",亦通。

康熙九年《永州府志》作"东西流",光绪《道州志》"左右流",亦通,但道光《永州府志》作"左有流"有误。

此诗虽全篇不离写景纪事,却蕴含理趣,是依照周敦颐《太极图说》的义理来作描述。来游华岩,见双岩并立中有流水穿过,加之山中云雾缭绕水汽氤氲,在阳光下犹如仙境。楚人效仿白石先生煮石求道却不是真正的隐士的行为,而我途经此地也并非刻意来访。感谢主人盛情接待了我,特地为我准备了一桌子美酒佳肴。首句便给出直观印象"双岩",此处"双岩"应是指华阳岩、华阴岩,一岩面阴一岩朝阳,两岩相对别是一种奇观遂使来游者兴趣盎然,应景生情于是临水赋诗,举杯抒怀。丁文江《徐霞客先生年谱》中写道:"永州诸洞殿最:道州月岩第一,九疑斜岩第二,江华莲花洞第三,狮岩第四,永州朝阳岩第五,澹岩第六,江华大佛岭侧岩第七,九疑玉琯岩第八,道州华岩第九,月岩南岭水洞第十,九疑飞龙岩第十一。"[16]1265徐霞客遍访名山大川,此处华岩虽位列第九,地位可见一斑。

三　陈塏永州零陵诗刻

朝阳岩在永州古城西南二里,即潇水之西的临江峭壁。唐永泰二年道州刺史元结,经此地,乘舟壁下,赞其山水之秀丽,崖石之奇崛,又因岩口东向故名之朝阳岩,并撰《朝阳岩铭》与《朝阳岩下歌》。柳子厚贬永州,游于此,著《朝阳岩遂登西亭二十韵》,周敦颐有题记。道光《永州府志》卷九载:"陈塏分巡衡永,群玉山、朝阳洞皆有遗迹。"

嘉靖二十五年(1546)年,陈塏游朝阳岩,有诗一首,并刻石,今尚存。诗刻全文如下:

"昔贤标胜迹,今我涤烦襟。石屋流云湿,泉肩随洞深。朝光一江动,晚色半城阴。萍约相知旧,真堪话此心。嘉靖壬寅四月二十三日,右参议陈塏游永州之朝阳岩,知府事唐珤为故人,同县鲁承恩属同年,偕行。"

又见隆庆《永州府志》:"参议陈塏诗:昔贤标圣迹,今我涤烦襟。石屋流云湿,泉肩隐洞深。朝光一江动,晚色半城阴。萍约相知旧,真堪话此心。"

又见宗霈《零志补零》:"昔贤标胜迹,今我涤烦襟。石屋流云湿,泉肩隐洞深。朝光一江动,晚色半城阴。萍约相知旧,真堪话此心。"原书在"萍约"处注"疑刻讹"。

又见光绪《零陵县志》:"'昔贤标胜迹,今我涤烦襟。石屋流云湿,泉肩随洞深。朝光一江动,晚色半城阴。薄酌相知旧,真堪话此心。嘉靖壬寅四月二十三日,右参议陈塏游永州之朝阳岩,知府事唐珤为故人,同县鲁承恩属同年,偕行。'"

右草书,八行,《补志》误'薄酌'为'萍酌'。

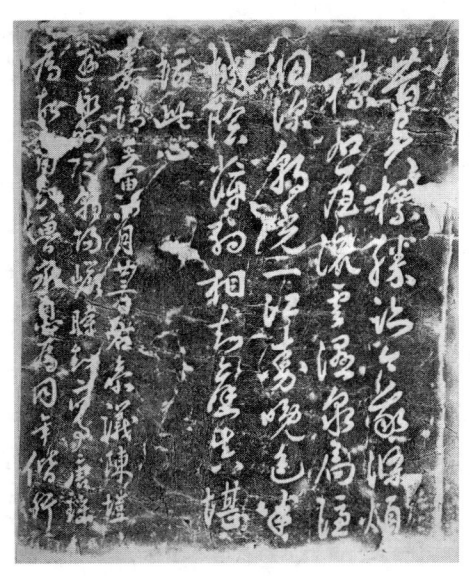

光绪《零陵县志》指出《补志》即《零志补零》中"薄酌"误为"萍酌",实际《零志补零》本作"萍约"。核实诗刻草书原迹,确作"萍约"。

从诗的韵律规律与朝阳岩实景观之,颔联原句应是"泉扃隐洞深"。从内容上解读诗的尾联原貌应是"薄酌相知旧",根据上列材料可见隆庆《永州府志》中首联的"圣"字与《零志补零》《零陵县志》中首联的"胜"字不同。首联写道的"昔贤"或许指元结、柳子厚、周敦颐等人,前贤都曾游至朝阳岩,而今我也到此地涤荡内心的烦忧,屋子外头白云流转,泉水悬挂在洞前遮住了入口。早上阳光照耀江水波动,傍晚时就阴暗下来。与旧时相知小酌几杯,真是值得在此地谈谈心。唐珤为陈塏故人,鲁承恩与陈塏是同年,即同年科考也算作同窗。

唐珤号有怀,江苏武进人,明正德五年(1510)举人,嘉靖九年(1530)任信阳知府,廉洁有惠政,擢户部员外郎,迁任永州知府。著有《历代志略》四卷。亦曾至道州,作《谒元公祭文》:"惟斯文之兴丧,实与世以污隆。慨微言之既绝,纷千载而尘蒙。谅有开其必先,乃豫徵于星聚。繄夫子之挺生,盖早成而默契。极精蕴之沉郁,肇启钥于图书。言有至而弗尽,意独得而有余。若大明之始升,夜冥晦而复旦。若多途之迷方,指大道而群乡。昔仲尼之真乐,惟颜氏其庶几。乃夫子之光霁,历异代而同归。珤也早服膺于圣教,幸假守于兹邦。睹河洛而思绩,入鲁皋而升堂。嗟庭草之已宿,览风月而慨然。聊寄辞于一奠,邈景行于前贤。"

鲁承恩字光世,建德人,亦有说严陵人。嘉靖甲午十三年(1534)举人,一说正德己卯十四年(1519)举人,嘉靖十八(1539)至二十一(1542)年任永州府同知。嘉靖庚子十九年(1540)作《濂溪志序》《濂溪三亭记》,嘉靖二十年(1541)刻《九嶷山志》。曾至道州,作《谒元公祭文》:"天地之道,具于吾心。先生先觉,觉我后人。三代以还,道丧文弊。或矫矫以立名,或栖栖为禄仕,或规规乎注疏,或嚣嚣然媚世。空言滥觞,真道之弃,一节虽高,于世无济。先生尽伤,究极根领。博学力行,自我立命。道苟可仕,不辞荫补。官可济民,甘心书簿,久速仕止,步趋先师。围范曲成,不识不知。或者以先生之道,在乎太极,不知先生道大光明,不在于图,而在于躬行有素也。不然,未能孚于时,何以垂于后?未能行于人,何以质诸天地乎?或又以先生之学由静入门。鸣呼!先生终日行之,未见一语于及门之徒,天何言哉?先生真独得孔氏之传也。夫承恩愚陋,窃禄兹土,幸登故里,实切瞻依。羹墙寤寐,川游云驰。特牲醴酒,聊表仰思。"

参考文献:

[1]诸焕灿.姚江望族[M].杭州:浙江古籍出版社,2010.

[2]瞿冕良.中国古籍版刻辞典[Z].苏州:苏州大学出版社,2009.

[3]潘荣胜.明清进士录[M].北京.中华书局,2006.

[4]朱国祯.涌幢小品[M].北京:中华书局,1959.

[5]何庆先.中国历代艺术典[Z].扬州:广陵书社,2007.

[6]李国钧.中华书法篆刻大辞典[Z].长沙:湖南教育出版社,1990

[7]池秀云.历代名人室名别号辞典[Z].太原:山西古籍出版社,1998.

[8]洪可尧.四明书画家传[M].宁波:宁波出版社,2005.

[9]陈文新.明代科举与文学编年(中册)[M].武汉:武汉大学出版社,2009.

[10]叶树望.昔日姚城[M].香港:天马图书有限公司,2001.

[11]傅增湘.藏园群书经眼录[M].北京:中华书局,2009.

[12]陈文新.中国文学编年史·宋辽金卷下[M].长沙:湖南人民出版社,2006.

[13]丘良任.杜甫在湖湘:杜甫湖湘诗研究资料汇编[Z].长沙:湖南文艺出版社,2003.

[14]东北师范大学图书馆古籍部.古籍善本书目解题[Z].吉林:东北师范大学图书馆,1984.

[15]翁方纲.翁方纲纂四库提要稿[M].上海:上海科学技术文献出版社,2005.

[16]徐弘祖.徐霞客游记[M].石家庄:河北人民出版社,1998.

(原载2017年第3期,作者单位:湖南科技学院)

明吴中传月岩题榜与《重修濂溪书院碑记》

✻ 赵　亮 ●

一　"乾坤别境"榜书石刻

月岩又名太极岩,旧称穿岩,为古道州(今湖南永州道县)八景之首。是都庞岭下的一个大型石灰岩溶洞,岩内有东、西两洞门。东洞门纵深65米、宽40米;西洞门纵深105米、宽60米。主洞长140米,宽160米。悬崖峭壁,怪石林立,望之如城阙,观之皆似月,寓月盈月亏之理,故称月岩。明代顾宪成《月岩游记》谓:"当洞之中而虚其顶,自东望之,如月上弦;自西望之,如月下弦;自中望之,又如月之望。"洞中昔有"读书亭",传为周敦颐少时苦读悟道之地,相传《太极图》便是于此有感而发。石壁有"太极洞""风月长新""月到天心""广寒深处""如月之中"等题刻。

明代山东朝城人吴中传"乾坤别境"榜书,高70公分,宽235公分,署款"东郡吴中传书"。石刻保存完整,字体风格典雅端庄,苍劲浑厚,字迹清晰易辨。

"乾坤"即天地。月岩之中,自西东望,如见上弦月;中望如见圆月当空;至东回首西望,又宛如一弯下弦月。一洞之中,月圆阴缺,变幻莫测,是天地间的另一番境界。

吴中传,号巽庵,山东朝城人。万历二年(1574)进士,任西安府推官,"推革殆尽"。万历十二年(1584)转郎中,"督蓟州兵储,羡金千两,悉报部"。万历十七年(1589)任楚州藩政,奉诏督理版策。万历二十年(1592)充视厘使,入贺便道归省。次年转陕西按察司,使按部辨明枉冤劝善廉污,再迁云南廉宪。每到一地,劝善革弊,振纲肃纪,问民俗,祛吏羹奸豪,深受百姓爱戴,称有才能。因在漠南中潦雾之毒而死。

万历二十年,吴中传奉诏随御史大夫李桢来道州,重修濂溪书院,在濂溪先生周敦颐故乡楼田村近旁的月岩之中,留下榜书"乾坤别境"。

二 吴中传《重修濂溪书院碑记》

吴中传的《重修濂溪书院碑记》收录在李桢明万历二十一年编纂的《濂溪志》中,全文如下:

御史大夫北地李公来镇三楚,向意风教,檄搜濂溪先生故里,命所司重饰之。会先生书院灾,用守者议,举而新之。已,复捐金以佐祭田费,诸所为尊礼之典,悉称此,属予记之。

予惟周衰,孔、孟没,历秦、汉、晋、唐,以及五季之间。学士大夫往往各持所见以相胜。彼卑卑者勿论,即高明隽爽者流,谈名理则沦于清虚,课事功则鹜于术数,工诂训则薪于缀缉,修异同则矜于奇淫。贤圣之道浸微。几不可考见。独先生起而维之,得不传之秘于遗经,而阐图著书,以穷理尽性之的昭示学者。使有所遵循,以适于正。惟时二程氏飙起景附,数传而关闽诸公始得修先圣之统。兹其功用诚不在古之立功者下。独怪夫世儒未暗道真,喜为异说,其始不过一人臆见之私,而究则群和竞逐,至举世若狂。然如近世有号大儒者,论所树立,岂不卓然名世? 顾持论稍偏,而学者遂宗信之,不知歧路之分若苍与素,当自有辨之者。此何为者也? 夫先生之道,如揭日月而行,天不为不尊,且信于时矣。犹然以他道杂之者,盖学术淆乱。微独衰世为然,即极明盛行之际亦有之。此无他,意见易惑,其势便也。公念先生之功如彼,而又惧晚近代之人心如此,故于先生之道力而卫之,恐恐然若敌垒之为吾侵。凡先生之庙院,少有不称崇奉意指者,悉更而拓焉。盖重其地则先生尊,先生尊而先生之教益尊,俾天下知正学有在,为万世斯文之主,此固公加志意也。愿公于先生靡独尊崇之,实久蹈之矣。观先生遗行,谓其为政精密,以洗冤泽物为任。官南昌时,箧钱不盈百。今公之在楚也,蒿目时难,孜孜治理,汰蠹祛蠹,导利起教,诸所注措,未易偻指。其意直欲挽末季于隆古之盛。楚士民无不欣欣沾闿泽者,真儒之效已可见于此矣。且也躬先节约,斥华茹澹,即缝掖之士不觳于此,而又力绳墨吏,毋令为郡邑苦。倘先生所云无欲之旨非耶! 古云声应气求,盖先生之学与造化为徒,而公与先生则心一而道同也,不则胡为有契乎先生若是之深耶! 余因论次之,以俟夫崇正学者采焉。

文见李桢《濂溪志》卷七,又见于康熙九年《永州府志》卷二十,以及道光《永州府志》卷四下,王晚霞校注本《濂溪志八种汇编》有李桢《濂溪志》的整理本。

时万历二十年,吴中传任亚中大夫、湖广承宣布政使司、右参政湖南道,随嘉议大夫、户部右侍郎、前都察院协理院事、左副都御史大夫李桢来道州,是为"辟异说而崇正学"。李桢于《重修濂溪周先生祠堂记》中谓之"正人心、明道术、崇真儒",因少时读周敦颐理性之书,学有所感,檄搜濂溪先生祠,得知代建代毁,今又遭火灾,乃重建濂溪书院,"新其祠、广其田、育其后裔、建其书院,用以告诫周氏子孙",主之者为吴中传,还有副史张世科、刘大武,金事徐学聚,永州知府叶万景、同知张守刚、推官林汝诏、道州知州李发,均有缔造劳并记。吴中传在此留下《重修濂溪书院碑记》一篇。

康熙九年《永州府志》、道光《永州府志》并无"愿公于先生靡独尊崇之"至"不则胡为有契乎先生若是之深耶"。该段是作者吴中传褒扬御史大夫李桢功绩所作。万历二十年,奉明神宗之诏,搜寻各地濂溪书院进行修缮。自周代衰亡,历经秦汉晋唐及五代之后,各学士学者都以各自的思想进行比较,用来争强好胜,各学术门派层出不穷,他们以不谈论比自己地位低的人的思想高尚,圣人之道,正统之学早已淡出人的视线,圣贤的思想日渐衰微,只有濂溪先生周敦颐得到了圣贤真传,著下《太极图说》提倡理学,成为理学鼻祖。二程等都对濂溪先生的学术思想加以推崇,张载、朱熹等人才得以重新学习圣贤之道。

"御史大夫北地李公",即李桢,时为左副都御史大夫,作者随之于道州"辟异说而崇正学",后因周先生祠堂遭火灾被毁,因而修缮濂溪书院。

"向意风教",康熙九年《永州府志》、道光《永州府志》作"响意风教"。

"阐图著书",指周敦颐《太极图说》。

"以适于正",康熙九年《永州府志》、道光《永州府志》作"以通于正"。

"二程氏",指程颢、程颐。

"关闽诸公",指张载、朱熹。

"世儒未暗道真",康熙九年《永州府志》、道光《永州府志》作"世儒未谙道真"。

"意见易惑",康熙九年《永州府志》、道光《永州府志》作"意见易恣"。

"惧晚近代之人心如此",康熙九年《永州府志》、道光《永州府志》作"体晚近代之人心如此"。

"志意",康熙九年《永州府志》、道光《永州府志》作"意志"。

李祯的《重建濂溪先生祠堂记》中也说道:"夫大道甚夷,亵言无当。秦烬后,学者争骛,多捭阖谈,辩益骋,争益炽。鸿儒达士,竞为空虚,使人荡而无归。先生崛兴千载后,超然妙悟。著书立言,主静示本,无欲示要,寻孔颜乐处示程。契象月岩,濯缨濂水。爱莲取德,喜拙矫俗,襟怀光霁,志学伊颜。实学彰彰,卒令伊洛得循遗教延于今。"说明当时学术杂乱,缺乏鸿儒达士对社会学术方面起引导作用。作者吴中传留下该篇意在"辟异说而崇正学"。"正学",指崇真儒,即程朱理学;"异说",指探讨涉猎理学之外的学说。

周敦颐(1017-1073),北宋官员,理学家,宋明理学开创者,道州营道人,原名敦实,避英宗旧讳改,字茂叔,世称濂溪先生,主要著作是《通说》《太极图说》,其讲学之所名为濂溪书院。周敦颐喜谈名理,精于《易》学,其哲学思想以儒家的《易传》《中庸》为核心,又受道家、道教、佛教的影响,构成一套客观唯性主义思想体系。钱基博《近百年湖南学风》中对周敦颐作此评价:"其一宋之周敦颐,作《太极图说》《通书》,契性命之微于大易,接孔颜之学于一诚,而以太极人极发明天人之蕴,倡理学以开宋学程朱之性理。一为文学之鼻祖,一为理学之开山,万流景仰,人伦模楷,风声所树,岂徒一乡一邑之光哉!"

在道州城西,后人以周敦颐先生号为名修建濂溪书院。宋景定三年(1262),知州杨允恭奏请理宗皇帝赐御书"道州濂溪书院"额。元至正十九年(1359)山长欧诚能、二十三年通判吴宥等重修。至正年间,毁于红巾军。旋重建,刘三吾作《道州路重建濂溪书院记》。明弘治间,知州方琼重建。正德、嘉靖间知府曹来旬、御史姚虞、知州王公接等均有修葺。万历间火毁后重建,捐置祭田,参政吴中传作记,"辟异说而崇正学"。

三　吴中传的其他诗文

吴中传有《刻柳文题辞》,收录在吴文治《柳宗元资料汇编》,全文如下:

> 唐柳子厚先生,以瑰琦倜傥才,籍甚贞元中,盖与韩昌黎氏相伯仲云。嗣坐王叔文党,贬永州司马,载起又贬柳州刺史。其司马永州也,居闲务简,冥搜奇探,放情于山泽间,愚溪、朝阳,烨烨生色焉;且发为词章,渊深闳博。衡湘以南操觚士靡然向之,士得脱侏俚习,为弦诵风,霖霖偕上国齿,先生力也。零陵治状,不减昌黎潮阳矣。即集中诸篇,称雄浑汇司马子长也者,半零陵作也,而独以柳名,曷故哉?盖永州标其奇而柳州集其成耳。永故有厕而传之者,奈文多挂漏,木亦乘蚀。郡守叶君万景,哀而付之剞,人足称柳氏全书矣。余谬

惟古今推尊韩、柳二先生,率曰文而已。韩昌黎崇道德,排佛老,起衰拯溺,于圣贤之道独得旨趣矣。先生年少,不自贵重,传匪人,竟以不振,而说者随谓未驯于道,吁!岂深知先生者哉?夫叔文沾沾小人,窃天子柄,与阳虎盗大弓亡异。先生永州,又子厚当年谪守之邦,彼其施施漫漫,毫无蒂蔚,益肆力笔研间,而其所为集,大都着自永者强半,试读其《息壤》《西亭》《黄溪》《钴鉧》诸篇,琳琳琅琅,与湘水嶷山争相映发,岂所谓文必穷而后工耶!今永山河未改,世代已非,而维时叶君,且抚子厚之旧隶,诵子厚之遗编,欣然想见其人,又安能已于兹刻也。万世之下,抚兹集者,诵叶君之功,不将与中山河间诸子并称不朽哉!客曰:公微独知子厚且免而赎归者数千人,观筶者下其令,为他州法;南方为进士者,走千里外从之游,指授经学,悉中矩矱,谁谓先生于道茫乎?未之有得也。余尝读昌黎氏之传先生,盖有余慨焉。零陵一渊谷一卉木,咸赖先生口吻着声于今,则是集之刻也,虽与天壤共不朽可也。永司理林君汝诏,乐观厥成,垦余一言,以纪岁月,余靡能以不文辞,聊缀数语,弁之简端,且为先生解嘲也,永人士以为然否?

时万历岁在壬辰端阳吉旦,赐进士亚中大夫湖广承宣布政使司右参政分守上湖南道东郡吴中传谨撰。

此文标题,吴文治《柳宗元资料汇编》中记为《刻柳文题辞》,刘志盛《湖南刻书史略》载为《永州新刻柳子厚全集·序》。《湖南刻书史略》云:"《柳宗元集》第五种刻本乃明万历壬辰(1592年)永州知府叶万景所刊刻。叶万景,号清寰,据说其藏有柳宗元著作甚富,大多出于柳宗元流寓永州之时,刊刻了《柳宗元集》,任期满后任留居永州督工。卷前有前刑部员外郎、湖广按察司经历李懋桧《柳文·序》,有亚中大夫、湖广承宣布政使司、右参政湖南道吴中传《永州新刻柳子厚全集·序》,卷末有永州司理、南京礼部尚书林士章之次子林汝诏《柳文后序》。"仅此一段,不甚详尽。而吴文治《柳宗元资料汇编》中载有吴中传《刻柳文题辞》、李懋桧《永州新刻柳子厚全集序》以及林汝诏《柳文后序》全文。

《永乐大典》第二千六百四卷载七皆台之琼林台诗一首,无题,署名为吴中传,但因资料不全,无从考证是否为吴中传本人所作,兹附录如下:

> 上清罗宫居,金碧耀日开。
>
> 天遗西巅胜,穹然自成台。
>
> 空霏四山合,湛碧雨溪回。

> 琅玕杂玗琪,一一古仙栽。
>
> 微彼人如玉,何能俨相陪。
>
> 夙昔赋远游,并海观蓬莱。
>
> 经辞竹宫侍,空谷自徘徊。
>
> 朝登云霞教,夜坐星月来。
>
> 高践凌秋昊,逸气横九垓。
>
> 渺焉不可攀,延伫起予怀。

"琼林"亦作"璚林",琼树之林。古人常以形容佛国、仙境的瑰丽景象。晋支遁《〈阿弥陀佛像赞〉序》:"阊阖无扇于琼林,玉响天谐于箫管。"此处取名为"琼林台"也是喻指人间仙境。该诗是诗人描写琼林台风景并抒发自己个人情感的一首写景抒情诗,该诗诗意一望而知,通晓畅达,仿若身临仙境,诗人于此也发表了一番感慨。"上清",指道家三清境之一的天界,亦泛指仙境。唐代诗人白居易的《梦仙诗》中也有"人有梦仙者,梦身升上清"一句。"空霏四山合,湛碧雨溪回。"中一个四山聚拢,一个碧溪环绕,"合""回"二字将烟飞云敛之境描绘的淋漓尽致。诗中前四句都在描绘风景绝美的仙境,第五句"微彼人如玉,何能俨相陪",起承转合,表示只有似玉般纯净无暇之人才能配得上此中仙境。后面"夙昔赋远游,并海观蓬莱"数句,诗人借用丰富的想象,神游各处仙境,隔海观蓬莱仙山,徘徊于空谷,朝登云霞,夜坐星月。"凌""横"二字气势磅礴,有种唯我独尊之感,也侧面烘托诗人心怀豪情壮志,满腔热血已蓄势待发。最后一句"渺焉不可攀,延伫起予怀",又将视线拉回现实,仙境如此美好,自己渺小的只能望洋兴叹,心愿不得实现,只能郁郁而止。

参考文献:

[1][康熙]道州志[M].清康熙九年刊本.

[2][道光]永州府志[M].清道光八年刊本.

[3]李桢.濂溪志[M].明万历二十一年刊本.

[4]王晚霞.濂溪志八种汇编[M].长沙:湖南大学出版社,2013.

[5]邓洪波.湖南书院史稿[M].长沙:湖南教育出版社,2003: 569 – 570.

[6]吴文治.柳宗元资料汇编(上)[M].北京:中华书局,1964:264 – 266.

[7]刘志盛.湖南刻书史略[M].长沙:岳麓出版社,2013:125.

(原载 2017 年第 3 期,作者单位:湖南科技学院)

湖南濂溪书院概述

✱ 王晚霞　陈依妮

　　周敦颐于北宋天禧元年生于湖南道县,晚年命名自己居住的江西九江的宅前一条溪为濂溪,后世因之称为濂溪先生。"在周敦颐做过官的州县和被他教化过的地方,人们都办有濂溪书院或宗濂书院来纪念他,尤以湘、赣、粤三省为最盛,人们建这么多书院纪念他,这在中国书院史上是独一无二的。"[1]本文着重考察湖南省濂溪书院的修建情况。北宋康定元年至治平四年间,周敦颐曾在湖南省永州、邵阳、郴县、桂阳任职,期间他重视教育,设法改善办学条件,流芳一方。之后湖南不少地方都兴建了濂溪书院,厘清湖南省濂溪书院的修建渊源,对于湖南书院史、濂溪学研究等,都很有价值。

一　永州市的濂溪书院

　　1.道县濂溪书院。道县因其为周敦颐的故乡,在其去世后,道县人建书院,以其号"濂溪"为名。宋淳熙二年(1175),"郡博士邹专迁祀于敷教堂"[2]104。淳熙五年(1178),知州事赵汝谊"以其地之狭也,下车之始,即议更度之",并且塑二程先生像于其中,张栻有《道州建先生祠记》。[3]七年(1180)"教授章颖捐俸与士民创舍重建,设像祀祭。于正厅左右辟"吟风""弄月"两亭"[2]104嘉定十二年(1219)知州董与几复于州治城西建濂溪书院,魏了翁有《道州建濂溪书院记》。[4]226景定三年(1262)知州杨允恭奏诸理宗皇帝,理宗钦赐御书"道州濂溪书院"六字,并刻于石,次年,请李挺祖为"濂溪书院掌御书臣",并且拓地扩建。[5]元朝至正二年(1342)重修,[6]354戒教者以"师道自持",学者以"善人自期",将见"真儒"之效,欧阳元有《道州路重修濂溪书院记》。[3]明弘治正德间,知州方琼、知府曹来旬相继修理书院,设置,学校后为正堂像,设备安置照旧,前为拜厅,岁久倾圮,康熙二十五年(1686)重修。康熙二十六年四月二十日,皇帝赐"学达性天"匾额。[7]光绪二十八年(1902)改为校士馆,今为永州三中。[6]555

濂溪小学。宋景定四年（1263）知道州杨允恭在道州学西修建，"聚周氏之子孙教焉"，赵枏夫有《濂溪小学记》。[8]

2. 零陵宗濂书院。零陵之前有东山书院，时久荒废，嘉靖庚申巡抚陈仕贤计划新修，郡守刘格把地点定在郡学之后，因故未能修成。到嘉靖四十一年（1562）知府董翰在府学后创建，[2]1069具体地点应在府学后高山寺，万历和崇祯年间均有修葺。[6]422另据《道光永州府志》中蒋春生所撰《重修宗濂书院引》，宗濂书院是知府黄翰任中修建宗濂书院，[9]314与《中国书院史》有异，我们认为很有可能是《中国书院史》中"董"乃"黄"字之误，在此存疑。

3. 永州府濂溪书院。在永州府镇永楼。明万历十九年（1592），旧书院因灾受损，御史大夫李桢重建，"捐置祭田，令世世保之"，李桢有《创建作养濂溪先生后裔书院记》《新置濂溪先生祭田记》，参政吴中传有《重修濂溪书院碑记》。[3]据蒋云宽《重建永州府濂溪书院记》，此处旧书院应指的是宗濂书院。[10]2176清初荒废，到顺治十四年（1657）"知府魏绍芳于府城门内新建濂溪书院"。[2]105《永州府志》有魏绍芳所撰《国朝新建濂溪书院碑文》，有郡人蒋云宽所撰《重修濂溪书院记》，可为佐证。[10]2177[6]314-315光绪二十八年(1902)改为中学堂。[6]555

4. 东安县清溪书院。明嘉靖初知县陈祥麟改清溪僧寺为书院，即宗濂精舍[2]1070。万历年间，时因"诏毁天下书院"[11]173，知县朱应晨遂改为景濂精舍。清代重新建濂溪书院，同治间又将紫阳书院并入其中。[2]105

5. 江永县宗元书院。江永县即古代永明县，明嘉靖有宗元书院，清康熙十四年（1675）知县候绶重修，改名为濂溪书院。[2]105祀有周敦颐。

6. 新田县濂溪书院。在新田县城，由邑人公在咸丰四年(1854)建。[6]536

7. 蓝山县濂溪书院。又叫宗濂书院。[6]427明万历元年（1573）知县郑之韶建，清代改为他名。[2]106

8. 江华县濂溪书院。在县南门关外，在清道光元年建(1821)。[2]1146[6]536

9. 宁远县濂溪书院。宋代有知县黄大明建濂溪书院。[2]1026到明朝万历中期，知县蔡光在县东修建会濂书院。[12]193

二 郴州市的濂溪书院

在侯云汉所写的《新建东山书院记》中，他很清楚的指出："郴州书院来源有三，一曰濂溪，二曰景贤，三曰同仁。"郴州修建的濂溪书院有：

1.郴州濂溪书院。周敦颐曾在郴县任职时讲学,相传郴州有周茂叔学堂。[2]105《广湖南考古略》则明确记载有周茂叔书堂,在州城东鱼降山。[13]125南宋时修建濂溪书院,[2]1026之后迁徙不一,到明朝弘治中期,迁至州南门外。[12]195到康熙乙亥间,谢允文除判衡阳,再次修缮,王喆生有《郴州重建濂溪书院记》,[14]837谢允文也有《重建濂溪书院记》。[14]838

2.桂阳县濂溪书院。由明正德间知县陈德本在县西桂枝岭修建,[2]1068[6]428有爱莲、予乐两个亭子,明嘉靖年间,知县徐兆先复立讲堂学舍,[12]195罗洪先有《桂阳濂溪书院记》。[2]823清康熙六年(1667)由知县黄应庚修复。[2]105[6]533清嘉庆九年(1804)邑绅范毓洙重建。[2]1146

西关濂溪书院。在桂阳县城西,由邑绅范毓洙在嘉庆九年(1804)修建,为乡学,与濂溪书院隔岸相对。[6]533

3.桂东县濂溪书院。据《中国书院史》"历代书院名录"记载,桂东县在清乾隆三十三年(1768)建有濂溪书院,但在本书关于周敦颐与濂溪书院的总结中,却说"桂东濂溪书院于乾隆二十三年(1759)建",这显然与"名录"所记不同,另《湖南教育史》,认为改书院建于乾隆三十二年(1767)。[6]533时间分别各不相同,大概是由于刻本书的清晰程度造成的。我们据《郴州总志·名宦志》及时任知县洪锺所写《濂溪书院记》[14]849记载,洪锺是湖北公安进士,"乾隆二十一年任桂东县,才能明敏,釐剔积敝,兴学校,修邑志,竟以疾去,百姓哭送,依依不忍舍"[14]419。可知洪锺重视教育与文化建设,因而他不可能在任期十二年后才修学校,故我们推断,桂东县濂溪书院应是修建在乾隆二十三年。

4.永兴县濂溪书院。宋代有建濂溪讲堂。[2]1026

三 衡阳、邵阳、娄底市的濂溪书院

1.衡阳市濂溪书院。衡阳市在南宋时建。开禧三年(1207)改为学府。明清时期屡有兴废。[2]106但此书院《衡州府志》无载,[15]173-181暂存疑。

2.邵阳市濂溪书堂。邵阳市在宋宝祐三年(1255)由知府宋仲锡在邵阳县东山修建濂溪书堂,[2]1025《湖南教育史》认为,创建于绍兴中期,[6]214早了几十年。应该就是景濂堂,[16]1332元代时书堂毁坏,到明嘉靖三十一年(1552),湖南道参议杨逢春建东山书院,清康熙元年(1662)东山书院重建,因为景濂堂毁废,而在景濂堂后面修建祠,以祀周子,到康熙初年,将周子移到东山书院。

希濂书院。南宋绍熙甲寅九月,杨万里的《希濂堂记》中记载,由"邵阳史君潘侯焘",在治之西偏建希濂堂。[4]257就是希濂书院,到康熙十年(1671)知府李益阳再次修建,十一年将希濂书院并入东山书院[2]1142。乾隆二十四年(1759)知府郑之桥将东山书院改为濂溪书院。咸丰间因兵火战乱而毁坏,到同治间再次重建。[2]106

3.邵阳县爱莲书院,明朝崇祯十一年(1638)由知府陶珙修建,[6]423在邵阳县城周敦颐观莲处,[12]193到道光十六年,"知府惠体廉复建为濂溪祠。"[16]1332

4.娄底新化县濂溪书院。明成化十六年(1479)于新化县西门大街建濂溪书院。[2]106另据《湖南教育史》载,该书院由知县傅珍修建于成化元年(1465),具体时间存疑于此。[6]423嘉靖间知县余杰改为文昌书院。[2]1070万历间重修,后毁废。

也有一些虽然没有称作濂溪书院,但其中也祀有周子的书院,如衡阳在集贤峰下,明万历中期邑令彭簪修建的集贤书院,其中就有祀周子,以及唐李泌、韩愈、宋赵汴、朱子、张栻。[12]191[15]179怀化沅陵县的崇正书院,明正德中期,由郡守戴敏修建,后面有六贤祠,其中祀有周子、二程、张载、朱子、张栻、杨廷和有记。[12]194为还有零陵县的思贤堂,在永州府学内,会有周子、范纯仁、范祖禹、邹浩、张浚像,共为一堂,额上题作"思贤",[13]109也是祀周子于学校内。为确保濂溪书院的长久发展,官方都不同程度的采用了拨田、赏银、褒奖等手段来给予支持。此外,周氏后人以及一些地方学者等为追思先生,扬先生学,也都自愿投身到学院的建设中去,这股民间与官方的合力,推动了濂溪书院在各朝的发展。

四 濂溪书院兴起的原因和意义

书院是培养时代文化精神的摇篮,对于思想文化的承上启下传承意义重大。唐末动乱不仅冲击了中古政治经济结构,也为思想的活跃提供了条件,书院的兴起有着历史的必然性。官方对于书院和理学的态度变化对于濂溪书院的发展有重要影响,具体原因我们归为以下方面。

(一)日益发展壮大的理学思潮提供了强大理论背景

理学思想的集大成者朱熹对周敦颐极力推崇,他多次为濂溪祠堂的修建写记,并抓住机会宣扬濂溪思想,所谓"为有源头活水来",因此,随着理学地位的提高,朱熹地位的提高,周敦颐的影响力自然也就节节高了。在统治者大力提倡理学,鼓励文化教育的条件下,元代出现了"书院官学化"[11]140的特点。清代初期抑制书院发展,后改为"积极兴办,加强控制"[17]90,开始对书院的设置进行官方的换置,给书院以资金等方面的支持,欲将乡里之学改造成官学。这也就为濂溪书院的长久发展提供了很好的思想和政策平台。

同时,修建濂溪书院对周敦颐思想的传承、对湖南理学思潮的传播以及湖湘文化的发展有推动作用。几乎在每篇为濂溪书院修建而写的记中,都在感慨周子思想伟大的同时,提出要传承周子的思想,显然各地濂溪书院的修建,有利于扩大濂溪思想的传播范围,在这方面作用重大。而濂溪思想正是理学的渊源,自然也就增加了理学的深度和广度,这对于理学思潮地位的确立打下一定社会基础,也加深了湖湘文化的深度,对湖南人民的思想文化提升也有一定作用。当然,与此同时,统治者也就实现了统治者从思想上笼络、控制百姓的目的。

(二)周敦颐重视教育的回音

"周敦颐首先是一个伟大的教育家"[1],最著名的当属他在江西南安任职时教授二程。周敦颐少年时期在道县生活时,爱学习,勤思考,传说悟道月岩,之后他的学说受到推崇,学习的精神自然也就受人敬爱。他在邵阳任职时,发现邵阳的学校"左狱右庾,卑陋弗称",亲自择地东南,另建新校,受到父老乡亲的拥护。在郴州任职时,曾为知郴州事职方员外郎李初平讲学,在郴县作县令时,刚任职,便首修学校以教人等等,这些事迹都濂溪书院的兴起和发展打下了良好的群众基础。周氏后人和地方官员以及社会普通阶层,怀着对周敦颐的敬仰,对传承先生教育思想的追求,就接下了修建濂溪书院的接力棒。

(三)科举制的大规模施行

两宋时候科举制度得到完善,虽然在辽金元时曾跌入低谷,但到明清时候,科举就进入到了鼎盛时期。[18]2科举为寒门子弟开辟了一条向上的通道,官方不仅对经济上进行补助,"自启程以至回乡费,皆给于公家"[19]653。另一方面还不断扩大各届考生的录取名额,放宽学生入学读书的身家条件,如太学生,唐代规定必须是五品以上公子孙,但宋代则规定是"八品以下子弟若庶人之俊异者"[20]。这举措大大刺激了学子学习的积极性,读书人数剧增,为书院提供了大量的服务对象。大量书院应运而生,是在情理之中的。"明代以前,学校只是为科举输送考生的途径之一。到了明代,进学校却成了科举的必由之路。学校和科举更紧密地结合起来。"[21]23

(四)官学和私学地位起伏变化的结果

宋初,"尽管科举已经大盛,但许多地方的州县学迟迟未置","于是各类书院首先获得恢复和发展"。[22]296之后官学虽为主流,但随着时间的推移,地方官学暴露出一些弊端,如"财政困难、学校腐败"等,使得它生命力受到影响,有识之士开始兴办私学,以书院来补救官学的不足,[23]纠正科举的弊端,"其所谓学校者,科举喧争,富贵熏心,亦遂以朝廷之势力一变其本领;而士之有才能学术者,且往往自拔于朝野之间,于学校初无与也"[17]90。濂溪书院也就陆续建立和完善起来了,对官学不盛的局面有起到一定互补作用。

濂溪书院的修建,除了教书育人、教化民风,也给历代后人追思周敦颐,传承周先生的精神,怀念他的功德以及使得世人牢记他的学术旨趣提供了一个很合适的方式。值得后代的人瞻仰和探究。

参考文献:

[1]孙映球,任俊华.周敦颐思想暨濂溪书院学术研讨会综述[J].湖南大学社会科学学报,1992,(2):64-69.

[2]李国钧,王炳照,李才栋.中国书院史[M].长沙:湖南教育出版社,1998.

[3][明]胥从化.濂溪志[M].明万历刻本.

[4]梁绍辉,徐荪铭.周敦颐集[M].长沙:岳麓书社,2007.

[5][清]吴大镕.濂溪志[M].清康熙二十四年刻本.

[6]冯象钦,刘欣森.湖南教育史[M].长沙:岳麓书社,2008.

[7][清]周浩.濂溪志[M].清道光己亥爱莲堂刻本.

[8][明]李嵊慈.濂溪志[M].明天启四年刻本.

[9][清]吕恩湛,宗绩辰.道光八年永州府志(影印本)[M].长沙:岳麓书社,2009.

[10][清]罗汝怀.湖南文征[C].长沙:岳麓书社(影印本),2008.

[11]王炳照.中国古代书院[M].北京:商务印书馆,1998.

[12][清]王先谦,段青峰.湖南全省掌故备考[M].长沙:岳麓书社,2009.

[13][清]同德斋主人.广湖南考古略[M].长沙:岳麓书社(影印本),2010.

[14][清]朱偓,陈昭谋.嘉庆郴州总志[M].长沙:岳麓书社(影印本),2010.

[15][清]饶佺,旷敏本.乾隆衡州府志[M].长沙:岳麓书社(影印本),2008.

[16][清]黄宅中,张镇南,邓显鹤.宝庆府志[M].长沙:岳麓书社(影印本),2009.

[17]陈元晖,尹德新,王炳照.中国古代的书院制度[M].上海:上海教育出版社,1981.

[18]林白,朱梅苏.中国科举史话[M].南昌:江西人民出版社,2004.

［19］冯天瑜，何晓明，周积明.中华文化史［M］.上海：上海人民出版社，1990.

［20］［元］脱脱.宋史（选举志）［M］.北京：中华书局，1977.

［21］王道成.科举史话［M］.北京：中华书局，1988.

［22］何忠礼.南宋科举制度史［M］.北京：人民出版社，2009.

［23］李才栋.周敦颐在书院史上的地位［J］.江西教育学院学报，1993，（3）：64：65.

（原载 2011 年第 11 期，作者单位：湖南科技学院）

周敦颐与罗田濂溪阁

✱ 刘范弟

　　有关周敦颐的纪念性建筑物,以"濂溪"命名的最为普遍,其类型有濂溪祠、濂溪书院和濂溪阁等。检索《四库全书》史部地理类的文献(正文,不含注释),在这三种类型的纪念性建筑物中,濂溪祠共有记录64处,除去重复为27处,分布在北京,江西星子(庐山下)、九江、南昌、赣州、袁州(今宜春)、萍乡、万安、雩都(今于都县),湖南道州(今道县)、零陵(今永州)、祁阳、永明(今江永县)、郴州、桂阳(今汝城县)、江华、邵州(今邵阳),湖北武昌,江苏苏州、无锡、镇江、盱眙,福建南靖,广东韶州(今韶关)、肇庆、高要,四川合州等地;濂溪书院共有记录63处,除去重复为20处,分布在江西星子(庐山下)、九江、赣州、南安(今大余)、萍乡、崇仁,湖南道州(今道县)、零陵(今永州)、永明(今江永县)、郴州,湖北武昌,广东广州、韶州(今曲江县)、高要、四会、阳江、程乡(今梅县)、德庆,四川合州,广西浔州(今桂平)等地;濂溪阁共有记录9处,除去重复为2处:一在湖南桂阳(今湖南汝城县),一在江西雩都(今江西于都县)[①]。学界对濂溪祠和濂溪书院已有注意,研究周敦颐的专著对之或多或少都有论述提及,也有专门文章对此进行过研究[②];而濂溪阁,则至今尚未见有对之进行考察论述的。有鉴于此,本文将对濂溪阁作一考察,聊为抛砖云尔。

一

　　《四库全书》所收雍正《江西通志》山川志载:"罗田岩,在雩都县南五里,一名善山,两旁岩岫空洞交通。宋嘉祐间,周元公敦颐倅虔,游此赋诗。县令沈希

---

① 文渊阁《四库全书》电子全文检索版,上海人民出版社、迪志文化出版有限公司,1999年。

② 如李才栋《周敦颐与濂溪书院》,刊《江西教育学院党学报》1993年第3期;夏剑钦《湖湘濂溪书院考略》,刊《理学思想与人文汝城》,湖南大学出版社2013年;王晚霞《濂溪祠堂考》,刊《南昌大学学报》(人文社科版)2011年第6期。

颜因建濂溪阁。"①同书卷四十二"古迹·赣州府":"濂溪阁,在雩都县南五里善山上,宋周敦颐倅虔时曾游此赋诗,邑令沈希颜因建此阁。"这就是最早出现的濂溪阁,位于江西赣州府雩都县南五里的罗田岩,罗田岩又名善山。

以上雍正《江西通志》载明了濂溪阁所在的地点、修建的缘起和创修者的姓名身份,但对修建年代却没有交代。

最早记载雩都罗田岩濂溪阁修建始末的是南宋度正为周敦颐所作的年谱(年表)。明代万历年间永明(今永州市江永县)知县胥从化所编刻的《濂溪志》,其卷三收了度正所撰的《(周敦颐)年表》,其云:"(嘉祐)八年癸卯(1063),先生年四十七。正月七日,行县至雩都,邀余杭钱建侯拓、四明沈几圣希颜游罗岩,题名,并有诗刻石。沈公者,邑令也,因建濂溪阁于善山,顶有高山仰止亭。"②

清道光己亥(1839)年周浩所编《濂溪志》卷三亦为周敦颐年谱③,其所载雩都罗田岩濂溪阁创建始末与以上胥从化《濂溪志》全同。此外,清道光二十七(1847)年邓显鹤编刻的《周子全书》卷首的周敦颐年谱,以及近年出版的几种有关周敦颐著作所附的度正周敦颐年谱(年表),如周文英所编《周敦颐全书》、梁绍辉所撰《周敦颐评传》,其所载雩都罗田岩濂溪阁创建始末亦与胥从化《濂溪志》全同④。

据年谱,周敦颐于嘉祐六年(1061)通判虔州(今江西赣州),作为知州的副手,他勤于政事,时常下到下面各县巡查。嘉祐八年(1063)正月初七,周敦颐"行县至雩都"。他这次来雩都,具体有什么事务年谱没说,也从来没有人注意到这点。有一件事值得注意,就是周敦颐此次在雩都公余邀了钱拓、沈希颜两人同游罗田岩。据年谱和有关方志,沈希颜的身份是雩都知县,他于周敦颐到雩都"行县"的嘉祐八年上任;钱拓也是雩都知县,他正好上任于此前的嘉祐七年⑤。

---

① 雍正《江西通志》卷十三"山川七·赣州府",影印文渊阁四库全书本,台湾商务印书馆,1986 年。

② 明·万历癸卯(1593)永明县知县胥从化订正,道州儒学署学正事谢覔编校,训导刘报国同校:《濂溪志》卷三"年表"(万历癸巳刻版),王晚霞编:《〈濂溪志〉八种汇编》,湖南大学出版社,2013 年,第 17 页。

③ 此《濂溪志》道光己亥(1839)年刻,为爱莲堂藏版,国内部分图书馆有藏,已收在王晚霞所编《〈濂溪志〉八种汇编》中。

④ 周文英编:《周敦颐全书》,江西教育出版社 1993 年版,第 15 页;梁绍辉撰:《周敦颐评传》,南京大学出版社 1994 年版,第 438 页。

⑤ 嘉靖《赣州府志》卷七"秩官·雩都·宋·知县事":"钱柘(拓)建侯,嘉祐七年任;沈希颜几圣,浙江四明人,嘉祐八年任。"康熙《雩都县志》卷之五"职官志·宋·知县事":"钱柘(拓),字建侯,嘉祐七年任;沈希颜,字几圣,嘉祐八年任。"

这前后两位雩都知县怎么都在此时此地一起陪上司游罗田岩呢？周敦颐于嘉祐八年正月初七来到雩都，而年谱当日记事已明确说"沈公者，邑令也"，可见沈希颜嘉祐八年正月初七已是知县，那么他上任的具体时间只能是正月初一到初七这几天；而钱拓嘉祐八年正月初七还在雩都与沈希颜陪周敦颐游罗田岩，他卸任雩都知县也只能在这几天。由此可以断定，周敦颐是为了新旧知县的交接而来雩都的，当然也有顺便检查工作的任务，说不定周敦颐就是与沈希颜一同到达雩都，并在当日主持见证了钱拓、沈希颜新旧知县的交接工作。

交接公事完毕之后，周颐敦心情愉快轻松，于是"邀余杭钱建侯柘（拓）、四明沈几圣希颜游罗岩"，与雩都新旧两位知县一起前往罗田岩游玩。一个"邀"字，体现了他以交接工作主事人的身份，在严肃的正事办完之后，让两位属下放松一下的意图。

在周敦颐游罗田岩之前，此岩并不十分有名，基本上没有什么著名学者和官员至此游赏，更谈不上有什么题刻了，直到北宋开宝年间，此地才有了一所像样的寺院。嘉靖《赣州府志》记载："罗田（岩），（雩都）县南五里，一名善山。岩崇可二丈，深眠崇杀之。两旁有岩相通，其形如虎，内凿茶灶汤炉，流觞曲渠，峭壁悬崖。旧云岩本虎穴，陈末（天）嘉中，有僧庐其上，虎不复出。宋开宝僧复创华严禅院，既废。周濂溪倅郡，有诗。"①

周敦颐的到来，使罗田岩开始有了名气。据年谱，当日周敦颐"游罗岩，题名并有诗，刻石"，可见当天他的游兴很高，不仅在此留下了题名，还写下了一首诗。他的题名和诗作当即或过后不久都被镌刻在罗田岩上。其诗题为《行县至雩都邀余杭钱建侯拓四明沈几圣希颜同游罗岩》，诗云："闻有山岩即去寻，亦跻云外入松阴。虽然未是洞中境，且异人间名利心。"②

当时同游的钱、沈两位知县于此诗未见有和诗，但后来和者不少。康熙《雩都县志》所载的即有李涞的《追和罗岩周元公韵》："天外幽奇不厌寻，紫蕹黄菊正崖阴。山僧窃听匡时话，也识生平报国心。"管奏鞭的《罗岩谒周元公先生次壁间韵二首》："（其一）先贤遗迹杳何寻，庭草青青满地阴。忽忆当年无极思，天心秋月到君心。（其二）庭前古柏旧千寻，无复高人憩夕阴。我欲层崖留信宿，白云肯住此间心？"曾绍裕的《谒周元公祠追和原韵》："孔颜乐处曾经寻，庭草春

①　嘉靖《赣州府志》卷二"山川·雩都"。
②　梁绍辉、徐苏铭等点校：《周敦颐集》（湖湘文库本），湖南人民出版社，2007，第132页。

深满地阴。最是旷怀潇洒境,风来水面月天心。"①同治《雩都县志》又增加了几首:沈璇《罗田岩追和周元公韵》:"罗田崔巍高几寻,谁家书屋伴松阴。满庭芳草春无限,都属濂溪造化心。"邱懋原《游罗田岩次周元公韵》:"苍苍岩谷柏千寻,松竹参差间绿阴。一自元公歌啸后,风光月霁快人心。"邱光世《罗田岩和周元公韵》:"丹岩九折足幽寻,绕径松篁洒绿阴。遥想当年庭草翠,静观是处见天心。"段彩《谒周元公祠追和原韵》:"个中消息耐人寻,缓步登临穿绿阴。风满池塘秋水老,源头活水漾莲心。"曾大忠《谒周元公祠追和原韵》:"卓绝芳规何处寻,徘徊崖壑半晴阴。拜瞻道貌衣冠古,一束萍蘩写素心。"宋启忱《游罗田岩次周元公韵》:"遗迹千年何处寻,荒凉有阁树阴阴。书生好说孔颜乐,休逊老僧入定心。"②

据年谱,"沈公者,邑令也,因建濂溪阁于善山顶",看来,新任雩都知县沈希颜陪同周敦颐游赏罗田岩后,不仅将周敦颐的题名及诗作镌刻于此,还在此后不久为之兴建了纪念性的建筑——濂溪阁。沈希颜嘉祐八年(1063)正月开始担任雩都知县,接替其职务的张宗谔于治平三年(1066)到职③,沈希颜任雩都知县有三年多近四年,他有充分的时间修建濂溪阁。

沈希颜,身后入祀雩都县名宦祠④,康熙《雩都县志》名宦志中有其小传:"沈希颜,字几圣,四明人,嘉祐中任。质性谦和,廉直公恕,三年,百废具兴,吏民畏怀。邑有妖禽,夜啼甚哀,希颜题曰:'此处离朝路几千,为官不取半文钱,平生不养无情鸟,遮莫妖禽夜哭天。'诘旦,禽遂去。县西峡路崎岖,希颜鸠工开道,往来便之。及代,王鸿作序送之,其略曰:'督赋以宽,决狱以敏,处己以廉,御吏以法,明足以照欺弊,威足以服奸顽。民有争讼,一切教谕,使辨曲直。有罪立遣,无及蔓延,邑居恬安,不挠不烦。治邑三年,风和雨顺,灾沴不生,寇窃潜消,公私饶裕,百废俱兴,教黉有经,齐民化迁。'鸿,隐君子,不妄许可,盖实录云。"⑤

小传中说到他在雩都的政绩,无非是"兴学劝农,平讼宽赋……县西峡路崎岖,希颜鸠工开道,往来便之",加上一件写诗驱除"妖禽"的事,没有什么太突出

---

① 康熙《雩都县志》卷之十二"纪言志·诗·七言绝"。

② 同治《雩都县志》卷之十五"艺文志·诗·七言截(绝)"。

③ 嘉靖《赣州府志》卷七"秩官·雩都·宋":"沈希颜几圣,浙江四明人,嘉祐八年任;张宗谔,治平三年任。"康熙《雩都县志》卷之五"职官志·宋·知县事":"沈希颜,字几圣,嘉祐八年任;张宗谔,治平三年任。"

④ 康熙《雩都县志》卷之七"祠祀志·名宦祠"。

⑤ 康熙《雩都县志》卷之六"名宦志·宋"。

的;如果他真是创建了濂溪阁,其小传中为何对之不着一笔呢?

我们知道,周敦颐在世时其声名并不显著,其为人所尊崇是在朱熹大力推崇和宋理宗的褒彰之后,纪念彰表他的建筑物如濂溪祠、濂溪书院等此后才开始纷纷出现,这已是他身后一百多年了。如果零都罗田岩濂溪阁真是沈希颜所创建,那在濂溪学史上就应当是一个具有重大意义的事件。因为这件事情说明,早在周敦颐逝世前十年左右,就已经有纪念彰表他的建筑物开始出现,周敦颐的思想在他在世时的影响,我们就要对之重新评估,理学史或许也要加以改写了。

此外,从年谱"沈公者,邑令也,因建濂溪阁于善山,顶有高山仰止亭"之文看,这"高山仰止亭"也是一座纪念周敦颐的建筑,且从文意看,这高山仰止亭并非沈希颜所建,似乎之前就已存在了,这当然是不可能的。这就令人不得不对年谱关于"沈公者,邑令也,因建濂溪阁于善山,顶有高山仰止亭"的记载产生怀疑。

二

查康熙《零都县志》关于罗田岩和濂溪阁的记载,我们看到了如下记载:"罗田岩,距县五里,一名善山。两旁有岩相通,古称华严禅院,左为仕学山房(屋),岩下右曰观善岩,阳明先生题笔,邑孝廉何春所辟也。周濂溪先生倅虔时游此,有诗,明罗文恭大书刻石壁上。故有濂溪阁,顶有高山仰止亭。"①"濂溪阁,在罗田岩右,宋嘉熙庚子知县周颂建。明知县羊修、刘昌祚相继重修。邑人黄弘纲、李涞记。"②

以上所记关于濂溪阁的信息,前一条未载创建者为谁,创建时间亦付阙如;第二条则对创建者和创建时间记载得清清楚楚。创建者为知县周颂,创建时间为宋嘉熙庚子,也就是南宋理宗嘉熙年间的庚子年,即嘉熙四年(1240),这时已是南宋理宗于嘉定十三年(1220)赐谥褒崇周敦颐③的二十年之后。

同时此条记载还将其所据的资料来源作了交代:"邑人黄弘纲、李涞记。"

---

① 康熙《零都县志》卷之一"舆地志·山川"。
② 康熙《零都县志》卷之三"营建志·楼阁"。
③ 《周元公集》卷五"历代褒崇";《宋嘉定谥濂溪先生议》:"嘉定十三年六月二十二日,赐谥曰元。监司博士谨按谥法:'主善行德曰元',先生博学力行,会道有元,脉络贯通,上接乎洙泗,条理精密,下逮乎河洛,以元易名,庶几百世之下,知孟氏之后明圣道,必自濂溪始。"影印文渊阁四库全书本,台湾商务印书馆,1986年。

　　黄弘纲,"字正之,西一坊人,正德丙子科,以以诗经中式第七名。任汀州府推官,升刑部主事"①。"学者称为洛村先生……自幼志迈越,甫读书,便能通会大意,既长就乡塾,教以举业文字,弘纲曰:'雕虫小技,壮夫所耻,吾儒之学,须以圣贤为归耳。'于是苦心刻索,必欲追其微茫而探其元始。久之,曰:'圣贤千言万语,大要不越主敬二字。'……正德丁丑,王守仁讲学虔台,弘纲归,自计偕往谒而执贽焉。甫三日,忽悟心理合一之旨,益信圣人可学而至。……卒后配祀阳明祠,又合祀于濂溪祠。所著有《洛村集》行世。"②由此可知他是明朝正德丙子(1516)科中第七名的举人,担任过汀州府推官、刑部主事等官职,是王阳明的学生,于周敦颐、王阳明之学深有体会而"悟心理合一之旨",学人尊之为"洛村先生",有《洛村集》行世,死后"配祀阳明祠,又合祀于濂溪祠"。

　　李涞,"字源甫,二坊人,登隆庆五年张元汴榜,授宝应知县,升户部给事中,转山东佥事、广西参议、苏松兵备副使,以外艰归。服阕,复除原官,擢巡抚应天等府、右佥都御史,寻告归。万历二十一年十月,以原官起巡抚保定等府,提督紫荆等关。"③"家贫,刻苦读书,屏迹罗岩,屡月不至城下,为文能自竖一家……嘉靖丁卯举于乡,辛未登进士,授宝应令。宝应故水乡,会大水,庐荡析,一望皆白。涞自携疏□,循行阡陌间,践冰霜,沐风雨,衣敝面垢,不顾。垦辟疏瀹,不遗余力,民赖以生活。……七年,赴召,老稚攀辕遮哭,送至数百里……丁丑,拜户部给事中……出为山东佥事,再迁广西参议。居粤西四年,嚼菜饮水,一如宝应。提纲饬纪,未始一日懈弛……进宪副,饬苏松四郡兵事诸役……甫两月,闻封翁讣,即日徒跣归,哀毁骨立。既葬庐墓下,免丧,再补旧地……已,超拜中丞,抚江南十郡……先后在吴五年,所御一冠一衿一布一被不更置,郡邑亦无敢以一登豆荐者……以母老乞养,奉旨予告。既归,日愉愉奉母,孺人欢。月会邑中同志,讲明朱子德性问学之旨,嘉惠后学。文章原本性命,虽谈笑题咏,皆关理道。癸巳,起抚保定、提督紫荆等关,念太孺人春秋高,力辞不就。家居,每食惟煮豆为下箸物,帷敝不能更,制物纸补之。庚子,居太孺人之丧,四方来吊者,至不能治蔬具。麻衣蓝缕,朝夕不解,遂抱痛致疾,未及禅服而卒。万历三十五年,督学副使姜樾郡邑有司崇祀乡贤。所著奏议、文集、语录,藏于家。"④由此可知他是嘉靖丁卯

① 康熙《雩都县志》卷之八"选举志·举人·明·黄弘纲"。
② 康熙《雩都县志》卷之九"乡贤志·理学·明·黄弘纲"。
③ 康熙《雩都县志》卷之八"选举志·进士·明·李涞"。
④ 康熙《雩都县志》卷之九"乡贤志·行业·明·李涞"。

(1567)科举人和隆庆辛未(1571)科进士,历任宝应知县、户部给事中、山东佥事、广西参议、苏松兵备副使、巡抚应天等府、右佥都御史等官职,是一位干实事和亲民的好官,也是一位有成就的学者。

由前引康熙《雩都县志》对濂溪阁的有关记载,我们得知黄弘纲、李涞两人都写有关于濂溪阁兴建沿革的记文,查康熙《雩都县志》纪言志(即艺文志),黄弘纲、李涞二人的《重修罗田岩濂溪阁记》赫然在焉。

黄弘纲《重修罗田岩濂溪阁记》云:"雩都罗田岩濂溪阁者,祠濂溪、明道、伊川三先生暨武穆岳公、阳明先师也,创始于宋邑令周公颂,续建于明太府邢公珣,至督学蔡公克廉,乃檄有司并五先生列之祀典。因其半毁而增辟之,视其未备而加饬之者,佥宪沈公谧、今邑令羊公修也。庆历间,濂溪先生通判我虔州,尝有游罗田岩诗。于时大中程公令兴国遣明道、伊川见所谓周茂叔者,疑即其时。按岩刻:'嘉熙庚子,濂溪阁成,勒先生诗。'闻其风则思过化之所钟,而况亲炙之者与?岩亦为黄龙禅师经行地。武穆公提兵平贼,至固石洞,访黄龙于岩,有作宫寀。罗公洪先为书而刻之石。督学公首三先生及武穆矣,并述阳明先师倡学虔台及门诸生雩独多于他邑,合五先生而祀于一堂,且曰:'道德忠贞,其揆一也。'故佥宪公辟为三室,同宇中妥三先生,左武穆,右阳明,春秋举祀,仍合而享之。"①

据黄弘纲此记,"雩都罗田岩濂溪阁者……创始于宋邑令周公颂",其根据是"按岩刻'嘉熙庚子,濂溪阁成'";但记中所云"岩刻'嘉熙庚子,濂溪阁成'",只是说明了濂溪阁是嘉熙庚子年建成的,并未说是邑令周颂创建了此阁。

李涞《重修罗田岩濂溪阁记》则明确指出了此点:"雩岩洞故多奇,惟罗(田)岩最著,则以濂溪先生游也。先生游故有诗,宋邑令周公颂所记'嘉熙庚子,濂溪阁成,勒先生诗'者是也……考年表,庆历甲申先生为南安司理……至嘉祐辛丑,先生始以国子博士通判虔州,又二年癸卯,先生行县至雩都,邀余杭钱公建侯、四明沈公希颜游罗岩,正月七日赋诗刻石而归。"②"宋邑令周公颂所记'嘉熙庚子,濂溪阁成,勒先生诗'者是也"之句,明确指出濂溪阁落成后周颂为此写了一篇记,且据黄弘纲记中所说"按岩刻'嘉熙庚子,濂溪阁成,勒先生诗',闻其风

---

① 黄弘纲:《重修罗田岩濂溪阁记》,康熙《雩都县志》卷之十四"纪言志",此文又收在雍正《江西通志》卷一百三十"艺文·记九·明"中,文字稍有删节。

② 李涞:《重修罗田岩濂溪阁记》,康熙《雩都县志》卷之十四"纪言志",此文又收在雍正《江西通志》卷一百三十三"艺文·记十二·明"中,文字稍有删节。

则思过化之所钟,而况亲炙之者与?"之意,周颂所作之记当时即已镌刻岩上。

由此可见,黄、李二记所言濂溪阁是由南宋雩都县令周颂于嘉熙庚子年创建的当为事实,创建者周颂在阁成之后所作并刻在岩上之记,黄、李二人写作记文之时还可见到(可能已剥蚀不少,并非完璧)。

罗田岩濂溪阁的创建者周颂,"字叔成,儒林郎,庐陵人,嘉熙二年任。尝砌大成殿,修雩山庙,撰雩都志。"①其小传收在康熙《雩都县志》名宦志:"周颂,字叔成,嘉熙二年任知县,施为缓急,具有条理,实心惠民,四时晏然。始撰雩志,所著风俗、学校、人才、坊郭、科目、兵制、财赋诸论,俱切于雩。"②据此知周颂是一位热心地方文化建设的官员,他在雩都主要业绩有"砌大成殿,修雩山庙,撰《雩都志》"等,对雩都宗教文化和地方史志建设有一定贡献,特别是他撰著的《雩都志》,可算是雩都较早的一部县志了③。因为在其他部分已对周颂创修濂溪阁已作了介绍,故康熙《雩都县志》在其小传中他的这一业绩就被省略未记了。

罗田岩濂溪阁最初是专为纪念周敦颐而建的,同时还兼有供文人雅士登临玩观的作用,随着官方意识形态中周敦颐的尊隆地位不断提高,官方祭祀周敦颐的仪式也在此进行,濂溪阁最终就与濂溪祠合二为一了,到后来就被径称为濂溪祠。康熙《雩都县志》祠祀志对此说得很清楚:"濂溪祠,即罗田岩濂溪阁。祀周濂溪先生,以程明道、程伊川二先生配,以先生尝讲学于此。宋嘉熙庚子知县周颂建。明嘉靖乙巳提学蔡克廉至岩,阅武穆、阳明题刻,乃檄知县许来学并祀之,以春秋仲月致祭。"④但康熙《雩都县志》的营建志"楼阁"类中则是将其作为纯粹的楼阁来记载的,将其与龙门阁(回澜阁)并列在一起⑤;在乾隆《雩都县志》里,濂溪阁同样于"营建"和"祠祀"两志中都分别立了条目记载⑥,可见直到清朝

---

① 康熙《雩都县志》卷之五"职官志·宋·知县事"。

② 康熙《雩都县志》卷之六"名宦志·宋"。

③ 前此有《雩都图经》,康熙《雩都县志》卷之五"职官志·宋·知县事"载:"邱钦若,奉议郎,绍兴二十三年任,尝著《雩都图经》。"

④ 康熙《雩都县志》卷之七"祠祀志·先贤祠"。

⑤ 康熙《雩都县志》卷之三"营建志·楼阁":"濂溪阁,在罗田岩右,宋嘉熙庚子知县周颂建。明知县羊修、刘昌祚相继重修……龙门阁,在永安门外,即回澜阁,明万历癸丑知县阮悉建。"

⑥ 乾隆《雩都县志》卷之七"祠祀志·先贤祠":"濂溪祠,即罗田岩濂溪阁。祀周濂溪先生,以程明道、程伊川二先生配。"乾隆《雩都县志》卷之三"营建志·楼阁":"濂溪阁,在罗田岩右,宋嘉熙庚子知县周颂建。明知县羊修、刘昌祚相继重修……龙门阁,在永安门外,即回澜阁,明万历癸丑知县阮悉建。"

中期,罗田岩的濂溪阁还兼具着登临玩观与纪念祭祀的两种功能①。

这种状况到清末则有了变化,同治《雩都县志》卷六"古迹"中仍列有"青云阁""敕书阁"等阁,但"濂溪阁"已不在其中;仅在卷五"祠庙志"中列"濂溪祠"条目加以介绍:"濂溪祠,在县南罗田岩,祀周濂溪先生,以程明道、程伊川二先生配,缘先生尝讲学于此。此祠创于宋嘉熙庚子令周公颂,续建于明大府邢公珣,至明嘉靖乙巳提学蔡克廉至岩,阅武穆、阳明题刻,乃檄知县许来学以武穆、阳明二先生并祀之,岁以春秋仲月致祭。祠前有古柏四株,望之蔚然苍翠,此系数百年之植。咸丰七年丁巳冬毁于贼,同治九年庚午邑侯颜公寿芝修复,职员严名椿董其事。"②在这里已看不到"濂溪阁"的字样,只是从介绍内容中,我们才知道这个濂溪祠与濂溪阁其实就是同一个建筑;而且翻遍整部同治《雩都县志》,除了"艺文志"中几篇(首)乾隆、康熙《雩都县志》已收入的以"濂溪阁"入题的诗文外,我们也找不到任何有关濂溪阁的字眼和记载。

这种情况说明,乾隆以后罗田岩濂溪阁的功能和作用已发生很大的嬗变,到同治年间,濂溪阁仅剩下了官方祭祀周敦颐等先贤的作用,而作为文人雅士登临玩观的功能则已完全丧失,在当地官方的话语系统中,濂溪阁的名称也已完全变成了濂溪祠。

三

据前文所引黄弘纲、李涞两篇《重修罗田岩濂溪阁记》,以及康熙、乾隆、同治《雩都县志》的有关记载,自南宋嘉熙庚子(1240)年雩都知县周颂创建之后,到清代同治年间,濂溪阁曾整修或重修了五次。

第一次是明太府(即赣州知府)邢珣的续建。黄弘纲记中说"(濂溪阁)创始于宋邑令周公颂,续建于明太府邢公珣"。据嘉靖《赣州府志》,邢珣于正德十年

---

① 在康熙《雩都县志》卷之十二"纪言志·诗"和乾隆《雩都县志》卷之十二"纪言志·诗"中,就收了好几首以《登濂溪阁》为题的诗,如罗汝芳《登罗岩濂溪阁》:"山谷双黄鸟,嘤嘤来好音。名岩方独往,多士偶同心。陟峤宁辞险,寻源莫厌深。元公开绝学,遗像俨峰阴。"宋应桂《登濂溪阁》:"此地何年辟,濂溪旧有祠。光风吹谷草,霁月照庭墀。礼重千秋祀,道隆百世师。徘徊阶下立,归步欲迟迟。"严时中《登濂溪阁》:"先哲祠堂古,时闻万籁音。一真无绝续,千载自晴阴。诗蚀荒苔合,山封古木深。高贤重有契,信宿话知心。"可见当时人们到罗岩濂溪阁除了怀念周敦颐外,亦有登高一览的雅兴。

② 同治《雩都县志》(光绪二十九年补刻本)卷之五"祠庙志"。

任赣州府知府，正德十四年离任①，据此知此次濂溪阁的重建是在正德十年（1515）至正德十四年（1519）之间，取中间值则可以定为正德十二年（1517）。第二年，王阳明来到罗田岩，亲笔题了"濂溪阁"三个大字镌刻在崖壁之上。这三个字民国初年还可辨识，民国九年担任赣南道尹的邵启贤所编《赣石录》，其中收录了王阳明在罗田岩所题"濂溪阁"及其题款的录文，"濂溪阁"三字为横刻，其下方为竖刻题款："□□戊寅孟夏之吉（第一行）守仁谨书（第二行）。"②按"□□戊寅"，所缺当为"正德"二字。正德戊寅为正德十三年（1518），康熙《雩都县志》卷之九"乡贤志·理学·明"黄弘纲传载："正德丁丑，王守仁讲学虔台，弘纲归，自计偕往谒而执贽焉。"正德丁丑为正德十二年，黄弘纲从雩都前往赣州从王阳明受学，第二年或许王阳明受其之邀来到罗田岩，此时邢珣重建的濂溪阁刚刚竣工，故有王阳明为濂溪阁题字之事。

此次重修距周颂创建已近三百年之久，即使其间濂溪阁未遭任何人为损坏，三百年岁月风雨侵蚀，恐怕也是颓败不堪，整修或是重修在所必行。主其事者邢珣，《大明一统志》有小传："邢珣，当涂人，弘治癸丑（1493）进士，授南京户部主事，出知赣州府，论讨宸濠功擢江西参政，以布政致仕，卒于家。"③

第二次和第三次整修，据黄弘纲记中所说，是"因其半毁而增辟之，视其未备而加饬之者，金宪沈公谧、今邑令羊公修也"，对濂溪阁上次重修之后有所毁坏之处加以整修，有所不完备的地方加以增扩，而整修增扩者则为"金宪沈公谧、今邑令羊公修也"两人。

沈谧，"字靖夫，（浙江）秀水人，嘉靖己丑（1529）进士，除行人，擢吏科给事中，历江西按察金事，有《石云家藏集》"，④《王文成全书》年谱附录载："（嘉靖）三十二年癸丑，江西金事沈谧修复阳明王公祠于信丰县。"⑤可见他嘉靖三十二

---

① 嘉靖《赣州府志》卷七"秩官·国朝·知府"载："邢珣（字）子用，直隶当涂人，进士，历郎中，坐忤逆瑾罢，未几复官，正德十年出任。修学作士，躬率行古礼，自横水、桶冈、龙川、利头诸寨，继勒兵擒逆濠。累升江西参政、右布政使，致仕。盛茂（字）本深，顺天人，历郎中，正德十四年任。"

② 邵启贤编：《赣石录》卷二，《石刻史料新编》第三辑第12册，台湾新文丰出版公司，1986年出版，第249页。

③ 明·李贤等（奉明英宗敕）撰：《大明一统志》卷十五"太平府·人物·本朝"，影印文渊阁四库全书本，台湾商务印书馆，1986年。

④ 《御选宋金元明四朝诗：御选明诗·姓名爵里三》，影印文渊阁四库全书本，台湾商务印书馆，1986年。

⑤ 《王文成全书》卷三十五"附录四·年谱附录"，影印文渊阁四库全书本，台湾商务印书馆，1986年。

年(1553)时已在江西按察佥事任上;邵启贤《赣石录》,在王阳明所题"濂溪阁"三个大字下面,除了王阳明的"□□戊寅孟夏之吉守仁谨书"题款外,右方稍远处另有沈谧的题款:"嘉靖壬□仲冬之吉(第一行)后学沈谧重修(第二行)。"①嘉靖三十二年是癸丑年,此前的嘉靖三十一年是壬子年,正与沈谧题款"嘉靖壬□仲冬"相合,由此可以判定,沈谧对濂溪阁的此次整修是嘉靖三十一年(1552)完成的。

但按黄弘纲的说法,此次整修是"因其半毁而增辟之,视其未备而加饬之者,佥宪沈公谧、今邑令羊公修也",则雩都知县羊修也是主持者。羊修任雩都知县的时间是从嘉靖三十五年(1556)到嘉靖四十一年(1556)②,他开始担任雩都知县的时间是在沈谧嘉靖三十一年(1552)整修濂溪阁的四年之后,且羊修也不可能在到任的当年就对濂溪阁进行整修。羊修担任雩都知县有六年之久,那么他此次濂溪阁修整的时间应该在这六年中的某一年,取中间值可定为嘉靖三十八年(1559)左右。

一般来说,县志中的职官志对官员任职年份的记载是不会弄错的,因为这涉及到前后一系列同一职位官员的交替代接③,且另有其他资料对羊修职雩都知县时间的记载与县志所载相同④,所以我们不能怀疑羊修任职时间被记错了。

如此看来,被黄弘纲记为一次的沈谧、羊修对濂溪阁的整修实际上应为前后相接的两次,一次是在嘉靖三十一年(1552),一次是嘉靖三十八年(1559),其间隔了七年之久。两次整修的目的也不一样,一为"因其半毁而增辟之",是为修复性质;一为"视其未备而加饬之者",是为增扩新建性质。因为这两次修建间隔时间太短,故黄弘纲记中将其并为一次,其实也是未尝不可的。

这两次的整修,距上次邢珣的重建(正德十二年,1517)还不到四十年,为什么这么短的时间内又要整修?因为邢珣重建濂溪阁后,仍是将其作为纪念祭祀

---

① 邵启贤编:《赣石录》卷二,《石刻史料新编》第三辑第12册,台湾新文丰出版公司,1986年出版,第249页。

② 康熙《雩都县志》卷之五"职官志·知县事·明":"羊修,广东儋州人,监生,嘉靖三十五年任,水后修城,民甚戴之,以给由致仕。"康熙《雩都县志》卷之五"职官志·知县事·明"紧接羊修之后的是蒋文侨:"蒋文侨,全州人,举人,嘉靖四十一年任。"

③ 在羊修之前任雩都知县的是范镗,康熙《雩都县志》卷之五"职官志·知县事·明":"范镗,衡山人,举人,嘉靖三十三年任。"

④ 雍正《江西通志》卷十六"水利三·赣州府":"雩都当众水之汇,明嘉靖三十五年,水涨城圮,知县羊修既筑城兼拓城外马道,邑人黄弘纲有记。"雍正《江西通志》卷四十二"古迹·赣州府":"勤政楼,在雩都县治前,明嘉靖丙辰(嘉靖三十五年),知县羊修移禁钟于上。"

周敦颐及其两位学生程颢、程颐的场所,二十七年之后的嘉靖二十三年(1544)六月,蔡克廉调江西任掌管学政的督学(提调学校)①,他大概于当年或以后三年间的某年(明清时督学一般任期三年)来到雩都视学,濂溪阁(祠)是必到的场所,"乃檄有司并五先生列之祀典"。蔡克廉这样做是因为:"(罗田)岩亦为黄龙禅师经行地,武穆公提兵平贼,至固石洞,访黄龙于岩,有作宫窠,罗公洪先为书而刻之石。督学公首三先生及武穆矣,并述阳明先师倡学虔台,及门诸生雩独多于他邑,合五先生而祀于一堂,且曰:'道德忠贞,其揆一也。'"于是濂溪阁(祠)就开始成为周敦颐、程颢、程颐,岳飞和王阳明五位先贤的合祀之处。这样一来,原来仅为纪念祭祀周敦颐师徒三人的濂溪阁就显得太逼仄了,濂溪阁进行再次进行整修扩建已是当务之急,于是沈谧、羊修二人乃"因其半毁而增辟之,视其未备而加饰之者"。这次整修,濂溪阁"辟为三室,同宇中妥三先生(周敦颐及其两位弟子),左武穆,右阳明,及门袁子庆麟、何子春、何子廷仁、管子登四子侍坐于阳明先生之室,春秋举祀,仍合而享之。祭有定统,室有常尊矣"②。

第四次整修是在万历甲申年(1584,万历十二年)进行的,距上次整修仅二十五年。这次整修是因兵燹所致,据康熙《雩都县志》载:"嘉靖庚申(1560),流寇自闽闯入境,时守埤者……凡三四月不得交睫"③。此次兵乱发生在濂溪阁第二次整修后的次年,雩都被围持续时间长达三四个月,罗田岩近在城郊,濂溪阁很可能成为驻兵场所,所遭受的损坏一定是十分严重的。只是兵燹过后雩都经济凋弊,物力惟艰,官府拿不出多余的钱对濂溪阁进行修复,只待二十五年之后才有余财完成此事。

这次整修是由雩都知县刘昌祚④倡导,由县主簿颜镇实际主持的。李涞《重修罗田岩濂溪阁记》载:"无何,(濂溪阁)圮益甚,邑令刘公昌祚至,曰:'兹阁也先生巾拂在焉,为奈之何其令墙宇颓然也!'于是顾主簿颜镇曰:'君才敏甚,能为图之乎?'簿曰:'是先贤俎豆之地也,乌敢辞!'于是出官帑若干为经理费,撤

---

① 《明实录·明世宗肃皇帝实录》卷之二百八十七:"嘉靖二十三年(1544)六月戊辰朔……丁亥,升礼部祠祭司署郎中易宽为四川按察司副使,复除原任贵州按察司佥事蔡克廉于江西,俱提调学校。"按,提调学校即督学,又称提学,全称提督学政,《明史》卷六十九"志第四十五·选举":"正统元年,始特置提学官专使提督学政,南北直隶俱御史,各省参用副使、佥事……提学之职,专督学校,不理刑名,所受词讼,重者送按察司,轻者发有司,直隶则转送巡按御史。督抚、巡按及布、按二司亦不许侵提学职事也。"

② 黄弘纲:《重修罗田岩濂溪阁记》,康熙《雩都县志》卷之十四"纪言志"。

③ 康熙《雩都县志》卷之十一《纪事志》。

④ 康熙《雩都县志》卷之五"职官志·明·知县":"刘昌祚,武进人,万历九年任。"

阁之中堂新之。肖先生像,颜其榜曰'吟风弄月',以前廊为两耳房,堂之前亢爽异往昔矣。又以余力稍饰毘卢之居,已,又植松万本、竹万个,壮斯阁之观……阁修于万历甲申冬月,既竣事明年,刘公命余记之如此。刘公,常之武进人。王君,浙之慈溪人。"①

第五次整修可说是重建。上次整修之后至清朝咸丰初年约二百七十年间,濂溪阁未见整修,到了咸丰七年(1857),濂溪阁又遭毁损。此年正月二十二日,太平军何名标部进入雩都,此后近一年的时间里,与官军反复拉锯作战,几次出入雩都之境,到"十二月初一日,突围雩城……外援隔绝……至十三日辰刻,贼由小西门、北门二处用地雷炮轰倒城墙数丈,该逆蜂拥入城……(咸丰八年)三月初二日,(官军)克复城池"②。太平军在雩都与清军作战一年多时间,占领县城三个多月,对当地破坏可想而知,濂溪阁也在太平军围城之际被毁,"咸丰七年丁巳冬毁于贼"。直到十三年之后,濂溪阁才又重新修复,"同治九年(1870)庚午,邑侯颜公寿芝修复,职员严名椿董其事。"③

颜寿芝,"湖北松滋人,副榜,同治五年任。治雩四载,多善政,上宪以'审断勤明、操守廉洁'嘉之,邑绅以'学道爱人'匾颂之。同治九年倡修县志"④。

四

考述至此,对罗田岩濂溪阁可以得出这样几点认识:

罗田岩濂溪阁是在朱熹推崇和南宋理宗褒彰周敦颐之后出现的纪念彰表性建筑,周颂创建濂溪阁的时间与其他类似的纪念彰表性建筑如濂溪祠、濂溪书院的出现几乎都在此时,都是周敦颐身后一百多年的事了。

罗田岩濂溪阁最初是为了纪念彰表周敦颐而创建的,但也有登临玩观的功能,是一座阁、祠一体的建筑,当然有一个逐渐变化的过程,到清代中叶以后就完全成为祭祀的场所了。

罗田岩濂溪阁最初是专门为周敦颐及其两位弟子而修建的,到了后来则加入了岳飞、王阳明两位与雩都有关历史人物,还加上了雩都本地的几位文化名人

---

① 李涞:《重修罗田岩濂溪阁记》,康熙《雩都县志》卷之十四"纪言志"。
② 同治《雩都县志》(光绪二十九年补刻本)卷之六"武事志"。
③ 同治《雩都县志》(光绪二十九年补刻本)卷之五"祠庙志"。
④ 同治《雩都县志》(光绪二十九年补刻本)卷之七"秩官·文秩·国朝·知县"。

(王阳明的几位弟子),实际上成了当地的一所名人纪念馆,这也是古代雩都官方重视地方文化建设的体现。

罗田岩濂溪阁是在北宋嘉祐八年周敦颐游罗田岩后,由当时陪同的雩都知县沈希颜创建的说法,就笔者目前的检索来看,最早出现在明代万历癸巳年(1593)永明知县胥从化所编刻的《濂溪志》卷三所收的度正所撰《(周敦颐)年表》中。此后的清道光己亥(1839)年周浩所编《濂溪志》、清道光二十七(1847)年邓显鹤编刻的《周子全书》,以及近年出版的几种有关周敦颐著作所附的度正周敦颐年谱(年表),如周文英编《周敦颐全书》、梁绍辉撰《周敦颐评传》所载罗田岩濂溪阁由沈希颜创建的记载,与胥从化《濂溪志》全同①;但也有多种周敦颐集中所附度正周敦颐年谱(年表)未载此事,如中华书局出版的《周敦颐集》所附度正年谱嘉祐八年记事:"八年癸卯,先生年四十七,在虔,行县至雩都,邀余杭钱建侯拓、四明沈几圣希颜游罗岩,正月七日刻石。四月壬申朔,英宗登极,迁虞部员外郎,仍通判虔州。追赠父桂岭君爵郎中。五月作《爱莲说》。"根本未见建濂溪阁之事②。中华书局《周敦颐集》根据五种不同版本的有关周敦颐文集点校而成,最早的是明嘉靖五年吕柟编《宋四子抄释》内的《周子抄释》,最晚的是清光绪十三年贺瑞麟编辑的《周子全书》,整理时"以贺本为基础,参照其他各种版本,进行互校,订正其讹误,并加标点,以便读者"③,可见这五种明清时期周敦颐文集中所附的度正年谱都未载有沈希颜创建濂溪阁的事。根据笔者在前面的考述,胥从化《濂溪志》沈希颜创建濂溪阁的说法显然是错误的,但我们不知之前有过这种说法没有? 这种说法究竟是如何出现的? 胥从化难道是凭空提出这种说法的吗? 由于笔者目前见到的万历胥从化《濂溪志》之前有关周敦颐文集和年谱的文献不足④,这些问题只能留待今后探究了。

除了雩都罗田岩濂溪阁外,从文献中能查到的历史上的濂溪阁还有一座,就是湖南桂阳县(民国二年已改名为汝城县)的濂溪阁。然而地方志中对桂阳濂溪阁的记载稀少而简省,目前笔者能查到的仅有四条。从中能获得的信息非常

---

① 周文英编:《周敦颐全书》,江西教育出版社1993年版,第15页;梁绍辉撰:《周敦颐评传》,南京大学出版社1994年版,第438页。

② 陈克明点校:《周敦颐集》,中华书局1990年版,第99页。

③ 陈克明点校:《周敦颐集·校点说明》,中华书局1990年版,第1—2页。

④ 目前笔者见到的万历之前的有关周敦颐文集和年谱的文献,仅有湖南人民出版社出版的《周敦颐集》,这个集子是据北京图书馆所藏的南宋刻本《元公周先生濂溪集》排印的,其卷末所附度正《濂溪周元公年表》根本未载濂溪阁事。

有限,仅仅知道它的始建年代、纪念对象和所在具体地点,至于创建者,创建缘由和兴废沿革,则一概缺如,无法对之进行具体考述。现将四条记载迻录于下。

《大明一统志》:"濂溪阁,在桂阳县学,洪武十六年建,塑宋儒周敦颐像,春秋祀之。"①万历《郴州志》:"濂溪阁,在桂阳县学,洪武十六年建。"②雍正《湖广通志》:"濂溪阁,在县儒学南,《明一统志》:'洪武十六年建。'"③康熙《郴州总志》:"濂溪阁,学前。"④

这几条记载都出自省、州志,而在县志中,笔者未能看到明代的《桂阳县志》,不知其中有没有记载,但翻遍乾隆、同治《桂阳县志》及民国《汝城县志》(特别是其中的"建置""祠祀""学校""古迹"和"艺文"部分),也看不到其中对濂溪阁有任何记载,如三部县志的学校部分,对县学(儒学、庙学、学宫、学)的建筑布局及其沿革从宋到清都有详细介绍,但对"在桂阳县学"的濂溪阁却不着一字,这也实在是有些奇怪的了。

但是在扬州,一个与周敦颐没有多少渊源的地方,前不久却建起了一座濂溪阁。此阁"位于平山堂东路北侧、友谊路东侧,地处扬州名胜古迹众多的蜀冈地带","濂溪阁项目用地2万多平方米,地块呈梯形,规划设计的建筑大部分为仿古两层建筑,局部为三层。展览馆建筑群定位为仿宋代的建筑风格。总体设计由三大部分组成:一是濂溪阁,二是文化展示厅,三是文化展销服务区建筑群","濂溪阁是园内最高建筑,位于整个建筑群的北侧,阁高3层,建于地势较高的平台之上,坐北朝南,北临山林高地。建筑形式仿北宋界画中的三重飞檐翘角、画栋楼阁的传统风格,取其形、度其意,充满韵味。濂溪阁三层中部向外凌空挑出,悬挂'濂溪阁'三个大字的匾额。楼阁前面的平台上,设有高1.2米的露天舞台,两侧设石阶上下,可供文艺演出之用。整座建筑纯朴素洁,造型优美,南部将面对开阔的池塘,处于有山、有水、有绿树的自然环境之中";与周敦颐没有什么关系的扬州为什么要建濂溪阁?"记者采访了扬州部分专家学者后得知,周敦颐本人与扬州并没有太深的渊源,扬州是一座具有悠久历史,有个性、有魅力的古城,名胜、古迹、遗址众多,选在扬州建濂溪阁,与扬州浓厚文化背景是相通的,

---

① 明·李贤等(奉明英宗敕)撰:《大明一统志》卷六十六"郴州·宫室",影印文渊阁四库全书本,台湾商务印书馆,1986年。
② 万历《郴州志》卷之九"创设志下"。
③ 雍正《湖广通志》卷七十九"古迹志·郴州·桂阳县"。
④ 康熙《郴州总志》卷之二"营建志·亭台·桂阳"。

而且这对弘扬廉洁奉公优良传统有教育意义。这一建筑的修建,不仅可增加城市游憩休闲空间、改善城市生态环境,也将开拓扬州新的旅游热点"①。

与周敦颐没有任何渊源的扬州可以凭空打造一座濂溪阁,而在濂溪阁的老家江西雩都(今于都)和湖南汝城,如今却已看不到任何濂溪阁的痕迹,这是不是有点遗憾呢!

（原载 2017 年第 3 期,作者单位:长沙理工大学）

---

① 张孔生:《濂溪阁:文化游新亮点》,《扬州日报》,2010 年 6 月 15 日第 B01 版"焦点新闻"。

洞奇景幽楼田村
——道县濂溪故里散记

✹ 胡正耀 ◆

　　濂溪故里又名楼田村,是宋代理学鼻祖周敦颐诞生地。它位于今湖南道县城西6公里处。这一带地方是喀斯特溶岩地貌,风景幽美,旧时"道州八景"就有两景在此。村前阡陌纵横,每到初夏,禾苗葱笼,随风起伏,犹如波涛万顷的绿色海洋。村后道山高耸,层峦叠翠,远看好像一个笔架。村左是豸岭,状似一支怪兽,高高踞起,大有气吞山河之势。村右是龙山,典折起伏,绵亘数里,有如游龙下海。离村不远,濂水西来,绕山峦,越田野,经村边朝东北而去,到县城与沱水汇合称为潇水。濂溪水质皎洁,每天春夏之间,雨水连绵,山洪暴发,沱水浊浪排空,而濂溪却仍然清澈如故。两水汇合,一清一浊,泾渭分明。因而濂溪又有秀水之称。

　　濂溪故里,村口便是一座四柱仿宋大牌坊,古朴典雅,横额上镌刻着雄迈飘逸的"濂溪故里"四个大字,此乃中共湖南省委副书记文选德题写。柱子上镌刻着一副对联:"周庭举世皆尊,元公哲学,鲁迅文章,恩来开国总理;风景这边独好,濂水湛蓝,都庞苍翠,道岩湘南奇观。"对联为何将现代文学巨匠鲁迅、无产阶级革命家周恩来拉扯进去? 细询之,原来鲁迅和周恩来都是周敦颐的后裔,这濂溪故里自然就是这两位伟人的祖籍地了。

　　沿着环村公路进村,首先看到的便是濂溪祠。祠前的对联是:"心传承孔孟;道学启程朱。"祠有两进,第一进是供奉周敦颐塑像的地方。

　　塑像立于神合龛内,高2米多,头戴三山帽,身着便服,外罩披衫,面色红润,额下渐宽,至颧微收,凳下飘着五柳须,袖手而立,凝视远方,态度洒落,栩栩如生,令人肃然起敬。

　　祠虽不大,却古色古香。特别是里面的楹联,都是历代大学者朱熹、张栻等所作。一曰"千年道学兴吾宋;万世宗师首此翁"。一曰"道冠群儒,太极亭前春不老;书垂后世,光风台畔月常明"。一曰"自尧舜禹汤文周孔之传,汉董唐韩,总未窥先生项背;读诗书易礼乐春秋之旨,张铭邵数,无非参太极根源"。三块黑底金字的大横匾,分别为"万世宗师""学达性天"和"孔孟后一人"。这些楹联与匾额,内容贴切,入木三分。墙上用各色的字体分别写着《周敦颐简介》以及他的著作《太极图》《太极图说》《通书四十章》,还有《周氏家训》等。第二进,供奉着周氏历代祖宗的牌位。墙上写着他的诗词及文学家黄庭坚、苏东坡等仰慕周敦颐的诗词。

出濂溪祠,沿着环村公路继续前行,便是村庄,村庄住着280多户人家,都是周姓子孙,民风纯朴。

在村子南端的道山脚下有一石窦(圣脉泉)。左右两边的岩石上分别镌刻着"圣脉"与"寻源"明代石刻。水从石窦中进出,晶莹清澈,潺潺不绝。泉井一般都是春夏雨多而混浊,秋冬雨少而枯涩,而圣脉泉则不然,它像圣者一样,威武不能屈,富贵不能淫,始终是那样明亮和皎洁,成了该村款待客人的"美酒"。泉水经过村前,蜿蜒汇入濂溪,有如一条银色长练,紧紧镶嵌在村前的田野。此泉原名濂溪井,后来因为周敦颐的学说"上承孔孟,下启程朱",遂改名为圣脉泉。水质特好,名闻遐迩。

与圣脉清泉一路之隔有一亭,盔顶飞檐,古朴典雅,亭内刻有一联:"豸岭峥嵘,圣脉清泉,缨斯濯矣;龙山环绕,五星奎聚,仁者乐之。"亭边过去是十亩荷塘,长满莲花,披红覆绿,清香扑鼻,传说周敦颐少年时,在圣脉清泉洗完帽缨后,便在这里休息,观赏莲花,久久不愿离去。由于星换斗移,沧海桑田,昔日的莲花不见了,逐步成为稻田和鱼塘。

在濯缨亭前,抬头上看,便有"金鸡报晓"和"老人望月"两个景点,形象逼真,令人叫绝。

绕过道山的南端,沿着道山脚下向北走两百多步,有水泥台阶通向山腰,道岩就在上面。岩口宽约4平方米,上面镌刻着"道岩"二字。字是香港周氏宗亲总会会长周汉斌先生题写的,苍劲有力。走进洞去,左边的岩壁上布满蜿蜒的"龙骨",像是一条巨龙曾经从这里艰难挤爬出去留下的痕迹,叫"龙去留踪"。右边便是一支"玉蟾",蹲在那里笑迎游客。岩分上中下三个大洞庭,中洞叫"人间皇宫",上洞叫"天上仙宫",下洞叫"海底龙宫"。洞内的石钟乳或悬成立,姿态万千,在电光灯的照射下,熠熠生辉。有像救苦救难的"观音菩萨",有执着追求的"达摩面壁",有精疲力竭的"乌龟负宝",有朦朦胧胧的"八卦迷宫",有阡陌交错的"世外桃源",有高不可测的"万丈天梯",有声音悦耳的"古代编钟",有五光十色的"火树银花",特别是那神仙遗下的"玉米棒子",一人多高,上面的玉米粒粒可数,看了令人叫绝。

从天上仙宫走出洞外,便到了道山上。只见山上奇峰挺拔,怪石嶙峋,处处是千年古树,万古老藤。在崎岖的山路上,还可看见"雄狮怒吼""乌龟望月""老鼠窥宝""鲤鱼跳龙门""安心古寨"等景点。每到一处,导游都能为您说出一个迷人的故事与传说来。

"安心古寨"是古代村民叠石砌成的聚居之所,门墙坚固,下面削壁千仞。如果敌人攻寨,乱石滚滚而下,要把敌人打成肉酱,在过去无枪炮的情况下,躲在这里确是万无一失。后每逢兵荒马乱,村民就往这里躲藏。寨里有"古代石臼",是供避难的人捣米用的。还有一口"瑶池仙井",宽约两平方米,不见水源,里面的水却总是满满的,大旱不涸,积雨不溢,水质晶莹,可供一、二百人饮用。咸丰年间,太平军驻道州休整,清军围剿失利,到处抢劫,濂溪故里也不例外。村民早有准备,将粮食家具、衣服钱财,老早搬到寨里。清军一无所获,围在下面,放出话来:"如不送下钱财,要村民们活活干死在山上。"到了第五天,村民从这"瑶池仙井"捞出一条鲤鱼用丝草裹好,从寨上丢下。清军见鱼和丝草都是新鲜的,知道岭上有水,无可奈何,只得悻悻离去。

道山顶上,新建一"太极亭",飞檐翘角,壮丽典雅,游人在此远眺,新楼叠起的古道州县城,方圆50多里的营江大洞,郁郁苍苍的都庞岭国家自然保护区,尽收眼底。山下新建的"爱莲山庄"内有食堂、住室、花园、客厅,能为游客提供方便的食宿和休息。

道山之西4公里处有女崽井。井为大山下一个石窦,石窦上面的岩石,生着几株抱围大的桂花树,根系深深扎入石缝里,枝叶茂盛,清翠欲滴,远看像少女穿着的绿色荷花裙,将石窦严严覆盖住。如果没有人指点,即使走到石窦边,也不知道这里有口井。初看石窦,好像蚌门,细细地看,又酷像少女的生殖器。道县的习欲对少女统称女崽,所以这井被命名为"女崽井"。泉水如飞霜喷玉,甘寒凛冽,三伏天气,喝上一口,水到哪里就凉到哪里;数九寒冬,反而温热,水面还飘浮着一层雾气。传说在解放前每月有几日红色的浊水喷出,像月经来潮一样。因为来看的人很多,当时重男轻女,村人认为是一种耻辱,将石窦出水处敲掉一块,从此再也没有红水出了。此水经过化验,含有多种有益人体的矿物质,它的比重比一般的水大,贰分、伍分、壹角、贰角和伍角的硬币均能浮在水面上,长期饮用,对人的健康大有好处。这里流传这样一首歌谣:"女崽尿,当茶泡,长期喝,难得老。"

女崽井的附近,还有狮子岩与黑岩,从女崽井再西行 3 公里,便是"道州八景"之首的月岩。

月岩是都庞岭下的一个大溶洞,远远看去,像巍峨的城阙。里面一洞三孔,东西两洞门对峙,中虚其顶,天光直透。东洞门高 40 多米,宽 20 来米,西洞门更大一些,高约 70 多米,宽约 40 来米。整个岩洞有百多亩宽,中间横亘着一座小山丘,南高北低,上面长满了茂林与修竹。站在洞内,朝东洞外看去,近处是小桥流水,阡陌纵横,远处山岗起伏,不少的村落掩映在树荫里。朝西洞外看去,群山矗立,如屏如戟,气势磅礴,蔚为壮观。洞内则削壁千仞,白石璀莹,虬树葱茏。当你从西洞往东洞走,朝头上的洞口看去,开始只见"明月"一弯,形似蛾眉,像上弦的月亮。再往前走,那"明月"像镰刀、像小船,逐步由缺而圆。到了洞中,当顶便是"皓月"一轮,是为"望月"。再继续往前走,那头上的"明月"便由圆而缺,逐步像小船、像镰刀,最后又是蛾眉一弯,成了下旬的"月亮"。

月岩洞中有洞,在右边岩壁上挂满石钟乳,好像悬挂的帐子,俗称"仙人床"。左边岩壁上的,阡陌纵横,俗称"仙人田"。东洞岩口上悬挂着一砣石钟乳,活像一只鞋子,人称"仙人鞋"。

一般的岩洞,里面墨黑潮湿,甚至气闷。月岩则明亮干燥,空气流通,冬暖夏凉。这里因为气候好,已成为鸟类的极乐世界;特别是成千上万的燕子,在岩壁上的缝隙里筑巢为家,繁衍子孙。每当初夏,乳燕学飞,常常会从人们的身边掠过,给游人增加很多的情趣。摩崖上镌刻着历代墨客骚人题写的"风月长新""广寒深处""乾坤别境""理学渊源"……传说太平天国领袖洪秀全攻占道州时,听说月岩之胜,在戎马倥偬之际,也来游过。并即兴题诗一道:"十万雄兵下道州,征诛得意月岩游;云横石阵排车马,壮志冲天贯头牛;烽火连天燃落霞,日月同晖照金瓯;天生美景观不尽,余兴他年再来游。"气势雄迈。明代地理学家徐霞客也特意来游过,赞叹道:"永南诸岩殿最,道州月岩第一。"

美哉楼田,洞奇景优,山川秀丽,孕育了一代伟大的哲人周敦颐先生。真是钟灵毓秀、地灵则人杰。

为了将这块风景与人文荟萃的地方开辟为旅游区,供人们观赏,周敦颐的后裔周德明、周良英、周小平、周德森、周祖保等,积极自筹和引进资金,准备分期分批开发,现在已完成第一期工程,来游者已达数万人之众,都赞不绝口。目前,县委、县政府正筹备将濂溪故里打造成"理学文化城"。未来的濂溪故里将以一个理学圣地以及更加娇艳的姿态与海内外的游客见面。

（原载 2005 年第 1 期，作者单位：道县政府）

圣贤之旅

——潇湘儒家历史文化考察

✳ 张京华

2014年7月12日至17日,湖南科技学院与深圳大学联合举办的"潇湘儒家历史文化考察"活动,圆满结束。

参加本次考察的成员有:深圳大学文学院院长及国学研究所所长景海峰教授,文学院哲学系王立新教授、黎业明教授、问永宁教授,《深圳大学学报》主编王兴国教授,湖南科技学院濂溪研究所所长张京华教授、濂溪研究所周欣讲师,以及国学读书会诸生:上海大学博士生石强、西南民族大学硕士生汤军、广西师范大学硕士生邓盼、深圳大学硕士生陈微、湖南科技学院本科生王志芳、彭二珂。

本次考察活动有两大主题:思想主题是以理学开山周敦颐为主的宋明儒家,地理主题是永州的摩崖石刻遗迹。

宋明理学凸显为义理之学,学者体贴涵泳,多于经典文献下工夫,而世代悠远,悬隔千年,凭空缅怀,难得依傍。摩崖石刻保存了前代圣贤的手泽真迹,苍崖丹壁,点画犹然,于此便与古人亲接,衣冠音容,如在目前,光风霁月,通透和畅,千古圣法,会然于心。由义理之抽象,而手迹之具体;由亲戚之謦欬,而太极之冲淡。思想主题与地理主题二者一而二,二而一,遂乃重构出古今尔汝体贴圆融的意境。

2014年7月14日,考察月岩

月岩在道县清塘镇月岩村西,地质上是一个巨大的天坑,天坑大而圆,东西两面又各有一个圆洞,因此"自东望之如月上弦,自西望之如月下弦,就中望之如月之望",故称月岩,又名太极岩。旧有周子读书亭,传为周子悟道处。现有宋代至明清民国摩崖石刻58方,其中题榜显见者,有"先天道体""太极岩""广寒深处""清虚洞""风月长新""如月之中""浑然太极""豁然贯通""道在其中""理学渊源""参悟道真""悟道先迹""乾坤别境""浑涵造化""上弦月""下弦月""望月""月岩"等。题记则有南宋淳熙六年(己亥)赵汝谊、赵抃、章颖祷雨石刻,明代正德九年(甲戌)王阳明弟子时任南京驾部员外郎徐爱《游月岩》诗刻等。

濂溪故里在道县清塘镇楼田村,有圣脉,为一眼清泉,即濂溪之源,傍有"圣脉""寻源"二石刻。圣脉近处道山石壁上,并排刻有两处"濂溪"榜书,作者一为道州知州方进,一为永州知府黄焯,均为明人。

道县境内地面保存至今的文物,以月岩石刻、圣脉石刻最为重要。如《宋史·道学传》所说,儒学自孔子没,曾子独得其传,传之子思以及孟子,孟子没而无传,千有余载,至宋中叶,周敦颐出于舂陵,乃得圣贤不传之学。故自孔孟以下,儒家传承自周濂溪始;考察潇湘儒家历史文化,则自月岩、圣脉始。

此外则有若干辅助备选的考察。濂溪故里旧有濂溪书院及濂溪祠、故里宅、文塔、风月亭、濯缨亭、有本亭。现在书院和祠宇均已不见,文塔、故居则为重建。值得提起的是,2011 年 6 月 3 日,新建的"周敦颐故居"落成典礼,湖南省举办大型电视文化活动"品读潇湘濂溪一脉",延聘王立新教授现场开讲《理学开山周敦颐》,演讲的小标题有"一本小书改变中国历史""《爱莲说》实话实说""天下之大,道理最大"等等。事后,在湖南教育电视台文化栏目《湖湘讲堂》的官方博客上,人们读到了这样的录制手记:"6 月 3 日,濂溪故里。王立新老师来了,1000 多慕名前来的观众来了,我们的摄制组来了,那个最能近距离触摸周敦颐思想的日子终于来了。然而我们这些编导振奋之余,更多的却是忐忑和不安。面对上千人现场开讲几个小时,没有休息,没有停顿,没有提词器,也不能像在演播室那样说错了重来……"结果不用问,立新教授的演讲是照例轰动而成功的。立新教授研治理学,平生最重性情陶冶,故而言如其人、文如其人、学问如其人。电视节目的最后一集为《大师的启示》,读者又看到教育电视台记者以《知名教授现场发飙:怒斥教育种种弊端》为题发出博客文章。这是立新教授的作为!

中郎岩在道县乐福堂乡,有明清石刻。此岩上下相连,重重叠叠,贯通山体,下有暗河,亦奇观也。

道县县城内有民国县政府办公楼,即今县政协办公楼,其建筑宽厚简洁,保存完好。

清塘镇小坪村有古村落建筑,村民家藏《月岩廖氏宗谱》。村有千年古樟树,农家就近创办"道州古樟树客栈"。

何家壬老先生高龄八十九,话语机警,思维敏捷,身体康健,性情温和。其家三世主修方志,是名副其实的道州通,泂为道州名流。书法宗何绍基,老而尤觉苍逸。

考察活动得到永州市政协何明玲副主席、道县政协蒋新祥主席之助,7月13日举行了"潇湘儒家历史文化考察"座谈会暨何家壬先生笔会。

2014 年 7 月 15 日,考察朝阳岩

朝阳岩在永州旧城西南二里潇水西岸,是唐中期由元结开创的一处摩崖石刻群,是将自然景观转化为人文景观的一个佳例。石刻数量在地区遗存中排名第二,仅次于元结开创的另一摩崖石刻群浯溪。唐代宗永泰二年(766),元结为道州刺史,经水路过永州,始来游之,维舟岩下,取名朝阳岩,作《朝阳岩铭》《朝阳岩下歌》。历代名贤题咏不绝,成为著名的摩崖石刻景观,迄今已历1240余年之久。

《大明一统志》云:"朝阳岩者,在城外西南二里潇江之浒,岩口东向。当朝暾初升,烟光石气,激射成采,郁为奇观。……岩中有洞名流香,有石淙源出群玉山,伏流出岩腹,色如雪,声如琴,气若兰蕙,从石上奔泻入绿潭。"后人之叹美如此。

朝阳岩与湖南科技学院毗邻。近50年来,朝阳岩旧有建筑基本无存,重要景区如群玉山、火星岩已遭彻底毁坏,惟有朝阳洞内石刻尚有部分保留。经湖南科技学院国学读书会实地考察,勘得历代石刻150余通,为世瑰宝,其人文价值无可估量。

元结在朝阳岩的原刻早已不见,从年代早晚看,吴郡张舟的《题朝阳岩伤故元中丞》诗刻,署款"大历敦牂岁无射之月菊始黄华",即大历十三年(778),距元结之卒仅6年,是目前所见朝阳岩最早的石刻,可谓"镇岩之宝"。从书法上看,黄庭坚去世前一年所书的"崇宁三年三月辛丑,徐武、陶豫、黄庭坚及子相,僧崇广同来",保存完整,最堪欣赏。而从思想意义上看,则周敦颐的题记"荆湖南路提点刑狱公事尚书职方郎中程濬治之、尚书虞部郎中知军州事鞠拯道济、尚书比部员外郎通判军州事周惇颐茂叔,治平三年十二月十二日同游永州朝阳洞",是目前所知周敦颐在全国的十余处题记中文字最多、保存最好、字迹最雅正的一处,故而在朝阳岩石刻中占据首要位置。

朝阳岩在潇水西岸,沿岸有愚溪,有柳司马祠,今称柳子庙。隔岸有浮桥,过浮桥至文星街有张浚故居,今存紫岩井。学者来时,张浚故居刚于7月5日重修

开放。

2014 年 7 月 16 日,考察拙岩

拙岩在零陵猴滩沈家,面临湘江,沉隐于天地间,与世久违。明正德七年(1512),徵士沈良臣偕僮仆漫步于猴滩江畔,得群石昂露于下,中有一窟隐隐空通,首尾影映,然荆棘藤萝,芃然四塞,遂命僮仆匍匐而入,菇草伐木,掘去湮塞,扫涤布席,命其窟为"拙岩"。

沈良臣字尧夫,号西庄。结诗社,往来吟咏。著有《拙岩集》,久佚。拙岩有其诗刻、词刻十余首,不啻已将《拙岩集》还原于世。虽然拙岩由明清两代乡贤开辟,但其文学性最为突出,在永州摩崖石刻景群中独树一帜,可谓"文学之岩"。

而沈良臣之弟沈良佐,字尧卿,弘治初举人,正德三年进士,官至广西左参政,与王阳明为同僚。归栖拙岩,以诗文送老,拙岩亦有其诗刻。可知拙岩诗文的主题仍与理学关系密切。

今年 1 月 17 日,湖南科技学院张京华教授、谷显明副教授、周欣讲师,广西师范大学文学院硕士生邓盼、深圳大学文学院硕士生陈微、中南大学文学院硕士生敖炼、湖南科技学院中文系学生王志芳等,考察拙岩,并首次制作拓本 32 幅,撰文立项,最早将拙岩带入学术研究领域。

16 日上午,于江桥下租船,沿潇水而下,至蘋洲潇湘二水交汇处,溯湘水而上,约一小时到拙岩,得张九龄、周崇傅"忘机处"榜书一幅。返程,在八一农场中餐,至蘋洲书院饮茶,王兴国教授亲自冲泡生普洱,暑意顿消。

2014 年 7 月 17 日,考察九龙岩

九龙岩石刻在东安县芦洪市镇东,有北宋至清代石刻 40 余方,其中有周敦颐、胡安国父子的珍贵题记,及宋代名将陶弼的诗刻。

今年 5 月 1 日,张京华教授、傅宏星博士、周欣讲师、陈安民讲师,及西南民族大学旅游与历史文化学院硕士生汤军、陕西师范大学文学院硕士生彭丹华、湖南科技学院中文系学生王志芳等,来此考察。

胡安国父子题记云:"武夷胡寅、宁、宏,侍家府自邵之舂陵过此,门人江陵吴郆、湘潭黎明从,绍兴元年十二月初六日。"题记出胡寅之手,正书而带行笔,极端庄秀逸之致,而石壁平坦,字迹如新,为九龙岩石刻保存最佳之作。

王立新教授专研胡氏,为海内第一。先著《胡宏》(1996),又著《开创时期的

湖湘学派》(2003),又点校《胡宏著作两种》(2008),近闻第四部专著即将出版。见此岩壁,立新教授鞠躬燃香,诚敬之情溢于言表。

午餐,在芦洪市镇品尝东安鸡。辅助考察唐生智故居。至零陵机场,就近考察李达故居。

永州历史文化丰富,一般有所谓舜文化、柳文化、古稻作文化、瑶文化、女书文化、草书文化等等。通过这些文化表象,可以看出永州历史文化中有一个贯穿全局的主线,即以圣人、贤人、士君子为代表的儒家圣贤文化。儒家文化就是圣贤文化,是君子之道,是成仁致知的文化,是讲明人道天理的文化,是强调人文教化的文化。永州历史文化前有舜帝,后有濂溪,此之谓圣人。前有刘巴、郑产、周不疑、召信臣、龙述,所谓"零陵先贤",后有元结、黄庭坚、苏轼、苏辙、邹浩、范纯仁、范祖禹、张浚、胡铨、蔡元定,所谓"寓贤",此之谓贤人。前有柳宗元、李群玉、怀素,后有沈良臣、朱衮、宗稷辰,即所谓文人学者,此之谓士君子。所以,永州地方文化可以分为圣人、贤人、士君子三个次第,即周子所说的"士希贤,贤希圣,圣希天"。

永州历史文化中的儒家圣贤文化主线,不仅贯穿了永州本土文化的始终和各个方面,而且作为整个中华文化的一个典型,向周边各地辐射。如《汉书·艺文志》所说,儒家者流,祖述尧舜,宪章文武,宗师仲尼。如《宋史·道学传》所说,儒学自孔子没,曾子独得其传,传之子思以及孟子,孟子没而无传。千有余载,至宋中叶,周敦颐出于春陵,乃得圣贤不传之学。如王闿运所说:"吾道南来,原是濂溪一脉;大江东去,无非湘水余波。"可见永州历史文化其发生地虽然在永州,其意义影响则往往超于永州本土之外。

深圳大学文学院哲学系在中国哲学研究方面,尤其是当代儒学研究方面,是国内著名的学术重镇。其国学研究所创办于1984年,迄今30载,是国内最早的国学研究专门机构。其师资学者各有建树,久著名声,是中国哲学研究领域特别整齐精干的团队。本次"潇湘儒家历史文化考察"活动,深圳大学五教授联袂而来,一方面体现了永州与儒家理学文化的特殊关联,另一方面也体现了国内专家学者对于永州儒家文化的独特关注。

(原载 2015 年第 8 期,作者单位:湖南科技学院)

《舆地纪胜》周敦颐行实与纪念遗迹述考

※ 李勇先 •

　　《舆地纪胜》二百卷,南宋王象之撰,是宋代重要的历史地理著作。全书分府(州、军、监)沿革、县沿革、风俗形胜、景物上、景物下、古迹、官吏、人物、仙释、碑记、诗、四六等门类。该书征引资料十分繁富,凡历代正史、杂史、方志、本朝官修私著、笔记小说、文集诗话、行实碑志以及仙释神怪之书无不征引,具有重要的史料价值。关于周敦颐生平事迹和纪念遗迹的记载,宋代主要有王称《东都事略》、度正《濂溪先生周元公年表》、王象之《舆地纪胜》等三书。王象之在撰写《舆地纪胜》时,曾参考过前两种著作,但从全书来看,仍有不少内容为《东都事略》和《濂溪先生周元公年表》所无,也不见于之后《宋史》及各种年谱记载,现根据《舆地纪胜》相关记载,再结合其他历史文献资料,拟对周敦颐行实和纪念遗迹作一初步梳理。

一 《舆地纪胜》与周敦颐行实述考

　　周敦颐(1017—1073),字茂叔,原名敦实①,避英宗旧讳改。湖南道州营道人(今湖南道县)。号"濂溪",世称"濂溪先生",其创立的学派称为"濂学"②。周敦颐博学力行,倡明道学,善谈名理,精于《易》理,为理学派开山鼻祖,程颢、程颐皆从之学,对后世理学发展产生了重大影响。著有《太极图》、明天理之根源,究万物之终始。又著《通书》(又名《易通》)四十篇,发明太极之蕴,"其言约而道大,文质而义精,得孔、孟之本源,大有功于学者也"。后人将其所著编为《元公周先生濂溪集》《周子全书》等。嘉定十三年,赐谥曰元,故后人以元公尊

---

　　① 周敦颐舅氏龙图阁学士郑向知周敦颐有远器,爱之如子,郑向以"敦"名其子,因以"敦"名周敦颐。
　　② 事迹见潘兴嗣《濂溪先生墓志铭》、朱熹《濂溪先生行实》《东都事略》卷114、《宋史》卷427本传,宋人度正,明人周与爵、周沈珂,清人吴大榕、今人许毓峰均编有周敦颐年谱,其中度正所编年谱为现存最早的周敦颐年谱,明清人所为周谱多就此谱而增删改易。

称之。淳祐元年,封汝南伯,与程、张、朱并从祀于孔子庙庭①,确定了周敦颐理学开山的地位。元至顺二年,加封道国公。明崇祯十五年,改称先贤②。黄庭坚称其"人品甚高,胸怀洒落,如光风霁月。廉于取名而锐于求志,薄于徼福而厚于得民,菲于奉身而燕及茕嫠,陋于希世而尚友千古"③。

(一)周敦颐生于贺州桂岭县

周敦颐祖籍湖南道州营道县,但其出生地却在与道州相邻的广南西路贺州。据《舆地纪胜》卷一二三贺州官吏门记载:"周辅成,濂溪先生之父也。大中祥符八年,蔡齐榜登科,终贺州桂岭县令,累赠谏议大夫。"④桂岭县在贺州东北一百二十五里。唐李吉甫《元和郡县志》云:"因界内有桂岭,以为名。武德四年,改属贺州。"周敦颐出生于书香世家。其父周辅成于大中祥符八年因六举以上特奏名赐进士出身,曾为贺州桂岭县知县,后赠谏议大夫。北宋天禧元年,时任桂岭县令的周辅成之子周敦颐降生于桂岭县县衙。

(二)任洪州分宁县主簿

明道三年,周敦颐先以舅氏龙图阁学士郑向荫子恩奏补为将作监主簿。康定元年,从吏部调洪州任分宁主簿。据《舆地纪胜》卷二六隆兴府官吏门"周敦颐"条记载:"(周敦颐)初任为分宁簿,县有疑狱,久不决,先生至,一讯立辨,邑人惊诧曰:'老吏不如也。'"由是士大夫交口称赞,旋被台檄摄袁州庐溪镇市征局,鲜有政事,袁之进士来讲于周敦颐斋室者甚众。

(三)任南安军司理参军

庆历四年,周敦颐经部使者荐,调南安军司理参军。在任期间,有囚法不当死,转运使王逵欲深治之。周敦颐独能据理力争,囚犯得免于死。《舆地纪胜》卷三六南安军官吏门"周敦颐"条引《东都事略》记载了此事,云:"有囚法不当死,运使欲深治之。茂叔争不胜,投其告身以去,曰:'如此,尚可仕乎! 杀人以媚人,吾不为也。'运使感悟,囚赖以活。"王逵由是"贤先生,且荐于朝"⑤。

周敦颐为宋代理学开山始祖,在安南期间,大理寺臣程珦通判军事,见其

---

① 《宋名臣言行录》外集卷一,清同治七年临川桂氏递修本。
② 《山东通志》卷11之2,文渊阁《四库全书》本。
③ 《宋史》卷427《周敦颐传》,中华书局1977年点校本,下同。
④ 《舆地纪胜》卷58道州人物门"周辅成"条亦云:"周辅成,营道人。濂溪之父也。"四川大学出版社2006年点校本。下同。
⑤ 度正《濂溪先生周元公年表》,见《元公周先生濂溪集》附录,宋刻本。下同。

"气貌非常人",与之交谈,更知其"为学知道",同他结为朋友,随即使二子程颢、程颐往受业焉。后来,周敦颐将自己所著《太极图说》传给二程,故二程学术思想受深周敦颐影响。《舆地纪胜》卷三六南安军人物门"二程先生濂溪先生"条引《图经》云:'惟河南二程先生道德性命之说天下所宗。其初也,侍父通守。而濂溪周先生为理曹掾,相从讲学,遂能绍千载不传之秘。"故程颢云:"自再见周茂叔后,吟风弄月以归,有'吾与点也'之意。"侯师圣学于程颐,未悟,访敦颐,敦颐曰:'吾老矣,说不可不详。'留对榻夜谈,越三日乃还。颐惊异之,曰:'非从周茂叔来耶?'其善开发人类此。"①《舆地纪胜》卷二六隆兴府官吏下"周敦颐"条亦云:"周敦颐,字茂叔,号濂溪先生。道学之懿,二程尝受学焉。"《舆地纪胜》卷三十江州人物门"周敦颐"条云:"程明道曰:'吾再见周茂叔吟风弄月而归,得吾与点也之意。'伊川亦曰:'吾再见周茂叔论道,遂厌科举之习。'其推尊如此。"

(四)任彬州彬县令

庆历六年,以转运使王逵荐,周敦颐移知郴州彬县令,治绩尤著。至县,首修学校以教人,有《修学记》,并在彬县作书堂。《舆地纪胜》卷五七彬州官吏门"周茂叔"条记载:周敦颐任"郴令,移桂阳令,皆有治绩。"周敦颐移郴州桂阳令时,郡守李初平贤其能,语之曰:"吾欲读书,何如?"敦颐曰:"公老无及矣,请为公言之。"二年果有得②。后李初平卒,周敦颐护其丧归葬之,并往来经纪其家,始终不懈。

(五)任彬州桂阳县令

皇祐二年,周敦颐改彬州桂阳令。于桂阳县厅置木匦一,高四尺,阔视其高加尺焉,以贮官文书,上镂"皇祐四年置,桂阳县令周"十字,而书押于下。当道诸公,皆以周敦颐治彬、桂有政绩,交荐之。

(六)知洪州南昌县

至和元年,周敦颐以荐者言,改大理寺丞,知洪州(南宋升为隆兴府)南昌县。《舆地纪胜》卷二六隆兴府官吏门"周敦颐"条记载:"后知南昌,邑人见其来,咸曰:'是能辨分宁狱者,吾属得所诉矣。'山谷为之作《濂溪》诗。"在任期间,人们互相告诫,勿违教令,以至富家大姓、黠吏恶少惴惴焉不独以得罪于令为忧,

---

① 《宋史》卷427《周敦颐传》。
② 《宋史》卷427《周敦颐传》。

而又以污秽善政为耻。

(七)签署合州判官厅事

嘉祐元年,周敦颐迁太子中舍,签署合州判官。是岁转殿中丞,赐五品服,仍判合州。周敦颐在合州四年,士之从学者甚众。部使者赵抃惑于谮人之言,临之甚威,周敦颐处之超然。《舆地纪胜》卷一五九合州官吏门"周敦颐"条云:"国朝濂溪先生,嘉祐间,佥书合州判官事,转殿中丞。郡事不经先生手,吏不敢决,苟下之,民不从。"

(八)通判虔州

嘉祐六年,周敦颐迁国子监博士、通判虔州。嘉祐八年四月,英宗登极,以恩迁虞部员外郎,仍判虔州。周敦颐在任合州判官时,已与赵抃有交往。后来周敦颐通判虔州,赵抃任虔州知州,两人相处甚密,赵抃"熟视其所为,乃大悟,执其手曰:'吾几失君矣,今而后乃知周茂叔也'"①。据《舆地纪胜》卷三一吉州景物门"金船岭"条记载:万安县南金船岭有法轮院,旧名香林寺。赵抃知虔州赴召,通判周敦颐专门安排在吉州"饯于此寺,唱和有诗"。

周敦颐通判虔州时,道出江州,爱庐山之胜,有卜居之志,因筑书堂于其麓。嘉祐八年五月,周敦颐写了一篇文字优美、寓意深刻的《爱莲说》,以此寄寓自己的情怀和道德品性。该文由沈希颜书,王抟篆额,钱拓上石,即十五日事也。

(九)通判永州

英宗治平元年,周敦颐通判永州。治平二年十一月,朝廷合飨天地于圜丘,周敦颐迁尚书比部员外郎,后又迁尚书驾部员外郎。《舆地纪胜》卷五六永州官吏门"周敦颐"条云:"治平中通判永州,尝著《拙赋》。"

(十)权知邵州

治平四年,周敦颐曾权知邵州。《舆地纪胜》卷五九宝庆府官吏门"周茂叔"条云:"治平五年,以永倅来摄郡事。迁学于郡之东,有文释菜于先圣,讲明理学,诱掖诸生。其治民专以仁爱为心,政事务以教化为急,不旬月,郡大治。"按熙宁元年正月三日,祭新迁先圣庙,周敦颐作《释菜文》和《告颜子文》,又属荆湖

---

① 《宋史》卷427《周敦颐传》。

北路转运使孔延之作《邵州迁学记》①。孔延之在文中极力称赞"周君好学博通，言行政事，皆本之六经，考之孟子，故其所设施，卓卓如此。异时宋史书周君之善，以为后世法，未必不以邵学为先"。《舆地纪胜》卷五九宝庆府碑记门云："《释菜文》，在郡学，濂溪周先生文。"

（十一）新知彬州

早在庆历、皇祐年间，周敦颐就曾知彬州属县。熙宁初，周敦颐又有知郴州之命，但未成行，即改任。

（十二）任广东转运判官兼提点刑狱

熙宁元年，因赵抃、吕公著力荐，周敦颐擢授广南东路转运判官。熙宁三年，周敦颐转尚书虞部郎中，擢提点广南东路刑狱②。在任期间，"以洗冤泽物为己任。行部不惮劳苦，虽瘴疠险远，亦缓视徐按"③。吕公著荐牍云："周敦颐操行清修，才术通敏，凡所临莅，皆有治声。臣今保举，堪充刑狱钱谷繁难任。"《舆地纪胜》卷九十韶州官吏门"周敦颐"条云："熙宁四年为提刑，不惮瘴毒，荒涯绝岛，人迹所不至，皆缓视徐按，以洗冤泽物为己任。以病，求知南康军。"

（十三）知南康军

熙宁四年，周敦颐遭疾，又惊闻润州大水啮其母郑太君墓，遂以疾求知南康军④。同年八月，至南康，病剧，旋上南康印，分司南京而归⑤。熙宁六年，赵抃再镇蜀，将奏用之，闻周敦颐致仕，拜章乞留，朝命及门，而周敦颐以疾卒，享年五十七岁。

二 《舆地纪胜》与周敦颐纪念遗迹述考

《舆地纪胜》一书中除有关周敦颐行实记载以外，还有许多有关周敦颐纪念

---

① 《江西通志》卷73："孔延之，字长源，新淦人，孔子四十六世孙，庆历进士，九迁至司封郎中，平生与周敦颐友善。"

② 《舆地纪胜》卷124琼州官吏门"周敦颐"条引《南海志》云："茂叔於熙宁元年以虞部郎中充判官，四年就除本路提刑。"

③ 《宋史》卷427《周敦颐传》。

④ 《舆地纪胜》卷89广州官吏门引《道州志》云："周茂叔为广东转运，以疾求南康印以归。"

⑤ 《周子全书》卷19黄庭坚《濂溪祠并序》："茂叔虽仕宦三十年，而平生之志，终在丘壑。"

遗迹的记载,如岳州有五贤堂,"在州学,祀濂溪、明道、伊川、南轩、晦翁"①。富顺监有景濂堂,"在西湖,取景周濂溪爱莲之义"②。重庆温泉寺有周濂溪《跋彭应求诗序碑》③。普州郡学有四贤堂,"绘濂溪、横渠、明道、伊川四先生像"④。封州有爱莲亭,在城外东园,"取濂溪《说》为名"⑤。颖昌府有七先生祠,在郡学,"祀宋时周敦颐、程颢、颐、张载、司马光、邵雍、朱熹"⑥。《舆地纪胜》记载周敦颐重要纪念遗迹还有:

(一)道州营道县周敦颐故居

周敦颐祖籍道州营道县。道州属荆湖南路,营道县为道州附廓县⑦。在周敦颐祖籍营道县有多处与周敦颐有关的纪念遗迹。据《舆地纪胜》卷五八道州景物上"濂溪"条记载:"濂溪,在州城西三十里,周茂叔故居也。"可知周敦颐故居位于濂溪旁,东距州城三十里。濂溪上有桥,桥有小亭,周敦颐曾钓游其上,吟弄风月。王象之在古迹门"舂陵濂溪⑧、九江濂溪"条下对道州濂溪和九江濂溪作了辩正:"濂溪在道州营道县之西,距县二十余里。先生既不能返其故乡,卜居庐山之下,筑室溪上,名曰濂溪书堂。南轩《道州祠堂记》云:'先生舂陵之人,言曰:"濂溪,吾乡之里名也。"先生世家其间。及寓于他郡,而不忘其所自生,故亦以是名溪。'晦翁《江州书堂记》云:'世家舂陵,而老于庐山之下,因取故里之号,以名其川曰濂溪。'清献赵公自成都寄诗先生云:'君向濂溪湖外行,倅藩仍喜便归程。'指道州之濂溪也。杨杰《无为集·濂溪诗》云:'山为康仙传旧姓,溪因廉士得新名。'此指江州庐山之濂溪也。二者不可不辩。"

---

① 《舆地纪胜》卷 69 岳州景物门。
② 《舆地纪胜》卷 167 富顺监景物门。
③ 《舆地纪胜》卷 175 重庆府碑记门。
④ 《舆地纪胜》卷 158 普州景物门。
⑤ 《舆地纪胜》卷 94 封州景物门。
⑥ 《记纂渊海》卷 19《郡县部》引《舆地纪胜》,文渊阁《四库全书》本。
⑦ 《元和郡县志》云:"本汉营浦县。隋改永阳县。正观八年省入营道,置道州,以县隶焉。天宝六年,改为洪道县。"《寰宇记》亦云天宝六年改为洪道县。《唐志》则云天宝元年更名洪道。年月小不同。《舆地广记》云:"国朝建隆三年,复曰营道。"《九域志》云:"熙宁五年,省永明县为镇,入营道。"《舆地志》又云:"元祐二年,复置永明县。"
⑧ 舂陵即道州别称,故城在道州宁远县,又名光武城。宋章颖撰道州方志即名《舂陵志》。《元和郡县志》云:"舂陵故县,在延唐县北五十里。长沙定王封中子买为舂陵侯是也。"元朔五年封,故他书或云周敦颐为舂陵人。

（二）道州周濂溪祠堂

道州为周敦颐祖籍。据《舆地纪胜》卷五八道州古迹门记载，道州有周濂溪祠堂，在州学，胡铨为记。南宋淳熙年间重建，张栻为记①。

（三）归州三游洞

归州巴东县有龙昌洞。嘉祐元年，周敦颐署合州判官，溯三峡至秭归，闻龙昌洞之盛，遂与庐陵蒋概、洪崖彭德纯往游。《舆地纪胜》卷七四归州景物门"三游洞"条记其事，云："三游洞，即巴东龙昌洞。至和三年，蒋概、彭德纯、周茂叔三人同游，故曰三游洞，有蒋概记。"同卷碑记门"归州怀忠堂"条引蒋概《三游洞记》云："与周茂叔俱游，则处友必端矣。"

（四）江州濂溪书堂

嘉祐六年，周敦颐出任虔州通判②，路过江州时，爱庐山之胜，乃有卜居之心，于是筑堂于其麓，书堂前面有一溪流，发源于庐山莲花峰下，前有溪，合于溢江，取营道所居濂溪以名之，决定退休后定居于此，以遂其隐居山林之志。赵抃有《题周敦颐濂溪書堂》一文③。《舆地纪胜》卷三十江州景物门"濂溪"条引黄庭坚《濂溪诗序》云："舂陵周茂叔，中年乞身，老于溢城，有水发源于莲花峰下，洁清绀寒，下合于溢江，茂叔乐之，筑屋于其上，名曰濂溪。以此溪之水配茂叔以永久，所得多矣。"同卷人物门"周敦颐"条云：周茂叔"酷爱庐阜，买田筑室，退居濂溪之上，人称濂溪先生。"同卷古迹门引《道州志》亦云：濂溪先生，道州人也，其所居名濂溪。"及先生隐居庐山，有水经所居之前，亦以濂溪名之"。《舆地纪胜》卷五八道州人物门"周敦颐"条记载："神宗时为广东运判，以疾上南康印以归，居九江濂溪，名濂溪书堂。"

（五）江州濂溪祠堂

据《舆地纪胜》卷三十江州古迹门记载，江州州学曾建有濂溪祠堂，"以明道

---

① 按道州濂溪祠堂为章颖所建。《江西通志》卷73："章颖，字茂献，临江军人。以兼经中乡荐。孝宗嗣服，颖为万言书附驿以闻，礼部奏名第一。调道州教授，作周敦颐祠。"又见《湖广通志》卷45。

② 《舆地纪胜》卷32赣州云："《中兴小历》：'绍兴二十三年，校书郎董德元言虔州之虎头城，非佳名也。今天下举安，独此郡有小警，意其名有以兆之。既而改名赣州。'《章贡志》在二十二年，而《国朝会要》在二十三年，当从《会要》及《小历》。又《系年录》云：'绍兴二十三年二月，改虔州为赣州。州汉赣县地，贡水自新乐山至城东北与章水合，故名焉。先是董德元论虔州谓之虎头城，非佳名，望赐以美称，至是拟定。'"

③ 赵抃《清献集》卷1，文渊阁《四库全书》本。

先生、伊川先生配"。

（六）江州濂溪书院

据《舆地纪胜》卷三十江州古迹门"濂溪书院"条记载，书院在州南五里。

（七）江州拙堂、爱莲堂

据《舆地纪胜》卷三十江州古迹门"濂溪书院"条记载："后百余年，象之先君子守九江，为建拙堂及爱莲堂于祠之侧。又其后，象之季兄观之为德化宰，新造祠宇、书院、讲堂，为屋数十间，彷白鹿书院例，招致名儒以为堂长，诸县举秀民以为生员，仍置田租以赡之，至今不废。"按王象之父（即先君子）王师古，绍熙初曾知江州[1]；王象之季兄（一作叔兄仲甫）王观之，曾知江州德化县令，他们都十分景仰周敦颐，且建堂立祠，以示纪念。

（八）江州德化县清泉社三起山周敦颐墓

熙宁四年，周敦颐在任广东转运判官时，惊闻润州发大水，啮其母郑太君墓[2]，旋以疾辞官，乞知南康军。八月朔，移南康。十二月十六日，改葬郑太君墓于庐山清泉社三起山。周敦颐卒后，亦附葬于母墓之旁。以后子孙世居江州，后裔绵衍。《舆地纪胜》卷三十江州古迹门"周濂溪墓"条云："在德化县之清泉社。"

（九）洪州南昌县周敦颐祠堂

据《舆地纪胜》卷二六隆兴府官吏门"周敦颐"条下记载："南昌有祠堂，朱熹为之记。"

（十）洪州南昌县爱莲亭

爱莲亭，在南昌县治。《舆地纪胜》卷二六隆兴府景物门"爱莲亭"条云："邑令赵崇宪粹，以濂溪先生尝宰是邑，故以'爱莲'名之。有南轩先生书《爱莲说》在焉。"

（十一）洪州三贤堂

洪州三贤堂建于南宋，三贤即周敦颐、黄庭坚、陈敏识。据《舆地纪胜》卷二

---

[1] 吴师道《敬乡录》卷12、（光绪）《金华县志》卷6人物门、《金华贤达传》卷8等记载：王师古，金华人，绍兴二十四年进士第，任袁州宜春县主簿，后又任南剑州教授，隆兴间为青田令，淳熙八年知江阴军，绍熙初知江州，建拙堂与爱莲堂于濂溪祠侧，历仕州县，皆有治迹，除广东提点刑狱卒。

[2] 度正《濂溪先生周元公年表》云：天禧九年，周敦颐十五岁时，其父卒，卜葬营乐里祖居之右，遂奉寡母郑氏（左侍禁成都郑灿之女）从湖南老家到京师开封，投靠舅父龙图阁郑向。后来，舅父郑氏知杭州，卒于任上，归葬润州丹徒县。景祐四年，周敦颐母仙居县太君卒，遂扶榇厝于龙图公墓侧。

六隆兴府官吏门"陈敏识"条引张栻《跋陈分宁传》云:"建炎中,北敌蹂践,及于江右,牧守之臣望风逃避,以延旦夕之命者相属也。独分宁宰陈敏识,以区区一邑,抗义不屈,斩敌使,期与民守,卒全其境。"《舆地纪胜》作者王象之曾"出宰分宁,相望百年,而陈公之英风遗烈今犹未泯。揭为庙貌,祠于邑庠濂溪、山谷二先生之侧,扁其堂曰三贤,为文以记之。"①另据《江西通志》卷三八记载,隆兴府奉新县也有三贤堂,三贤为周敦颐、苏轼、黄庭坚。②

(十二)合州周濂溪祠

嘉祐年间,周敦颐曾出任合州判官。后人为纪念他,修有周濂溪祠。《舆地纪胜》卷一五九合州古迹门云:"周濂溪祠,在金厅。"

(十三)永州拙堂

据《舆地纪胜》卷五六永州官吏门"周敦颐"条记载,周敦颐在任永州通判时,"尝著《拙赋》",期于上安下顺,风清弊绝。既去,永人思之,于通判厅事后作堂祠之,题曰"康功",郡守胡寅有诗记之。"倅厅有拙堂,取此名也"。

(十四)永州思贤堂

周敦颐曾任永州通判,后人为纪念他,在州学创思贤堂。《舆地纪胜》卷五六永州景物门"思贤堂"条云:"在州学,绘周濂溪、范忠宣、范内翰、邹道乡、张忠献共为一堂,榜曰思贤。"

(十五)邵州濂泉

治平四年五月,周敦颐曾权知邵州,"邵故濂溪先生旧治也"③。邵州原有沃泉,以先生得名濂泉,在通道坊。《舆地纪胜》卷五九宝庆府景物门"濂泉"条云:"以周茂叔濂溪先生来摄郡故也。"④

(十六)广州景濂堂

周敦颐曾任广东运判,德惠在民。后人为纪念他,专门创建景濂堂。据《舆地纪胜》卷八九广州景物下"景濂堂"条记载:"景濂堂在石洲湖西,以景慕周濂溪,故名。"

---

① 《舆地纪胜》卷26隆兴府官吏门。
② 《江西通志》卷38引《明一统志》:在奉新县治东南。宋周敦颐为分宁簿,苏轼省其弟于瑞州,黄庭坚又分宁人,故奉新之地三贤所经游。后人慕而筑堂,且祠焉。元欧阳圭斋记。
③ 《舆地纪胜》卷59宝庆府风俗形胜门引杨万里《希濂堂》文。
④ 据《湖广通志》卷79记载,邵州有爱莲池,在城内。宋周敦颐在邵观莲处,有《爱莲说》。

(十七)韶州濂溪祠堂

熙宁年间,周敦颐曾任广东转运判官兼提点刑狱,行部至韶州,后人遂于韶州建濂溪祠堂以纪念他。《舆地纪胜》卷九十韶州古迹门云:"濂溪、明道、伊川三先生祠堂,在州学东廊。太守周舜元谓濂溪先生发明圣学,明道、伊川二先生皆得其传。况是邦实濂溪熙宁间弭节之地,乃祠濂溪于学,以二程缋配焉。"张栻撰有《濂溪祠堂记》,朱熹亦撰有《州学濂溪祠堂记》①。

(十八)南康军爱莲堂

周敦颐酷爱雅丽端庄、清幽玉洁的莲花,曾知南康军时,在府署东侧挖池种莲,名为爱莲池,池宽十余丈,中间有一石台,台上有六角亭,两侧有"之"字桥。盛夏时漫步池畔,欣赏着散发缕缕清香、随风飘逸的莲花,口诵《爱莲说》。自此莲池名震遐迩。《舆地纪胜》卷二五南康军景物下"爱莲堂"云:"周濂溪有《爱莲说》,尝守是邦,后人作爱莲堂于郡圃。"

(十九)南康军濂溪祠

《舆地纪胜》卷二五南康军官吏门"周敦颐"条记载:"周敦颐,字茂叔,春陵人。尝以吕公著荐擢广东运判,移提刑。以病求知南康。病剧,上南康印,分司南京。茂叔酷爱庐阜,买田其旁,筑室以居,号曰濂溪。事见《东都事略》。淳熙间,郡守朱熹以濂溪周先生尝守是邦,为建祠于军学讲堂之西,配以明道、伊川先生,左司张栻为之记。"

当然,除《舆地纪胜》以外,其他一些方志、年谱也有关于周敦颐纪念遗迹的记载,这些遗迹主要包括:道州营道县月岩周敦颐读书室②、营道县含晖洞周敦颐题名刻石③、镇江府周濂溪祠④,宁国府六先生祠⑤,徽州歙县先贤祠⑥,徽州婺源县三

---

① 《舆地纪胜》卷 90 韶州碑记门。

② 度正《濂溪先生周元公年表》云:"天圣八年庚午,先生年十四,濂溪之西有岩,东西两门,中虚,顶圆如月,出入仰视,若上下弦,名月岩。先生筑室读书其间,相传睹此而悟'太极'。"

③ 《舆地纪胜》卷 58 景物门"含晖洞"条引《刘禹锡集》云:"薛君景晦为道州,得游其境,有石穹然如夏屋,因名其地曰含晖洞。"有含晖岩。度正《濂溪先生周元公年表》云:"(治平四年)三月六日,同乡人蒋概、区有邻、欧阳丽、理掾陈赓游含晖洞,题名刻石。"

④ 《江南通志》卷 39"鹤林寺"条云:"先生读书其中。周濂溪祠在府城南门外鹤林寺西,祀宋周。"据《舆地纪胜》卷 7 镇江府景物门云:"鹤林寺,在黄鹤山,旧名竹林寺。《宋书》高祖常游京口竹林寺,独卧讲堂前,上有五色龙章。即位,改名鹤林寺,今为报恩寺。"

⑤ 《江南通志》卷 41:"在府治,祀宋周敦颐、程颢、程颐、张载、朱熹、张栻。"文渊阁《四库全书》本。

⑥ 《江南通志》卷 41:"祀宋周敦颐、程颢、程颐、张载、朱子。"文渊阁《四库全书》本。

賢祠①，盱眙縣周濂溪祠②，江州大林寺周敦颐诗记③，江州周敦颐所建浸月亭④，赣州雩都县南五里善山濂溪阁⑤，赣州赣县马祖岩⑥，衡州濂溪祠⑦，南安军大庾县道源书院⑧，合州赤水县龙多山周敦颐诗刻石⑨，汉州绵竹县周敦颐《冠鳌亭》诗⑩，永州澹山岩⑪、朝阳岩⑫、严华岩⑬、九龙岩⑭周敦颐题字刻石⑮，端州阳春岩、七星岩周

① 《江南通志》卷41："祀周敦颐、程颢、程颐。"文渊阁《四库全书》本。

② 《江南通志》卷42："祀周敦颐。"文渊阁《四库全书》本。

③ 《舆地纪胜》卷30江州景物门"大林寺"条云："此地实康庐间第一境。"度正《濂溪先生周元公年表》："周敦颐曾与宋复古同游，至山巅，有诗纪焉。"

④ 初由周敦颐修建，因亭在湖心，一墩如月，故名"浸月亭"，后不断兴废，取"山头水色薄笼烟"之意境，改名"烟水亭"，清顺治十七年，巡道崔抡奇复修烟水亭建立五贤祠，奉周敦颐为五贤之一。

⑤ 《江西通志》卷42："嘉祐八年周敦颐邀余杭钱拓、四明沈希颜游罗崖，题名，并有诗刻石，故邑令沈希颜因建此阁于善山，顶有"高山仰止"亭。"文渊阁《四库全书》本。

⑥ 《舆地纪胜》卷32赣州景物下"马祖岩"条云："在赣县。六祖禅师天下谓之马祖，故以名岩。"度正《濂溪先生周元公年表》："嘉祐七年，周敦颐亦曾与赵抃同游于此。"

⑦ 度正《濂溪先生周元公年表》云：周敦颐舅氏为衡州人，其故宅在衡州城南。衡人以周敦颐幼依舅氏居，因即宅旧址建濂溪祠。

⑧ 《江西通志》卷22："在县学东。庆历年间，周敦颐任南安军司理参军，程珦以兴国令摄判事，遣二子受业焉。乾道乙酉，军学教授郭见义辟屋一楹，绘三先生像祠之，自为记。嘉定己卯，知军刘强学改辟于县学东。淳祐二年，漕臣江万里属知军林寿公创建书院。宝祐三年，知军吴革据教授赵希哲状请敕额。越三年，知军郭廷坚又状请。诏下南安军，以周程书院为道源书院，仍令教授兼山长。景定四年，理宗赐"道源书院"四大字，建云章阁以藏之。"

⑨ 《舆地纪胜》卷159合州景物门"龙多山"条云："在赤水县北五里。有唐孙职方樵《龙多山录》云：'山负一道宫，曰至道观。东有大池，即唐武后时放生池，又有天宝十四载韦藏锋祭山题名。中峰有鹫台院，东为佛慧院，院有万竹轩，竹径围尺，暑为之却扇。有东岩，广五十丈，多唐人刻字。又有灵山院，泉自岩出，潴为方池，大旱不竭。其山高明窈深，变态万状。有驾鹤轩，下视涪水如带，祥云出没，山之伟观也。"度正《濂溪先生周元公年表》云：嘉祐五年，周敦颐被檄按赤水县簿书，与其县令费琦游龙多山，有诗刻石。

⑩ 《全蜀艺文志》卷12，四川大学出版社2003年点校本。按原本"绵竹"作"锦竹"，据雍正《四川通志》卷二七、卷三九改。

⑪ 《舆地纪胜》卷56永州景物门"澹山岩"条云："在零陵县南二十五里。……岩有二门，中有澹山寺，楼殿屋室，隐隙罅中，虽风雨不能及。四顾石壁，削成万仞。傍有石窍，古今莫测其远近，目之者有长往之志，黄山谷有二诗。又岩中石壁所镌先贤题识，高下鳞次，穷日之力乃能尽阅。"

⑫ 《舆地纪胜》卷56永州景物门"朝阳岩"条云："在零陵县南二里，下临潇江。旧云道州刺史元结以地高而东其向，故以'朝阳'名之，今所刊记犹在岩下。有洞，有洞自中出，流入湘江。亭台凡十六所，自唐迄今，名贤留题皆镌于石。"

⑬ 《舆地纪胜》卷56永州景物门"华严岩"条云："在州南三里。有寿圣院，傍岩，碑刻略遍。"

⑭ 《舆地纪胜》卷56永州景物门"九龙岩"条云："在东安县北一百里。有山室，九龙居之。有寿圣院。"

⑮ 度正《濂溪先生周元公年表》云：治平三年四月六日，周敦颐与尚书都官郎中、知军州事陈藻（君章）、郡从事项随（持正）、零陵令梁宏（巨卿）同游澹山岩。同年十二月十二日，又与荆湖南路提点刑狱公事、尚书职方郎中程澥（治之）、尚书虞部郎中、知军州事鞠拯（道济）同游朝阳岩，均题名刻石。治平四年三月十三日，回永州，过澹山岩，与家人同游。十四日，鞠拯、项随、梁宏及前录事参军刘璞、司法参军李茂宗、零陵县尉周均来澹山，又与先生同游，题名刻石。神宗熙宁元年五月五日，周敦颐在永州，适零陵进士廉判官蒋忱撰《九龙岩记》，零陵主簿张处厚书，尉韩蒙享篆额，周敦颐上石，署衔即称新广南东路转运判官。

敦颐刻石①,端州大颠堂周敦颐题诗,惠州罗浮山周敦颐题诗,惠州阳山周敦颐题名,惠州巾山周敦颐刻石②,连州翠巾峰周敦颐"濂泉之源"石刻③等等,这些都是自宋代以来有关周敦颐的重要纪念遗迹。

以上主要根据《舆地纪胜》相关记载,结合其他历史文献资料,对周敦颐行实与纪念遗迹作了初步梳理,并有待以后在全面搜集、掌握相关历史文献和考察资料的基础上进行更深入、细致的研究。

(原载 2012 年第 10 期,作者单位:四川大学)

---

① 度正《濂溪先生周元公年表》云:熙宁二年正月,周敦颐至广南端州,题名阳春岩;三月,题名七星岩,均刻石。

② 度正《濂溪先生周元公年表》云:熙宁四年正月九日,周敦颐领提点刑狱事,行部至潮州,有《题大颠堂》诗。至惠州,有《题罗浮山》诗,至阳山题名,巾山刻石。

③ 《广东通志》卷 13,文渊阁《四库全书》本。

《明实录》中关于周敦颐的记载考述

✳ 刘 涛

　　《明实录》是明代历朝官修的编年体史书,记录了从明太祖朱元璋到明熹宗朱由校共十五代皇帝、约250年间的史事,其中建文朝实录附于《太祖实录》中,景泰朝实录附于《英宗实录》中,思宗崇祯朝、安宗弘光朝、绍宗隆武朝、昭宗永历朝因战乱无实录。纂修此书所依据的资料主要是以朝廷诸司、部、院所呈缴的章奏、批件等,又以遣往各省的官员收辑的先朝事迹做补充,逐年记录各位皇帝的诏敕、律令,以及政治、经济、文化等大事,保存了大量第一手资料,是研究明朝历史的基础史籍之一,具有重要的史料价值。作为一代理学宗师的周敦颐,其地位自南宋时期被朱熹一系的理学家推崇之后,至明清时期地位逐渐增高,影响日益扩大,相应地必然在官方史籍中反映出来。本文对《明实录》中的相关记载进行考述。

一　关于科考策试的记载

　　在明代的科举考试中,有时涉及到了周敦颐所撰《太极图》与《通书》的内容,均以皇帝制文向应考举人提问的形式出现。

　　《明宣宗章皇帝实录》记载:宣德八年(1433)三月,甲寅朔。……上御奉天门,策礼部举人刘哲等九十九人。制曰:"天启文治之祥,伏羲之王也,河出马《图》而八卦作;夏禹之兴也,洛出龟《书》而九畴叙。其理一原于天,而会于圣人之心。故以前民用以建皇极,万世允赖焉。夫一原于天也,而《图》与《书》何以不同具于圣人之心矣?何必卦因《图》而作,畴因《书》而叙?说者又谓《洛书》可以为《易》,《河图》亦可以为《范》。《易》《范》之兴,果何所则?《易》至文王、周公、孔子,《范》至箕子而后益明且备。夫伏羲与禹之圣作之,何以犹未及备?宋周子作《太极图》《通书》,所以发大易之蕴也,其要义安在?邵子推先天、后天以明羲、文之《易》也,其异旨何适?大抵言天者莫深于《易》而必征于人,言治者莫详于《范》而一本于天。朕潜心往圣，究惟至道，诚志乎文治之兴也。诸生讲明有素，其敷陈于篇，将亲择焉。"（《明宣宗章皇帝实录》卷之一百，台湾中研院历史语言研究所影印国立北平图书馆红格钞本，1962 年版。本文所引《明实录》均出自这一版本，不另出注。）

明宣宗朱瞻基（1398－1435）为明朝第五位皇帝，明仁宗朱高炽的长子。幼年深受祖父朱棣（永乐帝）与父亲的喜爱与赏识。永乐九年（1411），被祖父立为皇太孙，数度随朱棣征讨蒙古，接受了戎马历练。祖父朱棣于永乐二十二年（1424）去世后，明仁宗继位才 10 个月便去世。朱高炽即位于洪熙元年（1425），在位 10 年多，于宣德十年（1435）去世，终年 38 岁。葬景陵，庙号宣宗。他在位期间文臣有"三杨"（杨士奇、杨荣、杨溥）、蹇义、夏原吉等，武臣有英国公张辅，地方上又有于谦、周忱等巡抚，一时人才济济，致使当时政治清明，百姓安居乐业，这个时期被认为是明朝国力最强、政治最清明的时期，社会政治、经济和文化得到空前的发展。史家称之为功绩堪比汉代文、景之治的"仁、宣之治"。从这一制文可以看出，相对于其前后的皇帝，朱瞻基的文化素养较高。制文是对参加礼部考试的举人而作，目的是择优选拔人才。尤其是称"言天者莫深于《易》而必征于人，言治者莫详于《范》而一本于天"，他利用历史文化资源以治世的观念油然可见。

《明世宗肃皇帝实录》记载：嘉靖二十六年（1547）三月壬子朔。……丙寅。策赐试天下贡士。制曰："朕惟人君受天之命而主天下，任君师治教之责，惟聪明睿知，足以有临，自古迄今，百王相承，继天立极，经世牧人，功德为大，是故道统属之，有不得而辞焉。唐韩愈氏乃谓尧、舜、禹、汤、文、武、周公、孔子之传至孟轲而止；孟子则以尧、舜、禹、汤、文、武之为君，皋陶、伊尹、莱朱、太公望、散宜生之为臣。各有闻知见知之殊，其详略同异，果何义欤？其授受之微，有可指欤？宋儒谓周敦颐、程颢兄弟、朱熹四子为得孔、孟不传之绪，而直接夫自古帝王之道统。果若是，班与其讲求著述之功，果可与行道者并与？抑门人尊尚师说，递相称谓，而忘其僭（攒）与？汉、唐、宋而下，虽不能比隆唐虞三代之盛，其间英君谊辟，抚世宰物，德泽加于四海，功烈著诸天地者，不可概少，果尽不可以当大君道统之传与？法惟我太祖高皇帝体尧、舜授受之要而允执厥中，论人心虚灵之机而操存弗二我。成祖文皇帝言：'帝王之治，一本于道。'又言：'六经之道明，则天地圣人之心可见，至治之功可成。'斯言也，直有以上继道统之正，下开万世太平之基。迨我列圣克笃前业，所以开天常、叙人纪者，历百八十余年于兹。朕缵绍祖宗鸿绪,登践宝祚,惟敬惟一,叙彝伦,惇典礼,祈天命,极民穷,思弘化理,以成参赞继立之功者,宵旰孳孳,不遑宁处。兹欲远绍二帝、三皇大道之统,近法我祖宗列圣心学之传,舍是又何所劲力而可夫?自尧、舜、禹、文之后,孔、孟以来,上下数百年间,道统之传归诸臣下,又尽出于宋儒一时之论,此朕所深疑也。子大夫学先王之道,审子名实之归,宜悉心以对,毋隐毋泛。朕将注览焉。"(《明世宗肃皇帝实录》卷三百二十一)

明世宗即嘉靖帝朱厚熜(1507—1567),是明朝的第十一位皇帝,明宪宗朱见深之孙,明孝宗朱祐樘之侄,明武宗朱厚照的堂弟。武宗卒后无嗣,张太后(明武宗的母亲)和内阁首辅杨廷和商议由作为近支帝嗣的朱厚熜继位。他在位45年(1521—1566),在明代皇帝中仅次于其孙子明神宗万历帝。在位的早期,嘉靖帝英明苛察,严以驭官,宽以治民,整顿朝纲,减轻赋役,对外抗击倭寇,重振国政,开创了嘉靖中兴的局面。后期虽然好道教,时不侍朝,但依然掌控着朝廷官吏,是一位颇有作为的皇帝,为"隆庆新政"与张居正的改革奠定了基础。他性聪慧,善文辞,精书法,勤政事,批阅奏章票拟经常到后半夜。此处所载,为其策试天下贡士所提出的问题,可见他对于经史治道还是有着一定的思考和见解。

二　关于褒恤封赠的记载

褒恤封赠是《明实录》中与周敦颐相关记载的重要内容之一,其中包括对周敦颐子孙的褒恤封赠、免除差徭,对周敦颐父亲的封赠祭祀,以及对周敦颐祠墓的修葺致祭等。

《明英宗睿皇帝实录》记载:正统元年(1436)秋七月甲午朔。"……庚戌,顺天府推官徐郁言四事:一,国朝尊崇圣贤,宠及来裔,或荫封爵,或复征徭,其盛典也。惟宋袭封衍圣公孔端友扈从南渡,今其子孙流寓衢州,与民一体服役。他如宋儒周敦颐、程颢、程颐、司马光、朱熹子孙,亦皆杂为编户。乞令所在有司访求其后,蠲其徭役,择其俊秀而教养之。祠墓倾圮,官为修葺。庶君子德泽悠久而不替。"(《明英宗睿皇帝实录》卷之二十)

《明英宗睿皇帝实录》又载:正统八年(1443)八月癸未朔。……辛卯,诏复宋儒周敦颐、程颢、程颐、司马光、朱熹子孙。先是,顺天府推官徐郁言:诸儒俱有功圣门,宜恤其子孙,俾修祠墓,免致夷圮。上命所司访求,至是以闻。上曰:

"我朝崇儒重道,有隆无替。今去诸儒未远,苟弗恤其子孙,岂崇重之意乎？然恩典亦不可滥,其嫡派子孙宜免差徭。"(《明英宗睿皇帝实录》卷之一百七)

明英宗睿皇帝朱祁镇(1427－1464)为明宣宗朱瞻基长子,明代宗朱祁钰异母兄,明宪宗朱见深之父。是明朝第六位皇帝,两次(1435－1449,1457－1464)在位。第一次,朱祁镇年仅九岁,继位称帝,但国事全由太皇太后张氏把持,贤臣"三杨"主政。随着张氏去世,三杨去位,宠信太监王振,导致宦官专权。正统十四年(1449),土木堡之变,朱祁镇被瓦剌俘虏,其弟郕王朱祁钰登基称帝,遥尊英宗为太上皇,改元景泰。瓦剌无奈之下将朱祁镇释放。回朝后,被景泰帝软禁于南宫七年。景泰八年(1457),石亨等人发动夺门之变,朱祁镇复位称帝,改元天顺。天顺八年(1464),朱祁镇病逝。庙号英宗。朱祁镇前、后在位22年,最初宠信王振,后又宠信曹吉祥、石亨等,政绩远远无法与其父亲相比。

这两处记载实为同一件事情:南宋初年,身为孔子第47代嫡长孙、"衍圣公"的孔端友(1078－1132)扈从南渡,随后其子孙流寓衢州,成为需要服役的普通民众;他如宋儒周敦颐、程颢、程颐、司马光、朱熹的子孙,亦皆杂为编户。顺天府推官徐郁于正统元年(1436)秋七月上疏建言:以诸儒均有功于圣门,故宜恤其子孙,俾修祠墓,其嫡派子孙宜免差徭。明英宗下旨命"所司访求",于七年后(1437)的八月才获得了相关信息,故下旨命"其嫡派子孙宜免差徭";但没有提及是否"恤其子孙,俾修祠墓"。

《明英宗睿皇帝实录》记载:"景泰七年(1456)五月己巳朔。……辛卯。命宋儒周敦颐十二代孙冕为翰林院五经博士,仍还乡奉祠事,子孙世袭。"(《明英宗睿皇帝实录》卷二百六十六)"景泰"实为明代宗朱祁钰的年号,为时七年(1450－1456)。明英宗复辟后,景泰帝被称之为"废帝郕戾王",故实录附于《英宗实录》中。这里所记载的,便是任命周敦颐的第十二代孙周冕为翰林院的五经博士,但是,却无须在翰林院供职,命其回家乡湖南道县(注意:不是到周敦颐逝世并安葬的江西庐山)奉祠事;并且周冕翰林院五经博士的职衔也可由其子孙世袭。显而易见,这仅仅是一种褒恤子孙、俾修祠墓的方式。这是前述"其嫡派子孙宜免差徭"的继续。在不同的时间,程颢、程颐、司马光、朱熹等其他几位有功圣门之宋儒的子孙也都被赐予了这种待遇。

《明武宗毅皇帝实录》记载:正德元年(1506)三月辛巳朔。……丁亥……江西按察司副使邵宝奏:"九江府德化县莲花峰下有宋儒周惇颐墓,其东北数里有濂溪书院,岁久荒颓。近者守臣重加修葺,自道州取其裔孙伦来属之守奉。然必正其秩祀,赡以闲田,庶久而不坠,实表章先儒、风励后学之盛典也。"礼部覆:"请如朱熹婺源例,每岁春、秋令府、县官即书院致祭。仍给田五十亩,以为修葺祠墓之资。"从之。(《明武宗毅皇帝实录》卷之十一)

明武宗毅皇帝朱厚照(1491-1521)为明朝第十位皇帝,是明孝宗朱祐樘和张皇后的长子,在位十六年,年号正德,后世称为正德帝或明武宗。

在此之前,朝廷下旨褒恤周敦颐的子孙并祀奉祠事,是针对其家乡、家族而言。这里记载的则是关于江西庐山周敦颐墓葬以及祭祀祠堂的修葺问题。

周敦颐晚年归隐庐山后,于宋神宗熙宁六年(1073)逝世并安葬于此。逮至明代弘治年间,此墓委于榛莽,荒芜不堪,谒者多叹息。自弘治二年(己酉,1489)至正德七年(壬申,1512)春,九江地方官吏先后屡次主持对周敦颐的墓葬及其祭祀祠堂、书院等进行了修治,并购置了墓前田二十亩以赡守祀,还移文湖广道州取其十三代孙周纶前来守祀。但是,这些都是地方官吏的行为,而并非国家行为。江西按察司提学副使邵宝在任职期间屡至吊谒,并上疏云:"顾百年以来,(周敦颐)墓与书院久废,初复而祀不在典,诚为未称。惟昔范文正公生于苏而葬于洛,二处皆有祠祀,崇名相也;岳武穆王生于相而葬于杭,二处皆有祠祀,崇名将也。我国朝于忠贞勋德礼数加隆,至于如此,识治君子皆以为当,况道学大儒如惇颐者哉!惇颐之后称大儒者曰朱熹,贯于婺源,产于建阳,祠祭之典二处兼举。臣愚窃谓:惇颐之于九江,如婺,如建,当比其一。今墓与书院既各理如故,如蒙圣明重念周氏之学为世宗师,表章旷坠,实系观望。乞敕礼部查捡朱熹婺源建阳事例,就令书院赐以春、秋二祭,定式拟祝,行令有司,以时行事。仍于邻近无碍田内拨给数十亩,以为裔孙守墓之赡。非特为一方斯文之观,实天下万世之幸也。臣承乏教事,钦承奏敕谕,以崇正学为要,惟兹祀事实其一端,虽惧烦渎,不敢不请。臣无任战栗之至,奉圣旨是。"(明邵宝《表崇道学大儒墓祀疏》)邵宝的意思是,如果要周敦颐的墓葬、祠堂、书院正其秩祀,必须纳入国家的祭祀,赡以闲田,有了稳定的经济收入,才能使其久而不坠。而这一措施,有着表章先儒、风励后学之功用。礼部商议的结果是,按照"朱熹婺源例,每岁春、秋令府、县官即书院致祭。仍给田五十亩,以为修葺祠墓之资"。明武宗(正德帝)朱厚照批准了这一举措。自此,周敦颐位于庐山的墓葬以及濂溪书院,也被纳入政府资助管理下。

但是,正如《礼记·中庸》所云:"文武之政,布在方策。其人存,则其政举;其人亡,则其政息。"时过境迁,到清代初年,庐山祭祀周敦颐的祠堂又已经荒废。清代著名文士查慎行(1650－1727)于清康熙三十一年(壬申,1692)游庐山,见到的祠堂与书院便是满目凄凉之景象,其《经周濂溪先生废祠》诗云:"尼山大圣人,重去父母邦。人情非得已,孰肯违故常。先生少而孤,依舅居丹阳。母殁即葬此,后乃官南康。官贫久不归,葬枢于九江。仁心重庐墓,卜筑匡山傍。托名寓濂溪,中岂忘故乡。……我来千载后,拜公谒祠堂。荒畦被秋禾,四野烟茫茫。……"(清查慎行《敬业堂诗集》卷十五)既然此处有着周敦颐后裔的守奉,为何造成这种状况呢? 或许与朝代的更换、历年的兵乱等原因,致使周敦颐守墓的后裔失去田产所致。

《明世宗肃皇帝实录》又载:"嘉靖二十六年十二月戊申朔。……壬子,命宋儒周敦颐十四代孙、翰林院五经博士绣麟子道袭职奉祀。"(《明世宗肃皇帝实录》卷三百三十一)这一记载表明,周敦颐的十四代孙、翰林院五经博士周绣麟应该于此年或之前去世,便由其子周道袭职奉祀,这是例行备案公事所留下的记载。

《明神宗显皇帝实录》记载:"万历二十三年七月壬申朔……庚寅……湖广抚按请以宋儒周敦颐、周辅成从祀启圣祠。从之。"(《明神宗显皇帝实录》卷之二百八十七)这里所述为应湖广抚按的奏请将周敦颐及其父亲周辅成从祀启圣祠,皇帝应请同意。明神宗显皇帝朱翊钧(1563－1620)为明朝第十三位皇帝,明穆宗朱载垕第三子。隆庆六年(1572)穆宗驾崩,10岁的朱翊钧即位,年号万历,在位48年,是明朝在位时间最长的皇帝。《明神宗实录》未载明上疏奏请此事的湖广抚按是谁,据其他文献记载,此人为郭惟贤。

明人李之藻撰《頖宫礼乐疏》记载:"今上万历二十二年增周辅成从祀启圣祠。从湖广抚按郭惟贤等议也。藻按:孔庭从祀贤、儒盖有三等:亲炙圣门,身通六艺,其一;道德著闻,人伦师表,其二;综述遗经,发明圣教,其三。即今见在祀典诸儒固无论,已罢祀若郑玄、郑众、卢植、服虔、范宁,皆经师也;吴澄,人师也,而嘉靖厘正惠罢而祀于其乡。周氏辅成品概经术视诸子不知何如? 而从祀启圣,乃遍于天下之学校。议礼者似严于孔庭之侑食,而稍宽于启圣之锡类也。末学不敢妄议。第谓人师、经师若康成草庐者,而已祀复罢,又如唐之孔颖达,宋之游、吕、胡、杨,国朝之吴、曹、罗、湛诸君子,允为一代儒英,率能阐翼遗经,绍明圣统,然而不得与程、朱、周三子之父共歆秩祀。万世学者傥亦有入庙兴感,而致疑于轩轾之未审者乎?"(明李之藻《頖宫礼乐疏》卷二"从祀沿革疏")

李之藻指出,能够被纳入孔庙从祀的先贤、先儒,必须达到三个通行的标准,即：其一，亲炙圣门，身通六艺；其二，道德著闻，人伦师表；其三，综述遗经，发明圣教。根据这一标准，哪怕是原来曾经被纳入孔庙从祀的郑玄、郑众、卢植、服虔、范宁等经师，以及吴澄等人师，后来在嘉靖年间都被予以厘正罢祀而安排在他们各自的家乡予以祭祀。而周敦颐的父亲周辅成，其品概经术视郑玄、吴澄等诸子不知何如？而从祀启圣祠，甚至乃遍于天下之学校均予以从祀，不免引起议礼者的议论。李之藻虽然自称"末学不敢妄议"，但还是指出，可以被称之为"一代儒英，率能阐翼遗经，绍明圣统"之自唐代孔颖达以降乃至明代的诸多贤儒君子，均未能与二程兄弟、朱熹、周敦颐的父亲一样"共歆秩祀"，如此之轻重高低之不分，不免使人感到极不公平，是否有审慎思考不严之嫌呢？李之藻所述二程兄弟的父亲程珦、朱熹的父亲朱松均在此之前就已经从祀于启圣祠（相关史实此处不赘），现在周敦颐的父亲周辅成又要从祀于启圣祠，故引起了议礼者的议论。因为，在人们的心目中，周辅成本人的事迹、成就远远要比程珦、朱松为低；甚至有人翻出了史籍中关于周辅成（？－1024）的记载，认为他在周敦颐八岁时就已经去世，他对周敦颐的影响，比周敦颐的舅父龙图阁直学士郑向对周敦颐的影响还要小。何谓"启圣"？就是对被推崇为先儒之周敦颐、二程、朱熹等人的成长有所启迪教育之人。按照这种标准衡量，周辅成是不够资格的。

例如，清代著名经学家阎若璩在《尚书古文疏证》中说：紫岚曰："周辅成、程珦、朱松皆以子贵，故宜从祀启圣。若蔡元定自有功圣门，非以子后重者，仍宜改祀于两庑可也。"余曰："此说诚是，吾为子识之。""又按：程珦、朱松从祀。程篁墩称：其子之学开于父一首，识周濂溪于属吏之中，荐以自代，而使二子从游，一临没时，以朱子托其友胡籍溪而得程氏之学。且珦以不附新法退矣，松以不附和议奉祠矣，历官行已，咸有称述。若周辅成者，特以万历二十三年湖广抚按援珦、松之例以进。案潘兴嗣亲为茂叔友，又据其子所次行状撰墓文，并未及辅成行实一字，但云任贺州桂岭县令，赠谏议大夫而已。其云多善政者，疑后人傅会，非实。窃谓纵实濂溪不由师传，默契道妙，学于其父何与哉？而援珦、松例耶？罢之为宜。"（清阎若璩《尚书古文疏证》卷八，一百十三）

阎若璩此处所说之"紫岚"，为阎若璩的好友石华峙，阎若璩"每著《疏证》成"，都要先请石华峙览正。石华峙虽然认为周辅成、程珦、朱松三人"宜从祀启圣"，但却明确指出他们是"皆以子贵"，换言之，即认为他们如果不是有好儿子，其实是轮不上他们从祀于启圣祠的；此外，同样与上述三人从祀于启圣祠的蔡沈之父蔡元定，石华峙认为他"自有功圣门，非以子后重者，仍宜改祀于两庑可也"。所谓"改祀于两庑",即以自己本身在圣学(儒学)上的贡献而直接配祀于孔子。

阎若璩接着再引述明代著名学者程敏政的话语,认为周敦颐的墓志为潘兴嗣所撰,所依据的是周敦颐儿子提供的行状,在这份最早而又最为可靠之涉及到周敦颐父亲事迹的文献中,仅仅只提及了周辅成曾经担任贺州桂岭县令,卒后赠谏议大夫,并未涉及其任何具体的事迹,故"其云多善政者,疑后人傅会,非实"。程敏政所称述及周辅成"多善政"的说法,在明、清时期的文献多有记载。如明人李贤等撰《明一统志》云:"周辅成,道州人,世居营道之濂溪。登大中祥符八年进士。历官多善政,终于桂阳令。累赠谏议大夫。子敦颐。"(《明一统志》卷六十五"永州府·人物·宋·周辅成")清代汪森编《粤西文载》也说:"周辅成,道州人,濂溪先生父也。大中祥符进士。授贺州桂岭令,有惠政。与陈(程)珦同时。后人侈为盛事,称周、程四贤一堂会晤云。以子敦颐贵,赠谏议大夫。"(清汪森《粤西文载》卷六十三"传·名宦·周辅成")正是在早期可靠的文献中从未涉及到周敦颐父亲具体事迹,更没有见到其有"多善政""有惠政",故阎若璩据此评论说,周敦颐的学术来源不由师传,而是他自己默契道妙,因此,他的学问与其父没有任何关系,因此援二程兄弟的父亲程珦、朱熹的父亲的例子,让周辅成从祀于启圣祠,是不妥当的,应该罢之为宜。

姑且不论周辅成在仕宦经历中是否"多善政",但他在周敦颐仅仅八岁时就已经去世,肯定对周敦颐的学术思想的形成没有任何帮助,却是无疑的,因此,"启圣"之称号确实有点名不副实。虽然如此,但周辅成还是于明万历二十三年(1595)七月被增加到了从祀于启圣祠的"先儒"队列之中。

清《钦定国子监志》记载:崇圣祠:两庑从祀,主高一尺三寸六分,广三寸五分,厚六分,赤地墨书。东连二龛一座,独龛一座。龛高五尺八寸,广四尺三寸,深二尺七寸。木座高二尺四寸,广连座九尺;独座四尺八寸,深三尺七寸。砖座高一尺二寸五分,广二丈二尺,深五尺。西连二龛一座,制如东庑。砖座广一丈,高深制如东庑。先儒周辅成(明万历二十三年从祀启圣祠),先儒程珦(明嘉靖九年从祀启圣祠),先儒蔡元定(明嘉靖九年从祀启圣祠),并东庑,西面北上。先儒张迪(国朝雍正二年增祀崇圣祠),先儒朱松(元至正二十二年追谥"献",封齐国公。明嘉靖九年从祀启圣祠),并西庑,东面北上。谨案:明嘉靖中,始定以周、程、蔡、朱四子之父从祀启圣祠。国朝因之。雍正二年改祠名曰"崇圣",命诸臣集议四子之外有可升祔崇圣者。廷臣言:横渠张子之父迪宜增入从祀。乃祀于崇圣祠西庑朱松之上。(清《钦定国子监志》卷十二"祀位二·配飨从祀")

据清《钦定国子监志》及《钦定大清通礼》的记载可知,明代的"启圣祠"在清代雍正二年(1724)被改名为"崇圣祠"。在明代,议定进入"启圣祠"的从祀者为周敦颐、二程、蔡沈及朱熹的父亲四人;至清代雍正二年,又将宋代理学支脉"关学"创始人张载的父亲张迪增补到从祀于"崇圣祠"的名单之中。

如上所述,周辅成等是"从祀"于启圣祠(崇圣祠),那么该祠内主要祭祀的还有谁呢?《钦定大清会典》对此有明确的记载:"……启圣:王叔梁纥位皆南向。祠内配飨先贤颜无繇、孔鲤,东位西向;曾点、孟孙氏,西位东向。两庑从祀先儒:东庑周辅成、程珦、蔡元定,西庑张迪、朱松,年位均东西向。岁以春、秋仲月上丁,遣官释奠。皇帝特举崇典,则亲诣行礼。"(《钦定大清会典》卷四十五"礼部·祠祭清吏司·中祀二")《钦定大清通礼》也有相同的记载:"崇圣祠……先儒:东庑周辅成、程珦、蔡元定,西向;西庑张迪、朱松,东向。均北上。岁以春、秋仲月上丁遣官将事。特行崇典,则皇帝亲诣行礼。先二日,礼部尚书一人诣牺牲所,眡牲如仪。"(《钦定大清通礼》卷十一"吉礼·先师春秋释奠")据此可知,启圣祠(崇圣祠)内主殿正位祭祀的是孔子的父亲叔梁纥,坐北朝南;主殿东、西(左、右)两侧配飨的分别是颜回(颜渊)的父亲颜无繇(颜路)、孔子的儿子孔鲤、曾参的父亲曾点、孟子(孟轲)的祖先孟孙氏。他们被称之为"先贤"。周辅成等五位宋代著名儒士的父亲则从祀于主殿的两庑,他们被称之为"先儒"。

值得注意的是,《钦定大清会典》等文献均记载了,在每年的春、秋仲月(二月、八月)上丁日祭祀孔子(先师)时,包括对孔子的父亲叔梁纥等人乃至周辅成等,皇帝都要"遣官释奠";而在"特举崇典"时,皇帝都要还要"亲诣行礼"。至于一般的儒生(太学生及学生),则在掌儒学训导之政者(太学为国子监祭酒,书院为山长等)的率领下于每个月的初一日(每月朔)进行祭祀;每个月的十五日(望日),则由国子监司业行礼。此即清《皇朝通志》所记载的:"凡释奠于先师之礼,为庙于城东北隅。太学之东殿曰大成,以四配十二哲侑飨;殿中以先贤、先儒从祀两庑。……启圣:王叔梁纥位皆南向;祠内配飨先贤颜无繇、孔鲤,东位西向;曾点、孟孙氏,西位东向。两庑从祀先儒:东庑周辅成、程珦、蔡元定,西庑张迪、朱松,位均东西向。岁以春、秋仲月上丁遣官释奠。皇帝特举崇典,临雍讲学,则亲诣行礼。每月朔,国子监祭酒率师生行释菜礼。望日,司业行礼。"(清《皇朝通志》卷四十一"礼略·吉礼六·释奠太学")

正如李之藻在《頖宫礼乐疏》称将周辅成等"从祀启圣"是一种钦定的国家

行为,故祭祀场所"乃遍于天下之学校"。这在各地方志、书院志中均有相应的记载,此处从略。

又清代佚名撰《崇祯实录》记载:"崇祯十四年……八月甲辰朔……乙丑,谕礼部:宋儒周子、两程子、朱子、张子、邵子有功圣门,与汉唐诸子并称先儒,朕心未安,其议之。"(清佚名《崇祯实录》卷之十四(怀宗端皇帝十四))此处所载之"朕心未安,其议之"语焉不详,不知命礼部所议论的是什么事情,无法予以讨论。

三 关于将周敦颐的著作纳入经筵讲授的记载

周敦颐的《太极图说》在明代受到学界的重视,也被推荐给皇帝作为经筵讲授的书籍。

《明武宗毅皇帝实录》记载:正德元年(1506)十二月乙巳朔。……甲戌……吏部左侍郎兼翰林院学士张元祯卒。元祯字廷祥,江西南昌县人,天顺庚辰进士,改翰林院庶吉士。为大学士李贤所知,授编修。宪宗即位,劝行三年丧。又上言:"治道在讲学,听治用人厚俗。"预修《英宗实录》,未上,以论事忤时宰,遂引疾去,家居二十余年。弘治初,召修《宪宗实录》,以前有史劳,升左春坊左赞善。又以疏劝行王道。实录成,升南京翰林院侍讲学士。既又以母老请告归。修《大明会典》,召为副总裁。孝宗隆其名,至则升翰林院学士,充经筵日讲官,甚倾向之。以母忧去,服阕未起,进南京太常寺卿。修《通鉴纂要》,又召为副总裁,改太常寺卿兼翰林院学士,仍命日讲,并侍东宫讲读。俄又命掌詹事府事,入内阁,专管诰敕。上疏言:"经筵当增讲周子《太极图(说)》、张子《西铭》、程子《定性书》、朱子《敬斋箴》。皇太子当兼讲《孝经》、小学、诗之有关于纲常治乱者,亦须令左右讲说歌诵,以致劝戒。"孝宗皆欣然嘉纳,亟使人至内阁取《太极图(说)》等书。(《明武宗毅皇帝实录》卷之二十)

张元祯(1437–1506),初名元徵,字廷祥,江西南昌人。他五岁能诗,宁靖王召见,赐名元徵。巡抚韩雍为改今名。天顺四年(庚辰,1460)进士。其他事迹已于上述。天启初年追谥文恪。有《东白集》二十四卷行世。明孝宗即弘治帝朱祐樘。

这里所载,便是张元祯担任经筵日讲官时,向明孝宗建议,将周敦颐的《太极图说》等书性理诸书增添为御前讲学的书籍。此事记载于明孝宗已经去世之次年的正德元年(1506),乃追述往事。因为,此处乃以张元祯的去世作为系年的依据。应张元祯的上疏,朱祐樘"欣然嘉纳",马上"使人至内阁取《太极图》等书",可谓求知甚渴;当然这也可以看出,已经执政十多年的朱祐樘在此之前还没有见到过《太极图》等书。

综上所述,在位期间的实录中记载有周敦颐相关信息的明代皇帝有宣宗(宣德帝)朱瞻基、英宗(正统帝)朱祁镇、代宗(景泰帝)朱祁钰、武宗(正德帝)朱厚照、世宗(嘉靖帝)朱厚熜、神宗(万历帝)朱翊钧六位皇帝,实录中还涉及到了明孝宗朱祐樘。至于明代早期的四位皇帝(洪武帝朱元璋、建文帝朱允炆、永乐帝朱棣与洪熙帝朱高炽,其中朱允炆在位仅四年,洪熙帝朱高炽在位仅一年),以及晚期的三位皇帝(泰昌帝朱常洛、天启帝朱由校与崇祯帝朱由检,其中朱常洛在位只有一个月),在他们执政期间的实录中,除了崇祯帝(《崇祯实录》)有一条语焉不详的"礼部"记载外,没有任何关于周敦颐的记载。这正与明代早期的皇帝致力于政权的巩固(如洪武帝朱元璋)、皇室纷争夺权(永乐帝朱棣)等,以及明代晚期内忧外患日益严重,均无暇顾及文治当有关系。这或许可以为研究学术史的时代背景提供某种启示。

(原载 2017 年第 8 期,作者单位:湖南省社会科学院)

周敦颐与古琴考述

✻ 欧阳平彪

一　周敦颐雅好古琴

周敦颐(1017－1073)，原名敦实，字茂叔，后世称"濂溪先生"，又称周元公、周子，道州营道楼田堡(今湖南省永州市道县)人。曾任桂阳县令、永州通判、江西南安军司理参军等。北宋理学鼻祖、文学家、古琴家。弟子有程颢、程颐两兄弟。著有《太极图说》《通书》《爱莲说》等。

阅读《元公周先生濂溪集》可知，周敦颐雅好古琴，自己也提到与古琴相伴。另外，濂溪友人蒲宗孟、后世之人都曾提到周敦颐与古琴相关的条目。周子《通书》中有《礼乐》和《乐》三篇，这也是周敦颐的音乐思想观。周敦颐通过古琴与古人对话，与天地对话，悟道，参透人间的真谛。周敦颐的礼乐思想，尤其是琴乐思想，理学弟子都得到了很好的传承，如朱熹最早提出琴律学，蔡元定的十八律等。由于周敦颐遗留著作较少，故提到周子与古琴的资料有限，只能从诗词及墓志铭等去考证。

（一）周敦颐《书堂》诗和蒲宗孟《先生墓碣铭》中有关周子抚琴的记录

1. 周敦颐《书堂》诗云："元子溪曰瀼，诗传到于今。此俗良易化，不欺顾相钦。庐山我久爱，买田山之阴。田间有流水，清泚出山心。山心无尘土，白石磷磷沉。潺湲来数里，到此澄澄深。有龙不可测，岸竹寒森森。书堂构其上，微几看云岑。倚梧或欹枕，风月盈中襟。或吟或冥默，或酒或鸣琴。数十黄卷轴，贤圣谈无音。窗前即畴圃，圃外桑麻林。千蔬可卒岁，绢布足衣衾。饱暖大富贵，康宁无价金。吾乐盖易足，名溪朝暮侵。元子与周子，相邀风月寻。"

2. 蒲宗孟《先生墓碣铭》："生平襟怀飘洒，有高趣，常以仙翁隐者自许。尤乐佳山水，遇适意处，终日徜徉其间。酷爱庐卓，买田其旁，筑室以居，号曰'濂溪书堂'。乘兴结客，与高僧道人跨松萝，蹑云岭，放肆于山巅水涯，弹琴吟诗。经月不返。及其以病还家，犹篮舆而往，登览忘倦。语其友曰：'今日出处无累，正可与公等为逍遥社，但愧以病来耳！'铭曰：'庐山之月兮暮而明，溢浦之风兮朝而清。翁飘飘兮何所，琴悄寂兮无声。杳乎欲诉而奚问，浩乎欲忘而难平！山巅水涯兮，生既不得以自足；死而葬乎其间兮，又安知其不为清风白月、往来乎深林幽谷皎皎而泠泠也。形骸兮归此，适所愿兮，攸安攸宁。'"

"书堂"的缘起，嘉祐六年，周敦颐在赴虔州途中时，经过庐山，因风景幽静、美丽，便有卜居之意。晚年时定居庐山莲花峰下，在山麓建筑"书堂"。"书堂"成为以琴会友，雅集重要场地。众多朋友，琴家题诗书堂。书堂也是周敦颐晚年的精神寄托，著书立言的家园，所以书堂的环境显得格外宁静，而美。远外有山峰、濂溪，有水声、芭蕉、松竹等，书斋、琴室与大自然融和一体了。我们从诗词中便可了解书堂环境的美和书堂大概的格局。

宋版《元公周先生濂溪集》记载周敦颐此诗的题目为《书堂》，而后来学者，把此诗的题目加了濂溪、濂溪等字，便有《濂溪书堂》《濂溪书堂》等。周敦颐的好朋友赵抃题的诗也是题"濂溪书堂"，诗云"题茂叔濂溪书堂"。明胥从化《濂溪志》、清吴大镕《道国元公濂溪周夫子志》卷六《遗书文献志三》记录为"题濂溪书堂"，而且诗的内容，省略了诗最前面四句，"芋"原作"千"。清周诰《濂溪志》道光己亥年爱莲堂藏版著录为"濂溪书堂"。周敦颐定居庐山莲花峰下因书堂前有溪，故以家乡濂溪之名命名。《宋史·周敦颐传》："因家庐山莲花峰下，前有溪，合于溢江，取营道所居濂溪以名之。"才有众多朋友和后来学者以濂溪题诗词，如潘兴嗣《题濂溪》《和茂叔忆濂溪》等。

周子《书堂》诗云："元子溪曰瀼，诗传到于今。"元子指元结，元结曾经居住时，溪就叫瀼溪，这里当地人以瀼溪地名命名，名曰"瀼溪乡"，人称瀼溪人。唐元结《与瀼溪邻里》诗云："修竹多夹路，扁舟皆到门。瀼溪中曲滨，其阳有闲园。"又《喻瀼溪乡旧游》诗云："往年在瀼滨，瀼人皆忘情。今来游瀼乡，瀼人见我惊。我心与瀼人，岂有辱与荣。瀼人异其心，应为我冠缨。"

元结曾在周子的故乡道州任刺史，在永州期间创作了大量诗词等。元结也是琴家，爱好音乐。清曹寅等《全唐诗》收录了元结有关音乐方面的诗词，如《补乐歌十首》《系乐府十二首》《漫歌八曲》等。元结《欸乃曲》诗云："谁能听欸乃，欸乃感人情。不恨湘波深，不怨湘水清。"宋郭茂倩《乐府诗集》卷八十二《近代曲辞四》对《欸乃曲》诗前题云：《欸乃曲》，元结之所作也。其序曲曰：'大历初,结为道州刺史,以军事诣都。使还州,逢春水,舟行不进。作《欸乃曲》,令舟子唱之,以取适于道路云。'"又作《欸乃曲五首》:"千里枫林烟雨深,无朝无暮有猿吟。停桡静听曲中意,好是云山韶濩音。"元结还跟渔翁学唱地方小调等。元结《宿丹崖翁宅》云:"儿孙棹船抱酒瓮,醉里长歌挥钓车。吾将求退与翁游,学翁歌醉在鱼舟。官吏随人往未得,却望丹崖惭复羞。"也有流传至今的古琴曲《欸乃》。

周敦颐对庐山莲花峰下瀼溪及后来定居自己命名的濂溪,胜是喜爱,在上述诗中也表达了周子寄寓山林,对元结也有追随之意,可见元结对周子影响也很大。

周敦颐诗云:"或吟或冥默,或酒或鸣琴。"自己提到了饮酒、弹琴、吟诗等。"鸣琴"指抚琴、弹琴,"鸣"基础释义指:发出声音,使发出声音。《增韵》凡出声皆曰"鸣"。这里指琴弦所发出的声音。《韩非子·说林下》:"文子曰:'吾尝好音,此人遗我鸣琴;吾好佩,此人遗我玉环。'"曹丕《燕歌行二首·其一》:"援琴鸣弦发清商,短歌微吟不能长。"柳宗元《李西川荐琴石》:"远师骀忌鼓鸣琴,去和《南风》惬舜心。"苏轼《琴诗》:"若言琴上有琴声,放在匣中何不鸣。"

蒲宗孟《先生墓碣铭》记录了周敦颐与高僧道人跨松萝,蹑云岭,放肆于山巅水涯,弹琴吟诗。经月不返。最重要是直接说周敦颐弹古琴。志于山水,爱好雅乐,流连忘返。周子常以"仙翁"自称。有琴曲《仙翁操》,词曰:"得道仙翁,得道陈抟仙翁,仙翁仙翁,得道仙翁。"蒲宗孟和周敦颐是好朋友,蒲宗孟的妹妹嫁与周敦颐为妻,他对周敦颐的性情比较了解,也比较赞许,可信。

(二)周敦颐友人及学者诗词中描述周敦颐弹古琴的情景

1. 吕陶《送周茂叔殿丞序并诗》云:"外任安济德,中养澄静源。青云路三峡,寄傲开琴樽。白日满平楚,放怀清梦魂。夷险既一致,卷舒惟义存。未易泛沧浪,时平斯道尊。"

2. 赵抃《题茂叔濂溪书堂》云:"固无风波虞,但觉耳目快。琴樽日左右,一堂不为泰。经史日枕藉,一室不为隘。"

3. 赵抃《同周敦颐国博游马祖山》云:"下指正声调玉轸,放怀雄辩起云涛。联镳归去尤清乐,数里松风耸骨毛。"

4. 何平仲《赠周茂叔》云:"智深《大易》知幽赜,乐本《咸池》得正声。"

5. 潘兴嗣《和茂叔忆濂溪》云:"试将一酌当美酒,似有泠然仙驭飞。素琴携来谩横膝,无弦之乐音至微。胡为剑佩光陆离,低心俯首随转机。伊尹不忘畎亩乐,宁非斯人之与归。"

6.黄庭坚《濂溪祠并序》云:"溪毛秀兮水清,可饭羹兮濯缨,不渔民利兮又何有于名。弦琴兮觞酒,写溪声兮延五老以为寿。"

吕陶《送周茂叔殿丞序并诗》云"青云路三峡,寄傲开琴樽",赵抃《题茂叔濂溪书堂》诗云"琴樽日左右,一堂不为泰","琴"指古琴,"樽"本义指盛酒器。上面诗词多次谈到周子琴酒相伴,心情也是很好。其实自古文人雅士,弹琴、饮酒、吟诗等,已是一种琴趣,这也是养心正性之趣。大文豪欧阳修,号醉翁、六一居士,也是琴、酒不分家。三国魏阮籍所作著名琴曲《酒狂》,据《神奇秘谱》对《酒狂》题解:"臞仙曰:'是曲者,阮籍所作也。籍叹道之不行,与时不合,故忘世虑于形骸之外,托兴于酗酒,以乐终身之志。其趣也若是,岂真嗜酒耶,有道存焉。妙在於其中,故不为俗子道,达者得之。'"

历代很多诗词中都谈到了文人雅集琴酒相伴,这也成了一种很有趣的文化现象。元辛文房《唐才子传》卷二《王维传》:"日与文士丘为、裴迪、崔兴宗游览赋诗,琴樽自乐。"又卷五《贾岛传》:"寓居法乾无可精舍,姚合、王建、张籍、雍陶,皆琴樽之好。"陈后主《与詹事江总书》:"吾监抚之暇,事隙之辰,颇用谈笑娱情,琴樽间作。"李中《送致仕沈彬郎中游茅山》:"忽因风月思茅岭,便挈琴樽上叶舟。"白居易《对琴酒》:"油油春云心,一杯可致之。自古有琴酒,得此味者稀。"许浑《和宾客相国咏雪》:"卷幌书千帙,援琴酒百杯。"李群玉《言怀》:"白鹤高飞不逐群,嵇康琴酒鲍昭文。"

赵抃"同周敦颐国博游马祖山",可能赵抃与周敦颐经常游马祖山,马祖山离庐山不远。诗词描写了周敦颐弹古琴的情景,可知周子的鼓琴技术是比较高的。诗云:"下指正声调玉轸,放怀雄辩起云涛。联镳归去尤清乐,数里松风耸骨毛。"虽然这是一首诗词描写,运用夸张的手法,但是赵抃为北宋著名古琴家,同时亲自看见周子抚琴,从诗的意思来看,还是可以确认周子的琴艺还是比较高。

"正声"指华夏正声,正声雅乐,古乐等。《雅》是周人的正声雅乐,又分《小雅》和《大雅》。《乐记·第十九》:"正声感人,而顺气应之,顺气成象,而和乐兴焉。"宋张炎《词源》卷下:"古之乐章、乐府、乐歌、乐曲,皆出於雅正。"李华《杂诗六首》:"黄钟叩元音,律吕更循环。邪气悖正声,郑卫生其间。"

"玉轸"指玉制的琴轸、雁足等,也借指琴、瑟。唐李贺《追和柳恽》:"酒杯箬叶露,玉轸蜀桐虚。"王琦汇解:"轸者,琴柱所以系弦,丽者以玉为之。"

"放怀"指放宽心怀、情怀等。暗指周子鼓琴的心情。周子曰："淡则欲心平,和则燥心释。"

周子鼓琴下指成音,鼓的是雅乐,金声玉振。可想琴曲淡和、古雅、金石之声。也跟周子的音乐琴学观一致。《通书·乐中第十八》:"故圣人作乐,以宣畅其和心,达于天地,天地之气,感而大和焉。"周子当时鼓琴的心情是愉悦的,气息和,指法和,琴曲和,山林的环境也和,古琴的意境深远。琴曲旋律高低起伏,像天空的彩云,变化万千。回家归去时,还在谈论古琴雅集,依依不舍。琴声清乐,余音绕梁,回味无穷。尚因正声,以识真趣。故有何平仲《赠周茂叔》云:"乐本《咸池》得正声。"

潘兴嗣《和茂叔忆濂溪》诗云:"素琴携来谩横膝。"这句诗,是实写。"素琴"是琴的一种,琴的称谓也很多。在宋朝时,琴类很多,宫琴、百钠琴、小琴、雅琴、颂琴等。《宋史·乐志》载:"丝部有五,曰一弦琴,曰三弦琴,曰五弦琴,曰七弦琴,曰九弦琴。"可知周敦颐有珍藏一张"素琴"。

"素琴",即为无装饰的琴。《礼记·注》:"素琴无漆饰也。"漆装饰与不上漆,是两种慨念。汉秦嘉《留郡赠妇诗》之三:"芳香去垢秽,素琴有清声。"唐刘禹锡《陋室铭》:"可以调素琴,阅金经。"历代学者对"素琴"都有不同解读,存在争议,没有一个确切的结论。李益《闻亡友王七嘉禾寺得素琴》:"素琴苦无徽,安得宫商全。"白居易《清夜琴兴》:"明镜懒开长在匣,素琴欲弄半无弦。"杨宗稷《琴学问答》:"问:素琴为何式? 答:相传不漆者为素琴。"

虽然周子寄情于山水,但是他始终志存高运,忧国忧民,内圣外王的儒家现世情怀思想。周敦颐"志伊尹之所志,学颜子之所学"。

黄庭坚跟周敦颐是好朋友,黄庭坚也雅好古琴,著《山谷琴趣外篇》。《听崇德君鼓琴》:"月明江静寂寥中,大家敛衽抚孤桐。古人已矣古乐在,彷佛雅颂之遗风。"《招戴道士弹琴》:"欲听淳音消妄想,抱琴端为一来无。"《听履霜操》:"幽人拂琴而当予,曰夫子则锺期。"王祎撰《自建昌州还经行庐山下记》云:"宋元丰间,真净文禅师住归宗时,濂溪周先生自南康归老九江上,黄太史以书劝先生与之游甚力,以故先生数数至归宗,因结青松社。"黄庭坚到濂溪祠,想到周敦颐弹琴吟诗的画面,作《濂溪祠并序》云:"溪毛秀兮水清,可饭羹兮濯缨,不渔民利兮又何有于名。弦琴兮觞酒,写溪声兮延五老以为寿。"

宋代文人士代夫都爱好弹琴。如欧阳修、范仲淹、苏轼、黄庭坚等都是古琴家。经常以琴会友,雅集。周敦颐会弹古琴也是很自然的。从以上文献可知,周敦颐与古琴相伴,寄情于自然山水,以琴怡情养性,禅琴悟道,著书立言,继往圣,开来学。

二 周敦颐与琴家交往事迹考

周敦颐与众多文人琴家都有交往,如与范仲淹琴家、赵抃琴家、王安石琴家、胡武平等交往。朱长文《琴史》卷五共收录北宋琴家九人。如太宗、崔遵度、唐异、范仲淹、欧阳修、赵抃等,专门列了琴人传。

(一)周敦颐与琴家范仲淹的交往

范仲淹(985-1052),北宋政治家、文学家。字希文,江苏吴县人。1015年考中进士,官至参知政事。推行庆历新政,卒谥文正,世称范文正公。范仲淹也是著名古琴家,在《琴史》中有记载。朱长文《琴史》卷五:"君子之于琴也,发于中以形于声,听其声以复其性,如斯可矣。非必如工人务多趣巧,以悦他人也。故文正公所弹虽少,而得其趣盖深矣。"

范仲淹在读书求学的青年时代,就非常喜欢古琴。范仲淹《睢阳学舍书怀》:"瓢思颜子心还乐,琴遇锺君恨即销。但使斯文天未丧,涧松何必怨山苗。"又《书海陵滕从事文会堂》云:"诗书对周孔,琴瑟亲羲黄。君子不独乐,我朋来远方。"据陆游《老学庵笔记》记载,范仲淹最喜欢弹《履霜》琴曲,世人称之为"范履霜"。《老学庵笔记》卷九:"范文正公喜弹琴,然平日止弹《履霜》一操,时人谓之'范履霜'。"

范仲淹曾拜师北宋著名琴家崔遵度、唐异学古琴。范仲淹《与唐处士书》云:"皇宋文明之运,宜建大雅。东宫故谕德崔公,其人也,得琴之道。志于斯,乐于斯,垂五十年,清静平和,性与琴会,著琴笺,而自然之义在矣。某尝游于门下。一日请曰:'琴何为是?'公曰:'清厉而静,和润而远。'某拜而退,思而释曰:清厉而弗静,其失也躁;和润而弗远,其失也佞;角躁弗佞,然后君子其中和之道欤?一日又请曰:'今之能琴,谁克与先生和者?'曰:'唐处士可矣。'某拜而退,美而歌曰:'有人焉,有人焉,且将师其一二。'"

范仲淹老师崔遵度喜欢《周易》,《宋史·崔遵度传》:"是知作《易》者,考天地之象也,作琴者,考天地之声也。"又曰:"意有疑,则弹琴辨其数,筮《易》观其象,无不究也。"范仲淹《斋中偶记》诗中云:"忘忧曾扣《易》,思古即援琴。"

宋度正《周敦颐年谱》:"宋仁宗景祐四年丁丑,是岁居润读书鹤林寺。时范文正公,胡文忠公诸名士与之游。"周敦颐二十一岁时,周敦颐的母亲在宋仁宗景祐四年(1037)过世,葬于润州。周敦颐在润州三年守孝期间,结交、认识了范仲淹、胡武平等。虽然文献没有直接记载有关琴的事,但是笔者认为大家都雅好古琴,应该少不了以琴会友,都是常事。

(二)周敦颐与琴家赵抃的交往

赵抃(1008－1084),宋衢州西安(今浙江衢州市)人。景祐元年(1034)进士,任殿中侍御史,平时以一琴一鹤自随。赵抃为著名的古琴家。大家提到"琴鹤",便马上想到赵抃琴家。朱长文《琴史》云:"赵抃,字阅道。以清节正论显于仁宗朝,迄熙宁初尝参预国政,今以太子少保致仕。公好琴,其将命于四方,虽家人不以从行,而琴龟鹤未尝去也。王事之隙,弹古曲以和平其心志,故终始完洁无疵,世师表云。"清毕沅《续资治通鉴》卷六十五:"己未,以龙图阁直学士、知成都府赵抃知谏院。入谢,帝谓抃曰:'闻卿入蜀,以一琴一鹤自随,为政简易,亦称事邪?'"

周敦颐与好朋友赵抃琴家交往事迹很多文献都有记载。《宋史·周敦颐传》:"历合州判官,事不经手,吏不敢决。虽下之,民不肯从。部使者赵抃惑于谮口,临之甚威,敦颐处之超然。通判虔州,抃守虔,熟视其所为,乃大悟,执其手曰:'吾几失君矣,今而后乃知周茂叔也。'"

赵抃《次韵周茂叔国博见赠》云:"蜀川一见无多日,赣水重来复后时。古柏根深寒不变,老桐音淡世难知。观游邂逅须同乐。离合参差益再思。篱有黄花樽有酒,大家寻赏莫迟疑。"真是高山流水话知音,可见周敦颐和赵抃关系很好。嘉祐元年(1056),周敦颐任合州判官,嘉祐六年(1061),周敦颐为国子博士、任虔州通判,在虔州期间,两人经常互赠唱和诗。

周敦颐曾与赵抃同游万安香林寺,作《万安香城寺别虔守赵公》:"公暇频陪尘外游,朝天仍得送行舟。轩车更共入山脚,旌旆且从留渡头。精舍泉声清汨汨,高林云色澹悠悠。谈终道奥愁言去,明日瞻思上郡楼。"赵抃和诗一首:"顾我人趋朝阙去,烦君出饯赣江头。更逢萧寺千山好,不惜兰船一日留。清极到来无俗语,道通何处有离忧。分携岂用惊南北,水阔天高万木秋。"

赵抃藏有一张雷琴。赵抃《次韵僧重喜闻琴歌》云:"我昔所宝真雷琴,弦丝轸玉徽黄金。昼横膝上夕抱寝,平生与我为知音。"嘉祐七年(1062),赵抃与周敦颐等人一起游马祖山,弹琴吟诗。也许这次游马祖山就带了这把雷琴,同时诗词也描写了周敦颐弹古琴的情景,琴的技术是比较高的。赵抃《同周敦颐国博游马祖山》云:"晓出东江向近郊,舍车乘掉复登高。虎头城里人烟阔,马祖岩前气象豪。下指正声调玉轸,放怀雄辩起云涛。联镳归去尤清乐,数里松风耸骨毛。"

赵抃一直很关心好朋友周敦颐,多次向朝廷推荐周敦颐。《宋史·道学传》:"熙宁初,知郴州。用抃及吕公著荐,为广东转运判官,提点刑狱。"在成都时,得知周敦颐到家乡任职,并写信作诗。《寄永州通判茂叔虞部》:"君去濂溪湖外行,停藩仍喜便乡程。九疑南内参空碧,二水秋临彻底清。诗笔不闲真吏隐,讼庭无事洽民情。霜鸿只到衡阳转,远绪凭谁数寄声。"好朋友潘兴嗣也做诗一首。《益帅赵阅道以诗寄周茂叔程公辟相率同和》:"道交衷契少人行,况是云霄自有程。日极一涯天共远,心期千里月同明。春归锦里豪华地,秋人浯溪冷淡情。山水高深无根意,为公分付玉徽声。"

周敦颐在熙宁四年(1071)任知南康军。到熙宁五年(1072),因身体原因,居住在江西庐山脚下,筑濂溪书堂。赵抃在成都府得知周敦颐隐退,便再次给朝廷上奏折。潘兴嗣《先生墓志铭》云:"赵公抃人参大政,奏君为广南东路转运判官,称其职,迁虞部郎中提点本路刑狱。君尽心职事,务在矜恕,虽瘴疠僻远,无所惮劳,竟以此得疾。恳请郡符,知南康军,未几分司南京。赵公抃复奏起君,而君疾已笃,熙宁六年六月七日卒于九江郡之私第,享年五十七。"

周敦颐以"琴""莲花"为自己喜爱之物,鼓励自己亲政爱民,廉洁公正。"莲花"更是周敦颐的化生,代表。周敦颐《爱莲说》云:"予独爱莲之出淤泥而不染,濯清涟而不妖,中通外直,不蔓不枝,香远益清,亭亭净植,可远观而不可亵玩焉。"《爱莲说》名垂千古。又周敦颐《任所寄乡关故旧》云:"老子生来骨性寒,宦情不改旧儒酸。……事冗不知筋力倦,官清赢得梦魂安。"黄庭坚《濂溪词并序》云:"春陵周茂叔,人品甚高,胸中洒落,如光风霁月。"又吕陶《送周茂叔殿丞序》:"春陵周茂叔,志清而材醇,行敏而学博,读《易》《春秋》探其原,其文简洁有制,其政抚而不柔。与人交,平居若泛爱。及其判忠谀、拯忧患,虽贲育之力,莫亢其勇。渟之深,流必长;趋之端,适必远。广而充之,斯民有望焉。然而常自诵曰:'俯仰不怍,用舍惟道。行将遁去山林,以全吾思。'"

赵抃以"琴""鹤"自励之,清风亮节。"琴""鹤"是赵抃的化身代表。《宋史·赵抃传》:"赵抃,字阅道,衢州西安人。进士及第,为武安军节度推官。……京师目为'铁面御史'。……宰相韩琦尝称抃真世人标表,盖以为不可及云。……帝曰:'闻卿匹马入蜀,以一琴一鹤自随,为政简易,亦称是乎?'"死后被皇帝赐"清献",世称"赵清献公"。

(三)周敦颐与琴家王安石的交往

王安石(1021-1086),字介甫,号半山,抚州临川人。北宋著名思想家、政治家、文学家、改革家。庆历二年(1042),王安石进士及第,为"唐宋八大家"之一。《宋史》记载:"安石少好读书,一过目终身不忘。其属文动笔如飞,初若不经意,既成,见者皆服其精妙。"

王安石很多诗词谈到了古琴。如《招叶致远》:"最是一年春好处,明朝有意抱琴来。"《和崔公度家风琴八首》:"疏铁檐间挂作琴,清风才到遽成音。伊人欲问无真意,向道从来不博金。"又《伯牙》:"千载朱弦无此悲,欲弹孤绝鬼神疑。故人舍我归黄壤,流水高山深相知。"

王安石不仅雅好古琴,还精通经学。王安石对石汝砺的《解易图》很是喜欢。宋石汝砺为著名琴家,斫琴家,著有《碧落子斫琴法》传世。对五经多有讲解,于《易》尤契精妙。清黄子高《粤诗搜逸》:"石汝砺,字介夫,号碧落子,英德人,五经多有讲说,于《易》尤契精妙。晚年进所著《解易图》于朝,为王荆公所抑。苏东坡谪惠州,相遇圣寿寺谈《易》,大异之。"

周敦颐和王安石会晤,文献记载有两次,一是宋仁宗景祐四年(1037),周敦颐在润州守孝期间,当时周敦颐21岁,王安石17岁。二是嘉祐五年(1060),周敦颐奉调入京。两人长谈几天,当时周敦颐44岁,王安石40岁。宋度正《周敦颐年谱》:"宋仁宗景祐四年丁丑,是岁居润读书鹤林寺。时范文正公,胡文忠公诸名士与之游,独王荆公少年不可一世,怀刺谒先生,足三及门而不得见。荆公恚曰:'吾独不可求之六经乎?'"又曰:"先生东归,时王荆公安石年四十,提点江东刑狱,与先生遇,语连日夜,安石退而精思,至忘寝食。"王安石对经学研究很深,两人互相交流。周敦颐作了《通书》。

周敦颐雅好古琴,与范仲淹、王安石、赵抃、黄庭坚等琴人交流。文以载道,琴以载道,应该会受到他们思想影响。周敦颐善谈名理,深于易学,作《太极图说》《通书》等。潘兴嗣《先生墓志铭》:"尤善谈名理,深于易学,作《太极图》《易说》《易通》数十篇,诗十卷,今藏于家。"特别是周敦颐古琴琴学思想中的"淡、和"等琴学观念,对以后的琴家产生了深远影响。

(原载 2017 年第 8 期,作者单位:湖南科技学院)

周敦颐先祖源流

✱ 谷明光

周敦颐是宋明理学的鼻祖。后人认为他是孔孟的真传,儒家的再起,其功绩仅次于孔孟。著名理学家程颢、程颐是他的得意门生,朱熹是他的再传弟子。南宋封他为汝南伯,元朝封道国公,从祀文庙。中国新文化运动的伟大旗手鲁迅,中华人民共和国开国总理周恩来,都是周敦颐之后裔。周敦颐以下的谱系,在湖南省道县楼田村的《濂溪故里周氏族谱》和浙江省绍兴市宝佑桥周氏谱系资料中,有较详细的记载。而周敦颐以上的源流,则长期缺少资料。根据新近发现的资料,将周敦颐先祖源流综述如后。

周敦颐先祖周源瑞,生于始皇元年。往下各代是:源瑞→信→献超→迪吉→世→日丑→乾→始乳→宣→应瑞→学典→璋→班穆→由→甫隆→容→永秀→晒→成章→禄→师鑑→归仁。

周归仁至周如锡的谱系则较为详细:

第一世(588.8.10~639.10.12)南迁始祖归仁公。后稷九十六世裔,永城侯才卿之子,山东青州府益都县人。隋开皇八年戊申七月十三日生,唐武德元年以进士应诏入都中选,授襄阳刺史,加使持节督魏博诸军事。征讨有功,赐玉带,封息国公。贞观十三年已亥九月十一日卒于任所,寿五十一岁,赠光禄大夫,加太保。次年二月二十二日奉敕葬襄阳城南二十里。贞观间追赠扶天定难大功臣。仁公赞泰山为五岳之长,而峰峦其支分也,崑崙为众水之源,而河渎其流派也。归仁居青州益都县,为扶天定难大功臣,授魏博节度使,至唐而封为顺王,延及于今居海内者多系派流,兹数十世下观峰峦之耸秀,而思泰山之日出,念河渎之汪洋,而切崑崙之发派。因为之赞云:"忆昔公刘,曾迁于豳。惟我仁公,善继丕承,功昭于隋,扶天勋臣。丰功伟烈,堪式古今。而且仁公,诗书启后,文裕来昆,武歌凯奏。灵爽在天,光昭祖俎。"(裔孙惇颐敬赞)。

姚李氏,封息国夫人,隋开皇十三年癸丑三月十五日巳时生,葬京落北邙山东,寿七十九岁,生五子。

第二世(602.3.11～?)仁公长子贵瑛公。字郑盛,隋仁寿二年壬戌二月十三日午时生,唐贞观间奉敕举大臣功勋授佐班殿直,累官至阁门使,葬京洛北邙山之东。

姚吴氏,隋仁寿二年壬戌九月十六日未时生,寿六十九岁,葬北邙山之东。

(605.10.5～773.8.30)仁公次子贵珠公,字席珍,隋大业元年乙丑八月十八日巳时生,唐贞观初登进士,官至司绩郎中,唐咸亨四年癸酉七月十三日酉时没,葬襄阳先茔侧,寿六十八岁。

姚安氏,隋大业二年丙寅三月十九午时生,唐凤元二年丁丑十月十日戌时没,葬襄阳县,寿七十二岁,生三子:长文明,次文颖,三文宝。

(608.10.2～677.3.23)仁公三子贵琼公,隋大业四年戊辰八月十八日卯时生,唐凤元二年丁丑二月十五日未时没,葬襄阳县,寿七十岁,公性侠烈!有富宦与族人讼,几坐罪,公奋激往讦狱,始平。

姚胡氏,隋大业二年丙寅五月二十八日丑时生,唐永淳元年八月十一日巳时没,葬襄阳县,寿七十七岁,生子三:文珪,文成,文戡。

(611.7.28～?)仁公四子贵瑰公,隋大业七年辛未六月十三日午时生,侍读韦温尝荐公贤於太子,欲识之而进於上,公不往。与友游浐水之西,今书帏遗迹尚存,韦温亦不仕。

姚孙氏,隋大业三年丁卯四月十八日子时生,唐圣嗣二年乙酉八月十七日卯时没,葬襄阳县,寿七十九岁。

(614.5.30～684.8.30)仁公五子贵璋公,隋大业十年甲戌四月十八日申时生,唐圣嗣元年甲申六月十七日卯时没,葬襄阳县,寿七十岁。

姚萧氏,隋大业十年甲戌七月十四日子时生,唐永淳二年壬午六月十六日卯时没,葬襄阳县,寿六十九岁。生子二,文义,文戬。

第三世(619.3.3～?)贵珠长子文明公,唐武德二年己卯二月十二日丑时生,赐进士及第,长于史学,文宗尤器重之,迁知制诰,寻授左仆射,没未详,葬汉阳县七十里,地名紫芝岗,后封汝南伯

姚陈氏,唐武德三年庚辰二月十九日子时生,永淳二年癸未八月十八日卯时没,葬汉阳县芝岗,寿六十四岁。子一:安富。

(622.11.20～707.3.19)贵珠次子文颖公,明经进士,官至弘农太守,唐武德五年壬午十月十二日午时生,景龙元年丁未二月十一日子时没,葬襄阳城二十里,地名凤形山先茔墓侧,寿八十六岁。

姚黄氏,唐武德七年甲申八月十七日申时生,嗣圣之年甲申九月十二日未时没,葬襄阳城南,寿六十岁,生子一:安时。

(626.4.17~708.10.5)贵珠三子文宝公,明经进士,唐武德九年丙戌三月十六日午时生,景龙二年戊申九月十七日子时没,葬襄阳城南,寿八十三岁。

姚刘氏,唐武德八年乙酉十月初二日卯时生,景龙三年己酉五月初八日亥时没,葬襄阳城南,寿八十五岁,生子一:安民。

(621.5.28~708.2.2)贵琼长子文琏公,举人。唐武德四年辛巳五月十二日未时生,景龙二年戊申正初六日亥时没,葬紫芝岗,寿八十八岁。

姚谢氏,唐贞观元年丁亥六月初八日卯时生,开耀元年辛巳十一月十九日申时没,葬紫芝岗,年五十五岁。

(623.2.25~712.4.1)贵琼次子文咸公,唐武德六年癸未正月二十一日丑时生,大极元年壬子三月十一日子时没,葬紫芝岗,寿九十岁。

姚睦氏,唐武德三年庚辰四月十八日巳时生,景隆三年己酉八月十八日酉时没,葬紫芝岗,寿九十岁,生子一:安权。

(625.3.19~681.7.5)贵琼三子文戡公,唐武德八年乙丑二月初六日戌时生,开耀元年辛巳六月十五日卯时没,葬汉阳县,年五十七岁

姚尹氏,唐武德七年甲申三月十六日子时生,永淳元年壬午八月二十一日戌时没,葬汉阳县,年五十九岁。

(622.3.26~708.4.10)贵璋长子文义公,唐武德五年壬午二月初九戌时生,景龙二年戊申三月十五日巳时没,葬没阳县,寿87岁。

姚唐氏,唐武德八年乙酉八年酉正月初六日寅时生,开耀元年辛巳十二月初三日丑时没,葬汉阳县,寿五十七岁,生子一:安世。

(627.5.28~684.4.23)贵璋次子文戬公,唐贞观元年丁亥四月初九日寅时生,嗣圣元年甲申四月初四日酉时没,葬汉阳县,年五十八岁。

姚雷氏,唐贞观八年甲午三月十一日亥时生,景龙元年丁未九月十八日巳时没,葬紫芝岗,寿七十四岁,生子一:安显。

第四世(639.10.11~?)文明之子安富公,唐贞观十三年己亥九月初十日辰时生,官太仆卿兼御史大夫,后谪四川。卒於官,徙居苏州崑山县。

姚刘氏,唐贞观十三年己亥十月初四日巳时生,景龙元年未六月二十二日寅时没,葬崑山县,寿六十九岁。

(640.6.30~?)文颖之子安时公,唐贞观十四年庚子六月初六日午时生,显

庆四年己未登进士第,总章元年授督使司,葬襄阳县城南五十里虎形,寿七十二岁。

姒韦氏,唐贞观十六年壬寅四月初四日辰时生,景龙元年丁未九月初八日辰时没,葬襄阳县,寿六十六岁,生子二:长如鍉,次如锡。

(640.8.28~715.3.27)文宝之子安民公,唐贞观十四年庚子八月初六日未时生,开元三年乙卯二月十八日巳时没,葬汉阳县,寿七十六岁。

姒李氏,唐贞观十五年辛丑九月十三日巳时生,开元五年丁巳四月初八日巳时没,葬汉阳县,寿77岁。

(642.10.31~715.10.1)文咸之子安权公,唐贞观十六年壬寅十月初三日午时生,开元三年乙卯八月二十九日戌时没,葬汉阳县,寿七十三岁。

姒蒋氏,唐贞观十九年乙巳四月初八日酉时生,开元四年丙辰六月初四日辰时没,葬汉阳县,寿七十二岁。

(642.9.16~717.6.23)文义之子安世公,唐贞观十六年壬寅七月二十八日亥时生,开元五年丁巳五月初十日未时没,葬汉阳县,寿七十六岁。

姒欧氏,唐贞观十七年癸卯九月十四日午时生,开元八年庚申十二月二十四日巳时没,葬未详,寿七十八岁,生子二:如镝,如锋。

(646.11.23~707.8.5)文戬之子安显公,唐贞观二十年丙午十月十一日寅时生,景龙元年丁未七月初四日申时没,葬汉阳县,寿六十二岁。

姒卢氏,唐贞观十九年乙巳二月初九日申时生,开元六年戊午十月十九日巳时没,葬汉阳县,寿七十四岁。

第五世(666.3.13~?)安时长子如鍉公,字彦章,唐乾封元年丙寅二月初二日辰时生,永淳间进士,历官广东韶州府曲江令,大理寺评事,出知道州,享寿七十有三,终於任,葬永明县清凉台,西北向,有碑,今青龙寺是也。

姒陈氏,广东韶州府郎州陈殿承之女,唐乾封二年丁卯九月十八日申时生,葬永明县清凉台,与鍉公同处,寿六十八岁,生子六:长弘惮,次弘懂,三弘悯,四弘怜,五弘恻,六弘憶。

(671.7.17~757.2.11)安时次子如锡公,字彦德,唐咸亨二年辛未六月初六日午时生,圣历间登武进士,累官粤东高州府刺史,会番贼警边,奉诏为征南大(元)帅,水陆马步都统,左金吾卫上将军,平广西钦横廉白贵郁六州,加金紫光禄大夫、左骑常待,议事不合,贬道州司马。时兄如鍉为道州刺史,遂同择宁远大阳洞望岗岭周家屋地居焉。至德二年丁酉正月十八日午时没,寿八十七岁,葬望岗白莲冲金鸡插翅形,坐南向北,上至岭顶,下至岭脚,左右倒水为界。"赍志安边,奋往直前。指挥如意,奏凯言旋。膺爵受赏,气节弥坚。议事不合,谢事辞权。择居仁里,兄弟怡然。令嗣十八,玉笋班联。疑山苍翠,潇水潺湲。清风两袖,难以言传。"(太子少保赵扑拜赞)

(672.6.5~745.9.16)姓蒋氏,封诸城县君,咸亨三年壬申五月十五日申时生,天宝四年乙酉八月十六日辰时没,寿七十四岁,葬望岗白莲冲乌云吐月形,上至乌云岭顶,下至墓田下埂,左至星子岭脚,左至乌云岭大路脚为界,坟有墓碑细石前有田埂下细石竖立石碑楼及石猪石羊尚存,坐东向西,生子十八:长弘初、次弘明、三弘立、四弘本、五弘颂、六弘道、七弘正、八弘章、九弘休、十弘德、十一弘谦、十二弘量、十三弘度、十四弘顺、十五弘慎、十六弘颂、十七弘亮、十八弘交。

(670.8.23~791.10.20)安世长子如镝,字彦清,唐咸亨元年庚午八月初三日酉时生,贞元七年辛未九月十八日巳时没,葬望岗岭,寿一百二十一岁。

(611.4.20~795.3.3)姓蔡氏,唐咸亨二年辛未三月初六日戌时生,贞元十一年乙亥二月初八日未时没,葬望岗岭,寿一百二十五岁。

(672.1.3~788.7.25)安世次子如锋,字彦秀,唐咸亨三年壬申十二月初十日丑时生,贞元四年戊申六月十八日未时没,葬望岗岭,寿一百一十六岁。

(671.12.15~787.4.29)姓吴氏,唐咸亨二年辛未十一月初九日寅时生,贞元三年丁卯四月初七日申时没,葬望岗岭,寿一百一十七岁。

(705.2.26~?)第六世如鎡长子弘惮公,唐神龙元年乙巳正月二十八日巳时生,官至武议大夫,居宁远大阳洞后居永明又分居江南安东。

姓熊氏,唐神龙二年丙午八月十九日酉时生,葬宁远城西十五里双穴,寿六十三岁。

(707.5.14~?)如鎡次子弘懽公,唐景龙元年丁未四月初九日午时生,官至朝议大夫,复居山东青州府青平县,归葬宁远凝瑞岭,寿74岁。

姓邓氏,唐景龙二年戊申五月初三日戌时生,葬宁远茂枝岗。

(709.5.31~?)如鎡三子弘悯公,唐景龙三年己酉四月十八日未时生,官至承议郎,迁居永明槐木山田湖潭一名田潮洞,后居古洞。

姓刘氏,唐景龙二年戊申八月初十日卯时生,葬石马潭凤形。

(712.11.14~?)如鎡四子弘怜公,唐太极元年壬子十月十一日申时生,官至承直郎。居宁远大阳洞,迁居广东韶州府白面市又升广西平乐府,归葬宁远小石洞。

姚何氏，唐开元二年甲寅二月十二日卯时生，葬宁远江口。

（715.3.8～?）如鍉五子弘恻公，唐开元三年乙卯正月二十八日辰生，官至文林郎、刺史，居永明木田村。

姚欧氏，唐开元五年丁巳七月二十九日申时生

（719.5.12～?）如鍉六子弘憶公，唐开元七年己未四月十九日丑时生，官朝议郎，居大阳洞福地，葬宁远城北七十里坪田，寿七十八岁。

姚张氏，唐贞观七年癸巳十二月二十四日辰时生，葬宁远城南离城八里，寿六十三岁。

（701.9.22～?）如锡长子弘初公，唐长安元年辛丑八月十六日巳时生，翰林学士，官至中敬大夫，迁居密州，又分居湖南长沙茶陵州。

姚黄氏，唐神龙元年乙巳正月十五日亥时生，子一：崇裕。裔孙娶蒋氏，官翰林学士，居长沙茶陵州，弘初一作弘约。

姚蒋氏，唐开元五年丁巳八月初九日未时生。

（704.12.9～?）如锡次子弘明公，唐圣嗣二十一年甲辰十一月初八日卯时生，官至承事郎，分居广西平乐府恭城县车头村。

姚白氏，唐神龙元年乙巳正月二十三日丑时生，子一：崇旺。

（706.11.28～?）如锡三子弘立公，唐神龙二年丙午十月十九日未时生，官至武议大夫，迁居广东韶州府龙渚县御史塘土名江东村。

姚赵氏，唐景龙二年戊甲八月十九日酉时生，生子一：崇华。

（708.1.8～?）如锡四子弘本公，唐景龙元年丁未十二月十一日卯时生，官至宣敬大夫，迁居永明县甘棠村又分派于长沙湘潭县十一都黄荆坪。

姚蒋氏，唐开元二年甲寅八月初七日巳时生，没葬失考。

（709.3.28～?）如锡五子弘颂公，唐景龙三年己酉二月十三日卯时生，官至左议大夫，迁居粤西平乐府恭城县平南村。

姚李氏，唐开元三年乙卯二月初四日酉时生，生子一：崇汝。

（711.12.12～790.11.13）如锡六子弘道公，唐景云二年辛亥十一月初九日寅时生，官至宣政大夫，居宁远大阳洞，唐贞元六年庚午十月初三日戌时没，寿八十岁，葬地名水打铺钟家湾龙形艮山坤向。

姚黄氏，闺讳金梅，开元元年癸丑十一月二十八日子时生，贞元元年乙丑五月二十一日巳时没。寿七十三岁。葬水新铺樟木脚龟形巽山坤向。生子二，长崇瑞，裔孙迁跂石坊、石码、锡海、四房、东山等处，次崇高另图。

(712.11.13~)如锡七子弘正公,唐太极元年壬子十月初十日未时生,官至武忠郎,居宁远大阳洞,分居把截、下坊等处。

姚黄氏,唐开元三年乙卯六月二十七日辰时生,生子二:长崇常,次崇堂。

(713.12.5~)如锡八子弘章公,唐开元元年癸丑十一月十三日辰时生,官至翰林学士,徙永明江东。

姚何氏,唐开元二年甲寅四月初二日酉时生,没葬未详,生子二:长崇华,次崇法。

(714.11.7~)如锡九子弘休公,字有容,唐开元二年甲寅九月二十六日辰时生,官至奉议大夫,居宁远大阳洞黄岗周家屋地及高坡村尾等处,又分居浙江钱塘,"弟昆天下有,安得似公多。纵拟登瀛士,难于此气和。恢先降作述,垂望著弓靴。揽胜欢无极,移居庆有那。浙江流远派,潇水起洪波。永世徵嘉德,称扬一咏歌。"(仙槎何陵汉赞)。

姚蒋氏,唐开元元年庚申八月十三日午时生,葬钱塘,生子三,长崇汉,次崇海,三崇河。汉之子伏胜复迁居宁远湾村。

(715.11.8~)如锡十子弘德公,唐开元三年乙卯十月初八日午时生,官至光禄大夫,迁居广西平乐府恭城县炉口,又分居江西吉安府太和县,卒追封昭灵大夫,立庙祀之。

(716.12.18~780.7.24)如锡十一子弘谦公,唐开元四年丙辰十二月初一日巳时生,官至朝奉,居大阳洞。建中元年庚申六月十八日未时没,葬望岗岭人形,有碑,坐北向南,寿六十五岁。"祖德宗猷,百世常新。派衍瓜瓞,大启文明。宗溯八百,十八季昆。雍雍睦睦,簪笏满门。如日升兮,如月之恒。增光祀典,丕耀宗庭。"(承务郎裔孙虞仲敬赞)。

姚莫氏,唐开元三年乙卯二月初九日戌时生,大历十二年丁巳八月十八日亥时没,葬望岗岭,寿六十三岁,生子一:崇昌。

(719.7.5~)如锡十二子弘量公,唐开元七年己未六月十四日卯时生,官至散武郎,分居永明县界头。

姚阳氏,唐开元十五年丁卯十月初七日酉时生,生子一:崇濂。

(721.3.11~)如锡十三子弘度公,唐开元九年辛酉二月初九日辰时生,官至工部尚书,迁居永明县雄川即桃川等处。

姚赵氏,唐开元十七年己巳九月十一日申时生。生子一:崇沛。

(723.6.27~)如锡十四子弘顺公,唐开元十年癸亥五月二十日巳时生,官左武郎,迁居永明界头又分居临川。

姚李氏,唐开元十一年癸亥九月初三日亥时生,生子一:崇祀。

(725.6.15~)如锡十五子弘慎公,唐开元十三年乙丑五月初一日未时生,官至朝散郎,迁居永明福洞。

姚蒋氏,唐开元十年壬戌十二月初一日卯时生,生子一:崇源。

(727.8.23~)如锡十六子弘颂公,唐开元十五年丁卯八月初二日申时生,官至大中大夫,历任广西,居粤西平乐府富川县平顶村。

姚赵氏,唐开元十四年丙寅十月初十日丑时生,生子一:崇明。

(729.3.1~)如锡十七子弘亮公,唐开元十七年己巳正月十六日巳时生,官至武功郎,居永明县石枧鳌头。

姚熊氏,唐开元十八年庚午正月二十九日酉时生,生子一:崇盛。

(731.7.11~)如锡十八子弘交公,唐开元十九年辛未六月初三日辰时生,官至修职郎,居永明白土塘周塘暖水。"登瀛学士,惟钦居中。绘图列像,异代尊崇。锡公令嗣,殿后惟公。盛德大业,彼此攸同。卜居选胜,蓄素守中。承先有庆,裕后无穷。父作子述,兄友弟恭。联登进士,共仰休风。惟公树骏,故后流鸿。缅怀令德,长凛寅衷。"(兵部尚书范仲淹赞)。

姚李氏,唐开元十七年己巳九月初四日寅时生,生子一:崇良。越四世生尧卿父子兄弟,俱登进士。

周如锡是周敦颐先祖源流中十分重要的人物。他于795年因言事忤旨被贬道州司马,居于宁远县九疑山下望冈村。其后世谱系:

弘谦公:(如锡十一子)

崇昌公,字尔炽,生唐天宝三年甲申四月初八日(744.5.24)巳时,唐永泰元年乙巳(765)登进士,授朝使,为广东廉白二州太守,荣归居宁远大阳洞,没唐元和五年庚寅八月十九日(810.9.21)申时。

瑀公,字亟夏,生唐兴元年甲子七月二十三日(784.9.1)未时,永祯元年(805)乙酉登进士第,邠州太守,没会昌六年丙寅二月十八日(846.3.18)子时,葬地名杉树园真武踏龟形。

惟简公,字居敬,生唐元和三年戊子五月初四日(808.6.1)寅时,长庆初中进士,官嘉鱼令,没唐乾符二年乙未二月十四日(875.3.25)亥时,葬地名望岗岭金鸡插翅形。

瑰公,字怀玉,官至翰林学士,居大阳洞,生唐太和元年丁未四月初一日

(827.4.30)寅时,没唐景福元年壬子十月初二日(892.10.26)辰时,葬地名望岗岭旗形。

彦朴公,字幼真,居大阳洞,生唐会昌六年丙寅三月十七日(846.4.16)申时,大中末由进士第官延安太守,咸通间宋练四世同居,以孝义闻,时寇过门不入,没天成元年丙戌七月二十九日(926.9.8)寅时,葬地为瑰公墓旁。

虞宾公(敦颐高祖),字光国,生唐天佑元年甲子正月初三(904.1.23)午时,由进士官至粤西临桂县令,陞光州刺史,有善政。没宋建隆三年壬戌七月初九日(962.8.11)巳时,葬望岗岭阳明山凤形。岭脚谱载:周敦颐高祖虞宾于建隆三年追封为银十光禄大夫。

从远公(敦颐之曾祖),字仲长,宋建隆元年庚申中武进士,官至马步指挥使。生同光元年癸未八月十九日(923.10.1)辰时,没宋太平兴国七年癸未六月十三日(982.7.6)子时,葬地名宁远车头铺石码塘鹅颈形四方石,由大阳洞往居道州营乐乡。

智强公(敦颐之祖父),字健行,赠谏议大夫。生后唐清泰二年乙未三月初一日(934.4.17)戌时,倜傥好义,宋建隆元年迁居道州之楼田,没宋大中祥符三年庚戌九月十八日(1010.10.27)亥时,葬地名营乐乡布岗风吹落带形。

衡公,从远次子,宋武学博士,葬地名宁远四渡金公潭鸬鹚形。

辅成公(敦颐之父),字孟匡,生宋乾德五年丁卯三月初三日(967.4.15)午时,大中祥符八年登蔡齐榜,没天圣九年辛未九月二十一日(1031.10.10)丑时。

周敦颐及其后世谱系:

周敦颐→周焘→周彝→周靖→周亥→周谨→周恪→周文郁→周茂林→周澳→周德。

鲁迅、周恩来均系周德之后裔。

(原载 2005 年第 1 期,作者单位:湖南科技学院)

濂溪后裔周绣麟考述

✱ 敖　炼

一　周绣麟生平事迹

周敦颐去世后，黄庭坚、苏轼等文人应周敦颐二子周寿、周焘之请，作有诗文。黄庭坚应周寿之请而作《濂溪词并序》，苏轼应周焘之请而作《故周茂叔先生濂溪》一诗。

宋淳祐元年（1241），周敦颐从祀孔子庙庭，朝廷提倡，士子讲习。明景泰七年（1456），朝廷优恤后裔，周敦颐十二世孙周冕钦召至京，授翰林院五经博士，还道州奉祀。明清两代，朝廷崇奖理学，恩命频下，从十二世至二十二世，世袭其职者有"周冕－周绣麟－周道－周联官－周治－周汝忠－周莲－周嘉耀－周枚－周景潜－周邦泰"共计十一人。周邦泰之后，又有周承宗、周监相继受封五经博士。自周冕始，濂溪后裔相继受爵，作为濂溪血脉传衍，保持了特殊的理学世家地位。蒙"五经博士"封爵的濂溪后裔，在修复门坊楼亭、修葺祠宇，以及读书传家，刻印周敦颐遗书等方面，作出了重要的贡献。

周冕，字得中，号拙逸。郡庠生。景泰七年钦召至京，授翰林院五经博士，世袭劄还道州奉祀。葬于杜头。著有《拙逸集》十卷。周敦颐后裔居江西庐山，直至十二世孙周冕，始赐还湖南道州，主持祭祀周敦颐之事。

《明史》卷二百八十四《列传》第一百七十二载有周冕小传："周冕，先贤元公周子十二代孙也。其先道州人。熙宁中，周子葬母江州，子孙因家庐山莲花峰下。景泰七年，授冕翰林院五经博士，子孙世袭还乡，以奉周子祀事。卒，子绣麟袭。卒，子道袭。卒，子联芳袭。卒，子济袭。卒，从弟汝忠袭。卒，子莲应袭。"

康熙《永州府志》卷十六《人物志中·名贤列传》载："周冕，字得中，为人孝友，勤学好善。景泰中，朝廷以濂溪有功世教，录其子孙，授冕世袭翰林院五经博士。有《拙逸集》藏于家。"

光绪《道州志》卷七《优恤》:"景泰七年,钦取元公子孙授职世袭,礼部题为特恩事。……景泰七年五月二十日具题,奉圣旨照例,着做世袭五经博士,钦此。移咨吏部,查得翰林院设有五经博士,欲将周冕填注翰林院五经博士世袭,仍回原籍道州,以奉祭祀。"

周冕所存诗文极少。今道县月岩有周冕《题月岩》诗刻一通,释文如下:"宋家天子受周禅,历数相承逾百年。乾德雍熙迨天圣,端拱无为统绪传。五星奎聚文明兆,我祖应期生营道。来歌来游于斯岩,仰观造化生成妙。阐《图》著《书》授二程,千载绝学晦复明。圣朝崇重恩垂后,锡爵词林奕世荣。我今幸接置鸿翼,登临此境长兴喟。遗踪想象宛如昔,百拜谨刊岩石志。大明弘治壬子岁仲秋吉旦,明翰林五经博士、道国公嗣孙周冕得中题。"

此外,据明胥从化《濂溪志》,另录周冕诗一首,题为《忆元公》,诗为"度越诸儒擅大名,五星奎聚应期生。遗容百世起瞻仰,绝学千年赖阐明。元宋褒封崇上爵,孔颜从祀侑东楹。图书包括天人蕴,谁谓言词不尽情。"光绪《道州志》卷七《题赠》版本题为《拜先子用前韵》,有数字不同,录诗如下:"度越诸贤擅大名,五星奎聚应期生。遗容百世勤瞻仰,绝学千年赖阐明。宋代褒封崇上爵,孔庭从祭侑东楹。图书包括天人蕴,谁谓言词不尽情。"胥从化《濂溪志》中另有周冕祭文《九江致祭》。

周绣麟,字圣兆,号酸斋。庠生。道州人。周敦颐十三世孙,承袭父亲周冕翰林院五经博士,葬于先茔左。光绪《道州志》卷八《选举》载:"恩荫:(明)周冕,周子十二代孙,景泰七年,始授翰林五经博士。周绣麟,冕长子,承袭博士。周道,绣长子,承袭博士。"周绣麟父亲周冕为濂溪后裔第一代五经博士,周绣麟为第二代。周冕以后,濂溪后裔十三至二十二世孙,连续承袭五经博士。

周氏父子对濂溪先生的贡献主要在于周冕修纂《濂溪遗芳集》,周绣麟刻印并藏《濂溪志》书板。汝南郡《周氏归仁公总谱》有对周冕父子的赞语:"冕公赞:炳炳《图》《书》,传自先子。辑其余芳,重于经史。宜乎受翰苑之清衔,自公以始。绣麟公赞:云鸿抒其志气,金马绍其家声。既风流之名世,亦山水之怡情。寻芳踪之所至,犹可于观花咏竹,想其生平。"

嘉靖十九年,永州府同知鲁承恩编纂《濂溪志》,周绣麟刊刻,并于棂星门内建楼,藏《濂溪志》书板。鲁承恩《濂溪志序》云:"嘉靖乙未,承恩出守和阳,幸受教于师门,窃淑先生绪余,以饬河阳之治,获益甚多。今转官永泉,实先生故里。舟过庐山,拜先生之墓于浔阳,入湖藩,谒先生书院于武昌。泛洞庭,登衡岳,涉浯溪,陟九疑,溯流而上,考先生始生之迹于故里。沿道山之麓,坐有本之亭,举先生之道,而询诸永道多士及先生之裔,皆得其言,而不得其所以言。而载在简策,尚有疑而未解者,得非纪载之未备耶?呜呼!先生之道,昭如日星。《书》不尽言,《图》不尽意,则《濂溪》一志,虽非先生之精蕴,恶可以无成书而供后学之取则哉!乃取而修之。既成,先生之孙博士绣麟,请授诸梓。"

周绣麟旧藏《濂溪遗芳集》,嘉靖二十三年,道州知州王会重修。王会《濂溪志序》云:"既抵任,拜先生祠下,退而访其嗣孙翰博周绣麟,求家传遗书,出《濂溪遗芳集》一册相示。荒杂不伦,并《年谱》及先生述作,亦复阙遗。因叹文献凋落,当图改刻,乃复出《年谱》钞本及搜录遗诗文凡若干。会受归而读之,其间又多讹脱。乃谬以已意,略加考定,而编次焉。"

道光《永州府志》卷九下《史类·正史》载:"(鲁承恩)乃取《濂溪志》修之。先生之孙博士绣麟请授诸梓,其于斯世斯文未必无小补云。"

周绣麟既袭翰林院五经博士,藏《濂溪志》,有功于世。光绪《道州志》卷七《先贤》载:"濂溪祠,即濂溪书院,在州学西,宋绍兴己卯,知军州事向子忞始祀周子于学之稽古阁……嘉靖间,宗子翰林博士周绣麟于棂星门内建楼,藏《濂溪志》书板。"后鲁承恩编《濂溪志》,其序记道:"先生裔孙五经博士绣麟,闻而力请授诸梓。"

另外,永州府推官王瑞之命知州方进建风月亭,嘉靖十二年,知州叶文浩又建濯缨亭,嘉靖十四年,知州陈大濩又建有本亭,三亭建好后,周绣麟于嘉靖十五年撰文《濂溪三亭记》,彰诸公表彰之意,同时纪念宣扬先祖周敦颐,并请永州府同知鲁承恩作文记之。鲁承恩《濂溪三亭记》云:"嘉靖己亥,承恩奉命来永,同知郡事。越明年春,以职事诣道州,过永明,睹山川雄胜,西顾濂溪,实在几席,喟然曰:此先生故里,可不登其堂乎!质明,自邑里过月岩,乃先生读书处。又自月岩至濂溪,先生裔孙五经博士酸斋,名绣麟,邂于途。途次有山曰道山。山下一窟,其泉绀涌清澈,不盈不涸,可濯可渔。下有民田数百亩,皆饮其流,石上刻'濂溪'二字。……试与酸斋观夫斯山与斯溪焉,前乎先生,山如此其峙,溪如此其流。"

嘉靖二十一年,周绣麟在道州通判金椿重建濂溪书院时,捐资修建。

今湖南道县状元山附近发现濂溪十九世孙周嘉耀所刻活碑一通,碑石上半部分残损遗失,残碑宽80公分,高75公分,厚8公分,十六行,碑文四周有花纹,字迹清晰,正楷刻写,释读如下:

……所赖董江都、韩昌黎二公迭起,拨乱反正,论者……诬也,然其间释焉而不精,语焉而不详,致使孔……而吾道荡然,无复存矣,有宋之代,天生我……不传之秘,著为《太极》《通书》,体本于主静,功归于立诚,……斯道已灭而复明,已晦而复显,休哉,真万世永赖者,……仰其高风,企慕其懿行,每深生不同时,居不近地之感……祠□,莲香草翠,气象如新,霁月光风,伊人宛在,恻念……水旱频仍,民力兼□告艰,虚悬此愿,徒抱深衷,时际……生拜亭墩□美成其事埴,于是私心自喜,曰修葺之事庶……先之者耳,虑无有主之者耳,有其先之则莫敢后也,有其……一三,武则副戎以下,文则佐政司铎以上,各量力愿捐,相……力,阅五月而报竣,大中丞甚为嘉悦,落成之日,集库……人之绪,习其车服礼器。窃念山川未改,《遗书》犹存,有能……境于太极岩之中者乎,有能悟鸢飞鱼跃于濯缨亭之……士希圣,圣希天,悠悠我心,非敢督也,是所望也,因为记。

　　十九代宗子翰林院五经博士周嘉耀同立石。

周嘉耀为周敦颐十九世孙,康熙二十四年(1685)袭翰林院五经博士。碑文所记之事无法具其详,但据残文推测,其中所言"修葺之事""落成之日"等,此碑或为纪念修葺某建筑而立。碑文提及周敦颐及其著作、思想、典故,反映了濂溪后裔对周敦颐的传承与弘扬。

二　周绣麟之家世

　　关于周子世家及授五经博士的史实,官方正史和地方志、周氏族谱上均有清晰详细的记载。

　　《古今图书集成·明伦汇编·官常典》一百二十八卷《贤裔部·列传五》载:"按:《道州新志·周子世家》'明景泰七年,以先生嫡孙周冕世袭翰林院五经博士。先生生二子,寿字季老,一字符翁,生于合州,元丰五年登第,初任吉州司户,次秀州知录,终司封郎中。焘字通老,一字次元,生于虔州,初授司法,元祐三年登第,知成都府,终朝奉大夫。寿生六子,伯逵,叔夏,虞仲,季友,季仲,季次。季仲生兴裔,兴裔生二子,昺、昱。历七代至泫孙直中、恭、经、纲、维继为先生长子一派。焘生三子,繟、絪、缊。繟生四子,政卿、直卿、良卿、贤卿。政卿生二子,洵、沇。洵生五子,应高、应斗、应隆、应贵、应初。应斗生三子,仁孙、义孙、智孙。仁孙生三子,宗文、宗武、宗诚。宗文生二子,壎、城。壎生五子,泰贲、泰定、泰亨、泰贞、泰宇。泰赉生三子,文渊,文裔,文传。文裔生四子,贤、冕、凤、篕。冕初授翰林院五经博士,生绣麟,袭博士。麟生三子,道,遂,迈。道生六子,联极,联芳,联官,联班,联位,联辉。联芳生济,袭博士。官生治,治生五子,汝忠,汝孝,汝廉,汝节,汝仁。汝忠袭博士,生莲,应袭,奉道州祀,为先生仲子一派。先生世系详《家谱》。'"

道光《永州府志》卷十五上《先正传》载:"二子寿焘,寿字季老,登元丰进士,官司封郎中。焘字通老,登元祐进士,官至宝文阁待制。寿生六子,从官居吴中不返,焘之子缤、緷、緼,分承江州、道州祠祀。缤之子孙嫡长遂世为宗子,五传至宗文,元时以奉祀贤裔,檄为濂溪书院山长。宗文长子壎,字伯和,克嗣祖训,学《易》通贯,明初隐居不仕,二传至冕,是为周子十二代孙。明景泰帝六年,特诏征周子子孙乘传诣阙以冕应,七年授翰林院五经博士,予世袭。冕孝友勤学,事著《明史》。冕卒,子绣麟嗣袭。绣麟卒,子道袭。道卒,子联官袭。是时桂岭令君从祀启圣公,明神宗从礼臣议也。联官卒,子治当袭。治老病,以子汝忠嗣祖职。汝忠卒,子莲濒明亡,未及袭。国朝顺治十年,巡按李敬疏请优礼下部,行取莲时已老,乞以其长子嘉耀代袭。康熙二十四年,九卿集议,得旨允行。嘉耀卒,子枚袭。枚卒,子景潏征试于京师,始授袭如故。乾隆中,景潏卒,子邦泰袭。邦泰卒,子晋早亡,以晋子承宗袭,盖周子二十四代孙也。余详《濂溪志》《州志》不备书。"

濂溪后裔至周莲已是十八代,清周诰《濂溪志》卷六《优恤·博士》:"据道州儒学署印训导石国纶,查得应袭博士周莲年力衰迈,不堪策励。有周莲之长子,生员周嘉耀,委系濂溪嫡派后裔,并非假冒旁支,应授世袭。……本年奉旨:准袭。"光绪《道州志》卷七《先贤·世家》记载濂溪二十四孙周承宗往江西九江谒墓,并录得《圣寿无疆颂并序》:"《圣寿无疆颂并序》,此系博士周承宗往九江谒墓,得之《江州志》中,故录于此。"

光绪《道州志》卷八《选举·封荫》载:"恩荫:明周冕,周子十二代孙,景泰七年始授翰林五经博士。周绣麟,冕长子,承袭博士。周道,绣长子,承袭博士。周联官,道子,承袭博士。周济,官侄,承袭博士。周汝忠,官孙,承袭博士。周莲,忠子,承袭博士。国朝周嘉耀,周子十九代孙,袭博士。周枚,耀长子,承袭博士。周景潏,枚长子,承袭博士。周邦泰,潏长子,承袭博士。周承宗,邦泰孙,承袭博士。"

承袭五经博士的濂溪后裔一支,在汝南郡《周氏归仁公总谱》中有周焘至周泰赉生平的详细记载:

焘公,字通老,一字次元,行百二,元公次子也。嘉祐七年壬寅六月生于虔州。性明颖,有远志,勤于学。不烦师教。自幼为东坡、山谷所器重,以父荫补太庙斋郎。元祐三年,登李长宁榜进士第。初任司法司,继为贵池令。政和六年,以中奉大夫充宝文阁侍制,迁两浙转运使。著有《游天竺观邀水诗》,载于咸淳《临安志》。转成都太守,奏颂雅乐,于诸路州军学,俾诸生习之,以祀孔子,诏从其请。所作《署轩诗》编入《成都文类》。复提举南京、亳州、谯郡明道宫。终朝议大夫、徽犹阁待制,赠通奉大夫。苏东坡知杭州时,与之同官,亲如兄弟,倡酬诗甚多。人称:"茂叔有子,良不诬矣!"靖康元年丙午十月十一日卒。年六十四,葬故里先茔左侧,俗名游神岭上,有石刻,横书"宋进士周焘公之墓"八字。配王氏,生二子,长曰縯,次曰綑。

第十八世縯公,字庆长,行一。元符三年庚辰十月生。古貌美髯,风度穆如,尤工诗赋,援笔立就。著有《茹古集》。以父荫补奉议郎,通判蕲州,迁临川令。绍兴十年丙寅三月十八日卒,年四十六。葬故里,金鸡报晓形。配张氏,生子四,政卿,直卿,良卿,贤卿。

第十九世政卿公,字师端,一字卜世,行一。政和六年丙申正月初八日生。性淳直,不求闻达。以祖荫。与张南轩同补承务郎。晚上隐居月岩云溪间,适寇起,道州通判傅大声调发治军,公以乡兵助之,力战追贼,百姓欢呼傅父,公有力焉。尝与弟直卿、彦卿、侄涛省元公墓,遇朱子于南康,以《爱莲说》墨本相赠之,燕于光风霁月亭,朱子作《山北纪行诗》二章,以记其事。淳熙六年己亥二月十三日卒,年六十四。配何氏,内行雍肖,生子二,长子洵,次子沉,训以义方,出入严正,母之教也。妣卒,与公同葬故里龙山,金鸡报晓形。

第二十世洵公,一名正雷,字振远,号晋川,正卿公长子也。性颖悟,博通经史,当道以明经荐,不赴。常言:"富贵之畏人,不如贫贱之适志。"庆元二年,蔡西山谪居道州,会公于故事。西山曰:"君家学有渊源,犹见先世模范。"因极论性理象数一贯之旨,读家谱,作《二十四才子赞》,二人相得甚欢也。公以八年壬辰五月十二日生,绍定四年辛卯十月初二日卒,年六十。配朱氏,有种郝规仪,萍藻箕扫之供,舅姑宾朋之奉,胥尽其礼。生五子,应高,应斗,应隆,应贵,应初。公及夫人并葬故里先考之墓右。

第二十一世应斗公,字志高,洵公仲子也。智周庶物,经、史、医、眩一览皆通。生平轻财仗义,乡里魋之。尝言:"元公之书有伪者撰者,其一《卦说》乃陈忠肃所著,其一《系辞说》又皆佛老之谈。如曰'《易》之冒天下之道也,犹狙公之罔狙众也',此类不待智者而知其非真矣。"公以开禧三年丁卯十月生,德祐二年丙子某月卒,年七十。配欧阳氏,内行淑美,卒,与公并葬达村小虎形。生子三,仁孙,义孙,智孙。

第二十二世仁孙公,字伯元,应斗公长子也。性醇谨好学,隐居龙山,食德自下,不为俗染。庐山五老峰有《圣寿无疆颂》,相传为元公作,公曰:"非也,《颂》称'光尧寿圣',此高宗尊号也,盖传闻之谈也。"配赵氏,通《孝经》,克修妇道,举案齐眉,仿佛梁孟夫妇。同生绍定六年癸巳某月,终元大德五年癸卯某月,年七十,并葬故里。生子三,宗文,宗武,宗诚。

第二十三世宗文公,字尚德。元初,举于乡成进士,官至户部左侍郎,迁礼部尚书。性勤慎,笃于孝友,博通经史,解组归田,郡大夫尊礼之,以师事焉。时节书相国杨惟中,立太极书院于都城,以祀元公。赵延复讲学北方,始知性理之书,许衡、郝经、刘因皆尊信之。公曰:"此赵公之力也。"以淳祐元年辛丑某月生,天历二年己巳某月卒,年八十八。葬故里,风吹罗带形。配唐氏,肃共内则,卒附公墓旁。生子二,长壏,次篦。

第二十四世壏公,字伯和,行一,大德元年己亥某月生。博学力行,尤善于《易》,兼工诗赋。顺帝微行至道州,时有临武人陈梦春者,献以诗,有"红日马头天已近,青云雁背雨初晴"之句,帝赏之,北还御极,擢梦春湖南廉访使。或劝公尽献所作,公曰:"穷达有命也。"著《周氏谱》藏于家。以初《元公墓碣文》曰:"昔王荆公立新法,蒲宗孟为羽翼,故作《元公墓碣》,有称颂新政数十语,盖虚构此言以自解,非实也。"元季,隐遁营山下。明洪武初,有司以明经荐入京,补书院直学。告归,奉先人祠事,上赐币帛。时龙阳周德元亦隐居乐善,以行义闻于朝,同被征召,并辞归桑梓,世称"二杰"。公以洪武二十年丁卯某月卒,年八十九。配郑氏,卒,夫妇并葬故里大富桥。生子五,泰赍、泰定、泰亨、泰贞、泰宇。

第二十五世泰赍公,字世亨,壏公长子。幼补上庠弟子员,天性仁恕,有长者气象,郡大夫加礼焉。平日息事解纷,无有德色,教子俱成立。永乐间,重修家谱,时一士子欲求通谱,公曰:"昔有持狄梁公像献狄青者,指为远祖,青曰:'安敢自附梁公也!'"士子闻而退。公以至治三年癸亥某月生,永乐十一年癸巳某月卒,年八十二,葬本山,大虎形。初婚唐氏,寻卒,葬故里围仍腹。继娶何氏,中馈肃将,得尊章意。年八十一卒,葬偏深塘,雁落平沙形。生子五,文渊、文裔、文传、振祖、琼祖。

兹据文献所载,制出濂溪后裔袭五经博士的一支谱系图如图1(其中黑体标注为袭五经博士者)。

图中,濂溪世孙自周冕一脉相承至第二十四世孙周邦泰,其中有异议的是第十五世和第十六世。官方正史如《明史》《明伦汇编·官常典》都是以周联芳父子为五经博士,而地方志如道光《永州府志》、光绪《道州志》则以周联官父子为五经博士。

道光《永州府志》卷十五上《先正传》就此异议有以下解释:"《明史传》载:'联芳嗣道子,济继袭,乃传从子汝忠。'今按万历二十五年汝忠承袭,宗图实以孙继祖,联芳乃庶子也。……《州志·恩荫》又书'周济,联官之从子',承袭博士或代治权袭,非真袭也。"

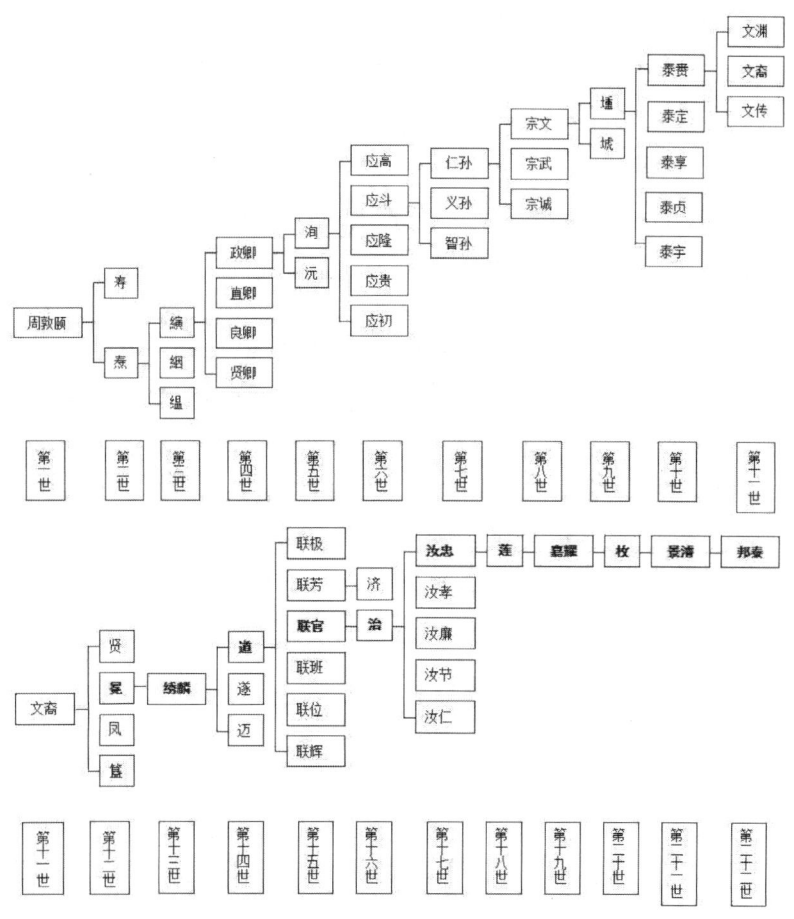

图1 濂溪后裔袭五经博士谱系图

汝南郡《周氏归仁公宗谱》则有更为详细的说明。其中《博士一湖公暨朱孺人墓志》载:"极早逝,芳幼表大成,以文学俊一黉,昆季中齿长而贤,当袭博士,以疾辞。官乃奉母命承袭世爵。"后裔对此则有辨正,在《一湖公暨朱孺人墓志辨正》中解释曰:"《志》云:'孺人朱氏,进士朱瑄之长女也,生子二,曰极、曰芳。未几,孺人卒,进士又以次女归之为继室。'夫瑄之长女,公嫡配也,生终年月《志》无一语,而继室独详载之,此中大有可思矣!《志》又云:'孺人以万历三十八年庚戌卒,年八十五。'由卒之年上溯所生,系生于嘉靖五年丙戌,与八十五岁适合。自丙戌至嘉靖三十四年乙卯联芳生之年,孺人年三十矣,公已年三十有三。迨至嫡配死后方才适,公又不知几历年所,则孺人将四十矣!瑄进士也,有此老而未嫁之季女留以归吾公乎?此理之所必无者!《志》又云:'芳长而贤,当袭博士,以疾辞,官乃奉母命承袭世爵。'是时道公尚在,不云父命,而云母命,谬矣!况承袭例必嫡子,岂母可得而命?何不思之甚也!盖此《志》也明明欲紊嫡庶之人作为此词,假托远而无征之姓名,欲使流传日久,以为后日借口张本。将即此《志》质公与孺人于九原,谅亦有大不安者,是不可以不辨!"

另外有《一湖公暨朱氏两孺人实迹》:"窃闻祖父相传:一湖公原配朱氏,进士朱瑄公女也,未嫁时,寡发多癫,进士公以婿系博士,恐不相得意,欲听其别娶。公以夫妇大伦,坚执未允,进士公乃聘一义女养于家,及赋于归,即将此女为媵。孺人生子联极,连年未育,公遂收媵女为侧室,故亦号朱氏,生子联芳。越数年,原配生子联官,故行则居三,实则嫡子也。极未弱冠卒,官是以承袭博士,盖官与极同母,芳与班、位、辉同母也。"

由此可知,袭五经博士之荣的本应是周联极,但因其早逝,周联芳袭,而周联芳实为庶出,故应为周联官袭。

三　周绣麟与月岩

月岩位于湖南道县城西20公里处清塘镇小坪村,相传周敦颐幼年时曾经在此乘凉读书,领悟太极。

明隆庆《永州府志》卷七《提封》载:"月岩,在州西四十里,旧名穿岩。形如圆廪,中可容数万斛,东西两门通道,望之如城阙。当洞之中而虚其顶,自东望之如月上弦,自西望之如月下弦,就中望之又如月之望。洞高可四五十丈,奇石峭壁,如光狼相逐,如伏犀俯顾,如龟蹒跚,如凤翱翔,如龙蛇蜿蜒,而石液凝注如滴。西壁有窦石笋嘉立,如入定僧,在龛又一窦,深黑不可窥,行人之声,蜚鸟之音,经其中如闻笙簧。周子则之以画《太极图》云。"

清道光《永州府志》记载:"濂溪以西十五里,营山之南,有山奇耸,中为月岩。旧名穿岩。其距州约四十里焉,岩形如圆廪,中可容数万斛。东西两门相通,望之若城阙。中虚其顶,侧行旁睨,如月上下弦,就中仰视,月形始满,以此得名。岩前奇石如走貌伏犀,形状不一。相传周子幼时,尝游息岩中,悟太极,故又称太极岩。有书堂在岩内,石壁环之。"自宋时起,历代文人墨客推尊周敦颐,明清两代受理学影响,往来月岩的理学之士、府地官员在月岩题咏刻石,兴盛不绝。月岩天然独特的自然景观,加上日益形成的人文景观,成为了探究濂溪理学的佳境。

周绣麟世居道县,又为周子后裔,省府州官员来月岩,周绣麟多次陪同,周子恭《游濂溪故里记》载:"游斯里者,今为七泉周子恭,生斯里而同游斯里者为赵子冕,为濂溪嗣孙翰林五经博士绣麟。"今月岩即存石刻三处与周绣麟相关。

明正德四年(1509),湖广提学佥事陈凤梧巡视春陵,即今道州,公事之余,于五月十六月圆之日游览月岩,作诗三首,勒石月岩。同游者有都指挥吴坤、周绣麟,二人皆次其韵,各刻诗三首。

明正德十四年(1519),永州府推官王瑞之携贺位、周绣麟等八人游月岩,众人次王瑞之韵,刻诗七首,周绣麟诗:"使节寻游自有媒,望中晴色片时开。两弦霁月东西挂,一段光风上下来。山古重辉斯道合,人豪再出喜吾陪。徘徊未尽赓吟兴,收拾诗囊满载回。"落款为:"元公世孙周绣麟。"此次盛游月岩之外,王瑞之偕知州贺位捐资构屋于周元公读书台旧址,周绣麟具体负责此次工程举措。

明嘉靖二十五年(1546),道州同知黄九皋携王会、周绣麟等八人同游月岩,仅黄九皋刻长律一首,跋有"嘉靖丙午夏,萧山黄九皋识,同游龙泉萧文佐、漳浦王会、武昌易堂、州人周绣麟、周庠、顺昌廖庚、全州唐廷颢。"

周绣麟至月岩不止以上三次,从三次所陪同的官员来看,恰好是省府县三级,时间跨度达三十七年之久。周绣麟作为濂溪后裔,对于推扬濂溪思想责无旁贷。正德四年(1509)夏,周绣麟陪陈凤梧至月岩,这是周绣麟到达月岩的最早石刻记载。

陈凤梧在月岩刻诗三首,周绣麟次陈凤梧韵,亦刻诗三首,三首诗题为《游月岩次宗主陈公韵》,诗体为两首七律一首五律。石刻长105公分,宽48公分,十行,楷书,上下共三条裂痕,影响辨字。周绣麟诗在陈凤梧诗左下方,笔迹与陈凤梧石刻似稍有不同。第二首与第三首均收入《濂溪志》。第一首因石裂有残,

《濂溪志》不见，缺字据字形及文意补之。

周绣麟诗刻释文如下：

《游月岩次宗主陈公韵》：

岩峦层叠秀苍苍，静玩其间理自藏。一妙通天呈造化，双门挂月照中央。碑文拂藓看遗典，书迹开参按故乡。名宦留连镌石壁，万年传诵岂能忘。

陈公乘暇游佳境，幸得追陪共一临。洞谷春香花草茂，洞岩秋冷雾烟阴。马蹄行踏供吟兴，鸟韵调歌奏瑟琴。吾祖旧游勋迹在，吟风弄月有余音。

斯岩名胜景，至理出天然。登径瞻双户，入岩见一天。仰观圆似月，侧觇宛如弦。道妙乾坤象，昭昭在目前。

大明正德己巳夏午月，濂溪宗孙翰林博士周绣麟圣兆撰。

陈凤梧原唱释文如下：

层岩峭直□穹苍，洞口虚明月影藏。两画阴阳分左右，一圈太极奠中央。天生胜景非人迹，地入濂源是道乡。鸟韵花香三十里，尘怀到此自能忘。

月岩形胜闻天下，五载南巡始一临。羸马不辞山路险，凉风还爱午云阴。洞中扫石罗尊俎，洞下流泉鼓瑟琴。醉读残碑剔苔藓，濂溪图象有遗音。

春陵山水郡，心赏独悠然。磴险疑无路，岩虚更有天。围圆中似望，上下两如弦。我欲寻源去，风光正满前。

"宗主陈公"即陈凤梧。陈凤梧，字文鸣，江西庐陵人，弘治九年（1496）进士，授刑部主事。清宁宫灾，应诏言时政，奉命江南，任南京吏部右侍郎，审录重囚，多所平反。出为湖广提学佥事，推衍圣制为十八条，刊示郡县。历升山东左布政使，卒，赠工部尚书。著有《奉议修辞录》《毛诗集解》《困知记》。

陈凤梧诗均无题，有跋数行。明胥从化《濂溪志》录周绣麟诗第二三首，其诗为："陈公乘暇游佳境，幸得追陪共一临。洞谷春深花草茂，洞岩秋冷雾烟阴。马蹄行踏供吟兴，鸟韵调歌奏瑟琴。吾祖旧游芳迹在，吟风弄月有余音。斯岩名胜景，至理出天然。洞达开双户，虚明自一天。仰观圆似月，侧视宛如弦。道妙乾坤象，昭昭在目前。"此版本遗漏第一首，另有数字不同。第二首"洞谷春深花草茂",“深"字应为"香","吾祖旧游芳迹在",“芳"应为"勋",石刻"祖"字损坏,据此补之。第三首颔联有较大变化,石刻为"登径瞻双户,入岩见一天",而胥从化版本为"洞达开双户,虚明自一天","侧视宛如弦","视"应为"觌"。后世诸多版本皆依胥从化,如李桢《濂溪志》,而李嵊慈《宋濂溪周元公先生集》只录最后一首五律。

周绣麟诗韵、字、序皆严格步陈诗,二人诗作虽无题,却始终贯穿理学主题于诗作中,“静玩其间理自藏"“至理出天然"一语双关,既与"道法自然"相近,又暗含周敦颐《太极图说》源自月岩之故,隆庆《永州府志》卷七《提封》载:“自濂溪先生崛起营道,取象月岩,发《图》《书》之秘,遂为万世理学宗,地灵人杰,不信矣哉!"就三首诗整体看,第一首七律与第三首五律理学意味较浓,大有理学宗师后裔之风范。第二首七律述陪游陈凤梧之事,多摹景之词,造语清丽,末句追怀先祖,别有余味。

“岩峦层叠秀苍苍",月岩由沉积岩所构成,北壁石刻层层叠叠,尤为明显。“碑文拂藓看遗典"化用陈凤梧诗"醉读残碑剔苔藓",月岩自宋太守赵汝谊刻诗以来,至明正德间,石刻存数不多,周绣麟父周冕于明弘治五年(1492)刻诗于月岩,中有"五星奎聚文明兆,我祖应期生营道。来歌来游于斯岩,仰观造化生成妙。阐《图》著《书》授二程,千载绝学晦复明"数句,又据"名□留□镌石□,万年传诵岂能忘"“吾祖旧游勋迹在",“遗典"应指周冕诗刻。

“吟风弄月"借周敦颐典故,周敦颐有诗《题濂溪书堂》:“倚梧或敧枕,风月盈中襟。或吟或冥默,或洒或鸣琴。"“风月"一词,其义清明高远,后世多以之形容周敦颐高尚的人格。萧子鹏《吟风弄月台赋》:“光风霁月,湛乎太虚。吟风弄月,乐其与俱。"黄庭坚《濂溪诗序》:“舂陵周茂叔,人品甚高,胸怀洒落,如光风霁月。"朱熹《赞》:“风月无边,庭草交翠。"朱熹《论孟精义》卷九上载:“明道曰:‘自见周茂叔后,吟风弄月以归,有吾与点也之意。'"魏了翁《敬书濂溪书堂》:“而江山风月,仪型如在。"

“陈公乘暇游佳境,幸得追陪共一临。"即指陈凤梧游月岩一事,陈凤梧任湖广提学佥事期间,至月岩刻诗三首,诗跋"正德四年夏五月,予巡视学政至舂陵郡。是月十六日,公事稍暇,因往月岩游焉。登览之余,口占三律,俾镌诸岩石,以纪岁月。时同游者,都阃吴君坤也。庐陵陈凤梧识。"周绣麟《游月岩次宗主陈公韵》诗刻落款为"大明正德己巳夏午月,濂溪世孙翰林博士周绣麟圣兆撰",“午月"即五月,“幸得追陪共一临",可知周绣麟于当月陪陈凤梧至月岩。

"斯岩名胜景,至理出天然。"光绪《道州志》图有道州八景,其中之一为"月岩仙踪",明张乔松《太极岩辨》曰:"道州月岩之胜甲于天下,余闻而慕之久矣。"月岩以其独特的天然构造闻名于世,给人无限遐思,"至理出天然"意即周子《太极图说》渊源于此。

"登径瞻双户,入岩见一天。"月岩有前后通道,东西视之如月上下弦,是为"双户",岩顶虚空如既望之月,可见天穹,故言"仰观圆似月,侧覩宛如弦",此联与陈凤梧诗"围圆中似望,上下两如弦"句意相同。

"道妙乾坤象,昭昭在目前",乾坤为天地阴阳,月岩又名太极岩,其中物象状态及变化,蕴含天地之道。来游月岩者,往往深受月岩自然造化之感动。

月岩本为自然形成之物,经周敦颐化之以人文,历代官员士人刻石,千年月岩演为一则人文景观。月岩在被赋予深厚的理学内涵同时,又连同周边的廖氏小坪村、濂溪故里、古道州八景等景观,在时空上得以有足够的阐释外延。

从古籍方志及石刻资料看,周绣麟多次至月岩,且都是作为陪同的身份,这层身份既代表当地乡贤对周敦颐的敬重,也是作为承袭五经博士的周子后裔对濂溪先生的推崇与发扬。

四 周绣麟其他留迹考

今道县发现与周绣麟相关石刻另有两处,一为濂溪故里楼田村道山脚下的"寻源"榜书,一为道县城南两公里处上关乡含晖岩中的一处诗刻。

道县濂溪故里楼田村有道山,据康熙《永州府志》卷八《山川志》:"安定山在州西十五里,土名安心寨山,石壁上刻道山二字,濂溪出其下,周子实生于此,州守王会作《濂溪故里图》,著《图说》,见《古今纪述》。"

又卷二十一《艺文志》有王会《濂溪故里图说》,记叙详细:"州西一十五里有寨,乡人所筑以避寇乱者,俗呼为'安心寨',其麓周氏家焉。右龙山,左乡岭,冈垅丘阜,拱揖环合。世传行五墩绕宅,若五星,然世久为乡人所没,今仅存其一,濂溪先生实生于此。山之西石壁上有古刻二大字曰'道山',下有石窦,深广不可穷,有泉溢窦而出者,濂溪也。清冷莹彻,如飞霜喷玉,大旱不涸,积雨不溢,莫知其来之所自。知州方进刻其上曰'圣脉',故人呼为圣脉泉。泉之上为有本亭,迤东为风月亭,沿流而东为濯缨亭。又东为故居,家庙在焉,先生子孙居之。又东为大富桥,先生幼钓游其上,濯缨而乐之,即其地也。"

今圣脉泉周边有知州方进"圣脉"榜书及周绣麟"寻源"榜书。"寻源"榜书在圣脉泉西面石壁,距离泉水一公尺左右。石刻高 55 公分,宽 100 公分。署款为"十三代孙周绣麟稽首拜书"。"寻源"二字为楷体书写,署款为双钩笔法,"寻源"二字保存较为完整,但署款已漫漶难辨。

"寻源"刻于圣脉泉处,表面上言此地为濂溪之源,实际引申为道德之源,周敦颐是理学鼻祖,也指出濂溪故里也是理学发源之地。明田山玉有赞:"道在人心,如环无端。无可不可,弄此两丸。千江共映,万派同川。盈虚何有,探窟寻源。沂水春风,在此指间。"岳麓书院山长陈凤梧有诗:"我欲寻源去,风光正满前。"陈凤梧写此诗时,周绣麟陪同左右,故可推知"寻源"榜书勒石时间或为明正德四年(1509)。

含晖岩,又名白石楼、叶岩、金华洞,在道县城南两公里处上关乡。含晖岩有石刻 30 方,年代以宋、明、清为主。含晖岩石质为石灰岩,石刻多未经打磨,呈现天然上石形态。

《永乐大典》卷九千七百六十三载:"含晖岩:《永州府志·含晖岩》,在本府道州营道县南五里。唐刘梦得有《记》,一名白石岩。何子应以'金华'名岩中之泉,亦曰'金华岩'。治平丁未,周元公以永倅归展墓。尝与乡人同游,题名于石。"

嘉靖壬辰(1532),周绣麟陪同聂淳、罗柏、蒋景明等人游含晖岩。聂淳作五言诗一首并序,刻石于含晖岩临江洞口右侧。石刻距离地面约 3 公尺,宽 62 公分,高 49 公分。行草书写,保存较为完整,石刻表面凹凸不平,或未经打磨,或因位处含晖岩临江口,风蚀水浸所致。

诗刻不见于方志著录,释文如下:

> 江华之役,师次春陵,伙永州式牧吉水罗子柏,翰博周子绣麟,上舍蒋子景明游焉。

> 南楚多奇胜,涵晖异圣凡。东西瞻日表,上下见风帆。泉泻金华洞,云归铁干杉。登临偶祭兴,同尔附清衔。

> 嘉靖壬辰新淦聂淳。

聂淳,江西新干人,正德八年(1513)举人,曾任临江府同知。

嘉靖《江西通志》卷二十三《秩官》载:"正德八年癸酉乡试:……陈元、聂淳、刘楫、萧珩,俱新淦人。"

隆庆《临江府志》卷十《选举》:"正德八年癸酉乡试:……陈元,知县;刘楫,知县,俱峡江人。聂淳,同知;萧珩,俱新淦人。"

罗柏,江西吉水人,时任永州同知,故称"弍牧"。道光《永州府志》卷十一上《职官表》:"同知:罗柏,吉水人,十一年任。"

永州地处湖南西南部,与两广交界,羊肠鸟道,商旅不通,少数民族聚居,尤以瑶族为主。自古以来,永州一带边情较为复杂,时有瑶民不服王化,不隶版籍。有明一代,边瑶不断反抗政府,正德年间,爆发龚福全等人叛乱,声势浩大,席卷两广及湖南大部,道光《永州府志》卷五下《风俗志》载:"武宗正德十一年,莽山瑶龚福全称王,据乌春山,东自龙泉,南自保昌,西自连山、宁远,北自桂阳、常宁,大肆剽掠。十二年,秦金会同王守仁、陈金,命将平之(旧省志)。八排瑶延袤二千余里(在今两广境),内五排隶连山县,北抵湖广之蓝山县锦田所,外三排隶连州,西抵湖广临武,达宜章界(《明史·五行志》)。"可见声势浩大,影响之巨。当时朝廷震动,连年征战,直至嘉靖年间,尚有流寇。

另外,经过一系列大小战役后,江华县于嘉靖二十年(1541)设置府馆,以管理瑶民。周子恭《江华府馆记》:"江华界于两广,诸猺獞为边患。议者请建置府馆,以通判住札,往来道州、宁远、永明各州邑经界边务,驭兹猺獞。是议建于嘉靖辛丑七泉子,于是,八月二十七日抵永州府,遂以九月十六日临江华,江华之有府判住札,自七泉子始也。"

此诗即在这个背景下所写。"江华之役"具体指哪场平叛,已不可考,但可明确的是,此次战役必定和边瑶叛乱以及龚福全影响相关。"春陵",今湖南道县宁远一带。"翰博",即翰林院五经博士。"涵晖",即含晖岩。"东西瞻日表,上下见风帆。"含晖岩临江而立,前有潇水流过,登上含晖岩顶部,可见日出日落,亦可望远处江面风帆。"金华洞",含晖岩别称,内有泉水流出。弘治《永州府志》卷二《山川》记载:"含晖岩,一名白石岩,在州南五里。刘禹锡记云:薛君景晦为道州,得异境有石空穿然如厦屋,因名之曰'含晖岩'。何子应以'金华'名岩,岩中之泉亦曰'金华泉'。""登临偶祭兴,同尔附清衔"一句即表达胜战之后的愉悦,也暗含反战情绪。

周绣麟陪同聂淳等人来游含晖岩,一则追念周敦颐遗迹,含晖岩有周敦颐亲笔题刻,弘治《永州府志》卷二《山川》载:"治平丁未,周元公以永倅归展墓,尝与乡人同游,题名于后。"另一原因是此地人文自然风景俱佳,水天一色,"含晖石室"为古道州八景之一,令人向往。

结　语

　　濂溪后裔繁衍至周绣麟已经是十三世,从获封朝廷殊荣这一地位的高度来说,周绣麟父周冕始授五经博士,可作为研究濂溪后裔的一个转折点。以周冕父子为代表而封"五经博士"这一支濂溪后裔,诗书传家,仕则清正廉洁,隐则德高望重,有濂溪先生遗风。

　　濂溪后裔在精神品德上继承周子的同时,修葺门坊楼亭及祠堂书院,辑录刻印传播濂溪遗稿,不遗余力。这些建筑,不但是祭祀濂溪先生的场所,而且是后裔等的活动空间;不但构成了濂溪故里的重要景观,而且承担着传播、教化的功能,具有景观性与教化性的统一,拓展了以濂溪故里为中心的文化地理空间,是理学发展的重要阐释物。濂溪先生的遗稿,因或散落于群书,或传录于家乘,或遗佚于山野,未尽于编,濂溪后裔对先生遗稿文字的旁搜博采及编刻付梓,是研究其生平事迹的重要参考文献,是后世一些《濂溪集》《濂溪志》等的重要版本来源。这类文献,既是重要的史料文献价值,也是濂溪学研究的组成部分。

　　濂溪后裔还通过邀请文坛硕儒、地方官员作诗赋记祝,与其同游月岩等濂溪先生活动场所,主持祭祀周子等方式来纪念宣传濂溪先生的思想。后裔虽名不扬官不显,但以实际行动踵先生之迹,践先生之行,传承了濂溪思想。

参考文献:

[1][隆庆]永州府志[M].明隆庆五年刻本.

[2][康熙]永州府志[M].日本内阁文库藏清康熙九年刻本.

[3][道光]永州府志[M].清道光八年刊本.

[4][光绪]道州志[M].清光绪四年刻本.

[5]张廷玉等.明史[M].北京:中华书局,1974.

[6]周敦颐.元公周先生濂溪集[M].长沙:岳麓书社,2006.

[7]王晚霞.濂溪志八种汇编[M].长沙:湖南大学出版社,2013.

[8]周氏后裔.汝南郡周氏归仁公总谱[EB/OL].http://www.sohu.com.

（原载 2017 年第 12 期,作者单位:湖南科技学院）

周濂溪太极图说集注

✳ ［韩］孙兴彻 ◆

　　无极而太极。[1]太极动而生阳,动极而静。静而生阴,阴极复动。一动一静,互为其根。分阴分阳,两仪立焉。[2]阳变阴合,而生水、火、木、金、土。五气顺布,四时行焉。[3]五行,一阴阳也。阴阳,一太极也。太极本无极也。[4]五行之生也,各一其性。[5]无极之真,二五之精,妙合而凝。乾道成男,坤道成女,二气交感,化生万物。万物生生,而变化无穷焉。[6]惟人也,得其秀而最灵。形既生矣,神发知矣。五性感动,而善恶分,万事出矣。[7]圣人定之以中正仁义,[8]而主静,[9]立人极焉。[10]故"圣人与天地合其德,日月合其明,四时合其序,鬼神合其吉凶"。[11]君子修之吉,小人悖之凶。[12]故曰:"立天之道,曰阴与阳。立地之道,曰柔与刚。立人之道,曰仁与义。"又曰:"原始反终,故知生死之说。"[13]大哉《易》也,斯其至矣![14]

　　1.［叶采集解］朱子曰:"上天之载,无声无臭,而实造化之枢纽,品汇之根柢也,故曰'无极而太极'。非太极之外复有无极也。"蔡节斋曰:"朱子曰:'太极者,象数未形而其理已具之称。'又曰:'未有天地之先,毕竟是先有此理。'又曰:'无极者,只是说这道理,当初元无一物,只是有此理而已。此个道理,便会动而生阳,静而生阴。'详此三条,皆是主太极而为言也。又曰:'从阴阳处看,则所谓太极者,便只是在阴阳里,而今人说阴阳上面别有一个无形无影底是太极,非也。'又曰:'太极只是天地万物之理。在天地,则天地中有太极;在万物,则万物中有太极。'又曰:'非有以离乎阴阳,即阴阳而指其本体。'详此三条,皆是主阴阳而为言也。故主太极而言,则太极在阴阳之先;主阴阳而言,则太极在阴阳之内。盖自阴阳未生而言,则所谓太极者必当先有;自阴阳既生而言,则所谓太极者即在乎阴阳之中也。谓阴阳之外别有太极常为阴阳主者,固为陷乎列子不生不化之谬,而独执夫太极只在阴阳之中之说者,则又失其枢纽根柢之所为,而大本有所不识矣。"愚按节斋先生此条所论最为明备,而或者于阴阳未生之说有疑焉。若以循环言之，则阴前是阳，阳前又是阴，似不可以未生言。若截自一阳初动处、万物未生时言之，则一阳未动之时，谓之阴阳未生，亦可也。未生阳而阳之理已具，未生阴而阴之理已具，在人心则为喜怒哀乐未发之中，总名曰太极。然具于阴阳之先而流行阴阳之内，一太极而已。

[张伯行集解]此周子因"易有太极"之辞，默契道体之本原，立象尽意，而复著说以明其蕴也。"无极"止言其无形，"太极"者，大而无以复加之至理也。言上天之载，无声无臭，而冲漠无朕之中，万象万化，森然已具。盖本无形迹可求，而实为无以复加之至理。此其所以为造化之枢纽，品汇之根柢也。

[茅星来集注]"無"，宋本作"无"，下同。太者，大无以加之谓；极者，至极之义。以其无形之可见，故曰"无极"。朱子曰："上天之载，无声无臭，而实造化之枢纽，品汇之根柢也，故曰'无极而太极'，非太极之外复有无极也。"朱子曰："'上天之载，无声无臭'，是就有中说无；'无极而太极'，是就无中说有。"又曰："老子之言有无，以有无为二；周子之言有无，以有无为一。"又曰："不言无极，则太极同于一物，而不足为万化之根柢；不言太极，则无极沦于空寂，而不能为万化之根柢。"陈北溪曰："老子曰'复归于无极'，柳子曰'无极之极'，康节《先天图说》亦曰'无极之前阴含阳也，有极之后阳分阴也'。是周子以前已有'无极'之说矣，但意各不同。老子、柳子、康节以气言，此则专以理言也。"又曰："百家诸子都将太极说属气形去。如《汉志》谓太极'函三为一'，乃是指天地人气形已具而浑沦未判。老子说'有物混成，先天地生'，正指此也。庄子谓'道在太极之先'，所谓太极亦是指此浑沦未判，而道又别悬空在太极之先，则道与太极分为二矣。不知道即是太极。道以理之通行者而言，太极是以理之极至者而言。惟理之极至，所以古今人物通行；惟古今人物通行，所以为理之极至。无二理也。"陈北溪曰："未有天地万物，先有是理。然是理不是悬空在那里。才有天地万物之理，便有天地万物之气；才有天地万物之气，则此理便全在天地万物之中。那相接处无些子缝罅，如何分得孰为先、孰为后。"又曰："理不外乎气。若说截然在阴阳五行之先，及在阴阳五行之中，便成理与气为二物矣。"愚按，《易》所言太极，在两仪、四象、八卦之先。此所谓太极，即在阴阳、五行、天地、万物之中。彼处有次第，此处无次第也。盖彼处在圣人画卦上说，须是以渐生出，故有次第；此则直就阴阳五行天地万物自然之理言之，故无次第也。"

[江永集注]朱子曰："上天之载，无声无臭，而实造化之枢纽，品汇之根柢也，故曰'无极而太极'。非太极之外，复有无极也。"

2. [叶采集解]朱子曰:"太极之有动静,是天命之流行也,所谓'一阴一阳之谓道'。诚者,圣人之本,物之终始,而命之'道'也。其动也,诚之通也;'继之者善',万物之所资以始也。其静也,诚之复也;'成之者性',万物各正其性命也。动极而静,静极复动,一动一静,互为其根,命之所以流行而不已也。动而生阳,静而生阴,分阴分阳,两仪立焉,分之所以一定而不移也。盖太极者,本然之妙也;动静者,所乘之机也。太极,形而上之道也;阴阳,形而下之器也。是以自其著者而观之,则动静不同时,阴阳不同位,而太极无不在焉。自其微者而观之,则冲漠无朕,而动静阴阳之理已悉具于其中矣。虽然,推之于前而不见其始之合,引之于后而不见其终之离也。故程子曰:'动静无端,阴阳无始。非知道者,孰能识之?'"愚谓"动而生阳,动极而静,静而生阴,静极复动"者,言太极流行之妙,相推于无穷也。"一动一静,互为其根,分阴分阳,两仪立焉"者,言二气对待之体,一定而不易也。邵子曰"用起天地先,体立天地后"是也。然详而分之,则"动而生阳,静而生阴"者,是流行之中定分未尝乱也。"一动一静,互为共根"者,是对待之中妙用实相流通也。

[张伯行集解]太极者,理也。有理即有气,有气而机见矣。机一动即为阳,是太极之动也,而已生阳矣。动无终动之理,故动极而静。机一静即为阴,是太极之静也,而已生阴矣。静亦无终静之理,故静极复动。夫动极而静,是动不一于动,即为静之根。静极复动,是静不一于静,即为动之根也。一动一静,交相为根,循环无端,迭为终始。然其中阴有阴之界,则分为阴;阳有阳之界,则分为阳。而阴仪、阳仪两者,相对待而立焉。

[茅星来集注]复,扶又反。两仪谓天地,与《易》画卦两仪不同。朱子曰:"仪,匹也,如俗所谓一双一对是也。太极之有动静,是天命之流行也,所谓'一阴一阳之谓道'。诚者,圣人之本,物之终始,而命之道也。其动也,诚之通也,继之者善,万物之所以资始也;其静也,诚之复也,成之者性,万物各正其性命也。动极而静,静极复动,一动一静,互为其根,命之所以流行而不已也。动而生阳,静而生阴,分阴分阳,两仪立焉,分之所以一定而不移也。盖太极者,本然之妙也;动静者,所乘之机也。太极,形而上之道也;阴阳者,形而下之器也。是以自其著者而观之,则动静不同时,阴阳不同位,而太极无不在焉;自其微者而观之,则冲穆无朕,而动静阴阳之理,已悉具于其中矣。虽然,推之于前,而不见其始之合;引之于后,而不见其终之离也。故程子曰:'动静无端,阴阳无始。非知道者,孰能识之?'"朱子曰:"太极生阴阳,理生气也。阴阳既生,则太极在其中,理

复在气之内也。"又曰:"性犹太极也,心犹阴阳也。太极只在阴阳之中,非能离阴阳也。然至论太极,则太极自是太极,阴阳自是阴阳,惟性与心亦然。所谓'一而二,二而一'也。"又曰:"太极动即是阳,非动而复生阳也。动极生静,亦非别有一静来继此动。盖阴气流行即为阳,阳气凝聚即为阴,非真有二物相对也。"又曰:"阴阳有以流行言者,一动一静,互为其根,寒暑往来是也;有以定位言者,分阴分阳,两仪立焉,天地上下四方是也。易有两义,一曰变易,便是流行底;一曰交易,便是对待底。"又曰:"动则此理行,此动中之太极也;静则此理存,此静中之太极也。盖阴阳五行,错综不失条绪,便是理。"又曰:"太极动而生阳,周子偶从动处发端,其实自有天地,无非此二者流行旋转。不动则静,不静则动,中间更无空处。圣人定之以中正仁义,便是主张此二者。盖圣人之动即天道之元亨,其静则是利贞。所以继天地之志,述天地之事,与《西铭》都相贯通。如云'五行之生'至'变化无穷',亦即'天地之塞,吾其体;天地之帅,吾其性'之意,但说有详略缓急耳。"吴草庐曰:"太极无动静,动静者气机也。气机一动则太极亦动,气机一静则太极亦静。故朱子释云:'太极之有动静,是天命之流行也。'此是为周子分解太极不当言动静,以天命之有流行,故只得以动静言也。"

[江永集注]朱子曰:"太极之有动静,是天命之流行也,所谓'一阴一阳之谓道'。诚者,圣人之本,物之终始,而命之道也。其动也,诚之通也。继之者善,万物之所资以始也。其静也,诚之复也。成之者性,万物各正其性命也。动极而静,静极复动,一动一静,互为其根,命之所以流行而不已也。动而生阳,静而生阴,分阴分阳,两仪立焉,分之所以一定而不移也。盖太极者,本然之妙也;动静者,所乘之机也。太极,形而上之道也;阴阳,形而下之器也。是以自其著者而观之,则动静不同时,阴阳不同位,而太极无不在焉。自其微者而观之,则冲漠无朕,而动静阴阳之理已悉具于其中矣。虽然,推之于前,而不见其始之合;引之于后,而不见其终之离也,故程子曰:'动静无端,阴阳无始。'非知道者,孰能识之?"

3. [叶采集解]朱子曰:"有太极,则一动一静而两仪分;有阴阳,则一变一合而五行具。然五行者,质具于地、而气行于天者也。以质而语其生之序,则曰水、火、木、金、土,而水、木,阳也,火、金,阴也。以气而语其行之序,则曰木、火、土、金、水,而木、火,阳也,金、水,阴也。或曰:'阳何以言变? 阴何以言合?'曰:阳动而阴随之,故云变合。"愚谓水、火、木、金、土者,阴阳生五行之序也;木、火、土、金、水者,五行自相生之序也。曰:"五行之生,与五行之相生,其序不同,何也?"曰:五行之生也,盖二气之交,变合而各成。天一生水,地二生火,天三生木,地四生金,天五生土,所谓'阳变阴合,而生水、火、木、金、土'是也。五行之相生也,盖一气之推,循环相因,木生火,火生土,土生金,金生水,水复生木,所谓'五气顺布,四时行焉'是也。曰:"其所以有是二端,何也?"曰:二气变合而生者,原于对待之体也;一气循环而生者,本于流行之用也。"

[张伯行集解]阴阳既分,两仪既立,其中遂不能不相交,而生成之用著矣。阳趋乎阴,则主于施而为变;阴迎乎阳,则主于受而为合。于是阳一变生水,而阴以六合成之。阴二合生火,而阳以七变成之。阳三变生木,而阴以八合成之。阴四合生金,而阳以九变成之。阳五变生土,而阴以十合成之。是生水火木金土,而生成自然之序可见。且五行之质在于地,而气运于天,其运也又各自相生,而木火土金水之五气,遂顺布于天地间。而木气行于春,火气行于夏,金气行于秋,水气行于冬,土气寄行于四季。则四时行焉而顺布,亦有自然之序也。

[茅星来集注]朱子曰:"有太极,则一动一静而两仪分;有阴阳,则一变一合而五行具。然五行者,质具于地,而气行于天者也。以质而语其生之序,则曰水、火、木、金、土。而水、木,阳也;金、水,阴也。又统而言之,则气阳而质阴也。又错而言之,则动阳而静阴也。盖五行之变,至于不可穷,然无适而非阴阳之道。至其所以为阴阳者,又无适而非太极之本然也,夫岂有所亏欠间隔哉?"又曰:"水质阴而性本阳,火质阳而性本阴。水外暗而内明,以其根于阳也;火外明而内暗,以其根于阴也。《太极图》阳动之中有黑底,阴静之中有白底,是也。横渠言'阴阳之精,互藏其宅',正此意也。"《书·正义》曰:"万物成形,以微著为渐;五行先后,亦以微著为渐。五行之体,水最微,为一;火渐著,为二;木形实,为三;金体固,为四;土质大,为五。"朱子曰:"阳变而助阴,故生水;阴合而阳盛,故生火;木金各从其类,故在左右。""问:阳何以言变? 阴何以言合? 曰:阳动而阴随之,故云变合。"又曰:"以质语其生之序,而水木为阳、火金为阴者,盖天一生水,地二生火,天三生木,地四生金。一三,阳也;二四,阴也。以气语其行之序,而木火为阳,金水为阴者,盖以四时而言,则春夏为阳,秋冬为阴。"又曰:"初生水火,流动闪烁,其体尚虚。次生木金,则确然有定形矣。水火初是自生,木金则资于土。盖天地生物,先其轻清,以及重浊。水火在五行中最轻清,金木重于水火,土又重于金木。"又曰:"金木水火分属四时,土则寄旺四季。惟夏季十八日,土气为最旺,故能生秋金也。以图象考之,木生火、金生水之类,各有小画相牵连。而火生土,土生金,独穿乎土之内。余则从旁而过,为可见矣。""问:向闻先生语学

者：五行不是相生，合下有时多有，如何？朱子曰：此难说，若会得底，便自然不相悖，唤做一齐有也得，唤做相生也得。便虽不是相生，他气亦自相灌注。如人五脏，固不曾有先后，但其灌注时自有次序。"又曰："天地始初，混沌未分时，想只有水火二者。水之极浊便成地，火之极清便成风霆雷电日星之属。"又曰："五行之序，木为之始，水为之终，而土为之中。以《河图》《洛书》之数言之，则水一木三而土五，皆阳之生数而不可易者也，故得以更迭为主，而为五行之纲。以德言之，则木为发生之始，水为贞静之体，而土又包育之母也，故水之包五行也，以其流通贯彻而无不在，木之包五行也，以其归根反本而藏于此也。若夫土，则水火之所寄，金木之所资，居中而应四方，一体而载万类者也。""问：金木水火，体质属土？曰：《正蒙》有一说好，只金与木之体质属土，水与火却不属土。"叶氏曰："二气变合而生者，原于对待之体也；一气循环而生者，本于流行之用也。"愚按，唐孔氏谓："《大禹谟》'水、火、金、木、土、谷惟修'，与《洪范》之次不同。《洪范》以生数为次，《大禹谟》以相克为次。"周子此所言，即《洪范》之次也。盖亦就阴阳生五行者而言。若五行相生次序，则又当云木、火、土、金、水矣。今俗复有"金木水火土"之语，盖班固《白虎通·五行章》已有之。而《左传》昭二十五年"用其五行"注亦如此为次。《正义》云："随便而言之，不以义为次也"。又按邵氏《皇极经世书》谓："东赤、南白、西黄、北黑，此正色也。验之于晓午暮夜之时，可见之矣。"张氏崏曰："东方木色青，南方火色赤，西方金色白，北方水色黑，中方土色黄，此五行之气色，色之分辨也。东赤、南白、西黄、北黑者，一阳之气色，色之递变也。故婴儿始生而赤，稍变而白，人病而黄，老死而黑。物生地下而赤，稍长而白，萎菸则黄，枯槁则黑也。物皆资一阳以生，此四变者，无物不然。"

[江永集注]朱子曰："有太极，则一动一静而两仪分；有阴阳，则一变一合而五行具。然五行者，质具于地，而气行于天者也。以质而语其生之序，则曰水、火、木、金、土。而水、木，阳也；火、金，阴也。以气而语其行之序，则曰木、火、土、金、水。而木、火，阳也；金、水，阴也。又统而言之，则气阳而质阴也。又错而言之，则动阳而静阴也。盖五行之变，至于不可穷。然无适而非阴阳之道，至其所以为阴阳者，则又无适而非太极之本然也。夫岂有所亏欠间隔哉！"

4. [叶采集解]朱子曰："五行具，则造化发育之具无不备矣。故又即此而推本之，以明其浑然一体，莫非无极之妙；而无极之妙，亦未尝不各具于一物之中也。盖五行异质，四时异气，而皆不能外乎阴阳，五殊二实无余欠也；阴阳异位，动静异时，而皆不能离乎太极，精粗本末无彼此也。至于所以为太极者，又无声臭之可言也。"愚按此《图》,即《系辞》"易有太极,是生两仪,两仪生四象"之义而推明之也。但《易》以卦爻言,《图》以造化言,卦爻固所以拟造化也。

[张伯行集解]五行既有生成顺布之妙,可见造化发育之具,错综变化,无有纪极。然推本言之,则五行虽清浊异质,而质不外阴阳;先后异时,而时不外阴阳;彼此异位,而位不外阴阳。推之无不皆然,是"五行一阴阳"也。若阴阳之散见,虽无物不有,无时不然,而实乃太极之动静,是"阴阳一太极"也。至于太极之所以然,则惟存其理,初无声臭之可闻,形象之可见,是"太极本无极"也。

5.[叶采集解]张南轩曰:"五行生质虽有不同,然太极之理未尝不存也。五行各一其性,则为仁、义、礼、智、信之理,而五行各专其一。"

[张伯行集解]五行固同出于太极矣,而其生也有成质,则理随气质而具,遂各专于一以成其性。如木以曲直为性,火以炎上为性,金以从革为性,水以润下为性,土以稼穑为性。是五行各具一太极,而性之无物不有可知也。

[茅星来集注]朱子曰:"五行具,则造化发育之具无不备矣。故又即此而推本之,以明其浑然一体,莫非无极之妙,而无极之妙亦未尝不各具于一物之中也。盖五行异质,四时异气,而皆不能外乎阴阳;阴阳易位,动静异时,而皆不能离乎太极。至于所以为太极者,又初无声臭之可言,是性之本体然也。天下岂有性外之物哉? 然五行之生,随其气质而所禀不同,所谓'各一其性'也。各一其性,则浑然太极之全体,无不各具于一物之中,而性之无所不在,又可见矣。"《左传正义》云:"五物,世所行用,故谓之五行。五者各有材能,故《传》又谓之五材。"《释名》云:"五气于其方各施行也。"《白虎通》云:"为天行气,故谓之五行。"朱子曰:"五行一阴阳,阴阳一太极,则非太极之后别生二五,而二五之上先有太极也。无极而太极,太极本无极,则非无极之后别生太极,而太极之上先有无极也。""问:无极、太极本非二物? 曰:无极而太极,则无极之中万象森列,不可谓之无矣;太极本无极,则太极之体冲漠无朕,不可谓之有矣。"又曰:"虽云五行各一其性,然一物又各具五行之理,不可不知,康节曾细推来。"

[江永集注]朱子曰:"五行具,则造化发育之具无不备矣。故又即此而推本之,以明其浑然一体,莫非无极之妙,而无极之妙亦未尝不各具于一物之中也。盖五行异质,四时异气,而皆不能外乎阴阳。阴阳异位,动静异时,而皆不能离乎太极。至于所以为太极者,又初无声臭之可言,是性之本体然也。天下岂有性外之物哉? 然五行之生,随其气质而所禀不同,所谓'各一其性'也。各一其性,则浑然太极之全体,无不各具于一物之中,而性之无所不在,又可见矣。"

6. [叶采集解]朱子曰:"'真'以理言,无妄之谓也;'精'以气言,不二之名也。妙合者太极,二五本混融而无间也。'凝'者,聚也,气聚而成形也。盖性为之主,而阴阳五行为之经纬错综,又各以类凝聚而成形焉。阳而健者成男,则父之道也;阴而顺者成女,则母之道也。是人物之始,以气化而生者也。气聚成形,则形交气感,遂以形化,而人物生生,变化无穷矣。自男女而观之,则男女各一其性,而男女一太极也;自万物而观之,则万物各一其性,而万物一太极也。盖合而言之,万物统体一太极也;分而言之,一物各具一太极也。"愚按《系辞》:"天地絪缊,万物化醇",气化也;"男女构精,万物化生",形化也。《图说》盖本诸此。

[张伯行集解]五行虽各一性,而其本实出于无极。盖无极原是实有之理,所谓"真"也。至于二气五行,载理以出,其中无非粹然之气,所谓"精"也。真实之理,精醇之气,妙于会合,而凝聚成形。则见其阳之健者,乾道也,实成为男,而父道以立。阴之顺者,坤道也,实成为女,而母道以立。于是理宰乎气,而二气错综变化,以生万物。是人物之以气化而生者,原得理气真精之妙,又各得理气真精之妙而万物各有一太极也夫合言之而万物统体一太极分言之而万物各具一太极则物人物之以形化而生者又各得理气真精之妙而万物同出于太极也。既气化成形,而万物遂各以形气交感,生生不已,而阳变阴化,靡有穷尽,是人物之以形化而生者,又各得理气真精之妙,而万物各有一太极也。夫合言之,而万物统体一太极;分言之,而万物各具一太极。则物之不能离性,而性之随在各足,不又大彰明较著哉!

[茅星来集注]朱子曰:"天下无性外之物,而性无不在,此无极、二五所以混融而无间者也,所谓'妙合'者也。'真'以理言,无妄之谓也;'精'以气言,不二之名也。'凝'者,聚也,气聚而成形也。盖性为之主,而阴阳、五行为之经纬错综,又各以类疑聚而成形焉。阳而健者成男,则父之道也;阴而顺者成女,则母之道也。是人物之始,以气化而生者也。气聚成形,则形交气感,遂以形化,而人物生生变化无穷矣。自男女而观之,则男女各一其性,而男女一太极也;自万物而观之,则万物各一其性,而万物一太极也。盖合而言之,万物统体一太极也;分而言之,一物各具一太极也。所谓天下无性外之物,而性无不在者,于此尤可以见其全矣。子思子曰:'语大,天下莫能载焉;语小,天下莫能破焉。'此之谓也。"朱子曰:"天地方开,未有人种,自是气蒸结成两个人后,方生许多万物。所以先言'乾道成男,坤道成女',然后言'化生万物'。"又曰:"生气流行,一滚而出。初非以其全气付与人,减下一等与物也。但禀受随其所得。物固昏塞矣,而昏塞之中

亦有轻重,昏塞尤甚者,于气之渣滓中又复禀得渣滓之甚者耳。"又曰:"太极只是个极好至善底道理,人人有一太极,物物有一太极。""问:'无极而太极',先生谓此五字增减不得,而此言'无极之真',却不言'太极'。曰:'真'字便是太极。"真西山曰:"就其在人物者言之,性即太极,仁义即阴阳,仁义礼智信即五行。"

[江永集注]朱子曰:"夫天地无性外之物,而性无不在,此无极二五所以浑融而无间者也,所谓'妙合'者也。真以理言,无妄之谓也;精以气言,不二之名也。凝者,聚也,气聚而成形也。盖性为之主,而阴阳五行为之经纬错综,又各以类凝聚而成形焉。阳而健者成男,则父之道也;阴而顺者成女,则母之道也。是人物之始,以气化而生者也。气聚成形,则形交气感,遂以形化,而人物生生,变化无穷矣。自男女而观之,则男女各一其性,而男女一太极也;自万物而观之,则万物各一其性,而万物一太极也。盖合而言之,万物统体一太极也;分而言之,一物各具一太极也。所谓天下无性外之物,而性无不在者,于此尤可以见其全矣。子思子曰:'君子语大,天下莫能载焉;语小,天下莫能破焉。'此之谓也。"

7. [叶采集解]朱子曰:"此言众人具动静之理,而常失之于动也。盖人物之生,莫不有太极之道焉。然阴阳五行,气质交运,而人之所禀,独得其秀,故其心为最灵。而有以不失其性之全,所谓"天地之心",而人之极也。然形生于阴,神发于阳,五常之性,感物而动,而阳善阴恶,又以类分,而五性之殊,散为万事。盖二气五行,化生万物,其在人者又如此也。"

[茅星来集注]"知",去声。朱子曰:"此言众人具动静之理,而常失之于动也。盖人物之生,莫不有太极之道焉。然阴阳五行,气质交运,而人之所禀独得其秀,故其心为最灵,而有以不失其性之全,所谓天地之心,而人之极也。然形生于阴,神发于阳,五常之性,感物而动,而阳善阴恶又以类分,而五性之殊散为万事。盖二气五行,化生万物,其在人者又如此。自非圣人全体太极有以定之,则欲动情胜,利害相攻,人极不立,而违禽兽不远矣。"朱子曰:"天地之性是理也,才到有阴阳五行处,便有气质之性。于此遂有昏明厚薄之殊,'得其秀而最灵',乃气质以后事。""问:灵处是心?抑是性?曰:灵处只是心,不是性;性只是理。""问:《通书》多说'幾',《太极图》却无此意。曰:五性感动,善恶未分处,便是幾。"

[江永集注]朱子曰:"此言众人具动静之理,而常失之于动也。盖人物之生,莫不有太极之道焉。然阴阳五行气质交运,而人之所禀独得其秀,故其心为

最灵,而有以不失其性之全,所谓天地之心,而人之极也。然形生于阴,神发于阳,五行之性,感物而动,而阳善阴恶,又以类分,而五性之殊,散为万事。盖二气五行,化生万物,其在人者又如此,自非圣人全体太极,有以定之,则欲动情胜,利害相攻,人极不立,而违禽兽不远矣。”

8. [叶采集解]本注云:“圣人之道,仁义中正而已矣。”

[茅星来集注]本注:“圣人之道,仁义中正而已矣。”

[江永集注]本注:“圣人之道,仁义中正而已矣。”

9. [叶采集解]本注云:“无欲故静。”

[茅星来集注]本注:“无欲故静。”

[江永集注]本注:“无欲故静。”

10. [张伯行集解]此承上文,言人为万物之灵,但众人因物有迁,而圣人之教不得不立也。盖万物虽同具太极,同有其性,而人则得天地之秀,而心独灵于凡物。夫阴之聚而成形者,既生而有其质矣,阳之运而为神者,又发而有其知矣,于是仁义礼智信五性感物而动。或得义理之正,进乎阳明而为善;或任血气之偏,入于阴暗而为恶。善恶从此分,而遇事接物,万变不同,万事从此出矣。不有以定之,将欲动情胜,其不同于禽兽者几希。幸有圣人出,气质清明,尤为秀中之秀,乃念人同此性,性同此理,于是修道为教,而定之以大中之礼,至正之智,不忍之仁,合宜之义。凡此皆全体太极,无分动静。其动处必如乎静,然后为阴阳合德,性量无亏,故一主乎静,而人极因以立焉。然则同具动静之理,而众人失之于动者,圣人则以动亦定、静亦定者立人极,以一天下之动,其成己成物之功,抑何大耶!

11. [叶采集解]朱子曰:“此言圣人全动静之德,而常本之于静也。盖人禀阴阳五行之秀气以生,而圣人之生又得其秀之秀者,是以其行之也中,其处之也正,其发之也仁,其裁之也义。盖一动一静,莫不有以全夫太极之道,而无所亏焉。则向之所谓‘欲动情胜,利害相攻’者,于此乎定矣。然静者诚之复,而性之贞也。苟非此心寂然无欲而静,则亦何以酬酢事物之变,而一天下之动哉!故圣人中正仁义,动静周流,而其动也必主乎静。此其所以成位乎中,而天地、日月、四时、鬼神有所不能违也。盖必体立,而后用有以行。若程子论乾坤动静,而曰:‘不专一则不能直遂,不翕聚则不能发散’,亦此意耳。”李果斋曰:“五性咸动而善恶分,是五性皆有动有静也。惟圣人能定其性而主于静,故动罔不善,而人心之太极立焉。盖人生而静,性之本体湛然无欲,斯能主静,此立极之要领也。”或问:"周子不言礼智,而言中正,何也?"愚谓此《图》辞义悉出于《易》,《易》本阴阳而推之人事,其德曰仁义,其用曰中正,要不越阴阳之两端而已。仁义而非中正,则仁为姑息、义为忍刻之类,故《易》尤重中正。

[张伯行集解]承上文,言圣人全体太极,表里精粗,浑然天理,无往而不合也。故覆载者,天地之德,而圣人之道德,与之合其广大;光华者,日月之明,而圣人之睿智,与之合其照临。四时之代嬗,昭其序也,圣人合之,而变通皆出于自然;鬼神之祸福,见其吉凶也,圣人合之,而彰瘅悉归于至当。夫是以成位其中,而阴阳动静之理直上下与同流矣。

[茅星来集注]朱子曰:"此言圣人全动静之德,而常本之于静也。盖人禀阴阳五行之秀气以生,而圣人之生又得其秀之秀者,是以其行之也中,其处之也正,其发之也仁,其裁之也义。盖一动一静,莫不有以全夫太极之道,而无所亏焉。则向之所谓'欲动情胜,利害相攻'者,于此乎定矣。然静者,诚之复而性之贞也。苟非此心寂然无欲而静,则又何以酬酢事物之变,而一天下之动哉!故圣人中正仁义,动静周流,而其动也必主乎静。此其所以成位乎中,而天地、日月、四时、鬼神有所不能违也。盖必体立,而后用有以行。若程子论乾坤动静,而曰'不专一则不能直遂,不翕聚则不能发散',亦此意耳。"朱子曰:"正所以能中,义所以能仁。正与义为体,中与仁为用。中仁是动,正义是静。"又曰:"中正仁义常在此中流转,然必倚着静为之本。如无夜,则做得昼不分晓;无冬,则做得春夏不长茂。《易》言'利贞'者,性情也。'元亨'是发用处,必至于'利贞',乃见乾之实体。万物至秋冬收敛成实,方见得他本质,故曰'性情'。此亦主静之说。"

"问:不言礼智,而曰中正,何也? 曰:礼智犹说得宽,中正则切而实矣。且谓之礼,尚或有不中节处,谓中则无过不及,乃节文恰好处也。谓之智,尚或有正不正,正则是非端的分明,乃智之正当处也。"又曰:"《图说》首言阴阳变化之原,其后即以人所禀受明之。'秀而最灵'者,纯粹至善之性也,所谓太极也。'形生神发',则阳动阴静之为也。'五性感动',则阳变阴合而生水火木金土也。'善恶分',则成男成女之象也。'万事出',则万物化生之义也。至'圣人定之以中正仁义而主静,立人极',则又有以得乎太极之全体,而与天地混合无间矣。故又言天地日月、四时鬼神,无不合也。"

[江永集注]朱子曰:"此言圣人全动静之德,而常本之于静也。盖人禀阴阳五行之秀气以生,而圣人之生又得其秀之秀者,是以其行之也中,其处之也正,其发之也仁,其裁之也义。盖一动一静,莫不有以全夫太极之道,而无所亏焉。则

向之所谓'欲动情胜,利害相攻'者,于此乎定矣。然静者,诚之复而性之真也。苟非此心寂然无欲而静,则又何以酬酢事物之变,而一天下之动哉?故圣人中正仁义,动静周流,而其动必主乎静。此其所以成位乎中,而天地、日月、四时、鬼神有所不能违也。盖必体立,而后用有以行。若程子论乾坤动静,而曰'不专一则不能直遂,不翕聚则不能发散',亦此意尔。"

12. [叶采集解]朱子曰:"圣人,太极之全体,一动一静,无适而非中正仁义之极,盖不假修为而自然也。未至此而修之,君子之所以吉也。不知此而悖之,小人之所以凶也。修之悖之,亦在乎敬肆之间而已矣。敬则欲寡而理明,寡之又寡,以至于无,则静虚动直,而圣可学矣。"

[茅星来集注]朱子曰:"圣人,太极之全体,一动一静,无适而非中正仁义之极,盖不假修为而自然也。未至此而修之,君子之所以吉也;不知此而悖之,小人之所以凶也。修之悖之,亦在乎敬肆之间而已矣。敬则欲寡而理明,寡之又寡,以至于无,则静虚动直,而圣可学矣。"朱子曰:"修吉悖凶,最是此篇吃紧处,而其本则主于静。"

[江永集注]朱子曰:"圣人,太极之全体,一动一静,无适而非中正仁义之极,盖不假修为而自然也。未至此而修之,君子之所以吉也。不知此而悖之,小人之所以凶也。修之悖之,亦在乎敬肆之间而已矣。敬则欲寡而理明,寡之又寡,以到于无,则静虚动直,而圣可学矣。"

13. [叶采集解]朱子曰:"阴阳成象,天道之所以立也;刚柔成质,地道之所以立也;仁义成德,人道之所以立也。道一而已,随事著见,故有三才之别,而于其中又各有体用之分焉,其实则一太极也。阳也,刚也,仁也,物之始也;阴也,柔也,义也,物之终也。能原其始,而知所以生,则反其终,而知所以死矣。此天地之间,纲纪造化,流行古今,不言之妙。圣人作《易》,其大意盖不出此,故引之以证其说。"愚谓"一阴一阳之谓道",道即太极也。在天以气言,曰"阴阳";在地以形言,曰"柔刚";在人以德言,曰"仁义"。此太极之体所以立也。死生者,物之终始也,知死生之说,则尽二气流行之妙矣。此太极之用所以行也。凡此二端,发明太极之全体大用,故引以结证一《图》之义。

[张伯行集解]此言太极之理,非独圣人宜全,乃人品所由分,吉凶所由系,兼三才者惟此,彻死生者亦惟此也。夫圣人主静立极,固不思不勉,全体太极,而动静循环,皆从容而中乎中正仁义之道矣。未能如此,则必修之。敬义夹立,而作德日休,君子所以吉也。不知有此,则相与悖之,肆欲妄行,而作伪日拙,小人所

以凶也。君子小人之分,止在敬肆。人可不勉力持敬,使静虚动直,以庶几圣人之学乎?圣人所以能兼三才之道,通死生之说者,止是实体太极道理耳。故《易·说卦》曰:"立天之道,曰阴与阳。"阴阳者,太极之成象者也。"立地之道,曰柔与刚。"柔刚者,太极之成质者也。"立人之道,曰仁与义。"仁义者,太极之成德者也。随处著见为三才则皆一太极也。《系辞》曰:"原始反终,故知死生之说。"推原本始,乃神之伸,然亦只阳耳、刚耳、仁耳。太极之动为之也,反观厥终,乃鬼之归,然犹是阴耳、柔耳、义耳。太极之静为之也,人能兼通乎此,则三才既备,而参赞在我,死生顺受,而造化无违,吉凶又不足言矣。

[茅星来集注]"死生",一作"生死"。朱子曰:"阴阳成象,天道之所以立也;刚柔成质,地道之所以立也;仁义成德,人道之所以立也。道,一而已,随事著见,故有三才之别,而于其中又各有体用之分焉,其实则一太极也。阳也,刚也,仁也,物之始也;阴也,柔也,义也,物之终也。能原其始而知所以生,则反其终而知所以死矣。此天地之间纲纪造化,流行古今不言之妙,圣人作《易》,其大意盖不出此,故引之以证其说。""立天之道"三句,见《易·说卦传》。"原始反终"二句,见《易·系辞上传》。朱子曰:"阳主进而阴主退,阳主息而阴主消。进而息者其气强,退而消者其气弱,此阴阳之所以为柔刚也。阳刚温厚居东南,主春夏,而以作长为事;阴柔严凝居西北,主秋冬,而以敛藏为事。作长为生,收敛为杀,此刚柔之所以为仁义也。扬子所谓'于仁也柔,于义也刚'者,乃自其用处末流言之,盖亦所谓阳中之阴,阴中之阳,固不妨自为一义,但不可杂乎此而论之耳。"又曰:"阴阳是阳中之阴阳,刚柔是阴中之阴阳。阴阳以气言,刚柔以质言。"又曰:"仁义中正,既知界限分晓,又须知四者之中仁义是对立关键。盖礼则仁之著,智则义之藏。犹春夏秋冬虽为四时,而春夏为阳,秋冬为阴,是知天地之道不两则不能以立。故端虽有四,而立之者则两耳。"又曰:"说者多以仁为柔,以义为刚,非也。盖仁本是柔,然却是发出来者便是刚;义本是刚,然却收敛向里者便是柔。仁之体本静,而其用则流行不穷;义之用本动,而其体则各止其所。此即阳中之阴,阴中之阳,互藏其根之意。"又曰:"始处是生生之初,终处是一定之理。始有处说生,已定处说死,死则不复变动矣。张乖崖说:'断公事,未判属阳,已判属阴。'意盖如此。"朱子曰:"造化周流,未着形质,便是形而上者,属阳;才丽于形质,为人物,为金木水火土,便转动不便,是形而下者,属阴。若是阳时,便有多少流行变动在。及至成物,一成而不返,如人之初生属阳,只管有长;及至长成,便只有衰。此气逐渐衰减,则死矣。周子所谓'原始反终',只于

衰尽处,可见返终之理。"

[江永集注]朱子曰:"阴阳成象,天道之所以立也;刚柔成质,地道之所以立也;仁义成德,人道之所以立也。道一而已,随事著见,故有三才之别,而于其中又各有体用之分焉,其实则一太极也。阳也,刚也,仁也,物之始也;阴也,柔也,义也,物之终也。能原其始而知所以生,则反其终而知所以死矣。此天地之间,纲纪造化,流行古今,不言之妙。圣人作《易》,其大意盖不出此,故引之以证其说。"

14. [叶采集解]蔡节斋曰:"'易有太极':易,变易也,夫子所谓无体之易也;太极,至极也,言变易无体,而有至极之理也。故周子《太极图说》特以'无极而太极'发明'易有太极'之义。其所谓'无极而太极'者,盖亦言其无体之易,而有至极之理也。是其无极之真,实有得于夫子易之一言,而或以为周子妄加者,缪也。且其《图说》无非取于《易》者,而其篇末又以'大哉《易》也'结之,圣贤之言断可识矣!"

[张伯行集解]结言此图乃所以明《易》之故也。盖广大悉备,《易》之书也,而此图乃《易》中之至精至微,难以言尽,而无以复加者也。既图其象,复著为说,其示人之意益深切矣。

[茅星来集注]朱子曰:"《易》之为书,广大悉备,然语其至极,则此图尽之,其旨岂不深哉!周子手是图以授程氏兄弟,程子之言性与天道,多出于此。然卒未尝明以此图示人,是必有微意焉,学者不可以不知也。""问:孔门工夫皆切己做去。朱子曰:此亦未尝不切己,皆非在外,乃我所固有也。曰:恐徒长人亿度料想之见。曰:"理会不得者,固如此。若理会得者,莫非在我便可受用,何亿度之有?"○此所谓"无极而太极"也,所以动而阳、静而阴之本体也。然非有以离乎阴阳也,即阴阳而指其本体不杂乎阴阳而为言耳。◎此太极之动而阳、静而阴也。中○者,其本体也。愚按,《易》上下卦各三画,而此图左右方亦各外、中、内三重者,盖天、地、人三才。至极之理,自然而然,而非圣贤心思智虑之所得为也。《周易本义》谓:"六爻:五、上为天,三、四为人,初、二为地。"则此图左方外、中二重为天,右方外、中二重为地,左右方内一重为人。又细分之,则"立天之道曰阴与阳",而左方外一重为阳,中一重为阴;"立地之道曰柔与刚",而右方外一重为柔,中一重为刚;"立人之道曰仁与义",而左方为仁,右方为义。"问:左方属天,右方属地,固矣。人则兼左右方言之,何也? 曰:得天地之理气,以成性与形,故自不能离天地而独立也。"《此阳之动也,太极之用所以行也。》此阴之静也,太极

之体所以立也。）此阴中之阳；阳，动之根也。愚按，此就右方之白者而言。《此阳中之阴；阴，静之根也。愚按，此就左方之黑者而言。〗此阳变阴合，而生水、火、木、金、土也。／此阳之变也。＼此阴之合也。⊕|阴盛故居右。⊗阳盛故居左。㊀阳稚故次火。㊁阴稚故次水。㊂冲气，故居中。愚按，凡图解大小并指太极。其水、火、木、金、土各有一小○包之，即所谓"五行之生，各一其性"。性者，即太极也。馀○放此。黄勉斋曰："质曰水火木金，盖以阴阳相间言，犹曰东西南北，所谓对待者也。气曰木火金水，盖以阴阳相固言，犹曰东南西北，所谓流行者也。"✕此阳变阴合也。水右火左，而此以交系乎上，阴根阳、阳根阴也。水而木，木而火，火而土，土而金，金复生水，如环无端，五气布而四时行也。愚按，动而阳，静而阴，即两仪也。阳之动，阴之静，与阴中之阳，阳中之阴，则四象也。阳变阴合而生水火木金土，即《易》之"天一地二"云云，而八卦之所由成也。㊐五行一阴阳，五殊二实，无馀欠也。阴阳一太极，精粗本末，无彼此也。太极本无极，上天之载，无声无臭也。○五行之生，各一其性，而五行各一太极，无假借也。㊑此无极二五，所以妙合而无间也。愚按，旧本并作㊒，但细按似与原画及朱注所谓经纬错综者不合，因为正之。其下○者，即上所谓"五行之生，各一其性"，而五行各一太极者是也。又按＼自左而右，即从上阳之变者直下；／自右而左，即从上阴之合者直下。相连不断，以间以水火字，故似乎中断另起耳。○乾道成男，坤道成女，以气化者言也。各一其性，而男女一太极也。朱子曰："在动物如牝牡之类，在植物亦有男女，如麻有牡麻及竹有雌雄之类。"愚按，气化者，谓未有人种，阴阳之气凝结而成者也。○万物化生，以形化者言也。各一其性，而万物一太极也。愚按，形化者，谓既有人种后，交合而生者也。与上成男成女并兼人物在内。以上悉本朱子《图解》。朱子曰："《先天》乃伏羲本图，非康节所自作。虽无言语，而所该甚广。凡今《易》中一字一义，无不自其中流出者。《太极》却是周子自作，发明《易》中大概纲领意思而已。故论其格局，则《太极》不如《先天》之大而详；论其义理，则《先天》不如《太极》之精而约。盖合下规模不同，而《太极》终在《先天》范围之内，又不若彼之自然，不假思虑安排也。若以数言之，则《先天》自一而二，自二而四，自四而八，以为八卦。《太极》亦自一而二为刚柔，自二而四为刚善、刚恶、柔善、柔恶，遂加其一为中，以为五行，而遂下及于万物。盖物理本同，而象数亦无二致，但推得有大小详略耳。"刘静修曰："《先天》《太极》之图，其理实未尝不一也。《先天图》之左方，震一、离兑二、乾三者，即《太极图》之左方"阳动"者也。其离兑为阳中之阴，即阳动中之为阴静之根者

也。《先天图》之右方，巽四、坎艮五、坤六者，即《太极图》之右方"阴静"者也。其坎艮为阴中之阳，即阴静中之为阳动之根者也。盖凡阳皆乾，凡阴皆坤，其左方皆离之象，右方皆坎之象。《先天》之与《太极图》一也。故《先天图》坎离列左右之门，《太极图》阳变阴合而即生水火也。《河图》亦然，其中宫即所谓太极、无极也，其奇偶即所谓阴阳也。其东北阳之二生数统阴之二成数，即《先天》《太极图》之左方也。其西南阴之二生数统阳之二成数，即《先天》《太极图》之右方也。其水火居南北之极，亦犹《先天》《太极图》之坎离水火各居左右方也。"愚按，夫子所言太极，亦但就仪象卦画上言耳。周子又就中推去，见得天地万物莫不皆然。且于其中指出无极示人，则其理愈精而言愈广矣。然要之，说个太极，便包个无极在内；说个"易有太极"，便包个天地万物之太极在内。则夫子之言实足以该周子之言，而周子之言亦无非发明夫子之言也。朱子实始尊信而表章之，其功伟矣。陆氏曰："《正蒙》云：'由太虚有天之名，由气化有道之名。合虚与气有性之名，合性与知觉有心之名。'朱子谓：'太虚便是《太极图》上面一圆圈，气化便是阴静阳动。'此是总说。'合虚与气，有性之名'，有这气便有这理；'合性与知觉，有心之名'，知觉又是那气之虚处。此二句就人上说。本只是一个太虚，渐细分说得密耳。九峰蔡氏曰：'横渠四语只是理气二字，而细分，"由太虚有天之名"，即"无极而太极"之谓，以理言也；"由气化有道之名"，即"一阴一阳之谓道"之谓，以气言也；"合虚与气有性之名"，即"继之者善，成之者性"之谓，以人物禀受而言也；"合性与知觉有心之名"，即"人心道心"之谓，以心之体而言也。'以朱子、九峰之言观之，则知张子此四语备一篇《太极画说》之意。'由太虚有天之名'，是指太极之不杂乎阴阳者言之，所谓'一故神'也。'由气化有道之名'，是指太极之不离乎阴阳者言之，所谓'两故化'也。下二句则是'无极之真，二五之精，妙合而凝'。以下之事，但濂溪分气为二，曰动曰静，而太极在其中，不离乎动静，亦不杂乎动静。横渠分气为二，曰虚曰气，而以太虚为不杂之太极，太和为不离之太极。所以朱子谓其'落在一边'，又谓其'有未莹处'。然朱子又尝谓其'议论极精密'，则此固犹无碍。惟所谓'气聚散于太虚，犹冰凝释于水'，朱子谓'其流乃是个大轮回'，此则与程朱不可合者也。"

[江永集注]朱子曰："《易》之为书，广大悉备。然语其至极，则此图尽之，其旨岂不深哉！"

（原载 2010 年第 10 期，作者单位：韩国国际大学）

周敦颐诗校注

✳ 潘雁飞

校注说明

周敦颐(1017—1073),字茂叔,号濂溪,道州营道县(今湖南道县)人。周子初因母舅龙图阁学士郑向任,为分宁(修水)主簿,调南安军司理参军,移桂阳令,徙知南昌,历合州判官、虔州通判、永州通判。熙宁初代理邵州知州,不久擢广东转运判官,提点刑狱。所到之处,都很有实绩。晚年以疾求知南康军,因家庐山莲花峰下。峰前有溪,以营道故居濂溪名之,学者因称濂溪先生。熙宁四年冬以病请求解职,熙宁五年离开官署归隐九江。熙宁六年(1073)六月七日,病逝九江,享年五十七岁。周敦颐为宋代理学创始人,程颢、程颐出其门下。宁宗嘉定十三年(1220)赐谥元公,理宗淳佑元年(1241)从祀孔庙。著有《太极图说》《通书》等。《宋史》卷四二七有传。清代学者黄宗羲在他的《宋儒学案》中评论说:"孔孟而后,汉儒止有传经之学,性道微言之绝久矣。元公崛起,二程嗣之,又复横渠诸大儒辈出,圣学大昌。故安定,徂徕卓乎有儒者之矩范,然仅可谓有开之必先。若论阐发心性义理之精微,端数元公之破暗也"。可见他的理学思想在中国哲学史上起了承前启后的作用。

周敦颐诗,历来不受重视,研究者寥寥,与其理学思想的研究形成极大的反差。其诗目前亦不见校注本。北京大学出版社1998年版《全宋诗》(简称北大本)收周敦颐诗33首,仅有简单的校勘,且有校无注。有感于此,个人在北大本校勘基础上,重新以清康熙张伯行刊《正谊堂集周濂溪集》为底本(简称张本),校以北京图书馆出版社影印宋刻本《元公周先生濂溪集》(简称宋刻本),清乾隆董榕辑《周濂溪集》(简称董本),台湾商务印书馆影印文渊阁《四库全书·周元公集》(简称四库本),邓显鹤重编之《周子全书》(简称邓本),清张伯行辑《濂洛风雅》《沅湘耆旧集》,清厉鹗编《宋诗纪事》,钱锺书《宋诗纪事补正》等等诸本。

其中北大本《全宋诗》第八册所收周敦颐诗为佟培基先生整理,校注者在重新校勘中,对北大本校勘正确者直接加以采用,不再一一说明,错校者据诸本直接改正,亦不另加说明。同时对每一首诗作了较详细的注释,部分诗考释其写作年代,无法考释者则暂付阙如。另外,辽宁人民出版社、辽海出版社2003年出版的钱锺书《宋诗纪事补正》还从《永乐大典》卷899"诗"字韵辑出周敦颐诗5首,本校注本将之作为"附录一"置于卷末,并作简单注释。《求索》1988年4期发表了谢先模《周敦颐佚诗三首一文》,谢氏从清道光六年版江西《奉新县志》中录出周敦颐佚诗《百丈寺》3首,本校注本将之作为"附录二"置于卷末,并作简单说明。本校注本采用校勘记和注释合一的方式,按序列入每首诗之下,不再校、注分列。特此说明。

潘雁飞

2005年7月5日一稿

2006年8月12日修订

书仙台观壁①

到官处处须寻胜,惟此合阳②无胜寻。

赤水③有山仙④甚古,跻攀聊足到官心。

【校注】

①四库本题作《游赤水县龙多山书仙台观壁》。据道光己亥镌,爱莲堂藏本宋度正《周敦颐年谱》(下同):"先生年四十四,被台檄按赤水县薄书,与其县令游龙多山,有诗刻石。"张本注:"先生在合阳,沿外台檄按临赤水县簿书,与将仕郎赤水令费琦游龙多,唱和八首。"据此,诗作于嘉祐五年庚子(1060)。宋刻本此诗后载费诗一首云:"先生旧隐寄烟岑,丹灶仙台暂访寻。自叹不如鸡犬幸,偶沾灵药换凡心。"

②合阳,为当时合州治所。合州,今重庆合川。

③赤水,县名,隋置,元省,故治在今重庆合川县西。又《庄子·天地》:"黄帝游乎赤水之北,登乎昆仑之丘而南望,还归遗其玄珠。"

④宋刻本注:"晋冯盖罗上升处。"相传西晋永嘉三年(309年)有广汉仙人冯盖罗在山上炼丹,一日全家十七人飞升仙去。唐后武则天称帝时曾"钦敕"山僧在山上建放生池,唐玄宗时山僧曾"奉旨醮祭"。历来为佛教道教名山及川中风景游览地。

游山上一道观三佛寺①

琳宫金刹②接林峦③,一径潜通竹树④寒。

是处尘埃⑤皆可息,时清终未忍辞官。

【校注】

①四库本题作《经古寺》。

②琳宫,仙宫。这里是道观殿堂之美称。《初学记》卷三引《空洞灵章经》:"众圣集琳宫,金母命清歌。"金刹,本为佛地悬幡的塔柱,此指佛寺。

③峦,董本作"峰"。

④树,张本、四库本作"径",据董本改。

⑤埃,宋刻本、董本作"劳"。

喜同费君长官游①

寻山寻水侣②尤难,爱利爱名心少闲。

此亦有君吾甚乐,不辞高远共跻攀。

【校注】

①宋刻本、四库本题作《喜同费长官游》。费君,当为赤水令费琦。宋刻本此诗后载费诗云:"平生癖爱林泉处,名利萦人未许闲。不是儒流霎风采,登山游骑恐难攀。"

②侣,陪伴,结伴。

和费君乐游山之什①

云树岩泉景尽奇,登临深恨访寻迟。

长楼未得于何记,犹有君能雅和诗。

【校注】

①宋刻本、张本题作《和前韵》,据四库本改。此诗和费氏诗,当为"唱和八首"之一。

②长楼,犹高楼。"楼",董本作"栖"。

剑　门①

剑立溪峰信险深,吾皇大道正天心②。

百年外户都无闭,空有关名点贡琛③。

【校注】

①宋刻本、张本注"出《刘禹卿集》《剑门铭诗集》"。剑门,或称剑门关,在四川剑阁县的剑门山,为古蜀道要隘。剑门山峭壁断处,两山相峙如门,故名剑门。

②正,《濂洛风雅》作"当"。天心,犹天意。《书·咸有一德》:"克享天心,受天明命。"

③点,《濂洛风雅》作"典"。贡琛,进贡宝物。

万安香城寺别虔守赵公①

公暇频陪尘外游,朝天仍得送行舟。

轩车②更共入山脚,旌旆且从留渡头。

精舍泉声清瀄瀄③,高林云色淡悠悠。

谈终道奥④愁言去,明日瞻思⑤上郡楼。

【校注】

①宋刻本注出《庐陵集》,四库本题作《香林别赵清献》。万安,今江西万安县,香城寺,当地寺名,按当地只有香林寺,而无香城寺,当为"香林寺"之误。宋刻本注云:"别本云:清献自虔州赴召,舟至造口,同游香林寺,石刻可考。《大成集》以为万安香城,非也。"可能这是讹误之源。赵公,即时任虔州知州的赵抃。诗写于赵抃将离任虔州(今赣州)知州职时,赵比周敦颐早来虔州,也比周敦颐早离虔州,他被召回朝廷充侍御史知杂事。他们在虔州相处得亲密无间,周敦颐送赵抃离任,自然依依不舍。宋刻本此诗后载赵抃和诗:"顾我入趋朝阙去,烦君出饯赣江头。更逢萧寺千山好,不惜兰船一日留。清极到来无俗语,道通何处有离忧。分携岂用惊南北,水阔天高万木秋。"赵抃(1008-1084)字阅道,衢州西安人。进士及第,为武安军节度推官。景祐初(1034),累官殿中侍御史。弹劾不避权幸,时称"铁面御史"。历益州路转运使,加龙图阁学士,知成都,一琴一鹤自随,为政简易。神宗立,擢参知政事,与王安石不合,再知成都,蜀郡晏然。以太子少保致仕。其诗谐婉多姿。卒谥"清献"。著有《清献集》十卷。诗当作于嘉祐七年壬寅(1062)。

②轩车,有屏障的车,古代大夫以上所乘,后亦泛指车。

③瀄瀄,水流声。

④道奥,学问、学识之深奥处。

⑤瞻思,缅怀,思念。

行县至雩都邀余杭钱建侯拓四明

沈几圣希颜同游罗岩^①

闻有山岩即去寻,亦跻云外入松阴。

虽然未是洞中境,且异人间名利心。

【校注】

①四库本题作《同友人游罗岩》。行县,谓巡行所主管之县;雩都,今江西于都县东北;罗岩,又称罗田岩,其地一山名,亦名善山,属丹霞地貌,有岩洞。宋时山上建有华岩禅院。张本注"嘉祐八年正月七日刻石"。诗当作于嘉祐八年癸卯(1063)。度正《周敦颐年谱》:"八年癸卯。先生年四十七。正月七日,行县至雩都,邀余杭钱建侯拓、四明沈几圣希颜游罗岩,题名,并有诗刻石。沈公者,邑令也。因建濂溪阁于善山,顶有'高山仰止'亭。四月壬申朔,英宗登极,以恩迁虞部员外郎,仍判虔州,追赠父爵郎中。五月作《爱莲说》,沈希颜书,王抟篆额,钱拓上石,即十五日事也。"

按:此诗写作月日他本及年表皆作"正月七日"。唯宋刻本题注为"嘉祐八年五月七日刻石"。又宋刻本《爱莲说》文后亦题注云:"舂陵周惇实撰,四明沈希颜书,太原王抟篆额,嘉祐八年五月十五日,江东钱拓上石。"其中撰、书、上石之人与此诗同游之人完全相同,再证之以度正《周敦颐年谱》,以及诗文均以碑刻形式发表之事实来看,作诗时间当与《爱莲说》相近。况正月七日为人日,年节尚未结束,行县可能性较小。则此诗写作时间当从宋刻本题注"嘉祐八年五月七日刻石"之说,他本恐系字形相近而讹。

同石守游^①

朝市^②谁知世外游,杉松影里入吟幽。

争名逐利千绳缚,度水登山万事休。

野鸟不惊如得伴,白云无语似相留。

傍人莫笑凭栏^③久,为恋林居作退谋。

【校注】

①宋刻本作《同石守游山》。

②朝市,本为早市,也指朝廷,这里泛指尘世。唐张祜《金山寺》诗:"因悲在

朝市,终日醉醺醺。"

③栏,张本作"兰"。凭栏,身倚栏杆。唐崔涂《上巳日永崇里言怀》诗:"游人过尽衡门掩,独自凭栏到日斜。"从下句看,有用此诗意。

江上别石郎中①

落叶②蝉声古渡头,渡头③人拥欲行舟。

别离情似长江水,远亦随公日夜流。

【校注】

①郎中,宋时称职事人员或亲随。

②落叶,宋刻本作"叶落"。

③渡头,《宋诗略》作"沙滩"。

忆江西提刑何仲容

兰自①香为友,松何枯尚②春。

荣来天泽重,殁去绣衣新。

尽③作百年梦,终归一窀尘④。

痛心双泪下,无复见贤人。

【校注】

①自,四库本作"似"。

②尚,宋刻本、张本、四库本作"向",据《沅湘耆旧集》改。

③尽,宋刻本作"画",据《沅湘耆旧集》改。

④窀尘,坟墓。

治平乙巳暮春十四日同宋复古游山巅至大林寺书四十字①

三月山方②暖,林花互照明。

路盘层顶上,人在半空行。

水色云含白,禽声谷应清。

天风拂襟袂③,缥缈觉身轻。

【校注】

①四库本题作《游大林》,大林寺,在今江西九江市南庐山大林峰南。宋复古,名迪善,时任江南西路转运使。又度正《周敦颐年谱》英宗治平二年乙巳

（1065），"先生年四十九。自虔赴永，道经江州。三月十四日同宋复古游庐山大林寺，至山巅，有诗纪焉。"

②山方，四库本作"山房"。《宋诗纪事》作"僧房"。钱锺书《宋诗纪事补正》:《宋文鉴》卷二十三引此诗作"山房"。

③襟袂，宋刻本作"巾袂"，《宋诗纪事》作"襟袖"。钱锺书《宋诗纪事补正》:《宋文鉴》卷二十三引此诗作"巾袂"。

题冠顺之道院壁

一日复一日，一杯复一杯。

青山无限好，俗客不曾来。

往事已①如此，朱颜安在哉。

寄语②地上客，历乱竟谁催。

【校注】

①已，四库本作"一"。

②语，四库本作"与"。

题浩然阁

刘侯戴武弁①，政则心吾儒②。

士茂先兴学，子贤勤读书。

猷③为莫不善，才力盖有余。

西北方求帅，浩然宁久居。

【校注】

①刘侯，所指何人，待考。武弁，武冠。

②指文治心仪儒家之仁政。

③猷，谋划，计划。

题酆都观:仙都观①

山盘江上虬龙活，殿倚云中洞府深。

钦想真风杳何在②，偃松乔柏共萧森。

【校注】

①一题为《仙都观》。宋刻本与下二首共同题为《题酆都观三首刻石观中》。

四库本作《题酆州仙都观》。酆都观,又名景德观、白鹤观、仙都观,在今重庆市丰都县东北平都山。酆都,唐段成式《酉阳杂俎·玉格》:"有罗酆山,在北方癸地,周四三万里,高二千六百里,是为六天鬼神之宫……人死皆至其中。"本谓罗酆山洞天六宫为鬼神治事之所,后用以附会重庆市丰都县。隋时置县。宋刻本、张本注:"三首刻石观中。"

②钦想,犹想慕;真风,纯朴的风俗。晋陶渊明《感事不遇赋》:"自真风造逝,大伪斯兴。"

题酆都观:读英真君丹诀①

始观丹诀信希夷②,盖得阴阳造化机。

子自母生能致主③,精神合后更知微。

【校注】

①一题为《读英真君丹诀》。宋刻本、张本注:"三首刻石观中"。

②希夷,《老子》:"视之不见名曰夷,听之不闻名曰希。"何上公注:"无色曰夷,无声曰希。"后因以指虚寂玄妙。南朝梁萧统《谢敕参解讲启》:"至理希夷,微言渊奥,非所能钻仰。"

③致主,犹致君,辅佐国君,使其成为圣明之主。唐李频《长安书情投知己》诗:"致主当齐圣,为郎本是仙。"

题酆都观:宿山房①

久厌尘坌乐静元②,俸微犹乏买山钱。

徘徊真境③不能去,且寄云房④一榻眠。

【校注】

①四库本题作《宿山房》。宋刻本、张本注:"三首刻石观中。"

②坌,四库本作"氛"。静元,犹静一,心神安定,专一不变。

③真境,本为道教之地,这里指纯净清幽之地。唐王昌龄《武陵开元观黄炼师院》诗之三:"暂因问俗到真境,便欲投诚依道源。"

④云房,僧道或隐者所居之房屋。唐韦应物《游琅玡山寺》诗:"填壑跻花界,叠石构云房。"

按部至潮州题大颠堂壁①

退之自谓如夫子②,原道深排释老非③。

不识大④颠何似者,数书珍重更留衣。

【校注】

①四库本题作《题太颠堂》。按部,谓巡视部属。诗作于熙宁四年(1071)领提点刑狱事,巡察至潮州时。度正《周敦颐年谱》熙宁四年辛亥,"先生年五十五。正月九日,领提点刑狱事,行部至潮州,有题大颠堂诗。至惠州,有题罗浮山诗"。大颠,即太巅,文王贤臣。《汉书·董仲舒传》:"文王顺天理物,师用圣贤,是以闳夭、大颠、散宜生等亦聚于朝廷。"颜师古注引臣瓒曰:"皆文王贤臣。"

②退之,韩愈字,夫子,指孔子。

③释,四库本作"佛"。韩愈著文《原道》,排斥佛老,以佛老为非。

④大,四库本作"太"。

按部至春州①

按部广东经数郡,若言岚瘴更无春。

度山烟锁埋清昼②,为国天终护吉人。

万里诏音频③降下,一方恩惠尽均匀。

丈夫才略逢时展,仓廪皆无巫富民。

【校注】

①诗作于熙宁四年(1071)领提点刑狱事,巡察至春州时,春州即今广东春阳县。

②清昼,白天。唐李白《秦女休行》:"手挥白杨刀,清昼杀仇家。"

③诏音,即诏命。频,张本作"颂",据《沅湘耆旧集》改,董本作"颂"。

题惠州罗浮山①

红尘白日无闲人,况有鱼绯②系此身。

关③上罗浮闲送目,浩然心意复吾真。

【校注】

①宋刻本、张本注:"出《罗浮诗集》",诗作于熙宁四年(1071)领提点刑狱事,巡察至惠州时。罗浮山在广东惠州。

②鱼绯,指鱼符袋与绯衣,为旧时朝官的服饰。唐制:三品以上服紫,四品服深绯,五品服浅绯,五品以上并佩鱼符袋。宋因之,常作"绯鱼"。

③董本作"一"。

赠虞部员外郎谭公昉致仕①

清时①望郎贵,白首故乡归。

有子纡蓝绶③,将孙着彩衣④。

松乔新道院,鹤老旧渔矶⑤。

知止自高德,宁为遁者肥⑥。

【校注】

①四库本题作"赠谭虞部致仕"。

②清时,清平之时,太平盛世。三国魏曹操《清时令》:"今清时,但当尽忠于国,效力王事。"

③纡,系结,垂挂。蓝绶,系印纽的蓝色丝带,表示等级较低的官吏。

④彩衣,五彩衣服。"彩",《濂洛风雅》作"绿"。绿衣,唐制七品服用绿,饰以银。

⑤鱼矶,可供垂钓的水边岩石。

⑥遁者肥,遁肥者。遁肥,犹肥遁,语出《易·遁》:"上九,肥遁无不利",后指隐者,这里指隐退者,倒文以协韵。又周敦颐友人潘兴嗣《和茂叔忆濂溪诗》:"忆濂溪,高鸿其其遁者肥",可参。

濂溪书堂①

元子溪曰瀼②,诗传到于今。此俗良易化,不欺顾相钦。

庐山我久爱,买田山之阴。田间有流水,清泚③出山心。

山心无尘土,白石磷磷沉。潺湲来数里,到此始澄深。

有龙不可测,岸木寒森森。书堂构其上,隐几看云岑④。

倚梧或欹枕,风月盈中襟。或吟或冥默,或酒或鸣琴。

数十黄卷轴,圣贤谈无音⑤。窗前即畴圃,圃外桑麻林。

芋蔬可卒岁⑥,绢布足衣衾。饱暖大富贵,康宁无价金⑦。

吾乐盖易足,名濂⑧朝暮箴。元子与周子,相邀风月寻。

【校注】

①宋刻本作《书堂》,四库本"瀼"前有"题"字,《宋诗纪事》"瀼"作"濂"。

②元子,指元结。元结(723-772),字次山,河南人。生于唐玄宗开元十一

年,卒于代宗大历七年,年五十岁。少不羁,年十七,举进士,历任右金吾兵曹参军,摄监察御史、监察御史、水部员外郎,代宗时,以亲老归樊上,著书自娱。晚拜道州刺史,免徭役,收流亡,民乐其教,立碑颂德。著有《元子》十卷。

③清泚,清澈貌。南朝齐谢朓《始出尚书省》诗:"邑里向疏芜,寒流自清泚。"

④云岑,云雾缭绕的山峰。晋陶潜《归鸟》诗:"翼翼归鸟,晨去于林,远之八表,近憩云岑。"

⑤"圣贤",宋刻本、董本、四库本作"贤圣"。

⑥"芋":宋刻本作"千",据四库本改。

⑦清道光二十七年(1847)邓显鹤重编之《周子全书》无此两句。

⑧名濂,将溪命名为濂溪。濂溪,原本在道州(今湖南道县)周子故里楼田村。宋度正《周敦颐年谱》:"先生宅边有水萦纡,如青罗带,曰濂溪,先生濯缨而乐之。晚寓庐阜,构书堂,而临溪水,亦名以濂溪。学者宗之,称为濂溪先生云。"《濂溪志》卷四引明人王会作《濂溪故里图记》云:"山之西壁有古刻'道山'二字,下有石窦,深广不可测,有泉溢窦而出者,濂溪也。清泠莹彻,如飞霜喷玉,大旱不涸,积雨不溢,莫知其来之所自。知州方进刻其上曰'圣脉',故人呼为'圣脉泉'。"此当是濂溪之源。度正《周敦颐年谱》又说:"嘉祐六年辛丑(1061)。先生年四十五。博者登第,相遇京师,先生专谒贺之。先生迁国子监博士,通判虔州,道出江州,爱庐山之胜,有卜居之志,因筑书堂于其麓。堂前有溪,发源莲花峰下,流合湓浦。先生濯缨而乐之,遂寓名以濂,与其友潘兴嗣订异时溪上咏歌之约。"诗当作于1061年,但周敦颐去世前最后两年才正式归隐九江庐山濂溪书堂。与周子同时代人唱和题咏的以"濂溪书堂"或"濂溪"为题的诗有:赵抃的《题周茂叔濂溪书堂》,潘兴嗣的《和周茂叔忆濂溪》,孔平仲的《题濂溪书堂》,任大中的《濂溪隐斋》,苏轼的《茂叔先生濂溪诗》,黄庭坚的《濂溪词》等,可参看。

思归旧隐①

静思归旧隐,日出半山晴②。

醉榻云笼润,吟窗瀑泻清。

闲方为达士,忙只是劳生。

朝市③谁头白,车轮未晓鸣④。

【校注】

①四库本题作"静思篇"。

②晴,董本作"明"。

③朝市,本为早市。这里或泛指尘世。唐张祜《金山寺》诗:"因悲在朝市,终日醉醺醺。"

④晓鸣,犹晓鸡之鸣。唐皮日休《古函关》诗:"今朝行客过,不待晓鸡鸣。"

夜雨书窗①

秋风拂②尽热,半夜雨淋漓。

绕屋是芭蕉,一枕万③响围。

恰似钓鱼船④,篷底睡觉时。

【校注】

①四库本题作"书窗夜雨"。

②拂,董本作"扫"。

③万,四库本作"高"。

④钓鱼船,借指隐居,以钓鱼人喻隐者。钓鱼人或作"钓竿手"。唐杜牧《途中一绝》诗:"惆怅江湖钓竿手,却遮西日向长安。"宋陈师道《次韵苏公两湖徙鱼》之二诗:"我亦江湖钓竿手,误逐轻车从下濑。"

石塘桥晚钓①

旧隐濂溪上②,思归复思归。

钓鱼船好睡,宠辱不相随。

肯为爵禄重,白髮犹羁縻。

【校注】

①张本原校:"旧无此五字,而此诗又连上共作一首,今从《遗芳集》改正。"

②羁縻,束缚,控制。唐高适《奉和鹖赋》:"嗟日月之云迈,犹羁縻而见婴。"

书舂陵门扉①

有风还自掩,无事昼常关。

开阖从方便,乾坤在此间②。

【校注】

①四库本题作"题门扉"。春陵,都庞岭山脉连春陵山,是道县西面的名山之一。古有春陵乡,元朔二年(前127),汉武帝用主父偃削弱诸侯之策,下推恩令,长沙侯国封定王发的儿子刘买为春陵侯,建侯国于春陵,成为后汉光武帝刘秀祖先发样之地。地以人闻,春陵因之名盛,故古人多以春陵指代营道。黄庭坚称"春陵周茂叔"。周敦颐此诗,有直称春陵为自己的家乡意。治平四年(1067),周教颐率领全家,三月一日于永州起程回营道扫墓,并通过官府移文,将他母子上京时留下的几亩薄田正式移交周兴,作为委托周兴常年看守墓地的费用和报酬。诗或作于此时。

任所寄乡关故旧①

老子生来骨性寒②,宦情不改旧儒酸③。

停杯厌饮香醪④味,举筋⑤常餐淡菜盘。

事冗不知筋力倦,官清赢得梦魂安。

故人欲问吾何况,为道春陵只一般。

【校注】

①此诗张本原注为:"先生迁尚书虞部员外郎,复任永州通判,仲章侄至任归,有诗与之云。"诗当写于治平二年(1065)初任永州通判时。自此以下各诗不见于宋刻本。

②骨性寒,犹有傲骨。

③儒酸,本为寒酸,形容读书人贫穷之态。这里有迂腐不通达人情世故之意。

④香醪,美酒。唐杜甫《崔驸马山亭宴集》诗:"请求多宴会,终日困香醪。"

⑤四库本作"箸"。

春　晚①

花落柴门掩夕晖,昏鸦数点傍林飞。

吟余小立阑干②外,遥见樵渔一路归。

【校注】

①四库本题作《题春晚》。

②阑干,同栏杆。

牧　童①

东风放牧出长坡,谁识阿童乐趣多。

归路转鞭牛背上,笛声吹老太平歌。

【校注】

①以上为张本《周濂溪集》卷八所收诗歌。

天　池①

斯须②暮云合,白日无余晖。

金波③从地涌,宝焰④穿林飞。

僧言自雄夸⑤,俗骇无因依⑥。

安知本地灵,发见随天机⑦。

【校注】

①此诗收于四库本《周元公集》卷二。天池,当指今江西九江市南庐山之天池。此诗亦见于朱熹《山北纪行十二章之五》。作者究竟谁属,待考。

②斯须,须臾,片刻。

③金波,反射着耀眼光芒的水波。南朝梁武帝《七喻·如炎》诗:"金波扬素沫,银浪翻绿萍。"

④宝焰,珍宝射出的光辉。此或指落日从云层中漏射于树林的太阳光辉。

⑤雄夸,犹言夸夸其谈。

⑥无因依,无所凭借,没有机缘,无故无端。

⑦天机,犹言天之机密,天意。

宿崇圣①

公程无暇日,暂得宿清幽。

始觉空门客,不生浮世愁。

温泉喧古洞,晚磬②度危楼。

彻晓都忘寐,心疑在沃洲③。

【校注】

①此诗收于四库本《周元公集》卷二。崇圣,即崇圣寺,在云南大理西北点苍山东麓。

②磬,寺院中召集众僧用的云板形鸣器或诵经用的钵形打击乐器。南朝梁

慧皎《高僧传·兴福·慧元》："（慧元）卒后有人入武当山下见之，神色甚畅，寄语寺僧，忽使寺业有废。自是寺内尝闻空中应时有磬声，依而集众，未尝差失。"又常建《题破山寺后禅院》诗："万籁此都寂，但余钟磬声。"

③沃洲，亦作"沃州"，山名，在浙江省新昌县东，上有放鹤亭、养马坡。相传为晋支遁放鹤养马处。白居易《沃洲山禅院记》："东南山水，越为首，剡为面，沃洲天姥为眉目。"

暮春即事①

双双瓦雀②行书案，点点杨花入砚池。

闲坐小窗读周易，不知春去几多时。

【校注】

①此诗《后村千家诗》定为南宋末叶采作。又此诗收于清邓显鹤《沅湘耆旧集》前编卷一九。

②瓦雀，麻雀的别名。

读易象①

书房兀坐万机②休，日暖风和草色幽。

谁道二千年远事③，而今只在眼前头。

【校注】

①此诗收于清邓显鹤《沅湘耆旧集》前编卷一九。

②万机，同万幾。《书·皋陶谟》："无教逸欲有邦，兢兢业业，一日二日万幾。"孔传："幾，微也，言当戒惧万事之微。"后以"万幾"指帝王日常处理的纷繁政务。这里指为官者处理各种政务。

③二千年远事，当指"易象"之事。相传伏羲画八卦，至文王演为六十四卦，每卦有卦辞，每爻有爻辞，其辞多记当时之事。

题清芬阁①

风雅②久沦落,哇淫肆③自陈。波澜嗟已靡,汗漫□④无津。

纷葩⑤混仙蕊,谁可识清真⑥。先生李郑辈,□态非拟伦。

后生不识事,愈非句愈珍。至今桐庐水⑦,相与流清新。

蝉联十一世,奕叶扶阳春⑧。十年问御史,邂逅章江滨。

自惭无所有,衰叹徒欣欣。樽酒发狂笑,微言入典坟⑨。

稍稍窥绪余,每每露经纶。因知相⑩有术,源委本清淳。

【校注】

①此诗北大本《全宋诗》从影印《诗渊》册四,页三〇三六中选出。

②风雅,本指《诗经》中的《国风》和《大雅》《小雅》,这里指高雅正统之诗文。

③哇淫,鄙俗淫靡。唐郑薰《赠巩畴》诗:"疏越舍朱选絃,哇淫鄙秦筝。"肆,恣肆,任意,放纵。

④汗漫,漫无标准,不着边际。□,脱文。后"□态非拟伦"之"□"亦为脱文。

⑤纷葩,形容声乱而多。

⑥清真,纯真朴素,清新自然。唐司空图《二十四诗品》:"绝伫灵素,少回清真。如觅水影,如写阳春。"

⑦桐庐水,即桐江,指钱塘江流经桐庐县境内一段。

⑧奕叶,累世,代代。汉蔡邕《琅玡王傅蔡郎碑》:"奕叶载德,常历宫尹,以建于兹。"阳春,本指春天,此诗或喻指恩泽。唐欧阳詹《上郑相公书》:"上天至仁之膏泽,厚地无私之阳春。"

⑨微言,精深微妙的言辞。《逸周书·大戒》:"微言如心,风喻动众。"典坟,三坟五典的省称,泛指文籍。

⑩相,治理。《左传·昭公二十五年》:"公鸟死,季公亥与公思展与公鸟之臣申夜姑相其室。"杜预注:"相,治也。"

附录一:钱锺书《宋诗纪事补正》辑录周敦颐诗五首

永嘉薛师董同兄笙从友刘仁愿同来

缚屋匡庐①老不归,晨云夜月手能挥②。

两山夹直春风布,一水洄回鼓瑟希③。

翠栢④偶成庭下荫,游禽⑤何有夕阳晖。

洗空天地销余滴,独怪门前多鲁衣⑥。

【校注】

①缚屋匡庐,指筑书堂于庐山之事。

②手能挥,手挥目送的略称。三国魏嵇康《赠兄秀才入军其十四》诗:"目送归鸿,手挥五弦。"

③鼓瑟希,指春风沂水之乐。《论语·先进第十一》:"(点)鼓瑟希,铿尔,舍瑟而作……曰:'莫春者,春服既成,冠者五六人,童子六七人,浴乎沂,风乎舞雩,咏而归。'夫子喟然叹曰:'吾与点也!'"

④栢,同"柏"。

⑤游禽,飞鸟,一指走兽。

⑥鲁衣,儒门学者。

怀古四首:为知己魏卒元长赋兼呈王永叔宗丞戴少望

其一

言理不可求,吾将讯苍苍。草木被春花,随风散花香。

才高未为福,名大或不祥。煌煌太史公①,逸气横八方。

瑞麟②出非时,巷伯③终见戕。晏婴④不可非,鲍叔⑤遥相望。

发愤著春秋,掩夺日月光。文章诚可传,毁辱庸何伤。

【校注】

①太史公,指司马迁,著《史记》,为我国第一部纪传体通史。

②麟,麒麟,传说的瑞兽。《春秋左传·哀公十四年》:"春,西狩获麟。"杜预注:"麟者仁兽,圣王之嘉瑞也。时无明王出而遇获,仲尼伤周道之不兴,感嘉瑞之无应。故因《鲁春秋》而修中兴之教。绝笔于'获麟'之一句,所感而作,固所以为终也。"

③巷伯,宦官,太监。又是《诗经·小雅》篇名。是一个被谗言陷害因而遭受宫刑的宦官所写的诗。《诗序》说:"寺人伤于谗,故作是诗也。"

④晏婴,春秋齐国人,为景公相,以贤能名世。

⑤鲍叔,鲍叔牙的别称。春秋时齐国大夫,以知人并笃于友谊著称。后常以"鲍叔"代称知己友好。

其二

高高黄金台①,燕赵争趋风②。后来得荆卿③,恩礼尽鞠躬。

丈夫易感激,况在穷厄中,缟衣登素车,函谷④眼已空。

吕政⑤当野死,燕丹⑥无奇功。侠骨化为铁,血变海水红。

英愤气不磨,今为亘天虹。

【校注】

①黄金台,古台名,又称金台、燕台。故址在今河北省易县东南北易水南。相传战国燕昭王筑,置千金于台上,延请天下贤士,故名。

②趋风,闻风而来。唐聂夷中《燕台》诗之一:"自然乐毅徒,趋风走天下。何必驰凤书,旁求向林野。"

③荆卿,即荆轲。战国著名刺客,齐人,燕太子丹奉为上客,衔命入秦刺秦王嬴政,事败被杀。

④函谷,函谷关。

⑤吕政,指秦始皇嬴政。据《史记》暗示,秦始皇实为吕不韦所生,称之为吕政,有轻视之意。后秦始皇死于巡行之徒,故称"野死",亦有轻蔑之意。

⑥燕丹,指燕太子丹。荆轲刺秦事败,故无功。

其三

天地有大经①,圣贤实先觉。一身万事则,激厉为忠朴。

周勃②真少文,汲黯③信无学。归然社稷臣,汉脉终有托。

微臣有扬雄④,百拜美新作。男儿无英标⑤,焉用读书博。

【校注】

①大经,犹大道,至道。

②周勃,汉初大臣,官至太尉,为人耿直倔强,刘邦认为他"厚重少文"。

③汲黯,汉初大臣,位列九卿。据《史记·汲郑列传》载:"黯学黄老之言,治官理民,好清静,择丞史而任之。其治,责大指而已,不苛小。"

④扬雄,汉著名作家,以赋著称,有《甘泉》《长杨》等赋作。

⑤英标,指贤能而有风采的人。

其四

嗣宗党司马①,徒尔餔其糟②。叔夜屹玉山③,落落昆仑高。

神仙之可求,此人不可招。汤武④非圣人,况识卿与昭。

一死继结缨⑤,孤竹⑥争清标。荡阴一杯血,彩凤无凡毛。

鸱鸢⑦嗜腐鼠,竟绝终身交。

【校注】

①嗣宗,三国魏阮籍字。司马,指秉持朝政的司马氏。

②餔其糟,饮食糟粕。《史记·屈原贾生列传》:"举世混浊,何不随其流而扬其波?众人皆醉,何不餔其糟而啜其醨?"

③叔夜,嵇康字。《世说新语》:"嵇叔夜之为人也,岩岩若孤松之独立;其醉也,傀俄若玉山之将崩。"

④汤武,指商汤王和周武王。

⑤结缨,系好帽带。《左传·哀公十五年》:"子路曰:'君子死,冠不免。'结缨而死。"后用以表示从容就死。

⑥孤竹,本为商周时国名,这里指伯夷、叔齐。《庄子·让王》:"昔周之兴,有士二人处于孤竹,曰伯夷、叔齐。"

⑦鸱鸢,即鸱鸟,鸱鹰。

附录二   周敦颐佚诗三首

百丈寺①

其一

好风吹上最高台,雨洗青天万里开。

碧落半空山鬼泣,也应胜似锡飞来。

其二

绝顶茅庵老此僧,寒云孤木独经行。

世人那得知幽径,遥向高峰礼罄声。

其三

浮生不定若蓬飘,林下真僧偶见招。

觉后始知身是梦,更闻寒雨滴芭蕉。

【校注】

①《百丈寺》诗凡三首。见于清道光六年版江西《奉新县志》,最先由谢先模录出,并撰文载于《求索》1988 年 4 期加以说明。由于此三诗不见于诸本《周濂溪集》,谢先模以为"周敦颐在庆历元年（1041）25 岁时出任分宁（今江西修水县）主簿,尝寓奉新（《县志·贤寓》有传）。奉新与分宁是邻县,百丈山为两县分界岭,距离更近。考周敦颐喜游历,集中所载诗文皆有记游者,他到奉新,肯定不会放弃游览百丈山,留下三诗,亦甚合情理。"但毕竟缺乏足够的证据。故是否周敦颐诗仍值得怀疑。本校注本特录以待考。

百丈寺,奉新佛教名胜,寺在百丈山最高处。寺旁有灵境台。唐宣宗即位之前,曾游览百丈山,有诗云:"灵境无时六月寒。"（见《全唐诗》）后人因以"灵境"为名,建台以示纪念。

（原载 2007 年第 3 期,作者单位:湖南科技学院）

越南使者咏周敦颐诗六首

✽ 彭丹华

《越南汉文燕行文献集成》(以下简称《集成》)所载越南使者咏周敦颐之作,存六首,极珍贵。六首均为过兴安县濂溪祠所作。兴安今在广西桂林境,秦时湘水流域部分属零陵郡,自汉至隋皆为始安县地,仍属零陵郡。兴安灵渠为湘漓二水分流处,湘水发源于此,周敦颐故里在今湖南道县,当南岭之北麓,与兴安邻近,故越南使者每有吟咏。

按使者所咏,兴安县有濂溪祠。阮宗窐诗序云"今于广西兴安县秦渠上有祠",阮辉僙则云"过兴安县城,两岸庸肆临流","庸间有濂溪〔祠〕"。李文馥、裴文禩二人则言兴安县城外。李文馥《使程括要编》记载广西兴安县"城外有周濂溪祠",裴文禩《燕轺万里集》图注:"城外有周濂溪先生祠"。潘辉注又云"在县城外灵渠上"。综合以上信息,使者所咏当为同一濂溪祠,在兴安县城外的灵渠上。

然兴安濂溪祠不见于广西地方志记载。桂林地区仅桂林府学有三先生祠,祀周敦颐及二程,见雍正《广西通志》;荔浦县有七贤祠,祀韩愈、周敦颐、二程、张载、朱熹、张栻七人,见光绪《广西通志辑要》。周敦颐在广西行迹,据度正《周敦颐年谱》所载,熙宁元年,周敦颐经吕公著推荐,任广南东路转运判官。五月五日在永州,则赴任途中或途经兴安。清人汪森《粤西文载》称其"庆历中游粤西,寓于浔"。周敦颐配享孔庙,府县学均有奉祀,而专祀其一人的濂溪祠多在其仕宦的今湖南、江西、广东等地。但兴安邻近湖南道县,或许受到周子后裔的影响,遂推尊周敦颐而为之立祠亦无不可。

1. 题周夫子祠

浑然太极契精真,揭出乾坤示我人。

千古道心溪有月,四时生意草尝春。

斗山峻望新华衮,领袖斯文旧角巾。

俨若清规钦敬止,江川愈远愈精神。

此诗选自阮宗奎《使华丛咏集》,《集成》第 2 册,第 189 – 190 页,作于去程。阮宗奎(1693 – 1767),号舒轩,太平御善福溪人。后黎朝保泰二年(1721)辛丑科进士。官京北承使、宣光督同,升户部左侍郎,封亭午侯。曾于越南景兴三年(清乾隆七年,1742)、九年(清乾隆十三年,1748)分别以副使、正使身份两度出使清朝。回国后,升户部左侍郎。因个性刚直,左迁翰林院侍读,后贬为庶民。晚岁居家教学,卒谥岸肃。著作除《使华丛咏集》外,尚有《使程新传》及《咏史诗》《五伦叙》等。

此诗作于阮宗奎第一次北使途中,有序及评。序云:"道州属湖南永州府,与广西夹界,乃周夫子故里,今于广西兴安县秦渠上有祠,金(山)额题'理原一贯',银额题'天下一人',神像(哲)〔晢〕白清癯,美髯儒服,俨然如在。"评云:"景批:音韵清香,声光焕发,可谓清妙发独□□者也。"原文缺二字。按此诗又见于阮翘、阮宗奎《乾隆甲子使华丛咏》,《集成》第 2 册,第 82 页。清乾隆七年至九年,阮翘和阮宗奎分别以正、副使身份出使清朝。《乾隆甲子使华丛咏》为二人合集,誊抄年代当早于《使华丛咏集》。关于评语,《使华丛咏集》前集署"江南诗客卓山氏朱评,钦差翰林出身礼部郎中郑璧斋墨评,湖南王居士、胡秀才朱墨间评",确切评者不可知。

此诗为越南使者咏周敦颐的第一首诗,也是唯一一首详细描绘祠中景象的诗,因为地方志中暂时没有见到兴安濂溪祠的记载,而即便记载,也不可能详细地说明祠中状况,所以文献价值较为珍贵。尤其是序中记载了金银题字的两幅扁额,且描绘了祠中供奉的周敦颐像,为今人研究周敦颐提供了一定的材料。

首联即指出周敦颐著《太极图说》,揭示后人。额联"溪有月"当指周敦颐垂钓濂溪,吟风弄月故事。度正《周敦颐年谱》云:"仁宗天圣七年己巳,先生年十三,志趣高远。里有濂溪,溪上有桥,桥有小亭,先生尝钓游其上,吟弄风月。""草尝春"咏周敦颐不除窗草典故。《二程遗书》:"周茂叔窗前草不除去,问之,云:'与自家意思一般。'"连用周敦颐的两个典故,对仗极为工整。颈联则述其为往圣继绝学之功。赵崇宪《濂溪书院成开讲祝文》:"孔孟既殁,天其将丧斯文乎! 斯文之未丧,则我先生发挥讲明之。"尾联抒发恭敬尊崇之情。

2.谒濂溪周先生祠

大道彰彰垂宇宙,举世茫然迷步武。

高人翻却事文词,下士仅知守章句。

先生之生莫非天，立志便欲希圣贤。

著图述书发秘奥，妙悟神解无师传。

吐辞直与六经似，治法从来宁过此。

明通公溥其庶乎，仁义中正而已矣。

区区小试著民庸，何丰怀抱啬遭逢。

后人幸沐君子泽，斯世亦睹真儒功。

岂将用舍关轻重，已自一身传道统。

千年而下独闻知，因此见知遂益众。

孔颜乐处每令寻，言下提撕趣自深。

寸心万物有内外，实理真机无古今。

呜呼圣言犹可验，道味芳腴飧不厌。

箪食瓢饮贤哉回，浴沂风雩吾与点。

先生气象诚一般，出处常泰居常安。

窗梅庭竹观造化，轩冕金玉都等闲。

要知契合浑无异，此心此理同乎耳。

莲峰千仞对龟蒙，溢江一派浴洙泗。

余韵风流百世师，绍前启后功巍巍。

道学阐发无余蕴，迄今天下知指归。

学宫从祀列俎豆，绅衿济济仰山斗。

此间应是近湖南，崇祠亦复新结构。

鲰生夙昔习诗书，儒林有幸齿簪裾。

遗编大训研磨处，霁月光风想象余。

远来徒望瞻仪表，相与肃容拜清庙。

愿言嘉惠及南邦，万古景星垂照耀。

　　此诗选自黎贵惇《桂堂诗汇选》，《集成》第3册，第145－148页，目录在卷一题咏类。黎贵惇（1726－1784），字允厚，号桂堂，太平延河人。越南后黎朝景兴十三年（清乾隆十七年，1752）登进士第。景兴二十一年（清乾隆二十五年，1760）由翰林院侍读奉充副使出使中国。平生著述颇丰，经史子集均有成就，除《桂堂诗汇选》外，尚有《易经肤说》《春秋略说》《书经衍义》《黎朝通史》《抚边杂录》《北使通录》《芸台类语》《大越通史》《群书考辨》等。

　　全诗52句,364字,为越南使者咏周敦颐诗作中最长之作。从全诗的内容来看,大约可分为三小节。自"大道彰彰垂宇宙"至"因此见知遂益众",为此诗的第一节。黎氏感慨大道彰彰而举世茫然,下士仅知守章句,由此突出周敦颐不独事文词,千载而下传道统,开示后人,居功至伟。自"孔颜乐处每令寻"至"溢江一派浴洙泗",为此诗的第二节,具体叙述周敦颐的学问。如其令二程寻孔颜乐处,所乐何事;从身边自然事物领悟造化等。又指出其学问直承接自孔子。余下部分为此诗的第三节,主要颂扬周敦颐为百世之师,受到后世的敬仰爱戴,诗末更抒发了希望其恩惠泽被越南的愿望。

　　此诗最大的特点便是熟悉周敦颐的著作,诗中化用了大量《通书》中的文字。"高人翻却事文词",《通书·陋第三十四章》:"圣人之道,入乎耳,存乎心,蕴之为德行,行之为事业。彼以文辞而已者,陋矣"!"明通公溥其庶乎",《通书·圣学第二十》:"无欲则静虚动直。静虚则明,明则通;动直则公,公则溥。明通公溥,庶矣乎"!"仁义中正",《通书·道第六》:"圣人之道,仁义中正而已矣"。"出处常泰居常安",《通书·富贵第三十三》:"君子以道充为贵,身安为富,故常泰无不足,而铢视轩冕,尘视金玉,其重无加焉尔"。这应当与黎氏为饱学之士,熟读经书有关。

　　此诗亦讲究声律,每四句一换韵,转韵灵活。又善用典故,处理得十分巧妙。如"箪食瓢饮贤哉回,浴沂风雩吾与点"二句,均出自《论语》。《论语·雍也》:"一箪食,一瓢饮,在陋巷,人不堪其忧,回也不改其乐。贤哉回也!"《论语·先进》:曾皙曰:"暮春者,春服既成,得冠者五六人,童子六七人,浴乎沂,风乎舞雩,咏而归。夫子喟然叹曰:'吾与点也。'"二处也是周敦颐认为孔颜之乐的精髓所在,更难得的是对仗亦极为工整。

3. 题濂溪祠

一簇崇祠浸碧潭,星星兽炭瑞烟含。

海毯戏水相抛荡,江镜涵天共蔚蓝。

不尽图书留正派,无边风月助高谈。

神情自可微遗像,青眼常如日角参。

　　此诗选自《奉使燕京总歌并日记》,《集成》第5册,第68页。阮辉僙(1713－1789),河静罗山人。年二十即领乡荐第一名,授长庆知府。越南景兴九年

（1748）登第，赐探花，主科举及国子监多年，官至吏部左侍郎，封都御史。景兴二十六年（清乾隆三十年，1765）以正使身份出使清朝，入岁贡。使回，封伯爵。今存著作八种，其中《奉使燕京总歌并日记》《北舆辑览》《燕轺日程》为燕行文献。

此诗有序，云："过兴安县城，两岸庸肆临流。""庸间有濂溪〔祠〕，扁'理学开宗'，有留题一作。"此诗又见于阮述《每怀吟草》，《集成》第 23 册，第 85 页。

首联也道出了不少濂溪祠的信息。"崇祠"谓建筑高大，且"一簇"说明建筑物应当不少，"浸碧潭"可能指祠依水而建，倒影浸在水中。祠中炭火星星，烟气缭绕。二句营造了一种高远端肃的气氛。颔联写祠旁风景，开阔朗丽。

日角喻指帝王。《文选·（刘孝标）辩命论》："龙犀日角，帝王之表。""日角参"谓得帝王参拜。而《每怀吟草》作"目道南"，后者似乎更具意味。杨时学于程颢，将归，颢目送之曰："吾道南矣！"程颢又为周敦颐弟子，程氏之学即周子之学，故此亦云"道南"。且"道南"亦可指道学南传至越南。

4. 过兴安望濂溪先生祠

千载渊源孰阐明，图书剖析仰先生。
道宗已揭中天日，毖祀长贻此地城。
霁色无边芳草翠，流光不尽绿溪清。
俨然气象犹如见，远价瞻怀诵景行。

此诗选自潘辉注《华轺吟录》，《集成》第 10 册，第 217－218 页。潘辉注（1782－1840），字霖卿，号梅峰，山西国威府瑞奎社安山邑人。越南阮圣祖明命六年（清道光五年，1825）充如清甲副使，回国后升承天府丞，调广南协镇，寻遭贬谪。明命十二年（清道光十一年，1831）再次北使，回国后被派往荷属东印度。著作除《华轺吟录》外，尚有《华轺续吟》《辀轩丛笔》《洋程详见》《历朝宪章类志》《皇越舆地志》等。此诗作于潘氏第一次北使去程，原题"安"误作"得"，旁注"安"字，今取"安"字。题注云："在县城外灵渠上。"有评："茂叔有灵，当引先生生薄知己。"评者为中国文士李春暄。

此诗主题即抒发对周敦颐的景仰之情。开篇即以"千载渊源孰阐明"发问，又自问自答，表明实为仰仗周敦颐。值得一提的是颈联，因为从题名来看，潘辉注没有进祠拜谒，可能只是在船上远观，并不知晓祠中景象，所以如写霁色、芳草、流光、绿溪等景象,看似真实,其实纯出想象,此处用的是虚写,咏周敦颐不除庭草、吟风弄月典故。尾联表明自己使者身份,并说明作诗缘由,即"颂景行",表达对其敬仰之情。

5.恭题周子庙留刻

大宋阐文日,濂溪唱道初。

渊微探造化,秘奥发图书。

三古心源溯,千秋理薮疏。

草庭风范在,遗庙仰灵渠。

此诗选自阮攸《星轺随笔》,《集成》第16册,第117页。阮攸(1799—?),原名保,字定甫,号九真,一号靖山,清化农贡人。嗣德元年(1848)进光禄寺卿,同年任如清乙副使一职。其外祖潘辉益及二位母舅潘辉注、潘辉咏均曾出使清朝,留下燕行文献。

此诗即作于阮攸北使途中。题注:"庙在兴安县城灵渠上。"全诗推崇周敦颐,盛赞其功绩,但诗的整体水平较其他咏濂溪诗作稍显逊色。颈联用的是倒装的句式,正确的语序应当是"心源溯三古,理数疏千秋"。这与杜甫诗中常用的手法很接近。如《秋兴八首》其八:"香稻啄余鹦鹉粒,碧梧栖老凤凰枝",《陪郑广文游何将军山林》其五:"绿垂风折笋,红绽雨肥梅"。

6.兴安谒周濂溪先生祠

末学迷其趋,卓尔莲花峰。

图书独妙悟,秘奥开鸿蒙。

乐处寻孔颜,静趣观月风。

遗庙一庭草,依然交翠葱。

此诗选自裴文禩《万里行吟》,《集成》第21册,第230页,作于去程。裴文禩(1832—?)字殷年,号珠江、海农、逊庵,河内里仁府金榜县人,清光绪二年(1876)以正使身份使清。

颔联"独""开"二字贴切。"独"表明其学问为千载之下独得,"开"却为启蒙后人,两相对比,更表明周敦颐发明理学、开示后人的伟大功绩。尾联以祠中草色青翠联想到周敦颐不除庭草典故,表明理学传至今日,仍生生不息。这首诗的难得之处在于裴文禩出使时在光绪年间,但仍尊崇周敦颐,说明越南对以儒学为主流的汉文化的尊敬还没有受到时风影响。

以上六首吟咏,其共同主题有两个方面的体现:

其一为赞扬周敦颐著书立说,为往圣继绝学,泽被后人。这与中国历史上对周敦颐的评价完全是相符的。前文所引赵崇宪《濂溪书院成开讲祝文》即是如此。又朱熹《奉安濂溪先生祠文》:"惟先生道学渊懿,得传于天。上继孔颜,下启程氏。"又《宋史·道学传》序云:"两汉而下,儒学几至大坏。千有余载,至宋中叶,周敦颐出于舂陵,乃得圣贤不传之学,作《太极图说》《通书》,推明阴阳五行之理,命于天而性于人者,了如指掌。"

其二表现出对周敦颐事迹及学问的熟知。周敦颐曾居于庐山莲花峰,筑濂溪书堂。度正《周敦颐年谱》:"嘉祐六年辛丑,先生迁国子监博士,通判虔州,道出江州,爱庐山之胜,有卜居之志,因筑书堂于其麓。堂前有溪,发源莲花峰下,流合湓浦,先生濯缨而乐之,遂寓名以濂溪。"黎贵惇、裴文禩均咏及。

诗中咏及周敦颐事,有其令二程寻孔颜乐处、不除庭草、吟风弄月等故事,似信手拈来,却端庄恭敬,足见使者学问之深厚及追慕先贤之诚。以不除庭草为例,六首中有四首咏及。阮偍"草庭风范在,遗庙仰灵渠",裴文禩"遗庙一庭草,依然交翠葱",二人在诗末直接道出,表达无尽追思;阮宗窐"千古道心溪有月,四时生意草尝春",潘辉注"霁色无边芳草翠,流光不尽绿溪清",二人均以庭草与濂溪相对,工整自然。而不除庭草故事,中国历代诗人亦多吟咏。宋吴锡畴《春日》:"一窗草忆濂溪老,五亩园思涑水翁。"宋翁森《四时读书乐·春》:"读书之乐乐何如,绿满窗前草不除。"宋赵汝腾《寿史刑使》:"今兹仗斧更仁厚,庭草不锄生意足。"明凌云翰《赠周宗性龙成教谕》:"不除庭草留春色,重采池芹带雨香。"清魏学诚《夏日小斋即事得八绝句》其一:"解得不除庭草意,漫将松菊拟陶家。"

周敦颐吟风弄月典故,前文引度正《周敦颐年谱》已说明。其实周敦颐诗中还有不少说到风月,如其《题濂溪书堂》:"倚梧或欹枕,风月盈中襟。"又云:"元子与周子,相邀风月寻。"又二程曾问学于周敦颐,《二程遗书》载程颢曰:"诗可以兴。某自再见茂叔后,吟风弄月以归,有'吾与点也'之意。"

（原载 2014 年第 12 期,作者单位:陕西师范大学）

宋元明清时期周敦颐研究状况概述

✳ 周建刚

周敦颐享有"理学开山"的名声,历史上对他的研究著作众多,评论也众说纷纭。在整个宋、元、明、清时期,对周敦颐的研究状况可以用"理学主导型"进行概括。如果进一步分析,可以分为如下三个重要阶段:一是南宋时期,朱熹毕生研读周敦颐的著作,并以之为逻辑起点建立自己的本体论哲学体系,这期间虽有"朱陆之辩",但朱熹对周敦颐思想的解读还是占据了主流地位;二是元明时期,由于程朱理学在当时被树为正统,元明儒生基本上是从朱熹的角度来理解周敦颐的思想,并在一些细节之处有所补充;三是明末清初时期,由于反理学思潮的兴起和考据学的萌芽,学者多从反思理学的角度对周敦颐《太极图》提出批评,并提出各种证据论证其渊源与释道有关。

周敦颐研究中一个比较突出的特点是:周敦颐现存的主要著作是《太极图说》和《通书》,但在研究过程中,学者们普遍较为关注《太极图说》而忽视《通书》,特别是关于《太极图》的渊源问题,成了周敦颐研究中的一个热门话题。这一现象的出现是因为朱熹的理学思想体系是以《太极图说》中的"无极而太极"为逻辑起点的,由于朱熹在理学史上的巨大影响,尊崇朱熹者必推崇《太极图说》,而反对朱熹者也必须从《太极图说》寻找缺口,进而推翻朱熹的整个思想体系,这就造成了《太极图说》为历代学者所关注的特殊现象。相对来说,对《通书》的关注则较少一些,历代学者对它的评价也比较一致。

一 宋代时期周敦颐研究概述

周敦颐在整个北宋时期声名并不显赫,他的同时代人黄庭坚对他的评语是:"人品甚高,胸中洒落,如光风霁月",潘兴嗣称他:"善谈名理,精于《易》学",蒲宗孟则称他"生平襟怀飘洒,有高趣,常以仙翁隐者自许",这些评论除潘兴嗣稍及其学术外,其它都是关于他的人品和生活情趣。当时的人们只是把周敦颐作

为一名"高士"来看待,很少有人认识到他的学术思想的价值,因此朱熹曾说:
"濂溪在当时,人见其政事精绝,则以为宦业过人;见其有山林之志,则以为襟怀
洒落,有仙风道骨,无有知其学者。"[1]2357这一情况直到南宋初年才有所改变,湖
湘学者胡宏在《通书序略》中盛赞周敦颐说:"今周子启程氏兄弟以不传之妙,一
回万古之光明,如日丽天,将为百世之利泽,如水行地,其功盖在孔、孟之间
矣!"[2]317至此学者对周敦颐的学术思想开始有所认识。南宋学者中对周敦颐研
究用力最深的当数朱熹,他明确宣称《太极图》为周敦颐自作,二程的学术渊源
于周敦颐,因此周敦颐实为北宋道学的开创者。他在《江州濂溪书堂记》中称周
敦颐"不由师传,默契道体,建图属书,根极领要。当时见而知之有二程者,遂扩
大而推明之,使夫天理之微,人伦之著,事物之众,鬼神之幽,莫不洞然毕贯于一。
而周公、孔子、孟氏之传,焕然复明于当世"[3]172,将周敦颐说成是孔孟的传人、二
程的前导,可谓推崇备至。

　　朱熹研究周敦颐的成绩有二:一是编定了周敦颐的著作,二是注释了《太极
图》《太极图说》和《通书》。周敦颐的著作文字精练而含义深远,其本意颇不易
把握。关于《太极图说》的首句有两种意义不同的说法:一是"无极而太极",二
是"自无极而为太极"(或"无极而生太极"),这两种说法都有各自的版本依据。
如果根据第一种说法,周敦颐的《太极图说》阐述的是一种本体论哲学(Ontolo-
gy);而根据第二种说法,周敦颐《太极图说》阐述的就是一种宇宙生成论思想
(Cosmology)。本体论研究万事万物之"所以然",其研究对象是超经验的本体世
界;生成论则探索宇宙的形成、演化过程及其发生机制,其研究对象是经验性的
器世界。朱熹自身的哲学体系是一种本体论的哲学思想,他从自己的角度出发,
在解读《太极图说》的首句时选取了第一种版本的"无极而太极",并将其解释为
"无形而有理",从而使"太极"成为"理"的代名词,以诠指超经验的形上本体,而
阴阳五行之下才是经验性的形下之"气"。朱熹这样的解释显然更符合自身本
体论哲学架构的需要,但对于周敦颐的思想而言,则是一种创造性的诠释,与其
学说的本意并不一定符合。

　　朱熹与陆九渊曾有"无极太极之辩",这对于周敦颐思想研究而言有着重要
的意义。在这一论辩中,二陆认为《太极图说》言"无极"而《通书》不言"无极",
因此《太极图说》与《通书》不类,疑非周敦颐所作;同时"无极"的概念出自道家,
不应加于"太极"之上。对此朱熹则力辩"无极"是形容"太极"之"无形",《老
子》的"无极"则是"无穷"之义,二说迥然不同,周敦颐提出"无极"的概念是其

理论上的独特贡献,并非毫无依据。朱陆之辩是由于双方的学术立场不同而造成的,但也由此开始有人对《太极图》的来源和性质产生怀疑,并不断追索,使其成为学术史上的一大公案。

南宋时期朱熹的弟子和后学基本上遵从师说,从"理气论"的角度阐释周敦颐的思想,如陈淳的《北溪字义》、黄震的《黄氏日抄》以及真德秀、魏了翁等人的文集中都有一些章节或单篇的文章论及周敦颐的著作和思想。特别是魏了翁于宋宁宗嘉定十三年(公元1220)为周敦颐请谥并得到朝廷的批准,由此奠定了周敦颐学说的"官学"地位。此外,南宋时期各地纷纷建立周敦颐祠堂,在朱熹等人的带动下,南宋学者为周敦颐祠堂作了大批的"祠记",这些"祠记"也涉及对周敦颐思想的评论,是研究周敦颐学说的宝贵资料。

二 元、明时期周敦颐研究概述

元明时期是程朱理学盛行的时期,这时的理学家大都属于程朱一派,因此对于周敦颐思想的认识和评论也基本上与朱熹一致,但在一些细节之处如"理气动静"说方面也不乏自己的创见。明代阳明心学兴起后,对周敦颐还是相当推崇的,但心学一派的学者不注重著书立说,他们除了有一些零散的言论之外,没有对周敦颐进行过系统性的研究。

元代学者中,吴澄、许衡、刘因等人都有一些文章或书信论及周敦颐的思想,而他们的评论也主要集中在《太极图说》上。刘因的《太极图后记》主要考辨了《太极图》的来源问题,许衡的《答或人问》则分析了有关《太极图说》的四个理论问题,吴澄在《答海南海北道廉访副使田君泽问》《答王参政仪伯问》《无极太极说》中分析了周敦颐"无极"观念与道家"无极"观念的不同。吴澄在理论上有一定的创新性,他重申朱熹的立场以"太极"为"理"而非"气",但同时也稍稍修正了朱熹的"理先气后"观念,认为理与气一时俱有、不分先后,这反映出元代理学虽然主要承受朱熹的影响,以"理"为中心范畴,但也逐渐开始重视"气"的作用。

明代理学家曹端的《太极图说述解》和《通书述解》是继朱熹之后注释周敦颐著作最为著名的作品。曹端是一个身体力行型的理学家,他的这两部书在思想方面虽然没有超出朱熹的范围,但融会了自身的生命体悟,同时文字流畅简洁,历来为理学家作为初学者的入门之书,有着广泛的影响力。曹端在《太极图说述解》的篇末附有《辨戾》一文,对朱熹"太极自不会动静"的观点和"理之乘气也,犹人之乘马"的比喻进行了辩驳,被后人称为"朱子之功臣"。

明代蔡清的《虚斋三书》中有《太极图说》,是蔡清依据朱熹的注释对周敦颐《太极图说》进行的注解。蔡清也基本上尊奉朱熹之说,但他反对"理能生气"和"理先气后",提出"尽六合皆气也,理则只是此气之理",在这一点上他已初步接近了"气一元论"的立场。

明代学者中王廷相旗帜鲜明地反对朱熹以"太极"为"理",他在《太极辩》一文中指出"太极"就是天地未判时清虚混沌之元气,是物质性的存在,"理"则是"气"之条理和规律,不能先于"气"存在,宋代理学家以"太极"为理实为颠倒之论。

明代心学学者对周敦颐的思想也有所评述,但为数不多。其中江右王门的胡直有《太极图说辩》一文,比较系统地对周敦颐《太极图说》进行了分析。胡直在文中重提南宋时的"朱陆之辩",并支持陆九渊的观点,认为《太极图》和《太极图说》均非周敦颐所作,是陈抟的门人弟子所伪托。明代心学家虽然对朱熹有所不满,但一般来说并不反对周敦颐的《太极图说》和《通书》,这一点和南宋的陆象山一派是有区别的,因此胡直的《太极图说辩》所持观点在明代心学中也很罕见。

元、明时期的理学家在他们的论著中一般都会提到周敦颐的学说,但总的来说,都是宗奉朱熹的理论,没有多少自身的特色。个别比较有创造性的思想家如元代的吴澄、明代的曹端、蔡清、薛瑄等人,他们在阐释《太极图说》时,尽管在总体上还是遵循朱熹的理论框架,以"太极"为理,"阴阳"为气,但他们对理气关系的认识和朱熹已有所不同。朱熹极端重视形上和形下之分,他认为理是精神性的本体,理在存有次序上优先于气,而吴澄、曹端、蔡清、薛瑄等人则逐渐开始重视"气"这一范畴,他们普遍认为"理先气后"是说不通的,所谓理只能寓于气中而不能先于气存在。顺着这一逻辑推导下去,就出现了王廷相的"太极元气说",这一理论彻底推翻了朱熹对《太极图说》所作的阐释。元、明理学家对周敦颐思想的解说反映了理学在当时的发展态势,一方面是朱熹理学笼罩一切,几乎垄断了对周敦颐思想的解释权;另一方面由于朱熹理学思想中的某些内在矛盾,其理论体系也不断受到一些学者的修正以至于攻击,正在出现瓦解之势,他对周敦颐思想的解释也不再被奉为金科玉律,对周敦颐思想的研究逐渐进入了一个新的阶段。

三 清代时期周敦颐研究概述

明清之际,国家沦亡、华夷易位的现实悲剧给知识分子造成了心灵上的切肤之痛,并由此引发了思想界的剧烈震荡。当时的精英知识分子试图从文化根源上探讨造成这一悲剧的原因,他们一方面对理学进行反思和批判,另一方面则试图从原始经典中寻找根据以重新恢复儒学的"经世济民"精神。在这一过程中,考据学渐次萌芽,而程朱理学的权威则逐渐没落。清初的考据学者在研究周敦颐的学说时,对《太极图说》和《通书》的思想多不感兴趣,他们主要是从历史上寻找各种证据,以证明周敦颐的《太极图》来源于释、道两家,并进而证明以朱熹为代表的整个宋明理学都不是纯正的儒家思想。清代初年学者对周敦颐学说的研究大致就是从这个方向出发的。

清初学者研究周敦颐学说的重要论著有黄宗炎《图书辨惑》中的《太极图说辩》、毛奇龄的《太极图说遗议》、朱彝尊《曝书亭集》的《太极图授受考》,张惠言的《易图条辨》中也有一部分内容分析了《太极图》的来源问题。

黄宗炎在《太极图说辩》中指出周敦颐的《太极图》源自道教人物河上公的《无极图》,经过宋初的陈抟、种放、穆修再传授给周敦颐,周敦颐将"逆则成丹"的《无极图》改造成"顺则生人"的《太极图》,再配以《太极图说》,成了宋代理学的理论根据。

毛奇龄在《太极图说遗议》中追溯周敦颐《太极图》的来源,他从东汉魏伯阳的《周易参同契》中找出"水火匡廓"和"三五至精"两幅图,认为这是《太极图》最原始的来源,同时他又从《道藏》中找出一幅据称是唐代作品的《太极先天之图》,并宣称《太极先天之图》就是周敦颐《太极图》的直接前身。毛奇龄另外还认为周敦颐《太极图》与唐代佛教的《十重图》也有关系。

朱彝尊在《太极图授受考》中基本上是综合黄宗炎和毛奇龄的说法,他认为考诸《道藏》和唐人诗文,唐代时就有了类似周敦颐《太极图说》的说法,其后陈抟在华山将《无极图》刊诸石壁,周敦颐则将陈抟的《无极图》颠倒次序而改造为《太极图》。同时朱彝尊还考证了二程与周敦颐的师承关系,认为其事不确,二程之学与周敦颐并没有直接的关系。

清初学者几乎一致认为周敦颐的《太极图》并非自作,而是出自释道,除了上述黄宗炎、毛奇龄、朱彝尊三人外,胡渭的《易图明辨》、李塨的《周易传注》中也直接或间接地认可这一判断。但清代学者中也有人对这一论断提出异议,乾嘉时期以研究"虞氏易"而著名的经学家张惠言曾著有《易图条辨》一书,在对《太极图》进行辨析时,他驳斥了毛奇龄和朱彝尊的观点,认为没有充分的证据可以说明周敦颐的《太极图》来源于道家,同时朱彝尊等人在论证过程中有使用伪证的嫌疑。

此外,王嗣槐的《太极图说论》也分析了周敦颐《太极图》的来源,他在考证方面没有提出什么新的材料,只是引述毛奇龄的观点,认为《太极图》源于《周易参同契》的"水火匡廓图"和"三五至精图",因而整个《太极图说》反映的都是"佛老二氏"的思想,与儒家的"圣人之教"不合。但王嗣槐一方面反对《太极图》和《太极图说》,另一方面又企图维护周敦颐和朱熹的道统地位,他认为《太极图》和《太极图说》是陈抟所作,周敦颐仅是转述者,同时朱熹对《太极图说》的注释将其"引归儒门",有效地削弱了《太极图说》中佛道思想的成分。王嗣槐的《太极图说论》篇幅很大,论证也颇为繁琐,但在考据方面没有新的贡献,个人观点也不突出,因此在当时和后世的影响都不大。

清代学术虽然以考据学为主流,但当时的理学也还在继续传承,并且依然占据着官方意识形态的地位,只是再没有元明理学在学术界如日中天、一统天下的局面了。在清代的理学家中,也出现了一批研究周敦颐的论著,如李文照的《太极解拾遗》和《通书解拾遗》、王明弼的《周子疏解》、崔纪的《读周子札记》、陈兆成的《太极图说注解》、孙子昶的《太极集注》等,此外,李光地、陆陇其等人的著作中也有部分评论周敦颐思想的内容。但总的来说,清代理学已经没有多少理论创造的能力,这批著作也仅是重复朱熹和元明理学家的论点,鲜有个人的真知灼见,因此在学术界几乎没有什么影响。

清代学者研究周敦颐的成绩主要体现在考据方面,黄宗炎、毛奇龄、朱彝尊等人的观点对后世学者有很大的影响,几乎被奉为定论。但从思想史的角度来看,他们身处明清之际理学衰落的时代,其主观动机是为了借论证《太极图》源出佛道来推翻整个宋明理学、特别是程朱理学的理论体系,为新的学术形态之出现作"筚路蓝缕"的工作。在这样的情况下,他们的考证很难做到完全的客观公正,其中不乏以偏概全之处。清代学者的意见只具有思想史上的意义,并不能作为考据方面的定论,关于《太极图》来源问题,近现代的学者还在不断的探索之中。

参考文献：

[1][宋]黎靖德.朱子语类[Z].北京:中华书局,2007.

[2][宋]胡宏.通书序略[A].周文英.周敦颐全书[C].南昌:江西教育出版社,1993.

[3][宋]朱熹.江州濂溪书堂记[A].湖南省濂溪学研究会.元公周先生濂溪集[C].长沙:岳麓书社,2006.

（原载 2012 年第 2 期,作者单位:湖南省社会科学院）

海外周敦颐学术研究概况

✳ 谭小宝 ●

　　"北宋五子"之首的濂溪先生,是宋代著名的哲学家,其思想广泛流传,对其以后七百年的学术发生了广泛而深刻的影响,他的《太极图说》《通书》成为理学的经典,其中提出的无极、太极、阴阳、五行、性命、动静、无欲等一系列范畴,成为宋明理学的基本范畴。随着历史的推移,儒学的发展,周子学也远播海外,涉及到亚洲的韩国、日本、越南,以及欧美的德国、法国、美国等地。特别是东亚国家,儒家思想曾占据过统治地位,其影响就更大。

　　港台对周敦颐的研究颇为深入,包括了周子思想的大多数方面,其中不乏热点问题的探讨,诸如论太极图之源、论濂溪学的缺陷等。钱穆、唐君毅、牟宗三、劳思光等人的著述里多有涉及周敦颐哲学的方面,从宇宙论,认识论,人生修养等方面的论述居多。钱穆的《双溪独语》和《周濂溪通书随札》[1]分别就《太极图说》中的无极,太极,立人极和《通书》中有关性与天道,志与学,思与无思,体用与有无,礼乐,淡与不躁,物与神,新与旧等进行讨论。在唐君毅先生著的《中国哲学原论·原教篇上》(新亚研究所 1977 版,45–46 页)对周元公的太极阴阳进行分析。牟宗三先生《心体与性体》[2]论及阴阳之气与太极之关系。劳思光先生的《新编中国哲学史》[3]从宇宙论的角度分析了濂溪学之架构。在港台对濂溪学研究较多的还有香港人文哲学会方世豪先生,他有研究论文《知幾其神——周敦颐工夫论解析》《天道即人道——周濂溪的天道论总说》《周濂溪对"乾元"本体宇宙论意义之解析》《阴阳太极——周濂溪的宇宙论解析》等。罗光《中国哲学思想史》第二章《周敦颐的哲学思想》[4]对太极等范畴进行了精辟系统论述。陈郁夫著有《周敦颐》[6],全书计八章,尤为突出的是,其对濂溪学"精微"的价值和"远人"的缺陷的论述。他认为"道不远人。人之为道而远人,不可以为道"(《中庸》),以此衡量濂溪学,"主静"则"远人"了。儒家关心的是今世的福祉,以人的安身立命为中心,子曰:"老者安之,朋友信之,少者怀之",因此以不离人性人情为原则,超俗离世被儒家视为"索隐行怪";以《太极图说》"动而生阳,静而生阴"的理论,"阳"主光明、理性,这是易学公论,实际上产生不出"主静"的理由,这显然是周敦颐受道家佛家影响,这种"主静""远人"不是"夫妇之愚可以与知焉"的"人道",反而是隐微的"天道",因此他认为濂溪所立的不是"人极"而是"天极"。台湾国立中央大学教授张德麟著有《周濂溪研究》,比较全面的分析了周敦颐著作的哲学思想、文学价值。华梵大学哲学系杜保瑞之《周濂溪境界哲学进路的哲学体系探究》一文从濂溪为一境界哲学进路的儒学体系建构,论说圣人境界的理论目标。这一改牟宗三先生及劳思光先生从形上学进路探究濂溪学之方式,并非论说周敦颐不建构形上学,而是将境界哲学纳入形上学体系中,并由之更清晰的看到周濂溪的理论重点。Ralf Moritz 有研究论文《人德与世道——周敦颐研究》[6]。

港台学者对濂溪学的研究是多方面多角度的研究,而且也多有涉及当今濂溪学研究中的热点问题,立论角度、审视范围都值得我们重新探究。

韩国是世界上受儒家学说影响最深的国家之一。在儒家思想价值观的影响下,无论是在政治、思想、教育、文化,还是在风俗习惯等方面都打上了儒家思想的烙印。新文罗神文王二年(682年),建立国子监。高丽时期以佛教为国教,至李氏朝鲜时期,崇儒排佛。1289年,高丽儒学提举安珦(1243–1306年)随忠烈王访问元朝时,在元大都(今北京)见到《朱子全书》,认为此书是"孔门正脉",立即全部抄录下来,并且还摹写孔子、孟子、周元公、朱子等人画像,携带回去在高丽传播。[7]受中国立孔文庙的影响,朝鲜也祭祀儒学大家。根据史料记载,朝国大规模的祭祀孔子等先贤始于高句丽小兽林王二年(372年),这一极为隆重的仪式在国学文庙举行。朝鲜王国的李朝时代,这一大典在成均馆举行,场面更加壮观。成均馆设有文庙,其文庙主体结构也是大成殿,正中是孔子圣像,左右两边为四配像。大成殿和拜殿两侧还有东庑和西庑,祭祀大批古儒者,其中就有周敦颐。至李肃宗四十年(1714年),周元公从大成殿祭祀,可见其在韩国儒学界的地位得到逐渐重视和提高。至现在,朝国祭祀依然较频繁,每年农历二月和八月的第一个丁日,都会大规模祭祀。在濂溪学术的研究方面,成均馆大学东洋哲学家教授、韩国退溪学研究院院长安炳周先生,以及成均馆大学儒学大学校长李东俊等人都有涉及。柳承国的《韩国的儒教》(世宗大王纪念事业会,1976年版),河谦镇的《东儒学案》(1970年刊行),对周濂溪之学也特作分析。韩国留学生刘承相在陈谷嘉老师的指导下,写出了颇有价值的《濂溪太极图说探源考辨》,引用大量历史资料,在李申研究的基础上对周氏《太极图》的渊源进行了详尽而全面的考辨。

在越南,周敦颐被越南儒学者奉为理学开山祖师。在何成轩先生的《儒学南传史》(北京大学出版社出版)论述了儒学在我国两广、海南地区传播,并进而向越南传播的历史。陈太宗元丰三年(1253 年)将濂溪列为亚圣,绘像奉祀,越南的重要佛典《道家源流》也多处援引周敦颐的事迹和言论。从陈朝末年(14 世纪末)开始,儒学在越南取得主导地位,其形态主要就是宋明理学,因此,周敦颐被儒学者高度重视。其学术研究如后黎朝阮秉谦等人(1491–1585),对周敦颐颇为推崇。在儒学传入越南北部和中部地区时期,已然出现陈钦等一批儒家学者,在周敦颐亲赴岭南宣扬理学,儒学向南渗透更深,因之更兴,成为越南的思想主流。

日本最早释祭儒者见于日本古代史书《续日本纪》中记载的文武天皇大宝元年(701 年)。13 世纪,中国宋学开始传入日本,以义理为主的新儒学逐渐取代以训诂为主的旧儒学,成为日本儒学发展的主流。[8]宋学传入日本,滥觞于中日神僧的交往。日僧俊芿浮海游宋,于 1211 年归国,除携带大量佛经外,尚有儒道书籍 256 卷,其中就有周敦颐的著作。其后经玄惠法印开讲宋学,宋学在日本渐渐高扬。明朝遗臣朱舜水编写《学宫图说》,为德川光国设计文庙,其按唐代祭祀样式,主要祭祀至圣先师孔子及颜回,以及闵子骞、冉伯牛等九哲,七十二弟子,二十二贤人,其中包括周敦颐。[9]有关濂溪学术的研究方面,日本延宝六年和八年(1678、1680 年)有《太极图书》刻本(引见山崎嘉编《周子书》),延宝八年还有《通书》一卷刻本。文化三年(1806 年)又有《太极图说解》刻本。[10]另在梁绍辉先生著述的《周敦颐评传》凡例中有周敦颐日文研究书目 82 种,研究论文 20 篇。此外,久留米大学教授荒木见悟,专攻宋明思想史,著有《佛教与儒教》等,其中对周敦颐颇有研究。在日本闻名的华侨学校"时中学校"中国文化资料库存中,也收藏有周敦颐的个人资料。

上面我们涉及的是亚洲文化圈,事实上周敦颐的思想也远播欧美。在美国,加州 Kenyon 大学教授 Joseph A·Adler 是汉学专家,其在 1994 年翻译了周敦颐的《通书》(*TUNG – SHU*),并有周敦颐的研究论文多篇,如 *Response and Responsibility*:*Chon Tun – i and Neo – Confucian Resources For Environmental Ethics* 等。杜维明的《何为儒家之道》(彭国翔译)中也对"周敦颐发展了宇宙大化和人的道德关系的人文主义"进行了剖析。在台湾国立中央大学研修的美国留学生鲁乘(Lu – Shon),也翻了《爱莲说》(*Thoughts on the love of lotus Flower*)。德国学者艾士宏(1899 - 1991),蒂宾根大学汉学系创始人,1927 年至莱比锡大学东亚系研究汉学,师从艾克斯,在 1932 年翻译出版了周敦颐的《通书》。同年到中国留学,师事张君劢,冯友兰,胡适等,其对周敦颐在宋明理学中的地位推崇备至。梁绍辉先生著述的《周敦颐评传》凡例中有德文版《太极图》《周子通书》4 种,此处不赘述。

周敦颐的思想影响深远,《宋元学案》续编者黄百家在《濂溪学案》中对周敦颐评价为"若论阐发心性义理之精微,端数元公之破暗也",谓其有"破暗"之开理论先河的地位。随着中国文化的世界传播,宋明理学更是受到世界学术界的重视,而周元公的著述自然是研究理学的起点。综括海外研究的状况,周敦颐哲学思想的研究主要涉及其宇宙论体系的建构、人道、濂溪学价值等方面,也有涉及工夫论,濂溪学的理论缺陷,伦理学等方面。在文学方面主要是对周敦颐《爱莲说》的翻译研究。当然,对于周敦颐的研究在海外绝不止于此,伴随着儒学的传播历史,周敦颐的学术思想也逐渐发扬光大,这里只是窥其一斑,但已足见其思想在世界范围的影响。

注释:

[1]见《周敦颐全书》江西教育出版社,卷四,第 243 - 257 页。

[2]正中书局 1987 年版,第 327 页。

[3]卷三上册,台湾三民书局,1990 年 11 月六版。

[4]见《周敦颐全书》江西教育出版社,卷四,第 257 - 268 页。

[5]东大图书公司 1990 年印行。

[6]台湾中央研究院中国文哲研究所,第 8 卷第 3 期,1998 年 9 月出版。

[7]见沈立新《精释世界史——绵延千载的中外文化交流》,中国青年出版社,1999 年版,第 311 页。

[8]《儒佛道与传统文化·文史知识合刊》,中华书局,1990 年版,第 105 页。

[9]见沈立新《精释世界史——绵延千载的中外文化交流》,中国青年出版社,1999 年版,第 327 页。

[10]见梁绍辉《周敦颐评传》,南京大学出版社,1994 年版,第 416 页。

(原载 2005 年第 9 期,作者单位:湖南师范大学)

21 世纪以来周敦颐研究述略

✳ 郭天祥　黄群昂

　　宋代哲学家、理学创始人周敦颐在中国思想史上占有重要地位,具有广泛而深刻的影响。自北宋以来,周敦颐一直是学术界关注和研究的重要思想家之一。进入新世纪以来,国内周敦颐研究持续走热,成果丰硕。据不完全统计,十多年来,出版有杨柱才、郑晓江《周敦颐哲学思想研究》(人民出版社 2004)、吴兴勇等《周敦颐的著作及其研究》(湘潭大学出版社 2008)、周建刚《周敦颐研究著作述要》(湖南大学出版社 2009)等专著四五部,发表学术论文 200 多篇。回顾综述近十多年来周敦颐研究的主要成就和研究动态,相信必将有助于促进周敦颐研究的不断深化。

　　纵观 21 世纪以来的周敦颐研究,可谓硕果累累,而且研究方法多样,视角新颖,领域宽广,多姿多彩。当然也存在一些问题,譬如一些论著不够严谨,观点陈陈相因,缺乏新意等等。这些都是今后应该注意的。

一　《太极图说》与《通书》文本研究

　　新世纪以来,一些学者对周敦颐主要著述《太极图说》与《通书》文本的研究,仍然具有浓厚的兴趣,并取得了不少成果。在《太极图说》研究方面,杨柱才《周敦颐〈太极图说〉儒道解之比较研究》,通过对朱子注解和李道纯注解的比较,具体地探讨了儒道之间的互动关系(《南昌大学学报》2001 年第 1 期)。曹树明、田智忠《〈太极图〉与〈太极图说〉之"五行说"比较研究》,以朱震所列《太极图》"动阳"二字的标准为突破口,对比严甲《六经图》和《道藏周易图》及朱熹等人改造过的流变图,结合周敦颐《太极图易经》及《易通》的文字叙述,考证了周敦颐《太极图》的原貌(《周易研究》2003 年第 4 期)。王诚《周敦颐〈太极图〉源流考辨》,抓住周敦颐《太极图》的著作权问题这个中心线索,认为记载周敦颐著作最早最可靠的材料应该是其墓志(《船山学刊》2009 年第 3 期)。田智忠、黄宏海《〈太极图〉与〈太极图说〉之关系再考察》，批判了许多人认为的"传图者必传说"的观点，提出周敦颐可能只是作了《太极图说》而非《太极图》，或者说长期以来周敦颐秘传的只是《图》，而《说》则是一直公开的(《山东大学学报》2010 年第5 期)。汪剑、和中浚《周敦颐〈太极图说〉对中医学学术思想发展的影响》，则从医学角度探讨了其价值，认为《太极图说》是朱丹溪"相火论""阳有余阴不足论"和明代温补学派"命门学说"的学术之源，开中医学探求生命本源的风气，是"太极命门"的立论根据(《南京中医药大学学报》2006 年第4 期)。

《通书》文本研究论文相对较少。张官妹《周敦颐的〈通书〉成文于何处》认为，周敦颐的《通书》是他思想成熟后的作品，应是在邵州、永州讲学的文稿，而他在永州通判任上也有时间有精力整理《通书》成文(《开封大学学报》2004 年第4 期)。刘鹿鸣《〈通书〉文本的历史真相》认为，《通书》在义理上兼有《易》和《中庸》的思想，而文本上的直接依据则是《中庸》，写作目的不仅是为了诠释《易》之性理大义，也是为了诠释《中庸》的成德之道，即通过严谨的文本结构隐含地表达儒家成德之道的为学境界次第，再现《中庸》的内在义理(《安徽大学学报》2011 年第6 期)。徐洪兴《周敦颐〈通书〉、〈太极图说〉关系考——兼论周敦颐的本体论思想》，则重点考察了《太极图说》和《通书》的两书关系，进一步肯定了牟宗三《通书》比《太极图说》重要的观点(《中国哲学史》2000 年第4 期)。

二　周敦颐哲学思想研究

新世纪以来的周敦颐哲学思想研究，当首推杨柱才、郑晓江著《周敦颐哲学思想研究》(人民出版社 2004)一书，她是 20 世纪以来对周敦颐哲学思想进行系统研究的一部力作。全书分为上下两篇：上篇考察周敦颐的著作，主要是对《太极图》的渊源和流变问题进行梳理；下篇系统讨论周敦颐的哲学思想，既注意结合北宋中前期的学术思想状况探求其本意，又重视结合理学的历史发展过程考察其影响。是一部值得一读的好书。

(一)本体思想研究

徐洪兴《周敦颐〈通书〉、〈太极图说〉关系考——兼论周敦颐的本体论思想》认为，周敦颐努力尝试从本体论角度建立儒学的宇宙论和心性论，使儒学能够开始真正从本体论层面上回应来自佛道二教的挑战，并且为宋明理学初步提供宇宙本体和道德本体的理论框架(《中国哲学史》2000 年第4 期)。李禹阶《周敦颐〈太极图·易说〉的理学本体论意义》认为,周敦颐《太极图·易说》在理学本体论建构上具有重要的理论价值:一是其非人格化的本体思想;二是首次较为系统地将性、气有机结合,改变了千余年来汉学机械被动的宇宙发生论;三是首次确立了理学人性论的本体论内涵,使其更具有思辨的色彩(《重庆师院学报》2002 年第 4 期)。何善蒙《周敦颐:儒学本体论思维向度的开启者》一文认为,周子虽曾出入佛道,但他学术的最终旨趣在于儒学,"无极"是其儒学宇宙本体论思维向度进入的标志,而"诚"则是其对儒学道德本体论的论证(《青岛大学师范学院学报》2006 年第 1 期)。赵新友《论周敦颐之心性本体论对儒学宋代转型的意义》认为,周敦颐的心性本体论继承了先秦儒家"性与天道"的思想,改变了被汉儒扭曲为政治至上的天人感应论,恢复了原始儒家天人合一思想的内在道德联系(《河南理工大学学报》,2007 年第 1 期)。金维明《试比较老子与周敦颐的本体学说》认为,周子在一定程度上继承了老子的思想,并对老子的宇宙生成过程展开了具体论述,但对整个本体论的深度把握上,与老子有一定差距(《佳木斯大学学报》2007 年第 2 期)。周群林《论周敦颐的"无极而太极"的本体论思想》认为,"无极而太极",既具有本体论之含义,亦具有生成论的含义,这表明周敦颐的思想体系处于向本体论的过渡阶段(《经济研究导刊》2010 年第 1 期)。周群林另一篇论文《"天人合一"本体论的开创者——论周敦颐的"无极而太极"》认为,周敦颐的"无极而太极"的本体论价值,在于它提出圣人境界即是人与"无极而太极"完全合一之境界(《陇东学院学报》2010 年第 3 期)。郑雄《从无极到诚——略论周敦颐本体思想的演变》认为,周敦颐在《太极图说》中以"无极"为本体,体现出对道家思想的吸收。后来经过反思,在《通书》中抛弃了"无极"本体而建构了"诚"本体。从"无极"到"诚"的本体之演变过程,同时也是周敦颐思想走向成熟和对《周易》《中庸》进行诠释的过程(《孔子研究》2012 年第 2 期)。

(二)人生哲学研究

郑晓江《论周敦颐的人生哲学》认为,周敦颐的人生哲学思想主要有两部分:一是政治人生,追求"政事精绝,宦业过人";二是人生态度,主张"孔颜之乐"与"吟风弄月"(《孔子研究》2003 年第 6 期)。其另一篇论文《周敦颐生死哲学探微》认为,周敦颐的生死哲学也主要由二部分构成:一是生死态度,即所谓"今死矣,命也!"二是生死观,即所谓"原始反终,故知死生之说"。这不仅为儒者之积极入世、道德践履的人生观奠定了坚实的基础,更从本根上确立了儒式的生死观(《学海》2006年第2期)。郑晓江《周敦颐的"君子人格"与"君子之政"及其当代价值》认为,周敦颐在《爱莲说》《通书》《太极图说》等著作中对君子人格进行了阐述,认为生命中之道德境界的追求,高于和重于生活中之物质与地位欲望的满足,能有如此体认并能力行践履,便成就了"君子人格",并以这种人生哲学思想指导着其从政实践(《武陵学刊》2010年第3期)。崔伟《周敦颐的人生价值理想及其现代意义》认为,周敦颐的人生价值主要包含两个层面的内容:其一,希贤希圣希天的内圣诉求。其二,因诚借礼凭乐以化成天下的终极人文关切(《湖南工程学院学报》2011年第3期)。

(三)政治哲学研究

黄守红的《周敦颐的社会政治思想》认为,周子的社会政治思想,主张依靠德治和刑治,其本质属性则脱离不开人治(《船山学刊》2002年第4期)。吴静、邱东《论周敦颐以"性"为"体"的社会控制思想》认为,周敦颐的政治社会思想中包含社会控制思想。认为周敦颐在代表作《太极图说》中将天人相交、性(太极)与气合一,奠定了理学社会控制思想的哲学基础,并在此基础上发展了礼主刑辅的外在控制和"立人极""圣人"人格的内在控制思想,从而确定了理学建立主体道德理性进行社会控制的发展方向(《西华大学学报》2007年第1期)。孙晓春、赵荣华《周敦颐〈太极图说〉的政治哲学解读》认为,《太极图说》使得思想家在作为世界本原的"道"与人类社会政治生活必须遵循的道德法则之间,建立起了逻辑上的联系,也使得思想家在更抽象的水平上理解社会政治生活成为可能(《山东大学学报》2010年第5期)。

(四)其他问题研究

尹金欣《周敦颐宇宙生成论的哲学思想探析》认为,周敦颐的哲学思想是从他对宇宙本原问题的探讨中建立和发展起来的(《开封教育学院学报》2003年第1期)。张官妹《"交错"与"交感"的交汇——试论柳宗元、周敦颐哲学思想的一些联系》指出,周敦颐认为宇宙的一切事物都是对立统一的,并提出阴阳互为依存并互为转化(《零陵学院学报》2003年第3期)。权相佑《理一分殊的内涵和周敦颐哲学思想》认为,程颐所主张的理一分殊的内涵是仁义。周敦颐把太极看作是人性和价值理念根据的思想,可理解为理一分殊(《洛阳师范学院学报》2004年第1期)。付长珍《周敦颐境界哲学的视野》认为周敦颐在承续原始儒学精神的同时,汲取佛道境界说的合理因子,创造性地建构起一套系统化的境界理论,由此奠定了理学境界论的基本模式,凸显了理学的主题(《齐鲁学刊》2005 年第 6 期)。此外,张连良《周敦颐"人极"标准思想的哲学意义》(《人文杂志》2006 年第 6 期)、温海明《从认识论角度看宋明理学的哲学突破》(《中山大学学报》2010 年第 2 期)、李丕洋《略论周敦颐圣学观的内在逻辑和思想特色》(《井冈山大学学报》2012 年第 1 期)等,也从不同角度论述了周敦颐的哲学思想。

三 周敦颐和谐思想研究

和谐思想是周敦颐整体思想的重要组成部分,在当今强调构建和谐社会的大背景之下,研究周敦颐的和谐思想更具现实意义。张京华《周濂溪的"和"的思想——〈通书〉论〈乐〉三篇刍议》认为,周敦颐的"和"的思想,继承了古代《乐》所传达的思想,并有发挥。其特色在于周敦颐提出了"用和""中和""和亲""乐和""太和""政和"等独特的概念(《湖湘论坛》2007 年第 3 期)。吴怀祺《太极学说与和谐思维》认为,太极图与太极学说,是中国民族文化融合、更新的产物,是易学的总体的发展,它们都体现了中国人天人和谐的和谐思维(《文史知识》2007 年第 7 期)。冯天瑜《太极图与和谐文化》认为,周子太极图将易道的"流行"与"对待"两大精义生动揭示出来,体现了从社会人生到宇宙万象的多元综合性、互补和谐性、动态演化性。这种特性体现于天人之际,便是人类与自然相亲和,与生态环境的和谐共生(《人民日报》海外版 2007 年 8 月 2 日)。实际上,周子主张的"孔颜乐处",也是其和谐思想的一部分。彭先兵《周敦颐的"孔颜乐处"思想》认为,"孔颜乐处"实质上是一种"见大心态"和"道充身安"的身心和谐状态。社会功用是"蕴之为德行,行之为事业",即以"身心和谐"去实现其时的"社会和谐"。(《南通大学学报》2007 年第 5 期)。杨杰《周敦颐"孔颜乐处"思想新探》认为,周敦颐对"孔颜乐处"的探讨,涉及所乐何处、为何而乐、能乐等哲学问题。这些都从不同侧面体现了其和谐思想(《南昌大学学报》(2012 年第 3 期)。彭路《论周敦颐"乐学"思想在构建和谐社会中的作用》,着重探究了周子思想对构建和谐社会的启迪作用(《湖南科技学院学报》2006 年第 12 期)。周良英《周敦颐"和"思想的当代价值》(2007 年第 12 期),赵四学、李煌明《略论周敦颐"孔颜之乐"的本质及其现实意义》(《理论月刊》2011 年第 4 期),韩丽红《周敦颐和谐思想及现代价值反思》(《牡丹江师范学院学报》2011 年第 2 期),也对周子和谐思想的现实意义进行了阐释。

四　周敦颐的道德修养观研究

人所共知,理学家最重人的道德修养,周子自不例外。吕梁《周敦颐〈太极图说〉的道德修养论》认为,周子强调"主静"的道德修养功夫,认为无欲才能主静,将解决人欲问题作为道德修养的要点,奠定了理学修养论的基本思路,以及强调节制人欲服从天理的基本内容(《吉林师范大学学报》2007 年第 3 期)。朱道忠《论周敦颐的道德教育伦理思想》认为,周子特别强调君主修圣德、纯其心和用贤能,并由此构成其道德修养观(《求索》2001 年第 4 期)。马良信《简论周敦颐道德观的核心——"诚"》,则探讨了诚在周敦颐道德观中的核心地位。认为"诚"是人类产生道德行为的根本原因,圣人之所以能够达到"诚"的境界,就是因为他们的思想中充分体现出"诚"的天性,并使个人的活动规律服从人类社会发展规律,使人类社会的发展规律又遵循宇宙发展的总规律,这就是天人合一(《郴州师范高专学报》2002 年第 1 期)。黄钊《论周敦颐的道德学说及其对宋明理学道德理论的开创性贡献》认为,周敦颐的道德修养观中所强调的尚"中"、贵"诚"、重"公"的道德价值取向,所倡导的"惩忿窒欲""迁善改过"的修身方法,不仅在当时受到广泛的重视,而且在其后也产生深远的影响(《焦作大学学报》2003 年第 2 期)。毛玮豫《周敦颐的修养论略谈》认为,周敦颐的修养思想,首先是修养的必要性;其次是修养的三种主要思想境界;第三是"主静无欲"的修养方法;第四是将这种修养方式视为社会规范(《黑龙江社会科学》2007 年第 5 期)。朱雪芳《论周敦颐的修养观》认为,周子《爱莲说》旨在论述君子之道,《通书》则旨在阐明圣人之道。前者是儒家修养观的基本层次,着重说明如何充实生命、获得生命的本来的意义;后者阐述修养的全体大用,重点说明如何将充实的生命充分展现,让生命变得充实而有光辉(《湖南科技学院学报》2009 年第 10 期)。周欣《周敦颐官德思想探析》认为,周敦颐将"为官重德"视为官德的基本原则,提出官员不仅要"诚心端身",消解内心的妄念,而且要以"仁爱之心",做到"爱民务实",把为人谋利作为思考问题的出发点和落脚点(《船山学刊》2011 年第 1 期)。孙雨嘉《论周敦颐对儒家"慎独"思想的超越》指出,周子《爱莲说》提出了外在环境污浊的情况下,也要能保持自己清廉的节操,这样就扩大了君子的参照系,超越了"慎独"的原意(《湖南行政学院学报》2011 年第 2 期)。这方面的论文还有朱雪芳《周敦颐"诚者圣人之本"》(《湖南科技学院学报》

2005 年第 9 期)、崔华前《论周敦颐道德思想体系之建构及其现代整合》(《安徽教育学院学报》2005 年第 2 期)、《周敦颐的道德精神及其现代价值反思》(《船山学刊》2005 年第 2 期)、张冠湘《周敦颐"诚"的道德观及其现代转化》(《湖南科技学院学报》2005 年第 9 期)等,也很值得关注。

五 周敦颐教育思想研究

近年来对周敦颐教育思想的研究更趋多样化,深度广度也有所拓展。张冠湘《论周敦颐〈通书〉之教育理念》认为,其教育理念表现在立师之道、教育之则、乐教之善诸多方面。并把立师设教提高到"天下治"的高度,强调培养提高人的品性。此外,又在启蒙教育方面,提出"渎则不告""汩则必乱""为而不止""慎其时中"等重要教学原则(《青海师专学报》2004 年第 3 期)。吴艳红、王献敏《论周敦颐的品性论及其教育思想》认为,周敦颐主张通过设师立教,重师友,重教育,达到完美的"中"(《南昌高专学报》2004 年第 3 期)。朱桂莲《周敦颐德育目标思想探析》认为,周敦颐的德育目标思想,主要表现在两个方面:一是追求"万物顺、万民化"的社会政治目标;二是培养"尊天理、明治乱"的圣贤之人的人才目标(《许昌学院学报》2005 年第 1 期)。黄南婷、方红梅《周敦颐教育思想探微》,则对周敦颐教育思想的内涵做了较为全面的概括,认为在教育目的上,他主张以人为本,侧重于普通人能"为善""务实";在教育内容上,主张以六经为主,杂以各家学说,以达"诚信""立志"之目的;在施教方法上,主张多采用"启发式教学""因材施教"和"学思并重"等(《九江职业技术学院学报》2008 年第 4期)。周欣、陈安民《周敦颐道德教育思想及现代价值》认为,周敦颐的道德教育思想以"惟人得其秀而最灵"为哲学基础,以"志伊尹之志"和"学颜子之学"为教育目标,以"先觉觉后觉,暗者求于明"为道德教育原则,构建了"慎动""迁善改过"的教学方法(《中南林业科技大学学报》2010 年第 3 期)。朱道忠《论周敦颐的教育伦理思想》认为,周敦颐的教育伦理思想强调道德教育的目的和意义,主张以"仁义中正礼智信诚公"等儒家伦理作为道德教育的内容,强调道德修养的务实原则和方法(《零陵师范高等专科学校学报》2002 年第 2 期)。燕国材《周敦颐的教育心理思想论评》认为,周敦颐以"诚"为本的人性论、学可为圣的学成论构成其教育心理思想。以立志于学、思而通之、信守不渝的道德意志、特立独行的道德行为构成其学习心理思想(《湖南师范大学教育科学学报》2011 年第 3

期)。张官妹《试论柳宗元周敦颐教育思想的联系》,则比较了柳宗元与周敦颐思想的承继关系及其异同(《开封大学学报》2005 年第 4 期)。李佩桦《周敦颐王船山德育思想之比较》一文,则从德育目标、德育内容、德育方法三方面比较周敦颐与王船山德育思想的异同。在德育的最终目标上,周敦颐在纯粹至善的"诚"的基础上提出"成圣"的目标。德育内容包括仁、义、中、正、礼、智、信、诚、公、孝、悌等。德育方法强调启发人们自我教育、自我反省、引导学生在"思"的基础上"内省"自己的所思所学,进而有所收获(《衡阳师范学院学报》2012 年第 1 期)。张勇《周敦颐"圣希天,贤希圣,士希贤"教育思想的现代价值》,主要论述了在《通书》中周敦颐集中阐述的"圣希天,贤希圣,士希贤"的教育思想,认为这种思想对提高人们的道德自律、追求道德进步具有积极意义,对我国当前的廉政建设亦有重要借鉴价值(《濮阳职业技术学院学报》2011 年第 5 期)。

六　周敦颐易学思想研究

周敦颐易学思想是其整体思想的一个重要组成部分,一直有学者关注研究。林忠军《周敦颐〈太极图〉易学发微》阐发了《系辞》太极生八卦说,提出《太极图》属象数易中的象学,指出周子《太极图》的意义在于复兴了象数易,开创了以义理治《易》的新风(《孔子研究》2000 年第 1 期)。朱汉民《周敦颐〈易〉学的宋学精神》认为,周敦颐从根本上抓住了如何在名教中安身立命这一宋学的问题意识,将《四书》所倡儒家伦理建立在《周易》的宇宙哲学基础之上,成功地使《周易》的太极阴阳、天地合德、吉凶之几、知性智慧,转向《四书》的"圣人之本""孔颜乐""善恶之几"、德性修养,重新建构了以内在德性为本的天人合一之道(《北京大学学报》2006 年第 4 期)。张沛《周敦颐易学思想体系》认为,周敦颐成功地以《周易》作为自身的学术根基,建立了理学史上第一个高度哲学化的天人之学(《周易研究》2007 年第 3 期)。赵载光《周敦颐的易学性命之学》认为,周敦颐把易学转变为道性命之学,具有开时代风气的创新意义(《周易研究》2009 年第 4 期)。蔡方鹿《周敦颐对儒家经学的创新——以〈易传〉、〈中庸〉为中心》认为,周敦颐作为宋代理学的开创者,以新的视野诠释《易传》和《中庸》等儒家经典,构建将宇宙本体论与儒家人性论、道德修养论相结合的道德形上学,并把儒家经学哲学化、义理化(《湖南大学学报》2009 年第 6 期)。

七　周敦颐与佛教文化研究

周敦颐与佛教文化的研究,也取得不少成果。宋道发《周敦颐的佛教因缘》认为,周敦颐一生结交高僧大德多人,《居士分灯录》即载有周敦颐参叩祖心、了元、常总三位禅师的语录。所以周敦颐之首倡道学,实与诸位禅师有关(《法音》2000 年第 3 期)。章启辉《程颐、程颢与周敦颐的佛学思想》认为,二程从周子处学得援佛会儒,悟得佛学,从而创造出新儒学即理学。然而,二程援佛,似乎更多的是辟佛,而周子则是融佛,不同于二程(《求索》2001 年第 5 期)。孙金波《周敦颐的佛学思想剖析》认为,周敦颐受到佛学思想影响,原因是唐代三教合流的趋势已奠定的基调使然。其佛教思想广泛地表现在其文章与著述中。《爱莲说》《太极图说》《通书》均不同程度地反映了其佛学思想(《广西社会科学》2003 年第 3 期)。张俊相《析周敦颐的"无欲"观》认为,北宋理学开山周敦颐的无欲观,实际上是以中国传统的伦理道德为基础的,把自然观与历史观结合起来的佛教"无欲"观(《黄山学院学报》2004 年第 4 期)。傅振宏《周敦颐〈太极图说〉儒道佛渊源论》认为,周敦颐为官之余喜欢参禅问道,与佛教结下了不解之缘,佛教沩仰宗所建立的圆相旨趣,开启周子太极图之先河。洞山、曹山师徒以重离卦而立五位君臣的宗旨,演变发展而逐渐启发了周子《太极图说》(《淮阴师范学院学报》2006 年第 1 期)。

八　周敦颐与道教文化研究

近年来,周敦颐与道教文化的研究也取得了不少成果。杨柱才《周敦颐〈太极图说〉儒道解之比较研究》认为,道教中人注周敦颐《太极图说》,以李道纯的注解最为全面,并将李注和朱子注解比较,具体地探讨了儒道之间的互动关系(《南昌大学学报》2001 年第 1 期)。金维明《试比较老子与周敦颐的本体学说》一文认为,《太极图说》中的许多思想和概念实来源于道家始祖老子,周子所说的"无极",相当于老子的"道""无"或"朴",而"太极"则相当于老子的"一"(《佳木斯大学学报》2007 年第 2 期)。刘聪《〈太极图说〉道教渊源新探——兼论"无极而太极"之说的形成》一文,通过分析《太极图说》的内在理路,认为《太极图说》表达的是"时间在先"的宇宙生成意。结合周敦颐在《咏阴仙丹诀诗》中所说他与宋初道士陈抟思想的关系,能够明显看出《太极图说》的"自无极而生太极",是直接源自于道教的宇宙生成论(《管子学刊》2008年第3期)。高文《周敦颐道家生命智慧略论》认为,"道"作为人们生存的法宝,蕴藏着无尽的生命智慧。基于对老庄之"道"独到的把握与体认,周子援道入儒,其宇宙生成观、自然观、名节观,无不闪烁着道家天和、人和、境和等生命智慧(《湖南工业大学学报》2009年第1期)。龙井仁、蒋民胜《北宋理学对传统经学承传贡献之我见——以周敦颐为例》认为,周敦颐的太极图是与《道藏》中的"太极先天之图"相互一致的。同时,周敦颐的宇宙化生的推衍、"主静""无欲"的思想亦都受到道家思想的影响(《社会科学家》2009年第8期)。陈鼓应《论周敦颐〈太极图说〉的道家学脉关系——兼论濂溪的道家生活情趣》一文,从周敦颐的诗文入手,论析他的道家思想生活、《太极图说》与道家学脉的关系,并联系其诗文中所流露出来的老庄生活情趣及美学意境,揭示了周敦颐的学术思想与其道家生活意境之间的关系(《哲学研究》2012年第2期)。

九　周敦颐与湖湘文化研究

周敦颐作为湖湘地区的历史文化名人、大思想家,他和湖湘地域文化之间的双向影响关系,自然会受到一些学者的关注。张官妹《浅说周敦颐与湖湘文化的关系》认为,湖湘文化影响了周敦颐,而周敦颐的思想又是湖湘文化的重要思想基础。周敦颐的做官须先"立诚""成圣人"的为官论影响了湖湘人的价值取向。他身上表现出来的刚直倔蛮与善思多义是湖湘人的典型性格,周敦颐大力办学兴学又促进了湖湘教育的兴盛与发展(《湖南科技学院学报》2005年第3期)。李斌《近代湖湘学人与周敦颐》侧重于周敦颐对后人的影响,他指出,近代以来,庞大的湖湘人材群体对湖南乃至全中国都产生了深远影响。其中,许多著名学人(包括官师同道者)都很推崇周敦颐的理学地位、理学思想及其人生价值观,而这种推崇的本身,实际上也就是他们受周敦颐影响的表现(《湖南科技学院学报》2007年第10期)。杨金砖《〈爱莲说〉对潇湘文学的承继及影响》则从文学的角度,从《爱莲说》入手,分析周敦颐与湖湘文化的关系(《船山学刊》2007年第2期)。熊吕茂《近年来湖湘教育名人的教育思想研究综述》,就周敦颐、胡宏、张栻、王夫之、曾国藩、杨昌济和徐特立等湖湘教育名人的教育思想作了一番综述比较,揭示了其思想的承继性,以及周子对后起的湖湘教育名人的教育思想不同程度的影响(《湖南人文科技学院学报》2008 年第 2 期)。赵载光《胡宏道学对北宋三家的继承》认为,胡宏道学直接继承了北宋周敦颐、张载与程颢的思想而形成自己独特的哲学体系。尤其在本体观方面,他继承周敦颐"乾元立诚"以诚论性的思想,提出性与道与诚的统一(《湘潭大学学报》2008 年第 3 期)。何静《远绍周敦颐的阳明心学》认为,湖湘人王阳明对周敦颐的继承和发展在于:改造周敦颐《太极图说》的本源论思维,使之成为本体论;承继周敦颐的诚的内涵,并使之从价值本体上升为宇宙本体。其次,还承袭了周敦颐的立志、无欲主静和迁善改过等思想(《浙江社会科学》2011 年第 8 期)。何云峰《探微周敦颐影响湖湘文化之契合性精神》指出,周敦颐的思想内核与湖湘文化精神特质存在契合性渊源关系。认为可从湖湘文化的发展脉络、周敦颐本身思想的精神内核两个维度,来审视周敦颐对精神层面上湖湘文化的影响(《兰台世界》2011 年第 19 期)。

(原载 2012 年第 11 期,作者单位:湛江师范学院)

目前国内外周敦颐研究状况

✳ 周建刚

　　周敦颐的历史地位,是从北宋到南宋逐渐形成的。在北宋时期,周敦颐的学术声望并不算太高,但随着二程"洛学"的兴起,周敦颐作为二程之师,逐渐引起了人们的注意。陈来先生说:"周敦颐的地位和受关注的程度是和南宋前期程氏学主要是伊川学的命运相联系的。"[1]这一论断是有依据的。程门学者依据二程的言论,将周敦颐归为道学的先导者,同时《太极图》的传承,最早也是在程门弟子中进行的。南宋绍兴年间,湖湘学者胡宏在《周子通书序》中说:"周子启程氏兄弟以不传之学"[2]72,可说是代表了程门学者的共识。此外,绍兴年间由一无名学者编成的《诸儒鸣道集》,其中也以周敦颐的《通书》为首。由此可见,周敦颐作为道学的首创者,在南宋初期已为一般的社会大众所接受。

　　朱熹学于李侗,为二程"洛学"南传后形成的"道南学派"之传人,在成学过程中,又与以张南轩为代表的"湖湘学派"有所接触,并受其影响。"道南学派"与"湖湘学派"均为洛学的分支,与周敦颐学术有深刻的关系。朱熹在构筑其理学体系的过程中,充分地运用了周敦颐思想学术的元素,不但多次整理周敦颐的著作,同时还对周敦颐的思想进行创造性的诠释。在朱熹的《伊洛渊源录》中,周敦颐被列为"北宋五子"之首。元代编撰的《宋史》特列"道学传",以周敦颐为首。由此,周敦颐被正式确立为"道学宗主",享有宋明理学开山之祖的盛誉。

　　周敦颐的思想,见于《太极图说》和《通书》,言简意赅,为宋明理学确立了基本的理论框架。周敦颐的思想,脱胎于《易传》和《中庸》,同时也凝聚了他本人深刻的生命体验,他教导二程"寻孔颜乐处",即是为宋代的儒学复兴指出了明确的生命方向。从中晚唐的韩愈、李翱到北宋初年的胡瑗、石介、孙复"宋初三先生",儒门中人一直在为儒学复兴而奋斗呼号,希望回到先秦孔孟时期的儒家原典,从中汲取"源头活水"式的生命智慧,从而为惨淡的现实世界寻求光明和方向。至周敦颐"挺生南服","不由师传,默契道妙",儒学复兴的大业始有了最初的曙光;而作为"儒学哲学化"形态的宋明道学或宋明理学,在其发展的每一个阶段,无不与周敦颐的思想密切相关。

从宋代到清代,是周敦颐研究的"古典时期"。在此期间,围绕着周敦颐其人其学的争议,是和理学势力的消长分不开的。大致以清代初年为界限,对于周敦颐学术的评论可截然分为两个阶段。在清初以前的宋、元、明时期,是理学形成、发展和壮大的时期,历代理学家对周敦颐的著作进行了大量而细致的分析和考评,其中以朱熹的《太极解义》和《通书解义》最为重要。朱熹以"理本体论"解释周敦颐的《太极图说》,将"无极而太极"解释为"无形而有理"。朱熹的诠释方法奠定了宋明理学家理解周敦颐思想的基本范式,元明时期的理学家如吴澄、曹端等人在细节上有所修正,但并没有越出其范围。此外,陆九渊与朱熹就"无极太极"有过重要论辩,明代心学中人继承陆九渊的路线,从"心本体论"的角度理解周敦颐的"太极",并产生了"心极"的概念。罗钦顺、王廷相则从"气本体论"的角度出发,将"太极"诠释为"理气合一"或"元气"。凡此种种,都属于理学内部的争议,并没有从根本上动摇周敦颐的历史地位。

清代初年,理学开始式微,顾亭林、黄宗羲诸大儒或倡经学,或倡史学,学术开始由抽象思辨而走向实测考证。在考据学初兴的思潮之中,清初学者对宋代易学中的"河图洛书"等"图书之学"进行了批判,火力所及,无意中也涉及到了周敦颐的《太极图》。清初关于《太极图》的考据文章和著作,重要的有毛奇龄的《太极图说遗议》、黄宗炎的《太极图说辩》、朱彝尊的《太极图授受考》,其中毛奇龄和黄宗炎的言论尤其值得注意,在近代学者的论著中被反复引用,几乎视为定论,其影响所及,关乎到对宋明理学的历史定位。毛奇龄和黄宗炎的主要论点,是周敦颐的《太极图》来源不明,可能是出自道教人士陈抟,或者历史上的佛教高僧。《太极图》既然源流不明,那么周敦颐的思想中就可能也掺入了"二氏"的因素。联系到毛奇龄与黄宗炎均有陆王心学的背景,则这一考证可以上溯到历史上的"朱陆之争",在表面上冷静、客观考据的背后,隐含的是学派之争的冲动。但在整个理学式微的背景下,毛奇龄、黄宗炎言论以其表面精确的"考据"而得到了学术界的认同。在黄宗羲等人编著的《宋元学案·濂溪学案》中,上篇列《通书》,下篇列《太极图说》,这一次序明显与朱熹编撰的周敦颐著作不同,实际上就表示了对朱熹观点的颠覆。

近代以来,中国学术界进入了现代学术分科的时期,周敦颐研究也相应地进入了新的时期。近现代学术界的周敦颐研究成绩,大致可以分为以下六个方面:

一　周敦颐著作的整理发掘

周敦颐的著作包括《太极图说》和《通书》，以及一些诗文杂著。自朱熹搜罗整理并结集成编以后，很少有新的发现。清代的董榕和邓显鹤分别编撰过《周子全书》，其中邓显鹤的九卷本《周子全书》内容最为全面。但目前通行的周敦颐著作，大都为明清以后版本，宋代原始面貌的周敦颐著作，一直不为世人所知。2006 年，湖南省濂溪学研究会从北京图书馆取得了宋版的《元公周濂溪先生集》，并予以点校整理，重刊面世。此版本大约刊于南宋咸淳年间，内容有十三卷，是目前所见的周敦颐著作最早刻本，有着无可替代的学术价值。

历代地方志中有一种名为《濂溪志》的著作，实际上也是周敦颐著作及相关史料的汇编。《濂溪志》比较少见，其中有些内容可补传世的《周濂溪集》《周子全书》之不足。2013 年，湖南科技学院王晚霞博士搜罗了现存的《濂溪志》版本八种，并予以点校整理，出版《濂溪志八种汇编》，可补周子研究文献之不足。

二　周敦颐年谱的补充编撰

南宋时朱熹的弟子度正曾在广泛调查文献和实地考察的基础上编撰周敦颐的年谱，宋刊本《元公周濂溪先生集》附录此谱，名为《濂溪先生周元公年表》。清代学者蔡上翔在《王荆公年谱考略》中亦节录此谱，名为《周濂溪年谱》。钟明立曾据道光乙亥爱莲堂藏版《濂溪志》点校整理此谱，题名为《周敦颐年谱》，发表于《九江师专学报》1995 年第 2 期。

在度正《年谱》的基础上，现代学者许毓峰广泛搜罗文献，考证辑佚，于 1943 年撰成《宋周濂溪先生惇颐年谱》，1986 年由台湾商务印书馆印行出版。许毓峰是钱穆的弟子，他的学术观点受到钱穆的很大影响，年谱之作，在很大程度上是为了替周敦颐"辩诬"。许毓峰之"辩诬"，要点约有四："（一）先生（指周敦颐，下同）非隐士。（二）先生图说非传自方外。（三）先生思想主干，纯为儒家，所论'静''无欲'非同于佛老。（四）二程从学先生非仅一次。"[3]1 许毓峰此谱每条分"正文"和"考证"，引用书目自正史、文集、方志、金石录、佛道藏经乃至近人著作，材料丰富，考据精确，是研究周敦颐生平和思想的重要参考著作。

三　周敦颐生平和思想研究的通论性著作

作为宋明理学的开山之祖，周敦颐的思想一直引人注目，但由于生平记载简略，作品数量不多，以近现代的学术方法对周敦颐进行专题研究具有一定难度。比起二程、朱熹等人，周敦颐研究的专题著作数量可算稀少，但近年来也有所增加。简略统计，这方面的中文著作有陈郁夫的《周敦颐》、梁绍辉的《周敦颐评传》、杨柱才的《道学宗主——周敦颐哲学思想研究》、周忠生的《道学宗师周敦颐》、毛宽伟的《周濂溪学说发微》、周建刚的《周敦颐研究著作述要》、王立新的《理学开山周敦颐》等；日文著作则有荻原扩的《周濂溪的哲学》。

在这些著作中，梁绍辉的《周敦颐评传》和杨柱才的《道学宗主》影响较大。这两部书的特点都是考据与义理并重，显示了作者的深厚学养和功力。梁著的考据主要中在周敦颐的生平和著作方面，对于《太极图》的源流亦以较大篇幅进行分析和论证；杨著的考据则主要集中在《太极图》源流方面，对宋代到清代有关《太极图》的问题进行了系统而全面的辨析，力图推翻清人毛奇龄等人的论断。在思想义理方面，梁著依据的是马克思主义唯物论的研究范式，而杨著则受近现代西方哲学影响较深。对周敦颐"太极"的理解，梁著持"元气论"立场，杨著则解释为"宇宙论"和"价值形而上学"的贯通，而"价值形而上学"表述的是无形但可感的意义世界。实际上这两种观点在传统学术中都可以找到痕迹，朱熹认为"太极无形而有理"的形上之"理"，明人王廷相则坚持认为"太极"就是混沌未闢的"元气"，这是"理学派"和"气学派"的对立。梁著近于明清"气学"派的立场，杨著则有回归朱熹"理学"的趋势。

四　关于周敦颐《太极图》的研究

在周敦颐研究中，《太极图》始终是最为引人注目、也最容易激发学者研究兴趣的领域。在周敦颐的著作中，本以《通书》为代表，《太极图》或如陆九渊所说，是"周子少时所作"，或如牟宗三所云，是周敦颐偶然兴会之作，总之并不能以一幅简略的《太极图》代表周敦颐的学术成就。但自朱熹刻意表彰、渲染之后，《太极图》遂成为蕴藏理学全部奥秘的神圣作品，这一结果，应该是周敦颐本人始料未及的。但《太极图》既然有此崇高的地位，也就必然成为反理学人士的首要打击目标。清初考据学家毛奇龄等人从"考据"的角度对周敦颐的《太极图》进行攻击，认为《太极图》并非周敦颐的创作，而是从道教学者或是佛教高僧那里接受而来。毛奇龄等人关于《太极图》的结论在近代以来的学术界流传甚广，近代的中国哲学史、思想史著作，如冯友兰的《中国哲学史》、侯外庐的《中国思想通史》、吕思勉的《理学纲要》、方东美的《新儒家哲学十八讲》，都一致接受了这一观点。

但近现代学者中也有质疑这一结论的。钱穆在 1942 年 4 月第 1 卷第 7 期的《学思》杂志上发表题为《论太极图与先天图之传授》的文章，力言毛奇龄等人考证之谬，《太极图》应为周敦颐本人自作无疑。钱穆的观点为他的弟子许毓峰所继承，在许撰《宋周濂溪先生惇颐年谱》中，亦花了很大的篇幅辩论"先生（指周敦颐）图说非传自方外"[3]1。但钱、许二人并没有提出新的史料，因此在这一问题上尚未能找到突破口。

《太极图》考证的突破在上世纪 90 年代开始出现。毛奇龄关于周敦颐《太极图》的考证，有一重看起来很过硬的证据，他在《道藏》中发现了题为唐代作品的《上方大洞真元妙经图》，与周敦颐的《太极图》形状一致，由此他证明周敦颐的《太极图》即是攘窃《道藏》中的《真元妙经图》。钱穆尽管也怀疑到《道藏》素来充斥着伪托的著作，毛奇龄此说可能有误，但却并没有进一步深究此事（见钱著《论太极图与先天图之传授》）。上世纪 90 年代，学者李申对《道藏》中的《真元妙经图》进行了进一步的考证，并结合道教学者王卡等人的观点，确证《真元妙经图》不是唐代作品，应在周敦颐以后形成，由此一举摧破了毛奇龄等人的观点。李申在 1991 年第 1 期的《周易研究》发表论文《太极图渊源辩》，1992 年出版《话说太极图——〈易图明辨〉补》，对此观点进行了详细阐述。

在李申之外，对于《太极图》考证有实际贡献的还有日本学者吾妻重二的论文《〈太极图〉之形成—围绕儒释道三教的再检讨》（载于吴震、吾妻重二主编《思想与文献——日本学者宋明儒学研究》，华东师范大学出版社 2010 年出版）。吾妻重二对于宋代学者朱震《进周易表》中有关周敦颐学术源流的说法进行考证，并对历史上流传的各种与周敦颐《太极图》相关的图像进行分析，结论是《太极图》非周敦颐自作莫属。吾妻重二的观点在日本汉学界有重大影响，近年来也逐渐也被中国学者所了解。

关于周敦颐《太极图》的近人著作和论文，还有中国台湾学者周学武的著作《周濂溪太极图说考辨》（学海出版社 1981 年出版）、郑吉雄的长篇论文《周敦颐

〈太极图〉及其相关诠释问题》(载于郑吉雄著《易图像与易诠释》,华东师大出版社 2008 年出版)。中国大陆学者束景南、陈寒鸣、任俊华等也有一些相关的争议文章。这些文章和著作集中发表于上世纪 90 年代到本世纪初,将"周敦颐《太极图》"的研究推向了一个高潮,取得了不俗的成绩,基本上推翻了清代毛奇龄等人关于"周子《太极图》源自佛道二氏"的传统观点。

五　关于"周程授受"问题的研究

在周敦颐研究领域中,"周程授受"也是一个备受关注的问题。在这个问题上,最早提出异议的南宋学者汪应辰,他在与朱熹的书信中提出,二程之于周敦颐,就如同张载之于范仲淹,仅仅是受到启示,并未及门受学,二者在学术上并无先后继承的关系。清代全祖望在《宋元学案·濂溪学案》卷首的案语中肯定了汪应辰的见解,但在其后的《周程学统论》中又有所修正,认为"然则谓二程子虽少师周子,而长而能得不传之秘者,不尽由于周子可也;谓周子竟非其师则过也"[4]643。

近现代学者关于这个问题的意见也截然分为两个阵营,即"肯定派"和"否定派",从发表的论文、著作数量来看,"否定派"略占上风。

在否定意见中,比较值得关注的有邓广铭的《关于周敦颐的师承和传授》(《邓广铭治史丛稿》,北京大学出版社 1997 年出版)和陈植锷的《周程授受辨》(《文献》1994 年第 2 期);国外学者的论文则有英国学者葛瑞汉的《周敦颐与早期新儒学思想家》(附录于《中国的两位哲学家:二程兄弟的新儒学》,大象出版社 2000 年出版),日本学者土田健次郎《道学之形成》(上海古籍出版社 2010 年出版)一书中的第二章第二节《周程授受再考》。

邓广铭等人的观点基本一致,即认为周敦颐在北宋时期学术地位不高,二程仅是少年时得到他的一些指点和启发,并无实质性的师承关系,"周程授受"是朱熹为了理学"道统"的连贯性编造的"神话"。这些观点的实质意义是要将周敦颐学术与二程之后形成的理学思潮脱钩,如邓广铭认为理学的实际开创者只能是二程和张载,周敦颐在北宋时的实际学术地位很低;葛瑞汉认为周敦颐的思想应当归属于刘牧、邵雍这一群"儒道合流"的"象数论"群体;土田健次郎认为周敦颐的实际历史定位应该是北宋古文家。

在肯定意见中,许毓峰、杨柱才等人的观点值得注意。许毓峰在《宋周濂溪先生惇颐年谱》中,考证二程从学周敦颐非仅一次,在南安军问学之后,二程还在郴县继续从学于周敦颐,时间跨度达四年之久。这一考证结果,有力地回击了全祖望《周程学统论》中"二程子之所以未尽其蕴者,盖在问学在庆历六年,周子即以是岁迁秩而去,追随不甚久也"的说法。杨柱才的《二程师事周敦颐考论》(《哲学门》2003 年卷第 1 册)在二程师事周敦颐的时间问题上得出了与许毓峰同样的结论,并更为细致地分析了二程对周敦颐思想的继承和修正。

"周程授受"问题的实质,是是周敦颐学术地位、历史地位的认定。周敦颐著作不多,他之所以被称为"道学宗主",在很大程度上是因为他有二程这两位声名显赫的弟子。"肯定派"的意见是从理学传承的精神脉络着眼,认为周敦颐在理学史上的地位并不在著作数量的多少和学术地位的高低,而是在于他的思想为北宋儒学注入了一股活力和生命,二程即在"孔颜乐处"这种活生生的智慧引领之下进入了儒学的门庭,从而掀起了北宋儒学复兴的大潮。"否定派"的意见则着眼于客观的历史层面,认为周敦颐在北宋时的学术地位远远不能与王安石、司马光等人相比,朱熹推崇周敦颐为"道学宗主"有其个人的主观意图,与真实的历史相距甚远。这两种观点的差异,反映了研究者对周敦颐历史地位定位以及北宋理学思潮实质内涵的不同看法,这种争论或许还将继续下去。

六　周敦颐与宏观的宋明理学研究

周敦颐的历史定位是"道学宗主",尽管研究者对此远未能达成一致意见,但是周敦颐研究是宋明理学史研究的一部分,这却是无人能够否定的事实。在近现代的学术研究中,宋明理学研究也经历了重重波折,并影响到了对于周敦颐哲学性质和内涵的认识。

民国时期是中国近现代学术的开端,"中国哲学史"学科开始建立。在一些中国哲学史的通论性著作中,通常会有论述宋明理学的专门章节。这一时期的重要著作,以冯友兰的两卷本《中国哲学史》为代表。1949 年中华人民共和国成立之后,宋明理学的研究进入低潮,但这一时期出版的重要哲学史、思想史著作,如侯外庐的《中国思想通史》、任继愈的《中国哲学史》,还是有专门章节对宋明理学进行评述。上世纪 80 年代以后,随着思想解放的推进,宋明理学的研究迎来了新的高潮,出现了侯外庐等人主编的专史类通论著作《宋明理学史》,以及蒙培元的《理学的演变》、张立文的《宋明理学研究》、陈来的《宋明理学》等著作。

冯友兰晚年的精心之作《中国哲学史新编》也在这一时期出版。近年以来,杨立华的《宋明理学十五讲》虽以讲稿的形式出现,但也反映了学术界对于宋明理学的最新见解。

值得一提的是,1949 年以后,在中国的台湾、香港地区,逐渐形成了名为"现代新儒家"的学术群体。"现代新儒家"以保存、发扬传统文化为诉求,其成员普遍对中国传统哲学思想有深入研究,其中的牟宗三一系更以"心性之学"为中国文化的核心,对宋明理学尤为关注。"现代新儒家"在宋明理学研究方面的代表著作有牟宗三的《心体与性体》《从陆象山到刘蕺山》、唐君毅的《中国哲学原教原论篇—宋明儒学思想之发展》。台湾地区的其他学者,如方东美的《新儒家哲学十八讲》、劳思光的三卷本《中国哲学史》,也对宋明理学有系统而深入的探讨。

总结这些宋明理学的成果,可以发现:一,民国时期的宋明理学研究,开始初步尝试结合西方哲学,如冯友兰对宋明理学的诠释,和西方哲学中的"新实在论"是分不开的,这种研究思路,甚至一直渗透到他晚年的《中国哲学史新编》中;二,1949 年以后中国学术界的宋明理学研究,深受马克思主义哲学范式的影响,但在具体问题的处理上,有过分简单之嫌,如以"唯心主义""唯物主义"为标签对宋明理学进行简单分类,将大部分宋明理学家划归为"唯心主义者"进行批判;三,中国台湾、香港地区的"现代新儒家"对宋明理学的研究有重大的贡献,特别是牟宗三建立在文献分析之上的"宋明理学三系"说,是前人所未有的创说,对宋明理学研究有巨大的推进作用;四,自上世纪 80 年代以来,中国学术界开始逐步摆脱过去的"唯物""唯心"框架,放弃政治性的批判,深入文献,探讨学理,注重吸收西方哲学以及"现代新儒家"的长处,在对话基础上对宋明理学展开了系统深入的研究。这一良好趋势还在进行之中。

由宋明理学研究联系到周敦颐,实际上,在每一部有关宋明理学的通史、通论著作中,周敦颐都是不可或缺的人物。1949 年以后在大陆出版的中国哲学史和思想史著作,大都将周敦颐作为"唯心主义"的代表人物加以批判,如侯外庐的《中国思想史》就认为,周敦颐思想是"很清楚的唯心主义"。在"现代新儒家"群体中,周敦颐被视为宋明理学的创始人物,受到很高的评价,如牟宗三的《心体与性体》,将周敦颐思想总结为"道德意识之豁醒""天道性命之贯通",周敦颐哲学与程颢、张载的哲学同为宋明理学中最为接近先秦儒家古义的系统。近年以来,随着中国学术界视野的进一步开阔,周敦颐的思想受到了更多关注,他与宋明理学的关系也得到了进一步的强调。如杨立华在《宋明理学十五讲》中说："周敦颐不像同时代的大多数人那样,以注疏的方式来思考和写作,他的哲学著作是以原创的形态出现的。《太极图说》和《通书》里闪耀出的那种朴素、明达、理性的光芒对后来者产生了巨大的影响,我们因此将周敦颐视为宋明道学的奠基者。至此,从中晚唐开始的儒学复兴运动有了更为确定而明晰的方向。"

参考文献:

[1]陈来.论周敦颐影响之建立——序杨柱才《周敦颐哲学思想研究》[J].孔子研究,2004,(5).

[2]胡宏.通书序略[A].周敦颐.元公周先生濂溪集[M].长沙:岳麓书社,2006.

[3]许毓峰.宋周濂溪惇颐先生年谱[M].台北:台湾商务印书馆, 1986.

[4]黄宗羲.宋元学案[A].黄宗羲全集[M].杭州:浙江古籍出版社,1985.

（原载 2016 年第 4 期,作者单位:湖南科技学院）

圣贤气象

——王立新教授《理学开山周敦颐》读后

✳ 陈　微　　　　　　◆

周敦颐,字茂叔,后世称之为"濂溪先生",因其思想的独创性而被推崇为理学的开山祖师。

2011 年 6 月,深圳大学文学院王立新教授应《湖湘讲堂》之邀,赴濂溪故里湖南道县现场讲述理学的宗主周敦颐,后据电视讲稿而成《理学开山周敦颐》一书。全书主体分为六个部分:一、周敦颐成为理学开山的社会条件;二、周敦颐早年的三件事;三、周敦颐的从政生涯;四、周敦颐的重要思想;五、周敦颐从教的特点;六、周敦颐思想的现代启示。

如书序所说:"本书主要述说周敦颐的人生经历,至于他的重要思想以及其在儒学发展史中的地位和影响也有约略交代。"[1]1此书通俗易懂,既把握了通俗的界限,又阐发了传统的主要精神,此为难能可贵之处。诚如作者在书中所言"既要把他们的生存信息透露给大家,同时还要把他们的思想,至少是核心的思想观念,以能够被当下大众接受的方式告诉大家"[1]141。至于理学开山祖师周敦颐是怎样一种形象,则须读者各自去细心体会,"仁者见仁,智者见智"了。

一　周子气象

《近思录》有"圣贤气象"一卷,究竟何为"圣贤气象"呢?"气象"一词古籍多见。"观天地生物气象"[2]16,此"气象"从天地自然方面而言。"朱子答江仲谋曰:'二铭虽同出于一时之作,然其词义之所指,气象之所及,浅深广狭,迥然不同。'"[3]278此从文风而言。"如两汉之治,莫盛于高、光,当时政尚宽平,黎民淳厚,其光明正大之气象,犹有三代馀风"[3]678,此从时代之风气言。除以上诸说,用"气象"论人者亦甚多。孔子如玉,"自是有温润含蓄气象,无许多光耀也"[4]199;孟子"泰山岩岩之气象也"[2]307;孔明"有正大气象"[5]3254。所谓"圣贤气象"即圣贤气度之外在显现。

"周茂叔胸中洒落,如光风霁月。其为政,精密严恕,务尽道理"[2]317。此乃周子之气象。

黄庭坚在《濂溪词并序》中称赞周子"好读书,雅意林壑,初不为人窘束世故。权舆仕籍,不卑小官,职思其忧,论法常欲与民决讼,得情而不喜"[6]371。潘兴嗣在给濂溪先生写的墓志铭中说"君博学力行,遇事刚果,有古人风,众口交称之"[7]90。此皆时人对周子的评价,具体其人是怎样的呢?

周敦颐作为一位官员。

周敦颐的政治才能为时人所称道,其老友赵抃称赞他:"讼庭无事洽民情。"[1]57胡寅说周子:"为政摧科永陵守,仓廪虽空闾里有。"[1]57吕公著亦称:"操行清修,才术通敏,凡所莅临,皆有治声。"[1]59蒲宗孟有言:"屠奸剪弊,如快刀健斧落手无留。"[1]32周子自己的诗里也这样写到:"丈夫才略逢时展,仓廪皆无亟富民。"[1]57

宋仁宗庆历元年(1041),周敦颐出任江西分宁县主簿,"时分宁有狱,久不决,先生一讯立辨"[1]35,从这里可以看出,周敦颐是一位非常有才能的官员。庆历四年(1044),周敦颐调任南安军司理参军,在此期间,他违逆州长的意图,救了一条人命,敢于舍掉官位为民请命,实在难得。庆历六年(1046),周敦颐任郴县县令,结识李初平,并与他交往甚密。李初平死时,没积攒下什么钱财,且身边儿子年幼,周子便仗义担待起安葬李初平的事情,"周敦颐做人的爽利和慷慨,仅从这件事里,就完全可以看出一斑半点"[1]38。不仅如此,周敦颐还十分清廉且乐于帮助族中之人。潘兴嗣为周子所作的墓志铭称他"奉养至廉,所得俸禄,分给宗族,其余以待宾客,不知者以为好名,君处之裕如也"[1]39。

周敦颐的一首诗和一篇散文可以反映他的为官态度。《任所寄乡关故旧》:"老子生来骨性寒,宦情不改旧儒酸。停杯厌饮香醪味,举箸常餐淡菜盘。事冗不觉筋力倦,官清赢得梦魂安。故人欲问吾何况,为道春陵只一般。"[1]51《拙赋》:"或谓予曰:人谓子拙。予曰:巧,窃所耻也。且患世多巧也,喜而赋之。巧者言,拙者默;巧者劳,拙者逸;巧者贼,拙者德;巧者凶,拙者吉。呜呼!天下拙,刑政彻。上安下顺,风清弊绝。"[1]53-54认为做官则踏踏实实为百姓做实事,不投机取巧,虽然事务繁杂,只要清廉,便可心安。

周敦颐作为一名老师。

周敦颐注重对学生进行道德、理想的教育。韩愈《师说》有"师者,所以传道受业解惑也"。周子或可担此师者之名。庆历六年,程珦令他的两个儿子明道先生程颢、伊川先生程颐拜周敦颐为师,跟从他学习。程门首席弟子谢良佐记载程颢自己的话说:"某自再见周茂叔,吟风弄月以归,有'吾与点也'之意。"[1]101此即程颢受教的结果。

周子之教,重在传道,"首先通过天地生物,来学习仁德,而不是知识技巧"[1]103-104。二程说"昔受学于周茂叔,令寻孔子、颜回乐处,所乐何事?"[1]109此即周敦颐教二程寻孔颜之道也,亦是寻圣人之道也。程颐为程颢所作的《行状》中说:"先生为学,自十五六岁时,闻汝南周茂叔论道,遂厌科举之业,慨然有求道之志。"[1]107求道的过程是艰辛的还是快乐的呢?"求道是崇高,不是快乐;克制自己是坚忍,也不是快乐。但是快乐却不能存在于求道之外,只能存在于求道的过程之中。"[1]113求道不只是兴趣而已,需要有"弘"且"毅"的精神。"儒学的目的,就是要让生命在高尚的层面获得自由,获得快乐。如果求道成为负担,成为解脱不了的压力,人的生命就会变得萎缩,就会失去生机和活力"[1]111。求道之中,自然有所乐。"其实程颢受了周敦颐的教育与点拨,已经找到了内心中的快乐,从而不再有在求道过程中因为'择善而固执之'的执泥,以及由这种执泥所带来的心理上的紧张。"[1]109故能"吟风弄月而归",怡然自得。

周敦颐作为一个文人。

周子有一篇短小的散文《爱莲说》,其人生追求或许可以从此略窥一斑。《爱莲说》中提到三种花,牡丹、菊、莲。牡丹是世俗富贵的象征,喜爱牡丹,追求富贵,无可厚非,这也是大多数人的选择。菊象征洁身自好的隐逸者,莲则象征真正的君子。莲花"出淤泥而不染,濯清涟而不妖,中通外直,不蔓不枝,香远益清,亭亭净植,可远观而不可亵玩焉"[1]29。若莲之君子,则身处俗世,而能不被其所染,濯于清涟而不妖媚,谦逊而刚直,亭亭叠立在那里,可以远远地观赏,却不能亵渎。"人,就应该像它一样,坚守住独立不倚的精神和坚强不屈的个性。要有品格,要有尊严,那品格不会轻易降等,那尊严凛然不可侵犯。"[1]30

牡丹,想必周敦颐是不曾流连的。那么菊呢?为隐逸之菊还是处俗世而不染之莲,周子可曾徘徊?菊为隐逸者,莲为君子者,本无高下之分,只有选择之异。周敦颐一生钟情山水,"平生癖爱林泉处,名利萦人未许闲"[1]64,是最好的写照。"静思归旧隐,日出半山明。醉榻云笼润,吟窗瀑泄清。"[1]64这首诗表露了周子不愿被名利所扰,希望归隐田园,终老山林的心愿。周子一生如莲一般,其心中对菊是有几分向往的吧。

担负社会责任,忧天下之忧,还是如陶渊明一般"采菊东篱下",或许为很多人所困惑。纵观周子一生,为官时清廉、正直,为民办实事,持守高洁品质。辞官后即休致庐山脚下,尽享山水之情。此或为孟子所谓"可以仕则仕,可以止则止,可以久则久,可以速则速"。

二 思想根源

所谓"气象",是外在表现,而思想,则是此表现的内在根源。周子之圣贤气象源于其《太极图说》和《通书》。

《太极图说》多选《周易》里的话语,第三段主要讲人道,认为"人是宇宙的精华,所以要有精华的活法。圣人为我们定下了'中正仁义'的原则,这个原则可以引领并保证我们能够走向'精华'的活法,过上超出万物之上的高尚生活"[1]73。《太极图说》中最关键的话语为"圣人定之以中正仁义,而主静立人极焉"[1]73,周子自己注释"圣人定之以中正仁义"为"圣人之道,仁义中正而已矣"。"中正仁义"即"仁义中正",是人类所应当遵循的最高准则。正是有了这种思想,周敦颐正直、仁爱,关注百姓,为民办事。

《通书》主要宗旨是"学颜回之学"和"志伊尹之志"。周子教二程寻孔颜乐处,令其体悟求道的乐趣,即是周子对颜回、伊尹的肯定及推崇。胡宏对此作出了解释,说:"患人以发策决科,荣身肥家,希世取崇,则曰:'志伊尹之志';患人以知识、闻见为得而自尽,不待贾而自沽也,则曰:'学颜回之所学'。"[1]76并且进一步指出:"人有真能立伊尹之志,修颜回之学,然后知《通书》之言包括至大,而圣门事业无穷也。"[1]78所谓"圣门事业"即《周易·系辞》所谓"举而措天下之民",不仅如此,还要把圣人的精神之火传递下去。

周子《太极图说》主要讲宇宙生成,《通书》主要讲人生修养。"由宇宙生成论,周敦颐得出了人是宇宙间最神异的生灵的结论,为了要对得起这个结论,人就必须以'仁义中正'为原则,建立仁爱、正义、积极向上的、友爱和谐的人间秩序。"[1]79

三 圣坛之路

周敦颐的思想在理学意义上具有独特的开创价值,因此他被推崇为理学的开山祖师,但其在思想史中地位的确立是经历了一段较长的过程的。

关于周子被推尊,成为理学开山祖师或道学宗主的整个过程,《理学开山周敦颐》第四讲"周敦颐是怎样走向圣坛的"作了详细的论述,亦是作者最为得意的部分。作者在本书《后记》中说"周敦颐是怎样走上圣坛的"一节颇能引起自豪,原因在于此节把对理学的研究与对理学家的研究,还有理学发生的时代政治和社会人心风俗的研究连接起来,这种做法或可为作者自己将来继续从事理学研究的一个诱引。

周敦颐在南宋时被理学学者所看重,最先看重周子的是湖湘学派的创始人、闻名当时和后世的《春秋学》专家胡安国。胡宏在为张载《正蒙》所作的序言中说:"是以我宋受命,贤哲乃生。春陵有周子敦颐,洛阳有邵子雍、大程子颢、小程子颐,而秦中有横渠张先生。"[1]89可见真正首先将周敦颐与当时理学诸贤放在同等重要的位置上来看待的,是大理学家五峰先生胡宏。之后又有胡宏的弟子张栻,接续恩师的步调,进一步推举和尊崇周敦颐。"由于朱熹'举天下无不在下风'的特殊思想、学术地位,他的大力推尊,使得南宋思想学术界对周敦颐的推崇一浪高过一浪。"[1]92理宗皇帝诏书曰:"孔子之道,自孟轲后不得其传。至我朝周敦颐、张载、程颢、程颐,真见实践,深探圣域。千载绝学,始有指归。中兴以来,又得朱熹,精思明辨,表里浑融,使《大学》《论》《孟》《中庸》之书本末洞彻,孔子之道,益以大明于世。朕每观五臣论著,启沃良多。今视学有日,其令学官列诸从祀,以示崇奖之意。"[1]95此即正式认可周子的地位。

四 宋代之于周子

一种思想得以流播,必定与当时的社会、时代密切相关。"周敦颐被推尊为理学的宗主是由宋代社会对政治和学术的要求所导致,也是宋代的政治对宋代思想的要求所引发"。[1]83

宋朝实行文官政治,有崇文尚学的的社会风气。宋太祖把"任宰相当用读书人""不得杀士大夫与上书言事人"刻在石碑上,传诏子孙。王船山说:"自太祖勒不杀士大夫之誓以诏子孙,终宋之世文人无欧刀之辟。"[1]6这在中国历史上是绝无仅有的。"'道理最大'、'任宰相当用读书人'和'不得杀士大夫与上书言事人',以此三点为核心内容,构造起了整个大宋王朝的政治大厦。"[1]14

所谓"文治",当以尊重文化、尊重知识分子为要。"什么叫真正尊重?就是尊重知识分子的人格,尊重知识分子的理想和信念,尊重知识分子的做法,哪怕是很怪异的做法。使知识分子真正拥有独立的尊严,独立的立场,独立的品格。"[1]6民族存续和国家发展一定要使读书人受到尊重,只有受到真正的尊重,"他们才会自觉地去承继中国历史文化的优良传统,才会果敢地接续中国文化的智慧和生命,才会主动承担社会的责任,才会真正为朝廷效命、匡扶正义、关爱苍生,才能激发他们内心中对历史文化、对国家民族、对社会、对生民的由衷的热爱之情,才能使他们把生命中全部能量释放并发挥出来"[1]7。崇尚读书的社会风气一旦形成,社会风俗才有可能大为改观,人心才会大变,民众的心态,才不会再单纯追求利欲,而是朝向善良、正义、豁达和智慧的方向发展。

"周敦颐就幸运地出生在这样一个崇高伟大的王朝里,这个伟大而崇高的王朝,从小就给周敦颐以纯洁、高尚的精神感召,他是时代的产物,又转过来推助社会继续朝向更加美好、更加纯洁、更加光明正大的方向发展。"[1]16常说"以古为鉴","积贫积弱"的宋代在对待文化及读书人的尊重方面,或可为今所借鉴。周敦颐是幸运的,宋代的知识分子也是幸运的,不知当今的知识分子算不算是幸运。

参考文献:

[1]王立新.理学开山周敦颐[M].长沙:岳麓书社,2012.

[2]陈荣捷.近思录详注集评[M].上海:华东师范大学出版社,2007.

[3][宋]朱熹,吕祖谦.近思录集释[M].张京华辑校.长沙:岳麓书社,2010.

[4][宋]朱熹.四书章句集注[M].北京:中华书局,1983.

[5][宋]黎靖德.朱子语类(第十七册)[A].朱子全书[M].上海:上海古籍出版社/合肥:安徽教育出版社,2002.

[6][宋]周敦颐.周子全书[M].上海:商务印书馆,万有文库本,1937.

[7][宋]周敦颐.周敦颐集[M].北京:中华书局,1990.

(原载 2014 年第 3 期,作者单位:深圳大学)

◇ 湖南省应用特色学科（中国语言文学）建设项目资助 ◇

潇湘学术研究

——《湖南科技学院学报》地方文化特色栏目选编

第五卷

主编　呙艳妮

上海三联书店

目 录

摩崖石刻研究

潇湘八景研究

石刻研究的基本问题

✳ 程章灿 ◆

　　我觉得,是石刻把我引到或者说召唤到永州来的。我研究石刻可以说有 20 多年了。我博士毕业于 1989 年,毕业后,就到南京大学古典文献研究所工作,接到的第一个研究项目就是唐代石刻史料研究。如果从 1989 年算起,到今年也有 26 年了吧。老早就知道浯溪石刻,老早就知道永州这边的其他石刻,包括湖南科技学院旁边的朝阳岩。但是,先前我读的都是石刻文字,其次是看的拓本、拓本集或者是拓本的电子本,都没有到过实地,看过实物。今天是第一次来到这儿,真正地看到了浯溪石刻、朝阳岩石刻,真的很有收获。

　　刚才京华教授让我说说全国石刻研究的情况,这个我还真不敢当,我只能说说我个人的粗浅认识。我在南京大学有十几年时间,大概是从 1992、1993 年一直到 2008 年,十五六年间,除了出国访学,总共开过十三四次课,给硕士研究生讲一门“石刻文献研究”的课,讲一学期。这个课,我是希望给中文系的学生灌输一个意识,希望他们认识到石刻文献的重要性,认识到石刻文献研究是一个非常有意思、内容非常丰富、类型非常繁多的领域。如果你踏进石刻研究这个领域,可以说有无限的趣味,也会回报给你无限的收获。我在课上对学生说,你们可以不选择石刻文献作为你们毕业论文的题目,不过如果你对石刻文献没有了解,那么作为一个研究生,作为一个古典文献学或古代文学专业毕业的研究生,总归在知识结构方面是有所欠缺的。既然我在从事这一方面的研究,那么就有责任给大家填补一点空缺。基于这样一个认识,今天就在这里给大家简单地说一说我所认识的石刻文献研究的重要性以及基本的研究方法。我想简单介绍这样三个方面:第一个方面,简单介绍石刻文献的类型;第二个方面,介绍石刻文献存在的三种形态;第三个方面,说说石刻文献研究的三个层次。

一　石刻文献的类型

对于石刻文献的类型，早就有人专门做过石刻文献的分类，有分得非常细的，分到四十几类。今天我就把它概括一下，主要介绍七种。

第一种：墓碑，或者说碑刻。

我们平时经常讲"碑刻"，这个词的意思其实有广义和狭义，这里讲的是狭义。狭义的碑刻必须是一块石头独立出来，竖立在地上。我们经常看到的摩崖碑，也可以称作"碑"，但我指的碑刻不是这个，而是坚立于平地上的石碑。

碑刻又可以分为几种，最常见的是墓碑，竖立在坟墓前的，有大有小，小一点的可能叫"墓碣"，大一点的叫"神道碑"。一般是有身份有地位的人才立碑。还有一种不是立在墓前面的，比如古代修建某个公共工程，国家建成了一条道路，或者一段城墙，或者某个城门，也会立碑纪念，我们可以叫做工程碑刻，主要起记事和纪念的作用。除了墓碑和工程碑之外，还有功德碑，歌颂长官或先贤的功德。在汉碑里，有这样的三大类。

在中国古代石刻里，碑刻占的数量非常多。碑刻里最重要的是汉碑。汉碑是我们今天学习汉隶最重要的依据。当然，我们今天到长沙去，能够看到很多汉代的简牍，但是在以前，看到汉代人的字迹主要是通过汉碑。汉碑有各种不同的风格，有名的汉碑很多，几乎每一块都是自成风格的。所以在书法史上、在文字学史和文学史上，汉碑都很有名。汉代以后，历代也都有一些碑刻，但总的来说，在书法艺术上的地位都比不上汉碑。

汉碑尤其墓碑在东汉非常流行，以至于后来发展成为东汉社会的一种习俗。到东汉末年，如果一户人家死了人，他在办丧事的时候必须要刻碑，大家互相攀比，把一块好的石材从山上采下来，再请一个名家写成文章，然后再刻到石头上去，这中间要费很多钱。汉代甚至有人因为为了替亲属、长辈办丧事刻墓碑而破产的。所以刻碑很耗费钱财，给人带来很大的经济压力，另一方面也助长了一种不实的风气。所有碑上刻的词句都是好话，胡乱吹捧，不足为信，就把社会风气搞得不好了。所以到了东汉末年，曹操掌权以后就开始禁碑，从建安开始，一直到整个魏晋南北朝，基本上都奉行禁碑的制度。

国家向来都有禁碑的规定，不许立碑。但是总有限定慢慢松弛的时候，所以隔个几十年，往往又有皇帝下令禁碑。如果大家到南京栖霞区甘家巷小学，现在还能看到南朝梁安成康王萧秀的墓,墓的前面有四块碑,其中两块碑还有,还有少量字迹依稀可见,另外两块驮碑的赑屃还在,碑已经毁掉了,当年是四碑并立,这是特例,整个魏晋南北朝,四碑并立只有这个例子。一般来说,魏晋南北朝时能够立碑的都是有特殊身份、特殊地位的人,或者是经过特殊批准的,如果严格遵循律例,那是不允许立碑的。那么,因为有这样一种禁碑的法律,所以到了东晋南朝的时候,就出现了一个新的石刻品种,就是墓志,埋在地下,政府律令禁止不了。

第二种:墓志。

关于墓志是从什么时候开始出现的,有不同的说法。如果我们把墓志当作一个人死了的标志,随便刻一点东西埋在墓里面标志这个人的身份,那么,给秦始皇修陵时死了好多工人,死后草草埋葬,有时候在砖头上刻几个字,也可以算是一个墓志。但真正作为一个石刻类型,或者说把墓志铭视为一个文体类型,这是从东晋开始的。我们知道,西晋政权在北方被胡人打垮了,皇室司马氏就跑到南京来了,建立了东晋政权,北方的贵族纷纷南下。他们到了南京,开始以为隔个几年、几十年说不定就打回北方去了,像琅琊王氏是山东的,陈郡谢氏是河南的,都是北方人,本来指望能回北方去的,后来过了三十年、五十年,过了一百年,发现回不去了。他们父亲一辈、爷爷一辈死了,都埋在南京了,这时候就需要标志他们是哪里人。如果大家到南京,建议去一下总统府旁边的六朝博物馆,里面就有不少的六朝文物,包括许多墓志。

最初的墓志是用砖头刻的,一开始很粗糙,而且不是刻在一块砖头上,是好几块砖头,因为砖头太小。后来才逐渐讲究,用石头刻,慢慢地形式越来越讲究,越来越规范,然后再由南方发展到北方。我们今天看到的墓志类石刻文献,北朝墓志比南朝的还多。但从渊源上看,其实是东晋、南朝发明的。尤其是王谢这样的大家族,他们开始使用墓志,并使之成为一个时髦,使得这些风气得以推广开来,从南方影响到北朝。

唐代以后,墓志就成了中国古代丧葬里非常普及的一个用品。唐代人作墓志也很讲究,《唐会要》中记载,办丧事的时候,要把请人刻好的墓志专门摆在一个车里,出殡的时候展示给人看。墓志找谁写的? 文章怎么样? 书法怎么样? 刻工怎么样? 这都显示着家族有没有实力,有没有身份,有没有地位,所以唐代人对这个很重视。北朝墓志和唐代墓志今天出土的非常多,在洛阳、西安这两个地方,洛阳一挖就是北朝的墓志,西安一挖就是唐朝的墓志,非常多。所以在石刻文献类型中,如果就数量来讲,或者说就研究的史料价值来说,墓志这类石刻文献是非常重要的。

第三种:石经。

石经就是过去的儒家经典的刻石,其实也包括佛家和道家的经典刻石。相对来说,在儒道释三教刻石中,规模最大的是儒家经典刻石,基本上是政府组织的,因为儒家是官方的意识形态。儒家经典刻石最早是在东汉汉灵帝熹平年间,蔡邕等人给皇帝提建议,说经典文本当时没有一个定本不行,需要有一个定本,刻在石头上面,竖在首都洛阳的太学里。太学那时候是国家最高的学校,全国的人想读经,都可以到这个地方抄,那就是一个标准的定本。所以从东汉开始就有了第一次儒家的刻经,叫做"熹平石经"。这以后中国历史上还有多次的刻经,比如三国魏正始年间,用三种字体刻的经典,叫"正始石经"。现在我们还能看到一些熹平石经和正始石经的残石。再往后,东晋和南朝没有刻,一直要唐朝的开成年间,又刻过一次石经,规模更大一些,叫做"开成石经",现在基本完整地保存在西安碑林里面。清代乾隆年间,还刻了《十三经》的全部,至今保留得很好,在北京国子监里面。其实,从宋代开始就有了印刷术,书都可以刻印,所以乾隆刻石经,只是好古,没有多少文献版本的价值。

佛教的刻经基本上是民间自发的,或由僧人自发、寺庙组织的行为,或者善男信女自发的行为。佛教刻经的形式和儒家的不太一样。佛教刻经中规模最大的,应该数到现在北京房山云居寺的经板,从隋代一直刻到辽代,时间非常长,规模也很可观,共有一万五千多块经板,藏在藏经洞里面。另外佛教经典还喜欢刻在摩崖上,"摩崖"就是刻在自然的崖壁上。道教经典刻石的也有,但和儒家、佛教相比,道教的经典刻石好像比较少。道教经典更多是喜欢写些小楷,写在纸上。

第四种:题名、题刻。

题名、题刻以及各种各样的题咏,其实,这也可以跟我另外分出一类的摩崖石刻合在一起来说。过去的文人学士游览名山大川,往往喜欢留个名,刻上某年某月某日某某跟某某某一起同游某地的词句。他们的字基本上还都写得清楚,有不少还出自名家。永州的很多石刻,如朝阳岩和浯溪石刻,有很多是文人学士的题名、题咏。题咏就是题一首诗,或者说题词,题一段话,某时某人和某某人到过这儿。所以,我们有时候考察古代文人的行踪,编一个作家的年谱,如果在某一个地方的石刻上看到某一个作家的题刻,就可以证实他那个时候在这儿。他如果写一首诗，我们就知道这首诗是在这儿写的，就可以交代得清清楚楚。这种题名、题咏、题刻，宋代以后特别多。唐代也有，但是没有宋代那么多。欧阳修喜欢搜集石刻拓本，编了一本书，叫做《集古录》。他在《集古录》里感慨地说，"人们为什么那么喜欢留名呢？"很多人都喜欢借助石刻这种文献形式，希望让后来人能够知道历史上曾经有某某人到过这个地方。中国古代人之所以要题名、要题咏，除了标志自己的行踪，很多时候是看中它的历史记忆的功能，希望后人借助石刻，记住自己。

第五种：摩崖。

摩崖这种碑刻其实是比较早的，我们读司马迁的《史记》，知道秦始皇统一中国之后曾经巡游天下，在原来的齐、楚两国故地巡视，因为他觉得齐和楚是秦国最大的敌人，他不放心这两个地方。他在齐、楚两国故地立了六块碑刻，其中，碣石山的碑刻是摩崖，这是最早的一个摩崖碑刻。

汉代以后，摩崖的碑刻也挺多的。永州浯溪的《大唐中兴颂》，大概是摩崖石刻里面最有名的一处，号称"三绝碑"。文章是唐代文学家元结写的，书法出自唐代著名书法家颜真卿之手，浯溪风景优美，崖石奇特，合为"三绝"。《大唐中兴颂》的字还大，至今可以观赏，想见当年盛况。

摩崖石刻，如果要讲它跟别的石刻相比有什么属性特别突出的话，我觉得是它往往处于风景之区，名胜的属性更突出些。名人的墓可能会成为一个名胜点，一般的墓就不会了。但是，摩崖碑刻往往会在一个风景比较突出的地方。而当一个人尤其是某个名人，比如元结、颜真卿这样的名人，首先在某个风景秀丽的地方，刻了一个摩崖石刻之后，其他人就会陆续来此，一边观赏，一边加上新的题刻。浯溪有了《大唐中兴颂》之后，唐宋两代有多少人来过，难以统计。几乎每一个路过永州的人，甚至是经过永州附近的人，都要绕道来这里看看，看完之后，就难免会写点什么，也刻在摩崖上。这就好比元结、颜真卿发了一条微博的第一条，然后后人就跟贴，跟了好多的贴子回应。这个字怎么样，颂的主题怎么样，众人都参加议论，甚至还会争论起来。我觉得，这是摩崖石刻比较特殊的一点。

第六种：刻帖。

我们现在看的字帖，其实有很多都是从石刻上面传下来的，尤其是比较早的，因为纸不能保持很久。像六朝时候的那些墨迹、唐朝的那些墨迹，我们今天看到的颜真卿的字迹，很多是从石刻上弄下来的。刻在石头上的名家的字迹，有时候分散在各地，那么就有人搜集起来，拓成拓本。有时候为了方便别人看，干脆把名家的墨迹再翻刻到石刻上面去。古代很多江南的有钱人喜欢在自己家里建碑,碑里刻着很多名家的字,你可以来看,可以来拓,于是就变成一本本的法帖集了。

法帖这种书法石刻,它的重点是在书法上有选择,有书法欣赏、书法学习的目的。书法作品刻到石头上面去,这就是一种书法艺术的传播手段。刻帖这类石刻,大概始于宋代,在明、清两代比较多,这种风气是从明、清两代开始的,当时很多有钱人、收藏家都把自己家里的宝贝拿出来,刻石流传。

第七种:杂刻。

石刻总类里有很多不容易归类,不好算入前面那六种里面,那只好另立一类,叫做杂刻。比如北朝流行造像,这是立体的石刻。造像往往配合一些题词,大多粗俗不文;还有人喜欢刻诗词歌赋,那就要文雅得多了。从前有人修了一座桥,在桥头、桥廊某个地方刻几个字,做个标记。挖了一口井,在井栏上刻几个字。这也是一种石刻,叫做井栏石刻。这些杂七杂八零碎的石刻,通常就把它叫做杂刻。

以上七种石刻里面,我认为特别值得关心的主要是墓碑、墓志及摩崖。其他的石刻,如果你是专门研究经学、研究儒学的,那可以去研究一下早期的《熹平石经》和《正始石经》,乃至唐代的开成石经,其他类型的价值还是有限的,比较零碎。

二 石刻文献的三种形态

石刻文献有三种形态。

第一种形态就是石刻实物本身。

我们今天在朝阳岩看到的、在浯溪看到的石刻,就是实物。实物有什么好处?那当然就是如假包换,独一无二,就是真的,你可以在看石刻的时候,同时看到石刻原来的环境。有时候我们要了解、理解一个石刻,需要连带考虑到它的环境因素。为什么这么说呢?我举一个例子。汉代一个达官贵人死了之后,他的墓前不只有一块墓碑,他墓前甚至可以有三块墓碑。一块是他的家属家族立的,另一块是他原来的下属立的,再有一块可能是他的学生立的。所以三块碑分别代表不同的社会关系。这三块碑怎么摆?你如果不在实地,如果只读到他的一块碑,那就不行了,这就要了解石刻的位置关系。另外,摩崖石刻和周边风景的关系也要考虑。有些石刻之所以这么刻，而不是那么刻，那是跟当地的物质条件有关的。汉碑里面有一块碑，其实不能严格叫做汉碑的，就是一件非常有名的书法作品《石门颂》，历来被称作隶书中的草书，文字写得十分飞扬，有时候一个竖笔，笔画很长。如果你不到实地看，你不知道《石门颂》是摩崖石刻。它那个石头正好空出来一块，而且正好有一个裂缝，如果再刻另一个字，它正好到那裂缝里面去了，他只好把这一笔竖下来，这与石头自然的纹理走向是有关系的。所以研究石刻，必须要到实地，看实物。

石刻文献的第二种形态是拓本。

研究石刻，我们当然也可以坐在家里看拓本，那样很方便，不必跑好远的路。今天坐上高铁，朝发夕至，就从南京到永州了，从前从南京到永州不容易，那我当然看一下拓本就行了。所以拓本有它的好处，就是方便。我可以拜托京华教授在永州给我弄一张拓本，给我寄过来就行了，就可以在家里面看了。但是如果万一某一个字恰好拓得不是很清楚，那我只好将就着看，我也可以猜，有可能猜对，也有可能猜错。这时候就必须到实地去考察、去核对。古代人替我们传下了很多拓本，有的拓本好，精拓，每个笔画都看得清楚。有的拓本就不行，本来就拓得模模糊糊的，费半天劲，还不能认出是什么字。有的它恰好那个字没拓出来，你正好研究到这个地方，需要认出这个字是什么，这个关键字正好对你的研究很重要，如果看不到这个字，就影响你对文章的了解，所以还必须到实地考察。

我拜读京华教授关于永州朝阳岩石刻研究的几篇文章，里面涉及《全唐诗》《全宋诗》这两本大书。康熙时编撰《全唐诗》，延续了前人金石书的一些错误，因为前人的拓本不完整，提供的信息不准确。赵明诚和李清照编的《金石录》，里面也有一些错误的信息，不知道是赵明诚和李清照写书的时候就搞错了，还是刻本流传的过程中搞错了。京华教授一一纠正过来，补上缺漏的文字，因为他到实地考察，到现场看了，才能做到这一点。所以，石刻研究最好是能看到实物。但是，实地考察是有难度的，因为你要晓得永州的宝贝在哪儿，你才能看到，有时候即使守在本地，你也未必能看得到。实物本身固然好，但是我们要接触、使用、考察到实物的石刻，其实是要费很多的成本，时间的成本、金钱的成本，甚至是人情的成本。我今天托京华教授的福，看到了朝阳岩，很幸运。否则，朝阳岩正在维修，不开放，我是不可能进去的。

拓本是中国古代文化的一大发明。在过去没有相机的时代，人们是怎样想起这一招的？我觉得很高明。相机可以拍得很不错，但是有时候，如果石面风化得太多,不是很平整,拍照也不容易拍得清楚。然而,好的拓工弄出来的拓本,字就看得清清楚楚。拓本的好处,还在于它好流通,我们只要派一个拓工过去,就可以得到若干份,同样一块碑,可以拓十份、二十份、三十份。原始的石刻不能复制,你可以翻刻一块,但翻刻之后可能就变样了,而且翻刻的成本很高。拓本容易复制。

明代已经有金石家,身边专门带着拓工,出去访碑。明代关中的赵崡,就专门带着拓工去访碑,看到这个碑好,就叫拓工去拓。照说,拓本拓一份也就够了,但金石家有可能会要求拓工拓十份,可以互相交换,这样一下子就流通开来。从前的金石家出去访碑,或者派拓工搜集拓本,很多都是互相交换的。

到了清代,很多地方比如上海、北京、苏州的古玩店,都卖拓本,所以可以拓很多份,送去寄卖。晚清有一些拓工,专门受金石家的委托,到处去拓碑。金石家根据从前的金石志著录,了解到某个地方有什么碑,金石书里面都有金石目录,根据这个目录,派拓工去把这一带所有的碑都拓了。而且每一个碑不只拓一份,拓若干份回来,这样就流通开了。我们把拓本展开,拓得好的拓本,看起来真的是很方便,不必亲自跑到石刻面前,就能看到书法的样子了。好的拓本,多年以后还散发着墨的芬香。

拓本也有一个成本的问题。名碑现在已经很难弄到拓本。新出土的一些著名的石刻,像前几年西安出土了唐代著名诗人韦应物家族的墓志,里面有韦应物给妻子写的墓志。韦应物书写的东西,我们以前从来没有见到过,现在看到了,但一套拓本要一千两百块钱。我虽然做金石研究这么多年,其实收的拓本非常有限。

石刻本身完全是文物的状态。拓本是纸本,但是,它也有一点点文物的属性,尤其是名碑名拓。好的拓本,比如宋代的拓本,非常珍贵。明、清的拓本现在也很珍贵。

石刻文献的第三种形态是录文。

小的碑石,小的拓本,打开来读都方便,但是大的碑,像《大唐中兴颂》这样大的拓本,摊开一大片,读起来还是不方便。所以,比拓本更方便的一种石刻文献形态,叫做录文。录文是把石刻里面的文字抄录下来,编成一本书。这就不是拓本了,这是书了。

当年欧阳修因为地位高、朋友多,收集了很多拓本,他下班回家,展读拓本,喜欢了,就写上几笔题跋,发两句感慨,但是,他没有把石刻文字全文抄录下来。

到赵明诚、李清照夫妇的时候,他们搜集拓本,写题跋,更加认真,还会去查书核对,比较两《唐书》和石刻的异同。但他们也不全文抄录石刻上的文字。到了南宋,洪适撰成《隶释》和《隶续》二书,专门搜集汉代的石刻,把汉代石刻上的文字全部都抄录下来。看得清楚的录,看不清楚的,如果只看到一个走之底,走之底上面是什么他不清楚,他也就空着。看到多少,就录多少,尊重原样,保持原貌。

洪适是第一个把零散的石刻文字收集成编的。不过,他只搜集汉代的石刻,其中也包括少数三国时候的石刻。他把各地所有的、汉代的各种隶书碑刻全部搜集到一起,把文字全抄下来。他那个时候能看到的很多石刻,我们今天许多都看不到了,影子都没有了。亏得他那时把那些文字抄了下来,我们今天才仍然看得到。另一方面,他把文献媒介从石头完全转变为以纸张书本为媒介。欧阳修在北宋看到的好多石刻,我们都看不到了,甚至晚他一百多年的南宋的洪适,也没有看到,因为中间遭逢战乱。从洪适到我们今天,又过了接近一千年,他看到的很多东西现在也都看不到了。但是,他把文字抄录下来,我们今天不能看到石刻原物,却还能看到文字。

石刻文献的这三种形态,一种是实物也就是石本,一种是拓本,一种是书本,从使用来说,书本最方便,但是另一方面,可能书本也是最令人担心的。书本上的文字,是洪适等人从碑刻上抄下来的,有可能抄错、抄漏。或者洪适他们并没有抄错、抄漏,但是从古代到现在,书籍刊刻,经过不只一个版本,刻书的人有可能把它刻错、刻漏了。所以我们要担心书相,书本没有拓本那样保真。书本里面的字认不出来,或者打了空字框,不一定石刻上就真的看不见,或认不出来。也许到了实地,看到石刻实物,还蛮清楚的。拓本也可能看不清楚,但石本是不是也这样,也有待比对。从掌握与使用的方面来说,最不方便的是实物或石本,但最可信的也是实物石本。而拓本居中,所以我现在比较看中拓本。拓本比较能够保真,取用起来又相对来说比较方便。

现在我们有一种跟拓本接近的形态,就是拓本的印刷本,或称拓本集。它又具有书本的形态。现在经常有各地的碑刻集出版,那都不是个别的拓本,而是拓本集,而且往往经过了缩印。把原来有一张桌子那么大的拓本,缩印成十六开的一页,小多了,看起来费点劲。如果字太小,有时候未必看得很清楚,但是说实在的,这比展读拓本已经方便多了。就以国家图书馆来说,国家图书馆现在收藏的拓本很多,要想借阅几乎不太可能,但是,早些年,国家图书馆都把它印出来了,印了一百册,就是《北京图书馆藏中国历代石刻拓本汇编》。个人不太买得起,但是单位的图书馆还是可以买的,我们可以从图书馆借阅,拿回家里,一本本地细翻。近几年,国家图书馆还把他们所收藏的所有拓本资源统统电子化了,放在他们的网页上,有一栏叫做"拓本菁华"。国图所藏的所有拓本,在那上面都能看得到。可惜,这个数据库界面建设得有点儿不够友好,非得有精确的检索信息,才能搜索到相关的拓本,差一点都不行,而且不认简化字。不过,也有一个检索途径设计得比较好,你只要知道碑刻的年代,按照年代去检索,就非常方便。点开这个拓本之后,看到的是电子本。电子本有一个好处,是别的本没有的。我刚才说过,拓本原来好大,一张张的缩印成十六开了,字就变小了,但在电脑上看电子本的拓本,可以放大。原来我给学生上课,老是要抱一些拓本集给学生看,抱着好重,要叫学生帮我搬书。后来发现不用了,我从国图下载,然后请学生们看电子的拓本,哪个字看不清楚,我放大给他们看,特方便。

这两种形态,一个是印成书本的缩小版,一个是电子化的拓本,我也把它归到拓本里面。因为有了现代化的印刷技术和电子技术,我们使用拓本的方式方法或者说途径,更多了,也更灵活方便了。

三 石刻研究的三个层次

石刻研究有三个层次,或者说有三个方向。

第一个层次是史料学研究。

我们把石刻当作一种史料,当作一种文献,因为石刻里面涉及的内容实在太丰富了。研究文学的人,首先把它当成对文学有用的文献。我们可以从石刻里面找到很多《全唐诗》没收录的诗、《全宋诗》《全宋词》没收录的诗词。我自己早几年还写过一篇文章,题为《唐宋元石刻中的赋》。石刻中也有赋,就连赋这样的文体也有刻石的! 文学家的行踪、文学家的生平事迹、文学家的手迹,这方面的文献石刻中都有。很多名人,他字写得怎么样? 唐代人、宋代人书写的纸质文本要留下来,很不容易,所以他们的墨迹、手书,往往在石刻中才能够看到,很亲切。多年以前我还想编一本书,就叫做《历代文学名家手迹》,就找石刻里面的,后来我觉得自己有点儿多管闲事,又忙,就没编。各种类型、各个方面的石刻,其实都可以拿来当作古代史料来研究。比如,就像我刚刚说的,李清照、赵明诚就是这么做的,把唐代石刻和其他唐代史料文献相对照,看能弥补书面文献的哪些不足。这些非常具体的研究,就是史料研究。我所谓的史料研究,基本上着眼于个体的碑刻。你拿到一个碑刻,这个碑刻的撰文者是什么人,书写者是什么人,甚至刻工是什么人,一项项弄清楚,这就是史料的研究。

第二个层次是史学研究。

史学研究是在史料学的基础上再往前走一步。我们能是眼珠子只盯着某一个体石刻,我们应该看到整体,看到某个系列的石刻、某个地域范围的石刻、某个类型的石刻。比如浯溪《大唐中兴颂》,在这个石刻现场,唐宋元明清好多人都来参加讨论,意见刻在石头上,那么,他们都表达了什么意见?这就是一个好的专题研究的论题。陆游《入蜀记》写沿途游记,以及范成大的游记,两人都写到浯溪《大唐中兴颂》这个地方。范成大的游记中写了,诗中也写了,他自己就有两种文本。如果再把纸本的和石本相比较,那就可以做一些史学方面的研究。

近几年西安出土了很多隋代墓志,西安碑林有一位学者,就专门研究隋代的墓志,这就是把石刻划出断代范围,加以研究。还有一位学者专门搜集弘农杨氏石刻,弘农杨氏是隋唐间的大家族。总之,我们可以划出一个圈,从某一种类型、某一个家族、某一个断代、某一种现象入手。下午我跟京华教授去看朝阳岩的时候,我们就说,"石山保"也可以作为一个题目,好好地来研究。"石山保"其实不只是民俗研究的问题,还可以把它当成石刻中特殊的一个内容、一个类型,可以成为一个很好的研究课题。

第三个层次是文化研究。

我觉得石刻要从文化的层面来研究,除了历史文化之外,我觉得特别要强调的,是要把石刻文献跟书本文献看得同样重要,作为文献类型来加以研究。

我们现在研究书籍史,研究书本是怎么来的,怎样传播使用。书最早的形态,是从甲骨文、金文、简帛然后到书本。书本出来以后,没有人再在甲骨上刻字、再用简帛书写了,但是,还有人在石刻上面书刻文字,而且有各种各样的内容,各种不同的类型。这是为什么?背后有什么文化成因和文化意义?书本当然是古代文献最重要的一个载体,但除了书本之外,要说到第二个重要的文献载体,那就是石刻文献了,它的历史比书本还早。纸质书,先有抄本,再有刻本。开始有刻本和印刷,是在宋代。即使说到纸张出现与普及,那也要到汉代以后的事。石刻则是战国、秦朝就有的。把石刻作为一个文献的类型,它的一些形制与格式,其实是影响着书本的。石刻怎么生产、怎么传播、怎么利用,都要研究。

石刻跟书本之间还有一种互动的关系。把名家的墨迹刻到石头上面,是从纸本到石本;再从石头上拓下来,变成一本书,又是从石本到纸本。石刻和书本之间,这两种形态的文献是可以互相转变的。石刻对书产生了什么样的影响?书又对石刻产生什么样的影响? 在明清石刻上面,我们经常看到明清人写完之后,还盖一个私章,模刻得很好,这是模拟纸书书写。明清有很多公文文告,以石刻的形式发布,石刻上也钤盖公章,公章上还有长官的签名,这些都要刻出来。有时候,纸上书写的习惯会影响到石刻,石刻上的书写也会影响到纸上。石本与纸本,拓本与书本,这四本分属不同的文献形式,彼此之间常可相互转换,其间的文化关系如何,也可以从书写文化的角度、从文献文化史的角度,展开研究。

实际上,我目前正在主持的国家社科基金重大项目"中国古代文献文化史",其中就有一卷专门从古代文献文化史的角度研究石刻文献,这一卷是由我本人负责的。

(原载 2015 年第 7 期,作者单位:南京大学)

我们的干爹石山保

✳ 陈泳超

永州朝阳岩是一处铭刻丛萃的著名区宇,坐落在今湖南零陵城西潇水边。我之所以想念它,是因为喜爱柳宗元的《渔翁》诗:"渔翁夜傍西岩宿,晓汲清湘燃楚竹,烟销日出不见人,欸乃一声山水绿,回看天际下中流,岩上无心云相逐。"此诗六句,在唐诗中并非主流,却很有行于当行、止于不可不止的意思;更让我倾心的是,该诗描画的是山水云天的萧散意境,却以拗促顿挫的仄声韵出之,其情韵之间的妙味,吟哦再四,犹有余香,而诗中的"西岩",据说正是朝阳岩。某年初冬季节,我赴永州地区做较长时间的民间文学田野调查,寄居湖南科技学院。该院踞于柳子祠和朝阳岩之间,我工余之暇,亦时时徜徉其间,发抒些今古幻织的菲菲之想,颇有澄意歇虑、调节身心之功,然而一直没有亲临朝阳岩,总觉得就在身边,随时可去。

真正激发我去朝阳岩一探究竟的,是该院教授、北大学长张京华先生。某次席上,京华兄说他正带着学生将朝阳岩所有石刻墨拓下来,要做一个完整的资料汇编及相关研究,他兴奋地向我诉说了墨拓工作的进展和种种动人故事,中间也夹杂着一些抱怨,主要是针对当地人总爱在石头上刻"石山保"字样,从而打破了古代文人题刻的完整性,对此他是很有些嗔怪之意的。我听说之后,反而,莫名地兴奋起来。所谓"石山保",是当地广泛流传的一种传统民俗,即将自己的孩子寄名给大石头作干儿女,据说这样就可以保佑小儿顺利成长。我在永州地区看到过很多类似的表达,有的是写个纸条贴在大石头上,比如我在蓝山县舜岩的大溶洞口就看到这样一张有点发灰残破的贴纸(为排版方便,将原来竖行改为横行,下同):

长命富贵

石公石母台前更换乳名成石姣大吉

易养成人

而有的就直接在石头上刻字,格式差不多。显然,京华兄所说的"石山保",应该就是"石公石母"的同义词吧。

怀着这个心思,我终于来到了朝阳岩,果然漫山遍野的裸石上随处可见此类"石山保"字样,通行的格式是:

长命

某某某寄名石山保

富贵

非常简单,变化也很小,但铺天盖地,与丰富多彩的历代文人题刻交错混杂,颇为壮观。

朝阳岩作为天然山石,固然存在了不知几千万年,但作为文化景观,是从唐代元结开始的。元结在广德、永泰、大历年间曾两次出任道州刺史,在今永州地区留下了很多石刻题铭,朝阳岩更是他独具慧眼的"杰作",是他第一个从"自古荒之"的自然状态下发现了其山水形胜,从而喜爱上了它,名之曰"朝阳岩",为之写下了《朝阳岩铭(并序)》和《朝阳岩下歌》等作品,并第一个在此题刻,其目的是"欲零陵水石,世人有知"。此后,朝阳岩果然"世人有知"了,历代文人题刻济济累累。经京华兄指导的学生汤军先生在其大作《零陵朝阳岩小史》(华东师大出版社,2011)中统计,现存题刻唐代 4 通、宋代 31 通,元代 2 通,明代 51 通,清代 33 通,民国 10 通,现代 1 通,不详时代者 17 通。其中不乏周敦颐、何绍基、谭延闿等大人物的身影,其价值之高无须申说。我非常理解京华兄等实际墨拓者的心态:好不容易历经风霜雪雨留下来的各种书体的石刻墨宝,被那些歪歪斜斜、拙劣难看的"石山保"打破灭裂,几无幸免,墨拓作品自然很难完美,非但影响了对古典文史艺术的研究,也使朝阳岩的实存面目大为减色,这或许是从古至今知识阶层的一致心态。但我心下却很愿意替"石山保"们发一声不平之鸣——谁的石头?谁有权利?

照理,一切山林水石是自然界的固有存在,也是人类的共同财富,没有任何人物或阶层,对之享有法律、习惯或道德意义上的专属权,所谓"清风明月不用一钱买"是也。朝阳岩的山石,文人开辟出来题写诗文,并不表示这块区宇就变成文人阶层的专有物,民众照样有权在上面题写自己的心愿,他们甚至还有更充分的理由:文人们只是发挥茶余饭后的高雅情怀罢了,但对于民众来说,这些题刻却是为了维系代际生命的绵绵延续,具有某种神圣的使命感。文人雅士们或许嫌其鄙陋迷信,可是,像"乾,天也,故称乎父;坤,地也,故称乎母"(《说卦》)之类被传统儒生视为经典的说法,实在也不过是些玄妙的昏话罢了。平头百姓自然不敢指望去认天地为干亲,甚至像佛教回向偈中所谓"愿生西方净土中,九品莲花为父母",对他们来说也有些遥不可及。他们只是看着山石很坚硬,不易损坏,便为儿女认个干爹,这种简明可爱的万物有灵思想,寄托着民众深沉博大的生命关怀。朝阳岩上重重叠叠的"石山保"字样,乃至在非常危险的石壁上也偶有显影,充分可证。至今在朝阳岩下,仍然有很多香烛供养的痕迹,其理正同。

我这么说,并不是支持现代社会中在文物、景点乃至其他任何公共场所随意刻画的行为,事实上,对于时下这种屡禁不止的恶习,我也痛心疾首,与世人无异。其间的差异在于:当文物没有成为全社会共同认知的保护对象之时,它的存在仅仅代表了部分人群的趣味和价值,而部分人群没有权力要求其他人群都按照自己的原则行事,因为每个人都是绝对意志的自由存在。但当文物保护观念逐渐被社会全体或大多数人所认可,并由政府将之作为社会集体意志的体现而以政令、法律予以规定之后,文物便被视为整个民族国家的共同财富了,任何个人的破坏性使用,都将被视为非正当行为,必须付出相应的代价。从历史上说,文物保护观念尽管古代也时有提及,但真正确立并形成社会的实施规则,还是在中国进入了现代意义上的民族国家之后的事情。我们不能用现代规则去要求前现代社会的民众。

其实,对于多数知识分子尤其是现代知识阶层来说,他们对民众在人格上或许并无太多歧视之意,甚至对于民众这些有点迷信色彩的习俗,也未必多么痛恨,关键是雅俗趣味的不搭调。如果这些"石山保"出现在普通石头上,他们可能视若无睹或一笑了之,但像朝阳岩这样被文人视为风雅集萃的所在,就难以容忍"石山保"们入侵淆乱了。问题是:文人就一定风雅吗?风雅之人就一定值得尊重吗?

我们来举两个朝阳岩的题刻实例。

例一:《零陵朝阳岩小史》中录有一幅奇怪的图表,上面两层是诗题和一首短诗,第三层画了一个稚拙的大兔子,然后是十二月卦象,再下面是两棵树形简图。此题刻在今天朝阳岩中已经找不到了,是张京华兄从明人黄焯的《朝阳岩集》中发现的。黄焯在集子中附记说:"右题镌于朝阳岩峭壁间,雨淋苔蚀已就馍鹕。附刻于后,博雅君子幸鉴焉"。(李花蕾、张京华著《湖南地方文献与摩崖石刻研究》,第 395 页。华东师范大学出版社,2011)经京华兄考订,此乃宋代熙宁年间曾任永州通判的武陵人柳应辰所作,其考订的主要理由是柳氏一贯的"玄怪风格"。此言不虚,该题刻文字不难理解,那些图像到底是什么意思,谁也弄不明白,这跟"石山保"不是一般的神鬼莫测吗?那些拙劣的图像刻画,实在也看不出比"石山保"高雅几许。

例二:在今天朝阳岩非常醒目的位置有一硕大题刻曰:"何须大树",后有跋:"丙辰伏日,天久不雨。流金烁石,忧心如焚。避暑朝阳岩,凉风飒然,不减箕踞长松下矣,题此志慨。彝陵望云亭。"其体量在朝阳岩所有题刻中可居前三之列。浅陋如我者,当时还以为"望云亭"是一处亭子的名字,或者是某个文人的自号,后来查找资料才知道是晚清民国时一位武将的大名。据《零陵朝阳岩小史》中介绍,望云亭"民国二年(1913)九月,随湖南督军汤芗铭至湘,出任湖南省第六区司令官兼道县知事。在任上为结好士绅,对起事农民,大肆捕杀。民国四年(1915),授零陵镇守使,陆军中将衔。民国六年(1917)病逝于北京"(第229页)。而网络上还有这样未经查证的补充文字:"他在道县不到一年,竟杀害起义农民近千人……当地仕绅感其'功',在武官衙门前建一石亭,题名'望云亭',后被群众捣毁。"原来还真的有过一个亭子叫"望云亭"!这样一位滥杀农民的赳赳武夫,只为耐不住暑热跑到朝阳岩来躲避几日,就自命风雅地弄了这么一通硕大无朋的题刻,普通民众为自家儿女保命起见,刻几个小小的"石山保"又有什么不妥呢?"望云亭"是被群众捣毁了的,望云亭的题刻大约因其刻崖太深且广难以划灭,终于高悬至今,然而,这是朝阳岩的光荣抑或耻辱呢?

也许有好心人要调和:民众实在要在此地刻"石山保"也不是绝对不可以,但最好刻在空隙处,不要打破原有的文人题刻,这当然是一个较为理想的状态。其实,多数"石山保"确实是刻在空隙处的,民众也不愿意去刻在已经有字的地方,那样自己的宝贝文字同样会不清楚。问题是朝阳岩比较方便刻字的地方,早被密密麻麻的文人作品占据了,没给民众留下多少余地;而民众又无力去开发、磨平新的位置,只好挑已有题刻文字的空隙(文人题刻有其格式,留白甚多)去镌刻自己的心愿,按照他们的观念或许正是物尽其用也未可知,至于顺着"石山保"的文理笔式而侵犯了已有文字,确是势所必然。再说,文人题刻本身也从来就有后人划去前人作品而自题其上的风气,甚至因此还出现专门以此为生的底层职业。据《零陵朝阳岩小史》中说:"据传:在当时,每有人游朝阳岩时,便会有石匠袖手以待。游人题字写诗后,便磨石刻上。甚至早先就把崖壁磨好,待价而沽。对于那些在朝阳岩吟诗唱和者,在他们眼中都是'达官贵人',再不济也至少是个读书人,纵然吟囊羞涩,在经营这关系'千古'的事情时,也能慷慨一番。但对于朝阳岩的很多碑刻被磨掉,再转刻他人诗文,这些刻石者应难辞其咎。"（第283页）作者的这个态度我有点不认同,在国家政策和地方规约都不健全的时代,保护文物只是文化道义上的提倡,并非民众应该履行的职责,民以食为天,靠山吃山,靠水吃水,靠朝阳岩就吃朝阳岩,并无罪咎。如果非要说"难辞其咎",恐怕那些一心经营"千古"事业的文人,更要首当其冲吧。比如望云亭的"何须大树",我就仔细看了,该题刻的周边还有不少未被磨尽的字划痕迹,显系划除了前辈文人书法而非"石山保"之类民众刻画。如果不是望云亭这等汹汹气势,谁敢（愿）去做这么大规模的剗挖磨平工程呢？如其有罪,罪在望云亭还是石匠呢？更不用说那些瑟瑟然自刻"石山保"的普通百姓了。或许正是早就有此意念在心,我至今清楚记得,当时去考察朝阳岩题刻并将所有能够找到的"石山保"一一拍照的时候,心里偶或也有些对文物破坏的遗憾,更多时候却充满着一种报复式的狞厉快意。

如今,《中华人民共和国文物保护法》早已颁布,朝阳岩石刻已被列为国家级文物保护单位,任何人再随意题刻,都将被视为违法,包括"石山保",也包括任何文人墨客或党和国家领导人。所以,乡民们要继续发扬"石山保"的民俗,就只能另辟蹊径去寻求"他山之石"了。但我还要强调一点：作为文物保护对象的朝阳岩,绝不应该只是指那些文人题刻,包括"石山保"在内的民众刻画,也是其中应有之义。它们在立法之前已经存在,有的甚至还很古老,我拍摄的"石山保"照片中,最早一通是明代天启三年,它在文物意义上并不比朝阳岩半数以上的文人题刻逊色。所以,如果划挖磨灭这些已有的"石山保",亦须一律视为违法行为予以处置。

总之,民众与文人都生来自由、人格平等,当我们回溯历史、珍爱文物之时,亦须对相关的民众生活史予以了解之同情,否则得于物而失于人,就有失民胞物与的人间正道了。《零陵朝阳岩小史》中有一段话我颇觉骨鲠：

> 万历三十六年（1608）,元结来游后第八百四十二年。游人题："万古一口"四大字,刻于青阳洞口。字大径尺,端庄圆润。惜郡人凿梯时毁其后部,不可得其姓名。郡间鄙人,为图一时之便,而置先贤遗迹于不顾,可哀可痛！宁其无父无祖也。（第166页）

汤军先生的业绩我非常赞赏,也很为京华兄有此高足而庆贺,只是在这个观念上,我难免要多讨教几句。我不知道上述凿梯行为是在有政府管理文物之前还是之后:如是之后,我同其呼吁(未必同其咒骂);如是之前,尤其是在前现代社会的话,鄙人则深不以为然。试想:一个不明来历的游人在此留下一通不疼不痒的题刻,本地"鄙人"便须爱护,以致生计事宜比如凿梯之类亦须规避,这岂非地道的阶级压迫逻辑么?"无父无祖"之呵,对于"郡间鄙人"实在太过寡情。我倒很想代替"郡间鄙人"们如是上禀:"无父无祖乎?那些游人也好,先贤也罢,我们从来不想高攀他们为父为祖;我们都有各自的父祖,并且,我们还有一位共同的干爹——石山保!"

(原载 2015 年第 3 期,作者单位:北京大学)

摩崖石刻考察蹲点日志

✳ 余孟孟

和文化人出行,处处都是学问

2014 年 7 月 13 日星期日　晴

没有目的的旅程是流浪,有目的的旅程才是旅行。

如果我这次来永州也算一段旅行的话,那我的目的就是跟随湖南科技学院张京华教授所带领的考察团去寻访周敦颐的文化足迹,去感受那传说中的摩崖石刻。

闻名不如见面,见面胜似闻名。大名鼎鼎的张京华教授与我握手寒暄之际,我竟看到了一位久未谋面的老朋友。他的随和、质朴、谦逊,让我无法把"大学学报主编""国学研究所所长""知名文史学者"等称号和眼前这个朴实"大叔"联系起来。虽然,对他的个人形象出现了几许认知失调,但对他的"气象"和人格却多了几分敬意。

上午 8 点 10 分,我随考察团赶往宋明理学"开山鼻祖"周敦颐的故乡——道县。此次"潇湘儒家历史文化考察团"成员构成相当"高端",其中包括深圳大学文学院五位教授,加上张京华共六位教授,还有一位博士生,两名硕士生和三名本科生。这个团队是名副其实的"教授讲解、博士带队、硕士扛旗、本科生探路"的文化考察团。

读万卷书,行万里路。当此二者产生交集的时候,一种叫做成长的东西就一发不可收拾了。的确如此。和文化人出行,处处都是学问。

张京华教授说:"对于文化旅行,余秋雨先生说是'苦旅',我觉得非常到位。因为这种旅行不是一段闲散的漫步,而是一种对某种传统、精神和信念的苦苦寻觅和追求。""虽然是苦旅,可是能与有肝胆者一起共事,一起探寻,又何尝不是一种快乐!"曾在湖湘讲堂主讲过王船山和宋明理学相关内容的深圳大学哲学教授王立新充满激情地说。

王教授的话得到了大家的共鸣。与各种行李"挤"在最后一排的宗教学研究专家问永宁教授合上手中的线装书,带着较为浓重的陕西口音大声说:"我们既然是探寻宋明理学,就要有张横渠那种'为天地立心,为生民立命,为往圣继绝学,为万世开太平'的气度。"

"问教授,你坐前面来嘛!坐后面,你又不是看行李的!"张京华教授作为东道主对客人的关怀和调侃之语,引起了众人的大笑。然而,在这爽朗的笑声中,张京华教授那几位还在读博士、硕士和本科的学生,分明从问永宁教授身上看到了一种谦和、质朴的品质,特别是那种无视教授身份,甘愿与各种行李挤在一堆的"无我"精神。这种品质和精神源于对中国传统经典文本的长期阅读和体悟,也是中华优秀传统文化对一个读书人潜移默化熏陶的自然结果。

"他者"与"弟子"

2014 年 7 月 14 日星期一　晴

和专家教授同吃同住,共同行走在文化遗迹探寻的路上。这对于几名学生而言,可能是一笔难得的文化财富和精神养料。

"我是第三次来道县了,但这次真的非常不同,有这么多学术水平非常厉害的教授一起同行,旅程才开始,从他们身上我就学到了不少东西。"即将读大二的女生王志芳如此说。"我是从山东赶过来的,张京华教授是我本科时的指导老师,每年寒暑假我都会赶过来和其他同学一起围在老师身边读书、研究,这次考察真是一个难得的学习机会。"马上就要去上海大学攻读博士学位的石强同学表达了自己的感受。

作为随行记者,我是以"他者"的身份用图片和文字在记录这个考察团的文化行走。可是,作为一个爱好文史的曾经的研究生,我却是以"弟子"的自我意识在追随着几位"导师"在开展一段从未有过的"田野作业"。其实,每一个读书人,不管他从事什么工作,在他的内心深处都有一个情怀,那就是抛却世俗,去做一段真正纯粹的研究,去搞一场真正单纯的阅读。千古文人侠客梦!是真文人,就必定怀抱着一些不切实际的梦幻和追求。这才有点意思。

到凤凰不可不访黄永玉,来道县不可不见何家壬。

"'不学便老而衰。'何先生 90 岁高龄了,却依然精神矍铄,这缘于他一生不懈地学习。"张京华教授介绍道,何家壬先生是终身学习的典范,他的诗词、书法都堪称一绝。何先生却说:"我写字、作文都是很浅的。我讲的是胡话,真正讲学问我差远了,你们才是专家学者,希望大家多指导我。"什么是儒雅风骨? 什么是谦逊品质? 我们在何家壬老先生身上真真切切地见到了。

简单的午餐过后,何家壬先生便带领大家来到书画室,他不仅教大家写字,还现场书写,为来访者每人送了一幅字。"先生7岁习书,几十年如一日,深受何绍基书法艺术影响,逐渐形成了自己浑厚自然的独特风格。"张京华教授告诫学生们要以何先生为榜样,做一个真正的终身学习理念的践行者。

窥探圣贤的故居

2014 年 7 月 15 日星期二　晴

人是环境的产物。圣贤的出生地和故乡必有其独特之处,也必蕴含着某种文化密码。这是所有文化寻根活动的前提假设,这次濂溪理学文化实地考察也不例外。

先看濂溪书院。道县濂溪书院始建于1180 年,是一处集祭拜、藏书、教育等多种功能于一体的古建筑群,系历代朝廷和士民为纪念周敦颐而建,历经千年,影响深远,在教育、哲学、建筑等领域发挥积极而重要的作用。"周敦颐是理学的开山,这个书院也是极具理学文化的标志性书院。它对于湖南乃至全国从事研究和传播理学文化具有重要意义。"对周敦颐有深入研究的王立新教授如此评价这个书院。不过,王兴国教授和问永宁教授对书院中的"吾道南来"和"道南正脉"等文字有异议,认为放在岳麓书院可以,放在这里就不合适。因为,这里本就是理学发源地,无所谓"南来"一说。

再看周敦颐故居。由于年代久远,周敦颐的宋代故居已不复存在。现存建筑是当地2010 年按照"仿古如古、修旧如旧"的原则在原址上恢复重建的,面积为300 平方米,是典型的湘南农村古式二层建筑。"周敦颐从小就喜爱读书,在家乡道州营道地方颇有名气,人们都说他'志趣高远,博学力行,有古人之风'。所以,一个人的圣贤气象很早就会显现出来的。"王立新教授再发感慨。

当代人很喜欢"文化之旅",更喜欢探寻古圣先贤的故居和"道场"。我总在想,圣贤生活过的地方、居住过的院落,给今天的这些来访者究竟能带来什么? 带来学术资源? 呈现出来供参观的资料早已被研究彻底;带来圣贤气息? 世易时移,今日的气息早已不是当年的那般。带来成长的方向? 今人的处境早已和古人决裂地干净。其实,这些古圣先贤曾经生活的故居、成长的院落能带给我们的只是一份宁静、一种平和、一段向往。这宁静,是在举世皆浮躁的红尘中的心灵宁静;这平和,是在功利主义大行其道下的心态平和;这向往,是在急速前进追名逐利中对精神家园的向往。我们每天都在做"有用"的事,可生活的真谛也许蕴藏在"无用"的事情当中;我们每天都在急速地前进,可人生也许是以"慢"为宗旨的。

这一刻,手里抓着一点小小的利益舍不得放。可发现古井边那棵古樟树已历千年而依然枝繁叶茂,人一下子就释然了。

拙岩历险记

2014 年 7 月 16 日星期三　晴

文化,是个关键词,也是个多义词。一般而言,它包括三层涵义:物质形态的文化、制度形态的文化和思想形态的文化。

"理学主要是一种学术思想或思潮,毕竟是比较空泛的东西,如果要有实在的'抓手'来研究,探寻永州各地的摩崖石刻就是最好的选择。"张京华教授说,永州有着丰富的历史文化遗迹,摩崖碑刻之多更是一绝,从祁阳浯溪到零陵的柳子庙、朝阳岩、淡岩,再到道县月岩,从宁远九疑山的玉琯岩,再到江华的阳华岩,潇湘大地,凡有奇石,必有奇刻与奇文。

在张京华教授的带领下,文化考察团在之后的几天里爬山涉水,先后探寻了月岩、中郎岩、拙岩、九龙岩等地,大家拍照、拓片、讨论、做记录,每个人都收获颇丰。

在月岩,除了历代文人墨客留在石壁上的字迹外,大家还见到了宛如一轮明月悬在半山腰的岩洞奇观。在中郎岩,大家真正见识到了什么叫"锲而不舍,水滴石穿",石壁上的小水珠一点一滴掉下来,那力量看似微不足道,可竟然在下面的岩石上撞击成了一个脸盘大的水池。"没有做不到只有想不到。大自然总在用它的鬼斧神工和精妙设计在启示人类。"深圳大学哲学教授黎业明惊叹道。在拙岩,大家见到了明代正德 7 年(1512)沈良臣所题的《拙岩成偶书诗》。同时,教授和学生相互合作,敲敲打打,经过两个多小时将"忘机处"三个大字及一系列小字从石壁上拓了下来。在这一群醉心于学术研究的教授和学生眼里,这些拓片就是他们视为珍宝的财富。

然而,搞学术研究有时可能还会有生命之忧!这绝不是危言耸听。在拙岩,为了能真切地拍摄到石壁上的刻字和教授们亲自动手搞拓片的过程,我举着手机在狭窄的石壁下挪动着身体,弯下腰,往后退,突然,脚下一滑,大半个身子就掉入水中了。那一刻,头脑一片空白,只觉身体不断往下滑,潜意识告诉我可能要没命了。还好,左手抓住了一推稻草,右手几个手指捏着手机扒在岩石边。这时,众人才反应过来,一声惊呼,赶紧伸手来拉我。虽然与大家相隔不足一米,但还是很费劲地才把我拽了上来。所有人都松了一口气,衣服湿了没关系,可以晾干;手臂磨破了没关系,可以长好。还好!有惊无险。开船带我们来的师傅说:"这里水深浪急,还有漩涡,你是真的运气好。"不说还好,一说就后怕的厉害。不过,张京华教授的话却让我少了几分惊吓,多了几分浩然之气。他让我看他的两个手臂,很明显的几道划痕,他说:"为了在石壁上搞拓片,我摔了好几次,有一次竟然一头栽进水里,差点没命。"他说的恐怖,可依然面带微笑,这让我看到了一位视学术如生命,为学术不顾生命的真学者的精神风范。

关于"文化之旅",余秋雨先生曾提到一个概念,叫"文化现场"。步入周敦颐故居、濂溪书院、月岩摩崖石壁等文化现场,我们真的感觉打通了时间,穿越到了古人的近旁,似乎能听到圣贤的教诲。这种以空间兑换时间的方式,就是我们开展文化之旅的真正密码所在。

(原载 2015 年第 8 期,作者单位:湖南教育报)

从《阳华岩铭》看元结对湘南摩崖石刻景观的缔造之功

✳ 李花蕾

位于湖南省西南部的永州地区,拥有数量众多的摩崖石刻景观。对这些景观探本溯源,不难发现其中绝大部分的源头都指向同一个人——唐人元结。元结在湖南前后生活将近十年,开创了阳华岩、朝阳岩、浯溪等多处石刻群,对于湘南地区摩崖石刻景观有不可磨灭的缔造之功。

元结(719 – 772),字次山,号漫叟、聱叟、漫郎,河南鲁山人。由颜真卿撰书,现存河南省鲁山县第一高级中学老校区的《唐故容州都督兼御史中丞本管经略使元君表墓碑铭并序》,是对元结生平的综述。其中有一段关于元结在道州施行"古人之政"的议论,记载当时道州"为西原贼所陷,人十无一,户才满千",元结到任两年间,"归者万余家,贼亦怀畏,自此不敢来犯。既受代百姓诣阙,请立生祠,仍乞再留"。道州即今湖南省永州市道县,元结于公元763年出任道州刺史,"自任道州刺史以后至其终老之前大约十年,溯游湘水上下,往来道州、九疑山、江华、零陵、祁阳诸地,多在今永州市境内"[1]。元结为官廉洁方正,关心百姓疾苦。在道州任职期间,他曾两次上书,请求减赋免役,"民乐其教,至立石颂德"(《新唐书·元结传》)。这个时期的元结,文学造诣已然炉火纯青,在体察民情与徜徉山水之间,先后创作了《舂陵行》《赋退示官吏》《右溪记》等不朽名作。同时,元结以刻石明志的方式,在所经之处留下了大量摩崖石刻遗迹,阳华岩石刻就是其中一例。

阳华岩位于湖南省永州市江华县沱江镇竹园寨村回山脚下,清道光《永州府志》称"江华复岭重岗,地远而险,其山之秀异者,自古称阳华岩"。阳华岩属石灰石岩,外岩自东向西倾斜,如同一道天然走廊。岩洞敞开向南,一股清泉自山岩内部涌出,沿石壁西流。洞壁平整,是得天独厚的刻石场所。阳华岩有唐至清代题刻40余方,迄今可清晰辨认的有38方,皆为阴刻,其中以《阳华岩铭》最负盛名。《阳华岩铭》成于唐永泰二年(766),由元结撰文,瞿令问书,是阳华岩石刻的开山之作。石刻全幅宽290厘米,高75厘米,包括题名、序文、铭文、年款在内共404字,分为44行。前9行题名及序文共90字,作隶书;中间33行铭文96字,模仿曹魏《三体石经》体例,每一字都以先大篆、次小篆、再隶书的方式书刻,因此共有288字;最后2行年月款16字,作篆书。《阳华岩铭》这种独特的三体书刻方式,在整个湖南地区都属少见。全文如下:

《阳华岩铭(有序)》

刺史元结

道州江华县东南六七里,有回山。南面峻秀,下有大岩。岩当阳端,故以"阳华"命之。吾游处山林,几三十年,所见泉石,如阳华殊异而可家者,未也,故作铭称之。县大夫瞿令问,艺兼篆籀,俾依石经,刻之岩下。铭曰:

九疑万峰,不如阳华。阳华巉巉,其下可家。洞开为岩,岩当阳端。岩高气清,洞深泉寒。阳华旋回,岑巅如辟。淯滕松竹,辉映水石。尤宜逸民,亦宜退士。吾欲投节,穷老于此。惧人讥我,以官矫时。名节彰显,丑如此为。於戏阳华,将去思来。前步却望,踟蹰徘徊。

大唐永泰二年岁次丙午五月十一日刻。

铭文共24句,文风洗练。前12句主要描景,通过洞、岩、泉、松竹、水石等角度,将阳华岩风景一一展现。后12句主要感怀,从中不难看出元结很羡慕逸民退士的归隐生活。面对阳华岩美景,元结有心"穷老于此",却又怕被人误解为"以官矫时",而元结本人也羞于靠这个显名,最终只好无奈地"前步却望,踟蹰徘徊"。元结另有一首与阳华岩有关的五言诗《招陶别驾家阳华作》,该诗作于同年,前6句为"海内厌兵革,骚骚十二年。阳华洞中人,似不知乱焉。谁能家此地,终老可自全"。将该诗与《阳华岩铭》一起解读,可印证元结的归隐心态。

阳华岩构造独特,为石刻提供了天然保护,从而使《阳华岩铭》避免遭受风吹雨淋,所以,历经1200多年,仍字字清晰,无一处磨损。其保存程度之完好,在湖湘地区众多摩崖石刻作品中都属罕见。其他元结作品,如朝阳岩石刻,原刻已失传,现存为明清时期后人重刻。"浯溪三铭"多有泐缺,甚至《大唐中兴颂》这样的恢弘巨制,也经风雨侵蚀,造成局部残缺模糊。

《阳华岩铭》历代金石文献均有著录。欧阳修《集古录跋尾》卷7:"唐元结《阳华岩铭》,永泰元年。"(当作"永泰二年"。)王象之《舆地碑记目》卷2:"《阳华岩铭》:元结撰,瞿令问书。以上三碑并永明二年刻。"《方舆纪胜》卷58同。("永明"当作"永泰"。)王佐《新增格古要论》卷3:"《阳华岩铭》,元结次山作铭,邑令瞿令问以杂体篆,刻之厓上,在道州东南七里山下。"陆增祥《八琼室金石补正》卷60:"《阳华岩铭》,高二尺四寸,广九尺一寸……在江华。"叶昌炽《语石》卷2:"《阳华岩铭》,亦令问三体篆(大小篆、八分),(李)阳冰之亚也。"《八琼室金石补正》的记载最为详细,不仅惟妙惟肖地摹刻了整段铭文,还根据《县志》对前人著录中关于阳华岩地理位置的讹误做出了更正。并且陆增祥还通过《王庶子碑》《碧落碑》《华岳碑》,对瞿令问所用古文(即篆籀)的变异情况做了对比。

目前故宫博物院、台湾国家图书馆、台湾中研院等极少数单位有《阳华岩铭》拓片收藏,中国国家图书馆、北京大学图书馆无藏。近年出版的《唐代石刻篆文》[2]、《湖湘碑刻》[3]收录了《阳华岩铭有序》。《中国书法史·隋唐五代卷》[4]对瞿令问有议论,但不提《阳华岩铭》,而是称"《朝阳岩铭》即有'县大夫瞿令问,艺兼篆籀'之说","《朝阳岩铭》,仿魏《三体石经》,以古文、小篆、隶书三体书之"。但元结《朝阳岩铭并序》并无"县大夫瞿令问,艺兼篆籀",另据笔者实地考察,现存《朝阳岩铭》石刻为明正德辛巳(1521)年间邑人朱衮重刻,作行书。据此可知,《中国书法史·隋唐五代卷》作者似将《阳华岩铭》误作《朝阳岩铭》。

孙望《元次山集》[5]附录《元次山事迹简谱》云:永泰二年:"与令问游县东南六七里之阳华岩,作《阳华岩铭》,令问刻之岩下。"元结《寒亭记》称"巡属县至江华",可见元结当时来江华的目的,主要是为了视察,大概是在视察之余,瞿令问陪同元结来到阳华岩。颜真卿在《唐故容州都督兼御史中丞本管经略使元君表墓碑铭并序》中称元结去世以后,"故吏大历令刘衮、江华令瞿令问、故将张满、赵温、张协、王进兴等感念恩旧,皆送丧以终葬,竭资礐石,愿垂美以述诚",由此可见,瞿令问与元结之间有深厚的情谊。

瞿令问,一作令闻,生平无考。同治《江华县志·职官》有《瞿令问传》:"瞿令问,博陵人,代宗时为江华令。文学饰治,善篆书,永、道间金石铭识多其遗迹。后人重其名,为祠之,冠邑名宦焉。"黄庭坚《题浯溪崖壁》称"得次山铭刻数百字,皆江华令瞿令问玉筋篆,笔画深稳"(《山谷题跋》卷八),瞿中溶评论《㝎尊铭》时称"公篆学之精深,实于唐宋诸儒中卓然可称者"(《古泉山馆金石跋》),《中国书法史·隋唐五代卷》亦称"有唐一代悬针之篆,当推瞿氏为第一"。

元结精于文,瞿令问工于书,除《阳华岩铭》外,他们还携手完成了《㝎尊铭》《寒亭记》《舜庙状》《舜祠表》等多处石刻。黄庭坚《游愚溪》诗云:"下入朝阳岩,次山有铭镌。薛石破篆文,不辨瞿李袁。"此处的"瞿"即指瞿令问,"李袁"指李庚、袁滋,三人都与元结相善,分别为他书刻《峿台铭》《浯溪铭》《唐㢋铭》,世称"浯溪三铭"。

阳华岩自然景观的构造无疑是靠大自然的鬼斧神工,但是其人文景观的缔造,则要归功于元结。在元结之前,阳华岩处于"养在深闺人未识"的境地,正是一句"九疑万峰,不如阳华",令其名声大噪。在《阳华岩铭》刻石之后,历代不断有文人墨客闻名前来造访留题,岩壁上的石刻越来越多,逐步形成了摩崖石刻群。人文景观与自然景观的完美结合,使籍籍无名的山岩,最终化身为千年文化遗产,2006年,阳华岩被列为第六批全国重点文物保护单位。除《阳华岩铭》外,阳华岩较为独特的石刻还有很多,如唐代道州刺史陈谏撰文、江华县令江籍书刻的《华岩寺记》,记载了寺庙土地权属、买卖管理等事项,在国内较为罕见。另外,宋代江华县令安硅撰、豫章罗晔书刻的《道州江华县阳华岩图并序》,在岩壁上构图,摹写阳华岩风貌,是湖南省内仅存的摩崖图刻。

元结"雅好山水,闻有胜绝,未尝不枉路登览而铭赞之"(颜真卿《容州都督兼御史中丞本管经略使元君表墓碑铭》)。欧阳修《集古录跋尾》评《阳华岩铭》,称"元结,好奇之士也,其所居山水必自名之,惟恐不奇"。元结确实是一位"雅好山水"的"好奇之士",他在永州境内不断发掘集游览与刻石功能为一体的景点,其中大多数都是前人不曾留意的,如阳华岩、朝阳岩、浯溪、寒亭等地,还有右溪、无为洞等,散见于湘南各地。正是这样一位"好奇之士",在离故乡千里之外的湘南地区,缔造出一个又一个摩崖石刻景观。一篇《阳华岩铭》,成就了"阳华胜览";一篇《寒亭记》,开创了有"石刻书法长廊"之称的寒亭景观;"浯溪三铭"与《大唐中兴颂》,使浯溪碑林蜚声海内外;《朝阳岩铭》与《朝阳岩下歌》,令朝阳岩水石得以彰显于世。因此,称元结为湘南摩崖石刻景观的缔造者,实属当之无愧。

参考文献:

[1]张京华.元结与永州水石文化[J].湖南科技学院学报,2011,(2).

[2]施安昌.唐代石刻篆文[M].北京:紫禁城出版社,1987.

[3]刘刚.湖湘碑刻(一)[M].长沙:湖南美术出版社,2009.

[4]朱关田.中国书法史:隋唐五代卷[M].南京:江苏教育出版社,2007.

[5]孙望.元次山集[M].北京:中华书局,1960.

(原载2015年第8期,作者单位:湖南科技学院)

元结《次山铭叙》初探

❋ 彭 敏

一 "次山铭叙"题名之由来

《次山铭叙》是元结一组铭文所作序文的总称,这些铭叙分别是:浯溪三铭,即《浯溪铭并序》《峿台铭并序》《庼颂铭并序》;《七泉铭并序》,即《潓泉铭》《汸泉铭》《㵩泉铭》《淔泉铭》《㳏泉铭》《漫泉铭》《东泉铭》;以及《水乐铭并序》《东崖铭并序》《寒泉铭并序》《阳华岩铭并序》《㝢樽铭并序》《丹崖翁宅铭并序》《瀼溪铭并序》《异泉铭并序》《抔樽铭并序》《退谷铭并序》《抔湖铭并序》《五如石铭并序》。"次山铭叙"这一概念最早出现在明人所编《名山胜概记》中,其中共收元结铭文二十二篇,并以"次山铭叙"总题名。

实际上元结共有铭文二十四篇,另两篇为《冰泉铭并序》和《朝阳岩铭并序》,亦依水石而作,《名山胜概记》编者未收,或是疏漏,今当为之补入。此二十四篇除《水乐铭并序》《瀼溪铭并序》《异泉铭并序》《抔樽铭并序》《退谷铭并序》《抔湖铭并序》作于湖北,《冰泉铭并序》作于广西外,其余十七篇均作于道州,即今湖南永州。《次山铭叙》二十四篇省略铭文,专收小叙,使各独立成篇,又合编为一组。各篇皆精巧简练,记咏水石风光,作为一组游记散文传世,颇具特色。

二 《次山铭叙》所体现的儒者思想

(一)借铭以传儒者心

铭是指一种铸刻在器物、石碣上警戒自己或称述功德的韵文,是一种十分古老的文体。相传上古黄帝之时即有铭文,《文心雕龙·铭箴》云:"昔帝轩刻舆几以弼违,大禹勒笋虡而招谏。"又称:"故铭者,名也,观器必也正名,审用贵乎盛德。"以"铭""名"互释。器有可观,则先正其名;而名非空名,必审其用而名之。而器之用则以其能载功德、诫后人为贵。元结十分爱铭,他的所有文章中惟铭文的数量最多。元结乃尚奇好异之士,所游之处,常自名之,故多铭,此不足为怪。然而细读元结之铭,即不难发现,其实元结于所有文体当中尤好铭文是有其深层原因的。

元结是唐代古文运动的先驱者,率先"独作古文",举起复古大旗。唐代前期的文风深受六朝影响,作文必用骈体,必讲究格律、词藻、典故,浮靡空虚、华而不实,虽屡禁而不止,已成为文学发展的障碍。要扭转这种中毒颇深的文风,并非如陈子昂和"唐初四杰"一般喊喊口号便可成事,元结选择了实践的方式,他的文章从形式到内容都迥异于六朝之流俗,文体、文风直追上古。铭文自轩辕氏始,在诸多文体当中,当是最古老的一种,元结奋力作铭文,可谓用心良苦。

与萧颖士、李华等人的复魏晋之古,韩愈、柳宗元的复两汉之古相比,元结的复古是最彻底的,他力主复三代之古。然而与众古文运动家不同之处并不仅限于此,元结并非为复古而复古,其表现于文学上的复古是有其精神根源的。元结所真正追求的是一种道德上的复古、精神上的复古。于此,元结挚友颜真卿有肯切的评价,言"其心古,其行古,其言古",并称其为"今之古人"。铭文作为文体,自古有颂扬道德,警诫世人之功用,这成为元结好作铭文的又一深层原因。《瀼溪铭并序》:"古人喜尚君子,不见君子,见如似者,亦称颂之。瀼溪,可谓让矣。让,君子之道也。称颂如此,可遗瀼溪,若天下有如似让者。""浪士作铭,将戒何人? 欲不让者,惭游瀼滨。"《异泉铭并序》:"君子之道,显与晦殊。为此铭者,忘道也欤?"《抔湖铭并序》:"故曰人不厌者,君子之道。於戏君子! 人不厌之。死虽千岁,其行可师。"《抔樽铭并序》:"时俗侥狡,日益伪薄。谁能抔饮,共守淳朴?"《七泉铭并序》:"凡人心若清惠,而必忠孝守方直,终不惑也。故命五泉,曰潓、浉、瀄、汸、淔。欲来者饮漱其流,而有所感发者矣。"等等。元结铭文中此类语句特别多,甚至有些篇目全篇皆警诫劝导之言,特别是潓、浉、瀄、汸、淔五泉之铭:

> 於戏潓泉! 清不可浊。惠及於物,何时竭涸? 将引官吏,盥而饮之。清惠不已,泉乎吾规。

> 古之君子,方以全道。吾命汸泉,方以终老。欲令圆者,饮吾汸泉,知圆非君子,能学方恶圆。

> 沄沄瀄泉,流清源深。堪劝人子,奉亲之心。时世相薄,而日忘圣教。

欲将斯泉,裨助纯孝。

　　不为人臣,老死山谷。臣於人者,不就污辱。我命浞泉,劝人事君。来漱泉流,愿为忠臣。

　　曲而为王,直蒙戮辱。宁戮不王,直而不曲。我颂斯曲,以命渲泉。将戒来世,无忘直焉。

分明已将泉水人格化,让它们成为惠、忠、孝、方、直的化身,以此来教化世人。所谓让,所谓忠孝方直,所谓君子之道,都是当时社会已然丧失的一种理想的风雅精神,元结在铭文中屡论儒家价值观,并将其刻于石,是希望后世之人能将君子之道铭于心,永不忘。由此可见,元结作山水铭文,其根本目的并非为旌奇记异,亦非仅仅复文学之古,而是为救世劝俗,警诫世人遵从儒家道统。

(二)借铭以遣隐者怀

　　元结一生沉浮于宦海十余年,虽一直沉沦下位,但在任之时总是尽职尽责,于军于政皆有优绩,也因此汲汲用世之心无可掩藏。然而元结的许多铭文当中都流露出耽乐山水的归隐之心。《浯溪铭并序》:"吾欲求退,将老兹地。"《峿顾铭并序》:"惬心自适,与世忘情。"《水乐铭并序》:"元子于山中,尤所耽爱者,有水乐。"《阳华岩铭并序》:"尤宜逸民,亦宜退士。吾欲投节,穷老於此。"《丹崖翁宅铭并序》:"何得石巅,翁独醉眠。吾欲与翁,东西茅宇。饮啄终老,翁亦悦许。世俗常事,阻人心情。徘徊崖下,遂刻此铭。"《退谷铭并序》:"时士源以漫叟退修耕钓,爱游此谷,遂命曰退谷。""公畏漫叟,心进迹退。公惧漫叟,名显身晦。公恐漫叟,辞小受大。於戏退谷!独为吾规。干进之客,不羞游之。"等等,表达的都是纵情山水的隐逸情怀。元结十七岁事师元德秀,元德秀是当时有名的贤者,为官清廉爱民,恪守儒家之仁义、礼信、忠孝等教义,但又甘心归隐,安贫乐道,大有老庄遗风。元结亲师十数年,耳濡目染,深受影响,其价值取向应当为儒道兼济。那么元结的隐逸思想是否源于道家?

　　"道家者盖出于隐者",道家的根本思想是无为,重视个体生命的自然状态,因不愿以名利累身而不出仕,道家之隐,是为追求精神的绝对自由而隐,是一种真隐。儒家亦有隐,然与道家本质并不相同,《论语·泰伯》载孔子有言:"笃信好学,守死善道。危邦不入,乱邦不居。天下有道则见,无道则隐。邦有道,贫且贱焉,耻也;邦无道,富且贵焉,耻也。"《论语·卫灵公》运:"君子哉蘧伯玉!邦有道,则仕;邦无道,则可卷而怀之。"可见,儒家之隐是以邦有无道而定的,有道则仕,无道则隐,其隐只是一种人生选择的权变,是一种类似于待价而沽的策略,其根本落脚点还是出仕。

元结身经唐由盛入衰的大转折时期,当时的社会风气极其败坏,照元结自己在《时化》中所说:"於戏！时之化也,道德为嗜欲化为险薄,仁义为贪暴化为凶乱,礼乐为耽淫化为侈靡,政教为烦急化为苛酷……"可见当时处于"邦无道"之状况,元结欲救世而不得重用,虽治得一方政治,然终不得救天下苍生,所以尽管元结有汲汲用世之心,无奈世道不允,不得不转而偏隐。这是一种被迫之隐,儒家之隐,绝非不愿担天下事务的道家之隐。又元结在《浯泉铭》中说:"不为人臣,老死山谷。臣於人者,不就污辱。我命浯泉,劝人事君。来漱泉流,愿为忠臣。"分明是儒家的"达则兼济天下,穷则独善其身"思想在为其处世方式作出选择。

三 《次山铭叙》的文学、文化价值

元结创作《次山铭叙》主要是为了救世劝俗、重建儒家道德,然而事实上《次山铭叙》存在的价值远不止这些,至少还表现在以下三个方面:因为对潇湘水石的铭赞,从而开创了湖湘的水石文化;由于其并叙铭文字的质朴古奥,使之呈现出独特的文学审美价值;又由于大量的铭文篆刻于石碣,而使之具有珍贵的文物价值。

(一)开湖湘水石文化之先

元结"雅好山水,闻有胜绝,未尝不枉路登览而铭载之",除家乡鲁山外,其所居住过的武昌、道州、梧州三地均留有铭。值得注意的是,元结的铭从不赞它物,而是几乎皆与水石有关,尤其是居道州之时,可谓遍寻水石,一一赞之。如《寒泉铭并序》:"湘江西峰,直平阳江口,有寒泉出於石穴。"《阳华岩铭并序》:"吾游处山林,几三十年,所见泉石,如阳华殊异而可家者未也,故作铭称之。""阳华旋回,岑巅如辟。沟塍松竹,辉映水石。"《丹崖翁宅铭并序》"丹崖,湘中水石之异者;翁,湘中得道之逸者。爱其水石,为之作铭。"《七泉铭并序》"道州东郭,有泉七穴。或吐於渊窦,或繁於嵌臼,皆澄流清漪,旋沿相奏。又有蘖石欹缺,为之岛屿,殊怪相异,不可名状。"《五如泉铭并序》"石皆有窦,窦中涌泉,泉诡异於七泉,故命为七胜泉。"等等,直称爱水石者便有数处,足见元结乐水爱石之性。

元结爱潇湘水石,不仅仅只限于游访之,更有甚者,择水石结庐而居之,最著名的便是"三吾铭"了。《浯溪铭并序》"爱其胜异,遂家溪畔。溪世无名称者,余自爱之,故命曰浯溪。"《峿台铭并序》"今取兹石,将为峿台,盖非愁怨,乃所好也。"《㾈庼铭并序》:"於戏!厌不厌也,厌犹爱也,命曰㾈庼,庭独有也。"因为爱其水其石其境,所以各命为吾,"以庭独有",并傍水而居,当石建庼,此爱之甚,自古以来,游潇湘山水者无如也。自元结奋力作铭之后,潇湘大地上这些曾经名不见经传的水石开始饱受关注,之后各代皆有文人来此吟咏,说元结开创了湖湘水石文化一点也不过分。

(二)质朴古奥的文学审美特性

元结是盛中唐转折时期重要的文学家,是唐代古文运动的先驱。欧阳修曾评曰:"次山当开元、天宝时,独作古文,其笔力雄健,意气超拔,不减韩之徒也。可谓特立之士哉!"章学诚则说:"人谓六朝绮靡,昌黎始回八代之衰。不知五十年前,早有河南元氏为古学于举世不为之日也。呜呼!元亦豪杰也哉!"近人钱基博则认为:"韩愈柳宗元之有元结,犹陈涉之开汉高项羽",元子之文"力扫雕藻绮靡之习,而出之以清刚简质"。足以见得元结的古文创作在唐文学史上独特的审美特性。然而就《次山铭叙》而言,这种审美特性主要表现为文字的简约古奥,风格的质朴温润。

元结作铭,前必有序简叙作铭之缘由,其序写景记事简单而完整,可自成一体为游记散文,类于其《湖南杂记》的篇章。如《峿台铭并序》"小峰嵌窦,其间松竹,掩映轩户,毕皆幽奇",寥寥数语勾勒出一幅秀峰藏异石的山水画。又如《五如石铭并序》记石之异"石有双目,一目命为洞井,井与泉通;一目命为洞樽。樽可赋酒,石尾有穴,有如砻者。又如泷者,泉可淳澄,匝石而流,入于砻中,出而为泷",写石有穴竟称之为目,又各自命名,各记其胜,读之让人有如亲见。又《㾈庼铭并序》之"六厌":"若在亭上,目所厌者,远山清川;耳所厌者,水声松吹;霜朝厌者零〔寒〕日,方暑厌者清风。"分明是爱,却极用厌字,文法诡谲,用字博约,有战国诸子之风。此为其序,铭文则更甚,刘勰认为:"铭兼褒赞,故体贵弘润。"又说:"义典则弘,文约为美。"元结的铭文则大多体现这种特点。《水乐铭》:"烟才通,寒淙淙,隔山风,考鼓钟。"全文仅十二字,庄重典雅,言有余而意不尽。《窊樽铭》:"彼成全器,谁为之力?天地开凿,日月扒拭。寒暑琢磨,风雨润色。此器大朴,尤宜直纯。"赞窊樽之自然天成,笼天地、日月、寒暑、风雨于其中,终以"大朴"二字作结,与庄子之风可谓神似。

（三）珍贵的文物价值

元结所作之铭均有刻石，至今还有不少保存比较完整，无论是文章还是书法皆大有可观，具有珍贵的文物价值。元结铭文石刻皆篆书，然而各体不一，皆有特色。最著名的当是其"三吾铭"。《浯溪铭并序》是玉箸篆，由季康书于宽 40 厘米、长 160 厘米石上，清人钱邦芑在《搜访浯溪古迹记》赞曰："溪铭石面凸凹，字亦大小、长短、横斜不一，别有风韵。"《峿台铭并序》是悬针篆，由瞿令问书于高近两米、宽一米余的巨石上，布局比较绵密，各字竖笔细长，上粗下尖有如针状，给人以豪爽俊丽之感，欧阳修曾在《集古录》跋里说："右斯人之作，非好古者不知为可爱也。"《庼顾铭并序》为钟鼎篆，袁滋书于宽 40 厘米、长 160 厘米石上，字体淳朴自然有古意，若钟鼎文字，又是另一种风格，黄庭坚在《答长老新公书》中说："袁滋，唐相也，他处未尝见篆文，此独有之，可贵也。"清宋溶《修复浯溪记》赞言"笔法遒古"，《唐书·本传》亦曰"雅有古法"。另外极有特色的是《阳华岩铭》，由瞿令问仿魏正始《三体石经》以古文、篆文、隶书三体书成，笔意深隐，字法古朴，别有风味。

参考文献：

[1]何镗.古今游名山记[M].明嘉靖四十四年刻本.

[2]慎蒙.天下名山诸胜一览记[M].明万历四年刻本.

[3]佚名.名山胜概记[M].明崇祯六年刻本.

[4]李建崑.元次山生平及其文学[M].台北:台湾商务印书馆,1986.

[5]元结著,孙望校.元次山集[M].北京:中华书局,1960.

[6]孙望.元次山年谱[M].上海:古典文学出版社,1957.

[7]浯溪文物管理处.湖湘碑刻·浯溪卷[M].长沙:湖南美术出版社,2009.

[8]桂多荪.浯溪志[M].长沙:湖南人民出版社,2004.

[9]章学诚.文史通义[M].北京:中华书局,1985.

[10]钱基博.中国文学史[M].北京:中华书局,1993.

[11]熊礼汇."救时劝俗"与"追复纯古"——元结古文创作论[J].周口师范学院学报,2005,(4).

[12]熊礼汇.论元结山水铭文的修辞策略和美学风格[J].周口师范学院学报,2006,(1).

（原载 2015 年第 8 期，作者单位:西南民族大学）

朝阳岩与寓贤祠

❋ 张京华 ◆

朝阳岩为元结所命名。唐代宗永泰二年(766),元结为道州刺史,经水路过永州,始来游之。其《朝阳岩铭》序云:"永泰丙午中,自舂陵诣都使计兵。至零陵,爱其郭中有水石之异,泊舟寻之,得岩与洞,此邦之形胜也。自古荒之,而无名称。以其东向,遂以朝阳命之焉。"

明张岱《快园道古》卷二《学问部》载一事:"孝宗御经筵,问讲官曰:'吴融何以字若川?'讲官不能对。有中书某对曰:'臣闻天地之气融而为水,结而为山。臣意若川之字吴融,其犹次山之字元结。'孝宗大喜,命改授翰林。"即元结之名与字,似亦一命中注定之事。

元结于唐代宗广德元年(763)授道州刺史,大历七年(772)回京师,前后十年,计所游历,有三溪(江华洄溪、道县右溪、祁阳浯溪)、三岩(阳华岩、朝阳岩、九疑山无为洞)、二崖(双牌丹崖、浯溪东崖)、一谷(寒亭暖谷)。所著文章,有十九铭一颂(《阳华岩铭》《㞍樽铭》《朝阳岩铭》《丹崖翁宅铭》《七泉铭》七篇、《五如石铭》《浯溪铭》《峿台铭》《吾廎铭》《东崖铭》《寒泉铭》《右堂铭》《中堂铭》《大唐中兴颂》),凡游则有铭,凡铭则有刻,足迹所至,皆成景观。此与柳宗元著《永州八记》而无一题刻,各有异同。柳文以抄本传世,文献远播东亚,元结所为乃是"不动产",皆留本土。其贡献于后世有此不同。(详见笔者《元结与永州》一文,待刊。)

朝阳岩摩崖石刻经湖南科技学院中文系2007级古代汉语专题课程选修同学49人实地考察,新勘得历代石刻146通,以现存石刻数量排名居第二位,仅次于浯溪,为世瑰宝,其人文价值无可估量。

同治《永州府志》卷二《名胜志》曰:"朝阳岩者,在城外西南二里潇江之浒,岩口东向。当朝暾初升,烟光石气,激射成采,郁为奇观。……岩中有洞名流香,有石淙源出群玉山,伏流出岩腹,色如雪,声如琴,气若兰蕙,从石上奔泻入绿潭。"(《大明一统志》《大清一统志》略同)后人之叹美如此。

浯溪石刻以颂扬中兴大业为主题,古人谓《大唐中兴颂》"与日月争光"(宋洪迈《容斋随笔》卷十四)、"灿烂金石,清夺湘流"(元辛文房《唐才子传》卷三)。朝阳岩旧有寓贤祠,其主题则为"寓贤"。

余自弱冠,读太史公书知沅湘、九疑,习作有"单襟拜九疑"诗句,不惑后果来零陵。自楼上眺望西岩绿荫,油然亲切,遂以西岩书生署款与师友往还。初与家人游朝阳岩而观其亭石,再于盛暑溯游潇水而观其岩下,次随金春峰前辈读其碑文。及读碑文,乃渐知古臣工之心,委曲如湘川,郁郁如沉云。兹因授课,条理数端,以申史论。

一 自然景观与人文景观

朝阳岩作为自然景观,有其优越条件。

其一,环境优越。今零陵一段潇水,上自南津渡桥,下至蘋洲,以此处石崖最高,水位最深。元结《朝阳岩铭》谓"苍苍半山,如在水上",《朝阳岩下歌》谓"朝阳岩下湘水深",确为写实之语。

其二,景致幽奇。朝阳岩有二洞,上洞半凹如伞盖,下洞数十米为天然溶洞,洞中又有暗泉,流出成溪,坠落湘水如瀑布。崖上与群玉山毗邻,古为同一景区,石峰高耸磊磊如白玉。如此确可谓幽与奇,故元结诗称"岩洞幽奇",铭称"朝阳水石,可谓幽奇"。

其三,毗邻州城。永州旧城距湘水即蘋洲稍远,而距潇水为近,宋乐史《太平寰宇记》谓"永州南去湘水八里,西去潇水三十步",可谓正当潇水岸边。宋王象之《舆地纪胜》谓朝阳岩"在零陵县南二里",据清同治《永州府志》郡城图,出旧城南门有太平渡,可由此于西岸往,亦可舟行直达岩下。元结诗称"夹湘岸""当郡城"(有本作"带郡城"),铭称"郡城井邑,岩洞相对",确如此。明曾承恩《朝阳岩寓贤祠碑》亦云:"湖南惟永多崖洞,惟朝阳襟潇按湘,面城背岭,独为幽奇。"(康熙九年《永州府志》卷十八《艺文一》)

朝阳岩较之下游祁阳之浯溪,略有不同。浯溪当湘桂水路要冲,宜于过游;朝阳岩毗邻郡城,宜于闲游。这些自然条件影响了朝阳岩成为唐宋明清时期仅次于浯溪和澹岩(已毁)的一大景观。

作为天然溶洞,朝阳岩早已存在,其年世不可计量;而作为人文景观,朝阳岩创自唐代,有年有月。明丁懋儒《朝阳岩零虚山记》云:"零虚即朝阳山,以岩显。

自有天地以来,兹山以岩洞固在也。造化秘藏,人不能窥测。永泰中,元次山自春陵经此,爱其水石之异,泊舟寻之,得岩与洞。以其东向,因名'朝阳',序而铭之。故人知零陵有朝阳岩,自元次山始。"(康熙九年《永州府志》卷二十《艺文三》)其中由自然开出人文,有一大转化。

吾国先民以文明即文化,人文即教化,故虽道家主张无为,而所讲究仍在一"化"字。(由自然开出人文为文化,扩而充之为文明,承而传之为教化。)元结曾作《观化》《时化》《世化》,今在集中,蝉联三篇,是能深明其义,故能因自然之胜而创兴朝阳岩,化自然景观而为人文景观。其《朝阳岩铭》序云"爱其郭中有水石之异",《朝阳岩下歌》又曰"水石为娱安可羡",并非语义冲突,实是各有次第。自然之奇异是一次第,而人文之德业又是一次第。盖因自然之美皆在于人能感知,自然之景不足以传不朽,惟人乃可以传不朽。故元结歌曰"荒芜自古人不见",而铭曰"欲零陵水石,世人有知"。

朝阳岩自此有一主题,而此主题不在水石,乃在人文。事实上,朝阳岩能历唐宋明清而盛传不息,皆本于元结之道德才情。故言朝阳岩首当追溯本始,纪咏先贤。今惟见其水石而忘先贤之德者,不足与语此。古人至朝阳岩,惟二事,或诗文纪咏,或品题刻石,遂使一片荒寂,充溢灵光,一角死体,身价百倍,今之空言经济、市场者,不足以语此。(永州华严岩石刻1959年由东门岭居委会于岩侧设石灰厂全岩轰毁。淡山岩石刻1966年由兴建建华机械厂而整体毁坏。群玉山、火星岩石刻1969年由架设东风大桥采石材烧石灰全毁,石窑犹在而山已荡然无存。石角山石刻2002年因采石铺路被毁过半,呼吁乃止。)

南宋王象之《舆地纪胜》卷五十六《永州》引杜荀鹤诗:"残腊泛舟何处好,最多吟兴是潇湘。"引刘梦得云:"潇湘间无土山,无浊水。"《艺文类聚》卷八引罗含《湘中记》云:"湘水至清,虽深五六丈,见底了了,石子如樗蒲矢,五色鲜明。白沙如霜雪,赤岸如朝霞。"

余寓居零陵六年,碎石小路百米至江干,亲见山水全非,人文尽废,为之叹惋哽咽。

明曾承恩《朝阳岩寓贤祠碑》云:"以宋贤视次山,固已慨叹于百世之上;以公今日视诸贤,又不免慨叹于百世之下。"清光稷甫《重修朝阳岩启》载王德安跋语云:"不有君子,则斯岩之兴犹有待。"今人侈言"人本",不有君子贤人为民之所主,人之所本将同于鸟兽,私欲横流,望其恒久,岂可得也。

二 流寓传与寓贤祠

近人柯昌泗《语石异同评》卷二曾说："宋人题名,最先著录,莫先于湖南一省。""北宋迁谪名流,大半途出湖南。"

明史朝富、陈良珍隆庆《永州府志》卷十五设《流寓传》,且有论赞。其论曰:"永僻处遐壤,非轮蹄辐辏之会。彼贤哲者胡为乎来哉?然或以迁谪,或以游遨,作宾兹土,绵历岁时。芳声遐躅,耿耿如在,高山仰止,俎豆馨香者,盖未艾也。永之人其犹有九罭鳟鲂之好乎?"赞曰:"湘郡沉寥,九疑之麓。跂彼哲人,冠裾云簇。愚溪栖鸾,鸥亭停鹄。佩纫湘兰,英餐岩菊。勉旃来斯,以嗣芳躅。"

各志《流寓传》有论赞者少。纂修者史朝富、陈良珍以"贤哲"称"流寓",已含"寓贤"之意。又引《诗经·豳风·九罭》"九罭之鱼鳟鲂,我觏之子,衮衣绣裳"以嘱"永之人",颇存善意。其"胡为乎来哉"一问,虽未可以"迁谪""游遨"二事括尽,然而命义颇可钻味。

南宋时朝阳岩已有"亭台凡十六所"(王象之《舆地纪胜》卷五十六),其中最为主要的建筑当为寓贤祠。

永州自宋代已建元结祠,在浯溪,建柳宗元祠,在愚溪,至南宋建周敦颐祠,在府学等多处。南宋王象之《舆地纪胜》卷五十六《永州》已载"元次山祠堂""柳先生祠堂"及"思贤堂"。大抵宋代建唐贤之祠,南宋建北宋贤臣之祠,明代建宋贤之祠。至明清两代,唐宋人祀典约有:元结祠(称元刺史祠、元次山祠)、颜真卿祠(在颜元祠内)、柳宗元祠(称柳先生祠、柳司马祠、柳侯祠、柳子祠)、周敦颐祠(称濂溪祠、元公祠)、汪藻祠(称浮溪祠)、杨万里祠(称杨公祠)、胡寅祠(在三贤祠内)、蔡元定祠(称蔡公祠)、王政祠(称褒忠祠)、岳飞祠(称精忠祠)等。

其中已有二人三人合祠者,如颜元祠、三贤祠。至于更多贤臣的祀典则有"思贤堂"。南宋王象之《舆地纪胜》卷五十六《永州》云:"思贤堂:在府学,绘周濂溪、范忠宣、范内翰、邹道乡、张忠献,共为一堂,榜曰'思贤'。"此堂至明清似已不存,而方志犹加记载。《大明一统志·永州府》云:"思贤堂:在府学,宋建,绘周濂溪、范纯仁、范祖禹、邹告、张浚像,共为一堂。"(《大清一统志》同,"邹告"作"邹浩"。)或者城中府学内的"思贤堂"间接影响了城外寓贤祠的创建。

朝阳岩之有寓贤祠,始于明代以前,至明重建。清康熙九年《永州府志》卷九《祀典》:"寓贤祠:在朝阳岩上,祀元结、黄庭坚、苏轼、苏辙、邹浩、范纯仁、范祖禹、张浚、胡铨、蔡元定诸贤。嘉靖壬寅知府唐珤建。"

嘉靖壬寅即二十一年(1542),同年曾承恩《朝阳岩寓贤祠碑》以"他者"身份记述,与方志不同。碑云:"城西南有朝阳岩,岩上有祠,祠久就圮。郡守毗陵有怀唐公以地官正郎,出守来永,朞月,教行化洽,民用诚和。于是修废举坠。朝阳寓贤之祠以成。归濂溪周子于郡庠,专祠寓贤。因次山、山谷之旧,增苏氏文忠、文定、邹文忠、范忠宣、范学士、张忠献、胡忠简、蔡西山诸贤,祀于祠。公为文,偕寮佐同知承恩、通判周君子恭,告其成。"(康熙九年《永州府志》卷十八《艺文一》)

所谓"岩上有祠,祠久就圮",已不得其详。此时唐珤任知府,曾承恩任同知。唐珤,武进人,曾著《永州集》三卷。其朝阳岩石刻真迹仍在。

三 寓贤祠之尊元

清人所记之寓贤祠,祀典者共十人。

上引康熙九年《永州府志》卷九《祀典》所载,黄庭坚在元结之后,二苏之前。按黄庭坚为苏轼弟子,"苏门四学士"之一,排序不宜在苏轼之前。推测黄庭坚在朝阳岩先已有祠,明以前祀元结、黄庭坚等,故曾承恩称"因次山、山谷之旧"。至清末,光绪《零陵县志》卷三《祠祀》云:"寓贤祠:即元刺史祠,在朝阳岩,祀元结、苏轼、苏辙、黄庭坚、邹浩、范纯仁、范祖禹、张浚、胡铨、蔡元定诸贤。"所记十人全同,惟黄庭坚一人排序有所调整,在二苏之后,是对的。

细论之,二苏实亦未尝来永,故本不宜称为"寓贤"。吕恩湛、宗绩辰重辑道光《永州府志》卷十四《流寓传》曾详论其事,云:"按哲宗时绍述祸作,眉山二苏俱贬领外。徽宗即位,先后移永州,然轼未度领已得提举玉局之命,辙即移岳州,考之实皆未至永。旧志重二苏之名,为之列传,窃所未安。至朝阳岩之作,或谓和人,或谓非此地,要之不足为据。"

吕恩湛、宗绩辰最终将流寓与祀典二事分开,论曰:"岩中祠位,则二公之忠直,何地不可馨香? 固无病于过礼也。"方志《流寓传》中不载二苏,朝阳岩寓贤祠中则仍存祭祀,此纯然可谓一种解决办法。

但细论十人之中,元结并非贬谪而来,亦不当在"流寓"之列。方志所载元结小传,皆在《人物》《名宦》传中,不在《流寓传》。予谓寓贤祠以元结冠宋贤之前,为十人中唯一唐人,即寓含尊元之义。

元结《自释》曰:"少居商余山,著《元子》十篇,故以'元子'为称。"其自命"元子"虽出姓氏本然,亦有抉择。按《新唐书·元结传》:"元结,后魏常山王遵十五代孙。"魏人自称:"北人谓土为拓,后为跋。魏之先出于黄帝,以土德王,故为拓跋氏。夫土者,黄口之色,万物之元也。宜改姓元氏。"(《资治通鉴》卷一百四十建武三年、太和二十年北魏孝文帝诏)可知"拓跋"与"元"并非单纯"符号",而元结以此自志自喜。后周敦颐谥为"元",世称"周元公",此在永州可谓前后二元。

四　寓贤祠之尊周

明清寓贤祠十人自元结以下,皆为贬谪之臣,亦皆为党争中人物,即皆为理学中人物。"寓贤"一语由此而得一狭义之确解。按两宋党争最烈,而推重贤臣,表彰风节,亦于此最盛,而永州一地实与两宋儒统道统有一特殊关系。吕恩湛、宗绩辰道光《永州府志·流寓传》序曰:"永州去京师常数千里,岩壑深峻,风雨不时,古称边瘴之地,士大夫非迁谪则鲜有至焉。""非迁谪则鲜至"一语亦可解为"至则以迁谪",故"流寓"实含"谪臣"之意。

兹依光绪《零陵县志·祠祀》寓贤祠次序,略具十贤小传如下(所据文献从简不从详):

元结:《新唐书·元结传》略云:元结,后魏常山王遵十五代孙。结少不羁,十七乃折节向学,事元德秀。天宝十二载举进士,擢上第。复举制科。会天下乱,沈浮人间。久之,拜道州刺史。会母丧,人皆诣节度府请留,加左金吾卫将军。民乐其教,至立石颂德。罢还京师,卒,年五十,赠礼部侍郎。

范纯仁:《大清一统志·永州府·流寓》:吴县人,哲宗时,永州安置。时疾失明,闻命怡然就道。既至永,韩维谪均州,其子诉维执政日与司马光不合,得免行。纯仁之子欲以纯仁与光议役法不同为请,纯仁曰:"吾用君实荐,以至宰相。昔同朝论事,不合则可。汝辈以为今日之言则不可也。有愧心而生,不若无愧心而死。"其子乃止。

苏轼:《宋史·苏轼传》:徽宗立,移廉州,改舒州团练副使,徙永州。

苏辙:《宋史·苏辙传》:徽宗即位,徙永州、岳州。

黄庭坚:《宋史·文苑六·黄庭坚传》:庭坚在河北与赵挺之有微隙,挺之执政,转运判官陈举承风旨,上其所作《荆南承天院记》,指为幸灾,复除名、羁管宜州。三年,徙永州,未闻命而卒,年六十一。

邹浩:隆庆《永州府志·流寓传》:字志完,晋陵人。元符元年除右正言,二年立刘氏为皇后,上疏力谏乞斩章惇忤上旨,奸谀中伤,遂除名勒停,监管新州。徽宗即位,复除右正言、司谏、起居舍人。明年,除中书舍人,迁吏部侍郎,除宝文阁待制,知江宁府。寻改知饶州,未赴,以元祐党人谪衡州别驾,永州安置。明年除名勒停,昭州居住。

范祖禹:《大清一统志·永州府·流寓》:华阳人。言者论祖禹修《实录》诋诬,又摭其谏禁中雇乳媪事,贬昭州别驾,安置永州。

张浚:《大清一统志·永州府·流寓》:绵竹人。绍兴二十年,徙居永州。浚去国几二十载,天下士无贤不肖,莫不倾心慕之。

胡铨:隆庆《永州府志·流寓传》:字邦衡,庐陵人。建炎二十年进士,任编修。绍兴五年,秦桧主和,铨抗疏议之,桧怒,除名,编管昭州,改签书威武军,寻谪永州。

蔡元定:《大清一统志·永州府·流寓》:建阳人。庆元时,朱子落职罢祠,元定以朱子门人送道州编管。

苏轼、苏辙在《宋元学案》中自为《苏氏蜀学略》,黄庭坚为苏轼弟子亦在《蜀学略》。邹浩为王安石弟子,在《荆公新学略》。范纯仁为范仲淹之子,在《高平学案》。范祖禹为司马光弟子。张浚为程颐、苏轼再传弟子。胡铨为胡安国的弟子,二程再传弟子。蔡元定为朱熹弟子。诸人均在《宋元学案》中,又多列在《元祐党案》。明曾承恩《朝阳岩寓贤祠碑》云:"他若苏氏、范氏、邹、胡、张、蔡诸贤,正气孤忠,触忤于时,相继来永。"正是突出了诸人在党争中的气节,以敢言敢争为尚,以遭贬黜为荣。

然而,诸人虽皆为宋儒中人物,而周敦颐则为两宋理学之开山,位居《宋史·道学传》之首,反而未在寓贤祠祀典中。明曾承恩《朝阳岩寓贤祠碑》解释云:"濂溪周子以三代之英,例以寓贤,实近于亵,庠有专祠,则致尊致亲之道备。"又云:"或疑于诸贤增损去留。"可知周敦颐原本已在旧祠之中,明人新建祠堂反而专意迁徙至府学,使濂溪祠一祠独祀。于此即寓含尊周之义。

古以聪明深通为"圣",有才学善行为"贤"。圣贤虽为一体,细辨则有等差次第之别。《说文》:"圣,通也。"《尚书·洪范》"睿作圣",《说文》:"睿,深明也,通也"。《说文》:"贤,多才也。"《玉篇》:"贤,有善行也。"文献之"献",古人训诂曰:"献,贤也。"

故孔子、孟子为圣人,自颜子以下为贤人。故周子曰:"圣希天,贤希圣,士希贤。"(《通书·志学》)至两宋,周子、程朱为圣人,自余为贤人。故周子承接孔孟,为汉唐以来第三位圣人。此不以一时之声名论,亦不以当世之地位论。道统与政统合则可,苟不合,道统自道统,政统自政统,道统超于政统之上。明曾承恩《朝阳岩寓贤祠碑》云:"地以人胜,人以道显",是其已知圣贤次第。周子是圣非贤,故寓贤祠移出周子乃是尊周。

故元结别有专祠而此仍列首位,是尊之。周子亦别有专祠而此则迁出且特加说明,亦为尊之。

五 寓贤祠之黜柳

清吕恩湛、宗绩辰等道光《永州府志》卷十四《流寓传》传序云:"永州去京师常数千里,岩壑深峻,风雨不时,古称边瘴之地,士大夫非迁谪则鲜有至焉。当其遭谗黜辱,远陟投荒,事出不得已。迨居之既久,习而相安,与其山川草木有声气之通,于是昌其精灵,发为文章,悟其动静,洽与心性,比得还反,眷恋徘徊不能去。其幽赏结契者,至移家于此,而不复忆其乡国。即不幸如西山之终于羁困,犹且优游顺命,若得所安。夫君子固无往不自得,而所居之处又复高闲萧澹,适肖其人,感于中而神明渐与之化。是地固以人传,而地亦非无功于人也。岂天之位置于此,固将以成就寓贤欤?若乃孤臣逸老之迹,与朝臣游士之所经,逆旅偶停,俱足增重。虽然,千古以来,往来行人不知其几,而独取于谪者游者之寥寥;即谪者游者岂尽贤,而独取此数十公。后之来游是邦者,毋徒漫为歌歗,冀幸流传,而反求所以自立,此数十公不愧为之导师已。撰《寓贤传》第十四。"

此其传论专言"昌精灵,发文章",又言"歌歗""流传",着意于文辞一面。又论贬谪之士"居之既久,习而相安",而不明其耿耿之心。较之前引明史朝富、陈良珍所论,不及远甚。明丁懋儒《朝阳岩零虚山记》云:"人不能安其身朝廷之上,而寻幽问奇,往往寄迹无用之地。若曰欲有所托而逃,其亦浅之乎知君子也!"(康熙九年《永州府志》。道光《永州府志》所录略简。)盖道统不通乃流为学统,政统不达乃流为文统。政道不行,退而求其次,则至于文学。文学之途乃是另一次第,别一境界,较之贤人又不同矣。

明隆庆《永州府志》卷十五《流寓传》唐代始于柳宗元,清光绪《零陵县志》卷九《人物·流寓》亦始于柳宗元。然而寓贤祠中未有柳氏。

柳宗元曾亲至朝阳岩,曾题诗,曾命名"西岩"。然而寓贤祠未有柳氏。

元结已有专祠,而寓贤祠仍有祀典,是尊之;柳宗元亦有专祠,而不入寓贤祠,是黜之也。

周子已有专祠,而迁移出寓贤祠,而特加说明,是尊之;柳宗元亦有专祠,不入寓贤祠亦未说明其故,是黜之也。

清四库馆臣云:"元结浯溪《中兴颂》……尤得诗人忠厚之旨。"(《四库全书提要》范成大《骖鸾录》提要)清鲁山教谕姚裕和《挽元次山》诗:"忠魂千古闭丘坟,宿草寒烟带夕曛。"(明嘉靖《鲁山县志》卷九《艺文》)而宋世理学中人物皆能明道,能廷争,能辨奸。柳宗元无此也。

故由寓贤祠祀典可知圣贤名宦实有三等:周子为一等,元子与宋贤为一等,柳宗元为一等。其次第高下如此,即其品题好尚如此。所谓"此数十公不愧为之导师",当可使人于周旋动静、出处进退之际,皆知敬慎别择。有次第、有序可称文明,可称学术,否则适为文明、学术之反对。

六 余论

其实元结歌"荒芜自古人不见,零陵徒有《先贤传》"中,已寓含纪咏先贤之意。《零陵先贤传》其书久佚,传为西晋司马彪所作,记述两汉贤臣高士。

明丁懋儒《朝阳岩零虚山记》又云:"夫永迫象郡,古之有庳,以处迁谪,次山、子厚而下,殆不知几何。"所言"有庳"谓舜弟象(唐人称"鼻天子")。此则复由两汉追溯至于上古。

按永、道二州虽南接五领,而开化实早。

《尚书·尧典》所载羲和四族,有"申命羲叔,宅南交……厥民因"。其记载与《山海经·大荒南经》"有神名曰因乎,南方曰因,来风曰民,处南极,以出入风",及甲骨卜辞"南方曰因",三者完全印合。南交即交趾,在岭南。

《史记·五帝本纪》载帝颛顼高阳:"载时以象天,依鬼神以制义,治气以教化,絜诚以祭祀。北至于幽陵,南至于交址,西至于流沙,东至于蟠木。"

《尚书·吕刑》又载帝尧"乃命重黎,绝地天通"。《国语·楚语》载:"颛顼乃命南正重司天,北正黎司地。"《郑语》载楚:"重、黎之后也,夫黎为高辛氏火正,以淳耀敦大,天明地德,光照四海,故命之曰'祝融',其功大矣!"

《山海经·海内南经》载："苍梧之山，帝舜葬于阳，帝丹朱葬于阴。"《大荒南经》载："赤水之东，有苍梧之野，舜与叔均之所葬也。"《海内东经》载："湘水出舜葬东南陬，西环之。"《国语·吴语》曰："乃筑台于章华之上，阙为石郭，陂汉，以象帝舜。"《史记正义》引《古列女传》载："舜陟方，死于苍梧，号曰重华。二妃死于江湘之间，俗谓之湘君、湘夫人，因葬焉。"（"湘夫人"三字据《汉书》补）《水经注·湘水》载："大舜之陟方也，二妃从征，溺于湘江，神游洞庭之渊，出入潇湘之浦。"

种种记载可知，上古已有羲叔、重黎、祝融在岭南。又有尧子丹朱之葬，舜弟象之封，又有帝舜之葬，舜子商均之葬，皆在苍梧九疑。又有娥皇、女英二妃之死，在潇湘之浦。同朝君臣云集南国，必有缘故。当时人物由北而南，亦可谓一种流寓。而《汉书·艺文志》称"儒家者流……祖述尧舜，宪章文武，宗师仲尼"。今日言永州本土风物，曰帝舜，曰元子，曰柳子，曰周子，乃至殷周之鬻熊，晚周之屈原，明清之船山，各自专门立论，实则凡此诸端皆由儒家道统一脉贯穿。

余曩撰《燕赵文化》，以为燕文化不得为燕之礼俗文艺相加，赵文化不得为赵之礼俗文艺相加，而必有一主线延绵，异于周边地域，无此则只可谓无文化，齐鲁、中原、关陇、三晋皆然。余观湖湘亦以此眼光。

（原载 2010 年第 2 期，作者单位：湖南科技学院）

永州朝阳岩沿革述略

✳ 汤 军

朝阳岩位于永州零陵朝阳岩公园内,面临潇水,背负西山,南邻愚溪,北毗群玉。不知成于何世何年,隐秀于天地间。或为渔人樵客所识,以为寄居之地,或为邑人得之,误为仙妖寄灵之所。由岩上密布"寄名石山保",可知乡民巫祝之盛。然使山川景观化为人文名胜,千二百年以来垂于后世,则待之元结。

一 朝阳岩的发现及命名

唐广德元年(764)九月,元结受命为道州刺史。康熙九年《永州府志》云:"朝阳岩城西南二里,潇水浒,岩口东向。当朝暾初升,烟光石气激射成采,唐道州司马元结维舟岩下,名之曰'朝阳'。"(此处言元结为道州司马当误)。元结作《朝阳岩铭》,其序云:"永泰丙午(766)中,自舂陵至零陵,爱其郭中有水石之异,泊舟寻之,得岩与洞。吁戏!岩洞此邦之形胜也,自古荒之,亦无名称,以其东向,遂以命之焉。以摄刺史独孤愐为吾剪辟榛莽,后摄刺史窦必为吾创制茅阁,于是朝阳水石始为胜绝之名。已而刻铭岩下,以示来世。"(康熙九年《永州府志》)元结以负盛名,刺史独孤愐为之剪茅开辟,窦必为之创制茅阁,此时所建茅阁当为朝阳岩建筑之始。而元结则无疑对朝阳岩有开辟之功。

但元结所统名的朝阳岩实有上洞与下洞之分,今上洞、下洞尚分别存有宋张子谅所题之"朝阳岩""朝阳洞"二题刻,而明代朱衮则写有《上洞志》《下洞志》。江南谓溶洞为"岩",故"岩""洞"二字本无区别,故分朝阳岩为上洞、下洞,是更加准确的。

二 西岩的由来及西亭的得名

唐永贞元年(805),柳宗元被贬为永州司马,来永后多寄情山水,曾循元结之迹游朝阳岩,留诗二首:《游朝阳岩遂登西亭二十韵》《渔翁》。前一诗所言之西亭,即元结所创之茅阁。康熙九年《永州府志》云:"岩顶有西亭,柳宗元登之有诗。"下注:"疑此即太守路公所建。"柳诗言:"昔非吾乡土,得以荫青茅。"说明自元结后,茅阁虽历39年,此时尚为完好,应有人屡时修整,不然仅一茅阁历39年而不坏此于常理不合。后一诗中"渔翁夜傍西岩宿"之"西岩",即元结所名之朝阳岩。盖因其东向而位西,又称之为"西岩"。

今存"西岩"二字石刻为民国三十年姚雪怀所书。

三　西亭的修复

北宋治平三年(1066),蒋之奇来永,其游朝阳岩有诗,诗序云:"朝阳岩在潇江之西,去治城不远。唐永泰二年,元次山为道州刺史,计兵至零陵,访而得之,以其东向,遂名'朝阳'。方是时,结有盛名于世,故永之守丞独孤愐、窦必为之剪荆棘,建茅阁,结又为之铭与歌。其后柳子厚继为之诗,而朝阳之名始大著。予至永则求登其颠,颇有阁焉,甚幽雅。予以子厚诗考之,正所谓'西亭'者也,复为之西亭而系以诗。"(康熙九年《永州府志·艺文志》)可知蒋之奇曾寻西亭旧址而复之。光绪《零陵县志》云:"宋蒋之奇复为亭。"后注:"疑此即沧洲亭。"

至南宋,王象之《舆地纪胜》云:"朝阳岩:在零陵县南二里,下临潇江。旧云道州刺史元结以地高而东其门,故以'朝阳'名之,今所刻记犹在。岩下有洞,石涧自中出流入湘江。亭台凡十六所,自唐迄今名贤留题皆镌于石。"

当时朝阳岩之胜景可想而知。

四　阴潜涧阁道的修建

朝阳洞北有侧洞,不知古时为何名,今邑人名之为"青阳"。与朝阳洞之间有木质阁道。自洞入内即阴潜涧,朱衮《下洞志》云:"岩下折而入者,洞也。初以磴,蹬缺以栈,栈尽以土径,径尽以石阶,阶尽泉声绕出洞之底。洞口东缺,石势中偃而轩覆,若合幕,若连屏,缭苔曲房。由外郎中缘径三曲,乃穷其际。际则泉窍泛出,碎响玲玲,正若操琴落佩。初注泓渟平布几满,三嵩乃流涧,如石之折,逾二十步抵潇之溽,遂穿石限作瀑布,溧然而下矣。洞外石复广起,仿佛重檐。旁有一径北折,叠磴以上,可十许步,一洞仰仄,而如胙艋凌虚之状。初登必为欹仄偃偻,即登而即之,如燕坐蓬臒,偃仰其中,惟意所如。东曦上下,彩散烟罗,川练山屏,廻巧奏技。虽得博望乘槎之趣,复何道哉!《尔雅》曰:'山东曰朝阳。'吁,洞哉!可谓独专兹义也已。"(康熙九年《永州府志·艺文志》)

朱衮,永州卫人,明弘治十五年(1502)进士,嘉靖初任兴化知府、沂州知州、工部郎中,官至云南参政。

五 元刺史祠的创建、岩洞之间路径的开辟及览胜亭与听泉亭的修复

明正德六年(1511),曹来旬治永,在朝阳岩上建元刺史祠,有记云:"零陵郡城西南隅,越潇湘之浒,以大明正德八年二月十有五日,新作元刺史先生祠成。祠在朝阳岩之巅,览胜亭之北,枕流面麓,三架五楹,肖先生形貌衣冠,正位于其中,盖以义起之而非苟焉者也。先生名结,字次山,在唐广德元年任吾郡道州刺史,德政、文学卓然为天下望。永泰丙午中自春陵至零陵,爱郭中水石之异,泊舟寻访得岩与洞。以其东向,故以'朝阳'命之。厥后摄刺史独孤愐为之剪荆棘,窦必为之创茅阁,而先生又刻铭岩下,于是朝阳水石始为绝胜之名。唐宋以来,风景声华传播人口,达人高士如柳司马、周濂溪诸贤,游观吟咏于其间者可胜计哉!元经兵火,民稀事寝。我朝太平盛治近百五十年,岩洞之名仅存而壮丽之迹犹泯,匪直观游之无人,虽世居垂老者亦鲜知其所在焉。迩者予与同寅白君追求故迹,恢复一新。水石之美不减于昔,而游观之盛容或过之。探本溯源,人固知皆先生为之兆也。呜呼!棠阴去思,岘碑堕泪,秉彝好德之心,人所自不容已者。况吏于斯,生于斯,岁时往来游于斯,独无是心矣乎!今即先生旧游之地,而作先生之祠,庶使登临瞻礼之余,必有感发兴起之念,仪而型之,则而象之。其在上也,以美政;其在下也,以美俗;贤人君子,耿光大业,彬彬乎胥,此焉出矣。岂但恣意于耳目之玩,以为杯酒嬉笑之地而已乎!以先生游零陵时为道州刺史,故仍匾之曰'元刺史祠'。而末后为之词曰:大儒之伟人兮,守春陵。遐方之子遗兮,赖康宁。瞻刺史之厅记兮,如雷如霆。览中兴之崖碑兮,配史配经。水石之何遇兮,乃一顾而流馨。睹物以思人兮,来士庶之仪型。建祠以崇德兮,俨若謦欬之将聆。期春秋兮永祀,沛福泽兮四埛。"(道光《永州府志·秩祀志》)

记中述明了朝阳岩得名的原因,及其自元结开辟后的游冶之盛。又以朝阳岩现今"虽世居垂老者亦鲜知其所在焉"的凄凉景象,而对其重加整顿,并建元刺史祠。其建祠之原由,一则以元结对朝阳岩的开辟之功;二则认为以元结之风

范可为后人之则。

曹来旬同时还修复了览胜亭和听泉亭,修通了岩与洞之间的路径,改变了岩洞上下相悬无路可通的状况。有《重修朝阳岩记》云:"曩读元次山诗文,已知朝阳岩洞为零陵水石之冠,而意未其必然也。调守兹郡,询及同寅白君,得其所,偕往观焉。草莽四合,蹑梯扪萝而登。洞门敞豁,泉流有声,泥沙榛楛,翳翳殆尽,而奇形怪状,与他泉洞自别。予曰:嘻!美若此,安忍废之!白君欣然领其事,不数日,路开而洞辟矣。予曰:此洞也,而岩安在哉?越数日,洞南下转西五十余步,得'朝阳',次山所谓'苍苍半山,如在水上'者盖此。予曰:未也。越数日,岩西上十余步,至其巅,得览胜亭,即次山所谓'茅阁',柳子所谓'西亭'者焉。予曰:未也。又数日,亭西南去六十余步,得听泉亭,即洞中流泉发源于此也。予曰:犹未也。月余,乃剪茅架木,垒石编竹,因旧构亭,南向者两楹,东向者三楹,拓地至南北三百余步,东西百五十余步,而故疆遗址悉见毕出矣。于是高岩深洞,隐者显,塞者通,而崎岖者平矣。云峰雾岩,方者横,圆者纵,曲者伏,直者仰,锐者颖突而出矣。远水遥岑,嘉木奇葩,与夫鱼鸟之类。峙者青,流者绿,乔者枝,夭者蔓,飞者鸣,潜者跃,杂然而攸萃于前矣。始知朝阳岩洞之美,不但水石之奇如次山之所云而已矣。呜呼,自古之游零陵者不知其几,至唐次山而此岩洞之美始闻。自唐之游者亦不知其几,至今而此岩洞之美复振。山川显晦,固存乎人之贤否,抑不于斯而可徵哉?白君名思义,字宜之,山西平定州世儒家也。"(道光《永州府志·山川》)

"览胜亭",即先时之"西亭",而不知何时改称为"览胜"。至于"听泉亭",乃曹来旬寻其旧址而建,但非建于原址。而原有之建筑建于何时,为何人所建,已不可考。

曹来旬,郑州人,正德三年任永州知府。

嘉靖间,又有"观澜亭"之命。施昱所作《朝阳岩记》云:朝阳岩"其间石侧一亭,额曰'观澜',江流其在下也"。此即观澜亭,今下洞洞北石壁尚刻有"观澜"二字,后题"万历辛卯南海陈洋书",当是缘此。

六 寓贤祠的创建

明嘉靖二十一年(1542),唐琎任永州知府,重修寓贤祠。其时同知鲁承恩有《朝阳岩寓贤祠碑》云:"城西南有朝阳岩,岩上有祠,祠久就圮。郡守毗陵有怀唐公,以地官正郎出守来永。朞月教行化洽,民用诚和,于是修废举坠,朝阳寓贤之祠以成。归濂溪周子于郡庠专祠。寓贤因次山、山谷之旧,增苏轼文忠、文定,邹文忠、范忠宣、张忠献、胡忠简、蔡西山诸贤祀于祠。偕僚佐同知承恩,通判周君子恭告成。其词曰:于惟群公,节义孝友,文学治理,或赋全材,或具一体,是皆发河岳之秘藏,萃两间之正气。出而有为,期以济世,阨于时命之嶮巇,中罗沮挠而摈弃。惟夫才美之外见,岂亦造化之所忌。终焉德业之彪炳,将历永久而可纪。芝山之阳,潇水之裔,公昔来游,公神所寄。距公之生,垂数千祀,昭回之光,山川衣被。珤等于公实勒仰止,幸兹守官过化之里,酬我椒浆,式陈明祀。匪曰吾私,秉彝好懿。告毕,燕僚佐于庭。或疑于诸贤增损去留,承恩幸闻教于公,有曰:湖南唯永多岩洞,唯朝阳襟潇按湘,面城背岭,独为幽奇。前此翳荟已数千载,次山始得其地,山谷又以高文峻节发明秀异,同祠于此,宜匹休无穷。濂溪周子以三代之美,例以寓贤,实近于亵,庠有专祠,则致尊致亲之道备。他若苏氏、范氏、胡、邹、张、蔡诸贤,正气孤忠,触忤于时,相继来永。兹山佳胜,固憩息之所,安知灵爽在天,不依依于此耶?盍撤而厘正之,以伸我仰止之敬。公斯言也,幸今告成。岩洞宣朗,亭台昭明,祠室整洁。信夫诸贤精英,足以媲美山灵。维公德学足以觐扬先哲,地以人胜,人以道显。呜呼!人生如寄,世变朝昏,道义千古,功名浮云。以宋贤视次山,固已慨叹于百世之上;以公今日视诸贤,又不免慨叹于百世之下。他日永人思公之德之学,能无感发兴起者乎!公讳珤,字国秀,号有怀,毗陵人。有子曰顺之,节义文行,足以世公家学。观公斯举可以知公大略矣。时嘉靖壬寅孟冬吉旦书。"(康熙九年《永州府志·艺文志》)

唐珤,武进人,嘉靖二十年任永州知府。

此时之寓贤祠即曹来旬所建元刺史祠。所祀之人始为元结,后不知何时又增列周敦颐、黄庭坚二人。而此时因"濂溪周子,以三代之美例以寓贤,实近于亵庠"而"归濂溪周子于郡庠专祠"。又以苏氏文忠、文定,邹文忠、范忠宣、张忠献、胡忠简、蔡西山诸贤"节义孝友,文学治理或赋全材,或具一体"更兼"正气孤忠"而将其增列于祠。崇祯时司理万吉人又进杨诚斋父子于祠中,至此寓贤祠所祀,则已达十一人。

七 流香洞的得名

明范之箴有《流香洞记》,云:"永城之右,大江之西,愚溪之南,有所谓朝阳岩者。郡之形胜最佳处也。岩下风磴盘空,转折而下,路尽洞见。洞口虚敞,泉出其中。扁曰'流香'。寒澈芬芳,味洌可酌。循泉沿洞而入,深探乃得其原。泉自石窦喷出,合流觞石湍激成声,铮铮鏦鏦。云璈下空,忽抑复扬,仙佩铿锵,廻旋委曲,由中达外。势欲尽处则瀑飞如练,寻丈下悬,注于潇水。本天成曲水流觞之地,不假疏凿导引而然。游者往往于此席地泛觞,纵饮为乐,自成佳趣。贤士大夫游踪不绝,歌咏之富,侈于兰亭。岩志且载可考见也。迩为郡人迹其水道易以坚珉,虽少涉于人为,而石洞廻流,隔绝泥滓,沁涤肝肺。视昔殊清绝,尤快幽赏。回视隔江之城郭,与扑地之间阎,类皆等闲尘土尔。元次山、柳宗元、周濂溪昔尝游宴于此,故今岩石之巅即西亭故址。而祀之岁有祀焉。"(明何镗《名山胜概记》)

范之箴,秀水人,嘉靖二十五年任永州知府。

今存"流香洞"三字石刻为明吴郡张勉学所书。

八 零虚山与青莲峡的创名,澄虚、青莲二亭的创建及卷潮峰诸胜的发现

明万历二年(1574),丁懋儒知永。道光《永州府志》云:"明万历初,知府丁懋儒搜讨幽邃,穷其逸迹,于阴潜洞之南得'卷潮峰'、'小有洞天'诸胜,复建'澄虚亭'于山麓,创名本山曰'零虚'。懋儒又以石如青莲,名入门处曰'青莲峡',建亭亦以'青莲'名之。"

丁懋儒有《零虚山记》一篇,述明其命名之由来。记云:"零虚即朝阳岩山。元次山自春陵经此,爱其水石之异,以其东向因名'朝阳'。逮宋有名贤题刻,入我朝复以榛芜蓊翳,人迹罕到。前郡守东里曹君修饰而岩洞复显,次山所谓茅阁,或云即柳子之西亭。后人以览胜省观再易之,巍然出于岩上。抵境之逾月,岘南纪君邀予一游。盖素识其胜,不意足迹所履,然亦孰非天之所以予我者乎?求其山之名,纪曰:迩城唯群玉颇大,相距不二里,或群玉之支,不尔则概以朝阳之。夫岩洞在下,而亭之址独高,且峰峦层出,登其亭不知其岩与洞。而麓之石罗列在前,如揖如拱,去岩洞并非止寻丈许,其环立延袤里许,朝阳不得而兼之明矣。遂由前人之途,偕零陵徐尹暨丞次第探讨,扪萝缘石,右侧石上得'潜洞'二字。洞深丈余,人不能下。又其南为'听泉亭',为'小有洞',为'叠翠',为'耸碧',为'崆峒',为'渊潜洞',为'卷潮峰',为'石门',为'芳泉亭',皆勒诸石。

岩壑争奇,踪迹幽邃,如青莲布地,芙蓉呈秀,虽在人目前,而所不及见者。几年一旦我得而有,或皆唐宋诸人之题识,而姓名不留,兹非所尤异者乎? 因斩茅筑基,就山麓建亭,曰'澄虚'。乱峰之内,巉壁如门,建亭曰'青莲'。初入处,题曰'青莲峡'。朝阳本山,创名曰'零虚山'。凡零陵对江西岸,一里之内,下皆空峒,山泽通气,匪虚而何? 山有定名,则自朝阳而下,皆属之零虚,群玉不得而支之也。一人也有四支百骸,乃成全体;一山也必泉涧岩洞,始可名山。前所云'朝阳岩',乃指一支而言。人即一窍而言山也,于理不亦大舛? 胡山有众美,而千百年无从名之者乎! 于山固遇不遇也。夫永迫象郡,古之有庳,以处迁谪,次山、子厚而下,殆不知几何。人不能安其身朝廷之上,而寻幽问奇,往往寄迹无用之地。若曰欲有所托而逃,其亦浅之乎知君子也! 邵君守斋、崔君弘庵佥曰:可刻石以示来者。"(康熙九年《永州府志·山川》)

可知丁懋儒发现的卷潮峰、小有洞、叠翠、耸碧、崆峒、渊潜洞、石门、芳泉亭,在阴潜涧之南。山麓所建澄虚亭,在"乱峰之内,巉壁如门"之初入门处,命为青莲峡,在其旁建青莲亭。民国徐崇立有记云:由阴潜涧"西北向而出于青莲峡之东焉",故当距零虚山西,阴潜涧之出口处不远(今"潜涧"二字已不可寻)。古有青莲亭诗云:"黄叶落如雨,青莲布作山。峭崖撑藓壁,高岫耸烟鬟。门对云千叠,亭临月一湾。何当携太白,长啸响尘寰。"(道光《永州府志》)而其所言之芳泉亭不知何时何人所建。然其与曹来旬相继来永时隔仅29年,曹来旬于记中尚未言有芳泉亭。故芳泉亭当为曹来旬重修朝阳岩与丁懋儒来永之间所建。古有芳泉亭诗云:"不见芳泉落,源潜一涧深。石门闭古洞,云镈出清音。境寂悦禅性,声幽洗客心。悠然流水意,便是伯牙琴。"(道光《永州府志·建置》)

丁懋儒,聊城人,万历二年任永州知府。

九 徐霞客游朝阳岩

崇祯十年(1637)徐霞客来游于此,有日记云:"由岐径东南一里,则一山怒而竖石奔与江斗。逾其上,俯而东入石关,其内飞石浮空,下瞰潇水,即朝阳岩矣。其岩后通前豁,上覆重崖,下临绝壑,中可憩可倚,云帆远近,纵送其前。惜甫仵足而舟人已放舟其下,连声呼促,余不顾。崖北有石蹬直下缘江,亟从之。蹬西倚危崖,东逼澄江,尽处忽有洞岈然,高二丈,阔亦如之,亦东面临江,溪流自中喷玉而出,盖水洞也。洞口少入即转而南,平整轩洁,大江当其门,泉流界其内,亦可憩可濯,乃与上岩高下擅奇,水石共韵者也。入洞五六丈,即汇流满洞。洞亦西转而黑,计可揭挽衣涉水而进,但无火炬,而舟人遥呼不已,乃出洞门。其北更有一岩,覆结奇云,下插渊黛,土人横杙小木桩架板如阁道。然第略为施栏设几,即可以坐括水石,恐缀瓦备扁,便伤雅趣耳。徙倚久之,仍从石磴透出岩后,遂凌绝顶。其上有佛庐官阁,石间镌刻甚多,多宋、唐名迹,而急不暇读,以舟人促不已也。"(《徐霞客游记·楚游日记》)

可知其所游仅零虚山、朝阳岩与朝阳洞,其中惟言朝阳岩岩顶有佛庐、官阁,而未言有其他建筑,其所言之官阁当为寓贤祠,而其所言之佛庐则不知为何,且言洞北还有一岩,与洞有"阁道"可通。

十　清初朝阳岩的修复

朝阳岩现存张登云《重修朝阳岩碑记》碑,后题康熙丙午,即康熙五年(1666),但碑面残毁,文字间断。记云:"永城南拖东有朝阳岩者,乃斯土一胜地也。为□□□□历□□□兹二十年兵燹之后,风雨飘摇,荆榛灌莐,胜游不□,惟徐欷乃□□□□□□□胜地宁如是乎!予每公馀,与二三僚友泛舟其下,而□衣而上,徘徊瞻眺。□□迹之□□□岗阜之如属,引清风之徐来,延明月之□□。□□□□松□□□□皇启岩风露,因瞩老僧□与语。噫□,剪叶茨而□茂树,缀金泥□□□□朝阳一大观也。乃□毁垣欹室,箐棘不锄,□岂释氏供奉之所,抑碧潇湘胜游之地,□□□□□及□住僧从而整葺,虽岩非□金之乡,饰□丹腴之□,今也幸使岩屋犹存,胜地不书,秀□姪□□□□山上之徇徻,而弟邀兴□而复,存斯岩之景者。予也捐资而□□□□□□□良二千石□□□。大清康熙岁丙午□□□上湖南道工部张登云凤台再题。"

可知永地经明清之间改朝换代二十年兵燹之后,朝阳岩风雨飘摇,已为荆榛所没。故张登云与僚友泛舟摄衣而上,观其芜废,有感而复葺之。

十一　清中期朝阳岩的修复及篆石亭与朝阳洞前楼的创建

清咸丰八年(1858),杨翰守永。民国二十年补《零陵县志》云:"按记中所载,诸胜迹今多废塞或改造矣。咸丰八年,知府杨翰莅任修复名胜,多还旧观,建亭曰'篆石亭',又建楼于流香洞口,而重刊次山碑于石壁。"

杨翰此时重刊元结诗、铭于朝阳岩,并补刻了黄庭坚诗及其像赞。

杨翰刻《朝阳岩铭》跋云:"昔元次山爱此岩,搜奇表异,摩崖勒铭。岁戊午,予来典郡,寻次山铭,已不可见。因念次山当中兴时,得以萧闲文字,寄托山川。今则干戈扰扰,一切如浮云,独深谷高岩,寿足千古。因属古皖邓守之作篆,补刻岩上,以还旧观。后之览者,当快然于扶筇腊屐时也。"刻元结《朝阳岩下歌》跋云:"余既补《朝阳岩铭》,复书次山诗刻铭下。时同治甲子将去郡矣。"刻黄庭坚诗跋云:"朝阳岩,余既补刻元次山铭,寻山谷诗亦不可得见,黄氏题名有'伯父摩刻'语,怅然久之,因书此诗,补刻岩上。"

杨翰,字伯飞,一字海琴,号樗踆,别号息柯居士,直隶新城人,一作宛平人。道光二十五年进士,官湖南辰沅永靖道。曾作《伏日游朝阳岩用山谷韵》《秋日游朝阳岩再用山谷韵》等诗并刻石。

十二　清末朝阳岩的修复

清光绪二十年(1894),守永者为光稷甫。此时朝阳岩"屡经尘劫,渐没榛芜",故其又重修葺之。光稷甫有《重修朝阳岩启》记云:"夫模山范水,流芳躅于前贤;修月葺云,亦雅人之韵事。郡西朝阳岩者,天开绝壑,地俯清流,镵唐宋之贞珉,辟潇湘之胜境。屡经尘劫,渐没榛芜,壮严之精舍云颓,香洌之洞泉沙积。余十年薄宦,百废俱兴,结山水之奇缘,感沧桑之胜迹。爰倡鹤俸,亟督鸠工,式扩旧规,复开生面。所愿荐绅巨族,大雅名流,共解吟囊,用襄胜举。征梓材于来甫,蔚丹雘于岑楼,从兹萍藻馨香,妥寓贤于百代。岂第罘尊饮讌,佐逸韵于三吾。期与落成,先为喤引。"王德安跋云:"此前郡守光公稷甫重修朝阳岩启也。公安庆人,以名进士由京秩来守吾永,为政十年,兴废举坠,更仆虽数。朝阳岩之议修,在光绪甲午七月,乃事甫集,而公即以是年冬迁归道山。德安以公之志不可不成也,爰命子若姪董其事,阅五月所告竣。嗟乎!古今名胜之境,久则必敝,敝又重新;或更增其旧制,丹碧辉煌,后之来游者可以凭高吊古,饮酒赋诗,怡然终日,而经始之人,顾返不得遂其一日之乐,往往而然。是则其为可伤悲,更有甚于羊叔子者矣。虽然,不有君子,则斯岩之兴犹有待,是不又一甘棠也乎?乙未闰五月王德安谨跋。"

此次之重修经两任守官,增旧制、漆丹碧,历五月方成,可谓一段佳话。

十三　民国间朝阳岩的修复及阴潜涧的凿通

民国七年(1918)谭延闿督军至此,见朝阳岩已芜废,故修复寓贤祠,并将朝阳洞与阴潜涧凿通。

徐崇立有记云:"朝阳岩之名始于元次山,即柳子厚诗所谓西岩者也。昔贤游者,唐以来至今歌诗题记具于《零陵县志》。戊午夏,茶陵谭公督师驻永州。暇游于岩,顾瞻祠宇,病其芜废。其明年,乃鸠工庀材,葺而新之。面属零陵水警署署长姚迪斋董其役。岩深处,入则幽以狭,不可以通入,而岩阴故有小穴,公意其可通也。又命工疏泉凿石,始偻以入,继乃益穷,逶迤曲折,豁然贯通,历井而升,益旷以明,则西北向而出于青莲峡之东焉。是役也,始于己未之春,迄秋七月工竣。属崇立纪其略。夫兹岩之在天壤间,不知其几何年也,乃至有唐而始显,迄今日而始通人下。岩壑之美类是者多矣,而兹岩特著;游者众矣,而元柳特闻。岂不以其德泽之及人者远,而其文章尤足以藻绘山川欤!然则继元柳而起者益可知矣。"("姚迪斋"三字被人凿毁,据文献补。)

民国二十七年(1938)孙望游此,有记云:"余于民国二十七年冬十一月十一日离长沙到零陵,留居零陵凡五月,曾数游朝阳岩。岩在潇水南岸,又傍西山麓。山下乱石间有洞穴焉。拾级而下,洞黑不见五指,有泉汩汩流其中,燃火种始得前。摸索东行十余丈,渐有光。自前入,再行若干步,豁然开朗,则洞口也。洞口临潇水,不旁通。买舟游岩下,始见巨崖壁立江浒,岩石作丹紫黄白色,藤萝缘之,与碧流相应,回荡生声,信大观也。洞口岩壁题刻至多,余求元公遗迹,得于岩壁上,然仅题名而已,《朝阳岩铭》则久索而未得,诚憾事也。"

可知孙望是从阴潜涧后而入,以至朝阳洞前。正是谭延凯主持将阴潜涧凿通,才能使孙望从此路径至朝阳洞洞口。另外他说"洞口临潇水,不旁通,买舟游岩下,始见巨崖壁立江浒",说明此时逍遥径已废。

十四　朝阳别馆的创建

民国二十二年(1933),守官吴崇钦于庙旁建朝阳别馆三楹。有记云:"湖外山水之美,侈称零陵。自柳子厚、元次山记述以来,高岩幽壁,无不有墨客骚人之题咏。朝阳岩去邑治三里许,柳诗所谓西岩者也,境尤清绝。余以乙亥来治事邦,慕其胜而游焉。岩上有庙,规制隘陋。先是,有人就庙旁隙地谋辟馆舍,供游者止□。既集千余金,仅平土奠基,诿会金尽,积之岁年,基亦渐芜。余览而愀然,以为岩上□有馆舍,实足增斯□之壮观,发游人之雅兴。然天下事往往有适人人之意,易集厥功者,讬非其人,则反败功偾事,良可慨也。游罢归署,谋诸邦人君子,期以必成。□阳刘济人司令,衡山唐辟衡司令,先后驻节零陵,尤力赞其事。遂别醵二千金有奇,寻原址为屋三楹,颜曰'朝阳别馆'。峻其坦侵,登临远眺。民国二十一年季春落成,适民国政府主席林公南巡至此,题名'西楼'以宠之,则又斯馆之荣也。董工事者,县商会主席唐玉钦之力持多功。既竣,玉钦语余曰:兹□始若易成,乃阅年而址且废,继为不易,成则数月而毕工,废兴信有数耶? 公疲于神,吾疲于力,不可不纪以告来者,庶咸惕若而永护之也。因为之记,俾刊入馆壁。"

另据同治《永州府志》所绘图,朝阳岩有寓贤祠、朝阳庵,文中所说之"庙"可能即朝阳庵旧址。

十五　朝阳岩公园的创建及朝阳岩现状

建国后,1957 年湖南省文化部门曾委托零陵县文化科主持修缮,1981 年又由湖南省文化厅拨款委托永州市文化局主持修缮,并开辟为公园,1983 年,"朝阳岩石刻"被列为湖南省省级文物保护单位。

在此期间,公园修葺了寓贤祠、篆石亭、览胜亭、听泉亭。拓宽逍遥径并设护栏。于朝阳洞前铺设平台又以混凝土浇筑栈道使朝阳与青阳洞相连。

今之朝阳岩,仅存零虚山、朝阳岩、篆石亭、逍遥径、朝阳洞、青阳洞及听泉亭。岩洞峡涧当大观未改,篆石亭、览胜亭、寓贤祠、听泉亭皆于 1980 年所恢复,虽欲竭力恢复其旧观,但旧貌难知,旧址难寻矣。此尚为其中之幸者,朝阳别馆、佛庐、观澜亭、朝阳洞前之楼、洞后之青莲亭、澄虚亭今皆废而不存,至于零虚山之零虚洞、洞南之青莲峡、卷潮峰、小有洞、叠翠、耸碧、崆峒、渊潜洞、石门亦无迹可寻矣。

光绪元年《零陵县志》曾云:"由零虚山后西南过小岗白石累累,罗布岗下曰群玉山"。群玉山之状貌,董居谊记云:"群玉山巨竹萧森,古木蟉曲,怪石万状,地势清胜,一郡之奇观也"。但上世纪 70 年代末时,其已平夷如小岗。此因1969 年建东风大桥时在此采方料,后又于此建石灰窑烧石灰所致。而零虚山距群玉山不远,故文献所言之零虚洞、青莲峡、卷潮峰、小有洞、叠翠、耸碧、崆峒、渊潜洞、石门等景观,是否毁于此时,亦未可知。又,笔者采访永州职业技术学院张官妹教授(张教授生于1954年,自幼家居群玉山旁),承告朝阳岩公园创建前,约60年代推行公社制时,有农户独立单干,自垦山田,自阴潜洞出则为红薯田。自上世纪80年代前后,永州镇多次组织机关干部、工厂职工、学校师生、城镇居民在此植树造林,并将寓贤祠及祠侧民国房屋维修改造为公园用房。在此期间,朝阳岩旧观已遭全局性的改变。

曹来旬于记中云:"山川显晦,固存乎人之贤否?"丁懋儒亦于记中云:"胡山有众美,而千百年无从名之者乎? 于山固遇不遇也。"世言"前车之覆,后车之鉴",朝阳岩之兴废亦如是乎?

(原载2010年第2期,作者单位:湖南科技学院)

朝阳岩摩崖石刻的田野考察

✳ 侯永慧　孙雄武　刘　智　毕馨丹

一　说明

2009 年 9 月至 12 月我们对湖南省零陵区朝阳岩摩崖石刻开展了为期 4 个月的田野考察。考察的最初目的是编选零陵朝阳岩纪咏诗,为使诗选尽量周全详备,考察范围扩大到全部朝阳岩摩崖石刻,包括零虚山、上洞、逍遥径、下洞和流香泉等处。

为研究方便,我们草绘了一套《零陵朝阳岩摩崖石刻示意图》。示意图共有 6 张,依照朝阳岩景区的环境特点划分 6 个局部,从上到下标记出连续的序号。

文字著录中的序号与示意图对应,每条详细标明每幅石刻的年代、作者、主题、尺寸(厘米)、书体、行数和保存程度。

石刻年代为自唐至民国时期。建国后所刻仅有 1 幅,故亦列入。

民间各种"寄名石山保"不予收录,但个别刻写位置凸显可作标记的,以方框中"石"字标出,不排列序号。

永州市文物处 2006 年所作《古碑调查表》统计朝阳岩摩崖石刻共计 114 幅,我们此次统计共计 146 幅,增多 32 幅。

所绘为平面图,不按比例尺绘制,且每张图的比例不一样,视角也不固定,但可以清楚认出石刻与石刻之间的相对位置,方便今后研究查找。

此次考察由张京华教授建议并指导。

绘图、标注主要由湖南科技学院中文 2007 级学生侯永慧、孙雄武、刘智、毕馨丹完成。参与考察的还有选修古代汉语专题课程的其他同学,汤军同学所作工作尤多,特此致谢。

二　著录

1.民国二十二年吴崇钦《朝阳岩别馆记》,75×150,十四行,隶书,活碑,三成损毁。

2.明嘉靖十年许岳诗刻"谩教山水属高贤"一首,无题,60×101,六行,楷书,完整。

3.年代、作者、主题不详,68×100,行楷,损毁严重。

4.年代、作者不详,题刻"朝阳胜景"四大字,158×45,楷书,完整。

5.明万历甲戌,作者、主题不详,68×134,楷书,活碑,八成损毁。

6.朝代不详,署款"廿三年",疑为民国。梁寿盛题刻"□览河山"四大字,有跋"零陵军次"等,42×35,四行,楷书,磨泐。

7.清光绪二十年光稷甫《重修朝阳岩启》,有王德安跋,167×91,十行,楷书,活碑,完整。碑后有楷书小字被青苔覆盖,内容不详。

8.年代、作者不详,题刻"眺凉风明月……碁枰且烂",35×65,四行,楷书,磨泐严重。旁刻"朝阳□"三大字,磨泐。

9.民国三十年徐庭槐等题刻"零虚山"三大字,132×58,楷书,完整。

10.清同治杨翰诗刻《自辟零虚山石径安棋局书》,有跋,署款"息柯居士",48×56,六行,行书,完整。

11.年代不详,黄建笑题刻"天然图画",100×33,八行,楷书,较完整。

12.年代不详,邑人管大成诗刻"乘兴朝阳晚"一首,无题,42×67,五行,楷书,完整。

13.年代、作者不详,题刻"顶月□"三大字,82×38,损毁。

14.民国八年己未黄钺诗刻"未逐渔舟去"一首,无题,118×58,十四行,楷书,完整。

15.清同治甲子杨翰题刻,110×135,十一行,隶书,稍损。

16.清咸丰十一年杨翰重刻元结《朝阳岩铭并序》,篆书,有跋,隶书,210×78,三十六行,完整。

17.清同治甲子杨翰刻元结《朝阳岩下歌》,有跋,85×52,十三行,行书,完整。

18.年代不详,杨瑞鳣题刻"寄云"二大字,53×27,完整。

19. 清康熙丙午张登云《朝阳岩重修碑记》，86×187，十行，楷书，损毁将半。

20. 民国八年卢澍邕《游朝阳岩》诗三首，85×45，二十行，正书，完整。

21. 年代、作者不详，"一窍天"三大字，36×78，楷书，完整。

22. 清光绪丙午林绍年诗刻"一从鲁直题诗后"一首，无题，113×50，十三行，行书，完整。

23. 民国五年望云亭题刻"何须大树"四大字，有跋，署款"丙辰"，240×75，楷书，完整。

24. 明隆庆五年毛举等题刻，40×70，六行，楷书，完整。

25. 年代不详，邢址诗刻"晓近岩光发"一首，无题，40×92，三行，草书，完整。

26. 清光绪十九年吴大澂诗刻《偕光稷甫太守颐同游朝阳岩和山谷老人韵》，74×148，八行，楷书，完整。

27. 宋嘉祐辛丑卢臧等题刻，40×40，六行，楷书，完整。

28. 年代、作者不详，被石垢覆盖损毁严重，有字依稀可见，53×50。

29. 宋嘉祐四年张子谅等题刻，署款"嘉祐祫享后十一日"，65×73，六行，楷书，完整。

30. 清光绪庚辰李湘等题刻，53×40，十三行，楷书，完整。

31. 1963年刘翻诗刻《西岩春眺》，30×66，五行，楷书，完整。

32. 宋嘉祐五年张子谅书、卢臧题"朝阳岩"三大字，47×142，楷书，完整。

33. 年代、作者不详，四言诗刻"愚溪之南"一首，无题，40×66，六行，行书，磨泐。

34. 明嘉靖丙辰章汉中诗刻《夏日同松溪登朝阳岩漫赋二首》133×78，十三行，草书，四成损毁。

35. 清光绪丙子盛庆绂诗刻"出郭渡潇水"一首，有跋，无题，105×65，二十一行，行书，完整。

36. 明嘉靖顾璘诗刻《丁酉望后同钱邢二使君来游赋此》，65×40，四行，楷书，略损。

37. 明张勉学题"高岩幽窟"四大字，140×62，楷书，完整。碑内存前人石刻残迹，据《零志补零》有"岩洞清幽自古奇""胜增嗟迟留炎日"十数字。

38. 元至正九年己丑仲春，李让等题刻，63×70，楷书，九行，完整。

39. 清同治甲子杨翰诗刻《伏日游朝阳岩用山谷韵》，72×96，十行，行书，较完整。

40. 明黄应兆诗刻《数游朝阳岩》,77×38,十三行,楷书,完整。

41. 清同治甲子杨翰重刻黄庭坚诗、像、像赞及翁方纲书黄庭坚像赞。黄庭坚诗十三行,行书。杨翰题黄庭坚像赞六行,隶书。翁方纲题黄庭坚像赞六行,行书。90×86,磨泐。

42. 年代、作者不详,33×49,五行,草书,损毁。

43. 年代、作者不详,诗刻《癸巳岁游朝阳洞》,38×27,仅存七行,楷书,残毁。

44. 年代、作者不详,诗刻"石□何年"一首,37×87,五行,行书,残毁。

45. 宋乾道辛卯黄彪题刻,52×85,六行,楷书,完整。

46. 明嘉靖已亥,张寅诗刻《重游朝阳岩用旧游韵》,75×39,十行,楷书,略损毁。

47. 朝代不详,辛丑年懒道人诗刻《辛丑同友人再游朝阳岩七律》,55×28,十一行,行书,完整。

48. 明正德壬申陈铨诗刻《游朝阳岩》,57×82,八行,楷书,完整。

49. 年代、作者不详,77×45,可辨认五行,楷书,残毁严重。

50. 明万历甲午王泮诗刻《九日□□□楚地朝阳岩登高泛舟别后诗》,130×80,二十二行,行草,略损毁。

51. 年代、作者不详,诗刻《游朝阳岩次守斋年丈韵》,68×53,十三行,草书,两成损毁。

52. 年代、作者不详,有"当湘腾招携"五字可识,碑残。

53. 清光绪辛丑题刻"时光绪辛丑夏日记,湘西潘晋三义同游遇雨,在此留餐,陵舒咏轩",83×42,三行,隶书,完整。

54. 年代不详,大庸刘岳钟诗刻"刻历代名贤此寄踪",无题,71×49,十行,楷书,完整。

55. 民国八年李民轩题刻,68×47,十一行,楷书,完整。

56. 年代、作者不详,题刻"逍遥径"三大字,155×82,完整。

57. 清顺治九年李敬诗刻《朝阳洞事游》,171×72,二十三行,草书,磨泐。

58. 宋雍熙郭昭符诗刻《秋日同知州潘赞善朝阳岩闲望郡中书事》,83×94,十六行,楷书,大部损毁。

59. 年代、作者不详,题刻"□□□友欣胜□□同□□□□自缚飞鹕举白□□□

口",30×50,四行,楷书,残毁。

60.明嘉靖二十七年蔡真诗刻《游朝阳岩》,46×90,六行,行书,稍损毁。

61.宋魏泰诗刻《朝阳洞》,35×55,五行,楷书,磨泐。

62.明嘉靖丁酉顾璘等题刻,36×88,四行,楷书,磨泐。

63.清嘉庆丁丑王日照诗刻《朝阳岩》《流香洞》二首,62×51,九行,行书,完整。

64.明嘉靖乙巳阎柏诗刻《游朝阳岩次元子》,72×52,八行,楷书,略损毁。

65.宋元祐四年张绶等题刻,83×108,二十四行,楷书,完整。

66.宋元祐庚午,裴彦英等题刻,54×58,五行,楷书,大部损毁。

67.民国三十年姚雪怀题刻"西岩"二大字,45×107,完整。

68.明张勉学题刻"流香洞"三大字,56×130,完整。

69.明嘉靖丁巳,刘养仕"朝阳岩"三大字,完整。

70.清康熙丁卯卢崇耀题刻"迎曦"二大字,完整。

71.年代不详,阳和道人题刻"聚胜"二大字,完整。

72.明嘉靖陈天然题刻"朝阳洞"三大字,完整。

73.明隆庆丁卯晋江史朝富题刻"寻源"二大字,完整。

74.朝代不详,壬辰年陈之栋题刻"碧云深处"四大字,完整。

75.宋至和二年柳拱辰等题刻,50×80,八行,楷书,完整。

76.明嘉靖元年潘节诗刻《游朝阳岩》,53×64,九行,楷书,完整。

77.宋元祐邢恕诗刻《独游偶题》,28×23,五行,行书,完整。

78.宋元祐七年刘蒙等题刻,40×42,六行,楷书,完整。

79.清同治九年,长白邑陈寄和等题刻,70×40,九行,严重损毁。

80.年代不详,彭泽胡海启题"写心岩"题刻,33×45,三行,楷书。

81.年代不详,双柏苏沐照题刻"山下出泉"四大字。

82.明嘉靖己亥宗室口口道人诗刻《歌朝阳岩用元次山韵》,58×39,十行,楷书,磨泐。

83.明嘉靖丙午,作者不详,题刻"半壁天"三大字,81×37,完整。

84.清道光杨世铣题刻"西岩"二大字,完整。

85.清光绪丙申灵鹣阁主题刻"灵鹣阁主来游,光绪丙申十一月五日",137×10,一行,隶书,完整。

86.清咸丰乙未杨泽闾题刻,88×23,十二行,楷书,完整。

87.民国七年徐崇立《朝阳岩记》,145×80,二十五行,楷书,完整。

88.清同治壬戌何绍基诗刻《杨海琴太守招游朝阳岩即事》,有跋,94×45,二十三行,草书,完整。

89.宋皇祐五年高滁等题刻,76×52,八行,楷书,完整。

90.清同治甲子杨翰诗刻《秋日游朝阳岩再用山谷韵》,91×94,十二行,行书,完整。

91.宋治平丁未鞠拯等题刻,68×54,五行,楷书,完整。

92.明嘉靖乙丑杨治诗刻《冬日黄小川翁招游朝阳岩》,75×44,十一行,楷书,磨泐。

93.明嘉靖壬寅唐珛诗刻无题绝句四首,72×70,十行,楷书,完整。

94.年代、作者不详,重刻元结《朝阳岩铭并序》,为戴嘉猷、吴源诗刻覆盖,125×80,残迹尚可辨认。

95.明嘉靖乙巳戴嘉猷诗刻《游朝阳岩》《归泛潇江》二首,吴源《和韵》一首,125×55,二十二行,楷书,完整。

96.清道光癸卯杨世铣题刻,30×75,四行,隶书,完整。

97.清同治壬戌杨翰诗刻《何子贞丈归道州至郡同游朝阳岩》,111×43,二十五行,行书,完整。

98.明嘉靖乙酉刘子冠诗刻"濂溪疑水接潇湘"一首,无题,有跋,83×53,十五行,楷书,磨泐。

99.民国九年萧昌炽诗刻"避地来幽谷"一首,无题,72×125,十行,隶书,完整。

100.明正德间重刻元结《朝阳岩下歌》、柳宗元《游朝阳岩遂游西亭二十韵》,刻者不详,80×197,二十五行,行书,完整。

101.明正德辛巳朱衮《朝阳洞阴潜涧志》,70×122,十六行,行书,完整。

102.明万历丁亥诗刻《春日偕诸子集朝阳岩》,己丑诗刻《朝阳岩再集》,作者不详,95×43,五行,楷书,稍损。

103.明正德何诏题刻,48×42,八行,楷书,完整。

104.宋治平三年周敦颐等题刻,85×56,五行,楷书,完整。

105.明嘉靖己亥题刻,作者不详,18×43,二行,楷书,完整。

106.宋熙宁元年鞠拯等题刻,51×63,六行,楷书,残二成。

107.明正德王瑞之诗刻"潇湘洞口咏飘风"一首,无题,95×42,六行,楷书,稍损。

108. 宋嘉祐五年张子谅书、卢臧题"朝阳洞"三大字,145×48,稍损。

109. 年代不详,张□诗刻《题朝阳洞》,35×45,九行,行书,完整。

110. 唐大历十三年张舟诗刻《题朝阳岩伤故元中丞》,署款"大历敦牂岁"。被"石山保覆盖",47×27,十四行,楷书,残毁。

111. 清顺治庚子刘文选题刻"鸣凤贻辉"四大字,120×40,完整。

112. 明正德已卯何诏诗刻《予当三载考绩之期慨聚散不常偕僚友复登朝阳岩》,100×39,七行,楷书,完整。

113. 年代不详,题刻"□□宜春刘圣泽长乐韩陟朋……",65×53,五行,楷书,残五成。

114. 宋治平三年梁宏等题刻,73×57,五行,楷书,完整。

115. 清光绪乙未花翎二品顶戴□福诗刻《朝阳岩偶题七律四章》,140×72,十二行,楷书,活碑,稍损。

116. 年代、作者不详,题刻"道州刺史元次山《朝阳岩铭》在岩内",32×20,二行,楷书,完整。

117. 宋元丰乙丑蒋僅题刻,63×36,二行,楷书,完整。

118. 清李永绍诗刻"讲余来访渔翁迹"一首,无题,62×40,五行,行书,完整。

119. 宋咸平朱昂、刘隲、洪湛、孙冕、李防《送新知永州陈秘丞瞻赴任》各一首,71×102,二十三行,楷书,完整。

120. 清康熙丁卯陶琨题刻,45×36,三行,楷书,完整。

121. 年代、作者不详,诗刻"人到朝阳岩底岩"一首,无题,53×30,四行,楷书,完整。

122. 年代、作者不详,诗刻"江流清可觞"一首,无题,20×27,三行,楷书,磨泐。

123. 宋天禧戊午王羽诗刻《朝阳岩诗二章》,80×47,十行,楷书,完整。

124. 元至元间陕郡姚子徽题刻"冯夷宫"三大字,138×50,磨泐。

125. 宋咸平陈瞻《宣抚记并序》,77×70,十四行,楷书,磨泐。

126. 明嘉靖辛酉,作者不详,诗刻《和次山歌朝阳岩》,40×70,十三行,楷书,残毁。

127. 明嘉靖壬寅陈垲诗刻"昔贤标胜迹"一首,无题,82×78,八行,行书,稍损毁。

128. 宋崇宁三年徐武题刻，40×34，三行，楷书，完整。

129. 明万历辛卯陈洋题刻"观澜"二大字，37×82，完整。

130. 宋元祐癸酉孙览等题刻，92×46，五行，楷书，完整。

131. 唐牛峘诗刻《题朝阳洞》，34×33，五行，楷书，磨泐。署款无年代，《金石录》著录为唐代。

132. 唐咸通十四年李当诗刻《题朝阳洞》，魏淙诗刻《奉和左丞八舅题朝阳洞》，55×90，二十五行，楷书，磨泐。

133. 宋咸平陈瞻诗刻《题朝阳岩》，42×64，六行，楷书，完整。

134. 宋雍熙四年贾黄中诗刻《七言四韵诗一章送新知永州潘宫赞若冲赴任》，92×64，十三行，楷书，完整。

135. 明万历乙巳安孝诗刻《偕寅友游朝阳岩漫吟》，47×110，二十行，楷书，稍损毁。

136. 唐会昌元年李坦题刻，35×35，四行，楷书，完整。

137. 宋元祐壬申程博文等题刻，65×80，五行，楷书，完整。

138. 明万历壬辰胡文衢题刻"朝阳起凤"四大字，33×110，完整。

139. 宋元祐八年邢恕诗刻《题愚溪寄刻朝阳岩》，50×71，十六行，行书，完整。

140. 年代不详，蒋琬题刻，28×33，五行，行书，磨泐。

141. 清康熙二十一年题刻《提督湖广通省学政衙门众姓发心装塑鱼篮观音题名记》，署款"僧慧弘化"，43×63，十四行，楷书，稍损毁。

142. 明正德丙子《施高翔闭关碑记》，十二行，楷书，完整。

143. 明嘉靖丙戌谢曹题刻"五尺天"三大字，33×95，完整。

144. 明万历三十六年，作者不详，题刻"万古一□"四大字，50×90，损毁。

145. 明万历甲午黄金色诗刻《郡公徐宾岳招游朝阳洞二首》，67×115，十五行，楷书，完整。

146. 明愚复重模柳宗元《渔翁》诗，七行，行书，完整。

三　示意图

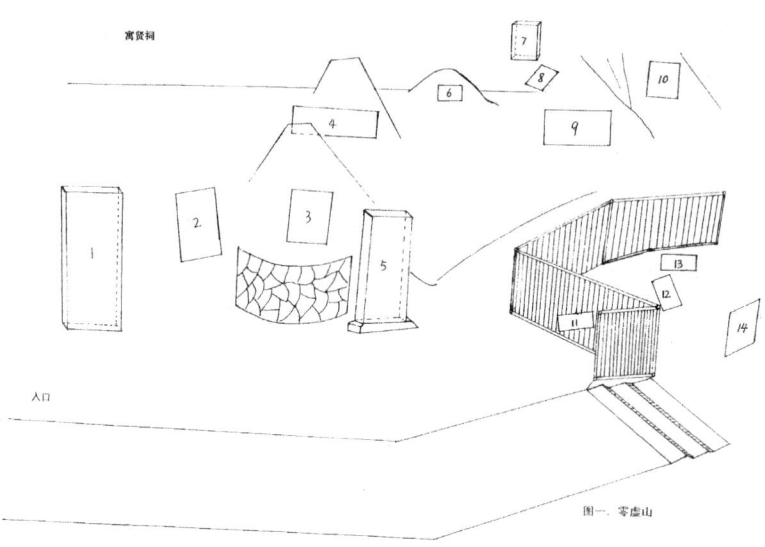

图一. 零虚山

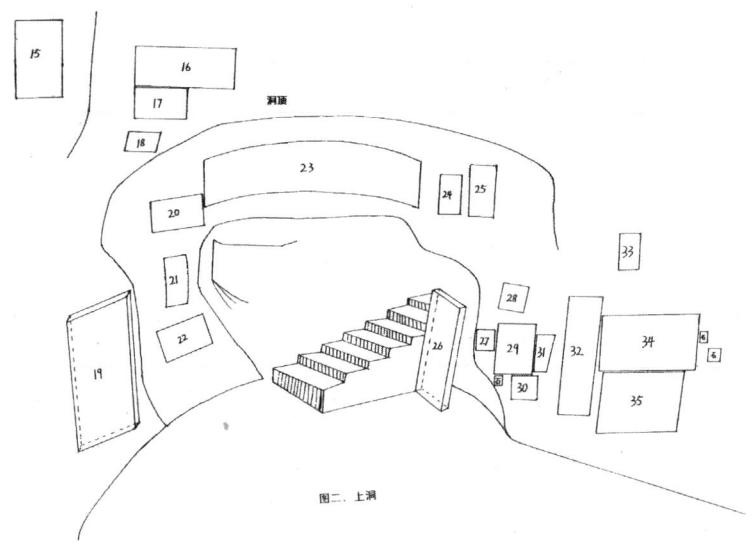

图二. 上洞

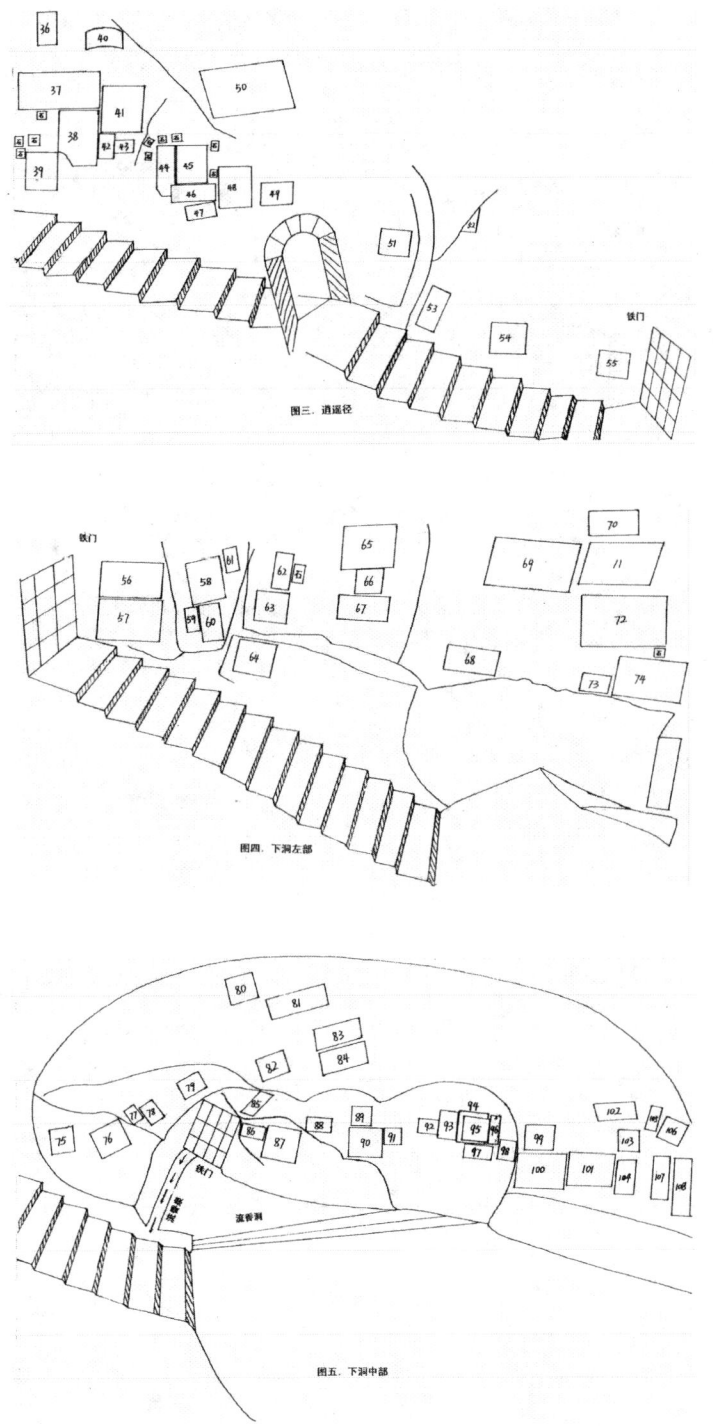

图三. 逍遥径

图四. 下洞左部

图五. 下洞中部

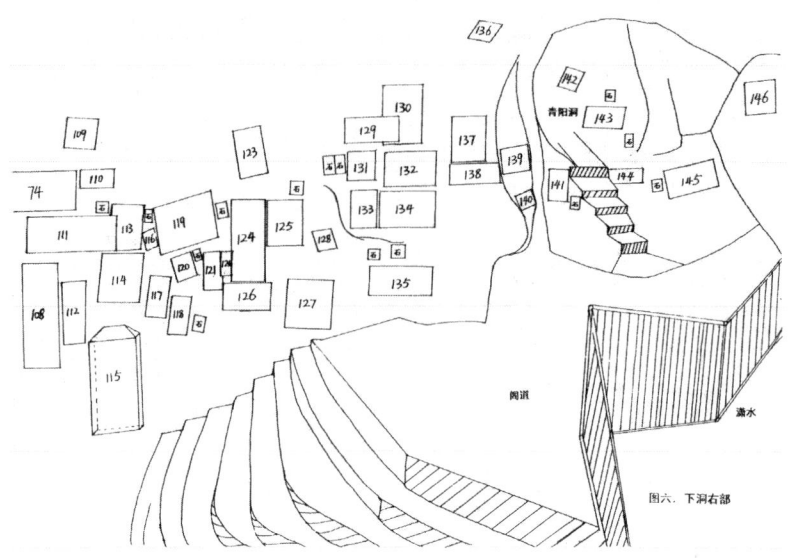

图六. 下洞右部

（原载 2010 年第 2 期,作者单位:湖南科技学院）

朝阳岩考察记

✳ 汤 军 ◆

一 缘 起

朝阳岩在永州零陵朝阳岩公园内,高崖潜洞,幽窟悬壁,清胜幽绝。且距我校不远,步行不过十余分钟。朝阳岩又在潇水旁,与零陵城相对。有一山、一岩、二洞、一泉、一涧。山为朝阳岩本山,名零虚,登顶可望尽全城。上建有西亭、寓贤祠。岩即朝阳岩,有如鸟巢,悬于半山,旁建有篆石亭。岩与洞有逍遥径相连,沿阶下即朝阳洞,洞中有泉,泉名流香,洞口与潇水相接,自洞入即阴潜涧,可蜿蜒至山后,山后有亭,亭名听泉。朝阳洞左旁崖上有青阳洞,可循阶而上,洞虽小,却可容得数人。岩石崖壁上,奇木横出,萝藤网结。

朝阳岩的清胜幽绝吸引过很多名家巨擘来此游赏题咏。自公元 764 年元结在此题咏后,至今已有 1247 年,此间相继有柳宗元、黄庭坚、张浚、杨万里、徐霞客、王夫之、袁枚、王闿运等名家巨擘,游赏于此,并刻石题名。通过对朝阳岩的勘察,迄今为止,我们发现历代碑刻为 152 通,其中诗刻 66 首,文、题记、榜书甚多,再加仅见于历代县府志、一统志、金石著作中的诗文题记,共有 200 余目。这是它引起我们关注,并促使我们对它进行系统考察的原因。而我能参与此次考察,则是因为选修了一门课。

在 2009 年下学期,系部选修中有"古代汉语专题",出于兴趣,便选修了这一门课,但在课表中并未说明授课教师。上课时间在每周四晚,在第一堂课时,还未上课,教室就已坐满,大家也都议论会是谁授课。正在议论时,只见张京华老师不紧不慢的走进来。对于张老师,我们是早闻其声名的,由他来给我们授课,实未料想到。张老师走上讲台站定后,对我们很是谦逊了几句。然后和我们商讨,怎样完成这门课程,既要学有所得,不虚掷时光,又要具有可行性,能够切实的操作。他给我们例举了一个个专题,又一个个的否定,当时张老师刚刚做过

《近思录集释》《日知录校注》和《庄子注解》，都可以讲，而最后落到朝阳岩摩崖石刻上，一则朝阳岩与学校邻近，二则在朝阳岩有足够的实物材料供我们拾取，三则有学长梁宏升曾对朝阳岩诗进行过初步的辑录整理。在方向确定后，还制定了一个目标，那就是要求我们在学期内，完成对朝阳岩诗的辑录、校注，计划最后集结出版。同时还对我们进行分工，大略分为沿革、校对、注解、拓片、照片等五组，各自报名。我因对历史兴趣颇浓，便自荐承担"沿革"部分的任务。

课程对朝阳岩的考察是从 2009 年 9 月开始的，但对我而言，在大一时就与朝阳岩有过一些初步的接触。

我自来颇为好古，后来有幸来永州就读。对于永州，一方面觉得它是舜帝陵寝所在，潇湘古郡；二则它又是柳宗元贬谪旧地，与周濂溪乡梓。所以永州虽然地处西偏，渐没于无闻，而一想到它千百年来的流风遗韵，仍是能令人欣喜的。

来永后，因学校在零陵，便对邻近胜迹，一一寻访。谒柳子庙，寻八愚故迹，泛潇水，登蘋岛，以及此外的西山、朝阳岩、高山寺、廻龙塔、香零山、白蘋洲、诸葛庙、百家渡口、小石城山等。游赏之后，觉得除柳子庙、朝阳岩外，它处则不免过于凄清残破，觉得前人笔下的胜景已难能寻得。斗转星移，旧时遗迹亦已泯灭。就柳子庙与朝阳岩而言，柳子庙虽然厅堂巍峨，气象严正，但只是供人参拜以申仰止之情而已。惟有朝阳岩，胜景不殊，旧迹尚存。

摩拂着朝阳岩的苍崖题刻，使人莫名地生出一种强烈的责任感来，觉得应该把他们很好的整理出来，不能让他们因风侵雨蚀而逐次磨灭。一来这些刻石摩崖都是先贤往哲的遗迹，只字片语，都承载着一个时代的气息和个人的风骨；二来他们也是永州地方文化资源的重要部分。它虽是一种资源，如未经过挖掘、洗练，则终究只是一种潜在的可能。作为一名中文系的学生，是很容易生出这样的感情来的，说不上是天职，至少是一种责任。

在这样一种感情的驱使下，便于 2007 年国庆假期期间，纠集几位同学，怀着振复山川，成就不朽事业的豪情壮志，来到朝阳岩，计划对朝阳岩所有碑刻进行著录。但是出师不利，才抄下几通碑文，就觉得臂酸目眩，腰痛腿软，又兼碑文中有异体字难以辨识，对于磨泐、破损碑刻不知如何处理，颇为恼人。同行诸人既是纠集而来，自然志不能坚，力不能耐，抱怨几声便作鸟兽散。后由我一人抄录竟日，才将所有碑刻著录完毕，但错讹遗漏，处处皆是。最主要的是学力的不足和相关资料的缺乏，所以在最后只有不了了之，将那些带回的材料压在箱底，慢慢的竟至遗忘。可谁能料到，会有幸参加这样的一次考察呢？

对朝阳岩的全面考察既包括对其现实状况的认识,也包括对其历史状况的了解,是两方面的工作。要认识其现实状况,需要实地踏勘,要了解其历史状况,就需要检阅资料,特别是方志文献。然而这两方面的工作又不可决然划开,只有对其历史状况有了较为清晰的了解之后,才能知道朝阳岩的古今变化,更好地把握朝阳岩的现实状况。所以在课程中,每人虽然有明确的分工,各专其职守,但要扎实完满地做好工作,就需要了解其他各组的工作情况,甚至实际参与。出于这样的目的,我在完成沿革组相关工作的同时,对其他各组的工作都有所参与,特别是拓片组的相关工作。在拓片完成后,又对朝阳岩进行过多次的实地踏勘。

由于对这两方面的工作都有过深入的参与,所以朝阳岩的整个考察过程是了然于胸的。这是我写考察记的缘由之一。其二,对朝阳岩的考察,于他人而言,未见得会有绝大的意义,就我来讲,却是干系重大。正是在这一过程中,与业师张京华结识,得到学术的启蒙,决心走上治学的道路。其三,此次考察的价值超过预期,诸多信息的发现和材料的取得多是首次,其四,它是对后学之人的一次系统训练,可以作为今后教学的范例。其四,经过对朝阳岩系统的考察,写了《零陵朝阳岩小史》,书稿初成后持与业师指正,以为质而无文,刚硬有余,闲散不足。《小史》之便于阅读,与将来《朝阳岩志》之严谨正规,显然有别。所以督促我另作考察记,作为《零陵朝阳岩小史》一书的补充。业师曾明告我:你亲历此次考察的各环节,师生之中,惟你事事明了,可以一一记述,安知无裨益于此后之考证。

故作此文,以为纪念。

二 考察记上

课程对朝阳岩的考察始于 2009 年 9 月 25 日。当时正值星期五下午,已经没有其他的课程安排,由业师带领全班同学,对朝阳岩作一基本的了解。包括熟悉朝阳岩景区整个结构,并对朝阳岩重要碑刻进行解说。此行自下午 2 点集合出发,4 点半左右开始回校。

对朝阳岩的考察,在内容上主要包括三个方面,一是朝阳岩景区的结构,二是朝阳岩的建筑,三是朝阳岩的碑刻。不过虽然有这样的划分,考察的过程却是同时的。

在方法上,是结合历史文献对其进行实地踏勘,可稽参考的历史文献主要是方志。朝阳岩景区的结构、历史沿革,主要见于方志中的名胜志;朝阳岩的建筑,主要见于方志中的建置志和秩祀志(亭台楼榭,见于建置志;祠宇庙观,见于秩祀志);朝阳岩的碑刻记载,则见诸于方志中的金石志、艺文志。

对于考察朝阳岩的三个方面的工作,前两者相对简单明了,且相对而言更偏重于借助文献,以了解其历史沿革、得名渊源。而朝阳岩的碑刻,一则数量众多,分布广泛;二则碑刻中残毁、磨泐者占有相当的比例,需要细审、清理甚至照相、拓片才能辨识。所以在各环节工作中,也就更加偏重于对朝阳岩碑刻的考察。

为了对朝阳岩碑刻进行拓片,业师邀请杨宗君老师进行拓片工作。杨宗君老师为我校濂溪研究所特聘教授,早年从军,冒矢陷阵,九死一生,负伤后回籍从事地方工作,立志于地方文化资源的整理。永州金石居全省之冠,是其文化资源的重要部分,要对这部分资源予以整理利用,拓片是必不可缺的技艺,杨宗君老师正是精于此道的极少数专家之一。

当时朝阳岩正在进行维护修整,暂不开放,课程事先向零陵区政府提出了报告,而杨宗君老师又与文物部门有很深的交往,所以考察本应没有问题。但朝阳岩是交叉管理,岩洞一带是文物古迹,归文物处管,整体朝阳岩公园归园林处管,同时招标改建中的"朝阳山庄项目"又使私家公司开始介入。这种交叉的管理以及伴随而来的矛盾纠纷使得考察工作在后来遇到不少阻碍。

杨宗君老师于 10 月 5 日来校,6 日开始拓片工作。拓片时由拓片组同学以及愿意参加的其他组同学在旁协助。对于拓片,在此前虽然略有所闻,但是并未亲见,更未实际操作。在协助杨老师拓片的过程中,通过观摩和实际操作,才对拓片的流程,所需的材料、工具以及一些基本要领有了一些了解。

拓片的材料主要为纸、墨。在用纸上,一般使用宣纸,但要根据碑刻字体的大小,在厚薄上有不同的选择。基本上,字体较小,则选用较薄的纸,字体较大,则反之,以便取得最佳效果。工具主要有拓包、拓板、鬃刷等,其中,拓包是用来蘸墨、上墨的,它由棉布包上棉花或香灰做成,使拓包轻便称手,但须将棉花或香灰先用薄膜包好,以免墨水浸入。在拓包做好后,还要保证拓面平整,无褶皱。在使用时,要根据碑面的不同情况,选用大小不同的拓包。拓板是用来盛墨的,以木板包上棉布制成,内有衬垫,中间低,四缘略高。鬃刷则主要用于上纸。此外,还有一种非常重要的材料,就是用白芨熬成的浓度适中的药水,在上纸前涂于碑刻上。药水有双重的作用,一是充当粘合剂,可将纸粘合在碑面上;二是可以防腐、防虫蛀,便于石刻和拓片的保护。

拓片的流程主要分为六步:第一步是清洗碑面;第二步是测量碑面长宽,据此裁纸;第三步是涂药水;第四步是上纸;第五步是上墨;最后是稍待晾干将拓片取下。

拓片过程中有一些需要注意的问题。首先,碑面一定要清洗干净。其次,白芨药水的浓度一定要适中。根据气候的不同,在气温较高时,药水浓度不宜太高,不然稍稍措手不及,便会致使拓片粘合太紧,难以取下。气温较低时,便需反而行之,以加快拓制速度。第三,在上纸时,须先将其上端固定,用鬃刷自上而下刷下,然后左右展开。将纸铺上后,用鬃刷匀力拍打,使字迹显现出来。最后,需要待到纸干泛白后才能上墨。如纸未干,则会因为湿纸的毛细作用,使墨四处散开,影响到拓片效果。在上墨时,则需层层渲染,不可心急求快,只有这样才能使拓片墨色匀称,字迹清晰。

杨宗君老师先后三度来此,第一次为2009年10月5日至12日。

6日下午,开始赴朝阳岩拓片,由同学侯永慧、孙雄武、张尚等协助,主要帮助清洗、测量碑面、裁纸、扶梯等。拓得清林绍年诗刻和清吴大澂诗刻。晚上熬药。

7日上午,其他人有课,我与同学刘娟随同杨老师到朝阳岩。在朝阳岩拓得清林绍年诗刻、宋黄彪题名、明郡人《重游朝阳岩用旧韵》诗刻、明陈铨诗刻、懒道人诗刻。

在拓片时,因有人协助,往往多个碑刻同时拓,从收获来看还算可观。在拓清林绍年诗刻时,杨老师提及林绍年是林则徐之子,听得以后顿生景仰。

下午,拓得民国望云亭题榜、清杨翰补刻黄庭坚诗、题榜"一窍天"三大字、清杨翰《伏日游朝阳岩用山谷韵》诗刻以及宋张子谅所书题榜"朝阳岩"三大字。有众人随来,旁观者过多,熙熙攘攘,颇让人厌烦。

这几个碑刻中,望云亭题榜最大,而且在岩上,需要架梯才能拓得,废时力最多,由于气温很高,药水又稠,撕坏宣纸一张。望云亭题榜为"何须大树"是在伏日避暑时所作。朝阳岩壁立江岸,两相贯通,四时江风纵横,而朝阳岩顶石如穹庐,这四字可谓恰合其意。对于"望云亭"三字,当时都以为并非人名,回校后经查阅,才知确有此人,当时任零陵镇守使。

在杨翰补刻黄庭坚诗中,另附有黄庭坚自赞和小像。其中诗由杨翰以草书写就,并有跋,以述明补刻原由。黄庭坚自赞有两个,一个是由杨翰以隶书写成,并在自赞后说明刻自赞和黄庭坚像的原因、来源。另一个是由翁方纲书写。这在当时并未注意,将拓片拿回后,仔细辨别,才看清楚。翁方纲署款很是特别,其中"方"字居中,又特小,刚开始以为是"翁纲",我们吵吵嚷嚷,业师听了纳闷,凑过来一看说:"这不还有个'方'字吗？是翁方纲,可是个大人物。"翁方纲自署书于豫章试院,杨翰与他是同乡,都是直隶人,应是搜得后补刻在这里。

8日上午,在朝阳岩再拓望云亭"何须大树"题榜,以及宋张子谅题名、清盛庆绂诗刻、清李湘题名。又在零虚山拓得清杨翰"棋局"诗刻,在逍遥径拓得大庸刘岳钟诗刻。

李湘是清光绪间人,时为永州参军,他所刻的题记,碑面平整而方正,以楷书写就,当时一些同学以为可以做字帖用,所以拓有多幅。刘岳钟是大庸人,与我同乡,难得,所以也多拓一张留念。

在盛庆绂诗刻下,常有乡人在这里焚纸燃香,祭拜山灵,酒水等物就直接泼在碑上,导致碑面污秽满布。朝阳岩还刻有很多"石山保",从时间上来看,最早可见明天启三年所刻的"石山保"。它们几乎是见缝插针,无处不见,一些诗刻、题名也因此被毁。一般"石山保"刻为"某门寄名石山保",又左刻"长命",右刻"富贵",大略都是这样。此俗至今尚存,只是越到后来越变得简略。在朝阳岩现在仍然可以看见有人书"某某拜此石为干妈"于纸上,再贴于石,并在石下陈列祭品;或者用毛笔直接书写在石上,在朝阳岩听泉亭旁石上就可看见这一现象。

下午,在朝阳洞拓得宋《送新知永州陈秘丞瞻赴任》诗刻、舂陵李永绍诗刻、宋陈瞻《题朝阳岩》诗刻、宋周敦颐题名。

业师来朝阳岩探望。李永绍诗中有"讲余来访渔翁迹"一句,业师也笑以自况。

李永绍诗刻并未注明年月,从书法上来看,似与何绍基一脉。拓片制成后,觉得书法清秀,而且石花斑驳,与墨色相映,很是喜爱,所以拓有一副自留。对于周敦颐题名,业师是情有独钟的,称它是中华仅有,为现存周敦颐题名碑刻中字数最多、保存最完整的一通,所以提醒我们每人都拓上一幅珍藏。

9日上午,在朝阳洞拓得宋程博文题名、宋邢恕"题愚溪"诗刻、宋孙览题名、明王瑞之诗刻、宋贾黄中诗刻、明何诏诗刻、宋柳拱辰题名、明潘节诗刻、宋刘蒙题名、宋邢恕《独游偶题》诗刻。孙雄武等再拓周敦颐题名留念。

下午,拓得明阎栢诗刻、宋王羽诗刻、明蔡真诗刻、清王日照诗刻、明安孝诗刻、清人《游朝阳岩偶成七律四章》诗刻、清何绍基诗刻。

宋代碑刻多集中在下洞,在字体上都用楷书,朴拙浑厚,业师于此很是欣赏,屡屡提及。在这些碑刻中多有刘蒙字样,据业师讲述,当时刘蒙任永州知州,每有人贬此,或路过永州,就由其做东,寻永州山水佳胜处,登眺游赏,二程门人邢恕即其中一人。邢恕《独游偶题》诗刻在朝阳洞右侧石台上,风雨不侵、藓苔不蚀,洗去尘土,如新镌的一样,这是他的聪明处。

另外,王日照刻诗两首,其中《朝阳岩》诗以行草书就,开阖有度,飘逸俊秀,诗后署名"柳村";《流香洞》诗则是用楷书,诗名下署款为"王日照",诗后题款和《流香洞》诗的用笔相同。我们最初猜测柳村、王日照应该是两个人,回去查阅文献才知其为一人,"柳村"是王日照的字。碑刻上另外有篆印五方,可惜已经磨泐,难以辨识。

10 日,上午,在朝阳洞拓得宋梁宏题名、清刘文选题榜、清何绍基诗刻、宋蒋之奇题名、潘阳张某《题朝阳洞》诗刻、宋高滁题名、清杨翰《秋日游朝阳岩再用山谷韵》诗刻。

下午,拓得唐李坦题名,明陈垲诗刻、明黄金色诗刻、清"装塑鱼篮观音题名记"、唐李当诗刻(附魏淙诗)、牛焸诗刻。

在朝阳岩碑刻中,多是从右到左竖行书写,这也是我国古代所常用的书写格式。而宋代的一些碑刻中,却是从左到右竖行书写的,其中蒋之奇题名便是如此,而且书写、排行无拘无束。杨宗君老师笑侃道:"此辈在当时不得以正人视之,真是字如其人,在这样的小事上也是离经叛道。"

拓李坦题名时,颇为费力。李坦在唐武宗会昌间任永州刺史,题名刻在朝阳洞左崖顶上。朝阳岩现存唐代石刻都被风雨销蚀严重,只有李坦题名保存如此完好,可以说是占尽地利。朝阳洞左现筑有栈道,自下而望字迹清晰可见,但拓片则从未有人取得。李坦题刻距栈道有五米多高,若自岩底而望当有七八米高。为得此拓本,两梯相缚,架上才够着,登上后擦碑、上纸、拓片。也是为了体验,各人轮流上阵,但开始只怕梯子承受不住,只让身量较轻的张尚上去,下面四五人扶梯,让人不紧张也禁不住地紧张起来。我在登上后只是不愿往下看。此番拓了三张。拓完后,杨宗君老师说:"觊觎已久,今日终得如愿。"说完大家都笑。

与李坦题名相比,其他的唐代碑刻保存状况就没有这么乐观了。因为其年代久远,保存下来的较少,保存完整的更少,所以它的价值也就更加突出。业师对此事很是关心,在拓李当、魏淙诗刻和牛焸诗刻时,都是拓印数次,甚至对个别字句再进行更加精细的拓印,以便于研究之用。其中牛焸诗刻,在李当石刻左旁,诗后署"杜陵樵人",未记年月,《金石录》著录为唐代。就字迹磨泐程度来看,与李当题刻大略相当。后人都认为他是唐代名相牛僧孺之子牛丛,但此"丛"非彼"𡉚",所以应另有其人。

李当诗刻四角凿有方孔,大家起初都猜想它的用途,后来杨老师根据他在别处所见到的情况,认为这应是当时为了装置小檐护碑而凿的,至于凿于何时就不得而知了。

清"装塑鱼篮观音题名记"在青阳洞下崖壁上。在此前,相传朝阳洞旁崖壁上刻有鱼篮观音,后因石裂,堕入江中。题名记刻在青阳洞下,所刻观音像也应距此不远。青阳洞旁崖石如奔,怒出江上,有一侧石面如削,似有石裂者。业师张京华闻得此说,曾经数次潜入江中,可惜未能探得。

11日,上午,拓得明杨冶诗刻、明蔡真诗刻、明顾璘题名、清李敬诗刻、清杨翰"和何绍基诗"诗刻。下午,拓得明许岳诗刻、民国《朝阳岩别馆记》、明章汉中诗刻、民国黄钺诗刻。

下午时,业师与图书馆馆长杨金砖老师、学姐彭敏同来探望。来后,为杨金砖老师拓宋陈瞻《题朝阳洞》诗刻一幅,为彭敏学姐拓周敦颐题名一幅。在下午所拓碑刻中,民国黄钺诗刻很有特点,它包括诗、诗注、题记三部分,布局有法度,书法俊秀,拓有一幅自留。

对朝阳岩碑刻拓片,第一阶段的工作截至于此。回校前合影留恋,有业师张京华、杨金砖馆长、杨宗君老师、彭敏学姐,同学有孙雄武、张尚、侯永慧、毕馨丹、刘智、佟曼。

三 考察记中

在第一阶段工作完成后,主要是对拓片进行研究,包括对碑文的著录,并以之与县府志中相关文献校对。但这已是校对组的工作。这时业师认为沿革组的成果可作为单篇论文来发表,另外还可以对朝阳岩现存碑刻的状况、方位等情况做整体描述,并附绘踏勘图具体标明各碑刻位置,也可以论文形式予以发表。在这样的思路下,我与侯永慧各领一事,我因本来就负责沿革组,所以由我来做朝阳岩沿革的研究,侯永慧原本是各组的总协调人,这时就负责对朝阳岩碑刻现状的整体考察。但是毕竟是对同一对象的研究,所以有很多交叉的地方。我们二人在这样的情境下,开始了对朝阳岩的进一步考察,时间是 2009 年 10 月 29 日至 11 月 10 日。

这一阶段的考察主要是对朝阳岩所有碑刻的摩刻时间、作者、内容形式、尺寸、完好程度等状况的研究和测量。我们对朝阳岩的结构和碑刻的整体布局作了摄像。在碑刻状况的描述初稿完成后，往往是随着考察的不断深入，还需要随时有新的信息增补，使初稿陆续变得完善。当遇到有新的问题时，还需时时到朝阳岩勘察核实。由于当时公园正在维修，入口前后共有四处铁门紧锁，要去考察就只能逾墙而入，幸好尚无同学受伤。

考察过程一般还比较顺利，但对个别碑刻的考察还是经历了一些波折。如同治三年永州知府杨翰即将离任时所刻题记，现已为篆石亭一横梁拦挡。篆石亭本是杨翰所建，而此后又屡有修茸增置。可见当时并没有此横梁，而是在后来的建设中增置的。此刻被挡，出头露尾，初时以为是两通石刻，后来从零虚山俯看才知道是一通。不过虽然可以看见，但是辨字不易。幸而篆石亭依山而建，可自山旁攀至梁上，然后跨梁抱柱而坐，一一录得。

后来又与侯永慧在零虚山发现了民国二十三年驻军梁寿盛题名。零虚山上的石刻，因为直接曝露在外，被侵蚀得很严重，特别是薜苔的侵蚀，全面遮蔽了字迹。所以此碑虽然刻于民国年间，到此时已经磨泐不清。当时天已薄暮，只知道这里有字，遂用手电照明试图辨识，发现用手电从碑刻边缘照射，反而能看清字的痕迹，遂录下，但还是有一字未识出。

有一次，在朝阳洞抄录碑刻时，见二老人，沿阶下，四处指点，共忆当年旧事。后经询问，才知其曾就读于零陵师范，零陵师范校址即在现今湖南科技学院内，后移至河东。老人说当时从朝阳岩下至朝阳洞，有小径，缘壁而凿，很窄，须侧身扶壁方可走下。又说当时朝阳洞前没有修筑平台，洞口直延至潇水，常有同学在此篝火、垂钓云云。朝阳岩碑刻有多处被人为凿破，问及此事时，老人则语焉不详，颇为讳言。这一阶段的考察工作基本上就是这样，随时发现问题就随时去考察，而在考察时又会随时发现新的问题，以此不断地向前推进。

在 2009 年 11 月 24 日，经业师介绍，采访了永州职业技术学院张官妹老师，承告朝阳岩公园创建前的一些情况。张官妹老师生于 1954 年，自幼家居于与朝阳岩相邻的群玉山旁边，对这一带的状况较为熟悉。据她记忆，幼时的朝阳岩古木葱郁，阴翳蔽日，杂草丛生，迷茫路径。还有古庵一座，据说以前有僧人入驻，寓贤祠以前也有僧人，但到当时都已破毁。以此种种原因，乡人多不敢在朝阳岩久留。60 年代推行公社制时，有农户独立单干，在朝阳岩自垦山田，自阴潜洞出则为红薯田,并将寓贤祠及祠侧民国房屋维修改造为公园用房。相传唐生智曾于此建有别院,不知确否。

张官妹老师还言及,曾有邻家女儿在此迷路,盘桓多时不能出,后经家人寻得,抱回家中,不日便香消玉殒。乡人以为是被祟邪所侵。所以当时乡人视朝阳岩如禁地一般,对小儿更是屡屡告诫,但有询及者,则往往讳如莫深,缄口不言。此次因确有研究的需要,再则作为晚辈诚恳请教,才肯予告诉。当言及其邻家女儿事时,尚见张老师有惴栗之感。

经过这一段时间考察后,发现还有一些碑刻需要拓片,所以在12月6日至7日,再邀杨宗君老师来补拓片两天。

6日,拓得民国卢澍邕诗刻、明毛举题名、明邢址诗刻、"愚溪之南"四言诗刻、明黄应兆诗刻、唐张舟诗刻、清杨翰补刻元结《朝阳岩下歌》、管大成诗刻、杨瑞鳝题榜。

卢澍邕是谭延闿幕僚,作有《游朝阳岩》诗三首。卢澍邕在"修葺由谭督"句下注云"湘督兼省长,茶陵谭公印延闿捐廉修此",在"监工仗迪斋"句下注云"零陵水警署姚君迪斋热心义务,此次监修尽心力","哪知身已到蓬莱"下则注有"西岩距司令部仅二里许"。徐崇立《重修朝阳岩记》中"姚迪斋"三字为人凿去,据此得补。

杨翰补刻元结《朝阳岩下歌》在朝阳岩石檐上,登上篆石亭后,在回廊上可以望见。杨翰又补刻有元结《朝阳岩铭》,铭由邓守之以篆书写就。杨翰当初建此亭,名为"篆石",其用意就在于保护此碑。因铭刻在最上部无法够到,并且杨老师此前已拓过,所以未拓。杨瑞鳝题榜"寄云"即在杨翰补刻元结《朝阳岩下歌》下部,这次顺便拓下。杨老师讲:"当年拓片时,正值夏天,每天都是竟日在此,中午只是吃盒饭,条件虽然艰苦,却是乐此不疲。"

管大成诗刻在入朝阳岩路口崖壁上,迎面可见,因碑面较平整,所以并未摩崖,且碑面呈土黄色,未经注意很难寻见。

经过多次考察,我们对朝阳岩几乎是一岩一石都梳了一遍,自以为搜寻殆尽,靡有遗留。一日,业师于洞内闲望,忽见洞顶有字一行,有如中梁横亘洞顶,上书"灵鹣阁主来游,光绪丙申十一月五日"。题名中只有自署"灵鹣阁主",所以未能知其作者,后来业师让我看《浯溪碑林》,书中载有浯溪重要碑刻的图片,并有作者简介。不意间,在书中发现江标在浯溪的题名,由作者简介中得知"灵鹣阁主"是江标别号,在这一关节打通后,对人物的相关信息就变得较为容易检索了。江标题名在朝阳洞厅内，自洞口下阶入内十余步，仰望便可得见。

据张官妹老师讲述，朝阳岩南边的山岗就是群玉山，山上也有很多碑刻，登上后整个零陵城一览无余。但在1969年，因建东风大桥在此采方料，后又建窑烧石灰，致使石崖尽毁，群玉山已夷平如小岗。当日天阴，完工后天已薄暮，我与业师寻得一小路登上一侧山顶，小路本来已经很窄，又兼荆棘横出，草木没人，陡峭处只能拔草援竹而上，登上山顶，却一无所获。与零陵城隔江相望，但见万家灯火明灭。业师催促，急归。

7日，拓得"人到朝阳岩底岩"诗刻、明朱衮重刻元结《朝阳岩下歌》与柳宗元《游朝阳岩遂登西亭二十韵》、清张登云《重修朝阳岩记》、明王泮诗刻、明戴嘉猷与吴源诗刻、清杨世铣题名、清光稷甫《重修朝阳岩启》、民国萧昌炽诗刻、明唐珤诗刻、宋陈瞻《宣抚记》、明人《春日偕诸子集朝阳岩》与《朝阳岩再集》、明刘魁诗刻、明郡人《和次山歌朝阳岩韵》、"江流清可觞"诗刻、"人到朝阳岩底岩"诗刻、明宗室某道人《歌朝阳岩用元次山韵》诗刻。

上午张官妹老师来朝阳岩，自拓牛娖诗刻。临走前，忽然有这次考察的最大收获，即唐张舟诗刻的发现。张舟诗刻在朝阳洞洞楣上，离地三米左右，现在来看已被红色石垢覆盖，中部又遭"石山保"打破，而且碑刻颇小，故当初并未注意。6日时，杨宗君老师已经试拓一幅，但效果不佳。这次业师命再拓，并从诗后所记年月看出其为珍贵的唐刻。赵明诚《金石录》卷八第一千五百三十七条载："唐题朝阳岩诗。李舟撰并正书，大历十三年九月。李当、牛丛诗附。"赵明诚所记三个唐刻中，只有李舟诗刻尚未发现。我们通过拓片、照片和现场肉眼细认，乃至在碑面蒙上宣纸用铅笔轻磨，将关键的字印下来，能想到的办法都想到了，结果诗题、辨字、断句、前后题款逐渐为我们揭开，其间一字一句的辨认都令人激动不已。

当时打出拓片，业师急看题款，见有"时大历敦牂岁无射之月菊始黄华"几行，立刻打电话给在图书馆工作的师母李老师，查"敦牂"是不是午年，又查大历是不是有午年，又查是大历哪年，查问结果是大历十三年。年、月、诗题、作者名，四项都吻合上了，只有作者的姓对不上，与赵明诚所记有"张舟"与"李舟"一字之差，想必是赵明诚所记有误，千余年的真相终于得以明示。以时间前后而论，张舟此通诗刻则是在元结卒后，吟诗怀念他的第一人，所以这最后的发现却当之无愧应当是朝阳岩的"镇岩之宝"。

明唐珤诗刻、明戴嘉猷与吴源诗刻、清杨世铣题名的发现也晚，但也别有意义。三通石刻是在同一碑面上,位于朝阳岩洞内。因洞内较暗,所以开始没有注意。直到著录拓片时发现,诗文边缝处还有字迹,可谓刻上有刻,仔细辨认后,发现竟然是元结《朝阳岩铭》。从时间上判断,大约为明代所刻,决不至于是元结原刻,因为元结所刻为篆书,而此为楷书,故为重刻。但重刻的发现却再次引起了我们寻找元结原刻的兴致,今天仍被确定为我们今后继续考察的第一目标。后来业师寻得明代黄焯所编《朝阳岩集》,据载,朱衮曾于正德十六年(1521)八月二十五日重刻元结《朝阳岩铭》,并于铭后写有按语云:"此刻宋咸平五年知州事陈瞻尝作之矣,顾石款薄劣,岁就摩灭,弗称观际。乃为重作之石,视旧刻特加闳焉。惜之肤凹而理逆,卒莫以复拓也。"可知早在宋代,陈瞻也曾寻找元结原刻,也曾重刻元结铭文。戴嘉猷、吴源及唐珤诗是磨旧刻而题,唐珤诗后所记时次为嘉靖二十一年,戴、吴诗所记时次为嘉靖二十四年。因此他们磨而未尽的应即是朱衮所刻《朝阳岩铭》。

2010年1月3日,学姐戴艳作《永州淡岩诗刻初探》的毕业论文,需要实地考察,业师命我随行。淡岩在零陵区富家桥镇湖南建华精密仪器有限公司厂区内。因其为军工企业,所以是在申请后,由保卫人员陪同才得以进入。此公司原名建华机械厂,当年在"三线"建设的背景下于1966年创建,为了安全,公司厂房布置在岩洞之内,近年才迁出洞外。入洞口百余米可见一天坑,原厂房就建在天坑旁,是一幢三层楼房,现已废弃。以前闻得淡岩容量宏大,此时亲见才知并非虚传。而淡岩碑刻亦是在建设时遭到大量损毁,现存碑刻仅25通。即此仅存的25通碑刻中,通过与朝阳岩碑刻互相应证,仍可获得一些信息,解决了一些疑问。如黄焯在淡岩的题名,便解决了两个问题。一是对"刘魁"姓名的确定。黄焯题名中,三人无论主客,姓名中间都有一个"子"字。朝阳岩有明刘魁诗刻,跋文中的姓名也是这样,刘魁自称"刘子魁",然而在《朝阳岩集》中,黄焯则称之为"刘魁"。这样便造成一种混乱,但经过类比,可知在姓氏后加一"子"字是当时的称谓习惯,即使自称也不例外,所以作者当是刘魁,而非刘子魁。二是对刘颖之字的确定。黄焯淡岩题名中提及与谢賫、刘颖同游,在其《朝阳岩集》中有《奉陪谢可嵩、刘洪斋二公游朝阳岩用严太史韵四首》,通过比较,可以认为谢可嵩即谢賫,刘洪斋即刘颖,"洪斋"为刘颖的字。此外如民国萧昌炽在朝阳岩有诗刻,诗后题云:"醴陵萧昌炽,游此三年,临行题记,民国九年夏。"他在淡岩也有诗刻,诗后题云:"醴陵萧昌炽,镇永三年,岁庚申,衔命出征,临行题记。"庚申岁就是民国八年,两相对比就会发现,萧昌炽应是零陵驻军将领。另外萧昌炽在题朝阳岩诗中所言："青莲峡已凿，龙德莫潜藏"，可知所指为当时的督军谭延闿命人凿通阴潜涧一事。只是其所言有误，青莲峡在阴潜涧后，而非在前。

这些虽然是旁枝末节，却对朝阳岩的考察研究有一些裨益。

四　考察记下

到 2010 年 1 月期末后，"古代汉语专题"课程结束，各小组也随之解散。但是预期的结果并未达到，就是朝阳岩诗集校注要达到出版水准。所以在春节前的寒假期间，又组织了一些同学对书稿进行修改，不过还是很散乱，效果很是不好。但因课程已结束，此事也就不了了之。在 2010 年 3 月上学期开学后，我与同学侯永慧都向业师表达了想法，希望把朝阳岩研究继续做下去。对于在朝阳岩能发现这么多的重要资料，在此前业师也是未曾料到，经常说：是学生的努力推动了自己。所以对我们的想法很是支持，并且讨论了新的研究方向，即由侯永慧据原有的材料继续做好朝阳岩诗校注，我则根据业师早就提出的一个设想，就是在朝阳岩沿革研究的基础上，以"小史"的形式对朝阳岩的历史做一番系统的梳理。二人的研究都可为将来正式编纂《朝阳岩志》奠定基础。这样，我们开始了对朝阳岩第三阶段的考察。在这个阶段上，没有教学计划的约束，没有行政限制，业师对我们不提要求，只提建议。同时业师自己也放下进行中的《日知录校注》，集中数月时间专门研究朝阳岩，写出一组论文。

对朝阳岩第三阶段的考察，相对而言较为零散、不系统，但却是解决疑难问题最为集中的时期。因为在这一阶段不论是对相关文献，还是朝阳岩的状况，都已经相当熟悉。在解决问题时，往往是有的放矢。另外，新文献的发现，也使得在此前积压的问题迎刃而解。

所谓新文献的发现，主要是指《朝阳岩集》。《朝阳岩集》由明嘉靖间永州知府黄焯编纂，此前我与业师在网页中检索资料时，发现有这样一部书，在府志中也见有类似存目，后来业师得知国家图书馆有藏，遂前后两次前去抄录，得其诗文部分，内有 4 首宋诗，10 首明诗，共 14 首不见于今存石刻或文集、方志。而且因为其著录较早，还可对现有已磨泐碑刻予以补缺。可见它对我们回望朝阳岩的历史、还复朝阳岩旧观有很大的作用。

所谓零散、不系统的发现，大致如下。

宋黄庭坚题名。宗绩辰道光《永州府志·金石略》中记有"黄庭坚朝阳岩题名"一条,注明未见,只说"朝阳岩东门左右石壁如半环,黄山谷题名于壁,磨石镌之"。武占熊嘉庆《零陵县志》、稽有庆光绪《零陵县志》亦未著录。陆增祥《八琼室金石补正》虽有著录,却并未注明处所。在 2009 年对朝阳岩碑刻进行统计时,我们最初寻得"徐武"等字迹,所记时次是崇宁三年,但并没有深究。后来业师细读《金石补正》,得知黄庭坚题记即徐武题记,遂将这一好消息告知文物处,并计划补制拓片。到 2010 年 4 月 3 日,湖南省社会科学院历史研究所前所长、研究员吕芳文老先生回乡扫墓,有意寻访朝阳岩,业师张京华陪同,我也得以随行。吕老至朝阳岩后,摩拂苍崖,一一细认,碑刻之多,诗文之富,时间跨度之大,令其感叹再三。后行至下洞,吕老更是赞叹不绝。当时我因为已经来朝阳岩不下十余次,而且每次来都是竟日在此,所以自认为这里的一碑一石、一草一木都已尽在掌握,但在不经意间,随吕老走到徐武题名处,吕老说:"这不是黄庭坚吗?"此语一出,直令人绝倒。黄庭坚在此题名至今已将千年,发现后的兴奋与激动实非言语所能形容。黄庭坚题名在此之前不知多少人苦苦寻觅,就连宗绩辰都寻而未见,而今吕老偶来此地,俯身便得见其真容,个中机缘,惟有天知。

元姚子徵"冯夷宫"题榜。在朝阳洞左崖壁上,有姚子徵题榜"冯夷宫"。有磨泐,不易发现。因为并没有注明年月,故未断定时代。后在网络上搜索时得一文,知姚子徵曾按部衡阳,其文献出处为《湖广图经志书》。我寻得此书后,见《湖广图经志书·衡州府·进士题名记》载有:"至元丁丑(三年,1337)冬,湖广金宪陕郡姚公子徵按部至衡,首谒宣圣,入学引试诸生,勉励切至。凡有关于名教废弛而未备者,悉加振举。以进士关于题名,乃命教授赵君应诜、学正卜霖侍,俱石刻。昭示后来,历风节以作士气,真可谓知所本矣!"随后在光绪《零陵县志·金石》中发现,群玉山也有姚子徵诗刻,诗后记云:"至元丁丑(1337)仲冬廿有三日,陕郡姚子徵□甫题。"朝阳岩与群玉山近在咫尺,所以姚子徵游朝阳岩当亦是此时。惜群玉山碑刻已全毁,不得见其原刻。在永州各时的府志中,惟有明洪武《永州府志》直到近来才寻得。在洪武《永州府志》卷八《川浸》"(浯溪)诗并序",作者署"陕郡姚绂子徵"。由于历史原因,元刻存世不多,再加种种天灾人祸,得以幸存者更少。姚子徵朝阳岩题刻此前未见著录,至今日方定其时次。业师常希望将有元一代永州石刻汇考出来,此刻可作为一个开端。

明许宗鲁诗刻。明许宗鲁诗刻现尚存于朝阳岩石门旁,但已被石垢所覆盖,惟有"江移舟辑雷初歇"一句,以及诗后署款可以辨识,记云"嘉靖己丑,西京许宗鲁识"。此前并未经意,后来同学侯永慧从隆庆《永州府志》寻得许宗鲁朝阳岩诗,经比对才得确认,文献资料与文物资料得以互相印证。

明许岳碁石诗。朝阳岩零虚山棋枰旁有一石兀起,许岳诗便刻于此。此刻初未寻得,后见其碑面平整,应有刻字,但已是雨蚀苔封,磨泐不堪,所以也未甚注意。后在 2009 年,为了搜遗补缺,与学友侯永慧越墙入朝阳岩。当日天气晴好,公园也尚未对外开放,所以无甚顾忌。在对其他碑刻一一订证后,最后才对此碑进行仔细的勘察,确定此碑有字,而且并非"石山保"之类。但仅凭肉眼实难辨认,惟有制作拓片还有认出的希望。但当时仅带有稿纸数页,别无长物。当时看着这碑刻,真有如鸡肋,食之无味,弃之可惜。犹豫再三之际,发现旁有灰烬一堆,顿时灵光乍现。灰烬边缘,有未燃尽树枝数枚,正可取炭作墨,当时朝阳岩维修不久,有不少废弃砂纸,取来几张将木炭磨成炭粉,后又寻得一块抹布,折叠好后作为拓包。侯永慧在下洞取来泉水,将炭粉和匀,再将碑洗净,然后上纸、上"墨",一张拓片便以"土法作业"的方式制作出来。但因拓印简陋,也仅能识得数字。带回后,又无文献对应,著录时便只能说"某碑刻"、年代、作者均"不详",及题刻"眺凉风明月……棋枰且烂"云云。不得已而不了了之。今年业师张京华将黄焯《朝阳岩集》整理完成后,得以拜读,在读至"凉风明月新佳景,醉拂碁坪欲烂柯"一联时,忽有似曾相识之感,细想后,恍然大悟。忙将"拓片"寻出,一一核对。此时心里惟有"老天不负有心人"一句感叹,别无他想。此事告知业师,业师认为当时"拓片"有缺憾,所以有再拓的需要。然而此时公园已开放,看管颇为严格,视学术研究与游客闲览无区别。不过为了整理文献,也只得冒险一试。因与师姐刘瑞、彭敏二人同往,由她们掩护,我伺机行事,最终拓得两幅,回时尚觉两腿酥软。时 2011 年 2 月 18 日,即新年元宵节后一日既望。

明徐廷槐题榜。零陵知县徐廷槐、县丞史胜祯、主簿张□□刻"零虚山"三大字于零虚山崖。据《永州府志·职官表·零陵》得知,徐廷槐为上饶人,万历二年任零陵知县。初时并未查阅,由于碑面右沿刻有"石山保",记时次为民国三十年,而误以为是题榜所刻时间。后来发觉民国不会有这种官制,偶然翻阅道光《永州府志·职官志》,不意间见到徐氏人名,遂得以更正。

清李拔题榜。零虚山有题榜"朝阳胜景",字大醒目,但因曝露在外,侵蚀已甚,虽于大字无碍,两旁署款却已经陋不可识。幸而字痕尚在,一一描摹,回后与职官表核对,确认这是乾隆间永州知府李拔所题。

清杜润滋题名。清杜润滋题名刻于朝阳岩左壁,在洞内岩壁石台上,不易为人发现。此刻为人所凿,字字皆碎,遍览朝阳岩题刻,未见有遭此厄者。朝阳岩其他碑刻亦有少数被凿者，但只是凿毁姓名，惟有此碑，遇此横祸，不知为何。幸而努力辨认，尚识得大部。清黄建笔题记，也被人为破损严重。青阳洞下有一题榜，则是近年为人凿梯时所破损，残最后一字及榜后款识。记得大一时（2007年）此刻尚存。

民国李民轩诗刻。李民轩诗刻，刻于逍遥径旁。因为它是民国时期所刻，书法也不是很好，所以并未予以太多注意，粗略一看后，只以为是题名。直到今年2月，在对一些碑刻拍摄时，经过细读发现，其前部是一首四言诗，后部才是题记。不能耐烦，往往导致错谬如是，幸得及时更正。

宋史正志等诸残刻。明张勉学在朝阳岩刻有题榜"高岩幽窟"四大字，乃磨前人题刻所为。现于"幽窟"二字间尚可见"亭""见胜增""幽最""嗟信美""迟留淡""口举拂"十五字。另于诗后可见"右二"二字，可知当时诗刻为二首，今知为宋史正志诗残刻。另在"高"字下还有"岩洞幽清自古奇"一句，句下存一"贤"字。此外左旁还有"题""斯地""夏日""升"诸字。另有明吴文华诗，刻于逍遥径，因石裂，现尚存"当湘胜招携"五字。因为这些残刻在当时并未注意，所以还有拓片的必要，遂于2010年7月19日，再邀杨宗君老师来，但因公园管理方的阻挠事未成，不得已去愚溪拓得题榜"钴鉧潭"三大字及另一通"癸酉"诗刻。

五　结语

现在，侯永慧《零陵朝阳岩诗辑注》已经交稿，我的《零陵朝阳岩小史》也已完成。对朝阳岩的考察到此又要告一段落，但这并不是最后的结束，因为还可以有更为精细的研究去做，至于待到何时，就得看来日机缘了。

（原载 2011 年第 6 期，作者单位：湖南科技学院）

朝阳岩石刻的书法艺术特点

✴ 吴大平

卡西尔说:人是制造符号的动物,人只有通过符号,才能使世界成为人的世界。摩崖石刻就是人将制造形式化的艺术符号,通过岩石的载体展现出来。它既是基于自然环境的艺术生成,又在一定程度上塑造了别具特色的艺术风貌。崖石常凹凸不平,或经年漫漶剥蚀,刻于其上的文字和图画"皆因石之势纵横长斜,纯以天机行之"[1],呈现出雄强的特点。

中国石刻书法历代皆有,如"自汉以来,碑碣之雄壮,未有及者"[2]48的《纪泰山铭》等。而永州朝阳岩石刻,自唐代元结开辟以来,经历代经营,纵跨唐宋明清以至民国,保存了大量的记游诗文,石刻书法呈现出非常强的审美价值,是一道不可多得的人文景观。

一 跨代久远,各代题刻皆有所存

朝阳岩虽为元结所辟,其诗多为后人补刻,而唐代石刻也不乏少数。唐大历十三年张舟诗刻《题朝阳岩伤故元中丞》,虽有所残毁,就所辨认的十四行楷书来看,笔法平整,法度谨严,字体多取侧势,于唐代楷法虽有所承袭,但明显用笔取势不同,略带魏晋楷隶之风。唐咸通十四年魏淙诗刻《奉和左丞八舅题朝阳洞》,行笔曲折,按隶书用锋,细处衔接多有残损,或刻石不工,实未可知。同时的李当诗刻《题朝阳洞》,实为不可多得的石刻小楷,竖画按笔较重,多用侧锋;横画则较轻,多用中锋。体式工整,不蔓不枝。

宋代石刻保存较多,或因所处时代相同,楷书风格相类。宋雍熙四年贾黄中诗刻《七言四韵诗一章送新知永州潘官赞若冲赴任》,笔法取意明显异于唐楷。该石刻多用魏碑笔法,却又藏头收笔;尚唐楷的严谨法度,用笔力道却很少变化,要之,是法度中略显笨拙,笨拙中透着险峻。正如蔡邕《九势》当中所言:"藏头护尾,力在字中,下笔用力,肌肤之丽。"[3]4此话或道出这段石刻敛势藏笔的精妙所在。宋咸平陈瞻诗刻《题朝阳岩》与宋天禧二年王羽诗刻《朝阳岩诗二章》风格相似,与宋代书法尚意一脉相承,不过,后一段石刻用笔洗练,方笔较多,各有生气。宋元祐邢恕《独游偶题》和《题愚溪寄刻朝阳岩》两段笔法泼辣,灵动活泼,锐气四射,呼之欲出。

至明代,书法时代崇尚不一,首先步趋赵孟頫平稳工整,中间经历毫无生气的馆阁书体,后又学祝允明等“吴派”书法,明中后期,创新跌出,出现了徐渭、董其昌等大家,回归“二王”,成为书法历史上的一个重要高峰。朝阳岩石刻亦能体现出这样的特征。明正德七年陈铨诗刻《游朝阳岩》用笔清丽,工稳中不乏生气,这也正是对赵孟頫楷书的一些特点的继承,又见明正德十四年何诏诗刻“题朝阳岩上步春风”一首,书风相类,虽用侧锋,但工稳有过之而无不及。明嘉靖元年诗刻《游朝阳岩》笔锋瘦硬,明嘉靖十年许岳诗刻“谩教山水属高贤”一首,笔画浓厚,大气凛然,明嘉靖十八年,陈东诗刻《重游朝阳岩用旧游韵》则明显是由柳体笔势中融入魏晋冲和之气。各段石刻,虽处嘉靖之后,却风格互异,各领风骚,这正与书法艺术的时代节奏变化相应和。

清代朝阳岩石刻存刻较多,这与碑学兴起有关,康有为《广艺舟双楫》中说:“迄于咸、同,碑学大播,三尺之童,十室之社,莫不口北碑,写魏体,盖俗尚成矣。”[4]756所以清代朝阳岩石刻当中除了清代文人自己的诗刻之外,还有重刻前代诗歌的,许多都出于杨翰之手。他与李永绍风格相类,其书多学何绍基,后文再作详述。另外,清光绪十九年吴大澂诗刻《偕光稷甫太守颐同游朝阳岩和山谷老人韵》楷书笔锋外露,竖画多写作悬针,撇画刚硬果断,体式稍长,突破法度,用行楷笔意,如行云流水,一泻而下,作石刻而言,颇有急就章的意味。

民国石刻书法较少,民国八年黄钺诗刻“未逐渔舟去”一首,多用侧锋,露锋起方笔,笔墨浓重,厚重大气,不输鲁公。另民国八年李明轩诗刻“兰亭故事”一首,笔画纤丽,然刻工粗糙,难为上品。

二 众体皆备,各类书体皆有所刻

朝阳岩所存石刻中,以楷书、行书最多,隶书、草书最少。楷书犹以宋明存刻最多。如前所述,宋雍熙四年贾黄中诗刻《七言四韵诗一章送新知永州潘官赞若冲赴任》应是代表,又见明邑人管大成诗刻“寻胜朝阳晚”一首,用笔洒脱,意到笔到,不拘一格,露锋起笔,笔画衔接处笔断意连,轻重相对,前后呼应,体式参差错落,浑然一体,虽为零陵乡人之作,也难掩其艺术才力。明正德王瑞之诗刻"潇湘洞口咏飘风"一首,用赵孟頫笔意,去唐楷较远,收藏有致,侧锋中锋相映成趣。

就行书一体而言,应是朝阳岩摩崖石刻中成就最高的。暂且不说何绍基诗刻的价值,单就其他石刻来说,也能当此殊荣。清光绪三十二年林绍年诗刻"一从鲁直题诗后"一首,内敛外放,细处求精,取法苏子、山谷,但落实到具体笔画,楷法却更为明显,连笔处多用断笔,又不失风姿,确可谓是一种成功的书法实践。清光绪二年盛庆绂诗刻"出郭渡潇水"一首,用中锋,提按较少,多从章草中来,撇画和连笔较粗,与"二王"迥异其趣。但却沉郁中不失生气,饶有高贤古朴之风。这也正如项穆在《书法雅言》中所说:"书法要旨,有正有奇。所谓正者,偃仰顿挫,提按照应,筋骨威仪,确有节制是也。所谓奇者,参差起复,腾凌时空,风情姿态,巧妙多端是也。"[5]10

篆书、隶书在朝阳岩石刻中所存较少。隶书完整可见如民国九年萧昌炽诗刻"避地来幽谷"一首,用笔恣肆,波磔并不突出,取势平正,稍异于汉隶古风。隶书本尚古朴,多用篆意,此处则背道而驰,或可兹一赏。篆书如清咸丰十一年杨翰重刻元结《朝阳岩铭并序》,较先秦碑刻更为工整,圆笔转换自如,未能自出机杼,多有摹习之嫌。

朝阳岩所存草书石刻较少,但质量却都很高。邢址诗刻"晓近岩光发"一首,年代不详,虽只有三行,但用笔韵律感极强,该连则连,当断则断,情意相偕,俯仰有致。取法张旭,又融入石刻漫漶特点,可谓自成一格。另外,尹伸诗刻"名穴何年巨灵擘"一首,虽有所残毁,但用笔豪放,出其不意,落笔处,扑面而来,汪洋恣肆,雄豪盛大。这类草书石刻与崖石融为一体,遒劲与骨气毕现无疑。这也正如孙过庭在《书谱》当中所言:"假令众妙攸归,务存骨气;骨既存矣,而遒润加之。亦犹枝干扶疏,凌霜雪而弥劲;花叶鲜茂,与云日而相晖。"[6]37

三　各异其趣,多种艺术风格皆有呈现

《书谱》说:"消息多方,性情不一;乍刚柔以合体,忽劳逸而分驱。"[6]11朝阳岩石刻书法亦是风格各异,这既源于不同的时代风尚,也源于不同的艺术才力。

朴拙如宋咸平诗刻,朱昂、刘骘、洪湛、孙冕、李防《送新知永州陈秘丞瞻赴任》各一首,此处楷书形体略扁,转笔处中锋按笔较重,笔画藏锋较多,撇和捺收

笔迅速,未作散开状。因此从整体来看,工整中藏着一股难以抹去的朴拙之气。

瘦硬如明嘉靖三十五年章汉中诗刻《夏日同松溪登朝阳岩漫赋二首》,中锋作书,笔画极为细腻,折、捺等笔画的提按并不明显,连笔和收笔都非常果断,使全篇书法的力道显得更为刚硬。

潇洒通脱当以清同治元年何绍基诗刻《杨海琴太守招游朝阳岩》为代表。何绍基应为清之书法一大家,《清史稿》本传中说:"书法初学颜真卿,遍临汉魏各碑至百十过。运肘敛指,心摹所追,遂自成一家,世皆重之。"[7]13436-13437从书法渊源上来看,其仿北魏,临《玄女碑》,学鲁公,横及篆隶,《清稗类钞》都有相关的记载。另外其独创悬笔回腕法,在《与汪菊士论诗》中有生动的描述。这样一来,何绍基的书法呈现出与前代不同的风格。在何绍基诗刻《杨海琴太守招游朝阳岩》中,起笔稍顿,多有提按,笔画所到,随意挥洒,不拘泥于一笔一画,而从整体取势,貌似不羁,内里却有着千钧的力道。杨翰和李永绍与何绍基风格相同,杨翰存刻较多,《清史稿·艺文二·金石类》中载其曾撰粤西得碑记,可见其在当时是重要的金石书家,如前所述,在朝阳岩石刻中,其所存刻石多,但大多学习何绍基,没有个性,因此价值不高,如清同治元年杨翰诗刻《何子贞丈归道州至郡同游朝阳岩》,可见,其虽为挚友,然书法功力则相差甚远。又如清李永绍诗刻"讲余来访渔翁迹"一首,亦是相类之作,不值一提。

雄放如明嘉靖二十一年陈垲诗刻"昔贤标胜迹"一首,行书用笔厚重,笔画苍劲,但又不失灵动,点画浑厚,足以看出其用力之深。与崖石漫漶剥蚀的特点相融合,则体现出雄放奇绝的艺术风格。董其昌在《画禅室随笔》中就说过:"作书之法,在能放纵,又能攒捉。"[8]1工整如宋张琬诗刻《题朝阳洞》,一笔一画,清秀工整,竖笔较重,折处常作按笔,未见唐法,但却生气中不失工稳。

当然,这里只是稍微列举了几种。各家不一,这也便是朝阳石刻的魅力所在。

宗白华说"美与美术的特点是在'形式'在'节奏',而它所表现的是生命的内核,是生命内部最深的动,是至动而有条理的生命的情调。"[9]119朝阳岩石刻便是在呈现着一代代文人或高歌或低吟的生命情调,诞生千百年以来,便在那里等待着我们去观赏,去对话。

参考文献:

[1]唐安国.摩崖石刻中的书法艺术[J].百科知识,1996,(3):56.

［2］［清］王澍.竹云题跋［M］.北京:中华书局,1991.

［3］杨素芳,后东生.中国书法理论经典［M］.石家庄:河北人民出版社,1998.

［4］康有为.广艺舟双楫［A］.历代书法论文选［C］.上海:上海书画出版社,1979.

［5］［明］项穆.书法雅言［M］.北京:中华书局,1985.

［6］［唐］孙过庭.书谱［M］.沈阳:辽宁美术出版社,1991.

［7］［清］赵尔巽等.清史稿［M］.北京:中华书局,1977.

［8］［明］董其昌.画禅室随笔［M］.北京:中国书店,1983.

［9］宗白华.美学散步［M］.上海:上海人民出版社,1981.

（原载 2012 年第 9 期,作者单位:湖南科技大学）

永州朝阳岩石刻考（宋一）

✳ 汤　军

引　言

永州多岩洞，零陵之朝阳、华严、淡岩，祁阳之浯溪，东安之九龙，道州之含晖，江华之阳华、狮子、层岩。以上诸岩，皆天地孕育，鬼斧神工以成其规模者，蕴潜德之美，藏不替之春，玲珑毓秀者有之，恢弘广制者亦有之，所以动人心、遣尘虑则一也。究其所处，或当水陆之途，或隐邑会之中，此乃得显晦之机。兴之所至，则腊屐扶杖而游，摩崖刊石以记游踪。再者，一人倡于前，百众随其后，唐宋以来，如元结、柳宗元、黄庭坚、蒋之奇诸辈，皆倡之者也。临山水以觅贤迹，和遗响而申仰止，故岩内崖前，贞珉萃聚。此琳琅满目者，非惟前人之鸿爪，亦乃山水之遗泽。《语石》卷五："湘水以南，则有祁阳之浯溪，元次山三吾铭皆在于此。零陵之澹山岩、衡阳之石鼓山、江华之朝阳、阳华、华严、狮子诸岩，及寒亭、暖谷，皆古五溪之地也，总而计之二百余则，唐宋题名之渊薮，以桂林为甲，其次即五溪矣。"叶昌炽将朝阳、华严误置于江华，然其所论，则非为虚言！

朝阳岩在永州零陵潇水西，与零陵城相对。"朝阳"者，唐元结命之，作有《朝阳岩铭》。朝阳岩现存宋代摩崖二十九通，文二、诗八、题榜二，题名则居大半，有十七段之多。关涉人物，有职官、有流寓、有郡人、有缁流，计之得七十九人，或显于当时，或彰于百代，碌碌之徒亦多有之，皆钩沉稽考，得其生平之详略。至于贤愚不肖之论，以史实具在，见仁见智，小子不敏，未敢倡雌黄之言。凡其体例，立释文、考证二目。释文者，宋刻皆正书，然历世久远，风削水蚀，漶漫磨泐者不少，按石得文，参以方志、金石著录、集部文献，不敢谬一字，所以省辨识之苦；考证者，据石以证史，亦据史以证石，发明缘由，钩稽详略，所以省翻检之劳。至于实物照片、拓本照片，限于条件，姑从省略。

贾黄中《送新知永州潘宫赞若冲赴任》诗刻

释文

七言四韻詩一章送新知永州潘宫贊若沖赴任

翰林學士賈黃中上

鴛鷺行中已著名,頒條暫慰遠民情。道途行去乘軺貴,鄉里過時晝錦榮。鈴閣曉開江月滿,戟枝寒照雪峰明。知君遊刃多餘暇,莫忘新詩寄鳳城。

軍事推官將仕郎試秘書省校書郎潘孝孫奉命書,大宋雍熙四年中元日鐫。

考证

此刻在下洞左崖,92×64公分,十三行,楷书。

《留云庵金石审》:"右正书,先零陵辑《补零》时拓手误遗下二行,失其时次,遂疑即是潘衢,今补拓,改正。"

《八琼室金石补正》:"《永志》载此误'试'为'兼',据石正之。潘若冲知永州,《通志·职官》误'冲'为'仲'。潘孝孙为推官,省、府志均失载。贾黄中,字娲民,史有传。雍熙初,掌吏部,选除官吏,品藻精当。史又称其多所荐引,然未尝自言,人亦莫之知,潘若冲或亦所荐引也。"

《宋史·太祖本纪》:乾德元年三月"戊寅,慕容延钊破三江口,下岳州,克复朗州,湖南平。得州十四、监一、县六十六"。时雍熙四年(987),距湖南归附已二十四年。

此为贾黄中送永州知州潘若冲赴任诗。《宋史·贾黄中传》:贾黄中,字娲民,沧州南皮人。十五举进士,授校书郎、集贤校理,迁著作佐郎、直史馆。太平兴国八年,与宋白、吕蒙正等同知贡举,迁司封郎中,充翰林学士。雍熙二年,又知贡举,俄掌吏部选。端拱初,加中书舍人。二年,兼史馆修撰。凡再典贡部,多柬拔寒俊,除拟官吏,品藻精当。淳化二年,拜给事中、参知政事。有文集三十卷。

潘若冲时新任永州知州,所云"知州",《宋史·职官志》:"宋初革五季之患,召诸镇节度会于京师,赐第以留之,分命朝臣出守列郡,号权知军州事,军谓兵,州谓民政焉……掌总理郡政,宣布条教,导民以善而纠其奸慝,岁时劝课农桑,旌别孝悌,其赋役、钱谷、狱讼之事,兵民之政皆总焉。"

《廿二史考异》:"案宋制州有四等:曰节度州、曰防御州、曰团练州、曰刺史州。志称军事者即刺史州也。刺史州之幕职例称军事推官、军事判官,故《志》称军事。《春明退朝录》云:'节度州为三品,刺史州为五品。'"

所谓"宫赞"者,即赞善大夫,为东宫属官。《宋史·职官志》:"阶官未行之先,州县守令,多带中朝职事官外补,阶官既行之后,或带或否,视是为优劣。"

贾黄中于雍熙二年知贡举,掌吏部选,陆增祥云:"潘若冲或亦所荐引",可谓言有所自,"鸳鹭行中已著名"一句,或即由此而发。而贾黄中自署"翰林学士贾黄中上",以品位而论,不得言"上",或由年齿。贾黄中卒于至道二年,卒年五十六。《沅湘耆旧集》:"若冲,楚人,事马氏,入宋知桂林事。"《宋史·世家·湖南周氏》:马殷专有湖南,在唐乾宁二年,至后周广顺初,马氏入于南唐,遂为周行逢所据。《宋史》言贾黄中以"谨厚"为太宗所知遇,所言非无由也。

另,开宝四年,宋平南汉。《宋史·贾黄中传》:"岭南平,以黄中为采访使,廉直平恕,远人便之。"《御选宋金元明四朝诗·御选宋诗》卷六十四录贾黄中《桂林还珠洞》诗:"赫赫威声振百蛮,肯携筐筥涮溪山。无人为起文渊问,端的珠还薏苡还。"当即此时所作。桂林前属马楚,后为南汉地,而潘若冲曾官于此,故二人或契知于此时也。

潘孝孙,自署"军事推官将仕郎试秘书省校书郎","将仕郎试秘书省校书郎"即其所带中朝官。军事推官为幕职,《宋史·职官志·幕职官》:"掌裨赞郡政,总理诸案文移,斟酌可否,以白于其长而罢行之。凡员数多寡,视郡小大及职务之烦简。"《留云庵金石审》案《宋郭昭符朝阳岩诗》云:"右行楷书十五行,字体圆浑,犹宋初体格。"此刻为潘孝孙书,于此亦可见一斑。

朱昂、刘鹭、洪湛、孙冕、李防
《送新知永州陈秘丞瞻赴任》诗刻

释文

送新知永州陈秘丞瞻赴任

翰林學士知制誥判史館事朱昂

赴郡逢秋節,晨征思爽然。過橋猶見月,臨水忽聞蟬。野色藏溪樹,香風撼渚蓮。此行君得意,千里獨搖鞭。

尚書比部外員郎直史館洪湛

零陵古郡枕湘川,太守南歸得意年。茶味欲過衡嶽寺,橘香先上洞庭舡。錦衣照耀維菜地,石燕翩飛欲雨天。若到浯溪滇礒棹,次山遺頌想依然。

秘書丞直集賢院劉騭

秋風清緊雁初飛,半醉搖鞭出帝畿。名郡又分紅斾去,故鄉重見錦衣歸。剖符雖暫宣皇澤,視草終滇直紫薇。從此南軒多倚望,好詩芳信莫教稀。

開封府推官秘書丞直史館孫冕

桂林南面近征黃,又愛江鄉出帝鄉。新命不辭提郡印,舊山重喜過衡陽。樓臺滿眼瀟湘色,道路迎風橘柚香。知有太平經濟術,政閑時節好飛章。

秘書丞李防

昔年同醉杏園春,別後花枝幾番新。彼此宦遊踈翰墨,等閒交面喜絲綸。榮親未必滇萊子,晝錦何當只買臣。布政莫为三載計,清朝臺閣整搜人。

考证

此刻在下洞左崖,71×102公分,二十三行,楷书。

《金石萃编》:"按陈瞻史无传,其知永州也,作诗送之者五人。其中刘騭、孙冕二人见《宋诗纪事》,余无考。《纪事》云:刘騭,官工部员外郎直集贤院,有诗,见《西崑酬唱集》。孙冕,字伯纯,新淦人,雍熙进士,天禧中尚书礼部郎中直史馆,出守苏州。此石刻不题年月,据孙冕守苏州在天禧中,则其官推官当在天禧以前。因总附于大中祥符之末。"

《留云庵金石审》:"右正书二十三行,不著年月。"

《潜研堂金石文字目录》:"正书,在永州府。"

道光《永州府志·金石略》:"王煦等《省志》云:'案陈秘丞即前题诗之陈瞻,朱昂、洪湛并详《宋史·文苑传》,李防史亦有传。'"

《宋史·文苑一》:朱昂,字举之,梁祖篡唐,父葆光挈家南渡,寓潭州。乐衡山之胜,遂往家焉。朱昂北游江、淮。谒韩令坤陈治乱方略,署权知扬州扬子县,以功表授本县令。宋初,为衡州录事参军,历宜城令。开宝中,拜太子洗马、知蓬州,徙广安军。以擒李仙众迁殿中丞、知泗州。平戍卒谋乱,就迁监察御史、江南转运副使。太平兴国二年,知鄂州,加殿中侍御史,为峡路转运副使,就改库部员外郎,迁转运使。端拱二年,以本官直秘阁,赐金紫。久之,出知复州,迁水部郎中,复请老,召还,再直秘阁,寻兼越王府记室参军。真宗即位,迁秩司封郎中,俄知制诰,判史馆,受诏编次三馆秘阁书籍,既毕,加吏部。咸平二年,召入翰林为学士。有集三十卷。

《宋史·文苑三》洪湛,字惟清,升州上元人。举进士,有声。雍熙二年,廷试已落,复试,擢置高等,解褐归德军节度推官。召还,授右拾遗、直史馆。端拱初,通判寿、许二州。归宋,与左正言尹黄裳、冯拯、右正言王世则、宋沆伏阁请立许王元僖为储贰,词意狂率,太宗怒。湛坐削职,出知容州,容之戍卒谋窃发者,湛侦知,亟斩之。再迁比部员外郎,知郴、舒二州。咸平二年召还,命试舍人院,复直史馆。是秋,命与阁门祗候韩绍辉使荆湖按视民事,条奏利病甚众。有集十卷。

《宋史·李防传》:李防,字智周,大名内黄人。举进士,为莫州军事推官。随曹彬入契丹,授忠武军节度推官。括磁、相二州逃户田,增租赋十余万。因请均定田税,又请县有破逃五十户者令佐降下考,百户殿三选,二百户停所居官,能招携者旌赏之。改秘书省著作佐郎、通判潞州,迁秘书丞。

《宋诗纪事小传补正》:"刘骘,湘乡人,雍熙二年进士。官潭州教授,秘书丞直集贤院。"

《续资治通鉴长编》卷六十九:大中祥符元年八月,"工部员外郎直集贤院刘骘监涟水军商税"。

道光《永州府志·职官表》:刘骘于大中祥符二年知道州。

《湘山野录》:"孙集贤冕,天禧中直馆几三十年,江南端方之士也。节概清直,晚守姑苏,甫及引年,大写一诗于壁。诗云:'人生七十鬼为邻,已觉风光属别人。莫待朝廷差致仕,早谋泉石养闲身。去年河北曾逢李,今日淮西又见陈。寄语姑苏孙刺史,也须抖擞老精神。'题毕拂衣归九华,以清节高操羞百执事之颜,朝廷嘉之,许再任,诏下已归,竟召不起。王冀公钦若,里闬交素也。冀公天禧中罢相,以宫保出镇余杭,舣舟苏台,欢好款密,醉谓孙曰:'老兄淹迟日久,且宽衷,当别致拜闻。'公正色曰:'二十年出处中书,一素交潦倒江湖,不预一化笔,追事权属他,出庙堂数千里为方面,始以此语见说,得为信乎?'冀公愧谢,解舟遂行。"

《姑苏志》卷三十八《宦迹》:"孙冕,字伯纯,新淦人,咸平中为两浙转运使,天禧中以大中大夫行尚书礼部侍郎直史馆上柱国赐紫金鱼袋知苏州。治狱不滥,断讼如神,弛张在已,无所吐茹,吏畏而民爱之。尝病痈,州人争为诣佛寺祈福,复立生祠于万寿寺。甫及引年,大书一诗于厅壁,拂衣归九华山,朝廷高其风,许再任,召之不起。"

《明一统志》卷五十五《临江府·人物》:"孙冕,新淦人,雍熙间举进士,后守苏州,甫及引年,大书一诗于壁,有曰'莫待朝廷差致仕,早谋泉石养闲身。'题毕拂衣归九华山,再召竟不起。"

雍正《浙江通志》卷一百四十六《名宦》："孙冕，嘉靖《浙江通志》：字伯纯，新淦人，雍熙进士，咸平中为两浙转运使，治狱不滥，断讼如神，弛张在已，无所吐茹，吏畏而民爱之。"

雍正《江西通志》卷七十三《人物·临江府》："孙冕，新淦人，雍熙进士，天禧末守苏州。王钦若出镇余杭，素与冕友，檥舟吴门，佯醉谓冕曰：'兄淹迟日久，当别置委曲。'冕正色拒之，钦若愧谢，后谢郡归九华山，召竟不起。"

《江南通志》卷一百九十六《杂类志·纪闻》："孙冕于天禧间知苏州府，甫及暮即大书厅曰：'人生七十鬼为邻，已觉风光属别人。莫待朝廷差致仕，早谋泉石养闲身。去年河北曾逢李，今日西河又见陈。寄语姑苏孙太守，也须抖擞老精神。'乃拂衣去，隐池之九华山。"

《江南通志》卷一百十三《职官志·名宦·苏州府》："孙冕，字伯纯，新淦人。天禧中知苏州，治狱不滥，断讼如神，吏畏而民爱之。尝病痌，州人争诣佛寺为冕祈福。"

《清一统志》卷二百十五《浙江省·名宦》："孙冕，新淦人，咸平中为两浙转运使，治狱不滥，断讼如神，吏畏而民爱之。"

《续资治通鉴长编》卷七十六：大中祥符四年六月，"诏奖淮南江浙荆湖制置发运使李溥、两浙转运使陈尧佐、荆湖南路转运使孙冕、知温州胡则、知郴州袁延庆、知濠州定远县王仲微，以规画供修玉清昭应宫材木无阙故也"。

《续资治通鉴长编》卷八十四：大中祥符七年九月，"度支副使刑部员外郎直史馆孙冕，坐前接伴契丹使被酒不谨，丙午责知寿州"。

朝阳岩送行诗有两刻，此为其二，潘若冲经其始，陈瞻营其后，未为常见。

陈瞻《题朝阳岩》诗刻

释文

题朝陽巖

秘書丞知州事陈瞻

巖面郡樓前，巖崖瀑布懸。曉光分海日，碧影轉江天。向暖盤棲鶴，迎寒蔟釣舡。次山題紀處，千古與人傳。

考证

此刻在下洞左崖，42×64公分，六行，楷书。

《湖南通志》："咸平三年,秘书丞陈瞻题,文见零陵县《宗志》。"

《留云庵金石审》："右正书六行,不著年月,《零陵补志》作咸平三年,据官表也。"

《八琼室金石补正》："《永志》所载脱'知州事'三字。陈瞻,湘阴人,雍熙二年梁灏榜进士,官至大理寺丞。见《通志·选举》。"

《湖南通志·选举志》:雍熙二年梁灏榜湖南进士共五人:陈瞻、刘骘、唐准、周仪、陶弼,故陈瞻与刘骘为同年。

光绪《湘阴县图志·人物传》："陈瞻,雍熙中进士,官秘书丞。咸平间知永州,湘乡刘骘赠诗云:'秋风清景雁初飞,半醉摇鞭出帝畿。名郡又分红旆去,故乡重见锦衣归。剖符虽暂宣皇泽,视草终须直紫薇。从此南轩多倚望,好诗芳信莫教稀。'瞻在永州有朝阳岩诗云:'岩面郡楼前,岩端瀑布悬。晓光分海日,碧影转江天。向暖栖盘鹤,迎寒蔌钓船。次山题纪处,千古与人传。'刻之,岩石至今由此存。"传中所引与摩崖有异文,刘骘诗,"秋风清紧"作"秋风清景",陈瞻诗,"岩崖"作"岩端","盘栖鹤"作"栖盘鹤",当为传抄之误。据道光《永州府志·职官表》,陈瞻于景德元年改知道州。

陈瞻《宣抚记并序》

释文

宣撫記並序

聖上以萬寓清夷,九有豐稔。明德率踰於古道;至仁允被於群生。爰命近臣特行巡撫,勗官守奉詔條以臨涖勤恪,諭耆老教子孫以忠孝農桑。仍示優恩並加宴設,零陵古郡,湘水通州,有齒危發秀之徒凡四百人,相與歌詠進而稱曰:"我後恤養衰老,化洽黔黎,雖代歷羲軒,理稱堯舜,未有念及遐僻,惠加疲羸,存問之旨若今日之盛也。思欲明示子孫,刻之琬琰,俾永遵德教。垂聖朝無疆之休,豈不同快餘年哉!"瞻任忝親民,敢不從眾,乃於郡之西偏,岩曰朝陽,直紀皇猷,就刊貞石。

侍禁閤門祗候權管轄三司大將軍將荊湖南北路同巡撫郭咸。朝奉大夫尚書司封郎中權勾當三班院兼同權判刑部荊湖南北路巡撫上。

考证

此刻在下洞左崖,77×70公分,十四行,楷书,有边框,如碑制,二十八行,有石痕两道,十二行"朝阳直纪",十四行"抚郭咸",十五行"上"八字皆损,据《八琼室金石补正》补。左十三行,为元人姚绂刻"冯夷宫"题榜所磨,行二十一字,同《宣抚记》每行字数等,与其一体无疑,前人未尝著录。然逐痕穷究,虽只字不可得,殊为遗恨耳!

《留云庵金石审》:"右行书十五行,当日盖有十六行,后佚一行耳,寄刻朝阳岩壁,先零陵始搽得之。"

道光《永州府志·金石略》:"王煦等《省志》云:'案零陵县《宗志》云:咸平初年记,石刻见存。'"

《八琼室金石补正》:"《永志》三司上脱'辖'字,又'发秀'作'发秃',似不误,而石刻实作'秀',意'齿危'为老者,'发秀'为少者也。末两行'巡抚'俱作'巡检',案《大智禅师碑阴吕文仲题名》,结衔称巡抚使。又,绍兴二年九月甲子,直辉猷阁郑伟,为陕西巡抚使,见《玉海》。是宋固有巡抚之称,特不常置耳。此刻不带'使'字,当亦同之。同巡抚者,副使也。宗氏疑宋无巡抚辄改为巡检误矣。"

宋代职官主慰抚者,有宣抚使、宣谕使、抚谕使,皆不常置。《宋史·职官志》:"宣抚使,掌宣布威灵、抚绥边境及统护将帅、督视军旅之事,以二府大臣充。"陈瞻云:"爰命近臣特行巡抚"。《宋史·职官志》:"东上阁门、西上阁门使各三人,副使各二人,宣赞舍人十人,旧名通事阁人,政和中改。祗候十有二人,掌朝会宴幸、供奉赞相礼仪之事。"又据《朝野类要·宣抚都督》:"侍从以上称宣抚,即平时安抚之义也,执政以上则称都督。"陈瞻以"宣抚"为题,即此义。所云郭咸者,无考。

唐功茂《游朝阳岩记》

释文

朝阳巖近在郊邑,無車馬之喧,而有泉石之勝。建炎疆圉恊洽六月有五日,唐茂功、宋景晉同為避暑之遊。是日也,雨餘風快,煙靜霞鮮,爽氣盈衿,歊渻遁去,閑揮五弦。時寄一枰,神清骨寒,若與浮丘、赤松接於瀛州、方丈。欣勝踐之,同適噓塵,纓之自縛,飛觴翠白,頹然就醉,暮色四合,乘槎而歸。

考证

此刻在逍遥径旁,30×50公分,四行,楷书,残毁,前半被明人顾璘刻石磨去。

《方舆汇编·山川典》:"明唐功茂《游朝阳岩记》:朝阳岩近在郊邑,无车马之喧,而有泉石之胜。建火疆圉协洽六月有五日,唐功茂、宋景晋同为避暑之游。是日也,雨余风快,烟静霞鲜,爽气盈衿,歊溽遁去。闲挥五弦,时寄一枰,神清骨寒,若与浮丘、赤松接于瀛洲、方丈,欣胜践之,同适嚣尘。缨之自缚,飞觞举酒,颓然就醉。暮色四合,乘槎而归。"

二处略有异文,俱列于此。

"建炎疆圉恊洽"者,建炎元年。唐功茂、宋景晋皆以字,唐功茂者无考,《方舆汇编》以其为明时人,误也。宋景晋即宋映,时谪居永州。

《茹古略集·暑》:唐功茂云:"多游朝邑,挥五弦,寄一枰,深谢尘雾之来憧!"此化用其句者。

《建炎以来系年要录》卷四十八:绍兴元年冬十月甲子朔,"责授单州团练副使,宋映复朝请大夫。映,庠曾孙,庠安陆人,皇祐中宰相"。

《靖康要录》卷七:绍兴元年冬十月"九日,宋映责授单州团练副使,永州安置。以左正言程瑀言其构造语言,悖理伤义,讹误盛朝,所害不鲜故也。"

《文忠集·徽猷阁待制宋公映墓志铭》卷三十一:"公讳映,字景晋,姓宋氏。其先北州大族,后徙开封府祥符县。至公之曾祖郑国元宪公庠,以道德文章历践枢宰,赐第咸宁坊,官至司空,薨,赠太师中书令兼尚书令,曾祖妣鲁国太夫人胡氏。祖均,国朝散郎致仕,累赠金紫光禄大夫,祖妣大宁郡夫人陈氏。父寀年,朝请大夫致仕,累赠银青光禄大夫,妣同安郡夫人张氏,安康郡夫人吕氏。公弱冠,补太学生,尝升舍,会父致仕,当补官,公友爱其弟,推与之。政和四年,别以门荫为将仕郎,调孟州刑掾,改河北籴便司干当公事,选充大晟府修制大乐管干文字。以生母令人崔氏心丧去官,服除,用前籴便赏,改宣教郎,为河北转运司干当公事,提举洛口交装催促纲运,擢尚书司门员外郎,出为蔡河拨发。宣和元年冬,徽宗召对称旨,命知宿州。明年,方腊起,连陷郡县数十,羽檄调重兵击之,所过骚然,宿为往来要冲,凡军需独前期告办,民以不扰,久之以治郡最一路,除直秘阁。四年夏,童贯退师白沟,公适入觐,帝命乘驿按之,尽得其状。未几,以将作少监召赐绯衣银鱼数条,积弊多所裁革,遂长监事,赐服金紫。六年正月,迁殿中少监,入谢,帝谕以裁冗滥、柅侵渔,公悉意奉行,一时号为称职。靖康改元,干离不深入,道君将幸南,朝廷议守襄、邓,中外汹汹,士大夫潜怀向背。钦宗雅才公,擢徽猷阁待制,添差江、淮、荆、浙等路制置发运使,实欲调护道君行宫也。人谓公且辞行,公曰:'此非臣子效力时耶?'以正月三日受命,而是夕龙德之驾仓皇出通津门,公捐家赀募兵民击河凌通御舟,遂从道君踰淮渡江。是月十五日次京口。时敌已破京城,道君命所在州止东南遁角,又上供纲运,毋令敌得。又高俅才领禁卫三千留控淮津,惟童贯将胜捷兵三千,实从会二浙勤王兵三千人过镇江。道君命留之,叠三事而疑似之言寝闻,于是有上书天子乞斩童贯等六人者。二十八日,诏聂山为发运使代公,密图之而与公在京差遣。山行有日,尚书右丞李纲言于帝曰:'斥贯等一诏书足矣,投鼠不可不忌器。'帝曰:'朕意亦然!'罢山不遣,而公二月未至阙。帝召对,首问道君安否,公敷奏详明,帝喜曰:'流俗纷纷,朕皆不信也!'明日复召至延和殿,授使指令,奉书行宫。公顿首曰:'臣备数从官蒙任使,敢辞难乎!顾愚赣不能道两宫之情,死无以塞责。'帝曰:'朕自道君在外,我食不安,彼小人何知!动辄猜间,不可不虑。卿顷尝将命至坊,又久在禁省,吾父子知卿故旧,卿一行往矣,道此诚意,用释朕忧。'公知不可辞,即奏云:'陛下仁孝,天下所共知,况臣亲闻玉音,敢不竭力。'帝曰:'朝廷昨命童贯留守京师,贯辄不告而去,名为扈从,实遁耳。议者屡请诛之,朕以其在道君左右,弟贬池州,卿为我奏遣,毋令举朝尚以为言也。'公曰:'谨奉诏!'乃三月四日再除公发运使,填高卫阙。暨明日,入辞,帝曰:'更有一事,尼堪再犯泽、潞,朕以道君未归,屈已恳和,须其退师,即遣奉迎使诣行宫,问归期,不然游骑脱复渡河,岂不惊动君父。'公曰:'圣虑及此,可与天通,非群臣所能及也。'帝目宦者,取书起立授公,公退即疾驰,不三日至符离,俄报云:'道君入虹境矣。'公率官吏迎拜河上,道君召公登善济舟,公进书备道上意,道君蹙然曰:'此因流言致朝廷相形迹,监司州县观望风指,往往忘分慢职。'因条举数十事,每及一事,即泣下云云。公曰:'方都城昼闭,中外隔绝,虽御前号令,州县或不奉承,非独行宫也。守令之罪,盖不容诛,朝廷何预焉。'道君意乃解,公即奏:'臣出京师时,闻童贯贬池州,今犹未行,何也?'道君曰:'胜捷兵隶贯,未知所付。'公以便宜奏云:'若付宇文粹中,而以范讷为副,宜可。'道君曰:'善。'召二人使交兵,明日道君语公:'童贯得胜捷军,情骤罢之,且生变,奈何?'公曰:'贯平日败坏军政,西北之人怨入骨髓,今斥去,乃所以安众,生变之语,殆贯自解耳。'道君趣贯行,一日道君复语公:'内禅自出我意,虽皇后亦不与知,况群臣皆欲保家族,敢与此耶?我才出门,奸人便欲贪功离间,是无天也。'再及递角等三事,泫然曰:'我为国家过计耳,得毋以此致疑乎?'公曰:'臣造朝才数月,无日不召见,主上诚孝,由衷思慕,形于言色,虽百小人进间,言决不能入。若廷臣,则陛下何恤。'道君曰:'帝知我急归否?'公曰:'主上正以黏罕在泽、潞,故愿陛下少留京口,以待奉迎使与仪物偕来。臣固疑回銮太遽,而未敢启也。'道君曰:'两日待说偶未暇,只为无裹粮住得耳。'公惊曰:'臣虽被召去,自有淮、浙两路漕臣及发运使,副在杨润,顾不能应办耶?'道君曰:'有一文字待付卿。'令左右取匣中文书来,公跪读之,乃尚书省付知宿州林篪札子也。初州有御前竹石钱十万缗,道君过州时亲笔付篪取其半,篪才输二十之一,而以其事上尚书省,尚书符宿州其以钱上京,毋擅用,后题正月十三日,'日'下独执政官一人签书。公读毕,奏曰:'陛下在位,凡御扎宝批,及三省批旨,若画可画,闻有不作奉圣旨付外者否?'道君曰:'无之。'公指堂帖曰:'此既无圣旨二字,又未尝遍书宰执,非朝廷意甚明,殆围城中小吏作常程行遣,而当笔者不察尔,臣非敢游说以宽圣虑也!'道君视之,欣然曰:'卿言是,我未思此。'公随事解释,大率类此。行宫次南京,公以帝命请先入奏道君,乃以书授公,且赐手诏一通,大略谓嗣圣遣宋某赍书至,遂得通父子之情,话言委曲,坦然明白。由是两宫无纤毫忧疑,至以公比张仲孝友。公再拜,跪受讫夜以小舟驰去,比至虹桥,宣召者踵来。公奔至崇政殿门,谒者云:'上留宰执待君,已有旨免朝见,止常起居可也。'公及阶,帝已起立,连问道君遄归意。公不敢隐'裹粮'语,继以堂帖进呈,且具道所以解释道君者。帝悦曰:'卿应对甚善,当议褒赏。'公曰:'臣将命无功,免责为幸,赏非敢冀也。'还部未几,臣僚劾公奏宿州事为胁持离间,而大臣独书札子者从中助之。诏落职与在外宫祠,言者不已,七月再贬单州团练副使,永州安置。绍兴元年,复朝请大夫,次年始得提举亳州明道宫,凡历八任,改提举江州太平兴国宫,积官右朝议大夫。二十七年,光尧寿圣太上皇帝眷怀旧事,命取徽宗所赐手诏以入,亲为制题记数百言,宣示百僚,袭藏敷文阁。又下诏暴公之忠,还其旧职,岁赐药石,眷待甚厚。惜公已老,无意于仕矣。后四年,遂纳禄转右中奉大夫。是岁六月二十日,终于正寝。实绍兴三十一年,享年七十有六。讣闻,赠右通奉大夫,赙黄金百两,录其孙三人。制词有'学知守其家,材实裕于用,被遇徽庙,竭识靖康,谟训具存,忠勤可验'之语。然则公蕴蓄,虽不尽施于世,亦可无憾矣!公事亲孝,接物诚,出于天性,非勉强而然。幼笃志问学,稍长多识名士,其闻见议论,皆有根柢。晚筑室章江上,益以文史翰墨自娱。故士大夫乐从之游,坐客常满。公待之无戚疎夷险,一与竭尽,虽遇横逆不校也。先娶李氏,再娶张氏,皆追封令人。二男,子竒右从事郎,早卒、仲甫孝谨儒雅,今右承务郎,充江南西路提举常平茶盐司干办公事。二女,适进士吕溥之,右从事郎李耆硕。孙男三人,文饶、文翁、文成,女适右修职郎刘泌,乡贡进士魏好信,余尚幼。曾孙曾老、岩老,女一人。仲甫以是年九月二十七日,葬公于洪州新建县梽花乡西山麓珠陵陂冈之原,使来求铭,惟我先夫人宋之自出,某为儿童已识公,每闻其道靖康间事,皆可书而诵也。其后入史院为编修官,以诸家所上太史书参考公言,无不合者,故于论次特详焉。夫其大节详矣,他固不嫌于略也。铭曰:泰宁之世,士趋宠荣。一蹈时艰,则谋其身。其身是谋,国于何恤。君臣父子,秦越肥瘠。有美宋公,相门之英。骞翔禁密,曰惟才臣。平居泹官,称职而已。逢辰之虞,惟上楚使。靖康发发,外狷内讧。不爱其躬,调护弥缝。我惟忠臣,尔覆丑正。众言淆乱,盍折诸圣。圣有一言,万世不疑。巍巍三朝,先后同辞。祐陵纪之,钦庙倚之。明明绍兴,又增美之。孰不忠孝,孰晦而显。天亦耆之,式燕尔晚。保有令名,言归兹藏。载纪邈绵,毋或怀伤。"

《庄简集》卷八:"论宋晓札子:臣等伏见新除发运副使,宋晓憸佞庸狡,专事反覆,畚缔交于王黼,复联姻于蔡攸。叨窃宠荣,积有过恶。朝廷近者再除晓发运使,臣等谓陛下阔略往愆,责以后效,未敢论列。今乃闻晓包藏祸心,覆出为恶,撰造不根之语,胁持上下,欲以离间陛下父子之爱。物论恟恟,莫不疑骇。伏望陛下断自渊衷,早赐窜逐,以厌公论,取进止。"

《横塘集》卷七:"宋晓责授单州团练副使永州安置制:朕昭示好恶,大判淑慝,悉屏奸巧,投畀遐荒。不独少清于仕籍,庶几大正于邦刑。尔以浮薄之资,席世家之旧。粤从卑冗,依凭亲党,出守节藩,入贰禁省,华除要职,谈笑得之。比缘奏禀,称造语言,敢为面谩,且陈己力,徇私背公,嗟尔何至于此。以无为有闻者,为之愤然,向览弹章,姑从薄责,而公论未允,言者弗置,其以散秩斥之荆蛮,服我宽矜,毋忘循省。可。"

《北山集》卷二十二:"责授单州团练副使宋晓叙朝请大夫:朕比以月正元日,涣发大号绍休之志,用以纪年,以敷泽于天下。凡丽于刑书,无以远迩,一皆去累涤垢,与之更新。尔顷以罪累,公义弗容,屏之远方,庶其循省,兹缘肆眚,复尔故官,尚务恪恭,以答恩宥。可。"

《北山集》卷三十九:"缴宋晓词头奏状:准中书门下省刑房送到,宋晓复旧官宫观差遣词头,令臣命词行下者。右臣谨按:宋晓天资憸壬,惟利是嗜,出守州郡,以至备官寺监。见内外贵幸利权所在者,无不以谄交货,取得其利而后已。至艰难之初,亟除待制,出使六路,忠劳蔑闻,罪戾昭著,昨言者论之详矣。夫赦令之有叙复者,常法也。其予夺则当揆之以天下之至理,士夫之公议而行之。今晓自散官用赦复旧官,其为湛恩亦已足矣。乃并以宫观差遣与之,则他日复有赦恩,将寖复待制之职矣。如待制者,非宋晓等辈之所得为者。乃可以赦宥驯致,而牵复之乎？如此则凡能趋利夺便，由径媚宠以取美官高位者，皆为得计。而视英才恬默沉逸之士，为无能矣。然则奔竞安得息，而风俗安得厚乎？此臣之所以不得不先事而论者也。伏望圣慈特降指挥，其宋映依赦复官外，宫观差遣乞赐寝罢。"

《梁谿集》卷一百十四："与宋景晋待制书：某顿首拜，启宫使待制执事。南都之别，首尾六年，无从通问，良积向仰。使至伏被翰墨，副以长牋，辞义粲然，所以慰藉良渥，感服何已！窃审履兹新春，台候多福，为慰区区，无似当靖康初，荷渊圣特达之知，审观夷狄凭陵中国之难未已，愿効微力。盖恐桑梓翦为龙荒，正犹救焚得受苴赖，岂敢言焦头烂额之功耶？异意者沮之，动失机会，谗间百端，竟以罪逐。其后都城失守，銮舆远狩，每一念之，未尝不痛心而泣血也。建炎龙飞，首被抡选，疏拙寡助，自度终不足以副委任责成之意，亟丐罢归，而啧有烦言，殊骇闻听。仰赖睿明有以察其无他，姑从远斥海峤，踰年濒死屡矣。既蒙恩宥，许以生还，又荷湔洗，尽复旧秩。永惟天地之德，何以论报。然连年奔走，缭络万里，深冒瘴氛，疲病有不可胜言者。近自江东携家以居闽境，跧伏深僻，庶几少安。而还邑群盗蜂起，殊未奠居，迫不得已，又须遽适。茫然未知税驾之所，忧患之余，何以堪之。承来诲，乃知从者，亦因寇攘屡更迁徙。嗟乎！每读前史，当乱离之际，抚卷而永叹者，不谓身见之也。垂示龙德，亲笔石刻，伏读流涕。方议奉迎，盖有难其行者，所以力请而不顾，正欲解纷释疑，两宫安则天下安矣！幸如所愿，而谗夫因以媒蘖，且为进身之资。所以不能少安于朝者，盖造端于此。迨突骑临城，渊圣感悟，知所疑之。不然始出耿、聂而罢唐恪，然亦已晚矣！拳拳孤忠，天实临之，此盖执事之所亲见闻者。故敢因诲谕辄及，皇恐皇恐！建昌方扰，虽村落间恐非可安之地。承欲趣漳、泉间，甚善！亦谋此行第，道阻未果，姑少迟之耳！无官守者，何往不可，而任责者不然。近世以一概处之可乎？未缘承晤，临书增怀，千万良食，自重门中，均庆闻太冲，寓止相近，因见烦。道意迨冗，上状不宣。"

《梁谿集》卷一百六十一："道君太上皇帝赐宋映御书跋尾：宣和内禅，灿然明白，与尧舜比德，视唐三宗为不足道。靖康之初，金人来侵，道君南幸淮浙，渊圣固守京师。两宫间隔，阴有小人交斗其间，所以敌退，二圣重欢，略无疑阻者，实赖不二心之臣调护之力也。至靖康末，在廷之臣多罢去，以唐恪、聂山、耿南仲父子用事，专以离间为进身固宠之资，偃然自谓外敌之不足虑，迨敌骑再至，道君不得行，入居禁中。渊圣始感悟，罢唐恪相，出聂山、耿氏父子。奉使割地，稍召还旧人，然亦已晚矣。都城既破，翠华北狩。天下臣子所同愤慨，咸谓敌强我弱之所致，殊不知祸变之兴，以小人离间为基胎也。夫处人父子之间，号为至难，况当国家艰阨之际，宗社生灵安危休戚之所系哉！其后唐恪仰药而死，聂山为绛人所诛，耿氏父子全家陷没，相继殂阋，天之报施岂不昭然！方靖康丙午春，臣备位枢廷，被旨奉迎道君于南都。时徽猷阁待制淮南江浙荆湖制置发运使宋焕，适自淮甸召还入对。又奉渊圣御书如行宫，邂逅相见甚款。听其言，盖惓惓有意于两宫者。及绍兴丙辰夏，臣承乏江西帅事，复与焕会于豫章。焕出示道君御书，所以褒奖之者甚厚。翰墨如新，伏读相与流涕。乃知前日之言，信不诬也。追思往事十有余年，如一梦间。銮舆滞于沙漠而未还，中原困于蛇豕而未复，痛心疾首，不如无生。今天启上心，念父兄之辱，亲御戎辂以临大敌，将士奋勇，尽歼丑类，灵旗所指，将恢复境土，迎两宫以还故都，有问安侍膳之期乎？杜甫有言：'周宣中兴，望我皇洒血江汉长衰疾。'此微臣今日之志也。绍兴六年十二月十四日，具位臣李纲拜手稽首谨书。"

《文忠集》卷九十四："右中奉大夫徽猷阁待制赐紫金鱼袋致仕宋焕上遗表特赠四官：勅：昔在庆历、皇祐间，人才为盛。时惟丞相庠总领众职，以协赞上治。朕缅怀名德，而恨不及见也。阅从臣之籍，得其曾孙焉。流风善政，庶或有考，今其亡矣，宁不慨然！具官某：学知守其家，材实裕于用。被遇徽祖，竭诚靖康。谟训具存，忠勤可验。会予初政，揽尔遗章，兹用兴乔木之思，而贲以增秩貤恩之宠，营魂未泯，尚知享哉！可。"

《毘陵集》卷十："跋宋景晋金刚经偈：无量河沙身，须弥七宝聚。布施获福德，不若信此经。或书写受持，所获更殊胜。具茨老居士，种无上善根。游戏笔砚间，成此大缘事。今我得瞻睹，欢喜同赞叹。"

《文忠集》卷四十八："题宋景晋焕手书佛经：待制宋公手书金刚经，端谨有法度，始末一体如摹印然，敬之至也。王荆公学王蒙书，多为横风疾雨之势，每作帖，初尚矜持，后必坦率。惟写佛经专用楷法，亦是理。与公以绍兴己未五月书，此其曾孙曾老以庆元己未五月示周某，甲子适一周矣！"

（原载 2014 年第 3 期，作者单位：西南民族大学）

永州朝阳岩石刻考（宋二）

✽ 汤 军

柳拱辰等题刻

释文

尚書職方員外郎知永州柳拱辰、禮賓副使湖南同提點刑獄李用和、尚書比部員外郎通判永州尹瞻,至和二年乙未九月四日遊此朝陽巖。

考证

此刻在下洞洞口右壁,50×80公分,八行,楷书。

《金石萃编》:"正书八行。"

至和二年即公元1055年。

《方舆胜览·常德府》:"柳拱辰,其先青州人,五季避地荆楚,为武陵之青陵人。年六十即有挂冠之志,创亭于青陵馆,名桥曰'归老',南丰曾巩为之记。"

《明一统志·常德府·流寓》:"柳拱辰,青州人,五季时避地荆楚,遂为武陵人,精《易》《春秋》。宋举进士,通判鄂、岳州,有惠爱,后致政归武陵。有归老桥,曾巩作记。弟应辰、子平猷等,皆相继擢第,人号'武陵五柳'。"

《清一统志·常德府·人物》:"柳拱辰,其先青州人,避地荆楚,为武陵人。年六十即有挂冠之志,创亭于青陵馆,名桥曰'归老',曾巩为之记。"

《清一统志·常德府·古迹》:"柳拱辰宅,在武陵县西三里,即所谓青陵也。"

雍正《湖广通志·津梁·常德府》:"拱辰桥,在府治西北,即归老桥,宋柳拱辰建,曾巩记。"

《氏族大全·柳·归老桥》:"柳拱辰,宋天圣中试《珠藏渊赋》,王拱辰榜登第,至和中知永州,年六十即有挂冠之志,创一桥曰归老桥,南丰作记,弟应辰,宝元中登甲科。"

《万姓统谱》:"柳拱辰,天圣中试《珠藏渊赋》,王拱辰榜登第,至和中知永州,年六十即有挂冠之志,创一桥曰'归老桥',南丰作记。弟应辰,登甲科。"

《山堂肆考·归去桥》:"宋柳拱辰天圣中试《珠藏渊赋》,王拱辰榜登第,至和中知永州,即有挂冠之志,创一桥曰'归老',曾南丰作记。"

雍正《湖广通志·艺文志·记》曾巩《归老桥记》:"武陵柳侯图其青陵之居,属余叙,而以书曰:'武陵之西北有湖属于阳山者,白马湖也。阳山之西南有田,属于湖上者,吾之先人青陵之田也。吾筑庐于是,而将老焉。青陵之西二百步,有泉出于两崖之间,而东注于湖者,曰采菱之涧,吾为桥于上,而为屋以覆之,武陵之往来有事于吾庐者,与吾异日得老而归,皆出于此也,故题之曰"归老之桥"。维吾先人遗吾此土者,宅有桑麻,田有秔稌,而渚有蒲莲,弋于高而追凫雁之下上,缗于深而逐鱣鲔之潜泳,吾所以衣食其力而无愧于心也。息有乔木之繁阴,藉有丰草之幽香。登山而凌云,览天地之奇变,弄泉而乘月,谢氛埃之溷浊。此吾所以处其怠倦而乐于自遂也。吾少而安焉,及壮而从事于四方,累乎万物之自外至者,未尝不思休于此也。今又获位于朝,而荣于宠禄,以为观游于此,而吾亦将老矣,得无志于归哉!'又曰:'世之老于官者,或不乐于归,幸而有乐之者,或无以为归。今吾有是以成吾乐也,其为我记之,使吾后之人有考以承吾志也。'余以谓:'先王之养老者备矣,士大夫之致其位者,曰不敢烦以政,盖尊之也。而士亦皆明于进退之节,无留禄之人,可谓两得之也。后世养老之具既不备,士大夫之老于位者,或摈而去之也。然士犹有冒而不知止者,可谓两失之也。今柳侯年六十,齿发未衰,方为天子致其材力以惠泽元元之时。虽欲遗章绂之荣,从湖山之乐,余知未能遂其好也。然其志于退也,如此,闻其风者,亦可以兴起矣。'乃为之记。"

《万姓统谱》"柳应辰,拱辰弟,熙宁间登进士,通判永州,尝除浯溪石怪、潭岩水怪,民甚德之。"

柳应辰通判永州在熙宁七年。康熙二十三年《零陵县志·杂记》记有"柳押字"一条,共二事。其一:"柳应辰在郡夜读书,有物引手入窗,柳援笔书字于其手而去,明日见于州治后古槐上,遂伐之。"其二:"虞庙前,江边多巨石,其下潭水甚深,有崖穴。或曰有水怪,人多溺死者。柳因谒庙识之,作大书押字于石上,字高三尺广二尺。信宿风雨晦冥,雷电大作,霹雳巨石而折。逾数日,有鳖鼋浮出,其后沙涨潭水浅。永人镌押字以记,今名'雷霹'。"所谓"除浯溪石怪、潭岩水怪"者,当即此。

《容斋随笔·柳应辰押字》:"予顷因见鄂州南楼土中磨崖碑,其一刻'柳'字,下一字不可识,后访得其人,名应辰,而云是唐末五代时湖北人也,既载之《四笔》中,今始究其实。柳之名是已,盖以国朝宝元元年吕溱榜登甲科,今浯溪石上有大押字,题云:'押字起于心,心之所记,人不能知,大宋熙宁七年甲寅岁刻,尚书都官员外郎武陵柳应辰,时为永州通判。'仍有诗云:'浯溪石在大江边,心记闲将此地镌。自有后人来屈指,四千六百甲寅年。'有阆中陈思者跋云:'右柳都官欲以怪取名,所至留押字盈丈,莫知其何为。押字,古人书名之草者,施于文记闲以自别识耳。今应辰镌刻广博如许,已怪矣,好事者从而为之说,谓能祛逐不祥,真大可笑。'予得此帖,乃恨前疑之非,石旁又有蒋世基《述梦记》云:'至和三年八月,知永州职方员外郎柳拱辰受代归阙,祁阳县令齐述送行,至白水,梦一儒衣冠者,曰:我元结也,今柳公游浯溪无诗而去,子盍求之? 觉而心异之,遂献一诗,柳依韵而和。'其语不工,拱辰以天圣八年王拱辰榜登科,殆应辰兄也,辄并记之。"

柳拱辰尝作《金钱寺碣》,道光《永州府志·金石略》:"在祁阳县东一百八十里河州后,宋至和三年七月十五日尚书职方员外郎知永州军州事柳拱辰书碣云:祥符九年九月九,天圣九年九月九。其时心有此时心,此时心合其时心。字甚遒逸,语颇难解。"此与柳应辰押字异曲而同工。

黄焯《朝阳岩集》著录柳应辰《默题》诗及图一幅,上刻一兔及十二消息卦,案云:"右题镌于朝阳岩峭壁间,雨淋苔蚀已就馍䴕。附刻于后,博雅君子幸鉴焉。"

《明一统志》称柳拱辰精《易》《春秋》,柳氏兄弟行事之玄异多类此,尹瞻亦有具朝服拜火止灾之事。五代凋敝,释道崛起,赵宋承平百年,始有任道者出,仍不免寄身寺观,宜有是风也。永州有何仙姑者,兴于此时,亦可见一时之人情。

柳应辰有《火星岩游记》,记其兄在永事略。道光《永州府志·金石略》:"昭昭兄至和中以职方员外郎来守零陵,宣布条诏,百废咸治。建州学,明教化之本;作土风,记民俗之事。乘暇数为火星岩之游,摩崖题咏于此为多。窃观暮春联句尤极佳思,研炼精切,传布人口。熙宁七年,应辰亦以职方通理兹郡。遍览遗迹,恻然追感。噫! 相去二十二年矣。悠悠岁时,人不可见,江山风物有异于当年。每到踌躇,久不忍去。武陵柳应辰明明记。"

所谓"建州学,明教化之本"者,雍正《湖广通志·学校志·永州府》:"永州府儒学在府治东,旧在郡城外,唐刺史韦宙因潇西红蕖亭立,后迁愚溪。宋庆历中,柳拱辰移建郡城内高山之麓。"

道光《永州府志·金石略·柳子厚祠堂记》:"子厚谪永十余年,永之山水亭榭题咏固多矣。韩退之谓衡湘以南为进士者皆以子厚为师,其经承子厚口讲指画为文词者,悉有法度可观,今建州学,成立子厚祠堂于学舍东,偏录在永所著词章漆于堂壁,俾学者朝夕见之,其无思乎! 至和三年丙申二月二日,尚书职方员外郎知永州柳拱辰记。"后案:"右刻今在华严岩侧,宋时祀子厚,盖在此。今其西仍为郡学,子厚祠则专在愚溪矣!"

柳拱辰有《永州风土记》,此即"作土风,记民俗之事"也。

另,柳拱辰在浯溪、淡岩、华严岩亦有题名:

道光《永州府志·金石略·柳拱辰浯溪题名》:"皇祐六年甲午岁正月廿一日,尚书职方员外郎知永州柳拱辰,同尚书驾部郎中分司周世南、祁阳县令齐术游此。"

《古泉山馆金石文编》:"浯溪东厓有柳拱辰等题名,正书五行,字径二寸许。《方舆胜览》云:'柳拱辰,其先青州人,五季避地荆楚,为武陵之青陵人。年六十即有挂冠之志,创亭于青陵馆,名桥曰'归老'。'案曾巩《元丰类稿》有《归老桥记》,为拱辰作也。洪迈《容斋五笔》谓拱辰以天圣八年王拱辰榜登科,殆应辰之兄。《明统志》载拱辰游判鄂、岳州,有惠爱,弟应辰、子平猷等相继擢第,人号'武陵五柳'。《容斋五笔》又载蒋世基《述梦记》云:'至和三年八月,知永州职方员外郎柳拱辰受代归阙,祁阳令齐术行至白水,梦一儒衣冠者曰:我元结也,今柳公游浯溪无诗而去,子盍求之? 觉而心异之,遂献一诗,柳依韵而和云云。'今拱辰诗未见,仅于石门西北面尚存衔名二行,其前已为后人磨去改刻,或即诗之结尾欤! 皇祐六年即至和元年,是年三月始改元,题名刻于正月,故称皇祐六年,拱辰尚有至和二年六月澹山岩题名,九月朝阳岩题名,十一月华严岩题名。又三年二月建柳子厚祠堂,俱在永所作,则八月去官之说是也。同游者有祁阳县令齐术,亦与《述梦记》合。术,平乐人,皇祐五年宰祁阳,期月建三绝堂于浯溪,孙适为之记,殆亦风雅好事,居官而知所先务者也。周世南,祁阳人,登大中祥符元年进士,曾以虞部员外郎知郴州,此题名衔云:尚书驾部郎中分司,后又有诗二首,署衔与题名同,而改分司为致仕。考分司致仕者,例得从便居住,则分司犹致仕也。时世南辞官家居,与守令同游而列衔在邑令之上,可见宋时乡宦之重。《县志》谓世南笃学有气节,以持议忤王钦若致仕,又载其遗事云:少聘董氏女,未婚丧明,登第,女父请改婚,父贻书问之,世南曰:人生配偶有定分,始全终废,天也,卒娶瞽女为妇,士论高之。则世南固亦卓然树望于搢绅中者。"

《续通志·金石略》:"浯溪题名,柳拱辰书,行书,皇祐六年,祁阳。臣等谨案《宋史》:皇祐只五年,次年四月改元至和,柳拱辰浯溪题名记:皇祐六年甲午正月二十日,尚书职方员外郎知永州柳拱辰,同尚书驾部郎中分司周世南、祁阳县令齐术同游。盖其时尚未改元也,故仍题六年。"

道光《永州府志·金石略·柳拱辰澹山岩题名》:"至和二年乙未六月十九日,尚书职方员外郎知永州军州事柳拱辰以久旱躬祷于零陵王之祠,因憩此岩,是日得雨。时殿直齐怀德、大理寺丞章询、判官李方、推官苏台文、录事参军张服、司法参军李光序、零陵县令孙思道、零陵县主簿张拯、信安进士赵扬、武陵进士魏堂从行。男新黄州司法参军平奉命题。"

柳应辰亦曾游澹岩,作《澹山岩记》。雍正《湖广通志·艺文志·记》:"零陵多胜绝之境,澹山岩为甲观。东南二门而入,广袤可容千人,窦穴嵌空,物象奇怪,有不可得而状者。中贮御书,岁度僧一人,僧惟利居处之便,而不顾蔽隐障遏之弊,连甍接楹,重基叠架,疣赘延蔓,殆将充满。道隧阴墨,非秉炬不能入。太守丁公乔处事刚严,始至,大不怿,悉撤群僧之舍,俾居岩外,惟画阁殿像得存,余一椽一木无敢留者。他日公率拱辰、大理寺丞杨杰、河阳节度推官杨巨卿同至游览,层构一空,众状在目,开筑塞为通豁,破昏暗为光明,实人情之甚快,若石田药臼之处,皆情景所及。客有言:'物理显晦,固亦系乎时耳。'熙宁七年甲寅九月十五日记。"

道光《永州府志·金石略·柳拱辰华严岩题名》:"知永州柳拱辰、通判永州尹瞻、郴州郴令郭震,至和二年十一月二十日游此。"

乾隆《四川通志·选举·成都府》:"尹瞻,天圣进士。"

《明一统志·成都府·人物》"尹瞻,温江人,以博通知名。举进士,尝通判永州,建学海士。一日城中火且风,瞻具朝服向火拜,已而风息火止。"

乾隆《四川通志·人物·成都府》:"尹瞻,温江人,以博通知名。举进士,尝通判永州,建学训士。一日城中火且风,瞻具朝服向火拜,风止火熄。"

《山堂肆考》卷八十六《建学崇儒》:"宋尹瞻,温江人,举进士,通判永州,建学崇儒,士论翕然称之。"

《万姓统谱》卷八十:"尹瞻,温江人,以博通知名,举进士,尝通判永州,建学海士。一日城中火且风,瞻具朝服向火拜,已而风息火止。"

《宛陵集》卷二十一《送尹瞻驾部监灵仙观》:"天地如转磨,屑屑今古人。一落大化手,团品惟其新。不幸积不用,衮衮同埃尘。日月行何穷,过尽千万春。人生占几许,百岁犹比晨。君求灉山潜,舍去两朱轮。愿效陶渊明,蒉纱为破巾。山前溪多鳞,山下酒甚醇。看云举大杓,杓造舒州民。李白尝爱之,死生曾与均。此志我亦有,更将媛鸟亲。"

《玉海》卷一百四十三《兵制·阵法·嘉祐八阵图》:"嘉祐四年六月四日,翰林学士胡宿看详驾部员外郎尹瞻所进裴子新令,及八阵图颇精,降诏奖谕。"

尹瞻与柳拱辰多联袂而游,有火星岩联句,即柳应辰所云"尤极佳思,研炼精切,传布人口"者。

《湖南通志》卷二百七十一《艺文志·金石》:"尚书职方员外郎知永州柳拱辰同尚书比部员外郎通判永州尹瞻暮春游火星岩联句:千里熙醇政,灵岩喜访寻。(瞻)登临云拥座,(拱辰)穿径笋成林。(瞻)乐逐天风远,(拱辰)尘随宿雾沈。(瞻)绮罗红作队,冠盖绿交阴。(瞻)下顾关河小,寒知洞壑深。(拱辰)松枯存旧节,花老见初心。(拱辰)旌棨岚光润,镈罍野气侵。(瞻)朋游敦雅契,吏隐共知音。(拱辰)□愧翁归拙,难攀子厚吟。(瞻)城楼传晚角,绮陌骑骎骎。(拱辰)"

尹瞻另有火星岩、澹山岩诗。

《湖南通志》卷二百七十一《艺文志·金石》:"尚书比部员外郎通判永州事尹瞻:郡古时和诤讼销,使君乘兴忽相招。画船载妓游岩寺,红旆摇风过野桥。就石开樽假树脚,拨云策杖上山腰。鸣驺未许归城去,远望寒林隔水□。"

《金石补正》:"右刻不著年月,当与联句同时,使君卽柳拱辰也。联句诗云:'绮罗红作队。'此云:'画船载妓。'诗酒风流,犹有香山、眉山韵致,当时未有是禁耳!"

道光《永州府志·金石略·尹瞻澹山岩诗》:"尚书驾部员外郎监零陵郡事尹瞻:炭窠元化精,崭岩大块坯。骇若盘古时,呀然巨灵擘。状怪呕风雷,势邈吞山泽。寒暑中外分,居僧甘窟宅。"

李用和,《宋史》列传有李用和者,"字审礼,章懿皇太后弟"。《景文集·李郡王行状》:李用和,字审礼。明道元年章懿皇后崩,诏王会丧京师。已葬,转礼宾副使,俄持节劳赐西平王德明,奉使有指。是岁大营宫室,王分护涂填宫城,迁正使,兼领皇城司。皇祐二年秋七月疾革,乘舆即见卧内,甲辰乃薨,上即日临吊为恸,赗赠加等以太师中书令,陇西郡王。然此时为至和二年(1055),其逝于皇祐二年(1050),故应为别一人。

张子谅等题刻

释文

張子諒中樂、陳起輔聖、麻延年仙夫、魏景晦翁、盧臧魯卿、夏鈞播之同游。嘉祐祫享後十一日。

考证

此刻在上岩,65×73 公分,六行,楷书。

《留云庵金石审》:"案右刻极肖颜书。"

《八琼室金石补正》:"右刻在朝阳岩补元厂内,《萃编》及《通志》《永志》俱作澹山岩题名,误。"

张子谅,字中乐,皇祐间任永州知州。卢臧,字鲁卿,河南人,《零志补零》记其为"潭州湘潭县主簿,权永州推官"。麻延年,字仙夫,时任永州判官。夏钧,嘉庆《零陵县志·职官》记其嘉祐四年任零陵知县。同游者陈起、魏景尚未可考。《宋史·志第六十·礼十·祫祫》记载:"嘉祐四年十月,仁宗亲诣太庙行祫享礼"。题刻当为嘉祐四年所刻。嘉祐五年二月五日,张子谅和卢臧还在朝阳岩刻有"朝阳岩""朝阳洞"榜书两通。

《续资治通鉴长编》卷五百二十:张子谅,元符三年,任礼直官。

《明一统志》卷六十四《常德府·人物》:陈起,沅江人,举进士,调宁乡令,改令秭归,又历湘乡、萍乡令,皆有政声。在秭归日,梳凿新滩,舟行以安,欧阳修铭其功于石,终永州倅。

《同姓名录》:"宋陈起,沅江人,举进士,调宁乡令,改任秭归、湘乡,皆有政声。在秭归日,疏凿新滩,舟行以安,欧阳修铭其功于石。"

《清一统志》卷二百八十《常德府·人物》:"宋陈起,沅江人,景祐进士,调宁乡令,历秭归、湘乡、萍乡等县,皆有政声。在秭归日,疏凿新滩,舟行以安,欧阳修铭其功于石。"

《东轩笔录》卷十:"潭州士人夏钧罢官过永州,谒何仙姑而问曰:'世人多言吕先生,今安在?'何笑曰:'今日在潭州兴化寺设斋。'钧专记之,到潭日首于兴化寺取斋历视之,其日果有华州回客设供顷年。滕宗亮谪守巴陵郡,有华州回道士上谒,风骨耸秀,神气清迈,滕知其异人,口占一诗赠之曰:'华州回道士,来到岳阳城。别我遊何处,秋空一剑横。'回闻之忻然大笑,而别莫知所之。"

《湖广通志》卷七十五《仙释志》："何仙姑，《明一统志》：'零陵人，幼遇异人，与桃食之，遂不饥，能逆知人祸福。'宋《类苑》云：'潭州夏钧过永州，问何曰："世多言吕先生，今安在?"何笑曰："今日在潭州兴化寺设斋。"钧到潭日取寺中斋历视之，其日有华州回客设供。'"

徐大方等题刻

释文

徐大方冲道率曹元卿舜臣、麻延年仙夫、萬孝寬公南、黃致適道、盧臧魯卿遊，臧題。嘉祐辛丑上元後二日。

考证

此刻在上岩，40×40公分，六行，楷书。

《金石萃编》："右在澹山岩，正书六行，左行。"

道光《永州府志·金石略》："王煦等省志云：'案零陵县《宗志》作朝阳岩题名，恐王昶误。"

《八琼室金石补正》："右刻亦在补元厂内，《萃编》云在淡山岩，《通志》因之，均误，《永志》'季'作'年'，'仙'作'僊'亦非。"

嘉祐辛丑，即嘉祐六年，公元1061年。

徐大方，字冲道，福建欧宁人，时以司刑丞任永州知州。

《留云庵金石审》称卢臧书法"极肖颜书"，字"鲁卿"者，此所以宗颜真卿也。张子谅、徐大方等澹山岩题名皆臧手笔。

道光《永州府志·金石略·张子谅等澹山岩题名》："知军州事张子谅率通判张德淳同游，幕中麻延年、魏景、邑令夏钧从，大理丞陶弼、校书郎章望之、选吏李纲、卢臧实预焉。嘉祐己亥四年五月二十六日己未，臧题。"

道光《永州府志·金石略·徐大方等澹山岩题名》："司刑丞权郡徐大方同上幕权倅麻延年、点阅御书警巡马公弼、零陵令夏钧从奉宸，前知怀远曹元卿、邵阳幕万孝宽、前荔浦令黄致、前湘潭簿卢臧预游，嘉祐辛丑上元后三日臧题记。"

《金石萃编》案："右刻极似平原《家庙碑》，臧可谓深于学颜者矣!"

据《宋史·艺文志》，卢臧有《楚录》五卷，《范阳家志》一卷。在永州有《三岩诗》，刻澹山岩。

道光《永州府志·金石略》："潭州湘潭县主簿权永州推官河内卢臧《永州三

岩诗》并序:永之东南,三岩相望。穿坚贯险,外峻内夷。浯潇之间,号为佳绝。火星岩,崭崭乱石,怪笋于傍,曲萦斜通,后瞰山腹。往时黄冠师宅其侧,塑火星像为人祈福,今宇坏基存,缁徒搆宇而居。朝阳岩,后阜前江,呀焉渊邃,旭日始旦,华粲先及,小亭岿然立于右岸。澹山岩,依山而上,缘穴而下,深入虚广,踰数十亩。秦始皇时,周正实之居,今为佛图。山富竹树,澹竹为多。其后斜穴,百步迤逦而出,扪萝蹬石,复有小岩。大抵永山类多岩穴,兹三者为极胜。至者赏其外,尘坌而移寒暑也。予嘉祐丁酉二年被台符承幨中乏,四月始到永。未几,遍历所谓三岩者,且酷爱澹山虚广,遂礲其岩石,揔刻三诗。偶遭台俞公按部游岩,遂持诗以丐赓属,公好奇博雅,既赏会于岩下,又从而继其声焉。其从游者题名于别石。时六月六日也。《火星岩》:岩肩瞰群阜,畴昔道宫邻。荧惑标名旧,浮屠缔构新。石寒长滴乳,地润不生尘。吾到期深入,虬龙勿噬人。《朝阳岩》:潇湘峻岸傍,岩穴号朝阳。全会江云势,先分海日光。高深惊险易,冬夏返温凉。谁肯奇尘世,探穷仙者乡。《澹山岩》:谁开仙窟宅,非与众岩俦。树响晴翻雨,岚凉夏变秋。禽灵啼复断,云怪吐还收。深羡群僧住,嗟予莫少留。"

俞希孟和之,道光《永州府志·金石略》:"范阳同年示及零陵三题,率然为答,甚愧妍唱,荆湖南路转运使尚书祠部员外郎俞希孟:《火星岩》:信美真灵宅,呀然洞府通。皇家尊盛德,南夏享阴功。庙貌邻炎帝,峰名比祝融。游人思所谓,无独爱嵌空。《朝阳岩》:旭日多横照,幽岩得粹华。次山名此地,潇水汇其涯。峭壁生云叶,危根溅浪花。终携羡门侣,晨坐瞰东霞。《澹山岩》:岩腹潜云搆,清凉十亩间。天留盘古穴,人识宝陁山。坏像烟岚湿,高僧岁月闲。圣时无道客,佳境付禅关。"

其父卢察,有浯溪诗,皆卢臧刻石。

道光《永州府志·金石略》:"太子中舍知蒙州卢察《留题浯溪》:'□后声名人始贵,真卿笔札次山文。二贤若使生同世,□□□悲不放君。'天圣辛未九年八月作,嘉祐丁酉二年□月男臧上石。《古泉山馆金石文编》:右卢察诗,正书九行,在磨厓碑之巅,峿台之左,前人未见。殿中丞卢察字隐之《留题浯溪》:'逆孽滔天乱大伦,忠邪淆杂竟何分。欲知二圣巍巍力,止在浯溪一首文。'明道元年作,嘉祐二年十二月男臧上石。右卢察再题浯溪诗,正书五行不齐,在峿台左,前人未见。《古泉山馆金石文编》:卢臧,嘉祐中为永州司理,河内人。"

《河南通志》卷四十五《选举·进士》:"卢察,河内人,多逊子,景德中第,簿、尉。"卢多逊,《宋史》有传。

《续资治通鉴长编》卷一百一:仁宗天圣元年十一月丁酉"大理寺丞知彭山县卢察,乞官襄州以扫洒坟墓,上问察家,王钦若对察父多逊,故宰相,谪死朱崖。上恻然许之。"

《宋史·卢多逊传》:卢多逊,怀州河内人。显德初,举进士,解褐秘书郎、集贤校理。太平兴国初,拜中书侍郎、平章事。四年,从平太原还,加兵部尚书。有以多逊尝遣堂吏赵白交通秦王廷美事闻,太宗怒,下诏数其不忠之罪,责授守兵部尚书。明日,以多逊属吏,狱具,诏曰:"其卢多逊在身官爵及三代封赠、妻子官封,并用削夺追毁。一家亲属,并配流崖州,所在驰驿发遣,纵经大赦,不在量移之限。期周已上亲属,并配隶边远州郡,部曲奴婢纵之,余依百官所议。"雍熙二年,卒于流所,年五十二。诏徙其家于容州,未几,复移置荆南。端拱初,录其子雍为公安主簿,还其怀州籍没先茔。雍卒,诸弟皆特敕除州县官。咸平五年,又录雍弟宽为襄州司士参军。宽弟察,中景德进士,将廷试,特诏授以州掾。大中祥符二年,始改簿尉。三年,察奉多逊丧归葬襄阳,又诏本州赐察钱三十万。四年,仍录其孙又元为襄州司士。

刘蒙等题刻

释文

元祐壬申季秋庚子日,同临川刘蒙资明、原武邢恕和叔来游朝阳洞。潘阳程博文敏叔书。

考证

此刻在下洞左崖,65×80公分,五行,楷书。

《永州金石略》:"王煦等《省志》云:案右刻见零陵县宗志,据石鼓山题名,程敏叔有行部湘东之语,则敏叔必官荆南提刑转运者。"

《留云庵金石审》:"右正书,五行,字径数寸。"

《八琼室金石补正》:"《通志·职官》:刘蒙,知永州。不详里贯,此署临川,可以补之。邢恕监酒,《志》云'阳武人','阳'盖'原'字之误,当校正之。程博文不见于'官志',壬申为元祐七年,又案《闽书》:程博文,乐平人,元丰间知州事,政尚宽平,以僧牒募民凿黯淡之险,行舟无患,历官司农少卿。当即此题名之人。此刻在元祐,当是自闽易湘者,其称司农者,最后之官阶也。"

程博文,字敏叔。同年,三人有火星岩题名:"程敏叔、刘资明、邢和叔,元祐七年九月二十日,自朝阳岩过此试茶。"时即公元 1092 年。

《江西通志》卷四十九《选举》:皇祐五年癸巳郑獬榜,程博文,乐平人。

《江西通志》卷八十七《人物·饶州府》:"程博文,乐平人,举进士,王安石当国,问赵抃江南人物,抃以博文对。自开封户漕擢为条例司首上榷羊事,岁减费十八万缗,出知南剑州,州有滩甚险,博文请以度牒募僧凿治。妖氛起龙门,博文纵囚使击贼自效,贼平,囚亦如期还。积官至司农少卿,湖南运判。《林志》"

《续资治通鉴长编》卷二百十一:熙宁三年五月庚戌,"制置条例司言:诸路科买上供羊,民间供备几倍,而河北榷场博买契丹羊,岁数万,路远抵京则皆瘦恶耗死,屡更法不能止,公私岁费钱四十余万缗。近委著作佐郎程博文访利害,博文募屠户以产业抵当,召人保任,官预给钱,以时日限口数斤重,供羊人多乐从,得以充足。岁计除供御膳及祠祭羊依旧别圈养栈外,仍更栈养羊常满三千为额,以备非常支用,从之。博文所裁省冗费凡十之四,人甚以为便。先是进呈条例,上批曰:屠户情愿本家宰杀亦听一节可删去,恐以死肉充故也。羊事条目极多,而上一阅遂见此人,莫不称叹,盖上于天下所奏报利害,摘其精要类如此。"

《元丰类稿》卷二十一《程嗣恭祖无颇程博文开封府推官制》:"勅:具官某,开封天下之聚,俗杂五方之民。盖巧伪繁兴,狱讼滋出,赞治之任,考择维艰,以尔为能,俾祗厥服。夫慈惠足以煦养惸弱,刚严足以帖伏奸强,然导民之方,尚有可识,使风俗有以粹美,而四方有以观,则往助尔长,其尚懋哉!可。"

《郧溪集》卷六《南安军大庾县令程博文等可转官制》:"尔等以铜章墨绶秩六百石为朕治邑,得仁恕笃诚,吾民服其政,赍课吏部,在诏条,宜迁兰台佐著,宠命为著。周之法曰:以庸制禄,则民兴功,劳而获禄,固可以劝有功矣。可。"

《福建通志》卷二十四《职官》五:宋南剑州知州事,程博文,元丰间任。

《彭城集》卷十九《朝散郎守兵部郎中程博文可太府少卿承议郎陈次升可兵部郎中制》:"太府主货贿之藏,司其出纳;夏官主五兵之要,谨其符籍,贰卿、副郎皆精选也。以博文绵历省闼,绰著士望;以次升临按淮甸,克宣使指,并用登进,以摅材略。夫其厕惟月之班,联应星之象,为宠多矣,尔其勉之!"

《彭城集》卷十九《河北运副唐义问可河东运副兵部郎中程博文可河北提刑制》:"濒河之壤,晋、魏为大。使者之任,耳目攸系。九赋所充,于以给邦用;五刑所蔽,在乎折民情。故将漕之寄,察狱之官,朝所慎选,人所轻授。以义问屡宣使指,居积民誉;以博文内佐浩穰,夙效材敏。是宜并假四封之传,往治百城之富。足食足兵,下无愁叹,庶狱庶慎,法如画一,乃为称职,汝敬之哉!"

《续资治通鉴长编》卷四百六十四：元祐六年八月"乙巳，中书舍人韩川为太皇太后贺辽主生辰使，皇城使康州刺史訾虎副之，刑部侍郎彭汝砺为皇帝贺辽主生辰使，左藏库使曹谘副之，吏部郎中赵偁为太皇太后贺辽主正旦使，西京左藏库使王鉴副之。司农少卿程博文为皇帝贺辽主正旦使。"又："左朝请郎司农少卿程博文为荆湖南路转运副使，十八日使辽。"

《云溪居士集》卷二十七《代湖南诸监司奏乞故知兖州程博文致仕恩泽表》："臣某等言：臣等伏见故朝请郎新差知兖州程博文志力精敏，笃于公家，知无不为，至有成绩。在熙宁间，先帝修明法度，王安石荐其才，首当条例司选任，裁处牛羊司利害，经画纲纪，革绝冗费，先帝知其可用，后因开封府阙推官，遂擢任之，由是历兵部郎中、太府司农少卿、权大理卿，周旋省寺二十余年，颇著劳效。昨因使事北廷，在路遇疾，比及湖南服勤二年，失于治养，近蒙恩差知兖州，行次江宁府，遂以不救道路之间，不及以时致仕。虽尝于江宁府附奏陈乞一日之后即至捐馆，有碍奏荐恩泽，欲望朝廷察其平昔宣力最多，以其生前尝曾陈请，虽已身亡，特赐指挥，许令奏荐。臣等知其本末，今兹奉使在其前所治部，故敢冒昧奏闻，臣无任。"

鞠拯等题刻

释文

鞠拯、项随、安瑜、鞏固、李忠辅、蒋之奇，治平丁未秋九月游朝阳巌。

考证

此刻在下洞内右壁，68×54公分，五行，楷书。

道光《永州府志·金石略》："王煦等《省志》云：'案右刻见零陵县《宗志》。'右正书五行，左行，'安'字、'李'字，下有残字画，盖亦磨古刻为者。"

《八琼室金石补正》："鞠拯知永州、项随任推官均见澹岩题名。鞏固字固道，见浯溪王世延题名，蒋之奇监酒税，安瑜、李忠辅当亦是官于永者。"

治平四年即公元1067年。

项随，时为永州推官。《浙江通志》卷一百二十三《选举》：皇祐元年己丑冯京榜，项随，淳安人。

《忠肃集》卷十一《天章阁待制郭公墓志铭》：郭公讳申锡，字延之，太名人，天圣八年以进士起家。熙宁七年五月八日终于私第，享年七十七，累陞朝散大夫勋柱国爵文水郡侯,食邑一千二百户。五女,专州博平县令贾行先、陵州仁寿主簿李奎、永州祁阳县尉巩固、湖南转运副使太常丞直集贤院蔡奕、兴国军永兴主簿宋文虎其婿也。

巩固在浯溪另有题名:

道光《永州府志·金石略·曼卿等浯溪题名》:"□□□曼卿、□衡权之、侯绩□素、张绩公纪、巩固固道、邱昉晦之同游,熙宁戊申十二月衡题。"

道光《永州府志·金石略·宋昭邈等浯溪题名》:"宋昭邈遵道、李公度唐辅、张处厚德甫、徐骥及之、巩固固道、周渐彦升同游浯溪,熙宁二年十月十二日。"

《广西通志》卷五十一《秩官·宋》:桂州司户参军,李忠辅,皇祐间任,详《名宦》。

《广西通志》卷五十一《秩官·宋》:阳朔令,李忠辅。

《粤西文载》卷六十三《传·名宦》:"李忠辅,字道举,零陵人。皇祐初缘恩格释褐调镡津尉,邑人有聆其旁舍得地中藏镪者,群劫之,至则无有也。其主讼于令,君驰往捕,悉获之,然视其人,本非凶毒者,皆以为地中物,如逐鹿耳,遂释之。或谓君必案以法,当获赏。君曰:彼以过听自贻孽,我安用传致杀人以求官,终不取。州犹以君不讨贼为罚,然部使者闻而贤之,亦数有见誉者。摄迁江令,踰月,邑大治。桂林北出兴安为灵渠,自秦时疏凿以饟峤南,而前为令者皆武人,久无政,隄防鏬漏,漕舟数不通,复以君假令至,则锄其奸弊,民讼一清,乃大完筑,尽复其故迹,益溉其旁田畴甚多,而桂林为峤西帅府,帅潘侯凤爱其材,欲致之,会新制八路,使者得按格除吏,遂调桂州司户参军,潘侯加礼遇焉。方交趾反也,不数日覆三州,公私骚动,君为咨谋,调发所补于上者甚力,蛮亦不深入,当涂者交章荐宠之,迁贺州推官,知阳朔县事。大兵南出,而邑当大道,使者旁午劳来供亿,羽檄日数十至,君怡然不挠而益办,然民力屈矣,赢粮者道多逋亡,诸令率自将上道,君疾暴下告,归卒。"

《广西通志》卷六十五《名宦·宋》:"李忠辅,字道举,零陵人。皇祐初以恩格授官摄迁江令,有治绩。桂林北出兴安有灵渠,汉唐历修之,至是复有隳坏,隄防鏬漏,漕舟葳梗,帅司以属忠辅,乃大完筑,尽复其故迹,溉田甚多。调桂州司户参军,迁知阳朔县,大兵南出邑,当大道,使者旁午羽檄纷驰,忠辅一无所扰,而供亿悉办,未几引疾归。《粤西文载》"

道光《永州府志》卷十五上《先正传·事功补遗》:"李忠辅,字道举,零陵人。

皇祐初以恩格授官摄迁江令,有冶绩。桂林北出兴安,有灵渠,汉、唐历修之,至是复有堕坏,隄防鳞漏,漕舟岁梗。帅司以属忠辅,乃大完筑,尽复其故迹,溉田甚多。调桂州司户参军,迁知阳朔县,大兵南出,邑当大道,使者旁午羽檄纷驰,忠辅一无所扰,而供亿悉办。未几引疾归。《广西通志》"

光绪《零陵县志·仕迹》:"李忠辅,字道举,皇祐初以恩格授官摄迁江令,有治绩。桂林北出兴安有灵渠,汉、唐历修之,至是复有震塌,堤防鳞漏,漕舟岁梗。帅司以属忠辅,乃大完筑,复其故迹,溉田甚多。调桂林司户参军,迁阳朔知县,大兵南出,邑当大道,使者旁午羽檄纷驰,忠辅一无所扰,而供亿悉办。未几,引疾归。"

民国《阳朔县志·宦绩》:"李忠辅,字道举,零陵人。皇祐间知县事,会大兵南出,邑当冲要。使者旁午羽檄纷驰,忠辅一无所扰,而供应悉办。洵贤吏而兼能吏也。未几,引疾归。"

李忠辅在华严岩亦有题名。

道光《永州府志·金石略·宋洪亶等华严岩题名》:"洪亶景纯、王之才希圣、邱程公远、林乔育卿、李忠辅道举,丙戌十一月七日题。"

(原载 2014 年第 4 期,作者单位:西南民族大学)

永州朝阳岩石刻考（宋三）

❋ 汤 军

程濬等题刻

释文

荆湖南路提點刑獄公事尚書職方郎中程濬治之、尚書虞部郎中知軍州事鞠拯道濟、尚書比部員外郎通判軍州事周敦頤茂叔，治平三年十二月十二日同遊永州朝陽洞。

考证

此刻在下洞内右壁，85×56公分，五行，楷书。

《湘侨闻见偶记》："周子题名在朝阳洞西壁，在岩屋中不虑风雨。特乞人栖其侧，爨烟熏灼，石色渐变，恐久将裂损耳。"

《净德集》卷二十一《太中大夫武昌程公墓志铭》："通义郡西醴泉山之阳有巨冢焉，山隆而磐，水悠而澄。松檟丛郁以深，门阙崇广以严，乃有宋太中大夫武昌程公葬于此也。维程氏为眉大姓，世有令德。曾祖讳沼，祖讳仁霸，值时季乱，爵禄不及。考讳文应，以公故累封大理寺丞，赠官光禄大夫。妣宋氏，封长安县君。公讳濬，字治之，天禀方厚，少有大志，力学，举进士，时辈推其才。天圣五年，赐同学究出身，选河中府猗氏县尉、戎州司户参军、凤翔府节度推官。用荐者言，受大理寺丞。再举进士，中乙科，通判彭州，迁殿中丞，又通判梓、嘉二州，改太常博士，赐五品服，历屯田都官员外郎。遭长安君泊光禄公忧，服除，知开封府太康县，迁职知归州，移遂州，为屯田都官职方郎中提点荆湖南路刑狱，除太常少卿，赐三品服，徙夔州路转运使。熙宁三年，年七十，乃谢事。公儒者，读书知名教大旨，鉴古今治乱之迹，其取舍进退，未尝违道以徇所欲。其治事通果敏密，先体要济以忠厚，其庇民恤物，所至可纪。在凤翔有盗五人者，法皆宜死，会公至自外邑，吏抱案请书之，守丞以为不疑，见促甚遽，公审情阅法，谓四人不当死，指以示吏,吏惊且拜。公曰:'吾岂乘人不逮,少觊劳奖,第虑杀之,误尔!'卒如其说,一府大服。又有诬执盗者,所司考验无得,欲以藏禁物处罪,公力争不可,乃以状议,且曰:'始则信其厚诬,既非实状,终则求其别坐,率置严科,古之浮刑无甚于此。'众不能夺,遂勿论。然为守者自尔忌公,而欲疏之。未几出权岐山转运使,叚公少连一见谓曰:'军兴事剧,小邑非君所处。'即日移公长安,是时正献杜祁公以德望临镇,开府待士,贤俊鳞集,得公甚悦。会万年令谢病去,请公暂治,仍檄他官将代之。公听决有方,嘉声翕然,一日祁公见而言曰:'依稀似曲,无易君矣。'盖喜公之政务修举有渐,故引古诗以相褒誉,于是委公领治如故,而知遇深矣。诏下籍民为乡兵,群情震恐,多走南山以避。上之人欲遮道止之,公曰:'民方如骇兽,遏之适足激也。大不可!'乃指他事集里胥条其乡之丁壮,且开以籍而为兵之意,亦无足避,虽遁,将安归?宜以某日与为兵者至。民素信服,闻公言无他忧,如期而集,遂籍之,不浃旬事定,议者叹其神速。陕西治军器,以牛革数十万须于郡县,期会尤急,民多屠杀以输公。谓转运使:'蜀之筋革积于荆渚,数不胜计,傥由襄、邓致于陕、雍,不阅月可足用。'行之,乃免暴赋。旧制:蜀人官近乡,止再任。公既通判彭、梓,以亲高年,乞便官。朝廷推异恩,俞其请,又通判嘉州。僚友称其孝,乡闾荣其归,或板舆迎养,或持檄还省,始终十余年,庭闱欢然,得尽人子之心。太康隶畿甸,民素骄横,官政尚姑息,幸无事以去,至有击尉弓手掩不问者。会豪子纵奴殴平民,深窜远匿,公搜摘必得之,痛绳以法,自是强猾戢畏,境内大治。朝廷议弛六路茶禁,择良吏往究利病。公当诣二浙,三司承风旨以定论,谕诸君,公独不从,乃邀巡白中书曰:'朝廷所以遣官者,欲察利害尔,今既付之成法,则虽有可否,安敢陈,恐非遣官之本意,愿饬不往。'遂以罗拯代焉。由六路者,后多显用,则公之守道难进,可知矣!梓、夔两道,兵为钤辖者素专其事,遂州虽兼总之,实则无所与夺。至公不然,凡军政边防必议而后定。渭井监有言:'云南鬼主将请道来贡。'人皆疑其与侬贼入寇,专其事者请移兵严备,部使亦以为忧。公曰:'云南于中国道路梗绝之久,彼自卫巢穴不暇,安能远来。吾属当慎所举以宁人心。'兵乃不移,寇亦不至。遂人赖公镇重,以'铁塔'号之。仁皇帝遏密时,潭州巡检与客饮酒辄讴歌,卒有告者,仍以贸易为说,究其实贸易,不当坐。公欲惩卒之妄,而他不复责。转运使谓:'非忠臣孝子所为,必论以法。'公曰:'彼武人,尔逢敌值寇不用命报国,乃非忠孝。至于醉饱不思之过,何足深咎。况自下告上,安可启其端。'遂无异论,乃释之。衡、韶二州间有凶党七八百人,纵火掠黄乾坑户,一道骇然。公巡部抚遏,不张贼势以希功赏,下令捕首恶,论诱胁者使溃去,民得安堵。事讫以闻,朝廷嘉之。道州有父子殴人至死,子当伏诛,以尸坏,狱疑为请。委公审覆处之,公询察情状,子愿死,无他辞,犹疑不忍决,奏得免死。湖外二税率经五六岁,敛入不已,胥吏缘为奸,窭弱重困,公请量户众寡,每岁缓以期限,毕则州为钩考,有逋负督于邑吏,从之,著为令。民甚被惠。茶陵县擅增役户七,十有八循,仍久之,公按劾罢去,颇纾众力。邵州岁运淮盐凡六十舟,舟万斤,自潭之益阳,泝险而上,风涛屡溺。主吏二十有四,往往耗产,兵三百,多还粮于官,终身不能已。公请置仓于永之祁阳,去邵才六舍,以所役兵隶九铺,运致如旧,简费蠲害,游效甚白,言虽不报,识者服其是。忠州临江县盐井五,以吏十四人与居民主之,强弱势不一汲,讼日起,吏苦剧役,民亦罹歜。公奏专委之民,两获其利,至今不能易。渝州李光吉辈三族,旁夷落,凭阻逞暴,纳亡命,聚边杂,杀掳剽夺,郡县不能禁。公请出师治其罪,训兵蓄粮,事将举而代去。来者用其谋荡平之,以功迁官至贵仕,公不言劳,赏亦不及,时论惜焉。荐属官无虑二百人,或以过将得罪,未尝陈其不当,荐亦未尝有累之者。匪惟能知人,抑可以敦流运。尤恶滛祀,力禁之。彭人有为灌口神娶妇者,潭人有祭张太保神者,皆讹作乱俗,一惩以法,邪风为之变。既得谢而归,即其居为林下轩,日会宾侣,以诗酒自适,而气韵清壮。笑谈高爽,俯视俗罳,有超然不可慕之势。凡如此者,又十三年,以子登朝,封光禄卿,迁秘书监,易中大夫。元丰三年,天子祀明堂,又当进秩,于时方议官制,留恩未下。五年十一月戊子无疾而卒,春秋八十有二。明年四月,始降太中大夫诰。娶宋氏,封长寿县君,雅有贤行。先公十六年卒。公以六年十一月庚申葬,同长寿君之茔,礼也。子男五人:之才,朝奉郎,尝为司农寺丞,历梓、利、夔三路转运判官。泸蛮犯边,王师西伐,朝廷赖其才,复还梓州路。之元,奉议郎,尝从使者治淯井叛夷,遂知泸州江安县,以功通判本州,又从辟渝南平寇,有异效,除夔州路转运判官。岁满,请便郡,得知嘉州。之邵,奉议郎,尝为三司磨勘官,辟勾当公事,又从使者按视江广盐筴,还对如旨,除广南东路转运判官。之祥,宣德郎。之仪,未仕。女二人,适通直郎句洙,承奉郎史敏。孙男十人:庚,成都府郫县尉。庚,早卒。度、廊、序、雍、唐、庑、廉、廙皆廪训不怠。孙女十四人,适前进士史厚,简州司理参军李葵,太庙斋郎黎傃,进士史器、孙宗彝,余未嫁。公之康宁也,子以才能出使,孙以进士中第。出使者盖三人,中第者已三世,上林景慕,宜矣!初仲兄湜有气节,善治产,光禄分财置第,与之使自滋殖,湜亡,其妻又能嗣守,资计益丰。光禄公尝许以其所积为之分,已而诸侄议将均之。公曰:'士人所以异于编氓者,盖有孝、义、廉、耻也，治命在耳，慎勿言。嫂之积，秋毫不可觊。'未数年，湜之子纵侈无赖，荡去生业，反讼财之不均。公自引咎，惟有司是听，而犹子有获嫂氏所自具资产之数，乃向日禀于光禄公，而许以为分者，盖倍于众人所有也。官得之信，讼于是息，人皆服公之义。又尝念仲弟沿亡而嗣未禄，乃以一子恩荐其子之奇，故终公之身，之仪犹未仕。族属贫者，聚而衣食，养孤女寡妇而嫁之者凡六人，此皆乡党所矜法也。平生所为诗，醇深闲易，有唐人风，凡五百余篇，藏于家。笃信庄老，造达理致，其将终也，神气凝静，视死生如寤寐，非有得，孰能至此。然传者谓公之初生，群乌大集其第，三日乃去，昔复然，里人以为佳祥。洎将终之二日，集噪如昔，又三日乃去，其祥不可得而知，某亦不敢略也。铭曰：'允矣程公，实材之良。起仕于朝，克循大方。乃牧千里，惠孚以雾。乃使一道，其为典常。归有林泉，锡之寿康。韬我器业，以咏以觞。德久则茂，庆流而长。既获于菑，亦构于堂。令猷不陨，奕世用光。铭以传永，故书其详。'"

《安岳集》卷九《和程濬治之秘监赠杨竦中立朝散》："身似悲鸣骥，家如瀌落瓢。买居悲粪壤，数俸怯薪樵。寿隐三家近，征商百步遥。无心随所寓，尘滓自冰销。"

《范忠宣集》卷三《赠眉阳致政程濬少卿》："清节高风世所推，秋毫名宦肯徘徊。勇抛朝市无穷事，笑指林泉独自来。吟榻未移溪月上，醉巾长拂野云回。尘衣欲作登门客，几杖何妨许暂陪。"

另，程濬与苏轼兄弟为舅甥，有记其事者：

《蜀中广记》卷一百三："苏小妹，老苏先生之女，幼而好学，慷慨能文，适其母兄程濬之子之才先生。有诗曰：'汝母之兄汝伯舅，求以厥子来结姻。乡人嫁娶重母族，虽我不肯将安云。'人言苏子无妹，却有此诗，出《苏氏小抄》。"

《古今事文类聚·后集》卷十三《母党为重》："老苏女幼而好学，慷慨能文，适其母兄程濬之子之才。诗曰：'汝母之兄汝伯舅，求以厥子来结姻。乡人嫁娶重母党，虽我不肯将安云。'"

《氏族大全》卷三《重母党》："苏洵娶大理寺丞程文应之女，追封成国夫人，有女幼好学，长能文，适母兄程濬之子之才。诗云：'乡人嫁娶重母党，虽我不肯将安云。'"

鞠拯，字道济，浚仪人，时为永州知州，周敦颐通判永州，与之多有交游。他事未可考。

周敦颐，字茂叔，道州人。《宋史》有传："自孔孟而下……千有余载，至宋中叶,周敦颐出于舂陵,乃得圣贤不传之学。作《太极图说》《通书》,推明阴阳五行之理,命于天而性于人者,了若指掌。"

《山谷集·濂溪诗并序》:"舂陵周茂叔人品甚高,胸中洒落,如光风霁月。好读书,雅意林壑,初不为人窘束世故,权舆仕籍,不卑小官,职思其忧。论法常欲与民决讼,得情而不喜,其为少吏,在江湖郡县盖十五年,所至辄可传。任司理参军,运使以利变具狱,茂叔争之不能得,投告身欲去,使者敛手听之。赵公悦道,号称好贤,人有恶茂叔者,赵公以使者临之甚威,茂叔处之超然,其后廼瘳曰:'周茂叔天下士也。'荐之于朝,论之于士大夫。终其身,其为使者,进退官吏,得罪者自以不冤。中岁乞身,老于溢城。有水发源于莲花峰下,洁清绀寒,下合于溢江。茂叔濯缨而乐之,筑室于其上,用其平生所安乐媲水而成,名曰'濂溪'。与之游者曰:'溪名未足以对茂叔之美。'虽然,茂叔短于取名,而惠于求志;薄于征福,而厚于得民;菲于奉身,而燕及笭鳌;陋于希世,而尚友千古。闻茂叔之余风,犹足以律贪,则此溪之水配茂叔以永久,所得多矣!茂叔讳惇实,避厚陵藩讳,请名改'惇颐'。二子,寿、焘,皆好学承家,求余作濂溪诗,思咏潜德,茂叔虽仕宦三十年,而平生之志终在丘壑,故余诗词不及世故,犹仿佛其音尘:'溪毛秀兮水清,可饭羹兮濯缨。不渔民利兮又何有于名。弦琴兮觞酒,写溪声兮延五老以为寿。蝉蜕尘埃兮玉雪,自清听潺湲兮鉴澄明。激贪兮敦薄非,青苹白鸥兮谁与同乐。津有舟兮荡有莲,胜日兮与客就闲。人闻挐音兮不知何处散发醉,高荷为盖兮倚芙蓉以当伎。霜清水寒兮舟着平沙,八方同宇兮云月为家。怀连城兮珮明月,鱼鸟亲人兮野老同社而争席。白云蒙头兮与南山为伍,非夫人攘臂兮谁余敢侮。"

道光《永州府志·职官表》:周敦颐治平二年通判永州。另据其九龙岩题名,于治平四年迁知邵州,观诸岩题名,可知其在永事略。

道光《永州府志·金石略·陈藻等澹山岩题名》:"尚书都官郎中知军州事陈藻君章、尚书虞部员外郎通判军州事周敦颐茂叔、郡从事项随持正、零陵令梁宏巨卿同游,治平三年四月六日题。"

道光《永州府志·金石略·沈绅浯溪题名》:"荆湖南路转运判官尚书屯田郎中沈绅公仪。尚书虞部郎中知军州事鞠拯道济、尚书比部员外郎通判军州事周敦颐茂叔,治平四年正月九日同游永州华严岩。"

道光《永州府志·金石略·周惇颐澹山岩题名》:"比部员外郎通判永州军州事周敦颐,治平四年二月一日,沿牒归舂陵乡里展墓,三月十三日回至澹山岩,将家人辈游,姪立、男寿、男焘、姪孙蕃侍。"

道光《永州府志·金石略·周惇颐含晖洞题名》:"周敦颐同邻人同邻人蒋瑾、陈赓、欧阳丽治平四年三月六日同游道州含辉洞。"

道光《永州府志·金石略·鞠拯等澹山岩题名》:"尚书虞部郎中知军州事鞠拯道济、尚书比部员外郎通判军州事周敦颐茂叔,军事推官项随、前录事参军刘璞、零陵令梁宏、司法参军李茂宗、县尉周均,治平四年三月十四日同游永州澹山岩。"

道光《永州府志·金石略·周惇颐九龙岩题名》:"治平四年五月七日,自永倅往权邵守,同家属游,春陵周敦颐记。"

梁宏等题刻

释文

临江梁宏巨卿、廬陵董乾粹承君、東都張堯臣伯常、王献可補之,治平三年季秋二日偕遊。

考证

此刻在下洞左崖,73×57公分,五行,楷书。

《留云庵金石审》:"王煦等省志云:案右刻见零陵县《宗志》,右正书,五行。"

《八琼室金石补正》:"时梁宏为零陵令,董乾粹为邑掾,均见澹岩题名。张尧臣、王献可疑是丞、簿,而官志均不见其名。"

治平三年即公元1066年。

梁宏,字巨卿,时任零陵知县,德兴贡生。

《湖广通志》卷五十八《人物志·隐逸·荆州府》:"宋孙谕,《明一统志》:'江陵人,元祐末挂冠,与时同退休者,吴师道、梁宏、朱光复、贾亨彦、张景达,布衣唐愈为七老会,五日一集,时人荣之。'"

《氏族大全》卷三《七老》:"朱光复,宋元祐中挂冠,同时休退者:孙谕、吴师道、梁宏、贾亨彦、张叔达,与布衣唐愈为七老会,五日一集,饮酒赋诗。"

《山堂肆考》卷一百七:"朱光复与孙谕、吴师道、梁宏、贾亨彦、张叔达,及布衣唐愈为'元祐七老'。"

《读书纪数略》卷二十二《元祐七老》:"元祐中同时挂冠,五日一集:朱光复、孙谕、吴师道、梁宏、贾亨彦、张叔达、唐愈。"

《苏魏公文集》卷三十四《前岢岚军岚谷县令陈安静前威胜军武乡县令张焞可并著作佐郎前永州零陵县令梁宏可大理寺丞》："勅：具官某，国家抡才之路至广，而铨选之法惟艰。既限其累年之劳，又责于上官之荐，小不应格，未尝序迁。以尔勤于首公，廉而寡悔，知已言状有司，校功擢置王官，进阶荣路，其思始卒之，效以副奖拔之恩。可。"

《江西通志》卷四十九《选举》：嘉祐八年癸卯许将榜，董乾粹，永丰人。

《江南通志》卷一百十九《选举志》："元祐：张尧臣，高邮人。"

《明一统志》卷二十一《泽州·人物》："王献可，栗州人，官至英州刺史。知泸州，黄庭坚谪于涪，献可遇之甚厚。子霁，崇宁中为详议官，上书告蔡京罪，黥隶海岛，钦宗复其官，从种师中战死。云，举进士，从使高丽，撰《鸡林志》以进。靖康中，以资政殿学士副康王使金至磁州，为众所杀。"

《明一统志》卷二十一《泸州·名宦》："王献可知泸州时，黄庭坚谪于涪，献可遇之甚厚，时人称之。"

《清一统志》卷三百十一《泸州·名宦》："王献可，泽洲人，知泸州，黄庭坚谪于涪，献可遇之甚厚，时人称之。"

雍正《山西通志》卷一百二十一《人物·泽州府》："王献可，泽州人，官至英州刺史。知泸州，黄庭坚谪涪，献可遇之甚厚。子霁，崇宁中为详议官，上书告蔡京罪，黥隶海岛，钦宗复其官，从种师中战死。"

《四川通志》卷七上《名宦·泸州》："王献可知泸州时，黄庭坚以党籍谪涪，人多畏祸不与交，独献可遇之甚厚，时人称之。"

《蜀中广记》卷七十九："王献可，补之，谪知泸时，过庙题诗有'泸州刺史非迁谪，合是龙归旧洞来'之句，意以已即陆后身也。后补之以元祐党谪死，其子云，来知简州，州尉两梦显惠庙神自言'吾乃守父也'。盖显惠即白厓神云。又西充有紫厓庙，其神即云也。初献可常慕南霁云之忠名，其子曰霁、曰云，云字子飞，发运司解进士乙科，崇、观间使高丽，归进《鸡林志》，帝嘉之，擢守淮阳，入为校书秘书省，出知简州，后移陕西转运使。朝廷议复燕云，上书不宜轻动，罢为提举江州太平观，进刑部尚书，金人来侵，云奉使回约割大河以北寝兵，朝廷未之信，谪知唐州，金人果大入寇，亟召云，使如前约，金怪失期，不肯退兵，复从康王往为质，至磁州王遁去，云殿后为磁人所杀。后三月，神降西充，附邑民王安曰：'吾有功国家，当庙食于此，人当呼我曰忠介王。'媪刘亦言神降于油井镇，观者旁午又何仲方家见异蛇鳞爪金碧，争奉香诣醮，许为建祠，蛇蜿蜒如塔，众为构庙紫崖，距汉纪侯祠仅咫尺。后高宗诏于简州建祠祀云，赐'昭德显忠'额，谥云：'学士刘光祖《紫崖利应庙记略》云：西充县紫崖山，乃赠观文殿学士忠介王公庙食之地也。靖康丙午冬十一月，公以资政殿学士兵部尚书副高宗使女直，急于纾国之难，不暇择利害，至磁而殒身白刃，高宗遂得驰去，犹顾见死也。呜呼！天使公代高宗之死于俄顷间，与汉纪侯脱高祖于荥阳事相类。紫崖山者，纪侯之乡也。公刺简州，家于开封，没于磁而死之，三月神降于纪侯之乡，英灵之气，殆若相从于千载之下，万里之远，庙食与侯祠咫尺，何其异哉！'"

《东坡全集》卷一百八《王献可洛苑使》："敕：具官王献，传不云乎：诗书义之府，礼乐德之则，御侮扞城，亦儒者之事也。汝以词学进，而以武干闻，肆予虎臣，谓汝可用，往服新命，以成汝志！可。"

《栾城集》卷二十八《王献可火山军李昭叙石州》："勅：具官某等，河东边城，俗俭而兵劲，吏能守法，易以为治。尔等才称武吏之选，家本名将之裔，往修厥政，以宽治民，以严御兵，思称朕意。可。依前件。"

《文定集》卷二十四《送王献可归信州》："月旦于今合改评，一官谋食百无能。君归锦里人应问，好个蓝田崔县丞。"

《甫田集·跋山谷书阴长生诗》："右山谷书阴真人诗三章，自题云：'书以与王泸州之季子。'而不著其名，末云：'绍圣四年四月丙午，禅月楼中书。'按公绍圣元年谪涪州时，王献可帅泸，遇之甚厚。献可字补之，尝遣其少子至黔省公。公集中有与其少子王秀才书。云：'车马远来，将父命以厚逐客'者是已。盖王尝遣其季子至黔，此书相见时书，故不及于简札耳。观其称'与'而不云'寄'，可见矣。黄暬作公年谱，尝援以为据，而不得详，予因略疏之。此书初作方寸字，后皆拳许大，书盖用败笔草草写成，环伟跌宕，一出颜。《东方朔赞》但字字剪辏成卷，必是大轴经庸人装截耳。"

《御定佩文斋书画谱》卷七十七《宋黄庭坚书阴真君诗》："右山谷书阴真人诗三章，自题云：'书以与王泸州之季子。'而不著其名，末云：'绍圣四年四月丙午禅月楼中书。'按：公绍圣元年谪涪州时，王献可帅泸，遇之甚厚。献可字补之，尝遣其少子至黔省公。公集中有与其少子王秀才书云：'车马远来，将父命以厚逐客者是已。'盖王尝遣其季子至黔，此书相见时书，故不及于简札耳。观其称'与'，而不云'寄'，可见矣。黄暬作公年谱，尝援以为据，而不得详，予因略疏之。此书初作方寸字，后皆拳许大，书盖用败笔草草写成，瑰伟跌宕，一出颜。《东方朔赞》但字字剪辏成卷，必是大轴，经庸人装截耳。"

梁宏令零陵当在治平间,其与董乾粹、项随等交游颇多,见群玉山、澹山岩等题名。

道光《永州府志·金石略·解舜卿等群玉山题名》:"解舜卿、梁宏、董乾粹、马定、周均、刘湛,治平二年清明前一日同游。"

道光《永州府志·金石略·梁庚等澹山岩题名》:"新贺州桂岭令梁庚子西、洎弟零陵令宏巨卿、进士實隐甫陪郡幕项随持正、新清湘尉蒋忱公亮、进士周镐毅甫同游,治平乙巳九月十四日题。"

道光《永州府志·金石略·持正等澹山岩题名》:"持正、子西、公亮、巨卿、毅甫、隐甫同游,治平二年九月十四日隐甫题。"

道光《永州府志·金石略·薛侁等澹山岩题名》:"转运使河东薛侁步按上六州一监,渡潇湘二水,历三门岩、九龙洞至永,游朝阳、澹山二岩,悉非人力,乃神物所造之景,通判乐咸、县令梁宏共行,治平二年十一月三日题石。"

道光《永州府志·金石略·范子明澹山岩题名》"前八桂倅范子明同永幕项随、令梁宏、掾董乾粹游澹山,治平丙午腊月吉诚叔题。"

张绶重刻蒋之奇西亭诗刻

释文

朝陽岩在瀟江之西,去治城不遠。唐永泰二年,元次山為道州刺史,計兵至零陵,訪而得之。以其東向,遂名朝陽岩。方是時,結有盛名於世,故永之守丞獨孤愐、竇必為之剪荊棘,建茅閣,結又為之銘與歌。其後柳子厚繼為之詩,而朝陽之名始大者。予至永則遊之,登其顛有閣焉,其名不雅。予以子厚詩考之,正所謂"西亭"者也,遂復為之西亭而系以詩。

昔遊不在遠,幽巖臨治城。嶔岑俯瀟碧,庤豁延陽明。綠潤可徑入,滑路逼仄行。澗泉自何來?涓涓玉鏘鳴。疑穿雲雷窟,尚帶魚龍腥。寒江淨瀉鏡,怪石森開屏。幽鳥馴可羅,潛蛟深莫罾。梯險接層棧,冠巔聳危亭。俯睨極元宿,仰攀窮青冥。寒曠出物表,高虛挹元英。惜哉非吾土,不得憩此生。舊業寄陽羨,故國依晉陵。松風漰湖白,春色頤山青。一從紳笏去,遂使猿鶴驚。迂疏暗時機,屢瑣叨官榮。謫棄分所宜,愧惡顏已盈。人生詎有幾,世累吾方輕。願言解羈絏,上疏還簪纓。甯居召魂魄,恬養休性情。紛華屏外慕,沖澹岩中扃。窮年伴農圃,畢志先疇耕。

朝陽岩西亭近世相傳失真,治平丁未中,潁叔由禦史謫官道州,始考證其名,而作是詩。今過零陵,語太守周處厚,遂刻之岩石,□異時不失其傳也。元祐四年四月二十日,德興張綬題,進士□齊書。

考证

此刻在逍遥径旁,83×108公分,二十四行,楷书,残毁。

《留云庵金石审》:"右正书,二十四行,前人罕有搜及者。盖亭圮崖断,椎拓畏阻所致。今得之,为至幸也。"

《八琼室金石补正》:"右蒋之奇西亭诗,《通志》失载,《永志》所录,'遂名曰朝阳','遂'误作'更','永之守丞'误作'永州之守',并多空一格,'则游'之'游'误作'邀',并缺'之'字,'遂复之为西亭'缺'复'字,丁未中下少一字,'余过零陵','余'误作'今'。又案:《永志·名胜》载此,'计兵'上无'诣都'二字,'遂名'下无'曰'字,'必'作'沁','继为之亭'四字。'系之以诗云'作'系以诗曰'四字。'洞泉'作'泉源','森'作'坐','元窨'作'坎窨','塞'作塞,'恶'误刊作'恶',要当以石刻为正,而石刻所缺,则据以补注于旁。《通志·山川》内所载,首句作'必在远都','计兵'作'避兵'二字,'漏'作'隔',余与《永志·名胜》略同。张绶,《官志》云:德兴人,永明令。唯跋云:'余过零陵,语太守周处厚刻之岩石。'其语气不似县令。案张绶五峰岩题名,示被旨督捕邵永蛮寇。崊岩诗刻云:'权提点荆湖南路刑狱公事',则非县令矣,志盖误耳。"

《江西通志》卷四十九《选举》:嘉祐八年癸卯许将榜,张绶,德兴人,大府少卿。

《明一统志》卷五十《饶州府·人物》:"张绶,德兴人,嘉祐中权将作监丞,按实宋用臣事以闻,上直之,后除太府少卿,谏蔡京议置大钱以二当十为不便,上惊曰:'庆历已行。'自是历外任十八年。"

《江西通志》卷八十七《人物》二十二《饶州府》:"张绶,字文结,德兴人。嘉祐进士,权将作监丞,按实昭宣使宋用臣不法事,神宗直之,后除太府少卿。蔡京议置大钱,绶力谏不便。曰:'庆历已行矣。'自是忤权臣,久历外任,著有《梅堂诗集》。"

《万姓统谱》卷三十九:"张绶,德兴人,嘉祐中权将作监丞,按实宋用臣事以闻,上直之,后除太府少卿。谏蔡京议置大钱,以二当十为不便。上曰:'庆历已行。'自是历外任十八年。"

景定《建康志》卷二十七《官守志·诸县令·溧水县》:"张绶,熙宁六年四月到任,八年四月改差。"

《续资治通鉴长编》卷三百五十六:元丰八年五月,张绶时提举京西北路常平。

《续资治通鉴长编》卷四百二十九:元祐四年六月"己未,荆湖南路提点刑狱张绶言:'今变事宁息,尚虑人户归业未安,合于紧要溪峒量留兵甲弩手控扼,已牒逐州权置寨分屯兵甲戍守,仍每季一替,官員即本州逐月论替,从之。"

《栾城集》卷二十九《张绶湖南提刑》:"敕:具官某,尔等以常平奉使,官废而罢。济南大藩,民富而多盗,布政期月,人亦用乂。荆湖之南,地远而多险,民悍而喜讼,犴狱之寄,恻于予衷,往祗厥官,布钦慎之意。盖朕之用人,惟善所在,不以遂近为异尔,其勉之。可。"

《续资治通鉴长编》卷四百八十八:绍圣四年五月丁丑,"两浙转运副使张绶知洪州"。

《江西通志》卷四十六《秩官》:知洪州,张绶崇宁间由朝奉大夫任。此与《续资治通鉴长编》有异,或别一人。洪适《盘洲文集》卷二十二《张绶潘景珪贾选大理评事制》:"廷尉平断天下之狱,而負少事丛,虑请谳之,稽逗也。益者三人,庶无旷职,尔等明习律令,秋卿以为言,往充其官,思踵平廷之美。"当即此人。

《续资治通鉴长编》卷四百九十七:元符元年夏四月甲申,"三省言:户部状比较到绍圣三年分上供金帛钱物数目,京东路最,两浙路殿。诏京东转运使黄寔、判官赵竦各减二年磨勘,两浙转运副使张绶、判官陈安民各展二年磨勘"。

张绶提刑湖南,层岩、华严岩、五峰岩亦有其题名。

道光《永州府志·金石略·宋张绶层岩诗》:"永明县治西南三里,层山之阴有岩焉。穷洞谽豁,高三十五丈,广六十步。熙宁中,邑废,属营道。时湖南绣衣张公绶方为宰,来游题岁月,岩石自是怪绝。游观题咏浸多。"

道光《永州府志·金石略·宋练潜夫层岩诗》:"序云:'游层岩,睹提刑朝请张公熙宁初令营道日题刻。土人云:异时山夔木怪之所凭依,颇为人所患苦,自公留题无复胗響,兴言感叹,聊成古风一篇。文见永明县《周志》。"

道光《永州府志·金石略·宋张绶狄咸华严岩题名》:"张绶、狄咸同游花严岩。元祐三年十月廿七日,开山住持正、进士周责刊。"

道光《永州府志·金石略·张绶五峰岩题名》:"德兴张绶被旨督捕邵永蛮寇,途次东安,登五峰岩,周遭同游,撝侍行。元祐四年己巳四月十八日题。"

蒋之奇,字颖叔,《宋史》有传,神宗初以事坐贬,监道州酒税,后神宗怜其有母,改监宣州酒税。其在永未久,而遍历名胜,或亦有所遭也。

道光《永州府志·名胜志·暖谷铭》:"序云:永泰中,元次山为道州刺史,尝巡行江华,登县南之亭,爱其水石之胜,当暑而寒,遂命之曰寒亭而为之记,刻石在焉。治平四年十月,予陪公仪至其上,见旁有暖谷者,方盛寒,人之而气温,如挟纩炽炭不若也。予甚爱之,问其所以名之者,县宰吾族叔祖,是可铭也。乃为铭曰:惟时有寒,寒不在夏。夏而寒者,兹亭之下。维气有暖,暖不在冬。冬而暖者,兹谷之中。物理之常,不以为异。维其反之,是以为贵。兹亭并谷,寒暑相配。寒暑千秋,阴阳反异。名自天得,待人而彰。我勒此名,万古不忘。"

道光《永州府志·金石略》:"暖谷在江华县南五里寒亭之侧,宋邑尉成纪李伯英始得其处。治平中蒋之奇、沈公仪有铭、有诗,虽盛寒入谷,其气温然,故名。(《道州新志》)王煦等《省志》云:'案:蒋之奇《宋史》有传,据传:英宗擢监察御史,神宗立转殿中侍御史,贬监道州酒税。后元祐初,以天章阁待制知潭州,此治平四年,正其官御史时,不知何以至永州也。"

道光《永州府志·金石略·蒋之奇奇兽岩铭》:"在江华邑南二里,蒋之奇颖叔过而爱之,为之作铭,曰:'奇兽之岩,瑰怪诡异。元公次山,昔所未至。我陪公仪,游息于此。斯岩之著,自我而始。勒铭石壁,将告来者。治平丁未,同沈公仪游。惟蒋颖叔文高节奇,正名兹岩,作为铭、诗。彼何人斯,大字覆之,来游来嗟,其孰与稽。端平丙戌,邑令张甏思永厥传刻此崖际,俾冰壶孙李焯古隶,凡百君子,爱而勿替。

《留云庵金石审》案:"右刻怪伟完好,额用籀文,诏用古隶,甏后铭亦雅称,与蒋、李可名三绝,李冰壶名长庚,本宁远人而居江华者。长庚三子,皆有名,焯事无可考。"

道光《永州府志·金石略·蒋之奇寒岩铭》:"寒岩水石,怪特殊异。下临银江,上接云际。公仪颖叔,志乐岩谷。诣而得之,赏爱不足。为近寒亭,寒岩星名。何以表之,颖叔作铭。治平丁未十月,陪沈绅公仪游,蒋之奇颖叔。右铭元刊于寒亭之上,字泯几不可读,既新泉亭,得没字碑于亭左,意昔为新铭设也,乃徙刻之,且以彰予爱□之志云。后治平一百二十有四年,邑令西隆虞从龙刊。"

《留云庵金石审》:"《寒岩铭》诸志所不及,近新获此刻,欣未曾有。虞令,《官表》失载,所谓后治平百二十四年,乃光宗绍熙元年庚戌也。分书当是颖叔旧迹,虞令特重刊之耳。"

道光《永州府志·金石略·宋九疑山无为洞天四字》:"治平四年,沈绅、蒋之

奇游此,取元次山无为洞天四字,正其体,篆刻诸岩窦,而纪于石。"(《九疑山志》)

道光《永州府志·金石略·蒋之奇碧虚岩铭》:"《碧虚岩铭》义兴蒋之奇:潇水之阳,九疑之谷。清池涵镜,乱峰插笏。庙临溪口,寺在山麓。谁其爱之,义兴颖叔。"

《游疑载笔》:"颖叔《碧虚岩铭》瘦笔真书六行,左行,在九疑山永福寺左后圃石壁上。本不见字迹,余与李家隽千之家麒止斋伐竹削苔,刮磨而出之,并得郑安祖书。于其右又得沈公仪铭,遗迹之复显,实自道光戊子始也。"

道光《永州府志·金石略·蒋之奇九疑山题名》:"未见,在紫虚洞。"

道光《永州府志·金石略·蒋之奇赠黄冠何仲涓诗》:"佚,在舜祠右石壁。"

道光《永州府志·金石略·宋蒋之奇澹山岩诗》:"零陵水石天下闻,澹山之胜难具论。初从岩口入地底,始见殿阁开重门。乃知兹洞最殊绝,洞内金碧开祇园。宽平可容万人坐,仰视有若覆盎盆。虚明最宜朝日点,阴晦常有元云屯。盘虬夭矫垂乳下,异兽突兀巨石蹲。香山一抹在崖壁,人迹悄绝不可扪。灵仙飞游享此供,常驾飚驭乘云轩。我来正逢春雨霁,氛翳开廓阳景温。牙然双穴露天半,笼络万象将并吞。只疑七窍混沌死,五窍亡失两窍存。神奇遗迹未泯灭,至今犹有斧凿痕。云床石屏极隈隩,昔有居士尝潜蟠。避秦不出傲征召,美名遂入贤水源。咸通尝为二蛇窟,元畅演法蛇辄迁。从兹其中建佛刹,栖隐不复闻世喧。惜哉此境久埋没,但与释子安幽禅。次山子厚爱山水,探索幽隐穷晨昏。朝阳迫窄若就狴,石角秃鬝如遭髡。豪篇矜夸过其实,称誉珉石为璵璠。瑰观珍赏欲奄有,不到胜处天所悭。嗟予至此骇未觌,不暇称赞徒惊叹。恨无雄文压奇怪,好事略与二子班。芜词愿勒岩上石,勿使岁久字灭漫。熙宁九年正月廿二日,蒋之奇字颖叔过此书,周甫、张吉刊。"

《古泉山馆金石文编》:"《金石萃编》:'正书十八行。'此诗不见姓名,而《金石萃编》及《县志》皆属之蒋之奇。史传言颖叔于神宗时由殿中侍御史贬道州监酒税,此诗盖其时所题也。诗中云'云床石屏极隈隩,昔有居士尝潜蟠。避秦不出傲聘召,美名遂入贤水源。'考《零陵记》曰:'周贞实零陵人,居淡山石室。秦始皇下诏征之,三征皆不起,遂化为石。'宋零陵令王淮《澹岩记》略与之同。周贞实作周正实,避宋讳嫌名改也。今《县志》'贞'作'正',非是。志载颖叔此诗脱去'灵仙飞游享此供'以下四句,余亦多讹字,当据石刻补正之。"

《永州府志·名胜志·淡岩》:"谪宦党人放游西南者多题记,惟黄庭坚诗帖最彰,邹浩诗纪驯狐夜报迹最奇,周茂叔、范淳父、祖禹题名最重,蒋之奇长歌最工。"

道光《永州府志·金石略·宋蒋颖叔澹山岩题名》:"澹山岩零陵之绝境,盖非朝阳之比也。次山往来湘中为最熟,子厚居永十年为最久,二人者,于山水未有闻而不观,观而不记者。而兹岩独无传焉,何也?岂当时隐而未发邪?不然使二人者,之顾肯夸其寻常而遗其卓荦者哉!物之显晦固有时,何可知也。蒋颖叔题。"后案:"右刻殊颓敖不佳。"

《金石萃编》:"正书九行,左行。蒋颖叔名之奇,常州宜兴人。史传称其以荫得官,擢进士第,至太常博士。又举贤良方正,英宗擢监察御史。神宗立,转殿中侍御史,坐贬监道州酒税,改监宣州酒税。新法行,为福建转运判官,崇宁元年累除观文殿学士知杭州,以疾告归,卒。此题不著年月,亦不著官位,当是监道州酒税时所题。其监道州也,由畔欧公之故,为清议所薄。颖叔必有不得意者,故题云:物之显晦固有时,何可知也。其大指已见乎词矣!颖叔能诗,《零陵县志》载其游澹岩七古一首,又载其游朝阳岩七古一首,王弇州称其工书,有苏黄法,则此题句百余字亦足贵也。"

(原载 2014 年第 6 期,作者单位:西南民族大学)

永州朝阳岩石刻考（宋四）

✳ 汤 军

黄庭坚等题名

释文

崇宁三年三月辛丑,徐武、陶豫、黄庭坚及子相,僧崇廣同來。

考证

此刻在下洞左崖,40×34公分,三行,楷书。

《八琼室金石补正》:"右山谷题名瞿氏、宗氏皆未之见,今始搜得之。拓本分两纸,陶豫以上为一刻,后二行为一刻,审之前四行亦是山谷手笔,殆分刻左右也。徐武为永州司法参军,见《通志·职官》,陶豫见浯溪诗刻,徐武下似无字。"

黄庭坚,字鲁直,《宋史》有传。其在朝阳岩亦有诗,现存清永州知府杨翰重刻,序云:"三月辛丑,同徐靖国到愚溪,过罗氏修竹园,入朝阳洞。蒋彦回、陶介石、僧崇广及余子相,步及余于朝阳岩,徘徊水滨,久之,有白云出洞中,散漫洞口,咫尺欲不相见,介石请作五字记之。"

《挥麈后录》:"黄鲁直,黄太史罢守当涂,奉玉隆之祠,寓居江夏。尝作《荆南承天寺塔记》,湖北转运判官陈举承风指,采摘其间数语以为幸灾谤国,遂除名编隶宜州,时崇宁三年正月也。陈举者,无忌惮之小人,所为遗臭千载,可不戒哉!""崇宁三年,黄太史鲁直窜宜州,携家南行,泊于零陵,独赴贬所。是时外祖曾空青坐钩党先徙是郡,太史留连逾月,极其欢洽,相予酬唱,如江槛书事之类是也。帅游浯溪观中兴碑,太史赋诗,书姓名于诗左,外祖急止之云:'公诗文一出,即日传播,某方为流人,岂可出郊。公又远徙,蔡元长当轴,岂可不过为之防邪?'太史从之,但诗中云'亦有文士相追随'盖为外祖而设。"

《书画续题跋记·龙眠居士李伯时五马图卷黄太史笺题》:"右一匹,元祐元年十二月十六日,左骐骥院收于阗国进到凤头骢,八岁,五尺四寸。右一匹,元祐元年四月初三日，左骐骥院收董毡进到锦膊骢，八岁，四尺六寸。右一匹，元祐二年十二月廿三日，于天驷监拣中秦马好头赤，九岁，四尺六寸。元祐三年闰月十九日，温溪心进照夜白。右一匹，青花骢原无笺，余尝评伯时，人物似南朝诸谢中有边幅者，然朝中士大夫多叹息。伯时久当在台阁，仅为喜画所累。余告之曰：'伯时丘壑中人，暂热之声名，傥来之轩冕，此公殊不汲汲也。'此马骃骏，似吾友张文潜笔力，瞿昙恐即是满川花也，所谓识鞭影者也。黄鲁直书。余元祐庚午岁以方闻科应诏来京师，见鲁直九丈于醴池寺。鲁直方为张仲谟笺题李伯时画天马图，鲁直谓余曰：'异哉！伯时貌天廏满川花，放笔而马殂矣！盖神骏精魄皆为伯时笔端取之而去，实古今之异事，当作数语记之。'后十四年，当崇宁癸未，余以党人贬零陵，鲁直亦除籍徙宜州，过余潇湘江上。因与徐靖国、朱彦明道伯时画杀满川花事云，此公卷所亲见。余曰：'九丈当践前言记之。'鲁直笑云：'只少此一件罪过。'后二年，鲁直死贬所。又廿七年，余将漕二浙，当绍兴辛亥至嘉禾，与梁仲谟、吴德素、张元览泛舟访刘延仲于真如寺，延仲遽出是图，开卷错愕，宛然畴昔，拊事念往逾四十年，忧患余生，岿然独在，彷徨吊影，殆若异身也。因详叙本末，不特使来者知伯时一段异事，亦鲁直遗意。且以玉轴遗延仲，俾重加装饰云。空青曾纡公卷书。"

"曾空青"者即曾纡。《挥麈后录》，王明清撰，其为曾纡外孙。王明清言"太史留连逾月"，观其在永所作，非为虚度。

道光《永州府志·金石略·永州慈氏阁金相轮记》："黄庭坚与曾公衮登太平寺慈氏阁诗：'青玻璨插盆千层，湘江水清无古今。何处拭目穷表里，太平飞阁暂登临。朝阳不间阜茎下，愚溪但见古木阴。虽与洗涤怀古恨，坐有佳客非孤斟。'"

道光《永州府志·金石略·宋黄庭坚澹山岩诗》："去城廿五里近，天与隔尽俗子尘。春蛙秋蝇不到耳，夏凉冬暖总宜人。岩中清磬僧定起，洞口绿树仙家春。惜哉淡山世未显，不得雄文镵翠珉。淡山淡姓人安在，征君避秦亦不归。石门竹径几时有，瑶台琼室至今疑。回中明洁坐十客，亦可呼乐醉舞衣。阆州城南果何似，永州澹岩天下稀。政和六年住持僧智□刻石。

郭毓《艺照录》："澹山岩在永州零陵县南二十五里，易三接《零陵山水记》：'宋黄山谷始题识之，今洞中一石载山谷诗七律二首。南宋王南卿阮者，九江人，有绝句云：浯溪已借元碑显，愚谷还因柳序称。独有澹岩人未识，故烦山谷到零陵。'今山谷诗碑摹本虽剥蚀，尚有可观。"

《金石萃编》："山谷老人七古诗二首，豫章黄少生文集亦载此二诗，皆无岁月,考《年谱》:崇宁二年留鄂州,十一月有宜州谪命,三年自潭州历卫州、永州、全州、静江府以趋贬所,三月泊浯溪,十四日到永州,有题澹山岩诗二首,是此诗作于崇宁三年三月也。"

《古泉山馆金石文编》:"山谷澹山岩诗正书七行,字数不齐,末有政和中僧刻石一行。秦汉篆隶书二十、三十字,俱作廿、卅,山谷书此诗二十五作廿五,从古也,然诗体以七字为句,似当作二十为正,否则欠一字,便不成句矣!惜哉!"澹山世未显",任渊注山谷集,本作次山,次山于永州有浯溪及朝阳岩铭,澹岩无有,盖是时未知名也。又第二首,"回中明洁坐十客",注云:"元次山有大回、小回中诗,言其水之回洑也,此借用,今审石刻实作澹山,后人据任注磨改作次山,形迹显然。又今志载此诗'回中'俱误作'山中',石刻本作'回',与集本合,然此字亦有磨改痕,盖后人转欲据误本改'山'也。任注澹山曰:'零陵土人谓澹山以澹竹得名,或云尝有澹姓居之。'予考宋王淮记云:"昔有澹姓者家焉,遂名澹岩。"又唐张颢记云:'古有老人处其下,以澹氏称,因名。'盖后说为是,故山谷用之。'淡'与'澹',古通用字,故前人记载不似'嵩',姑缺之。盖山谷于崇宁三年题此诗,至政和六年寺僧始为之勒石也。"

道光《永州府志·金石略·宋黄庭坚浯溪题名并诗》:"崇宁三年三月己卯,风雨中来泊浯溪,进士陶豫、李格,僧伯新、道遵同至中兴颂崖下,明日居士蒋大年、石君豫、太医成权及其侄逸,僧守能、志观、德清、义明等众俱来,又明日,萧褒,及其弟褒来。三日,徘徊崖次,请余赋诗。老矣!不能为文,偶作数语,惜秦少游已下,世不得此妙墨劖之崖石耳:'春风吹船着浯溪,扶藜上读中兴碑。平生半世看墨本,摩莎石刻鬓成丝。明皇不作苞桑计,颠倒四海由禄儿。九庙不守乘舆西,万官也作鸟择栖。抚军监国太子事,何乃趣取大物为。事有至难天幸耳,上皇蹜蹜还京师。内间张后色可否,外间李父颐指挥。南内凄凉几苟活,高将军去事尤危。臣结春秋二三策,臣甫杜鹃再拜诗。安知忠臣痛至骨,世上但赏琼琚词。同来野僧六七辈,亦有文士相追随。断崖苍藓对立久,冻雨为洗前朝悲。'宋豫章黄庭坚字鲁直,诸子从行,相悦、相楛,舂陵尼悟超子发,秀才家甋以私钱刻之中兴颂碑之侧。同来相视南阳何安中得之磨灭,令陆弁景庄,浯溪伯新宣和□子十二月廿日书,无诣释可环模刻。"

《舆地碑目》:"山谷浯溪诗刻石后人,目为小磨崖。"

《苕溪渔隐丛话》:"鲁直题磨厓碑后诗,观诗意皆言明皇末年事。余以唐史考之,明皇幸蜀还居兴庆宫,李辅国迁之西内,居甘露殿,继流高力士于巫州。诗云'南内',误矣! 又以元结本传及元次山集考之,但有时议三篇,指陈时务而已,初无一言及明皇、肃宗父子间,不知鲁直所谓'臣结春秋二三策'者,更别出何书也。鲁直以此配'臣甫杜鹃再拜诗',子美杜鹃诗正为明皇迁居西内而作,则次山'春秋二三策'亦当如杜鹃诗有为而言,若以时议三篇为是,则事无交涉,乃误所也。或云鲁直用孟子'吾于武城取二三策'之语,然于元结果何预焉。如颜鲁公《湖州放生池碑》载其上肃宗表云:'一日三朝,大明天子之孝;问安视膳,不改家人之礼。'东坡谓鲁公知肃宗有愧于此乎? 孰谓公区区于放生哉! 此事若用之却为亲切。"

《授堂金石文跋》:"黄山谷跋及书磨厓碑诗,字奇伟可喜,跋所云:崇宁三年三月己卯,今山谷集刻本脱'三月'字,则'己卯'日竟无所属,又下列叙僧守能、志观、德清、义明等众,而刻本以'等众',作'崇广','不能为文',刻本作'岂复能文','偶强作数语,惜秦少游已下世'刻本亦少'偶'字,及'已'字。诗内'鸟择栖',刻本'鸟'作'乌',至'臣结春秋二三策"句,刻本'春秋'作'春陵',此其尤谬,不可不以石刻举正者也。考次山《春陵行》自叙,盖为诸使征求而发,于《中兴碑》无所寓词,惟易以此石作'春秋二三策',与碑云:'天子幸蜀,太子即位灵武,其中隐寓贬例,此春秋之义也。集刻半误于工人,而此跋及诗又寥远为世所不见,故为存录以订近本之疏,使校勘者知有考也。'"

《古泉山馆金石文编》:"山谷题名并诗共十一行,正书,在浯溪磨厓之左,其后有宣和间人题语三行,似记模刻缘起也。其首一行为康熙间祁阳令王某磨去,改刻已之重修刊岁月姓名,以故字迹已失山谷真面,且题名中'惜'字误从手,'此妙墨'之'此'笔画有讹谬,'万官'下一字,集本作'已而',石刻似也。又《事文类聚》引此句作'万官奔窜鸟择栖',其'鸟'字集本作'乌',任渊注云:'鸟字或作乌,非。''春秋',集本作'春陵',任渊注云:'春陵'或作'春秋',非。是可见当时传本自有不同,今集本乃任渊作注时更定也。进士陶豫即后刻所称之陶介石,见集中游愚溪诗序,集中有云蒋彦回者,亦山谷在永所交友,未知即此居士蒋大年否。宣和跋所存二行,上下亦多磨损不全,考澹山岩有元祐中楚人高公杰子发题名,疑即此子发秀才也。读山谷自题:'惜秦少游已下世不得此妙墨劚崖石'之语,知当时此诗未及刻石,而墨迹藏于子发秀才家,至宣和时乃勒石耳。'子'上一字当是'庚','庚子'乃宣和二年,在崇宁三年后十六年,少游卒于建中靖国元年,乃崇宁三年之前四年也。武虚谷谓'偶强作数语',集本少'偶'字,今石刻'偶'下并无'强'字,误也。"

《荆溪林下偶谈》:"读《中兴颂诗》前后非一,惟黄鲁直、潘大临皆可为世主规鉴。"

道光《永州府志·金石略·黄庭坚书欸乃曲》:"山谷云:'千里枫林烟雨深,无朝无暮有猿吟。停桡静听曲中意,好是云山韶濩音。零陵郡北湘水东,浯溪形胜满湘中。溪口石颠堪自逸,谁人相伴作渔翁。'右元次山《欸乃曲》,'欸'音'袄','乃'音'霭',湘中节歌声。子厚渔父词有"欸乃一声山水渌"之句,误书'欸'欠,少年多承误妄用之,可笑。《苕溪渔隐》曰:余游浯溪读磨厓《中兴颂》,于碑侧有山谷所书《欸乃曲》,因以百钱买碑本以归,今录入《丛话》。又《元次山集·欸乃曲》注云:'欸音媪,乃音霭,棹船之声。'洪驹父《诗话》谓:'欸音霭,乃音袄。'遂反其音,是不曾看《元次山集》,乃山谷此碑而妄为之音耳。案:释惠洪《冷斋夜话》:洪驹父云'欸乃霭一声山水渌','欸乃'音'奥',后人分'欸乃'为二字,误矣,与胡仔所引不令。"

道光《永州府志·金石略·黄庭坚书陶靖节诗》:"涪翁晚年再迁宜州,道出祁阳,草书靖节诗四首,'清晨闻叩门,倒裳往自开'者其一也,'栖栖失群鸟,日暮犹独飞'者其二也,'昔欲居南邨,非为卜其宅'者其三也,'春秋多佳日,登高赋新诗'其四也,并镌石于嘉会亭。余昔经由摹得墨本,爱其笔法之妙,自成一家。涪翁尝言元祐中与子瞻穆父饭宝梵僧舍,因作草数纸,子瞻赏之不已,穆父无一言,问其所以,但云恐公未见藏真真迹,庭坚心窃不平。绍圣贬黔中,得藏真自序于石扬休家,谛观数日,恍然自得,落笔便觉超异,回视前日所作,可笑也,然后知穆父之言不诬,且恨其不及见矣。今祁阳草圣,正是涪翁黔州以后作,诚佳绝也。东坡尝跋之云:'昙秀来海上',见东坡出黔安居士草书一轴,问此书如何,东坡云:'张融有言:不恨臣无二王法,恨二王无臣法,吾于黔安亦云然。他日黔安见之,当捧腹轩渠也。'(《渔隐丛话》)"

道光《永州府志·金石略·黄庭坚浯溪题刻》:"余与陶介石绕浯溪寻元次山遗迹,如《中兴颂》《峿台铭》《右堂铭》皆众所共知也,与介石徘徊其下,想见其人,实深千载尚友之心,最后于庼亭东崖披剪榛秽,得次山铭刻数百字,皆江华令瞿令问玉筯篆,笔画深稳,优于峿台铭也。故书遗长老新公,俾刻之崖壁,以遗后人,山谷老人书。"

《潜研堂金石文字跋尾续》:"右黄庭坚题名,在浯溪东崖,文凡十有六行,不题年月,以山谷年谱考之,当在崇宁三年三月,盖自鄂州赴宜州谪所道所经也。介石名豫,长老名伯新,黄䅮撰年谱唯载磨崖碑后题名,而不及此题,故具录之。

予向跋庝廎铭，据说文谓'廎'与'膏'同训小堂不当，'忉'作'亭'字，今山谷题已作'亭'，又陈衍《题浯溪图》云：'元氏始命之意，因水以为浯溪，因山以为峿台，作屋以为庝亭，三吾之称，我所自也。欧阳公集古录亦作庝亭。'顷于何君元锡斋见所拓磨厓大字有云：'庝亭，磴道者有云：《庝亭铭》者，验其笔踪，似唐人所题，则读'廎'为'亭'，沿讹已久，六书之不讲，岂独近代为然哉。'"

道光《永州府志·食货志·物产》："零陵居士李唯，字宗古，一妻一女，垂老病足，养鸂鶒以乐余年。尝出谢李道人苕帚，杖从蒋彦回乞葬地，二颂示黄庭坚，庭坚赠以诗云：'提携禅客扶衰杖，断当媚家葬骨山。因病废棋仍废酒，鸂鶒鹦鹉伴清闲。诗书传女似中郎，杞菊同盘有孟光。今日鸂鶒鸣寨寨，他年鹦鹉恨堂堂。(《黄山谷集》)'"

《山堂肆考》："零陵李宗古居士垂老病足，一妻一女，养鸂鶒以乐余年，山谷戏咏诗二首云：'山鸡之弟竹鸡兄，乍入雕笼便不惊。此鸟为兄行不得，报晴报雨总同声。真人梦由大槐宫，万里苍梧一洗空。终日忧兄行不得，鸂鶒应是痹亭公。'"

道光《永州府志·金石略·黄庭坚水字桥石壁题刻》："在城西四十五里，邑人黄佳色记云：水字桥旁黄山谷有题识，今剥蚀不可读。零陵县《武志》。"

道光《永州府志·建置志·宫室》："冠云亭，王士正《浯溪考》云：'元韦、黄庭坚游石门寺，上冠云亭。'见题名，今无考。"

陶豫，字介石，或陶弼族属。《山谷集》中有陶弼墓志。

《山谷集·东上阁门使康州团练使知顺州陶君墓志铭》："府君讳弼，字商翁。陶氏盖柴桑诸陶有讳矩者，避地将家占零陵之祁阳。矩生蠲，蠲生钧，赠殿中丞。殿中生岳，仕至职方员外郎，赠刑部侍郎，是为君考。府君少孤，志行磊落权奇，左《诗》《书》，右《孙》《吴》，同学生叹伏之，以为一日千里。困穷无地自致，乃聚晚学子弟讲授六经，以奉母夫人长沙太君甘旨。庆历中，莫猛诸唐据湖南山溪，钞掠郡县。提点刑狱杨畋召君俱行，颇用其策谋。君亦分军薄险，得挑油平太平峒，于畋军中功第二，以进士调授桂州阳朔县主簿。侬智高蹈籍二广，畋以书召君掌机宜。乘驿至曲江，畋檄君下英州，议救广府，贼已走，连、贺蒋偕一军没，余众溃入山林。贼声势张甚，君以便宜颇取败军，白旗大书曰招安蒋团练下败兵，使十数辈持徇村落，收得散卒则回路趋贺州就粮。州将持法拒君，君晓以大义，乃听活千余人，送幕府。会畋罢去，不为功，然畋在朝廷，每为人言湖南军中独得陶弼一人耳。君久次，迺为阳朔令，以吏考除大理寺丞，监潭州粮料院。广南西路提点刑狱李师中论荐其能,擢知宾州。诏换崇仪副使知容州,以六宅副使知钦州,数以母老乞归,极恳恻,不听,既丁内艰,徒行奉丧,归葬祁阳,夺哀以崇仪使知邕州,招纳训利等六州蛮,及广源内附。依智高千余众皆就耕食,君亦再满任乃得请知鼎州。诏使按治辰州南江诸溪蛮,宣抚使举君知辰州,又奏君不上吏课者。二十年迁皇城使,措置北江,用反间使彭师晏自攻伐,归其地县官。王师问罪安南,以知邕州,又用宣抚使辟知顺州,四迁为东上阁门使,康州团练使,年六十有四,终于顺州之官舍。娶丁氏钱塘县君,生子通,冠而死,以兄之孙同为通后,授郊社斋郎。六女,长嫁宁乡尉严介而卒,其五居室。君不治细故,独以文章自喜,尤号为能诗。年三十起从军,心通悟,达兵家机会,能得士死力,智度闳深,调护不虞,不见圭角。遇仓卒,大军常倚以为重。作郡县,顺民立条教,当其艰勤,与吏士同甘苦,不以远朝廷故不尽心力。所临数州,夷夏斩斩以约信为威。尝请郴、桂灵渠通漕湘江,军兴,转粟可十倍。使者不能听,李师中在广西乃用之,于今为功。广源酋长刘纪数请和市太平寨规觇国,欲生事徼功者吹嘘助之,君伐其谋,后数年和市议下,刘彝、沈起之事是矣。顺州草创,存亡不可知,受命即上道,折箠指撝,溪洞晏然。在军中三十年,夷险一概。使者多朝廷大吏,察治状,无以易君,故求去,辄进官重任,使遂老于桂林。表里事母孝谨,白首尽其欢。平生诗文书奏十有八卷,读其书知非碌碌者。元丰三年十月丙子,葬零陵之金釜山下。铭曰:'武夫面墙,文吏疚武。维此康州,俎豆军旅。乌合其兵,忠信成城。教子弟战,卫其父兄。乘艰行权,处女脱兔、及其既平,左规右矩。虎媚养己,时其饱饥。康州用士,可赴深溪。子拊惸嫠,姑息夷獠。我一以律,不残不傲。药不龁手,漂絮终身。或千户封,奇偶匪人。梓庆为鐻,不怀庆赏。康州抚师,尚以义往。大能小施,夸者技痒。我安养命,民得休养。边陲之守,不必推锋。我铭康州,式劝士功。'"

徐武,字靖国,时为永州司法参军。黄庭坚尝应徐武之请,为其父作墓碣。

《山谷集·徐长孺墓碣》:"徐长孺,姑苏孝友文学之士也。幼少刻苦,读书多见博闻,不肯下首作当时进士语,故数不利于有司,乃刻意作诗,得张籍句法。娶江南高士刘涣凝之之女,亦有贤行。熙宁初,与夫人归宁于南康,不幸病卒于妇氏。年四十矣,有儿曰武,才数岁,刘夫人念儿幼,未可归,乃旅殡于南康之僧舍。后十五年,武始能扶其枢归于六合。是时君母彭城太君刘氏春秋高,莫敢议窆歼事。崇宁二年,彭城既合葬于金紫之茔。刘夫人及武乃亦葬君其县之马鞍山。君讳彦伯,长孺字也。父讳执中,尚书屯田郎中,以季子户部侍郎彦孚赠金紫光禄大夫。金紫初室龙图阁直学士郑公向之女,继室尚书职方郎中刘公立言之女。长孺,郑出也。户部,刘出也。使武能立长孺门户,以葬祭者,皆户部之志也。于是武以户部任为永州司法参军。武有二子,曰望、曰说,孩童而机敏。刘夫人耆老康强,乃谋曰:'汝先人不可以不铭。'故使来乞铭而碣诸墓,则叙而铭之。谨按:'徐氏初非姑苏人,唐末避乱,去彭门而家于扬州之六合者既数世矣,而金紫迁姑苏。虽田宅在姑苏,犹反葬于六合'云。铭曰:'生故之艰,不可忍言。无禄无年,有衔下泉。其子其孙,尚迪有造。刻诗墓门,俾来有考。'"

《诚斋集·蒋彦回传》:"蒋彦回,名漳,零陵人。少入太学不遇,叹曰:'士必富贵乃得志耶!'弃而归,市书数千卷,阁以藏焉。筑圃植花木、葺亭榭以读书其间。未几圃产玉芝,遂以名。山谷黄先生贬宜州,过而赋之。彦回日从之游,藏弄其文字诗画二百余纸,山谷亦乐为之作,实崇宁三年三月也。明年九月,山谷病革,彦回往见,山谷大喜,握手曰:'吾身后非彦回谁付。'乃尽出所著书,曰:'惟所欲取。'彦回乃不私片纸。山谷卒,为买棺以敛,以钱二十万具舟送归双井云。道乡邹先生谪永,彦回复从游,欢甚!已道乡复有昭州之命,留其家于太平寺后以居,乃行。彦回实经纪之,同其患难而周其乏困。道乡率月致二书以谢,盖深德之。其后北归,临别之诗可见矣。嗟夫!士穷乃见节义,此韩退之为久故之交而言也。若彦回之于二先生,秦越也,非有平生之素,而能向慕乎二先生之风,既贤也已!况二先生当蛟蛇熊豹,狺狺摇牙之锋,宾客落而朋友缺,淹汩阨塞于荒远寂寞之地,望风而憎,无仇而挤者,滔滔也,而彦回至于死生之际而不变,此古之贤且仁者,族且亲者,恩且旧者犹或难焉。彦回能之,可不谓贤矣哉!予来丞邑,访其所谓玉芝园者,但见荒烟垫草而已。问其子,则观言者在,老矣。顾其家贫甚,观言居之淡如也,其犹有彦回之风。与问彦回之遗事,所言云尔。其人颛朴而无纯缘,其言可信也。且出道乡之翰墨七篇,读之使人三叹,而恨不出乎其时。又曰:'山谷美丈夫也,今画者莫之肖。'观言年十五,在旁见其喜为人作字及留题,于吾乡人士日持练素以往,几上如积,忽得意,一扫千字。一日访陶豫,豫置酒,且令人汛除其堂之壁,先生曰:'何为者?'豫离立而请曰:'敢丐一字为宠光。'先生曰:'诺!'酒半酣,起索笔大书,下语惊坐,今亡矣,且忘其词。又曰:'道乡对人寡言,终日拱手不下带,其庄敬如此。'又曰:'先君子有文集若干卷,顷大盗孔彦舟屠城,寸纸不遗余矣。'予太息而为之传。"

弘治《永州府志·人物·零陵》:"蒋漳,少辞家入太学,既无遇,弃而归隐。黄庭坚右宜州,病革,漳往见焉,庭坚委以身后事,及卒为棺敛具,舟送归。邹浩谪永州,漳从之游,浩有昭州之行,漳又为经纪其家。"

隆庆《永州府志·人物列传》:"蒋漳,零陵人,少辞家入太学,既不遇,弃而归隐。黄庭坚在宜州,病革,漳往见焉,庭坚委以身后事,及卒为棺敛具,舟送归。邹浩谪永州,漳从之游,浩有昭州之行,漳又为经纪其家。"

《山谷集》:"去年三月清明,蒋彦回喜太守监郡过其玉芝园作诗十六韵,二侯皆有报章,今年三月,余到玉芝园,记录一时,次其旧韵:'春生潇湘水,风鸣?采谷泉。过雨花漠漠,弄晴絮翩翩。名园上朱阁,观后复观前。借问昔居人,岑绝无炊烟。人生须富贵,河水清且涟。百年共如此,安用涕滂沱。蒋侯真好事,杖屦喜接连。车载溪中骨,堆排若差肩。厌看孔壬面,丑石反成妍。感君劝我醉,吾亦无间然。乱我朱碧眼,空花坠便翩。行动须人扶,那能金石坚。爱君雷式琴,汤汤发朱弦。但恨赏音人,大半随逝川。平生有诗罪,如癎不可痊。今当痛自改,三衅复三渊。'"

魏泰《朝阳洞》诗刻

释文

朝陽洞

七鑿混沌死,萬竅從此生。海水能幾何?呋口下渴鯨。歸期不妨晚,霜日背林明。

魏泰

考证

此刻在逍遥径旁,35×55公分,五行,楷书,磨泐。

《留云庵金石审》:"于杨巨卿题名见'道辅'二字,疑是魏泰,适得泰此诗,审其名上剥蚀处,上存'臣',下存'丁',其下似书干支,而不可辨,当是甲寅乙卯之间也。考《宋史·欧阳修传》,泰尝横行汉南,规占田园,恃为曾布妇兄。布执政后,又谮修之子棐于布。其所作《临汉隐居诗话》极诋永叔,信非正人,即其论诗以有味为主,此诗六句,安见其有味乎?"

道光《永州府志》题为《题朝阳洞》,有署款:"熙宁□□魏泰□□。"

《八琼室金石补正》:"右魏泰诗不见年月,《通志》未载,《永志》列于熙宁,云名上剥蚀处上存'臣',下存'丁',以拓本谛审之,殊无所见,宗氏之言未可尽信也。案魏泰名见于淡岩李昭辅题名,系崇宁甲申所刻,此刻当系于崇宁初,庶几近之。'朝阳洞'上宗氏增一'题'字,今亦无所见,'不可晚'误作'不妨晚'。"崇宁甲申为崇宁三年。

《方舆胜览》卷三十二《京西路·襄阳府·人物》:"魏泰,襄阳人,章子厚欲官之,拂袖还家。"

《明一统志》卷六十《襄阳府·人物》:"魏泰,襄阳人,崇、观间章惇欲官之,竟拂袖还家,善文章,著《临汉隐居集》二十卷,又著《东轩笔录》十五卷。尝赋襄阳形胜,识者伟之。"

《湖广通志》卷五十七《人物志·文苑·襄阳府》:"魏泰,字道甫,《明一统志》:襄阳人,崇、观间章惇为相,欲官之,竟拂袖还家。善文辞,著《临汉隐居集》《东轩笔录》《襄阳形胜赋》,祀乡贤。"

《万姓统谱》卷九十四:"魏泰,襄阳人,崇、观间章淳欲官之,竟弗就还家。善文章,著《临汉隐居集》三十卷,又著《东轩笔录》十五卷。尝赋襄阳形胜,识者伟之。"

《郡斋读书志》卷三下:"《东轩笔录》十五卷、《续录》一卷。右皇朝魏泰撰,襄阳人,曾布之妇弟。为人无行而有口,颇为乡里患苦。元祐中纪其少时公卿间所闻成此编云。"

《郡斋读书志》卷四下:"《临溪隐居集》二十卷。右皇朝魏泰,字道辅,襄阳人,曾布子宣妻之弟也。幼迈爽能属文,尝从徐禧,晚节卜隐汉上,人颇言其倚子宣之势为乡里患苦云。"

《文献通考》卷二百十六《经籍考·子·小说家》:"《东轩笔录》十五卷、《续录》一卷。晁氏曰:右皇朝魏泰撰,襄阳人,曾布之妇弟,为人无行而有口,颇为乡里患苦。元祐中纪其少时公卿间所闻成此编,其所是非多不可信。心喜章惇,数称其长,则大概已可见。又多妄诞,姑举其一:如谓王沂公登甲科,刘子仪为翰林学士尝戏之。按沂公登科虽在子仪后四年,其入翰林,沂公反在子仪前七年。沂公咸平五年登科,子仪天禧三年始除学士,盖相去二十年,其谬至此。王氏曰:魏泰者,场屋不得志,喜伪作他人著书,如《志怪集》《括异志》《倦游录》,尽假名武人张师正。又不能自抑,出其姓名作《东轩笔录》,皆用私喜怒诬蔑前人,最后作《碧云騢》,假作梅尧臣毁及范仲淹,而天下骇然不服矣。"

《墨庄漫录》卷二:"魏泰道辅自号临汉隐君,著《东轩杂录》《续录》《订误》《诗话》等书,又有一书讥评巨公伟人阙失,目曰《碧云騢》,取庄献明肃太后垂帘时,西域贡名马,颈有旋毛,文如碧云,以是不得入御闲之意。嫁其名曰都官员外郎梅尧臣撰,实非圣俞所著,乃泰作也。"

《四库全书总目提要·东轩笔录》:"《东轩笔录》十五卷,宋魏泰撰。泰,字道辅,襄阳人,曾布之妇弟也。《桐江诗话》载其试院中,因上请忿争,殴主文几死,坐是不得取应。潘子真《诗话》称其博极群书,尤能谈朝野可喜事。王铚跋范仲尹墓志,称其场屋不得志,喜伪作他人著书。如《志怪集》《括异志》《倦游录》,尽假名武人张师正,又不能自抑,作《东轩笔录》,用私喜怒诬蔑前人。最后作《碧云騢》,假作梅尧臣,毁及范仲淹。晁公武《读书志》称其元祐中记少时所闻成此书,是非多不可信,心喜章惇,数称其长,则大概已可见。又摘王曾登科甲,刘鞏为翰林学士相戏事,岁月差舛,相去几二十年,则泰是书,宋人无不诋諆之。而流传至今,则以其书自报复恩怨以外,所记杂事亦多可采,论古者颇借以为考据之资,故亦不得而废焉。"

《四库全书总目提要·临汉隐居诗话》:"《临汉隐居诗话》一卷,宋魏泰撰。泰有《东轩笔录》,已著录。泰为曾布妇弟,故尝托梅尧臣之名撰《碧云騢》以诋文彦博、范仲淹诸人。及作此书,亦党熙宁而抑元祐。如论欧阳修则恨其诗少余味,而于'行人仰头飞鸟惊'之句始终不取。论黄庭坚则讥其自以为工,所见实僻而有方。其'拾玑羽往往失鹏鲸'之题论,石延年则以为无大好处。论苏舜钦则谓其以奔放豪健为主,论梅尧臣则谓其乏高致,惟于王安石则盛推其佳句,盖坚执门户之私,而甘与公议相左者。至'草草杯桦供笑语,昏昏灯火话平生'一联,本王安石诗,而以为其妹长安县君所作,尤传闻失实。然如论梅尧臣赠邻居诗不如徐铉,则亦未尝不确。他若引韩愈诗证《国史补》之不诬,引《汉书》证刘禹锡称魏琯之误,以至评韦应物、白居易、杨亿、刘筠诸诗,考王维诗中颠倒之字,亦颇有可采。略其所短,取其所长,未尝不足备考证也。"

《宋诗纪事》卷二十八:"泰,字道辅,襄阳人,曾布之妇弟,为人无行而有口。米元章称其与王平甫并为诗豪。崇、观间,章惇为相,欲官之不就,有《临汉隐居集》《东轩笔录》《隐居诗话》。题黄鲁直集:'端求古人遗,琢抉手不停。方其得机羽,往往失鹏鲸。'《隐居诗话》:'黄庭坚喜作诗,得名好用南朝人语,专求古人,未使之一二奇字,缀葺而成诗,自以为工,其实所见之狭也。故句虽新奇而气乏浑厚,吾尝作诗题编后'云云。盖谓是也。"

《说郛》卷二十一上:"田衍、魏泰居襄阳,郡人畏其吻谣。曰:襄阳二害、田衍、魏泰。未几,李豸方叔亦来郡居,襄人憎之曰:近日多磨,又添一豸。""魏泰道辅,自号临汉隐君,著《东轩杂录》《续录》《订误》《诗话》等书,又有一书讥评巨公伟人阙失,目曰《碧云騢》,取庄献明肃太后垂帘时,西域贡名马,颈有旋毛,文如碧云,以是不得入御闲之意。嫁其名曰都官员外郎梅尧臣撰,实非圣俞所著,乃泰作也。"

《说郛》卷二十九下:"魏泰托梅圣俞之名,作书号《碧云騢》,以诋当世巨公,如范文正公亦不免。曰:'范公欲附堂吏范仲之故名仲淹,意欲结之为兄弟。'"

《少室山房笔丛正集》卷十六:"《碧云騢》,撰称梅尧臣,实魏泰也。晁公武云:泰,襄阳人,无行有口。元祐中纪其少时闻见成此编,心信章惇,数称其长,则大概见矣。又王铚云:魏泰场屋不得志,喜伪作他人著书。如《志怪集》《括异志》《倦游录》,尽假名武人张师正。又不能自抑,出姓名作《东轩笔录》,皆私喜怒诬蔑前人。最后作《碧云騢》,议及范仲淹,而天下骇然不服矣。余尝笑唐人作伪书而其名隐,宋人作伪书而其名彰,然无益于伪则一也。宋人好作伪经者阮逸,伪子者宋咸,伪说者惠洪,诸人皆无害于名教,世犹以伪訾之,而以泰之颠倒白黑,而《碧云騢》迄今传,何也!"《威县志》卷十三《风俗志·借重》:"王铚跋范仲淹墓志,魏泰作《碧云騢》,假名梅圣俞毁范文正,文正与梅公立朝同心辅政,讵有异论?特圣俞子孙不耀,故挟之借重以欺世。"

《续资治通鉴》卷八十八:"崇宁二年(1103)五月丙戌:曾布以妻魏氏及子纡、缲等交通请求,受赂狼籍,责授廉州司户参军,仍旧衡州安置,纡永州编管,缲除名。"曾纡为魏泰甥,魏泰来永,当是以此。澹山岩有魏泰、曾纡题名。

道光《永州府志·金石略·李昭辅等澹山岩题名》:"李昭辅、魏泰、黄大临、姚天常、蒋存、曾纡,甲申仲冬游澹山岩。右刻小篆四行,篆法秀劲,'甲申'八字双行书于末行之后,不著年代。案:纡,曾布子,坐党事流永。王明清《挥麈录》所谓'空青',盖指'纡'也。大临当是山谷兄弟行,其为崇宁甲申无疑。《留云庵金石审》案:汪浮溪撰纡墓铭云:'文肃公免相,言者指公尝夜过韩仪公家,议复瑶华事,且受父密金,请付吏,诏自中鼠永州,入元祐党,建炎时官纡知衢州。'又云:'公之谪永州也,黄庭坚鲁直过焉,得公诗爱而读之,手书于扇,其篆隶行草,沉着痛快。得古用笔意。'据此则此刻必纡所书也。"

黄彪等题刻

释文

主郡吏南昌黄彪彪父暇日攜子佽、楑、淰、荥、犖、樾、鑾游朝阳巖,摩拂苍崖,觐伯父太史题刻,歉慨久之。表姪九江夏孝章同来,乾道辛卯百五日。

考证

此刻在上岩,52×85 公分,六行,楷书。

《金石萃编》:"正书,六行,黄彪当是山谷之侄。题云:'观伯父太史题刻'者,即指洞门左右石壁山谷题名也。今山谷题名已失揭矣。"

道光《永州府志·金石略》:"王煦等省志云:'案零陵县《宗志》作澹山岩题名,文中'朝阳'下多'澹山'二字。''彪父',省志误作'彪文',零陵补志作'澹山'者亦误。"

《八琼室金石补正》:"右刻在补元厂内苍崖,《永志》作厓,又案省志不作'彪文'。"

乾道辛卯即乾道七年(1171)。黄彪,字彪父,南昌人,黄庭坚侄,时为永州知州。

万石山、澹岩亦有黄彪题名:

道光《永州府志·金石略》:"南昌黄彪彪甫,乾道己丑仲秋十有一日假郡事,越二年春八日题此以纪岁时,子俟、裻、澁、荣、荦、樕、鋆侍行。《留云庵金石审》:'右刻八分书,五行,在梅孝女祠内李拔诗刻之左。隶法瘦劲,年久石渐平滑,就读约略得半,拓之仅见数字耳。'"

道光《永州府志·金石略》:郡守黄彪祷晴于顺成侯庙,祀事毕,天宇廓然,因至澹岩观二父遗刻,感叹久之。时乾道己丑十一月二日,男俟、裻、澁、荣、荦、樕、鋆继来。"

黄彪曾知袁州。正德《袁州府志·职官·知州事》:"黄彪,右朝请郎,隆兴二年任。"

(原载 2014 年第 7 期,作者单位:西南民族大学)

朝阳岩石刻的书法美学价值

——《零陵朝阳岩小史》《零陵朝阳岩诗辑注》二书读后

✳ 刘依平 ●

自唐代诗人元结首刻石于零陵朝阳岩以来,历代文人雅士多镌游记诗文于此,荟萃成南方地区著名的朝阳岩摩崖石刻群,成为"自然景观转化为人文景观的一个佳例"[1]。近年来,湖南科技学院张京华教授携学生汤军、侯永慧等,采取田野作业和书斋考证相结合的办法,对朝阳岩石刻进行了历史和文学两个方面的研究,撰成《零陵朝阳岩小史》《零陵朝阳岩诗辑注》两部专门著作,大量精美的石刻拓印图版,亦收录其中,成为我们探析朝阳岩摩崖石刻的书法美学价值和书法史学价值的重要基础。

一 朝阳岩石刻概述

正如宗白华先生所说:"中国书法在创造伊始,就在实用之外,同时走上艺术美的方向,使中国书法不像其它民族的文字,停留在作为符号的阶段,而成为表达民族美感的工具"[2]301。而摩崖石刻,就是人将其创造的书法艺术符号,登载在自然岩石这一载体上。它既保留了笔墨固有的艺术特点,又因载体和工具的变化——载体由纸张变为凹凸不平、漫漶剥蚀的石壁,工具由笔墨变为金刀,从而产生出与传世名帖迥然相异的情趣。

朝阳岩位于今永州市零陵区城西二里处,东临潇水,包括零虚山、朝阳岩上洞、逍遥径、朝阳岩下洞、青阳洞、阴潜涧六部分。唐永泰二年(公元766年),时任道州刺史的元结北上长沙,途经零陵,见此地山水形胜,于是结舟登陆,寻访到了山岩与石洞,遂用《诗经·大雅》"凤凰鸣矣""梧桐生矣"之典,命之以"朝阳"。俟后,朝阳岩经永州刺史独孤愐、摄刺史窦沁修葺,并将元结所撰《朝阳岩铭并序》和《朝阳岩下歌》书丹刻石,从而开辟了朝阳岩人文景观。

自元结而后,文人雅士往游者渐多。游者必有题咏,题咏多镌于石。然而历时既久,风蚀水渍之下,早期石刻磨泐严重。且又有人为的损毁,一以民众之迷信,往往刻"石山保"字样以覆之;一以刻工之贪鄙,磨去旧刻以待新者,足令有识者扼腕。所幸者,据汤军统计,朝阳岩仍可见题记、诗、文类碑刻150余通,其中唐代4通,宋代31通,元代2通,明代51通,清代33通,民国10通,现代1通,不详时代17通;就其保存情况而言,则保存完整者94通,磨泐者14通,残损者45通,亡佚者4通[3]279-280。时至今日,朝阳岩石刻的数量仍"在地区中排名第一"[1]。

从书法审美的角度通观朝阳岩石刻,吾人可以发现其特点有五。一是论其时代,由唐迄民国,各代题刻,皆有所存。二是论其作者,则唐之张舟(宋赵明诚《金石录》误作李舟)、宋之黄庭坚、米芾,清之翁方纲、何绍基,皆一时圣手。三是论其字体,则篆、隶、楷、行、草,诸体兼备。四是论其书体,则自盈尺之署榜,至半寸之真、行,各尽美态。五是论其特色,则朴拙工巧,各异其趣。从这一意义上讲,朝阳岩石刻可与同为元结所创、以碑林重宝《大唐中兴颂》闻名天下的祁阳"浯溪石刻"一道,并称"舂陵双璧"。

二 朝阳岩石刻书法美学价值的个案分析

总体地来看,朝阳岩石刻极富书法美学价值,如唐之朴拙,宋之严整,明、清之活泼而多元。落实到具体的每幅作品,则宛如人各有面,面面不同,笔端生情,各尽美态。以下,我们按时代先后,选其最者分述之。

唐代石刻三幅。其一为唐大历十三年张舟诗刻《题朝阳岩伤故元中丞》[4]8。文作十四行,行八字,小楷。由于历时既久,文版剥蚀,加以为"石山保"字样覆盖,尤其漫漶不清。然从其字体完整者而论,则用笔轻重对比明显、多取侧势,结体疏密有致,或不如唐初虞世南之工整,而灵动则过之,似法魏晋小楷笔意,而去其似隶者。其二为唐咸通十四年李当诗刻《题朝阳洞》及其甥魏淙诗刻《奉和左丞八舅题朝阳洞》[4]19,字作大楷,凡七行,共五十四字。诗后有跋,小楷,凡十四行,行二十一字。据跋文"咸通十四年十一月廿五日魏淙题"字样,可知为同一人所书无疑。此版用笔肥重,转折处尤加顿挫,继以侧锋重笔;左竖常作撇形,略显波磔;结体则中紧外松,似于颜真卿、欧阳询有所兼取。其小楷跋文,堪称上品。盖以重笔写小字,则易滑腻而无神。跋文以结体之平正营造空间,以用笔轻重之相错营造变化,虽数百字罗布,然不蔓不枝,落拓飘逸,殊有情趣。唐刻中保存尤好者,为唐牛崟诗刻《题朝阳洞》[4]23。其笔意兼取鲁公《勤礼碑》和《麻姑山仙坛记》,用笔圆重,结体疏阔宏大,章法平正,为晚唐学颜之佳作。

宋代石刻价值最高者,当为两处题刻无疑。其一为黄庭坚题记,仅二十三字,文曰"崇宁三年三月辛丑徐武陶豫黄庭坚及子相僧崇广同来"[3]100,当为黄氏逝世前数月所作。此时黄庭坚书法已臻化境,黄书特点极为明显。如"徐"字逆锋而起,未及调整笔锋,即一拖直下,"人"字头向左右极力送出。又如整幅题记中,横画尽力倾斜不平,竖画则虬曲不直。与笔画欹侧、不受羁束相应,结体上则各字以相乖、相应之形作配合,中宫紧收,四缘发散,力求奇险。意气上神闲意秾,气势开张,极显老辣。其二则周敦颐题记[3]245,字作大楷,五行,行十四字,为治平三年十二月与程灏、鞠拯同游时所书。按古人书题记,执笔者往往居于最末,则此题刻或为周敦颐亲书。此篇用笔圆中兼方,提钩之处略见锋颖,结体极为平正,洒落大方,裕裕如也。盖周子本光明磊落、光风霁月人也,故为书亦将精神蕴于平淡之中,不故为惊人之势,然风骨自然存焉。此外,张琬诗刻《题朝阳洞》行书一幅[4]86,亦堪称宋刻之精品。笔画工整,结体严密,通篇飞扬灵动,饶富生气,即阮元所谓"以帖意施之巨碑者"[5]637。另,"嘉泰间,王淮又刻米芾'秀岩'二字于朝阳岩"[3]109,可惜已亡佚[3]280,足令吾辈喟叹。

明代石刻以中晚期为尚。如嘉靖十六年邢址诗刻《晓近岩光发》草书一幅,文曰:"晓近岩光发,亭虚波影重。凭栏仰元柳,促席羡夔龙。"[4]151-152。另一幅为草书残刻,系万历年间尹伸诗刻《冬日同孙浴泉别驾梁冲玄司理游朝阳岩》[4]213。诗为七言古诗,残刻仅存首六句:"名穴何年巨灵擘,岩扉悬涉一泓碧。入坐阡眠当万峰,斜日野烟数点赤。白乳垂珠牵隙寒,青萝飞阴缠径窄。"两幅草书对比,各异其趣。前一幅纯用中锋,快笔细书,讲求一笔直下,字字牵连,线条若游龙,如铁线,畅快淋漓,筋力外显。后一幅则近章草,笔画浓厚,藏头护尾,凝而不发,字间多以意相牵,用笔轻重之节奏变化,大有明畅之风。前书可见张、怀之影响,后书则似以二王而兼"吴中四家"之唐寅。此外,嘉靖年间陈垲《昔贤标胜迹》一首[4]158,为行草书,喜用侧锋,线条丰腴,精神内蕴,亦佳。

清则以翁方纲、何绍基二家为胜场。同治三年,时任永州知府杨翰"重刊元结诗、铭于朝阳岩,并补刻了黄庭坚诗及其像赞"[3]41。其中,黄庭坚像赞为翁方纲五十四岁时所作,文曰:"似僧有发,似俗无尘。作梦中梦,见身外身。山谷先生自赞。乾隆丁未冬仲北平翁方纲刻□□于豫章试院。"[3]212翁氏书法,世与刘墉、梁同书、王文治并称为"翁刘梁王"。包世臣则将其行书与王铎草书、周亮工草书、吴襄行书等并列,俱入"能品下"[6]658。较之惯常圆润轻柔的风格不同,是幅结体狭长,出锋迅捷,筋骨强健,浓墨处略见温润丰厚,游丝处则化为纤细刚劲,笔画间交代明白,无一处不合法度,无急躁之气,具锐爽之风。同治元年,何绍基、杨翰等同游朝阳岩,何氏作《杨琴海太守招游朝阳岩》[3]208[4]286,并书而刻石。此幅为行书(侯永慧据跋文"道州何绍基草"字样断为草书,似有未安),计二百七十余字,正文二十三行,跋文三行,为何绍基六十四岁所作。此时何氏已得汉隶《张迁》《礼器》二碑之神韵,书中兼具北碑之粗放、汉隶之质朴、小篆之高古。通篇以回腕势执笔,笔势开张,筋骨纵肆,中锋行笔处常作颤笔,尤显清健,间重笔以破之,偶有一笔略作夸张,直欲飞出岩壁。结体则欹正开合互用,体态自然疏放。章法布白则疏密错综,活泼而不失有序。较之晚年所作,老辣或有不如,法度则过之,当为何氏盛年精品。此外,林则徐之子林绍年有《一从直鲁题诗后》[3]224[4]306一刻,仿黄庭坚之笔意,而去其波磔,结体亦较平正,于晚清石刻中为佳。

三 朝阳岩石刻所见书风之变迁

阮元曾曰:"古者刻纪帝王功德,或为卿士铭德位,以佐史学,是以古人书法未有不托金石以传者。"[5]635故摩崖石刻本就有史学之价值。朝阳岩地处荒远,往游者虽不乏书林圣手,然亦多普通士人。较诸名家杰作,常人之书法之价值何在? 盖书法史本不仅是艺术天才的历史,还应是平民的历史。就一二天才独出众表者处,吾人固可知书法艺术之创生发展,就"不为人知的大多数"处,吾人亦可观时代书风之坚守与变迁。今举宋、清两代而言之。

宋代石刻书风凡两变。一变则由质朴入工整。如早期石刻雍熙四年秘书省校书郎潘孝孙所书贾黄中《七言四韵诗一章送新知永州潘宫赞若冲赴任》[4]26,即以拙见长。笔法慎重,似径唐楷而入魏碑,虽有平直藏护,然波磔不兴,轻重不作,锋颖不出,转折处尤见生涩。结体则打破常规,或相离,或相凑,或头重而欲下扑,或根重而欲凌上,于笨拙中见险峻,于险峻处透古意。宋咸平三年朱昂等诗刻《送新知永州陈秘丞瞻赴任》[3]67[4]34,和同为咸平年间的陈瞻《宣抚记并序》[3]70,用笔洗练,结体纯依字形天然之势,不事雕琢,不假安排,宋代书法"尚意"风格明显。中期则法唐楷之严整。此一变,大约与宋代理学不无关系。盖理学之目的,在于使人尽跻乎圣贤之下,成就其君子人格,故其论书,则好以人品定书品。蔡京书法成就甚高,传言宋家"苏黄米蔡"之"蔡",原指蔡京而言,然以其擅权误国,故替之以蔡襄。南宋秦桧亦擅书,然竟一字无存。由此可见宋人之审美,深受道德之影响。颜真卿以近耄耋之年,骂贼以死,竭尽臣节,正理学所欲表彰之理想人格。宜乎宋人多尊崇之、好尚之、专习之,逾于虞、褚、欧、柳之上。故前所述周敦颐题刻,及宋至和二年柳拱辰等题刻[3]75、嘉祐四年张子谅等题刻[3]78、治平三年梁宏等题刻[3]81、元祐七年程博文等题刻[3]87及佚名所题《人到朝阳岊底峊》[4]98等,皆法颜鲁公,笔画圆熟,结体平正,法度严谨,殆阮元所谓"界格方严,法书深刻"[5]637者。二变则由工整入洒落。此一时期,艺术审美不满足于专习唐楷之千人一面,故米芾曰"柳与欧为丑怪恶札之祖"[7]361、"欧、虞、褚、柳、颜,皆一笔书也,安排费工"[7]362,遂由工整转入轻盈洒脱。前所述黄庭坚题刻即此一时期书风变化之表征。又如元祐八年,邢恕《题愚溪寄刻朝阳岩》和《独游偶题》两刻[3]92,94[4]62,64,笔法灵动,意态挥洒。邢氏约在宋四家同时或稍前,由此刻可知苏黄米蔡之兴,非仅个人天才之独创,亦有时代书风为之根柢。南宋乾道七年黄彪(黄庭坚侄)题刻[3]108,下笔肥厚,字取侧势,明显可见苏、黄之意。固有其家学渊源,亦可见宋代主体书风已然确立。

清代书风变化,则以碑学之兴为一大事。康有为曰:"国朝之帖学,荟萃于得天、石葊,然已远逊明人,况其他乎!流败既甚,师帖者绝不见工。物极必反,天理固然。道光之后,碑学中兴,盖事势推迁,不能自已也。"[8]755翁方纲石刻犹见帖学痕迹,何绍基行书石刻则纯以碑学为之,前已及之,兹不赘述。在碑学兴盛的背景下,书者不仅好以碑意入笔端,字体上则好作篆、隶以拟古。故朝阳岩石刻中篆、隶之体,未见于宋、明,而独于清道光之后为多。如道光二十三年杨世铣朝阳洞右壁题刻[3]204、咸丰十一年杨翰补刻《朝阳岩铭》之跋文[3]206,以及民国九年萧昌炽《避地来幽谷》一首[3]231[4]317、民国二十二年吴朝钦《朝阳岩别馆记》[3]47等,皆以隶书为之。杨翰重刻《朝阳岩铭并序》[4]2,正文则为小篆。杨世铣隶书,波磔夸张,燕尾常向上挑出。杨翰《朝阳岩铭》跋文隶书,多用方笔,结体严谨方正,取势平顺,醇厚有味,似以《石经》《张迁》诸碑为祖,而结体稍减跌宕者也。民国两通隶书石刻,显亦受碑学流风影响,惟去古已远,似少篆意而多楷法,结体尤少巧思,字字平正,波澜不惊。就目前图版所见,篆书石刻似仅杨翰一通。通篇用笔,藏护周致,不徐不躁,平直处无甚奇巧,弯曲处筋力乃现。结体构字,则讲求来历,意趋高古,盖清代金石学昌盛而有以致之也。此外,杨翰行书学何绍基,史称其何字"可以乱真"。今观其行书石刻五通,即《何子贞丈归道州至郡同游朝阳岩》[4]277、《伏日游朝阳岩用山谷韵》[4]280、《秋日游朝阳岩再用山谷韵》[4]282、《满径榛芜手自删》[4]284和《黄庭坚游朝阳岩诗》[3]99,笔画结体,无不酷似,真可谓学何之绝类者也。惟通篇中少一二夸张之笔,故章法略显拘泥,未若何之独出意表也。另,李永绍亦学何者,其《讲余来访渔翁迹》行书一幅[4]290,类何而笔势较重,提按稍缓,偶用侧锋,盖别出胸臆者。晚清何氏书风,倾倒一世人,况杨李二人亲炙门下,自当为其播扬之。至今祖法何氏、以书法名家者,所在多有。于以见书法艺术之传播,固不因时代而断绝也。

四 余论

就其个体而论,朝阳岩摩崖石刻中的名家名作,呈现出独特的书法美学意蕴;就其整体观之,也标明了时代书风的变迁。故朝阳岩摩崖石刻既是历代书法名家作品的荟萃,也是一部凝固的书法史。然石刻篇帙繁巨,上述者终不过数版,自然难免挂一漏万。个人的审美体会,或有偏向,亦难允其公。读者有心,勿为我言所宥,览图版而自得其趣可也。最后,从石刻文物保护和书法艺术传播的角度提出四点建议。

一是划定区域,加以保护。延请文保专家,借鉴各地摩崖石刻保护经验,拟定石刻保护长期规划,划定保护区和观览区。年代久远、磨泐严重者纳入保护区,游人止可远观;去今不远、保存完整者可纳入观览区,游人可以近览。同时,采取专业技术加以处理,减除风雨侵蚀之害。尤其注意引导和教育当地民众,禁止在一定区域内采石、取土、种植、焚香等。有此数端,石刻定能长存潇水之滨,为南国人文之象征。

二是描丹镌红,以便观览。石刻有离地较高、文字较小者,有历经风水侵蚀、磨损严重者,有为"石山保"字样覆盖、难窥其真者,皆不便于观览。可倩高手匠人,在文保专家指导下,描丹一遍。其中,有历史、文化艺术价值者,尤当描红以表彰之,鄙俗所篆,则可忽略。庶几翠山绿水,丹红一片,交相映衬,足为当地之胜景。

三是出版图录,以利传播。可由当地期刊、报纸开辟专栏,每期登载图版数幅,配以文字,或释其意,或述其精。其中文字较小、远观难见其真者,尤宜采取整体图与局部放大图相结合的方式,俾使读者窥其全貌。俟条件成熟,汇朝阳岩、浯溪石刻图版于一书,则于金石、书法、文学、历史研究者、爱好者尤便。另可择其文学、艺术价值最高者数幅,附当地旅游海报、手册中,于以见南国人文之萃。不数年,朝阳岩石刻当流传海内外,为无数有心者所知。

四是科际整合,以促研究。召开专门学术研讨会时,延请国内知名书法批评、书法理论、书法史相关专家与席,推进朝阳岩石刻的书法美学、书法史研究。在深化各项专门之学的同时,尤其应当注意文学、历史与艺术的结合研究,力求通过科际整合的办法,从整体上凸显石刻所蕴之人文意义。

参考文献:

[1]张京华.朝阳岩与寓贤祠[J].湖南科技学院学报,2010,(2).

[2]宗白华.艺境[M].北京:北京大学出版社,1997.

[3]汤军.零陵朝阳岩小史[M].上海:华东师范大学出版社,2011.

[4]侯永慧.零陵朝阳岩诗辑注[M].上海:华东师范大学出版社,2011.

[5][清]阮元.北碑南帖论[A].历代书法论文选[C].上海:上海书画出版社,1979.

[6][清]包世臣.艺舟双楫[A].历代书法论文选[C].上海:上海书画出版社,1979.

[7][宋]米芾.海岳名言[A].历代书法论文选[C].上海:上海书画出版社,1979.

[8][清]康有为.广艺舟双楫[A].历代书法论文选[C].上海:上海书画出版社,1979.

(原载 2012 年第 9 期,作者单位:湖南科技大学)

民国五年望云亭"何须大树"题榜考释

✳ 张京华

民国五年望云亭"何须大树"题榜,在朝阳岩上洞内壁。题榜为楷书,一行四字。有题记及署款,七行,行书。石刻尺幅 240×75 公分。全文云:"何须大树。丙辰伏日,天久不雨。流金烁石,忧心如焚。避暑朝阳岩,凉风飒然,不减箕踞长松下矣。题此志慨。彝陵望云亭。"

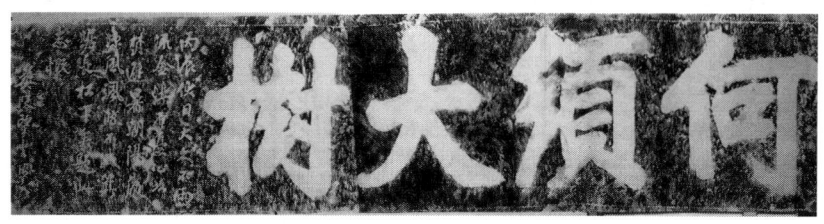

望云亭"何须大树"题榜拓本(拓本制作:汤军)

所云丙辰,为民国五年(1916)。

彝陵,即夷陵,清初避讳改"夷"为"彝",顺治五年,改称宜昌。《汉书·地理志》,夷陵属南郡。《旧唐书·地理志》:"夷陵:汉县,属南郡。有夷山在西北,因为名。蜀置宜都郡。梁改为宜州,后魏改为拓州,又改为硖州。隋县治石皋城。武德四年,移治夷陵府。"唐杜佑《通典》卷一百八十三《州郡十三》:"夷陵郡:峡州,春秋、战国时并楚地。秦将白起攻楚,烧夷陵,即其地也。秦、二汉并为南郡地。魏武平荆州,置临江郡。后刘备改为宜都郡。吴改夷陵为西陵,常为重镇。晋、宋、齐并为宜都郡。梁改置宜州。西魏改曰拓州。后周改为峡州。陈尝得之,为重镇。大唐为峡州,或为夷陵郡,以扼三峡之口,故为峡州,西通蜀江。"宋称峡州,明称夷陵州。清乾隆《东湖县志》卷三:"按顺治五年改夷陵为彝陵,今皆追改为彝。"清同治《宜昌府志》卷三:"国朝升州为府,亦仍治夷陵。"卷十四:"国朝雍正十三年,升州为府,因《宋·州郡志》宜都郡有宜昌、彝陵二县,遂以为名。"夷陵为楚西境,自古号称荆楚形胜之区。

望云亭,本名文祥,字桂丞。湖北宜昌人。少以驾船为业,后入行伍。随左宗棠入新疆,因功升守备。中日甲午之役,赴朝鲜作战,以功补游击,授镇远军副将。民国初,任内蒙古伊克昭盟宣抚使。自民国四年至十二年,任零陵镇守使,护国运动中,率先独立,自任湘南护国军总司令。

民国《雄县新志》第八册《兵事篇》:"光绪二十五年冬,张冈村人始习拳,知县冬之阳捕其魁,稍敛迹。明年,保定焚教堂,大吏不禁,县境拳匪乃日炽。五月二十二日,邢长春带兵赴津道,出孤庄头村,以拳匪要截,击毙三十余人,由是拳民恟惧。及京师陷,官吏威令不行,拳民据城署,夺炮船,无复忌惮矣。八月,淮军统领望云亭署提督吕本元率兵先后至,时拳匪已闻风遁,乃焚习拳之各村,以乱事敉平闻,实则伏莽尚多。"

《清德宗实录》卷四百七十六:光绪二十六年,"谕内阁李鸿章奏,武职大员声名恶劣,请旨惩处等语。记名提督署天津镇总兵徐得摽,统带各营训练无方,前在易州?梓I州一带纵勇殃民,着即行革职,永不叙用,并不准投效各路军营,以肃戎伍。分统尽先游击望云亭、苏长庆,均有被揭之案"。

刘寿林《辛亥以后十七年职官年表》(1966年版)载:零陵镇守使,望云亭:民国四年(1915),8月7日任。至民国十二年(1923)止,注云:"此后未见任免。"按其说甚误,零陵镇守使其后尚有刘建藩、萧昌炽。北京政府陆军部档案又有《谭延闿拟请以刘建藩为零陵镇守使电》(1917年9月8日),电文云:"大总统、陆军总长钧鉴:零陵镇守使望云亭劳苦功高,现因入京,乞赐拔擢。遗缺已委少将刘建藩署理,呈报在案。可否赐任命,俾专责成,毋任延跋。延闿叩。"(中国第二历史档案馆编《中华民国史档案数据汇编》第3辑《军事》,1991年版。)仇鳌《刘建藩零陵独立前后》:"在谭延闿派望云亭到北京去接傅良佐的时候,并派刘建藩代理零陵镇守使。刘建藩原在保定军官学校毕业,曾在广西学兵营当过营长,和广西军人多有关系,同时零陵镇守使署所辖二十营中下级军官,多数是他的学生。当时谭延闿派他到零陵,原来也有准备独立和等待广西支持的意思。""刘建藩的为人,有胸襟,有才具,为湖南军人中的杰出者;同时零陵的地位,正好与广西联成一气。"(《文史资料选辑》第26辑,文章写于1961年。)

北京政府陆军部档案,有《范国璋关于劝告望云亭"及早反正"密电》(1916年4月30日),电文云:"北京统率处、参陆两部钧鉴:本日准常澧王镇守使艳电内开:永州叛乱各节,殊堪发指。除电请王使电望严切劝告及早反正外,现经派探侦察确情,并激励将士准备一切,候令遵行。先此报闻。副司令范国璋叩。"又有《陆荣廷请分别授与望云亭、高佐国勋位勋章密电》(1917 年 2 月 7 日),电文云:"北京大总统、国务总理钧鉴:窃荣廷去岁率师援湘,道出永州,衡永镇守使望云亭首先回应,自桂边(致)〔至〕衡阳千余里,匕鬯不惊,饷道无阻,湘南各军,赖其接应援助,用能进行一致,恢复共和,其功在全国,尽人皆知。中将高佐国,联合湘南义师,运筹决胜,励勋卓著。事定之后,望镇暨高中将,均不伐不矜,荣廷知之最深,未便壅于上闻,致令民国酬庸有所勿占,拟恩特沛鸿施,给与望镇勋位,并从优奖给高中将勋章,以励有功。是否有当,伏候钧裁。陆荣廷呈叩。"(均见中国第二历史档案馆、云南省档案馆编《中华民国史档案数据丛刊:护国运动》,1988 年版。)

《政府公报》民国六年第五百三十五号(1917 年 7 月 13 日)载《永州望云亭电》,电文云:"天津国务院段总理钧鉴:张勋狂悖,以祸清者祸我国民,钧驾首先讨逆,救国苦衷,神人共鉴。恭读歌、鱼两电,敬悉既总师干,复劳国政,从此苍生有托,国本不摇,鼓舞欢欣。谨为全国军民额首称庆,同仇志切,愿效驰驱,万里孤忠,枕戈待命。零陵镇守使望云亭叩。"

文公直《最近三十年中国军事史》《湖南之军事》一节中有"望云亭之独立"一目,叙述事件原委云:"湖南为三楚屏蔽,护国军得之,可以驱驰中原,又素为民党产地,故党人谋之最急。黔军入湘,袁世凯前后遣兵防御,不下四五万人,党人虽欲有所图,终屈于兵力过厚;即湘西罗剑仇之游民军五六千人,亦仅免于败耳。二月中,党人袭击将军署溃败,死者甚多,愈愤。会袁军之在湘西者,败耗日至,而桂、粤、秦、浙相继独立,陆督荣廷总大兵北伐,道出湘,湘西招讨使程潜、陈强亦合兵进逼,转战于凤绥、静武之间,汤芗铭始大窘,知袁世凯之必败,遂乘机邀利,乃贰于袁。时汤化龙在沪,以反袁自命,于是汤芗铭因乃兄以介绍于湘中民党领袖谭延闿等,与俱提携,约以独立,稍分其权于民党。然其时北军之在湘者尚多,不敢遽发,适零陵镇守使望云亭者,本汤旧属,惧桂军逼进,迭电请示,汤芗铭因之,暗嘱其独立,以联桂军,而迫驻衡(倪)〔袁〕军。望云亭亦以保领疆土计,于四月二十六日,宣告独立,自署湘南护国军总司令部,加派军队分赴各隘口驻札。桂军由是安然通过永州。"(文公直《最近三十年中国军事史》(1930 年版))

事迹又见中国第二历史档案馆编《中华民国史档案数据丛刊:北洋军阀统治时期的兵变》(1982 年版),中国史学会、中国社会科学院近代史研究所编《北洋军阀(1912－1928)》第二卷《袁世凯的独裁统治》(1990 年版)中《湖南独立记》《癸丑失败后湘中革命党史概略》,及《毛泽东早期文稿》注释等。

湖北省宜昌县地方志编纂委员会编《宜昌县志》卷三十《人物》有传,谓望云亭"1913 年 9 月,汤芗铭督湘,召望随行,任湖南省第六区司令官兼道县知事","1916 年,各省反对洪宪帝制,4 月,望亦宣布零陵独立"云云。(《宜昌县志》,1993 年版。)

题榜作于丙辰伏日,为民国五年夏历六月间,公历 1916 年 7 月 8 月间,其时望云亭宣布独立不久,桂军进入湖南,汤芗铭宣布湖南独立,袁世凯因病身亡,局势大定。

"何须大树"题写于朝阳岩上洞石窟内,寓能遮蔽酷暑,有取代树荫之意。此语典故,取源于"大树将军"。后汉冯异,为偏将军,为人谦退不伐,行与诸将相逢,辄引车避道。每所止舍,诸将并坐论功,冯异常独屏树下,军中号曰"大树将军"。及破邯郸,乃更部分诸将,各有配隶。军士皆言"愿属大树将军",光武帝以此多之。事见《后汉书》本传。又南朝冯道根,为右卫将军,性谨厚,木讷少言,每所征伐,终不言功,诸将谨哗争竞,冯道根默然而已。梁高祖尝指冯道根示尚书令沈约曰:"此人口不论勋。"约曰:"此陛下之大树将军也。"事见《梁书》本传。望云亭题榜亦以古之大树将军自拟,可谓一语双关。

(原载 2015 年第 3 期,作者单位:湖南科技学院)

浯溪摩崖的守夜人与开掘者

——关于杨仕衡先生《情系浯溪》的随想

✳ 杨金砖

在潇湘文化的开掘整理与永州地域文化资源的保护利用,最让我敬仰的前辈们中,莫过于龙老震球、陈老雁谷、桂老多荪、何老家壬与杨老仕衡。这五老个个仙风道骨、渊博学识,且又敬业执著,深深地影响着他身边的众多学人。

我第一次认识杨老仕衡先生,得益于龙震球老先生。早在 20 世纪 80 年代,全国兴起了一股诗歌热。永州尽管地域非常偏远,但文化并不闭塞。龙震球、刘飘然、郑国栋、黄森、廖奇才、王建文等人倡导成立零陵诗社。当时学理科的我,也跟着附庸风雅地学着涂鸦,龙老见我写的还有些诗味,于是,建议我去祁阳浯溪看看,去感悟一下浯溪摩崖上那文字的意蕴与诗句的意境,提升自己的创作视野与文学胸襟。同时,他还提醒我去浯溪,若有机缘,最好是去拜访一下桂多荪和杨仕衡两位高人。龙老说,桂老和杨老是祁阳的两部活字典,浯溪碑林就是在他们两人的潜心研究与发掘整理下才得以重放光彩的。我虽然去过浯溪很多次,但与桂老多荪先生缘悭一面。

我与杨老仕衡先生的认识,那是 1993 年的金秋。那年在祁阳黎家坪水泥厂举办中国·祁阳金秋诗会,除了省、市诗词界的名家高手,还有湘绣研究院的伍祥干、凌文虎、李孔昭等国画名家,共计 20 余人。活动特地留出半天时间去浯溪考察,在浯溪考察过程中,杨仕衡老先生不仅全程陪同,而且一路讲解。从《峿台铭》到"米拜石",从"寿"字图到"镇妖符",从《大唐中兴颂》到"镜台",从"窊尊"到《峿廎铭》……其娓娓道来的人文掌故与历史脉络,其抑扬顿挫的韵调与激情洋溢的情态,听来如坐春风,大块朵颐,让我真正理悟到了何谓洪钟妙蔓之响?何为浯溪漱玉之声?实是给人以心田的滋养和道义的教化。

浯溪的每一块石碑,通过杨老仕衡先生的演绎,立马鲜活起来,如一幅幅历史画卷,在我们的眼前缓缓舒展开来,让我们从浯溪的诗文之美、书法之奇,再发现碑文之外的一段段鲜为人知的尘封已久的故事。因此,听杨老解说浯溪,不仅是一种难得历史盛宴的精神享受,更是一种醍醐灌顶般的智慧的启迪。

听完杨老的解说,我于不知不觉中成了元结的一位"铁粉",深深地爱上了盛唐时代的这位禀性耿介、为政清廉、生活简淡、文字高古的文坛旗手与民本先锋。元结的《舂陵行》《贼退示官吏》《刺史厅记》等文章,道德高标,可堪为有唐一代体恤生民的典范之作。尤其是元结的《刺史厅记》:"天下太平,方千里之内,生植齿类,刺史乃存亡休戚之系;天下后兴,方千里之内,能保黎庶,能攘患难,在刺史尔!凡刺史若无文武才略,若不清廉肃下,若不明惠公直,则一州生类,皆受其害。"在很长的时间里,成为读书人报国安邦的价值取向与精神支柱。在一千多年前的盛唐时代,一位封建官吏,能有如此之觉醒?不能不令人敬仰和佩服。"爱民者,民必爱之。"这是千古不灭的真谛。元结体恤百姓之苦,百姓甚爱元结清廉。因此,吴大澂于《峿台铭》里由衷地感叹道:"园林之美,豪富所私;山川之胜,天下公之;公者千古,私者一时。大贤已往,民有去思;思其居处,思其文辞;次山私之,谁曰不宜?"唐宋的宫廷不见,而元结的浯溪犹存。如元结这类的大贤之私,千百年来,有谁能说其不好呢?

地因人始重,人因地而名。自元结而后,浯溪便成为潇湘大地上的一处至关重要的名胜古迹。盛唐以来,据杨仕衡先生30余年的考证,浯溪园区集中保存了唐、宋、元、明、清至民国间的历代名人的诗词书画摩崖石刻505方,其壮观景象远胜于西安碑林。像这样一部写在石头上的文学史册,展现的是一幅延绵千年的历史画卷,见证着人类文明的演进过程,也见证着民族与家国的兴衰悲欢。

杨老仕衡先生自1979年调入祁阳县文化馆后,便对浯溪石刻眷恋不已。1981年主动请缨前往浯溪组建管理处,并与其师桂多荪先生匍匐于浯溪的乱石丛中,从厚厚的苔藓下去觅寻那尘封而不为人知的故事。

诚然,这种石头上的探寻犹若沙漠里的寻宝,有刺激,有诗意,有浪漫,但更多的是艰辛。尤其在20世纪80年代初期那个百废待举的年代,不说工作经费拮据,就是必要的基本设施也没有。杨老仅凭几根绳索就下到凌空百丈的绝崖上探寻苔藓侵蔓的文字,其危险是可想而知。其在《我与浯溪摩崖石刻相伴30年》一文中,曾有过详细记述:"我初来(浯溪)时,这里遍崖青苔覆盖,荆棘丛生,连旧县志载的280块碑也无法找出。为清'家底',我劈荆斩棘,剥苔探碑,低处伏地钻,高处吊身爬。晴天趁早晚斜射阳光,雨天趁水反光辨认碑文。挂烂衣服,擦破皮肉,乃至跌伤手脚也全然不顾。每查出一块石碑,如获至宝,欢喜若狂。"

功夫不负苦心人。就是凭着这种敬业精神和担当意识,杨仕衡老先生在浯溪临江的万丈绝崖上,剥开藤蔓与苔藓,不仅让一幅明代人留下的"圣寿万年"的巨型石刻重现原貌,而且还意外地发现了大量历史文献里所未曾记载的石刻文字。如《大宋中兴颂》和《大明中兴颂》等。这都是杨老仕衡先生带领众多同道用心血和汗水换来的丰硕成果。

与杨老仕衡先生聊起浯溪往事,他最开心的是协助桂多苏前辈整理《浯溪志》。桂老早年毕业于国立师范学院史地系,学识渊博,为人严谨,是湘南一带令人敬重的文史学者。1981年桂老接到编纂《浯溪志》的任务,此时桂老已六十有七,刚好长仕衡先生20岁。桂老是杨仕衡先生的恩师,为着一个共同的心愿,师徒二人走到了一起。在桂老的指导下,1984年完成了浯溪石刻的第一次普查。杨仕衡先生白天拓印,晚上帮助桂老辨认、誊录、编号。那时,没有电脑打印机,稿件都是靠一页页的手工誊写。仕衡先生说,正是帮恩师抄录《浯溪志》文稿,极大地开阔了自己的学术视野和从事学问的方法。《浯溪志》总计50万字,是桂老的一部扛鼎之作,也是潇湘大地上近几十年中编纂质量最为上乘的一部方志文献。杨老说,桂老是枕着《浯溪志》的手稿而去的,虽然当时未能正式出版,但其人生已无愧矣。后来,桂老的《浯溪志》于2004年由湖南大学出版社出版发行,终算完成桂老的一大心愿。杨老每每谈起此事,无不对湖南大学出版社雷鸣社长深感敬焉!

杨老仕衡先生为人坦荡垒落,从不计较个人名利得失,有元结的君子情怀与陶铸的松树风格。譬如《湘湘文库》中的《浯溪碑刻》一书,其书稿基本上由杨老仕衡先生独自一人完成,但最后出版时则以单位成果出现,书上没有提及杨老一字。有人为此问及杨老有何想法?杨老呵呵一笑说:"这没有什么问题,我原本就是单位一员,我们的目的是将浯溪石刻保护好,传承好,而不是什么个人名利的计较。更况且前人有言,'私者一时','公者千古'。何乐不为?"杨老如此坦然、宽厚与包容,实是我们学习的楷模。

杨老是一位做真学问的学者。在学术见解方面,杨老仕衡先生总是独辟溪径,别开生面,从不人云亦云。2008年6月,由曾昭薰、王邦美两位领导发起在道县召开第一届湖南省元结文化研讨会,会上杨老仕衡先生、何老家壬先生对元结的为政之道的论述,让我大长见识。两年后,第二届元结文化研讨会在祁阳召开,杨老仕衡先生作为东道主的一位元老,在会上作主题报告——"元结的林泉之志是清廉意识的山水移情",认为元结雅好山水,一是他热爱祖美好山河的真挚流露,二是他忠直方正的清介襟怀的独特寄寓,三是对黑暗时局的鄙弃和批判。可谓掷地有声,更令人为之一振。

在杨老的眼里,斯文之人,学问务求严谨,决不能敷衍塞责、应付了事。如《大唐中兴颂》中的"地辟天开,蠲除秋灾,瑞庆大来"中的"秋"字,在各类文献中多有讹传,作"妖"字者有之,作"祆"字者有之,莫衷一是。杨老结合碑文考证,认为是"秋"字,念 yù,私者,图非常之事。从而,"蠲除秋灾"便有了一个圆润的解释。

杨老仕衡先生更是一位浯溪文化的推介者。2012 年春,蔡自新、郑正辉等人策划,由永州历史文化研究会与永州电视台合作,联合开办"潇湘讲坛"系列文化栏目。目的一是对永州地域文化进行一次系统开掘,并以文史讲坛的形式向外推送出去,让更多的人了解永州,走进永州,熟知永州;二是为地域文化方面的一些长者留存一份弥足珍贵的音像资料,为后人积淀一份学术档案。蔡自新先生要我负责学者的邀请与稿件的审读,我第一时间想到了祁阳浯溪杨仕衡老先生与祁阳县小调传人蒋钟谱老先生。经与二老联系,仕衡老先生爽然应约,并很快发来他的"浯溪摩崖石刻"的讲稿。为了保证杨老的安全,历史文化研究会副会长蔡自新先生亲自开车前往祁阳,将杨老接到电视台的录制现场,杨老用约带祁阳腔的普通话,绘声绘色地给我们连开四讲。杨老的演讲经永州电视台播出后,立马传到了优酷网上,讲得非常好,社会反响十分强烈。杨老的成功开讲,也为我们"潇湘讲坛"后面一系列地方文化节目的录制增强了信心。

通过"潇湘讲坛",我与杨老仕衡先生成了莫逆之交,我们间不时进行电话沟通。2015 年 2 月,永州历史文化研究会与电视台签订的三年协作合同到期,三年时间里,我们"潇湘讲坛"共录播 156 期。蔡自新先生召集相关人员商讨,策划将"潇湘讲坛"的所有文稿结集出版,以对这个凝聚了众多学人的文化栏目画上一个圆满的句号,但最后因经费问题未能付诸实施。杨老却一直将此事记在心上,他几次跟我说:"自己已是风烛残年,生命不知还能维持多久?可能就在旦夕之间。如今市历史文化研究会无力将潇湘讲坛的文稿结集出版,我只有自己花钱将浯溪摩崖讲稿与近年所写的部分相关文稿汇编成册,以便于给祁阳、给浯溪、给同事、给朋友、给读者、给社会,留下一份记忆,存下一份念想,也算是一个交待。"后来,祁阳县委、县政府和浯溪文物管理处的领导知悉此事,给予了大力支持和无微不至关照,于是,也便有了这个《情系浯溪》的读本。

　　《情系浯溪》共分5辑,约15万字,篇幅虽然不是很长,但字里行间皆洋溢着杨老仕衡先生的睿智、艰辛和汗水。我每每翻读这部书稿,无不被杨老的深情和执著所折服,他将他的生命和智慧全部奉献给了浯溪,浯溪成了他的精神憩所。杨老自号"三吾一丁",也深深地体现了他对浯溪的浓浓情愫。

　　鲁迅先生说:"我们从古以来,就有埋头苦干的人,有拼命硬干的人,有为民请命的人,有舍身求法的人……这就是中国人的脊梁。"于此,我认为杨老仕衡先生不仅是埋头苦干的文史学者,更是拼命硬干的文化守夜人。我相信读者诸君会从《情系浯溪》一书中,感悟到仕衡老先生的这份拳拳赤子之心。

参考文献:

[1]杨仕衡.情系浯溪[M].上海:文汇出版社,2017.

[2]浯溪文物管理处.浯溪碑林[M].长沙:湖南美术出版社,1992.

（原载2017年第8期,作者单位:湖南科技学院）

扪石夜话：说说柳应辰这个人

✳ 张京华 ●

一　摩崖石刻荟萃之地——浯溪

从唐至清，浯溪保留了 500 多处摩崖石刻。有诗、有文、有题记，现在是国家文物保护单位，简称"国保"……听着也很像"国宝"。

它的开创者是元结。元结是唐玄宗天宝十三年进士，做过道州刺史和容管经略使。《唐才子传》这样说他："少不羁，弱冠始折节读书。天下乱，沉浮人间。隐商于山中，称元子。逃难入猗玕洞，称猗玕子。或称浪士，渔者称聱叟，酒徒呼漫叟。及为官，呼漫郎。梗僻憎俗，有忧道闵世之心。嗜酒，有诗云：有时逢恶客。自注：非酒徒，即恶客。"

北魏孝文帝率领鲜卑族汉化改革的时候，皇族拓跋氏改称姓元。元结这个姓来自游牧族，这样一个人，开创几处风景就不奇怪了。

浯溪的景致好，一座高崖，直上直下，矗立江边。有人说高十仞，有人说壁立九十余丈。白天，可以在这里俯视舟船过往，晚上，可以观赏渔民打鱼——过去渔民习惯在夜间燃灯捕鱼，"湘江渔火"是很有名的喔。

那时颜真卿也来了，写了一幅《大唐中兴颂》，文章是元结的，字是颜体，刻在浯溪石壁上，每个字有 15cm 径宽。

浯溪本来没有名字，名字是元结造的，水旁加个吾，意即"我的溪"。他又修个台，取名"峿台"，建个亭子，取名"唐庼"，辞官住了两年。

过 30 年柳宗元也来了，写了"永州八记"。《游黄溪记》说："环永之治百里，北至于浯溪，西至于湘源。"后来，来了更多的宋代文人。

二　奇怪的宋代文人——由贬官而成为文学家

宋代是中国文治的顶峰,可是各帮各派也党争不断。宋太祖由武人登基,相传曾留下诏令"不杀士大夫"。不杀就不杀,流放到很难活命的地方自处,总可以吧。所以宋代的文人总是处在流放之中,自生自灭。这一派当政了那一派流放下去,那一派当政了这一派再下去,有时两派人还会在中途相逢呢。

永州毗邻五岭,是贬逐官吏的好地方。流寓的名臣,有范仲淹、范纯仁、黄庭坚、邹浩、汪藻、苏轼苏辙兄弟、范祖禹范冲父子、张浚张栻父子、杨万里杨长孺父子、胡安定胡寅父子、蔡元定蔡沈父子等等。

包括唐代的柳宗元,也是流放此地十年,他是被迫当上的永州流放文人的"开创者"。

都知道桂林的山吧,小小的尖尖的,地质上叫"喀斯特"地貌。永州也是的。山无土,水无尘,一条大江,清可见底。(晋人罗含《湘中记》上说的,现在不大一样了呵呵……)江岸上很多奇岩,丹崖白石,柳宗元说是"深林回溪,幽泉怪石",地质上叫石灰岩,总之非常适合镌刻。

这样一来就有意思了:一贬官就贬到永州,一到永州就遇到佳山水,遇到山水就会作诗。陆游确实说过"不到潇湘岂有诗"的哦。其实贬官不许谈论政治,又不能显得缄默,于是在汴京、临安没有闲暇写的诗文,都刻到了永州的石壁上。一处处,一片片,一群群,前有名流,后有附庸。据说永州境内保留至今的石刻,共有 70 多个景地,1600 多方。清人陆增祥编撰《八琼室金石补正》130 卷,收集石刻 3500 多方,其中湖南石刻主要出自浯溪、澹山岩、朝阳岩、阳华岩、寒亭、寒岩、暖谷、狮子岩、华严岩,都在永州。光绪年编纂《湖南通志》,金石志部分宋代有 17 卷,其中永州占了 11 卷,差不多 65% 了。

三　与永州有缘的柳氏兄弟

在浯溪看石刻,先注意到的是"明明"两个字。

譬如许昂的一首诗《舟次浯溪》,前面小序说:"舟次浯溪,伏观明明都官摩崖心记。"这个"明明都官",一时看不懂,后来才知道说的是柳应辰。

柳应辰,字明明。这名字大概是说,天上的星辰明亮。或者"辰"是专指辰星,古代又叫"大火",这颗星在群星中最为明亮。(辰星现在叫作水星,是最靠近太阳的行星。古希腊人认为它是两颗行星,在暮色中见到它时称它为墨丘利,在晨曦中见到它时称它为阿波罗。)

但是,毕竟这样取名号的古人很少见。

有意思的是,柳应辰还有个哥哥,柳拱辰,字昭昭。哈哈,"明明昭昭""昭昭明明",名字是不是很阳光!

("拱辰"的辰,就是专指北斗了。可是,拱辰的父母生他的时候,怎么肯定后面一定会有一个应辰,来和他搭配呢?弄不懂了⋯⋯)

柳氏兄弟,湖南武陵人。《明一统志》称柳氏精于《易》《春秋》。兄弟五人登榜,人号"武陵五柳"。柳拱辰,宋仁宗天圣八年(1030)进士。柳应辰,宋仁宗宝元元年(1038)进士。有意思的是,两人一前一后,都在永州做官。柳拱辰是永州知州,柳应辰是永州通判。这真是太巧合了。

历史上关于柳氏兄弟的记载不多。

柳拱辰曾经做过鄂州通判和岳州通判,但是几乎他的所有诗文题记,都只见于永州。

柳应辰稍稍好一点。他先是在岭南的昭州做知州,本来这里更为荒远,偏巧赶上壮族首领侬智高的反叛。侬智高攻破昭州城,柳应辰因此贬了官,也因此出了"名"。(谁让他们兄弟叫作"昭昭明明"而偏偏要来"昭州"呢!)

《续资治通鉴》记载了这一事件。

皇祐四年九月:"侬智高破昭州,知州柳应辰弃城走。广西钤辖王正伦与贼斗于馆门驿,死之。阁门祗候王从政、三班奉职徐守一、借职文海,皆被害。从政骂贼不绝口,至以汤沃之,终不屈而死。"

柳应辰逃出一条命,降职派到随州,在那里没留下什么记载,后来就到了永州。他的几篇诗文题记,全都见于永州。(永州倒像是个写私人博客的最佳场所⋯⋯)

四　柳应辰的诗文题记

前些年整理出版的《全宋文》共计收录了柳应辰 10 篇诗文题记。浯溪最多,共计 4 篇。

实际上他在浯溪刻了 5 篇。皇祐五年(1053),他从广西昭州贬湖北随州,走水路经过了浯溪,刻了题记。过了二十一年,熙宁七年(1074)他已出任永州通判,从前的题记却怎么也找不到了。又过了二年,他任期已满,即将离去,却忽然发现了这幅题刻。柳应辰高兴地说:"应辰皇祐五年,坐忤蛮寇昭,谪居随州,舟次浯溪,尝刻岁月。后二十一年,通判本郡,遍寻旧记,漫不可见,亦不记所题之处。比任满,泊舟江下,经五日,始见于石门之东。字刻平浅,隐约能辨,亟令家僮依旧画镌深之。"

王昶的《金石文编》称赞了柳应辰的举止:"可谓好事矣","为美谈也"。

当然,这段话也被柳应辰刻在了石上,作为他在永州的最后纪念。但遗憾的是,他重新发现而加以修凿的初次题记,现在又寻不见了。

柳应辰于熙宁六年十月到任,马上带领全家游浯溪,并且刻石题记:"全家游此。"其乐融融。到熙宁九年,他又一次"全家来游,七日而去"。来得痛快,去得也痛快。

熙宁八年,柳应辰在浯溪刻下了有名的"心记"。

除了浯溪,柳应辰到了澹山岩二次,火星岩二次。

澹山岩又称澹岩,"澹"又作"淡"。《永州府志》:"澹山岩,去城二十五里许,有一门壁立万仞,东南角有一石窍。昔有澹姓者家焉,遂名澹岩。"

熙宁七年,柳应辰写了《澹山岩记》。

南方称溶洞为"岩"。(在北方,"岩"一定是指山巅,但"岩"字本义确实是山边如小屋人可居之处。)柳应辰称赞了澹山溶洞的奇观,他说:"零陵多胜绝之境,澹山岩为甲观。东南二门而入,广袤可容千人。窦穴嵌空,物象奇怪,有不可得而状者。"

他还记载了当时一件事。大约以前溶洞中住了不少僧人,污染了环境,柳应辰他们把僧人都清理了。他说:"僧徒惟利居处之便,而不顾蔽映障遏之弊,连甍接楹,重基叠架,疣赘延蔓,殆将充满甚者。粪秽积聚,烟爨熏蒸,道隧阴黑,非秉炬不能入。太守丁公侨处事刚严,始至,大不怿,悉撤群僧之舍,俾居岩外。惟书阁殿像得存,余一椽一木,无敢留者。他日,公率应辰、大理寺丞杨杰、河阳节度推官杨巨卿同至游览。层构一空,众状在目,开筑塞为通豁,破昏暗为光明,实人情之所共快。"

熙宁九年,柳应辰写了《澹山岩题记》。溶洞通透了,美观了,他高兴地说:"后之游潇湘者,以不到澹山为恨,幽绝奇胜,实亦可观之地。"

赞美之余,他怀疑,为什么元结、柳宗元他们没有发现这里?"太守李公士燮,召游澹山岩。岩之风物气象,真隐者之所居。窃思次山、子厚雅爱山水,在永最为多年,独于兹岩无一言及。"

澹山岩也是柳拱辰曾经来过的地方,他所写的《祷雨题名》刻石,至今仍在。

大概就是因为柳应辰先说了"零陵多胜绝之地,澹山岩为甲观""游潇湘者,以不到澹山岩为恨"的话,引得大文豪黄庭坚写下了"阆州城南果何似,永州澹岩天下稀"的诗句。(黄庭坚在宋神宗崇宁三年(1104)贬宜州,道经永州,他的《题永州澹山岩诗》仍然可见。)

湘水西岸上有个景致,上面是耸立的石灰岩,下面是溶洞,内有流泉,周围树木茂密,人迹罕至(从前是的呵呵)。这地方刚好在永州城的对面,唐宋时候文人划船过来,很有情趣。元结最先来的,给溶洞取名为朝阳岩,因为它在西而朝东。柳宗元来了,又取名为西岩。一人向东看,一人向西看,两个名字就可以体现出二个不同的性格。元结的诗说:"朝阳岩下湘水深,朝阳洞口寒泉清。零陵城郭夹湘岸,岩洞幽奇带郡城。"柳宗元的诗说:"渔翁夜傍西岩宿,晓汲清湘燃楚竹。烟销日出不见人,欸乃一声山水绿。"写得都好!

溶洞上游,与朝阳岩骈列,是群玉山,大概有个小洞吧,取名为火星岩。《永州府志》中说:"火星岩在朝阳岩之上,众石林立,白云集之,生人隐思。石上多镌宋人题识。"

熙宁八年,柳应辰游历了火星岩,是和知州一起来的。题记说:"都官郎中知零陵郡事李士燮和叔、职方员外郎通判郡事柳应辰明明,十二月十一日腊,同游火星岩,次游朝阳岩。"

二个地方都是他哥哥曾经游过的,而且柳拱辰的政绩很不错,所以柳应辰又写了《火星岩游记》,说道:"昭昭兄至和中以职方员外郎来守零陵,宣布条诏,百废咸治,建州学,明教化之本,作《土风记》,尽民俗之事。乘暇数为火星之游,磨崖题咏于此为多。窃观暮春联句,尤极佳思,研炼精切,传布人口。应辰亦以职方通理兹郡,偏览遗迹,恻然追感。嘻!相去二十二年矣!悠悠岁时,人不可见,江山风物,宁有异于当年?每到踌躇,久不忍去。"

此外,柳应辰在熙宁八年十一月二十二日,"独游零陵之三门岩"。

在熙宁九年二月十九日,游历了九龙岩。

又在不知什么年月,游历了石角山。

石角山位于永州旧城东北五里。据方志记载,这里原有连络十余小峰,奇峭如画。后峰高处一石高耸斜挂,有若仙掌凌空,故称"石角"。柳宗元有一首五古长诗,题为《游石角过小岭至长乌村》。可能石角山就是他给取的名字。

可是柳应辰在石角山的一首题诗、一篇题记,都残缺不全了。在清代已经风化残缺,只看见"通判柳明明、判官沈子瞻,同游石角亭,又东游于此,爱其清旷之景……"后面就没有了。到了2002年,当地村民开采筑路用的碎石,把山给炸了,等到被人制止,就还剩下一小片岩体,上面还留着打好的炮眼。

五 柳应辰的怪画符

领略宋人的书法真迹,是读碑的额外收获。

柳拱辰、柳应辰的书法都好,端正、大气、高迈。宋代文人大都如此。

《永州府志》评价说,柳应辰的书法"逼真颜书"。"宋人书真仁以前,遒浑有汉晋遗意。至和以后,皆学唐人书,近颜者尤众。及苏、黄、米、蔡之徒出,而体格各从其变,亦风气盛衰之一证也。"

在浯溪石壁上,有一处很大的"夬"字,长一丈三尺,宽七尺,深五寸(现代测量是长4.4m,宽2.3m,深17cm),又因为就只有这一个单字,所以异常突出。字是柳应辰写的。现在是浯溪一景,新版《浯溪志》称之为"柳押石"。

柳应辰有篇题记在旁边。

中间是年月:"大宋熙宁七年甲寅岁,刻于浯溪之石,尚书都官员外郎武陵柳应辰明明。"

左边是题记:"押字起于心,心之所记,人不能知。"

右边是题诗:"浯溪石在大江边,心记闲将此处镌。向后有人来屈指,四千六百甲寅年。"

(《全宋诗》和《全宋文》二部大书,分别收录诗和文,把一篇题刻一分为二了。)

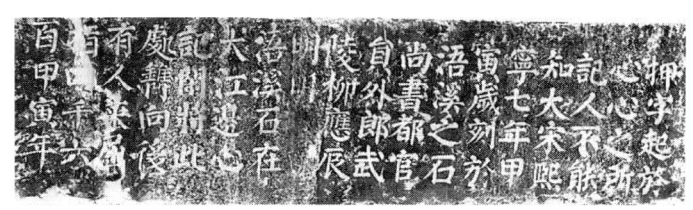

这一个"夬",从宋代开始,大家就都弄不懂是什么意思。流传至今,大约有四种解释。

一说是镇妖的画符,有人就叫"镇妖符"。《永州府志》说:"柳应辰维舟浯溪,夜有怪,登其舟,应辰书'夬'字符于其手。诘朝,符见于崖端,遂刻以镇之,怪遂绝。"《湘侨闻见偶记》说:"一称浯溪旧有山怪,应辰泊舟,有巨手入窗,应辰为书押,其旦字在石壁,乃刻之。一称应辰守道州,以押字镇水怪,降槐树妖。其说甚幻。"

一说是《易经》的"夬卦"。《易经》说:"夬,决也,刚决柔也。"清代人说:"揣其命意,盖取决,判决诸心,则邪祸自去。"这其实又说回到镇妖上来了。(而且夬卦的"夬"和妖怪的"怪"是谐音哦……)

一说是柳应辰自己的画押。大文人洪迈在《容斋五笔》中说:"熙宁中,柳应辰尝押字盈丈,刻于浯溪等处,使人莫识何字,以怪取名,实'应辰'二字也已。"

一说是道教的画符。道教有很多画符,这个叫作"一笔符"。《浯溪志》甚至说,柳应辰就是当时道教的首领,他刻画的"实是他们的教义",他们是"三教合一派道教"。

据说,柳应辰无论走到哪里,刻石上都有或大或小的这种画符。洪迈《容斋四笔》就说:"庆元元年,鄂州修南楼,剥土,有大石露于外,奇崛可观。郡守吴琚见而爱之,命洗剔出圭角,即而谛视,乃磨崖二碑。其一刻两字,上曰'柳',径二尺四寸,笔势清劲,下若翻书'天'字,唯存人脚,不可复辨,或以为符,或以为花押,邦人至襟饰置神堂,香火供事。或云道州学侧虞帝庙内亦有之,云柳君名应辰,是唐末五代时湖北人也。"

洪迈还转述了阆中陈思的一句跋文,说:"柳都官欲以怪取名,所至留押字盈丈,莫知其何为?"

虽然只是一个字,却越传越怪。好像是镇了老怪,倒添了新怪。

要说柳应辰确实也有故弄玄虚的意思,看他的诗就知道,像猜谜一样。

最奇怪的是,他的哥哥柳拱辰在永州知州任上,也留下一首"谜语诗"。县志中写道:"县东河洲有金钱寺,柳氏至和三年七月十五日,所书偈云:'祥符九年九月九,天圣九年九月九,其时心有此时心,此时心合其时心。'字甚迈逸,语颇难解。"

六 猜猜柳应辰的"心"

"柳押符"又称"心记符",依照柳应辰自己的题记,叫做"心记"似乎更合乎本意。"心记"就是"心的记录",心的思绪怎么记录?这确实是个难事。"心之所记,人不能知",不仅人不能知,而且自己甚至也无法表述。

佛教有部《心经》,全称《般若波罗蜜多心经》,第一个翻译的人是鸠摩罗什,后来玄奘又重新翻译。《心经》说"色不异空,空不异色,色即是空,空即是色","无眼界,乃至无意识界,无无明,亦无无明尽",可见《心经》讨论的实际上不是"心",而是"空"。看柳应辰在澹山岩驱赶僧人那么不客气,恐怕他的"心记"不是阐扬佛教的《般若心经》。

其实"心记"的真意可能还是在《易经》上,但不是取义夬卦的"夬"字,而是取义夬卦的卦辞:"夬,扬于王庭。"

《汉书·艺文志》阐释小学十家,引此语云,"言其宣扬于王者朝廷,其用最大也",是认为文字可用以宣扬教化于王者朝廷。

司马光《资治通鉴》论汉末清议云:"臣光曰:天下有道,君子扬于王庭,以正小人之罪,而莫敢不服;天下无道,君子囊括不言,以避小人之祸,而犹或不免。"认为"扬于王庭"与"囊括不言"背后隐含着君子、小人之争。

可见柳应辰的怪字符其实是具体有所指的,大抵仍不外于儒家的教化与地方官的职责。元结"有忧道闵世之心",柳应辰也只是如此。

有意思的是,理学到明代有王阳明的"心学",说"心外无物"什么的,不过在宋代"心学"还没出现呢。那么柳应辰的"心记""千古心"以及"此时心",应该是什么呢?

王阳明说:"心外无物,心外无事,心外无理,心外无义,心外无善。"心学的用意,大约只是强调人不能失去感觉——感觉到自己以外的事物。如果感觉不到,那就如同无物。

柳应辰的浯溪题记上说:"不能歌,不能吟,潇湘江头千古心。全家来游,七日而去。"仔细看看,其实只是用心、静心。

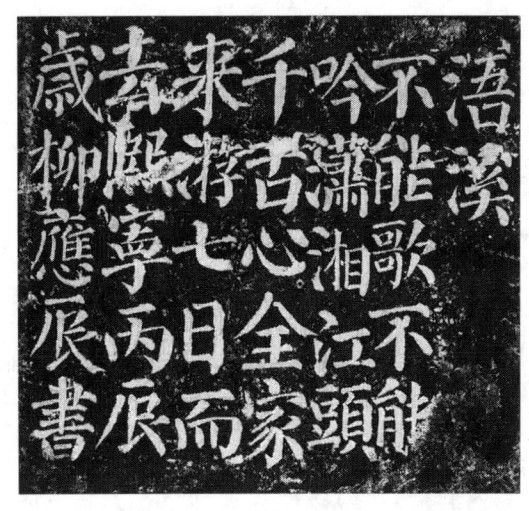

七日而去，去就去了，为什么特意刻写下来？《易经》的复卦曾说："七日来复，复，以见天地之心。""复"解释为返回，《易经》的泰卦又说："无平不陂，无往不复。"大概柳应辰眼想着江水的千古流动，心想着天地的循环往返，想到了但是又不能说，只安静地不歌不吟，恰剩一种"心的记录"了。

在九龙岩的题记上，柳应辰又说："人之安适夷旷，系于内不系于外，故有居山林而躁者，在朝市而静者。必若心源湛寂，世累疏薄，又得幽绝之境以辅助之，宜乎安于自得，萧然乎尘垢之外。"他说"系于内不系于外"，"外"是事物，"内"就是内心。内心安静不躁，湛寂不染，才有自得的超然的意境。

在石角山的残诗中，柳应辰写道："案牍暂休聊自适，篮舆乘兴若为同。九疑秋约心先到，岩□□斑桂子红。""九疑"是九疑山，"秋约"自是美景，而"心先到"恰是超然先知的感觉。

你真的在看吗，请问看到什么？你真的在想吗，请问想到什么？

在浯溪，镇妖的故事流传最广，而妖怪何来？大概只是来自人们的内心，只是来自内心的糊里糊涂与躁动不安吧。

（原载 2014 年第 8 期，作者单位：湖南科技学院）

徐爱月岩诗刻考略

❋ 郭佳鹏

徐爱(1487－1517)，字曰仁，号横山，余姚横河马堰人（现划为慈溪市），其先祖徐琛建炎年间为参谋军事，后由汴京徙至余姚，居屿墩。徐琛曾孙徐良始徙马堰，徐良孙徐原贞生徐爱曾祖父徐廷玉。徐廷玉字汝询，家贫，遂治生，自此徐家家境逐渐殷实。徐府君生二子文炯、文莹，文莹即徐爱祖父。徐爱父徐玺，字克用，号古真翁。尝为官，后又弃官不仕。徐爱为官期间政绩颇丰，官风清廉，吏事精炼，受民爱戴。于学术上，著述不多，经后人整理有《横山遗集》二卷，及编纂《传习录》一书，对早期阳明学派的形成与发展有一定的推进和特殊贡献。约弘治十六七年，徐爱娶王华之女、王阳明之妹为妻。正德二年(1507)春，又执弟子礼，正式拜入王阳明门下。次年秋，举进士二甲第六，年仅二十二岁。正德四年，出祁州守（今河北安国市）。正德七年，修文庙，建阴阳学府，裁定驿站草场租银，破刘六、刘七剧贼，民多怀之。正德七年冬，徐爱考满进京，升南京兵部车驾清吏司员外郎，祁州百姓为其立生祠以表怀念。正德八年春，王阳明升为南京太仆寺少卿，徐爱便与王阳明一道同舟归省，侍王阳明自北来南，并于途中作《同志考叙》，感慨自己与阳明先生相见甚少，与其同门中人亦多有未识者。正德九年二月，徐爱应诏陈言《上下同心以更化善治》奏议。任南京兵部车驾清吏司员外郎时，徐爱尝行部江南，尽剔诸赋役之蠹。正德十年，升南京工部都水司郎中。正德十二年五月，卒于山阴（今浙江绍兴），年仅三十一岁。

一　石刻的发现

2014 年 7 月份，湖南科技学院张京华教授邀请深圳大学问永宁教授等人，一同来到濂溪故里永州道县，并前往月岩考察。在月岩考察过程中，问教授从摩崖石刻群中发现有"徐爱"字迹的诗刻，当时用相机拍下。后来笔者借助问教授所拍照片，开始了对该诗刻内容有关的文献检索与考证，并有幸来到湖南永州，在张教授的帮忙与带领下前往月岩实地考察,亲自对该诗刻进行拓片采集。可以说,实地的田野考察提供了我与文物的直接接触的见面机会。在这样的机遇下,我触摸到摩崖石刻上那曲浅有致的纹路,指尖也不自觉的在那些文字的沟痕中来回游走,像是在对话。比起停留于纸质印刷品上有隔阂的阅读,实地考察则多了些亲近自然的趣味。

月岩位于今湖南省永州市道县清塘镇月岩村与小坪村交界处,曾有"穿岩""太极洞""太极岩"之称。笔者在六天的考察过程中,每日自月岩村方向至月岩。通往月岩的小路,以青石为主,两侧再以鹅卵石添饰,而小路两边的田地,除了种水稻之外还种植烟草。洞口外,亦有青石所铺的阶梯通向洞内。自"东门"入,仰头可见"上弦月",至洞内中,则有如头顶一轮大"圆月",行至"西门",回头仰望则现"下弦月"。正如光绪《道州志》所载:"月岩东西两门,望如城阙,当中而虚,其顶自东望之如月上弦,自西望之如月下弦,就中望之如月之望,故名。"在东西门及洞内中心附近的摩崖上,分别刻有"下弦月""望月""上弦月"大字,以示望月佳处。石刻的尺寸分别为:220cm × 85cm,162cm × 78cm,215cm × 85cm。皆刻于嘉靖元年壬午七月,由仙居吴廉所书。吴廉,字介夫,号牛田,浙江台州仙居县人,正德九年进士,授礼科给事中,转户科右给事中,后出为四川参议。

二 诗刻的内容

据朱熹之弟子度正所做之周敦颐《年表》载:"先生年十四。濂溪之西有岩,东西两门,中虚,顶圆如月,出入仰视,若上下弦 ,名月岩。先生筑室读书其间,相传睹此而悟太极。"相传月岩为周敦颐悟道之处,而濂溪故里位于楼田村,与月岩相去二十里。且由此一说,则月岩在后世理学家及文人名士眼中自然也重要了起来。根据本次考察统计,月岩有完整石刻63通,另缺损不计。多数为诗刻,徐爱诗刻一通便是其中之一。诗刻释文及注解如下:

《游月岩说诸峰峦奇之》

挟风上泷滩,破雾下道国。望望月岩路,阴阴营山侧。遥惊垒奇云,参差拥寒碧。旌刀结玄阵,鱼龙角抵击。□雷飘急雨,神疲忌摧殛。就视集仙子,鸾台卸初饰。啸舞珊瑚枝,歌夐琅玕石。部缀何肃整,霓裳翻奕奕。高兴乏素缘,此会犹难值。

该诗为长律,总十八句,先后描写了作者破雾南下来到月岩的过程及月岩的风景。泷滩,按明隆庆四年《永州府志》云:"道州宜阳乡为泷滩。水流石中而湍,曰泷。自江至库亭,谓之入泷。至零陵界泷泊滩,谓之出泷。春夏水涨,漕运其上,为石所病者甚多。泷名二十有四。北百里为麻滩,潇水中滩多不能悉载。"营山,据康熙《永州府志》载:"营山,在州西四十里,层峦叠嶂,绵亘数十里。实为州之西屏,其中峰最高者,乡人呼为春陵山,与全州灌阳连界。按唐武德四年,置营州;明改南营州。即在山下,今小坪村有南营州故址。"可知营山即为今道县清塘镇小坪村旁之都庞岭山系。且据笔者的实地考察,小坪村与月岩村各在月岩一侧。

《月岩》

扳奇殊未厌,洞谷披蓁莽。梯崖陟穹洞,中秋魄孤朗。长消随朔晦,东西窥偃仰。分明示太极,阴阳始析两。哲人固先天,肇物亦有象。字画鱼鸟因,图书龟马仿。元公自深易,证兹弥不罔。可以春陵墟,仰配河洛壤。

从前三句的描述来看,可知月岩外草木丛生,且需攀登山崖方可到达月岩洞内。与笔者实地考察时所见情景基本一致,现在方便游客游玩,洞口外修了一条通往洞口的石梯。"披蓁莽"指杂乱丛生的草木。"梯崖"即攀登山崖之意。第四、五、六句,则分别记述了一个月岩洞内视角下的中秋之月,月的消长周期;以及东西岩洞的"魄孤朗"应指岩内所见中秋之时月朗星孤的景象。接着七、八句则写到月岩之"顶上中虚如圆月,而下为东西两门"自然环境对应着太极与阴阳。第九句至最后则赞颂周濂溪独契太极义理。哲人"先天"谓哲人能知天,感通万物之表象。鱼鸟在这并非仅仅指鱼鸟两种动物,鱼本为水下之生物,鸟本为天上之生物。鱼鸟其于物之表象相差悬殊,位于天地两端的鱼鸟,意在指代天下万物。所以此处"鱼鸟因"亦是指代天下万物所据之理。"龟马",传说中背负河图洛书之神龟龙马。"元公"指周敦颐。"春陵",古之道州。"河洛",黄河与洛水,亦指河图洛书。作者将周敦颐作太极图与伏羲画卦、大禹之九畴相提并论,显然是为了美誉周敦颐及对其贡献的肯定。

《濂溪》

不尽幽奇目,濂溪看独明。寒泉冬更暖,紫气午还清。南国精灵在,光风草木生。令人怀阙里,千古可胜情。

此咏诗为五言律诗,首联以奇目不尽形容世界的万千,"幽"字亦写出万千世界的繁杂及其义理的幽暗晦涩与下句的"明"形成鲜明的对比,更有力的衬托出周敦颐悟太极之理的独到与洞见。后面又以紫气、精灵隐喻周敦颐之高贵与智慧,字里行间皆透露着作者对周敦颐的敬仰与赞美之意。

> 大明□□甲戌腊月初六日,南京驾部员外郎余姚徐爱,时偕道州郡守古歙洪通同游,庠生□时用书。

此通石刻为摩崖诗刻,高 60 公分,宽 126 公分,阴刻,楷书,边框刻有纹饰,做工讲究,字形工整,有少许缺损。"大明□□"一处的缺损较为严重,属于向内凹陷,有明显刮痕,似乎更像是人为破坏而非自然因素。从署款"……庠生□时用书"来看,可知此通诗刻之字为当地名为"时用"的学生所写,并非徐爱本人真迹。该诗刻在刘刚所编的《湖湘碑刻(一)》明代碑刻一章中有著录,编者在拓片图片下方也做了简略的介绍。按:"明《游月岩观诸峰峦奇之》诗碑,此摩崖石刻现在道县境内清塘乡月岩石壁上。碑宽 120cm,高 60cm,楷书。'大明□□甲戌腊月初六'徐爱时、洪通等同游并题诗。"据历史年份记载习惯,"大明□□甲戌"缺损部分应为当时年号"正德"二字,编者并没有将其校订。拓片的介绍信息里,编者错将石刻上的署款中"徐爱时"理解为作者姓名,一并理解为徐爱时与道州郡守一道同游。其附属拓片的图片亦相当模糊,使读者难以看清内容。正德甲戌腊月,可知其诗作于正德九年十二月,即公元 1514 年,正值徐爱考满回京。当时徐爱仍为南京兵部车驾清吏司员外郎,这里刻有"南京驾部"四字。驾部,官职名,始于魏晋,于隋初归属兵部,宋时称"驾部",明初亦称"驾部",后改为"车驾清吏司",掌卤薄、仪仗、禁卫、驿传、廏牧。据《明史·职官志》:"洪武元年,置兵部;六年,增尚书一人,侍郎一人,置总部,驾部并职方三部,设郎中、员外郎、主事,如吏部之数……二十九年,定改四部为武选、职方、车驾、武库四清吏司,惟职方仍旧名。"可知洪武六年置驾部为兵部之三属部之一,后于洪武二十九年,改为车驾清吏司。于《横山遗集》中的三十一篇祭文中,钟世符撰、董复等撰与王文轩等撰的三篇祭文里皆将"工部都水司郎中"写成"水部"或"水部正郎"。其余祭文多写做"南京工部"或"南京工部都水司郎中"。由此可推,"水部""驾部"均为简称。

三　版本的比较

制得拓片后,笔者进行了一番文本检索。目前现有与诗刻内容相关的著作有:《徐爱·钱德洪·董澐集》钱明编著、《濂溪志》王晚霞校注,以及上文提到的《湖湘碑刻(一)》。但内容不完全一致,皆有些出入。以下分别比较:

《徐爱·钱德洪·董澐集》里编者是以最早的嘉靖十三年汶上路氏浙江刊本《横山遗集》为底本,其中有一篇游记《月岩记》的内容含有石刻上的诗,应为徐爱在月岩咏诗后将《游月岩说诸峰峦奇之》《月岩》两首诗词修改后,放入了游记文中;另此书中有《濂溪》诗一首,与石刻上的内容一致。在阅读过程中,得知台湾国立图书馆中存有《横山遗集》二卷的善本,为海内外孤本。今年恰逢师弟访学台湾,托其帮忙带回了善本的影印版。这给了我很大帮助,再结合文物石刻,对古人的了解及其著作又更加具体与完善了。

结合影印本与《徐爱·钱德洪·董澐集》,其《月岩记》中"……予有诗云:挟风下泷滩,破雾下道国。望望月岩路,阴阴营山侧。逢惊垒奇云,参差拥雪碧。旌刀结玄阵,鱼龙角抵击。就视集仙子,鸾台谢初饰。王母宴周穆,瑶池罗璠璧。百辟肃圭璋,六龙脱辔的。琳球严部缀,霓裳侑初食。高兴乏素缘,此会无难值。……"一段与诗刻中《游月岩说诸峰峦奇之》的内容相比,徐爱在第九句至第十五句作了改动。这么一来,诗刻上"□雷飘急雨"一句中的缺损则无法借以刻本还原了。《徐爱·钱德洪·董澐集》一书中,作者将"泷滩"之"泷"校错为"龙";"寒碧"之"寒",错校为"雪";"犹难值"之"犹",错校为"无"。

据王晚霞所校注的《濂溪志》一书,明朝万历岁癸巳永明县知县胥从化编订《濂溪志》、明朝万历二十一年李桢刻印《濂溪志》、清朝康熙二十四年知道州事吴大镕主修《道国元公濂溪周夫子志》;清朝道光己亥周诰重辑《濂溪志·濂溪遗芳集》等《濂溪志》收录了徐爱《游月岩》咏诗一首。此诗与诗刻中《月岩》的内容基本一致,只有少些的字词上的差别。地方志的收录情况,除了《濂溪志》外,清道光《永州府志》亦有收录此诗。这里一并以表格的形式作一比较,○代表各版本有不同之处:

异文 \ 版本		石刻	横山遗集	明胥从化	明李桢	清吴大镕	清周诰	道光永州府志
1	○奇殊未压	扳	扳	扳	扳	攀	攀	攀
2	涧谷披○莽	榛	榛	榛	榛	榛	榛	榛
3	○崖陟穿洞	梯	梯	梯	梯	搜	搜	搜
4	中秋○○朗	魄孤	魂孤	魄孤	魄孤	孤魄	孤魄	孤魄

5	○○随朔晦	长消	长消	长消	长消	消长	消长	消长
6	东西窥偃仰							
7	分明示太极							
8	阴阳始○两	析	祈	析	析	析	析	析
9	哲人○先天	固	固	同	固	固	固	固
10	肇物亦○象	有	感	有	有	有	有	有
11	字画鱼鸟因							
12	图书龟马仿							
13	元公○○○	自深易	自根易	自深易	自深易	自探易	探造化	夙探易
14	证兹弥不罔							
15	可以○陵墟	春	春	春	春	春	春	春
16	仰配河洛壤							

从对比可知,1"扳"字,清以后刻本错为"攀"字,疑属音同而误。2"蓁"字,路氏刻本作"榛",而"蓁莽"与"榛莽"同,皆指草木杂乱丛生。3"梯",按文意,"梯崖"为是,即攀登山崖之意,清后刻本皆作"搜"字,应是因形近而误。4"魄孤"字,"魄"为形体之意,即指文中中秋之月形魄明朗,清后作"孤魄",应是排版而导致的颠倒错误。5"长消"字,亦是因排版而误。8"析"字,《徐爱·钱德洪·董澐集》中,编者因字形相近而错将"析"校为"祈"。9"固"字,"同"与"固"形近而误。10《徐爱·钱德洪·董澐集》13"自深易"字,《徐爱·钱德洪·董澐集》作"自根易",清吴大镕刻本作"自探易"及道光永州府志刻本作"夙探易",皆为形近而误;而清周诰刻本作"探造化",疑为其所据之底本于此处缺损,编者则自己做了添补。15"春"字,因形近而误,《徐爱·钱德洪·董澐集》作"春",应是编者校订错误,"春陵"即道州。

总的来说,明代刻本出版时间与作者所在年代较近,于内容上,与石刻本较为接近,错误者较少,明李桢刻本与石刻一致。清代刻本则多有因排版,字形相近等造成的错误。

四 初探徐爱对周敦颐思想的态度

在《横山遗集》二卷中,据徐爱自述,他曾亲自拜谒濂溪祠,并作《祭周濂溪先生》一文。徐爱在祭文里边这样谈到:"呜呼!夫子志点之志,吟风自适,学回之学……言有可征,意通太极……夫子得之,是垂易翼。道丧千载,以起废熄……末流之弊,章分字析。驾言精博,惟文之饰。口耳易资……梦幻盈世,孰究真实?……呜呼!孰起夫子,为世辨惑。某赖神之灵,遘师启迪……仰止濂溪,寔维诞德……"言中大意即言周夫子志孔颜乐处,通太极,辨世惑,抑流弊,续千年不传之孔孟之道。此等推举与敬仰之情与上文《月岩》《濂溪》诗中之"元公自深易,证兹弥不罔。可以春陵墟,仰配河洛壤""不尽幽奇目,濂溪看独明"一致。这里不难看出,徐爱对周敦颐实是赞爱有佳,以河图洛书之儒学经典地位来说明周敦颐独明太极之合法性及正统地位。总而言之,徐爱对周敦颐思想及其地位的是表示肯定与推崇的。这点与当时儒者的态度并无两样,皆采取"周敦颐乃续孔孟之道者"的肯定态度。

虽然从其文集及阳明后学史料中,并无相关的记载,但徐爱对周敦颐思想的见解与态度,显然深受王阳明的影响。王阳明早期深受朱子的影响,乃至《传习录》一书就《大学》的问题上多数在回应朱子。阳明心学虽不同于朱子学,然阳明学派却从未无视朱子。在《传习录》的师生问答中,朱子的言论处处可见,可以说阳明心学是奠基于朱子的。即使在种种问题上,阳明学派皆给出不同的见解,但于周敦颐的思想与地位的态度,却并没有不同。朱熹的弟子度正为周敦颐作年谱,朱子在周敦颐与《太极图说》的关系上与二陆亦又过论辩,周敦颐的历史地位或在儒学上的地位,离不开朱子的推崇。在明代,朱子理学极为盛行,最为权威。心学与朱子学虽不同舟,却是在一条孔孟的源流上共济着的。

(原载 2016 年第 9 期,作者单位:深圳大学)

刘魁永州诗刻探析

✻ 包 涵

一 刘魁其人

刘魁,字焕吾,号晴川,庐陵人。"由乡举,嘉靖间判宝庆五年,守钧州七年,贰潮州六年。升工部员外郎,上安攘十事,皆为要务。"(《明儒学案》)

刘魁受业于阳明,秉承师教,而得师传。门人尤熙"居常以不犹师事守仁为恨,闻郎中刘魁得守仁之传,遂师事之"(《明史》)。刘魁为人则宽厚平易,豁达大度;为政则忧国忧民,敢于直谏。《明儒学案》称:"先生受学于阳明,卒业东廓。以直节著名,而陶融于学问。李脉泉言在钧州与先生同僚一年,未尝见其疾言遽色。乡人饮酒,令之唱曲,先生歌诗,抑扬可听。"可见刘魁为人和善亲切,不拘礼节,与民同乐。

刘魁闲居处事虽随和可亲,临朝参政却铮铮自有风骨。嘉靖二十一年秋,刘魁上书直谏建雷坛事宜,情知将触怒天颜,身临大祸,令家人置办棺椁,以表明一往无前,死谏之心。上章曰:"顷泰享殿、大高玄殿诸工尚未告竣。内帑所积几何?岁入几何?一役之费动至亿万。土木衣文绣,匠作班朱紫,道流所居拟于宫禁。国用已耗,民力已竭,而复为此不经无益之事,非所以示天下后世。"帝果震怒,"杖四十,入狱,创甚,百户戴经药之,得不死。与杨斛山、周讷溪讲学不辍"(《明儒学案》)。此事亦为《明史》所载:"时御史杨爵先已逮系,既而给事中周怡继至,三人屡濒死,讲诵不辍。"狱卒揣测帝意,对刘魁多加折磨,刘魁处之泰然,本心未改。狱中贻诗家人,有"孤臣此日劳明主,万里何心觊此生"之句,可见其忠君爱国之心。

刘魁既陷于缧绁,而帝意甚反覆。"自壬寅至乙巳,凡四年。秋八月,上斋醮,神降于箕,为先生三人颂冤,释之。未抵家而复逮,十月还狱,又二年。"(《明儒学案》)刘魁出入狱中无常,而弟子尤熙"则书所疑,时时从狱中质问"(《明史》)。每逢弟子有问,刘魁欣然解答,达观知命,不以身处困厄自苦。

王阳明逝世后,刘魁感念恩师,作祭文曰:"呜呼!夫子已矣,后学失所宗矣,生民失所望矣,吾道一脉之传,将复付之谁矣?虽然,人心有觉,德音未亡。俨门墙之在望,顾堂室之非遥。去意见之私,而必于向往;扫安排之障,而果于先登。是在二三子后死者不得辞其责矣。归葬有日,筑室无期,临风遣使,有泪涟洏,嗟何及矣。矢志靡他,庶其慰矣。"文载《王阳明全集》。由此文观之,刘魁与其师阳明感情笃厚。虽从师日短,观其言行,未逾阳明所授。朝堂之上,不畏天威,敢于直谏,一往无前,确有其师之遗风。

刘魁既从学阳明,阳明之学实远绍濂溪。阳明以为周子得圣学之传,《王阳明全集》中有如是言:"洙泗之传,至孟氏而息,千五百余年,濂溪、明道始复追寻其绪。"阳明于周子之说中自有体悟,循迹而行,而至大成。有言曰:"赖天之灵,因有所觉,始乃沿周、程之说求之,而若有得焉。"(《王阳明全集》)阳明弟子阳克慎亦曾作祭文云:"呜呼!天胡夺我先生之速耶?有濂溪之学而能自强。"(《王阳明全集》)可知阳明一脉自以为传之周子,是以刘魁于濂溪祠前自称后学,理固宜然。

二 道县月岩

月岩位于道县清塘乡。嘉靖年间,道州知州王会作《月岩图说》,可知月岩得名。"右月岩在故里西八里许,有山巍耸,中为岩洞,东西两门可通往来。望之若城阙,当洞之中而虚,其顶自东望之如月上弦,西而望之如月下弦,就中望之则又如月之望。随行进退盈亏异状,俗以其形象月,故呼为月岩。"又有别名太极岩,王会揣测曰:"好事者奇之,以为太极呈象,若河之《图》,洛之《书》。会谓先生之道,未必因月岩而得。但此山不生于他,而生于先生之故里,则谓之太极洞也亦宜。"徐霞客曾游历湖南,次列诸岩:"因按列书之,为永南洞目。月岩第一,道州。"(《徐霞客游记》)

周敦颐,字茂叔,世称濂溪先生。谥号曰"元",后学多称元公。《宋史·道学传》称:"两汉而下,儒学几至大坏。千有余载,至宋中叶,周敦颐出于舂陵,乃得圣贤不传之学,作《太极图说》《通书》,推明阴阳五行之理,明于天而性于人者,了若指掌。"黄宗羲《宋元学案》称:"孔子而后,汉儒止有传经之学,性道微言之绝久矣。元公崛起,二程嗣之……若论阐发心性义理之精微,端数元公之破暗也。"

清道光《永州府志》卷二下《名胜志下》载:"濂溪以西十五里,营山之南,有山奇耸,中为月岩。旧名穿岩。其距州约四十里焉,岩形如圆廪,中可容数万斛。东西两门相通,望之若城阙。中虚其顶,侧行旁睨,如月上下弦,就中仰视,月形始满,以此得名。岩前奇石如走貌伏犀,形状不一。相传周子幼时,尝游息岩中,悟太极,故又称'太极岩'。有书堂在岩内,石壁环之。"

文人骚客得历道州,多雅集于月岩,留诗于壁上。嘉靖四年,宝庆通判刘魁巡察道永二州,承友人邀,有濂溪祠及月岩之游,亦留有诗刻。

三　刘魁道州、月岩诗刻

今于月岩见刘魁诗刻两幅,一为五言,一为七言。七言诗刻为《谒濂溪先生祠两首》,有题、有序、有跋、有款,并有刻工留名。观其内容,可知作于濂溪祠,而寄刻于月岩。释文如下。

> 谒濂溪先生祠二首
> 叶子酌濂不以为陋,并命工刻之月岩。
> 瓣香久欲荐溪蘋,今日躬寻庭草春。孔孟以来推此老,程朱之上更何人。图书未领千年意,风月空瞻七尺身。最是神明扶正直,池莲应不杂荆榛。
> 又
> 濂溪溪上敬停骖,再拜先生古道颜。圣可学乎真有要,果而确也信无难。圆圈万象包含内,芳草一庭意思间。摄邵至今风韵在,一回瞻望一回惭。
> 先生常以永州倅摄邵州事,仰怀先启,俯愧后尘云。
> 庐陵后学刘魁谨书。
> 公宝庆别驾也。承邀至州,故有纪。
> 雍白。
> 匠莫佐刊。

濂溪祠专祀周敦颐,在道州城内元山。"叶子酌濂"为叶文浩。福建闽清县人,道州知州。嘉靖元年壬午七月,仙居吴廉于月岩作"下弦月"榜书,落款处有"道州守闽叶文浩刻"字样。此时又为刘魁刻诗延请工匠,对月岩诗刻的存留有所贡献。

首联"瓣香久欲荐溪蘋,今日躬寻庭草春"用典甚多。"瓣香"为佛教语,犹言一瓣香。"陈师道诗:'向来一瓣香,敬为曾南丰。'任渊注:'向见前注,诸方开堂至第三瓣香。推本其得法所自,则云此一瓣香,敬为某人云云。'后山诗盖用禅家语也。今凡述钦仰他人之意,辄引用此语。"(《五溪蛮图志》)"荐溪蘋"出自《左传》:"苟有明信,涧溪沼沚之毛,蘋蘩蕴藻之菜……可荐于鬼神,可羞于王公。"心怀诚意,祭品微薄亦可供奉鬼神,后多表尊崇先人之意。苏轼《次韵滕元发许仲途秦少游》中有"自惭潢潦荐溪蘋,两邦旌纛光相照"之句。其弟苏辙《二贤祠》也写道:"几度系舟星诸上,欲从祠下荐溪蘋。"两典异曲同工,同表尊崇。"庭草春"则取自濂溪之事,《二程遗书》:"周茂叔窗前草不除。问之,云:'与自家意思一般。'"言周子思想寓于草木生意中,与大自然融为一体,生生不息;儒学核心为仁,仁有"好生之意",草木生意与仁同体,充塞天地之间。颔联"孔孟以来推此老,程朱之上更何人"言明濂溪地位。《宋史·道学传》云:"周敦颐出于春陵,乃得圣贤不传之学……程颢及弟颐实生,及长,受业周氏……新安朱熹程氏得正传,其学加亲切焉。"濂溪身在孔孟之下,程朱之上,由此可知。颈联"图书未领千年意,风月空瞻七尺身"亦有典故。《易经》:"河出图,洛出书,圣人则之。"言伏羲因此推演八卦,而作《易经》。濂溪好友潘兴嗣为其作墓志铭云:"尤善谈名理,深于易学,作《太极图》《易说》《易通》数十篇,诗十卷。"(《元公周先生濂溪集》)《太极图说》本名《易说》,周子深谙《周易》,而传《太极图说》。可知周子于《易经》有所感悟,有所阐发,领会千年未解河图、洛书之意,而得孔孟千年不传之正统,令后世人只可瞻仰,不可逾越。王阳明《再过濂溪祠用前韵》云:"曾向图书识面真,半生长自愧儒巾。"可见阳明一脉对濂溪阐释《易经》的肯定。此联虽为作者指出濂溪功绩,再表敬意之句,但观其主旨,可知作者于《易经》中亦有领会。虽言"空瞻",却暗含自况之意。尾联"最是神明扶正直,池莲应不杂荆榛"再次表达对濂溪先生的尊崇。濂溪曾言:"圣人定之以中正仁义而主敬,立人极焉。"又曰:"圣人之道,仁义中正而已矣。"又曰:"动而正曰道。"可见"正"为圣人之行,濂溪之"正"近乎神明。濂溪先生《爱莲说》言莲:"出淤泥而不染,濯清涟而不妖。""荆榛"泛指丛生灌木,多用以形容荒芜情景。曹植《归思赋》:"城邑寂以空虚,草木秽而荆榛。"池莲高洁,荆榛污秽,言明濂溪先生思想纯正明达,不染昏驳。

第二首诗首联"濂溪溪上敬停骖,再拜先生古道颜"点明作者身处濂溪溪上。骖,驾三马也。意为独辕车所驾的三匹马,此处"停骖"即为停车。作者既言濂溪先生"古道",可见濂溪不趋从流俗,刚正不阿的美名传扬后世。颔联"圣可学乎真有要,果而确也信无难"。此语出《通书·圣学第二十》:"'圣可学乎?'曰:'可。'曰:'有要乎?'曰:'有。''请问焉。'曰:'一为要。一者,无欲也。'"及《通书·诚下第二》:"圣,诚而已矣……至易而行难,果而确,无难焉。"此联作者巧妙化用《通书》中周子语句,一语双关。濂溪言圣人可学,刘魁用以表明周子可学。而周子可学之"要"在于"一",即在于"无欲",此处不识《通书》难知端倪。后句巧妙插入言"无难",《通书》中本言学"诚"无难,此处又承接上文"无欲"无难,言明学习周子须得"诚"且"无欲"。此联并非流于表面粗泛的大意,而是强调学习圣人"至易而行难"。颈联"圆圈万象包含内,芳草一庭意思间"。《易经》云:"易有太极,是生两仪。两仪生四象,四象生八卦。""圆圈"为太极的表现形式,万事万物均包含其中。"芳草一庭"又涉及前文"窗前草"的典故,濂溪思想蕴含在草木生意间,即从自然中领悟,与天地一体。尾联"摄邵至今风韵在,一回瞻望一回惭"。治平四年,濂溪先生以永州通判权知邵州。清道光《宝庆府志》卷八十九载:"自宋以前,邵州学宫于载记无闻,不得而言焉。"而濂溪先生"迁建州学,昌明教法"。邵阳百姓多建祠庙、书院纪念濂溪。作者此时正为邵阳通判,诗句中虽有惭愧之语,实则有试与濂溪在政绩上一较高下之意。

款后所刻"雍白"之"雍"疑指后文同游者廖时雍,"公宝庆别驾也,承邀至州故有纪"一句应为其所言。宝庆为邵阳古称,别驾即为通判,刘魁时任邵阳通判。莫佐应为石刻工匠,为叶文浩所请——"叶子酌濂不以为陋,并命工刻之月岩"。

两首诗不吝笔墨,着力描写濂溪功绩,拳拳尊崇之心一目了然。阳明曾言:"颜子没而圣人之学亡,曾子唯一贯之旨传之孟轲。绝又二千余年,而周、程续。"(《王阳明全集》)又作《再过濂溪祠用前韵》云:"瞻依多少高山意,水漫莲池长绿蘋。"此句与《谒濂溪先生祠二首》内容相通,崇敬之心更是一般无二。可见阳明一脉自以为私淑周子,远绍濂学,是以有尊崇之心。

除上述《谒濂溪先生祠二首》外,月岩另有刘魁五言诗刻三首。受外力因素影响,碑文中有几字脱落,难以辨认。释文如下:

题为:《大明嘉靖四年,是为乙酉岁。夏六月,甲子,庐陵晴川刘子魁,公干道州。辱牧伯三山酌濂叶子文浩,邀为月岩之游。而文学德兴,秋潭叶子采、庠友廖时雍、时寅、汝弼氏偕在。宾主斯文,乾坤嘉会。酒酣歌浩,月出山高。仆夫戒严,野兴未已。复相与据石而坐,请〈太极〉之遗编;剪茅以行,寻庭草之交翠。徘徊久之,乃别》

诗为:"旁列阴阳画,中分上下弦。地形呈太极,天意启真传。不有元公觉,谁开后学先。幸逢贤牧伯,相与讲遗编。又:一图□□虚,左右分为两。天地固先□,阴阳自成象。从此混沌开,今古亦劳攘。安得复其初,草木随生长。又:太极辩有无,名贤争铢两。图图者何心,太 极难为象。议讼固云然,要之亦徒攘。安得会心人,付以此山长。"

署款为:"是日饮于东门,观下弦月。"

因诗题过长,简称为《月岩之游三首》。

由诗题可知,刘魁于嘉靖四年(1525)六月来到月岩。叶文浩,上文有提。叶采事迹不详。廖时雍、廖时寅、廖汝弼应为兄弟亲友,其余不详。由题可知,刘魁喜好交友。《明儒学案》:"黄德良说阳明学问,初亦未成片段,因从游者众,夹持起,歇不得,所以成就如此。有举似先生者,曰:'也是如此,朋友之益甚大'"。刘魁受阳明影响甚深,精粗皆具,交友亦如是。"《太极》之遗编"为周子《太极图说》,"庭草之交翠"涉及前文"窗前草"典故。

第一首诗首联"旁列阴阳画,中分上下弦"与颔联"旁列阴阳画,中分上下弦"。开篇点明月岩地形,暗含周子于此悟道的传说典故。颈联"不有元公觉,谁开后学先"。肯定濂溪的理学鼻祖地位,言明自己所学传自濂溪。尾联"幸逢贤牧伯,相与讲遗编"。言有未尽,引出下文。

第二首诗承接上诗尾联,讲论《太极图说》,但观其大意,却是《易经》思想。首联"一图□□虚,左右分为两"。《易经》:"河出图,洛出书,圣人则之。""易有太极,是生两仪。"颔联"天地固先□,阴阳自成象"。《易经》:"有天地,然后万物生焉。""是以立天之道,曰阴与阳。"天地始生,而化生万物。《易经》云:"一阴一阳之谓道,继之者善也,成之者性也。"《通书》言:"天以阳生万物,以阴成万物。"可知天地秉承阴阳之气而生,阴阳化生万物,自可成象。颈联"从此混沌开,今古亦劳攘"。"混沌"指宇宙生成之前模糊一团的景象。孔颖达疏曰:"天地未分之前,元气混而为一。"《易经》云:"天地絪缊,万物化醇。"此处却是说《易经》自天地生,圣人观法而作,可一扫迷雾,有"以体天地之撰,以通神明之德"之用。《朱子语类》卷六十七:"某近看《易》,见得圣人本无许多劳攘,自是后世一向乱说,妄意增减,硬要作一说以强通其义。"此言《易经》既出,幽深高妙,后世学者胡乱揣测,大失圣人作《易经》本意。尾联"安得复其初,草木随生长"。此联作者发出感慨,《易经》得自天授,生于自然,后世却"强通其意"。应使《易经》回复本真,如同草木自然的在天地间生长。

第三首诗首联"太极辩有无,名贤争铢两"。此联涉及理学与心学关于太极的争论。周子曰:"无极而太极。"朱熹认为"太极者,象数未形而其理已具之称"。又曰:"未有天地之先,毕竟是先有此理。"又曰:"无极者,只是说这道理,当初元无一物,只是有此理而已。此个道理,便会动而生阳,静而生阴。"而陆王一脉则秉承《易经》"易有太极,是生两仪"的说法,由老子所言"天地万物生于有,有生于无",而认为"朱子发谓濂溪得《太极图》于穆伯长,伯长之传出于陈希夷,其必有考。希夷之学,老氏之学也"。并进一步怀疑道:"《太极图说》与《通书》不类,疑非周子所为。"(《陆九渊集》)阳明后学胡直作《太极图说辩》,通篇言《太极图说》不出于周子,云:"周子自为《易通书》,言太极而不言无极,言仁义中正而不言中正仁义。"又作《太极图说辩后语》言:"程伊川作《易传》训'易有太极'章,未尝一语及《图》,亦未及先后动静之说,伊川岂训《易》而反秘师说哉?"可见"无极"之说与心学不类。颔联"图图者何心,太 极难为象。"此联言濂溪作《太极图说》之意无人可知,并于其后表明自己的观点,对《太极图说》进行怀疑与反驳。颈联"议讼固云然,要之亦徒攘"。此联表现了刘魁平和包容的心态。刘魁既为阳明弟子,理应旗帜鲜明的站在心学一边,对理学的观点提出反驳,但他却认为争论是徒劳的。《明儒学案》:"(刘魁)每举阳明遗事,以淑门人。言阳明转入轻快。一友与人讼,来问是非,阳明曰:'待汝数日后,心平气和,当为汝说。'后数日,其人曰:'弟子此时心平气和,愿赐教。'阳明曰:'既是心平气和了,又教甚么?'"可知刘魁生性平和,不急不躁,犯而不校,不喜与人争讼。尾联"安得会心人,付以此山长"。前联虽云"议讼"徒劳,此联却以"会心人"转入心学,暗自表明立场。《明儒学案》:"朋友在书院投壶,阳明过之,呼曰:'休离了根。'"此联可见刘魁未离其根。

《谒濂溪先生祠两首》与《月岩之游诗三首》虽为刘魁游历山水而作,却体现了他作为阳明弟子深厚的思想底蕴。前者多表明阳明一脉对濂溪的尊崇,由阳明所作《萍乡道中谒濂溪祠》"千年私淑心丧后,下拜诸祠荐诸蘋"可知。后者则更进一步,引出理学、心学太极有无的争论,洞见哲理,实属难得。观其诗文造诣,却略显不足。《四库提要》论其"少从王守仁游,讲良知之学;登朝以气节著,吟咏非所注意"。

四　刘魁朝阳岩、浯溪诗刻

刘魁生性雅好游历山水，对景赋诗，感慨抒怀。嘉靖四年六月于道县月岩题诗咏怀，同年七月游历永州朝阳岩，留下无题有跋诗一首，释文如下。

濂溪疑水接潇湘，秋色随人上野航。莫讶朝阳题短句，须知近日戒诗荒。

大明嘉靖乙酉岁秋七月，余庐陵刘子魁公干永道，得登九疑，拜重华陵；沂濂溪，谒元公故里；游月岩，观望弦月；憩淡岩，读山谷诗。所至胜处多留题，邑人好事者亦辄为刊之石。自念近来似荒于诗，乃禁戒不作。至此，伎俩复抑搔，若不能制，破戒为之，然亦无复长语。仍召诸魔，遣之曰："吾岂子癖，子弗我阿，吾不如戒，子将谓何？"魔曰："子弗我容，吾岂子怪，子过浯溪，吾方受命。"予笑而书之。书已，郡伯丰城袁子黝见而谓曰："古人戒流连，君子速改过，子殆两得之乎？"邑令桂林白子绣亦治具来会曰："是殆两得之矣。"予为酌而谢之曰："敢不卒如君子之言，有如此酒！"复相与尽欢而别。时闻洞中铮铮然有声，若已付诸石工者，予亦弗之禁也。遂行。

工吏彭相、周叹，石臣余金。

此诗尚存永州朝阳岩，明黄焯《朝阳岩集》《零陵朝阳岩诗辑注》[1]140-143、《湖南地方文献与摩崖石刻研究》[2]108与《零陵朝阳岩小史》[3]133中有记述。"濂溪"，在道县。"疑水"，出九疑山。弘治《永州府志》卷二："九疑山，在县南六十里，一名苍梧山。山有九峰，峰各一水，四水南流会于南海。""潇湘"，指潇水与湘水。《山海经·中山经》："澧沅之风，交潇湘之渊。""朝阳"，即永州朝阳岩。

跋中"袁子黝"，即袁黝，丰城人，永州知府，嘉靖二年任。"白子绣"，即白绣，桂林人，零陵知县，嘉靖三年任。彭相、周叹及余金，生平不详。跋中所提及的元公故里与月岩，正是上文所述诗刻题咏处。

跋中诗人与诗魔对话，可见刘魁作为心学传人，对内心的重视。阳明云："心外无物，心外无理。"此言刘魁尽得之矣。跋中又有"古人戒流连，君子速改过"之句，刘魁"流连""改过"两得之，既享山水之乐，又不忘践行"致良知"之学，可谓两全其美。

刘魁浯溪诗刻，在祁阳，今尚存。无题，诗云："磨崖百丈高，壁立千余载。

灵武事堪疑,中兴颂尚在。过者辄登临,我来增感慨。莫遣打碑人,重为此邦害。"署款"大明嘉靖乙酉秋,庐陵晴川刘魁".[4]207

可知刘魁游历永州之次序:刘魁应从宝庆府出发,先至宁远县内九嶷山,拜谒舜帝陵;而后西北行进入道州,拜谒濂溪祠,后观赏月岩;沿潇水北行至零陵,先观淡岩,后赏朝阳岩;又乘湘水东北行过浯溪。刘魁游历浯溪后,或因祁水北行,而归辖区宝庆府。

五 文献勘误

明胥从化纂《濂溪志》,载"好风为我启行媒"诗一首,无题,归入刘魁名下,今疑为编者刊录有误。王晚霞校注《濂溪志八种汇编》[5]111,亦未将其更正。此幅石刻位于《谒濂溪先生祠二首》之下,释文如下:

> 好风为我启行媒,胜地登临眼界开。天地铸成浑太极,元公发秘淑将来。凌云怪迹真奇绝,列席豪贤幸与陪。镇日徘徊光霁里,一团生意觉春回。
>
> 永明知县三山林英。
>
> 绿树青山引兴媒,岩光遍览好怀开。月分弦望空中见,气运阴阳极里来。心学发明资后学,酒陪观乐更诗陪。咏归未罄无边趣,遥指白云望几回。
>
> 永明训导新兴吴允迪。
>
> 芊芊草径本无媒,萧瑟金风一扫开。峒月昳今还仰古,图书继往复开来。派流河洛渊源远,功入庙庭祀典陪。万古斯文昭日月,先生挽得古风回。
>
> 永明训导归善邓庆林。
>
> 嘉靖三年甲申菊秋望后四日谨识。

此幅诗刻与《谒濂溪先生祠两首》诗刻一上一下,排列紧密,抄录甄别若不严谨,信息难免混淆错乱。由诗刻落款可知,"好风为我启行媒"诗作者应为林英,为永明知县,闽县(今福建福州)人。后有两首应和诗,作者为永明训导林允迪与邓庆林。碑文落款处有记,此诗题于嘉靖三年,刘魁嘉靖四年来访道州,时间不符。此诗虽与《谒濂溪先生祠二首》内容略有相似,但此诗涉典较少,意境开阔;

而刘魁长于用典,流于堆砌而不重意境。从情感上看来,刘魁作诗,常怀追仰先人之情,暗含自况圣贤之意;而此诗堪堪提及濂溪,多有吟赏风光之语,愉悦自得之句。从思想上看来,前者诗中多悠闲游适之意,并无深刻思想蕴含;后者则触类旁通,微言大义,于拜谒记游诗中阐发理学、心学深意。此诗于意境塑造与艺术表现上较刘魁诗有过之,于立意及情感表达上却有所不及。由此观之,地方志所载应有讹误。

结　语

除在永州留诗外,刘魁另有其他记游诗。如在钧州任知州时作《谒欧阳文忠公墓》,游历山东于邹城孟庙中所作《往年敬谒亚圣公庙庭退而有述》,暂不具论。

刘魁以气节著名于朝野,以敢于直谏留名于《明史》。诗文多为遣怀吟咏之作,多蕴含其哲学思想,亦可见其政治理想,但少见于史籍。现今存诗多见于碑刻,以永州留诗尤多,共计七首。其中月岩诗刻五首前人未曾记载,尤其具有文献学的价值。

参考文献:

[1]侯永慧.零陵朝阳岩诗辑注[M].上海:华东师范大学出版社,2011.

[2]李花蕾,张京华.湖南地方文献与摩崖石刻研究[M].上海:华东师范大学出版社,2011.

[3]汤军.零陵朝阳岩小史[M].上海:华东师范大学出版社,2011.

[4]浯溪文物管理处.湖湘碑刻·浯溪卷[M].长沙:湖南美术出版社,2009.

[5]王晚霞.濂溪志八种汇编[M].长沙:湖南大学出版社,2013.

(原载 2016 年第 12 期,作者单位:湖南科技学院)

月岩南宋淳熙间祷雨题刻初探

✴ 秦 仪 ◆

在湖南省永州市道县濂溪故里的月岩，有两方分别记载南宋淳熙六年和淳熙九年的官方祷雨的石刻题记，两方题记皆为官方祷雨题材，题刻时间相隔不过仅仅三年，且两次祷雨活动道州地方官员赵赍都有参加，鉴于此，本文将两方石刻题记一齐进行探析，将更好地揭示宋代地方官员在石刻题记背后反映的淳熙大旱中所承担的本位职责及其作为表现，为进一步研究和展示祷雨活动在宋代社会中承载的现实功用和文化意义提供例证和参考。

一 作者生平

（一）赵汝谊生平

赵汝谊，字宜言，赵宋宗室，浙江平江府人，官至右奉直大夫，赵善良之子，赵崇脩之父，长姊适南宋词家管鉴。赵汝谊早年得丞相王淮荐见用，乾道年间在衡山县令任上，南宋淳熙四年（1177）出任道州知州。五年，重修濂溪祠、濂溪书院。六年，与人游含晖岩，留有题刻一方。同年，在月岩祷雨题刻。淳熙七年因抵抗郴州寇盗，守御城池有功擢升至郎，淳熙十年赴淮西总领屯田事。十三年准告叙复朝请大夫，当年六月一日准告磨勘转朝议大夫，当年闰七月十一日准告特授试太府卿，依前淮西总领，至淳熙十五年八月初八日致仕，即于淳熙十五年告老还乡，终结仕宦生涯。

赵汝谊在道州含晖洞亦有石刻。原题刻侵蚀磨损较严重，但仍有二十余字能够辨认。今据陆增祥《八琼室金石补正》可补全其内容："赵本一宜言，继仲任嗣至，林用之，义冲远，章茂献，郑虞任，淳熙己亥长至后二日，同游含晖洞，宜言幼子崇脩侍行。"其中"长至"即夏至。《八琼室金石补正》考其题刻云："宋·赵本一等题名：高二尺七寸，广一尺六寸，五行，行九字，字径二寸五分，正书。""义冲远,名太初,道州人,淳熙五年姚颖榜进士,历知高、琼二州。周益公、杨诚斋、朱子、赵端明,皆与之游,著有《冰壶诗》十卷、《易注》五卷、《文集》十卷,《志》载:《鼓角楼记》碑为太初所撰,今已不存。"[1]《湖南通志》对该题刻亦有记载,《湖南通志》卷二百七十九《金石志》:"宋赵本一等含晖岩题名:赵本一宜言,继仲任嗣至,林用之,义冲远,章茂献,郑虞任,淳熙己亥长至后二日,同游含晖洞,宜言幼子崇脩侍行。"《金石补正》:五行正书。义冲远名太初,道州人,淳熙五年姚颖榜进士,《志》载:《鼓角楼记》出其手笔,今已不存。末题:'宜言幼子崇脩侍行。'崇脩有二:一为汝辑子;一为汝谊子,此盖汝谊之子也。(赵汝谊)名谊字宜言,于义正协。汝谊官永,见月岩题名。茂献,疑章颖之字。"《湖南通志》此处说赵汝谊"名谊字宜言",盖脱漏"汝"字,方与文义合。"赵本一"之"本一"为别号抑或他字虽未提及,但据《志》考证"(赵汝谊)字宜言,于义正协。汝谊官永",甚为合理,又有同年与章颖月岩祷雨题刻为证,则"赵本一"为赵汝谊其人应毋庸置疑。由以上文献可知,淳熙六年夏至日,赵汝谊携子崇脩与数人游含晖洞,并刻石纪念。该题刻为正楷,由字迹可知,赵汝谊精于书法。

赵汝谊又喜收名帖。南宋岳珂《宝真斋法书赞》载:"先君(指岳飞子岳霖)以淳熙癸卯将漕鄂渚,与总饷赵汝谊言燕南楼,席间出是帖(《薛道祖秘阁观书诗帖》),以二英石易得之,有御府绍兴印二,半印一,薛氏印七,半印一。"[2]

赵汝谊曾刊刻名帖。淳熙十年曾校刻颜师古注《急就篇》传世,罗愿为该帖作跋云:"至道中,太宗皇帝尝亲书此篇。""天水赵公汝谊,欲是正传广之,乃录至道御书三十四章,登于卷首云。"《玉海》附刻王应麟补注引《太宗实录》云:"端拱二年七月丙戌,以御书《急就章》藏于秘阁。帝留心字学,先是下诏求先贤墨迹,有以钟繇书《急就章》为献,字多踏驳,上亲草书一本,仍刻石分赐近臣。宋惟幹献《御书急就章赋》,以一轴赐之。"[3]罗愿所跋,乃赵汝谊传刻之颜注本,王氏据之而为补注,则以真书录太宗草书者。赵汝谊传刻的御书本应并非《太宗实录》此处所载藏入秘阁这件,推测宋太宗非只书《急就章》这一次。

以下为赵汝谊见诸方志及相关文献传记:

光绪《湖南通志》卷二百七十九《金石志》:"《宗室世系表》:善庠、善良、善颖之子均以汝谊命名,以含晖洞证之,当是善良子,赠右奉直大夫。不迷孙,其字宜言,其子崇脩也。"

光绪《金华县志》卷九《人物》第四《政事》:"初,上问当世人物,(王)淮举京镗……司马伋、赵汝谊、何万、邓驲、陆九渊……上皆用之。"

乾道二年,赵汝谊在衡山县令任上,事见载于周必大《文忠集》卷七四《朝奉郎袁州使军逢辰墓志铭》。"(孙逢辰)年十八乡举首荐登乾道二年进士第,以左迪公郎尉潭之衡山,(衡山)邑宰赵汝谊,连帅(沈)介,皆通明严重,遇盘错辄属君。"[4]

光绪《道州志》卷四《职官》:"赵汝谊,平江人,四年任,《通志》《府志》作八年任,《治迹》有传。"

光绪《道州志》卷四《治迹》:"赵汝谊,《省志》平江人,以宗室知道州,郴寇犯境,汝谊誓死守,一夕贼遁去。"

道光《永州府志》卷六:"壬戌,郡守赵汝谊重新祀典,并塑二程先生像配享。"

道光《永州府志》卷十三:"赵汝谊以宗室知道州,郴盗犯境,汝谊誓死守。一夕,贼遁去。"

宋代笔记小说郭彖《睽车志》卷二"道州孚惠庙"条载:"道州孚惠庙,灵响甚著。淳熙己亥,郴寇大作,侵轶州境。郡守赵公郎中汝谊以郡无城池,听民避寇自便,而自誓死守。指使樊谨请入贼说以祸福,不从则死之,即日见害。贼进至江华,距城不一舍。公益忧愤,倦而假麻。见二大夫儒衣冠,貌甚伟岸,来谒,且言毋恐。公意其孚惠之神也,即具冠带往谒。俄有燕数千自祠所随公朱轿飞集黄堂上,翔起者三,喙皆外向。漏尽数刻,缥所从方陈而去。是夕,寇遁。民被俘逃还者,述贼言道州号令明信,能使人不可犯,乃舍去。郡教官章颖记毕刻石。"[5]将此事写入,虽经艺术化修饰,但仍比较真实地记录了赵汝谊抗郴守城一事,小说中也提到赵汝谊嘱章颖刻石,虽不可考其事其石,但仍真实反映了当时的历史事件,也借鬼神之事曲折反映了郴州一带寇乱四起的社会状况,赞颂了为保民而奋不顾身的道州郡守赵汝谊。赵汝谊抗寇被写入笔记小说一事亦见于道光《永州府志》卷七《食货志》"道州孚惠庙有神燕"条。

道光《永州府志》卷十八上:"淳熙五年,太守赵汝谊命博士章颖考释之,其释并镌诸石。"

光绪《道州志》卷九:"淳熙五年太守赵汝谊命博士章颖考释之,并镌诸石。"

康熙《永州府志》:"汉龙平侯熊君墓:在州北四十里龙村有碑,并石兽碑高九尺,宽五尺,厚八寸,螭首麂跌立于汉献帝二十一年丙申,后因宋刺史王继勋酷爱之舆至郡西。淳熙五年,太守赵汝谊喜汉刻之存,命郡博士章颖考释之,其释文亦镌诸石。"

光绪《道州志》卷七："淳熙己亥，周与何互讼其产，闻于郡守赵汝谊，阅营道所承永州公牒，乃治平，印文按验皆合用。"

宋龚维蕃《道州重建先生祠记》："前此未有先生祠。绍兴己卯五月，太守向子忞始奉祀于州学之稽古阁，编修胡公铨记之。淳熙乙未，郡博士邹塽迁于敷教堂。戊戌，太守赵汝谊以其逼仄，更创堂四楹，并奉二程先生像，南轩张公为记。"

明王会《濂溪书院图说》："右派溪书院，在州学西，以祀先生者也。……知州事赵汝谊重建，并塑二程先生像。"

嘉庆《黟县志》卷十三："又与总领赵汝谊奏除永州，旱木四万余石，民感实惠，百千人相率诣安。"

景定《建康志》卷二十六："赵汝谊，朝请大夫、太府少卿。淳熙十年十一月二十五日到任，十二年九月二日准告为措置淮西屯田灭裂，降授朝散大夫。十三年二月二十八日准告叙复朝请大夫，当年六月一日准告磨勘转朝议大夫，当年闰七月十一日准告特授试太府卿，依前淮西总领，至淳熙十五年八月初八日致仕。"

景定《建康志》卷二十六："淮西总领题名：蔡戡，朝奉郎、守太府少卿，淳熙十年七月十八日到任，准指挥与湖广总领赵汝谊两易。"

《续资治通鉴》卷一百四十九："是日，赵汝谊言屯田事，遇一圩水退，诸圩兵卒并力耕种。秋成谷熟，施工力者皆预分谷之数。帝曰："若将来所收不多，朕不惜给米，使之亦如丰年，则更相劝勉。"[6]

《续资治通鉴》卷一百五十："辛亥淮西总领赵汝谊奏和州屯田，所收物斛未曾均给。帝曰：'可令总领所、都统司将屯田力耕官兵斟量工力多寡，据今年收物斛实数，分作三等次第均给。'八月，辛酉，诏：'浙西诸州府，各将管下围田明立标记，仍谕官民不得于标记外再有围裹。'戊辰，赵汝谊奏贩米不得阻遏，其以喝花为名，故作留滞者，许赴监司、台部越诉，重置典宪，从之。癸未，臣僚言：'淮上州军，逐处皆有桩管米斛，建康、镇江大军屯驻，又有总司钱粮。惟太平州、采石镇沿江要害去处，去岁民间艰食，州郡必无储备，闻淮上去秋成熟，淮人多有载米入浙中出粜不行，今来秋成在近，望先支降本钱付总领所，及时和籴。'诏：'赵汝谊于建康务场见桩管会子，委官就采石仓措置。'"[6]

《宋会要辑稿·食货十八》："淳熙十一年五月二日，淮西总领赵汝谊言：'近据客人陆太等十一名状，称黄州税务正临赤壁湍险之处，每遇舟船到岸，百端阻节，动至五七日稽留，江面阔远，风涛不测，前后积聚官私舟船，不可胜计。'"[7]
同书还有"淳熙十四年八月十三日，淮西总领赵汝谊言：'沿江税务，壤地相接，如池州至建康府止七百余里,为场务者有六,曰池口,曰施团,曰芜湖,曰采石,曰建康,其间相去不满五、六里者,又重以私税。商旅挟家赀以求赢,而乃困于公家之征,岂不可怜。'"[7]

(二)赵赓生平

赵赓,赵宋宗室,河南浚仪人,一作开封人,当时可能为道州营道县令。道光《永州府志》之《职官表》载:"赵赓名失载,不知其为丞为倅。"除在淳熙六年月岩祷雨题记留名外,淳熙九年壬寅在月岩另有"承流兹邑"石刻,今残,仅存"岁遇夏"以上内容,宗绩辰《留云庵金石审》、陆增祥《八琼室金石补正》、光绪《湖南通志·艺文·金石》及《全宋文》均有载该题记完整内容,可据补。

道光《永州府志》卷十八下《石》三:"宋赵赓月岩题名,存:浚仪赵赓,承流兹邑,千二百有四日矣。岁遇夏,或以旱告,赓侍郡侯凡三谒于灵济祠下,卜其善应金仙,可不勒诸岩石以纪神之赐。淳熙壬寅六月中澣书。右刻行尽七行在道州月岩前人未经搜及。《留云庵金石审》由于淳熙壬》。寅为淳熙九年(1182),据题记推知赵赓任营道县令在淳熙六年三月。

(三)章颖生平

章颖,字茂献,有时误载为茂宪,号云山,临江军新喻(今江西新余)城内章家村人,笃志力学,进士及第,领南宋淳熙乙未科进士第一,省元。以兼经中乡荐。宋孝宗立,应诏上万言书,孝宗称其文似陆贽,礼部奏名第一。初授迪功郎,除道州教授,淳熙六年陪同道州太守赵汝谊先后于含晖岩、月岩游,并留下题刻。淳熙七年,因佐太守抗寇守郡有功调离,循至文林郎。曾辅孝宗、光宗、宁宗三帝为臣三十年。在朝入太学,为上录、为博士。入太常,为博士、为中丞。入省,为左谏。入台,为侍御史。入尚书,为兵部、刑部、吏部侍郎。因文章著称,政事名世,官至礼部尚书、皇子嘉王府直讲、国史院修撰、修玉牒、宝谟阁学士。章颖践履端直,生平风节,不为穷达所移。诰封"新喻开国男""建安郡侯"、食邑自三百户至一千二百户。著有《南渡十将传》《春陵志》《文肃公奏议》等。《宋史》第一百六十三有《章颖传》,兹节录如下:

"章颖,字茂献,临江军人。……调道州教授,作周敦颐祠。会宜章寇为乱,郡僚相继引去,颖独留。寇平,郡守以功入为郎,奏颖有协赞之功,可大用,乃召对,除太学录。……孝宗谓其言太讦,久之不迁。及奏考试官,孝宗曰:'章颖可。'乃知上犹记其说论也。……从官议欲超除颖,俾去言职,庶可两留。光宗曰:'是好谏官,何以迁之?'……韩侂胄用事,颖侍经帏。上曰:'谏官有言及赵汝愚者,卿等谓何?'同列谩无可否,颖奏言:'天地变迁,人情危疑,加以敌人嫚侮,国势未安,未可容易进退大臣,愿降诏宣谕汝愚,无听其去。'不报。奏请待罪,与郡。御史劾颖阿党,罢。太学生周端朝等六人伏阙,辨汝愚被诬,且谓章颖言发于忠,首遭斥逐。端朝等皆被罪,自是党论遂起矣。颖家居久之,起知衢州,侍御史林行可劾罢之。……侂胄诛,除集英殿修撰。累迁刑部侍郎兼侍讲,对延和殿,上叹曰:'卿为权臣沮抑甚久。'……颖操履端直,生平风节不为穷达所移。虽仕多偃蹇,而清议与之。方党论之兴,朱熹遗以书,略曰:'世道反覆,已足流涕;而握其事者怒犹未已,未知终安所至极耶?然宗社有灵,公论未泯,异日必有任是责者,非公吾谁望耶?'论赞曰:章颖辨正学之非邪,正人之非伪,君子哉!"

章颖方在道州时,任道州教授一职,时太守为赵汝谊。以下是章颖在道州任教授的相关文献。

康熙《新喻县志》卷十二《人物列传·理学传》:"章颖字茂献,号云山……为道州教授,郴寇破外邑,邦人奔避,郡寮避之。颖白太守赵汝谊愿偕死,守因赞画守御计。寇闻有备,引去。赵首以此荐除太常博士。……晚家邑城,日同士大夫商榷古今赋诗,作文虽老不倦,尝与朱文公讲究性命之学,其著述若奏议、诗文甚富。国史蔡抗赞曰:颖风规峻整践,履端直立朝大节,凛乎如烈日秋霜。其所建明排击曾不回挠,可饥可寒而大节不可夺也。"

光绪《湖南通志》卷二百七十九《金石志》:"章颖,临川人,官道州教授。《永》志《官表》两列之。一系隆兴年,一系淳祐年,恐悉未确。"

道光《永州府志》卷十八上:"淳熙五年,太守赵汝谊命博士章颖考释之,其释并镌诸石。"

宋陈振孙《直斋书录解题》:"《舂陵图志》十卷,教授临江章颖茂宪撰。淳熙六年,太守赵汝谊。"[8]

道光《永州府志》卷六:"《舂陵图志》十卷,宋章颖撰。通考《直斋书录解题》作章颖茂者非,案通考云:教授章颖茂宪撰。淳熙六年太守赵汝谊刊颖名,见州、郡《志》,《直斋》特误,连其字为名耳,颖临江人。"

宋龚维蕃《道州重建先生祠记》:"淳熙庚子,郡士胡元鼎与其乡人何士先、义太初、孟坦中、欧阳硕之创舍设像,教授章颖为记。"

淳熙六年七月望日(1178)章颖作《道州濂溪田记》,淳熙七年(1179)八月日作《道州故居先生祠记》,两文收入明代胥从化《濂溪志》中。

《道州濂溪田记》载："先生故居在营道。颖尝至濂溪之滨，见其耕馌者无慢容。讲学者有高趣，周氏之松楸弗剪焉。"[9]

二　祷雨题记内容

在古代，祷雨是不仅是一种单纯的祭祀活动，它还起着维系社会安定的重要作用。地方官员往往会通过祷雨的方式以求诸神施惠，使得天降甘霖来缓解干旱。[10] 从百姓的角度看来，祷雨是符合他们对神灵信仰崇拜的方式，他们不仅自己私下举行各种个人祈祷活动，而且希望通过官方祷雨来向天神显示诚心。从代表官方的地方官员的角度看，此举在更多意义上其实是向普通百姓显示自己悯农爱民之心，起到协调官民关系，从而维持地方社会秩序不受天灾影响。[11]

两方淳熙年间的祷雨题记正是道州官员进行官方祷雨活动而留下的历史见证由于中国古代对金石文献的记录和整理，关于这两方祷雨题记石刻的详细记载也见诸于多种史料。

光绪《湖南通志》载："宋：月岩赵汝谊等题名。道州新《志》：'在州西四十里，旧名穿岩。淳熙中，太守直阁赵公祷雨过其下，有题名。……《金石补正》：'五行，行书。在月岩洞口之巅，从未有椎拓之者，故记载多不实也。'"

同书又载："宋：赵赓月岩题名。《金石审》：右刻行书七行，在道州月岩。前人未经搜及。"

清陆增祥《八琼室金石补正》载："月岩题刻三段（在道州），赵汝谊等祷雨题记（高二尺八寸，广二尺七寸，五行，行八字，字径二寸五分，行书），在州西四十里，旧名穿岩。淳熙太守直阁赵公祷雨过其下，有题名。（汤璐《道州志》案：《道州官表》，淳熙初有两赵守，其一汝谊，四年任；其一善言，七年任。证之赵赓月岩祷雨题名在壬寅岁，是为淳熙九年，则必善言无疑也，黄如设改纂州志，作直阁赵忭甚误（《金石审》）。右刻在月岩洞口之巅，从未有椎拓之者，故记载多不实也。《永》志《官表》：'赵汝谊，平江人，乾道八年任殊误。赵赓名失载，不知其为丞为倅。章颖，临川人，道州教授，尝撰《濂溪故里祠记》见《濂溪志》。赵赓题记（高广各二尺六寸七行，行十字，字径二寸五分，行书），右刻行书七行，在道州月岩，前人未经搜及（《金石审》）。《永志》误'下'为'卜'，'仙'上一字《永志》作'金'，审之似是。'至'字姑从其阙。灵济祠志所不载月岩有龙母山，上有龙母祠，岁旱祷之多应，或即宋之灵济祠矣。'"[1]

(一)淳熙六年祷雨题记

淳熙六年祷雨题记释文：

> 汉国赵汝谊,天水赵赓,南郡章颖,祷雨道过穿岩。方暑,如坐广厦。遍览洞石,赏其瑰异。淳熙己亥秋戊子。

汉国、天水是赵氏的郡望,南郡则是章氏的郡望。据题记题词可知,该题记是淳熙六年三位地方官员祷雨途中,路经月岩(穿岩即月岩,"东西两门通道,其间望之若城门","以其东西相通,亦名穿岩"),因为大旱且又日上中天、天气炎热的缘故,一行人于月岩之中暂停歇息。因这片刻闲暇,遂有遍览岩中瑰异风光并属记之的契机。郡太守浙江人赵汝谊淳熙四年到任,这是他到任的第二年,大旱不止,为安定民心,他决定赴在百姓中较有灵应的灵济祠进行官方的祷雨活动,同行之中有官衔的还有两位下属:赵赓、章颖。赵赓才来道州不久,对一切事宜都尚生疏;章颖学问优长,专任地方教职。

(二)淳熙九年祷雨题记

淳熙九年祷雨题记释文：

> 浚仪赵赓,承流兹邑,千二百有四日矣。岁遇夏,或以旱告,赓侍郡侯凡三竭于灵济祠下。卜其善应金仙,可不勒诸岩石以纪神之赐?淳熙壬寅六月中瀚书。

距上次(淳熙六年)三位地方官员祷雨已过两年。淳熙九年六月,大旱尚未有遏制和缓解的迹象,前任太守赵汝谊已于淳熙六年那次祷雨后一年,也就是淳熙七年因平宜章寇贼有功授职离任,此时的道州郡守乃是与赵汝谊同为赵宗室的赵善言。上次同来的道州教授章颖,也因与太守汝谊同抵郴州盗贼犯境有功,以此荐除太常博士离开道州。面对人事变迁、世事更革,重临故地,赵赓自叹以来此处"千二百有四日矣",言语之间未免流露许多复杂情绪。因为大旱年年,他曾多次陪侍郡中长官去灵济祠拜谒神灵,祈盼灵验的金仙能够赐众神之福于身处旱灾中的万民,题记于月岩纪念诸神对万民的福赐。

三　淳熙大旱及祷雨活动

根据邓云特《中国救荒史》中的《中国历史上的自然灾害统计表》可知两宋

的水旱灾害发生次数远多于之前各朝[12]，这可能与竺可桢先生研究的中国气候变迁结论有关，即在宋朝"气候加剧转寒"引起了灾害连锁效果[13]，除此以外宋朝大规模圩田或许也对两宋水旱多发有密切关系。在该段历史时期，祷雨题材的诗文传世颇烦，例如元丰元年五月曾巩就作有多篇祷雨文。[14]

从乾道中期以来，直到淳熙六年（1179），南宋社会整体上出现了持续十余年之久的风调雨顺、农业丰收年景。但淳熙七年（1180）以降这样的平顺年景势头戛然而止。[15]淳熙七年年成不好，旱灾肆虐，旱极而蝗，引发了包括蝗灾、瘟疫、饥荒在内的一些列连锁灾情。随即，淳熙九年（1182）八月，淮东蝗灾日凶，饥荒渐生。而淳熙十年（1183）春夏之间又间有旱灾发生，孝宗诏曰："季夏涉秋，旱暵为虐，大田失望，民靡错躬。"直到辛亥，湖北总领所乞除籴米事，"因言得湖北报，七月十八日大雨滂注，秋成可望"，长江中游旱情才稍得缓解。可见始于淳熙七年的旱灾持续了很长一段时间，这次旱灾对国家财政、百姓生活的打击都是巨大的。

道州一带包括永州在内的广大地区本就是旱灾频发地区，为了应对干旱，安抚民心，这一地区修建了多处祷雨祭祀的祠庙，均见于地方志等各种文献，例如：

光绪《道州志》卷十二载："龙母庙，时春陵（道州）苦旱，道士陈惟静诵《龙王经》于月岩祷雨，遇老妪曰，上帝勅命村江不得施雨，陈乞之，妪遂举案上笔点砚池水洒成云雨，忽失所之，三日后，陈见一巨蛇死于岩西，盖帝罚也，陈因葬之，有小蛇五绕坟，遂化为五龙去，土人因为之立庙云。"

弘治《永州府志》卷三《寺观》："本府唐公庙，在高山寺右，《旧经》云：'唐世旻，字昌圌，本零陵人，年十七，素骁勇，眼环故露，在郡为衙校。唐季寇盗充斥，世旻能拥州兵以全郡邑。光化初，马殷据楚，命李塘改永，公奋志御战，智殚力竭，城陷以没，民思德义因祠焉。后凡水旱、兵瘦，有祷辄应……'。"

弘治《永州府志》卷三《寺观》："道州：皋陶庙：旧名土师庙，在营乐乡。昔随大舜南巡至此，民感其德，立祠祀之，遇水旱，祷之即应。……宁远：周太王庙，在县北五里，其神灵验，邑人为之立庙，遇旱祷雨即应。"

康熙《永州府志》卷八《山川志》："龙洞，在城西南六十里。唐唐世旻所居地常有一水自洞流出，止于右岸，人送之中流诘朝复如在，是数四。取其水像神而祀之，岁旱祈祷，辄应中。……沧浪滩，县东八十里。相传潭底有巨钟一，巨锅一，遇任风雨而烈日或鸣，坞鸣则旱，钟鸣则雨。"

康熙《永州府志》卷八《山川志》："金字岭，在县西四十里。其脉根于武冈，层峦叠嶂,高接苍冥。岁旱,邑人视其巅之云以为雨,侯下有舜庙,又名舜峰。"

以上记载可以表明,道州及其旁邑一带自古就是水旱灾害多发地区,尤以两宋时为最剧。由于水旱特别是旱灾的频发,此地祷雨祭祀的祠庙场所较多,频见于文献记载。除了以上关于祭祀场地的记录,该地地方志中还存有大量在某庙举行祷拜活动"祷之辄应"以及诸如某地有泉,使得此地"大旱不竭""此方农不知旱"的记载。前者表明了道州一带官方、民间信仰诚笃,后者则将"民不知旱"作为特殊现象记载下来,反而反映了此地旱灾尤甚的事实其实是多发且普遍的。

如此看来,两宋以来就的道州自然也是淳熙年间全国范围内的旱灾受灾地之一,据杨万里所作《宋故华文阁直学士赠特进程公墓志铭》记载:"(淳熙)七年五月,(程叔达)除湖南转运副使……公为辨讼决囚,涤滞除弊,遇水旱,与蠲租振赡。……又下令通财,以本司缗钱助衡、郴、道、永者,凡一万三千缗。又代道州输岁缺之钱一万七千缗,积逋大军钱三万八千缗。又与总领赵汝谊奏除永州旱米四万馀石。民感实惠。"[16]这正是赵汝谊任中发生的由大旱引起的地方性自然灾害事件,也是淳熙六年、九年祷雨于月岩的直接原因。

四 余论

祷雨行为从文化意义上说是通过祭祀祷祝形式达到上接天通、与天交流的目的。在中国历史上,经过不断演化形成所谓"神道设教"。《周易》的《观卦》象传云:"观天之神道,而四时不忒;圣人以神道设教而天下服矣。"《周易正义》卷三《观卦》载王弼注云"神道设教"是一种"以观感化物"的教化方法,即通过圣人通过神道教化百姓,达到彰显天之神道的目的,使得天人沟通,形成一种与自然运行相似的有序治化。作为天人沟通的媒介,"神道设教"经常被认为是通过鬼神迷信进行教化的手段。而楼宇烈认为"神道设教"主要还是一种人文色彩很强的礼,神道是以自然之道学习自然之道,而非借神的力量。[17]卢国龙也认为"中国古代的'神道设教'被历史定位在统合天道、神道与人道的礼乐文化整体中。脱离了礼乐文化整体,'神道设教'只是一些空洞而无实义的鬼神文化"[18]。发展至两宋,"神道设教"已渗透到社会的方方面面,无论是朝堂还是民间,人们普遍希望通过天来实现自己的心愿,其中符合"礼"也成为祭祀行为是否合法的重要标准。当然,在很大程度上,礼是由官方制定、解释并监督实行的,在官方看来,普通民众是不知礼的,故而逐渐形成民间私祀和官方祭祀的对立,而二者大都于祠庙进行,这类在祠庙进行的祭祀祝祷活动是一种祠神信仰。

尽管宋代祠神信仰一般认为分作正祀和淫祀两类,换句话来说,正祀即符合礼制的官方主持或支持的国家许可的祭祀活动或行为;而淫祀则反之,指不合礼制的祭祀,不当祭的祭祀或妄滥之祭,通常还包括民间私祀。但规定是规定,在具体的执行过程中,绝非非此即彼,其实仍有很大的可操作空间,正如皮庆生认为:"在当时大部分人心中,正祀和淫祀之间有一个广阔的中间地带,民众祠神信仰的大部分介于合法与非法之间,不是非此即彼,虽然未必合法,但也未必是非法的。"[19]民间祠庙信仰虽在很大程度上不合规范、不符礼制,但却给广大民众提供了一种精神上的安慰,对维护社会稳定、促使百姓完成国家赋役义务等都有重要意义。

官员通过行政命令手段不能达到的社会控制目的也可以借助神灵的赏善罚恶来实现。因此,宋代官方对某些祠庙信仰组织采取了默许甚至配合的态度。如谭景玉在其著作《宋代乡村组织研究》中提到:"宋代国家对祠庙信仰组织的参与较为突出地表现在对水旱等自然灾害的祈禳活动中。宋代祷雨时,可以对祠庙'无问在不在祀典'。"[20]他在文中列举了宋代各地方官也是率僚属及民众积极地参与祈祷活动的例子,足征其实。文中在提出有时地方官对祠庙信仰活动的参与是被动的这个问题时,引用韩森的观点。韩森曾指出地方官要征集赋税、处理诉讼事务、安定地方社会,离不开地方势力的支持,故而积极为当地神祇请求封号,以作为对地方势力合作的回报。[21]这一点则从另一角度解释了官员参与祠庙活动的原因。以上谭先生对此已有详尽研究,兹不赘述。淳熙年间月岩祷雨题记二则与其所举史例性质一致,足见宋代祷雨其俗之盛。

通过官方直接参与祀神祷雨活动不仅能在旱情危机之际给予受灾百姓以精神慰藉,而且能深入民众,对民间祠庙祭祀活动进行必要规范和加强控制,防止在严重的灾情之下祭祀活动发展成为不可控的迷信活动,为有心者利用于颠覆朝廷统治,威胁地方的社会秩序和国家的统治权威。因此,在淳熙大旱的现实背景下,代表朝廷官方的地方官员参与祠庙祷雨活动是基于以上多个原因而做出的决定。

淳熙年间篆刻的这两方题记石刻如今还静伫于月岩岩壁上,淳熙六年的赵汝谊三人祷雨题记与一千年前的摸样似乎没有太大差别,而比其稍晚三年的赵赓题记则大部分字迹残毁,若不是尚有文献可考,也恐不可详知其内容,正如它生平不可考证的作者,遗失在历史的罅隙,不复可闻。这两方石刻记载了三位南宋官员的祷雨活动,无声地向我们诉说千年前的故事:那时的空气中没有一丝水气,烈日炎炎,百苗萎颓,众生深处水火,三位官员忧心忡忡,无奈只有向神祷雨以安万民。而这一切,不仅是史籍中的寥寥数语,更被铭刻在这两方石刻之上,经历了过去一千年的沧海桑田,也将见证未来数千年的风霜雨雪。

参考文献:

[1][清]陆增祥.八琼室金石补正[M].北京:文物出版社,1985:723,812.

[2][宋]岳珂.宝真斋法书赞[M].北京:中华书局,1985:192.

[3][宋]王应麟.玉海(卷三三)[M].北京:文物出版社,1984:13.

[4][宋]周必大.文忠集(卷七四)[M].台北:台湾商务印书馆,景印文渊阁四库全书本,1986:4.

[5][宋]郭彖.睽车志[M].北京:中华书局,1985:12.

[6][清]毕沅.续资治通鉴[M].长沙:岳麓书社,2008:544 – 547.

[7]刘琳,刁忠民,舒大刚.宋会要辑稿[M].上海:上海古籍出版社,2014:6373 – 6374.

[8][宋]陈振孙.直斋书录解题(卷八)[M].上海:上海古籍出版社,1987:34.

[9]王晚霞.濂溪志八种汇编[M].长沙:湖南大学出版社,2013:42.

[10]韦彦.天人岂相契?——宋代地方官祈雨的一个侧面[J].史学集刊,2016,(2):109 – 117.

[11]李玉昆,何隽彦.祷雨:协调人与自然和官民关系的祭祀活动[J].福建师大福清分校学报,2013,(6):10 – 16.

[12]邓云特.中国救荒史[M].北京:商务印书馆,1993:54 – 55.

[13]竺可桢.中国近五千年来气候变迁的初步研究[J].考古学报,1972,(1):15 – 38.

[14][宋]曾巩.曾巩集[M].北京:中华书局,1984.538 – 559.

[15]葛金芳.南宋全史[M].上海:上海古籍出版社,2012:49.

[16][宋]杨万里.杨万里诗文集[M].南昌:江西人民出版社,2006:2053.

[17]楼宇烈.论中国传统文化的人文精神[J].国学研究,1995,(3):13.

[18]卢国龙.“神道设教”中的人文精神[J].原道,1997,(4):78.

[19]皮庆生.宋代民众祠神信仰研究[M].上海:上海古籍出版社,2008:295.

[20]谭景玉.宋代乡村组织研究[M].济南:山东大学出版社,2010:368.

[21]韩森.变迁之神:南宋时期的民间信仰[M].上海:中西书局,2016:94,95.

(原载2018年第1期,作者单位:湖南科技学院)

嘉靖三年林英、吴允迪、邓庆林月岩唱和诗刻探析

٭秦 仪

在湖南省永州市道县濂溪故里的月岩,有一方记录嘉靖三年林英等人唱和诗的石刻。该石刻至今保存较为完整,包括三人题名及最后落款"嘉靖三年甲申菊秋望后四日谨识"在内,全文共 204 字,大多保存完好,字迹清晰可辨,仅个别字体剥落残损,难以辨认。三首诗刻的书写结构整齐,字体为楷体,风格圆润典雅,端庄秀丽。诗刻具体位置在榜书"理学渊源"旁侧,刘魁二方"嘉靖四年诗刻"下方。长 128 公分,宽 32 公分。该组诗共计三首,皆为七言律诗。作者分别是永明知县林英及永明训导吴允迪、邓庆林。

传说周元公幼年曾于月岩悟道,是以月岩壁上多咏道兼怀斯人之作,三人也不例外。月岩唱和这一年,正是吴、邓二人的训导职位交接之际,故此次唱和可以看作是永明知县林英为他的旧属饯别,兼贺新任训导吴允迪下车伊始之喜而组织的一次访道之游。

一 作者生平

(一)林英、吴允迪、邓庆林传记

林英,字邦器,闽县(今福建福州)人,永明知县。诗刻署款"永明知县三山林英"。三山,福建省福州市的别称。以旧福州城内东有九仙山、西有闽山(乌石山)、北有越王山得名。林英在永明(今湖南永州江永县)任知县达十一年,任中有嘉名。

弘治《八闽通志》卷五十六《选举·岁贡》:"国朝:福州府:古田县学:林英:知县。"

隆庆《永州府志》卷四下《职官表下》:"永明县:正德间:知县:林英,闽县人。"

万历《福州府志》卷十九《人文志四·选举》:"门朝:岁贡:……林英:知县,

……以上洪武至嘉靖间。"

康熙九年《永州府志》卷六《秩官下·永明官表》:"知县:林英:闽县人,有传。"(检康熙九年《永州府志》未见林英传。)

康熙《永明县志》卷四《秩官·遗爱》载:"县令林英,闽县人。居官十有一年,体悉民情,清简无扰,终始不变。"

同书卷十四《杂记·祥符》载:"嘉靖三年甲申岁大有。盖自正德末,屡岁饥荒,民多失业。邑令林英惠政翔洽,民用协和。至是始丰,民歌云:'东家仓,西亩箱,林侯惠我何能忘!'"

康熙《麻阳县志》卷四《秩官志》:"教谕:明:林英:福建人,嘉靖十年任。"

乾隆《福州府志》卷四十《选举》:"弘治十七年甲子科:林英,字邦器,知县。"

乾隆《福建通志》卷三十七《选举》:"弘治十七年甲子科:林英:知县。"

道光《永州府志》卷十三《良吏传》载:"林英:闽县人。嘉靖间知永明县。先是,岁比不登,民多失业。英于体悉民情,清简无扰。禾麦大稔,民谣曰:'东家仓,西家箱,林侯惠我何能忘!'"

光绪《永明县志》卷二十九《职官志一》:"林英:嘉靖间任,有传。"

同书卷三十《职官志二·列传》:"县令:林英,闽县人。嘉靖初,以贡生为麻阳教谕,考最,升知永明。时岁频年不稔,英曰:'岁之不登,令之过也。'一以清静为治,无烦苛者,其年大稔,民以英政和翔洽所致,歌曰:'东家仓,西家箱,林侯惠我何能忘!'英在任十有一年,始终一节,抚按竟无荐之者,遂以县令终。"主修万发元、主纂周铣诒按语:"《旧志表》载:嘉靖时《传》则言'居官十有一年',继英者为李日逊,又为杨秀辅。考欧阳光《修学记》言'秀辅以嘉靖辛卯至任',则嘉靖十年也,秀转前为李日逊,纵少亦须一年,即使数月,亦必于九年到任,林英当以九年去。英既在永明十一年,则初至当在正德时。传言前令时,岁比不登,英至始稔。考之《祥异志》,大稔在嘉靖三年,是英初至任之数年,亦已不稔也。盖民喜年丰,而归美于令,作志未免有溢词,亦因知英之政无可议矣。"

吴允迪,广东新兴人,永明训导,嘉靖四年继任前训导邓庆林。嘉靖三年与林英、邓庆林游于月岩。

隆庆《永州府志》卷四下《职官表下》:"嘉靖间:训导:吴允迪,嘉靖四年任。"

康熙九年《永州府志》卷六《秩官下·永明官表》:"训导:吴允迪,嘉靖四年任。"

乾隆《新兴县志》卷二十《选举志》:"吴允迪:正德十三年贡,任灌阳教谕。"

光绪《永明县志》卷二十九《职官志一》："吴允缺:嘉靖四年任。"（今比对几种方志,"缺"字确为"迪"字。）

邓庆林,广东归善人,永明训导,嘉靖四年任满离开永明。嘉靖三年与林英,吴允迪游于月岩。

隆庆《永州府志》卷四下《职官表下》："嘉靖间:训导:邓庆霖。"（"邓庆霖"据诗刻当作"邓庆林"。）

康熙九年《永州府志》卷六《秩官下·永明官表》："训导:邓庆林。"

乾隆《归善县志》卷十《选举》："正德十五年:邓庆霖,训导。"

光绪《惠州府志》卷二十二《选举·表下》："正德间:邓庆霖:十五年训导。"

光绪《永明县志》卷二十九《职官志一》："邓庆林:南昌人,嘉靖四年任。"

同书卷二十九《职官志一》载:"明设永明县知县,其佐有丞,其属有主簿、典史,有桃川所巡检,白面墟巡检,枇杷所巡检,白象堡巡检,教职有教谕、有训导二员（隆庆中裁一员）",据此可以了解到当时永明县只设有一位训导。该志又载邓庆林、吴允迪均为嘉靖四年任,则按照记录次序,当是吴允迪于嘉靖四年始任永明训导,邓庆林则于该年调离永明。

归善,旧县名。南朝陈祯明三年（589）置。治所位于今广东省惠阳东北。民国二年（1913）归善县改为惠阳县。隋以后历为循州、龙川郡、祯州、惠州、惠州路、惠州府治所。光绪《永明县志》载邓庆林为南昌人,而邓在石刻落款时自称归善人,党是光绪《永明县志》有误。从乾隆《归善县志》及光绪《惠州府志》查证（两志误作"邓庆霖"）,邓确为广东归善人。

（二）林英任职年限考辨

光绪《永明县志》主修万发元、主纂周铣诒在《职官志二·列传》中的按语是对前志关于林英至永明时间的考证。光绪《永明县志》中《职官志二·列传》记载林英"嘉靖初,以贡生为麻阳教谕,考最,升知永明"。二人据《旧志·表》所载的"嘉靖时《传》则言'居官十有一年'",又佐以欧阳光修《学记》言"秀辅以嘉靖辛卯至任",证得林英应于正德十四年（1519）来到永明任知县,于嘉靖九年（1530）离开,居官共十一年。接任者为李日逊,李日逊居官不满一年,后由杨秀辅在嘉靖辛卯年（1531）到达永明接任。康熙《永州府志》卷十七《人物志下》："欧阳光,字东之。领乡书,联捷南宫,授长洲令。复除永新,不善媚权贵,遂投劾归,绝意仕进,徜徉林壑垂十余年,祀乡贤。"时过境迁,欧阳光所修《学记》已佚,无从得证。今阅隆庆《永州府志》,卷四《职官表下》载:"永明县:正德间:知县:林英,闽县人。"可证万发元、周铣诒二人按语分析正确,则光绪《永明县志》修订的参照本于此处有明显错误。林英确是在永明多年,正德年间至,由正德入嘉靖,居官达十一年之久。

(三)林英为政思想

结合光绪《永明县志》的与上述其他方志,我们可以大致猜想林英其人其事。林英,字邦器,闽县人,弘治十七年甲子科贡生,正德十四年(1519)任永明知县,永明县本属穷困荒凉之地,在林英继任之前,常常是凶年饥岁,五谷不登。据康熙《永州府志》卷二十四《外志·灾祥》载:"大水:嘉靖元年壬午,大水涨没城门",可知嘉靖元年,永明遭遇水患,这令原本就穷困贫乏的偏远小县雪上加霜。此时正值林英任上,他认为年岁不登,是政令太繁的缘故。遂采用清静无为的黄老之术以翔恰民政。在政事上,通过"无为"而达到"有为",以平和的方式逐渐改善民生。在社会凋敝、矛盾激化的时期,来自于黄老思想的君道无为、节欲崇俭、爱民养民的观念转化成一系列切实可行的统治能够以最温和的方式改善现状。这也在一定程度上反映林英其人的思想中包涵着道家哲学。

无为而治中所谓的"无为",并不是一无所为、什么都不做,而是一种"以虚无为本,以因循为用"的治世之道。无为而治的"无为"是不妄意肆为,不违道而为,不随意而为。而对于那种符合"道"的事情,则必须施行"有为"。但所为之为,都应是出于自然。无为之为发乎自然、顺乎自然,是自然而为。所以这种"为"不仅不会破坏事物的自然发展和自然秩序,而且还有利于事物的自然发展和成长。康熙《永明县志》卷四《遗爱》记载:"县令林英,闽县人。居官十有一年,体悉民情,清简无扰,终始不变。"《遗爱》所选录的地方官员皆是任官有为,深受当地百姓爱戴的贤官德吏。正因他们"静镇清操,率属人皆怀之"。知县林英在永明县为官多年,事无大小,与民相关事皆据悉。而又能做到清简自持,施政与民却不过分干扰,使百姓安居乐业。与民休息,施行无为,使永明县迅速恢复生产,社会经济也一度得到改善。

比之大刀阔斧地施行所谓"有为"之法,林英的"清静为治,无烦苛者"可能效用不够明显,但这并不妨碍老百姓对这位县令的爱戴。嘉靖三年,林英来到永明数年,终于迎来第一个丰收年。一时之间百姓无不交口称赞其人,林英作为县令施行无为甚至被过分溢美,此事被悉数记录在包括康熙《永明县志》在内的各类方志中。当年年成大丰,百姓们喜不自胜、作歌谣以颂林英之政,歌词甚至被记载流传下来。今有三种版本。康熙《永明县志》卷十四《杂记·祥符》载:"民歌云:'东家仓,西亩箱,林侯惠我何能忘!'"道光《永州府志》卷十三载:"民谣曰:'东家仓,西家箱,林侯惠我何能忘!'"光绪《永明县志》卷二十九载:"歌曰:'东家仓,西家箱,林侯惠我何能忘!'"虽有一字之差,但犹可窥见当时政和民殷,百姓托赞于知县身上的官民和洽景象。

虽然林英的政绩并不如百姓歌中所唱得那样突出,以致其"在任十有一年,始终一节。抚按竟无荐之者,遂以县令终"。在职期间,一直未能得到升迁,终此一生,为官不过仅至知县,但他"体悉民情,清简无扰,始终不变"的为官之道不仅缓和了社会矛盾,促进了永明地区的经济恢复,还体现了他儒道兼济的思想观念,这也是明代士大夫哲学思想的一个缩影。

二　月岩唱和

唱和诗是中国古典诗歌的一个特殊的类别。此"嘉靖三年唱和诗刻"记录的三首诗为步韵的唱和诗作。步韵,亦称次韵,即和诗时用原韵原字,且先后次序都须相同。研究此唱和诗刻,有助于从此三首诗中把握三人的关系,比较充分地领会诗意,更有助于了解林英、吴允迪、邓庆林三人的思想倾向和文学素养。

此诗署款"嘉靖甲申菊秋望后四日"。"菊秋",即秋九月。九月别称菊月,《礼记·月令》载:"季秋之月,鞠有黄华。""望后四日",即夏历十九日。故此三首唱和诗作于嘉靖三年夏历九月十九日。康熙《永明县志》载"嘉靖三年甲申岁大有",这年初获丰收,改变了林英正德间初至时受天灾人事影响而萧条衰败的景象。夏历十九日这天秋风和畅,三位同僚交游于濂溪故里所在的道州,观月岩风光,或叹于天地造化,或感于前人所遗,遂各作诗一首,互相唱和,聊以遣怀。因三首诗俱无题目,而主题皆为咏叹月岩,为方便下文研究表述,笔者且将其统称作"咏月岩唱和诗三首",继而逐一略加分析。

(一)林英原唱

林英是三位作者中官阶最高者,亦是同行人中在永明任期最长的人。出于尊位高者,敬年长者,理所当然率先提笔,为首作诗。原唱道:

> 好风爲我啟行媒,勝地登臨眼界開。天地鑄成渾太極,元公發秘淑將來。凌雲怪跡真奇絶,列席豪賢幸與陪。鎮日徘徊光霽裏,一團生意覺春回。
>
> 永明知縣三山林英。

其诗爽利畅达,不事雕琢,明白如话。作者林英一行三人在惠风和畅的秋日来到濂溪故里,登临月岩胜地,从高处俯瞰,豁然开朗,极致之景尽盈目中,顿时觉得眼界大开。月岩是一个巨大的天坑,它奇绝特起,上下落差大,然最奇妙之处在于两端山腹间又有贯通的岩洞。天地造化使得月岩尽得太极之妙。身处月岩,天地乾坤融为一体。天地间竟有如此浑然极致的景象。林英由景及人,感怀于周元公阐发理学,以施惠吾民的巨大贡献。月岩高可触云,姿态奇绝不凡。作者认为有同行的吴、邓二人相伴至此,方能有幸览此胜景。整日在月岩的光风霁月中徘徊,本是秋日的凋敝之色,林英反而觉得天地间一片生机勃勃的景象,让人产生春色回归的错觉。

首联以"好风"起兴,将自然界流动的风赋予人的感情,使全诗显得灵动而月岩风光富于无限生机,也侧面暗示了永明知县林英当时因览胜地而舒畅开怀的心情。"启行"有出发、起程之意。《诗经》有"弓矢斯张,干戈戚扬,爰方启行"之句,或许道州月岩只是同行三人游途的第一站,是故作者巧妙地形容为此地之风送他们诸人出发。以风为媒,林英与月岩胜景产生了互鸣的关系。"启行"亦谓开路。陈子昂《为乔补阙论突厥表》言:"臣请执殳先驱,为士卒启行。"而开路可引申为开始之意。刘勰《文心雕龙》载:"启行之辞,逆萌中篇之意;绝笔之言,追媵前句之旨。"故"启行"也包含了三位同僚好友对共同的政治愿望与人生理想的期冀。来到道州遍观月岩胜境,视野的开阔,使三人心中开怀,诗意横生,遂提笔遣怀。唐宋以来,有不少名人骚客于月岩之上或题名留款,或赋诗勒石。徐霞客游月岩洞后,"因按列书之,为永南洞目。月岩第一,道州"。可见月岩的山水人情是担得起这个评价的。

颔联由月岩联想到曾经在此悟道的元公,不禁赞叹元公太极之说的玄妙。太极,《易传》云:"易有太极,是生两仪。两仪生四象,四象生八卦。"元公,指周敦颐。周敦颐字茂叔,号濂溪,道州营道县(今湖南道县)人,晚年定居庐山莲花峰下,以家乡营道之水名"濂溪"命名堂前的小溪和书堂,故人称濂溪先生。宋宁宗赐濂溪谥号为"元",后世尊称其为"元公"。他与邵雍、张载、程颢、程颐并称为"北宋五子"。周敦颐在《太极图说》中说:"无极而太极。"何谓太极,先哲解释不一,后来者亦难以决断。

颈联直抒胸臆,赞叹月岩之景奇绝不凡。继而歌颂周敦颐阐发秘术,探究天地太极之理。"凌云"直上云霄,既是写景亦是言志,表现作者志向高尚而气势豪迈。"奇绝",极其神奇。苏轼《六月二十日夜渡海》诗中写道:"九死南荒吾不恨,兹游奇绝冠平生。""列席"原义是依次而坐。此处借指同行之人。将吴、邓称作"豪贤",既是对二人的褒扬,亦是对与之同行的自己含蓄的自夸,表现了永明知县林英自信豁达的性格特征。

尾联从对元公的怀想、与同僚的交谈转移到月岩无边风光上的咏叹上,将目光随之转移到光风霁月的"一团生意"中。《二程遗书》载,程颢曰:"周茂叔窗前草不除,问之,云:'与自家意思一般。'"周敦颐观天地生物气象,将其思想与自然之草融为一体。人得宇宙秀气而最灵,又与宇宙万物为一体。林英此处既是咏怀周敦颐的理学思想,又表达了逸兴遄飞的畅怀之心。置身于勃发的宇宙万物之间,觉得好似春意重回,整日徘徊其中,沉醉其中。以景起兴,以景结尾,将诗作留给人最后的画面定格在月岩奇绝非凡的山色风光与其中无尽的奥秘猜想里。

(二)吴允迪和韵

吴允迪是现任永明训导。其诗为附和之作,直白流俗,平淡无奇,但兴致高涨,充满朝气。

明、清于府学设教授,州学设学正,县学设教谕,职司教育学生,其副职皆称为训导,负责本地教育事务。嘉靖三年,吴允迪同永明知县林英、训导邓庆林游于距离辖区不远的道州濂溪故里,访于元公悟道之处月岩,三人作诗唱和,林英原唱,吴允迪和韵:

绿樹青山引興媒,巖光遍覽好懷開。月分弦望空中見,氣運陰陽極裏來。心學發明資後學,酒陪觀樂更詩陪。詠歸未罄無邊趣,遙指白雲望幾回。

永明訓導新興吳允迪。

诗句大意说道:月岩之上的绿树青山引起作者吟诗作对的好兴致。遍观岩壁的石刻顿时觉得满心欢喜。在月岩当中,移步换景,从东望去月岩之境如月上弦,从西望去却如月下弦,就在中间望月却是满月。阴阳气运自两极中来。心学义理的创造性阐发惠及后进学者,大家在此饮酒作诗赏月。唱着歌归去,却因这无边景色不愿结束宴游,只有不住地望着远处仙人所在的白云深处。

诗中"气运"既指节候的流转变化又指气数,命运。作者在诗中简要带过自己对命运的看法。在中国古代,"阴阳"最初指日光的向背。古代思想家用阴阳这个概念来解释自然界两种既对立又互相消长的矛盾,把阴阳对立交感看作是宇宙运动的根本规律。"心学"是明代盛行的良知之学。由宋儒陆象山提出,以尊德性、明本心为基本概念,故时称"心学"。后经明儒王阳明发扬光大,继而盛行于世。"心学"是一种"发明",它创造性地阐发前人不知的义理。"资",供给,帮助。《庄子》:"尧何以资汝?"

颈联先赞颂心学对后世的深远影响,然后再将视野转向三人亦歌亦行的欢乐画面中。尾联的"咏归"运用《论语》"浴乎沂,风乎舞雩,咏而归"的典故,既指儒家追求的理想社会图景,又实指当年永明得获丰收,百姓富足和乐的社会实况。"白云"出于《墨子·耕柱》:"逢逢白云,一南一北,一东一西。"该词隐晦地表示人去世,后世引申为成仙。此典的运用透露出吴允迪思想中包含的道家飘逸出世的自然追求,但其实却是反说,口头说羡慕归隐,内心里其实是有为。"罄",器中空也,《尔雅》《毛传》皆曰:"罄,尽也"。因此,未罄是尚未结束之意,表现了作者览胜后不舍离去的心情。

(三)邓庆林和韵

邓庆林是即将离任的永明训导,其诗用典颇多,文笔老到。邓庆林和韵:

芊芊草径本無媒,蕭瑟金風一掃開。峒月朓今還仰古,圖書繼往復開來。派流河洛淵源遠,功入廟庭祀典陪。萬古斯文昭日月,先生挽得古風回。

永明訓導歸善鄧慶林。

诗句大意,首联写景。劲瑟秋风扫开青青草径。"芊芊"一指草木茂盛的样子,另指青碧的样子。亦作"千千"。表明交游之时草色仍比较葱郁,未有过分萧瑟之感。萧飒指秋风劲瑟。唐代李白《月夜江行寄崔员外宗》诗有"飘飘江风起,萧飒海树秋"之句。唐代张乔《宴边将诗》亦有"一曲梁州金石清,边风萧飒动江城"。金风亦指秋风。古人常以阴阳五行解释季节变化,秋于五行中属金,故称秋风为"金风"。此处"萧飒"与"金风"意思累赘,从此可窥知该诗并非上品。

颔联初由景及人。由月岩之月慨今怀古,想到继往开来的"图书"。此处"图书"与颈联"河洛"形成互文,隔句互文,文省而意存,意为"河图洛书"。《易传》载:"河出图,洛出书,圣人则之。""河图洛书"神秘传奇,是后世各种思想流派的源流,阐发于道州的濂学亦不例外。周敦颐的《太极图说》与《通书》同"河图洛书"的传说有着微妙的关联。《太极图说》着眼于探求义理的精微,而《通书》则是用以阐发学说的体系。理学渊源于周敦颐,儒学发展到不同时代具有不同的形态,在魏晋时代发展成为玄学,在两宋时发展为理学。周敦颐传于"二程","二程"传于杨时,几经传承,后李侗传于朱子。明清以后,天下儒学言必称朱子、溯源必至周敦颐,故称为理学渊源。凡此种种,皆与"河图洛书"有着微妙的关联。虽多用典,但全诗稍显生硬。邓诗以"河图洛书"咏怀古之圣人上承先哲,施惠后人的卓著贡献。"朊"字剥落,今据石刻拓片及诗意疑作"睺",是"视"的意思。

尾联是一番歌功颂德。"先生"指永明知县林英。"古风"为古人之风,指质朴淳古的习尚、气度和文风,也指质朴的生活作风。南朝宋谢灵运《祭古冢文》有"仰羡古风,为君改卜"之句。"古风"一词用在此处,无疑是对知县林英的一番奉迎,趋于辞令之言。

三　林英诗考辨

明清之际,《濂溪志》以地方志的形式辑录了与周敦颐相关的内容。已知的最早版本是明嘉靖十九年刻本,现已佚失。明万历二十一年刻本是在该本基础上续编的。因万历二十一年刻本的《濂溪志叙例》文末署名"永明县知县胥从化编订,道州署儒学正事举人谢觊编校,训导刘报国同校",故多称此版为胥版《濂溪志》。受《四库全书总目提要》中"《濂溪志》九卷,明李桢撰"误导,此版多被误作李桢版,并常被分立称作胥、李两版。二者实为一版,但又略有不同,疑李桢就胥版另作删减增订。胥版《濂溪志》的编校谢觊在《濂溪志叙例》中写道:"岁壬辰冬,觊署教道州,瞻拜先生像,旋得《旧志》。"此中《旧志》在文末点明为《濂溪志》明嘉靖十九年刻本,并在文中写道:"今年春,州大夫泾原李公,以都台北地李公、按台渤海李公之命,重授剞劂,而属不佞觊以厘校之役。"泾原李公为时任道州知州的泾州人李发,北地李公即为前文李桢。时李桢"既镇抚三楚,喜游先生乡,问先生里,新其祠,广其田,育其后裔,建其书院,胥令太守发董之成,仍成其志,用告戒周氏子孙,而宗子翰博君联官率族姓而久引承之"。故万历二十一年《濂溪志》是李桢等较高层官员授命集结道、永二州官员及文人就嘉靖十九年《濂溪志》刻本续编。这解释了胥版《濂溪志》的编校人员为何分属道、永两州,也解释了关于胥、李版本的疑惑。

胥版《濂溪志》卷八《古今题咏》收录"刘魁游月岩诗"一首,李版卷七《古今题咏》亦录该诗,该诗与"咏月岩唱和诗三首"其一的林英"好风为我启行媒"诗完全相同,均为误录。近年新出《濂溪志八种汇编》犹沿袭旧误。笔者在此处特加以考辨,以去伪存真。

刘魁字焕吾,号晴川,泰和人。《明儒学案》载刘魁"由乡举,嘉靖间判宝庆五年,守钧州七年,贰潮州六年。升工部员外郎,上安攘十事,皆为要务"。刘魁受业于王阳明,秉承师教,而得师传。嘉靖四年,刘魁至道永二州公干,闲暇携好友相伴,游历山水,遍访二州名胜,六月拜谒濂溪祠,游览月岩,留下诗刻。今于月岩见刘魁诗刻两方,一为五言,一为七言。五言为《月岩之游三首》,七言名为《拜谒濂溪先生祠二首》,二者左右相邻,应为同时留存,均刻于"大明嘉靖四年"。

笔者亲临道县月岩,得以亲见刘魁《拜谒濂溪先生祠二首》诗刻以及"嘉靖三年林英、林允迪、邓庆林唱和诗刻",故为考辨如下:

第一,林英的一方诗刻和刘魁的二方诗刻距离相近,但并非一处。观察发现,三方石刻位置相邻,刘魁诗刻在上,林英诗刻位于刘魁二方诗刻的下方,长宽几乎一致,字形及大小也都颇为相似,极易混淆。故胥李两版《濂溪志》有张冠李戴、将林英与刘魁诗弄错之嫌。

第二,从时间上亦可佐证胥李之误。据石刻落款"嘉靖三年甲申菊秋望后四日"可知"好风为我启行媒"这首诗的作诗时间是嘉靖三年。据前文推考刘魁行至道州月岩之时实为嘉靖四年,时间不一亦可证明此诗并非为刘魁所作。胥李两版《濂溪志》上"好风为我启行媒"诗为刘魁诗的说法不攻自破。

第三,刘、林二诗风格不同。比较刘魁诗与"好风为我启行媒"这首诗,从诗歌的写作背景及风格差异亦可略见端倪。虽然同样是相似的主题——吟咏周公;同样的场景——结伴而游、仿古咏道,由刘魁在月岩题名的诗作,《拜谒濂溪先生祠两首》内容陈泛,辞意稍艰,有堆词砌语之感。但全诗洋溢着一种对已经作古的周元公的歌颂,感情质朴,流露自然。而"好风为我启行媒"这首诗虽然艺术表现力平平,但语句流畅,具有一定的画面表现力,给人以想象空间。意境开阔,诗风畅达。重在写景而非怀人。因此可以在此处存疑——两首诗并非出自一人之手。因为林英此人留世资料不丰,今难以找到他其他的作品,更遑说诗作。故遗憾无法将此诗与林英的留世之作进行对比,难以肯定地说这首诗林英所作,但可稍作佐证。

以上三点证据都表明万历二十一年刻《濂溪志》于此处的记载确实有错误。尽管胥从化与林英同为永明知县,时间相差不逾七十年,而这一小小纰漏却一错就是四百多年,贻误后人不浅,若无诗刻真迹,何由辩白。由此即可表明石刻文献的重要价值。

参考文献：

［1］［光绪］永明县志［M］.清光绪三十三年刊本.

［2］［康熙］永明县志［M］.清康熙四十八年刊本.

［3］［康熙］永州府志［M］.日本内阁文库藏清康熙九年刻本.

［4］［道光］永州府志［M］.清道光八年刊本.

［6］［万历］福州府志［M］.明万历二十四年刊本.

［7］［康熙］麻阳县志［M］.清光绪三十三年本.

［8］［光绪］惠州府志［M］.清光绪十年刊本.

［9］［乾隆］归善县志［M］.清乾隆四十八年刊本.

［10］［乾隆］新兴县志［M］.民国二十三年铅印重印本.

［11］王晚霞.濂溪志八种汇编［M］.长沙:湖南大学出版社,2016.

（原载 2016 年第 12 期,作者单位:湖南科技学院）

张乔松湖南石刻与诗文探析

✽ 刘　瑶　　　　　　　　　　◆

一　张乔松的早年履历

张乔松,字青徕,又字尔操,明江西新余龙塘人。郡庠生,隆庆元年(1567)丁卯科乡试举人,万历八年(1580)庚辰科进士,授行人司行人,升工部主事。张乔松一生被派到多个地方做官,在杭州任巡盐御史,在福建任兵备佥事,在云南任右参议,在任湖广兵备按察司副使、布政司使右参政。因时间久远,许多资料散佚,为官具体时间不详,现就搜集有限资料对张乔松早年履历进行了解。

张乔松出生于新余望族,"北宋曾巩就曾为他们的家谱写有'清河郡望,孝友家声'的题词"[1]。今江西省新余市渝水区下村镇里,还保留着张乔松的故居——"大参第"府第。此古建筑颇有特色,坐南朝北,幽雅古朴,槅扇门窗的木雕艺术独具匠心。此府现为新余古建筑的瑰宝,不妨一游。

新余市政协文史委员会编纂的《新余古今人物》对张乔松的生平有记载,简而概括为:张乔松家庭殷实,自幼受书香熏陶,加之生性聪慧,又勤学苦读,不负众望。科举考试,一举成功,之后仕途通畅,加官进禄,青云直上。[2]

明万历八年(1580)中进士,明张朝瑞《皇明贡举考》卷九载:"第三甲二百四十二名赐同进士出身:张乔松,江西新喻县。"

明孟思《孟龙川文集》卷一有《乔松赋》,题注:"为抚州处士张乔松赋。"其文有曰:"夫何乔松之生奇兮,炳青德之粹淳。托峻极之阳峤兮,荫壑溪之幽阴。旁截嶙而崷崪兮,甘露霡霂于其末。卿云昫暖以披离兮,醴泉溶溶而挕灈。阴阳变化之纠纷兮,独栽培于乔松。……乔松之为德兮,寿天地而同祉。乱曰:懿彼贞木,生南国兮。昂霄耸壑,材挺特兮。正直峻拔,绰有德兮。黛鬣丹鳞,文章烨兮。仰邛俯垂,礼可则兮。风簧雨瑟,乐弗阕兮。庇仁弘,禹拯暍兮。霜凌雪抗,义守节兮。横流独立,弗逼侧兮。撼演坚贞,武烈烈兮。零露团兮,清而且洁兮。

秦官弗搊，孰可涅兮。材大用难，邦之杰兮。元气太和，维此殖兮。峻岳乔松，相为岠兮。遐龄水祉，莫之极兮。"

孟思，字正甫，号龙川，明浚县人，嘉靖四年（1525）年进士。

从地理上分析，张乔松是江西新余人，抚州与新余在位置上接近。从时间上分析，《孟龙川文集》是明万历十七年（1589）金继震刻本，此赋应写于此前。张乔松是隆庆元年（1567）举人，万历八年（1580）进士，得进士之后为官，为官之前可称"处士"。《荀子》曰："古之所谓处士者，德盛者也。"假使张乔松有德行，即可称为"处士"。在同时期，同名人"张乔松"别无记载。故疑"抚州张乔松"即为"新余张乔松"。

孟思对张乔松极为欣赏，将张乔松比为松属植物"乔松"。写其性格，正直峻拔，横流独立；写其德行，义守礼节、彪炳千古；写其才华，文章烨烨，材大用难。《乔松赋》对了解张乔松的早年履历意义非凡。

张乔松入仕后，先任行人司行人，后任工部主事，升杭州分司，又升巡盐御史，为官有清正廉洁之称。

清同治《新余县志》卷九载："乔松，字青徕，龙塘人，万历庚辰进士，由行人升工部主事，抽分杭州，商民咸颂其清廉。"

清雍正《浙江通志》卷一百十七《职官》七载："巡盐御史……张乔松，字尔操，新喻人。"

大约万历二十二年，张乔松任福建兵备佥事，为人宽厚，爱民如子。万历年间，福州曾出现饥荒，诱发抢米风潮，无赖刁民趁机作乱，本该严惩以谨世人，但乔松宅心仁厚，力求宽解。

清乾隆《福建通志》卷二十一《职官》："佥事：张乔松，新喻人。"

清乾隆《福州府志》卷二十九《职官》："佥事：张乔松，新喻人。"

明万历《福州府志》载："二十二年，二月不雨，至夏五月，谷涌贵，饥民大噪，掠劫城中，越三月乃定。先是岁比不登，至三四月间，斗米百钱。仓有备赈谷数万石，知府何继高执以先经报部，不肯发，而巡抚许孚远又下令抑民短价和籴。东门李章以卖米为活，有陈七者向李求籴，勒从短价，李与争遂至相殴，观者塞道。李家素饶，饥民乘机尽掠之。巡抚遣坐营古应科往谕，不听。是夜，无赖啸聚群集，首攻仙塔许家，去军门仅数武，喧声如雷。巡抚惊缩，莫敢问也。一夕遂连掠十数家。明日，布政使管大勋、兵备佥事张乔松出道上，见众汹汹，相顾仓皇，力求抚院宽其讨。"[3]

清乾隆《福建通志》卷六十五亦有同样记载:"次日,解赴军府孚远陈兵于门,出旗牌欲枭之。布政使管大勋、兵备佥事张乔松入见求宽解。"

清顺治《浦城县志》卷之十二有诗《登西山》,署名张乔松,其诗曰:"负郭一名区,凌晨风日娱。莺梭穿柳眼,蝶粉掠花□。软翠笼烟合,催红入树荂。山头多爽气,徙倚据高梧。"

同书同卷有诗《游禅寂寺》,署名为:"张乔松,字良穆,邑人,举人。"其诗曰:"春郊结客觅灵筌,人暮犹扳兜率天。陌上残碑留赤籀,池间激水涌青莲。支筇夜历千山月,秉烛寒分万壑烟。我欲诛茅开白社,祇园从此学逃禅。"

清乾隆《福建通志》卷三十八《选举》:"天启四年甲子程祥会榜:江西中式,浦城县,张乔松。"

中式者意为举人。由此可见,《游禅寂寺》为蒲城县张乔松所写,为明末天启时人。可知《登西山》《游禅寂寺》二诗的作者为福建浦城张乔松,虽然新余张乔松亦到过福建,但二人为重名,并非一人。

此后,张乔松任云南右参议,期间督课盐井,威惠并行,修缮古迹,重视教化。

明天启《滇志》卷十二《官师志·总部题名》载:"右参议:张乔松,江西新喻县人,进士……俱万历年间任。"

清乾隆《云南通志》卷十八上:"右参议:张乔松,新喻人,进士。"

明敖文祯《薛荔山房藏稿》第三卷《送张青徕少参之滇督课盐井》诗云:"春色曾将到海滨,昆明万里入秋旻。经营莫惮劳王事。参省应知属重臣,井税遥闻全异昔,科条宽布定更新。圣朝不遣浮槎使,金马遄归报紫宸。""少参"即"参议"的别称。诗中可见任务之繁重,国家对张乔松之器重。

清乾隆《云南通志》卷十九:"张乔松,江西新喻人,万历间以参议道守金沧。威惠并行,捐赀建文峰塔于永昌南山,以培学宫,文运丕振。"

李朝真、段志刚《彝州考古》说道:"明嘉靖三十九年(1560年)广东揭阳举人杨日瓒任姚安军民府知府期间,因考姚安地志,东有武侯将台,西有古寺,北有古塔,惟南向无文峰,为培植风水、文风,曾议建塔于独树山,则文峰插天,南北辉映。到隆庆三年(1569年)由知府张大享始建,至万历二十四年(1596年)任姚安巡守道的张乔松汇同知府杨应沛重建。"[4]

文峰塔在今云南姚安县,该塔造型大方,雄伟壮观,距今四百年,仍魏然屹立。

张乔松任职湖广的政绩,详见下文。

二　张乔松在湖广

大约万历二十四到万历三十年间,张乔松在湖广任湖广布政司左参政和湖广按察司副使。湖广,明朝时包括今湖北、湖南两省,是当时全国十三大地方行政区域之一。布政使司分守道,按察使分巡道。在万历二十九年(1601)之前,张乔松为湖南道,驻衡州(今衡阳)。之后,后为湖北道,驻辰州(今沅陵)。

清同治《新喻县志》卷八:"万历八年庚辰张懋修榜:张乔松,龙塘人,历任至湖广布政司左参政。"

清同治《新余县志》卷九《名臣》:"历任至湖广布政司左参政。剔弊除奸,爱民如子,常操练兵卒,防固城池,解任之日,革民争遮留之。"

明顾天陵《顾太史文集》卷一有《湖广按察使司副使张乔松诰命》曰:"国家建设臬台,总握纪宪,而置副参之,要以分纠吏士,兼诘戎兵。非其人也,朕不轻畀,矧衡阳潇湘,又山川土风之雄绝者乎!尔湖广按察司副使张乔松,操履端严,才猷敏练,使垣发迹,水部宣劳。职洊更乎臬藩,声滋赫于滇闽。晋副宪政,爰莅南陲。拔滞摧顽相机,而冬春互用;消萌解结投刃,则肯綮皆虚。百城凛其风标,一路倚以整谧。明绩奏最,朕甚嘉焉。兹授尔阶中宪大夫,锡之诰命。今已陟尔参知,移住武陵矣。夫武陵在五溪间,盖竟楚地,而控引黔粤。其慓悍之性,自古然也。迩者武昌都会,衣冠之地,且骚然不靖矣,彼出乎其性者何哉?如是而能以文恬之,乃尔之奇,朕则有显陟。"

从诰命可知,乔松能文能武,操履端严,才猷敏练。在云南、福建期间,声名显赫,深得人心。皇帝对张乔松评价颇高,甚为器重,遂任命为湖广布政司左参政,及湖广按察司副使,授为中宪大夫,为朝廷四品官员。希冀张乔松既能以武保卫,又能以文化人,教化百姓,使民性恬然,安居乐业。

李化龙《平播全书》卷五《叙功疏》有记载:"副使张乔松,性纯行方,识敏才达。廉察有体,民情望风自安;征发如期,军政计日而理。"

由上记载,可知张乔松在湖广任职期间,湖广政通人和,百姓安居乐业。卸任之时,军民争相挽留。上不负皇恩,下不愧百姓,忠于职守,一清如水。

清康熙《永州府志》卷二十一《艺文志》中《月岩辩》一文署名:"张乔松,湖南道。"

分湖北道时,驻辰州。分湖南道时,记载不详,疑为驻衡州。明敖文祯《薛荔山房藏稿》有多篇诗文记载关于张乔松在衡州。

明敖文祯《薛荔山房藏稿》第二卷《送德昭侄孙之衡,谒岳张青徕》诗云:"祝融连紫盖,那是丈人峰。去坦东床腹,兼听南岳钟。采芳逢岁晚,回雁待春浓。若问山中事,长吟愧卧龙。"

明敖文祯《薛荔山房藏稿》第三卷亦有《寄张青徕宪副,时驻衡阳》诗云:"七十二峰谁是主,褰帷紫气拥芳洲。万年松露清琴鹤,三楚江云接斗牛。狄宪府高看列柏,春明门近听鸣驺。湘君要眇浮兰茝,摇落空怜赋远游。"

《张青徕使君入贺便还,枉过赋赠》诗云:"昨宵风雨振山涛,起视霜天曙旭高。寒谷生春回绣锦,衡门冻暖剪蓬蒿。向来尊酒存三径,别后交情见二毛。方岳遍游还听履,嵩呼两度赐宫袍。"

从"之衡""南岳""衡阳""衡门"等内容可推断,张乔松时驻衡州。

敖文祯,字嘉猷,高安人,万历四年(1577)进士,官检讨。张乔松为万历八年(1580)进士,较敖文祯稍晚。二人都是江西人,并且为姻亲。由"送德昭侄孙之衡,谒岳张青徕"可知,敖文祯的侄子敖德昭,是张乔松的女婿。诗文为敖文祯所写,但未见张乔松的回复,实为遗憾。

明万历二十九年(1601),张乔松任分守湖北道,驻辰州。

清同治《沅陵县志》卷十八《职官一》:"分守湖北道(驻辰州):张乔松,字尔操,江西新喻人,进士,二十九年任。"

清光绪《桃源县志》卷十二《金石》有《和陈一水方伯壁间韵诗碑》曰:"古洞忆桃源,桃开春正艳。幽幽洞里仙,寂寂云中犬。不知汉春秋,那识秦冠冕。往事迹已陈,我来兴不浅。登高揽胜奇,题诗记华妍。悟透真仙诠,欲语对谁阐。"署款:"书城山人张桥松书。"又载:"碑高五尺一寸,广三尺二分,厚六寸。"

同书同卷下有按语云:"'一水'不知何许人,姓氏注:'武夷幔亭峰主、一水道人陈洙',则闽人也。行书无年月,考《通志》,张湖北道在陈性学后、李廷谟前,故次于此。"

检清同治《沅陵县志》卷十八,在陈性学、张乔松之间有二人:"陈性学,字所养,浙江诸暨人,进士,二十一年任;郑锐,字云石,南直泾县人,进士二十三年任;詹启陈,字明庵,福建安溪人,进士二十六年任。"张乔松、李廷谟之间有二人:"张乔松,字尔操,江西新喻人进士,二十九年任;张惟方,字崇仁。福建龙溪人。进士三十一年任;罗赐祥,字应敬,南直清阳人举人,三十二年任;李廷谟,字明皋,江西丰城人,进士,三十三年任。"

由此可知,张乔松在万历二十九年至三十年期间,任分守湖北道,驻辰州,即武陵。清光绪《桃源县志》按语称"在陈性学后、李廷谟前",并不准确。

《明神宗实录》载:"万历三十年(1602),辛卯,调原任湖广右参政张桥松为广西右参政。"[5]黄彰健《明神宗实录校勘记》二百八十五卷说:"广本、抱本'桥'作'乔',疑是也。"[6]广本即广方言馆本《明实录》,抱本即抱经楼本《明实录》。

故疑"书城山人张桥松"即为新余张乔松。

此诗是一首怀古诗,张乔松游览古迹,有感而发。诗中"幽幽""寂寂",有叠词的音乐美,写出了桃源洞清幽静寂,"洞里仙"和"云中犬"都是来去飘逸无影踪,此地恍若人间仙境。"不知汉春秋,那识秦冠冕。"借用了陶渊明《桃花源记》中的典故,"问今世何世,乃不知有汉,无论魏晋。"全诗是一种明朗清幽的格调,可见张乔松兴致不浅,不为陈迹而感伤,而是参悟人生真谛。

三 张乔松在道州、永州的石刻和诗文

任湖南道期间,张乔松到达道州,祁阳。留有榜书"太极岩"、诗刻"天开太极""镜石"和文章《月岩辩》。

明万历二十六年(戊戌,1598)冬行至道州,道州月岩名胜甲天下,张乔松慕名而来。

月岩在湖南道州西四十里,旧名穿岩,去周敦颐故里十五公里左右。

清道光《永州府志》卷二下《名胜志下》载:"濂溪以西十五里,营山之南,有山奇耸,中为月岩。旧名穿岩。其距州约四十里焉,岩形如圆廪,中可容数万斛。东西两门相通,望之若城阙。中虚其顶,侧行旁睨,如月上下弦,就中仰视,月形始满,以此得名。岩前奇石如走貌伏犀,形状不一。相传周子幼时,尝游息岩中,悟太极,故又称'太极岩'。"

置身于月岩,就能够体悟到大自然的鬼斧神工,从而悟道,悟太极。情发于衷,言于表,刻于石。今月岩摩崖石刻共 63 幅,有榜书有诗刻,历代题刻者接二连三,今日游览者络绎不绝。仰观景变,玩味"上弦月""下弦月""望月""如月之中""月岩""太极岩",因景生境,如临"广寒深处""清虚洞""乾坤别境";领略"风月长新""浑涵造化";由境悟道,感知"道在其中""参悟道真""悟道先迹""浑然太极""豁然贯通""理学渊源""先天道体""鸿蒙一窍"。

因元公悟太极之故，张乔松也有感于此，亦是情之所至，言之所达。游月岩之下，玩味太极之象，悟太极之理。现月岩留有"太极岩"榜书和"天开太极"诗刻各一幅。

"太极岩"榜书石刻共三个大字"太极岩"，题款为："万历戊戌冬吴平青徕张乔松书。"字体为行楷，丰满浑厚，铿锵有力。尺幅阔大，气势恢宏，榜书长225公分，宽75公分，位于"先天道体"榜书之上。

"先天道体"榜书是明韩子祁所留，此榜书在月岩很显眼位置，是月岩最高、尺寸最大的榜书。

韩子祁，明万历二十六年道州知州。

清光绪《道州志卷》卷七和王晚霞校注的《濂溪志八种汇编》都误作"韩子祈"。

明万历二十六年（1598），韩子祁到道州做知州，张乔松榜书记载的时间也是此年。张乔松写《月岩辩》一文，韩子祈读后作《读〈月岩辩〉》。（见下文）时间巧合，两人的榜书位置挨近，两人的文章亦是一唱一和。故笔者猜测张乔松、韩子祁可能相识。

吴平，即今江西新余，是张乔松籍贯。

明嘉靖《江西通志》卷二十二："吴平县在新喻县东一百一里，出《寰宇记》。后汉时置汉平县，吴改为吴平县，出《宋志》。隋开皇九年废新喻入吴平，十二年废吴平入宜春，十八年又析宜春置新喻县，故吴平故城在新喻之境，今废。"

月岩又名"太极岩"，其名与张乔松关系重大。

清康熙《永州府志》卷八："明嘉靖甲辰州守王会磨崖刻字曰'太极洞'，著有图说。万历时张乔松名'太极岩'，辛丑州守钱达道题曰'鸿蒙一窍'，后镇江钱邦苎游而奇之，作文纪焉，见《艺文》。"

清康熙《永州府志》卷二十钱邦苎的《月岩记》："万历间青徕张乔松游此，改为'太极洞'，谓元公悟太极于此。"

清光绪《道州志》卷一："州守王会刻曰'太极洞'，张乔松刻曰'太极岩'钱达道刻曰'鸿蒙一窍'。"

张乔松亦在《月岩辩》中说："世之游者，往往以月岩目之，殆未察乎岩真体矣。予故表之为'太极岩'。"盖因张乔松留大字"太极岩"于月岩石壁，月岩又名太极岩。

万历戊戌（1598）冬，张乔松亦在月岩留有榜书"天开太极"，下系以诗。今据原文著录为:"天开太极:万历戊戌十月甲子,'太极阴阳真本体,如何认作月岩游。予今识得乾坤意,混沌初开为道谋。'新喻青徕张乔松题。"

"新喻"今为新余。

周子说,"无极而太极"。《易经》说"易有太极,是生两仪"。两仪就是阴阳。儒家认为,阴阳是由太极而来的,太极是由无极而来的。太极生出阴阳,太极就是阴阳的本体,而月岩的月相怎么能是阴阳的本体呢? 不过,月相的盈亏消长,总还能启发人们对于阴阳变化的感知。而月岩这种鬼斧神工的奇景,本身也表明了天地开辟的目的,正是为了"道"。"道"的存在,意味着天地万物之间存在着秩序,而天地万物存在着秩序就叫做"诚",叫做"善"。[7]

故"太极岩"此名于此,合情合理,一语道破天机。

除"太极岩"榜书、"天开太极"诗刻之外,张乔松在月岩还留有《月岩辩》一文,文中提及游览月岩的缘故和"太极岩"命名一事,且时间切合,都为万历戊戌冬,故笔者猜测,《月岩辩》和"太极岩"榜书均为同一时期所作,先刻"太极岩",而后作《月岩辩》。

《月岩辩》最早出处见清康熙九年《永州府志》卷二十一《艺文志》,署名"张乔松,湖南道"。清道光《永州府志》卷二下《名胜志》,清光绪《道州志》卷一《方域·山川(诗文附载)》,吴大镕修、常在编《道国元公濂溪周夫子志》(清康熙二十四年刻本)均有记载。其中清道光《永州府志》卷二下《名胜志》、清光绪《道州志》卷一《方域·山川(诗文附载)》均题为"《太极岩辩》"。

清康熙九年《永州府志》载文如下:

道州月岩之胜,甲于天下,予闻而慕之久矣。戊戌冬行部至州,事竣,往观之。遥望向东一岩,穿窿偃覆,高阔数二丈许,白石璀璨,谓之月岩,形果肖矣。比入洞,行数武,见石壁峭立,周遭圆洁,上透天光,宛如既望之月。而西之一岩,其穿窿偃覆,与东岩埒。同游诸彦指中空者谓予曰:"此月之望也",指东西二岩谓予曰:"此月之上下弦也。"予亦信以为奇,若身游广寒清虚之府矣。已而徘徊谛视,憣然悟曰:"此非月之望也,亦非月之上下弦也。盖中之圆虚通天者,非太极乎?"由东西二岩观之,非太极之动而生阳、静而生阴乎? 岩畔溪流莹纡如带,而群峰矗矗森布于岩之左右,如屏、如戟、如牖、如笏,皆具五行之象,非太极之水、火、木、金、土乎? 此天地之太极,不必假借,不必点缀,昭然在心目间,可一览而竟者。州之肇名为道,或者其原于此。惟其含灵蓄粹,秘而不泄,积至有宋,奎聚之朝,周元公应运而生,静养是岩之侧,超然神解,作为《太极》一图,以续孔孟之绪,是天地兆其象,而元公启其秘也。宁非羲画禹畴,睹《河图》《洛书》而成文乎？世之游者,往往以月岩目之,殆未察乎岩真体矣。予固表之为'太极岩',后之达观君子,玩太极之象,悟太极之理,默会元公心法于千载之下,未必不以予言为然也。谨书之以竢。

"高阔数二丈许",清道光《永州府志》、清光绪《道州志》《道国元公濂溪周夫子志》作"十丈许"。

"予固表之为'太极岩'",清道光《永州府志》、清光绪《道州志》《道国元公濂溪周夫子志》作"故表之"。

张乔松先对月岩风景进行一番描写,由远及近代,远看高崖气势雄浑,进而入月岩,周遭陡峭险峻,中间上透天光。石之奇,崖之峭,始见俊伟。洞之清幽,景象之变换,始见高明精妙。张乔松亦记录了与同游者的交谈,或许是熟知月岩的当地人,向张乔松指出月岩的奇特景观。张乔松信以为奇,故切身感受,恍若置身于广寒清虚之府。张乔松不由感慨:"盖中之圆虚通天者,非太极乎？"由太极想到阴阳,何谓"非太极之动而生阳、静而生阴",周敦颐《太极图说》载:"太极动而生阳,动极而静,静而生阴,静极复动。"笔者到月岩实地游览,略有感受:从东西两洞口出发,若处之不动,则望之若城阙,岩崖遮蔽,阴凉自见,即为静而生阴;若步步挪移,则移步换景,直至望见"满月",中虚其顶,光辉弥洒,即为动而生阳。张乔松将群峰之行喻为五行之象,为天地之太极,实为鬼斧神工,不得不让人想到周元公、《太极图说》、伏羲、河图洛书。所谓"山不在高,有仙则灵,水不在深,有龙则灵",正是周元公开启了天地之密,延续了孔孟之道,从而理学大明,濂、洛、关、闽而兴。"世之游者,往往以月岩目之,殆未察乎岩真体矣。"此句写出了张乔松后世的期望,《河图》有八方之位,《洛书》有五行之象,不可只知月岩之表象,更要默会周元公之心法,才不愧月岩一游。

韩子祁读此文,而作《读〈月岩辩〉》一首。清光绪《道州志》载:"偶探月窟见天根,造设千年鬼斧痕。一极盈亏分动静,五星离合自乾坤。俗名久失山灵意,卓悟如登茂叔门。千古广寒宫里梦,却如长夜睹朝暾。"

韩子祁认为"月岩"一名过于庸俗,丧失本有的灵气。故《月岩辩》实为"月岩"辨名,即改"月岩"为"太极岩"。"月岩"只是此岩洞的表面景象,"太极岩"才是此岩洞的灵魂。

世人都知"月岩",而"太极岩"鲜有人知,因此文章对此作一番考证,实属必要。

万历二十八年(庚子,1600),张乔松又曾到达祁阳浯溪,留有诗刻一首,现诗刻仍存,为张乔松真迹。

今据石刻拓本著录如下:

《镜石》:"浯溪溪上石,似镜隐岩阿。制出天工巧,明由水力磨。精光今日月,虚影照山河。世态妍媸别,沧桑阅历多。人心皆类此,物欲自迷何。我愿灵台内,惺惺解伐柯。万历庚子冬十月,新俞张乔松书。"

此诗在东崖区44号,诗刻长120公分,宽60公分,全文73个字,字体为行楷。纤细飘逸,落纸烟云。

浯溪文物管理处《湖湘碑刻·浯溪卷》中的《镜石》一诗释文错一字,"此"误作"比"。[8]桂多荪《浯溪志》"此"字不误。[9]

唐代元结曾居住于浯溪,作《浯溪铭》曰:"浯溪在湘水之南,北汇于湘。爱其胜异,遂家溪畔溪,世无名称者为,自爱之,故命曰浯溪。"

明弘治《永州府志》卷三载:"镜石,在浯溪之崖,方二尺许,黑色寒光,以溪水淋之,隔岸江山舟人上下,物无不照漫。"

清康熙《永州府志》卷八载:"镜石,石方数尺许,黑光如玉,嵌浯溪岩上。以溪水拭之,隔岸山树村畴,了了映照。"

历代有多人写过"镜石"诗,如明代解缙、清代袁牧。张乔松此诗为咏物哲理诗,写出了大自然的鬼斧神工,亦写出了处世真谛。张乔松在此托物言志,也意在警示世人。以水为镜,能见面容之妍媸,经历沧桑,始辨别世态妍媸,人心类此,可遁入物欲,亦可以人为镜,认清自我。"伐柯"比喻遵循一定的原则,《诗经·豳风·伐柯》云:"伐柯伐柯,其则不远。"只有经常清醒的自警,才不会使自己迷入物欲。正如《墨子·非攻中》所说:"君子不镜于水而镜于人。镜于水,见面之容;镜于人,则知吉与凶。"

参考文献:

[1]江立明.凝固的乐章新余古建筑实录[M].南昌:江西科学技术出版社,2006:48.

[2]新余市政协文史委员会.新余古今人物[M].北京:中国文史出版社,2009:88.

[3][万历]福州府志[M].福州:海风出版社,2001:742.

[4]李朝真,段志刚.彝州考古[M].昆明:云南人民出版社,2000:200.

[5]广西壮族自治区通志馆.广西古代职官资料汇编[Z].广西:广西人民出版社,2000:224.

[6]黄彰健.明实录神宗实录校勘记[M].北京:中华书局,2016:1691.

[7]张京华.月岩摩崖石刻选录[Z].湖南省濂溪学研究会通讯,2016,(6).

[8]浯溪文物管理处.湖湘碑刻·浯溪卷[M].长沙:湖南美术出版社,2009:227.

[9]桂多荪.浯溪志[M].长沙:湖南人民出版社,2004:384.

（原载 2017 年第 2 期,作者单位:湖南科技学院）

陈仕贤"月到天心"榜书及其典故内涵

✱ 易子薇

一 "月到天心"榜书石刻

月岩是古道州八景之一,且为道州八景之首,是都庞岭下的一个大型石灰岩溶洞。溶洞由东、中、西三洞组成,三点成一线。有东西两个洞口,皆呈圆形,且相互对峙。中洞顶虚,即"天窗",光线直泄。由西洞门拾级而上,抬头仰望,只见天穹"明月"一弯,宛若"上弦"月境。入得洞中,洞中峭壁万仞,白石璀莹,石乳林立。仰望洞顶,"皓月"一轮,宛如望月悬空。再往前走,"皎月"由圆而缺,东洞门再回眸仰望,复成峨眉状,倘若"下弦"月境。三洞贯穿,又称"穿岩"。洞外是小桥流水,良田美池,景色优美。(参见王行国、夏培卓《华夏五千年名人胜迹》。)据宋度正《濂溪先生周元公年表》记载:"宋真宗天圣八年,先生年十四,濂溪之西有岩,东西两门,中虚,顶圆如月,出入仰视,若上、下弦,名月岩,先生筑室读其间,相传睹此而晤太极。"月岩近旁的楼田村,是周敦颐的故乡。

道县月岩的石壁上刻着许多历代名人的字迹,其中榜书如"如月之中""风月长新""先天道体""乾坤别境""广寒深处""理学渊源"等等,明代福建人陈仕贤"月到天心"榜书是其中之一。榜书高68cm,宽248cm,署款"闽陈仕贤题"。石刻保存完整,字体清晰。榜书字体为楷体,其字体笔画中正端庄、肥厚拙朴,有丰润厚重之风。

二 石刻作者陈仕贤生平履历

陈仕贤,字邦宪,明代福州福清玉涧人。为人宽和,事祖母以孝闻。为秀才时即以名节自励。嘉靖十年辛卯举人,登嘉靖十一年壬辰进士,授户部主事,嘉靖二十二年转杭州知府,器宇汪洋,喜愠不形于色,奉职循理,不激不随。击杨瑄真伽像于飞来峰。典大郡,清操愈励,衣不重彩,食无兼味,务瘠己以佐百姓。嘉靖二十五年升兵巡道,嘉靖三十八年十月,升浙江左布政使,兼为广容,耻以法绳群下,清白之操,始终无间。绝贿赂,杜请托,兴利革弊,不避权贵。市舶太监横索民物,据法处治,内官敛迹,杭人以为天下郡守治行第一。后迁湖广副使、广东参政按察司右参政、河南右布政。当时军兴费繁,陈仕贤廉勤务实,督饷无误期。终湖广巡抚、都察院右副都御史。巡抚湖广时,因得罪严嵩亲信,离职归乡,赈济饥荒,收葬尸骸,捐资建学宫,与官府无丝毫来往。接济宗亲,置办祭田、书田,而自奉仅薄田数亩,住宅破败。严嵩倒台后,巡按李邦珍荐之于朝,命未下而卒,奉祀于乡贤祠。着有《四留堂存稿奏议》六卷,已佚,与通州医官孙宇考订编辑《经验良方》十一卷。

濂溪书院在永州府北门内。原名宗濂书院,在府学后。嘉靖三十九年,巡抚陈仕贤拟建未果。"月到天心"榜书未署年月,大约刻于湖广巡抚任上。

三 "月到天心"典故内涵

"月到天心"作为一个固定短语,包涵着三种语义。首先,"月到天心"的"月"本意为天上的明月。其次,"月到天心"的"月"引申为地上的月岩。榜书刻在濂溪故里月岩,而"月岩"的得名是因为它天然的构造像月亮。再次,"月到天心"的"月"进一步又引申为《太极图说》的"太极"。月岩之所以闻名遐迩是由于宋代理学家的奠基人周敦颐受月岩奇特景观的启示创立了"太极图说"的理论,而"太极"的阴阳盈虚消长和月相的变化有相似之处。

"月到天心"这一词组搭配,其典故内涵大致有三层含义。

(一)"月到天心"作为天文学术语

"月到天心"的典故内涵最早来源于天文观测术语,以及由天文观测术语引申出的卜筮术语。"月到天心"中的"天心"一词就目前笔者所见,最早出自《书经》和《易经》,可知这个固定搭配有着非常古老悠久的语源。《易经·复卦》:"复,其见天地之心乎!""天心"是天的本质,亦即天地的本质、道的本质。其来源是上古的天文学。"天心"的准确位置,必须从测量中才可以得知,因此"月到天心"的语源最早来自天文观测术语。

明邢云路《古今律历考》卷六十七《测月》:"其法大都与测日同然。日测正午,月则测月到天中。自某日起至某日止,以漏水记之。以月行或最高或最低前后距所相对之日圭表,所测月到天中之晷,以相连二日景相减为法,仍以前后相对日景相减为实,实如法而一。最高前少后多为减差,前多后少为加差。最低前多后少为减差,前少后多为加差。漏记积日起日至本日积。若干刻加本日夜半后,月到天心。若干刻减起日夜半后,月到天心。"文中"月到天心"是一种天文现象,即:日当午,夜到子,月在正空中。

古时上天被赋予神秘的色彩,通过对天文现象的占卜,可以预测未来的运势。明万民英《星学大成》卷三十《朝天》:"月到天心象帝王,或躔室璧或奎房。身命各号前后位,定为将相近清光。""朝天"在这里指的是接近"天",往核心逼近,从而走进一个核心。"月到天心象帝王"是说"月到天心"是帝王的象征。从占卜的吉凶上判断,这个卜象寓意比较吉祥。

宋魏了翁《鹤山集》卷九十五《江城子·次韵李参政壁见贻生日》:"水花湖荡翠连天。记年年。甚因缘。斗鸭阑干,云雾踏青妍。人似风流唐太白,披紫绮,卧青莲。如今别思浩如川。欲腾骞。隔风烟。月到天心,人影在长编。只有此身飞不去,翔雁侧,狎鸥边。"这首词借人影表达对远方人的相思。该词是咏实景,通常情况下"月到天心"之处本应该没有人影,但后一句为"人影在长编",只有地处偏远的人才能在相对于以"月到天心"之处为基准的情况下,呈现"人影在长编"的天文地理现象。

"月到天心"从最初的作为一种天文观测术语演变发展为卜筮术语、再转变为丰富诗歌内涵的天文地理现象,在历史的进程中不断地丰富与完善。

(二)"月到天心"作为历史典故和文学意象

"月"在古代的诗词歌赋之中常被作为永恒、思念、离别、孤独、清冷和超脱的化身出现,望月抒怀以月寄情的天人合一思想。"月到天心"成为文学的典故和文学的意象,始于宋代。

宋胡知柔《象台首末》卷二载唐燕州刺史李元正《水石图赞》:"月到天心水不湍,中流但见石巉岏。是间有恨君知否,莫作当年八阵看。"作者看见江西的水石,联想起当年诸葛亮的八阵图。八阵图的典故出自唐杜甫《八阵图》诗:"功盖三分国,名成八阵图。江流石不转,遗恨失吞吴。"作者描写了"月到天心",但诗的主题则是歌咏诸葛亮,这个主题通过"八阵图"的典故实现的。诗中只说"八阵",但是读者则可以透过古典知道诗的主题。

宋汪莘《方壶存稿》卷三《摘句》:"日归海底龙方觉,月到天心虎正眠。"宋陈思《两宋名贤小集》卷一百九十一、清曹庭栋《宋百家诗存》卷二十九载宋汪莘

《秋兴》全文："闲步水南因水北,仍从山后复山前。日归海底龙方觉,月到天心虎正眠。"此处"月到天心"说的是日月往复更替消长,带来时间不知不觉的流逝,世事变迁。

宋韩淲《涧泉集》卷十一《十三夜携杯浮桥看月》："一轮秋月到天心,此夜全无云片侵。雅静每于闲后见,孤高难向闹中寻。渐圆渐好形神正,愈大愈明精气深。最是溪间波影里,金光摇动玉沉沉。""一轮秋月到天心"二句是写一轮皎洁光满的天际圆月,在寂静的没有云朵的秋夜澄澈明亮,纯粹朴真,轮月捧出,毫无尘杂。

宋陈元晋《渔墅类稿》卷八《判府大帅督参寘谟户部先生持漕节来长沙,继升帅守,追惟平菴先生分教是邦,越四十有九年,而多士尊仰说服如一日,酒市地立祠,以慰士心。祠成,门下士陈某拜手稽首而诗之曰》："佩璐骑麟返帝旁,屐痕所在尚芬芳。泉行地脉家家井,月到天心处处光。模范百年垂藻泮,蒸尝千古奉桐乡。教忠况有无穷泽,衮衮湘流一派长。"这首诗讲述的是歌颂平菴先生在湖南做官的功德和政绩,给他建了一个祠堂,"泉行地脉家家井"这一句是指在他的治理下,人们的生活井井有条,民间一片祥和。"月到天心处处光"一句指的是十分光明,没有社会的阴暗面。

宋文天祥《文山集》卷十七《乐语·宴交代宁国孟知府致语》："惟某官,一中体段,万卷工夫。风来湖面,月到天心。眼小衡峰,勘破是间造化;胸吞震泽,充开里许规模。""月到天心"在此是用风景来表达一种意境,用风景来形容为人,在他眼里衡山都是渺小的,形容他的气魄很大。

元方回《桐江续集》卷九《中秋前夕三首》之三:"山头月到天心小,林下秋生夜半寒。不待明朝已三五,四更仍续五更看。"初升山头的明月随着时间的挪移逼近天心,午夜天心月满时,凭肉眼凝眸,在这里借"月到天心"这一意象说明时间的变化。

元吴澄《吴文正集》卷九十五《夜坐四次韵》:"物情自适更谁禁,草际萤飞鸟宿林。鲁叟尔来无梦寐,蜀庄此去只冥沉。客中又见秋风起,夜半初闻木叶吟。凉意逼人眠不得,坐看孤月到天心。"秋风吹拂,木叶凋落,凉意席卷脊背,因彻骨的冷而毫无睡意,只好坐看明月到天心,任时间一点一滴的消逝。这首诗又见于明曹学佺《石仓历代诗选》卷二百三十九《夜坐》、清顾嗣立《元诗选》初集卷十七《夜坐次韵》、清陈焯《宋元诗会》卷六十九《夜坐》。原倡是否说到"月到天心"不详。

元谢应芳《龟巢稿》卷三《玉山邀至同里法喜寺饮别,是夕酒醒梦回,宿雨初霁,月明可喜,即景赋诗,兼写送别之意》:"风吹雨脚断,月到天心明。孤鹤有清梦,荒鸡非恶声。南浦明朝别,西湖几日程。杵歌人正苦,莫上石头城。""风吹雨脚断"二句在这里指的是风吹雨滴变得越发连密,月到天心远近楼台均照耀。此诗又见于清顾嗣立《元诗选》二集卷二十三。

元郑玉《师山集》遗文卷五《次仲贤明府兄师山雨霁韵》:"雨洗晴光出翠岑,云将好月到天心。池涵灯火星明水,树动笙簧风满林。台榭巍巍宜远眺,阑干曲曲不临深。挂冠何日归来好,相共持竿练水阴。""雨洗晴光出翠岑"二句在这里描绘了一幅夜晚云销雨霁,云衔好月至天心的良辰美景。

明邱濬《重编琼台稿》卷四中六言诗《客窗三景次友人韵》三首:"明月欲上未上,乌鸦东飞西飞。物类皆知所憩,何事游人未归。(右黄昏)""漏滴铜壶恰半,月到天心正圆。人在子规声处,几回欲眠不眠。(右半夜)""楼上更传五点,隣家鸡叫三声。正是销魂时候,倚床坐待天明。(右五更)"三首诗分别描绘了"右黄昏""右半夜""右五更"三幅图画,而月到天心只是其中一幅"右半夜"中的一个意境,"漏滴铜壶恰半"二句在这里漏滴铜壶是计算时间,"月到天心"在这里借这一情景来诉说此时已是半夜。

明谢迁《归田稿》卷六《酬雪湖见怀二首用陆韵》:"转眼红芳又阴,游丝飞絮漫相侵。衰颜未必输青镜,短发惟应怯旧簪。坐待白云归洞口,卧看明月到天心。怀人正复劳倾企,啼鸟嘤嘤隔远林。""月到天心"在这首诗中写景,坐着等待悠悠白云来来去去归入洞中,斜侧卧看皎皎明月徐徐直达天心。突出的诗人闲适宁静的心境。

明代曹学佺《石仓历代诗选》卷三百九十一收录《柏沟涵碧》:"人说崇冈直万金,环冈左右柏沟深。四时景色相辉映,一派清流自古今。晴爱落花浮水面,晚宜明月到天心。沧洲旧主乌台客,鹭社鸥盟未许寻。"落花委地无言,浮于水面卷还舒,明月皎洁如碧,挂于玉心阔天空。

古往今来诗人词人对月一直情有独钟,"月到天心"在此作为一种文学意象,在诗人词人的笔下被赋予的新的生命,从最初的粗浅的天文观测,变得越发鲜活起来。

(三)"月到天心"作为哲学义理

"月到天心"从文学中存在的哲学义理来看,"天心"一词最早出自《书经》和《易经》,因此哲学义理是月岩最大的特色。"天心"最早出自《尚书·咸有一德》:"惟尹躬暨汤,咸有一德,克享天心,受天明命。"除此之外,就目前所见"月到天心"四个字复合词最早出现于宋邵雍的《击壤集》卷十二中的五言诗《清夜吟》:"月到天心处,风来水面时。一般清意味,料得少人知。"

"月到天心"在这里指的是月亮到达天空正当中的地方。"月到天心处"二句说的是月亮正在人的头顶上,水面上吹来一阵凉风,感觉十分的清爽快意。"一般清意味"二句指的是现在夜深人静,这种清新的感觉,估计少有人得知。邵雍的这首诗写清风明月带给人的清新爽快的感受,含有清虚旨意。此诗收录于宋陈思《两宋名贤小集》卷五十八,之后历代许多文人在他们诗词中引用或解释了邵雍《清夜吟》这首诗。陈仕贤"月到天心"可能也来自这里。

宋熊节编、熊刚大注《性理群书句解》卷三收录并依照自己的见解解释了邵雍的《清夜吟》标题熊注:"此篇借物形容圣人本体清明,人欲净尽""月到天心处"熊注:"月照天之中""风来水面时"熊注:"风来水之上""一般清意味"熊注:"这般意味极清","料得少人知"熊注:"窃想少得人知此,盖月到天心,则云翳尽扫;风来水面,则波涛不兴。此正人欲净尽,天理流行时也"。"月到天心"在此是用月照在天之中的意境和情景讲哲学,清夜本意是指清静的夜晚,但在此却引申为人心的清明。"人欲净尽"说的是人的一切欲望和杂念都没有了,只有道在那,人道合一,本诗以清夜比喻哲理。之后,明胡广《性理大全书》卷七十完全引用了熊刚大对邵雍《清夜吟》的解释,从而使得这一哲理比喻影响巨大。

宋林希逸的《竹溪鬳斋十一稿续集》卷十《清风峡施水庵记》:"千载而下,则有月到天心,风来水面,若康节所谓真趣者。吹者非风,照者非月,若伊川所谓滋味者。"

元虞集《道园学古录》卷二十二《天心水面亭记》,全文字句精致,全文如下:"天历三年春,臣集、臣洞、臣九思得侍清闲之燕,论山川形胜。臣九思曰:济南山水似江南,殆或过之。臣洞之居在大明湖上,雍土水中而为亭,可以周览其胜,名之曰天心水面,可想见其处矣。于是有敕臣集书其牓而记之。臣集再拜,稽首而言曰:昔宋儒邵雍氏之诗曰:'月到天心处,风来水面时。'臣洞盖取诸此。臣闻:雍之为道,上达乎包羲,以至于帝尧周文。孔子之盛其始学也,隐居百原之山,仰而思之,至忘寒暑如是者。且二十年其制作在皇极经世,其性情寓于诗。程颢氏之言曰:"就其所至而论之,可谓安且成矣。"噫,非几于古之所谓睿知者,其孰能与于此?然则臣何足以知之。虽然,窃尝闻之斯二言者,岂非阴阳动静之交乎?按先天图,阳尽午中而垢生焉;拟之为月窟,阴尽子中而复生焉;拟之为天根，天根又曰天心所谓，天心，无改移是也。以月临天心，非阴阳之互交者乎？《巽》之为卦，阴为主，于物为风；《坎》之为卦，阳为主，于物为水。以风之初，而行乎水之上，非动静之始交者乎？所谓一动一静之间，天地人之至妙。至妙者庶于此乎可见；而臣不足以言之也，请以人事论之。月到天心，清之至也。风来水面，和之至也。今夫月未盈，则不足于东；既亏，则不足于西。非在天心，则何以见其全体。譬诸人心，有丝毫物欲之蔽，则无以为清，堕乎空寂则绝，物又非其至也。今夫水滔滔汩汩，一日千里，趋下而不争，淳而为渊，注而为海，何意于冲突？一旦有风鼓之，则横奔怒激，拂性而害物，则亦何取乎水也？必也至平之水，而遇夫方动之风，其感也微，其应也溥，涣乎至文生焉，非至和乎？譬诸人心，拂婴于物，则不能和；流而忘返，又和之过，皆非其至也。是以君子有感于清和之至，而永歌之不足焉。臣洞天资明爽，应物乐易，宜能有取于此，请以是为记。"

《天心水面亭记》中此亭名之曰"天心水面"，在虞集看来是出自于过去邵雍的《清夜吟》中的"月到天心处，风来水面时"诗句。虞集诗风清和、雍容、儒雅、圆熟，向往一种安闲萧散、无追求、无目的、无争斗的生活状态。他对"天心"也提出了他自己的见解，"月到天心，清之至也。风来水面，和之至也。"虞集提倡"至清至和"，"至"乃"理之当"，即恰到好处，并不是对清与和的无限追求。"月到天心"中月未盈与已亏，非在天心，光不满或有所遮蔽，如人心之有物欲遮蔽而非光明澄澈。

元许有壬等《圭塘欸乃集》卷上载许有孚《买陂塘》"买陂塘旋栽杨柳，闲人有此忙务。平泉绿野吾无羡，仅着一蓑烟雨。舟泊渚。更把钓观鱼，宛在池中屿。掀髯自语。待月到天心，风来水面，笑领此时趣。"

元许有壬《圭塘小藁》别集卷上《圭塘独坐有怀》："韶濩铿鍧杳嗣音，树林清邃忆同阴。停云霭霭日将暮，伐木丁丁山更深。饭罢竹边时策杖，茶余松下独弹琴。直须月到天心处，尊酒悠然与对斟。"许有壬的两首诗都涉及到了邵雍的"月到天心处，风来水面时"诗句。

到了明代，吴与弼的《康斋集》卷八《观湖说》："是皆湖之勖吾志者，如此。其'月到天心处，及风来水面时之乐'，则在乎其人焉。"

明徐有贞《武功集》卷四《梅月双清图记》："于此观之，当与康节所云'月到天心，风来水面'者同一意味也。"

明郭棐《广东通志》卷六十收录了陈奇谋《九成台记》："其尧天之境界乎，台制面东月出。而当楼之中，斯冰壶映彻，月到天心处也，不妨取康节句矣。"

以上,从宋到明的这些诗人他们的诗歌词赋之中引用了邵雍《清夜吟》中"月到天心处,风来水面时"诗句,足以见得在历代的传承中,邵雍的这句诗的内涵在不断的深化,越加丰富。此后陈献章在邵雍诗的基础上有了自己的新义。

明陈献章《陈白沙集》卷八《叠前韵寄逎子谘》之二:"耳目无交不展书,此身如在太清居。雪消炉焰冰消日,月到天心水到渠。——园花都傍暖,飞飞江燕未将雏。好春好伴湏行乐,束起松根七尺蒲。"陈献章居白沙里,学者称白沙先生。其学主静,著有《白沙集》。"雪消炉焰冰消日,月到天心水到渠。"它说的是一个慢慢融化的过程,是用来形容个人修养的过程,是一个从量变到质变的过程,当修养达到一定的程度就叫"月到天心水到渠",自然而然一片澄澈。在陈献章之后有人收录了他的诗或引用了他的新义,清沈佳《明儒言行录》卷三收录了这首诗并更名为《白沙》。

明叶春及《石洞集》卷十七《用谢惕斋先生韵寿刘古唐翁六十有一》:"鹿算龟龄天赐福,豹蔚鸾翔人所欲。赤松不解草玄经,跨鹤缠腰鲜其蹻。紫阳磊落继前庚,五百年来公降生。凤凰在郊,龙在野。山皋冈陵冈不增。麻姑王母皆夸诞。渤澥漂桑海为岸,一气浑沦转八纮,何者支兮何者干。亿万长留石室书,汉廷无数马相如。中元甲子今初起,月到天心水到渠。"引用了陈献章的原句。

明刘宗周《刘蕺山集》卷六《答胡生一》:"白沙先生诗曰:'雪消炉焰冰消日,月到天心水到渠。'"

明末清初陆世仪《思辨录辑要》卷三十五中:"五言如:'月到天心处,风来水面时。'"引用了邵雍的诗。并且在《思辨录辑要》卷七中:"读白沙诗最好涵养身心,如云:'雪消炉焰冰消日,月到天心水到渠。'"陆世仪和陈献章两人都是很出名的理学家,陈献章对邵雍这首诗的继承不是解释邵雍的五言诗,而是在邵雍的基础上有所发展。陈献章用邵雍所传达的意思解释了自己写的一首七言诗,并且陆世仪在《思辨录辑要》引用了陈献章的诗。陆世仪将陈献章的七言诗和邵雍的五言诗全被他一家引用,说明在他的眼中两首所传达出来的是同一个意思。

余　论

除此之外,"月到天心"还被禅宗引用,如宋郭印《云溪集》卷九《宿大明寺》:"历览成终日,禅房处处深。野僧应怪见,俗客可幽寻。烟竹寒垂幄,风松静鼓琴。清谈不知寐,明月到天心。"这里的"明月到天心"指的是佛及对佛的悟性。

禅是讲顿悟的,这首诗大笔墨铺成写景,实则在咏景背后传达着一种禅宗的意味。又如宋胡宏《五峰集》卷八《竹林寺姚上人求月潭颂》:"月到天心无点缀,风来水面绝埃尘。寒山到此无人说,笑杀何由举似人。"这首诗是替寺人、僧人写禅诗。"月到天心"在此是用月来说明人的心性,佛教讲的是用悟超出尘世,又要明本性、心性。以上,"月到天心"被佛教禅宗引用,因为与本文主题无关,在此就不展开了。

"月到天心"这四个字的三种语义和三层含义,从宋代到明代已有五百年以上的积淀,我们可以从中发现文化不断地传承、积淀和丰富的过程,文化源源不断地保持生机鲜活在于一种积累、在于一种丰富,由简单到复杂,不断的丰富其内涵。月亮和石刻本是客观实在的事物,它们是没有生命的,都是历代人不断的积淀、不断地发挥主观能动从而赋予了它们美感与生机。把文化从冷冰冰的一片死寂变成了生机勃勃的常青藤,其中孕育着精神、意象和美感。

置身月岩洞中,除了观赏大自然的鬼斧神工,还可以在望"月"圆缺变化中领悟到盈与亏,领略到闽陈仕贤题的"月到天心"的榜书经过先前历代所传承下来的丰富典故内涵。

（原载 2017 年第 2 期,作者单位:湖南科技学院）

月岩明代黄九皋诗刻

✱ 敖　炼

月岩在今湖南道县,旧名穿岩,又名太极岩。月岩地近濂溪故里,相传周敦颐在此悟《太极图说》。宋淳熙年间,太守赵汝谊过其下祷雨,有题记,其后历代刻石不断,现存共 63 幅,明代刻石最多。石刻体裁以诗刻、榜书为主,石刻主题以理学、月、濂溪为主。

明嘉靖二十五年(1546),黄九皋携萧文佐、王会、易堂、周绣麟、周庠、廖庚、唐廷颢,共计八人同游月岩。此次游月岩人数最多,但仅黄九皋刻七言长律一首。诗刻位于月岩东门右侧石壁,距地约 6 公尺,石刻长宽均为 175 公分,共 13 行,满行 15 字,楷书,其形制在所有诗刻中是最大的一幅。诗刻释文如下:

停骖遥望山之东,瑞光千丈胜长虹。眇眇轮中露佳树,炯炯阙下生新朣。承明徐步中天月,天心皓魄金波融。水晶崖石呈素晕,广寒深处传香风。上弦之月如满弓,云收午夜悬晴空。示我一圈不言趣,醒人几点飞来淙。想昔太始初鸿蒙,天造地设难为工。两仪四象峙左右,先天太极当其中。千载道丧生元公,图书衍义来学宗。岩前游客各叹赏,孰阐正学开蒙童。

嘉靖丙午夏,萧山黄九皋识,同游龙泉萧文佐、漳浦王会、武昌易堂、州人周绣麟周庠、顺昌廖庚、全州唐廷颢。

一　诗刻句解

此次月岩之行,时值夏季,天气晴朗,黄九皋携众人游月岩时于此留宿。全诗分两部分,前部分描述了月岩景象,清丽雅致,后部分叙述周敦颐对道体之阐释,及其地位影响。

"停骖遥望山之东,瑞光千丈胜长虹。"月岩在田野中独立耸出,东面远山绵延横亘。此句写停宿月岩,东望月出之景观,光芒皎洁,洒落千丈,气势壮观。

"眇眇轮中露佳树,炯炯阙下生新朣。"此句写月出之后,月光照在月岩东门,"阙"即月岩东门。光绪《道州志》卷一:"月岩在州西四十里。《名胜志》:东西两门望如城阙,当中而虚其顶,自东望之如月上弦,自西望之如月下弦,就中望之如月之望,故名。"自月岩当中望东门,形如下弦月,其东门石壁有嘉靖元年仙居吴廉"下弦月"榜书。

"承明徐步中天月,天心皓魄金波融。"步入月岩东门后,处月岩当中仰望夜空,月自东向西缓缓移动,直至中天。月岩北崖石壁有陈仕贤榜书"月到天心",北崖处宜望月,有嘉靖元年仙居吴廉"望月"榜书。"承明"即天将亮,由此方知众人停宿月岩,游月岩者多为观月相变化、体理学之悟而来,所以停宿者甚多。

"水晶崖石呈素晕,广寒深处传香风。"月岩地质构造为白色沉积岩,夜晚尤其明显,故言"呈素晕",《太平御览》引《淮南子》佚文:"月中有桂树。"段成式《酉阳杂俎》卷一《天咫》载:"旧言月中有桂,有蟾蜍,故异书言月桂高五百丈,下有一人常斫之,树创随合。"故言"传香风"。月岩西门有明陈垲题"广寒深处"榜书。

"上弦之月如满弓,云收午夜悬晴空。"自月岩当中望东门,形如上弦月,"悬晴空"与前"皓魄"同为记叙当时晴朗天气。农历每月初八左右为上弦,又月岩西门石壁刻有嘉靖元年仙居吴廉"上弦月"榜书。

"示我一圈不言趣,醒人几点飞来淙。""示我一圈"言月相变化,其所带来趣味无法言明。月岩高处有树木杂草,经夜之后,有露滴飞下。此联语及无言之趣味,又有飞来之水滴,天地以月相示趣,月相以露滴醒人,皆在不言之中。就全诗结构而言,此联上承对月岩景象的描绘,下启周敦颐如何阐明道体及其地位影响。

"想昔太始初鸿蒙,天造地设难为工。""太始",见于《列子》:"太始者,形之始也。"《易·系辞》:"乾知大始",《九家易》:"始为乾,禀元气万物资始也。"宋胡瑗《周易口义》:"大始者,是阴阳始,判万物未生之时也。乾者天之用也,夫乾以天阳之气在于上,故万物莫不始其气而生,莫不假其气而成。得其生者,春英夏华秋实冬藏。承其气而成者,则胎生卵化蠕飞动跃。是乾知大始起于无形,而入于有形也。"宋张载《横渠易说》卷三:"天地虽一,物理须从分别,大始者,语物之始。""鸿蒙",见于《庄子·在宥》:"云将东游,过扶摇之枝,而适遭鸿蒙。"陆德明《经典释文》卷二十七:"鸿蒙,如字,司马云自然元气也,一云海上气也。"月岩东门洞口石壁有明钱达道"鸿濛一窍"榜书。这一联开始叙述周敦颐因象悟道。

"两仪四象峙左右,先天太极当其中。"此联以两仪四象喻天地四时方位,以先天太极喻月岩。

"千载道丧生元公,图书衍义来学宗。"此联言明濂溪先生地位。"图书衍义",图书指《河图》《洛书》,《易·系辞》:"河出图,洛出书,圣人则之。"此意孔孟之后,周元公续接千年中断道统。《宋史》卷四百二十七《道学一》:"两汉而下,儒者之论大道,察焉而弗精,语焉而弗详,异端邪说起而乘之,几至大坏。千有余载,至宋中叶,周敦颐出于舂陵,乃得圣贤不传之学,作《太极图说》《通书》,推明阴阳五行之理,命于天而性于人者,了若指掌。"

朱熹《江州重建濂溪先生书堂记》:"《河图》出而八卦画,《洛书》呈而九畴叙,而孔子于斯文之兴丧,亦未尝不推之于天,圣人于此,其不我欺也审矣。若濂溪先生者,其天之所畀,而得乎斯道之传者与?不然,何其绝之久而续之易,晦之甚而明之亟也?盖自周衰孟轲氏没,而此道之传不属,更秦及汉,历晋、隋、唐,以至于我有宋。圣祖受命,五星集奎,实开文明之运,然后气之漓者淳、判者合,清明之禀,得以全付乎人。而先生出焉,不由师传,默契道体,建《图》著《书》,根极领要。"

朱熹另有《六先生画像赞·濂溪先生》:"道丧千载,圣远言湮。不有先觉,孰开我人?书不尽言,图不尽意。风月无边,庭草交翠。"

宋魏了翁《鹤山集》卷十五《奏乞为周濂溪赐谥》:"盖自周衰孔孟氏没,更秦汉魏晋隋唐学者,无所宗主,爽离判涣,莫适与归。醇质者滞于占毕训诂,隽爽者溺于记览词章,言理则清虚寂灭之归,论事则功利智术之尚,诬民惑世,至于沦浃肌髓,不可救药。斯民也,尧舜三代之所以治也。涉秦而后,千数百年,治之日少,乱之日多,宁不以此,而颐独奋乎百世之下,乃始探造化之至赜,建图著书,阐发幽秘,而示人以日用常行之要,使诵其遗文者,始得以晓然于洙泗之正传。而知世之所谓学者非滞于俗,师则沦于异端,有不足学者矣。"皆明确了濂溪先生的地位。

"岩前游客各叹赏,孰阐正学开蒙童。""正学",明蔡清《四书蒙引》卷五:"学之正者,其所学者,乃欲明善而复初,非异端俗儒功利之学也。程子曰:'古之为学者一,今之为学者三,文词也,训诂也,异端也。'苟无是三者,则必求归于圣人之道矣,圣人之道,即所谓正学也,正学即明善以复初也,此即古之学者一也。"

张栻《永州府学先生祠记》："惟二程先生倡明道学,论仁义忠信之实,著天理时中之妙,述帝王治化之源,以续孟氏千载不传之道,其所以自得者,虽然师友可传,而论其发端,实自先生,岂不懿乎!"

《资治通鉴后编》卷一百五十五："至于倡明正学于千有余载之后,上嗣去圣,下开来哲,如周敦颐、程颢、程颐、张载,及一时艾淑高第,其有功于生民之类亦不为少矣,世之相后不为近矣。而卒未有表而出之者,人亦不以为阙也。"

明陈邦瞻《宋史纪事本末》卷二十一："嘉定四年十二月,著作郎李道传上奏言:'孔孟既没,正学不明,汉唐非无儒者,然于圣门大学之道,或语之而未近,或近之而未真理未能尽穷,义未能尽精施之于事,未能尽得其当。故千数百年之间,虽有随时以就功名之臣,不过极其天资力分之所止而已,治不如古职,此之由。至于本朝河洛之间,大儒并出,于是孔孟之学复明于世,用虽未究,功则已多。近世儒者又得其说而推明之,择益精语益详,凡学者修己接物事君临民之道,本末精粗,殆无余蕴。诚使此学益行,则人才众多,朝廷正而天下治矣。'"

《二程文集》卷二,程颢《论君道》："臣伏谓君道之大在乎稽古、正学、明善恶之归,辨忠邪之分,晓然趋道之正。故在乎君志先定,君志定而天下之治成矣,所谓定志者一心诚意,择善而固执之也。"

李清馥撰《闽中理学渊源考》卷一《文靖杨龟山先生时学派》："闽学开自有唐,欧阳四门倡起,彼时人文未著也。宋初所谓海滨四先生者,与安定泰山徂来同时,其学已有近里之功,彼时朋类未孚也。至龟山先生得中州正学之的,上肩周程统绪,下启罗李朱历代,相传之奥,于是圣学彰明较著,而邹鲁濂洛之微言大义萃于闽山海峤矣。"

李清馥《闽中理学渊源考》卷二十八《初见晦庵先生书》："自孔孟没,天下贸于俗学盖千四百余年,得濂溪周子河南二程子者出,然后斯道有传,而正学始有宗主。"

雍正《湖广通志》卷九十四《艺文志·进奏议疏刘子壮》："皇上隆重师儒兴起学校畿辅,则责成学院,各省则责成学道,使之统率士子,讲明正学,非六经语孟之书不得读,非濂洛关闽之学不得讲。"

二　诗刻作者及诗跋所记诸人考述

诗刻中记载八人,除唐廷颢生平不详外,略叙如次:

　　黄九皋,字汝鸣,号竹山,浙江萧山人。嘉靖十七年进士。著《竹山文集》十卷。民国《萧山县志稿》卷十二《人物二》:"黄九皋,字汝鸣,号竹山,怿之子。嘉靖戊戌进士,授工部主事,立减价纳直法,以苏匠困。会以忤巨珰,谪道州判。量移凤阳府判,祀谏臣李绍颜于泗州。升宁国府同知,辨汪氏为伪瘝,以雪周都峰之诬,后以王府长史致仕。著有《竹山集》。及《上巡按书西江塘利害》论五害三蠹,甚悉详水利。"嘉靖十八年,浙江萧山县西江塘洪水决塘,萧山大困,黄九皋上书《进士黄九皋书》至巡按傅凤翔,官府遂大兴塘工,以绝水患。

　　嘉靖《徐州志》卷十二《人物传》:"凤阳府通判,黄九皋。"

　　康熙《浙江通志》卷二十九《选举九十六》:"嘉靖十七年戊戌科茅瓒榜:黄九皋,萧山人,长史。"

　　雍正《浙江通志》卷一百三十八《选举十六》:"嘉靖七年戊子科:黄九皋,萧山儒士,戊戌进士。"

　　嘉庆《宜兴县志》卷五:"明宜兴县丞百十有六人,嘉靖时二十八人:黄九皋,建德人,监生,三十九年任。"

　　道光《永州府志》卷十一下《职官表·同知·道州》:"黄九皋,萧山人,嘉靖二十五年任。"

　　黄九皋有《萧山三政或问》《萧山县志续修序》《上巡按书西江塘利害》传世。

　　《萧山县志续修序》云:"萧山原有志,玉亭张子烛承舟峰林侯策之委而摘萃成编,仅十四年,何待于续耶!续非得已也,志成之后,海邦多事,有沿革有兴举,前志所未及者,可弗续耶!皇威殄海,东南底宁。城守巩严,兵防整辑。田土清理,赋役均平。华江施侯、岘山魏侯后先协心,终始相成。皆志后之新政,论者谓宜录以备遗。魏侯公竣讲学,兵暇采风,诸所未备者,搜择以求实,去取以求公,如不得已焉。续城建,所以固封守也;续兵防,所以慎武备也;续仓庾,所以纪敛运也;续清理,所以覈土田也;续赋役,所以示均平也。移封以章家教,节义以劝风俗,荫叙以表世德。例贡制科,悉著任使,以章报劾。萧居浙东,王化之所首及,省治之所屏翰。法制在有司,教化在人才,德泽在民心,则夫纪述新政赞杨,盛美不容不续,续焉不能不详,其详不敢不覈。由是政有所资,俗有所考,后来继起有所承循,魏侯其用心哉!魏侯名堂,字汝高,襄阳之世胄,兴都之巨儒也。宰萧有治行,续志有史才,筮仕而发于此,君子盖深有望于石渠金匮之用。嘉靖丁巳岁季夏,前进士邑人黄九皋书。"

　　嘉靖《徐州志》有黄九皋诗数首。

卷四《地理志上》："萧山黄九皋次乔韵：云龙禅寺倚茅冈，俯瞰浮舟去住忙。吊古何如鹤遐举，悲秋不及雁随阳。黄河水落元田出，红叶霜浓别署凉。好景良时不常得，残碑读遍再持觞。"

又卷八《人事志三·祀典》："黄九皋诗：博浪潜身就沛公，报韩节义满丹衷。函关破日公孙立，栈阁烧时汉业空。间道复归思借箸，鸿沟决策早歌风。谋成辟谷云游去，平勃虽奇万不同。"

又卷八《人事志三·祀典》："萧山黄九皋诗：秋月风渐高，山晚天半赤。徐州五色土，泗滨多奇石。合汶下洪梁，孤城悬绝壁。淮卫通漕网，职贡需民力。神河徙汴来，就泗当城北。四山苦蒂围，合流如受敌。雉堞丽深渊，闾阎哀孔棘。眉山揆物理，土实胜水德。色取中央黄，奠楼立鳌极。人寿见几清，荣光休四塞。迩来阳侯怒，义沈澹台璧。激湍荡虚舟，暝色惊迁客。谁能疏九河，为拯除访溺。瓠子歌宣房，蒸民免艰食。凭栏见波涛，不觉长太息。"

萧文佐，字子周，江西万安人。嘉靖十七年任苏州教谕，嘉靖二十年任长洲教谕，嘉靖二十五年任永州通判。存《谒元公祭文》，与吴世良合撰《长洲新学志》八卷。

道光《永州府志》卷三上《建置志·公署》："永州府：粮捕通判署，旧在前街。明嘉靖二十五年，通判萧文佐移府堂右，今在府署之西。"又卷十一上《职官表》："通判：萧文佐，万安人，嘉靖二十五年任。"

《周元公集》卷八载萧文佐《谒元公祭文》："窃惟圣贤之生，每须真元之会，盖将以启时运之隆，续道统之坠。孔孟既没，圣远言湮，而我元公笃生于春陵舜冢之墟，九嶷崒嵂，濂水漪□，而灵发邹鲁者，再见于斯，则造化之培。其始也有圣之资，既孤而依彼龙图。公二十年涵养积盛，乃自得师，撰《图》著《书》，心学是究，波衍程朱，万世领袖。文佐钻仰终身，竟末之由，然而历古虔登，郁孤于分宁，遵其迹于溢浦，则于公授受之次，严恕之施，实垂绪于洪都属土，是故得以窃闻其一二。乃今以公之官，入公宅里，玩月岩味圣泉，瞻拜高风，似于公有亲就之缘。噫！道本无闻，心切追踪。祭拜惓惓，愿迪颛蒙。"

萧文佐与吴世良同撰《长洲新学志》八卷，《吴都文粹续集》卷一《都邑·书籍》载萧文佐《志引》："夫志者，识也，识有所以垂远，俾可嘉也。嘉靖岁辛丑，长洲新迁学成，我长洲令吴君世良暨文佐，先后奉代巡云川舒公、督学裁庵杨公、巡抚松泉夏公命纂修学志。乃恪率诸生，博采舆议，视《禹贡》以发凡例，本《周礼》以订纲目，而事以时备，言以道彰。首绘图，定规制也；次沿革，命建置也；次形胜,辨方域也;次文庙,示祖法也;次释奠、释菜,备礼仪也;次祠宇、坊牌、官廨,敕纪度也;次器物,示所重也;次书籍,示所教也;次卧碑,示所遵也;次乡饮乡射,示所习也;次俸廪,示所养也;而人物科贡兴矣。文移载当时之行事,文类集古今之典章题咏,起于颂美,附录兼乎,众善而志斯成焉,可以垂不朽矣。是作长洲新迁学志,教谕万安萧文佐著。"

王会,字咸亨,号一川,福建漳浦人。嘉靖二十三年任道州知州,访胜求古,对道州山川风物多有命名,重文教,尤推重濂溪。著有《归田稿》。

道光《永州府志》卷十一下《职官表·知州·道州》:"王会,漳浦人。嘉靖二十三年任,有传。"传有两种版本,文字稍有不同,录之于下。

康熙《永州府志》卷十五《人物上·循良四十四·道州》:"王会,漳浦人。嘉靖年任知州,值岁祲,施粥赈饥,存活甚众。修学宫及濂溪书院,复纂修《州志》及《濂溪志》。适三省会师征广右寇兵,使者欲指平民为盗以邀功,公却之,曰:'杀人、媚人,吾不为也。'投牒解绶,告归当道,慰留之士,民歌思不衰。"

道光《永州府志》卷十三《良吏传》:"王会,字咸亨,漳浦人。嘉靖间以胄监学录,出知道州。自奉请苦,值岁祲,为粥振饿,全活甚众。新学宫及濂溪书院,修《州志》及《濂溪志》。作养人材,品藻不失。适三省会勤广西寇,督兵使者欲指平民为盗以要功,公曰:'杀人以媚人,吾不為也。'乃解绶去,士民争留之不可得,歌思弗衰。"

传中所载最后一事,明李桢《濂溪志》载有王会《又太极洞》(二首),其下有跋,对此事亦有说明:"此故太守王一川公题咏也。公守道州在世庙时,值州有兵兴之变,公不肯杀降以媚,备兵使者,自请投劾,有南安军置手版风。州人至今德之,尸祝不绝云。"

王会任道州知州期间,对道州山川风物多有命名题刻。

康熙《永州府志》卷八《山川志·道州》载:"元山,在学后,以唐状元李郃、宋吴必达、乐雷发皆特奏状元,故名。洪武间,金宪曹衡建楼于山麓,曰'状元楼'。嘉靖丁酉,都宪顾璘按临,命学刻'元石'二字,盖又以周元公为重,不但一科第已也。郡守王会曰:'东桥公改状元山曰"元石",有取重于元公之意,或谓不若"元山"之雅也。'改刻今名。"

又卷八《山川志·道州》载:"马蹄山,在州东北二十五里,山石之上有仙人足迹及驴马迹,旧名马蹄山。州守王会舟过其下,改称'仙迹山',然土人仍如旧称,不能易也。"

又卷八《山川志·道州》载:"安定山,在州西十五里,土名'安心寨'。山石壁上刻'道山'二字,濂溪出其下,周子实生于此。州守王会作《濂溪故里图》,著《图说》,见《古今纪述》。"

又卷八《山川志·道州》载:"五老山,在州西北五里,山下有泉名五龙,非唐谏议大夫阳城左迁刺史时,有春陵五老迎至襄,阳公与之缣帛,问其所居,则曰:'在城西北五里。'至郡访焉,惟有五龙井、缣帛在焉。因为立庙时,贞元十九年事也。大观四年赐庙号崇应,政和中封侯爵,今山有五侯祠。明嘉靖甲辰秋,州守王会祷雨至山下,甘霖渥足,因以名焉。"

又卷八《山川志·道州》载:"月岩,在州西四十里,旧名穿岩,去濂溪十五里,元公所常游也。宋淳熙中太守赵公祷雨过其下,有题名。明嘉靖甲辰,州守王会磨崖刻字曰'太极洞',著有《图说》。"

又道光《永州府志》卷二上《名胜志》:"相近为元山,在濂溪祠后,奇石灵秀,山旧以州人唐李郃、宋吴必达、乐雷发皆特奏第一,故名。……知州王会复题'太极峰'、'云石'、'介山'诸胜,前人留题甚多。"

元结任道州刺史期间,有石刻《道州刺史厅壁记》,石刻已佚,道光年间,尚存明刻。王会对此有考述。道光《永州府志》卷十八上《金石略》载:"次山此记,为后人所易,吕刺史温复之圬壁而书。庆历中,王公贽为州,始刻石。淳祐中,李公袭之,正其误,又刻之。予考得之曰:是刺史箴也,摹勒之石。明知州漳浦王会谨识。"

道州有牧爱堂,即道州公署,王会知道州期间,重建牧爱堂。隆庆《永州府志》卷八《创设下·宫室》有同知顾玉柱《牧爱堂记》,文章记道:"道州厅事堂岁久倾圮,漳浦王公会擢守是州,居数月,政通人和,时可兴作,僚吏请之,公曰:'吾观学宫祠庙,颓坏不葺,遽可新吾堂以谋自安乎?'又数月,诸工次第修举,焕然改观矣。公乃集僚吏而咨议之,且檄闻于监司庭,询于士民,佥曰:'可。'于是出余钱于公帑,伐林木于南山,揆日庀徒,易旧为新,其规制则高为明爽垲,朴素雅洁,不侈前人,不废后观。"

又重建道州学,道光《永州府志》卷四下《学校志》载:"道州学,古学在城东。……历时既久,知州王会撤而新之。"

此外,王会对道州的贡献还有与道州同知顾玉柱共创《道州志》,隆庆《永州府志》卷十二《艺文志》载:"《道州志》四册,嘉靖二十四年,知州王会校刊。"光绪《道州志》顾玉柱《旧序》载:"嘉靖癸卯秋,漳浦一川王子以国子学录,来守兹土。甲辰春,柱以秋官议,贰焉。王子与余气相激而道相合也。……王子莅道之明年,敷和于下,既有成绩矣。乃于暇日相与览胜吊古,求古今人物而扬摧之,因病《旧志》之芜秽,惧文献之无征,而嘱其事于余。"

王会和顾玉柱各有序,王会序云:"余以癸卯岁承乏道州,至则值岁艰民困于积逋,而政敝于宿蠹,鞅掌究心。庶几弋获暇,乃访有庳之墟,而思有虞氏之命吏,考元阳之旧政,而想前哲之余烈。遵月岩溯濂溪,登元公之堂,而挹光霁之遗已。乃陟九疑谒舜庙,瞻仰徘徊,浩然忘归,而重华之盛,仿若见之,喟然叹曰:'道虽小邑,亦文献故国哉!'典型具存,孰非我师,役役簿书,讵以求理,返而稽之,郡志率残缺不可读,其可读亦荒杂无序。盖自宋淳熙太守赵汝谊,教授章颖作《春陵图志》。我朝正统知州盛祥复作《春陵志》,淳熙《图志》已不可考,《正统志》亦未为成书,后来者漫锓诸梓,至于今君子有遗憾矣。仰惟我国家文教诞敷,罔不渐被,虽在逖壤,咸有纪述,道之山川文物名于古今,而纪载顾独寥寥。夫邦有名哲,湮而勿章,固邦人士之憾,亦守土臣之羞也。窃不自揆,欲图编辑,而局务丛委,学殖就荒,虽有志焉,竟未之逮。岁甲辰一江顾子以刑部郎中,坐诖误谪贰州事,间尝论及是志,亦每病之。余因以为请曰:'吾志也,当遂为成之考订诠次,不三月而成编。'余就取而观焉,其事详而核,其词富而确,其义祖笔削,而是非不谬于圣人,是故观于《沿革志》,而古今之变可考也;《星野志》而休咎之故可征也;《封域志》而域民之道可念也;《山川形胜志》而职土之务可请也;《风俗志》以明趋也;《城池志》以作防也;《田赋土贡志》以利用而厚生也。志制宇以章度也,志秩官以辨等也,志名宦以树风也。学校以养士,选举以抡才,其表表于世者为人物,而道国元公又非止道之人物,而已作《世家》,此志之特例也。《祀典志》明有报也,《封荫志》明有劝也,《兵防》以卫民生,《水利》以兴民食,《津梁》以利民涉,志之凡以为民也。君子处宫室而攸芋,睹陵墓而兴思,考古迹而怀往哲,皆志之不可以缺也。《志》曰:'外君子勿内之矣',故以终焉。然则兹志也,非道之完典乎。《周礼》曰'诏观事则有志',斯志之成,君子乐有观矣。后之仕斯者观是以考政惠民生,斯者观是以稽古蓄德,使斯志不徒为文技焉,此则今日著述之意也。是举也,庠生丁子朝相、李子尚德、李子锺、何子赓实与校阅,而发凡立例提纲挈目则一江独任之,余则遍观厥成者也。嘉靖乙巳春知州事漳浦王会撰。"

王会知道州期间,常揽胜吊古,今方志存其诗数首。

道光《永州府志》卷二上《名胜志》:"又王会之诗:众山罗列拟儿孙,不假巉岩势独尊。地近玉屏迟夜月，人来日观见朝暾。连蛇古本前朝种，万派悬流一涧吞。七一衡峰何处是，酿云作雨沛殊恩。"

又卷二下《名胜志》："明王会有过麻滩诗：六载春陵道，滩头几度过。石盘维地轴，澜泻倒夫河。神技凭三老，浮生寄一艖。人心深不测，较此定如何。"

又卷二下《名胜志》："及王会遇雨有诗：名岩称胜绝，有约共遨游。岂意寻张屐，翻成访戴舟。阴晴难逆定，行止竟谁由。世事皆如此，吾生何所求。"

又卷十《古迹志》："道州牧王会诗：深山木石旧时居，遗庙凄凉又九疑。可是终身甘饭模，野人原有旧襟期。""苍梧云晴水潺溪，怅望龙犀不可攀。无限湘妃当日泪，竹枝点点至今斑。"

王会对濂溪学有很大的贡献，纂刻《濂溪集》传世，作《濂溪集序》《濂溪故里图说》《月岩图说》《濂溪书院图说》《月岩书堂图记》等文，作《游濂溪故里》《又太极洞》《太极岩》《月岩》等诗，以弘扬周子，《濂溪集序》记："癸卯岁……退而访其嗣孙翰博绣麟，求家传遗书……会受归而读之……略加考定，而编次焉。……虽未能萃先生之大成，然学者溯是而求焉，亦可以得先生之大致矣，因题曰《濂溪集》。刻置书院，以备是邦文献之阙。若乃先生之学，则《图说》《通书》固与《论》《孟》并行于世，无待于斯而后传矣。"

易堂，字进之，湖北武昌人，曾任昭化训导。

周绣麟，字圣兆，号酸斋，庠生，道州人。周敦颐十三世孙，承袭父亲周冕翰林院五经博士，葬于先茔左。据光绪《道州志》卷八《选举》载："恩荫：明，周冕，周子十二代孙，景泰七年始授翰林五经博士。周绣麟，冕长子，承袭博士。周道，绣长子，承袭博士。"

周绣麟既袭翰林院五经博士，藏《濂溪志》，有功于世。光绪《道州志》卷七《先贤》载："濂溪祠，即濂溪书院，在州学西，宋绍兴己卯，知军州事向子忞始祀周子于学之稽古阁……嘉靖间，宗子翰林博士周绣麟于棂星门内建楼藏《濂溪志》书板。"后鲁承恩编《濂溪志》，其序记道："先生裔孙五经博士绣麟，闻而力请授诸梓。"

另外，永州府推官王瑞之命知州方进建风月亭，嘉靖十二年，知州叶文浩又建濯缨亭，嘉靖十四年，知州陈大濩又建有本亭。三亭建好后，周绣麟撰文《濂溪三亭记》，彰诸公表彰之意，同时纪念宣扬先祖周敦颐，并请永州府同知鲁承恩作文记之。嘉靖二十一年，周绣麟在道州通判金椿重建濂溪书院时，捐资修建。

周绣麟作为濂溪先生十三世孙,常居道州,因而也常至月岩,今月岩有石刻三处与其相关。此次游月岩之外,月岩另有周绣麟两幅诗刻,记载了周绣麟陪同省、府官员游月岩之事。

周庠,湖南永州人,生平不甚详。

弘治《永州府志》卷四《科甲·贡附》:"永明:岁贡,周庠,任所吏目。"

隆庆《永州府志》卷八《创设上》:"江华坊:桥梓联芳,为周卿周庠。"

光绪《永明县志》卷三十四《选举志一·科目》:"岁贡:周庠,平乐所吏目。"又卷三十五《选举志二·仕宦》:"周庠,广西平乐所吏目。"

同治《江华县志》卷二《建置·古迹》:"乔梓联芳坊,为周卿周庠立。"

道光《永州府志》卷十二上《选举表·举人·江华》:"正德八年,周庠,卿之子,□安推官。"

廖庚,福建顺昌人。乾隆《福建通志》卷四十《选举八·明贡生》:"顺昌县,廖庚,知县。"道光《永州府志》卷十一下《职官表·判官·道州》:"廖庚,顺昌人,嘉靖二十二年任。"

道光《永州府志》卷三上《建置志上》有顾玉柱《牧爱堂记》,其中记载牧爱堂重建为廖庚督工:"相其役者,判官廖庚,吏目廖浩,俱闽人也,例皆得书。"

此次游月岩之外,黄九皋、王会、廖庚、唐廷颢另结伴同游道州含晖洞,但具体时间不可考,据康熙《永州府志》卷二十《艺文志三》,钱邦芑所叙《含晖洞记》:"泉壁之上刻五言古诗八韵,字大二寸,楷画,端正明朗可读,盖嘉靖萧山黄九皋诗。纪其同游为漳浦王会、顺昌廖庚、全州唐廷颢皆宦兹土者,诗颇古健。"

结　语

月岩石刻诗文几乎都为理学主题,游月岩的官宦士人多为瞻仰濂溪先生而来。他们在题诗作文之时,也推广和丰富了濂溪学的内涵。此次月岩之行,由落款来看,诸人虽为地方官员,但仅署籍贯,未署官职,可能出于私人之行,且人数较众,应算是月岩石刻记载上最盛的纪游之一。此石刻形制巨大,在现存月岩石刻数量中已不多见,又摩于石洞入口,位置醒目。全诗既状摹了月岩之貌,也叙述了周敦颐阐明道体及其影响,弘扬了濂溪先生的学术地位。

参考文献:

[1][弘治]永州府志[M].明弘治八年刻本.

[2][嘉靖]徐州志[M].明嘉靖间刊本.

[3][嘉靖]萧山县志[M].明万历刊本.

[4][隆庆]永州府志[M].明隆庆五年刻本.

[5][康熙]永州府志[M].日本内阁文库藏清康熙九年刻本.

[6][康熙]浙江通志[M].清康熙二十三年刻本.

[7][康熙]湖广通志[M].清康熙二十三年刻本.

[8][乾隆]福建通志[M].清四库全书本.

[9][乾隆]周元公集[M].清四库全书本.

[10][嘉庆]宜兴县志[M].清嘉庆二年刊本.

[11][道光]永州府志[M].清道光八年刊本.

[12][同治]江华县志[M].清同治九年刻本.

[13][光绪]道州志[M].清光绪四年刻本.

[14][光绪]永明县志[M].清光绪三十三年刻本.

[15]朱熹.晦庵集[M].清四库全书本.

[16]程颐,程颢.二程文集[M].清江西巡抚采进本.

[17]李清馥.闽中理学渊源考[M].清四库全书本.

（原载 2017 年第 4 期,作者单位:湖南科技学院）

明人顾璘月岩石刻探析

✳ 陈　南

一　引言

　　顾璘(1476－1545),字玉华,号东桥居士,自称东桥子,南京应天府上元县人。其先祖为江苏吴县人,洪武年间征隶工部匠作,后定居上元县。顾璘著述有《浮湘集》四卷、《山中集》四卷、《凭几集》五卷、《凭几续集》二卷、《缓恸集》一卷、《息园存稿》(文九卷、诗十四卷)、《国宝新编》一卷、《归田稿》(今未见传本);《近言》一卷(《钦定四库全书总目》存目)、《文端》二卷、《顾氏七记》《登衡小记》等,《四库全书》编为《顾华玉集》四十五卷。

　　《明史》称"璘初与同里陈沂、王韦,号金陵三俊,后宝应朱应登继起,号'四大家'。璘诗矩矱唐人,以风调胜"。又称刘麟"与顾璘、徐祯卿齐名,称'江东三才子'"。《四库总目提要》称"今观其集,远挹晋安之波,近骖信阳之乘,在正嘉间不失为第二流之首也"。《御定佩文斋书画谱》称"李梦阳为古文词,与何景明、徐祯卿、边贡、顾璘、郑善夫、陈沂、朱应登、康海、王九思号'十才子'"。

　　顾璘是十分出色的书法家。王世贞《弇州山人稿》称"华玉书翩翩有晋人意"。朱谋垔《续书史会要》称"璘善行草,笔力高古"。周晖《金陵琐事》称"东桥顾华玉真、草皆清彻可爱"。

　　顾璘也是明代诗文评点的先驱者之一,有《批点唐音》行世。

　　在2009年前对顾璘只有部分的研究。如王永侠《弘治至嘉靖年间南京曲家研究》(广州大学硕士学位论文,2007年)把顾璘作为明中期南京曲家来考察,沈云迪《明代福建作家研究》(上海师范大学硕士学位论文,2008年),考证四库馆臣将明代作家《止山集·山中集》后六卷误收入顾璘《山中集》中。

　　自2009年起学术界对顾璘的研究从多方面展开,如闫成全《顾璘文学研究》(西南大学硕士学位论文,2009年)、赵哥君《顾璘研究》(苏州大学硕士学位论文,2010 年)、包筱路《顾璘与明中叶文学思潮》(复旦大学硕士学位论文,2010 年)、王媛《顾璘诗文研究》(暨南大学硕士学位论文,2010 年)、张昳丽《顾璘诗文理论探析》(《徐州师范大学学报》2010 年第 6 期)、刘绍颖《明代中期"金陵四大家"研究》(西北大学硕士学位论文,2012 年)、叶官谋《明代著名诗人顾璘之涉桂诗研究》(《广西民族师范学院学报》2012 年第 6 期)、童文样《顾璘复古诗学研究》(湘潭大学硕士学位论文,2016 年)等。这些研究从顾璘的生平家世、诗文创作、文学思想、与人交游和对社会影响、与明前后七子的关系等方面进行了阐述。其中王媛《顾璘诗文研究》对作品版本进行了考证,并作有顾璘年表,刘绍颖《明代中期"金陵四大家"研究》论述了顾璘的"主情"说。本文主要叙述顾璘顾璘在湖南永州的事迹及作品,特别是顾璘在永州道县月岩留下的两幅石刻,旨在揭示顾璘与月岩及周敦颐的关系。

二 顾璘与湖南

顾璘与湖南的关系密切,他曾先后两次来过湖南。第一次是被贬全州知州,路过湖南,在此期间的作品主要收录在《浮湘稿》(四卷)、《近言》(一卷)。第二次是以都察院副都御史之职出任湖广巡抚,作品主要收录在《凭几集》(五卷)、《凭几续集》(二卷)。光绪《零陵县志》卷九云:"顾璘字华玉,号东桥,上元人,弘治进士。正德初守开封,忤珰谪全州,后又巡抚湖广。性爱山水,往来永州,辄留题岩谷,高情逸致,脱略轩冕,流风可想也。永郡学地址相传为璘按部时所定云。"

正德年间朝纲混乱,宦官把持朝政,许多官员敢怒不敢言。正德八年(1513)顾璘因过于正直,得罪宦官,由开封知州贬为全州知州。顾璘从南京出发,由水路前往全州,途中经过湖南永州,有《浯溪》诗:"系舟浯溪下,策杖登崇台。嵌峦石壁古,手拨苍云开。娲皇彩烟灭,遗此青瑶瑰。元公性奇崛,首发雕镂灾。灵光落台斗,照耀衡湘隈。白日映寒野,旷望江流回。山僧指陈迹,故宅久已灰。宨尊依然好,饮者安在哉。感叹惜形役,长歌下崔嵬。"(《浮湘稿》卷一)正德十一年(1516)顾璘调任台州知州,由全州北上,到达衡阳,有《登石鼓书院合江亭》:"望岳川途迥,怀贤意绪劳……"(《浮湘稿》卷四)嗣因风大停留长沙,有《长沙阻风呈陆郡伯良弼》:"五日长沙浦,颠风滞客舟……"(《浮湘稿》卷四)又有《谒岳麓书院》:"瞻彼衡岳麓,松柏何青青。苍云被曾阜,石室延空冥。

朱张命世儒,潜兹考遗经。"(《浮湘稿》卷四)

嘉靖十六年(1537)顾璘起为右副都御史,巡抚湖广,赞理军务。据《凭几集》及其他文献,顾璘任湖广巡抚时爱民如子,不畏艰险,兢兢业业,先后巡察湖广民情,提出一系列举措,以期改变湖广民贫积弱的局面以及吏治的弊端。文征明《故资善大夫南京刑部尚书顾公墓志铭》有言:"公不摄故迹,轺车省循,遍历州郡,虽偏疆下鄙,莫不躬莅","跋涉险阻,蒙犯霜露,不少厌却","所至劝农振业,平徭复税,而擿伏省微,轨迹夷易,民用安集",建言"御史按部,岁更一代,势不得周,欲乞添差御史,分莅湖南北,以广询谋","又言外属多有宏才硕望足充,任使者比岁限以藩府戚属,不得内徙,此非祖宗旧制,乞越例推选,以收伟才"。(《甫田集》卷三十二)

顾璘曾从湖北蒲圻出发,巡视湖南,有诗《出蒲圻饮廖学士山庄留赠》。他到湖南的第一个地方是岳州府,其次是长沙府、衡州府、永州府、郴州,之后返回到衡州府、宝庆府、靖州、辰州府,最后回到岳州府。顾璘巡视的目的主要是体察民情,劝民耕作,间隙则游览名胜。顾璘在永州境内停留了近四十天,其间留下22首诗,1首词,总体上描述了他对当时湖南永州风土人情、山水名胜的印象和情感。嘉靖十六年(1537)十二月,顾璘经过祁阳时,有诗《祁阳道中雪》《熊罴岭》《题笑岘亭》;经过永州府时,有诗《辱奉钱、邢二使君高山寺留别》《全州唐宗周、文世范访于芝城行台》《澹岩题石》《游澹岩》;经过道州时,有诗《湘江泛舟入道州》《丁酉除日道州作二首》《戊戌元日道州二首》。此外,顾璘在零陵朝阳岩还作有《朝阳岩奉饯钱、邢二使君》,在考察道州时还作有《舂陵怀古二首》,前者追忆周敦颐,后者追忆元结。

《凭几集》有《朝阳岩奉饯钱、邢二使君》云:"水府攀跻险,云房结构重。晴筵移瓮蚁,胜侣得人龙。古刻曾谁在,今游不易逢。黄昏仍秉烛,明发有离踪。"光绪《零陵县志》卷十四《艺文·金石》载:"顾璘诗《丁酉望后同钱、邢二使君来游赋此》:'水府攀跻险,房结构重。兹游乐何极,胜侣得人龙。'右草书四行。"

《凭几集》有《舂陵怀古二首》,其一云:"道丧余千载,天南得异人。玄图开太极,绝学指迷津。庭草长交翠,池莲不断春。原因风月地,潇洒挹公神。"

明胥从化《濂溪志》、明李桢《濂溪志》、明李嵊慈《濂溪志》三个版本与《凭几集》文字略有不同,"原因风月地"作"咏歌风月下"。

清吴大镕《道国元公濂溪周夫子志》与《凭几集》也有不同,"道丧余千载"作"道丧千余载"。

清周诰《濂溪遗芳集》与《凭几集》亦有不同,"绝学指迷津"作"正学指迷津"。

康熙九年《永州府志》卷二十三、道光《永州府志》卷二下与《凭几集》还有不同,"庭草长交翠"作"庭草常交翠","原因风月地"作"咏歌风月下"。

三 顾璘月岩石刻

月岩在道县西四十里,为周敦颐濂溪故里所在地。顾璘第二次来湖南经过道州,在月岩有题刻一幅,诗刻一幅。题刻在以往文集、方志、石刻文献均未见著录,诗刻在文集有著录,这两幅石刻近数十年来亦未见学者论及,故而十分珍贵。

(一)顾璘月岩题刻

顾璘月岩题刻长79公分,宽70公分。大字共47字,小字题款共10字,楷书。全文为:"明嘉靖戊戌正月五日,巡抚都御史姑苏顾璘,同按察副使南昌姜仪,来观月岩奇概,乃叹造化之□,无所不至如此。璘书,通判崔凤、守备官尤钦刻。"

"造化之□,无所不至",原刻残一字。作者感叹大自然的力量之奇特,没有什么达不到的地方,所以才能制造出月岩的奇景。"造化"语出《庄子·内篇·大宗师》:"今一以天地为大炉,以造化为大冶,恶乎往而不可哉!"指自然界的创造者,亦指自然。

姜仪,字君肃,江西南昌县人。正德五年举人,正德九年进士,任凤阳、永州、广平推官,升刑部主事,出为福建按察佥事,以平海寇功迁浙江右参议、湖广郴桂兵备副使,参政贵州,擢福建布政使,后进右副都御史,巡抚湖广,谪广东左参议,以疾乞休,家居十八年卒。所著有《周易口义》及《凤留青集》。

崔凤,清江人,嘉靖十四年任永州通判,嘉靖十八年任左州知州。

尤钦,时任永州守备,曾任辰州、全州守备。

(二)顾璘《月岩》诗刻

顾璘《月岩》诗刻长85公分,宽69公分。五言律诗,共40字,另有署款4字,行书。全文为:"灵岩象唯月,盈昃巧为妍。正示团圆影,旁分上下弦。龙开厓畔石,日转窍中天。雕琢须神力,伊谁测帝先。姑苏顾璘。"

此诗又见《凭几集》卷二,"正示团圆影"作"正揭团圆影",有"示"与"揭"一字之差。又见于顾璘《冯几集》、胥从化《濂溪志》、李桢《濂溪志》、隆庆《永州府志》卷七，"示"作"视"。

顾璘诗刻是没有标题的，但在他自己编辑的文集中添上了标题《月岩》，所以这幅诗刻可以命名为《月岩》。这是一首完整的五言律诗，每句末字妍、弦、天、先，用"十三元"韵。

此诗第一句到第三句诗写景，最后一句是抒发作者领悟哲理。首联点明灵岩像一个月亮的形状；颔联则是作者站在洞内，从不同的方位观看，看到的景象不同；颈联对洞内的进行了更细致的描写，月岩里的石壁像一条神龙盘卧，太阳以月岩最中间的洞为中心，不停转动。尾联是作者感叹大自然力量的神奇，以及领悟到的人生哲理。

首联"灵岩象唯月，盈昃巧为妍"，作者点明灵岩的形状——月亮，盈昃则表明月岩的形状在不同的空间和时间上是可以不断变化的。《易·丰》："日中则昃，月盈则食，天地盈虚，与时消息，而况于人乎，况于鬼神乎？""昃"与"中"是相对的。"昃"，太阳西斜；"中"，太阳位于正中间。月岩在不同时间看，呈现出来的景象是不同的，当人处在月岩东、西洞口时，所看到的是下弦月、上弦月；在月岩正中央，即月岩中间的露天洞口时，可以看到望月。这种时间和空间的组合，构成了月岩奇特的景象。

颔联"正示团圆影，旁分上下弦"，两句描述月岩的景象。首联是总的概括月岩的风景，给人勾勒一幅奇特的画面的主要轮廓，让读者发挥自己的想象，想象属于自己心中的月岩。颔联则是作者的细微观察，由粗到细，由总到分，是对首联的详细解读，将月岩的细微之处也给描述出来，让人恍然大悟。站在月岩正中间的洞看，是一个满月；而站在两边洞口看，则是一个弦月。

颈联"龙开崖畔石，日转窍中天"，这句诗是进一步描写月岩内部的景物。对"龙开崖畔石"的理解有两种。第一种是：在月岩内部，长长的崖壁就像是一条神龙盘卧；第二种是：龙就是指宝龙岩，崖畔石就是在宝龙岩上。光绪《道州志》卷一记载："宝龙岩在州西四十里，月岩之旁，层登数十级，而上虚其顶，四面通达，俯瞰甚远。"笔者赞同第一种理解，诗人来到月岩，主要的景物是月岩，所以把月岩的奇特景象描绘的栩栩如生，这样对月岩中其他地方发挥想象。"日转窍中天"则描绘了太阳绕月岩不停转动，人想象着月岩是太阳的中心，实际上是由于人们站在不同的位置，而造成了这一奇特景象。

尾联"雕琢须神力，伊谁测帝先"，诗人看到月岩如此奇特的景象，心中不免发出感叹,从而也悟出一个人生哲理——道的力量的神奇。月岩如此奇特是道的存在。"帝先"语出《道德经·第四章》:"道冲,而用之或不盈。渊兮,似万物之宗;湛兮,似或存。吾不知谁之子,象帝之先。""帝之先"即"帝先",道先天帝而存在,因而,创造宇宙天地、万物自然界的是"道",而不是天帝。这也对应了周敦颐的"太极"。周敦颐《太极图说》:"无极而太极。太极动而生阳,动极而静,静而生阴,静极复动。一动一静,互为其根。分阴分阳,两仪立焉。阳变阴合,而生水火木金土。五气顺布,四时行焉。五行一阴阳也,阴阳一太极也,太极本无极也。五行之生也,各一其性。无极之真,二五之精,妙合而凝。乾道成男,坤道成女。二气交感,化生万物。万物生生而变化无穷焉。"诗人正是明白当年周敦颐在月岩悟出《太极图说》,才有这首含有哲理性的诗。

整首诗看,前三句写景,后一句则结合周敦颐在月岩下悟出的哲学思想。诗人已经明白:月岩虽小,但是却非常奇妙,它含有深刻的哲理——无极生太极,太极可以生万物。诗人此行月岩最大的收获,就是明白当年周敦颐在月岩悟出"无极生万物"的哲理。

参考文献:

[1][明]顾璘.顾华玉集[M].文渊阁《四库全书》本。

[2][明]顾璘.浮湘稿[M].文渊阁《四库全书》本。

[3][明]顾璘.凭几集[M].文渊阁《四库全书》本。

[4][明]王世贞.弇山堂别集[M].文渊阁《四库全书》本。

[5][明]文徵明.莆田集[M].文渊阁《四库全书》本。

[6]张眹丽.顾璘诗文理论探析[J].徐州师范大学学报,2010,(6).

[7]叶官谋.明代著名诗人顾璘之涉桂诗研究[J].广西民族师范学院学报,2012,(6).

[8]王永侠.弘治至嘉靖年间南京曲家研究[D].广州大学,2007.

[9]沈云迪.明代福建作家研究[D].上海师范大学,2008.

[10]闫成全.顾璘文学研究[D].西南大学,2009.

[11]赵哥君.顾璘研究[D].苏州大学,2010.

[12]包筱路.顾璘与明中叶文学思潮[D].复旦大学,2010.

[13]王媛.顾璘诗文研究[D].暨南大学,2010.

[14]刘绍颖.明代中期"金陵四大家"研究[D].西北大学,2012.

[15]童文样.顾璘复古诗学研究[D].湘潭大学,2016.

(原载 2017 年第 5 期,作者单位:湖南科技学院)

许岳湖南诗刻四则考述

✳ 韩梦星

许岳,字一磐,又字尧卿,余姚人,一作姚江人,嘉靖八年(1529)任永州通判。其他生平事迹不详。

许岳生性喜爱游山玩水并留下诗作,有道州月岩诗刻一幅,零陵朝阳岩诗刻两幅,祁阳浯溪诗刻一幅,另有一篇《三绝堂诗》。《零志补零》记载许岳有《游澹山》诗一首,未见著录。许岳或有其他作品,但典籍浩如烟海,难以搜寻;碑刻四散,或有遗漏,今不得见。

一　道州月岩诗刻

月岩位于今永州道县,因岩有三洞形状如月,仿佛月相的消长变化故有此名。月岩有东、中、西三个洞口,三点一线,故又称"穿岩"。洞口如圆月,由洞入可依次观上弦月、满月、下弦月之风光。徐霞客在游历永州,观赏月岩时称赞道:"永南诸岩谁最? 道州月岩第一。"

清道光《永州府志》卷二下《名胜志下》载:"濂溪以西十五里,营山之南,有山奇耸,中为月岩。旧名穿岩。其距州约四十里焉,岩形如圆廪,中可容数万斛。东西两门相通,望之若城阙。中虚其顶,侧行旁睨,如月上下弦,就中仰视,月形始满,就此得名。岩前奇石如走猊伏犀,形状不一。相传周幼子时,尝游息岩中,悟太极,故又称'太极岩'。有书堂在岩内,石壁环之。"

周敦颐,字茂叔,世称濂溪先生。宋宁宗时赐谥号为"元",故学者尊称为"元公"。周敦颐是学术界公认的理学开山鼻祖,对后世理学的发展影响极大。周敦颐先生出生在月岩附近,并时常到月岩读书游玩。相传周敦颐在此悟出《太极图说》,故后世多到此追思周敦颐先生于月岩悟道的传说,并被月岩奇特的景象所折服,时常诗兴大发,刻诗于岩壁上,使得月岩充满了浓厚的人文气息。

嘉靖十年(1531),许岳与同僚严玉、史秉彝、姚宪章同游月岩,置身于此奇境之中,饮酒下棋,诗兴大发,题有诗刻一幅。全文为:"□城围合开双阙,□□盈亏形似月。天风吹我月宫游,一局仙棋不知歇。嘉靖十年,偕州同江阴严玉、学正象山史秉彝、州幕云间姚宪章,醉奕于此。永判余姚一磐许□岳尧卿识。"

诗刻是新近发现的许岳亲笔,刻于月岩洞内右侧崖壁上,以往文集、方志、石刻文献中均未见著录。诗刻高78公分,宽170公分,共65字,楷书。

"□城围合开双阙,□□盈亏形似月"两句,写月岩实景。"围合"是一种全包围的建筑结构,在此指月岩为外观上看似一座封闭的城池;"开双阙"则是指月岩在东、西两侧有洞口贯穿。"盈亏形似月"是指因月岩有三洞形状如月,进入其中仿佛月相之盈亏消长之变化。这一联描写许岳置身月岩之中亲身感受到月岩的鬼斧神工,将自己亲眼看到的景物放入诗中。

"天风吹我月宫游,一局仙棋不知歇"两句,表登游之情。"天风吹我月宫游"描写许岳与友人登游月岩。微风轻拂着许岳及其友人的面庞,三人和着微风漫步在月岩之中。"月宫"代指广寒宫,《海内十洲记》:"曾随县主履行,比至朱陵扶桑,蜃海冥夜之丘,纯阳之陵,始青之下。月宫之间。"《开天传信记》:"吾昨夜梦游月宫,诸仙娱予以上清之乐,寥亮清越,殆非人间所闻也。"此后多被用于诗歌和散文之中,如五代韦庄《贵公子》诗"瑶池宴罢归来醉,笑说君王在月宫"。此处代指月岩。"一局仙棋"典出唐诗《昆明玉案山》的领联"一句仙棋苍石烂,数声长啸白云间"。在此指许岳与友人在此下棋如同仙境,竟不知歇息。这两句表达了许岳在登游月岩时惬意之感。

这首诗将月岩喻作仙境,自己身处仙境从而流连忘返。在字里行间都表达了对月岩的喜爱之情,同时也在字里行间抒发了自己置身如此鬼斧神工般的奇特景象时的惬意舒畅之情。

二 零陵朝阳岩诗刻

朝阳岩又名西岩,在永州零陵潇水西岸,为群玉山麓濒潇水之断层崖。洞口东开,临江壁立,怪石嶙峋,幽邃深旷。每当旭日初升,霞光与江雾相映,绚丽夺目,景色清奇。唐永泰二年(766),时任道州刺史的元结途经此地,观其秀丽景色,爱其山水绝佳,作《朝阳岩铭》序云:"永泰丙午中,自舂陵诣都使计兵,至零陵,爱其郭中有水石之异,泊舟寻之,得岩与洞,此邦之胜也。自古荒之而无名称,以其东向,遂以'朝阳'命焉。"故有此名。元结另作《朝阳岩下歌》,盛赞其景色瑰丽清奇。康熙九年《永州府志》云:"朝阳岩:在城西南二里潇水浒。岩口东向,当朝暾初升,烟光石气,激射成采。唐道州司马元结维舟岩下,名之曰'朝阳'。"柳宗元谪永州时常游于此,留有《游朝阳岩遂登西亭二十韵》《江雪》《渔翁》等诗文。柳诗中有"渔翁夜傍西岩宿"句,因此朝阳岩又名西岩。永州之绝景"朝阳旭日"即在朝阳岩,其间古树参差如阵,依稀可见小亭。云烟着彩,潇水沾染着霞光,清风徐徐吹来夹带仙气。

朝阳洞分上、中、侧三洞。由岩顶东北行,循石级下至入门处为上洞。洞口岩壁镌"何须大树"四个字。洞东侧有篆石亭。中洞又名流香洞,左右石壁如半环,泉水从岩石中喷涌而出常年不断。洞口壁刻北宋张子谅书"朝阳洞"等字。洞后为阴潜洞。侧洞在中洞左上方,因此洞居处最高,故称"尺五天"。岩西侧零虚山顶有寓贤祠,原为元结所建茅阁,后改称元刺史祠,专祠元结。历代文人骚客闻名至此,亦步亦趋,赋诗作文,累镌于石。

嘉靖十年,许岳于朝阳岩游玩时作诗刻"漫将山水属高贤""山水清奇为君何"两首,均刻于朝阳岩虚山崖壁上。全文为:"谩将山水属高贤,开辟留将启后先。足下白云疑拔地,眼前红日喜瞻天。春光勃勃岩头草,道体渊渊洞底泉。晚我来游应有暇,追随苏子泊湖船。嘉靖十年姚江一磐许岳识。"

诗刻六行,楷书,无题。"岩头草",《二程遗书》中有云:"周茂叔窗前草不除去,问之,云:'与自家意思一般。'"。"湖船",用苏轼五湖船典故。苏轼《水龙吟》:"五湖闻道,扁舟归去,仍携西子。"此诗应是许岳来到朝阳岩看此美景有所感慨,谓倘若自己有闲暇时再来游玩,当追随苏子闻道之步。

许岳另外一首诗全文为:"山水清明为君何,古今诗刻谩嵯峨。凉风明月新佳景,醉拂碁坪且烂柯。一磐许子碁石。"

此诗明代黄焯《朝阳岩集》著录为:"水石清奇为君何,古今诗刻谩嵯峨。凉风明月新佳景,醉拂碁坪欲烂柯。余姚一磐许岳书并识碁石。"其著录有误。

前两句"山水清明为君何,古今诗刻谩嵯峨",描写了朝阳岩清奇的自然风光和人文气氛,古人与今人的石刻满山都是。"嵯峨"指山势高俊的样子,《史记·司马相如传》:"于是乎崇山巃嵸,崔巍嵯峨。"唐杜甫诗:"故园不可见,巫岫郁嵯峨。"

后两句"凉风明月新佳景,醉拂碁坪且烂柯",描写许岳在朝阳岩时的心情。凉爽的风和一轮明月组成了一幅新的美景,醉酒后我轻拭棋坪,在这里下一盘棋。"烂柯"有指岁月流逝,人事变迁之意,任昉《述异记》:"信安郡石室山,晋时王质伐木至,见童子数人,棋而歌,质因听之。童子以一物与质,如枣核,质含之,不觉饥。俄顷,童子谓曰:'何不去?'质起,视斧柯烂尽,既归,无复时人。"唐刘禹锡有诗:"怀旧空吟闻笛赋,到乡翻似烂柯人"。而在许岳这首诗中"烂柯"是指棋局。唐窦常《哭张仓曹南史》诗"丽藻尝专席,闲情欲烂柯"中的"烂柯"亦指棋局。这首诗相较于上首诗"谩将山水属高贤"多了几份闲适,在朝阳岩清奇瑰丽的石刻下,和着清风明月,喝酒下棋,多潇洒。朝阳岩零虚山棋坪旁,有一石兀起,即许岳作诗刻于其上的"碁石"。

《朝阳岩集》另载:"嘉靖十年春三月晦,陪同湖省右少参郭日休、少府罗柏、参府岳鳌登赏朝阳岩。"嘉靖十年三月最后一天,许岳陪同郭日休、罗柏、岳鳌三人游览朝阳岩。郭日休作"暮春细雨弄微寒"诗一首刻石,今诗刻不见,诗文内容见于嘉庆《零志补零》,全文为:"嘉靖十年春三月晦日,少府罗君柏、参府岳君鳌、许君岳登赏。暮春细雨弄微寒,手拨藤萝上石阑。楚客伶俜还脚债,高人放浪满骚坛。溪花山草如相妒,洞气泉津却不干。老衲从教相对饮,兴来谁觉酒盃宽。闽九华山人郭日休,湖省右少参。"

光绪《零陵县志》亦有著录,题为"同少府罗君柏、参府岳君鳌、许君岳登赏",署款"嘉靖十岁春三月晦""闽九华山人郭日休书"。《朝阳岩集》"游题短记"中收录"嘉靖十年春三月晦,知府何诏,南海同知冯济,通判毛公毅,萧干,同少府罗柏,参府许岳题记"题刻一条,当与郭诗作于同一时间。因郭日休所作"暮春细雨弄微寒"一诗与许岳在朝阳岩所作"谩将山水属高贤"一诗同为嘉靖十年,故许岳所作诗应为与郭日休同游时所作。

三　祁阳浯溪诗刻

浯溪摩崖石刻群位于永州祁阳。浯溪原本是条无名小溪,只因唐广德年间(763)元结出任道州刺史,舟过祁阳,见这里怪石林立,悬崖峭壁,景色异常优美,就爱上了这片山水。后弃官不做,隐居于此,并命此溪为"浯溪"。元结《浯溪铭序》云:"浯溪在湘水之南,北汇于湘。爱其胜异,遂家溪畔。溪世无名称者也,为自爱之,故命浯溪。"此处苍崖石壁,濒临湘江,巍然突兀,连绵数十米,为摩崖文字天然好刻处。元结将《大唐中兴颂》旧稿补充修订,请好友颜真卿书写并刻于浯溪。除《大唐中兴颂》外,浯溪摩崖石刻群中还有元结《浯溪铭》《峿台铭》石刻。

许岳在游玩浯溪时亦曾留有诗刻一幅，为棋局诗，全文为："水石清奇更无此，四吾端可尚三吾。金声玉勒从今古，一局仙棋酒一壶。"

此诗与朝阳岩"山水清明为君何"一诗同为棋局诗，内容亦有相似之处。

前两句"水石清奇更无此，四吾端可尚三吾"，同样描写了浯溪的山水风光和其丰厚的文化底蕴。"三吾"，《舆地纪胜》："唐上元中元结居此，以所著《中兴颂》刻之崖石，颜真卿书之。结又为峿台、吾亭、吾堂诸铭。元祐间，练潜夫为《笑峴亭记》曰：'次山之意以为好嗜与世异而我所独也，故以吾名之，其言曰命曰浯溪，旌吾之所独有也。'又陈珩《浯溪图》云：元氏始命之意，因水以为浯溪，因山以为峿山，作屋以为吾亭。三吾之称，我所自也。制字从山从水与广，我所命也。三者之自皆自吾焉，我所擅而有也。"许岳到浯溪后看到此情此景，在此追忆元结，心中有所感慨。

后两句"金声玉勒从今古，一局仙棋酒一壶"，"金声"指钲声，借指止兵。《汉书·李广传》："闻鼓声而纵，闻金声而止。"《文选·王粲从军诗》："将秉先登羽，岂敢闻金声。""玉勒"意为用玉装饰的控马革带，借指马。庾信《三月三华林园马射赋》："控玉勒而耀星，跨金鞍而动月。"杜牧诗云："别风嘶玉勒，残月望金茎。"

许岳游览浯溪，行至三绝堂，作《三绝堂诗》一首。康熙九年《永州府志》卷二十三《艺文志》作《浯溪三绝亭》，道光《永州府志》卷二上《名胜志》作《读中兴碑诗》，卷三下《建置志》作《三绝堂诗》。全文为："昔怀浯溪不得见，今向浯溪游几遍。岩头古刻云气生，石罅惊流雨花溅。元公已逝我复来，长歌痛饮眠苍苔。堪笑诗人好品题，无端悲喜如童孩。当时事势非灵武，李氏山河宁旧土。后来莫把三绝轻，多少今人不如古。"

元结颂，颜真卿书，及摩崖石，并称"三绝"。古人作堂以护其文，并作东西两亭。许岳这首诗所注重表达的是对先贤的景仰和追慕，名为游山玩水，实则关注的是游玩之地的人文价值。这首诗提及元结，字里行间都表达了借古伤今之情。最后两句"后人莫把三绝轻，多少今人不如古"更是将这种感情推进高潮。

参考文献：

[1]李花蕾.明黄焯《朝阳岩集》校注[J].湖南科技学院学报，2011，(1).

[2]张京华.元结与永州水石文化[J].湖南科技学院学报，2011，(2).

[3]汤军.零陵朝阳岩小史[M].上海：华东师范大学出版社，2011.

（原载 2017 年第 5 期，作者单位：湖南科技学院）

明胡文衢永州石刻考述

✳ 吕玲娜 ◆

一 胡文衢生平

胡文衢,字子达,歙县(今安徽省黄山市)琶塘人,隆庆元年(1567)中举,万历十三年(1585)任永州府通判。据方志记载,其大致生平如下:

嘉靖《徽州府志》卷二十二《拾遗》:"胡文衢:歙人,直隶扬州籍,隆庆丁卯科。"

万历《扬州府志》卷十五《人物志上·历代荐辟科目》:"胡文衢:江都人,歙县籍,任磁州同知。"

乾隆《江都县志》卷十二《选举·封荫附》:"胡文衢:经魁,歙县籍,磁州同知。"

康熙《徽州府志》卷九《选举志上》:"胡文衢:字子达,歙琶塘人,扬州籍,永州府通判。"

同治《安义县志》卷六《职官志》:"胡文衢:南直歙县人,举人,万历十三年任升永州府通判,祀名宦,有传。""胡文衢:歙县人,举人。万历间授县令,居官廉慎清隐,匿户口以足里甲。任满升永州府通判,百姓戴之,为立去思碑于社学旧址。"

同治《南康府志》卷十三《名宦》:"胡文衢:歙县人,万历间由举人知安义县,居官廉慎清隐,匿户口以足里甲。任满升永州府通判,百姓戴之,为立去思碑于社学旧址。"

由此可知,胡文衢在隆庆元年(1567)以乡试前五的成绩中举,并任磁州(今河北省邯郸市)同知。万历年间任安义(今江西省南昌市)知县。万历十三年(1585)升任永州府通判,因其为官廉洁,深受百姓爱戴,在他离开安义后,当地百姓为怀念他,为他做了去思碑。除此之外,周希圣《西河平政桥碑》记载,胡文衢在永州期间还参与重修旧桥的事务。

　　周希圣,字惟学,号元汀,零陵区进贤乡(何山观乡)人,万历十七年(1589)进士,官至南京户部尚书,因与魏忠贤有涉,被削职为民,还乡十八载。著有《退思堂集》《太极图说》《怀柳赋》《寻芝赋》《湘南志》《森阁诗稿》等。

　　周希圣《西河平政桥碑》:"当事以物力绌而未果,幸司理林公汝治首倡建桥之议,会郡伯叶公万景少府,张公守刚别驾,胡公文衢佥谋而白于上。"平政桥在永州古城正西门外,旧名济川,即古黄叶渡,今称大西门浮桥。平政,取"君子平其政"之义。据道光《永州府志》卷三《建置志》记载:"元时造舟为梁,取君子平其政之义。后废,乃设舟以渡。万历辛卯五月,复驾舟为桥,名曰浮桥,桥有记,勒石于正西门左,火燧而记不存。"周希圣此碑即续记重修桥之事,胡文衢也参与其中。

二　月岩"参悟道真"榜书石刻

　　胡文衢任永州府通判后,于万历十七年(1589)在月岩留榜书"参悟道真"一幅;次年冬,于浯溪题刻榜书"三浯胜概";万历二十年(1592),在朝阳岩题刻榜书"朝阳起凤",同年,在澹岩题刻榜书"洞天"。

　　"参悟道真"榜书共四字,长145公分,高80公分,正文落款共十九字,楷书字体。全文为:

参悟道真

万历己丑春孟望

新安胡文衢书

万历己丑年即万历十七年(1589),"孟春"即春季的首月,"望"是指农历每月十五日前后,所以榜书题刻的具体时间是万历十七年春季首月的十五日前后。

　　新安,即新安郡,是古代安徽、浙江地区的地名,隋文帝开皇九年(589)改新安郡为歙州,胡文衢是歙县琶塘人,因此在落款部分称自己为"新安胡文衢"。

　　"参悟道真"四字,笔画圆润敦厚,雄浑有力,字体清晰完整,毫无残缺,整幅榜书长宽适宜;落款共十三字,说明了榜书题刻时间、作者名字和作者来自何处。就石刻内容来看,参悟是指探究并有所领悟,即通过自身思考,明白和了解事物的具体内涵及其蕴含的道理,参是研习的过程,悟是通过研习从内心去得到认知和感悟。所以"参悟道真"便是指,探究"道"的真谛并有所感悟,结合榜书所刻的地点,榜书内容和周敦颐在月岩悟道的传说有着密切的联系。

　　周敦颐,字茂叔,谥号元,北宋道州(今湖南省道县)人,主要著作有《通书》《太极图》和《太极图说》。许毓峯《宋周濂溪先生惇颐年谱》有云:"先生时年十三,志趣高远。里有濂溪,溪有桥,桥有小亭。先生常钓游其上,吟风弄月。至今父老犹能言之。濂溪之西十里,有岩洞,高敞虚明。东西两门,入之若月上下弦,中圆若月望,俗呼'月岩'。"根据上述文献可知,在濂溪以西十里处有一个岩洞,岩洞有东西两个入口,进入后随着人的移动,岩洞上方的洞口的形状在不断的变化,如同月相的圆缺,所以这个岩洞被称为月岩。传说周子在此睹月相而悟太极之理。结合石刻,其中"道真"二字是指大道之真,而太极之理就是儒家的"大道之真",但这些都是明清时人的传说,以表达对周敦颐的敬仰,《宋周濂溪先生惇颐年谱》中说此传说为"想当然耳",细究起来并不成立。胡文衢游月岩,欣赏月岩岩洞如月相变化的奇特景色,联系先圣悟道是传说,有感而发,题刻"参悟道真"榜书,但由于现存资料中,胡文衢留世的只有县志中的只言片语,无法考述他是否有自身的悟道所得,确实一大憾事。

三　浯溪"三浯胜概"榜书石刻

　　"三浯胜概"石刻共四字,长60公分,高82公分,正文落款共十八字,楷书字体。全文为:

三浯胜概

万历十八年季冬吉

新安胡文衢题

　　"三浯胜概"四字相较"参悟道真"四字,榜书由横转为竖,字体笔画结构略有松散,虽仍为楷书字体,但从笔法笔画及其每字的构造来看,缺少雄浑敦厚之感,落款同样交代了题刻时间,作者姓名和作者来自何处,而同上一幅榜书的落款相比较,"三浯胜概"的落款交代时间时,没有用干支纪年,直接题刻了万历十八年(1590)。

　　从石刻内容来看,三浯,即三吾,为元结所命名,胜概,形容美景,美好的境界。宋代葛立方《韵语阳秋》卷十三云:"元次山结屋浯溪之上,有三吾焉。因水而吾之,则曰浯溪;因屋而吾之,则曰吾亭;因石而吾之,则曰峿台,盖取吾所独有之意。"元结因喜爱浯溪山水,所以在浯溪筑屋而居,不仅将家门前流过的溪水命名为浯溪,还将溪边的石亭崖台分别命名,并赋铭序,颇显文人雅趣。元结,河南鲁山人,字次山,始号元子,后因避乱居猗玗洞,号猗玗子,后又自称浪士、漫郎、聱叟、漫叟,曾两任道州刺史。元结作为开创湖湘水石文化的鼻祖,其作品对唐代乃至后世文学影响颇深,他一生仕居下位,清廉为官不汲汲于功名,并且雅好山水,胡文衢作为地方州府通判,同元结一样,是一文人雅客,爱好赏阅美景,寄情山水,抒发胸臆。他追随前人脚步,在浯溪题刻"三浯胜概"四字,不仅赞叹浯溪秀美山水,水石雅致,实则更为敬佩元结的气度为人,并抒发了自身清廉为官,一心为民的抱负。

四 朝阳岩"朝阳起凤"榜书石刻

"朝阳起凤"四字与前两幅石刻相比,笔画略显凌厉,且棱角分明,字与字间隔较小,显得十分紧凑。落款与第一副榜书相比,有两处不同,第一是字形的不同,"参悟道真"榜书落款的字形工整,笔锋顿笔清晰,而"朝阳起凤"榜书的落款,字形松散,像是随意题刻;第二是落款位置的不同,"参悟道真"榜书的落款共两列,全部在左侧,"朝阳起凤"榜书的落款左右各有一列,右边一列交代这幅石刻刻于万历二十年(1592)仲春,左边一列交代作者姓名和作者来历,这两处不同可能与当地的环境和岩石质地有关,月岩"参悟道真"榜书题刻的位置明显经过打磨,刻面较为平整,而朝阳岩"朝阳起凤"榜书题刻的位置,岩石未经打磨,表面凹凸不平,所以可能导致榜书落款题刻有差异。

"朝阳起凤"榜书共四字,长110公分,宽33公分,正文落款共十六字,楷书字体。全文为:

万历壬辰春仲

朝阳起凤

新安胡文衢书

榜书内容来看,"朝阳"是指山的东边,因其早上为太阳所照,故称朝阳。上文提到浯溪摩崖石刻群的开创者元结,在永泰元年(765)夏第二次任道州刺史时,"因计兵事,自道州诣长沙途径零陵,遂游朝阳岩"。

道光《永州府志》云:"朝阳岩:在城西潇江之水浒,岩有洞水入于潇,唐人元结以其地高东向,遂名朝阳,一名流香洞。"由此可知,朝阳岩在潇水边上的平地,岩洞中有泉水汇入潇水,元结因其地势高并且朝向东方,所以将此地命名为朝阳岩。知晓了朝阳的含义,再看"朝阳起凤"榜书的整体含义,这里的"凤"不仅是传说中的神鸟,它还有更深层次的寓意。

《孔演图》:"凤为火精,生丹穴,非梧桐不栖,非竹实不食,非醴泉不饮食。"凤凰是火的精粹,生在红色的洞穴,只在梧桐树上栖息,只吃竹子的果实,只喝甘甜的泉水。而梧桐生于山的东边,凤凰栖息于梧桐,可见凤凰与太阳联系紧密,所以,凤凰可以说是向阳之鸟,也就是朝阳之鸟。据《广雅》记载:"凤凰,鸡头燕颔,蛇颈鸿身,鱼尾骿翼。五色,首文曰德,翼文曰顺,背文义,腹文信,膺文仁。"凤凰体态奇特,有不同动物的特点,不仅如此,它身上不同部位不同颜色的羽毛都被赋予了不同的含义,都代表着君子所应有的品质,所以凤凰也被用来比喻贤德之人。

《论语》中:"楚狂接舆歌而过孔子曰'凤兮凤兮,何德之衰,往者不可谏,来者犹可追'。"楚国狂人接舆把先圣孔子比作凤凰。

《诗经·大雅·卷阿》有云:"凤凰鸣矣,于彼高冈。梧桐生矣,于彼朝阳。"诗中将凤凰比作周王,义喻贤圣。如果把结合二者寓意,再联系另外两篇刻于朝阳岩洞顶的石刻,"朝阳起凤"中的"凤"指的是当时在永州留下足迹的诸位贤才。

五　澹岩"洞天"榜书石刻

胡文衢在永州共有四幅石刻,年份相隔四年,除上文提到的三幅石刻,还有一幅刻于澹岩,内容为"万历壬辰春仲,洞天,宏宇胡文衢书",因其被毁,只在府志中留存了一句文字,内容无可考。

澹岩,今在永州市零陵区。据道光《永州府志》记载:"崀峰不远,去城南二十五里,有岩奇奥为永州,冠曰澹岩,一名澹山岩。唐张颢记云:'出乎天巧,盘伏于两江之间,其形如龟,其势如龙,周回二里。中有崖窦,可容万夫。古有老人处其下,以澹氏称,因为此山之名。'或曰:其地宜淡竹,故云。山有二门,壁立万仞,东南角一石窍,遥瞩云日,仰望如窗户,洞照甚明,中有澹山寺,楼殿屋寮,隐石厂罅中,风雨不能及。入岩,夏则寒沁肌骨,冬则温然如春,四顾洞壁,似镕冶所成,石田、石臼、石龙、石人之属,备列变状穷中。幽黑处秉炬,行三数里,通暗岩,古今莫测其远近,又其间时闻兰香,相传别有兰岩人,不知其所。旧经云:秦始皇时有周君真实，避世遁居于此。”

由此可知，澹岩在永州府城南二十五里处，距离嵛峰不远，岩洞内面积广大。之所以被称为澹岩，原因有三，一是古时有姓澹的老者在此居住，故称澹岩；二是这里适合种植淡竹，“澹”与“淡”谐音；另外，秦时周真实隐居于此，淡泊名利，也称“淡岩”。自秦时起，澹岩名声远播，游客纷至沓来，胡文衢身为永州府通判，也在此题刻榜书“洞天”。

追随胡文衢的脚步，他先游月岩，体悟周子“无极”之道，次年至浯溪，品味山水，仰观前人创作，俯察内心之本，两年后，于同年先后游历朝阳岩、澹岩，身临其境，有感于“朝阳起凤”的情景和澹岩内的“别有洞天”，题刻于石壁。他不仅同周敦颐、元结一样清廉为官，他身上还有来自江南水乡文人雅士的脱俗气质，喜爱清雅风景，喜爱秀美山水，并且留下了可供后人探寻的足迹。“古人之迹久存于世者，惟金石遗文耳。”石刻被称为“石头上的文学史”，潇湘山水不仅绮丽秀美，欣赏之余，了解石刻背后的内涵价值更为重要。

参考文献：

[1][万历]扬州府志[M].明万历刻本.
[2][乾隆]江都县志[M].清乾隆八年刻本.
[3][嘉靖]徽州府志[M].明嘉靖刻本.
[4][康熙]徽州府志[M].清康熙三十八年刻本.
[5][同治]安义县志[M].清同治十年刻本.
[6][同治]南康府志[M].清同治十一年刻本.
[7]张京华，陈微.道州月岩摩崖石刻[M].天津：天津人民出版社，2017.
[8]浯溪文物管理处.湖湘碑刻·浯溪卷[M].长沙：湖南美术出版社，2009.

（原载 2018 年第 3 期，作者单位：湖南科技学院）

戴嘉猷永州诗刻考述

✳ 夏 蓉

一 戴嘉猷其人

戴嘉猷,字献之,号前锋。生卒年不详,今安徽省绩溪县人,明嘉靖五年(1526)丙戌科进士。曾任乌程县令、礼科给事中,以言事谪桂林尉,后升湘阴县令、高州同知、四川佥事、湖广参议,官至浙江巡海副使。

康熙《徽州府志》卷十三《人物志二·风节传》载:"戴嘉猷:字献之,绩溪市东人。父祥,字应和,登正德辛未进士。初,祥父骝为堂邑令,有清白声,时铨曹为堂邑人,或言见之可得美秩,祥谢,使勿言。授行人,迁南工部员外郎,转户部,升礼部郎中,扬历三部,清慎一节,致仕归。戴嘉猷登嘉靖丙戌进士,知乌程县,县赋繁重,嘉猷为上于朝,乞均赋。置义田数百亩,岁征谷储之。构学舍,课诸生。奏最升给事中,以言事杖阙下,谪桂林尉,迁高州同知署雷州府事。捐舟税增设石闸,以护新城,升四川佥事。获私茶金巨万及赎金,以筑马湖城,升湖广参议。时久旱。民苦令贪,嘉猷下车即下车弹去之,又收豪猾十余人置之法,雨大注,进浙江巡海副使,卒于官。"

戴嘉猷家学渊博,家风清正。其祖父戴骝,字致远,成化十年(1474)甲午科举人。任建安县令期间,撤佛寺,开办养济院,打击豪强,筑河堤兴学校,致士归家时所带的行李只有几件破旧的衣服和一堆书。父亲戴祥,字应和,正德六年(1511)辛未科进士,为官清正严明,扬历三部,著有《槐溪集》。嘉靖《徽州府志》卷十六《勋烈列传》载:"戴祥:字应和,绩溪市东人。父骝,知堂邑,为清白吏。进士铨曹,堂邑人,或言见之可得美秩,祥谢,使勿言。授行人,迁南工部员外郎,掌芦课,以廉称。转户、礼二部郎中,寻病,乞致事归。冲澹简旷,杖屦不入城府,从游者胡松、邝汴、叶份,皆通显有声。"嘉靖《徽州府志》卷之十七《宦业列传》载:"戴骝:字致远,绩溪市东人。由乡荐授建安知县,下车询民者,理出为义塚。

苴政慈明,人不忍欺语。在建宁志中,以忧去民思之后,补堂邑,治大豪,恤单弱,练民兵,筑河堤,兴学校。年五十余致仕归,惟图书敝衣数袭而已,操履始终一节,士论高之。子祥。"

嘉靖八年(1529),戴嘉猷任乌程县令。戴在任乌程县令时期,惩治豪强,兴修学校,毁淫祠,捐资设立义田义冢,储余粮以备不时之需,深受百姓爱戴。崇祯《乌程县志》卷五《秩官·县令》载:"戴嘉猷:字献之,号前锋,绩溪人,嘉靖五年进士八年至任。廉敏端毅。侵凌善柔者必罚,豪右不得逞凶,诡户规避者靡纵。驱缁流归良,廪庾倾圮,阅五月坚完。立义冢,置义田,募民耕获。峙谷粟以备岁饥,厚学校以兴土木。征为给事中,士民立去思碑。"(又见乾隆《乌程县志》卷五《名宦》)

《万姓统谱》卷九十九:"戴嘉猷:字献之,绩溪人。嘉靖丙戌进士,历副使。初知乌程,廉威精敏,端毅刚方,毁淫祠,崇正学,不侮鳏寡,不畏强御。尝开浚泮池,新仓庾,政化大行,士民仰赖。时归安有戚贤,郡守有万云鹏,人咸称为'三循吏'云。"

戴嘉猷为人忠孝,同治《湖州府志》卷九十四《杂缀二》载,乌程县仪凤桥南有一座地主庙,三国吴帝后人讹为沈隐侯祠,戴嘉猷见庙中土偶,慨然叹曰:"沈约受知萧齐,不为不深,而阴附萧衍,谋篡人国。臣诛其君而不预,是乱臣贼子之尤者也。"于是毁像撤祠。

戴嘉猷任乌程县令期间,因业绩卓越,经朝廷考察,升为礼科给事中。

嘉靖十一年(1532),戴因谏阻帝南巡而被下诏狱,谪为桂林尉。《明史》中记载:"帝南巡,忤旨。已,给事中戴嘉猷驰疏请回銮,而车驾已发,帝大怒,甫还,即执嘉猷,并(谢)廷范等下诏狱,谪廷范云南典史。"

嘉庆《绩溪县志》卷十一《艺文志》中还完整保存了戴嘉猷给皇帝的上疏,题名为《乞回圣驾以安宗社疏》:"礼科给事中,臣戴嘉猷谨题。为恳乞圣驾早回以安宗社,以答苍事,生伏见大驾南巡其居,留百官六师瞻仰慕恋,弗忍宁休。皇皇来归,茫若有失,至相泣下,此见圣德感人戴若,父母不能一朝离也。皇太子、二王幼在襁褓,怙依顾复更万郡情,保育之责至难且重。且陛下亲驭万乘,远涉荆楚之疆,以卜二圣幽贞之邑,孝至隆也。臣愚以为,天子之孝,顾宗庙社稷安否耳。宗社有万年之安,则二圣有永垂之裕。虽元兆北迁梓宫,南祔二圣之灵,亦必欢然底豫。陛下令一二笃厚大臣,凭神灵奉成命□往来不过数月,可以卒事,固不必躬行矣。臣愚伏望陛下眷怀哲嗣,俯念臣民,圣驾即日旋归以安社稷,幸甚至于供亿浩繁财用虚耗。北虏窃伺,小民流离,意外之虞,种种宜豫,此在圣明洞见,臣不敢言姑。即人情天性之真切与我皇上,无俟于亲临者昧死陈之言,虽似于鲠直,心实无他事。虽近于迂阔,情非得已,伏乞宏天地之量,宽斧钺之诛,俯赐采纳。圣驾虽发而旋返,岂惟心迹暴白,永有辞于后世,实亦宗社苍生之福也。臣无任悚息待罪之至。"疏言辞恳切、情义深长,即阐明了太子、二王年幼尚在襁褓的情况,又直言劝谏帝王,亲自远涉荆楚之举实为不妥。戴嘉猷之苦心孤诣可见一斑。

此上记载戴嘉猷因谏阻皇帝南巡被贬谪桂林尉,恐有误。嘉靖三十三年刊本《湘阴县志》卷下官表载:教谕:嘉靖:"戴嘉猷:绩溪人,给事中,谪典史,升此。"光绪《湘阴县图志》卷九《职官表》亦载:知县:"戴嘉猷:南直隶绩溪县人,由御史谪典史,升知湘阴县事,嘉靖二十年任。"戴嘉猷任湘阴典史时距嘉靖《湘阴县志》修志仅十年,不应讹误。推测戴嘉猷初命贬广西桂林尉,后改为湖南湘阴典史,寻升教谕,又升知县。

嘉靖二十一年(1542),戴嘉猷升高州同知署雷州事。万历《雷州府志》卷十五《名宦志》载:"戴嘉猷:绩溪人,进士。任礼科给事中,谏乘舆南巡,下诏狱,摘尉临桂,历升高州同知,署雷州事。端严明决,不数月,黜脏吏十余,划除宿弊,豪猾敛迹,郡事清简。时久旱,公斋心以祷,雨大应。民告饥,即请赈贷之。旧有护城堤,公以为隘,兴工增修,建石闸六,以泄内流,易地一区,建亭纪事。竖文明坊于府学前,凡公署颓废者,无不损资修饰。任逾八月,风采振肃,吏畏民怀,四境宁谧,时政罕俪。暇则吟咏性情,走笔成章,尤其余也。论曰:洪(洪富字国昌)、孟(孟雷字孔敬)、戴三公,风节凛然,后先相望,真雷一时之盛也!然洪、孟二公系真守,而戴为假王;二公系本封,而戴为别郡。'五日京兆',不惟他人易之,即已有玩心矣。公精严清刷,兴衰起废,种种有真守所不能为者,而公以假王饶为之真,所谓公忠不贰之臣也。九原可作,余愿为之执鞭焉。"(雍正《广东通志》卷四十一《名宦志》、道光《广东通志》卷二百五十一《宦绩录二十一》与之略同。)

以上记载,说明了戴嘉猷治理有方,深受百姓爱戴。他在雷州体察民情,整肃吏治,兴修河堤,大行教化,端正风气。短短数月,雷州呈现出上下相和,欣欣向荣的景象。"余愿之执鞭焉",可以看出修志之人给予了他崇高的评价。

嘉靖二十二年(1543),戴嘉猷升四川佥事。万历《四川总志》卷三《秩官》载:"戴嘉猷:绩溪人。进士。嘉靖二十三年任。"任期间,侦破私茶佥及赎金案。升为湖广左参议,嘉靖二十四年已在任上。后又进升为浙江巡海副使,死于任上。

戴嘉猷一生著作颇丰,闲暇时尤爱吟咏性情,诵诗作文可走笔成章。虽然他所著的《前锋漫稿》《三行稿》《省愆录》以及《东西楚蜀》四稿今已不存,但他的一些诗文零散的被收录在地方文集中。从书名推测,《前锋漫稿》可能是戴嘉猷闲暇时抒发性情之作。《三行稿》疑作于各个时期的赴任途中。《省愆录》疑为戴嘉猷责躬省过,日省月修所作的札记。《东西楚蜀》四稿成书于戴嘉猷任前川佥事与湖广参议时期。

二 《游朝阳岩》诗刻二首

朝阳岩位于今湖南省永州市零陵区内,朝阳岩由《诗经·大雅·卷阿》"凤凰鸣矣,于彼高岗,梧桐生矣,于彼朝阳"而得名。唐朝永泰元年(765),元结游此,作《朝阳岩下歌》云:"朝阳岩下湘水深,朝阳洞口寒泉清"[1]。后又有柳宗元被贬永州,游览此地,因此岩在潇水西岸,故称"西岩"。

戴嘉猷《游朝阳岩》诗刻二首释文:

"《游朝阳岩》:西岩晓霁景偏明,泉入潇江见底清。倒浸松筠斜日影,遥传钟鼓隔江声。芝城山水因人重,子厚文章到此名。回首舟人遥指点,梧桐丹凤九霄鸣。"

"《归泛潇江》:沿江江上石,平列侣崇垣。滩浅孤舟阁,潭深万象吞。归云藏野寺,汱犬护江村。皓月山头吐,还领来尽樽。"

署款:"绩溪前锋戴嘉猷。"

其后有吴源《和韵》:"江光山色照人明,冠盖遥临谏议清。玉屑灵泉飞石窦,笙簧天籁启松声。移尊北海真高会,此日西岩倍有名。叹赋朝阳千古胜,箫韶凤吹已先鸣。"署款:"钱塘龙江吴源。嘉靖乙巳岁十月望日。"

诗刻高125公分,宽55公分,二十二行,楷书。

嘉靖二十四年十月,戴嘉猷与友吴源于朝阳岩左壁留下唱和诗刻共三首,其中戴嘉猷作《归泛潇江》《游朝阳岩》二首,吴源《和韵》一首。诗刻字体为楷体,其字骨风峭拔,神行兼备。其诗作于戴嘉猷任湖广参议时期。

《游朝阳岩》首联和颔联为写景。"晓霁",夜雨过后,日出天晴的样子。"潇江",诗中特指朝阳岩下的潇水,乃湘江支流。据长沙马王堆汉墓出土的《长沙国南部地形图》所载,西汉初称深水,也即《水经·深水篇》所载深水和《水经·湘水篇》所载营水。

颔联前一句依旧是写泉水之清。松竹的影子倒映在泉中,初升的太阳将影子拉的又细又长。而这时候从远处传来隐隐约约的钟声。此处,作者的视角由近及远,由实到虚,作者将清晰的视觉转换为模糊的听觉,好似从具体清晰的某一点晕染延伸开来,即在此给人时空上的联想。"松筠","筠",竹子的青皮。《礼记·礼器》:"其在人也,如竹箭之有筠也,如松中之有心也。二者居天下之大矣,故贯四时而不改柯易叶。"后因以"松筠"借指节操坚贞。

颈联从历史人文的角度抒发感慨。芝城,代指永州。永州有两山,西山始闻名于柳宗元《始得西山宴游记》,而东山则流传着动人的传说,古时有一穷苦后生,在东山上寻到发光灵芝,并用它来造福穷人,与恶财主相斗的故事。后来,人们就将生有灵芝的东山叫芝山,而永州古城也就称之为芝城。永州虽然风景秀美,但是实乃蛮荒之地,是贬逐官吏的重要场所。流寓的名臣,有邢恕、范纯仁、黄庭坚、邹浩、汪藻、苏轼苏辙兄弟、范祖禹范冲父子等等,这也是永州山水为什么会"因人重"的原因。"子厚"即指柳宗元,唐文学家,字子厚,河东(今山西永济)人。曾被贬永州司马,并于此地写下《永州八记》《渔翁》《江雪》等千古名篇。

尾联两句虚实结合,虚虚实实,如梦似醒。陆游《过大孤山小孤山山中》有"舟人指点岸如赪"一句,料想"指点"二字为指引之意。"丹凤",红色的凤凰,寓涵兴盛之意。船家指着远处,那长满梧桐的山上,好似有凤凰鸣叫,声音之大,震彻九霄。凤凰性格高洁"非梧桐不栖,非竹实不食,非醴泉不饮"。这里借用凤凰,为此地增添了神话色彩,不禁令人更加神往。

《归泛潇江》一诗主要描写了戴嘉猷与友人泛舟潇水所见的秀美江景。全诗语调明朗轻快,诗意清新自然,通过对"江石""浅滩""孤舟"等景物的铺述,展现出诗人所见的一幅恬淡江景。"崇垣",建筑名,意为高墙。"野寺",偏僻的寺庙,按诗中语境推测,野寺可能为芝山寺。

吴源,字宗乾,浙江杭州钱塘人,嘉靖十七年进士。嘉靖二十三年,吴源任广西佥事,此诗应作于吴源人广西佥事时。诗中不仅赞美了朝阳岩的美丽景色,还表达了对当时守官相邀的答谢之情。

《和韵》是吴源唱和戴嘉猷的《有朝阳岩》的诗,押每联句末的韵脚,与前诗每联末尾用同一个字。前三联写景与叙事相穿插。首联从景写起,"江光山色"

是为美景雅境,为后文的宴会奠定了格调,"冠盖遥临谏议清"中"冠盖"指古代官员的礼帽与车盖。由此可推测,这场宴会的嘉宾身份为官员。

颔联着重描写宴会场地之幽静。"灵泉"为朝阳岩洞中暗泉,流出成溪,坠落湘水如瀑布。诗人将飞流而下的泉水比喻成玉屑,将松声喻为天籁之声。

颈联由前文语境推测当是守官相邀,宴游于此[2]。"北海",神话中的仙境,诗人感觉自己仿佛置身于仙山海岛之中,西岩也因此次宴会而名声倍增。

尾联意在赞颂朝阳岩的美名由来已久。"箫韶"是舜乐名。《书经·益稷》有云"《箫韶》九成,凤皇来仪"。"凤吹",汉刘向《列仙传》有"王子乔,周宣王太子晋。好吹笙,作凤鸣,游伊巇之间"。后因称笙、箫等乐器为凤吹。朝阳的千古名胜,始于《萧韶》。

三 《游月岩》诗刻

月岩又称穿岩,王会的《月岩图说》中载:"月岩在故里西八里许,有山巍耸,中为岩洞,东西两门可通往来。望之若城阙,当洞若中而虚,其顶自东望之如月上弦,西而望之如月下弦,就中望之则又如月之望。随行进退亏盈异状,俗以其形象月,故呼为月岩。"据记载来看月岩东西两洞口极其雄伟恢弘,宛若城阙,入洞数十步,豁然开朗,洞顶空能见天,日光直照洞内,从东洞望岩中,其形酷似上弦月,从西东望岩中,其形酷似下弦月,东西两洞与岩中上空的洞相连贯通,往来进退,光影变幻,奇妙异常。

戴嘉猷《游月岩》诗刻释文:

"《游月岩》:石门穿出小山城,怪底乾坤独擅名。鹤鸫一声山谷应,管箫递奏路人惊。气分温爽壶天别,光透亏盈太极明。愁绝濂溪鸣道后,岩中光景锁云深。"

署款:"嘉靖岁次乙巳十月既望,绩溪前锋戴嘉猷书。"

诗刻高 68 公分,宽 112 公分。字体为正楷,端庄秀丽,笔锋刚健。此诗于嘉靖二十四年十月十六日刻在湖南永州道县月岩内,与上述朝阳岩诗刻作于同时。

《游月岩》首联描写月岩的形状之奇特。"穿"字在这应作两解:一是穿过石门之后看见小山,内含惊喜和惊讶的语气;二是穿字作连字解释,石门与小山城相连。游人往来穿行,进入月岩就似穿针引线一般。

诗刻颔联描写月岩的声音之奇特。此两句以动衬静，营造出一个幽静深邃的意境，与南朝诗人王籍《入若蝉溪》中"蝉噪林逾静，鸟鸣山更幽"。有异曲同工之妙。但诗人的意思并不只是要表达月岩环境的幽静，戴嘉猷身处月岩之中，岩壁高洁，洞似圆环，舒缓身心，聆听自然，鹤鸣、箫音击荡石壁，层层浸透，如金石碰撞之音在山谷之间回响，久久不绝。

诗刻颈联描写岩中气温之奇。当时正值十月，秋高气爽，"别"与"明"作动词，在句中应是：气分温爽别壶天，光透盈亏明太极。诗人形象的把月岩比喻成一个壶，壶壁下的阴影部分和壶中央的采光部分像是一幅素描画摆在游人眼前。光影变化，此消彼长，婉如太极图就在眼前。

诗刻尾联赞叹月岩人文风光之瑰丽。濂溪即周敦颐，北宋学者，理学开创者之一。月岩有濂溪先生在此悟道的传说，给月岩赋予了极其浓厚的人文色彩，并且人文色彩将自然美景都给掩盖下去了，诗人在大加赞美月岩人文风光的同时，肯定了月岩景色之美丝毫不逊色于月岩的人文风采。

四　澹岩诗刻五首

澹岩又作淡岩，在永州零陵城南二十五里。有巨型溶洞与山体天坑相连，背山面河，气势恢宏，景致幽邃，被喻为永州之冠。黄庭坚《题澹岩二首》诗云："阆州城南果何似，永州澹岩天下稀"。清道光《永州府志》也称："澹岩去城南二十五里，有岩奇奥，为永州冠。"

戴嘉猷曾在游朝阳岩次日，游月岩同日游澹岩，并于澹岩内留下诗刻。1966年，建华机械厂在岩内修建厂房，毁坏了大量石刻，戴嘉猷的石刻亦在毁坏之列。所幸的是，清代宗霈的《零志补零》中还可找到戴嘉猷诗刻的内容。其书卷中载戴嘉猷澹岩诗，二律三绝，共计五首。题为《澹岩胜甲一郡，乘暇登临，漫赋二律，兴犹未已，再赋三绝句，同游者彭子龙溪，时嘉靖乙巳十月既望》。

诗云：

"洞口交加竹，斜川渐就平。云根崖半插，月窟桂悬生。定性疏钟远，洗心瀑布清。山名山自解，澹姓澹无名。"

"南荒故着山蓬壶，匹马江干取径迂。云气四时侵几榻，天□一窍满方隅。仙家鼎灶空余迹，幻境琼瑶不尽图。岂是□元还独此，山灵元不受公愚。"

"奇性都藏一洞中,谁留佳境待涪翁。看来多取乾坤忌,元柳行踪独未穷。"

"洞里氤氲浑似春,云封洞口隔红尘。试披石藓摩文字,牵引古今多少人。"

"澹山山谷两争奇,一笑来游尚赋诗。寄语山灵休我笑,潇江群饮量人殊。"

同游者"彭子龙溪"即彭世潮,字源大,号龙溪,广东东莞人,嘉靖四年举人,福建古田教谕,擢陕西道监察御史,著有《龙溪漫兴稿》。

第一首为五言律诗,首联先从澹岩所处的环境、地势,描绘澹岩的总体情形,颔联侧重描绘澹岩的高度。"云根"一词在唐宋诗人笔下,多指山石。"月窟",古代传说,月中有兔,因以月窟喻月中。传说澹岩内极少能见到月亮,每年农历八月十五午夜时分,皎洁的月光穿过岩顶的天然石洞射入岩内,照亮一方石台,形成半圆形状,貌似一轮新月。所以以"月窟"代指澹岩别有一番趣味。从诗人笔下"桂悬生"三字足以瞧出澹岩崖壁陡峭。颈联两句玄妙空灵,清淡悠远,诗人视角也从关注描绘外物,转到享受物我相容的自然神韵上,突出了宁静、冲淡、以及物我两忘的禅意。"定性"二字,明道先生《定性书》云:"所谓定者,动亦定,静亦定。无将迎,无内外。……与其非外而是内,不若内外之两忘也。两忘,则澄然无事矣。无事则定,定则明,明则尚和应物之为累哉!""钟",光绪《零陵县志》卷三《祭祀》有:"澹山寺:在城南三十里澹岩口"。"洗心"即洗除心中杂念。《易经·系辞上》有:"圣人以此洗心,退藏于密。"尾联二句为澹岩名字释义,澹岩又名澹山岩,康熙《永州府志》卷八《山川志》载:"宋令王淮《记》云:'岩,去城二十五里许,有一门壁立万丈,东南角有一石窍,昔有澹姓者家焉,遂名澹岩。'旧经云:'有周正(贞)实者,秦始皇时人,隐居于此,凡一切未来之事皆能先知,始皇三召不起。'"由此可知,澹岩之名,一与澹山有关,以山为名;二与淡泊有关,周正(贞)实三被征召,不愿出仕,而甘愿淡泊于此岩之中,因此,澹岩也有淡泊名利之意。[3]

第二首,首联两句交代去澹岩的起因与过程,兴致所起,欣然而往。道路迂回也没有使诗人轻言放弃,全诗语调是兴奋的、轻快的。"蓬壶"指仙山,晋王嘉《拾遗记·高辛》:"三壶则海中三山也。一曰方壶,则方丈也;二曰蓬壶,则蓬莱也;三曰瀛壶,则瀛洲也;形如壶器。""匹马"是为写意而非述实,从诗刻题款同游者彭子龙溪可推测得知。诗人为了使诗文更加美观,亦或是出于加强全诗气势的考量,采用了夸张的手法。"取径迂"则说明了道路迂回曲折。颔联则简单叙述了当天的天气,"侵几塌"可见当时气温带着秋天的一丝寒凉。颈联二句逍遥缥缈,透露出追寻神仙踪迹而不得的失落之感,虽是如此,但眼前景致还是美不胜收,美景冲淡了诗人失落的情绪,诗中的情感起伏也由低转高。"鼎灶"多是道家炼制丹药所用。尾联,诗人认识到客观事物不以人的意识而改变,从而表现出澹山的灵性不会根据游人而改变的事实。

第三首首句陈述了澹岩蕴藏"奇性",日一夫《永州澹岩天下"奇"》中说澹岩的"奇"特:一是山"奇",怪石嶙峋,错迭无序,堆垒有加;二是洞"奇",洞中有洞,洞洞相通,别有洞天。"涪翁"喻指隐者。《后汉书·郭玉传》载:"初有老父,不知何出,常钓鱼涪水,故号涪翁。""元柳"指元结、柳宗元二人。康熙《零陵县志》卷之二《舆地考序》载:"易三接《山水纪》云:'澹山岩,唐以前犹未见,是以不入。元柳诗文,至宋黄山谷始题识之。今山谷诗与岩争秀,字瘦而韵。洞中一石,宽数丈,载诗与书,若烟云簇簇,珠玉瑟瑟者然。'"作者说"元柳"踪迹未穷,澹岩开辟于北宋,元结与柳宗元二人并没有来过澹岩,更没有留下诗刻。全诗主旨在一个"隐"字,虽然全诗并未提及,但是暗含在诗句当中。全诗通过对澹岩"奇"性的渲染,将澹岩叙述成世人心中的归隐福地,又通过提及"涪翁"来突出澹岩自古以来的主题,表达了后人寻此来寄托"避世脱俗、随性自然"的情怀。

第四首前两句写景,后两句抒情,由景起兴,营造出世外桃源、人间仙境的氛围。后两句借景抒情,诗人通过眼前所见的澹岩内里精华,触景生情,抒发了兴衰交替,古今更迭,人不同心境却相通的感慨。

第五首,诗人自解自话,带有自我调侃的味道。"两争奇",嘉庆《重修一统志》卷三百七十《大清一统志·永州府》载:"澹岩:在县南二十五里,一名澹山岩。唐张灏记:'盘伏两江之间,周回二里,中有岩窦,可容万夫。'""两争奇"应是指两江,依据地理位置推测两江指在澹岩交汇的潇水、贤水。后两句诗,诗人的意思大概是不要笑我在此留下的诗句,那些去潇水群饮的人的酒量也是因人而异。如果诗写的不好,还请大家不要见笑,这样的话实为诗人自谦的说法。

五　余论

除了在永州留下摩崖诗刻之外,戴嘉猷在湖南还有《重登岳阳楼》诗二首:"楼倚云霄一再临,江湖眺望百年情。乾坤事变本无尽,眼底风波尚未平。""千里湖光荡此楼,登临客子值深秋。云烟漠漠随风卷,独有君山不逐流。"署名"嘉靖中湖广左参议",见光绪《巴陵县志》卷七十六《岳阳楼集上编》。

岳阳楼是历史名楼,位于岳阳市古城西门城墙之上,下瞰洞庭,前望君山。始修建于三国,因范仲淹《岳阳楼记》而声名鹊起。历代多有文人骚客会聚于此,吟咏诗文,抒发感慨。《重登岳阳楼》其一,前两句简要描绘岳阳楼,"楼倚云霄"凸显出岳阳楼的气势恢宏,耸入云天。其后写登临,以及登楼后心情,"江湖"中"江"指长江,"湖"为洞庭湖。这些"楼""江"与"湖"的高大、宽广,反衬了人的渺小,遂产生了在广袤宇宙之间的无力之感,又有对时间匆匆,人生短暂的叹息之音,数百年来,人同此心。后两句又从思考天地万物回到眼前所见湖光上,完美地从宏观事物过渡到具体事物。诗人认识到天地无时无刻都在变化,这种变化是无止境的,就像眼前的湖面的风浪不曾平息一样。诗人整首诗都带有无力、谨慎、压抑的情感,或许是因为岳阳楼自身的历史让诗人有了郁结的情感,又或许是站在楼上体会到人的渺小所以心无所依。作者在诗中产生了沉重的有无力之感,是否与生活中的发生的事相关,使他心烦意乱,难以决断?

《重登岳阳楼》其二一扫前一首的低沉消极,呈现出雄健高昂之态。"千里湖光"写出了洞庭湖广袤无垠,与前诗中"楼倚云霄"不同。两首诗虽然都是用宏大的景物开笔,但引出的后文情调却截然不同,前一首作者心有郁结,诗中多带悲凉之感。而到写"千里湖光"之时,诗人已整理好心情,呈现出积极向上的一面。千里湖光激荡此楼,天高云淡,烟波浩渺,身处异乡的思乡之情也随着秋风渐渐飘散。后两句写眼前景,诉心中情,托物言志。"君山"又称湘山,传为舜妃湘君游处,故名。一说舜帝二妃娥皇和女英居此。一说秦始皇南巡泊此,故名君山。传说舜帝二妃娥皇和女英走到湘水之畔,遇到狂风船翻人亡。人们为了纪念她们,在山上修了二妃墓。因为二妃又称君妃,所以后人又将洞庭山改名为君山。云烟漠漠都随风飘去,唯有君山不随波逐流。在此诗人将"云烟"喻为没有气节,随波逐流的小人,赞扬君山的同时,托君山言明自己的志向,坚守自我,高洁自持。这一首亦是为上一首解惑,不论事事物物如何变化,世道如何艰难,都要守住本心,坚持正义。

此外,诗人在衡阳南岳留有《雨霁登岳诗》:"天霁翚飞阁,衣冠壮此游。林云晴作雨,峦气夏成秋。鸟并松图语,泉分药圃流。个中饶逸兴,峰顶瑞光浮。"见光绪《衡山县志》卷七《山川》。

本诗是一首记游诗,首联起兴,"翚",飞翔之意。《诗经·小雅·斯干》云:

"如翚斯飞,君子攸跻"。天空放晴之后,山景也变得明朗起来,之前在雨雾中看不到的楼阁,突然冒出,如同飞来一般,十分神秘。紧接着诗人写到,为了这次出游,他做了充足的准备,着衣戴冠,盛装出游。颔联虽是写山中天气与气温,确是诗人登山的实际感受,十分形象生动。"峦气",生根于地面或山体的一种雾气。颈联则描绘了一幅鸟与松相乐,清泉绕圃流的自然画作。尾联叙说登山的兴致,并描绘山顶云气环绕,瑞光浮动的景象,有云开月明,豁然开朗之气象。

参考文献:

[1]张京华,陈微.道州月岩摩崖石刻[M].天津:天津人民出版社,2017:3,6,7.

[2]汤军.零陵朝阳岩小史[M].上海:华东师范大学出版社,2011:143.

[3]日一夫.永州淡岩天下"奇"[J].新湘评论,2014,(23):55-57.

(原载 2018 年第 2 期,作者单位:湖南科技学院)

明代月岩的一次酬唱

——王瑞之诸人游月岩石刻

✳ 敖 炼 ◆

一 王瑞之等月岩酬唱

月岩在湖南道州,近濂溪故里。今月岩存石刻 63 幅,自宋代太守赵汝谊祷雨过其下题名以来,除元代以外,历代地方官员、士人均有刻石,绵延不断。其中尤以明代刻石最盛,明代又以正德、嘉靖、万历年间最盛。月岩历代刻石者,有朝廷大臣,也有地方官员,有文官,也有武官,有一两人同行,也有七八人盛会,可谓络绎不绝而意兴不尽。

明正德十四年(1519)春,永州府推官王瑞之公事之余,携道州知州贺位、春陵太守李璋、道州学正蒋昂、道州训导许钦、道州训导陈士恩、庠生廖邦贤以及周绣麟一行八人游月岩,存石刻两处,共刻诗七首。七首诗均以理学、周敦颐为主题。此次唱和之情况,从月岩现存石刻来看,应为最盛。

石刻位于月岩北崖中部,距离地面约 2 公尺。有上下两处,各有边框,长宽一致,分别为 218 公分、38 公分,楷书。上处石刻有三首诗及 11 行小序,共 37 行,下处石刻有四首诗及 6 行跋,共 38 行,序和跋文字字径略小。其中,诗满行 8 字,序满行 9 字,跋满行 8 字。石刻整体保持较为完整,上处石刻第四行第四字,下处石刻第一行第八字,第四行第七字,第五行第七、八字,第二十二行第五字模糊,余皆清晰可辨。

石刻其一释文如下:

> 昔正德己卯春三月四日,予到道。公余,偕守偫春陵李国□,太守永新贺惟德,元公十三世孙内翰周圣兆,掌教三山蒋世举,分教临海陈丕泽,新安许廷恭,往游月岩,用酬凤约。予倡以鄙律,而诸公遂歌以和之,并记岁

月云。

路入名山信有媒,碧天面面洞中开。盈虚月景人行见,晴雨岩花地底来。物理上心垂象得,儒先在目后人陪。宦游到此诚难再,拼宿何妨两日回。

赐进士谪永州府推官江阴王瑞之识。

山灵久约不须媒,边塞风清笑口开。对月多情时入梦,看岩有伴我应来。乾坤已泄斯文秘,诗酒何妨竟日陪。况是陇头春事急,使车又作劝农回。

永新贺位。

天缘假我岂人媒,百里阴云一旦开。望满清光中处见,弦分侧影两边来。神工大斧何年凿,廊庙英才此日陪。景仰元公千古趣,朗吟风月竟忘回。

舂陵李璋。庠生廖邦贤书。

石刻其二释文如下:

峭壁摩空路有媒,□余苍玉雾云开。乾坤何日新斯境,湖海今朝幸我来。阴魄洞中呈法象,清光天外任追陪。可能移屋石边住,一日相看一万回。

三山蒋昂。

见道谁能易得媒,百年道眼两番开。阴阳这个形模在,太极何人造设来。贪看癖于今日破,快心诗肯过时陪。三春正是风雩景,童冠何妨歌咏回。

临海陈士恩。

天造奇功不用媒,洞门无锁四时开。圆涵太极凭谁测,妙契阴阳自易来。粉署使君勤远驾,黉宫儒素愧叨陪。形容□尽无边景,樽酒论文忘却回。

新安许钦。

使节寻游自有媒,望中晴色片时开。两弦霁月东西挂,一段光风上下来。山古重辉斯道合,人豪再出喜吾陪。徘徊未尽赓吟兴,收拾诗囊满载回。

元公世孙周绣麟。

正德十四年春雅识。王瑞之因游月岩,见周元公读书台址荒芜,遂偕知州贺位捐赀构屋于上,董其事者,博士周绣麟也。

二　石刻所载人物考述

石刻提及八人,以永州府推官王瑞之为首,李璋时任永州卫都指挥佥事,贺位时任道州知州,周绣麟袭父翰林院五经博士,故称内翰,蒋昂时任道州学正,亦即掌教,陈士恩、许钦为道州训导,即分教。以上八人仅庠生廖邦贤刻诗,其生平事迹亦不甚详,其他七人考述如下:

王瑞之,江苏江阴人,弘治十一年中举,正德三年(1508)戊辰科吕楠榜进士。初任南京户部尚书主事,正德十一年任永州府推官,正德十六年任贵州按察使佥事。

嘉靖《贵州通志》卷五《职官》:"按察使佥事:王瑞之,江阴人。"

万历《贵州通志》卷二《省志·秩官·佥事》:"王瑞之,江阴人,正德十六年任。"

康熙《常州府志》卷十七《选举二》:"正德三年戊辰吕楠榜。江阴:徐度,广东副使;王瑞之,贵州佥事。"

道光《永州府志》卷十一上《职官表·府寮·推官》:"王瑞之,江阴人,正德十一年任。"

王瑞之曾于宁远重修舜庙,于道州濂溪故里修"风月亭"。

嘉庆《宁远县志》卷三《建置志·庙宇》:"虞庙,在舜源峰下。……正德十六年,永州推官王瑞之重建,略如今制。"

周绣麟《濂溪三亭记》载:"及二府罗君柏、判府岳君鳌、许君岳,府推王君瑞之亦至。命州守方君进结一亭于道山下,扁曰'风月亭'。"

王瑞之任永州府推官期间,与永州卫指挥佥事李璋协助巡抚都御史秦金平定龚福全等人叛乱,有政绩。

据《六府文藏·史部·安楚录》卷三《奏议》:"又委知府何诏、计宗道,推官王瑞之、朱节协赞行事,克期进剿。"

又卷三《奏议》:"据领哨指挥李璋、协赞推官王瑞之等呈称:本年十二月二十七日,选差健步探得,伪称延溪大王龚福全带领妻男,并亲信贼众,过走马山禾仓石,据险立寨,职等亲率土兵官军杀手人等取路并进。"

同治《攸县志》卷四十九《艺文》有易舒诰《总戎机序》,其中记载:"正德丙子,郴桂瑶人犯境,巡抚都御史秦公方议请讨。……以知府何诏、计宗道,推官王瑞之、朱节协赞,而公居中以制之。"秦公即秦金。

嘉靖《贵州通志》卷十二《记类》载祁顺《贵州布政使司增修公堂记》:"国家统驭万方,羁縻四裔,外而不内,是为大同。顾欲捣其穴而赭其庐,贪天为功,孤子寡妻,以遗之人,而不悟不知于大道之世,竟如何也。有道者操之有要,恒殷内忧以备外患,彼罪虽罔赦,而威用薄伐,毋为戎首,不亦善乎! 用是自告同列,宪副刘君瓒闻而韪之,佥宪王瑞之甫又从而和之,勉勒诸石。是岁五月初吉,陷置厅壁,僭以告夫后之人。"

正德十三年,王瑞之与何诏、马济、毛毅、萧干、贺位游零陵朝阳岩,光绪《零陵县志》卷十四《艺文·金石·朝阳岩》录"何诏等题名"题刻:"中宪大夫知永州府事山阴何诏,同知南海马济,通判萧山毛公毅,顺德萧干,永新贺位,推官江阴王瑞人协恭厥职,夙夜靡遑。正德戊寅仲春朔,归自郴桂,同游于此,小适燕喜之私云。"

正德十四年,王瑞之重游朝阳岩,有诗刻《复登朝阳岩叙别因以咏怀》。光绪《零陵县志》卷十四《艺文·金石·朝阳岩》载此诗:"王瑞人诗:潇湘洞口咏飘风,景物依稀仙岛中。天曙日光空谷白,春凝泉暖落江红。细看隐隐残碑刻,极喜欣欣百姓同。吏隐赏心浑未足,令人欲挟大江东。赐进士南户部尚书主事,谪永州府推官江阴王瑞人题。"

上述方志中"王瑞人"当系"王瑞之"之误。

李璋,湖南道州人,任宁远卫指挥,永州卫指挥佥事,柳庆总兵官,南京前府佥事等职。史载李璋事功主要在征剿叛乱,功名显著。逝后葬道州下关。

隆庆《永州府志》卷十一《兵戎志》:"永州卫指挥佥事:李璋,宁远人。"

乾隆《衡州府志》卷二十二《名宦》:"李璋,道州人,以都指挥守备郴桂,时峒瑶猖獗,璋锐志征剿,所向风靡,边瑶宁谧。"

嘉庆《宜章县志》卷十六《名宦志》:"李璋,道州人。《旧志》:宁远卫指挥,正德间擢都指挥,守备郴桂。十二年丁丑,广东象牙山贼结连西莾,贼首龚福全等大肆猖獗。璋申详都御史秦金,调三省土汉官兵会剿,破其寨栅九十,擒福全,斩其伪总兵刘福兴、李仁才,俘者三千人。其布阵立营探穴执讯,皆璋之力,甚著威名。"

道光《永州府志》卷十《古迹志·明墓》:"明提督总兵官李璋墓,在道州下关。"

道光《永州府志》卷十五上《先正传》:"李璋,本监利人。弘治十五年,袭宁远卫指挥金事,以守御柳州征马平功,累迁柳庆参将。进剿广东新宁,及思恩田州叛寇屡捷。升总兵官镇柳庆。转贵州讨平叛贼周天星等,勅书奖励。嘉靖十一年,进南京前府金事,提督操江,旋调督清平,剿贼王聪杨勉等。屡建大功,乞恩养疾,忠勤智勇,将帅之良也。"

光绪《道州志》卷九《人物·列传》:"李璋,《府志》:道州人,弘治十年,袭宁远卫金事,守御柳州,征进马平有功,擢守备。正德十六年,授广东都司。嘉靖初,以参将分守柳庆地方,进剿广东新宁,复征思恩府叛目刘召,及剿田州贼屡捷。寻擢总兵官镇守贵州,剿平叛贼周天星等,勅书奖励。十一年,进南京前府金事,提督操江。十五年,又以总兵官兼提督清平等处,抚剿凯贼王聪杨勉等,屡建大功。十九年,乞恩养疾卒于家。"

贺位,字惟德,江西永新人。正德间举人,曾任湖南永州通判,湖南道州知州,福建汀州同知。为政求简,注重教育,深得民心。

康熙《永州府志》卷三《建置志·公署》:"祁阳县府馆,在县治南。通判杜瑛建,正德十三年通判贺位重修,今废。"

乾隆《祁阳县志》卷三《官署》:"本府行署在县治东城隍庙右,明通判杜莫建,正德十三年戊寅,通判贺位重修,今废。"

嘉靖《汀州府志》卷十一《秩官·历官·同知》:"贺位,江西永新县人,举人,正德十五年任。"

嘉靖《江西通志》卷二十七:"贺位,汀州同知。"

乾隆《福建通志》卷二十六《职官七·汀州府》:"知府:贺位,永新人,以上俱正德间任。"

同治《永新县志》:"弘治十一年戊午乡试:贺位,深子,汀州府同知。"

民国《长汀县志》卷十二《职官志》:"同知:贺位,永新人,俱正德间任。"

道光《永州府志》卷十一上《职官表·府寮·通判》:"贺位,永新人,正德九年任。"

又卷十一下《职官表》:"知州:贺位,江西人,正德十二年任。"

又卷十三《良吏传》:"贺位,江西人。正德十三年知道州,为政日求便民,节冗费,抑豪右,加意学校,人皆悦服。"

贺位在永州任职期间,曾游月岩、朝阳岩,石刻均有记载。

道光《永州府志》卷二下《名胜志下·道州》："贺位,州牧。贺位诗:山灵久约不须媒,边塞风清笑口开。对月多情时入梦,看岩有伴我应来。乾坤已泄斯文秘,诗酒何妨竟日陪。况是陇头春事急,使车及作劝农回。"据石刻审辨,"及作"应为"又作",此误录。

光绪《零陵县志》卷十四《艺文·金石·朝阳岩》录"何诏等题名"题刻,内有"永新贺位"。

蒋昂,字世举,福建侯官人,成化二十二年(1486)举人。曾任道州学正,辽府长史,温州府学教授,兴国州学正。

万历《福州府志》卷十八《人文志三·选举·国朝乡举》："侯官县学蒋昂,易字世举,文之孙,道州学正。"

崇祯《闽书》卷七十五《英旧志·福州府·侯官县》："举人进士,遇子、午、卯、酉是举人,辰、戌、丑、未是进士。成化二十二年丙午:郑冉,瑛曾孙,府学;蒋昂;姚锵;曾基。"

万历《温州府志》卷八《秩官志》："皇明府学教授,蒋昂,侯官人。"

弘治《八闽通志》卷四十八《选举·科第·福州府》："蒋昂,文之孙,兴国州学正。"

道光《永州府志》卷十一下《职官表·道州·学正》："蒋昂,侯官人,正德八年任。"侯官即三山,万历《福州府志》卷三《舆地志三·疆域》载："福州府,八闽都会之地,其郡名秦曰闽中,汉曰候官,晋曰晋安,唐始为福州,城中有三山焉,谓之三山。"

陈士恩,字丕泽,浙江临海人。曾任道州训导,龙川县教谕。陈士恩曾于明正德丁丑(1517)中秋在月岩刻诗二首,其一为《月岩》："龟马已输天地蕴,巉山又现月弦规。当中石窍上通处,秋半冰轮高揭时。旋入望从初八满,渐回顾向廿三亏。难名物理根源地,更启元公作禹羲。"其二为《濂溪》："一从洙泗开天地,滚滚源徂只此支。流向伊川婺源去,静清还似在山时。"陈士恩生平信息较少,仅查得以下几条。

道光《永州府志》卷十一下《职官表·道州·训导》："陈士恩,临海人,正德七年任。"

光绪《道州志》卷四《职官·训导》："陈士恩,临海人,正德七年任。"

嘉庆《龙川县志》第三十一册《职官·教谕》："陈士恩,临海人,正德十四年任。"

许钦,字廷恭,安徽绩溪人。岁贡生,曾任道州训导、龙游县教谕。多以孝悌事迹载入方志。著有《止轩文稿宦游录》。

道光《永州府志》卷十一下《职官表·道州·训导》:"许钦,绩溪人。"

万历《龙游县志》卷六《官师·教谕》:"许钦,绩溪人。"

乾隆《绩溪县志》卷一《方舆志·封域·坊表附》:"旌孝坊,在县北,为孝子许钦立。"

又卷一《方舆志·形胜·古迹附》:"孝感亭,在县治北,明知县高梁为孝子许钦建,康永韶记。"

又卷八《人物·孝友》有传:"许钦,字廷恭,市北人。天性纯孝,年十六,教授于乡史。弟贫,以已田让之,独养父母,母卒,庐墓三年。知县郭纡举充诸生。父宽,继殁,因贫槁葬,结庐守哭者亦三年,以孝成祯祥心三见。有司奏闻,治中旌表,复其家钦。正德甲戌岁贡,授湖广道州训导,寻升浙江龙游教谕,士人德之,举入名宦。著有《止轩文稿宦游录》。"当地以孝供奉许钦,乾隆《绩溪县志》卷五《学祀》:"忠义孝弟祠:孝子许钦。"

弘治《徽州府志》卷一《地理一》:"旌孝坊,在城北,为孝子许钦立。"

又卷九《人物三·孝友》有传:"许钦,绩溪人。家贫性孝,年十六,教授于乡。兄弟贫,以已田让之。独养父,母有疾,汤药惟谨,告天求以身代母,方卒,贷葬庐墓侧。知县郭纡举充生员。父宽,继没,因贫槁葬,结庐守哭,人不忍闻。弘治庚申,知府祁司员奏闻旌表。"

又卷十《人物四·宫室》:"孝思亭,在县北秀野,孝子许钦初葬父母庐墓处,后迁葬于泰坑,此亭故在,遂刻父母像祀于亭中。知县高梁为之葺理,御史郭纡扁曰'孝思',礼部侍郎康永韶记。"

又卷十《人物四·宫室》:"敬德堂,许钦建,程敏政有《铭》。"

周绣麟,字圣兆,号酸斋,庠生,道州人。周敦颐十三世孙,承袭父亲周冕翰林院五经博士,葬于先茔左。

光绪《道州志》卷八《选举》载:"恩荫:明,周冕,周子十二代孙,景泰七年始授翰林五经博士。周绣麟,冕长子,承袭博士。周道,绣长子,承袭博士。"

周绣麟既袭翰林院五经博士,藏《濂溪志》,有功于世。光绪《道州志》卷七《先贤》载:"濂溪祠,即濂溪书院,在州学西。宋绍兴己卯,知军州事向子忩始祀周子于学之稽古阁。……嘉靖间,宗子翰林博士周绣麟于棂星门内建楼藏《濂溪志》书板。"后鲁承恩编《濂溪志》,其序记道:"先生裔孙五经博士绣麟,闻而力请授诸梓。"

永州府推官王瑞之命知州方进建风月亭,知州叶文浩又建濯缨亭,知州陈大漢又建有本亭。三亭建好后,周绣麟撰文《濂溪三亭记》,并请永州府同知鲁承恩作文记之。嘉靖二十一年,周绣麟在道州通判金椿重建濂溪书院时,捐资修建。

廖邦贤,《舂陵廖氏族谱》卷五载:"十八世祖,邦贤,庠生。"月岩附近有小坪村,多为廖氏,月岩廖氏为濂邦望族,其风俗以阀阅相尚,小坪廖氏尤为显著。

三　石刻诗解

此次游月岩,一行八人,王瑞之唱韵,另外六人和韵,廖邦贤书丹。七首七律主题围绕周敦颐与理学展开。

王瑞之诗:"路入名山信有媒,碧天面面洞中开。盈虚月景人行见,晴雨岩花地底来。物理上心垂象得,儒先在目后人陪。宦游到此诚难再,拼宿何妨两日回。"

"名山"即营山,营山与月岩相距不远,出月岩即可见,康熙《永州府志》卷二十《艺文志三》有钱邦芑《月岩记》,文中记有:"出崖西门正望一峰突峙,圆如大铺。此外高山接天,连南亘北,不知几十余里,山之外更见五峰杰竖,如笏如戟,迭秀云霄,其中一峰别为高锐,土人指曰:'此即舂陵山也。'"康熙《永州府志》卷八《山川志》:"营山,在州西四十里,层峦叠嶂,绵亘数十里,实为州之西屏,其中峰最高,乡人呼为舂陵山,与全州、灌阳连界。按:唐武德四年置营州,明改南营州,即在山下今小坪村,有南营州故址。""碧天面面洞中开",洞即月岩,在月岩中,可抬头仰见天空,同时又可透过东西二门望见天空,故曰"碧天面面"。

隆庆《永州府志》卷七《提封》载:"月岩,在州西四十里,旧名穿岩,形如圆廪,中可容数万斛,东西两门通道,望之如城阙,当洞之中而虚其顶,自东望之如月上弦,自西望之如月下弦,就中望之又如月之望。"在月岩中随行进退,洞门盈亏异状,故言"盈虚月景人行见"。"岩花",岩壁石缝悬崖中的一种植物,开在雨后放晴之际。宋张舜民《岩花》诗:"托根何太远,得地亦相宜。土石生为偶,红香想自知。风英将片片,雨实渐离离。戍客思攀折,无何历处危。"据他人和诗,可知当时天气阴晴不定,故曰"晴雨岩花"。《易·系辞上》:"天垂象,见吉凶,圣人象之。"周敦颐据月岩则之以《太极图》,是谓"物理上心",也即"垂象"。"儒先",即儒生,此指周敦颐,《史记·匈奴列传》:"匈奴俗,见汉使非中贵人,其儒先,以为欲说,折其辩;其少年,以为欲刺,折其气。"裴骃《集解》:"先,先生也。《汉书》作'儒生'也。"《净明忠孝全书》卷四:"或问:'周程朱张诸儒先,著书立言,多是力辟虚无寂灭之教,何邪?'"同治《浏阳县志》卷二十二《艺文二》中欧阳元《道州修学记》:"国家崇儒重道大盛于仁宗,而生于儒州周程为道学之宗,或生于道州之地,或生于明道之年,意者天地之生圣贤,虽不尽然,其有然者,盖有深意寓夫其闲,今道之路学新矣,为道州之士者,居儒先之乡,玩《太极》之图,读《易通》之书,儒先如在目也。"王瑞之时任永州府推官,府治距道县月岩约两日车程,"拼宿何妨两日回"表明众人在月岩露宿。

贺位诗:"山灵久约不须媒,边塞风清笑口开。对月多情时入梦,看岩有伴我应来。乾坤已泄斯文秘,诗酒何妨竟日陪。况是陇头春事急,使车又作劝农回。"

此诗载入道光《永州府志》卷二下《名胜志下·道州》,石刻上俗体字较多,"须"作"湏","笑"作"咲","梦"作"夣","看"作"看","况"作"况","回"作"囬",另外石刻中的"又"在《永州府志》为"及"。"山灵",《文选·班固〈东都赋〉》:"山灵护野,属御方神。"李善注:"山灵,山神也。""边塞风清",道州、江华、宁远一带,瑶族聚居,同治《江华县志》卷十二《杂记》记:"元至正元年,瑶贼唐大二等作乱攻破江华等州县,湖广行省平章滚布巴勒击平之,自明以来叛服不一。"光绪《道州志》卷一《方域》:"旧志按:明时,以州治边近山瑶,分拨永州卫军人于要害。哨守有白鸡营,在营阳乡,正德十三年立,永州卫指挥一员。"时值朝廷设置机构管理当地,同游者李璋曾任宁远卫指挥,永州卫指挥佥事,曾平定龚福全等边瑶叛乱。"对月"一语双关,一指自然之月,一指月岩。"乾坤已泄斯文秘",乾坤为天地,天地造化出月岩,月岩蕴含天地之理,此句借用周敦颐则月岩以《太极图说》之典故。"况是陇头春事急,使车又作劝农回。"此次游月岩在清明谷雨之际,正是农事繁忙季节,"使车"指王瑞之众官,游月岩之外,王瑞之、贺位等还需执行"劝农"职责。

李璋诗:"天缘假我岂人媒,百里阴云一旦开。望满清光中处见,弦分侧影两边来。神工大斧何年凿,廊庙英才此日陪。景仰元公千古趣,朗吟风月竟忘回。"

此诗记载了当时的天气变化,游月岩之前为阴云连绵,游月岩之时晴空顿开,故曰"天缘",言游月岩为天意之缘分而非人事之安排。"望满清光中处见,弦分侧影两边来。"当月岩之中,其顶空虚,自东望之如月上弦,自西望之如月下弦,就月岩之中望之则如望月。"廊庙",即朝廷,王瑞之倡律,他人和诗,故"廊庙英才"应指王瑞之。"朗吟风月",借周敦颐之典故,周敦颐有诗《题濂溪书堂》:"倚梧或欹枕,风月盈中襟。或吟或冥默,或酒或鸣琴。"朱熹《论孟精义》卷九上载:"明道曰:'自见周茂叔后,吟风弄月以归,有"吾与点也"之意。'"李璋为武官,其诗直白明了。

蒋昂诗:"峭壁摩空路有媒,□余苍玉雾云开。乾坤何日新斯境,湖海今朝幸我来。阴魄□中呈法象,清光天□任追陪。可能秽屋右边住,一日相看一万回。"

首联中"雾云开"与李璋诗"百里阴云一旦开"同指当时天气。"乾坤何日新斯境"指周敦颐对月岩赋予人文价值,月岩本为大自然产物,周敦颐出生于月岩附近,受月岩启发,而有《太极图说》,"湖海"指道州。"阴魄"指月,唐淳《道藏·黄帝阴符经注》卷上:"日为阳魂,月为阴魄",郭璞《游仙诗》:"晦朔如循环,月盈已见魄。"马戴《中秋月诗》:"阴魄出海上,望之增苦吟。""法象",《易经·系辞上》:"是故法象莫大乎天地,变通莫大乎四时,县象著明,莫大乎日月。"月岩当中望月,有月相变化之理,故曰"呈法象"。"清光"即月光。尾联"可能移屋石边住,一日相看一万回",表达对月岩的喜爱不厌,意同李白《独坐敬亭山》"相看两不厌"。

陈士恩诗:"见道谁能易得媒,百年道眼两番开。阴阳这个形模在,太极何人造设来。贪看癖于今日破,快心诗肯过时陪。三春正是风雩景,童冠何妨歌咏回。"

"见道",《中庸》:"子曰:'道其不行矣夫!'"赵次诚《考义三章》释曰:"中庸其至矣乎,民鲜能久矣。曰其则见中庸,指上章君子之中庸而言也,此章言道其不行矣夫。曰其则见道。指上章不行不明之道而言也。"

"百年道眼两番开",道眼,佛道两家多用此语,《法藏·历代法宝记》曰:"心尽即道眼",《道藏·黄帝阴符经注》:"观者五眼圆明也,明其天眼、慧眼、法眼、道眼、神眼,五光明彻,则五蕴归空,见其天道也。"《道藏·玉清无极总真文昌大洞仙经》卷之五:"佛眼即道眼也。以常人之情,以俗眼观天地,真人以道眼观天地,道眼何在? 必曰一心也。内而五脏六腑,以肤体隔绝;外而有五运六气,以天地隔绝。若俗眼观之,皆不得见也,若以道眼观之,则彻视表里,九天之外尘芥之微,无不洞烛也。"

"阴阳这个形模在","形模"即月岩,"阴阳"即太极,后世月岩又有太极岩之称,康熙《永州府志》卷八:"万历时张乔松名'太极岩'。"张乔松在其文《月岩辩》中说:"世之游者,往往以月岩目之,殆未察乎岩之真体矣,予固表之为'太极岩'。"万历二十六年,张乔松在月岩刻榜书"天开太极",下刻诗一首,释文为:"万历戊戌十月甲子。太极阴阳真本体,如何认作月岩游。予今识得乾坤意,混沌初开为道谋。新喻青徕张乔松题。"

"贪看癖"和"快心诗",指游月岩给心眼带来的满足与畅快。

"三春正是风雩景,童冠何妨歌咏回。"此联出自《论语·先进篇》:"莫春者,春服既成,冠者五六人,童子六七人,浴乎沂,风乎舞雩,咏而归。"陈宗礼《南安军司理厅先生祠记》:"河南二程夫子遵父之命,执经问道于斯,得舞雩咏归之趣。"

许钦诗:"天造奇功不用媒,洞门无锁四时开。圆涵太极凭谁测,妙契阴阳自易来。粉署使君勤远驾,黉宫儒素愧叨陪。形容不尽无边景,樽酒论文忘却回。"

"洞门无锁",月岩有东西两洞,宛如城门。

"圆涵太极凭谁测,妙契阴阳自易来",《大易则通》卷二:"先天,圆图也,圆者,象天者也;后天,方图也,方者,象地者也。先天以圆为体,以方为用,圆中涵方,天包乎地也;后天以方为体,以圆为用,方中涵圆,地承乎天也。非先天外又一后天也,天不离乎地,先天之体即后天之用也。"又卷二:"圆涵方者,先天天地,位乎上下,日出于东,月生于西,雷起地中,风行天上,西北多山,东南多水,此圣人仰观俯察以取象也。……方涵圆者,后天以方为体,以圆为用。……盖涵者,太极之元而仪象之奥府也。"

"妙契",佛道两家多用,《道藏·清微仙谱》:"太极真人徐来勒,事见《仙传》。真人得太极函三之妙契中盟五法之规。"佛家意为明悟自心,契合禅理。《宏智广录》卷四:"劫前运步,世外横身。真证不可以言传,妙契不可以意到。"《元贤广录》卷三十《续呓言》:"三宗之中,难莫难于禅,教次之,律又次之。以禅则超情离见,妙契在语言文字之表,非非教之可以揣摩而得。"

"粉署使君",代指王瑞之。粉署,光绪《嘉兴府志》卷六《公署》:"署之名初见《国语》。……《史记》有宦署之目,至后汉而内署、中署、左署、七署、三署、郎署、寺署、粉署之名著,究亦京师而非郡县也。"《分门集注杜工部诗》卷十八《秋日夔府咏怀奉寄郑监李宾客一百韵》:"馨香粉署妍。洙曰:粉署,郎署也。赵曰：公时乃工部员外郎，不生诣省中，徒想其官署之妍美耳，省谓之兰者，以其诸郎官握兰含香也，故云馨香，又谓之画省，以粉画之也，故言粉署。""黉宫儒素"，黉宫即学校，"儒素"指作者本人，许钦时任道州训导。

周绣麟诗："使节寻游自有媒，望中晴色片时开。两弦霁月东西挂，一段光风上下来。山古重辉斯道合，人豪再出喜吾陪。徘徊未尽赓吟兴，收拾诗囊满载回。"

"使节"即王瑞之。"望中晴色片时开"言当时天气片刻晴朗。"两弦霁月东西挂，一段光风上下来。"月岩有东西门，东望之如月上弦，西望之如月下弦，故言"两弦霁月东西挂"，月岩其顶空虚，月光当正中洒落，故言"一段光风上下来"。黄庭坚《豫章集·濂溪诗序》："舂陵周茂叔，人品甚高，胸怀洒落，如光风霁月。""光风""霁月"喻周敦颐。"山古重辉"即此次游览月岩之胜况，月岩自宋以降，题诗刻石者络绎不绝，宋刻极少，明刻最胜，遍览月岩石刻，以此次游览情况最胜，人数最多，刻诗最多，"山古"在明胥从化《濂溪志》中作"石室"。"人豪"指王瑞之。"赓吟"，《书·益稷》："乃赓载歌。"《传》："赓，续也。""诗囊"，《樊南文集详注》卷八《李商隐十·李贺小传》："（李贺）恒从小奚奴，骑距驉，背一古破锦囊，遇有所得，即书投囊中。"

结　语

正德十二年，李璋协助巡抚都御史秦金平定龚福全等叛乱。贺位于正德十三年知道州，贺位知道州期间，"为政日求便民，节冗费，抑豪右，加意学校，人皆悦服。"正德十四年（1519），王瑞之到任永州府推官已经三年。众人皆有政绩，劝农之余瞻仰月岩。月岩石刻中，另有嘉靖二十五年（1546），黄九皋等八人同游的记载，但彼次仅存诗一首，故此次月岩酬唱应为最盛的一次。

月岩旧时有周敦颐读书台，时已荒废。此次月岩盛会之际，王瑞之倡议捐资，在读书台上重修房屋，周绣麟负责主持此工程，于濂溪先生有功矣。

参考文献：

[1]［弘治]八闽通志[M].明弘治刻本.

[2]［弘治]徽州府志[M].明弘治刻本.

[3]［嘉靖]汀州府志[M].明嘉靖刻本.

[4][嘉靖]贵州通志[M].明嘉靖刻本.

[5]秦金.安楚录[M].明刻本.

[6][隆庆]永州府志[M].明隆庆五年刻本.

[7][万历]福州府志[M].明万历二十四年刻本.

[8][万历]贵州通志[M].明万历二十五年刻本.

[9][万历]温州府志[M].明万历三十三年序刊本.

[10][崇祯]闽书[M].明崇祯刻本.

[11][康熙]永州府志[M].日本内阁文库藏清康熙九年刻本.

[12][康熙]常州府志[M].清康熙三十四年刻本.

[13][乾隆]绩溪县志[M].清内府本.

[14][乾隆]福建通志[M].清四库全书本.

[15][乾隆]祁阳县志[M].清乾隆三十年刻本.

[16][乾隆]衡州府志[M].清光绪元年补刻本.

[17][嘉庆]宁远县志[M].清嘉庆十六年刊本.

[18][嘉庆]宜章县志[M].清嘉庆二十年刻本.

[19][嘉庆]龙川县志[M].清嘉庆二十三年刻本.

[20][道光]永州府志[M].清道光八年刊本.

[21][同治]攸县志[M].清同治十年刻本.

[22][光绪]零陵县志[M].清光绪二年刻本.

[23][光绪]道州志[M].清光绪四年刻本.

（原载 2017 年第 7 期,作者单位:湖南科技学院）

陈凤梧月岩、浯溪诗刻及其在湖南的行迹

✳ 易子薇

陈凤梧,字文鸣,号静庵。明代学者。生卒年月不详,明代庐陵泰和人(今江西泰和县柳溪人)。文才卓越,十岁即能赋诗。弘治八年(1495)乙卯科举人,弘治九年(1496)丙辰科进士,授刑部主事。正德年间曾任湖广提学佥事,正德六年(1511)辛未,任郴桂道右参政。正德十六年(1521)辛巳夏六月,以河南按察使迁山东左布政使。正德末至嘉靖初。官山东左布政使(巡抚),于曲阜建钟楼、洙水桥坊、子贡庐墓堂,修洙水桥等。后升任吏部侍郎,终南京御都史。巡抚应天十府,罢归卒。卒赠工部尚书。陈凤梧著作颇丰,其著作各地方志上有一些零星记载。著有《困知记》《毛诗集解》《南巡录》一卷、《射礼集要》一卷、《修辞录》六卷、《周礼合训》六卷、《周礼考正》六卷、《奏议》十卷、《集定古易》十二卷、《六经篆文》四十四卷,还同胡居仁编写《居业录类编》三十一卷。

一 陈凤梧的生平履历

关于陈凤梧的科举状况、生平履历、传记等,详细记载如下:

(一)陈凤梧的科举状况

陈凤梧为弘治八年(1495)乙卯乡试,弘治九年(1496)丙辰进士。

嘉靖《江西通志》卷二十七《科目》:"弘治八年乙卯乡试:陈凤梧。"

万历《吉安府志》卷六《选举表三》:"国朝进士:陈凤梧:吏部侍郎赠尚书。"同书卷七《选举表四》:"举人:弘治八年:陈凤梧。"

康熙《江西通志》卷十八《选举》:"弘治丙辰科朱希周榜:陈凤梧,泰和人,官至吏部侍郎。"同书卷二十一《举人》:"乙卯科:陈凤梧,泰和人。"

同治《泰和县志》卷十二《选举志》甲科下:"弘治八年乙卯乡试:陈凤梧,后街人,进士。"同书卷十二《选举志》甲科下载:"弘治九年丙辰朱希周榜:陈凤梧,

左都御史,有传。"

光绪《吉安府志》卷二十三《选举志》:"罗钦忠、陈凤梧、王愈、王洛:礼部司务。"

(二)陈凤梧的履历和传记

陈凤梧一生任官众多,也有着颇丰的政绩,关于陈凤梧的生平履历,各地方志有一些零散的记录。

同治《泰和县志》卷十七《列传》:"陈凤梧:字文鸣,后街人。十岁能诗,弘治间登第,选庶吉士,授刑部主事。出为提学副使,累升副都御史,迁右都御史。历官三十余年,章疏凡六十余上。始应孝皇诏言五事,世宗继统言八事,皆关系君德,切于时政。至奏免御史,大比会考,著为令甲。正太监接见礼仪,大扶士风。家居,扫室静坐,日惟著书,旦夕衣冠,终日不见惰容。乡中后进,奉为师法。卒赠工部尚书。所著有《四书六经集解》《修辞集》《奏疏稿》。(万历《志》、乾隆《志》)"

传后按语曰:"按《通志》载《人物志》称:凤梧为主事,清宁宫灾,应诏言时政。奉命江南审录重囚,多所平反。出为湖广提学佥事,推衍圣制,为十八条,刊示郡县。历升山东左布政使。唐《志》失载。按无锡张夏雒《闽源流录儒林传》称凤梧为提学时,一以崇正学、迪正道为己任。巡抚应天,定宁国五县哗乱愚民,及设法清苏松积年赋税。俱著成劳,学以圣贤为师。整庵罗氏曰:'公手不停披,集解六经,多至百卷,旁搜约取,率有定见,而不为苟同。'此可以知凤梧之所学矣。前传未载,因采以备考。"

同书卷七《政典·学校》载:"乡贤祠:亦二年诏立,在文庙右。元名先贤祠。元延祐二年乙卯,学正王瑞节建、刘将孙记。明宣德三年戊申,典县幕曹蕭重建……罗钦忠、罗琰、陈凤梧、刘敬……以上乾隆四年己未,照万历《志》乡贤传增载,共一百七十七人入祠崇祀。"

同书卷二十二《艺文录》载:"明世宗敕陈凤梧碑:存。碑有二高约三尺,阔径二尺。字大径寸,皆以凤梧官都察院左副都御史,推恩其先祖及考所赐,一在水南。"

光绪《江西通志》卷一百四十八《列传十五》:"陈凤梧:字文鸣,泰和人。弘治进士,授刑部主事。清宁宫灾,应诏言时政。奉命江南,审录重囚,多所平反。出为湖广提学佥事,推衍圣制,为十八条,刊示郡县。历升山东左布政使,卒赠工部尚书。著有《奉议》《修辞录》《毛诗集解》《困知记》。(人物志)"

民国《庐陵县志》卷十四《礼典志》《学校》:"成化元年乙酉,佥事陈梦祥修徙学门左坊。明年,副使陈文耀增置斋舍。正德间,知府伍文定修县学,定学基四址,按察使陈凤梧记。"

二 陈凤梧与湖南

正德年间,陈凤梧曾任湖广提学佥事,重修石鼓书院、修建了城南书院等,在游历湖南风景名胜时还写了大量的诗文与次韵。关于陈凤梧在湖南的政绩和游历,记载如下:

其一,游洞庭湖、登岳阳楼,追忆范文正公,有诗四首。乾隆《安乡县志》卷之七《艺文志下》:"《次韵》:陈凤梧:江西庐陵人,提学佥事:'舣棹江边拜草堂,满庭夏日树苍凉。遗容尚识衣冠大,小沼时闻翰墨香。一代藏修真得地,百年山水共争光。先忧后乐明公志,仰止平生未可忘。'"陈凤梧当时特别年轻有为,在岳阳楼追忆范仲淹。光绪《巴陵县志》附《洞庭集上编(诗)》:"陈凤梧:江西太和人,湖广提学副使。"陈凤梧游历岳阳风景,正任湖广提学副使。

光绪《巴陵县志》附《岳阳楼集上编(诗)》南朝宋:"陈凤梧:见《洞庭诗集上编》。《登岳阳楼》:'洞庭八百里,胜概扦兹楼。月出山光迥,龙归蜃气浮。登临杜老句,漂泊谪仙舟。吊古情何极,湘江日夜流。'"除此之外,陈凤梧还游君山,次吴懋贞少参韵。

光绪《巴陵县志》附《君山集上编(诗)》载:"陈凤梧:见《洞庭诗集上编》。《游君山次吴懋贞少参韵》二首:'十二晴峰拥碧螺,洞庭秋色晚来多。江山不尽古人兴,风月其如良夜何。十载江湖劳梦想,百年海宇静干戈。飞仙疑扦浮云外,长笛一声横楚歌。''洞庭湖上看君山,独立飞云缥缈间。万顷烟波浮地轴,半空哄翠出尘寰。断崖尤恨秦皇赭,泪竹因思帝子斑。我欲从兹访丹诀,鼎湖龙去几时还。'"

其二,聘为岳麓山长,修《长沙府志》。同治《攸县志》卷三十九《人物》:"陈论:字思鲁,师事湛甘泉先生,潜心理学,具有心得。提学陈凤梧聘为岳麓山长,郡守孙存聘修《长沙府志》,郡守李日章举为乡饮大宾,学成行尊,楚中人士咸景慕之。事节母王氏,克敦孝道,终母丧,追服父丧三年。所著有《忠节补遗》,《日勤九省录》,《岳麓书院志》。御史朱篪移檄,崇祀乡贤。"

其三,题写《岳麓书院志序》。同治《攸县志》卷四十九《艺文》:"《岳麓书院志序》(明督学),陈凤梧(泰和):蹦洞庭而南,山益峻,水益驶,献秀争奇,地与景迥。山雄拔为衡岳,水清彻为湘江。若岳麓,则仰给衡山之支,俯瞰湘流之汇,实湖南一大形胜也。山川清淑,于是乎萃,而书院建焉。始创者宋潭守朱洞,继之者建安刘珙,而晦庵、南轩二先生相与讲道于兹。岳麓之名,遂以闻于天下。晦庵寻安抚湖南,更建爽垲,以待四方学者。规模宏阔,条教详明,一时湖南道化之盛,至比邹鲁。所谓学徒千余人,食田五十顷,载诸碑刻,不可诬也。世变滋久,奄为坵墟。我朝弘治间,通判陈钢乃重建之,而同知杨茂元协力表章,始复其旧。久之,参议吴世忠按部长沙卫,议改建于旧址之左。时凤梧适奉命督学其地,力赞成之。乃命攸生陈论领书院事,及行各学,选取诸生有志于学者若干人,习静其中,仰止前修,讲明正道,庶几一线之不坠也。而都指挥杨溥实专董其役。越二载,凤梧以参政分守再至,则殿堂门观焕然一新。两庑斋舍有未备者,乃发赎金付有司葺之,期于大成。切惟地以人胜,人以道存。海宇名山异境,为藏修游息之所者,不可胜纪,而或泯然无闻,所遇非其人也。岳麓之有书院,距今三百余年。屡废复兴,益著不朽。岂非朱、张二先生道德大儒过化之地,自有以兴起人心于百世之下,而不容已者乎!况建置沿革,山川形胜,宦寓名氏,与夫宫庐田亩之数,古今题撰之文,皆关系于书院之大者。不有以志之,则涣而无统,后来者无所考,安知不由此而废也?顾惟论学识端敏,乃以意授之,俾集次焉,而凤梧遽以内艰归矣。今年秋,论徒步千里,谒予西郭草亭间。出志观之,考据周洽,益惬鄙意。其尤有未莹者,复相与较订,俾适厥中。而城南、湘西二精舍,亦附载焉。论将持归长沙,付知府陆相、指挥韩钦捐授锓梓,置书院中。吁戏!继自今职守于斯者,以时修葺,毋视为疣赘之区;游息于斯者,潜心实学,毋假为虚名之饰,则志不为徒设,而二先生之遗化,虽不敝可也。梧不敏,辄因序而致期勉之私云。时正德甲戌秋七月既望。"

同治《攸县志》卷五十《典籍》:"提学泰和陈凤梧序:(见邑志《艺文》):邑检讨易西泉题辞曰:'余读岳麓书院志,而叹古人之嗜学也。'文公访南轩于岳麓,讲中庸已发未发之旨,三昼夜不合,余窃怪之,因究其始末。初,文公以人生自少至老,虽有动静,语默之异然,大概莫非已发特其未发者未遽发耳,以为中庸之道不外乎此。后取程氏之书玩索,乃曰:通天下惟一天机,流行发用无间据其已发者,而指其未发者,则已发者人心未发者性,初无一,物不备浑然全体,如川流之不息。此所以精粗本末、洞然无一毫之间,而鸢飞鱼跃触处朗然也。乃复以书谢南轩,则不合者终未尝不合。后之学者玩古人之书体验于身心,以求实得因人,以达乎天自近,以举乎远则古之圣贤所望于后之学者,道在是矣。提学泰和陈公凤梧孜孜以崇正学为务,慨兹教化本源之地,顾未有志,谓攸士陈论学识端敏,属辑次其书论,自幼奇拔,志古之学不事举,子业观其书。可见其概,自是楚士一触其机,当翕然兴起矣。"

其四,修建城南书院。康熙《长沙府志》卷四《书院》:"城南书院:在妙高峰之阳,家张南轩随父紫岩。家潭州居此建为讲学地。《格古论》曰:城南书院四大字,张紫岩之所书。南轩名以十景曰:纳湖、丽泽堂、书楼、蒙轩、卷云亭、月榭、琮琤谷、听两舫、采菱舟,高阜与晦庵先生互有题咏,有禁蛙池。俗传南轩读书处蛙声聒耳,投砚禁之即息。因名年久废颓,俱为僧卒势家所据,建寺于上。正德二年,参议吴世忠、学道陈凤梧协谋清复,嘉靖四十二年推官,翟台建堂五间,高峰寺后,万历六年复废。"乾隆《长沙府志》卷之十三《学校志》:"城南书院,在南门外,妙高峰之阳。宋张南轩随父紫岩家潭州,建此为讲学地。紫岩书'城南书院'四大字。南轩名以十景曰:纳湖、丽泽堂、书楼、蒙轩、卷云亭、月榭、琮琤谷、听雨舫、采菱舟、高埠,与晦庵先生互有题咏。纳湖,即今天鹅塘也。南轩读书处,年久废颓,僧家建寺于上。正德二年,参议吴世忠、学道陈凤梧,协同请复,寻归于藩府。嘉靖四十二年,推官翟台建厅堂五间,于高峰寺后,万历六年复废。康熙甲午有生员易象乾等,谋修复之,捐建砖瓦,不数年,倾颓无余。乾隆十年,抚军杨锡绂以岳麓书院隔江,每逢校课之期,阻于风涛。因同司道府酌议,将城南书院改建于南门内,前都司旧署。正屋五进学舍五十间,分正谊、主敬、进德、存诚、居业、明道六斋书院,师生膏火原备,动公项银三千两奉。"

其五,登祝融峰,并赋诗。光绪《衡山县志》卷七《山川》:"陈凤梧《祝融峰诗》:'灵龟一片石,千古此飞来。缥缈临风磬,苍茫试剑台。中天红日近,远岫碧云回。四顾无人迹,时闻猿啸哀。'"

其六,重修石鼓书院。嘉靖《衡州府志》卷之二《山川·名胜》:"石鼓书院:唐元和间,邑人李宽构屋读书。宋至道间,邑人李士真即其遗址重建。景祐间,集贤校理刘沆以书院上请,始赐额弁学。田淳熙间,部使者潘畤重修,提刑宋若水建先师燕居堂,重加修葺。连帅林栗咸捐金以相之,晦庵朱文公作记。开庆间,毁于兵燹。刑狱使余玠重建,复建风雩亭、仰高楼于合江亭之上。提学黄勉斋出公帑易,茶陵没官田三百五十亩,以给学徒,寻夺于僧。元御史颜伯成等复之,元末书院与田俱废。国朝知府史中翁世资,前后鼎建。弘治初,知府何珣重修复建楼于合江亭之上,扁曰'仰高',仍余玠旧名。建讲堂于风雩亭之后,立三贤祠,祀昌黎韩子、晦庵朱子、南轩张子,建立号舍若干,楹为诸生诵读之所。弘治中同知邓淮、正德初知府刘玑重修。嘉靖元年,大水倾圮,知府丁孔暲大为修复,前立石坊、碑亭,鼎建风雩亭,以复余琰之旧。重修有《记》,佥事陈凤梧、知府乔瑛、御史邓显麒、佥事汪溱,副使陈卿,前后各置学田若干亩,知府周诏重修讲堂,始大备云。今录昌黎合江亭诗、晦庵朱文公书院记于左,余并见书院全志并《艺文志》中。"

其七,建射圃。康熙《衡州府志》卷六《学校志》:"正德三年(1508),提学佥事陈凤梧建射圃于明伦堂东。"

其八,发兵防南赣。康熙《衡州府志》卷九《秩官志上》:"陈凤梧:号静庵,江西泰和人,弘治丙辰进士。正德六年(1511)辛未,任郴桂道右参政,时流寇劫掠南赣,公檄守备提兵营于交界,以备夹攻,所至,询民疾苦。暇则召诸生论文,督武士校艺。时郡中颂曰:'词华宋玉,号令条侯。'壬申丁内艰去,后历官南京都察院、右都御史。"

乾隆《衡州府志》卷之二十二《名宦》:"陈凤梧:号静庵,泰和人,弘治丙辰进士。正德六年任上湖南道,时流寇劫掠南赣,凤梧檄弁提兵交界以备。所至询民疾苦,暇则召诸生论文,督武士校艺。郡中颂曰:'词华宋玉,号令绛侯。'后历官都宪。"又见乾隆《清泉县志》卷二十一《名宦志》。

乾隆《衡阳县志》卷之六《职官》:"分巡上湖南道:陈凤梧(详名宦志)。"同书又云:"陈凤梧:号静庵。太和人。弘治丙辰进士。正德六年任上湖南道,时流寇劫掠,南赣公檄武弁,提兵交界以备,所至询民疾苦,暇则召诸生论文,督武士校艺。郡中颂曰:'词华宋玉,号令绛侯。'后历官都宪。(见《府志》)"

同治《衡阳县志》卷第二《事纪第二》:"六年巡道副使陈凤梧,发府兵防南赣。(时连山贼李金贺、县贼沈仲亮,出没五领,积三十年不能平,其后兵部右侍郎张岳,合大军讨禽金等,四年乃悉平之。)"

其九,为何道亨的《韵补》写序。道光《永州府志》卷九上《艺文志》:"陈凤梧序曰:盈天地间物,凡有形必有声,乃自然之理也。仰观于天,若雷霆之号令,风雨之吹嘘;俯察于地,若江河之冲激,鸟兽之嗥鸣。无不有声,亦无不有韵。况人灵于万物,参乎三才。其言之出自中五声,而文字又声之精者。故上古圣人制为律吕,以谐五声。使咸协音韵,可以被之管弦,用之家乡邦国,其极至于动天地感鬼神,而致雍熙泰和之盛,良有以也。《诗》三百篇之有韵,固不待言矣。若夫《易》之爻象象系,《书》之明良赓歌,《仪礼》之祀醮嘏辞,《春秋左传》之谣辞歌谚,句语短长,率皆协韵,虽或出于旁通假借,而实合乎声传之自然。下及《国语》《史》《汉》诸书,老、庄、荀、杨、韩、欧诸子,其叙述之词,间出韵语,亦皆吻合。世变既远,经生学子役于词赋声偶,虽读其书而不知其韵,议者病之。宋儒吴才老博学好古,乃采辑古经传子史,协韵分为四声,各绎其音义,汇成一书,名曰《韵补》。其援引该博,考据精当,诚有功于文字之学。晦庵先生作《诗集传》,悉本其韵以协三百篇之旨。其见信于大儒,盖不苟也。嘉兴郡旧有刻板,岁久漫漶,毁而未完,而习举业者,复视之为长物,是以无传焉。予读书中秘,时见同馆胡世臣购得一本,尝假而录之,仅得其音,而不及悉其义,久而忘失。后宦游中外,往经京诸缙绅间,未得也。正德己卯,予以服阕北上,道经三衢,会提学宪副、今光禄刘公德夫,论及书籍,德夫曰:'方川何公道亨,藏有善本,欲刻之以传。'比至钱塘,首访何公,遂假其书阅之,不啻如获拱璧。公因嘱予序之。既而公以入觐,未及梓。顷擢大中丞,巡抚河南,保厘之暇,乃成厥志焉。伻来以书速序,予既辞不获,乃述《韵补》之源流,暨重刻之颠末,以引诸篇端,使四方学者知是书之不易得,不可以忽焉而不之究心也。公名天衢,楚之道州人,与予同举弘治丙辰进士,历官中外,风节才望推重,同时而力学稽古。汲汲不倦。观于斯刻。足以见其志之所存矣。"

三 陈凤梧与道州

月岩是他游历的景点之一。弘治十八年(1505),陈凤梧任湖广提学佥事,至正德四年(1509),巡视至舂陵,即道州,于五月十六月圆之日游览月岩,作诗三首,勒石月岩。又作《谒元公祭文》《谒元公》传世。

其一,月岩《题月岩》诗刻三首。

月岩是古道州八景之一,且为道州八景之首,是都庞岭附近的一个大型石灰岩溶洞。悬崖峭壁,怪石林立,望之如城阙,观之皆似月,寓月盈月亏之理,故称月岩。洞中昔有"读书亭",传为周敦颐少时苦读悟道之地,相传《太极图》便是于此有感而发。道县月岩的石壁上刻着许多历代文人雅士的字迹,如"理学渊源""如月之中""先天道体""风月长新""乾坤别境""广寒深处"等等,那些都是历史的沉淀、人文的精灵。有一方记录正德四年(1509)己巳陈凤梧题月岩诗刻三首,同游者都指挥吴坤、周敦颐十三世孙翰林博士周绣麟和其韵,各作诗三首,三方诗刻相距不远。陈氏这三首诗保存较完整,仅个别字残损剥落,难以辨认。

字体为楷体,字迹清晰可辨。其字体笔画中正、典雅圆润,有端庄秀丽之风。陈凤梧三首诗刻高为57cm,宽为95cm;诗刻前两首为七言律诗,后一首为五言律诗。

传说周子幼年曾于月岩悟道,是以月岩壁上多咏道兼怀斯人之作,陈凤梧也不例外。明正德四年夏四月,其巡视学政至舂陵郡。是月十六日,处理公事稍有闲暇,前往月岩游览。时同游者,永道守备、都指挥吴君坤。

隆庆《永州府志》卷七《提封》:"月岩:在州西四十里,鳌名穿岩,形如圆廪,中可容数万斛。东西两门通道,望之,如城阙,当洞之中而虚其顶。自东望之,如月上弦。自西望之,如月下弦。就中望之,又如月之望洞,高可四五十丈。奇石峭壁,如光貌相逐、如伏犀俯顾、如龟蹒跚、如凤翱翔、如龙蛇蜿蜒,而石液凝注,如滴西壁有窦石笋嘉立,如入定僧在龛又一窦。深黑不可窥,行人之声、蜚鸟之音经其中,如闻笙簧。"

同书同卷又载:"提学陈凤梧诗:'层崖峭直倚穹苍,洞口虚明月影藏。两昼阴阳分左右,一圈太极奠中央。天生胜景非人迹,地人濂溪是道乡。鸟韵花香三十里,尘怀到此自能忘。''月岩形胜闻天下,五载两南巡始一临。羸马不辞山路险,凉风还爱午云阴。洞中扫石罗撙俎,间下流泉鼓瑟琴。醉读残碑剔苔藓,濂溪图象有遗音。'"

隆庆《永州府志》记载陈凤梧的诗只记载了其前两首七言律诗,未收录第三首五言律诗。而万历癸巳胥从化编订《濂溪志》卷八《题月岩》完整收录其三首。

但陈凤梧诗刻尚存,并且比胥从化《濂溪志》多出款跋。

诗刻原文如下:

> 层岩峭直倚穹苍,洞口虚明月影藏。
>
> 两画阴阳分左右,一圈太极奠中央。
>
> 天生胜景非人迹,地入濂源是道乡。
>
> 鸟韵花香三十里,尘怀到此自能忘。
>
> 月岩形胜闻天下,五载南巡始一临。
>
> 羸马不辞山路险,凉风还爱午云阴。
>
> 洞中扫石罗尊俎,洞下流泉鼓瑟琴。
>
> 醉读残碑剔苔藓,濂溪图象有遗音。
>
> 舂陵山水郡,心赏独悠然。

磴险疑无路，岩虚更有天。

围圆中似望，上下两如弦。

我欲寻源去，风光正满前。

正德四年夏五月，予巡视学政，至舂陵郡，是月十六日，公事稍暇，因往月岩游焉。登览之余，口占三律，俾镌诸岩石，以纪岁月。时同游者，都阃吴君坤也。庐陵陈凤梧识。

诗刻四周有流云花纹装饰，字用秀丽正楷书成，十分精美。就诗意来看，陈凤梧三首诗歌，其中两首七言律、一首五言律，都颇为工整，七律迤逦有趣。

第一首诗前两句和描述的是月岩的奇特景观，颈联"地入濂源是道乡"道出了月岩的非凡，周濂溪曾悟道于此处，它是周濂溪哲学思想的源头、道学的发源地。

第二首诗，首联说的是陈凤梧久闻月岩形胜，终于在任湖广提学佥事的第五年来到此地。颔联描述驱驰奔往月岩，一路上山路险峻，人马虽疲惫，但仍然觉得欣喜愉快。颈联扫石列樽俎以饮酒，伴泉奏琴瑟以和乐之言，皆是诗意盎然，而醉读残碑之句更见诗人之率性洒脱，确是一般乡里文人不能出之言。

第三首五言律诗，说的是来舂陵郡巡视学政，五月十六日，公事闲暇之余，前往月岩。尾联一句"我欲寻源去"中提到了周绣麟题的"寻源"石刻。其三首诗清丽疏朗，而不乏理趣，堪称月岩崖壁之佳作。

陈凤梧诗刻在吴坤次韵之右，与吴坤三首次韵紧邻，两者石刻尺寸相仿，且字迹为清秀正楷，又石刻四周外围装饰亦相同，可知两方石刻不仅同时所刻，亦为同一人书写。其时陪游者有武官都阃吴坤与周敦颐十三世孙翰林博士周绣麟，二人皆有次韵，故成月岩崖壁上唱和雅谈。吴坤亦已寓官湘南有五年之久，吴坤作为武官，常与同僚出游，曾多次登览月岩，此次是专程追陪陈凤梧而来，赋诗刻石，又兼诗笔亦有可观之处，故尤引人称奇。周绣麟《游月岩次宗主陈公韵》诗刻为其陈凤梧月岩的次韵之作，刻在陈凤梧诗的左下方，字用正楷，笔迹与陈凤梧石刻似稍有不同。第一首七律和第三首五律理学意为较浓，大有理学宗师后裔之风。第二首七律叙述陪游陈凤梧之事，多摹景之词，造句清丽，末句追怀先祖，别有余味。第三首律诗前四句多是之语，后四句则为述事、追贤、论理之言，意虽平常，细品之下，亦有清空之处。

其二，《谒元公》诗二首。《周濂溪先生实录》中《濂溪志》卷八《谒元公》：

"庐陵陈凤梧(学宪)：'平生痀寐元公宅,今日瞻依愿始偿。千古图书开键钥,两
楹俎豆近宫墙。春风庭草悠悠绿,秋月莲池淡淡香。一勺濂溪溪上水,敢将苹藻
荐馨芳。''爱莲池下濯尘缨,端拜仪形启后生。霁月光风平日梦,高山流水此时
情。心传正印还三古,口授遗书有二程。宥食一堂真不偶,东南从此际文明。'"
又见光绪《道州志》卷七《题赠》。

前一诗首联通过对周濂溪故居痀寐已久,终得机会到此游览,表达了陈凤梧
对周元公的仰慕之情。颔联说的是《太极图说》对后世的影响之大。颈联有两
个典故,"春风庭草悠悠绿"说的是周茂叔"绿满窗前草不除","秋月莲池淡淡
香"讲的是他写了《爱莲说》。尾联、借景抒情,元公故乡之清幽净雅烘托其人
不凡。

后一诗首联,在爱莲池洗涤尘缨,行仪拜以启后人。颔联"霁月光风",黄庭
坚曾称赞说:"濂溪先生胸怀洒落,如光风霁月。"颈联的"三古"是指夏、商、周。
还提到了二程授受关系。尾联讲的是,理学对后世的深远流长影响。

其三,《谒元公祭文》一文。胥从化《濂溪志》卷九《谒元公祭文》:"庐陵陈
凤梧(湖广提学佥事):'道在天地,太和元气。公得其全,中正纯粹。体用一源,
隐显无二。上探羲农,以承洙泗。二程授受,实大其传。斯文再阐,如日中天。
眷维舂陵,公之阙里。祠像俨然,云仍伊迩。某幼溓图书,长而无似。幸叨公乡,
领诸教事。瞻望光霁,五年于兹。展谒云始,如寐斯苏。爱莲有亭,濂溪有水。
维公此心,千古如是。敬采泮芹,奠于祠下。公其临之,佑兹文化。'"胥从化《濂
溪志》此文中"舂陵"误作"春陵"。

这篇祭文与《谒元公》二诗相类似,与其不同的是,这首拜谒濂溪祠堂时所
作,首先对"道"进行一番阐述,其次他强调周敦颐地位是"上探羲农,以承洙
泗"。以及与二程兄弟的师承授受关系,肯定周敦颐在道统传承中的地位。在
当时的学术界,二程之学已经产生了较大影响,成为学术的正宗。最后一句"公
其临之,佑兹文化"。从波及范围的横向来看,周敦颐不仅仅是湖湘的、也是中
国的,更是世界的。

四　陈凤梧与永州

除游览道州风光之外,陈凤梧还曾经过永州,游澹山岩、浯溪,相关记载
如下：

其一,游澹山岩,并作五言律诗有跋。光绪《零陵县志》卷十四《艺文·金石》载:澹山岩:"陈凤梧诗:'旧宅人何在,空留千古岩。两仪开混沌,一窍出巉嵒。日月天门迥,藤萝洞口缄。登临应恍惚,身世回非凡。'"去郡无多路,寻幽有宿缘。岩晴常滴雨,洞暗欲生烟。深广千人坐,虚明一磬悬。古人游咏者,石刻故依然。"款跋曰:"正德四年己巳夏五月十九日,予巡学自舂陵舟下芝城,道经澹岩。素闻其胜,遂停舟往登焉。信所闻之不妄也,口占二短律以纪岁月,俾录诸岩云。庐陵陈凤梧识。(行楷十四行)'"

其二,浯溪有残碑一方。陈凤梧在浯溪的碑在《浯溪志》中记载不详,列在附录《明失碑目录》残碑中,仅云:"陈凤梧:无题。楷书(2 厘米),正德元年丙寅(1506)。"部分字已经模糊不清,难以辨认,且相关记载甚少,今辨识如下:"□□□□□□,江山不尽古今游。漫郎风致依稀在,徙倚高台俯碧流。正德改元丙寅十一月十九日,予邀通政程公德□,同游浯溪,因次同年□□□韵,镌之石上,以记岁月云尔。庐陵陈凤梧谨志。"

结　语

陈凤梧写有大量游历诗,诗多兼怀吟咏之作。游月岩时,同游者吴坤和周绣麟对其的唱和诗,暂不具论。因为笔者的资料和见识有限,本文主要在明代陈凤梧的生平履历、在湖南的行迹和著作诗文、以及在道州、浯溪创作的诗文上进行论述,可能还不够全面,但也让我们对陈凤梧多了一份了解和认识。

参考文献:

[1]桂多荪.浯溪志[M].长沙:湖南人民出版社,2004:405.

[2]张京华,陈微.道州月岩摩崖石刻[M].天津:天津人民出版社,2017:27.

（原载 2018 年第 1 期,作者单位:湖南科技学院）

清人李徽的石刻理学诗

✳ 梁广兆 ◆

　　清人李徽濂溪纪咏诗,题为《拜谒濂溪原祠后恭诣月岩有述》,是雍正年间李徽出任湖南观风整俗使者之际,纪咏周敦颐的一首理学诗。2015 年 2 月,笔者赴湖南永州,获见原刻,采得拓本。

　　周敦颐(1017 – 1073),原名敦实,后避宋英宗讳,改名敦颐,字茂叔,号濂溪,谥号元公,学者称为濂溪先生,被尊奉为理学的开山祖师和道学宗主,与张载、邵雍、程颢、程颐并称“北宋五子”,著有《通书》《太极图说》。

　　道县古称营浦、营道、道州,民国二年改道州为道县,今属永州。道县是周濂溪故里,故其濂溪祠称为濂溪原祠。

　　道州濂溪祠始建于南宋绍兴二十九年(1159),乃是道州知军州事向子忞所建。向子忞(1107 – 1165),字宣卿,河南开封人,北宋文简公向敏中之五世孙,忠毅公向子绍之胞弟,湖湘学派创始人胡安国之弟子。胡铨《澹庵文集》载《周濂溪先生祠堂记》云:“春陵太守直阁向公抵书某曰:绍兴之初,予尝莅兹土。壬子春,坐诸司诬铄,罢寓丰城僧舍。是秋,文定胡公自给事中免归,亦馆焉,得朝夕请益。一日谓予:‘濂溪先生,春陵人也,有遗事乎?’对以未闻。后读《河南语录》,见程氏渊源自濂溪出,乃知先生学极高明,因传《通书·诚》说,味于其所不味。兹幸复假守视事,三日,谒先圣毕,语儒官生徒:‘先生天下后世标望,诚说具在,后学独不知尊仰,是大漏典,请建祠讲堂后三元阁上。’皆应曰:‘诺。’”南宋景定年间,道州知州杨允恭奏请御书,“壬戌冬(1262),御缉熙殿,亲洒‘道州濂溪书院’六大字,以旌道学之源”。

　　濂溪书院历经多次修葺、重建,清光绪《道州志》载其规制:“正祠三楹,前为礼厅,左为御碑亭,即宋理宗所赐书院额及杨允恭谢表,刻石树丰碑焉。礼厅之前为像厅,有石刻,阳为元公像碑,阴为《爱莲说》。外为棂星门,门临通衢,左右二坊曰‘继往’,曰‘开来’。其右宗子居之,曰‘文献世家’。之门前为仰濂楼,俯瞰濂水,后为太极亭、爱莲亭。嘉靖间宗子翰林博士周绣麟于棂星门内建楼,藏

《濂溪志》书板,后皆毁于火。万历壬辰李桢重建,明季复毁。"

月岩在濂溪故里楼田村西面大约 10 公里处,又名"穿岩""太极岩""万层岩"。光绪《道州志》载:"月岩东西两门,望如城阙,当中而虚,其顶自东望之如月上弦,自西望之如月下弦,就中望之如月之望,故名。"南宋学者度正(字性善)在所著《濂溪先生周元公年表》中说:"先生筑室读书期间,相传睹此而悟太极。"月岩自宋代已显名,多有文人雅士游览题诗。王阳明弟子、时任南京驾部员外郎的徐爱曾作《游月岩》:"长消随朔晦,东西窥俯仰。分明示太极,阴阳始析两。"其诗与李徽纪咏濂溪的理学诗有异曲同工之妙。2015 年 7 月,笔者随张京华教授赴月岩进行为期 7 天的学术考察,统计月岩现存石刻 63 方。

李徽诗刻长 80 公分,宽 54 公分,高 20 公分,阴刻,行书。以往金石著作,如清王昶《金石萃编》、陆增祥《八琼室金石补正》、刘喜海《金石苑》、吴式芬《金石汇目分编》,及近人杨殿珣《石刻题跋索引》等,多不著录明清石刻,相关方志如《永州府志·金石略》《道州志·金石》、光绪《湖南通志·艺文志·金石》亦不载。

兹著录如下:

《拜谒濂溪原祠后恭诣月岩有述》

衡阳风景入潇湘,派接濂溪周子乡。
户外群峰都具体,岩中一窍自含章。
东西俯仰知开阖,上下回环得典常。
道奥无穷陈法象,分明月窟在西南。

观风整俗使者太原后学李徽

(拓本制作:梁广兆)

此诗又见于雍正《湖广通志》、李徽《桐溪文集》和周诰《濂溪遗芳集》。雍正《湖广通志》卷八十八《艺文志》著录此诗的内容为：

《月岩》 李徽

户外群峰都具体，岩中一窍自含章。

衡阳风景入潇湘，派接濂溪周子乡。

东西偃仰知开阖，上下回环得典常。

道奥无穷陈法象，分明月窟在当阳。

比较可知，该版本与石刻的差别在于尾联最后二字，将"西南"改为"当阳"。南为阳位，所以"当阳"与"西南"意思相近。按照平水韵的划分，最后一句"西南"不入韵，改成"当阳"则入韵。

据《湖广通志序》，《湖广通志》于雍正八年二月二十七日开局，雍正十年七月十五日开刻，刊成于雍正十一年，由当时的湖广总督迈柱监修。李徽作为朝廷钦差，乃是纂修此书的其中一位总裁官员。《湖广通志》另外还收录了李徽所著《恭考魏公暨南轩先生墓祠有述》《重建合江亭记》《新建乾州学宫记》等三篇文字。大约在雍正九年，李徽到达永州道县，在拜谒濂溪祠和月岩之后，有感而发，写下这首纪咏濂溪的理学诗，然后请工刻石。推测《湖广通志》上的改动该是李徽在参与编纂《湖广通志》时自己亲手改动而来。

笔者在研究过程中，联络到李徽的同族后人李蔚东先生和李生朋先生，李蔚东先生将李徽的遗著《桐溪文集》影印本慷慨相赠，李生朋先生通过网络传送了《李氏族谱》，二位先生皆为本次研究带来重大帮助。

李徽遗著《桐溪文集》卷十中著录此诗的内容为：

《谒濂溪原祠后恭诣月岩有述》

衡阳风景入潇湘，派接濂溪周子乡。

户外群峰都具体，岩中一窍自含章。

东西偃仰知开阖，上下回环得典常。

道奥无穷陈法象，由来月窟在西南。

《桐溪文集》十卷，是李徽的儿子李建中根据其遗稿编成的，有四种版本。一为清乾隆十七年，由李徽二子李建中收集整理，内阁学士太子太傅陈世倌既翰林院编修宛陵梅毂成作序；一为同治九年刊十三年补刊本，由当时的福建巡抚徐继畲等人赞助，同村梁尊德作序；一为民国十一年重印本，由族人晋绥陆军中校李泮组织重印,晋绥晋北镇守使张树帜作序云:"李徽为吾邑名儒,凡所著述及奏议,多有裨益世道人心之言";一为 2011 年影印本,今收录在《定襄古代文献汇编》。

比较可知,文集与石刻的差别在于将尾联的"分明"改为"由来"。"由来"即由来已久、自古有之之意。这一改动应该是出自于李徽的亲笔修改。

周诰《濂溪遗芳集》著录此诗的内容为:

《谒月岩有述》 李徽

衡阳风景入潇湘,派接濂溪是故乡。

户外群峰都具体,岩中一窍自含光。

东西偃仰知开阖,上下回环悟显藏。

道妙无穷陈法象,分明月窟在南方。

周诰《濂溪遗芳集》刻印于道光己亥(1839)年,爱莲堂藏版。"周诰"或作"周浩",为周氏后裔。存二卷,据底本看,内容不全,有遗失。存诗 105 首。

其诗首联"周子乡"改为"是故乡",意思相近;颔联"含章"改为"含光","含章"意为含有文采和美质,"含光"意为蕴藏光采,寓意蕴含美德,意思也相近;颈联"典常"改为"显藏","显藏"与"开阖"相对,"典常"意为常法,"显藏"意为一显一藏,意思亦有关联;尾联"道奥"改为"道妙""西南"改为"南方"意思相近。

该版本改动较大,距离创作时间最远,故这一版本可能经后人改动而来。

综括以上四种版本,诗刻为作者本人手书真迹,最可依据,所以此次诗刻的发现即有一种参照和纠正的价值。

李徽,《清史稿》有传。《清史稿·列传七十八》载:"李徽,字元纶,山西崞县人,雍正元年进士,授金都御史,充湖南观风整俗使。"

乾隆《崞县志·人物传》提及李徽有《原本堂文稿》藏于家。《定襄文化人物志》载:"李徽,字元纶,号桐溪,崞县北社村(今山西省定襄县北社西村)人,遗著有《桐溪文集》《原本堂文稿》。"

《拜谒濂溪原祠后恭诣月岩有述》乃李徽拜谒濂溪祠游览月岩之后所作。这是一首规整的七言律诗,此诗前两句写景,后两句由月岩景象悟道,皆述道体之无穷无限,变化开阖。首联先从潇湘、衡阳,接入濂溪,颔联从群峰聚焦到月岩,颈联描写月岩的内部环境,尾联则从道的高度来解读月岩的自然环境和人文气象,月岩据说是濂溪观月之盈虚圆缺而悟太极道体之地,诗人以为月岩体现了道体无穷的神奇和微妙。

（《桐溪文集》同治九年刊十三年补刊本，照片由原平县历史文化博物馆馆长温峰著先生提供）

　　首联视线开阔，景象宏大，是谓"衡阳风景入潇湘，派接濂溪周子乡"，短短十四字，由大入小，起承转合，先总写道州的地理位置，点出周敦颐的故里道州和衡阳之间由潇湘连接，也说出了李徽此次来自衡阳过潇湘赴道州的行程大略。"潇湘"即湖南省境内潇水与湘水的合称，湖南省零陵县北因是潇湘二水会流之处，故亦有"潇湘"之称。

　　颔联"户外群峰都具体，岩中一窍自含章"，此两句进一步刻画了细处的精妙，视角独具匠心，作者的视野自远及近，自外而内，首联似是从高远之处概览，颔联则巧妙地将视线收回，从内向外，由外向内，透透彻彻，明明白白。"含章"出自周易坤卦，意为含有文采和美质，《易》曰："六三，含章，可贞，或从王事，无成有终。"《象》曰："含章可贞，以时发也。或从王事，知光大也。"群峰轮廓蜿蜒，从细处看更是显出此处自然的精巧造化，而作者再将视野聚拢，似乎这里每一处的岩中都包含着圣人的气象，不仅因为自然的鬼斧神工，更因为历代人文精神的浸养滋润，才造就出此番人杰地灵的气象。

　　颈联"东西偃仰知开阖，上下回环得典常"，诗人又将视线放至宏观。笔者曾亲赴月岩感受过那里的景色，光绪《道州志》载："月岩东西两门，望如城阙，当中而虚，其顶自东望之如月上弦，自西望之如月下弦，就中望之如月之望，故名。"诗人所处的境地虽有东西之走势，却知晓开阖，与其说诗人在此处是夸赞自然的精妙，不如说是在感叹此处的圣人气象、人杰地灵，难怪培养出周敦颐这一位被历史牢记的大儒。颈联不仅严格遵循七律的对仗规则，而且遣词均是有意的用典，细细品读可知所用词汇与濂溪思想的联系——"偃仰"与"回环"相对,偃仰指俯仰,比喻随世俗沉浮或进退,语出《诗经·小雅·北山》:"或栖迟偃仰,或王事鞅掌",《荀子·非相》亦云:"与时迁徙,与世偃仰";回环指循环往复,语出《关尹子·四符》:"五行之运,因精有魂,因魂有神,因神有意,因意有魄,因魄有精,五者回环不已",此组对仗与周敦颐在《爱莲说》所说"出淤泥而不染,濯清涟而不妖"有遥呼相应之意。"开阖"与"典常"相对,开阖即开启和闭合,《淮南子·本经训》云:"四时者,春生夏长,秋收冬藏,取予有节,出入有时,开阖张歙,不失其叙,喜怒刚柔,不离其理";典常意为常法,语出《书经》:"微子之命,率由典常,以蕃王室",此组对仗意有跟随自然天地常道的变化而变化并从万物的生生不息中体察天地气象、感受阴阳动静变化的意韵,周敦颐不去窗前草与自家意思一般,正是此意。

尾联"道奥无穷陈法象,分明月窟在西南",则借月岩乃启发周敦颐思想之处的典故,直言月窟是表现玄奥道法,万物百象之地,诗人又将视线落到实处,停留在了月窟,然而我们的视线与精神都随着诗句四散在此境地的道气法象之中。"法象"指天地间的一切现象,语出《易经·系辞传》:"是故法象莫大乎天地,变通莫大乎四时。"然而最后的"西南"并非《易经》之西南,而应当指地理方位意义上的西南,因为月岩东西走向,站在月岩中间往西南方向望正好可以看到一轮"圆月","月窟"即月亮似的圆圆的窟隆,此二字用得形象又准确。《伊川击壤集》中有《观易吟》云:"耳目聪明男子身,洪钧赋与不为贫。须探月窟方知物,未识天根不识人。乾遇巽时观月窟,地逢雷处识天根,天根月窟闲来往,三十六宫都是春。"道是无处不在的,道在瓦甓,在屎溺,道又是无处不定在,恢恑憰怪,道通为一。象山曰:"事外无道,道外无事",道是无穷无尽的,所谓格物致知,人正是在认识外在的事事物物过程中、在内心的良知呈现时逆觉体察和认识到自我和天道不仅尽数体现在天地自然的事事物物之中,也无不展现在人心的真切情感流露处,此处之自然景观更是无处不呈现着道的法象。此处,也可理解为诗人胸中自有道奥的呈现,故此观万物皆有法象。

整首诗作前两联描述地理风貌,后两联则结合周敦颐和月岩之关系,写出月岩奇奥形貌下玄妙无比的哲学内涵。此诗遣词简单朴实,然而在简单朴实的刻画中却见作者的气象与胸襟,诗人将整体的景象描绘法象的遍陈,最终指向却是此处的人文气象,诗人在赞美自然之余,更多的是抒发对圣人之地的敬仰与赞叹之情。整首诗在朴素中见宏大,有收有合,大有可意会不可言传之妙。

从文学角度来说,古典美学注重言有尽而意无穷,即要通过有限的意象表达无限的意蕴。这是一首近乎理学家的诗,虽有意象,但落脚点在说理,表达诗人对道的理解,以及对前贤的景仰。也许从文学的角度说,这并不是一部出色的作品,然而从理学的角度说,这是一首很不错的体道之作。诗人将理学的精神和思想以写诗的形式表达出来,由此实现了一种自我体察天道人心的自我抒发与排遣。《书经》曰:"诗言志,歌咏言",志乃诗的一个最重要本质。吟诗乃人生中一大要项。孔子有言曰:"诗可以兴","兴"乃是兴发的兴。诗歌短小精悍、韵律优美、意境无穷,相比较于大部头的著作,读诗更加容易调动人的情绪,鼓荡人的精神,使得人对生活、对自我有一种更加敏锐的自觉,将人从庸碌的日常生活中"振拔"起来,避免人被生活事务缠住,使得生命带境界提升不上去,故"兴"乃诗的一个大义。千虚不博一实,古人不说闲话,皆是明实理,做实事,且大抵行贵精进,言贵简约,理学家写理学诗正要警策和勉励人不要终日流连于华丽但却虚浮的文辞中乐而忘返。周敦颐《通书》中说:"文所以载道也,轮辕饰而人弗庸,涂饰也。况虚车乎? 文辞,艺也;道德,实也。美则爱,爱则传焉。贤者得以学而至之,是为教。故曰:'言之不文,行之不远。'然不贤者。虽父兄临之,师保勉之,不学也;强之,不从也。不知务道德而第以文辞为能者,艺焉而已。"朱子亦曰:"人须要奋发兴起必为之心,为学方有端绪。古人以诗吟咏起发善心。"理学诗并不是从清代开始,宋儒金履祥曾将周敦颐、邵雍、张载、二程等五十余位宋代理学家的辞、赋、戒、赞等四百余首文学性文字编辑在《濂洛风雅》中,唐良瑞为之作序言曰:"味其诗而溯其志,诵其词而寻其学;言有教,篇有感。"近人钱穆先生亦尝编《理学大家诗钞》,其自序云:"斯钞一以显示作者之日常人生为主……一为诸家之论学语……读者得斯钞,可供进窥理学一新门径……读者果能忘其为诗,一吟一咏,直向自己性情日用中反身默会,则诚如程伊川言:'未读《论语》前是一人,读《论语》后将会另是一人,此始为善读《论语》。'斯钞窃亦有意于此,以待读者善求。"

(原载 2016 年第 3 期,作者单位:深圳大学)

乾隆十一年月岩段汝霖诗刻考述

✳ 朱锦程

　　月岩,旧名穿岩,又称太极岩,位于今湖南省永州市道县西清塘镇都庞岭东麓。是一处由远古河流冲刷而形成的大型河道穿山石灰岩溶洞,自然环境特殊。清人段汝霖所撰《楚南苗志》中记载:"月岩,在道州西二十五里。东西两门,可通往来。望之若城阙,当洞之中,而虚其顶。自东望之,如月上弦。自西望之,如月下弦。自中望之,又如月之望。随行进退,盈亏异状,俗以其形像月,故呼为月岩。"

　　月岩所在的永州位于古代荆楚至岭南的水路通道上,境内山清石秀,文人骚客往来题咏颇多,且保存较好,是国内现存摩崖石刻最为密集的区域之一。代表者有号称"南国摩崖第一"的浯溪碑林。永州摩崖石刻呈现着清晰的阶段性,依朝代为序,唐代开辟,宋代是流寓,明代着重在纪念宋儒,称之为"寓贤",清代多作石刻著录研究。具体到月岩而言,虽然自然环境特殊、奇妙,但使其名闻天下的却是寓居此地的宋代大儒周敦颐。周敦颐原名敦实,字茂叔,谥号元公。因其对儒学发展所作出的突出贡献,后世又尊为"道学宗主",学界一般称作濂溪先生、周子。相传周子曾在月岩筑室读书,受月岩自然环境的启发,悟道太极。宋度正《周敦颐年谱》载:"濂溪之西有岩,东西两门,中虚,顶圆如月,出入仰视,若上下弦,名月岩。先生筑室读书其间,相传睹此而悟太极。"至民国时期,月岩内尚存濂溪祠即周子读书处屋宇,今仅存基址湮没在荆棘丛中。随着道学的发展与传播,后人多追慕周子而游访月岩遗迹,并在洞内题刻诗文以表瞻仰、怀古之意。据统计,在明清集志中,学者和官员直接以月岩为题的诗文有 72 篇。而今月岩尚存南宋及以下历代摩崖石刻约 63 幅,内容多与周子、太极有关。

一　段汝霖诗刻著录

《乾隆丙寅孟夏游月巖》

梯雲天柱表,豈及此巖奇。启母嵩山叟,開從太乙時。八千約户牖,三五共蒻籬。靜會圖書意,結璘莫擅闒。

奇抉義文秘,象徵龍馬先。□蒙啓玉宇,光靄煥瑤遍。理具陰陽體,形同上下弦。瞻□從仰止,風月渾無邊。

我來探月窟,即此見天心。景洞清虛得,道由圖書尋。盈虧終色相,變合入高深。千載無周子,管窺直到今。

剌史晴川段汝霖偶題併書。

石刻呈矩形,高宽 100cm × 195cm,位于月岩石刻群底部。左、右两侧均为民国年间所题刻榜书,皆晚于此题刻。全文分作八行,各行字数不一。字迹大致清楚,唯中部有一水平风化残痕,致部分刻字难以释读,其中第五行"风月浑无边"中的"月"字似补刻。诗刻为五言诗,先描述月岩自然环境,后追思周子悟道。

二 段汝霖生平辑考

此题记书刻于乾隆丙寅年孟夏,即乾隆十一年(1746)四月。落款处为"剌史晴川段汝霖"。"剌史"制度源自西汉文帝时,初为地方监察官,东汉末期逐渐演变为地方行政长官的称呼,宋元以后剌史之名逐渐废止。明清时,文人有以汉唐等前朝官名作为本朝官雅称的风气,剌史又被用作知州的别称。乾隆十一年段汝霖时任道州知州,故借用古语,自称剌史。

"晴川"应是化用唐代诗人崔颢《黄鹤楼》中"晴川历历汉阳树"诗句,借指汉阳地名。明代嘉靖时,汉阳太守范之箴在龟山东麓禹功矶建阁楼,就取崔颢诗意命名晴川阁。段汝霖正是湖北汉阳人,故自称"剌史晴川段汝霖"。据史书记载,段汝霖,字时斋,号梅亭。雍正四年(1726)举人,十二年(1734)任湖南安化知县,乾隆四年(1739)升龙山知县,九年(1744)迁道州知州,十二年(1747)转永绥厅同知,十九年(1754)擢云南楚雄府知府,遇家丧丁忧去官,乾隆二十一年(1756)补福建建宁府知府。

同治《永顺府志》记载:"段汝霖,湖北汉阳人,举人,由安化县知县调,乾隆三年任,九年升道州知州,有传。"《永顺府志》言段于乾隆三年任龙山知县,当误,应为四年。嘉庆《龙山县志》载段任龙山知县时曾主持重修文庙,并撰文《重修文庙记》,其文曰"汝霖以己未令龙山,越庚申辛酉",己未年即乾隆四年。从史料的时间先后及表述的详细程度而言,应取乾隆四年之说。另湖南省花垣县地方志编纂委员会《花垣县志》言段汝霖在龙山知县前曾任教谕,但未有详细记年,且未标注所依据文献。乾隆时人龚学海有《湖南全省苗志序》:"予友晴川段君,以名孝廉起家县令",直言段自县令起家。

《湖南全省苗志序》又载段汝霖"丙子,以补官来京师",丙子年即乾隆二十一年,应为补福建建宁府知府事。

段氏自雍正十二年入仕,至乾隆十九年擢迁云南楚雄,其间在湖南为官二十余年,历任安化、道州、龙山、永绥等地,多处于苗汉杂处的地区。故《湖南全省苗志序》称段汝霖:"以名孝廉起家县令,而丞、而牧、而守。所历皆'苗疆',而于楚南为最久。"

明清以来湘西苗汉矛盾尖锐,多次演变成军事冲突,"康熙二十四年,苗犯泸溪,抢鱼梁,天兵压境。凶苗凛凛焉。然余烬未息,六里生苗,不时出没。四十二年,赵恭毅公讳申乔奉命进剿"。而段氏熟谙苗情,治理得宜,在其任道州知州时,亲赴各地查勘,劝导边民实行"卡房"制,使境内大致确保无虞。"卡房"制,即在苗乡周围的州县设立关卡哨岗,组织团练乡勇,十人一什,百人一练,使其互相警戒,不许为非作歹。光绪《湖南通志》称段氏"廉洁而勤于政治,抚民苗以诚信,皆服其化"。

同治《安化县志》载段氏有诗《西山晓雾》:"占断山巅阴与晴,衣冠早起望西城;雨犹潮湿乾忧稼,晓雾惟祈夏日生",诗文中体现出其对百姓农业生产的关切和忧虑。由于在任期间驭民有方,并颇有治绩,所以深得民心。史称段汝霖为政"宽猛相济,民无怨讟"。

嘉庆《龙山县志》又有段氏《留别龙民》一诗:"欲赴京华道路长,停鞭那忍马蹄忙;邮程屈指来难定,民事关心去未忘;但以好言酬父老,莫教佳日误农桑;春风似有攀辕意,吹绾丝丝柳几行",表现在离任龙山知县时对民众的不舍及感念之意。

举人出身的段汝霖,不仅在调和汉苗冲突及地方行政的处理上取得不错治绩,而且在为官期间很重视文教。同治《安化县志》载,在其任安化知县时,曾撰文表彰县中亲孝事迹。嘉庆《龙山县志》载,乾隆六年(1741),时任龙山知县的段汝霖,倡议乡里捐助修补文庙,并撰《重修文庙记》。记曰:"邑之有学宫也,自雍正十一年始。时新疆初附,百度甫兴,营建规模率皆草创,历年以来风雨剥蚀,渐就倾颓,甚非所以妥先王、光文教也。汝霖以己未令龙山,越庚申、辛酉,岁有抚绥事,簿书鹿鹿,经理弗遑。今幸政清人和,年谷顺成,爰商诸学博叶君黄,叶君欣从之,且愿助其事。乃先捐俸以为之,倡都人士具量力共襄。而诸生鲁与义、田封荣、晏楚国等尤踊跃,经费出总作省监,悉委任焉。鸠工庀材,塌者筑之,缺者补之，漶漫者丹黄之，不数月而功竣。汝霖喜庙貌之新，而嘉邑人之相与有成也，乃进诸生告之曰：读圣人之书而不以圣人之心为心，是背道也；沐圣人之泽而不以圣人之所凭依者，为心忘所自出也。邑以荒陋边徼，新隶版图，我皇上一视同仁，设庠序建师儒，岁科试置弟子员，如小学例。近复添廪增岁贡额，去椎髻之俗，而衣冠之鼓舞，作育数年于兹矣，生其时者宜如何！厚乎与登美富之堂，景仰前哲，摩挲俎豆，其必有感激振拔而不能自已者矣。抑人之为学，如营室然。始创建之，又宜以时绸缪之。至于内腐外摇，鏪漏百出，始谋所以补苴焉，难矣。今汝霖与诸生新斯庙，诸生即以新斯庙者自新其学可也。即以语诸生，因次其语以为记，并质之学博，以为何如。时乾隆六年八月也。"

乾隆十一年，段氏任道州知州时，督修濂溪故里元公祠。撰《重修故里祠堂祭文》，文曰："乾隆七年，州刺史陈嘉穀请帑鼎建，州守段汝霖奉旨监造。十一月告成。"如前文所述，乾隆九年段汝霖才擢迁道州知州，监造之事不当在乾隆七年。另周诰《濂溪志》载："乾隆七年三月十九日，博士周枚以重修故里元公祠，呈请于州。本月二十五日，州牧陈嘉穀详府申司转院，饬准核减，估计实需银肆百叁拾壹两零。造册详咨奉准部覆，准其于乾隆八年，存公银内动支修理。乾隆十一年州守段汝霖督修工竣，造册详销。"由此可知，乾隆七年时任道州知州的陈嘉穀（乾隆五年始任）提出修缮元公祠，次年被批复准许。由于施工期长，乾隆九年新到任的知州段汝霖接替原知州陈嘉穀继续负责督修事宜，直到乾隆十一年才竣工。

乾隆十三年（1748），段氏任永绥同知时，主持编纂《永绥厅志》。《湖广湖南苗志》载："戊辰，杨大中丞讳锡绂来抚湖南，谕霖纂修《永绥厅志》。"戊辰年即乾隆十三年。乾隆十六年（1751）书成，是第一部交付刊印的《永绥厅志》。段汝霖在《重修永绥厅志序》中自叙，在他之前，时任永绥同知的梁灿即撰有部分《永绥厅志》书稿，但因为刊印费用欠缺、梁灿的离任及刊印者迁移等诸多原因，致使书稿大部分散佚。段氏继任后，只获残篇数十页。在此基础上，历经三年的笔耕，终于撰就此志，并付梓印刷。

全书纲目为一卷：星野、舆图、城郭、形胜、开创、学校、祀典、公署；二卷：秩官、风俗、山川、市廛；三卷：都里、古迹、天赋、户役、仓储、兵制、灾祥、选举、人物、寺庙；四卷：物产、艺文。书中对湘西苗族史事及风俗的记载颇为详细。南京市图书馆藏有乾隆十六年刻本。

乾隆十五年（1750），段氏又奉湖南巡抚杨锡绂谕委，主持编纂《楚南苗志》。《湖广湖南苗志》载："庚午，开大中丞讳泰又以是谕。……越五月而书成。"庚午年即乾隆十五年。乾隆二十三年(1758)刻印刊行。

全书共分六卷,详细记载苗人(另有瑶族、土家族)历代称谓沿革、地理气候、土地物产、风俗好尚、言语衣冠及历代治乱叛服,分门汇纂,考核周详。史称"体例冗杂,叙述亦不甚雅驯",但"得诸见闻,事皆质实","治苗者奉为圭臬焉"。段氏在序言中自语:"取古今之书,与郡县通志有关苗疆者,并查找我朝一切剿抚文案,分门编纂。其中或出于己见,或访之刍荛,汇为一帙。"可见此书资料的主要来源,一是历代文书档案及史籍记载,二是作者的实地考察与探访所得。此种撰法,颇有太史公作《史记》遗风。后《四库全书》编修时,由湖北巡抚采进,列入《四库全书总目》。此书所搜集和保存的资料,在后世对西南少数民族的认知和研究中具有重要价值。此外宣统《永绥厅志》还收录段汝霖在永绥同知期间所作的十篇描绘《永绥旧城十景诗》:

《梅井泉甘》:泉涌香甘梅瓣同,同归开辟此城中。渊渊不假人穿凿,一井资生万井功。

《荷池香泛》:荒烟蔓草卫城基,猗傩香生夏日宜。宋代园亭湮没尽,崇山犹胜一荷池。

《西山晓雾》:占断山巅阴与晴,衣冠早起望西城。雨犹潮湿干忧稼,晓雾惟祈夏日生。

《东阁晚钟》:嘹亮钟鸣寺阁东,晚风遥送暮烟中。一声撞醒三苗梦,始信元音识圣功。

《圣水来潮》:官衙岑寂对横琴,万籁无声香印心。何处鸣雷从地起,小西门外有潮音。

《灵岩瀑布》:龙岩喷水下龙潭,百丈珠帘雨后憨。一隙源头休薄视,直通舟楫济湖南。

《排楼映月》:双双螺髻峙云端,叠嶂便宜夕照看。幻出蜃楼山市里,可知陆地亦波澜。

《文笔凌云》:点化愚顽扫尽凶,朝廷设馆细陶镕。他年定叶浚云兆,景运天开文笔峰。

《五指排空》:五峰如指插晴空,造化由来布置工。应是拏云伸妙手,高攀丹桂向蟾宫。

《三台拱秀》:拱照奇峰笔架排,太微垣里映三台。公余翘首东南望,秀色参天入坐来。

三　诗刻内容考释

"梯云天柱",指道州境内的梯云山与天柱山。永州多山,《永州府志》记载道州即得名于营道山。光绪《道州志》载梯云山又名王婆岭,位于道州西门外的濂溪祠后方,史称"山石层叠如云,奇峻可观"。当地族人多围在山脚居住。南宋大诗人陆游曾在山壁题刻"诗境"二字,明代都御史顾璘也有在此题刻"元石"二字。道光《永州府志》载天柱山位于宁远县北九十里,史称"形如柱立""孤峰独峙,壁立秀举",而且山中石壁呈现不同颜色,从远处欣赏,美景如画。《吴越春秋》记载大禹曾得知在"九山东南天柱"有治水妙方,于是东巡至衡山寻找此书。一说"九山"即宁远九嶷山,"天柱"即天柱山。梯云、天柱二山皆以秀美、险峻著称,但段汝霖却认为不及月岩奇美。徐霞客在《楚游日记》中记载其畅游永州山水后曾言"永南洞目,月岩第一"。明代思想家顾宪成在其撰写《游月岩记》中详细描述月岩的奇特:"既至,历岩而登,下而就几少息焉,徙倚四顾,奇石森列,满壁而是,眉睫之间,变幻分杳,应接不暇。即王子猷山阴道中不知有此否。哲庵氏曰:'吾闻诸志矣,如走狼、如伏犀、如龟蹒跚、如凤翔翔、如龙蛇蜿蜒,可谓笔端有尽。'予曰:'未尽也。'拟为之名,卒不得其似而止。遂与二君徐步而前,就其中望之,既圆而朗,果如其言,不谬。"

"启母",即大禹的妻子涂山氏。相传大禹为治水而化作黑熊,与涂山氏相约以鼓声为号来送饭。不料落下的石头误击中大鼓,涂山氏来送饭时,发现大禹变成黑熊,羞愧的慌走,到嵩山附近化为石头。大禹知道妻子有孕,要求得到孩子。后石头裂开,生下儿子启。"嵩山叟",相传为晋朝时人,不幸失足坠入嵩山北侧的洞穴,但却侥幸不死,并在洞中偶遇两位仙人,在仙人的指点下靠玉浆、石髓充饥果腹,历经半年多才从四川的青城山走出洞穴。"启母""嵩山叟"都是极具传说色彩的故事形象。"太乙"又作太一、泰一、泰壹或泰乙,是道家认为天地万物形成的本源。"户牖"本指门和窗,又比喻学术上的门户、流派。刘勰曾赞誉刘向的《说苑》是一部"越世高谈,自开户牖"的著作。本诗前三联分别从空间、时间上由远及近地描绘了月岩的地理环境。月岩奇绝的地貌,为下文中的理趣埋下了伏笔。"静会图书意"中的"图书",指河图、洛书。河图是五行的生成和方位数图,洛书也是数图。但前者为十数、五数或四数,后者为九数。洛书晚于河图,但都产生在遥远的远古。二者原是天文历法数图,后来发展和应用到许多方面,被当作了天地万物的统一规律。"结璘"意为奔月之仙。"龙马"指代《周易》中的乾坤二卦,泛指阴阳,可推展到世间万象。中间数联,由象及理,从月岩内外各个角度类似月亮上下弦不同形态的奇景,让诗人体会到其中蕴含着自然之理。诗中把月岩比喻为月亮,故有"玉宇""光霭"等形容。月岩之所以让人百看不厌,常看常新,正是由于它的形态和名字无穷的道理,美好风光和独特理趣的结合使人能长久探索而不觉重复乏味。最后三联,诗人已经领会到,盈亏变化终究只是"得象",背后的高深道理难以言喻,千年以来唯有周子《太极图说》最解道体深意,没有周子这样天资灵秀之人物的点化,凡人的一番琢磨,往往也只是以偏概全的观感而已。诗人由此更升起了对周子的景仰之情。

段汝霖通过科举中举,自然十分熟悉儒家学说,而诗中却多处借用有道家思想的意象。自唐以来,在中国思想史上开始出现儒释道三教合一的说法。唐太宗李世民曾下诏自称是道家创始人老子的后裔,"朕之本系,出于柱史"。民间又有宋太祖赵匡胤与陈抟华山对弈的故事等。北宋时期,道家思想在社会上有很大的声势和影响,有学者认为周子在作《太极图》时,即受到道家的影响。周子的这种学问品格,也广为后世所了解。全诗由赞叹月岩之景奇绝,到探究月岩奇观所蕴藏道的法则。由表及里,得意忘象,表达出诗人对周子学问境界的钦佩之情。

参考文献:

[1][清]段汝霖撰,伍新福校点.楚南苗志[M].长沙:岳麓书社,2008.

[2]周平尚,张京华.摩崖石刻研究的甘苦冷暖[J].湖南科技学院学报,2015,(7).

[3]李花蕾.民国月岩石刻考述[J].湖南科技学院学报,2016,(7).

[4]朱雪芳,唐厚裕.月岩悟道:月岩自然景观与《太极图》关系试探[A].陈明,朱汉民.原道(第23辑)[C].北京:东方出版社,2014.

[5]张应和,田仁礼.湘西土家族苗族自治州苗族古籍总目提要[M].北京:中央民族大学出版社,2009.

[6]周生春.吴越春秋辑校汇考[M].上海:上海古籍出版社,1997.

[7][明]徐宏祖.徐霞客游记[M].上海:上海古籍出版社,2016.

[8][清]马骕撰,王利器整理.绎史[M].北京:中华书局,2002.

[9][宋]李昉.太平广记[M].北京:人民文学出版社,1959.

[10]王兴业.河图洛书探微[J].周易研究,1993,(3).

[11]周建刚.周敦颐研究著作述要[M].长沙:湖南大学出版社,2009.

(原载2017年第1期,作者单位:湖南大学)

道光三年月岩周建官诗刻考述

✳ 陈　晨

湖南永州道县月岩今存道光三年周建官诗刻,释文如下:

《戊寅自芝城甦還復经洞中口占》:

分明太極個中人,千載長留不老春。悟到一身探月窟,行間两足躡天垠。循環有象真活潑,造化無言契渾淪。故址尚餘庭草翠,風光满眼識迷津。

萬古大疑形大地,別開一竅露先天。人来洞府如懷谷,地近鴻蒙訝太玄。一綫生機真有本,是般精意浩無邊。向来共話陰陽體,誰把乾坤動静傳。

峕大清道光三年三月上巳坐被除日也,後裔曶然建官題。

石刻呈矩形,高宽 90cm × 75cm,位于月岩石刻群底部,左侧为民国时期题记,右侧为明万历年间题记。全文分作十五行,每行字数不一,字体行楷,字迹大致清晰,但石面有三条较细的风化痕迹,以致有少数文字难以释读。全文包括题目、七律二首和落款。

诗刻作者为北宋理学开山学者周敦颐(1017－1073)的后裔,落款省去姓氏,直书"后裔曶然建官題",故作者全名应为周建官,曶然是其字或号。周建官事迹不详。据清光绪三年(1877)《道州志·人物·耆老》记载:"庠生周建官八十二岁。"《耆寿》名录记载顺序为随到随登,不分先后。因为《耆寿》所载周建官与石刻作者处同一地域和时代,故推测为同一人。诗刻作于道光三年(1823),周建官时年二十八岁。诗刻题目中的"戊寅"指道光三年的日期,即道光三年正月初八。按"戊寅"如果是指年份,即嘉庆二十三年(1818),然而诗刻题于道光三年(1823),时间不符,故戊寅为日期。依《二十史朔闰表》,道光三年正月辛未朔,则戊寅日为正月初八。周建官自道州至芝城(今永州零陵),于三月初三上巳日复还道州,再次经过月岩,并留下口占。诗刻内容由观赏月岩奇特的地貌,产生了超越世俗的想象。

前一首诗,首联中"太极"是中国古代哲学的重要范畴,在儒、道两家思想中都占有重要地位并得到广泛运用。据目前所见,其最早出现于《易经·系辞传》与《庄子·大宗师》中。《易经·系辞传》中有"是故,易有太极,是生两仪"的词句,其中的"太极"范畴,已经由"大衍筮法"中蓍策未分、奇偶未形之意,逐渐延伸为哲学层面上天地混沌未分、阴阳未辟未交的宇宙本原的涵义,此一点在周敦颐《太极图说》中得到了明显的继承和发挥。《庄子·大宗师》中也有"道在太极之先而不为高"的说法,此处的"太极"指时空的最高极限,"道"于"太极"而言也仅仅具有逻辑上的先在性而非时间上的先在性。从周敦颐的"无极而太极""太极本无极"的表述中,其"无极"和"太极"是在不同角度对宇宙终极状态的一种表达。此联描绘的"太极个中人",应为体道、悟道、得道之人。得道之人超越于生死变化之外,所以能够"千年长留不老春",这是颇有道家、道教色彩的一个开头。诗刻处在月岩这一特殊环境,此得道之人亦可指周子。

颔联中"天垠",指极远的地方。东汉张衡《七辩》有句:"览八极,度天垠,上游紫宫,下栖昆仑。"此联写诗人在月岩中探查、行走,仿佛觉得自己已经穿越到遥远的天际。

颈联中"造化"意为大自然。《论衡·自然》:"天地为炉,造化为工,禀气不一,安能皆贤?"李白《与韩荆州书》:"君侯制作侔神明,德行动天地,笔参造化,学究天人。""浑沦",指宇宙形成前的迷蒙状态。《列子·天瑞》:"浑沦者,言万物相浑沦而未相离也"。此联从现实的视角看,是诗人在月岩中观察到月象变化的灵动活泼;从体道的角度看,则是领悟了道显现为活泼的万象,大自然无言地点化出宇宙原初的意义。

末联"故址"应指周子曾行走、生活过的月岩一带地方。程颢曾说:"周茂叔窗前草不除去,问之,云:'与自家意思一般。'"时间正值春季,满眼的芳草生翠,使诗人在自然风光的感染下,对道和宇宙有了新的认识。

后一首诗,首联"先天"一词首见于《易经·乾卦·文言传》:"先天而天弗违,后天而奉天时。"后人称陈抟所传《易》学为"先天《易》学",此先天《易》学,传为伏羲氏之《易》。《周礼》"太卜……掌三易之法"。朱元升《三易备遗》注云:"伏羲之《易》,小成为先天,神农之《易》,中成为中天;黄帝之《易》,大成为后天。"罗泌《路史》云:"伏羲氏之先天,神农易之为中天,神农之中天,黄帝易之为后天。"炼丹家将"先天"引申为生来固有,"后天"引申为人为的修炼,陈抟在丹道的炼养之中,视先天重于后天,故世称先天道派。此联用此典,描绘宇宙起源、大地形成的过程,把月岩的神奇景观比喻为大自然"别开一窍",令人能参悟自然奥秘的一个通道。

颔联中"洞府",多释为神仙之居所。二字连用起始于南朝沈约的《善馆碑》:"至道玄妙,无迹可寻。寄言立称,已乖宗极。神宇灵房,于义非取。九仙缅邈,等级参差。或藏形洞府,或栖志灵岳。达人独往之事,志非易立;餐松饮涧之情,理难轻树。止欲渐去喧嚣,稍离尘杂。"此意在点明求道之所应远离尘世,或在洞府或在高山。其后,洞府一词为道教所用,成为指代道教神仙、信徒居住场所的专用名词。周敦颐在各地游览寺庙道观时,留下了多篇使用"洞中境""洞府深"等语辞的诗文,透露出他对于道教"真境"的向往。"洞中境""洞府深""真境"等语辞为道教理想境地。道教将其理想境地分为十大洞天、三十六小洞天,以及七十二福地。在诗作中周敦颐还使用了大量老庄风格的语词来表达其心思与心境,如"无事""冥默""无音""静"等源自《老子》,"天机""隐几""倚梧""达士"等则与《庄子》有关。在周敦颐会通三家思想的胸襟中,这些用以表达人生生存意境的特殊用语,正表现出他内心不时流露出的道家生活情趣的一面。"怀谷",《老子·十五章》:"敦兮其若朴,旷兮其若谷",形容善于行道的人,空豁开阔,像深山的幽谷。"鸿蒙",指宇宙形成前的混沌状态。"太玄",或指天人之际的大奥秘。西汉扬雄曾模拟《周易》而作《太玄》,说:"夫玄也者,天道也,地道也,人道也,兼三道而天名之。"此联承首联,继续借月岩探究宇宙自然的奥秘,把月岩比喻为道教中的福地洞府,让人联想到类似宇宙刚刚形成、接近天人之秘的境界。

颈联中,诗人感叹月岩蕴藏着令人顿悟的造化奥秘和自然生机的钥匙,身临其境,越来越感觉到其中的精义广大无边。

末联中"阴阳体""动静传",转借《太极图说》:"太极动而生阳,动极而静,静而生阴,静极复动,一动一静,互为其根。"此联引用周子学说,蕴含着诗人对周子的崇敬和追思。

落款中"祓除"是一种民俗。"上巳"即农历三月三日,人们在这天要到水边举行一种叫做"祓除"的仪式。人们聚在水边沐浴、熏身,用各种草药擦洗全身,以水除垢祛病,并有到郊野寻芳探胜的习俗。周建官选择在三月三日来到月岩,或许和这一风俗有关。

　　清代月岩石刻所存二诗,皆参赞造化的奥秘,在义理层面表达了对太极、易道、道家老庄思想的理解和阐发,用典精熟。后裔周建官好学深思,在人生情调上也继承了不少的周子遗风。

　　参考文献:

[1]陈垣.二十史朔闰表[M].北京:古籍出版社,1956.

[2]袁宏.周敦颐"太极"观的美学特质[J].周易研究,2007,(5).

[3][宋]朱熹.周易本义[M].上海:上海古籍出版社,2002.

[4][清]孙诒让.周礼正义[M].北京:中华书局,1987.

[5]程庆元校笺.沈约集校笺[M].杭州:浙江古籍出版社,1995.

[6]陈鼓应.论周敦颐《太极图说》的道家学脉关系——兼论濂溪的道家生活情趣[J].哲学研究,2012,(2).

[7]陈克明点校.周敦颐集[M].北京:中华书局,2009.

(原载 2017 年第 1 期,作者单位:中山大学)

民国月岩石刻考述

✳ 李花蕾 ●

引　言

　　月岩摩崖石刻这处濂溪故里的名胜之所，到了清末民初，大约由于世局的动荡，一度冷落下来。民国二年（1913），王钝根、陈蝶仙（天虚我生）创办《游戏杂志》月刊，由上海中华图书馆印行，在民国四年（1915）第16期"谈丛"栏目中，刊出了署名"漏仙"的游记《道州游月岩、含晖洞记》，说月岩"自昔游者鲜至"，进而想要为月岩辩护，"而山水实奇"。其文云：

　　"永州山水，若浯溪，若淡岩，若窊罇，若石鱼湖，士大夫类能道之，独月岩，自昔游者鲜至，而山水实奇。岩在道县（旧为道州，属永州府）城东门外三十里，周濂溪尝读书其中。出道州城，遥望石山万笏，棋错云奔，圆者中规，方者中矩。丰上而削趾者，如车盖，如菌。耸者如解箨之竹，伏者如蹲虎。斜而垂者如臂鹰，如磐雕。磊砢突兀以怒者，如牛斗。偃蹇崎岈，回视而相望者，如塞马之呼群。万态千状，不可方物。行七八里入山，石径险仄，盘纡若蛇行。窾窍号风，鸣泉戛玉，凄神寒骨，猿鸟绝踪。如是十余里，始见土山，乃有嘉卉竹箭之美。再进，得小村。村尽，抵山麓，坡间卧五石如覆釜。乱泉瀄汩，濂溪之源自是出焉。濂源之东不百步，石崖屼嵲，其下若辟门，高千余尺，深亦如之。门之巅多石罅，石乳丁冬下滴，结为诸佛菩萨及草木鸟兽虫鱼之状，若坠若续粘其巅。罅之巨者，宽广数十尺，望之深黑，中藏白蝙蝠，闻人声则惊起，拍拍群飞，如坛口之蠓蠓。石门以内，豁然平朗，照见天日，围广几千丈。石壁缭之若圆穹，露其顶，窥见天心如满月，又如太极图。正中立庙，祀周子，盖是即濂溪先生读书处也。四周石壁间，藤萝蔓生，青翠偃拂，微风动之，香气郁勃。东壁镌四字曰'月到天心'，书法遒劲，不署名，当非近人所劚。其后亦有门，低于前殆半。门外有悬瀑，飞霅溅雪，下坠深潭，其声瑽瑽然。潭下流为溪，屈折顿伏，势若远逝，而卒会于濂而止。

游是岩者,前后二门均可入。余自前者入,仰见天光,自月心斜映,初如纤眉,渐如玦,如半规而圆,为上弦之月。既而自后之门出,却步而视之,亦见由圆而如半规、如玦、如纤眉而尽,是类下弦。岩之奇,奇于是。岩之名,名于是。而来此作岩中之游观者,亦观止于是矣。"

但是到了民国十三年(1924)以后,月岩石刻又悄然兴起。首先有邻县宁远望族欧阳纪璆出任县长主持的重修,继有民国十五年(1926)县长高炳垓的重修。大约十年后,有民国二十六年湖南省保安处长刘膺古、县长张之觉,以及民国二十七年(1938)县长魏籽耘的题榜。随之有民国三十三年(1944)刘濂滨、民国三十六年(1947)县长周仁术的题榜。

据1994年版《道县志》,民国三年湖北夷陵人望云亭曾任县长。望云亭于民国四年至十二年任零陵镇守使,在朝阳岩有题榜,但在道县则无,可能即与世局相关。此下则欧阳纪璆、高炳垓、张之觉、魏籽耘、周仁术五人,均为道县县长,似乎维护与呼应月岩石刻已成县官的本职。

民国时期,月岩内的濂溪祠即周子读书处屋宇还在,如游记、碑记所说,"正中立庙,祀周子,盖是即濂溪先生读书处也","岩中有屋二栋,上为周子祠,下为游客托足之所",如今仅存基址隐没在丛棘之中。

一 民国十三年甲子欧阳纪璆《重修月岩记》

重修月岩记

月岩距县西三十里许,其岩东西两门,岩洞中虚,形如月望,东西相视,若上下弦焉。明代时,表其岩曰太极,盖以其中之圆虚通天者为太极。由东西二岩观之,始知动而生阳,静而生阴。岩畔溪流,群峰矗立,皆具五行之象。此天地之太极宛然在目,可一览而竟者。周元公读书于此,参悟道真,作《太极图》,以续孔孟不传之绪。是天示其象而元公独启其秘也,岂非天地间一大灵境哉!岩中旧建祠宇,为风雨所蚀,以致游人每增感叹。癸亥冬,□□来守是邦,明年,偕掾幕往游,因见荒芜不治,梁倾桷坏,殊非所以崇道致敬。屡商□□□会长□□,亟谋修葺。首由小坪廖氏倡捐,新其祠宇;继劝邑绅醵资,葺其客舍。开轩垣牖,一榻三案,披蓁斩棘,剔藓除苔,王道荡平,使游人得以憩息驻足,以极仰观俯察,继往开来,殆亦有司崇古之微意也。夫捐资姓氏,勒诸碑阴。爰属同僚,用志始末。是为记。

中华民国十三年夏正甲子冬十月,知道县事宁远欧阳纪璆倡修,道县承审员长沙苏□敬撰并书。

民国十三年甲子,即公元1924年。

石刻为活碑,立在月岩内岩石上,字体楷中带隶,刻工稍浅,但字体婉约,可惜人名处均遭人为凿坏,会长某,承审员苏某,姓名难辨。欧阳纪璆,字玉周,宁远县平田村人。历任临武、蓝山、平江、邵阳、道县县长。据民国刊本宁远县平田村《防里欧阳族谱》,欧阳氏"分族桂里,开派延唐",以欧阳庆崇为始祖,至"纪"字辈为第二十二世。

二 民国十五年丙寅高炳垓《重修月岩小引》

重修月岩小引

胡君□□,邑之出尘士也。雅爱山水,独运匠心,诸凡幽僻,一经点缀,便成名胜。月岩为先贤周子悟道处,风雅绝学难续,即天然妙境,亦仅有而绝无。是宜崇其殿宇,刻桷丹楹,以表人地无双。岩中有屋二栋,上为周子祠,下为游客托足之所。久日颓败,不足以蔽风雨。□□君患之,爰募赀重修,益助名雅。工竣,约予同游,于领略佳趣之余,得景仰先贤之会,□可乐也。其时,予方去官,□□君□製数言,述其梗概,并赋诗三首,略纪鸿泥,是为引。

附游月岩绝句三首:

一轮翻印碧云天,步履平分上下弦。笑我来迟去复早,未能常见月园园。

欲寻太极图何处,造化盈亏笑不语。幸逢周子濂溪边,携我广寒宫里去。

秋风一棹泛潇湘,山静月明图自藏。学道未曾先作吏,敢期遗爱有甘棠。

民国丙寅秋月零陵高□垓醒千氏序并咏。

民国丙寅,即民国十五年(1926)。

石刻在月岩内石壁上,摩崖,石面不够光滑,字体又细小,但有文有诗,亦称难得。可惜人名处均遭人为凿坏,"胡君□□","□□君",完全不辨。作者署款一行中间凿坏五字,仅余"民国丙寅秋月""醒千氏序并咏"尚存。

据1994年版《道县志·民国时期道县知事县长名录》，有零陵人"书点"，民国十四年任县长，民国十五年由黄树勋接任。据1993年版《湘乡县志·民国元年至三十八年历任知事县长名录》，"书点"可能是高炳垓的别号，高炳垓曾任郴县县长、湘乡县长、桃源县长，今存民国十五年四月廿日高炳垓偕侄聘华及邑人邓颖、彭润芝、谢玉谱、谢馨蓉同游郴州万华岩题刻。观缺损五字，字形似"零陵高□垓"。

三　民国二十六年丁丑刘膺古"道在其中"榜书

道在其中
中华民国丁丑仲春月望，刘膺古题。

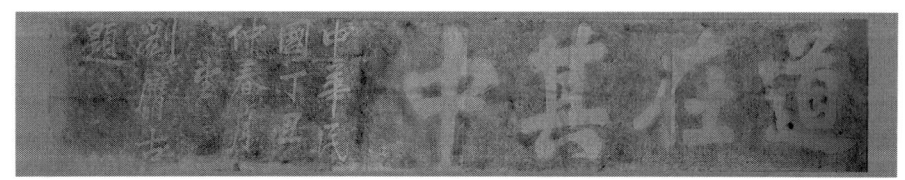

民国丁丑，即民国二十六年（1937）。

据王新生、孙启泰《中国军阀史词典》："刘膺古，字邦锐，浙江宁海人。保定陆军军官学校毕业。历任国民政府参谋本部上校参谋、国军编遣委员会直辖第三编遣分区办事处委员、陆军第十五师参谋长、讨逆军第四路总指挥部参谋长、湖南全省保安司令。1938年1月，任第二十六集团军第八十七军军长。6月，参加武汉会战。1939年2月，任第十九集团军副总司令，1942年4月代理总司令。1948年初任武汉行辕参谋长兼第十七绥靖区司令官。1949年春任长沙绥靖公署副主任。同年逃赴台湾。"事迹又见王俯民《民国军人志》。

民国二十六年，刘膺古在湖南省保安处长任上。据民国二十五年《湖南省政府公报》第334期，有《湖南全省保安司令代电，何总司令等为保安处长李觉辞职，奉中央令，委刘膺古继任，请查照由》《湖南全省保安司令训令，所属各机关为保安处长李觉辞职，奉中央令，委刘膺古继任，仰知照由》《湖南全省保安司令训令，湖南省保安处处长刘膺古，转发军委会简任状，仰克日就职由》三则公文。

民国二十六年仲春，刘膺古除了拜谒濂溪故里游览月岩以外，还在相邻的宁远县私祭舜帝,撰有祭文,云:"维中华民国二十有六年,岁次丁丑,仲春月中浣之九日,湖南省保安处长兼湘东警卫司令刘膺古,率同僚属,暨宁远县长,各公法团等,谨以香楮花果、太牢之仪,致祭于帝舜有虞氏之神前,曰:大哉圣人! 天地之新,人伦之极。以道德治国,以仁义化民。得十六字之心传,开来继往;举神禹而禅让,天下为公。为政以德,垂衣裳而天下治,诚乾坤之真宰;协和万邦,由小康以进大同,仰德业之崇隆。原夫天道无为,自然生成,圣人则之,是能民胞物与,十雨五风。诛四凶,寰宇咸服,斯为神武;舞干羽,有苗来格,感召精诚。致中和,则天地位育,故不怒而四海畏威,不言而过化存神。为天地立新,为万民立命,为往圣继绝学,为万世开太平。可大可久,辅相裁成;德配天地,道贯古今。无终无始,若日月之运行。非至圣至神,其孰能与于此哉? 兹者膺古奉令巡视湘南,道经九嶷,仰止圣神,为民求治。时逢春祭,谨具菲仪,虔修祭典,以崇圣德而展诚敬。其时山上原民相与乐舞,且为之歌,曰:圣德巍巍兮,冈陵郁郁。天人悲仰兮,万世之则。愿普天下兮,同登圣域。尚飨!"署款"主祭官湖南省保安处处长刘膺古敬撰并书,陪祭官署理宁远县县长汤日新,区长王锡周"。

四　民国二十六年丁丑张之觉"豁然贯通"榜书

豁然贯通

丁丑春道县县长张之觉重游汋记。

此丁丑,即民国二十六年(1937)。

张之觉,字穆涵,醴陵人,民国二十六年任衡南县长,民国二十七任沅江县长,民国二十八年任澧县县长,民国三十四至三十七年任福建建阳县长。曾主修民国《澧县志》。

据《湖南省政府公报》第678期,张之觉于民国二十五年三月廿五日到任,次年春,重游月岩,与仲春月望刘膺古题月岩榜书同时,当是陪同之际,二人同时题榜刻石。

五　民国二十七年戊寅魏籽耘　"浑然太极"与"月岩"榜书

月岩

戊寅仲夏重游月岩,道县县长魏籽耘书。

浑然太极

道县县长魏籽耘题并书。

民国戊寅,即民国二十七年(1938)。

魏籽耘,长沙人,民国十二年(1923)曾任湘潭厘金局局长,其余事迹不详。

六　民国三十三年甲申　刘濂滨"风月长新"榜书并诗刻

风月长新

风月长新后学赓,月岩太极古传名。希贤希圣随人好,成佛成仙在自明。色即是空空是色,盈须还缺缺还盈。循环大抵皆如此,诚可格天事事清。

刘濂滨题,民国甲申年春汈。

民国甲申,即民国三十三年(1944)。

刘濂滨,事迹不详。观其姓名似是邑人,观其文意似为外乡游客。

七　民国三十六年丁亥周仁术"理学渊源"榜书

理学渊源

丁亥仲冬月,道县县长周仁术题。

民国丁亥,即民国三十六年(1947)。

周仁术,湖南澧县龙山乡人,中央大学毕业,民国十一年(1922)任澧县道溪高等小学首任校长,后弃教从政,民国十六年(1927)任澧县县党部宣传部长,主编《澧县民报》。民国三十六年(1947)任道县县长,兼任道县自卫总队队长。撰有《湖南澧县志略》,刊于《方志月刊》1934年第7卷第4期;《古希腊的抗战精神》,刊于《东南青年月刊》1941年第1卷第6期;《华侨移植南洋之地理背景》,刊于《中山学报》1941年第4卷第2-3期。

（原载2016年第7期,作者单位:湖南科技学院）

北宋陶弼的一首佚诗

——九龙岩诗刻《古歌赠岩主喜公》考辨

❋ 刘 瑞 ●

引 言

湖南永州东安县芦洪镇九龙岩,有宋代诗刻《古歌赠岩主喜公》,清晰可辨。笔者在永州市文物处杨宗君先生的帮助下,获取了书法真迹的照片和拓片。依据石刻,迻录全诗如下:

> 古歌赠岩主喜公　浔阳陶羽上
>
> 喜公心眼如有灵,善择此岩来构局。崖根踏碎暮烟碧,洞门凿破苍苔青。交加乱石虎狼队,踪横怪木龙蛇形。其间可以松萝招隐,云霞放情。傲复傲兮何富贵,恣复恣兮闲利名。况乎神虬勇背俟风雨,灵龟垂首思雷霆。(原注:岩中有石如龟龙之状,故有是句。)我今方为年少英,青山未有归去心。他时致尧功业成,与师高卧白云深。

诗题为楷书“古歌赠”“岩主喜公”“浔阳陶羽上”三行,其中“古”字已磨灭不见,但存于数百年前的各地方志文献记载中。“陶”字和“羽”字之间间隙较大,且“羽”字偏小。细看碑文,“羽”字上方已模糊不清,极似磨灭了部分字迹。宗绩辰道光《永州府志》卷十八《金石略》载此诗,著录为“宋陶羽九龙岩诗”,“踪横”作“纵横”,“利名”作“名利”,“神虬”作“龙虬”。[1]1167宗绩辰《躬耻斋文钞》卷十九《地志》载此诗,著录作者为陶羽,“暮烟”作“莫烟”,“踪横”作“纵横”,“利名”后注“旧作名利”,原自注简写为“岩中石状”,“勇背”作“耸背”。[2]光绪《东安县志》卷七《山水》亦载此诗,著录作者为陶羽,但“踪横”作“纵横”,“招隐”作“名隐”,“神虬”作“龙虬”,“年少英”作“少年英”,且未录自注。[3]光绪《湖南通志》卷二百七十八《艺文志·金石》载此诗,亦著录作者为陶羽,但“利名”作“名利"，"神虬"作"龙虬"，且自注无"故有是句"四字。《金石补正》言：'纵横'作'踪'，古字假借。'勇'疑亦湧之借字。利名，'名'字叶韵，《永志》作'名利'者非，并脱小注内'故有是句'四字。"所言精准。《全宋诗》据光绪《湖南通志》录此诗，著录作者为陶羽，诗文亦有误。以上文献著录的诗文当以石刻为准。《永州石刻拾萃》收录该诗刻图片，下亦著录此诗作者为陶羽，但亦指出"陶羽"可能是"陶翁"字迹磨灭所致，与笔者的意见有一致之处。[4]65-66

检索宋代各种资料，并无关于"陶羽"其人的记载，也未见有其他署名陶羽的诗歌。唯一有对陶羽介绍的文字见于《全宋诗》，《全宋诗》在"陶羽"条下称："陶羽，仁宗时浔阳（今江西九江）人（清光绪《湖南通志》卷二七八）。"[5]4889该条下收录了《古歌赠岩主喜公》。依《全宋诗》检索至光绪《湖南通志》，并无对"陶羽"的介绍。据该诗后引宗绩辰《留云庵金石审》："右刻正书，题三行，诗六行，与周子题名共一石而在其前，不著时代，总当在周子未至之前也。案喜公名已见于仁宗时，题名此诗度刻仁英二朝之际，故列于此。"[6]5424《全宋诗》便是依据此条记录为"陶羽"杜撰了作者简介，有失严谨。

笔者又经过多方面的考证，认为石刻上的"陶羽"可初步断定为"陶翁"的省笔，或者是"翁"字磨灭了"公"。陶翁即北宋诗人陶弼，字商翁，又称陶公、陶翁、陶商翁、陶邕州。古人在书写的时候有省笔的习惯，陶弼故意把自己的名字写成"陶羽"也未尝不可，姓名间的空格也属正常。又或，石刻成于北宋，至清代辑录时已逾几百年，文字磨灭实属正常，故而"羽"之上可能磨灭了"公"字，故而"陶翁"成了"陶羽"，那么此处的"陶羽"必是陶弼无疑。笔者初步推测《古歌赠岩主喜公》为陶弼的佚诗，以下试提出四项理由。

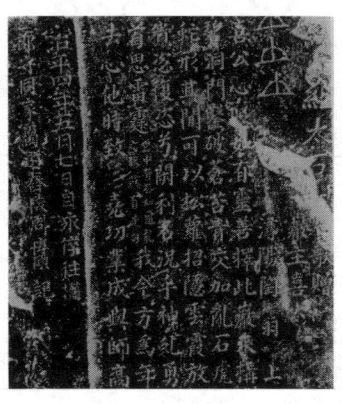

九龙岩《古歌赠岩主喜公》拓片局部（拓片制作：杨宗君）

一　陶弼与九龙岩的地域联系

九龙岩，位于永州东安县芦洪镇，《大明一统志》卷六十五《永州府》："九龙岩，在东安县北一百里，山形斗起，奇石错立，物象古怪。相传尝有樵者遇黄衣九士，谓曰：'吾九龙居此久矣。'言讫，莫知所在。宋王观诗：山寒蛰龙眠忽醒，黄衣九老岩下行。手持屈曲千岁藤，虑惊世人藏姓名。"道光《永州府志》卷二《名胜志·东安》："九龙岩，岩中物象毕具，出泉寒冽。岩前有池，洞门高敞，循磴而下，有隙仅可容身蛇行，可深入。相传昔有樵者遇黄衣九士，谓曰：'吾九龙居此久矣。'语讫不见。唐宋名贤游此者众。治平四年濂溪周子自永倅权邵尝携家属同游刻石以志。并评金石略，王宗尹有记。"观王宗尹《九龙岩记》，诚可感受其为"非人世尘境之所有"，曲折幽美，故而多名贤游玩题名，"岩门高敞多磨崖，镌唐宋今游者诗文。然镌而复磨，磨而复镌者，又不知其几"。光绪《湖南通志》卷十八《山川·东安县》："九龙岩在县北百里，山形陡起，奇石错立。岩前有池，岩门高敞，循磴而下，有隙仅可容身，其中广阔。"

陶弼（1015—1078），字商翁，永州祁阳人。《宋史》有传云："陶弼，字商翁，永州人。少倜傥，放宕吴中……一见丁谓，谓妻以宗女，因从学兵法，能持论纵横。庆历中，杨畋讨湖南徭，弼上谒，畋授之兵使往袭，大破之。以功得阳朔主簿。"黄庭坚《豫章先生文集》卷二十二《东上阁门使康州团练使知顺州陶君墓志铭》："府君讳弼，字商翁。陶氏盖柴桑诸陶，有讳矩者，避地将家占零陵之祁阳……君不治细故，独以文章自喜，尤号为能诗……平生诗文书奏十有八卷，读其书，知非碌碌者。"东安与祁阳在宋代隶属永州，两地相距不足百里。九龙岩自唐时已显名，多有文人雅士游览题诗，陶弼生长于此地，又喜诗文，对于家乡近处的风景名胜应不乏往来。且有明证陶弼来过九龙岩。道光《永州府志》卷十九《金石略》、光绪《湖南通志》卷二百七十八《艺文志·金石》均载陶弼九龙岩诗："岩有真龙卧未醒，此龙于物本无情。可能暂起为甘雨，洗我征南十万兵。"光绪《湖南通志》诗后有题识："熙宁九年秋七月五日陶弼题，婿严介、孙同、外孙谢甫侍行。"[5]5430陶弼时年62岁，在卒前两年，与大女婿严介、孙陶同、外孙谢甫同行九龙岩。彼时陶弼年事已高，此次九龙岩当是故地重游，而非初次造访。此条后引《留云庵金石审》称："陶弼九龙岩诗，拓本漏佚，今东安唐秀才从岩中录得，寄门人蒋元甲，未及补拓，故附录之。弼以征蛮著功，具见本传，观其诗，已可知其人矣。"

因此,从地域上而言,陶弼的家乡距离九龙岩非常之近,很可能多次踏访。陶弼又有诗文题于九龙岩,数量也未必仅限于一首。

二 陶弼与《古歌赠岩主喜公》的写作时间

宋明理学大师周敦颐的题名紧贴此诗左侧,原文为:"治平四年五月七日,自永倅往权邵守,同家属游舂陵,周惇颐记。"题名顶端与诗齐平,光绪《湖南通志》引《留云庵金石审》判定此诗必在周子题名之前。又因为赠诗者为"喜公",喜公名元喜,又称喜师、九龙岩主,为寺中开山僧人。《留云庵金石审》考订,"案喜公名已见于仁宗时,题名此诗度刻仁英二朝之际",故而此诗摹刻时间应在1010年至1067年之间,且极可能居于两端时间的中间时段。陶弼生于北宋大中祥符八年(1015),治平四年时53岁,因此在时间上亦不排除题刻该诗的可能。诗中有"我今方为年少英,青山未有归去心。他时致尧功业成,与师高卧白云深"的诗句,可知此诗是作者年轻时期所作,并可见其远大抱负。

陶弼少孤,却有志行节操。黄《志》称:"考府君少孤,志行磊落权奇。左诗书,右孙吴,同学生叹服之,以为一日千里。困穷无地自致,乃聚晚学子弟讲授六经奉母夫人甘旨。庆历中,以进士调授桂州阳朔县主簿。"刘挚《刘忠肃集》卷一二《东上阁门使康州团练使陶公墓志铭》:"公讳弼,字商翁。少孤,慷慨有气节,仪干伟然,刻苦好学,经传无所不读,尤喜兵家书。从诸生科举,不能投世俗所好,去而安贫事母,以经术教授乡里,若无意于世者。庆历中,莫猺诸唐寇略州县,提刑狱杨畋被诏督捕,以礼奉币致公幕下。公喜,幡然以起,为尽谋画。俄率所募士破贼于桃油平,以功补衡州司户参军。又破太平峒,调桂州阳朔主簿。"庆历中,陶弼三十岁左右,任衡州司户参军,在此之前一直在家乡奉养母亲,从年龄上看,可谓"年少英";后积极平乱,可见其向往建功立业,与诗中透露的作者年龄以及志向相吻合。

因此,从陶弼的出生时间以及该诗的写作时间而言,二者相当吻合。

三 陶弼的诗歌与《古歌赠岩主喜公》

陶弼存《邕州小集》一卷,诗七十三首,另有一百余首诗歌存于《舆地纪胜》《两宋名贤小集》《粤西诗载》以及各地方志等古籍。总观其诗,主要内容即是对地方山水、景物的描摹，借以抒写情志。陶弼出生于湖南祁阳，后又至广西等地的七个州府任官。湖南、广西两地皆为山川丘陵地带，山水相生，美不胜收。陶弼工于诗文，喜爱游山玩水，所到之处往往发为诗歌，如《合浦还珠亭》《融州仙岩》《宾州仙影山》《膏泽峰》《丹灶山》《会仙岩》《罗秀山》《莫邪关》《祝融峰》，山川名胜、古迹佛寺、关山险隘，足迹所至，几乎都有诗篇流传。湖南、广西至今还留存着陶弼题名的景点，这便是明证。

《古歌赠岩主喜公》一诗从诗题上来看，是一首酬赠诗。陶弼交友广泛，与当时的名流多有交往，墓志铭就有李时亮、黄庭坚、刘挚三人为其书写的三种。与李时亮多有诗歌唱和，有《李陶集》。于陶弼现存的诗中也可见一斑，诸如《送赵枢寺丞宰处化县》《送吕涛典狱之梧州》《寄郁林郡守姚道源》《寄沅州新守谢麟》《寄苏州徐处士弁》《端研诗赠王欲》《寄桂林欧阳咸寺丞溪藤杖》《寄桂林张田经略》等。所以酬赠诗也是陶弼诗歌的一项重要内容，陶弼常赠诗给自己的友人。九龙岩是陶弼踏访之地，赠诗于岩主喜公，也是情理之中。

该诗题名"古歌"，依据古长诗歌的章法，不拘诗句长短。全诗以七言为主，间杂四言、八言、九言的格式。然细观其诗，除去开头结尾以不对偶的七言句式叙事抒情，中间多是对偶句，去掉一些连接词，诗句如"崖根踏碎暮烟碧，洞门凿破苍苔青""交加乱石虎狼队，踪横怪木龙蛇形""松萝招隐，云霞放情""傲复傲兮何富贵，恣复恣兮闲利名""神虬勇背俟风雨，灵龟垂首思雷霆"，毫无雕饰之感，却极工整之致，这与陶弼的诗歌风格极其一致。陶弼擅长七言，此类诗歌中则妙笔生花，不仅工整对仗，更多有名言警句。在陶弼的七绝诗中，多有对仗工整的诗句，诸如"沙中蚌蛤胎常满，潭底蛟龙睡不惊""自与大君为外屏，何劳诸将作长城"；尤其在其七律诗中，首联和尾联以较为松散的句式叙事抒情，颔联和颈联则字词相对，完全对仗，如"官曹惟识簿书字，民俗不知金鼓声。往岁传闻南诏檄，近时方筑伏波营""采从黄鹤独飞处，寄与青山先退人。高阁倚吟留落月，小园扶醉过残春""民耕紫芋为朝食，僧煮黄精代晚茶。瀑布声中窥案牍，女萝阴里劝桑麻"。

该诗从内容上来看，则是通过描摹九龙岩碧烟苍苔、乱石怪木的人间妙境，表达了对隐于九龙岩的喜公的敬仰以及自己建功立业之后将追随喜公归隐的情怀。陶弼一生在仕三十载，历任七个州府地方官，为官清廉，所到之处造福一方百姓，深得人民爱戴。陶弼虽政绩斐然，但他生性高洁，年轻时"从诸生科举，不能投世俗所好，去而安贫。事母，以经术教授乡里，若无意于世者"。为官期间，亦喜纵情山水，寻僧访道。其《莫邪关》："三任边州六往还，此时才入莫铘关。

访僧莫道无闲事,手指青天口说山。"诗中记叙了他访僧之事。又有《尝游龙洞访僧不遇》:"一锡游何处,岩端静掩扃。独寻危石坐,闲把细泉听。野鼠缘斋钵,山花落净瓶。斜阳过溪去,回首乱峰青。"记述了自己游玩龙洞,寻访僧人不遇的经历。又有《丹灶山》:"羽客朝元地,遗坛古寺中。炼成丹灶在,骑去鹤巢空。"丹灶山,位于广西富川县,《大明一统志·平乐府》卷八十四:"丹灶山,在富川县南一百二十里,下有灶溪水。昔张道陵取此水炼丹,至今丹灶犹存。"陶弼踏访如此"羽客朝元地",不难见其对于神仙道家的倾慕之情。且陶弼有诗直抒欲归隐之心,见其《寄桂林欧阳咸寺丞溪藤杖》:"劲节寒梢屈曲根,虎牙龙鬣蟒蛇鳞。采从黄鹤独飞处,寄与青山先退人。高阁倚吟留落月,小园扶醉过残春。惟存一本自收拾,即日溪边蹑后尘。"此诗"寄与青山先退人",并言及自己将"蹑后尘",欲归隐山林。以上诗歌中表达的陶弼思想与《古歌赠岩主喜公》的主旨几乎一致,这应决非巧合。

纵观全诗,韵律教为齐整,读来朗朗上口。该诗韵脚为灵-青-形-情-名-霆-英,诗用下平声,青韵(依平水韵),非常整齐。巧合的是,陶弼题刻在九龙岩的另一首七绝(见前文),韵脚为醒-情-兵,也是下平声,青韵。如果这两首诗同韵属于偶然,那么在看陶弼的其他诗歌:

公安县

门沿大堤入,路趁浅沙行。树短天根起,山穷地势倾。孤舟难泊岸,远水欲沉城。半夜求津济,烟中获火明。

阁 皂

万仞天然阁皂形,阴阳不似众山青。一区海上神仙宅,数曲人间水墨屏。华表鹤归春谷响,玉京龙起夜潭腥。可怜张葛无人继,三级高台拂杳冥。

邕 州

南极诸蛮傲典刑,斗门时复见飞星。君王仁恕将军老,五十溪州六万丁。

合浦还珠亭

合浦还珠旧有亭,使君方是古人清。沙中蚌蛤胎常满,漳底蛟龙睡不惊。

顺应庙

白崖山下古松青,暂卷牙旗谒庙灵。见说昆仑关北畔,曾将草木作人形。

梧州苍梧郡

水有潇湘色,猿同巴蜀听。令人思舜德,一望九疑青。

以上六首诗的韵脚分别为刑行－倾－明,形－青－屏－腥－冥,刑－星－丁,亭－清－惊,青－灵－形,听－青,均为下平声,青韵。另,以上六首诗只是陶弼诗歌中用下平声青韵的部分诗歌。由此可知,陶弼作诗,下平声青韵是其常用的韵脚,故而这是陶弼即《古歌赠岩主喜公》的作者的又一证据。

因此,《古歌赠岩主喜公》一诗在诗的题材、主旨、修辞、押韵等艺术手法上与陶弼的诗歌艺术风格极为一致,多重的偶然相符则造成了必然相符。

四 陶弼的祖籍

《宋史》陶弼传对其家世仅有"陶弼,字商翁,永州人"数语。其父陶岳,《大清一统志·永州府·人物》:"陶岳,祁阳人,性清介,以儒学有名,官太常博士,尚书职方员外郎。"至"陶弼"条:"岳子,俶傥知兵。"故而对于陶弼的出生地多言"永州""祁阳"。

然参阅陶弼墓志,可考其先祖乃系浔阳陶渊明。近年永州出土了一项重要文物,即北宋李时亮于元丰二年(1079)为陶弼书写的墓志铭。(参见拙文《新见陶弼墓志铭考释》)李时亮,又名李春华,字端夫,博白人,为北宋才子、政治家,仁宗嘉祐中举进士。李时亮与陶弼系同时人,二人多有往来,清汪森《粤西文载》卷十五:"时亮善属文,尤长于诗,与同官陶弼相赓和,有诗曰《李陶集》。"《宋诗纪事》:"时亮,字端夫,博白人。嘉祐中进士,累官御史大夫。与陶弼相赓和,有《李陶集》。"李志称:"公讳□,字商□。其先寻阳晋渊明先生之后,前代更乱,转徙江湖间。高祖矩避地有山水之乐,遂家祁阳,今为永州人也。曾祖蠋、祖均皆隐德不仕,累□官至殿中丞□□胡氏封保定县太君。父讳岳,字介丘,前朝大儒,仕至职方员外郎,累□刑部侍郎。"刘《志》:"惟陶氏世家浔阳,靖节先生之后,有避地湖、湘者,公之高祖矩至祁阳,乐其山水而居之,今为永州人。"两者互相印证。而黄《志》亦称"陶氏盖柴桑诸陶,有讳矩者,避地将家占零陵之祁阳。矩生蠋,蠋生均,赠殿中丞;殿中生岳,仕至职方员外郎,赠刑部侍郎,是为君考"。柴桑,古县名,西汉置,因县西南有柴桑山得名,是陶渊明故里。陶弼高祖陶矩,因避乱而转徙其家,乐祁阳山水而居之,三种志文均载。由此可以判定,陶弼祖籍浔阳,故而称"浔阳陶翁"亦通。上文对石刻上的"羽"字已经作过考释,

"浔阳陶羽"应该实指浔阳陶弼。

综上所述,结合这首石刻诗歌的地点、时间、内容与陶弼的生平、交游、诗歌,可以初步断定《古歌赠岩主喜公》为陶弼的佚诗。

参考文献:

[1] [清]宗绩辰.[道光]永州府志[Z].长沙:岳麓书社,影印本,2009.

[2] [清]宗绩辰.躬耻斋文钞[Z].咸丰元年刻本.

[3] [清]黄心菊,胡元士.[光绪]东安县志[Z].光绪二年刻本.

[4] 永州市文化局,永州市文物管理处.永州石刻拾萃[M].长沙:湖南人民出版社,2006.

[5] 傅璇琮等.全宋诗[M].北京:北京大学出版社,1998.

[6] [清]李瀚章等.湖南通志:第八册[Z].长沙:岳麓书社,影印本,2009.

(原载 2014 年第 8 期,作者单位:广西师范学院)

永州拙岩发现记

�֍ 王志芳

拙岩数行,触摸着古人的遗迹,走着小道,与青山绿水相对,望见青砖白瓦筑就的房屋,洗净心中的杂念,方觉自己更应静心于行,像"拙者"一样清修操行。岩壁上的石刻显现着当时文人的意趣和情态,唱和之间,虽异时相望,亦有相得之意。伫立岩前,想到了《兰亭集序》中的一句话:"后之视今,亦犹今之视昔。"也许文化的基因,正是在一次次的回望中的到延续和传承。通过对拙岩的多次考察,使我们的研究得到不断的深入,一方面它是我们的研究对象,与此同时,也把它打造成了我们的第二课堂和"练兵场"。它另一重的意义就是,我们通过对它的考察和研究也把它塑造成了一张永州的文化名片。

拙岩石刻群位于永州市零陵区湘江畔㵲滩沈家村,它形成于明代弘治、正德年间,延续至清代同治、光绪时期,从碑刻题署时间来看,最早在弘治九年(1496)。

永州文物专家杨宗君等人最早发现了拙岩,湖南科技学院国学研究所及国学读书会师生最早开展了拙岩石刻群的学术勘察和研究,并发表了最初一批研究成果。

经过多次的踏勘考察,拙岩现存摩崖石刻 32 通,另有若干留白摩崖碑面,在永州的诸多摩崖群中,属于中等规模。

永州是湖湘摩崖渊薮,拙岩石刻群虽然在数量上不算宏富,但永州其他摩崖群大部分由流寓人物所开创,而拙岩摩崖群的形成和发展,其参与者有所不同,形成时期的沈氏兄弟,以及延续者唐九龄、周崇傅等人,都是永州乡贤。前一时期以沈良臣为主,后一时期则以唐九龄为核心,因此拙岩石刻群的人文主题前后一贯,且带有浓厚的个人色彩。

在拙岩的 32 通摩崖中,有 29 通为诗文,而且作者相对单一,具有很大的文学性。又从拙岩石刻群的整体性看,永州的诸多摩崖石刻群都存在碑刻损毁、遗佚的现象,而拙岩由于参与者不多,此后又不广为人知,因此保留了基本完整的面貌。同时,相当数量的留白碑面,也为研究摩崖的形成提供了一定的参考。

拙岩与我之前去过的浯溪、淡岩、朝阳岩、月岩相比,它的规模及参与人物有所不侔,但它却是永州摩崖群中一个独特的类型。无论从景群整体上看,还是从石刻文献上看,以及从碑刻通例上看,都具有重要的学术价值。

张京华、周欣老师对整个石刻文献的内容进行分析,确定了研究课题,主要分为四部分。

一为拙岩与潇湘水石文化旅游研究,包括拙岩考察报告、文化主题、文化景观开发研究三项。

二为拙岩与沈良臣研究,包括对拙岩历史沿革、地理环境及沈氏家族与拙岩关系的研究。

三为拙岩与唐九龄研究,包括唐九龄的2通石刻。

四为拙岩与永禁江坡碑、永禁水源碑刻研究,碑刻在溇滩沈家村,其地理环境与拙岩相关。

张京华老师拟出了20几项研究题目,包括永州拙岩勘察记,沈良臣、沈良佐生平事迹考,周崇傅生平事迹考等。到目前为止,《唐九龄〈拙岩八景诗〉注释与鉴赏》《永州拙岩勘察记》《“五湖烟水独忘机”——拙岩文化主题分析》都已在《湖南科技学院学报》“永州拙岩研究”栏目公开发表。

之所以对拙岩有这样的了解,并得出这样的研究结论,是源于我们多次的实地勘察。大约2014年年初,国学研究所的周欣老师在个人博客上看到了拙岩的照片,便邀李花蕾、李拥梅老师坐船沿着湘水寻找,可是当时水浅,船行至一半就不能再行走了。这是第一次寻找拙岩,但碰壁了。回来后,大家向文物专家杨宗君老师询问到拙岩的具体位置,并他约好时间一同前往。

记得有一次从拙岩回来的路上,汤军师兄说:“志芳是来拙岩次数最多的人,应该是拙岩得以发现的见证人吧。”我想想也是,仔细算一算,我去拙岩应该有9次了。

2014年1月17日

这天早晨,李拥梅老师驱车一个多小时,载着我们来到了一个名为溇滩沈家村的小村庄,我们停车的地方距离拙岩还需步行二十来分钟。在路上,看到村子里房屋稀疏,水田相绕,很安静,有着泥土的清新,刚没走几步,便见一簇竹子,葱葱郁郁,十分翠绿,在竹子下面有几只旱鸭子正在啄食,很是可爱。一路上我一边听着杨宗君、周欣、李花蕾老师笑谈，一边看到许多古老的民居俨然在目，屋前的石板小路看上去十分光滑，颜色青暗，透露着岁月的痕迹。路边的柚子树上挂满了果子，散发着浓郁的芬香，但不知是由于村庄少见小孩、还是柚子味道不佳的缘故，少有人摘取，柚子也落了满满的一地，甚为可惜。给我印象最深的是这里的狗特别多，且凶猛，一家有三四只。狗天生就有着看家的本性，我们也意外的被它当成了"侵略者"，一路上我们辛苦地与狗"斗争"着。大家走过稻田，插过小径，穿越一片茅草迷宫之后，立刻见到一道岩石矗立，透过岩石便见到了碧清的湘江，江水与山相抱，一座小滩浮在水面上，那便是溁滩。这里偶有几艘小船随滩停靠，风景秀美，倍为开阔。进村时，有一通光绪年间的活碑，题为《永禁江坡》，讲的是沈家村的村民为了保护溁滩，与邻近的几个村子相约，共同保护江滩的植被。

顺着岩石直走，下一小坡，此坡狭窄崎岖，陡峭难走，得抓着旁边的杂草树枝慢慢前行。下坡后望见岩洞依傍着湘江，虽不大，但却是那么明阔、那么奇妙，有一种远离世俗之感，这便是拙岩。岩洞两边刻满了密密麻麻的字，挨个看了一下，发现洞分为大洞和小洞两进，洞内大部分是沈良臣、沈良佐唱和的诗文，除此之外还有蒋鏖、唐九龄等人的刻石，最早的是明代弘治年间的。洞内还有多处留白碑面，也许是他们本来计划刻石，却由于种种原因没有完成，遗憾之余，却为我们探究这个摩崖群的形成留下了一丝痕迹。

在拙岩洞口左侧，有一小洞，洞顶穹然，如一券门，可容人，平滑似人工所为。采访得知，此为沈氏家塾的所在地。

洞口右边有一条沿江的石砌栈道，与江边大石浑然一体，精璞相间，甚有意趣。跨过石头，便至尽头，发现有唐九龄写的"忘机处"三个大字榜书，用篆书书写，古雅大方。一旁还有周崇傅的一段跋语。周崇傅，字子岩，零陵人，曾随左宗棠入疆，后分巡镇迪屯田粮务兵备道兼按察使，间致仕归养，任蘋洲书院山长，他留下来的真迹极少，至可宝贵。

拙岩至民国以来一直处于"沉睡"状态，没人再去刻石，也没人关注过它。而这一次的发现，应该说是近百年来对拙岩进行学术性考察的第一次。可惜这次由于天气原因，未能对碑刻进行拓片。

2014 年 1 月 19 日

刚好已到寒假，国学读书会的师兄、师姐也都回到了学校。这一天，天气晴朗,张京华老师、邓盼与陈微师姐、敖炼师兄由我带路,谷显明老师趋车,前往拙岩拓片。第一次来时,我只记了到村庄后前往拙岩的小道,从学校如何去溇滩沈家的路却记得不是太清晰,至一个分叉口时我便分不清了,后来还是在谷歌地图上检索"溇滩沈家",经导航才寻到。

到拙岩之后,我们六人各有分工,张老师与谷老师负责采集照片与寻找石刻,敖炼师兄与陈微师姐负责测量碑刻、裁纸,邓盼师姐绘制碑刻分布图,我负责制作拓片,互相配合,一天下来,把拙岩洞内的石刻都已拓完,出乎意料的快捷,虽然有的拓片效果不是很好,但也不妨辨认,所以团队的力量真的是很强大。

经过这次考察,我们第一次掌握了拙岩碑刻的分布、数量、规制等信息,而拓片则使我们能了解碑刻性质,并读取内容。

回到学校后,张老师便对这些拓片进行分析,我们每人都辨认、排录出几张文字,而且也确定了自己的任务,尤其是邓盼师姐,通过这一次考察已完成了拙岩石刻的著录与分布示意图。

2014 年 1 月 25 日

张京华老师、蘋洲书院经理周椰,南荷堂字画店孙永红和我一同前往拙岩。我都已经买好第二天回家的票,但还是给退了。

这一次,我们打了几张零散拓片。

中午是在村落里一座民国时期的老宅子里吃饭的,她们家的房子保存完好,房子有两进,都有可以采光的天井,从天井上可以看到屋瓦前面翠绿翠绿的竹子,很舒适。给我们做中饭的是一位快七十岁的奶奶,但她的腰杆特别直,看上去应该只有五十多或六十的样子,她一说她的年龄时我们都吓了一跳,奶奶做了土鸡肉、扣肉、白菜,我们在天井下摆着一个小桌子,沐浴着阳光,而且裹着冬日的徐风时时拂来,很惬意。奶奶拿出了她自家酿制的米酒热情的招待我们。

饭后回岩洞的路上,张老师说,看看江边有没有可以走到岩洞的路,我们便走越过荆棘走到河边,在河边可以望见岩洞,但没有通往岩洞的路。我们在江边捡石头,忽然看到有水草,长得很茂盛,随着流水浮动着,老师还特意拍了一段录像。我往江边的岸上一看,忽见一棵树上挂满了黄橙橙似橘子样的果子,我和老师兴奋的朝那个方向走了过去,摘了一个品尝了一下,酸、甜、苦三味中和,可谓极品野果,后来知道,这叫"太阳果"。站在江涯上,品味着野果美味、江岸边的美景尽收于此,欣喜难喻。待我们拿着野果返回拙岩时,周椰、孙永红他们也收获不少,捡了很多有形的树根,挖了野姜,只闻得笑声在岩洞间回荡。

2014 年 2 月 26 日

这时已在正月。春节后,汤军师兄回到学校,他此前还从未去过拙岩,而且村门口的《永禁江坡》上次因时间原因没有拓印,所以便邀我前往。话说去了这么多次拙岩,还是头一次两个人去,因为村子僻远,人少不说,且都是老人,荒凉加上凄凉,所以还略略有点害怕。我先带师兄至拙岩察看了一番,然后再返回村门口拓印"永禁江坡"碑刻。碑刻上长有许多青苔,我们用刷子把它清洗干净,趁着师兄上纸时,我便去村里找了户人家烧水煮泡面。那时手机正在充电,我忙着烧水,没听到手机得响声,直到后来听见师兄在外面大声喊我的名字,我才走了出去。师兄说"吓死我了",原来他已经找了我很久。

吃完中饭,我们歇了一会后便去上墨。此时有村民经过,师兄便和他们聊了一会儿,在与他们的聊天中,师兄得知江边还有一块碑,在村民的引领下,我们找到了一块民国时期题为《永禁水源》的碑刻,但因为时间比较晚了,我们又还得上墨,拍了张照片便返回原处。因为碑刻面积较大,师兄上墨很辛苦,但更糟糕的是,因为碑面上的青苔没有清理干净,所以拓片很难揭下,虽然费了很长时间,小心翼翼,揭下来后,还是有些地方破了。

2014 年 5 月 2 日

"五一"时的天气很好,彭丹华师姐也趁着放假回到了学校,那一次张老师、周老师、汤军师兄、彭丹华师姐和我再次去了拙岩,一是带彭丹华师姐去看看,二是为了拓印一些洞外还未拓到的石刻,三是为了寻找题榜"拙岩"。

我们首先是在村子外准备拓印《永禁水源》碑刻,这是师兄与我在上次发现的。经过洗刷,上了纸,然后再去拓印《永禁江坡》碑刻。因上次时间紧迫,而且又有青苔在上面,导致拓片有些破损,不能完全辨认,由此决定再拓印一张比较完整的。那天太阳比较大,师兄的脑袋都被晒脱了皮,等我们拓印完这两张时,已经中午,我们便找了户人家吃中饭。

吃完饭后,我们在这户人家借了梯子与一根松树,这是因为在"忘机处"旁边有一通长幅石刻,大概有四五首诗,但其下方是一条比较宽的石缝,而且全被树枝遮挡,让人没有落脚之处,所以得用梯子与松木在下方架着。

行至拙岩,大家把东西放下,第一件事就是寻找"拙岩"二字,大家在洞口四处察看石壁,脖子都仰酸了,终于发现有一处带边纹的碑面,老师立马拿起望远镜看,师兄则跑到岩顶上往下看,最后确认就是"拙岩"二字,大家都高兴坏了。但因为此石刻距离地面太高,我们也没有准备工具,所以只能下次再来拓印。接着我们便把借来的梯子和松木架在那通长幅石刻的下方,石刻较长,得两个人上纸,我跟师兄一块站在上面,但都不敢太用力,生怕梯子和松木被我们踩断,忽然听到响了一声,但还好是梯子的一节移动了一下。我们就是这样心惊胆战的完成拓印的。

这一次,老师也遇险了,在前往拓印"忘机处"时,老师一不留神落入了水中,幸好只湿了一只鞋子,但老师的手臂因触碰到了粗糙的石头,都被划伤了。

2014 年 7 月 14 日

拙岩的发现引起了越来越多人的关注,永州电视台的记者也对此十分感兴趣,要对我们进行一次采访。这次我们第一回走了水路,虽然拙岩的石刻在众多的石刻群中并不起眼,但用张老师在拙岩与记者交谈的话来说"因为拙岩石刻群是本土文人创建的,对本土的意义很大,说明了在明清时期,永州文化是在一个比较高雅的水准上的"。通过这一次的考察,我们又开辟了一条新的路线。

2014 年 7 月 16 日

深圳大学景海峰、王立新、王兴国、黎业明、问永宁五位教授前来永州考察,这对我们来说是十分重要的,因为我们可以借此机会让更多的人了解永州的文化,而拙岩作为最新的发现,便在张老师精心设计的路线中了。这一天,我们行船至拙岩,再至江岸八一农场吃中饭,再到蘋洲书院。

到拙岩时,深大的五位教授见此岩洞,都觉得十分难得,亲自动手制作拓片,而《湖南教育报》记者徐孟孟老师为了拍教授们制作拓片的镜头,一不小心滑落到了水里,幸亏那一处水浅,只是鞋子湿了。

五位教授的到来,为拙岩增添了不少色彩,也使越来越多的人知道与了解它。

2014 年 12 月 13 日

在我的印象中,永州的冬天几乎都是下雨,所以只要让我们这些"探索者"逮到一个晴天的话,那是绝对不会放过的,立马准备出行。这次去主要是为了拓印拙岩的标志性碑刻"拙岩"二字。由于它所在的位置十分险峻,所以需要一些防护设施。当时一大早,周欣老师便叫汤军师兄去商业城买了捆大粗绳和一把砍柴刀,另外还备了玉米、红薯、泡面等,我见到之后,便开玩笑的说,"别人一见,不会觉得我们是去考察,倒像是去辟荒或者野炊"。

我们在河边的一家米粉店吃了早餐后,李老师便开车送我们到拙岩。对于拓片而言,一个重要的环节就是纸干燥到一定程度后才能上墨,但拙岩在湘江边,湿度很大,由于毛细作用,水分会从碑面渗出,给我们出了很大的难题。但这次到了之后,岩洞里十分干燥,让我们欣喜不已,这应该是正在冬天的缘故。

我和汤军师兄负责制作拓片,彭二珂开始整理东西,周老师她们则负责去找地方烧火准备我们的午餐。我们在前一晚就依邓盼师姐之前量好的尺寸裁了纸,并按照她制作的示意图一一编号,但当我们操作时却发现每张纸都不能把石刻完全覆盖,后来才知道她们量的尺寸只是石刻中有字的部分,存在一些误差,所以我们只好把纸的顺序打散,据石刻的长宽能用哪张就用哪张,到最后没有合适的纸了,就只能把剩下的纸拼起来用。好在最后我们还是把洞内的石刻全都打完了,而且通过这一次也更新了我们以前考察的一些数据。

制作完洞内的拓片,我们就得完成这次最重要、最艰巨的任务,那就是制作前不久在洞口上方发现的题榜"拙岩"二字。它在岩顶下方约一米处的地方,距地面大约有四米高,而石刻下方只有一处稍微凸出来的岩缝,如果不依靠外物的话,根本无法立足,所以我们把早上买好的大粗绳系在岩顶的一个石头上,几个人在岩顶拉着绳子,师兄则左手抓着绳子,右手拿着鬃刷,沿着凸出的岩缝,一点一点地向前走。先把碑面刷干净、再涂药水,上纸与拍墨时因为只能用一只手,也特别费劲,幸亏师兄左右手都能灵活操作,还能换换手。整个过程中,大家一声不吭,师兄最后下来,只见额头上全是汗,大舒一口长气。

而此时都快两点了,在岩顶旁有一处石头呈半圆形,似乎像一个灶,周老师在我们打拓片时从山上砍来了柴,在这个"灶"中生火,早早的就把玉米和红薯放在火堆中烤着,此时空气中已弥漫着一股香味儿,肚子也在咕噜咕噜的叫着,这时不顾手上沾满了墨,剥开玉米叶就吃了起来,吃完后,大家的嘴巴边都是黑的,二珂说:"我们有点儿像野人了。"

(原载 2015 年第 4 期,作者单位:湖南科技学院)

永州拙岩勘察记

✳ 邓　盼　　　　　　　　　　　　　　　◆

一　概述

拙岩位于湖南永州零陵㵲滩沈家村，面临湘江，沉隐于天地间，与世久违。明弘治九年（1496）征士沈良臣始于江畔刻石。正德七年（1512），征士沈良臣偕僮仆漫步于㵲滩江畔，得群石昂露于下，中有一窟隐隐空通，首尾影映，然荆棘藤萝，芜然四塞，遂命僮仆匍匐而入，薙草伐木，掘去湮塞，扫涤布席，命其窟为拙岩，以拟柳宗元之愚岛，嘱记《拙岩记》。此后，㵲滩沈氏兄弟命工刻其平日诗作于石上，交往名士亦多有唱和。清道光《永州府志》如是记载："（零陵）县西十余里，㵲滩临江有巨窟，明正德壬申岁征士沈良臣尧夫始辟之，号拙岩，以儗柳氏之愚岛，有诗记，刻石多剥落，不能尽辨，皆前志所未列于名胜者也。"（卷二上《名胜志》）光绪《零陵县志》著录沈良臣《拙岩成偶书》诗一首："开辟乾坤古，清幽绝世尘。坐疑身在梦，景逼句通神。九夏凉无暑，三冬暖若春。华阳茅洞主，相与结芳邻。"（卷一）

晚清时期，同邑之人唐九龄偶然来到拙岩，访其旧迹，慕沈西庄"隐居不仕，守拙林泉，庄子所谓'大巧若拙'（实为老子所言，见《德经》四十五）"之行，重修拙岩，"启壅塞，筑崩溃，安棋局，置渔矶，种竹植柳，构亭于上，刻八景诗于石"（《重修拙岩记》），拙岩又添胜景。其后百余年来，拙岩渐渐湮没。

2014 年元月至 2 月，业师张京华教授携余辈对拙岩摩崖石刻开展了多次田野调查，参加考察的除了湖南科技学院张京华教授外，还有永州市文物处专家杨宗君先生、湖南科技学院谷显明副教授、周欣讲师、西南民族大学旅游与历史文化学院 2012 级硕士研究生汤军、湖南科技学院中文系 2013 级学生王志芳、广西师范大学文学院 2013 级硕士研究生邓盼、深圳大学文学院 2013 级硕士研究生陈微、中南大学文学院 2013 级硕士研究生敖炼等人，本次考察由张京华教授指导。

自湖南科技学院去往拙岩有两条路线，一为陆路，一为水路，水路可乘车至潇湘码头乘客舟,经迴龙塔,穿越萍洲大桥,下蘋岛,过鹿角岭,进沙坪里,到拙岩。余辈考察从陆路行进,驱车从学校东门出发,经萍阳路、桃江路,上 207 国道,又经零陵火车站,距东方科技职业学校约两百米处右转后径直前行,车停濑滩沈家村,走小径步行约十五分钟至江边,即到达拙岩。

拙岩岩洞前后贯通,从小洞洞口便可望见湘江。小洞仅能容一人身,长不足两米,却内有乾坤,两壁有沈良臣诗词石刻十幅,其中《寄南岳高烁谷先生》一首边有纹饰环绕,颇为别致。过小洞即入大洞,洞顶有一小口与外界直通,洞壁存明清石刻十六幅,《拙岩记》与《重修拙岩记》遥相呼应,唱和诗作记录着当年饮酒唱酬之盛况,唐九龄书法飘逸秀夭,精美绝伦。两壁另有十余方磨平的碑面,未及刻字。出大洞,可见洞口左右石壁上亦有无字碑面五方。拾级而上,可至八角亭之旧址,唐九龄有《茆亭觞月》诗(《拙岩八景诗》之一):"何地无明月,随宜倒酒瓶。试将真意味,收入此茆亭。"缘阶而下,沿江以行,身右是陡峭的绝壁,壁上明清石刻六幅,大都风化严重,难以辨认。行数十米有一小平台,即为钓矶,唐九龄所题"忘机处"篆字榜书保存完好。

拙岩开辟至今已有五百余年,面貌大有变化,唐九龄在《重修拙岩记》中提及的沈尧夫所题篆书"拙岩"二字刻在崖端,而唐氏重修时设置的棋盘则无从寻觅,八角亭也于民国时期被毁,只能见到四块形状不一而上部磨平的基石,指明当年茅亭所处处何处,渔矶尚在,却少了"以钓为寄"之人。但是,拙岩石刻仍然有着重要的文物价值和学术价值。宗绩辰在其纂修的道光《永州府志》中说:"古人之迹久存于世者,惟金石遗文耳!图经百年屡敝,遇变,散佚不能补亡。金石历数千载而不泐,或入土后出,或穴山晚见,即销蚀于风雨兵火之后,而残碑剩款,好古者犹能据欧赵之籍,出珍秘之藏,以相订正。其中时代、姓氏、官爵、道里,皆足以辅翊图经,匡谬补阙。故近世精考鉴者多列之方志焉。"(卷十八上《金石略》)石刻作为金石的一种,同样具备金石的种种价值,能够为学术界提供新材料。

明隆庆《永州府志》记载沈良臣撰有《纤尘弄影集》一册,清道光《永州府志》则载沈良臣有《拙岩集》,然两书皆佚,拙岩中保存的十余幅沈氏诗词石刻略微弥补了这一缺憾。此外,与沈氏兄弟交往的名士和后世来拙岩游览者也留下一些诗文石刻,不仅可以再现拙岩历史面貌,亦可补阙来游人物之遗事。

本次考察活动范围包括拙岩小洞内、大洞内、大洞口和江岸渔矶四区明清两朝全部现存摩崖石刻,统计石刻共计 32 幅,以诗刻为多。通过对拙岩的实地考察,我们掌握了拙岩现存石刻的详细状况,再结合拓片与相关地方志资料,方可详细全面地展示拙岩现存石刻状况。

为研究方便,特草绘《永州拙岩石刻示意图》一套,示意图共有三张,依照拙岩的环境特点划分为四个区域,其中小洞内区与大洞内区合为一幅,大洞口区与渔矶江岸区合为一幅,并从小洞内到江岸渔矶标记出连续的序号。所绘为平面图,不按比例尺绘制,两张图的比例也不一样,主要作用在于标明石刻与石刻之间的相对位置,方便今后研究查找。

文字著录中的序号与示意图对应,每条详细著录每幅石刻的年代、作者、主题、尺寸(公分)、书体、行数和保存状态。石刻年代为明代至清代,最早一方为明严大用、沈良臣弘治九年石刻,弘治丙辰(1496)岁季秋望后五日作。其次为沈良臣嘱记的《拙岩记》,明正德壬申岁(1512)季夏月吉旦作。

二　著录

1. 明沈良臣诗刻《寄南岳高烁谷先生》,65×41公分,十行,每行十四字,楷书,边有纹饰如碑志,保存完整。

2. 明沈良臣诗刻《吊周西庵》,55×26公分,十三行,每行五字,楷书,保存完整。

3. 明沈良臣诗刻《右调摸鱼儿·春江坐钓》,50×32公分,十五行,每行十字,楷书,保存完整。

4. 明沈良臣诗刻《登南岳次韵》,44×24公分,十二行,每行六字,楷书,保存完整。

5. 明沈良臣诗刻《月艖小隐》,42×30公分,十行,每行七字,楷书,保存完整。

6. 明沈良臣诗刻《春怨行》,46×26,十三行,每行八字,楷书,保存完整。

7. 明沈良臣诗刻《茅亭坐雨漫兴》,27×22公分,十一行,每行七字,楷书,保存完整。

8. 明沈良臣诗刻《游仙词次韵》(四首),67×34公分,十七行,每行九字,楷书,保存完整。

9. 明沈良臣诗刻《右调玉蝴蝶·柬严少卿》,52×32公分,十五行,每行八字,楷书,保存完整。

10. 明沈良臣诗刻《洞庭清兴》(二首),50×35公分,十四行,每行十字,楷书,保存完整。

11. 明正德七年《拙岩记》,作者不详,75×53公分,十七行,每行三十一字,"拙岩记"三字篆书,余皆楷书小字,保存完整。

12. 明沈良臣诗刻《潋滩庄屋书事》,43×26公分,十一行,每行六字,楷书,保存完整。

13. 明史良弼诗刻《奉和庄屋书事》(二首),55×24公分,十七行,每行八字,楷书,保存完整。

14. 明沈良佐诗刻《重步潋滩书事》,50×22公分,十二行,每行六字,楷书,保存完整。

15. 明陈衮诗刻《题月艕次韵》,74×22公分,十六行,每行四字,楷书,保存完整。

16. 明陈琏诗刻《题拙岩》,40×30公分,八行,每行七八九字不等,楷书,保存完整。

17. 明吴坤诗刻《题拙岩和韵》,33×30公分,八行,每行七字,楷书,保存完整。

18. 清光绪六年唐九龄诗刻《拙岩八景诗》(八首),72×58公分,十七行,每行二十字,行草,保存完整。

19. 明蒋鏊诗刻"治剧非真拙"一首,无题,27×27公分,七行,每行七字,楷书,保存完整。

20. 明陈衮诗刻《次拙岩韵》,30×26公分,八行,每行七字,楷书,保存完整。

21. 清唐九龄《重修拙岩记》,59×30公分,十四行,每行十字,行草,若干字人为凿毁。

22. 明章表诗刻《拙岩次韵》,42×25公分,九行,每行六字,楷书,保存完整。

23. 明沈良臣诗刻《拙岩成偶书》,44×31公分,九行,每行六字,楷书,保存完整。

24. 清唐九龄诗刻《重修拙岩》,48×33公分,九行,每行六字,行草,保存完整。

25. 清同治九年唐昭铣《唐昭铣题记》,48×33公分,十行,每行八字,楷书,保存完整。

26. "拙岩"二字榜书,25×15公分,篆书,在大洞外崖顶,保存完整。

27. 明沈良臣诗刻《石门闲□》,43×49公分,九行,每行七字,楷书,磨泐。

28. 明沈良臣正德七年《崖阴避暑》,49×48 公分,九行,每行九字,楷书,保存完整。

29. 明严勖(字大用)、沈良臣弘治九年石刻,308×35 公分。尺幅极长,磨泐严重。首端标题难辨。正文字略小,内容为诗或文不详。末端款跋七行,字较大,略可辨识。

30. 明沈良臣诗刻《临流洗砚》,47×27 公分,十一行,每行六字,楷书,保存完整。

31. 明沈良臣诗刻《石台坐钓》,43×32 公分,九行,每行七字,楷书,保存完整。

32. 清同治九年唐九龄榜书"忘机处",130×41 公分。"忘机处"三字,篆书;署款二行,行草。周崇傅跋,楷书。保存完整。

三　示意图

永州拙岩石刻分布示意图(一)

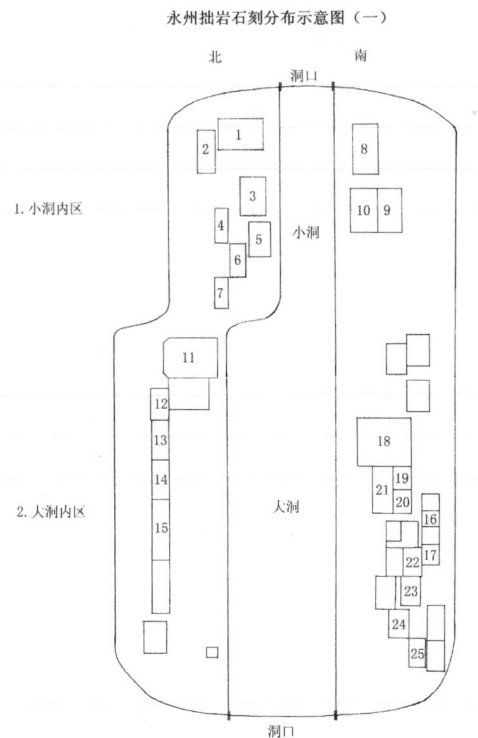

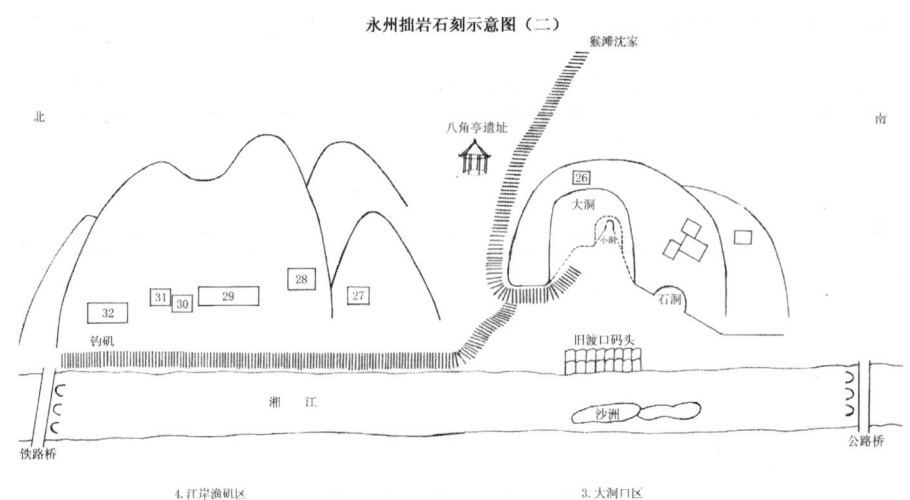

永州拙岩石刻示意图（二）

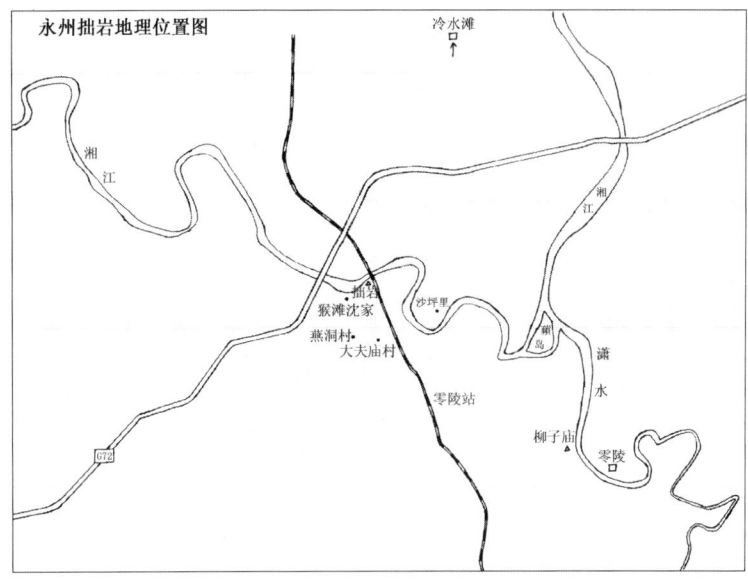

永州拙岩地理位置图

（原载 2015 年第 1 期，作者单位：广西师范大学）

"五湖烟水独忘机"
——拙岩文化主题分析

✽ 陈 微 •

一 岩拙于潜,君拙于隐

拙岩位于零陵潋滩沈家村,潜于湘江河岸,明清两代文人在此留下了三十余幅题刻。道光《永州府志》卷二上《名胜志·零陵》载:"县西十余里,潋滩临江有巨窟,明正德壬申岁(1512)徵士沈良臣尧夫始辟之,号拙岩,以拟柳氏之愚岛,有诗记,刻石多剥落,不能尽辨,皆前志所未列于名胜者也。"沈良臣字尧夫,效仿柳宗元而于潋滩湘江岸开辟拙岩。

沈良臣谓:"吾永山水之奇绝者,至唐有柳元生,守水石,八愚、朝阳岩之类,皆拙简之,而群胜以显焉。吾欲得一丘一壑,如柳公之俊采者。"永州山水幽奇,唐元结于此开辟朝阳岩与浯溪,至柳宗元又有八愚。柳氏云:"溪虽莫利于世,而善鉴万类,清莹秀澈,锵鸣金石,能使愚者喜笑眷慕,乐而不能去也。"[1]643故作《八愚诗》纪于溪石上,惜今不存。溪虽清秀而不为世人所知,惟使柳氏青睐,以辞歌之。柳氏得此溪,亦或此溪得柳氏,孰知乎? 沈氏所愿,亦得一丘一壑如柳氏之俊采。山林之趣,古今皆好,故柳氏有八愚而沈氏有拙岩。

拙岩摩崖石刻中有《拙岩记》,记述了拙岩开辟缘由。记中有沈尧夫之言:"公之所暇日,偕一二僮,散步猴滩江旁,得群石昂露于下,中一窟隐隐空通,首尾影映。而荆棘藤萝,芃然四塞,吾疑之必兽穴也。命僮束斤梢缺隙,匍匐而入,即薙草伐木,而芜芟秽而焚之。岩之中,土曼不能立,更锸之畚之,掘去湮塞,遂夷然寘敞,朗然一岩洞也。吾喜之,扫涤布席,可坐二十余宾。吾又怪兹岩不擅于古,而沉隐于今日,号曰拙岩,类吾与世违也。愿一言记之,以垂永久。"沈良臣"追古慕奇,而得山林之趣",偶遇江岸巨窟"隐隐空通,首尾影映",故辟之。

因此岩不擅于古而沉隐于今,类己之与世违,故命名为"拙岩"。拙岩"凌风霜而幽闲不华",与尧夫嘿嘿而处,同有恬退之风度,岩之"亘古今而瑱凝不移",与君岩岩而持,同具端正之丰采。岩拙于潜,君拙于隐也,皆拙而不拙。

清同治七年,唐九龄与稽有庆、周崇傅同游拙岩,并重修之,刻《重修拙岩记》于洞内。谓"余性拙,癖泉石,因避城市嚣,移家燕洞。适散步,经里许,旷览湘江,□□一岩窦,仅可入,上有篆刻'拙岩'字,□□明沈尧夫先生题。先生隐居不仕,守拙林泉,庄子所谓大巧若拙是也。余窃慕之,爰命工启壅塞,筑崩溃,安棋局,置渔矶,种竹植柳,构亭于上,刻八景诗于石。非博名也,用以质后之养拙者。"唐九龄因避俗尘,偶遇拙岩,慕沈尧夫"大巧若拙",故重修以质后之养拙者。

"大巧若拙",巧与拙相对相通。周敦颐为政守拙、为人以拙,可谓深悟此道。其《拙赋》曰:"巧者言,拙者默;巧者劳,拙者逸;巧者贼,拙者德;巧者凶,拙者吉。呜呼!天下拙,刑政彻。上安下顺,风清弊绝。"[2]58人多只知小机巧,而不知若拙之大巧之真巧。小巧之人贼且伪,拙者诚恳做事,倘天下多此拙者,则政亦通,人亦合。此文虽短,却引起了很多人的感慨。弘治《永州府志》卷二载:"拙堂,宋零陵丞曾典建,以濂溪先生倅是邦,尝作《拙赋》,故名今址为卫治。"朱子《书濂溪先生拙赋后》曰:"熹惟此邦虽陋,然往岁先生尝辱临之,乃辟江东道院之东室,榜以'拙斋'而刻置焉,既以自警,且以告后之君子,俾无蹈先生之所耻者,以病其民云。"[3]3845此"拙堂""拙斋"皆后人慕周子守拙,因其《拙赋》而命名。拙岩之名,或亦有此意。

自周子以来,后人亦多以"拙"自诩,唐九龄即谓己性拙即是也。拙岩石刻中有蒋鳌诗一首,云:"治剧非真拙,分明摆脱尘。每哦周子赋,觉爽自家神。鸠养心中慧,珍收天下春。何时放机事,许我构西邻。"谓吟周子《拙赋》即觉神爽,还表达了蒋氏追慕圣人,愿与其为邻之思。水石无情,人有情,文人骚客过往游赏,品题刻石,给拙岩赋予了独特的人文色彩。

二 徵士与乡贤

沈良臣、沈良佐,零陵县人。一为徵士,一为乡贤。

沈良臣,字尧夫,隐居乡里,故文献对其记载极少。尧夫著《拙岩集》,见于《湘崖集》。《湘崖集》为蒋鳌所编,今佚,尧夫之《拙岩集》亦不见。道光《永州府志》称沈良臣为"徵士",《拙岩记》称之为"徵君","有学行之士,经诏书徵召而不仕者,曰徵士,尊称之则曰徵君。""徵士""徵君"指不接受朝廷征聘的隐士。"有晋徵士,寻阳陶渊明,南岳之幽居者也。"此称陶渊明为徵士。"徵士""徵君"之称,或以尧夫不仕,类陶渊明隐者之风。

沈良臣,从其名言,本当为辅佐君王之良臣,而今以西庄隐人自居,以徵士留名于后。《老子》言:"大成若缺,其用不弊。大盈若冲,其用不穷。大直若屈,大巧若拙,大辩若讷。"[4]122-123先生隐居不仕,正此"大巧若拙"也。"世人皆斗巧,沈老独输诚",巧为机,诚是拙,西庄守拙去机,得山林之趣,独异世人。

沈良佐,字尧卿,号溪东,弘治壬子(1492)举人,正德戊辰(1508)吕柟榜进士,任南京户部主事、户部郎中、四川顺庆知府、江西副使、云南副使、本司副使、广西左参政等职,颇有政绩,后归隐拙岩,祀乡贤。尧卿嘉靖年间任云南副使,后改本司副使,兵备饶州,嘉靖《江西通志》卷二载其嘉靖六年(1527)二月十二日到任,同治《饶州府志》卷九载其嘉靖五年任,略有不同。雍正《广西通志》卷五十三载沈良佐嘉靖间任广西右参政,与道光《永州府志》载其任广西左参政异。

隆庆《永州府志》卷十四《人物列传》谓尧卿"立心忠厚,行事光明"。雍正《四川通志》卷七上称其"延士论以苏民瘼"。同治《饶州府志》卷四《建置志·城池》载:"六年,大水,城有覆者,兵备副使沈良佐议完之,后圮缮不一"。沈良佐为人忠厚,做事光明有己见,为官心系民众疾苦。这些记载从侧面反应了尧卿为政有惠绩。

沈良佐任广西参政时,曾与明代理学家王阳明共事。嘉靖六年五月朝廷起用王阳明,命其兼都察院左都御史,平广西田州之乱。嘉靖七年王阳明袭八寨断藤峡,并且破之。时沈良佐为参将,王阳明于八月二十四日有《批参将沈良佐经理军伍呈》,批文谓"看得,五屯系远年贼巢要害之处,而备御废弛若此,正宜及此平荡之余,经理修复"[5]1121。可知是批示沈良佐处理平乱之后事。

道光《永州府志》卷十五上《先正传·事功》云:"沈良佐,字尧卿,零陵人。弘治初举人,正德三年进士,任户部主事,历官郡守,转副使,升广西左参政,为政平恕,所至有惠绩。归栖拙岩,以诗文送老,人皆贤之,祀乡贤。"康熙《零陵县志》卷八《进士》曰:"授南京户部主事,转郎中,迁四川顺庆知府,升江西副使,调云南副使,升广西苍梧道左参政。有传。"

沈良佐为官之时"为政平恕,所至有惠绩",归栖拙岩后"时有幽人共泛艖",可仕则仕,可止则止。此心境,几人有?

三　儒家之隐

（一）忘机：笑语忘机拙更欢

机同幾，有国家政务之意。《尚书》曰："无教佚欲，有邦兢兢业业，一日二日万幾。"[6]84身逢治世，才有所用，则勤勤恳恳，为民做事，这是古昔贤圣的追求。若天下无道，百般无奈，则隐则忘，是为忘机。

沿拙岩大洞口右侧石阶而下，行数十米，可见"忘机处"榜书，为唐九龄于清同治庚午年（1870）题。后有周崇傅跋，曰："温飞卿《利州南渡》诗，有'五湖烟水独忘机'句，仙农意不在钓，暇以钓为寄，自题其处曰'忘机'，近乎道矣。"温飞卿即温庭筠，唐代诗人、词人。其诗《利州南渡》："澹然空水对斜晖，曲岛苍茫接翠微。波上马嘶看棹去，柳边人歇待船归。数丛沙草群鸥散，万顷江田一鹭飞。谁解乘舟寻范蠡，五湖烟水独忘机。"[7]6717范蠡助越王成就霸业，而后归隐，可谓功成身退。诗人所愿，当亦如此。循范蠡之迹，不问人间事，徜徉于五湖烟水中。"忘机处"或即取此意。

机亦有巧之意，与拙相对，《庄子》云："有机械者必有机事，有机事者必有机心。机心存于胸中，则纯白不备。纯白不备，则神生不定。神生不定者，道之所不载也。"[8]247又"功利机巧必忘夫人之心"[8]248，有机心存于胸中，即逐渐趋于功利而忘本心，而离道渐远，故须忘机。机是繁杂俗务之由，惟忘机守拙方可得心之安宁。唐人诗中多忘机之语。骆宾王《咏怀》云"忘机殊会俗，守拙异怀安"[7]861，岑参《青龙招提归一上人远游吴楚别诗》曰"忘机厌尘喧，浪迹向江海"[7]2034，刘禹锡《和乐天洛下雪中宴集寄汴州李尚书》谓"笙歌要请频何爽，笑语忘机拙更欢"[7]4072，此皆表达了诗人忘机远俗，守拙心安的愿望。古人今人，此心同，此理同，忘机守拙之意，亦同也。

（二）钓矶：闲弄溪云泛小艖

归隐乡野，寄情山水，其中必有一番独特的趣味。拙岩摩崖石刻中多此类描述。"诛茅结屋傍江涯，半顷畲田一水车。柳贯鲜鳞渔换酒，铛分活水仆煎茶。静闻花鸟哦新句，闲弄溪云泛小艖。此外风情多寡合，独容野老度年华。"傍江筑茅屋，田园水乡，鱼换美酒，活水煎茶，闲泛小舟，花香鸟鸣，满是诗意。"明月照怀吟好句，清风生腋试新茶"月夜品新茶，偶有清风，此又有另一韵味。"茅亭筋月""流水鼓琴""芙蓉夹柳""鸬鹚随渔""仙几垂钓""桐阴围棋""鸣莺求友""扫石题诗",茅亭对月酌,鼓琴向流水,柳自葱郁,鸬鹚活泼,江边垂钓,对弈桐荫,莺鸣寻友,品题刻石,此拙岩八景,亦可谓八趣,此中真意,欲辨忘言。

"意钓非知钓,非仙却似仙。问津必有客,烟水渺长天。"一波江水,涤荡俗世繁扰,垂钓给人以随意安适的心境,足令贤人雅士留恋。"推蓬坐,闲把长竿料理。不让志和烟水。投纶钓得锦鲜来,步月前村沽醋。"此闲,谁得? 此喜,谁获?

（三）"有道则见,无道则隐"

意钓非钓,以钓为寄,似隐非隐,以隐待时。古有姜太公垂钓的故事,其钓非在鱼,在周文王也。出仕与否一方面在世道,另一方面在隐者之自由取舍。天下昌明,则积极入世,施展才华,天下无道则韬光养晦等待时机。古代圣贤审时度势,若世道衰微则隐于茫茫人海,此即孔子所说:"笃信好学,守死善道。危邦不入,乱邦不居。天下有道则见,无道则隐。"[9]106 可以仕则仕,不可仕则隐以待时,此儒家之隐。儒隐是一种人生选择的权变,是孟子"得志,泽加于民;不得志,修身见于世。穷则独善其身,达则兼善天下"[9]351 的智慧,不同于追求精神绝对自由的道家之隐。

上好德则下不隐。《明史》载正德时朝纲紊乱,明武宗"耽乐嬉游,昵近群小,至自署官号,冠履之分荡然矣"[10]213。上不好德,则隐逸之风盛行,拙岩多隐思之句,或受此影响。

四 拙岩、朝阳岩、浯溪、愚溪

零陵古多奇绝之地,既有自然景观,亦有人文景观,其独特之处在多自然、人文相融合之景观,若朝阳岩、浯溪、愚溪之类。今见拙岩,知此人杰地灵之地又添一绝境。

朝阳岩与浯溪皆唐代元结所辟。元结,字次山,生于开元七年(719),卒于大历七年(772),曾两任道州(今湖南永州)刺史。元次山"雅好山水,闻有胜绝,未尝不枉路登览而铭赞之"[11]169,游则有铭,铭则有刻。其居道州之时,遍寻水石,逐一作铭而赞之。后历代皆有文人来此吟咏抒怀,扫石题诗,潇湘水石名闻天下。此可谓开创了湖湘的水石文化。

朝阳岩是潇水西岸的石灰岩溶洞,永泰二年(766)年冬,元结自任所赴长沙计事,水路经零陵,发现朝阳岩,以其东向,遂以朝阳命之。其《朝阳岩铭》序云:"永泰丙午(766)中,自春陵诣都使计兵。至零陵,爱其郭中有水石之异,泊舟寻之,得岩与洞。此邦之形胜也,自古荒之而无名称,以其东向,遂以朝阳命焉。前刺史独孤愐为吾剪辟榛莽,后摄刺史窦泌为吾创制茅阁,于是朝阳水石,始有胜绝之名。已而刻铭岩下,将示来世。"[11]143-144此后历代名贤过往游赏,题咏不绝,朝阳岩遂成为著名的摩崖石刻景观。

唐大历二年(767),元结二任道州刺史,由衡阳至任途中暂留祁阳,因爱浯溪水石,作传颂后世之"三吾铭",并刻于浯溪石上。《浯溪铭》曰:"湘水一曲,渊洄傍山。山开石门,溪流潺潺。山开如何?巉巉双石,临渊断崖,夹溪绝壁。水实殊怪,石又尤异。吾欲求退,将老兹地。溪古荒溪,芜没盖久,命曰浯溪,旌吾独有,人谁游之。铭在溪口。"[11]152大历六年,元结已去官移居浯溪,请颜真卿书《大唐中兴颂》于浯溪崖壁,世人因其文奇、字奇、石奇,而称之为"摩崖三绝"。浯溪本是潺潺涓流,得元结而后为一人文胜地。

柳宗元命其所好之溪为愚溪,并傍溪而居。柳氏在《愚溪诗序》中曰:"夫水,智者乐也。今是溪独见辱于愚,何哉?盖其流甚下,不可以溉灌;又峻急,多坻石,大舟不可入也;幽邃浅狭,蛟龙不屑,不能兴云雨。无以利世,而适类于余,然则虽辱而愚之,可也。宁武子'邦无道则愚',智而为愚者也;颜子'终日不违如愚',睿而为愚者也,皆不得为真愚。"[1]643柳氏以此溪无用以利世,类己之愚,而称之为愚溪。然愚有"智而为愚者",有"睿而为愚者",非真愚也。

人感知自然之美而有所创兴,遂使自然景观转化为人文景观。古昔贤哲磨石题刻,令沉寂之水石灵光满溢,流芳无穷,可谓承载其人文主题。拙岩、朝阳岩、浯溪、愚溪皆清胜幽绝,此自然之奇异,同也,所不同在其各自的人文主题。此四者能历经岁月沧桑而盛传不息,皆本于此也。"浯溪石刻以颂扬中兴大业为主题,古人谓《大唐中兴颂》'与日月争光'、'灿烂金石,清夺湘流'。朝阳岩旧有寓贤祠,其主题则为'寓贤'。"[12]15《大唐中兴颂》赋予浯溪碑林"忠义"的主题,寓贤祠令朝阳岩有"寓贤"的主题。智而为愚、睿而为愚,愚溪的主题可谓"愚而不愚"。拙岩石刻多山林野趣之句,又忘机守拙之思,窃以为其主题乃"隐逸",为儒家有道则见,无道则以待时之隐。"忠义""寓贤""愚而不愚""隐逸",此人文之德业零陵皆备矣!

今吾辈借奇绝之水石以寻先贤之踪迹,幸矣!

参考文献:

[1][唐]柳宗元.柳宗元集[M].北京:中华书局,1979.

[2][宋]周敦颐.周敦颐集[M].北京:中华书局,1990.

[3][宋]朱熹.晦庵先生朱文公文集(第二十四册)[A].朱子全书[M].上海:上海古籍出版社;合肥:安徽教育出版社,2002.

[4]王弼(注),楼宇烈(校释).老子道德经注校释[M].北京:中华书局,2008.

[5][明]王守仁.王阳明全集[M].上海:上海古籍出版社,1992.

[6][清]孙星衍.尚书今古文注疏[M].北京:中华书局,1990.

[7][清]彭定求.全唐诗[M].北京:中华书局,1960.

[8]郭象(注),成玄英(疏).南华真经注疏[M].北京:中华书局,1998.

[9][宋]朱熹.四书章句集注[M].北京:中华书局,1983.

[10][清]张廷玉.明史[M].北京:中华书局,1974.

[11][唐]元结,孙望(编校).新校元次山集[M].台北:世界书局,1984.

[12]张京华.朝阳岩与寓贤祠[J].湖南科技学院学报,2010,(2).

(原载2015年第1期,作者单位:深圳大学)

清幽绝世尘——重访拙岩

✻ 邓　盼

　　张门弟子素来有寒暑假齐聚科技学院继续学习的传统,我也不例外。暑假刚开始,我便径直奔赴永州,恰巧赶上深圳大学文学院五位教授要到永州进行文化考察,心里不禁暗自高兴。

　　2014年7月12日夜,深大中哲教授们抵达永州,次日清晨与我们一道前往道县。这是我第一次见到这几位景仰已久的学者。王立新老师跟张老师交情甚好,经常听老师提起,也见过照片,一眼便认出来了。王老师非常健谈,爱说笑,只一两句话就能把大家逗乐,特别容易亲近。交谈中我们跟景海峰老师、王兴国老师、黎业明老师和问永宁老师也渐渐熟识了起来,"潇湘儒家历史文化"考察团愉快地出发了。接下来的几天时间里,我们拜访何家壬老先生,探濂溪故里、月岩、中郎岩,游朝阳岩、柳子庙,访拙岩、蘋洲书院、九龙岩,兼及唐生智故居和李达故居,十分充实。天气虽然炎热,我也晒黑了一大圈,但我的心是雀跃的,因为每个地方都给我留下了不同的感受,地方文化和老师们的闲谈都让我收获不少。

　　我一向比较宅,大部分地方都是第一次去,惟有拙岩不同,自认为对它还是比较了解的。今年年初,张老师带领我们师兄妹对拙岩摩崖石刻开展了多次田野调查,清查石刻数目,绘制示意图,制作拓片,整理石刻文字,初步研究石刻文化,算是小有成果。

　　拙岩位于湖南永州零陵滨滩沈家村,面临湘江,沉隐于天地间,与世久违。明弘治九年(1496)至正德七年(1512)徵士沈良臣发发掘此窟,拟柳宗元之愚岛而命其名为拙岩,嘱记《拙岩记》。此后,滨滩沈氏兄弟命工刻其平日诗作于石上,交往名士多有唱和。晚清时期,同邑唐九龄偶然来到拙岩,"启壅塞,筑崩溃,安棋局,置渔矶,种竹植柳,构亭于上,刻八景诗于石",拙岩又添胜景。其后百余年来,拙岩渐渐湮没,近年才重新出现在人们的视野中。

　　自湖南科技学院去往拙岩有两条路线,一为陆路,一为水路,以往考察都走陆路,这次想尝试一下水路。老师先前去探过路,却苦于没有明显的标志,只能沿途搜索,最终无功而返。16日清早,我们在思柳桥附近汇合,乘游船前往拙岩。循着我绘制的拙岩位置图,大家顺利地到达了目的地,令我好生自豪。

拙岩摩崖石刻目前发现32幅,以诗刻为多,另有无字碑面十余方。石刻年代为明代至清代,其中一方为沈良臣嘱记的《拙岩记》,明正德壬申岁(1512)季夏月吉旦作。岩洞前后贯通,小洞仅能容一人身,长不足两米,却内有乾坤,两壁有沈良臣诗词石刻10幅。大洞紧接小洞,洞顶有一小口直通外界,洞壁存明清石刻16幅,《拙岩记》与《重修拙岩记》遥相呼应。出大洞拾级而上,可至八角亭旧址;缘阶而下,沿江以行,身右是陡峭的绝壁,壁上石刻大都风化严重,约十米处有一小平台,是为钓矶,唐九龄所题"忘机处"篆字榜书保存完好。

拙岩开辟至今已有500余年,面貌大有变化,大洞口顶沈尧夫所题篆书"拙岩"二字仍在,唐氏重修时设置的棋盘却无从寻觅,八角亭也于民国时期被毁,只能见到四块形状不一而上部磨平的基石,指明当年茅亭所处何处,渔矶尚在,却少了"以钓为寄"之人。尽管如此,拙岩石刻仍然有着重要的文物价值和学术价值。明隆庆间《永州府志》记载沈良臣撰有《纤尘弄影集》一册,清道光间《永州府志》则载沈良臣有《拙岩集》,然两书皆佚,拙岩中保存的十余幅沈氏诗词石刻略微弥补了这一缺憾。此外,与沈氏兄弟交往的名士和后世来拙岩游览者也留下一些诗文石刻,不仅可以再现拙岩历史面貌,亦可补阙来游人物之遗事。

(原载2015年第4期,作者单位:广西师范大学)

东溪拙庵沈庆及其"拙岩诗"辨析

✽ 李花蕾

一

湖南科技学院师生一行于 2014 年 1 月 17 日发现拙岩石刻,立即开始全面考察,并着手研究,申报课题立项,致函永州市文物处提出保护意见。其后各方人士对拙岩多有关注,到 2014 年 7 月 8 日,通讯员唐善理、唐青雕、杨万里,在中国新闻网发表零陵电讯《湖南永州零陵发现 44 块明清露天摩崖石刻》,系将磨泐无字碑面统计在内,因此超过了 32 通的实际数量。就目前所发现者而言,当更正为 32 通为宜。

电讯又称:"据当地沈氏族谱记载,历史上大夫庙村分东庄和西庄,大部分都为沈姓。最早在明代天顺六年(1462 年),先祖沈庆就为此地写了诗:'仙岩真福地,三载复重游。青鸟书传远,红云羽盖稠。同行陪五马,讲道忆浮邺。箫鼓催行发,玄都怅莫留。'"("邺"字误,光绪《零陵县志》载此诗作"邱","邺"即"邱"。)其说有误。

二

按明人沈庆确实曾在湖南为官,并且官职显赫。沈庆还曾出使衡阳、宝庆、永州等地,并且政绩显著。所过赋诗,并且留下石刻真迹。

沈庆曾经新建永州江华县城。

明弘治《永州府志》卷一《建置沿革》记载:"江华县旧土城守镇千户所……天顺三年……副使沈公庆督修砖城,高一丈,阔五尺,周围三百六丈,门楼三,串楼三百五十,濠堑三百六十丈,东南北三门。今塞北门真武楼镇之。"(又见明隆庆《永州府志》卷八)"江华:天顺六年迁置县治,副使沈庆撤旧宇于新城县治之前,一如其制。"

又曾修建永州府学尊道堂。

明弘治《永州府志》卷二、清康熙九年《永州府志》卷三、康熙《零陵县志》卷三、道光《永州府志》卷三下、光绪《零陵县志》卷二均载:"尊道堂:在府学后,天顺五年副使沈公庆建。"

又曾赋诗吟咏永州爱莲亭。

明弘治《永州府志》卷八载《爱莲亭》诗:"观风来谒庙,独上爱莲亭。池洁荷逾绿,庭幽草自青。道传由默契,图著寓流形。千载斯文幸,披云睹景星。"署名"东溪沈庆,湖臬副使"。

又曾修建临武县城。

康熙《衡州府志》卷三《营建志》:"临武县:邑之有城,昉于明。天顺七年,副使沈庆请于朝累土为之。"

同治《临武县志》卷十《城池志》:"临武旧无城,树排栅周遭。明天顺四年,湖广按察司副使沈庆,奏立土城,以邑主簿李浚董其事。沈有诗,见《艺文志》。"

同治《临武县志》卷四十一《艺文志上·诗》第一首即明臬司沈庆的《建临武城》,全文云:"追苗隆武邑,爱此溪山胜。苗去民复还,众心才粗定。规画树排栅,周遭历荒径。高濠下枯签,低堑刺交钉。矢工筑坚城,疏上尧舜圣。念此凋残余,何由保微命。将来雉堞成,兹方始康靖。园林绕回合,桑麻遥掩映。加以年谷丰,月吉有善政。闾巷起弦歌,家室互相庆。淳风喜复回,邑治夸籍盛。六事于焉兴,行期得贤令。"

又曾重修衡阳石鼓书院。

明弘治《衡山县志》卷五:"石鼓书院元末被毁,永乐间知府史中始图修复,旋更兵灾。副使沈庆、知府翁世资,相继营度。"

明李安仁《石鼓书院志》(明万历刻本)上部《人物》:"沈庆:钱塘人,以翰林博士擢湖广宪副,按部至衡,谒书院,见昔之新者旧、植者倾,畅然叹曰:'兹非为政者之咎欤!'遂檄推府余敬修理之。"

《石鼓书院志》下部《词翰志》载副使东溪沈庆所作诗:"两水夹流天下奇,巨鳌春浪如神龟。因名石鼓构书院,古今贤哲遗声诗。竹树阴森荫江□,灌濯文风比邹鲁。燕居像古宫殿高,雍雍四配陪是父。安得频年此读书,亭中俯仰观鸢鱼。天渊理趣豁胸次,朱陵何独论逃虚。衡岳当空高万丈,顷刻扶摇端可上。一曲沧浪孺子歌,听罢悠然绝尘想。便欲临流亟濯缨,时时来此合江亭。寻幽览胜不可极,伫目漾回碧水淳。"

又曾吟咏南岳衡山。

李元度《南岳志》载沈庆《平蛮回谒南岳》:"天下有五岳,共仰南岳尊。巍巍奠湘土,磅礴何絪缊。山水远朝拱,森罗如骏奔。龙翔与凤翥,云霞绚朝暾。宝殿恍玲珑,灵光烛天阊。柴望古所重,禋典今犹存。炎令是其司,长养物茂蕃。以兹福下民,万世蒙仁恩。高羡并泰岱,远览齐昆仑。地势境逾清,敻绝嚣尘烦。雅宜伐钟鼓,祝釐礼晨昏。征苗赖克捷,谳狱期平反。歌诗答灵贶,于焉役吟魂。道大慨无极,久矣弥乾坤。"

又载沈庆《南岳漫游》:"五岳同尊万陇趋,奠安南服镇寰区。红云紫盖天坛肃,赤水丹山圣境殊。时有鸾笙吹碧落,可无仙子燕蓬壶。灵源福地知多少,绝似琳宫画未如。"

又载沈庆《路经开云楼》:"昌黎清誉满人间,楼厂开云尚有颜。辟佛当时尊阙里,谪官今日出蓝关。诗留南岳山增耀,文著东溪海泛澜。千载仰公犹北斗,天章分得几时还。"

见清李元度修纂,民国王香余、欧阳谦增补,王香余续增《南岳志》。作者有案语云:"沈庆,余姚人,湖广按察副使。天顺四年,城步瑶叛,庆与巡抚王俭等帅师由平水姚林攻入,西延十八团,击破百二十二寨,俘馘千余人,斩首三十级,瑶患悉平。时中征苗云云即此。李《志》前献门未载。"

又曾修建桃源县学明伦堂。

明嘉靖《常德府志》卷九《学校志》、清嘉庆《常德府志》卷十五《学校考》、光绪《桃源县志》卷四《学校志》均载:"天顺七年,分巡副使沈庆,以明伦堂地狭隘,乃市民间地而充拓之,筑围墙。"

又曾参与修建慈利县学。

明隆庆《岳州府志》卷九《秩祀考》、明万历《慈利县志》卷十一《学校志》:"慈利县学……先师庙暨两庑及堂斋号舍……相继葺饬。提学副使沈庆记。"其后备载全文。

又曾至宝庆、城步,作诗咏龙潭。

清道光《宝庆府志》卷百四《艺文略·金石》:"明龙井石壁诗刻:在城步县龙潭石壁上,明沈庆撰。天顺四年刻石,诗凡六行,每行十字,第六行六字。末书:'近持宪节,统兵来按城步,驻节营中,暇日遍览江山之胜,而龙潭灵验,尤为一方之冠,因诗以寄兴云。大明天顺四年,龙集庚辰,腊月初吉,中宪大夫、湖广等处提刑按察司副使、前奉敕征蛮、翰林院五经博士,东溪沈庆识。'右款七行,每行十三字,第六行五字,第七行十五字。"

又曾至湖北夷陵,参与重修《夷陵州志》。

明弘治《夷陵州志》卷首载沈庆《重修夷陵州志记》全文,署款"景泰五年四月吉日,奉政大夫、湖广等处提刑按察司佥事、从四品禄、前翰林院五经博士,东溪沈庆记"。

又曾至湖北汉阳参与大禹庙祭祀。

明嘉靖《汉阳府志》卷四《庙祀志·大禹庙》载"明副使沈庆《记》"全文。

<h1 style="text-align:center">三</h1>

但这个在两湖地区异常活跃的东溪沈庆,却是浙江人。

沈庆,字仲会,号拙庵,明浙江余杭人。

明嘉靖《余杭县志》载有沈庆的详细传记。全文云:"沈庆:字仲会,学博才赡,刚介有为。子史百家,无不览阅,尤精于兵法。宣德间,领丙午乡荐,历官翰林五经博士。办内阁事大学士陈循屡荐宜大用,升湖广按察司佥事。时靖州五开等处苗贼,生发把截道路。庆相地设官,凿山浚河,自偏桥镇直抵广平,迂道千余里,由是据壕立兵,始以地利制贼。军民商贾称便,立祠祀之。巡抚总兵等官交疏其功,进四品禄。叛贼李珍蒙能至僭王号,大肆猖獗,守臣知庆素为士人推服,言于朝,敕庆调兵讨贼。庆亲率兵突阵,歼厥渠魁,擒贼党二百余众。捷闻,朝廷降敕奖谕,褒其忠勤。自后征讨,无不克捷。升本司副使,巡边整敕兵备。又敕督造运船。庆以湖湘军民疲困日久,乞贷藩府自征木料,事办而民不扰。成化初,复领汉土官军十万余众,进腊屋、桃林、武冈、南洞等处,一鼓擒获,贼境悉平。加升食三品禄,进阶亚中大夫。凡用兵临阵,不专事杀戮,惟宣布朝廷威德以怀抚之,故多自归降。土人有以女子金帛献者,一无所受。为政严明,人不敢犯。成化辛卯,请老归。所著有《拙庵集》。后以疾卒。学士商辂表其墓,万安为铭。"

明万历《余杭县志》卷六《人物志·宦业》、清嘉庆《余杭县志》卷二十六《忠义传》略同。

明万历《杭州府志》又载沈庆传记节本。明万历《杭州府志》卷八十三《人物十七·国朝政业》云:"沈庆:字仲会,余杭县人。学博才赡,善风角,精鱼鸟阵法。宣德初,由举人官翰林院五经博士。大学士陈循荐庆可大用,升湖广佥事。时靖州五开贼起,庆相度地宜,凿河渠,浚隍堑,自偏桥镇直抵黄平,迂道千余里,由是据壕立兵,始以地利制贼,军民赖之。叛贼李珍蒙能桀骜猖狂,至僭王号。庆亲率兵突阵,歼厥渠魁,擒获贼党二百余人。成化初,复统兵十万,进攻腊屋、桃林、武岗、南洞等处,一鼓悉擒。加三品俸,进阶亚中大夫。成化辛卯,以老乞归。所著有《拙庵集》。"

明过庭训《本朝分省人物考》卷四十二,明徐象梅《两浙名贤录》卷十七,清康熙《二浙江通志》卷三十一《人物一》、清乾隆《杭州府志》卷八十五《人物三·武功》,民国《杭州府志》卷一百二十八《人物二·武功二》略同。

四

但是,清人刘沛在纂修《零陵县志》时,却将沈庆几首诗的标题和次序写错了。

光绪《零陵县志》卷十四《艺文·金石》"澹山岩·明"一节如下:

"《拙岩诗》,存。仙岩真福地,三载复重游。青鸟书传远,红云羽盖稠。同行陪五马,讲道忆浮邱。箛鼓催行发,玄都怅莫留。《再游》""春暖玄都锦作堆,旧游绣豸又重来。雷公轰雨掀龙井,仙子还丹憩凤台。满壁蛟螭碑篆古,数声霄汉鹤群回。欲探洞府无扃钥,千树碧桃开未开。""天顺壬午岁三月望日,东溪拙庵沈庆识。"

"沈庆《游淡岩偶题》,存。江山迎宪节,仙境豁吟哞。瑶草和烟润,琪花带露幽。通天明石窍,曲洞湛银流。篆古岩名淡,凉生景值秋。惯游高阆帅,踽眺毕藩侯。尘鞅安能谢,仙岩企少留。鸾笙听子晋,鹤驾迓浮丘。共说长生话,重添海屋筹。更无夸阆苑,遮莫羡瀛洲。欲去意难舍,思闲簪未投。那堪回首处,天际夕阳休。""大明天顺己卯秋八月既望,中宪大夫、湖广等处提刑按察司副使、前奉敕征蛮、翰林院五经博士,东溪沈庆识。(楷书十三行)"

以上记载中,"楷书十三行"一句著录的是石刻的形式,表明刘沛或原诗记录者见到过石刻实物或者拓本。

但天顺己卯为天顺三年(1459),天顺壬午为天顺六年(1462),沈庆诗中说他"三载复重游",显然是天顺三年初到澹岩,天顺六年再次游历。所以,显然应当是天顺己卯这一首在前,天顺壬午这一首在后。前者题为《游淡岩偶题》,后者题为《再游》。

并且《再游》所作的是两首诗,一首为五言,一首为七言。刘沛没有注意到这一点,因此将"仙岩真福地"一首另外加了标题"拙岩诗",不但画蛇添足,并且还写错了字。

《再游》的原标题如果需要补充,要么写作"澹岩再游诗",要么写作"拙庵再游诗",一为岩洞之名,一为沈庆之号。仅只一字之差,刘沛却将此诗误作了"拙岩"。

光绪《零陵县志》卷十四《艺文·金石》"澹山岩诗",分为宋、元、明、国朝四段,光绪二年刻本有整整五十五页,根本不容混进一幅"拙岩诗"。

刘沛字史亭,湖南龙山人,恩贡生,当时有工诗之名。清张培仁《静娱亭笔记》卷六《刘沛工诗》:"龙山刘沛孤介工诗,有怀人绝句数章,语多精确。《黄海华》云:'心源志术辨无差,能吏通今古法家。可惜两京贤牧伯,苦吟诗句老天淮。'《郭筠仙》云:'海浸高楼月似霜,安西旌节等投荒。船山自有经传在,不用恩封异姓王。'《罗砚生》云:'征文识字老弥精,朴学无华爱砚生。五十年来名下士,从无书札到公卿。'《孙芝房》云:'风流三楚真名士,词赋乾嘉好翰林。不驾轺轩持玉尺,一生辜负爱才心。'《郭樗叟》云:'字法兵韬曲曲赅,灵犀分应妙能裁。茂陵拟奏通天表,第一军机秉笔才。'《朱香生》云:'短衣长剑走江湖,肝胆无双气太粗。犹喜圣朝文纲阔,不成诗狱逮髯苏。'"以工诗之人而著录明诗,尚有此误,是为可惜。

《湖南永州零陵发现44块明清露天摩崖石刻》一文误将"仙岩真福地"认作咏拙岩诗,又误解沈庆认作大夫庙村沈氏先祖,都是由于刘沛《零陵县志》的误导。

实际上,早于刘沛,嘉庆间宗霈已经正确著录了沈庆的三首澹岩诗。

宗霈(1772－1817),字稼秋,号静轩,又号筠深、云声,浙江会稽人。嘉庆十四年(1809)进士,官华容知县,嘉庆二十年(1815)移零陵知县,二十二年卒于官。著有《静轩诗文集》等。刘沛光绪《零陵县志》卷六《官师》有传,称其"辑《零志补零》,苦节遗贞,搜采毕登,残碑断碣,网罗殆遍"。可惜的是,刘沛了解《零志补零》,却没有仔细参照。

宗霈《零志补零》三卷,嘉庆二十二年(1817)刊。其书早于瞿中溶《湖南金石志》二十卷(嘉庆二十五年)三年刊行,又特别注重亲身考察,所以价值独特。

宗霈即宗绩辰之父。

宗绩辰(1792－1867)，又作稷辰，字迪甫，一作涤甫，又字其凝，号涤楼，又号攻耻，一作躬耻，世尊称之曰涤翁。道光元年(1821)举人，官内阁中书、充军机章京，迁起居注主事，再迁户部员外郎。咸丰元年迁御史，又迁给事中。在朝中，以保荐左宗棠，有盛名。五年授山东运河道。同治六年，引疾归，寻卒。著《躬耻斋诗钞》《躬耻斋文钞》《越岘山人日记》等。《清史稿》有传，载其"罢官后，主余姚龙山书院、山阴蕺山书院"。别史又载宗绩辰曾主讲永州群玉书院及香苓讲社。今《躬耻斋文集》中有《濂溪书院讲规》《群玉书院学规》等文。

宗氏父子关于永州石刻的研究著录贡献极大。宗绩辰编纂的道光《永州府志》，道光八年(1828)刊行，内有《永州金石略》一卷，实为上中下三卷，在各版永州府志、零陵县志中，最为丰富。此外，宗绩辰还有《留云庵金石审》一书。

《零志补零》卷中重新为沈庆的澹岩诗题了名，其题名和排序为：

《天顺己卯中秋后游澹岩》　（明湖广按察副司、前奉敕征蛮、翰博）沈庆(东溪)

《再游澹岩》(天顺壬午岁三月望日)　前人(拙庵)

《又》

在三首诗的排序之后，又紧接着著录了湖广按察副司应钦(黄岩)的一首诗《游澹岩用沈拙庵韵》。排序可谓极为准确。

（原载 2015 年第 9 期，作者单位：湖南科技学院）

拙岩摩崖石刻校注

✳ 张京华 ◆

1. 寄南岳高烁谷先生

江東烁谷老，早年承武功。

揮戈建勳業，掛冠從赤松。

携徒二三子，採真衡山中。

鴻宝爐中丹久熟，景覽東南詩滿窟。

祝融峯前雲吐吞，称此張良能避榖。

醉来戲鶴狂且顛，天風兩袖舞扁迁。

回首紅塵兩相隔，桑田滄海幾更迁。

爱崔仙，開咲口，顧我屑々徒奔走。

一朝跳出火坑来，七十二峯同握手。

西庄隱人書

[解题]

诗为歌行体，五言、七言、三言叠错，平声、仄声转韵。

[校注]

高烁谷：名字、生平不详。"烁"同"秋"，秋谷当是其号。由诗中"武功""挥戈""赤松"等语可知，其人早年从军，后归隐于衡山。

宝炉：均俗字。

祝融峯：衡山最高峰。"峯"同"峰"。明弘治《衡山县志》："祝融峰在崇岳乡第六都岳山后。昔炎帝之世，诸侯祝融君游息之所，因名。"清《嘉庆重修一统志》："祝融峰在衡山县西北三十里，乃七十二峰最高者。"

来：俗字。

扁迁：同"蹁跹"。

沧海:二小字,补刻在"桑田"右下角。《神仙传》:"麻姑谓王方平曰:'自接侍以来,见东海三为桑田。'"

爱崔:"崔"同"鹤"。唐元稹《和乐天感鹤》:"我有所爱鹤,毛羽霜雪妍。"唐皎然《寄路温州》:"爱鹤颇似君,且非求仙情。"

咲:同"笑"。

跳出火坑:道教术语。《道藏辑要》唐吕岩(吕洞宾)《语录大观·云巢精舍语录》云:"入门'性命'二字不可偏废,只要刀快,跳出火坑,撇下生死,斩断私欲。私欲不斩而修道,犹盗在家而反闭其门也。"

同握手:宋魏了翁《水调歌头·燕甲戌进士归自都城》:"试与公,同握手,上春台。"

七十二峰:《明史·地理志》:"衡山,有七十二峰、十洞、十五岳、三十八泉、二十五溪、九池、九潭、九井,而峰之最大者曰祝融、紫盖、云密、石廪、天柱,惟祝融为最高。"

西庄隐人:沈良臣别号。"庄",俗字。

2. 寄周西菴　同

泉石同君孝隐翁,凭年孤负凭樽同。

濂溪兴好谁同赏,谢草情同梦亦通。

同社登庸疎下问,斯文同契擅高风。

何当一咲同携手,剪灭同窗烛影红。

西庄

[解题]

诗为七言律。题下有小字"同",似为分韵得"同"字之意。

[校注]

周西菴:名字、生平不详,"菴"同"庵",西庵当是其号。诗题"寄"字意谓赋赠,据诗文"同社"之说,周西庵当为零陵乡贤,与沈良臣同结诗社。

孝:同"學",简体作"学"。

凭:同"幾",简体作"几"。

孤负:今通作"辜负"。

濂溪兴:濂溪,周敦颐,字茂叔,故里傍濂溪,学者称濂溪先生。宋度正《濂溪先生周元公年表》:"濂溪在营道之西,距县二十余里。""濂溪兴"言濂溪先生之兴致。《二程遗书》:"周茂叔窗前草不除去,问之,云:'与自家意思一般。'"此处以濂溪暗指周西庵。

谢草:《南史·谢惠连传》:"年十岁能属文,族兄灵运加赏之,云:'每有篇章,对惠连辄得佳语'。尝于永嘉西堂思诗,竟日不就,忽梦见惠连,即得'池塘生春草',大以为工。常云:'此语有神功,非吾语也'。"后遂以'谢池草'为怀弟之典。此处暗指沈良佐。

登庸:晋用。登,晋升。庸,任用。《尚书·尧典》:"帝曰:'畴咨若时登庸。'"

踈:同"疏"。

下问:句下有"嘲野西"三小字,意不明。

灭:俗字。

窻:同"窗"。

烛:俗字。

西庄:沈良臣之号。

3. 春江坐钓

玩湘江、雨添新涨,碧波纹皱微风起。正水暖、游鱼初戏,出没平沙洲嘴。客棹舰,往来频、有时惊散无停止。天气融和。值浮萍点绿,岸蒬舒绮,此景谁知矣。

推蓬坐,闲把长竿料理,不让志和烟水。投纶钓得锦鳞来,步月前村沽醡。君莫喜,君不见、古今爵位皆香饵。朝黄暮紫。但玉带金鱼,难同蓑笠,小隐月艇里。

右调《摸鱼儿》

沈西庄

[解题]

词牌《摸鱼儿》,一名《摸鱼子》,又名《买陂塘》《迈陂塘》《双蕖怨》,本为渔歌,后入教坊。双调,一百十六字。上阕十句,六仄韵。下阕十一句,七仄韵。清陈廷焯《白雨斋词话》:"陶九成云:'近世所谓大曲,苏小小《蝶恋花》、苏东坡《念奴娇》、晏叔原《鹧鸪天》、柳耆卿《雨零铃》、辛稼轩《摸鱼子》、吴彦高《春草

碧》、蔡伯坚《石州慢》、张子野《天仙子》、朱淑真《生查子》、邓千江《望海潮》.'
按其中惟稼轩《摸鱼子》一篇,为古今杰作。"

［校注］

坐:同"坐"。

碧波纹皱微风起:此句多一字,"微"字当删。《摸鱼儿》上阕第二句当为
六字。

徃:同"往"。

旡:同"无"。

点:俗字。

桃:同"桃"。

志和:张志和,初名龟龄,字子同,号烟波钓徒,又号玄真子。唐会稽人,一说
婺州人。唐张彦远《历代名画记》:"张志和,字子同,会稽人。性高迈不拘检,自
称'烟波钓徒',著《玄真子》十卷。书迹狂逸,自为渔歌,便画之,甚有逸思。"元
辛文房《唐才子传》:"十六擢明经,尝以策干肃宗,特见赏重,命待诏翰林,以亲
丧辞去,不复仕。居江湖,性迈不束,自称'烟波钓徒'。撰《玄真子》二卷,又为
号焉。兄鹤龄恐其遁世,为筑室越州东郭,茅茨数椽,花竹掩映,尝豹席棕屩,沿
溪垂钓,每不投饵,志不在鱼也。观察使陈少游频往候问。帝尝赐奴、婢各一人,
志和配为夫妇,号渔童、樵青。与陆羽尝为颜平原食客,平原初来刺湖州,志和造
谒,颜请以舟敝,欲为更之,曰:'愿为浮家泛宅,往来苕霅间足矣。'善画山水,酒
酣或击鼓吹笛,舐笔辄就,曲尽天真。自撰《渔歌》,便复画之,兴趣高远,人不能
及。宪宗闻之,诏写真求访,并其歌诗,不能致。后传一旦忽乘云鹤而去。"

舜:当作"鳞"。

蓳:当作"權",简体作"权"。

难:俗字。

小隐:即隐居。晋王康琚《反招隐》诗:"小隐隐陵薮,大隐隐朝市。"《南史·
何点传》:"字子晰,年十一,居父母忧,几至灭性。及长,感家祸,欲绝昏宦,尚之
强为娶琅邪王氏。礼毕,将亲迎,点累涕泣,求执本志,遂得罢。点明目秀眉,容
貌方雅,真素通美,不以门户自矜。博通群书,善谈论。家本素族,亲姻多贵仕。
点虽不入城府,性率到,好狎人物。遨游人间,不簪不带,以人地并高,无所与屈,
大言踑踞,公卿敬下。或乘柴车,蹑草屩,恣心所适,致醉而归。故世论以点为
'孝隐士',弟胤为'小隐士',大夫多慕从之。"

4. 登南岳次韻

雄鎮東南此最尊,巨灵開闢自前論。

八千万境眼空闊,六百二州勢独吞。

嘯震海鰲摇地軸,坐憑星斗問天孫。

振衣借得風霆力,直叩天閽次第捫。

沈西庄

[解題]

诗为七言律。所次之韵不详。

[校注]

巨灵:河神。《昭明文选》张衡《西京赋》:"桃林之塞,缀以二华。巨灵赑屃,高掌远蹠,以流河曲,厥迹犹存。"薛综注:"华,山名也。巨灵,河神也。巨,大也。古语云:此本一山,当河水过之而曲行,河之神以手擘开其上,足蹋离其下,中分为二,以通河流。手足之迹,于今尚在。赑屃,作力之貌也。"李善注:"《遁甲开山图》曰:有巨灵胡者,偏得坤元之道,能造山川,出江河。"

独:俗字。

地轴:《昭明文选》鲍昭《芜城赋》:"柂以漕渠,轴以昆岗",注引《河图括地象》:"昆岗之山,横为地轴"。又,木华《海赋》:"又似地轴,挺拔而争回",注引《河图括地象》:"地下有四柱,广十万里,有三千六百轴"。《太平御览》引《河图始阖图》:"昆仑之山为地首,上为握契,满为四渎,横为地轴,上为天镇,立为八柱。"

天孙:《史记·天官书》《汉书·天文志》:"婺女,其北织女。织女,天女孙也。"

振衣:谓君子能洁其身。《荀子·不苟》:"故新浴者振其衣,新沐者弹其冠,人之情也。"《楚辞·渔父》:"新沐者必弹冠,新浴者必振衣",王逸注:"去土秽也。"王粲《七释》:"濯身乎沧浪,振衣乎高岳。"左思《咏史八首》:"振衣千仞岗,濯足万里流。"

天阍:天帝守门之臣。《楚辞·远游》:"命天阍其开关兮,排阊阖而望予。"

5. 月艖小隐

唉舜渔簑上小艖,红尘回首隔煙霞。

敢當水月清湘主,占断澹洲白鳥家。

午夜醉餘登貝闕,明河梦竟坐仙槎。

袁宏牛渚遗踪遠,吟弄于今詎浪誇。

沈西庄

[解题]

诗为七言律。此诗有和者,详见 15 陈衮《题月艖次韵》。

[校注]

舜:同"舞"。

貝闕:"闕"同"阙"。《楚辞·河伯》:"鱼鳞屋兮龙堂,紫贝阙兮朱宫",王逸注:"言河伯所居,以鱼鳞盖屋,堂画蛟龙之文,紫贝作阙,朱丹其宫,形容异制甚鲜好也。"

竟:同"覺",简体作"觉"。

仙槎:"槎"又作"查"。张华《博物志》:"旧说云天河与海通,近世有人居海渚者,年年八月有浮槎,去来不失期。人有奇志,立飞阁于查上,多赍粮,乘槎而去。十余日中,犹观星月日辰,自后芒芒忽忽,亦不觉昼夜。去十余日,奄至一处,有城郭状,屋舍甚严,遥望宫中,多织妇。见一丈夫牵牛渚次,饮之。牵牛人乃惊问曰:'何由至此?'此人见说来意,并问:'此是何处?'答曰:'君还至蜀郡,访严君平则知之。'竟不上岸,因还如期。后至蜀,问君平,曰:'某年月日,有客星犯牵牛宿。'计年月,正是此人到天河时也。"

袁宏牛渚:用袁宏、谢尚典故。袁宏字彦伯,小字虎,时称袁虎,东晋陈郡阳夏人。《晋书·文苑传》:"宏有逸才,文章绝美,曾为咏史诗,是其风情所寄。少孤贫,以运租自业。谢尚时镇牛渚,秋夜乘月,率尔与左右微服泛江。会宏在舫中讽咏,声既清会,辞又藻拔,遂驻听久之,遣问焉。答云:'是袁临汝郎诵诗。'即其咏史之作也。尚倾率有胜致,即迎升舟,与之谭论,申旦不寐,自此名誉日茂。"

6. 春怨行

纱窗有舌驚春曉，宝鳦沉檀煙裊裊。

傷春羞不下粧楼，香塵嫩試双鈎小。

芙蓉漬淚睡初起，番憶君心似流水。

紫骝何処繫歌臺，九十韶光付彈指。

相思万古終難移，閒情凭許鬬双眉。

堪嗟河上青々栁，向与愫人縮別离。

沈西庄

[解题]

诗为七言古。

[校注]

宝鳦："鳦"同"鸭"。清屈大均《广东新语》："宝鸭，似凫而小，头有绿毛，身文采，鸳鸯之属也。一种名琵琶鸭，与相类，皆池塘之玩。"此处指鸭形的香炉。唐孙鲂《夜坐》："划多灰杂苍虬迹，坐久烟消宝鸭香。"宋佚名《最高楼·寿翁簿二月初十》："宝鸭沉烟堂上袅，珠翠捧、椒觞满斝。"

嫩：同"懒"。

双钩：女人双足。明孟称舜《娇红记·絮鞋》："《泣颜回》：闲过小书窗，蓦见金莲开放，双钩红玉，曲湾湾夺目生光。"

处：俗字。

九十韶光：九十日韶光，指春季三个月。宋范成大《立春后一日作》："九十韶光天不靳，人间笑口自难开。"

万：俗字。

双：俗字。

栁：同"柳"。

与：俗字。

愫：同"愁"。

7. 茅亭坐雨漫兴

满亭風雨独徘徊,屮木江南煖又回。
栁色鵝兒初破殼,鮮斑鹿子乍辞胎。
詩攻鍊句番疑拙,老態驚心肯便灰。
吟社近来清债少,一春襟抱向誰開。

沈西庄

[**解题**]

诗为七言律。

[**校注**]

夹:同"興",简体作"兴"。

屮:同"艸",简体作"草"。

煖:同"暖"。

辞:俗字。

清债:指诗作。

一春襟抱向谁开:杜甫《奉待严大夫》:"身老时危思会面,一生襟抱向谁开。"

8. 遊仙詞次韵

龍虎身中護寸丹,茫々何處是無还。
夜深惜得天風便,踏々閒歌閱世間。

碧雲堆裏坐吹笙,仙子月中按佩听。
遗下九皋鶴一隻,搏風直上謁天庭。

仙家長著五銖衣,咲撥飈輪白日飛。
三島十洲經歷遍,桑田变海紀程歸。

上苑水桃不易開,王家阿母兕蟠来。

昨宵梦裡逢方朔,爲道偷将下土栽。

[解题]

诗为七言绝四首。所次之韵不详。

[校注]

龙虎:丹道家称阴阳二气为龙虎。《关尹子·七釜》:"知此道者,可以成腹中之龙虎。"宋张君房《云笈七签》载《古龙虎歌》,注云:"龙虎缘阴阳二性和合相吞伏之气。"又云:"丹唯一阴一阳龙虎二物。"

寸丹:丹道家称体内精气为内丹。《云笈七签》载《胎息经》,注云:"修道者,常伏其气于脐下,守其神于身内,神气相合而生玄胎。玄胎既结,乃自生身,即为内丹,不死之道也。"

还:俗字。

听:俗字。

九皋:《诗经·小雅·鹤鸣》:"鹤鸣于九皋,声闻于天。"

抟风:《庄子·逍遥游》:"抟扶摇而上者九万里",司马彪注:"抟,圜也,圜飞而上若扶摇也"。唐岑参《和刑部成员外秋夜寓直寄台省知己》:"击水翻沧海,抟风透赤霄。"

五铢衣:又称六铢衣、铢衣,道士穿着的轻薄衣服。唐谷神子《博异志》:"问曰:'衣服皆轻细,何土所出?'对曰:'此是上清五铢服。'又问曰:'比闻六铢者天人衣,何五铢之异?'对曰:'尤细者则五铢也。'"唐李商隐《圣女祠》:"无质易迷三里雾,不寒长着五铢衣。"

飈轮:道家所称迅疾的仙车。《云笈七签》:"乘飈轮而升天。"唐杜光庭《集仙录·云华夫人》:"越巨海而无飈轮,渡飞沙而无云轩。"

三岛:道家所称三仙山,即蓬莱、方丈、瀛洲。

十洲:道家所称的仙人居处。汉东方朔《海内十洲三岛记》:"汉武帝既闻王母说八方巨海之中,有祖洲、瀛洲、玄洲、炎洲、长洲、元洲、流洲、生洲、凤麟洲、聚窟洲。有此十洲,乃人迹所稀绝处。"

上苑:本指皇家苑囿,此处指仙苑。《初学记·苑囿》:"其名苑,有天苑、禁苑、上苑。"

水桃:仙桃。明吴承恩《西游记》:"碧藕水桃为按酒,交梨火枣寿千秋。"

王家阿母:西王母。事迹见《山海经》《穆天子传》《尔雅》《大戴礼记》《史记》《汉书》《庄子》《列子》《淮南子》等。

方朔:东方朔,字曼倩,汉平原厌次人。《汉书》有传,《史记》在《滑稽列传》。《汉书·艺文志》杂家有《东方朔》二十篇,《隋书·经籍志》有《东方朔传》八卷、《十洲记》一卷、《神异经》一卷、《东方朔岁占》一卷、《东方朔占》二卷、《东方朔书》二卷、《东方朔书钞》二卷、《东方朔历》一卷、《东方朔占候水旱下人善恶》一卷。明朱维陞撰《东方类语》十六卷,内篇记其常事,外篇记神仙家言。

9. 柬嚴少卿

寒夜衡茅静掩,一庭月色,四壁灯光。閒情耿耿,坐中興味凄凉。江天暮,水寒煙冷,園林景,蔗紫橙黄。感懷傷。天涯人遠,遐思茫茫。

番憶。傲山樂水,幽踪散跡,兌換星霜。酒醉香燼,鴈聲寮亮度消湘。明日溪頭風景好,放中流,独泛輕航。咲相望。重過蕭寺,共醉斜陽。

右調《玉蝴蝶》

沈西庄

[解题]

词牌《玉蝴蝶》。双调,九十九字。上阕五平韵,下阕六平韵。严少卿,当是严勋,字大用,时任尚宝少卿,详见30。

[校注]

衡茅:茅草为门。晋陶潜《辛丑岁七月赴假还江陵夜行涂口一首》:“养真衡茅下,庶以善自名”,《文选》注:“衡门茅茨也”。

灯:俗字。

声:俗字。

興味凄凉:此言思念友人之甚。

几换星霜:严勋游拙岩,在弘治九年丙辰(1496),此词在正德七年壬申(1512)诸刻间,二者相隔十六年,故云。

消湘:“潇湘”俗字,多见于元明间。元杨朝英《朝野新声太平乐府》明刻本卷六:“消湘夜雨晴,早闪出乌林皓月明。”元锺嗣成《录鬼簿》天一阁旧藏抄本卷下:“如《消湘八景》《欢喜冤家》等,极为工巧。”明佚名《女学士》明脉望馆钞校本:“巧笔丹青色上苗,消湘八景有谁学。”明弘治八年刻本《永州府志》:“西山:在县西消湘门之外。”又清康熙二十三年刻本《零陵县志》:“唐刘禹锡曰:‘消湘间无土山,无浊水,民秉是气,往往清慧而文。”

萧寺:"萧","蕭"俗字,简体作"萧"。唐李肇《唐国史补》:"武帝造寺,令萧子云飞白大书'萧'字,至今一'萧'字存焉。"后因代指佛寺。

10. 洞庭清夬

四十年来湖上遊,雲涛万頃蕩孤舟。

天開瓊国家千里,人坐蓬瀛第一洲。

水底魚兒時出没,空中星斗夜沉浮。

清尊擬約純陽子,相与同消万古愁。

小立扁舟望渺茫,襟懷如此亦汪洋。

百川破地来千里,巨眼憑流到八荒。

此境更求何处海,真畾未信有他鄉。

吾来會得浮槎意,也孝張騫一放狂。

沈西庄

[解题]

诗为七言律二首。作者当时经过洞庭,年在四十以上。

[校注]

万:俗字。

琼国:苍翠澄碧之地。"国",俗字。

蓬瀛第一洲:似指洞庭湖中君山岛。明嘉靖《太原县志·集诗》载孙昱《晋祠》:"天空夜静银蟾吐,宛在蓬瀛第一洲。"又清道光《直隶霍州志·艺文》载李荣程《游兴唐寺》:"不数蓬瀛第一洲,人间此足最高头。"清光绪《高明县志·地理志》载梁炳宸八景诗:"春江春暖浪悠悠,胜擅蓬瀛第一洲。"清汪启淑《切荠诗存·登烟雨楼》:"浪言弱水三千里,不隔蓬瀛第一洲。"

纯阳子:即吕洞宾,世称吕纯阳、吕真人。赵道一《历世真仙体道通鉴》:"吕嵒:字洞宾,号纯阳子。""大元至元六年正月,褒赠纯阳演正警化真君。"《岳阳风土记》:"岳阳楼上有吕先生留题云:'朝游北越暮苍梧,袖里青蛇胆气麤。三入岳阳人不识,朗吟飞过洞庭湖。'

与:俗字。

真畾:"畾","圖"俗字,简体作"图"。真图,道教语。《崇文总目》:"《五岳真形图文》一卷,葛洪撰。"《宋史·艺文志》:"《五岳真形图》一卷""《五岳真形论》一卷"。晋葛洪《抱朴子·登涉》:"持三皇内文及五岳真形图,所在召山神。"宋张君房《云笈七签·五岳真形图序》:"五岳真形者,山水之象也。盘曲回转,陵阜形势,高下参差,长短卷舒。波流似于旧笔,锋芒畅乎岭崿。云林玄黄,有书字之状。是以天真道君下观规矩,拟纵趣向,因如字之韵,而随形而名山焉。"洞庭君山为道教七十二福地之一,《云笈七签》:"第十一君山,在洞庭青草湖中,属地仙侯生所治。"

他:补刻在"乡"字右上。

张骞:汉中人,汉武帝时为使者,通西域,封为博望侯。"骞身所至者,大宛、大月氏、大夏、康居,而传闻其旁大国五六,具为天子言其地形所有。"事见《史记·大宛列传》及《汉书》本传。宋释文莹《湘山野录》、宋江少虞《宋朝事实类苑》、明张戆修《墨卿谈乘》等载张骞《海外异记》,故仙道家偶及之。

11. 拙岩记

　　零陵微君沈堯夫,詩社中之彥契者尔。嘗造西庄之上□,沈飮倡酬,卷怏墨少。今年,貺寄拙岩詩,且欲□一遊,並記顛末。乃納履扵航,由西湘徑入岩中。堯夫攜酒肴,陶然盡懽,曰:'吾永山水之奇絕者,至唐有柳元生,守水石,八愚、朝陽岩之類,皆拙簡之,而群勝以顯焉。吾欲得一丘一壑,如柳公之俊采者,至歲月摧,公之所眤日,偕一二僮,散步濱灘江旁,得群石昂露扵下,中一窟隱々空通,首尾影映。而荊棘藤蘿,芄然四塞,吾疑之必獸穴也。命僮束斤楄缺隙,匍匐而入,即薙草伐木,而蕪荑穢而焚之。巖之中,土曼不能立,更鍤之畚之,掘去湮塞,遂夷然真敞,朗然一岩洞也。吾喜之,掃滌布席,可坐二十餘賓。吾又怪茲岩不擅於古,而沉隱於今日,號曰"拙岩",類吾與世違也。願一言記之,以垂永久。'夫沈君堯夫,可謂追古慕奇,而得山林之趣也。得一岩而以拙顏之,未知君拙扵岩乎?岩拙扵君乎?予亦知二□之故矣。夫自開辟之下晦草莽之間,則岩之拙於潛,視君之拙於隱,古今無間然也。然淩風霜而幽閟不革,固岩之拙於自靜也。又與微君嘿々而處,同一恬退之風度焉,亘古今而填凝不移,固岩之拙於自重也,其與微君岩々而持,同一端正之丰采焉。君平日詩作,無慮數百章,命工拂岩之石,沙金汰玉,鐫之刻之,則君得岩之拙而愈揚,騷人詞客,講席博興,一觴一詠,□宮礜酉,則君得君之拙而愈勝。至是則石之拙、君之拙風韻並馳,得與周之月岩,柳之愚溪,流芳無窮。夫零陵古多奇勝之地,今又添一焉,豈非人傑地靈之數乎!

正德壬申歲季夏月吉旦。

[解题]

此文题名《拙岩记》,无作者名,据文首"零陵征君沈尧夫",当非沈良臣。又据"由西湘径入岩中",当非同村乡贤。又据"岂非人杰地灵之数乎",当非零陵邑人。疑为途经客居好友。文末署款"正德壬申岁",即正德七年(1512)。据记文,石刻群正式命名为拙岩当在此时。

宗绩辰道光《永州府志》卷二上《名胜志》:"县西十余里漴滩,临江有巨窟。明正德壬申岁,徵士沈良臣尧夫始辟之,号拙岩,以拟柳氏之愚岛,有诗记,刻石多剥落不能尽辨,皆前志所未列于名胜者也。"当据此文编纂。光绪《零陵县志》卷一《舆地》因之。

石刻偶有残损。标题篆字"拙岩记"中"拙岩"二字,字体与岩顶榜书"拙岩"二大字完全相同。正文十七行,辞旨典雅,俗字略少(仅丰采之"丰"一字),书法字小而拙。

[校注]

拙岩记:三字篆书。正文则楷书。

彦契:字迹磨泐,意不明。

尝造西庄之上□:句末一字磨泐。西庄,当是沈氏所居地名,因以为号。

墨少:字迹磨泐。

拙岩诗:其后沈良臣诗集即题名《拙岩集》,今佚。宗绩辰道光《永州府志》卷九《艺文志》:"《拙岩集》:明零陵沈尧夫撰。(《湘崖集》)"光绪《零陵县志》卷十三《艺文》因之。《湘崖集》作者为蒋鳌,其集已佚,拙岩存其诗刻一首。蒋鳌字汝济,号湘崖,零陵人,正德八年癸酉(1513)举人,与沈良臣同时。宗绩辰据蒋氏集著录《拙岩集》,当时似未亲见其书,可知原书久佚,拙岩石刻为其仅存诗篇,弥可珍贵。

且欲□一遊:句中一字磨泐。

西湘:此处指湘水上游。湘水西来,拙岩在其南岸。今拙岩洞口下仍有条石垒砌码头,大半已坍塌江中。

柳元生:指柳宗元,字子厚,唐河东人。宪宗元和元年,以礼部员外郎贬永州司马。事迹见两《唐书》本传。

八愚:柳宗元作《八愚诗》,已佚,序存,云:"愚溪之上,买小丘为愚丘。自愚丘东北行六十步,得泉焉,又买居之为愚泉。愚泉凡六穴,皆出山下平地,盖上出也。合流屈曲而南,为愚沟。遂负土累石,塞其隘为愚池。愚池之东为愚堂。其南为愚亭。池之中为愚岛。嘉木异石错置,皆山水之奇者。""于是作《八愚诗》,纪于溪石上。"

朝阳岩:在零陵城南,与郡城隔江相望。唐代宗永泰二年(766),元结为道州刺史,经水路过永州,始来游之。以其东向,遂以"朝阳"命之焉。作《朝阳岩铭》及《朝阳岩下歌》,刻石其上。今存历代石刻一百五十余幅。清道光《永州府志》卷二《名胜志》:"朝阳岩者,在城外西南二里潇江之浒,岩口东向。当朝暾初升,烟光石气,激射成采,郁为奇观。……岩中有洞名流香,有石淙源出群玉山,伏流出岩腹,色如雪,声如琴,气若兰蕙,从石上奔泻入绿潭。"(《大明一统志》《大清一统志》略同)柳宗元曾游朝阳岩,作《游朝阳岩遂登西亭二十韵》,又别称之曰西岩,作《渔翁》诗,有"渔翁夜傍西岩宿,晓汲清湘燃楚竹"句。

㵎滩:地名,字从水。道光《永州府志》"县西十余里㵎滩",似据此文编纂,光绪《零陵县志》因之。文献中仅见于此,所起不详。今名猴滩沈家。

中一窟隐隐空通:拙岩有二洞口,靠近江边有大洞口,靠近陆地有小洞口,皆可通行。

土曼不能立:土为江中淤泥倒灌沉积,今岩中犹有泥土约一公尺,堆积至《拙岩记》石刻下角。

可坐二十余宾:据沈庄老人口述,拙岩淤泥下有天然石凳,曾作小学教室。

与世违:言好尚皆与世俗相背。

二□之故:句中一字磨泐。

丰采:今又作"风采"。"丰",俗字。

无虑数百章:除《拙岩集》外,沈良臣又有《纤尘弄影集》。明隆庆《永州府志》卷十二《艺文志》:"《纤尘弄影集》一册,国朝零陵沈良臣撰。"此集不知是否刊刻,今佚不传。数百章似合二集言之。

□宫击酉:句中一字磨泐。

周之月岩:周指周敦颐,字茂叔,号濂溪,北宋道州营道人。《宋史·道学传》有传,曰:"孔子没,曾子独得其传,传之子思,以及孟子,孟子没而无传。两汉而下,儒者之论大道,察焉而弗精,语焉而弗详,异端邪说起而乘之,几至大坏。千有余载,至宋中叶,周敦颐出于舂陵,乃得圣贤不传之学,作《太极图说》《通书》。”“明天理之根源,究万物之终始。”“其言约而道大,文质而义精,得孔、孟之本源,大有功于学者也。”月岩,在道州,距濂溪故里数里。清光绪《道州志》卷一《山川》:“月岩在州西四十里。东西两门,望如城阙,当中而虚其顶,自东望之如月上弦,自西望之如月下弦,就中望之如月之望,故名。”“旧有周子读书亭,峭石环壁,盛夏无暑,后改迁于岩外。”今存历代石刻六十余幅。

12. 溁滩庄屋書事

誅茅結屋傍江涯,半頃畬田一水車。
柳貫鮮鱗漁換酒,鐺分活水僕煎茶。
靜聞花鳥哦新句,閒弄溪雲泛小艖。
此外風情夛寡合,独容埜老度年華。
西庄倡

[解题]
诗为七言律。署款“西庄倡”,史良弼、沈良佐有和诗,详见13、14。

[校注]
夛:同“多”。
埜:同“野”。

13. 奉和庄屋書事

門前山水浩无涯,屋裡詩書富五車。
春入彩毫聯□句,香分碧碗試新茶。
圍碁客散懸雲榻,問字人来訪月艖。
食有新鱗醉有酒,等閒無念及菜華。
又
別業溁滩背渚涯,門多長者聚輪车。
楼頭夜坐閒邀月,花底春吟慢啜茶。
竹几蒲團圍客席,酒盃詩侶寄仙艖。
風光領掠年来別,肯信頭盧鬢有華。
金陵史良弼

[解题]

诗为七言律二首。所和为沈良臣《濮滩庄屋书事》,石刻字迹亦相同,当为同一人书写。史良弼,金陵人,当为府县官佐,事迹不详。

[校注]

诗书富五车:《庄子·天下》:"惠施多方,其书五车。"后世因以"学富五车"称道学识渊博之人。

联□句:句中一字磨泐。

围棊:唐九龄《拙岩八景诗》有"桐阴围棋"。"棊"同"棋"。

食有新粲:句中三字磨泐。

菜华:二字磨泐。

别业:指西庄沈氏庄屋。

门多长者聚轮车:《史记·陈丞相世家》:陈平"少时家贫,好读书,有田三十亩,独与兄伯居","至其家,家乃负郭穷巷,以弊席为门,然门外多有长者车辙"。

领掠年来别:句中二字磨泐。"领掠"当作"领略"。

肯:岂肯。

14. 重步濮滩書事

江湖曶次浩无涯,看破人情似轉車。

明月照懷吟好句,清風生腋試新茶。

門無俗客堪投轄,時有幽人共泛艖。

金紫良畣付兒輩,不妨林下老年華。

沈良佐　户部司人

[解题]

诗为七言律。"重步"为步韵之意,此诗仍为唱和沈良臣《舻滩庄屋书事》之作,石刻字迹亦皆相同。署名"沈良佐"下有小字"户部司人"。

沈良佐,沈良臣之弟。据零陵沈庄《沈氏家谱》,三派沈逵,生五子:沈良相、沈良臣、沈良佐、沈良辅、沈良弼。明隆庆《永州府志》卷十四《人物列传》:"沈良佐:字尧卿,零陵人。立心忠厚,行事光明。由进士任南京户部主事,终广西左参政。所至皆有治绩。"清康熙九年《永州府志》、康熙《零陵县志》、道光《永州府志》、光绪《零陵县志》均有传。

[校注]

胷:同"胸"。

人情似转车:言人情厚薄爱憎往往多变。

清风生腋:宋杨无咎《朝中措》:"归路清风生腋,不妨轻捻吟髭。"侯寘《秦楼月》:"胡床对坐凉生腋,通宵说尽狂踪迹。"

15. 題月艖次韻

誰似湘江沈月艖,踈狂不讓李飛霞。
網羅世上渾無跡,風月樽中別有家。
老駐童顏憑藥酒,梦遊天府信汎槎。
夕陽古渡酣歌處,贏得漁樵拍手誇。
醉鄉陳衮

[解题]

诗为七言律。此诗次沈良臣《月艖小隐》韵,石刻字迹亦相同。署名"醉乡陈衮",陈衮,事迹不详,疑为零陵先贤而与沈良臣同为诗社中人,"醉乡"似为其别号。

陈衮又有五言律《次拙岩韵》,详见20。

[校注]

沈月艖:指沈良臣。

李飞霞:名字、事迹不详。

网罗世上浑无迹:居于人世而不受网罗。

贏:当作"赢"。

16. 題拙岩

心地本清絕,個中更遠塵。
闢開曾會古,造設擬由神。
石竅堪容月,花香好醉春。
炎岩風景外,何處可為鄰。

守愚陳璉　都指挥

[解题]

诗为五言律。署名"守愚陈珽",下有小字"都指挥","都"字磨泐不显。陈珽,号守愚,事迹不详。检道光《永州府志》卷八《武备志·明武职姓名考》、光绪《湖南通志》卷一百三十《职官二十一·武职一·明》,均不见其名。

弘治《永州府志》载东安县知县陈珽、道州岁贡生陈珽,皆非。

道光《永州府志》卷十八上《金石略》载:"明永州潇湘庙钟鼎款:嘉靖十年,都指挥陈珽男陈台妻张氏,敬为保安男童,喜舍潇湘位前香炉一座。今移至唐公庙。"

此诗与沈良臣《拙岩成偶书》同韵,参照吴坤《题拙岩和韵》、陈衮《次拙岩韵》、章表书《拙岩次韵》各题,亦当为唱和沈良臣之作。

[校注]

心地:心中所存。《朱子语类》:"自古圣贤皆以心地为本。""涵养主一,使心地虚明,物来当自知未然之理。"

个中:指拙岩。

炎岩风景外:言岩外炎热,暗指世俗趋炎附势。

17. 题拙岩和韵

地僻多幽胜,岩空远俗尘。

深藏若待主,呵护岂无神。

性拙迟而默,身间秋复春。

何时挂冠绶,重结旧东邻。

埜西吴坤　都指挥

[解题]

诗为五言律,所和之韵为沈良臣《拙岩成偶书》。

署名"埜西吴坤",下有小字"都指挥","埜"同"野","埜西"当是吴坤之字,事迹不详。

清康熙九年《永州府志》卷十四《武备志》永道守备载"吴坤"之名,并云:"明洪武初,设立永道守备一员,以都指挥体统行事,辖永宁二卫,立公署于道州。隆庆三年移镇江华驻札,万历年间复改道州。"道光《永州府志》卷八《武备志·明武职姓名考》永道守备三十六人载"吴坤"之名。光绪《道州志》卷四《职官·武秩》永道守备载"吴坤"之名,并云:"天顺间设初,驻江华县,后移驻道州。"

[**校注**]

幽:同"幽"。

冠绂:官帽与官印。绂,系印纽的丝绳。宋梅尧臣《雪窦达观禅师见寄依韵答》:"自缘冠绂累,未解远公寻。"

僯:当作"鄰"或"隣",简体作"邻"。

18. 拙岩八景诗

茆亭觞月
何地無明月,随宜倒酒瓶。
试將真意味,收入此茆亭。

流水鼓琴
逝者去何急,七絃柳賞心。
子期雖巳杳,明月是知音。

芙蓉夹柳
不挟争荣意,憑他碧蔭葱。
秋江平凤怨,沖淡似陶潜。

鸕鶿随漁
天機含活泼,飛躍察禽鱼。
谁是中和手,调停各自如。

仙磯垂釣
意釣非知釣,非仙卻似仙。
问津如有客,烟水渺長天。

桐陰围棋
石磴安棋局,濃陰罩一枰。
祇宜分黑白,不必问输赢。

鳴鶯求友
伐木賡誰和,岩阿久養真。
一声破孤寂,春色徧同人。

掃石題詩

峭石皴雲立,詩成倩我題。

微塵風自掃,八景布河西。

光緒六年十月既望景明亦拙叟仙農唐九

齡漫題。

[解题]

诗为五言绝八首,行书。

"八景"之说,始于宋迪,作《潇湘八景》诗及图。宋迪曾亲至永州,留有澹岩题名石刻,云:"嘉祐八年三月初八日,转运判官尚书都官员外郎宋迪游。"故永州"八景"独多,有芝城八景、祁阳八景、永明八景、浯溪八景、新田八景、舂陵八景、江华八景、麻滩八景、疑山八景、排成山八景,又有浯溪十景、秦岩十景、东安十景、祁阳梅庄十景及东安清溪四景。拙岩八景:茆亭觞月、流水鼓琴、芙蓉夹柳、鸬鹚随渔、仙矶垂钓、桐阴围棋、鸣莺求友、扫石题诗,仅见于此诗。

唐九龄,号仙农,别号亦拙叟。其别号当仿拙岩而来。事迹及生卒年不详,据此诗可知其为同光间人。

光绪《零陵县志·续修姓氏》"采访"中载唐九龄,"五品衔中书科中书"。又卷二《建置》载:"节孝亭:在城西大夫庙侧,唐九龄为母建。""节孝坊:在大夫庙,唐九龄为母屈氏建。"卷七《选举·荐举》载:"唐九龄:中书科中书加五品衔。"此节孝亭、节孝坊在大夫庙村,今已全毁无余。

唐九龄之母屈氏,守节旌表。光绪《零陵县志》卷十一《列女》:"屈氏,儒童唐庆荣妻。年二十,夫故,遗腹生子九龄,矢志守节。姑李氏,性卞切,氏曲意顺承,无所迕。九龄长就傅,程课极严。岁辛亥,当事以孝廉方正举九龄,氏命辞之,盖以其实不易居也。九龄旋报捐中书科中书。氏年六十一卒。"

永州大夫庙,有三间大夫庙、卿大夫庙、陈大夫庙。清光绪《零陵县志》:"大夫庙有三:一西路,一进贤乡,一咸和里。在进贤乡、咸和里者祀唐卿子才。(《卿氏家谱》:唐高祖时人,相传其祖信近,初隶江南庆天府宜产县,以督粮道任永州牧。为权贵中伤,隐姓为姬,遂家零陵。子才以指挥使平寇有功,上嘉其忠义,复姓卿氏。授银青光禄大夫。)俗又称为苦竹庙。在西路者,祀宋陈知邺、马赞。知邺详宗《府志》。马赞官骑都尉,宋开宝五年同解贡入京,太祖嘉其才,加检校太子宾客,进阶银青光光禄大夫。"陈知邺,康熙九年《永州府志》、道光《永州府志》、乾隆《东安县志》、光绪《东安县志》有传。东安县亦有陈大夫庙,祀陈知郑。唐九龄所居大夫庙村在城西,当是陈大夫庙。

光绪《零陵县志》卷五《学校》又载:"群玉书院:新增业产:置买新五通庙右边第三间唐仙农铺屋一座,价六十千文,每年租钱六千文。"卷三《祭祀》:"灵官殿:即五通庙,有二:一在文昌宫左侧,一在大街登鹏坊。"群玉书院始建于乾隆三十四年,零陵县令陈三恪创建,详见陈三恪《群玉书院志》、宗绩辰道光《永州府志》。

唐九龄曾重修拙岩,又作《重修拙岩记》《重修拙岩》诗,详见21、24。

[校注]

茆:同"茅"。

逝者:指流水。《论语·子罕》:"子在川上曰:'逝者如斯夫!不舍昼夜。'"

柳赏心:"柳"疑当作"留"。

子期:《列子·汤问》:"伯牙善鼓琴,钟子期善听。伯牙鼓琴,志在登高山。钟子期曰:'善哉!峨峨兮若泰山。'志在流水,钟子期曰:'善哉!洋洋兮若江河。'"《风俗通义》:"伯子牙方鼓琴,钟子期听之,而意在高山,子期曰:'善哉乎!巍巍若太山。'顷之间而意在流水,钟子又曰:'善哉乎!汤汤若江河。'子期死,伯牙破琴绝弦,终身不复鼓,以为世无足为音者也。"

秋江平凫怨:本作"秋江平凫恨","恨"字右侧补刻小字"怨"。

陶潜:即陶渊明,字元亮,又字渊明,晋浔阳柴桑人。"少怀高尚,博学善属文,颖脱不羁,任真自得,为乡邻之所贵。"《晋书·隐逸传》有传。

飞跃:鸢飞鱼跃。《诗经·大雅·旱麓》:"鸢飞戾天,鱼跃于渊。"《礼记·中庸》:"《诗》云:'鸢飞戾天,鱼跃于渊。'言其上下察也。君子之道,造端乎夫妇,及其至也,察乎天地。"朱熹《中庸章句》引程子曰:"此一节,子思吃紧为人处,活泼泼地。"《朱子语类》:"鸢有鸢之性,鱼有鱼之性,其飞其跃,天机自完,便是天理流行发见之妙处。故子思姑举此一二,以明道之无所不在。"

问津:陶渊明《桃花源记》:"晋太元中,武陵人捕鱼为业。缘溪行,忘路之远近。忽逢桃花林,夹岸数百步,中无杂树,芳草鲜美,落英缤纷。渔人甚异之。复前行,欲穷其林。林尽水源,便得一山。山有小口,仿佛若有光,便舍船,从口入。""既出,得其船,便扶向路,处处志之","寻向所志,遂迷,不复得路","后遂无问津者"。

磴:同"凳"。

黑白:双关语,暗指是非善恶大义。

伐木:《诗经·小雅·伐木》:"伐木丁丁,鸟鸣嘤嘤。出自幽谷,迁于乔木。嘤其鸣矣,求其友声。"

徧:同"遍"。

亦拙叟:"叟"同"叟"。

19. 次拙岩韵

治劇非真拙,分明摆脱塵。

每哦周子賦,竟爽自家神。

鳩养心中慧,琮收天下春。

何時放機事,許我搆西鄰。

蒋鳌

[解题]

诗为五言律。无题,刻于陈衮《次拙岩韵》后,可知为同题同时所作。据诗韵亦可知为唱和沈良臣《拙岩成偶书》之作。

蒋鳌,字汝济,号湘崖,零陵人,明正德八年癸酉(1513)举人。撰《湘崖集》,已佚。

[校注]

次拙岩韵:标题据陈衮《次拙岩韵》补。

周子赋:即周敦颐《拙赋》。全文云:"或谓予曰:'人谓子拙。'予曰:'巧,窃所耻也,且患世多巧也。'喜而赋之曰:巧者言,拙者默;巧者劳,拙者逸;巧者贼,拙者德;巧者凶,拙者吉。呜呼!天下拙,刑政彻。上安下顺,风清弊绝。"

鳩养:"鳩"同"纠"。

琮:同"珍"。

机事:动用心机之事。《庄子·天地》:"有机械者必有机事,有机事者必有机心。"

搆:同"構",简体作"构"。

20. 次拙岩韵

一岩天□與,断絕世間塵。

怪石能勝画,清泉足養神。

松巢千歲鶴,花占四時春。

此等幽棲處,雲山是近隣。

醉鄉陳衮

[解题]

诗为五言律,所次之韵为沈良臣《拙岩成偶书》。刻于蒋鏊无题诗之前,二诗当是同题同时之作。

[校注]

天□與:句中一字磨泐。

断:俗字。

画:俗字。

21. 重修拙岩記

余性拙,癖泉石,因避城市鄙,移家燕洞。適散步,經二里許,曠覽湘江,□□一岩窦,僅可入,上有篆刻"拙岩"字,□□明沈堯夫先生題。先生隱居不仕,守拙林泉,莊子所謂"大巧若拙"是也。余竊慕之,爰命工啟壅塞,築崩潰,安棋局,置漁磯,種竹植柳,搆亭於上,刻《八景詩》于石。非搏名也,用以質後之養拙者。是為記。

仙篸唐九齡識

[解题]

此文题名《重修拙岩记》,行书。作者唐九龄,又作《拙岩八景诗》《重修拙岩》诗,见前第18、后第24。

[校注]

重修拙岩记:标题五字被人为凿毁,据轮廓痕迹可知为此五字。

余性拙:"拙"字被人为凿毁,据轮廓痕迹可知为"拙"字。

鄙:同"嚣"。

燕洞:村名,今存,在猴滩沈家南,大夫庙村西。

□□一岩窦:句中二字被人为凿毁。

□□明沈尧夫先生题:句中二字被人为凿毁。

庄子所谓"大巧若拙":《庄子·胠箧》:"攦工倕之指,而天下始人有其巧矣。

故曰:'大巧若拙。'"此为引用《老子》四十五章语。

農:同"農",简体作"农"。

22. 拙岩次韵

岩壑临湘浒,清虚远市塵。

探奇堪適興,撫景自怡神。

猿鶴千年侶,山花四季春。

吾人真隱處,何用問芳鄰。

七里章表書

[解题]

诗为七言律。次沈良臣《拙岩成偶书》韵。署名"七里章表书"。"七里"不详,疑为村名。章表书,事迹不详,或是诗社同人。

[校注]

虗:同"虚"。

23. 拙岩成偶書

開闢乾坤古,清幽绝世塵。

坐疑身在梦,景逼句通神。

九夏涼無暑,三冬煖若春。

華陽茅洞主,相与結芳隣。

西庄沈良臣

[解题]

诗为七言律。诗为沈良臣原唱,共五人和之,即16 陈瑝《题拙岩》、17 吴坤《题拙岩和韵》、19 蒋鳌《次拙岩韵》、20 陈衮《次拙岩韵》、22 章表书《拙岩次韵》。

此诗是惟一载入方志文献中的拙岩诗。清光绪《零陵县志》卷一《地舆》:"拙岩:宗绩辰《府志》云:'县西十余里潇滩,临江有巨窟。明正德壬申岁,征士沈良臣尧夫始辟之,号拙岩,以拟柳氏之愚岛,有诗记刻石,多剥落不能尽辨。'沈良臣《拙岩成偶书》诗:'开辟乾坤古,清幽绝世尘。坐疑身在梦,景逼句通神。

九夏凉无暑,三冬暖若春。华阳茅洞主,相与结芳邻。'"字句与诗刻全同。

[校注]

华阳茅洞主:华阳洞,在茅山。洞主指大茅君、中茅君、小茅君。《太平广记》引《谈薮》云:"陶弘景幼而惠,博通经史,睹葛洪《神仙传》,便有志于养生。每言仰视青云白日,不以为远。初为宜都王侍读,后迁奉朝请。永明中,谢职隐茅山。山是金陵洞穴,周回一百五十里,名曰华阳洞天,有三茅司命之府,故时号茅山。由是自称'华阳隐居'。"陶弘景《真诰》:"句曲之山,汉有三茅君来治其上,时父老又转名茅君之山。三君往曾各乘一白鹄,各集山之三处,时人互有见者,是以发于歌谣,乃复因鹄集之处分句曲之山为大茅君、中茅君、小茅君三山焉。"

24. 重脩拙岩

坐對玲瓏石,奇哉以拙名。

世人皆鬭巧,沈老獨輸誠。

返本從今悟,還元發古情。

徐々題八景,敢冀継先聲。

仙蓥唐九齡

[解题]

诗为五言律。行书,保存完整。

[校注]

脩:同"修"。

输诚:呈献诚恳于他人。唐张九龄《将发还乡示诸弟》:"负德良不赀,输诚靡所惜。"

斗巧:以智巧相争。唐杜牧《昔事文皇帝三十二韵》:"斗巧猴雕刺,夸趫索挂跟。"王阳明《传习录》:"世之学者,如入百戏之场,欢谑跳踉,骋奇斗巧,献笑争妍者,四面而竞出,前瞻后盼,应接不遑,而耳目眩瞀,精神恍惑,日夜遨游淹息其间,如病狂丧心之人,莫自知其家业之所归。"

返本:复归自然之本。唐吴筠《步虚词》:"忘心符元宗,返本协自然。"

还元:回归天然之原。唐吕洞宾《七言诗》:"返本还元道气平,虚非形质转分明。"

冀:同"冀"。

継:俗字。

25. 唐昭銑題記

同治庚午上巳,邑人唐仙蓁攜子昭銑,陪太守漢陽黃公海華,邑侯無錫嵇公伯潤,邑人趙司馬暘谷,周太史子巖,同遊。

伯潤夫子題詞:"仙蓁舍人翛然塵外,守拙林泉,莊襟老带。"

昭銑敬書

[解題]

唐昭铣,唐九龄次子。县学庠生。前引光绪《零陵县志》卷十一《列女》又曰:"屈氏,儒童唐庆荣妻……氏年六十一卒。孙四,次昭铣,邑庠生。"

黄文琛,字鲁来,号海华,晚号瓮叟,湖北汉阳人。道光五年乙酉科(1825)举人,历官京师国子监助教、湖南候补知府、常德府同知、宝庆府同知、永州府同知、永顺府知府、衡州府知府、永州府知府,官终湖南衡永道。著有《思贻堂诗集》《思贻堂续存》《思贻堂诗第三集》《思贻堂书简》《后永州集》《玩云室诗集》。

嵇公伯润,即嵇有庆,字伯润,号锡山,江苏无锡人。举人,同治五年任慈利县知县。同治八年任零陵知县,同治十三年回任。同治十一年任衡山县知县。鉴定同治《慈利县志》十四卷、督修光绪《衡山县志》、主修光绪《零陵县志》十五卷,著有《办荒存牍》二卷,及编纂无锡《嵇氏宗谱》八卷。

邑人赵司马暘谷:当即赵肇光,暘谷当是其号。零陵人,廪生,捐官同知衔,又封赠通奉大夫。清代府同知别称司马。黄文琛黄文琛《思贻堂诗续存》卷二《永州集》有《赵学博肇光惠梅一株赋谢》。《后永州集》卷一戊辰(同治七年,1868)有《赵司马肇光邀同……游朝阳岩即事成诗》一首,并自注:"司马为我卜居溪上久矣。"卷二己巳(同治八年,1869)有《(自归阳)将回永州,赵学博肇光适自留坝厅来约,与同行》一首,云:"劲序方悭雪,归途正喜风。泝从潇水去,得与故人同。灵草昨年寄,高文嘉惠蒙。结邻幸践约,往来两溪翁。"《玩云集》卷一庚午(同治九年,1870)又有《赵司马携酒馔饯我,复同刘学博、胡别驾登舟相送,别后奉怀》。《后永州集》卷七词批又有《赵肇光批》。《思贻堂书简》卷五《与嵇伯润大令》第五通云:"西门外桥船,岁修经费计成本九百余千,发典论息,禀府批示存案,某去州时已告之赵暘谷。"清光绪《零陵县志》卷七《选举》:荐举:"赵肇光:廪生,同知衔,蓝翎知县。"同卷"封赠":"赵肇光:以子履祥诰封通奉大夫。"志中又称指为邑人、邑绅。杨翰《襄遗草堂诗钞》卷十有《重至永州赠赵易谷封翁》诗。李元度《天岳山馆文钞》卷四《前永州太守杨公(杨翰)生祠碑》亦载其名,称"郡绅赵肇光"。

周太史子岩:即周崇傅,字少白,号子岩,零陵人。光绪《零陵县志》卷七《选举·进士》:"周崇傅,号子岩。同治七年戊辰洪钧榜,授翰林院编修。"官终甘肃新疆分巡镇迪屯田粮务兵备道。

同治庚午,即同治九年(1870)。上距正德七年壬申(1512)沈良臣命名拙岩为三百五十八年,上距弘治九年丙辰(1496)沈良臣开辟拙岩为三百七十四年。

[校注]

唐昭铣题记:原文无题,标题据署款补。

上巳:夏历三月的第一个巳日,后固定为三月初三日。古人于此日有被禊、修禊之事。《初学记》引《风俗通》曰:"案《周礼》,女巫掌岁时以被除疾病。禊者,洁也,故于水上衅洁也。"《韩诗》曰:"三月桃花水下之时。郑国之俗,三月上巳,于溱洧两水上,执兰招魂续魄,被除不祥也。"杜佑《通典》:"周制,春官女巫掌岁时被除、衅浴。后汉三月上巳,官民皆洁于东流水上,曰洗濯被除去宿垢疢为大洁。晋公卿以下,至于庶人,皆禊洛水之侧。"张衡《南都赋》:"暮春之禊,元巳之辰,方轨齐轸,被于阳滨。"徐干《齐都赋》:"青阳季月,上除之良;无大无小,被于水阳。"

庄襟老带:清屈大均《翁山诗外·饮王氏漱园醉赋》:"闲挥玉尘论秋水,庄襟老带何清狂。"清汪曰桢《玉鉴堂诗集·寿吴卧山六十》:"霸子鸿妻同隐逸,庄襟老带即神仙。"清顾文彬《过云楼书画记》:"平坡写长松三株,一叟抚树踞石而坐,庄襟老带,巾屦萧然。"

26."拙巖"榜書

拙巖

[解题]

"拙岩"二字榜书,篆体,在大洞外崖顶。无署款,书写人不详。字体与佚名《拙岩记》中"拙岩"二字完全相同,当是同人同时所书。

27. 石門閑□

若得相知是水雲,特念小筑近□□。
輕嵐閣樹瀟□□,小□□□□象人。
領掠風情歸咲咏,□逃山澗吹中□。
山東踏□清湘上,□□天正□□□。

[解題]

诗为七言律。石刻在洞外江岸渔矶区山石凹口壁上,山石两面相对如门,故诗题"石门"。楷书,大字书写,共八行,每行七字。惜磨泐风化严重,仅识其半。署款未见,据四字标题格式,与"崖陰避暑""临流洗砚""石台坐钓",均为沈良臣所作。

[校注]

石门闲□:末一字磨泐。

特念小筑近□□:句中末二字磨泐。以下多磨泐难识。

28. 崖陰避暑

何處堪逃盛暑侵,紫苔香逕可幽尋。
日空樹影頻移座,竹外風凉任散襟。
为鶴避厨妨煮茗,听泉漱玉懶調琴。
黑穰壹枕紅塵遠,敢謂淵明是賞音。
正德壬申仲夏月六日西庄隱人書

[解題]

诗为七言律。石刻在洞外江岸渔矶区,署款有年月。《拙岩记》在正德壬申岁季夏月,此诗在同年之仲夏月六日,即《拙岩记》之前一月。

[校注]

竹外:"外"字磨泐,轮廓似"外"字。

移座:唐白居易《九日登西原宴望》:"移座就菊丛,糕酒前罗列。"唐吴融《花村六韵》:"月好频移座,风轻莫闭门。"

散襟:晋陶潜《庚戌岁九月中于西田获早稻》:"盥濯息檐下,斗酒散襟颜。"

唐韦应物《酬秦征君、徐少府春日见寄》:"终日愧无政,与君聊散襟。"

为鹤避厨妨煮茗:"厨"字磨泐,轮廓似"厨"字。宋魏野《书友人屋壁》:"洗砚鱼吞墨,烹茶鹤避烟。"宋刘克庄《烹茶鹤避烟》:"吾鹤尤驯扰,俄如引避然。何曾厌茅舍,多是为茶烟。"此句与之意境相近。

漱玉:晋陆机《招隐诗》:"山溜何泠泠,飞泉漱鸣玉。"

黑穰:"穰"字残缺,存其上半。"黑穰"与一枕黄粱之"黄粱"相对。

渊明:陶渊明。

29. 嚴勳沈良臣題刻

奉直大夫尚寶少卿兼翰林經筵侍書文華殿江東嚴勳大用別號南埜,芝城隱人沈良臣堯夫別號西莊仝書岩,弘治丙辰歲季秋望後五日。

[解题]

石刻在洞外江岸渔矶区,高 35 公分,长 308 公分,尺幅极长。其下原有石砌栈道,今毁,石刻皆悬空江上。自左起至题刻,均有小字密书,惜磨泐严重,不能成句,推测均为沈良臣所作诗章,或即《拙岩集》《纤尘弄影集》之一部分。题刻在最末,约占 34 公分,楷书七行,字形较大,故独完整。

严勋,字大用,号南埜,工于书法。事迹略见于《明宪宗实录》《明孝宗实录》、明何乔远《名山藏》、清谈迁《国榷》等。题刻字体端丽,或即出于严勋手笔。

第 9 沈良臣《柬严少卿》词,亦当是严勋。

弘治丙辰为弘治九年(1496),此为目前所见拙岩石刻最早纪年。

[校注]

奉直大夫:《明史·职官志》:"文之散阶四十有二……正五品,初授奉议大夫,升授奉政大夫。从五品,初授奉训大夫,升授奉直大夫。"

尚宝少卿:《明史·职官志》:"尚宝司。卿一人,正五品。少卿一人,从五品。司丞三人。正六品。吴元年但设一人,后增二人。掌宝玺、符牌、印章,而辨其所用。

侍书:翰林有侍读学士,有侍书学士。侍书掌以六书供侍待诏,又授小内侍书于文华殿东庑。

30. 臨流洗硯

結茅書屋近清湘,洗硯平時向水傍。

白鷺浴波雲影亂,錦鱗吹浪墨花香。

右軍池畔風情遠,魏野詩中逸趣長。

自咲山林躭嬾癖,此生吟弄肯相忘。

西庄

[解题]

诗为七言律。石刻在洞外江岸渔矶区,而楷书大字,笔画粗实,打磨平整,刻划深入,故独能完好。

[校注]

右军:右军即王羲之,字逸少,本家琅琊临沂人,后迁山阴。曾任右军将军,世称"王右军"。《晋书》有传。

池畔:池即墨池。王羲之善书,为古今之冠,论者称其笔势,以为"飘若浮云,矫若惊龙"。曾与人书云:"张芝临池学书,池水尽黑,使人耽之若是,未必后之也。"荀伯子《临川记》载:"王右军故宅,其地爽垲,山川若画,每至重阳日,二千石已下多游萃于斯。旧井及墨池并在。"

魏野:字仲先,宋陕州陕县人。"嗜吟咏,不求闻达。居州之东郊,手植竹树,清泉环绕,旁对云山,景趣幽绝。凿土衺丈,曰乐天洞,前为草堂,弹琴其中,好事者多载酒肴从之游,啸咏终日。"为诗精苦,有唐人风格。著《草堂集》《钜鹿东观集》传世。《宋史·隐逸传》有传。

躭:同"耽"。

肯相忘:肯,岂肯。

31. 石臺坐釣

一竿兀坐小磯溪,回首纖塵入望迷。

山火無煙銷势利,水鄉□□斷幽□。

綸釣從不設香餌,風景僅將付品題。

野□有□閑過我,□然長共夕陽西。

[解题]

诗为七言律。楷书,无署款。石刻在洞外江岸渔矶区,与28《临流洗砚》、30《崖阴避暑》相邻,可知同为沈良臣所作。

[校注]

水乡□□断幽□:句中三字磨泐。

仅:俗字。

野□有□:二字磨泐。

□然:一字磨泐。

32. "忘機處"榜書

忘機處

同治庚午

仙蓑题

温飛卿《利州南渡》詩,有"五湖煙水獨忘機"句,仙農意不在釣,暇以釣爲寄,自題其處曰"忘機",近乎道矣。

周崇傅跋

[解题]

"忘机处"三字,大字榜书,篆体。首尾署款为行书。唐九龄书写。跋文为楷书,周崇傅书写。"同治庚午"即同治九年(1870),与第25《唐昭铣题记》"同治庚午上巳"当为一时所作。跋文末行稍风化磨泐,余皆完整。

[校注]

忘机:《列子·黄帝》:"海上之人有好沤鸟者,每旦之海上,从沤鸟游,沤鸟之至者百住而不止。其父曰:'吾闻沤鸟皆从汝游,汝取来,吾玩之。'明日之海上,沤鸟舞而不下也。故曰:至言去言,至为无为;齐智之所知,则浅矣。"后称"鸥鹭忘机"。

温飞卿:温庭筠,字飞卿,唐太原祁县人。长于诗赋,韵格清拔,文士称之。初至京师,人士翕然推重。侧词艳曲,与李商隐齐名,时号"温李"。才情绮丽,尤工律赋。每试,押官韵,烛下未尝起草,但笼袖凭几,每一韵一吟而已,场中曰"温八吟",又谓八叉手成八韵名"温八叉"。《旧唐书·文苑传》《唐才子传》有传。

《利州南渡》诗:温庭筠《利州南渡》全文云:"澹然空水对斜晖,曲岛苍茫接翠微。波上马嘶看棹去,柳边人歇待船归。数丛沙草群鸥散,万顷江田一鹭飞。谁解乘舟寻范蠡,五湖烟水独忘机。"

五湖:指太湖,《初学记》引张勃《吴录》:"五湖者,太湖之别名,以其周行五百余里,故以五湖为名。"此处用范蠡典故。《吴越春秋·勾践伐吴外传》:"范蠡曰:'臣闻君子俟时,计不数谋,死不被疑,内不自欺。王其勉之,臣从此辞。'乃乘扁舟,出三江,入五湖,人莫知其所适。"《国语·越语下》:"范蠡对曰:'君行制,臣行意。'遂乘轻舟以浮于五湖,莫知其所终极。"

(原载 2015 年第 9 期,作者单位:湖南科技学院)

唐九龄《拙岩八景诗》注释与鉴赏

✳ 谷显明

拙岩位于零陵城北十余里的濒滩沈家湘江西岸。明朝沈尧夫先生曾守拙林泉,隐居此地,题下篆刻"拙岩"二字,著有《拙岩集》。清光绪六年零陵人唐九龄先生重修拙岩,启壅塞,筑崩溃,安棋局,置渔矶,种竹植柳,搆亭于上,刻八景诗于石。"八景"是中国传统文化中一种突出展现地域特色的文化现象,而"八景诗"作为描写某一地域的自然人文景观的诗歌作品,蕴含着丰富的地域文化内涵。该文试图在对《拙岩八景诗》进行注释的基础上,探讨拙岩八景诗的题材内容、风格基调以及所承载的文化价值。

茆亭觞月

何地无明月,随宜倒酒瓶。试将真意味,收入此茆亭。

[注释]茆亭:茆同"茅",即茅亭。明刘基《诚意伯刘文成公文集》:"覆之以茆。"在此有自谦之称。据当地老人介绍,该亭为八角亭,砌于拙岩之上,重修于光绪六年,毁于民国时期,现仅存凿平的岩石亭墩。觞月:觞,为古代酒器,在此乃"欢饮、进酒"之意。觞月,即饮酒赏月。随宜:到处都适宜,无处不宜。收入:收进,收下。清陈耜《望湘人》词:"记那年,收入巾箱,半是锦囊诗卷",正是此意。

[赏析]"茆亭觞月"为拙岩第一景。自古以来,中国历代文人与月、与酒结下不解之缘,如李白的《静夜思》:"窗前明月光,疑是地上霜。举头望明月,低头思故乡。"还有《月下独酌》:"花间一壶酒,独酌无相亲。举杯邀明月,对影成三人。"可见,孤独的李白在花间饮酒时与明月和自己的影子结为朋友,与明月相伴,借酒而消愁。从诗中可以看出,每个地方都有明月,可以随时随地饮酒,但茆亭饮酒赏月是其他地方所不能及的,因为在此才能品味人生的真正意味。此诗作为八景诗之首是很合适的,体现作者归隐林泉、超然自得的心境。

流水鼓琴

　　逝者去何急,七絃柳赏心。子期虽已杳,明月是知音。

　　[注释]流水:即《流水》,古琴曲名,亦泛指琴曲。朱权《神奇秘谱》序云:"《高山》《流水》二曲,本只一曲,初志在乎高山,言仁者乐山之意,后志在乎流水,言智者乐水之意。至唐,分为两曲,不分段数。至宋《高山》分为四段,《流水》为八段。按《琴史》,列子云:'……伯牙绝弦,终身不复鼓琴。'故有《高山流水》之曲。"鼓琴:弹琴。《诗·小雅·鹿鸣》:"我有嘉宾,鼓瑟鼓琴。"《庄子·渔父》:"孔子弦歌鼓琴,奏曲未半,有渔父者,下船而来。"逝者:指流逝的时光。《论语·子罕》:"子在川上曰:'逝者如斯夫,不舍昼夜。'"意思是说时间像流水一样不停地流逝,感慨人生世事变换之快,亦有惜时之意在其中。七絃:古琴的七根弦,亦借指七弦琴。汉应劭《风俗通·声音·琴》:"今琴长四尺五寸,法四时五行也;七弦者,法七星也。"赏心:即娱悦心志。宋沈辽《禅老阁》诗:"赏心不期侈,澹泊自有馀。"子期:即钟子期,名徽,字子期,春秋战国时期楚国(今湖北武汉汉阳)人。相传钟子期是一个戴斗笠、披蓑衣、背冲担、拿板斧的樵夫。战国郑列御寇《列子·汤问》:"伯牙善鼓琴,钟子期善听。伯牙鼓琴,志在高山,钟子期曰:'善哉,峨峨兮若泰山!'志在流水,钟子期曰:'善哉,洋洋兮若江河!'伯牙所念,钟子期必得之。子期死,伯牙谓世再无知音,乃破琴绝弦,终身不复鼓。"

　　[赏析]自古以来,中国文人皆崇尚"穷则独善其身,达则兼济天下",这是儒家与道家"入世"与"出世"的思想。[1]每当抑郁不得志之时,他们通常选择由儒入道,远离政治,逍遥隐逸,寄情山水。而鼓琴作为一种修身养性的方式,令历代文人雅士为之沉醉而解脱释怀。这正如嵇康在《琴赋》当中所言,"物有盛衰,而此(古琴)无变;滋味有猒,而此不勌,可以导养神气,宣和情志,处穷独而不闷者,莫近于音声也"。"智者乐山,仁者乐水。"该诗作者寄情山水,修身悟道,在柳荫下弹奏古琴娱悦心志,感到子期虽已不在人世,但明月可成为知音,在沉静旷远的古琴声中,由躁入静进而物我两忘。正如王维《竹里馆》:"独坐幽篁里,弹琴复长啸。深林人不知,明月来相照。"高山流水,自有知音。古人爱以山中抚琴,来表明自己志向高洁,不知何人堪配知音。本诗传达出诗人淡泊宁静、清幽高雅的境界,同时流露出诗人世无知音的感慨和孤芳自赏的人生态度。

芙蓉夹柳

　　不挟争荣意,凭他碧荫葱。秋江平凤(恨)怨,冲淡似陶潜。

[注释]挟:怀有之意。宋司马光《资治通鉴》:"子布、元表诸人各顾妻子,挟持私虑,深失所望。"争:争夺,竞争。荣:草木茂盛,此乃繁茂、茂盛之意。凭:同"凭",听任、任凭。夙怨:旧有的、素有的、一向以来的怨恨。《宋史·苏辙传》:"吕大防、刘挚患之,欲稍引用,以平夙怨。"冲淡:冲和、淡泊。《世说新语·政事》:"王安期为东海郡刘孝标注引《名士传》:'王承,字安期……冲淡寡欲,无所循尚。'"《晋书·儒林传·杜夷》:"夷清虚冲淡,与俗异轨。"陶潜:即陶渊明,字元亮,号五柳先生,世称靖节先生,浔阳柴桑(今江西九江)人。东晋末期南朝宋初期诗人、文学家、辞赋家、散文家。曾做过几年小官,后因厌烦官场辞官回家,从此隐居田园。

[赏析]此诗文劝解芙蓉、柳树不用怀有互相争荣之意,应任凭它碧绿葱阴,因为秋天江水会平息以往的一切怨恨,表达出作者不与他人争名逐利,像陶潜一样归隐田园、淡薄超然的归隐心境。在中国文化史上,归隐思想源远流长,隐遁行为产生于儒、道思想形成之前。传说最早的隐遁者是许由、务光、巢父,而有明文记载的最早隐遁者是稍晚的有殷周之际的箕子、微子、伯夷、叔齐等人。在孔子看来,"天下有道则见,无道则隐"(《论语·泰伯》),也就是说,以社会治乱的客观条件为隐否的原则。[2]由此可见,一个人成为隐士,既决定于他的思想见解和道德品质,更决定于他生活的历史时代和社会风气。仕与隐是中国古代士人面对的人生抉择。该诗作者正如陶渊明一样选择归隐,但这应该说并不是作者的"心甘情愿",其归隐背后的许多"不得已"多是被遮蔽了。出世是文人无奈的选择,也是文人悲哀的宿命。

鸬鹚随渔

天机含活泼,飞跃察禽鱼。谁是中和手,调停各自如。

[注释]鸬鹚:鸬鹚,也叫水老鸦、鱼鹰。身体比鸭狭长,体羽为金属黑色,善潜水捕鱼。天机:即灵性。活泼:生动自然,不呆板,使灵性自然舒展,生动活泼。清文康《儿女英雄传》第34回:"否则闲中望望行云,听听流水,都可活泼天机。"在此指鸬鹚富有灵性,生动活泼。飞跃:飞腾跳跃。察:观察、察看。和手:平手,即双方比赛不分高下之意。调停:亦作"调亭",居间调解,平息争端之意。宋苏辙《颍滨遗老传下》:"吕微仲与中书侍郎刘莘老二人尤畏之,皆持两端为自全计。遂建言欲引用其党,以平旧怨,谓之调亭。"自如:犹自若,神态镇定自然。道教妙真道专指无所以借、无所适达、自然而然的本真状态。

[赏析]此诗描绘了一幅超脱自然、怡然自得的"鸬鹚随渔"图,富有灵性的鸬鹚生动活泼,在江面上飞腾跳跃,仔细地观察禽鱼。鸬鹚与禽鱼之间不分高下,不知道谁能胜出,还是让它们各自调停。老子曰:"夫唯不争,故天下莫能与之争。"只有那不与人相争的,世界上没有人能和他相争。作者对"鸬鹚"与"禽鱼"之间争斗的态度,传达出一种顺其自然、超旷闲逸、与世无争的人生态度。

仙碛垂钓

意钓非真钓,非仙却似仙。问津如有客,烟水渺长天。

[注释]碛:即矶,水边突出的岩石或石滩。孟浩然《经七里滩》:"钓矶平可坐,苔磴滑难步。"这里的"仙矶"指唐九龄所置的渔矶,为钓鱼石台。意钓:意指垂钓的目的不在于钓到鱼。正如苏轼《观棋》中诗句:"空钩意钓,岂在鲂鲤。"问津:打听渡口、问路之意。《论语·微子》:"长沮、桀溺耦而耕,孔子过之,使子路问津焉。"长天:即远天,远处的天空。王勃《滕王阁序》诗句"落霞与孤鹜齐飞,秋水共长天一色",意思就是秋天的水面与远处天边相融合在一起。这里指湘江烟水浩渺,与远方天边相接。

[赏析]此诗中"意钓非真钓,非仙却似仙",流露出诗人意不在钓、暇以钓为寄,印证了拙岩所题"忘机处"之意,此处曰"忘机",近乎道矣!在这里能让人放松心情,超然自得,与世无争,感到不是神仙却胜似神仙。同时,作者着笔于大自然的意妙、博远、浩渺,通过来客问津、烟水长天,表达经纬交错相携、明暗暖冷相加、色彩流动变幻的万千气象,表达出作者"逍遥于天地之间而心意自得"的处世之道。

桐阴围棋

石磴安棋局,浓阴罩一枰。祇宜分黑白,不必问输赢。

[注释]桐:大叶乔木。与梧同类而异,皮青而泽,荚边缀子如乳者为梧,亦谓之青桐。皮白,材中琴瑟,有华无实者为桐,亦谓之梧桐。石磴:石头台阶。枰:下各种棋用的棋盘。三国吴韦昭《博弈论》:"思不出乎一枰。"宜:应当、应该。《史记·魏公子列传》:"不宜有所过。"

[赏析]古代文人多好弈棋,每至酣处常常咏诗弄文。如唐代诗人白居易爱下棋,常"弄泉南涧坐,待日东亭宿。兴发饮数杯,闷来棋一局"(《孟夏思渭村旧居寄舍弟》)。另外,他的《池上二绝》诗绘声绘色地勾勒出竹下弈棋的情景:"山

僧对棋坐,局上竹荫清。映竹无人见,时闻下子声。"而宋代诗人欧阳修亦善弈,晚年退居乡村:春天,"一庭舞絮斗身轻,百尺游丝弄午晴。善喜香烟紫曲儿,卧惊玉子落纹枰"。夏天,"轻风忽起杨花闹,清露初晞药草香。对弈两奁飞黑白……"秋天,"钓归恰值秋风起,棋罢常惊日影移"。冬天,天寒手冻,也要"西窗斜日晚,呵手敛残棋"。下棋之人有人对胜负很计较,但也有人纯以对弈为消遣。宋代诗人苏东坡《观棋》诗云:"纹枰坐对,谁究此味? 空钩意钓,岂在鲂鲤?"王安石也写有《棋》诗:"莫将戏事扰真情,且可随缘道我赢。战罢两奁收黑白,一枰何处有亏成。"此诗作者正如苏东坡和王安石一样,"祗宜分黑白,不必问输赢",呈现一种闲情逸致、不计输赢的超然心境。

鸣莺求友

伐木赓谁和,岩阿久养真,一声破孤寂,喜色徧同人。

[注释]伐木:意思是采伐林木。《诗经·小雅》有诗云:"伐木丁丁,鸟鸣嘤嘤……嘤其鸣矣,求其友声。"后世以"伐木"为表达朋友间深情厚谊的典故。唐骆宾王《初秋于窦六郎宅宴得风字诗序》:"诸君情谐伐木,仰登龙以缔欢。"赓和:续用他人原韵或题意唱和。岩阿:山的曲折处。汉·王粲《七哀诗》:"山岗有馀映,巖阿增重阴。"《文选·潘岳〈河阳县作〉诗之二》:"川气冒山岭,惊湍激巖阿。"吕良注:"巖阿,山曲也。"养真:修养、保持本性。晋夏侯湛《抵疑》:"方将保重啬神,独善其身,玄白冲虚,仡尔养真。"唐孟郊《寄张籍》诗:"天子咫尺不得见,不如闭眼且养真。"喜色:欣喜的神色。徧:同"遍",普遍,遍及。同人:指志同道合的朋友。

[赏析]此诗上句以"伐木赓谁和、岩阿久养真"领起,在这里时间仿佛停止,一切自在自为,幻化出一个远离现实政治、借以寄托内心苦闷的超然之境。下句"一声破孤寂,喜色徧同人"笔锋一转,悦耳的鸟鸣在空旷的山野回荡,打破了孤独与静寂的世界。人生在世,或以诗鸣,或以书鸣,或以画鸣,或以文鸣,其鸣为何? 求其友声也。作者借《诗经·小雅·伐木》中"嘤鸣求友"诗句,表达寻求志趣相投、志同道合的朋友之意。我们通过诗人的描述可以看到这样一幅情景:一位伐木者(在这里暗指作者)久居山林,修身养性,远离尘世,孤独寂寞中不知与谁为友,正在这时一只黄莺嘤嘤鸣叫,顿生喜出望外之情,因为终于找到了知心友伴。一个孤独的伐木者,一个寻找知音的鸟儿,这两个意象在这仙境一般的氛围中被不断地进行视觉和听觉上的重叠和加强:声音使人联想到形象,形象又赋

于声音特殊的内涵。这一境界是诗人内心的人生理想迂回曲折的表露。

掃石題詩

峭石皴雲立,詩成倩我題。微塵風自掃,八景布河西。

[**注释**]峭:山又高又陡。《说文》:"峭,陵也。从阜,肖声。斗直曰峭。"此乃"直立而高耸"之意。皴:本意为皮肤坼裂。《字略》:"皴,皮细起也。"此为"裂开、突兀"之意。倩:此乃"央求、请人做某事"之意。如辛弃疾《一剪梅》:"欲倩西风,吹到兰房。"八景:拙岩八景或八景诗。河西:指湘江西岸。

[**赏析**]此诗描写了拙岩八景诗刻所在地理位置以及地形地貌特征,从诗文可以看见拙岩所在地湘江西岸,峭石皴立,突兀而起,石势嶙峋,高数十丈,"八景"诗刻散布其上。同时,诗句"微塵風自掃"富有禅学韵味,正如凤阳龙兴寺对联"庙内无僧风扫地,寺中少灯月照明"一样,表达出作者远离尘世、超凡脱俗、返璞归真的人生境界。

结 论

在人类历史文化发展过程中,几乎每个地方都有展现本地域特色的自然和人文景观。"八景"作为一种文化现象,遍及神州大地,展现了某一地域的自然风貌、风土人情和历史文化。从人文方面来看,永州作为湖南历史文化名城,文化底蕴深厚,名胜古迹众多,新近发现的"拙岩",保存了明清时期比较完整清晰、规格不一的石刻33幅。其中《拙岩八景诗》无论从文学艺术还是书法艺术角度看,在众多石刻中是成就最高的。该组诗标题以四字题名,均为五言律诗,用典丰富,对偶工巧,反映出作者翛然尘外、守拙林泉、庄襟老带、超然自得的心境,呈现朴素自然、恬淡闲适的风格基调,蕴含着丰富的地域文化内涵和价值。

参考文献:

[1]杨德秀.古代文人"进"与"退"的智慧[J].中学语文·大语文论坛,2007,(7):29
-30.

[2]乔清举.论归隐思想与《周易》中归隐思想的学派归属[J].周易研究,2007,(6):76
-83.

(原载2015年第2期,作者单位:湖南科技学院)

拙岩和韵诗八首解析

✳ 张京华

沈良臣拙岩诗词石刻共十六通，其他明人诗刻八通，全部为和沈良臣诗韵。和韵者七人，即金陵史良弼、户部司人沈良佐、都指挥守愚陈琟、都指挥野西吴坤、蒋鏊、醉乡陈衮、七里章表书，所和者为沈良臣的三首诗《溁滩庄屋书事》《拙岩成偶书》和《月艋小隐》。

沈良佐为沈良臣之弟，弘治五年壬子科举人，正德三年戊辰科进士，起家任户部主事，升户部郎中。其后官终广西布政使左参政，但在作诗之时，仍在户部任职。

蒋鏊为正德八年癸酉举人，官终河南扶沟县令，世人相传有尸解成仙之说。《拙岩记》作于正德七年壬申，蒋鏊作诗之时，大约尚未中举。

明代设有永道守备一职，下辖永宁二卫，治所在江华或道州，吴坤以都指挥充永道守备，姓名见于康熙九年《永州府志》、康熙三十三年《永州府志》、道光《永州府志》、光绪《道州志》的《武备志》。都指挥守愚陈琟应当是他的同僚。

其余金陵史良弼、醉乡陈衮、七里章表书三人，事迹不详，或者布衣未仕，与沈良臣为诗社同道。

拙岩临近江干，前有沙洲，上游有高崖，下游有浅滩，岩洞虽小，却首尾相通。自永州府城西行，步行约十五里可到。水路则沿潇水而下，至蘋洲潇湘驿与湘水接，溯湘而上，船行约半日可到。

想象五百年前，这八位诗友频频往来于府城与拙岩之间，只为看岩，只为会友，只为赋诗，只为闲情。儒生与武将，尸解之仙人与醉乡之酒徒，联翩而来，鳞次而坐，横槊赋诗，同抒襟抱，真使人有欲居九夷、何陋之有之感。

一 《溁滩庄屋书事》唱和

《溁滩庄屋书事》用涯、车、茶、艋、华五韵。沈良臣唱，史良弼、沈良佐和。

溇滩庄屋书事　　沈良臣唱

诛茅结屋傍江涯,半顷畬田一水车。

柳贯鲜鳞渔换酒,铛分活水仆煎茶。

静闻花鸟哦新句,闲弄溪云泛小艖。

此外风情多寡合,独容野老度年华。

　　沈良臣新建了小屋,小屋守着他的五十亩水田。大概是靠近溇滩沈家村子的西面,小屋取名为"庄屋",屋子的主人也就别号"西庄"。"庄屋"毕竟只是一所村庄小屋,谦谨地说,只是诛茅草而结成,所以也可以称为茅庐,就像陶靖节"结庐在人境,而无车马喧"诗中那样的一间庐舍。

　　就为这间庄屋,沈良臣赋了新诗,还请来了诗社的吟友。

　　庄屋不贵重,贵重的是它的位置。它的位置靠近江干,容易得到一尾鱼,用根柳条穿了提着,回来配上一壶茶。鱼也不贵重,贵重的是新鲜;茶更不贵重,贵重的是活水。

　　水污染自古已然。南宋杭州人已经有了"洗水"的技术,如朱熹所说:"旧时人尝装惠山泉去京师,或时臭了。京师人会洗水,将沙石在笕中,上面倾水,从笕中下去。如此十数番,便渐如故。"(《朱子语类》卷九十五)然而,洗出来的水再好也比不了潇湘的水。

　　潇湘的"潇",本义就是"深",《说文解字》说:"潇,水名",又说:"潚,深清也"。《水经注》也说:"潇者,水清深也。"潇水的上游本就叫做"深水",长沙马王堆帛绘古地图,一道泉源呈弯曲状从九嶷山流出,旁注"深水原"三字。所以张平子《四愁诗》会说"我所思兮在桂林,欲往从之湘水深",唐人刘复接着说:"长相思,在桂林,苍梧山远潇湘深",顾况又说:"客从洞庭来,婉娈潇湘深",刘长卿再说:"扁舟傍归路,日暮潇湘深。湘水清见底,楚云淡无心"。

　　秦韬玉说过:"潇水出道州九疑山中,湘水出桂林海阳山中,经灵渠,至零陵与潇水合,谓之潇湘,为永州二水也。清泚一色,高秋八九月,才丈余,浅碧见底。过衡阳,抵长沙,入洞庭。"(辛文房《唐才子传》)罗含《湘中记》的描述就更典型了,说道:"湘水至清,虽深五六丈,见底了了,石子如樗蒲矢,五色鲜明。白沙如霜雪,赤岸如朝霞。"

　　而潇湘的清深之水谁也带不走,所以它贵重,所以吟友们会来。

　　"问渠那得清如许,为有源头活水来",是朱子的诗句,朱子是大儒,但是他却称道过禅僧。"僧家尊宿得道,便入深山中,草衣木食,养数十年,及其出来,是甚次第！自然光明俊伟。世上人所以只得叉手看他自动。"（《朱子语类》卷一百二十六）朱子意思似说，儒家惯于锦衣玉食，繁文缛节，所以竞争禅宗不过。

沈良臣诗中说到"铛"，使用这个字最频繁的正是禅宗，有不少所谓"折脚铛"的典故。

《景德传灯录》："看他古德道人，得意之后，茅茨石室，向折脚铛子里煮饭吃过三十二十年。名利不干怀，财宝不为念，大忘人世，隐迹岩丛，君王命而不来，诸侯请而不赴。岂同我辈？贪名爱利，汩没世途，如短贩人，有少希求而忘大果。"

朱子、沈良臣都不遵佛教，但是用意却无不相通。

奉和庄屋书事（二首）

史良弼和

其一

门前山水浩无涯，屋里诗书富五车。

春入彩毫联□句，香分碧碗试新茶。

围棋客散悬云榻，问字人来访月艇。

食有新鳞醉有酒，等闲无念及□华。

其二

别业溆滩背渚涯，门多长者聚轮车。

楼头夜坐闲邀月，花底春吟慢啜茶。

竹几蒲团围客席，酒杯诗侣寄仙艇。

风光领掠年来别，肯信头卢鬓有华！

重步溆滩书事

沈良佐和

江湖胸次浩无涯，看破人情似转车。

明月照怀吟好句，清风生腋试新茶。

门无俗客堪投辖，时有幽人共泛艇。

金紫良图付儿辈，不妨林下老年华。

史良弼的和诗，第一句就把沈良臣的谦谨给说破了。他说，沈良臣的庐舍不是"诛茅结屋"，而是"屋里诗书富五车"。"五车"出典《庄子·天下》："惠施多方，其书五车。"古代书很贵的，所以韩子才会说，"藏商管之法者家有之""藏孙吴之书者家有之"。沈良臣的小屋富于藏书,并且"问字人来",时常有生徒上门求教,哪里是一个茅庐了得!

和韵第二首,史良弼又是第一句就说破了"诛茅结屋"。"门多长者聚轮车",用的汉初陈平的典故。《史记·陈丞相世家》:陈平"少时家贫,好读书,有田三十亩,独与兄伯居","至其家,家乃负郭穷巷,以弊席为门,然门外多有长者车辙"。茅草又何妨,长者常为座上客,当然足够贵重了!

有儿辈的功业,有诗书五车,有长者车辙,乃至"时有幽人",沈良臣的茅屋"何陋之有"?

何况沈良臣的新屋本是"别业",本有"楼头",并不全是茅草。

"小艖""月艖""仙艖""泛艖",四首唱和言及的"艖",大约可以分流为两个典故。

一个是渔父的故事,屈子讲过,庄子讲过,孔子曰"道不行,乘桴浮于海",也算讲过。大约道家的老子是很强项的,柔弱胜刚强,无为而有为,是进取的一派,而庄子则纯然是隐逸的。儒家也有儒家的隐逸,即如孟子所说,"穷则独善其身,达则兼善天下"。

另一个是仙人的故事。"天河与海通,近世有人居海渚者,年年八月有浮槎,去来不失期。人有奇志,立飞阁于查上,多赍粮,乘槎而去。十余日中,犹观星月日辰,自后芒芒忽忽,亦不觉昼夜。去十余日,奄至一处,有城郭状,屋舍甚严,遥望宫中,多织妇。见一丈夫牵牛渚次,饮之。牵牛人乃惊问曰:'何由至此?'此人见说来意,并问:'此是何处?'答曰:'君还至蜀郡,访严君平则知之。'竟不上岸,因还如期。后至蜀,问君平,曰:'某年月日,有客星犯牵牛宿。'计年月,正是此人到天河时也。"(张华《博物志》。"查""楂""槎""艖"字皆同。)

水是流动的,艖也是流动的,动中复有动,有心复无心。无论哪一种理解,"小艖""月艖""仙艖""泛艖"都有无限的遐想。

沈良臣的诗中,说到一个"闲"字。"静闻花鸟","闲弄溪云","明月照怀","清风生腋","酒杯诗侣","围棋客散",的确是够闲的。

古人诗句中,常写出一个闲的意思。"开眼看人忙","倚杖看人忙",见得是忙了不好。问题是,古人真的闲么?假使一个人,生涯尚可,衣食无忧,他便镇日吟弄,无所事事,那么,他便是一个诗人吗?他的文字便可以流传、便有人赏读吗?

绝非如此。古人闲,古人不得已也。不得已,所以闲,所以安于闲,所以其人可赏,其诗可读。

沈良佐的和诗"金紫良图付儿辈",金紫,所谓金章紫绶,自然是指官爵。良图,所谓宏图伟志,大有"云霄坐致,青紫俯拾"气度。

"付儿辈"一语,最典型的故事来自谢安谢玄。《晋书》:"谢玄等既破坚,有驿书至,谢安方对客围棋,看书既竟,便摄放床上,了无喜色,棋如故。客问之,徐答云:'小儿辈遂已破贼。'既罢,还内,过户限,心喜甚,不觉屐齿之折。"

另外一则晚近的故事,也可以一提。林则徐之父林宾日曾有一联:"粗茶淡饭好些茶,这个福老夫享了;齐家治国平天下,此等事儿曹任之。"

无论谢玄之叔谢安,还是林则徐之父林宾日,轻松一语背后,都是最为郑重的大事业、大功绩。这是真儒家的真本色。

有这样一种儒家有为的精进精神,才衬托得起一个"闲"字。

沈良佐隐约之意,乃是如此。他说"闲",其实他在背后下过很多功夫,所以他才有资格说"闲"。他说"隐",可是他的诗句却揭示着他的烨烨才华。

二 《月艖小隐》唱和

《月艖小隐》用艖、霞、家、槎、夸五韵。沈良臣唱,陈衮和。

月艖小隐

沈良臣唱

笑舞渔蓑上小艖,红尘回首隔烟霞。

敢当水月清湘主,占断沧洲白鸟家。

午夜醉余登贝阙,明河梦觉坐仙槎。

袁宏牛渚遗踪远,吟弄于今讵浪夸?

"沧洲白鸟",是写实。溇滩沈家今存《永禁江坡》《永禁水源》二碑,几次说到沙洲、河洲、洲畔。至今拙岩下望,仍然可见湘江中的一处宽阔的沙洲,由河卵石堆积着,附近的机动挖沙船不时往来游弋。只是村中老人尚能记得,从前沙洲上树木高大,是一片绿洲,定有群鸟居住。

但是这首诗主要是写夜景。"水月""午夜",均为夜中所见。"贝阙"是龙宫,"明河"却是银河。

夜中泛舟,直令人想起那一句,"少焉,月出于东山之上,徘徊于斗牛之间"。

然而末句里,沈良臣却换了一个典故,说到晋人袁宏。"袁宏牛渚"是一个伯乐故事,也是一个知音故事。

《晋书·文苑传》:袁宏"有逸才,文章绝美,曾为咏史诗,是其风情所寄。少孤贫,以运租自业。谢尚时镇牛渚,秋夜乘月,率尔与左右微服泛江。会宏在舫中讽咏,声既清会,辞又藻拔,遂驻听久之,遣问焉。答云:'是袁临汝郎诵诗。'即其咏史之作也。尚倾率有胜致,即迎升舟,与之谭论,申旦不寐,自此名誉日茂"。

沈良臣渴望这一个人的出现,那么谁是这个人呢?

题月艖次韵

醉乡陈衮和

谁似湘江沈月艖?疏狂不让李飞霞。

网罗世上浑无迹,风月樽中别有家。

老驻童颜凭药酒,梦游天府信泛槎。

夕阳古渡酣歌处,赢得渔樵拍手夸。

陈衮不是沈良臣的伯乐,却是沈良臣的知音。陈衮,生平事迹不详,"醉乡"当是其别号。

"醉乡"一语,使人想到了"酒徒"。"醉乡"是唐宋人语,"酒徒"却是汉晋人语。早先,高阳人郦食其,好读书,然而无以为衣食,家贫落魄,为里监门。汉高祖还是沛公时,引兵过陈留,郦食其求见,沛公方倨床使两女子洗足,问使者曰:"何如人也?"使者对曰:"衣儒衣,冠侧注,状貌类大儒。"沛公骂曰:"竖儒!"郦食其让使者再报:"吾高阳酒徒也!"沛公遽雪足杖矛,延客入。

醉乡陈衮或许自诩为郦食其之俦吧。

沈良臣说,索性就当了水月清湘的主人,占断沧洲白鸟为自己的家吧,陈衮却说,你干脆再取个别号叫"沈月艖"。

他说沈良臣疏狂,他自己大概比沈良臣还要疏狂,真的决心在夕阳古渡中渔樵以终了。

三 《拙岩成偶书》唱和

《拙岩成偶书》用尘、神、春、邻四韵。沈良臣唱,陈琏、吴坤、蒋鳌、陈衮、章表书和。

拙岩成偶书

沈良臣唱

开辟乾坤古,清幽绝世尘。

坐疑身在梦,景逼句通神。

九夏凉无暑,三冬暖若春。

华阳茅洞主,相与结芳邻。

如《拙岩记》所载,正德七年壬申季夏,拙岩被整饬一新,"扫涤布席,可坐二十余宾"。诗当作于此时。

沈良臣喜爱拙岩,它冬暖夏凉,"九夏凉无暑,三冬暖若春"。更重要的是,它与天地同时开辟,"开辟乾坤古",觉得出一种天长地久。这让沈良臣想起茅山华阳洞,大茅君、中茅君、小茅君三位仙道。

题拙岩

都指挥守愚陈琏和

心地本清绝,个中更远尘。

辟开曾会古,造设拟由神。

石窍堪容月,花香好醉春。

炎岩风景外,何处可为邻。

题拙岩和韵

都指挥野西吴坤和

地僻多幽胜,岩空远俗尘。

深藏若待主,呵护岂无神?

性拙迟而默,身闲秋复春。

何时挂冠绂,重结旧东邻。

次拙岩韵

蒋鳌和

治剧非真拙,分明摆脱尘。

每哦周子赋,觉爽自家神。

鸠养心中慧,珍收天下春。

何时放机事?许我构西邻。

次拙岩韵

醉乡陈衮和

一岩天□与，断绝世间尘。

怪石能胜画，清泉足养神。

松巢千岁鹤，花占四时春。

此等幽栖处，云山是近邻。

拙岩次韵

七里章表书和

岩壑临湘浒，清虚远市尘。

探奇堪适兴，抚景自怡神。

猿鹤千年侣，山花四季春。

吾人真隐处，何用问芳邻！

武官都指挥陈琎，谈的却是心学。不论岩洞是否清幽，人的心地原本却是清幽的。儒家也讲"心地"，《朱子语类》说"自古圣贤皆以心地为本"，"涵养主一，使心地虚明，物来当自知未然之理"。但是，陈琎又有点儿像谈禅。沈良臣谈岩洞的凉与暖，好比神秀作偈，只管写实："身是菩提树，心如明镜台。时时勤拂拭，莫使有尘埃。"陈琎的诗，却好比惠能作偈："菩提本无树，明镜亦无台。佛性常清净，何处染尘埃？"不管岩洞如何，只要心地清绝，自是幽爽之地吧。

蒋鳌是后来尸解成仙了，但他谈的却是周子的《拙赋》。这个宗旨揭示得好，并且，"觉爽自家神""鸠养心中慧"，都是向内向己的求取，纯是一派心学术语，见得是明学进乎宋学之处。

在《滨滩庄屋书事》唱和中，诗人们反复说到"茶"。"煎茶""新茶""啜茶"，而无论怎样的茶，毕竟都只是茶。诗人们又说到"车"，四种"车"却是四种样式了。"水车""轮车""诗书富五车"，各个不同，而"转车"乃是借以形容人的性情，见异思迁，逐名利而转。"看破人情似转车"，讥讽的是世俗。各诗所说的"风情寡合""门无俗客""红尘回首"，也尽皆指此。

《拙岩成偶书》唱和六首中，指出有三种"尘"："世尘""俗尘""市尘"。提出要"脱尘""远尘"。可见诗人们对于尘俗是如此的回避不遑了。

有尘俗便没有了诗人，有尘俗便失却了本心。"非其君不事，非其友不友，不立于恶人之朝，不与恶人言"，只如此，才称得上为"圣之清者"。

于是，"秋复春"就化成了"四时春""四季春"，进而又化成了"天下春"，圆融致极。

有"絜静精微",就有"光远宣朗"。拙岩和韵诗刻八首,最喜的便是其絜静。

（原载 2015 年第 11 期,作者单位:湖南科技学院）

沈良臣拙岩诗词探析

＊ 彭 敏

湖南永州的拙岩现存有明代沈良臣诗词石刻 16 方 20 首。沈良臣,字尧夫,号"西庄隐人",永州零陵人,受徵而不仕,隐居乡里,道光《永州府志》称其为徵士。沈良臣尝有《拙岩集》,已佚,故今在拙岩石刻上发现的 20 首诗词是对其《拙岩集》一定程度的恢复。此外,拙岩石上还存有沈良臣七位诗友对其诗歌的次韵作品 8 方 9 首,这些诗刻与沈良臣的诗词刻石共 24 方 29 首,可视为一个整体,是拙岩石刻的主体部分。

通过对拙岩沈良臣诗词及其友人和诗进行分析,可以根据内容大体上将这些诗词分为沈良臣的江畔乡居独吟诗、沈良臣与友人交游唱和诗及其他诗歌三类。其中沈良臣的江畔独吟诗主要指沈良臣描述其隐居生活且无人唱和的诗歌,沈良臣与友人的交游唱和诗指沈良臣的寄友诗及与友人相互唱和的诗歌,其他诗歌则具体指其出游山水诗、游仙诗及闺怨诗。

一 "敢谓渊明是赏音":沈良臣的江畔独吟

沈良臣一生隐居乡里,吟咏最多的是自己所居之地最熟悉的风景。在沈氏这些描绘乡居生活与景色的作品当中,有一些作品得到了友人的和韵,有一些则只是个人遣兴独吟之作。其中独吟之作共有六首,《茅亭坐雨漫兴》与《摸鱼儿·春江坐钓》两首描绘春雨春江,可视为一组;《石门闲□》《崖阴避暑》《临流洗砚》《石台坐钓》四首诗题结构一致,分别写拙岩四种景色,亦可作为一组。

满亭风雨独徘徊,草木江南暖又回。柳色鹅儿初破壳,鲜斑鹿子乍辞胎。诗攻炼句番疑拙,老态惊心肯便灰。吟社近来清债少,一春襟抱向谁开。(《茅亭坐雨漫兴》)

玩湘江、雨添新涨,碧波纹皱微风起。正水暖、游鱼初戏,出没平沙洲嘴。客棹叙，往来频、有时惊散无停止。天气融和。值浮萍点绿，岸桃舒绮，此景谁知矣。　　推蓬坐，闲把长竿料理，不让志和烟水。投纶钓得锦鳞来，步月前村沽醑。君莫喜，君不见、古今权位皆香饵。朝黄暮紫。但玉带金鱼，难同蓑笠，小隐月艇里。（《摸鱼儿·春江坐钓》）

《茅亭坐雨漫兴》一首，诗人独坐在自家的茅亭当中，听着春雨淅沥，感受大地回暖，看到新抽出柳条如若出壳幼鹅一般黄嫩，新长的苔藓像刚出生的小鹿身上的浅斑，目光所及之处皆是一派生机勃勃的景象，处在这竞相生长的万物当中，即便是老年人的心也要被点燃起来。然而近来乡邑的诗社久已不开了，没有诗歌，诗人面对春天到来的满腔欢欣将要如何倾吐呢？从诗中可知，诗人平日是常与友人结社作诗的，而这一首分明就是迎春的邀社诗。

沈良臣在拙岩壁上留下了两首词，此是其一，另一首是《玉蝴蝶·柬严少卿》。《摸鱼儿·春江坐钓》一首，诗人家于湘江边上，春来雨多江涨，江面微风、水中鱼儿，绿的浮萍、红的桃花，构成一幅极美的春江图，在这样的时节里，友人纷纷泛舟来游，岂非美事？若是碰到无客来访之日，时光闲暇静好，便推开简陋的蓬门，坐在江边垂一根钓竿，这恐怕比之隐居江湖、自称"烟波钓徒"的唐人张志和更要惬意。若是钓得锦鲤，便拿它去村里的酒家换上一壶佳酿。自处如斯美景当中，过着如斯闲雅的生活，世人所追逐的权位在诗人看来不过是他钓钩上引诱鱼儿的鱼饵，散发着香甜，实则是可能让人丧命的利器。"朝黄暮紫"中的黄与紫所指皆是明朝官员的朝服颜色，其意谓官场沉浮之无常与迅速；"玉带"和"金鱼"皆是指贵官身上所佩之物，亦指富贵的官场生活。然而这些潜藏着危机的繁华与尊贵，乃里敌得过披上一身蓑衣带上一顶斗笠来得安然自在，哪里比得上像渔翁一样隐居在江中的小舟之上那样快活悠闲？诗人的避官求隐之心在此中展露无遗。

《石门闲□》《崖阴避暑》《临流洗砚》《石台坐钓》这四首诗歌皆刻于拙岩洞外江岩的渔矶区，且拟题结构与宋代开始、明清盛行的"八景"诗题很是相似，又清人唐九龄光绪六年在拙岩刻《拙岩八景诗》，分别题曰"流水鼓琴""仙矶垂钓""桐阴围棋"等，其拟题形式亦完全同于沈良臣的以上四首诗歌，故可推测，沈良臣当时或许亦曾作"拙岩八景诗"，可惜现只见四首而已。

若得相知是水云，特念小筑近□□。轻岚阁树潇□□，小□□□□象人。领掠风情归笑咏，□逃山涧吹中□。山东踏□清湘上，□□天正

□□□。(《石门闲□》)

何处堪逃盛暑侵,紫苔香迳可幽寻。日空树影频移座,竹外风凉任散襟。为鹤避厨妨煮茗,听泉漱玉懒调琴。黑穰壹枕红尘远,敢谓渊明是赏音。(《崖阴避暑》)

结茅书屋近清湘,洗砚平时向水傍。白鹭浴波云影乱,锦鳞吹浪墨花香。右军池畔风情远,魏野诗中逸趣长。自笑山林耽懒癖,此生吟弄肯相忘。(《临流洗砚》)

一竿兀坐小几溪,回首纤尘入望迷。山火无烟销势利,水乡□□断幽□。纶钓从不设香饵,风景仅将付品题。野□有□闲过我,□然长共夕阳西。(《石台坐钓》)

这四首诗歌分别吟咏拙岩的四处风景,是诗人对隐乡生活的真实写照,也是诗人内心平逸性情的自然流溢。《石门闲□》一首"石门"是指拙岩洞外两面山石相对处。此诗残损颇多,已难辨所述详情,不过从现存诗句中的"相知水云""轻岚""笑咏"等用语来看,诗歌的风格是轻松活泼的。《崖阴避暑》等三首诗保存比较完整,对于景色的描写,诗人善于运用大量的色彩词汇来构筑诗歌的画面感,如"黑穰""墨花""紫苔""白鹭""锦鳞"等等,色彩的运用多而不杂,丽而不俗。而处在这样的景色当中,诗人的日常生活是玩鹤、听泉、挥毫、垂钓、赋诗。其爱鹤之至,为护鹤避烟而不煮茶;其嗜泉之痴,为听漱玉泉响而不调琴。茶固然亦雅,然与鹤之绝尘仙气相比,仍是俗了;琴音固然也是清调,然与天籁之泉声相比,仍不免雕琢。诗人避暑日寝,卧于崖石之下,以稻草为枕,自觉远离红尘,心中无限自得,直引陶渊明为知音;挥毫写字,就近于湘江清流当中洗砚,与王羲之临池洗砚相比,其中风情,清湘自然胜于池水;至于对景吟诗,其中逸趣恐怕只有唐人魏野可以比之。从诗人与历代名流的自我对比与自况中可见出沈良臣对于山村隐居生活是十分满意而自得其乐的,这与一般经历过官场沉浮之后无奈退隐江湖的士大夫并不相同。后者无论如何宣扬自己隐居生活的乐趣,其中总会有意无意地透露出一些悲凉来,而这种情绪在沈良臣隐居拙岩的诗歌当中完全感受不到,沈良臣的诗歌当中甚至连类似伤花悲月这样流行而无谓的感伤都没有表达过。沈氏的诗歌当中数次出现"懒"字,如"懒调琴""耽懒癖","懒"字表达的其实是一种极其自由悠闲的状态,正是因为隐居者拥有大量的空闲时间,故而才有可能去进行这样多的风雅活动,才有可能拥有这样丰富的感受,才有可能将这些风雅与感受一一地写进诗歌当中。而这些诗歌与一般的文人的"忧国忧民"之作呈现的是完全异趣的风采。

二 "酒杯诗侣寄仙槎"：沈良臣与友人的交游唱和

交游唱和诗又可称为酬唱诗，是具有特定关系的诗人之间相互对话的艺术书写与诗意呈现。交游唱和诗因为对读者预先的目标设定，使得其与独吟诗歌呈现出不一样的审美趣味。对交游唱和诗的考察能从一定的角度将诗人定位于双向的对立关系当中或是群体关系当中，就全面了解诗人而言，这是对"诗以言志"这一古老的以诗识人的原则的重要补充。对沈良臣与友人的交游唱和诗进行考察不仅是对个人文学素养与思想倾向的探析，亦是对其社会关系的一种解读。

（一）赠友诗

沈良臣虽一生主要隐居乡里，却也曾外出游历，高秋谷则是则在南岳衡山时结识的隐居高人。

> 江东秋谷老，早年承武功。挥戈建勋业，挂冠从赤松。携徒二三子，采真衡山中。鸿宝炉中丹久熟，景览东南诗满窟。祝融峰前云吐吞，称此张良能避谷。醉来戏鹤狂且颠，天风两袖舞扁迁。回首红尘两相隔，桑田沧海几更迁。爱鹤仙，开笑口，顾我屑屑徒奔走。一朝跳出火坑来，七十二峰同握手。（《寄南岳高秋谷先生》）

高秋谷，其人不详，据诗中"承武功""挥戈建业""挂冠""赤松"等语可知其早年从军建功立业，却在功成名就之时激流勇退，隐居在南岳衡山。此举恰与老子所提之"功成不居""功成身退天之道"[1]相契合。"赤松"指赤松子，相传为仙，以气为食，《史记·留侯世家》有语："愿弃人间事，从赤松子游耳。"[2]诗中又有"采真""鸿宝""炉丹"等语，则知隐于衡山的高秋谷信奉道教，习炼丹丸，颇有仙人之姿。而高秋谷的形象远不止此，其爱作诗，游历东南而"诗满窟"；其爱饮酒，酒醉之时"狂且颠"；其爱玩鹤，伴鹤起舞自"蹁跹"。沈良臣眼中的高秋谷绝非一个满身药味但求长生的俗道，而是一狂放不羁，快意自在的诗人、隐士、世外高人。沈良臣在初见高秋谷时大概还未曾下定决心隐居不仕，故而其在高秋谷面前自称"屑屑徒奔走"，虽不知当时沈良臣究竟为何而奔走，但沈良臣之后的潜隐或曾受此影响。诗最末一句谓高秋谷斩断私欲，一心修道，道教将俗欲比作火坑,其避之不及如在目前,而一旦弃绝尘缘,高秋谷所得到的是衡山七十二峰这般的美景,其实美景倒还寻常,可贵的当是欣赏美景的那种快意自足的心情。

周西庵亦是一位隐士。

> 泉石同君学隐翁,几年孤负几樽同。濂溪兴好谁同赏,谢草情同梦亦通。同社登庸疏下问,斯文同契擅高风。何当一笑同携手,剪灭同窗烛影红。(《寄周西庵》)

周西庵其人其名亦不详,据诗中"同社",则可推测周西庵曾与沈良臣共结诗社,其身份或亦是乡贤。诗首句即称周西庵之隐,诗谓"泉石同君",毋宁称"君同泉石",泉石静处于自然这中,其本身即是自然,周西庵之隐如同泉石一般,不带一丝矫揉造作之气,干干净净,简简单单。"几年孤负几樽同"一句道出二人相交时间不短,有离别亦有相聚,其来去离合亦是自然。第三句所用是《二程遗书》中所载周敦颐之典:"周茂叔窗前草不除去,问之,云:'与自家意思一般。'"[3]周敦颐不除杂草其意在奉行天道自然,此处以周濂溪比周西庵恰明其志。诗本是赠周西庵,"谢草情同梦亦通"一句却又提及沈良臣之弟沈良佐,谢草所用乃谢灵运夜梦族弟谢惠连以得佳句之典,其所指则是当年沈氏兄弟与周西庵等人共结诗社之盛况。诗颈联两句赞周庵诗为同社中魁首,而其诗文的高尚节操亦深得沈良臣之心。诗尾联化用唐人李商隐"何当共剪西窗烛"一句,表达了盼与友人再次聚首的期待。

当然沈良臣的朋友并非皆是隐士,譬如严少卿。

> 寒夜衡茅静掩,一庭月色,四壁灯光。闲情耿耿,坐中兴味凄凉。江天暮,水寒烟冷,园林景,蔗紫橙黄。感怀伤。天涯人远,遐思茫茫。
>
> 番忆。傲山乐水,幽踪散迹,几换星霜。酒醉香烬,雁声寮亮度消湘。明日溪头风景好,放中流,独泛轻航。笑相望。重过萧寺,共醉斜阳。(《玉蝴蝶·柬严少卿》)

严少卿即严勋,字大用。严勋弘治九年(1496)曾游拙岩,留有题刻,称"奉直大夫尚宝少卿兼翰林经筵侍书文华殿江东严勋大用别号南野",因其官尚宝少卿,故称其为严少卿。尚宝少卿官五品,在明中后期常为恩荫寄禄,并无实官亦无实事,只领俸禄。翰林侍书官九品,掌以六书供侍。严勋虽居官位,然其官阶相对而言是比较低的。词上阕写诗人秋夜独坐于茅舍之中,百无聊赖而思念友人,词中不吝对萧瑟秋景的描绘,加深了思友之苦意。词下阕写友人爱好游山玩水,行踪不定,而今离友人上次来游已相隔多年,希望秋雁可以飞越潇湘,给友人带去讯息。之后数句虚写诗人将泛舟独览美景,在心境上与上阕之凄冷不同,是比较明朗快意的,其中"重过萧寺"当指重新游历曾与友人一同游览过的寺庙,"共醉斜阳"一句谓虽与友人天各一方,却能与友人共赏一抹斜阳,古诗词当中常以"共明月"来表达对思念之情的释怀,沈良臣此处独用"共斜阳",颇为新巧。严勋与隐士高秋谷、周西庵不同,其身居官职,然而沈良臣在赠诗当中却未有一字提及其职事,倒是对其乐山好水之性津津乐道,此则透露出严勋并非一个执着于官场之人,当然,这首先是由其低下的职位决定的,同时也决定于其"傲山乐水"之天性。也正因此,沈良臣与之相交也与其官职毫不相干,而在于其类似隐者之"散性"。

从以上三首赠友诗可见出沈良臣的这三位朋友几乎皆是江湖散客、隐逸之士,然而各人之隐又各不相同,高秋谷之隐是隐于仙道,周西庵之隐是隐于自然,严勋之隐则是隐于官场。以其人之友而反观其人,则知其人心之所好,沈良臣人之品性可见大半。

(二)唱和诗

拙岩石上沈良臣的《月艖小隐》《溇滩庄屋书事》《拙岩成偶书》三首诗歌得到了七位友人的唱和,和诗多达9首。就石刻而言,以诗歌数量之多与唱和人员之众,这是一场比较少见的大规模的诗歌唱和,沈良臣与诗友将诗歌唱的场所移于千年不坏的岩石之上,可称是一场"石头上的诗歌集会"了。

《月艖小隐》沈良臣原唱:

> 笑舞渔簑上小艖,红尘回首隔烟霞。敢当水月清湘主,占断沧洲白鸟家。

> 午夜醉余登贝阙,明河梦觉坐仙槎。袁宏牛渚遗踪远,吟弄于今讵浪夸。

《题月艖次韵》陈衮和:

> 谁似湘江沈月艖,疏狂不让李飞霞。网罗世上浑无迹,风月樽中别有家。

> 老驻童颜凭药酒,梦游天府信泛槎。夕阳古渡酣歌处,赢得渔樵拍手夸。

沈良臣原唱首句"笑舞渔簑上小艖",将自己塑造成一个夜渔的渔夫形象,夜中捕鱼在湘江流域极为常见,甚至今世仍见其俗。不过诗人虽装扮成渔夫,其目的却并非捕鱼,在中国古典诗歌意象系统当中,渔父从来都是与隐士形象联系在一起的,故此句恰与诗题"月艖小隐"相呼应,与其说沈良臣装扮成渔父,倒不如说他是为了与周遭士人相区别,装扮成隐士。而"红尘回首隔烟霞"一句更是拉开与俗世的距离,将渔事过渡到隐事。诗歌之后数句似是写景,半虚半实,"水月清湘""沧洲白鸟"皆是实景,沧洲所指乃拙岩之下湘江中的一处小沙洲,"贝阙""明河""仙槎"却是虚景,"贝阙"指龙宫,"明河"是银河,午夜迷醉之中,诗人已然把沙洲当成了龙宫,把清湘当成了银河,而他自己所乘之渔舟也变成了仙槎。诗最后两句用袁宏与谢尚的典故来求问知己,《晋书·文苑传》载:"袁宏有逸才,文章绝美,曾为咏史诗,是其风情所寄。少孤贫,以运租自业。谢尚时镇牛渚,秋夜乘月,率尔与左右微服泛江。会宏在舫中讽咏,声既清会,辞又藻拔,遂驻听久之,遣问焉。答云:'是袁临汝郎诵诗。'即其咏史之作也。尚倾率有胜致,即迎升舟,与之谭论,申旦不寐,自此名誉日茂。"[4]谢尚当然是袁宏的知己,那么沈良臣的知己又是何人呢?自号醉乡的陈衮随即以诗和应之,自然可称是沈良臣的知音了。陈衮,生平不明,其在诗后自题款"醉乡陈衮",醉乡当是其别号。能以"醉乡"为别号者恐怕也是疏狂之士,而其却称沈良臣疏狂,二人确是同类了。陈衮诗全是称述沈良臣,先是因诗《月艖小隐》而索性直称其为"沈月艖",诗歌基本将沈良臣定位为一个隐士、狂士,称其纵情于清风明月美酒之中,世上少有,又凭药酒延年,随性泛舟江上,尽兴酣歌,诗虽不及沈诗灵动,却也完整勾勒出沈良臣豪放自适的形象,同时也透露出陈衮自身亦是决意要做笑歌风月的"渔樵"了。

《漯滩庄屋书事》沈良臣原唱:

> 诛茅结屋傍江涯,半顷畲田一水车。柳贯鲜鳞渔换酒,铛分活水仆煎茶。

> 静闻花鸟哦新句,闲弄溪云泛小艖。此外风情多寡合,独容野老度年华。

《奉和庄屋书事》史良弼和韵:

> 门前山水浩无涯,屋里诗书富五车。春入彩毫联□句,香分碧碗试新茶。

围棋围客散悬云榻,问字人来访月艖。食有新鳞醉有酒,等闲无念及菜华。

又

别业溪滩背渚涯,门多长者聚轮车。楼头夜坐闲邀月,花底春吟慢啜茶。

竹几蒲团围客席,酒杯诗侣寄仙艖。风光领掠年来别,肯信头卢鬓有华。

《重步溪滩书事》沈良佐和韵:

江湖胸次浩无涯,看破人情似转车。明月照怀吟好句,清风生腋试新茶。门无俗客堪投辖,时有幽人共泛艖。金紫良图付儿辈,不妨林下老年华。

这一组诗是为沈良臣新筑的村屋所作。溪滩是拙岩的所在之地,也是沈良臣的村居之地。沈良臣的新居并非豪华广厦,却可入诗,在于其虽是茅屋,却是依江而建,江里有鲜鱼、有活水,鱼可换酒,水可煎茶,如此已是甚好,更得"花鸟""溪云"之景,则是胜境,足以在此终老。

史良弼,金陵人,当时或为零陵府县小吏,余事不详。沈良臣谓自己的庄屋只是茅屋,史良弼却指出庄屋里其实是"诗书富五车",而"春入彩毫联□句"说的是春天诗社结社之事,则此庄屋亦是结社之所,之后又一一道破,此屋是众人品茗之所、围棋之所,更是后学"问字"之所。沈良臣所处固然偏远,门前却是一幅"长者聚轮车"的景象,这用的是汉人陈平的典故,《史记·陈丞相世家》载陈平"少时家贫,好读书,有田三十亩,独与兄伯居",又谓"至其家,家乃负郭穷巷,以弊席为门,然门外多有长者车辙"[2]。能常以长者为座上宾,虽是茅屋又有何妨? 总之,沈良臣之庄屋虽然清朴,却是一个博学的所在、一个雅集的所在。

沈良佐,字尧卿,乃沈良臣之弟,进士及第,曾任南京户部主事,官终广西左参政等职,刻诗上署款"沈良佐户部司人"。沈良佐与其兄生平轨迹不同,曾沉浮于官场,故其情感体验亦不似其兄那般天真单纯,直发出"看破人情似转车"的感叹,将人情之冷暖变化比喻为转动不息的车轮,这正是一个经历长久官场生涯的老吏对人世的冷静评价。而在见到了兄长的村屋,感受到了兄长隐居乡里的生活后,沈良佐忍不住发出了"金紫良图付儿辈"的呼声,"金紫良图"所指当然是官运前程。沈良佐要将高官厚禄之事交与儿孙辈去做,而他自己却要过"林下老年华"的隐居生活,此则又是对老子所谓"功成不居"的呼应。

《拙岩成偶书》沈良臣唱:

> 开辟乾坤古,清幽绝世尘。坐疑身在梦,景逼句通神。九夏凉无暑,三冬暖若春。华阳茅洞主,相与结芳邻。

《题拙岩》都指挥守愚陈璇和韵:

> 心地本清绝,个中更远尘。辟开曾会古,造设拟由神。石窍堪容月,花香好醉春。炎岩风景外,何处可为邻。

《题拙岩和韵》都指挥野西吴坤和韵:

> 地僻多幽胜,岩空远俗尘。深藏若待主,呵护岂无神? 性拙迟而默,身闲秋复春。何时挂冠绶,重结旧东邻。

《次拙岩韵》蒋鳌和韵:

> 治剧非真拙,分明摆脱尘。每哦周子赋,觉爽自家神。鸠养心中慧,珍收天下春。何时放机事? 许我构西邻。

《次拙岩韵》醉乡陈衮和韵:

> 一岩天□与,断绝世间尘。怪石能胜画,清泉足养神。松巢千岁鹤,花占四时春。此等幽栖处,云山是近邻。

《拙岩次韵》七里章表书和韵:

> 岩壑临湘浒,清虚远市尘。探奇堪适兴,抚景自怡神。猿鹤千年侣,山花四季春。吾人真隐处,何用问芳邻!

拙岩又有正德七年(1512)石刻《拙岩记》,载沈良臣发现开辟拙岩的过程,可作以上诗歌的参照:

> 偕一二僮,散步滨滩江边,得群石昂露于下,中一窟隐隐空通,首尾影映。而荆棘藤萝,芃然四塞,吾疑之必兽穴也。命僮束斤桶缺隙,匍匐而入,即薙草伐木,而芜荑秽而焚之。岩之中,土曼不能立,更锸之畚之,掘去淫塞,遂夷然置敞,朗然一岩洞也。吾喜之,扫涤布席,可坐二十余宾。吾又怪兹岩不擅于古,而沉隐于今日,号曰"拙岩",类吾与世违也。

沈良臣散步之时发现拙岩,似是偶然,其实在零陵这样的水石绝胜又富于人文传统的地方,沈良臣开辟拙岩却是必然。《拙岩记》又载:"吾永山水之奇绝者,至唐有柳元生,守水石,八愚、朝阳岩之类,皆拙简之,而群胜以显焉。吾欲得一丘一壑,如柳公之俊采者。"则说明沈良臣早存一段效仿元结与柳宗元的心思,愿得一胜处而名之,所以说拙岩的出现既是偶然又是必然,若无此濓滩江边之岩洞,以沈良臣之情致,恐怕亦有零陵别处之山石将被命之为"拙岩"。沈良臣诗中称开辟此山洞之后,欲为"华阳茅洞主"之邻,华阳洞,是传说中的神仙隐居之洞府,诗人所指即是要以拙岩为隐居之洞,而其后的五位友人的和诗亦皆是其意。

这组唱和诗的作者五人事迹皆不甚详,和者五人当中已知陈衮另有《题月艖次韵》诗与沈良臣唱和。陈琏诗刻题款"守愚陈琏",后有小字"都指挥","守愚"当是其号,"都指挥"应该是陈琏当时的官职。吴坤,据康熙《永州府志》其或曾为永道守备,他的诗刻题款"野西吴坤",后小字"都指挥",则可能是陈琏同僚。蒋鏊,字济汝,号湘崖,零陵人,正德八年(1513)登进士第,曾官小吏,因拙岩辟于正德七年(1512),其与沈良臣诸人结社之时当尚未登科,有《湘崖集》,已佚,世传其后尸解成仙。章表书诗刻题款"七里章表书","七里"或为地名。

陈琏的诗与沈良臣的原唱实写拙岩的夏凉冬暖相比,更像是心学的探讨,"心地本清绝"一句道出拙岩之清幽绝尘实在于其主人心地的清绝,而以此论出于一武职之口,益见不凡。吴坤则在见了拙岩之后亦有与沈良臣同隐之心,发出"何时挂冠绶"的感叹。蒋鏊之诗从道州先贤周敦颐的《拙赋》来解读"拙岩",《拙赋》云:"巧者言,拙者默;巧者劳,拙者逸;巧者贼,拙者德;巧者凶,拙者吉。呜呼!天下拙,刑政彻。上安下顺,风清弊绝。"[5]立意高出众人,而其尾联叹"何时放机事",其意与吴坤的"何时挂冠绶"看似相同,却又是同中不同,其"机事"与拙岩的"拙"相对,实又与周敦颐《拙赋》之"拙"相对,蒋鏊亦是求隐,而前提是天下皆拙,刑政彻明,其立足点在乎天下之安顺,而非个人之平实,故其境界则广矣。陈衮与章表书身份本与沈良臣相似,皆是无职乡贤,他们的意趣则与陈、吴、蒋诸人不同,诗主要刻画拙岩景色之奇丽远俗,关注点亦在于自然而非人与社会,他们根本不用纠结是否要辞去官职,也根本无需以所谓的天下大任挂怀,因为他们本身就处在绝尘之自然当中,与他们相伴的亦是"松巢千岁鹤""猿鹤千年侣"等绝尘之物,他们本身就是隐者。

三 "吾来会得浮槎意":沈良臣的其他诗歌

沈良臣的诗歌虽几乎都只见于拙岩石刻,但是其诗歌类型却不仅限于描写拙岩与周边之景之事,拙岩之上还刻有沈良臣其他类型的诗歌,展现了《拙岩集》内容丰富的一面。

(一)游历山水诗

沈良臣一生虽主要隐居于乡里,然而其亦曾外出,从其《登南岳次韵》《洞庭清兴》二首可知,又据上文所提《寄南岳高秋谷先生》一诗自称为"奔走",可以推测结识高秋谷或许正是此去衡岳与洞庭的途中,且其也并非为了纯粹的游山玩水,是有"俗务"在身。

> 雄镇东南此最尊,巨灵开辟自前论。八千万境眼空阔,六百二州势独吞。啸震海鳌摇地轴,坐凭星斗问天孙。振衣借得风霆力,直叩天阍次第扪。(《登南岳次韵》)
> 四十年来湖上游,云涛万顷荡孤舟。天开琼国家千里,人坐蓬瀛第一洲。水底鱼儿时出没,空中星斗夜沉浮。清尊拟约纯阳子,相与同消万古愁。(《洞庭清兴》其一)
> 小立扁舟望渺茫,襟怀如此亦汪洋。百川破地来千里,巨眼凭流到八荒。此境更求何处海,真图未信有他乡。吾来会得浮槎意,也学张骞一放狂。(《洞庭清兴》其二)

沈良臣在游衡岳、洞庭之时或许尚未完全归隐。《登南岳次韵》一首尚且不见隐意。从"四十年来湖上游"一句知诗人当时已年过四十,对于此句可作两种理解:一是诗人常年地往来于洞庭湖上(此洞庭亦可是虚指,表明诗人颠沛的生活);二是诗人年岁四十之时游于洞庭。若取第一种理解,则说明在四十岁之前诗人尚未完全归隐,"万古愁"一句可是虚写,但也可以理解为此时的沈良臣并未完全放下世俗,故而尚且有"愁"可消。然而无论诗人所取何种意思,洞庭是一个能让其萌生归隐之意的地方,"拟约纯阳子""会得浮槎意"等句,明显表达出诗人欲隐之心。

沈良臣的这三首诗在风格上气势如虹,格局境界颇大,诗人特别善于运用对仗的数字来给诗歌营造宏大的空间画面,如"八千万境"与"六百二州","家千里"与"第一洲","千里"与"八荒"等。另外是意象选取偏于神奇灵异,如《登南岳次韵》中"巨灵""海鳌""天孙""天阍"等天上地下各类神灵的纳入,让诗歌充满了瑰丽奇异的色彩,颇得屈骚遗风。与前面所论诗人隐居乡里之后的江畔独吟之作相比,同样是写景,沈良臣所描绘的南岳、洞庭山水,与描绘自己故乡的景色很不一样,或者说心态很不一样,后者是平和闲适、自由自在的,其望南岳的壮怀激烈或是游洞庭的苍茫沉浮,在回到故乡之后都完全消解了。这或许也是诗人隐或者不隐所带来的心理差别。

(二)游仙诗

沈良臣《游仙词次韵》四首次谁之韵已不可知,"游仙诗"起于汉代,盛于魏晋,延续于唐宋,至明清已少见矣,而沈良臣有这样一组诗歌,且郑重其事刻于崖壁。

> 龙虎身中护寸丹,茫茫何处是无还。夜深惜得天风便,踏踏闲歌阅世间。(其一)
>
> 碧云堆里坐吹笙,仙子月中按佩听。遗下九皋鹤一只,抟风直上谒天庭。(其二)
>
> 仙家长着五铢衣,笑拨飙轮白日飞。三岛十洲经历遍,桑田变海纪程归。(其三)
>
> 上苑水桃不易开,王家阿母几蟠来。昨宵梦里逢方朔,为道偷将下土栽。(其四)

其一描绘了一个修成道术的高人夜中御风而行,乘着歌声,尽阅人间俗世,他携带着一种疏离的清醒,这似乎也透露出诗人隐秘的内心,与俗世在离与不离之间保持着自己的从容与清澈。其二的主人公是云上吹笙人与月中嫦娥,二者皆为仙人,大概都是寂寞的,所幸嫦娥作了吹笙人的知音,后两句中的九皋鹤,出于《诗经·小雅·鹤鸣》:"鹤鸣于九皋,声闻于野……鹤鸣于九皋,声闻于天。"《毛诗序》以"鹤"为隐居之贤人,"皋,泽也。言身隐而名著也。……喻贤者虽隐居人咸知之。"故有将《鹤鸣》诗称为"求隐诗"者。其实沈良臣是以吹笙人与九皋鹤自况,吹笙人寻得月中仙子为知音,何尝不是沈氏之愿;九皋鹤身负贤才而遁世,不赴征召而谒天庭,又何尝不是沈氏所追求之行事。其三写得道之仙人乘坐仙车游历天下仙地,空间之广遍布三岛十洲,时间之长足以让桑田变成沧海。其四写诗人自身之梦,诗人梦中遇到汉人东方朔,为修道而上入仙苑偷下王母之蟠桃种在土中。

中国古代游仙诗有两个很重要的特点：一是游仙实为咏怀，并非为写仙而写仙。仙游情节最早可以追溯到《离骚》，正如屈原作骚并非为了展现仙神奇闻，而是为了抒发自己内心的愁绪，又如钟嵘《诗品》谓郭璞《游仙诗》"乃咏怀，非列仙之趣"，游仙诗的创作从来都不是为了猎奇，也是婉转表达诗人的内心情怀。游仙诗的另外一个特点是与士人的隐逸思想密切相关。在游仙诗当中，仙人与隐士的形象常常是合二为一的，如郭璞"京华游侠窟，山林隐遁栖"，"中有冥寂士，静啸抚清弦。放情凌霄外，嚼蕊挹飞泉"[7]等，皆是如此。受这两大传统特点的影响，沈良臣的《游仙词》塑造的多位不羁的仙人形象实是为了表明其渴望远离俗尘、遁世自乐的心理。其实沈良臣的这几首诗与上文的《登南岳次韵》与《洞庭清韵》无论是在立意还是风格之上皆有相似之处，虽然前者是以南岳与洞庭为实体依托进行想象，但这些诗歌同样是借描摹仙人形象来表达诗人的向隐之心。

（三）闺怨诗

《春怨行》一首是代女性言，一般士大夫甚少为之，而沈良臣作，颇为传神。

> 纱窗有舌惊春晓，宝鸭沉檀烟袅袅。伤春羞不下妆楼，香尘懒试双钩小。芙蓉渍泪睡初起，番忆君心似流水。紫骝何处系歌台，九十韶光付弹指。相思万古终难移，闲情几许阁双眉。堪嗟河上青青柳，向与愁人绾别离。

这首闺怨诗在沈良臣现存的 20 首诗歌当中比较独特，沈良臣的诗歌最核心的主题是隐逸，而这首诗以一个女性的口吻描述了主人公在暮春时节思念夫君的愁绪。中国古典诗歌历史上自魏晋时起则有以闺怨诗来表达诗人怀才不遇之感的传统，如曹植的《七哀诗》《美女篇》皆有其意，如若要上溯，则屈原的《离骚》亦曾以"美人"为喻来表达自己不容于楚王的苦志。当然，就沈良臣《闺怨诗》的内容来看，此种意义的表达并不明显，沈氏其他的诗歌当中也难见怨言，故这首诗究竟是否含有深意并不可知。不过此诗在沈良臣的大量向隐向仙的诗歌当中显得的确有些突兀，且其甚至将此诗篆于石上，愿得久存流传，则不免引人思忖，此诗当中或正藏有其一心向隐的关窍亦未可定。

四 余论:沈良臣及其友人身份类型与隐逸类型之蠡测

通过对拙岩沈良臣及其友人诗词的考察与解析,已经可以确定"隐逸"是拙岩诗歌最核心的甚至是唯一的主题。在拙岩的诗歌当中,真正最打动人的不是诗歌或平实或新巧的语言,不是纯熟的使事用典技巧,亦不是超然出尘的诗歌意象,而是透过诗歌所表达出来的诗人的心志。古人常言"诗以言志",诗歌是表达志趣的载体,古人又言"得意忘言",在洞悉诗人的心志之后,诗歌本身是不重要的,需要受到关注的反倒是诗歌背后的诗人,以下将在诗歌之外对拙岩诗人的身份与拙岩诗人隐逸类型作一些讨论。

首先,关于沈良臣与其友人的身份。沈良臣与其友人的交游唱和诗词共涉及包括沈良臣在内的十一位诗人,其中严勋、史良弼、沈良佐、陈璇、吴坤五人有官职在身,不过几乎皆是地方小吏;周西庵、陈衮、章表书三人是村居乡贤;高秋谷是山居道士、隐士;蒋鳌是尚无功名的乡居士子,后中举,曾官任县令之类的小吏,关于其终则有尸解成仙之说;沈良臣是一位有召不赴、决意隐居乡里的隐士。沈良臣十位友人的身份比较完整地呈现了沈良臣的社会交际圈。沈良臣及众友人的身份虽各有差异,并非全是隐士,但是却有着一个很重要的共同点,即他们都是游离于政治权力中心之外的地方人士,学界称之为"地方精英"或是"乡绅""乡贤",他们的特点在于有较高的文化修养,却不具备或不愿意具备政治决策力,拥有一定的经济实力能够保证生活无虞,且拥有大量的闲暇时光。这些特点是他们能够进行大量诗歌创作的前提,也是他们能够多次结成诗社相互唱和的前提。同时,远离政治权力中心也让他们的诗歌几乎全与政治绝缘,故而呈现出与士大夫诗歌迥异的风貌。包括沈良臣在内的八位明代拙岩诗人集体将这种风貌导向了"隐逸",拙岩的诗歌以隐逸为主旨,内容是田园生活、水石风景、问道访仙等。其原因在于沈良臣是拙岩诗人群的核心人物,这不仅因为他是拙岩的主人,更在于他自身屡召不出、潜居乡里的人生取向为众人所倾慕,作为拙岩的灵魂人物,沈良臣的诗歌内涵决定了其他与其有着相似或相同身份类型诗人的诗歌创作内涵。

其次,关于沈良臣及其友人隐逸的类型。对于沈良臣坚隐不出的原因,从史料上难循踪迹,其诗歌当中亦甚少涉及,仅在其游历南岳与洞庭时所作的诗歌当中有一些暗示,沈良臣早年可能也曾有过出仕的追求,但是在中年之时逐渐坚定了归隐之心,具体原因仍是不明。需要指出的是,明代历有"文人不仕"的传统,赵翼《廿二史札记》卷三十二即有"明初文人多不仕"之条,而具体到沈良臣隐居的明正德年间,《明史·武宗本纪》载明武宗"耽乐嬉游,昵近群小,至自署官号,冠履之分荡然矣。犹幸用人之柄躬自操持,而秉钧诸臣补苴匡救,是以朝纲紊乱,而不底于危亡",则武宗之昏愦足致朝纲紊乱,而武宗之作为则仅保朝廷之不覆于危亡,此或可为沈良臣决心潜隐作一重解释。此若果是沈良臣隐居之理由,则沈氏之隐遵循的是儒家式的隐逸理论:"天下有道则见,无道则隐"(《论语·泰伯》),"邦有道则仕,邦无道则可卷而怀之"(《论语·卫灵公》),"邦有道不废,邦无道免于刑戮"(《论语·公冶长》)等。中国古代的隐逸思想除了儒家之隐外,更被人津津乐道的是道家之隐,老子称"功成不居","功成身退天之道",庄子亦称:"昔吾闻之大成之人曰:'自伐者无功,功成者堕,名成者亏。'孰能去功与名,而还与众人?"(《庄子·山木》)郭象注"而还与众人"曰:"功自众成,故还之",认为成功者要将功劳归还于大众,而非自矜独有。这主张士人在建功立业之后归隐山林,退回其作为"众人"之一的本来面貌。高秋谷与沈良佐等人的隐逸思想则是此种类型,高秋谷在建功立业之后选择平静退归山林,沈良佐官任多地皆有政声,当其徜徉拙岩之时,却发出将官爵付予儿孙辈的感叹,这恰与道家之隐相侔。

参考文献:

[1]王弼注,楼宇烈校释.老子道德经注校释[M].北京:中华书局,2008.

[2]司马迁.史记[M].北京:中华书局,1982.

[3]程颢,程颐.二程遗书:卷三[M].四库全书本.

[4]房玄龄等.晋书[M].北京:中华书局,1974.

[5]周敦颐.周敦颐集[M].北京:中华书局,1990.

[6]阮元.毛诗注疏:卷十八[M].十三经注疏阮校本,北京:中华书局,2009.

[7]萧统.六臣注文选:卷二十一[M].四部丛刊景宋本.

(原载 2015 年第 11 期,作者单位:四川大学)

"潇湘八景研究"栏目引言

✳ 张京华

"潇湘八景"这一概念出自两宋诗人画家之口,涵义宏深,几乎关涉到东方审美思想中的大部内容。

"潇湘八景"首先是具有地域的含义,依照上湘、中湘、下湘的水流走向,沿流分布。但言地文、景象,又离不开人文、历史。人类居宇宙,簇九州,为万物之一体,而万事万物即无不与人发生关联,梧桐细雨,点滴入怀,莫谓空梁燕泥,干卿底事。

八景之中,有渔村,有山市,有烟寺,是人文之中,不避世俗,不避释老。卑而不可不因者民也,惠帝、曹参之时不可不因也。而诗中画,画中诗,疏而不失,远而不弃,要在得其一种超脱,一种意蕴。

故诗画必有寄寓,而物象必有超脱。

予读古文"潇"字又作"潇",其字从"水",为水名,即潇水的专名。《说文》云:"潇,水名。"又云:"潇,深清也。"《水经注》:"潇者,水清深也。"罗含《湘中记》称"湘川清照五六丈""是纳'潇湘'之名矣"。潇水又名深水。"深"字从"水",亦为水名,即深水的专名。《说文》云:"深,水,出桂阳南平,西入营道。"今江华犹有深水。马王堆出土《地形图》的中心位置,山体旁标出"帝舜"二字,一道泉源呈弯曲状从中央流出,旁注"深水原"三字。深水原即潇水源,徐霞客《楚游日记》称之为"潇源水"。

潇、湘同源,例可通称。江总诗"湘水深,陇头咽",王筠诗"暖暖巫山远,悠悠湘水深",陈羽诗"二妃哭处湘水深",陈子昂诗"箕山有高节,湘水有清源",元结诗"不恨湘波深,不怨湘水清",刘长卿诗"日暮潇湘深",韩愈诗"湘水清且急",刘禹锡"南游湘水清",李涉诗"潇湘水清岩嶂曲",韦庄诗"巫山夜雨弦中起,湘水清波指下生",李中诗"月高湘水清",孟浩然诗"愁怀湘水深",杨巨源诗"云向苍梧湘水深",均由字训而立说。可知潇水古以深清得名,为古代第一清澈莹洁江川。

"潇湘"二字,出处极古。《山海经》载"潇湘之渊""潇湘之川""潇湘之浦",《淮南子》佚文载"弋钓潇湘""躬钓潇湘",桓谭《新论》佚文载"潇湘之乐",王子年《拾遗记》载"潇湘洞庭之乐"。

"潇湘"作为地名、水名,泛指全湘整个流域,而其狭义则专指潇湘二水汇合处。永州零陵郡,零陵专指舜陵,在苍梧九疑山,永州得名于潇湘,所谓二水为永。潇湘二水交汇处有白蘋洲,《九歌》"登白蘋兮骋望",意为湘君、湘夫人从潇湘合流处遥望九疑山,即望其夫君舜帝。三闾大夫演绎其故事,遂使潇湘地名融入舜帝湘妃人文,成为"潇湘"永恒不变的意象。故言潇湘八景,当以"潇湘夜雨"为第一图,而观"潇湘夜雨"必有娥皇女英之凄清。

"潇湘"本有远意。张衡《四愁诗》:"我所思兮在桂林,欲往从之湘水深",盖由中原衣冠士大夫观之,道阻且长,惟申想象。所谓南方建德之国,道远而险,又有江山,幽远而无人,吾谁与邻,送君者皆自崖而反,君自此远矣。

故言"潇湘八景"概念,字古名古,地清水清,既知二女之凄艳,屈子之清洁,然后以纸墨书之,入于淡素,出于平远,然后可以寄寓,可以超脱。必玄远,必清绝。清和平远,絜静精微,方为神品。

"平沙落雁""江天暮雪""洞庭秋月""远浦帆归",清者图之,远人吟之。江妃二女,出游江湄,闻所闻而来,见所见而去。《学报》久欲创办"潇湘八景研究"栏目,兹承冉毅教授方家主持惠助,开辟问世,因作引言,以识兴感。

(原载 2017 年第 1 期,作者单位:湖南科技学院)

中国"潇湘八景"研究综述

✳ 冉　毅

2007 年日本的八景文化研究报告《八景的分布和近期的研究动向》指出了中国八景研究的问题：1. 没有翔实的全国规模的八景调查；2. 各地方志中记载的实地八景很多，却没有以 3000 多地方自治体为主导作排查；3. 在中国，八景研究不多。……完全没有作八景的诗、画、戏曲的调查。[1] 日本学界的观点有令人警醒之处，不过笔者认为中国迄今的潇湘八景研究，高屋建瓴，各有千秋。具体研究基本从五个方面展开。

一　关于"潇湘八景"诗画艺术的研究

中国学界对"潇湘八景"的研究首先集中于对八景诗画艺术的研究，包括对画家的考证，对画艺的分析及对诗画意象的发掘提炼等。

如以下三种成果是对宋僧法常生平与画艺的研究，法常是南宋画家，以创作"潇湘八景图"闻名，对日本画史影响尤其深远。

徐邦达氏著作《历代书画家传记考辨》中对"僧法常（牧溪）传记订正"，其文献价值十分珍贵，为后来的牧溪研究奠定了基础。

林树中氏论文《牧溪的生平、艺术及评价》回答了学者们对牧溪生平的疑问，为后来的牧溪研究提供了分析思路。

徐建融氏著作《法常禅画艺术》精辟地阐述了法常禅画艺术特质，指出："当东西方都发现迫切地需要从客观物质的桎梏中解放出主体的精神性时，东方文化尤其是禅学，包括法常的禅画艺术便成为这种解放的最好催化剂。古老的法常禅画艺术的现代史意义突显出来。"徐氏详细考订了僧法常生平是该研究领域的最大贡献。法常圆寂后，日禅僧纷纷慕名入宋瞻仰法像。其中最有名的是默庵灵渊和可翁，被日本誉为再来牧溪。日本藏法常画的赝品多出自默庵和可翁。

宋迪被认为是"潇湘八景图"的首创者,对宋迪的生平与绘画进行研究也在学界引起较多关注。

张景翔氏论文《潇湘八景源流初探》从绘画史角度锲入分析,参考日本学者岛田修二郎氏《宋迪与潇湘八景》、铃木敬氏《中国绘画史》论文,依据史料中语焉不详的宋迪记载,勾勒出宋迪生平框架。

张斌氏论文《画可以怨——〈宋迪潇湘八景画题含意试析〉读后》以解读姜裴德八景研究学术丛书中所阐释的"杜甫诗引领我们品味宋迪潇湘八景创作意图,辅以南宋画家王洪、牧溪、玉涧的八景图作",认为读诗须解诗意象,赏画须悟画意境。所涌起的联想或悲凉、远邈、淡泊……尽在意象中。潇湘之平远景莫过于最恰当地表现士夫、文人贬谪心迹。

对潇湘八景诗画艺术进行较为全面的系列研究的是台湾学者衣若芬。

衣若芬氏关于潇湘文学和潇湘八景研究系列论文《"潇湘"山水画之文学意象情境探微》《漂流与回归:宋代题"潇湘"山水画诗之抒情底蕴》《潇湘八景——地方经验·文化记忆·无何有之乡》《玉涧"潇湘八景图"东渡日本之前——"三教弟子"印考》,探讨了潇湘山水、潇湘题画诗,及彼此之生成与互涉关系,归纳出"恨别思归""和美自得"两种基本的潇湘文学意象情境,指出意象情境是潇湘山水画与题画诗创作的核心。宋代部分,着重分析了潇湘山水画诗所蕴含的"漂流意识"与"回归向往";元代部分,分析了自"潇湘八景"后,"西湖十景""北京八景"等各地方八景对于解读潇湘山水画诗的影响,得意比较宋元潇湘山水画诗中"风景""绘画""抒情""写景""个人情志""历史观照"的关系。明代部分,则从"旅游""卧游""神游"的不同面向,阐述了潇湘山水画诗之内容与文化意涵。衣博士的研究还"以禅解画""以禅论画",分析了南宋画僧牧溪、玉涧的"潇湘八景图"。并通过"比玉涧稍晚的书法家鲜于枢(1246—1302)作品上,钤盖了字体和大小(三公分见方)与玉涧'潇湘八景图'同样的'三教弟子'印,找到了鲜于枢自称'三教弟子'的原因。发现玉涧'潇湘八景图'题画诗与鲜于枢、鲜于枢之子鲜于去矜(活动于1321—1323年前后)的潇湘八景散曲,三者内容相近,韵脚相符,而且和玉涧'潇湘八景图'的画面相印证。"从南宋至元代,环绕于浙江杭州与金华,以鉴赏书画为雅好的文人圈,推想"北山文房之印"的主人,或许是与鲜于枢往来密切的郭天锡(约1227—1302)。衣博士的考证揭秘了长期被关注的问题。

另赵启斌氏论文《中国绘画史——〈潇湘图〉上下》阐述了潇湘题材大量涌

现,能在山水画史上常盛不衰,无疑有思想观念为内在的核心。指出了中国山水画,笔墨超神入化,这依赖于文人的思想境界、文化智慧。《潇湘图》浓缩了中国山水诗画史、中国精微的文化史。

二　关于八景与地域文化的研究

国内学界对八景与地域文化关系的研究主要表现在探讨八景与潇湘的关系、中国各地之八景、日本之八景三个方面。

陈蒲清氏论文《八景何时属潇湘——"潇湘八景"考》指出沈括的《梦溪笔谈》只名"八景"。题名"潇湘八景"下位再有"潇湘夜雨"必然病垢。衍生成"潇湘八景"题名是元朝中期后欧阳玄的八景诗,考订出"渔村夕照"位置非属湘。

赵夏氏论文《我国的"八景"传统及其文化意义》论述了八景文化既是"模山范水"典例也是地方人文的彰显。指出"八景"物质遗产和文化精神值得深入挖掘继承。

张廷银氏论文《传统家谱中"八景"的文化意义》指出了中国传统家谱中的"八景"充分撮收当地历史遗迹和文化产物,构成与结构与中国天人合一观念、风水观念及对称和谐意识密切联系。张氏《西北方志中的八景诗述论》一文论述了西北方志中的八景及八景诗,认为八景诗作为一种融含了自然与文化两重意义的诗歌类型,其地学价值和文学价值不可忽视。

周琼氏论文《"八景"文化的起源及其在边疆民族地区的发展——以云南"八景"文化为中心》论述了"八景"文化源于先秦,萌芽于魏晋,成熟于两宋,繁荣于明清。指出云南"八景"源于明代,发展于清康乾,繁盛于嘉道时期,其形成历程在边疆民族地区极具典型性,很有学术研究价值。

戴林利氏论文《明清时期重庆"八景"分布及其文化研究》《"八景"现象研究综述》总结了建国以来学术界对"八景"现象研究的概况。

高云龙氏论文《八景传入日本的文化渊源》《日本葛饰北斋风景版画与中国潇湘"八景"画题》通过日本风景画大家葛饰北斋的浮世绘"八景"绘画艺术在的变异特质作了剖析。

谢柳青氏论文《闲话八景》《来自古潇湘的文化冲击——中日潇湘八景浅谈》概述了潇湘八景传去日本,但缺乏考订。

周阅氏《潇湘八景在东瀛》《中国绘画对日本的影响——以"潇湘八景"为中

心》《"潇湘八景"的诗情画意——兼论中国绘画对日本的影响》等文章,主论牧溪八景图对日本足利幕府为首的日本各阶层的影响。幕府珍藏250幅水墨画中,牧溪作40%(有赝品,笔者注),继而从文化史角度,分析了潇湘八景水墨画对"北山文化"(足利义满为中心的室町初期文化,以义满营造的京都北山山庄为重镇,禅宗文化、公卿文化融合,五山文学和水墨画盛行)、"东山文化"(受中国禅宗文化影响,兴起花道、茶道、连歌、能、水墨画等新文化。这些构成了近世文化、近、现代文化的源流)的影响,对日本人审美意识提升的意义。

《湖南师范大学报》通过《舆情简报》发稿《学者认为"潇湘八景"源头不热日本热很值得我们深省》,引起网上热议。湖南省光明周刊(http:guancha.gmw.cn)、唐辛子评论(www.rednet.cn)、强国博客24小时热点、红网湖湘文化论坛等均有转发,四十八位论者有提问和热议。

三 关于八景诗画主题隐喻的研究

对八景诗画主题隐喻的探讨以段炼氏与姜斐德氏的研究为代表,从诗画意境内涵的角度进行了纵深的探讨。

段炼氏《典藏·古美术》《观念与形式——当代批评语境中的视觉艺术》等文,指出日本艺术的视觉图像和绘画理念原型源自中国。高度评价铃木春信接受中国传统绘画技巧,把原生态景致八景转型为原型生活的隐喻表现,天才性地发挥自己绘画创作智慧,"坐铺八景"逆反典雅的水墨画八景,"八景"转意为生活"西洋镜"。

姜斐德氏(Alfreda Murck,现任北京故宫博物院资料信息中心顾问,古代书画研究中心研究员)《宋代诗画中的政治隐情》系列著作,以诗释画,追溯诗歌之政治寓意及其文化语境,阐释了文人画家依托潇湘八景图表达忧愤。将宋诗与宋画置于宋朝变幻多端的政治风云中,从作者命运之变迁解读诗与画所隐含的意义。《宋迪"潇湘八景"画题含意试论》《宋代诗画中的政治隐情》考察了"潇湘八景"排序,创意性地判定为律诗:"平沙雁落,远浦帆归。山市晴岚,江天暮雪。洞庭秋月,潇湘夜雨。烟寺晚钟,渔村落照。"完全对应律诗核心两联呼应,四句对仗,平仄规则要求第一组对仗(第三句和第四句)的平仄与第二组对仗(第五句和第六句)的相反相成。这一模式围绕一个轴心与第二联(第五句和第六句)交替重合。"洞庭""潇湘"集整体地域于楚,无具体所指而淡化地域。诗语意境幽暗、终结性色彩。阴郁基调在"起承转结"中深化,应和律诗特性。八行中,第一组设置场景入主题。"雁落"对"帆归",第二组"山"对"江",分散的"市"对茫茫的"雪"、空寂浩淼的"天","晴"对"暮","岚"对"雪"。第三组洞庭湖静谧的月光对湘江滨瑟瑟的细雨。第四组"晚钟"对"落照",四对都是地域辽阔的湖泊意象。律诗的末联应该点明用意和评语,第七题,钟声暗示顿悟,最后是和谐宁静图景。八题非明指具体地点。作为律诗的标准结构呼应,各组"响""静"对应。"雁落"之雁鸣与"帆归"徐徐寂静相对;"山市"喧闹与暮雪静谧相对;"夜雨"声对"秋月"缄默。"市"之俗对"寺"之纯。八句,三部结构,隐喻意象,统一情调,对仗工整,前后呼应。层层叠加传达出深远意蕴,如同寓言,非为修饰,揭示出诗歌涵义的主题内涵。姜认为:表达被贬潇湘的文士,诗画是他们清白与忠诚的申辩。姜的研究卓拔而有深度。

四 关于八景对园林构建影响的研究

八景后世被广泛引入到园林构建当中,其文化内涵与现实意义为一部分学者所关注。

钟虹滨、唐俐娟氏著《探寻古"潇湘八景"》以"'潇湘八景'山水文化景观发掘与开发研究"为课题,追溯了潇湘八景产生与发展,提出了"潇湘八景"遗产廊道构想。

吴欣氏论文《岳麓书院八景园林为文化的记忆——"岳麓"书院八景》认为岳麓书院八景在新儒家教育中居中心地位,师生穿梭于自然山水和文本,儒学"天人合一"哲学思想授课,获得主客体深邃追思效果,是最佳活课堂。

耿欣氏等的论文《"八景"文化的景象表现与比较》及《从中国"八景"看中国园林文化意识》概述了各地方志载"八景""十景",从"八景"内涵找到中国古典园林融文化于园林的文化特色。

申月华、李硕、李品氏的论文《"八景"文化对现代园林设计的影响》认为重新审视"八景"文化对现代园林景观发展的实际意义。

五 八景对旅游开发的意义

八景对于当代社会现实性的经济意义主要体现在旅游开发上,因此关于这一点也备受学界关注。

刘国强氏论文《湖南旧八景文化遗产刍议》指出"由于自然与人为因素破坏,八景资源的保护工作刻不容缓。"各地方志所载八景诗词,是当地文史景观的描绘,推进其研究对旅游资源开发有现实意义。

杨保军氏《传统八景的地域特色与构建分析》一文比较分析了"潇湘八景"与"关中八景"产生意义。通过宋明清三代八景文化现象,阐述了成型原因。分析了清代凤翔府八景的地方特色。指出八景原有文化理念对中华文化继承之裨益。

何林福氏论文《论中国地方八景的起源、发展和旅游文化开发》详论潇湘八景缘起及演变过程,旨在导向各地旅游开发。

袭祥雪氏《古代济南八景》一文,分析公元前164年设济南国、前154年改为郡,济南诸泉汇为"泺"。宋代至道三年(997)名齐州,徽宗政和六年(1116)升济南府,构思济南古八景模式,认为今如能再打造焕新济南旅游。

廖丹氏硕士论文《"八景"的中国式城市意象与旅游开发研究——以四川历史文化名城为例》提出八景与"中国式城市意象"构建的基本框架。据《中国地方志集成》梳理了四川古城八景,山川形胜,图文剖析八景的社会心灵诉求,很有创意。

胡幸福、陈永盛氏著作《湖湘旅游文化》指出潇湘八景原地理位置,未作何以产生的文史考证。

参考文献:

[1]青木阳二,榊原映子.八景の分布と最近の研究動向[A].日本国立環境研究所報告[C].2007,(197):12-13.

（原载2017年第1期,作者单位:湖南师范大学）

日本"潇湘八景"研究综述

✳ 冉 毅

　　日本的潇湘八景研究成果卓著。目前所能查到的仅在标题里出现了"潇湘八景"字样的论文有36篇,关联论文168篇。最新的八景文化研究是日本国立环境研究所第197号报告《八景的分布和近期的研究动向》(2007)(有英文前言、论文摘要,计21篇论文,参与的大学、学术机构23个。论文执笔者有中日韩学者)。该报告披露了日本全国市町村教育委员会,自2000年10月开始作"传统八景、派生八景、风行时代、八景绘画、照片及史料中的八景记载"调查,建成"日本八景数据库","实地八景调查一览",图式东亚潇湘八景产生时代和地域分布(见图1-4)。① 藉此得知从北海道至冲绳有实地八景963处。各时代选出八景数为:镰仓时代(1185-1333)3处,南北朝时代(1336-1392)1处,室町時代(1336-1573)1处,安土桃山时代(1573-1603)3处,江户时代(1603-1867)199处,明治时代(1868-1911)83处,大正时代(1912-1925)14处,昭和时代(1926-1988)70处,平成时代(1988-)仍有23处被公认为人气风景。②

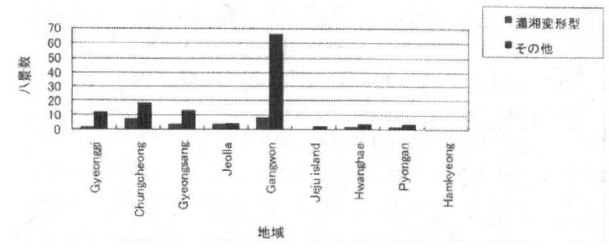

图1　韩国的八景分布地域

---

① 引自日本国立环境研究所青木阳二、榊原映子:「八景の伝播と分布」,第12-16頁。

② 青木阳二、榊原映子:「八景の分布と最近の研究動向」,第14頁。

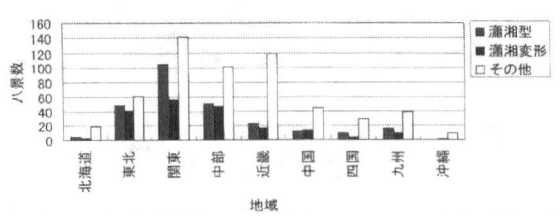

图 2　日本的八景分布地域

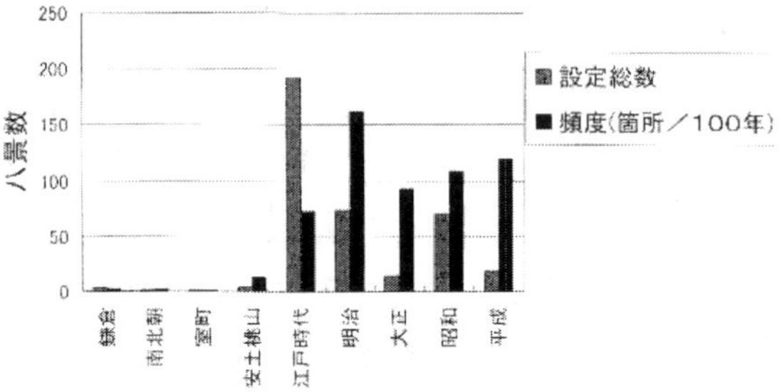

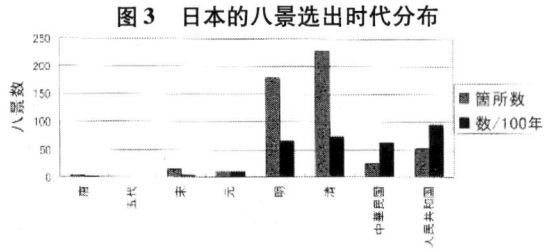

图 3　日本的八景选出时代分布

图 4　中国的八景选出时代分布

一　八景课题研究早

　　日本大正晚期书画师高木文依据 28 种典籍考证,[①]撰写了《牧溪、玉涧潇湘八景图及其传来研究(牧溪·玉涧潇湘八景絵及びその伝来研究)》一文(首稿,聚方阁,1926)[②],再稿《牧溪、玉涧墨宝潇湘八景图传来之考察(牧溪·玉涧名物潇湘八景絵の伝来と考察}》(好日书院,1935)后附全稿英译 *A study on the*

---

　　①　高木撰文所考典籍 28 种:『等伯画説』『相阿弥御飾記』『京華集』『天正津田及宗日記』『天正四年名物記』『天正五年名物記』『宗湛日記』『宗湛由緒記』『天正今井宗及び記』『山上宗日記』『信長記』『太太合記』『豊公遺物帳』『利家夜話』『駿河文物記録』『寛永廿一年柳営御数寄屋道具帳』『諸家譜』『玩貨名物記』『古名物記』『柳営御物帳』『狩野栄川臨摸本』『有徳院実記』『西条松平家記録』『雲州御蔵帳併売上帳』『井伊、佐野家記録』『文晁過眼録』『集古十種』『図絵宝鑑』。

　　②　日本大学丸山茂教授藏有原版,蒙厚意于 2010 年 6 月 20 日拜读。

Transmission of the Most Noted Masterpieces of 'Karae' Attributed to Either Yu – Chien or Mu – His（神户大学图书馆藏,2005 年 7 月 18 日查得。苦搜译者 G·Juichiya 踪迹,不果）。文后附牧溪、玉涧八景图真迹印件 7 幅及史上收藏人近百家,皆为权贵、富豪、缙绅巨贾。其文末言:"历史变迁,兵燹人灾,几经乱世,承天佑,吾侪有幸尚能于五百年后之今日惠赏这些真迹,实感欣慰。……这些真迹在中国已无存,我必须说存于我国依然是无价之宝。"①文中披露了牧溪八景图大轴"江天暮雪图"钤室町幕府第三代将军足利义满(1358 – 1408)鉴藏印"道有""龙山",②尊为"古来大名物",定格为"上上"极品的史实。1991 年,东京大学八景研究专家塚原晃氏再度梳理考证,撰文《牧溪、玉涧潇湘八景图——其传来和系谱》(1991:162 – 163)披露以下史实:①宽政元年(1789),著名茶人松平治(1751 – 1818,号不昧),以天价 550 两金购藏玉涧"山市晴岚";②武将织田信长(1534 – 1582)、丰臣秀吉(1536 – 1598)、德川家康(1542 – 1616)都千方百计收罗八景图。天正四年(1576)七月一日,织田为笼络人心,表彰丰臣秀吉功绩,赐与"洞庭秋月图"。这成为丰臣首次建功所获至宝,而后每有盛典必庄严挂饰,至临终不释手。③

二 八景专题研究深

著名的论文有岛田修二郎氏的《宋迪与潇湘八景》(1941)、户田祯佑氏的《潇湘八景与水墨山水图屏风》(1968)、户田祯佑氏的《牧溪·玉涧》(1978)、铃木敬氏的《潇湘八景图和牧溪·玉涧》(1963)、朝仓尚氏的《禅林文学——中国文学受容之我见》(1985)、岩佐美代子氏的《京极为兼的八景歌》(1987)、塚原晃

---

① 高木文:『牧溪·玉涧潇湘八景绘及びその伝来研究』,東京:好日書院,1935 年,第 13 – 14 頁。塚原晃:牧溪·玉涧潇湘八景图——その伝来の系谱——,早稻田大学大学院文学研究科纪要别册文学艺术编 17 卷,1991 年,第 155 – 165 頁。

② 11 岁任将军职。应永二年(1395)六月二十一日,义满 38 岁出家,法号"道有",后易为"道义",号"北山殿鹿苑院",道号"天山大禅定门",应永十五年(1408)五月六日 51 岁卒。"龙山"印无以考证,分析是义满"天山大禅顶门"的"天山"异字(笔者注)。

③ 据浙江大学日本文化研究所长、浙江省哲学社会科学重点研究基地东亚研究院首席专家王勇教授讲座(2016.03.09)"朝鲜通信使访日的笔谈史料记载,丰臣秀吉迎接朝鲜通信使,隆重展示珍藏的玉涧八景图。朝鲜通信使出言不逊,大言:'吾国府有藏。'丰臣即言:'愿以国土换一幅。'朝鲜通信使回国后查遍国府乃至全国,不果。丰臣不懈索要,至文朝鲜通信使:'食言必以国土抵还。'"因之史上留下"一幅水墨八景图值半壁江山"的谈资。

氏的《牧溪·玉涧——传来系谱》(1991)、山内春夫氏的《湘南(潇湘)考——文学作品与宋迪的八景图》(1992)、铃木广之氏的《潇湘八景的受容与再生成——以十五世纪绘画为中心》(1993)、海老根聪郎氏的《牧溪生涯》(1996)、研究著作有堂谷宪勇氏的《牧溪》(1939)、田中仓琅子氏的《牧溪闲话》(1943)、福井利吉郎氏的《牧溪一滴》(1944)、内山精也氏的《宋代八景现象考·新宋学》(上海辞书出版社,2003)等。这些研究大致从以下方面展开:①潇湘地域文化考察,分析产生潇湘八景的地缘文化背景及传播源流;②牧溪生平考订及其对日本水墨画的巨大影响。源于汉画的日本水墨画特色及水墨八景图之"光晕"艺术透析。名家绘八景图赏析与中国真迹水墨八景图之鉴赏比较研究。其中,海老根聪郎氏依据《缁苑残芳》(集中国禅僧法语之大成)中高僧愚极智慧①受托为牧溪作"入牌法语",断定"牧溪必定有很名望的弟子,否则难仰高僧此举"②的分析理据充分,牧溪位牌已无从考证,此记载尤珍祕贵;③潇湘八景真乃实景乎——指出八景乃画题意象,源于自然景抽象构思之文理分析,潇湘诗画作品以文学形式不断延展丰富而形成广大文化现象论析;④潇湘八景收藏家之高远视点;⑤潇湘八景在工艺美术中的展开形态等。

上述研究中,有些视点偏颇,认为中国对牧溪的评价不高,其实事实并非如此。

日本汉文学研究专家堀川贵司氏著《潇湘八景——诗歌与绘画中展现的日本化形态》③重点以诗歌和绘画为中心,详尽论述了潇湘八景传去日本后所获得的丰富多彩的发展形式,以及潇湘八景在诗歌与绘画中所展现的日本化形态。系统地总括了在日本所发现的与潇湘八景相关的绘画、汉诗、和歌及其珍贵文献。以这些文献为依据,堀川氏尤其缜密地考证了以下几个方面:①与潇湘八景文化相关的历史人物、史事的真伪及其确凿性,比较了同类史料的异同;②受潇湘八景的影响而产生的日本最初的八景——"博多八景"所选定的年代,由谁选定,何以选定,该八景选定后的赋诗会以及这些诗歌的作者群体作为当时社会的文化名流因赋诗八景而产生的社会影响;③分析了潇湘八景

① 南宋末至元初禅僧,净慈寺住持。大德年间(1297-1307)约八十岁。
② 入牌门卷廿八。日本大东急纪念文库藏。引自海老根聪郎:「牧渓の生涯」『牧渓——憧憬の水墨画』展图录。東京:五島美術館,1996年,第89頁。
③ 日本国文学研究资料馆编:原典講読セミナー8。京都:臨川書院,2002年。冉毅译,岳麓书社,2006年。凤凰卫视《开卷八分钟》2012年2月1日推介。

所内涵的文化精髓连结起当时日本的文化界与政体是至皇族所产生的纵向和横向的八景文化共振现象;④从理论到实际严密地论证了潇湘八景在日本植入实景后对源源不断地诞生的近江八景、金泽八景、南都八景、江户八景和帝王的八景,封建领主的八景,缙绅的八景,富豪的八景,信仰的八景,文人的八景以及庶民的八景所起的作用。堀川氏独具慧眼,对与潇湘八景相关的珍贵文献的史料价值、成立背景以及在历史上的意义乃至对当今和今后这一课题研究的作用,都逐一作了点评和文化史及中日文化交流史意义的分析。肯定中、近世时期,中日文化交流史中,以潇湘八景传去日本为典型范例,博大精深的中国文化传播到日本,与本土文化融合,激发新的生机,衍生出灿烂辉煌的成果。堀川氏调研了1659 – 1827年间日本的潇湘八景出版物(见表1),元禄期(1688 – 1707)出版最多,这是因为"元禄文化"是以汉学造诣高深阶层为代表,以朱子学、汉籍古典校雠研究为文化基因的鉴赏视点,追求精致、风雅、时尚,诗画八景图实为不可多得的题材。

表1　堀川贵司氏调研江户前至中期潇湘八景出版物一览①

年代	八景出版物名称
万治二(1659)	《八景诗》《(西湖)八景诗抄物》
宽文六(1666)	《八景诗》《尊円袖珍八景诗》(三册本)
宽文十(1670)	《八景诗》《西湖八景诗抄》林道春(罗山)作、《尊円袖珍八景诗》(三册本)
延宝三(1675)	《西湖八景诗(附歌)》(诗东坡,歌为相卿)、《(西湖)八景诗抄》(林道春(罗山)作)、《尊円袖珍八景诗》(三册本)、《八景诗手书本》
同前(假名序)	《八景诗》《(西湖)八景诗抄》《西湖八景诗谚解》《八景诗大桥流》《八景诗安斋》推测是山崎暗斋作
贞享二(1685)	《西湖八景诗(附歌)》(诗东坡,歌为相卿)、《(西湖)八景诗抄》(林道春(罗山)作)、《和汉八景诗插图本》《尊円袖珍八景诗》(三册本)、《(玄龙)八景诗手书本》佐佐木万次郎(玄龙)作
贞享五(1688)	《潇湘八景诗歌钞》(宫川道达(–1701)编)

---

① 堀川贵司:《潇湘八景——诗歌与绘画在日本展开的形态》,冉毅译,岳麓书社,2006 年,第123页。

元禄五(1692)	《西湖八景诗(附歌)》(诗东坡,歌为相卿)、《(西湖)八景诗抄》(林道春(罗山)作、《西湖八景诗谚解》《和汉八景诗插图本》《西湖八景诗大全》《(玄龙)八景诗手书本》佐佐木万次郎(玄龙)作
元禄八(1695)	《潇湘八景图画诗歌》吉田五平次笔、长谷川等云等画
元禄九(1696)	《西湖八景诗(附歌)》(诗东坡,歌为相卿)、《(西湖)八景诗抄》林道春(罗山)作、《西湖八景诗谚解》《西湖八景诗大全》宫川一翠(道达)作、《倭(和)汉八景诗》《(龙玄)八景诗手书本》佐佐木万次郎(玄龙)作
元禄十二(1699)	《西湖八景诗(附歌)》(诗东坡,歌为相卿)、《(西湖)八景诗抄》林道春(罗山)作、《和汉八景诗插图本》《西湖八景诗大全》宫川一翠(道达)作、《倭(和)汉八景诗》《尊円袖珍八景诗》(三册本)、《(玄龙)八景诗手书本》佐佐木万次郎(玄龙)作
宝永三(1706)	《西湖八景诗(附歌)》(诗东坡,歌为相卿)、《(西湖)八景诗抄》林道春(罗山)作、《西湖八景诗谚解》《西湖八景诗大全》宫川一翠(道达)作、《倭(和)汉八景诗》《(龙玄)八景诗手书本》佐佐木万次郎(玄龙)作、《八景诗并近卫流》(假名序)
享保十二(1727)	《绘本宝鉴》载《潇湘八景图绘诗歌》
享保十四(1729)	《唐八景诗歌》(唐指中国)、《八景诗并近卫流》(袖珍本)、《八景诗歌》(袖珍本)清水源助(兰斋)作
宝历四(1754)	《八景诗歌》(手书本)赤井得水作
天明元(1781)	《鸣羽搔》内容:近江八景和歌、修学寺八景和歌、源氏八景等(橘屋治兵卫版本)
宽政十一(1799)	《潇湘八景帖》市川梢谷书,御家流书法家
文化五(1808)	《潇湘八景诗歌》尊朝亲王书,御家流鼻祖
文化九(1812)	《〈和汉/八景〉诗歌三拾二体》大谷永俺书,御家流书法家
文政十(1827)	《潇湘八景大雅堂书》

三 学者调研八景诗画统计全

潇湘八景研究专家朝仓尚氏考订了日禅僧赋八景诗,并作统计(见表2、3)①。

---

① 朝仓尚:『禅林の文学』,昭和六十年(1985),清文堂,第6页。

表 2　朝倉尚氏调研永享 – 应仁(1429 – 1467)年间潇湘八景赋诗禅僧一览

僧名	生年 – 没年	备考	八景诗载文本
與可交心	? – 1437	東福住持。	翰。
竹庵大縁	? – 1439	建仁・天龍・南禪住持。門生に季弘大叔。	翰。
江西龍派	1374 – 1446	東常緣の伯父。四絕の一。門生に九渕・希世。江西一節集等。建仁・南禪住持。	木蛇集(狢蓭集)。統翠詩集。翰。
心田清播	1365 – 1447	淡路の人・一庵・惟肖師事。門生に東沼建仁・南禪住持。心田詩稿・聽雨集・春耕集。	翰。
信仲以篤	? – 1451	東福・南禪・天龍住持。	翰。
愚極礼才	? – 1452	明兆(– 1431)の筆法をうけ文殊像等を殘す。	翰。
景南英文	1372 – 1454	常陸の佐竹義基の第六子。義教などに重用さる。	後。翰。百。
東旭等輝	1397 – 1457	嚴中周噩の法嗣。相国住持。	後。翰。百。
瑞君龍腥	? – 1460	和泉の山名氏出身。門生に正宗・太極。建仁・南禪住持。蟬闇稿。	後。花。翰。相。百。
東召周嚴	1391 – 1462	東洋と号す。建仁・相国・南禅住持。心田從学	流水集。後。花。相。百。
南江宗沅	1387 – 1463?	美濃の人。居士。江西に参す。一休に兄事。鷗巢集。	翰。
雲章一慶	1386 – 1463	一條經嗣の子。東福・南禪住持。	後。翰。相。百。
東岳澄昕	1388 – 1463	一條經嗣の子。空谷の法嗣。渡明。天龍・南禪住持。	後。翰。相。百。
春林周藤	? – 1463	相国・天龍・南禪住持。	相。
存耕祖默	? – 1467	能書家。東福・南禪住持。	相。
竺雲等連	1389 – 1470	大岳の法嗣。渡明。門生に綿谷・桃源・南禪住持。漢書連と称す。	後。翰。相。百。
瑞溪周鳳	1391 – 1473	和泉の人。嚴中・無求・天章・瑞君・惟肖などに師事。鹿苑僧錄三住。相国住持。	臥雲稿。後。翰。花。相。百。
九淵龍睬	? – 1474	一庵の法嗣。江西に文筆の業を受け。渡明。建仁住持。九渕詩稿。	花(但、山寺晚鐘)
一休宗純	1394 – 1481	後小松帝の皇子。象外慕哲門生。大德住持。狂雲集。	続狂雲集。
季弘大叔	1421 – 1487	蕉軒日錄作者。東福住持。	翰。

(注:翰＝翰林五鳳集。後＝後鑑。花＝花上集。相＝相国寺住籍。百＝百人一首)

表3 朝仓尚氏调研应仁年(1467)后潇湘八景赋诗禅僧及文本一览

作品名	作者	備考	－没年
村庵稿・雪巢集	希世雲彦	細川滿元の猶子。黒衣の侍者。	－1488
半陶文集	炎龍周興	大利根の人。横川に師事。奇才。三十四才で夭逝。	－1491
補庵京華集ほか	横川景三	最後の五山正統派。瑞溪に師事。百人一首撰者。	－1493
默雲詩藥	天陰龍沢	雲章・正宗に師事。赤松氏の保護。	－1500
雪樵獨唱集	藍坡景茝	惟肖・雲章・希世らに師事。	－1501
梅花無尽藏	萬里集九	横川・桃源と同年に相国寺友社に入る。瑞溪に師事。	
松蔭吟稿	琴叔景趣	南禪寺松蔭軒を構えて退居。	－1507
翰林葫蘆集	景徐周鱗	大館持房の子。瑞溪・横川・月翁に師事。	－1518
三益稿	三益永因	雪嶺の法嗣。首座。月舟・常庵に師事。	－永正末
幻雲稿	月舟壽桂	天隱・正宗に親炙。朝倉氏の保護。	－1533
角虎道人文集・冷泉集	常庵龍崇	東常緣の子。正宗の甥。正宗・月舟に師事。	－1536
梅溪集	雪嶺永瑾	天隱に師事。三益・春沢を門生とす。	－1537
鏤水集	仁如集堯	信農井上氏。亀泉の法嗣。天隱に師事。	－1574
枯木稿	春沢永恩	若州太守武田元光の子。	－1574
策彦和尚詩集ほか	策彦周良	管領細川氏家老井上宗信の第三子。入明。武家歸依。	－1579
翰林五鳳集	以心崇伝ほか編集		

日本福冈市美术馆研究员池田寿子氏"潇湘八景调查研究"①表明世界现存最早的是王洪绘《潇湘八景图卷》(南宋12－13世纪,绢本墨画淡彩。法量:23.5×90.3,美国普林斯顿大学附属美术馆藏,至文堂版《潇湘八景图》载)。据池

---

① 池田壽子:「潇湘八景図の調査研究」福岡市美術館、学芸員、『日本美術』(45),1994年,第521－535頁。

田寿子氏的调研统计(见表4),16世纪晚期至17世纪初期,日本一流水墨画家临摹八景图作品最多。冠名潇湘图卷、潇湘八景图总计146件,其中中国20件,占总数13%(国内仅4件,收藏于北京故宫博物院和上海博物馆,其它为海外收藏或只见文献记载无作品),朝鲜13件,占总数9%,日本115件,78%。中、朝、日之比例1.4:1:8.7,日本画师绘潇湘八景图量是中国的6倍,这个数据足见潇湘八景作为水墨山水画题在日本受到青睐和激赏的程度。

表4 池田寿子氏潇湘八景调研一览

类别	具体作品
中国现藏4件作品	1 传董源 《潇湘图卷》1幅 南宋12-13世纪 绢本着色 50.0×141.4 (有董其昌题跋,北京故宫博物院藏) 2 米友仁 《潇湘奇观图卷》1卷 北宋-南宋12世纪 纸本墨画 19.7×285.7(有米友仁自跋 董其昌题跋,北京故宫博物藏) 3 米友仁《潇湘图卷》1卷 北宋-南宋12世纪 纸本墨画 28.7×295.5(上博藏) 4 王愫《洞庭秋月图》1幅 清1733 纸本着色 65.4×39.0(上博藏)
日本现藏10件作品	1 李氏(舒城)《潇湘卧游图卷》国宝1卷 南宋1170-71 纸本墨画30.3×400.4 东京国立博物馆藏 2 传牧溪《远浦归帆图》重文1幅 南宋13世纪 纸本墨画32.5×112.5 日本文化厅藏 3 传牧溪《平沙落雁图》重文1幅 南宋13世纪 纸本墨画33.0×109.7 出光美术馆藏 4 玉涧《山市晴岚图》重文1幅 南宋13世纪 纸本墨画33.0×83.1 出光美术馆藏 5 传牧溪《渔村夕照图》国宝1幅 南宋13世纪 纸本墨画34.4×112.4 根津美术馆藏 6 传牧溪《烟寺晚钟图》国宝1幅 南宋13世纪 纸本墨画32.3×103.6 富山美术馆藏 7 传牧溪《洞庭秋月图》1幅 南宋13世纪 纸本墨画29.4×93.1 德川美术馆藏 8 玉涧《远浦归帆图》重文1幅 南宋13世纪 纸本墨画30.6×78.0 德川美术馆藏 9 玉涧《洞庭秋月图》重文1幅 南宋13世纪 纸本墨画33.3×85.5 个人收藏 10 思湛《平沙落雁图》1幅 南北朝13世纪 纸本墨画 57.6×30.3 京都里见家个人收藏
其他国现藏2件作品	1 王洪《潇湘八景图卷》2卷南宋12-13世纪 绢本墨画淡彩 各23.5×90.3 普林斯顿大学美术馆藏 2 传牧溪《江天暮雪图》1幅 南宋13世纪 纸本墨画33×10《中国绘画史》中之一第159图 皇家昂特里昂美术馆藏
收藏者不明4件作品	1 传牧溪《烟寺晚钟图》1幅 南宋13世纪 纸本墨画《日本屏风绘集成卷2》画中资料19图 2 传牧溪《潇湘夜雨图》1幅 南宋13世纪 纸本墨画《日本屏风绘集成卷2》画中资料17图 3 宋旭《潇湘八景图》8幅 明16-17世纪 纸本墨画34.4×112.4《日本屏风绘集成卷2》资料4-47图 4 穆熙《潇湘八景图册》1册 清17世纪 纸本着色 各44.8×25.6

日本与韩国藏作品（继续调研中）	1 金玄成赞《潇湘八景图》8 曲 1 双　李朝初期 1584 年 绢本墨画 萩毛利本藩旧藏 2 长谷川等伯《潇湘八景图屏风》6 曲 1 双 桃山 16－17 世纪 纸本墨画淡彩金泥 159×335.6 木村家旧藏［国华］901 号 田中氏论文 3 杨月《四季山水图屏风》重文 6 曲 1 双 室町 16 世纪 纸本墨画淡彩 各 158.5×366.0 4 狩野尚信《潇湘八景图屏风》6 曲 1 双 江户初期 17 世纪 纸本墨画 各 154.0×347.0 5 雪村《潇湘八景图》6 幅 室町桃山 16 世纪 纸本墨画 各 131.1×53.7　至文堂［潇湘八景图］39 图 6 雪村《山市晴岚》（潇湘八景图卷断卷）1 幅 室町桃山　16 世纪　纸本墨画 27.5×44.1　集英社［雪村］23 图 7 雪村《洞庭秋月图》（潇湘八景图卷断卷）1 幅 室町桃山　16 世纪 纸本墨画 27.5×59.2 集英社［雪村］插图 23 8 海北友松《渔村夕阳图》1 幅 桃山 16 世纪 纸本墨画金彩 72.3×37.0　［户方庵井上收藏作品目录］ 9 海北友松《潇湘夜雨图》1 幅 桃山 16 世纪 纸本墨画金彩 72.2×37.0　［户方庵井上收藏作品目录］ 10 海北友松《潇湘夜雨图》1 幅 桃山 16 世纪 纸本墨画 72.2×37.0　至文堂［潇湘八景图］73 图 11 狩野友信《江天暮色图》1 幅 江户 17－18 世纪 纸本墨画 31.1×52.8　［户方庵井上收藏作品目录］ 12 利光《潇湘八景图》8 幅 室町 15－16 世纪 纸本墨画 32.5×23.0 13 雪村《潇湘八景图》1 幅 室町桃山 16 世纪 纸本墨画 14 狩野探幽《潇湘八景图》8 幅 江户 17 世纪 纸本墨画淡彩 各 28.4×70.0　至文堂［潇湘八景图］75 图 15 狩野派《潇湘八景图》重文 7 面 江户 17 世纪 纸本淡彩 各 172.0×91.5　名古屋城黑木书院 16 雪村《潇湘八景图屏风》6 曲 1 双 室町桃山 16 世纪 纸本墨画 155.8×324.2 冈山县立美术馆［水墨画至宝］101 图 17 云谷等益《山水图屏风》6 曲 1 双 江户 17 世纪 纸本墨画淡彩金泥 各 155.5×354.0 18 狩野昌运、主信《潇湘八景图》1 卷 江户 17－18 世纪纸本墨画淡彩 29.2×658.0 19 矢野茂安《潇湘八景图卷》1 卷 江户 纸本墨画 27.2×493.8　熊本县立美术馆［御用绘师－矢野派 狩野派］展 20 传狩野探幽《潇湘八景图》8 幅 江户 17 世纪 21 云谷等微《潇湘八景图屏风》8 曲 1 双 江户 纸本墨画至文堂［潇湘八景图］47 图 22 相阿弥《潇湘八景图屏风》双幅 室町 15－16 世纪 纸本墨画 149.5×110.5　［国华］1098 号卫藤氏论文 23 雪村《四季山水图屏风》6 曲 1 双 室町 16 世纪纸本墨画各 164.7×362.0 24 曾我直庵《潇湘八景图屏风》6 曲 1 双 桃山 16－17 世纪纸本墨画金泥 各 137.3×324.0 25 池大雅《潇湘八景图》1 册 江户 18 世纪 纸本墨画淡彩 各 23.1×13.6 26 池大雅《潇湘八景图》8 幅 江户 18 世纪 纸本墨画淡彩 各 45.5×28.5 27 酒井抱一《潇湘八景图屏风》6 曲 1 双 江户 18－19 世纪 纸本墨画　［国华］1109 玉虫氏论文 28 杨月《四季山水图屏风》6 曲 1 双 至文堂［潇湘八景图］36 图 29 狩野常信《潇湘八景图》有近卫基熙赞 1 帖 江户 17 世纪 绢本墨画淡彩 各 20.6×18.0 30 良尚法亲王《潇湘八景图卷》1 帖 江户 17 世纪 31 狩野探幽等《潇湘八景图卷》2 卷 江户 17 世纪 纸本墨画 32 长谷川等伯《潇湘八景图屏风》6 曲一双 桃山 16－17 世纪 纸本墨画淡彩 152.8×357.2 至文堂［潇湘八景图］9 图 33 横山大观《潇湘夜雨图》1 幅 昭和 23 年 纸本墨画 各 64.7×92.234 传安坚《寺暮钟图》1 帖 李朝前期 16 世纪 纸本墨画 80.4×47.9 35 鉴贞《潇湘八景图》1 帖 室町 15－16 世纪 纸本墨画 各 31.3×23.8 36 雪村《仿玉涧潇湘八景图卷》1 卷 室町桃山 16 世纪 纸本墨画 24.9×662.5 37 长谷川等春《潇湘八景图》8 幅 室町桃山 16－17 世纪 纸本墨画 各 22.0×31.9　至文堂［潇湘八景图］66 图

38 传芸阿弥《山水图》(山市晴岚 平沙落雁)双幅 室町 15－16 世纪 纸本墨画 各 41.1×29.8 藤田美术馆目录(昭和 42 年春)

39 长吉《潇湘八景图》1 幅 室町桃山 916 世纪 纸本墨画淡彩 49.5×85.5 至文堂[潇湘八景图]70 图

40 狩野永德《潇湘八景图扇面》1 扇 桃山 916 世纪 纸本墨画金泥 19.0×52.0 [国华]1101 号 氏论文

41 传雪村《潇湘八景图》1 幅 室町桃山 916 世纪 纸本墨画 36.9×89.7 藤田美术馆目录(昭和 42 年春)

42 祥启《潇湘八景图画册》重文 1 册 室町 15 世纪 纸本墨画 淡彩 各 35.5×23.6 至文堂[潇湘八景图]64 图

43 岳翁《潇湘八景图屏风》重文 6 曲 双 室町 15－16 世纪 纸本墨画淡彩金泥 各 162.5×324.5 [美术史]61,号中岛氏论文

44 祥启《真山水图》1 幅 室町 15 世纪 纸本墨画 90.6×46.8 [国华]649 号

45 海北友松《洞庭秋月图》1 幅 桃山 16 世纪 纸本墨画 71.3×36.4 群马县立近代美术馆,户方庵井上收藏品相关作品

46 久隅守景《潇湘八景图》1 幅 江户 17 世纪 绢本墨画 58.5×98.0 [国华]106 号

47 相阿弥《潇湘八景图》重文 大 8 幅 室町 1513 年 纸本墨画 各 174.8×139.7 小 8 幅关联作品

48 相阿弥《潇湘八景图》重文 小 8 幅 室町 16 世纪 纸本墨画 4 幅各 174.2×82.7/174.0×67.6 大 8 幅关联作品

49 相阿弥《潇湘八景图》重文 6 幅 室町 15－16 世纪 纸本墨画 各 37.3×26.2

50 相阿弥《潇湘八景图屏风》6 曲 双 室町 15－16 世纪 纸本墨画金泥 各 157.1×154.3

51 狩野元信《潇湘八景图》重文 4 幅 室町 16 世纪 纸本墨画 各 85.8×45.0 京都,东海庵 p144 108－111(原色日本美术)

52 狩野松荣《潇湘八景图》8 面 室町 1566 年 纸本墨画 各 175.5×142.5

53 绝海中津赞《山水画》重文 1 幅 高丽末李朝初期 16 世纪 纸本墨画 34.5×94.9

54 狩野常信《潇湘八景图》1 卷 江户 17 世纪

55 传相阿弥《平沙落雁图》1 幅 室町 15－16 世纪 纸本墨画 各 82.5×31.5 承天阁美术馆[慈照寺名宝展图录]63 图

56《潇湘八景图扇面》(扇面粘贴屏风) 2 枚 贴付扇 240 枚中的 2 枚 至文堂[潇湘八景图]10 图

57 单庵智传《洞庭秋月 远浦归帆图》1 幅 室町 16 世纪 纸本墨画 29.5×41.5 至文堂[潇湘八景图]59 图

58 不详《潇湘八景图屏风》8 曲一只 李朝前期 16 世纪 纸本墨画 98.3×49.9 尊海渡海日记屏风 裹画

59 不详《潇湘八景图》8 幅 高丽末李朝初期 16 世纪 绢本墨画 各 28.5×29.8 [李朝绘画 坤月轩收藏]

60 不详《潇湘八景图》8 幅 李朝前期 16 世纪 纸本墨画 各 91.0×47.7 [李朝绘画 坤月轩收藏]参考图版

61 南溪《潇湘八景图屏风》10 曲 1 只 李朝末期 19－20 世纪 绢本淡彩各 108.9×34.0 [李朝屏风绘画 辛基秀收藏]

62 不详《潇湘八景图屏风》10 曲 1 只 李朝末期 19－20 世纪 纸本淡彩 各 83.4×29.4 [大和文华]93 号吉田氏目录

63 村庵等 7 名赞《潇湘八景图》1 卷 李朝末期 19－20 世纪 纸本墨画 各 22.8×118.5

64 雪村《山市晴岚风》(潇湘八景图卷断卷)1 幅 室町桃山 16 世纪 纸本墨画 28.2×73.0 集英社[雪村]图 63 图

65 是庵《潇湘八景图》双幅 室町 15 世纪 纸本墨画 各 86.8×36.3

66 云溪永怡《潇湘八景图卷》1 卷 室町 16 世纪 纸本墨画 26.6×378.3

67 秀盛《潇湘八景图》8 幅 室町 15－16 世纪 纸本墨画 各 42.3×30.9 至文堂[潇湘八景图]53 图 8 幅纵向画面有连纸

68 单庵智传《烟寺晚钟图》1 幅 室町 16 世纪 纸本墨画 41.6×92.5 至文堂[潇湘八景图]59 图

69 希世灵彦等八名赞《潇湘八景图卷》1 卷 室町 15－16 世纪 纸本墨画 23.8×194.8 冈山县立美术馆[水墨画至宝]59 图

70 是庵《潇湘八景图》双幅 室町 15 世纪 纸本墨画 各 86.8×36.3 至文堂［潇湘八景图］51 图
71 雪村《潇湘八景图帖》1 册 室町桃山 16 世纪 纸本墨画淡彩 各 30.3×46.9 至文堂［潇湘八景图］60 图
72 雪村《渔村夕图》1 幅 室町桃山 16 世纪 纸本墨画 29.0×71.0 冈山县立美术馆［水墨画至宝］102 图
73 池大雅《潇湘胜概图屏风》重文 6 曲 1 双 江户 18 世纪 纸本着色 85.0×300.4 至文堂［潇湘八景图］12 图
74 德力善雪《潇湘八景图卷》1 卷 江户 17 世纪 纸本墨画 各 28.9×676.8 东博编［狩野派绘画］160 图
75 申润福《潇湘八景图》6 幅 李朝末期 19－20 世纪 纸本墨画淡彩 各 87.0×52.5 珍画廊编［朝鲜时代绘画名品集］28 图
76 不祥《山市晴岚图》1 幅 李朝前期 16 世纪 绢本墨画 96.0×42.6 ［李朝 绘画坤月轩收藏］参考图版
77 不祥《平沙落雁图》1 幅 李朝前期 916 世纪 绢本墨画 126.4×48.6 ［国华］1170 户田氏论文
78 相阿弥《潇湘八景图》1 幅 室町 15－16 世纪 纸本墨画 128.6×111.7 旧大仙院所藏
79 雪村《仿玉涧潇湘八景图卷》1 卷 室町桃山 16 世纪 纸本墨画 15.9×289.6 至文堂［潇湘八景图］61 图
80 云溪永怡《平沙落雁图》1 幅 室町 16 世纪 纸本墨画 25.5×41.1 至文堂［潇湘八景图］68 图
81 藏三《潇湘八景图》6 曲 1 双 室町 16 世纪 至文堂［潇湘八景图］81 图
82 狩野玄也《潇湘八景图》(远寺晚钟 江天暮雪)2 幅室町 16 世纪纸本墨面金泥各 26.4×36.1 东博编［狩野派绘画］
83 土藏《潇湘八景图》1 幅 室町 15－16 世纪 纸本墨画 95.6×37.1 至文堂［潇湘八景图］52 图
84 监贞《山市晴岚图》1 幅 室町 15－16 世纪 纸本墨画淡彩
85 狩野探幽《潇湘八景图屏风》8 曲 1 双 江户 1663 绢本墨画淡彩 86.0×356.0 集英社［狩野探幽］
86 山口雪溪《潇湘八景图屏风》6 曲 1 双 江户中期 17－18 世纪 纸本墨画淡彩 各 170.2×381.0 至文堂［潇湘八景图］81 图
87 不祥《潇湘八景图屏风》8 曲 1 双 李朝末期 19－20 世纪 纸本着色 各 106.1×35.7 ［大和分华］93 号吉田氏目录
88 传周文《秋冬山水图屏风》6 曲 1 双 室町 16 世纪 纸本墨画 153.5×350.8 香雪美术馆本［潇湘八景图屏风］同［国华］1098 号庄司氏论文
89 岳翁《潇湘夜雨图》1 幅 室町 15－16 世纪 至文堂［潇湘八景图］35 图
90 岳翁《山市晴岚图》1 幅 室町 15－16 世纪 至文堂［潇湘八景图］55 图
91 岳翁《山市晴岚图》1 幅 室町 15－16 世纪 至文堂［潇湘八景图］34 图
92 相阿弥《潇湘八景图》1 幅 室町 15－16 世纪 至文堂［潇湘八景图］57 图
93 芸爱《潇湘八景图》2 幅 室町 16 世纪 至文堂［潇湘八景图］58 图
94 等藏《山市晴岚图》1 幅 室町 15－16 世纪 岛田修二郎［日本绘画史研究］472 页
95 仙可《潇湘八景图》1 幅 室町 16 世纪 至文堂［潇湘八景图］65 图
96 狩野秀赖《潇湘八景图扇面》1 室町 16 世纪 至文堂［潇湘八景图］72 图
97 雪村《仿玉涧八景图卷》(玉润潇湘八景小轴)1 卷 室町 1563 纸本墨画 学研［雪舟/雪村/元信］54 图解说
98 雪村《仿玉涧八景图卷》(牧 潇湘八景中轴)1 卷 室町 1563 纸本墨画 学研［雪舟/雪村/元信］54 图解说
99 雪村《仿玉涧八景图卷》(玉润江南江北大轴)1 卷 室町 1564 纸本墨画 学研［雪舟/雪村/元信］54 图解说
100 雪村《远浦归帆图》(潇湘八景图卷断卷)1 卷 室町桃山 16 世纪 纸本墨画 29.3×68.5 集英社［雪村］64 图
101 雪村《洞庭秋月图》1 卷 室町桃山 16 世纪 纸本墨画 28.7×47.8 集英社［雪村］65 图
102 雪村《潇湘八景图》2 幅 室町桃山 16 世纪 纸本墨画 97.7×44.5 86.6×44.8 集英社［雪村］插图 26 图

103 雪村《潇湘八景图屏风》6 曲 1 双室町桃山 1589 年 纸本墨画 152.0×349 旧黑田家藏 至文堂[潇湘八景图]40 图

104 雪村《仿牧潇湘八景图》1 卷 雪村 室町桃山 16 世纪 纸本墨画 31.3×932.9 集英社 [雪村]34 图

105 狩野永德《潇湘八景图》8 幅 桃山 16 世纪 至文堂[潇湘八景图]71 图

106 传狩野永德《潇湘八景图》桃山 16 世纪 旧黑田家所藏.[真美大观 8]

107 狩野山雪《山水图屏风》8 曲 1 双 桃山 16－17 世纪 纸本墨画 各 55.2×37.3 集英社[山乐/山雪]62 图

108 海北友松《江天暮雪图》1 幅 桃山 16 世纪 纸本墨画 72.3×37.0 群马县立近代美术馆,户方庵井上收藏关联作品

109 海北友松《远浦归帆图 山市晴岚图 远寺》3 幅 桃山 16 世纪 纸本墨画 72.3×37.0 群马县立近代美术馆,户方庵井上收藏关联作品

110 海北友松《平沙落雁图》1 幅 桃山 16 世纪 纸本墨画 72.3×37.0 群马县立近代美术馆,户方庵井上收藏关联作品

111 狩野探幽《潇湘八景图》8 曲 1 双 江户 17 世纪 [美术研究]358 号铃木氏论文

112 狩野永纳《潇湘八景图屏风》6 曲 1 双 江户 17 世纪 至文堂[潇湘八景图]49 图

113 松本山雪《潇湘八景图屏风》6 曲 1 双 江户 17 世纪 至文堂[潇湘八景图]48 图

114 天宥《潇湘八景图卷》1 卷 江户 17 世纪 至文堂[潇湘八景图]63 图

115 云谷等益《潇湘八景图屏风》8 曲 1 双 江户 17 世纪 集英社[友松/等颜]34 图

116 传岩佐又兵卫《潇湘八景图卷》1 卷 江户 17 世纪 纸本墨画 80.3×358.0 [国华] 1033 号铃木氏论文

117 池大雅《潇湘八景图》(东山清音帖,高芙蓉(1722－1784)题签、题,细合半斋跋)1 册 江户 18 世纪纸本墨画各 25.8×52.5 至文堂[潇湘八景图]13 图

118 渡边始兴《潇湘八景图》1 幅 江户 18 世纪 纸本墨画淡彩 58.6×125.8

119 狩野派《牧溪潇湘八景图模本》江户纸本墨画[日本屏风绘集成卷 2]该资料 21－28 图

120 海北派《画稿 潇湘八景图》江户后期 至文堂[潇湘八景图]46 图

121 不祥《四季山水图押绘贴屏风》6 曲 1 双 江户 18－19 世纪 纸本墨画 各 135.2×56.3 集英社[若冲/萧伯]68 图

122 田原亲胤《平沙落雁图》1 幅 江户 纸本墨画 26.2×48.0 熊本县立美术馆[御用绘师－矢野派和狩野派]展

123 桥本雅邦《潇湘八景图卷》1 卷 明治 20 世纪 纸本墨画 40.9×439.9 东博编[狩野派绘画]206 图

124 横山大观《潇湘八景图》重文 8 幅 大正 20 世纪 绢本着色 各 114.0×60.0

125 歌川广重《潇湘八景图》8 幅 纸本淡彩版 下绘着色 各 25×26 其中 6 幅题玉涧八景诗,宫川大雄编

四 文化名人对八景评价高

大文豪夏目漱石(1867－1916)观赏"文展与艺术"(1912.05)作品,评横山大观(1868－1958)潇湘八景图:"明治画家横山大观的八景图有特色,脱俗之气与高士禅僧的作品迥然不同,他构思的画面有平民的随和悠闲。"①评寺崎广业(1866－1919)八景图有"古仪风"。评今村紫红(1880－1916)近江八景图"风格

---

① 夏目漱石,陰里鉄郎解説:『夏目漱石・美術批評』。講談社文庫,昭和 55 年(1981)1 月,第 166 頁。

迥异"。这表达了对八景文化的悉心关注,敏锐地看到了今村绘八景之标新立异。

诺贝尔文学奖(1968年度)得主川端康成,参加"亚洲作家会议"(1970.06.16台湾),以"源氏物语和芭蕉"为题演讲,说:"中国古代美术庄严而崇高,尽善尽美,令我感动得颤抖。我极想收藏宋元山水画,大德寺藏《观音猿鹤图》已确认系牧溪真迹,我非常喜欢这幅画。"①川端意有对牧溪绘水墨八景图激赏之意。

根津美术馆1962年10月举办"历史名画潇湘八景图汇展",有15-17世纪10位日本名画家临摹水墨潇湘八景图27幅。馆长致辞:"潇湘风景画题,空前地影响我国画坛,13世纪,室町水墨画家忘我地竞绘八景图,至18世纪江户时代,狩野派画家的八景图技精湛练达,留下了多幅堪称奇葩的八景图。今天,这近乎奢望或梦想的汇展,终至夙愿以偿。我国现存牧溪大轴4幅、小轴1幅,玉涧3幅,日本名画家的八景图荟萃展出,各位名士得以同堂鉴赏源自中国的潇湘八景图经我邦名家朱墨研钻,在与牧溪、玉涧真迹之比较研究中,何以变迁发展,这于我国水墨绘画发展有不可估量的意义。祝贺汇展! 幸甚! 幸甚!"②《展品画集》综述:"大轴珍藏至今有四幅:远浦归帆(安永家藏)、烟寺晚钟(畠山家藏)、渔村夕照(根津美术馆藏)、平沙落雁(佐佐木家藏)。另四幅(山市晴岚、洞庭秋月、潇湘夜雨、江天暮雪)去向不明。然而,江户时代第八代将军德川吉宗于享保十三年七月六日(1728)命诸家'收集八景,蒐于一堂以赏玩'。"据以上文献可知,享保十四年(1729),八景中有六幅尚存。据"相阿弥在《君台观左右帐记》③的说明,曾饰于御会所第九厅,'八景の八幅玉涧四幅一对の横绘東西の小壁にかかる。'"④这表明时为四幅对的八幅图是专供第八代将军足利义政赏玩的。这次展出的名师临摹潇湘八景图,每幅作品附收藏、传承及作者详细说明。藉此可知至1725年代,牧溪、玉涧八景图的收藏家(见表5、表6)。

---

① 『川端康成生誕100年記念特集』《川端康成のいる100年》,新潮(96)6,1999年版,第58页。
② 潇湘八景图集(根津美术馆主催潇湘八景展出品集),昭和37年10月20日(1962),根津美术馆,第2页。
③ (?-1525)室町时代画家。艺阿弥之子,法名真相。仕足利家,为朋众(文艺友伴),通唐物鉴定、连歌、茶道、香道等。善画,以柔软的笔致和润墨为特色。著《君台观左右帐记》《御饰记》等。
④ 《潇湘八景图集》(根津美术馆主催潇湘八景展出品集),昭和37年(1962)10月20日,第2页。

表5　潇湘八景图汇展一览

作者	内容	法量
牧溪笔	平沙落雁图 重文　纸本墨画	一幅竖 33.1 糎　横 115.3 糎
	上图去向:从足利家宝库传出后,天正五年(1577)大阪町家藏。十一年(1583)丰臣秀吉藏并装点于茶会,后赐予会津中纳言上杉景胜。元和九年(1623)上杉景胜殁后遗物献将军秀忠,秀忠赠越前忠直。	
牧溪笔	遠浦帰帆図 重文　纸本墨画	一幅竖 32.3 糎　横 103.6 糎
	上图去向:从足利家宝库传出后,珠光(1423－1502,禅僧茶人)所持后,织田信长收藏,天正元年(1573)装于信长茶会。宗堪(1413－1481,画师)携回故里后献骏府德川家康。松平右卫门拜领后献德川家光。后由户田家收藏,后田沼意次所持。享和五年(1808),松平不昧以550两金购藏。(与高木论文时间有异,待考)	
牧溪笔	煙寺晩鐘図 国宝 纸本墨画	一幅竖 32.2 糎　横 103.6 糎
	上图去向:从足利家宝库传出后:元龟元年(1570)信长赐予松永弹正。天正四年(1576)稻叶伊予收藏,后德川家康收藏,元和二年(1616)家康殁后遗给赖宣,后由前田收藏。	
牧溪笔	漁村夕照図 国宝 纸本墨画	一幅竖 33.1 糎 横 115.3 糎(根津美術館藏)
	上图去向:从足利家宝库传出后,天正四、五年(1576－77)大阪町家藏。元和二年(1616)家康殁遗给赖宣。 宽文九年十月(1669),让予松平左京太夫赖纯,松平家收藏。昭和元年根津青山翁恳求,由根津美术馆收藏。	
牧溪笔	洞庭秋月図 纸本墨画	一幅竖 29.4 糎 横 9.3 糎(黎明会藏)
	上图去向:从足利家宝库传出后,天正五年(1577),珠光弟子大阪茶人誉田宗宅藏,后土井远江守藏,宽文五年六月二十四日,土井大炊须利重作为家父遗物献幕府。	
玉潤笔	遠浦帰帆図 自题詩钤印 "三教弟子"重文　纸本墨画	一幅竖 30.6 糎 横 76.9 糎(黎明会藏)
	上图去向:足利家宝库传出后,连歌师宗长、雪斋、今川义元,北条家、秀吉、家康均收藏。德川义直所持,尾州家藏。	
玉潤笔	山市晴嵐図 自题詩 钤印"三教弟子" 重文 纸本墨画	一幅竖 3.3 糎　横 83.3 糎
	上图去向:从足利家宝库传出后,天正四年(1576),中屋宗悦藏,后大友家藏。至天正十五年(1587)宗鳞藏。 太阁秀吉藏后,让予金森出云守,松平不昧藏(秘藏九品之一)。	
玉潤笔	洞庭秋月図 自题詩　钤印"三教弟子"、 "北山文房"重文 纸本墨画	一幅竖 33.3 糎横 85.4 糎
	上图去向:从足利家宝库传出后,天正四年(1576),至天正十四(1586)十二月十五日始大阪天王寺屋道叱藏(神谷中堪记载)。家康收藏,家康殁让予前田利家。	

表 6　日本名家绘潇湘八景图一览

思堪筆	平沙落雁　紙本墨画	一幅竪 57.5 糎　横 30.3 糎(日本最古水墨画)
祥啓筆	潇湘八景図帖　重文　紙本淡彩	一帖各竪 35.5 糎　横 23.7 糎(白鶴美術館蔵)
雪村筆	模玉澗八景図卷　漁村夕照　江天暮雪　紙本墨画	一卷竪 25 糎　横 83.3 糎
真相筆(相阿弥)	潇湘八景図　紙本墨画	一幅竪 68 糎　横 46.7 糎(大仙院蔵)
秀盛筆	山市晴嵐　江天暮雪(潇湘八景図八幅の内)紙本墨画	各一幅竪 42.5 糎　横 31.0 糎
岳翁筆	潇湘夜雨　紙本墨画	一幅竪 90 糎　横 45.5 糎
狩野山雪筆	潇湘八景図屏風　紙本墨画	六曲一雙
狩野探幽筆	潇湘八景図　紙本墨画	八幅竪 28.5 糎　横 70 糎
池大雅筆	潇湘八景図　紙本淡彩	八幅各竪 15.2 糎　横 9.4 糎
狩野栄川筆	模牧溪潇湘八景図標本　紙本墨画	一卷
原本栄川院絵本	山市晴嵐	(出所不明)
同上	遠浦帰帆	(同上)
不足	潇湘夜雨	(不足)
牧溪筆	遠寺晩鐘	(紀州樣御蔵)
	八景之絵　漁村夕照	(松平左京太夫殿蔵)
	八景之絵　平沙落雁	(松平又三郎殿蔵)
	八景之絵　江天暮雪	(紀州樣御)
牧溪筆	御物　洞庭秋月	

五　名家绘八景匠心独具

横山操(1920－1973)绘八幅《潇湘八景图》,线条粗重遒劲,满实的近景画面,与传统八景图平远、简古、淡墨迥然相异。潇湘八景图的日本画家,唯横山曾入潇湘腹地。横山的八景图倾诉着什么?

横山年少受汉学熏陶——古潇湘,一步一诗一景一画,陆游曰"挥毫当得江山助,不到潇湘岂有诗"。然而,当横山青春昂扬,受艺术启蒙,萌生梦想之年,华少20却被军国主义拖入战祸,"征入步兵第233连队,突入长沙战役,战败后被拉到西伯利亚炭矿服苦役,30岁终于回国"①。战时,被蹂躏的潇湘,黑夜滂沱大雨,泥泞山丘,当他1963年欲绘八景图那一瞬,自己生命中复杂的潇湘记忆如历在目,悲沧心迹翻滚澎湃……一气绘成无人迹、无生气、黑云翻滚、峭壁冷峻的《潇湘八景图》。横山注释了自己"穿过硝烟、踏着废墟走出战祸泥沼,画家心中难以言说的孤独及痛切"。② 抨击战争摧毁自然景观和谐,制造黑暗,毁灭真善真美。横山呼唤和平的心声一定传给了日本社会赏画的受众。

式部辉忠绘《富士八景图》(享禄三年,1530)姬路、酒井家藏)富士山一景,每幅绘入"雁落、帆归、晴岚、暮雪、秋月、夜雨、晚钟、夕照"八景,图上部有常庵龙崇题跋,第八幅跋文"世间多吟八景诗,本图一景融八景"③。归帆、落雁图凸显潇湘八景特质意象,富士山玉扇倒挂近景中,写意"雁成人字向南飞,渺远归帆飘向岸"之远景,潇湘·富士和谐融合浑然天成,昭示了文化底蕴深邃厚重的潇湘八景的融合特性。

江户中期浮世绘师穗积(江户人,号长荣轩、思古人,摺叠工艺师、雕刻师)始创锦绘(1765),天才地发挥色彩表现,绘成梦幻美人图,从而开启风景浮世绘八景图的黄金时代,名作有《江户郊外八景》《琵琶湖八景》(近江八景)、《金泽八景》等。

(原载2017年第2期,作者单位:湖南师范大学)

---

① 儿岛薰:「横山操———一生画人」『现代日本画』10。東京:学習研究社,1996年,第106頁。

② 周阅:《中国绘画对日本的影响——以'潇湘八景'为中心》,《中国文化研究》春之卷,2008年,第176页。

③ 《静冈图册》,静冈县立图书馆,第22-25页。

"潇湘"与"八景"意义内涵的来源与演化

٭彭　敏

潇湘景色最初以自然实景存于天地间,其意义内涵十分单纯,之后大量潇湘文学作品出现,则为实景转化成文学的过程;带着这种文学积淀的潇湘实景又被引入到"潇湘八景"图画当中,形成极富诗意的八题画卷,此是实景与文学入画的过程;再接下来潇湘八景诗歌创作再以画作为主题展开,此又是一个绘画转生出诗歌的过程;潇湘八景既指涉图画与诗歌,而后世诗人又以八景直指湖湘风光,此则是以诗画回归于客观实景的过程,只是这其中多了许多文化的积淀,我们对潇湘八景有了丰富的约定俗成的认知。以上四个过程大致是"潇湘八景"与湖湘实景主要的关系发展过程。而事实上是不仅"潇湘八景"有其发展历程,"潇湘"与"八景"亦各自有其渊源与演变历程。其中"潇湘"一词因为"潇"字在《说文解字》《广韵》等字书典籍中的缺失而显得意义复杂难辨,下文将首先对其作出梳理。

一　《山海经》中的"潇湘"

从渊源来看,"潇湘"最初的意义内涵可确定是指湖湘境内的实地实景。就语词而言,"潇湘"的出现比"八景"要早,《山海经》有载:

> 洞庭之山……帝之二女居之,是常游于江渊,澧沅之风,交潇湘之渊,是在九江之间,出入必以飘风暴雨。①

这应该是现存文献当中"潇湘"一词最早的出处。郭璞注云:

> 此言二女游戏江之渊府,则能鼓三江,令风波之气共相交通,言其灵响之意也。江、湘、沅水皆共会巴陵头,故号为三江之口,澧又去之七八十里而

---

① 郭璞《山海经传·中山经》卷五,《四部丛刊》本。

入江焉。《淮南子》曰"弋钓潇湘",今所在未详也,潇音肖。①

帝之二女是指舜帝二妃娥皇和女英。据郭璞注,"二女游戏于江之渊府",此"渊府"当指江水深处,故能鼓动三江,而三江是指长江、湘水、沅水三流。不过郭璞之注或许仍有未尽之处,《山海经》原文谓二女游于江渊,"江"上古特指长江,引申之后南方长江支流亦多可称"江","渊"既指水之源,又可指深水,此处"江渊"组合,可解为长江之源。下文谓"澧沅""潇湘",此四水皆长江支流,反过来讲此四水皆会于长江,亦是汇聚成长江的"渊",则二女游于江渊,能令数水风气相通,并非单指娥皇、女英活动于长江,而是谓其游于长江支流"澧""沅""潇""湘"四水之中。又《淮南子》谓"弋钓潇湘",此处潇湘亦分明是指地名。则说明"潇湘"较早出现的时候是指代具体地点的,郭璞称"所在未详",是因之前文献当中确实没有"潇湘"地点所指的相关记载,不过其地范围不出今潇水与湘水流域是可以确定的。

《山海经》中的这段记载还有几种不同的版本,据清人郝懿行《山海经笺疏》:

> 案《水经·湘水注》引此经'渊'作'浦',《思玄赋》旧注引作'是常游江川澧沅之侧,交游潇湘之渊'。李善注谢朓《新亭渚别范零陵诗》引作'是常游于江渊,澧沅风交潇湘之川'。《初学记》引云'沅澧之交,潇湘之渊'。并与今本异也。②

《山海经》中"是常游于江渊,澧沅之风,交潇湘之渊"一句历代文献中有五种不同的记载,除郭璞所注的通行本之外,又作"潇湘之浦",又作"是常游江川澧沅之侧,交游潇湘之渊",又作"是常游于江渊,澧沅风交潇湘之川",又作"沅澧之交,潇湘之渊"。以下分别考述之。

郦道元《水经·湘水注》在注"又北过罗县西,渌水从东来流注之"一句时,引《山海经》云:

> 洞庭之山,帝之二女居焉。沅澧之风,交潇湘之浦,出入多飘风暴雨。③

与郭璞注本有"渊"与"浦"字之异,一作水深处,一作水岸边,无论取何种意义,

---

① 同上。
② [清]郝懿行《山海经笺疏》第五,《四部丛刊》本。
③ [魏]郦道元撰,[清]王先谦校《水经注》卷三十八,《四部丛刊》本。

都不难理解"潇湘"与"沅澧"的对应关系,"沅澧"为二水名无异议,"潇湘"也当为二水名。

不过,同样是在《水经·湘水注》中,郦道元在注"又北过下隽县西,微水从东来流注之"时却为"潇湘"作出了不同的解释。其文如下:

> 言大舜之陟方也,二妃从征,溺于湘江,神游洞庭之渊,出入潇湘之浦。潇者,水清深也。《湘中记》曰:湘川清照五六丈,下见底,石如摴蒱矢,五色鲜明,白沙如霜雪,亦崖若朝霞,是纳潇湘之名矣。①

此段将"潇湘"之"潇"当作形容词,意为水清深,"潇湘"即指清深的湘江。此段"潇湘"一语明显也出自《山海经》,但此处郦道元将"潇湘"与"洞庭"相对,而将"沅澧"删去。洞庭乃一湖,"潇湘"既与之相对,则必仅指一水,故此以"潇"作"湘"的修饰语才说得通。而其下文立马引入《湘中记》"潇湘"之名来历说,似是力证,然其中谨慎而自疑的微妙心态也有可捉摸之处。总之,以此处对"潇湘"的解释反推上文之"沅澧之风""潇湘之浦",终觉不妥。

《文选》中张衡《思玄赋》云:"哀二妃之未从兮,翩缤处彼湘滨。"李善旧注如下:

> 二妃,尧之二女也。善曰:《礼记》曰:"舜葬苍梧之野。盖二妃未之从也。"郑玄曰:"《离骚》所谓歌湘夫人也。舜南巡狩死于苍梧,二妃留江湘之间,滨水湄也。"《山海经》曰:"洞庭之山多黄金,其下多银铁,帝之二女是常游江川澧沅之测,交游潇湘之渊,在九江之间,出入必以飘风暴雨。"……②

此处《山海经》中"江渊"作"江川","澧沅之风"作"澧沅之测","交潇湘之渊"作"交游潇湘之渊",不同之处较多。从二女"常游江川澧沅之测""交游潇湘之渊"句意来看,两句类似互文,是指二女在江、澧、沅、潇、湘数水之江岸或深处交游。而"澧沅之测"又与郑玄之"二妃留江湘之间,滨水湄也"保持一致,其意恰为"翩缤处彼湘滨"之出处。

又李善注《文选》中谢朓诗《新亭渚别范零陵诗》"洞庭张乐地,潇湘帝子游"一句,引《山海经》云:

---

① 同上。
② [梁]萧统编,[唐]李善注《文选》卷十五,《四库全书》本。

　　洞庭之山,帝之二女居之,是常游于江渊,澧沅风交潇湘之川。①

最末一句差异较大,但其澧沅与潇湘风气相通,二女游于其间的大意是不难理解的。而其又引郭璞注云:

　　"言二女游戏江之渊府,则能鼓动五江,令风波之气,共相交通。言其灵响也。"②

将郭璞注《山海经》中之"三江"改而为"五江","三"与"五"就字形言,确有易相混之可能。《山海经》原文当中也的确出现了江、澧、沅、潇、湘五江之名,则说明李善或已察出郭璞注不合情理的地方,故加以改动。

　　唐人徐坚《初学记》卷八《江南道》第十"地道、江门"条曰:

　　《山海经》曰:洞庭山,帝女居之,其上沅澧之交,潇湘之源,是在九江之门。③

此条引自中华书局 1962 年出版的点校本,其底本是清朝古香斋袖珍本,参以安国的桂坡馆刻本与严可均、陆心源的校录本。古香斋本作"潇湘之源",安本作"潇湘之渊",严、陆校本作"其山沅澧之交,潇湘之泉"。《初学记》本身对这一条目的记载就十分复杂,难以考辨,不过无论是作"渊"还是"源"或"泉",都可作源头理解。而徐坚所引《山海经》此条是为解释"江门",其意在说明洞庭乃九江之门,而其引用内容与郭璞注本的《山海经》原文差别较大,大概其引用并非那么严格,仅是取意而已。

　　历代文献对《山海经》中"潇湘"一段文字的引用各有不同,然都是在为自己所要说明或注解的问题作引证,都有一些"六经注我"的意思在里面。既然"注我"是重心,则是否严格遵"经"反而不太重要了,故此也难免有"改经以注我"的可能在内。以上五种记载,除《水经·湘水注》明确以"潇"为"湘"之修饰语外,对其他四种的理解,皆应将"潇"与"湘"并列,解为水名。不过《水经·湘水注》既是为湘水作注,作注者难免着力于湘而忽略其他。而"潇"与"湘"究竟当作何解,则需从对这两个字的具体考证中来判别。

―――――――――

① 同上,卷二十。
② 同上。
③ [唐]徐坚《初学记》,中华书局,1962 年,第 190 页。

二 "潇"与"湘"字义考述

对于"潇"字的最早记载,除了《山海经》中的"潇湘"外,还有《诗经·郑风·风雨》:"风雨潇潇,鸡鸣胶胶。既见君子,云胡不瘳?"毛诗注云:"潇潇,暴疾也。"

《说文解字》中无"潇"字记载,在《山海经》《湘中记》等其他文献中出现过的"潇湘"皆被"瀟湘"代替。

《说文解字》云:"瀟,深清也。从水肃声。"段玉裁注云:

> 谓深且清也。《中山经》曰"澧沅之风,交瀟湘之浦。"《水经》中记云:"湘川清照五六丈,下见底,石如摴蒲矢,五色鲜明,是纳瀟湘之名矣。"据善长说则瀟湘者,犹云清湘。其字,读如肃,亦读如萧。自景纯注《中山经》云:"瀟水,今所在未详。"始别瀟湘为二水。俗又改瀟为潇,其谬日甚矣。《诗·郑风·风雨》"瀟瀟",毛云"暴疾"也。《羽猎赋》"风廉云师,吸嚊瀟率",《二京赋》"飞罕瀟箭",《思玄赋》"迅猋瀟其媵我",义皆与毛传同。水之清者多驶,《方言》云:"清,急也。"是则《说文》《毛传》二义相因。①

段玉裁观点与郦道元(字善长)同,故责郭璞(字景纯)拈出"瀟水"二字以作水名,又责后人将"瀟"皆改为"潇"。

段玉裁另著有《诗经小学》,其中"风雨潇潇"一句自然是作"风雨瀟瀟",其解说与注《说文解字》基本相同,只是加上其字读音说明云:"入声音肃,平声音修,在第三部转入第二部,音宵,俗本误为潇。"且在最末又云:"玉裁见明刻旧本毛诗作瀟。"②

段玉裁在《诗经小学》中的训诂可以解释其在《说文解字注》中的两个问题:一是"瀟"又读作"宵"的问题,二是段氏改"潇"为"瀟"说法出于何处的问题。然而仍有可疑之处。

《说文解字》谓瀟从水肃声,而段氏谓瀟亦读如萧。其说在此之前无考,仅见于段氏。段氏肯定考虑到了"风雨瀟瀟,鸡鸣胶胶"的韵脚问题,"瀟"必须读为"宵"才能合韵,故将"瀟"加上"宵"之读音。而段氏将"潇"皆改为"瀟"的理

---

① [清]段玉裁《说文解字注》第十一篇上,《段玉裁全书》,江苏人民出版社,2015年。
② [清]段玉裁《诗经小学》卷一,《段玉裁全书》,江苏人民出版社,2015年。

由是其曾见明代旧本毛诗作"潇"。笔者检索了段玉裁之前的《诗》之各本,几乎皆作"潇",当然这并非否认段氏见过作"潇"的本子,但是若以见过明代一旧本《毛诗》作"潇",且《说文解字》中无"潇"有"潇",即将历史文献中所有的"潇"皆改为"潇",则不免让人生疑。

为理清"潇"与"潇"的关系,段氏将历代文献既改读音又改字形。其实何必如此麻烦,如若直将"潇"视作"潇"的通假,岂非各本皆通。而这种情况在《诗经》中也十分常见,后文将要提到的"湘"与"蘥"即是如此。

"潇"与"潇"之间的关系看似复杂,字义皆为清深,字形仅一草头之异,而两字各自的源头却难于辨别,甚至有同源之可能,本是一字之二形。因为两字渊源实在难于考辨,段氏在得见明代旧本时大概有清廓之感,故决然弃"潇"取"潇",只是此举实有欠妥之处。

我们现在意义上的"潇水",在《说文解字注》中被称为"深水"。《说文解字》云:"深,深水。出桂阳南平西入营道。"段玉裁注云:

> 桂阳郡南平、零陵郡营道二志,同今湖南桂阳州蓝山县,县东五里有南平城。《水经》曰"深水出桂阳卢聚西北,过零陵营道县、营浦县、泉陵县,至燕室邪入于湘。"郦云:"桂阳县本隶桂阳郡,后割属始兴县,有卢溪卢聚山,在南平县之南,九疑山之东。"玉裁谓卢聚山在南平之南,经举其远源,许举其近源,洭出卢聚,南流入海,深出卢聚,西北流入湘以入江,是分驰不同也。《湘水篇》、经注皆不言深水,盖吕忱言深水导源卢溪,西入营水,乱流营波,同注湘津,故《湘水篇》言营不言深耳。今深营二水源委未闻,汉营道、营浦县皆氏于水,以《字林》订《说文》,则当作入营,不必有道字,泉陵县即今湖南永州府零陵县,今潇水合诸水于此入湘,深水、营水在其中矣。①

以水流走向来看,《说文》中的"深水"的确就是现今的"潇水"。既然"潇""潇"意为清深,则"深水"与"潇水"本为一水之二名,"潇水"因合于《山海经》之出典,且常"潇湘"合称形成经典意象,传诵更广,故沿用至今。

与"潇"字相比,"湘"字的渊源要清楚很多,其出处亦最早见于《山海经》与《诗经》。

《山海经·海内东经》:"湘水出舜葬东南陬,西环之。入洞庭下。一曰东南

---

① [清]段玉裁《说文解字注》第十一篇上,《段玉裁全书》,江苏人民出版社,2015年。

西泽。"其中"湘水"所指明确,即现今所称之湘江,亦即"潇湘"之"湘"。

《诗经·召南·采蘋》:"于以湘之? 维锜及釜。"毛诗曰:"湘,亨也。"郑玄注曰:"湘,息良反。亨,本又作烹,同普更反,煮也。"①而《韩诗》此句作"于以鬺之",鬺,《韩诗》各注疏解为煮而献之上帝鬼神也。现多认为毛诗以"湘"假借"鬺",无疑。则《诗经》中的"湘"与"潇湘"之"湘"并无关系。

又《说文解字》载湘水云:"湘,湘水,出零陵县,阳海山北入江。"则湘字之来源无疑。

三 文学作品中"潇湘"内涵的演化

"潇湘"一词虽早现于先秦,但是真正在文学作品中被大量使用却是从魏晋南北南朝开始的,如曹植《杂诗》有句:

> 南国有佳人,容华若桃李。朝游江北岸,夕宿潇湘沚。②

柳恽《江南曲》有句:

> 汀洲采白苹,日落江南春。洞庭有归客,潇湘逢故人。③

裴子野《丹阳尹湘东王善政碑》有句:

> 并包九域,画野分疆,猗欤帝子,日就月将,疏爵分品,奄有潇湘。④

这一时期"潇湘"的使用已有泛化之义,如曹植诗既与"江北"相对,其范围则不限于潇水与湘水两河流域了,甚至可广指江南;柳恽诗用互文,与"洞庭"相对,其意义实与"洞庭"相同,皆是指代湖湘;裴子野之文则分明是指代湖南了(此湖南指洞庭湖以南五岭以北之境,与今湖南政区相区别)。文人用"潇湘"一词来代替早前常见的"沅湘"一词⑤,其中有一个重要的原因在于南北朝时期文学家对于诗歌音律当中"双声"自觉运用意识的觉醒。《南史》有载:"王玄谟问庄:'何者为双声,何者为叠韵?'答曰:'玄护为双声,碻磝为叠韵。'"⑥《文心雕龙·

---

① [汉]毛亨传,郑玄笺,陆德明音义《毛诗》,《四部丛刊》本。
② [魏]曹植著,赵幼文校注《曹植集校注》,人民文学出版社,1984年,第387页。
③ [唐]欧阳询编,汪绍楹校《艺文类聚》卷四十二,上海古籍出版社,1985年,第763页。
④ 同上,第943页。
⑤ 衣若芬《云影天光——潇湘山水之画意与诗情》,台北:里仁书局,2013年,第55页。
⑥ [唐]李延寿《南史》,中华书局,1975年,第554页。

声律》亦云:"凡声有飞沉,响有双叠。双声隔字而每舛,叠韵杂句而必暌。沉则响发而断,飞则声飏不还。"①可见至少在南北朝时期,双声已普遍地为士大夫所重视。而"潇湘"作为双声词,自然而然地更易受到文人的喜爱,频繁地出现在文学作品当中。

在唐宋文学作品当中,"潇湘"更彻底地跳脱出地理范围的限制,被抽象地意象化了。这首先表现在诗人以"潇湘"为美景的代名词,如晚唐温庭筠《南湖》"芦叶有声疑雾雨,浪花无际似潇湘"②,将南湖比作潇湘,在于南湖的芦叶、雾雨和浪花无际与潇湘标志性的水气迷朦之色有相似之处,则此处的"潇湘"已非地理名词之"潇湘"了,而是一个优美景致的参照标准。

此外是以"潇湘"为图画或以图画为"潇湘"。前者如北宋张先《河满子·陪杭守泛湖夜游》:"游舸已如图障里,小屏犹画潇湘。"③张先与友人游览的明明是实景,却称之为"小屏画",是以景为画,当然此处之"潇湘"也并非真正的潇湘,而是景致与潇湘一样美丽的西湖。又如释师体《颂古十首》其三:"浑身无处着,驿路倒骑驴。览尽潇湘景,和船入画图。"④诗人所游览的是潇湘实景,其乘船进入的也是真实的潇湘河流,但其以"入画图"来形容潇湘之景美如画,则是以实景为图画。后者如黄庭坚《题郑防画夹五首》其一"惠崇烟雨归雁,坐我潇湘洞庭。欲唤扁舟归去,故人言是丹青。"⑤黄庭坚所见是画,却有坐游之意,且因之生出动作与声音来,则是以图画为潇湘。"潇湘"在实景与图画之间的自由切换大概也是后来"潇湘八景"得以风靡的重要基础。

之后,甚至以"潇湘"为音乐。张耒诗《和子瞻西太一宫词二首》其二:"玉斝清晨荐酒,天风静夜飘香。凤吹管截孤竹,琴弦曲奏潇湘。"⑥这里的"潇湘"既非景物亦非图画,而是一种音乐,则知"潇湘"已然完全意象化了。

可以说"潇湘"在唐人那里完成了由具象到抽象的转变,在宋人那里已经有了成熟的意象内涵。

尽管"潇湘"最初所指是实地,然而"潇湘"所指的具体地点从来就是模糊的,从上文对"潇湘"语词内涵的考述也可见出。对于"潇湘"所指,在历史上一

① [梁]刘勰著,黄叔琳注《文心雕龙》,浙江古籍出版社,2011年,第119页。
② [唐]温庭筠著,[清]曾益等笺注《温飞卿诗集笺注》,上海古籍出版社,1980年,第83页。
③ [宋]张先《安陆集》,清文渊阁《四库全书》本。
④ [宋]释师体《颂古十首》,《全宋诗》第35册,北京大学出版社,1998年,第22335页。
⑤ [宋]黄庭坚著,任渊等注,黄宝华点校,《山谷诗集注》,上海古籍出版社,2003年,第174页。
⑥ [宋]张耒著,李逸安等点校《张耒集》中华书局,1990年,第461页。

般有三种说法:一是潇水与湘水交汇处;二是潇水与湘水流域;三是泛指湖南。同时,"潇湘"的字义也是不明确的,正如衣若芬所言:"'潇湘'的语词涵义不能仅凭字书,也无法完全受地理书的空间位置所规范,尤其是字书和地理书中缺席的'潇'字,明明早就存在于文学作品中,却因为不见于《说文解字》和《广韵》中而显得定义含糊。"①地理位置与字义的暧昧不明本就让"潇湘"二字多出了许多的神秘感,而湖南风光以烟云水雾闻名的特色也让恰与这种暧昧、神秘相符,更遑论帝女殉夫与屈子投河之史传所营造出来的哀凄之风,这些都为"潇湘"从一个地理名词转变成一个重要的文学意象提供了重要的意义元素。"潇湘"意象的核心内涵包括烟云美景、离愁别绪、迁客幽思、渔隐之情等等数种,而这些要素皆有一个共同的特点,即非浓烈而是浅淡的,景致是浅淡若无的水云,情感亦是浅淡无伤的幽怀,浅淡恐怕是"潇湘"最重要的特点了。

四 "八景"意义内涵的渊源

"八景"其词的出现晚于"潇湘"。在"潇湘八景"出现之前,"八景"一词最常见于魏晋时期的道教典籍当中,是道教体系当中一个重要的概念,以"八景"为名的典籍即有《上清八景飞经》《太山八景神丹经》诸类,又有《赤书八景晨图》等。"八景"在道教系统里的意义指向并不单一,如《太上老君内观经》云:"人受其生。始一月为胞精,血凝也;二月为胎形,兆胚也;……八月八景神具降,真灵也;九月宫室罗布,以定精也;十月气足,万象成也。"②此处"八景"似是指在母胎中发育起来的人的八种知觉。《玉清无极总真文昌大洞仙经》又载:"八景,八门者,身中所具之门户,为神气之所出入。"③指的是人身体上眼、鼻、耳、口等八个孔穴或八个器官,认为人通过这八个器官来感知外物。此与《太上老君内观经》所谓之"八景"相契,属于人的生理范畴,此与本文所论之"八景"关系较远。

道教系统里"八景"的另外一个意义指向与时间相关,《上清金真玉光八景飞经》载:"立春之日……元景行道受仙之日也;春分之日……始景行道受仙之日也……"④等等,除了立春与春分之外,以下还分别列举了六种节气,即让一年当中非

---

① 衣若芬《云影天光——潇湘山水之画意与诗情》,台北:里仁书局,2013 年,第 56 页。
② [宋]张君房《云笈七签》卷十七,《四部丛刊》景明正统道藏本。
③ 《正统道藏》第 51 册,1933 年上海涵芬楼影印本。
④ [唐]陆海羽《三洞珠囊》卷九,明正统道藏本。

常重要的立春、春分、立夏、夏至、立秋、秋分、立冬、冬至八种节气,与元景、始景、玄景、虚景、真景、明景、洞景、清景的八景形成对应关系。而此八景被解释为在八个行道受仙的最佳时间里呈现出来的八种自然景象。这八种景象乃与时间相关,而后来文学上的八景也表现出与时间的相关性,如"潇湘八景"八景中的"洞庭秋月""江天暮雪"等则是与时节相关的景象,不过总体而言,各地的"八景"主要还是强调各种景物在空间上的特殊审美性,在时间上的特点并不是那么明显。但是道教系统里八景也由八时之景引申到八方之景,《三一九宫法》云:"太上所以出极八景,入骖琼轩,玉女三千,侍真扶辕,灵犯侠唱,神后执巾者,实守雌一之道,用以高会玄晨也。"①此处"八景"则有天下八方之景的意思,已是空间概念,此外,道教典籍与游仙诗歌当中常常出现"八景舆",此则是指一种可以任意行游八方的仙车,如《王母赠魏夫人歌》云:"驾我八景舆,欻然入玉清。"②此种意义应该是从上一条"出极八景",即极穷八方景物的意义中引申而来。

　　"八景"之词在道教典籍当中出现的频率相当之高,其意义所指也比较复杂,并不仅限于以上所举之三例。则道教里"八景"的内涵也有其丰富性与演化过程,而其中第二种意义虽是指修行之时所达到的一定的心灵境界,但其以景名之,已显示出其在视觉上的直观性,而由此引申出来的八方之景则与方位相关,虽亦是道教里特有的空间概念,但已与现实世界或者说俗世地理概念上的八景十分接近了。退一步说,从意义上来看,"潇湘八景"之"八景"似与道教"八景"虽无直接联系,不过"潇湘八景"以"八"为限,而非"七景""九景"或是其他任意数值,则有让人思考的地方。其实在道教体系当中,"八景"无论是指人的感知,或是天下八方各地,其特点都在于多而广。"潇湘八景"取数为"八"首先所指当然亦是在其多,为表达其境内各地景色的丰富性。从这一点来看,二者亦有不容忽视的关联。此外,"八景"虽多,且各不相同,而其前提是同出一源,限定于"潇湘",此则又与道家"八景"所谓"上景八神,一合入身"有相似之处。而对于这一点,衣若芬在探讨苏轼《虔州八境图八首》时,由苏子诗序引出"八境实出于一,由一生八乃自然气候、观览视点与人情绪变化而来"的结论,亦与之相类。

　　前辈学者对于"潇湘八景"取数为"八"亦曾有过探讨,比较有代表性的仍是衣若芬的观点。她首先指出中国文人对于"风景"概念的意识始于魏晋南北朝,

---

① 同上,卷五十。
② [宋]张君房《云笈七签》卷九十六,《四部丛刊》景明正统道藏本。

"'潇湘八景'的八个取景观点根植于六朝山水文学会传统","'潇湘八景'的偶数形式,两相对仗以及近乎押韵的题名内容,显示近体诗格律完成后对于群组数目结构概念的影响",[①]其从"风景"概念的出现与六朝诗歌形式的确立来推导"八景"的选定,提法新颖有说服力。不过,同样是上溯到魏晋南北朝,既然理清了比较抽象的概念及文学形式与"八景"之间的逻辑关系,那么认为"潇湘八景"中的"八景"是对道教"八景"在词语上进行直接借鉴的观点应当也是成立的。

参考文献:

[1][晋]郭璞.山海经传[M].四部丛刊本.

[2][清]郝懿行.山海经笺疏[M].四部丛刊本.

[3][魏]郦道元撰,[清]王先谦校.水经注[M].四部丛刊本.

[4][梁]萧统编,[唐]李善注.文选[M].文渊阁四库全书本.

[5][唐]徐坚.初学记[M].北京:中华书局,1962:190.

[6][清]段玉裁.段玉裁全书[M].南京:江苏人民出版社,2015.

[7][汉]毛亨传,郑玄笺,陆德明音义.毛诗[M].四部丛刊本.

[8][魏]曹植著,赵幼文校注.曹植集校注[M].北京:人民文学出版社,1984:387.

[9][唐]欧阳询编,汪绍楹校.艺文类聚[M].上海:上海古籍出版社,1985:763.

[10]衣若芬.云影天光——潇湘山水之画意与诗情[M].台北:里仁书局,2013.

[11][唐]李延寿.南史[M].北京:中华书局,1975:554.

[12][梁]刘勰著,[清]黄叔琳注.文心雕龙[M].浙江古籍出版社,2011:119.

[13][唐]温庭筠著,[清]曾益等笺注.温飞卿诗集笺注[M].上海:上海古籍出版社,1980:83.

[14][宋]张先.安陆集[M].文渊阁四库全书本.

[15][宋]释师体.颂古十首,全宋诗[M].北京:北京大学出版社,1998:22335.

[16][宋]黄庭坚著,任渊等注,黄宝华点校.山谷诗集注[M].上海:上海古籍出版社,2003:174.

[17][宋]张耒著,李逸安等点校.张耒集[M].北京:中华书局,1990:461.

[18][宋]张君房.云笈七签[M].四部丛刊本.

[19]正统道藏[M].上海涵芬楼影印本,1933.

[20][唐]陆海羽.三洞珠囊[M].明正统道藏本.

（原载 2017 年第 1 期,作者单位:湖南科技学院）

---

① 衣若芬《云影天光——潇湘山水之画意与诗情》,台北:里仁书局,2013 年,第 89 – 91 页。

潇湘八景在日本的受容与流变

✳ ［日］堀川贵司

一 潇湘八景的特征

活跃于 11 世纪晚期的画家宋迪始创的潇湘八景,一般表述为下列八种二字与二字叠加的称谓,前半表示场所,后半表示事物。但是,有的前半却蕴含着场所以外的要素。这里试着将所含各要素词细列出。

潇湘夜雨	潇湘(场所)	夜(时间段)	雨(天候)
洞庭秋月	洞庭(场所)	秋(季节)	月(天文、时间段)
烟寺晚钟	烟(天候)	寺(场所)	晚(时间段)钟(人事)
远浦归帆	远(广阔空间)	浦(场所)	归(动作、时间段)帆(=船、人事)
山市晴岚	山(场所)	市(人事)	晴岚(天候)
渔村夕照	渔村(人事、场所)	夕(时间段)	照(天候)
江天暮雪	江(场所)	天(广阔空间)	暮(时间段)雪(天候、季节)
平沙落雁	平(广阔空间)	沙(场所)	落(动作)雁(动物、季节)

以上所列表示场所的词中,地名仅潇湘、洞庭两处。不言而喻,"潇湘"蕴涵清虚淡泊广无际涯意,可以涵盖潇湘八景的全部地域。另外六景无具体地名,无特定场所名。

潇湘乃河川及其流域,洞庭乃湖泊名称,皆关联着水。其他场所——浦、渔村、江、沙滩(砂滨)都与水域及其周边有缘,寺与山,有山岳印象。所以,中国风景画的两大要素——山、水都蕴涵其中。

八景的特征之一是表示时间带的词很多,都集中在傍晚向夜的时间段(夜、月、晚、归、夕、暮)。

八景的天候词有雨、烟、雪。这都是极富变幻的景致,有空气湿润,霏微飘朦,风景锁在烟雾中之貌,也有空气清澄,眺望无涯,远浦归帆、渔村夕照、洞庭秋月、平沙落雁,清霁万里云之态。山市晴岚则是日光随山风煦煦吹过,云霞收夕霏散落成霭,包含前两种景致。

其他景致,寺钟、归帆、朝市、渔村等要素,含有生活在山麓、水边的人间烟火,显然,这些场所并非仙境或桃源乡,而是现实世界。

综上所述,可以说,潇湘八景图所绘景象,是设定在山峦环抱的水边风景,极富变幻的时间段和天候条件下的。尤其透过空气的透明和不透明,或云雾缭绕、云蒸霞蔚、或朗空皓天的条件下,风景若隐若现,悠悠展呈,光影交错,渺渺向远……这,正是始创者宋迪擅长的"平远山水"(《梦溪笔谈》)。

潇湘八景的构成要素,有湿润的气候、水边、山峦地域。这样的构图风景,能普遍适用于任何地域。这也许正是以日本为首,并在东亚广泛普及的原因。

二 博多八景、大慈八景

潇湘八景于 13 世纪晚期,通过来日的中国禅僧传来日本。初始期,无疑是作为画题而接受的,而作为诗题,是通过五山文学(中世日本的禅僧[宗]文学)普及的。同时,在日本各地,逐步以其地方的地名或风物为题材,骆驿不绝地选出八景。

其中,最早选出的博多八景,就是 14 世纪初期,博多禅宗寺院圣福寺的禅僧铁庵道生(1262–1331)选定的。

博多八景的前二字,全是博多湾周边地名。如"香椎""箱崎"处有大神社,"志贺""能古"是位于博多湾入口的岛,"一崎"是松林延绵的海岸。取环绕博多湾耳熟能详的地名,赋名八景。

后二字与潇湘八景主题词差异很大,"春潮""蚕市"(蜀地春季巡回各地的市场)加入了"春",而这却是潇湘八景中没有明示的春季,且不是"渔村",而是用"独钓",让人不由地联想"隐者"。"松行",以"落雁"之雁行换置为"松"。

> 香椎暮雪(←江天暮雪)
> (kashii)
> 箱崎蚕市(←山市晴岚)
> (hakozaki)
> 长桥春潮(←潇湘夜雨)
> (nagahashi)

庄滨泛月（←洞庭秋月）

（shôhama）

志贺独钓（←渔村夕照？）

（shika）

浦山秋晚（←烟寺晚钟？）

（urayama）

一崎松行（←平沙落雁？）

（iki）

野古归帆（←远浦归帆）

（noko）

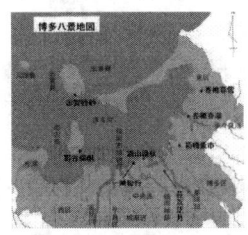

据福冈市博物馆"博多八景"展作成。（修改林文理氏作图）

http://museum. city. fukuoka. jp. 志贺至香椎东西 **12km**，再延至庄滨南北 **8km**。

　　大慈八景，推测是由既是歌人（善赋和歌者）又是武将的今川了俊（1326－1420？）、禅僧义堂周信（1325－88）等，于 14 世纪晚期，从鹿儿岛县志布志市所在的大慈寺及其周边的风景选出的八景。

　　大慈八景的前二字有大幅改变。"龙山"是大慈寺的山号龙兴山，"古寺"应该就是大慈寺。"佳景高台大慈寺远眺"与"古寺庭深葱茏掩映"的二景置于最前，海岸边志布志镇为"野市""渔浦"，流过寺庙东侧的志布志川河口附近，以"桥边""江上"表述。"东营""西寨"分别为内城和松尾城，是岛津氏的城郭。宝满寺与松尾城隔川相望，志布志川穿流而过，近旁东北侧是内城。后二字有"春"——春望、有"夏"——绿荫，意涵一年着四季全景，却又悉心作了部分改变。

　　虽然极力排除固有地名词，却依然继承了潇湘八景的本原文化精神，竭力保持着八景的命名方法。

龙山春望

古寺绿荫　（←烟寺晚钟）

野市炊烟　（←山市晴岚）

渔浦归舟　（←远浦归帆·渔村夕照）

桥边暮雨　（←潇湘夜雨）

江上夕阳　（←渔村夕照）

东营秋月　（←洞庭秋月）

西寨夜雪　（←江天暮雪）

据 Google Map 作成。

大慈寺与宝满寺间的距离，约 2km。八景约分布在

大慈寺 3km 径内。当时的海岸线在大慈寺稍南一带。

了解了博多八景、大慈寺八景的实地分布状态，细分其特征会发现，这些实地八景的选定，是尽可能巧妙地折中地理环境条件，从而使其不消失潇湘八景的特征。

三　近江八景、金泽八景

拟琵琶湖风景为潇湘八景，从 14 世纪开始虽有浅尝，而近江八景以现在的名称选定则在 17 世纪初期。集中了东海道与北陆道的交通要冲琵琶湖南部湖岸线的八处名胜。前二字地名，后二字袭潇湘八景本原主题词。各个地名自古有历史佳话，是《万叶集》以来的和歌吟诵最多的诗迹名所。

三井晚钟　9 世纪开创的寺院，史上正名园城寺

（mii）

濑田夕照　7 世纪始为交通要冲，以"濑田唐桥"著称

（seta）

粟津晴岚　湖岸沙滩和松林蜿蜒向远,源氏、平家交战,木曾义仲战死地

（awazu）

唐崎夜雨　佳景眺望地,一颗古松苍劲屹立

（karasaki）

石山秋月　8世纪开创的寺院,传说紫式部的《源氏物语》在此执笔

（yishiyama）

坚田落雁　琵琶湖的渔业和水运中心地,中世纪的自治都市

（katata）

矢桥归帆　琵琶湖东岸水运中心,靠近东海道

（yabase）

比良暮雪　天台宗僧侣的山岳修行地

（hira）

据滋贺县官网"湖国 滋贺"作成,http://www. pref. shiga. lg. jp.

最北的比良山至最南端的石山寺约26km,湖宽径约5km。

坚田以北约10km处开始,南岸集中了八景中的七景。

古代以来的日本文化中,构成各个不同时期的历史舞台,文学作品中不断登场的地名,以潇湘八景四言诗方式,潇湘八景融入日本文化,构成完美的"和"化潇湘八景。

自此以后,日本各地产生了无数的"○○八景",而近江八景很多时候,甚至比潇湘八景更富有杰作样板的意义。绘画、文学作品中屡屡登场,尤其是通过19世纪的浮世绘艺术,获得了更加广泛传播。

至现代,我们都能够看到电视节目制作的浮世绘和现在的风景两种形式。

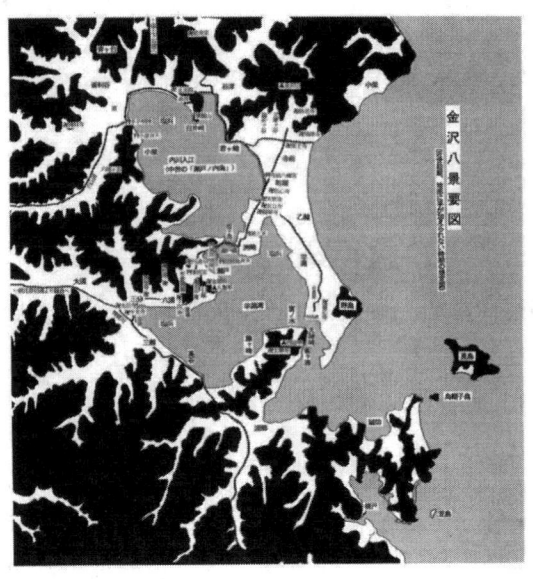

NHK 新日本风土记"近江八景歌川广重视野中的琵琶湖"http://cgi2. nhk. or. jp.

　　金泽八景,位于武士都城镰仓东面区域,那里是向镰仓供给物资集散地的重要码头。金泽氏在那里设置有根据地,创建了称名寺,建了汇集珍贵典籍的金泽文库有口皆碑。

　　这一带,湖泊、江流纵横交错,周边山峦连绵的地形,早在15世纪,镰仓禅僧拟一带景色为潇湘八景,现行的名称,是17世纪,从中国来日的禅僧东皋心越选定的。命名的方法同于近江八景,前二字地名,后二字同潇湘八景本原主题词。

　　　　洲崎晴岚(suzaki)

　　　　濑户秋月(seto)

　　　　小泉夜雨(kozumi)

　　　　乙舻归帆(ottmo)

　　　　称名晚钟(shyomyo)

　　　　平泻落雁(hirakata)

　　　　内川暮雪(uchikawa)

　　　　野岛夕照(nojima)

19世纪,与近江八景同样,通过浮世绘艺术,被广泛传播而为社会周知。近江八景浮世绘是一景一幅风景画,八幅组画构成,而金泽八景则是一幅中绘八景。这种袖珍型浮世绘普及特别广泛。这是因为位于入江中心部位置的金龙院,特别出售由寺院指定的浮世绘画家歌川广重所绘的风景画,同时,广为宣传从寺院可以最佳地眺望八景所致。

当时,江户市民以去镰仓或江岛参拜寺社为及时行乐的最大趣事,观光金泽八景也包含在这样的旅游路线中。袖珍浮世绘或旅行指南或导游册等出版物招揽观光客人的策略,金泽八景得到最大利用。与近江八景不同的是,金泽八景的各景地名,除"称名"外,其他地名很难使人感受到历史文化,但因镰仓、江岛是精品游览观光线,从而被赋予了名胜地的印象。

图据神奈川县立金泽文库展览会图录《金泽八景历史·景观·美术》,1993 年。
原版神奈川金泽文库藏。纵横江流全距离南北 **3km**,东西宽度约 **1.5km**。
现因被填海造陆,而失去了当年的景色。

四 结语

金泽八景,如上所述,在那一带中央有眺望全八景的高地,全八景半径仅在 2−3km 以内。其分布广度与大慈寺八景很相似。这些"和"化的八景景观,其渊源都是潇湘八景衍生流变而来,和非常近似于杭州西湖的风景。

西湖选出有"西湖十景",几乎与潇湘八景同时期传入日本。西湖风景有曾亲睹了西湖风景的日本留学僧的讲述,或被称为"西湖图"的绘画而广为传播。

然而,因西湖十景与西湖风物吻合得那么天衣无缝,所以,却很难移植为其他地方的风景描述。另一方面,在日本各地方也很难达到犹如潇湘八景那样广大的地域风景。因此,寻找类似西湖的风景,并在这样景观地,活用潇湘八景要素,选出八景。就这样循环往复,二者融合的八景,便不断诞生在日本各地。

因为出现了近江八景,本原八景的潇湘八景,仿佛逐步在日本人的意识中销蚀了。乐道因天候和时间段变化而不断变化的山水风景之精神,却脉脉相承,至现代,日本人依然感到那里是最美景观的经典之经典。那些风景依然是绘画或文学作品的写生佳景和最好题材。

(原载 2017 年第 3 期,作者单位:日本庆应义塾大学)

潇湘八景在东亚的展开

✳ ［日］小峯和明 ◆

一　琉球

资料1：天顺七年（1463），藩荣·尚德王册封使《中山八景记》。

资料2：万历三二年（1608）袋中《琉球神道记》。

《序》："……琉球国者，虽为海中小岛，而神明权迹之地也。……当初撰国中高处卜城，名中山府。景该于八，隔离于三。神祠远围绕，而卫护有验。禅刹近罗列，尔祈祷无阙。"

卷五末尾："我得空就去中山府。偶然眺望群山江河之景，不由得感叹自身之渺小。遂借潇湘之题献诗八首。然而这只是一时的慰藉。虽如此，亦忘却惭愧，在此题诗。"

那霸夜雨：东西南北信风行，船止此祈波涛平。忆想古乡宵夕切，波兼细雨至深更。

景满秋月：浮云收尽九天昂，今夜桂花浴水凉。冰里夹银山互耀，中山游子断哦肠。

末好晚钟：祇园精舍北山顶，诸行无常钟响声。阴阴蓬蒿亲友宿，君何不厌世荣名。

泊汀落雁：乍干乍满定时无，潮水秋天凉入湖。凫雁逍遥沙有印，风摇檀笔浴成模。

西崎归帆：浦渚混云水远幽，往来商客继船周。渔翁舴艋相交杂，暮日一樯入敦洲。

金岳暮雪：国作南阳虽未见，地灵人杰雪何无。东山干汉巅浸海，变白变青寒气殊。

首里晴岚：暮去朝来在雾中，市鄽逐利意忽忽。玄冬素雪人憔悴，独荷中山酒买戎。

洋城夕照:暮日含山方倒景,潜鳞深入鸟归枝。一时快活是千日,渔老醺醪莫辞盃。

资料3:周煌《琉球国志略》,首卷附插画:泉崎夜月,临海潮声,粲村竹篱,龙洞松涛,筍崖夕照,长虹秋霁,城岳灵泉,中岛蕉园。

资料4:程顺则《东苑八景》,御茶屋御殿。

资料5:宜湾朝保《松风集》,《崎山别宫八景》(602—609)。

资料6:石垣市立八重山博物馆藏《首里八景》。

冕岳积翠:向东遥望冕岳,郁郁葱葱,每棵树都染上了春之绿色。

崎山竹篱:编成竹篱笆的竹子,它的清爽足以让人治愈,不要迟疑,去崎山乡吧。

龙潭夜月:明月映着波浪,在这样的晚上,想必龙也想离开深水潭吧。

虎山松涛:无海亦起浪,我正对此惊讶不已,虎山的松树间,狂风呼啸而过。

二　朝鲜

(一)潇湘八景

资料7:《高丽史》卷一二三·列传三五《方技传·李宁》:"子光弼,亦以画见宠于明宗。王命文臣,赋潇湘八景,仍写为图。王精于图画,尤工山水,与光弼·高惟访等,绘画物像,终日忘倦,军国事慢不加意。近臣希旨,凡奏事以简为尚。光弼子,以西征功补队正,正言崔基厚议曰:'此子年甫二十,在西征方十岁矣,岂有十岁童子能从军者?'坚执不署,王召基厚责曰:'尔独不念光弼荣吾国耶?微光弼,三韩图画殆绝矣。'基厚乃署之。"

资料8:《高丽史节要》卷一三·明宗一五年(1185)三月:"王命文臣制潇湘八景诗,仿其诗意,摹写为图。王精于图画,于画工高惟访李光弼等,绘画物像,终日忘倦,军国万机不以介怀。近臣希旨,凡奏事,以简为尚。光弼子年少,以征西功补队正,正言崔基厚议曰:'此子年甫二十,则在征西之时,方十岁矣。岂有十岁童子从军者欤?'坚执不署。王召基厚,责曰:'尔独不念光弼荣吾国耶。微光弼,三韩图画殆绝矣。'基厚乃署之。光弼父宁,少以画知名,仁宗时,随李资德入宋。徽宗勅宁画本国礼成江图。既进,徽宗嗟赏曰:'比来高丽画工随使至者多矣,唯宁为妙手。'赐酒食锦绢。仁宗得宋商所献画图,以为中华奇品,悦之，召宁夸示。宁曰：'是臣之笔也。'仁宗不信，宁取图柝妆背，果有其姓名。"

资料9：《朝鲜王朝实录》太祖七年（1398）四月二六日：

赐左政丞赵浚、右政丞金士衡新都八景屏风各一面。奉化伯郑道传制进八景诗。

一曰畿甸山河：沃饶畿甸千里，表里山河百二。德教得兼形势，历年可卜千纪。

二曰都城宫苑：城高铁瓮千寻，云饶蓬莱五色。年年上苑莺花，岁岁都人游乐。

三曰列署星拱：列署岩峣相向，有如星拱北辰。月晓官街如水，鸣珂不动纤尘。

四曰诸坊碁布：第宅凌云屹立，闾阎扑地相连。朝朝暮暮烟火，一代繁华（宴）〔晏〕然。

五曰东门教场：钟鼓轰轰动地，旌旗旆旆连空。万马周旋如一，驱之可以即戎。

六曰西江漕泊：四方辐辏西江，拖以龙骧万斛。请看红腐千仓，为政在于足食。

七曰南渡行人：南渡之水滔滔，行人四至镳镳。老者休少者负，讴谣前后相酬。

八曰北郊牧马：瞻彼北郊如砥，春来草茂泉甘。万马云屯鹊厉，牧人随意西南。

资料10：《朝鲜王朝实录》世祖十三年（1467）八月一七日："赠琉球国王红细苎布十一匹，白细苎布、黑细麻布各四十匹，白细锦绸三十匹，人参一百五十斤，虎、豹皮各十张，满花席、彩花席、满花方席各十五张，坐子二事，鞍子二面，厚纸十卷，油纸席十五张，屏风一坐，石灯盏四事，短珠一贯，簇子二对，锡砚滴十事，白摺扇子百把，毛鞭十事，册纸一百卷，黄毛笔二百枝，匣具紫石砚十面，油烟墨一百笏，柏子六百斤，烧酒三十瓶，蜡烛一百柄，三并刀子四部，清蜜三是斗，《法镜论》《法华经》二部，《四教仪》《成道记》《大悲心经》《永嘉集》《圆觉经》《翻译名义》《金刚经五家解》《楞严义海》《法数》《维摩诘经》《水陆文》《碧岩录》《楞伽经》《真实珠集》《高峰和尚禅要》《楞严会解》《金刚经》《冶父宗镜》《道德经》《涵虚堂圆觉经》《楞伽经》《阿弥陀经疏》《维摩经宗要》《观无量》《寿经义记》、赵学士所书石本《真草千字》《证道歌》《高世帖》《八景诗帖》《浣花流水帖》《东西铭》《赤壁赋》《心经》《兰亭记》《王右军兰亭记》。"

资料11:《朝鲜王朝实录》中宗二十年(1525)六月五日:"下八景七言律诗题曰:'前者,大提学李荇言:侍从文臣,不时命制。故令命制尔。弘文馆艺文馆、承政院、侍讲院,明日制进可也。'"

资料12:《题屏簇俗画辨证说》:"《八景图》者,朱彝尊《曝书亭集》:'宋度支员外郎宋迪,工画平远山水,其平生得意者,为景凡八,今人所仿《潇湘八景》是也。然当时作者,意取平远而已,不专写潇湘风土。迨元人形之歌咏,其后自京国以及州县志,靡不有《八景》存焉。固哉!世俗之可笑也。'"

资料13:《秋兴八律辨证说》:"一证。如宋度支员外郎宋迪,工画平远山水,其平生得意者,为景凡八。初未尝先命名,后人自以为'洞庭秋月'、'潇湘夜雨'、'平沙落雁'等目之。今画人先命名,非士夫也。今人所仿,潇湘八景是也。然当时作者,意取平远而已,不专写潇湘风土。迨元人形之歌咏,其后自京国以及州县志,靡不有八景存焉。固哉!世俗之一哂也。《秋兴八律》《七哀诗》,何以异于此乎?"

资料14:《东文选》卷二十二:潇湘八景图,有宋真宗宸翰。(姜硕德)

茂陵宸翰照苍旻,虎卧龙跳尽绝伦。自是当时聊遣兴,那知睿奖异时新。

解衣盘礴问何人,意匠经营妙入神。试向晴窗时一展,恍然坐我洞庭滨。

青烟漠漠锁巑岏,松桧阴森路屈盘。试问招提藏底处,一声钟落白云端。

右烟寺暮钟

清秋极浦迥连天,欸乃一声若箇边。日落风轻苹满水,片帆飞过碧山前。

右远浦归帆

海门推上烂银盘,铁笛声高万顷寒。最是清光秋更好,凭栏须到夜深看。

右洞庭秋月

冻云垂地暗坤倪,忽放春光满水西。江路无人天欲暮,梅花开遍竹枝低。

右江天暮雪

斜月半轮明远岫,昏鸦数点返寒林。渔人收网归茅舍,穿入芦花深复深。

右渔村落照

孤舟千里思悠悠,挑尽寒灯揽弊裘。奈此黄陵祠下泊,兼葭风雨满江秋。

右潇湘夜雨

千里关山露未晞,槿篱茅店掩柴扉。轻岚一抹横如练,多少楼台隐翠微。

右山市晴岚

平沙如雪夐无垠,万里衡阳欲暮春。不似玉关矰缴密,悠扬直下莫纷纶。

右平沙落雁

资料15:《保闲斋集》卷十《题匪懈八景图诗卷》:"画潇湘八景,摸宋宁宗手书八景诗,仍录古人八景诗以为轴,求题咏于文士。""诗为有声画,画是无声诗。世间唯诗画,状物穷妍媸。披图玩其象,逐句研其辞。始觉天地间,有此八般奇。神机各夺真,眼底生幽思。东平乐善意,触物无穷时。可使千载下,好尚钦芳规。"

资料16:《保闲斋集》卷十四申叔舟《画记》:"今有江亭雪霁图一,长林雪满图一,春晓烟岚图一,长江图一。弼则笔势精微,长于楼阁人物。今有滕王阁图一,华清宫图一,潇湘八景图各一,二十四孝图十二,古木图一,悬崖峻阁图一。远则笔势高雅,无与为比。今有长松茅舍图一,溪居灌盆图一。仲义则尺山寸木,不逾规矩。今有染彩山水入。道权则尤善浓淡。今有水墨山水一。辉则善岩石人物。今有山中看书图一,幽林采药图一,画佛三。"

资料17:《稗官杂记》二:"近代武臣之能诗者,不过数人,然皆不可观。唯朴撝谦少时在申文忠公幕下有诗曰:'十万貔貅拥戍楼,夜深边月冷狐裘。一声长笛来何处,吹尽征夫万里愁。'后题兴德县培风轩曰:'屹立亭亭万仞峰,峰头高阁迥临风。地连蓬岛三清界,人在潇湘八景中。云带山腰横缥缈,水涵天影接空濛。忽看远浦归帆疾,木道遥连汉水通。'武弁中有此作,未易得也。"

资料18:《海东杂录》四·权鳖·本朝四《徐居正》:"李仁老潇湘八景绝句,清新富丽,工于模写。陈澕七言长句,豪健清峭,得之诡奇。皆古今绝唱,后之作者,未易伯仲。"

资料19:《梅湖公小传》崔粹翁:"梅湖公,洪州骊阳县人也。姓陈,名澕,梅湖其号也。曾祖讳宠厚,事高丽仁宗,以大将军讨贼臣李资谦,封骊阳君。祖讳俊,参知政事,当毅明庚癸乱,扶护文臣,全活甚多,时人谓其后必昌。考讳光贤,枢密副使。公,其仲子也。有俊才,善属文,尤工歌诗,清丽雅健,蔼然有正始音。明宗尝命群臣制潇湘八景诗,公以童丱,亦作长篇,气格豪壮,与李大谏仁老诗俱为绝唱。其文艺夙就如此。"

资料20:《梅湖遗稿》宋迪八景图:

"按南公泰普所录:公自号梅湖,参知政事俊孙,宠厚曾孙。公之子献,翰林学士。孙蕃,枢密副使。陈氏新谱,校百年前旧谱相错。此说必有所本,而小传姑从新谱,当俟更考。"

平沙落雁：秋容漠漠湖波绿，雨后平沙展青玉。数行翩翩何处雁，隔江哑轧鸣相逐。青山影冷钓矶空，淅沥斜风响疏木。惊寒戛天飞，意在芦花深处宿。

远浦归帆：万顷湖波秋更阔，微风不动琉璃滑。江上高楼迥入云，凭栏寄眼清如泼。俄闻轻橹凫雁声，顷刻孤帆天一末。飞禽没处水吞空，独带清光攒一发。

渔村落照：断岸湖痕余宿莽，鹭头插翅闲爬痒。铜盘倒影波底明，水浸碧天迷俯仰。归来蒻笠不惊鸥，一叶扁舟截红浪。鱼儿满篮酒满瓶，独背晚风收绿网。

山市晴岚：青山宛转如佳人，云作香鬟霞作唇。更教横岚学眉黛，春风故作西施颦。朝随日脚卷还空，暮傍疏林色更新。游人隔岸看不足，两眼不博东华尘。

洞庭秋月：满眼秋光濯炎热，草头露颗珠玑缀。江娥浴出水精寒，色战银河更清绝。波心冷影不可掬，天际斜晖那忍没。飘飘清气袭人肌，欲控青鸾访银阙。

潇湘夜雨：江村入夜秋阴重，小店渔灯光欲冻。森森雨脚跨平湖，万点波涛欲飞送。竹枝萧瑟漉明珠，荷叶偏偏走圆汞。孤舟彻晓掩篷囱，紧风吹断天涯梦。

烟寺暮钟：烟昏万木栖昏鸦，遥岑不见金莲花。数声晚钟知有寺，缥缈楼台隔暮霞。清音袅袅江村外，水精霜寒来更赊。行人一听一回首，香霭濛濛片月斜。

江天暮雪：江上浓云翻水墨，随风雪点娇无力。凭栏不见昏鸦影，万枝繁华春顷刻。渔翁蒻笠戴寒声，贾客兰桡滞行色。除却骑驴孟浩然，箧中诗思无人识。

资料21：《益斋乱稿》卷三："和朴石斋、尹樗轩用银台集潇湘八景韵。石斋名孝修，樗轩名奕。"

平沙落雁：行行点点整还斜，欲下寒空宿暖沙。怪得翩翩移别岸，轴轳人语隔芦花。

远浦归帆：行舟贾客似儿童，香火人人乞顺风。赖是湖神能泛应，众帆齐举各西东。（洞庭湖神分风送舟）

潇湘夜雨：枫叶芦花水国秋，一江风雨洒扁舟。惊回楚客三更梦，分与湘妃万古愁。

洞庭秋月：三更月彩澄银汉,万须秋光泛素涛。湖上谁家吹铁笛,碧天无际雁行高。

山市晴岚：漠漠平林翠霭寒,楼台隐约隔罗纨。何当卷地风吹去,还我王家着色山。

渔村落照：落日看看御远岫,归潮咽咽上寒汀。渔人去入芦花雪,数点炊烟晚更青。

江天暮雪：柳絮飞空欲下迟,梅花落地亦多姿。一樽月尽江楼酒,看到蓑翁卷钓时。

烟寺暮钟：一副丹青展不封,数行水墨淡还浓。不应画笔真能尔,南寺钟残北寺钟。

资料22:《朴先生遗稿》诗《题匪懈堂潇湘八景试卷》：

"判书尹公晖家藏亲笔匪懈堂得宋宁宗八景诗于东书堂古帖,宝其宸翰,因令揭其诗,画其图,名其卷曰《八景诗》,取丽代诗人李仁老、陈澕之作系焉。又请当世之善于诗者,赋五六七言以歌之。集贤殿副修撰鲁山李公永瑞为之序。都承旨录川赵公瑞康,右承旨姜公硕德,右副承旨柳公义孙,铃平君尹公季童,艺文提学耽津安公止,直集贤殿铁城南公秀文,释千峰,成均注簿永阳李公甫钦,直集贤殿鹫山辛公硕祖,承文院副校理昌宁成公三问,校书校勘盆城金公孟,集贤殿副校理幢梁崔公恒,知中枢院事河东郑公麟趾,邢曹判书竹溪安公崇善,集贤修撰高灵申公叔舟,左赞成晋阳河公演,节斋金公宗瑞及先生,咸作诗,皆亲笔。中朝人翁正春以八分书其首曰'海宇奇观'云。时先生为集贤殿修撰,正统七年壬戌八月也。"

"吾生渺渺天之东,足踏旧迹磨驴同。潇湘胜概空耳闻,缩地无路堪相通。王子袖中携洞庭,照我双眼还能青。景入诗篇描写尽,笔迹仍知为宋宁。乘与遣画用意新,雨气淋漓泣鬼神。烟岚霏霏返照红,雪月炯炯寒江滨。吴樯楚柂倏联翩,衔芦影接衡阳天。八景争长各偓佺,一时收拾森在前。新诗如画画如诗,终日展玩不知疲。恍然身在岳阳楼,借问今我知为谁。"

资料23:《四留斋集》卷一《题画屏潇湘八景》：

南来逐客舟,莫近湘江泊。西风夜雨时,仿佛英灵泣。

右潇湘夜雨

平湖七百里,积霭夜来收。欲知秋月好,须上岳阳楼。

右洞庭秋月

晴岚布山腰,可怡不可揽。陇上有丈夫,欲市何由敢。

右山市晴岚

上方楼阁晚,云外数声钟。山僧有底忙,桥畔促归笻。

右烟寺暮钟

枫落吴江上,蒲帆送晚风。惟须数行雁,和影点寒空。

右远浦归帆

西崦红将敛,南湖返棹忙。百年供役役,人世几斜阳。

右渔村落照

岂不恋稻粱,其如避矰弋。前身诸葛侯,布阵依沙碛。

右平沙落雁

江娥朝玉京,步步布琼屑。何村酒可赊,不辨青帘色。

右江天暮雪

资料24:《八斯遗稿》卷一,《遯轩先生文集》卷三,《题潇湘八景画屏,又写八咏》:

曲曲开张水墨屏,潇湘八景绕窗楹。谁将画笔摹形胜,付与闲人慰晚龄。

平湖万顷练横光,十里明沙积水傍。点点行行回雁阵,翩翩欲下更悠扬。

平沙落雁

依微远浦水盈盈,一阵樯乌百丈轻。出没片帆风与便,天连云海杳前程。

远浦归帆

两脚连空送晚秋,霏霏淅淅洒扁舟。应添二女思君泪,染尽丛篁万古愁。

潇湘夜雨

入夜金波洗碧空,冰轮辗上海门东。洞庭七百平湖水,上下清光一样同。

洞庭秋月

烟霭苍崖淡更浓,崎岖一迳入云松。不知何处藏萧寺,风外隆隆响远钟。

烟寺晓钟

冽冽风威雪势严,梅花柳絮弄轻纤。江山便作琼瑶窟,霁景分明姤玉蟾。

江天暮雪

蔼蔼浮岚逗晓寒,楼台隐约隔罗纨。须臾捲尽无痕迹,始见东南耸碧峦。

山市晴岚

归云拥树日含山,江上残村早掩关。隔岸忽闻人语闹,也知渔父打鱼还。

渔村落照

资料25:《送潇湘八景图于龟侄,以慰病怀》二首:

八幅龙眠出箧笥,重封聊自寄龟儿。烟波景物皆潇洒,昔疾应苏对玩时。

潇湘胜地入良工,八景森罗八幅中。知尔卧游心目爽,病苏何必待秋风。

资料26:《痴庵先生文集》卷一,《家大人次益斋先生潇湘八景韵命赋》:

平沙落雁:浦阔多蒲荻,沙明近稻粱。青天万里字千行,风翻下三湘。影落清秋月,声寒半夜霜。南飞不必过衡阳,烟水满徐杨。

远浦归帆:白起鸥声乱,青斜柳影催。兼天秋水万帆开,间带远风来。潮浦乘晨出,烟村向暮回。残阳系缆苇花堆,俄听会稽雷。

潇湘夜雨:暗色云垂浦,寒汀浪打洲。鹧鸪飞处雨含秋,萧飒使人愁。竹里湘妃瑟,枫边楚客舟。黑风吹乱夜沉幽,应湿坐沙鸥。

洞庭秋月:玉露横秋水,银河倒半空。桂轮高出楚城东,一片在江中。魄转秋犹扇,光垂夜亦虹。汀洲烟雾散金风,天地是琼宫。

江天暮雪:日没千山暗,风号万象严。满江飞雪乱轻纤,两岸散为盐。柳絮飘春巷,梨花落晚帘。玉龙何似照金蟾,白舫闭青帘。

烟寺暮钟:寺里烟光晏,林间日影浓。万山含紫变青容,隔水数声钟。荡荡鸣高阁,依依挂半峰。归僧遥听不停筇,一衲没深松。

山市晴岚:山碧千重立,江清一带围。村临小市掩朝扉,浓霭散霏霏。有气连空转,无形扑岫微。斜阳回照宿云归,光景暮还非。

渔村落照:玉碎秋江水,金笼晚岫霞。烟生浦上万人家,残日倚桥斜。远渚明浮鸭,寒林送乱鸦。影浓红树似春花,处处曝鱼虾。

(二)关东八景

资料27:《八路利病辨证说》:"大抵关东以山水甲于一国。金刚名于天下,又有关东八景,公私游赏,四时不绝。其接对支供,作一钜弊。山出参、茸,民或藉此为生,为官勒夺,种种受害。复饶熊胆,为商贾轻货,一胆转入倭馆,致百许缗,故互相潜卖云。其他春川之参,平康之雪花、纸鸟,于一邦小小财利,不可殚记。而金城硫磺,为国重宝。而近者潜入燕市,则无异红参。亦有厉禁,利重难察。"

资料28:《三陟府异景异产辨证说》:

"关东三陟府,多异景,又多异产,地志、物理诸书多漏焉。涉猎之暇,略得所见闻以传之。"

"其异景则有串村,在太白山中可隐处。有长生洞亦然。五十川谷,更多可居处,有孟防埋香岸。其《志》曰:天元至正二年,埋香二百五十株云,即高丽忠宣王二年也。见许眉叟穆《记言》。有小丛石,距府数十里也。远德面海上,有小丛石,石柱长自五六丈至二三丈者,数十条,出水面,海涛激而为风雷声。海中大小卧丛石,莫知其数。沿海溢又有石窟数处,乘船以入,吹箫笛,寥亮可听。其物产之奇且异者,则有竹实可食。《记言》:太白头陀东,产异桑,宜弓材,不宜养蚕。叶大如掌,其实三寸。《道家书》东海三椹,此也。太白西楼岩石间产韭,《尔雅》曰藿也,或曰草钟乳,益人。真珠观西轩岩上见秦椒,似椒而大,黄黑色,味有椒气,令人耐老通神。百伏岭下有海盐地,距岭五里,乃长谷,而距海四十里。而其土甚斥卤如盐,人以为异。其旁产海防风。入洞口新设一店云。《记言》又云:三勿吞出玛瑙,冰洞出硫石、滑石。又有竹箭之美,松板之佳。以三陟府所出黄肠板,为一国之最。古无绵,近者山峡处播种,渐至结实绩麻,为货之一。海错则无不备焉,且煮卤,故鱼盐海藿不贵。此其大概也。《东国山水录》:三陟竹西楼,为关东八景之一。据五十川为胜,而绝壁下有暗窦,水至其上,漏如落溁。余波循楼前石壁,横过邑前。昔有人船游误入窦中,不知所之,游此者不可不知也。东方福地,以平海、蔚珍、三陟为胜。以为三灾不入,且有水田稻粳之利。不忌东风,以东风为丰登之兆者,暖而长养诸谷故也。”

资料29:《退溪先生文集考证》卷四,第十三卷《书·答洪应吉》:“镜浦在江陵东北,周二十里。水净如镜,不深不浅,四面中央如一,即关东八景之一。花潭行录疑徐花潭游金刚录。”

资料30:《立斋先生遗稿》卷四《题关东八景图》:

十年惯踏关东路,瀛海风烟入梦频。屏里忽看八景画,客窗寒日更伤身。

资料31:《后溪集》卷一:“太庙幕次屏画关东八景,斋留终夕,逐景谩吟,以记卧游之胜。”

日出扶桑上,舟入沧海中。浩浩无涯涘,可望不可穷。右望洋亭

何许四仙子,此来三日游。于今瑶浦上,高躅若相求。右三日浦

蠢蠢无数立,井井皆六棱。化工何太苦,赋物逞技能。右丛石亭

涵淳恒不动,清活更无尘。浑然成一鉴,来照世间人。右镜浦台

落落皆千尺,立立几万株。更待海月至,清阴益爽癯。右月松亭

临海有高寺,寺中隐老禅。夜夜钟磬响,惊起鱼龙眠。右洛山寺

冷冷鸣玉涧,窈窕仙人区。仙人只在此,何至海上求。右清涧亭

多名岭东郡,最胜竹西楼。海旭登窗晓,山岚入槛秋。右竹西楼

资料32：《颐斋集》卷一《通川道中》：

携琴载酒醉扶归，一望平芜政落晖。挟路海棠三十里，鸣沙如雪马如飞。

一马孤琴遍海湖，海湖无地不仙区。几多好事京华子，谩蓄关东八景图。

资料33：《潜窝遗稿》卷三《游山录》：

"吾东方有三名山：岭南之智异，关西之妙香，东海之金刚。三山之中，金刚为最胜。故中国人有'愿生朝鲜国，一见金刚山'之句。是则山之胜致，非但为吾东之最，在中国亦不多得，可知也。愿一游历，以偿平生之愿而未果焉。崇祯戊辰，以刑部左侍郎力求补外，为江陵府使。正月视事，公私之务猝如。至四月，稍自厘正，因念吾身年迫六旬，不以此时往游枫岳，则恐有后时之悔。遂决意探胜，率二子显基、善基，及朴时昌，十二日癸卯起，马至连谷午饷，夕抵洞山。权称、郑基平持酒来见。甲辰，早发洞山，午饷祥云留客堂，日晡直抵洛山寺。襄阳府使赵纬、韩持世，即故旧也，预待于梨花亭，陈酒乐，因雨捲入宾日寮欢宴，日昏乃罢。寺即新罗神僧义相所创，后殿设观音塑像，制作极精妙。禅堂壁上有安坚山水图，寺之胜致，则关东八景之一也。人拟中朝金山、甘露等寺，而未知优劣如何？寺东有义相台，台北有观音窟，谚传翼祖祈嗣之处云。乙巳，朝发洛山，历青草湖，过永郎湖少憩，殊为清绝，午饷清涧亭，登万景台，亦八景之一也，而所见颇不如所闻。自清涧行二十余里，有一断山，傍海陡立，问于邮吏，则乃凌波台也。回车登眺，则东向面大洋，海边之景，大略相似，而西望则左右湖水涨入浦口，水田新耕，白水平铺，小桥横架川上，渔村扑地，夕烟初起。"

资料34：《河阴先生文集》卷二，《巫山一段云体·咏关东八景》：

越松亭：地近丹丘界，山围白岭傍。亭边松树郁千章，沙暖海棠香。地寂闻清籁，窗虚挹翠光。群鸥飞尽水茫茫，知是海天长。

望洋亭：石窦通关路，云梯接蜃楼。蚕头官阁小如舟，万里骋双眸。鲸戏银山涌，鳌擎郁岛浮。平生观水壮兹游，乘兴更迟留。

竹西楼：一水环城郭，重峦护邑居。流丹飞阁下临虚，凭槛数游鱼。列炬黄昏后，张帆细雨余。三行红粉舞轻裾，形象太平如。

镜浦台：关岭之东畔，寒松以北偏。平湖如镜水如烟，人在洞庭船。极浦苍茫外，孤山杳霭边。安详遗迹问无缘，台上唤神仙。

洛山寺：寺刹千年古，楼台一望通。扶桑初日上瞳瞳，摇荡万波红。蜃气浮蛟室，虹光射贝宫。鱼龙惊舞送长风，高枕梦瀛蓬。

清涧亭：快阁依山麓，层台落海隅。渔人收网日将晡，天外片帆孤。万籁惊崩浪,三山隐积苏。翩翩何处一双凫,疑向永郎湖。

　　三日浦:瀛海三千里,莲花一万峰。湖涵秋影阔溶溶,使我荡尘胸。雨歇鸣沙路,亭开小岛松。丹书留得四仙踪,今夕怳相逢。

　　丛石亭:玉色丛丛直,神功面面平。秦皇桥海柱先成,鞭运几经营。怒飔掀空起,层涛涌雪惊。千寻削立势高撑,应只补天倾。

　　资料35:《鸣皋先生文集》卷六《八景图屏跋》:

　　"右关东八景图,未知谁氏作,即我先师簏叟先生卧游之余也。先生平日,每以金刚宿债之未偿为恨,辄揭此图于壁间,以寓仁智之乐。泰山遽颓,玉洞鸣咽。胤子一珪甫,不任羹墙之慕,珍藏箧笥,而犹虑虫鱼之或为灾也。余赍赴鹤城任所,倩工妆屏而归之。噫!仪形渐邈,手泽尚存,可胜惜哉!可胜痛哉!"

　　资料36:《德峰先生文集》卷一,《关东八景·巫山一段云体》:

　　平海月松亭(平沙十里,长松蔚立)

　　远浦寒波急,孤亭落照辉。须臾月出鹭鸥飞,天朗海风微。水动光摇眼,沙明白耀衣。苍松影里钓翁归,却羡日忘机。

　　蔚珍望洋亭(俯临大海,波涛洋洋)

　　万里天浮水,三春客倚楼。波翻浪吐一帆舟,渺渺使人愁。极望茫无际,俯临碧似油。斜阳独立思悠悠,惟欲语沙鸥。

　　三陟竹西楼(沙明潭清,山秀岩奇)

　　关景无多胜,江山第一楼。沙明十里玉川流,亭滀可容舟。疏竹余根在,奇岩古壁留。登临无与共清幽,独步下西洲。

　　江陵镜浦台(海汇爲泽,波如镜面)

　　海汇山仍起,楼高影落空。朝来水面忽生红,日上海门东。滢滢明如镜,青青色似铜。更看星月映波中,疑是广寒宫。

　　襄阳洛山寺(楼高海阔,极目无际。海隅有观音窟)

　　匹马春风客,寒山暮寺钟。楼高海阔水溶溶,其下有潜龙。万古烟霞洞,千年菩萨容。倚筇东望五云浓,擎出玉芙蓉。

　　杆城清涧亭(水汇山拥,波残风微)

　　海曲千岩里,萧然一小亭。金刚余麓落东溟,插立作门屏。日暖鱼游水,花残鸟语庭。清风拂面醉吟醒,涧草自青青。

　　高城三日浦(海决怀山,亭如泛船。岩下有梦天庵)

　　小阁澄湖上,孤庵古壁中。萦回十里大洋通,一阵海棠红。细雨双双鹭,微霞点点鸿。仙游三日迹何空,倚杖挹清风。

通川丛石亭(山入海中,石如丛立)

地轴拖山入,天工削石森。神斧何日过东浔,丛立十余寻。人力何能及,海灵亦苦心。孤楼愀倚久沉吟,落日挂西岑。

"右八景虽是胜观,皆滨海,故不甚奇爱。而惟竹西楼在于邑后客舍前,川流成潭,水清沙明,奇岩怪石,环列左右。山容秀丽,谷长十里,一望平阔,登临不觉心神爽然。扁曰'第一江山',信关东之绝胜也。余于甲午秋,自京城游览金刚山,还归京城,以未见八景,殆成癖痞矣。今因谪行,处处览尽,足以遂平生之愿,莫非恩造也。"

资料37:《海隐先生遗稿》卷一《题关东八景图》:

钜灵驱石斡东维,神斧斫成百丈奇。料是沧溟翻大陆,龙宫柱础露嵚崎。
右丛石亭

海水溶漾江浦淡,仙游当日属安南。至今亭畔苍岩面,丹篆分明水底涵。
右三日浦

突兀孤岩立海门,直当鳌背起亭轩。休嫌楣号翻称洞,大眼沧溟视一尊。
右清涧亭

五峰佳气赴兹山,大海三千护寺还。钟动高楼僧唱偈,升霏红日莅东寰。
右洛山寺

滨海浦容镜似圆,菱花水月更婵妍。乌轩咫尺生贤地,灏气当年钟得专。
右镜浦台(乌竹轩即栗谷先生胎光之地。)

城角苍岩起竹楼,晴川环作一名区。吾祖当年临荣戟,至今诗篇揭楣头。
右竹西楼(十世祖参判公莅东藩时有题咏。)

临海跨岩百尺楼,画来绡面足惊眸。也知一点从天落,便压山东八景头。
右望洋亭(肃庙朝命画进八景,落点于望洋。)

茫茫瀛海极东隅,离立苍松似画图。凭槛若穷千里目,缥渺云间指会吴。
右越松亭

三　越南

资料38:《东城风土记》《欢州风土记》所收,为咏义安八景的诗,河内:汉喃研究院藏,MF10011:

八景题目叙:演域石堡,高舍龙冈,鹭岭春云,冯江秋月,夜山灵迹,碧海归帆,妙屋莲潭,天威铁港。

《八景总括□,仿古□得连字》:"故国江山为眼底,新年风景入诗中。演域石堡□瞻耸,高舍龙冈一路雄。鹭岭春云晴亦雨,冯江秋月朗于空。夜山灵迹□神庙,碧海归帆饱暖风。妙屋莲潭波影弄,天威铁港水程通。地每胜景今犹古,点缀教谁自作东。(又仿近休字域字。)甲于演辖是东城八景分明有可名。"

资料39:《宜春八景咏》,建春府教授成德子亲兄乡贡撰,《咏河静省宜春县八景诗》:

其一鸿山列障:九十九峰第一峰,冲天跨海如飞鸿。排青案入双龙北,叠障屏分盖水东。香迹寺前瑶竹秀,庄王台上碧云封。古来莫讶钟奇秀,开帐西来一雄路。

其二丹涯归帆:东望海门久炤还,轻帆后々影流丹。依稀远鸟飞天外,摇荡浮鸥起浪间。树隐约中风枭々,水萦纤处日团々。隔烟远浦闻停棹,极目长空江海宽。

其三孤犊临流:大路平分草满洲,寒流傍枕小山孤。鸿峰落出□头起,龙水索来石脚浮。云陇农蓑朝晚径,烟村牧笛往来衢。饱聆江上衔鼓,点々频催隔岸舟。

其四双鱼戏水:四望天池万顷泷,泷江鱼岛々成双。镇来海口青相对,弄出波心影欲撞。吞吐月中间钓艇,浮沈潮下隐鱼艘。钓鳌是我生平志,好驾山头看锦江。

其五江亭古渡:举目长堤接海泷,江亭有渡々盖江。岸分旧肆连新馆,潮带商船间钓艘。古市剩留歌舞地,平□辰望锦旋舡。渡头流水清犹昨,舟楫谁人具济江。

其六群木平沙:蓝江一带两条分,堆起平沙牧作群。落照晴天鱼撒网,潮归晚夕鸟依频。孤对村碧缥半江树,野渡烟横夹岸津。争战几经桑海梦,田舍见黍禾新。

其七花品胜厘:山外有江々上家,胜厘花品占繁花。满堤游客花前醉,别院佳人月下歌。山路草迎归去马,江门风拥往来槎。寻芳易触骚人兴,点检名花入笔花。

其八澜澄名寺:九曲龙回别一天,壶开万宇□澄澜。当轩清引泉鱼舞,晓塔寿台谷鸟迁。蓝水月明龛上伏,鸿山云水中禅。辰钟打得醒尘梦,香火人々叩夙缘。

四　日本之仿版

资料40:《座敷八景》,铃木春信。《风流座敷八景》,《风流江戸八景》,进入春画的世界。

资料41:新井白石《新井白石全集》五卷《与佐久间洞严书》一:"就我国的风俗来说,景之雅趣,不在夜雨、秋月、归帆、落雁,这实为不雅。对中国人自不必说,即使在朝鲜人看来,都会觉得日本之景在雅趣上有所欠缺。可以说,日本之景远不如潇湘之景。因此,我自小就无法感受日本之雅。"

参考文献:

[1]堀川貴司.瀟湘八景[M].東京:臨川書店,2002.

[2]日本の美術124:瀟湘八景[M].東京:至文堂,1976.

[3]鶴崎裕雄.連歌師の絵心　連歌と水墨山水画　特に瀟湘八景について[J].芸能史研究,1973,(43).

[4]芳賀徹.風景の比較文化史:瀟湘八景と近江八景[J].比較文学研究,1986,(50).

[5]张景翔.瀟湘八景源流初探:日本美術の水脈[M].東京:ペリカン社,1993.

[6]户田禎祐.瀟湘八景図押絵貼屏風[J].国華,1996,(1204).

[7]李応寿.数字「八」の秘密[J].アジア遊学,1999,(19).

[8]鈴木広之.瀟湘八景の受容と再生産:十五世紀を中心とした絵画の場[J].美術研究,2003,(358).

[9]板倉聖哲.探幽縮図から見た東アジア絵画史——瀟湘八景を例に[A].講座日本美術史:卷3[C].東京:東大出版会,2005.

[10]シラネハルオ.めかし/やつし—パロディ・見立て・瀟湘八景[A].ツベタナ・クリステワ.パロディと日本文化[C].東京:笠間書院,2014.

[11]池宮正治.琉球史文化論:著作集第三卷[M].東京:笠間書院,2015.

(原载2017年第5期,作者单位:日本立教大学)

元程钜夫《题仲经家江贯道〈潇湘八景图〉八首》考述

✱ 张京华 ●

元程钜夫有《题仲经家江贯道〈潇湘八景图〉八首》：

> 平沙落雁
>
> 翩翩数行下，滩碛俯苍波。此处稻粱好，人间矰缴多。
>
> 烟寺晚钟
>
> 僧定钟声缓，依稀听不真。渡头风正急，唤醒未归人。
>
> 洞庭秋月
>
> 万顷玻璃上，辉辉玉一环。望中青似粟，约莫是君山。
>
> 潇湘夜雨
>
> 昏昏风浪里，瑟瑟打篷声。骚客千年恨，灵妃万古情。
>
> 渔村夕照
>
> 落日寒潭静，西风黄叶鸣。鲈鱼新出网，分我一杯羹。
>
> 山市晴岚
>
> 旗亭新酒熟，下马试从容。颇胜老兵对，夕阳三两峰。
>
> 江天暮雪
>
> 六月三山底，城中似甑中。客来开短轴，乱雪舞江风。
>
> 远浦帆归
>
> 八景潇湘妙，归舟更色丝。招招烦小住，我赋式微诗。

见程氏《雪楼集》卷二十七，又见清张豫章《御选宋金元明四朝诗》卷六十六、清陈邦彦《御定历代题画诗类》卷二十九、清顾嗣立《元诗选》卷十七等。

诗与沈括《梦溪笔谈》记宋迪"八景"平沙雁落、远浦帆归、山市晴岚、江天暮雪、洞庭秋月、潇湘夜雨、烟寺晚钟、渔村落照，次序不同。

"潇湘夜雨"一景，用湘灵鼓瑟典故，而骚客显然指屈原作《九歌》之《湘君》《湘夫人》，吟咏之地为永州零陵。依照上湘、中湘、下湘的水流走向，宜居篇首。

此诗乃是题画所作。程钜夫似未尝亲至湖南,未见潇湘实景。《雪楼集》中有《武昌路记》《武昌路观音阁记》《岳州路三皇庙记》。又有《溥济庙记》言彭蠡泽云:"延祐三年,诏封临江路中圣洲洞庭行祠,故焚修道师谢宗寿,为端惠灵济真人,赐号曰溥济之庙。……南方之湖,洞庭为大;洞庭之神,君山为大。则湘君、湘夫人之神,今余不得而知之矣。彭蠡之逼而有洞庭之祠者,川行之人无所不畏敬,则无所不崇事也。"其所知潇湘、洞庭之事,仅此而已。

程钜夫,名文海,元世祖时为翰林修撰,迁集贤直学士,奏必参用南人。至元二十四年,拜侍御史,行御史台事,奉诏求贤于江南,荐赵孟頫、余恁、万一鹗、张伯淳、胡梦魁、曾晞颜、孔洙、曾冲子、凌时中、包铸等二十余人,皆擢置台宪及文学之职。吴澄居布水谷,亦起至京师。所居草屋数间,程钜夫题曰"草庐",故学者称之为草庐先生。至元二十九年,召钜夫与胡祗遹、姚燧、王恽、雷膺、陈天祥、杨恭懿、高凝、陈俨、赵居信等十人赴阙赐对。至元三十年,为闽海道肃政廉访使。大德四年,为江南湖北道肃政廉访使。大德十一年,为山南江北道肃政廉访使。至大三年,为山南江北道肃政廉访使。至大四年,为浙东海右道肃政廉访使。皇庆二年,议行贡举法,建言"经学当主程颐、朱熹传注,文章宜革唐宋宿弊"。修《成宗实录》《武宗实录》。《元史》《新元史》均有传。

程氏喜观画题画。

《雪楼集》同卷题画诗有《题赵仲远所藏赵大年鹅鸭图》《题仲经知事家藏钱舜举折枝》《题仲经所藏马图》《题归去来图》《江天暮景图》《题采莲舟杯》《题段郁文所藏钱舜举画二首》(梨花、白菊)、《题靖夫弟画屏折枝十二首》《题廖克让所藏喜酸图啄木画卷二首》《题张知事所藏王黄华墨竹姚雪斋诗卷二首》《题傅雨岩所藏萧台二贤与鸡山赓和墨迹》《题傅雨岩所藏刘龙洲与牧庵赓和墨迹》《题赵云趣梅图》《为曹仲坚题渔父图》《张萱唐宫捣练图》《百蝶图》。

同书卷二十六题画诗有《题莲叶舟图》《题赵仲远伏生授书图》《题武仲经知事狮猫画卷》《久晴方欲祷祈,仲经知事出平远亭途间遇雨之作,次韵二首》《寅夫惠顾公宇适有仓庾氏之役,不得晤语,明日,武仲经知事携示寅夫登楼佳句,用韵以谢不敏》。

卷二十八题画诗有《家山飞云图》《题画屏折枝十二首》《少陵春游图》《乔达之画江山秋晚图三首》《石上三生图》《雪骑图》《题祁提点秋山图》《题高彦敬烟岚图》《三生图》《渔翁图》、宣和画马》《五王避暑图》《李仲元所藏画卷》《山水图》《宁山耆艾图诗二首》《题山水便面》。

卷二十九题画诗有《苏李相别图》《上赐潘司农龙眠拂麻妇女图》《赵际可天马图》《早行图》《禹柏图》《九歌图》《题雪景图五首》《舜举梅竹折枝》《雪楼探梅图》《题米元晖忘机图》《曹承旨掷双陆得画犬一卷索赋》《长江归棹图》《题归来图》《江皋雪霁图》《王梅叟溪山对月图》《雪中行吟七贤图》。

卷三十题画诗有《萧山图》《四骏图》《题李宗师所藏李仲宾李雪庵赵子昂墨竹》《谪仙捉月图》《画马》《画牛》《钓台图》《桃江图》《山水图》《睡凫图》《滕王阁图》《萧御史取稧帖图》《韩滉牧牛图》《题龙眠二图》《云中四老图》《访友松竹居图》《周文矩画高僧试笔图》《白鹤图》《题赵子昂画罗司徒家双头牡丹并蒂芍药》《朱陵别馆图》《宋学士所藏五马图》《李仲宾为刘明远画竹》《南阳太守射虎图》《题晋宁申氏家庆图》《题吴闲闲拟剡图》《李伯时马》《折枝桃榴图二首》《谢安对奕图》《雪晴图》《夏珪山水》《韩滉田家移居图》。

同书卷二十四、二十五又有观画题跋,如《题赵仲远所藏韩干三马》《跋虞子及家藏赵千里义鹘行图》《跋长江万里图》《跋雪拥蓝关图》。

其他书帖、墨迹、诗卷之吟咏、题跋仍不少。

程氏论画,主于神似。所作《姜清叟画格》云:"画者以意而形其形,观者以形而意其意,善之善者也。"境界高爽,可见一斑。

"题仲经家江贯道《潇湘八景图》",谓所观《潇湘八景图》乃江贯道所绘,而为武仲经家藏。

"仲经"即武仲经。由程氏诸诗可知,武仲经不仅家藏《潇湘八景图》,而且还有《马图》、钱舜举《折枝》《狮猫画卷》。由"仲经知事出平远亭途间遇雨之作"可知,武仲经不仅拥有家藏,并且能诗,与程钜夫有唱和。

武仲经或为湖北黄冈人,或曾担任淮西江北道肃政廉访司书史。

元刘敏中《中庵集》(四库全书本)卷一有《题武仲经平反卷,仲经为提刑书史,录安庆路因出狱成冤者一十二人》:"尝闻隽不疑,治狱多平反。平反自喜多,第怨狱益繁。情伪渊海隔,孰能究其源。请观武黄冈,所出皆其冤。"(清钞本《中庵先生刘文简公文集》卷二十二题为《题武仲经平反卷》,作"平反苟喜多,第恐狱益繁"。)推知武仲经为黄冈人,故称"武黄冈"。

武仲经曾任"提刑书史"。元代设提刑按察司,后改称肃政廉访司。其"书史"称"提刑书史",又称"提刑司书史"。《金史·纳坦谋嘉传》:"纳坦谋嘉,上京路牙塔懒猛安人。初习策论进士,大定二十六年,选入东宫,教郓王琮、瀛王瑰读书。以终场举人试补上京提刑司书史,以廉能著称。承安元年,契丹陀锁寇掠韩州、信州,提刑司问诸书史谁入奏者,皆难之,谋嘉请行。"元好问《遗山先生文集·寄庵先生墓碑》:"先生讳某字平父姓李氏……二十得解住府庠,移籍太学,试补河北东路提刑书史。"

按元代官制,有书史、书吏。云和署、安和署、天乐署均有书史二人,书吏四人,尚工署有书史一人,书吏四人。书史、书吏皆主于文书记录。《元史·选举志》:"儒有岁贡之名,吏有补用之法,曰掾史、令史,曰书写、铨写,曰书吏、典吏,所设之名,未易枚举。"

"提刑司书史"即通称"廉访司书吏"。各道廉访司书吏正九品,多由贡生选用。《元史·选举志三·铨法中》:"凡书写、铨写、书吏、典吏转补……廉访司书吏,上名贡部,下名转察院,不尽者通九十月,除正九品。"《元史·文宗本纪一》:致和元年,诏谕御史台:"今后监察御史、廉访司,凡有刺举,并著其实,无则勿妄以言。廉访司书吏,当以职官、教授、吏员、乡贡进士参用。"《元史·选举志三·铨法中》又云:至治二年,省准:"各道廉访司书吏,先尽儒人,不敷者吏员内充贡,各历一考,依例试贡。"《元史·许有壬传》:"授开宁路学正,升教授,未上,辟山北廉访司书吏。"《纳速剌丁传》:"起身乡贡进士,补淮东廉访司书吏。"《新元史·王艮传》:"由廉访司书吏,调卢州录事司判官,淮东宣慰使司辟为令史。"

安庆路,隶属于淮西江北道肃政廉访司,武仲经当是在此担任书史或书吏,职掌判理卷牍,故能平反冤狱。

《雪楼集》称武仲经为"仲经知事""武仲经知事"。元代中书省、行中书省等属官多有经历、知事、照磨。各道肃政廉访司亦设知事一员,正八品。武仲经在何处担任知事不详,推测或为肃政廉访司知事。

《永乐大典》载元张之翰《西岩集》中有《寄都下武仲经》诗云:"萍梗他乡客,悠悠三十春。青云难力致,华发为谁新。破垒鸠巢拙,空斋鼠厌贫。几时耕白水,何处避黄尘。风雨一灯夜,江湖万里身。倚楼伤远目,闻雁忆佳宾。坐守儿童岁,难寻弟妹亲。荐章虚指鹗,点额苦伤鳞。白日催人老,青山入梦频。本无食肉相,强作看花人。旅食犹无地,还家未有因。龙门今咫尺,一语是通津。"

"都下"指元代京师大都,此时武仲经当已入京。观张之翰诗意,"萍梗他乡客,悠悠三十春"云云,皆是自陈坎坷。而最末"龙门今咫尺,一语是通津",似为婉请武仲经举荐之。

《四库总目提要·西岩集提要》云:"张之翰撰。之翰字周卿,邯郸人。《元史》无传。惟《松江府志》载之翰至元末自翰林侍讲学士知松江府事,有古循吏风。"记其仕宦有翰林侍讲学士、知松江府事二事。元李谦《翰林学士张之翰墓铭》云:"寻倦值于北门,俄膺任于三吴",正与此同。

检正德《松江府志》卷二十三:"张之翰:字周卿,邯郸人,别号西岩。至元末自翰林侍讲学士来知府事,文声政绩,辉辉并著,有古循吏风。归附后,民苦荒,租额以十万计。之翰偕达鲁花赤麻合马赴省力陈其弊,咸除之。尝一新府治,建西湖书院。在官著述甚富,有《西岩集》三十卷。后以疾卒于官,民追思之。"

但嘉靖《广平府志》卷十二亦有张之翰传,较《松江府志》为详。传云:"张之翰:字周卿,号西岩,邯郸人。中统初任洺磁路知事,至元十三年选置真定总管府知事,历拜行台监察御史。按临福建行省,振举纪纲,多所建明。如兴学、养士、选举、钞法之类,言之甚力。以疾谢事,侨居高邮,扁所居曰'归州斋',蓄书教授。台省交荐,起为户部郎中,升侍郎,累擢翰林侍讲学士。自请外补,除松江府知府兼劝农事。减汰虚数租米十万石,又创西湖书院,起先圣燕居楼,复贡举堂,建松江小学,立上海县学,作三贤祠,修筑社稷坛,百废俱兴,绰有古循吏风。年五十四卒于官。号西岩,平生所著有《西岩集》三十卷。句若《镜中灯》云:'一池铅汞融真火,半夜金星犯太阴',脍炙人口,人目为'张镜灯'。"

张之翰年五十四卒,诗中云"悠悠三十春",可知此诗是其早年所作。其时或在中统初年与至元十三年之间,张之翰任洺磁路知事与真定总管府知事之际。

张之翰一生官阶不低,或许高过武仲经,惟中间经历曲折,有赖举荐,如"侨居高邮""台省交荐"之类。惟读其诗,似抑郁太甚。

元陶宗仪《南村缀耕录》卷二十七:"张之翰字周卿,邯郸人,由翰林学士除授松江知府。自题桃符云:'云间太守过三载,天下元贞第二年。'是岁卒,亦谶也。"

正德《松江府志》卷三十二《遗事》:"张之翰典郡日,门揭春帖云:'云间太守过三载,天下元贞第二年。'是岁之翰卒。"又见赵翼《陔余丛考》"门帖"条。

江参,字贯道,宋代画家,长于山水。存世作品《千里江山图》藏台北故宫博物院,《百牛图》藏美国纽约大都会博物馆。

元夏文彦《图绘宝鉴》卷四:"江参,字贯道,江南人。形貌清臞,嗜香茶以为生。居霅川,深得湖天之景,平远旷荡,尽在方寸。长于山水,师董源巨然。赵叔问居三衢,治园筑馆,取《楚词》之言,名之曰'崇兰'。尝与陈简斋、程致道从容其中,命贯道为之图,及令画史各绘像其上,乃赋诗焉。"

明朱谋垔《画史会要》卷三:"江参,字贯道,江南人。形貌清臞,嗜香茶以为生。居雪川,深得湖天之景,平远旷荡,尽在方寸。山水学董源,而豪放过之。赵叔问居三衢,治园筑馆,取《楚词》之言,名曰'崇兰'。尝与陈简斋、程致道从容其中,命贯道为之图,乃命畫史各绘像其上,乃赋诗焉。曾被召至临安,即有旨,馆于府治,明当引见。是夕殂,信有命也。"

江参与陈与义为友。陈与义《简斋诗集》卷二十九《题崇兰图二首》,题下宋胡稺笺注:"赵叔问居三衢,治园筑馆,取《楚词》之言,名之曰'崇兰'。尝与先生及程致道从容其中,命江参贯道为之图,又令画史各绘像其上,乃赋诗焉。"同卷又有《题江参山水横轴画俞秀才所藏二首》(又作《题江参山水二首》《题山水二首》),宋胡稺笺注:"江参,字贯道。俞秀才名恺,字羲仲。"

宋刘克庄《后村先生大全集》卷十三有《题江贯道山水十绝》。又同书卷一百二"题跋"有《江贯道山水》,云:"故参与庄敏龚公家有江贯道山水一巨轴,用绢正作,其布置疏密、点缀浓淡与竹溪此卷皆合,但巨轴之后有叶石林、陈简斋诗跋。龚画今在其外孙方君采处。贯道名参,衢人。其画因石林得名。南渡召至杭,未见,一夕卒。"

宋张纲《华阳集》卷三十三《跋江贯道画山水》云:"老江画山水,造微入妙,一时好事者访求遗墨,几与隋珠赵璧争价。不知明仲安所得此,宜善藏之,无使通灵之物变化而去。"宋赵蕃《乾道稿》卷下有《题江贯道江行晚日图》,宋陈起《江湖后集》卷十录林希逸《题江贯道山水四言》。

元人对江参画作,特加珍爱,所作题画诗频见。

元王恽《秋涧先生大全文集》卷二十九有《江贯道画江山万里图》,袁桷《清容居士集》卷四十五有《江贯道烟雨图》,虞集《道园学古录》卷二十八有《江贯道江山平远图》,谢应芳《龟巢稿》卷四有《题孙彦学所藏江贯道清江泛月图》,仇远《金渊集》卷六有《题江贯道雨溪晚钓卷后》,又《山村杂著》有《题江贯道百牛图》,白珽《湛渊集》有《题江贯道百牛图》。虞集诗云:"江参去世二百年,翰墨零落多无传。人间几人写山水,谁能意在挥毫前。"

又清顾嗣立《元诗选》、清张豫章《御选宋金元明四朝诗》、清陈邦彦《御定历代题画诗类》诸书录有汤炳龙《题江贯道百牛图》、郑东《题江贯道平远图》、黄观《题江贯道长江图》、邓文原《江参百牛图》等,可见元人对于文学、艺术之雅趣。

(原载 2017 年第 3 期,作者单位:湖南科技学院)

永州的八景

✳ 唐司妮

　　古籍中记载的永州的八景，分布在今祁阳县、零陵县、东安县、江永县、江华县、宁远县、新田县共七个区县。其中，有诗词的八景有六种，分别是祁阳八景、芝城八景、永明八景、江华八景、宁远八景和新田八景。此外，又有浯溪十景、东安四景。古籍中记载的永州的其他八景，还有华岩八景、春陵八景、养元楼八景和麻滩八景等等，但诗词不见记载，暂不讨论了。初步搜讨，祁阳八景诗16首、词8首，芝城八景诗16首，永明八景诗25首，江华八景诗54首，宁远八景诗52首，新田八景诗16首，浯溪十景诗28首，东安四景诗4首，共计诗词218首。诗词作者有宁良、唐广、张渊、阮学浩、戴浩、周鹤、徐旭旦、滕元庆、沈维垣等。

一　零陵

　　据明弘治《永州府志》卷六《永州府题咏零陵县附》、明隆庆《永州府志》卷七《提封》。

　　古有"芝城八景"之说。永州知府戴浩《芝城八景并引》："芝城八景，考之郡志，历代名贤如元、柳诸公亦未有题品者，岂当时八景之名尚未显耶？抑群公赋咏偶未及耶？是皆未可知也。夫山川之景在处有焉，不有以指状之，则无以表其名，孰知其为景？不有以发挥之，则无以显厥奇，孰知其为美？今郡中之景如愚溪、西山、淡岩、磨崖等，类前辈皆有题咏。惟此八景未备，是使山灵怀惭，林壑耸诮，亦吾官是郡者之所耻也。是以不揣固陋，僭为数韵，序以引之，庶几雄辞雅制发于形容，遗珠拾璐，亦得联络而前也。"

芝城八景

天梯晓日

其一（永州知府戴浩）

梯接青云万仞高，六龙扶曰上岧峣。

晴开玉宇天章灿，暖逼金茎露气消。
京国仰瞻三岛近，郡城南望九疑遥。
文林况有鸣阳凤，览德双飞下紫宵。
其二（训导王义）
层层峭石耸儒林，红日东生色便侵。
暖布杏坛钟已罢，影摇芹泮月才沉。
迟迟破晓开晴景，冉冉腾空散宿阴。
可惜此光容易过，青衿莫惰读书心。
万石高亭
其一（戴浩）
峥嵘怪石耸层空，上有高亭结构工。
檐近斗杓秋易入，地临江郭景无穷。
卷帘翠挹靡芜两，揆座凉生岛屿风。
公暇倚栏吟望处，九疑如在画图中。
其二（同知苏孔机）
画栏十二倚高寒，亭在层崖万石间。
六月火云飞不到，一帘啼鸟落花间。
湘水拖蓝
其一（戴浩）
湘江雨过野烟消，万顷玻璃入望遥。
寒映渚蒲青隐隐，暝连汀树绿迢迢。
鸳鸯隔浦羞传影，翡翠藏身巧避娇。
尤称晚凉斜日下，采莲人泛木兰桡。
其二（教谕郭杰 ）
一带碧漪漪，风轻起浪微。
光涵湘女佩，色映水仙衣。
岸草□□合，沙鹭上下飞。
江边钓鱼叟，对此欲忘归。
嵛峰迭翠
其一（戴浩）
层峰如黛接湘川，半带晴云半带烟。

衡岳翠光堪并秀,武夷秋色漫争妍。

一拳突立青霄外,万仞高撑白鸟前。

安得振衣凌绝顶,蓬莱海上访群仙。

其二(郭杰)

雨过浓于染,岚光润欲流。

参差仙掌露,彷佛髻螺浮。

日出峰逾秀,花明景更幽。

诗人看不厌,终日上帘钩。

淡岩秋月

其一(戴浩)

仙岩秋静寂无风,明月团圆挂碧空。

入竹影摇金琐碎,映花香湿玉美蓉。

清光遥射林间鹊,寒色偏欺涧底龙。

闻有仙人吹铁笛,夜深骑鸿最高峰。

其二(王义)

以淡名岩清且奇,况于秋月自相宜。

光浮远近山河净,影散高低野树移。

掩映忽惊连碧落,清虚浑讶一瑶池。

几宵分得书窗里,为爱晶明独卧迟。

愚岛晴云

其一(章信)

雨过西山雾色开,庆云蟠结似楼台。

溪头映日频舒卷,洞口从龙自去来。

晴影半天连海峤,瑶光一道接蓬莱。

何当下副苍生愿,散作商霖偏九垓。

其二(郭杰)

愈峰新霁后,拥出一淮琼。

素淡浮空净,飘杨伴鹤明。

翳烟犹漠漠,擘紫更轻轻。

直待为霖雨,方全济物名。

怀素墨池

其一（戴浩）

荒池百尺绕僧居，墨迹千年尚未除。

沙嘴雨干留鸟篆，草头烟散露虫书。

昔年洒翰人何在，此日怀贤景自如。

莫笑余波了无用，个中曾出化龙鱼。

其二（章信）

半亩方塘一镜圆，上人曾此扫花笺。

云开沼面玄光动，日照波心黑色鲜。

书法至今称绝妙，才名在世岂虚传。

尚余笔冢秋风里，夜夜神光烛九天

紫岩仙井

其一（戴浩）

紫岩佳景檀潇湘，产此灵泉独异常。

长日彩云腾瑞气，四时玉液带天香。

色同仙掌三秋露，味若宫壶九酝浆。

尤恐夸娥爱奇绝，一宵移入帝王乡。

其二（王义）

紫岩昔日驻麻姑，玉甃虚圆水不枯。

芝傍石栏霞彩护，鹤巢松树月明孤。

曾闻煮汞归丹鼎，更喜煎茶沸竹炉。

人潜味如苏氏井，不知还解活人无。

二　祁阳

据明弘治《永州府志》卷七《祁阳县纪述》、明隆庆《永州府志》卷七《提封》、清乾隆《祁阳县志》卷六《浯溪》和卷八《国朝艺文》。

祁阳八景诗

浯溪胜迹

其一（郎中陈浩）

清溪拖练出僧山，万丈萦回杳万间。

笑岘岭岩岚影动，磨崖剥落藓痕斑。

日明怪石开金镜,云敛磨台拥翠鬟。

闻道仙翁遗迹在,何时杖履一跻攀。

其二(唐广)

长溪浩渺连潇湘,悬崖峭壁摩青苍。

疏派犹存禹功迹,中兴尚纪唐文章。

庮亭孤高纳清气,镜石皎洁澄寒光。

溪山悠悠自今古,何处杖藜寻漫郎。

雷洞灵湫

其一(陈浩)

一镜中涵万象虚,清清不受俗尘污。

山灵旧关千年胜,羽客犹存八卦图。

出地有声惊凤蛰,为霖无际慰来苏。

居民眼见神龙起,高驾祥云应玉符。

其二(广西按察司副使万节)

石泽烟霞锁翠峦,六丁冀奰若龙蟠。

溶溶流水千年岩,飒飒清飔九夏寒。

雷雨作时通造化,坎离交处试还丹。

时人要识神仙宅,何必桃源洞里看。

湘水涵清

其一(广西按察司副使彭琉)

浩浩湘江流,湛湛楚天碧。

夜见水中月,昼见水中石。

光浮似跃金,影静类沉璧。

舟无风涛惊,潭有龟龙息。

浊泾不足论,黑水焉可匹。

缅怀击楫人,临溪空叹息。

其二(唐广)

祁阳一带江流东,溶漾千顷玻璃风。

渔翁晓汲碧天上,楚女晚妆明镜中。

白沙泛光映赤岸,翠竹写影连青枫。

溯流有客吊虞舜,九疑如黛当吟蓬。

祁山积翠

其一(宁良)

芙蓉玉削碧于蓝,相去青天仅尺三。

雨过烟光添翠黛,日斜树色蔼青岚。

九疑未许偏堆髻,五老那堪并拥簪。

况复一方民仰止,春风花县倚山南。

其二(陈浩)

迭嶂岩峣薄九霄,白云散尽绿鬟遥。

芙蓉并峙开金朵,鸾鹭双飞舞翠翘。

雾色回连三岛胜,烟光近接九疑饶。

支顺独坐相看久,爽气潇然思欲飘。

乌符仙咏

其一(宁良)

黄服仙人此旧游,紫霞绝唱至今留。

剑光错落天台晓,鹤弩蹁跹阆苑秋。

残刻有碑荒自合,古坛无主水空流。

不知近代来游者,曾见纯阳再到否?

其二(万节)

莫问神仙有与无,咏歌犹自在乌符。

闲中日月云间舄,静里乾坤壁上壶。

窈窕碧桃长不老,往来青鸟自相呼。

骖鸾跨鹤人何处,几欲乘风访玉都。

白鹤云屏

其一(宁良)

白鹤山高汉表横,云根结秀自天生。

匡庐九迭宜相属,巫峡诸峰画不成。

日映有文欺玛瑙,冰涵无玷亚瑶琼。

由外岂物插奇气,知足兹山地有灵。

其二(唐广)

白鹤岭头云气生,白鹤岭下溪流清。

地灵孕秀此奇石,千形万状皆天成。

砚傍何必琢玛瑙,枕畔绝县团水晶。

何当提携献间阁,六仙上刻贤臣名。

龟潭夕照

其一(陈浩)

混漾灵湫浸碧空,最宜吟眺夕阳中。

霞光净濯冰壶锦,雨气低垂宝鉴虹。

汉漠溟烟浮碧草,依依寒色映丹枫。

须臾倒景谁能续,点点渔澄隔崖红。

其二(张行)

潇湘二水汇龟潭,万顷烟波绿似蓝。

斜照跃金晴接汉,远霞散绮夕浮岚。

浯溪地借灵符镇,海水涝同灏色涵。

赖有悬崖双大字,至今风景数湖南。

燕冈阴雨

其一(宁良)

石燕冈头云暗时,几番冲雨出乌衣。

双双髯霏沿林舞,对对依稀遍野飞。

自信生成由地脉,谁知隐见合天机。

还疑此物成虚幻,凭仗何人辩是非。

其二(彭琉)

燕冈祁山西,云郭百里许。

其中产石燕,无异乌衣似。

天晴不出飞,飞飞在阴雨。

雨止还为石,资然莫知处。

不巢向屋梁,谁能作其主。

物灵有如此,可与知者语。

祁阳八景词(伍泽梁)

祁山迭翠

桃源忆故人

祁山面目看成误,横岭侧峰无数。触石白云飞去,天际烟鬟露。

仙源幻境从今悟,只在万山深处。剩有清泉茂树,合着幽人住。

湘水环清

浪陶沙

湘水净无尘,白石潾潾,扁舟宛在镜中行。山县层峰青不断,环绕生情。

两岸夹空明,酒舍渔村,遥听疑乃有清音。谁解云山韶䕶曲,天付骚人。

春城花雾

渔家傲

如画江城环海少,春来芳景天然妙。花气氤氲香雾绕,桃李笑,石家锦障平铺好。

怀县风流称绝调,人工欲助天工巧。可惜等闲人不晓,风信到,落英满地随芳草。

甘泉荷雨

菩萨蛮

龙山山下清池绕,长夏荷风香未了。好是纳凉时,空蒙雨亦奇。

珠玑摇不定,羯鼓声声震。(《羯鼓录》:"手如乱雨点。")活火就名泉,莲心手自煎。

熊岭朝暾

望江南

熊岭上,据胜控蚪龙。日上扶桑光早到,朝霞艳射满林红。爽气挹晴空。

闲骋望,界破境西东。水绕青山山绕水,万家俱在画图中。谁与绘豳风。

雷洞灵湫

南乡子

神物此中居,清浅灵湫不受污。石洞传闻通水府,非虚。人说为霖应旱雩。

紫馆惜荒芜,岩壑依然似画图。屈指洞阳兴创日,堪吁。完得仙棋一局无。

白鹤云屏

卜算子

羽客久飞升,白鹤余空观。华表归来会有时,城郭嗟频换。

禽尚愿空违,婚嫁缘难断。千载悠悠岭上云,怅望腾霄汉。

紫霄霞绮

减字木兰花

紫霄仙馆,羽客何年丹九转。风马云车,彷佛神光照绮霞。

月瓢承露,犹见回仙题壁处。我欲从之,尚在邯郸未觉时。

浯溪十景

古代有浯溪八景、浯溪十景二说。

清乾隆《祁阳县志》卷六《浯溪》：

> 浯溪之景引人入胜者，几于目不给赏。其尤胜者，曰"浯溪漱玉"，溪中水石相激，声如漱玉也。曰"镜石涵辉"，石色如墨玉，以湘水拭之，照彻万象也。曰"唐亭六厌"，亭上山水环绕，应接不暇，"六厌"则元公《铭序》中语也。曰"磨崖三绝"，合崖石、元颂、颜书之高妙，而称之也。曰"峿台晴旭"，危石临江，每晓霁登临，环祁山色，尽归眼底也。曰"窊尊夜月"，台有天然窊尊，月夜登之，眺湘波，浮光无际也。曰"香桥野色"，桥跨浯溪石浒，鸣禽上下，樵牧往来，野景娱人也。曰"高阁川光"，阁临湘江，波光潋洄，人在镜中，浯溪生面，此为别开云。

> 按旧志载浯溪十景，有"书院秋声""漫郎宅籁""笑岘亭岚"，故迹并久湮废，不必仍循其名，今俱从删。独新建喜清阁，傍崖临流，引人入胜，爰增"高阁川光"一景，合原存七景，适符八数。旧志又有续增"江干晚渡""梵院晓钟"，是处皆可移动，慨无取焉。

浯溪漱玉

其一（唐广）

浯溪溪上山崔嵬，溪源近出山之隈。

清泉冷冷有音韵，白石齿齿无尘埃。

师襄击磬风外渡，湘妃鸣佩云中来。

净洗筝琶一双耳，松根细听幽怀开。

浯溪漱玉

其二（阮学浩）

松偃梅敧橘刺低，玲琼一派岸东西。

春膄映带溪流碧，隔陇新耕雨一犁。

镜石涵辉

其一（胡粹）

何年神工凿天骨，琢此石镜阴嵋间。

寒光莹彻水可发，不暇姹女磨坚顽。

溪光平铺净如练，竹树荒烟际平远。

风帆出没沙鸟飞,万象都涵镜中见。

愿言移置磨崖侧,长照胡雏寸心赤。

其二(张渊)

沉沉鼍玉卧崖阴,一片清辉照古今。

风露三更寒欲湿,乾坤万象晓初临。

不溃玄锡磨尘面,浪说苍龙铸水心。

前度游人今老矣,白头相对只长吟。

其三(阮学浩)

浩淼湘波涌翠微,孤悬片石对斜晖。

匆忙照过人多少,日日渔蓑镜里归。

唇亭六厌

其一(宁良)

轩窗面面景非常,万仞山高一水长。

聒耳风泉鸣佩玦,洗心松濑奏笙簧。

寒便晓日三冬暖,暑爱清风一味凉。

乐胜诗人浑不厌,等闲收拾付吟乡。

其二(唐广)

唇亭戴石高凌空,江山如画当亭中。

霜朝温曦半岩日,暑昼飒爽千林风。

苍松鼓涛势澎湃,清泉漱玉声玲珑。

八窗洞开六厌足,景物何处能相同。

其三(阮学浩)

曲槛凌风俨画屏,朝朝远翠落江汀。

红尘不到三山畔,目厌逢迎耳厌听。

磨崖三绝

其一,二首(曹泰)

崖石温温玉不如,可应埋没藓苔余。

微辞特数中兴颂,伟笔兼镌大雅书。

三绝人间成美事,万年诗里播嘉誉。

乾坤形胜凭谁占,诸葛今存旧草庐。

断崿壁立浯溪傍,奇石龙出青瑶光。

鳌奥文名重班马,鲁公笔力过钟王。

云霞拥护风雨避,星斗璀璨龙惊翔。

春风何时放船去,摩挲旧物窥衡湘。

其二(阮学浩)

一颂中兴事已乖,几行蝌蚪饱风霾。

精诚自合垂千古,可但磨崖笔法佳。

峿台晴旭

其一(宁良)

公乌振羽出寅宾,照耀山河景物新。

俯仰从来天地阔,登临却见斗牛亲。

秋高五老峰排闼,春尽三湘水满津。

回首洞庭苍霭外,忧君为国是谁人。

其二(张渊)

高台旭日破鸿蒙,楚北湘南一望中。

天地无窒轩豁际,江山如画古今同。

鸡鸣茅屋烟初起,鸟散枫林雾已空。

不省人生缘底事,纷纷待旦竞西东。

其三(阮学浩)

清烟霭霭绿阴成,云与苍岩一样平。

记取台边风日好,柳丝桃片近清明。

�尊夜月

其一(胡粹)

天生怪石成�尊,烟雨荡涤苍苔痕。

昔人漫郎兴为随,往往酬客陶吟魂。

夜深凉月堕清影,琥珀香浮鉴光冷。

微飙潋滟动寒瑶,醉倒春香呼不醒。

月华在天尊不虚,风流向往当何如。

其二(曹泰)

崖上�尊天影碧,可能有酒醉嫦娥。

桃花气晕春容薄,桂子香清夜色多。

闲许庾公成独坐,任怜李白自高歌。

山泉如醴常教满,借问游人兴若何。

其三(阮学浩)

山色鲜疑着雨痕,绿波环处绝嚣喧。

倘容抔饮邀明月,不羡田家老瓦盆。

书院秋声

其一(胡桂)

大雅不作将焉从,嵩阳岳麓悲秋蓬。

唐亭之南古书屋,至□弦诵声沨沨。

圣明声教浃夷夏,礼乐文章日更化。

由来致治敦教原,滚滚英才出陶冶。

西风飒飒吹建柯,秋声更挟书声多。

其二(张渊)

绕屋云山满座清,凉风洞壑度书声。

月高两庑伊吾□,天曙孤灯惨淡明。

字字黄钟含征羽,篇篇流水□琮琤。

分明孔庙闻金石,不是寒虫蟋蟀鸣。

其三(阮学浩)

野水闲云洞壑幽,舂陵赋罢此居游。

书声寂寞樵歌杳,尚有遗黎记道州。

香桥野色

其一(宁良)

两岸峰峦物象新,个中佳趣点妆匀。

艳舒锦绣千层丽,浓染烟云一片春。

修竹借青分作翠,细莎添绿助成茵。

我来纵步桥南北,便欲投闲掷佩绅。

其二(胡粹)

长桥卧波如玉虹,满堤花卉吹香风。

策蹇何人度桥去,萧萧倒影行青空。

淡烟霏霏薄高树,茅屋人家竹深处。

断云斜度半溪风,白鸟双飞日将暮。

天然野趣吟有声,画图满眼开丹青。

其三（阮学浩）

石梁宛转压山椒，低覆松枝与柳条。

最是免当车马路，杏花如雨带香飘。

漫即宅籁

其一（宁良）

漫郎遗宅黁荒原，万籁如何入夜喧。

乱撼深秋惊落叶，暗随疏雨泣哀猿。

含悲如诉中兴颂，带恨疑招不返魂。

天地寥寥无处觅，山空雨暗月黄昏。

其二（张渊）

数亩遗基瞰碧流，萧萧清籁动林丘。

夜吟鸾凤千竿月，凉引笙竽万叶秋。

傲吏虚无聊自寓，漫郎风韵与谁俦。

行人莫向岩前听，感古伤今易白头。

其三（阮学浩）

丛竹荒祠一径长，秋风拂拂昼生凉。

顿教野性勾留住，瀑水声中话夕阳。

笑岘亭岚

其一（张渊）

万迭云山一野亭，晴岚阴蔼共冥冥。

浓分浯水春光绿，旧带崟陵王气青。

漠漠似烟笼远树，霏霏和雨暗长汀。

晚来倚遍阑干曲，翠湿吟袍酒易醒。

其二（唐广）

高亭突兀临紫霄，岚气绕亭常不消。

浓随冉冉远烟起，淡逐拂拂微风飘。

半空低罩绿水面，一抹横锁青山腰。

眼明鸥鹭忽飞傍，笑看雪光凝翠绡。

其三（阮学浩）

石磴缘崖次第探，一亭烟景足春三。

闲将岘首评兴废，何日重停载酒骖。

三　东安

据清乾隆《东安县志》卷一《疆域志·形胜》。

古代有东安十景、东安四景二说。东安十景为：凤山春色、象岭秋容、文璧孕灵、幽岩舍秀、舜峰遗象、葛岭旧垒、一溪环带、五峰呈图、高山古刹、湖岭甘泉。东安四景又称清溪四景，卷八《艺文志》载明朝教谕罗训有诗曰："永州名邑曰东安，百粤相邻地位宽。自昔清溪为别号，个中景致良多端。清溪之水长且秀，滔滔不息夜达昼。渔舟客艇任往来，寓道濯缨斯可究。"

清溪四景（县令吴德润）

紫亭观澜

亭南溪涨水澎淘，一望回澜紫气清。

浪里鱼龙惊变化，乘风矫首势峥嵘。

文阁凌云

凌云高阁接晴空，天路迢遥咫尺通。

诚正道传开后学，紫阳书院五云中。

塔峰撑汉

塔峰奇绝峙江边，气象文明欲到天。

不是浮屠施幻术，生花梦笔斗牛悬。

浮虹架波

长桥浮架碧波中，锁列编舟若卧虹。

河畔村环歌利济，须知巧造在人功。

四　江永

据清康熙《永明县志》卷十三《艺文五》，记载有"永明八景"，古时江永称永明。

永明八景总题（陈毓新）

潇湘一望蓝如染，更爱层峦翠欲流。

麟洞烟销僧出岫，凤亭云锁客寻山。

霞铺五岭垂红幔，雪霁三峰挂玉钩。

半壁飞泉悬树杪,清凉古刹四时秋。

层岩叠翠

其一(邑令周鹤)

一龛绝壁倚崔嵬,岩畔飞云静豁开。

玉乳凌空悬倒笋,石桥清浅渡流杯。

青霞昼抱孤崖峻,黄叶秋吟万籁哀。

暇日携琴频过此,桃源欲赋愧仙才。

其二(宁远邑令徐旭旦)

层岩迭翠更岩峣,蹙蹑牵萝入洞遥。

万瀑飞流齐□道,千崖如削自凌霄。

峰当北斗参差出,云捧群真取次朝。

不用登高夸作赋,游仙须奏白云谣

其三(会稽金云沛)

人世谁知别有天,层岩洞壑翠微连。

日车碾遍无余照,鬼斧开成不计年。

石孕灵芽森玉管,乳□寒□□珠泉。

小桥流水分尘界,未见桃花心已仙。

潇水拖蓝

其一(周鹤)

虚无一派碧于蓝,回抱孤城映翠岚。

曲岸烟藏红叶寺,隔溪山出白云函。

愁予春雨沧波溢,淡尔秋风黛影涵。

桂楫兰舟吾素志,探幽承乏到湘南。

其二(徐旭旦)

江楼倚壁结花龛,夜两飞流好共探。

泛泛落英明似锦,盈盈远色浅拖蓝。

鸥群浦外行相狎,渔父矶头俨共谈。

堪对鸭头绿于酒,潇源千里会湘潭

其三(会稽金云沛)

千家井邑枕清满,雉堞横襟翠带飘。

秋屿芙蓉沉断岸,春溪杨柳压平桥。

月高练影烟同阔,雨霁波光天共遥。

坐对南楼明似镜,美人宛在不须招。

古刹临风

其一(周鹤)

微风仙梵出林清,密树疏篱隐化城。

月静禅关侵石溜,雨晴山色隔溪声。

莺啼曲岸春篁老,鸟下斜阳烟草平。

最是祇园幽绝景,欲将半偈悟无生。

其二(徐旭旦)

古刹临风晓色分,微微仙梵远犹闻。

窗前古塔含青霭,槛外晴川漾白云。

落景低看飞鸟度,空香倒指落花纷。

而今已悟风幡论,且坐清凉对夕曛。

其三

清凉金刹古旃檀,松竹阴森夏亦寒。

白日纤尘忙处过,青山碧水静中观。

香飘仙梵通迷筏,花吐瞿昙护法坛。

悟到色空无一着,风前回首独蹒跚。

白鹅飞瀑

其一(周鹤)

何处空山访白鹅,昔传飞瀑始如何。

虚岩溜滴丛苔藓,古屋云荒补女萝。

自有青莲存慧照,谁寻芳杜到层阿。

凄凉落日登临处,大地沧桑一刹那。

其二(徐旭旦)

九天飞瀑落沧溟,触石敲云挂翠屏。

白昼雷霆喧虎啸,晴天风雨起龙腥。

奔来溅沫侵衣湿,转入澄潭照眼青。

漫道群鹅白似雪,也烦逸少写黄庭。

其三

颉颃峰势卓平芜,崖畔飞泉信有无。

袅袅和云轻曳练,涓涓落石细抛珠。

清涛冷叶苍龙吼,素影晴涵白凤冈。

佳景独来寻故事,闲拖蜡屐问樵夫。

麟石腾烟

其一(周鹤)

万峰攒处一峰孤,洞口烟光乍欲无。

遂有麟兮呈瑞霭,不救石也没樵苏。

苍苔秋雨藏鳞甲,绣陌春明入画图。

空对瞿昙趺坐老,寺门花落又重敷。

其二(会稽金云沛)

洞府春明瑞霭妍,探奇麟石更腾烟。

青云覆户青霞结,红日当空红雨鲜。

处处天然开画谱,层层名胜印诗篇。

圣王有道祥麟现,我藉功成万古传。

其三

麒麟岩拱圣人山,媲美芳名千古间。

雨洗烟螺浮黛色,香飘华盖辟禅关。

青猊白象同趺坐,元豹苍龙共往还。

遯晦遐荒井屏迹,灵机天禀石非顽。

凤亭插汉

其一(周鹤)

凤去山幽敞翠屏,客来无复旧孤亭。

一川空向三湘碧,片石常留五岭青。

柱树岩头云漠漠,芙蓉木末雨冥冥。

投闲吾亦堪招隐,好挽灵均吊独醒。

其二(会稽金云沛)

凤亭缥缈结青霞,峭壁都开五色花。

樽酒夤缘丹嶂外,角巾潇洒白云涯。

中天楼阁三千界,扑地闾阎十万家。

览胜赏心倾倒极,浩歌惊起暮栖鸦。

其三

凤亭杰构已无征,万仞丹梯尚可登。

云势苍茫连越嶲,山形巉绝眇舂陵。

低窥烟树千家合,高摘星辰一气澄。

独倚悬崖吹铁邃,天风顿欲化鲲鹏。

五岭朝霞

其一(周鹤)

五岭峰环积翠往,明霞初旭倚岩峣。

一天锦绣晴岚出,万井烟花秀色朝。

霭薄苍梧青不断,风清挂海瘴全销。

平生雅负云山癖,日日友顺兴尚饶。

其二(会稽金云沛)

晴霞五岭映朝晖,翠巘丹崖接紫微。

浴海已随红日近,排空更作彩云飞。

山川绵绣迷高下,碧落文章说是非。

最爱晨光千气象,女娲炼石补天衣。

其三

亘空朝霭静霏微,五道遥分翠作围。

海角霞明天半曙,山头锦烂日初晖。

花融薄雾红如烧,树袅轻烟碧欲飞。

营浦风光岩岫好,卷帘时对一忘机。

三峰霁雪

其一(周鹤)

巨灵何代擘巑岏,削就三峰欲画难。

奇秀每从烟雨卫,嶙峋雅喜雪晴看。

光摇仙掌云霞洁,影矗芙蓉星斗寒。

尘独那容轻易到,为骖天半借翔鸾。

其二(会稽金云沛)

瑞云凝艳拂蓬莱,秀削三峰积素开。

万井烟霞从地起,九重鸾鹤白天来。

人含清思同姑射,调入春风绽玉梅。

一曲郢歌谁得和,千秋词赋属邹枚。

其三

危峰隐现插云尖,碧笋三枝雪后瞻。

阆苑琪花围玉柱,瑶事珠树映品帘。

佛头朗吐圆光洁,仙掌高舒立指纤。

百丈寒晖间夕照,无边瑞色满穷檐。

五　江华

据明弘治《永州府志》卷八《道州纪述》、明隆庆《永州府志》卷七《提封》、清同治《江华县志》卷十一《记文》。

江华八景总题(蒋琛)

日上阳华海气红,苍梧岭色映鸿蒙。

秦岩幽涧泉声韵,暖谷丛松树影重。

客访回溪来静境,僧归浪石趁晴空。

八方洞澈虚明处,又喜寒亭峙半峰。

暖谷春容

其一(滕元庆)

二五擅天巧,涵虚蕴太真。

游人尽来往,寓目总为春。

其二(蒋琛)

甫余春气淑,览胜涧边行。

江月晓仍照,林烟暖更生。

山中千树媚,谷口众芳晴。

一段氤氲意,稀微暗柳莺。

其三(明邑贡生舒凤翼)

东风醉马寻香细,洞口须招郑子真。

同看上林花似锦,暖烟散作十分春。

其四(滕元庆)

碧岩深处景多幽,淑气融和满谷浮。

种种奇花红洞口,芊芊芳草绿山头。

暗香风过翻晴蝶,霁色云迷唤雨鸠。

无限春光收不尽,也因官冷得闲游。

其五(明邑令彭弼薇)

谷口郑真何处象,东风堕地鼓桑麻。

衢罇待汲曾多少,云子投人亦污斜。

未羡玉楼同尹喜,已堪项曼散流霞。

沧洲花本四时色,磊块寒门不注蛙。

其六(明邑贡生刘元科)

谁道阳华下可家,此中仙露引胡麻。

田多种玉岩钟乳,鸟尽忘机兽触邪。

石色疑从丹鼎炼,岚光直并赤城霞。

联镳此日传邹律,仙尹輶轩两剖蛙。

其七(李福寿)

为爱春陵暖谷佳,春光满眼似仙家。

翠屏一样山堆色,红锦千机树着花。

石涧水温朝雨过,野禽声碎夕阳斜。

老子得遂栖迟志,官冷毡寒不复嗟。

其八(邑贡生胡廷暄)

小洞温和别一家,好因诗酒话桑麻。

融融诗气如旸谷,冉冉春光恍若耶。

积露初收开锦绣,夕阳欲下聚云霞。

催花羯鼓声何处,石隙鸣虫草际蛙。

其九(郑鼎勋)

谷中长暖不知年,灌木蟛萦路宛然。

一碧寒泉笼晚雾,半林修竹霭晴烟。

穿云但觉岚光满,入洞频惊石鳞圆。

更喜四时花竞放,不分朝暮看来妍。

寒亭秋色

其一(滕元庆)

乾坤辟混沌,洞口列亭幽。

独秀云山里,清风万古秋。

其二(蒋琛)

循桥携友度,江气到寒亭。

风急摧松绿,云阴入洞青。

山空秋在叶,沙迥客归船。

一路贪幽赏,吟情更窈冥。

其三(蔡光)

城南有谷景深幽,招客今来几百秋。

腾至误吹桑柘火,壮游懒着鹧鸪裘。

石田野草生春早,梅岭花飞带雪收。

尺五湖天风日霁,浮生今始识丹邱。

其四(蔡光)

寒亭立向北山幽,山荫晴空五月秋。

傲吏爱凉来避暑,游人倦日坐消忧。

晚荷覆水鸥眠寂,排树穿云鹊噪稠。

乘罢晚风明月上,不知尘世有罗浮。

其五(滕元庆)

洞口孤亭爽气侵,何妨盛暑此登临。

寒泉飞瀑疑拖练,疏竹敲风似捣砧。

看到空林红叶老,穿残曲径白云深。

凭栏盼望前村暮,归路萧条月挂岑。

其六(彭弼薇)

飞落远山云月片,到来败叶风轻轻。

露滴芙蓉香欲语,园唫蟋蟀秋无声。

底须插汉引长袖,剩取残诗寄友生。

饮罢元公江上酒,听残子晋月冈笙。

其七(刘元科)

醉向林皋秋已凝,云成白石雪犹轻。

使君驿骑来天上,学士词名掷地声。

捉笔笑将炎态去,支颐看尽岫云生。

何妨石阁清无暑,一枕凉飔下篆笙。

其八(胡廷暄)

亭依崖畔冷烟凝,引动秋风入座轻。

竹茂少来赤日影,松阴时送素秋声。

乍临爽气迎人韵,坐久寒光逼体生。

寄语北窗高卧士,此中枕石胜桃笙。

其九(郑鼎勋)

陟胜谁开绝轨程,到来败叶满孤亭。

才跻缥缈欣舒啸,乍入空明可摘星。

因笑谢安徒着屐,好招子晋坐吹笙。

松阴潇洒云常护,鸟语猿声两两清。

其十,二首(盛祥)

灵岩如屋山势雄,寒威凛凛忡龙宫。

洞门阴深轩槛窄,一湾流水涵青铜。

壁问墨迹洒珠玉,知是次山题此谷。

纵然九夏热如蒸,才入亭中秋气肃。

阳华胜览(又名阳华胜概)

其一(滕元庆)

阳华雄楚服,骋望一登台。

衡岳云天迥,洞庭门户开。

其二(明邑诸生蒋尧相)

为爱壶天景,频频载酒游。

酕醄归骑晚,月上小斋头。

其三(蒋琛)

山高疑插汉,登眺发高吟。

风日常清美,春冬如昨今。

仙田生异草,石磬度元音。

快读元郎句,琳琅悦我心。

其四(滕元庆)

淡淡轻云锁翠崆,华岩开处最玲珑。

徊渊泻出长流水,峭壁吹来不断风。

松径复凉月色冷,石田春暖药苗丛。

更奇洞口当阳处,满地闲花别样红。

其五(彭弼薇)

放笑几回破大荒,来游佳胜挟胡床。

石花不着采蜂戏,桂子能开玉兔芳。

白露风高回汉掌,银潢星泻逼琼浆。

仙人□溟空名姓,弱水蓬莱何处航。

其六(郑鼎勋)

曾说阳华小洞天,冯乘千古重名山。

天连绝顶青霄上,日耀空岩紫雾闲。

石燕颉顽云上下,神龙隐见水清寒。

登临不尽山中兴,尽日忘归独倚阑。

其七(刘元科)

碧杉秋老几炎荒,古佛龙龛见石床。

泉自西池沁可荐,花经寒露晚犹芳。

青城有客曾投札,白璧何人更汲浆。

千古漫郎高兴足,追随云水一仙航。

浪石清流

其一(滕元庆)

古刹尘难到,清流昼夜通。

应知了悟者,长座此禅中。

其二(蒋琛)

青峰远献翠,流亦有清声。

倚槛看云落,望澜知浪轻。

夜临心一水,寒助月三更。

深坐不能去,机锋击竹生。

其三(滕元庆)

梵宫岑寂磬烟笼,荡漾清溪槛外通。

昙钵花香风送违,菩提树色水侵浓。

波寒迤入禅关冷,湍急遥分佛火红。

济世慈航何处泛,回头彼岸是神功。

其四(彭弼薇)

捉刀善手菩提心,阔海空天丛一林。

竹引云岚帘不卷,江抛星斗夜无沈。

猿衔山果炉烟□,僧老春阳榻影深。

最是尘凡腥腐满,蜉蝣那得护清阴。

其五(刘元科)

石莲开凿总无心,泉水清香此薜林。

佛顶青螺花片片,禅床白麈影沉沉。

苔封古塔烟垂冷,秋锁云房径已深。

双鸟移来清啸后,庐栖溪畔竞留阴。

其六(胡廷暄)

一派清流好印心,当年飞锡结禅林。

白云飘渺风光淡,石浪涟漪岸影沉。

会意何须濠濮远,忘机即是祇园深。

名区幸得同游赏,消受青松满院阴。

其七(郑鼎勋)

肉身说法却森然,乘兴来游俗念湔。

一水溯洄掀碧浪,□峰挺秀蔚苍烟。

风生竹径声声韵,月照松林树树圆。

祂意借屠传契合,不须金偈示立诠。

梧岭南屏

其一(滕元庆)

为爱青山好,开屏四野横。

平分楚与粤,两地倚长城。

其二(蒋琛)

联络重冈远,晨光点翠微。

密云迟日出,灌木易霜稀。

百粤千蟠绕,三湘万仞威。

南关称巨镇,赖此足长依。

其三(滕元庆)

南关尽处耸重峦,绝顶登来眼界宽。

屏障三湘雄万仞,路通百粤绕千蟠。

巉崖雨过烟光翠,峭壁风生树色寒。

莫道终南佳处好,遐方巨镇古今看。

其四（郑鼎勋）

睇极岩巉意似幢，眉闲独竖有奇峰。

层峦迭逼光凝斗，碎石平炼一点茸。

日射轻烟苍淡淡，风吹弱草绿浓浓。

南方屏障天然固，已敌长城数百重。

秦岩深处

其一（滕元庆）

石洞杳何极，桃花纡径深。

今来适楚客，不是避秦心。

其二（蒋琛）

秦岩奇赏满，恰趁半闲来。

舞燕如轻蝶，烘桃可醉梅。

峰高先月到，洞敞报云开。

清绝湖南地，登临始畅哉。

其三（滕元庆）

天开洞穴古名秦，疑是桃源此地真。

幽僻可招超俗客，徘徊却忆避秦人。

石田春付芝长茂，萝径烟封薜渐蒌。

悬壁自今题太守，相传无处不知津。

其四（彭弼薇）

一歌苌楚遁樵苏，何物能投五技鼯。

无意咸阳灼焰□，宁知汉诏减田租。

掬松不到云乡客，步影从湮夸父涂。

巢许翻嫌名姓薄，秦人千古漫追呼。

其五（刘元科）

岩前秋霁草罩苏，百尺藤萝健鼠鼯。

几向石田求布种，却惭诗兴迫催租。

行经鱼浦休投米，已到仙源莫问途。

姹女黄芽空轶事，归猿洞里听猿呼。

其六（郑鼎勋）

一到秦岩兴自幽，琼花琪树目中留。

金关撼动超凡□,地轴掣开别有邱。

春暖石田芝草茂,秋深幽涧药苗稠。

太和布满熙熙乐,正好探奇恣意游。

回溪寿域

其一(滕元庆)

混沌甘泉水,长流绕此溪。

曾闻饮泉者,岁月几人齐。

其二(蒋琛)

欣然怀古逸,步入迥溪闲。

寻胜得孤境,绝尘如一山。

天分鸥鹭碧,村受水云环。

兰臭今如在,吾思老此湾。

其三(滕元庆)

山人静里卜幽栖,门径无心送马蹄。

寿域一朝开胜迹,芳名千古照回溪。

甘泉洞酌来仙液,曲涧循环咽大溪。

览胜蹰躅人不见,邱墟空对漫留题。

其四(刘元科)

不必三山望海峤,灵泉一滴泻云瓢。

松风到耳皆成籁,石磬临流想奏韶。

调水有符名已浪,投书无计酒频浇。

灵均去后闲消息,赢得朱颜不改雕。

其五(郑鼎勋)

茂林修竹文环山,昔有张翁隐此闲。

院静惟闻天籁响,箐深常共岭云还。

泉流碧水回迂径,阶砌幽花长翠斓。

一路寂寥非蔓草,黯然对此自闲闲。

奇兽虚明

其一(滕元庆)

狮子岩头伏,寻源认旧溪。

光明虚自照,不为阮郎迷。

其二（蒋琛）

岂必绝人境，修然出世尘。

崖生龙象眼，石学狻猊身。

虚实从风过，光明入洞新。

静中堪累日，莫更待芳辰。

其三（滕元庆）

辟开混沌见天真，石踞英英一兽神。

风入松涛声作吼，春生苔碧色偏新。

个中消息通元窍，物外烟霞隔世尘。

绝胜蓬莱须咫尺，武陵遮莫问迷津。

其四（彭弼薇）

倚径横冈卉草蒙，有怀衔鹿为相从。

丹青神化知何处，碧海琅玕即此中。

寒暖或关葳蕤锁，风雷时震苍精龙。

松阴寂寞云长护，不道妙高是祝融。

其五（刘元科）

长林丰草日光蒙，卧走山精百兽从。

率舞想同韶箾至，吼声常向碧云中。

南山雾隐应同豹，石窦泉香拟护龙。

妙相白毫何处是，石台高座且冲融。

六　宁远

据清嘉庆《宁远县志》卷九《艺文志下·赋诗》。

钱塘人邑令徐旭旦《宁远八景诗并序》："延唐山水之秀甲他郡邑，乃胜景标题他处，多载诸吟咏，兹岂景不胜收耶？创为八景，聊志一斑，以俟后之采风者。"

印山春雨（徐旭旦）

印山高峙九疑平，拱极承离望里明。

丹嶂出云连曙色，画桥垂柳带春声。

行来暮雨疑神女，赋就雄风自楚卿。

想象黄金悬肘后，为霖岁岁润苍生。

凤桥秋月（徐旭旦）

凤桥秋敞散晴光，潋滟金波送夕阳。

五色倩谁修月户，七襄今见制霓裳。

庆云拖锦笼丹桂，宝镜团花捧素粒。

对景正宜裁谢赋，漫劳仙术试淮王。

南林丛桂（徐旭旦）

秋香先发南林寺，丛桂高攀第一枝。

闻道小山招隐士，愿栖鹫岭企仙姿。

萧疏盘踞云蓝古，森秀潜移月殿奇。

假我公余能爱客，霏霏金粟泛瑶卮。

东溪古松（徐旭旦）

东溪松古骨嶙峋，劲节偏宜傲吏亲。

千尺雪霜嶓鹤盖，百年风雨老龙鳞。

巢归鸠鹊判花落，浪挟元夸入韵新。

珍重岁寒心不浅，路傍桃李易成尘。

金泉试茗（徐旭旦）

晴涧云尨斗绿华，丹山碧水毓灵芽。

香含峰顶三冬雪，秀起雷惊二月车。

石鼎碾成春尚早，金泉烹就日初斜。

擎来清味生元液，两袖风生逸兴赊。

玉管摩崖（徐旭旦）

为忆真元丹鼎传，来寻玉管抚寒烟。

峰回潭影疑无地，岩敞云门别有天。

石上擘窠皆大字，宅边洒酒尽登仙。

我今试作摩崖颂，愿祝君王万寿年。

疑峰叠翠（徐旭旦）

万笏朝天拱舜源，诸峰臣伏似儿孙。

重岩竞秀迷风影，远树横秋带雨痕。

嵳嵲千盘摇日观，空青一片入昆仑。

谁传帝寝成疑史，点点湘娥螺黛存。

潇水涵青（徐旭旦）

潇潇一脉出天南,皎洁澄鲜映蔚蓝。

飞瀑千寻还浩渺,碧潭万顷自空涵。

无心学海偏流细,有意宜民独作甘。

莫道臣心真似水,须眉一鉴胜奇探。

七　新田

据清嘉庆《新田县志》卷九《艺文志》。

三韩人邑令沈维垣《新田八景序》:"荥阳固多奥,然必得柳子而奇迹始著。是地未有不待人而显者也。新田裁于宁远,创未备,胜概未前闻焉。夫一丘一壑苟有会心,皆可传而志之。矧新邑绵亘永郡,延袤数百里,峰峦层嶂,岩折起伏,霞绕云飞。彼定中揆日之初,相阴阳而观流泉,已选胜于兹矣。特未经览陟,虽有佳景,终隐没于榛莽之中耳。莅兹三载,每于案牍之暇,偕一二知邑,登临眺望。剪棘踞磴,就形借势,推义生名,因得其景凡八。曰'朝阳晓日',曰'朱砂夜月',曰'南桥双碧',曰'西峰叠翠',曰'龙泉峭壁',曰'恩寺寒烟',曰'古洞石羊',曰'平冈天马'。未尝矫意牵合,若天设成迹而假余以著名也。闻昔道州刺史元次山,每览佳山水,咏以诗铭,迄今传述不衰,与柳州先后媲美。余牧兹邑最晚,自惭固陋,何敢妄附前徽。然有司宰邑,或兴或革,职所攸存,倘有裨于风土人情,不妨作之,以昭兹来许。是役也,以壮一邑之大观,更以彰僻壤之灵秀,新邑之山水从此媲美名封,未必非余开之始也,虽鷇鸟学鸣,所不辞矣。既约其大概,并赋以俚言,授之梓,以俟后之君子采择云。"

新田八景诗

据清嘉庆《新田县志》卷九《艺文志》。

朝阳晓日

其一(邑侯沈维垣)

　　县东北三里许,有朝阳庵,背山面水,材木森蔚,每朝旭初生,光彩照耀,令人心目俱失。

旭日初开曙,苍凉紫气浮。

晴葵含露向,晓竹带烟收。

射水波光灿,穿林叶影稠。

山深僧觉否,间傲簿书投。

其二(邑令黄应培)

扶桑焕彩日瞳眬,独照祇园万籁空。

晓露溅花拟宿雨,晴岚迎曙笑春风。

晨钟响彻炊烟碧,威凤翚舒瀚海红。

老衲稳眠浑未觉,凭他送影上帘拢。

其三(邑人乐明绍)

背山面水正朝阳,旭日初升影渐长。

才照林端红一点,老僧惊起出禅房。

其四(邑人陈玉诰)

朝阳山势面朝东,迎得晴晖到梵宫。

直听天鸡歌晓日,旋看梧凤唱晨风。

重轮远迭西峰翠,五色初含北岸红。

涌上三竿翻石壁,几疑人在画图中。

其五(邑人刘向阳)

山势回环正面东,朝阳向晓日朦胧。

居当虚室疑全白,气拂扶桑已半红。

烂熳珠初连树叶,苍茫露尚湿花丛。

高僧早起窥王字,表璃遥知万国同。

其六(邑人刘永钱)

蒙蒙树色隐朝阳,羲驭初红照上方。

怪底老僧才睡起,山头误认月浮光。

其七(邑人黄之纲)

阳气舒清曙,晖生古寺幽。

山光连雾霭,日影接天浮。

鸣凤高冈集,阳乌万里游。

晴烟朝护处,丽景满层楼。

其八(邑人徐荣封)

九天晓景正苍凉,旭日东升渐吐光。

乍敦禅扉通佛座,才舒明曜上扶桑。

晴开烟树莺初转,影射岩峦雾乍藏。

绘得丹霄新画意,高冈从此咏朝阳。

朱砂夜月

其一(邑侯沈维垣)

　　县西南隔岸有朱砂岩,旧传其地产朱砂,因以得名。悬严之下,沉潭印月,光景常新。

朱岩科映月,众壑夜生文。

素影悬青汉,晖光散白云。

石门苔色晓,山径树阴分。

虚静通幽谷,寒烟处处曛。

其二(邑令黄应培)

见说朱岩别有天,石门开豁峙山前。

一溪碧浪翻孤月,十里苍松啸晚烟。

潭影空涵云欲驻,山光静拥鸟初眠。

回环更绕东西水,洞口潜窥一豁然。

其三(邑人刘敦仁)

天开石窍最玲珑,万象包含月影通。

满地丹砂人不拾,留将秋夜照霜枫。

其四(邑人陈玉诰)

双碧合流一鉴平,朱岩月透十分清。

只因近水楼先得,本为衔峰鸟易惊。

县圃已开琳宇静,绳河直泻玉盘倾。

此间坐爱金波迥,更有潭星万颗明。

其五(邑人黄之纲)

闲坐朱砂地,银蟾散绮文。

恒河常印月,古寺亦团云。

光满当三五,岩深透十分。

吟诗供玩赏,凉气带风熏。

其六(邑人刘向阳)

地产朱砂古迹传,金波宝气夜娟娟。

光临祇树千章合,影落寒潭一鉴悬。

薄袖三更侵露气,遥村四面破云烟。

禅床乐似胡床乐,一假风情继昔贤。

其七(邑人刘永钱)

奇岩听说产朱砂,况是凌空近月华。

一带溪流常绕抱,寒潭倒映影横斜。

其八(邑人徐荣封)

江城环绕会南桥,关外行旌柳絮飘。

两度参差分雁齿,双溪左右束虹腰。

岸头红雨痕常蹴,堤畔斜阳暖未销。

碧色倒侵重叠影,可将此景入诗飘。

南桥双碧

其一(邑侯沈维垣)

　　县城外有二水,东西分洗。交汇于城之南,石桥旦其上。山光掩映,碧色相解。

一径通南野,长虹卧碧流。

云鸿衔荻苇,汀鹭宿沙洲。

涧水常容月,石滩不住舟。

谁为题柱者,今古慕英俦。

其二(邑令黄应培)

漻洄二水控南桥,无限澄清障欲消。

两岸晴烟排雁齿,一帆春雨碍虹腰。

影横波镜分青霭,绿净潭心印碧廖。

界破闲云天寂静,月明何处夜吹箫。

其三(邑人黄之纲)

桥列东西渡,双双泻碧流。

城垣横荻岸,雁阵布芦洲。

几点晴烟合,千层翠色浮。

南天余景况,题罢兴悠悠。

其四(邑人刘向阳)

源分西北汇城南,绕郭双溪一鉴涵。

薄浪因风皆聚碧,沿流有草亦拖蓝。

烟飞漠漠添新涨,影落层层见远岚。

更羡危桥横左右,千秋题柱属奇男。

其五(邑人陈玉诰)

玉渚排来绕郭城,虹桥直向半空横。

溯从西北双流碧,关锁东南一鉴明。

红雨怒翻侵雁齿,清风缓度拂冠缨。

洛阳好景无多逊,题柱何人负盛名。

西峰迭翠

其一(邑侯沈维垣)

县之上多平,独西南特起数峰。跃□望之,萃色盈眸,乃知胜地固多佳景也。

山外山无极,峰高接大荒。

堆螺生万象,拥翠耸穹苍。

自带烟霞气,时闻兰蕙香。

鸟飞鸣碧水,云汉起文章。

其二(邑令黄应培)

插天秀削蠹芙蓉,耸出群巅第一峰。

迭嶂凌空珠斗近,悬崖积翠石苔浓。

宵烟罨罩千山月,秋雨苍茫万壑松。

我欲振衣高顶上,乾坤望里豁心胸。

其三(邑人徐荣封)

奚夸九点望中烟,笑指西峰秀拔天。

蠹起高标排翠巘,频分黛色到层巅。

南屏对峙青如发,北望离奇露似掌。

染得浮岚浓叠叠,相看不厌蔚蓝边。

其四(邑人陈玉诰)

从来此地未曾经,极目奇峰列翠屏。

仙掌数重开鸭绿,蛾眉几叠篆螺青。

高低净洗屏颜碧,大小平分画本真。

始得西山原有记,(柳子厚有《始得西山宴游记》。)何妨假借作斯铭。

龙泉峭壁

其一(邑侯沈维垣)

　　县之十里,有山口龙泉寺藏其中,山护其中,山护其外,山从地突起内平夷,而外实巉岩也。

知有龙含璧,清泉暗处生。

石巉含雾冷,寺古傍云成。

雁去平原落,岛来高树鸣。

老僧惮艰险,客至少逢迎。

其二(邑令黄应培)

千山壁立撼长天,蹊径盘纡走瀑泉。

薜荔倒牵流水急,芙蓉直捧暮云连。

钟鸣远寺溪方午,鹤唳荒烟客未眠。

独上巉岩明月下,一番清兴属诗仙。

其三(邑人乐明绍)

龙泉迹隐万山中,拔地巉岩一径通。

欲挽薜萝登绝顶,磨崖镌句倩神工。

其四(邑人徐荣封)

振衣千仞有高冈,见说龙泉气势苍。

峭壁原从天外耸,飞流直泻瓮中香。

凄清啼鸟空尘界,暧逮慈云涌佛堂。

漫道名山难陟顶,琼梯稳上乐徜徉。

其五(邑人陈玉诰)

为觉龙泉买履游,千寻峭壁望中收。

只因并溜穿花径,更见虬鳞卧虎邱。

四面云岑参碧落,一林烟树锁高楼。

峰前听得钟声晚,几度逢僧把酒酬。

其六(邑人黄之纲)

卓尔龙泉寺,危崖万仞擎。

石巉缘地险,壁峭本天成。

树影参差露,山钟缥缈声。

老僧频徙倚,笑傲寄幽情。

其七(邑人刘向阳)

千寻峭壁露晶荧,胜揽龙泉几度经。

飞鸟有时频跕跕,流云无定自冥冥。

当前古径盘枯蔓,对面奇观展画屏。

却羡倦游还小憩,远山罗列数螺青。

其八(邑人刘永钱)

是处名山聚米多,龙泉怪石更嵯峨。

凝眸峭壁高千尺,绝顶难登挽绿萝。

恩寺寒烟

其一(邑侯沈维垣)

　　西城外迎恩寺,县治来脉处踞山之巅。古木参差,寒烟缭绕,真古刹也。

极目西城外,禅关古树稠。

山青开日晓,烟白与云浮。

灵气层层接,寒光淡淡收。

清虚尘不染,高士许同游。

其二(邑令黄应培)

曲径纡回古寺深,寒林长锁碧烟沈。

泉声隐约知溪远,岚影微茫待月临。

一鸣白云迷暮霭,半山红叶淡秋阴。

静听钟鼓斜阳外,却把婆心证梵音。

其三(邑人陈玉诰)

迎恩古寺出西关,四起寒烟镴翠鬟。

罩树最宜新雨后,连村偏向夕阳间。

光浮素练旃檀冷,淡扶疏钟野鹤闲。

几度戍楼频眺望,蔚蓝拖处水环山。

其四(邑人乐明绍)

丛林何处不生烟,六月寒多此地偏。

寺古最宜藏雾里,一声鸟语出山巅。

其五（邑人黄之纲）

幽光何处发，古寺见烟稠。

向北寒生树，依南暖入楼。

临风吹不散，带月影常留。

正是迎恩处，名山莫漫游。

其六（邑人刘向阳）

欲寻胜迹向城隈，古木深沉一寺开。

薄雾半迷山隐现，轻烟全罩路迂徊。

惯看墨客穿云出，时有幽禽带月回。

试问禅关何处所，层层履迹印苍苔。

其七（邑人刘永钱）

古木阴阴忱亦京，轻烟一带隐禅关。

山僧采药归来晚，指点白云杳霭间。

古洞石羊

其一（邑侯沈维垣）

　　南乡石羊，□去□三十余里。有石羊立于洞口，首尾俱备，宛然如生。

石洞原无锁，清虚不尽游。

青云连寺合，绿树有烟留。

卧草苔痕静，眠沙月影浮。

青云连寺合，绿树有烟留。

卧草苔痕静，眠沙月影浮。

蓬莱遇道侣，叱起向丹坵。

其二（邑令黄应培）

不须叱石倩神功，独立荒茫古洞中。

色相半封苍藓老，须髯全借白云笼。

空劳汉使持边节，莫向仙人问雨工。

孤影也堕牛犊否，晚来同下夕阳东。

其三（邑人陈玉诰）

洞口羊峰一石眠，天成骨象本超然。

歌诗未肯侪三亘，具体谁疑是一卷。

题者昔年来墨客,叱之何日遇黄仙。

乾坤不老春常在,亘古椎将胜迹传。

其四(邑人刘敦仁)

谁将拳石作羊名,头角森然太古成。

莫怪牧童摩不起,点头毕竟要初平。

其五(邑人刘向阳)

古洞奇形似写生,柔毛贝体一卷横。

麾来俨有岐羊虑,叱去浑忘怪石擎。

本是云根随偃仰,居然头角露峥嵘。

寻幽原曰多遐思,旒落西风忆汉臣。

其六(邑人刘永钱)

巉岩一望数峰连,洞口形从尔牧传。

叱处方知羊是石,却教人欲忆神仙。

平冈天马

其一(邑侯沈维垣)

　　县之南岸,石山丛列,诡形异眹,不可殚述。有一石宛如骏马腾骧,真天成也。

地气生神骏,腾骧别驽骀。

子昂绘真骨,伯乐识良才。

踏月依天表,嘘风傍水隈。

何人能驾驭,千里片时回。

其二(邑令黄应培)

房星压地势参天,独立平冈几阅年。

风里桃花嘶夜月,岸边石磴锁寒烟。

春归芳草蹄应没,瘦到秋霜骨更坚。

结体若教韩幹画,也知合著杜陵篇。

其三(邑人陈玉诰)

南关数武到平冈,石象名驹上应房。

御服岂来西极远,(《天马歌》云:"天马来,从西极。")停踪不爱北风凉。("胡马依北风"。)

夏来树荫千行庌,(《周礼》"夏庌马"是也。)春至花堆五色章。(杜诗:"萧萧千里足,个个五花文。")

闻说锦鸡相唱处,(俗云锦鸡鸣则天马应。)天兰久息异凡骧。

其四(邑人乐明绍)

有马腾天势最雄,平冈骧首俨嘶风。

生来石骨谁能驭,神骏还教冀北空。

其五(邑人刘向阳)

名马何曾降自天,平冈有象却依然。

水堪蝶足腾千里,似可凌霄付一鞭。

善相时能分牝壮,钟灵大抵属山川。

长歌客每裁新曲,风雅遥承太乙篇。

其六(邑人刘永钱)

城南天马耸平冈,石骨鳞鳞气最强。

势可腾空谁驭得,纵然八骏亦难方。

(原载 2016 年第 2 期,作者单位:湖南科技学院)

◇ 湖南省应用特色学科(中国语言文学)建设项目资助 ◇

潇湘学术研究

——《湖南科技学院学报》地方文化特色栏目选编

第六卷

主编　吕艳妮

上海三联书店

目 录

潇湘古镇研究

女书研究

阳明山文化研究

零陵文史研究

永州湘口馆遗址考述

✾ 张京华

《史记·夏本纪》言："陆行乘车,水行乘船,泥行乘橇,山行乘檋。"湖南交通今以陆路为主,古以水路为主。湘水贯通今湖南省南北两端,进而南接南岭,北通长江。其历时之悠久,可以上溯至《史》《汉》所载秦始皇征百越及汉初帛书古地图所载之水路,甚至上溯至《书经》所载舜帝之南巡,绵延数千年。永州设置于隋唐,位于潇湘二水交汇处。"永"字义为"水长",为"水之正流",永州"以二水名",故其最大地理特征在于潇湘二水交汇,永州亦因此而成为湘江上游的水路重镇。永州的官方码头称为湘口馆,又称湘口关、湘口站、湘口驿、湘口步、湘口渡、湘口津、湘口镇。湘口馆遗址,在潇水与湘水合流处,江水东岸,与古城同一侧。从永州古城出潇湘门,沿江有青石板铺建的官道与湘口馆相连,中经怀素塔、潇湘庙(禹皋庙),至贞吉亭,今亭尚存。湘口馆有渡船至对岸,今存古街,俗称老埠头,有石板路北通衡阳。埠头即码头,永州古城官码头本在东岸,今水路久废,乃讹称西岸之残存古街为老埠头。

一 唐宋湘口馆的设置

湘口馆的名称,最晚始于唐代。

"馆"为驿馆之意,又称邮驿,即官府设立的驿站。

《旧唐书·职官志二》:尚书礼部有驾部郎中一员、员外郎一人:掌邦国舆辇、车乘、传驿、厩牧、官私马牛杂畜簿籍,辨其出入,司其名数。凡三十里一驿,天下驿凡一千六百三十九。

《新唐书·百官志一》:尚书礼部有驾部郎中、员外郎各一人:掌舆辇、车乘、传驿、厩牧马牛杂畜之籍。凡给马者,一品八匹,二品六匹,三品五匹,四品、五品四匹,六品三匹,七品以下二匹;给传乘者,一品十马,二品九马,三品八马,四品、五品四马,六品、七品二马,八品、九品一马;三品以上敕召者给四马,五品三马,六品以上有差。凡驿马,给地四顷,莳以苜蓿。凡三十里有驿,驿有长,举天下四方之所达,为驿千六百三十九;阻险无水草镇戍者,视路要隙置官马。水驿有舟。凡传驿马驴,每岁上其死损、肥瘠之数。

《通典》卷二十三《职官五》:尚书礼部,驾部郎中一人:掌舆辇、车乘、邮驿、厩牧,司牛马驴骡,阑遗杂畜。

湘口馆见于记载,始于唐柳宗元诗。

《唐柳先生集》卷四十三《湘口馆潇湘二水所会》,又题《湘口馆望九疑》,写道:"九疑浚倾奔,临源委萦回。会合属空旷,泓澄停风雷。高馆轩霞表,危楼临山隈。兹辰始澄霁,纤云尽褰开。天秋日正中,水碧无尘埃。杳杳渔父吟,叫叫羁鸿哀。境胜岂不豫,虑分固难裁。升高欲自舒,弥使远念来。归流驶且广,泛舟绝沿洄。"

宋廖莹中辑注:"九疑、临源,二山名,俱在永州,潇湘所出。会合,谓合流于湘口馆也。"

明蒋之翘辑注:"九疑,山名,在永州界。临源,岭名。九疑、临源,潇湘所出。会合,谓合流于湘口馆也。"

柳宗元这首诗的重要之处,一则指出了永州位于潇湘二水会合之处的自然地理特色,二则指出了永州介于湘口蘋洲与九疑山之间的人文地理特色。

"潇湘"二水合称由来已久,《山海经》已有"潇湘之渊"、《淮南子》已有"弋钓潇湘"的记载,唐人更加明确了潇湘与永州的关联。隋唐改称零陵为永州,正因此地为潇湘二水交汇之故,因此"永州"之"永"仍暗指潇湘而言。即如宋祝穆《方舆胜览》卷二十五所说:"永州,二水。柳宗元《湘口馆》记潇湘二水所会也,州因二水而名永。"元熊忠《古今韵会举要》亦云:"永,州名,唐置,以二水名。""永"为会意字。许慎《说文》:"永,水长也。象水坙理之长。"引《诗经·周南·汉广》曰:"江之永矣。"段玉裁注:"坙者,水脉。理者,水文。""永"字小篆作𣱳,象主流分出支流,又像下流上溯到上源,所谓有原有委,故意会为水长。"永"又解为正流,连鹤寿《蛾术编》校按云:"派字注:别水也,从水□。鹤寿案:永,水长也。反永为□。凡水之正流或长或短,而其别流则必短于正流。"

"州因二水而名永"之说,较之"县西南百里有永山,永水之所出,州因得名"(道光《永州府志》)之说,更加合理。

柳宗元诗又题《湘口馆望九疑》,暗袭了屈原《九歌》"登白蘋兮骋望"、寓意湘妃想望帝舜的意境。

继柳宗元之后，唐人李频《黎岳诗集》有《湘口送友人》一首："中流欲暮见湘烟，苇岸无穷接楚田。去雁远冲云梦雪，离人独上洞庭船。风波尽日依山转，星汉通霄向水连。零落梅花过残腊，故园归醉及新年。"戴叔伦有《泊湘口》一首："湘山千岭树，桂水九秋波。露重猿声绝，风清月色多。"也都吟咏湘口馆。

唐人范摅《云溪友议》卷中记载，蔡京出任邕州刺史，曾受到永州刺史郑史的接待，接待的地点即是湘口馆。"道经湘口，零陵郑太守史，与京同年，远以酒乐相迟。"蔡京还观览了浯溪元结的摩崖石刻，"行泊《中兴颂》所，偭勉不前，题篇久之，似有怅怅之意"。

唐末五代时，马殷建立南楚，都长沙，控制潭、衡、永、道、郴、邵等二十四州。马楚时，湖南境内相对稳定，商旅活跃，湘口馆一带发展扩大为湘口镇，又称潇湘镇，有居民数百家。明清学者关于湘口镇的记载，大多追述自五代马楚时期。

到了宋代，宋人诗歌中的吟咏，仍然称为湘口馆。

宋沈辽《云巢编》卷四《泛舟上湘口馆》诗："潇水漫南来，湘川趣东下。二水始相会，清豪不相藉。山回石濑出，木老修烟架。泛泛白蘋洲，林风媚如画。宿昔感骚愤，幽兴遥相借。不谓重老年，孤穷羁山舍。潮来刺舟去，孤月临清夜。安得跨鲸鱼，不复人间化。"

宋范成大《石湖居士诗集》卷十五《湘口夜泊》诗，题下自注："南去零陵十里矣，营水来自营道，过零陵下；湘水自桂林之海阳至此，与营会合为一江。"其诗云："我从清湘发源来，直送湘流入营水。故人亭前合江处，暮夜樯竿蠹沙尾。却从湘口望湘南，城郭山川恍难纪。万壑千岩诗不偏，惟有苍苔痕屐齿。三年瘴雾亦奇绝，浮世登临如此几？湖南山色夹江来，无复瑶篸插天起。坡陀狠石蹲清涨，潋荡光风浮白芷。骚人魂散若为招，伤心极目春千里。我亦江南转蓬客，白鸟愁烟思故垒。远游虽好不如归，一声鹈鴂花如洗。"

宋杨万里《诚斋集》卷一《泊冷水浦》诗："前夕放船湘口步，约到衡州来日午。五程一减作三程，谢渠江涨半篙清。今日雨来三四五，又闭疏篷听暮雨。长年商量泊船所，雨外青山更青处。"

"湘口步"犹言"湘口埠"，因湘口馆实为水路码头而有此称。

二 元明湘口站、湘口驿的设置

元代"湘口馆"改称"湘口站"，"站"为"站赤"之意，为蒙古语"驿站"的译语。

《新元史·兵志四》:"站赤,译言'驿传'也。"

《元史·兵志四》:"元制'站赤'者,'驿传'之译名也。盖以通达边情,布宣号令,古人所谓置邮而传命,未有重于此者焉。凡站,陆则以马以牛,或以驴,或以车,而水则以舟。"

《永乐大典》卷一万九千四百二十三载:"永州路所辖站一十一处。马站五处,马二百匹。水站六处。船五十四只。""湘口站:船一十只,正户一十户,贴户七十户。"

到了明代,湘口馆、湘口站改称湘口驿,又称湘口递运所,设有湘口关、湘口渡,湘口渡又称湘口津。其地称为湘口镇,又称潇湘镇。

《明史·地理志五》:永州府零陵:"北有湘水,经城西,潇水自南来合焉,谓之湘口,有湘口关。"

弘治《永州府志》卷一:"湘口递运所:在府北十里。弘治七年知府姚昺出公帑羡余重修,视旧严整。""湘口驿:在县北十里,咸□倾圮,弘治六年知府姚昺出公帑羡余重建,规制可观。"

卷二:"湘口关:在潇湘二水合流之处。""湘口渡:即湘口间处。""潇湘镇:在县北一十里,潇湘会流之地。五代时,郡人数百家,皆镇司所辖。宋朝悉以隶镇,改曰津。今重立镇于其地,名曰潇湘关。"

隆庆《永州府志》卷八《关三》:"湘口:在潇湘二水合流之处。"同卷《津梁·渡三十》:"湘口:即湘口关。"

同卷《镇十·零陵五》:"潇湘镇:在北十里,潇湘会流之地。五代时,郡人数百家,皆镇司所辖。宋朝悉以隶镇,改曰津。今重立镇,于其地名曰潇湘关。"

湘口驿有官府的人员和银两配置。弘治《永州府志》卷一载:"湘口驿,驿丞一员,未入流。"隆庆《永州府志》卷九载:"湘口驿,支应六人,人三十六两,闰加三两。"

明代文献中,已经详载途经湘口驿的水路路程。

明佚名《寰宇通衢》载:京城至永州府其路有二:"一路水驿,四十五驿,三千七百五十五里。龙江至临蒸驿,三十八驿,三千二百二十五里。临蒸驿至本府湘口驿,七驿,五百三十里。""一路水马驿,五十六驿,三千□百六十里。"

明黄福《安南水程日记》载:七月十九日:"早至归阳驿,驿隶永州府祁阳县。申至三吾驿,驿亦隶祁阳县。此驿间至方激驿,有九十里,夜行如前。"二十日:

"卯至方激驿,驿隶永州府零陵县。是日申时至湘口驿,驿亦隶零陵县,去永州府城十里许。驿之东南,一水通道州驿之西北,一水通广西,二水至驿合流而北。是夜,泊舟于驿前。"二十一日:"早行,未末至石期驿,驿隶永宁府(当作永州府)东安县。湖广地方界分于此,南至柳浦驿以往隶广西。"

由于湘口驿是水路码头,此时的湘口驿又往往称为"湘口水驿"。

三 清代湘口驿的兴废与吟咏

在清代,湘口驿的设置有所缩减,取消了"湘口递运所",人员、银两有相应裁并,但湘口驿的建置仍在。方志中甚至还记载,湘口驿有官府添设的官船"红船"。

康熙九年《永州府志》卷三载:"湘口驿司:旧在潇湘门外十里,今废。""湘口驿:在城北十里。额载本驿水夫十名,工食连闰六两一钱。编派宁远一名,东安一名,祁阳二名,零陵六名,奉准兼摄递运。红船内跟官水夫二名,在道抬箱。""湘口渡:在湘口驿前。"

同书卷十二《驿站》载:"本府递运所红船二只。""湘口驿站:船夫六名,每名正闰银六两一钱,共三十六两六钱。""湘口驿:支应银一百二十两。""湘口驿丞一员,俸银每年三十一两五钱二分。书办一名,岁支工食银七两二钱。"

道光《永州府志》载:"递运所:在湘口,今废。""湘口亭:在县东二十五里。""湘口渡:在湘口驿前。""湘口驿:在城北十里。康熙三十九年,移驿县治后,裁驿丞。"

同书卷十《古迹志·五代故关镇》又载:"潇湘镇:在零陵县西北十里,潇湘会流之地。五代时置,一曰潇湘关。(《一统志》)亦名湘口关。(《县志》)《一统志》以潇湘湘口为二关,盖误。"《明故关镇》又载:"零陵有湘口关。(《明史·地理志》)"

光绪《零陵县志》卷二也详细记载了湘口驿的兴废沿革,说道:"湘口驿:城西北十里潇湘合流处,古名潇湘镇。五代时,有数百家,皆镇司辖之。宋时,悉以隶镇。明时,改湘口驿,设驿丞一员,书办一名,皁隶二名。康熙三十九年,奉裁,移驿县署后南司故址,俗呼'马号里',县自经管。原设马五十匹,马夫二十五名,兽医一名。自康熙四十七年,迄乾隆五十年,节次奉文抽减。现设马十七匹,马夫八名半,每马日支草料银五分,药饵银二厘七毫零。马夫每名日支工食银二分,兽医日支工食银一分六厘。原设排扛夫七十名,节次奉文裁减。现设四十三名,每名日支工食银二分。"

宗绩辰于道光间曾经寓居永州十三年,自称"十三年潇上寓客"。他所编纂的道光《永州府志》,专门设置了《古迹志·五代故关镇》一项,并有按语评论,说道:"朱梁篡窃,楚已先属马氏,南汉又创霸於越。永州当楚粤之交,宜其增边防,固疆圉,关镇断为马氏所置,以旧经失传,混言五代。兹著之朱梁之荆,以明正统亡而割据盛,割据盛而阨隘烦也。"

道光《永州府志》还记载了明清间吟咏湘口驿的两首诗作:"崇祯十六年,常州刘文毅公熙祚《题驿壁》诗云:'倥偬戎行已数年,室家迢递耗音悬。骷髅岭北俄成垒,宫殿湖南倏化烟。鹃血不沾无塚骨,乌啼偏集有狐田。死生迟速皆天定,留此丹心映楚天。'国朝王庭《题湘口诗》:'客愁不可穷,客路已千里。朝来散人怀,清见湘江水。水底尽白石,沿堤漾晴沙。青红乱山树,霜叶娇于花。冬暖欣多晴,向晚自烟雨。黯然江水深,孤月渺何许。'"

宗绩辰自己也撰写了一篇《江天风月楼记》,感慨湘口驿的古今变迁,特别追述了北宋范纯仁在湘口所建的"江天一馆"。

宗绩辰说:"昔范忠宣(范纯仁)谪永州,游故人之亭,登潇湘之楼,而题曰'江天一馆'。馆在零陵城西北十里,其地曰湘口,自五代以来为驿。斯馆之题,盖在忠宣入境之初也。康熙间,驿迁置入城,而馆与楼遂无复存,惟长此江天,渺茫相与终古而已。绩辰至永,访忠宣遗迹,语及斯馆,鲜识者,窃心焉伤之。夫临江流而望远天,忠宣盖有不能自已于君父者,一馆何足计? 馆存而忠宣忧国之意俱存,后之人独不少致惜乎哉!"

清代学者吟咏湘口驿的诗作,除了王庭之外,还有王夫之、王岱、李文藻、吴光、乔莱、蒋景祁、欧阳辂、杨明上等人。

王夫之《潇湘十景词(寄调蝶恋花)》其三《朝阳旭影》,自注:"在零陵县潇水侧,去钴鉧潭、愚溪不远,北十里为湘口,是潇湘合处。"

王岱《了庵诗文集》卷十八《湘口潇湘二水合》云:"水合潺湲乱石矶,轻船直下影如飞。游心正自贪山色,转眼层峦在落晖。"

李文藻《岭南诗集》卷三《湘口》云:"潇湘欲合处,石壁排空高。巧作郡邑障,日夜当奔涛。上有特出峰,如人具笏袍。下有十闲厦,劚刻非斧刀。湍急撼天地,位置何能牢。辟之有五丁,戴之有六鳌。"

吴光《南山堂集》有《泊湘口二妃庙是潇湘二水会处》诗云:"泛楫楚江曲,辍

棹潇湘涯。天水互澄廓,矧逢秋清时。霜明沙渚净,露寒岸草滋。芳蘅被长薄,
修篁映涟漪。月华临夜空,青山窈多姿。帝子渺何许,婵娟远水湄。逶迤回翠
旌,仿佛骖文狸。苍梧白云去,洞庭丹枫衰。美人期不还,日落愁参差。眷彼湘
竹吟,踌躇有余悲。"

乔莱《湘口》诗云:"雁叫猿啼不可闻,零陵风雨正纷纷。三岩明灭潇湘合,
二水潆洄楚粤分。纵目好看灵岳树,落帆犹带隐山云。探幽更向愚溪去,野性偏
宜鸥鹭群。"

蒋景祁《磨厓三绝碑》诗云:"我从湘源达湘口,放舟东流日初西。维止摩挲
诵刻文,飞厓插天字盈斗……"

《沅湘耆旧集》卷一百六十六载永州宁远人杨明上《月夜舟出湘口》云:"棹
舟乘月去,隔浦静生烟。何处吹长笛,空江霜满天。"

同书卷一百三十一载湖南善化人欧阳辂《湘口纪行》云:"资阳归路绕湘衡,
历历乡关望眼明。三十六湾秋色里,一帆风雨泝江行。"

值得注意的还有屈大均的《潇湘神》三首,自注"零陵作",见于《翁山诗外》
及《屈翁山诗集》。诗云:"潇水流,湘水流,三闾愁接二妃愁。潇碧湘蓝难两色,
鸳鸯总作一天秋。""潇水长,湘水长,三湘最苦是潇湘。无限泪痕斑竹上,幽兰
更作二妃香。""潇水深,湘水深,双双流出逐臣心。潇水不如湘水好,将愁送去
洞庭阴。"自注:"潇湘二水相合,名鸳鸯水。"其咏潇湘二水,一唱三叹,回旋反
复,只言二妃、三闾,而不及其他,回应了湘口馆从湘妃到屈原的人文主题。

(原载 2016 年第 1 期,作者单位:湖南科技学院)

基于碑刻文献的潇湘古渡

——永州老埠头研究

✱ 周艳华

引　言

永州老埠头包含永州老埠头渡口及以渡口命名的周围区域。作为渡口,其历史久远,官方称呼有"铁炉步""湘口渡"等。历史上,老埠头是湖南与广西往来的交通要道,也是湖南境内尤其是永州府与宝庆府的交通枢纽,在永州境内更是潇水上下游地区往来的必经之地。老埠头,唐时为"湘口馆"所在地,五代及宋时为"潇湘镇"所在地,明时为"湘口关"所在地(或称"潇湘关""湘口驿""湘口水驿",偶称"渌埠头""湘口步""湘口站"),清时为"湘口驿"所在地。今寻获湘江两岸老埠头渡口处石碑 11 方,湘江西岸有碑 6 方,对岸即湘江东岸有碑 5 方。其中乾隆时期碑 4 方、嘉庆时期碑 3 方,道光时期碑 1 方,民国时期碑 3 方。据碑文显示,立碑时间有明确记载最早的为乾隆十五年(1750),最晚的为民国十七年(1918),时间跨度近 170 年。乾隆十五年所立碑《重修码头碑》与嘉庆二十五年所立碑是记载修砌老埠头码头的功德碑,其余是关于老埠头义渡的功德碑。这些碑文系首次被系统整理,其与地方文献结合,对研究潇湘千年古渡老埠头的历史沿革及运行状况,尤其是清朝乾隆至民国一段,有重要学术意义。

现按立碑时间先后著录碑文并标点如下。碑文字迹尚可模糊辨认而又不能完全确定的,在疑似字外加"□";因年代久远或石碑断残而漫灭的,据所缺字数用"□"表示;字数难以确定的,则用"(下缺)"表示。

渡田碑

老埠頭一渡歷來舊矣,自乾隆十二丁卯歲零邑陳□□□東邑國(下缺)邑□

生(下缺)银立名在實 陳義渡起(下缺)步行□稱快诚□盛畣。古语云:"莫为之前,雖美弗彰;莫为之後,雖盛名不傳。"(下缺)田(下缺)壞田(下缺)继昌□□其後安保前功之不徒廢乎? 鄧廷蔚、王正甫、鄧□致等爰□□□□□□□(下缺)田(下缺)在城在(下缺)吊香垳□□垳田□土□土□□伏塘□□□淨買□田□西□上(下缺)田(下缺)田(下缺)十(下缺)田。

耕種總租□□渡夫日用艎船完餉□賈得渡費略以餉足破□□□(下缺)田(下缺)死(下缺)以(下缺)北上南垳(下缺)

天地回流,究理应勒石載明,永垂不朽。姓氏田垳刊列于左:

一契在城在鄉合共買石伏塘下土名"蝦公垳"一垳,坪上大垳北中一□(下缺)一□(下缺)

北中一莭大路边一垳,占南一莭坪上横垳一垳,占北一莭共旱田大(下缺)□□田一垳,占北□□□上□□□□□坪上一垳,北中一莭(下缺)

一契在鄉淨買石伏塘下土,名"坪上垳"北一間庙后墙外方垳一垳,老□(下缺)北□□□□□□

一契在城淨買石伏塘下土,名庙□頭糯禾田南一边□中一間樽 大(下缺)北(下缺)古西□间共□

一施田氏伍阿張係伍良所孫媳啟佑□□捐银九钱,外施土名□□□(下缺)占西一间垳頭土高路長垳□□(下缺)

一施田生鄧男舅廷蔚伯侄施土名赤抖披小江边晚田一垳,另捐银(下缺)垳北田二垳一四(下缺)

賜进士出身受永州府□等□堂□□土□賣□□立 鄭 廷 蔚□□□□(下缺)

(说明:此碑的立碑时间当在乾隆十二年至乾隆十五年之间。)

渡船碑

成良□叔侄銀六兩,伍子淵裔、郭繼先裔、劉□福裔、雷明甫裔各銀一兩,陽世公裔銀八錢,陽祖英裔、周思亮各錢六錢,成有富、王理璉、鄧啟舜裔、呂永慶、呂授相各銀五錢。

呂鴻啟、呂尚乾各艮五錢,成序爵、成序奎、成序星、張芳若銀四錢,張文玉錢三百,周文炳公錢三百,伍貴茂錢二百五十,伍姓公錢二百五十,蔣三房錢三百,陽元正錢二百,林耀成 公錢二百。

蕭繼芳、蕭元芳、蔣希錫、呂經乾、呂義章、周超卿、朱仝昌、蔣配祿、唐何陞、僧通憲各艮三錢,周廷相、蔣祿俸二錢五卜,周純卿錢二錢。

周□□、周沛高、周雲龍、周宏立、周宗□、李東侯、陽春公、成友祿、唐富昊、甄明生、李福安、李順先、僧定□各銀二錢。

□□□、□□□、□□□、唐□□、鄧□□、鄧□□、鄧□□、鄧□□、周□□、周□□(下缺)具各銀□錢。

(说明:此碑的立碑时间当与《渡田碑》同。)

重脩碼頭碑

吾鄉之要□□老埠頭為首,此蓋通衢大路也,往來斯道者不可勝數矣。每至春水發揚,霪雨霏々,濯浪排空,寔無際之。亭舟□舟過渡常束手而無策。商旅至此,不覺滿蕭然(下缺)感極而悲矣。

吾始祖与刘姓觸目驚心,共相記成埠岸,議觧囊施金砌成埠岸。后往來過渡,若有归宿焉。(下缺)於乾隆十二年,以為義渡,而埠岸係周刘二姓之所成者也。今渡為義渡,而我等二姓財物康阜倍前十分,皆我祖与(下缺)陰德之所致也。当此時,歷年已至于久,石仆,气今歪斜以致倾墜。而負肩而往,乖囊而來者,師必濟々常見。□□吾等(下缺)我等目擊心傷,不勝惻然,仍二姓脩整埠頭以继先人之志,无非樂善好施之雅意也。況乎潚□□□湘泉(下缺)水中分,湘蓮清净,登斯境也,而濂溪之渊源,神功之峻极,莫不恍乎若接也。而芝山石馬之勝景皆在右(下缺)觧囊,又不可不脩此埠也。今功已成,略記数語,是為万古不朽云爾。

周武銀三錢,周仁、周蓝、周先卿銀五錢,周松卿銀二錢。刘可三子孫脩砌馬頭三分内出一分。周順伯銀四錢。

會首周建甫施銀一兩,刘坦如、周超甫施銀八钱,刘君尚、周純卿施銀八錢,周遇卿施銀八錢,周宏生施銀八錢,周運甫施銀五錢,周耀卿施銀一兩。

周璉卿銀一兩,周燕伯銀八錢,周明卿銀一兩,周佃卿銀六錢,周寿卿銀六錢,周和生銀六錢,周沛高銀六錢,周明生銀六錢,周乾伯銀五錢。

周坤伯銀五錢,周龍伯、周璽伯、周超卿、周云漢、周仲勳各施銀四錢,周还甫、周玹卿、周科卿各銀三錢。

周文伯銀三錢,周相銀二錢五卜,周琜卿、周高卿、周汝卿、周訓伯、周臣伯、周沛鳳、周沛蘭各施銀二錢。

周松卿銀二錢,周訓甫、周魁伯、周寿伯、周祿卿各銀一錢。

乾隆十伍年庚午歲仲冬月中浣之八日。立石匠鄭元林。

有我会首刘元富、戴旷□、孙□若、□□□在(下缺)会 光旭□,另自道□正南伯仲捐銀八两。□□□公另□□捐銀六两六錢,鄧魁古捐銀六两六錢,伍金和捐銀六两,□祿、赵仲衷另捐銀五两,□□□、鄧仁□捐銀五两,唐耀明捐銀五两,郭惠林捐銀五两,張大也、張國禎□捐銀四两,会首刘元富另捐銀三两五錢。

鄧玉賢 捐 銀二两,伍惠和捐銀二两,□善高 捐 銀二两,張天林捐銀二两,張伯昌捐銀二两,鄧良仁捐銀二两,生姜純一捐銀一两,生姜相周捐銀一两,高金若捐銀一两。

唐丞宗捐銀一 两,刘子實捐銀一两,刘元珍捐銀一两,唐□□捐 銀 一 两,梁□和、賀□□、刘子吉、沈□同、胡正 廷、蒋士□、各銀一两五錢五卜,伍元通公、伍世崇銀一两五錢五卜,夫仲仁捐銀一两五錢。

伍 忠 尚 捐 銀 一 两,伍善 長 捐 銀 一 两,(下缺),□善□、□□□、伍坤□、姜□□、姜相□、高□□、鄧善□各銀(下缺)

(下缺),伍 □□、□□□、高 □□、高 □□ 錢,□□□、□□□、姜 □□、□□□各銀五錢。

□□□、伍□□、伍□□、伍□□、□□□、□□□、□□□、李□□、呂□□、李憲寰、鄧廷蘭錢,袁景祥、袁春雲、袁廷生銀一两一錢。

(下缺),□良□、張丹□、袁永□、伍存昕、伍□賢、鐘福若、鐘正徽、唐正生各銀三錢。

(下缺),鄧□□、伍一□、伍忠貴錢,伍仲□、刘尔幹、蔡名成、鐘倫若各銀一錢。

(下缺),张□甫銀□錢,□□□□□□,□□□柱□□,鄧工□□柱□,□□两□□,鄧蘭 治板□□,伍□□銀□,王居祢柱二□,王昭烈銀二錢。

乾 隆二十八年仲夏月中衆仝立穀旦。

(说明:此碑无题名。)

流芳百世

湖南永州府零陵縣正堂加五級卓異加一级紀錄六次叢:

審淂王忠夫、張之□、伍忠佳、郭士瑄、陳含英、何凌雲、周永祥、刘超凡、張忠廷、賀良智、周光裕、伍忠璋、周炳生等,具控府刑書陳宗周等經管老埠頭義渡一案錄:老埠頭義渡係零東两縣民陳善之、陳國馨募捐勸成,歷經零民王正甫、鄧廷尉,東民陳國馨經管。近因正甫 之孫忠諒、廷尉之孫鄧國選、國馨之子陳宗周所招渡夫鄭昌善等怠惰偷安,船破不修,往來行人不能随到随渡,致令守候,以致王忠夫等具禀到縣。兹集庭審供悉前情,查埠頭義渡置田四畊,前□冀縣給有印簿,注載屬寔。所收租谷,渡夫工食、完餉等項足資費用,何至船破不修任听渡夫懶惰不即更換?其中难保無侵蝕情獘。兹斷令該義渡田畊租谷着王忠夫協同經管互相稽查,以垂永遠。渡夫鄭昌善等自應驅逐。既已另招張一訓等撑扒,着即承認嗣后不淂經管悞公滋事。此判。

嘉慶二年七月初九日審斷。

(说明:此碑当立于嘉庆四年至五年之间。)

張功臣捐錢弍千四百,生張昰宗捐錢弍千一百四,茶山會捐錢弍千文,王三仙、鬍子瑞、李方愛三名每捐錢壹千六百文,張一頸捐壹千四百廿,唐文啟、唐明楊、郭文道三名每捐錢壹千弍百文,張圣明捐錢一千一百廿,張圣全一千四十,陳伯 幕□□捐錢一千一百,張 汝 文捐錢壹千。

周世遠捐錢一千文,張天珩、周廷獻、唐國薦、何云生、張成龍五名各捐錢四百八十文,周沛迎、蕭廣昌、張慧、聶大生、松茂斋五名各捐錢四百文,□□□錢四百文,(下缺)。

羅永玖、周世振、唐文莫、唐茂方、張宏文、李正瑞、張太元、張宏才、唐子國、周廷龍、賀继权、羅友仁、賀士龍、張伍先各捐錢肆百文。

嘉慶二年添渡夫供食谷九石作錢十四千;完陳餉用錢,釘新船一隻用錢弍十九千七百文;艙舊船添板釘用錢七千四百文;修渡屋買磚瓦用錢八千八百文;建亭添樹買瓦用錢五千六百文;石匠工價錢十千文;在城酒食用錢廿四千文;四年被水失船在高溪司贖回用錢弍千四百文;又在四年艙船二隻用錢七千四百文;木匠石匠起工散工零用錢四千文;張(國)勝玉捐当買土名交腳塘側長田裡田一坵價銀(下缺)。

(说明:此碑无题名,立碑时间当在嘉庆四年至五年之间。)

嘉慶二十伍年夏月立

周仁周藍子孫與刘可三子孫因埠岸碼頭坪和街道歷年以遠,到今傾墜不平有碍行人,發心重修,名泐于右:

周沛朗錢四千,江邑生王体元錢四千,江邑生周鳳鳴錢八百,刘正璽錢八百,周世遠銀八錢,周廷仕錢三千,周廷朗錢伍千二,周沛遵錢一千二,周沛龍弟兄錢一千二,周宗烈弟兄錢一千二,周廷瑛錢四千。

周廷幾錢六百四,刘焱錢三百二,周廷燦、周宗佑、周廷仁、周宗荣、周宗仕、周宗當各出錢八百文,刘元香錢四百,刘元龍錢四百,周沛迎錢二百四。

刘正仁錢二百四,周生福錢二百四,周沛通、周正魁、周正元、刘正和、刘正荣、刘元魁、刘元祥各出錢一百六,刘正聯錢一百二,刘正髙錢一百二。

周沛廷錢一百,刘元科錢一百,刘廷吉錢一百,刘正朋錢八十。

石匠覃大苐。

(说明:此碑无题名。)

老埠頭義渡始末記

渡舊有田:一桃家冲,二鴨田裡,三檓塘、景庆塘,四伍背嶺、唐家門首等處。舊置渡船二渡夫二,因乾隆十三年□巽憲断周茂百案,将檓塘景庆塘九畝五分歸渡,日久獘生,強佃抗租。嘉慶年間,首事以空粮赔,累禀充。學宫自此田少,費絀致欠國課。去年冬,都人士乃謀捐貲完陳餉外,修造船隻,照依两船两渡夫,撑渡如舊。餘錢另置田畝,并新捐田畝。此次慨捐姓氏,勒石垂久。

道光十一年仲冬,首事公立。

何玉芳後裔新捐茅葉塘第二層晚田弎畝,并茅葉塘上西角田五分,共粮五升;又捐當買王忠亮天河塘田壹畝五分。亮已淨公。嚴應璽捐錢淨買羊角石山田五分,粮壹升。

王志青捐錢十两,王治光捐錢十两,張鳳山捐錢七两,張鳳崗捐錢七两,張佑德捐錢七两,唐光照捐钱六两,梁静菴捐錢六两,何梓髙捐錢五两,劉元隆捐錢五两,何卿雲、周廷珠、仁義號各□两,小浦口鄧姓公捐松樹一柯。

吉盛號、唐裕泰、王貽安、周廷朗各錢四两,熊光第錢三千,周廷仕、张佑興各钱弍千,唐學超弟侄四百,張惠之錢二千,嚴玉德錢一千一百,伍一雲、廣昌號、張法兄弟、張克孝弟孫各钱二兩。

張聖(國)于后裔錢一千六,唐學銀弟侄、鄧勇貴、王樊唐公、唐成義、鄧仲諶弟兄、伍星聰□□、羅姓公、周宗仕各捐錢一千弍百文,唐元榮、陳文炳、呂乾文各一千,张懷沛、周光裕弟侄、周沛龍、周廷瑛、唐成若、唐順眘、王沛勳、福華斋、唐成應、馮九玉各捐錢八百文。

王沛福、張忠訓、鄧元超、郭文揚、陳鳴經、賀國儀、劉正魁、劉元香、岫泉山、賀國香、何開雲各□百文,賀榮揚、伍啟官、茶壺塘唐、張尚祥、張錫圭各六百四十,呂高隆、何经远、嚴三友、伍忠煌、劉元禮、周廷友各六百文。

李德貴、周沛遵各四百八,周鳳鳴、壟利萬、鄧仲梋、鐘沛霖、鄧恒興、劉元舉弟兄、胡三貴、賀生陽、張忠榮、李元祥、伍元佑、賀榮富、伍元佐、賀继权、唐元善、張大年各捐錢四百文,張佑樹、張高榜、張宏封(下缺)。

張忠祿、伍三琳、伍元章、陳朝泰、李于國各四百文,鄧大典、高更生、張享晟公、嚴國明、唐元尚、鄧仲檻、唐成芳各三百二十文,張忠儀、唐尚禮、伍榮廣、張宏燦各三百文,伍鼎朝弍百六十,唐宏才、鄧德涵、伍生彭、伍忠仲、周廷喜弍百四十文。

周宗□、伍三明、翟世明、李一富(下缺)四,劉正仁、王尚榮、賀恒富、賀恒興、賀景暢、龔利遠、李宏德、李宏春、唐濟世、張宏棋、伍天利、張忠舉、唐□富、鄧□進、唐成業、唐子壽、唐元高、唐□□各錢弍百文。

周廷浩、王明盛、伍天仕二百文,周世遠、伍生開各錢百文,張忠惠錢一百廿文。

黃州戴永全正。

老埠頭新加義舟記

潇水自九嶷百折而入扵永州北十里之老埠頭,与湘水會合,為最古之名區。五代時設有鎮司曰潇湘鎮,明時改設驛丞曰湘口驛。驛前二水橫亘,深闊若天限然,為吾鄉所必經之要渡。曩有義舟二,日爭渡而不息,兼当永寶孔道、湘桂通津。来往征役熙熙攘攘,络绎相望于途。每日招舟子攢簇兩岸則競濟互擠,往往隳于驚濤駭浪之中。是可忍也,孰不可忍?丁巳冬十月,周瑞鴻、王學春、伍登耀商諸余再造一舟,以造無涯幸福。余自先祖經管是渡以來迄六十餘載,濟川作楫責敢奚辭？方置簿籌捐,張時若、周瑞麟、王道源、張振聲、鄧景雲、鄧建基、張毓湘、張時朝、唐開杬與余兄宏道亦樂于贊勸共促厥舉,且金囊先鮮,為眾人倡。不匝月,捐田二十畝,錢三百餘串。值茲軍興匪警,而新舟艙造工不停作,于前五月二十八日告竣,已与舊舟鼎足而三。在後,船隻修艙渡子備食仍三舟合籌其用,百年未足之憾一朝快然,庶過是津者無雨晦風宵霜晨日午,隨到隨渡,無擁擠之患,免隳水之虞,縱湘水茫茫如周道坦坦,昔之病涉者合人人稱便焉,誠一勞永逸之計矣。茲將各善士姓名與義田畝數合行記諸石,以示來茲,俾各善士濟人之德隨二水歷千秋而不泯也。

民國七年冬月,葆圜劉炳藜記并書。

郭可仁施鬍髭□□□子田當頭田一連四坵計三畝。

鄧怡吾施郭姓上首正洞跨 菀坵西半节田一坵一畝,又郭姓東井□下六弓坵下带子長坵田一坵三分共二坵一畝七分五。

王唐氏施新田村門口港子边观音閣田一坵一畝,鍾姓庙后左側皂角坵一坵田五分,共二坵一畝五分。

伍雲來叔侄施伍家戲台后天香炉長坵田一坵七分五,高山庙脚下黄泥坵田一坵五分,绿□冲路背上□子坵一分二厘五。

王長喜施九牛嶺橫冲塘脚下六層並十層,並烟寶山河坡上園門口共三坵田一畝二分五。

賀玉珩施買腊山嶺边新塘東边搧口上下三坵,計田一畝二分五。

王敦厚堂、贺珍甫施買槐花塘脚下四間田背上第二層長坵田一坵,計田一畝五分。

王學善施翟姓对門沙子坵田一坵五分,並翟姓后土壩田一坵五分,共三處田一畝。

劉可三后裔施棉花嶺路边長坵田一坵,計一畝;一契净買刘家洞台子上沙田一坵五分。

羅克傳施柘柿塘脚下苐二層田二坵一畝,一契净買上山田塘東边搧口苐二層田五挑,一契净買刘家洞格園里三角坵田三挑。

略江口義渡捐錢二十串,新屋清明會鐘生秀(弟兄、叔侄、公孫)捐錢十二串,伍雲財捐錢十串零四百文。

東邑桃林上三房蔣聰后裔施上房村門口泥壩口沙田仔田五桃,此田因远賣二八十千,净買九牛嶺湾坵一畝五分。

張時若施腰塘正洞底丹圻田一圻,計一畝;一净買紗帽塘西边背上第一層□□圻五分;□田(下缺)塘東边搧口第二層田一圻五分;又□□园溝脚下(下缺)田一圻二分五。

王明旺后裔施九牛嶺□家园南边一連二圻,計一畝。

胡丹甫一净買茶冲口王姓門前過水□田□圻一畝□分五。

張國道净買沙田洞全塘一口并背上田二圻一畝二分五,施大雅塘甘塘正洞右側瓜单大圻田一圻一畝,一净買九牛嶺橫冲塘背上第一層井圻田一圻五分,又屋門口秧圻田一圻五分。

张一聖后裔施井仔背大路上第三層田一圻,並大路下第二層田一圻,共二圻,計一畝;一净買上山田塘塘脚下田一圻一畝。

何玉軒後裔施小丰塘門口秧圻田一圻,又池塘背上田一圻,共一畝;一净買沙田洞蔡姓左側槁子樹脚下田一圻五分。

唐守謙施樟木冲荒塘脚下第二層田一圻一畝。

周(純、超)卿后裔施槐花塘右側庵子嶺田一圻五分,又捐松樹一株值錢五串。

羅天貴施炉梅冲右側塘脚下田一圻五分。

捐錢拾串芳名泐后:鄧建基、鄧貴卿后裔、劉宏道弟兄、鄧興謨。

張宏益后裔、王道源、張敦恭弟兄一契净買后義渡隔壁鋪屋一座坐西向東宇價三百伍十串。

捐錢捌串芳名泐後:張佑財后裔、鐘正科后裔、胡忠樟弟兄、張時濟后裔。

捐錢六串芳名泐後:唐開杬、伍楚瑜。

捐錢伍串芳名泐後:劉賜榮、周瑞鴻。

捐錢伍串芳名泐後:張品玖叔侄、唐天練、羅正賢弟兄、唐姓公、唐光恒、張詩富、周宏祿、郭志言、何興仁后裔、張運來、張時朝,何太焿、鄧秀清、鄧開榮弟兄、伍光煥、伍閻卿、伍渠清、翟正權、何竟成后裔、胡恩蘭、王貴甫后裔、迂賢村伍姓公。

捐錢伍串芳名泐後:龔天春、周廷珠后裔、張試檳、張試寬、張定富、蔡章甫、趙祥慶、周廷俊后裔、呂寔軒、鄧海福、伍雲杞,莊裕堂、伍保原、張月樓。

張月亭捐刀四串。

捐钱四串芳名泐後:何運回、陶正(茂、耀、錫)、曲河村唐姓公。

劉宏勛錢三串。

捐錢叁串芳名泐後：鄧恒景、王明騰、張時平、李順詩、周正昌、周昌全、嚴姓公、張佑禮弟兄。

張年泰捐錢弍串。

民國柒年歲次戊午十一月吉日

首士仝立

（原載 2016 年第 1 期，作者單位：湖南科技学院）

潇湘水路上的千年渡口
——永州老埠头研究

✽ 周艳华 ●

一　老埠头渡口两岸石碑概述

在湘江两岸今永州老埠头渡口处,有石碑 11 方,湘江西岸有碑 6 方,对岸即湘江东岸有碑 5 方。其中乾隆时期碑 4 方、嘉庆时期碑 3 方,道光时期碑 1 方,民国时期碑 3 方。据碑文显示,立碑时间有明确记载最早的为乾隆十五年,最晚的为民国十七年,时间跨度近 170 年。(碑刻文献著录,详见周艳华《基于碑刻文献的潇湘古渡——永州老埠头研究》一文。)

现按立碑时间、碑文题名及各方碑的大致情况及主要内容,简要介绍这 11 方碑,详见列表。

二　老埠头义渡始末

从表 1 所述 11 方碑可得知,湘口驿被裁省之后,官署撤销,官方供给也随之停止,但该渡口对于士民工商、本乡百姓的重要交通价值依然如故。要所有经过渡口的人都会划船,都有船划,这不现实,因而老埠头义渡就应需要而成了。《重修码头碑》写道:"吾乡之要□□老埠头为首,此盖通衢大路也,往来斯道者不可胜数矣。"《老埠头新加义舟记》开头所说更详:"潇水自九嶷百折而入於永州北十里之老埠头,与湘水会合,为最古之名区。五代时设有镇司曰潇湘镇,明时改设驿丞曰湘口驿。驿前二水横亘,深阔若天限然,为吾乡所必经之要渡。曩有义舟二,日争渡而不息,兼当永宝孔道、湘桂通津。来往征役熙熙攘攘,络绎相望于途。"老埠头义渡成于乾隆十二年,由善士零陵陈善之和东安陈国馨首倡,众善士捐田捐钱(募捐所得田亩可换成钱。另外,买下募捐所得的田亩,或者因为义渡需要而把田卖给义渡的都是义举)襄助而成。前述第1方碑《渡田碑》、第2方碑《渡船碑》就是为颂扬捐助成就老埠头义渡的善士所立的功德碑。义渡置田四十亩,置渡船两条,撑渡人两人,(嘉庆初年)有渡屋有亭子。第一届经管人是零陵县王正甫、邓廷尉和东安县陈国馨,历经王、邓之孙王忠谅、邓国选与陈之子陈宗周经管,清末至民国时期由刘炳黎家族经管。

义渡把田亩租给他人耕种,收取租谷。租谷收入与摆渡所得,用来供给修理船只、摆渡人的伙食及报酬、上交军粮等项费用。但义渡常有停摆之虞,其原因主要是经济困难,租谷不够难以维持开支,也偶有义渡经管人或者摆渡人侵吞公款,怠惰偷安的情形。第4、第6、第8方碑所记载的就是,为了使义渡能够正常运行,会首们或者善士们牵头组织募捐,众乡邻也积极响应的具体情况。而第5方《流芳百世》碑的内容是一张判决书的全文。由判决书可知:乾隆后期至嘉庆初年,老埠头义渡经管人孙忠谅、邓国选、陈宗周等人及其所招撑渡人郑昌善等人一度侵吞公款、玩忽职守,致使义渡几近瘫痪。因而王忠夫、郭士琯、陈含英等人将上述诸人告到县府,零陵县令判决由王忠夫协管老埠头义渡(为监督义渡财务),解雇郑昌善等人并另招张一训等人为撑渡人,照旧例撑渡如故。此应为当年关涉零陵东安两县,大快民心的重要官司,因而刻石纪念,以垂永远。

民国七年,老埠头义渡在之前已有两条渡船的基础上,增加一条渡船,共三条渡船。添船的原因及目的,在第9方《老埠头新加义舟记》碑中叙述得颇详细。其原因为"曩有义舟二,日争渡而不息,兼当永宝孔道、湘桂通津。来往征役熙熙攘攘,络绎相望于途。每日招舟子攒簇两岸,则竞济互挤,往往隳于惊涛骇浪之中。是可忍也,孰不可忍?丁巳冬十月,周瑞鸿、王学春、伍登耀商诸余再造一舟,以造无涯幸福"(当时"军兴匪警"的动荡局面,于此渡口可见一斑);其目的是使"过是津者无雨晦风宵霜晨日午,随到随渡,无拥挤之患,免隳水之虞,纵湘水茫茫如周道坦坦,昔之病涉者合人人称便焉"。第10方碑和第11方碑详细记录了为老埠头义渡捐田亩、捐钱的善士姓名和田亩数、钱数。

序号	立碑时间	题名	内容简介
1	乾隆十二年至十五年（1747－1750）	渡田碑	此碑文字上下一体，正文共十二竖排，加上署款共十三竖排，每一竖排自头至尾写满为六十字左右。每一竖排碑文前半部分字迹清楚，后半部分字迹多已漫灭。此为老埠头渡口第一届经管人为铭记捐资成就老埠头义渡的善士所追立的碑。先概述功德，再具体记述捐田的善士姓名和田亩数。（主要是捐田，也有个别又捐田又捐钱的。）
2	乾隆十二年至十五年（1747－1750）	渡船碑	此碑没有写明刻碑缘由，从碑的形制、碑文字迹来看应是与《渡田碑》同一时间所刻。此碑记述了为老埠头渡口修造渡船而捐钱的善士姓名及捐钱数额。
3	乾隆十五年（1750）仲冬	重修码头碑	此碑文字清晰，共七百字左右，是为纪念并颂扬当地周刘二姓家族后人捐资修建老埠头码头的功德而立，碑文的前半部分陈述了修建老埠头码头的缘由，后半部分记录捐资人姓名及其捐钱数额。
4	乾隆二十八年（1763）仲夏	无	此碑记述在会首们的带头作用下，各善士为老埠头义渡捐钱的具体情况。碑文中有具体捐钱人姓名和捐钱数额。
5	嘉庆四年至五年（1799－1800）	流芳百世	此碑刻录湖南永州府零陵县县令的一份判决书全文。此判决书审定王忠夫、郭士瑁、陈含英等人向县刑书控诉老埠头义渡经管人孙忠谅、邓国选、陈宗周等人及其所招撑渡人郑昌善等人侵吞公款，玩忽职守，致使义渡几近瘫痪属实，判决王忠夫协管老埠头义渡，解雇郑昌善等人并另招张一训等人为撑渡人。（判决书发布时间为嘉庆二年七月初九日，但根据第6方碑内容、碑石形制及字迹判断，此两方碑应是同一时间所立。因而立碑时间当在嘉庆四年至嘉庆五年之间。）
6	嘉庆四年至五年（1799－1800）	同上	此碑记述了为老埠头义渡捐钱的善士姓名及捐钱数额（民间组织茶山会也有捐助），并详列所得捐助用于重启义渡各项支出的账目。
7	嘉庆二十五年（1820）夏月	无	此碑记述了周刘二姓家族后人捐资重修老埠头岸边码头的具体情形。先简述重修埠岸码头的缘由，后详列捐资人姓名和具体捐资数额。
8	道光十一年（1831）仲冬	老埠头义渡始末记	此碑记述在京师善士的倡导下众善士给（因租谷减少，经济困窘）一度停止运行的老埠头义渡捐助的情形。先简要叙述立碑缘由，然后详列善士姓名（也有个别以商铺名义捐钱的）及其捐田捐钱（也有捐粮、捐松树的情况）的具体数额。
9	民国七年（1918）冬月	老埠头新加义舟记	第9、第10、第11这三方碑是一体的。第9方碑简述了老埠头渡口的历史地位和沿革，道明了周瑞鸿等人在原来"两船两渡夫"的基础上筹资为老埠头渡口再造一支船的原因和前后经过，最后说明此举在当时的重要意义。
10			第10方碑主要记述了为老埠头义渡捐田亩、捐钱的善士姓名和田亩数、钱数。最后记述了几位善士合买老埠头附近铺屋捐给义渡。
11			第11方碑继续记述为义渡捐钱的善士姓名和捐钱数额。

三 老埠头的埠岸码头

11方碑中,有9方是关于义渡的,有2方是关于修砌老埠头码头的。上述第3方碑《重修码头碑》与第7方碑都是有关于修砌老埠头码头的功德碑。由两碑碑文可知,老埠头码头在老埠头成为义渡前就由周刘二姓即周仁、周蓝及刘可三家族的祖先修砌。老埠头成为义渡之后,两姓家族的子孙继续承担起义渡码头的修砌工作。两块碑就意味者老埠头码头的两次大规模修砌。

《重修码头碑》立于乾隆十五年,碑文陈述了周刘二姓家族祖先修建埠头的缘由是因对过往渡口的商旅及众乡邻的苦衷感同身受。碑文有描述,义渡"每至春水发扬,霆雨霏霏,濯浪排空,寔无际之。亭舟操舟过渡常束手而无策。商旅至此,不觉满萧然……感极而悲矣",因而"吾始祖与刘姓触目惊心,共相记成埠岸,议解囊施金砌成埠岸。后往来过渡,若有归宿焉"。该碑接着陈述作为周姓后人要与刘姓后人重建码头的原因:一方面是继承先人乐善好施的雅意,"今渡为义渡,而我等二姓财物康阜倍前十分,皆我祖与……阴德之所致也。当此时,历年已至于久,石仆,气今歪斜以致倾坠。而负肩而往,垂囊而来者,师必济济常见。□□吾等……我等目击心伤,不胜恻然,仍二姓修整埠头以继先人之志,无非乐善好施之雅意也";另一方面是此埠头不可不建。碑文中说道:"况乎潇□□□湘泉……水中分湘莲,清净登斯境也。而濂溪之渊源,神功之峻极,莫不恍乎若接也。而芝山石马之胜景皆在右……鲜囊,又不可不修此埠也。"意思是说,因为埠头是一处灵秀之地,建埠头是真正雅事,不可不建。仁立码头,便可见湘水与潇水清深明净,烟波浩渺。水中莲叶与莲花不染尘俗、姿态万千、清香怡人。还能望见码头右面芝山上,引人入胜的石马及自然风景。由此又自然联想到写《爱莲说》的先哲周敦颐,建立丰功伟绩"仁爱如天"最终葬于"苍梧之野"即九嶷山的舜帝,和追随舜帝而来潇湘并落入水中的二位妃子娥皇女英。他们认为重建埠头之举其实是用行动来表示对先圣先贤的追念与仰慕之情。有如此这般目之所触,心之所感,因而埠头不可不成就。碑文后半部分记录了捐资人姓名及其捐钱数额。

第7方碑立于嘉庆二十五年夏,记述了周仁周蓝子孙和刘可三子孙捐资重修老埠头码头的具体情形。碑文中写道:"周仁周蓝子孙与刘可三子孙因埠岸码头坪和街道历年以远,到今倾坠不平有碍行人,发心重修,名勒于右……"与前第3方碑一样,先简述重修埠岸码头的缘由,后详列捐资人姓名和具体捐资数额。

四　老埠头历史概况

埠头即步头,解为"水际""水滨""水津","埠""步"与"浦"音义相同,"埠头"意为水边渡口处。唐宋以前都用"步"字,"埠头"为俗称。柳宗元《铁炉步志》称"江之浒,凡舟可縻而上下者曰步"。嘉庆《溧阳县志》卷一"东流十里过邓步"一句下有按语:"'埠'同'步'";"埠头,水滨也";"古书并作'步'"。紧接按语举任昉《述异记》、韩愈《孔戣墓志》、柳宗元《铁炉步志》《宋志》、赵彦卫《云麓漫抄》等篇目为例,得出结论:唐宋以前俱用"步"字。光绪《镇海县志》解释"埠头"一词,引《通俗编》语:"俗谓问渡处曰'埠头',当作'步'字。而《宋史》《度宗纪熊本传》《刘锜传》《赵淮传》皆从俗作'埠',宋以前未见用之。"宣统《东莞县志》中《通俗编》文字稍异:"俗谓问津处曰'埠头',据诸书当作'步'字,而《宋史》从俗作'埠'。《度宗纪》有武阳埠,《熊本传》有铜佛埠,《刘锜传》有黄连埠,《赵淮传》有银树埠,宋以前未见用之。然则今俗谓'埠头'即'步头',以韩文证之盖信。"

据文献记载和碑文显示,一般而言,"老埠头"有两层含义:一单指老埠头渡口,一指以老埠头渡口命名的周围区域。作为渡口,其历史久远,官方称呼有"铁炉步""湘口渡"等。历史上,老埠头是湖南与广西往来的交通要道,也是湖南境内尤其是永州府与宝庆府的交通枢纽,在永州境内更是潇水上下游地区往来的必经之地。渡口及其周围区域,唐时为"湘口馆"所在地,五代及宋时为"潇湘镇"所在地,明时为"湘口关"所在地(或称为"潇湘关""湘口驿""湘口水驿",偶称"渌埠头""湘口步""湘口站"),清时为"湘口驿"所在地。

光绪《零陵县志》介绍湘水道:"湘水出广西兴安县南九十里之海洋山",又引《方舆纪要》说"湘水东北流入全州,城南有灌水合焉","又东北流进黄沙河入东安境,又东流七十里至石期市零陵县西……又东而西四十里至仁村铺入零陵境,又西十五里至长塘铺,又东十五里经西江口,潇水南来会焉。二水中有浮洲,大仅一弓,春涨不没,旧有潇湘祠在其上,今毁。自湘口合东北流八里至老埠头,又十五里至畧江口畧江水入之,又东北流十五里至冷水市冷崖水入之,又北流二十五里至高溪司东安芦江水入之……又十五里至哲周滩,又五里至红石山入祁阳境"。可见,老埠头渡口可贯通广西桂州、全州、湖南东安与湖南零陵、冷水滩、祁阳等地,乃水上交通要道。《县志》所引明朝钱邦□的赋所言更简练明晰:"载考湘水之源,本实出兴安之海阳,分漓水于西粤,会灌罗于全江,绕东安以至湘口,合潇水而注祁阳。"

老埠头渡口就在湘口近处。潇湘二水在湘口汇合,东流五里至白苹洲,再北流三里至老埠头渡口。光绪《零陵县志》介绍潇水时写道:"黄叶渡下有白蘋洲,广半里长二里余,旧多白蘋故名。今则古木丛生,柯叶蓊葧,夏日绿阴照水,估舟多系。其下望若画图,上有白蘋书院,今毁。又西流五里至湘口会湘水。"

明清时有塘汛制度。光绪《零陵县志》载:"零邑界连祁东道宁暨广西之全州,俱系十余里一塘,分布兵丁防守,铺司递送公文。水陆塘汛共三十九处。"老埠头汛为北水路十二汛之一,有"移设县丞及外委各一员",汛兵三名,系永州镇中营所辖,系中营兵丁驻。老埠头塘,为要隘,因此置防卒四名。另据《宣宗成皇帝实录》,永州府属之老埠头,为界连粤湘两省的水陆要冲,朝廷疑其为永州府向邻私透漏之门户,因此要添卡巡以资扼要。道光《永州府志》也记载,东安县在其东面水路与零陵县交界处设有渌埠头(此"渌埠头"即老埠头)会哨,以维护两县边境秩序。

碑文《老埠头新加义舟记》写道:"潇水自九嶷百折而入於永州北十里之老埠头,与湘水会合,为最古之名区。五代时设有镇司曰潇湘镇,明时改设驿丞曰湘口驿。驿前二水横亘,深阔若天限然,为吾乡所必经之要渡。曩有义舟二,日争渡而不息,兼当永宝孔道、湘桂通津。"另外,《重修码头碑》有"吾乡之要□□老埠头为首,此盖通衢大路也,往来斯道者不可胜数矣"。这些碑文中的陈述正可与地方文献互证。

五 老埠头在唐宋

(一)老埠头与铁炉步

从清代起就不断有学者认为唐时铁炉步当是现今老埠头。"铁炉步"这一名称最早见于唐代柳宗元的《铁炉步志》(或名《永州铁炉步志》《永州北铁炉步志》)"永州北郭有步,曰铁炉步"一句。步,即码头。在《铁炉步志》中,柳宗元解释道:"江之浒,凡舟可縻而上下者曰步。"他叙述自己询问当地人铁炉步得名缘故,当地人说是因为旧时步岸有铁炉。但柳宗元时铁炉早已废弃,徒留其名。宗霈《零志补零》中载宗绩辰《舟行湘口悟得铁炉步旧迹》一文分析:"老埠头"旧称"芦埠头",而"芦埠头"应就是"炉埠头",古"埠"同"步",因此"老埠头"就是"铁炉步",即柳宗元《铁炉步志》所记"铁炉步"。柳宗元所记铁炉步,古为繁华都会,舟航聚集,人声鼎沸。曾经的埠岸铁炉业务繁忙,为士农工商冶炼锻造各类铁器。宗绩辰还在此文中说,该埠岸铁炉附近有风月江天楼,范忠宣公(范仲淹之子范存仁)曾为此楼写一匾额"江天一阁"。对此,宗绩辰在文中感慨道:"此炉此步与志俱千秋,可惜胜地变成冷邨落,令人徒想风月江天楼。"

清代陈梦雷《古今图书集成》引宋吴处厚《青箱杂记》"岭南谓村市为'墟',水津为'步',今人改作'埠'",并引《地理志》"扬州有'瓜步'作'瓜埠'",认为永州府惟零陵有上述情况,从而认为"老埠头"即是铁炉步的俗称。

道光《永州府志·古迹志》"唐故步"条目下有解说:"铁炉步,在城北,柳宗元有《志》(见《名胜志》)。"

清同治壬戌年,何绍基桂林揽胜之后,乘船回永州,经过老埠头,写有《老步头》一诗。诗云:"古树平坡老步头,潇川于此会湘流。其中半是濂溪水,令我回思营道州。生世岂无乡社恋,浮踪惯作万山游。元公自适非忘适,径指匡庐作故邱。"近代学者龙震球在《柳宗元在永州行迹考释》一文中据"步"字含义,及柳宗元《铁炉步志》、何绍基《老步头》诗推断,铁炉步即是老埠头。

综合"步"字用法、使用年代及"埠头"含义,结合以上诸说,可以推断老埠头应即为铁炉步,其历史要远早于柳宗元之被贬永州,实为"最古之名区"(见《老埠头新加义舟记》碑)。

(二)老埠头与潇湘镇

五代时,老埠头为潇湘镇所在地。弘治《永州府志》有:"潇湘镇:在县北十里潇湘会流之地,五代时郡人数百家悉以隶镇,改曰'津',今重立镇于其地,改曰'潇湘关'"。道光《永州府志》卷十《古迹志》载:"潇湘镇:在零陵县西北十里潇湘会流之地,五代时置。一曰"潇湘关"(《一统志》),亦名"湘口关"(《县志》,《一统志》以"潇湘""湘口"为二关盖误)。"光绪《零陵县志》:"潇湘镇:在零陵县西北十里,五代时置,一曰'潇湘',亦名'湘口'。"(《一统志》)清顾炎武撰《肇域志·湖广二》有:"潇湘镇:在县北十里二水会流处。"

(三)老埠头与湘口馆、潇湘馆

唐宋时老埠头渡口东岸乃湘口馆所在地。唐柳宗元有《湘口馆潇湘二水所会》诗,宋谪永沈辽有《泛舟湘口馆》诗,北宋范忠宣曾题"江天一馆"门额于此馆。(湘口馆遗址及其历史沿革,详见张京华《永州湘口馆遗址考述》一文。)

湘口馆亦称"潇湘馆"。宋刘清之《灵显庙记》一文,赞广陵朱侯"自求受命,守零陵",建庙宇为百姓祷福之事。文中谈到其庙宇建筑用地包括古潇湘馆旧址,"捐古潇湘馆之故址以与之,舍其旧而图新,其施宏矣"。

潇湘馆在清时称"湘口驿"。康熙《永州府志》:"潇湘馆:在城北一十里,今湘口驿是也。"清王元弼《名胜纪》称赞古潇湘馆:"江水平栏,青山四起,真江口之一胜赏也",并有诗题曰:"江苇苍苍白露凝,江滩月令未收。西风吹到潇湘馆,万叠云山萤火灯"。

曹雪芹《红楼梦》中黛玉为潇湘馆主人,诗名"潇湘妃子"。潇湘馆有竹,竹子因黛玉血泪而成斑。宝黛爱情故事,与历史上舜帝与潇湘二妃的真实爱情都是哀婉凄恻的悲剧,都与"潇湘"有关。因此,《红楼梦》中的"潇湘馆"与现实中潇湘二水交会处的潇湘馆有某种精神关联,具有深厚的人文底蕴。

六　老埠头在明代

老埠头在明代有"湘口渡""湘口关""潇湘关""湘口""湘口水驿"或"湘口驿"之称。弘治《永州府志·梁镇》载:"湘口渡:即湘口间处。"南宋张玘曾作题咏湘口渡的诗歌一首:"登楼远眺漫开颜,俯瞰芝城一宇寰。北斗遥连湘口渡,楚云低压九疑山。泮芹香散雕甍外,弦诵声开碧落间。衿佩时时趋讲席,从容礼度不踰闲。"

"湘口关"之称最晚见于明姚昺修、弘治八年(1495年)刊本《永州府志》。《府志》"梁镇"条目下"本府零陵县附"有"湘口关:在潇湘二水合流之处"。亦有"潇湘镇:在县北十里潇湘会流之地,五代时郡人数百家悉以隶镇,改曰'津',今重立镇于其地,改曰'潇湘关'"。此"关"为"镇"之意,按《府志》"镇市所以贸有无之货,亦王政之一端也","永州之域,南控百越,北凑三湘,此梁镇之设所当急也"。"湘口关"亦可称"湘口驿",弘治《永州府志》载:"湘口驿:在县北十里,咸□倾圮,弘治六年知府姚昺出公□羡余重建,规制可观。"

明史朝富纂修,隆庆五年(1571)刻本《永州府志》记载,湘口关亦称"湘口",唐柳宗元有《哀溺文》。文中叙述零陵一善游之民,船破渡江时,不舍身携之金而溺死之事,感慨古往今来蝇营狗苟为富贵利禄而致杀身之祸的"大人"们之贪婪愚昧。范成大有《湘口夜泊》诗:"我从清湘发源来,直送湘流入营水。故人亭前合江处,暮夜樯竿蠹沙尾。却从湘口望湘南,城郭山川恍难纪。万壑千崖诗不编,惟有苍苔痕屐纪。"此诗题序云:"湘口夜泊,南去零陵十里矣。营水来自营道,过零陵下,湘水自桂林之海阳至此,与营会合为一江。"由于营水是潇水旧称,因而营湘之会,亦即潇湘之会。此处湘口当是指湘口关处。

《高青邱诗集注》对明代高启《来鸿轩》一诗"朝度云中关,夕游潇湘水"二句中"潇湘水"出注为:"《一统志》:'永州湘口关潇湘二水合流处'。"《三国志集解》引《方舆会要》卷八十一:"湘口关:在永州府北十里,潇湘二水合流处也。"古湘口关处有故人亭。隆庆《永州府志》言故人亭:"在潇湘合流之浒,今废,湘口驿侧是其遗址。"

明朝万历年间,湘口关亦有"湘口水驿"之称。《明会典》《大明会典》《大明官制》等典籍中均有记载。《明会典》"驿传":"自京师达于四方设水马驿并递运所,以便公差人员往来。其间,有军情重务必给符验以防诈伪。至于公文递送又置铺舍,以免稽迟。及应役人等各有事例,今并驿递名目具照官制开列于后,后裁革不一,不复详载。"清顾炎武撰《肇域志》:"湘口水驿:县北十里。"

古潇湘关近旁有潇湘楼(另祁阳县亦有潇湘楼)。潇湘楼亦在二水会流处。隆庆《永州府志》言永州府楼有十八,其中零陵楼有十三,潇湘楼在"在子城西,潇湘二水合流于前"。明代严嵩《钤山堂集》有《题潇湘楼》诗:"山色青瑶润,江光素练长。误疑看图画,乃觉临潇湘。"

七　老埠头在清代

老埠头乃清代湘口驿所在地。道光《永州府志》载:"湘口驿:在城北十里。"光绪《零陵县志》载:"湘口驿:城西北十里潇湘合流处,古名潇湘镇。五代时,有数百家,皆镇司辖之。宋时,悉以隶镇。明时,改湘口驿,设驿丞一员,书办一名,皂隶二名。康熙三十九年,奉裁,移驿县署。后南司故址俗呼马号里,县自经管。原设马五十匹,马夫二十五名,兽医一名。自康熙四十七年,迄乾隆五十年,节次奉文抽减。现设马十七匹,马夫八名半,每马日支草料银五分,药饵银二厘七毫零。马夫每名日支工食银二分,兽医日支工食银一分六厘。原设排扛夫七十名,节次奉文裁减。现设四十三名,每名日支工食银二分。"

驿站的功能,道光《永州府志·邮传》所论甚详:"旧志云:'驿传之设,所以奉简书,供宾使,征发期会,预备缓急也。'永邻粤省零祁东三邑□,当往来之冲,盖繁会之地也。我朝邮政肃清,戒虚冒,禁骚扰,惩滥应,所以历治而体恤者无不周至,宜其马腾卒健而风流令行矣。"可见,驿站于国家有军政功能,于人民亦可方便往来,对于永州这个"往来之冲,繁华之地"就更是如此。湘口驿设置的具体细节张京华在《永州湘口馆遗址考述》一文中有详细引述。

湘口驿公署废弃,驿站转移至县署后,千年古渡湘口驿,渐渐淡出官方视野。据上光绪《零陵县志》,清代湘口驿在康熙三十九年(1699年),奉裁,移驿县署。康熙二十三年刻本《零陵县志》载:"湘口驿司:原在湘口,今废。"又载:"湘口驿:在城北十里,公署久圮,凡额设水夫工食载《赋役志》中。"另有"潇湘镇:在北十里,潇湘合流之地。五代时有数百家皆镇司辖之,宋时悉以隶镇,明建湘口驿,今废寥寥□□。"道光《永州府志卷七中·食货志》载:"驿传则湘口驿,历经裁省,现设本县站及枣木岭腰站。"

湘口驿处二水交汇之地,风景绝佳,又有舜帝及二妃、屈子、太史公、元公、柳宗元等古贤哲添其人文情趣,故清代诗人多有吟咏,如:

"轻桡泛湘渚,幽赏吟未阑。潇水此交会,添波激清湍。羣山点苍翠,倒影明浮峦。澹写窈窕姿,镜中眉黛攒。婵媚属管领,竹色祠宇寒。终古苍梧怨,分流逐层澜。水分有时合,怨结难复欢。何处采兰杜,遥情滋永叹。"(吴尊莱诗)

"零陵城边黄叶渡,柳侯祠前多竹树。布帆无恙挂西风,正是潇湘合流处。潇湘秋水见底清,碧山如黛照空明。随波转望忘世情,翠鸟趁鱼时一鸣。"(阮元诗)

"红叶下林柯,潇湘水正波。天空横雁小,江远得秋多。踪迹输鸥鹭,心情负笠簑。徒闻老渔父,杳杳扣舷歌。"(杨季鸾《潇湘诗》)

结　语

现今永州人说"老埠头"即是指老埠头村或者老埠头渡口。老埠头村以老埠头渡口命名,分为湘江西岸老埠头村和湘江东岸老埠头村,分属永州市冷水滩区与永州市零陵区管辖。老埠头渡口仍在运营,为民营。湘江西岸之老埠头码头也依然守望着潇湘二水。由于时代发展,公路交通占绝对优势,昔日繁华码头如今颇为寂寥。渡口、码头,与青石铺就的古老街道及街道两旁林立的旧日商铺,还有这些镶嵌在残损破败的房屋墙面上的石碑一道,静默地向前去探访的行人们诉说着它们自身久远的历史。

（原载 2016 年第 2 期,作者单位:湖南科技学院）

潇湘水路历史文化旅游的精品线路

✱ 张京华

1. 人文之始：祝融为火正，羲叔宅交阯

潇湘历史悠久，依照其文明主题的演进，宜分为五期，即：上古先楚文明时期上（唐虞前）、上古先楚文明时期下（唐虞）、上古楚文明时期（商周）、中古汉晋南朝隋唐时期、近古近代宋元明清民国时期。苟详近而不知远，虑失根本也。

最早进入记载的先楚人物，是四岳之一的祝融氏，核心居住区为南岳，控制着以"南"为概念的广大区域，其实际影响北面辐射到洞庭，南面辐射到交阯。四岳出现的时间极早，到尧舜时仍然在位，即《尚书·尧典》"历象日月星辰"的羲和四子。《帝王世纪》云："命羲和四子，羲仲、羲叔、和仲、和叔，分掌四时方岳之职，故名曰四岳也。"其中，居于南岳衡山、侧重观测夏时的，其官名为"火正"，别号为"祝融"。任其职者，尧舜时期为羲和四子之一的羲叔，此前颛顼时期则为重黎。羲叔"宅南交"，即交阯，今越南之河内，潇湘为其必经之地。

2. 早期开辟：虞舜时代苍梧南北的开拓

上古时期今湖南境内，有两个突出而神秘的地方，一为"云梦之野"，一为"苍梧之野"。中间一条湘水，将两地连贯起来。苍梧以北，沿着湘水，经过衡岳，就到达了云梦。苍梧以南，沿着漓水，就到达了梧州。

"苍梧"有三义。其一为山名，指九疑山。其二为山区名，南岭古称五岭，即大庾岭、骑田岭、都庞岭、萌渚岭、越城岭，其西古称苍梧。第三为地区名，即古所谓"苍梧之野"，涵盖较广。文献所载苍梧之名，以《山海经》最详，有"苍梧山""苍梧丘""苍梧之渊"和"苍梧之野"。

唐虞之际，不仅舜帝南巡狩，死于苍梧，葬于九疑，并且舜帝二妃亦死于潇湘之浦，舜帝之弟象封于有庳，在九疑山下，舜帝之子叔均亦葬于九疑山，尧帝之子丹朱葬于苍梧之北，大禹治水曾至九疑山，所谓"东南天柱"，皋陶陪祀于潇湘庙，甚且驩兜、浑敦亦流放南方。尧舜君臣在苍梧南北有一异常活跃的表现，隐

约显现出上古文明在南岭区域的一次大开发。

3. 尧舜之道、唐虞之道:中国古代政治理想的最高典范

中华文明兴起于伏羲时代,兴盛于炎黄时代,鼎盛于虞夏商周,并且在人类文明的许多阶段,犹如一盏明灯,独自闪耀。中国的编年史是整个世界发展的标尺。

虞舜一朝距今4000余年。有虞氏的世系,共计幕、穷蝉、敬康、句芒、蟜牛、瞽瞍、舜、商均、虞思、箕伯、直柄、虞遂、伯戏、虞阏父、胡公满十五世。相关文献记载,最重要者为《尚书》中《尧典》《舜典》二篇。《孔丛子》载孔子曰:"吾于《帝典》,见尧舜之圣焉。"《帝典》即《尧典》《舜典》,今文、古文传本内容大抵皆同,既以最具怀疑精神的崔述和阎若璩而言,均明确认定"唐虞之事,惟《尧典》诸篇为得其实""凡晚出之古文所为精诣之语,皆无一字无来处"。

虞舜居二十四孝之首,二妃居列女传之首。长久以来,虞舜及二妃的人格典范在社会伦理与民风教化中,都居于最高地位,称为"人伦之至"。虞舜的异母妹妹敤手,因为"护兄",被后世列为"二十四娣"之首。"尧舜之道"或"唐虞之道",在古文献上是先秦以来的固定词组,是中国古代政治理想与道德伦理的最高典范。

4.《四愁诗》与《湘川记》:第一清澈莹洁江川

古文"潇"字又作"瀟",其字从"水",为水名,即潇水的专名。《说文》云:"潇,水名。"又云:"瀟,深清也。"《水经注》:"潇者,水清深也。"

"深"字亦从"水",亦为水名,即深水的专名。《说文》云:"深,水,出桂阳南平,西入营道。"马王堆出土《地形图》的中心位置,山体旁标出"帝舜"二字,一道泉源呈弯曲状从中央流出,旁注"深水原"三字。深水原即潇水源,徐霞客《楚游日记》称之为"潇源水",又称"三分石水"。

可知潇水古以深清得名,为古代第一清澈莹洁江川。张衡《四愁诗》:"我所思兮在桂林,欲往从之湘水深","湘水深"并非泛泛言之,而是依据字训的典型描写,是为纪咏潇湘之最早者。罗含《湘中记》称"湘川清照五六丈""是纳'潇湘'之名矣",陈子昂《感遇诗》:"箕山有高節,湘水有清源",均由字训而立说。

5. 零陵香草露中秋:水中孤耸的香零山

香零山在城东潇水中。

蒋本厚《零陵山水记》:"方春流汤汤,如贴水芙蓉,与波明灭。至秋高水落,

亭亭孤峙,明月东来,江水莹白,独坐揽袂,觉草木皆有香气。"

曹能始《零陵名胜志》:"香零山在城东五里,郡以此名地产香草,其叶如罗勒,香闻数十步。唐世上供,郡人苦之,刺史韦宙奏罢。"

《新唐书》:"永州零陵郡,土贡:葛、笴、零陵香、石蜜、石燕。"

《唐六典》:右藏署,掌邦国宝货之事。安西于阗之玉,饶、道、宣、永、安南、邕等州之银,杨、广等州之苏木、象牙,永州之零陵香。

柳宗元曾至此处,作诗《登蒲洲石矶,望横江口,潭岛深迥,斜对香零山》。

刘禹锡《潇湘神二曲》:"湘水流,湘水流,九疑云物至今愁。君问二妃何处所,零陵香草露中秋。"

刘禹锡《贺韩十五曹长,时韩牧永州》:"零陵香草满郊坰,洞穴雏飞入翠屏。孝若归来成画赞,孟阳别后有山铭。兰陔旧地花才结,桂树新枝色更青。为报儒林丈人道,如今从此鬓星星。"

6. 息景岩:仅存残痕的小朝阳岩

息景岩,又作息影岩,又称新岩,俗称小朝阳岩、赛阳岩。在永州城东三里,东向临水,幽峭隐秀,故与朝阳岩齐名。咸丰八年至同治三年,杨翰任永州知府,更名为"息影岩",并建清晖阁、澹虑亭于其上。

杨翰字伯飞,一字海琴,别号息柯居士,所居名为"息园",取义陶渊明《停云》诗"翩翩飞鸟,息我庭柯",作《息园记》云:"盖'息'者,举得失、荣辱、机械、趋避一扫而空之。"又取义谢灵运《游南亭》诗"逝将候秋水,息景偃旧崖",作《息景岩铭》云:"潇东有岩,惟石遍陁。古洞寂寥,游屐罕到。云出岩腹,泉漱山根。"

黄佳色《息景岩记》称:"由袁家渴泝流而上即新岩,岩临潇水,与朝阳相彷佛然。朝阳敞,新岩僻。朝阳光豁百里,新岩幽隐一潭。朝阳如李青莲醉赋《清平》,神采焕发;新岩如班婕妤独吟《长信》,意态绰约。"

文革中息景岩被炸毁,仅存残痕。

7. 百家渡与诸葛庙:诗人杖屦徜徉之地

零陵古城有七座城门,东门、北门临山,其余五门临水。五个临水城门对着四个渡口,分别是南津渡、太平渡、黄叶渡、潇湘渡。

弘治《永州府志》:平政桥:在正西门外。愚溪桥:在城西愚溪。接履桥:在城北二十里相传唐仙堕履之所。竹笪桥:在城东北二十里。乌墩桥:在城西三十里。芜江桥:在城东四里,俗名茅江桥。沙江桥:在城西五十里。月桥:在城西二十里。大桥:在城北六十里。东乡桥:在城西六十里。临湘桥:在潇湘门外五里湘水之浒。湘口渡:在湘口间处。黄叶渡:即平政桥。大平渡:在太平门外。保安渡:在正南门外。百家渡:在南门二里外。南津渡:在南门外五里。矮子渡:在县南二十里。高溪渡:在渡在县北七十里。

百家渡又称百家濑,青石码头至今犹存,石阶数十级,码头呈扇形,是潇湘两岸诸多渡头、码头中保存最佳者。诸葛庙今存路亭,但高墙已向江心倾斜。傍有香樟,至今阴翳不减。

柳宗元《袁家渴记》:袁家渴"上与南馆高嶂合,下与百家濑合。其中重洲小溪,澄潭浅渚,间厕曲折。平者深墨,峻者沸白。舟行若穷,忽又无际。有小山出水中,山皆美石,上生青丛,冬夏常蔚然。其旁多岩洞,其下多白砾。其树多枫柟石楠,梗槠樟柚。草则兰芷,又有异卉,类合欢而蔓生,轇轕水石。每风自四山而下,振动大木,掩苒众草,纷红骇绿,蓊葧香气"。

汪藻《永州柳先生祠堂记》称:"其谓之钴鉧潭、西小丘、小石潭者,循愚溪而出也。其谓之南涧、朝阳岩、袁家渴、芜江、百家濑者,溯潇水而上也,皆在愚溪数里间,为先生杖屦徜徉之地。"

康熙《零陵县志》:"诸葛庙在城南三里百家渡。易三接曰:不知侯何年入零陵郡? 零陵人祠之至今不衰。祠制甚朴,有古意。庭堂楹桷,不雕不饰。祠在樟树下,树枝叶扶疏,荫可数亩,而一枝远出,舞如龙状。"

光绪《零陵县志》:"河西诸葛庙有古樟,枝干脱落,形状磊砢,远望如石峰孤峙。相传为雷所击毙者。高仅三丈,大约十余围,中空,可容七八人坐而对饮,殆开辟以来物也。其中空处又生冬青树三,大各尺余围,枝叶冒出其上。盖自雷击后,又不知几百年矣,而不颠不朽,群以为神。"

苏轼《百家渡》诗:"百家渡西日欲落,青山上下猿鸟乐。欲因秋月望吴云,遥看北斗挂南岳。一梦憺憺四十秋,古人不死终未休。草舍萧条谁可语,香风吹过白蘋洲。"

杨万里《过百家渡四绝句》:"出得城来事事幽,涉湘半济值渔舟。也知渔父趁鱼急,翻着春衫不裹头。""园花落尽路花开,白白红红各自媒。莫道早行奇绝处,四方八面野香来。""柳子祠前春已残,新晴特地著春寒。疏篱不与花为护,只为蜘蛛作网竿。""一晴一雨路干湿,半淡半浓山迭重。远草坪中见牛背,新秧疏处有人踪。"

8.群玉山与群玉书院：清慧而文固宜名贤挺生

永州一带遍地石灰岩,经过雨淋,石中的碳酸钙被雨水中的二氧化碳溶解,历久就成为垂直立体的岩石,大者可以称为"石林",小者自可称之为"群玉"。这些石灰岩不仅个个矗立,而且颜色洁白。它们生在山巅上,再加绿竹的掩映,颇能动人。

沿潇水而下,过百家渡,西岸有群玉山。群玉山高耸江岸,峰顶岩石向江心倾斜,可供船只躲避风雨。山上有宅仙岩、火星岩,又有香炉峰、芝岩、翠岩,并多绿竹,同时又多唐宋名家石刻。宋代尹瞻、柳拱辰游群玉山,二人有《暮春游火星岩联句》。董居谊有《群玉山游记》,田山玉有《德星岩记》,王金掌有《群玉山樵诗草》诗集。

祝穆《方舆胜览》:"群玉山在州西江外,地胜景清,为零陵最奇绝处。"

弘治《永州府志》:"群玉山在县西,巨竹清修,古木樛曲,怪石万状,地势清景,一郡之奇观也。宋嘉定间侍郎董居谊谪居于此。""火星岩在县西,即群玉山之岩石,壁所镌先贤题识,高下跻次,穷日之力乃能尽阅。"

康熙九年《永州府志》:"火星岩在朝阳岩之上,众石林立,白云杂之,生人隐思矣。石上多镌宋人题识。"

嘉庆《大清一统志》:"群玉山在零陵县西南。山石皆白,故名。有岩曰'德星',洞曰'宅仙'。"

光绪《零陵县志》所说:"由零虚山后西南过小岗,白石累累,罗布岗下,曰群玉山。"

田山玉《德星岩记》:"零虚山后西南行半里,上高冈,西望见青石攒簇,如菡萏舒蓉,四面散布于山坡草树间,负土出没如鸟兽、器物空漏凸凹者,殆不可数,即群玉山也。""石壁上刻'群玉山'三字,字大二尺余,为宋朝人书。"

类似"群玉"的命名,还有"万石山""石角山"。《大明一统志》:"万石山在府城北,多怪石,下瞰岩沼。""石角山在府城东北一十里,连属十余小石峰,奇峭如画。"陈正谊《石角山小记》:"山石甚众,远望之如淡烟,如积霭,近即之或林立,或峭露。"王元弼《零陵名胜记》:"石如有意排列,令人可坐可卧,兼多灵秀气象","群石攒立,日光照耀时,如群玉之在渊,浮动荡漾"。

"群玉"一语还有上古掌故。《穆天子传》云:"辛卯,天子北征,东还,乃循黑水。癸巳,至于群玉之山,容成氏之所守,先王之所谓'策府'。"又云:"自群玉之山以西,至于西王母之邦三千里。"

董居谊《群玉山》诗五首,其一云:"顷年曾入道山来,天上图书不受埃。今日有怀群玉府,又从人世得蓬莱。"即咏其意。

因此,"群玉"又成为永州古代一座书院之名。

光绪《零陵县志》:"群玉书院在南门内,县治之左,黄溪庙前。乾隆三十四年,知县陈三恪集绅士捐赀买入营中废地创建。广二里许,门南向正对群玉山,故名。"

陈三恪《创建群玉书院记》:"永州为濂溪周子故乡,零陵其首邑也。广袤数百里,山水奇秀。纪风土者,谓'民秉是气,往往清慧而文',固宜名贤挺生矣。第一堂额曰'大雅',次为'敏德堂'。两堂左右,建学舍共二十二楹。讲堂在敏德堂后,其东轩馆师居之,西则额以'景贤',以祀先后之有政迹于斯者。最后为文昌阁,俾诸生朔望瞻谒,以时习礼。阁枕高阜,与城外之南冈遥相对峙。南冈者,邑人所谓'群玉山'也。山形如玉屏蠹立,潇水绕其麓。登大雅堂,倚槛眺望,则峰峦拱向,朝霞暮霭,合形辅势,若专为书院而设者,因名曰'群玉书院'。"

永州群玉书院创自清代,宗需、宗绩辰父子曾主其事,宗需撰《群玉书院课学序》,宗绩辰撰《群玉书院学规》,林学易撰《群玉书院学说》,总兵鲍友智撰《群玉书院捐膏火资记》,零陵知县陈三恪撰《群玉书院志》。

1969年因架设东风大桥采石材、烧石灰,火星岩、群玉山全毁,今废窑犹在,宋人题识已荡然无存。

9. 水石文化:元结寓湘及其贡献

元结两任道州刺史,前后十年,辞官后寓居浯溪,溯游潇湘上下,往来道州、永州之间,著十九铭一颂。《大唐中兴颂》一篇,号称"灿烂金石,清夺湘流"。

元结是永州摩崖石刻的开创者。铭颂大多刻石,遂开辟为摩崖石刻景群,阳华岩、寒亭暖谷、朝阳岩、浯溪碑林,是其大者。

元结,字次山,河南鲁山人,唐代宗广德、永泰、大历间,元结两任道州刺史,辞官后寓居浯溪,在今永州境内活动前后十年,著述约七十篇,其中最值得注意者有十九铭一颂。元结在道、永二州所游历,则有三溪、三岩、二崖、一谷。

十九铭:《阳华岩铭》《宠樽铭》《朝阳岩铭》《丹崖翁宅铭》《七泉铭》《五如石铭》《浯溪铭》《峿台铭》《庼顾铭》《东崖铭》《寒泉铭》《右堂铭》《中堂铭》。

一颂:《大唐中兴颂》。

三溪:洄溪、右溪、浯溪。

三岩:阳华岩、朝阳岩、九疑山无为洞。

二崖：丹崖、东崖。

一谷：寒亭暖谷。

元结在永州，时间久，创作多。其诗文开拓景地及命名景地最多，其文体以铭最多，其书体以篆最多，其新造景地名义最多，其作品刻石最多。其影响于后世，形成摩崖石刻景区最多。在永州历史文化资源中，元结留下了最多的"不动产"。

元人王荣忠《重修笑岘亭记》："次山爱君忧国，不以进退生死累其心，乃撰立《大唐中兴颂》，鲁国公颜真卿为之书，雄文健笔，焕耀今古。发明君臣父子之义，千载不磨。"

近人柯昌泗《语石异同评》："湖湘间唐碑，宋人著录本不为少，惜皆湮逸。巨擘推麓山寺碑，宋代即已重刻。……余则元次山诸刻。海内求次山之迹者，必于永、道间，亦湘中石刻之特异者也。"

《朝阳岩铭》云："欲零陵水石，世人有知。"《丹崖翁宅铭》又云："爱其水石，为之作铭。"故元结所开创的文化主题可称为"水石文化"。而水石之真义又不在自然，乃在人文。"真乐不在岩，只在吾渊衷。"摩崖石刻历唐宋明清而盛传不息，皆本于诸贤之道德与才情，或纪咏，或品题，遂使一片荒寂，充溢灵光。

10. 烟光石气，激射成采：永州八景之朝阳旭日

朝阳岩在城外西南二里潇江之浒，岩口东向。"当朝暾初升，烟光石气，激射成采，秀横苍立，郁为奇观。岩中有洞名流香，石淙源源自群玉山，伏流出岩腹，色如雪，声如琴，气如兰蕙，冬夏不涸，从石上奔入绿潭而去。"后人之叹美如此。

《徐霞客游记·楚游日记》云："余从桥西，仍过愚溪桥，溯潇西崖南行。……逾其上，俯而东入石关，其内飞石浮空，下瞰潇水，即朝阳岩矣。其岩后通前豁，上覆重崖，下临绝壑，中可憩可倚，云帆远近，纵送其前。"

秦骧《游朝阳岩记》："舂陵之有月岩也，以迎月而得名，月影有盈亏，而岩影之圆缺分焉。零陵之有朝阳岩也，以受日而得名，日光有朝暮，而岩光之昏明辨焉。"

孙望《元次山年谱》："余于民国二十七年冬十一月十一日离长沙到零陵，留居零陵凡五月，曾数游朝阳岩。岩在潇水南岸，又傍西山麓。山下乱石间有洞穴焉。拾级而下，洞黑不见五指，有泉汩汩流其中，燃火种始得前。摸索东行十余丈，渐有光。自前入，再行若干步，豁然开朗，则洞口也。洞口临潇水，不旁通。

买舟游岩下,始见巨崖壁立江浒,岩石作丹紫黄白色,藤萝缘之,与碧流相应,回荡生声,信大观也。洞口岩壁题刻至多,余求元公遗迹,得于岩壁上,然仅题名而已,《朝阳岩铭》则久索而未得,诚憾事也。"

朝阳岩迄今尚存唐宋以下石刻150通。其中以大历十三年张舟《题朝阳岩伤故元中丞》诗刻最具文献价值,以治平三年周敦颐题刻最具义理价值,以崇宁三年黄庭坚题刻最具书法价值,可谓并称朝阳岩"三宝"。

11. 永州摩崖石刻:石刻上的文学史

"就其山而凿之曰摩崖。"永州位于湖广湘漓一线,自古为荆楚至岭南的水路通道,加以水石清秀,流寓者多,因此摩崖石刻最为密集,粲然萃聚,海内无两。

湖南永州的摩崖石刻呈现着清晰的阶段性,即唐代创始,宋代流衍,明代追慕,清及近代研究。

摩崖最突出之处在于文学、诗学,可谓"石刻上的文学史"。但文学的内在核心,又为哲学、理学。题名与诗、赋、赞、颂所依托的,无非是石灰岩的冰冷死体,而在它的表象背后,却是文人群体的有生命的创造,体现着"从水石到人文"的创兴转化。

永州的摩崖石刻,遗存完整,成线成片。这些摩崖景地,各具特色。

浯溪以"大唐中兴"为主题,兼及后人对元结的纪念。《大唐中兴颂》自唐人皇甫湜已有品题,宋人黄庭坚、范成大、洪迈、岳珂、米芾、李清照以下,各有诗文议论。

阳华岩以元结《阳华岩铭》为主题,铭文仿《正始石经》,以大篆、小篆、隶书三体书写,最为复古。

朝阳岩由《诗经·大雅·卷阿》"凤凰鸣矣,于彼高冈。梧桐生矣,于彼朝阳"得名,元结又作《朝阳岩下歌》云:"荒芜自古人不见,零陵徒有《先贤传》",追慕汉魏先贤,后人遂以先贤、寓贤为主题。

月岩在道州,近濂溪故里,故其主题为周敦颐、理学、《太极图说》。今存摩崖63通,以南宋淳熙赵汝谊题刻为最早。旧称穿岩,后别称太极岩,石刻榜书有"广寒深处""清虚洞""风月长新""如月之中""浑然太极""豁然贯通""道在其中""理学渊源""参悟道真""悟道先迹""乾坤别境""浑涵造化""鸿濛一窍""先天道体""上弦月""下弦月""望月""月岩""太极岩"等。

澹岩有巨型溶洞与山体天坑相连,背山面河,气势恢弘,景致幽邃,又有周贞实避秦乱遁居之说,故主题为叹美奇景与栖隐。黄庭坚有《题澹山岩二首》诗刻,称"阆州城南果何似,永州澹岩天下稀"。祝穆《方舆胜览》称:"澹岩石壁削成万仞,旁有石窍,古今莫测其远近,目之者有长往之意。"道光《永州府志》称:"去城南二十五里,有岩奇奥,为永州冠。"清卢崇耀《游澹岩记》称:"永州多山水游观之美,而澹岩尤为奇绝。"

玉琯岩在九疑山,有南宋方信孺"九疑山"大字榜书,及复刻汉代蔡邕《九疑山铭》,故其主题为纪咏帝舜。

12. 先贤与后贤:重德教而轻刑罚

"先贤"是后人追述已故前代贤人的尊称。先秦已有此称,汉代尤为流行。

《礼记·祭义》:"祀乎明堂,所以教诸侯之孝也。食三老五更于大学,所以教诸侯之弟也。祀先贤于西学,所以教诸侯之德也;耕藉,所以教诸侯之养也;朝觐,所以教诸侯之臣也。五者,天下之大教也。"

《春秋繁露·楚庄王》:"圣人异治同理,古今通达,先贤传其法于后世。"

《后汉书·张王种陈列传》:"昔先贤既没,有加赠之典;周礼盛德,有铭诔之文。"

《隋书·经籍志》著录《零陵先贤传》《海内先贤传》《兖州先贤传》《徐州先贤传》《交州先贤传》《鲁国先贤传》《楚国先贤传》《汝南先贤传》《济北先贤传》《会稽先贤传》《吴先贤传》,以及《诸国清贤传》《陈留先贤像赞》《庐江七贤传》《桂阳先贤画赞》《武昌先贤志》。

汉人重吏治,古有"楚国先贤""零陵先贤""长沙耆旧"诸说,都称颂循吏。《零陵先贤传》一卷,传为晋司马彪撰,记载东汉人物六人,李融和郑产均为循吏。有循吏,有法吏。奉职循理,不用威严,亦可以为治,"民各得其所便,皆乐其生",如此则称为循吏,别称"恺悌循良之吏""仁厚循良之吏",乃是地方吏治之极境。

唐元结维舟潇湘,作《朝阳岩下歌》,谓"荒芜自古人不见,零陵徒有《先贤传》",深有慨于此道。宋沈辽又作《零陵先贤赞》,述及唐人及宋初人,实以后贤接先贤。

13. 圣贤足迹:宋代周敦颐命名濂溪

如果说,鬻熊、屈原代表了湖南、湖北"楚文化"的共同元素,炎帝、舜帝、贾谊、柳宗元代表了湖湘文化中的"寓贤"元素,那么,周敦颐、王夫之、曾国藩则是真正本土的古代湖南文化中最优秀、最典型的代表。

濂溪为潇水上游的支流。"濂溪"之名,出于周敦颐。

清末叶德辉说道:"湘学肇于鬻熊,成于三闾。宋则濂溪为道学之宗,明则船山抱高蹈之节。"民国间黄光焘说道:"楚骚起辞赋之宗风,濂学导性理之先路。"

吴博夫《湖南民性》说道:"湖南文化,周之末,即有灵均出于其间,《离骚》诸篇,上追《诗雅》。及宋之世,又有茂叔,作《太极图说》《通书》,为赵宋理学开山之祖。两氏所作,炳炳烨烨,哀然为后世所宗。"

周敦颐,字茂叔,学者尊称濂溪先生,为湖南永州道县人,宋为道州营道县营乐里,世称濂溪故里。南宋嘉定间王象之纂《舆地纪胜》,已有"濂溪""周濂溪祠堂"条目。

元儒侯克中云:"千年伊洛渊源盛,总是濂溪一脉功。"

明儒黄文焴纂辑诸儒列传二百余人,为《道南一脉》二十二卷。

当两宋时,程珦父子、潘兴嗣、蒲宗孟、度正、黄庭坚、朱熹、吕祖谦、魏了翁、胡宏、张栻等人,都对濂溪学术加以推崇,以为理学道统之开山,上承孔孟,得圣贤不传之学,即为孔孟之后第三位圣人。给一个时代带来思想的光明的人,称为"圣人"。濂溪以此为东亚所共尊。

圣人是传统文明的开创者,贤人是传统文明的继承者。"圣贤"就是用自己的发明创造和深邃思想照亮人类进程的人。由于这些人的不懈努力,以死勤事,以劳定国,孜孜矻矻,鞠躬尽瘁,使得人群在比较长久的一个时期之内,点亮思想的明灯,这明灯照亮了人群的前途,施之于民,能捍大患,能御大灾,使得人类的文化事业"博也厚也,高也明也,悠也久也",经久不息,传之久远,古代称之为"圣贤之道"。

14. 紫岩井:张浚、张栻父子故居

紫岩井在零陵城中文星街,为张浚、张栻父子故居。

零陵城内有九井:紫岩井、吕虎井、发珍井、惠爱井、智泉井、春泉井、朝京井、扬清井、撒珠井,以紫岩井居其首。

弘治《永州府志》:"紫岩井在文昌宫前,紫岩张相国所浚,后人因名之也。"

道光《永州府志》:"郡城今文昌祠前有古井,名紫岩井。相传此地为魏公移永时寓宅,井上故有题刻。"

张浚,字德远,世称紫岩先生。为程颐、苏轼再传弟子。进士,历枢密院编修官、侍御史、知枢密院事、川陕宣抚处置使、尚书右仆射兼知枢密院事,著有《紫

岩易传》等。为抗金名将、名相。《宋史》有传。

张栻,张浚长子,字钦夫,号南轩,学者称南轩先生。胡宏弟子。曾讲学岳麓书院、城南书院。与朱熹、吕祖谦齐名,时称"东南三贤"。著有《南轩集》。《宋史》有传。

《大清一统志·永州府·流寓》:"张浚,绵竹人。绍兴二十年,徙居永州。浚去国几二十载,天下士无贤不肖,莫不倾心慕之。"

《大明一统志·永州府》云:"思贤堂:在府学,宋建,绘周濂溪、范纯仁、范祖禹、邹浩、张浚像,共为一堂。"

戴浩《紫岩仙井》诗:"紫岩佳景檀潇湘,产此灵泉独异常。长日彩云腾瑞气,四时玉液带天香。色同仙掌三秋露,味若宫壶九酝浆。尤恐夸娥爱奇绝,一宵移入帝王乡。"

紫岩井至今尚存,井壁上有天启六年石刻"紫岩仙井"。

15. 大西门与平政桥:亲水之情倍生感触

平政桥东连大西门,西连柳子街区,直通全桂,是零陵古城最繁庶热闹之地,而渡口浮桥的修建也最为古老。

光绪《零陵县志》:"西过平政桥,沿愚溪行。左路经西山之下,循东安大路,三十里至宝坊寺,为东安界。右路由枫木铺、黄田铺,至东乡桥六十里,又三十里至枣木岭,而接全州界。"

平政桥创始于元代,明代万历十七年、四十八年屡经重修,清代同治八年再经续修。

弘治《永州府志》:"平政桥:在正西门外,旧名济川桥,即古之黄叶渡也。元时造舟为梁,取君子平其政之意,今设舟以渡。"

康熙九年《永州府志》:"万历辛卯五月,复驾舟为桥,名曰浮桥。桥有记,勒石于正西门左,后因火石毁。"

光绪《零陵县志》:"平政桥在大西门外,即古黄叶渡。元时舣舟为浮桥,名平政,后废。明万历十七年,复为浮桥,设桥夫七名,每名给银三两,闰银五分。渡夫八名,每名给银二两,闰银三分三厘三毫。"

光绪《零陵县志》:"咸丰中迭经寇乱,桥船日敝。同治八年,知府黄文琛重修船筏,并以桥工余钱一千缗发商生息,岁取一百一十千子钱为缮补费。"

万历四十八年,永州知府叶万景、通判张守刚、别驾胡文衢重修平政桥,"为船三十余只,区分而胪列之。两岸竖为石表,造铁练,钩连以系之。铺以木板而如砥,列以栏楯而如槛。设夫四名,岁饩之,以为扫除启闭之役。"

周希圣撰《西河平政桥碑》:"永当南楚之极,与两粤画疆而居,境内之贸易往来,熙熙攘攘之众,惟西门为最伙。一水护城,深阔若天限然。囊舣舟十数,日争渡而不给。尤为西粤之孔道,冠盖使者络绎相望于途,至夜半犹有呼'余皇',而操缓声应者如之何?且潇水自九疑,百折而入于郡,历郡之右臂,十里余而始合湘水,奔流以去。说者谓宜于上流为桥以镇之,不惟涉者便,而于风气、人文、吏治皆有藉焉。"

至今每当晨昏风凉,潇水深静,木板踏踏,行步同游,烟水蒙蒙,逼近江面,其亲水之情倍生感触。

16. 民国间的潇湘水路:《营道日记》与《永州旧事》

徐桢立,湖南长沙人,民国间学者、书画家、词人。抗战中避居永州宁远,挈家拼船,溯湘江而上,著《营道纪行》。其称泷泊云:"两岸人家皆悬楼,可入画。四山回合,青翠倚霄,中汇澄潭,荡漾山影,停舟四望,不知舟自何路来,明当循何路去。盖入泷以来,景色皆佳,此为最胜矣。"潇湘水路经行两千载,往来舟船过客多矣,而能作日记者极鲜。

"永州有七条城门","大西门是一个水旱码头,它靠在去河西的浮桥边。它又是一个搭船的大站。早上,凡要去冷水滩、蔡家铺、曲河的都要到大西门来坐船去。要去衡阳、长沙的坐大船。要去河西买糙米的,也要过浮桥去。那浮桥一天繁忙得很,总是走得轰隆轰隆的响"。李茵《永州旧事》如是写道。书为近著,而写民国旧事最具本色。

17. 愚溪与柳子庙:瑰奇绝特者皆居零陵时所作

永州自宋代已建柳宗元祠,在愚溪。南宋王象之《舆地纪胜》卷五十六《永州》已载"柳先生祠堂"。明清两代称柳先生祠、柳司马祠、柳侯祠、柳子祠,今称柳子庙。

愚溪本名冉溪,又名染溪,柳宗元更名愚溪,作《愚溪对》《愚溪诗》。

《愚溪诗序》:"灌水之阳有溪,东流入潇水,名冉溪。余谪潇水上,改之为愚溪。……愚溪之上,买小丘为愚丘。自愚丘东北行六十步,得泉焉,又买居之为愚泉。愚泉凡六穴,皆出山下平地,盖上出也,合流屈曲而南,为愚沟。遂负土累石,塞其隘为愚池。愚池之东为愚堂,其南为愚亭,池之中为愚岛。"总计八愚,故《愚溪诗》又名《八愚诗》。

柳子庙始建于北宋仁宗至和三年(1056),由永州知州柳拱辰创建。

柳拱辰《柳子厚祠堂记》:"子厚谪永十余年,永之山水亭榭题咏固多矣。韩退之谓衡湘以南为进士者皆以子厚为师,其经承子厚口讲指画为文词者,悉有法度可观,今建州学,成立子厚祠堂于学舍,东偏录在永所著词章,漆于堂壁,俾学者朝夕见之,其无思乎! 至和三年丙申二月二日,尚书职方员外郎知永州柳拱辰记。"

柳拱辰建祠于郡学傍,后移至愚溪。

柳拱辰,字昭昭,湖南武陵人。仁宗天圣八年进士,至和二年(1055)任永州知州。

其弟柳应辰,字明明,仁宗宝元元年进士,熙宁七年(1074)任永州通判。兄弟二人前后相隔二十年,皆来永州。

兄弟二人皆工书,字甚遒逸。端雅大字,足见一代右文气象。柳拱辰在朝阳岩、浯溪、澹山岩、华严岩均有石刻。

柳应辰亦曾游朝阳岩、澹山岩、浯溪,在浯溪有诗刻,其一云:"浯溪石上大江边,心记闲将此地镌。自有后来人屈指,四千六百甲寅年。"其二云:"不能歌,不能吟,潇湘江头千古心。"又有巨型"夬"字,俗称"押字",实出《易经·夬卦》。

柳氏精于《易经》与《春秋》。柳拱辰父柳中、弟柳应辰、子柳平、柳猷,一门五人皆登榜,人号"武陵五柳"。

柳拱辰又著有《永州风土记》(一作《永州土风记》)。

柳拱辰创建柳宗元祠堂,大概也与他和柳宗元同姓有关。

柳拱辰之后,南宋高宗绍兴十四年(1144),汪藻谪居永州,撰《柳先生祠堂记》。记中说道:"零陵一泉石、一草木,经先生品题者,莫不为后世所慕,想见其风流。而先生之文载《集》中,凡瑰奇绝特者,皆居零陵时所作。"

柳宗元在永州的活动,主要表现为一个才人、文人,其文学成就巨大,至明代被尊崇为"唐宋八大家"之一,而与理学家所称道的韩愈并列,影响及于域外的朝鲜、日本、越南、琉球。关于柳宗元,可以研究其诗文的文学性、艺术性;(朱子称"柳子厚较精密""柳子厚看得文字精"。)小品山水游记的兴起和流变;柳宗元诗文作品与永州古今地理的对应;(朱子称"柳子厚却得永州力也"。)乃至柳宗元的作家心态;(朱子称"文之最难晓者,无如柳子厚"。)以此为主体。

18.《永州八记》:唐代柳宗元的山水游记

元结之后约四十年,柳宗元贬永州司马。"既窜斥,地又荒疠,因自放山泽间,其埋厄感郁,一寓诸文。""品题山水成《八记》,遂以胜迹名天下。"

柳宗元寓湘十年,作《永州八记》,多在潇湘及其支流愚溪之畔。《钴鉧潭记》《钴鉧潭西小丘记》《至小丘西小石潭记》在愚溪上,《袁家渴记》《石渠记》《石涧记》在潇水上。连同《始得西山宴游记》《小石城山记》,共八记。愚溪今存"钴鉧潭"榜书石刻,石涧迄今仍在,上横石桥两座。"流若织文,响若操琴。""诡石怪木,奇卉美箭,可列坐而庥焉。"

《唐宋文醇》:"宗元《永州八记》虽非一时所成,而若断若续,令读者如陆务观诗所云'山重水复疑无路,柳暗花明又一村'也。"

《四六丛话》:"天地间山水林麓奇伟秀丽之致,赖文人之笔以陶写之。""柳子《永州八记》笔力高绝,万古云霄一羽毛,非诸家所敢望尔。"

柳宗元为唐宋八大家之一。"唐宋八大家"之说,始于明人。《记》作为文体,实由骈赋之小序蔓衍而出,变骈为散,变大雅为小品。虽然,柳氏亦难能矣。清孙梅《四六丛话》云:"自唐以后,《记》始大鸣。柳子《永州八记》追蹑化工,独开生面,大放厥词。"又云:"天地间山水林麓,奇伟秀丽之致,赖文人之笔以陶写之","惟柳子《永州八记》笔力高绝,'万古云霄一羽毛',非诸家所敢望尔"。

《四六丛话》:"自唐以后,记始大鸣。柳子《永州八记》追蹑化工,独开生面,大放厥词,昌黎所叹。其实撷骚辨之英华,陶班张之丽制,自选学中来也。"

日本赖山阳曰:"《永州八记》自《山海经》《水经注》来,带有晋宋间人风气,是柳独创。后人无数游记,无不沾此残香剩馥。"

19. 节孝亭:建长亭以利行人,施茶水以解渴烦

节孝亭在柳子街西口,湘桂古驿道上,朝阳乡古木塘村。亭为砖木结构,上有"节孝亭""奉旨旌表"大字。亭内有四根八棱石柱,石柱上刻楹联两幅:"憩片时,沿堤寻柳迹;饮一勺,放步到枫林。""古井流香,人怀六峒;圣泉此浩,地纪零陵。"

此亭本是敕封的节母熊张氏的节孝亭,但熊张氏却将它建成了一座茶亭,供应过往行人饮水歇脚。熊张氏或许是年轻丧夫,守寡抚育幼子熊学礼,其后熊学礼长大成人,读书论学,成为翰林院待诏。于是熊学礼为了孝养母亲,传布她的懿行,就为母亲操办建亭,而熊张氏认为,与其传布一点虚名,不如做些实际的义举。母子之间有一番讨论,最终决定修建茶亭。而熊学礼顺便将母子的讨论写成一篇《奉节母命鼎建茶亭碑记》,刻石亭中。熊学礼这篇字迹,中正阔大,丰腴圆润,而又楷中有行,不失灵动,特别吻合表彰其母节孝施善之情。石刻虽然晚

出,却自有其珍罕之处。

《奉节母命鼎建茶亭碑记》:"戊寅秋,节母熊张氏,流火月三日,寿古稀开一,儿欲制锦以侑觞。入告,母曰:'否,制锦壮观耳,于我失实,于人无济。'继请曾膺旌典,即树坊。母亦否,曰:'建坊,扬名耳,荣于我,何利于人?儿善谋之。'余无对,既而母自谓曰:'某为河西张富公季女,自幼生长其地,有以茶亭名庵者,果何谓也哉?'儿于是揆母之意矣,母迫欲建长亭以利行人,施茶水以解渴烦乎!遂觅愚溪旋水湾,通粤西官途,前行数里方有亭,行者每苦之。亟为购地鸠工,采木选石,附亭枕流,并建茶舍。其间树竹阴翳,山水回环,饶有画图幽趣。告成日,迎舆请观之,母大忻然,曰:'儿可谓善体吾意矣!'遂援笔书由,以毕母命。时在光绪四年冬,男翰林院待诏学礼谨撰并书。"

20. 香风吹过,绿柳万株:黄叶渡下白蘋洲

白蘋洲在永州城大西门外黄叶渡下潇水中,因生长香草白蘋而得名,又为永州人文之源,明代始建学校,清代建有白蘋书院,永州相传有"白蘋洲接状元归"的谚语。

光绪《零陵县志》载:"黄叶渡下有白蘋洲,广半里,长二里余,旧多白蘋,故名。今则古木丛生,柯叶蓊荟,夏日绿阴照水,估舟多系其下,望若画图。上有白蘋书院。"白蘋书院于清乾隆四年(1739),由零陵人眭文焕父子创建。

苏轼《百家渡》诗云:"草舍萧条谁可语,香风吹过白蘋洲。"王元弼《名胜记》云:"白蘋洲在城西潇水之中,洲长数十丈,洲上植绿柳万株,有春雨欲来、烟凝天半景状。"易三接《山水纪》云:"洲初不过浮一叶耳,后人植柳于上,补而阔之,有如数丈长桥。潇水至此入湘,二水争涵,流映无际。春帆细雨,天际归舟,孤棹浮来,落叶秋老。"陈正谊《白蘋洲记》云:"白蘋一片洲耳,漾于湘波杳霭中,白花黄叶点缀其间,潇之幽益其幽,洲之野助其野矣。"

民国间顾巡《零陵小记》载白蘋洲在民国间仍多树木。"水心那一大片沙洲,被茂密的树林掩覆着,有时有几头牛在吃草,每次眺望时,总觉得是一个神秘的所在,一定想去看个究竟。这幼稚的好奇心终于有满足的时候。夏天江水下落,我从对岸找到浅水处涉过去,钻到林中,绿荫使夏日的热力一点透不进来。抬起头,树梢高不可及,各种鸟雀的鸣声杂乱,而且有空洞的回声,真像走进了一个大庙堂一样,令人盘桓不忍离去。我奇怪柳子厚和徐霞客的笔下竟没有好好提到它一下。"

21. 颠张醉素:释怀素的草书艺术

释怀素,字藏真,俗姓钱,唐永州零陵人。擅草书,与张旭齐名,世称"颠张醉素"。传世作品有《自叙帖》《论书帖》《千字文》等。唐吕总《读书评》云:"怀素草书,援毫掣电,随手万变。"宋米芾《海岳书评》云:"怀素如壮士拨剑,神采动人,而回旋进退,莫不中节。"颜真卿盛赞其为"僧中之英,气概通疏,性灵豁畅,精心草圣,积有岁时,江岭之间,其名大著"。与一时诗人多有交往,李白有《草书歌行》,王邕、窦冀、鲁收、朱逵、苏涣、任华、戴叔伦、马云奇、裴说、贯休,各有《怀素上人草书歌》。

永州旧有怀素洗砚池、墨池、笔冢、绿天庵、怀素塔,方志载怀素结庵于此,种蕉学书。

康熙九年《永州府志》:"书堂寺在城北二十里,唐僧怀素故居,中有怀素遗像。向有碑石,后因愚民残毁道傍。"

清代越南使者所绘地图《燕轺日程》《燕轺万里集》中,江岸尚有"唐僧怀素塔"。

至清代,又有何绍基,字子贞,号东洲,道州人,工于书法,融行、草、篆、隶于一炉,世称"何体"。

22. 虞舜与湘妃:中国最早的爱情故事

湘妃和虞舜的感情传说是我国最早的爱情故事。

《史记》记载帝舜"南巡狩,崩于苍梧之野,葬于江南九疑"。《列女传》又载,帝舜为天子,娥皇为后,女英为妃。帝舜死于苍梧,"二妃死于江湘之间,俗谓之湘君"。《水经注》称,二妃常"神游洞庭之渊,出入潇湘之浦"。尧舜一代史迹揭开了中国文明史的第一页,而帝舜与湘妃的感情传说也成为中国最早的爱情故事。

其中在西汉时期汇编的《列女传》中,湘妃故事被列在100余篇传记的首位,称为"元始二妃",在发生的时间和编载的时间上都是最早的。

日本学者儿岛献吉郎分析虞舜、二妃、斑竹故事,即肯定其为"古今恋爱之祖",有"中国之恋爱文学,发端于帝舜时代"的论断。

23. 从《尚书》到《列女传》:湘妃故事之六大文献

虞舜与湘妃的爱情故事,反映在迄今传世的最古老经典《尚书》《山海经》《孟子》《楚辞》《史记》《列女传》六大文献中。

《尚书·帝典》确定了虞舜与二女的婚姻并赋予"至孝"的重大主题。《尧典》的下半篇记载了舜被推举给尧的史事,《舜典》的下半篇记载了舜即位以后的史事。《尚书·二典》最早确定了虞舜与二女的婚姻并赋予"至孝"的重大主题。

《山海经》确定了湘妃处江为神与神灵不死的主题。《山海经》最早记载了虞舜南巡的方位及葬地,记载了二妃奔赴哭之、陨于湘江、遂为湘神、俗称湘妃的内容,确定了神灵不死的主题。

《孟子》最早记载了"完廪""浚井"的故事情节并确定夫妻患难的治家典范。《孟子》最早记载了舜与二妃夫妻一致"历试诸难"的史事,特别是"完廪""浚井"的具体情节,确定了夫妻支持配合、患难与共的治家典范。

《楚辞》确定了湘妃故事在文学中的歌咏形式与凄清幽艳的风格意象。《楚辞》最早将湘妃事迹形之于诗赋,开创了以文学形式歌咏湘妃的一条途径,而其风格情调凄清幽艳,亦早成为"潇湘意象"的永恒基调,也开出追慕文学、闺情文学、香奁文学、香艳文学一脉。同时士人每当履忠被潜、遭时暗乱,亦往往转成诗人骚客,其忧悲愁思亦惟以诗文、古史为寄托,开创出古代仕与隐、政与文之移情、寄托、升华、转化一种模式。

《史记》确定了湘妃故事在史学中的正统地位。司马迁曾亲至潇湘、九嶷,"南游江淮,上会稽,探禹穴,窥九疑,浮于沅湘,北涉汶泗"。《史记》一书记载虞舜、湘妃事迹,取材最广,纪事最详。《史记》最早将湘妃事迹详尽收载于正史,确定了湘妃故事的正统地位。

《列女传》确定了湘妃故事在古今列女传记专史中的"元始"地位。《列女传》一书,《汉志》著录题为《列女传颂图》,刘向撰。《列女传》实际上开创了古代妇女史传文献系统之先河。《列女传》以湘妃事迹列居书首,以此创出古今列女传记一系的专史文献。《列女传》肯定了湘妃在治家治国中的正面作用,也肯定了虞舜、湘妃故事中两性关系与爱情因素的正面作用,确定了湘妃作为两性关系于男女爱情的原型与典范。

24. 奠立潇湘意象:屈原《九歌》与白蘋洲

商周时代,祝融的后裔鬻熊崛起,为周文王、武王、成王三代的老师,其后分封于楚,开创了楚文明。春秋时楚灵王建章华台,仍有"以象帝舜"的遗规。战国时屈原流放,也常寄意于潇湘、九疑。

《九歌》中《湘君》《湘夫人》两篇,咏娥皇、女英,即所谓"死于江湘之间,俗谓之湘君"。而《山鬼》所咏为九疑山神,即舜陵之守护者。

《湘夫人》:"登白薠兮骋望,与佳人期兮夕张","白薠"又作"白蘋",潇湘二水交会处有白蘋洲,即其地。柳宗元诗:"非是白蘋洲畔客,还将远意问潇湘。"

蘋洲为潇湘之会,而潇水源于九疑,《湘夫人》一篇描写湘妃出入潇湘之浦,登白蘋洲,望九疑山,所咏皆为地理实景。

娥皇、女英姐妹二人,史称湘妃,又称湘夫人、湘君、湘灵、湘女、江妃、二女、二妃,为唐尧之女,虞舜之妻。虞舜勤政而死,葬九嶷山,她们追寻到达湖南,死于湘江,受封为湘江之神。这一故事在后世积淀为"潇湘意象",成为潇湘文化的主题。

书生有诗云:"潇湘浦上说湘妃,独步江间月色微。两岸巉岩斑竹密,清川五丈见石玑。迩来千载谁家子,觑得蝼首与娥眉。翠袖婷婷方玉立,苍山点点一白衣。百里每闻飘风雨,出入有时会无期。白蘋洲上曾无语,云水波涛归不归。"

25. 山鬼:从潇湘遥望九疑山

《九歌·山鬼》祀主为九疑山神。

《汉书·礼乐志》载《郊祀歌》"九疑宾,夔龙舞"。九疑当解为九疑山神,即夔、龙二臣。生为二臣,死后配为山川之神。

《梁书·张缵传》载《南征赋》:"延帝子于三后,降夔龙于九疑,腾河灵之水驾,下太一之灵旗。"

"延"当作"诞",与"降"同义。"三后",犹言三王、三代,包帝舜而言。《左传·昭公三十二年》:"三后之姓于今为庶",杜预注:"三后,虞、夏、商"。

"延帝子于三后",用《二湘》之典;"腾河灵之水驾",用《河伯》典;"下太一之灵旗",用《东皇太一》典;而"降夔龙于九疑"一句,正用《山鬼》典故。张缵《南征赋》此四句皆出典于《九歌》,可知南朝有以《山鬼》为九疑山神、其名为夔龙者。旧以山鬼为小神、一般山神,是误解。

据《汉书·礼乐志》及《梁书·张缵传》二种文献所示,推测《山鬼》篇之祀主当为九嶷山之山神。《湘夫人》"九嶷缤兮并迎,灵之来兮如云"一语,王逸注:"九嶷,山名,舜所葬也。言舜使九嶷之山神,缤然来迎二女。"

"登白薠兮骋望",意为湘君、湘夫人从潇湘合流处遥望九疑山,望九疑山即望帝舜、望夫君。

周中行《元结祠堂记》:"背负九疑,面傃潇湘。"

掌禹锡《鼓角楼记》:"湘水导其前,疑山盘乎险。"

古人言蘋洲必言潇湘，言潇湘必溯源九嶷山。潇湘与九嶷山山水相连，南北相望。

26. 潇湘庙：敕封潇湘二川之神

坐落在永州零陵潇湘二水交汇处、湘水东岸的潇湘庙，是迄今所存极少的湘妃庙宇之一。

潇湘庙又称湘源二妃庙、潇湘二川庙、潇湘二妃庙，祭祀舜帝及二妃娥皇、女英。唐尧和虞舜是中国上古时期"五帝"中的人物。湘妃又称湘夫人、湘君、湘灵、湘女、二妃，即娥皇女英姐妹二人，是唐尧的女儿，虞舜的妻子。虞舜死后，她们追寻虞舜到达湖南，死在湘江，被后人追认为湘江的女神。潇湘庙建于潇湘汇合之处的东岸浅山上，潇湘交汇处，与蘋洲相望。唐代以前即已营建，柳宗元有《湘源二妃庙碑并序》。原在潇湘西岸，后迁至蘋洲上，又迁至潇湘东岸。明清两代，春秋官祭。"其庙士民相继，修葺规模壮丽。"此庙是潇湘沿江迄今罕存的湘妃庙之一。据方志所载，此段江岸上旧设潇湘镇、潇湘津、潇湘驿，又有潇湘关、潇湘门、潇湘楼，有望江楼、故人亭，往日繁华可想而知。弘治《永州府志》载："潇湘二川庙，旧在潇湘滩西岸，唐贞元九年三月水至城下，文武官民祷而有感，至于水落，漕运艰阻，未有祷而不应，自是凡旱干水溢，民辄叩焉。后徙庙于潇湘东岸。至正癸巳，庙遭兵燹，遂移置于潇湘门内。洪武壬戌，知县曹恭增置殿宇。洪武四年，本朝敕封为潇湘二川之神。"

庙宇为砖木结构，建筑主体完整。目前庙宇中雷顶部已塌陷，顶瓦全部坠落。正殿地面有尺许高的石台，上有残存彩绘。墙壁镶嵌碑刻，今存重建庙碑、捐献功德碑、福田碑及界碑等 19 通，另有院阶、路旁、田间、井泉等处散乱残碑，共计 23 通。

27. 故人亭下听雨：潇湘八景之潇湘夜雨

蘋洲岸上旧有故人亭，取名出于柳恽《江南曲》。光绪《零陵县志》："故人亭：在潇湘合流处湘口驿侧。"

柳恽《江南曲》："汀州采白蘋，日落江南春。洞庭有归客，潇湘逢故人。"

顾况《游子吟》："客从洞庭来，婉娈潇湘深。橘柚在南国，鸿雁遗秋音。"

《九歌》之下，此二首为最美。

杨万里《浯溪赋》："予自二妃祠之下，故人亭之旁，招招渔舟，薄游三湘。"

赵师侠《菩萨蛮·永州故人亭和圣徒季行韵》："故人话别情难已，故人此别何时会,江上驻危亭,离怀牵故情。　　悠悠东去水,簇簇渔村市,应记合江滨,潇湘别故人。"

八景之第一景"潇湘夜雨"在永州潇湘合流处。

杨显之《临江驿潇湘秋夜雨》,又名《潇湘雨》。剧中张天觉唱道:"皆因我日暮年高,梦断魂劳。精神惨惨,客馆寥寥。又值深秋天道,景物萧条。江城夜永,刁斗声焦。感人凄切,数种煎熬。寒蛩唧唧,塞雁叨叨。金风淅淅,疏雨潇潇。我正是闷似湘江水,涓涓不断流。又如秋夜雨,一点一声愁。"

钱邦芑《潇湘赋》:"潇湘夜雨,首称清白。沥沥疏疏,萧萧泄泄。点轻波而泠泠,洒篷窗而切切。木叶引溜而霏珠,修篁淋滴而注决。幽响流入乎丝桐,清韵隐叶乎金石。忽惊风而飘萧,忽带泉而鸣咽。忽拨刺而刀剑鸣,忽迸散而缯帛裂。骚人侧听而幽兴倍增,游子牵怀而乡思欲绝。非风景之殊观,实悲欢之各适。"

书生有诗云:"潇湘上,竹万竿。青峰杳,木桥闲。白蘋洲,一畹蘭。故人亭,傍江干。帆樯远,骤雨旋。云霞落,月出山。幽人至,帨素绢。风波静,宿西岩。"

28. 诗画与想象:"潇湘八景"之诗画创作

从屈原开始,湘妃故事频繁出现在包括诗词、散文、音乐、绘画等的古典文学艺术中,与之有关的事物诸如湘水、潇水、潇湘、潇湘楼、潇湘馆、潇湘阁、潇湘门、潇湘驿、湘妃庙、湘妃、江妃、湘君、湘夫人、湘妃泪、湘妃怨、潇湘八景、潇湘水云等等,由于反复歌咏,遂成为古典文学艺术中凄清幽艳的风格基调和永恒意象。

宋迪作《潇湘八景图》,描述湘江上下沿岸胜景,有潇湘夜雨、平沙落雁、烟寺晚钟、山市晴岚、远浦帆归、江天暮雪、洞庭秋月、渔村夕照,是为"潇湘八景"。

沈括《梦溪笔谈》:"度支员外郎宋迪工画,尤善为平远山水,其得意者有平沙雁落、远浦帆归、山市晴岚、江天暮雪、洞庭秋月、萧湘夜雨、烟寺晚钟、渔村落照,谓之八景,好事者多传之。"

宋迪曾至永州,游历澹山岩,有石刻题名:"嘉祐八年三月初八日,转运判官尚书都官员外郎宋迪游。"

后世往往有潇湘八景诗、潇湘八景词、潇湘八景图,久已成为东亚各国所共同的文学艺术想象。

29. 烟拖杨柳,雨亚芙蓉:永州八景之蘋洲春涨

"蘋洲春涨"为永州八景之一。

蘋洲位于潇水、湘水交汇处。水域开阔,四季澄碧,隔岸青山,旁生白鹭。

"蘋洲"因生长白蘋而得名。"白蘋洲""蘋洲"名称源于《楚辞》。屈原《九歌·湘夫人》:"登白蘋兮骋望,与佳人期兮夕张。""白蘋"又作"白薠",意义相同。

蘋洲为潇湘之会,而潇水源于九嶷,《九歌·湘夫人》一篇描写湘妃出入潇湘之浦,登白蘋洲,望九嶷山,与蘋洲的地理形势完全吻合。柳宗元《得卢衡州书因以诗寄》诗:"非是白蘋洲畔客,还将远意问潇湘。"所说"白蘋洲"为永州实景。

蘋洲又称浮洲。黄佳色《浮洲记》云:"湘流于左,潇合于右,浮洲于中。洲上旧多古树,烟拖杨柳,雨亚芙蓉,春媚秋娟,尤为特胜。或跂石以望,江水远来,飘飘然有大际之想。迎帝子,吊湘君,白云落日,尚在其中否?"

王元弼《名胜记》云:"浮洲即潇湘合潴处,有潇湘祠在焉。洲上竹木花卉无一不有,经春望之,洲容若云髻然。"

明代徐霞客来访此地,称蘋洲在湘口之中,潇湘漾洄,恰如龙口之含珠。

光绪十三年(1886),湘军名将王德榜、席宝田创建蘋洲书院,礼聘周崇傅为首任山长。

李益《柳杨送客》:"青枫江畔白蘋洲,楚客伤离不待秋。"

皎然《白蘋洲送洛阳李丞使还》:"蘋洲北望楚山重,千里回辀止一封。"

陈翊《送别萧二》:"橘花香覆白蘋洲,江引轻帆入远游。"

30. 蘋洲书院:南国之极致,龙口之含珠

蘋洲书院清代又称白蘋洲书院、白蘋书院,因建于蘋洲之上而得名。"蘋洲"因生长白蘋而得名。"白蘋洲""蘋洲"名称源于《楚辞》。

蘋洲书院始建于清乾隆四年(1739),由零陵人、江苏桃源(今泗阳)县令眭文焕父子创建。光绪十三年(1886),湘军名将王德榜、席宝田重建,周崇傅为山长。近年第三次重建。自创建至今历时274年之久。

蘋洲书院位居南国灵秀之地,潇湘的核心地带,碧波平阔,二水萦绕,气象清淑,意境幽远。一石一木,皆足以感发人心,启迪良知。

蘋洲书院登岸为风雨亭,又称故人亭。王田葵先生有联语:"潇湘文波连四海,就此能悟道在两仪太极;浮岛秋月映万川,于斯便知学须理一分殊。"

蘋洲书院正门匾额"古潇湘"。正门楹联"洞庭有归客,潇湘逢故人",出柳恽《江南曲》。

广场名"箫韶庭",《尚书·益稷》:"箫韶九成,凤凰来仪。"

影壁正面,放大《九疑山诗图册》主峰潇水源石刻,影壁背面书《大戴礼记》:"天地以合,四海以沴。日月以明,星辰以行。江河以流,万物以昌。好恶以节,喜怒以当。"

回廊正面为潇湘八景,回廊背面复制南宋雕版《尚书·帝典》十六幅。《尧典》《舜典》合称《帝典》,《大学》称《帝典》,子曰:"吾于《帝典》,见尧舜之圣焉。"

大门两边的楹联:"南风之熏兮草芊芊,妙有之音兮归清弦。"出自唐人《纂异记》逸文所载张生故事。进士张生,善鼓琴,好读孟子书。一夕宿庙中,梦见帝舜召见,取五弦琴为之歌《南风》。

大堂左侧为清淑堂,右侧为清慧堂。韩愈《送廖道士序》:"衡山之神既灵,而郴之为州又当中州清淑之气,蜿蟺扶舆磅礴而郁积,其水土之所生,神气之所感,意必有魁奇、忠信、材德之民生其间。"刘禹锡《海阳湖别浩初师并引》:"潇湘间无土山,无浊水,民乘是气,往往清慧而文。"

院落东南为夷犹馆,院落西南为北渚馆,院落东北为上善馆,院落西北为含珠馆。

讲堂东侧为儒行斋。《礼记》有《儒行》篇,记儒者之德行。讲堂西侧为经义斋。《礼记》有《经义》篇,记六艺政教之得失。

大堂内,有湘人王闿运所作楹联:"吾道南来,原是濂溪一脉;大江东去,无非湘水余波。"又有书生所作楹联:"此脉接潇水接湘水接江水原原委委,其风本四时本二仪本太极有有无无。"以濂溪、湘水、长江比喻学术的本源和流派,濂溪喻周敦颐,湘水喻湖湘学,长江喻理学,意谓全部理学皆发祥于周子。

讲堂为半开放式的大厅。讲堂正面,为"十六字心传"楷书,即《尚书·大禹谟》所载舜告禹之言:"人心惟危,道心惟微,惟精惟一,允执厥中。"

31. 蘋洲八景:自然景观与人文内涵之交萃

蘋洲八景为:潇湘夜雨、白蘋骋望、湘口观渔、潇湘之浦、南极潇湘、潇湘水云、清夺湘流、蘋洲金桂。

"潇湘夜雨",在风雨亭。元杨显之杂剧有《临江驿潇湘秋夜雨》。清周皥著有《潇湘听雨词》五卷,江昱著有《潇湘听雨录》八卷。零陵多雨,云雨祁祁,娴静以听,随遇而安。至风雨亭而听雨,亦一乐也。

"白蘋骋望",在风雨亭下观景平台。对面青峦中有潇湘庙,右侧南望,远山高峻。屈原《九歌·湘夫人》云:"登白蘋兮骋望",王逸注:"'蘋'或作'薠'",《昭明文选》引作"白薠"。骋望,放眼远望,原意指湘妃望九疑山。

"湘口观渔",在蘋洲南端,对面为犁头尖渔村。湘口为潇湘交汇处水道的别称,柳宗元有《湘口馆潇湘二水所会》诗。而零陵渔船夜晚打渔,"潇湘渔火"为旧日一大景观。元结《欸乃曲》:"零陵郡北湘水东,浯溪形胜满湘中,溪口石颠堪自逸,谁能相伴作渔翁?"邢恕《朝阳岩》诗:"岩巅风雨落泉声,岩下江流见底清,夹岸松筠倒疏影,炊烟渔火近寒城。"钱邦芑《潇湘赋》云:"或夜渔之方出,又火照而网张",自注:"湘中渔人每夜中用火照捕鱼"。

"潇湘之浦",在蘋洲西侧江边。命名出自《山海经》。"潇湘"一语最早出现于《山海经》:"洞庭之山……帝之二女居之,是常游于江渊。澧沅之风,交潇湘之渊,是在九江之间,出入必以飘风暴雨。"古书引文,有"潇湘之浦""潇湘之渊""潇湘之川""潇湘之源"诸说。浦,水濒也,有平缓、安和之意。

"南极潇湘",在蘋洲西北角,北望衡山、岳麓、洞庭,连绵不绝。范仲淹《岳阳楼记》:"北通巫峡,南极潇湘,迁客骚人,多会于此",以潇湘之交为南国之极致。

"潇湘水云",在蘋洲北端望江亭。命名出自郭沔的古琴曲《潇湘水云》。《潇湘水云》为古琴大曲。郭沔字楚望,南宋著名琴家。元兵南侵,移居南岳,眼望潇湘、九嶷,有家国将亡之感,因作此曲。朱权《神奇秘谱》解题云:"先生每欲望九嶷,为潇湘之云所蔽,以寓惓惓之意也。然水云之为曲,有悠扬自得之趣,水光云影之兴,更有满头风雨、一蓑江表、扁舟五湖之志。"《潇湘水云》曲谱共分十段,各段标题为:洞庭烟雨、江汉舒清、天光云影、水接天隅、浪卷云飞、风起云涌、水天一碧、寒江月冷、万里澄波、影涵万象。民国间,宁远人杨宗稷创立九疑琴派,著《舞胎仙馆琴学丛书》四十三卷,被称为民国古琴第一人

"清夺湘流",在蘋洲东侧,碧梧桐下。命名出自《唐才子传·元结传》:"《大唐中兴颂》一文,灿烂金石,清夺湘流。""潇"字本义为"清",潇湘自古以"深清"著称。罗含《湘中记》云:"湘川清照五六丈,下见底石,如樗蒲矣,五色鲜明。白沙如霜雪,赤岸若朝霞,是纳'潇湘'之名矣。"于此可观潇湘之清,亦可想见古人忠孝廉节之大义。

"蘋洲金桂",在蘋洲书院院落内。每逢中秋时节,十六株古木桂花飘香,传布四野。月中之桂与人间之桂相应,人间之香与月中之香相应。可赏桂,可赏月,月圆之夜,读书论学,尤见雅致。

32. 音韵清畅,爽朗心骨:《南风歌》的三种版本

帝舜出身于音乐世家,其父瞽叟为乐师,帝舜曾"弹五弦之琴,歌南风之诗"。舜帝的宫廷雅乐名为《箫韶》。《琴瑟中论》:"朱襄氏制为五弦之瑟,瞽叟判为十五弦,舜益之为二十三。"

上古南风有其专有名称,称为"俊风""凯风"。《大戴礼记·夏小正》:"时有俊风。俊者,大也。大风,南风也。何大于南风也? 曰:合冰必于南风,解冰必于南风;生必于南风,收必于南风,故大之也。"

而南风的"出入",在古人的气象观测中也有其专门的地点。《山海经·南山经》:"旄山之尾,其南有谷,曰育遗,多怪鸟,凯风自是出。"

甲骨卜辞中有"南方风""四方风"的记载,并且可以与传世文献《尧典》《山海经》对应。

传世的《南风歌》共有三种版本。

"南风之薰兮,可以解吾民之愠兮。南风之时兮,可以阜吾民之财兮。"出自《孔子家语》。

"反彼三山兮商岳嵯峨,天降五老兮迎我来歌。有黄龙兮自出于河,负书图兮委蛇。罗沙案图观谶兮闵天嗟嗟,击石拊韶兮沧幽洞微,鸟兽跄跄兮凤皇来仪,凯风自南兮喟其增叹。"出自《乐府诗集》。

"南风薰薰兮草芊芊,妙有之音兮归清弦。荡荡之教兮由自然,熙熙之化兮吾道全,薰薰兮思何传。"出自《纂异记》。言进士张生,善鼓琴,好读孟轲书。下第游浦关,入舜城,日将暮,宿庙中,梦遇舜帝。舜帝鼓琴为《南风弄》,音韵清畅,爽朗心骨。

33. 贤水上有何仙观:灵异而博学工诗的仙人

潇水支流贤水上进贤乡有何仙观,古有灵仙观、西山观、何仙观、东林观、福兴观、诸仙观、福仙观、天神观,八观相联,又有内四庙、外四庙之称。

何仙,又称进贤女真,俗称何仙姑。

进贤乡与澹山岩邻近,北宋士人记述,曾与何仙姑同游,见于澹山岩石刻。

王昶《金石萃编》载澹山岩题名,记高杰、许师严等人与何仙姑同游。"元祐辛未岁九月,因捡潦田,楚人高公杰子发,吴人许师严希道,自贤女庙下,宿何氏仙姑家。翌日,涉江游龙宅,览仙始得道处,因宿僧舍。明日,遂入归德、福田等乡。沙门文真、男敢同来。子发书。"

又载陆诜题名,也与何仙姑同游。"圣宋嘉祐辛丑岁六月三日,转运使、尚书刑部员外郎、直集贤院,陆诜介夫,按部游此,携家人与仙姑同至。"

瞿中溶《古泉山馆金石文编》:"陆诜澹山岩题名中之仙姑,当即元祐辛未高公杰题名所云何仙姑也。""今传奇中以何仙姑列于八洞神仙中,其来有自也。"

宋代以来,文献盛传夏钧见何仙姑故事。

北宋魏泰《东轩笔录》:"潭州士人夏钧罢官过永州,谒何仙姑而问曰:'世人多言吕先生,今安在?'何笑曰:'今日在潭州兴化寺设斋。'钧专记之,到潭日,首于兴化寺取斋历视之,其日果有华州回客设供。顷年滕宗亮谪守巴陵郡,有华州回道士上谒,风骨耸秀,神气清迈,滕知其异人,口占一诗赠之曰:'华州回道士,来到岳阳城。别我游何处,秋空一剑横。'回闻之,忔然大笑而别,莫知所之。"《苕溪渔隐丛话》《五代诗话》《宋朝事实类苑》《类说》《永乐大典》诸书多引之。

雍正《湖广通志·仙释志》:"何仙姑,《明一统志》:零陵人,幼遇异人,与桃食之,遂不饥,能逆知人祸福。宋《类苑》云:潭州夏钧过永州,问何曰:'世多言吕先生,今安在?'何笑曰:'今日在潭州兴化寺设斋。'钧到潭日,取寺中斋历视之,其日有华州回客设供。"隆庆《永州府志》、康熙九年《永州府志》、道光《永州府志》、康熙《零陵县志》、乾隆《祁阳县志》、嘉庆《长沙县志》《楚宝》诸方志多同。

夏钧,字播之,潭州人。嘉祐四年任零陵知县,在朝阳岩有题刻。

魏泰,字道甫,襄阳人。崇宁三年曾至永州,在朝阳岩有诗刻。

北宋沈辽《零陵先贤赞》中的人物共十五位,有进贤女真,即何仙姑。

沈辽字睿达,钱塘人。熙宁间任太常寺奉礼郎,夺官流永州。

北宋刘斧《摭遗小说》:"洪州袁夏秀才侍亲过永州,因见何仙姑,曰:'吾乡有故人亭,永亦有之。此是则彼非,此非则彼是,幸仙决之也。'仙曰:'此亭名因选诗而得之也,选诗曰:洞庭值归客,潇湘逢故人。夫洞庭之水与潇湘之流一源耳,今永之境,湘水出其左,潇水会其右,以二水所出,故为永字。今永创此亭,得其实也,彼则非也。因赠诗曰:'全永从来称旧郡,潇湘源上构轩新。门前自古有流水,亭上如今无故人。风细日斜南楚晚,鸟啼花落东湘春。因公问我昔日事,江左亭名不是真。'"

阮阅《诗话总龟》、厉鹗《宋诗纪事》、李调元《全五代诗》、邓显鹤《沅湘耆旧集》均收录何仙姑这首《题永州故人亭》。

34."永州"的得名:二水交汇是永州最大地理特征

"永州"得名于潇湘二水。

"永"为会意字。许慎《说文解字》:"永,水长也。象水巠理之长。""永"字小篆作𣱱,象主流分出支流,又象下流上溯到上源,所谓有原有委,故意会为水长。"永"又解为正流,连鹤寿《蛾术编》校按云:"派字注:别水也,从水辰。鹤寿案:永,水长也。反永为辰。凡水之正流或长或短,而其别流则必短于正流。"

宋祝穆《方舆胜览》:"永州,二水。柳宗元《湘口馆》记潇湘二水所会也,州因二水而名永。"

元熊忠《古今韵会举要》:"永,州名,唐置,以二水名。"

瞿中溶《古泉山馆金石文编》:"虞𤥽永州学释奠诗'𤥽假守二水,秋丁释奠'。二水,或以楷书'永'字折开言之,或因后人谓潇湘二水至永州湘口合流言之。"

"永州"因二水而得名,故二水即永州的最大地理特征。元辛文房《唐才子传》:"潇水出道州九疑山中,湘水出桂林海阳山中,经灵渠,至零陵与潇水合,谓之潇湘,为永州二水也。清泚一色,高秋八九月,才丈余,浅碧见底。过衡阳,抵长沙,入洞庭。"

旧说"永州"得名于"永山永水"。宋王象之《舆地纪胜》:"永山,《寰宇记》:在零陵县南九十里,州因山为名。""永水,在零陵县南九十五里,出永山,流入湘江。"道光《永州府志》:"县西南百里有永山,永水之所出,州因得名。"但"永山永水"偏远而无名,以"永山永水"解释"永州",释义循环重复而无效,故不可取。

35."湖南"的得名:文明致治的首善之区

"湖南"名称的出现,始于中古、唐代,此处的"南"是方位词。但在"湖南"名称出现之前,已有"南"的地名出现,其核心在衡山,即南岳,地理位置大体与后世所说的"中湘"吻合。

上古时期,古文献中已有关于南、南方、南极、南土、南国、南邦、南风等的记载,以及羲和、重黎、祝融的官守和民族,其最早的时间当在唐虞之前,而到唐虞时代仍然活跃。

甲骨文有"东方""西方""南方""北方"等复合词。古代典籍中有"南土""南乡""南国""南邦"的名称。"南极""南方之极"的记载应当与上古天文观测有关。其中不仅记录了"南方"的南端极限、幅员范围,也记录了执掌这项观测的民族,即火正祝融。

上古时期的重要观念,有五行、五方,以及五音、五色、五味、五兵、五刑、五礼、五帝。其最基本、最客观部分应当是"五方",而最综合、最概括的部分应当是"五行"。"行"就是"道",五行即是五道,"东""西""北""南""中"各得"道"之一体。"南方之行"即"南方之道",意为道在南方之时。

"文明""人文""文化"这三个复合词,都见于《五经》,表明它们是汉语中最早出现的核心词汇。这三个词语分别从不同的侧面述说着中国上古社会的整体特征。

说"文明",是言其高明、高雅、亮洁,而不是通俗的、世俗的;古典主义的,而不是自然主义的。

说"人文",是言其发端由人,开创由人,自人而兴起,而不是出于宗教、神意,或者巫术。

说"文化",是要表明应当由此推行教化,人类天性是善的,但是人类不能自动为善,如果不施以教育,则无别于禽兽,而教育是一个逐渐变化的过程,是效法与觉悟的过程,而与行政、法令的强制性不同。

而"文明""人文""文化"三个词语的逻辑来源和理性依据都来自上古天文学,并且非常凝练地萃集在《易经·贲卦》之中。《易经·贲卦》之所以具有"人文""人文""文明"之义,是由于《贲卦》中包含了《离卦》。《离》为目、《离》为火,《离》为日,《离》为南方。火为南方,《离》为火,故《离卦》亦为南方之象。《说文》:"火,南方之行。炎而上,象形。"

"生其地者,其人类足智而多文,固日月之精华所吐噙而成者。"寓意着湖南应当率先成为文明致治的首善之区。

36. 湘口馆遗址:去雁远冲云梦雪,离人独上洞庭船

永州的官方码头称为湘口馆,又称湘口关、湘口站、湘口驿、湘口步、湘口渡、湘口津、湘口镇。

湘口馆遗址,在潇水与湘水合流处,江水东岸。从永州郡城出潇湘门,沿江有青石板铺建的官道与湘口馆相连。湘口馆的对岸为老埠头。

从永州古城出潇湘门,沿江有青石板铺建的官道与湘口馆相连,中经怀素塔、潇湘庙(又名禹皋庙),至贞吉亭,今亭尚存。湘口馆有渡船至对岸,今存古街,俗称老埠头。

"馆"为驿馆之意,又称邮驿,即官府设立的驿站。柳宗元有诗《湘口馆潇湘

二水所会》,又题《湘口馆望九疑》。李频有诗《湘口送友人》:"中流欲暮见湘烟,苇岸无穷接楚田。去雁远冲云梦雪,离人独上洞庭船。风波尽日依山转,星汉通宵向水连。零落梅花过残腊,故园归醉及新年。"戴叔伦有诗《泊湘口》:"湘山千岭树,桂水九秋波。露重猿声绝,风清月色多。"

唐末五代时,马殷建立南楚,都长沙,控制潭、衡、永、道、郴、邵等二十四州。马楚时,湖南境内相对稳定,商旅活跃,湘口馆一带发展扩大为湘口镇,又称潇湘镇,有居民数百家。

到了宋代,宋人诗歌中的吟咏,仍然称为湘口馆。沈辽有诗《泛舟上湘口馆》。范成大有诗《湘口夜泊》,题下自注:"南去零陵十里矣,营水来自营道,过零陵下;湘水自桂林之海阳至此,与营会合为一江。"

到了明代,湘口馆、湘口站改称湘口驿,又称湘口递运所,设有湘口关、湘口渡,湘口渡又称湘口津。其地称为湘口镇,又称潇湘镇。湘口驿有官府的人员和银两配置。

在清代,湘口驿的设置有所缩减,取消了"湘口递运所",人员、银两有相应裁并,但湘口驿的建置仍在。方志中甚至还记载,湘口驿有官府添设的官船"红船"。

37. 凄美绝色之寄托:《石头记》与潇湘馆

曹雪芹《石头记》描摹人世间最凄美之绝色,而又必配以最凄清之地,厥为潇湘妃子之潇湘馆。

"我心里想着潇湘馆好,爱那几竿竹子隐着一道曲栏,比别处更觉幽静。"

当日娥皇、女英洒泪在竹上成斑,故今斑竹又名湘妃竹。如今她住的是潇湘馆,她又爱哭,以后都叫她作"潇湘妃子"。

有清第一大言情小说,其寄托与想象必如此。

38. 秋霜傲尽:越南使者所见潇湘金菊

潇湘两岸旷野间有金菊,清同治七年(1868)越南使者经潇湘水路往返燕京,意外见之,遂有吟咏。《岩腰石上古松旁,偶见金菊数丛,烂然盛开,感而赋之》:"百卉丛中正色难,千岩紫翠独黄冠。秋霜傲尽无人采,只合苍髯共岁寒。"见阮思僩《燕轺诗文集》。

百花正色难,菊则黄色难。惟独岩菊得正色,故堪与松竹梅三友为同列。苏轼云:"菊当以黄为正,余可鄙也。"

阮思僩,字恂叔,号石农,进士,越南阮朝嗣德二十一年出使,任甲副使。阮思僩谙熟中国历史,曾著《史论》一册,评论中国历代帝业,包括辽代三帝、金代九帝、明代十帝等。全部作品编为《石农全集》六册十二卷,内有《观河集》《云林诗草》《云麓诗草》《燕轺诗草》《燕轺集》《燕轺笔录》《雪樵吟草》《南行诗草》《小雪诗类》《东征集》《小雪山房诗集》《对联集》《石农文集》等。也有单行的《石农诗集》《阮洵叔诗集》和《石农文集》抄本。

此次出使,三位使者黎峻、阮思僩、黄并合著有《如清日记》,阮思僩独著有《燕轺笔录》,记事极详。有进清帝表、致广西巡抚告知使节名单书、告知出使日程及所携贡品书、清廷就接待事谕沿途各地方文;笔记记有来回的旅程、谒见清帝的礼仪、与朝鲜使节的交往、清帝赐嗣德的敕封、使节归国的路程等。

又记经过东安,辨诸葛武侯藏兵岩悬棺,至永州记潇湘庙牌位,记潇湘两岸多石,记浯溪王有光诗刻,至湖南省城赞见巡抚刘崐等,回程于洞庭湖上见西洋火轮船,至湖南见刘崐及布政使王文韶,见何子贞,访浯溪夜闻鼓琴等,又与湖南士人崔㻏笔谈夷夏之辨,多可观。

《燕轺诗文集》内有湖南所作诗86首,如《楚南书怀》《十月望潇湘夜泊》《江天晚睡》《潇湘对月》《舟次偶兴》《游浯溪》《归阳夜泊》等。

书生有诗云:"安南人自水路来,尝于涯上见野菊。溯游从之未能至,想往之。秋风其蓼,秋水其湛。宁乎孤零,不染纤尘。春植一本,秋见其花。坐看孤零,傲尽天涯。"

39. 拙岩:还原一部明代诗集

拙岩位于湖南永州零陵潆滩沈家村,面临湘江,沉隐于天地间,与世久违。明正德七年(1512),沈良臣偕僮仆漫步于潆滩江畔,得群石昂露于下,中有一窟隐隐空通,首尾影映,然荆棘藤萝,芃然四塞,遂命僮仆匍匐而入,薙草伐木,掘去湮塞,扫涤布席,命其窟为"拙岩"。

道光《永州府志》:"县西十余里潆滩,临江有巨窟。明正德壬申岁,征士沈良臣尧夫始辟之,号拙岩,以拟柳氏之愚岛,有诗记刻石,多剥落不能尽辨,皆前志所未列于名胜者也。"

沈良臣《拙岩成偶书》诗:"开辟乾坤古,清幽绝世尘。坐疑身在梦,景逼句通神。九夏凉无暑,三冬暖若春。华阳茅洞主,相与结芳邻。"

沈良臣,字尧夫,号西庄。结诗社,往来吟咏。著有《拙岩集》《纤尘弄影集》,久佚。拙岩有其诗刻、词刻十余首,不啻已将《拙岩集》还原于世。

拙岩由明清两代乡贤开辟,其文学性最为突出,在永州摩崖石刻景群中独树一帜,可谓"文学之岩"。

而沈良臣之弟沈良佐,字尧卿,弘治初举人,正德三年进士,官至广西左参政,与王阳明为同僚。归栖拙岩,以诗文送老,拙岩亦有其诗刻。可知拙岩诗文的主题仍与理学关系密切。

40. 乡贤:理学对于地方风教之维系

乡贤是本地出生的士人、官员,而又具有德行功业的人。

明清两代盛行乡贤祀典,州县均设乡贤祠,祭祀历代乡贤人物,附于学宫,春秋致祭。乡贤的选拔严格,要经过公选,形成文书上报,经过朝廷批准。而先贤祠的祭祀也由时任地方长官支持,典礼隆重。乡贤既是地方最高荣誉,同时也发挥着巨大的教化功能。

明沈德符《万历野获编》说:"学宫祀乡贤,最为重典。"

清赵翼《陔馀丛考》将忠义祠与先贤祠并称,说道:"近日忠义祠内增入刘忠毅熙祚、马文肃世奇、王节愍章、金忠洁铉,皆明末死国难者。刘巡按湖南,死于永州。……永州当亦有刘忠毅祠,若本郡则宜入乡贤。"

明人朱衮、沈良臣,清人王日照、何绍基,民国李馥,是潇湘乡贤中的佼佼者。

朱衮字子文,号石北。"为人朴茂,善谈论,如涌泉悬河,浩洌澎湃。其为文,飙回云结,崒嵂崎嶬,其所蕴,人莫能测。"著有《白房集》七卷。

何绍基,字子贞,号东洲,晚号蝯叟,道州人。通经史,精律算。据《大戴记》考证礼经,又为《水经注》刊误。考订《说文》尤深。嗜金石,精书法。咸同以来以书名者,何绍基、张裕钊、翁同龢三家最著。论诗以厚人伦、理性情、扶风化为主。其为诗,天才俊逸,奇趣横生,一归于温柔敦厚之旨。尤精金石碑版文字,遍临汉魏各碑至百十过。运肘敛指,心摹手追,遂自成一家,世皆重之。草书尤为一代之冠,海内求书者门如市,京师为之纸贵。著《东洲草堂诗文集》四十卷。

李馥一名方端,字子正,号稻人,祁阳人。王闿运讲学于长沙船山书院,馥往就读,得公羊学之传。后又肄业蘋洲书院。谭嗣同设湘学会于长沙,李馥认为康梁"曲学阿世,将乱天下",亲往长沙辩正。著《大学中庸蠡言》《论语训释》《孟子文演》。

明清两代,永州的乡贤人物众多,事迹文章可观可采的比比皆是,可以视为一种地方历史文化中特别具有本土化色彩的一条主线。

41.寓贤:素位而行,顺受其正

"寓贤"的狭义解释为谪宦,而谪宦者往往为理学名臣、儒学名宦。

隆庆《永州府志·流寓传》:"永僻处遐壤,非轮蹄辐辏之会。彼贤哲者胡为乎来哉? 然或以迁谪,或以游遨,作宾兹土,绵历岁时。芳声遐躅,耿耿如在,高山仰止,俎豆馨香者,盖未艾也。"

明人于朝阳岩建寓贤祠,祀元结、黄庭坚、苏轼、苏辙、邹浩、范纯仁、范祖禹、张浚、胡铨、蔡元定十贤。自元结以下,皆为两宋贬谪之臣,亦皆为理学中人物,又皆为党争中人物。

此外又别有元结祠(元刺史祠、元次山祠)、颜真卿祠(在颜元祠内)、柳宗元祠(柳先生祠、柳司马祠、柳侯祠、柳子祠)、周敦颐祠(濂溪祠、元公祠)、汪藻祠(浮溪祠)、杨万里祠(杨公祠)、胡寅祠(在三贤祠内)、蔡元定祠(蔡公祠)、王政祠(褒忠祠)、岳飞祠(精忠祠)等等。

弘治《永州府志·流寓传》:"素位而行,顺受其正,君子之道也。永为荆楚之极,自昔名贤,后或道与时违,而徙置于此者不无其人,亦不害其为君子。"

42.大规模水利致用:史禄开通灵渠

灵渠是潇湘水路的源头。

辛文房《唐才子传》云:"潇水出道州九疑山中,湘水出桂林海阳山中,经灵渠,至零陵与潇水合,谓之潇湘。"

秦始皇时史禄开凿,连通南北。西汉以归义越侯为戈船将军,出零陵,下离水,东汉伏波将军马援南征,都经由灵渠。唐宋以后,通漕通商,官私往来,千年不废。灵渠于十八里内置三十六斗门,逐级蓄水而行,为水路交通史上第一奇观。

43.回归帝舜主题:西汉帛书中的古地图

马王堆汉墓出土帛书古地图,《地形图》应当是指示舜陵祭祀的行程路线图,《驻军图》应当是舜陵祭祀的警跸图,图中的军队可能是舜陵祭祀的警跸军队。二图都与九嶷山舜陵的祭祀有关。

《地形图》的河流部分十分突出,旧以为图中的河流是标绘水系,是个误解。"九疑之南,陆事寡而水事多",图中河流所反映的不是水系,而是水道,此图的作用在于指示行进路线。

九疑山及发源于九疑山的深水是《地形图》的中心,一望而知。所以"深水原"的标志几乎可以认作"九疑山"的同义语,而九疑山亦即是帝舜、舜陵、零陵的同义语。

以往称二图为《地形图》《驻军图》,又称《西汉初期长沙国深平防区图》《长沙国南部舆地图》,又称《箭道封域图》《守备图》,多扞格。高祖、吕后及文帝时期长沙国与南越国之间没有严重的战争对峙,《地形图》并非通常的舆地图、水系图,而是舜陵祭祀的专图。明清时期北京十三陵有图,与此性质相近。

44. 搜寻摹写,历遍山川:徐霞客著《楚游日记》

徐弘祖,号霞客,明江阴人。少负奇气,年三十出游,自吴越之闽之楚,北历齐鲁、燕冀、嵩雒,登华山而归。旋复由闽之粤,又由终南背走峨嵋,访恒山。又南过大渡河,至黎雅寻金沙江,从澜沧北寻盘江,复出石门关数千里,穷星宿海而还。

徐弘祖著《徐霞客游记》十二卷,内有《游楚日记》,自勒子树下往茶陵州、攸县,过衡山县至衡州,下永州船。复返衡州,由常宁县、祁阳县历永州至道州,抵江华县。再自衡州入永,仍过祁阳。对于潇湘上游山川记载尤详,"锐于搜寻,尤工于摹写","于山川脉络,剖析详明,尤为有资考证"。

45. 域外看潇湘:明清越南使节的诗赋歌咏

《越南汉文燕行文献集成》近年出版,收录元至清代越南使者 53 人共计 79 部著作,多为稿本、抄本,是难得的东亚文化交流史文献。当时潇湘水路未废,使者往来多由越南至梧州,过灵渠,沿湘江直下,穿越湖南全境,其途程犹是秦汉旧况。

《集成》中所见湖南纪咏极多,诗作总量近千首。咏屈原、咏贾谊、咏元结、咏柳宗元、咏周濂溪,皆可读。景物则咏浯溪、衡山、君山、洞庭,名胜则咏石鼓书院、岳麓书院、拱极楼、岳阳楼。黎贵惇有《潇湘百咏》绝句百首,即在华人,亦所罕见。而潘辉注《华轺吟录·自序》如是说道:"使华一路,水陆共八千余里,楚粤山川之奇,冀豫关河之壮,固历历见诸记载,周览而赋咏之,自是读书人分事。……凡梧江桂岭之苍幽,湘水灵山之秀峭,与夫荆湖江汉胜景之无涯,河朔燕云壮观之攸萃,随地游瞩,眼思豁如,盖十余年来按图卧游之兴,今得以亲履其境,目阔神怡,淋漓壮浪,自不觉发为诗歌赋咏,随所见而描写之。"

《集成》中收录有 4 种从越南到燕京的水陆全程彩色手绘地图《燕轺日程》《如清图》《燕台婴语》《燕轺万里集》,标有路线、山川、驿馆、村庄、城市、名胜、风俗、沿革等等,可粘连成全长 30－40 米的长卷,尤其珍贵。

46. 近代新地理学:近代日本学者的地理记述

1900 年前后,大批日本学者来到中国,通过撰写日记、散文、诗歌、小说、志书等形式,对中国进行着较为全面的记录。其中,安井正太郎的《湖南》、东亚同文会的《支那省别全志·湖南省》、芥川龙之介的《中国游记》等文献,对湖南近代的山川地理、人情风貌、经济贸易及交通运输等各方面均有详细的记载,是了解近代湖南文化经济状况不可多得的特殊资料。

《支那省别全志·湖南省》侧重地理、经济、物产、交通等方面的情报收集。在交通运输方面,水路依然占据重要位置。水路运输分为民船、汽船两种,其中汽船运营主要分布在长沙、岳州等经济较为发达的地区,其他地区仍以民船为主。书中附有《湘江的民船》《湘潭码头》等黑白版图照片,还绘有民船式样图,如邵阳地区的宝庆船、倒扒船,衡阳地区的衡州小驳、衡州稍窝船、衡州驳船,永州地区的永州客船、祁阳船,形式各不相同。当时仅民船就有如此丰富的外观造型,可见湘江水系对本土居民日常生活影响之大。

（原载 2016 年第 11 和 12 期,作者单位:湖南科技学院）

永州潇水景区探胜

✳ 吴同和 ●

南朝吴均(469－520)《与朱元思书》摹富阳至桐庐之水,摹形摹声摹色:"水皆缥碧,千丈见底。游鱼细石,直视无碍。急湍甚箭,猛浪若奔⋯⋯泉水激石,泠泠作响;好鸟相鸣,嘤嘤成韵。"

北宋范仲淹(989－1052)《岳阳楼记》绘洞庭之水,绘景绘物绘人:"衔远山,吞长江,浩浩汤汤,横无际涯;朝晖夕阴,气象万千⋯⋯而或长烟一空,皓月千里,浮光跃金,静影沉璧,渔歌互答,此乐何极!"

朱自清《绿》描温州仙岩梅雨潭之水,描景描境描意:"梅雨潭闪闪的绿色招引着我们⋯⋯大约潭是很深的,故能蕴蓄着这样奇异的绿;仿佛蔚蓝的天融了一块在里面似的,这才这般的鲜润呀!"

贺敬之《桂林山水歌》写漓江之水,写梦写幻写情:"情一样深啊,梦一样美,如情似梦漓江的水!"

⋯⋯

如此如此,则天南地北之江河溪涧,可与此四水媲美者,鲜矣!

夫永州潇水者,全长354公里,源自湖南蓝山野猪山南麓,蜿蜒迤逦,东折而北向,流经江华、道县、双牌,由香零山入零陵古郡,以至于蘋岛,与湘水交汇而为湘江也!唐柳宗元《湘口馆潇湘二水所会》云:"九疑浚倾奔,临源委萦回。会合属空旷,泓澄停风雷。"明末诗人曹学佺(1574－1647)《潇湘》云:"潇水入湘终古碧,零陵生草至今香。"犹言长河终古澄碧,奇卉生发芳香,而潇水之神韵可感可知矣!

今观夫永州潇水零陵段,自香零山而之蘋州岛,长十几里。江水清冽澄碧,丹岩嶙峋雄奇,历史悠久厚重,四时多姿多情⋯⋯可谓兼东西南北江河溪流之长而各去其短也!

何以言之?若富春江之水,两岸青山固形态各异,江水清澈亦可见底;美则美矣,惜乎少了历史人文,至南朝梁吴均描摹之后,方名扬神州。永州潇水则不然:春夏秋冬,风光无限;盈缩消长,各得其宜。江水流淌千古文化,民间传递美丽传说。此,富春江之不逮也!

温州仙岩梅雨潭,美到极致;话其绿之浓淡深浅,朱自清先生以为恰到好处:"我曾见过北京什刹海拂地的绿杨,脱不了鹅黄的底子,似乎太淡了。我又曾见过杭州虎跑寺旁高峻而深密的'绿壁',重叠着无穷的碧草与绿叶的,那又似乎太浓了。其余呢,西湖的波太明了,秦淮河的又太暗了……"然与永州潇水相较,梅雨潭,小家碧玉也;潇水河,南国壮汉哉。若论其人文,梅雨潭则相去甚远矣!

"洞庭天下水,岳阳天下楼。"洞庭湖辽阔浩淼,壮伟雄浑,湖中有山,湖外有湖,古往今来,文人骚客竞相讴歌。屈原《楚辞·九歌·湘夫人》曰:"袅袅兮秋风,洞庭波兮木叶下。"李白《游洞庭湖》曰:"洞庭西望楚江分,水尽南天不见云。"杜甫《登岳阳楼》云:"昔闻洞庭水,今上岳阳楼。吴楚东南坼,乾坤日夜浮。"永州潇水自然不可与之相提并论,然究其景色,话其人文,亦各有千秋也!

谚曰:"天下风光哪儿最美,桂林的山啊漓江的水!"诚如是也。桂林漓江风景区,乃世界规模最大、风景最美之岩溶山水游览区,全长约83公里,其一江(漓江)、二岩(芦笛岩、七星岩)、三山(独秀峰、伏波山、叠彩山),饮誉四海五洲。永州潇水两岸,地质结构与漓江一般无二,沿江风光小异大同,亦漓江具体而微者也!

永州潇水,风情万种。欲赏其自然人文景观,似以秋冬谢代、橙黄橘绿之季为佳——其时天高云淡,水净山明。呼友朋数人,假舟楫一叶,启之香零山,止于蘋州岛;或伫立远视,或谈古论今,或饮酒言志,或啜茗抒怀,皆有所乐也!

晨曦初露时分,香零孤岛,孑然寂然,耸峙江心。远眺之,辄心猿意马,浮想联翩:似见一历尽沧桑老人,俯瞰人间冷暖,评点兴替荣衰;如仰一神情庄严智者,高瞻远瞩,引领人们向往未来!清风拂面,蝉翼般,令人如醉如痴。江上往来舟楫,若现若隐,予人以烟波浩渺之幻象。忽闻柳宗元《江雪》充盈耳鼓:"千山鸟飞绝,万径人踪灭。孤舟蓑笠翁,独钓寒江雪。"顷刻间,时空切变,眼前香零山竟化为"独钓寒江雪"之渔翁,端坐于斯;转瞬又化为大唐贬永司马柳宗元,仰天长啸……定神注目,幻象全无,眼前分明还是香零山。此"香零烟雨"乎?

移舟前行里许,抵朝阳西岩。相传"朝阳岩"乃道州刺史元结于唐代宗永泰元年(765)所名。倘值旭日东升,系舟登临,可望目睹"朝阳旭日"奇观。此处危岩深洞,曲径通幽,泉流淙淙,如鸣珮环。旭日初升之时,水石相搏,激射成彩!

唐张舟(？－810)《题朝阳岩伤故元中丞》云:"岩口对初日,日高丹洞明。澄潭反相暎,秀色涵江城。"其后,匠人摩崖此诗,遂为镇岩之宝矣!至明末,王夫之(1619－1692)游朝阳岩,作《蝶恋花》,"朝阳旭日"声名益彰焉!船山先生借朝阳一洞在旭日下光与影之奇妙组合,近而远,明而暗,实而虚,景而情,凸现"朝阳旭日"之奇妙:"洞里春生,一霎韶光好……纵有晶荧开雾昊,斜阳又被寒烟罩。"意谓旭日金光遍洒大地,自然万物熠熠生辉。朝阳岩前,两旁仙芝瑶草在阳光下闪银耀翠。入之前洞,一缕阳光直射洞壁,光与影便有了最谐和最温情的配搭,令人顿觉"洞里春生"。渐入侧洞,四周"窗户",竟被绿色藤蔓所蔽,旭日就从那缝隙缺口中斜射入洞,尤为娇美迷人。走出洞口,极目远眺,却见云端中似有一尖高山峰将吞没旭日。一时间,云笼雾罩,不见了日光,颇令人沮丧;忽而,光与影有了另一种组合,虽浅淡却不失清雅,似朦胧而分明清晰。只可惜,还没来得及品味,另一幅美景又呈现在眼前:云开雾散,天碧日丹,一抹金光穿过寒烟斜射过来……

揖别西岩,登船续行,约二里,至愚溪东出潇水之端口,但见一双孔石桥,愚溪桥是也。虽不起眼,却有掌故。或曰每年中秋月明之夜,竟呈三孔;或言观赏"愚溪眺雪"之最佳观察点,非此桥不可!盖以岁寒之时,万花谢,百鸟藏,飞雪至,人踪稀,银装素裹,水瘦山寒,唯古桥独峙故也!若有幸雪天来此远眺近观,遐思迩想,定然悲欣交集!

西折而入愚溪,另有一番情趣。愚溪也者,自柳宗元《愚溪诗序》问世,遂名闻遐迩。文人墨客、迁官谪吏,驾车行船,纷至沓来。乃入愚溪而之"八愚"原址,之柳子石桥,之"永州八记"所述诸景点,甚而乘兴而谒柳庙,祈寿福……旋写景状物,言志抒怀:或赞愚溪之景色秀美,或叹柳公之命运多舛,或讽朝政之浊而益浊,或喻自身之清者自清……众多诗文中,明代永州知府曹来旬七言古诗《游愚溪》最是精彩。诗云:"出城西渡湘江岸,愚溪远落青天半。重山叠水郁迢遥,嘉禾奇葩纷绚烂……有才无用自谓愚,托名愚溪博一粲。"想当年,知府大人能放纵形骸,恣意纵横,置身幽远之境,移情山水之间,实属不易。而游历万绿掩映之重山叠水,饱览绚烂多姿之嘉禾奇葩;远眺近观,发见一泓泉流远而近,细而巨,蜿蜒而至,似"漱涤万物"后,乃发诸情于肺腑,汇百感以溪流,点"愚"蕴"悟",达"意"表"情",尤可嘉也!

舟船驶出愚溪,次第经零陵西门浮桥,穿东风五拱大桥,过思柳新桥,廻龙宝塔遂映入眼帘。此塔建于明万历甲申年(1584),底层门额行书"廻龙宝塔",乃明代钦差巡抚、湖广右佥都御史陈省(1529－1612)所题。塔高27.25米,最下层宽5.67米,筒体砖石结构,平面八角形,外观七级,里面五层,塔身中空,塔顶置复钵,其上置铁相轮,轮上有一宝葫芦。登上塔顶,纵目远眺,云蒸霞蔚;夕阳西下之时,金光覆盖宝塔西面,塔身倒映潇水之中,如梦似幻,似有若无。远视之,似见一高僧身披金色袈裟合十诵经,令人杂念止息;近观之,塔影沉璧,恍若圣僧点化俗人心智,使之渐入空灵之境也!清人蒋弥高《秋日登廻龙塔》云:"……湘烟开处蓝如染,潇水流来影尚分。日落秋潭千尺映,白蘋洲静漾波纹。"所描者,"廻龙夕照"也!"廻龙夕照"相对于"朝阳旭日",有旦暮明暗之别,高下南北之分,乃"日落西山红霞飞"之廻龙奇观也!

舟船续行缓驶四五里,可达著名风景胜地蘋岛。此岛距零陵城区约8华里,为潇湘二水汇合之处,又名萍岛、浮洲,乃湖南八景之"潇湘夜雨"所在。面积57公顷,环绕一周,约600米。古桂、古枫、古樟遍布全岛,春花秋桂,春潮冬雪,皆为绝胜。岛中心之蘋洲书院,系中法战争屡建奇功之湘军将领王德榜于清朝光绪十年(1884)捐建,为湖湘四大书院之一。以是,古往今来,游人如织。有猎奇者,喜枕波夜宿,挑灯听潮;旦暮晨昏,高远处传来法华寺大雄宝殿前"山寺晚钟"清朗雄浑之声,游人闻之参之,入耳铭心,似入"幽玄"之境,愉悦非常焉!

蘋岛之外,江面开阔。秋冬之季,河水平缓,清可见底;适春夏之交,河水陡涨,浊浪排空——此"蘋洲春涨"是也!又有怪者,任春潮起伏,惊涛骇浪,小岛岿然不动,有如巨舰,停伫江中,虽大风浪不能没也!

蘋岛甚为古老,诗文歌赋,神话志异,不乏累累。大明才子、提学副使李梦阳(1473－1530),晚年督察南方学政,溯流而上,偶见潇湘二水所会之湘口,诗情大发,作《舟经湘口》:

> 湘筠寒翠满,白日起秋云。美人杳何处,江气长氤氲。
> 手持紫玉琯,遥望青霞君。蔼蔼波水暮,何由致殷勤?

时值寒秋,天高气爽,俯仰顾盼,水净山明。舟行经湘口,山光水色倏然入目却又稍纵即逝,令诗人浮想联翩:湘竹青青,凝苍叠翠,莫不是传说中"帝子乘风下翠微"泣血以成的湘妃竹? 落日沉沉,镀白镶金,全不见"其色惨淡,烟霏云敛","其意萧条,山川寂寥"之景,只觉得谐和、雅致,只觉得秀美、温情。但究竟有些美中不足。恍惚中,云气氤氲之处,山光水色之中,似见一绝色女子手持玉笛,轻移莲步,飘然而至;仙乐阵阵,迎送着往来其间的迁客骚人。这女子当然不是巫山上那"旦为朝云,暮为行雨,朝朝暮暮,阳台之下"的朝云姑娘,然而她的"遥望"却与朝云姑娘的期盼同样有着"等待戈多"般的惆怅和忧伤,虚幻缥缈而杳不可。触景生情,诗人有了些许哀愁:他可能联想到"屈子柳子潇湘摘句"的苦涩,联想到娥皇女英恸悼帝舜的悲戚,联想到自身命运坎坷多舛……但也许什么还没来得及想,一切幻象已消失得无影无踪。湘口水波,柔情万种,色彩流动,旋律流动,特别令诗人陶醉:多情的潇湘啊,你何以殷勤好客而至此耶?

……

明徐霞客游黄山,赞曰:"五岳归来不看山,黄山归来不看岳。"余游潇水,亦有所感:

潇水风情冠宇中,平湖游弋任西东。

岩桥塔岛竞呈异,百姓万民崇舜风。

(原载 2015 年第 1 期,作者单位:永州市柳宗元研究学会)

《永禁江坡》《永禁水源》二碑初探

❋ 张京华 ●

一

《永禁江坡》

窃闻皇帝画野而都邑分,有巢构木而宫室就。灵台灵沼,周文之圆囿并兴;小桥大桥,魏武之铜雀共架。盖原以庄山河,以张国势。是故砺山带河,而天下平矣。惟我始祖,宦游西粤,卜居南楚。择仁里于芝城,构蜗居于湘水。上有张白之胜景,游乐似夫陶潜;下附拙岩之涘涯,遣胜效夫钟子。西瓜高砖之两峰,作南保卫;渔矶沙洲之一派,为北帡幪。所以住宅鼎盛,人才辈出,岂非地势之所钟,人杰之所致也!讵知乾隆年间,滔滔放滥,涨欲横天,岸堵几倾乎波中。迨至道光而后,巨浪卉驰,汹涌撞地,洲畔尽崩乎水道。由是功名寥落,人物困顿,咎非人事之推移,实沧田之变更也。兹者我族父老念先人之遗宅,冀子孙之悠远。欲筑秦始之长城,愧无鞭石之法;思成蔡氏之桥梁,奚有观音之助? 尤忆北方之江坡,聊作住宅之护卫。栽植培禁,以图将来。或捐资而置买,或助地以入公。望后人之辉焕,冀子孙之光昌。但愿同心,共登仁寿之境;勿吝杖头,永居义路之乡。是为序。

并立合同字约。猴滩四房人等,今为修整土木,兴复元气,永禁江坡,培植风水事。盖闻朝廷以湖海作帏帐,以山岳为帡幪。至于京省,莫不仰其要旨。我等承祖宗之遗迹,世居猴滩。前代兴隆,人文丕振。因赖北面河洲,为一方之保障。迨至道光、咸丰间,洲被潢水冲颓,充去北面护卫。今者邀同我房人等,共商议确。将北边河坡,并各色树木长禁,培植风水,绍兴前业。其坡上至蒋姓菌沟为界,下至石拙岩为界。又上以菌地边田边界,下以河水界。中间一齐长禁,茅草棘籓,毋许砍伐。今后勒碑永禁,各宜恪守遵规。如有不法之徒,胆敢私行偷窃,撞遇男妇大小,见者向众投知,公同议定彰程,罚戏一天。恃强不服者,律横坏规,公同禀究。此系阖家公事,至善至美之举,非一人肥己之事。尤恐十年成之不足,一旦坏之有余。伏望列公各训子侄,宜兢兢日守,不得犯违。挐获不论亲疏,公同重罚勿贷。今恐人心不古,写立合同四纸,每房各收一张,并特刊列石碑,使后人永远咸知不朽云耳。

光绪二年四房同立合约人,己丑十五年吉立石碑,沈孝益习,沈之深纯英品,沈之彬乐东南,沈之美朝见连,沈之彩发,德,沈道玘琪泰琼,沈道□荐修发,沈道云祥元和。

皇帝画野:"皇帝"当作"黄帝"。"画"写作"昼",俗字。《汉书·地理志》:"昔在黄帝,作舟车以济不通,旁行天下,方制万里,画野分州,得百里之国万区。"

有巢:有巢氏。《庄子·盗跖》:"古者禽兽多而人少,于是民皆巢居以避之,昼拾橡栗,暮栖木上,故命曰有巢氏之民。"《韩非子·五蠹》:"上古之世,人民少而禽兽众;人民不胜禽兽虫蛇,有圣人作,构木为巢,以避群害,而民悦之,使王天下,号之曰有巢氏。"

灵台灵沼:《诗经·大雅·灵台》:"经始灵台,经之营之。""王在灵囿,麀鹿攸伏。""王在灵沼,于牣鱼跃。"灵台,周文王台名。灵囿、灵沼,台下有囿,囿中有沼。

圆囿:当作"苑囿"。

"小桥大桥"二句:《三国志·魏书·武帝纪》:建安十五年,冬,"作铜雀台"。《邺中记》:"魏武于邺城西北立三台。中台名铜雀台,南名金兽台,北名水井台。"《水经注·漳水》:"漳流自城西东入,迳铜雀台下","城之西北有三台","中曰铜雀台,高十丈,有屋百馀间。台成,命诸子登子,并使为赋。陈思王下笔成章,美捷当时"。曹植《铜雀台赋》:"连二桥于东西兮,若长空之虾蝶。"

以张国势:"张"写作"帐",俗字。

砺山带河:通作"阻山带河""被山带河""据山带河""依山带河""襟山带河""负山带河""表山带河""夹山带河""倚山带河"。而《宋史》有"陛下有砺山带河之誓",出典自《史记》"使河如带,泰山若厉,国以永宁,爰及苗裔"。

宦游西粤:似指沈良佐,官终广西布政使左参政。

仁里:《论语》:"子曰:'里仁为美。择不处仁,焉得知?'"朱熹集注:"里有仁厚之俗为美。择里而不居于是焉,则失其是非之本心,而不得为知矣。""知"读作"智"。

芝城：永州府城、零陵郡城之别称，因有芝山而得名。芝山在古城西北二里。康熙《永州府志》卷八："蒋本厚曰：谒柳侯祠，西北行可二里许，即芝山也。其山东面是肤，西面是骨，断壁千寻，下临无际，俯眺田畴髣髴似罨画。"

张白：地名，不详。"张"写作"⺾"，"白"字稍有磨泐。

遣胜效夫钟子：钟子似指钟子期，志在高山流水，故称"遣胜"。

西瓜高砖之两峰：西瓜，地名，即西瓜岭，在猴滩沈家正东偏南，潇湘汇合后江水之东岸，今为西瓜岭森林公园。高砖，似亦为山岭名，不详。

几倾乎波中："几"写作"⺎"，由"兝"而再简化，俗字。当作"幾"，简体作"几"。

咎非人事之推移："咎非"又作"究非"。

实沧田之变更："实"下疑缺一字。

"蔡氏之桥梁"二句：似用蔡襄建泉州洛阳桥故事，相传曾得南海观音相助。事见蔡襄《万安桥记》。

杖头：指零用钱。《晋书·阮修传》："修字宣子"，"性简任，不修人事。绝不喜见俗人，遇便舍去。意有所思，率尔褰裳，不避晨夕，至或无言，但欣然相对。常步行，以百钱挂杖头，至酒店，便独酣畅。虽当世富贵而不肯顾，家无儋石之储，宴如也。与兄弟同志，常自得于林阜之间"。

义路：《孟子·万章下》："夫义，路也；礼，门也。"又《离娄上》："仁，人之安宅也；义，人之正路也。"又《告子上》："仁，人心也；义，人路也。"

猴滩：拙岩石刻"猴"字从水，写作"㺢"。地名不知所起，疑本为湘水支流小溪名，如愚溪、浯溪之类。

蒋姓菌沟：地名，不详，"菌"字不识。

至善至美之举："举"写作"夅"，俗字。

阖家："阖"同"阖"。

拏获："拏"同"拿"。

《永禁水源》

为永禁水源，今约人，今因长塘水源永禁。盖闻朝廷有治律，乡区有禁约，此乃民生之保障。至今邀同我房人等，共商议确，将长塘水源永禁，绍兴合界前业。东至塘脚下断塘水沟之麻田为界，南至条子坵枫木长坵为界，西至水南坵砖兜陈家章坵，北至老车埠为界。不得越界强车，为永远长禁。今后勒碑，各宜恪守遵规。倘有不法之徒,胆敢私行坏规,向众投知,公议彰程,每亩田罚光洋四元。恃强不服者,律横坏规,公同禀究。此系阖族公事,不一人肥己之事,各宜日守,不得犯违。公同众罚,决不宽贷。今欲有凭,公立石碑为拘。

民国廿二年八月初二具,立碑人沈道亨,明贤润和,德容贵乐,等。

长塘:水塘名。

今后勒碑:"后"字稍磨泐。

坏规向众:四字稍有磨泐。

为拘:当作"为据"。

民国:"国"写作"旺",俗字。

二

光绪《永禁江坡》的立碑人,在《沈氏家谱·一旺公派下世系总图》中,为第十四、十五、十六派。

现存《沈氏家谱》残本谱系图一册,分为两个部分,前为《一旺公派下世系总图》,后为《兴辛里分支世系总图》。

《一旺公派下世系总图》部分的记载为:一世始祖沈一旺,二派沈福,三派沈达、沈逵、沈通。

沈逵五子:沈良相、沈良臣、沈良佐、沈良辅、沈良弼。是为第四派。

沈良相一子,名沈继芳。沈良臣有一子,名沈继年,家谱注明"出川"。沈良佐二子,名沈继科、沈继美。沈良相一子,名沈继光。沈氏后裔分支最盛,主要是沈继芳、沈继科、沈继光三支。

大约从第四派开始,子孙名字有一致的规则。其辈分与名字用阿拉伯数字简列为:

4 良　5 继　6 懋　7 如　8 时　9 奇　10 木?　11 荣? 12 文　13 大　14 学　15 之　16 道　17 明　18 德

光绪《永禁江坡》的立碑人,有大字,有双行小字,共8段。

第1段,第十四派"孝"字辈,共2人:沈孝益、沈孝习。

"孝"字辈,《沈氏家谱》写作"學",简体作"学"。"孝"字又写作"孝",孝《说文》在子部,云:"孝,放也。从子,爻声。""學"字又写作"斈",桂馥《说文解字义证》又云:"斈,经典通用'學'字。"朱骏声《说文通训定声》亦云:"斈,此字疑即

'學'之古文。"所以古文"孝""学"二字可以相通。

沈孝益、沈孝习二人名字,在《沈氏家谱》第十四、十五页。

第2段,第十五派"之"字辈,共4人:沈之深、沈之纯、沈之英、沈之品。

四人名字,在《沈氏家谱》第十三、十四、十五页,沈之深、沈之纯、沈之品三人为沈文瑞一系,沈之英为沈文高一系。

第3段,第十五派"之"字辈,共4人:沈之彬、沈之乐、沈之东、沈之南。

四人名字,在《沈氏家谱》第十四页,均为沈文锦一系。

第4段,第十五派"之"字辈,共4人:沈之美、沈之朝、沈之见、沈之连。

沈之朝、沈之连的名字,在《沈氏家谱》第十四页,均见上。

第5段,第十五派"之"字辈,共2人:沈之彩、沈之发。

沈之彩的名字,在在《沈氏家谱》第十四页,见上。沈之彩、沈之发二人名字下,第5段与第6段之间,有一"道"字,与《沈氏家谱》辈分不合,似衍文,意不详。

第6段,第十六派"道"字辈,共4人:沈道玘、沈道琪、沈道泰、沈道琼。

四人名字,沈道泰在《沈氏家谱》第卅二页,沈道玘、沈道琪、沈道琼在《沈氏家谱》第四十页。

第7段,第十六派"道"字辈,共4人:沈道□、沈道荐、沈道修、沈道发。

第一人沈道□,名字被人为凿毁。沈道修、沈道发的名字,《沈氏家谱》第二八、二九页。

第8段,第十六派"道"字辈,共4人:沈道云、沈道祥、沈道元、沈道和。

沈道云的名字,在《沈氏家谱》第四十页。

以上名字,"孝"("学")字辈2人,"之"字辈14人,"道"字辈12人,共计28人。大部分名字可以和《沈氏家谱》对应。

《永禁江坡》石碑又"猴滩四房人等"公立,四房应当指"之"字辈的四段。"孝"("学")字辈一段二人,作为长辈,起着领衔的作用。而"道"字辈的三段,作为晚辈,应当是符合在后的。

三

猴滩沈家经过明清两代的繁育,家族庞大,人丁兴旺,因此而有为了阖族的共同利益,举族定立公约的行为。

碑文所说的"江坡",指湘水南岸猴滩沈家一侧的坡岸,坡岸上即为农田和屋舍。至今拙岩沿岸,仍能见到明显的断层、裸露的树根,以及挂在树枝高处被洪水冲击过的浮物。拙岩所在的江面有一处条石垒砌的码头,早已坍塌废弃,拙岩下游不远处,有一处水泥修建的码头,仍在使用。可知明清江坡一带,除了有农田、屋舍需要保护以外,船只码头也需要保护。

碑文中又说到沙洲。至今拙岩下望,仍然可见湘江中的一处宽阔的沙洲,由河卵石堆积着,附近的机动挖沙船不时往来游弋。村中老人说,从前沙洲上树木高大,是一片绿洲,村民都不能砍伐,现在几乎寸草不生了。碑文几次说到的沙洲、河洲、洲畔,可以肯定正是石碑主要保护的对象。沈良臣《月艖小隐》有"沧洲白鸟家"的诗句,可见当时生态良好。

沈氏一族对江坡和沙洲提出保护的直接原因,是清代康熙和道光年间的两次大洪水。但是,在这直接原因背后,沈氏族人又提出了一个特别是理由,就是他们认为,江坡和沙洲的毁坏,会导致沈氏家族人才的减少。从前,沈氏"住宅鼎盛,人才辈出",而在江坡、沙洲毁坏以后,"功名寥落,人物困顿"。沈氏家族认为,对江坡、沙洲的保护,会直接促动着家族里人才的兴旺。这样一种观念,值得引起特别的注意。

实际上,唐宋名流开始对永州、零陵有所称道,正是认为这里的一方水土,清淑、清慧,可以使人生养出优异的品格。唐代韩愈于衡阳作《送廖道士序》:"衡山之神既灵,而郴之为州又当中州清淑之气,蜿蟺扶舆磅礴而郁积,其水土之所生,神气之所感,意必有魁奇忠信材德之民生其间。"刘禹锡《海阳湖别浩初师并引》则重申说道:"潇湘间无土山,无浊水,民乘是气,往往清慧而文。"人与自然息息相关,《永禁江坡》碑刻承接了唐宋人的这一观念,他们出于"望后人之辉焕,冀子孙之光昌",绍兴祖宗前业的目的,决心"栽植培禁,以图将来",是开明而合理的。

实际上,由碑文中频繁出现的俗字,已可看出猴滩沈家人才的急迫。

《永禁江坡》碑文一开始从往古黄帝、巢构氏、周文王、魏武帝说起,之后又说到国势砺山带河、朝廷以湖海作帏帐,有一个十分隆重的引子。但其实,作为一个江村,猴滩沈家不可能受到国家、京省直接的行政支持,族人的合约也不具备真正的法律效用。但是,合约又确实是有效的,它可以确保江坡、沙洲的勒碑永禁,"一齐长禁,茅草棘籐,毋许砍伐",实际上正是古代宗族、村民自治的一种优良形态,是低于地方行政最基层的层面,却实际上处在近似于法律法规的保护之中,由此获得一种良好的基层秩序。

并且,这种"至善至美之举"也完全遵循着自古以来儒家"里仁""义路"的教化。

四

《永禁江坡》石碑建于光绪二年(1876),《永禁水源》石碑建于民国二十二年(1933),二者相距57年。

民国《永禁水源》的立碑人,在《沈氏家谱·一旺公派下世系总图》中,为第十六、十七、十八派。领衔的是长辈沈道亨,单由辈分来看,他和光绪二年《永禁江坡》碑文中的第十六派"道"字辈的12人是同辈。沈道亨有可能亲身见到过光绪石碑的建立,有可能还保留着共计四份的《永禁江坡》合约,至少对于《永禁江坡》一事记忆犹新。

民国《永禁水源》碑文的署名,共有3段。

第1段,第十六派"道"字辈,共1人:沈道亨。

沈道亨的名字,在《沈氏家谱》第卅九页,注明"之发公次子"。另外在《沈氏家谱》刻本沈道亨名下,又有硬笔手写添补的三派,似乎表明对沈道亨后人的格外重视。

第2段,第十七派"明"字辈,共3人:沈明贤、沈明润、沈明和。

沈明贤,"贤"写作"竟",俗字。沈明润、沈明和,"润""和"二字稍磨泐。

沈明和的名字,在《沈氏家谱》第卅九页,有两处,一在沈道成名下,注明"继明和",一在沈道章名下,注明"明和过继"。

第3段,第十八派"德"字辈,共3人:沈德容、沈德贵、沈德乐。

沈德乐,"乐"字稍磨泐。沈德容,为《永禁江坡》具名的沈道玘之孙,名字在《沈氏家谱》第卅九页。

五

民国《永禁水源》的作用,是合理利用池塘水源,以灌溉农田,而非保护江坡与沙洲,但在通过阖族立碑合约的方式上,二者完全相同,并且前后承接。

除了立碑人均为沈氏,与《永禁江坡》碑前后承接之外,即在本文措辞上,民国《永禁水源》都刻意因袭了光绪《永禁江坡》。如说"绍兴合界前业""各宜恪守""倘有不法之徒,胆敢私行坏规","向众投知","公议彰程""恃强不服者,律横坏规""各宜日守"等处,二者字句完全是相同的。

并且,民国碑文在意修辞,惟不甚典雅,又不避俗字,也都与光绪碑文相似。

当然,民国碑文毕竟还体现着自己的时代特点。譬如,光绪碑规定,如有破坏合约者,"罚戏一天"。民国间大概已不流行唱戏,所以改为"每亩田罚光洋四元"。

但民国碑文也有一些地方,意外地沿袭着旧日的传统,又使人有滞后于时代的感觉。如说"朝廷有治律,乡区有禁约","朝廷"作了回行顶格,仍用清朝的行文格式,而当时进入民国已有二十二年之久了。

(原载 2016 年第 4 期,作者单位:湖南科技学院)

女书：女性生存焦虑的集中表述

✳ 骆晓戈

在一次次阅读女书的过程中，我深深地感受到一种女性生存的焦虑不安，且放开女书中常常表述心情的时候出现"焦枯"这一词不谈，我们从女书中反复说唱的内容来分析。在女书中女性生存焦虑的集中表述有如下三个方面是反复出现的话题：一是女子成人了，嫁还是不嫁？如"十分可怜真难舍，花轿如风到贵门"。第二个反复吟唱的主题是出嫁女回娘家后，住了些日子该落夫家了，归还是不归？如"起看望来流珠哭，转身入门冷雪霜"。第三个方面是关于女性结拜的姐妹之间，"送冷姐楼闹热他，刚好老成不在家"。因为婚嫁要远离他乡，姐妹的团聚散还是不散？

在旧式的父母包办婚姻中，很难说是两厢情愿产生的情爱，那么父母之命，媒妁之言，是否顺从呢？在女书中反映一种十分矛盾的心理，"家中做女家中好，日出三丈女起早，去到他家做媳妇，垫起枕头听鸡叫……做女吃得盘中菜，做媳吃得残羹汤，"可是假如女子没有人来说媒，又担心女子嫁不出去怎么办？在江永女书流传之地还流传着将出嫁的女子的衣服缝死的习俗，据说将出嫁女子的衣服都用针线缝死，是为了嫁到婆家后避免男子接触女子的身体，可是男子如果不接触女子的身体，女子又如何可能怀孕生子呢？于是待嫁的女子和姐妹们一边缝制这种衣服，一边唱着女书，表述自己这种嫁与不嫁的矛盾心理。

第二个反复吟唱的主题是女子出嫁女回娘家后，住了些日子归还是不归？也就是说是长期住娘家，还回不回婆家？这种矛盾心理应该说与当地瑶族"不落夫家"的习俗影响有较大的关系。"不落夫家"指的是女方出嫁后第三天回到娘家，以后每到农忙或者节日，男方便派人去接回来，直到生了小孩后，才到男方家定居[1]。

瑶族是个迁徙的民族，宋末元初开始迁入湖南江华瑶山。那时他们处在"深山重溪中，椎发跣足，不供赋役，各以其远近为伍"的母系制氏族社会。后来随着生产力的发展，母系制渐渐为父系制代替，但在民间社会生活中母系之氏族社会的遗风至今还保存着。据史料表明"江永境内的瑶民除了所谓民瑶(熟瑶、平地瑶,指被历代官府顺化的瑶民,——作者注)之外,还有高山瑶(又叫过山瑶,盘瑶),即所谓生瑶,清以前不入藉,不服役,不纳粮,刀耕火种'负山而居,男女挽髻,数年此山,数年又别岭,无定居也(《永明县志.风土志.瑶俗》)'"[2]。在瑶族婚姻习俗方面,大山区的瑶族有个显著的特点是"招郎"。所谓"招郎",就是男嫁女家,瑶族女子向来在社会中享有很高的低位,一般不外嫁,留在家中"讨丈夫"。她们主要招本民族的男子,有的也招汉族或其他民族的男子为"郎"。没有女孩子的人家,往往要接养一个女孩,长大后好"招郎上门",延续家族。

应当说女书的流传地多是瑶族,瑶族的这种婚嫁风俗自然会影响到汉族以男性为传宗接代的风俗,在女书中表述出来。自己是长住娘家,还是回婆家的矛盾心理的唱词很多,尤其是出嫁女子的家庭中没有兄弟的,比如"同胞二个花无用,亦没弟兄真泪流,姊亦出乡难回府,跟着爷娘急曲多,唯我细姊命贱薄,踢出四边不如人,三朝奉言诉出听,你们惜声我可怜,丑命爷娘年来老,只哭事情没倚身,做拢你边不见过,本亦常言人惜人,你处三个多为贵,只是可亏我一人"[2]。往往在这一类归与不归的唱词中表述的是对家中老人无人照料,回到娘家,又往往担心婆家的家务无人打理,在表述这种矛盾心理也流露出她们对于多子多福的生殖的崇拜,她们往往感叹"无弟无兄不如人,""父母先前命匀称,两个娇儿三朵花",我原来下放的农场位于广东广西交界的十万大山山脉,那里的农场人家正是这种在生育观念。

第三个方面是关于姐妹之间的团聚,散还是不散? 如果说以上两个方面是女性生存自述中普遍关注的话题,那么这一题材正是江永妇女有着独特的生活环境所致。在中国的历史上,女性人群集中的生存空间里常常充满着明争暗斗。《红楼梦》中对大观园的表述便是一个例证:"一年三百六十天,风刀霜剑严相逼。(《葬花吟》)"在聚族而居的中国式大家族中,对妇女的钳制、管教和压迫往往来自家族中年长的女性。但是据江永县志记载,女书流传地的妇女一般有结拜同庚姐妹的习俗,她们大多以在家中纺棉花邻家姐妹为主,有的是三五个,有的六七人,甚至人数更多一些,这种结拜的姐妹据说比亲生姐妹还亲。比如江永夏湾村的女子结拜姐妹时"双方互送礼物,比如:毛巾、袜子、手帕、女书之类,并且各自请对方吃一餐饭"[3]。一般结拜姐妹的女子是岁数相近成为结同庚姐妹,也有年龄差距大的,但是大体是家庭境况相近,志趣相投。正因为女书这一女性独有的文字的传承,使当地妇女对于女性之间的情谊有着不同寻常的理解。这种不同寻常的女性姐妹情谊可以从下面的三个方面理解:

一种姐妹之间扶贫帮困:当女人年老寂寞,或者家中出现了天灾人祸的时候,可以找当地会女书的女性帮助,让女友将自己倾吐的痛苦记下来,写成自传。这往往是掌握女书这种妇女文字的女性帮助没有文化的女性的一种帮助形式,在当地会女书的妇女被认为是当地品行和才智出众的女人,受到妇女姐妹的尊重。所以女书的传承过程中,一般会读会写女书的人是童年少年时期由家中会女书的长辈或者长辈请人教会的。一般教人读写女书是不收取学费的,女书的传承凭借着当地妇女对女书传人的尊重,凭借妇女之间的友情交往。

第二种便是会女书的女友之间的情感和信息交流。比如姐妹之间有的人生孩子了,有的出嫁了,有人生病或者有谁去世,互相送女书既是信息交流,更是一种情感的交流。

其次女书往往成为女友之间的信物或者礼物,在长期使用女书的过程中,妇女们热衷将女书绣在花带或者衣边上,或者将女书制作为一种工艺品。如女书中"贺三朝书"是常用的一种形式,黑色的缎面,里面的女书用宣纸装订称册,一般在前面三页写上女书,后面便留出空白页码,便于对方在闲暇时光或者有心事的时候续写。这种贺三朝书中常常夹着绣花用的五色丝线,使得贺三朝书、以及女书花带、贺三朝书成了表达祝贺和祝愿的吉祥物。

这种女性之间的友情的确是不寻常的。我们应当看到在男权为中心的社会中,这种妇女情谊是妇女语言文字所具有的神奇的纽带的力量。"诸多语言群体发明各种神话或谱系,来说明他们惯常使用的语文起源、发展以及标准化的通用语法,并强调他们的语言是拥有悠久传统的"。[4]女书也不例外,作为在男权社会的狭小的空间生长出来的妇女文字:女书,同样形成了自己语言的神话谱系。女书的特征是妇女苦情的载体,那么关于这种女书文字起源的传说,带着十分典型的妇女苦情特征。在查阅当地资料的时候,我发现关于女书的来历传说较多,但是大致情节不外乎的是这样描述的,相传在唐代也有说是宋代,一位江永上江圩姓胡的美女被选入宫中做皇妃,据说在她的一生中只与皇上见过三次。后来皇上去世,便遭到冷遇,远离故土的皇妃,被终日囚禁在宫中,便发明了女书这种独特的文字书来写家信,表达她对故乡的怀念,感叹自己身为皇妃,实际上不如故乡江永的村妇过得自由。分析这种神话和谱系也是十分有意思的,第一,女书的来历十分高贵,是皇妃发明的,而且是故乡人。第二,发明女书的皇妃比女书传人更加苦大仇深,比生活在江永故乡的女子更是苦上加苦,女书的发明人便成了妇女苦情的集中代表和象征。那么想想古代的女书前人,大家说唱女书的时候,妇女苦情似乎有了一种释放和转移,就在这种语言的传承、使用的过程中妇女的情谊愈发显出珍贵,显示出来自妇女言说传统的力量,因此具有一种历史上祖祖辈辈的女性凝聚的力量。因此女性倾诉生存焦虑的过程同时是一种凝聚情感联系情感的过程。

"三朝劝声姊娘听,不气楼中女日完,已是朝廷制错礼,世煞不由跟礼当。安心人(入)门过几日。拨开愁眉见六亲……"这一段表述的是告别姐妹的唱词,作为楼中女,她们因为出嫁,再也没有机会相聚了,可是作为楼中姐妹,劝慰对方到了婆家,要拨开愁眉,要善待六亲,不要责怪夫家,因为要怪应当怪朝廷制错了礼。这种眼光无疑是充满了女性批判现实的睿智的光芒,与传统中国社会中产生的女性作品相比,女书的写作抛开了传统中国以男性为中心的价值标准,她充满悲喜之情,聚散之迹,单刀直入的是生殖以及生离死别的主题,超出了传统女性写作狭小的个人情感圈子,她们不写"闺怨""思妇",不写女子不得金榜题名。唐代女诗人鱼玄机"自恨罗衣掩诗句,举头空羡榜中名",一直被当成女性写作的名言流传,可是细细体味,其中所表述的仍然是期盼被皇权赏识而得不到赏识的一种悲哀——希望女子和男子一样可以通过科举走仕途的愿望。这一切仍然没有走出男权文化的视野。而女书中大声疾呼的是"已是朝廷制错礼,世煞不由跟礼当",这使得女书写作有了一个崭新的视角,她的批判现实的意义和境界,大大超出了同时代那些在男权为中心的上流社会中女子写作。

参考文献:

[1]宫哲兵.妇女文字和瑶族千家峒[M].北京:中国展望出版社,1986:131.

[2]赵丽明.中国女书集成[C].北京:清华大学出版社,1992:4,109.

[3]〔英〕埃里克·霍布斯鲍姆.民族与民族主义[M].上海:上海人民出版社,2000:120.

（原载 2005 年第 1 期,作者单位:湖南商学院）

谈女书中的亲属称谓

✳ 尤　慎

　　亲属称谓,具有突出的高频性、稳定性、体系性等特征,是基本词汇中相当重要的一部分。它与人们的婚姻血缘、家庭和家族结构、人伦礼制直接相关,明显地反映出当地的社会习俗、族群谱系、语言特色,因而向来颇为受人重视。这么说来,本论题对女书研究或许能起一点作用。

　　所采用的材料主要来自谢志民先生的《江永"女书"之谜》[1],下面我们将它整理成表,以直观地显示女书亲属称谓的体系。

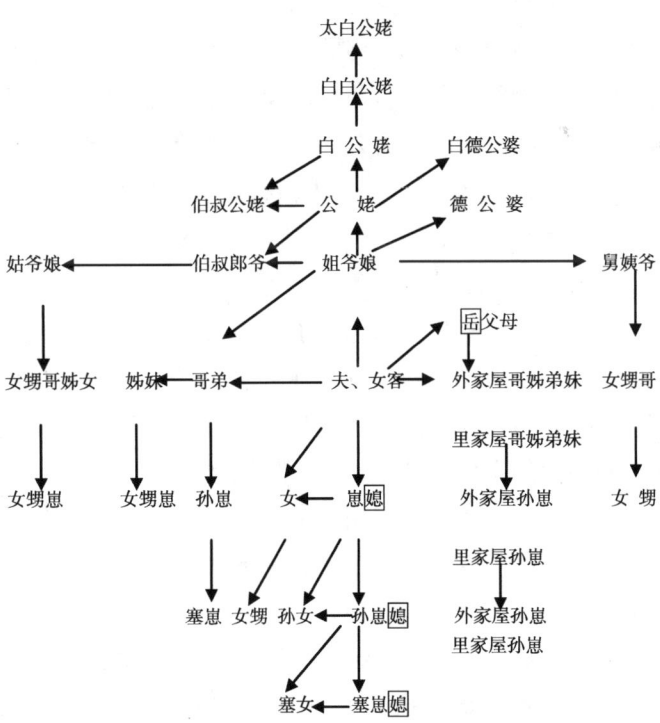

看来,女书的亲属称谓,就其体系而言,已经比较成熟规整。

1. 称谓系统的基础已是严格的父系宗族制度。世系辈分以男子为主干,而女子只是辅配。母、姑、姨(舅)、妻、女的亲属,除了属于这个家庭的成员外,都是外姓,要按内外表亲来称呼。

2. 称谓范围主要在祖、父、己、子、孙五代之内,而尤以父母和自己夫妻二代为重点。各代都以夫妇为出发点,上推父母,下推子孙,旁及兄弟姊妹及其配偶(还包括他们的子孙)。

3. 称谓的词语结构,也具有比较规整的格式。大都为偏正结构,而且其限定词和中心词可成系列,平行性强。例如,曾祖父以上都用"白"字来限定"公姥";外祖父母和外曾祖父母则用"德"字来限定"公婆";除岳父母外,父辈都称"爷娘"或"郎娘";自己平辈和下辈的姑表姨表亲属都冠以"女甥"二字。

这个称谓体系的特点,主要是:

1. 不用"侄"字。侄儿女、内侄儿女都用"孙"字来称呼,而侄孙可用"塞"字(即所谓曾孙)来称呼,结果字面上的辈分都小了一辈。为什么会不用"侄"字而改用"孙"字呢? 道理很简单,这是从父母称呼的结果。俗话说,祖爱孙。古来以生子为慰,添孙为乐,所以祖辈(特别是祖母)格外爱怜孙辈。自己的侄儿女就是父母的孙辈,从父母称呼侄辈为孙辈,正是表示自己孝顺父母和疼爱侄辈的礼数。至于自己的亲生儿女,虽然也是父母的孙辈,但自己却不能这么做,那样就显得过于偏私而且做作了。侄儿女则不然,虽然古来称为"犹子""犹女",视同己出,但终究不是亲生的,关系上隔了一层,改口从父母称呼,显得亲切而自然。同理,侄孙辈依从父母称呼,就相应地可称为"塞",与自己的曾孙辈相同了。至于内侄儿女,就是妻室兄弟姊妹的子女,那是岳父母的孙辈,从重妻室孝敬岳父母的礼数着眼,也就将他们改称为孙辈了,这是从岳父兄的称谓。但是,为什么内侄孙并没有相应地称之为"塞"即曾孙辈呢? 那是因为妻室娘家终究是外姓,礼数上总该内外有别,不便于管得那样远。还有表侄,女书中已划入到"女甥"范围中去了。这样,女书中就用不着"侄"字了。

2. "女甥"所指范围相当宽泛,甚至可以指平辈表亲。据梁章钜《称谓录》,甥之所指,古来就甚为复杂。《尔雅》中姑之子、舅之子、妻之兄弟、姊妹之夫,都可称为甥。郝懿行义疏云:"此四甥者,并'生'之音借。据郭注及《释名》,知古来有此称,今所不行。"这是指平辈亲属,消失得最早。古今最流行的是称姊妹之子为甥,时代也很早,《仪礼》《左传》《释名》等都有记载,但未见于《尔雅》。

后来又推广到妻姊妹之子，见《梁书·裴邃传》，亦较为流行。这是指子辈的。还有指女儿之子即外孙的，属于孙辈，今方言中尚不少见。[2]女书中"女甥"的范围与上述情况有合有不合，它与《尔雅》中的"姑之子""舅之子"相合，可见非常古老，但"舅"要包括"姨"。又取流行的"姊妹之子"的说法，也取某些方言中的"外孙"的说法，再加上自己的特点，即指"姑姨之孙"。子孙都兼指男女。要之，它包括四系，即姊妹、姑、姨（舅）、女儿，皆是女性系列，故统称为"女甥"。正因为"女甥"所指范围太广，凡外甥、外孙、姑姨表平辈和子辈都在这个范围的，一般须在"女甥"之后加上"哥、姊、女、崽"诸字来区别辈分和性别长幼。但是，"女甥"可单用，兼指外甥、外孙和姑姨表弟，而"女甥女"可以兼指外甥女、外孙女和姑姨表妹，造成辈分上的差异，这是方言中很少见到的，特别是指自己的平辈。为什么平辈姑姨表弟妹可以称之为"女甥"即外甥呢？其实这仍是从父母称呼的习俗所致。俗话说，最亲不过娘舅，姑姨最疼外甥。姑姨表弟妹正是自己父母的外甥，而且年幼于自己，自然格外得到自己父母的疼爱。依从父母而称之为"外甥"，就巧妙地表达了自己的孝道和礼数。古语又云，长兄如父，长姊长嫂如母。这是孝道的另一方面，孝悌是相连的。女书中称哥为"哥母""哥爷"，称姊为"姊母""姊娘"，称嫂为"嫂娘"，就是这个道理。按这个区分长幼、尊长爱幼的原则看，姑姨表兄姊年长于自己，必须在"女甥"之后加上"哥""姊"字眼以示尊重。只有比自己年幼的姑姨表弟妹才可以简单地称之为"女甥"或"女甥女"，虽然与外甥辈的称呼相混，但自己年长，心理上礼数上正该如此。

据《说文》，甥的本义是舅甥之甥，是对男子而言的。"舅"是姊妹之兄弟，而"甥"是姊妹之子。那么，姑之子即父之甥。后来，"舅"和"甥"的范围不断扩大，男女不分，亲表不论，于是姑姨（舅）之子女，都是父母的外甥，而姑姨（舅）表兄弟姊妹的子女，都是自己的外甥。按姨（舅）与父母的关系类推，自己妻室的兄弟姊妹的子女，即自己的内侄，也可以称之为甥。不过，由于妻室的兄弟姊妹，与自己父母没有直接关系，女书中没有将其子女划入"女甥"范围，而是另作别论。至于女儿之子，即外孙，为什么会称为外甥或女甥，问题还不易解决，想来主要是音近的缘故。女书中虽然"甥"与"孙"语音差别较大，但推之中古音，语音几乎相同。

3. 妻室亲属称谓特殊。第一，妻室的父母称为"¤au⁴⁴父母"，这个"¤au⁴⁴"字在音义上不易得到确解，而且"父母"两字显然是书面语，而不同于"爷娘"或"郎娘"之类口语，用词在纵横系列上都显得独特。第二，自己兄弟的子女称为

"孙",姊妹的子女称为"女甥",明显区分两系,而妻室兄弟姊妹的子孙都统称为"孙",与自己兄弟的子孙称谓相对应相一致,只是需要加上"外家屋""里家屋"来指定区分。"外家屋"是从夫家的角度而言,称妻室娘家为"外","里家屋"是从娘家的角度而言,称妻室娘家为"里",形成两种说法。上面说过,照理妻室兄弟姊妹的子女也可以划入"女甥"的范围,但却没有,这在所有女性亲属系列是唯一的例外。这些地方都说明妻室亲属的地位较为特殊。我们认为,这主要是与妻室及其娘家在家庭中的重要作用和当地习俗有关,具体分析兹不赘述。

至于这个称谓系统中的词语用字,除了具有南方方言的共同特点之外,其独特的地方个性就更为明显突出了。下面,我们就一些较独特的称谓词作些解说。

1.白 p·(·e)^{44}。女书中,祖父母叫"公姥",曾祖父母以上都著一"白"字。"白"其实就是"伯"的音变。"伯"为排行第一,引申为年长,可指辈分大一辈。"白公"就是大"公"一辈,"白白公"就是又大"白公"一辈。《释名》:曾祖,从下推上,祖位转增益也。"白公"一词,与"曾祖"的造词理据和结构一致无别。至于"太白公",意思是"白公"之中辈分最大最高的,可以说是"白白公"的长辈,但其实是指远祖、鼻祖。由于"伯"字常作叔伯义,这儿语音语义均小有变化,就读作了"白"了。宁远平话,祖父叫公公,曾祖父正是叫"伯公",可以互比。[3]

2.德 l·^{55}。女书中,外祖父母叫"德公婆"。德,字面上可以理解为恩德,因为嫁其女为己母是最大恩德。旧称岳父为泰山、丈人,正含此敬意。但直称为"德"的则未见。宁远平话称岳父母为"多公""多婆",正是音近而异字。[3]我们推测,"德""多"均是"姼"的变异。《方言》:南楚瀑洭之间,称父考曰"父姼",谓父妣曰"母姼"。《广雅》:妻之父谓之"父姼",妻之母谓之"母姼"。既然妻之父母皆可以称为"姼",那么母之父母也可以称为"姼公""姼婆"。姼,本音多,宁远平话读作"多公""多婆",音无误,女书读作"德",则音有变异。

3.□ ¤au^{44}。女书中称岳父母为"¤au^{44}父母"。这个"¤au^{44}"字,可能就是"岳"字。岳,中古为疑母觉韵字,从女书音系与中古音系的对应规律看,疑母可读为¤,觉韵可读为au或iou,与今女书中的"岳"字读音大致相符。再者,女书中只说"¤au^{44}父母",不说"¤au^{44}爷娘",显然来源于书面语习惯,"岳父""岳母"的语源自来未有确诂,是个有来历的现成词语,应为沿用,而且不易改变。看来,"¤au"认定为"岳"字,大致不误。

4.姐 tsie^{35}。父母在女书中称为"姐",既可分指,又可合指。又称父母为"姐爷""姐娘",这是颇有特色的。称母为姐,古代和现代方言中未属罕见,字又作

"驰""她"或"媎"。《说文》：姐,蜀谓母曰姐,今俗弟呼女兄曰姐。《广雅》：姐,母也。《玉篇》：姐,古文作"驰",即姐也。她,古文姐字。《广雅》又曰:驰,母也。《字汇》：媎,同姐,兹野切,羌人呼母为媎。但是称父为"姐"或"姐爷"的则十分少见。这其间的缘由,可以从古代社会习俗来解释。母系社会时,母为家长,父为外姓走婚,子女或不知其父,无须专称。到母系制转向父系制的过程中,父之地位逐渐提高到与母相等,于是渐渐用"母"来统指父母家长。例如上文所说的"媎"字正是如此。"媎"字从女,本是指母,到《方言》时代已可统指父母。如要分指,则须称"父媎""母媎"。女书中"姐"字可合指父母,也可分指父母,分指时又可说"姐爷""姐娘",正是差不多的一类例子。再后来,父之地位权势又慢慢超过了母亲,需要专造指父之字,这合称父母之字就开始分化,"媎"字分化出"爹"字,"姐"字或"媎"字分化出"奢"字,都是专用于父。《广雅》：奢,父也。《玉篇》同。《广韵》：奢,吴人呼父。奢,之奢切,音遮,与"姐""驰""媎"等字音近义通。奢字《说文》未收,大约出现晚而不甚流行,民间多仍用"姐"字。

5. 大 to^{44}。女书中称父为"大"。大,指其在家庭中地位权势最大。大人,古指父母,特指父亲。至今还有不少地方称父为"大"。

6. 大母 to^{44}me^{55}。女书中称父为"大母",也是其他地方很少见的现象。这是母系社会转入父系社会时所遗留的习俗痕迹,具体参见"姐"字条,不赘述。"大母"与"哥母""姊母"结构相同,但"大母"之"母"指真正的家长,而"哥母""姊母"中的"母"字,是比喻性的敬称。

7. 夫人 fu^{44}je^{51}。女书中称丈夫为"夫人"。意思是丈夫其人。

8. 女客 ¤ u^{31}fue^{55}。女书中丈夫称其妻为"女客",宁远平话亦称为"女客"[3],长沙话称为"堂客",其意不过是说妻本外姓,新妇嫁入夫家犹如女客。委婉语。

9. □□mi(ai)^{51}liaN^{35}。这是女书中对兄长的通称。此称谓极为独特,永州各地方言都未见过。它是否少数民族的借词,或者是否古代楚语或越语的遗留,语源义是什么,汉字应作何字,都无线索可考。值得注意的是,称妻室兄长时多用此称呼,似乎与重妻室亲属的习俗有关。

10. 哥 ku^{44}。今全国各地均称兄为哥,女书中亦如此。这儿需要提醒的是,它是个外来借词,来源于唐代回纥族。据《称谓录》,初唐即有父对子自称哥哥者,如《淳化阁贴》有唐太宗与高宗书,称哥哥敕。又有子称父为哥者,见《旧唐书·王琚传》《棣王炎传》。钱大昕《恒言录》认为盛唐后已有称兄为大哥者,如白居易《祭浮梁大兄文》、唐明皇《与宁王宪书》等。《广韵》曰:哥,古歌字,今呼为兄。看来,女书亲属称谓出现"哥"字,时代不应早于唐宋之际。

11. 郎 laN^{51}。女书中,妇人可称丈夫的弟弟为"郎"。郎本古代郎官名,汉以后多为青年男子担任,较为荣耀,故汉魏后转为对青年男子的美称。妇人多称其夫或其夫之弟为郎。后来又扩大为对男子的通称,所以女书中又有"伯郎""叔郎""郎公"的称谓。注意,女子称"郎"含有亲情意,只用于夫君家中男性。

12. 妹娘 me^{44} ¤ aN^{51}。今"娘"字,古代为二字,一为"娘",指青年妇女,此为妹娘之娘。二为"孃",指母亲,姊娘、嫂娘之娘即此字。后因音同而简化归并,娘字兼有上述两种意义,孃字不行。

13. 女母屎 ¤ u^{31} me^{55} sIe^{35}。女书中有称妹为"女母屎"者,这是昵称。大约是戏称妹妹为母之跟屁虫之意。

14. 狗 kau^{35}。女书中可称子为"狗",称女为"女狗"。因为狗命贱,奄奄一息时趴在泥地里犹能活命,取其命贱好养活之意。又狗乖巧恋主,为人喜爱,含亲昵之意。

15. □p·(a·)^{31}。媳妇在女书中称为 p·(a·)^{31}。以中古音眼光看,大致可以定为"妇"字或"配"字。因"配"字太文,故定为"妇"字。儿妇称"媳",是古来通义。

16. 塞 s·^{55}。曾孙在女书中称为"塞",这也是相当独特的。一般规律,祖孙称谓对应性很强。曾祖以上的称谓,是就着"祖"字前加一语素,构成偏正复合词来表示,如"曾祖""高祖"之类。相应的,曾孙以下也是这样,构成"曾孙""玄孙"之类的说法。但是这个"塞"字却不是这样,既不是就着"孙"字来组合,又是一个单音节词,于体系而言,确是甚为古怪。那么它应该是一个有特殊性质或独特来源的词。我们认为,它不太可能是一个外来借词,因为亲属称谓体系性很强,很难容许外来词夹杂其间,外来借词要想介入存活下去,必须具有某些相当的优势才行。汉语中唯一的例子是"哥哥"。它之所以能在亲属称谓中立足并取代"兄"字,就在于它与其他最常见的亲属称谓能够很好的协调一致,形成整齐平行的格局。例如:它是阴声韵,爸爸、妈妈、姐姐、弟弟、妹妹等也都是阴声韵,而"兄"字却是唯一的阳声韵,显得很不和谐。又例如,它可以重叠,其他亲属称谓也都能重叠,而"兄"字却几乎没有重叠过。这么去看"塞"字,它没有什么优势活力可言,它若是外来少数民族借词或古代粤楚古词,而能存活到现在,是很难想像的。另外,曾孙是亲属称谓体系中的末端,不应该有缺环而需要引进。也就是说,在引进借词前,体系中应该已有一个本地的称呼,连同引进的借词就起码有两个以上。可是,女书中除了这个"塞"字外,并没有什么其他的词来指称曾孙。若说"塞"是填补空缺的外来借词,同样是很可怀疑的。我们认为,"塞"是一个特殊的汉语方言词,它不是外来词,而是本地原有的土语词,它的特殊性在于它是一个合音词。"塞"其实就是"孙子(崽)"的合音。意思是"孙之子",即曾孙。它既是一个特殊的合音词,它的读音也就与单个的"孙"字有所分化,凝固性更强一些。"曾孙"与"曾祖"在词的内部结构上保持对应一致,同样的,"塞"作为"孙之子"的合音,与"白公"在词法结构上也可以很好地对应起来。如果"塞"是个外来词,那就无法对应了。

参考文献:

[1]谢志民. 江永"女书"之谜(上中下)[M]. 郑州:河南人民出版社,1991.

[2]中国社会科学学院语言研究所词典编辑室. 现代汉语词典[M]. 北京:商务印书馆,1997.

[3]张小勤. 宁远平话研究[M]. 长沙:湖南教育出版社,1999.

(原载 2005 年第 1 期,作者单位:湖南科技学院)

从民歌的异地趋同性看女书的地域区分

✳ 杨仁里

一 引言

国内国际女书学术研究 20 多年来,几次高潮迭起,研究成果斐然。但对涉及女书文化的核心问题以及与女书文化相关称呼,如"女书传人""女书流传地""女书文化圈"等是否应该有个层次之分的问题,尚未看见相关的学术论著。为此,我从比较研究女书文化与民间歌谣入手,对上述问题提出个人的见解。

民间歌谣并非女书之乡才有。它是民族民间普遍存在的文化现象,是民间口头文学的重要组成部分。女书之乡的民间歌谣与非女书之乡的民间歌谣有何同异? 通过比较便可知晓。

我们把江永县域分为两大块。一块是从允山镇以东一片,我们称之为女书流传地;一块是夏层铺镇以西一片,我们称之为非女书流传地。两片地域有共同的特点:(1)自隋开皇九年以来都划在同一县的范围内;(2)部分土著居民有近千年远祖血亲关系,如卢氏、欧阳氏、周姓、蒲氏、义氏等;(3)都使用同一方言区内的土语,虽然语音语调有些差别,但声韵上的差异不多,相互之间基本(不是很随意、很容易)能用土语交流;与妇女相关的民俗大体相同,如都有坐歌堂、结交和过四月八;与土语和民俗相关的民间歌谣非常丰富。

女书之乡的歌谣,虽然有女书文字记录和相互赠与,但女字和女书在狭义上的应用是很受限制的,这是造成女书"草本植物"的基本根源。

本文选出两位民间歌手,分别代表女书流传地和非流传地,请她们演唱女歌以后,再进行两地歌谣的对比研究。一位是何静华,年过花甲,江永县女书文化研究管理中心授牌的"女书传人",著名女书歌手和民间歌手,住江永县潇浦镇蒲家。一位是谭淑云,年过半百,江永县夏层铺镇土生土长的农民,著名民间歌手,现随丈夫住江永县供销车队。

二 听两位大姐唱女歌

我对两位大姐唱歌的要求是：

(1)唱传统的女歌。何大姐要尽量唱已被《中国女书集成》收录的歌，以便于读者查找和核对。

(2)不同的曲谱只唱一首歌词。同一歌词有几首曲谱也唱出来。

(3)两人都要认真听对方唱的歌，有相同的歌词都要提出来，以便比较。

我的职责是：

(1)记录好她们的歌题。一首歌的标题一般是这首歌的第一句。

(2)因谭大姐的歌没有出书，我要尽量记录她唱的歌词。

(3)向她们提问请教，记录她们回答问题的原意。

先听何大姐唱歌堂歌和民歌。本文所指的民歌，仅限于苦情歌、记事歌、十二月采茶歌、儿歌，不唱山歌和接近民歌风味的彩调。何大姐唱的歌目是：

1. 日头出早

2. 青山鸟儿

3. 石岩出水水飘沙

4. 把笔落文记扇上

5. 一岁女手上珠

6. 河边稚竹绿茵茵

7. 河边稚竹曲二

8. 河边稚竹曲三

9. 一双杨柳树

10. 石山头上削尖杵

11. 做衣裳从哪里起

12. 上树摘花摘大朵

13. 一条绒线九个结

14. 正月十五映山红

15. 石头山上有苑竹

16. 一打天上蛾眉月

17. 上山数芒三百根

18. 屋里做女屋里好

19. 月月发花十二层

20. 正月天鹅望白鹭

21. 劝姐上楼穿衣裳

22. 当兵歌

23. 萤火虫

何大姐唱过的歌词,谭大姐说大部分她都会唱,数了数有19首。何大姐又吟了10来首"三朝书"一类的女书歌。

再听谭大姐唱歌堂歌和民歌。谭大姐用不同的曲子唱了25首后,苦了,休息一下。她又唱了一二十首。我边听边记,总共是69首。每位大姐唱的歌,双方都有相同的歌词。谭大姐唱过的歌词,经共同整理后,我先把共同都会的歌词标题记录出来,一共是45首:

1. 日头出早

2. 石岩出水水飘沙

3. 一岁女手上珠

4. 河边稚竹绿茵茵

5. 一条绒线九粒圪

6. 正月十五映山红

7. 一打天上蛾眉月

8. 上山比(折)芒三百根

9. 屋里做女屋里好

10. 月月发花十二层

11. 正月天鹅望白鹭

12. 当兵歌

13. 萤火虫

14. 黄土冲墙水又低

15. 面前有苋芙蓉草

16. 一更洗手淘白米

17. 周家秀子面圈圈

18. 隔园看见映山红

19. 一更愁

20. 正月麻荠也是果

21. 整妆出阁

22. 六月天气热炎炎

23. 正月采茶过新年

24. 正月风吹枞桠枝

25. 打春牛

26. 天上星

27. 月亮光光

28. 天上星星排又排

29. 红鸡公尾歪歪

30. 红鸡公尾摇摇

31. 细细女子细衣裳

32. 月亮照进姐楼中

33. 金鸡高啼声送远

34. 蒿草在前十八叶

35. 出门楼

36. 枭手巾

37. 王氏女

38. 造衣歌

39. 白芒桥头十二徕

40. 壁上写书字对字

41. 手提红灯盏

42. 田里石菇两介叶

43. 正月有心

44. 面前天井三尺深

45. 金珠担母银箱桶

谭大姐还有 24 首,何大姐没有听唱过。这 24 首歌的标题是:

1. 接鼓歌

2. 下楼哭父母兄弟姊妹

3. 鸡啼歌

4. 拜家堂

5. 仳离乡

6. 上河洗衣下河推

7. 今天圩圩朋伴到

8. 外甥妹妹侬两徕

9. 桔子皮黄

10. 六月热天热炎炎

11. 上杠赤圆(蛋)四百个

12. 光绪五年出新说

13. 新打凤冠

14. 六月十九婚离别

15. 金鸡高啼

16. 石山头上有荗竹

17. 月亮光贱偷禾英

18. 壁上画鱼一只眼

19. 一心思想死

20. 青天灉灉还落雨

21. 金泊纸

22. 手提红灯

23. 扁咀鸭

24. 月亮照进金凤堂

三 两地民歌歌词的比较

两位大姐共唱了92首民间歌谣。双方都会的歌词有64首,占了69.54%。其中何大姐唱的歌词,双方都会占86.6%,谭大姐唱的歌词,何大姐也会的占65.2%。这个比例还不能说有绝对的权威。因为女书"一条纸"没有统计入计算的范围;对何大姐只限于唱一曲一首,对谭大姐则有所放松,目的是想多记录一些她的传统歌词;她们两位虽是民歌高手,但还不是全能歌手;她们所提供的民间歌谣素材,还不是民间流行的全部,可能有更多的流行在民间,她们还没有掌握。但是,这个数据还是很有价值的。其一,可以看出两地民间歌谣的同一性是主要的。具体表现在:

（1）因滋生民间口头文学的自然条件相同,生活在这里人群的语言风俗相同,创作者有了共同的创作源泉,所引发的创作情感自然是相同或相似的。这些作品都是与女人的情感生活最贴近、令女人感受最深切的。传统的歌谣,经过较长年代的提炼和滤选以后,女人们喜欢、易懂、易记、易唱的被保留下来了。它们每句的韵律、修辞和表现方式都是有极大的相似性。

（2）多是以七言诗为主,五言的不多。句数多少都不受限制。

（3）都有唱歌结老同、结交姊妹的习俗。

（4）都接受了外地流传进来的歌,如《王氏女》《萧氏女》以及《梁山伯与祝英台》一类作品。

（5）传承方式相同。她们都是长辈女性传授的。何大姐说,她还没有把母亲教她72首不同曲子的歌都学过来。女书流传地有女书为本子,非女书流传她则要全靠记忆了。女人们坐在一起做女工,离不开唱歌,也是很重要的传承方式。

（6）两个地域的女性,有一种共同的爱好,即把简单的既像汉字,又像女书的字织在被子上、带子上、妇女儿童使用的衣、帽、鞋、脚包(绑腿)等针棉织品上。这些字符主要有山、田、水、井、出、甲、重、日、吉、三、寿、万等。花带的两边,有单边栏,边栏的外层还有竹叶花或鸡爪花之类。两个地域的女人都把这些叫"女字"。

其二,两地民歌也存在地域性差异,表现在:本地创作的歌谣,因创作者对生活体验的差异,以及创作者本人创作能力的差异,而产生内容和表现方法的差异。译进外民族或外地的歌谣,也有一些差异。而更大的差别是在女书流传地有大量的"一条纸"作品,在夏层铺一带则没有。

在相同的歌词中,由于口传声授,也有多句少句的现象。现选择几首进行比较:

（1）异地流传的歌词:谭大姐唱了《周家秀子面圆圆》,说的是潇浦周家一位聪明美丽的女子的苦情。很显然,这首歌的原创作地是在潇浦。只是因为这位女子令人同情,这首歌才流传到了夏层铺地区。

（2）《出门楼》:两首歌内容相同,但歌词差别较大。

何大姐的唱词共 10 句:　　　谭大姐的唱词共 9 句:

脚踩金砖上文轿　　　　　　　新起门楼四根柱

高轿里面发双龙　　　　　　　两边两行叔伯站

左脚尺进高轿上　　　　　中间留出女来行

右手把起花轿窗　　　　　左脚踩上花轿上

日头出早照花窗　　　　　右手托起花轿窗

花窗里面发莲花　　　　　热头出早照待车

莲花越发越大朵　　　　　待车底下发莲花

幼女越大越聪明　　　　　莲花越发越大朵

爷娘养女十八岁　　　　　儿女长大到他家

谁知今日到他家

(3)《一打天上蛾眉月》：

何唱：　　　　　　　　　谭唱：

一打天上蛾眉月　　　　　一打一天蛾眉月

二打狮子抢绣球　　　　　二打狮子抢绣球

三打三星三协议　　　　　三打三天三协议

四打童子坐观音　　　　　四打童子坐观音

五打五娘生太子　　　　　五打五天冬成玉

六打六合六堂春　　　　　六打相公坐朝天

七打七天七姐妹　　　　　七打七天七姐妹

八打金鸡接凤凰　　　　　八打神仙吕洞宾

九打黄龙来戏水　　　　　九打黄龙来戏水

十打鲤鱼跳龙门　　　　　十打鲤鱼跳龙门

(4)《河边稚竹绿茵茵》：

(何唱这首歌前面的都一样，　　(谭唱中间两个地方少4行
后面多了如下几行)　　　　　如下，后面少了8行见左)

手指打起鸡撑竹　　　　　做官三年官任满

脚趾打起灯笼泡　　　　　办起盘缠归本乡

我今回家有思量

以前原因不想提　　　　　掌棍抵了千千下

不提以前养鸭事　　　　　竹帚抵了万万千

哥嫂回心一样陪

侬里同宗亲骨肉

起眼远望情应该

(5)《面前有苑芙蓉草》

两位唱的前 8 行相同。谭大姐唱的少了第 9、10 行和第 21、22 行,共少了 4 行。录何大姐唱的中间一段如下:

踩下桥头转四望,

金珠眼泪四垂流,

两扇大门双压胛(9 句),

侬是两徕骨肉亲(10 句),

竹叶青,木叶青,

哥哥开动锁边星,

红的到来哥不剪(21 句),

绿的到来嫂惜钱(22 句),

红的拿出一丈二,

绿的拿出一丈三。

(6)《一更洗手淘白米》

何唱:(全文)	谭唱不同的地方:
一更鸡啼烧火早	一更洗手淘白米
二更鸡啼切菜入	二更切菜便上都
三更洗手淘白米	三更上楼哇娘母(喊奶奶)
四更切菜便上都(灶)	娘母嫌我吃朝迟
五更上楼娘母起	三更吃朝不迟的
娘母嫌我吃朝迟	正是娘母吃朝时
不迟不早刚刚是	
正是娘母吃朝时	
大郎盛饭嫌饭馊	大郎拿碗赴铲菜
小郎滔菜嫌菜生	大郎嫌我煮菜生
讨得三郎情性好	家中没有浊油(猪油)放
冷饭冷粥热茶淘	清油煮菜本是生
大郎开声要嫁我	细郎拿碗赴盛饭
小郎顺手写分书	细郎嫌我煮饭生
讨得三郎情性好	家中没有同禾米
抢过分书留嫂娘	粘米煮饭本是生

大郎送到青草岗　　　　　唯一三郎情性好

小郎送到五里牌　　　　　隔夜冷饭热茶泡

五里牌上碰夫归

夫君叫我转回家　　（与左边对照,其余都一样）

好女不吃回头草

丑女回头啖草根

以前头发三尺五

至今只剩五寸深

鲤鱼上竹我就去

石头开花我就归

（7）《一更愁》：这首歌前面 32 行,两位唱的都一样。从第 33 行开始,何大姐唱的多了 8 行,如下：

石榴花,石榴花

洗净皮篮种石榴

石榴尾上鸳鸯鸟

阳鸟三声喊女愁

白日愁时女无日

夜间愁时吵烦爷

吵烦爷娘正本理

吵烦四方理不该

其次,两位大姐唱了许多歌,都有对没有听过的。但这并不能说在两个地域都没有流行。我们在此不讨论这个问题。但经我比较后,其歌词的风格及表现手法还是一致的。

四　通过民间歌谣的同一性透淅女书的本质

通过两地域民歌的比较得知,女书流行地域与毗邻乡镇的民歌歌词如同出一辙。在女书之乡,把民歌译成女书后,民歌也成了女书作品。那么,非女书流行地的民歌,与女书的距离究竟有多远呢？我带着20多年来许多模糊不清的问题请教了两位大姐。

（1）你们两地,是否还有相同或相似的风俗习惯？

答:有很多风俗习惯是相同的。当然,"相同"两个字不能理解为一模一样。比如,一群妇女在一起做过年糍粑,做出的都相同。但是,将一个一个的粑粑作比较,就有大小之分,有薄厚之分,有园与不园之分,它并不像八月十五的月饼从一个模子里倒出的那样。两地相同的风俗有:1.姑娘出嫁要坐三天三夜歌堂,嫁娶的程序也基本相同。2.有结交老同、结交姊妹的习惯。3.都有四月八牛王节、鸟节、尝新节。4.普遍爱好把简单的字织在被子和花带上,而且文字和边栏花都相同。5.出嫁的新娘都有三朝回门习惯。而在同一风俗中,夏层铺一带地区不同的地方是:1.新娘回门时,没有用三朝书祝贺的作法。2.结交时,只要吃餐饭,口头上承诺就行,不用去写结交书。3.四月八牛王节是斗牛节,男女都去看牛牯打架,女人不聚会。

(2)夏层铺一带有不有人到花山庙上香焚烧女书?

答:没有听说。过去也许有人去过,女书也是在庙里买的,自己不会做。

(3)夏层铺一带的歌堂歌可不可以用女书写出来?

答:应该可以。因为歌的内容和形式都差不多,土话也很接近。夏层铺如果这样做,也可以成为女书流传之地了。

(4)女书有不有专门的用途? 这点我一直没有搞清。

答:有。用女书祝贺新娘三朝回门,叫贺三朝书。用女书结交时互赠,叫结交书。这是表达吉祥的文字,可以抄写到扇面上。写在纸上的三朝书很讲究装订。还有一种类型,与诉说苦情有关,如女书人自传、女书人为她人做传、劝解烦恼书、祭神书,这些书有个统一的名称,叫"一条纸"。以上这些书都是针对某人某事的。这就是女书的专门用途。女书的这一特性,叫做女书的"专用性"。

(5)女书专用作品,唱法有几种?

答:习惯上只有一种说法,叫"读纸读扇",即读一条纸,读扇子上的女书,读的音调叫"一条纸通用曲"。其实,仔细品味一下,既不像读,又不像唱,这种腔调要求语气平缓,带拖音,音调起伏不大,唱出来对方要能听得清楚,叫"吟"比较适合。

(6)用女书记录的歌堂歌,算不算"一条纸"?

答:不算。"一条纸"是秘密的。歌堂歌是可以公开的。用女书把歌堂歌写出来,纯属女书人的爱好和情趣,她爱写多少就多少,也可以不写。对于女书来说,去记录歌堂歌,是女书的兼职,是一文二用,也说明女书的一专多能。女书的这种特性,叫女书的"兼用性"。现在的电视台记者,一来就去拍女书人唱歌堂歌,这是抓住了女书的支流,而忽视了女书主要的本质的东西。要上电视了,唱歌的人都穿得很美,这样一来,又把女书人传统的服饰给忘了。

(7)"一条纸"和结交书、贺三朝书有什么秘密可言?

答:女书人为她人写苦情、作传记,当事人必须在女书人面前,把她的苦难经历和盘托出,包括不想让人知道的隐情。当事人只相信女书人。这就是秘密。结交书和贺三朝书,都是几个女人之间的事,也是不宜公开的契文。做女书研究,抓住了"一条纸""三朝书""结交书"就抓住了女书的本质。当然,我们不排除用女书抄写的其它歌谣如歌堂歌、儿歌等。

(8)照你这样说,用女书记录民歌是不是不重要了?

答:我没有说记录民歌不重要。只是说可以多记,也可以少记。但是要肯定,学民歌是学习女书的基础。初学女书的人,要把女书老人记录的民歌、儿歌照着去读,去唱,去抄写。认识女字就从这里开始。这就相当于读女书小学。再提高一步,能用女书创作结交书和贺三朝书,就相当于读女书中学。到了能用女书写自传、劝慰书、为她人作传,就相当于读女书大学。这是一个层次上的区分。在同一个层次上,也有优秀和一般之分。但是,如果读、唱、写女书,只停留在抄写民歌唱民歌的水平上,女书的个性就显示不出来。女书的生命力在于它能够为女人交流和储存一些不为人知的情感和事件。

(9)当事人为什么相信女书人? 女书人是怎样一个人?

答:女书人是一个和善、守信、受人尊敬的人。首先,她是一个心理咨询医生,她了解当事人的麻辣酸苦以后,就归纳成土话韵文,一式两份,将一分交给当事人。尔后,共同坐下来,照着韵文去读去吟,给当事人解除烦恼。其次,做女书的人有同伴、有知音,她不是个人行为。她与投缘的女人结交,让几个人有一个共同的世界。结交不是结拜,不像三国里桃源结义,要焚香吃血酒对天盟誓。其三,女书人道德是高尚的。她要严守她人的秘密,为了当事人的利益,有些事情永远都不可对旁人说。即使在另外的知心同伴面前,也要守口如瓶,让当事人一辈子记住你,没有泄漏她的秘密。其四,女书人要能约束自己,不偷窃,不赌博,不偷情,这不是为别人好,而是为自己好,像已故女书传人义年华那样,即使死了丈夫,不能坚持守寡,就要正式改嫁,得个正当名分。决不能去做见不得人的丑事。当然,如果有人触犯了女书人的尊严,女书人正当还击,也在情理之中。其五,女书人都很讲卫生。家里和个人服饰都很整洁,给人印象很好。

（10）女书人有不有自卑心？

答：有。女书人中，有人经历过很多痛苦。有死过丈夫的，有死过儿子的。她认为这是命运。命运不好就会自卑。自卑思想人人都有，只是女书人战胜自卑的方法不一样。要承认自卑，才是坚强的表现。有了女书作伴，她就有了办法去倾诉，自卑的痛苦就减少了。几个会女书的人在一起，自卑就成了自信。因为坐在一起的女人都有了女书交流，就像几个人有一笔公共财产的味道，心理就平静了。女人是愿意分享的性别。几个哀伤的女人凑在一起，倘若一个人有100斤重的哀伤，5个人在一起分开，每人就只有20斤的哀伤了，受到自卑压力的女人很自然地就轻松起来。

（11）女书人结交姊妹最多能结几个？

答：一般结交三、五人。二人结交老同最好。结交到9个就很难应付。因为结交了要活动，要往来，要相互照料。结交多了，互相照料不到，等于没有结交。

（12）女书人要不要自由？有不有自由？

答：女书人要有自由。女书人就是在努力争取自由。做女人真正的自由不在于拥有多少金钱财富，而是在于拥有多少自己能支配的时间。女书人要做女人，做人世，要结交往来，要听当事人诉苦，为当事人写苦情、写传记，还要一起过女人的节日，没有自由支配的时间是不行的。有时候男人控制得很紧，脱不了身，就借些由头去做女红。有二三个人做女工，就可以同做女书结合起来。

（13）女书人的"一条纸"、结交书、贺三朝书为什么要人死书焚？

答：这些作品都是有关个人的身世经历和际遇，当事人收藏了有关自己的文字，就把它当作自己生命的一部分。当事人临终之际，肯定留下遗嘱，让这些文字随主人而去，否则，主人会死不瞑目。后一代的人是靠女书信仰，勉励自己学女书。学了女书自己用，陪伴到人生终结又焚烧。这样一代又一代传下来，这就是女书的循环往复过程，或叫新陈代谢过程。

（14）女人织花刺绣，把女字织在被子带子上为什么流传那么广？

答：一个地方的女人这样去做了，另一个地方的人看见后，认为又好看又适用，一家老少都喜欢，还能卖得出钱，这样学着做的人就越来越多，流传的地方也越来越宽。女字的这个特性，就是女书的功利性。或叫女书的商业性。

（15）女书为什么总与苦情相联系？

答：因为女书人是既对苦情有深切体验又极富同情心的人。在封建社会里，女人处于社会的最底层，她们找到了最能倾吐心曲的女书之后，女书便与苦情紧密相联了。由此,苦情文学便成了女书的主笔调。也正因为女书与苦情深重的女人联系在一起,而受苦的女人又是女人中的多数,女书也就有了依附。漫长的岁月之河流淌至今,我们感受到的自然是女书与苦情的不解之缘了。

五　在女书文化区内几个概念层次的区分与界定

经过女书流行地与非流行地民间歌谣的比较,我们发现在女书流传地把女书与民间歌谣相混的现象,在非女书流传地,能否使用"女书文化圈"这一概念的,学术界有分歧意见。

1.在流行、使用女书的文化圈内,有创作、书写、读纸读扇、传承四个层面。学术界目前通称为女书流传地及女书传人等。这种笼统称呼,不便于我们对女书概念的把握和认识。我现在按这四个层面的熟练情况,区分四种不同的层次:

(1)四个方面都做得好,即能用女书创作三朝书、结交书、为自己和她人写传、劝慰书等"一条纸";会写女书;会读纸读扇;有传承能力,带了弟子。四项全能的,称之为女书高手。

(2)创作是较难办的事。除创作以外,其它三项都好,称之为女书能手。

(3)唱得好写得一般或写得好唱得一般,能带弟子,称之为女书歌手。

(4)只有认字读纸一项,其它三项尚达不到相当的程度,不能予以命名。

2.关于"女书文化圈"层次的界定。有关学者给女书传播的范围提出了一个概念,叫"女书文化圈"。这个概念不无道理,但较为模糊。妇女们的针黹活动,旧时占有很大的比重。她们要为婚后全家人的穿着和安寝操劳,因此,要从姑娘时代做起。尽管区域不同,但她们都把织在衣被上的字符叫"女字"。如果我们笼统地把江永县西部、江华、富川、道县等,这样一个大的区域都叫女书流传区域或女书文化圈,则容易把这些区域与真正有女书文本流传的地域相混淆。为了区分女书流传范围的层次,我提议作如下区分:

第一层:女书中心流传地。这个地区的女书自然传人曾经较为密集,"三朝书""一条纸"等作品较多。女书习俗较为盛行,成为女书学术研究人士最关注的地区,称之为"女书中心流传地"。

第二层:女书一般流行地。这个区域内,前60—100年间经调查发现有一定数量学习和使用女书的人员,女书习俗的流行不带普遍性,研究人员前往调查所获资料不多,称之为"女书一般流传地"。

第三层:女人们做女红时,有传统的爱好,把简单的"女字"织在被子、花带等针棉织品上,不认识其它的女书字,没有"一条纸"作品。我们把这个区域称之为"女书辐射区"。这个区域有许多共同点:一是使用的土语很接近,单个的发音基本相同,接触几个小时以后,基本上能够对话;二是有坐歌堂、结交等与女书之乡相同的习俗;三是织在针织品上的字符是一样的;四是民间有许多相同或相近的民间口头歌谣。其中针织品上的"女字"是这个界定的主要依据。这个区域内的任何一个地方,如果有女性人群学习和使用女书文字,进行女书民俗活动,创作"一条纸"作品让女书发扬光大,这些地方我们还可以称之为"后女书流传地区"。

3. 在吟唱这个领域,我们划分为两个层次。既会读纸读扇又会唱民间歌谣的,称之为女书歌手。只会唱民间歌谣,不会读纸读扇的称之为民间歌手。民间歌手中,又可以分为高手、能手、歌手三个层次。称不上歌手的只能称之为女歌或民歌爱好者。

4. 女书的特性:女书,作为一种交际工具,其对女性活动的把握或控制程度或者叫指导程度是有区别的。女书这一主导性的差别,我们称之为女书特性。如前所述,我们试把女书特性分为三种类型:一是女书的专用性,二是女书的兼用性,三是女书的功利性。这样,可以提高看待女书的清晰度,对研究女书文化和研究女性文化都会有一定的帮助。

(原载 2006 年第 10 期,作者单位:江永县民族事务委员会)

女书传人在婚姻家庭中的角色及地位研究

✼ 刘春侠

女书是迄今为止发现的世界上唯一在女性中使用的文字,曾流行于湖南省江永县上江圩乡、城关乡、黄甲岭农场等地。女书因为妇女代代相传而得以在女性中盛行,女书传人在没有自主权婚姻的压迫摧残下和封建礼教的约束限制下,用女书来抒发自己对不幸福婚姻的不满和对困苦生活的苦闷。可以说女书是女书传人和江永女性对没有自主权婚姻和低下的社会地位的一种反抗,是一种文化的抗争。

一 女书传人生活的社会环境

女书产生和流行最广泛的江永县自古以来是个偏僻、落后的山区,江永县位于湘南、湘桂边境,在萌渚、都庞二岭之间,地属南岭的山地丘陵区,四周皆为高山峻岭[1]。江永地理偏僻,经济落后,交通不便,解放前,与外界沟通的仅有一条"包谷路",即鹅卵石铺成的路。通往道县,富川、灌阳、江华等周围地区都是羊肠小道,山路崎岖,难以行走。在一些女书作品中描写到妇女回娘家情况,从道县到上江圩完全靠步行,非常辛苦。江永虽有桃水,萧水经过,但是由于受季节制约,河水落差较大,也仅有小船木排可以通航。早在先秦时期,江永县属楚国的最南边陲,是楚文化和越文化的分界线。汉唐以来,江永县始终处于湖南、广西、广东三省交界处,是楚文化和越文化的分水岭。唐宋以前江永县属蛮夷之地,其居民是主要以瑶族为主的南方少数民族。唐宋以后,由于江永及附近地区瑶民不断起义反抗朝廷,统治者便从中原派官兵前去镇压,这些官兵在那里长期生活,与当地居民混居。女书流行最广泛的上江圩乡的几个大姓氏族,大多是从中原汉文化较繁荣的地区迁移而来,义姓人最多,源出两支,一支宋时从山东济南府德州平原县来任营道令,另一支据说源于山东青州;唐姓祖籍山西太原,唐代来此,几经辗转,移居夏湾;还有杨姓,卢姓等也都是从山东等地迁移而来[2]。

另外由于北方的战乱不断,自然灾害,饥荒也使流民不断迁移江永及周围地区,最终形成了汉瑶杂居的居民结构。

江永虽地处偏僻,交通不便,但在这个相对封闭的小环境里却非常适合人居住,江永有桃水、萧水穿流而过,气候温和、雨量充沛、日照充足、土地平旷肥沃、物产丰富。因为地理偏僻,交通落后等因素的影响,朝廷和地方封建势力对江永地区的控制较为薄弱,在这里保持着原始的,以家庭为单位的,自给自足的自然经济方式,即封建社会传统的男耕女织的生产方式。这里的居民历来重农耕,轻商贾,他们以家庭为生产单位,男人下地从事农业生产劳动,解决一家人吃饭问题,女人在家纺织做家务,解决一家人的穿衣问题。由于地理和历史的原因,再加上受汉文化和瑶族文化的影响,在闭塞的江永既保存了封建社会汉族妇女缠足,婚姻奉"父母之命、媒妁之言"等一些旧习俗,又受瑶族婚嫁中"不落夫家"等传统习惯的影响,形成了江永独特的婚嫁习俗,为女书的产生和发展提供了社会环境和基础。

二 旧社会江永女性的婚嫁习俗

在女书流行最广泛的江永县,旧社会妇女的婚姻方式最普遍的是父母包办,其中也有少数的买卖婚姻和自由恋爱,但大多数妇女是完全服从父母的安排接受没有自主权的婚姻,在这种婚姻中不会考虑个人的意愿,忽视婚姻双方的感情。婚姻前期的提亲等一系列程序可以不通过当事人直接由父母一手操办,父母在给儿女定亲的时候把婚姻的本质视为纯生物意义的生儿育女,繁衍后代。

(一)自由恋爱

旧社会的江永县,妇女大多数缠足,不下地参加农业生产,尤其是未婚少女,很少出门,她们大部分时间都在自己的闺房中度过,做女红,读唱女书消磨时光。她们没有参与社会活动的权利,没有与男子自由交往的机会,处在一种与男性社会完全隔绝的状态。女书作品《李三姑》中描写到:李三姑是江永县桃川乡的姑娘,她从小就在闺搂中长大,很少与陌生男性接触。在叔叔嫁女的时候请她出来做伴娘,由于李三姑长的漂亮,叔叔的儿子多看她几眼,其中有位哥哥跟她说了几句话,这使李三姑感觉非常丢脸,竟然上吊自杀了。在这种与男性社会封闭的状态下,未婚少女基本上没有自由恋爱的机会,所以自由恋爱情况非常少见,但女书作品中也有个别成功例子的记载:

女书《尔吟与石牛》讲的是少女尔吟在正月十五舞狮子活动中结识并喜欢上了舞狮子的小伙石牛，尔吟鼓起勇气向石牛大胆表白了心迹并得到了石牛的回应。于是两人先私订了终身，后通过父母的同意，按照传统风俗，通过说媒、下聘、报日、过聘金等一系列程序，最后有情人终成眷属。《胡飘与石文》中描述了胡飘姑娘在走亲戚时认识了青年石文，并一见钟情，但胡飘父母不同意她自己寻找的意中人，最后胡飘勇敢的与家庭做斗争，冲破了家庭的阻挠，争取到与心上人结为连理的机会。在女书作品中还有一些关于自由恋爱的描写，但是在当时的社会形态下，自由恋爱为社会和家庭所不容，未婚少女们没有权利自己选择恋爱和结婚的对象，婚前的恋爱史是一片空白的。

（二）包办婚姻

自由恋爱的成功是个别的情况，而决大多数未婚少女是没有恋爱的机会的，她们不得不服从父母的意愿接受没有感情基础的包办婚姻。由父母掌握的包办婚姻在她不了解，不认识结婚对象，甚至是还未成年时就已经决定，她"嫁鸡随鸡，嫁狗随狗"的命运也就决定了。

父母包办，一般是择偶者父母委托媒人去向看中的女孩子家里提亲。父母在给女儿定亲时主要考虑对方的家庭经济条件，容貌、年龄、是否勤劳、生辰八字是否相符合等内容，而当事人对提亲的事情不参与，如果女方家里对男方情况满意就可以进行订婚了。包办婚姻中还有娃娃亲，买卖婚姻和童养媳。娃娃亲是父母在女孩子未成年时定亲，等长大成人后完婚。女书作品《卢八女传》描述了卢八女在三岁时失去母亲，四五岁时候父亲做主与当地一个富豪结了娃娃亲。由于没有感情基础，卢八女结婚后在婆婆家受到虐待，生活很不如意。女孩未婚时在家中受父母的支配，作为家庭的从属成员存在，结婚后受丈夫或家族的其他男性支配。在这种情况下，女性可以被当作商品买卖，没有人格和尊严可谈。在买卖婚姻中，被买卖的女孩一般家境贫寒或是没有父母的孤儿。女书《田广洞女子歌》讲述一个女子在小时候因为家里很穷，被父母卖了四十银毫到桃川一户人家做婢女，做了十年婢女后又被东家卖给别人做妻子的经历。在两次被卖的过程中，她经历了无数磨难，做婢女时受到东家的虐待，吃的是残汤剩水，干的却是重活，结婚后继续受夫家的虐待，她盼望着父母能把她赎回去，然而她的愿望是很难实现的。

旧社会江永县一桩婚姻的完成主要经过做媒、定亲、行聘、报日、上头、下红书等过程。一般情况下，是男方请媒人到女方家里上门提亲，由双方父母经过一番商量后决定,可以说提亲是包办婚姻的前奏。定亲是在做媒后由男方家里派人去女方家里定亲,又叫下定。定亲的礼物是花糕和红蛋,女方家里接受了礼物,就表示同意了这门亲事,定亲是包办婚姻初步成功的象征。行聘,在定亲以后,选择一个吉日,男方向女方家里送聘礼,礼物有布、米、肉、蛋、衣服、首饰等,女方收下聘礼后要将女儿的年庚即生辰八字写在红纸上交给男方家里。报日,男方将儿子的年庚与女方的年庚交给八字算卦先生,选择适合结婚的日期。还有上头,下红书等礼节,这些是一桩成功婚姻的婚前准备,这表明包办婚姻的完全形成。经过以上的一些程序,接下来就是婚礼的正式来临,出嫁意味着不自由婚姻生活的开始,少女们对此深深的担忧,同时也对少女生活和相伴的姐妹们充满了留恋。对未来的担忧和对过去生活的依依不舍之情在婚礼中的"坐歌堂"和"哭嫁歌"所唱的女书歌词中淋漓尽致的表现出来。坐歌堂是在女子出嫁的前两三天,娘家请来伴娘和村中有名的歌手围坐一起唱歌,坐歌堂一般举行三天,第一天称为愁屋,第二天称为小歌堂、第三天也就是婚前的最后一天称为大歌堂。坐歌堂唱歌的形式有独唱、对唱、合唱,内容有伴嫁歌、哭嫁歌。伴嫁歌多是伴娘及女伴和新娘的嫂嫂,婶娘等亲戚所唱,内容主要是怀念从前姐妹相伴的快乐时光,还有一些是长辈教导新娘到婆家如何行事。哭嫁歌是新娘在伴娘的陪同下唱别父亲,母亲等亲戚,哭嫁的内容有感谢父母的养育之恩,对自己离家后娘家情况的担忧等,哭声讲究节奏,声音哀婉凄凉。在坐歌堂结束后,就是女方发亲,男方迎亲,到婆家后还有一些礼仪需要完成如拜堂、拜舅姑、行庙礼、出脚等,至此婚礼仪式完全结束。旧社会的江永受瑶族习惯的影响有"不落夫家"的习俗,即女子在结婚三天后仍然回到娘家居住,丈夫可以在节日来女方家里相聚或在农忙时节接妻子回去,这种状况一直持续到女子怀孕生育后,才可以回到婆家与丈夫共同生活。这种习俗使当地的妇女在结婚后很长的一段时间里仍然可以享受未婚少女自由自在的生活,与女伴们做女红,读唱女书。

在旧社会的江永对于包办婚姻的妇女来说,少女时代生活可以说是她们一生中最幸福的时期,不管对未婚的生活多么留恋,婚后的生活都要开始。婚后她们与丈夫之间的关系绝大多数是和谐的,生活也是美满的。婚姻把两个完全陌生的青年男女连在一起,组成一个家,女方结束了过去生活的一切,开始承担一个家庭主妇的责任。从少女的浪漫主义到已婚妇女的现实主义,她必须接受父母给她安排的丈夫和新家庭。现实生活迫使妇女要主动融入新的家庭和生活当中去,这个时候往往会使妇女与她丈夫产生婚后恋,这种婚后恋对稳定婚姻,促进夫妻的感情是有积极作用的。正是有这种情况的发生才使一部分包办婚姻相对美满幸福。女书作品《胡慈珠传》中有："夫妻同陪上五载,生下娇儿心自欢。夫妻本是感情好,纵然家苦水亦甜。养起我儿如珠宝,夫妻勤俭得成家。夫妻和气多心热,透夜不眠望家欢。"《黄连珠传》:"腹中有病难行动,一家事情难把当。丈夫本是感情好,服侍我身有细心。"[3]作品中描述了夫妻感情融洽,互相关心,和和美美的家庭生活。当然也有相当一部分包办婚姻无法实现先结婚后恋爱这一过程,致使很多妇女在婆家受到丈夫的虐待,生活在痛苦中,在这种情况下她们往往用女书来表达自己对婚姻的不满和苦闷情绪,以求的在心灵上放松和发泄。女书《杨细细传》中讲到杨细细七岁时定了娃娃亲,刚结婚时生活还算和睦,但丈夫后来染上了赌博恶习,输了钱把杨细细抵押给别人,杨细细不从,丈夫就拿刀来威胁她,并把她打得骨断血流,甚至流产。旧社会的江永虐待妇女的现象比较普遍,但因此离婚的不多,直到解放后新中国实行婚姻法,才使妇女有了解除不幸婚姻的机会。

三 女书传人在家庭中的角色转换

从正式踏进婆家门开始,未婚少女结束了无忧无虑的少女时代,嫁为人妻完成了人生中首次角色的转变,即从少女到新妇的转变。

由于"不落夫家"的习俗,江永妇女在结婚后很长的一段时间内仍然可以住在娘家,享受与未婚少女一样的清闲时光,但在妇女怀孕生育后必须回到婆家居住,正式开始以媳妇的身份真正融入这个陌生的家庭。做媳妇不似做姑娘时那样悠闲自在,女孩子未婚时在家庭中比较有地位,她们既不下地劳动,也不做家务,闲暇时做些女红,与女伴们读唱女书。做姑娘的时候可以睡到日上三竿,而做媳妇的时候不敢睡得太死,要垫高枕头听到三更鸡叫就起床做饭。女书作品《滩上滩下做媳难》:"屋内做女屋内好,日出三丈女起早。去到他家做媳妇,塞高枕头听鸡啼"。[3]两相比较,做媳妇是非常辛苦的,不但要承担很多家务如洗衣,做饭、纺织等,甚至还要受到公婆的刁难和斥责。女书作品《做媳难》:"千家万家你不许,许起桥头李万家。李万家中事又多,八府良田田地多。碓屋踏碓碓屋粮,嫌我偷米养爹娘。一更鸡啼我起早,二更鸡啼我梳妆。三更鸡啼淘白米,四更鸡啼入菜园。"[3]做媳妇的辛苦操持家务,却得不到婆婆的欢喜,如果夫妻关系好还可以,若还要受到丈夫的打骂,虐待,生活真的苦不堪言。

在未婚时,少女对父母包办的婚姻即使不满,也很少有非常激烈的反抗行为,她们只能借助女书来抒发自己心中的不满和苦闷,但这些都不能阻止包办婚姻的进行。结婚后,正式进入了媳妇这个角色,现实的生活对她的约束力更强了,原有的反抗精神在生活的重压下渐渐消失,她们不得不忍气吞声,顺从丈夫的意愿,适应夫家的生活,承担妻子和儿媳妇的责任。这个转变是在传统习惯的强制中平静的进行的,转变的过程充满了痛苦,这在很多女书作品中都有体现,妇女用女书来向姐妹诉苦,求得内心的安慰。

女书传人家庭角色的第二次转变是由媳妇到婆婆的转变。这次的转变历时较长,经历了从她当媳妇到怀孕、生育、并把儿子养大成人结婚的过程。这次的转变是在多年生活中慢慢进行的,她们慢慢丧失了当媳妇时的反抗精神,当她们终于当上婆婆的时候,就不再是媳妇的角色了。这次转变使妇女完全走向了当姑娘媳妇时候的对立面,她们积极参加儿女的包办婚姻的活动。娶回儿媳后,又按照上一辈人的传统习惯和逻辑教训儿媳,干涉儿媳的生活,甚至刁难虐待自己的儿媳。让自己女儿和儿媳重复自己的老路,重复自己当年苦痛的生活。这种重复,可以说是女性自身的一种悲哀,无意中充当了封建社会压迫人的工具,成为封建礼教的监督者和执行者。

江永妇女不参加农业生产,经济上依赖男性,在家庭生活中没有地位。作为家庭妇女,他们的职责是"相夫教子",但实际上她们发挥出来的作用不止这些。她们打理家务,纺纱织布用于补贴家用、教育子女、侍奉老人等成为家庭中不可缺少的中流砥柱。

江永妇女不下地生产,除了做日常家务外,大部分时间用来纺织。纺织已成为女性必备的生活技能,女孩从小就要学习这种技能,这种自幼学会的纺织技能除了解决一家人穿衣问题外,还是女性终身维持家计的职业。道光《永明县志》说:"女以纺织为业"。《道州志》说:"寒家多以针凿代食。"[3] 妇女常常纺织到深夜,用来赚取家庭费用,非常辛苦。在实际生活中,江永妇女不仅会织,而且善织,在斗牛节等一些节日,未婚女子聚在一起评比看谁的纺织、刺绣功夫高明,纺织技能的好坏是一个妇女聪明与否的标志。妇女在家庭中的另一个重要责任是教育子女,旧社会的江永经济落后,但文化教育却一度比较发达,历史上有诸多名人到此。清代光绪年间,妇女识字者明显增多,其中大部分是由母亲在家中教子女读书认字。蒋云宽《陈母蒲氏墓志铭》说:"夫人于岑寂中关门事,故能尽其孝,教二子以读书。"[3] 家庭是幼儿的第一课堂,妇女们承担了对子女启蒙教育的重任。女书的传承也大多数是由母亲教给女儿的,母亲以自己的才学、道德操守和人格力量影响着下一代。

由于历史的原因,汉文化对当地影响极其深远,男尊女卑的观念深入社会,封建礼教如"三从四德"等伦理规范约束着江永妇女的言行,给妇女带来了深重的苦难。江永的女书传人生活在这种压迫之中,经济上依赖男性,没有参与社会活动的权利,更没有受教育的资格,未婚时受父母和兄弟的支配,结婚后受丈夫及其家庭或家族的男性支配,随时可能被买卖,典当或者转房,社会地位极其低下。但是我们也看到了,江永妇女并不是麻木地,消极的承受这种压迫,她们已经觉醒,在抗争,她们用一种特殊的方式去反抗,创造了属于自己的文字,发展了属于自己的文化。长期以来,人们对女性在封建宗法制度下的卑微地位总是抱以同情的态度,却忽略了她们牺牲奉献所产生的社会价值,而江永女性用自己的智慧创造了女书这种独特的文字,在世界上是独一无二的,是宝贵的文化遗产。

参考文献:

[1]田李隽.女书的女性文化透视及文化生态保护[J].海南师范学院学报,2004(5).

[2]韦庆媛.女书产生与存在的社会基础[J].学海,2004(5).

[3]宫哲兵.女性文字与女性社会[M].乌鲁木齐:新疆人民出版社,1995.

(原载 2005 年第 9 期,作者单位:湖南科技学院)

论女书流传地女性习俗的传播学意义及社会功用

❋ 聂春梅

一 "女书"的释义

"女书"又叫"女字",是学术界对流传于湖南省江永县上江圩及其毗邻地区的只在妇女之间使用的特异文字的通用称谓。当地人称之为"女书"。然而,从严格意义上来说,"女书"这一概念实际上包含有三个方面的含义:①是指文字;②是指用这种文字写成的作品;③是指写有这种文字的物件。女书作为一种特殊的文化现象,其主体是江永的广大女性,它是由当地女性创造出来的,同时又反映了当地女性的生活和情感世界。所以,它是当地女性文化的重要载体;是为女性所专用的一种独特的性别文化。

自从江永女书这一特殊的女性文化被揭示以来,引起了国内外众多学者的关注,研究成果也颇多。这些已有的研究成果主要是从文学、文字学、语言学、民族文化史学、考古学、历史学、民族关系史学、妇女学、民间文学等方面对女书进行了较为系统的研究和阐释。但研究者对女书在传播学这个角度上的关注还不够,本文从大众传播的角度来考察女书流传地的女性习俗,寻得它的社会功用,为人们认识和保护这一珍贵的历史文化遗产提供新的角度。

二 女书流传地的女性习俗的传播性

江永妇女被迫与男性社会隔绝,她们在一起纺纱织布、刺绣,在一起聚会唱歌,相互交流,慢慢形成了一个与男性社会隔绝的独特的女性社会。这一地区独特的女性风俗习惯和女性社会,为"女书"的产生提供了丰厚的土壤和必要的环境;而纺织、刺绣、剪纸等活动则给"女书"的产生提供了最直接的契机,妇女们绣在花带和花被上的女红图案可以说是"女书"产生的最原始的形体材料。如现在的女书作品主要包括三朝书、结交书、慰问信、祝贺信、传记、祭文等,使用于祭祀、独唱娱乐、信件往来、诉说身世、记事记史、改写汉字韵文、编绣。事实上,女书作品的产生与女书流传地的女性风俗密切相关,女书之乡奇特的女性习俗是传承女书文化和运用女书进行交际活动的场所和舞台。

这些习俗主要是:"坐歌堂"习俗、"结拜姐妹"习俗、"斗牛节"习俗、"过庙节"习俗、"吹凉节"习俗和"乞巧节"习俗。

1."坐歌堂"习俗

江永潇浦镇、上江圩镇和黄甲岭乡一带的婚嫁活动包括进歌堂、坐歌堂、哭离乡歌、接三朝和贺三朝等内容。姑娘出嫁,要良宵长歌送嫁,俗称"坐歌堂"。其实,姑娘出嫁的前三天,作为公共聚会的场所的村祠堂就已摆设好歌堂,祠堂里张灯结彩,桌上堆满丰盛的糖果点心和土特产品,请几位伴嫁姑娘和女性亲邻到新嫁娘的歌堂里以歌送嫁。整个白天有空闲的妇女,陪着新娘做女红、习女书,晚上则人人必到,大唱女歌,嬉戏吵闹,毫无顾忌。所以,婚嫁习俗中最为热闹、最具情趣的就数"坐歌堂"。顾名思义,歌堂就是唱歌的地方。新婚歌堂以对歌为主,新娘和伴嫁姑娘为一方,新娘的婶、嫂和其他姐妹为另一方,一连对歌三晚。唱歌使用土话,歌词全是七字句式,这些女书必须用土话唱读,女书歌通篇七句式全部对应。大部分歌堂是现编现唱,属于即兴创作,也有先创作一批女书歌谣备用,在坐歌堂时按需要选唱。很多歌堂高手都是女书行家,从已搜集的大量歌谣可以看出,歌堂歌能代表同时期女书的创作水平,伴嫁姑娘要提前半个月或一个月住进待嫁姑娘佳丽,与待嫁女共同生活,为坐歌堂进行准备演练,集体用女书创作新歌。婚嫁本来是人的自然属性和社会属性得到承认的一次机会,但在封闭了的女性社会里,一方面成了破坏这个社会的活动,一方面又成了显示出凝聚了的女性社会的活力的机会。婶、嫂辈们在这些对歌里,把如何待人接物、尊老爱幼、勤俭持家、处理好婆媳关系、夫妻关系等事项唱给新嫁娘听,嫁娘要一一作答,表示铭记在心。比如长辈唱"十指连心心连肉,女在娘家二十秋,过门出嫁到婆家,敬老爱幼记心头。"嫁娘答唱:"婆家门前一条沟,连着娘家水长流,出门不忘娘教女,点点滴滴怀里兜。"这对歌实际上是在新娘在离开娘家之前,长辈对她进行的一次文明礼貌和处理好家庭、邻里关系的教育。

2."结拜姐妹"习俗

女书流传地及相邻乡镇有男认老庚,女结姐妹的习俗。男认老庚最基本要求同年出生,严格一些还要同月同日,结成老庚就成了亲戚,终生互相帮助,由于条件苛刻,结为两个以上老庚的男性不多。女的结拜姐妹的可选择性就大得多,年龄相差十岁也结为姐妹,因此结三姐妹、五姐妹的十分平常,结七姐妹、九姐妹的也不罕见。结拜的姐妹,情谊与同胞姐妹相比,有过之而无不及,她们除遇婚嫁节日相聚一起进行女书活动之外,农闲之日,甚至农忙之时,也挤出时间你来我往。相聚在一起写女字、做女红、切磋女书,使女书水平不断得到提高。她们用女书写信,有喜事相贺,有烦恼就互相劝慰。由于她们进行女书活动的隐蔽性,使得女书得以神秘延续至今。结拜姐妹的习俗为女书的创作和流传提供了良好机会。

3.“斗牛节”习俗

农历四月初八是江永女子的“斗牛节”,在这天,同村未婚姐妹邀请出嫁的仅两、三年的本村姐妹回村聚会,未婚的姑娘凑鸡鸭鱼肉、油盐柴米、整天集体开餐,不准男人参与。姐妹们说笑唱闹欢聚一堂。也可以说,“斗牛节”是姐妹们充分展示才华的日子,所以,父母对参加“斗牛节”的姑娘非常支持,姑娘们为在这个节日里能够有所表现,往往要提前十天半月进行准备。她们互相赠予写有或织进女字的纸扇、花带、头巾等,一起唱读女书。这一天,会女书的当老师,不会女书的成了学生。女书便在这种轻松自在的氛围中得到了传承和发展。

4.“过庙节”习俗

“过庙节”是祭祀花山仙子的节日,花山仙子是江永传说中的非宗教女神。都庞岭下很早就建有花山庙。每年农历五月初十以后,当地妇女成群结队赶往花山庙,举行盛大的朝拜祭祀女神的仪式。这个节日牵动了全县的女性,而且不受年龄和婚姻状况的限制。祭祀活动除了奉献祭品和焚香烧纸外,还要焚化用女书写成的祈祷女神保佑赐福的纸品。据说,花山仙子认识女书,用女书求告她的心愿,能最快得到满足。虚无缥缈的女神,她最大的作用就是为苦难者提供精神寄托,反映了祭祀者的美好愿望。由于存在了这样一位传说中的女神,对江永妇女学习女书起了推动作用。

5.“吹凉节”习俗

盛夏的“吹凉”,也是女人们的节日。每年从早稻开始收割到插完晚稻、种好夏红茹这段时间里,女人们三五成群,集中于凉爽之处,边做女红,边习女书,活动期间,绝不允许男人参与和旁观,时间半个月左右,这也是女人们学习女书的好机会。

6.“乞巧节”习俗

“七月七香,桃骨(桃仁)炒豆喷喷香”,这是青年女子过乞巧节时念叨的一句俗语。每年农历七月初七的晚上,青年女子结伴,在门前置一小桌,上面摆一碟桃仁和黄豆混合炒得香气扑鼻的祭品,吟诵女书,乞求织女赐给她们智慧,给她们一双灵巧的手,写出最好的女字,绣出最美最美的花。

三 女书流传地的女性习俗的社会功用

民俗学里认为,年节或节日或习俗是民俗中的一大重要的人文现象,是人类生活中的一大极为独特的文化行为,其人类普遍性也到了无国不节、无族不节、无年不节的程度,大多数学者都将其作为人文现象看,从文化学角度来理解,取得非常多的成果,而如果我们从传播学角度来做研究的话,那么节日是民俗这一"大众传播"中功能最为巨大的传播形式。我们所说的习俗或节日的"大众传播性",当然更表现在每一个节日的全国性、全族性、全村性的全民性上。无论什么年节,只要称作节日的,都必然属于某一相当数量的人群,属于某一村、某一寨、某一民族、某一地区、某一国度、某一整个历史时代,甚至是全人类、全世界。在湖南省江永县,妇女的社会地位十分低下,生产上没有地位,政治经济上没有权力,主宰不了自己的命运。婚前被锁在闺房中做"女红",不准和男性交往,称为"楼上女"。由于"不落夫家"婚俗盛行,妇女在婚后三天就回娘家,不能与丈夫生活在一起,有了孩子到婆家以后,也不能下地劳动,只能在家纺纱织布,女人和男人被分成了两个天地,女人只能和女人交往,只能和女性一起织布。这样,女子们通过纺织、女红、唱歌、互访、节日等活动,形成了一个"女儿国",是一个与男性社会隔绝的女性社会。因此,在这个特定的女性社会里也产生了具有"大众传播性"的女性习俗。现在我们从下面几个方面来阐述女书流传地的女性习俗的社会功用:

1. 凝聚功用

女书流传地的女性习俗具有凝聚功用。"坐歌堂""结拜姐妹""斗牛节"等每次习俗都会聚集这个地区非常多的女性,她们都是处于社会底层的被压迫女性,她们有着同样的心理趋同和文化趋同,所以,当地的女性习俗能够把这些卑微、松散的乡村农妇凝聚为以结交女友为组织形式,以写唱女书为活动内容的社群团体。这种凝聚力大大增强了女性的自我意识和群体意识。而将某一事物神圣化到宗教迷信或非宗教神仙的程度,从某种意义上讲是人类特有的一种文化传播的修辞方式,借此方法,人类巧妙而隆重地表达了自己对某一事物的高度重视和至高无上的崇拜。因此,具有神话色彩的花山仙子对当地女性生活的发展起到一定的推动作用。当然,这个凝聚力具有地理封闭性和社群封闭性,仅仅局限于一定地域、一定社区的女性集团内部。参与这些节日的人群范围知识这个农耕社区成员中的妇女。

2. 交际、娱乐功用

女性习俗的交际和娱乐功用具有鲜明的群体性,欣赏、娱乐、宣泄、疏导、共鸣、交流、平衡,是人类精神生活的一些基本需求,特别是情感缜密的女性,在封建社会旧制度的压迫下,"女子无才便是德""男女授受不清"……种种清规戒律限定了女人的活动天地只能是家庭。这些排斥在社会政治、经济、文化生活之外的女性没有社会活动、社交自由。然而,女性习俗给她们提供了交际和娱乐的机会。女性群体参与,互娱互乐,自我欣赏、自我享受、她们在这里歌古道今,唱人叙事。尽情倾诉悲愤,痛快宣泄心中的不满,在姐妹情谊的交流中得到共鸣和理解。也只有在这种独创的女性天地里,女人才享有平等、自由和自尊。在各种活动中诞生的女书、女歌和女红,构成了女书文化,是妇女们在自我展示、自我肯定中进行的社会调节和心理调节。在这种自由的交往和活动中,清苦、抑郁,甚至绝望的情结得以疏导,达到某种程度上的平衡。更使得她们勇敢地面对命运的挑战,承受不幸的人生际遇,不断追求新的生活。

3. 教化、传授功用

女性习俗具有教化和传授功用。在"坐歌堂""结拜姐妹""斗牛节""过庙节""吹凉节"和"乞巧节"这六个习俗节日中,无一例外的都体现了教化和传授功用。例如在"坐歌堂"这个习俗中,婶、嫂辈们通过说唱,便把如何待人接物、尊老爱幼、勤俭持家、处理好婆媳关系、夫妻关系等事项告诉新嫁娘。而新嫁娘也是通过这种方式来回应长辈。再如在"斗牛节"这一天中,虽然是姑娘们展示各自才华的时候,但是仍然是"会女书的当老师,不会女书的成了学生。"女人们便是在这种"与教于乐"的氛围中传授知识,习得知识。

四 "天下妇女,姐妹一家"

1993 年,冯京三先生在南京朝天宫古玩市场的地摊上收集到了一枚太平天国时期的铜币,上面刻有女书铭文"天下妇女,姐妹一家"。由于这八个字与太平天国的纲领和主张一致,又有中国的传统基础,所以,民众比较容易接受,在当时有一定的号召力,凝聚力。同时,也体现了女书流行地区结拜姐妹的习俗。这里的汉族妇女,虽然也象中原妇女一样身受压迫,但女性的交往是受到鼓励的,她们有属于自己的节日和活动,这些都是受到社会的赞许和重视的,比如,在"斗牛节"里,为了姑娘们的才华得到充分的展示,父母都成了她们的坚强后盾。相对自由的地位,使她们有了和别人交往的可能,她们使用属于自己的文字,用在自己的节日和活动中,沉浸在自己的世界里,那些平时自高自大的男人们,此时也不得不洗耳恭听这些受惯了压迫的小女子的心声。

江永女书是中国历史文化繁荣的大观园中的一枝独秀的奇葩,学者们纷纷赞扬它是"一个惊人的发现","人类文字史上的奇迹","中华瑰宝,世界一绝"。而"每一种文化的萌生、演化、发展都依赖于特定的生态环境,都是适应不同自然生态环境的结果,因而都具有特定意义和存在价值。"江永女书正是独特的女性文化和文化生态孕育的结果。但是,随着时代的变迁,女书面临着严峻的现代传承危机。一是女书赖以产生和流传的文化生态已不存在,如妇女开始从事农业活动,传统的女性节日和活动濒临灭绝;二是女书传人相继去世,传承后继无人;三是女书作品流失严重。在这三个方面,第一点是女书现代传承面临的最严重的问题。所以,必须恢复当地妇女特有的节日和社交活动,只有在以女性习俗为基础搭建的舞台上,江永的妇女才能重新团结在一起,共同拯救存在灭亡危机的女书文化,继续把它传承下去,并且加以运用,使它的内涵得以外延,最后,达到全中国乃至全世界的女性"天下妇女,姐妹一家"。

参考文献:

[1]陈东有."女书"起源与流传的文化特质[J].南昌大学学报,1995(2).

[2]李庆福.女书文化研究20年[J].广西民族研究,2003(2).

[3]森茂芳.论民族年节的传播学意义及其社会整合功能[J].民族艺术研究,2001(6).

[4]覃德清.中国文化概论[M].桂林:广西师范大学出版社,2002.

[5]田李隽.女书的女性文化透视及文化生态保护[J].海南师范学院学报,2004(5)

[6]田李隽.江永女书及其女性文化色彩[J].中华女子学院学报,2004(8).

[7]韦庆媛.女书产生与存在的社会基础[J].学海,2004(5).

[8]赵丽明.另类汉字——女书[J].科学中国人,2002(4).

(原载2006年第2期,作者单位:湖南师范大学)

女书亚文化结构的社会学分析

✳ 于　皓

　　任何一种文化均有其特定的文化体系,而不是一盘散沙。文化所结成的这种系统、体系所表现出的不同层次,就是文化的结构。社会学主要从文化特质、文化丛与文化模式三个层次上分析文化的结构。[1]71本文拟就女书文化进行社会学意义上的结构解读与分析。

　　女书是流行于湖南江永一带的女性专用语言文字,还泛指以女书语言文字为媒介,由女书作品、女儿节活动、斗牛节活动、坐歌堂和女红等习俗而构成的女书文化。随着最后一位女书自然传承人阳焕宜的去世,真正意义上的"女书"实际上已经宣告死亡。

　　近30年来,学术界、当地政府以及社会各界对这种女性文字及女书文化给予了极大的关注,一方面国内外学术界从各个角度对女书"化石"进行语言学、文学、艺术学、法学、教育学、社会学等各个领域的深入探求和研究,在不断地破解女书之谜同时也在挖掘女书的社会价值与影响;一方面当地政府和文化部门在保护女书和传承女书文化方面做着积极而不懈地努力,女书已成功入选国家非物质文化遗产名录,并吸引了美国福特资金参与开发女书旅游,政府也在探索女书"开发中保护"的多种举措。

　　显而易见,对于曾经是处女地的女书来说,这些探索都是有意义的,并且值得敬佩。但在女书保护与传承中,某些方面却违背了女书的文化成长轨迹,适得其反。如过分的商业化,如女书学堂的开办,不但不能原汁味地传承女书,而且会缩短它产业化的生命力。我们在分析女书亚文化结构中试图为此找到合理的解释与突围方法。

一　女书文化元素:女书文字

　　当一个社会的某一群体形成一种既包括主文化的某些特征,又包括一些其他群体所不具备的文化要素的生活方式时,这种群体文化被称为亚文化。[2]78 文化元素构成了一种亚文化的基本要素和核心内容,又称为文化要素或文化特质。

文化元素是文化中的最小而有意义的单位,它是独立的并反映某种文化意义的东西。[3]38 "女书"语言文字,即狭义的女书是女书亚文化中的文化元素。

文化元素,是对民族文化形态作离析研究,可一层一层地分解到不可再分解的最小单位,这就是文化因子。文化因子同时又是一种民族区别于他种民族文化的最小单位。

"女书"又称"女字",是流传在中国湖南省江永县及毗邻一带妇女中间的一种独特的文字符号体系。使用这种文字符号的当地妇女则把男性使用的方块汉字称为"男字"。女书的文字形似汉字,由点、竖、斜、弧四种笔画构成,字体倾斜呈长菱形,右高左低,笔画纤细,字形隽美,秀气整齐。因其字形又称为"长脚文""蚊形字"。

女书作为最基本的、最小的文化单位,再进一步分解成的笔划都不具有独立的文化意义。女书文字作为女书文化的"符号"和"象征",是女书文化的核心元素所在。离开了女书语言文字的文学作品、女红,绝不是女书文化所属范围。因此,女书在女书文化中是标签,标明了这种文化的与众不同之处。

女书使用者因使用"女书"语言文字这个特别的、与众不同的交流媒介而与其它群体如男性群体或其它地区的女性群体区分开来。为这个女性群体所独有,或用来书写、吟唱,或用来绣织,或用来娱乐,或用来互通心声,成为她们交往的特有工具。

女书作为文化元素是女书文化区别于它种文化的根本所在,具有符号象征意义。"作为由符号学的规则与代码所控制的传播系统中的元素而发挥作用:这些符号与生产它们以及它们所再现的社会关系一样,都令人难以琢磨。符号不只是作为现实的一部分而存在着,而且还反映和折射着另外一个现实。"[4]15 一把扇子、一面手帕、一张白纸,再普通不过,但用女书来书写或刺绣,便具有了符号意义,而仅仅于女书使用者才有确切的意义。

二 女书文化丛

以女书语言文字为符号的各种功能活动

文化丛是指因功能上相互联系而组合成的一组文化元素或文化特质。它往往与人们的某种特定活动有关,而且往往是物质文化和非物质文化的特殊结合。

文化丛是许多文化质点按一定方式形成的聚合。通常是以某种文化质点为中心,在功能上与其他文化质点发生一系列的连带关系,或构成一连串的活动方式。这里的文化质点即文化元素。

由女书语言文字符号这一文化元素为核心联合其它文化元素而形成的一组文化元素就是女书文化丛。其它文化元素就是女书文化元素的载体,如扇子、手帕、纸张、腰带;它伴随着女书的书写活动,再如吟唱、如舞蹈、如绣织等活动。

女书文化元素是静态的,但它结合的其它文化元素可能是静态的,如扇子;也可能是动态的,如歌唱、舞蹈。不论是与静态的还是动态的文化元素的结合,都表现为动态的活动,并且具有一定的功能性。这种功能性的活动具有一定的文化象征意义,这是文化丛的非物质文化所在。

而女书文化丛,必有一种文化象征意义所在。这种文化象征意义便是对男权的抵抗、对生活的不满、对主流社会价值观的不赞同。文化丛的活动,是女书文化生命力所在,如果脱离了文化丛,这种文化便失去了它存在的载体和活动性,将走向死亡。

如宜昌中国女书文化村项目的失败、当前中国江永女书园的门前冷落,归根结底是因为女书文化丛的断裂。我想,如果不从文化丛这个结构链上来挽救女书,再多名堂也终究只成为昨日黄花。

(一)女书作品的书写创作

用"女书"书写的作品也称为"女书",一般写在扇面、手帕、布帛和纸张上,还有绣在丝锦或花带上。写在扇面的称"扇章",写在手帕上的称"帕书",写在纸张上的称"纸文",绣在布上的称"绣字",织在被子、带子上的称为"字被""字带"。这些作品大都是能唱的诗体作品,以七言诗体为主,但不严格押韵和对仗,还有少量的五言体,以及个别的杂言诗体。女书作品内容主要有两类:记载重大历史事件和女性抒情题材。因其描述妇女的一些苦难遭遇和内心悲苦之情,女书文学又被称为"苦情文学"。

(二)女书作品的吟唱舞蹈

妇女们唱习女书作品的活动被称为"读纸""读扇""读帕"。女书流传地的女性日常生活中聚在一起做女红时,读纸、读扇是当时最时尚、最喜欢的活动。在一些节日的庆祝活动中也要吟唱女书。

1. 女儿节活动。每年的农历四月初八,是属于女人的节日。这一天,未婚少女和不落夫家的妇女聚集一起,进行比赛。每人都要带一些食品来供大家品尝评论,另外就是要读女书,写女书,比女书,这也是节日的重头戏。女书写得好的女性会受到大家的尊敬,吸引许多人和她结拜姐妹。

2. 坐歌堂活动。坐歌堂,是女书流传地的一种民间风俗,即女子出嫁前二、三天,在娘家举行的最隆重的活动。分愁屋、小歌堂、大歌堂三个阶段,分设在三个晚上,都要哭唱与出嫁有关的歌,叫做哭嫁歌。女书哭嫁歌,就是用女字记录下的当地女子出嫁时唱的歌。

3. 贺三朝活动。贺三朝是婚后的第三天,娘家向男方家送三朝礼。三朝书便是其中一礼,由娘家女宾客在酒席上唱读三朝书。三朝书是用女书书写的,是新娘的结拜姐妹或是亲戚亲手做的,每本有红纸扉面,内订有十至二十页的合页萱纸,但一般只写三页六面,其余空白,由新娘在以后的生活中逐渐填写。

4. 赶庙会活动。过庙节是在阴历五月初十后三天,当地妇女聚集到花山庙祭拜花山仙子的活动。传说花山仙子认识女书,因而当地妇女将其作为崇拜的偶像。人们把自己的愿望用女书写出来,读给花山仙子听,希望得到神灵的帮助,并能实现自己的愿望。

女书符号的"言外之意"是"以代码的形式表达了一种抵抗形式,抵抗着使她们一直处于从属地位的秩序"[4]20。女书群体活动(包括女书作品)反映了女书使用者心声、情感以及反抗现实社会主流伦理的内心世界,是女书文化丛的象征意义所在。

三 女书文化模式:独特的群体互动方式

"文化模式"这一概念,有各种不同的用途和意思。在不同的文化人类学家那里,对文化模式的理解也不同。美国人类学家克罗伯,把文化中的那些稳定的关系和结构看成一种模式。在本尼迪克特那里,文化模式是相对于个体行为来说的。本尼迪克特认为,人类行为的方式有多种多样的可能,这种可能是无穷的。但是一个部族、一种文化在这样无穷的可能性里,只能选择其中的一些,而这种选择有自身的社会价值取向。选择的行为方式包括对待人之生死、青春期、婚姻的方式,以致在经济、政治、社会交往等领域的各种规矩、习俗,并通过形式化的方式,演变成风俗、礼仪,从而结合成一个部落或部族的文化模式。这样一些模式,区别着不同的文化,同时也塑造着各自所辖的那些个体。[5]3女书文化模式以女书群体独特的群体互动规则与主流文化相区别。

(一)女书群体是一种地缘群体、趣缘群体,属于初级社会群体

女书流行地有结拜姐妹的风俗,女书群体也是由结拜姐妹而来。这种结合具有自发性:在 10 岁左右,异姓异年龄之间,若是彼此中意的话,就可以结成"义姐妹",人数在三人到七人之间。尤其好结"七姐妹",但人数从未超过七人。同姓女性,若是彼此之间相隔四代也可以结拜成姐妹。[6]157在结拜姐妹时,按从大到小的顺序分别到"姐妹"家里去,并跟其家人一起吃饭。所有的"姐妹"家都去过之后,这种结拜的关系才算确定下来。可见"姐妹"仪式还是比较正式的,类似于在姐妹各家长中得到认可。

这种小群体具有稳定性:若"姐妹"中有一个人要出嫁了,那么其他姐妹就会带上自己的布料住进那位姑娘家。在那位姑娘家一起练习女书,特别是三朝书。每天晚上,她们都要练习歌唱女书,以至于周围的人都睡不好觉。婚礼后的第三天,住在娘家的"姐妹"们带上那时写的女书送到"姐妹"出嫁的地方。"姐妹"们每人手拿一册,里边的前三页写有女书,其余的都要空着。遇到出嫁还有过节时,彼此间会来往一下。但是当某一个生病或者遇到困难时,也不去探病或者去帮忙之类的。因裹了小脚的缘故吧。但还是会有书信来往安慰的。因女书流传地有婚后"不落夫家"的风俗,所以嫁出去的姐妹回到娘家后还是有很长一段时间可以在一起习唱女书做女红。

(二)女书群体具有结构的松散性、感情的紧密性特点

女书群体因结拜姐妹而形成,由女红手工、节日民俗活动而有面对面的互动,甚至住到要出嫁的姐妹家里去,可见联系较紧密。婚后的姐妹平日里则于各自家庭中或纺或织,做各自的家务事,靠书信传递感情交流信息。按莫雷诺(J. L. Moreno)的社网图来分析,女书群体结构看似松散,虽不常常在一起,实则紧密。群体成员的互动是稳定地、持续地富于情感。

(三)女书群体内部无正式规范,核心人物靠个人威信

女书群体为初级社会群体,人数不多,以情感为纽带。无正式规范,属非正式群体。群体互动靠习惯来规则。如在对女书物件的处理上,母女世代相传,传女不传男。由于这些女性们都相信死后在阴间也能读女书,所以死后女书也一同下葬,即人死书焚。群体有核心人物——君子女,是群体的精神领袖和规范象

征,靠威信等个人魅力规范群体行为。在节庆活动中,领唱女书并创作、传播作品。

(四)女书群体与外群体的交流具有形式的神秘性和内容的反抗性的特点

女书的创造与传播都是女性,这种特殊的文字只在女性范围内作用。且女书传人死后,女书作品要随葬。这种"传承方式"和"人死书焚"的风俗习惯,使女书保持了排男性和神秘性。女书作品大多是苦情歌,对女性命运的痛述和对社会的不满,但这一群体没有过激的行为来反抗男权社会,是对主流文化的柔性对抗。

四 结语:女书亚文化的生存空间

亚文化的存在是社会自由和文化多元的反映,专制社会中主流文化绝不允许亚文化的存在或公开存在。女书亚文化得以延续发展,主观因素一方面是女书群体交流、展现自我的需要,一方面是女书群体对现实不满的柔性反抗。客观条件是时代的宽容性。

女书流传地地理位置偏僻,四面群山环抱,交通不便,经济文化十分落后,封建统治势力相对薄弱,管理有限。居民汉瑶杂居,汉人瑶化,瑶人汉化,汉瑶文化在碰撞、交流中融合。而瑶文化中,母亲在家庭中的地位是相当高的,女子可以随兴趣做事,具有一定的自由度。这为女书亚文化的存在客观上缔造了一个宽松自由的政治文化环境氛围。

参考文献:

[1]郑杭生.社会学概论新修:第三版[M].北京:中国人民大学出版社,2003.

[2]戴维·波普诺(李强译).社会学:第十版[M].北京:中国人民大学出版社,1999.

[3]王思斌.社会学教程:第二版[M].北京:北京大学出版社,2003.

[4][美]迪克·赫伯迪格(陆道夫等译).亚文化:风格的意义[M].北京:北京大学出版社,2009.

[5][美]露丝·本尼迪克特(王炜等译).文化模式[M].北京:社会科学文献出版社,2009.

[6][日]百田弥荣子.女书的故乡[A].抢救世界文化遗产女书[M].长春:时代文艺出版社,2003.

(原载 2013 年第 1 期,作者单位:湖南科技学院)

女书起源新探

✴ 伦玉敏 ◆

上世纪 80 年代,原中南民族学院(现武汉大学)宫哲兵教授在湖南江永、道县一带深入田野,发现了一种仅在女性间使用的特殊文字——"女书"。这种女性文字的起源问题一直是学术界关注的焦点并引发了学术争论。早期的研究者多侧重于女书起源的时间问题,如李荆林认为"女书"是从远古刻画符号演变而来,与甲骨文同步甚至还早;[1]潘慎认为女书比甲骨文早,是原始母系社会的文化产物;[2]谢志民认为女书源于与甲骨文同时代的古越族文字;[3]宫哲兵认为"女书"起源不早于唐代,应该是明清时期,且得到了学术界大多数人的认同。[4]但是女书作为一种成熟的文字体系,它究竟是如何被创造出来的呢? 它是由人直接创造出来的,还是本来就存在的一种符号体系后被女性加以借用和改造而产生的呢? 本文试图对此进行一种尝试,以抛砖引玉,期待更多学者的深入研究.

一 女性仓颉:女书起源传说的解读

(一)女性仓颉的传说

"女书"因其特殊的文字体系和特有的性别特征而被称为"惊人的发现",可以说,女性性别特点是"女书"学术研究的核心价值所在。既然这种文字被称为"女书""女字",又在女性群体间使用,而与她们朝夕生活在一起的男人们很少或者不懂这种文字,那么有没有证据来证明女书就是由当地的女性仓颉(赵丽明语)发明的呢? 江永县当地认为"女书"是由当地的妇女创造的,并流传着三种关于"女书"仓颉的说法。

1. 女妃造字说。1982 年《江永县文物志》记载,不知什么朝代,江永县一个美丽的女子被选进皇宫,从此远离亲人与姐妹,满腹忧伤又无处诉苦。于是,这个美丽的女妃用家乡女红上面的图案制作了一种秘密文字,用来写信,向家乡的姐妹诉说自己的不幸,并嘱咐她们要用土话去辩读。

2. 盘巧造字说。很久以前,上江圩乡桐口村有一个姑娘叫盘巧,她最会唱歌,擅长女红,喜欢结交姐妹。有一年,盘巧在山上砍柴时,被道州官府的猎队抓走关了起来。亲人和姐妹不知她的去向,无法营救。盘巧用织花边的图案创造了一种文字,写了一封求救信藏在猎狗身上,带回到家乡。姐妹们用土话读出了这些图案字,看懂了信的内容,然后去道州城关救回了姑娘盘巧,这种新字就在当地女性中流传开来。

3. 九斤姑娘造字说。"女书"自然传承传人义年华写过一篇《要问女书何处来》的作品:"只听前人讲古话,九斤姑娘最聪明,女书本是姑娘做,做起女书传世间。"1983 年,她对来访的宫哲兵讲述了这个故事:古时候,桐口村有个姑娘,她一生下来就有 9 斤重,大家都叫她九斤姑娘。九斤姑娘爱唱歌,精通女红,与很多姑娘结老庚。老庚之间感情深,要写信,但大家都不认识汉字,学习汉字也非常难,于是九斤姑娘用姐妹们的纺织、女红图案创造了一种文字,即"女书"。

(二)女性仓颉传说的解读

这三个流传于当地的故事曾是学者们解读女书造字者的主要依据。宫哲兵教授认为,这三个女性都是同一个人,其中盘巧和九姑娘明显是同一个人,而女妃与盘巧,据他考证都是江永县上江圩乡桐山岭人,一个住荆田村,一个住桐口村,这两个村子紧挨着,仅隔一条河,女妃造字说可能是盘巧造字说的演变。[5]如果不去考究传说人物的历史真伪,而是将其故事结构进行比照,会发现它们存在这样的逻辑,即:聪明女性(女妃、盘巧、九姑娘)——与姐妹亲友隔离(进宫、被抓、无法通信联络)——利用女红图案造字——土话解读——流传。从这个逻辑结构看,江永地区代代妇女间传授使用的"女书"所能追溯到的最早的使用者即是当地有才华的妇女;所谓的"隔离"型故事情节,遵循父权制下妇女为其附庸的女性观,可指历史上当地妇女被隔离在父权社会之外而形成的女性群体,这个群体之间相互倾诉心事,表达不满;为了互相沟通的方便,她们便根据当地的女红图案创制了一种文字。

"女书"的内容,一般包括通信、歌本、传记、叙事等,其中通信是"女书"日常的主要功能之一。在江永当地,"女书"只在妇女间使用,但是并不对男人保密,学者们认为当地男人们仅仅把女书当作是女红一类供女人消磨时光的东西,一般来说未婚少女和老年寡妇特别偏爱女书。[6]9受制于社会道德传统,年轻女子和已婚妇女,尤其是老年寡妇,她们参加社会活动的限制较多,与主流父权社会隔离开来,社交和情感的需要形成了很多女性结拜的小团体,聚会时一起吟唱"女书",分开时以"女书"来通信,互相倾诉情感心事,即"诉苦情"。结拜姊妹中有人出嫁的话,其他的姐妹要用"女书"写一封贺信即"三朝书",在她结婚后第三天送给她。"三朝书"是"女书"中最为有特点,虽是结婚贺信,内容除了对婚姻祝贺对亲家的感谢等话外,还多写女子对结婚生活的恐惧,离开姊妹后的惆怅,以及长辈们对出嫁晚辈的叮嘱教育等,颇具"申诉、幽怨"色彩。

"女书"使用的社会文化和它的功能与"女书"造字者的三则传说中所反映的内容是非常类似的。从这几则传说产生的时候,"女书"的使用群体以及主要功能就已经是今天所能见到的这样了。由此我们还是不能确定究竟存不存在创造"女书"的女性仓颉。传说中还有一个重要的信息就是那些聪明的女性们利用女红图案创制了"女书"。"女书"流传地区的妇女们大都擅女红,喜欢聚在一起劳作,图案翻新相较巧拙,口中则歌声如作。很多花带上织有一些与"女书"相似的图案。当地妇女说这些图案是古代的字,从她们的母亲那里传下来,她们照着这些字的样子织在花带和花被上。宫哲兵教授认为,这些图案还没有成为文字,但是当它们代表了一个固定的音节,又通过这个音节表示了固定的意义,就成为了"女书"的符号。[6]243当地妇女在"女书"作品中常把"女字"称为"粗字粗针",另外,当地妇女纺织时往往将布倾斜约45度以比较方便刺绣,刺绣完毕后将布摆正再看,所绣的图案自然是如"女书"那样呈右高左低的斜形了。可是根据这些我们仍然无法推断出女红图案就是"女书"的来源,根据传说和调查材料也只能告诉我们二者之间存在关系,还缺乏足够的证据证明谁是源,谁是流。

二 "女书"起源与道教符箓、傩巫符咒之关联

抛开女性性别特点回到"女书"本身,我们会发现一个经常被引用却很少有人去关注的事实:"女书"有很重要的祭祀功能。解放前,江永县舍下村附近的花山庙一直是女书活动的中心之一,里面供奉着当地的两尊"姑婆神"。农历五月初十后三天是花山庙会,周围几个县的妇女都过来参加,其中江永和道县的妇女往往带着"女书"物品,如纸扇、巾帕等,上面用女书写好愿望等,在庙前烧香跪拜后拿出扇巾吟唱,唱罢低头许愿,最后将这些物件一并焚烧。如遇天灾人祸,妇女们提前就要斋戒沐浴,然后再过来祈福烧书。人死后,她的亲友会将她

生前的"女书"一部分烧掉,一部分作为陪葬品,还有部分留给亲友后代纪念。与此不远的道县龙母庙也是"女书"活动的中心,情景与花山庙类似,在此祈愿灵验后还要还愿。2006年花山庙修复后对外开放,妇女们每月的初一、十五都要来这里上香祈愿烧书,已经形成习俗。

这些材料中存在着很多似曾相识的习俗。如祈愿时唱"女书"然后把它烧掉,这个简单的仪式中,"女书"成为了沟通神灵与信众的媒介,换言之,"女书"是写给神灵的,是神灵世界通用的文字。从这里很容易让人联想到两个类似的场景。一是儒家文化辐射地区人们祭祖时,通常由族长念诵祭文,以示对祖先的怀念、敬重等,然后将其烧掉以示送达祖先面前。另一个是道教斋醮中重要的"上表"仪式,道士将斋主信众的住址、姓名、心愿写成表文,经过特定的仪式后在表文上虚画符文表示封缄,然后将表文于焚炉中分化,同时高道步罡踏斗,默念表文,表示他的元神已经来到神灵面前,并将表文传达给天庭上的神灵。道教的上表仪式与"女书"的祈拜十分类似,有没有可能"女书"与道教有着某种关联呢?

道教在宋代就已经传到了永州,史志中记载了何仲淈、何元卿、何士信等到手的事迹,而且江永县和道县的女众颇多。道士,尤其是正一派,作仪轨法事时常画符而烧。道符的产生,刘师培认为,"秦汉以降,术数家言与儒道二家相杂,入儒家者为谶纬,入道家者为符箓"[7],《云笈七签》把道符的功能归纳为:"以祛邪伪、辅助正真、召会群灵、制御生民、保持劫运、安镇五方。"道士为了"召神"便将符"烧之,令灰扬于青烟之霄"[8]96。"咒"是人们向神明表达的某种语言信息,这种语言信息集中反映了人们的某一愿望,并企图通过神明来实现这一愿望。[8]351只有符咒合用,才能实现道士"召神用神"之全部功能。

永州周进隆把"女书"与金文书法、道教符文进行了比较。宋代金文研究达到了一个高峰,周通过比较金文构造和"女书"结构,发现二者之间存在类似之处,"女书"由点、斜、弧、竖组成,比金文少了横、折、钩三种笔画。他还见到了一块刻有"文昌王主圭"字样的道教玉笏板,铭文中有三个字与女书类似。[9]43此外他还录制了"女书"祭祀时的唱腔与当地道公的咒腔进行了比较,发现二者存在相似之处。由此他断定,"女书"就是从道教的符箓转换过来的,而转换的主体就是那些在道教法堂上学习符文的女性信众。"江永的道教摒弃了传统'真文'复杂的写法,仿照吕大临和薛尚功所集的金文创制了一套比较简易的字符,并采用百姓都易接受的诗歌文体"[9]68,从而为"女书"在民间的流传奠定了基础。周的研究也存在很多不足之处,如将金文和"女书"笔画构成相比较,正如其他学者将甲骨文、楷书字形与"女书"比较一样存在逻辑缺陷;他对从金文－道教符文－女书的发展过程论证较为牵强,除了一件笏板之外缺乏其他的佐证。但是道教符文与"女书"的一些字形都借鉴了汉字、汉字偏旁和一些象形图案,在字体构成上有一定的相似之处,目前虽无确凿证据证明二者之间的关系,但也不能轻易否认。

此外,湖南地区自古"信巫好鬼","多淫祀",流行傩巫。清《道州志》载"人病不信医而信巫,延至家中,满堂供役,巫则呜呜吹角,戟指念咒,翩跹跳舞,名曰冲锣,曰十保福,曰杀鬼,曰退魔",凡作巫事,巫师必戴傩神面具,画符咒,烧香化纸。江永居民动辄请巫通神(祖先)、驱鬼祛邪。巫师作法后,满室都是符咒。永州邓艳珍曾在一文中写过她患病后,朋友请巫师为她画符驱鬼护身的真实经历:"巫师遂画龙虎二符嘱贴睡床前后。龙符(巫师所称)为一点一竖加一弧,虎符则是两点一圆,圆中加一歪斜王字。这些笔画,基本符合女书笔画形式简单,只有点、竖、斜、弧四种类型的特征。"[10]永州地区过去还存在着"桃花癫"(少女精神疾病)和"菊花癫"(寡妇精神疾病),也主要是巫师用符咒来治疗。目前虽然还缺乏足够的材料来证明道教符箓、傩巫符咒与"女书"起源之间的必然联系,但是却为今后"女书"的研究打开了一个新的思路。

三 "女书"起源研究的反思和展望

在现有的材料中寻找"女书"仓颉遇到了很大的困难,材料与"女书"之间的"源"和"流"的关系总是缺乏关键的证据,也由此造成了"女书"研究中存在较多的"想象的事实"。学者们在探寻"女书"起源的时候也都曾关注过为什么"女书"只在江永一带的妇女中流传这个重要的问题。普遍认为,江永妇女在封建社会受着政权、族权、神权、父权等四种权力的压迫,身心压抑和生活不幸导致精神痛苦,必须倾吐苦水,以求得心境平衡。这种不幸的倾诉无法得到男人的关注,只能在遭遇相同的姊妹那里得到理解。[11]在这种传统妇女观念下,封建男权社会压迫使得江永妇女创造了另一种独特的文字"女书",在"女书"中妇女们"勾勒了女性由默受－独白－对话的流程,其在中国女性史乃至世界女性史的地位和意义由此可见"[12]。

妇女受封建父权压迫并非江永独有,而是历史上长时间内相当普遍的社会现实,而为何"女书"为江永独有?宫哲兵教授认为,江永地区女子由于时间的充裕,与男性世界隔离,通过纺织、女红、唱歌、互访、节日等活动,形成了一个内部十分活跃的女性社会,为女性文字的产生提供了土壤。但女性有没有必要竭力生产一种新的语言,用来对抗男权社会? 以目前公认的"女书"产生于明清时间为限来看,明清的女子地位有了很大的提高,男女平等观念已经萌发,诸如李赞、沈德符等士大夫们反对女人祸水论,认为女人和男人在认识能力上是平等的。美籍学者高彦颐通过研究 17 世纪江南地区上层妇女的诗词来探讨她们当时的实际生活情况以及当时社会生活的全貌,并认为这些妇女的生活状况"主要不是抱怨和诉苦,而是各种思想和审美的表达以及愉悦感"[13]。从中也可窥见明代妇女地位是有很大提高的。

不可否认,"女书"传世作品中"诉苦情"的作品居多,承载着反思、评论和挑战主流意识形态的任务,也有一些唱和父权的作品。从文学角度看,这都是对当时真实社会现实的反映,"女书"作品中的创造一些女性英雄人物与其他文学作品中除了性别外也并无差异。或许是无处不在的男性话语支配让社会把"女书"的性别特色放大到极致,才使得目前的研究总是局限在女性群体上。"女书"中的女性主义研究也已走过多年,但是更多的是仅仅把它当作向男权示威呐喊的口号,没有真正发掘它的价值所在。在研究中如果放弃这种性别特色,把它当作一种平常的文化现象对待,取消"惊人的发现"背后的男权意识,是否能够还原它的真实面貌呢? 当然这还需要学术界进一步拓宽研究方法。目前学术界主要是从语言学、历史学、社会学等角度对"女书"诸多问题进行研究的,但是"女书"文本和"女书"功能中还有很多重要的宗教内容,如果在今后的研究中能够真正纳入女性学和宗教学的方法,"女书"起源等一些关键问题一定会有突破性的进展。

参考文献:

[1]李荆林.女书与史前陶文研究[M].珠海:珠海出版社,1995.

[2]潘慎,梁晓霞.原始母系社会的文化——江永女书[J].山西大学学报(哲学社会科学版),2003,(4).

[3]谢志民."女书"是一种与甲骨文有密切关系的商代古文字的孑遗和演变[J].中央民族学院学报,1991,(6).

[4]李庆福.女书文化研究 20 年[J].广西民族研究,2003,(2):94.

[5]宫哲兵.论江永女书决非先秦古文字[J].中南民族学院学报(人文社会科学版),2001,(6):113.

[6]宫哲兵.女性文字与女性社会[M].乌鲁木齐:新疆人民出版社,1995.

[7]刘师培.术数学术史[A].劳舒.刘师培学术论著[C].杭州:浙江人民出版社,1998.

[8]刘晓明.中国符咒文化大观[M].南昌:百花洲文艺出版社,1995.

[9]周进隆.中国女书起源新探及书法[M].长沙:湖南美术出版社,2011.

[10]邓艳珍.女书生成源起析辨[J].汉字文化,2005,(4):59.

[11]李格非.女性文字与女性社会序言[A].宫哲兵.女性文字与女性社会[C].乌鲁木齐:新疆人民出版社,1995.

[12]傅美蓉.女书:我们的终结,抑或我们的开始[J].妇女研究论丛,2003,(4):56.

[13][美]高彦颐.闺塾师——明末清初江南的才女文化[M].南京:江苏人民出版社,2005.

（原载 2013 年第 1 期,作者单位:武汉大学）

建议用 Womanese 来翻译"女书"

✳ 宫步坦

一 现行的翻译方法及其缺陷

中国湖南江永县的女性文字是否应该称"女书",还是称"女字"更合适,曾经引起过语言学家和女书研究专家们的争论。其实,这主要取决于需要表达的具体内容,例如,要表达"(当地)妇女所使用的语言"这个概念,则与"汉语"相对应的"女语"(即"女性语言"的简称)表达较为准确;而如果想表达"(当地)妇女所使用的文字"这个概念,则与"汉字"相对应的"女字"(即"女性文字"的简称)应该是最准确的表达。不过,由于历史原因,也因为要尊重当地的传统,大家最终确定了"女书"这个已经广为接受的称谓。

然而,当我们想把女书这种神奇的文字翻译成英文并介绍给世界时,却产生了困难。由于在英语中很难找到与"女书"这个概念相对应的英文单词,多数学者只能简单地将其音译为"Nüshu",但这种翻译的直观性太差,仅看这个单词无法知道其含义,不利于女书在英语环境内的传播和扩大其影响力。目前学者们对"女书"尚有 Woman's characters、Women's Language 等多种翻译方法,但也不够准确或没有说服力;学者们始终无法就此达成一致,也削弱了女书应有的国际影响力。

我们不妨先分析汉字的翻译方法。由于汉字是意音文字,严格说是语素音节文字,即每个字一个音节,同时又表示一个意义单位(词或语素),而且读音又是由其意义确定的;英语、法语等西文则属于表音文字[①]中的音位文字,即运用表音位的字母来记录语言。所以,一个汉字与西文一个字母或一个单词的概念截然不同,因此汉字的"字"不能翻译成 letter(字母)或 word(单词),而应该是 character。故"汉语""中文"被翻译为 Chinese,而"汉字"则通常被翻译为 Chinese characters。女书虽然也是表音文字,但属于音节文字[②]而非西文这种音位文字,即女书用每个单字表达一个音节,并间接地表示了一组不同的意义。[③]通过以上分析可看出,女书单字的"字"也只能被翻译成 character,因此在英语中"女书""女性文字"应翻译成 woman's language,而"女书单字"应翻译成 characters of woman's language。

然而,这种最为准确的翻译方法又有其明显的缺陷:既冗长难读,又极容易让人误解成与"妇女的性格"或"妇女的特征"有关的概念。

二 创造新单词的英语造词依据

既然没有现成的英文单词来表达,我们能否在现有英文单词的基础上,充分利用英语构语法,来表达"女书"这个特定的含义呢? 衡量创造一个新单词有无必要的依据是:Ⅰ.这个新词应该明显更简化地表达了一个独特的意义;Ⅱ.这个新词所表达的独特意义为原来任何单词都表达不了;Ⅲ.这个新单词还应该兼有简洁性和词义直观性,并符合英语的构词原则。

文字是记录语言的工具即书面符号系统,中国的女书作为记录汉语方言的一套比较成熟、比较完备的书面符号系统,自 1982 年被学术界所知已过了 20 年,在国际上引起巨大反响,时至今日,"女书是世界唯一的女性文字"这个观点已经被广泛接受;同时,"女书"这个含义显然尚不能用任何一个现有英语单词表示,因此它具备了创造一个新英文单词来表达的条件Ⅰ和条件Ⅱ。

根据英语的构语原则,最常用以简化词组表达的方法是创造新词,有两种典型方式:一是用词组中每个单词的首字母组成新词,如 UFO、NBA、FBI 等;另一种方法更为常用,即在原有单词上加上有特定含义的前、后缀,例如,"中国"和"日本"这两个单词分别是 China 和 Japan,而"汉语(中文)"和"日语(日文)"则分别是 Chinese 和 Japanese,构词方法是在原单词 China 和 Japan 后面直接加后缀" - ese"来表明这是与该其相对应的语言。能否利用以上两种方式,使构造的新词满足条件Ⅲ呢?

三 新造词 Womanese 及其优势

根据以上规则,笔者在反复思考后,认为 Womanese 为翻译"女书"的最优选择,原因如下:

从词根来看,高频单词 woman 的意义是"女人,妇女",以 woman 为词根加各种后缀的派生词有几十个之多,每个单词都是表达一个与女人或妇女相关的独特含义,[④]Womanese 也不例外。而英汉词典中对后缀 – ese 的解释为:1. 作为后缀构成名词,表示"…(复数)人,…语(或方言),…体";2. 作为后缀构成形容词,表示"…国家(或地方)的,…语(或方言)的,…体(派别)的"。[⑤]可以看出,在 woman 后加上表示"语言、方言"含义的后缀 – ese,创造的新单词 Womanese 完全符合英语构词规则和前后缀意义阐释,并能很直观地表达出"女性文字"这个概念,其意义就是"(存在于中国的)女书"。

再从实践来看,而后缀 – ese 并非只能用在对国家通用语言的称谓中,例如英语中"广东话"的单词是 Cantonese,构词方法是在把"广州(旧称)"的单词 Canton 后面直接加后缀" – ese"来表明这是与该地名相对应的语言。

由上可知,Womanese 这个单词原来并不存在,而它即将表达的"女书"也是世界唯一的,具有独特含义;同时,Womanese 完全符合英语的构词原则,并具备简洁性和词义直观性,确应是翻译"女书"的最佳选择。在种情况下,"女书单字"则可类似"汉字"的翻译方法,用 Womanese Characters 来表达。

而且,由于在英语中 Chinese、Japanese 和 Cantonese 还能分别表示"中国人(的)""日本人(的)"和"广东人(的)"之含义,因此,Womanese 这个单词也可以表示"使用女书者(的)"这层含义。

四 使用 Womanese 的合理性验证

到目前为止,我们还没发现 Womanese 在比较权威的报刊中出现,仅在网络上的小范围内被使用,是一个全新的英语词汇。为了证明 Womanese 的合理性,我曾在国际互联网上搜索,发现有少数人在网络交流中使用 Womanese,直译是"女人的语言",试举网络上的一例:

Womanese is not a "yes means no and no means yes" kind of language. It's more of a "no means no, but we never actually say ' no' because lots of other things mean ' no' ……"

以上是网络上使用的英文原文,下面是译文:

Womanese 并非"说'是'表示'不',说'不'表示'是'"的一种语言。它更接近于"说不就表示不,但我们(女人)从不直接说'不',因为有很多别的方式也能表示'不'……"⑥

这说明 Womanese 的使用虽然并不广泛,也基本上未见诸报刊,但作为"女人的语言"已经具有了一定的民众接受基础,用 Womanese 来翻译"女书",可以说是形神兼备。

必须指出,英语中"语言"的概念通常包含文字,例如 Chinese 可以表达"汉语"和"中文"的双重含义、Japanese 可以表达"日语"和"日文"的双重含义,但使用 Womanese 作为"女书"翻译的专用名词,主要是表达"女性文字"的概念。

五　类似的先例

在这里,不妨举一个与 Womenese 最接近的当代英语造词例。英语单词 history 的意义是"历史,历史学""(个人的)履历,经历""过去的事"等,这早已经被广泛接受和使用。然而,在妇女解放者和女权运动者的眼中,这个以男性"他"(his‐)作为前缀的词语明显带有性别歧视,于是她们以女性"她"(her‐)为前缀创造了新词 herstory,将其使用在她们的组织名称中并广泛运用。短短几年以后,这个目前在任何一个英语字典中仍然找不到的单词已经堂堂正正走入《洛杉矶时报》⑦、《华盛顿邮报》⑧等航母级报刊中。新生单词被字典编纂委员会确立收录的标准是其被使用的频度和正式程度,可以预计,妇女运动催生的新单词 herstory 很快就会被收入各权威英语字典的下一修订版本中。

特别值得一提的是,单词 herstory 与 history 的最本质不同为:history 作为一个高频用词,是不带任何性别色彩的中性词,但 herstory 目前仅使用在对女性的描述中。‐ese 最早作为后缀时,曾经有歧视弱势民族和弱势语言的潜含义,但到近代以后已不再有歧视的含义;现在,Womanese 也仅使用在对女性的描述中,特指在中国存在、世界唯一的"女性语言"和使用这种单性别语言和文字的妇女群落。

六　小结

以新单词 Womanese 表达"女书",令人印象深刻,有利于扩大女书在英语环境中的影响力。女书 Womanese 的词根与汉语 Chinese 的后缀相同,人们在使用 Womanese 时容易记住女书是一种特殊的汉语方言文字。如果再通过女书研究者们的不断努力,在翻译"女书""女性文字"时都翻译为 Womanese,并将其广泛使用在与之相关的所有场合与领域中,相信在不久的将来,Womanese 这个专指中国女书及其使用者的新生单词也有望在世界各权威英语字典中登堂入室,则中国女书就能真正为全世界人所知悉和了解!

注释:

①表音文字的特点是符号跟语音挂钩,不跟意义挂钩,意义要通过语音才能知道。

②女书是一种音符字音节文字,它所记录的江永土话是单音节的。日本假名也是音节文字,但一般由两个以上音节购字,表达一个意思。

③宫哲兵《女性文字与女性社会》,新疆人民出版社,1995 年 8 月版,第 253 页。

④《英华大词典》,商务印书馆,1998 年 6 月版,第 1593 页。

⑤李华驹主编《大英汉词典》,外语教学和研究出版社,2002 年 4 月版,第 529 页。

⑥摘自:http://www.secondsymphony.org/archives/2004/09/woman ese_i.php。

⑦《洛杉矶时报》(英文),2003 年 9 月 21 日,第 R12 版。

⑧《华盛顿邮报》(英文),2004 年 9 月 19 日,第 M03 版。

(原载 2005 年第 9 期,作者单位:武汉大学)

符号经济与女书文化产业及其品牌的构建

✻ 贺夏蓉

符号经济又称非物质经济，"是指商品作为符号的价值上升，以至于超过了商品本身的使用价值，经济活动围绕着商品的符号价值展开，引导与欲望的合谋造就了一个由符号构成的消费神话"[1]。符号经济是以符号的生产、交换和消费为基础，是现代化走向终结之际替代工业、制造业而成为新的经济引擎。在这种社会形态中，商品的使用价值被逐步弱化，商品的符号意义越来越突出，并伴以形象符号的日常生活化，正如让·波德里亚指出："消费社会的逻辑根本不是对商品的使用价值的占有，而是满足于对社会能指的生产和操纵；它的结果并非在消费产品，而是在消费产品的能指系统。"[2]这种从现代化生产转向后现代非物质经济的过程在麦克尔等人所著的《帝国——全球化的政治秩序》一书中所提出的中世纪以来世界先后经历的三种经济形态范式（见下表）中变得非常明显。[3]其中的第三范式正体现了文化资本到文化博弈力的一个重大转变，它是一场以消费社会的需求为牵引的符号经济的革命，其正在成为自工业革命以来意义最重大也最深远的人类社会的转型。

世界三种经济形态范式表[4]

历史时期	17 世纪前	17－20 世纪	世纪后期至今
形态次序	第一范式	第二范式	第三范式
理想型	前现代	现代化	后现代化
经济主导	农业	工业	文化产业
社会追求	自给自足	生产主义	消费主义
图腾景观	哥特式教堂	大烟囱	迪斯尼乐园
代表作	堂吉诃德	摩登时代	怀念狼
流行观念	基督教神学	一元启蒙主义	多元文化主义

自然条件	人口少资源丰	人口爆资源竭	物种灭绝、生态危机
核心人力	耕作	制造	创意
关键词语	不发展	发展是硬道理	可持续（发展或存活）吗？
关键信念	禁欲主义	物质主义	非物质
主要威胁	瘟疫、自然灾害	大屠杀	爱滋病–核武器
技术标志	灌溉–风车	蒸气机	电脑–网络
媒介样式	口传–书写	印刷文本	数码文本

由此可见，符号经济是一种"文化渗通"，一种体验隐喻符号意义的休闲消费，"符号和编码繁衍并产生了其他的符号和新的符号机器。技术因此在这个故事中取代了资本，符号制造术（semiurgy），即形象、信息、符号的繁衍遮盖了生产"[5]10，它的特点也显而易见，"一是神话般的惊人效益；二是基本不消耗自然资源和高度节能；三是高度环保"[4]。作为国家级非物质文化遗产的女书，在后现代的符号经济与符号消费的新语境下如何走出"闺阁"变为"资本"？在女书文化产业开发中，我们如何才能按照符号生产与消费的规律将其转变为特定的符号？这些符号又该如何发掘和再造，从而扩大女书文化产业及其品牌的文化附加值？这是后女书研究时代所面临的重要课题，笔者试图从以下三个方面给出上述问题的答案。

一 女书文化产业及其品牌构建的起点——挖掘女书文化符号

20 世纪的人类学告诉我们：一切的文化，除了物质的形式之外，都是以符号的形式而存在的。[6]1-29同时，"今天的生活环境越来越符号化、影像化。今天包含文学艺术在内的审美已渗透到日常生活的方方面面，而日常生活也包含着越来越丰富的审美内涵"[7]。在这里，符号的"能指"所具有的物质实在性是次要的、非本质的，与文化相关的符号的"所指"则是其本质属性，它可以被用来在多种文化语境下，经由各种消费群体进行传递，这才是符号经济真正的价值所在。因而，女书文化产业及其品牌的构建不仅是消费者与外部世界的符号互动过程，更是策划者进行符号意义的再创造过程。那么，作为符号的女书文化产业产品，也就由交换和消费的"能指"变成了具有文化和意义的"所指"，这种"所指"亦即是我们将女书文化通过挖掘其符号的构成，渗透于生产过程所创造出来的具有象征价值、社会意义和特定文化内涵的女书文化产品和服务。既然符号经济或符号消费的核心是符号,那么,开发女书文化产业其前提就是要挖掘出那些有利于其产品及品牌形成和发展的形象符号要素。女书文化由于其自身的特点和限制,它有着哪些与一般意义上不同的符号集成呢?

第一,女书文字。女书文字是由女性创造并用以记录女性生活的一种独特而又神秘的女性文字符号体系。它呈长菱形,笔画线条纤细,修长秀丽,左低右高,略有倾斜,造型奇特,在搜集到的一千多个字符中,只有点、竖、斜、弧四种笔画,2005年,它以世界上最具性别意识的文字入选吉尼斯世界纪录。

第二,女书图案。女书是一种富有装饰性的图案文化符号体系。特别是在女书"三朝书"的插图及扇书插图中有一种神秘图案"八角花",它是女书之乡女性们的护身符、吉祥符。"八角花"内多填充不同形式的吉祥纹样,其表现形式变化多端,除装饰效果外,还具有象征意义。有学者说,"女书与其说是一种女性独特的文字,不如说是一种绚丽多彩、轻柔舒展、古色古香、洋溢着生动感人的女性图案设计"[8]。因此,探讨和挖掘女书图案中所蕴含的神秘文化及文化倾向,对于女书文化产业及其品牌形象的构建也有着重要意义。

第三,女书方言。女书文字记录的是江永土话基础上的妇女群体语,女书作品是用当地原汁原味的方言土语来演唱的,这种方言是来源于女书之乡所独有的生活语言,是在很长的历史时期中形成的,其独特的、富有感染力的语音、语调、语气都能对女书文化消费者产生强烈的听觉冲击,引发其浓厚的兴趣。

第四,女书载体。传递、记载女书的物品主要有四种,即纸、书、扇、巾,分别叫做"纸文""三朝书""歌扇""帕书"。女书之乡的女性在漫长的封建社会就以一折纸扇、一巾红布,沾染一腔愁苦的泪水,写成秀丽飘逸的独特文字——女书,这种极具方言色彩的文字符号、只传女不传男的女性密语,满载着古代女性的故事,慰藉着民间女子受禁锢的心灵。香港城市当代舞蹈团所创作的现代舞《女书》就以绝妙的构想,运用中国扇及红手帕使舞蹈的视觉画面目不暇接,产生了很好的社会和经济效益。

第五,女书习俗及节庆节事。女书是江永县独特的地域文化,其产生和传承与当地"坐歌堂""女子斗牛节"等特定习俗、节庆节事息息相关。如闺秀风俗中的楼上女、结交、女红;婚嫁习俗中的坐歌堂、三朝回门、不落夫家;节日习俗中的朱鸟节、斗牛节、吹凉读扇、娘娘庙会等等,后现代设计学的一个核心理念就是:"以人营造自然,以节庆代替日常"[4],这些节庆节事和习俗正是开发女书文化产业的重要内容。

第六,女书风情。也即女书文化的生态,主要包括女书流传地的山水文化、聚落文化、园林文化、建筑文化(如御书楼、楼上女建筑格调、楼上女的活动空间)、宗教文化(庙会和祭祀情景)、烹饪文化、茶酒文化、戏曲歌舞文化、织绵文化(如做女红的针、丝线、纺车、织机、织刀、梭子、尺和女书字帕、字扇、花鞋、字带、字被)等等,这些都是女书文化产业品牌形象构成中的文化信息要素。

第七,女书文化传媒。女书文化传媒包括女书广告、女书杂志、女书网站、女书文化旅游的交通标识等等。消费者通过这些传媒了解和认识女书之乡的语言、态度、文化、节事、风俗等,为其即将要产生的消费提供可参考的形象符号。除此之外,还有女书声乐、女书文学、女书传说等,都是进行女书核心文化产业创作的原材料。

在符号经济视角下,"女书"将具有更广泛的内涵,它既可以包括信息、数据、形象和意象,又可以涵盖态度、价值标准和社会的其他符号化产物。当策划者选择上述符号作为中介以后,"女书"就成为隐藏在表象"能指"背后的意义"所指"了,文化与符号也便成为了一体化的东西。所以,如果我们一旦控制了这些符号代码,就可以给女书文化产品及其品牌赋予意义,由于产品的指向性被削弱,这些意义可能完全与其用途无关,按照利奥塔的看法,"技术是现代的许多符号之一"[9]41,所以,它更多地会依靠符号的辐射和模糊的联系来增加其控制力和增值性。

二 女书文化符号的意义编码与品牌形象的形成——文化创意

作为符号经济的文化产品的最大特性,是其价值体现在产品的差异性所能给消费者带来的不同体验上。当这种符号产品具备了这种差异性特质时,才能充分适应符号经济时代的消费规律,才能在竞争激烈的文化市场上获得超倍、超值的经济效益和社会效益,但这种超值效益的获得取决于其产品的差异性特质,而产品的差异性物质在很大程度上却又依赖于符号的意义及其形式的创新,因为"无论是单一的符号产品的生产还是整体经济环境的营造,创新性都是符号经济的生命线"[10]。因此,女书文化的符号集成体系作为女书文化产业及其品牌创意的基础和源泉,我们还要通过创意使其具有某种形式才能实现其从文化到资本的符号价值转换,才能构建真正意义上的女书文化产业及其品牌。那么,我们应采取怎样独特的创意手段和表现技巧才能激活女书文化资源的释放力和创造力,从而增强女书文化产业及其品牌的表现力和吸引力呢?

首先,母题重构。具有悠久历史的神秘女书,它是以什么方式代代传承的呢? 作为地域性的传统女书文化,它是"由一些具有传承性的文化因子构成,这些文化因子一旦产生,就在所属群体中不断再现,并伴随着历史的延伸代代复制。人们常常把文化传统中这样一些文化因子称为'母题'"[11]。母题重构正是要求我们从观念和意义上生产出一种新的符号消费,创造出一个新的概念,为女书文化产业及其品牌赋予新的符号价值,从而为其开拓出新的意义空间,打开新的消费领域。那么,女书文化的母题是什么? 它又在哪里呢? "母题是文化传统中最小的结构元素,如果说活着的人是传递传统的主体,母题就是承载传统的客体"[11],因此,女书文化的母题就是那些深深地嵌入到女书流传区民众日常生活中的那些传统和习俗,如结交老同、读纸读扇、赶庙会的社交文化习俗;坐歌堂、回三朝的婚嫁文化习俗;朱鸟节、女子斗牛节、吹凉节的节日文化习俗及其女红文化习俗等等。符号经济视角下的女书文化母题重构,其实质是通过符号的创新和创意后,将之作为一种结构元素以新的符号方式和意义整合到新的(即第三范式)文化体系中去。"作为时间链,传统是围绕被接受和相传的主题的一系列变体"[12]17,女书文化母题在新的文化体系中不断被重构,符号不断被更新,形成一系列符号和意义的变体,使女书流传区民众在文化变迁中不断延续,继续保持自己的文化特性,这是突破女书文化产业的单一性,为其形成规模经济和竞争力的核心和灵魂之所在。

其次,基因创新。如前所述,符号经济与第一、第二范式的经济形态完全不同,它是一种非常依赖于消费者价值认同的经济形态,其产品一旦脱离该文化所依赖的基因(即意义生成)语境,就无法实现文化产业作为符号产品的效用。女书文化产业品牌,在本质上是一种有着文化意义丰富、内涵浓厚的载体,它必须要有一个原生文化基因的背景作为支撑,不管其母题是如何从现有的、历史的、传统的、民间的差异性中重新进行符号的编码,但基因是其构建的真正内涵与底蕴。女书文化基因是什么呢? 文化基因是相对于生物基因而言的非生物基因,它是女书文化有效遗传信息的 DNA,是女书文化(生命)的密码。因此,基因是女书文化的根和种子,它指的就是女书流传区民众先天遗传或后天习得、主动或被动、自觉或不自觉而获得的各种信念、习惯、价值观等。在女书文化产业品牌的构建过程中,无论是"女书"品牌形象的铸造,还是"女书"品牌意义的传导,都需要这些深厚的文化基因作为支撑。女书文化品牌所蕴含的文化意义和符号价值就是女书文化的特质即基因,品牌的沉积就是消费者在心理和价值取向上的高度融合。"假如文化商品和文本不包含人们可以从中创造出关于其社会关系和社会认同的他们自己的意义资源的话,它们就会被拒绝,从而在市场上失败,它们也就不会被广为接受"[13]2,因而,女书文化产业品牌的形象符号,因为有了其基因所包含的各种创新的文化理念、文化个性和精神气质,才可以从根本上扩张女书文化产品的增值空间,这种由基因创新而生成的具有符号价值的品牌意义不仅经由女书文化产业品牌的形成提升了女书文化的固有价值,而且还经由消费者的消费行为将这些品牌传播和延续,进一步发扬光大了女书及女书文化的传承。

女书文化产业及其品牌形象的形成需要从符号生成及其意义编码与解码的创意角度入手,当然这种"创意不是对传统文化的简单复制,而是依靠创意人才的智慧、灵感和想象力,借助高科技的技术优势对传统文化资源的再创造、再提高"[14],其鲜明的品牌名称、个性设计、特指标志以及独特风格等所组成的一系列视觉符号,是作为女书文化产业品牌的丰富象征性——"能指"符号而存在,但符号经济所强调的是在设计的过程中如何由创意者赋予这些"能指"符号以象征意义,即女书文化产业品牌符号的"所指"。符号经济形态下消费者的符号消费行为,虽然具有"能指"与"所指"消费的两个维度,但两者之间不再是必然的对应关系,女书文化产业的消费情感体验,其实就是消费者对女书文化的一种"符号"意义的传递与体验,女书文化产业的创意者通过母题重构和基因创新,将个体的和群体的情感体验生成某种'符号编码'以后,消费者则通过"符号解码"而获得相应的情感享受。成功的女书文化产业品牌编码者能够恰当地运用各种女书文化符号,让消费者达到"所指"的深层结构的文化意义传达,在"编码－解码"的不断循环中,女书文化产业品牌形象得以形成和丰满。

三 女书文化产业品牌的消费路径与品牌联想——个性体验

符号经济形态下的社会消费主体,不仅追求个人价值的普遍认同,而且更加强调个人体验的多样性,这种"区别于产品经济和服务经济的'体验经济'正在成为经济社会发展的趋势"[10],正如美国经济学家斯坦利·莱波哥特在《追求幸福:20世纪的美国消费者》中所说:"消费者在琳琅满目的街边集市采购,他们只是为了最终获得各种他们所需要的体验"[15]3,这种"企业有意识地以服务为舞台,以商品为道具,创造能够使消费者融入其中并值得消费者回味的活动"[16]228就是体验经济。体验经济是把体验作为商品来出售的一种经济类型,它以个性化的感受将经济活动区分为初级产品、商品、服务和体验四种形态(见下图),很显然,体验式消费是经济结构向高层次转变的标志。[17]12-25女书文化产业营销若能掌握体验的内涵,以民俗服务为舞台,以女书文化商品为道具,为消费者提供个性化的服务,使其与消费产品或服务过程达成互动,女书文化产业品牌将会创造极高的附加价值。

从符号经济形态下的消费过程来看,它是消费者带有强烈体验性、个体性和游戏式的对蕴含符号意义产品的消费,这种符号意义因文化渗透其中而具有某种不确定性,再加上消费者个体的独特性以及娱乐消遣或追求游戏式消费方式的随意性,这样就不可避免地导致了消费过程带有强烈的个性化和差异化。Pine 和 Gilmore 所提出的体验式营销活动设计亦可运用于女书文化产业品牌的实现路径。首先,女书文化产业品牌的策划者要订定鲜活明显的——主题(体验的基础),以此为主线来引起消费者的好奇和为其留下难忘的记忆;第二,通过从时间、空间、技术、真实性、质地和规格等方面设计与主题风格相符的体验活动以塑造女书文化产业品牌的正面印象;第三,去除与主题相抵触或干扰的负面内容,比如太随意的服务会破坏消费者兴致,从而影响其体验等;第四,通过出售或免费赠送个性化的、具有回忆价值的纪念品来唤醒消费者的体验,并善用一些其它外围产品来加深和珍藏体验回忆;最后,加上视觉、听觉、味觉、嗅觉、触觉五种感官刺激,在支持和增强主题的同时,着重消费情境诉求,兼顾其体验感受、无形象征意义和效益等。[18]97-106

当然,女书文化产业品牌的最终构建,除了消费者对于其产品符号意义的体验外,还要引导消费者尽可能地将女书文化符号内涵与其产业品牌联系起来,因为"消费产品与消费者之间的关系已经不是单纯地被使用与使用的关系,而是增加了情感的、信任的、文化认同的多重内涵",这种文化内涵的传递路径通常是把文化的符号性特征纳入到品牌形象的设计之中,并通过文化产品的体验式消费来引发品牌联想"[19]。因此,在体验经济的视角下,女书文化产业品牌的构建要重视基于个体性的情感体验与自由表达基础上的个性化原则,这种个性可能与女书文化产品的物理特性和功能性利益毫无关系,它仅仅是通过其品牌联想捆绑在女书文化身上的独特个性,但"它能够影响消费者的购买心理和购买动机,是品牌内涵塑造和个性强化的结果"[10],这种结果最终能吸引核心消费群体和目标消费群体,并在此基础上不断累积、演绎和传播,为女书文化产业增强吸引力、走出一条独特的个性化之路而奠定市场基础。这种品牌联想的实现路径可从以下三个方面入手。第一、创造和讲述品牌故事。早在上个世纪,哥本哈根未来研究学院的主任罗尔夫·詹森曾说过,一个企业应该具有的最重要的技能就是创造和叙述故事的能力,一个成功的品牌就是由无数个感人至深的故事所构成的。女书文化产业品牌故事是指女书文化产业品牌在其发展过程中,所提炼出的那些清新、难忘又令消费者浮想联翩的传导思想。它是女书文化产业品牌与消费者之间的情感沟通和传递的时空载体,其形式和效果比广告还要高明。通过品牌故事,消费者可以得到女书文化产品以外的情感体验和相关联想,从而诱发其对女书文化产业品牌的好奇心和认同感。因此,作为女书文化产业品牌的策划者,如果能真正领悟创造故事、讲述故事和传播故事的真谛,那么,就有可能在其品牌接触点或品牌时刻,将女书文化产业的符号文化内涵更好地传递给消费者。第二、借助品牌代言人。聘请名人代言品牌的现象已经非常司空见惯了,但女书文化产业品牌的代言人可以借助有影响力的消费者代表来建立品牌联想,这在国内外都有成功的先例,比如,在 1970 年国际展览会之际,英国威尔士亲王成为索尼的顾客;2006 年胡锦涛主席在北京钓鱼台接见台湾国民党名誉主席连战时以国酒茅台互敬,等等,这些都是成功的案例。第三、建立品牌感动。但凡优秀品牌的传播都会给消费者带来丰富的情感回报,而后现代社会正朝着高技术与高情感平衡的方向发展,建立品牌感动正是通过与消费者情感上的交流,用创意的方式让顾客感动,并建立一种全新的信赖与合作的关系。对于女书文化产业品牌来说,在传播中要注意理性和感性的"刚柔并济",不仅要加深消费者对世界文化多元化的认知,而且还要让广大民众将他们对文化多样性的需求在此品牌的联想中得到充分的理解和融合。

随着社会经济和科学技术的突飞猛进,文化与经济相互交融的趋势越来越明显,符号经济随即也成为当今消费社会的主要特点,女书文化作为世界珍贵的非物质文化遗产,其文化价值和经济价值随着世界多元文化的兴起而日益凸显。它不仅是来自中国民间深厚文化积淀的一种存在,而且在经由资本的转化后更是一种力量。在符号经济的语境下,开发女书文化,转化它的生存方式,实现文化资源与文化产业的良性互动;同时,赋予书文化产业及其品牌以深刻而新颖的文化意蕴,增强其民族特色,提高其国际竞争力,已成为后女书研究时代的重要战略问题。本文通过对女书文化的符号价值分析,指出对女书文化的开发要从符号消费的角度整合、重组女书文化营销策略,突出女书文化品牌的符号特点、彰显其符号意义、挖掘其文化内涵。这样,对女书文化的科学保护,我们既有一个静态的女书博物馆在那里诉说着历史,又有着各种与女书相关的文化产业来传承它的精神,在社会价值与经济效益、静态保护与动态开发相结合的方式中,女书文化必将生生不息、代代流传。

参考文献:

[1]黄悦.符号经济与消费神话[J].江西社会科学,2005,(11):32.

[2]王彦.符号消费视角的品牌营销策略[J].江苏商论,2007,(9):20.

[3][意大利]麦克尔·哈特,安东尼奥·奈格里(杨建国译).帝国——全球化的政治秩序[M].南京:江苏人民出版社,2003.

[4]叶舒宪.符号经济与作为非物质文化遗产的"七夕节"[J].江西社会科学,2005,(10).

[5][美]凯尔纳·波德里亚(陈维振译).批判性的读本[M].南京:江苏人民出版社,2005.

[6]俞建章,叶舒宪.符号:语言与艺术[M].上海:上海人民出版社,1988.

[7]蒋传红.论文学的审美性[J].中国社会科学院研究生院学报,2009,(5).

[8]段圣君,龚忠玲.女书与图案的内在联系[J].艺术教育,2007,(12).

[9][法]利奥塔(陈永国译).非物质[A].王逢振.视觉潜意识[C].天津:天津社会科学院出版社,2002.

[10]陈亚民.符号经济时代文化产业品牌构建战略[J].经济社会体制比较,2009,(4).

[11]陈建宪.文化创新与母题重构——论非物质文化遗产在现代社会的功能整合[J].民间文化论坛,2006,(4).

[12][美]E·希尔斯(傅铿,吕乐译).论传统[M].上海:上海人民出版社,1991.

[13][美]约翰·菲克斯(杨全强译).解读大众文化[M].南京:南京大学出版社,2006.

[14]黄永林.论民间文化资源与发展文化产业的主要关系[J].华中师范大学学报(人文社会科学版),2008,(2).

[15][美]斯坦利·莱波哥特.追求幸福:20世纪的美国消费者[M].美国:普林斯顿大学出版社,1993.

[16]郭鉴.吾地与吾民:地方文化产业研究[M].杭州:浙江大学出版社,2008.

[17]Pinell,B. J.&James H. Gilmore.*The Experienc Economy*[M].Boston:Harvard Business School Press,1998.

[18]Pine,B. J. & Gilmore,J. H.*Welcome to the Experience Economy*［J］.Harvard Business Review,1988, July/August:97 – 106.

[19]叶舒宪.非物质经济与非物质文化遗产[J].民间文化论坛,2005,(4).

（原载 2011 年第 11 期,作者单位:中共湖南委党校）

保护女书文化的视角和策略
——试谈江永妇女节日文化及歌舞习俗的传承

✳ 赵荣学

　　湖南江永的"女书"文化是一个整体文化现象。其核心是作为一种独特字样的妇女文字，而其赖以生存的土壤和根基则是女书流传区域内的独特妇女文化传统。这个传统建立、生长、托附在一个个活生生的妇女身上，在一个个当地独有的妇女文化习俗中孕育和流转。妇女们在女红工艺的习得和训练中描摹女书，在女书学堂的唱合应答中传诵女书，在独处"高楼"的寂寞孤苦中吟读女书，在斗牛节的热闹中比试女书，在吹凉节的姊妹相聚中歌咏女书，还在花山庙、龙母庙的乐神曲和女书传人亡故后的登仙乐中焚化女书。相思泪在《三朝书》中滴落成一朵朵纤巧的花蕊，织锦和花带掩饰不了女人的卑微和自恋。姑娘要出嫁了，歌堂便热闹起来，火塘的柴薪便笑将起来，年长者的歌声从没有过的快活起来，姊妹、妯娌的嗓子通宵达旦地嘹亮、清越而又哽咽、悲伤起来，笑了又哭了，痛苦过后又欢乐开了……二十四抬的花轿颠了一路一山一水，十八姑娘的盖头红了前前后后几多个时辰！而那绣在帕上的、写在纸上的和画在扇面上的女书，就在陪嫁的挑箱内跟定了新嫁的姑娘，播撒到了远远近近的地方……

　　就在这样一幅奇异而秀美的湘南民俗画卷中，女书千百年的流传了下来，顽强而奇妙。我们当以一个什么样的文化视角去解读它？用什么样的意识去保护它？采取什么样的策略去传承它？

一　把恢复和传承江永妇女节日文化，作为女书文化保护的根本

　　任何一种文化现象的萌芽、形成和变异、衰亡、发展，都是其文化母体内各种因素综合作用而分娩的产物，所以我们在现实条件下探讨女书文化的保护或者传承，千万不可仅只盯住外形酷似蚊子脚的女书文字本身，而要放到整个女书文

化流传区域特别是是核心区域内江永文化特别是上江墟妇女文化各种文化特质的内在联系和相互作用上,从中找出女书得以历经古老岁月却能生生不息的原由来,进而选准最能为当地妇女接受的方式来调动自主传承的积极性,实现女书文化的原生态保护和传扬。

在所有的文化特质中,节日文化是区别不同文化现象的最具有代表性的标尺。作为特定历史背景、独异地域条件和特色经济类型交相作用的产物,江永妇女节日文化集中体现了江永妇女的群体地位、性别意识和心路历程,反映了江永妇女的文化自觉、精神自慰和情感自怜,成为凝聚姊妹、结交同年(老庚)、团结女性、表达意愿、释放压力和争取重视的纽带和桥梁,更成为女书得以在江永一带萌生和播散的媒介。无论是每年4月初八的斗牛节,7月15的吹凉节,抑或是嫁女时的做歌堂,敬神时的赶庙会,都把女书的创作、展演、比试、歌咏、诵读作为中心内容和特色环节。结合现有的女书史料,我们可以推测甚至断言:这些节日产生的时候,也可能是女书萌芽的时候;这些节日最兴盛的时候,也就是女书最流行的时候;这些节日冷落的时候,也就是女书走想衰亡的时候。没有妇女传统节日,女书的使用就没有了意趣,没有了载体,没有了场合,没有了动力。变得孤独、零散、低水平而且缺乏生气,也就失去了流传久远的泉源。从功能人类学的角度探讨,女书是为着江永特异妇女节日而留存;从文化人类学的进化观点分析,女书当在江永特异妇女节日文化的变迁中完善。就这样,女书和妇女节日成了互为表里的孪生姊妹,离开了谁都无法有意义的生存。

有鉴于此,我们要把保护和传承女书的着眼点落在江永妇女节日文化的发掘和弘扬上。一是进行深入的节日文化调查,搞清江永妇女节日文化的种类、名称、起源、历史、内涵、分布、运作等各种特性,特别要考察女书在节日中的功能和作用。二是要进行影视人类学调查,通过现代媒体和手段,把江永妇女节日文化及时地保存下来,为节日文化的未来发展和传承提供比照依据和基础。三是通过政府和民间结合的办法,组织节日文化活动,特别是恢复举办已开始失传而又根基深厚的斗牛节、吹凉节、做歌堂、赶龙母庙会和姑婆庙会等,这是对江永妇女的真正的人性关怀,因为她们的要求太强烈了。四是恢复和建设妇女节日文化场所,在有明确历史根据和文物遗存的基础上,着重恢复在女书文化流传史上具有重要意义的花山姑婆庙和陈堂龙母庙,恢复桐口戏台和普美戏台,从而为江永妇女传统节日文化的恢复和弘扬提供必要的场所和载体。

二 把恢复和弘扬女书歌舞，作为女书文化保护的重点和关键

在江永传统妇女节日文化中，歌舞是不可或缺的内容和程序；而这种歌舞无一例外地以女书为对象和内涵，甚至连形式和方法也是女书式的。吟咏、诵读、歌唱；同年歌，结交歌，敬神歌；记事歌，诉苦歌，哭嫁歌，哀号歌；恋歌，耍歌，情歌，恨歌；伞子舞，花带舞，织绣舞……歌堂里唱，学堂里歌，节会上舞，庙会上跳。手中一把女扇，眼里千行女字，心底万千女人事，口中常为女人哭。载歌载舞，边写边唱，这是女书区别于其他任何一种文字的独特使用方式和传承途径。

值得忧虑的是，歌和舞这种女书使用和传承特别方式，正悄悄地走向消亡，一方面表现在传习和使用女书的人在江永已屈指可数，所以歌舞女书的场景已难得一见；另一方面原汁原味的女书歌舞已难觅踪迹，现在为外人所知的歌舞方式已穿上了现代的外衣。作为女书原生态文化不可剥离和扰乱的成分，女书歌舞必须进行原生态恢复和重塑，找回本真面目，实现原始回归。

（一）做好女书传统歌舞的发掘和整理

女书歌曲的传统曲牌、唱词、节奏、调式、音准等等是什么，女书舞蹈的传统角色、扮相、服装、道具、程式、韵律、伴奏、乐器、乐师等等有哪些，女书歌舞在做歌堂、上学堂、赶庙会、过节会时有哪些不同的表现形式和种类，它们的功能和作用是不是一样，女书歌舞的教授和学习方式及途径是怎么样的……等等问题，都需要及时组织力量，深入女书流传区域特别是核心地带，进行认真负责的调查、收集、整理并录像保存、结辑出版，确保不致失传。

（二）编排原汁原味的传统女书歌舞，更好地传承女书文化

现代文明的剧烈冲击，已将女书文化逼迫到十分尴尬的境地。如果说江永妇女传统节日文化的退隐是女书文化面临消亡的主要原因，那么女书传统歌舞的整体性衰落则是妇女传统节日文化风光不再的特别缘由。节日是表征，歌舞是血液，一种血液枯干的文化是无论如何也不能流传久远的。所以，建立在现实条件下的女书文化传承，应该把女书歌舞的整体性重塑作为第一要务，在全面发掘和整理女书传统歌舞全部特质的基础上，完整地复原和再造女书系列传统歌舞，纠正目前功利性质的女书歌舞表演倾向，回归到原汁原味的女书传统歌舞上来。

因此,有必要组织力量用科学而又艺术的视角去关照女书歌舞,在传统女书艺人的协助下,利用现代手段,遵循艺术规律和女书特征,围绕女书主题,进行传统女书歌舞的编排,形成一系列传统风味浓郁,艺术品位高超的女书歌舞。

参考文献:

[1]宫哲兵.妇女文字与瑶族千家峒[M].北京:中国展望出版社,1986.

[2]赵丽明,宫哲兵.女书——一个惊人的发现[M].武汉:华中师范大学出版社,1990.

[3]宫哲兵.女书[M].台湾:台湾妇女新知基金会,1991.

[4]谢志民.江永"女书"之谜[M].郑州:河南人民出版社,1991.

[5]赵丽明.中国女书集成[M].北京:清华大学出版,1992.

[6]杨仁里,陈其光,周硕沂.永明女书[M].长沙:岳麓书社,1995.

[7]宫哲兵.妇女文字与女性社会[M].乌鲁木齐:新疆人民出版社,1994.

(原载 2006 年第 2 期,作者单位:永州市文物管理处)

文化旅游现状考察

——女书园游客留言薄的初步分析

❋ 王玉清

女书是一种女性专用的和方块汉字有着血缘关系的斜体表音异形汉字,曾在湖南省永州市江永县东北部的潇水两岸广泛流行。1982 年前后引起学者注意并向世人介绍。女书,有学者又称为"女字"。其形体倾斜,略呈菱形,笔画纤细飞扬,自由舒畅,当地妇女把它叫做"长脚文"。女书的书写款式自上而下,从右至左,不使用标点符号。女书约有 1500 多个单音文字,能广泛运用于日常生活。比较保守的看法,认为女书至少在明末清初已经开始流传。女书最重要的特色是它是一种女性文字,因而在文字学、语言学、历史学、考古学、民俗学、民间文学,特别是女性学等多种学科领域都具有重要的研究价值。

2002 年,湖南省江永县在境内普美村建成了一座"女书园"。园内设有女书学堂、女书书画厅、女书工艺品展销厅等。一面由女书传人定期上课,学生均为自愿学习的乡村女生,一面对外开放,通过文字、图片、实物、音像等形式,展示女书原件文献、作品、工艺、书法、学术成果与民俗风情,从女书的来源和传承方式到女书的社会功能,从女书的发现到女书在学术界的影响,从女书流传区的民俗民风到女书与妇女的关系,从女书艺术到女书书画,从对女书的抢救、保护到女书文化的发展背景,较为全面的介绍和艺术再现了女书文化厚重的文化内涵和独特的人文魅力。

一 资料来源

资料来源:湖南省永州市江永县普美村女书园中偶获的一本游客留言薄。(此文本是张京华老师于 2005 年 7 月在江永女书园偶得)。

资料原貌:32 开横格本,普通印刷纸,无封面。

资料内容:来女书园参观的各地游客的签名与留言。

起迄日期:自 2004 年 10 月 25 日,于 2005 年 5 月 30 日。

资料数目:106 条。

起止时间:起自 2004 年 10 月 25 日,迄于 2005 年 5 月 30 日。

二 游客统计

留言薄上的留言,除了 5 条,其余的大部分留言末尾都有游客亲属的姓名与旅游日期,有的甚至还明确的标明了他们是来自于何地,从事何种职业,年龄性别等相关情况。

分析这些留言,可以从各方面对游客有一个了解:

从游客的职业来说,有确切标志是属从政人员所留的有 8 条,属新闻媒体人员所留的有 3 条,属教育界人士所留的有 5 条,属旅行社所留的有 3 条,属公司所留的有 2 条。由此可看出,从政人员与教育界人士更愿意把自己的职业或工作单位显示在留言后。其他行业的游客一般只留姓名与年份,所从事的职业并没有标志出来。

从游客的受教育程度来看,有确切标志是大学文化程度的有 2 人,由所从事的事业看出具有一定文化层次的人的留言有 24 条。从留言的内容来看,大部分的人文化程度都不低,最低的也应该有初中水平。

从游客的性别来看,可辨别为男性的留言有 61 条,约占总数的 57%;可辨别为女性的留言有 23 条,约占总数的 22%。男女比率约为 27:100。

从游客的自费程度来看,可以看出有 17 条留言是由公费旅游人员所写的,据推测,剩余的 99 条留言的人员应该还会有公费出游者。

留言中有三条是确切标明属于新闻媒体人员所留。一个媒体是《城市之窗》栏目组,一个是湖南电视台并知青艺术团,另一个是深圳都市报社,"三·八"专题采访全体。

游客中属旅行社人员的留言有三条,这些旅行社为:江永县旅行团(沅口源口瑶族乡学校)、衡阳万里旅游社、汕头旅行团。

显示出的从政人员来自:辽宁省高级人民法院(2004.10.25)、省民政厅(2004.11.2)、内蒙古额尔古纳市人民政府(2004.11.3)、永州市冷水滩劳动局(2004.11.7)、长春市人民政府(2004.11.13)。除此,从政人员还有永州一政客(2.12)、永州市劳动局女同胞(2005.3.9)与向阳镇镇长。统计了一下,省外的约占37%,永州市的占50%,省级单位的占25%,市级单位占50%,县镇级单位约占10%。

教育界的情况是,来女书园参观的教育界人士及文人,他们中有湖南科技学院(全日制本科院校)经管系学生,有当地文人,有教育局人员(2004.11.18)等等。

值得关注的是,据留言显示,游客中有一位株州民主人士,还有两个知青团体,分别是:源河水下乡知青,永江老知青。

从游客的地域分布来看,有图表如下,从表中我们可以看出:湖南省内游客约占游客总数的70%,永州本地的占45%,其中最多的是来自市里的和省会里的。省外游客中又以两广游客最多,约占外地游客总数的77%。除去位于周边地区的两广,其他省只有辽宁省与内蒙古自治区。

游客地域表:

区域			留言数目(条)
辽宁(长春)			2
内蒙古			1
广西(桂林)			2
广东	汕头		1
	佛山		1
	肇庆		1
	深圳		1
湖南	株州		1
	衡阳		2
	益阳		1
	湘西(张家界)		1
	长沙		4
	永州	江永	3
		江华	1
		蓝山	1
		向阳	1
		道县	3
		冷水滩	6

三 游客分析

从对游客的受教育程度的统计结果来看,游客的旅游目的,应是以文化旅游为主。女书园是一个以文化旅游为主的景点,而不是一般的风景观光或娱乐休闲的场所,既然游客普遍受教育的程度较高,那么其旅游目的应是想对女书的历史文化价值与美学价值有更深层次的了解,以提高自身的文化素养。

男性游客远远大于女性游客。女书,作为人类唯一的一种女性文字,是属于女人自己的文字,理应会引起她们的共鸣感与自豪感,但为什么女性对它感兴趣的程度远远低于男性?原因是否可以仅仅归咎于人类"同性相斥,异性相吸"的自然本能,还是有更深层次的历史文化原因?

自费旅游者比公费旅游者多。因此,游客的旅游消费很大一部分来说,不是纯粹的公款消费,而是自发自愿的自掏腰包旅游。他们愿意了解女书,并愿意进行这个消费。

《城市之窗》是永州电视台新闻综合频道的一个知名栏目,它全方位推介城市规划与建设的新变化和新成果,演绎永州最佳投资环境和人居环境。栏目开设的小版块有:城建点滴、城市规划、城市聚焦等。

湖南卫视是湖南省省级电视台,入户率达 76.8%,在国内所有省会城市实现完全入户,中心城市入户率位居省级卫视第一。在全球,中国湖南卫视进入日本和澳大利亚普通家庭,更是唯一进入美国主流电视网的中国省级电视台。

《深圳都市报》的版面内容以贴近市民,服务市场为出发点,广泛涉及生活消费的方方面面,为深圳市消费服务主流媒体。发行以深圳及角洲地区为主,覆盖遍及全国各地。

了解了上面三个媒体的有关情况,我们可以发现一些现象:一则可以欣喜的看到,女书的影响力已经在慢慢增加了,不仅市电视台有报道,省电视台与国家级报刊也有报道。二则是,女书作为一种比较晦涩难懂的语言文化,如今也已经走进了千家万户,为他们所熟悉,成为大众消费。三则是,对女书进行报道的媒体都不是专业性的语言栏目。它们或者从女书赋予一个城市魅力的角度出发,或者从单纯的旅游消费角度出发,没有触及到女书的深层次的文化价值。而文化的宣传往往只有专业性报导才能使公众对它们的了解更准确全面。

由留言可知,江永女书园所接待的旅行团一般都是来自本地区与周边地区。

对于经济不发达地区的文化旅游景点,要扩大其影响力,就需设法把它列入各地长途游的线路,与其他各地的文化旅游景点联在一起,成为一个有知名度的文化旅游圈。否则,没法与省外旅行社接头,只局限于本地区本省的旅行团,女书将永远是一个"养在深闺人未识"的少女。

从对参观女书园的行政单位的统计中,可见,市级单位所占的分量最多,其中永州市劳动局分别于 2004 年与 2005 年来过两次。大部分政客都是以单位的名义来女书园,真正自掏腰包的寥寥可数。

对女书的宣传仍没有到位,只有寥寥可数的几个省来女书园参观。女书要走出湖南,走出中国,必须要注重加大宣传力度。"酒深不怕巷子深"这一说法已经不适用于今天了,摒弃"孤芳自赏",抛除落后观念,才能有更多的省外游客知道。

四　留言统计

分析留言的内容,几乎所有留言都提出祝愿性话语,有的留言只是简单的一句祝愿话,有的留言针对女书的发展提出了一些建设性意见。

　　从政人员的留言有以下:

　　1. 学习女书文化,继承先人精神。辽宁省高级人民法院,刘琚先,2004,10,25

　　2. 江永应成立一个女书学校,发扬女书文化传下去,成为世界女书文化县。省民政厅:邓学光,2004 年 11 月 2 日

　　3. 愿江永保护好这一文化遗产,祝"永州女书"发扬光大! 内蒙古额尔古纳市人民政府,2004 年 11 月 3 日

　　4. 希望女书能千古流传,更加完善。永州市劳动就业服务处,永州市冷水滩劳动局,2004.11.7

　　5. 黑龙江人民也关爱女书。长春市人民政府,肖敏,2004.11.13

　　6. 女书,作为世界文化遗产之一,希望政府各部门更加高度重视,作为昌导(倡导)世界文化的女书岛所具备的条件应更加完备,加大投入。同时,希望有朝一日,女书之歌也能走向央视,展现其应有的风彩(风采)。永州,政客,2/12

　　7. 女书文化是我们女人的骄傲,愿我们女人为之发扬光大! 向阳镇镇

长,邓中文

8.女书值得推广,特别是女德、女工,值得发扬。永州市劳动局女同胞,顾雪梅,2005.3.9

媒体留言有:

1.女书是江永、湖南、中国乃至世界文化的宝贵遗产,愿能继续发扬光大! 为女性而骄傲。深圳都市报社,"三·八"专题采访全体,2005.3.11

2.女书文化是中国妇女在黑暗的旧社会追求女性解放,女性自由和女性受教育等精神需求和人身权利卓越的范例。透过女书,我们读到中国女性的最深心灵。感谢江永,感谢潇水,感谢女书! 湖南电视台,危大苏,并知青艺术团,2004.11.15

3.文化是城市永恒的魅力! 女书文化是江永乃至全世界珍贵的文化遗产! 叹为观止!《城市之窗栏目组,唐洪波,胡魏国,屈慧君,2004 年 11 月 10 日

教育界人员留言有:

1.学习女书文化　发扬女书光大　女书是我国文化遗产! 道县教育局何衡　2004.11.18

2.世界独创　传奇女书　江华县桥头朴中心校　蒋东平　2004.11.25

3.愿江永的女书成为世界的女书。湖南科技学院 经管系

4.江永女书——女性的骄傲! 湖南科技学院　经管系

知青留言有:

1.到女书一看,真是不虚此行　江永老知青　2004.11.14

2.感谢女书园工作人员的热情接待,讲解清楚,明,易懂,女书文字千古一绝。源河水下乡知青 2004 年 11.14

省外游客留言有:

1.学习女书文化,继承先人精神。辽宁省高级人民法院,刘琚先,2004,10,25

2.愿江永保护好这一文化遗产,祝"永州女书"发扬光大! 内蒙古额尔古纳市人民政府,2004 年 11 月 3 日

3.黑龙江人民也关爱女书。长春市人民政府,肖敏,2004.11.13

4.稀世墨宝,中华之光。汕头旅游团,2005.5.30

5.女书文化,中华一绝。桂林人:黄榕友,2005.5.22

6.希望我们女性自己的文化可以远远(源远)流长,在这以前没听说过,希望你们可以做些更好的宣传广告,让我们这些远方、他乡的朋友更了解,都来了解,宣传女书文化。谢谢! 桂林朋友,2004.11.28 日

7.妇女留继成(继承)中华民族古典文化。龙铭基,广东佛山

8.女书是江永、湖南、中国乃至世界文化的宝贵遗产,愿能继续发扬光大! 为女性而骄傲。深圳都市报社,"三·八"专题采访全体,2005.3.11

9.人类一绝。广东肇庆,2005.2.12

妇女留言有:

1.女书是女性的骄傲,世界瑰宝。特留言:李芬芬,2004.11.15

2.女书好,我想学。黄名人类一绝。广东肇庆,2005.2.12

3.女书值得推广,特别是女德、女工,值得发扬。永州市劳动局女同胞,顾雪梅,2005.3.9

4.余圆圆到此学习。2005 年 2 月 12 日余圆圆

5.女书文化是我们女人的骄傲,愿我们女人为之发扬光大! 向阳镇镇长,邓中文

6.中国女书是我们的骄傲,是中华民族宝贵的财富! 吴文玲,2005.5.2

7.希望女书能代代相传,姐妹们团结起来,打倒一切歧视女人的人! 长沙市农机公司妇女们! 2005.3.11

不知名人士的留言有(随机抽列):

1.希望女书文化更加发扬光大。曹玉华,2004.11.2

2.祝"女书园"越办越红。陶玲(女书对照),2004 年 11 月 2 日

3.祝永州女书千古流传。周瑛,宋志仁,2004.11.4

4.女书是我国文化瑰宝之一,我们期盼对她更深广的挖掘。唐文樵,2004.11.15

5.祝女书发扬光大,传承有方。蒋文到此一游

6.陈俊到此一游,祝女书发杨(发扬)巨大精神。2005.2.16

7.千古女书,留芳万世。陈淳,2004.11. 女性之美在这体现! 陈敏军留,2004.11.11

8.江永女书,不仅属于江永,而且属于中国,属于世界! 顾先博,04.11.13

9.女书文化,世界瑰宝,抢救发扬,功德无量!

10.灿烂的女书文明是华夏文化宝库中一支瑰丽的花朵。陈克璞,04.11.15

11.女书文化,耀我中华,永芳千古! 胡纪华,2004.11.26

12.女书好,我想学。黄名琴,2005.5.20

13.女书文化,源远流长。罗瑛,2004.11.28

留言者所持观点有待商讨的留言有:

1.女书值得推广,特别是女德、女工,值得发扬。永州市劳动局女同胞,顾雪梅,2005.3.9。

2.女书园展示了中国妇女的智慧与相夫教子的传统美德。

3.女书文化是我们女人的骄傲,愿我们女人为之发扬光大。

4.希望女书能代代相传,姐妹们团结起来,打倒一切歧视女人的人!

对女书持有的其他误解还有:

5.千古奇风,艳惊天下。公元二00五年元月醉风楼主

6.女书奇学发扬光大。佘波平,2004.11.4

7.感谢女书园工作人员的热情接待,讲解清楚易懂,女书文字千古一绝。源河水下乡知青,2004年11月14日

8.女书文化,中华一绝。桂林人:黄榕友,2005.5.22

9.中国一绝。江民,二00四.十二.十八

10.人类一绝! 广东肇庆,2005.2.12

着重指出的两条留言是:

1."女书文字谱写中华文字新篇章。永州,黄政,2004.11.28

2."让女书成为'第二普通话'。义长逊写2005年5月4号"

另外,以下几段留言也引人注目:

1.何时让女书成为江永人的骄傲?? 2005.3月21日

2.票价能否少点。江永本县游客,2005.3.1

3.寻找更大发展,尚需充实内容。陈盼,2005.5.26

4.园内太沉闷了。2、内容太少了。3、静的、动的、有声的都不丰富。本地文人,阿登,2005.5.4

5.妹妹的歌声舞蹈非常棒!!!

(注:以上按不同身份归属出来的留言,其留言者的身份在留言薄中都有确切标记,共列63条留言,还有43条未列。)

五 留言分析

来自各地的政府机关人员,以留言的形式,表达了对女书的关注与祝福。值得注意的是,作为一个政府机关人员,给予女书的留言也是如此的简短,而且与其他行业的游客留言大同小异。他们中的大部分人对待女书的态度都只停留在简单的赞美上,没有忧患意识,没有建设性意见,没有更深层次的思考。

女书是世界上珍贵的文化遗产,但在今天,对她有所了解的人却不多,对其生存处境之艰难了解的人更是少。从80年代至今,女书的价值不断被发现,而女书的生存处境却远不尽如人意。女书被发现之初,女书的传人高银仙和她的6个结拜姐妹大都在世。两年前,随着女书最后一位幸存者、90多岁的阳焕宜老人的去世,女书许多没有破译的秘密成了未解之谜。采访高银仙的孙女胡美英时,她说,女书老艺人相继去世,现在能阅读和书写女书的人越来越少了,仅剩几个人。由于经费、人力、机构、体制等多方面原因,女书资料收集整理困难,女书遗物散失严重,女书不知道还能传承多久。尽管女书的保护引起了当地政府的重视,但这种保护大多处于自发、分散的状态,缺乏有效措施,女书传承处于迷茫阶段。因此,关注女书,谋求女书的发展,是我们义不容辞的责任。

从政人员留言中,有两条值得我们深思。首先是第六条由永州政客所留的。它属所有留言中字数较多的一条。留言者在这里表达了这样的几个观点:(1)希望政府各部门重视女书(2)加大投入建设女书岛(3)希望女书能够走上央视,展现其光彩。他看到了女书举步唯艰的今天,深为它的明天而担心。女书的发展状况,与政府对它的重视程度息息相关。政府重视它,在财力等方面加大对它的投入,它就有可能被更多的人知道,但仅靠政府的力量也是不行的。女书的发展,求诸于政府是最直接有效的方式,而自强不息自力更生更是它应具备的态度,也是所有其他文化旅游景点应具备的态度。女书周边地区的居民,应多了解一下关于旅游尤其是文化旅游的知识,准确定位女书当前的地位,发挥来自民间的集体的力量。假如身为一个文化旅游景点区的居民,却在问及女书时一问三不知,或知之甚少,只知道在女书园旁搞小本经营,这将会使女书这一形象大打折扣。作为文化旅游,景点是死的灵魂,景点里的人才是有生命的灵魂。因此,自觉提高文化素养,少一点商业意识,是对所有文化旅游居民所提出的要求。今年二三月份,江南古镇周庄的有关管理部门做出了一个堪称壮士断腕的动作———"忍痛减商"。曾有消息说,周庄将在几年中迁走古镇区 60% 的商店,使周庄少一点商业气息,多一点古镇风貌。这些举措,侧面说明了,只有提高文化意识,才是文化旅游的真正出路。

女书能够走上央视,展现其光彩,是女书知名度得以提升的一个有效方法,但不是终极目的。女书知名度的提升,确实能赚取经济利益,但从更长远的利益来看,保护好这一世界文化遗产,才是女书的终极目的。宣传是为了知名,知名是为了唤醒更多的人来自觉加入保护女书的行列。在宣传上,走上央视是一种宣传方式,努力搞好景区建设也是一种宣传方式。有一位游客留言"1. 园内太沉闷了。2. 内容太少了。3. 静的、动的、有声的都不丰富。本地文人,阿登,2005.5.4"。确实,女书园给游客的印象是单调了。一是集群景观效应差,景点规模不大,资源丰厚度、观赏时量度、出入便适度均较小;二是管理体制尚未理顺,女书遗物少,配套设施建设滞后,难以形成开发集团效应。造成很多游客在观看了一个小小的女书园之后,都不知道剩余的时间该如何打发。女书园要谋求更大发展,应注重拓宽旅游品种。要找准旅游业的定位。既要突出"生态旅游"和"文化旅游"的特色,同时又要把景点观光与文化访古结合起来,把山水旅游与现代娱乐结合起来,满足多层次旅游需求;利用好本地的瑶族风情与各种各样的民间工艺、民间艺术表演等引四海之游客。

大部分女性对女书都表示出了一种自豪感与责任感。她们赞美女书,愿意传承女书,有不少妇女以学到女书知识为旅游目的。相较男性,女性学习女书的积极性比男性高。也有一部分女游客态度偏激。纠其原因,是出在女书园的宣传与女书内容上。女书的来源以及内容有一部分是描写女性的悲惨遭遇。例如:卢八女写"奴家生下一个女,被夫一脚见阎王,月内不见蛋一个,三顿盐水送茶汤……生儿半月就受打,当餐只有辣浆汤,一日三餐不见米,饿得八女面皮黄,枯细如柴四肢肿,两眼昏花实难当,还要时常受骂打,拿我送到鬼门关……"(八女之歌)。它叙事感人,作品用写实手法自叙自叹心比天高、命如纸薄,美好意愿在黑暗中化作泡影的悲苦境遇,并请出民间传说中的神灵帮助逢凶化吉。这些,在一定程度上,会引起女性游客的深切同情以及对万恶的旧社会的憎恶。因此,妇女留言中有一部分留言言辞激烈也就不足为奇了。

江永女书所具有的另一魅力即精神内涵所在,就是女性在传承、使用、发展女书文化的过程中所体现出来的自尊、自强和创造精神及团结互助、达观的博大情怀,这是一笔宝贵的精神遗书。女书的传承是母女世代传袭,上辈传下辈,传女不传男。一位大学教授说,数千年男权思想的禁锢,使一般女性不能读书认字。女书的主人将自己受压迫受歧视的痛苦写出来,唱出来,使在现实社会中被压抑扭曲的心灵得到一丝缓解和释放。女书已由单纯的文字变化为妇女与命运抗争的武器,成了她们的精神寄托。因此,所谓的"女德","女工","相夫教子的传统美德",是对女书的一种歪曲理解。封建社会里公认的"女德","女工","相夫教子的传统美德",在美丽的女性世界里不应该成为游客精神消费的对象。

很多游客对女书的出现与使用感到不可思议,深为女性的聪明智慧折服,于是"艳惊天下"的感叹成了他们对女书的最高赞扬。应该指出的是,女书只是一种语言现象,一种在局部地区流传的女性文字,它也具有世界上其他语言文字所有的普遍特征。它不神秘也不惊艳,它走过的每一步都有其内在的深层次历史文化原因。我们对它的认识也应该要深入到对它的历史文化价值和美学价值等深层次的思考上,不应只停留在惊艳的浅认识层次。值得一提的是,为什么我们有如此多的游客对它发出惊艳的感叹,认为它是"奇风""艳文"呢?个人认为是由于女书是世上罕见的性别文字,具有只传女不传男的神秘传统。同时对女书进行宣传的主要媒介——女书园的运行夹杂有许多商业炒作的成分,从而使得游客误以为它是艳的,是奇的,是香软的。

女书作为中华文化或者人类文化生态系统中的一个"物种",理所当然地充当了文明人接近自身历史和祖先创造的文明的重要线索和桥梁。我们有必要追索这种文化产生和存在的年代,解剖其时华夏民族的社会状态,它的这种文化研究可以说是难以估量的,因此女书应该得到传承。但是,有一点我们是必须理智的看到的,作为一种社会交流的符号工具,"女书"的价值不再存在。无论如何,去发扬一个被历史淘汰了的东西是毫无价值的。我们传承它是为了更好地保护它,不让这世界瑰宝淹没于历史的长流。但它毕竟仍是一种在局部地区流传的女性文字,如今使用它的人越来越少了,不可能也没有必要让它成为"第二普通话","谱写中华文字新篇章"。

纵观留言,我们发现,部分游客对女书的理解有失偏颇。女书是江永、中国乃至世界的文化瑰宝,我们完全有理由为它骄傲。但是,当我们对它的骄傲仅仅保留在"艳惊天下"的感叹,对女性的肤浅的赞扬,甚至是让女书成为第二普通话的盲目自大上时,我们就必需要进行自我反醒了。

大部分留言都写得言简意赅,主要围绕对女书的赞美,对其价值的肯定,希望女书发扬光大,传承保护下去等几方面而抒发感想,内容重复,有人云亦云之

嫌。在浏览了上列留言后,发现相较其它留言,稍显内容充实点的有这么三段:

1. 女书文化是中国妇女在黑暗的旧社会追求女性解放,女性自由和女性受教育等精神需求和人身权利卓越的范例。透过女书,我们读到中国女性的最深心灵。感谢江永,感谢潇水,感谢女书! 湖南电视台,危大苏,并知青艺术团,2004.11.15

2. 希望我们女性自己的文化可以远远(源远)流长,在这以前没听说过,希望你们可以做些更好的宣传广告,让我们这些远方、他乡的朋友更了解,都来了解,宣传女书文化。谢谢! 桂林朋友,2004.11.28 日

3. 女书,作为世界文化遗产之一,希望政府各部门更加高度重视,作为昌导(倡导)世界文化的女书岛所具备的条件应更加完备,加大投入。同时,希望有朝一日,女书之歌也能走向央视,展现其应有的风彩(风采)。永州,政客,2/12

这三段话,是三个不同身份的游客所留,内容包括有对女书文化的点评,观看完女书的感动,女书目前的知名度,加大对女书的宣传,增加资金的投入等,他们都对女书有一定的深刻认识。

建设性留言中有深具忧患意识的发问,有对女书园存在问题的提出与解决办法,有对切身实际利益的要求,这些留言引人注目就在于它们具有一定的个人独立思考,提出一些有实际指导意义的意见。有位游客称"1. 园内太沉闷了。2. 内容太少了。3. 静的、动的、有声的都不丰富。本地文人,阿登,2005.5.4"。旅游者外出旅游的动机和目的在于获得精神上的享受和心理上满足,其旅游行为是一种文化消费行为;而旅游经营者要达到盈利的目的就必须提供一种能满足旅游者文化享受的旅游产品。无论是自然旅游资源还是人文旅游资源,其要吸引和激发起旅游者的旅游动机,就必须具有独具特色的文化内涵,以满足人们求新、求异、求知的需要。这位游客说出了他的心声,也给文化旅游经营者提了一个醒,要想留住游客,就得满足游客的求新、求异、求知的心理。

从留言内容整体而言,游客们欠缺思考问题,提出问题这方面的意识,基本停留在人云亦云意识层次上,喊口号类的留言多,褒多于贬类的留言多,无思想性的留言多。

六 余论

最后,笔者特别注意到留言簿中所使用的成语。通过统计,可知这些成语只局限于夺目光彩、发扬光大、千古流传、源远流长、代代相传、川流不息等6个。其中发扬光大所用次数占了全部成语的48%,千古流传为20%,源远流长为20%。而源远流长错误率将达一半,用作"远远流长"者有之,用作"渊远留长"者有之。而川流不息的用法竟然是"愿女书文化川流不息"。成语量少,雷同率高,错误率高,滥用成语现象严重。

其次,病句以及错别字现象也有不少,如"江永应成立一个女书学校,发扬女书文化传下去,成为世界女书文化县","向往神奇的女书把我带进了一个文化特色深澳(深奥)的美丽女性世界","继成(继承)中华民族古典文化","巾国(巾帼)不让须眉,传承女书文化"。总之,游客的语文素质总体来说并不看好。

(原载2006年第10期,作者单位:湖南科技学院)

"女书"研究综述

❋ 刘春侠 ❋

　　"女书"是流传于中国湖南省江永县上江圩一带妇女中的一种奇特文字,是迄今为止发现的世界上唯一在女性中间使用的文字。"女书"进入学术界后,引起了国内外学术界的广泛关注,20 年来对"女书"的破译,研究和抢救工作已经取得了很大的成绩,但有关"女书"的许多重大问题仍难以定论。"女书"作为一种举世罕见的文字体系和一种独特的古老文化,是中国宝贵的文化遗产,无论是从古文字学、语言学、考古学还是人类文化学、妇女学、民族学、社会学、文学和哲学等各个学科都显示出了其不可估量的价值。然而,由于人力、经费、机构、体制等多方面原因,"女书"文化正日益走向消亡,大量女书文化遗物散佚流失海外,女书老艺人相继谢世。目前,懂女书的仅有数人,加之女书文化资料收集整理不力而且出版困难,女书文化生态受到日益严重的威胁。

一　女书的发现过程

　　1958 年前后,一位江永县的妇女到北京寻亲,她说的话北京人听不懂,她写的字北京人也看不懂,由于语言不通,结果寸步难行,人们只好请公安局的同志帮助她。不久以后,北京市公安局的警察拿着一张写有女书文字的纸,请国家文字改革委员会的文字学家周有光先生辨认,当时周有光先生经过仔细辨认后并不认识,公安局的警察拿着写有女书文字的纸就告辞了。这是女书第一次走进了中国的文化中心——北京,进入文字研究单位,只可惜没有引起足够的重视。

　　1959 年,江永县按照上级有关部门的要求,曾编写了《江永县解放十年志》(初稿),但还没有定稿就被搁置起来了并没有在社会上广泛传播。在这份材料里,有关于"妇女字"的简单介绍和一幅临摹的女书作品。关于女书的这些资料是县文化馆的周硕沂提供的。周硕沂出生在江永县允山乡,在他念小学的时候,经常有姑娘大姐们叫他来用土话记录女书。他的很多亲戚在女书流传的村子里,所以他经常可以接触到女书。1954年周硕沂有机会被安排在县文化馆工作,经常下乡到上江圩桐口村一带辅导农村开展文化活动。在1954年的一次下乡活动中周硕沂结识了创作女书水平较高的胡池珠,胡池珠教周硕沂学会了一批女字,并创作了《女书之歌》。这首女书歌及其译文后来被收入《江永解放十周年志》(油印本),这是载入史册的第一篇女书作品。1956年冬,湖南省文艺会演,负责会演摄影报道工作的李正光在周硕沂的住处见到女书对联,李正光向省文物队领导汇报请示后,于1957年初到江永县上江圩考察,写了一份关于女书的调查报告,连同一些女书原件,投寄给《中国语文》杂志。这是介绍研究女书的第一篇文章,但后来因为开展反右派斗争,考察工作便中断了。周硕沂在1956年已经整理了女书文字300多个,就在他准备进一步收集整理女书资料的时候,也就是1957年,他离开了县文化馆回乡务农二十余年,在此二十年间,原有的女书资料全部散失了。1979年,周硕沂重新回到县文化馆工作,在编写《江永县文物志》时,收入了"蝇形字"一节,即女书。1982年4月《江永县文物志》由省文化厅转发全省交流,使越来越多的人知道了女书。1982年12月,中南民族学院政治系教师宫哲兵在湖南南部进行民族文化的调查,在城关镇白水村他找到了一份女书原件,但女书作者胡池珠已去世,根据其女儿提供的线索,他找到了胡池珠的两位结拜姐妹高银仙、唐宝珍女书传人,并收集了三本女书。根据这次社会调查和收集的女书资料,宫哲兵回校后撰写了《关于一种特殊文字的调查报告》,公开发表于《中国民族学院院报》1983年第3期上,后中国人民大学报刊复印资料《语言文字会》全文转载。报告对女书文字的性质、结构、功能、使用、传授以及当地的语言、文化、民族、民俗等情况提供了调查材料和初步的分析意见。

1983年3月,中南民族学院中文系组织了江永女书研究小组,7月中南民族学院副院长严学宭教授与宫哲兵和撰《湖南平地瑶文字辨析》一文,提交在美国召开的第十六届国际汉藏语学术会议,之后,江永女书迅速被推向人们的视野,在社会上引起广泛的关注。一时间国内许多报纸、杂志以及电视台纷纷介绍江永女书及其流传状况,女书得到社会的普遍承认和重视。中央电视台在"华夏掠影"专栏节目中,以《奇特的女书》为海内外介绍江永"女书",并译成多种外语向全世界报道了中国发现女性文字的消息。美国、日本、法国、加拿大等国家报刊、电视台做了转载、转播。至此,女书从中国大陆深处走进了香港、台湾、美国、日本等国家人们的视野,女书已经广泛的被世人所知。

二 女书的传承和使用

"女书"对于我们绝大多数人来说是很陌生的。"女书"它不仅仅指文字,同时也包含了用这种文字写成的作品和写有这种文字的物件。"女书"作为文字,是一种借用和参照了汉字形体而建立的借源文字。"女书"文字从整体上看是一种由右向左略有倾斜的长菱形字体,左上角一般是全字的最高点,左下角是全字最低的位置。它的行款方向是由上向下、由右向左、没有标点、排列十分整齐。笔划线条纤细一致,笔势犀利,既有小篆体匀称的特点,又有甲骨文劲挺的姿态。跟汉字相比最大的不同是汉字呈方形,上下结构、组合对称,字体厚实稳重,女字则呈菱形,结构的组合形式是左右错开排列,字体细长秀丽。

女书首先是一种书面语言。女书几乎全部是诗歌体的形式,每句字数固定,大都是七言诗,少数是五言诗,也有七言间五言,五言间七言和长短句,它有特殊的韵调格律、修辞方式、比兴手法。女书可分创作、记录、翻译三大类。创作是自己炼词造句,连句成段,集段成篇,一般包括三朝书、通信、结交书、传记等;记录作品包括儿歌、耍歌、哭嫁歌、山歌、谜语等记录流传在民间口头上的东西;翻译是指社会上流传的汉文唱本,如梁山伯和祝英台、卖花女等,还有一些唐诗宋词。女书叙述的事大多数都是妇女的事,作品内容涉及很广泛,有婚姻家庭、生产劳动、社会交往、女红艺术、文化娱乐、风俗习惯、宗教信仰、道德情操甚至还有一些作品牵涉到政治话题,如曾有女书作品批评当时的国民政府大量强征青壮年入伍的政策,还有的描绘了日本炸弹逼迫村民们逃离家园并到附近山洞里避难的情节。女书作品系统地反映了上江圩及其邻近一带妇女的喜怒哀乐,她们在旧时代的卑贱社会地位以及对封建压迫所表现出来的愤怒和抗争。

"女书"只在妇女范围内使用,主要在以下几个方面:

(一)祭祀

上江圩的妇女信仰"婆王"(也称姑婆)。解放前,每年农历五月初十之后三天,她们都会到婆王庙(也称花山庙)赶庙会祭祀婆王。祭祀前重要的准备工作之一就是将祈祷内容用女书文字写在纸上、或手帕纸扇上,有的是自己写或是请人代写。内容一般都是自己美好的期望和消灾免祸、求子、求福、家人平安的希望。到祭祀那天,各地妇女们带着女书纸扇和巾帕上山,点香化纸、下跪叩头、读纸读扇、许愿、然后将纸扇等物焚烧,以示送往神灵。

（二）读唱娱乐

解放前，上江圩一带仍保持着男耕女织的习俗，妇女们自幼裹脚，很少参加农业生产。未出嫁的姑娘们常常成双成对地在闺房花搂中做女红写女书，中年妇女聚在一起纺纱织布、读唱女书。江永县道县的妇女有自己的节日——四月初八斗牛节，这一天未婚的姑娘们用黑米粑喂牛，并各自带一些食物在风景秀丽的地方聚餐，读唱女书。另外还有一个重要的活动就是坐歌堂，这是姑娘出嫁前在娘家举行的最隆重热闹的活动。在姑娘出嫁前的两三天，请来村里有名的歌手和一些未婚的姑娘在家里读唱女书。唱歌的形式有独唱、对唱、合唱，唱歌的内容有伴嫁歌、哭嫁歌等。此外，读唱女书也是当地妇女串门、走亲戚、回娘家最喜欢的一种活动。

（三）结拜姐妹和诉说身世

旧时候，江永境内的年轻姑娘喜欢结拜姊妹，也称为结老庚、结老同等，结拜姊妹没有严格的条件，主要是双方自愿。年幼时结拜姊妹有父母出面安排，成年姑娘妇女结拜，主要是通过写信。两个人接触几次后，如果其中一个有意结拜，就会用女书写信给对方表示结拜的愿望，内容多是推崇对方，如果对方同意结拜就会回信，邀请她去家里做客。结拜也可以是几个人，一般最多不超过七个。结拜姊妹出嫁，其他姊妹要用女书写信贺喜，结拜姊妹有难要写信互相安慰，如果有矛盾也会用女书写信互相指责讥讽。

上江圩一带老年妇女尤其是寡妇，在遇到天灾人祸后，感到孤苦寂寞烦闷时，就会找精通女书的女友诉苦，请她用女书记录一生的苦情并说一些安慰的话成为传记。这样孤苦的妇女通过诉说的方式来发泄心中的苦恼，她将会将传记随身携带，每当孤独烦闷的时候就拿出来读唱，以求得精神上的安慰。

（四）纺织女红

江永的妇女们常常将一些吉利的成语用女书编成图案，编织在花带和服饰中，表示吉祥的意思。纺纱织布是当地妇女普遍的经济活动，纺织时间一般在每年的十一月至第二年的四月，女红则是一年四季不停手。江永县道县妇女纺纱织布和做女红的特点是集体性、竞赛性、娱乐性，她们喜欢三五成群一起纺织，喜欢图案翻新、论诗唱歌。当地妇女自古以来擅长织花带和花被，在花带和花被上有各种各样的图案。图案有动物、植物简单的汉字和女书文字。[1]

"女书"文字的传授和学习主要是在家庭内部代代相传。女孩子长到几岁了,对女书有了兴趣,母亲就开始教她认女字了。在学会了一些文字后就可以与伙伴们一起读唱一起学习。为了结拜姐妹,就要自己动手写结交书,在结拜以后,与结拜姐妹互相通信,与结拜姊妹同写同唱,水平就会进一步提高。有时一些有钱的家庭也聘私人教师教育女孩,一些女教师也就通过这种正规渠道传授女书。女书的传授也不仅限母女之间,也可以是姐姐教妹妹,伯母教侄女,奶奶教孙女。总之是上辈传下辈,女人传女人。据调查,女书的衰落始于民国时期。随着妇女裹足陋习的废除,妇女解放运动的开展,使妇女冲出了"女织"的圈子,参加农业生产等生产活动,妇女不再象以前一样,经常聚集在一起一边做女红,一边唱、读、创作女书。新中国成立后,女孩也有了进学校受教育的机会,学习现代汉语普通话,使用女书的妇女逐渐减少,女书基本上只是在一些农村高龄妇女中使用,"女书"传人相继去世,传承后继无人,"女书"面临着传承的危机。80年代后,随着女书的发掘和研究的深入,女书作为一种奇特的文化遗产,逐渐被学术界认识,因而得到珍存。

女字因为妇女代代传授得以流行,而女书作品却很难保存下来,由于当地气候潮湿,住房条件差,女书物件很容易损坏。另外,当地还有一个习俗,老年妇女临死前要烧掉自己的女书信件、作品,或者死后由亲人把女书作品烧掉。这是因为她们相信有阴间世界,烧掉女书是为了能将女书带入阴间世界,好供她在另一个世界读唱。还有一个原因就是结拜姊妹之间的通信包含了很多隐情,不愿别人知道,所以烧掉。有的妇女在丈夫去世后,也将自己的女书作品焚化,以表示将自己最珍贵的东西送给丈夫,使丈夫在阴间仍能感觉到自己时刻陪伴在他身边。由于这种人死书焚的传统,在上江圩一带很少发现清代及其以前的女书原件,这给女书的研究带来很大困难。

三 近年女书研究成果

1982 年 12 月中南民族学院政治系教师宫哲兵到江永县做调查,回校后撰写了《关于一种特殊文字的调查报告》,后来这篇调查报告在《中国民族学院院报》上发表。1983 年 7 月中南民族学院副院长严学窘教授与宫哲兵合撰《湖南平地瑶文字辨析》。1985 年,中南民族学院调查队撰写了 13 篇论文和调查报告,汇编成《妇女文字和瑶族千家峒》一书,宫哲兵任主编,1986 年 5 月由中国展望出版社出版。1986 年 12 月,85 岁高龄的高银仙被接到武汉,与宫哲兵、赵丽明等一起工作一个月,写下 1 万多字的女书作品,由高银仙的孙子胡志强翻译。1987 年第 1 期《语文研究》刊登潘慎《稀古文字—妇女文字》一文。《中央民族学院学报》第 1 期刊登谢志民《江永女书概述》一文。赵丽明、宫哲兵合写《介绍中国女书——一个惊人的发现》,提交第二十届国际汉藏语学术会,由宫哲兵在加拿大会上宣读。会后他在加拿大、美国多次讲演,影响很大。1989 年 10 月,赵丽明参加第二十二届国际汉藏语会议期间,在夏威夷大学东西方研究中心做专题报告介绍女书,湖南郴州文物馆李荆林在会上宣读《女书与史前刻划符号研究》一文,国外学者对女书表现出了极大的兴趣。1990 年 8 月由赵丽明、宫哲兵合著的第一部全面系统介绍、研究女书的专著《女书——一个惊人的发现》出版。1990 年 9 月 20 – 25 日,中南民族学院在武汉主持召开女书学术研讨会,邀请湖南、湖北、北京两省一市的专家、学者到会研讨。1991 年 1 月,台湾妇女新知基金会出版署名宫哲兵编著的《女书》一书。同年 3 月,赵丽明、周硕沂、陈其光合撰《中国女书集成》,交清华大学出版社出版。[2] 同年 5 月,谢志民《江永女书之迷》一书由河南人民出版社出版。1991 年 11 月,召开全国女书学术考察研讨会,来自全国 10 个省、市、自治区的 60 多名语言学、文字学、民族学、历史学、妇女学的专家、学者聚集江永,进行实地考察和研讨,收到论文 50 余篇。这些论文从多方面,多角度探讨了“女字”的起源、“女字”与汉语古今文字的关系、“女字”与平地瑶的关系、“女字”的结构特点、“女书”中反映出的女权意识等问题,并提出了新观点。1995 年“女书”最后一位自然传人阳焕宜,到北京参加联合国世界妇女大会。1998 年,江永县政府筹资十万元人民币请专家收集整理《女书字典》,总字数达四十万的《女书字典》终于完稿,2002 年 11 月由湖南岳麓书社出版。2001 年,江永县与中南民院女书文化研究中心联合举办了“中国女书文化抢救工程座谈会暨全国女书学术研讨会”,成立了“中国女书文化研究者联谊会”,组建了“中国女书文化研究丛书”编委会,中南民族学院女书文化研究中心的教授们在研讨会上发出了《中国女书文化抢救工程》倡议书,呼吁全社会对这一世界瑰宝予以抢救、研究和开发。同年,江永县里成立了“女书联系会”,专门从事女书搜集和整理工作,同时,制订了保护“女书”的硬性措施。江永县委宣传部还成立了一个“女书与文化产业”的课题小组。2002 年召开了“江永女书国际研讨会”。2004 年 1 月由“女书”最后一位自然传人阳焕宜口述,经清华大学相关专家整理,《阳焕宜女书作品集》正式出版发行。由于阳焕宜不懂方块汉字,不受汉字的干扰,所以她的作品成为人们了解“女书”原生态的重要渠道。

从1983年中南民族学院成立女书调查研究组开始从事女书文化研究算起,到现在已有20年。在这20年间,国内外围绕世界现存的这种独一无二的妇女文字,已出版论著近20种,发表论文150多篇,召开了三届全国女书学术研讨会和首届国际女书学术研讨会。对女书的研究已经取得了阶段性的成绩,但仍有很多问题尚未定论,专家学者对这些观点各自持不同的观点,有许多尚待研究的课题。

关于女书的起源问题民间有几种传说:一是九斤姑娘女红造字说。根据高银仙等老人讲述,从前上江圩有一个姑娘,因为出生时有九斤重,所以人们叫她九斤姑娘。九斤姑娘聪明能干、纺纱织布样样精通,她在做女红时创造了女书文字,并把它写在纸上、扇子、帕子上。二是盘巧造字的传说。相传在很久以前,桐口山冲里有一个名叫盘巧的姑娘,她3岁会唱歌,7岁会绣花,长到十七八岁时,没有一样女红不精通,可是,就在盘巧18岁那年,官府的猎队把她抢到道州府去了,将她关在官府内。她根据平常与姐妹们织花边、做鞋样的图案,每天造一个字,3年时间造出1080个字,她用自己造的字写成一封长信,藏在一条由她养大的猎狗身上,让狗带信给家乡的亲人。三是玉秀造字的传说。据当地村民介绍,传说不知在什么朝代,永明县(江永县旧称)有一位才女胡玉秀,长得很漂亮,被送进皇宫。玉秀在宫中过得极其辛酸,生活非常冷清。她远离亲人与姐妹,满腹忧伤,却无人诉说。于是,她根据家乡的女书图案创造出了一种别人都不认识的文字,那就是女书。

在学术界对女书的起源有以下几种不同的观点:一是说源自汉语古今文字;二是源自上古汉字;三是古百越文字的孑遗与演变。中南民族大学女书文化研究中心名誉主任谢志民教授认为:"女书起源甲骨文。"谢教授在2002年"江永女书国际研讨会"发言中认为,女书文字中,有40多个字形与甲骨文相同或近似,据此则可以推测,女书来源于甲骨文,在漫长的代代相传过程中,终于发展成今天的女书。武汉大学女书研究中心主任宫哲兵教授认为女书起源为明清。宫哲兵教授的观点是,迄今为止的女书文字,还没有超过明清时期的。发现最古老的女书文字,也只是太平天国的女书钱币。女书中所记载的故事等,也只是清明时期历史风俗,还没有更久远年代的事。

"女书"作为一种独特的文化现象,近20年来,已被学术界不少学者从不同角度进行了专门研究。然而,"女书"文化的破解和研究仍处于初始阶段。女书产生于何时? 它比甲骨文还早吗? 它与汉字楷书到底是什么关系? 它为什么只在江永一带出现？它与瑶族又有什么关系？国内的专家和学者对这些问题还没有定论，至今仍是个迷。

四　女书现状和研究意义

由于各种历史和现实的原因，"女书"目前正面临传承危机。20 世纪 90 年代以来，"女书"传人高银仙、义年华等几位老人相继去世，目前在世的能阅读和书写"女书"的只有 60 多岁的何艳新等人。充满神秘色彩的"女书"最后一位自然传人阳焕宜老人于 2004 年 9 月 20 日在湖南江永县的家中去世。老人的谢世，意味着当地妇女之间用"女书"这种独特的方式来分享感情、闲聊家常和交流生活经验的传统已经消失。现在，后辈包括孙女们，对"女书"已经十分陌生了，她们基本上不会使用女书。此外，女书资料很难寻找，"女书"作品流失严重。由于传统的风俗习惯，女书作品大都随着逝世者一同焚毁，即使有的侥幸遗留下来，但在文化大革命"四清"运动中，女书藏本作为"四旧"，也多被焚烧。同时由于过去重视不够，保护措施不力，致使一些"女书"作品遭到破坏。从上世纪八十年代开始，海内外大批研究人员闻讯赶赴江永，不少人走村串户，纷纷从当地群众手中高价抢购女书作品，个人占有收藏，这种"掠夺性研究"导致本来遗存极少的女书原件大量散佚流失，女书文化生态受到日益严重的威胁。另外对女书的发掘整理研究工作也有待规范。女书原作应当是在女书流传地区，由女性用女字写作、表达女性思想情趣的书面作品。可是近年来江永县许多未经过正规培训的的女书新传人出于弘扬女书文化的良好愿望，自发投入到女书发掘整理的工作中，他们用女书记录一些当地的民谣、传说等口头文学，这些实为女书"译作"的作品，而他们的这些工作成果又常被研究者未加核对而作为女书的原始文本引入著述。又如对新发现的女书字符的确认，必须有原件为本，现在的女书字符，已由最初的数百字增加到了 2000 多字，但其中不少未见原始女书文本依据，这不能不让人怀疑它们是否是今人自造的女字。女书原作被篡改，论著者自造女书字符，男性"女书作品"充斥真伪难辨，对女书文化的研究产生不良的影响。

"女书"作为世界上唯一的女性专用文字语言系统，它受到了全世界语言文字学家的高度重视。江永"女书"这块独特的文化"化石"，是人类历史上一个植根甚古、牵涉面甚广的神奇文化现象，为人类破解自身之谜提供了含量十分丰富的信息。它是现今所发现的世界上独一无二的女性文字,运用此种文字所创作出的多种多样的文学作品,也具有相当浓厚的女性意识,具有独特的语言和文体特征。其文化与学术价值应是不可低估的。现在,有关"女书"的许多问题还是一个谜团,随着研究的进一步深入,其历史、文化、学术价值会更加明显的显露出来。

"女书"是人类历史上一个独特而神奇的文化现象。据考证,它不仅是人类唯一的女性文字、举世罕见的记号音节文字、而且是很有可能与甲骨文、古越文字有过密切关系的世界性古老文字。另外,它与平地瑶的关系也很密切,它表现出中国妇女追求平等、自由的坚忍不拔的伟大精神。对它的研究,在文字学、语言学、历史学、民族文化史、民族关系史、妇女学、民俗学和民间文学等诸学科方面都具有特殊的意义及价值。"女书"文化的研究队伍虽在不断扩大,但仍需各种学科的专家学者参与女书的研究和开发工作。

参考文献:

[1]吴多禄. 江永县志[M]. 北京:方志出版社,1995.

[2]晋风."女书"研究十年综述[J]. 西南民族学院学报,1994,(4).

(原载 2005 年第 1 期,作者单位:湖南科技学院)

神奇、神秘、神圣的阳明山
——在永州阳明山文化研讨会上的讲话

✻ 圣 辉

今天是个非常吉祥的日子。我们省里有很多有名的学者、教授汇集在舜文化、楚文化、瑶文化的发祥地之一——永州,参加由湖南科技学院主办的阳明山文化研讨会,实在是因缘殊胜,得未曾有。在这开幕式上,我谨代表湖南三湘四水的佛教弟子,对研讨会的成功举办表示热烈的祝贺!

阳明山文化研讨会应该来讲是第一次,但是阳明山的很多重大的活动举行了很多次,我就参加过两次。对阳明山,在这五六年,我来得比较多,第一次我来是为了永州高山寺的恢复问题到永州来的。大家知道,我们湖南跟江西自六祖慧能之后,是传播佛教南宗顿悟法门的主要地域,并衍演成了一句成语,叫做"走江湖"。实际上这个"走江湖"原义是体现了湖南和江西在中国佛教史上的地位和品味。因为六祖慧能以后,在湖南跟江西形成了一个禅宗网络。禅宗网络在湖南有永州的高山、衡阳的衡山、衡南的岐山、益阳的药山,常德的德山、石门的夹山、宁乡的沩山,这些山都是祖师道场,是祖庭。后来永州双牌的阳明山,到明朝的时候秀峰禅师开创了万寿寺,在山中修行,并留下了真身舍利。几百年来由于秀峰禅师的感召力,所以阳明山更加庄严神圣。几年前在万寿寺又一次修复开光的时候,是我来主法的。还有一次阳明山举办的杜鹃花节,也请我参加了,所以对阳明山我是很有感情的,而且我救灾也到过阳明山。我第一次来的时候,新公路还没修通,走老路,非常险峻,陪同我的人跟我讲,尽管阳明山老公路很险峻,由于阳明山很有灵气,所以老公路从来没有出过事故。

阳明山确确实实很美,美在什么地方?我认为就是美在山水秀丽,美在人文深厚、美在历史悠久和生态和谐!所以正是由于山水秀丽、人文深厚、历史悠久和生态和谐,从而形成了阳明山的特色,这个特色就是神秘、神奇、神圣;集大气、灵气、和气为一身的自然天成的阳明山。

　　对于阳明山,今天我们在研讨它的时候,我觉得最值得我们赞叹的,也值得万幸的,就是阳明山没有像其他名山一样,还保持了它的原始生态的纯净。现在很多名山被开发了,有的开发可以讲不是科学的开发,而是破坏性的开发,什么一个又一个的星级宾馆,一栋又一栋的水泥房子,与宁静的青山绿水争夺空间,实在是怪怪的,把自然原始的生态和谐的环境破坏了。所以今天我们举行阳明山文化研讨会,刚才从苏书记的介绍中也提到了,阳明山要作为旅游胜地的品牌,而要形成品牌,这里面就涉及到开发的问题。

　　首先,我个人认为,阳明山以前还没有大规模的开发过,所以它是一片净土,如何地保护好阳明山这片净土,通过文化的宣传,使它更好地体现自己的山河秀丽、自然优美,生态和谐的真善美的内涵,让阳明山成为社会大众的精神家园,我觉得保护好阳明山的原始自然生态,就是最好的开发。所以不要一说开发就是建高房子、搞旅游区、办酒店。

　　我的第二点意见,就是必须坚持阳明山就是阳明山,不要一下子跟这个比,一下子跟那个比,必须坚持阳明山就是阳明山,没有什么可比性。就算可以有比的话也是各有千秋。阳明山在永州,它就是一座山美、人美、水美,神圣、神奇、神秘、大气、灵气、和气的大山,这么丰富的内涵还不够吗? 还要去比什么、攀缘什么? 有时候比来比去反而失去了它的本地风光,没有了它的原汁原味。

　　第三点,就是要很好的挖掘阳明山的大气文化,所以讲阳明山大气,就是阳明山的超越性和包容性。给阳明山戴上或儒、或佛、或道的标签,都不全面,只有超越了这些标签才能体现出阳明山的大气。我看了一些论文,有的说它是佛教的名山,因为阳明山出了秀峰禅师,而且还修成了肉身;有的论文说阳明山是道教,因为先有道,后有佛;有的论文说阳明山是以大儒王阳明先生的名字命名,所以是儒教名山。我觉得这些论文都讲的有道理,但这些道理没有讲彻底,没有讲透,所以不全面。因为讲秀峰禅师,尽管修成了肉身菩萨,但他不过就是几百年的历史。而舜帝在永州,难道他就没有到过阳明山? 史载我们那个舜帝的弟象,就固禁在阳明山的腹地。所以讲阳明山的文化不但有宗教文化、儒家文化,更应该有始祖文化。还有柳宗元被贬到永州,他与阳明山的关系也要很好的研究……

　　尤其从近代来讲,为什么蒋介石败退到台湾要把那个"草山"改成"阳明山",从而使海峡两岸各有一个阳明山? 因为对于阳明山,历史上的解释,就是阳出山明。阳出山明,即是说,在一天中,太阳一出来,整个山就明亮起来了,百鸟争鸣,百花齐放,而生气勃勃!所以阳明山的明亮,代表一种生命力,一种更新,一种自新。那个蒋介石败退到台湾之后,肯定是否也考虑过自新,当然这是对传说的联想而已。但有一点可以肯定我们湖南是人杰地灵的地方,蒋介石败退到台湾后,不但把台湾草山改成了阳明山,而且他在台湾还设立了衡山指挥所。这可以假设蒋介石败退台湾后,不但想自新而且还有怀旧的意思。因为在抗日中,国共两党团结合作,抵抗日寇的入侵,他到湖南来过好几次;而且抗日战争的几次大会战,只有我们湖南打了几次胜仗。有一位很有品味的先生和我讲过,整个抗日战争中,只有湖南跟广西没有出过汉奸。

再者,明朝的大儒王阳明是宋明理学的重要人物,又是军事家、文学家,还自命为宋明理学的正统继承人。所以他的名字叫阳明,我个人认为实际上表达了他对复兴中国文化的担当精神和使命感。

所以名为阳明山——是古往今来,人们对祖国山河的一种真诚向往和赞美;

所以名为阳明山——是海峡两岸的人民热爱祖国的一种情怀;

所以名为阳明山——不管它是永州的阳明山还是台湾的阳明山,代表了中国文化的一种根,代表了一种精神。

阳明山就是阳明山,是大气的,它能包容一切!在阳明山,你要是儒教的学人,经过山水的养育,定能成为圣贤;你要是道教的道士,经过春夏秋冬的自然轮回,定能成为高道;你要是佛教的僧人,经过灵气的滋润,定能开悟成为祖师;你要是凡夫俗子,经过宁静致远的熏陶,定能脱俗高尚;你要是心底浮躁不安,经过山风的吹拂,定能心广神怡,得到心灵的净化……

悠悠阳明山,源远流长,既神秘又神奇更神圣,所以我们要保护它、热爱它,时刻向往它。

最后很对不起,因为我不能像那些专家学者一样讲得头头是道,我是有什么就讲什么,讲得不对,请各位领导、各位专家学者批评指正。

(原载 2014 年第 2 期,作者单位:湖南省佛教协会)

从"阳明"语义看阳明山之得名及其与王阳明的关系

❋ 万 里

中国以"阳明"名山者有三,其一位于浙江东北部绍兴(古名会稽)地区之诸暨市枫桥镇乐山村东北部与绍兴县交界处的会稽山,又名秦望山,该山被称之为道教第十洞的"阳明洞天",一名"极玄大元之天",得名于宋代之前,洞天的具体位置在秦望山山后禹庙之西南,世称"古禹穴越之胜境也"①,为"群仙所栖"的"仙圣天人都会之所"②。其二位于湖南省西南部永州市郊区、双牌县东北隅的阳明山,得名于明代嘉靖年间。其三位于台湾北端之台北市近郊、纱帽山之东北、磺溪上源谷中,原名"草山",1950年,蒋介石为纪念明代学者王阳明,将该山区改名为阳明山。考诸史籍,"阳明"是一个出现得比较频繁的语词,但以其作为地名(山水)或字号之名的却非常罕见,笔者仅见上述三处。

文章拟就"阳明"之语义内涵进行考释,进而探讨三处阳明山(洞天)与王阳明先生之关系。

一

较早记载"阳明"语词的,是旧题为春秋末晋国温(今河南温县)人、孔子学生卜子夏(前507~?)所撰之《子夏易传》。该书卷六对《周易》"丰传"之"兑下巽上。九二,鸣鹤在阴,其子和之。我有好爵,吾与尔縻之象。曰:其子和之,中心愿也"文进行解释云:"鹤者,阳明之物也,而守阴处内,修德立诚,名达而隐也。上中,孚也,求中信以致,虽居阴也,时亦索之,中心愿与之为治,同志而相求

---

① 元·陶宗仪撰:《辍耕录》卷二十四"会稽阳明洞天",影印《文渊阁四库全书》本,台湾商务印书馆,1986年。

② 宋·王十朋撰《梅溪后集》卷一"会稽风俗赋并叙"云:"洞曰阳明,群仙所栖。《龟山白玉上经》曰:会稽山,周回一百二十里,名'阳明洞天',皆仙圣天人都会之所。"影印《文渊阁四库全书》本,台湾商务印书馆,1986年。

也。故公家之有好爵,而相与縻之矣。君子之道在于进德乎! 无隐而不彰,上求下治之本也。故君子而求其母也。"①称鹤为阳明之物,具有守阴处内、修德立诚、名达而隐的特性。正是如此,王阳明有《来仙洞》诗咏道:"古洞春寒客到稀,绿苔荒径草霏霏。书悬绝壁留僧偈,花发层萝绣佛衣。壶榼远从童冠集,杖藜随处宦情微。石门遥琐阳明鹤,应笑山人久不归。"②

《子夏易传》接着对《周易》"说卦传"之"乾为首,坤为腹,震为足,巽为股,坎为耳,离为目,艮为手,兑为口"文进行解释说:"乾为首,尊在上也;坤为腹,无不藏也。震为足,动在下也;巽为股,巽于下而随足也;坎为耳,阳明在其内也;离为目,阳明照于外也;艮为手,外刚而能执止也;兑为口,外柔而能说人也。"③又以人之四肢、五官为喻,认为坎为耳,阳明在其内;离为目,阳明照于外。这两处说法点明了"阳明"以其守阴处内之修德立诚而光照于外。古代医家与养生家则在此基础上称:"人身脉运于中,血气周流不已。三阳三阴之中有阳明者,为两阳合明。厥阴者,为两阴交尽也。"④古代医家与养生家从天人相应的角度自省身体,认为有十四经络勾连并统辖四肢百骸,维持人体生理(命)机能的精气神通过这种经络渠道流通维系,进而以此作为祛病养生以及辩证施治的依据。其中除任、督二脉外,有十二经络以阴阳区分,即手、足各有三阴、三阳经络,非别以太阳、少阳、阳明命名;以"阳明"命名的是手阳明大肠经与足阳明胃经。正如宋人陈渊在《三绝句寄几先》诗中所云:"阳明连络四支中,胃气由来处处通。但使黄婆能饱饭,客邪端的不须攻。"⑤"黄婆"为古代道教养生家炼丹的术语,认为脾内涎能涵养其他脏腑,故名"黄婆"。可见阳明经在维系人体正常机能乃至祛病延年中的重要作用。

唐代史征撰《周易口诀义》对"蒙"卦进行解释说:"蒙,坎下艮上。蒙亨者,蒙者童稚之名,暗昧之义。处童蒙之时,所愿获通,故曰蒙亨。匪我求童蒙,童蒙

---

① 春秋·卜子夏撰:《子夏易传》卷六"周易·丰传第六",影印《文渊阁四库全书》本,台湾商务印书馆,1986年。

② 明·王守仁撰:《王文成全书》卷十九"外集一",影印《文渊阁四库全书》本,台湾商务印书馆,1986年。

③ 春秋·卜子夏撰:《子夏易传》卷九"周易·说卦传第九",影印《文渊阁四库全书》本,台湾商务印书馆,1986年。

④ 明·高濂撰:《遵生八笺》卷三"四时调摄笺",影印《文渊阁四库全书》本,台湾商务印书馆,1986年。

⑤ 宋·陈渊撰:《默堂集》卷七,影印《文渊阁四库全书》本,台湾商务印书馆,1986年。

求我者。匪,非也;童蒙者,谓五也;我谓二也。五处童蒙之时,当求九二之明师也。……上九,阳明之德,处众阴之上,能于众阴击去蒙暗,故曰击蒙也。"①也将"阳明"与"德"联系在一起。

宋代司马光撰《易说》"系辞上"云:"无咎者,善补过也,是故列贵贱者存乎位,齐小大者存乎卦。阴幽祸恶为小,阳明福善为大。"②这里将"阳明"与"阴幽"作为一对对立的范畴提出,认为阴幽祸恶为小,阳明福善为大。

清代傅恒等在乾隆二十年(1755)奉敕所撰之《御纂周易述义》中对乾隆《御纂周易折中》之"和兑之吉,行未疑也。孚兑之吉,信志也来。兑之凶,位不当也。九四之喜,有庆也。孚于剥,位正当也。上六,引兑未光也"文进行述义云:"阳明无疑,阴暗有疑。卦之六爻,惟初不比于阴柔,故行未疑。九二孚兑,其志有以自信,不为外物所移也。三位不当,说不以道,故凶。四之从五也,专则喜在四,而庆在五矣。五位正当,故于剥我者,亦化而孚之也。柔之力未必能引人,而卒为所引者,皆其心之未光者为之也。"③《四库全书》馆臣称该书"所解皆融会群言,撷取精要,不条列姓名,亦不驳辨得失,而遗文诠释简括宏深,大旨以切于实用为本"。所谓"融会群言,撷取精要",表明述义是采取了大众认同的说法释义;而目的则是"以切于实用为本",用于指导社会的实践。述义所云"阳明无疑,阴暗有疑",即认为"阳明"光明磊落"其志有以自信,不为外物所移也"故无疑;而"阴暗"反之。

宋代学者魏了翁撰《尚书要义》云:"日出曰旸。谷,地名,即嵎夷。……《禹贡·青州》云:嵎夷既略,青州在东界外之畔为表,故云东表之地称嵎夷也。阴阳相对,阴闇而阳明也。故以旸为明,谷无阴阳之异,以日出于谷而天下皆明,故谓日出之处为旸谷。"④他也将"阴闇"与"阳明"作为一对相对的范畴提出来,并认为"日出于谷而天下皆明",故地处东方的"旸谷"即因是日出之处而得名。

宋代学者蔡沈撰《洪范皇极内篇》云:"二气之神,阴精阳明,消息变化,有立有行。立则形具,行则气著。先后其施。一行一立,为辟为翕,何千万年无终穷焉。"⑤将"阴精"与"阳明"对应,认为是上下其仪、有立有行、为辟为翕、消息变

① 唐·史征撰:《周易口诀义》卷一"上经一·蒙",影印《文渊阁四库全书》本,台湾商务印书馆,1986年。
② 宋·司马光撰:《易说》卷五"系辞上",影印《文渊阁四库全书》本,台湾商务印书馆,1986年。
③ 清·傅恒等述义:《御纂周易述义》卷七,影印《文渊阁四库全书》本,台湾商务印书馆,1986年。
④ 宋·魏了翁撰:《尚书要义》卷一"尧典",影印《文渊阁四库全书》本,台湾商务印书馆,1986年。
⑤ 宋·蔡沈撰:《洪范皇极内篇》卷一,影印《文渊阁四库全书》本,台湾商务印书馆,1986年。

化的阴阳"二气之神"。

在岁时中,阳明对应仲夏五月,明人彭大翼撰《山堂肆考》云:"五月斗建午。午,长也,言万物皆长大也。是月曰仲夏,亦曰暑月、皋月。日在东井昏亢中、旦危中。其日丙丁,其虫羽,其音征。律中蕤宾。日月会于鹑首。"并称该月"升山","《月令》:是月也,可以居高明,可以远眺望,可以升山陵,可以处台榭。注云:凡此皆顺阳明之时。"①

《庄子》中有"阳子"其人,晋人郭象《庄子注》云:"阳子,阳朱也。"②宋人王雱撰《南华真经新传》云:"阳子者,阳明之人也,处幽阴者不可问其影,居阳明者不可饰其形,故宜两忘而已矣,两忘则所谓能冥其极也,故庄子言于寓言之篇终。"③认为"阳子"即是"阳明之人"。王雱又对先秦道家心目中的智者形象进行了阐释,称:"夫窈冥寂寞希夷微妙者,至道之真体。体固不可以情求,不可以智窥,惟以无知而为得矣。庄子因而作《知北游篇》。夫智者言其阳明也,北者言其阴晦也。能不用明而自晦,则入于至道之妙也。故曰知北游于玄水之上,隐弅之丘,适遭无为谓焉。故无为者未免于有为也。未免于有为,则岂足以知道,此所以不答知之所问也。智以无为之不答,复之阳明而所以决其所问焉。故曰反于白水之南,登狐阕之上,而睹狂屈焉。白水之南者,言阳明也。"④这是较早直接地将"阳明"与个体之人联系在一起记载,并且认为"智者言其阳明也",所谓"能不用明而自晦,则入于至道之妙",意即将阳明作为一种自觉的修养充塞于人的内心,则达到"至道的境界。如此,便可以如同《子夏易传》所说的:"阳明以其守阴处内之修德立诚而光照于外"。

以上为古人对"阳明"语词的基本释义。王阳明或许是在对阳明的透彻理解中体味出阳明在修身养性中的重要作用,而以"阳明子"自号,由"道"入儒,并建立起自己的心学体系。

---

① 明·彭大翼撰:《山堂肆考》卷十一"时令·五月",影印《文渊阁四库全书》本,台湾商务印书馆,1986年。

② 晋·郭象注:《庄子注》卷七"山木第二十",影印《文渊阁四库全书》本,台湾商务印书馆,1986年。

③ 宋·王雱撰:《南华真经新传》卷十五"寓言篇",影印《文渊阁四库全书》本,台湾商务印书馆,1986年。

④ 宋·王雱撰:《南华真经新传》卷十"知北游篇",影印《文渊阁四库全书》本,台湾商务印书馆,1986年。

二

汉代班固《汉书·艺文志》云:"儒家者流,盖出于司徒之官,助人君,顺阴阳,明教化者也。游文于六经之中,留意于仁义之际。祖述尧、舜,宪章文、武,宗师仲尼,以重其言,于道最为高。"①作为"顺阴阳,明教化""留意于仁义之际""于道最为高"的儒家,当然会对"阳明"的传统意蕴进行阐释并丰富其内涵,进而作为"以切于实用为本""助人君"以指导社会实践的理论工具。但是,要真正懂得"顺阴阳,明教化"则并非易事,此即宋代理学的开创者周敦颐在《通书》中所说的:"厥彰厥微,匪灵弗莹。此言理也,阳明阴晦,非人心太极之至灵,孰能明之?"②另一位宋代理学的开创者张载在《正蒙》中亦云:"莫非天也,阳明胜则德性用,阴浊胜则物欲行。领恶而全好者,其必由学乎?"③南宋著名理学家朱熹对张载的这段话阐释云:"阳明胜则德性用,阴浊胜则物欲行。只将自家意思体验,便见得人心虚静,自然清明。才为物欲所蔽,便阴阴地黑暗了,此阴浊所以胜也。"④清代著名学者李光地《注解正蒙》云:"德性者,心统性之所具;物欲者,形感物之所发。推所自来,莫非天也。但百体顺令于天君,则人心皆化为道心矣。天君下徇于百体,则天理将灭于人欲矣。清明在躬,气志如神,阳明胜德性用之效也;蔽交于前,其中则迁,阴浊胜物欲行之时也。阴本非恶,不顺于阳,则流为恶耳。引其恶以归于善,则莫非天也。此条义最精粹。"⑤正是这些理学的开创者提出并重视"阳明"与以道德为核心的君子之道的关系,历代儒家、尤其是宋明理学家作了大量的阐述。自张载将"阳明胜则德性用,阴浊胜则物欲行"提高到"莫非天(理)也"的高度后,历代以此来阐发人心道德、修身治国之理的论述不胜枚举。

---

① 汉·班固撰:《汉书》卷三十"艺文志第十",影印《文渊阁四库全书》本,台湾商务印书馆,1986年。

② 宋·周敦颐撰:《通书》"理性命第二十二章",《周元公集》卷一,影印《文渊阁四库全书》本,台湾商务印书馆,1986年。

③ 宋·张载撰:《张子全书》卷二"正蒙一·诚明篇第六",影印《文渊阁四库全书》本,台湾商务印书馆,1986年。

④ 宋·朱熹撰:《朱子语类》卷九十八"张子书之一",影印《文渊阁四库全书》本,台湾商务印书馆,1986年。

⑤ 清·李光地撰:《注解正蒙》卷上"诚明篇第六",影印《文渊阁四库全书》本,台湾商务印书馆,1986年。

君子之说本出于《周易》，即所谓"君子以成德为行"①。元代学者胡震《周易衍义》借阐释易理时称："孰为君子？孰为小人？唯其气质不同，习尚各异。阳明胜而循天理，则为君子；阴浊胜而狗人欲，则为小人。"②又云："南属离火之方，文明之地也。前进而达于文明之地，则阳明胜而德性用尊，阴浊蔽而物欲不行，所以吉也。"③

作为中国最早之阐释自然之理与人文之理的《周易》，对古代的三教九流、诸子百家都产生影响，而受其影响最大的，是道家和儒家（阴阳家等姑置勿论），由于道家已经将《道德经》视之为众经之首，无形之中在一定程度上冷落了《周易》；因此，有着"顺阴阳，明教化"等重要内容的《周易》便成为儒家的众经之首。基于此，在古代诸子百家中，对"阳明"谈得较多的还是道家与儒家，而真正将其奉为修身要义的则是后者。

南宋学者黄裳称："南方阳明而主生，有君子之道焉，生则子民之仁，明则君国之智。北方阴险而主杀，有强者之道焉，君子之强而强不足以名之者，以其能强能弱也。宽柔以教，所谓能弱；不报无道，所谓能强；衽金革死而不厌，所谓能强而不能弱。能强则不流，能弱则不倚。"④

朱熹借阐释"琴律"而加以发挥，称："……至其三宫之位，则左阳而右阴，阳大而阴小，阳一而阴二。故其取类，左以象君，右以象臣。而二臣之分，又有左右：左者阳明，故为君子而近君；右者阴浊，故为小人而在远。以一君而御二臣，能亲贤臣、远小人，则顺此理而国以兴隆；亲小人、远贤臣，则拂此理而世以衰乱。是乃事理之当然，而非人之所能为也。"⑤古人习惯于以坐北朝南的位置确定方位，左者即东方，为日出之方位。故云左者为君子。在《傅伯拱字序》中，朱熹对此进行了最为详尽的阐释："盈天地之间所以为造化者，阴阳二气之终始盛衰而已。阳生于北，长于东，而盛于南；阴始于南，中于西，而终于北。故阳常居左，而以生育长养为功，其类则为刚，为明，为公，为义，而凡君子之道属焉；阴常居右，而以夷伤惨杀为事，其类则为柔，为暗，为私，为利，而凡小人之道属焉。圣人作《易》，画卦系辞于其进退消长之际，所以示人者深矣。而又于其制礼之时，所以

① 唐·李鼎祚撰：《周易集解》卷一，影印《文渊阁四库全书》本，台湾商务印书馆，1986 年。
② 元·胡震撰：《周易衍义》卷四，影印《文渊阁四库全书》本，台湾商务印书馆，1986 年。
③ 元·胡震撰：《周易衍义》卷卷十一，影印《文渊阁四库全书》本，台湾商务印书馆，1986 年。
④ 宋·黄裳撰：《演山集》卷五十二，影印《文渊阁四库全书》本，台湾商务印书馆，1986 年。
⑤ 宋·朱熹撰：《晦庵集》卷六十六"杂著·琴律说"，影印《文渊阁四库全书》本，台湾商务印书馆，1986 年。

依象取类而立教者,亦莫不审诸此。故凡吉礼则尚左,其变则尚右。自夫手之拱以拜也,以及夫祝号诏相之所由也,咸率是而分焉,盖不惟其理象之。然有不可易者,抑所以使夫天下之人平居,暇日宗庙朝廷之上,族党庠序之中,君臣、父子、师友、宾主之间,一拜一揖,一进一退,视其所尚而有以不忘乎君子之道焉。此其所以立教之微,指夫又岂不深切而著明哉!今建宁傅公之季子伯拱以其名来请字,予惟拱之为礼略矣。然奉手当膺端行正立,则其心固已肃然而主于一矣。从而论其平居吉礼之所尚,则夫所以尊阳抑阴而使之不忘乎君子之道者,其精微之意又如此。故请得奉字曰'景阳'而遂书其说以授之。……必使阳明胜而德性用,阴浊去而物欲消,刚不屈而明不伤,公足以灭私而义足以胜利,则庶乎其不迷于入德之途而有以进夫君子之域也无疑矣。"①序中所谓"景阳",即景仰阳明,"所以尊阳抑阴而使之不忘乎君子之道"。

古人还认为,阳明之气是一股流行于宇宙间的清气,可以熏陶出贤人君子来,此即南宋学者家铉翁所云:"天秉阳位乎上,而其清气流行于宇宙间,锺而为贤人君子。刚方直大,不与世变相为推移者,清气之所锺也。斯人也出而见用于世,发为议论,著为事业,屹底柱于中流,会百川而注沧海。世道每恃之以升降者,一清之所为也。然亦有出而见用于世,乃与奸邪小人对峙而并立,君子之势常不胜乎?小人则阴浊有以间吾之阳明,而其清者不得直遂焉耳。三代而下,惟两汉多君子,而东汉君子所立视西(汉)尤伟。"②

正是"阳明"在古代的修身治国中有着重要的涵义,而且为众所周知,故古代官吏经常以此来鉴戒国君。如宋人彭龟年《论雷雪之异为阴盛侵阳之证疏》云:"窃闻近日宣召夜直,多在诘朝臣不知蟓蛝游息之时。何以为存养夜气之道?阳明升则德性自用,阴浊盛则物欲必行。保护清明,孰如义理。臣闻唐宦官仇士良尝教其徒曰:'天子不可令闲,常令以奢靡娱其耳目,使日新月盛无暇及他事,则吾辈可以得志。切勿使亲近儒生,彼见前代兴亡,心知忧惧,则吾辈疏斥矣。'要知小人陷君于恶亦有术。然则人主欲远小人,安可不知昔者禹恶旨酒而好善言,旨酒既疏,善言方迩。深思大禹之策,政反士良之谋,盖此重则彼轻,此

---

① 宋·朱熹撰:《晦庵集》卷七十六"傅伯拱字序",影印《文渊阁四库全书》本,台湾商务印书馆,1986 年。
② 宋·家铉翁撰:《传清堂记》,《则堂集》卷一,台湾商务印书馆,1986 年。

消则彼长,安可徒徇一日之乐,反易终身之忧。此臣所谓阳德不修之目三也。
……"①

南宋著名理学家黄干发挥张载之说,将"阳明"提到君子小人、人性善恶的境域分析,他在《复辅汉卿主管书》中云:"昨所论性无善恶、心有善恶。乾以为性,亦可谓之有恶者,盖因明道,恶亦不可不谓之性而发盖天地之间,只是个阴阳五行,其理则为健顺,五常贯彻古今,充塞宇宙,舍此之外别无一物,亦无一物不是此理。以人心言之,未发则无不善,已发则善恶形焉。然原其所以为恶者,亦自此理而发,非是别有个恶,与理不相干也。若别有个恶与理不相干,又却是有性外之物也。《易》以阴阳分君子小人。周子谓性者刚柔善恶,君子小人不同而不出于阴阳,善恶不同而不出于刚柔。盖天下未有性外之物也。人性本善,气质之禀,一昏一明,一偏一正,故有善恶之不同。其明而正者,则发无不善;昏而偏者,则发有善恶。然其所以为恶者,亦自此理而发也。故曰:恶亦不可不谓之性也。……张子所谓'莫非天也,阳明胜则德性用,阴浊胜则物欲行',亦是此意。张子曰:'论气不论性,不明;论性不论气,不备。'故知性之本善,又知善恶皆性,然后复明且备也。"②

南宋另一位著名理学家真德秀则从"刚""柔"的范畴论述"德性"与"物欲"的关系,云:"刚者,天德也。天德者,谓纯乎天理而不杂以人欲也。乾六爻皆阳,故曰刚健中正纯粹精也。人之与天本一无二,惟其有私欲以间之,是以与天不相似,若能尽去私欲,则复乎天矣。此君子所以贵乎刚也。……又横渠先生曰:'阳明胜则德性用,阴浊胜则物欲行。'德性者,吾之所固有仁义礼智之性也;物欲者,因耳目口鼻之接于物而生者也。凡为人刚明果决则理存而欲泯,故德性用,言德性为主而用事也。为人阴柔昏浊则欲胜而理泯,故物欲行,言物欲为主而肆行也。阳明阴浊虽禀于气质,然可学以反之。人能自力于学,则柔者可强,阍者可明;不能学,则强者或转而柔,明者或趋而暗。横渠此言,正欲人以学力变气质,使阳明日胜则德,性常用而物欲不行也。"③真德秀在阐述"刚""柔"与"德性""物欲"的关系后明确指出,"阳明阴浊虽禀于气质,然可学以反之",从而为

---

① 宋·彭龟年撰:《论雷雪之异为阴盛侵阳之证疏》,《止堂集》卷一"奏疏",影印《文渊阁四库全书》本,台湾商务印书馆,1986 年。

② 宋·黄干撰:《复辅汉卿主管书》,《勉斋集》卷七,影印《文渊阁四库全书》本,台湾商务印书馆,1986 年。

③ 宋·真德秀撰:《西山文集》卷三十一"问答·问刚与欲",影印《文渊阁四库全书》本,台湾商务印书馆,1986 年。

儒家的道德修养者指出了一条光明大道。"阳明"可胜"阴浊",是古人哪怕在最艰难恶劣的环境下都始终持有的信念,此即宋元之际的著名学者张伯淳《寄焦达卿》诗中所云:"别后蹉跎白发侵,关情日暮碧云深。诸公饱挹湖山趣,倦客销残铁石心。身世百年浑是梦,交游四海要知音。浙间久雨伤农否,自古阳明可胜阴。"①用现代语言表达,就是自古光明可以战胜黑暗。当然,"阳明"与"阴浊"的消长并不可能一蹴而就,有一个渐进的过程,南宋文士卫宗武《和友人新阳韵》诗中有句云:"生机天地宁终藏,剥极复反开新阳。阳明渐进阴浊散,辉光万象熏佳祥。"②

正是理解到"阳明"与"阴浊"之间有着交相胜的辨证关系,南宋学者王柏指出:"天地间所可大恨者,气运之不齐也。天理固未尝须臾亡,天理之亡,此气昏之也。自阳明一染于阴浊,氤氲缪轕,而阳明不得以自全矣。于阴浊之中,而阳明湛然不杂者实不易遇,故清淳精一之会,锺而为大圣大贤,或千百年而一得,是天地之间气也。以大舜之圣而顽嚚、象均不能同德于一家,而管、蔡之愚不率德于周鲁封域之间。于圣贤之外,求其世世一德相传之久,固无是事也。无是事则不敢轻责天下之人,故先王之教,厚人伦、美风俗者,所以不可一日废也。"③王柏认为,无论是外部环境(含天地自然与社会人文环境)还是内心世界,"阳明"与"阴浊"之气总是交织在一起的,"阳明"如果染上"阴浊",则"阳明不得以自全";只有"千百年而一得"的"大圣大贤",才是"于阴浊之中而阳明湛然不杂者"。因此,宋明以降的理学家将增阳明以祛阴浊奉为修身养性的日课而坚持不懈。

既然大圣大贤须千百年而一得,那么普通的人需要怎么修身养性呢?南宋学者黄仲元在《陈耀卿字叙(名晖)》中给予了如此回答:"《易小象传》曰:'君子之光,其晖吉也。'光者,明之体;晖者,明之用。光至于晖,其明著矣;晖至于耀,明又盛矣。尝譬之日光,其质也晖。旭,旦也。耀则中天而明,无不照也。天地始判,日即生焉。若非日昱乎昼,宇宙晦冥,万物何所睹哉?人之所以光明俊伟者,以阳明之气塞吾其体也。故积中发外,如日之晖。学问之充,事业之见,炳炳

---

① 元·张伯淳撰:《寄焦达卿》,《养蒙文集》卷九,影印《文渊阁四库全书》本,台湾商务印书馆,1986年。
② 南宋·卫宗武撰:《和友人新阳韵》,《秋声集》卷二,影印《文渊阁四库全书》本,台湾商务印书馆,1986年。
③ 宋·王柏撰:《鲁斋集》卷十一"题跋·跋武昌解氏善居图",影印《文渊阁四库全书》本,台湾商务印书馆,1986年。

烺烺,照人耳目,又晖之耀。《书》曰:'爽邦由哲。'哲即晖之义,爽即耀之义。爽以事言,哲以人言。以哲人而理邦政,事事爽快,明白决矣。"①黄仲元认为,人之所以光明俊伟,是有爽朗的阳明之气塞于身体,因此可以积于中而发乎外,就像太阳一样明亮,学问之充、事业之见,均可由此发生。

南宋学者袁甫为宋嘉定七年(1214)进士第一,他在一次御前讲席(经筵)上以《易经》作为"发题",阐述了"阳明刚健"在修身治国中的重要作用,云:"臣闻日月为易,有日则有月,而日月不相离也,日为阳,月为阴,有阳则有阴,而阴阳不相离也。阳为刚,阴为柔,有刚则有柔,而刚柔不相离也。何也? 为物不贰也。……有默观密察之功,则随所发用,自然阳明,自然刚健。故圣人善用阳刚上配天道,万古周流,而无一息间断。在吾身,则为喜怒哀乐未发之中而声色玩好之娱自不能惑;在宫庭,则为闲有家之初而险诐私谒之心自不敢萌;在天下,则非独君子登用而小人亦无失所之忧。非独中国乂安而蛮夷亦在化育之内,是乃至阳真刚而非偏阳偏刚之所能为也。阴阳刚柔,动静之妙,还相为本,不见其始,孰知其终? 不见其迹,孰知其穷?"②

明堂为古代帝王宣明政教之处所,凡朝会、祭祀、庆赏、选士、养老、教学等大典都在此举行。此即孟子所言:"明堂者,王者之堂也。"③明堂建筑在阳明之位,汉代班固《白虎通义》云:"明堂上圆下方,八窗四闼。布政之宫,在国之阳。上圆法天,下方法地,八窗象八风,四闼法四时,九室法九州岛,十二坐法十二月,三十六户法三十六雨,七十二牖法七十二风。"④此处所言"在国之阳",即为阳明之地。此即宋代僧人遇荣结合儒家孝道之理以解释《佛说盂兰盆经》时所云:"明堂者,布政之宫也。在城南七里之内,居阳明之地,故曰明堂。"⑤宋代学者陈藻有一篇关于明堂的策问,云:"观《孝经》而知明堂为宗祀之所,又观七篇而知明堂为行政之地。古之人庙曰清庙,则堂曰明堂,宁不为宗祀之所乎? 是取清明之义也。《易》之'离'曰向明,而治则堂曰明堂,宁不为行政之地乎? 是取阳明之

---

① 宋·黄仲元撰:《陈耀卿字叙》,《四如集》卷三,影印《文渊阁四库全书》本,台湾商务印书馆,1986年。

② 宋·袁甫撰:《蒙斋集》卷一"经筵讲义·易发题",影印《文渊阁四库全书》本,台湾商务印书馆,1986年。

③ 汉·赵氏注,宋·孙奭音义并疏:《孟子注疏》卷二上"梁惠王章句下",影印《文渊阁四库全书》本,台湾商务印书馆,1986年。

④ 汉·班固撰:《白虎通义》卷上"辟雍",影印《文渊阁四库全书》本,台湾商务印书馆,1986年。

⑤ 宋·遇荣撰钞:《佛说盂兰盆经疏并序孝衡钞》卷上,《卍新纂续藏经》第21册,第527页。

义也。然则明堂也者,一物而两用,用虽异而实则一。何以言之耶?以平日行政之地,为择日祀天之所。每其临政也,曰:'吾祀天于此,讵可以代天为政而骋吾私乎。'及其祀天也,则曰:'皇天后祖,洋洋左右,吾平日布政于此,其果有愧乎?无愧乎?'是一物而两用,用虽异而实则一也。"①由此可见,兼具古代国家最重要之行政与宗祀双重功能的"明堂"之得名,便是取"阳明"之义,故明堂建置在"国之阳",所居为阳明之地。宋代文士方逢辰有《庆明堂礼成》诗云:"合宫芬郁彻垓埏,治象阳明景烂然。云气朝隮疑欲雨,帝心夕惕即旋乾。皇穹后土实临汝,祖德宗功鉴在天。既灌更祈如未灌,缉熙此福万斯年。"②

三

明代著名哲学家王守仁(王阳明,1472～1529),幼名云,字伯安,浙江绍兴府余姚县(今属宁波余姚)人。他于明孝宗弘治十五年(1502)八月疏请告病归越(绍兴府),筑室阳明洞中,自号"阳明子",世称"(王)阳明先生"。

王阳明虽然没有对自己为何钟情于"阳明"语词并以其作为自己的别号而自称"阳明子"予以说明,但从上述讨论看,他的自号是有其理由及丰富内涵的。

关于王阳明的思想演进之历程,其学生钱德洪撰《阳明先生年谱序》有大致的梳理,称:"吾师阳明先生出,少有志于圣人之学,求之宋儒,不得穷思物理。卒遇危疾,乃筑室阳明洞天,为养生之术。静摄既久,恍若有悟,蝉脱尘坌,有飘飘遐举之意焉。然即之于心若未安也。复出而用世,谪居龙场,衡困拂郁,万死一生,乃大悟良知之旨,始知昔之所求未极性真,宜其疲神而无得也。盖吾心之灵彻显微,忘内外,通极四海而无间,即三圣所谓中也,本至简也而求之繁,至易也而求之难,不其谬乎?征藩以来,再遭张许之难,呼吸生死,百炼千摩,而精光焕发,益信此知之良神变妙应而不流于荡渊,澄静寂而不堕于空,征之千圣莫或纰缪,虽百氏异流,咸于是乎取证焉。"③钱德洪在编定《王文成全书》卷二十九"续编四"后所作的按语中又称:"盖师学静入于阳明洞,得悟于龙场,大彻于征

---

① 宋·陈藻撰:《乐轩集》卷七"策问·明堂",影印《文渊阁四库全书》本,台湾商务印书馆,1986年。

② 宋·方逢辰撰:《蛟峰文集》卷六,影印《文渊阁四库全书》本,台湾商务印书馆,1986年。

③ 明·钱德洪撰:《阳明先生年谱序》,《王文成全书》卷三十六"附录五·年谱附录",影印《文渊阁四库全书》本,台湾商务印书馆,1986年。

宁藩。"①

据年谱记载,弘治十五年(1502)八月,王阳明 31 岁,"告病归越(绍兴),筑室阳明洞中,行导引术。"②据年谱前之小传称:"先生尝筑室阳明洞,洞距越城东南二十里。学者咸称'阳明先生'云。"钱德洪撰《阳明先生年谱序》则称该"阳明洞"为"阳明洞天",可能即是"群仙所栖""仙圣天人都会之所"的道教第十洞的"阳明洞天"。因为有直接的文献指明,王阳明就是在这处世称"古禹穴越之胜境也"的"阳明洞天"聚徒讲学的:"先生初归越时,朋友踪迹尚寥落。既后,四方来游者日进。癸未年已后,环先生而居者比屋,如天妃光相诸刹每当一室,常合食者数十人,夜无卧处,更相就席,歌声彻昏旦。南镇禹穴阳明洞,诸山远近,寺刹徙足,所到无非同志游寓所在。"③

按道教之第十洞的"阳明洞天",本来就出自于神仙家言,所处其实很难完全指实,在以会稽山脉为中心的周边诸山中,就有多处"阳明洞天",除了本文开篇所称之会稽山、秦望山外,还有天姥山亦被称之为"阳明洞天"。南宋学者吴曾《能改斋漫录》卷九"地理·天姥山"云:"会稽剡县,自晋宋以来人始称传,故沃州天姥号称山水奇绝处,自异僧帛道猷来自西天竺,赋诗云:'连峰数十里,修竹带平津。茅茨隐不见,鸡鸣知有人。'其后支道林之徒相继而居,凡十八僧。而名流如戴逵、王羲之者又十八人。大概乐天记之为详。盖《道经》云:'两火一刀可以逃。'以其名山之多,可以避世,故晋宋之世隐逸之士为多。亦为阳明洞天也。"④由此可见,"阳明洞天"的大致位置虽然在绍兴(会稽)地区范围内,但具体的位置并不详细。作为道教的"阳明洞天",其实是一处群仙所栖的都会之所。隐逸之士寻觅并驻锡该处(阳明山、阳明洞天),为的是修真养性乃至成仙。因此,古人有"阳明仙"之说。如南宋文士、宋亡后入道自号"老君山人"的董嗣杲在《越城步月不知子城已闭因托宿赵义斋宅》诗中有句云:"履险复自笑,汩没

---

① 明·王守仁撰:《王文成全书》卷二十九"续编四",影印《文渊阁四库全书》本,台湾商务印书馆,1986 年。

② 明·王守仁撰:《王文成全书》卷三十二"附录一·年谱一",影印《文渊阁四库全书》本,台湾商务印书馆,1986 年。

③ 明·王守仁撰:《王文成全书》卷三"语录三·传习录下",影印《文渊阁四库全书》本,台湾商务印书馆,1986 年。

④ 宋·吴曾撰:《能改斋漫录》卷九"地理·天姥山",影印《文渊阁四库全书》本,台湾商务印书馆,1986 年。

信此世。愿逢阳明仙，餐霞度千岁。"①据此，王阳明选择道教的"阳明洞天"，或者将自己所选择的山洞名之为"阳明洞"，当与其以该洞（洞天）作为静摄养生证道之处所有关。钱德洪称其当时"恍若有悟，蝉脱尘坌，有飘飘遐举之意焉"，亦可作为佐证。

正德元年（1506）二月，王阳明上封事下诏狱谪龙场驿驿丞。正德三年（1508）春天至龙场。王阳明时年37岁。从"下诏狱谪龙场驿驿丞"至到谪所龙场驿，王阳明在途中走了两年时间。据王阳明的学生黄绾撰《阳明先生行状》称，他"……遂由武夷至广信，泝彭蠡，历沅湘，至龙场"②，途中经过了湖南的许多地方。例如，他在常德德山还曾经讲学，收下了蒋信等学生。又经过了永州，在道县写下了《象祠记》③一文。"象祠"又名"鼻亭"，相传舜封其弟象于此，后人建祠祭祀。宋人欧阳忞撰《舆地广记》云："营道县本汉营浦县，属零陵郡。晋置营阳郡，宋、齐因之，而析置营阳县为郡治。……贞观八年，改营州为道州。……皇朝建隆三年，复曰营道。……虞时鼻国之地，有象祠。唐元和中，刺史薛伯高毁之，柳宗元作《斥鼻亭神记》。"④按，《柳河东集》卷二十八录有该记文，题为《道州毁鼻亭神记》。据笔者所见，为象祠作记之历代名士仅柳宗元与王阳明二人。清代文士姜宸英撰《鼻亭辨》称："柳子厚为薛道州作《毁鼻亭记》，谓象以恶德而专世祀不可。至明王文成为《灵博山象祠记》，以象为已化于舜。故至今庙祀之，其识似胜子厚。"⑤明代学者茅坤亦有相同的看法，在将柳宗元的《道州毁鼻亭神记》编入《唐宋八大家文钞》时题记云："文甚明法，读王阳明记象庙，又爽然自失矣。"⑥

王阳明谪居贵州龙场驿后，又在龙场郊外的龙岗山寻觅到一个山洞——东洞，遂将此洞改名为"阳明小洞天"。王阳明有《始得东洞遂改为阳明小洞天三

---

① 宋·董嗣杲撰：《越城步月不知子城已闭因托宿赵义斋宅》，《英溪集》，影印《文渊阁四库全书》本，台湾商务印书馆，1986年。

② 明·黄绾撰：《阳明先生行状》，《王文成全书》卷三十七"附录六"，影印《文渊阁四库全书》本，台湾商务印书馆，1986年。

③ 明·王守仁撰：《王文成全书》卷二十"外集二"，影印《文渊阁四库全书》本，台湾商务印书馆，1986年。

④ 宋·欧阳忞撰：《舆地广记》卷二十六"荆湖南路·营道县"，影印《文渊阁四库全书》本，台湾商务印书馆，1986年。

⑤ 清·姜宸英撰：《鼻亭辨》，《湛园集》卷四，影印《文渊阁四库全书》本，台湾商务印书馆，1986年。

⑥ 明·茅坤撰：《唐宋八大家文钞》卷二十二"柳州文钞六·记·道州毁鼻亭神记"，影印《文渊阁四库全书》本，台湾商务印书馆，1986年。

首》诗,其一云:"古洞閟荒僻,虚设疑相待。披莱历风磴,移居快幽垲。营炊就巉窦,放榻依石垒。穿室旋薰塞,夷坎仍扫洒。卷帙漫堆列,樽壶动光彩。夷居信何陋,恬淡意方在。岂不桑梓怀,素位聊无悔。"其二云:"童仆自相语,洞居颇不恶。人力免结构,天巧谢雕凿。清泉傍厨落,翠雾还成幕。我辈日嬉偃,主人自愉乐。虽无荣戟荣,且远尘嚣聒。但恐霜雪凝,云深衣絮薄。"其三云:"我闻莞尔笑,周虑愧尔言。上古处巢窟,抔饮皆污樽。亘极阳内伏,石穴多冬暄。豹隐文始泽,龙蛰身乃存。岂无数尺橼,轻裘吾不温。邈矣箪瓢子,此心期与论。"①王阳明是以一种"恬淡意方在"的心态悟道于此。

明正德十三年(1518)三月,王阳明在江西平息当地的农民军起事后回军江西南部山区的龙南县,看见一座名为"玉石岩"的山岩,该山岩分为东、西二个部分,东岩称之为"上洞",西岩称之为"下洞",合称"双洞"。王阳明有《回军龙南,小憩玉石岩,双洞绝奇,徘徊不忍去,因寓以"阳明别洞"之号,兼留此作三首》诗,其一云:"甲马新从鸟道回,览奇还更陟崔嵬。寇平渐喜流移复,春暖兼欣农务开。两窦高明行日月,九关深黑闭风雷。投簪最好支茅地,恋土犹怀旧钓台。"其二云:"洞府人寰此最佳,当年空自费青鞋。庋幢旖旎悬仙仗,台殿高低接纬阶。天巧固应非斧鉴,化工无乃太安排。欲将点瑟携童冠,就揽春云结小斋。"其三云:"阳明山人旧有居,此地阳明景不如。但在乾坤俱逆旅,曾留信宿即吾庐。行窝已许人先号,别洞何妨我借书。他日巾车还旧隐,应怀兹土复乡闾。"②从诗中"阳明山人旧有居,此地阳明景不如""恋土犹怀旧钓台""行窝已许人先号,别洞何妨我借书"等诗句可以看出,虽然玉石岩的"双洞绝奇,徘徊不忍去",但还是不如自己家乡的那个"阳明洞(天)",只是"但在乾坤俱逆旅,曾留信宿即吾庐",聊以寄寓乡愁而已。从王阳明在多地寓居便寻觅山洞并命名为"阳明洞"以悟道,可见其家乡的那个"阳明洞(天)",或者说"阳明"这一语词,对他来说,是多么的重要,以至于时刻念念在心,无法忘怀。

王阳明多次来到江西龙南县的这处"阳明别洞",甚至有可能在此停居。他有《再至阳明别洞和邢太守韵二首》诗,其一云:"春山随处欸归程,古洞幽虚道意生。涧壑风泉时远近,石门萝月自分明。林僧住久炊遗火,野老忘机罢席争。

---

① 明·王守仁撰:《王文成全书》卷十九"外集一",影印《文渊阁四库全书》本,台湾商务印书馆,1986年。

② 明·王守仁撰:《王文成全书》卷二十"外集二",影印《文渊阁四库全书》本,台湾商务印书馆,1986年。

习静未缘成久坐,却惭尘土逐虚名。"其二云:"山水平生是课程,一淹尘土遂心生。耦耕亦欲随沮溺,七纵何缘得孔明。吾道羊肠须蠖屈,浮名蜗角任龙争。好山当面驰车过,莫漫寻山说避名。"①从诗中"古洞幽虚道意生""习静未缘成久坐"等诗句可以看出,王阳明确实是将"阳明洞(天)"视之为习静悟道的场所。很可能王阳明认为,习静悟道的场所可以变动,但其名却不可以改变;每当置身于"阳明洞(天)"的情境之中,他就可以达至一种弥漫着阳明清气的境域,并在这种清气的充塞下"阳明胜则德性用","锺而为贤人君子",心灵升华以获得宇宙间的"至道之妙"。

四

清康熙九年(1670)刘道著等修纂《永州府志》卷八"山川志"云:"阳明山,去县治百里,在黄溪之尾。然山麓险绝,游者相望咫尺,无径可达。山最高,日始自旸谷出,山已明,故谓之阳明焉。嘉靖间,有僧秀峰者禅定于此,今遂为秀峰道场所。"②试问,哪座山不是"日始自旸谷出"便"山已明"? 如果以日出而山明便为"阳明山",天下之阳明山不知凡几了,为何在古代以"阳明"命名的山却寥寥无几呢? 清康熙二十三年(1684)王元弼等修纂《零陵县志》卷之十四"外志·仙释"云:"秀峰禅师,生于明正德间。晚与邑人蒋鳌、宗室菊坡相友善,筑庵于黄溪之阳明山。山高与云齐,即见日出,故以'阳明'名之。师修行数十年,得教外别传。忽一日,贮盐一桶,跌坐其中,戒其徒:'越千日乃启。'及期启之,宛然如生,即建道场于山。其地有银沙十里,鸟道盘折。每岁八月,朝礼者以数万计,灵异不可胜述,至今肉身尚在焉。"③称湖南永州的阳明山之得名,乃"山高与云齐,即见日出,故以'阳明'名之"。此说难以成立。因为,比这座阳明山还要高峻的山脉、山峰亦不知凡几,同样可以即见日出,为何没有名之为"阳明山"? 该志卷二"山川"载:"阳明山,王元弼《名胜记》曰:山在黄溪之尾,离城百里。嘉靖间,有僧秀峰焚修于山间,今为秀峰道场。山多峭石,花木故其所产也。山向阳,故

---

① 明·王守仁撰:《王文成全书》卷二十"外集二",影印《文渊阁四库全书》本,台湾商务印书馆,1986年。

② 清·刘道著等修纂:《(康熙)永州府志》卷八"山川志",清康熙九年刻本。

③ 清·王元弼等修纂:《(康熙)零陵县志》卷之十四"外志·仙释",清康熙二十三年刻本。

以是名。"①此说亦难成立,因为每座山都有向阳、向阴之两面,哪里可能以其一面向阳便名之为"阳明",那么每座山都可以如此命名了。正如刘范弟先生所考证的②,阳明山原名"阳和山",是在秀峰禅师坐化以肉身驻世后,才被藩王南渭王所命名,那么为何在此之前不称之为"阳明山"而称之为"阳和山"呢?

根据刘范弟先生的考证,秀峰禅师其实是一位半道半释的人物;与他同时在阳明山修道者,还有身为南渭王裔孙的菊坡和由儒入道的蒋鳌(蒋湘崖)。蒋鳌曾经游历江浙,不可能不知道浙江绍兴(会稽)的道教"阳明洞天";而且,以王阳明之声名,曾经身为儒者的蒋鳌也不可能不知道王阳明;只不过王阳明是由"道"入儒,蒋鳌则是由儒入道。王阳明在贬谪龙场驿时途经永州,也有可能与南渭王府之人、包括菊坡在内有所接触。因此,道教的"阳明洞天"与儒家关于"阳明"之学说,不可能不直接或通过蒋鳌间接影响在秀峰禅师圆寂后将该山命名为"阳明山"的南渭王③。基于此,作为一座被视之为修真证道之胜境的永州阳明山之得名,当与王阳明自号为"阳明子"一样,与道教之"阳明洞天"及儒家之"阳明境域"有关;

换言之,阳明山应该是一座被认为阳明清气所弥漫之山,在此山悟真修道,可"以阳明之气塞吾其体也"(前述黄仲元《陈耀卿字叙》语)。清道光八年宗绩辰等纂修《永州府志》卷二上"名胜志"云:"零陵之东,春陵以西北,其距县皆百里,有山最高,属乎黄溪之尾,朝阳甫出而山已明者,阳明山也。有银沙十里,鸟道盘折,上与云齐,多石少土,山根郁露,其麓险绝,几疑无路。及登峰顶,左衡(衡山)右疑(九疑山),极目千里,身在云际,超然出尘。明嘉靖中,僧秀峰居之。秀峰没,其身不坏,人遂为建寺。远近礼祝,视全州之覆釜空山,因此有人迹焉。"④由此可见,"极目千里,身在云际,超然出尘"为该山所吸引人之处,当然也是一个修真证道的极佳处处。在世人的心目中,秀峰禅师的坐化并以肉身驻世,固然有着他自身的修为,但也与该山之似"阳明洞天"或"阳明境域"不无关系。这应该是该山得名之最为合理的解释。顺便指出,在秀峰禅师等人禅修悟道于

---

① 清·王元弼等修纂:《(康熙)零陵县志》卷之二"山川",清康熙二十三年刻本。

② 刘范弟:《秀峰、蒋鳌、菊坡、南渭王与阳明山》。

③ 清·曾钰纂《(嘉庆)宁远县志》卷十"仙释"云:"一日橚鼓升堂谓众曰:'寄迹人间三十余,度生之愿尚未毕。留得色身登祖位,也将黄叶止儿啼。'语毕,入关坐化。遗命师徒约以三年期满,方可开关。届期,有王孙菊坡久慕高风,往山开关视之,庄严端坐,俨然如生,深赞拜伏。南渭王加其谥曰'七祖',匾曰'曹溪正派',名其庵曰'万寿寺',改其山曰'阳明山'。"清嘉庆十七年刻本。

④ 清·宗绩辰等纂修:《永州府志》卷二上"名胜志",道光八年刻本。

此之前,该山尚人迹稀少,尔后因"人遂为建寺",为"秀峰禅师道场",才"远近礼祝",成为当地朝拜之香火胜地。

正如前文所述,史籍记载,中国只有三处"阳明山(洞天)。位于浙江绍兴(古名会稽)的道教洞天"阳明洞天"因其无法指实,那么便只有位于湖南省永州市的阳明山与位于台湾省台北市的阳明山了。两座阳明山与王阳明一道,成为勾连海峡两岸同胞骨肉亲情之一条不可多得的精神纽带。

正如已故著名史学家陈寅恪先生所言:"你不把基本的材料弄清楚了,就急着要论微言大义,所得的结论还是不可靠的。"永州阳明山及其所蕴藏的历史文化内涵,远远比我们已经知道的要丰富得多;同时,史籍中似是而非的记载也非常之多,还需要一一进行深入的考证辨析。只有将基本的材料完全弄清楚,才能够奠定对阳明山文化继续深入研究的扎实基础。因限于本文的主旨及篇幅,这些只能留待以后再进行了。

(原载 2014 年第 2 期,作者单位:湖南省社会科学院)

阳明山文化底蕴初探

❋ 杨金砖

一 阳明山是一座风光旖旎的画山

阳明山是一座风光旖旎山色秀美的奇山,更是一座历史文化神秘厚重的神山。

阳明山位于五岭北麓的道江盆地和零祁盆地交接处的都庞岭山系上。海拔高度达到1624米,属永州境内的第四大高山。它南峙九疑、北望衡岳,生潇水烟波,挹零陵春色,溪流纵横,碧螺如黛,白云缭绕。这里仿若就是一处人间仙境。有人说:"泰山归来不看山,九寨归来不看水。"其实,若论阳明山的水光山色的文化意蕴,并不比其它名山大川逊色。

关于阳明山的山色之美,最早见于柳宗元的《游黄溪记》。黄溪,属阳明山众多溪流中的重要一支。柳宗元曾赞之曰:"北之晋,西适豳,东极吴,南至楚、越之交,其间名山水而州者以百数,永最善。环水之治百里,北至于浯溪,西至湘之源,南至于泷泉,东至于黄溪屯,其间名山水而村者以百数,黄溪最善。"[1] 黄溪之妙,究竟妙在何处? 柳子厚这样描述到:"黄溪距州治七十里……两山墙立,如丹碧之华叶骈植,与山升降。其缺者为崖峭岩窟,水之中,皆小石平布……至初潭,最奇丽,殆不可状。其略若剖大瓮,侧立千尺,溪水积焉,黛蓄膏渟,来若白虹,沉沉无声,有鱼百尾,方来会石下。"

从柳宗元的文字里,足可以从黄溪之一斑,去窥视出阳明山之神奇秀貌。明末清初文人易三接《零陵山水记》曰:"柳言零陵山水当以黄溪为首,幽深奇险,难为名言。又言山水深处,皆石所为,有如侧瓮而立。山为水涌,水为山陪,干云蔽日,过于幽清,人不可久处也。"

其实,黄溪上游,阳明山腹地的大黄江源一带,自然风光更是奇绝。放眼望去,溪流蜿蜒,瀑布如练,绝崖峭壁,高矗云间;晴岚习习,雾海茫茫,珍禽异兽,鸣于山谷,异卉奇花,良木翳郁,真若秀峰禅师所见:"石木幽异、紫气腾空、地铺银砂、岭势磅礴"。也正是这妙蔓幽胜的自然山色与钟灵神秀的人间仙境,才孕育了源远流长与璀璨辉煌的阳明山文化。

二　阳明山是一座光照红尘的秀山

阳明山之名的来历,《永州府志》里多有记载。如清康熙九年《永州府志》卷八《山水志》载:"阳明山:去县治百里,在黄溪之尾。然山麓险绝,游者相望咫尺,无径可达。山最高,日始自旸谷出,山已明,故谓之阳明焉。"[2]]卷二十四《外志》:"秀峰:生于正德间,晚与邑人蒋鳌、宗室菊坡相友,乃筑庵于黄溪之阳明山,山高与云齐,即见日出,故以阳明名之。"[2]719

亦有志书载曰:"朝阳甫出,而山已明者,阳明山也。"

可见,阳明之名的由来,源于"日出山明"之意。但是,细细咀嚼其意,非常值得玩味,在永州,阳明山并非第一高峰,而为何日出独明此山?而如九疑的畚箕窝、萌渚山脉的韭菜岭与越城山脉的舜皇峰都远高于阳明山,而为何没有得此名呢?这里一定有更深层次的道理。

但是,在明代的《永州府志》里,并没有"阳明山"的称呼。我遍查洪武、隆庆、弘治三个版本的《永州府志》,均未有"阳明"之山的词条。不过,在洪武《永州府志》里有"阳和山"的记载:"阳和山:在城东北八十里,接道州界,乃王真人修炼之所。"文中"东北八十里"有误,道州在零陵古城之南,接道州界,显然应属"东南",而非"东北"。而东南八十里,刚好是阳明山所在地。

但是"阳明山"是否就是"阳和山"呢?我想答案是肯定的。原因有二:

一是"阳明山"的名字的出现,与明代郑秀峰禅师有关。《阳明山志》里的《秀峰祖师行录》一文有这样的记载:"祖师回东山,矢志出家,父母不能止,遂许之。师一瓢一笠前往陶岭师姑殿,居十八日,曰:'此非我住场'!旋行至大瓜岭秀峰山,居有八日,复曰:'地非吾愿'。于是,寻幽选胜,拨草披荆,至零陵界阳和山,只见木石幽异,紫气腾空,地铺银沙、岭势磅礴,并阅宋代古碑钟器,知是真人炼丹之处,神禹藏书之穴,遂欣然曰:'大事因缘,其在斯乎'!"[3]可见,当时郑秀峰禅师参禅修炼之处为"阳和山"。

二是从相关的诗文也可以证实阳明山就是阳和山。如明代陈荐的《秋登阳明山有感》曰:"望里阳和杳,迢迢路几重。拟寻东井月,更访西桥松。黄叶空山寺,秋风薄暮钟。何年得栖隐,为觅秀峰踪。"首句"望里阳和杳"所指的就是阳和山,即向阳和山放眼望去,绵延不绝,杳无尽头,全诗无一句不是在摹写阳和山中的景致,而诗题所标的则是"秋登阳明山",显然,阳和山即就是阳明山。

阳明山最早出现在诗文里,当属蒋鳌的《游阳明山》诗。其诗曰:"扶筇散步到阳明,云淡风和远世尘。纵目峰头三楚尽,旷怀别领一天春。"这首诗,诗题与诗句都提到阳明,应是目前较早的文献。

蒋鳌,何许人也? 清康熙《永州府志》中分别在《人物志·名贤列传》和《外志·仙释》篇中都有其《传》。《名贤列传》篇:"蒋鳌,字汝济,号湘崖,正德癸酉(1513)乡荐,任广东教谕。潜心理学,当道委毁淫祠,一无所假。升扶沟令,有冰蘗声。家贫甚,吟咏自娱。所著有《湘崖文集》四卷。"[2]437"蒋鳌,号湘崖,明正德八年(1513)癸酉乡举。曾出宰扶沟,以清洁著闻。致政归,得遇异人,授以服食之术。弃家构一椽于山中,曰'寄寄巢'。修炼数年,遂游名山……先生著有《证道歌》及《湘崖文集》传于世。"[2]719从这两段记述中可以看出,蒋鳌人生练达,生活简朴,为人淡泊,好理学与仙术。《阳明山志》载:其晚年在阳明山中修炼,尽管家贫如洗,饮食时有不给,但仍不乏其乐。有一年除夕,家中无粮,好友王孙菊坡来访,作一诗示之:"柴米油盐酱醋茶,七般皆在别人家。唯有老夫无计策,开窗独坐看梅花。"这首诗充分反映了蒋鳌当时的生活困境与淡泊心境。王孙菊坡见此诗后立即备物济之,成为蒋鳌与菊坡的一段传世佳话。

这里从秀峰禅师的坚定参禅,到蒋鳌的淡泊尚道,可以想见,这里的"阳明"不仅仅源自于"日出而明",更有淡泊坚定而心底洞明的禅定之意。

三 阳明山是一座宗教向往的神山

阳明山,先以元代王真人修炼之所而为道家所崇,后又因明嘉靖年间秀峰禅师涅槃于此,肉身不腐,获"临济正派"之称与禅宗"七祖"之誉,遂成为佛家名胜。据史志记载,明清时期,每年农历七月到十月间,前往万寿寺朝拜者,信众如潮,每日多以千计。据传:在民国初期,万寿寺的规模已相当宏大。自月台而上,有下殿、中殿、祖师殿、父母殿,四进两横,总面积达3400平米。"寺内有僧人四十名左右,铁锅三十六口,客被五百多床。"由这寺院中的生活设施,便可知其当时盛况之一斑。

秀峰禅师的"七祖"之誉,声名远播。禅宗自六祖慧能之后,为了防止弟子们因衣钵之事而起纷争,从此,衣钵不再下传。秀峰"七祖"的出现,可谓是横空出世,直接承接800前的六祖慧,这里有其内在的缘渊。一是秀峰的出家与慧能的出家有许多相似之处,不仅有良好的天赋与慧根,更有一种对佛的深切向往与执著追寻。二是都处在一个时代的变革点上。慧能处于盛唐中叶,而秀峰处于明代中期,都是社会由盛而衰的一个转折点上,新的社会思潮涌动,权贵争斗加剧,社会矛盾开始显现。三是对佛性的理解与佛缘的缔结上,均不着一字,而尽得风流,同时又都以肉身舍利而闻名天下。

关于禅宗佛教,自慧能南传,力主改革,提倡心性本净,佛性本有,觉悟不假外求,不读书,不礼佛,不立文字,强调"以无念为宗","即心是佛",只要明心见性,就可顿悟成佛。这一改革恰恰切合了当时唐代的社会现实,事佛而不影响劳动生产,于是,南派禅宗迅速崛起,成为中国佛教禅宗的主流。慧能而下,南派禅宗又分为南岳怀让与青原行思两系五宗。其中南岳怀让系下的临济宗发展最为繁茂。不仅遍布江南,而且流传海外,尤其在日本与台湾非常盛行。秀峰禅师所皈依的明性长老便是南岳临济一宗。秀峰谒长老明性禅师时,明性长老有言:"老僧自南岳来,秉领临济宗旨,匿迹是山,栽芋为食。尔少年书生,因何到此?"秀峰答曰:"适瞻山巅,紫气成盖,必有道人栖托,原为门下弟子。"从此,秀峰皈依明性禅师,栖居阳明山中,专心事佛,清苦修炼。而后,又因"心契曹溪衣钵",而云游曹溪,并在曹溪挂锡三载,学得曹溪真法。然后,秀峰返回阳明。从秀峰的行实录中可以看出,秀峰不仅是打破禅宗临、曹二系的先趋者,也是将临济与曹溪二派融会贯通的第一人,这也恰是阳明山"和"文化的最佳注解。民间曾流传着这样一说:"临济临天下,曹洞曹半边。"临济、曹洞僧徒之多,几乎是遍布台海两岸及东南亚国家。

阳明山与秀峰之关系,仿若如永州与柳子一般,人因地始重,地因人而名。一座山奠定一个人的高度,一个人丰富了一座山传奇。于此,阳明山"万寿寺"七祖殿中有一副楹联:"自漕溪六祖而后,法统谁承?春水诞真人,能教龙树低眉,马鸣合掌;于衡岳五岭之间,异军突起,明山辟胜境,不数匡庐九曲、邓尉十盘。"联中将秀峰直比印度高僧龙树和马鸣,将阳明山直比江西庐山与江苏万峰山,足可见对秀峰与阳明的评价之高。

四 阳明山是一座儒家底蕴的圣山

阳明山居于永州的道江盆地与零祁盆地的交界带上,是永州城南的第一屏障,也通过向岭南的第一要寨。在这里南北文化交融交汇、撞击错杂,然后包容并蓄,相安共生,从而在这里形成了其独有的永州文化现象。在上古之世,舜帝就将其亲弟象,敕封在有庳,而有庳就正在阳明腹地的江村一带。象虽曾作恶多端,但古老的永州人们并没有排挤和为难,而是很乐然的接受。在道江盆地,自秦汉以来,不仅有规模宏大的舜庙,而且还建有专门的象祠。在古城零陵,不仅有城隍庙、文庙、武庙,也有潇湘庙、二妃祠、诸葛庙,更有时迁庙。这足可以看出永州文化的包容性。这种包容源于阳明山的独特的地理地貌而孕育的出来的文化自信与文化担当。

因此,每当民生于水火之中时,永州的剽悍汉子不仅有舍生取义的勇气,更有直面人生的胆识。也许正是这种处江湖之远而忧其君的儒家文化的坚守,在这片土地上才有九疑舜德文化的灿烂,才有元结、柳子儒家民本文化的炽焰,才有濂溪理学文化的璀璨与神奇女书文化的激滟。

其实,阳明山文化的核心就是"和"。它以"和"的博大胸怀接纳着北面而来的中原文化的劲风与南面而来的海洋文明的骤雨,又以"和"的似水柔情滋养着本土文化的生长。

尤其有意思的是,最近据湖南省文物局考古所谢武经教授考证,明代第二位皇帝朱允炆自"靖难之役"逃离南京,最后隐居阳明山的东南腹地——南武当山,在此出家事佛长达几十年。这里的百姓爱戴有加,并无一人举报和告密,这也显示出阳明山文化中的独有的人格魅力和担当意识。

五 阳明山更是一座沟通两岸的名山

自蒋介石于 1949 年退守台湾,为了光复大陆,将台北草山更名为阳明山。从此,海峡两岸便有了两座阳明山。

蒋介石为何要将草山更名为阳明山呢?这是由于蒋介石对同乡王阳明学术思想的敬仰和崇拜。王阳明(1472 – 1529)是有明一代最著名的思想家、文学家、哲学家、军事家,集陆、王心学之大成,统合儒释,道法自然,格物致理,独成一家。在儒家史上有孔孟朱王之称,可见其对中国文化影响。

亦有人认为,蒋介石在离开大陆前曾接受过阳明山的一位高僧的指点,后为感恩而特将草山更名为阳明山,意思是要让自己铭记高僧的教导。第二种说法虽有些突兀,但并不是空穴来风,无稽之谈。因为在蒋介石去世后,其保存的一份舍利子,几经周转,最后由其亲人转赠到我们永州阳明山的万寿寺中供奉,这一事实正印证了这一说法。

其实,无论哪一种说法,两岸阳明山,两个阳明山,其名的由来都与王阳明有着内在的联系。

王阳明虽然没有到过永州的记载,但是零陵蒋鳌却与王阳明不无联系。永州"阳明山"一词最早出现在蒋鳌的诗文中。蒋鳌在正德癸酉(1513)乡荐入仕,出任扶沟(今河南扶沟县)县令,尔后致仕,遂游山水,尝在天台、雁荡之间。这段时间也正是王阳明回绍兴开坛设讲,我想蒋鳌一定受到过王阳明先生的学说有影响。后来隐居家乡阳和山中,与道友诗人皆有往来,如与朱衮过从甚密,朱衮文集中有两首题赠蒋鳌(湘崖)的诗,便可看出其不一般的关系。关于朱衮其人,在康熙《永州府志》有《传》。《传》曰:"朱衮,字子文,号石北,永州卫人。少颖悟绝人,领弘治戊午(1498)乡荐,登正德壬戌进士,任翰林庶吉士,以阐明正学为己任,尤以诗文著名,太学士李东阳器之,迁南京御史,升云南左参政。居官刚介,风猷凛然,奸宄敛迹。所著有《白房集》《续郡十三志》。崇祀乡贤。"朱衮在《白房集》中多处为湘崖赋诗。如其《招隐篇》的跋中写道:"感湘崖子汝济甫见访,为作《招隐篇》,陋词漫寄一笑耳。"说明《招隐篇》一诗是为蒋湘崖而作。诗曰:"子自湘之崖,我卧湘之壁。子来叩我壁,壁上日初出。何处木丁丁?檐云自出入。潦倒七茶瓯,月轮挂屋极。谭屑出未穷,义辄三五逸。子道方中行,我心已免役。终坐嗟临岐,归驾还当亟。坐颇云片多,子来分一席。"此外,还有《湘崖幽居次韵》与《再叠幽居韵》两诗。如《再叠幽居韵》:"出出窗中远近山,吾庐正在白云间。长松坐我年年好,绣羽穿花日日欢。橘里棋枰何自笑?江干瑶瑟是谁弹?幽居若比柴桑胜,犹有琅玕与客看。"从朱衮的和诗中不难看出蒋湘崖的隐居情趣与仙道生活。

由此,也可以推知蒋湘崖将自己寄居的阳和山改成了阳明山,从而,阳明山便出现在蒋鳌诗文之中的原由了。

因此,我认为两岸阳明山,山同名,名同源,文同根,人同祖,佛同派。五同于此,天下无二,有此内在关系,阳明山定会成为海峡两岸交流的一个重要通道和平台。

参考文献:

[1]柳宗元.柳宗元全集[M].北京:中华书局,1979.

[2][清]刘道著,修.钱邦芑,纂.康熙《永州府志》[M].北京:书目文献出版社,1992:210.

[3]双牌县政协.阳明仙境[Z].双牌县政协,1999.

（原载 2014 年第 6 期,作者单位:湖南科技学院）

阳明山文化精髓:和合三教为一体

✳ 陈仲庚

阳明山是一座自然之山,更是一座文化之山;而且,阳明山不仅文化底蕴深厚,还集中地体现了中国文化的精髓,这在中国各大名山中是极为少见的。

一 中国文化的精髓:和合文化

中国文化的精髓,如果用一个字表述是"和",用两个字表述就是"和合"。这两个字有着丰富而复杂的内涵,可以从文字学、社会学、哲学等不同层次进行解释,但最简单而直观的解释就是:"和"是和谐相处,"合"是合成整体。这一文化特征,体现在中国文化的方方面面。

首先,从人类社会必须要处理好的几大基本关系来看,特别强调和谐相处、合成整体。譬如,将人与人的关系看成是"民胞"的关系,所谓"四海之内皆兄弟也",全体中华民族都是"炎黄子孙";人与社会的关系则强调"修身、齐家、治国、平天下"四位一体,也就是说,作为个人来说,首先要通过"修身"来提高自己的素养,做到与家、国、天下的和谐相处,然后再通过修、齐、治、平的社会实践,使天下太平、万风归一;人与自然的关系则被认为是"物与"的关系,即人要把自然当作朋友,友好地相处,最终形成"天人合一"的整体效应。人类社会只要把这些关系处理好了,就可以做到和谐相处,共享太平。

其次,和合文化在中国的宗教领域则体现得更为明显。本来,宗教信仰是具有排他性的,如犹太教的信条规定"必须信奉上帝耶和华为唯一的神",基督教也规定"除上帝外不可信别的神",但在中国,儒、道、佛的三教不仅可以和谐相处,而且还可以融合三教为一体。

中国的文化很特别,既没有严格意义上的全民性宗教信仰,也没有严格的宗教界限,只要是对社会、人生有用的东西就可以一概吸收。因此,在唐代还是儒、道、佛三教并立,到了宋代就成为"三教合一":佛学修心性、道教求养生,儒学治国民,三者相济,相得益彰。许多儒家士大夫起初极力排佛,但一旦领悟了佛学有修心养性的功能,便马上一改初衷,援佛入儒。唐代的韩愈曾是排佛最力的,他上表力谏唐宪宗止迎佛舍利(佛指骨)入宫,称:"佛本夷狄人,身死已久,枯朽之骨,不宜入宫禁,乞以此骨付之火,永绝根本"。由此引起宪宗盛怒,被贬为潮州刺史。到潮州后,闻大颠禅师之名,前往造访,数番交谈,韩愈茅塞顿开,方知自己以前排佛实为不谙佛之真谛,从此皈依佛理。宋代的欧阳修早年亦认为"佛教为中国患","千年佛老贼中国",并因此被贬官出京。一次途经九江,游庐山东林圆通寺,谒拜祖印禅师,祖印的一席教诲,使欧阳修肃然心服,平日排佛之心荡然无存。后又读契嵩的《辅教编》,知佛学亦以忠孝为本,从此便诚心向佛,临终时还在读着《华严经》溘然仙逝。总之,有宋一代,儒、道、佛三家由相互攻讦而趋向了相互谅解和融合,学者皆以儒学为治世之学,佛教为修心之学,道教为养生之学。宋代的禅宗大师佛印了元还向王安提出了三教合一的口号:"道冠儒履佛袈裟,和会三家作一家。"大觉法师开堂讲法,宣道曰:"若向迦叶门下,直得尧风浩荡,舜日高明,野老讴歌,渔人鼓舞。"俨然一派儒老的口吻。与佛家的"三教合一"主张相呼应,道教亦劝人诵《道德经》《般若心经》《孝经》,宣扬"教虽分三,道则唯一","天下无二道,圣人不两心","红花白藕青荷叶,三教原来是一家"。最有意思的是《南齐书》记载终生信佛的张融,他在生前便留下遗言:在他死后入殓时,须左手持《孝经》和《老子》,右手持《小品法华经》,此种"信仰",儒、道、佛已无法区别,完全融为了一体。与此相适应,寺庙里的神灵也可以掺杂着供奉,孔子庙里供观音,佛教寺院有玉帝,甚至有将"三清殿"和"佛祖庵"合为一体的。

而且,"三教和合"决不只是个别现象,而是一种主流文化。有唐一代,儒学与佛、道对立,结果是佛、道鼎盛,儒学式微。宋代以后,儒学则通过和合佛、道而使自己再度复兴,并占据正统地位。有人认为,宋代的"理学是儒、释、道三教由冲突——融合而和合的和合体",明代王阳明的心学同样是"儒、释、道三教融突的和合体,因此他的思想既包融三教,又超越三教,而能独树一帜,使中国哲学又达到了一个高峰,成为心学的集大成者"[1]。这种"和合",不仅重新焕发了中国传统文化的生命力,更是中国文化精髓的集中体现。

由此可见,无论是世俗生活领域还是宗教生活领域,无论是此岸世界或彼岸世界,和合文化均发挥了核心价值的作用。因此,要概括中国文化的精髓,除"和合"二字之外,似乎再难找到更恰当的词语。

二　阳明山文化精髓:和合三教为一体

阳明山是一座文化之山,更是一座宗教之山,或者说,阳明山文化的内涵和精髓,就体现在儒、道、佛的三教合一上。

阳明山的出名,首先是因于道教。明隆庆《永州府志》卷七《零陵·山川》载:"东南二里为阳和山,王真人修炼于此。"明弘治《永州府志》卷二《山川》又载:"阳和山,在县东南二里,乃王真人修炼之所。"这里的"东南二里"明显有误,应为"东南百里"。

王真人为何许人士? 明洪武《永州府志》卷九载:"王真人,德安人也。修炼于零陵阳和山,元初赐额为'万寿宫',封'懿德真人'。征入朝,遂不返。"此外,明弘治《永州府志》卷四《人物》、明隆庆《永州府志》卷十七《外传》等亦有相同记载。可见,阳明山最早是一座道教场所,始于王真人,并在元初赐名为"万寿宫"。

阳明山在元朝因道教闻名于天下,这是因为元朝是一个崇尚道教的王朝;而元朝的崇道又是因于全真教的教主丘处机。道教的全真教派创立于金人统治下的北方,金人铁骑南下,南宋称臣议和。北方汉人眼见复国无望,国破家亡的隐痛促使他们到宗教中去寻找慰藉。当时北方创立了"太一教""大道教"等不同的教派,其中最有影响的是全真教。全真教的创始人是王喆,其嫡传弟子邱处机掌教期间,全真教产生了广泛的影响。邱处机审时度势,看破了金与南宋必为蒙古人所破的趋势,不奉南宋和金人之诏,而奉了远征西域的成吉思汗之诏。邱以70 高龄,率 18 弟子,跋涉数万里,途经数十国,历时四余年,在西域雪山行营见到成吉思汗。丘处机以道教清心爱民之旨劝谕成吉思汗戒滥杀,深得成吉思汗的敬重,尊之为"邱神仙"。邱回燕京,成吉思汗给他掌管道教、自由收徒布道、免差役赋税的权利。当蒙古铁骑践踏中原时,很多人无路可走,便避入全真教门下修道避祸,由此,全真教团迅速扩大,随着元朝的统一,全真教也传向了全国。王真人是否属于全真教派已很难考证,但他被封为"懿德真人",说明他的修道已经达到道教的最高境界;同时也可说明,阳明山因为他而闻名全国,也因他"征入朝,遂不返"而使阳明山的道教走向了式微。

到了明代,不仅是阳明山的道教走向了式微,全国的道教也走向了式微。明太祖朱元璋是依靠白莲教、摩尼教(明教)之类的民间宗教组织的帮助登上皇帝宝座的，为防止别人故伎重演，他解散白莲教和摩尼教，并严格限制道教和佛教，规定四十岁以下的人不准出家，出家人全部集中于府州、县城，限定人数，由政府统一发放度牒，"僧道俱不许奔走于外，及交结有司"，若于深山老林修道参禅，一二人为伍可以听之，"三四人勿许"。如此严格的限制，道教不仅失去了国教的地位，并由此走向了衰落。

朱元璋的第九子朱棣夺了侄儿的皇位后，情况则有了变化。为了消弭自己的不安心理和社会的物议，他暗示自己是"真武转世"，在武当山大建真武殿，在朝中重用道士，被重用的道士陶仲文，加少保、少傅、少师，一人而总三孤，并与大学士严嵩结为一党，一时间权势熏天。但陶仲文并无甚么真本事，仅以符水治妖祟、献房中术而得宠，于是导致了明代的世风日下，社会趋利若鹜，道士则只以占卜推命、疗病禳灾、黄白丹药之类方术谋生，道教全然走向了世俗化。这就是《金瓶梅》之类的小说之所以出现于明季的缘由。

道教的全然世俗化，从高雅走向低俗，也使自己的文化地位一落千丈，这一状况反映到阳明山，就是使它从道教胜地转而成为佛教道场。

清康熙九年《永州府志》卷八《山水志》载："阳明山：去县治百里，在黄溪之尾。然山麓险绝，游者相望咫尺，无径可达。山最高，日始自旸谷出，山已明，故谓之阳明焉。嘉靖间有僧秀峰者，禅定于此，今遂为秀峰道场所。"

关于秀峰禅师之介绍，清康熙《永州府志》卷二十四《外志》载："秀峰，生于明正德间，晚与邑人蒋鏊、宗室□□□□□，筑庵于黄溪之阳明山。山高与云齐，即见日出，故以'阳明'名之。秀峰修行数十年，得曹溪正传。忽一日涅槃于桶中，戒其徒：'越千日乃启。'及期，启之。宛然如生。即建道场于山，其地有银沙十里，鸟道盘折。每岁八月，朝礼者以数万计，至今肉身犹在焉。"又载：明嘉靖帝"遂崇其号曰七祖，临济正派，改寺名万寿寺，赐寺联'名山千古仰，活佛万家朝'，自此远近士庶登山礼拜者极盛……"

但也有文献记载，谥号、改名的不是嘉靖帝，而是明宗室南渭王："南渭王谥曰七祖，名所曰万寿寺，改其山曰阳明"[2]。这里有两点似乎值得注意：一是改了名，阳和山改名为阳明山，万寿宫改名为万寿寺；二是崇拜的对象变了，由礼拜王真人变为礼拜秀峰禅师，从崇道变成了崇佛。

需要讨论的问题是：为什么要改"阳和山"为"阳明山"？万寿宫改名为万寿寺很好理解，因为道教的场所称"宫观"，而佛教的场所称"寺庙"。"阳和"与"阳明"则道教、佛教均可用，且"阳和"更能体现中国文化的精髓，完全没有更改的必要。而且,改名的理由更是站不住脚,"日出而明"——凡高山皆如是,"阳明"能体现这一特点,"阳和"更能从本质上体现这一特点。

"阳和山"之所以改名为"阳明山",应该与明代大儒王阳明有关。万里先生认为:"按照刘范弟先生的考证[3],秀峰禅师其实是一位半道半释的人物;与他同时在阳明山修道者,还有身为南渭王裔孙的菊坡和由儒入道的蒋鏊(蒋湘崖)。蒋鏊曾经游历江浙,不可能不知道浙江绍兴(会稽)的"阳明洞天";而且,以王阳明之声名,曾经身为儒者的蒋鏊也不可能不知道王阳明;只不过王阳明是由"道"入儒,蒋鏊则是由儒入道。王阳明在贬谪龙场驿时途经永州,也有可能与南渭王府之人、包括菊坡在内有所接触。因此,道教的"阳明洞天"与儒家关于"阳明"之学说,不可能不直接或通过蒋鏊间接影响到在秀峰禅师圆寂后将该山命名为"阳明山"的南渭王[4]。基于此,作为一座被视之为修真证道之处所胜境的永州阳明山之得名,当与王阳明自号为"阳明子"一样,与道教之"阳明洞天"及儒家之"阳明境域"有关;换言之,阳明山应该是一座被认为阳明清气所弥漫之山,在此山悟真修道,可"以阳明之气塞吾其体也"(黄仲元《陈耀卿字叙》语)。"这应该是该山得名之最为合理的解释"[5]。

如此看来,阳明山之改名是因为大儒王阳明,于是,这座本因道教、佛教而闻名天下的大山,因王阳明的关系又增添了浓郁的儒教色彩——儒、道、佛三教在阳明山上难解难分,融汇和合为一个整体,成为天下名山之中一道独特的风景线。

三　阳明山和合文化的打造:和合三教的文化载体

作为中国文化精髓的集中体现,阳明山和合文化在今天的社会发展和文化建设中,仍然有着极为重要的现实意义。这种现实意义,需要通过一定的手段进行打造,使其发挥更好的作用。

(一)建造立于一山的三教庙宇

现在的阳明山只是一个佛教圣地,万寿寺仅供人们烧香拜佛,这不能真正体现阳明山的文化特点。应该在万寿寺的傍边选择合适的地方恢复万寿宫,作为道教的场所,供奉王真人及道教的神灵。万寿寺作为秀峰禅师的道场,也应该突出秀峰禅师的主神地位,不能像其他寺庙一样,仅供奉如来或观音。还应建造"阳明庙",供奉大儒王阳明。这样一来,三教庙宇集于一山,才能真正彰显阳明山的文化特色,使之在天下名山中有着更为独特的地位。

(二)打造优势互补的三教文化

有了三教的庙宇作为载体,接下来就要打造与三教相关的特色文化,使之优势互补并形成整体效应。

其一,道教场所应突出养生文化。道教从老子、庄子开始就重视养生、全身,道教的教义也希图灵魂和肉体一起成仙,历代道士不断地修炼内丹、外丹,试图找到长生不老之药,虽然"永生"的愿望最终要归于破灭,但作为延年益寿的养生方法则归纳了不少;再加上阳明山当地有利于养生的土特产(如雪莲果之类的)本就不少,使之与道教的养生术相结合,一定可以打造丰富而又实用的养生文化。

其次,佛教场所应突出养心文化。佛教普度众生,善待一切生命,这种平等而宽广的"善心",正是医治现代社会人与人、人与社会、人与自然三大危机的一剂良药。佛教场所突出养心文化,就是要培养这种善心。所以万寿寺应该有更多的作为,不能仅仅是烧香拜佛,为善男信女个人消灾免祸——这当然也是必不可少的,还应该利用佛教的"象教"传统,以壁画、展览、变文传唱等艺术形式,传扬普度众生、善待生命的"善心";还可以建立"放生园",以亲身体验的形式来培养人们的善心。

再次,儒教场所应突出养民文化。儒家最为重视的是治民、养民,二者是紧密地结合在一起的。汉代班固《汉书·艺文志》云:"儒家者流,盖出于司徒之官,助人君,顺阴阳,明教化者也。游文于六经之中,留意于仁义之际。祖述尧、舜,宪章文、武,宗师仲尼,以重其言,于道最为高。"儒家"助人君"是治民,"留意于仁义之际"则是养民,"顺阴阳"是遵循自然规律,"明教化"则是百姓智力的开发和道德素质的培养。儒家考虑问题是最为全面的,所以能成为中国传统社会两千多年一直占据统治地位的正统思想。宋人彭龟年《论雷雪之异为阴盛侵阳之证疏》云:"阳明升则德性自用,阴浊盛则物欲必行。"南宋学者黄裳称:"南方阳明而主生,有君子之道焉,生则子民之仁,明则君国之智。"这说明儒家对"阳明"的理解首先是"主生",亦即生民、养民。王阳明的学生钱德洪在《阳明先生年谱序》中称:"吾师阳明先生出,少有志于圣人之学,求之宋儒,不得穷思物理。卒遇危疾,乃筑室阳明洞天,为养生之术。静摄既久,恍若有悟,蝉脱尘垢,有飘飘遐举之意焉。然即之于心若未安也。复出而用世,谪居龙场,衡困拂郁,万死一生,乃大悟良知之旨,始知昔之所求未极性真,宜其疲神而无得也。盖吾心之灵彻显微,忘内外,通极四海而无间,即三圣所谓中也,本至简也而求之繁,至易也而求之难,不其谬乎?征藩以来,再遭张许之难,呼吸生死,百炼千摩,而精光焕发,益信此知之良神变妙应而不流于荡渊澄静,寂而不堕于空,征之千圣,莫或纰缪,虽百氏异流,咸于是乎取证焉。"[6]王阳明从求道教的"养生之术"入,又从"大悟良知之旨"出。"良知"是什么?就是"明觉自然",亦即"仁者以天地万物为一体"[7]。"以天地万物为一体",其实包含了二层意思:一是人与自然是一个整体,所以要爱护自然、保护自然;二是人与自然一样,也具有天然的本性,所以王阳明所提倡的"致良知",也就是"识心见性",发掘人的天然本性。由此而论,王阳明的"明觉自然"则还包含有第三层意思:顺阴阳而养民。柳宗元在《种树郭橐驼传》中曾总结出他的"养民术":"顺人之天,以致其性",即遵循顺从民众生产生活的天然规律,促使其天然本性得以充分显现。应该说王阳明所提倡的正是对柳宗元"养民术"的继承和发扬。从"识心见性"出发,则还包含有第四层意思:重视对小孩子的教育,以保持"人之初,性本善"的天然本性。因此,在阳明庙中,应侧重两个方面的内容展示:一是顺应自然的养民术,包括爱惜自然、保护自然的问题,这与阳明山的生态环境以及当今的两型社会建设可以联系起来;二是蒙学教育,包括蒙学教材、儒教经典以及《增广贤文》等普及性教材的展示,这与当今所提倡的国学进课堂可以联系起来。也就是说,养民文化应包括物质生活和精神生活两个方面。

(三)再现各具特色的三教礼仪

中国是礼仪之邦,古代的"国之大事,在祀与戎"(《左传·成公十三年》),也就说,最早的礼仪是源于祭祀,祭祀文化在人们的日常生活中发挥了极为重要的作用。在三教祭祀礼仪中,儒教不是超理性的上帝信仰,而是祖先崇拜,往往是在祭祀活动中"慎终追远"——中国古代社会以血缘关系为纽带,那是宗法制度的根据,亦是祭祖仪式的根源。所以祭祖仪式已普遍被人们认可,成为人们生活的一部份。儒教通过对严父的崇敬、进而对祖先的崇拜,形成为一种"礼教"的形式,从制度上凝聚了全体国民的向心力,促使中华民族从"祖先认同"走向了"民族认同",使全世界的华人都认同自己为"炎黄子孙";同时,这种祭祀还让国人通过血缘链的接续找到了灵魂的归宿,并通过子孙"慎终追远"的香火祭祀,使灵魂获得了永生。就具体的仪式形式来说,九疑山舜帝陵的"祭舜仪式"已经申报为国家级非物质文化遗产,它完全可以借助为儒教的典型形式,通过规范性演绎,将祭祀过程呈现出来,让人们参与其中进行切身体验,这是民族文化认同的最好途径。

道教和佛教的祭祀仪式,以前在民间也有着广泛的影响。在当今的社会生活中,其影响力已大为减弱,但作为一种文化遗产,即便是以表演的形式呈现出来供人们观赏,也仍然有它的文化价值、艺术价值和经济价值。但三教的仪式必须保持自身的特点,不能混同为一,否则也就失去了各自存在的价值,同时也就失去了阳明山文化的丰富多彩性及其艺术魅力。

参考文献:

[1]张立文.王阳明全集·前言[C].北京:红旗出版社,1996:5-11.

[2][清]李瀚章,裕禄等.方外志五·仙释二[A].湖南通志(七卷)[Z].长沙:岳麓书社,2009.

[3]刘范弟.秀峰、蒋鳌、菊坡、南渭王与阳明山[J].湖南科技学院学报,2014,(2).

[4][清]曾钰纂.(嘉庆)宁远县志·卷十仙释[Z].清嘉庆十七年刻本.

[5]万里.从"阳明"语义看阳明山之得名及其与王阳明的关系[J].湖南科技学院学报,2014,(2).

[6][明]钱德洪撰.阳明先生年谱序[A].王文成全书(卷三十六)[Z].影印《文渊阁四库全书》本.台北:台湾商务印书馆,1986.

[7][明]王守仁.传习录[A].王阳明全集[C].北京:红旗出版社,1996.

（原载2014年第8期,作者单位:湖南科技学院）

"和"的历史底蕴与"和"的现代张力
——论阳明山"和"文化的培育与创意

✳ 潘雁飞

一 "和"的历史渊源

"和"的概念最早出自《国语·郑语》,是西周末年的史伯提出来的。他认为"百物"都是"先王以土与金、木、水、火杂"而生成的;大自然,乃至于人类社会,不同民族、种群、不同文化、不同意识形态,都是由于不同的"他"物相互作用、和合演化而来的,所以"和"是事物产生、发展的根本法则,"和实生物,同则不继"。史伯还进一步对"和"与"同"的涵义作了精辟的辨析:"以他平他谓之和,故能丰长而物归之。若以同裨同,尽乃弃矣。"这就是说,"和"是指众多不同事物之间的和谐,矛盾诸方面的平衡,亦即事物多样性的统一。只有以"他"来平服,即两个以上不同性质的事物聚集、组合在一起,才能产生新事物。相反,"同"则是指无差别的同一。"以同裨同"是把相同的事物加在一起,简单地重复,只有量的增加而没有质的变化,那么就不可能产生新事物,世界也就"尽乃弃矣"[1]。

春秋时期齐国的晏婴继承和发展了史伯关于"和与同异"的思想。他以"和羹""和声'为例生动地说明了相反相济、相反相成的道理:"如和羹焉、水、火、酸、酿、盐、梅以烹鱼肉,烽之以薪,宰夫和之,齐之以味,济其不及,以泄其过。君子食之,以平其心。……声亦如味,一气、二体、三类、四物、五声、六律、七音、八风、九歌,以相成也;清浊、大小、短长、疾徐、哀乐、刚柔、迟速、高下、出人、周疏,以相济也。君子听之,以平其心,心平德和。"(《左传·昭公二十年》)厨师将鱼肉放在盛满水的锅里,加上各种调料,用火烹煮,就能做出美味的羹汤;乐师用各种乐器把不同的音调配合起来,就能奏出和谐的乐曲。只有通过"济其不及,以泄其过"的综合平衡,才能收到多样性统一的"和羹""和声"的功效。"若以水济水,谁能食之? 若琴瑟之专一,谁能听之?"没有差异的绝对同一,就如同"以水济水",做不出可口的羹汤,或如"琴瑟之专一",奏不出动听的乐章一样,所以说"同之不可也如是"(《左传·昭公二十年》)。无论是史伯还是晏婴,他们对"和而不同"的认识都带有形而上层面的哲学意味。道出了事物发展变化的一个规律性的东西。

二 "和"与儒道释

儒家创始人孔子在《论语·子路》诸篇中也谈到了"和而不同"问题。他说:"君子和而不同,小人同而不和。"其弟子有子也说:"礼之用,和为贵。先王之道斯为美,小大由之。有所不行,知和而和,不以礼节之,亦不可行也。"明显的把"和"的思想用于人际与社会关系。而《礼记·中庸》更是由人际上升到人的天性与身心的角度来谈"和"的功用:"喜怒哀乐之未发,谓之中;发而皆中节,谓之和;中也者,天下之大本也;和也者,天下之达道也。致中和,天地位焉,万物育焉。"

朱熹在《朱子语类》卷四十三回答"和而不同"时认为:

> 问:"诸说皆以'和'如'和羹'为义,如何?"曰:"不必专指对人说。只君子平常自处亦自和,自然不同。大抵君子小人只在公私之间。"淳录云:"君子小人只是这一个事,而心有公私不同。孔子论君子小人,皆然。"和是公底同,同是私底和。如'周而不比',亦然。周是公底比,比是私底周,同一事而有公私。"

《朱子语类》卷六十三回答"中和"时说:

> 以性情言之,谓之中和;以礼义言之,谓之中庸,其实一也。以中对和而言,则中者体,和者用,此是指已发、未发而言。以中对庸而言,则又折转来,庸是体,中是用。如伊川云"中者天下之正道,庸者天下之定理"是也。此"中"却是"时中""执中"之"中"。以中和对中庸而言,则中和又是体,中庸又是用。

王阳明心学则认为:

> 直问:"戒慎恐惧是致和还是致中?"先生曰:"是和上用功。"曰:"《中

庸》言致中和,如何不致中,却来和上用功?"先生曰:"中、和一也。内无所偏倚,少间发出,便自无乖戾,本体上如何用功? 必就他发处,才着得力。致和便是致中,万物育便是天地位。"直未能释然,先生曰:"不消去文义上泥,中和是离不得底。如面前火之本体是中,火之照物处便是和。举着火,其光便自照物,火与照如何离得? 故中和一也。"

在朱熹这里,"和而不同"犹如"周比"关系,"中和"是体用两截的关系。而到王阳明这里体即用,用即体,已庶几难以分出。他还认为"良知即是未发之中(《传习录》卷二《答陆原静书》)也就是说在日常生活的良知之中便可以达到"和"的境界。

道家"和"的思想主要来源于老庄。《老子》29 章说:"人法地,地法天,天法道,道法自然。"《庄子·齐物论》说:"天地与我并生,万物与我为一。"《天道》篇说:"夫明白于天地之德者,此之谓大本大宗,与天和者也,所以均调天下,与人和者也。与人和者,谓之人乐;与天和者,谓之天乐。"可见,道家的和谐思想可归结为"道法自然"天人和谐论,因为从此出发,道家强调返璞归真,淡化名利,看淡生死,政治上倡导无为而治。人作为宇宙一分子必须顺应自然,从属大化,才能超越世俗的是非、名利,净化心灵,求得精神的平静,达到物我两忘,于是人与自然不再冲突对抗,恢复了人与自然的和谐状态。

佛教的和谐思想在于其"因缘和合"的缘起论,以及中道圆融观,与儒道比较,佛教的和谐观,更注重人心灵自身灵与肉的和谐。缘就是因缘、条件;起就是生起、发起。佛教认为,宇宙人生的生发无不是依托于各种"因缘"和合而成。缘起理论表明世间万物都是一种因缘而起的和合共生关系,即"因缘和合"。

中道观指不偏不倚的中正之道,又称中路。《大宝积经》云:"常是一边,无常是一边,常无常是中,无色无形,无明无知,是名中道诸法实观。我是一边,无我是一边,我无我是中,无色无形,无明无知,是名中道诸法实观。"《佛说摩诃衍宝严经》也说:"真实观者,谓不观色有常无常,亦不观痛想行识有常无常,是谓中道真实观法。"这里讲的实际上是佛教修行的方法论,也就是从过去的各种偏激极端的方法转向"中道"的方法。

后来佛教进一步发展了"圆融观"思想。圆者周遍之义,融者融通融和之义,他要求人们破除偏执,圆满融通。如天台宗建立起一种包容一切、圆融无碍的理论体系,华严宗则提出了法界"圆融"思想:法界缘起,圆融自在。

由此可见,释家的因缘和合、中道圆融的和谐观,虽然都谈到了天人、人际关系,但更侧重于身心关系的和谐。在身心关系上,佛教提出了"心净则佛土净"(《维摩诘经》),认为只有内心的平和清净才有外在的和谐安宁;佛教还提出了著名的"六和敬"思想:身和同住,口和无诤,意和同悦,戒和同修,见和同解,利和同均。现代佛教则提出了"心灵环保",以心灵清净来促进自然的清净。佛教主要是从净心修性出发,以心灵和谐来促进世界和谐。佛教认为只有内心平和与安定,才有外在的和谐与安宁。内有不和(不平)的心因,外有不平(不和)的事缘,彼此相互影响,推波助澜,才会形成种种冲突、暴力和战争。中国化的佛教———禅宗认为,外部的"净"来自心"净",外在的"和"来自心"和"[2]。

三 阳明山的"阳和"性格

在我看来,永州双牌境内的阳明山便具备了"和"的性格。何以如此? 其理由如次。

从历史看,阳明山刚好浸润了儒释道"和"的精神,"和"的风骨。阳明山自然风光秀丽,历史文化底蕴深厚。阳明山之名见于载籍,始于清康熙九年《永州府志》:"阳明山,去县治百里,在黄溪之尾。然山麓险绝,游者相望咫尺,无径可达。山最高,日始自旸谷出,山已明,故谓之阳明焉。"其得名完全依据自然风光。但我以为其先前在明代时的山名则更富于文化内涵。明洪武《永州府志》,隆庆《永州府志》在"山川志"与"人物志"都记载州府东南百里左右有零陵"阳和山",为德安人王真人修炼场所(封懿德真人),元初赐观"万寿宫"的事迹。

按"阳和"一词最早出现于《史记·秦始皇本纪》:"维二十九年,时在中春,阳和方起。"记录始皇帝东游巡视。"阳和"这里指春天的暖气。在后世的运用中,"阳和",有时借指春天,如南朝宋刘义庆《世说新语·方正》:"虽阳和布气,鹰化为鸠,至于识者,犹憎其眼。"《旧唐书·于志宁传》:"今时属阳和,万物生育,而特行刑罚,此谓伤春。"元萨都剌《雪中妃子》诗:"疑是阳和三月暮,杨花飞处牡丹开。"有时借指温暖,如唐陈子昂《谏刑书》:"狱吏急法,则惨而阴雨;陛下赦罪,则舒而阳和。"道家则多用来指阳气,如晋葛洪《抱朴子·至理》:"接煞气则彫瘁於凝霜,值阳和则郁蔼而条秀。"唐方干《除夜》诗:"煦育诚非远,阳和又欲昇。"《素问》亦云:"发生之纪,是谓启陈,土疏泄,苍气达,阳和布化,阴气乃随,生气淳化,万物以荣。"因此意又可指祥和之气,如唐李白《古风》之十四:"阳和变杀气,发卒骚中土。"唐杨巨源《上裴中丞》诗:"政引风霜成物色,语回天地到阳和。"《云笈七签·卷六十一诸家气法部六》云:"东方一气和泰和(一气者,妙本冲用,所谓元气也。冲用在天为阳和,在地为阴和,交合为泰和也。)则人之受生,皆资一气之和,以为泰和,然后形质具而五常用矣。故《老子》曰:'万物负阴而抱阳,冲气以为和也。'"

由上引文献,我们至少可以断定,"阳和山"之名与此地的风景秀丽有关,与南方的气候有关,与道家修炼场所有关,可能很早就是湘南著名道场,只不过到王真人时方记入载籍。

而山名改为阳明,除清康熙《永州府志》所载自然原因外,推测也许与明嘉靖和尚秀峰禅定于此有关。不仅日出旸谷使山得明,恐怕学佛者的开悟坐化也是一种心地的透彻大光明。清康熙《永州府志》卷二十四《外志》载:秀峰"筑庵于黄溪之阳明山,山高与云齐,及见日出,故以'阳明'名之。秀峰修行数十年,得漕溪正传。"这样的记载与他后来的明心见性,与他的涅磐,应还是有些因果联系的,佛法里的智慧本身就是一种如日之光明,可以照彻天宇人心的。这样的文本暗示意味很强。

其实大儒王阳明也写过一篇有名的《象祠记》,那是他被贬为贵州龙场驿丞时所作,本来与阳明山无任何关联。但在这篇有名的文章里,他慨叹了阳明山一带的有庳:"'胡然乎?有庳之祀,唐之人盖尝毁之。象之道,以为子则不孝,以为弟则傲。斥于唐,而犹存于今;坏于有庳,而犹盛于兹土也,胡然乎?'我知之矣:君子之爱若人也,推及于其屋之乌,而况于圣人之弟乎哉?然则祀者为舜,非为象也。意象之死,其在干羽既格之后乎?不然,古之骜桀者岂少哉?而象之祠独延于世,吾于是盖有以见舜德之至,入人之深,而流泽之远且久也。"榜样的力量无穷,考之舜的行事,舜生活在一个"父顽、母嚚、弟傲,皆欲杀舜"的不和谐家庭里。舜所做的("克谐,以孝")实质上是使个人与家庭、个人与婚姻、个人与社会、国家与百姓、人类与自然,个体的灵与肉等方面,都通过我们自身的努力,由不平衡(一种失衡)发展到平衡,由不和谐发展到和谐的过程。

台湾佛光山开山星云大师写过一篇《佛光山的性格》,[3]笔者也想套用此一说法。因了阳明山的自然风光,加之其深厚的文化底蕴,阳明山一样具有了灵性和性格。有人间的性格,有文化的性格、有教育的性格、由大众的性格、有慈悲的性格、有喜乐的性格,有融合的性格。如果要一言以蔽之,笔者以为这性格就是"阳和":是一种温暖的祥和之气,是让人心灵得以休栖的和谐之境,是有容乃大的圆融之性。

四 "和"文化的培育与"和"文化的创意

所幸今日,阳明山的管理者在无意间接近了她的性格。阳明山"和"文化旅游节已一连举行七届。2006年的"和谐社会与和美家庭",2007年的"世界因和而美","绿色双牌、和美阳明",2010年的"和美阳明,魅力永州",2011年的"两岸阳明山,杜鹃传真情",2012年的"两岸阳明山,和美一家亲",2013年的"生态阳明山,和美两岸情"。虽然在创意上没有打开视野,但还是接近了阳明山的性格。至少是抓住了阳明山"和"的特点。

未来阳明山"和"文化的创意关键是打开视野,不同流俗,有自己特色,有自己的唯一,以及别人不能复制的品牌优势。

那么,阳明山的文化创意该从何入手呢? 笔者不揣浅陋,认为应从如下几个方面进行创意:

一是提炼并抓住阳明山的"性格",阳明山是一座自然之山,也是一座"万和之山",其自然景色中蕴涵文化,文化中透视出自然的天地灵气,是"锦绣潇湘"内在心脏的一个独特之点——因为锦绣就是色彩鲜艳,质地精美的丝织品,比喻事物的美好,本身便隐含了人文的内涵,而潇湘便是自然的象征。阳明山本身便是天人合一的产物。

二是不要刻意挖掘台湾阳明山与永州阳明山的所谓历史渊源或是新编没有来由的"民间故事"。"和合"一个重要的方面就是机缘,也就是佛教所谓的缘起论。在某一个时候因为台湾有一个阳明山,永州也有一个阳明山,就是因为名字相同,二者结缘了,成为兄弟山了。而且一年又一年在培育"和美"的文化,国台办高层来了,台湾国民党高层也来了,大家在逐渐认同这样的"和",这就够了,不要再找其他的理由了。十年二十年,一百年后它的渊源就有了,它的历史,他的文化也就有积淀了。正如台湾佛光山一样,它原本是一座荒山,但机缘来了:星云大法师1967年开山到今年也就是46年,你看它已成为台湾地区最大的佛教道场,成为"人间佛教"的圣地。星云法师今年11月7日去了一次广东佛山,他说:"中国寺庙、佛像很多,以佛命名的,只有佛山。"所以他来了而且一定要来,这就是机缘。

三是要用特色"和"文化资源构建特色文化生态旅游区。没有特色和个性就没有差异化竞争优势,就会缺乏发展的驱动力、持续力。它的特色在哪里,如果九嶷山是一座道德之山，阳明山就是"和美"之山，天地人和，天地之和，人际之和，身心灵与肉之和，可以分门别类建设不同"和"的生态功能公园。要将创意设计与阳明山的生态资源自然结合、无缝结合，造成虽由人工却宛如天开的效果，同时也要接地气，要促进传统文化资源与现代文化资源融合。阳明山正在培育的"和"文化本身便是一种融合，今后还可以进一步加大不同文化资源的共生共融。

四是不仅要培育文化，也要培育市场品牌。"和"文化如何细化，"和"文化品牌如何推广，很值得研究，"和"文化节办了七届，但还只是流传于小圈子里，也就是说其大众品格还没有充分发掘。除了政府行为推广，更要通过品牌传播转换成为大众的口碑传播。这就必须使品牌有特色、特别、特殊之性，才能积聚人才、人气、人缘。品牌传播推广应有这么三个阶段，首先通过广告或品牌推广活动召唤人气，进而让人们慕名而来，最后让人感到"就是人们想去的地方"，让人有一种心的归属感，心的栖息感。正如中央小城镇会议所指出的那样："要传承文化，发展有历史记忆、地域特色、民族特点的美丽。""要依托现有山水脉络等独特风光，让城市融入大自然，让居民望得见山、看得见水、记得住乡愁。"

五是把握好"乡土开发"与"乡土保持"的平衡之道，将文化生态旅游由浮光掠影升华为深度的文化旅游。作为城市周边的名山，能利用自然环境、人文景观和民风民俗来吸引游客，也可通过城乡合作的方式将原先只能在城市中才能欣赏的各种活动引入乡村民居，让远离城市的游客依然可以与城市文化元素"亲密接触"，还能将本土文化和传统艺术形式与现代化科技手段结合。它不仅可以提高文化生态旅游的吸引力，还能有效保护本土文化资源，如历史遗迹、民俗活动、传统手工品等等。

参考文献：

[1]方克立."和而不同"：作为一种文化观的意义和价值[J].中国社会科学院研究生院学报,2003,(1).

[2]叶小文.刍议儒释道之"和"[J].宗教学研究,2006,(1).

[3]星云法师佛光山的性格[J].法音,1989,(2).

[4]中央城镇化会议：慎砍树少拆房 让居民记得住乡愁[EB/OL].http://news. xinhuanet,2013－12－14.

（原载 2014 年第 7 期，作者单位：湖南科技学院）

论湖南永州阳明山文化彰显的四个基本维度

✳ 陈力祥

　　湖南永州阳明山是湖南南部著名的旅游文化胜地。因阳明山独特的自然环境,造就了她独具特色的文化。十五大报告指出:文化大体可分为两类,即物质文化层和精神文化层。物质文化即是实体文化,即在阳明山上所能见到的有形的各种实体文化现象。易言之,在阳明山生存与发展的历史长河中,人类利用各种材料对阳明山上各种自然物进行加工形成的各种可见的器物、器皿、建筑、工具、寺庙等等,这些属于阳明山物质文化层面,是阳明山上可见的物态文化。其次,阳明山之文化现象还表现为精神层面的文化现象。阳明所凸显的精神文化主要是指人类对阳明山的自然美景进行加工或塑造阳明山自我形象过程中形成的用语言或符号表现出来的、涵盖着一些具有精神层面的、人格层面的虚体文化。如对阳明山秀美风景赞美的诗歌、文字、语言、音乐等,并由此而形成的宗教、哲学、绘画、书法、风俗、制度等。阳明山所凸显的精神文化、或者说虚体文化即是从两个大的方面体现出来。当然,永州阳明山的文化精髓还可从文化定义的四个层面进行详分,即阳明山彰显了物态文化、制度文化、行为文化以及心态文化四个层面,以下将从这四个层面详述之。

一　对阳明山上自然物加工形成的实体而彰显物态文化

　　物态文化表现为有形的、可见的文化形态。本文所界定的阳明山上的物态文化,表现为可见的、有形的建筑物、寺庙等,彰显出先辈们对阳明山上的自然物进行加工的物质生产活动及其相应产品的总和。阳明山的命名与定位,是建立在人对自然认识的基础之上,并对自然进行加工形成的物态文化。通常所说的文化表现出明显的特征:即超自然性与超个体性。所谓"超自然性",是指阳明山的自然风光、自然环境、自然物须打上人的印记与烙印,如此才能称之为文化;易言之,纯粹的自然物和自然风光不能称之为文化,不属于文化的范畴;只有在人有目的、有意义的基础之上的活动作用于阳明山自然物和自然风光,如此方能称之为文化。因之,阳明山物态文化的出现,不能脱离人的有意识、有目的的活动。

首先,我们可从阳明山上的道场管窥其物态文化。有关阳明山的文献记载曰:"阳明山:去县治百里,在黄溪之尾。然山麓险绝,游者相望咫尺,无径可达。山最高,日始自旸谷出,山已明,故谓之阳明焉。嘉靖间有僧秀峰者,禅定于此,今遂为秀峰道场所。"永州府志中提及了阳明山的来历,也提供了阳明山上的物态文化:秀峰道场。就文化特色来说,文化须是主体作用于客体,人作用于自然界而成。阳明山上的秀峰道场,为佛教文化传承者朝圣的地方,这种特殊的朝圣场地,凝聚的是人与自然、主体与客体之间的相互作用,彰显了阳明山上的物态文化。在阳明山上,还有著名的阳明山万寿寺、镇龙塔等古代建筑,这些古建筑物也共同构成了阳明山上的物态文化之一。这些物态文化所表征的是先人们在阳明山上的活动,并作用于自然对象而成的、可见的实体文化。这些古代建筑文化,凝聚了先人们关于古代建筑的心思,表达了他们对阳明山这个对象世界的基本思考。阳明山上这些古代建筑,表现为物态文化,必将给后人们留下深刻的印象,成就现代人对阳明山的无限遐想。阳明山上的物态文化主要是满足人类最基本的物质生活需求,凸显了古代人类对阳明山的利用与开发的智慧结晶。

阳明山上的物态文化不仅表现在古建筑物上,同时也表现为游客对阳明山奇山怪石的人化描述。比如说,由陈顺柏拍摄到的阳明山上的"观音合掌"与"望佛来朝",同样映衬了阳明山上的物态文化。阳明山上的一些自然景观本不属于文化范畴,因为文化须是人化、打上人的活动痕迹,方可称之为文化。"观音合掌"与"望佛来朝",本无此称谓,但通过人的想象与加工而成的臆想物后便成了文化。阳明山上的奇山怪石,本是阳明山上的自然物,在人的作用之下,阳明山上的自然物开始了人化作用,进而形成了我们所说的物态文化。阳明山上的"观音合掌"与"望佛来朝"等物态文化,满足了游客、文人墨客的观赏需要,彰显了阳明山上物态文化的基本价值。在阳明山上,类似的其他自然景观为人所称颂,继而成为我们所熟知的物态文化。除了上述"观音合掌"与"望佛来朝"有着丰富的物态文化意蕴之外,由陈顺柏摄到的阳明山上的物态文化还有"天门口"和"秀峰塔"。其中"天门口"彰显的是打上人类心智印记而成的天门实体文化。在阳明山上本无天门口,由于来往游客的对阳明山之惊奇,于是在想象中把阳明山上的奇山怪石人格化,充分发挥想象,把这道奇异的风景定义为自己所需的"天门口",让人形象地描绘为"天门",一扇很难打开之门,人为因素描绘便成了人们看得见、摸得着的物态文化。同样,阳明山上的秀峰塔主要源自于秀峰大师曾经修炼与圆寂的地方,为人所美谈为秀峰大场所,也表现为物态文化。

综上,阳明山的物态文化反映了人与自然之间的关系,反映了人在社会生活过程中必然向自然界索取并求得人与自然之间和谐平衡的基本价值倾向。物态文化必然是人作用于自然,并向自然进行索取、打上人的烙印的基本价值倾向。

阳明山不仅仅彰显的是其物态文化意蕴,在阳明山作为有道而佛的过程中,高道、高僧大德遵守教规之时创造了独具特色的阳明山制度文化。

二 因释道二教教徒遵守教规而彰显制度文化

阳明山秀美的风景,吸引了一些高道、高僧等到阳明山上修行、修炼。修行修炼需要固定的场所,于是就有了我们上文所说的高僧、高道们修行所需要的场所,如秀峰道场,这些道场成就了上文所说的物态文化层。据永州地方志的记载,阳明山最初由三山组成:

其一,"船橹山:在城东百里,山傍斗绝,如船形,其间屈□水流,春霖积潦,凡三十六涉。"

其二,"福田山:在州东北五十里,山势峭绝,中有一峰,笋立如塔,俗传阿育王所建,故名福田。"这里说福田山,在州东北,方位记录有误,应为东南。

其三,"阳和山:在城东北八十里,接道州界,乃王真人修炼之所。"道州在零陵古城之南,接道州界,显然应属南,而非北。

船橹山、福田山、阳和山是阳明山的三大山系。在这三大三系中,一些高僧、高道们因习惯于寂静的修行环境,他们便栖息于阳明山修身养性。在阳明山上,最初到达此地修行的是道教修行者。这些道教修行之人,看重的是阳明山系中的寂静与环境的优美,这与道家哲学中的"自然"学说相契合。"东南二里为阳和山,王真人修炼于此。"此处所说的东南二里应该是"东南百里"。(明隆庆《永州府志》卷七《零陵·山川》)可见,阳明山最初为一座道教修炼场所,后发展成为一座佛教场所,引文中的王真人所修炼的地方后发展成为佛教场所。从目前所查的方志文献来看,阳明山最早是一座道教场所,始于王真人,并被元初赐额"万寿宫"。明嘉靖后始易寺名为"万寿寺",阳明山从道家胜地转而成为佛家道场。即是说,阳明山是由道而佛、由佛而儒的三教合一的圣地。道家也好、佛家也罢,制度文化规约着道家徒与佛教徒的行为。

所谓制度文化层,即是各种社会规范,它规定着人们必须遵循的行为规范。阳明山上有儒释道三教文化的联姻,儒释道必定彰显出其制度文化层面,因为就道教文化来说,道教徒必然有教规的制约,这些教规构成阳明山上的制度文化层。早期在阳明山上的道教徒必须遵循道教的基本戒律,称之为道教戒律。道教的基本戒律有初真五戒,十戒、女真九戒等。女真的道德戒律虽然不一样,但都有一种最基本的制度规约于其中,表现为制度规约,并因之而表现出制度文化层。阳明山上的道教徒,我们现在无从考证他们是否遗留下关于道教的基本文献,但有一点可以确认,即便是他们没有留下任何关于阳明山上的文献(物态文化),但道教徒所遵循的基本教义,已在他们心中根深蒂固。道教的基本教义可以说是从制度文化层的基本要素呈现出来的。根据宗教学的定义,任何一种教别都有自己的教义与教规,这种教义与教规即表现一种制度文化。比如说在《太平经》所说"天道无亲,唯善是与"[1],此言实际上彰显出一种制度文化。《太平经》所规定的文化层面,即是一种制度文化。道教创立之初,严密的规诫制度就建立起来了,比如说"老君说一百八十戒""老君想尔戒"等,到了宋元明清时期,道教的教义在全真派的推波助澜之下,还效仿佛教的基本教义制定了"全真清规"。所有这些道教徒所遗留下来的戒律与戒规,均作为一种制度文化遗留下来。

阳明山在明末清初的时候已经享有盛名,且最初作为道教徒修身养性的地方,以有文字记载的时间为明朝,摘录如下:

> 明弘治《永州府志》卷二《山川》又载:"阳和山,在县东南二里,乃王真人修炼之所。"很明显,其"东南二里"有误,应为"东南百里。"
>
> 明弘治《永州府志》卷四《人物》又载:"王真人,德安人,修炼于零陵阳和山。元初赐观额为万寿宫,封懿德真人,征入朝,遂不返。"
>
> 明隆庆《永州府志》卷十七《外传》载:"王真人,德安人,修炼于零陵阳和山,元初赐观额为万寿宫,封懿德真人,征入朝,遂不返。"

就目前有文字可考察可知:阳明山作为道教活动场所始于明朝,而在元朝之时的道教的教义与教规,已经展现为"全真清规",这种"清规"即可视为道教制度文化的一种出现的。

当阳明山由道而佛成为佛教文化圣地以后，阳明山的高僧大德在寺庙中的生活所需要的内部管理需要严格的制度文化。在阳明山，制度文化所彰显的是高僧大德们处理人与人之间关系的基本准则。阳明山成为佛教文化圣地以后，凸显了制度文化。阳明山作为佛教僧人修身养性之地，无形之中有一种制度文化规约着僧人的行为，也正是这种制度文化敦促着人们修身养性，敦促着人们守善、求真、务实。在中国传统文化的三种境界当中，儒教文化倡导的是人如何成为贤人、圣人；佛教文化引导人们如何在佛教戒律的引领之下，让人们进入到成佛之境界；而道教也通过制度文化，引领着人们能成仙。因之，儒释道三教均凸显了自己的制度文化。在制度文化的规约之下，使人之道德境界不断得以提升。

阳明山作为中国的佛教文化圣地，其制度文化的存在不言而喻，尽管这种制度文化有隐形的成分蕴含期间。佛教文化引导人们成佛，其前提条件是通过制度文化的规约，更好地提升人之内心世界的道德素养。故此，在阳明山这个佛教圣地，无形之中就有一种制度文化规约着人之心灵，外化进而规约着人的行为。生活在阳明山的高僧大德，就有一种非同寻常的制度文化在规约他们。佛教文化底蕴为："是心是佛，是佛是心……欲得早成，戒心自律。"[2] 在阳明山这个特殊的佛教圣地，人们修行的目标在于以制度为规约，以制度戒心自律。可见，在佛教徒看来，人之内心世界的活动是制度安排使然。尤其是阳明山曾经作为佛教圣地，无形之中有一种规约自己行为的外在制度文化在规约着自己，这种无形的规约可以说一种无形的制度制度文化在规约着人们的行为，或者说是一种无形的佛教戒律在规约着佛教徒的行为，我们称这种无形的佛教戒律为阳明山佛教制度文化。在制度文化的规约之下，高僧大德们均有最为基本的内心世界的活动：即守心。佛教坚持要守心，并认定守心"乃是涅之根本，入道之要门，十二门经之宗，三世诸佛之祖"[3]。守心的基本前提在于有制度的规约，将制度规约逐渐转为为人之内心世界的"慎独"。制度的规约能促使人慎独，慎独之后，则能于此向心，继而成佛。修心养性，不向外寻求。阳明山系佛教圣地，因之，进入到阳明山，我们能感受到曾经兴盛于斯的制度文化，是其制度文化在规约着每个佛教徒的心灵。由心灵之美，而逐渐影响到人之性："佛向性中作，莫向身外求"[4]，那么向性中求的背后的原因是什么，造成这种背后的原因是阳明山潜在的制度文化之规约使然，是制度成就了信仰，信仰修复了人之心，制度让人修心灵、养气质，从而提升人之性情。可见，阳明山在很大层面上已经凸显了其制度文化。制度文化的彰显,培养了人之心灵,因为"行道之人,每慎独于心,防微始虑"[5]。可见,进入到阳明山,这个地方仿佛有一种无形的制度力量在左右着信徒的灵和肉,无形之中对一些信徒的灵和肉进行熏陶,这种熏陶和教化的背后力量是制度文化,这种制度文化来源于佛教经典,来源于佛教的基本教义。在阳明山这个佛教圣地,这种制度文化已经彻底内化为人们内心世界的制度文化,表现在外则体现为行为规范。在阳明山这个佛教圣地,制度文化对人的心性以及灵魂必将产生强烈的洗礼,经由内心世界的洗礼之后,在外直接表现为人之制度文化对人之行为的规范。比如说,在佛教经典教义对人之行为的规范即是如此,佛教的基本教义教导大家:"不得废坏器用不赔偿",不得挑唆斗争。"开两舌头,戒无益言","不得欺心,不得贪财,不得使奸,不得用谋,不得惹祸,不得侈费"[6]。因之,阳明山作为佛教文化圣地,对佛教徒的制度规约颇为明显,且和佛教的普适性的经典教义具有一致性,从而凸显出阳明山的制度文化意蕴。在我们看来,佛教文化的基本教义使我们更能清楚佛教文化的制度文化层面,也更能清楚阳明山这个地方作为佛教文化圣地的制度文化意蕴。此外,佛教的制度文化层还表现在"诸恶莫作,众善奉行,自净其意,是诸佛教"[7],这也是一种典型的佛教制度文化。佛教的这种制度文化,教育大家要行善,善施天下。进入到阳明山,无形之中就可能受到佛教制度文化的规约,这种规约,彰显的是作为佛教文化圣地阳明山的制度文化之底蕴。

阳明山作为佛道文化圣地,在这个圣地中生活的人们总有一种无形的、抑或是有形的制度文化在规约着人们的行为,我们将这种制度文化行为称之为阳明山的制度文化。在制度文化的规约之下,道教文化引导人们进入到成仙的境界,佛教制度文化引领人们进入"涅槃境界","每个生命,均没有高下贵贱等差别,一切众生都具有真如佛性,也都能通过自己的努力成就佛果,进入涅槃境界"[8]。可见,阳明山所彰显了其制度文化,正是因为制度文化,使阳明山成为中国有名的佛道教文化圣地。

三　因善男信女对佛道二教笃信而彰显阳明山之行为文化

阳明山作为旅游圣地,此地不仅景色迷人,更为可贵的是:此地作为宗教文化圣地,往来朝拜者更是络绎不绝,从而形成了独具特色的阳明山行为文化。阳明山文化中的行为文化可从历史角度和当下角度来说明其文化意蕴。

从历史角度来说,阳明山作为曾经的由道而佛的宗教文化圣地,曾经出现在此山的高道与高僧,他们的行为共同构筑了行为文化。

首先就阳明山的高僧、高道而言,他们修行行为即属于行为文化之范畴。以高僧大德为例,高僧活动有很多明显的特征:其一表现为高僧大德的集体约定俗成。易言之,高僧大德之修行、打坐、念经、悟道等系列活动的完成,是通过高僧集体商讨约定的行为,且是每天必须完成的一种行为,久之,则形成独具特色的行为文化。其二,高僧大德的行为具有一定的模式化、类型化特征。比如说高僧大德的行为,什么时候打柴、什么时候念经、什么时候打坐,均具有比较严格的规定,表现出其行为的模式化以及类型化的特色。其三,高僧大德行为的传承性。阳明山作为中国佛教文化圣地,在很大层面上表现出其行为的传承性。阳明山的行为文化,高僧大德的行为模式,与现代高僧大德的行为模式具有很大的承接性、"遗传性"以及一致性。比如说,有很多的行为模式在一定层面上趋向于创新性,但大部分的行为模式均具有一定的传承性,有一定的历史性痕迹在里面。比如说,念经打坐等,均具有一定的传承性。

其次,就当下社会情况而言,阳明山的行为文化除了高僧大德每天行为的固定性而外,还有居士们的一些行为所表现出的行为文化。居士们的行为也表现出行为文化的特点,居士们所凸显的行为文化,主要表现出时间上的周期性、定期性等。为了求得佛祖的庇佑,或者是为了求得自己的财运,或者是为了求得家庭的幸福与安康,抑或是为了其他诸多因素,在信仰佛教的层面,我们认为居士们的信仰更表现出对宗教的一种笃信与虔诚。居士们在佛教基本教义(制度文化层面)中能体悟到诸多关于人生的基本道理。在儒释道三教中,儒家哲学教育人们如何成圣、成贤;道教教育人们如何成仙,佛教教育人们能够成佛。因之,居士们的理想与志向不变,即不断向成佛的境界迈进,需要不断提升自己的人生境界。正因为如此,居士们也在日常生活中形成了自己的行为文化。

每年到阳明山烧香拜佛的人络绎不绝,从而形成了阳明山独具特色的阳明山行为文化。在阳明山,他们有着固定的行为模式,比如说,居士们也到阳明山烧香拜佛,以寻求佛祖的庇佑。正因为如此,阳明山香火异常兴旺。从而形成了独具特色的行为文化。一旦到了每年的节日,或者是佛祖的生日,或者其他中国传统的节日,阳明山就会热闹异常。居士们对佛祖的敬仰而付诸行动,久而久之就形成了一种独具特色的行为文化。居士们的这种行为文化同样也表现出山三大特色:即集体的约定俗成、类型的形式化、模式化,以及时间上的传承性。

阳明山居士们虔诚的信仰而表现出的行为文化,与阳明山的高僧们所表现出的行为文化层面,具有相同的行为文化的基本特点。可见,就阳明山行为文化的特色而言,所表现出来的行为文化,与流行的行为文化的基本特点也颇具相似性。而在阳明山这个佛教圣地所表现出来的文化特色,正好反映了行为文化的内在特点。

当然,由阳明山而表现出的行为文化特色,其内在原因还在于信徒的心理文化,也即我们通常所说的心态文化。因之,阳明山所彰显的文化特色还表现出心态文化。

四 阳明山因人之宗教情怀而彰显其心态文化

阳明山不仅仅有物态文化、制度文化、行为文化之内蕴。阳明山所关涉到的三种文化层,其终极原因要归结为阳明山所"绽放"的心态文化。心态文化是宗教信仰过程中所形成的价值观念、审美情趣、思维方式以及心理活动等的总称。阳明山所彰显的四种文化层中,阳明山的心态文化最为关键,也极为重要。心态文化系阳明山所彰显出来的文化的核心泉源。事实上,阳明山所彰显出的物态文化、制度文化以及行为文化均是心态文化的外显,心态文化是这三种文化价值的内在动力泉源,是发生学意义上的其他文化源泉。阳明山的心态文化最为关键。

阳明山的心态文化分为几个方面:首先是就阳明山的高僧大德而言,他们所表现出"色即空也"的内心宁静的心态文化。他们所关注的是内心世界的安宁,不为外物所侵扰,不为外物所诱,这构筑了高僧们宁静的心态文化。这些高僧们的心态,与尘世间游离的利益文化截然不同,他们所关注的是如何成佛,如何成就他们最高的宗教信仰问题。高僧们之所以选择阳明山这个地方作为他们的安身立命、安道成性之地,完全是由他们的心态使然,由此也就构成了独具特色的高僧心态文化。

阳明山地杰人灵,不同层次的人有不同的心理活动、有不同的价值判断、审美情趣、思维方式。阳明山的高僧们有着不同寻常的心态文化,同时居士们也有着不同的心态文化。如前,阳明山居士们所表现出的行为文化,最初原因还在于居士们的心态文化外化为其行为使然,因为由心态文化可以外化为一种与众不同的行为文化。在阳明山心态文化中,不同层次的人所表现出来的行为文化不同。居士们虽然在家修行，但却在特定的时间、以特定的方式到阳明山进行佛法活动，表面看来这是一种行为文化层，其本质上却体现着居士们的心态，并由此而彰显出阳明山独具特色的心态文化。居士们虽然在家修行，由此表现出特定的行为文化，在家修行实际上表现为特定的心态文化。此外，居士们以为在家修行佛法远远不够，基于此，他们内心世界的心理活动就会发生微妙的变化。居士们就会以自己的诚心与实意，到阳明山里表达自己的对释迦牟尼的敬仰，对佛法的无限渴望与景仰，并超度成佛。他们到阳明山烧香拜佛的行为文化的内在动因就在于他们内心世界的矛盾与冲突，在于其内心世界所激起的涟漪，并因之而成就了阳明山独具特色的居士心态文化。

就到阳明山旅游的人来说，他们也有一种共同的心态：对佛祖的怀念与尊重，这也表现出一种共同的心态文化。由阳明山所彰显出来的心态文化，可从到阳明山上游客所遗留下来的诗歌中得以管窥。如何全华先生所作诗歌《咏秀峰修道》：幽岩独坐影随身，叠嶂遮天不见人，一念静修谁可效，山精水怪转相亲。此处凸显出那些在阳明山旅游的人的一种心态，即对秀峰法师的尊崇与怀念之心态、内心世界宁静之心态。对秀峰法师的尊崇，此乃上山旅游之人所共同持有的心态。对秀峰法师怀念的游客还有罗文藻与扬杏。如罗文藻游阳明山的时候即作了一首《咏秀峰祖师》：山高虽藉道高传，来到山中了世缘，满岫白云真性见，静参别透一重天。在诗歌中，表达了作者罗文藻对秀峰法师的无限怀念与尊崇的心态，因此，此诗歌凸显出阳明山的心态文化的另一类。扬杏之诗歌《登阳明山有感》也同样表明了他的一种文化心态：重九兴登阳明山，名花异草扑鼻香。仰观二龙戏宝寺，极目浩气贯长空。秀峰奇洞似仙境，艮沙碧水赏心目。五百年前佛始奠，终有名山万古传。扬杏的这首诗歌，同样也表明了作者的庄重与怡情的心态，凸显了心态文化。

当然，阳明山的心态文化还因时代的变迁而更加持久留香。因为，一些高僧、信徒、居士的心态是不一样的：居士们对佛教的信仰层面主要来自于他们内心世界对自己财产、对自己当下生活的不安以寻求佛祖的庇护，并由此而形成独具特色的心态文化；而高僧、信徒他们终极目标一样，并由此而形成他们独具特色的心态文化，成就他们心中永恒的信仰，也即通过对释迦牟尼佛的信仰，该放的放下，从而形成一种忘却尘世间凡夫琐事的超乎常人的心态，进而不断地进行道德追求与价值追求，不断提升自身的宗教信仰，以达到人身至善的道德境界，由此也就形成了独具特色的心态文化。

五　结语

　　阳明山看似一个简单的地名,一个曾经普通的山涧林地、一个曾经在历史上沧桑的地方,一个曾经风风雨雨、平平静静相互交织的地方。但这个地方经过历史的洗礼,孕育了丰富的阳明山文化,我们称之为独具特色的阳明山文化。从文化四层面来说,阳明山文化包涵着物态文化层、制度文化层、行为文化层以及心态文化层。阳明山文化四层结构,共同构成了阳明山文化完整的逻辑结构。首先,从物态文化层方面来说,阳明山上整体可见的部分均表现为物态文化层。物态文化层是阳明山制度文化层、行为文化层的载体,也是心态文化层的载体,她承载着制度文化、行为文化以及心态文化。阳明山的制度文化,是建立在其物态文化的基础之上的。阳明山释道二教内部管理而制定的规章制度的总和,信徒们在相互约束、相互制约的基础之上而形成的独具特色的阳明山的制度文化。同时,在阳明山制度文化的背后,阳明山的文化还包含着行为文化层。在阳明山,制度文化规约着阳明山的高僧大德的行为,并由此而形成居士们的行为文化。当然,在阳明山,无论是物态文化的呈现、抑或是制度文化的开显,还是行为文化显现,最终都要规约为心态文化的规约。关于物态文化的形式与内容,制度文化的制定、行为文化的出现等,均要受到心态文化的制约。在心态文化的规约之下,将阳明山文化的四个层面进行了具体的链结,并由此构成了一幅完整的阳明山生态文化图。总之,阳明山从其一开始,就以文化生态的形式出现,阳明山文化凸显了其成为佛教圣地、人间仙境的自然的、人为的、历史的必然性。阳明山文化彰显的四个维度相互联系、相互影响、相互制约,共同构筑了阳明山独具特色的文化名片。

参考文献:

[1]太平经合校[Z].北京:中华书局,1960:4;148－149;152.

[2]景德传灯录·傅大士心王铭[A].大正藏(第五十一卷)[Z].

[3]最上乘论[A].大正藏(第四十八卷)[Z].

[4]杨曾文,校写.六祖坛经[M].北京:宗教文化出版社,2001:546.

[5]郗超.奉法要[A].大正藏(第五十二卷)[Z].

[6]百丈清规证义记(卷7下)[A].大正藏(第63册)[Z].台北:新文丰出版公司影印:

485 - 486.

[7]法句经(卷下)[A].大正藏(第四卷)[Z].

[8]石刚.佛教文化精神与和谐世界理念[J].首都经济贸易大学学报,2006,(4).

（原载 2014 年第 8 期,作者单位:湖南大学）

阳明山秀峰禅师行止述评

✵ 杜寒风 ●

　　据《阳明仙境》一书中所载《秀峰禅师行录》,明代的一代禅宗高僧秀峰禅师是湖南省永州市新田县南乡六都八甲东山人。秀峰的父亲叫郑枋,母亲李金姑是桂阳嘉禾驼山人,秀峰生于明正德七年(1512),殁于嘉靖二十九年(1550),在世上活了三十九岁。① 本文依《秀峰禅师行录》,对秀峰行止加以述评,以弘扬阳明山禅宗文化。

　　正德六年(1511)五月,李金姑为她的母亲祝寿,携筐归来,路经大江洞莲塘,遇到了一个老翁。但见老翁忍饥挨饿,躺在那里要筐中的食物。李金姑慨然拿出江米(糯米)做成的食品让老翁吃。老翁夸奖李金姑贤达,并问了她住在什么地方。忽然老翁指着塘中莲花一枝,看着她说,这就是你的贵子,说完后就不见了老翁的踪迹。李金姑顿时感觉到芳气香馨,自己有了孕,回到家里告诉了丈夫郑枋,觉得这事十分奇异。当打开筐,看到筐中之物都是白银,才明白所遇见的老翁是仙翁。也就是说,秀峰母亲怀孕,是遇到了仙翁指点。莲花在佛教里象征极乐净土,秀峰则是为佛教而生的一代高僧。李氏怀孕十八个月,于正德七年(1512)十月初二日亥时生下了秀峰。秀峰出生的晚上,满天星斗,闪闪发光,房间也被祥光照临。族人对此事感到惊骇,过来来问。为这生下的孩子,取了个乳名,就叫骇生。秀峰年幼的时候,灵颖超众,长得大耳阔唇,骨干伟奇,吉人自有天相。到了三四岁的时候,秀峰便不吃荤。到了七岁时,父亲教他读书,称其名作尚显,秀峰聪敏过人。父亲高兴地看到自己的儿子聪慧过人,对儿子寄予了厚望,希望他将来能够光宗耀祖,声誉著称。

　　父喜曰:"有子若斯,他日显扬可卜矣!"师曰:"读书特收科第耳! 选官何如选佛!"②

---

　　① 中国人民政治协商会议湖南省双牌县委员会文史资料研究委员会编:《阳明仙境》,1991年印刷。
　　② 同上。

　　父亲的愿望无非是让秀峰好好读书,将来考取功名,而秀峰却胸怀大志,对俗世读书科举,走入仕途丝毫不感兴趣,他说出了"选官何如选佛"的豪言,自然让他父亲感到儿子与俗世考功名的想法不同,为之感到惊异。考取功名,当上官吏,并不能解决生死大事,还是不能得到解脱。在秀峰的心目中选佛高于选官。出家为僧,度己度人,明生死大事,入涅槃世界,对于向往佛门的才俊来说,远比进入官场具有巨大的吸引力,故不能拿俗世选官的标准与价值来看秀峰日后对自己人生道路的选择。佛教在心灵上的抚慰作用是儒门难以企及的,尤其是中国化的佛教流派禅宗具有直指人心、见性成佛的特殊魅力,即使是宋明理学为了发展自己,也不得不从禅宗那里吸收了养分而在理论建树上有所长进。大志已定,断难回头。秀峰要到选佛场,而不到选官场,这是需要有大志向大决心才能做出的选择,也说明了秀峰是个自主自信,不受他人迷惑的人,自己的大事自己来定自己来做。

　　父母察觉到秀峰的志向后,当然不愿意秀峰出家,想通过婚姻拴住儿子。在秀峰的年龄尚没有到及冠之年,便给秀峰定下了一门亲事,定的是嘉禾的谢氏。也就是新娘家为秀峰母亲的老乡。选择了吉日入赘,礼成的晚上,秀峰不从。虽然当晚室内的灯光忽明忽灭,新娘却不知道新郎在那里。第二天早晨,却分明看到秀峰就在室内,新娘不得不称奇,我妈的女婿难道有神保护吗? 这实际是秀峰有神通的显示,在以后秀峰在龙潭修行时,猎人看见他却又寻遍岩穴也找不到他,也是此神通的再次显示。丈母娘与新娘还不死心,希望秀峰破戒,特宰了一只鸡给秀峰吃。秀峰说,我母亲怀了我十八个月,一直吃素,我敢开荤吗? 然而去阻止也阻止不了,只好任由他们宰鸡烹鸡。刚好新娘的弟弟从外面回来,吃了一个鸡腿。秀峰乘机脱了身。丈母娘知道女婿终不可留在家里,便带着女儿拿着"莕"①相送秀峰,一直送到大江洞田畔,感叹道,君心既然如此,我们无可奈何啊。秀峰接过"莕",感谢丈母娘的放行,开导丈母娘说,您有这样的好女儿,何必发愁没有乘龙快婿呢? 他日再行婚配,也就是嫁给嘉禾石燕姓胡的男子。秀峰在行走途中,洗涤"莕"大口呕吐出了活鸡,独缺一爪,它跳跃着又回到了谢家。至今洗涤"莕"的田地还在。他在吃鸡这件事上显示的神通更富有传奇色彩。无论秀峰在洞房隐不行房,还是吃鸡吐出活鸡,都可看到他没有正式出家前受戒意志的坚定、处理问题的灵活。

---

　　① 中国人民政治协商会议湖南省双牌县委员会文史资料研究委员会编:《阳明仙境》第22页,1991年印刷。此字在该页共出现4次,笔者不明其音意。

　　师一瓢一笠前往陶岭师姑殿,居十八日,曰:"此非我住场!"旋行至大瓜岑秀峰山,居有八月,复曰:"地非吾愿!"于是,寻幽选胜,拨草披荆,至零陵界阳和山,只见木石幽异,紫气腾空,地铺银沙、岭势磅礴,并阅宋代古碑钟器,知是真人炼丹之处,神禹藏书之穴,遂欣然曰:"大事因缘,其在斯乎?"即趋庵长老明性。明公曰:"老僧自南岳来,秉领临济宗旨,匿迹是山,栽芋为食。尔少年书生,因何到此?"师曰:"适瞻山巅,紫气成盖,必有道人栖托,愿为门下弟子。"明公喜其骨相不凡,语言笃实,遂允披剃。依本宗派,取名真聪,号秀峰。时嘉靖六年(1527),师年十六岁矣。嗣是修持戒律,志行清苦,砚启蛰而不履,视方长而不折,慈悲性空,凡事殊异。①

　　秀峰要出家,意志坚定,阻止也阻止不住,父母便答应了秀峰。于是秀峰告别父母,走向寻师求法之途。秀峰不是一个没有主见的人,在选择修行地上,也是有他的想法的。他带着一瓢一笠前往陶岭师姑殿,在那里呆了十八日,说,这里不是他的住场。之后到了大瓜岑秀峰山,在那里呆了八个月,也不满意,说此地也不是他的理想之地。秀峰为了选择一个适合自己根机修行的理想之地,不达目的不罢休。他继续寻找,披荆斩棘,一路风尘,终于来到了属于零陵地界的阳和山,为这里的风光所迷,十分高兴地选择了它,它的紫气银沙,它的木石山势,自是不同于秀峰到过的地方,还有重要的原因就是秀峰从宋代的古碑钟器得知它有真人炼丹之处,神禹藏书之穴。真人可能指王真人。明洪武《永州府志》卷九记载:"王真人,德安人也。修炼于零陵阳和山。元初赐额为'万寿宫',封'懿德真人'。征入朝,遂不返。"②还有一种可能指十八真人。明时十八真人在白云寺烧丹修道,飞身腾空。应该说,道教先选择阳和山作为修炼场所,比佛教时间要早,佛教选择它作为修行道场,则后来居上。秀峰说大事因缘,难道在这里吗? 之后果然在这里修成正果。一说《零陵县志》载:"零陵潭山北——今隶宁远,名阳明山——有禹穴,一名禹龙岐。相传禹治水时,驱龙于此,称龙潭。"③传说禹南巡到永州,见江中一孽龙为害一方,就用锁把龙缚住,驱到阳明山的顽石之中,龙求情告饶,禹便用神棒划出一槽,泉水进入囚室,龙循机施展魔法逃到大海。阳和山无论是从自然风光来说还是

---

　　① 中国人民政治协商会议湖南省双牌县委员会文史资料研究委员会编:《阳明仙境》第22页,1991年印刷。

　　② 《天一阁藏明代方志选刊续编64 弘治永州府志(湖南)》第295页,上海书店1990年版。

　　③ 转引自中国人民政治协商会议湖南省双牌县委员会文史资料研究委员会编:《阳明仙境》第8-9页,1991年印刷。

从人文历史来说,它都是一个理想的修行之地。秀峰见到了明性长老,长老先把自己的情况作了介绍,明性从南岳来,属于临济宗人,传承的是临济宗旨,栽芋作为食物,然后明性长老便问作为少年书生的秀峰到此的原因,朴实可亲。秀峰也不绕弯,直接说明原因。他看到山中有紫气,肯定此山有道人栖托,他愿意出家,成为明性的弟子。明性也喜欢这位骨相不凡、语言笃实的后生,接受了秀峰为弟子,为秀峰披剃。师徒对话坦诚以待,秀峰选择了阳和山,确实不虚此行,从此阳和山就与秀峰结下了不解之缘,在禅宗文化的传承中,正是由于出现了秀峰这样的禅师,阳和山成为七祖的道场,其佛教的影响力才更加深远,在中国明代禅宗史上,阳和山自有它的地位。秀峰出家后生活贫苦,在修持守戒上,其志气和品行都让人敬佩,他观测到动物冬眠出来活动,不去踩踏之,看见正在生长的植物,不去折断之,不论什么事显出他的不凡来。

一日,师忽只身视之于歇马庵龙潭之侧,岩栖洞饮,坐苔朝夕,岩前有苦菜一本,茎大异常,日食一叶。继恐伤生,黄落斯采。久之醒悟,撮石为像,置于岩中,净性潜修。凡三年,山径崎岖,人迹罕至,明公莫测其所。适有猎者入山,逐鹿发矢,随奔岩前。师忽疾声念佛,猎众惊讶,趋视之,乃秀峰也。然遍视岩穴,萧然寂静,了无一物,归告明公。强使还山。因询别后曾见甚么? 师曰:"山自青兮水自绿!"时师年已二十矣!

秀峰不满足于在庵中的修行生活,他到歇马庵龙潭一岩洞,独自一人进行修行。这使我想到佛祖释迦尼所经过的苦行和悟道。佛祖来到尼毘连河边的加暗山的苦行林、山洞修习,每日吃一麻一麦,有六年。但佛祖有他父亲净饭王派去的五个人伴随他。佛祖的悟道则是独自一人来到伽耶山的小山旁的菩提树下结跏趺坐,在四十八天内悟道。秀峰住在岩洞,喝的是洞水,吃的是苦菜叶,天天在青苔上端坐。生活条件异常艰苦,在艰苦的环境中修行,可激发人身上的潜能,离悟道更近。岩前的苦菜异常地大,秀峰吃落叶,怕伤生,不去踩不去折。岩洞也成了道场,自己醒悟了,撮成石像,在岩洞安放,心空性净,默然修行,日夜不断。就这样苦度三年。秀峰的苦行与悟道,有佛祖的遗风。在此把秀峰与佛祖的苦行、悟道作一对比。秀峰的苦行是无人相随,他独自一人苦行,他的悟道是在一岩前苦菜旁悟道,苦行悟道的时间为三年,悟道是在三年之内,而不像佛祖苦行有六年之久,且有人伴随,悟道四十八天内。他们悟道前的身份虽有不同,所处国度、地域不同,但觉悟上祖佛不别。两人悟道场所的植物,一个是菩提树,一个是苦菜,菩提树也有"觉树""道树"等名称,那么苦菜,是否也该有"觉菜""道菜"等名称呢,这苦菜不能只当作普通的一种植物,阳和山的苦菜也应该有它地域的鲜明的佛教文化之意义,它当同菩提树是佛教之一种吉祥之树一样,它也为佛教之一种吉祥之菜。一个人的苦行、悟道,与在庵、寺院的修行是有很大的不同的。离群索居,是有很多不便的,但在排除人我是非干扰上又有独特的优势,更加接近大自然,更加有利于发明本心,比在庵、寺院的修行要求更高、更严,不是每个人都适合像佛祖、秀峰这样的苦行、悟道的。没有极高的精神境界,没有虔诚的宗教信仰,没有身心的极大付出,修不得正果。由于秀峰独自修行的场所幽静偏僻,人迹罕至,就是他的师父也找不到秀峰的足迹。正好碰上猎人到山里打猎,追逐鹿,放出箭,鹿跑到了岩前,猎人也随之到了岩前。秀峰忽然大声念佛,猎人听到后很惊讶,他们往前去看,一看正是秀峰。但是找遍了岩穴,又不见秀峰的踪影。这次秀峰再次显示了神通。他们回去后告诉了明性长老,长老强行让秀峰回到庵中。问秀峰分别三年后看到了什么,秀峰答道:"山自青兮水自绿",表明秀峰是悟后所说的话,有禅意在。他说出此话,为二十岁,说明他聪颖非凡,具大慧根。山变青水变绿,是大自然的现象,是有规律可循的。山水都属无情,无情亦能说法,山变青水变绿,都有其短暂性,终不能住,告诉人们的是无常的道理,悟道就是在无常当中看出真常。山水的变化是虚妄不实的,要把握的是空性,识空也不能离开这些虚妄不实的东西。悟道并不神秘,通过观察、体验山水,也是悟道的一个途径。只要下了功夫,经受得起各种考验,到了悟道的时刻,自然花开蒂落,明心见性。

秀峰到达曹溪礼禅宗南宗六祖慧能,主要目的应不出这两个:一是出于对祖师的敬仰,亲到圣地,才得见慧能真身;二是亲到圣地勘验自己,悟道需要他人测证,不是自己宣称悟道就悟道了。秀峰选择曹溪圣地,眼见六祖真身后,或许产生自己也要像六祖那样有真身现世的想法。自己也要保有真身,以证佛法真实不虚,这是弘法传法之大举。广东能够出慧能这样保有真身的祖师,湖南也能够出保有真身的祖师。

师之曹溪,住持见而问曰:"大德从何处来?"师举足曰:"脚下荐举。"又问:"来此为何?"师曰:"特来礼六祖。"住持曰:"六祖过去了也。"师喝曰:"住持安在?"由此机缘契合,坚留挂锡。①

曹溪住持,见到秀峰问到,大德从哪里来呢?秀峰没有直接回答,如我从湖南

---

① 中国人民政治协商会议湖南省双牌县委员会文史资料研究委员会编:《阳明仙境》第23页,1991年印刷。

来,从永州来,从阳和山来,如此按照日常逻辑去回答。其实住持是在勘验秀峰,问话中有禅机。秀峰的回答是,我之双脚行路,使我走到这里。这里是圣地,朝圣是僧人心中的神圣愿望,是心之所系,有这个心愿,就要把这个心愿完成,走到了曹溪拜六祖,与我是从哪里来没有直接关系。四面八方都能来到曹溪,已开悟的禅师不会一上来就进入住持预设的语言陷阱,以致使自己失去自主。住持接着又问秀峰,你来这里打算干什么呢?这次秀峰直接回答他到这里是专门来礼拜六祖,进入了住持预设的语言陷阱,秀峰进入是自觉进入的,可是他能够从语言陷阱中随时脱出,他在住持继自己回答后,通过喝答,就脱出了陷阱,体现了临济喝之宗风,终得到住持的认可。住持说六祖是过去了的祖师。就是说你看不到六祖本人,只能见到六祖的真身。所以礼拜六祖,礼拜不到六祖本人,而六祖真身不能亲口言说。实际住持也偷换了概念,应该说按秀峰的回答礼拜六祖,自是礼拜六祖的真身。但是住持的刁难,是继续堪机,第一问秀峰没有落陷阱,有可能是歪打正着,是侥幸。第二问是继续追加,不容秀峰过多的考虑,也是与第一问相关。如果秀峰在住持说六祖已是过去了的人后,秀峰没有什么反映,或反映迟钝,那就是没有得道,就暴露出秀峰的问题了。住持的回答是截断秀峰的理路,不要执着于见六祖这个事,偷换了概念,也是看秀峰的应机适变的能力,秀峰没有让住持失望,其喝答道,住持还在吗,是主动的反击,截断了住持的理路,既然六祖已经是过去的祖师,那么我们不必执着于六祖是活人还是六祖的真身,我来问你,那你住持还在吗?就是说,我不跟着你住持说过去,我跟你说现在,住持你作为六祖的子孙你还在吗?六祖虽是过去祖师,但他有传人,你住持是传人,我秀峰也是传人。这不禁让我想起六祖到黄梅求法见五祖弘忍,弘忍问六祖的情形,在秀峰与住持的对话中,秀峰俨然与六祖在精神气质上有共通性,佛性没有南方人北方人之分,六祖的传人也没有广东、湖南之分,秀峰有六祖一样的大丈夫气概,有临济宗的自主自信之精神。所以通过勘验,秀峰与住持结为好友。"相与体究道要,默传六祖宗旨,日久精进不辍。"[1]秀峰在曹溪这一六祖的道场修道三年,修为大增。毕竟作为大道场,在修行上有很多殊胜的地方。但是秀峰并未迷恋曹溪祖庭,依然深爱着家乡的土地,他还是回到了阳和山,他要完成他的使命,他的道场在阳和山,这是他自己的再次选择。

一日,闻僧堂板响悟而偈曰:"三载曹溪如一日,历尽风霜不变移,从今识得

---

① 中国人民政治协商会议湖南省双牌县委员会文史资料研究委员会编:《阳明仙境》第23页,1991年印刷。

端的意,板响僧堂知肚饥。"①

秀峰在曹溪三年的时间好像一天那样的短暂,经历了多少风霜不会改变自己的初衷,现在虽然已经认识了真实的佛法大意了,可佛法并不是遥不可及,木板响了是开饭的时间,那就该吃饭了,肚子饥不饥只有自己知道。饿了就去吃,困了就去睡,冷了就加衣,热了就脱衣,顺其自然,不可悖逆自然。佛法就在世间的日用中体现,不一定只在专门的修行功课中体现,日常生活中亦有道之贯通。

师一心静摄,凡参禅机锋,概寄缄默,也不轻立文字。②

秀峰一心静养,在缄默之中不乏其参禅的机锋,不语而语,故就有了多少次的"此处无声胜有声",言不尽意,用语言表述佛法大意不过是方便说法的权宜之计。至今没看到他留下的著作,亦是一种遗憾。

忽一日,挝鼓集众曰:"寄迹人间三十余,度生之愿尚未毕,留得色身登祖位,也将黄叶止儿啼。"③

秀峰的意思是说,他在人间呆了三十多年了,济度众生的大愿还没有完全如愿实现,四大五尘等色法所成之身为色身,保留色身虽说可以登上祖师之位,但也不过是拿着杨树黄叶给小孩,小孩误把它当作金钱而不再啼哭一样。"黄叶似金钱,典出《涅槃经》,以此比喻佛说天上之乐果,用来劝止人间的邪恶。"④必为毕的通假字。秀峰想通过坐化保留真身的方式来继续济度众生,这一宏业是无穷无尽的。他对明性长老说,"弟子闻西方有金刚不坏身,亦愿以身度世。"秀峰保留真身济度世间之人,是没有言说的说法弘法,在临济宗祖师中的表现也是十分突出的。阳和山由于保留了秀峰真身而名扬四方,信众朝拜,一心向佛,人们不必都跑到曹溪六祖那里礼佛,到阳和山礼佛,也很灵验,方便了信众。

秀峰说偈道:"壬申对壬子,趺坐同趺坐,千一了一年;又七月十七,即是中秋会。祖以空为座,原是本来人,今成就法座。"⑤秀峰说完偈后入关坐化而去,时嘉靖二十九年(1550)。偈中壬申指的是正德七年(1512)壬申,为秀峰的出生

---

① 中国人民政治协商会议湖南省双牌县委员会文史资料研究委员会编:《阳明仙境》第23页,1991年印刷。

② 同上。

③ 黄河涛编著:《禅宗公案妙语录》第30页,中国言实出版社2006年版。

④ 中国人民政治协商会议湖南省双牌县委员会文史资料研究委员会编:《阳明仙境》第23页,1991年印刷。

⑤ 中国人民政治协商会议湖南省双牌县委员会文史资料研究委员会编:《阳明仙境》第23页,1991年印刷。

年的壬申,壬子指的是嘉靖三十一年(1552)壬子,出生年跟真身开关年相对,跗坐跟趺坐相同,为把右脚盘放在左腿上,左脚盘放在右腿上的坐法。秀峰生前的跗坐与他真身的跗坐,就宣法传道来说是一样的。千、一,分别似是指时间长、短,具体说是千日、一日,秀峰约期三年已过千日,这里是盖指,也是在一日内此事了结,这一日是在这一年内,过了七月十七,就是中秋见面的日子。七月十七可能指的日子是有具体的事情,不大可能是秀峰随意指这个日子,我觉得指出这日子也不排除是提醒信徒自此日起该位开关做准备了。祖师以空为座位,是说佛教的空,为世界之本质,世人认妄为实,不知道空的意蕴,认识了本来人,就是知晓了纯真自足的本心,不须向外追逐而得,就可以成就法座了。嘉靖三十一年八月中秋南渭王的孙子孙菊坡、名贤蒋湘崖等,一同来到阳和山。孙菊坡、蒋湘崖之前到过阳和山,那次是由于阳和山的大钟飞到了郡城太平寺,他们感到阳和山有异人,他们到来时,秀峰已不在山中,朝拜曹溪去了。孙菊坡、蒋湘崖等遵照秀峰生前之嘱,三年期满才能开关,这里的三年似不是按坐化的时间计,如果按坐化时间计,到他俩中秋开关见真身,应不到三年。所以可能是按确立遗约的时间计的。他们看到了秀峰的真身栩栩如生,还长出了头发,他们顶礼拜伏。

师徒相扶披剃,衣履庄严,涅槃端坐,方悟壬子趺坐之偈不谬。菊坡谓之南渭王,遂崇其号曰"七祖",赠额曰"临济正派"。迁阳明山,改庵名"万寿寺"。①

祖师自坐化以来,真灵不泯,肉体俨若金刚,由前明至国朝,每岁秋冬,远近士庶,登山礼拜,香烟极盛,不亚全州寿佛。

一诚感格,有求必应。尊称名山得道"秀峰七祖"。②

正因阳明山是秀峰悟道说法坐化的道场,其真身不腐,每年的秋天冬天,远近的士大夫老百姓,都过来登山礼佛,香火旺盛,与全州县湘山寺无量寿佛全州禅师可有一比。而且到阳明山许愿,愿会实现,为秀峰的加持与护佑。崇拜秀峰、敬仰秀峰的人们越来越多,秀峰七祖的遗迹成为人们来山礼佛的神圣的文化遗存。

(原载 2014 年第 3 期,作者单位:中国传媒大学)

---

① 中国人民政治协商会议湖南省双牌县委员会文史资料研究委员会编:《阳明仙境》第 23 页,1991年印刷。

② 中国人民政治协商会议湖南省双牌县委员会文史资料研究委员会编:《阳明仙境》第 24 页,1991年印刷。

佛教肉身供奉制度略论
——从阳明山秀峰禅师临终偈说开去

✷ 张利文 ◆

一 引言

  阳明山是除南岳之外,湖南境内的又一座佛教名山。地处永州零陵区、双牌县、宁远县与祁阳县交界的阳明山,北望衡山,南临九嶷,气势磅礴,风光秀美。《永州府志》记载:"阳明山去县治(零陵县)百里,在黄溪之尾,然山麓险绝,游者相望咫尺,无径可达。山最高,日始自阳谷出,山已明。故谓之阳明焉。嘉靖间有僧秀峰者,禅定于此。今遂为秀峰道场所。"①《府志》所言秀峰者,系明代正德、嘉靖年间僧人,据《宁远县志》秀峰本"名真聪,本邑郑氏子也……年十三……矢志出家,独行数十里,至阳和山,遇山僧明性,喜而驻足焉。明性素领曹溪宗宗旨,见聪容止不凡,甚敬礼之,允其披剃修持戒律"②。秀峰隐居阳和山苦修的四年间,一直向往六祖慧能的道场,终于有一天他行脚至曹溪南华寺,与住持僧问答相契,于是被挽留挂锡南华寺,修持三年后返回阳和山闭关,于嘉靖二十九年(1550)坐化,年三十有九。秀峰遗训将其肉身留世,且命三年后开关。其后明藩南渭王孙菊坡与隐士蒋湘崖久慕高风,往山开关视之,庄严端坐,俨然如生,深赞拜伏。据传此后南渭王推崇秀峰事迹,"谥曰七祖,匾曰曹溪正派,名其庵曰万寿寺,改其山曰阳明山"③。正如今天万寿寺联"名山千古仰,活佛万家朝"所记,供奉秀峰禅师肉身像的万寿寺,以及人杰地灵的阳明山,在明清以降,

---

  ① 《(康熙)永州府志》,北京:书目文献出版社,1992年,第210页。
  ② 《(康熙)零陵县志(乾隆)宁远县志》,2001年,第516页。据相关府县志描述,此处所言阳和山可能就是今天的阳明山。
  ③ 《(康熙)零陵县志(乾隆)宁远县志》,第516页。

成为永州地区善男信女上香祈福的著名道场,远近士庶登山礼拜者盛极一时。光绪二十六年编撰的《阳明山志》记录秀峰禅师在坐化前曾对其师明性和尚说:"弟子闻西方有金刚不坏身,亦愿以身度世。"①从中可知秀峰留下肉身的本愿是"以身度世",也就是度化具有肉身菩萨信仰的凡夫众生。

文章意在考察"肉身菩萨信仰"或"肉身供奉制度"在佛教中的源流史,以及分析这种文化现象所以产生与流传背后,在思想层面的诸种因缘。"肉身菩萨"在民间又称为"全身舍利",略称"肉身"或"真身",在中国往往是指修行人死后经久不朽的色身。佛教传入中国,尤其唐末五代禅宗兴盛后,在民间逐渐产生了对圆寂禅师肉身礼拜的风气,这部分改变了以往佛教徒死后不留遗体的传统,秀峰禅师就是其中一例。就宗教而言,葬仪的形式往往与主导该种葬仪的宗教思想密切相关,它是在回答"我们往哪里去"的哲学式疑问,换句话说也就是该种宗教的终极关怀所在。佛教荼毗法向肉身供奉制度的转化,折射出佛教在中国与本土文化的交融与思想变迁。我们不妨借秀峰禅师临终前留下的一偈作为此番考察的一个开始。

《宁远县志》秀峰条目下,记载了这样一则故事:"(秀峰禅师)一日挝鼓升堂谓众曰:寄迹人间三十余,度生之愿尚未毕。留得色身登祖位,也将黄叶止儿啼。"②与唐代九华山的著名肉身菩萨金地藏"度尽六道众生始愿成佛"的悲愿相似,秀峰禅师的临终偈也表达了"度生之愿尚未毕"的思想。那么如何度生呢?秀峰谓之"留得色身登祖位,也将黄叶止儿啼"。"黄叶止啼"的故事出自北本《大般涅槃经》,其中说了这样一则寓言故事:"如彼婴儿啼哭之时,父母即以杨树黄叶而语之言:莫啼!莫啼!我与汝金。婴儿见已,生真金想,便止不啼。然此杨叶,实非金也。"③经中"黄叶"代表了父母的非实权变,借其方便言语,使小儿停止哭泣。《涅槃经》接下来点明佛教真谛:"如来亦尔。若有众生欲造众恶,如来为说三十三天常乐我净,端正自恣,于妙宫殿受五欲乐,六根所对无非是乐。众生闻有如是乐,故心生贪乐,止不为恶。勤作三十三天善业。实是生死无常,无乐无我无净。为度众生,方便说言常乐我净。"④佛说说常乐我净不过是为了

① 转引自中国人民政治协商会议湖南省双牌县委员会文史资料研究委员会编:《阳明仙境》,1991年,第23页。
② 《(康熙)零陵县志(乾隆)宁远县志》,第516页。
③ 《大般涅槃经》第18卷,《大正藏》第12册,第485页下。
④ 同上。

对治众生"欲造众恶"之病的良药,究竟上并不违背"生死无常,无乐无我无净"的中道观。通过《涅槃经》反观佛教中的肉身供奉制度,我们就应从"留得色身登祖位,也将黄叶止儿啼"的角度去观察。

二　汉传佛教肉身供奉制度溯源

原始佛教,自佛陀始,比丘圆寂之后,采用的是茶毗法火葬遗体的。茶毗,又译阇维,就是火葬的意思。《长阿含经》记载:"阿难即从座起来,前白佛言:佛灭度后,葬法云何? 佛告阿难:……汝欲葬我,先以香汤洗浴,用新劫贝周遍缠身,以五百张叠,次如缠之,内身金棺,灌以麻油毕,举金棺置于第二大铁椁中,栴檀香椁次重于外,积众名香厚衣其上,而阇维之,讫收舍利。"①肉身供奉在印度佛教中几乎是罕见的现象,肉身即父母所生之色身,在佛教法相分类中属于有为法,五蕴和合、因缘所成。凡有为法必然经历成住坏空四个过程,肉体之身终归坏灭,此即佛教缘起性空、诸行无常的教义体现。所以佛教徒圆寂之后对遗体多行茶毗法,也就是火葬。佛陀与后世高僧茶毗之后留下的真珠状的遗骨常被称为舍利。《金光明经》说:"舍利者,是戒定慧之所熏修,甚难可得,最上福田。"②从宗教信仰的角度说,佛教把成佛之后的果报身(或果报身的自性)称为法身③。法身是不生不灭,或说法身是常住的;而父母生身(肉身)是有坏灭的。如鸠摩罗什说:"法身虽复久住,有为之法终归于无","菩萨得无生法忍,舍肉身次受后身,名为法身"④。法身果报之获得必然是在修行者肉身舍弃之后方可能有,这个思想在南传佛教巴利文的《长部经注》中也可以找到印证:"连结完整之身体(ś arīra)火焚后,变成如磨过之真珠、黄金等之粉末(dhātuyo)。"⑤ś arīra 翻为舍利,dhātuyo 是 dhātu 的复数。dhātu 这个词在大乘佛教中常常被翻译成"界"或"种子"。与 Buddha 连用的 Buddha dhātu 在大乘经中泛指"佛性"或"如来种子",与"法身"同义。通过《长部经注》,我们可以意外地发现"佛性"与佛陀涅

---

① 《佛说长阿含经》第 3 卷,《大正藏》第 1 册,第 20 页上。

② 《大正藏》第 16 册,第 354 页上。

③ 佛教中对法身有法身、报身、应(化)身等诸种"三身"的说法,其中核心的关键是法身,依《大智度论》卷九:"佛有二种身,一者法性身,二者父母生身",报身、化身又可摄入法身,而与父母所生之色身对应。

④ 鸠摩罗什、慧远:《鸠摩罗什法师大义》卷上,《大正藏》第 45 册,第 123 页上 – 下。

⑤ 见《佛光大辞典》第 4 册,第 3495 页。

槃后的遗骨结晶体竟然是同一个语词。这一方面说明鸠摩罗什所说"舍肉身次受后身名为法身"不虚;另一方面也说明了大乘佛教在超越层面的形而上化是以原始佛教中佛陀色身的涅槃为理论基础的。

火葬法虽然是佛教提倡的,但却不是佛教独有的,世界许多古老民族中都存在火葬。在佛教产生之前,印度就已存在荼毗法。早在我国春秋时代,氐羌部落中也存在过火葬制度。① 但是火葬制度因为与儒家的葬丧礼俗相冲突,更与"身体发肤受之父母,不敢毁伤"的孝道观不合,所以在中国一直不甚流行。焚烧尸体甚至被儒者视为不敬,如宋人洪迈在《容斋随笔》中说:"卫人掘褚师定子之墓,焚之于平庄之上。燕骑劫围齐即墨,掘人冢墓,烧死人,齐人望见涕泣,怒自十倍。王莽作焚如之刑,烧陈良等。则是古人以焚尸为大僇也。"②中国佛教的早期倡导者东晋慧远,在其临终时,并没有选择火葬,而是"遗命使露骸松下"③。最早传入中国的佛教律典之一《十诵律》就是慧远敦请西域僧翻译的,他不会不知道其中"千氎缠佛身,以火阇维之"④的律文,然而却采用了火葬与土葬的中间路线"露骸松下",究其原因则是充分考虑了"凡夫之情难割"⑤罢了。曾赴西域求经的三国时人朱士行大约是最早采用印度荼毗法的汉地僧,《高僧传》曰:"士行遂终于于阗。春秋八十。依西方法阇维之。薪尽火灭。尸犹能全。众咸惊异。乃咒曰。若真得道法当毁败。应声碎散。因敛骨起塔焉。"⑥

早期中国佛教大多采用的还是印度的荼毗法或传统的土葬法,但是最早保留肉身不坏的汉地僧人是魏晋时的诃罗竭。《高僧传》说:"诃罗竭者,本樊阳人……至元康八年(298)端坐从化。弟子依西国法阇维之。焚燎累日而尸犹坐火中,永不灰烬。乃移还石室内。后西域人竺定字安世,晋咸和中往其国,亲自观视,尸俨然平坐,已三十余年。定后至京,传之道俗。"⑦与朱士行相似,《高僧传》也记载了诃罗竭遗体火焚不坏的神迹,不同的是前者最终因得道而形散,后者则被迎还石室而留尸。或有人据姓氏谓诃罗竭是西域僧,但检《高僧传》体例,凡西域或月支、天竺等外来僧,慧皎必明言之,既已记之樊阳人,则诃罗竭必与吉

① 夏鼐:《考古学论文集》,北京:科学出版社,1961年,第27页。
② 洪迈著,夏祖尧、周洪武点校:《容斋随笔》,长沙市:岳麓书社,2006年,第292页。
③ 慧皎:《高僧传》第6卷,《大正藏》第50册,第361页中。
④ 《十诵律》第60卷,《大正藏》第23册,第446页上。
⑤ 慧皎:《高僧传》第6卷,《大正藏》第50册,第361页中。
⑥ 慧皎:《高僧传》第4卷,《大正藏》第50册,第436页下。
⑦ 慧皎:《高僧传》第10卷,《大正藏》第50册,第389页上。《法苑珠林》大正藏本樊阳作襄阳。

藏、支遁等高僧同例,或为异族入籍中国之后裔,或为汉僧出家后改姓易名者。即便其祖辈由西域来华,若出生在中国,一般可以视为中国僧人。所以诃罗竭应是有史记载汉地佛教中最早肉身保留的僧人。只是此种风气当时显然并未流行,从其预行火葬来看,这也只是一个特例现象。未行荼毗法而色身不坏的最早记载是北魏僧惠始。《魏书·释老志》中说:

> 世祖初平赫连昌,得沙门惠始,姓张。家本清河,闻罗什出新经,遂诣长安见之。观习经典,坐禅于白渠北。昼则入城听讲,夕则还处静坐。……太延中临终于八角寺,齐洁端坐,僧徒满侧,凝泊而绝。停尸十余日,坐既不改,容色如一,举世神异之。遂瘗寺内,至真君六年,制城内不得留瘗,乃葬于南郊之外。始死十年矣(约435),开殡俨然,初不倾坏。送葬者六千余人,莫不感恸。①

从朱士行之荼毗毁败为真得道法,到以诃罗竭、惠始的肉身不坏为神异,透露出佛教传入中国之后葬仪已出现变化的早期征兆。而在中国佛教肉身供奉现象中最具有重要意义的是陈隋之际的高僧智顗。智顗不仅是中国佛教天台宗的实际创始人,而且是留有遗嘱,主观上要求保留肉身的第一人。《续高僧传》记载:"(智顗)灭后依有遗教而殓焉……枯骸特立,端坐如生。瘗以石门关以金钥。"② 今日天台山智者塔院大殿内仍可见智者大师肉身塔,虽然据《佛祖统纪》,早在大业元年(605)智顗肉身已经消失,杨广谓之"灵体不可复见,既从变化,得道非虚"③,可是智顗圆寂后曾经留下肉身的事迹却是确实的。据说隋将杨素事必临信,怀疑智顗肉身不坏,曾奉敕领取户钥亲往寻视,"既如前告,得信而归"。④ 此外亲见智顗肉身不坏的还有散骑侍郎张乾威,仁寿元年(601)十二月"皇太子遣散骑侍郎张乾威送灌顶还山,设千僧斋,及为文致敬。坟龛开视舍利,见灵体不动,如在定中"。⑤ 至于大业元年,智顗肉身为何消失而唯留"空床虚帐",除了杨广所谓其师"变化得道"的原因外,还有一个可能就是如李四龙的猜测:"当年累石而成的舍利龛废圮倒塌,天台僧人就拾掇智者大师的舍利,装入现在波士顿的

---

① 魏收:《魏书》第8册,北京:中华书局,1974年,第3032—3033页。
② 《续高僧传》第17卷,《大正藏》第50册,第567页中下。
③ 《佛祖统纪》第6卷,《大正藏》第49册,第185页下。
④ 《续高僧传》第17卷,《大正藏》第50册,第567页中下。参《佛祖统纪》卷六杨广忆智者灵体只提张乾威仁寿元年之事,而未说敕授杨素户钥,则此杨素受敕寻视智者肉身似应在仁寿年间事。
⑤ 《佛祖统纪》第6卷。《大正藏》第49册,第185页中。

舍利函内,并在原基上建造'肉身塔'。"①唐代禅宗出现以后,出现了更多的肉身供奉事例,如四祖道信、五祖弘忍和六祖惠能据僧传记载都留有肉身。明清之后,肉身供奉现象更加普遍,如九华山自唐代金地藏留下肉身以来,有据可查的肉身菩萨就有 15 尊之多,其中绝大多数属明清以后。唐代以后肉身菩萨的相关情况,论者已多,本文从略。

人们在论及佛教肉身供奉或全身舍利的时候,常见引玄奘编译的《大唐西域记》中羯盘陀国中一例:"羯盘陀国……城东南行三百余里至大石崖,有二石室,各一罗汉于中入灭尽定。端然而坐,难以动摇。形若羸人,肤骸不朽,已经七百余岁。其须发恒长,故众僧年别为剃发易衣。"②羯盘陀国是西域古国名,即今日新疆塔什克尔干地区。论者多以此证西域佛教中早有全身舍利的实例。但笔者认为此事未足以全信。因为就佛教而言,入灭尽定与入灭(灭度)是完全不同的两个概念。作为广辨法相的法相宗创始人,玄奘不可能对二者混为一谈,玄奘在其译著中多处谈到两者的区别,如:"灭尽定者,谓有无学或有学圣已伏或离无所有贪上贪不定,由止息想,作意为先,令不恒行、恒行染污心心所灭,立灭尽名。"③入灭尽定时,前六识及末那识俱伏灭,但是阿赖耶识是不灭的,有阿赖耶识存在,就肯定未入灭度。《阿含经》中说:"寿暖及诸识,离此余身分,永弃丘冢间,如木无识想"④,如果阿赖耶识离开了身体,那么体温、寿命也就中止了,这个时候才能称为舍利(也就是肉身遗体)。佛教依理起行中也比较留意区别两者的不同。据说 1939 年广钦和尚在泉州承天寺入定数月,甚或鼻息全无,众人不能决断广钦是入灭还是入定,弘一大师闻讯赶至承天寺弹指三下,师遂出定,⑤这是近代的一则故事了。《大唐西域记》中入灭尽定七百余岁的罗汉是否属于当地传说尚不一定知,但是可以确定的是,在大、小乘佛教徒的立场看,既然入灭尽定者寿命尚未终结,那么就与灭度、圆寂无关,也就不可能存在对入灭尽定者肉身供奉的现象。

---

① 李四龙:《智者真身今安在,波城竟藏舍利函》,《世界宗教文化》,2003 年第 1 期。李四龙在假设波士顿艺术博物馆(Museum of Fine Arts, Boston)所藏智顗舍利函为真的前提下,推测智顗全身舍利被后人殓入舍利函中,并放在今天可见的肉身塔内,"从尺寸上看完全有此可能,两者的纹饰也不无相似"。但笔者以为 8 世纪初可能太迟,7 世纪初智顗肉身不见史传的时候,就有可能已经荼毗了。

② 玄奘:《大唐西域记》第 12 卷,《大正藏》第 51 册,第 941 页下－942 页

③ 《成唯识论》第 7 卷,《大正藏》第 31 册,第 37 页下。

④ 《杂阿含经》第 10 卷,《大正藏》第 2 册,第 69 页上。

⑤ 承天禅寺编:《一代高僧广钦老和尚语录》,第 6 页。

三　肉身信仰与中国传统文化之联系

上引《长部经注》中将佛之遗体称为"舍利(śarīra)",而将荼毗之后的遗骨称为"驮都(dhātu)"。但"舍利"一词的用法在印度是比较宽泛的。南传的《大般涅槃经》中就有"平分世尊舍利为八份"的说法,这里的"舍利"显然非指遗体,而指荼毗后的遗骨驮都。所以不论完整的遗体,或是荼毗之后的遗骨,在印度佛教中都是可以称为舍利的。在《妙法莲花经》〈提婆达多品〉中出现了"全身舍利"一词:"天王佛般涅槃后,正法住世二十中劫,全身舍利起七宝塔。"①〈见宝塔品〉中又说"有如来全身……号曰多宝……灭度之后于十方国土,有说《法华经》处,我之塔庙为听是经故踊现其前"②。就如来而言,《法华经》中所示现的多宝佛"如来全身"或天王佛的"全身舍利"均应作佛的化身来理解,而不宜视为凡夫的色身。但不可否认多宝佛"于宝塔中坐师子座。全身不散如入禅定"③的描写是促成智顗决定死后保留肉身念头的一个内典因素。但是除《法华经》影响外,应该看到智顗的肉身观念中还有道教养生思想的因素存在。这是有迹可循的,智顗大约在北齐天统三年(567)受其师慧思之命,离开光州大苏山前往陈都建康(今南京)弘法。时江左地区正是道教上清派盛行的地区,从东晋葛洪开始,到梁代茅山宗的陶弘景都非常重视炼丹与仙道养生,并且江左地区一直也有佛道兼容的传统。智顗并不像传统佛教徒那样把肉体视为求道的"臭皮囊",而是把道教的丹药养生术引入了佛教的禅观,他说:"金石草木之药,与病相应,亦可服饵。"④,甚至如此解说《法华经》:"三百人得信忍,四天王得柔顺忍,皆服长乐之药、佩长生之符,住于戒中见诸佛母。"⑤"服长乐之药、佩长生之符"显然是追求长生不死的道教徒的一个形象。但其目的在于"见诸佛母",这提示了智顗把道教的长生观念融入了佛教的末法思想。经过北魏太武帝与北周武帝两次灭佛,自认为时处佛法衰颓之末世,期望通过自己的长寿等待弥勒降世的末法观念在佛教界逐渐流行。智顗之师慧思在《誓愿文》中清晰表达了这种希翼自己长

---

① 《妙法莲华经》第4卷,《大正藏》第9册,第35页上。
② 《妙法莲华经》第4卷,第32页下。
③ 《妙法莲华经》第4卷,第33页中。
④ 智顗:《修习止观坐禅法要》,《大正藏》第46册,第472页上。
⑤ 智顗:《妙法莲华经玄义》第10卷上,《大正藏》第33册,第806页中。

寿的想法："我今誓愿持令不灭,教化众生,至弥勒佛出……为护法故,求长寿命。不愿生天及余趣。愿诸贤圣佐助我,得好芝草及神丹,疗治众病除饥渴,常得经行修诸禅。愿得深山寂静处,足神丹药修此愿,藉外丹力修内丹"①可见慧思、智顗师徒求长寿命以遇佛的末法观念中已经植入了道教丹药求长生的思想。

早期道家就有追求肉体长生久视的记载,《老子》中说:"夫为啬,是谓早服;早服谓之重积德;重积德则无不克;无不克则莫知其极;莫知其极,可以有国;有国之母,可以长久;是谓深根固柢,长生久视之道。"②河上公注"莫若啬"曰:"治身者当爱精气而不为放逸",注"长生久视"曰:"深根蒂固者乃长生久视之道。"③"精气"相对于"神"而言,在道教中一直就是指的肉体,《性命圭旨》中说:"何谓之命?先天至精,一炁氤氲是也。"精气和合构成了肉体的生命。早期道教延续了道家与方仙道的传统,大多也追求长生不老。葛洪在《论仙》一文中首先肯定了仙人长生不死的可能性:"若夫仙人以药物养身,以术数延命,使内疾不生外患不入,虽久视不死,而旧身不改,苟有其道,无以为难也"④,然而面对不可回避、终究要面对的死亡问题,葛洪提出了"尸解"的解释。"《仙经》云:'上士举形升虚,谓之天仙;中士游于名山,谓之地仙;下士先死后蜕,谓之尸解仙。'今少君必尸解者也。近世壶公将费长房去,及道士李意期将两弟子去,皆托卒死,家殡埋之,积数年,而长房来归。又相识人见李意期将两弟子皆在郫县。其家各发棺视之,三棺遂有竹杖一枚,以丹书符于杖,此皆尸解者也。"⑤所谓上士与中士的"举形升虚""游于名山"更多的是一种难以实证的宗教神化,而现实中具有可操作性的就是下士的"尸解仙"了。从葛洪的话来看,仙人"久视不死而旧身不改"与"先死后蜕"是逻辑一贯的,后者不过是前者肉身的延续,其"死"也仅仅是个假死,如李意期"死"后棺中无尸,他人郫县所见者仍然是仙人的肉身,所以说早期道教确有信奉肉体长生不死的仙道。与大乘佛教抽象的法身不同,道教的仙人是不离现实人生的,其信奉的仙人"不是生活在冥冥之中的精灵,而是现实活人个体生命的无线延伸和直接升华"⑥。

鲁迅曾说中国的根柢全在道教,道教(或道家)对肉身长生不死的信仰对中

---

① 慧思:《南岳思大禅师立誓愿文》,《大正藏》第46册,第796页下–791页下。

② 陈鼓应:《老子注译及评介》,北京:中华书局,1984年,第295页。

③ 《道德经注》,《道藏》第12册,文物出版社、上海书店、天津古籍出版社,1988年,第17页。

④ 葛洪著,王明校释:《抱朴子内篇校释》,北京:中华书局,1985年,第14页。

⑤ 葛洪著,王明校释:《抱朴子内篇校释》,第20页。

⑥ 任继愈主编:《中国道教史》,上海:上海人民出版社,1990年,第10页。

国传统文化的影响是至深至远的。讲实相而连类庄子的慧远在与鸠摩罗什的对话中,曾多次问及佛教中寿命长短的问题,尽管这一想法受到了鸠摩罗什的委婉否定,但是慧远对佛教修行后获得长寿的期待还是可见一斑的。杨广对智顗肉身先完好保存,然后莫名消失的解释"既从变化,得道非虚"与魏晋道教尸解仙"先死后蜕"的说法如出一辙。一个颇为吊诡的现象是,在三教融合的过程中,中国佛教徒接受了道教祈求长生的观念,甚至发展出了肉身菩萨信仰,但是隋唐以后的道教却借鉴了佛教中"法身不灭"观念,将长生久视的修炼不再局限于肉身,从而转向了对"性命双修"的追求。后期道教不仅出现了对无形之性的修炼,而且摄命于性,使得道教徒理想中命终的去向命与性同归于无形,故而后期道教中"尸解"的说法不再流行,也罕见肉身供奉的现象。陈撄宁说:"人身精、气、神原不可分,佛家独要明心见性,洗发智慧,将神光单提出来,遗下精气,交结成形,弃而不用。然因诸漏已尽,禅定功深,故其身中精气,亦非凡物,所以舍利子能变化隐显,光色各别。由此推之,佛教所谓不生不灭者,神也,即性也。其舍利子者,精气也,即命也。彼灭度后,神已超于象外,而精气尚滞于寰中也。若道家则性命双修,将精、气、神混合为一,周天火候,炼成身外之身,神在是,精在是,气在是,分之无可分也。故其羽化而后,不论是肉体化炁,或是尸解出神,皆无舍利之留存。"[1]后期道教非常成功地运用了中国文化中圆融的观念,混合精、气、神,会三归一于无形,那么自然也就不再追求遗体的存留了。

中国佛教重视形体的观念,不仅来自于早期道教,而且受儒家的影响也不容忽视。有学者指出:"肉体的完整即意味着灵魂的永生,意味着灵魂与肉体'不死'。'不死'乃是基于灵魂不灭的观念。更何况,保持肉体的完整的重要性,在儒家的宗法伦理精神规范中乃体现为孝道,所谓:'身体发肤,受之父母,不敢毁伤,孝之始也;立身行道,扬名於后世,以显父母,孝之终也。"[2]肉体的完整无损,在先秦儒家的思想中就具有一种神圣的意义。曾参在临终的时候召门弟子曰:"启予足! 启予手! 诗云:'战战兢兢,如临深渊,如履薄冰。'而今而后,吾知免夫!"[3]当有限的生命在宗教情怀下试图超越永恒时,儒家宗法对肉体发肤的重视必然会演化为对肉身不腐的崇拜。

佛教自汉魏传入中国以后,在促使儒、道向上提升的同时,也不断地吸收了

---

① 陈撄宁:《道教与养身》,北京:华文出版社,2000 年,第 200 – 201 页。
② 沈海燕:《中国佛教中的"肉身菩萨"现象考析》,《华东师范大学学报》2011 年第 3 期,第 98 – 104 页。
③ 杨伯峻译注:《论语译注》,北京:中华书局,1980 年,第 79 页。

儒、道传统文化的因素,这就是佛教中国化的历程。佛教在生死问题上讲"流转还灭",一期生命的结束,也就是"我"即"阿赖耶识"的六道轮回或寂灭证果。此中父母所生肉身即羯罗蓝在生死业力中仅仅是增上缘的作用,其坏灭本是不可阻止的,诸法无我、诸行无常的佛教教理是佛教终极关怀的背后理路,也就是荼毗法这种葬仪的依据所在。唐末五代禅宗之后,禅师肉身塔葬的渐成风俗,意味着佛教在中国化的历程中逐步对儒、道思想的认同与效仿。

四 汉、藏与西域佛教中肉身供奉制度之辨析

为进一步了解佛教中肉身供奉制度演变的源流,我们有必要考察一下藏传佛教中的肉身供奉现象。除六世达赖去世后行天葬之外,历代圆寂的达赖喇嘛均建造有肉身灵塔,至今供奉于布达拉宫、哲蚌寺与扎什伦布寺内。第一世达赖喇嘛之师、格鲁派始祖宗喀巴也是留有肉身的,其弟子克主杰回忆说:"次议大师之遗身,有欲火化者,有欲留肉身者。时诸上首,念留肉身,于如来正法有大利益,并且大师前在其垅时,本尊亦曾授记令留肉身,遂以留肉身为当。"①宗喀巴逝于 1419 年,据道光二十三年(1843)法王周加巷所述,当时宗喀巴的肉身仍然完整不坏地保留在甘丹寺的银塔中。②藏传佛教史书《青史》中保留有数例与肉身供奉相关的记载,大多发生在 15 世纪,但也有几条较早的记录值得重视。如迦尔居派噶玛迦尔居红帽系始祖扎巴僧格 1349 年圆寂的时候,"最后,在 67 岁时的己丑年(阴土牛,1349)3 月扎巴僧格开始示现病容,从 14 日起身体每况愈下,于是,他对堪布和弟子等作详细的交代说:'你们应该把我的所有财物分了!我此生本想成就虹身而去,但由于某些障碍而未能如愿。现在我的遗体不要火葬,而应该以六种装饰(六种骨饰)来庄严我体,并奉安于白银塔中,让我面向东方。'而后他在 19 日正午逝世"③。迦尔居派香巴迦尔居系始祖穹波伦觉去世时也曾留有遗言:"如果遗体未净治而奉安于金银棺中,熊熊金刚座将等同!"④,但不知为何,僧众并没有听从他的意见,而将他火葬了。穹波伦觉生于 1086 年,卒

---

① 法尊译:《阿底峡尊者、宗喀巴大师传记》,显密佛教交流中心,2010 年,第 190 – 191 页。

② 法王周加巷著,郭和卿译:《至尊宗喀巴大师传》,青海人民出版社,1988 年,第 458 页。据说宗喀巴的肉身于文革时被毁坏。

③ 管·宣奴贝著,王启龙等译:《青史(足本)》,北京:中国社会科学出版社,2012 年,第 466 页。

④ 《青史(足本)》,第 608 页。穹波伦觉又译作琼波南交,这句话的大致意思是:如果我死后身体被供奉在金银棺中,那么这座名为"熊熊金刚座"的寺庙将与我的遗体一样永存。

年未详。再往前溯，根据《青史》记载，后弘期复兴藏地佛教的著名高僧鲁麦·喜饶楚臣以及他的"四柱"弟子之一珠麦·益西穹奈①也是留有肉身的，"大格西鲁麦和珠麦二师的遗体都没有火化而奉安在窝金灵塔之中"②。但汉译本《西藏通史》却似乎认为此师徒二人是火化后建舍利塔的："（卫藏十人中的）鲁梅从色热普巴前往塘地的途中去世，次崩在维拔尔地方为鲁梅和珠梅修建了灵骨塔。"③倘若《西藏通史》中"灵骨塔"中的"骨"字是衍文，而信从《青史》记载的话，鲁麦与珠麦师徒应是藏传佛教中较早（可能是最早）有史记载的死后被肉身供奉的事例。鲁麦与珠麦的生卒年代不详，但他们都是后弘期佛教复兴中的领军人物，王森《西藏佛教发展史略》等书说到：鲁麦等卫藏十人被派往丹底（即今丹斗寺所在地，位于青海省化隆县南境，循化县积石镇黄河北岸）出家学法，大约在公元975年前后陆续返回卫藏地区。④鲁麦与珠麦等弟子在卫藏地区建立了塘波且寺等许多寺庙，度了不少僧侣，奠定了藏地佛教复兴的基础，他们去世的时代大约应在11世纪初（最早1010年后），相当于北宋前期。那么可以说藏传佛教中出现肉身供奉现象相对于汉地佛教而言是很晚了。

不少学者已经留意到了藏传佛教与汉地佛教肉身制度之间的相似关系。如霍巍在《西藏古代墓葬制度史》中说："中国内地的灵塔供奉'肉身'之制，在流行年代上与西藏地区的灵塔所兴的年代大体同时或稍早，其建塔及对高僧遗体进行处理的方式也均与西藏相似，所以应当说两者之间体现出十分密切的关系。"⑤但该书胪列的西藏肉身制度的早期史料有些是需要修正的，如据《萨迦世系史》，元初国师八思巴是火葬的，西藏萨迦寺附近的八思巴灵塔只可能是灵骨塔，而非肉身塔。⑥洛桑伦巴所谓色拉寺化身堂内供奉有98尊肉身金像的《第三眼》也纯属虚构故事，不足为史。查理士·比尔《西藏人民的生活》中转述的《蓝色记录》（《青史》）中关于生于10世纪的"鹰部落的Yogi的熟练者"肉身保

① 《青史（足本）》第83页，将鲁麦师的这个四柱弟子记作"珠麦·益西穹奈（gru mer yeshes vbyung gnas）"，在第85页记作"珠麦·楚臣穹奈（gru mer tshul khrims vbyung gnas）"似应为同一人。

② 《青史（足本）》，第83页。

③ 恰白·次旦平措等著，陈庆英等译《西藏通史——松石宝串》，西藏古籍出版社，1996年，第254页。

④ 王森：《西藏佛教发展史略》，北京：中国社会科学出版社，1987年，第26页。

⑤ 霍巍：《西藏古代墓葬制度史》，成都：四川人民出版社，1995年，第327页。

⑥ 阿旺贡噶索南：《萨迦世系史》，北京：中国藏学出版社，2005年，第174－175页。

存的记录,我在王启龙翻译的《青史(足本)》汉译本中也没有找到。① 所以我认为,藏传佛教中最早留有肉身舍利的高僧很有可能还是灭度于 11 世纪初的鲁麦·喜饶楚臣,明显晚于唐代肉身塔葬流行的时间,更晚于最早出现的两晋南北朝时代。鉴于这样的一种先后关系,我认同霍巍先生的假设:西藏这一肉身塔葬的习俗"可能是由汉地传入的"。鉴于前文已述,卫藏十人之首的鲁麦·喜饶楚臣极有可能是藏地佛教中最早建立肉身灵塔的高僧,我再给出两条鲁麦大师受到汉地佛教影响的旁证。其一,据《布顿佛教史》记载,鲁麦等卫藏十人请贡巴饶赛担任亲教师为他们受戒的时候,因不足五比丘数,故有汉地僧人参与了进来。王森未详出处地指出"鲁梅(笔者注,即鲁麦)等人受戒时仍有汉僧作尊证师"②。尊证师之说可能是根据《布顿佛教史》中"汉和尚凑足比丘数"③这句话推测而来的,而且这里所说的"汉和尚"不仅为鲁梅受戒,而且五年前也曾为鲁梅之师贡巴饶赛受戒。为贡巴饶赛受戒时,这两个汉地和尚的名字被《布顿佛教史》记载了下来,分别叫"葛旺"和"基班"④,尽管在汉地文献中尚未发现他们的记录。《布顿佛教史》透露出这样一个信息:鲁麦及其师贡巴饶赛受戒时,其所在地丹底的藏僧是比较少的,以至于凑不足法定的最少人数五人,而不得不聘请汉僧充当尊证师,而且请来的两位汉僧葛旺与基班似乎在丹底寺(今日通常称丹斗寺)住了很长时间,从为贡巴饶赛受戒一直等到了鲁麦十人的到来。所以,鲁麦完全有可能受到这两位汉僧尊证师的影响。其二,位于青海湖东南、黄河北岸的丹底在 10 世纪中叶是汉地通往西藏与西域重要通道,敦煌写本 IOLTibJ754 展示了一份署名为"乾德六年(968)六月二十二日僧道昭记之耳"的旅途记录,记载了一位名叫道昭的宋初僧人从五台山出发,途径兰州、河州、丹底、宗喀、凉州、甘州和沙州,欲前往印度取经的行程。⑤ 大约七年后,鲁麦·喜饶楚臣方才在丹底由贡巴饶赛授戒,这说明在鲁麦大师求法的时候,丹底地区早有汉僧往来。因此,鲁麦在接受藏地失传已久的佛教的同时,了解并接受汉地佛教肉身供奉的观念不是没有可能的。

① 相关描写见霍巍:《西藏古代墓葬制度史》第十章第二节〈西藏的塔葬与灵塔——肉身制度〉,第323 - 324 页。

② 王森:《西藏佛教发展史略》,第26 页。

③ 蒲文成译:《布顿佛教史》,兰州:甘肃民族出版社,2007 年,第123 页。

④ 同上。此汉文名当经过了两次音译,已非汉文本名。

⑤ Schaik S V, Galambos I. Manuscripts and travellers: the Sino – Tibetan documents of a tenth – century Buddhist pilgrim [M]. Berlin: Walter de Gruyter GmbH & Co. KG,2012.

再有,笔者对霍著中将汉、藏两地肉身供奉制度的来源归于西域佛教的结论表示存疑,因为不仅缺乏有效实证,而且所引史据存有偏差。前文已说时人将《大唐西域记》所载羯盘陀国入定僧人视为肉身舍利,此与佛教教理不符。除此而外,霍著又例举了叶梦得《石林燕语》中关于东汉西域僧摩腾死后,奉于白马寺"真身至今不枯朽,漆棺石室……秉烛乃可详视"的记载,[①]但这显然是宋人层累上去的故事。《摩腾传》是梁代《高僧传》中的第一篇传记,摩腾也是僧传记载中第一位来自西域的传教僧人。《高僧传》中看不到关于摩腾肉身供奉的任何记录;唐代《法苑珠林》关于汉明帝求法的记载中,也没有摩腾肉身供奉的文字。这不仅说明了西域僧摩腾死后被肉身供奉的事情是宋代虚构的,而且提示了唐宋以后,汉地有不断神话西域佛教的现象。汉地出现肉身供奉现象800年后,肉身菩萨已渐成佛教界一种风俗时,中国人反而把这种源自汉地传统文化、带有神秘主义色彩的丧葬形式视为异域之风,这不能不说是一件值得深思的事情。

五 小结

在汉、藏两地佛教中都可以发现肉身供奉的现象,追溯历史,汉地佛教的肉身供奉制度始于两晋南北朝,渐盛于唐宋,至明清而流行。藏地佛教中的肉身供奉现象要明显晚于汉地,朗达玛灭佛之后藏传佛教后弘期之初,卫藏十人首领鲁麦·喜饶楚臣可能是最早一位被肉身供奉的藏地高僧。鲁麦在丹底的求学经历提示了藏传佛教中的肉身供奉制度来源于汉地佛教的可能性。而西域佛教中未见明显的肉身供奉现象存在。一期生命终结后,对遗体处理的丧葬仪式,折射出该种宗教教义下的终极关怀。佛陀释迦牟尼示现的是荼毗法,不论是否经过人为处理,肉身不坏、长久保留遗体的现象在印度佛教中是罕见的。佛教中肉身供奉制度是佛教传入汉地以后,中国化进程中一个值得留意的现象。它主要受到了中国传统文化中,早期道教追求肉体长生久视,以及儒家孝道观念下珍视形体发肤思想的影响,尽管这种影响是潜在的、不易察觉的;尽管后期道教在佛教的影响下放弃了对形而下色身的执着,转向追求精气神形而上化的超脱。儒释道三教合一的历程中,三家之间的彼此摄受在遗体肉身供奉制度上可窥一斑。但同时,大乘佛教尤其《法华经》中,对法身(及其化身)的崇拜,以及隋唐以后末法

---

① 霍巍著:《西藏古代墓葬制度史》,第325页。

观念的流行,也是佛教肉身供奉制度产生的一个内典因素。

汉、藏佛教中高僧肉身供奉,对于普通信众的宗教情感诉求或许提供了一种神力昭示的作用。南宋南华寺长老重辨禅师圆寂后,未行荼毗法,据说七百余日后迁葬塔中,"改棺易衣,举体如生,衣皆鲜芳,众乃大愧服"。苏轼记述这件事情说:"世人视身如金玉,不旋踵为粪土,至人反是。予以是知一切法以爱故坏,以舍故常在,岂不然哉!……辨视身为何物,弃之尸陁林,以饲乌鸢,何有安以寿塔为?……特欲以化服同异而已。"[1]在苏轼看来,肉身不坏的目的只是在于对信众化服同异的劝喻,也就是本文开头所引秀峰禅师临终偈所说"也将黄叶止儿啼"的方便法门。究竟当如印顺法师在《肉身菩萨》一文中所说,"佛与佛弟子的舍利(遗体),受到尊敬供养,是由于曾依此遗体,修发般若(智慧)慈悲等功德,以正法自利,以正法利益众生。"[2]在真实意义上,佛教的真谛一如《金刚经》最后一偈所言,"一切有为法,如梦幻泡影,如露亦如电,应作如是观。"苏轼在吊唁南华寺长老重辨禅师的时候,表达的也是这样的一层意思。苏轼在嘉祐六年(1061)十一月的名篇《和子由渑池怀旧》中还提到了又一位僧人奉闲禅师的灵塔,兹引其诗为结,"人生到处何相似?应似飞鸿踏雪泥。泥上偶然留指爪,鸿飞那复计东西。老僧已死成新塔,坏壁无由见旧题。往日崎岖还记否?路长人困蹇驴嘶"[3]。

(原载 2014 年第 4 期,作者单位:湖南省社会科学院)

---

① 苏轼:《故南华长老重辨师逸事》,《东坡志林》,北京:中华书局,2007 年,第 106 页。
② 印顺:《肉身菩萨》,《华雨集》(下),北京:中华书局,第 132 页。
③ 苏轼:《苏轼诗集》第 3 卷,北京:中华书局,1982 年,第 96 – 97 页。

阳明山秀峰禅师全身舍利发凡

✳ 陈靖华 ◆

　　阳明山位于永州市东南50公里,现属双牌县,被辟为阳明山国家森林公园。因明代嘉靖年间一位秀峰禅师出家后,修禅并坐化于此山,故该山在史籍中被称之为"秀峰道场"。

　　秀峰禅师俗家姓郑。较早的史籍如清嘉庆十七年(1812)宁远知县曾钰以乾隆十八年(1753)钟人文纂修的《宁远县志》为基础增修的《宁远县志》①、嘉庆二十五年(1820)的《湖南通志》②及道光八年(1828)的《永州府志》③等均称其为宁远县人,清光绪元年(1877)嵇有庆等纂修、民国二十年(1931)徐保龄等增补的《零陵县志》④则称其为新田县人。本文不再涉及这一问题,仅从秀峰禅师坐化并以全身舍利驻世而被崇为"活佛"受周边地区民众崇拜之事,谈谈僧人的舍利及其供奉崇拜等问题。

一

　　清嘉庆《宁远县志》称秀峰禅师于明嘉靖庚戌(二十九年,1550):"一日槌鼓升堂谓众曰:'寄迹人间三十余,度生之愿尚未毕。留得色身登祖位,也将黄叶止儿啼。'语毕,入关坐化。遗命师徒约以三年期满,方可开关。届期,有王孙菊坡久慕高风,往山开关视之,庄严端坐,俨然如生,深赞拜伏。南渭王加其谥曰'七祖',匾曰'曹溪正派',名其庵曰'万寿寺',改其山曰'阳明山'。"⑤后以漆装塑其肉身予以供奉。"秀峰活佛"此留世之色身,即佛家所谓"全身舍利"。

① 清·曾钰纂:《(嘉庆)宁远县志》卷十"仙释",清嘉庆十七年刻本。
② 清·翁元圻等纂修:《湖南通志》卷一百七十二"仙释",清嘉庆二十五年刻本。
③ 清·吕恩湛等纂修:《永州府志》卷九下"艺文志",清道光八年刻本。
④ 清·嵇有庆等纂修、民国·徐保龄等增补:《零陵县志》卷九"人物·仙释",民国二十年刊本。
⑤ 清·曾钰纂:《(嘉庆)宁远县志》卷十"仙释",清嘉庆十七年刻本。

　　什么叫做"舍利"？南宋平江（治所在今江苏苏州）景德寺僧法云编佛教辞书《翻译名义集》，称："舍利，新云'室利罗'，或'设利罗'，此云'骨身'，又云'灵骨'，即所遗骨分，通名'舍利'。《光明（经）》云：此舍利者，是戒定慧之所熏修，甚难可得，最上福田。《大论》云：碎骨是生身舍利，经卷是法身舍利。《法苑》明三种舍利：一是骨，其色白也；二是发舍利，其色黑也；三是肉舍利，其色赤也。菩萨、罗汉，皆有三种。若佛舍利，椎击不破。弟子舍利，椎试即碎。"①《金光明经》云："佛言：'善女天！我本修行菩萨道时，我身舍利安止是塔，因由是身令我早成阿耨多罗三藐三菩提。'尔时佛告尊者阿难：'汝可开塔取中舍利示此大众，是舍利者，乃是无量六波罗蜜功德所熏。'尔时阿难闻佛教勅即往塔所，礼拜供养开其塔户，见其塔中有七宝函，以手开函，见其舍利色妙红白，而白佛言：'世尊！是中舍利其色红白。'佛告阿难：'汝可持来，此是大士真身舍利。'尔时阿难即举宝函，还至佛所持以上佛。尔时佛告一切大众：'汝等今可礼是舍利，此舍利者是戒定慧之所熏修，甚难可得，最上福田。'尔时大众闻是语已，心怀欢喜即从座起，合掌敬礼大士舍利。"②由此可见，舍利是佛家遗留人间的"灵骨"，因其为戒定慧之所熏修之，故甚难可得，被认为是最上"福田"。

　　唐代僧人净觉集《楞伽师资记》云："人中有佛性，亦名佛性灯，亦名涅槃镜，是故大涅槃镜。明于日月，内外圆净，无边无际。犹如炼金，金质火尽，金性不坏。众生生死相灭，法身不坏。亦如墼团坏，亦如波浪灭，水性不坏。众生生死相灭，法身不坏，坐禅有功，身中自证故，画饼尚未堪湌，说食焉能使饱。虽欲去其前塞，翻令后楜弥坚。"③意思是人的佛性通过戒定慧之所熏修，坐禅有功，身中自证，到达大涅槃镜界，法身不坏，因而留下舍利。这种舍利"犹如炼金，金质火尽，金性不坏"，故有"金刚"之称。隋代高僧吉藏撰《法华玄论》云："问：'小乘明舍利是金刚，与大乘何异？'答：'小乘谓骨是金刚，肉非金刚，以伤出血故。大乘明一切坚满故，皆是金刚，无有能伤佛身肉者也。'"④宋代僧人善月《佛说仁王护国般若波罗蜜经疏神宝记》云："金刚体者，法身不坏之称也。以自证则心

---

①　宋·法云编：《翻译名义集》五"名句文法篇第五十二"，《大正新修大藏经》第 54 册，第 1138 页。
②　北凉·昙无谶译：《光明经》卷第四"金光明经舍身品第十七"《大正新修大藏经》第 16 册，第 353 页。
③　唐·净觉集：《楞伽师资记》，《大正新修大藏经》第 85 册，1285 页。
④　隋·吉藏撰：《法华玄论》卷第九"宝塔品密开本迹义"，《大正新修大藏经》第 34 册，第 434 页。

行寂灭,而能转大法轮利益群品也。"①意思是说,"以自证则心行寂灭,而能转大法轮利益群品,便是法身不坏之金刚体"。此即宋代僧人智圆在《维摩经略疏垂裕记》中直截了当所称:"金刚身者,法身不坏,喻以金刚。"②佛家又以恒河之沙进行比喻:"譬如恒沙,是地自性劫尽烧时,烧一切地,而彼地大不舍,自性与火大俱生故。其余愚夫作地烧想,而地不烧,以火因故,如是大慧如来法身如恒沙不坏。"③

舍利有全身碎身之区分。唐代高僧道宣称:"全身碎身之相,聚塔散塔之义。"④唐代高僧圆照在进呈《圣朝无忧王寺大圣释迦牟尼佛真身舍利塔记》时称:"佛法性身湛然常住,为化六趣示说三身,于化身中八相成道,现有圆寂全身碎身,导引四生广兴利益。伏见大庄严寺佛牙,及无忧王寺真身舍利者,即大圣释迦牟尼佛全躯碎质也,年逾千祀坚润殊常,缁素虔恭往来瞻礼,光化异相难以备陈。"⑤根据这段文字,可以看出,到达法身不坏之大涅槃镜界后,圆寂火化出现灵骨舍利的高僧,也应该能够保留全身舍利,只是部分高僧以"碎身"舍利的形态驻世而已。陈隋之际创建天台宗的智𫖮(智者大师)称:"生身、全身、碎身,功德等耶? 佛言不等。色身言教化训,三业具足清净,众生得至道场。全、碎舍利正可威神光明,供养得福,是故不等。"⑥所谓"生身",即诸佛亲临道场宣教说法(转法轮);"全身""碎身",则是以寂灭后之舍利让人供养得福,两者的性质有所不同。

二

论者一般认为最早记载高僧全身舍利的是九华山的"金地藏",其实不然。天台宗创建者智𫖮便早以全身舍利驻世,隋炀帝在身为皇太子、担任扬州总管

① 宋·善月述:《佛说仁王护国般若波罗蜜经疏神宝记》卷第三"释菩萨教化品",《大正新修大藏经》第33册,第301页。
② 宋·智圆述:《维摩经略疏垂裕记》卷第八"问疾品",《大正新修大藏经》第38册,第809页。
③ 明·曾凤仪撰:《楞伽阿跋多罗宝经宗通》卷八"魏云恒河沙品第十三",《卍新纂续藏经》第17册,第784页。
④ 唐·道宣撰:《释迦方志》卷下"通局篇第六",《大正新修大藏经》第51册,第969页。
⑤ 唐·圆照集:《大唐贞元续开元释教录》卷中"《圣朝无忧王寺大圣释迦牟尼佛真身舍利塔记》三卷",《大正新修大藏经》第55册,第765页。
⑥ 隋·智𫖮说:《妙法莲华经文句》卷第八下"释见宝塔品",《大正新修大藏经》第34册,第112页。

时,还以弟子的身份为智顗撰写了《敬灵龛疏》,称"维隋仁寿元年岁次辛酉十二月十七日庚寅,菩萨戒弟子皇太子总持和南,敬告天台山寺先师智者全身舍利灵龛之座……"①。

大德高僧的全身舍利在民间也称"真身舍利"。明代文士吴之鲸撰《武林梵志》记载:"法相寺俗称长耳相,宋范楷记碑渐蚀,明王谷祥记甚核。寺内有宗慧堂。……明王谷祥记:法相寺宗慧大师碑,杭州西湖之南山最胜处,为南高峰,其阳则岩峦洞壑奇绝诡丽,其阴则群山纡回壁石崄峭,逶迤入径,深木茂窅,如与世隔,为法相寺,五代石晋时建,故名长耳院。宋易今名。寺有宗慧大师真身崇奉焉,祈嗣者往祷辄应,四方人士多于皈礼。……后唐同光二年,至杭之西湖南山,喜其后坞,依石为室,禅定其中,乏水给饮,乃卓锡岩际,清泉迸出,水源不涸。山中人至今赖之。大师功行具足,崇事景赴。凡旱潦疾疫以及求嗣者,咸趋之。即说偈应副,靡不灵验。人或问师如何有是长耳,即以手曳耳示之,不发一语。……后汉乾祐三年十一月二日,吴越王以诞辰饭僧。有永明禅师者,亦异人也。王问永明:'今有真僧降否?'永明曰:'长耳和尚乃定光古佛应身也。'王辄驾参礼,称师为定光出世。师默然,但云永明饶舌。少选跏趺而化,其状如生,久之益肤革津泽,爪发复长,月必三净,时有舍利。后值金兵侵境,刃伤之,流血白色,兵惧而退。自是肌理失润,恐愈久而毁也,乃以髹涂骸体。南宋咸宁三年,僧司以事闻,赐之法号曰'宗慧大师云'。"②这位以真身舍利形态驻世的高僧被视之为"定光佛"出世。这位宗慧大师的真身进行过漆髹装饰,据吴之鲸的记载:"长耳和尚名行修,住法相寺。……永明寿语钱王:'此定光佛应身也。'修闻之,曰:'弥陀饶舌。遂坐化。今漆身犹存。追谥宗慧。"③历史文献中所记载的绝大部分肉身舍利,在保存时,都进行过漆髹处理,因而在有的文献记载中,称之为"漆身"。

民间也称大德高僧的全身舍利为"肉身舍利",意为大德高僧以肉身驻世,以区别于荼毗(chá pí;亦称荼毗 tupi。佛教语,梵语音译,意为焚烧,指僧人死后将尸体火化)后以"灵骨(碎身)舍利"形态让人供养得福者。北宋文士张礼在元祐元年(1086)与其友楚人陈微明游长安城南访唐代都邑旧址后所撰写的《游城

① 隋·杨广撰:《隋炀帝集》,《汉魏六朝百三家集》卷一百十四,影印《文渊阁四库全书》本,台湾商务印书馆,1986年。

② 明·吴之鲸撰:《武林梵志》卷三"城外南山分脉·法相寺",影印《文渊阁四库全书》本,台湾商务印书馆,1986年。

③ 明·吴之鲸撰:《武林梵志》卷十"古德机缘·法相寺",影印《文渊阁四库全书》本,台湾商务印书馆,1986年。

南记》中云:"杜光村有义善寺,俗谓之杜光寺。贞观十九年建。盖杜顺禅师所生之地。顺解《华严经》,著《法界观居》《华严寺证》。圆寂,今肉身在华严寺。"①明人赵崡《石墨镌华》亦云:"(宋华严寺文殊阁)阁是杜顺禅师藏肉身处。宋人重修,英公为记,何润之书。"②宋代僧人道谦编《大慧普觉禅师宗门武库》记载:"贤蓬头,江州人。沩山真如和尚会中角立者。见地明白机锋颖脱,有超师之作,但行业不谨,一众易之。真如结庵于方丈后,令贤独处,唯通小径从方丈前过,不许兄弟往还。后二年,举首众,立僧秉拂,说法有大过人处。一众由是改观。后往郢州兴阳,数载道大行。示寂,肉身不坏。圆悟和尚在沩山目击其事。妙喜游兴阳,尚及见其肉身。"③

民间往往将以全身(肉身)舍利形态驻世的大德(高僧或居士)称之为"肉身佛"或"肉身菩萨"。如清代著名居士彭际清《居士传》云:"陆与绳,名光祖,号五台居士。平湖人也。嘉靖二十六年(1547)成进士,除浚县知县,迁南京礼部主事,历官验封郎中,转考功及文选。万历中累迁吏部尚书。……屡退闲家居,究心佛乘,发宏护之愿,不以毁誉易心。尝为文募刻《五灯会元》。……发宏护之愿,刺血写《经》《律》《论》各一卷。……晚岁亦从紫柏老人游,研究益力。已而修念佛三昧。及卧疾,阳阳如平时,左手握心印,经旬不解。紫柏来视,叹其心力坚猛,为说偈曰:'手印坚持,众所见者。手印之初,不可心测。岂能目睹,是不能睹。即坏不坏,智者了然,众人惊怪。'卒赠太子太保,谥庄简。……既说偈化去。伯贞赞其像曰:'……南迁启龛,载觌师颜。相好庄严,俨若生前。闻古贤圣,去来如意。定慧力故,结成舍利。入火入水,色身不坏。不图愚蒙,睹此奇异。允若师言,验瞑目地。非肉身佛,岂能若是。'"④将其视之为"肉身佛"。清代许容等监修《甘肃通志》云:"牧羊女,成化间,不知姓氏,誓不适人。每入山牧羊,念佛一声,拾羊粪一粒投于智井,数十年,山谷坑堑处尽为念佛所投之粪粒。一日口吐青气若莲花之状,端坐而逝。乡人遂于凉州南关厢建阁,移其身饰以泥。至今称为肉身菩萨。"⑤

---

① 宋·张礼撰:《游城南记》,影印《文渊阁四库全书》本,台湾商务印书馆,1986年。

② 明·赵崡撰:《石墨镌华》卷五"宋华严寺文殊阁碑",影印《文渊阁四库全书》本,台湾商务印书馆,1986年。

③ 宋·道谦编:《大慧普觉禅师宗门武库》,《大正新修大藏经》第47册,第944页。

④ 清·彭际清述:《居士传》卷四十"陆与绳传",《卍新纂续藏经》第88册,第254页。

⑤ 清·许容等监修:《(雍正)甘肃通志》卷四十一"仙释方伎",影印《文渊阁四库全书》本,台湾商务印书馆,1986年。

最著名的肉身菩萨当然是九华山的"金地藏"。"金地藏"即金乔觉(696～794),明代佚名撰《神僧传》云:"释地藏,俗姓金氏,新罗国王之支属也。心慈而貌恶,颖悟天然。于时落发出家,涉海徒行,振锡观方。至池阳,睹九子山,心甚乐之,乃径造其峰而居焉。藏尝为毒螫,端坐无念。俄有美妇人作礼馈药,云:'小儿无知,愿出泉以补过。'言讫不见。视坐左右间,沛然流衍,时谓为九子山神为涌泉资用也。至德年初(约756),有诸葛节率村父自麓登高,深极无人,唯藏孤然闭目石室。其房有折足鼎,鼎中白土和少米烹而食之。群老惊叹曰:'和尚如斯苦行,我曹山下列居之咎耳!'相与同构禅宇,不累载而成大伽蓝。本国闻之,率以渡海相寻。其徒且多无以资岁,藏乃发石得土,其色清白,不碜如面,而共众食。其众请法以资神,不以食而养命。南方号为'枯槁众',莫不宗仰。龙潭之侧有白墡硎,取之无尽。一日忽召众告别,罔知攸往,但闻山坞石陨,扣锺嘶嘎,跏趺而灭。年九十九。其尸坐于函中。泊三稔,开将入塔,颜貌如生,举舁之际,骨节若撼金锁焉。"①"三稔"即三年。众佛徒根据《大乘大集地藏十轮经》语:菩萨"安忍如大地,静虑可秘藏"。认定他即地藏菩萨示现。建一石塔,将肉身供于石塔中,尊为金地藏,嗣后配以殿宇,称肉身殿。从此九华山名声远播,逐渐形成与五台山文殊、峨眉普贤、普陀观音相并称的地藏菩萨应化道场。

意欲留下全身舍利的大德高僧圆寂后,或者建塔封瘞,或者用陶缸封瘞,此即约定一定时间开缸,如果肉身保存完整,便再进行髹漆装饰处理。宋代著名禅史家、高僧赞宁撰《宋高僧传》云:"释文喜,姓朱氏。嘉禾御儿人也。……光化三年(900)示疾,十月二十七日,加趺坐而终于州郭廨署。春秋八十,僧夏六十。终时方丈上发白色光,竹树变白。十一月二十二日,迁塔于灵隐山西坞。喜形貌古朴骨强而瘦,戒德禅门真知识也。……天复二年(902)壬戌八月中,宣城帅田頵应杭将计思叛涣,纵兵大掠,发喜塔,见肉身不坏,如入禅定,发爪俱长。武肃王奇之,遣神将邵志祭,后重封瘞焉。"②与金地藏一样,这是建塔封敛。宋代僧人志磐撰《佛祖统纪》云:"法师智圆,字无外,自号中庸子,或名潜夫。钱唐徐氏。……八岁即受具戒。二十一(岁),闻奉先清师传天台三观之道,负笈造焉,抠衣问辨。凡二年而清亡,遂往居西湖孤山。学者如市,杜门乐道。……预戒门人曰:'吾殁后毋厚葬以罪我,毋建塔以诬我,毋谒有位求铭以虚美我。宜以陶

① 明·佚名撰:《神僧傳》卷第八"地藏",《大正新修大藏经》第50册,第1000页。
② 宋·赞宁撰:《宋高僧传》卷第十二"习禅篇第三之五·唐杭州龙泉院文喜传",《大正新修大藏经》第50册,第783页。

器二合而瘗,立石志名字年月而已。及亡,门人如所戒,敛以陶器,厝所居岩以藏之,不屋而坛。时乾兴元年(1022)二月也。得年四十有七。后十五年,积雨山颓,门人开视陶器,肉身不坏,爪发俱长,唇微开露,齿若珂玉。乃更袭新衣,屑众香散其上,而重瘗之。崇宁三年(1104)赐谥法慧大师。"①

至于阳明山秀峰禅师,前述清嘉庆《宁远县志》称其为"入关坐化。遗命师徒约以三年期满,方可开关。届期,有王孙菊坡久慕高风,往山开关视之"。此说较为笼统。清光绪初修、民国续修的《零陵县志》记载:"……一日,击鼓升座,说偈毕,复入室闭门,谓众曰:'吾将于此中坐化矣,俟三年乃启。……"②此处称其"入室",究竟怎么坐化,不得而详。清康熙九年(1670)刘道著等修纂《永州府志》则云:"秀峰,生于正德间。……修行数十年,得曹溪正传。忽一日,涅槃于桶中,戒其徒越千日乃启。及期启之,宛然如生。即建道场于山。其地有银沙十里,鸟道盘折。每年八月,朝礼者以数万计。至今肉身犹在焉。"③清康熙二十三年(1684)王元弼等修纂《零陵县志》称:"秀峰禅师……师修行数十年,得教外别传。忽一日,贮盐一桶,跌坐其中,戒其徒:'越千日乃启。'及期启之,宛然如生……"④因此,秀峰禅师入关坐化之物(处)为(木)桶,当与瓦缸相类似;并且是以盐作为防腐剂与脱水剂进行保存的,与前文所述一些著名高僧的"自然"风干或以香料保存还是有所差别。

三

几乎所有的肉身舍利在封瘗数月或者数年后开关时,都发现有"爪(指甲)发(头发)俱长"的现象,如人称"铁面御史"、与包拯(包公、包青天)齐名的宋代宗室赵抃撰《宋故明州延庆寺法智大师行业碑》云:"法智大师名知礼,字约言,金姓。世为明(州)人。梵相奇伟,性恬而器闳。初其父母祷佛求息,夜梦神僧携一童遗之,曰:'此佛子罗睺罗也。'既生以名焉。毁齿出家。十五落发受具戒。二十从本郡宝云(义通)法师,传天台教观。……结跏趺坐而逝,实天圣六年(1028)正月五也。享年六十有九,为僧五十有四期。其亡经月,发龛以视,颜

---

① 宋·志盘撰:《佛祖统纪》卷第十"高论旁出世家",《大正新修大藏经》第49册,第204页。
② 清·嵇有庆等纂修、民国·徐保龄等增补:《零陵县志》卷九"人物·仙释",民国二十年刊本。
③ 清·刘道著等修纂:《(康熙)永州府志》卷二十四"外志·仙释",清康熙九年刻本。
④ 清·元弼等修纂:《(康熙)零陵县志》卷之十四"外志·仙释",清康熙二十三年刻本。

肤如生,爪发俱长。既就荼毗,舌根不坏,舍利至不可胜数。"①这是已经留下肉身舍利尔后又荼毗而现碎身舍利的事例。

宋僧赞宁撰《唐杭州千顷山楚南传》云:"释楚南,闽人也。俗姓张氏。爰在髫龄,冥然跪于父母前,诉志出家。投开元寺昙蔼师而受训焉。……文德六年(888)二月忽双虹贯堂室。二鹿蹶然入寺。法堂梁折至五月辞众。后于禅床垂两足伸二臂于膝。奄然而卒。春秋七十。僧腊五十六。迁塔于院西隅。大顺二年(891)壬子岁二月,宣州孙儒寇钱唐之封略,兵士发塔,见南全身不散,爪发俱长。悔罪而去。"②罗睺罗前(534~?),又译罗侯罗、罗怙罗、罗护罗或罗云,意译覆障或障月,是释迦牟尼佛的独生子,为后来的十大弟子之一,有"密行第一"的称号。赞宁称其为"佛子罗睺罗",意谓其为罗睺罗转世。

又明代学者彭大翼《山堂肆考》记载:"僧觉庆,四明人。自幼穷究妙典。二十岁出家,投礼梅峰和尚,深入悟门。元至元初(约1264),至云间陈源家,端坐而化。越三日,送至荼毗之所,忽遍体汗下。源再请回家。是夜,红光贯天。停龛十日,颜色如生,须发自长。四方瞻礼者无不叹异。源改所居为兰若,漆其肉身祠之。又有僧常在者,辽重熙间(1032~1054)在宝坻县城南建弥陀佛舍,结庐其傍,栖心入道。后跌坐而化。荼毗之日,火身不灰。僧徒以其身立于佛侧。已而发再生焉。踰月一削之。后有女子以手摩其顶,发遂不生。"③这里都记载了"须发自长"的异象。辽代的常在法师甚至"荼毗之日,火身不灰";每个月都要理发。元代的觉庆法师则"颜色如生,须发自长","漆其肉身祠之"。

古代在湖南也有许多僧人圆寂后以肉身驻世。如宋元之际的衡州鄱县灵云寺铁牛禅师,清代僧人自融撰《灵云铁牛定禅师传》云:"禅师吉安,王氏子也。名持定。久依雪岩,因陈颂,得号'铁牛'。其颂曰:'铁牛无力懒耕田,带索和犁就雪眠。大地白银都盖覆,德山无处下金鞭。'钦公曰:'好个铁牛儿。'故人以是称之。……至衡州鄱县,过桃源山,眷其幽邃,乃庐于桃源。桃源深处人迹罕到,烟雾晦冥,而山君水王出没无时。定以迷悟因缘示之,授其五戒,于是神灵呵护。未久丛席大成,号曰'灵云寺'。……大德壬寅(大德六年,1302)冬,手书长语示

---

① 宋·宗晓编:《四明尊者教行录》卷第七"宋故明州延庆寺法智大师行业碑",《大正新修大藏经》第46册,第917页。

② 宋·赞宁撰:《宋高僧传》卷第十七"护法篇第五·唐杭州千顷山楚南传",《大正新修大藏经》第50册,第817页。

③ 明·彭大翼撰:《山堂肆考》卷一百五十五"典礼·亡僧·须发自长",影印《文渊阁四库全书》本,台湾商务印书馆,1986年。

众,其略曰:尘世非久,日销月磨。桃源一脉三十年后流出一枝。无孔笛虚空吹起太平歌。癸卯春(大德七年,1303),泊然坐化。阅世六十有四,坐三十三夏。函全身于陶器,瘗于寺北沙潭。三年后启视之,爪发俱长。颜色如生。赞曰:余读《中峰广录》,至题定公赞,有'茶陵千仞灵云寺,声播元朝数百州'之句。默想公之为人必大有可观,中峰故归重之如此。及简《灯录》,见公《投机颂》,如多宝佛塔涌起虚空,人人得而瞻仰,益知公悟处的当与高峰齐名宜矣。"①元代著名学者虞集撰《衡州酃县灵云寺铁牛禅师塔铭》的赞语中称:"我观古尊宿,刻苦成佛道。"②对其推崇备至。此外,清代迈柱等修雍正《湖广通志》也记载:"皇清,贺献,嘉禾人,号贺禅师。顺治间示寂,至今肉身现存。"③即使是在永州,除秀峰禅师外,还有其他的肉身舍利佛,雍正《湖广通志》记载:"坐化佛,道州人,姓何,阙名。初于圣母岭修炼得道。归辞妻子,坐化。今肉身尚存。"④

　　前文已经述及,一般而言,或者说从禅宗的角度看,通过戒定慧之所熏修,坐禅有功,身中自证,到达大涅槃镜界,法身不坏,因而留下舍利。那么净土宗则认为,昼夜诵咏弥陀,也能够达到肉身自证的境界。明代高僧袾宏撰《往生集》云:"唐大行,居泰山修普贤忏法三年,感大士现身。晚岁入大藏,陈愿随手取卷,得《弥陀经》,昼夜诵咏。至三七日,睹琉璃地上佛及二大士现身。僖宗皇帝闻其事,诏入内,赐号常精进菩萨。后一年琉璃地复现,即日而终,异香经旬,肉身不坏。赞曰:瑠璃地上下明彻,净德所感也。而慧永衔异香七日,慧通三日,行今浃旬,孰非梵行之芬芳也哉。"⑤这里提到了"异香经旬",实际上,几乎所有的大德高僧圆寂后,都有"异香"产生。从常理看臭气来源于腐败,肉身舍利没有腐败,当然没有臭气;异香则被认为是修行达到了某种境界的缘故。这就是宋代高僧延寿禅师所说的:"修行力至,圣境方明;善缘所生,法尔如是。故将证十地,相皆现前。……乃至凡质通灵,肉身不坏;舌变红莲之色,口腾紫檀之香。"⑥

　　① 清·自融撰:《南宋元明禅林僧宝传》卷八"灵云铁牛定禅师",《卍新纂续藏经》第79册,第619页。

　　② 元·虞集撰:《道园学古录》卷四十九"衡州酃县灵云寺铁牛禅师塔铭",影印《文渊阁四库全书》本,台湾商务印书馆,1986年。

　　③ 清·迈柱等修:《(雍正)湖广通志》卷七十五"仙释志·永州府",影印《文渊阁四库全书》本,台湾商务印书馆,1986年。

　　④ 清·迈柱等修:《(雍正)湖广通志》卷七十五"仙释志·永州府",影印《文渊阁四库全书》本,台湾商务印书馆,1986年。

　　⑤ 明·袾宏撰:《往生集》卷之一"沙门往生类·唐大行",《大正新修大藏经》第51册,第133页。

　　⑥ 宋·延寿撰:《万善同归集》卷上,《大正新修大藏经》第48册,第962页。

四

清雍正《湖广通志》云:"阳明山在县东南一百里,山高险绝。明嘉靖间,有僧秀峰禅定于此,今为秀峰道场。"①清嘉庆《宁远县志》②、嘉庆《湖南通志》③道光《永州府志》④云:"……南渭王加其谥曰'七祖',匾曰'曹溪正派',名其庵曰'万寿寺',改其山曰'阳明山'。"此处"七祖"云云,是身为藩王并长期生活在该地的南渭王所谥,不会受到佛教教界的认同。因为,追宗认祖是方外之教门内部的事情,与世俗之人无关。正如一个家族不可能由外人来指认某某人为某祖一样。实际上,佛教禅宗早已有着无论是教内教外所公认的禅宗世系。清代僧人纪荫《宗统编年》⑤根据禅宗之南禅宗门资料所编纂的宗派世系如下:

> 祖纪(东土祖师):
>
> 西天二十八、东震旦第一世,少林菩提达磨祖师
>
> 第二世邺都可祖师
>
> 第三世罗浮灿祖师
>
> 第四世蕲春信祖师
>
> 第五世东山忍祖师
>
> 第六世曹溪能祖师
>
> 第七世南岳让祖师,第七世青原思祖师
>
> 第八世江西一祖师,第八世石头迁祖师
>
> 第九世百丈海祖师,第九世药山俨祖师
>
> 第十世黄檗运祖师,第十世云岩晟祖师

以上为五宗出现之前的南禅祖师世系,其中并列者为后世五宗法脉的开创者。下续之五宗的开创者及宗派世系,纪荫又编有"五宗纪",为:

> 沩仰宗:

---

① 清·迈柱等修:《(雍正)湖广通志》卷卷十一"山川志·永州府·零陵县",影印《文渊阁四库全书》本,台湾商务印书馆,1986年。

② 清·曾钰纂:《(嘉庆)宁远县志》卷十"仙释",清嘉庆十七年刻本。

③ 清·翁元圻等纂修:《湖南通志》卷一百七十二"仙释",清嘉庆二十五年刻本。

④ 清·吕恩湛等纂修:《永州府志》卷九下"艺文志",清道光八年刻本。

⑤ 清·纪荫编:《宗统编年》,《卍新纂续藏经》第86册。

沩仰开宗第一世（沩、仰）山（祐、寂）祖师

曹洞宗：

曹洞开宗第一世（洞、曹）山（价、寂）祖师

曹洞宗第二世云居膺祖师

曹洞宗第三世同安丕祖师

曹洞宗第四世凤栖志祖师

曹洞宗第五世梁山观祖师

曹洞宗第六世太阳玄祖师

曹洞宗第七世投子青祖师

曹洞宗第八世芙蓉楷祖师

曹洞宗第九世丹霞淳祖师

曹洞宗第十世长芦了祖师

……

曹洞宗第二十九世宗镜书祖师

临济宗：

临济开宗第一世临济玄祖师

临济宗第二世兴化奖祖师

临济宗第三世南院颙祖师

临济宗第三世南院颙祖师

临济宗第四世风穴沼祖师

临济宗第五世首山念祖师

临济宗第六世汾州昭祖师

临济宗第七世石霜圆祖师

临济宗第八世杨岐会祖师

临济宗第九世白云端祖师

临济宗第十世五祖演祖师

临济宗第十一世昭觉勤祖师

临济宗第十二世虎邱隆祖师

……

临济宗第二十八世圆通宝祖师

临济宗第二十九世禹门传祖师

云门宗：

云门开宗第一世云门偃祖师

法眼宗：

法眼开宗第一世清凉益祖师

上述沩仰、云门、法眼三个宗派之传承不旺,时断时续;而曹洞、临济二宗传承至今。远在宋代,这二个宗派就已经传承了十几代,至清代康熙年间,已经传承了三十余世,世系清楚,历历可数。纪荫的这一世系编年,不止是为佛教禅宗南禅宗门所认同,他还于清康熙三十二年(1693)将《宗统编年》进呈朝廷。纪荫在奏疏中称:"窃臣僧薮泽蜎微,山林樗废。幼习邹鲁,既识字以无多。长慕禅宗,复究心而未尽。百凡荒昧,俯仰愧惭。祇于世道人心,每切攸同之念。时乎宗传慧脉,实深从上之思。不揣颛愚,……辄相探考,会儒释之渊源,参圣贤之壸域,仿史例以编年,垂宗统于后世。"可见他编纂禅宗世系时非常严谨的,也是无可挑剔的。

根据这一世系,禅宗南禅的第七世祖师分别是开创了南岳系的南岳怀让禅师与开创了青原系的青原行思禅师,阳明山秀峰禅师不可能成为南禅世系的"七祖"。顺便提及,五祖弘忍禅师、六祖慧能禅师、七祖南岳怀让禅师及青原行思禅师都留下了肉身舍利,五祖弘忍禅师的肉身在湖北省黄梅县的五祖寺,六祖慧能禅师的肉身在广东省曲江县的南华寺,七祖南岳怀让禅师在湖南省南岳衡山的南台寺,青原行思禅师的肉身在江西省青原山的净居寺;除了南岳怀让禅师的肉身在上个世纪抗日战争时期失踪(相传流入日本)外,其他三位祖师的肉身至今还在。因此,阳明山秀峰禅师也不可能是由于与六组慧能禅师一样留下肉身而被崇之为"七祖"。至于永州民间有"七祖"或为"漆祖"之说,认为他是因肉身曾被漆髹处理而得名,此说亦难以成立。因为,古代佛教徒对肉身舍利的处理,不外乎泥塑或漆髹(一般表面髹金),本文前面也已经述及,从未有因经过漆髹处理而被称之为"漆祖"的说法。根据纪荫《宗统编年》的"五宗纪"记载,临济宗的第七世祖师为石霜楚圆禅师,曹洞宗的第七世祖师为投子义青禅师,阳明山秀峰禅师也不可能是这两个宗派的"七祖"。

对于为何这些大德高僧能够肉身成佛？宋代著名文士苏辙称:"予读《楞严》,知六根源出于一,外缘六尘流而为六,随物沦逝,不能自返。如来怜愍众生,为设方便,使知出门即是归路,故于此《经》指涅槃门初无隐蔽。若众生能洗心行法,使尘不相缘,根无所偶,返流全一,六用不行,昼夜中中流入,与如来法流水接,则自其肉身便可成佛。"①由此可见,阳明山的秀峰禅师或许也是一位"能洗心行法,使尘不相缘,根无所偶,返流全一,六用不行,昼夜中中流入,与如来法流水接,则自其肉身便可成佛"的智慧者。

(原载 2014 年第 6 期,作者单位:湖南省社会科学院)

---

① 宋·苏辙撰:《栾城后集》卷二十一"书金刚经后二首",影印《文渊阁四库全书》本,台湾商务印书馆,1986 年。

永州阳明山与南渭王

❋ 张京华　侯永慧

一　湖南方志中有关阳明山的记述

永州零陵境内,山川名胜众多,清宗稷辰曾经统计零陵四境:"凡为山三十有七,失其址者一。为岩二十,名存而不得其处者一。为洞十有一,无名者一。为岭三十有六,为峰六,无名者五;嶂一,峡一,冈一,岛一,谷一,崖三,邱二,坂一,碉一,穴三,渴一。矶二十有四,名存者二。石之著名者凡四。大水之经流者二,支水六,支水称江者四,称溪者六,称川者一。川名古,询之少知者,《旧志》故略焉。别为泉四,为潭六,为濑一,为池二,为洄一,为洞二,井二,塘二,滩二,在泷者二十有四。滩之在潇湘者,著名凡八,余不雅驯,皆不著。"

这些山川一方面看,仅是土木构成的冰冷的死体,而由另一方面看,由于用了人类的精神活动,同时亦具备了人文的活力,体现为人类精神创造的一个重要部分。故宗稷辰又纵论山川之灵秀,而特别指出其与人文精神的相互消长,说道:

> "扶舆灵秀之气,愈远而愈奇。灵岩异壑,不居中原而列边徼。禹迹所未到,柏翳所未传,不知亿万计。有探奇索隐者出,而后其地得名。噫嘻!'岳渎视侯王',边境山川,其殆巢许耶?永州之有潇湘、九疑,其得名最早,此外层峦委流,绝谷飞瀑,寥寥万年,罕接人语。或唐而闻,或宋而彰,逃名者终不掩其名,此其间或有数存耶?议者谓先王封祀名山大川,以其出云雨,滋种植,前民用供百神,匪徒资观游题赏而已。不知和甘之泛溥,山川之用也;流峙之性情,山川之体也。惟体足以感人,故用足以成物。地理家固不重名胜,要之,谈险阻以尽其变,必导名胜以示其常。因变之防,而常之废,乌可哉!"

至如阳明山,湖南方志中有关它的记述,据杨金砖教授考证,明代多称阳和山,清代多称阳明山,并认为"东南二里"系"东南百里"之误写。举证有如下五处:

1. 明洪武《永州府志》卷七:"阳和山:在城东北八十里,接道州界,乃王真人修炼之所。"

2. 明隆庆《永州府志》卷七《零陵·山川》:"东南二里为阳和山,王真人修炼于此。"

3. 明弘治《永州府志》卷二《山川》:"阳和山,在县东南二里,乃王真人修炼之所。"

4. 清康熙九年《永州府志》卷八《山川志》:"阳明山:去县治百里,在黄溪之尾。然山麓险绝,游者相望咫尺,无径可达。山最高,日始自旸谷出,山已明,故谓之阳明焉。嘉靖间有僧秀峰者,禅定于此,今遂为秀峰道场所。"

5. 清《零陵县志》《宁远县志》载:阳明山"荒蟠百里,云烟玲莹,霜紫雨青,浓妍淡韵。登及峰顶,左衡右九,极目千里,身在云际,超然出尘"。

以上五处之外,兹据方志再补充有关阳明山、阳和山如下九处:

6. 清雍正《湖广通志》卷十一《山川志》:"阳明山:在县东南一百里,山高崚绝。明嘉靖间,有僧秀峰,禅定于此,今为秀峰道场。"

7. 清乾隆《大清一统志》卷二百八十二《永州府》:"阳明山:在零陵县东一百里黄溪之尾,山最高,朝阳始出,而山已明,故名。多石少土,山根皆露。其麓险绝,无径可登。"

同书同卷又载:"阳和山:在零陵县南一里,山如虹形,草木经冬不枯,故名。"

8. 清嘉庆重修《大清一统志》卷三百七十《永州府》:"阳和山:在零陵县东南一里,山如虹形,草木经冬不枯,故名。"

9. 清顾祖禹《读史方舆纪要》卷八十一《湖广七·永州府·零陵县》:"阳和山:在府东南八十里,接道州界。"

10. 清康熙九年《永州府志》卷八《山川志》:"阳和山:在南门外,王真人修炼于此。"

11. 清康熙《零陵县志》卷二《舆地考》引王元弼《名胜记》曰:"在城南,山如虹形,草木经冬不枯,是以牛羊等物独不上此山。盖以谓山在南,向阳,故草木如此之茂。相传昔年有王真人修炼于此,向有丹台,今不复见,但有水一泓赤色,其亦真人之遗迹欤?因系以诗:'山色乱云出,草水遍野原。香气日以盛,繁花生石门。'"

12.清道光《永州府志》卷一中《陆路图说》："自马鞍岭以东,分道入黄溪,抵阳明山,即古潭山也。山连零陵、常宁、祁阳、宁远、新田五县界。其高不下南岳及九疑三峰山。有龙潭。是为春水所出。"

同书卷二上《名胜志·零陵县》："零陵之东,春陵以西北,共距县皆百里,有山最高,属乎黄溪之尾,朝阳甫出而山已明者,阳明山也。有银沙十里,鸟道盘折,上与云齐。多石少土,山根郁露。其麓险绝,几疑无路。及登峰顶,左衡右疑,极目千里,身在云际,超然出尘。"

同书卷二下《名胜志·新田县》："县西北之山,其名最古,而今志皆佚者,为潭山。《水经注》所谓'营阳春陵县西北潭山'是也。按其地当即今零陵、宁远、新田三邑连跨之阳明山。"

同书卷五上《风俗志》："洛山峝:接祁阳境,即洛阳山,亦名阳明山。祁阳亦称乐山砦。"

同书卷十五《名胜志·零陵》："零陵之东,春陵以西北,其距县皆百里,有山最高,属乎黄溪之尾。朝阳甫出而山已明者,阳明山也。有银沙十里,鸟道盘折,上与云齐,多石少土,山根郁露。其麓险绝,几疑无路。及登峰顶,左衡右疑,极目千里,身在云际,超然出尘。明嘉靖中,僧秀峰居之。秀峰没,其身不坏,人遂为建寺,远近礼祝,视全州之覆釜,空山因此有人迹焉。《释氏》别有专志。"

13.清康熙《零陵县志》卷二《舆地考·阳明山》引王元弼《名胜记》曰："山在黄溪之尾,离城百里。嘉靖间,有僧秀峰,焚修于山间,今为秀峰道场。山多峭石,花木固其所产也。山向阳,故以是名。山根皆露,土鲜故也。昔僧偈云:'一念兹山静彻,其颜阳明,不昧坐老佛关,大地吹来,春风等闲。'味僧偈,却有与山俱寂。予当为僧转一语,何不言'打开阳明山,作甚生涯'?然此僧已见山矣。"

14.清嘉庆《宁远县志》卷二《山川志》："春陵山:一名洛阳山,在县北九十里。《水经注》言'都溪水出春陵县北二十里仰山南,径其县西'。此山横亘百余里,高出云表,为县西北一带群山之祖。迤西转南,与县前黄岭会。迤北历新田界,至黄马山,为县龙护卫东西二乡,参错数十村。当山之阳,如在怀抱。其右近西北一面为黄柏峝,接阳明山。"

又载:"阳明山:在春陵山西北,与零陵接壤。横亘数十里,峰峦起伏,磴道盘行。入其中,幽深窈杳,非复人境。境直上峰巅,则秀峰禅师道场在焉。殿宇僧房,缥缈云际,虽盛夏不知有暑。踞峰平眺,南接九疑,北连衡岳,指点零、祁诸山,历历在俯视中横列。西北与九疑遥对,曲折斜抱,为县龙捍卫。旧志载阳和山,即此。"

又按:"零陵新志谓两山相距五里,秀峰披剔于阳和,坐化于阳明,山与寺并载入零陵,甚误。不知秀为新田郑氏子,生明正德七年,至嘉靖二十九年显化,在宁、新未析之前,庵僧田粮今皆额编宁县册,末附正之。"

二　秀峰、蒋鏊与南渭王

清康熙九年《永州府志》卷二十四《外志·仙释》载秀峰、蒋鏊二传,杨金砖教授引录为秀峰禅师之介绍,内容如下:

> "秀峰:生于明正德间,晚与邑人蒋鏊、宗室□□□□□,筑庵于黄溪之阳明山。山高与云齐,即见日出,故以'阳明'名之。秀峰修行数十年,得曹溪正传。忽一日涅盘于桶中,戒其徒:'越千日乃启。'及期,启之。宛然如生。即建道场于山,其地有银沙十里,鸟道盘折。每岁八月,朝礼者以数万计,至今肉身犹在焉。"

按康熙九年《永州府志》国内久佚,1992 年书目文献出版社据日本藏本影印,收入《日本藏中国罕见地方志丛刊》。该书 719 页右下角一行"宗室"以下五字模糊。康熙《零陵县志》卷十四作"菊坡相友善",《古今图书集成》卷一百九十一《神异典》所引同,当据补。

朱彦滨,明代世袭南渭王,建府永州零陵。南渭王共传四代,即荣顺王朱音壑、怀简王朱膺鉟、安和王朱彦滨、庄顺王朱誉楄,今东风大桥东侧有地名"王府井",即其地。故朱彦滨又别号"宗室阳和道人"。朱彦滨是否即文献所见的"南渭王孙菊坡",目前未见直接记载,姑暂定为同一人。

秀峰、蒋鏊、朱彦滨三人交好。蒋鏊字汝济,号湘崖,撰《湘崖集》。朱彦滨又号菊坡子,撰《菊坡集》。三人与阳明山的开辟关系最为密切。

《阳明山志·峰祖师行录》载:"是时明藩南渭王居永州,其孙菊坡与零陵蒋湘崖志同好道。……菊坡、湘崖等久慕师之高风,生前未晤,深以为憾。嘉靖三十一年壬子八月中秋,及期偕至阳和山,启关谛视,宛然如生……菊坡闻之南渭王,遂崇其号曰七祖。"

清雍正《湖广通志》卷一百十九《杂纪》:"蒋鋆,字湘崖,零陵人。正德癸酉举人,出宰扶沟,以清洁著。常遇异人,授以奇术,遂挈妻偕隐,结庐山中,曰'寄寄窝'。修炼数年,遍游名山,多在天台、雁宕间。晚归贫甚,值除夕,不能具朝餔,乃自吟曰:'柴米油盐酱醋茶,七般俱在别人家。唯有老夫无计策,开窗独坐看梅花。'忽假寐出神,语友人王孙菊陂以窘,故王孙乃备物送之,方及门而釜始痛,其奇幻多类此。死之日,有乡人过于道,授以钥寄其家。家人骇之,举棺甚轻,盖尸解云。"(康熙九年《永州府志》卷二十四《外志》、康熙《零陵县志》卷十四《仙释》、道光《永州府志》卷九下及卷十五下略同。此据文渊阁《四库全书》本。"蒋釜"误,当作"蒋鳌"。)

蒋鳌拙岩诗刻 （拓片制作:王志芳)

近于永州零陵发现蒋鳌拙岩诗刻一通,为罕见的书法真迹。署款"蒋鳌",别无诗题及年月。其诗云:

> "治剧非真拙,分明摆脱尘。每哦周子赋,觉爽自家神。鸠养心中慧,珍收天下春。何时放机事,许我构西邻。"

"周子赋",即周敦颐《拙赋》。读其诗句,确实充满隐逸之情。

清光绪《零陵县志·人物·秀峰禅师传》载:"先是,明藩南渭王孙菊坡,邑人蒋湘崖俱好道,与秀峰友。"

清道光《永州府志·金石略·明永州黄溪庙钟鼎款》条又载:"又铁鼎文镌,隆庆庚午仲冬菊坡子置。菊坡,南渭王孙也。(周鹤永明旧志)"

清嘉庆《宁远县志》卷十《仙释·秀峰传》亦载:"……入关坐化,遗命师徒,约以三年期满,方可开关。届期,有王孙菊坡,久慕高风,往山开关视之,庄严端坐,俨然如生,深赞拜伏。南渭王加其谥曰'七祖',匾曰'曹溪正派',名其庵曰

‘万寿寺’,改其山曰‘阳明山’。”

如果说“阳和”的自号表明了朱彦滨的愿望,则“安和”的谥号就表明了他一生行迹的评定。王世贞《弇山堂别集》卷七十四《谥法》载“安和”一谥有郡王三人、夫人一人,解云:“俱好和不争,不刚不柔。”

而朱彦滨之所以别号“阳和道人”,笔者推测,可能亦与阳明山初名阳和山相关。

三　永州朝阳岩所存“阳和道人”石刻

今永州朝阳岩保存有《歌朝阳嵓用元次山韵》诗刻,诗云:

“岩下中流潇水深,岩前修竹涵泉清。古零万古与千古,春花秋月明江城。君不见兮又不见,名高海泽先贤传。美哉岩平真可羡,曲水流觞会相劝。”

诗后署款为:“嵓嘉靖己亥菊月望日,宗室□□道人题。”“宗室”“道人”中间二字被人为凿坏,按此六字当即“宗室阳和道人”。

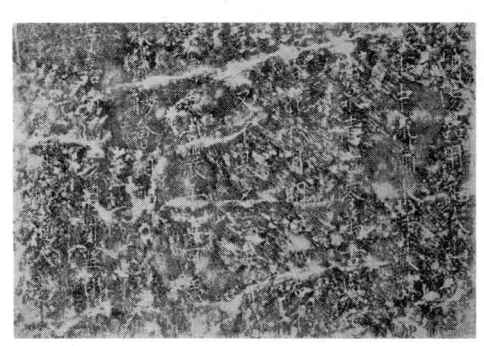

朱彦滨《歌朝阳嵓用元次山韵》石刻　（拓片制作:杨宗君）

诗刻位于朝阳岩下洞入口洞顶处。高 39cm,宽 58cm,十行,楷书,轻度磨泐。嘉靖己亥为嘉靖十八年。此诗不见于任何诗文集、方志等文献。笔者的论文《明代〈朝阳岩下歌〉和诗三首及其文物价值》(刊《武陵学刊》2010 年第 5 期)对此有初步探讨。

朝阳岩下洞上方,又有榜书“聚胜”二字,钤印“南渭王宝”,署款“阳和道人书”,石刻四周篆刻龙纹。

朱彦滨"聚胜"榜书石刻 （拓片制作：侯永慧、汤军）

清宗霈《零志补零》卷下《诸岩题名石刻》著录云："又阳和道人书'聚胜'二字，在岩颠。"未及详辨。

永州旧有聚胜桥，其得名可能与"聚胜"榜书相关。道光《永州府志》卷三《建置志》："聚胜桥：在隆庆里。"光绪《零陵县志》卷二《建置》："聚胜桥：隆庆里，石砌三拱。"

考明代景泰四年，封朱元璋四世孙朱音壑为南渭荣顺王，历代世袭。其孙朱彦滨袭得南渭王，是为南渭安和王，嘉靖三年至二十二年在位。"宗室"为皇族专称，并且《歌朝阳嵓用元次山韵》诗刻与朱彦滨在位时间相符，因此诗刻作者当可判定为朱彦滨，"宗室□□道人"即"宗室阳和道人"。

四　明代南渭王的世系

明孝宗弘治五年六月，"岷府南渭王音壑薨。王，恭王庶第二子，正统三年生，景泰三年封为镇国将军，景泰五年进封南渭王，至是薨，年五十五。讣闻，辍朝一日，赐祭葬如制，谥曰荣顺"。见《明孝宗实录》卷六十四。

明世宗嘉靖二年九月，"岷府南渭怀简王膺鈏嫡长子辅国将军彦滨为南渭王，夫人吴氏为南渭王妃"。见《明世宗实录》卷三十一。

嘉靖二十五年十二月，"岷府南渭王彦滨长子誉播为南渭王，夫人蔡氏为南渭王妃"。见《明世宗实录》卷三百一十八。

《续文献通考》卷二百八："南渭王音壑，徽煣庶二子，景泰四年封，弘治五年薨。传膺鈏，镇国将军，未袭卒，以子彦滨袭爵追封。彦滨，嘉靖三年袭，二十年薨。誉播,嘉靖二十六年袭,三十九年薨,无子,国除。"

明何乔远《名山藏》卷三十七:"岷恭王二子:顺王:南渭王音壑居永州,薨,子膺鑵封,长子。次子膺鈏,封镇国将军。膺鑵阴贼不道,烝王宫人,常棰死人,或缚柱射之,雠诸弟,杀庶弟膺钞母,通其妻,赵王使膺钞别居以避之,膺鑵诬赵通他人,逼死自缢,围膺钞,逾垣免。从永州守奏闻,覆按寔,幽膺鑵高墙,王宫人所与烝者皆赐死。亡何,王薨,膺鈏视府事。正德中,以膺鈏子彦滨嗣王。世宗闻彦滨贤,书名御屏。薨,子誉播立。誉播有行谊,湖南饥,有数十人盗王困,王指困以与盗。绝除。"(清张岱《石匮书》卷十八、《古今图书集成》卷七十一略同。)

"膺鑵"疑误,当作"膺鑵"。检索文献,作"膺鑵"者:隆庆《永州府志》卷八,道光《宝庆府志》卷三、卷百十四,同治《武冈州志》卷十八,清傅维鳞《明书》卷十一,明俞汝楫《礼部志稿》(文渊阁四库全书本)卷七十四(二处)、卷七十六(一处)、卷七十九(一处)。作"膺鑵"者:《名山藏》(四处),《石匮书》(四处),《罪惟录》(三处),清抄本万斯同《明史》(卷一百五十三,一处),《国榷》(卷三十五,一处),《古今图书集成》(四处),《礼部志稿》卷七十六(一处)。

朱誉播,号石岩山人,谥庄顺。嘉靖二十六年袭封南渭王,嘉靖三十九年卒。(文献作"誉播"者误。)

明焦竑《国朝献征录》卷一载吕调阳《大明南渭庄顺王神道碑》云:"南渭王自岷府分封永州,迄庄顺王,盖四传矣,世以孝友雍睦闻于藩国。桂林史氏吕调阳往典馆局,得稽其故实。有桂林于永州,犹堂户然,其知颇悉云。王之薨也,调阳方读礼庐次,其辅国将军定炌具事状,遣仪宾张大训诣桂林,请铭神道之碑。调阳窃附知王之末谊,不敢不铭。谨按玉牒册,王讳誉播。洪武中高皇第十七子,封岷王云南。洪熙元年陟王武冈,谥曰庄顺。王生恭王,恭王次子始封南渭,王永州,谥荣顺。荣顺生怀简王,怀简生安和王。自恭王至安和,为王高曾祖若考也。王幼颖慧,儿时,母吴太妃口授章句,即记忆不忘。怀简尝抱置膝上曰:'他日光吾绪业,必此儿也。'孝友天性。太妃遘疾,久不愈,昼夜侍汤药,衣不解带者逾月不懈。居太妃与安和王丧,哀毁如不欲生。发引日,往返徒跣,观者感叹,以为儒生弗及也。与二弟镇国将军誉枞、誉格极相友爱。安和时买民田若干,皆上腴之产,尽以付二弟,且为岁输粮于官。格尝感疾,之南岳避祟,王中夜闻之辄起,亟呼人追请,寝食俱减,及返而后安。侍宗众尊卑行次,曲有仪度。庶人某某,自怀简、安和时构讼,三十年不相平,王从容酌卮酒,谕以祖宗训制,且为奏请冠带婚资月粮,二庶人感激叩首,不敢复有异虑。与士大夫处,款曲有情,若布衣交,不知其为王也。教授杨仁重年老乞休,厚赠之还,舟车护从皆亲为点阅,臣僚无不感激思报者。湖南水荒,饥民十数人盗王囷谷,为守者所觉,辄擒以献,王不忍加罪,曰:'彼为饥饿所迫耳!'乃悉以余谷赐之,其人愧谢去,终为良民。性朴素,自号石岩山人。居常衣布。陈都宪仕贤分巡湖南时,见王所服,叹曰:'昔人布被,人曰诈;殿下布衣,人曰俭。布一也,人曰俭不曰诈,难能也。'僻好读,然不泥章句。意兴所到,作为古文词,不事雕缀,而天趣畅发。状称经史百家,莫不涉猎,则令德所成,虽其天资粹美,亦学问之益也。庞貌丰颐,指爪长数寸,自谓奉先人之遗体,动不敢伤之。未薨前,自撰圹志,藏之箧中。临终,呼烨至榻前,手书遗训数百言,点画不苟,因诵'一日洞然无别体,方知不枉费工夫',之自端坐而逝。其达生委顺如此。嘉靖丁未始受册封,越庚申九月二十四日薨,袭爵十有四年。距生弘治壬戌九月十七日辰时,得寿五十有九。讣闻,天子震悼,辍朝,遣胡行人维新谕祭命有司庀丧事,赐谥庄顺,恤典加隆焉。配妃蔡,生〔？〕。王在壮年,以诸子相继夭,即请于安和,育弟格子烨于官中,抚爱笃至,教以义方,烨亦善能承顺事王,三十年曲尽子道。居丧称孤,称不肖,终始无间,可谓慈孝两得矣。薨之明年二月二十一日辛亥,葬于孝友山。"

明张萱《西园闻见录》卷三:"岷府南渭王誉(播)〔播〕,安和王之子,与二弟镇国将军誉枞、誉格相友爱。安和时买民田若干,皆上腴之产,以付二弟,且为岁输粮于官。格尝感疾,之南岳避祟,王中夜闻之辄起,亟呼人追请,寝食俱减,及返而后安。"同书卷十四:"岷府南渭王誉(播)〔播〕,性朴素,自号石岩山人。居常衣布,陈都宪仕贤分巡湖南时,见王所服,叹曰:'贵人布被,人曰诈;殿下布衣,人曰俭。布一也,人曰俭不曰诈,难能也。'"

朱彦滨与其子朱誉播这两代南渭王,俱有声誉。朱彦滨"贤",朱誉播"有行谊"。

查继佐《罪惟录》卷四:"再传彦滨,贤,世宗书名御屏。子誉播,读书有行谊。湖南饥,有数十人盗王囷,王捐囷以活众。……南渭王彦滨与其子誉播之世德,读书而活民以积,是则高皇帝之教也夫!"

明王世贞《弇山堂别集》卷三十五:"庄顺王誉播嗣薨,寿五十九,无子,爵除。弟镇国将军誉枞世袭本职,奉祀。"

此外,南渭王的世系也见于永州方志。

明隆庆《永州府志》卷八《宗藩》:"舜始封象有庳,即今道州。汉封定王发长沙后,长沙折为零陵,乃封定王子买为舂陵侯,国于冷道县之舂陵乡,传至孝侯,以舂陵地形下湿,上书求徙南阳。国朝成化十五年,封岷王次子音垫为南渭王,徙居永州,建府第太平门内,谥荣顺。五子,长膺鑼,次膺铞,承袭,谥怀简;次膺鈋,膺钞,膺鏴,俱封镇国将军。怀简王膺铞三子,彦滨承袭,谥安和;次彦湝、彦渤,俱封镇国将军。安和王彦滨三子,长誉檔承袭,谥庄顺;次誉枞,次誉格,俱封镇国将军。庄顺王誉檔乏嗣,弟誉枞奉勒以世授镇国将军,管里府事。誉枞二子,长定鲥,封镇国将军,次定鑰。"

按"定鲥""定鑰"二名有误,字当从"火",作"定燸""定爌"。

此外,方志又载"南渭王孙定焴"之名。清康熙《永州府志》卷十七《人物志下·贞节死传·零陵县》:"胡氏:南渭王府定焴妻,夫亡,年二十二,遗孤长子二岁,次子遗腹。哀毁骨立,育子成立。性乐施予。邻里两被回禄,一室居然无恙,盖天以彰节孝也。郡守王景申请旌奖。"又见道光《永州府志》卷十六上《列女传》、光绪《零陵县志》卷十《列女》《古今图书集成》卷一百六十《闺媛典》。

雍正《湖广通志》卷七十一《列女志》:"明宗室定焴妻胡氏,零陵人。年少抚孤,以节孝著闻。里中两被火灾,氏所居独无恙,人以为报施不爽云。"

按"南渭王府定焴妻"不确。光绪《零陵县志》作"南渭王宗室朱定焴妻",雍正《湖广通志》作"明宗室定焴妻",亦不确。道光《永州府志》作"南渭王孙定焴妻",最是。《古今图书集成》卷一百六十《闺媛典》目录作"王定焴妻胡氏",正文曰:"按《零陵县志》:胡氏:南渭王定焴妻。"所云"王定焴""南渭王定焴"皆误。兹据道光《永州府志》定为"南渭王孙定焴"。

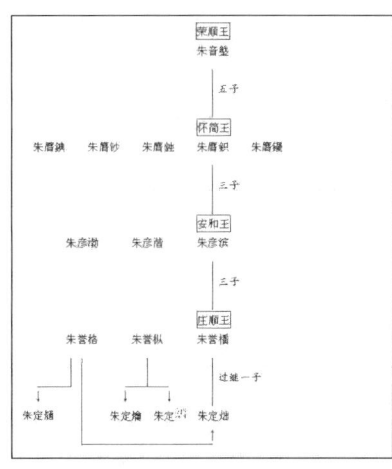

南渭王世系图

隆庆《永州府志》又载:"隆庆叁年,皇帝敕谕南渭王府管理府事镇国将军誉枞:'近该湖广抚按官题称,尔奉藩尽礼,睦族有恩,人无间于父兄宗党之言,德有合于恭俭慈良之懿。乞要奖励,以风励诸藩。该部复议相应,兹特奖励,以为宗藩之劝。尔尚益笃善行,永保令名,钦哉!'"

又载朱彦滨于"阳和之阴"建书院一所,御赐名为"崇正书院",又有《崇正书院记》《崇正书院诗》。

"府第内有崇正书院:嘉靖七年安和王奏赐。嘉靖七年三月二十日,皇帝书复南渭王:'得尔奏本府营建书院一所,奉藏颁赐之书,欲乞额名,以垂永久,朕甚嘉。书院与做崇正,专此以复,惟王亮之。'"

"副使林士元《记》:岁戊子春正月,南渭王拜手稽首疏于上曰:'昔在灵运,惟天生聪明神武,我太祖高皇帝作君万邦,绍帝王之正统。我岷祖庄王实分白土,懋隆屏翰。我先王荣顺肇有邦于南渭,爰及怀简,世笃忠孝,乃一旦弃民,奸竖乘之,戕间骨肉,几坠厥宗,如集于木。伏遇我皇上嗣登大宝,援臣于庶位,俾承祖武,敦行苇而具迹,分宝玉以展亲。抑念臣废学于荒野,时赐训典,俾学聚问,思以窥道原。臣谨辟阳和之阴,治书院一所,永言宝藏之,惟帝赐以嘉名。'帝曰:'俞,崇正哉!'王拜手稽首曰:'吁,钦哉!敢不夙夜惟正之承!'臬臣元,观风于衡岳,道九疑,王俾观于书院,且绎崇正之义,以告来者。呜呼!渊哉皇言!臣愚,何足以知之?《记》曰:'王前巫后史,宗祝、瞽侑皆在左右,王中,心无为也,以守至正',其惟文王乎?《鲁颂·驷之篇》曰'思无邪',美僖公也。僖,文王之裔也,思鲁公则无疆也,思周公则无期也,思文王则无邪也,故富称乎数马,化行乎采芹,祝修乎闷宫,福征乎令妻寿母,谷贻乎孙子。父父、子子、兄兄、弟弟、夫夫、妇妇而家道正,而臣莫不正,僖其贤矣乎!惟圣祖有文王之德,惟庄王有周公之劳,惟荣顺、惟怀简有鲁公之亲,而宸章宠诲,言近指远,在僖或罔前闻,王惟日顾名思义,对扬明天子之休命。思圣祖以克明哉!思庄王以克忠哉!思荣顺、怀简以克孝哉!王庸思邦家之基,庸不思惟以世迷。王曰:'嘻,崇正之义大矣哉!夫心无为,以守至正,非圣人,其孰能之!人则不能无为,则不能无思。自思之不审,而后纳于邪,而复违于至正。予亦惟思无邪哉!'元顷首拜曰:'懋哉!'作《崇正书院记》。"(林士元,字舜卿,正德甲戌进士,琼山人。嘉靖十一年为湖广按察使司副使湖广副使、分巡上湖南道。)

"上海龙溪田顼《诗》:'雾牓开青壁,星栏切紫虚。宸章七曜动,霁泽百王殊。草苗疑翻字,萤飞为照书。院间综六籍,高义竟谁如。'"("上海龙溪"误,田顼,字希古,号柜山,福建尤溪人,时任湖广提学佥事。)

此下又载黄佐《莲亭诗》、蒋鳌《对越亭记》。

同书卷十二《艺文志》:"《四书集注》十册,《易经集注》二册,《书经集注》四册,《诗经集注》四册,《礼记集注》八册,《春秋集注》四册,《洪范九畴》二册,《大学衍义》十册,《大明会典》六十册,《洪武礼制》一册,《春游味和集》二册。以上钦赐书十一部共一百零五册,并藏南渭王府崇正书院。"

永州旧有聚胜桥,其得名可能与朱彦滨榜书相关。道光《永州府志》卷三《建置志》:"聚胜桥:在隆庆里。"光绪《零陵县志》卷二《建置》:"聚胜桥:隆庆里,石砌三拱。"

渭南王府,在永州旧城太平门。

清康熙《永州府志》卷九:"明成化十五年,封岷王次子音壑为南渭王,分居永州,建府第于太平门内。"

清道光《永州府志》卷二上:"鹞子岭以外,城中更有千秋岭,近太平门,明时南渭王故邸址在焉。……又东门外有二山,一曰孝友山,一亦名东山,明南渭王之墓在焉。"

同书卷十《明藩封》:"永州南渭王故藩邸在太平门内,其废宫倚千秋岭,即太平寺故址也(旧志)。景泰四年封岷恭王庶二子(原注:旧志作次子。)音壑(原注:省志作'哉',误。)为南渭王,自武冈分居永州,弘治五年薨,谥荣顺。庶长子膺𨧨以镇国将军奏准管理府事,正德十二年卒。(原注:省志作'膺𨧨□薨',误。)以子彦滨袭封,追封王谥怀简。彦滨嘉靖三年袭,二十二年薨,谥安和王。举橎嘉靖二十六年袭封,三十九年薨,谥庄顺。无子国除。(《明史·诸王世表》)"

同书同卷《古迹志》:"明南渭荣顺王音壑墓在府城北关外干塘岭(《一统志》)。怀简王膺𨧨墓在东关外东山。安和王彦滨墓在愚溪之上群玉山,庄顺王举橎墓在东关外孝友山(蒋濂《零陵县志》)。南渭荣顺、庄顺、怀简三王墓皆巨冢,碑碣尽废,石人石兽犹有存者,惟绿天庵老浮屠能识其处。安和一冢,浮屠指称即愚溪桥畔高阜,与志不合,或传讹也。宜广守护之典,立石补题,以存废绝。(《湘侨闻见偶记》)"

文末并载宗绩辰的三段按语:

"案:王士祯《池北偶谈》,康熙二十二年,平凉府盗发韩康王、定王冢,上以前代帝王陵墓,特令加等,因谕历代陵墓悉加守冢人户,并禁称'故明废陵'。圣谕又云:凡云'废'者,必如高煦等有罪废为庶人然后可。彼生为藩王,谁废之耶?据此则守土之官加意保护碑表而封树之,正以遵法祖制无所用其避忌者也。"

"案:岷藩在武冈,流风遗泽,犹传民间。州志俱为立传,窃以为固王之贤,亦由风俗之厚。南渭遗事,永郡文献乃一无所征,仅《阳明山寺碑》言,寺为嘉靖壬子岁,故藩所建,其文书'王人'者,盖庄顺王也。《阳明山志》:王孙菊坡与蒋鳌好为方外交者,宗生也,今寺称秀峰僧为曹溪七祖,实始庄顺。寺山旧归藩邸,捐三县之租。由此观之,其崇尚空虚、罔念人瘼可见矣。死而无称,宜哉!"

"南渭国除甚早,其宗人居永者久已成族。闻明亡又有改姓唐者,今皆为农夫,散居四境,二支谱牒屡征不获。彼愚甿疑畏之心,岂知圣世宽仁,保全遗裔者,恩无不至乎?"

以上清光绪《零陵县志》卷一均同。光绪《零陵县志》卷一又载:

"千秋岭:在治平门内,唐时为东丘,内建龙兴寺,其下为息壤。明为南渭王藩邸。国朝乾隆中,移建府学于上,后迁高山之南,惟教授署未迁,今为训导署。署东旧建零陵县学,今亦改迁东门内,惟训导署未迁。旧志称东丘为汉相蒋琬故宅,有书院祀琬,久废。道光五年纂府志于此,名千秋山馆。咸丰初,邑令胡廷槐令合邑蒋姓建蒋公祠,重祀琬。柳宗元有《东丘记》(见本集)。"

"大圆山:城北十五里,明藩南渭王建庵其上,曰回龙。周围筑以园,竹密而修,木苍而古,石岭巉巉若壁立。庵前数十步,有大小池二,比近田畴,资其灌溉。其中荇藻交横,游鱼出没,亦选胜之场。"

同书卷三又载:

"太平寺:在太平门内,本蒋琬故宅,后人施为寺,吕蒙亦尝驻此。唐名龙兴寺,宋元丰四年更名太平。明嘉靖间废,南渭王据为别邸。隆庆间,郡守黄翰、史朝富相继。清复重建。内为习仪所、乡约所。明末毁于兵火。国朝康熙九年,知府刘道著重建,久之又废。雍正十年,知府姜郊湘即其遗址恭建万寿宫,各官朝贺及宣讲圣谕读诏俱于此。"(又见康熙《零陵县志》卷十四。"相继"下有脱文,康熙《零陵县志》同。隆庆《永州府志》卷十七云:"国朝嘉靖间寺废,为南渭王据立别宅。隆庆元年,郡守黄翰、史朝富相继复其故丘,重建为寺,以为习仪之所,二侯俱有复建记文。")

朱彦滨墓,在群玉山。群玉山在朝阳岩南,傍临潇水,"山形如玉屏蟲立潇水绕其麓","巨竹清修,古木樛曲,恠石万状,地势清景,一郡之奇观也"。山上有火星岩,"石壁所镌先贤题识,高下跻次,穷日之力乃能尽阅"。五十年代以后毁于开采。

五 安和王朱彦滨的交游

朱彦滨与零陵名士朱衮交好,见朱氏《白房集·望云怀舍志》。文云:"铅山方氏来宰零陵,而有北堂莱彩之怀。日罢公牒,率走中庭,引领北望。每白云飘飘,蔽亏衡庐,彩映彭蠡,即色为动,中为热,怅惘衡臆,涕泗沾襟。……阳和道人闻之,以谓石北子曰:'予见世之怀亲者多矣,即亡如方氏为也。始也望云之止而中兴,末也羡云之德而中歔。虽古有之,而情加焉。吁!懿哉!惟古之伦,今也亡矣。予诚尚之,匪文曷述?子其志之,以视吾氓。'对曰:'唯唯。'遂为援笔撰次,作小志,庸备史氏之采择。"朱衮,字子文,号石北山人,明湖广都司永州卫人。康熙《永州府志》卷十六《人物志》称其"以阐明正学为己任","居官刚介,风猷凛然,奸宄敛迹"。明过庭训《本朝分省人物考》称其"为人朴茂,善谈论。为文飙回云结,峯崒崎嶬,其所蕴蓄,人莫能测其涯涘,为当时名流所推慕"。传记又见明廖道南《楚纪》、康熙《零陵县志》、道光《永州府志》、光绪《零陵县志》。

蒋鳌亦与朱衮交好,见朱氏《白房集·招隐篇》。诗云:"子自湘之厓,我卧湘之壁。子来叩我壁,壁上日初出。何处木丁丁,檐云自出入。潦倒七茶瓯,月轮挂屋极。谭屑出未穷,义辄三五逸。子道方中行,我心已免役。终坐嗟临岐,归驾还当呸。坐颇云片多,子来分一席。"诗末有跋云:"感湘厓子汝济甫见访,为作《招隐篇》陋词,漫寄一哂耳。"《白房集》中又有《湘厓幽居次韵》,诗云:"大隐周流不住山,寻常小隐亦人间。归来茅屋还依旧,老去风光须尽欢。池草可怜春雨后,海鸥郁得弋人弹。双塘激滟荷花发,且与南邻一笑看。"朱衮卒,及朱衮之子朱缙卒,皆蒋鳌撰墓志铭。(蒋鳌《湘崖集》已佚,文未见。)

朱彦滨与时任永州知府唐珤亦往来密切。明王慎中《遵岩集》卷十七《中顺大夫永州府知府唐有怀公行状》云:"永州有南渭王府,每招饮,公辄往,往辄尽醉。后公去州郡几何年矣,卫官南渭王之书简不绝也。"民国唐鼎元《明唐荆川先生年谱》卷四"三十四年乙卯四十九岁"条载"七月朔日有怀公卒年七十三",引唐珤《行状》,内容均同。唐珤,字国秀,号有怀,武进人。明毛宪《毗陵人品记》卷八称其"累官永州知府,居官以惜民财重民命正风俗为急"。传记又见万历《常州府志》、康熙《常州府志》、乾隆《信阳州志》。

朱彦滨还与明代著名人士黄佐曾有交往。清雍正《广东通志》卷四十五《人物志》载黄佐在出任广西按察司金事之前,曾任册封南渭王副使。"嘉靖初上政要疏及修新政疏,尚书林俊毗之。会册封南渭王,充副使。事竣乞归觐抵家,遂请告。戊子,出为江西佥事。"时当嘉靖初年,所云南渭王当即朱彦滨。黄佐《泰泉集》中有《莲亭奉南渭王宴中作》一首,诗云:"苑园启瑶樽,灵沼竞芳鲜。莲花何晔晔,莲叶何田田。耀魄泛空波,神飙起中天。馨香入襟袖,把酒心茫然。懿此出深滓,素质虚以圆。本无枝与蔓,何惧外物牵。缅怀君子德,冥心入冲玄。嘉宾从南来,浩倡协虞弦。间阎一以阜,民愠从兹捐。徽音彻穹壸,清欢眇云烟。思为双飞鹤,接翅浮漪涟。"此诗亦载明隆庆《永州府志》卷八,近年收入中山大学中国古文献研究所编《全粤诗》第 7 册。黄佐,字才伯,号希斋,晚号泰泉,广东香山人。正德十六年进士,选庶吉士,授编修。嘉靖十年任广西按察司佥事,十三年任南京翰林院编修兼詹事府司谏。《明史·文苑传》及雍正《广东通志》等有传。《四库总目提要》称道其人"佐之学虽恪守程朱,然不以聚徒讲学名,故所论述,多切实际","佐少以奇隽知名。及官翰林,明习掌故,博综今古。生平著述至二百六十余卷。在明人之中,学问最有根柢。文章衔华佩实,亦足以雄视一时"。

六 补论

笔者在为永州阳明山文化研讨会提交的论文《阳明山与朱彦滨》一文中,推断南渭王朱彦滨与文献所见的"南渭王孙菊坡"为同一人,并称秀峰、蒋鏊、朱彦滨三人交好,朱彦滨又号菊坡子。会上,经刘范弟教授指出朱彦滨与菊坡卒年不合,当为二人。当时尚无更加直接的佐证,故难于确定。

兹搜讨得蒋鏊所作《对越亭记》,文中明确记载菊坡之为"宗室王孙"乃是安和王朱彦滨之孙。并且笔者论文的标题,也修改为《永州阳明山与南渭王》。由于会后学者在论文修改稿中,已引用到笔者的会议论文,故此文不作直接的修改,特作"补论"更正。

明隆庆《永州府志》卷八《创设上》:"掌府事镇国将军府内有对越亭,邑人蒋鏊《记》略曰:亭以'对越'名,纪孝行也。亭在吾永郡城之内,王宫之后,拔万玉山之巅,出迎仙馆之右,为怀简王之所建置,镇国将军菊坡所修饬而独有者。群玉山为安和王妃陵寝,王三子皆纯孝天至,居丧营圹,菊坡尤任其劳。顷者读《礼》之余,延湘厓子鏊于迎仙馆,相与讲学谈道,凡居处饮食,鲜不与偕,第至此亭,则肃然改容,西向独立。盖其神爽飞越,游于龙卧之区,而大江之西,愚溪之南，一时殆遍历也。其贞纯一念，若婴孺脊眷于乳哺之怀，有弗能以顷刻释者，岂必有待于对越而后然也！姑即其所常见，以表其所未见者尔。谓菊坡子为至孝，其谁曰不然？独惜夫此山此亭，囿于灵囿，为菊坡子力行独到之地，有能启松扁以搜竹径，蹑风磴以入云端，履其对越之亭，而引睇王灵之上，则身出半空，高风激人，岂有读令伯陈情而涕泗不作，闻韩娥之悲叹而哀乐异情者耶？观夫巢林之鸟，每至旦暮，亦往朝谒，岁以为常，此亦纯孝之征也。予故隐括其事，以备观风者采云。"

"对越"语出《诗经·周颂·清庙》"对越在天，骏奔走在庙"，古后世用为祭祀先祖之语。蒋鏊作此文，乃是出于菊坡的邀请，而当时安和王朱彦滨夫妇已故，对越亭正是为了追念对朱彦滨的孝思而建。朱彦滨有三子，而菊坡则为朱彦滨之孙。蒋鏊乃是建亭追孝的直接当事人，故而朱彦滨与菊坡为祖孙二人可以确认。

可惜文中道及"镇国将军菊坡"，仍然没有明言他是朱彦滨哪一子的长子，以及他的正式的名和字。史载荣顺王朱音壑五子、怀简王朱膺鉙三子、安和王朱彦滨三子，俱封镇国将军，故"镇国将军菊坡"一语亦不足以判断其世系。菊坡既为王孙，而非王子，那么除了庄顺王朱誉橎之外，朱彦滨的另外二子朱誉枞和朱誉格，菊坡当是其中一人的长子。朱誉格之子定燉过继给庄顺王朱誉橎为子，朱定熥也可能是朱誉格之子，但早卒。朱誉枞二子名朱定爑、朱定爚，长子朱定爑封镇国将军，菊坡不知是否其人。

道光《永州府志》卷十八《金石略》及光绪《零陵县志》卷十三《艺文·金石》，均载永州黄溪庙有明铁鼎，文镌"隆庆庚午仲冬菊坡子置"，曰："菊坡，南渭王孙也。"仍不载其名字。

（原载2014年第3期，作者单位：湖南科技学院/广西师范大学）

秀峰、蒋鳌、菊坡、南渭王与阳明山

✱ 刘范弟 ●

　　湖南永州的阳明山，明山秀水，风景奇美，是一处难得的自然风水宝地；同时，它还具有深厚的历史文化底蕴，传统文化中的儒、道、佛在此交流融合并与当地民间文化相生相长，形成了独具特色的"和"文化。近年来，随着经济社会的日益繁荣和海峡两岸文化交流的不断发展，从 2006 年至今，当地连续举办了七届以"和美阳明山·两岸一家亲"为主题的中国阳明山"和"文化旅游节，在国内外产生了很大的影响，阳明山已日益成为旅游文化乃至两岸经济文化交流的一块颇有影响的平台和品牌。为了进一步提升阳明山的知名度，对阳明山深厚的历史文化底蕴进行深入发掘，弄清阳明山历史上一些人云亦云似是而非甚或以讹传讹的问题，是一很有必要，也是具有一定紧迫性的任务。笔者不揣蓊陋，草此拙文，对阳和山与阳明山的关系，阳和山为何从距零陵城近百里移到零陵城城东南郊，蒋鳌、菊坡、秀峰与阳明山的关系，历代南渭王与阳和山及阳明山得名的关系等问题做了初步探讨。不当之处，期望得到指正。

一　阳和山与阳明山

（一）清代以前方志文献中未见对永州阳明山的记载

　　在清代以前的方志及其他文献中，目前暂未发现关于永州阳明山的任何信息。就笔者所知，现存文献中最早关涉阳明山的，是康熙九年《永州府志》卷八"山川志"："阳明山，去县治百里，在黄溪之尾。然山麓险绝，游者相望咫尺，无径可达。山最高，日始自旸谷出，山已明，故谓之阳明焉。嘉靖间，有僧秀峰者禅定于此，今遂为秀峰道场所。"康熙二十三年零陵知县王元弼所修的二修《零陵县志》卷二"山川"载："阳明山，王元弼《名胜记》曰：山在黄溪之尾，离城百里。嘉靖间，有僧秀峰焚修于山间，今为秀峰道场。山多峭石，花木故其所产也。山向阳,故以是名。"①

康熙九年《永州府志》卷二十三"艺文六·七绝"有一首《登阳明山》,诗云:"仰面遥看天际平,山迥绝壑怒涛生。风高六月吹寒宸,疑是霜林晚照晴。"②诗的作者桑日生,据康熙三十四年《永州府志》卷九"人物上·零陵名贤"记载,乃明末崇祯壬午科举人,因张献忠之乱而"隐居不仕",著书多种,"年七十卒于家"。崇祯壬午年是公元1642年,桑日生可说是清代人。此外,生活于明代正德、嘉靖间的零陵人蒋鳌,有一首题为《游阳明山》的诗:"扶筇散步到阳明,云淡风和远世尘。纵目峰头三楚尽,旷怀别领一天春。"诗见于清代《阳明山祖师岩志》③,而在明清两代的永州府志和零陵县志中则找不到此诗,看来此诗是否为明人蒋鳌所作,还只能存疑。

康熙之后历修的湖广通志、湖南通志以及永州府志和零陵、宁远、新田等县的县志中,有关阳明山的记载就接连不断了。

(二)方志文献中对永州阳和山的记载

据现存方志,阳和山最早出现在洪武《永州府志》中。此志"作为明代早期的方志,能够幸存下来弥足珍贵。它不仅是永州地区迄今为止能够搜寻到的最早和最完整的府志,且为湖南省现存最早的刻本方志。"④据该志卷七"山川"记载:"阳和山,在城东北八十里,接道州界,乃王真人修炼之所。"此处关于阳和山方位的记载应当有错,因为说阳和山"接道州界",而道州在州城南而不是北。

此后方志记载的阳和山位置却有了变化。现存第二早的弘治《永州府志》⑤卷二"山川·零陵":"阳和山,在县东南二里,乃王真人修炼之所。"卷四"人物·仙释":"王真人,德安人,修炼于零陵之阳和山。元初赐观额为'万寿宫',封懿德真人,征入朝,遂不返。"

---

① 道光《永州府志》卷九下"艺文志":"《零陵载修志》,康熙二十三年王元弼撰……《泉陵名胜记》,同上。按元弼字艮辅,王士禛族侄,隶汉军者。其《名胜记》本单行,后即以入邑志山水类,黄佳色有序,见县志。"

② 康熙三十四年《永州府志》卷三"山川志上"、道光《永州府志》卷二上"名胜志"、光绪《零陵县志》卷一"地舆·山"及民国《零陵县志》卷一"地舆·山"阳明山条皆录此诗。

③ 笔者未见原志,此据双牌县政协文史委员会编1991年内部印行的《阳明仙境》一书所引。

④ 汤军《现存湖南省最早的刻本方志——洪武〈永州府志〉述略》,载《南华大学学报(社会科学版)》2013年第4期。

⑤ 康熙二十三年《零陵县志》卷十四"著述"未记载洪武《永州府志》,其所记载的第一部永州府志就是弘治《永州府志》。

隆庆《永州府志》卷七"提封志·山川"零陵："东南二里为阳和山，王真人修炼于此。"卷十七"外传·仙释"："王真人，德安人，修炼于零陵之阳和山。元初赐观额为'万寿宫'，封懿德真人，征入朝，遂不返。"

康熙九年《永州府志》卷八"山川志·零陵"："阳和山，在南门外，王真人修炼于此。"

康熙二十三年《零陵县志》卷二"山川"："阳和山，在南门外，王真人修炼于此。王元弼《名胜记》曰：'在城南。山如虹形，草木经冬不枯，是以牛羊等物独不上此山，盖以谓。山在南，向阳，故草木如此之茂。相传昔年有王真人修炼于此，向有丹台，今不复见，但有水一泓，赤色，其亦真人之迹欤？因系以诗：山色乱云屯，章木遍野原。香气日以盛，繁花生石门。"按王元弼乃零陵县令，该志乃其主修，他在其个人专著《名胜记》①中还解释了阳和山的得名，他说阳和山在县南门外，应当亲自去考察过，并为之写了一首五言诗，对阳和山景色作了一番描绘，其言"阳和山，在南门外"，当不虚。今日永州城东南郊外并无较高之山，王元弼既然说此山"草木经冬不枯"，想来此山不会很高，所以草木才会经冬不枯的。

康熙三十四年《永州府志》卷三"山川志上·零陵"："阳和山，在南门外，王真人修炼于此。"

《大清一统志》卷二百八十二"永州府·山川"："阳和山，在零陵县南一里，山如虹形，草木经冬不枯，故名。"

乾隆《湖南通志》卷之九"山川四·永州府·零陵县"："阳和山，在零陵县东南一里，山如虹形，草木经冬不枯，故名。"

嘉庆《湖南通志》卷十三"山川六·永州府·零陵县"："阳和山，在零陵县东南一里，山如虹形，草木经冬不枯，故名。"

道光《永州府志》卷二上"名胜志·零陵"："又县城东南（注：南门外）一里，山形如虹，草木经冬不枯者，阳和也。相传有逸人王某修真于此，游者绝少。"

光绪《零陵县志》卷一"地舆·山"："阳和山，宗绩辰府志云：县东南一里，山形如虹，草木经冬不枯者，阳和山也。相传有逸人王某修真于此，游者绝少。"

民国《零陵县志》卷一"地舆·山"："阳和山，宗绩辰府志云：县东南一里，山形如虹，草木经冬不枯者，阳和山也。相传有逸人王某修真于此，游者绝少。"

---

① 据道光《永州府志》卷九下"艺文志"，《名胜记》全名《泉陵名胜记》，"本单行，后即以入邑志山水类"。

从以上省府县志"山川志"的记载看来,从明代弘治年间开始,阳和山就已从零陵、宁远交界处"搬到"了零陵东南近郊,直到民国仍在这里;而上引弘治、隆庆两府志"仙释志"中"王真人,德安人,修炼于零陵之阳和山。元初赐观额为'万寿宫',封懿德真人,征入朝,遂不返"的记载,仅说阳和山是在零陵,并未点明阳和山在零陵县城东南郊,但我们从其他一些有关"万寿宫"的资料中也可以佐证阳和山确实已"位移"到零陵县城东南郊。如民国《零陵县志》卷三"祠祀·寺观"载:"万寿观,在阳和山,元初有德安王道士隐此,赐观名,封懿德真人,征入朝。"此志卷一是明确说阳和山在"县东南一里"的,其既然载"万寿观在阳和山",则说明万寿观(亦即万寿宫)也就在零陵"县东南一里",也说明了王真人所修炼的阳和山确实已"位移"到了零陵县城郊。

此外当地还有一个传说可能亦与阳和山位移有关,据光绪《阳明山志》的《秀峰祖师行录》记载,明代正德、嘉靖间"阳和山有巨钟,飞入郡城太平寺"[①],既然巨钟可从阳和山飞到零陵城中,那么阳和山"位移"到零陵城外也在情理中了。当然,巨钟实际上是不会自己飞过来的,但也不能简单斥以迷信了事,传说背后往往有其复杂的社会功利、社会心理及宗教因素,深入研究常是很有意味的事。

(三)方志文献中关于阳和山改名阳明山的记载

嘉庆十七年《宁远县志》卷十"仙释"秀峰传载:

> 秀峰,名真聪,本邑郑氏子。母李氏,归宁过莲塘,偶见莲花香馥,归而成孕,十有八月,诞于东山岭。是夜星辰灿烂,红光满室,族人惊问之,乃生男也。幼颖异,年十三,父命出就外傅。聪曰:"书纪姓名,选官而已,何如选佛?"矢志出家。独行数十里,至阳和山,遇山僧明性,喜而驻足焉。明性素领曹溪宗旨,见聪容止不凡,甚敬礼之,允其披剃,持戒律三年,避迹歇马潭。有猎者逐鹿,发乱矢,聪高声念佛,猎众咸惊。随聪至住所,见岩穴萧然,回报师知,强之使归。师问:"别后避迹,曾见甚么道理?"聪曰:"山似青兮水似绿。"身虽强归而心有曹溪之游。比至曹溪,与住持机缘相契,复坚阐之,苦修三载,以归本山。闭关习静,谢绝人事。嘉靖庚戌,聪年三十有九,一日挝鼓升堂,谓众曰:"寄迹人间三十余度,生之愿尚未毕,留得色身,

---

① 按,笔者未见光绪《阳明山志》的《秀峰祖师行录》原文,此处据双牌县政协文史委员会编1991年内部印行的《阳明仙境》一书所录《秀峰祖师行录》而引。下同。

登祖位也,将黄叶止儿啼。"语毕,入关坐化。遗命师徒,约以三年期满,方可开关。届期,有王孙菊坡,久慕高风,往山开关,视之,庄严端坐,俨然如生,深赞拜伏。南渭王加其谥曰"七祖",匾曰"曹溪正派",名其庵曰"万寿寺",改其山曰"阳明山"。

按嘉庆《湖南通志》卷一百七十二"仙释"、道光《永州府志》卷九下"艺文志"中均有"改其山曰'阳明'"的记载,基本内容与嘉庆《宁远县志》类同,不过文字有所简省而已。嘉庆《湖南通志》"仙释"注明此条记载出自《宁远县志》,但未说明是哪年所修的县志。笔者只查到嘉庆《宁远县志》,此前尚有万历、康熙、乾隆三种《宁远县志》,本人尚未得见,不知其中是否亦有此记载?

从清代以前方志文献中不见阳明山的记载来看,《宁远县志》关于阳明山是由南渭王将阳和山改名而来的记载是具有相当可信度的。由于位于宁远、零陵交界处的阳和山被改名成了阳明山,于是阳和山就只好从距零陵城八九十里的地方"搬到"了零陵城东南近郊。

但有一点还须解释,即嘉靖庚戌(1550)之前的弘治七年(1494)所修的《永州府志》已有"阳和山,在县东南二里"的记载,看来,在嘉靖庚戌阳明山得名之前,阳和山已一"山"而二处,一在原地,一在零陵县东南近郊,为什么会这样?简单地说,是南渭王为了自己就近朝山或修道方便造成了这一结果。

湖南科技学院张京华教授和他的学生们近年对永州朝阳崖历代磨崖石刻进行普查,发现了很多以前从未见诸文献记载的石刻资料,其中有一方南渭王手书的榜书,"朝阳岩下洞上方,又有榜书'聚胜'二字,署款'阳和道人',钤印'南渭王宝'石刻四周篆刻龙纹"[①],但未署年份,不知是哪一代南渭王所书[②]。

南渭王乃是朱元璋第十八子朱楩的后人,朱楩于明永乐二十一年(1423)从

---

① 见张京华、侯永慧《阳明山与朱彦滨》一文,文中附入了该榜书及署款和钤印的拓片。据拓片,"聚胜"二字为横刻,钤印为"南渭王宝",刻在"聚胜"二字中间稍上位置,署款为"阳和道人书",竖刻在钤印正下方。

② 按,张京华教授在文章中还引了朝阳岩另一石刻资料"嘉靖己亥菊月望日宗室□□道人题"(为一诗刻的署款,张教授文中亦附入了该诗刻及署款的拓片),认为刻中所缺乃"阳和"二字,以此推断"聚胜"作者为第三代南渭王朱彦滨。笔者对此推断有些不同看法,因为既然"聚胜"榜刻署名"阳和道人"再加上"南渭王宝"以表明身份,那么此诗署款也会照此办理,且南渭王既是一位郡王,也就绝无自称为宗室的道理;此外,从榜刻和诗刻的书法来看,榜刻字体较为圆润,而诗刻字体则较为瘦劲,似乎也不可能为同一人所书。所以笔者认为"宗室□□道人"中间所缺乃"菊坡"二字。菊坡,正是一位宗室,且是一位著名道人,这在各种永州府志和零陵县志中都有详细记载,且其活动年代也与诗刻所署年代一致。下文笔者将要对其人作些考述,此且从略。

福建漳州徙封湖南武岗州为岷王,景泰四年(1453)朝廷封第二代岷王朱徽焲次子朱音塾为南渭王①,成化十五年(1479)"分居永州,建府第于零陵县治之后"②,"南渭王府,在府东,成化十五年自武岗州岷府迁建于此"③。第一代南渭王朱音塾于弘治五年(1492)去世,谥荣顺;其嫡长子膺□因"性狠戾,所为多不法,又烝其父之宫人",于前一年被废为庶人④,于是荣顺庶长子膺鈇以镇国将军身份管理王府,至正德十四年(1519)未及嗣王爵而去世;膺鈇嫡长子彦滨袭镇国将军管理王府,嘉靖三年(1524)袭祖父南渭王爵,并追谥其父为怀简,彦滨嘉靖二十二年去世,谥安和;彦滨嫡长子举橎继位,嘉靖三十九年(1560)去世,谥庄顺,无子,国除⑤,南渭王共传四代107年(其中在永州81年)而国绝。

"聚胜"榜书作者南渭王既然自署为"阳和道人",那他一定是热心道术、讲究修炼的人。据前所引方志,阳和山乃著名道士王真人修真之处,南渭王一定对之非常神往,从他"阳和道人"的自称也可看出此点,但阳和山离王府所在零陵城将及百里,且山高路险,作为一位王者亲自前往朝山修炼,似乎不太可能;就算他一心向道能吃得了长途跋涉风餐露宿之苦,他也是不能前往的。因为从明太祖朱元璋起,朝廷就对宗藩有严格的行动限制,特别是明成祖朱棣上台之后,对藩王活动的限制更加严格,藩王甚至不能随意出城。地方官对藩王的活动则负有监视报告之责,如景泰五年(1454),明代宗下诏警告沅陵王朱贵橘:"得荆州卫府官奏,王于正月二十九日领内史校尉出城捕鱼,此虽小事,揆于祖训,则有所违,夫违不在大小,而谨必自小始。"⑥天顺四年(1460),明英宗勅寿昌王朱季⚋:"今得湖广三司等官奏,尔于今年八月十七日,领步骑二十人出城往灵泉山祭墓,至次日还府。"⑦由此可见藩王要离王府所在远行是要受到严格限制的。

向往阳和山,希望前去朝山修炼,又不能亲自前往,那么就只能让阳和山"搬家"了,于是阳和山就位移到零陵城东南近郊,王真人修真之处也随之位移,这是南渭王的权力,也是南渭王自称"阳和道人"的原因。那么,这位"阳和道人"是哪一代南渭王呢? 因为弘治七年(1494)所修的《永州府志》已有"阳和山,

---

① 《明史》卷一百二"表第三·诸王世表三"。
② 康熙二十三年《零陵县志》卷三"藩封"。
③ 《大明一统志》卷六十五"永州府·藩封"。
④ 见《明实录》弘治四年十二月戊午纪事。
⑤ 《明史》卷一百二"表第三·诸王世表三"。
⑥ 见《明英宗实录》景泰五年三月丙寅记事。
⑦ 见《明英宗实录》天顺四年九月丙申记事。

在县东南二里"的记载,看来这位"阳和道人"只能是此前在位的南渭王了,这就是第一代南渭王朱音壑,他成化十五年(1479)从武岗迁来永州,弘治五年(1492)去世,正好是在弘治七年(1494年)所修府志第一次记载阳和山在零陵城东南郊之前,所以自称"阳和道人"的南渭王只能是他。

不过第一代南渭王虽然为了自己方便,将阳和山和王真人道场搬到了零陵城郊,但原来的阳和山还是留在原处,这就出现了一"山"而二处的奇特现象。到了嘉靖三十一年(1552),第四代南渭王将原地的阳和山改名为阳明山后,从此在嘉靖以后的永州府县志中,就仅有阳和山在零陵县东南近郊的记载了。这说明阳和山已结束了一山而二处的历史,阳明山已最终取代了原初阳和山的位置。

二 秀峰禅师、蒋鳌道士、菊坡王孙与阳明山

(一)方志文献中秀峰、蒋鳌、菊坡三人同时与阳明山关联的记载

在现存方志文献中,秀峰、蒋鳌、菊坡三人同时与阳明山联系在一起的最早记载是康熙九年《永州府志》卷二十四"外志·仙释"的秀峰传:

> 秀峰,生于正德间。晚与邑人蒋鳌、宗室菊坡相友善,筑庵于黄溪之阳明山。山高与云齐,即见日出,故以"阳明"名之。秀修行数十年,得曹溪正传。忽一日,涅槃于桶中,戒其徒:"越千日乃启。"及期启之,宛状如生,即建道场于山。其地有银沙十里,鸟道盘折。每岁八月,朝礼者以数万计,至今肉身犹在焉。

康熙三十四年《永州府志》卷二十四"外志·仙释"秀峰传所载与之完全相同,康熙二十三年《零陵县志》卷之十四的"外志·仙释"秀峰传所载内容基本相同,但文字稍有差异①。光绪《零陵县志》卷九"人物·仙释"秀峰传所记则较为详细:

> 一日,击鼓升座,说偈毕,复入室闭门,谓众曰:"吾将于此中坐化矣,俟三年乃启。"及期,众入,视发爪加长,状貌如生,众叹异之。时明嘉靖三十

---

① 如"得曹溪正传"一句,康熙二十三年《零陵县志》卷之十四的"外志·仙释"秀峰传作"得教外别传";"忽一日,涅槃于桶中,戒其徒"一句,康熙二十三年《零陵县志》卷之十四的"外志·仙释"秀峰传作"忽一日,贮盐一桶,跌坐其中,戒其徒"。

一年,其死时,盖年三十九也。先是,明藩南渭王孙菊坡、邑人蒋湘崖俱好道,与秀峰友。及是,二人至,见其状,拜之,且崇其号曰"七祖',盖以配六祖也,额庵曰"万寿寺"。

民国《零陵县志》卷九"人物·仙释"秀峰传所记与光绪《零陵县志》相同。光绪二十六年《阳明山志》的《秀峰祖师行录》所记三人关系则有所不同:

> 时师年已二十矣。师身虽已还乡,而心契曹溪衣钵,未尝忘也,旋往曹溪。是时明藩南渭王居永州,其孙菊坡与零陵邑蒋湘崖志同好道,值阳和山有巨钟飞入郡城太平寺,二公感此神奇,度山中必有异人,因偕访,而师先有曹溪之行,不克遇,为之太息……忽一日,挝鼓集众曰:"寄迹人间三十余,度生之愿尚未毕。留得色身登祖位,也将黄叶止儿啼。"又谓明公曰:"弟子谓西方有金刚不坏身,亦愿以身度世。"遗约三年期满,方可开关。复偈云:"壬申对甲子,跏坐同趺坐。千一了一年,又七月十七,即是中秋会。祖以空为座,原是本来人。今成就法座。"偈毕,入关坐化,时嘉靖二十九年,师年三十有九。菊坡、湘崖等,久慕师之高风,生前未晤,深以为憾。嘉靖三十一年壬子八月中秋,及期,偕至阳和山,启关谛视,宛然如生,发爪犹长,赞叹不已,顶礼拜伏。师徒相扶披剃,衣覆庄严,涅槃端坐。方悟壬子趺坐之偈不谬。菊坡闻之南渭王,遂崇其号曰"七祖",赠额曰"临济正派",迁阳明山,改庵名"万寿寺"。

以上材料所记三人关系之事颇有异同。据康熙《零陵县志》、康熙《永州府志》、光绪和民国《零陵县志》,秀峰坐化前就与蒋鏊、菊坡"相友善",想来蒋鏊、菊坡定然常到阳明山(其实当时应还称"阳和山")看望秀峰,与其谈禅论道,不然何称友善?说不定"筑庵于黄溪之阳明山"是他们三人共同之事。志载:"蒋鏊,号湘崖,领正德癸酉乡荐。尝出宰扶沟,以清洁著闻。致政归,得遇异人,授以服食之术,弃家,构一椽于山中,曰'寄寄巢',修炼数年,遂遨游名山,足迹尝在天台雁岩间。"①蒋鏊致政归家后"于山中"所构的"寄寄巢",很可能就在阳明山中,他在此"修炼数年",与秀峰更可能是朝夕相处了;但秀峰坐化三年后启关之时,康熙《零陵县志》和康熙《永州府志》却根本未提到蒋鏊、菊坡在场。而据光绪《阳明山志》的《秀峰祖师行录》,在秀峰坐化前,蒋鏊、菊坡虽"久慕师之高风",

---

① 见康熙二十三年《零陵县志》卷十四"外志·仙释"蒋鏊传。

曾一同前往拜访,但却因秀峰前往曹溪三年而失之交臂,导致与其"生前未晤"。然而此说并不可信,因为就在前面此行录说秀峰出生于明正德七年①(1512),前往曹溪之时年刚二十,约当1532年左右,这一年正是嘉靖十一年;而蒋鏊嘉靖十一年还在河南扶沟知县任上②,嘉靖十四年(1535)代理陕西三原县令的蒋鏊还捐出自己的俸禄刻印了寇准的《忠愍公诗集》③,这说明在秀峰前往曹溪期间,蒋鏊根本不可能回到永州并与"志同好道"的菊坡前去阳和山"偕访"秀峰而不遇的;对于秀峰死后三年启关,则光绪、民国《零陵县志》秀峰传和光绪《阳明山志》的《秀峰祖师行录》一致记载蒋鏊、菊坡二人在场,甚至充当了启关人的重要角色。④

(二)蒋鏊、菊坡与秀峰的仙道之气

南渭王改阳和山"其山曰阳明",这事可能与菊坡、蒋鏊"俱好道""志同好道"有关,也与南渭王的好道有关。改阳和山为阳明山的不是自称为"阳和道人"的第一代南渭王,但这位南渭王显然也是好道的,这与当时其祖上的好道有关,也与整个上层社会崇尚道教的风气有关,嘉靖皇帝就是一位崇信道教的典型,为了求仙炼丹,修炼长生之术,竟然二十多年不上朝不理朝政。

蒋鏊就是当时一位著名的仙道之士,在清代永州的府县志甚至湖南通志中,他几乎都是作为一位道教人物而列入"仙释"传中的。如康熙九年《永州府志》卷二十四"外志·仙释"、康熙二十三年《零陵县志》卷之十四"外志·仙释"、康熙三十四年《永州府志》卷二十四"外志·仙释"、光绪《零陵县志》卷九"人物·仙释"、民国《零陵县志》卷九"人物·仙释"、嘉庆《湖南通志》卷一百七十二"仙

---

① 上引康熙二十三年《零陵县志》和康熙九年及三十四年《永州府志》则说:"秀峰禅师,生于明正德间。"

② 乾隆《河南通志》卷三十三"职官四·开封府属知州知县·扶沟县":"蒋鏊,湖广零陵人,举人,嘉靖九年任。费希禹,山东莱阳人,举人,嘉靖十一年任。"

③ 蒋鏊代理三原县令与捐俸刻寇准《忠愍公诗集》事,见收在明崇祯十四年蒋鏊刻《忠愍公诗集》卷末的"王承裕记"(《四部丛刊三编》集部影印本),记文不长,录于下:予昔时录藏宋莱忠愍公诗,迄今几四十年,惧其字画磨灭,而未可以言久也;且公为华之下邽人,予忝乡曲之末,方图刻之,转相流布,俾公口齿膏馥霑被后人,而力未能。近摄三原县事零陵蒋君鏊至,会予于归来之堂,话及公之言行,倾仰切至。予因曰家藏公集旧矣,出以示之,喜而怀归,遂捐俸以永其传,则公为学之要、为政之体可以见矣。时嘉靖乙未岁春正月丁卯平川野逸王承裕记。

④ 嘉庆十七年《宁远县志》卷十"仙释"秀峰传则仅记菊坡"久慕高风"而未涉蒋鏊,嘉庆《新田县志》卷十"杂志·仙释"秀峰传虽载"赠秀峰七祖禅师",但却对蒋鏊、菊坡只字未提。

释"都是如此①。但蒋鏊早年却是一位深受儒学熏陶的传统儒生,徐文长说他"早岁妍精孔孟,含藉六经"②,他正德八年中举③,不久即入官场,先"任广东教谕,潜心理学,当道委毁淫祠,一无所假"④,嘉靖九年至十一年,任河南扶沟知县⑤,此后代理陕西三原县令。他为政清廉,热心弘扬儒家文化,曾于嘉靖十四年用个人俸禄刻印了寇准《忠愍公诗集》⑥,可以说直到此时,蒋鏊还是一位纯粹的传统儒家人士。大约不久之后,蒋鏊退出官场回到家乡,从此开始由一位儒家人物向道家人物转变。"致政归,得遇异人,授以服食之术,弃家,构一椽于山中,曰'寄寄巢',修炼数年,遂遨游名山,足迹尝在天台雁岩间。山阴徐淮,文长兄也,好辟谷,乃师事之,文长曾记之以诗。"⑦蒋鏊在江浙一带遨游名山,结交名士,与当时著名文人徐渭兄弟有密切交往。徐渭之兄徐淮,"弱龄访道,垂五十春,玄室冥奥,未睹宫墙。遭先生溯舟闽粤,放于山阴,邂近天缘。值诸行道,顾盼之间,疑谓异人。遂数语浃襟,悬榻弥月。过蒙收畜,列诸仆御之徒"⑧,初见之下十分服膺蒋鏊,当即拜其为师;徐渭也曾与兄一起向蒋鏊学习道术,"忆昔兄与弟,相乐和鸣琴。奉君会稽山,回睬香炉岑。两两捧清爵,一一聆徽音"⑨,并称赞其道术是"重华昔所授,绪脉由羲黄;庸兹感迪君,佩服永勿忘"⑩,并想正式拜入其门,"夫兄所师表,弟胡不尔,恐尘凡之姿,仙圣所拒"⑪,因种种原因并未实行。嘉靖二十四年(1545)夏天徐淮去世,年仅五十四岁⑫,徐渭伤感其兄

---

① 即在今日亦是如此,如胡孚琛主编的《中华道教大辞典》就有蒋鏊之条目,见中国社会科学出版社1995年版,第200页。

② 徐渭《蒋扶沟公诗并序》,见中华书局"中国古典文学基本丛书"《徐渭集》1999年重印本,第79页。

③ 雍正《湖广通志》卷三十五"选举志·举人:"正德八年癸酉乡试榜:蒋鏊,零陵人,知县。"

④ 隆庆《永州府志》卷十四"人物列传·蒋鏊",又见康熙三十四年《永州府志》卷十九"人物上·零陵名贤"蒋鏊传,按以上两种府志蒋鏊是作为儒家名贤入传的,而后一种府志即康熙三十四年《永州府志》卷二十四"外志·仙释"亦有蒋鏊传,则是作为道教人物入传。

⑤ 乾隆《河南通志》卷三十三"职官四·开封府属知州知县·扶沟县":"蒋鏊,湖广零陵人,举人,嘉靖九年任。费希禹,山东莱阳人,举人,嘉靖十一年任。"

⑥ 见前注所引崇祯十四年蒋鏊刻《忠愍公诗集》卷末的"王承裕记"。

⑦ 康熙二十三年《零陵县志》卷之十四"外志·仙释"蒋鏊传。

⑧ 《蒋扶沟公诗并序》序,中华书局"中国古典文学基本丛书"《徐渭集》1999年重印本,第80页。

⑨ 《蒋扶沟公诗并序》第五首,中华书局"中国古典文学基本丛书"《徐渭集》1999年重印本,第81页。

⑩ 《蒋扶沟公诗并序》第二首,中华书局"中国古典文学基本丛书"《徐渭集》1999年重印本,第80页。

⑪ 《蒋扶沟公诗并序》序,中华书局"中国古典文学基本丛书"《徐渭集》1999年重印本,第80页。

⑫ 见李德仁《徐渭》第37页,吉林美术出版社,1996年版。

"逢师苦不早,炼摄总成哭"①,认为如能早遇蒋鏊,必不至此。约两年后即嘉靖二十六年②,蒋鏊将回零陵,徐渭更加感伤,写诗为其送行,诗序中说:"死者已矣,生人去焉,存亡悒心,永以为好。异日吸沆瀣之精景,陟壶峤之福庭,飞九还之丹火,骑八极之游气,则天凡殊途,相见无日。缅哀伯氏,重以离衷。因献五言六首。"③

嘉靖二十六年,蒋鏊回到零陵,"归而贫甚,饮食常不给",但修道不辍,道行日进。又与喜好道术的南渭王孙菊坡交往,"除夕之日,不能具朝脯……遂假寐。王孙菊坡者,与先生友善,先生出神谒王孙,谈及于此,备物送之,先生寤则种种具也,其奇幻多如此类";又过了"数十年而先生死。死之日,道逢邻人,授以钥寄其家。家人共骇,举其棺轻甚,盖尸解云。后数年,又有人遇之于蜀峨眉山中"④。

由此看来,蒋鏊是一位由儒入道的人物,康熙三十四年《永州府志》"名贤"和"仙释"二志都将蒋鏊收入是很有道理的。据康熙二十三年《零陵县志》卷之十四"外志·仙释"蒋鏊传和道光《永州府志》卷九下"艺文志",蒋鏊有《湘崖文集》(道光《永州府志》"艺文志"作《湘崖集》)和《证道歌》两种著作传世,其著作的内容看来也是一儒一道。

另一位与阳明山得名有关的人物菊坡亦是"好道"之人,在有关的府县志中,并没有菊坡的传记,其具体事迹无法确切知道;我们只知他是南渭王的孙子,菊坡是他的号⑤,他的名字是什么也不清楚。

方志文献中只说菊坡是"南渭王孙",他是哪位南渭王的孙子呢?我们可以作点推测。嘉靖三十一年(1552),菊坡与蒋鏊一起见证了秀峰涅槃后的开关异象,蒋鏊是正德八年举人,时为公元1518年,中举时至少年在二十五岁以上,那么嘉靖三十一年蒋鏊当有六十出头了;菊坡与其为道友,年纪应与之相差不大,

① 《蒋扶沟公诗并序》第四首,中华书局"中国古典文学基本丛书"《徐渭集》1999年重印本,第81页。

② 《蒋扶沟公诗并序》第四首云:"伯氏颇好道,终岁事修服……人命安可期,天犹互寒燠。念别正徂暑,墓草已更绿。瀼瀼日中霜,亭亭风际木。逢师苦不早,炼摄总成哭。"是说写诗送别蒋鏊时,其兄"墓草已更绿",即已过了两年,蒋鏊归湘当在嘉靖二十六年。

③ 《蒋扶沟公诗并序》序,中华书局"中国古典文学基本丛书"《徐渭集》1999年重印本,第80页。

④ 康熙二十三年《零陵县志》卷之十四"外志·仙释"蒋鏊传。

⑤ 按,康熙九年《永州府志》卷二十四"外志·仙释"秀峰传载秀峰"晚与邑人蒋鏊、宗室菊陂相友善","菊坡"作"菊陂"。

当出生于公元 1490 年前后,可以肯定菊坡应是第一代南渭王朱音塾的孙子,因为朱音塾死于公元 1492 年,死时五十五岁①,正是当有孙子的年纪了。如此看来,菊坡就是朱元璋的第六代孙。他或许就是第一代南渭王嫡长子膺□的儿子,有记载南渭王嫡长子膺□是天顺五年(1461)出生②,1492 年前后菊坡出生时,他 30 岁左右,正是好生儿子的年龄。如果真是这样,菊坡的好道就是必然的了。其父被废为庶人时菊坡刚刚出生,他虽仍不失为王孙,生活自然还是优裕,政治地位却已一落千丈,他没有任何爵位而只有一个"王孙"的仅表明血统的普通称名,说明他已完全是一介庶民的身份。如果不是其父被废为庶人,他至少也是一位镇国将军,甚至可能继位为南渭王,但他却连一个最起码的表明宗室身份的奉国中尉称号也没有③,只能在他的兄弟辈(第三代南渭王朱彦滨)和子侄辈(第四代南渭王举橎)底下讨生活,在这种情况下,除了学道还有什么路走?

秀峰则是一位半道半释的人物。关于其籍贯,康熙九年《永州府志》卷二十四"外志·仙释"秀峰传载其"生于正德间,晚与邑人蒋鳌、宗室菊陂相友善",康熙二十三年《零陵县志》卷之十四"外志·仙释"秀峰传文字与之完全一致,是将其当作本县人人传的,康熙三十四年《永州府志》卷二十四"外志·仙释"秀峰传则明确说:"秀峰,零陵人,生正德间。"而光绪《零陵县志》卷九"人物·仙释"则说:"秀峰禅师,新田县东山郑氏子也。"嘉庆《宁远县志》卷十"仙释"秀峰传则说他是"本邑郑氏子……诞于东山岭"。如上所述,秀峰籍贯有零陵、新田、宁远三种说法。嘉庆《宁远县志》作者对此议论道:"按师为东山岭郑氏子,父名枋,其地今属新田县。师显化于前明正德、嘉靖间,时宁、新尚未析置,故传首称本邑人。零陵新志亦称'邑郑氏子',误矣,并记。"④因而说秀峰是宁远人或新田人都没错,但说他是零陵人则不可。

秀峰的事迹,在较早的方志记载中是较简单的,如康熙九年《永州府志》、康

---

① 《明实录》弘治五年六月:"丙午岷府南渭王音塾薨。王,恭王庶第二子,正统三年生,景泰三年封为镇国将军,景泰五年进封南渭王,至是薨,年五十五。"

② 《明实录》天顺五年:"秋七月……乙卯,赐岷府南渭王音塾嫡长子名曰膺□。"

③ 《明史》卷一百十六"列传四·诸王"载:"明制,皇子封亲王,授册金宝,岁禄万石,府置官属。护卫甲士少者三千人,多者至万九千人,隶籍兵部。冕服车旗邸第,下天子一等。公侯大臣伏而拜谒,无敢钧礼。亲王嫡长子,年及十岁,则授金册金宝,立为王世子,长孙立为世孙,冠服视一品。诸子年十岁,则授涂金银册银宝,封为郡王。嫡长子为郡王世子,嫡长孙则授长孙,冠服视二品。诸子授镇国将军,孙辅国将军,曾孙奉国将军,四世孙镇国中尉,五世孙辅国中尉,六世以下皆奉国中尉。其生也名,其长也请婚,禄之终身,丧葬予费,亲亲之谊笃矣。"

④ 见嘉庆《宁远县志》卷十"仙释"秀峰传正文后小字注文。

熙二十三年《零陵县志》和康熙三十四年《永州府志》,仅寥寥数十字,极概括简略地记载其与蒋鳌、菊坡友善,筑庵阳明山修行,得"教外别传"或得"曹溪正传",贮盐一桶跌坐其中涅槃,越千日乃启宛状如生,肉身犹在,每岁八月朝礼者数万等事。到了嘉庆十七年《宁远县志》的秀峰传,情节则具体生动并丰富起来:"秀峰,名真聪……母李氏,偶见莲花香馥,归而成孕,十有八月诞……星辰灿烂,红光满室……幼颖异……矢志出家……至阳和山……山僧明性见聪容止不凡,甚敬礼之……持戒律三年,遯迹歇马潭……岩穴萧然……有曹溪之游……归本山……嘉靖庚戌,聪年三十有九……入关坐化……三年期满……王孙菊坡……开关……俨然如生……南渭王加其谥"等①,种种异迹开始以生动具体的情节出现。

　　根据有关材料,我们可以断定秀峰事迹增多丰富的源头就是秀峰之后阳明山寺僧徒的传述。有一本题名为《阳明山志》的书,其中有《秀峰禅师行录》一篇②,对秀峰的出生不凡、学佛经过、入关坐化、开关异象及"七祖""万寿"得名有极详尽具体的记述,是关于秀峰事迹最详备的民国之前的文献。今日我们能见到的《阳明山志》是光绪二十六年刊印的,但光绪二年《零陵县志》卷一"地舆·陵墓"南渭王墓注有"《阳明山志》'王孙菊坡与蒋鳌好为方外交'者"的话,道光八年《永州府志》卷九下"艺文志"说"《秀峰语录》《阳明山志》,阳明山寺僧传述",可见《阳明山志》此前早已行世。据目前所见文献,此书虽最早见载于道光八年(1828)《永州府志·艺文志》中,但应在嘉庆十七年(1812)之前就已编成。因为嘉庆十七年《宁远县志》秀峰传其记述之具体丰富,只有传述《秀峰禅师行录》的"阳明山寺僧"才有可能做到;且嘉庆十七年《宁远县志》秀峰传的行文用语,也与《秀峰禅师行录》极其相似,如说到秀峰出生,"是夜星辰灿烂,红光满室,族人惊问之",与《秀峰禅师行录》几乎一字不差,还有嘉庆十七年《宁远县志》秀峰传作者说到秀峰的籍贯,"按师为东山岭郑氏子,父名枋,其地今属新田县。师显化于前明正德、嘉靖间,时宁、新尚未析置,故传首称本邑人",两次称秀峰为"师",这也与传述秀峰事迹的"阳明山寺僧"身份相符,更与《秀峰禅师行录》篇首"现据师之家传与本山留存传说有关行止,敬录于后"之语的口气完全一致,这充分说明了嘉庆十七年《宁远县志》的秀峰传的写作是以《阳明山志》的

①　嘉庆十七年《宁远县志》的秀峰传全文见本文第一部分第三节所引录。
②　按,笔者未见光绪二年《阳明山志》原文,据双牌县政协文史委员会编1991年内部印行的《阳明仙境》一书所录《秀峰祖师行录》注明,该文出自光绪《阳明山志》。

《秀峰禅师行录》为蓝本的,也只有参考了《阳明山志》中的《秀峰禅师行录》才有可能出现这样的情况。

从《秀峰禅师行录》来看,秀峰虽是一位禅师,但实际上其仙道之气要更多一些。如秀峰的出生乃仙翁所赐,"母李氏金姑……路经大江洞莲塘,遇一老翁饥卧,求筐中物,氏慨然出糍与食。翁嘉其贤,并询氏之里居,忽指塘中莲花一枝,顾氏曰:'此即贵子也。'言讫不见。氏顿感莲气芳馨,遂觉有孕,始悟所遇乃仙翁也。"所谓"仙翁",乃道家特有的说法;其出生也是一片仙气,"祖师诞生,是夕,星辰灿烂,祥光满室";他还像汉末方士左慈一样会弄奇幻之术,"师龄尚未及冠,父母为其定婚嘉禾谢氏,择吉入赘,礼成之夕,师坚不从。是夕,室内灯光明灭,女竟不知师之所在,然次晨依然在室",其岳母为了破坏他的持戒,"特宰鸡与之啜……力拒不可,亦任其割烹。适外弟至,私嚼一距,师乘机脱身。谢母知不可留,率女持筈送至大江洞田畔,叹曰:'君心若此,奈何?'师接筈,谢曰:'母有令女,何愁无快婿?'异日另配,即今嘉禾石燕胡氏。师即行,涤筈,大哕,鸡经吐出,竟活如旧,独缺一足,随跃奔家";他寻找修炼之地,也是反复选择,直"至零陵界阳和山。只见木石幽异,紫气腾空,地铺银沙,岭势磅薄,并阅宋代古碑钟器,知是真人炼丹之处、神禹藏书之穴,遂欣然曰:'大事因缘,其在斯乎?'",所谓"真人炼丹、神禹藏书"全是道家专门用语①,难怪"志同好道"的蒋鏊、菊坡二人要与秀峰交好,也难怪《中国神话人物辞典》要说他是一位"湘南民间崇奉神灵"②,原来秀峰本来也是一位仙道,虽然后来被奉为所谓"七祖",那可能只是佛教为了能在当地立住脚跟而采取的一种策略,也是乡野社会民间信仰的特色体现,即儒释道混杂,你中有我,我中有你,难解难分的特色。

三 南渭王与阳明山之得名

据上文所引嘉庆十七年《宁远县志》卷十"仙释"秀峰传、嘉庆《湖南通志》卷一百七十二"仙释"秀峰传和道光《永州府志·艺文志》记载,阳明山是由阳和山改名而来;改名之事与蒋鏊、菊坡有极大关系,是他们两人将秀峰开关后所现异

---

① 见双牌县政协文史委员会编 1991 年内部印行的《阳明仙境》一书所录《秀峰祖师行录》。

② 李剑平主编《中国神话人物辞典》,第 315 页,陕西人民出版社,1998 年。见康熙九年《永州府志》卷二十四"外志·仙释"秀峰传、康熙二十三年《零陵县志》卷之十四"外志·仙释"秀峰传和康熙三十四年《永州府志》卷二十四"外志·仙释"秀峰传。

象报告南渭王后,由南渭王决定改"其山曰阳明"的,时间是在秀峰坐化开关的嘉靖三十一年(1552)之后。

但《阳明山志》的《秀峰禅师行录》却并未说南渭王改阳和山名为阳明山之事,而说秀峰坐化三年开关后,"菊坡闻之南渭王,遂崇其号曰'七祖',赠额曰'临济正派',迁阳明山,改庵名'万寿寺'",似乎只是将庵名改"万寿庵",并将秀峰肉身从阳和山迁到阳明山而已。但此庵是秀峰初到阳和山时拜明性和尚为师所在之庵,也是秀峰坐化之庵,各种资料中都不载此庵之名,本是一无名之庵,南渭王又如何改其名?嘉庆十七年《宁远县志》卷十"仙释"秀峰传所说"名其庵曰'万寿寺'"当较近事实;此外,秀峰既在此庵坐化开关,为何不在原地安放而要迁走?此举于情于理均说不通。较早的资料都说"及期启之,宛然如生,即建道场于山",说明秀峰肉身是在其坐化所在之山也就是阳和山就地保存安放的,并未迁到另外的地方。保存安放之所当然就在"即建"的"道场"中,这个道场就是万寿寺。这个万寿寺是新建的道场,所以嘉庆十七年《宁远县志》卷十"仙释"秀峰传所说"名其庵曰'万寿寺'"的说法也是不准确的。

这个为秀峰新建的道场万寿寺是谁所建?光绪二年《零陵县志》卷一"地舆·陵墓"南渭王墓注回答了这一问题:

> 案岷藩在武岗,流风余泽犹传民间,州志俱为立传,窃以为固王之贤,亦由风俗之厚。南渭遗事,永州文献乃一无所征,仅阳明山寺碑言寺为嘉靖壬子岁故藩所建。其书某主人者,盖庄顺王也。《阳明山志》"王孙菊坡与蒋鳌好为方外交"者,宗生也。今寺称秀峰僧为曹溪七祖,始始庄顺。寺山旧归藩邸,捐三县之租,由此观之,其崇尚空虚罔念人瘼可见矣,死而无称,宜哉!又南渭国除甚早,其宗人居永者久已成族,闻明亡有改姓唐者,今者皆为农夫,散居四境,二支族牒屡征不获。彼愚□疑畏之心,岂知圣世宽仁,保全遗裔者恩无不至乎!

据上引文,阳明山寺碑载阳明"寺为嘉靖壬子岁故藩所建"。阳明寺就是万寿寺,嘉靖壬子岁就是嘉靖三十一年,也就是秀峰肉身出关的那一年;而故藩则是"庄顺王也",亦即最后一代南渭王朱举橺,他嘉靖二十二年继位,嘉靖三十九年去世,谥庄顺,无子国除。而此秀峰道场万寿寺(阳明山寺),既是南渭王所建,又为南渭王所供养,"寺山旧归藩邸,捐三县之租",可见南渭王对其山其寺是有绝对的话语权的。

　　既然秀峰肉身就在原地保存供奉,那么所谓秀峰肉身从阳和山迁到阳明山的说法就断然不能成立。那么当时阳和山之外也就没有另外一个什么阳明山了,阳和山就是嘉靖三十一年被南渭王改名为阳明山的这座山,也就是说,阳明山就是阳和山,这一点光绪二年《宁远县志》卷四上"山川"说得很肯定:"阳明山,一名阳和山……直上峰巅,则秀峰禅师道场在焉。"

　　至于为何要改名为阳明山而不改成别的山名,这就与秀峰、蒋鏊、菊坡三人的仙道本色有关,也与南渭王的信仰倾向有关,当然还可能与王阳明有关,这需要对"阳明"一语的含义进行探究。这一任务,万里先生已有深入的工作,笔者只好敬谢不敏了。

　　　　　　　　　　　　　　　　　(原载 2014 年第 2 期,作者单位:长沙理工大学)

分裂的世界:明代零陵名士蒋湘崖事略考

✳ 周建刚

一 前言

阳明山是永州的文化名山,在明代嘉靖以后,由于秀峰禅师的传说,由道教胜地而转为佛教道场。在秀峰禅师创建道场、涅槃坐化、崇为"七祖"的过程中,零陵名士蒋湘崖起过很大的作用。今据地方志以及相关文献的记载,试对蒋湘崖的生平事迹进行初步考证,为阳明山文化提供史实依据。

蒋鳌,字汝济,号湘崖。明清地方志中时常称其为"蒋湘崖"。零陵人。明正德八年举人。曾任广东教谕、河南扶沟知县、摄陕西三原县事,为政清介,有清廉之名。长于书法,兼擅诗文,有著作《湘崖文集》四卷(今已佚)。中年后弃官修道,漫游名山,与江浙名士徐渭兄弟有师生之谊。晚年返乡家居,与明宗室朱菊坡、秀峰禅师筑庵于黄溪之阳明山。

蒋湘崖是明代文人中典型的"三教合一"型人物,他早年崇尚理学,中年修仙炼丹,晚年则与禅师交往,在思想上处于一个不断变化的状态。相应地,在明清时代的永州地方志中,蒋湘崖也呈现出两种不太一致的形象:一种是《先贤传》《先正传》中的儒生、隐士形象;另一种则是《仙释传》中的神仙方士形象。无论如何,这两种形象给人以一种"分裂"的印象。

蒋湘崖的形象"分裂"源自于生活世界的分裂,这在明代文人中是一个普遍的现象。《古诗十九首》说:"服食求神仙,多为药所误。"但历代才人求仙问道却络绎不绝,其中实有不得已之苦衷。蒋湘崖生活的明代中后期,是一个政治环境严酷而文化思潮勃兴的时代,一方面正德、嘉靖诸帝皆以昏暴著称,朝政黑暗,正人去位;另一方面由于王学的兴起,带动了社会文化思想的解放,知识分子儒道兼修、儒佛兼修成为普遍现象。在朱元璋以来的政治高压政策下,明朝的思想文化中始终有一股隐士化的阴郁气息,究竟是面对政治世界还是背对政治世界,这一两难选择造成了明代文人生活世界的分裂。蒋湘崖由儒入道、由"先贤"而"仙释"的个人和历史遭际,是明代文人生活世界分裂的真实写照。

二 蒋湘崖的传记资料

蒋(鳌)湘崖仅是明代的一名举人,官职止于知县,虽有《湘崖文集》四卷,但并没有流传后世。蒋湘崖作为明代普通文人中的一员,生平可说是籍籍无名,在事功、文章、学问方面都没有取得很高的成就,因此《明史》和《明实录》中以及各种官修史书、民间私史都没有提到他,他的传记资料主要保存在明清时期的永州地方志中,包括《永州府志》和《零陵县志》;此外,清代的《扶沟县志》中,也记载了蒋湘崖任扶沟知县的时间和部分事迹。

明清时期先后出现了多种《永州府志》和《零陵县志》。明代《永州府志》今存 3 种,分别编纂于洪武、弘治和隆庆时期,其中记载有蒋湘崖传记资料的是《隆庆永州府志》,这也是蒋湘崖传记资料中最早的一种。清代有《永州府志》3 种、《零陵县志》3 种,其中都有蒋湘崖的传记。笔者在研究的过程中,根据年代的先后,以《隆庆永州府志》《康熙永州府志》《道光永州府志》《康熙零陵县志》《光绪零陵县志》为基本史料,拟对蒋湘崖的传记资料进行讨论。

蒋湘崖仅是明代零陵地区的一名地方文人,但地方志作者对他的传记编排和处理颇费了一番苦心,其中一方面是由于蒋湘崖本人的生平事迹具有神秘色彩,出入儒道,游戏红尘,让地方志史家难以准确定位他的思想;另一方面,也可以看出方志作者在正统的儒学观念与诡异的神仙世界之间摇摆不定的犹豫心态。

蒋湘崖最早的传记见于《隆庆永州府志·人物列传》:

> "蒋鳌,字汝济。零陵人,举人。任广东教谕,究心道学,尝承当道委毁淫祠,一无所容。寻升扶沟县令,有冰蘖声。家居贫甚,吟咏自娱。所著有《湘厓文集》四卷。尤精玄学,以寿终。"①

《隆庆永州府志》中的蒋湘崖传记比较平实,没有过多的神秘色彩,文中提到他早年"究心道学,尝承当道委毁淫祠,一无所容",其实是一名思想正统的儒生,

---

① 《隆庆永州府志》,《四库存目丛书》史部第 201 测,第 713 页。

做官时很廉洁,晚年家居贫困,以诗文自娱,这些都是明代乡间老儒的典型形象。特别是文末文末指出,蒋湘崖"以寿终",完全没有此后清代方志中关于湘崖神仙尸解的传说。但《隆庆永州府志》还是很委婉地指出,湘崖"尤精玄学",是对道家、道教学术比较精通的人物,这和一般的儒生还是有区别的。

《隆庆永州府志》中的蒋湘崖传记成为清代地方志的蓝本,《康熙永州府志》《道光永州府志》《康熙零陵县志》《光绪零陵县志》中都依据《隆庆永州府志》,为蒋湘崖列有专门的传记。但清代地方志中的蒋湘崖传记与明代《隆庆永州府志》有所不同,出现了"一人两传"的特殊情形,即在"人物传"和"仙释传"部分分别列有蒋湘崖的传记,"人物传"部分基本依据《隆庆永州府志》的记载,突出蒋湘崖的"儒生""理学"形象;"仙释传"则记载蒋湘崖学道、炼丹乃至尸解成仙的神异经历。这种"一人两传"的特殊处理方法,在包括地方志在内的中国古代史书中是十分罕见的。

《康熙永州府志》是清代最早的永州地方志,正是在这部书中,蒋湘崖开始享受了"一人两传"的特殊待遇,并被此后的《康熙零陵县志》《光绪零陵县志》所沿袭。为说明此种特殊情形,现将《康熙永州府志》中的两种蒋湘崖传记抄录于下。

(1)《康熙永州府志》卷十六《人物·零陵乡贤》:

> "蒋鳌,字汝济,号湘崖。正德癸酉乡荐。任广东教谕,潜心理学,当道委毁淫祠,一无所假。升扶沟令,有冰蘖声。家贫甚,吟咏自娱。所著有《湘崖文集》四卷。"①

(2)《康熙永州府志》卷二十四《外志·仙释》:

> "蒋鳌,号湘崖。正德癸酉乡荐。尝出宰扶沟,以清洁著闻。致政归,得遇异人,授以服食之术,弃家构一椽于山中,曰寄寄巢。修炼数年,遂游名山,尝在天台、雁岩间。山阴徐淮,文长兄也,好辟谷,乃师事之,文长曾记之以诗。"

> "先生归而贫甚,饮食常不给,意泊如也。其妻偕隐,亦能安贫。除夕,不能具朝餔,笑谓先生曰:'岁云暮矣。'先生不应,作诗示之曰:'柴米油盐酱醋茶,七般俱在别人家。唯有老夫无计策,开窗独坐看梅花。'遂假寐。

① 《康熙永州府志》,日本藏中国罕见地方志丛刊,书目文献出版社,1992年,第437页。

王孙菊坡者,与先生友,每见先生进谒,谈及于此,乃备物送之。至其家,先生乃窭。其幻迹多如此。"

"如是者数十年,而先生死。死之日,道逢乡人,授以口,寄其家。家人骇之,举其棺,轻甚。盖尸解云。后数年,又有人遇之于蜀峨眉山中。"

"先生著有《证道歌》及《湘崖文集》,传于世。"①

从《康熙永州府志》中的这两种蒋湘崖传记来看,前者《人物传》部分基本袭自《隆庆永州府志》,比较简略;后者《仙释传》部分为首创,篇幅较大,材料也大为丰富,为我们展示了蒋湘崖具有神异色彩的一生。在清代的几种永州地方志之中,《康熙零陵县志》和《光绪零陵县志》都沿袭《康熙永州府志》的做法,对蒋湘崖的传记作"一人两传"的处理办法。

《道光永州府志》对蒋湘崖传记的处理有所不同。《道光永州府志》不设《仙释传》,蒋湘崖的传记列于《先正传·高隐》,内容比较简略,但兼顾了湘崖的早年仕宦生涯和晚年隐居生活,将其视为隐士而非神仙方士。

《道光永州府志》中的蒋湘崖传记如下:

"蒋鳌,字汝口,号湘崖。零陵人。正德八年举人。任口口教谕。早岁潜心性命之学,佐当道毁淫祠。升扶沟令,有冰蘖声。口贫甚,吟咏自娱。晚感时事,弃官遂游江海,遁而谈元。人望之若神仙中人,盖有托而然欤。其隐居曰寄寄巢。著集四卷。山阴徐渭尝赠口诗。"②

《道光永州府志》的蒋湘崖传记有一定的特点。首先是记载比较全面,既叙述了蒋湘崖早年"潜心性命之学"的理学家一面,也记录了蒋氏晚年隐居修道、"遁而谈元(玄)"的一面;其次是没有过于强调蒋湘崖作为道教、道术修炼者的神异色彩,而是比较理性地指出"人望之若神仙中人,盖有托而然欤",言下之意是,蒋湘崖修炼道术实际是出于一种不得已之寄托。基于这种认识,《道光永州府志》将蒋湘崖列入"高隐",即文人中的隐士一类。

至此我们可以对蒋湘崖的传记资料进行综合性的分析。在地方志中,蒋湘崖有三种类型的传记:(1)明代《隆庆永州府志》中单独传记,主要突出蒋湘崖的"理学家"色彩,可以命名为"理学型传记";(2)清代《康熙永州府志》《康熙零陵

---

① 《康熙永州府志》,日本藏中国罕见地方志丛刊,书目文献出版社,1992年,第719页。
② 《道光永州府志》,中国方志丛书·华中地方·第289号,成文出版社有限公司印行,第971页。

县志》《光绪零陵县志》中的"一人二传",兼述蒋湘崖的儒生经历和修道过程,有一定的神异色彩,可以命名为"神仙方士型传记";(3)清代《道光永州府志》中的单独传记,强调蒋湘崖的"隐士"身份,可以命名为"隐士型传记"。

三　蒋湘崖生平事迹编年

蒋湘崖虽然在地方志中有了多种类型的传记,但这些传记资料都比较简略,对蒋湘崖生平事迹的叙述颇有遗漏之处。为此,笔者以地方志中的蒋湘崖传记为基础,结合多种材料,试图对蒋湘崖的生平事迹进行编年叙述,以尽量还原蒋湘崖的生平原貌,并对地方志的疏漏进行补正。

明清方志记载蒋湘崖的仕宦生涯,一般认为是先后担任"广东教谕""扶沟知县",与湘崖有过交往的浙江名士徐渭也称他为"蒋扶沟公",有《蒋扶沟公诗并序》,在《伯兄墓志铭》中更明确为"故扶沟知县零陵蒋先生"。但据笔者发现,四部丛刊三编影印上海涵芬楼明刊本《寇忠愍公诗集》,卷末有明代关中理学家王承裕所作的后记,其中提到"摄三原县事零陵蒋君鳌至,会予于归来之堂"。清代《扶沟县志》记载蒋湘崖任扶沟知县的时间为嘉靖九年庚寅(1530)至十一年壬辰(1532),王承裕《记》则作于嘉靖十四年乙未(1535),时间地点皆合。由此可见,蒋湘崖在卸任扶沟知县后,还曾摄任陕西三原知县。此事明清时期的永州地方志皆阙载,今当据史料补其缺漏。

1. 明武宗正德八年癸酉(1513),蒋湘崖领乡荐中举。

《隆庆永州府志·人物表·皇明举人》:"(正德)癸酉:杨材;萧栋;何思;王诰;朱口;蒋鳌;何口;杨宗厚。"[①]

《康熙永州府志·人物·零陵乡贤》:"蒋鳌,字汝济,号湘崖。正德癸酉乡荐。"[②]

2. 明世宗嘉靖九年庚寅(1530),任广东教谕。在任期间,究心理学,并在上司委托下毁弃民间宗教"淫祠",态度严苛,一无所容。

《隆庆永州府志·人物列传》:"蒋鳌,字汝济。零陵人。举人。任广东教谕,究心道学。尝承当道委毁淫祠,一无所容。"[③]

---

① 《隆庆永州府志》,《四库存目丛书》史部第 201 测,第 588 页。
② 《康熙永州府志》,日本藏中国罕见地方志丛刊,书目文献出版社,1992 年,第 437 页。
③ 《隆庆永州府志》,《四库存目丛书》史部第 201 测,第 713 页。

3.明世宗嘉靖九年庚寅（1530）～嘉靖十一年壬辰（1532），任河南扶沟知县，为政有清介之声。

《光绪扶沟县志·官师表》："知县：杨瞻，（嘉靖）八年任，有传。蒋鏊，（嘉靖）九年任，有传。贺希禹，耒阳举人，十一年任，卒于官。"①

《光绪扶沟县志·良政传》："明蒋鏊，零陵举人。书法清劲出尘。性纯静宁澹，宠辱不惊。解任后，传其仙去。"②

4.明世宗嘉靖十四年乙未（1535），摄陕西三原县事，与关中理学家王承裕交往，并刻印《寇忠愍诗集》。

王承裕《寇忠愍公诗集记》："予昔时录藏宋莱国忠愍公诗，迄今几四十年，惧其字画磨灭而未可以言久也，且公为华之下邦人，予忝乡曲之末，方图刻之，转相流布，俾公口齿膏馥，霑被后人，而力未能。近摄三原县事零陵蒋君鏊至，会予于归来之堂，话及公之言行，倾仰切至。予因曰：'家藏公集旧矣。'出以示之，喜而怀归，遂捐俸以永其传，则其为学之要、为政之体可以见矣。时嘉靖乙未岁春正月丁卯，平川野逸王承裕记。"③

5.明世宗嘉靖十四年乙未（1535）前后～嘉靖二十四年乙巳（1545），弃官修道，庐居山中，构"寄寄巢"。后漫游浙江天台、雁荡等名山。徐淮师事之。

《康熙永州府志·外志·仙释》："蒋鏊，号湘厓。正德癸酉乡荐。尝出宰扶沟，以清洁著闻。致政归，得遇异人，授以服食之术，弃家构一椽于山中，曰寄寄巢。修炼数年，遂游名山，尝在天台、雁岩间。山阴徐淮，文长兄也，好辟谷，乃师事之。"④

6.明世宗嘉靖二十四年乙巳（1545），徐淮卒，由东阳往吊徐淮之丧。徐淮之弟徐渭赠以《蒋扶沟公诗并序》。

盛鸿郎《徐文长先生年谱》："嘉靖二十四年（乙巳，1545）……夏，兄淮（1492—1545）卒，与杨嫂合葬。'死之前一月，犹与故扶沟知县零陵蒋先生者铸鼎稽山中。蒋一往东阳，及再来，而哭兄于寝矣。'作《蒋扶沟公诗并序》。（注：淮信道，游四方，遇蒋同归于越。）秋后追作《伯兄墓志铭》。"⑤

---

① 《光绪扶沟县志》，中国方志丛书·华北地方·第471号，成文出版社有限公司印行，第333页。
② 《光绪扶沟县志》，中国方志丛书·华北地方·第471号，成文出版社有限公司印行，第385页。
③ 《（寇）忠愍公诗集》，四部丛刊三编集部据上海涵芬楼影印明刊本，第91页。
④ 《康熙永州府志》，日本藏中国罕见地方志丛刊，书目文献出版社，1992年，第719页。
⑤ 盛鸿郎《徐文长先生年谱》，《中国诗歌研究（第五辑）》，第111页。

徐渭《蒋扶沟公诗并序》:"零陵蒋先生者,迅鹍鹏之遐翻,秉龙蛇之屈伸,尝欲顶摩青天,手弄白日,不著上下,以栖混元。早岁妍精孔孟,含藉六经,故说有谈空,不诡正道。昔尝出宰扶沟,晚节薄游四方,挂冠拂衣,如沤在海,虽随光扬波于上代,鲁连高蹈于海滨,御寇埋名于郑圃,先生放纵于吾越,可谓闭户造车,出门合辙者矣。渭伯兄淮,恬澹厌俗,弱龄访道,垂五十春,玄室冥奥,未睹宫墙。遭先生遡舟闽粤,放于山阴,邂逅天缘,值诸行道,顾盼之间,疑谓异人;遂数语浃襟,悬榻弥月,过蒙收畜,列诸仆御之徒。既而先生鸿迹远旷,再渡钱塘,期许后来,意得执鞭长侍。岂谓造物苛猛,未更寒暄,伯已化为异物。乌乎!陵海尚变,人寿几何?金丹未成,玉颜曷驻?渭每念此,可谓寒心,先生哲人,胡以导指南向耶?顷者又将浮湘江,并九疑,直指芝田,家门一入,渭于斯际,能不依依?夫兄所师表,弟胡不尔?恐尘凡之姿,仙圣所拒。嗟哉!死者已矣,生人去焉,存亡惕心,永以为好。异日吸沆瀣之精景,陟壶峤之福庭,飞九还之丹火,骑八极之游气,则天凡殊途,相见无日。缅哀伯氏,重以离衷,因献五言六首。"①

徐渭《伯兄墓志铭》:"生弘治某年月日,死嘉靖某年月日,年五十四。死之前一月,犹与故扶沟知县零陵蒋先生者铸鼎稽山中。蒋一往东阳,及再来,而哭兄于寝矣。"②

7.明世宗嘉靖二十四年乙巳(1545)后～嘉靖三十一年壬子(1552),归乡家居,与妻子偕隐。家贫无以给饮食,吟咏自娱,不以为意。与明宗室南渭王孙朱菊坡交好,菊坡常周济之。

《康熙永州府志·外志·仙释》:"先生归而贫甚,饮食常不给,意泊如也。其妻偕隐,亦能安贫。除夕,不能具朝餔,笑谓先生曰:'岁云暮矣。'先生不应,作诗示之曰:'柴米油盐酱醋茶,七般俱在别人家。唯有老夫无计策,开窗独坐看梅花。'遂假寐。王孙菊坡者,与先生友,每见先生进谒,谈及于此,乃备物送之。至其家,先生乃寤。其幻迹多如此。"③

8.明世宗嘉靖三十一年壬子(1552),与南渭王孙朱菊坡礼拜秀峰禅师遗蜕于零陵阳明山,并崇其号曰"七祖",额其庵曰"万寿寺"。

《光绪零陵县志·人物·仙释》:"秀峰禅师……居久之,一日击鼓升座,与众人说偈毕,复入室闭门,且谓众曰:'吾将于此中坐化矣。俟三年,乃启门。'及

---

① 《徐渭集》,中华书局,1983年,第79～80页。
② 《徐渭集》,中华书局,1983年,第632页。
③ 《康熙永州府志》,日本藏中国罕见地方志丛刊,书目文献出版社,1992年,第719页。

期,众人视,发爪加长,状貌如生。众叹异之。时嘉靖三十一年。……先是,明藩南渭王孙菊坡、邑人蒋湘崖俱好道,与秀峰友。及是二人至,见其状,礼拜之,且崇其号曰'七祖',盖以配六祖也。额庵曰万寿寺。"①

9. 约明世宗嘉靖三十四年乙卯(1555)左右,湘崖卒,或传其尸解成仙。著作有《湘崖文集》四卷,或云有《证道歌》,皆不传。

《康熙永州府志·外志·仙释》:"先生归而贫甚,饮食常不给,意泊如也。……如是者数十年,而先生死。死之日,道逢乡人,授以口,寄其家。家人骇之,举其棺,轻甚。盖尸解云。后数年,又有人遇之于蜀峨眉山中。"②

《康熙永州府志·人物·零陵乡贤》:"(蒋鏊)所著有《湘崖文集》四卷。"③

《康熙永州府志·外志·仙释》:"先生(蒋鏊)著有《证道歌》及《湘崖文集》,传于世。"④

四 蒋湘崖交游考

蒋湘崖一生游踪颇广,先后在广东、河南、陕西等地任职,弃官修道后,又长期漫游名山大川,在浙江天台、雁荡等地留下了自己的足迹,晚年则归乡家居。湘崖在仕宦、漫游、家居等不同时期,与各种形色的人物有过交游往还,其中有与他一样的地方性文人(朱缙),也有著名理学家(王承裕)、知名艺术家(徐渭),此外还有宗室(朱菊坡)、禅师(秀峰)等。这些形形色色的人物,以及他的漫游足迹,构成了蒋湘崖所具体生存的那个时空环境,由此也可以体察他思想前后的细微变化。当然,由于文献所限,这些人物可能只是蒋湘崖生活世界的冰山一角,我们试由此一角来观察那巨大的冰山本身。

在包括地方志在内的各类文献记载中,可以考见与蒋湘崖有过交往的人物有如下六人。

(一)朱缙

朱缙,字云卿,号晴峰。湖南零陵人。父朱衮,字子文,弘治十五年进士,历官云南左参政、布政按察司,有《白房集》《续郡十三志》等著作,明清永州地方志

---

① 《光绪零陵县志》,中国方志丛书·华中地方·第309号,成文出版社有限公司印行,第750页。
② 《康熙永州府志》,日本藏中国罕见地方志丛刊,书目文献出版社,1992年,第719页。
③ 《康熙永州府志》,日本藏中国罕见地方志丛刊,书目文献出版社,1992年,第437页。
④ 《康熙永州府志》,日本藏中国罕见地方志丛刊,书目文献出版社,1992年,第719页。

均有传。日本学者户崎哲彦有《永州朝阳岩现存柳宗元诗刻与明人朱衮》(《湖南科技学院学报》2011 年第 5 期),考释朱衮生平及著作情况甚详。

朱氏为永州世家,朱缙为朱衮之子,嘉靖四年(1525)举人,任河南郏县教谕,后迁封丘知县。清代《郏县志》中称:"(朱缙)湖广零陵人,举人。嘉靖中任。淹通经史,勤于课士,多所裨益。"①朱缙致仕归乡后不久去世,蒋湘崖为作《墓志铭》,今存《光绪零陵县志·朱缙传》中,其文曰:"司学郏鄘,修清节,多著述,士夫推重之。及令封邱,澹泊自守,便于民者以躬瘁之。观教多余有录,试政有录,足徵矣。铭曰:生有德以善世,死有铭以终誉。公也无愧于神明矣。"②湘崖与朱缙同乡同里,生活经历相似,思想接近,他对朱缙推重备至,可见二人生前有密切的交往,相知甚深。

(二)王承裕

王承裕,字天宇。陕西三原人。明代成化、弘治间名臣王恕之子。《明史》卷 182《王恕传》末附传云:"少子承裕,字天宇。七岁能诗,弱冠著《太极动静图说》。恕官吏部,令日接宾客,以是周知天下贤才,选用无不当。举弘治六年进士。恕致政,承裕即告归侍养。起授兵科给事中,出理山东、河南屯田。减登、莱粮额,三亩徵一斗,还青州彰德军田先赐王府者三百六十余顷。武宗立,屡迁吏科都给事中。以言事忤刘瑾,罚米输塞上。再迁太仆卿。嘉靖六年累官南京户部尚书。清税一百七十万石,积羡银四万八千余两。帝手书'清平正直'褒之。在部三年,致仕,卒。赠太子少保,谥康僖。"③

王承裕不仅是一名称职的官员,同时也是明代重要的理学家,曾创建三原弘道书院,培养了众多关中理学人才,对明代关学学风有重要影响。《明儒学案》卷九《三原学案》云:"(王承裕)登弟后,侍端毅归,讲学于弘道书院,弟子至不能容。冠婚丧祭,必率礼而行,三原士风民俗为之一变。"④

蒋湘崖与王承裕相识于嘉靖十四年(1535),时当王承裕致仕后晚年家居讲学时期。据王承裕《寇忠愍公诗集记》所记,是年蒋湘崖摄三原县事,在谒见王承裕时得观王氏家藏北宋名臣寇准诗集,因捐俸刻印。王承裕是明代的重要学者,名满天下,在事功、学问方面远非湘崖能及,他虽识湘崖于晚年,但其为政风

---

① 《郏县志》,中国方志丛书·华北地方·第 440 号,成文出版社有限公司印行,第 104 页。
② 《光绪零陵县志》,中国方志丛书·华中地方·第 309 号,成文出版社有限公司印行,第 680 页。
③ 《明史》第 16 册,中华书局本,第 4838 页。
④ 沈善洪主编:《黄宗羲全集》第 7 册《明儒学案》,浙江古籍出版社,1985 年,第 180 页。

格、理学思想应当给湘崖留下了难以磨灭的印象。

(三)徐淮

徐淮,字文东,号鹤石山人。浙江山阴人。明代著名文人徐渭之兄。徐淮酷信神仙之术,终身勤求不已。徐渭《伯兄墓志铭》曰:"始兄嗜丹术,性复散宕,不内恋,如有待于兄弟中,乃始尽舍其家室,益遍游名山岳,庶几一遇神仙焉,而卒不得。"①徐淮在访求神仙的过程中,遇蒋湘崖于山阴,一见之下,惊为异人,遂师事蒋氏,从学神仙服食炼丹之术。徐渭《蒋扶沟公诗》记其事云:"伯氏颇好道,终岁事修服。道上逢异人,髭须洒林竹。修礼重致问,德音美如玉。扣之转微茫,焦螟游广漠。冀得长奉事,双飞向王屋。"②徐淮卒于嘉靖二十四年(1545),死前一月,犹与蒋湘崖炼丹于山阴会稽山中。

(四)徐渭

徐渭,字文长(初字文清),别号田水月、天池山人、青藤道士等。浙江山阴人。明代著名文人、艺术家。徐渭虽早有文名,但困于科场,一生坎坷,晚年因精神错乱屡次自杀不遂,郁郁困居而终。徐渭在诗歌、散文、书法、绘画方面均有高度成就,对后世影响极大,明代文人如袁宏道、陶望龄等人都对他有极高评价。

徐渭与蒋湘崖的交往当缘于其兄徐淮。湘崖弃官修道后,曾漫游名山,路过浙江山阴,与徐淮结识,并传授其神仙服食和丹鼎修炼之术。在徐淮随蒋湘崖修炼期间,徐渭也曾厕身其间,在会稽山中共同炼丹修道。《蒋扶沟公诗》中回忆其事云:"忆昔兄与弟,相乐和鸣琴。奉君会稽山,回睇香炉岑。两两捧清爵,一一聆徽音。"③徐淮去世后,湘崖由东阳返山阴,并拟"浮湘江,并九疑",返乡家居。徐渭作《蒋扶沟公诗并序》六首赠之,以表惜别之意,并强调"兄所师表,弟胡不尔",以湘崖为自己在道教思想方面的导师。徐渭曾注《周易参同契》,遗佚不传。今本《徐渭集》中有论道教修炼术的文章如《论玄门书》《注参同契序》《书古本参同契误识》,或与蒋湘崖的传授有关。

(五)朱菊坡

朱菊坡,明代宗室,具体名、字不详,菊坡或为其号。朱菊坡为明代藩王南渭王之王孙,崇尚道术,与蒋湘崖、秀峰禅师均有密切交往。据《康熙永州府志》记

---

① 《徐渭集》,中华书局,1983年,第632页。
② 《徐渭集》,中华书局,1983年,第81页。
③ 《徐渭集》,中华书局,1983年,第81页。

载,朱菊坡与秀峰禅师、蒋湘崖筑庵于黄溪之阳明山,又曾周济湘崖于晚年困苦之中。《光绪零陵县志》则记载,朱菊坡与蒋湘崖俱好道,与秀峰禅师为友,秀峰圆寂后,二人崇其号为"七祖",并额其庵为"万寿寺"。

据《康熙永州府志·藩封志》:"明成化十五季,封岷王次子音口为南渭王,分居永州,建府第于太平门内。"①据《明史·诸王世表》,南渭王为太祖庶十八子岷王支系,共传袭四次,(谥号)分别为荣顺王、怀简王、安和王、庄顺王。庄顺王于嘉靖二十六年(1547)嗣位,三十九年(1560)薨逝,无子国除②。朱菊坡究竟系出于哪一代南渭王,因史料缺乏,已无从考证。

(六)秀峰禅师

秀峰禅师,明代永州地区著名禅僧。《康熙永州府志·外志·仙释》云:"秀峰,生于正德间。晚与邑人蒋鳌、宗室口口口口口筑庵于黄溪之阳明山。山高与云齐,即见日出,故以阳明名之。秀修行数十年,得曹溪正传。忽一日,涅槃于桶中,戒其徒,越千日乃启。及期启之,宛口如生。即建道场于山。其地有银沙十里,鸟道盘折。每年八月,朝礼者以数万计。至今肉身犹在焉。"③《光绪零陵县志·人物·仙释》则云:秀峰为新田县东山郑氏子,年十三,谒零陵阳明山僧明性为弟子;后往曹溪,受其宗旨,复归阳明山;居久之,击鼓升座,说偈辞众,入室坐化;越三年,肤色如生,时为嘉靖三十一年;邑人蒋湘崖、宗室朱菊坡礼拜遗蜕,崇其号为"七祖",额其庵为"万寿寺"④。

五 余论——蒋湘崖的思想特征与明代文人的生活世界

在明代的零陵文人中,蒋湘崖并不算是最知名的,但他的生平经历、思想特征却反映了明代知识分子生活世界的一些普遍特征。蒋湘崖首先是一位儒家知识分子,有着传统文人治国平天下的理想情怀。他早年潜心理学,在任广东教谕时严厉处置民间宗教的"淫祠",就反映了儒家传统的社会治理思想,即以儒学的纲常名教为本来教化民众,对民间的"小传统"、异端思想持拒斥态度。在任

① 《康熙永州府志》,日本藏中国罕见地方志丛刊,书目文献出版社,1992年,第249页。
② 详见《明史》102卷《诸王世表三》,中华书局本《明史》第9册,第2741页。
③ 《康熙永州府志》,日本藏中国罕见地方志丛刊,书目文献出版社,1992年,第719页。
④ 详见《光绪零陵县志·人物·仙释》,中国方志丛书·华中地方·第309号,成文出版社有限公司印行,第750页。

河南扶沟知县时,地方志对他的评价是"以清洁著闻",《光绪扶沟县志》将他列入"良政传"。凡此种种,都说明蒋湘崖是一名传统社会所培育出来的优良官吏,如果他的政治生涯能进一步延伸,当有机会列入传统史书的"循吏传"。

蒋湘崖的人文素养也与一般的传统知识分子无异,长于书法和诗文。《光绪扶沟县志》称他"书法清劲出尘",为我们透露了这方面的一点信息。《康熙永州府志》记载,湘崖弃官修道后,在山中构建了一处名为"寄寄巢"的居所。"寄寄巢"一名,或即来自于元代著名文人、书法家杨维桢的自署堂名。杨维桢的《东维子文集》中,有多篇作品篇末题云写于"寄寄巢",其中《沈生乐府序》一篇,书法真迹今藏于北京故宫博物院,纸本册页,纵横三十二行,行书体,用笔恣肆开张,风格矫健苍劲,卷末题云"至正庚子春三月既望,铁篴道人杨维桢书于云间之寄寄巢"①。

蒋湘崖的诗文修养如何,由于《湘崖文集》的遗佚,我们已不得而知。他在摄陕西三原县事时,曾从关中理学家王承裕处得到北宋名臣寇准的诗集,并大为叹赏,并捐俸刻印。这件事说明蒋湘崖即使身在仕途,也不是一名只知埋首于案牍的"俗吏",而是对诗文有相当鉴赏能力的儒家文人。

总的来看,在蒋湘崖的前期生涯中,他与一般的儒家知识分子没有任何区别。他努力读书中举,然后进入仕途,为官清廉,对诗文有鉴赏能力,并且长于书法。到此为此,我们有理由相信,地方志作者将他列入《先贤》《先正》《仕迹》等类传记是十分恰当的。

蒋湘崖的转变是在人生的中途,他弃官而修道,转变得十分突然。关于蒋湘崖弃官入道的原因,《康熙永州府志》说是"致政归,得遇异人,授以服食之术",《道光永州府志》则说是"晚感时事,弃官遨游江海,遁而谈元(玄),人望之若神仙中人,盖有托而然欤"。依照前者的说法,湘崖是得到道教中人授以修炼术,从而主动地投向浪漫美好的神仙世界;而依照后者之说,湘崖之修道是感于时事之艰难,以"谈玄"为寄托,盖有不得已的苦衷。二说孰是孰非,我们已无从判断。但自此之后,"望之若神仙中人"的蒋湘崖代替了"潜心理学"的蒋湘崖,并由此逐步走进了地方志中的《仙释传》。

蒋湘崖的这种思想和生活轨迹的变化在明代知识分子中十分普遍,反映了明代知识分子生活世界的分裂。与宋代儒生受到君主的尊重优礼相比,明代儒

---

① http://www.9610.com/yangwz/07.htm 书法空间—永不落幕的书法博物馆—元代书法

生所面临的政治生态十分严酷。明代诸帝动辄残杀、廷杖大臣,知识分子的尊严感空前没落,并由此导致对政治的冷漠。明代思想从一开始就有一股幽冷灰暗的隐士文化气息。《明儒学案》记载,明初学者吴与弼(康斋)"遂弃去举子业,独处小楼,玩《四书》《五经》、诸儒语录,体贴于身心,不下楼者二年"[①];陈献章(白沙)"归即绝意科举,筑春阳台,静坐其中,不出外者数年"[②];即使是大儒王阳明,也与道教人士多有往来,并筑室于余姚的阳明洞天,行静坐导引之术,居然达到"前知"的神奇效果。可以说,明代政治环境的严酷造成了知识分子生活世界的分裂:一方面是传统儒生渴望建功立业的理想情怀,另一方面则是背对政治世界、向往全真养性的阴郁心情。在这种分裂的局面下,知识分子普遍兼修儒道、出入三教。早年曾从湘崖学道的徐渭一方面是阳明心学的信徒,另一方面则精心研究《周易参同契》的丹道修炼之术。王阳明之后的王门弟子从道教中人学习养生修炼更是极为普遍,如《明儒学案》记载阳明弟子王龙溪、罗念庵与道士方从时的交往说:"方与时,字湛一,黄陂人。弱冠为诸生,一旦弃而之太和山习摄心术,静久生明。又得黄白术于方外,乃去而从荆山游,因得遇龙溪、念庵,皆目之为奇士。车辙所至,缙绅倒履;老师上卿,皆拜下风。"[③]方从时甚至"已入京师,欲挟术以干九重",他的湖北同乡张居正讽刺他说:"方生此鼓,从此掴破矣。"[④]由这类轶事,也可以看出道教修炼术在当时知识界的风靡程度。

蒋湘崖弃官入道的真实心路历程,我们已无从得知究竟,但有理由相信,《道光永州府志》所说的"晚感时事""有托而然",并非是纯粹的托词。当然,湘崖本身官阶不高,不可能接触到朝堂政治的腥风血雨,但政治环境的黑暗压抑了他的理想,而"纯静宁澹,宠辱不惊"的天性则使他自然而然地由儒家的政治世界走向道家道教的虚幻神仙世界,这一推断应是可以成立的。徐渭在《蒋扶沟公诗并序》中称他"早岁妍精孔孟,含藉六经",并将他与历史上的隐士随光、鲁仲连、列御寇相提并论,说他"薄游四方,挂冠拂衣,如沤在海",可谓十分生动形象地刻画了他的内心世界。

蒋湘崖的处境是明代文人的普遍处境,他们早年大多意气风发,中年渐入颓唐,晚年专修佛道,其中性格刚烈者如徐渭发狂而困居终老、郁郁以终,雄强者如

---

① 沈善洪主编:《黄宗羲全集》第7册《明儒学案》,浙江古籍出版社,1985年,第3页。
② 沈善洪主编:《黄宗羲全集》第7册《明儒学案》,浙江古籍出版社,1985年,第80页。
③ 沈善洪主编:《黄宗羲全集》第7册《明儒学案》,浙江古籍出版社,1985年,第825页。
④ 沈善洪主编:《黄宗羲全集》第7册《明儒学案》,浙江古籍出版社,1985年,第826页。

李贽以"七十老人何所求"的英勇气概自尽于诏狱,而大多数气质平庸者则无声无息地消逝在历史的阴影中。蒋湘崖作为明代零陵的地方知识分子,他由儒而入道,并在地方志中由《先贤》而进入《仙释》,这种分裂的形象,是明代文人生活世界的一幅缩影。

（原载 2014 年第 3 期,作者单位:湖南省社会科学院）

阳明山秀峰禅师所食"苦菜"考

✳ 徐仪明

　　阳明山是秀峰禅师修行悟道之处,为一山清水秀,环境优美的胜境。《永州府志》载:"朝阳甫出,而山已明者,阳明山也。有银沙十里,鸟道盘折,上与云齐,其麓险绝,几疑无路,及登顶峰,左衡右嶷,极目千里,身在云际,超然出尘。"古语云:天下名山僧占多,如此绝佳奇特之阳明山自然为佛门选胜,自宋以来,阳明山一带就修建了多处寺庙。至明嘉靖年间,秀峰禅师居阳明山寺中,殁后其身不坏,供在庙中,号曰"七祖"。相传,在秀峰禅师潜心修行,开悟得道的过程中,不食人间烟火,全凭山岩边上一颗苦菜维持生命,此菜茎大异常,叶大多汁,日降三叶供禅师三餐之需。岩内石上,有一处形凹如钵,内盛清泉,供禅师饮用。后来,禅师功德圆满,菜树亦凋,为朝拜者当桥往返之。人多削木医病。久不复存。《宁远县志》载:"祖师岩,广可容百人,扉倩云封,响闻鸟答,人迹罕至,静若太古。昔为秀峰安禅之处,岩中生苦菜一本,叶大如掌,师日食一叶以疗饥。"另有《阳明山志·秀峰祖师行录》记载此事,其云:"一日,师忽只身视之于歇马庵龙潭之侧,岩栖涧饮,坐苔朝夕,岩前有苦菜一本,茎大异常,日食一叶。继恐伤生,黄落斯采。久之醒悟,撮石为像,置于岩中,净性潜修。凡三年,山径崎岖,人迹罕至,明公(即秀峰之师明性长老)莫测其所。"这两处记载加上民间传说,俱言"苦菜"之神奇功效,秀峰禅师修行三载,全凭此菜疗饥度日,无论是一日三叶或一日一叶,仅食此树叶度日,恐怕对于一般人来说是难以想象的。这里有两点值得思考。一是秀峰禅师的确是神奇之人,二是此苦菜也非寻常之物。本文拟就第二个问题做一较为深入地探讨,不当之处,敬请方家指正。

　　"苦菜"应当很早就记入古代本草或其他典籍之中。尽管中国最早的药物学著作《神农本草经》早已亡佚,但在南北朝时期梁陶弘景《本草经集注·菜部》中已将"苦菜"辑佚,其云:"苦菜,味苦,寒,无毒。主治五脏邪气,厌谷,胃痹,肠澼,渴热中疾,恶疮。久服安心,益气,聪察,少卧,轻身,耐老,耐饥寒,高气不老。一名荼草,一名选,一名游冬。生益州川谷,生山陵道旁,凌冬不死。三月三日采,阴干。"陶氏注曰:"疑此则是今茗。茗一名茶,又令人不眠,亦凌冬不凋,而嫌其止生益州。益州乃有苦菜,正是苦藏尔。上卷上品白英下,已注之。《桐君药录》云:苦菜叶三月生扶疏,六月花从叶出,茎直花黄。八月实黑,实落根复生,冬不枯。今茗极似此。西阳、武昌及庐江、晋熙茗皆好,东人止作青茗。茗皆有浡,饮之宜人。凡所饮物,有茗及木叶天门冬苗,并菝葜,皆益人,余物并冷利。又巴东间别有真茶,火燔作卷结,为饮亦令人不眠,恐或是此。世中多煮檀叶及大皂李作荼饮,并冷。又南方有瓜芦木,亦似茗,至苦涩。取其叶作,煮饮汁,即通夜不眠,煮盐人唯资此饮尔。交广最所重,客来先设,乃加以香芼辈尔。"①所谓"苦菜",《神农本草经》称其味苦性寒,功效主要有"安心,益气,聪察,少卧,轻身,耐老,耐饥寒,高气不老",其中耐饥寒的作用,我认为最为重要,因为秀峰禅师三四年间寒冷之山岩间绝谷断粮,全靠食此叶维持生命,确因苦菜能够疗饥抗寒。而陶弘景则怀疑苦菜即是"茗",又称"苦藏",连带《神农本草经》所说的"一名荼草,一名选,一名游冬",至此苦菜已有五个别名。但细读陶弘景注可以看到,他认为"茗"与苦菜最为相似,其主要功效则是"令人不眠"甚至"通夜不眠",精神亢奋,即所谓"茗皆有浡"。"茗"也就是茶。《尔雅·释木》:"槚,苦荼。(郭璞)注:树小似栀子,冬生叶可煮作羹饮。今呼早采者为茶,晚取者为茗。一名荈"②。《诗经·邶风》"谁谓荼苦,其甘如荠。"《诗经·大雅》"周原膴膴,堇荼如饴",王夫之《诗经稗疏》谓:"《毛传》云:'荼,苦菜也。'盖言菜之苦者,非《月令》之所谓苦菜,菜以苦名者也。《颜氏家训》乃引《易纬》'苦菜生于寒秋,更历冬春,得夏乃成',以释此荼,误矣。颜氏言'一名游冬,叶似苦苣而细,摘断有白汁,花黄似菊',乃《广雅》所记,自别一类,非荼也。其尤误者,徐铉以《说文》无茶字,谓即是荼。不知《尔雅》'槚,苦荼',在《释木》篇中,本非草类。汉以上人无煮饮之,王褒《僮约》始有烹茶买茶之文。杨衒之作《伽蓝记》时,北人尚不知啜茗。其始唯蜀地产而蜀人食之,后世乃移种于江淮。若河北则土不宜种,邶安得有此,而周原亦安得薅之哉?"③船山明确认为"荼"不是"茶"。至于"槚",《说文》名"楸",为落叶乔木,材质坚硬,可供建筑,与茶树并不一样。但王夫之认为"苦荼"为树木,因其在《尔雅·释木》篇,与前引《阳明山志·秀峰祖师行录》所述相合。还有一点值得注意,那就是《诗经》中所说的"荼"如"荠"

---

① 严世芸等编:《三国两晋南北朝医学总集》,北京:人民卫生出版社2009年,第1093页。
② 引自《康熙字典》,北京:汉语大辞典出版社2002年,第503－504页。
③ 王夫之:《船山全书》第三册,长沙:岳麓书社1996年,第54页。

如"饴",味甘,与《神农本草经》所说的"味苦"又不相同,也给后世增添了又一困惑。于这两个问题一直得不到解决,所以后世对"苦菜"到底是什么一直不甚了了。唐孙思邈《千金翼方》在《菜部》中有"苦菜"条目沿袭了《神农本草经》的说法,而在《木部》则有"茗,味甘,苦,微寒,无毒。主瘘疮,利小便,去痰热渴。令人少睡。春采之。苦茶,,主下气,消宿食作饮,加茱萸、葱、薑等良。"[①]将苦菜,茗,苦茶三者一并记入书中。

但在《蜀本草》一书中有一段引《唐本草》的文字颇值得注意,其云:"苦菜,《诗》云:谁谓荼苦;又云:堇荼如饴,皆苦菜异名也。陶谓之茗,茗乃木类,殊非菜流。茗,春采为苦㮇,㮇音迟遲反,非荼音也。"[②]也就是说苦菜即㮇,也就是荼。《唐本草》的这一说法虽然在很长一段时期内不被认同,或仅聊备一说而已。但终于学者中对苦菜即荼的说法持信者越来越多,明杨慎(1488－1559)《丹铅录》云:"荼即古茶字。诗云'谁谓荼苦,其甘如饴'是也。荼者,苦也,药用其叶,故名。"[③]茶之别名也不断出现在各类本草书中,除《唐本草》称为㮇外,陆羽《茶经》称为"蔎";《圣济总录》称为"腊茶";《本草别说》称为"茶芽";《简便单方》称为"芽茶";《万氏家抄方》称为"细茶";《本草纲目》称为"酪奴"等等。

人们认识到"苦菜"就是"茶"显然是经历过曲折而漫长的过程,究其原因则在于拘泥于苦菜的"菜"字,就是说古人总以为苦菜必定属于蔬菜类。王夫之《诗经稗疏》就是这样说的:"凡菜名苦菜者有六:一,《广雅》所言游冬苦菜,似苦苣而秋生者也。二,贝母苗,《诗》谓之蝱,陶弘景《别录》谓为苦菜也。三,龙葵,陶弘景所谓苦菜,乃是苦蘵,一名苦葵,一名天茄子,四月生苗,嫩时柔滑可食,叶圆花白,茎大如箭,结子如五味子者也。四,酸浆草,《尔雅》谓之苦浆,《上林赋》谓之蒇,一名苦耽,一名灯笼草。叶如水茄,可食,开小白花,结子作殻如撮口袋,中有子如珠者也。五,苦苣,今之苦荬。六,败酱,今湖湘山谷多有之,叶条长,有锯齿,春生茎弱,秋则茎如柴胡,引蔓,节节生叶,味苦而有腐气,山野人采之,瀹过揉去苦味以为菜茹,或干之,与米同煮以御荒,此则今人所正名为苦菜者也。凡此六种,要非《毛传》所云'荼,苦菜'者。"[④]然而此六种"苦菜",俱非木生,已与《宁远县志》和《阳明山志》所载苦菜为树,即木生植物之叶片根本不类,而且

① 孙思邈:《千金翼方》,太原:山西科学技术出版社2010年,第989－990页。
② 韩保升:《蜀本草》,合肥:安徽科学技术出版社2005年,第483页。
③ 冉先德:《冉氏释名本草》,长沙:湖南科学技术出版社2008年,第659页。
④ 王夫之:《船山全书》第三册,长沙:岳麓书社1996年,第55页。

其功效也与《神农本草经》所言大有出入,因此都不是秀峰禅师所食之"苦菜"。茶叶乃是一种树叶,关于茶树,李时珍《本草纲目》引陆羽《茶经》云:"茶者,南方嘉木。自一尺二尺至数十尺,其巴川峡山有两人合抱者,伐而掇之。木如瓜芦,叶如栀子,花如白蔷薇,实如栟榈,蒂如丁香,根如胡桃。其上者生烂石,中者生栎壤,下者生黄土。"①这一对于茶树的描述进一步证明了秀峰禅师所食"苦菜"确系茶叶,而非其它品种的所谓"苦菜"。由此也可以看到古代那种把植物药物分为"木部""菜部""草部"等的局限性,现代中药学则将这类药物统统归为"叶",因为无论树叶、菜叶还是草叶,都可以称之为叶,而不至于顾此失彼,令人迷茫。关于"苦菜"即茶叶的考证至此仍不能算结束,因为其功效仍需与《宁远县志》或《阳明山志》所载秀峰禅师长期食用后的身体精神状况比对以后,如能够完全相符合才算最终完成了我们的考证工作。好在已有学者查阅过 500 多种文献,总结出茶的功效 20 项,计有:1. 令人少睡;2. 安神除烦;3. 明目;4. 清头目;5. 下气;6. 消食;7. 醒酒;8. 去腻解肥;9. 清热解毒;10. 止渴生津;11. 去痰;12. 治痢;13. 疗瘘;14. 利水;15. 通便;16. 祛风解表;17. 坚齿;18. 益气力;19. 疗饥;20. 其他②。可以说这 20 种(严格说是 19 种)确实能够涵盖《神农本草经》所说"苦菜"的全部功效。而《阳明山志》中所载秀峰禅师食用茶叶三年后依然能够"忽疾声念佛",说明他此时的身体和精神都处于良好的状态,颇显示出茶叶的疗饥、益气力等多种功效。顺便说一下,由此也可以证明,许慎所处的汉代尚未流行饮茶或品茗,所以只见"荼"字而不见"茶"字。唐代《新修本草》(又称《唐本草》)才认识到苦茶,即苦槚,也即苦荼。这在茶叶的发现史上可谓厥功甚伟。

秀峰禅师在阳明山中仅靠茶叶维持生命达三四年之久,除了说明茶叶确有疗饥、益气力等功效之外,同时也证明了秀峰禅师所具有的苦修精神非同寻常,这种却谷之术也非任何人都能够做到的,食茶叶饮山泉的史实,充分说明秀峰禅师的确是一位得道高僧,后人给予其"七祖"的称号恰如其分,名至实归。还有一点必须指出,那就是禅与茶的密切关系在秀峰禅师身上得到了充分体现,所谓"禅茶一味"非虚语也。

(原载 2014 年第 7 期,作者单位:湖南师范大学)

---

① 李时珍:《本草纲目》,北京:人民卫生出版社 1999 年,第 1534 页。

② 林乾良,刘正才:《养生寿老集》,上海:上海科学技术出版社 1991 年,第 86 页。

给阳明山"和"文化安一个家

✳ 周寰宇　刘立夫

"阳春时节天气和,万物芳盛人如何。"阳春三月,在"天下第一杜鹃红"的永州阳明山,十万亩杜鹃花海还在怒放,向游人展示她的美丽。在这样美好时节,大家齐聚一堂,出席第十届湖南·阳明山"和"文化节暨海峡两岸交流基地发展论坛,一定是一件很愉快的事情。古人说,"天时不如地利,地利不如人和",春暖花开,草木茂盛,不仅天气好,人的心情也好,正好与这次"和"文化节、"海峡两岸情、和美一家亲"相呼应,可谓"因缘殊胜""因缘和合"。

一　中华文化之"和"

文化没有好坏优劣之分,却有地域、民族的差别。有人把西方文化比作"龙虎"文化,意谓龙争虎斗,不死不休,搞"丛林法则",靠拳头说话。有人把印度文化称之为"龙象"文化,龙在水,象在陆,龙象属于两个不相干的东西,这表明印度文化有包容性。而人们在概括中国文化的时候,却常常将其比喻为"龙凤"文化,龙凤既不相斗争,又不是了无干涉,而是处在一种和谐美妙的关系当中,这就是中华文化的独有的"和""合"精神。

"和谐"是社会主义核心价值观的重要内容。如果要将当代核心价值观的12 个理念排序的话,"和谐"应该可以排在最前面,最能够体现中国特色和世界意义。因为"和"是中华文化最根本的特征,是中华文化区别与其他文化的显著标志。

从字源学来看,和谐、和平、和气、和睦、和顺、和乐、和蔼、和美、中和、太和、祥和、调和、一唱一和等等词汇都与它有关。和的本意是"千人一口",同声相应,同气相求。一个禾,一个口,寓意丰衣足食,生活安定,社会和谐。俗语说:"家和万事兴。"要是家里吃饭都成问题,最终还是没有"和"可言。和的异体字为"龢",龠是乐器,很多管子的乐器,表示很多人合奏一首曲子。从这个意义上说,和就是"和鸣""合奏",老子《道德经》中的"音声相和"即与此有关。因此,"和"的源头最初是指"律吕之和",后来又逐渐演变成为人伦之和、政事之和、天人之和。《礼记·乐记》云:"乐者,天地之和也;礼者,天地之序也。和,故百物皆化;序,故群物皆别。"人们常说中华文化是礼乐文化,中华是礼仪之邦。礼乐很重要,代表了一种天地间的秩序和人间的秩序。上次美国的著名摇滚歌唱家杰克逊去世了,才50岁逊头,因为他的那个摇滚乐把人都唱晕了,心都发狂,那样的音乐就不是"发天地之和",不和谐,属于淫声以乱雅,这样的人怎么能够长寿? 当然,从哲学上讲,"和"并非没有矛盾、无生气的沉闷,而是"和实生物,同则不继"。"和"与"同"相对,其实是"不同"的有机结合。孔子说的"君子和而不同,小人同而不合"就是"和实生物,同则不继"的另一种表述。

中华文化最重视三个方面的和,即"国学三和":一是身心之和,一是人我之和,一是人天之和。我们的传统的儒佛道三家文化都认同这个三和。

什么是"身心之和"? 就是灵与肉、身体与精神的和谐。西方有句名言,人的一半是天使,一半是野兽。这与中国古人说的"道心惟微,人心惟危"是相通的。要克服人的身心失衡,儒家主张修身为本。《大学》主张正心诚意,格物修身,然后养成君子之德。《中庸》里有一个"中和"思想:"喜怒哀乐之未发谓之中,发而皆中节为之和。"这是儒家关于身心和谐的最经典的表述。《庄子》说"神人无功,圣人无名,至人无己",要做一个"自然人"。佛家要用戒定慧对治人的"贪嗔痴",达到解脱境界。现代人大多很焦虑,患心理疾病的很多,比如癌症患者,大部分人问题就出在心理危机和饮食不当上面,最终要归因于身心不和,是文化出了问题,所以我们需要从古人那里吸取养生的智慧。

什么是"人我之和"? 就是处理好我与他人的关系,这个关系可以引申到家庭之和、社会之和、民族之和、宗教之和、国家之和、世界之和,等等。人是一个社会的动物,也是一个政治的动物,必须要在一定的社会关系中相互依存,这就涉及处理人与人关系的原则。这个原则,儒家开出了"仁爱",道家开出了"自然",儒家开出了"慈悲",西方的基督教开出了"博爱",其实在总的原则上都是一致的。

什么是"人天之和"? 现代人都面临一个世界性的难题,那就是人与自然关系的危机即"生态危机",就是人类与自然很不和谐。现在我们的生活的空间已经被大大压缩,空气、水、土壤、动植物资源都面临空前的危机。中国诺贝尔奖的获得者莫言曾警告说:"人类的好日子已经不多了。"这不是危言耸听。西方人说这是"人类中心主义"在作怪,其实这个生态危机说到底还是"人欲"难填! 这需要人类好好地反思,必须善待自然,将自然看成是与人类共生的东西,而不是"征服"的对象。我们今天能够看到阳明山的山清水秀,流水潺潺,鸟语花香,就是一座生态示范区,值得好好珍惜。

二 中华"和"文化的世界意义

英国著名的历史学家汤因比认为,人类未来的希望在东方,而中国文明将为未来世界转型和21世纪人类社会提供无尽的文化宝藏和思想资源。他直言不讳地预言:未来最有资格和最有可能为人类社会开创新文明的是中国,中国文明将一统世界。他还说,来生愿意生在中国。中华文明为什么有统一全球的资格?汤因比说了很多原因,但"和而不同"的中华文化传统无疑是最重要的一条。在联合国大厦前,有三座雕像,一个是《打结的枪》,一个是《铸剑为犁》,这两座雕塑的意思是一回事,那就是世界和平。还有一座是《破碎的地球》,主题是化解生态危机。世界和平、生态和谐如何解决,当然各有各的看法,但从深层次文化哲学上看,中华文化的"和谐"之道应该是最有说服力的。

在联合国大厦的大厅之中,镌刻着中国孔子一句名言:"己所不欲,勿施于人。"这句话属于孔子所讲的"仁"的一部分,也就是孔子所推崇的"忠恕之道"。1993年开了一个世界宗教领袖大会,对人与人、国与国、宗教与宗教、文化与文化如何和平共处,也提出了两条"黄金原则":第一条是把人当人,第二条就是"己所不欲,勿施于人"。自己不喜欢的,不能强加于人,这是处理现代人际关系的"黄金法则"。上世纪50年代,周恩来在万隆会议上,提出"和平共处五项原则",即互相尊重主权和领土完整,互不侵犯,互不干涉内政,平等互利,和平共处,这个外交原则实际上是中华和文化的一个具体运用,也是"和而不同""己所不欲,勿施于人"的儒家精神的一个具体运用。

随着科技的发展,经济的全球化,现在的世界已经是一个"地球村",到底是"和而不同""和平共处"的法则优先,还是"弱肉强食"的生物学"丛林法则"更适合?美国一个学者叫亨廷顿,他提出了"文明冲突论",他一方面要"文明的对话",但骨子里还是带着西方文化中心论的偏见,大讲文明的冲突,把伊斯兰文明和儒家文明看作是西方文明的威胁。现在看来,这种思路是危险的。上次在法国巴黎发生了枪击爆炸案,普京作为俄罗斯领导人,因为霸气的作风被大家关注,普京对付恐怖分子经典言论走红网络:"原谅恐怖分子是上帝的事情,我们的事情,是送他们去见上帝。"很多人都觉得这样霸气的话很舒服、很解恨。但很少有人能够深入地考虑问题。恐怖分子乱杀人当然不对,但以暴制暴、以牙还牙的方式未必是终极之道。这与亨廷顿主张"文明冲突论"其实是同一个逻辑。

据报道,十多年前南京发生了德国人普方一家4口在南京被灭门的惨案。当时4个失业青年潜入他的别墅行窃,被发现后,他们持刀杀害了那个德国人和他妻子、儿子和女儿。案发后,4名凶手随即被捕,后被法院判处死刑。当年,普方先生的母亲从德国赶到南京,老人作出一个让中国人觉得很陌生的决定——她写信给地方法院,表示不希望判4个年轻人死刑。"德国没有死刑,我们会觉得,他们的死不能改变现实。"更令人想不到的是,就在那年11月,在南京居住的一些德国人及其他外国侨民设立了纪念普方一家的协会,自此致力于改变江苏贫困地区儿童的生活状况。协会用募集到的捐款为苏北贫困家庭的孩子支付学费,希望他们能完成学业,走上"自主而充实"的人生道路。这一举动默默延续了9年,虽然已有超过500名的中国贫困学生因此圆了求学梦,但它至今鲜为人知。为什么德国人要这么做? 这个慈善项目的德国主管说:"如果需要付费的话,我的父母也没有办法送我到学校去,可能我在德国还找不到工作,没办法选择我想要的生活。"一个人有了工作,能够衣食无忧,绝不会为了偷一东西去杀害一个无辜的人。

看到德国人做的事情,我们也许为之汗颜。这就是中国古人说的"以德报怨"。这就是慈悲、宽恕的力量。宋代有个哲学家张载有句话说:"有反斯有仇,仇必和而解。"现代人喜欢斗争,用现代哲学家冯友兰的话说,就是"仇必仇到底",以牙还牙,以暴制暴,其实不是终极的解决之道。所以,中国文化的"和而不同""以和为贵""万物并育而不相害,道并行而不相悖"和谐之道才是化解当代世界各种矛盾冲突的最有效的原则。

当然,提倡世界和谐,决不是说不讲国防,一个国家没有力量就要被欺负,是说不上和谐的。我们永州古代是舜帝晚年生活的地方,舜帝来永州,是为平定三苗的动乱。但舜帝没有采用武力,而是用"干戚之舞",和平解决了问题。"干戚之舞"是以武力做后盾,但不战而屈人之兵,所以舜帝才被后人尊为有德之君,是中华德文化之祖。

三 两岸阳明山文化之"和"

现在全国好些地方都在搞"和文化",这是国学复兴的一个可喜现象。但是,如果泛泛而谈和文化,可能会流于"同质化",没有特色,也就没有吸引力。阳明山的"和文化节"连续举办了十届,主题很鲜明,有特色,其中两岸之和就很有意义。

早几年湖南科技学院与阳明山共同举办过阳明山文化学术研讨会,当年这个活动的策划很有创意。既然"和"是中华文化的一大特色,为什么不可以给和文化找一个"家"呢?中国的"寿文化"有南岳衡山,中国"佛文化"有"四大佛教名山",中国道教文化有"四大道教名山",有三十六洞天、七十二福地。中国的儒家的祭祀文化有泰山、黄帝陵、炎帝陵。所以,将和文化安家,放在湖南永州的阳明山是很有创意的,终于为中华和文化找到了一个"根据地"。东安县去年申报"中国德文化之乡",被中国伦理学会正式授牌,现在已经有很大的影响。如果双牌县也申报一个"中国和文化之乡"成功,那样就可以创建一个名副其实的文化品牌。

阳明山为什么可以申报"中国和文化之乡"? 当年的策划者考虑到了几个因素:一是"和谐社会"建设,二是两岸都有一个阳明山,有利于两岸的文化交流和经贸往来,三是阳明山儒佛道三家文化和谐共生,四是阳明山的生态环境特别好,是典型的"天人合一"生态旅游胜地。后来,还写信给联合国秘书长安南,请他为阳明山写了一个"和"字。这样,阳明山的和文化就具备了五大内涵,即三教之和、两岸之和、社会之和、世界之和、生态之和。据说,当时在阳明山还没有主办"和"文化节之前,就曾经在山上发现了一个自然天成的"和"字。现在,又在增加"中华万和大鼎""中华和文化园""和文化旅游节""万和湖""万和山"等等名片,有了这么丰富的和元素,申报一个"中国和文化之乡"应该具备了充分必要的条件。

从文字上讲,"阳明"二字也与"和"文化联系起来。"阳"字是个形声字,左边是形,右边是声,行旁单耳从阜,实际就是"土山"的意思,象征大地;而"阳"字右边的部分,台湾地区使用的繁体字,是写作"易",大陆地区用简体字,通常写作"日",但不管是"易",或者是"日"都与太阳有关,所以可以简单理解为日,象征苍天。这样来看的话,"阳"字就是合有天地,可以象征天地之和。"明"字简繁同体,都写作左日右月,日月在中华文化当中通常是阴阳的象征,所以"明"字体现的是阴阳之和,日月可以指君臣、而阴阳也可以代指男女、夫妻等,"明"字所诠释的"和"文化更多样也更深刻。

另外,永州的阳明山与台湾的阳明山是有一些关系的。据说当年蒋介石曾上山拜佛,在万寿寺抽签后得到"胜不离川,败不离湾"的签语,后经星光大师指点败退台湾,遂将台湾的草山改为阳明山。当年蒋介石之所以将台湾的"草山"改为"阳明山",一个是草山不雅,名字很难听,而王阳明的"破山中贼易,破心中贼难",恰恰道出了一个政治人物历经波折后的心路历程。不管是哪一种说法,两岸的阳明山都代表了一种文化认同,是中华传统文化的血脉相连。

说到阳明山三教之和,还有很多地方值得挖掘。阳明山的儒佛道长期和平共处,是一大特色。其中的秀峰禅师是佛教禅宗临济一派的"七祖",曾受明代朝廷诏封,禅师生前修行的寺庙也被赐名"万寿寺",有"名山千古仰,活佛万家朝"的寺联。秀峰禅师在阳明山留下的"肉身舍利",是阳明山的镇山之宝。但是在"阳明山"的历史传说当中,却显然与道教关系密切。传说阳明山起初并无阳光照耀,是郑氏兄弟二人跪告玉帝,玉帝才派遣太阳之神将一盏天灯挂在了阳明山的上空,从此阳明山才得到太阳光照,所以在昔《永州府志》当中说:"朝阳甫出而山已明者,阳明山也……"意为"阳明",即日出而明。且"万寿寺"在以前也叫"万寿宫",是道教的道观,可见阳明山有浓厚的道教文化。至于阳明山的儒家元素,通常认为是与明儒王阳明大有关系。在明洪武《永州府志》中,阳明山的名字并不是"阳明山",而是称"阳和山",但清康熙《永州府志》中,则只有"阳明"之名,而无"阳和"之名。也有人认为,山名从"阳和"改称"阳明"是因为王阳明的缘故。

这次阳明山的和文化节活动内容很多,除了开幕式和这个论坛以外,接下来还会举办自驾车、音乐节、围棋赛、山地自行车挑战赛、中华民族佛教交流、观雪景看雾凇等活动,这些都很有意义。其实,阳明山人文资源、宗教资源、自然资源都很丰富,特别是这里的自然环境优越,现代人都很忙碌,举办禅修和养生活动应该是一个非常理想的地方,这是以后的活动可以重点考虑的主题。

（原载 2016 年第 9 期,作者单位:中南大学）

永州阳明山佛教文化品牌如何打造

✳ 刘立夫

永州是我的家乡。这次有幸参加"永州阳明山文化研讨会",既感到亲切,也感到惭愧。因为在此以前,我从来没有去过阳明山,对那里的情况简直一无所知。直到前不久接到会议的邀请函,才开始关注阳明山,才知道阳明山拥有那么多秀丽的山水和厚重的人文底蕴。从中国历史文化的角度看,阳明山蕴涵着丰富的儒佛道三教文化和民俗文化资源,加上这里得天独厚的自然景观,可以肯定地说,阳明山确实是一座有待发掘的"生态品牌",是一处充满佛道灵气的"人间福地"。

会议的主办方希望进一步宣传阳明山,提升这张永州"文化名片"的含金量,这是一件很有意义的事情。作为永州人,我也有一份责任。我是研究中国传统文化的,这些年来对佛教关注得比较多,也参加过许多佛教方面的学术活动。在此,根据会务组提供的相关资料,我想就阳明山佛教文化品牌如何打造的问题,谈一些个人的感想和建议。

一 佛教是阳明山的灵魂

俗话说,"天下名山僧占多",名山与佛教自古以来就很难分开。因此,谈到阳明山的文化,就不能不涉及佛教。所谓"山不在高,有仙则灵,水不在深,有龙则灵",如果阳明山只有山水,而没有"仙",没有"龙",那就没有灵气,没有灵魂,也就不能成为"山水圣地"。那么,阳明山的"仙"在哪里,"龙"在哪里?我认为,最重要的还是阳明山的佛教。

我在互联网上看了一则关于阳明山的介绍,提到阳明山的佛教历史很早,从东汉开始,就是周边地区的"朝佛圣地",鼎盛时有大小寺庵108座,万寿寺、歇马庵、白云寺等皆为历史上有名的寺庵。对于这则介绍,我觉得还有必要考证一下。就目前所知,我们湖南佛教的最早寺院,是省城长沙岳麓山的古麓山寺,被称为"汉魏最初名胜,湖湘第一道场"。麓山寺始建于西晋武帝泰始四年,即公元268年,距今1700多年。如果阳明山在汉代就有寺庙的话,那就比长沙的岳麓山还早,这到底是出于当地人对外宣传的需要,还是确有其事? 从学术的角度而言,汉魏南北朝时期中国北方的佛教历史要清楚一些,南方的情形就相对模糊,史书上可靠的记录不多。永州位于湖南南部,历史上长期处于封闭落后的状态,阳明山究竟最先在什么时候、由谁来建了庙? 阳明山的佛教最初是从南方传入,还是从北方传入? 这些问题非常值得考证。若能证明阳明山的佛教确实始于汉代,那将会改写湖南的佛教史。当然,这需要充分的证据。

事实上,阳明山在湖南之所以出名,成为"朝佛圣地""佛教名山",那是从明朝才开始的。按清康熙年间编的《永州府志》,在明武宗正德年间,阳明山出了一位秀峰禅师,从广东韶关学得"曹溪正传",四十岁左右就修成了"肉身活佛"。朝廷闻之,诏封秀峰禅师为临济"七祖",更寺名云"万寿寺",并赐寺联,其文曰:"名山千古仰,活佛万家朝"。此后三百余年,名声大震,士庶登临者络绎不绝,香火极盛。现在阳明山的祖爷岩,曾经是秀峰禅师修行的地方,保存了大量文人墨客的题词,赞叹这位肉身活佛的无量功德。如清代罗楚贤《祖诞诞》(可能有抄印错误)诗云:"星辉云灿小阳天,诞降瞿昙话昔年。卅载精修成善果,一身端坐拥祥烟。松心柏节风霜古,肉髻珠眉面貌全。愿折岭梅遥献寿,慈光长此照大千。"清代刘宝锡《读阳明山志》诗云:"衣钵传来第七人,名山费锡契元真。持将石洞长生诀,留得金刚不坏身。莲萼芬芳仙有骨,银沙璀璨地无尘。遥遥东望天门里,云气空蒙护法轮。"这里选的两首诗均来自清代人编的《阳明山祖爷岩志》。诗中的"慈光长此照大千""云气空蒙护法轮"等句,无疑点出了人们对于这位肉身菩萨的景仰之情。阳明山当然还有许多其他有名气的自然风光、人文景观,但秀峰的"七祖"身份,以及他的肉身舍利,从明代以来,无可争议地成了阳明山的镇山之宝,也是阳明山佛教文化最大的亮点。

二 阳明山"肉身舍利"的价值

"舍利",在佛教中颇具神秘色彩。佛经上说:"舍利者,是戒定慧之所熏修,甚难可得,最上福田。"(《金梵明经》卷四)一般人死后不会留下舍利,只有那些严持戒律的得道高僧才会有。因为稀有难得,所以在佛教中称之为"最上福田",即最高的福报。舍利又分碎身舍利和全身舍利,阳明山秀峰禅师的肉身舍利属于第二种,即全身舍利,与中国佛教的禅宗有直接的关系。

在印度佛教中,佛祖释迦牟尼在涅槃后经过火化,就留下了大量的舍利。按佛经记载,这些佛舍利被当时印度的八个国王所瓜分,后来这些佛舍利还辗转流传到印度以外的其他地方。如在中国陕西西安的法门寺,就存有一颗佛指舍利;在江苏南京的牛首山,则保存了一颗佛的头骨舍利。这些都有明确的文献记载,是极为珍贵的历史文物。法门寺的这颗佛指舍利在唐朝还曾闹出过大的政治风波。唐朝元和十四年(819),宪宗皇帝虔诚地从法门寺迎请舍利到宫中供养,宰相韩愈上《谏迎佛骨表》,批评宪宗的佞佛行为,建议将此舍利"投诸水火,永绝根本"。结果,韩愈差点被杀了头,后被贬为潮州刺史,韩愈的政治前途就此终结。公元1999年,也就是法门寺的这颗舍利,被迎请到香港,香港八十万佛教徒举行了盛大而隆重的敬佛礼佛活动。公元2002年,应台湾佛教界的联合邀请,经中央政府的特批,法门寺的这颗佛指舍利在圣辉大和尚、星云法师等两岸佛教界四百多名僧俗弟子的接送下,由专机运抵台湾,接受三百多万信徒的瞻仰,一周后返回法门寺。从这些事例可见,舍利在佛教中确属"圣物",为信徒所供养、膜拜。

在中国,从南北朝开始,就有了"肉身舍利"是记载。肉身舍利不是火化后的碎身,而是得道高僧的全身,这是中国佛教的一个重大变化。六祖慧能就是一个重要的代表。慧能在唐玄宗开元元年,即公元713年在曹溪坐化,留下全身舍利,成为中国佛教史上一位著名的"肉身菩萨"。慧能是南宗禅的实际创始人、一位伟大的修行者,最后修成了"金刚不坏之身",他的肉身至今还供奉在广东韶关的南华寺中。广东的气候炎热,空气潮湿,正常人在死亡以后不可能长期不腐烂,但慧能的真身经过了1200多年,依然神态安详,栩栩如生,现在仍然是南华寺的镇寺之宝。

慧能以后,中国佛教的高僧们纷纷仿效,留下不少的不败真身。如唐朝的石头希迁和尚,得法于青原行思,为慧能的隔代弟子,后来在南岳衡山传法,开曹洞、云门、法眼三宗,在禅宗历史上享有很高的地位。石头希迁于唐德宗贞元五年,即公元790年在南岳坐化,留下真身舍利。明代四大高僧之一的憨山德清,被认为是慧能南宗禅的中兴者,他于明熹宗天启三年,即公元1622年,在曹溪坐化,肉身不朽。憨山德清的肉身至今与六祖并坐于南华寺。

需要提及的是,中国佛教四大名山之一的安徽九华山,是地藏王菩萨的道场,从唐德宗贞元年间(785—804)开始,至今留下了14具高僧大德的真身(其中一位是女性),形成了九华山奇特的肉身菩萨景观。九华山的第一位真身菩萨,是来自新罗国(今韩国)的僧人金乔觉,他经过长期的苦修,于唐德宗贞元十年,即公元 794 年坐化,当时 99 岁。三年后,僧徒开缸,大师的面颜如新,被认为是地藏菩萨转世。九华山由是名声大震,成为"东南第一山"。以后的农历 7 月 30 日,都会举行盛大纪念法会,香客云集,演化成著名的九华山庙会。

在湖南,永州阳明山的这尊肉身舍利显得尤为珍贵。上面提到的石头希迁是湖南南岳的高僧,但希迁的籍贯不在湖南,而在广东的高要县。阳明山的秀峰禅师不同,他正宗的永州人。换句话说,迄今为止,从古到今,湖南本地的高僧,也就只有秀峰禅师留下了不朽的真身舍利! 而且,从禅宗的历史看,秀峰禅师也是明代南岳临济宗的一位法嗣,与慧能的南宗禅有间接的传承关系。

根据清光绪二十六年编的《阳明山志》之《秀峰禅师行录》,秀峰禅师系湖南永州府新田县南乡六都八甲东山郑氏子,生于明武宗正德七年(1512),殁于明世宗嘉靖二十九年(1550),世寿 39 岁。与历史上的许多高僧一样,秀峰禅师从小就矢志出家,父母不能止。先是到陶岭师姑殿,再到大瓜岭秀峰山,都没有呆下去。不久往当时零陵阳和山(即今天的阳明山),依止明性长老。明性长老来自南岳,属于临济宗传人,专修苦行。秀峰禅师于嘉靖六年(1527)披剃,依照临济宗派,取名真聪,法号秀峰,时年 16 岁。秀峰禅师剃度后,发心成为慧能那样的得道高僧,曾专访曹溪,在广东韶关的南华寺参学三年,"默传六祖宗旨"。回到阳明山后,杜绝人事,一心修禅。《行录》载:

> 忽一日,挝鼓集众曰:"寄迹人间三十余,度生之愿尚未毕,留得色身登祖位,也将黄叶止儿啼。"又谓明公曰:"弟子闻西方有金刚不坏身,亦愿以身度世。"遗约三年期满,方可开关。……(接下文字有误,不录)偈毕,入关坐化。时嘉靖二十九年,师年三十有九。

> 菊坡、湘崖等,久慕师之高风,生前未晤,深以为憾。嘉靖三十一年壬子八月中秋,及期偕至阳和山,启关谛视,宛然如生,发爪犹长,赞叹不已,顶礼拜服。师徒相扶,披剃衣覆庄严,涅槃端坐,方悟壬子趺坐之偈不谬。菊坡闻之南渭王,遂崇其号曰"七祖",赠额曰"临济正派",改庵名"万寿寺"。

上文详细记录了秀峰禅师坐化而留下真身的全过程。有几点值得说明:

1. 秀峰禅师于明嘉靖二十九年,即公元 1550 年在阳和山入关坐化,时年 39 岁。三年后,时居永州的藩南渭王的孙子朱菊坡与零陵人蒋湘崖(地方贤达)因仰慕秀峰禅师的神迹,特来寺中启关,肉身舍利得到证实。

2.秀峰禅师根据西方"金刚不坏身"(舍利),愿意留下"色身"以普度众生。偈语中既提到"留得色身登祖位",又提到"也将黄叶止儿啼",这两句话皆是禅宗语。前一句意思是以六祖慧能为楷模,留下色身成佛作祖;后一句是对前一句的补充,意思是说,这种做法也是权宜的方便。摘下一片黄叶去哄小孩,别让他再哭,这是一个比喻。秀峰禅师在偈中说的大意是说,留下金刚不坏的色身于世间,会让普通大众生起信心,让更多的人从佛法中受益。

3.秀峰禅师由于以六祖慧能为榜样,坐化后得到藩南渭王的尊崇,封号为"七祖"。这个封号很特别,因为禅宗自六祖慧能以后,传法不传衣,五家七宗均以南岳、青原二系记录法脉,不再用"祖"这个序号。既然是"七祖",那就意味着秀峰禅师的肉身舍利完全可以与"六祖"慧能媲美。"临济正派"指的是秀峰禅师接法于南岳明性长老的临济法系。"万寿寺"寓意为金刚不坏身。

这里有几个问题需要澄清:

第一,秀峰禅师坐化于阳和山,三年后肉身舍利迁往阳明山,寺院因此而更名。可见,阳和山和阳明山对佛教有不同的意义。

第二,"七祖""临济正派""万寿寺"到底是当时居永州的藩南渭王所封,还是藩南渭王上奏朝廷有嘉靖皇帝所封,还需要考证。

第三,秀峰禅师肉身舍利是怎样形成的?《行录》上并没有提到,只说先入关坐化,三年后才能打开,这是与六祖慧能以及九华山的诸位全身菩萨情况类似。但具体的做法并不相同。我看过一些资料,说慧能圆寂时,坐于龛中,这个龛用什么材料做的,不得而知。一年后才开关。后面由弟子作了一些处理。安徽九华山的肉身舍利,据报道说,高僧们先坐于瓦龛中,过一年或三年开关。秀峰禅师的情况,我在一篇文章中看到一则介绍,说是坐于一个大木桶里面,然后往木桶里面加盐,三年后木桶完全腐蚀,才开关。材料的出处,可能是当地老百姓的传说。

永州在历史上比较闭塞落后,可能出于培养接班人有困难的考虑,秀峰禅师用留下肉身舍利的办法弘扬佛法,不失为明智之举。当年六祖慧能在广东也是如此:广东属于岭南,当时也非常落后,文化不发达,慧能的肉身舍利所起的影响和作用,在某种意义上比生前的说法可能还要大。所以,《秀峰禅师行录》有这样的评价:"祖师自坐化以来,真灵不灭,肉体俨若金刚,由前明至国朝,每岁秋冬,远近士庶,登山礼拜,香烟极盛,不亚全州寿佛。"从明清至今,秀峰禅师用自已的不朽佛光普照着阳明山的大地,香火极盛,其影响不亚于全州的寿佛。

全州寿佛在广西的全州县湘山寺,先后曾得到历代皇帝的六次敕封,被称为"楚南第一名刹"。这尊佛对于打造广西全州县和桂林市的知名文化品牌,促进旅游事业的发展,具有非常重要的意义。从明代开始,阳明山的肉身佛影响已不亚于全州的无量寿佛,所以,说佛教是阳明山的灵魂并不为过。

三　对当代阳明山佛教文化品牌打造的几点建议

根据以上讨论,今后阳明山佛教文化的建设、特别是阳明山佛教文化品牌打造,我认为,至少还需要做以下一些事情:

1. 成立阳明山生态文化开发领导小组,全方位负责阳明山自然、人文资源的开发。这个领导小组可以在双牌县委、县政府在 2013 年 11 月 13 日申报的"阳明山海峡两岸交流基地"的基础上,进一步扩大对阳明山诸多自然、人文资源开发的投入力度。

2. 设立阳明山文化研究基地或中心,作为阳明山自然、人文资源开发的智库。这个研究基地或中心可以下设几个分支机构,聘请相关知名专家学者与当地政府和企业合作,对阳明山与中国文化、阳明山与两岸经济合作、文化交流、阳明山与永州旅游等方面提供切实可行的政策定位和智力支持。

就阳明山的佛教文化而言,首先要编写一本合格的《阳明山佛教文化志》。目前可以借鉴的参考文献主要是《阳明山志》《零陵县志》《宁远县志》《永州府志》等地方资料,多是清代的记录。另外,像双牌县委文史资料委员会 1991 年组织编写的《阳明仙境》好像是个铅印本,错误较多。其他的多是写传说、神话,缺乏可靠性。我在写这篇短文的时候,发现好几处关键的地方都比较模糊,不准确。另外,阳明山的佛教在湖南省志中几乎还没有提到。这些基础性的工作必须要做好。

3. 扩大对阳明山佛教文化的宣传力度,继续寻找秀峰禅师的真身舍利。当地政府对包括佛教在内的宗教文化要"脱敏",要与时俱进,有宗教资源是好事,不要当成包袱,更不要"谈佛色变"。佛教是中国传统文化的重要组成部分,这在学术界已经是常识。因此,发掘、宣传优秀的宗教文化资源,对于净化人心、促进社会和谐、建设民族共同的精神家园、凝聚正能量,都具有重要的现实意义。

关于秀峰禅师真身的寻找问题,我的看法是:他有可能失而复得。历史上石头希迁的肉身在南岳保存了 1000 多年,晚晴民国时期因为战乱而不知去向,后来有人竟说在日本横滨市的总持寺找到了。不过,圣辉大和尚告诉我说,当时他们专门派人去日本看了,认为那尊肉身舍利不是石头希迁的。但即使不是石头希迁的真身,也应该是历史上某一个高僧的。六祖慧能的真身在历史上也几次被"偷",后来却又回来了。这倒不是虚构出来的。秀峰禅师的真身,是在"文革"时期丢失的。对于这个谜,我看过一个材料,认为有可能是参与破坏的红卫兵怕遭报应,将他藏到了一个不为人知的山洞里。至于其他的可能性也是有的,比如,某个虔诚的信徒事先就做了手脚,及时将其保护起来,以待时机成熟,再公布于世。秀峰禅师是"活佛",是有灵性的,无论是佛教信徒,还是普通的老百姓,都不可能轻易、也没有那个胆量就去毁掉他。今天,我们正在实现中华民族的伟大复兴,弘扬包括佛教文化在内的中华优秀传统文化,团结宗教界广大的信教群众,建设中华民族共同的精神家园,是党和政府在新的历史时期的战略决策。如果我们的宗教政策开明了,宗教信仰的环境宽松了,依佛教的话说,待因缘成熟,秀峰禅师的真身重现人间的奇迹是有可能发生的。

(原载 2014 年第 4 期,作者单位:中南大学)

永州阳明山文化研讨会综述

❋ 周 欣

"永州阳明山文化研讨会"于2013年12月18日至20日在湖南永州召开。来自海内外专家学者30余人齐聚永州,对"阳明山的得名及其儒释道的关系""秀峰禅师及其交往"及"阳明山的文化开发"等议题,展开了广泛而深入的研讨与交流。

研讨会开幕式在湖南科技学院举行,本次研讨会主要分领导发言、主题报告、自由发言三部分。会议由湖南省舜文化基地首席专家、湖南科技学院副院级督导陈仲庚教授主持。开幕式上,校长陈弘教授首先代表湖南科技学院致辞。中共永州市双牌县委书记苏小康先生介绍了阳明山的文化内涵与旅游发展状况。中国佛教协会副会长圣辉大和尚以"阳明山文化挖掘"为主题,指出阳明山最大的资源在于保护性的开拓,保护山水秀丽、人文深厚、生态和美、历史悠久的自然特色,体现"神奇、神秘、神圣"的文化根脉,这是今后阳明山文化研究与旅游开发的最大课题。永州市委常委、宣传部长石艳萍讲话,指出阳明山文化是永州文化乃至湖湘文化的重要组成部分,两岸的阳明山已经成为两岸经济与文化的交流平台,研究阳明山文化是永州文化强市的重要举措,对传承中华文化的精髓有着重要意义,有利于促进永州与台湾的经济、文化合作。出席本次研讨会的市县领导还有:永州市社科联、市委宣传部蒋三立部长,中共永州市委统战部周生来副部长,永州市双牌县政协唐彦主席、蒋建辉副主席,永州市双牌县委办公室秦小国主任,永州日报社蒋剑翔总编。

会上,湖南省社会科学院党组成员、副厅级纪检员、湖南省湘学研究院常务副院长刘云波教授,湖南省社会科学院哲学研究所万里研究员,中国传媒大学文学院杜寒风教授,韩国国际大学孙兴彻教授,中南大学公共管理学院刘立夫教授,湖南师范大学公共管理学院徐仪明教授分别作了主题报告,湖南省湘学研究院办公室主任向志柱研究员参加了会议。

本次研讨会出席人员主要为从事历史文献研究、中国古代哲学、佛教道教研究的学者,分别来自韩国国际大学、中国传媒大学、湖南省社会科学院、中南大学、湖南大学、湖南师范大学、长沙理工大学和湖南女子学院等高等院校及研究机构。会议共收到论文 20 余篇,成果丰硕,基本解决了有关阳明山文化创始的历史和文献问题,拓展了永州地域文化的研究。会议论文即将正式出版。

一

关于阳明山的来历,以及阳明山最早得名时间?阳明山与阳和山有何联系?阳明山的命名与王阳明是否有关联?与儒、释、道的关系如何?等等诸多问题,学术界此前尚未有过深度探讨。本次会议收到"阳明山的得名及其儒释道的关系"相关论文 6 篇,是关于阳明山文化最为前沿的讨论,对阳明山的历史渊源挖掘式的梳理,搭建了阳明山文化研究的新平台。

湖南省社会科学院哲学研究所万里研究员的文章《从"阳明"语义看阳明山之得名及其与王阳明的关系》,首先概括了以"阳明"名山的三处山脉:(1)位于浙江东北部绍兴(古名会稽)地区之诸暨市枫桥镇乐山村东北部与绍兴县交界处的会稽山,又名秦望山,该山被称之为道教第十洞的"阳明洞天",一名"极玄大元之天",得名于宋代之前,洞天的具体位置在秦望山山后禹庙之西南,世称"古禹穴越之胜境也",为"群仙所栖"的"仙圣天人都会之所"。(2)位于湖南省西南部永州市郊区、双牌县东北隅的阳明山,得名于明代嘉靖年间。(3)位于台湾北端之台北市近郊、纱帽山之东北、磺溪上源谷中,原名"草山",1950 年,蒋介石为纪念明代学者王阳明,将该山区改名为阳明山。进而从文献学的角度,对《子夏易传》《周易口诀义》《御纂周易述义》《尚书要义》等文献中"阳明"语义内涵进行考释,重点讨论了探讨阳明山(洞天)与王阳明先生的关系:"王阳明在贬谪龙场驿时途经永州,也有可能与南渭王府之人,包括菊坡在内有所接触……作为一座被视之为修真证道之处所胜境的永州阳明山之得名,当与王阳明自号为"阳明子"一样,与道教之"阳明洞天"及儒家之"阳明境域"有关;换言之,阳明山应该是一座被认为阳明清气所弥漫之山,在此山悟真修道,可'以阳明之气塞吾其体也'。"

与万里先生文章相衔接,长沙理工大学刘范弟教授的文章《秀峰、蒋鍪、菊坡、南渭王与阳明山》指出:清代以前方志文献中未见对永州阳明山的记载,"阳和山"一词最早出现在洪武《永州府志》:"阳和山,在城东北八十里,接道州界,乃王真人修炼之所。"这与"零陵之阳和山"位置不同,换言之,从弘治初年到嘉靖三十一年约六十年间,阳和山一"山"而二处。文章通过考证方志文献中对永州阳和山、以及阳和山改名阳明山的记载,指出"明代弘治年间开始,阳和山就已从零陵、宁远交界处'搬到'了零陵东南近郊"。"在嘉靖以后的方志中,就仅有阳和山在零陵县东南近郊的记载了,这说明阳和山已结束了一山而二处的历史,阳明山已最终取代了阳和山的位置。"文章进而围绕文献方志中蒋鳌道士、菊坡王孙、南渭王与阳明山的关联,推论阳明山的最终得名,即南渭王所谥秀峰禅师肉身的坐化所在之山。两篇文章都为考证阳明山的命名,一篇讨论阳明山与王阳明的关系,一篇从地域的角度探讨,可谓相得益彰。

湖南科技学院张京华教授的文章《阳明山与朱彦滨》,以朝阳岩的二处石刻——《歌朝阳嵒用元次山韵》诗刻和《聚胜》榜书,推测第三代南渭王朱彦滨,字菊坡,别号"阳和道人",并可能与阳明山又名阳和山相关。这一研究,完善了阳明山文献资料的文物,印证了南渭王孙朱彦滨与秀峰禅师的交友,是考证秀峰禅师肉身舍利藏于永州阳明山的新的依据。

湖南科技学院副教授朱雪芳博士的文章《阳明山"朝阳甫出"与王阳明"仁与万物为一体"内涵联系》认为:阳明山得名一是源于《永州府志》:"朝阳甫出,而山已明者,阳明山也。"二是有秀峰禅师建庵于阳明山。"朝阳甫出"象征天地之德,生生不息的生道内涵,这与王阳明"仁与万物为一体"一致,阳明山的无言"默示"天道的博厚高明与王阳明的敏悟"默志"人道的高尚品格遥相呼应。

湖南省社会科学院历史研究所王安中博士文章《阳明山与禅宗》认为:(1)阳明山有禅脉,"阳明山的秀峰禅师,师从的是临济宗一脉","从悟道方式上看,秀峰禅师与禅宗有着高度一致性。禅宗讲究顿悟,秀峰禅师在参禅过程中同样有几次顿悟","从弘法的方式看,秀峰禅师在继承前人的基础上有所创新"。(2)阳明山有禅缘,秀峰禅师曾说:"我生佛事因缘在此",历代佛教高僧均在此参禅悟道。(3)阳明山有禅意,"阳明山明代造寺,号曰万寿。旁有甘泉,凛齿芬颊,日供千人,曾无涸竭。铺地细沙,皎如银倾,曦光激射,耀眼生花。信证果之灵山,安禅胜境矣!"由此,揭示出阳明山与禅宗的渊源所在。

湖南女子学院副教授余强军博士的文章《道教南宗与永州阳明山》指出:"湖南一直是道教内丹学南宗的学术重镇。""元初道士李道纯开创了道教内丹学中派法系,认为三家圣人只书一个'中'字示人,中是儒释道三家之共同根本,三家融通就在这个中字。""今永州阳明山,虽然此山非彼会稽阳明山,若以湖湘李道纯之启发王阳明'中和说'的内在精神契合而言,此山更胜。"从而体现了阳明山发展中对儒释道的融合。

<h1 style="text-align:center">二</h1>

会议收到"秀峰禅师及其交往"论文 5 篇,主要对秀峰禅师的行止、肉身舍利的价值、所食"苦菜"及其交友等的研究。

中国传媒大学文学院教授、宗教与文化传播研究所所长杜寒风博士文章《阳明山秀峰禅师行止述评》,通过对秀峰禅师"悟道成佛""曹溪礼六祖慧能""以身度世"等行止加以述评,指出南渭王谥秀峰禅师为"七祖","六祖"与"七祖"一样,七祖的遗迹应成为礼佛的一大圣地。

湖南省社会科学院宗教文化研究中心陈靖华副研究员的文章《阳明山秀峰禅师全身舍利发凡》,从僧人的舍利及其供奉崇拜为线索,探讨秀峰禅师坐化并以全身舍利驻世而被崇为"活佛",并指出秀峰禅师肉身能成佛,是因为"阳明山的秀峰禅师或许也是一位'能洗心行法,使尘不相缘,根无所偶,返流全一,六用不行,昼夜中中流入,与如来法流水接,则自其肉身便可成佛'的智慧者。"

湖南省社会科学院哲学研究所副研究员张利文博士的文章《佛教肉身制度略论——从阳明山秀峰禅师临终偈说开去》,秀峰禅师是近代佛教史上留下全身舍利且在民间影响较大的一位明末禅师,秀峰禅师临终前留下的一偈:"寄迹人间三十余,度生之愿尚未毕。留得色身登祖位,也将黄叶止儿啼。"这一临终偈表明了禅师对禅的开悟以及对肉身(色身)的正确态度。文章以此偈为引子,上溯佛教肉身制度的源流史,探索此意制度与原始佛教、中国道教、儒教之间相互影响的关系,指出如同《涅槃经》所谓"黄叶止啼"表的的是佛教中言教权变的思想。

湖南师范大学公共管理学院徐仪明教授的文章《阳明山秀峰禅师所食"苦菜"考》,在研究《神农本草经》《桐君药录》《唐本草》等文献的基础上,考证秀峰禅师所食"苦菜",确认该苦菜即是茶,并指出"秀峰禅师在阳明山中仅靠茶叶维持生命达三四年之久,除了说明茶叶确有疗饥、益气力等功效之外,同时也证明了秀峰禅师所具有的苦修精神非同寻常,这种却谷之术也非任何人都能够做到的,食茶叶饮山泉的史实,充分说明秀峰禅师的确是一位得道高僧,后人给予其'七祖'的称号恰如其分,名至实归"。这一研究,不仅证明禅与茶之间的关系的确密切,即"禅茶一味",而且促进了阳明山旅游文化产业的开发。

湖南省社会科学院哲学研究所副研究员周建刚博士的文章《分裂的世界:明代零陵名士蒋湘崖事略考》,在秀峰禅师创建道场、涅槃坐化、崇为"七祖"的过程中,零陵名士蒋湘崖(蒋鳌)起过很大的作用。蒋湘崖的生平事迹散见于明清时期的永州地方志,以及相关的明人文集、刊本中。文章以《隆庆永州府志》《康熙永州府志》《道光永州府志》《康熙零陵县志》《光绪零陵县志》为基本史料,考证蒋湘崖的传记资料、生平、交游等相关事迹,为阳明山文化研究提供了史料依据。

三

阳明山文化资源怎样开发? 如何形成文化品牌? 特别是对"阳明山海峡两岸交流基地"的申报,"阳明山的文化开发"的 7 篇论文,有较强的借鉴和推动作用。

中南大学公共管理学院刘立夫教授的文章《永州阳明山佛教文化品牌如何打造?》从文化研究的角度指出"佛教是阳明山的灵魂",秀峰禅师的肉身舍利是阳明山最大的亮点,可以与六祖慧能媲美,"万寿寺"寓意为金刚不坏身。对于打造阳明山佛教文化品牌:(1)成立阳明山生态文化开发领导小组,全方位负责阳明山自然、人文资源的开发。(2)设立阳明山文化研究基地或中心,作为阳明山自然、人文资源开发的智库。(3)扩大对阳明山佛教文化的宣传力度,继续寻找秀峰禅师的真身舍利。文章对阳明山文化品牌的开发,提出了非常好的建议,极大地丰富和提升了阳明山旅游文化的价值。

湖南科技学院杨金砖编审的文章《阳明山文化底蕴初探》,就阳明山文化底蕴作了较为详细的概述,是探讨阳明山文化的核心范畴:(1)阳明山是一座风光旖旎的画山。(2)阳明山是一座光照红尘的秀山。阳明之名的由来,不仅仅源自于"日出而明",更有淡泊坚定而心底洞明的禅定之意。(3)阳明山是一座宗教向往的神山,元代王真人修炼之所而为道家所崇,后又因明嘉靖年间秀峰禅师涅槃于此,肉身不腐,获'临济正派'之称与禅宗'七祖'之誉,遂成为佛家名胜。(4)阳明山是一座儒家底蕴的圣山,阳明山以"和"文化为核心,"它以'和'的博大胸怀接纳着北面而来的中原文化的劲风与南面而来的海洋文明的骤雨,又以'和'的似水柔情滋养着本土文化的生长"。(5)阳明山更是一座沟通两岸的名山,蒋介石退守台湾,将台北草山更名为阳明山,阳明山成为海峡两岸交流的重要通道和平台。

湖南大学岳麓书院陈力祥教授的文章《论湖南永州阳明山文化彰显的四个基本维度》,认为永州阳明山文化彰显有四个基本维度:对阳明山上自然物加工形成的有形物而彰显其物态文化;因释道二教教徒遵守教规而彰显制度文化;因善男信女对佛道二教笃信而彰显阳明山之行为文化;因人之宗教情怀而彰显阳明山之心态文化。这四个维度是阳明山独具特色的文化名片。

湖南科技学院陈仲庚教授的文章《阳明山文化精髓:和合三教为一体》指出:和合文化是中国文化的精髓,在世俗生活领域和宗教生活领域均发挥了核心价值的作用。阳明山集中地体现了中国文化的精髓:儒、道、佛的三教合一——阳明山以道教闻名于天下,嘉靖年间秀峰禅师留下肉身舍利成为崇佛圣地,后又因王阳明"以阳明之气塞吾其体也"改名阳明山。因此,阳明山和合文化可从三个方面进行打造:道教与养生文化;佛教与养心文化;儒教与养民文化。文章对阳明山的"和合文化"作了系统的考辩,对阳明山和文化的打造,具有重要意义。

湖南科技学院潘雁飞教授的文章《"和"的历史底蕴与"和"的现代张力——论阳明山"和"文化的培育与创意》,在探讨"和"的历史渊源、"和"与儒释道的基础上,指出阳明山"浸润了儒释道'和'的精神,'和'的风骨。"如何培育阳明山"和"文化? 一是提炼并抓住阳明山的"性格"——阳明山是一座自然之山,也是一座"万和之山"。二是不要刻意挖掘台湾阳明山与永州阳明山的所谓历史渊源或是新编没有来由的"民间故事"。三是要用特色"和"文化资源构建特色文化生态旅游区。四是不仅要培育文化,也要培育市场品牌。五是把握好"乡土开发"与"乡土保持"的平衡之道,将文化生态旅游由浮光掠影升华为深度的文化旅游。

湖南科技学院潘剑锋教授的文章《永州阳明山的旅游领头雁作用》,在永州发展旅游业的理论依据和优势分析基础上,重点讨论了以阳明山国家森林公园为大品牌的旅游发展建议:(1)打造阳明山生态旅游品牌,将自然旅游资源和人文旅游资源完美组合。(2)独特的资源同名优势,永州阳明山和台湾阳明山同名同姓,两山同为森林公园,同为旅游胜地,均拥有较高的知名度,天生就是一朵连接海峡两岸的并蒂莲,相互为映衬宣传。(3)快捷的区位交通优势,以"台湾阳明山太远,永州阳明山更奇"为宣传理念,发挥其在永州旅游领头雁的作用,打造永州旅游的名片。

　　双牌阳明山管理局邹礼春局长的文章《灵山秀水 和美阳明》认为:(1)"阳明山历史悠久,文化底蕴厚重,这不仅可以从许多神奇的传说体现出来,也可以从历代文人墨客的笔下得到浓墨重彩的展示,更可以从历史记载中找到准确无疑的答案。"(2)"阳明山山奇、水奇、景奇,自然风光一枝独秀。远眺群山竞秀,山波汹涌,峰如笋簇;近望峰回路转,层峦叠翠,绿林连连。纵目峰头三楚尽,潇湘秀色收眼底。"(3)"阳明山生态资源丰富,集自然美、生态美、和谐美于一身。建设"两型社会",发展生态文明是阳明山立山之本,也是阳明山大发展大繁荣的根本路径和目标。"这是对阳明山总体的介绍,实际上也是阳明山未来发展的总概括。

(原载 2014 年第 2 期,作者单位:湖南科技学院)

从古代人居环境营建谈永州名城的历史文化价值

✳ 孙诗萌

永州市正在申报国家级历史文化名城,值此之际,十分有必要对古城的历史文化特色与价值再做提炼和思考。笔者曾在博士论文中,以永州地区府县城市为例,研究中国古代地方人居环境的规划设计;对永州奇美的自然山水环境与悠久的历史文化传统印象深刻。因此,本文拟从人居环境营建史与传统城市规划设计的角度,浅谈对永州名城历史文化价值的粗浅认识,以及对城市后续发展的若干思考。

一　对永州名城历史文化价值与特色的思考

从中国古代人居环境规划营建史上看,永州古城的最大特色正在其人工建设与自然环境极其紧密的、恰到好处的结合。如何理解这一"结合"的含义? 即如果单以永州的一座建筑、一条街道、一块碑刻来与其它古城比较,可能不如别处精彩;但是如果以人工与自然的结合度,或者将人工与自然环境作为一个整体来进行比较,那么可以说,永州是相当精彩的! 换句话讲,评价永州古代人居环境建设在各个方面的表现与成就,都不能脱离开它的自然环境、自然"基底"来看;而是必须看到在这样的自然条件、自然基底之上,古人思考了什么,创造了什么,达到了怎样的成就与高度。在这种"结合"背后所展现的,是永州先民对于当地的自然环境特点、利弊的深刻认识,是一种"充分利用、适度建设、巧以改善"的营建策略,以及"赞天地之化育"、人工与自然"交相赞"的哲学追求与信念。前者语出《中庸》,后者出自柳宗元的《潭州东池戴氏堂记》①。它们正是中国传统文化中对待自然的基本态度,也是今天十分值得被珍视与继承的宝贵传

---

① 柳宗元对此有颇多论述,详见拙文《中国古代文人的人居环境设计思想初探:以柳宗元永州实践为例》。

统。认识到这种人工与自然紧密结合之"巧",对于我们理解永州名城的历史文化价值、继承其文化传统,甚至指导今天的城市规划建设,都将非常具有启发性。

那么,永州历史上人文与自然的结合究竟"妙"在何处? 精彩在何处呢? 我们至少可以从以下三个方面来认识。

(一)城池建设

永州历史上人文与自然的紧密结合首先表现在其城池建设上。事实上,中国古代尤其长江以南的城市中,人工建设与自然形势的紧密结合是非常普遍的,例如温州、福州、常熟、绍兴等都是城建史上的经典案例。但若论其天然形势于人居环境建设之便利,永州却是颇为突出的!

永州古城的选址——此处不论在大尺度区域地理格局中基于军事、交通等原则的战略性选择,而仅论在下一尺度上对城市基址(天然条件)的选择——是非常讲究的:首先,潇水绕城几乎环其三面,形成天然的防御屏障、便利的水源和交通运输条件。其次,在潇水环抱的东岸台地上恰恰有一座南北向狭长的东山,与潇水一起限定出一个适宜聚居的范围,并构成东部的天然防御屏障。第三,在潇水与东山之间,又恰恰有一北、一南两座山丘,成为历代城市建设的重要坐标(或"生长点")。此两座山丘,北为万石山,南为千秋岭,在柳宗元的文章中都已有明确记载,其残存地形今日也仍清晰可见。但以往研究中对这两座小丘的重要性认识不足。永州古城基址上最早兴建的汉代侯国城,虽然目前尚缺乏准确的考古发掘证据,但根据文献记载,大约就在万石山一带。唐代永州有"子城",根据相关文献记载和地形推测,也约略就在东山、万石山、千秋岭与潇水形成的天然围抱之中,甚至可能就是依山而建。宋代城池扩展,向东沿着东山山脊筑城,向西沿着潇水筑城,因为地形狭长而南北收束呈枣核型,这正是最大限度地利用其天然地形优势,减少人工修筑成本。因此宋人吴之道的文章中早有总结:称永州是"不墉而高,不池而深,不关而固"①——说的正是这一天然地形是多么不可多得。

再看城内建设对天然地形的利用。汉代资料太少姑且不论。从唐代开始,文献记载中可以确定位置的所有最早的公共建筑(包括衙署、寺庙等)都选址在这三座山丘之上或山麓地带,依山势而建,以利防御和水患;后来用地不足才逐渐向山下平地发展。宋代以后形成的城中道路格局,主要有二纵五横(或七

---

① [宋]吴之道《永州内谯外城记》,康熙《永州府志》卷19《艺文》。

横）。横向（即潇水与东山之间方向）街巷多，正是充分利用潇水岸线和滨水界面的表现。历史上临水城门曾多达 5 座，现存之清代格局中也有 4 座；这也说明了古代永州城内的生活与潇水的关系是多么密切。

因此我们可以总结，永州城规划建设的特点正是"随形就势""依险设防""因山为城""凭溪为阻"。之所以称其巧，就是因为它以最少的财力、最少的人力，充分利用自然环境的禀赋与优势，来实现最大的效果。这种巧，是因为人们充分认识到自然环境的特点和价值；也是因为在规划营建过程中，人们巧妙地选择自然、充分地利用自然、适度地改造和修补自然；虽朴实无华，却真可谓大智慧也。而事实上不仅仅是零陵古城，宋代以后永州地区下属诸县城——如祁阳、宁远、江华、道县、新田等——的规划建设也都遵循着这样的原则。

（二）文化环境建设

永州历史上人文与自然紧密结合的第二个特色，是在当地的文化环境建设与道德人文追求。这也形成了永州历史文化中一个非常重要的传统——即古人是通过"自然"来"作文章"的。这一特色表现在很多方面：

其一，在永州"悟道"的先贤皆从这片广阔丰美的自然之中获得灵感。不论远古的舜帝、唐宋的元结、柳宗元、周敦颐、以及后来众多的明清名士，无不如此。他们的文学和哲学思想，皆从对自然的观察和感悟中生发出来；他们的成就离不开永州的自然，也恰恰得益于永州的自然。以唐宋两代永州的大量贬官为例，贬谪对他们的人生而言乃莫大之不幸，但这里丰厚美好的自然山水却又抚慰了他们，陶冶了他们，成就了他们；而他们也为永州创造了深远的文化。

其二，文化的传播在永州也是通过"自然"。永州以"天然碑林"闻名，被称为"石头上的文学史"①。何以会形成这样的特色？正是因为古代的文人墨客以其石奇石多而愿将他们的道德理想、人文追求以石刻的形式永远留在自然之中，永不磨灭。因此"自然"也成为一种精神、文化的传播媒介。后人慕名而来，看到前人的印记，读到他们的思想，有感而发，撰文刻石；后人再来，再读，再刻。如此往复，精神一点一点流传，文化一点一点累积和创造。因此可以说，永州的文化、精神与道德，不仅仅是用书本传播，更是通过自然——准确地说是千百年来不断被"人文化"的自然——来传播的。

---

① 参见李花蕾《石刻上的文学史：唐宋文人在湖南的仕宦游历与诗文题记——以永州为中心》，《湖南科技学院学报》2010 年第 3 期。

其三,历史上永州的文教设施建设也充分表现出与自然环境的紧密结合;这也说明文化教育事业在当地极受重视的历史传统。永州古代的学宫、书院数量巨大,笔者曾专门论述这些文教设施的选址和建设是如何苛刻地追求理想的地势、水形,以及对周围自然环境要素的充分利用与契合①。其中,清代邑人樊名世对在一风景极为美好之地——东溪

——兴建书院的阐述令人印象极深。他说:"其形胜如此,匪惟于禅居宜,而于吾儒之游亦宜。……旷与奥与,于吾儒心性之学实有所裨。……旷与奥与,于吾儒技艺之学,更非无补。后之学者游于斯,必于斯有起也徒。形胜娱观已,此所以为最也,所以难已叠葺也。"②用今天的话来说即:风景如此美丽之地,不仅适宜建设寺庙,当然也适宜建设学校。美好的风景对儒生的心性之学有益,对技艺之学也有益。后人在这里学习,如何会没有所得、没有成就? 这么美好的地方,如何能不建学校呢? 事实上,类似的文章在永州地区明清府县方志中比比皆是,这恰恰说明永州前人深谙优越的山水环境对于教育人、教化人有多么重要的意义;也说明他们懂得应该把最好的地方用来兴修学校、进行文化建设。这次调研中我们看到,政府花了很大力气将原来萍岛上的萍洲书院整修重建,作为永州文化的研究与传播场所,算是对这种文化传统的延续,值得提倡。

综上,永州的文化传统是与它的自然环境不可分割的;我们必须从这个层面上来认识,才能体会永州的文化特色。然而在近几十年来的城市规划建设中,全国很多地方政府和规划设计从业者忽视当地的历史文化传统与文化环境建设,造成了许多优秀历史文化遗产的破坏、文化传统的断裂、城市环境缺乏整体的精神文化追求等问题。当然这也更突显出永州历史文化传统的珍贵。尤其在本届中央政府大力倡导传统文化继承与创新的形势下,永州更应该充分地认识自己的历史文化传统,创造性地继承与发扬。

(三)风景发掘建设

永州历史上人文与自然紧密结合的第三个特色是在风景的发掘与建设。其中最值得称道的两个事件,乃柳宗元的《永州八记》与宋代的《潇湘八景》。前者是中国古典文学史上山水游记的经典之作,也是柳宗元在永州从事风景开发与设计的完整记录。如果说是《永州八记》使永州之名终为天下人所知,那么这

---

① 详见拙文《"道德之境":从明清永州人居环境的文化精神和价值表达谈起》。
② [清]樊名世《东文昌阁记》,光绪《宁远县志》卷2《建置》。

"名声"正在于当地奇异之山水、及柳子的慧眼识珠、非凡发掘之功。后者乃明清风靡全国的"八景"文化之源头。为何"潇湘八景"会有如此广博深远的影响?以前不甚理解,但当第一次亲临潇水之上,耳边回荡起北宋欧阳修"画图曾识零陵郡,今日方知画不如"①、南宋陆游"挥毫当得江山助,不到潇湘岂有诗"②的感叹,则略有所懂。"潇湘八景",开启了后世地方以"八景"形式整合当地风景资源、并进行文化传播的重要模式。上述的事实足以说明永州在中国古代风景开发史上的重要地位。

永州的风景发掘历史中又蕴藏着怎样的人文精神?从元、柳的文章里,我们可以读到他们是怀着怎样的心情去发掘风景的:这是一种"不忍"——不忍心美好的自然无名地淹没在荒野中,所以"不能不"将其发掘,为其命名,施其建设。这一方面因为永州的自然风景资源实在太美好、太丰富;另一方面则得益于儒家思想中"人与天地参""赞天地之化育"的伟大精神,即人有责任及能力帮助自然之化育,发现其美,点化其神。元、柳的行为后来在永州地区也形成了相当深刻的风景发掘传统,历宋元明清,大量的风景地被发掘和建设,并伴随着文化的传承与创新③。因此,今天我们不能单纯只看到永州的自然环境如何之美好,而更要看到它们如何吸引诸多名士将他们的情感、思想、信念都一点一滴融入到这个自然之中。这个"人文化"的自然、丰富厚重的自然,才是永州自然独有的魅力与特色。

综合上述三个层面的分析,笔者认为永州传统人居环境营建的精彩之处正在于其人文与自然恰到好处的结合。因"巧"而"妙"。从现实的角度看,这正是古人留给我们最宝贵的历史文化传统和财富。今天永州的城市建设如能继续巧妙地选择自然,充分地利用自然,适度地修补和加强自然,那么其文化传统之精髓即得以传承和发扬;反之如果今天忽视对自然环境应有的尊重与协调,一心只想高楼大厦的现代都市景观,那么永州的历史文化特色将被弱化甚至消失。

二 名城申报不是终点,未来城市建设更应侧重文化环境创造

今天永州能珍视自我的历史文化价值,积极申报国家级历史文化名城,并作

---

① [宋]欧阳修《咏零陵》。
② [宋]陆游《偶读旧稿有感》。
③ 详见拙文《唐宋士人在永州的"山水营居"实践及对当地人居环境开发的作用》。

了许多相关的研究与保护工作,非常值得赞许。但名城申报绝不是一个终点,而是未来城市规划建设的新基点、新起点。如何把握未来的发展方向,今天需要慎思而笃行。

在 2007 年中国文化遗产日由国家建设部、文化部、国家文物局联合举办的"城市文化国际研讨会"上,吴良镛院士针对历史文化城市保护与发展问题提出了"积极保护,整体创造"的八字原则①。这一观点针对过去的单纯保护而言,强调应将遗产保护与建设发展统一起来:不仅保护遗产和文物建筑本身,更要维护历史文化环境的整体秩序,使新建设尊重所处环境的历史文脉,并加强原有文化环境特色。技术方法上,整体创造并非复旧,而鼓励在尊重历史、尊重整体秩序的前提下适度创新。吴氏常常谈到绍兴"兰亭"与武昌"黄鹤楼"的案例。兰亭因王羲之而久负盛名,然而今日兰亭早不在东晋旧基,而是明嘉靖十七年在原天章寺北择地重建;本是"伪古董",然"经康熙乾隆之游幸与题记,今日已成地地道道之真古董矣"②。武昌黄鹤楼历史上更是九毁九建,每次设计均依当时之审美与创造有所不同,但并不损伤其作为重要文化地标之真实性与深厚价值。此二例旨在说明,文化环境不仅是前人创造的,更需要后人的继续创新。

所欲"整体创造"的正是一个既延续历史文脉又反映时代精神的文化环境。这也正是永州在申报国家历史文化名城过程中及申报成功之后,需要不断思考与着力之处。并且,必须把文化事业、文化产业与文化环境的创造统筹考虑,放到城市发展的战略高度来思考。因为文化经营与文化环境营造不仅是永州历史上的宝贵传统和突出特色,必须继承;也是永州未来城市经营与发展的巨大优势。

三 对名城申报相关工作的其它建议

此外,强烈建议尽快开展永州古城相关的考古发掘及论证工作,为其城建史研究提供佐证。尤其是对历史文献中有明确记载的汉、唐、宋、明清等几个重要城建时期形成的城池范围及主要公建的基址范围。考古发掘是城市历史研究的重要基础性工作,目前对永州城市营建史的相关研究仍主要依靠历史文献记载,

---

① 吴良镛《文化遗产保护与文化环境创造:为 2007 年 6 月 9 日中国文化遗产日写》,《城市规划》2007 年第 8 期。
② 吴良镛 1979 年所作国画《兰亭遗韵》题记。

而苦于考古证据的缺乏。随着考古发掘工作的开展和深化,对永州古城的历史价值极有可能产生新的认识与提升。以"子城"为例,唐宋地理志及柳宗元文章中都曾提到当时永州筑有"子城";而唐宋州军子城也是城市史研究中的一个重要课题。如果永州古城的考古发掘中能有所发现,将是非常重要的成果。此外,目前古代永州城建史研究中许多悬而未决的问题,也需要在考古发掘的基础上一一落实。

最后,祝愿永州市申报国家级历史文化名城成功!

参考文献:

[1]吴良镛.中国人居史[M].北京:中国建筑工业出版社,2014.

[2][清]刘道著,钱邦芑.[康熙]永州府志[Z].北京:书目文献出版社,影印本,1992.

[3]孙诗萌.中国古代文人的人居环境设计思想初探:以柳宗元永州实践为例[J].城市与区域规划研究,2012,(2).

[4]孙诗萌.唐宋士人在永州的"山水营居"实践及对当地人居环境开发的作用[J].建筑史,2014,(33).

[5]孙诗萌."道德之境":从明清永州人居环境的文化精神与价值追求谈起[J].城市与区域规划研究,2013,(2).

（原载 2014 年第 12 期,作者单位:清华大学）

零陵古城历史文化探源

✳ 蒋政平

如果说永州是一本厚重的文化大书,那么,零陵古城则是其精粹所在。两千载岁月沧桑,两千载人文积淀。作为一座国家历史文化名城,零陵古城有着多重历史文化涵义。为此,特作如下考述。

一 千年古郡

零陵古城,亦称永州古城,是历经两千年营建而成的古城。其建城史从公元前124年(西汉元朔五年)县级泉陵侯国在此筑城算起,至今已有2142年。期间作为历代郡、州、路、府所在地长达1900年,也就是说,自东汉零陵郡治从今广西全州迁移该城后,直至清末,历代王朝在这里建郡置府从未间断过。我国的历史古城,主要分古都、古郡、古县三种类型。由于受朝代更替以及经济、军事因素影响,州郡一级行政区域调整及治所的变更,往往较为频繁。据考,在今湖南、广东、广西、海南四省区近70万平方公里幅员内,共有汉代古郡8个,分别是长沙、零陵、武陵、桂阳、南海(广州)、苍梧、郁林、合浦,除长沙、广州两个省会城外,地级市当中,历代建郡置府历史未间断、治所未变更的,唯有零陵一个城市。零陵这座千年郡城,历史上不乏著名建筑,如有柳宗元、刘禹锡等人题咏的潇湘楼、气势不凡的钟鼓楼、号称明代"天下三楼"之一的镇永楼,有怀素草书遗迹绿天庵,有为纪念周敦颐而建的濂溪书院,还有历史名人"蒋琬故居""张浚故居"等等。最具标志性意义的是"雄冠一州"的永州府衙,它建于东山之下,"创自汉唐",历代虽"屡有兴废",但其基址跨越千年不变,实为一处规模宏大的建筑群。可见,零陵的古郡文化值得深入研究。

二 楚南都会

著名史学家司马迁在《史记》中说："楚粤之交,零陵一大都会也。"历代地方志书对零陵城的演变发展,留下了较为确切的文字记载。它自西汉创设以来,历经多次筑城扩增。其中南宋景定年间,实施了一次历时五年之久的筑城工程,城墙达到 9 里多,计 1635 丈,城内旅馆、店铺共 76 处,集中贸易场所有"南市、北市、腰市"三处。宋人吴之道的《永州内谯外城记》称,远观"女墙云矗,雉堞天峻",里城严严翼翼,官舍民间鳞次栉比,所谓"宋有天下三百年而后方有斯城"。此后元明清三代,城池又有数次修缮,但形制规模没有大的突破。据建筑学家考证,古代的零陵城属中等规模的州郡级城市。查阅光绪《湖南通志·建置志》可发现,从汉代到元代的 1500 余年里,零陵均为湖南仅次于长沙(潭州)的第二大城市,直到明洪武六年(1373),湘北的常德府城周长增至 1733 丈,其规模略大于零陵。清末明初永州流传的民谚云:"两纵七横十八巷,城长九里锁江烟,五码三台并九井,三槐七门水云间。"大体反映了零陵古城的格局气象。古零陵由于处于楚粤之交的地理交通位置,兼有湘江、潇水舟楫之利,"南接交广,北达荆湘",这里是楚南粤北一带重要的物资集散地,南北客商汇集,他们或来此采购内地的手工业产品,或把两广的海产品运到零陵市场出售,或将贩运的货运进行中转。明代户部尚书周希圣所作的《平政桥记》,真实地记录了当时使节邮传和商贾往来的盛况。

三 军事重镇

古代永州,"北扼荆湘,南控百粤",战略地位十分重要。一九七二年长沙马王堆汉墓所出土的《驻军图》清晰标明,在长沙国南境的"深平防御区",即今永州南部的潇水流域,驻军九支,并建有指挥城堡,

表明早在西汉初年,这里便是朝廷"遥控百粤"的军事防御重地。此后,晋、唐直至明清,这里一直处于中原王朝重兵把守的状态。由于永州处于历史交通孔道上,每当新旧王朝更替之际,总要在这里上演拉锯式争夺战。明末清初,明将何腾蛟部就曾在境内与清军进行"大小三十六战"。建于山水要塞之处的零陵古城,凭借潇水、东山天然屏障,构筑起坚固的防御体系,她城墙高矗,城门庄

严,一座巍峨方城,易守难攻。正所谓"不塘而高,不池而深,不关而固"(宋吴之道《永州内谯外城记》)。清末,太平天国农民起义,在其兵锋正盛之时,曾先后两度兵临零陵城下,但均未能攻入城内,足见城池之坚固、防守之严密。

四 山水名城

"挥毫当得江山助,不到潇湘岂有诗"零陵(永州)地当潇、湘合流处,是世所公认的"佳山水郡"。昔人评说:"北之晋,西适豳,东极吴,南至楚越之交,其间名山水而州者以百数,永(州)最善。"(见柳宗元《游黄溪记》)前些年,清华大学建筑学博士孙诗萌曾对零陵古城进行过深入考察,结论是"中国古代经典的山水城市"。孙博士与英国诺丁汉大学教授蒂姆.希思合作撰写了《永州历史山水城市复兴的空间策略》,该文对零陵山水城市的主要特色有如下一段阐述:第一,城市选址与各个时期的整体布局均完全依托潇水回湾与其东岸丘陵所提供的天然地利与空间限定。第二,街巷格局顺应基地东高西低、潇水西抱之势,形成二纵八横、向潇水放射的形态。第三,城市功能分区依托山水条件而形成占据三山(即东山、万石山、千秋岭)及山麓地带的行政文教区和占据滨水狭长地带的商业居住区。第四,城内外标志性建筑在选址上皆追求山水形胜之地,设计上依托基地的自然特色而构思,塑造处人工与自然浑然一体的佳作。第五,城内外风景名胜多沿潇水及其支流分布,使潇水成为名副其实的"风景线"。上述观点,获得专家学者的广泛赞同。

此外,需特别提及的是,由于地极南楚、远离京师,唐宋时期永州曾是朝廷安置贬官之地。大批贬永人士中,唐代著名思想家、文学家柳宗元,居永十年之久;两宋之际的宰辅人物张浚,三次贬居永州,前后达十余年;南宋著名诗人汪藻,谪居此地十二年。就多数贬官而言,既是名宦,又是名师,他们居永期间,或著书立说,或援徒讲学,其开启潇湘文化的历史功绩是不能湮没的。

(原载 2018 年第 6 期,作者单位:永州市人民政府)

千古零陵擅风月
——永州历史文化名城综述

❋ 吕国康

一 汉唐名郡

永州、零陵，一地两名，历史上常交替使用。零陵得名于舜葬九疑，司马迁《史记·五帝本纪》载：舜"南巡狩，崩于苍梧之野，葬于江南九疑，是为零陵"。因舜帝葬于泠水处，即零水之源，舜陵因而称"零陵"。永州因境内有舜陵"零陵"，秦始皇统一中国后设立零陵县，辖地包括九疑、今湘江上游与潇水流域，治所在今广西全州县咸水乡。根据北京大学《中国古代史教学参考地图集》辑录，"零陵"是我国夏代已出现的全国34处重要地名之一。汉武帝元鼎六年（公元前111年）析长沙国置零陵郡。东汉光武帝建武元年（公元25年），将零陵郡治所移至泉陵县城。隋开皇九年（589年）废零陵郡，置永州总管府，改泉陵县为零陵县。永州得名，因"郡西南有永山、永水"。此后，永州、零陵成为一地二名，常交替使用。唐宋时期，分永、道二州，相当于今永州市的地域。明清改称永州府。

永州地处湘江上游，南岭北麓，坐落于湘粤桂三省交界处。从蓝山紫良野狗岭发源的潇水自南而北，与发源于广西灵川海阳山的湘水自西向东在永州古城汇合，故永州又雅称"潇湘"。境内横亘着南方五岭中的三大山脉：越城岭－四明山系、都庞岭－阳明山系、萌渚岭－九疑山系，山岭绵延，群峰竞秀。永州古城占据零祁盆地中心，南部的道州地处道江盆地，在永州形成"三山围夹两盆地"的地理格局。永州属亚热带地区，气候温和、雨水充沛、土地肥沃、物产丰饶，经济发展可谓得天独厚，是湖南气候最适宜生存居住的城市。道县玉蟾岩考古发掘出来12000年前的人工栽培稻谷，说明在远古时期，永州的先民们就在这块土地创造出灿烂的农耕文明。长沙马王堆汉墓出土了两幅珍贵的古地图，其中

《地形图》的中心区域,是今永州南部,图上标有 8 个县治及 70 多个乡里级居民地。这说明"秦汉之际,潇水流域已是一个久经开发、人烟稠密的重要经济活动区"。

汉唐名郡。永州自西汉建郡,迄今已有两千多年,与长沙、武陵、桂阳为湖南四个汉代古郡。西汉时期零陵是一个大郡,辖 7 县 4 侯国,后增至 13 县,面积达 9 万余平方公里,大致包括今永州、邵阳、衡阳、娄底和广西桂林五市的广大区域,北端一直延伸到湘乡。从秦汉到唐宋的整个中古时期,永州经济发展在湖南一直居于前列。人口繁衍是封建经济发展的具体反映。据《后汉书·郡国志》记载,到汉末,零陵郡的人口达到 102 万,当时今湖南境内总人口约 280 万,零陵已成为我国长江以南为数不多的百万人口大郡,仅比长沙郡少 5 万人。唐宋之时,永州经济有了进一步发展,生产水平较一般地区为高,时称"湖南名郡,甲永乙邵"。杨万里在《曹中永州谢表》中说:"家娴礼义而化易孚,地足渔樵而民乐业","视中州无所与逊"。说明永州与中原先进州郡相比,毫不逊色。

永州建城,最早始于西汉泉陵侯国。汉武帝元朔五年(前 124 年),封长沙王刘发之子刘贤为泉陵侯,开始在今零陵城区内筑城,今零陵城内泉陵街一带,传为泉陵城故址。东汉将零陵郡治从广西全州迁到这里。此后两千年,历朝历代在这里建郡置府从未间断过。古城背倚苍翠东山,秀澈潇水穿城而过,是一座典型的山水城市。以东山、千秋岭、万石山为重要坐标的城市格局基本保存,"不墉而高,不池而深,不关而固"的旧貌依稀可见。从公元前 124 年开始,到今年已有 2138 年的建城史。像这样久远的历史,湖南只有长沙和永州两个城市。

二　楚粤通衢

史称永州"距水陆之冲,当楚粤之要,遥控百蛮,横连五岭,梅庾绵亘于其前,衡岳镇临于其后",镇东北可入中原之腹地,控西南扼广西边陲之咽喉,为历代兵家必争之地。秦始皇统一六国后,为了征服岭南(今五岭以南的两广地区)各部,命监御史禄在广西兴安境内"凿渠运粮",于公元前 214 年建成举世闻名的灵渠,从而沟通了长江与珠江两大水系,成为古代中原进入岭南的重要通道。湘漓水道,是中国历史上第一条人工大运河,平时对南北经济文化交流发挥了重要作用,战时又是大军和粮饷传输的纽带,由此也加快了处于"楚粤门户"的永州的经济社会开发进程。至于陆路,有一条官驿大道,从零陵向西经全州到桂林。以上水陆两路,就是历史上著名的"湘桂走廊"。秦始皇还扩修了"潇贺古道",即湘桂古道。萌渚岭横亘于湖南广西之间,为阻隔五岭南北的天然屏障。秦始皇三十三年(前214年),在楚道的基础上进行扩修,开凿新道,成为南下广州的水陆联用的通道。溯潇水下贺江,由道县经江华入广西富川到贺州,或经江永入广西富川到贺州,直下珠江。它北通云梦,南极苍梧,可出粤港至东南亚地区,成为"海上丝绸之路",是沿用了几千年的沟通萌渚岭岭南岭北的交通要道。以上入粤通道均交汇于零陵城。这座古城为历史上当之无愧的"楚粤门户"。"湘桂走廊"在中原先进文明向岭南传播的历史进程中,起着桥梁和"中继站"的作用,因而永州也成为南方开发较早的地区。

三 潇湘之源

《山海经》说:"澧沅之风,交潇湘之渊。"汉代漓湘、潇湘、蒸湘三湘都在零陵郡的范围。后因行政区划变化,只有潇湘仍属永州。永州是潇湘的原生地,后扩展成为湖南的代称。谢朓诗:"洞庭张乐地,帝子潇湘游。"潇湘之所以成为令人神往的地方,不仅仅是潇湘二水流经永州的山山水水风光绮丽,还因有舜帝、二妃等无数神奇的传说,给这块土地增添了无限诗情画意。陆游诗:"挥毫当得江山助,不到潇湘岂有诗",自唐宋以来,一大批文人学士,或仕宦或贬谪或游览于此,他们有的讴歌潇湘山水之清绝,有的阐发思古之幽情,有的书写怀才不遇之感喟,用生花妙笔为潇湘点染传神,给后世留下了数以千百计的名篇佳作。仅在《全唐诗》《全宋词》两部诗集中"潇湘"就出现了858次之多。元明清时期,越南使者途径永州,留下280余首歌吟潇湘的诗作(《越南汉文燕行文献集成》)。地以人传,潇湘风光,因此更加名驰遐迩。

从潇湘之源到潇湘胜地、潇湘情结,其影响扩展到神州大地。潇湘有如磁石一般吸引世人之心,在一定意义上已成为企盼与神往的诗意栖息之地。唐末五代时,董源作《潇湘图》;宋代米友仁作《潇湘奇观图》长卷。流传更广的是,宋代宋迪所作《潇湘八景》,"潇湘夜雨"为其中一幅。受宋人"潇湘八景"的影响,后来各地纷纷用四言句式列称其名胜景物为八景,到明清之际,全国大部分州县都有"八景"之谓。所以,历来便有"天下八景源潇湘"的说法。

潇湘之源也是潇湘文化之源,为湖湘文化重要发源地。永州是舜帝藏精之处,舜帝的遗迹及传说遍布全境,"天下明德皆自虞舜始"舜文化影响深远。屈原咏道:"济沅湘以南征兮,就重华而陈词。"他崇尚舜帝,想要去九疑向舜帝的英灵倾诉。柳宗元谪居永州十年,他的"天人相分"思想、"吏为民役"观点以及《封建论》中的治国理念,既与孔孟儒学一脉相承,而又有所创新、发展。宋代周敦颐从道学里面,汲取营养,重新激活儒学,从而产生了理学,影响中国七百余年。

碑刻文化是永州文化的一大特色。自东汉蔡邕在永州留下"水天一色"等题刻之后,元结开创了浯溪碑林、朝阳岩石刻、阳华岩石刻。由元结撰文、颜真卿楷书的《大唐中兴颂》刻碑浯溪摩崖,被后人称为"三绝碑"。草圣怀素的《千字文》碑,龙飞凤舞,至今矗立在古城东山。瑶族是永州一个古老的世居民族,其生活习俗丰富多彩。江永女书是世界上独一无二的女性文字符号体系。永州文化具有多样性、包容性的特点,南北文化相交融,楚越风俗浓郁。古城东山就是一座文化之山。怀素出家的绿天庵,柳宗元眷念的法华寺,金碧辉煌的文庙,雄伟壮观的武庙,都坐落于此。"吾道南来,原是濂溪一脉;大江东去,无非湘水余波。"岳麓书院的这一对联,正说明了永州是湖湘文化的重要源头,也是中华文化的发源地之一。

作为楚之故地,永州多材,地灵人杰。湖湘文化的源头活水哺育了三国名将黄盖,狂草大师怀素,唐代湖广第一个状元李郃,理学鼻祖周敦颐,书法大家何绍基等。古代先贤不胜枚举,更有现代杰出人物光耀神州:中国共产党的主要创始人之一李达,民国风云人物唐生智,北伐名将蒋先云,无产阶级革命家江华,党和国家卓越领导人陶铸等等。

永州素有重教传统,"自汉郡县立学"。唐代永州官学是刺史韦宙创建,原址在古城河西,宋代迁至东山之麓。道州学宫始设于城东,刺史薛伯高迁建于城西,柳宗元作记。自宋到清,境内共建书院46所,较著名的有永州濂溪书院和蘋洲书院、宁远泠南书院和崇正书院、道州濂溪书院和春陵书院、祁阳文昌书院等。由于官学、书院的兴办,加之柳宗元、范祖禹、范纯仁、胡安国、蔡元定等一批名家硕儒,在此聚徒讲学,积极传播思想文化,使本地大批人才得以脱颖而出。据《湖南通志·选举志》载,从唐初至清光绪九年(1883年),湖南共考取进士(包括特科)2305人,其中永州487人,占21.3%。

经过勤劳的先民和文化精英们的创造,今天的永州具有丰富的文化积淀。全市文物古迹众多,不可移动文物2656处,是湖南省的一个文物大市。全市现有全国重点文物保护单位27处,省级文物保护单位76处,位居全省前列。永州古城(零陵)文化遗存更为集中,仅全国重点文物保护单位就有6处7个点。女书习俗、舜帝祭典、祁剧、瑶族长鼓舞、祁阳小调、串春珠、道州龙船赛、零陵花鼓戏、盘王大歌、瑶家坐歌堂等,影响深远,分别列入国家、湖南非物质文化遗产名录。

四　山水绿城

柳宗元在《游黄溪记》中写到:"北至晋,西适豳,东极吴,南至楚、越之交,其间名山水而州者以百数,永最善。"意思是:北到山西,西到陕、甘边区,往东直到江苏一带,南到湖北、湖南与浙江、福建交界的地方,这些地方用山水名称来命名的,数以百计,而其中以永州为最好。永州以山水绿城著称于世。"欸乃一声山水绿",这是柳宗元对永州的形象概括。

刘长卿诗:"莫望零陵路,千峰万木中。"永州境内海拔 1000 米以上的山峰 1648 座,最高峰韭菜岭海拔 2009 米,堪称湘南第一峰。绵延的山脉滋养着以绿色生态为背景的天然佳境,奇峰、幽谷、清泉、异石和珍贵野生动植物构筑着清奇、野逸、险峻、秀美的人间奇景,已开辟了九疑山、阳明山、舜皇山、金洞、千家洞、月岩、蓝山、福音山等八处国家级森林公园和都庞岭、阳明山、舜皇山、九疑山等四处国家级自然保护区。永州的山高峻奇特,透着睿智。"天下万山朝九疑",九疑山层峦叠嶂,云蒸霞蔚,自古为天下名山。史载秦始皇、汉武帝都曾遥祭九疑舜帝陵。阳明山自明清以来就是湘南佛教胜地,今与台湾阳明山结为姊妹山,成为国家级对台交流平台,更是扬名海内外。舜皇山"因舜巡守所经也"而得名,气势磅礴,野趣盎然。永州的水漱涤万物,透着灵秀。饮誉九州的潇水、湘江,蜿蜒北流,纵贯永州全境,水清澈见底,晶莹剔透,倒映绿树青山,构成瑰丽奇特的山水画卷。新近形成的潇湘百里平湖,烟波浩淼,气势壮阔,呈现"水在城中,城在水中"的独特景观。广州泛珠城市发展研究院公布,永州是"2013 亚热带地区八大最美热区生态城市"之一,也是湖南气候最适宜生存居住的城市。

范成大诗:"一水弯环罗阔带,千古零陵擅风月。"杨万里诗:"湖湘山色天下稀,零陵仍复白其眉。"永州古城,山环水绕,是典型的山水城市。东山绵延,古樟翠柏,绿云如盖;西山逶迤,郁郁葱葱,耸立相对;潇水拖蓝,蜿蜒穿城而过。云飞九疑,水会潇湘。蘋岛宛若巨大翡翠,竹柏樟桂,四季长青。城内挂牌保护的古树名木 318 株。特别是历史文化资源与山水生态资源的完美结合,成为永州最突出的特点之一。

（原载 2015 年第 1 期,作者单位:永州市教育局）

"零陵香"的复杂演绎及其所包蕴的湘漓文化特色

❋ 潘雁飞

在古人的诗文中,"零陵香"是歌咏的一个意象。《全唐诗》就有三首写"零陵香"的诗。

一是刘禹锡的《闻韩宾擢第归觐以诗美之兼贺韩十五曹长时韩牧永州》:"零陵香草满郊垌,洞穴雏飞入翠屏。孝若归来成画赞,孟阳别后有山铭。兰陔旧地花才结,桂树新枝色更青。为报儒林丈人道,如今从此鬓星星。"

二是刘禹锡的《潇湘神二曲》其一:"湘水流,湘水流,九疑云物至今愁。君问二妃何处所,零陵香草露中秋。"

三是薛涛《春郊游眺寄孙处士二首》其一:"低头久立向蔷薇,爱似零陵香惹衣。何事碧溪孙处士,百劳东去燕西飞。今朝纵目玩芳菲,夹缬笼裙绣地衣。满袖满头兼手把,教人识是看花归。"

刘禹锡任朗州司马十年,又任连州刺史,且与柳宗元友善。朗州与永州相近,连州与永州相邻。足见其人对零陵及零陵香之熟悉。

薛涛虽为入乐籍之营妓,但才华横溢,后脱籍为剑南西川节度使韦皋女校书。与刘禹锡亦有交游。虽多生活在蜀中,但亦将零陵香入诗,足见其时零陵香之盛名。

隋文帝开皇九年(589)废零陵郡和永阳郡(今道县),置永州总管府,府治泉陵县(今永州市零陵区),同年改为零陵县。隋炀帝大业三年(607)改永州总管府为零陵郡,郡治零陵县。从此,永州、零陵一地二名。刘禹锡、薛涛意识里的"零陵香"当指今之零陵或永州全境。汉武帝元鼎六年(前111),析长沙国置零陵郡,郡治零陵(治所在今广西全州县西南39公里处),辖7县4侯国。7县是:零陵(今广西全州、兴安、灌阳一带)治所在今全州凤凰或咸水、营道(今宁远县地)、泠道(今宁远、新田县地)、始安(今广西桂林、临桂、阳朔、灵川、永福、永宁县地)、营浦(今道县及江永部分地)、洮阳(今广西全州、资源县地)治所在今永岁乡梅潭、钟武(今衡阳县地)。4侯国是:泉陵(今冷水滩、芝山、祁阳、祁东、东安及双牌部分地)、都梁(今洞口、武冈、绥宁、城步一带)、夫夷(今邵阳、新宁一带)、舂陵(今宁远、新田、祁阳部分地)。元封五年(前106),郡上设州,零陵郡属荆州。

但有意思的是,前人笔记中有不少人认为"零陵香"不产于零陵。如宋人范成大编著《桂海虞衡志·志香》卷零陵香目记载:"零陵香,宜、融等州多有之。土人编以为席荐坐褥,性暖宜人。零陵今永州,实无此香。"宜州,即今广西宜州市,西晋曾属桂林郡;融州,今广西融水苗族自治县,西汉元鼎六年为潭中县,属桂林郡。二者亦是宽泛的漓江流域范围。

宋人沈括《梦溪笔谈·补笔谈》卷三云:"唐人谓之铃铃香,亦谓之铃子香,谓花倒悬枝间如小铃也。至今京师人买零陵香,须择有林智者。铃子,乃其花也。此本鄙语,文士以湖南零陵郡,遂附会名之。"[1]

宋人周去非《岭外代答》云:"零陵香,出瑶峒及静江、融州、象州,凡深山木阴沮洳之地,皆可种也。……谓之零陵香,静江旧属零陵郡也。"[2]静江,即今桂林市古称。象州,即今象州县,曾属桂林郡。

上述观点都认为"零陵香"产于广西,其地域主要在古桂林郡范围内。范成大是彻底否定派,沈括认为是谐音附会而已,周去非则已敏感地感到"零陵香"地名与大零陵郡有密切关系。但实际上都否认了今零陵(永州)不产零陵香。

那么,零陵(永州)地域是否产"零陵香"呢? 我们可以再从史料中去寻绎答案。

《新唐书》卷四十一《志第三十一》:"永州零陵郡,中。土贡:葛、笴、零陵香、石蜜、石燕。县四:零陵,祁阳,湘源,灌阳。""道州江华郡,中。本营州,武德四年以零陵郡之营道、永阳二县置,五年曰南营州,贞观八年更名,十七年,州废入永州,上元二年复置。土贡:白纻、零陵香、犀角。县五:弘道,延唐,江华,永明,大历。"

《新唐书》卷一百九十七《列传第一百二十二》:"湘源生零陵香,岁市上供,人苦之,宙为奏罢。"

《宋史》卷八十八《志第四十一》:"道州,中,江华郡……贡白纻、零陵香。县四:营道,江华,宁远,永明。全州,下,军事。绍兴元年,听广西路经略安抚司节制。贡葛、零陵香。县二:清湘,灌阳。"

马端临《文献通考·土贡考·历代土贡》:"江华郡:贡零陵香百斤,白布十端。今道州。"[3]

清光绪《零陵县志》记载零陵东潇水河心的香零山小岛时说:"地产香草,其叶如罗勒,香闻数十步,唐世上供,郡人苦之,刺史韦宙奏罢之。"[4]

从以上史料可知,"零陵香"的核心产区在以全州为核心的永州零陵郡,道州江华郡。无论是从历史行政区划的角度看,还是从今天永州辖地来看,"零陵香"确实也产于零陵,当然也产于广西历史上属于零陵郡的广大地区。而核心产区之一的全州,全州境内的咸水镇,便是秦始皇设零陵县,汉武帝元鼎六年设零陵郡的治所。而全州,至少在唐代还在永州零陵郡内。宋代绍兴元年归属广西。宋人不明归属,所以有零陵不产零陵香之说,其实是错误的认识。

实际上,关于这一点,我们还可以从下面一些材料加深认识。

《清碑类钞·植物类》:"零陵香亦称蕙草……以产于湖南之零陵县者为最著,可入药。"[5]

《花镜·花草类考》:"零陵香,一名薰草,产于全州,江淮亦有,不及湖岭者佳。多生下湿地,麻叶而方茎,赤花而黑质,其臭如蘼芜。七月中旬,开花香盛。因花倒悬枝间如小铃,俗名铃铃香。其茎叶曝干作香,其实黑。《左传》云:'一薰一莸,十年尚犹有臭。即此草也。'土人以编席荐,性暖且香,最宜于人。"[6]

《铁围山丛谈》卷六:"零陵香草生九疑间,实产舜墓。然今二广所向多有之。在岭南,初不大香,一持除岭北,则气顿馨烈。南方至易得,富者往往组以为床荐也。"[7]

《本草纲目·草部》卷十四记薰草、零陵香:"谨按:零陵旧治在今全州。全乃湘水之源,多生此香。今人呼为广零陵香者,乃真薰草。若永州、道州、武冈州,皆零陵属地也。"[8]

《经史证类备急本草》(《证类本草》)援引宋人苏颂《本草图经》所言:"零陵香,生零陵山谷。今湖岭诸州皆有之。多生下湿地,叶如麻,两两相对,茎方,气如蘼芜,常以七月中旬开花,至香,古所谓薰草是也。或云蕙草亦此也。又云其茎、叶谓之蕙,其根谓之薰。三月采,脱节者良。"[9]

零陵香虽然二广、江淮皆有,但以岭北最为香气馥郁。而道州、江华、全州、永州、武冈州均在岭北,所谓湖岭者是也,湖指湖南,岭即岭北。湖南境内之南岭,包括今广西全州等已属岭北。《铁围山丛谈》甚至说零陵香的原产地,产于九疑山间舜墓周围,也是有见识的说法。《史记·五帝本纪》记载:"舜南巡狩,崩于苍梧之野,葬于江南九疑,是为零陵",或许这就是最早称为零陵香的源头,今江华华瑶族自治县湘江乡庙子源村香草源正好处在九嶷山三分石西部一则,三分石也是民间传说舜帝藏精之所在。（据明蒋鐄《九疑山志》："三峰并峙如玉笋，如珊瑚，其上有佩桃石、棋盘石、步履石、马蹄石。还有香炉石，有足有耳，形质天然。其间有以铜为碑，字迹泯灭不可认，疑为舜冢。"）民间有"三分石一水三分，香草源为正源，九嶷山的灵气在香草源"的说法，香草源是潇水的源头，也是湘江的源头，"二妃香魂归九嶷，化作香草"便足资证明。《本草纲目》则提出今为邵阳属地的武冈州也有此香，而武冈，是曾为零陵郡的都梁侯国，可见在更为广泛的范围内，生产零陵香的地域可以说囊括了大零陵郡的绝大部分。今天，江华瑶族自治县的香草园、广西的金秀瑶族自治县还大量种植零陵香就是最好的证明。[10]

上文《清碑类钞》《花镜》《本草纲目》《证类本草》都提到零陵香就是蕙草或薰草。那么，我们又该如何看待这个问题呢？零陵香究竟是什么草？今天又叫什么呢？实际上，将零陵香看成是蕙草的还有一些材料：

清人王士禛《香祖笔记》卷十一："蕙，即零陵香。"[11]

宋人沈括《梦溪笔谈》卷三："蕙，今零陵香是也。"[1]

宋人邵博《邵氏闻见录》卷二十九："楚人曰，蕙，今零陵香也，又云薰，所谓一薰一莸者也。唐人但名铃铃香，亦名铃子香，取其花倒悬枝间，如小铃也。"[12]

宋人谢翱《楚辞芳草谱》"薰草"条："世以蕙草盖即薰草，臭如薰莸，可以已厉，故古之祓除，以此草薰之，因谓之薰草。王逸章句云，菌薰也，今之零陵香。"[13]"可以已厉"出自《山海经·西山经》："（浮山）有草焉，名曰薰草，麻叶而方茎，赤华而黑实，臭如蘼芜，佩之可以已厉。"[14]

元人白珽《湛渊静语》卷一："蕙，薰草也，生下湿地，麻叶方茎，赤花黑实……即零陵香也。"[15]

清人邱炜萲撰《菽园赘谈》"兰蕙"条："而蕙则今之零陵香。"[16]

当然也有反对"蕙，即零陵香"者。如宋人张淏撰写的《云谷杂记》就认为蕙并不是零陵香。

还有把兰、蕙混而为一的。如宋人郑樵《通志略·昆虫草木略第一》："兰即蕙，蕙即薰，薰即零陵香。《楚辞》云：'滋兰九畹，植蕙百亩。'互言也。古方谓之薰草，故《名医别录》出《薰草》条。近方谓之零陵香，故《开宝本草》出《零陵香》条。《神农本经》谓之兰茝，昔修《本草》以二条贯于兰后，明一物也。臣谨按：兰旧名煎泽草，妇人和油泽头，故以名焉。《南越志》云：'零陵香一名燕草，又名薰草,即香草,生零陵山谷,今湖岭诸州皆有。'又《别录》云:'薰草一名蕙草,明薰蕙之为兰也。以其质香,故可以为膏泽,可以涂宫室。'近世一种草如茅叶而嫩,其根谓之土续断,其花馥郁,故得兰名,误为人所赋咏。"[17]

郑樵"兰即蕙,蕙即薰,薰即零陵香"是正确的认识,但把蕙与兰相混就相差太远了。不仅兰蕙有别,甚至即便是蕙也有古今之别。朱熹《离骚辩证》对此说:"古之香草,必花叶俱香,而燥湿不变,故可刈佩。今之兰蕙,但花香而叶乃无气,质弱易萎,不可刈佩,必非古人所指甚明。"所以朱熹在咏"蕙"时说:"故所谓蕙,乃今之零陵香。今之蕙不知起于何时也。"诗曰:"今花得古名,旖旎香更好。适意欲忘言,尘编讵能考。"[18]

既然宋时的蕙也不是零陵香。那么零陵香,究竟是什么呢? 今天还在吗,又叫什么呢?

《中药大辞典》给它的复杂性做了这样的陈述和规定:

异名有:薰草(《山海经》),燕草(《南越志》),蕙草(《别录》),香草《开宝本草》),铃铃香(《梦溪笔谈》),熏香(《本草求真》),黄零草,陵草《中药材手册》。

基原(科属)为:为报春化科植物灵香草的带根全草。

原植物:灵香草,又名广零陵香(《纲目》)、广灵香、平南香,满山香。

《中药大辞典》对其描述是:"多年生直立草本,具浓烈香气,高1米许。根须状。茎往往在下半部呈匍匐状,光滑无毛,具棱或薄翅。单叶互生;无托叶;叶片卵形,长4~9厘米,宽1.5~4.5厘米,先端微尖,基部楔形,两侧顾叶柄下延成翼状,全缘,皱波状,上面深绿色,下面浅绿色,纸质,侧脉每侧3~4条,上面下陷,下面突起。花单生于叶腋,下垂,花柄纤细;花萼淡绿色,深5裂,裂片卵状披针形;花冠黄色,5深裂,裂片椭圆形,长于萼片;雄蕊5,等长,着生于冠管上,花丝极短,分离,基着药,戟形;子房上位,1室,特立中央胎座,胚珠多数,花柱棒状。蒴果球形,果皮灰白色,膜质。种子细小,多数,黑褐色,有棱角。花期5月。果期7~8月。"[19]

据周博调查,类似的灵香草在江华瑶族自治县庙子源村香草源,在广西金秀瑶族自治县还有大量种植。[10]而就其历史沿革看两地都属于大零陵郡范围,特别是庙子源村香草源就在九巍山三分石脚下,近舜帝墓葬之所,与《铁围山丛谈》卷六所记载的"零陵香草生九疑间,实产舜墓"传说惊人一致。可以说九巍山三分石,及其香草源是地理上的零陵,而最初全州咸水乡只是行政上的零陵。而今之零陵则是由泉陵改名而来的行政区划。

由零陵香别名的众多,演变的复杂性看。笔者以为与湘漓文化起源、成型、发展有着极大的相似性。

第一,起源特色相似。湘漓文化的起源核心区应在今天湘水、漓水上游的全州、兴安的古零陵郡郡治周围一带(如果以潇水为湘水源头,则九嶷山三分石香草源一带亦是核心,其附近至今尚有湘江地名,香草源就属于江华瑶族自治县湘江镇)。这里人们开凿了灵渠,沟通了湘水、漓水流域。形成了陆上、水上两大交通要道,方便了人民往来。百越文化与楚文化相交汇于此。逐渐形成具有两地文化特色相交融的农耕文化、游耕文化、种植文化、民族文化、山地文化。而据史料记载,零陵香上供最多的恰也是湘源县、江华县两地,据推测最早栽种零陵香的也应是这一地区。

第二,发展特色相似。湘漓文化在发展过程中,随着行政区域沿革的变迁。零陵郡治北迁泉陵(今永州零陵),而有更多的楚文化、湖湘文化特色。而南部随着始安县、始安侯国、始安郡、桂州始安郡、静江府的不断设立与变迁。湘漓文化南移部分,逐渐以桂林为中心,兼具百越文化、八桂文化特色。但就其主流看,湘漓文化仍是核心。就好像这一带虽然民族迁徙频仍,方言众多,但西南官话仍是其主流一样。零陵香也应该有一个北迁,南移的过程。如现在广西金秀县大量种植灵香草就是南移的结果。据周博考察,"根据笔者进行的田野调查得知,金秀大瑶山金秀镇金秀村和长二村的茶山瑶,他们多是在明朝初年朱元璋和陈友谅争夺天下的时候从湖南南部逐渐迁徙到广西来的,具体什么时间迁徙到现在居住的村庄不详,但是根据他们的族谱显示至少有近20代,将近400年的历史了,据此可以大至推算于明朝万历年间便迁来此地。'零陵香'原产'零陵郡',古时之'零陵郡'也包括今金秀大瑶山所在地望。因而湖南瑶族关于'零陵香'的先进种植技术也传到了大瑶山。培养了种植'灵香草'的技术环境"[10]。而现在零陵城区香零山有零陵香的传说也可以证明零陵香北移种植的可能性。而在更广大的范围来看,广西、广东、贵州、湖南、江浙均有零陵香种植的记录。这说明零陵香种植存活适应面非常广。

第三,与湘漓文化的融合特色相似。这一地区民族文化交融无间,你中有我,我中有你。汉民族文化影响少数民族,少数民族亦影响汉族。零陵香的种植也是这样。

第四,与湘漓文化复杂性相似。湘漓文化的范围,是苍梧之野的大零陵郡范围,涵括岭南岭北,而以岭北为核心。而以古零陵郡、湘漓分派之灵渠为核心发展起来的湘漓文化,为中华民族的民族融合,文化交流起到了巨大的推动作用。这一带,实际上是处在一条历史文化走廊之中,这条历史文化走廊有水路、陆路2条,水路是潇水,也是湘江、漓江干流,陆路是潇贺古道,其走向与潇水大致平行而入广西。其文化分布亦相类。重要的是潇贺古道(又名秦建"新道",原称岭口古道,后来称楚粤通衢)使长江水系和珠江水系通过"新道"紧密相连,成为海陆丝绸之路的主体,为楚越交流拓展了通途,开了湘粤桂交通的历史新纪元。《晋书·地理下》说:"自北徂南,入城之道,必由岭峤。"宋人周去非在《岭南代答》卷一《地理门》中说:"入岭南之途有五,自道(道州)入广西之贺(临贺)四也"。说明道州至贺州的这条古道属于五道中的第四条。这两条文化走廊在古代正处于海陆丝绸之路转换核心部位,处海陆丝绸之路要冲,处南岭民族文化走廊核心位置。是沟通中原文明与岭南文明、海外文明的重要文化通道,也是商贸通道。而且文化走廊本身是千年道统(道德文明)与诗情画意一线贯穿。这一带,由此伸展开,形成了异常复杂的特色文化。而零陵香在这一带的种植始终不绝,但同时又形成了较为复杂的名称演变特色。由于远离中原文化。致使"零陵香"这一通用名称与众多别名共存,加剧这一复杂性。笔者根据上面的文献资料,甚至可以做出一大胆推测。《离骚》作者屈原也许就来过零陵郡,联系他的诗作一再出现九疑意象、舜帝意象、潇湘意象,他笔下的"余既滋兰之九畹兮,又树蕙之百亩",应该就是后来的零陵香,按朱熹的说法,而唐宋以来的蕙则已不再属于零陵香了。

参考文献:

[1][宋]沈括.梦溪笔谈[M].南京:江苏古籍出版社,1999.

[2][宋]周去非.岭外代答校注[M].北京:中华书局,1999.

[3][元]马端临.文献通考[M].北京:中华书局,2011.

[4][清]嵇有庆,刘沛.[光绪]零陵县志[M].民国二十年补刊本.

[5][清]徐珂.清碑类钞[M].北京:中华书局,2014.

[6][清]陈淏子.花镜[M].北京:中华书局,1956.

[7][宋]蔡绦.铁围山丛谈[M].北京:中华书局,1983.

[8][清]李时珍.本草纲目[M].合肥:安徽科学技术出版社,2001.

[9][宋]唐慎微.经史证类备急本草[M].北京:中国医药研究所,2002.

[10]周博.广西金秀大瑶山瑶族地区灵香草历史文化考察[D].广西民族大学,2011.

[11][清]王士禛.香祖笔记[M].北京:上海古籍出版社,1982.

［12］［宋］邵博.邵氏闻见录［M］.北京:中华书局,1983.

［13］［宋］谢翱.楚辞芳草谱［M］.清宛委山堂刻《说郛》本.

［14］袁珂.山海经校注［M］.成都:巴蜀书社出版,1993.

［15］［元］白珽.湛渊静语［M］.北京:中华书局,1985.

［16］［清］邱炜萲.菽园赘谈［M］.清光绪二十三年刻本.

［17］［宋］郑樵.通志略［M］.上海:上海古籍出版社,1990.

［18］傅璇琮.全宋诗［M］.北京:北京大学出版社,2002.

［19］江苏新医药院.中药大辞典［Z］.上海:上海人民出版社,1977.

（原载 2016 年第 4 期,作者单位:湖南科技学院）

瑶族文书《过山榜》的叙事策略

❋ 胡铁强

瑶族文书《评皇券牒》俗称《过山榜》,内容包括过山瑶的创世、族源、迁徙等,涉及到瑶族政治、经济、文化等诸多方面,是瑶族过山瑶支系重要的宗谱和通行证,更是中国瑶族文化身份认同的"关键符号",也是连接海内外瑶族人群、维系世界瑶族认同的文化纽带。其榜文历经千百年增删修改,有着独特的叙事技巧,体现了瑶族人民的集体智慧。

一 以写实与虚构结合的叙事理念追溯族群历史独特的历史延续

世界各民族的历史记忆都包含了真实的历史生活记录和富于想象的神话。关于神话,意大利学者扬巴蒂斯塔·维柯认为"神话故事在起源时都是些真实而严肃的叙述"[1]。拉斐尔·贝塔佐尼在《神话的真实》一文中说,"严格说来,讲述起源、宇宙创生论、神谱、超人英雄的传奇(他们发明事物,建立体制或原则)的故事是神话。而且我们还看到讲述这些故事的人认为它们是'真实'的,非常明确地和'虚构'的故事相区别"。[2] 马克思则认为:"神话是远古时代的人们对其所接触的自然现象和社会现象所不自觉地幻想出来的具有艺术意味的集体的口头描述和解释。"神话中的事实与虚构错综复杂。

《过山榜》的主体内容是盘瓠神话,汉文献中多有涉及。

"昔高辛氏有犬戎之寇,帝患其侵暴,而征伐不克。乃访募天下,有能得犬戎之将吴将军头者,购黄金千镒,邑 2 万家,又妻以少女。时帝有畜狗,其毛五彩,名曰盘瓠。下令之后,盘瓠遂衔人头造厥下。群臣怪而诊之,乃吴将军首也。帝大喜,而计盘瓠不可妻之以女,又无封爵之道,议欲有报而未知所宜。女闻之,以为帝皇下令不可违反信,因请行。帝不得以,乃以女配盘瓠。盘瓠得女,负而走入南山,止石室中。所处险绝,人迹不至。于是女解去衣裳为仆鉴之结,着独力之衣。帝悲思之,遣使寻求,辄遇风雨震晦,使者不得进。经三年,生子一十二人,六男六女。盘瓠死后,因自相夫妻。"[3]干宝的《搜神记》增加了盘瓠出生的一段神话,介绍了盘瓠的身份和出世。其他内容则大同小异。

过山榜虽然版本众多,但基本上以此为蓝本。叙事的主干就是盘瓠立功受赏归隐山林,后代自相夫妻,瑶人获取一定的政治权利。后来的演变中又加入了渡海神话和千家峒传说,使得过山榜故事更加清晰立体。这些故事涉及到瑶族古代社会、历史、政治、经济、文化、生产、生活等诸多方面,构筑了过山瑶族的整体知识系统。

关于过山榜的叙事特别是盘瓠神话的性质,有学者归纳如下:

盘瓠神话显现出显著历时性的三种特质:口语固化的虚拟性,信史记录的真实性和疑古书写的批评性。[3]过山榜的叙事哪些是真实哪些是虚构后世学者观点不一。但其故事接受效果却说明了瑶人在构建本族群历史记忆时的叙事技巧。实际上,世界上各个民族的早期神话都是历史与虚构的结合。它构建了族群记忆的基本系统,成为维系认同的历史"贮存器"。事实与虚构相结合,虚构基于事实,其本身也成为历史的一部分。这就是萨林斯所说的"诗性逻辑"。萨林斯在《历史的隐喻与神话的现实》中分析夏威夷神话仪式时说道:"夏威夷的历史经常重复叙述着自己,第一次它是神话,而第二次它却成了事件。"[4]其中的对应逻辑在于:(1)神话和传说的虚拟性正好构成历史不可或缺的元素。(2)对同一个虚拟故事的复述包含着人们对某种价值的认同和传承。(3)叙事行为本身也是一种事件和事实,一种动态的实践。对某一种社会知识和行为的刻意强调或重复本身就成为了历史再生产的一部分。它既是历史的,也是真实的。[5]

《过山榜》所载故事流传千年,既是瑶族先民真实生活的缩影。又包含了大胆的想象和虚构,同样说明史与诗、写实与虚构难以分割的关系。在这一点上,汉瑶并无二致。无论是真实还是虚构,《过山榜》的意义在于构建族群历史。通过追溯过去来寻求一种现在的生存合法性。从盘古创世到盘瓠出生,从出征到受赏再到娶妻生子后代分封,从被迫离开千家峒一路向南迁徙到渡海传说再到重寻千家峒。这种历时性的记忆建构非常完整,充分体现瑶人关于族群历史的延续想象。

二 以四大情节版块为叙事核心构建鲜明的身份特征

《过山榜》的叙事核心包括盘古神话、盘瓠神话、渡海神话和千家峒传说。

《过山榜》中有关于宇宙起源的创世神话。在汉族典籍中,盘古是始祖神。徐整《三五历纪》和《五运历年纪》中均有记载,任昉《述异记》有进一步地刻画。瑶族《盘王大歌》之《盘王古歌》是这样记忆盘古的:盘古开天又立地,置有山河与田园,混沌初开乾坤定,阴阳交错暗分天。[6]《过山榜》关于"盘古"的形象记载如下:"系前时,先置上界常(长)脚人民,吃败泥土;又置中界(直眼)人民,吃败木叶",又如"我盘古皇,开天辟地,先有瑶人,后有朝廷,功称无粮(量)"[7]《过山榜》中关于盘古的记载还有多处,有"盘古皇""盘古王""盘古""盘王"等多种称谓。在千百年的流逝中,瑶人对盘古形象作出了阐释性的加工。通过盘古神话,瑶族先民形象地勾画了人类发展的历史,提出了关于自然、人类起源的本源性思考。在这一神话的流传与变异中,瑶族有意无意地模糊了人类共同始祖盘古和本族群始祖神盘瓠的边界,有利于拉近汉瑶关系,体现了瑶族在文化变迁中所采用的一种适应性应对。

作为族源记忆,盘瓠神话广泛流传于瑶族各支系及与瑶族同源的苗、畲等南方少数民族。这一神话强化了瑶族鲜明的文化特征,是区别"我族"与"他族"的重要历史记忆。从叙事上来说,盘瓠神话有一条清晰完整的故事链:盘瓠从老妇人耳中出生并孵化为犬,龙犬揭榜杀敌建功,蜕变为人形娶公主生六男六女,晚年追羚羊坠亡,瑶民漂洋过海时护佑全族。叙事曲折多变,盘瓠形象生动感人。充分体现了瑶族人民构建本族历史的伟大想象力,包含了浓重的历史感和文学感。这一神话既是瑶人生殖崇拜的象征,又是其原始婚姻的隐喻,既体现为政治权利诉求,更是整体文化特征记忆。

"渡海神话"在《过山榜》中多有记录。"交过寅卯二年天大旱,官仓无米,深塘无鱼,蕉木出烟,格木出火,人民慌(荒)乱,四散分离。一十二姓瑶人子孙,飘湖过海,一千里途。过了三月,船路不到,水路不通。子孙无计奈何,飞天无路,又怕大风吹落下四海龙门。重(众)在船中思量,思量着门路。当初以来,盘王圣帝,开天立地,前来杀死,后来救生。十二姓瑶人子孙,船中求献五旗兵马,立请大道本祖家先,回头转面,许起歌堂薄书良愿。未经三朝一夕,船来到岸,马行到乡,子孙酬还答谢圣王神恩良愿。儿孙行到广东韶州府乐昌县,安扎瑶人子孙。上无水土,下无平地,耕山为力(业)。逢州逢县,过山耕山,耕山起屋,无交租税。无人救得瑶幼子孙,三庙圣王救得瑶幼子孙。无人伏伺连州三庙圣王,瑶人子孙则永远敬奉,人财兴旺,万代荣昌。[8]《评皇券牒》也提到,瑶族百姓"正流途过山处,备齐十二面大船,十二姓瑶人分船坐渡。交过丙寅岁四月初八良日,漂流过海……"又说"十二姓瑶民子孙漂湖过海,一千里路程,过七天七夜,船路不通,水路不通。十二姓瑶民子孙无奈何"[9]。

漂洋过海在瑶族历史记忆中占据重要的位置。一是记录了瑶人举族迁徙的深重历史,更重要的在于重申盘王在瑶族的核心地位:盘王不仅是瑶族的创世主,而且也是救世主。为纪念盘王,瑶族后裔常举行隆重的"还盘王愿"祭祀仪式,以求风调雨顺,人丁兴旺。当代瑶族社会更以之为主体形成形式各异的"盘王节"。

瑶族史诗《盘王大歌》之《千家峒歌》《十二姓瑶人游天下》有关于"千家峒传说"的生动记载。《千家峒歌》采用民歌对唱的形式,艺术地勾勒了一个"世外桃源",这也是历代瑶族人民梦想中的家园。《湖南瑶族社会历史调查》里面也收集了一则"千家峒传说",这则传说侧重于记述瑶族被逼离开千家峒的原因和过程,可与《千家峒歌》互为参照,此外,目前流传在江华瑶族自治县一带的《千家峒源流歌》也有相似的表述。这一歌谣与《千家峒歌》及"千家峒传说"内容大体相近,只是在地名上有些确指。

千家峒是个美丽而神奇的传说,它犹如孔子所说的"大同世界"、陶渊明笔下的"桃花源"或是托马斯·莫尔设想的"乌托邦"一样,是瑶族人民心中的圣地。"千家峒传说"既是历史的真实又是传说的真实,精神信仰的真实,是瑶族历史文化的象征性符号。

总体而言,《过山榜》四大核心叙事记述了宇宙创生、人类起源,本民族族源故事及形成迁徙历史,阐释了关于自然的诸多想象,规定了图腾及宗教信仰,记录了劳动生产爱情生活、婚姻形式演变及姓氏由来,确立了本民族伦理道德及价值体系,在"我族"与"他族"的比较中确立了"自我"。

三 以瑶汉结合的叙事模式巧妙地表达政治经济文化诉求

《过山榜》虽然是瑶族文书,但与汉文化的关系非常紧密。首先,关于《过山榜》的颁发者素来就有汉族封建王朝和瑶酋的不同说法,这一问题虽然《瑶族通史》已有定论,但争议仍在。不管如何,分歧的存在本身就说明《过山榜》不单单是瑶族的一种自我表述,而是瑶汉文化千年碰撞交融的结果。

其次,《过山榜》以汉字记瑶音,这种选择不能简单的以瑶族没有文字来解释,既然用了汉字,就肯定得遵循汉族语言文字的表达习惯。《过山榜》经历了千年的发展演变,经过了历代不断增删改变,其中的语义链有了明显的话语指涉,体现了瑶汉历史文化交融的诸多痕迹。比如"瓠-护-附""瓠-扶-夫""瓠-伏-复-匐"等语义链构成了连锁语义,展现了瑶汉之间"自我"与"他者"的多重互动关系。

第三,从具体内容来看,《过山榜》的故事主体本身就来源于汉族文献《风俗通义》和《搜神记》。从目前搜集到的券牒看,其类型长短不一,但若就其主要内容而言,各篇券牒却大致相仿,我们可以依据常见的券牒述其梗概如下:

1. 盘瓠出身。乃评皇之龙犬。

2. 杀敌立功。评皇欲杀敌酋,盘瓠请战,评皇许以宫女;盘瓠越海噬敌酋首归。

3. 盘瓠婚配。评皇欲封赏,而盘瓠坚持与宫女配合,评皇只得依从,以婿待之。

4. 入山繁衍。婚后评皇送盘瓠夫妇入会稽山中;盘瓠生六男六女,评皇闻讯加封。

5. 盘瓠去世。出猎之时为羚羊角抵死。

6. 御赐券牒。众人上奏,评皇颁下券牒,盘瓠诸子皆封赏,其后人得到永免赋税、随意迁徙等特权,且不许女性嫁与汉人百姓。[10]

这个故事主干包括四个基本层次的陈诉:1. 英雄解难;2. 驸马主题;3. 正名受封;4. 复归自然。[11]英雄解难—招为驸马—立书封赠—福佑后人是典型的汉族封建社会的规范做法,这种故事是典型的汉民族叙事。由此看来,《过山榜》的叙述中包含了较多汉族文化的因子。瑶族叙事的巧妙之处在于:《过山榜》将评王与高王(或紫王)争霸上升为"国与国之争",从而使英雄解难故事上升为保家卫国的表述。此外,关于驸马母题汉族文献中有神犬变人的过程,以满足其传统叙事的伦理和美感需求,而《过山榜》则刻意突出神犬的灵性,传达出与汉族叙事的审美差异。同时,复归自然的母题也有浓重的汉文化色彩。老子说:"功成、名遂、身退,天之道。"中国历史上功成身退的故事数不胜数。而对于瑶人来说,这一母题还有更深的含义。有学者指出:"盘瓠回归自然,栖居会稽山符合瑶族人独立自主的人格向往和追求,有一种豪迈的自在和自为的精神,是瑶族主体意识的自然流露。归复自然母题是唯一在《券牒》中可以被视为瑶族文化独立叙述的层面,它甚至潜匿着某种倔强不羁的反抗倾向[12]。

复归自然的母题究竟是汉族文化精神的影响还是瑶人独立人格的追求,是瑶人的自身的心理认知还是避免伴君如虎的自我保护,这一问题难以简单说清。但不论如何,《过山榜》的叙事模式体现了汉瑶相异相生的文化品格,也巧妙地表达了瑶人政治与文化诉求。

总之,《过山榜》的叙事策略隐晦而巧妙,体现了瑶族集体性的生存智慧,也表明了其矛盾性格,即独立性和依附性并存、反抗性和忍让性同在、自豪感与自卑感相伴、特权意识与平等意识共有、开放性与保守性相依。[12]

参考文献:

[1][意]维柯.新科学[M].朱光潜,译.北京:人民文学出版社,1986.

[2][美]阿兰·邓迪斯.西方神话学读本[M].朝戈金,等译.桂林:广西师范大学出版社,2006.

[3]孟令法.虚构、真实与批评:盘瓠神话的的典籍三重性[A].中国神话学课题组.盘瓠神话论文集[C].北京:学林出版社,2017.

[4]Salins. Historical Metaphors and Mythical Realities[M]. The University of Michigan Press,1981.

[5]彭兆荣.瑶汉盘瓠神话——仪式叙事中的"历史记忆"[J].广西民族学院学报,2003,(1).

[6]郑德宏,李本高.盘王大歌[M].长沙:岳麓书社,1988.

[7]过山榜编辑组.瑶族《过山榜》选编[C].长沙:湖南人民出版社,1984.

[8]广西壮族自治区编辑组.广西瑶族社会历史调查(第4册)[M].南宁:广西人民出版社,1985.

[9]李本高.瑶族《评皇券牒》研究[M].长沙:岳麓书社,1995.

[10]钟年.社会记忆与族群认同——从《评皇券牒》看瑶族的族群意识[J].广西民族学院学报,2000,(4).

[11]彭兆荣.《评皇券牒》的母题结构[J].中南民族学院学报,1994,(4).

[12]陈路芳.从评皇券牒看瑶族的矛盾性格[J].广西社会科学,1999,(3).

(原载 2018 年第 3 期,作者单位:湖南科技大学)

湘桂（潇贺）古道古桥的历史文化价值研究

✿ 杨雄心

一 概况

（一）潇贺古道简介

从湖南永州道县经江华入广西富川到贺州，或经永州江永县入广西富川到贺州，溯潇水下贺江，人称湘桂古道，又称潇贺古道。《史记》载舜帝南巡，"崩于苍梧之野，葬于江南九嶷，是为零陵"。晋郭璞《山海经注》："山在今零陵营道县之南，其山九溪皆相似，故云九嶷。"

今湖南永州南部及广西贺州、梧州均为古苍梧之地。萌渚岭横亘于湖南广西之间，自古为阻隔五岭南北的天然屏障，舜帝南巡成为这条通道的开启者。到"吴起相悼王，南并蛮越，始有洞庭苍梧"（《后汉书·南蛮传》），潇贺古道已经定形。秦始皇三十三年（前214），在楚道的基础上进行扩修，建成水陆联用的"新道"。

据有关专家考证，马王堆汉墓出土的《地形图》《驻军图》中为军事重镇的"深平城"就在今江华县城沱江镇附近。而江华的涛圩镇就是汉武帝时设置的冯乘故城遗址，江华白芒营镇的娘子岭上至今还有秦汉时的兵营遗址。江永县的上甘棠一带为汉谢沐故城址所在。自秦汉到清末乃至民国初的两千多年里，湘桂（潇贺）古道对促进我国的南北统一，加强各族人民的融合，促进南方的经济文化交流和发展，起到非常重要的作用。

（二）潇贺古道古桥的类型、特征

湘桂（潇贺）古道穿行于萌渚岭的崇山峻岭和湘南桂东北的山地之间，其间劈山筑路、渡水架桥。修建如此大的工程，反映出我国古代劳动人民的艰苦勤劳和智慧，也反映出我国古代交通技术的高度和水平。

湘桂(潇贺)古道现存的古桥主要有浮桥、石梁桥、石拱桥、风雨桥四大类型。

浮桥又称舟桥,是一种以船、筏和木板为桥身而建造的桥梁,古时称之为舟梁、浮航、战桥。道州浮桥是古道上现存唯一的一座浮桥。

道州浮桥旧名大浮桥,位于道县城南,始建于南宋嘉定年间(1208-1224),后桥废改渡。明万历三十六年(1598),州官韩子祁将道州百姓40艘龙船革头去尾,用竹缆连接,横跨潇水,长135米,宽4米,船上架木梁,横铺木板。清光绪三年(1877)《道州志》载:"明万历间州守韩公,特为搜革龙舟,编成鹊架,覆长板以鳞次……贯以铁索,若苍龙之偃波,白虹之饮水,由是不楫而渡,舍舟以徒,攘往熙来,莫不称便。"

道州浮桥见证了瑶族被迫从其发祥地千家峒逃亡的史实。《千家峒》载:"大德王九年(1305)三月十九日,众瑶人起脚出千家门楼来上桑木源。过了枫木四下云盖,来到道州浮桥,过了三日三夜不断丝……"

1929年杨得任在其所著《道路全书》(中华全国道路建设协会编印)中说:我国古代浮桥"如……湖南道州之潇江,所架之舟桥,其最著也"。

1934年11月红军长征时,红一军团曾从此桥攻占县城,后为缅怀牺牲战士,将浮桥改名为"红军渡"。

1979年,道州浮桥公布为道县县级文物保护单位。

潇贺古道上的石梁桥有石柱石梁桥、石墩石梁桥、石仿木榫卯结构石柱石梁桥,特别值得一提的是石仿木榫卯结构石柱石梁桥,这种结构的石梁桥在湖南地区仅存潇贺古道沿线。其中江永县夏层铺镇上甘棠村就保存有三处,除了寿隆桥外,连接上甘棠村和寿隆桥的昂山旁的小溪流上也有一座不到3米的仿木榫卯结构石梁桥。在从步瀛桥去月陂亭摩崖石刻的道上,常人以为是青石板古道,实际上就是一处3块石梁石柱仿木榫卯结构桥梁,只不过在岁月的打磨下,已经埋没在地下变成了现在的游道了。

寿隆桥,位于江永县夏层铺镇上甘棠村,潇贺古道上。据《上甘棠众架石桥舍钱题记》载,与寿隆桥结构相同、位置相邻的栈道桥建于北宋靖康年间,有专家据此推断寿隆桥同样建于北宋靖康年间。又据石碑"重建寿隆桥记"的记载:"……甘棠周氏宅东北隅一里许,有桥曰寿隆,屡兴屡废,难为长久之策。爰自成化辛卯冬,棠溪积善君子周绍隆、周麒,同诸众信,集功舍财,觅工镌石圈桥一道……时大明成化八年岁在壬辰仲春月。"断定该桥始建于宋,明成化八年

(1472)重建。

寿隆桥全长约10米,宽1米左右,5墩4孔,青石砌筑。桥墩由子母榫上下、左右拼拢围砌,最后由长条青石压合而成,制作工艺十分精巧。该桥采用了木建筑常用的榫卯结构,独面平梁的每个桥墩都是由两根石柱构成,每根石柱上方凿成小一圈的方形,两根石柱插在一块带有两个方孔的椭圆石块上,构成桥面的石板就是在这块椭圆的石块上对接相搭成桥。组成桥墩的两根石柱从构造和外形上,很类似老式长凳一边的凳子腿,是向外撇的外八字形。该桥对研究湖湘桥梁构造方式的演变有较重要的实物价值。2011年,该桥公布为湖南省级文物保护单位。

石拱桥在潇贺古道上是保存最多的一种桥梁,有单孔、双拱、多拱等类型。最小的石拱桥应该是潇贺古道起点、双屋亭东80米处古道上的小石拱桥。连接潇贺古道的石拱桥据初步统计达数十处之多。建于江永县夏层铺镇上甘棠村的步瀛桥,为三孔石拱桥,采用半圆形薄拱,造型小巧别致,与文昌阁的庄重高耸互为衬托,构景成图,相映成趣。

步瀛桥,位于湖南迄今为止发现的年代最为久远的古村落江永县上甘棠村西端的谢沐河上,又名度仙桥。该桥始建于宋靖康元年(1126),为三孔石拱桥,桥全长30米,宽4.5米,每孔跨径为8.5米,原高8米,由于河床抬高2米,现高只有6米。

步瀛桥建成不久就垮掉半边,但此桥却一直矗立不倒,堪称我国桥梁史上的奇观。2006年,包括步瀛桥在内的上甘棠村古建筑群被列为全国重点文物保护单位,2007年,上甘棠村被列为中国历史文化名村。

西佛桥,又名七拱桥,位于江华沱江镇,横跨沱水,建于清光绪二十三年(1897)。该桥为七孔石拱桥,桥长约120米,宽约7米。桥身为七孔八礅,用石灰、桐油、糯米三合浆抹灰、勾缝。桥礅的迎水面还做有分水尖,以减轻水流对桥身的冲击。墩台与桥体均用青石干砌,两侧有1米多高的石柱栏杆,配以龙云鸟兽、八仙飘海、文王求贤等人物故事的精致石刻,栏柱上置千姿百态小石狮近百尊,两端各设一对大石狮,被誉为南方"卢沟桥"。

西佛桥造型优美,状如长虹,故有"云龙飞驾""西佛拱秀"之美称。1930年邓小平率红七军按照中央的指示,从广西河池出发,向桂湘粤三省边界转移,于农历11月16日占领沱江,途经西佛桥,桥南端立有石碑一块,记载红七军过江华的情况。

风雨桥又称廊桥,它是在桥面上盖建廊屋,集桥、亭、廊三位一体的特殊桥梁。风雨桥的种类繁多、风格各异,按结构划分,风雨桥有木梁、木拱、石梁、石拱之分。据目前为止的调查结果看,潇贺古道上现存风雨桥除木拱结构外,其它三种类型风雨桥都散见于古道沿线各地,比较典型的有道县午田石拱风雨桥。

午田风雨桥,位于道县新车乡午田村,跨永明河支流。始建于宋淳祐年间(1241－1252)。光绪三年《道州志》记载:"州西南二十五里午田村前为永明官路,宋淳祐间居民朱明远建,上覆以屋,清雍正间州乡进士唐雍记。"该桥为两孔石拱廊桥,长25米,宽5.2米,高3.9米。桥中建重檐桥亭,两端为拱形门,硬山顶,马头墙;桥廊两侧竖栏杆,侧边置有长凳,供行人歇息。1934年11月,红军长征途经此桥,当地百姓称其为"红军桥"。2011年公布为湖南省级文物保护单位。

二　古桥的文化内涵

(一)民俗文化

湘桂(潇贺)古道地处中原沟通岭南地区要冲,多民族共处,使得连接这一通道的重要元素桥梁图腾,体现出丰富多彩的民俗信仰,并具有其独特的文化传承。

江华瑶族自治县沱江镇老城区东南潇水河上的西佛桥,桥上共有桥栏石扳62块,其中石雕栏杆37块(左17块,右16块),碑刻5块。雕刻石柱63根,其中23根寿桃石柱,16根莲花石柱,14根小石狮柱,5根四不象石柱,5根葫芦石柱等。护栏的石雕工艺精美,有圆雕、浮雕、镂空雕等等,且内容丰富,人物故事丰满逼真,花鸟虫鱼和狮、龙等栩栩如生。有二龙戏珠、三狮戏球、八仙飘海、辕门斩子、龙凤呈祥、汾河射雕、伯益泣杖、草船借箭、薛仁贵淤泥救驾、海龙王出征、姜太公钓鱼、鲤鱼跳龙门、一甲高中、魁星点斗、哪吒闹海、刘海戏蟾、石麟祭塔、凤凰来仪、麒麟献瑞、和合二仙、摇钱树、聚宝盆等等,令人叹为观止,流连忘返。

道县清塘镇陈熊村的太平桥,桥栏上过去共有26块"渡人渡己""折柳情长""功高千秋"之类的题字和"三气周瑜""黄河摆渡""污泥救主""柴桑吊孝"等历史故事浮雕,栏柱顶端有形态各异的狮子,是当地极负盛名的建筑物。

江华瑶族自治县桥头铺镇上宅洞村的龙门桥,西距潇水120米,重修于嘉庆十年(1805)。桥两边放青条石为桥栏,东栏外侧雕后羿射日,西栏外侧雕八卦图。

道县万家庄办事处和道县桥头镇大车坝村,桥头立有1米多高、顶端雕刻虎头形象,头像下部刻"南无阿弥陀佛",具有强烈宗教色彩的桥梁图腾。

值得一提的是,桥梁图腾都雕刻在迎水面承重拱圈上。千奇百怪的桥梁图腾除了古人期盼镇服水患、防御水害和安澜畅运、祈求吉祥的精神作用外,从建筑设计、景观构成方面同样有美化装饰作用。

(二)民间传说

湘桂(潇贺)古道在长期的历史时期里留下了不少感人至深、脍炙人口的民间传说。如流传于道县的《舜王与白想》,以白想这个人物在潇溪河上背虞舜为题展开故事。

"潇溪九曲十八弯,弯弯曲曲像条龙。"潇溪河上以前架着一座石桥,名叫"参驾桥",说来还有段故事。这驾是皇帝的圣驾。你道皇帝是谁?是四千多年前的虞舜。参驾的人,名叫白想,原来是个平头百姓,以打鱼种地为生。那时,这里虽然人烟稀少,却是交通紧要之处,南来北往,岂能没个桥。说桥也委实可怜,不过三根并排捆成的松树,春水一发,哗啦一届……大水冲个无影无踪,再架桥还得等雨停水退才成;涨水落雨的时候,行人只得光着脚板过水,陌生人哪晓得深浅厚薄,免不了常出一差二错。那时,白想一来年轻心好,二来反正雨天事松,便干脆把自己当桥,背人过水。无巧不成书,舜王南巡来到这山窝窝,正碰上落雨刮风涨大水,眼前一条涧子,浊浪滚滚,心里不由一愣。正为难间,茅屋里跑出一个后生在他面前猫下腰,请他上背。舜王有点不好意思,说:"这我岂不把人家当成桥了吗?"白想麻利地把舜王背到河中,笑着答到:"我是桥呀!是马您老馆就喂大鱼啦!"舜王上了岸,把白想看了又看,问道:"好后生,你要多少渡钱?"白想把手一摆:"老馆子走吧!我在涧边架桥又变桥都快三年啦!要人家的钱哪会如今还是条穷汉?!"舜王听了,连忙上前抓住白想的手,说:"你道我是谁!我就是大舜皇帝,才头次碰见你这样的好心人。"啊!舜王,南巡来了。白想连忙跪倒在地:"大王恕罪!"舜王一把拉他起来,拍拍他的肩膀,笑哈哈地说:"你有什么罪,我要封你为地方官。"

白想封了官,亲戚、朋友来道贺的险些踏破门槛。白想好不高兴!他想,我只不过背了舜王过河,便得了官,要是在涧子上砌座大桥,舜王看了,这官岂不更大。这么一想,白想就发号施令起来,到处强征民伕,筹款派捐,限令百姓要在舜王南巡归来之前,把桥修好,白想每天一手捏根粗棒捶,一手捏把大蒲扇,谁息慢就使劲敲谁的脑袋。很快过了一年,舜王又从这里路过,见多了一座大石桥,这是怎么回事呢?舜王信步上桥,看见一个缺胳膊的老翁和个断腿的后生在哀声叹气。舜王问是为了什么,两个残废人愁眉苦脸,把头摇得像个拨浪鼓,什么也不肯说。舜王急了,说:"我是舜王!你们但说无妨。"两个人听了才一把鼻涕一把泪把白想当官以后如何想升官发财,如何逼着老百姓为他修桥,自己又如何被大石头砸成残废的事——讲了。舜王听了,气得老半天说不出话来,指着那断臂老翁说:"你快把白想叫来!"白想正在做升官梦,一听舜王驾到,连忙起来参驾。舜王看白想时,见他肥头大耳,满脸横肉,全不是往日模样,把脸一沉问道:"小小的涧子,这样劳民伤财,架座大大的石桥,你是为什么?"白想吓得说不出话来。

舜王火了,吼道:"你不说我也清楚,从前,你背人过河,心是好心,所以,我才叫你当官;眼下砌这座大桥,事是好事,心是坏心,这官还能让你当下去么?真是白想。告诉你,你再不能为官了,你去帮老百姓看守庄稼吧!"

白梦做梦也没想到会有这样的下场,头上好似五雷轰顶,心里一慌,倒地死啦!可怜他临死手里还捏着一把蒲扇呢!如今我们在庄稼地里看到的稻草人,瘦得四条筋,成天不停地拍打着蒲扇赶鸟,正是白想呢?

甘棠村的步瀛桥,自建成不久即塌了一半,然而,这半边残桥却再没人去修,屹立至今。村民传说:村里每出一个官员,桥就掉下一块石头,掉了100多块,历史上先后就出了100多名文武官员,其中京官18名,进士11名。最近一个是国民党时期的爱国将领周翰忠军长,中将军衔。很难想象,在这个偏僻的小山村,曾经出现过100多名七品以上的文武官员。如今不出官员了,桥也就不掉石头了。当地民谣:"步瀛三拱古桥残,妙语八仙天意传。千古相承成故典,众期石落出大官。"

潇贺古道从湖南江永进入广西富川油沐乡黄沙河,有一对鸳鸯桥——回澜风雨桥和青龙风雨桥,该桥亦流传着一个凄美的故事。

年轻英俊的富川油沐才子何廷枢,与隔河相望的双园栎村美丽灵慧的瑶族姑娘盘兰芝相爱。正当两人准备成亲时,盘兰芝却被皇上派到瑶乡选美的钦差大臣选中,进了皇宫。伤心的何廷枢发愤读书,赴京赶考高中进士。此后,官至监察御史的何廷枢被御封为八省巡按,赴边关除奸抗倭。入宫的瑶族姑娘盘兰芝在封为皇妃后,遭野心勃勃的柳皇妃诬告,最终被贬回乡。在家乡,听到何廷枢因抗倭为国捐躯的讹传,盘兰芝悲痛如绝,便在黄沙河建成青龙风雨桥以纪念心上人。桥成当天,盘兰芝高喊着何廷枢投入黄沙河中。衣锦还乡的何廷枢,面对青龙风雨桥,不禁潸然泪下。为表达不离不弃的情怀,便在黄沙河上建造了回澜风雨桥。后人面对鸳鸯桥时,大发感慨:"回澜"即"会兰","青龙"即"情浓"。

三 结语

潇贺古道作为沟通中原与岭南的古老通道,积淀了深厚的历史文化,推动了我国历史上的南北统一和民族融合,促进了华夏腹地与沿海地区的经济发展和中外贸易往来。2013 年 5 月,国务院公布湘桂(潇贺)古道永州段为第七批国家重点文物保护单位。

遗存在潇贺古道上的古桥是研究该古道历史文化价值的不可多得的实物资料,这些古代交通遗存的类型、结构技术以及建造年代、历史价值,古桥的文化内涵如桥梁图腾、民间传说、名人诗歌都是值得深入研究的重要课题。

参考文献:

[1]邱秀刚.潇贺古道明珠——江华西佛桥[J].湖南文化遗产, 2012,(2).

[2]蒋响元.湖南古代交通遗存[M].长沙:湖南美术出版社, 2013.

[3]陈明宪.湖南桥梁[M].长沙:湖南人民出版社,2010.

(原载 2017 年第 2 期,作者单位:湖南省道县文物管理所)

明道州知州王会学行考

✽ 敖 炼 ●

一 王会生平

王会,字咸亨,又字延亨,号一川,又号梦斋。嘉靖十三年(1534)举人,福建漳浦横口人。曾任太湖教谕,升国子监学录,任太湖教谕及国子监学录期间,曾参与编修《南畿志》,以"师范端严"著称,因此于嘉靖二十三年升任道州知州,又迁曲靖府同知。后以亲老乞休致,优游林下二十年。王会在道州期间,访胜求古,对山川风物多有命名,重文教,尤其推重濂溪,修撰《道州志》《濂溪志》,对推动濂溪先生的影响做出了很多实质性的贡献。迁曲靖同知后,理政断案,公正爱民。隐居期间,淡泊孝顺。由于王会为官清廉刚正,政声远播,其祠堂有对联:"历仕十九年,两郡恩膏及士庶;曾活八一命,毕生德泽庇儿孙。"据记载,王会的著作有《北雍》《舂陵》《滇中》《归田集》《建文野史》《梦斋笔谈》《一川集》若干卷,但大多已经不可考。王会以孙志远贵,赠湖广参政。

王会的生平事迹见诸地方志。漳浦横口王氏为科举世家,书香八代相传,官浔横口王叡编有《墙东诗录》,收录横口王氏十八人诗十八卷。王会一门祖孙四中科举,其孙志远、志道皆有传。嘉靖《龙溪县志》卷七《选举》载:"王会:由本学贡任太湖教谕,应天府中式,嘉靖甲午科。"康熙《漳浦县志》卷十九《杂志》载:"祖孙四科甲者,王会及孙志远、志道、志遒。"乾隆《龙溪县志》卷四《坊表》:"祖武同绳坊,在檬林铺,为明王会、王节、王志遒、王志远、王志道立。"光绪《漳州府志》卷二十九《人物二》:"孙志遒,万历庚子举人,嵊县知县,出郊视民疾苦,蔼若家人,著惠声。志远、志道有传。"王会生卒年不详,但可推出大致生于明代弘治正德年间,卒于嘉靖隆庆年间,万历《漳州府志》关于其生平事迹的记载较为可靠详细。

万历《漳州府志》卷十七《龙溪县·人物志下》:

王会：字延亨，横口人。由龙溪县学选贡以试优等，授太湖教谕。嘉靖甲午，领应天乡荐，复任太湖，严立课程，与诸生讲解不倦。又以寺塔迫学宫，白有司毁之，取其锡顶，造文庙祭器，由是科第继出。在任五年，升国子监学录，邑人修入《名宦》。在国学，师范端严，为诸生所敬惮。尝冬至颁历，内廷监生喧哗失仪，自司成及六馆皆获谴，本堂无一犯者，故吏部有"抗颜师范"之考。以才望行取，或谓当谒见当道，执不肯，授道州知州。至则革常例，招流移，宽逋负，发仓粟赈饥，新庙学及濂溪书院，纂《濂溪集》《东溪集》，自为序，三年政化大行。比入觐回任，适三广大征，转输不绝。邻境有避兵者八十人，兵夫执送州狱。会察知其冤，力与辩释，及释新附民若干人，远近感悦。迁曲靖同知，守缺，署府事三年。以靖为入滇要路，裁革冗费，抚按命取以为式。旧俗民好以割股要孝名，下令严禁之。待僚属以严，无敢纵恣者。黔国陈夫人奏沐朝弼谋夺公爵，事下抚按以会往勘。会责夫人不当以假子乱宗，责朝弼不当寡恩待其嫂，及奸人离间者悉治以罪，勋爵遂定。征沅江土酋那鉴，命督赏。布政徐樾被害败绩，乃收散卒及粮饷以归，分毫无所损失，上下莫不叹异。壬子入觐，常例一无所受，惟文书衣服二箱而已。事竣当复任，以亲老，遂乞休致，优游林下二十年，非公事不见有司。与人交，不作炎凉态。事父及继母，承顺无违，俸入之余，分给二继弟，抚妹之孤子，以至成立。平生性气刚方自处，不肯后人，居官耻奔竞，虽座主张公，治秉钧轴，不肯夤缘，以图幸进。其淡薄曰："吾欲惜福以遗子孙。"郡主屡聘饮宾，为乡邦楷式。卒年六十六。子箕，国子生。

总论曰：王公会则不待访而耳熟焉，故尤详也。噫！邑之人物若诸公者，可数数然哉？

万历《云南通志》卷十《官师志》第六之二《曲靖府·名宦》："王会：福建人，任同知，以廉明称，出无稽程入无滞。案：当入觐，军民遮道送之。"

王会的生平事迹在福建其他方志的《人物志》中多有记载，大同小异。比如崇祯《闽书》卷一百十九《英旧志缙绅·漳州府·漳浦县》增其著述，曰："林居二十载，著述自娱，有《北雍、春陵、滇中、归田集》《建文野史》《梦斋笔谈》若干卷。"

又康熙《漳州府志》卷二十二《人物二》补有论赞："论曰：士不能佐天子亮工熙绩，则民牧贵耳，民牧者与民甚亲，施泽甚易，受人牛羊，求牧与刍，非其任也，岂以梯荣明白林瑜以下皆有能绩以及于世矣，大都以民牧著者为多。旧志艳称王会以一官争八十一人之命,然则将舍八十一人之命以求一官,世亦岂有为之者乎,呜呼! 一方之命悬于司牧,宁独八十一人哉? 可不慎耶? 可不戒耶?"

又康熙《漳浦县志》卷十五《人物志上》增补其修《南畿志》一事:"嘉靖甲午,中应天乡试,复任太湖同修《南畿志》。"

又光绪《漳州府志》卷二十九《人物二》有对王氏祖孙三代的论赞:"论曰:王会不肯杀降以忤当道,其子志远蠲苛税,为大府所劾,可谓明于轻重去就之分者矣。志道论治兵,惟在择将,鱼朝恩出,即李郭不能成功,使当宁能用其言明事犹可为也。《书》云:有猷有为有守。若王氏祖孙庶几焉。或疑魏璫逐高攀龙名,还志道近于易之,若濡有愄者始也,以外艰不赴,服阕矣仍不赴,浮游尘埃之外,泥而不滓,孰得而议之。"

永州的地方志仅记载王会在永期间的事迹。康熙《永州府志》卷十五《人物上·循良四十四·道州》载:"王会,漳浦人。嘉靖年任知州,值岁祲,施粥赈饥,存活甚众。修学宫及濂溪书院,复纂修《州志》及《濂溪志》。适三省会师,征广右寇,兵使者欲指平民为盗以邀功,公却之,曰:'杀人媚人,吾不为也。'投牒解绶,告归当道,慰留之,士民歌思不衰。"

王会传又见道光《永州府志》卷十三《良吏传》,又见光绪《道州志》卷四《职官·道州志·名宦》。

传中所载最后一事,明李桢《濂溪志》录有王会《又太极洞》(二首),其下有跋,对此事亦有说明:"此故太守王一川公题咏也。公守道州在世庙时,值州有兵兴之变。公不肯杀降以媚,备兵使者,自请投劾,有南安军置手版风。州人至今德之,尸祝不绝云。"

另外,康熙《漳州府志》卷之八《祀典》有王会入乡贤祠的记载。

二 王会道州行迹

王会知道州期间,体察民情,遍览山川,在永州期间的留迹主要体现在刻石赋诗、对山川风景的命名、兴修建筑、嗣修《道州志》上,给道州的文教政治带来了新的改观。

今道州境内存其遗迹两处,一为月岩石刻,一为含晖岩石刻。康熙《永州府志》卷二十《艺文志三》有钱邦芑《含晖洞记》,其中记载:"泉壁之上刻五言古诗八韵,字大二寸,楷画端正,明朗可读,盖嘉靖萧山黄九皋诗,纪其同游为漳浦王会、顺昌廖庚、全州唐廷颢,皆宦兹土者,诗颇古健。"石刻位于道县含晖岩,自东洞口入,不到二十米处的左侧岩壁下方即可见,石刻距离地面不足 2 公尺,长 90 公分,高 72 公分,石刻打磨平整,有方框,字体为正楷,保存极为完整。原文录于下:

> 东海暾熹微,西天月几望。中开浑沌区,明光受无量。放舟水云深,认刻蜗藓障。洞邃发凉风,葛轻思挟纩。席地借仙茅,掬泉充午饷。谷神虚能容,人心居更广。何当老其下,高卧羲皇上。乘兴还复来,兰亭称绝唱。
>
> 嘉靖丙午仲夏望,萧山黄九皋识,同游漳浦王会、顺昌廖庚、全州唐廷颢。

王会与黄九皋、廖庚、唐廷颢曾同游道县月岩,在月岩有留名,石刻落款为"嘉靖丙午夏,萧山黄九皋识,同游龙泉萧文佐、漳浦王会、武昌易堂、州人周绣麟周庠、顺昌廖庚、全州唐廷颢"。可知王会在嘉靖丙午年内先后游月岩和含晖岩,两次游玩的时间应该是同一时期。

王会对山川风物的命名题刻,方志载有如下:

康熙《永州府志》卷八《山川志·道州》载:"元山,在学后,以唐状元李郃、宋吴必达、乐雷发皆特奏状元,故名。洪武间,金宪曹衡建楼于山麓,曰'状元楼'。嘉靖丁酉,都宪顾璘按临,命学刻'元石'二字,盖又以周元公为重,不但一科第已也。郡守王会曰:'东桥公改状元山曰"元石",有取重于元公之意,或谓不若"元山"之雅也。'改刻今名。"

又卷八《山川志·道州》载:"马蹄山,在州东北二十五里,山石之上有仙人足迹及驴马迹,旧名马蹄山。州守王会舟过其下,改称'仙迹山',然土人仍如旧称,不能易也。"

又卷八《山川志·道州》载:"安定山,在州西十五里,土名'安心寨'。山石壁上刻'道山'二字,濂溪出其下,周子实生于此。州守王会作《濂溪故里图》,著《图说》,见《古今纪述》。"

又卷八《山川志·道州》载:"五老山,在州西北五里,山下有泉名五龙井,唐谏议大夫阳城左迁刺史时,有舂陵五老迎至襄,阳公与之缣帛,问其所居,则曰:'在城西北五里。'至郡访焉,惟有五龙井、缣帛在焉。因为立庙时,贞元十九年事也。大观四年赐庙号崇应,政和中封侯爵,今山有五侯祠。明嘉靖甲辰秋,州守王会祷雨至山下,甘霖澍足,因以名焉。"

又卷八《山川志·道州》载："月岩,在州西四十里,旧名穿岩,去濂溪十五里,元公所常游也。宋淳熙中太守赵公祷雨过其下,有题名。明嘉靖甲辰,州守王会磨崖刻字曰'太极洞',著有《图说》。"

道光《永州府志》卷二下《名胜志》："相近为元山,在濂溪祠后,奇石灵秀,山旧以州人唐李邰、宋吴必达、乐雷发皆特奏第一,故名。……知州王会复题'太极峰'、'云石'、'介山'诸胜,前人留题甚多。"

元结任道州刺史期间,刻石《道州刺史厅壁记》,石刻已佚。道光年间,尚存明刻,王会对此有考述。道光《永州府志》卷十八上《金石略》载其考证一事:"次山此记,为后人所易,吕刺史温复之圬壁而书。庆历中,王公赟为州始刻石。淳祐中,李公袭之,正其误,又刻之。予考得之曰:是刺史箴也,摹勒之石,明知州漳浦王会谨识。"清人瞿中溶《古泉山馆金石文编》考释为:"小隶书二行,刻于记文末行之下,有元次山《道州刺史厅壁记》八分书十行,明王会重摹本有跋,据述是记一刻于宋庆历中。……"

道州有牧爱堂,即道州公署,王会知道州期间,重建牧爱堂。隆庆《永州府志》卷八《创设下·宫室》有同知顾玉柱《牧爱堂记》:"道州厅事堂岁久倾圮。漳浦王公会擢守是州,居数月,政通人和,时可兴作。……于是出余钱于公帑,伐林木于南山,揆日庀徒,易旧为新。其规制则高为明爽垲,朴素雅洁,不侈前人,不废后观。"

又重建道州学,道光《永州府志》卷四下《学校志》载:"道州学,古学在城东。唐薛伯高迁置州西营川门外,柳子厚记之。宋则移东而复公。……历时既久,知州王会撤而新之。"此又见光绪《道州志》卷五《官署》。

又嗣修濂溪祠,光绪《道州志》卷七《先贤祠祭》:"祠记,濂溪祠即濂溪书院,在州学西。宋绍兴己卯,知军州事向子惢始祀周子于学之稽古阁。……甲辰知州王会嗣修之。"

此外,王会对道州的贡献还有与道州同知顾玉柱共创《道州志》,隆庆《永州府志》卷十二《艺文志》载:"《道州志》四册,嘉靖二十四年,知州王会校刊。"但隆庆《永州府志》未刊其序。

道光《永州府志》卷九下《史类·正史》有王会序,曰:

> 余以癸卯岁承乏道州,至则值岁艰民困于积逋,而政敝于宿蠹,鞅掌究心。庶几弋获暇,乃访有庳之墟,而思有虞氏之命吏,考元阳之旧政,而想前哲之余烈。遵月岩,溯濂溪,登元公之堂,而挹光霁之遗巳。乃陟九疑,谒舜

庙，瞻仰徘徊，浩然忘归，而重华之盛，仿若见之。喟然叹曰："道虽小邑，亦文献故国哉！"典形具存，孰非我师，役役簿书，讵以求理，返而稽之郡志，率残缺不可读，其可读亦荒杂无序。盖自宋淳熙太守赵汝谊、教授章颖作《春陵图志》，我朝正统，知州盛祥复作《春陵志》，淳熙《图志》已不可考，其《正统志》亦未为成书，后来者漫锓诸梓，至于今君子有遗憾焉。仰惟我国家文教诞敷，罔不渐被，虽在逖壤，咸有纪述，道之山川人物名于古今，而纪载顾独寥寥。夫邦有名哲，湮而弗章，固邦人士之憾，亦守土臣之羞也。窃不自揆，欲图编辑，而局务丛委，学殖就荒，虽有志焉，竟未之逮。岁甲辰，一江顾子玉柱以刑部郎中坐诖误，谪贰州事，闲尝论及是志，亦每病之。余因以为请曰："吾志也，当遂为成之。"考订诠次，不三阅月而成编，余就取而观焉，其事详而核，其词富而确，其义祖笔削，而是非不谬于圣人。是故观于《沿革志》，而古今之变可考也；《星野志》而休咎之故可征也；《封域志》而域民之道可念也；《山川形胜志》而职土之务可讲也；《风俗志》以明趋也；《城池志》以作防也；《田赋土贡志》以利用而厚生也。志《制宇》以章度也，志《秩官》以辨等也，志《名宦》以树风也。学校以养士，选举以抡才，其表表于世者为人物，而道国元公又非止道之人物而已，《世家》作，此志之特例也。《祀典志》明有报也，《封荫志》明有功也，《兵防》以卫民生，《水利》以兴民食，《津梁》以利民涉，志之凡以为民也。君子处宫室而攸芋，睹陵墓而兴思，考古迹而怀往哲，皆志之不可以缺也。《志》曰：外君子弗内之矣。故以终焉，然则兹志也，非道之完典乎？《周礼》曰：诏观事则有志。斯志之成，君子乐有观矣。后之仕斯者，观是以考政惠民生，斯者观是以稽古蓄德，使斯志不徒为文技焉，此则今日著述之意也。是举也，庠生丁子朝相、李子锺、何子赓实与校阅，而发凡立例提纲挈目，则一江独任之，余则通观厥成者也。

宗绩辰案：会，漳浦人，嘉靖二十二年修刊。

王会序另见光绪《道州志》，版本一致，仅有十数字之异。关于修志一事，另有顾玉柱《旧序》记载："嘉靖癸卯秋，漳浦一川王子以国子学录，来守兹土。甲辰春，柱以秋官议，贰焉。王子与余气相激而道相合也。……王子莅道之明年，敷和于下，既有成绩矣。乃于暇日相与览胜吊古，求古今人物而扬推之，因病《旧志》之芜秽，惧文献之无征，而嘱其事于余。"

王会知道州，重乡贤，史载如下：

道光《永州府志》卷十五上《先正传》："何思，道州人，正德八年举于乡，由剑州牧迁马湖同知,慈爱廉明,两着政迹致仕归,唯图书数箧而已,居乡耿介。州守王会举为乡饮大宾,政暇即造其庐,相与谈论时务,其为诗文,清峭简洁,亦如其人焉。"王会礼请何思一事另见光绪《道州志》卷九《人物列传》。

光绪《道州志》卷九《人物列传》又载:"廖济民,府志字仁夫,由举人判思恩府,有干济才,会主官猖獗,拥入府,济民坐堂上,众望之若神明,不敢逼事,定致仕归,卒于家。州守王会诔之曰:时乎州庠,凛凛于士气;时乎府倅,凛凛于官箴;时乎林泉,凛凛于乡望。"

三 王会诗文辑佚

史载王会存集,今已不可考。《四库全书》据明人黄虞稷《千顷堂书目》收入王会的《建文野史》。

《福建通志》卷六十八《艺文》:"王会《北雍》《春陵》《滇中》《归田》诸稿,《梦斋笔谈》《建文野史》。"

康熙《漳州府志》卷二十九《闽漳纪·艺文一》载:"王会《北雍》《春陵》《归田集》《建文野史》《漫斋笔谈》。"

乾隆《新增补龙溪县志目录·艺文》:"王会《建文野史》《漫斋笔谈》《一川集》四卷。会,嘉靖甲午应天举人。"

光绪《漳浦县志》卷十七《艺文志上》:"王会著《扎雍集》《春陵集》《滇中集》《归田集》《建文野史》《梦斋笔谈》。"

"扎雍集"当为"北雍集"之误笔,"漫斋笔谈"当为"梦斋笔谈"之误笔。《北雍集》《春陵集》《滇中集》《归田集》应分别为王会在京师、道州、曲靖及致仕归隐期间所作。

王会的文集不见于世,仅有少量文章诗歌散见于方志,又以永州的地方志记载为主。其文章辑佚有以下数篇:

康熙《永州府志》卷二十一《艺文志四》载其《濂溪故里图说》:"州西一十五里有寨,乡人所筑以避寇乱者,俗呼为安心寨,其麓周氏家焉。右龙山,左豸岭,冈垅丘阜,拱揖环合。世传行五墩绕宅,若五星,然世久为乡人所没,今仅存其一,濂溪先生实生于此。山之西石壁上有古刻二大字曰'道山',下有石窦,深广不可穷。有泉溢窦而出者,濂溪也。清冷莹彻,如飞霜喷玉,大旱不涸,积雨不溢,莫知其来之所自。知州方进刻其上曰'圣脉',故人呼为'圣脉泉'。泉之上为有本亭,迤东为风月亭,沿流而东为濯缨亭,又东为故居,家庙在焉,先生子孙居之,又东为大富桥,先生幼钓游其上,濯缨而乐之,即其地也。"

《月岩图说》:"元公故里西八里许,有山巍耸,中为岩洞,东西两门可通往来,望之若城阙。当洞之中而虚其顶,自东望之如月上弦,自西望之如月下弦,就中望之又如月之望。随行进退,盈亏异状,俗以其形像月,故呼为"月岩"。好事者奇之,以为太极呈象,如河之《图》,洛之《书》。会谓先生之道,未必因月岩而得,但此山不生于他,而生于先生之故里,则谓之'太极洞'云。洞高可四五十丈,宽可容数千人,中有濂溪书堂,盛夏无暑,奇石峭壁,如走猊相逐,如伏犀俯顾,如龟蹒跚,如凤翔翔,如龙蛇蜿蜒,而石液凝注,望之如滴。西壁有窦,石笋矗立如入定僧,又一窦深黑不可入。蜚鸟之音,行人之声,经其中如奏笙簧,诚天造奇观也。"此文另见道光《永州府志》卷二下《名胜志》,文字稍有出入。

胥从化《濂溪志》卷之七下《古今纪述》有《濂溪集序》:"会官大学时,尝得《濂溪先生年谱》一书,为友人借去,竟失之。犹记题引者为张元祯氏云。曾得《周子大成》书于某处,缺其中《年表》一帙,欲捡中秘书抄补之,以史事严不及。其所谓《大成》书者,会迄未之见也。癸卯岁,拜道州之命,意故里家塾当必有之,幸当获睹其全。既抵任,拜先生祠下。退而访其嗣孙翰博绣麟,求家传遗书,出《濂溪遗芳集》一册相示。荒杂不伦,并《年谱》及先生述作,亦复阙遗。因叹文献凋落,当图改刻,乃复出《年谱》抄本及搜寻诗文凡若干。会受归而读之,其间又多讹脱。乃谬以己意,略加考定,而编次焉。曰遗书,曰事状,曰年谱,曰历代褒崇,而贤士大夫先后表彰著在纪述者,亦附录之,使后之人有考,并图其山川、书院于卷首。虽未能萃先生之大成,然学者溯是而求焉,亦可以得先生之大致矣,因题曰《濂溪集》。刻置书院,以备是邦文献之阙。若乃先生之学,则《图说》《通书》固与《论》《孟》并行于世,无待于斯而后传矣。"

又有《濂溪书院图说》:"右濂溪书院,在州学西,以祀先生者也。绍兴己卯,知州事向子忞始祀先生于学之稽古阁。淳熙己未,郡博士邹勇迁于敷教堂。壬戌,知州事赵汝谊重建,并塑二程先生像。嘉定间迁今所,元至正间,判官吴肯、山长区诚、戴世荣、郡士蒋通复先后修葺。国初修建之详无考。正德间,知州方琼、知府曹来旬,相继修理,其制后为正堂,像设如旧,前为拜厅,岁久倾圮。嘉靖壬寅,御史姚虞檄视州事,通判金椿重建,嗣孙翰博绣麟捐赀增成之,费缩未备。甲辰春,会为增饰,庶几苟美,前有石墀,高丈余,旧广不盈数武。翰博君伐石增砌,广平周正,视旧改观。又前为御碑亭,即理宗所赐书院额。外为仪门。嘉靖辛卯,灾。甲辰夏复建,为楼三间,扁曰光霁楼,翰博及嗣子庠生道实相成之,会无劳焉。又外为棂星门,旧用木,正德庚午,湖大参钟舜臣以石易之。门临通衢,左右二坊,曰光风、霁月。壬子,金宪戚昂建其右,翰博居之,是为文献世家之门。前为仰濂楼,俯瞰濂水,后有太极亭、爱莲亭,有山曰太极峰,冈峦耸捄,石蹬盘纡,城郭山林之胜也。”

万历《漳州府志》卷二十六《南靖县下·文翰志》有王会所作《丁公祠记(节文)》。

辑得王会的诗歌篇目十余首如下:

光绪《漳州府志》卷四十《古迹》:“明郡人王会诗:‘静境开金地,芳晨到玉泉。通幽沿曲径,览胜陟层巅。棋榻云栖润,茶铛浏引便。枕流堪洗耳,无奈绊尘缘。’”

康熙《永州府志》卷二十二《艺文志五》有《濂溪故里》诗:“岌嶪道山岑,攀跻叹陟绝。下有洣水源,伏行此荡潏。三冬浮紫烟,六月翻素雪。泠泠满洛川,关闽洒余洌。我来恳其源,于焉聊一愒。坐石濯尘缨,眊言怀往喆。”

又卷二十三《艺文志六》有王会诗数首:

《游进贤岩遇雨而返》诗:名岩称胜绝,有约共遨游。岂意寻张展(岩有张中郎祠),翻成访戴舟。阴晴难逆定,行止竟谁由。世事皆如此,吾生何所求。(此诗又见道光《永州府志》卷二下《名胜志》,光绪《道州志》卷一《山川》,字句皆一致。)

《过庳亭》诗:有庳数千载,人犹说象王。江村存庙貌,野老共烝尝。傲德应非古,神明合有常。绾符淹旧国,瞻拜几徜徉。

《别春陵》诗:自怜寂寞守山城,又报滇南是去程。四十三年容鬓改,八千余里宦情轻。眼前朋旧怜胶漆,野外儿童识姓名。绝爱潇湘归棹稳,那看七载并州情。

《诣潇川何司空故宅》(其一):司空半亩宅,四壁风飕飕。下马拜公像,沉吟独倚楼。(其二):宇宙名千古,江山土一坯。思公不可作,潇水自东流。

又嘉庆《宁远县志》卷九《艺文志下》有《九疑虞帝庙二首》:“深山木石旧时居,遗庙凄凉又九疑。可是终身甘饭糗,野人原有旧襟期。”“苍梧云暗水潺湲,怅望龙髯不可攀。无限湘妃当日泪,竹枝点点至今斑。”二诗另见道光《永州府志》卷十《古迹志》。

道光《永州府志》卷二上《名胜志》:“众山罗列拟儿孙,不假巉岩势独尊。地近玉屏迟夜月,人来日观见朝暾。连蛇古本前朝种,万派悬流一涧吞。七一衡峰何处是,酿云作雨沛殊恩。"

又卷二下《名胜志》有《过麻滩》诗:"六载春陵道,滩头几度过。石盘维地轴,澜泻倒夫河。神技凭三老,浮生寄一艖。人心深不测,较此定如何。"

李桢《濂溪志》卷七《古今题咏》载《又太极洞(二首)》:"四壁峻嶒一鉴圆,盈亏异象总天然。玄图不自濂溪老,谁识圈前有此圈。弦分上下却能圆,造化机缄不偶然。坐到会心忘象处,山花山鸟我同圈。此故太守王一川公题咏也。公守道州在世庙时,值州有兵兴之变。公不肯杀降以媚,备兵使者,自请投劾,有南安军置手版风。州人至今德之,尸祝不绝云。"

吴大镕《道国元公濂溪周夫子志》卷十五《古今艺文志二》有《太极岩》诗:"四壁嶙峋一镜圆,盈亏异象总天然。玄图不自濂溪发,谁识圈前有此圈。《月岩》一窍通天月初出,阴阳动静两模糊。元公契得于中理,写作先天《太极图》。"

结　语

实际上,历代道州知州等地方长官对周敦颐的重视在史籍上都有记载,王会是其中的一个突出代表,由王会在道州的遗迹以及王会现存的诗文来看,王会对濂溪学的贡献是实质性的。他纂刻《濂溪集》传世,其所刻《宋濂溪周元公先生集》三卷,刊于明嘉靖二十三年(1544),今台湾故宫博物院图书馆有藏,作道州濂溪书院刊本。又台湾中央图书馆亦藏一部,为吴兴刘氏嘉业堂藏书。王会作《濂溪集序》《濂溪故里图说》《月岩图说》《濂溪书院图说》《月岩书堂图记》等文,作《游濂溪故里》《又太极洞》《太极岩》《月岩》等诗,以弘扬周子。又增饰濂溪书院等建筑,提供和增补了濂溪书院的范式。王会在永州期间除了重视文教,推重濂溪先生之外,实际工作中廉政爱民,所以后人对其纪念,"歌思不衰""尸祝不绝"等等。

参考文献:

[1][万历]漳州府志[M].明万历元年刻本.

[2][隆庆]永州府志[M].明隆庆五年刻本.

[3][康熙]永州府志[M].日本内阁文库藏清康熙九年刻本.

[4][康熙]漳州府志[M].清康熙五十四年刻本.

［5］［道光］永州府志［M］.清道光八年刊本.

［6］［光绪］道州志［M］.清光绪四年刻本.

［7］王晚霞.濂溪志八种汇编［M］.长沙:湖南大学出版社,2013.

（原载 2018 年第 3 期,作者单位:湖南科技学院）

"重有念于斯土者"——嵇有庆零陵惠政考

✳ 张京华

一

2014年初新发现的拙岩石刻群,唐昭铣《题记》载:"同治庚午上巳,邑人唐仙农携子昭铣,陪太守汉阳黄公海华,邑侯无锡嵇公伯润,邑人赵司马旸谷,周太史子岩,同游。"又载:"伯润夫子题词:'仙农舍人翛然尘外,守拙林泉,庄襟老带。'"所说"邑侯无锡嵇公伯润"与"伯润夫子",即嵇有庆。

同治九年庚午(1870)这次游历拙岩,同行者共计六人:唐九龄、唐昭铣父子,知府黄文琛,知县嵇有庆,同知赵旸谷,以及周崇傅。除了观览拙岩以外,嵇有庆还单独为唐九龄题句,即"翛然尘外,守拙林泉,庄襟老带",也被一并镌刻的拙岩石壁上。

嵇有庆,字伯润,号锡山,江苏无锡人,举人。

其祖嵇承群,父嵇文骏。嵇文骏字步云,号春源,道光十二年举人,候选教谕,曾主讲济南书院三十年,有《笔花书屋诗钞》二卷,同治九年嵇有庆刊刻行世。

嵇有庆于同治五年任慈利县知县。同治八年任零陵知县,同治十三年回任。同治十一年任衡山县知县。鉴定同治《慈利县志》十四卷、督修光绪《衡山县志》、主修光绪《零陵县志》十五卷,著有《办荒存牍》二卷,及编纂无锡《嵇氏宗谱》八卷。

清同治《续修慈利县志》卷六《职官·本朝知县》:"嵇有庆:号伯润,江苏常州府无锡县,举人,同治五年任。"同治八年刊本《姓氏》载:"知慈利县事、壬戌科举人嵇有庆。"

清光绪《衡山县志》卷二十五《职官·县令佐职制考》:"嵇有庆:江苏无锡,举人,同治十一年署。"光绪元年刻本《修辑姓氏》载:"同知衔、大计卓异、调署衡山县知县嵇有庆。"

清光绪《零陵县志》卷六《官师·知县》:"嵇有庆:江苏无锡,举人,同治八年任。""嵇有庆:同治十三年回任。"

清同治五年春《大清缙绅全书》:慈利县:"知县加一级,嵇有庆,江苏无锡人,举人,四年十一月选。"

清同治九年秋、同治十年冬、同治十二年秋、同治十三年冬《大清缙绅全书》:零陵县:"知县加一级,嵇有庆,江苏无锡人,举人,七年十一月调。"

清光绪二年夏《大清缙绅全书》:零陵县:"知县加一级,嵇有庆,江苏无锡人,监生,七年十一月调。"("监生"误,当作"举人"。)

光绪《湖南通志》卷一百二十四《职官志》:国朝:零陵县知县:"嵇有庆:江苏无锡,举人,(同治)八年任。"

嵇有庆两度出任零陵知县,感概深切,眷顾最多,见之于所作《零陵县志序》,兹录其全文如下:

同治己巳冬,余由慈利来宰零陵。时大府议修《湖南通志》,促郡县各献其书。是邑旧志,重修于嘉庆之初,距今且六十年。其间事迹,方有待于搜讨,甫下车未遑及也。越壬申春,乃与邑人谋之太守,嘉定张公称龙山刘明经沛才,因驰书币招之,择邑中贤而能文者佐之。创议略定,余适调权衡山,而山阴徐君葆龄来代,凡志事之宏,若可供采访,若可任劝输,若可司筦钥、稽出纳之数,则皆由徐君主之。逮癸酉秋,余奉檄重来,问所谓志,乃得盈尺稿本焉。而剞劂之费无所出,有谓可续募之民者,笑谢之。而终不忍书之已成而一若未成也,乃别筹而急刊之。阅时工竣,余窃慰矣,顾重有念于斯土者。邑多佳山水,菁英之气发而为忠贞磊落者,代不乏人。而风俗或有不齐,则民猺杂处也。重以户鲜盖藏,缓急无可为恃。论者谓民贫由于地瘠,其信然欤?今有十亩之地于此,惰者弃而不治,则不获半亩之利矣;勤者治其半焉,则能获五亩之利矣;又勤者尽其地而治之,吾未见有不尽十亩之利而获之也。地本不瘠,而以不尽力之故重诬吾地,地岂任咎哉?余观夫邑之四野,旷土颇多,诚先正其疆界,各辟其荒。高者树桑竹,衍者艺稻麦,不加赋而薄取其赁,以济地方之用。有司量其入,为之广积储,扩教育,乡置义仓,村置义塾,虽田家朴鲁子弟,无不使之略读书,识大义,明礼让之节,秀良者又从而成就之。则干旱水溢有所备,鳏寡惸独者有所养,民可使富,而风俗自可齐也。官斯土者,又安用补偏救敝为哉!果能行此,数十年后,有踵事是书者,秉笔而记之,视今日为何如也?是则余之厚望也夫!光绪二年丙子仲夏月，知零陵县事锡山嵇有庆撰。

光绪《零陵县志》署名黄文琛、张修府倡修（二人先后任永州知府），徐保龄、稽有庆主修（二人先后任零陵知县），刘沛纂修（恩贡生）。是在同治十一年壬申始纂、光绪二年刊刻的。刘沛《序》作于同治十二年癸酉，嵇有庆《序》作于光绪二年。

《县志》在嵇有庆在任时开始编纂，当年他即调往衡山，而两年以后，在他回任零陵知县时，《县志》已经编好，只等刊刻，却见文字中满是他的惠政。这不是虚誉，而是他的心力和实绩确实如此。

以下是相关记载：

光绪《零陵县志》卷一《地舆·物产》："永善堂置买义山四处，一在东关外竹林寺后藩王坟侧，又三处均在西山，竖碑为界。同治十一年，知县嵇有庆蠲俸置买文契，存永善堂。"

卷二《建置·公廨》："永善堂：旧设太和坊。总兵鲍友智等捐钱三千缗，为施恤、保婴诸费。同治十年，知县嵇有庆、教谕陈昙、训导左寿朋，暨绅王德榜、黎得盛、何若泰、唐仙龄、陶命胄、韩世昌、梁养源等，改建于丰乐仓故址。扩资二万余缗，以其息为恤嫠、育婴、发药、施棺诸善事，旧堂改设义学。"

卷二《建置·城池》："光绪元年，知县嵇有庆捐廉，修葺城堞百三十丈，缮完北城望江楼城身，及北门之就圮者。自项及趾，各五丈有奇。正南起炮台一座，更筑各城门扇。用钱贰仟缗，交邑绅黎得盛、何若泰经手，不许丁书过问，以期钱归实用。又俱出自俸余，不书捐，不议罚，以扰民。并以城隙荆棘蔓缘，禀请每岁十月由县佣工芟锄一次，著为令。"

卷二《建置·桥》："平政桥：在大西门外，即古黄叶渡。……光绪元年九月，知县嵇有庆因桥朽，会同永善堂首士筹赀修造，计船三十号，并铁练、桥板皆新。又通禀各宪，将岁收一百一十千文，改归厘局经管。府县俱有案卷。"

卷三《祠祀》："蒋公祠：在千秋岭，旧有书院，祀汉丞相蒋琬，后废。咸丰元年，知县胡廷槐倡建祠。同治十三年，知县嵇有庆禀请归入祀典，春秋致祭。"

卷五《学校》："群玉书院：在南门内，县治之左，黄溪庙前。乾隆三十四年，知县陈三恪，集绅士捐赀买入营中废地创建。广二里许，门南向，正对群玉山，故名。内建堂二进，前为讲堂，湖广总督阮元额曰'香苓讲社'。左右横列斋房二十二间。再上为文昌阁、附阁、东西轩。缭以墙垣。庖湢毕具、前后杂植竹树。门外买置韩家塘，潴水养鱼。并捐置田租、典铺，银两为师生修金、膏火奖赏，及给门夫、斋夫,兼修葺等费。每年馆师,由绅士推择,禀县关聘。生童由县考送,肄业以外,有愿从学者听。同治十三年,知县嵇有庆提出县署征粮底串钱五百千,增山长修金、生童膏火。禀奉各宪批准,岁以为常。"

卷十二《事纪》:"同治十三年,大旱饥。知县嵇有庆设转运局,禀免谷税,商船云集,米价转贱。又捐廉筹赀散赈,自十一月始赈,至次年二月止。"

嵇有庆还曾出赀重修明忠臣王兆熊之墓。

有学者曾说:"王曼士,明大臣,奉命使蜀至永州,州城已为清兵所破,走福源山,后绝食以尽其忠,葬于永州市福田乡习细头村所属福源山中。墓现有封土堆,高1.2米,周长13.5米,圆形,坐南朝北。青石围筑的墓圈于1976年为福田公社拆走修电站。墓旁原有一亭,已废。墓前尚存墓碑一方,左刻'光绪二年知县嵇有庆改葬',中刻'明御史王公曼之墓',右刻'光绪十五年知县沈锡修砌立'。"(见《永州古名人墓葬·王曼士墓》)

所说"王曼士""王公曼"均误,当是王兆熊,字念葛,号漫士。康熙《永州府志》、康熙《零陵县志》、道光《永州府志》、光绪《零陵县志》均有传。

嵇有庆参与了忠臣王兆熊墓的重修,前后参与其事的还有知府黄文琛、知县陈三恪、零陵贡生雷辉郢等多人。(详见笔者《黄文琛的政绩与诗名》)

此外,光绪初,湖南授粮储道夏献云倡修长沙贾谊祠,《贾太傅祠志·捐修贾太傅祠题名附刻》载:"零陵县知县嵇有庆捐银贰十肆两。"

如此之类惠绩甚多。

二

嵇有庆是在第一次零陵知县任上获得"大计卓异"好评的,事实表明这十五选一的比例确实没有虚设。

《清史稿·选举志六·考绩》:"三载考绩之法……京官曰京察,外官曰大计,吏部考功司掌之。""凡京察一等、大计卓异有定额,京官七而一,笔帖式八而一,道府厅州县十五而一,佐杂、教官百三十而一,以是为率。"

《办荒存牍》二卷,作者署名"湖南零陵县知县锡山嵇有庆"。卷上第一折,时间为甲戌六月初六日,即同治十三年(1874),嵇有庆第二次出任零陵知县期间。

由《办荒存牍》的目录,即可看出嵇有庆为政的良苦用心及干练能力。

卷上目录:《通禀米价甚昂,恐再不得雨,必致更贵,请批准察看情形开仓平粜》《申缴抚藩宪排单》《通禀筹办转运,请饬沿途厘卡免抽厘税,立请批准由永州厘局拨借银两,以资转运》《久旱不雨,筹办转运,谕贫民各宜安分,听候拯救,不许藉荒滋事示》《奉准免抽厘税,谕商民速即请领护票,转运谷米牌示》《采买谷米护票》《补种秋粮不许纵放牲畜践坏示》《访闻四乡近有窃贼并形迹可疑之人,谕各团保赶紧严查驱逐,毋任逗留示》《分派各乡绅士清查极贫、次贫户口,开单呈阅,以便酌予赈济谕帖》《致各乡绅士速查附近贫农户口,分别开单缄送,以便核办启》《禀抚藩厘局宪,现在极贫之户非平粜所能补救,请将永州厘局原买备荒谷石准归赈济支用》《申缴批准动用厘仓存谷排单》《致永善堂首事启》《致各乡绅士启》《禀抚藩宪变通赈济办法并请发兵谷价银,仍委李令买谷来永备荒》。

卷下目录:《通禀赈事办有头绪谨将示稿赈票钞呈,时届严寒并声明买备棉衣施散》《附示稿及赈票》《附禀劝捐情形》《谕贫民应否领赈统由县定其核删核减,各户口不得归怨绅士牌示》《南乡唐公庙地方添设赈厂一处示》《访问贩米各商私用小斛欺骗贫民,查禁后如敢仍前作弊定行拘究牌示》《谕潇湘庙柳子庙两厂稍远各赈户因雪阻到迟,准随时赴署补领示》《禀抚藩宪以准发应领之款归并现在剩余加赈一月》《加赈一月牌示》《商贩米船暗中克扣,特发出官斗并升各一件,买米者遵用较量,免被欺骗牌示》《加赈之期务各携带赈票投候验收发钱牌示》。

永善堂是嵇有庆在永州创办的一个具有现代意识的慈善组织,功能广泛,经营严密,理念超前。

光绪《零陵县志》卷二《建置·公廨》载有知县嵇有庆《永善堂纪事序》全文,内容如下:

零陵地多硗确,户鲜盖藏,穷民之无告者夥矣。道光初,鲍都督友智创建永善堂。四十年间,积皆万缗,并分其十一兴义学,甚盛举也。予以同治己巳调任此邦,思所以扩充之。谋诸贤士大夫,皆欣然出家财助成之,于是捐金益饶。改造新室,举育婴、恤嫠诸事,扩其规制,并及种痘、舍药、施棺、寒衣、义冢诸大端,有余则又以养孤老废疾。先后捐赀,岁可得子钱三千余缗。予复请于上,提拨厘金局汇水一项,岁或三四百缗,或七八百缗,年终交堂绅济用。刊定章程,主于县学遴邑士之贤而能者襄之。岁暮,由县综核出入数,以互考焉。癸酉冬,予还自衡山,又以官中征收,所谓底串者,尽出之,以五百缗为兹堂恤养孤老之用,以五百缗为群玉书院修脯膏火之用,岁以为常。至是而善量渐广矣。是役也,积数十年而始成。其成也，亦非一人之力，在诸君子无所为而为，知作善而不有其善。不靳千金之布，转困阨而仁寿之，得毋顾之而心安乎？独是天下事不患无治法，而患无治人。盖不必其渔猎于中也。使历岁久而怠心生，怠心生而诸务弛，虽始基之甚难，而懵然不顾者，于良法何有哉！蒙滋惧焉，因又即诸君子之请，具详大府，咨部存案。夫而后事有统摄，"永善"之名因一郡之盛举而大着，尤欲后之人顾名思义，以利赖无穷焉。事既定，裒其章程公牍，及契约出入之数，著于编，为《记事》二卷，俾家喻户晓，昭然在人心目间，殆与予咨部立案之意互相发明也。

《办荒存牍》中又记载着嵇有庆为开办永善堂等事写给永州乡绅的启事。《致永善堂首事启》全文云：

启者：赈济事宜，全为四乡贫苦农夫起见。此次清查贫户，凡不耕而食及游手好闲之人，均不必列入。盖事体甚大，赀本太少，不能不节用也。计赈济经费，必须筹备二万串左右方能足用。县署已倡捐钱三千串，又禀奉上宪批准动用厘仓存谷，约可值钱四千余串，又经堂内首事捐钱一千串，统计不过八千串，此外尚短钱一万串。城内虽尚有数家可向劝办，然所短甚多，不能不向四乡富户筹办。查乡间殷实之家，虽偶遇歉收，并无所苦，且捐赈是今冬明春最要紧之事，若不及早筹备，转届严冬，老弱冻饿而死，固堪痛悯；少壮因饿滋扰，亦当预防。是富户之捐赈，不徒救人，亦以自卫也。不佞忝任斯邑，前后已经六年，平日之禁绝苞苴，此固人所共知，可以自信者。即以地方公事而论，从不肯累及乡间，如两次劝办捐输，皆力请停止。又如团练事宜，从前有一京员回籍，借团练之名肆行敛费，亦破除情面阻止之，从未敢头会箕敛，有伤地方元气。再如永善堂一举，乃邑中一大善事，只有城内诸君助成，并未请乡下写捐。且现在筹办转运平粜谷米，共用二万余串，亦只县署与在城诸君任之，更未谋及乡间。自问所以体恤乡间富户之事，无微不至。今因筹办四乡赈济，初次向在乡富户启口乞助，谅不至拂我所请。至其余中等富户，更不勒派捐输，任其量力乐助。纵所助者只敷救活一人之资，亦所深愿。俗所谓救得一人是一人也。或者曰："博施济众，尧舜犹病，何敢轻言赈赈济？"然不佞私心自揣，只要清查户口，毋稍冒滥。合计一县之中，极贫者总不过三五千户，二三万丁口。以所筹之数樽节支用，何至不能救活乎？抑更有说者，前在山东闻诸父老言曰：有一年黄河溃口，地方被水，官绅共筹赈济。正在无从下手，忽一授童馆蒙师鸠集门徒，得钱数十串，称欲办赈。众人无不哂其迂，蒙师曰："无笑为也。人之赈济，或赈一省、一府、一县，再或降而只赈一乡、一里,此皆赈事之最大者。我固不能,我且筹其小而近者。"于是就所居附近之邻居,查得贫户四五家,极贫之户三两家,照古法赈之,百日内竟赖全活。此真有心人也。倘能人人均如此存心,群相踵起,有十分之力尽十分,有一分之力亦尽一分,众力聚,自事易成矣。区区私衷,务祈代向助赈诸君子剀切劝导,不胜感祷之至。

再启者:四乡各处,不及分函寄致,特请贵堂将前函照缮多张,分寄四乡绅士,照信办理。至劝捐印簿,只此一本存在永善堂内,并无第二本印簿。出外写捐,此意尤须告知四乡。至劝捐、催捐、收捐,县署断不派差下乡追逼,亦不派号吏持名帖催唤,总恐或有扰累也。想乡间各富户皆当激动善念,源源来城捐助赈事,不患无成也。致各乡绅士启救荒之法,不外平粜、赈济两端。现已请人赴长沙买平粜谷米去矣。惟赈济一事,现无公款可挪,又不能冒昧上请,惟有各捐各乡,各办各乡,最为妙着,可免境有饿莩。然各捐各办两语,说之甚易,办之则甚难。首在得办事之人及出资之人。现请诸君子会议。

三

最后还要说到,稽有庆能诗。

越南使节范熙亮著有《北溟雏羽偶录》,收诗 205 首,内同途径湖南诗作 39 首。范熙亮(1834 – 1886),字晦叔,号鱼堂。进士,越南阮朝嗣德二十三年、清同治九年(1870)北使,任甲副使。

《北溟雏羽偶録》今存抄本二种,为范熙亮的北使诗集。范熙亮又有《范鱼堂北槎日记》,今存抄本一种,为范熙亮的使清日记,内容涉及路程、途中杂事、礼仪、交际、参观等。

去程经永州,范熙亮作《次零陵知县稽有庆即事元韵》七言律诗一首。题下有注:"号锡山,无锡人,就舟笔谈,归送书及诗。"原诗如下:

兰桡歇处接香衣,清絶晴波兒影肥。栞爱广陵看尚在,材怜随季自知非。骚吟近为湘流爽,雅意遥含楚水晖。半夕云川横笔后,幽怀若傍苇轩归。

稽有庆前往湘岸,于舟中拜访范熙亮,二人用汉文作笔谈。这首诗是稽有庆首先写出,赠给范熙亮的,可惜现在只能看到范熙亮的次韵,稽有庆的原倡一时看不到了。

(原载 2016 年第 7 期,作者单位:湖南科技学院)

"官职诗名两俱好"

——黄文琛的政绩与诗名

✹ 张京华

一　黄文琛历官考

1. 举人

《湖北乡试硃卷》道光乙酉科载:"中式第二十五名举人黄文琛,字鲁来,号海华,一字南航,行二,年二十一岁,汉阳府汉阳县学附生,凤栖里民籍。"

黄文琛为黄宗羲后人。其家湖北汉阳,当自浙江余姚迁入。李元度《黄海华观察七十寿序》:"海华先生承梨洲徵君家学。"

2. 国子监助教

清道光二十三年春《大清缙绅全书》:国子监衙门:"广业堂助教加一级黄文琛,湖北汉阳人,举人。"

《清宣宗成皇帝实录》卷三百八十九:道光二十三年二月:"国子监助教法克精阿、黄文琛、鸿胪寺鸣赞文弼,俱着交部,照例以应升之缺升用。"

李元度《黄海华观察七十寿序》:"弱冠登贤书为国子师。"

3. 湖南候补知府

清道光二十三年冬《大清缙绅全书》:拣发湖南同知一员:"同知黄文琛,湖北汉阳人,举人。"

《清穆宗毅皇帝实录》卷十四:咸丰十一年十二月:"以湖南清厘各属交代出力,予知府黄文琛等升叙有差。"

李元度《黄海华观察七十寿序》:"最后以郡丞筮仕湖南。"

4. 常德府同知

在道光二十四年。

黄文琛《思贻堂诗集》卷七甲辰(道光二十四年)载《抵常德》,卷九丙午(道光二十六年)载《三月二十八日》,题注:"卸常德郡丞事。"

李元度《黄海华观察七十寿序》:"权常德同知。"

5. 宝庆府同知

清道光二十八年冬《大清缙绅全书》:宝庆府:"同知黄文琛,湖北汉阳人,举人,二十七年九月补。"

清道光三十年秋《大清缙绅全书》:宝庆府:"理猺同知黄文琛,湖北汉阳人,举人,二十八年正月升。"

清咸丰四年春《大清缙绅全书》:宝庆府:"理猺同知黄文琛,湖北汉阳人,举人,二十七年九月补。"

道光《宝庆府志》:姓氏:同修:"宝庆府理猺同知黄文琛。"

黄文琛《思贻堂续存》卷一《邵州集》,"自辛亥至癸丑二月",即咸丰元年至三年。

咸丰元年彭洋中《思贻堂诗集序》:"今夏四月,权守宝庆。"

李元度《黄海华观察七十寿序》:"补宝庆。"

6. 永州府同知

黄文琛《思贻堂续存》卷二、卷三《永州集》,"自癸丑三月至乙卯","自丙辰之戊午四月",即咸丰三年至八年。《丙辰元日》后有《……于是权守永州已三年矣……》一首,丙辰即咸丰六年。

李元度《黄海华观察七十寿序》:"其守永州也……在官五年。"

7. 永顺府知府

清咸丰九年春《大清缙绅全书》:永顺府:"知府黄文琛,湖北汉阳人,举人,六年要同知驻,三月补缺。"

清咸丰十年春《大清缙绅全书》:永顺府:"知府加一级黄文琛,湖北汉阳人,举人,六年要同知驻,三月补缺。"

同治《永顺府志》卷七《秩官续编·永顺府知府》:"黄文琛:湖北汉阳县,举人,咸丰九年任,旋卸事,同治五年署理。"("同治五年"疑误。)

黄文琛《思贻堂续存》卷五《溪州集》,注明"己未",即咸丰九年。集中第一首题为《抵永顺》。

8. 衡州府知府

黄文琛《思贻堂续存》卷八《湘东集》,"自壬戌十月至癸亥四月",即同治元年至二年。

9.永州府知府

黄文琛《思贻堂诗第三集》同治七年自序:"今年春季复来代永。"

10.官终湖南衡永道

张培仁《静娱亭笔记》卷五《黄观察论天主教》:"汉阳黄海华观察文琛,署衡永道。"

光绪二年刊《零陵县志》"续修姓氏·倡修":"湖南候补道、永州府知府黄文琛。"

二　黄文琛生平传记

黄文琛的传记,重要者有两篇。其一,清李元度《国朝先正事略补编》卷二《黄文琛传》:

> 黄文琛字海华,湖北汉阳人。由举人官国子监助教,改宝庆府同知,升永顺府知府。署永州、宝庆、衡州知府,皆有声。永州邻广西,咸丰时洪秀全据江宁,广西贼恒欲东下,文琛练民兵拒之,卒不得下。宝庆人邹汉以事为知县所系,文琛遣役持柬,备肩舆诣狱迎邹先生。明日,即劾知县,出汉勋罪。衡州民毁教堂,教士诉官,必杀民偿屋。文琛坐堂皇列甲卒见之,曰:"失火延烧,无杀人理,远来失居,官当汝恤,若必欲寻衅败盟,即先斩汝。所胁巡抚杀我,六十老翁,何吝一死!"教士气沮,即乞五百缗去。巡抚闻之惧,急遣人代文琛,教士转骄,得餍其意。永顺俗多讼,初至诉者日数十人,文琛口讯手判,竟日而毕。尤诬妄者,笞逐之。弥月后,数日乃一人。性强敏,文簿有字者,莫不亲览。天未明,即起治事。朝食后,静坐读书,或赋诗,莳理花竹。人怪其闲,而卒无废事。文琛博究经史,尤习知先朝掌故,当世利病。卒以刚介,不竟其用,知者惜之。著有《思贻堂诗集》。(民国天台野叟《大清见闻录》中卷《名人逸事》收录,改题为《黄文琛之强敏》)

其二,清李元度《天岳山馆文钞》卷三十二《黄海华观察七十寿序》:

> 古道之不行于今也久矣。古之人质厚,今则浮嚚,古之人刚毅,今则柔靡,是人不古若也。古之立言者,道弸于中而襮之以艺,今则鞶帨而已,虚车而已,是文不古若也。古之学者为己,今则为人,古之仕者为人,今则为己,

是学与政不古若也。然则当吾世而有力敦古,处者不必嘐嘐自异,独能心追古人而从之,得非难能可贵者乎?有其人矣,而笃古者必戾乎俗,甚或不见容于时,而其人卒能获上信友以得民,非尤难之难者乎?海华先生承黎洲徵君家学,弱冠登贤书为国子师,最后以郡丞筮仕湖南,权常德同知,补宝庆。道光之季,新宁民李沅发作乱,总督裕庄恪公讨平之,先生预帷幄,多所赞画。擢知宝庆府,时粤寇渐棘,先生筑城浚隍,积粟缮守备,后数年,伪翼王石达开率党十数万来攻,迄不得逞以去,先生经始力也,郡人葺生祠祀之。其守永州也,地当楚粤冲,贼往来如织,先生内修外攘,吏民倚以为安,在官五年,贼卒不敢犯永。会武冈、新宁两牧令妄以东安民变闻,大府将勒兵剿,先生察其诬,牍数上,保以百口,卒无事,永人祠祀先生如在宝庆时。同治戊辰,先生再守永州,宁远有械斗,狱毙十六人,先生按律治之,无枉纵。上官欲改从重,比谳至,数年未已,乃知先生所定为不可易也。军兴以来,豪俊之士乘时会,立功膺节钺茅土者相望,先生从事其间,屡典剧郡,却勃寇,晋秩监司,而古道自将,顾犹浮沉簿领间,真儒之效几不白于当世。或疑古之道无所用于今,某窃以谓不然。所贵以古人自期者,求无愧于神明而已,讵以所施之广狭为加损哉?先生质厚刚毅,子若孙并能传其学。伯兄宝田孝廉早世,抚兄子成立,为循吏有声。两从孙同岁举拔萃优行科,可谓道行于家矣。所著《思贻堂诗》,古文卓然成一家言。而其施于政事者,又上下交孚若是。然则先生道未尝贬,志未尝不行也。凡谓古道不行于今日者,岂惟薄视今之人,抑其自待者薄欤?月之某日,为先生七十生辰,敬举先生立身立言,及其政与学之抗心希古者,昌言之,以侑康爵。世有知言者,其必曰"我思古人,实获我心"哉!

二文均出于李元度之笔,足以互相参补。

三　黄文琛在永惠政

黄文琛在永州的惠政,当日学者最为称道的是咸丰初年,他第一次任职永州,防范严密,使得永州城免于被太平军攻陷的损失,"在官五年,贼卒不敢犯永"。

其次,可以列举出两件事例,说明他的政绩所在。

一件事是永州城西门平政桥的修复。

光绪《零陵县志》卷二《建置·桥》:"平政桥:在大西门外,即古黄叶渡。

……同治八年,知府黄文琛重修船筏,并以桥工余钱一千缗发商生息,岁取一百一十千子钱为缮补费。"

这是一件具有实际意义的利民之举。当时参与修复平政桥的还有零陵知县嵇有庆,而协助修建的则有永善堂,赵旸谷也名列其中。(参见笔者《嵇有庆零陵惠政考》)

一件事是对明代忠臣王兆熊之墓的修复。

王兆熊殉明事迹,明陈燕翼《思文大纪》卷一有简述,云:"王兆熊,字念葛,福宁州人。岁贡,任浦城训导。监国入关,即为扈从,后出使温台。上称其'真忠如金石,真清如冰玉'。""上"一作"监国",即南明弘光帝。这段文字又见清南沙三余氏《南明野史》、佚名《明末纪事补遗》卷三。

清查继佐对王兆熊事迹,也有搜罗,但对其死事却有所不知。《罪惟录》列传卷二十一:"王兆熊:建宁人。为浦城学谕,笃行好古。尝读郑所南《心史》,涕泣盈把。甲申闻国变,号不食者数日。其门人潘达为跪进饮食,不死。遂鬻其所藏书,得三十金,给妻孥,诀曰:'若以此归舍,譬兆熊此日死。'衰绖出门,北逾岭。每至城市人烟处,便下拜呼曰:'若祖父衣食何!家天子死社稷,胡不起!'条金陵八事,格不得上。依史阁部扬州,史曰:'公此心无所用矣,奈何!'为对泣。卒缟素不茹荤。史后殉国,兆熊不知所终。"

王兆熊事迹,最详备的记载还属《永州府志》《零陵县志》。

清康熙《永州府志》卷十五《人物志上》:"王兆熊:福建人,自号漫士,官吏部稽勋司主事。丁亥夏,道经于此,寓黄溪之明月庵,值国朝兵入永,不食逾月而死。"丁亥即顺治四年(1647)。

清道光《永州府志》卷十四《寓贤传》:"王兆熊:福建人,自号漫士。官吏部稽勋主事,后加郎中,兼御史、太仆少卿,奉使往蜀。丁亥夏,道经于永。国朝兵入城,遯黄溪之明月庵。自以八世受国恩,义当死。是年八月二十三日绝食,逾月遂卒。命从者以衰绖敛。濒死,自题云:'不辱国,不辱身,不辱祖父,不辱所学,吾知免夫!何媿心,何媿理,何媿中邦,夕死可矣!'"

康熙《零陵县志》卷七《职官考·流寓》、光绪《零陵县志》卷九《忠义》亦有传。

此外,光绪《零陵县志》卷一《地舆》又详载云:

明月山:去福源山十里,黄溪水经其下,上有庵,名明月庵,盖取欧阳诗"满川明月"句意。故明福宁太仆少卿王兆熊殉节于此,其友陈正谊为刻其临没遗诗于碑。

碑略云:国变后丁亥,兆熊奉使往蜀过永,会城破,遯黄溪。八月二十三日绝粒,九月望,柬陈正谊云:"欲白予衷,言之实难。同心之言,其臭如兰。"又云:"有如皎日,望天咫尺。昭揭大义,每怀靡及。"十月十三日,自题《绝命诗》云:"我是大明臣,使蜀经此地。义必不可生,绝粒而永逝。寄与同生者,与我原共世。"十月十七日卒,遗嘱从者以平日缟素冠服葬之。前郡守同里黄士均,偕兄黄翼丽,及零邑诸生勒石。

越乾隆三十二年,邑士雷辉郢以阐扬忠节,呈请立祠,学使陈科捷行学,请之当道,未果行。后三十五年碑仆,辉郢复请邑令陈三恪重刊之。

按:太仆曾以遗金付明月庵僧,置买拨云庄、杉木桥各处香田,后僧私卖豪姓。洎咸丰七年,郡守黄文琛追给僧田数十亩,余田断充文宾兴费。同治八年,杉木桥佃民连年抗租,适文琛复任,饬变价五百千文,交典铺生息,以杜讼累,仍归文宾兴经理。

雷辉郢,字荆山,号黄冈,零陵贡生。陈正谊,零陵布衣,清邓显鹤《沅湘耆旧集》卷三十六《陈布衣正谊七首》述其事。文宾兴为资助科举费的会社。

前后参与其事的还有知府黄文琛、知县陈三恪、零陵贡生雷辉郢等多人。(详见《嵇有庆零陵惠政考》)

这是一件表明宗旨、推动教化的义举。

四 黄文琛判理洋教案

此外,黄文琛在衡州判理洋教案纠纷的事例,常为学者论及,也值得一述。

清张培仁《静娱亭笔记》卷五《黄观察论天主教》写道:

汉阳黄海华观察文琛,署衡永道。时衡州士民焚毁天主教堂,教士诉于京师,下巡抚檄道穷治。教士随至,气甚张。海华坐堂上,列甲士见之。士民围视而诉者,至数万人。海华因告教士以众怒难犯,教士惧而退。海华乃牒其状于巡抚曰:

"敬禀者,案奉宪台札,开照得湘潭衡州焚烧天主堂一案。前将各该县奏参摘顶勒限赔修,现据湘潭县禀报,业已赔修完竣矣。而衡、清两县尚未据报兴工,行令职道严饬,赶紧查明禀复等因。奉此遵查,此案职道甫经到任,即据衡、清两县士民夏士培等,以异类恣横,公恳驱逐,联名具禀,叙述详明,情词激切。当经职道谕以圣朝宽大柔远怀来,凡属臣民,宜体先皇帝戢武安民之意,恪遵和约,不必遇事深求。录批榜示。旋据教民李以精、郭进德等具呈,邀请修复。又经职道饬传到案,晓以利害,切实开导该教民等,均各俯首无词。随闻该教自行集费,在于原毁之地,动土兴修,所需工料,亦属无多,现已将次完竣,而土民并无过问者,似觉民气已和,彼此相安于无事。"

"前奉檄饬赔修,职道审度情形,实有难于遵办之处,不得不就管见所及,缕晰陈之。伏查该教自例禁一弛,不肖之徒群相附和,而向之习其教者皆倚为护符,肆无顾忌,此间士民受害最酷,无不切齿痛恨。本年四月,遂乘考试,聚众焚毁教堂,人逾数万,势甚汹汹,几至酿成巨祸。一旦官予赔修,则教民愈骄,百姓愈愤,势不两立,必致激成事端。窃恐今日官修,明日民毁,一经横决,收拾为难。当此时局艰难,边衅既不可开,人心更不可失。职道为顾全中外大局起见,理合抄录原呈禀,赍呈览。"

衡人禀词云:"呈为异类恣横,人道沦胥,吁恳驱禁,以除乱本事。窃维天主教者,肇自明季。西洋人利马窦、汤若望等,先后阑入中国浸淫,而各省有天主堂。我朝革故鼎新,毁其书,凡传习教者,皆罪所不赦。何图夷人久沐圣朝无外之化,得互市之利,犹复包藏祸心,传教植党。发逆因之,假天主教名号,揭竿而起,流毒半天下。至庚申八月之变,普天同愤,而彼教无天、无圣、无祖宗、无父母,乃至无人道矣。天一而已,以主宰言则曰上帝。彼教变其名曰天主,妄作妖书,诋毁孔子。凡入教必斧其祖宗木主,称父为老兄,母为老姊,败理蔑伦,一至于此。君子之道,造端夫妇,风化所关,莫先于此。乃彼教既招引其夫,必牵诱其妇,受以媚药,诳为仙丹,使其欲火中烧,得就淫媒,一经交接,则本妇视其夫即生厌恶。且生女不嫁,留侍教主。天地之中,生人为贵,乃彼教蛊迷从教妇女,共器而浴,探讨阴窍,以取血髓。吸取幼童之脑女之心。教民将死,必有教主到家,屏退其家中侍疾之人,剜目剖心,为外洋伪银之用,随以缯布束尸,促入棺殓。其伤天背理,一至于此。设使彼教终得行于中华,则数千年衣冠礼义之邦,皆将化为裸虫之类,以供其采割,岂不大可痛哉!而圣朝宽大,勉就和约,以致法禁稍弛。教主之来,昔以微服,今则舆马矣。传教礼拜,昔在乡曲,今在城市矣。勾引之徒,昔皆细民,今闲有士人矣。凡平人入其教者,予银十两,生监以上,予以如援例报捐之数。教民之在别省者,不得尽知,而在我衡州,则怪怪奇奇,难以悉数。姑举其昭彰在人耳目者言之。"

"军兴以来,筹饷捐输,虽僧道流寓,莫不踊跃奉公,而教民则一毛不拔。素行不法之张道荣,案发收系,一投彼教,即有夷目来为扛护,官府即释不敢问。更可骇者,去年春间颁行和约之后,教门男女群聚于天主堂者,日以千计,大揭通衢,将毁城隍庙,筑道友堂,毁学宫,奉十字架。伊教大行迁孔当废等语,又称劫数亦天主所造,长发兄弟们乃奉行劫运者也。衡州人多充当官勇,将来必遭屠戮之劫。若辈口可得言,吾民耳不忍闻。衡民与教民断无两立之势。"

义愤所激,虽事涉专擅,而情可哀矜。恭逢大人下车之始,修明政治,整饬纲常。是用沥血合词,公恳作主云云。(原注:见《朱香生杂记》)。

张培仁按语:挖眼等事,如果获有实据,毁其屋,诛其人,实为必不得已之举。并可明告寰宇各国,共议其理,其正其罪。若冒昧为之,而不能得其实据,则转予彼教之口实。日来洋人恃强,渐有凌虐华人之势,未必非此等冒昧者激之于先也。(原注:此禀语稍激,录之以志民风。)

当时,黄文琛站在清朝地方官府一面,在尽量不扩大事件的情况之下,尽可能为国人争取利益,其勇敢与智谋足资景仰。

五　黄文琛的诗文作品

黄文琛诗名极盛,曾被罗汝怀称道为"官职诗名两俱好",被郭嵩焘称道为"南士能诗者无敢与先生比并"。

清孙雄《道咸同光四朝诗史》乙集卷一收录其诗,并有小传云:"黄文琛:字海华,湖北汉阳人。道光乙酉举人,官至署湖南宝庆府知府。有《思贻堂诗》十二卷。"

民国徐世昌《晚晴簃诗汇》卷一百三十一"黄文琛十三首"有小传和诗评。

作者小传云:"黄文琛:字海华,晚号瓮叟。汉阳人。道光乙酉举人,历官湖南候补知府。有《思贻堂》《玩云室》诸集。"

《晚晴簃诗话》云:"海华以乙科官成均,改外为丞倅,洊历郡守,宦迹所至,山川风物之胜,简书期会之劳,悉于诗发之。古体胜近体,七古又胜五古,体制学眉山,长篇短什皆有浩浩落落之致,而字字必经洗炼而出,所谓'成如容易却艰辛',异乎近世学宋诗者,以乱头粗服为能事也。"(钱仲联、傅璇琮、王运熙、章培恒、鲍克怡主编《中国文学大辞典》曾加以引用。)

民国杨锺羲也有三则诗评。

《雪桥诗话》卷十一:"黄海华《与胡东谷书》谓:'今日事势,学士大夫无人不皇皇作衣食计，非天下之细故也。'此忧世语，非忧贫语。"

《雪桥诗话三集》卷十一："汉阳黄海华文琛《鹦鹉洲吊祢衡》云：'玩世无全理，临文徒悔心。'语有至理。"

《雪桥诗话余集》卷七："裕庄毅三度抚湘，十年督鄂，再平寇乱，讴思在民。黄海华《感赋》句云：'银枪彻队衙城静，却忆临边老大臣。'谓道光庚戌，庄毅剿新宁逆民李沅发事也，事详邓湘皋《金峰岭纪功碑》。其云：'踞床不语安能事，牵被蒙头可笑人。'盖指衡阳常南陔中丞。中丞自为翰林、御史，及监司廉访，勤于其官，以廉谨为穆相所称。咸丰纪元，自浙抚调湖北。二年，粤贼自岳趋武昌，围城久，彷徨行室中，且起且坐，默默不一语。城中捕奸细，多衡州人，见即搏颡长号，辄纵之去。或告以是未可信，曰：'吾乡人也，我识之，不我害。'十二月，贼数十人上城，守陴军士皆溃。自经，死事闻，谥文节。城中存饷银、米谷、兵仗、火药，皆充足，尽以与贼。海华《湘水诗》云：'自古褒忠谊，斯人何足论。不才甘偾事，一死亦孤恩。'此与癸丑陆沔阳死于寇中，许海秋诗所谓'勿谓帅亦死，死亦何重轻。勿谓官亦死，死不皆分明'，同一直笔。"（裕庄毅即裕泰，满洲正红旗人，他塔喇氏，道光间任湖南巡抚、湖广总督。《裕庄毅公家传》即宗稷辰撰稿。《金峰岭纪功碑》，见邓显鹤《南村草堂文钞》卷十一。）

清郭嵩焘评价尤高。《养知书屋集》卷五《黄海华先生〈玩灵集〉遗诗序》云：

诗内原于性情，外通于政事。情感物而机应焉，而文之以言辞；声成文而音生焉，而申之以咏叹。皇古以前，文无传，传者独古歌谣，犹可推见其世，以知其治。是以文字之原，肇始于诗。《周官》以乐德、乐语教国子，兴导讽诵，诗之节也。盖自周世文盛之时，莅身课政以诗为衡，微恶贞淫于是见焉，而因以为法戒。则诗者为学，始终条理之事也。由汉以来，学士大夫下至委巷草野，莫不能诗。世愈变，文愈焕，而辞愈滥，得乎性情之挚者盖少。通知古今治乱之原，以措之事，抑又少焉。然则诗教愈昌，而所以名诗之旨，或将愈远而愈晦矣乎！海华先生，两湖诗人之杰出者也。始游京师，官国子助教，以诗名京师。嗣为同知湖南，南士能诗者无敢与先生比并，则以诗名湖南。其后官宝庆，官永州，屡摄县事典郡，凡为利于民者，靡弗举也，为病于吾民者，靡弗厘而正也。于是又益称先生能吏，不徒为诗者。夫苟知诗之旨，则康成氏所云源流清浊之所处，风化气泽之所及，一依于诗。讫于异世，诵而闻者，犹辨知之妍媸，得失之在身，形之为咏歌，沿之为兴革，谓诗与政之有歧分焉，非知诗者也。先生诗，手自审订，刊行者若干卷，人知贵而重之矣。晚年以老乞休，大吏重倚君，不允所请。先生因更为隐，徜祥容与,又十余年。哀辑所为诗四卷,曰《玩云集》,以自寓其意。嵩焘识先生久矣,自海外归,尊酒唱和,得数与焉。读其诗,倦怀朋旧,感伤时事,无苟作者,而一出于性情之正。所言皆有以内得于心,曲折以尽其意。其旁薄郁结,又若极其才力所极,而内自愀焉。常任意余,其辞即嵩焘崎岖海外,言之若甚有不适者,每为旁皇兴起,不能自已。然则先生为人,与其行政之美,其自得于诗也深矣。嗣君幼海刺史谨踵刻之,附先生前集之后。嵩焘为发明诗之为,道之所由成,以见古今诗人弥纶天地而不敝者,其必有合于是者也。光绪十有四年岁在戊子春二月。(《玩云集》,道光十五年枣华书屋刻本误作《玩灵集》,正文同误,据《玩云集》卷首郭叙径改。)

黄文琛自己也曾为朱琦《怡志堂诗初编》写过评跋,从中可见他的诗文评判准则。

清朱琦《怡志堂诗初编》"评跋"载:"汉阳黄文琛:诗凡八卷,根柢忠孝,出入风骚。言志纪事等篇,卓然为一代杰作。新铙歌体仿柳州,而雄迈过之,香山乐府以及茶陵、西堂、臧园诸人,更瞠乎后矣。表扬伟烈,慨想清芬,力主风骚,心殷家国。此海内不经见之文,必传无疑。"

而朱琦《怡志堂诗初编》卷七中,也有《题黄海华诗集后》诗四首,云:

编筏艰辛历海隅,零陵出守斡军符。新诗字字呕冰雪,不要人传只自娱。

繁盛当时说汉川,十千美酒踏歌筵。杨花乱落梅花尽,鹦鹉洲寒又一年。

巨鲤千斤百丈湫,一吟河水泪双流。不因年少多轻薄,欲解明珠已自羞。

四门博士推韩愈,五字长城压左思。除却南村疑与析,冯唐白首独深知。

可见朱琦对黄文琛的推重,也非泛泛。

黄文琛的诗作中,特别为人所称道的,是一首《秋驾》,咏的是清文宗咸丰帝为躲避英法联军,移驾热河之难。

清金武祥《粟香随笔》卷一评道:"黄海华文琛《秋驾》诗作于庚申年,诗云:'秋驾昆仑疾景斜,盘空辇道莽风沙。檀车好马诸王宅,翠褥团龙上相家。剩有残磷流愤血,寂无哀泪落高牙。玉珂声断城西路,槐柳荒凉怨暮鸦。'"

清徐珂《清稗类钞》"咏文宗《秋驾》诗"一条也评论说："咸丰庚申,文宗驾幸热河,变起仓卒,诏天下勤王,讫无应者。汉阳黄文琛《秋驾》诗云……"

《秋驾》诗,见黄文琛《思诒堂续存》卷七。"根柢忠孝,出入风骚",黄文琛确是这样的诗人。

六 黄文琛的交游

黄文琛交游甚广,最有影响的,当属同治初,他与何绍基(蝯叟)、胡兴仁(恕堂)、王汝惺(敬一)、唐际盛(荫云)组成的"五老消寒會"。

清何绍基《东洲草堂诗钞》卷二十五有《癸亥冬至后,与胡恕堂、黄海华、王敬一、唐荫云为五老消寒会,十五日在吾斋为第二集,恕翁、海翁诗先成,次韵奉答》。

卷二十六有《黄海华见二十八日即事诗,惠贶新篇,次韵奉答》,自注:"冬春间,与王敬丈、黄海华、胡恕堂、唐荫云为五老销寒会,荫云往鄂后颇觉岭寂,而近日蔡渔叟、邓厚甫、舒鹤槎、左景乔、熊雨胪、罗研生,次弟文燕未绝。"

卷二十七有《十月十二日约黄海华、胡恕堂、张东墅、杨性农、罗研生、李次青,小集吾斋,为消寒第一集,次青见示所辑〈国朝先正事略〉,感叹有作》。

卷二十八有《次韵和黄南坡新开蔬圃,时为题寒畦两大字》,自注:"去冬与黄海华、胡恕堂、曹颖生、李次青、杨性农、罗研生、彭于蕃、张东墅诸君为消寒会,论史评文,诗事颇盛,惟君辞不至。"

罗汝怀也记载过消寒会以及浩园等会。

《绿漪草堂诗集》卷八有《十月十二日,蝯叟为消寒之会,会者胡恕堂、黄海华、张东墅、杨性农、李次青诸公,蝯叟有诗,中论次青所编〈先正事略〉,次韵奉和兼呈次公》。

卷十八有《三月廿二日,张笠丞、朱雨田招饮于浩园饯春,会者黄海华观察,暨熊鹤邨、杨性农、彭丽崧、李黼堂、朱香孙、王壬秋,主客凡十人》。卷八《叠前韵酬黄海华观察》并且评论黄文琛:"官职诗名两俱好,殊惜从前唱酬少。"

黄文琛有关消寒会的唱酬,见《思诒堂诗第三集》。

此外可以注意的,是黄文琛与杨翰、嵇有庆的交游,均与永州相关。

黄文琛《思诒堂书简》卷五《与嵇伯润大令》第四通略云:"留寓年余,频相过从,喜足下明白事理,凛然有节概。生平不藏人善,每与人言,辄首举也。"

黄文琛《后永州集》卷五《书简》载《与嵇伯润大令》一通,略云:"昨抵长沙,屡谒台司,婉陈年至力孱、不堪任使之状,坚不我应。顷复,再四恳请,始如暂尔回永度岁。池鱼笼鸟,不获遂丘樊江湖之思,奈何奈何!"

作为品阶略高的知府,黄文琛对嵇有庆的干练颇有好评。同时,作为一位"因吏为隐"的诗人,他也并不向嵇有庆隐瞒自己的退隐情绪。而在同治九年三月上巳的拙岩同游中,二人的相随相伴应当别有纪念意义。

杨翰,字伯飞,号海琴,又号樗盦,晚号息柯居士,斋室名有褒遗草堂、浯上草堂、洗心斋、碑梦轩、浯上寄庐、铁缘斋、归石轩、愚园。直隶新城人,一作宛平人。道光二十五年(1845)进士,历官常德、沅州、永州知府,湖南辰沅永靖兵备道。著作有《褒遗草堂诗钞》十二卷,《息柯杂著》八卷,《息柯白笺》八卷。又有《粤西得碑记》《归石轩画谈》《梦缘亭会合诗》《先德录》,合刊为《息柯居士全集》。

杨翰自咸丰八年(1858)至同治三年(1864)任永州知府。到同治十一年(1872),杨翰辞官辰沅永靖兵备道,游粤西,后奉母隐居浯溪,子孙落籍永州祁阳,足见他对永州的厚爱。

黄文琛与杨翰早在常德就已相识,但前后出任永州知府的经历,无疑加深了二人的感情。常德的杨彝珍等人、道州的何绍基等人,乃是他们共同的朋友,而杨翰的书法,也以酷似何绍基而闻名。

黄文琛《思贻堂诗续存》卷三《永州集》有《喜闻杨太守翰不日来郡》及《杨太守又不果来,替去无期》,有"消息谣传喜欲狂,得闲且自理轻装"句。《后永州集》卷一有《浯溪寄杨大弟翰》云:"君构浯溪宅,我规愚溪屋","风流两使君,佳话潇湘续"。卷四《书简》有《与杨海琴观察》三通,第三通云:"十月杪,护越南贡使赴衡,归经祁阳,迂道过浯溪,访息柯别墅,石磴荦确,霜红满地,不及款门,径造竹所,徘徊久之,率成一律。"

杨翰《息柯白笺》卷四《致黄海华》:"一二年后,定返浯溪,与阁下玩弄水石,以娱暮年。"《褒遗草堂诗钞》卷十一有《舟中检海华前在常德赠诗,感旧次和》。卷六有《黄海华见余九日诗,枕上和一律,次韵奉答》,卷七有《在长沙浣垢禅林置酒,与黄海华话别,后海华寄诗,次韵寄答。海华亦守永,接踵十三年矣》《秋间黄海华去永顺郡,赠诗,冬后始和韵,却寄》。

大体上说,在咸丰、同治期间,黄海华与杨翰围绕永州的活动与交往,体现了湖湘士大夫在晚清之际最为活跃和最具特色的一个侧面。

七 余论

2014 年初新发现的拙岩石刻群,唐昭铣《题记》载:"同治庚午上巳,邑人唐仙农携子昭铣,陪太守汉阳黄公海华,邑侯无锡嵇公伯润,邑人赵司马旸谷,周太史子岩,同游。"此庚午为同治九年(1870)。

此外需要提到的是,宋明以来,在永任职的文官中,曾经有四人曾留下以"永州"命名的诗文集。

一为《丁永州集》三卷,宋永州知州丁注著。

二为《唐永州集》三卷,明永州知府唐珏著。

三为《钱永州集》八卷,明永州知府钱芹著。

四即黄文琛《思贻堂续存》中《永州集》二卷,《后永州集》诗二卷,书简三卷,公牍一卷,词批二卷,共计十卷。

对于永州本土文化研究而言,这四部诗文集都具有重要的学术价值。但丁注、唐珏、钱芹的三部《永州集》已经失传,目前仅有清代黄文琛这一部诗文集完好无缺,并且卷帙又最为丰富,因此弥足珍贵。

杨翰《息柯草堂诗钞》卷十一有《海华生日,余集杜句为寿,酬以四绝》,其三云:"永州前后都成集,句和篷窗墨尚斜。我纵虚舟任来往,他年老圃问山家。"自注:"海华有前后《永州集》。"早已点明了它的价值。

(原载 2016 年第 8 期,作者单位:湖南科技学院)

周崇傅生平事迹考

✳ 周 欣 ◆

永州周家大院的子岩府有一副楹联"一等人忠臣孝子,两件事读书耕田"。子岩即周崇傅(1830－1892),字少白,号子岩,清零陵人,系宋代理学开山鼻祖周敦颐的后裔,同治七年进士,光绪元年改官中书,后随左宗棠收复新疆。周崇傅历官清廉刚正、勤勉有加,做好"忠臣孝子"、践行"读书耕田"的家训,也是他一生的写照。

周崇傅没有著述传世,其传记资料主要保存在官修史书中,包括《清实录》《清代史料·大清缙绅全书》《清代朱卷集成》等,以及光绪年间的方志中,如《零陵县志》《道州志》,此外,《左宗棠全集》中,也记录了周崇傅在新疆的部分事迹。今据官修史书、地方志相关文献记载为史料,试对周崇傅的生平事迹进行初步考证。

一 官修史书、湖南地方志中关于周崇傅入翰林编修的记述

关于周崇傅的记载,最早见于清代官修朱卷:

"周崇傅,始祖士德(由江西九江府浔阳县迁居祁阳)。七世祖希圣(明万历己丑进士,历官南京户部尚书,行详《一统志》,崇祀先贤)……(周崇傅)原名纯傅,号子岩,行四。年三十八岁,湖南永州府零陵县拔贡生,兵部主事,民籍。"[1]

"同治七年润四月初九日,内阁奉上谕:新科一甲三名进士洪钧、黄自元、王文在业经授职外,许有麟……周崇傅……俱著改为翰林院庶吉士。"[2]

清光绪二年《零陵县志》是最早记录周崇傅的地方志,当时周崇傅为翰林院编修,记录较为简单,共有三条记载:

"周崇傅,号子岩,同治七年戊辰洪钧榜,授翰林院编修。"[3]

"周崇傅,字子岩,壬戌科北闱陈光璠榜,戊辰进士。"

"周崇傅,字子岩,辛酉同科壬戌北榜,戊辰进士。"

周崇傅的传记资料还见于《同治九年秋·大清缙绅全书》《同治十年冬·大清缙绅全书》《清实录》:

（同治九年）"周崇傅,湖南零陵人（戊辰）。"[4]

（同治十年）"加一级,周崇傅,湖南零陵县人（戊辰）"[5]

（光绪元年）"庚子,谕内阁,此次考试翰詹各员,经阅卷大臣等校阅进呈,亲定等第……考列四等之编修谢元福,著罚俸四年。雷钟德、周崇傅,均著改为内阁中书,仍罚俸一年。"[6]

从官修史书、地方志这两种史料来看,均为周崇傅参加同治戊辰（1868）会试,进士及第,入翰林授编修、改内阁中书的记载,比较简略。至于早年的学习、仕宦生涯,《周氏重修宗谱·周公子岩墓志铭》提到:"禀赋颖异,淹贯诸子百家。弱冠,入县庠,与仲兄崇儒从厥考,肄业岳麓。文课超夷,时拟三苏。咸丰辛酉,学使胡公瑞澜拔贡,成均廷试高等,签掣县令,坚辞不就。"从"肄业岳麓""文课超夷"等语来看,周崇傅早年勤学苦读,学识渊博,有卓然超群之能。

在光绪《零陵县志》中,还有记载周崇傅的父亲周绍邠敕封的资料:"周绍邠,以子崇傅敕封文林郎,晋封奉政大夫。妻汤孙氏,诰封宜人。"

此外,在湖南零陵的《魏氏宗谱》中,有六则周崇傅写给魏氏族人的寿序、墓志铭,其署名为:"（光绪九年）钦加盐运使衔赏戴花翎前署理甘肃平庆泾固化道奏调江南侭先补用道姻世愚侄周崇傅顿首谨撰并书""（光绪十三年）赐进士出身翰林院编修江苏候补道姻世愚周崇傅顿首拜撰并书""（光绪十七）赐进士出身翰林院编修盐运使衔赏戴花令羽甘肃候补道新授甘肃新疆喀什噶尔兵备道年世愚弟周崇傅顿首拜撰并书""（光绪十年）赐进士出身翰林院编修江苏候补道姻世愚侄周崇傅顿首拜撰并书""（同治辛未）赐进士出身翰林院编修世愚姪周崇傅顿首拜撰""壬戌科举人签发河南知县姻愚弟周崇傅顿首拜撰并书"。这些序跋,不仅反映了周崇傅与零陵魏氏家族交谊甚好,联为姻亲,而且记载了其生平、官宦历程,有待进一步探讨。

二　周崇傅与永州拙岩摩崖石刻

近于永州零陵湘江河岸新发现周崇傅拙岩题跋一则,碑文分文"正文"和"跋"两个部分。碑文为同治庚午(1870)唐仙农题写的"忘机处"三个篆字。跋为周崇傅所作:

"温飞卿《利州南渡》诗,有'五湖烟水独忘机'句。
仙农意不在钓,暇以钓为寄,自题其处曰"忘机",近乎道矣!"

唐仙农即唐九龄,"五品衔,中书科中书"。永州市零陵区大夫庙村人。据光绪《零陵县志》记载:"节孝亭,在城西大夫庙侧,唐九龄为母建。""节孝坊在大夫庙,唐九龄为母屈氏建。""屈氏,儒童唐庆荣妻,年二十,夫遗故腹生子九龄,矢志守节。姑李氏,性卞切,氏曲意顺承,无所迕。九龄长,就傅程课,极严。岁辛亥,当事以孝廉方正举九龄,氏命辞之,盖以其实不易居也。九龄旋报,捐中书科中书。氏年六十一卒。孙四,次昭铣,邑庠生。"[3]唐九龄在大夫庙村建有节孝亭,按节孝亭是为旌表当地乡绅的做法,可推测其为离拙岩不远的大夫庙村人。

唐九龄的儿子唐昭铣在拙岩刻有记事碑:

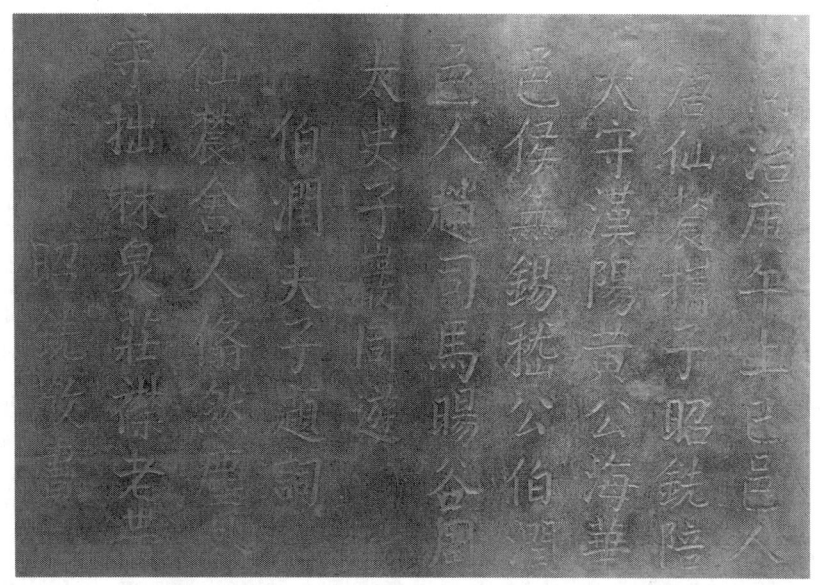

"同治庚午上巳,邑人唐仙农携子昭铣,陪太守汉阳黄公海华、邑侯无锡嵇公伯润、邑人赵司马旸谷、周太史子岩,同游。伯润夫子题词:仙农舍人翛然尘外,守拙林泉,庄襟老带。"

"拙岩:县西十余里,猴滩临江有巨窟。明正德壬申岁,征士沈良臣尧夫始辟之,号拙岩。以拟柳氏之愚岛,有诗纪刻,石多剥落,不能尽辨,皆前志所未列于名胜者也。"[7]"柳氏之愚岛"即愚溪,明正德七年(1512)沈良臣效仿柳宗元愚溪而辟有拙岩,以示隐逸之情。拙岩位于大夫庙村附近,同治九年三月初三,唐九龄陪同黄海华、嵇伯润、赵旸谷、周子岩同游拙岩。嵇伯润即嵇有庆,"知县嵇有庆,江苏无锡人,举七年,人十一月调"[8]。于清光绪二年主修光绪《零陵县志》。嵇有庆同治八年从慈利县调入零陵县,任知县一职,此次考察拙岩为嵇有庆上任零陵知县后,与黄文琛、周崇傅等人同游。

"忘机"见于《列子·黄帝》:"吾闻鸥鸟皆从汝游,汝取来吾玩之。"指甘于淡泊,忘掉世俗,与世无争。周崇傅以温飞卿《利州南渡》诗跋拙岩"忘机处",展现出唐九龄为报母亲恩情,"捐中书科中书",弃官隐居,寄情山水,与世无争,忘却俗念的生活情趣及精神意境,这与周敦颐"吟风弄月"的恬淡洒落情怀一脉相承,故曰"近乎道矣"!

三 周崇傅与永州澹岩石刻

周崇傅喜欢游历山水,除拙岩外,日前在永州澹岩找到了周崇傅石刻。

据洪武《永州府志》记载:"澹岩:□□□□在城南二十五里。崖有二门,中有澹山寺,楼殿屋室隐隙鳞中,虽风雨不能及。四顾石壁,削成万仞,傍有石窍,古今莫测其远近,目之者有长往之意。大中张颖记云:'出乎天巧,盘伏于两江之间,其形如龟,其势如龙,周回二里。中有崖窦,可容万夫。古有老人处其下,以澹氏称,因为此山之名。秦有周君真实,避焚坑之祸,隐于此,石床石井犹存。唐兴,有僧到崖下,坐盘石,敷演法华真常妙理。见二蟒各长数十尺,盘于前,师曰:'若受吾训,当释汝形。'须[臾]化双狐,能飞鸣,名曰'训狐'。师居崖中,凡五十年。'"康熙《永州府志》:"易三接《山水纪》云:'澹山岩,唐以前犹未见,是以不入元、柳诗文,至宋黄山谷始题识之。今山谷诗与岩争秀,字瘦而韵。位置碑处亦奇,洞中一石宽数丈,载诗与书,若烟云簇簇,珠玉瑟瑟者然。'"因此,澹岩的得名,一方面与澹姓人家有关,故称澹岩;另一方面,秦时周真实隐居于此,淡泊名利,也称"淡岩"。自秦时起,澹岩名声远播,游客纷至沓来,宋代周敦颐、胡寅、柳拱辰等文人都曾游历于此。宋崇宁三年(1104)黄庭坚以"永州淡岩天下稀",赞美澹岩独特的自然风光,引起历代文人墨客的仿效热潮,留下了大量诗文意象所描述的人文景象。

遗憾的是,周崇傅题刻在《永州府志》《零陵县志》等方志资料中并无记载,现存石刻也已破损不堪。但从"崇傅书",以及澹岩位于富家桥镇,离周崇傅家乡不远,是往返县城的必经之路等因素可以确定,崇傅即是周崇傅。

该石刻的书法清新隽永、儒雅大气,与周家大院现存的蝇头小楷墨迹相得益彰,说明周崇傅早年勤练书法,修养心性。从碑文中"穷极幽邃""力竭气疲""继以弹棋""凉气袭人""岩多奇石"等词可以看出,周崇傅描述了澹岩幽绝奇胜的独特风光与诗情画意的人文意象,另一方面,倾慕山林情趣,表达了对淡泊宁静、安逸恬淡田园生活的向往。正如《周公子岩墓志铭》记载:"长山水绝胜处,至是归田课耕,肆意探奇,穷岩幽谷,罔不躬历,游踪所至,箬笠草履见之者,不知其为达官贵人也。"

四　周崇傅与蘋洲书院

"光绪八年(1882),左宗棠辞去两江总督后,他(周崇傅)也退归故里,寄情山水。时有王德榜在永州创办萍州书院,他被聘为山长,严格要求弟子,敦品励学。光绪十五年(1189)湖南乡试,萍州书院有八人考取贡生,一时称为盛事。"[9]1629

萍州书院即蘋洲书院,又名白蘋州书院、白蘋书院,"白蘋州书院,在县西洲中,邑人眭文焕创建,今废。""黄叶渡下有白蘋洲,广半里,长二里余,旧多白蘋,故名。今则古木丛生,柯叶蓊葧,夏日绿阴照水,孤舟多系其下,望若画图。上有白蘋书院。""白蘋书院,在白蘋洲上。乾隆四年,邑绅眭文焕、子日培创建。十九年为巨浸所没,后邑令陈三恪培植林木,禁止诛伐,而书院不复修矣。"[3]蘋洲书院重修,是在"光绪十三年,湘军名将王德榜、席宝田重建,周崇傅为山长"。

据《蘋洲书院碑》记:

"光绪十一年,王德榜衣锦荣归,议在蘋洲创建书院。其时八县学府,只有濂溪书院一所招纳童生,而生员想入学者只好望洋兴叹。王公遂邀其亲家席砚香出巨资买下蘋洲,庀材鸠工,惨淡经营,数年之间,便告成功。越年,商请永州知府,敦聘周翰林子岩作山长,札饬八县考送生员入学讲习。"[10]746

民国三十五年唐劼《〈蘋中一览〉序言》:

"蘋洲距零陵城北八里许,旧称浮洲,亦曰岛洲,当潇湘二水汇合之处……光绪十一年乙酉,江华王公朗清,解组归来,窈窕寻壑,顾而乐之,相与谋于东安席公砚香、零陵周公子岩,即以此名胜之区,作士子藏修之所,倡建书院,纠合时贤,各斥巨资,越三岁落成,以上游有白蘋洲,因命名为蘋洲书院,由永州知府先后敦聘周子岩、唐玉轩、赵芷荪、孔宪教、彭靖黎诸公为山长,并札饬八县,考送生员,入院讲习。"[10]754

《永州文史资料》记载:

"苹洲书院建立于一八八七年(清光绪十三年)。院址在零陵城北八里潇湘二水汇合处江心之小洲上……清代江华王德榜,字朗清(时人称王八大人),出身武职,立有战功,擢升贵州布政使,人议王氏无文学,不宜任此职,致仕后,寓居永州,深感无文学受屈辱之苦,爰倡议创办书院,以此为桑梓文化服务,邀集东安富户席砚香(宝田)等捐资修建,获得零陵翰林周崇傅(子岩)及;黎宜轩、何子安等之赞助,择址于凫洲,以其上游有白苹洲,遂命名曰苹洲书院……书院于一八八五年(清光绪十一年乙酉)动工兴建……一八八零七年(清光绪十三年)书院建成后,即甫告八县考送生员入院讲习,以周子岩先生为山长,嗣后有唐玉轩、赵芷荪、孙宪教、彭清黎诸先生继任山长。"[11]29

《周氏重修宗谱·周公子岩墓志铭》:

"旋讲学蘋洲,末流文弊,士鲜实学。公品第人才,原本经史。己丑乡试,隽八人,其余亦多有成就。转移风会,其在斯乎!"

王德榜为何聘请周崇傅为山长?据清光绪《道州志》记载,同治甲子年(1864),道州建有文社,周崇傅曾在此执教:"文社,在州治后。同治甲子年,许清源、周选哲……等倡捐新建。前环潇水,后枕元山,上建圣宫,中开讲院,东西两斋,高明宏敞。阶下泉池,变沟周围,竹柳交翠,胜景宜人,肄业其中,宛登岳麓焉。一时人心欢悦,助捐者众,建造所余青蚨二千串有奇,经管生息,以作延师膏火月奖赏之需。数年来,切磋琢磨中,多能文之士。非惟登贤书选成,均蝉联有人。即掌教之周子岩太史,亦由斯而登翰苑。其为灵秀之区,可知愿董其事者。矢公矢慎,扩充而永守之,则作育幼资文风,更蒸蒸日上矣。"[12]由此看来,周崇傅坚守"读书耕田"的家训,在入翰林以前,已是饱读诗书的"能文之士"。周崇傅被聘为蘋洲书院山长,一是王德榜与周崇傅都追随左宗棠东讨西征,同为湘军名将,义兼师友,情投意合。二是周崇傅学识广博,早年的教学经验,可促使蘋洲书院"更蒸蒸日上矣"。

五 周崇傅跟随左宗棠事略考

(一)光绪二年(1876)随左宗棠西征

光绪二年,左宗棠率部出关,收复新疆。素知周崇傅有济世之才,上疏请求周崇傅前往新疆:

> "剿捕大学士陕甘总督左宗棠……又奏:'调户部主事袁锡龄、道员周崇傅知府周汉,同知易孔昭来营差委。'"[6]

(光绪二年三月十九日)"查有回籍前翰林院编修改内阁中书、捐升候选道周崇傅,前在臣军办理营务一切,深资赞助。其人勤朴明练,洞晓机宜。现已檄调到营,随同西征,听候差委。"[13]405

在光绪二年,左宗棠给《答刘克庵》信中说道:

> "巴里坤、古城近时商贾辐辏,应办厘金以浚饷源,且茶务尤为大宗。北路既平,俄人必请开市,宜先为开办,免致临时多费唇舌。拟调陈芋生还肃,与周子岩前赴巴、古商办,尊意以为可否?"[14]86

> "周子岩正派笃实,才非肆应,故须芋生辅之。"[15]

周崇傅到新疆后,主要负责管理运送军需物资等事宜。左宗棠在《与崇峻峰方伯》的信中说:"周子岩、陈宇生委办巴里坤、古城厘务,已于前月成行,一因北路饷源日涸,不能不早为之谋,一则百货自东北来者均无税厘,价值平减。自关内运贩者,厘税稠叠,成本过重,销售维艰,商情裹足,无以广示招徕。且俄人方议互市,非及早定章,则议论必费唇舌也。"在当时紧张的军事局势以及"必费唇舌"不友善的环境下,"道员周崇傅设榷局,巴里坤招商开市,由是北路略定。"[16]从而成为左宗棠的得力助手。

(二)光绪四年(1876)任署镇迪道长

光绪三年(1875)十二月初六日左宗棠上奏"周崇傅堪以委署镇迪道遗缺片":

> "再,署镇迪道长谦檄委所遗之缺,臣查有督办新疆税厘总局候选道周崇傅,勤慎明干,操履笃诚,堪以委署。"

周崇傅"勤慎明干""勤朴明练,洞晓机宜",因此成为左宗棠的得力干将。光绪三年,左宗棠在《与周子岩》中说:"镇迪事匆匆未及整理,亦缘未得其人故耳。阁下履新后,当可渐次改观。惟多其察而少其发,务期合天理以顺人心,则事无不办耳。"[16]

"周崇傅,光绪四年到任,卸事年月未详。"[17]在任署镇迪道长期间,主要负责屯垦、修浚河渠、清丈地亩、惩治贪官污吏等事宜:

> (光绪三年)"迪化属境多膏腴,屯垦最为要着。所需经费,上腊已饬加解一万,由新署绥来甘令承谟带解前来,以资拨用,想不致掣肘。"[16]

> (光绪四年)"……现在乌鲁木齐地方,有署提督金运昌带马步各营防守,署镇迪道周崇傅、署迪化州知州严金清,兴办屯垦、抚辑事宜,正资得力。"[18]140

> (光绪六年四月十七日)"窃维新疆善后事宜,以修浚河渠、建筑城堡、广兴屯垦、清丈地亩、厘正赋税、分设义塾、更定货币数大端为最要…… 并据前署镇迪道周崇傅、现任镇迪道福裕、委办吐鲁番局务道员雷声远禀报前来。"[19]

> "光绪四年,征收无额。臣(左宗棠)与刘锦棠、张曜、周崇傅函牍相商,仿古中制而更减之,按民间收粮实数十一分而取其一……"[15]

> (光绪六年)"谕旨:南北各城应如何随宜经理之处,即著悉心筹画次第兴办,比即恭录咨行南北两路,在事诸臣一体钦遵旋,准张曜、刘锦棠咨呈,并据前署镇迪道周崇傅见任镇迪道福裕委办吐鲁番局,务道元雷声远禀报前来以修浚言之,哈密修石城子渠,西厅修大泉东渠,迪化州修永丰太平二渠……"[15]

> (光绪六年)"此次周子岩禀讦皆得有实迹,自不能不详察并办,以警官邪。希即撤调赴省,详加研究……弟以周子岩正在加意整理,留之数月,于

地方有益。"[20]

周崇傅靠自己的学识才干,关注民生、严惩贪官等政迹,表现得出类拔萃。光绪四年,先后上奏了《署镇迪周道崇傅详清丈田亩条款及额粮地丁差役办法由》《署镇迪周道崇傅禀俄僧入境由》《署镇迪周道崇傅禀乌垣等处善后事宜并金巡检劣迹及捕蝻诸事由》等奏札,深得左宗棠信任。左宗棠在《答英西林宫保》中说"周子岩已报赴任,干济虽难遽信,然笃诚不苟,则深知之。扶希时加训诲,俾有所成"[21]263。"署镇迪道周崇傅勤慎廉干,事必躬亲,渐有明效。需之时日,百堵皆兴。"[15]事实上,翻检左宗棠的奏稿和信札,其办事得力、清廉正直的形象享誉官场。光绪六年左宗棠在给杨昌浚的信中"甘省好官,道员以谭敬甫、周子岩为最"[20]599。"周子岩清正耐苦,实不易得。"[19]610此外,在《周氏重修宗谱》中,有一则谭钟麟、饶应祺等人撰写的《子岩公寿序》,其中提到:"镇迪、高平等处观察使,輶轩所至,一以澄叙官方、整饬纪纲为本,延见长老,问民疾苦,属吏有不法者按劾之。平居布衣蔬食,手一编,终日危坐,宴如也。巡方数祀,所在治平第一。会朝廷诏举贤能大吏备任,使节相左侯,表荐以闻,敕付枢记,注擢用,仍宣谕褒美。"

(三)光绪七年(1881)在江苏、浙江整治盐纲

光绪七年(1881)十二月二十五日左宗棠上奏"请调道员王加敏周崇傅来宁差委折":

"窃维江南地方事繁,洋务、盐务尤关紧要……盐运使衔甘肃尽先补用道周崇傅,品清望峻,刚明耐苦,操守之严,实一时所仅见,洵堪镇浮式靡。如蒙俞允,应请旨敕下陕甘督臣,催令该员等迅速前来,俾资委用。"[22]

"(光绪八年)内阁左宗棠奏请调员一摺:湖南候补道现办陕甘后路粮台王加敏,甘肃尽先补用道周崇傅。"[6]

"左宗棠奏:续请调员差委一摺:除道员王加敏、周崇傅,业经发往江南差委外,道员王加敏……著吏部查明饬令该员等前赴江南,交左宗棠差遣委用。"[6]

光绪七年,周崇傅随左宗棠到江苏、浙江整治盐纲,处盐场腥膻之地而两袖清风,为时人所称颂。据《左宗棠年谱》,光绪八年十月,左宗棠请辞养疾,上疏自陈:"窃臣上年续请病假内仰蒙恩命,出镇两江,莅任至今,力疾经营,未遑朝夕。而病久不愈,近时心绪昏瞀,动辄遗忘。日间校理官书,阅毕茫然,不复省忆。稍一

压搁,积成堆垛。思泉日涸,疏误已多。若不吁请开缺,瘝瘝实有难安。合无仰恳圣慈,准其开缺,回籍调理,或翼闭门静摄,得以稍延残喘,则有生之日,皆报国之年也。"[15]左宗棠请辞后,周崇傅荣归故里,光绪十三年聘为蘋洲书院山长,光绪十六年再次被任用。

(四)光绪十七年(1891)分巡喀什葛尔等处地方兵备道

据《光绪十七年春·大清缙绅全书》,光绪十七年任喀什葛尔兵备道要职:

> "(请旨)分巡喀什葛尔等处地方兵备道,注疏附县。周崇傅,湖南零陵县人(戊辰)。管理通商事宜,督饬所属水利,屯垦钱粮,刑名诸事,弹厌布鲁特,稽查卡伦,冲繁疲难。最要缺:养廉银三千两,公费银七百两。"[23]

"他到任后,为沟通天山北麓甲、乙两河,以利农牧业发展,筹集资金,开凿运河,此举被奸臣诬告。此时,李鸿章当政,凡属左宗棠亲属,李鸿章都千方百计予以打击。因此,周崇傅被诏令自省,罢职受刑。他身在边陲,一时有口难言,又秉性刚直,凌辱难当,终于在光绪十八年(1892)蒙冤自尽。"[9]后朝廷查明真相后,下诏平反昭雪,重金抚恤。其子扶柩回原籍,葬于永州市双牌县何家洞乡小斗里大砖头西山之巅,据说该墓地为周崇傅退居故里时所择,并作有诗文描述当地地形:"好个芙蓉对紫金,纱帽丢在李家坪。十二凉伞一界走,一对珍珠锁洞门。"墓碑上刻"清授资政大夫二品顶戴特授新疆喀什噶尔兵备道署镇迪化道兼按察使司于严府君之墓"及湖南巡抚赵尔巽撰写、刘光前书丹的墓志铭:

> "起儒臣而定边陲,履险阻其如夷。本特达而受主知,冒危疑谤讟而不辞。省国家钜万之赀帑,以拯亿兆姓之疮痍。秉原宪之介节,甘辞禄以归。奉母仪振乡贤之绝学,兼经师与人师。厝帝命其特简,享年乃不及耋期。乌虖!大雅不作久矣,而其光明磊落之慨,犹照耀乎山巅水媚。"

《刘锦棠奏左宗棠功在西陲吁恳宣付史馆折》挽联周崇傅:

> "公真天下奇才,内歼群丑,外慑诸夷,登衡岳以翘观,伤哉谁继?
> 我是门生故吏,西出秦关,东随吴会,仰斗山而失望,惨矣共悲!"

参考文献:

[1]顾廷龙.清代朱卷集成:第29册[Z].台北:成文出版社.

[2]中国第一历史档案馆.咸丰同治两朝上谕档:第十八册同治七年[Z].桂林:广西师范大学出版社,1998.

[3][清]稽有庆,徐保龄,刘沛.光绪零陵县志[Z].清光绪二年刻刻本.

[4][清]同治九年秋·大清缙绅全书[Z].北京斌升堂刻本.

[5][清]同治十年冬·大清缙绅全书[Z].北京斌升堂本.

[6][清]德宗景皇帝实录023[A].清代史料·清实录[Z].清内府钞本.

[7][清]同治八年冬.清代史料·大清缙绅全书[Z].京都琉璃厂中间路南荣禄堂刻本.

[8][清]吕恩湛,宗绩辰.道光永州府志[Z].道光八年刻本.

[9]零陵地区地方志编纂委员会.零陵地区志:下册[Z].长沙:湖南人民出版社,2001.

[10]湖南省教育史志编纂委员会.湖湘文库·湖南近现代名校史料:卷一[Z].长沙:湖南教育出版社,2001.

[11]永州市政协文史工作委员会.永州文史资料:第一辑[Z].1986.

[12][清]李镜蓉,盛庚修,许清源,洪廷揆.道州志[Z].清光绪四年刻本.

[13]左宗棠.候补道周崇傅檄调到营听差片[A].左宗棠全集:奏稿6[C].长沙:岳麓书社,2009.

[14]左宗棠.答刘克庵[A].左宗棠全集:书信3[C].长沙:岳麓书社,2009.

[15]罗正钧.左文襄公年谱[Z].清光绪二十三年湘阴左氏刻本.

[16]左宗棠.与周子岩[A].左宗棠全集:书信3[C].长沙:岳麓书社,2009.

[17]宣统新疆图志[Z].续修四库全书史部地理类.

[18]左宗棠.覆奏豫师胜乌鲁木齐都统片[A].左宗棠全集:附册[C].长沙:岳麓书社,2009.

[19]左宗棠.办理新疆善后事宜折[A].左宗棠全集:奏稿7[C].长沙:岳麓书社,2009.

[20]左宗棠.答杨石泉[A]左宗棠全集:书信3[C].长沙:岳麓书社,2009.

[21]左宗棠.答英西林宫保[A].左宗棠全集:书信3[C].长沙:岳麓书社,2009.

[22]左宗棠.请调道员王加敏周崇傅来宁差委折[A].左宗棠全集:奏稿8[C].长沙:岳麓书社,1996.

[23][清]光绪十七年春.大清缙绅全书[Z].北京荣禄堂刻本.

（原载2015年第3期,作者单位:湖南科技学院）

清代零陵永安亭初探

✴ 黄秀涛

一　永安亭概述

永安亭在湖南省永州市零陵区富家桥镇西北方向,北纬26°9′51″,东经111°35′1″,海拔约150米,位于富家桥镇田庄上和余家冲以及吊水岩三路交叉处,距离湖南科技学院大约有6公里,距离田庄上约1公里,距离吊水岩约0.5公里,距离余家冲约0.5公里。亭子由多人捐助修建,始建于嘉庆十年十月,距今已有210年的历史。永安亭是清代建筑,保存完整,但鲜有人研究。

2017年10月2日,湖南科技学院国学院共10名师生从学校南门出发,先后抵达永安亭,并对其进行初步测量与石刻拓片。

2017年10月27日,湖南科技学院国学院傅宏星老师和王珏玲同学再次前往永安亭,重新辨认、确定了石刻上的一些字,并寻得一处石井。

2017年11月21日星期二,湖南科技学院国学院学生黄秀涛再次前往永安亭,查看并确认石井位置,对石亭外观及石井进行拍照,并进一步精确永安亭的位置。

永安亭中有石刻《永安亭记》,其中提到"永之西南隅吊石岩、萧家塘一路,虽非置邮孔道,实乡城来往之冲",可以知道此处为交通要道,无论是两村之间还是北往零陵县城都要经过此处,古时十里设一亭,而此处前后近二十里路寂无人烟,由此建设这样一个亭子,供来往的人们歇息,所以永安亭有凉亭的功能。

永安亭立于岔路口旁,呈东北-西南走向,亭周绿草丛生,蝶鸟纷飞,亭东北侧有一湖,绿水碧波,湖边草木繁生。亭子东南方向地势较高,亭旁仍为水泥道路(由通往永安亭路旁的旺洞村委会所立之碑可以得知,亭旁水泥路面亦由众多村民及矿山老板捐款并于2013年修建而成),算不上宽,但时常有人车经过,路旁碧竹交错,高低不齐遮掩视线,竹中阡陌相通,十分幽僻。

亭子南北各有一个门，南北门前皆有简易垫脚石板，亭周皆有流水道，亭子没有窗户。亭外壁上有几处喷漆广告，亭身保存基本完好，用料十分考究，亭壁由上等四方青石建成，顶部铺有青瓦，属砖木结构。南北亭檐上尚有残余彩墨画，亭子外壁上仍有泥土粘连，历经风雨冲刷壁上斑驳，青苔满布，砖瓦排列整齐，青灰色的砖瓦显示出亭子厚重的历史感，给人以一种稳重安定的感觉。

亭内阴凉可人，比较宽敞，亭中地面经过处理，为白石灰地面。亭上木梁横向4排，纵向3根呈"三"字状架起，下方中间两木梁近墙处雕有龙头，明目张口，纹理清晰。南北两木梁近墙处雕有凤首，振翅欲飞，昂首欲鸣。亭中木梁遭到蚁蚀，木粉飘落，孔洞可见。亭内尚存有一条简易木条板凳，上面木粉堆积，凳体由两块方正青石块搭载一条木头构成，在其北面还有一块青石，而且西面也有四块青石，可以推测原来在亭内应该是有四条木凳的，东西各两条。在亭子的南北门洞上各有一匾，刻有"永安亭"字样，值得注意的是南北门匾形状以及其上面字体及尺寸都不同。从表面上来看，或许南门石匾曾经被补修过，因为从南门石匾的表层可以隐约看见底部和北门石匾相似的部分。另外南北门外各有对联1副，亭内东侧墙壁嵌有石刻9方，总计15方石刻，另外有些被凿掉已经无法识别的碑刻就难以统计了。

关于永安亭的详细历史信息我们目前尚不能知，该地的地方志上并没有相关记载，对这个亭子的关注也是在2017年5月，才有媒体跟随零陵区文管所人员进行了简单报道（详见彭珍琳《零陵惊现一近千人捐款的古驿站》，永州新闻网2017－05－17），而且认识也很有限。据当地村民介绍，以前亭子东面石壁上原有石龙石凤，后来被人盗走了。由此看来，永安亭还有很多情况没有被我们发现。

对联有部分磨损或遭风雨侵蚀，但据现有的情况看来，对联有外框，有花纹纹路，精致可观。15方石刻中2副对联均采用双钩技法，亭内12方石刻皆为正楷，笔法干净利落，端庄方正，字体轮廓清晰，容易辨认。其中1方石刻上有亭记一篇即《永安亭记》；还有1方石刻上发现有无题诗文4篇，其中2篇保存较完整。

此外，西面有1方活碑，碑额为"□兴观"，碑上刻的是一篇小记和捐款名单，碑文记载了应与永安亭无关，本文不详述。

二　永安亭石刻目录及示意图

关于命名：因每方石刻的保存完好程度不同，所以按照传统命名方法来命名有诸多不便,在此,除 3 号碑《永安亭记》、4 号碑《特授湖南永顺府保靖县儒学正堂加六级记录六次》为原有标题外,其余皆用自右向左取六人姓氏的命名方法,此法可避开残损字体且辨识容易,故按照此法命名。

1.《张周刘周蒋碑》:43 公分×123 公分。记名碑,三排人名,每排均为 46 个人名,共计 138 个人名。边角和碑刻中个别字体残,整体完好。

2.《唐赵陈陈胡碑》:43 公分×85 公分。记名碑,四排人名,共计 96 个人名。残字少,较完好。

3.《永安亭记》:43 公分×91 公分。标题原有。全文 498 字,正文 17 行 27 列。残字少,较完好。

4.《特授湖南永顺府保靖县儒学正堂加六级记录六次碑》:43 公分×102 公分。标题原有。记名碑,两排人名,共计 23 个人名,该石刻上出现《永安亭记》中的作者陈致远和敬书人萧任减,且陈致远出银五两,萧任减出银三两。中上部有少量水泥遮盖。

5.《黄胡蒋唐魏碑》:43 公分×109 公分。记名碑,三排人名,共计 122 个人名。右侧有长 23 公分,宽 1~5 公分的残缺裂缝。

6.《陈李李胡周碑》:43 公分×59 公分。记名碑,四排人名,共计 98 个人名。左下角,中底部残缺。

7.《士萧蒋周周碑》:32 公分×24 公分。记名碑,两排人名,共计 14 个人名。右上部分有水泥遮盖。

8.《永安亭诗四首》:36 公分×81 公分。两首保存较好,另外两首残损较严重,全碑 239 字,40 字难以辨认,诗文 187 字,3 篇绝句 1 篇律诗。残缺较严重。

9.《陈朱钟蒋唐碑》:38 公分×72 公分。记名碑,四排人名,共计 111 个人名。右下角及左下角残损。

10. 北门门柱楹联上联:21 公分×140 公分。花香鸟语凭延赏。

11. 北门门柱楹联下联:21 公分×140 公分。柳往雪来可少休。

12. 北门门匾:永安亭。(因距离地面较高,故未进行测量。)

13. 南门门柱楹联上联:21 公分×140 公分。南去北来咸入座。

14. 南门门柱楹联下联:21 公分×140 公分。夏凉冬暖总宜人。

15. 南门门匾:永安亭。(因距离地面较高,故未进行测量。)

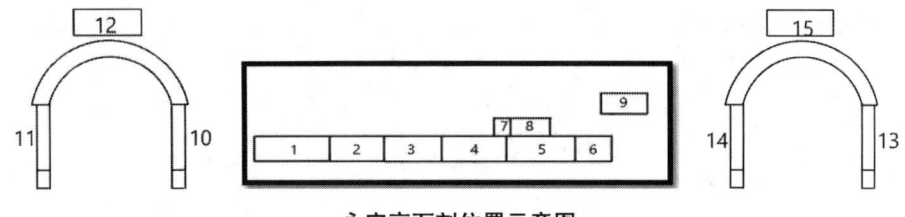

永安亭石刻位置示意图

三 《永安亭记》释文

《永安亭记》是关于永安亭的唯一一篇较为详细的小记,文章记录了永安亭名字的由来、地理位置、修亭缘由、周围环境、修亭过程、亭子功能及修亭者、修亭时间,全文共 498 字,著录、标点、分段整理如下:

《永安亭記》:

亭曰"永安",因石之堅厚得名也。人情危則思安。仁人君子代為之謀,必有以安之策。

永之西南隅吊石岩、蕭家塘一路,雖非置郵孔道,實鄉城來往之衝。但前後相距幾二十里,寂無人烟,冥奧幽僻,巉岩嶮巇,欹側崎嶇,虎豹常行,魑魅時逢。春夏之交,若水泛濫至不可涉,疾風苦雨,既無迴避之鄉,溽暑祁寒,亦鮮丙壬之解,行者视為危地矣。

歲乙丑,公等目擊不忍,爰約同志解囊捐資,鳩工庀材,建亭於危道之□。復於前後之路,修其泥濘顛陂。其負棟皆石柱也,其垣墙皆石壁也,铺盖者石路也,修砌者石井也。舉當需之物,當治之處,咸取諸石以為長久之計。落成日名曰"永安",而即有善信者於此施茶然火,以惠行人。自此勞者得息,渴者得飲,陰曀開而行止便,利有攸往,易危就安矣。且石之堅凝厚重,迥非易朽者比,雖踵事增華,未敢逆料,不然,而露者盖之,傾者扶之,圯者補之,不致石之或泐,其量詎止百世。謂之"永安",不亦宜乎?

抑予猶有厚望焉,此去州邑不遠,都人士倘有□忿激怒至此,能平心靜氣,居安思危,責己恕人,或改其紛,或劝之駕,幡然而止,將獄訟自息,胥役屏跡。集斯亭者,非談稼圃,即論詩書,牽車者孝養厥父母,急公者不犯於有司。

際昇平之時,遊蕩平之宇,則是亭之建,不但俾行者永安,居者亦永安矣。而仁人君子之功德,亦與之俱永。

揀選知縣正堂陳致遠拜撰

蕭任祓敬書

施磚山人張仕舜、宏剛

施地基人蕭偉元、偉宰、偉高、偉侯

旹嘉慶十年十月吉日立

吊石岩、萧家塘均为地名。

攸往,语出《易·坤》:"君子有所攸往。"

"牵车者孝养厥父母",语出《尚书》:"肇牵车牛,远服贾用,孝养厥父母;厥父母庆,自洗腆,致用酒。"

《永安亭记》作者为陈致远。光绪《零陵县志》卷七《选举》:"陈致远,号宁斋,嘉庆九年甲子经魁,张士醇榜,拣选知县。"

敬书人萧任祓,姓名又见永安亭内靖县儒学正堂碑。

《永安亭记》有部分字迹磨损,据推测全文共计498字,正文459字,17行27列,石刻字体直径2公分左右。其中16个字残缺严重无法辨认,石刻边缘位置字迹残损较严重,中间部分除个别人为破坏之外,其余皆清晰可辨。文章脉络清晰易懂,可以了解到古人建造永安亭的具体情况,既有现实功能又有思想寄托,体现了古人高尚的精神品质和道德追求。

由该亭记可以得知"永安亭"名称的由来,石头坚厚不怕风雨,可以长久存在,而永安亭建造用的石材全部都是采用的上等的四方青石块,非常坚硬,且嘉庆九年(甲子,1804)时,五月,清廷彻底镇压了白莲教余部,此战事迁延九年,清廷耗军费白银二亿两;当年六月,蔡牵于海上起义。可以看出当时社会非常不安定,战事频繁,知识分子和人们希望国家安定,人民安居乐业。因此起名为"永安亭"也是表达了当时人们心中的一种对和平的渴望和对永恒安定的追求。

文中还说到该地虽然不是官方大道(今当地有村民说当时该地区靠近官道),却是两村之间来往以及前往零陵县城的交通要地,这里距离县城大约要二十里路(古时十里设一亭),路途遥远,道路幽僻,路边鲜有人家,再加上各种自然环境因素的制约使得出行不便甚至危险,所以人们集体捐出善款,建筑该亭并以此供来往的行人歇脚休息,解暑取暖,缓饥解渴,造福百姓。

亭记中提到"其负栋皆石柱也,其垣墙皆石壁也,铺盖者石路也,修砌者石井也。"如今,永安亭中并没有发现石柱,或许曾经经历过修整,铺盖地面的石路已不见,而石井目前还尚未确定位置(在永安亭东面池塘之中倒是一有口石井,靠近池塘南岸,井身呈规则的多边形形状,井体为石质,石井裸露于池塘之中,四周皆为池水),石井目前也没有发现,只剩下一个历经修缮过的亭子,孤零零的矗立在那里,依旧散发着古老的气息,展现着历史文化独有的色彩。

永安亭建成之后,就有一些"善信者"来到这里煮茶点火惠及来往的行人,解决了人们行路中的许多麻烦,路上也更加安全了。

由于石亭采用上等石材,所以石亭不易损毁,即使有些许毁坏,后人也会修补完善,然后千代万代传递下去,借此来实现亭子的"永安"。作者希望建立这个亭子能使过往的人们保持平常心,能够反省自身,也希望在这个亭子里都是品德高尚的人,人与人之间能够和睦相处,没有差距和隔阂。亭子的修建不但使路人平安,也让居于此的人们得到安定,而那些筹建永安亭的仁人君子也便有了千古的功德。

结　语

该地区原有相似石亭约3处,后因年久失修而倒塌,大跃进时期石料被运走建造水利工程,如今只剩下永安亭。像这种亭子保护起来非常难,它们大都是孤零零的存在着,但是像永州这种地方类似的亭子还有很多,可能再过经过几年的开发就所剩无几了。

除《永安亭记》之外的石刻均为永安亭捐款明细名单,亭子出财出力的人数经统计后应该是602人。永安亭承载着古人的期望与善良,不但其本身就是一种文物古迹,而且其中的石刻,以及石刻上的字体都具有丰富的文化价值以及审美价值,它不单单是一个景点、一个建筑,更是一种象征,代表着古人对安定、和平、和睦的追求,是一种精神力量,我们要学习前人的这种精神并将之继承下去,而这个亭子就是这种精神的一个载体,所以我们要继续挖掘它的精神文化内涵,将之融入到传统文化之中。

(原载2017年第11期,作者单位:湖南科技学院)

清代零陵永安亭诗刻四首探析

✻ 王珏琤

引　言

　　2017 年 10 月 2 日上午,湖南科技学院国学院《碑拓入门》主讲教师敖炼,同学陈汝双、丁越、朱梦雅、张泽艳、雷蕾、黄秀涛、张阳、李友皓、王珏琤,共 10 人,由学校南大门出发,分批抵达永安亭,对其进行了初步勘测、清理以及捶拓。经统计,永安亭现存石刻共计 15 方。

　　2017 年 10 月 26 日中午,湖南科技学院国学院傅宏星老师和同学王珏琤再次前往永安亭,除了考察附近的古井与了解永安亭的维修情况之外,重点对一些模糊的诗文刻字进行了仔细辨认。

一　永安亭概况

　　永安亭位于湖南省永州市零陵区富家桥镇西北某处,距离湖南科技学院约 6 公里。从湖南科技学院南大门出发,驾车行驶约 12 分钟可至。永安亭位于一个三岔路口,呈东北 – 西南走向。古时,永安亭旁的道路是两个村落之间通道,同时也是到达零陵县城(亦即永州郡城)的必经之路。

　　亭身用四方青石制成,砖块齐整;屋顶铺陈青瓦,保存完好;屋内木质横梁 4 根,遭受轻微蚁蚀。

　　亭中刻有文字的石刻共有 15 方:2 方榜书、4 方楹联、1 方记文、1 方诗刻、7 方题名。

　　"永安亭"榜书 2 方,位于东北门、西南门,各有 3 个大字。东北门的榜书用了双钩技法,而西南门则用了平刻工艺,2 方榜书字体有所不同。由于距离地面太高,未拓。

东北门的门联是"花香鸟语凭延赏,柳往雪来可少休";西南门则刻着"南去北来咸入座,夏凉冬暖总宜人"。门联是楷体,使用了双钩技法,应当是出于省工省费的需要。

东南面的亭壁上的9方石刻,一方是《永安亭记》,一方是《永安亭诗刻》,以及7方题名。

永安亭以及四首诗,光绪《零陵县志》等地方志上都无记载,或许是因为永安亭非处于官道之上而并不重要。

西北面还有一方活碑,碑额残缺,仅可辨认"观"字,碑文内容也被损毁不少,经初步观察可知,大致是一篇小记以及一些捐资姓氏。因此推测此碑是修建寺观或其他建筑的捐款者记录,被后人挪至此处,应与永安亭无关。

二　永安亭的诗刻内容

永安亭东南面有9方石刻,其中1方石刻刻着四首诗,包括一首七绝、一首五律和两首七律。该石刻是永安亭唯一的一方诗刻,位于东南亭壁的右上方。诗刻长81公分,高31公分,部分残毁,全碑包括残毁的字在内,共计239字。每字字径约为2公分,正楷书写,笔画流畅利落,字迹工整端正,有一定书法价值。

经文字识读和考辨,现将诗刻原文著录如下:

(一)

□□□□止々期,劳休亭畔任棲□。

□□□慮無依距,皇路清平□□□。

零邑後學生陳咸題

(二)

□□□□亭,聳翠接空青。

路繞清□拂,人随喜雨停。

山陰成古意,郷□邁今馨。

遙望城如画,何時萬石□。

零邑後學蕭□□題

(三)

□路平々世共由,亭修道左境彌幽。

壁前龍馬偕獅舞,石上鵲猴帶□遊。

雨足三春留客步,風生六月□人愁。

滁洲豊楽今如在,亘古征□□少休。

零邑後學蕭任祴題

(四)

亭修道左石磷々,此日落成滿路春。

絲棘頓開今古境,竹風頻接徔來人。

甘棠可憇殊难並,松盖堪依莫與倫。

遠襯芝城昭鞏固,羣公善行步先民。

零邑後學嚴□選題

木匠劉國棋

寶慶府石匠羅世凰、世沛、世全刊刻造

峕嘉慶乙丑歲梅月穀旦

▓:四首诗可辨部分,共有三个特殊的符号,是重文符号。重文符最初是两个短横,用于甲骨文和金文;之后演变为"々",多用于行书;而在这篇诗刻中,则用左图的符号作为重文符。

皇:第一首诗的尾联处,"皇"字前空了约一个字的距离,是为了避讳。

□亭:第一首诗的首联处,是"亭"的异体字。

▓:第二首诗的尾联处,是"遙"的异形。

画:第二首诗的尾联处,是"畫"的俗字。

畱:第三首诗的颈联处,是"留"的异体字。

▓:第三首诗的颔联处,是"龍"的异形。

▓:第三首诗的颔联处,应是讹字,多了一个短竖。

弥:第三首的首联处,是"彌"的俗字。

洲:第三首的尾联处,是讹字,指的应是滁州丰乐亭,是化用欧阳修《丰乐亭记》的典故,因此正确应写作"州"。

豊:第三首的尾联处,是"豐"的异体字。

▓:第三首诗的尾联处,是"樂"的异体字。

▓:第四首诗的颔联处,是"開"的异体字。

难:第三首诗的颈联处,是"難"的俗字。

盖:第三首诗的颈联处,是"蓋"的俗字。

羣:第三首诗的尾联处,是"群"的异体字。

三　四首格律诗的文学分析

(一)陈咸题诗

依据诗刻残留轮廓以及《特授湖南永顺府保靖县儒学正堂碑》上的记录,推测诗人为"陈咸"。在地方志中并无关于此人的记载,生平也无从知晓,只能从"生"字推断,作诗时"陈咸"仍旧是府学或县学的学生。

诗刻损毁过多,初步判断是七言绝句诗,四句都不完整,因此诗意也难以揣测,但应都是在褒扬永安亭的益处。

第二句的"劳休亭畔任栖"表明永安亭能为来往的行人、劳作辛苦的村民提供休息的地方。

第四句中的"皇路清平","皇路"通常指的是官路,但永安亭实处"吊石岩、萧家塘一路,虽非置邮孔道,实乡城来往之冲"(《永安亭记》),即位于两乡之间,虽然也能通往零陵县城,但确实并非在官路上,这里的"皇路"夸大了永安亭所处位置的重要性,也是以这种方式赞美永安亭;而"清平"一方面指道路开阔平坦,另一方面也显示出零陵县并未受到嘉庆年间川楚白莲教的影响,百姓也安居乐业,暗含着诗人对于天下太平的期许。

同时根据《永安亭记》中记载:"寂无人烟,冥奥幽僻,巉岩崄巇,欹侧崎岖,虎豹常行,魑魅时逢。春夏之交,若水泛滥至不可涉,疾风苦雨,既无回避之乡,溽暑祁寒,亦鲜丙壬之解,行者视为危地久矣。"永安亭建成之前,这条路偏僻崎岖,猛兽常行,酷暑寒冬时也无乘凉、避风的地方,是行人眼中危险难行的地方。而在永安亭建成之时,诗人却已预见其"皇路清平"之态,既反映出了永安亭的坚固,周围道路被修缮一新的状态,也足见诗人对永安亭落成的喜悦。

(二)萧□□题诗

这首五律诗的诗人名字只余姓氏"萧"字轮廓可辨,故而也无法追究其身份。

首联仅存第二句,描述了亭子耸立,似与天相接。

颔联"路绕清□拂,人随喜雨停",猜测无法辨认的字可能是"风","路绕清风拂"和"拂"不起冲突,与下一句也对仗。而其中的"喜雨停"将雨称作喜雨,一方面许是指雨能使作物更好得成长,因此是好雨,令人欢喜;另一方面,永安亭周围景致很好，永安亭修建得也很好，遇到下雨，亭中躲雨也不会令人烦恼，反而使人喜悦。同时，"喜雨停"也化用了苏轼《喜雨亭记》的典故，《喜雨亭记》载："官吏相与庆于庭，商贾相与歌于市，农夫相与忭于野，忧者以喜，病者以愈，而吾亭适成。"表现了是落雨后百姓们欢喜的样子，此处引用"喜雨亭"的典故来写"永安亭"，也是恰到好处。

颈联的"山阴"也并非无来历，《世说新语·言语》："从山阴道上行，山川自相映发，使人应接不暇。若秋冬之际，犹难为怀。"是说山阴道上许多美景，让人看不过眼，用"山阴"表明了两村途中景色美好，值得欣赏，与"喜雨停"相呼应。

欧阳修《咏零陵》中曾说"画图曾识零陵郡，今日方知画不如"，赞美零陵的景致令人惊艳，仅凭"画图"是无法感觉到它的美丽的，尾联的"遥望城如画"引用此典赞美零陵县城，同时也表明永安亭距离零陵县城并不远。

尾联中的"万石"可能是指柳宗元《永州崔中丞万石亭记》中的万石亭，《永州崔中丞万石亭记》中记载："是石之数，不可知也。以其多，而命之曰万石亭。"这一句是说万石亭名字由来，而万石亭就在零陵县城内，此处以万石亭代零陵县城，指永安亭离零陵县城不远，与前句相呼应，如果"万石"即指万石亭，那么此联缺字或许就是"亭"；但万石也可理解为粮食众多之意，因此也可能表达的是诗人对丰收的期望，与"人随喜雨停"相互照应，如果"万石"为此意，那么末尾缺字可能是"盈"。

（三）萧任祓题诗

这首七律诗的诗人通过轮廓以及《特授湖南永顺府保靖县儒学正堂碑》上的名录，可推测为"萧任祓"。而根据《永安亭记》的石刻记载，《永安亭记》是由陈致远撰写，萧任祓书写的，可以推测出，"萧任祓"书法在当地是数一数二的。方志上也无关于此人的记载。

首联的"世共由"是指修这座亭子是为大众所做的贡献，是能使得今人后人都能享受到的善举。

颔联"龙马""狮舞""鹊""猴"，以及不可知的一个字，都应是指永安亭被盗走的石壁上的图案，这些图案的寓意都十分喜庆吉祥。

颈联两句，虽有残缺，但说的应当是，春雨挽留行人的脚步，六月的风吹散了暑气，也吹散了人们的愁绪，缺字或许为"消"。将风雨拟人化，雨不使人烦恼反多了缠绵之意，六月酷暑也被凉风吹散，既显示出永安亭建于此地的妙处，又显得亭子周围景致格外生动。

尾联两句中"滁洲丰乐今如在"的"滁州",应是指欧阳修《丰乐亭记》中"修既治滁之明年也"之"滁"。《丰乐亭记》表达了欧阳修对和平安定的珍惜,以及他与民同乐的情怀。"今如在"则是指这种和平、安宁的状态,在零陵县城重现了。引用此典故,正合了永安亭"永安"的名字,或许也寄托着诗人对川楚白莲教并未波及到零陵县的庆幸,亦是表达了对天下太平、百姓安康的期愿。

(四)严□选题诗

比较而言,这首七律诗在四首诗刻当中保存的最为完整,不仅笔画清晰,字字不苟,而且音律和谐,内容切题,不愧为应酬诗中的佳作。不过可惜的是,该诗作者不详,根据仅存的姓氏和残破的笔画,目前只能推测出姓名为"严□选",故而也无法得知关于诗人的其他信息。

首联说明了永安亭是在道路左侧,建造亭子的石料十分坚固又排列整齐,并且说明永安亭落成之日,是春景烂漫之日。从此也可以确定,四首诗的共同主题确是赞美永安亭以及庆贺其落成。

领联中,荆棘被开辟了,竹子随风摇摆。荆棘原本阻碍人行走,但永安亭落成了,荆棘也不再给人麻烦;竹子是令人欢喜之物,此时也随风摇摆,似是在接送者来往的人。与第三首诗的"雨足三春留客步,风生六月□人愁"有异曲同工之妙。

颈联引用"甘棠"的典故,《甘棠》是《诗经》中的一篇,全诗由睹物至思人,怀念召伯,并表达了对召伯德政的感激。用于此处,是说零陵的吏治虽无法与"甘棠"相比,但作为"松盖"庇护百姓,却是可以的。

尾联中,"芝城"实为零陵古地名。

据弘治《永州府志》卷四《科甲》记载:"仙芝:宋咸淳中,产于城东试院,次年戊辰,郡人胡跃龙以《礼经》魁南省,后因命郡为芝城。"康熙《零陵县志》卷二《舆地考序》也记载:"永自咸淳间始建谯楼,而贡院居其下。其年,忽产一芝,遂号为'芝城'。"可知"芝城"代指零陵,其名源于吉兆灵芝,最早起源于宋朝咸淳年间。

但还有一种说法,是零陵郡旁有山名为"芝山",故称其为芝城,在清朝康熙的《永州府志》也确有"芝山"的记载。康熙《永州府志》卷八《山川志》记载:"蒋本厚曰:'谒柳侯祠,西北行可二里许,即芝山也。其山东面是肤,西面是骨,断壁千寻,下临无际,俯眺田畴,仿佛似罨画。'"

而"群公"则是指三位出资最多的知县,赞美他们的贡献、德行都是紧随着先人的步伐的。

石刻末尾的"梅月"是四月,"谷旦"即指吉日。应是指诗刻完成于嘉庆乙丑年四月的吉日。

除却四首诗,永安亭还有两幅门联:"花香鸟语凭延赏,柳往雪来可少休","南去北来咸入座,夏凉冬暖总宜人"。对联通俗直白,既表现了永安亭周围自然景物的美好,又指出永安亭避寒暑的功用,也期望有文人或村民聚集,将亭当作闲聊之所。

四首诗都在描绘永安亭,多处用典,大抵因为刻于永安亭,又描绘了关于永安亭的内容,所以四首诗并未取名,而是并列四首,共同咏叹永安亭。四首诗的主题都是赞颂永安亭也能看出对天下、对百姓的关怀。

从石刻上看,四位诗人的名字都是被人刻意凿去的。

余 论

从诗中推测,零陵县当时十分太平,百姓也安居乐业。建筑亭子,是为提供给过路人休息避雨避暑的地方。

而将亭起名"永安",一是因为亭"石之坚厚",二则是希望"行者永安,居者亦永安"(《永安亭记》)。

而自嘉庆至今已有200余年,亭子虽有破损,但依旧屹立不倒,也正合着"永安"之名。附近村民也按着《永安亭记》所说:"而露者盖之,倾者扶之,圮者补之,不致石之或洳,其量讵止百世",两三年就修缮一次,这也是永安亭至今保存得较为完好的原因之一。

永安亭作为凉亭,且不处于官道之上,其建造并不是大事,因而方志中也并无关于永安亭的记载,但当时的文人也为其作了四首诗以及一篇《永安亭记》,古人的文化意趣或许就是这样的,是渗透在他们生活的方方面面的;他们关于天下的关注、百姓的关心,也在他们诗句的字里行间中体现。

永安亭在此处屹立了200余年,它的实用价值一直体现在日常生活中,它的审美价值也被较为完整地保留了。其中的诗刻是第一次被正式研究。

嘉庆去今虽不久,永安亭也算不得特别的古迹,亭中石刻也没有记载什么大事,诗刻也算不得精妙,但依旧提供了些许历史印象。我想,关于历史的事情,是无法显示在眼前的,如今留下来的古籍、古建筑,都需要我们去保护、重视,因为他们都是历史的碎片,后人将其拼凑起来,才能尽可能地还原乡土历史的影像。

参考文献:

[1][清]稽有庆,徐保龄修,刘沛纂.[光绪]零陵县志[M].清光绪十二年刻本.

[2][明]姚昺修.[弘治]永州府志[M].明弘治八年刻本.

[3][清]王元弼修,黄佳色等纂.[康熙]零陵县志[M].清康熙二十三年刻本.

[4][清]刘道著修,钱邦芑纂.[康熙]永州府志[M].日本内阁文库藏清康熙九年刻本.

(原载 2017 年第 11 期,作者单位:湖南科技学院)

永州《魏氏宗谱》的学术价值

✳ 敖　炼

一　版本形态及宗谱体例、内容

零陵《魏氏宗谱》刊刻于民国十四年（1925），十卷九册，木板刻印，形态完整，是零陵魏氏家族留存最为完整的一套宗谱。

此谱书宽23.8cm，长35.7cm，每册书皮左上角贴有朱纸题签，朱纸长20.5cm，宽7.5cm，上书"魏氏宗谱"，楷书，四字周围有黑栏，长19cm，宽5.6cm。

谱书内部形态为四周双边，花口，版框外边栏长29cm，宽20.2cm，版心宽1cm，长28cm，天头长4.4cm，地脚长2cm，单鱼尾，鱼尾下有卷数、页码，版面半页宽19cm，长28cm，半页十二行，满行二十六字，界格为乌丝栏。

首页朱纸黑字，上半页有一则修谱告诫，此告诫在卷一辛《任事人名表》后面复现一次，以示强调；下半页印有"源远流长"四字，竖排楷书，左边有"民国乙丑十四年阳月告竣"竖排小楷。上象鼻印有"魏氏宗谱"，长7cm，下象鼻印有"鉅鏕郡"，长4.7cm，可知零陵魏氏源于河北巨鹿。

宗谱体例较为完备，正如其凡例第一则所言："诸家纂述，咸以欧、苏两式为善本，仿欧则源流易溯，仿苏则齿录綦详，兹谱兼仿庐陵、眉山，较为周密。"而魏氏定以"宗谱"，《鉅鏕魏氏宗谱赠序》中有说明："通谱范围扩大，族谱规模谨严，宗谱之规模则在族谱、通谱之间，以严谨而兼宽大，各有所当，均为美举也。"

编纂宗谱工程浩大，是传统家族中一大盛事，国有史，家有谱。《魏氏宗谱》的体例与定名均可见得魏氏家族对宗谱的编纂极为重视，结合了欧、苏两家宗谱编订的优长，体例上尽量完善，兼具严谨和宽大的特色。

《魏氏宗谱》共十卷，卷首有序七篇，凡例一篇。卷一分甲、乙、丙、丁、戊、己、庚、辛八部分，依次载王言。寿序。墓志、行状。传赞。艺文。家规、古训、家礼、班行、丧服图。阳宅图、墓图、祀产。名寿表。任事人名表。就文章部分来说,有王言两篇,寿序十二篇,墓志三十四篇,行状两篇,传赞七十三篇,艺文八篇。卷二为源流世系表,卷三为始迁祖镰公派下总齿录,卷四至卷九为镰公派下各齿录,卷十为秀公派世系齿录。

宗谱第一册存凡例十则,文章一百三十八篇,包括卷首,卷一甲、乙、丙、丁、戊五大部分,计六万七千字,文学、文献、史料价值较高。第二册至第九册图文与表格配合,清楚地记载了魏氏族人的姓名、出生年月、籍贯等信息。《魏氏宗谱》清晰地呈现了零陵、道县、宁远魏氏的源流分支,宗族迁徙繁衍兴旺发达的历史。

《魏氏宗谱》的排序首先是一则简短的修谱告诫,然后依次为卷首谱序、目录、凡例、卷一至卷十。

原谱目录与正文标题不甚一致,情况有五:

一为正文标题与原谱目录标题不同,此种情况主要出现在卷首、卷一甲、乙、丙中。

二为正文标题将原谱目录标题合二为一,如原谱目录卷一甲《王言》有《诰封魏弥新为修职郎》《诰封魏陈氏为八品孺人》两篇,正文标题合为《诰封魏弥新为修职郎、魏陈氏为八品孺人》一篇,原谱目录卷一乙《寿序》中有《安圃公寿序》《魁春公寿序遗》两篇,正文标题合为《魏安圃二先生大庆序》。

三为原谱中标题顺序与正文中不一致,如卷首《创修族谱玉屏公旧序》《创修族谱琢堂公旧序》两篇在正文中对换。

四为原谱中缺录正文标题,如卷一乙《寿序》中缺录《魏伯母李太夫人百岁开一大寿序》一篇。

五为原谱中标题简略者,正文标题后缀副标题,此种情况多在卷一丙《墓志》《行状》和卷一丁《传赞》中,大部分标题后加有传赞对象的族址房号世系。

《魏氏宗谱》编撰体例虽然较为严密,几乎面面俱到,但也有缺憾之处,比如有些家谱编有"谱论""像赞""余庆录"等内容,《魏氏宗谱》则省略从简。

二 魏氏源流及宗谱成谱关键人物

魏氏出自姬姓,周文王第十五子毕公高裔孙毕万后,因毕万子孙受封魏地,故魏氏祖先可远溯于此。零陵、道县、宁远三地魏氏皆源于巨鹿魏氏,零陵魏氏居进贤乡高贤村,源自魏镰,道县魏氏则源自魏秀。《钜鹿魏氏宗谱赠序》中清楚地说明世系源流:"前明世宗嘉靖间,魏氏镰公官于湖南,间游永郡,因家于古零,子姓繁昌,星罗棋布,或居宁、道之永乐洞、伍家滩、到江源、大乐坝。而泉陵一族,瓜瓞弥绵,椒聊愈衍,云仍世牒,星灿人文。""有道县金狮菴清溪村钜鏣氏族,谋耳欢然,来零赴局,愿为联络,谱牒合成。因繁始祖秀公亦原籍江右南昌,元末以举人入营,为中营将,守江阴卫。明洪武初调守道州,缘居于此。""秀公与鏣公播迁虽不同时,而原籍辄同厥地,且同源于毕公高、毕万,发源于晋大夫封魏。"

宗谱的成谱过程,历经了数代人的努力。在《魏氏宗谱序》中,提到了宗谱修纂的一些关键族人,"树伯曾祖鉴塘公征文考献,编纂齿录,惜未寿梨枣。民国癸亥,家叔立人泪钟灵、子珊诸君子,深虑谱系就湮,倡而修之。推寿贞叔祖总其成,式金叔父综其事。奈一为政事羁身,一为讲学受聘。乃属树襄厥事。"这些族人中尤其以鉴塘公为代表,《钜鏣魏氏宗谱赠序》提到,"清同光间,先伯鉴塘公与族兄子元悉心编纂,齿录粲然大备,惜尚未付梓耳,繁考其例,断自鏣公为始。"魏有庆作《创修族谱旧序》亦赞叹"微鉴塘兄不能创族谱之善事,微吉人叔焉能成族谱之嘉猷"。光绪《零陵县志》卷八《人物·孝义》载:"魏见三,字鉴塘,太学生,进贤乡高贤村人。兄弟四,父早丧,乃独辍读综家政,而令诸弟力学。性诚厚,好善举,桥梁道路,多所倡修。岁荒,减价出藏谷以赒贫困。乡邻有争财致讼者,居闲出赀以解其事。侄怀芳,甫周晬,失怙恃,为抚教之。怀芳举辛酉拔贡。"

三 宗谱中文章部分作者介绍

零陵、道县、宁远三地魏氏均来自外地,经数百年繁衍,家族壮大兴盛,蔚为当地望族,代有杰出人物,并且与当时当地世家望族均有来往。在《魏氏宗谱》中,为魏氏先辈作传、寿序、墓志铭的有本族的名宿,有蒋氏、周氏等当地望族,有硕学鸿儒和后辈才学,也有徐会沣、曾国藩这样的名宦。宗谱寿序作者有独著,也有多人合著,多人合著以《魏母向太孺人八十开一大庆序》和《魏安圃二先生大庆序》为代表,均署名二十人左右,多为官宦朝臣,其中为向太孺人祝寿者,不乏周崇傅、王文在、徐会沣这样的名宦。

周崇傅为魏氏族人作寿序、写传记多达六篇,分别为《魏母向太孺人八十开一大庆序》《敕封孺人魏府世叔母赵老孺人八十开一大寿》《魏艺翁同年世大人八十开一大庆》《鉴塘公墓志铭》《南屏公墓志铭》《太学彦魏君京圃先生墓志铭》，居于所有替魏氏族人作文者之首，其中仅有一篇与他人合写。

周崇傅(1830－1892)，字少白，号子岩，湖南零陵人。咸丰十一年(1861)，出任县令；同治元年(1862)举京兆乡试，观政兵部，七年(1868)中进士，入翰林，散馆授编修。光绪《零陵县志》卷七《选举·科目》载："周崇傅，号子岩，同治七年戊辰洪钧榜，授翰林院编修。"光绪元年(1875)改官中书，旋以军咨酒，随左宗棠进军天山南北，收复新疆。光绪七年(1881)，他随左宗棠到江苏、浙江，整治盐纲。据《零陵地区志》载："光绪八年(1882)，左宗棠辞去两江总督后，他(周崇傅)也退归故里，寄情山水。时有王德榜在永州创办蘋洲书院，他被聘为山长，严格要求弟子，敦品励学。"光绪十六年(1890)，复被起用，光绪十七年(1891)，分巡喀什葛尔等处地方兵备道。周崇傅故里与魏氏祖地高贤村相距约六华里，周崇傅与魏氏也是姻亲关系，在《敕封孺人魏府世叔母赵老孺人八十开一大寿》一文即表明"崇傅以累世姻，旧时得升堂拜孺人，与闻训诲"。另外，周崇傅的父亲周绍邠也为魏氏族人作墓志铭一篇，由此可知，周魏两家关系非同一般。

王文在(1834－1889)，字念堂，号杏坞，山西省稷山县坞堆村人，钦点翰林院编修。光绪元年(1875)，出任湖北学政。据《大清缙绅全书》载："王文在，山西稷山县人，戊辰探花。"据光绪《续修稷山县志》卷一《选举》载："国朝进士：同治戊辰会试洪钧榜，王文在，翰林院编修。"又卷一《职吏》："王文在，翰林院编修，前云南大主考，湖北学政。"又卷一《孝义》："次文在，咸丰辛酉选拔考，授小京官；同治甲子登贤书，戊辰成进士，赐第三人及第，授编修，癸酉科主考云南，旋督湖北学政。"

徐会沣(1837－1906)，字东甫，山东诸城人。咸丰十一年(1861)拔贡生，同治六年(1867)丁卯科顺天乡试举人。同治七年(1868)进士。据光绪《增修诸城县续志·选举表七》："咸丰十一年辛酉，徐会沣，拔贡，户部七品小京官，见举人。"《选举表八》："同治六年丁卯，徐会沣，顺天第一百名。"《选举表九》："同治七年戊辰，徐会沣，第二百二十名，殿试第二甲第□名，翰林院编修，见任詹事府詹事。"徐会沣历官繁富，在《同治朝实录》有记载，曾任翰林院编修、山西乡试正考官、顺天武乡试副考官、詹事府少詹事、光禄寺卿、内阁学士、礼部侍郎、工部右侍郎、江南乡试正考官、顺天学政、礼部右侍郎、吏部右侍郎、礼部左侍郎、顺天武乡试正考官、会试副考官、国史馆副总裁官、兵部左侍郎、吏部左侍郎、都察院左都御史、工部尚书、礼部尚书、兵部尚书、顺天府府尹。

其他为魏氏族人作传、写墓志铭等较多者还有杨邦隽、胡廷槐等人，以及翰林院编修蒋云宽、萧良城等人。

杨邦隽作《蒋孺人墓志铭》,署"赐进士出身、即用县正堂、湖南永州府儒学教授、加三级、年家眷弟,花岩杨邦隽顿首拜撰,道光十三年癸巳仲秋月谷旦",作《恺庵十兄大人五十初度叙》,署"赐进士出身、即用县正堂、借补湖南永州府儒学正堂,古潭愚弟杨邦隽顿首拜撰,道光十年庚寅五月谷旦"。

杨邦隽,湖南湘潭人,道光六年丙戌科(1826)进士。据光绪《湘潭县志》卷八《贡举表十八》:"道光元年辛巳恩科举人,杨邦隽。"《贡举表十九》:"道光六年丙戌,朱昌颐榜进士杨邦隽。"光绪《湘潭县志》卷八之五《人物第八·列传三》有小传:"杨邦隽,字卓甫,弟湘隽,字艺林,同榜举人,俱和谨,有节行。邦隽道光六年进士,用知县,不乐为吏,改教授,补永州府学。始倡劝永人置诸义田,收养孩幼恤老疾,掩胔骼,立义学,及救生船,其章程皆邦隽定之,因为经理十年。母丧服除,更补衡州。有衡阳生员,田为猾吏所欺夺,不能诉讼,邦隽为告知府惩吏,还所侵田。知府高人鉴伉厉恢张,属吏无当意者,独善邦隽,大修府城,檄教授督工,九月而竣,其后寇起,卒赖其力。父丧,除选常德,以老告归。又十年,乃卒,年八十五。"

胡廷槐作《鉴塘公七十寿叙》,署"赐进士出身、现任零陵县、年家眷弟,胡廷槐顿首拜撰并书,咸丰四年岁次甲寅仲春月谷旦";作《明经魏恺庵先生墓志铭》,署"赐进士出身、钦加州衔、零陵县知县、通家愚弟,滇南蔚堂胡庭槐敬撰,咸丰二年岁次壬子季夏谷旦勒石"。

胡廷槐,云南晋宁人,进士,曾任邵阳、新化知县,道光二十五年任零陵知县。同治《新化县志》卷十五载:"胡廷槐,号约斋,一号蔚堂,晋宁人。进士。道光十九年任县事。居心仁厚,举止雍容,驭吏治民不苟责诸人情,外接士大夫以礼。按月课士,授以《孝经》,令其背诵,有不率则夏楚随之,无有怨谩者。新化学宫旧制湫隘,劝殷实捐修,举正绅董,率创造一如定制,费二万余金,为请议叙二三十人。道光庚子,城南弗戒于火,延烧南楼,劝监生刘祚伦更新,并修东西北三城楼四围城,基费万六千金。县试拔祚伦孙第一,人弗以为私。后调邵阳知县,治绩一如新化。"光绪《零陵县志》卷六《官师》载"胡廷槐,云南晋宁,进士,道光二十五年任,咸丰元年回任。"

蒋云宽作《克承公八十寿序》,署"翰林院编修、世教弟,锦樵蒋云宽顿首拜撰"。

蒋云宽(1765-1822),字锦樵,又字思斋,湖南江永人。嘉庆四年(1799)进士,选翰林院庶吉士,后改刑部主事,又迁山西道监察御史,擢户科掌印给事中。光绪《永明县志》卷三十五《选举志·仕宦》载:"蒋云宽,翰林院庶吉士,刑部主事郎中,御史,吏科掌印给事中,嘉庆庚午江西副考官。"卷三十七《人物志·宦迹》又载"蒋云宽,原名云官,号思斋。少补诸生,以学行闻提学钱澧,选充拔贡生。嘉庆三年癸卯举乡试,明年成进士,用翰林院庶吉士,散馆改主事,分刑部,会以内艰归。服阕,补浙江司兼直隶司主事曹郎。……所著《近游杂缀》四卷,谈邑中掌故者多资考镜。其《瑞萼堂遗集》四卷,则身后辑其奏稿及他诗文也。子二,启锷,选贡;启鍱,兵马司副指挥。皆自有传。"

萧良城作《魏母汤孺人墓志铭仿〈忠雅堂集〉文体》,署"翰林院编修、国史馆纂修、提督湖南全省学政、加三级、纪录五次、年家眷、侍生,萧良城顿首拜撰,道光十九年己亥夏月谷旦"。

萧良城,黄陂人,道光元年(1821)辛巳靖厚钦榜举人;道光十三年(1833)癸巳科进士。《道光朝实录》卷二百九十八:"道光十七年,丁酉,六月,以内阁学士吴其浚为浙江乡试正考官,翰林院编修萧良城为副考官。"卷三百:"道光十七年,丁酉,八月,命编修萧良城提督湖南学政。"

宗谱还有一篇寿序《诰封孺人魏母陈太孺人八旬开一寿序》,为曾国藩与人合著。魏氏家族与当时的主政地方长官关系密切,甚至与朝廷官员也有一定的关系,反映出家族的地方威望。

四 宗谱整理的价值与意义

宗族文化是传统文化的重要组成部分,中国古代家国同构的社会中,宗族占据重要的地位。目前对宗族的研究主要以宗谱为重要切入点,宗谱的研究主要在上世纪八十年代之后兴起。这一类研究又以个案研究为主,包括硕博士论文、期刊论文、专著等,研究视角包括文学、民俗学、史学、社会学、文献学、宗教、民族学、语言学、法学等。目前对湖南永州零陵地区魏氏家族的研究,尚未有专门文章著作,甚至邹华享的《湖南家谱解读》,湖南图书馆编《湖南氏族源流》,均未提及零陵魏氏,零陵《魏氏宗谱》迄今尚未正式进入学者的研究视野,是一项有待整理、研究的领域。

《魏氏宗谱》整体上保存完整,较为完整的版本信息和编纂体例可以为现代宗谱、族谱编订提供一定的参考。宗谱第一册文章均由族中名望之士和当时名流为族人所作,比如曾国藩、周崇傅等人的文章,周崇傅所作多达六篇。此类性质的文章不一定收录于其作品集中,可以补其作品之遗。卷一丁《传赞》中有八篇传记出自《零陵县志》,一篇传记出自《湖南通志》,光绪《零陵县志》成于宗谱之前,《传赞》应据光绪《零陵县志》。但宗谱与方志有所出入,或增或减,如《复初公妣陈孺人节孝传》"陈氏,进贤乡魏可学妻。可学死,遗三子",光绪《零陵县志》卷十《人物·列女》为"遗二子";再如《鉴塘公传》,光绪《零陵县志》卷八《人物·孝义》增一段:"卒年七十有六。生子四:长怀畅,廪生;次怀洁,增生;三湛霖,庠生;四怀源,附贡生。孙十八人"。这类均应为宗谱编者的修正增删。

《魏氏宗谱》完整地呈现了宗谱中应有的多种应用型文体,体裁以寿序、墓志、行状、传赞为主,这些文体在传统社会应用较为集中,体现了文章的经世功能。正如《凡例》所称:"传赞、寿序、墓志铭,所以表扬先烈,而留名后世也。必传其嘉言懿行,征诸实德实行,方录入谱。"寿序、墓志一类的文体,文辞多为排比句式,工整有序,显得典雅庄重,传记行状一类的文体,文辞形象生动,都有较为明显浓厚的文学色彩。其中多篇文章后附有诗体,如《修谱总序五》间有七言长诗一首,记叙了魏氏家族源流与迁徙情况;《魏夏氏节孝事略并诗》一文,附有五言长诗一首,记叙魏宗德妻夏氏的生平和德行;《魏母汤孺人墓志铭》一文仿照《忠雅堂集》文体,通篇采用三言句式;蒋士铨《忠雅堂集》虽无通篇三字句式文章,但其墓志铭、传记、碑体类文章多用三字句式。宗谱中这类文章体现出一定的文学价值。

《魏氏宗谱》记载了魏氏家族的祖辈迁徙情况、人口分布、支脉流存、重大史实,甚至记载了魏氏宗族与当时社会、地方的关系,材料较为丰富,为当地当时的地方史、社会学、人口学提供了较为详实的佐证。《家规》中有"专职业"一条,要求族人"士农工商各有一业,否则不士、不农、不商,谓之游民,民游则浮闲无业,必流于酒色赌博之中,荡其家产,坏其品行,实为匪盗之渊源,难免不累宗族而贻祖父羞。凡我族人,士者农者工者商者,务须各守职业"。宗谱中多有族人从商的记载,五世祖魏继龄"兼营商务,操奇计赢";六房高贤村第十三世魏邦扬,"作排木生理,涉长江,过大河,凡武汉、岳阳诸名胜,无非是其懋迁处";二房高贤村第十四世魏怀坤"辍读而贸然,思欲兴其家业。于是遂谋生理,贩木江湖,因得以望衡麓,涉洞庭";二房高贤村第十五世魏韩俊,"幼稚雅习诗书,稍长更业贸易",常"由潇湘泛行,蜿蜒数千里,水程直达汉沔,懋迁化居,春往冬归,归多捆载,如是者数十年"等等,此类关于族人从商的记载不胜枚举,而且其经商范围通常是沿潇水北上,直抵武汉,贯穿湘江流域。

《魏氏宗谱》载有家规十二条、族谱庭禁八条、家训十一条,还引用《朱子家训》和古训,治理家族严格而有条理。宗谱是传统文化传承的重要载体,《魏氏宗谱》家规、家训所推崇的道德导向,如"敬祖宗""孝父母""和兄弟""睦宗族""亲邻里""崇节俭""勤耕读",无一不是传统文化与家族的核心教育理念,这种德育观熏陶培养出大量有德操的地方绅士、官宦,宗谱的传赞、墓志、寿序几乎均有记载,此不赘言。家规、家训为当今的教育提供范例,对于当代家族家风的形成也有一定的借鉴作用。

宗谱为一族之史,因涉及一族墓图、祀产等因素,出版者极少,或有出版,亦多在宗族内部传阅。今仅对《魏氏宗谱》第一册进行整理点校,既遵守了《修谱告诫》中"第一卷可借与他人观看,其余不可妄借与人"一语,也便于对魏氏家族展开进一步研究。

(原载 2016 年第 9 期,作者单位:湖南科技学院)

高贤村记略

✳ 魏玉华

从永州市零陵古城南门出城,沿二〇七国道逆潇水而上至人民桥,到潇水一条支流贤水河的入口处。在这条小河上游十公里的地方,有一个风景秀丽,五谷飘香,民风淳朴,古老而又神奇的村庄——高贤村。这就是魏氏镰公后裔四百年来的居住地。那一座座饱经沧桑,错落有次的古民宅,在钢筋水泥建筑中,显得特别引人注目,它勾起游子无限的乡愁。

风水宝地

村子地处五岭之一的都庞岭北麓,零陵盆地南端,三面群山环抱。村前北斗江、船头岑,山峰起伏,层峦叠障,山顶云雾缭绕,山下白鹭齐飞,山上南竹青翠,杉木碧绿,恰似一条绿色长龙,从村南向村北逶迤而去,是村子一道天然的绿色屏障。

山脚下的贤水河,清澈、碧绿的河水在恬静地流淌,阳光洒在水面上银光闪闪。宛若村子的一条银色玉带。就是这条母亲河,千百年来用它甘甜的乳汁,哺育了魏氏世代子孙。

河岸上是一片广阔肥沃的稻田,魏氏后裔世世代代用辛劳的汗水浇灌这块土地,用勤劳的双手在这块土地上描绘出幅幅动人的画图。这块土地不仅提供了人们赖以生存的五谷,还如一座大熔炉千百年来锤炼了人们的筋骨,铸造了人们高尚的心灵。

村中有口池塘,种满了莲藕,俗名"藕塘",又名"万钱塘",每到夏季,满池翠绿的荷叶似绿玉盘,盘中朵朵鲜艳的荷花让人流连忘返。祖先借此告诫后人,为人应像莲藕,出淤泥而不染,濯清涟而不妖,堂堂正正,清清白白。

如今一条富何公路,从村中穿过。每年村里的农副产品,不断地从这条公路上运出去。城里的轻工产品,农用物资,外地的时令水果,从这条公路上运进来,使这个古老村庄人们的生活质量发生了根本变化。而今村村通高压电,户户用自来水。冰箱、彩电、热水器、洗衣机、摩托车、小轿车早已进入寻常百姓家。

村中有口远近闻名的古井:石泉井。一股清澈、晶莹的泉水从石缝中源源不断地流出,灌溉着村中几百亩稻田。这股泉水非常奇特,三伏天泉水冰冷刺骨,是人们天然消暑纳凉之处,可一到数九寒天,井水就冒热气,成了温泉。

村中原来还有座道观名曰"东林观",观中有座古香古色的戏台,戏台上有一排八仙雕像其精湛的雕刻艺术,栩栩如生的人物形象,叫人赞叹不已。每年秋收后,会请戏班在此唱戏,四乡六里的人都来观看,热闹非凡。可惜现在已荡然无存了。

村后田野中有三座独立高耸的石山,一座叫"香炉石山",一座叫"龙头石山",这两座山岂然矗立在田野中。还有座石山叫"韩家石山",它南北长二百多米,东西宽不足五十米。提起这三座石山,还有个动人的神话故事:很久以前,有位仙人看到离村后几十里远的零陵黄田铺乡,是靠天吃饭的干旱地方,那里的农民十种九不收,生活十分困苦,就动了慈悲之心,一天晚上,私自下凡担了一担石头,准备将贤水河上游拦腰堵死,让河水往西南方流去,解除那方人们的缺水痛苦。可一到高贤村,雄鸡报晓了,他必须在天亮前赶上天庭,就急忙将这担石头丢在高贤村,两头分别是今天的香炉石山、龙头石山,那条扁担就是今天的韩家石山。这故事现在无法考证,可这三座石山成了高贤村的一道独特的风景线。也给零陵黄田铺一带人们留下缺水的遗憾。他们现在准备修何仙观水库,就想完成那位仙人没做成的事。

西山在村子右边,有一山峰叫"秀华山",它高耸入云,像一把锋利的宝剑直插蓝天,也像一威武的战士守卫在村头。在西山脚下,有一群小山丘,有一小丘形似一只猛虎,人们叫它"老虎山",山上松树苍劲挺拔、郁郁葱葱。在老虎山的前面,有九个独立的小山丘,散布在村中像九只小羊,人们说是"一虎赶九羊",而这几只小羊,因为进了村,给村里带来了吉祥,老虎也不敢追赶它们,只好虎视眈眈地伏地而望。

作为魏氏后裔,寄身于这世外桃源般的山村中,不禁联想翩翩,感慨万千,觉得我们的祖先高瞻远瞩,选择这方风水宝地,安家立业,故今枝繁叶茂、兰桂腾芳。特别是在这浮躁而又激烈竞争的年代,寄身村中,心灵会受到一次净化,会让人进入天人合一,返璞归真,宠辱皆忘的境界。

厚重历史

当我们陶醉在这山美水美的自然景色中的时候,还会受到这方热土厚重历史的深深感染。

高贤村魏氏始祖魏镰,祖籍江西南昌鹅公大坵,其子太潮明嘉靖丁未年(一五四八年)任零陵指挥使,以官为家。离职后,将雏携妻定居这方人杰地灵的风水宝地,一代一代延绵悠远,生生不息,薪火相传,如螽斯之蛰蛰,如瓜瓞之绵绵,至今已传二十二代,子孙达六千来人,散居在永州零陵、道县、江华、宁远等县,还有位六世祖可徽公曾孙懋熙公在湖广填川时去了四川。现已繁衍到三千多人。

魏氏家族的家规家训家教极严,这在一定意义上保证了家属的繁荣和昌盛。而耕读传家的家风,至今已发扬光大。老祖宗遵循家训中:未教他(后代)成家,先教他做人,教他做好人,先教他存好心,明伦理,端品行,顾廉耻,习勤俭,守法度。

他们言传身教,身体力行。历史上为后代楷模者,不胜枚举。为官的一身正气,两袖清风,为民的勤劳本分,孝悌仁爱。清末举人魏怀芳,中举后辞官家居乐善。一八七八年零陵饥荒,他出面筹集义谷五百担(合五万斤)接济贫困灾民,这一善举一直延续到抗战时期。

魏联蓁,光绪年间中举后,先任湖广督军秘书长,后分别任浏阳、茶陵知县,几十年为官一身正气,两袖清风,离任后不仅没分文家产,为补贴家用,还将自己家的一栋老屋卖了。这样的高风亮节深深地教育着后代子孙。现在村中流传一段:"某某当官买房,魏联蓁做官卖房"的佳话。

百善孝为先的理念已渗透到人们的言行中,大家把孝道当做评估人们的基本标准。跪乳与反哺之义,已渗透到人们的自觉行动中。

佐材公与妻蔡氏,六载如一日,朝夕侍奉患疯瘫老母,毫无倦意。

魏富妻夏氏,生月余到了魏家,十年后阿公崇德病故,丈夫魏富随兄去四川,家仅有夏氏与阿婆。丈夫去川后,杳无音讯,阿婆恐误夏氏,对她说:"你丈夫去川二十载未归,如遭不测,你怎么办?"夏氏说:"没有您就没有我,现在只要我在,丈夫纵然不归,对您养生送死,我全担当。"从那以后,夏氏对阿婆更加孝顺,阿婆患病,侍奉汤药从未松懈,如亲生女儿一样。及阿婆七十八岁终,夏氏也终生未改嫁。

和兄弟也是家规中重要一条,兄弟是形分气同一体,是手足之亲,必须和睦相处,兄友弟恭,家庭才和睦兴旺。邦柱公生三子:德美、德文、德全。柱公早逝。德美公当时只十六岁,就担负起全家生活重担,呕心沥血,辛勤劳动,将两个弟弟养大成人,才让他们独立生活。

辛田公兄清渠公体弱多病,辛田公寒暑日夜守候兄长,风雨连床,清渠公病故后,他视未成年的侄儿侄女如同己出,殷勤抚养教育,待以成立。

鉴圹公,兄弟四人,父早丧,他弃读就耕,综理家政,让诸弟学。弟草圹病故,留下四岁侄儿怀芳,他尽心培养教育,使其中举成材。

在高贤村还居有陈、周、李、王、蒋四姓居民,人口都比魏姓少,几百年来,同饮一江水,同烧一山柴,同耕一陇田。我族后代从未与邻里发生一起因争山、争地、争水的矛盾。原因是老祖宗对后代立下一条睦邻里的家规。告诫子孙交邻有道,里仁为美。对邻里要出入相友,守望相助,疾病相扶。并对于种田、种地、砍柴、烧灰、灌水等相关事宜,都与各族长老协商出了具体规定,记载在谱书上。如有魏氏子孙违反了长辈立下的规定,刁弄是非,仗势欺人与邻里不合者,族长就严加责戒之。

祖宗们深深感到耕是生存之本,读是立身之本,自信积钱不如教子。所以耕读传家之风,至今已为传家宝。以前村子里设了蒙馆,公费请先生让学龄儿童进馆受启蒙教育,读三字经,千字文,百家姓一类初级文化课本,稍大一点的就进郡馆,学习内容是四书五经,成绩突出的则送去岳麓书院深造。

在清朝光绪年间第十四代孙怀芳同何仙观周崇傅、周藻园三人同时中举,那时曾轰动全零陵,因为这三人都是进贤乡人,家只相距五里之远,就有"五里三拔贡"的美誉。历史上,太潮后裔,出秀才一百五十六人,举人四人。

村中还有一座三级宝塔,名曰"惜字纸塔",此塔没供什么佛像,也不是为了纪念谁。是专供烧字纸之用。先辈告诫子孙,敬重自己废弃的写字纸,不乱丢乱踩踏,将它收集起来,投入塔内销毁,这充分体现了祖先对文化的敬重,因为只有敬重它,才能认真学习它,掌握它。

乐善好施,扶贫济困,也是我们祖先留给后代的一笔精神财富。村中东林观有一座仓屋,屋中有五间仓库,是专供存放"义谷"之用。所谓"义谷"就是我们祖先自愿捐赠出的粮食,到每年青黄不接时,无息借给缺吃的民众,到秋收后借粮人就自觉按数还上。多年来,不知解决了多少人的燃眉之急,解除了多少人的水火之痛。也见证了大家诚信品格。

村中贤水河上有两座木桥,是村里人过河上山打柴的必过木桥,每年都要被洪水冲垮,冲垮后我族民众自觉捐物出力修整,几百年来两座桥都横跨在贤水河上,赞扬我们先辈乐于善事的美德。

那些淳朴的民风,至今人们还津津乐道。村边贤水河的岸上,是上游山区木材、楠竹的集散地。本地或外地客商,经营木材,在此地设一中转站,常年有不少木材与楠竹在此上岸成堆,无专人看守,只要在木材或楠竹的堆上,划上一条石灰白线作为印记。除了主人,根本无人动它。

家族中逢婚丧喜庆之事,那隆重而热情的场面,实在使人动容。每遇这样的事,家属们自己的事再忙,都得丢下,去义务帮忙。真正是一家有事,四邻帮忙,这成了条千年不变的家风。

对于那些过去的沉重历史,那些伤痛,我们也应铭记在心。明崇祯一十四年(一六四二年),明皇朝面临崩溃之时,在做垂死挣扎,用莫须有的造发罪名,将当时任零陵知县的第六世祖魏可教打入死牢,致他含冤而死。他的四个儿子,两个在外地,两个在高贤村的闻讯临夜逃往人烟稀少、山高林密的道县到江源,才避免了一场灭顶之灾。而今他们的后代已发达到一千多人。

一七二六年中国大地内战频繁,四川连续战乱三四十年,人口骤减。我族一第六世祖可征公曾孙懋熙公被征召携妻带子,含泪别离故土。随填川大军入川,餐风露宿,九死一生,途历数月。好不容易到了四川,入川后,披荆斩棘,开荒造田,艰苦奋斗几十年,才安居下来。而今懋熙公一房已发达到三千多人。

一九三七年后,中国大地沦陷入水深火热之中,中华民族到了最危险的时候,我族人民也难逃厄运。一九四四年正值秋收时候,一队日寇,突然窜入村中,行凶作恶,将农田中农民正在收割的稻谷倒在路上喂马,农民敢怒不敢言。更有甚者一九四四年十二月日寇自觉末日已到,更加猖狂,一天,一队日寇窜进离村三里远的阳河村躲避,还做垂死挣扎天天来村里烧杀抢掠,无恶不作。那些禽兽一进村见东西就抢,见人就杀,见妇女就奸淫,村中就有敏五、培善、世大、死在那些强盗的屠刀之下。世大一听日寇进村,便拼命往船头跑,在大洞里被日寇打死。老人培善在家烤火,日寇打进他家问他话,他听不懂,日寇就用刺刀活活将他刺死。敏五不知日寇进村,肩背锄头想去田里看水。日寇在两百多米远的地方发现他,向他射击,一下便开枪将他打死。更有甚者,一位少年见鬼子进村,急忙躲在刺蓬中,几个魔鬼走到他身边,朝刺蓬中连开数枪,可怜这一少年活活倒在血泊之中。日寇投降后,村里满目萧条,饿殍遍野,疾病流行。这笔血债,我们怎么也不能忘记。

无容晦言,在文化革命时期,那时生产凭长官意志,生产力深受束缚,人民生活徘徊不前。政治上极力推行极左路线,致使兄弟阋于墙做出了一些使亲者痛,仇者快的事。改革开放后,国家拨乱反正,一切兄弟间的矛盾引刃而解,渡尽劫波兄弟在,相逢一笑泯恩仇。那种血浓于水的真情比以往任何时候还深。

雏凤之声

在前辈道德力量的熏陶下,后辈子孙遵循前辈的教导,继承前辈的遗志,开拓进取,光前裕后。

在国家与民族需要时,他们挺身而出,义无反顾。世海公于一九四七年参加中国人民解放军,在战场奋不顾身,曾立三等功三次。

世戴公,在解放海南岛战斗中,作为先锋营一员,在渡海战斗中献出了年轻的生命,一腔热血撒在祖国的大地上,可歌可泣的事迹,至今不仅催人泪下,激励后人向前。

在抗美援朝战斗中有延辉公参加志愿军,在朝鲜战场上,与朝鲜人民一道,在枪林弹雨中与敌人战斗,历尽千辛万苦,一次在敌人用毒气战时,他将一床军毯浸湿,盖住全身,因身材高大,军毯盖住头未盖住脚,因而双腿中毒受伤,落下终生残疾,也无怨无悔。

在和平建设时期有子才公参加新疆建设兵团,投身边疆建设,结果终老在边疆,一把忠骨留在塞外。还有的支边人员已在边疆生根结果,他们的第二代第三代继续为边疆繁荣发展出力。

敬祖宗,孝父母,是家规中的首条,在我族中已成为一种自觉的风尚。特别注重对父母长辈精神上的孝敬。今天农村三世同堂、四世同堂的家庭格局早已不存在。子女们不是在外地工作,就是在外地做工。每年必须有两次的全家团聚,一是春节,分散在各地的年轻人他们不顾旅途劳苦,必须赶回家与父母团聚。哪怕是住一晚,吃一餐饭,也要让父母享受天伦之乐。有位远在新疆的游子,他离休后,八十多岁的高龄每年都要按时回家探亲。二是清明祭祖,现在比以往任何时候都注重,三天假期,途中两天,一天时间很为珍贵,这天除了父母子女叔侄弟兄一次团聚的机会,还要祭拜祖先,缅怀先辈,表达对祖先的敬畏怀念与感恩之情。

特别令人感动的是,二〇一五年清明节,时隔两百七十八年,远在五百公里外的四川泸州懋熙公后裔一行十人,带着完成祖先朝思暮想回归故里的遗愿,带着全房父老宗亲寻根祭祖的强烈愿望,不顾一天的旅途劳累,回故土寻根祭祖,认祖归宗。这一对祖先的敬重行动不仅感动了沿途的百姓,也深深地教育了所有魏氏后代,亲人们相见那天,大家都感动得热泪盈眶,都陶醉在骨肉团聚的欢乐之中。

在敬老方面我族后辈中还有不少没成文的好风尚。年轻人走上就业岗位,得到第一份工资时,必须要给父母、长辈买份自己长期以来想要孝敬他们的礼物。

父母在,自己年岁再高也不能摆寿宴庆寿,因为这样表现对父母的尊重。父母生日,儿女们必须为父母祝寿。

每年大年初一,就是与父母住在一起,也要一大早起床,先向父母拜年,祝父母健康长寿。

守孝是对已故父母怀念的一种礼节,今天这种礼节在我族中并未消失。父母故世后,儿子五十天内不理发。第二年没过大年初四不出门。过初四后如遇亲朋好友请客设宴,辈分再高,也不能坐主宾席,以表对父母的怀念与敬重。

除了在形式上,这些民风民俗在形式上体现了我族子孙对祖先的敬重外,特别表现在行动上。

现在年轻人都离开了家乡在外创业,父母在农村的,就接他们住在自己身边菽水承欢。有的过惯了田园生活,不愿离开故土的健康老人,儿孙们常回家看看,让老一辈安享天伦之乐。有的还在农村建了别墅,让老人安度晚年。有的为他们买了手机,除一年两次回家外,还时时打电话问候。如果有几个孩子,父母年老了,必须留一人在家照顾父母。

如父母患病,子女们都晨昏定省,侍奉汤药,形影不离。还千方百计为老人做那些可口的食物,有时让儿女聚在病房讲些老人们爱听的事,以解除老人病痛。

十九世孙裕民,曾侍奉父母岳父三位年过八旬的老人安度晚年,特别是岳父晚年常患病,负担就落在他唯一的女婿身上。他岳父临终前几个月,常在床褥大小便失禁,裕民天天为他洗换衣裤,有时大便不通,他便用手帮岳父排便,一片真诚不仅感动人也感动了天地。

耕读之风在我族已发扬光大,解放后,特别是改革开放以后,魏氏家属在人均只有八分田地的基础上,勤耕苦作,含辛茹苦、节衣缩食。三十多年来,在这块热土上培养出出了一百二十多名大学生,还有硕士、博士多人。现在他们在国家各个建设岗位上贡献自己的聪明才智,用辛勤的劳动,忘我的工作回报社会,回报家乡父老。有的已成为国际上的一员,他们在美国、加拿大工作。

在培养子女尽心尽力的事例,实在不胜枚举,十六世孙秋芳、柳芳十七世孙世秋他们靠种田发展家庭副业,不分日夜,不论寒暑,勤耕苦作,分别供两个孩子完成大学学业。十七世孙世琰支持儿子华林供三个男孩读完大学。

在近代家属中,五六十年代的中青年,无论是在农村还是在城市,他们不靠天不靠地,全凭自己的智慧和勤劳,凭自己坚强的意志,已先富起来,在他们中百万富翁算小富,有的正在向千万富翁行列迈进。那些在部队在工厂在学校在各个工作岗位上的魏氏后裔,他们兢兢业业,任劳任怨,都做出了不平凡的业绩。

镰公第十八代孙云飞,高中毕业后,参加中国人民解放军。一九九二年转业到泸州老窖股份有限公司工作。现任泸州兴霸实业集团党委书记、董事长、总经理,企业固定资产过三亿,安排就业一千六百多人,每年上交国家利税八千万元。近年来累计投入社会福利事业五百多万元。

这些肤浅的记载,实在不能反映出高贤村魏氏厚重的文化底蕴,不能表达我对高贤村怀念与感激的深情。我之所以写出来,是想让它引起宗亲们对家乡的重视与热爱,引起大家去深入品味,深入挖掘它的魅力,深深感受这方热土、对自己的成长与进步的影响。不管你身在何处,不管你贵在何方,不管你从事什么工作,我们血液中有着祖先的基因,在我们的骨子里有祖先的品格。树高千尺,也不能忘记根。故乡永远是你坚强的后盾和温暖的家。现在我们的眼光要放远点,再放远些,我相信,再过十年、二十年,高贤村这朵鲜花,在祖国的大地上会开放得更绚丽更妩媚,在这方热土上的后生更可畏。

附录:续修《魏氏宗谱》编后记

校完最后一页续修《魏氏宗谱》,深深地吁了口气,大脑中紧绷的弦终于松弛了下来。像一位考生努力做完最后一场考试的最后一道考题,郑重地向老师交上考卷,不想考分多少,只觉得自己尽力了。

回顾五年来,走过的坎坎坷坷,曲曲折折的修谱路,心情无法平静。其间有苦也有乐,有激动也有纠结。然而最多的是感动,是充满信心与力量。

续修《魏氏宗谱》是一个宗族的事，一无行政资源，二无资金后盾，三无固定时间，四无专职人员。全凭宗亲们对祖宗的孝敬之心，全凭宗亲们的血缘情感去完成。

我们朝着一个目标前进时，总感到有一股强大的精神力量在支撑着我们在激励着我们，我们像开足马力的船，义无反顾地朝前驶去。

这股强大的精神力量，首先来自我们祖辈，当我们反复阅读一九二五年祖辈编纂的《魏氏宗谱》时，深深地感到他们的那种对祖辈的一颗赤诚的孝敬之心，那种对修谱工作全力以赴、严谨负责、一丝不苟的工作作风。那种不计名利、实事求是的工作态度，那种对美好事物热情讴歌，对丑恶现象无情鞭策的高尚情操，那种对宗族后代的谆谆教诲，深切厚望的拳拳之情，使我们受益匪浅受教极深。在祖辈的高风亮节面前，我们觉得如芒在背，如履薄冰，哪敢有丝毫懈怠之心，哪敢有半点斤斤计较之意。

其次来自今日的叔侄弟兄，他们对我们充分的信任与支持，使我们增添了无穷的力量。已是耄耋之年的世盛公，真是老骥伏枥，心系故里，他远在江苏苏州居住，曾三次要子女陪伴专程回零陵与修谱人员研讨修谱事宜，平日不知打了多少电话了解工作进程，还曾将微薄的养老金节省下来两千元慷慨解囊资助修谱。培燕公已年届八十，且身在农村，也是修谱的热心肠，开始曾为修谱提供资料带领年轻人联系宗族后裔登记人口，以后一直未间断催促指导修谱工作。

我族一些新生代，对中华传统文化，对编写宗族历史表现了极大的兴趣与热情。部分大中专学生也加入到修谱工作中来。如晓斌、嘉健、魏兰、魏斌、弘毅、魏玲等，他们利用寒暑假时间义务为修谱打印了不少资料，节省了一笔开支。十九代孙骁勇在广州工作，除支持父亲裕民在家积极从事修谱工作外，还在网上建立了交流群，时常通过互联网发布宗族修谱信息。功夫不负有心人，终于在二〇一三年，联系上失联二百七十八年在四川泸州的镰公后裔，并通过四川泸州的祥通，了却了四川亲人几个世纪以来寻找血亲的心愿。实现了先辈对故土朝思暮想的遗愿，后辈认祖归宗的愿望。特别令人感动的是四川镰公第十八代孙云飞，正是如日中天大展宏图之时，在百忙之中马上致电邀故乡宗亲携谱书去川认证，并热情接待去川亲人，又于二〇一五年清明节亲自率四川泸州市宗亲不远千里回乡寻根祭祖，在家三天时间，他们爬高山，攀野岭，披恶荆，斩毒棘，按谱书上记载，寻找祖坟，皇天不负有心人，结果三四百年前的祖坟全部找到，便按传统礼节，在坟前虔神祭扫，这种对祖宗孝敬与感恩的耿耿之心，对追溯宗族渊源，对根的探寻执着之情,实实感天动地,教育后人,这是我族有史以来第一件动人之举。同时云飞还个人出资续修宗谱,这才能让这部宗谱今日出版。所有这些都是我们工作的动力。

这部宗谱我们本着新、实、全的宗旨编纂,所谓的新就是力求让这部宗谱反应出新的时代精神、新的概念、新的价值观。

首先我们认为今天每位镰公后裔,同时又是中华民族大家庭的一员,因此在践行和培养家规家规家训时,个人的道德标准应该升华到国家对公民的道德建设的要求上来,要实践"爱国守法,明礼诚信,团结友善、敬业奉献"的行为准则。

其次我们力求通过宗族中一些有威望口碑好为国尽忠,在家尽孝的人物传记,反映宗族人员的精神面貌,通过村容村貌的照片来反映家乡的巨变。

所谓实,就是材料真实可靠,做到字字有来历,事事有依据,一切据实而定。只要是镰公后裔,我们不问职业,不分职务,不论地位,不讲资力,必须一一如实登记入谱。特别是魏氏历朝历代,不乏指点江山,流芳千古的名人,然而我们不能为了提高宗族的知名度,而无确凿证据凭空去攀龙附凤,硬说是某某名人之后。无信之谱,有不如无。所以我们今天,仍遵祖训"以镰公为始,镰公以前概从缺疑之例"。

所谓全,就是追根溯源,做到木有本,水有源。今天宗谱上登载的每位魏氏后裔都能从世系图与齿录中反应出是魏镰的血脉,根与源都出于魏镰一人,这样才显示我们四百年前是一家人血脉相连。所以我在编纂世系图与齿录时还是遵照欧式与苏式的格式编纂,否则就是无源之水,无本之木,就失去了修谱的意义。

编纂宗谱,还有项主要的内容,那就是家规家训。家规家训不仅是中华文化的微观载体,还是一种无言的教育。它潜移默化,润物细无声地影响着人们的灵魂,对涵养社会主义核心价值观树立有直接作用。老谱中几篇家规家训,反应了前辈"孝悌忠信,礼义廉耻"的道德规范与价值观,这些同样是中华民族的基因,为国尽忠,在家尽孝,天经地义。所以我们在实践公民道德标准时,必须与家训为具体实施标准,把它当作规范宗族中每人的行为可行性条例,营造百善孝为先,劳动光荣,创造伟大的社会氛围。培育知荣辱,讲正气,作奉献,促和谐,献爱心的良好风尚,以达到宗族世代繁荣昌盛。

最后我们必须记下为这部宗谱收集整理资料尽力的宗亲有:世祚、世柳、世友(零陵)、再平、中秋(已故)、冠军、再武、国昌、世友(道县)、群峰(已故)、裕民、寿清、寿宣、定国、劲松、祥通、寿宣、定国、劲松、魏平等。

因知识浅薄水平有限。此卷宗谱纰漏不少,诚请宗亲谅解,恳望后续者纠正,幸哉!

十七代孙世珂氏玉华沐手撰

二〇一六年九月二十八日

(原载 2016 年第 9 期,作者单位:富家桥镇阳河中学)

民国《楚南旬刊》初探

✽ 龙文君

一　引言

楚南,曾经是湖南历史上的一个地域别称。众所周知,明清时期的湖广行省(区域相当于今之湖北、湖南两省)为先秦楚国故地,至清初南北分治,大湖(洞庭湖)之北是为"楚北",泛称湖北;大湖之南是为"楚南",特指湖南。而湖南的南部即"楚南"之南,有郴、永二州,地处五岭(五岭即南岭,地理上是长江流域与珠江流域的分水岭)之北,故又称"岭北"。永州古称零陵,零陵实际就是舜陵,得名于舜葬九疑、二妃奔丧而投水自尽的凄美历史传说。据《史记·五帝本纪》记载:"舜南巡狩,崩于苍梧之野,葬于江南九疑,是为零陵。"由此可知,永州零陵古城既在"楚南"之南,又是"楚南"的一部分。它地处潇湘二水的交汇处,风景秀美,物产丰富,是历史上南北交通的通都大邑和重要水码头。不过,近代以来,由于空间格局的变化,永州的战略地位和政治影响力有所下降,兼之位于湘、粤、桂三省接合部,战乱频繁,民生凋敝,经济、文化和教育也逐渐被边缘化。所以,诞生于此的民国刊物《楚南旬刊》,以"楚南"命名,其实也暗含地理位置的有关信息。

作为民国时期永州地区唯一的省属中学,湖南省立第七中学(即今永州市第一中学前身,以下简称省立七中)无疑是当地的最高学府。其所创办的学术刊物——《楚南旬刊》——虽立足于本校,具有校刊的性质,但能够辐射整个湖南,带有某些地域特色。本文主要围绕着《楚南旬刊》来展开探讨,力图网罗史料,还原历史,重新认识这份几乎被后人遗忘了的地方性学术期刊。

二　《楚南旬刊》的始末

(一)湖南省立第七中学与《楚南旬刊》的创办

《楚南旬刊》始创于民国三十六年(1947)四月二十日,由楚南旬刊社编辑出版,编辑部即设在省立七中,该校与《楚南旬刊》的关系值得深入挖掘。

省立七中成立于民国二十八年(1939),初名零陵高级中学,东安县学人宾步程倡办并出任首届校长[1],最初借零陵旧苹洲书院为校址。[2]1939 年 10 月 10 日在苹洲岛开学,12 日开课。为避免日寇空袭,于 1940 年春迁往南乡乌鸦山蒋家,地名叫大路口,距双牌两公里半,以高宗庙为校本部,男生宿舍在文昌阁,老师及女生宿舍则借用民宿。1940 年春湖南实行新学制,规定每一个专区办一所完全中学。零陵属于湖南省第七学区,于是零陵高级中学在 1941 年遂改名为"湖南省立第七中学",并开办初中部。先在淡岩修建永久校舍,后因此处离县城太远,报经省厅批准,选地河西杨梓塘兴建。1944 年上学期,省立七中迁来零陵城区,一边建筑新校舍,一边借用该处已迁走的陆军六二医院几栋厂棚作为高中部教学区,以城南碧云庵作为初中部教学区,临时上课。1944 年上半年,日寇猛攻湘北,9 月 19 日攻陷零陵,已建成的部分校舍及一切设备全毁于兵火,从淡岩运来的木材也都损失,学校停办了一个学期。1945 年春,奉省厅指示,七中与省立三中、十一中合并为"湖南临时中学",在蓝山县开学。1945 年 9 月,日寇投降,七中迁回零陵,借用县学宫,简单修缮后,作为临时校舍,校本部、高中部都设在这里,初中部则设在文庙,同时在杨梓塘重建校舍。七中自创立至解放,为时 10 年,共计招高中 17 个班,初中 13 个班,分别毕业 12 个班和 8 个班,毕业生合计 1000 余人,在校学生 600 余人,教职员工 60 余人。1949 年秋,省政府将苹洲中学并入省立七中。1952 年底更名为零陵第一中学。

民国时期的教育,以"培育忠孝仁爱之国民道德"为宗旨,教育内容和教学方法师承西洋:

> 本校高初中部各年级课程,系依照部颁规定标准分别编定,惟在本校开办第一学年内,因班次不多,且迁设乡村,教员俱采专任,而于音乐、图画、劳作教员,因钟点有限,不易网罗,为意识权宜之计,审酌情形,增列英、算、国三课钟点,以资补足。至本期音乐、图画教员业遂已聘到校后,各级授课钟点,均按时上课。又高一、高二两班,现已进至第二学年,应授化学,然苦于无药品仪器实验,本期每周仅列化学钟点二小时,专注重学理之讲授,原拟送往湖南私立岳云中学,在部颁课程标准规定一、三学年应习之理化时数,于本年暑期内完全授竣也。[3]

关于省立七中的课程,初中部包括总裁言行、公民、体育、童子军、国文、算数、博物、生理卫生、化学、物理、历史、地理、劳作、图画、音乐,其中可以选修英语、职业,初中部在第二学期才开始设立生物卫生、化学和物理这三门课程。高中部的课程在初中的基础上增加了军事训练或家事看护、外国语、矿物,减去了童子军和博物两课,共十六门课程。这些科目中西兼顾,又满足了一些现实需要。

以上简单的介绍了省立七中的发展和基本课程,总体来看,永州的高中也只有省立七中和私立苹洲中学,在当时的战乱情况之下教育的发展艰难,教学物质的短缺,教师多清贫度日。细看《楚南旬刊》的内容,教育这一板块在整个刊物中占据着重要地位,要想近一步地理解省立七中与《楚南旬刊》的关系,不得不了解《楚南旬刊》的办刊宗旨。

(二)《楚南旬刊》的办刊宗旨

《楚南旬刊》的第一期虽然暂缺,但从永州市第一中学编辑出版的《永州一中校史(1903－2013)》中能够看到《楚南旬刊》的《发刊词》:

> 中学教育,为大学及专科之准备,其所异于其他中等学校者,性至明显。而晚近大学教育,以视欧美,所以相形见绌,则中学训练未周,实其主因。且宪政伊始,公民训练,尤属必急。故教学内容之充实,课外研究之鼓励,中学奚能自辞其责。

> 零陵,楚之故邑。"亡秦必楚",民性甚大,往古所尚。而"宽柔以教,不报无道,南方之强,君子居之",先师之所称道。教育神圣,代有定评。"和而不流","中立不倚"是亦教育同仁之克能自守。张正气,起末学,吾辈知有责焉。"楚南"一词得以采用,意在足矣。

> 宗旨既定,内容宜分,论著所以辨其是非,艺文所以陶其心性,然切磋之功,尚有待于情意之交通,故校友通讯及校务报道,亦将并列。倘得借融穆之情,日进无休,则研究之风或能增长,教学效果,于焉增加,自所祈祷!

> 同人等各有职司,平旦焚膏继晷,已苦难继,虽间有所得,亦不克笔之简帛。复以零陵迄无铅印,缮校编排事倍功半。本刊之辑,其难差强人意,早在逆料。然"困而学之",不敢不勉。扶掖指正,则有待贤达。[4]

从摘录的《发刊词》可以看出《楚南旬刊》更加倾向于教育这个方面,"教育"二字在创刊词中频繁出现。开头直接说到"中学教育",据事实考证省立七中无论是前身还是后来都是中学教育的场所,而《楚南旬刊》依托于省立七中而存在。"教育"是该刊最为重视的一个部分,也是创办的原因。除上述的意义之外,《楚南旬刊》还具有宣传学校和联络校友的作用:"故校友通讯及校务报道,亦将并列。"此句正揭示了其对外宣传与联络的功能。从其作者的来源可以得知,比如在第二期中毕业学生李松森的《我们需要密切的联系》一文中表明通过期刊与外界联系的愿望,又解释了《楚南旬刊》取名的缘由。在第三段中直接指出上述即是《楚南旬刊》的出刊宗旨:"论著,辨是非,陶冶心性,与校友联系,校务报道。"《楚南旬刊》本质上是一本学术性质的期刊,成就不可低估,而从《发刊词》中也能看出是鼓励课外研究的。

(三)《楚南旬刊》的发行情况

《楚南旬刊》是民国三十六年(1947)由楚南旬刊社编辑出版的一本地方性学术刊物,社址位于零陵县学宫即省立七中,亦可看作该校的同仁杂志,但欢迎校外投稿。目前,《楚南旬刊》第一期暂缺,今存第二期至第八、九两期合刊,出版时间从民国三十六年四月二十日到六月二十五日。《楚南旬刊》每月出三期,分别在十日、二十日、三十日各出一期,因此推测创刊号当在民国三十六年(1947)四月十日首次出版,至同年六月停刊;从第三期《省立七中毕业学生指导委员会启事一则》和报刊最后刊登的"本校高中部毕业同学升学登记表"等信息可以看出本期刊与省立七中息息相关。

第二期"更正"一篇说道:"上期编印匆忙,社友徐树德君交稿稍迟,以致编目时漏列《人与人之间》一题,特予更正,并致歉忱! 嗣后并希望各社友逢五交稿,至为感盼! 编者谨白。"[5]从中知道交稿的时间,也与期刊出版的时间相符。

第二期"编后":"由于印刷的限制,篇幅太少,许多珍贵的来稿,未能发表,长篇大著准备另印专刊,敬希原谅。创刊号八百份,出版的那一天,便抢购一空,以致各方应赠送的都无法支配,代售处也因此为了难,我们十二分的抱歉,以后当尽量增加份数以副雅望!"[6]在此文章的周边出现了"本期每份零售国币四百元"字样。当时一碗面的售价是350元,可见《楚南旬刊》价格之低廉。第五期"启事":"近以纸价激涨,工本不敷,自本期起,零售每本国币六百元正,以资弥补,事出无奈,尚祈鉴凉!"[7]对比在第五期的"自本期起,零售每本国币六百元正",在第八九合刊的第二十页"本期每份零售国币一千二百元",从第二期到第五期历时一个月,期刊的售价居然上涨了百分之五十。从这些零散的信息中可以看出《楚南旬刊》的出版不仅受到社会的欢迎,以致需要增加刊印的数量,而且因为恶性通货膨胀的逼迫,售价不得不水涨船高。

(四)编辑团队

由于期刊的第一期内容暂缺,无法得知准确编辑人员,以下对《楚南旬刊》编辑团队的分析,有一定的猜测成分。

《楚南旬刊》的第八九合刊中的"本社启事":"查本社社员,系湖南省立第七中学校友,平昔教学鲜暇,颇感时间难敷,正值各校解假,社内工作,繁重逾昨,且各社友,将行返籍,联络难周,在铅印设备尚未具备之零陵,继续发刊,深恐有所延期。爱经决议,暑假期间,暂行停刊,特此布露,敬祈曲谅,又本刊自发行以来,荷蒙各地读者来函奖勉,惠颁颂词,或赐鸿文,以篇幅有限,未克刊载,或一一至复,心感之余,深感歉疚,并此申谢,谨启。"[8] 从中直接能看出《楚南旬刊》的停刊与当时省立七中的假期是有关系的。

《楚南旬刊》是地方性的学术期刊,而省立七中是永州地区的最高学府,师资力量与教学质量应当独占鳌头,也足够支撑学术研究的条件。所以说《楚南旬刊》的编辑团队出于省立七中,主要的编辑人员应当是教师。

(五)作者群体

结合相关史料与文章内容,本刊的作者群体大致可以分为三类:

1. 教师。作者队伍中的教师至少有彭冷白、尹子正、周治平、胡庆积、李厚则、农夫、陈壮秋、陈肃、达人、蒋立人、邓宁理、蒋淮波等,共12人。

七中建校九周年"纪念特刊"中教务主任彭冷白先生的《教育概况》[2]是这样评价学校工作的:

> 七中在蒋校长的领导下,费尽苦心为学生罗致"教导多方"的热心教育工作者,知名的良师:如李有梅先生,李天雄先生,靳吉娥先生都曾在本校长期任教;留学英国伯明翰大学的张子仲先生,"名遍三湘"的尹子正先生;"即博且精"的王君仪先生都是任教在二十五年以上的老前辈;七中的"三老"参加国文成绩比赛以批改精详而获得教厅传令嘉奖的罗仲农先生,严明善导、忠直精深的蒋立人先生,坦白诚实、热心诱导、极受爱戴的周治平先生都是批改作文练习既达且精的良师;……交大之英,潇洒精博的陈相德先生,油印精绝、精通物理而且多才多艺的胡庆积先生……德高望重、民主先锋的李厚则议长,谁说这不是堂堂之阵,正义之旗?

综合八九合刊的启事"查本社社员,像湖南省立第七中学校友"与"且各社友,将行返籍,联络难周"两句,可以看出楚南旬刊社社员应多数是省立七中的老师。

下面将例举教师发表的文章:第四期中《国文教学经验谈——七中国文科会议报告》一篇中显而易见该作者农夫是省立七中的教员,从陈壮秋的文章《送别省立七中本届毕业同学》与《送别高八初四毕业同学》两文可以得出其教师身份;根据陈肃在第六期发表《我的国文课教法》可推测出陈肃是一位国文老师;在第二期发表的《教师之心》内容与教师的教育事业息息相关,由此反应出达人也是属于教师这一个群体;而在第四期发表的《会不会会考》和第五期发表的短评《还是教罢》清楚的表明其作者的教师身份。所以说本期刊的作者群体中包括七中教师这一个群体。其中周治平为副校长,从邵涟的《记萍洲中学的接管过程》一文中提及"另任命周治平为副校长",还是属于教师这个群体,周治平在第三期发表《楚辞木兰坠露秋菊落英解》,又在第六期发表《汉石经经数为七补证》。[4]邓宁理曾在第五期发表了《儒法二家政治思想比较研究》一文,据可靠资料显示,他是1949年下学期作为教职员工进入省立七中,因此入职时间与本期刊的出版时间不符,虽稍存疑点,但不能否定其教师身份。同样,蒋淮波是1954年新到校的教职工,但在第五期他发表了《暮春感怀》一诗,可能当时尚在别校任教。

2. 学生及其校友。由期刊中的本社启事"本校高中部毕业同学升学登记表"中可以看出有些作者是当时在省立七中就读的学生,甚至有些同学已经毕业,自然也属于校友范围。其中身份可以确定且为学生及校友的有于浩然、蒋国栋、魏世臧、雷得蓉,李松森等,共5人。

下面将直接介绍几个有名的学生以及他们在《楚南旬刊》中发表的篇目。于浩然,号予愚,祁阳茅竹镇容驱村人,苹中初30班,七中高6班毕业,大学本科毕业,研究员,为享受国务院特殊津贴的有突出贡献的科学家。在1949年,于浩然成为新的教职员工又回到母校省立七中任教,为教育事业做出贡献。虽说于浩然后来又在省立七中任职,但是在《楚南旬刊》的发刊期间还是属于毕业学生,也是校友。同为毕业学生和校友的是李松森,在第三期的"本校高中部毕业同学升学登记表"中可以看到"李松森——交通大学"字样,仔细阅读期刊第二期《我们需要密切的联系》一文,李松森用了"生李松森敬上,三月十八日"并出现汇寄稿件的地址"上海徐家汇交通大学新中院105室",在联系文中的"母校""本班升学同学不多"字眼和内容,都表示里松森是从湖南省立第七中学毕业的学生。在第三期"本校高中部毕业同学升学登记表"中还可以看到"于浩然——南开大学社会学系""蒋国栋——中央政治大学""魏世臧——湖南大学土木工程系"等字样,而在网站七七八八收藏网站上出现了民国三十五年(1946)省立七中家长成绩通知书"学生雷得蓉"的藏品,证明了在第三期出版《宗教与教育》一文中记录者是位学生。于浩然在《楚南旬刊》第二期中发表《兰州剪影》、在第四期发表了《答邓君林慰藉诗》和《感时》两篇,第六期发表《大学之道》和《我爱西北》两篇;蒋国栋在第六期发表《白下双鲤》;魏世臧在第二期发表《劫后游芝城感怀》,以此可以看出《楚南旬刊》的作者群体中存在省立七中的学生。总体来看,省立七中的老师以及学生应该是期刊作者中的重要组成部分。

3.外来人员与身份不明人员。期刊每期首页有《简约》:"本刊欢迎外来稿,采登之后暂以本刊为酬。"充分的体现出《楚南旬刊》作者来源不只限于老师与学生。比如说杨其文,1946年12月23日授少将衔,1947年退役,著有《群玉书院》,其在《楚南旬刊》中发表了《词的音乐性》一文。以杨其文为典型代表,足以说明其在《楚南旬刊》发表文章的作者身份是具有多样性的。

外来人员可以确定的有杨其文。其余身份不明的作者如下:岩、俊诚、孔扬、葵垣、至愚、何明翰、个木、达、乎、愚、白鹏翔、力行、徐树敏、子渊、张国琛、谢九宝、应愚、尹镇湘、方中、陈南、剑玉、经三、寒荪,共24人。

(六)《楚南旬刊》的终刊

《楚南旬刊》是一本石印本刊物,由零陵"康云集"石印局代印,零陵永新书局总经售。众所周知,石印技术由德国人A·逊纳菲尔德发明,是根据石材吸墨及油水不相容的原理创制的一种平版印刷的方法,"鸦片战争"之后传入中国,得到了迅速推广。从清末到民国,中国出现的大小石印书局多达百余家,以上海为中心,遍布全国。在当时石印较为普遍,是一种比铅印成本略低的印刷方法。而当时铅印设备在零陵并没有,这点无疑为《楚南旬刊》出版加大了难度。

《楚南旬刊》终刊于民国三十六年(1947)六月。推测其终刊的主要原因,还是资金问题。1942年之后,由于日寇的封锁,中国经济上总体上是极度衰败的,物资短缺,通货膨胀。到了1947年,国民政府穷兵黩武,内战正酣,而国内经济已经完全失控并崩溃,使得出版的成本陡然增加,省立七中办学经费有限,难以再继续投入。第二点原因可以从《楚南旬刊》的第八九合刊的《本社启事》中得出:临近假期,楚南旬刊社的社员将返籍,编辑人员的缺失也是《楚南旬刊》停刊的一个原因,但可能只是借口。

三 《楚南旬刊》的内容

（一）作者与篇目统计

要了解《楚南旬刊》的具体内容就不能忽视作者和篇目,上节对于作者已经经过简单的分析,下面列举《楚南旬刊》的作者及其篇数:

胡庆积(7篇)、岩(1篇)、达人(2篇)、陈壮秋(文7篇,诗18首)、立人(5篇)、俊诚(1篇)、孔扬(3篇)、葵垣(2篇)、魏世臧(诗2篇)、至愚(诗1首)、于浩然(诗2首,文3篇)、周治平(3篇)、雷得蓉(记录1篇)、何明翰(2篇)、厚则(诗5首,文1篇)、个木(诗1首)、陈肃(2篇)、李松森(2篇)、农夫(2篇)、达(1篇)、乎(1篇)、冷白(2篇)、愚(1篇)、白鹏翔(1篇)、邓宁理(1篇)、力行(1篇)、徐树敏(译文1篇)、子渊(1篇)、张国琛(1篇)、蒋淮波(诗1首)、杨起文(1篇)、谢九宝(诗2首)、蒋国栋(诗1首)、应愚(1篇)、尹镇湘(1篇)、方中(1篇)、陈南(1篇)、剑玉、经三(合译诗1首)、寒荪(译文1篇),其中诗32首,文65篇,共计97篇。

从总的统计中可以看出两点:一是文章的数量明显多于诗的数量;二是大部分的作者只发表过一两篇而已。其中发表的作品在三篇及以上者(不分诗文),共有7人:胡庆积(7篇)、陈壮秋(25篇)、立人(5篇)、孔扬(3篇)、于浩然(5篇)、周治平(3篇)、厚则(6篇)等。在这七人中,陈壮秋的文章遥遥领先,而其他人的数量差距不大。一般而言,写文章用笔名非常普遍,但也导致真实作者难以辨明。比如"至愚""愚""应愚"三者,如果没有进一步的资料佐证,就难以辨别是几个人。

（二）固定栏目

本期刊已经清楚的划分为南苑、楚风、感应圈三个固定栏目。从内容来看"南苑"和"感应圈"更接近于文学。而"楚风"更接近于诗词。以下就是三个栏目的具体篇目:

1. 属于"南苑"栏目的有《闲居随笔》《岳南随笔》《水》《病人心事》《哀阿 Q 文》《遥遥寄语祝康宁》《书黄乡长》《半句多集》《送别省立七中本届毕业同学》,共有 9 篇。

2. 属于"楚风"栏目的有《忆关中》《劫后游芝城山感怀二首》《古诗今译》

《中原吊古诗集》《巴陵杂咏》《丁香》《答邓君林慰藉诗》《夜壶装醋》《不见茂陵人有感》《长安题雁塔》《咸阳吊阿房宫遗址》《鸿门》《磻溪》《寄楚南旬刊社》《暮春感怀》《题像》《杂感》《读江湖奇侠传》《马嵬坡》《行路难》《送别高八初四毕业同学》《不堪回首忆湘南》《枵腹歌》，共 23 篇。

3. 属于"感应圈"栏目的有《我们需要更密切的联系》《兰州剪影》《交大速写》《白下双鲤》《我爱西北》，共 5 篇，数量最少。

（三）内容分类

虽说有以上三个固定栏目，但就内容而言，《楚南旬刊》大略可分为文学类、学术研究类、教育与人生哲学类和生化类。分别介绍如下：

1. 文学类。主要包括《伽利略小传》《迎头赶上》《闲居随笔》《忆关中》《我们需要密切的联系》《兰州剪影》《岳南随笔》《水》《交大速写》《为公立学校呼吁》《言与行》《见鸡而作》《夜壶装醋》《义利辨》《同情心的学校》《哀阿 Q 文》《遥遥寄语祝康宁》《寄楚南旬刊社》《词的音乐性》《大学之道》《书黄乡长》《白下双鲤》《我爱西北》《轮轻重缓急》《评调整待遇》《读通鉴杂记》《半句多集》《送别省立七中本届毕业同学》《莫再辜负诗人节》《屈原之人生与作品》《打油诗之源起及其他》《怀念灵均》《吊屈子赋》《诗人节感颂屈子》《关于〈升官图〉》《内心秘密的泄露——一个杀人犯的白供》等篇目，共 36 篇。

在文学类要特别提出的是翻译文学这一类别。其中译文共有八篇，主要是胡庆积翻译的作品，内容多半是有关物理、化学、生物等理科的知识，且多是有关高中的课程有关的内容。除这些有关知识性的篇目外，还有徐树敏的《同情心的学校》，剑玉、经三合译的《正直人》，寒荪试译的作品《内心秘密的泄露——一个杀人犯的白供》。《正直人》为翻译而来的诗歌，内容如下："唯有正直人，人心地最光明。不作虚荣心，亦无欺骗行。每逢闲暇时，欢乐无邪思。希望难相诱，忧来能自持。无须堡垒坚，无须凯甲全。无须筑秘室，以御彼强权。海浪似山高，天风怒且号。惟彼心胆大，正视不奔逃。书本当天堂，智慧是宝藏。人生诸苦恼，供彼一嘲讪。善念如密友，安居胜横□。天地为逆旅，跋涉无疑猜。"根据诗词内容可以看出，这首诗歌点出作为正直人所需要具备一些做人的品质。而在《内心秘密的泄露——一个杀人犯的白供》一文中，则以杀人犯的口吻讲述了杀人的全过程，直到最后忍不住向警察说出事件的真相，从最开始的愤怒，到在杀人过程中很淡定，最后在心理作用下听到奇怪声音，变得烦躁，逐渐奔溃的全过程。这篇文章在整本期刊中也是独一无二的内容，但是也符合青少年时期的心理,冲动,聪明,并且内心的承受能力不强的特点,在此期刊中也具有教育意义。两篇文章形成了鲜明的对比,却拥有者共同的目标,将处于世界观的形成阶段的青少年导向正确的方向上。

最值得重点看的是《楚南旬刊》的最后一期——诗人节特辑,在楚地就不得不提到屈原。除去纪念屈原的作品外,还有方中的《打油诗之起源及其他》一文,打油诗是一种特别的诗体,自具风格,别成一体。在这篇文章里介绍了打油诗的特点:从形式上来说,打油诗出诸自然,没有矫作,均为脱口而出之词,叶韵出于方言口语的语调,不似诗有严格的音律;从内容方面,打油诗可以说完全是一种"嘲戏别人,嘲讽社会,自己嘲戏,自己解嘲"的诗,既然是诗就离不开"赋比兴"的写法,虽是嘲讽的诗,但是也不失旷达之感和隽永之感。作者认为打油诗是在张打油之后出现的,根据史料提出最早的打油诗是由汉宣帝时西蜀文人王褒所作的《僮约》,并在文章中介绍了各个时期的打油诗,得出打油诗的悠久发展历史。打油诗脱离附庸的地位要从魏晋时期说起,并举例说明了打油诗在魏晋之后发展的原因:魏晋时期是中国社会剧变时期,文人多存在避世和入世的矛盾心理,加之佛教的传入,诗人受到佛教思想的影响,而佛经偈语多引讽喻,深入民心,所以诗体得以改变;五世纪以下,歌颂自然的田园诗人主持文坛的时候,由田园诗人的自然风格,佛经偈语的传教心胸,诗人思想上的内在矛盾,加以白话文学的日渐抬头,于是成就了雅俗共赏的"打油诗"。在文章的最后例举了很多的打油诗的具体内容,用具体的诗句来分析打油诗。

诗歌是《楚南旬刊》中的很重要的一个部分,包括古代诗歌和现代诗歌的形式,有《古诗今译》《中原吊古诗集》《劫后游芝城山感怀二首》《巴陵杂咏》《丁香》《答邓君林慰藉诗》《感时》《不见茂陵人有感》《长安题雁塔》《咸阳吊阿房宫遗址》《鸿门》《磻溪》《寄楚南旬刊社》《暮春感怀》《从军二首》《题像》《杂感》《读江湖奇侠传》《马嵬坡》《行路难》《送别高八初四毕业同学》《不堪回首忆湘南》《枵腹歌》《吊屈平》(七律三首)、《吊屈平》(七绝二首)、《正直人》等篇目。其中《中原吊古诗集》是吊古诗的集合,里面包括《六姑泉》《金谷园吊绿珠》《荣关庙台子谒张留侯庙》《徐州燕子楼吊关盼盼》《茂陵吊司马相如》《茂陵吊武后塚》《茂陵吊漠武墓》《汾阳墓》《新丰驿》《铜雀台》《马嵬驿》《坑仔谷》《五丈原》《拜将台》《读杜牧乌江庙吊古》《北平煤山吊明怀宗》,共16首。《古诗今译》中所采用的诗歌都是《诗经》中的"风",如《杨之水》《狡童》选自《国风·郑风》,《伯兮》选自《国风·卫风》,《黍离》选自《国风·王风》,《陟岵》选自《国风·卫风》,作者的意图是将古诗翻译的浅显易懂,并且从多个方面表现出战争的这一主题,比如《扬之水》和《伯兮》是关于战争的内容,而《陟岵》是一首征人思亲之作;而其翻译的文本更加接近于当时的实情,侧面反映出当时的社会背景,民国到新中国成立年间社会动荡不安,战乱频繁,其翻译和古文意义相似。而《中原吊古诗集》主要是当代的作家的有感而发,在游览古代遗迹的有感而作。如在厚则的《巴陵杂咏》正文前介绍道:"抗战军兴,余因公赴岳,藉览各名胜,略有所感,付之吟咏,名巴陵杂咏,以志鸿泥,工拙不计也。"在《中原吊古诗集》中所提到的地址有六姑泉、岳阳楼、长江、小乔墓、鲁肃墓、中山公园、洞庭湖、君山、二妃墓、自杀井、朗吟亭、长安、咸阳阿房宫遗址、鸿门、汾阳墓、新丰驿、铜雀台、马嵬驿、坑仔谷、五丈原、拜将台,其中六姑泉有详细的介绍。除去见物感怀的作品外,也刊登了如《暮春感怀》和《感时》类的作品,但是总的来说是当代作者的所见所感之作。

2.学术类。包括《国文教学经验谈——七中国文科会议报告》《楚辞木兰坠露秋菊落英解》《古文派别管窥》《儒法二家政治思想的比较研究》《大学之道》《汉石经经数为七补证》《读通鉴杂记》《段玉裁说文解字读创始之期商榷》,共8篇。民国时期对于国学的态度的变化可以从全盘否定转变到在中国传统文化与西方文化之间的矛盾中寻找到最适合的道路,在《楚南旬刊》出版的这个时间段是国学的复兴时期,中国传统文化的传承在本期刊中也得以体现。《楚辞木兰坠露秋菊落英解》是对于《楚辞》中"朝饮木兰之坠露兮,夕餐秋菊之落英"一句的诠解,《大学之道》直接引用《大学》的篇目开篇,《国文教学经验谈——七中国文科会议报告》一篇中从具体的教育方法分析怎样学习国文。《儒法二家政治思想的比较研究》大量引用了孔子、孟子、荀子的言论,又从儒法两家产生的社会背景来分析两家的区别,学术性强。

3.教育和人生哲学类。属于教育的文章有《学问思辨行——张督学梅荪讲演词》《教师之心》《难道这也叫做民主》《宗教与教育》《国学教学经验谈——七中国文科会议报告》《教书人的使命》《还是教罢》《教育改革刍议》《学潮评义》《我的国文课教法》《学宫动态》,共11篇。属人生哲学的文章篇目为:《谈人生意义》《涉世的人生观》《如何适应生活的变态》,共3篇。教育类文章亦在期刊内占据着重要的部分,而且多从教师的角度切入,直接的说出当时教育者的心声,不忘为国家培养先进青年的责任,例如《教师之心》《难道这也叫做民主》《教书人的使命》《还是教罢》;从题目来看《难道这也叫做民主》不像前面几篇一样与教育教师直接相关,但就内容而言对于现状直接提出对教师的要求和希望,前篇说的多是学生借着民主的名义行的不正确的事情,告诫教师不能畏惧这种"民主",重点强调不要忘记老师为国家民族培育青年的重任。相比这些空泛的文章,陈肃先生的《我的国文课教法》就具体的多,他详细的介绍了国文课的教法,从这篇文章中看出一位普通教师对于国文课的认真,对于教师工作的负责。《学宫动态》则是介绍省立七中的教育现状,详细地记录了在该阶段学校各方面的活动,形象生动。《谈人生意义》中采用了先抑后扬的说法,先谈了这一问题出现的原因,指出问题的出现正是因为特殊个人遇到特殊事件所发生,这特殊事件多偏于失意或痛苦这一方面,得出了自杀的这种答案,再接着从历代哲学家对这个问题的研究,得出最后的结果,延伸到一般人。

4. 生化类。其中的文章有《人的来源问题》《光之速度》《男女遗传的决定》《氧化与还原》《雨点落下等速运动之理论》,共 5 篇。《人的来源问题》和《男女遗传的决定》明确归类于生物,也与初中高中的教程内容相似。细读本期刊,不难发现有些篇目具有娱乐性,比如第三期《数的凑合》、第四期和第八九期合刊的《想想看》、第五期《弯弓李立早李八王李的故事》,在《想想看》中还提出了趣味数学问题。

四 结论

综上所述,纵观《楚南旬刊》的整体内容,可谓丰富多彩,所涉及的方面是较多的,对比当今的杂志报刊来看,也是与这份期刊内容分类相似。在《楚南旬刊》的第二期最下边写着"本社社友自行缮写绘图",在期刊中排版清晰,细节处理的十分的恰当,它的字体是多样的,艺术性高。报刊本身就是传播文化的载体,通过本期刊将社会的学者联系起来。《楚南旬刊》本身具有文化的功能,对地方的文化产生了积极的影响,提高了地域文化,特别是第八九合刊将屈原的事迹加以宣传,也可以看作是对地域文化的高度认同,同时《楚南旬刊》宣传教育的各方面,有利于引起社会对教育的关注,在当时教育情况艰难的情况下推动教育的恢复和发展。除此之外,虽说《楚南旬刊》的发行时间很短暂,但依旧能够从这本杂志上探究当时的教育情况,对于研究民国时期的永州教育有一定的参考价值。

此外,《楚南旬刊》的重新发现与认识,对永州地方历史文化的研究有着不可替代的促进作用。文章前面已经提到,省立七中经过半个世纪的发展,目前成为了一所地区性重点中学——永州市第一中学,对其校史的探寻和历史底蕴的挖掘同样具有积极的意义。

参考文献:

[1]湖南省永州市地方志联合编纂委员会.零陵县志[M].长沙:湖南社会出版社,1992:488.

[2]湖南省教育史志编纂委员会.湖南省立第七中学[A].湖南近现代名校史料(卷一)[C].长沙:湖南教育出版社,2012:759,762.

[3]宾步程.省立第七中学概况[J].湖南教育,1941,(19).

[4]《校史》编委会.永州一中校史(1903-2013)[M].永州:佳豪印务,2013:28,115.

[5]无名.更正[J].楚南旬刊,1947,(3).

[6]编者.编后[J].楚南旬刊,1947,(2).

[7]无名.启事[J].楚南旬刊,1947,(5).

[8]无名.本社启事[J].楚南旬刊,1947,(8/9).

(原载 2018 年第 11 期,作者单位:湖南科技学院)

从《楚南旬刊》特辑看民国时期永州的屈原研究

✳ 刘思捷

零陵是一个非常古老的地名,乃楚之故邑,位于湖南省最南端,可称"楚南"之南。潇、湘二水在此汇合,人杰地灵,历代文人墨客多有诗文吟咏,雅称"潇湘"。零陵又是一座承载着上古历史的古城,传说舜帝南巡之时,崩于零陵,葬于九嶷,二妃从征,溺于湘江,神游洞庭之渊,出入潇湘之浦⋯⋯零陵,仿佛天生就是一座充满诗意和浪漫的小城,蕴含着人们对舜帝德行的怀念和对二妃坚贞的赞扬,无疑是中国宝贵的文化遗产。

民国三十六年(1947),位于零陵的湖南省立第七中学(即今永州市第一中学,以下简称省立七中)创办的《楚南旬刊》,是以"楚南"为刊名,十日一期的地方杂志。由于刚刚经历过长期的抗战,日寇的蹂躏,永州在经济、文化上都有很大程度的创伤,而这份刊物的诞生和兴起,犹如是湘南文化界的一炬火把,在零陵古城,燃起了理想主义的光芒。其中第八九期合刊即"诗人节特辑"中刊登了大量有关于诗人节与屈原的诗文,足以体现出这位爱国诗人在永州知识分子心中的重要地位。

遥想当年,每年五月五日端午节,除了例行的祭祀活动之外,零陵古城都有大量诗人为屈原吟诗作赋,以表敬意与怀念之情。时至今日,当地仍旧如期举行一系列民俗活动,潇水河畔,龙舟竞赛,粽叶飘香,纵论古今,这位逝世了近2300年的伟大诗人一直占据着永州地方文学史上重要的一席。

一 屈原与"诗人节"之由来

屈原(约公元前340 - 前278),名平,字原,笔名正则、灵均,中国文人自从有笔名,大概就是从屈原开始的。屈原出生于楚国丹阳(今湖北省秭归县),他的一生,经历楚国三代君王:楚威王、楚怀王、楚襄王。屈原本是新兴地主阶级出身,他又是一位"贫士"。在战国时代,各国新兴地主阶级及其代言人都纷纷要求变法,屈原也曾主张变法,在他作"左徒"一官时,打击封建贵族势力,保护地主阶级利益,但最终也因贵族举行的宫廷政变而宣告失败。屈原对内主张举贤任能,修明法度,对外力主联齐抗秦,不幸后来屡遭贵族排挤,被流放至沅、湘流域一带。他一生共遭两次贬谪流放:第一次被流放是发生在楚怀王与秦昭王武关之会时,而这次会盟又是楚国国内的亲秦派与反秦派的政治博弈,亲秦派的首领楚怀王夫人郑袖和他的小儿子子兰,以及一些受秦国贿赂的贵族,他们对屈原肆意构陷,为了讨好秦国,联手驱逐屈原出都,不许参与国事。屈原在外流浪三年后终被召回。楚襄王之时,秦国猛将白起攻韩于伊阙,大胜,秦昭王致书楚襄王,这便是提醒楚襄王这是最后的通牒了。楚襄王震慑于秦的威力,遂与秦国言和,令其弟子兰作为令尹,而子兰正是亲秦派头目,屈原又遭到第二次流放。不久秦将白起攻占郢都,屈原在极度悲愤下,投汨罗江自杀。屈原在流放期间曾写下许多不朽诗篇,主要作品有《离骚》《九歌》《九章》《天问》等。屈原是中国古代浪漫主义诗歌的奠基者,他在楚国民歌的基础上创作了新的诗歌体裁"楚辞",开创了"香草美人"书写情志的传统。

屈原死后,百姓每年的五月初五自发到江边悼念,龙舟竞渡、吃粽子、喝雄黄酒的风俗,遂成传统,流传至今。

关于"诗人节"的来由,可以追溯到抗战时代。抗日战争初期,中华全国文艺界抗敌协会(后简称"文协")在武汉成立后不久,即因局势紧急迁往重庆。到重庆后,该会各部(总务部、研究部、出版部、组织部)即积极展开了活动。总务部总揽一切对内对外事务,以老舍为首;研究部只管学术研究、召开与推动各种座谈会的活动等等;出版部主要负责编辑出版会刊《抗战文艺》。1938 年 8 月以后,先后汇集到重庆的诗歌工作者渐渐多起来,于是在研究部下设立了一个诗歌组,主要负责推动当时的诗歌运动,主持人是方殷。诗歌组召开过多次座谈会,讨论过诗歌大众化、诗歌的语言形式等等问题。与会者有时多至二三十人,其中有厂民(即严辰)、老舍、何容、安斌、长江、魏猛克、袁勃、臧云远……等。在一次次座谈会上,方殷倡议:把每年农历五月五日民间纪念大诗人屈原的日子,订为"诗人节",以"效法屈原的精神""使诗歌成为民族的呼声"。这个倡议立即得到一致热烈的支持,并决定由臧云远起草《诗人节宣言》,交郭老审阅后送各报发表。于是在以后的日子里,每年的端午节,就成了"诗人节"。诗人们在这个"自封"的节日里,朗诵自己的作品,交换写作的意见,谈论诗歌上的各种问题,"节日"气氛非常浓厚,大家情绪亦十分欢腾。[1] 著名的"南国诗人"梁宗岱还为第一届诗人节写了《屈原》一书,对屈原表达了无比的崇仰。同年5月30日,由"文协"主持,在中法比瑞同学会会址举行第一届诗人节庆祝会,发表了《诗人节缘起》一文,权作"宣言"。

可是,好景不长,随着国民党反动派反共高潮一次再次的袭来,诗人们遂各自分散,自"皖南事变"之后,这个"诗人节"也就无人再提了。

二 湖南省立第七中学与《楚南旬刊》

省立七中是零陵地区唯一的省属高中,先后为湖南省立第七中学、零陵第一中学、零陵工农中学、永州市第一中学,直到今天。

省立七中诞生于漫天硝烟的战争年代,她从日寇轰炸的烟尘中挣扎出来,顽强生存;在大旱疫病流行的灾年,她的全体师生一同节衣缩食筹募赈款,接济灾民;终于等到了和平的时代,她又再次书声琅琅,培育出来的是一批又一批的时代精英……。据省立七中校史,我们可以了解到更多关于她那个时候的故事:清末民初时,永州所属八县只有旧式书院,不分高初中,直到民国中期,仍没有一所完全中学。学生升入高中必须赴往长沙、衡阳,十分不便。东安耆宿、著名教育家、实业家宾为程有鉴于此,多次向省有关部门申请在零陵办一所完全中学。众多渴望知识的学生老师共同期待的愿望终于实现了,1939年9月,这一申请终获得批准。初名"零陵高级中学",学校招收高一年级新生,于同年10月10日在苹岛开学,12日正式开课。1940年春实行新学制,规定每个专区办一所完全中学。零陵属于湖南省第七学区,于是在1941年遂改名为湖南省立第七中学,同时开办初中。

省立七中自创办至解放,为时10年,组织管理制度井然有序,以校长为首,教务处主任、女生指导员等管理阶层,各司其职,精抓实干,将学校治理得有条不紊,出现一派学风浓郁之象。关于招生问题,省立七中选择了当时众多学校的招生制度,即实行春秋两季招生,高中、初中各招收一个班级,男女兼收,不分籍贯。省立七中在教学方面一向追求的是重质不重量,为学生编制的考试制度也十分严谨,与现在的考试制度十分类似,试卷均是密封,考场混合编座,老师们严格监考,集中阅卷,科学计分。学校课程均按教育部审定的标准设置,一般采用审定的教材,参考各大书局之善本,如数学就采用《范氏大代数》作为高中课本。在导师的严格要求下,学生对上课与自修都能严格自律,班班订有《学习公约》,对先生、同学和工友都要"文明有礼",经常开展自我批评,培养优良的学风和校风。正是在抗战时期这种艰苦情况下,省内许多教师为避寇而来,学校趁机聘用了一大批优秀教师。[2]

在以上多种优势因素的利导下,省立七中成为了零陵地区历史上规模最大、教师队伍最整齐、设备最完善的完全中学。它培养了众多莘莘学子,为更多想获得知识的青年提供了一个温暖的学习之地。直至如今,它以一个全新的名字——永州第一中学,继续散发着知识的芳香,延续了文明的光辉,让智慧一代接着一代地传承了下去。

省立七中主办的期刊《楚南旬刊》,是一本民国时期的刊物,首次发行于1947年4月,合计发行九期。该刊物栏目丰富,内容精彩,学习性强,内容大致分为哲学、文学、教育、学术、诗词、理学等类别。作为一本主要关注学术的刊物,其在文学、诗词、学术和教育方面涉及颇多,但也是一本宣传学校和联络校友的刊物,对学生的学习、课外知识的拓展,甚至对其他众多社会人士也有着不可估量的影响。

该刊的简单约章云:"本社欢迎社外来稿,刊登之后,暂以本刊为酬。"我们可大致推测出该刊作者主要来自校内学生和教师,同时欢迎社外各界人士投稿。经过甄选后刊登的作品,其投稿人还可以获得该刊物作为报酬。旬刊打着"欢迎来稿,接受批评"的旗号,获得了许多知识人士的青睐,许多优秀的稿篇纷纷而至,甚至造成了"供过于求"的现象。现摘录《楚南旬刊》第二期"编后"如下:

> 由于印刷的限制,篇幅太少,许多珍贵的来稿未能发表,长篇大著,准备另印专刊。敬希原谅。创刊号八百份,出版的那一天,便抢购一空,以致各方应赠送的都无法支配,代售处也因此为了难。我们十二分的抱歉,以后当尽量增加份数以副雅望![3]

在1947年《湖南教育》年刊中,彭冷白先生在《迈进中的七中》一文中指出:"文化墙上常是五颜六色,一期比一期精彩,还有与校外联系的《楚南旬刊》,现已出了第九期,销数从八百份发展到两千份。"由于印刷成本的增加,销售额的爆棚,纸张的增加以及通货膨胀,旬刊的价格也日益有所涨高。从旬刊中看,前四期的价格零售国币400元每份。抗战结束两年后的发行的《楚南旬刊》正处于这个物价爆涨、纸币贬值的时代,甚至于当时人们吃一碗面都得花上350元国币,而知识性与趣味性并存的《楚南旬刊》仅以每份国币400元这样实惠的价格出售,足以看出《楚南旬刊》是一本名副其实的惠民、利民的大众刊物,受到社会各界的喜爱也是再正常不过了。《楚南旬刊》发行至八九期合刊便终刊了,从第八九期合刊中的"本社启事"中我们可以知道原因:

> 查本社社员,系湖南省立第七中学校友,平昔教学鲜暇,对于本刊之编缮发行,颇感时间难敷,焚膏继晷,习为常事。兹值各校解假,社内工作,繁重逾昨,且各社友,将行返籍,联络难周,在铅印设备尚未具备之零陵,继续发刊,深恐有所衍期。爰经决议,暑假期间,暂行停刊。特此布露,敬祈曲谅!又本刊自发行以来,荷蒙各地读者来函奖勉,惠颁颂词,或赐鸿文,以篇幅有限,未克刊载,或一一至复,又恐精力不济,心感之余,殊深歉疚,并此申谢,谨启。[4]

上文启示中还提到的有关印刷的问题,由于零陵不具备铅印技术,《楚南旬刊》采用的是当时已经为数不多的较古老的石印技术。石印是根据石材吸墨及油水不相容的原理创制的一种平版印刷的方法。由于这种印刷方式存在一定的弊端,即极易受到天气的影响,从而影响印刷作品的质量,易出现印字不清、漏字等现象。这是造成旬刊发行到第八九期便终刊的一个现实原因。

《楚南旬刊》由零陵永新书局总经售,发行所为楚南旬刊社,社址位于零陵县学宫湖南省立第七中学。据楚南旬刊社社友记述,全部文章排版都为本社社友自行缮写绘图,即编辑部收到投稿后,社友会将文章略作修改后整齐地抄写在纸张上,以供石印之用。为了呈献给读者更好的视觉效果,让刊物更加美观,社友还将文章标题文字艺术化、添加花纹图案、设计特色边框等等。这些细节化的操作使得旬刊变得更加精致,有趣味性,且将学生年轻的本质,活力的个性特色彰显得淋漓尽致。

三 《楚南旬刊》之致敬屈子

屈原作为一个伟大的爱国者、诗人为后世所景仰。他流传下来的诗词读起来令人愤慨激昂,令人看到他身处那个时代的无奈与悲愤。他的诗歌充满了激情,或洋洋洒洒地展现自己的"得意",或满腹忧愁地诉说自己的"失意"。他那深厚执着的爱国热情,在政治斗争中坚持理想、宁死不屈、追求真理和对现实大胆批判的精神,给后人作出了示范。后世无论是作家、学者,亦或是学生、工人……社会各界都对屈原充满了敬意。在临近诗人节的五月,《楚南旬刊》为纪念屈原,特发行"诗人节特辑"以表敬意。在八九合刊中,《楚南旬刊》共收录关于屈原与诗人节的诗文多篇,分别是应愚的《莫再辜负诗人节》,尹镇湘的《屈原之人生与作品》,孔扬的《怀念灵均》,陈壮秋的《吊屈平》七律三首、《吊屈平》七绝二首,《吊屈子赋》赋一篇,李厚则的《诗人节感颂屈子》五古一首,尹子正的《读骚怀屈大夫》七古一首。

从目录上看,文章以怀念屈原,强调诗人节为主,重点突出屈原和诗人节的莫大关系。还有的文章是对屈原作品的分析阐发,有关打油诗的介绍,还刊登了为纪念屈原而作的古体诗、近体诗和赋等篇章。从内容看上,都是抒发了对屈原的赞美与敬意,以及对诗人节的感叹。

《莫再辜负诗人节》是应愚先生发表的。他指出自从我们这个泱泱大国日趋安定以来,新的节日一年又一年的多了起来。神而圣之的有"教师节",慈而爱之的有"母亲节",热而烈之的有"青年节",风而又雅的有"诗人节"。除此之外,屈指难数的节,其实是不可胜计。如今节日是如此之多,人们日益欢呼于西方的圣诞节、复活节、愚人节……而对中国自身的节日却有所忽视,在这种情况下,又要如何不辜负我们自己的节日呢?应愚先生建议应从两方面来共同承担这一责任:一是靠政府,二是靠各种从业的人。在这方面,要做到不能丝毫有所偏倚或推诿,各司其职。拿"诗人节"这个日子来说,这是被誉为诗人的节日,先生们应该自求其作品能够反映出万民的要求,讽喻时政的得失,表现时代的特性,让自己这一颗心灵成为民众的共鸣,让每一作品成为一种"天籁"。失乎此,则"倡优犬马之娱"等耳!乌得有称。而政府,慢慢使人民家给富足,设立各种有利于成长的学术研究机关和奖励天才的基金,使众人各尽其才。最低限度,也应该让艺术超越一切党派,不要使艺术上的幼苗在党派的阴谋和倾轧之下,受其摧残。此篇文章中作者还大量运用诗词来阐述自己的观点:所谓"文必穷而后工",古往今来成名的诗人,事实上是没有几个是处境优裕的。屈原之含冤沉沙,已毋置论。即以被誉为"诗圣"的老杜来说,那种"老妻寄异县,十口隔风雪,谁能久不顾,庶往共饥渴。入门闻号啕,幼子饥已卒"的窘况,岂常人之所能安?然而,在"昨夜东风吹血腥,东来橐驼满旧都"的动乱年代,到底还保持着"生常免租税,名不隶征伐"的身份,还能"骑战三十载",从幽静淡泊中,去求得精神上的安息。因此,穷只穷得他的躯体,穷不到他的心灵。尽管"雨中白草秋烂死"仍有"阶下决明颜色鲜"为其心境之生发,而"著业满枝翠羽盖,开花无数黄金钱"更是何等悠闲自得之境。将大量诗词填充在文章之中,足以看出作者满腹经纶,诗词量之大。"我们需要伟大的作品,在现代中国诗坛上,这已经成为一致的呼声。可是,所谓'伟大的作品'为什么迄毋问世? 空前未有的时代,应已无所负与诗的创作,事实上毋宁是现实的社会,辜负了时代;毋宁是诗人们辜负了空前的时代! 我们要求整个现实社会培养大国的风度,我们还要诗人们正视现实,正视人生!"作者应愚强调莫再辜负诗人节!

《怀念灵均》的作者孔扬则详尽的表达了对屈原的怀念与敬佩之情。孔扬指出:两千两百二十五年后的今天,灵均还是这样鲜明的活在人们的心里,不仅是活在人们的心里,人们还将在一个特定的日子举行仪式,表示纪念的情意。一个国破家亡、满目疮痍的时代,两个不争气的君主,一群谗谄邪曲的小人,弄得国都沦陷,君臣上下仓皇出逃,而这时候,屈原选择了不与世俗同流合污,宁可自沉也不愿屈服,这是一颗多么高洁忠贞的心灵啊。《屈原的人生作品》肯定了屈原的忠贞,其爱国诗篇在古今文学史上诚然占据着崇高的地位。原著作在《汉书·艺文志》存有二十五篇,但其中可信的,惟《离骚》《九章》《天问》十篇而已。篇数虽然少,但单从这些篇章就可以看到屈原思想之全部和屈原作品之艺术精湛。再对诸篇深入研究讨论过后,其精神之凝聚,学问之归宿,都在《离骚》中有写到。《离骚》全篇两千四百七十七个字,集中体现了屈原思想的核心,"说诗释语"说的就是《离骚》的诗文了吧。

诗人节特刊还刊登了陈壮秋的三首律诗、二首绝句和一篇赋,现摘录如下:

吊屈平(七律其一)

阶畔榴花满眼红,龙舟竞渡吊诗翁。

二词遥寄湘妃怨[注一],千载空怜楚士忠。

蒲剑终难诛魍魉,彩丝能否避鱼龙[注二]。

怀沙江底终沉恨,问卜悲天泣道穷。

吊屈平(七律其二)

沦茗挑灯读楚辞,兰茝芳草烂纷披。

滴残蜡烛干枯泪,抽尽僵蚕婉转丝。

满腹离骚留异世,一腔悲愤托幽思。

窗前夜半虫如泣,恍听潺湲汨水澌。

吊屈平(七律其三)

呜咽江流泪欲垂,龙舟竞吊系哀思,

蔽明莫塞谗人口[注三]，竭智难期新主知[注四]

看醉岂能容独醒，哺糟何不歠其醨？

潇滨我亦行吟客，忍把蒲觞读楚词！

注一：楚辞《湘君》《湘夫人》二篇。

注二：屈原死后，土人怜之，常至江边致祭，屈原告曰："所投祭饭，投为鱼龙攫食。嘱须于五月五日，以丝缠得竹筒，盛饭沉于江底。则鱼龙避走，可以享食。"今日粽子，典所由来。

注三：屈原为上官大夫谗于楚怀王，因是罢免。

注四：屈原至顷襄王时始放逐。

吊屈平（七绝其一）

角黍蒲觞故事留，为人空巷看龙舟。

强邻在侧忠臣逐，谁识当年去国忧。

吊屈平（七绝其二）

吾谋不用实堪伤，计中张仪国竟亡。

一入秦关终不返，忠言空谏楚怀王。

注：屈原在朝，强秦张仪诡计不能难，设法赂上官大夫等谗之，使其罢免窜逐，得以遂灭楚之计，当秦诱楚怀王入关，屈原力谏不能阻，入关后，即不复返。未几至楚顷襄王，国亡于秦。

仔细分析这些作品，我们可以看到作者对屈子的满满情义，浓厚忠贞，对屈子精神的敬仰和对屈子作品的极高欣赏。细看这三首律诗，既有叙事诗，又有抒情诗。七律《吊屈平》其一，开篇写到河畔边上的石榴花开得红艳欲滴，好艳丽的美景，河上龙舟竞赛，热闹非凡，借景抒情，以前面的乐景、美景衬托出下文凭吊诗翁屈原的忧思。二妃还有屈原的《湘君》《湘夫人》两篇可寄托的怨恨，而楚国人们的忠心流传千载却只能空空哀怜。那些作恶的人总是不能得到恶报，而裹着彩丝的祭饭又能否劈开鱼龙？屈原怀恨沉江，试问苍天也只能泣涕无法申诉。该诗借景抒情，以乐景衬托出下文对屈原怀恨沉沙而不得已的忧愁与悲伤，是一首哀悼佳作。七律《吊屈平》其二，外面已是深夜，窗外兰芷芳草披裹着大地，室内之人挑灯夜读，读的是屈原一生的佳作结晶《楚辞》，照明的蜡烛已经滴干无泪，春蚕已是吐尽蚕丝。屈原你满腹经纶，才情万丈，只留得《离骚》于世，怀着满腔的悲愤寄托着忧思存留于世，自己却选择沉江而亡。时间过得极快，读着读着，已是夜半，窗外的虫鸣此时听起来，似哭泣，几哀愁，诗人恍惚间听到那泪水河畔潺潺的流水声似乎是在咆哮,在嘶吼……此篇以"挑灯读离骚"开篇,体现了作者十分热爱且专注于读《离骚》,哪怕是深夜也仍然挑灯夜读,《离骚》中那一篇篇满腹情感的经典著作和那一份无力报国的无奈与痛苦,更是令作者深思辗转反侧夜不能寐的。此诗化用李商隐《无题》中"春蚕到死丝方尽,蜡炬成灰泪始干"一句,正是写出了作者感同身受屈原那致死都不屈从认命的态度。最后一句,由近及远,从眼前窗外的虫鸣到远方汨罗河畔河流的潺湲声,如泣如诉的虫鸣是实,汨罗河水潺湲实虚,虚实结合,使得全诗更显韵味美。七律《吊屈平》其三,江河流水声仿佛是呜咽声,听得人欲哭垂泪,龙舟竞赛系着百姓的哀思,谗人的嘴永远堵不住,只期望新主是明白善恶是非,莫让屈大夫再遭放逐。诗人走在潇水河滨,忍住内心的悲伤读《楚辞》。这是一首抒情诗,此诗与《吊屈平》其一,在写法和抒发感情上均有相近之处,不再过多赏析。

绝句以其四句篇幅短小精悍为特点,却也饱含者满满深情。绝句《吊屈平》其一,当年屈原的故事仍流传至今,每年一度的龙舟比赛火热进行,一时万人空巷,强国在一旁岌岌可危,而忠心的臣下却屡遭贬逐,又有谁能知道当年国家沦落家破人亡的悲伤呢?此篇借古讽今,写了当朝统治者无作为的无奈与悲伤。绝句《吊屈平》其二,忠心的谋臣不用实在是令人忧愁叹息,国家中了张仪的诡计而最终灭亡,怀王一进入秦国便不得返,对怀王的忠言劝谏全成了空谈。这是一首叙事诗,叙述了楚王不用忠臣不听劝谏最终国亡于秦的无奈。

这些作品,均以端午龙舟作为意象继而抒发屈原的悲愤,可推断出均为端午前后所写,文风质朴而真切,是诗人对屈原的深切怀念之情的表现。

屈原怀着满腔悲愤与无奈离开了人世间,后人说他是以身殉国,是为了宣泄心中的愤怒。"屈原做出死亡的选择,最终自沉汨罗,并不是一时想不开,相反是长久地沉思,心灵上不断矛盾斗争的必然结果。"屈原生活在一个百家争鸣的时代,它吸收了儒、道两家思想这并不为奇。儒家的"美政"理想破灭之后,他也萌生过"远游"的遁世思想,然而最终他发现这两种思想都不能实现对社会现状的改造。他意识到这两种思想的局限性,因而"上下求索",力图寻求一条新的出路,却又始终无法找到。这种思想上的"空虚"和精神上的"绝望"对于屈原这样一个情感热烈而又执着追求的人来说是极可怕的,或许这也正是他结束生命的原因。[5]

吊屈子赋

嗟予之不逢时兮命宫魔蝎,罹千载之浩劫兮□肆□贼,投笔从戎兮转徙南北。抗战八年兮面有饥色，怀书十上兮莫采予策，类泽畔行吟兮忧思难说！向湘君诉怨兮竹染泪血，伤浊世渎汝兮莫辨黑白，瓦缶雷鸣兮黄钟埋没，香草美人兮孰识高洁，万卷撑肠兮徒费楮墨，抱瑜握瑾兮毋以贾客，骚词满纸兮人疑揣测。搔首问天兮愁肠百结，徘徊峻流兮吾道安侉。冰炭不同置兮忠佞迥隔，才与命相违兮知白守黑，舍之则藏兮保身明哲，叹屈子之忠鲠兮独遭忌刻，审江南之泽畔兮于计亦得，曷不旷达兮吟风弄月，披肝沥胆君不知兮无奈馋人之在侧，顷襄王之昏愦兮徒效臣节！汨罗衔冤兮千载凄恻，竟抱幽恨以终兮似受讥笑于河伯，何不纳渔父之进言兮歠醨亦可塞其责，因先生之高风兮有所不为！宁沉于江底兮以表忠烈。呜呼！遗书离骚廿五篇兮词宗之则！先生芳□□□兮，永为后人之圭臬！[6]

《吊屈子赋》为陈壮秋先生所写，看标题便自然地令读者联想到西汉初年的政论家、文学家贾谊所写的《吊屈原赋》。汉文帝四年，贾谊被贬为长沙王太傅，及渡湘水，历屈原放逐所经之地，对前代这位竭诚尽忠以事其君的诗人的不幸遭遇深致伤悼，于是写下此赋。贾谊的境遇与屈原相类似，因而在此赋中作者借屈原以自况，抒写出悲愤哀伤的感情。《吊屈原赋》以文辞清丽，抒情浓郁而饮誉于世。刘勰在《文心雕龙》中对其评价"辞清而理哀"，正道出了贾谊这篇短赋被历代文人心慕手追的原因。文章开头便引用贾谊的《吊屈原赋》中的："侧闻屈原兮，自沉汨罗。造讬湘流兮，敬吊先生。遭世罔极兮，乃殒厥身。呜呼哀哉！逢时不祥。"想来是作者为凭吊屈原而作的一篇赋，作者表达了对屈原无奈忧思的同情和对屈原高洁不屈的美德的赞扬。"香草美人兮孰识高洁"，香草和美人都是太过美好的事物，是屈原的毕生追求，也是他人生自我价值的实现。"香草美人"是诗歌的象征手法，是屈原的独创，香草美人在屈原作品中被赋予各种含义并且反复出现，这使得其文字迷离而幽深，富有浪漫情调，整体一个香草美人的世界。香草美人不仅是屈原的自比，作者将屈原也看做香草美人，体现了对屈原才能卓越、高贵品德的认可与欣赏。

这些写屈原的作品，无论是律诗、绝句或者七古，亦或是赋，都表达着那份浓浓的对屈原思想高洁忠贞的敬仰和每逢诗人节的哀愁。屈原以其烁古震今的高尚人格及精彩卓绝的绚丽诗篇，为后世留下了宝贵的精神财富，其独特的气质形象和丰富的作品内涵也成为历代学者反复研究、深刻琢磨的对象。以屈原及其作品为主的《楚南旬刊》（诗人节特辑），无一不凝结着投稿人与编者们对屈原的崇敬和景仰，同时也渗透着当时广大读者对屈原的理解和欣赏。

四　结论

综上所述,《楚南旬刊》(诗人节特辑)中刊登的诗文不只是"诗人节"的献礼,作者极为用心,将自己的对屈原的致敬与赞扬体现在字里行间里,令人读来感怀至深,反映了当时屈大夫在知识分子心中的地位。

诗人节是一段永恒的过往,虽至如今已不再提"诗人节"这一个日子,但诗人节的精神永远存在,屈大夫的楚辞经典,例如《离骚》《九歌》等,如今仍有大批知识分子学习、研究;屈大夫创造的骚体,今天仍被学者效仿学习;每年五月五的端午节,汨罗河畔龙舟竞赛、粽叶飘香。所以说,屈原精神永存,诗人节精神永存。

平心而论,民国时期的《楚南旬刊》是当时永州学术界的一本重要刊物,在今天仍可算是一本承载了岁月的刊物。它的存在,不仅反映了当时普通民众的心声,而且有利于我们了解民国时期永州的屈原研究。同时,对中国楚辞学的断代史研究都有积极意义。

参考文献:

[1]常久."诗人节"的由来[J].新文学史料,1979,(03):39.

[2]《校史》编委会.永州一中校史(1903－2013)[M].永州:佳豪印务,2013:23.

[3]编者.编后[J].楚南旬刊,1947,(2).

[4]无名.本社启事[J].楚南旬刊,1947,(8/9).

[5]张璞.浅谈屈原之死[J].今日湖北月刊,2011,(9).

[6]陈壮秋.吊屈子赋[J].楚南旬刊,1947,(8/9).

(原载 2018 年第 11 期,作者单位:湖南科技学院)

时代的见证:《香苓期刊》与零陵县立中学

✳雷 蕾

永州名胜香零山历史悠久,景色秀丽,自秦汉以来就为世人所称颂。当时,山中盛产一种名贵的香草,名叫"香苓",据说这种植物清香四溢,胜于椒兰,比过杜若。民国时期零陵县立中学校刊《香苓期刊》中的"香苓"二字,大概便是取自这种香草之名吧。

零陵县立中学在当时为此县的最高学府。民国三年(1914),士绅蒋熙瑞等人与县知事赵孟初创办零陵县立中学,校址为群玉书院[1]。书院遗址在今永州市第三中学第一教学楼下面。群玉书院始为知县陈三恪于乾隆三十四年(1769)兴建[2],由绅士集资捐款创办,不算官府设立,只是后来给予一定补贴而已。因面对群玉山,故以此得名。书院内前有讲堂,湖广总督阮元额曰"香苓讲社"。据说,群玉书院的前身又为唐代的三亭学舍,是读书林亭、湘秀亭、俯清亭三者的总称[3]。因旧址早已废弃,具体方位现在无法稽考。1905年至1906年,清政府先后谕令"立停科举以广学校",于是群玉书院改为群玉小学,1914年在原有群玉小学的基础上建立零陵县立中学[4]。其间该校经历了零陵县初级中学、零陵县第三初级中学、零陵三中、红旗中学、永州镇三中、永州市第三中学,等等。1981年被定为市属重点中学,现为省级现代教育技术实验学校。校内有永州八景之一的"恩院风荷",是一所融自然风景与人文景观于一体的花园式学校。

一 《香苓期刊》的办刊宗旨

《香苓期刊》最早于民国二十一年(1932)首次发行,具体情况不详,或许是受战乱纷争的影响,文献散佚,目前创刊号已无法查阅。之后,相隔五年才得以复刊。复刊第一期总共86页,其中正文部分占据了72页。这一期在民国二十六年(1937)八月发行,出版时间在"七七"卢沟桥事件发生后的第二个月,当时中国正处于全面抗战的初始阶段。现将《发刊词》迻录如下：

在大中华民国领土的角落里——零陵，什么政治、交通、教育的发展，固然是赶不上其他文明进步的县份；可是今年来几经政府当局的提倡，县内人士的协助，从事于各种建设，虽然不能说有一日千里的进步，然而考其成绩，却实较从前好得多了！这并不是我们故意颂扬零陵，而是从事实上证明出来的。不过话虽这样讲，究竟不能在现状之下，遂谓登峰造极，以后一切的一切，还待各方面的努力。现在单就教育方面来说罢。

一县教育的发达，固然是盼望着教育经费的充足，主持教育的得人，然而期待于织成学校的份子，各自努力者甚大！本校是零陵最高的一个学校，也可以夸大一点说是零陵的最高学府。虽说蘋校同是中等学校，然而它是永属八县的，不过校址设在本县而已。所以零陵最高学府的名称，本校是可以毫不犹豫而承认的了。

本校在零陵社会上的地位，既然如此崇高，那么除开学校应有的努力不须我们饶舌外，在我们每个同学的脑海中，应当具备自治的精神，坚强的毅力，纯洁的意志，服务的热情，朝夕对准课程勤恳地用功，这就是做学生的天职。同时要使社会人士明瞭本校的教育情形，于是发行校刊这件事，不能不使之实现。所以在开学以后，同学日日在讨论着，奋勉着，直到今日，这本幼稚的刊物，才呱呱堕地。说起来真也惭愧，校刊的发行，自有本校以来，这是第二次，第一次发行是在民国廿一年，时间上中断，现在是五年多了。这中断的原因，此时也无须追求，只要将来能够继续罢了。

本刊的内容，当然值不得估量什么价值，更值不得学者们一看！不过就本校同学说，却也有相当的重要。因为一个青年，各有各的感觉，各有各的认识，同时各有各的兴趣与思想。有时看见时局的匏尵，就本着自己的热忱赤心，写些爱国文字；看见社会的黑暗，就本着自己侠情义胆，发舒不平的呼声；看见前途的危险，就本着自己的良心敏觉，表示切实的反省；看见奇观美景，就本着自己的幽情雅致，呈显欣赏情怀。总之我们把一切的观察和感想，都借着这里流露，来昭示社会。然则这本刊物，可以看作现代社会的缩影，也可以看作本校同学的内心。

其次，刊内作品，在描写的艺术方面，当然也算不得什么精熟；不过中外古今的文豪，当其造诣未精的当儿，也未尝不经过这样阶段。所以本刊出世以后，一方固求让社会人士的原谅，一方面也可策我们同学的自力。

简单直白的《发刊词》不仅透露出了期刊的文字风格,而且方便社会人士明瞭零陵县立中学的教育情形。随后,在末段又表明了此刊发行的目的:"把一切的观察和感想,都借着这里流露,来昭示社会。"如此胸怀天下的语气,给与了这本期刊一种亲切感,拉近了读者与作者的距离。复刊第一期在战火纷争、资金困难的条件下诞生,可谓是来之不易。

尾随《发刊词》,还附上了一篇由编者所撰的《本刊告白》,内容如下:

朋友!你曾经看见过没有?大会中的宣言,路旁的快邮代电,真不是无意义的笑谈,也不是无故的举动,要是为了一切重要的事件和应该要说的言语,他才肯费了这许多的经济和力量,创成这张文字满目的讨厌物;要不是这样,我相信也没有这件物品,既然有这物品的发行,当然也少不了有所希望,这希望虽然不能完全要得到你的帮助,但是至少也要得你梭个眼角,明了他这种事实及希望,才算是达到了他 X 分之 Y 的目的,然而现在一般人,若不识文字一样,凡是人家所发来的这类物品,一被他瞧完了"诸君!""同胞们!""同志们!"等的叫场白后,他不是把它弃于地面,遭众人的踩蹋,便是利用它来作卷烟、覆甕、拭汗等的用途,这究竟合不合于事实呢?请你给我一个感想罢!

朋友!本刊会因为受了同学的爱护与学校的同情,才得募来了一笔巨款,集来了几篇不时的作品,发成这本姿势不摩登,取材不简鲜,印刷不分明的期刊,这已经是费尽手腕,用尽苦心的了,哪还能赶得上其他文明地方的学校的创作,实在是对不起读者。但是要请读者原谅。切勿忘了"物不得其平则鸣"的格言,去蹈上述的惯例,全然漏过了作者的热情;同时我也相信读者想得到作品给与人们的东西是意义,这意义的影响,虽不及于我个人的环境,但或能及于其他人们的环境时,于是作品有帮助事业进展的可能,也许有造成国家伟人的实效;那么,只要是和乎大道的作品,读者都愿意读读,绝不会专究于文字,轻弃作者的作品,辞却作者的诚意的,我也敢断定我所唤的亲爱的朋友,绝不会蹈弊罢!

呀!哪里传来了这许多言语的声音。啊!那边《香苓期刊》开幕了。

也是我们实行他所恳切地要求我们的话的时候到了,试静静心罢!

此期刊编写和发行的时间,恰好是国民政府统治的"黄金十年"时期。在"黄金十年"期间,中华民国在政治、外交、军事、经济、文化、教育、社会、边疆民族政策等施政各方面皆取得了一定成就,整体为近代中国较高水平,故国民党领导的政府在当时深得人心,因而文章多半是褒扬蒋委员长的"丰功伟绩"。相反,民众不仅对共产党抱有偏见和排斥心理,诬称其为"赤匪"。

　　此阶段的零陵,尽管交通便利,物产丰富,但只是一个小县城。而现在的零陵,则为永州市的两个主城区之一,无论是从交通、经济还是文化上来看,都较以前有了巨大的发展。尽管在抗日时期遭受了巨大的损失,但县立中学仍然能接受住这岁月的洗礼。1931年,国民党在县中建立组织(主要任务是反共、防共)逐步操纵教育大权;1934年,县中附设简师班停办;1938年,陆军炮兵学校从南京迁来,占用县中宿舍,县中迁移南乡黄田铺一带办学;1940年,反动当局诬陷共产党,大肆镇压学生;1944年,零陵县转发教育部颁"国民强迫入学办法",学校生源增加,但后来日军陷境,学校停办;1946年秋,各校复课,劫后重建校园。[3]从1914年正式立校到1949年解放前夕,县中走过了一段不平凡的岁月。正是这坎坷的岁月,才使得同学们更加坚信自己的民族意识,更有勇气表达出对侵略者的不忿,从而锻造出一种慷慨激昂的文字。

　　《香苓期刊》由零陵县立中学校学生会编辑室编辑,发行者为该校自治会,印刷者为零陵化愚印刷局。此期刊由在校学生和相关职员所编撰,参与的人员有屈銎、周仁、孙长清等,期刊所需费用大部分由在校人员所捐赠。此外,《香苓期刊》在用词方面上还比较直白,读起来通俗易懂。虽然有些文章还稚气未脱,但依然能深入人心。以下为征稿要求:

　　　　一、本刊征求抗日言论、学校写真、青年生活、读书心得,以及诗歌、小说、游记、杂感等作品。

　　　　二、来稿文言语体均所欢迎,惟须缮写清晰,并加新式标点。

　　　　三、来稿负责人有删改权,揭载与否,原稿概不检还,请勿函索。

　　　　四、刊登时所署之名,任投稿人自由。

　　　　五、经揭载之稿件,或酬以本刊,或其他赠品,藉答雅意。

正是这些内容和格式的限定,才使得期刊条理清楚,易于阅读。

二　《香苓期刊》的编辑人员

　　此期刊发行之际,贾步蟾担任当时零陵县立中学校的校长,蒋楚善任该校主任。参与编辑《香苓期刊》的人员大部分由零陵本地人所组成,少部分来自外地,如江西和广西。其中以男生居多。本刊编辑主任为金文灿,编辑委员为罗星、赵祥云、蒋元伸、唐为尧、皮德隆、周祖佑、张慧南、卿世洛、梁正、唐炯、唐森锦、郭开国、唐磊等13人。零陵县立中学校学生自治会成员皆为男生,而零陵县中分校自治会成员皆为女生。在本校学生自治会召开的第四次代表改选会中,屈鋆(别号"兴文")、周仁(别号"崇明")、张子凤(名不详,字"子凤",以字行)、祝景文(别号"宾")、陈熊飞(未知)、黄云(别号"振动")、屈镇鑫(别号"玉华")选为干事。屈鋆为常务干事,周仁为文书干事,张子凤为财务干事,祝景文为体育干事,陈雄飞未知,黄云为卫生干事,屈镇鑫为游艺干事。在零陵县中分校自治会中,杨素珍管理常务方面,赵详潘管理纠察方面,张慧南管理文书方面,王淑珍(别号"齐欣")管理卫生方面,张玉管理体育方面,邓琼管理财务方面。在零陵县立中学食事会,张学远担任总经理职位,金文灿担任副经理职位,赵祥云担任监讯主任的职位,执行委员由王丽圃、李瀚、孙长清、邓廷爵组成,监讯委员由周瑚、彭良芬、朱新元、张威、陈培柄组成。

此外,本刊还有一篇《编辑余意》附在页尾。记录如下:

> 这本潦草的刊物,在这长延的时间内,也算是马马虎虎的发行了。回忆以前,蒙得各方的信仰所生的力量;相像以后,蒙得读者的重看所收的效果,皆为本刊会感激不尽,刻记不忘的。现在下面表示:
>
> (一)鞠躬以谢本校校务室津贴本刊刊费三十元之重视。
>
> (二)鞠躬以谢本校同学捐款以助本刊刊费之热情。
>
> (三)鞠躬以谢读者透观刊文之忍耐。
>
> (四)鞠躬以谢投稿本刊者之爱护。
>
> 再者:因篇幅有限,对于已录取之稿件,尚有未登入者,唯乞原谅。

既然是"余意",内容无非是代表编辑部成员向慷慨捐款以助成《香苓期刊》出版的本校校务室和同学们表达谢意,向读者、作者致谢,词意谦卑,并对稿件有所交代与说明。

三 《香苓期刊》的内容概述

《香苓期刊》栏目丰富,由时评、论说、记述、小说、书牍、诗词、随感、校闻八部分组成。在描写的艺术方面,抒情、记叙、议论三者并存。在期刊中,还附有一张正误表,用以纠正所登载文章的文字舛讹和语法错误,极便读者。关于《香苓期刊》的内容,笔者认为在大的方面可划分为两种类型:一种表达作者的政治立场,刊发了大量不同形式的爱国文字;一种抒发同学们的闲情雅致,涉及当地的山水人情。其中,时评、论说、小说、书牍、随感较偏重于前者,记述、诗词较偏重后者。校闻则为附录,不在上述之列。以下即为八部分内容的简要概括:

第一部分"时评"。共有5篇文章,分别为周仁《谁是我们的领袖》、孙长清《侵略者的末路》、屈鋆《汉奸内心的剖解》、彭良芬《对于国家领袖应有的认识》、周祖佑《汉奸之动机及其应有之觉悟》。主要围绕"领袖""侵略者"和"汉奸"展开话题,揭露出当时社会的黑暗及不同阶级之间矛盾日益加深的现象。一方面肯定了蒋介石对中国未来的引领作用,一方面从人为因素分析了我国沦为如此境界的原因。在这一部分中,作者明确了在当时的格局下我们对国家领袖应有的认识,深入剖解了汉奸内心的想法,与下一部分的内容皆可归纳为抗日言论。

第二部分"论说"。共收录文章13篇,分别为赵祥云《未来之中国与日本》,屈镇鑫《整洁为强身之术》,陈雄飞《农说》,李黼《以言教不如以身教》,张威《青年的前途》,张文《救国即救家》,郭柱仁《人当安命论》,唐森锦《莫等闲白了少年头》,邓飞龙《自儆》,皮德隆《现代的中国人》,胡献策《戒骄》《学须时习说》,无名《读书四到说》。整体而言,可分为"救国之法"和"学习之法"两部分。在论述的过程中,多次采用举例论证,且经常使用"以小见大"的手法,先写个人,从而推至国家层面。其中,"救国之法"可概括为以下七点:1. 保持个人整洁,使得身体强健,随后才能保家卫国。2. 在任何环境下都不能轻易放弃。3. 懂得以身作则,多付出实践,切勿空谈。4. 和而不流,中立而不倚。5. 清晰国与家的关系,首先治本,然后治标。6. 安于本命,学会自警,切勿骄傲。7. 莫虚度光阴,趁少年时,深明义理,尽己所能,全盘托付于社会。至于"学习之法",不外乎以下两点:一是多练习,二是读书的"四到":心到、目到、口到、手到。与时评不同的是,此部分着重强调治国的方法,而时评更多的是分析时局和国情。

第三部分"记述"。刊载文章14篇,分别为李永强《老丐妇》,蔡元伸《第三区小学教育之现状及展望》,唐玉贵《寒假之回忆》,刘维熊《清明扫墓记》《郊野的哭声》,龚时霖《淡岩记游》《催征吏》,姜学先《十字街头》,谢槐《游春》,唐磊《游春》,熊宏辉《游春》,周瑚《本校校园记》,唐森锦《演守株待兔故事》,皮德隆《游泉陵香炉山》。在这一部分中,夹杂着不同类型的文本。有的侧重于刻画风景,如《淡岩记游》中对永州古迹的刻画;有的侧重于记叙抒情,如在《郊野的哭声》中抒发了作者对其亡父的思念;还有的侧重于校园写真、回忆过去等等。写景的文章皆为游记,状物写景,文辞优美;记叙的文章,大部分展现的是不同阶层人们的生活状态,继而讽刺当时社会的不公及上层阶级对下层人民的剥削;小部分是个人自身的真情流露。其他文章虽体裁各异,但都或多或少的表现出了对教育现状的惋惜,对国人坐享其成的无奈和对美好生活的向往。

试举《老丐妇》这篇文章来说,全文围绕着老丐妇乞讨的故事展开,在表面上,我们看见的是社会贫富差距的拉大;但从本质上看,文章体现出来的是阶级矛盾日益加深的问题。此外,战争亦将社会变的混乱不堪,鸡犬不宁,让人民群众流离失所,老丐妇不过是其中一个"缩影"罢了。下层民众遭受官僚贵胄的鄙夷,作者用这篇文章真实的揭露出了当时社会形态丑陋的一面。

第四部分"小说"。因小说篇幅过长,版面有限,故仅收录2篇,分别为唐霁的《二十四年七月避赤匪》和席代均的《错误》。正是这两篇风格迥异的小说,揭露出了两种不同的社会问题。在第一篇小说《二十四年七月避赤匪》中,揭露出来的是人民群众对国民政府的依赖性,对中共的怀疑与不信任。当然,这与国民政府统治时期的背景有关,笔者在此毋须多说。在第二篇小说《错误》中,揭露出了封建礼教扼杀人类思想自由的本质问题。众所周知,在当时广大农村社会,根深蒂固的封建思想还普遍存在,作者将主张自由恋爱的想法以小说的形式反映出来,自有其思想进步的意义。正是这短短两篇小说,将人性最脆弱的那一面刻画了出来。

第五部分"书牍"。刊载文章5篇,分别为蒋北珊《大战前夕告全国同胞书》、蒋继和《一个军人的家信》、皮德隆《如此零陵》、蒋元伸《与友人论今日官吏问题书》、陈雄飞《与友书》。这一部分皆为书信,仔细浏览,便可感受到青年作者慷慨激昂的精神态度,有对帝国主义侵略中国的无比愤慨,有对青年仍然沉醉在醉生梦死生活中的嘲讽,有对故乡亲人的想念……各种不忿与感慨都跃然于纸上。除开这些情感的抒发,这几篇书信都在一定程度上号召人民群众从安逸享乐的状态中苏醒过来,团结一致为抗日救国贡献出一份力量。尽管在某些方面与时评、论说文章的主旨相似,但书牍更多的是讽刺当时社会现状,并指出当今国势衰败的源头即为官吏的腐败,可谓对腐朽政府进行了一次反抗与批判。

试抽出《一个军人的家信》这篇文章来细谈。从这封家信中可看出,作者何尝不想与家庭团聚,重温幸福的时光呢? 奈何时局动荡,复兴中华的任务迫在眉睫,使得作者不得不背井离乡,在外求学。文章既反映了战争给人民带来的巨大痛苦和人民在动乱时期思念家人的迫切心情,又抒发了作者忧国、伤时、念家、悲己的情感。文章感情深沉,真挚自然,令人感触深刻。

第六部分"诗词"。共收录 17 首,分别为罗良佐《踏青》,郭开国《春日黄昏》,熊辉《春晴》,张威《春风》《一湾新月》,邓廷爵《东风》,唐森锦《西怀古岩》《春景》,周仁《点绛唇·春闺》,龚时霖《哀曲》,何年《吊翟李两烈士》《春游》,姜学先《贫民的呼声》,蒋北珊《战曲》,屈銎《浪淘沙·春夜闺感》《送春》,卢继动《闺怨》。在笔者看来,总体上可分为以下三类:一是描绘春景、赞美春天的诗词;二是着重抒发悲怆哀愁之情的诗词;三是描绘自然风光、名胜古迹的诗词。其中,描绘春景、赞美春天的诗词,笔调轻快,文辞优美,而抒发悲怆哀愁的诗词,则多半为抒发对恋人的相思之愁,对命运感到的不公之愁,对战乱未平的焦急之愁。与第一类诗词所表达出的情感形成了一个鲜明的对比。另外,描绘自然风光与名胜古迹的诗词侧重于刻画新月、古岩等景物,勾勒出一幅简单却又不失格调的画面。

第七部分"随感"。刊载文章 5 篇,分别为李永强《祝本校新开辟的校园》、张文《苦与乐》、卿世洛《内争》、唐治平《奋斗》、雷定荣《理想中的光荣》。在这一部分中,每一篇文章都展现出了不同的主题。概括来说,作者认为越是在艰苦的环境中,民众越是不能退缩,要将个人的事业和民族国家的利益联接在一起,不能无所事事。同时,作者还阐明了国家的祸患除开外敌入侵的因素之外,更为重要的是政府高层"自家人打自家人"的内战政策,并以新建立的校园为例,告诉读者须认清现实。

第八部分"校闻"。记录文章 5 篇。主要是对本校的一些教学行政情况进行概述。有以下五部分:杂事纪要、校务会议录、建筑会会议录、学生自治会会议案、职员一览表。其中,杂事纪要记载了该校对国府主席林南巡举行的欢迎大会,京滇周览团来县视察,自修室四座已于暑假日内落成,校园新辟成功,学生自治会召开,追悼翟李二烈士,举行毕业典礼,课外活动的事例。校务会议录记载了本校召开的第一次、第二次(1937 年 3 月 24 日)校务会议议决案。建筑会会议录记载了本校召开的第一次建筑会议议案(1936 年 5 月 7 日)和第一次建筑会议议决案(1937 年 4 月 10 日)。学生自治会会议案记载了本校召开的第四次代表改选会(1937 年 3 月 13 日)和第一次(1937 年 3 月 15 日)、第二次(1937 年 3 月 18 日)、第三次(1937 年 4 月 11 日)、第四次(1937 年 4 月 20 日)、第五次

(1937年6月3日)常会。职员一览表有《零陵县立中学学生自治会全体职员一览表》《零陵县中分校自治会职员一览表》《本刊编辑职员一览表》《零陵县中校食事会一览表》构成。

四 《香苓期刊》的历史价值

《香苓期刊》作为一本战时出版的校刊,对激发在校学子的抗日热情起到了鼓舞作用,有利于让青年学子更加清楚的认识到当时的国家形势,对各种社会危机有所警惕。这份期刊的发现和重新解读,为地方报刊史研究提供了新鲜的文献材料,可以让后人较清楚的了解到当时的教育状况和人文风貌,可看作那个时代的缩影,对研究地方历史文化有一定的参考价值。此外,笔者认为其中的某些文章值得重读,例如《现代的中国人》《与友人论今日官吏问题书》《救国即救家》。这三篇文章摘录于不同的版块,但是,这三篇文章都直击社会现实,尤其是《与友人论今日官吏问题书》,将官吏的腐败问题揭露得淋漓尽致:以权谋私,鱼肉百姓,贿赂公行……。克罗齐名言:"一切历史都是当代史。"文章所揭露出来的问题值得深思。另一方面,整本期刊分析问题的角度较全面,从个人到社会再到国家,将三者始终连在一条线上,不仅解释了为什么会出现这种情况,还提出了解决这种情况的方法。不仅如此,此刊还明确了学生的职责:具备自治的精神,坚强的毅力,纯洁的意志,服务的热情,朝夕对准课程勤恳地用功。希望后世可以此为标准,切莫辜负先民办刊之用意。

当然,金无足赤,人无完人。此期刊多少会存在一些弊病。最大的问题即在某些文章中分析存在一定的片面性和简单化,如在时评部分中,《谁是我们的领袖》和《对于国家领袖应有的认识》两篇文章对蒋介石的认识仅限于好的方面,片面夸大了领袖的贡献,没有从其他角度来认识这个人物。当然,这些评价也只是作者个人的看法,不能以偏概全。犹如《发刊词》所提到的:"一个青年,各有各的感觉,各有各的认识。"故在此申明,本文不当之处,敬请批评指正。总的来说,《香苓期刊》对我们了解当时的永州教育和社会状况起到了不可替代的作用。

参考文献:

[1]湖南省永州地方志联合编纂委员会.零陵县志[M].北京:中国社会出版社,1992:486.

[2]吕恩湛,宗绩辰.(道光)永州府志[M].长沙:岳麓书社,2008：319.

[3]湖南省永州市三中校史编委会.湖南省永州市三中90年校史(1914－2004)[Z].永州:湖南省永州市三中校史编委会,2004:10.

[4]杨起文.群玉书院考[A].永州市文史资料:第1辑[C].永州:永州市政协文史工作委员会,1986:32.

（原载2018年第3期,作者单位:湖南科技学院）

营道纪行

✱ 徐桢立（原著）　吕芳文　周亚平（整理）

倭寇犯境，戊寅长沙文夕大火，携家避地湘南，旋溯营道，舟行纪实。

余居泉陵九阅月，初无意他徙，至己卯二月中，始作书寄袁君巽初道州托为物色可居之屋，复书谓觅屋非甚难，特皆黑暗耳，并称舟行所见山水极佳，企余来游，且盛称其地菜果之美，亟称可冠全国，盖知余素嗜蔬菜也。余初不欲即行，以陈君友古道阻不能应辰溪之招，相约东迁，因子女众多，衣服繁重，计陆行费钜，不如舟行。惟南风上水，舟行甚迟，则以为迟往不如即往。其族弟陈君漱源亦欲令其眷属同行。且谓道州有友贺君可托赁屋，遂定同以舟往道州。

三月初二日晴，买舟已得，舟蓬钉木板如复瓦，无窗，所谓乌舣也。

初三日晴，以行李登舟，余行李不多。纳一舟尚有余，二陈各一舟，不足，复增一舟置行李。下午部署初毕，蒲、周、胡、何女妇来送，舟小无坐处。周吉荪来，未上船，萧敏怡来，已检点可坐，久谈乃去。许仲雄来谈，曛暮邀余与友古兄至春元楼晚饭，遂至其家，与其尊人泳六兄谈片刻。遣足携灯送登舟。是日热甚。

初四日晴。晨七时解缆，北风扬帆，十时过香苓山，下午过淡山，复行数十里泊矮子庙。初，凡生兄告余当以三日至淡岩，盖淡山去城裁廿五里，而水道极回环曲折，绕嶺山以行，故土人呼嶺山为游山岭，盖为程已倍陆行矣。家人与二陈眷属拟游谈岩，今已得顺风，贪程径过，未登。余以昨日喧暖，往来市中触热，今日卧舟中竟日乃愈。

初五日晴。晨七时解缆，九时至五里牌。南风复北风，下午过袁十万。有以袁十万为袁家渴者，或以袁渴去郡城当稍近，不当在此。余观自来说山川形势，诸所淆讹，水多于山，盖山形无改移，水道既难指目，且多改易。九江之说，至今聚讼纷纭，况小水乎？旋过良村。凡兄先以告余，谓村有陨星石二，以风利不得泊，未登览，以诗告凡兄云："淡岩已是贪程过，何况良村问陨星。"夜泊杉木田，距泷泊仅十二里矣。月夜时为云掩，夜半雨时作。

初六日雨。晨七时解缆，北风。九时至泷泊，土音讹为双牌。凡兄念余水行艰苦,坚嘱至泷泊及濂涛(镰刀)湾,必以邮片相告,以两处有邮箱也。遂详书三日行程,交舟子投之。是日大雨,时作时止。下午至单江,对面为青龙滩,滩长而峻,诸滩惟此为不易上,昨日有一空船结伴同行,各舟长年协力曳一舟,或负缆,或刺船,颇用力气,乃得过滩,薄暮泊麻滩,较青龙滩易矣。两岸人家皆悬楼,可入画。四山回合,青翠倚霄,中汇澄潭,荡漾山影,停舟四望,不知舟自何路来,明当循何路去。盖入泷以来,景色皆佳,此为最胜矣。泷泊以上青口江村以下谓之泷。以雨后泥泞,不能登岸,友古兄乘兴沿陂陀以登,余以前人文字谓沈云英庙在麻滩,问得见否?笑曰:"但见天尊庙耳。"后乃知庙实在自此以上四十里木垒,盖明永道守备沈至绪御贼殉难木垒,其女云英纠兵却敌,夺父尸以还,遂以游击领父众,故庙祀木垒,于从父之义为宜。通夕滩响若雷。

初七日晴。晨六时半解缆,北风张帆。早饭过胡滩,滩不长而略陡,水流湍急,篙师三人刺船猱进,牵夫五人倚石壁蟹行,并力过滩。十时至相见湾,其地上下盘旋,陆路往来人隔一里,对面可见,故名。午至上梧港。下午二时至茅江口。五时濂涛湾,以风利不停。复兴八里,暮泊江村。登岸见人家百馀户,皆陈、周二姓。陈氏一家门首摹万历二年御笔树德堂三字榜额,不知其摹自何处也。江村即庳滩,水经注有庳墟,象所封也。山下有象庙,柳子厚道州毁鼻亭神记所谓"河东薛公伯高刺道州,撤其屋,墟其地,沉其主于江"者也。后不知何时乡人复建之。读王文成灵博山象祠记,树义最圆,迥越前古。象祠得复,其以此欤?然未得见,殆周览未遍耶?

初八日晴。七时张帆行,早饭后,南风落帆。下午五时至青口。登岸见邮箱,寄邮片盘园。青口人家少于江村,市肆略多,自泷泊溯流至此,山束泷流,或半里或一二里一曲,正柳记所谓"舟行若穷忽又无际"者。至于上生青丛,旁多岩洞,风动大木,掩苒众草,冲涛旋濑,退贮溪谷,摇荡葳蕤,今亲历之,益见柳文体物之工。又知水行一道皆然,不唯袁渴矣。又念正月杪,席君鲁思邀至桂林,将游阳朔,虽未得往,然闻人言,阳朔胜处在山川开合纡回,出人意表,此皆相似,特彼则石壁倚天,此则高峰畫翠。至于山花数红,忽出葱蔚,林鸟一啭,时破清幽,意此犹当胜彼耳。水经注营水北流,注于营阳峡,又北至灌阳出峡,而张燕公诗亦谓"道峡似巫山",前人品题辄以巫峡相拟,今余持较阳朔,宁得为夸乎?江岸橘柚作花,夜静风香入船,心神俱爽。

初九日晴。晨五时半解缆,北风旋转南风,山形至此逶迤平行。始见水堰筒车,盖道州产谷不多,滨河则蓄堰水注田,借水力转车,缀筒翻车入枧达田中,去筒枧,则借湍流轮转之力,以压蔗制糖,可两用也。舟傍堰行,十时至白马渡,诸堰以此为巨,植木两层,自岸廷袤至中流,两旁皆堰,中裁可通舟,水势约束益急,曳舟上溯,虽不危险,亦劳力气矣。下午北风,漱源夫人先遣足告贺氏,三时抵道州,泊舟南门外,贺君已在岸旁相候,因与友古兄漱源夫人同入城看屋,百馀武至贺君家,有馀屋两三间,裁可容漱源夫人一家。贺君复邀看左近同族之屋,皆三间,两箱蔽左右室之窗,窗小棂密,更有以板遮之者,故皆阴暗潮湿,且皆已居人,虽允即迁移,然至速亦须一二日。复至一家,远亦狭小,略得窗光,且未居人,遂即移入暂居。地无运力,贺君唤其邻右一人,舟子皆努力相助,为运行李。夜饭贺家,舟子眷口饭毕,薄暮登陆。余与友古兄同赁此屋,仅两间与堂屋可下榻耳。小儿女持灯照见壁上蜈蚣六七寸,遽惊呼,余笑谓:此间瑶人恒食蜈蚣,以盐渍壁虎出饷贵客,汝曹何必惊畏之乎! 蚊、蝇、虱、蚤,尤家家有之。

初十日晴。友古兄以贺氏屋湿暗不可以居,余谓袁君必已为我觅屋,特昨日已宴。问梓溪村于土著,皆瞠目不知所对。今且先至玉泉坊,道遇李君相呼,乃知七年前曾携袁君伯夔函至余家也。至沱川公寓小坐,屋小而陋,差有窗光,约同访袁君,出西门,在西关桥背,土人呼刘家大屋,不呼梓溪村也。袁氏楼居,无潮湿黑暗之苦,知袁李两君连日为余问宅,得二处,一在其左近参驾桥,往观则仍黑暗,一在周家坊,则楼上楼下四间,厨屋一间,楼颇轩敞,室亦多窗。主人刘姓,此盖其果园中新造闲轩也。园中桃李皆实,绿阴满窗,遂决定居此。袁君邀至可口酒家午饭,约刘君至,谦逊不言值,再三请,始草租约,赁值月币八圆。

十一日晴。令儿子往周家坊扫屋宇,安排治灶。

十二日雨,午后晴。移居周家坊刘氏乐园,与友古兄同居。此屋在濂水旁,左为濂溪祠及周氏宗祠,又左为文庙,右为袭五经博士周氏奉祀官宅。是日适于坊间见祠堂本周子全书,遂购以归,诵山谷"四十九年遽伯玉,圣人门户见重重"之句益渐悚汗下矣。溯濂水而上二十里为濂溪故里,又数里为月岩,相传周子读书处。岩顶圆空,正纳天光,自下而上所见如弦渐满,至顶则月圆如望,自上而下回顾如月魄渐生,他日当往一睹此奇。回思奔走流迁,凡诸动忍增益,皆天之所以玉成。今更得傍先贤祠里,生高山景行之幕,验静虚动直之功,不尤幸欤! 馀习翁学人记。

(原载 2014 年第 12 期,作者单位:湖南省社会科学院)

后 记

　　潇,指湖南省境内的潇水河;湘,指的是横贯湖南的河流湘江。"潇湘"一词始于汉代最早见于《山海经·海内东经》"澧沅之风交潇湘之渊"。至唐代中期,"潇湘"不单意指潇湘二水,而是被诗人们衍化为地域名称。此后,"潇湘"一词广为流传,并被不断赋予新的内涵,构成了内涵丰富的"潇湘"意象,从而在中国文化史上占有极其重要的地位。湖南科技学院所在地永州,素有"锦绣潇湘"之称,历史文化底蕴深厚。在这片土地上孕育有源远流长的地域文化,舜文化、柳文化、濂溪文化、摩崖石刻文化、瑶族文化、女书文化等构成了独特的潇湘文化现象,成为湖湘文化乃至中华文化的重要组成部分。

　　自 20 世纪 80 年代以来,当时的零陵师专重视永州地方文化研究,成立了柳宗元研究室、何绍基研究室、舜文化研究所等研究机构,龙震球、陈雁谷、何书置、杜方智、王田葵等一批学者致力于本土文化研究,在这一学术方向上造诣深厚,成果丰硕,在永州乃至全省全国产生了较大影响。尤其是 2002 年升本以来,湖南科技学院立足地方、根植地方,重新组建柳宗元研究所、女书研究所、濂溪研究所、瑶文化研究所,并依托永州柳学会、湖南省舜文化研究基地、湖南省濂溪学研究基地、湖南省湘学研究基地等平台,积极推进潇湘文化研究。陈仲庚、张京华、翟满桂、杨金砖、周甲辰、潘雁飞、杨增和、杨再喜、吴同和、吕国康、张泽槐、蔡自新、张官妹、蔡建军、周九宜、张介立等一批文史学者致力于挖掘永州丰富的文化资源,做出了突出贡献。

　　高校学报是展示主办高校教学科研成果的重要平台,也是推动学科建设和学术交流的重要园地。湖南科技学院依托永州丰厚的地域文化优势,加强特色优势学科建设,不仅产生了一批拓荒性的科研成果,还凝聚了一批以中青年学者为主体的研究队伍,进而为学报特色栏目构建提供了得天独厚的学术资源。《湖南科技学院学报》自 2004 年以来,开设有"柳宗元研究""虞舜文化与四代文明研究""濂溪学·理学·儒学研究""女书研究""瑶文化研究""元结与摩崖石刻研究""湖湘稽古""潇湘八景研究""九疑琴派研究"等 20 余个特色栏目,刊发特色栏目文章800余篇,计600余万字。其中"柳宗元研究"2006年被评为教育部"全国社科学报优秀栏目",2013年被评为湖南省委宣传部"优秀理论栏目",2014年被评为"全国高校社科期刊特色栏目"。这些特色栏目的开设产生了良好的社会影响和学术影响,为促进永州地方文化研究和经济社会发展做出了重要贡献。

为总结特色栏目建设,展示学术研究成果,扩大潇湘文化影响,湖南科技学院学报编辑部特精选出10个与地方文化相关的特色栏目,编辑出版《潇湘学术研究》专辑。其主要内容就2004年以来对潇湘文化研究成果进行分类择优整理汇编,既突出重点,又兼顾全面。本套专辑共分10个部分,共计330余篇文章,约260万字符,分为6册,每册约50万字符。辑录内容涉及舜文化研究、柳宗元研究、濂溪理学研究、摩崖石刻研究、潇湘八景研究、潇湘古镇研究、九疑琴派研究、女书研究、阳明山文化研究、零陵文史研究。全书所选内容有的来自国内著名学术大家,有的来自国外知名学者,其中大部分来自本土文史专家,这些成果处于学术研究前沿,呈现出重大学术价值和广阔拓展空间,在学术界具有较高的学术影响力。

本套《潇湘学术研究》专辑的编辑出版,首先要感谢以往39年来所有的作者、读者、评委、审稿专家、评阅专家的支持和帮助,特别是感谢约稿作者的无私奉献。专辑的编辑出版得到了湖南科技学院领导和学报编委会的高度重视,得到了学校学科建设专项经费的大力支持。专辑的顺利出版特别感谢学报主编张京华教授,不管是从书的框架目录建构,还是文章内容的选定,自始至终全程给予指导。同时也感谢学报编辑部全体人员的积极参与和帮助。

由于时间跨度较大,文章引文格式不一,加以本人编辑业务水平有限,本书难免存在不足之处,敬请专家学者和广大读者批评指正。

吕艳妮

2019年6月6日